EL DERECHO Y LA ACCIÓN DE AMPARO.
DERECHO CONSTITUCIONAL COMPARADO
TRATADO DE DERECHO CONSTITUCIONAL - TOMO XI

Colección Tratado de Derecho Constitucional

I. *Historia constitucional de Venezuela*, Caracas 2013, 1096 páginas.

II. *Orígenes del constitucionalismo moderno en Hispanoamérica*, Caracas 2014, 980 páginas

III. *Cambio político y consolidación del Estado de derecho (1958-1998),* Caracas 2015, 1162 páginas

IV. *Instituciones del Estado democrático de derecho. Constitución de 1961*, Caracas 2015, 1180 páginas

V. *Derechos y garantías constitucionales en la Constitución de 1961 (La Justicia Constitucional),* Caracas 2015, 1022 páginas

VI. *Asamblea Constituyente y Proceso Constituyente (1999)*, Caracas 2013, 1198 páginas

VII. *La Constitución de 1999: El Estado Democrático y Social de Derecho*, Caracas 2014, 1190 páginas

VIII. *Golpe de Estado Constituyente, Estado Constitucional y Democracia,* Caracas 2015, 1018 páginas

IX. *Concentración y centralización del poder y régimen autoritario,* Caracas 2015, 1198 páginas

X. *Derechos y garantías constitucionales y la acción de amparo,* Caracas 2017, 1196 páginas.

XI. *El derecho y la acción de amparo en el derecho constitucional comparado,* Caracas 2017, 1150 páginas.

XII. *La justicia constitucional y Jurisdicción Constitucional,* Caracas 2017, 1198 páginas.

XIII. *Práctica y distorsión de la justicia constitucional,* Caracas 2017, 954 páginas.

XIV. *El juez legislador y la patología de la justicia constitucional,* Caracas 2017, 1060 páginas.

XV. *El desmantelamiento de la democracia y el Estado Totalitario,* Caracas 2017, 1050 páginas.

XVI. *La Destrucción del Estado de derecho, la ruina de la democracia y la dictadura judicial,* Caracas 2017, 1146 páginas

Allan R. Brewer-Carías

Profesor de la Universidad Central de Venezuela (desde 1963)
Simón Bolívar Professor, University of Cambridge (1985–1986)
Professeur Associé, Université de Paris II (1989–1990)
Adjunct Professor of Law, Columbia Law School, New York (2006–2008)

EL DERECHO Y LA ACCIÓN DE AMPARO EN EL DERECHO CONSTITUCIONAL COMPARADO

COLECCIÓN
TRATADO DE DERECHO CONSTITUCIONAL
TOMO XI

Fundación de Derecho Público
Editorial Jurídica Venezolana

Caracas, 2017

http://www.allanbrewercarias.com
Email: allan@brewercarias.com

Hecho el Depósito de Ley
ISBN: 978-980-365-296-8
Depósito Legal: lf5402015340901

Editado por: Editorial Jurídica Venezolana
Avda. Francisco Solano López, Torre Oasis, P.B., Local 4, Sabana Grande,
Apartado 17.598 – Caracas, 1015, Venezuela
Teléfono 762.25.53, 762.38.42. Fax. 763.5239
http://www.editorialjuridicavenezolana.com.ve
Email fejv@cantv.net

Impreso por: Lightning Source, an INGRAM Content company
para Editorial Jurídica Venezolana International Inc.
Panamá, República de Panamá.
Email: editorialjuridicainternational@gmail.com

Diagramación, composición y montaje
por: Francis Gil, en letra Times New Roman, 10,5
Interlineado 11, Mancha 19 x 12.5 cm

CONTENIDO GENERAL

TERCERA PARTE
OTROS ESTUDIOS SOBRE EL AMPARO EN AMÉRICA LATINA

CUARTA PARTE:
EL PROCESO JUDICIAL AMPARO O DE PROTECCION DE LOS DERECHOS FUNDAMENTALES EN AMÉRICA *LATINA*
JUDICIAL ACTION FOR AMPARO OR PROTECTION OF FUNDAMENTAL RIGHTS IN LATIN AMERICA

QUINTA PARTE

EL RÉGIMEN DEL PROCESO DE AMPARO EN VENEZUELA EN UNA PERSPECTIVA DE DERECHO COMPARADO Y LA LEY ORGÁNICA DE AMPARO SOBRE DERECHOS Y GARANTÍAS CONSTITUCIONALES DE 1988 (2016)

PRESENTACIÓN

Este Tomo XI de la obra *Tratado de Derecho Constitucional,* sobre *El derecho y la acción de amparo en el derecho constitucional comparado*, recoge en forma sistematizada, en cinco partes, todos mis trabajos sobre la acción y el derecho de amparo, es decir, sobre el proceso de amparo de los derechos y garantías constitucionales con una visión comparativa en el derecho iberoamericano.

La *Primera parte*, reproduce la primera aproximación comparativa que escribí sobre el régimen de las garantías judiciales de los derechos humanos en el derecho constitucional comparado, que tuvo su origen en el libro *El amparo a los derechos y libertades constitucionales. una aproximación comparativa*, Cuadernos de la Cátedra Allan R. Brewer-Carías de Derecho Público, N° 1, Universidad Católica del Táchira, San Cristóbal 1993, 138 pp.; publicado también por el Instituto Interamericano de Derechos Humanos (Curso Interdisciplinario), San José, Costa Rica, 1993, (mimeo), 120 pp.; luego recogidos en el libro que se publicó por el mismo Instituto Interamericano de Derecho Humanos con el título: *Los mecanismos nacionales de protección de los derechos humanos (Garantías judiciales de los derechos humanos en el derecho constitucional comparado latinoamericano)*, San José, Costa Rica 2005, 300 pp.

La *Segunda parte*, sobre el derecho de amparo en el derecho constitucional comparado de América Latina, recoge por una parte, la Nota de síntesis comparativa escrita para la primera edición de mi libro sobre *Leyes de Amparo de América Latina*, (Presentación por José Guillermo Vallarta Plata y José de Jesús Naveja Macías), publicado por Instituto de Administración Pública de Jalisco y sus Municipios, Instituto de Administración Pública del Estado de México, Poder Judicial del Estado de México, Academia de Derecho Constitucional de la Confederación de Colegios y Asociaciones de Abogados de México, Jalisco 2009, 2 Vols.; y por la otra, el "Estudio preliminar sobre el amparo en el derecho constitucional comparado latinoamericano," que precedió la segunda Edición aumentada y actualizada de dicha obra *Leyes de Amparo de América Latina. Con un estudio preliminar sobre el amparo en el derecho constitucional comparado latinoamericano*, Segunda Edición aumentada y actualizada, Colección Derecho Público Iberoamericano N° 3, Editorial Jurídica Venezolana International, Caracas – New York 2016, 610 pp.. Este trabajo también se publicó con el título: *El proceso de amparo en América Latina*, por Editorial Porrúa, México 2016, y por Editorial Gaceta Jurídica, Lima 2016.

La *Tercera parte*, de este Tomo XI, recoge el texto de otros diversos estudios sobre el tema de la acción amparo en relación con varios países de América Latina publicados entre 2003-2012 en Córdoba, Mérida, Sevilla, México y San José.

La *Cuarta parte* de la obra sobre el proceso judicial amparo o de protección de los derechos fundamentales en América Latina, recoge el texto original de las notas preparadas para el curso sobre *The Judicial Action for Amparo or Protection of Fundamental Rights in Latin America,* que dicté como *Adjunct Professor of Law*, en la *Columbia Law School, Columbia University in the City of New York* durante los semestres de los años 2006–2008. Estas notas fueron publicadas mimeografiadas, en dos volúmenes (384 pp.), para el uso exclusivo de los estudiantes de la Facultad, con el título: *Judicial Protection of Human Rights in Latin America. A Comparative Constitutional Law Study on the Latin American Injuction for the protection of Constitutional Rights ("Amparo proceeding").*

Una versión más abreviada de estas notas se publicó como libro con el título *Constitutional Protection of Human Rights in Latin America. A Comparative Study of the Amparo Proceeding*, Cambridge University Press, New York, 2008, 432 pp.

New York, septiembre 2016.

PRIMERA PARTE

PRIMERA APROXIMACIÓN AL ESTUDIO GENERAL SOBRE LAS GARANTÍAS JUDICIALES DE LOS DERECHOS HUMANOS EN EL DERECHO CONSTITUCIONAL COMPARADO LATINOAMERICANO (2004)

El texto de esta Primera parte del Tomo XI del *Tratado de Derecho Constitucional* sobre *El derecho y la Acción de Amparo en el derecho comparado*, es el del libro: *Los mecanismos nacionales de protección de los derechos humanos (Garantías judiciales de los derechos humanos en el derecho constitucional comparado latinoamericano)*, publicado por el Instituto Interamericano de Derecho Humanos, San José, Costa Rica 2004; el cual a su vez tuvo como antecedente remoto el trabajo sobre *El amparo a los derechos y libertades constitucionales. una aproximación comparativa*, publicado en los Cuadernos de la Cátedra Fundacional Allan R. Brewer-Carías de Derecho Público, N° 1, Universidad Católica del Táchira, San Cristóbal 1993, 138 pp.; también publicado por el mismo Instituto Interamericano de Derechos Humanos, para el Curso Interdisciplinario de Derechos Humanos, San José, Costa Rica, 1993, (mimeo), 120 pp.

La edición del libro de 2004 estuvo precedida de la siguiente Nota Explicativa:

El origen de este libro está en la preparación de las conferencias que a lo largo de los últimos años, me ha correspondido dictar en el prestigioso *Curso Interdisciplinario en Derechos Humanos,* que desde 1982 ha venido organizando tan exitosamente el Instituto Interamericano de Derechos Humanos con sede en San José, Costa Rica.

La honrosa invitación que los organizadores del Curso me han formulado desde 1988 para, en diversas ediciones del mismo, dictar la Conferencia sobre *los mecanismos nacionales de protección de los derechos humanos* o sobre *la protección constitucional de los derechos humanos en el ámbito interno*, en contraste con los mecanismos de protección internacional de los derechos humanos en lo cual se hace más énfasis en el Curso; me obligaron progresivamente a darle una aproximación comparativa al tema, de manera de tratar de mostrar, sistemáticamente, los diversos mecanismos e instituciones de protección de los derechos humanos en los diversos regímenes constitucionales de los países latinoamericanos.

El resultado de ese esfuerzo fue en definitiva, la elaboración en aproximaciones sucesivas de este libro sobre las garantías constitucionales de los dere-

chos humanos en el derecho comparado latinoamericano, tema sobre el cual nos hemos ocupado desde hace años, aún cuando en otros contextos.[*]

Con todo gusto, atendiendo la solicitud del Instituto, ahora he elaborado esta obra para que sirva de material de apoyo a los alumnos del Curso. Su intención, por tanto, es básicamente didáctica y divulgativa, pues sin duda, el principal escollo que sigue existiendo para la efectiva protección de los derechos humanos en el ámbito interno de nuestros países, muchas veces es el desconocimiento de los instrumentos y garantías que las Constituciones ofrecen para ello.

Pero una cosa es lo que formalmente está establecido en los textos constitucionales, y otra cosa es su efectiva vigencia y la eficacia práctica de su aplicación. El contraste en muchos países es evidente; pero para poder confrontar el marco jurídico constitucional con la realidad de su aplicación, en todo caso, es indispensable conocer con precisión el primero. Sólo así se puede luchar y hacer esfuerzos por su efectiva aplicación.

Además, para que las garantías de los derechos humanos puedan ser efectivas, es indispensable que exista un régimen democrático que funciones dentro del marco de un Estado de derecho. Las autocracias y los regímenes autoritarios simplemente no entienden sobre derechos humanos o los entienden sólo para conculcar las libertades.

Este libro, en todo caso, es un homenaje al Instituto, al cual he estado vinculado durante los últimos 20 años, desde 1984, y a todos directores y profesiona-

---

* Véase nuestros trabajos: **1)** *Judicial Review in Comparative Law,* (Prólogo de J. A. Jolowicz), Cambridge Studies in International and Comparative Law. New Series, Cambridge University Press, Cambridge 1989, 406 pp. Se trata de una versión abreviada del curso que dictamos en el LL.M. de la Facultad de Derecho de la Universidad de Cambridge, Inglaterra, en 1985-1986, cuyo texto completo se ha publicado en nuestro libro: *Études de droit public comparé*, Academie Internationale de Droit Comparé (Prólogo de Roland Drago), Ed. Bruylant, Bruxelles, pp. 525-934. En dicho libro (pp. 935-1167), además, también se publicó el curso que dictamos sobre **2)** *La justice constitutonelle et le pouvoir judiciaire*, en el IV Cours internacional de justice constitucional, organizado por el recordado amigo Louis Favoreu en la Universidad de Aix-Marseille, Aix-en-Provence, en 1992. Véanse además, nuestros estudios: **3)** *El amparo a los derechos y libertades constitucionales. Una aproximación comparativa*, Cuadernos de la Cátedra Allan R. Brewer-Carías de Derecho Público, N° 1, Universidad Católica del Táchira, San Cristóbal 1993, 138 pp; publicado también por el Instituto Interamericano de Derechos Humanos (Curso Interdisciplinario), San José, Costa Rica, 1993, (mimeo), 120 pp., y en la obra colectiva *La protección jurídica del ciudadano. Estudios en Homenaje al Profesor Jesús González Pérez*, Tomo 3, Editorial Civitas, Madrid 1993, pp. 2.695-2.748; **4)** *El control concentrado de la constitucionalidad de las leyes. Estudio de derecho comparado,* Cuadernos de la Cátedra Allan R. Brewer-Carías de Derecho Público, N° 2, Universidad Católica del Táchira, Editorial Jurídica Venezolana, Caracas-San Cristóbal 1994, 179 pp.; publicado también en *Homenaje a Carlos Restrepo Piedrahita. Simposio Internacional sobre Derecho del Estado*, Universidad Externado de Colombia, Tomo II, Bogotá 1993, pp. 705-846; **5)** "La jurisdicción constitucional en América Latina" en Domingo García Belaúnde-Francisco Fernández Segado (Coordinadores), *La jurisdicción constitucional en Iberoamérica*, Dykinson S.L. (Madrid), Editorial Jurídica Venezolana (Caracas), Ediciones Jurídicas (Lima), Editorial Jurídica E. Esteva (Uruguay), Madrid 1997, pp. 117-161; y **6)** "Hacia el fortalecimiento de las instituciones de protección de los derechos humanos en el ámbito interno", en *Presente y Futuro de los Derechos Humanos*, Ensayos en honor a Fernando Volio Jiménez, Instituto Interamericano de Derechos Humanos, San José, Costa Rica, enero 1998, pp. 3-31; publicado también en el libro *Material de Apoyo. XVIII Curso Interdisciplinario en Derechos Humanos,* Instituto Interamericano de Derechos Humanos, San José, Costa Rica, Agosto 2000.

les, quienes con tanta dedicación han dedicado su trabajo y su vida al servicio de la educación y promoción de los derechos humanos en América Latina.

Caracas, octubre 2004.

INTRODUCCIÓN

Si algo caracterizó al constitucionalismo latinoamericano de la segunda mitad del Siglo pasado, fue la progresiva institucionalización de mecanismos nacionales de protección de los derechos humanos mediante su efectiva constitucionalización. Ello, en definitiva, es la muestra más explícita de los esfuerzos por la consolidación del Estado de derecho en nuestros países, cuyos postulados se formularon para sustituir al Estado absoluto, precisamente para asegurar la garantía y la protección de los derechos y libertades públicas ciudadanas. Progresivamente, incluso, las propias Constituciones contemporáneas como sucede por ejemplo con la de Colombia y Venezuela, expresamente "definen" al Estado como tal "Estado de derecho", además, incluso, como "democrático, social y de justicia".

Ese concepto de Estado de derecho, que a pesar de todos los altibajos y fallas históricas, con todos los problemas que la práctica política muestra sobre su efectividad, e incluso, a pesar de los aires de autoritarismos que recurrentemente soplan en nuestra América, se ha venido consolidando y es el desiderátum en todos nuestros países, cuyo origen se sitúa en la serie de principios cruciales que se cristalizaron en las tres grandes revoluciones de hace dos siglos: la Revolución norteamericana, la Revolución francesa y la Revolución latinoamericana. Esta última también debe mencionarse expresamente, pues lamentablemente y con mucha frecuencia, incluso los propios latinoamericanos nos olvidamos de ella, a pesar de que fue precisamente en su ámbito a comienzos del siglo XIX, donde cristalizaron, en conjunto, todos los aportes al constitucionalismo moderno[1] de las dos primeras.

Por ello puede decirse que incluso, fue en nuestros países donde por primera vez se concretizó formalmente en el constitucionalismo moderno el modelo del Estado de derecho que se había ido formulando tanto en Francia como en los Estados Unidos. La simbiosis de todos los principios de dicho modelo se produjo precisamente en Latinoamérica, razón por la cual, al recogerse en nuestro Continente en conjunto, tenemos que reivindicarlo como parte del patrimonio histórico, cultural y político de nuestros países.

El modelo, en todo caso, particularmente después de la Segunda Guerra Mundial, puede decirse que fue concebido para controlar al Estado y proteger los derechos humanos, siendo además consustancial a la democracia como régimen político. Esta, por tanto, es mucho más que el sólo ejercicio del derecho al sufragio; es mucho más que elecciones o votaciones.

---

1. Véase Allan R. Brewer-Carías, *Reflexiones sobre la revolución Americana (1776) y de la Revolución Francesa (1789) y sus aportes al constitucionalismo moderno,* Cuadernos de la Cátedra Allan Brewer-Carías de Derecho Público, Universidad Católica Andrés Bello, Editorial Jurídica Venezolana, Caracas 1992. El texto de este libro puede consultarse en la página web allanbrewercarias.com (Publicaciones-Libros 1996)

Ahora bien, este Estado democrático de derecho, que es quizás el producto más acabado del constitucionalismo moderno, puede decirse que está estructurado sobre cuatro principios cruciales[2]:

En *primer lugar,* el principio de la limitación y control del Poder, que es la base del Estado de derecho con el objeto de garantizar la libertad y de la democracia misma. Este principio es el que distingue el Estado de derecho del Estado absoluto. Esta limitación se expresó en las Constituciones modernas mediante la distribución del poder para que, como lo decía el barón de Montesquieu, el poder límite al poder[3], lo que se logra al dividirlo, distribuirlo y separarlo. De allí han surgido los dos grandes esquemas de organización del Estado: el primero basado en la *distribución vertical del poder* que ha dado origen a los sistemas políticos de Estados descentralizados, al federalismo y municipalismo y a los nuevos esquemas de Estados regionales. Lo cierto, en todo caso, es que la descentralización del poder está consustancialmente unida a la democracia, de manera que puede decirse que no hay verdaderas democracias que sean centralizadas, como tampoco hay, ni ha habido autocracias descentralizadas. Además, sólo en sistemas de gobierno descentralizados, que acercan el poder al ciudadano, es que puede haber efectiva y real participación política. El segundo sistema de organización del Estado está basado en la separación horizontal del poder o separación orgánica de poderes producto directo, también, de aquellas dos Revoluciones, y que es garantía del control del ejercicio del poder y del desarrollo democrático. La concentración del poder, por tanto, al igual que su centralización, es esencialmente antidemocrática. Puede haber incluso cinco poderes del Estado en lugar de la trilogía clásica, como sucede en la Constitución de Venezuela[4], pero si no son efectivamente autónomos e independientes, lo que pueden servir es para consolidad autoritarismos en lugar de la democracia.

En *segundo lugar*, el principio de la legitimidad popular del Poder derivado del traslado que con las Revoluciones del Siglo XVIII se produjo de la soberanía, la cual pasó de manos del Monarca Absoluto al pueblo. Después de las Revoluciones norteamericana y francesa, la soberanía en efecto pasó a residir en el pueblo, quien la ejerce indirectamente mediante representantes elegidos o directamente, mediante mecanismos de democracia directa, como los referendos. Por residir la soberanía en el pueblo, los titulares de los órganos del Poder Público, como representantes del pueblo, deben tener legitimidad democrática, la cual proviene de la representación. Por ello, la democracia representativa es y seguirá siendo un pilar fundamental del funcionamiento del Estado de Derecho, la cual además, debe servir para asegurar la

---

2 Allan R. Brewer-Carías, *Evolución Histórica del Estado.* Tomo I, *Instituciones Políticas y Constitucionales*, Universidad católica del Táchira, Editorial Jurídica Venezolana, Caracas-San Cristóbal 1996, pp. 47 a 256.

3 "Es una experiencia eterna que todo hombre que tiene poder tiende a abusar de él; y lo hace hasta que encuentra límites... Para que no se pueda abusar del poder es necesario que por la disposición de las cosas, el poder limite al poder", Carlos Secondat, Barón de Montesquieu, *De l'Espirit des lois,* (ed. G. Tunc) Paris 1949, Vol. I, Libro XI, Cap. 4, pp. 162-163.

4 El artículo 136 de la Constitución de 1999, establece la división del Poder Público en Legislativo, Ejecutivo, Judicial y Electoral. Véase los comentarios en Allan R. Brewer-Carías, *La Constitución de 1999. Derecho Constitucional Venezolano*, Tomo I, Editorial Jurídica Venezolana, Caracas 2004, pp. 437 y ss.

efectiva participación ciudadana mediante la distribución territorial del poder de manera de acercarlo al ciudadano. No hay contraposición alguna entre democracia representativa y la llamada "democracia participativa", ni puede invocarse esta última como sustituto de la primera. La democracia representativa es la que puede asegurar el ejercicio del derecho político a la participación, a cuyo efecto es la distribución del Poder acercándolo al ciudadano, lo que puede hacer realidad dicha participación como manifestación cotidiana de la vida democrática. Además, sin duda, la democracia representativa se puede complementar con la introducción constitucional de instrumentos de democracia directa, como los referendos.

En *tercer lugar,* el principio de la legalidad, es decir, el postulado conforme al cual todos los órganos del Estado deben estar y actuar sometidos al derecho, es decir, a la Constitución y a la ley. Este, justamente, es el otro elemento diferenciador del Estado de derecho en relación con el Estado absoluto, en el cual el Monarca no estaba sometido a ley superior alguna. En el Estado de derecho, en cambio, y como aporte también de las tres Revoluciones mencionadas, el principio de la legalidad conlleva la idea misma de la Constitución como ley suprema, a la cual tienen que someterse todos los órganos del Estado, incluyendo el Parlamento. Fue precisamente contra la soberanía del Parlamento inglés que se produjo la Revolución Americana; y fue contra la soberanía parlamentaria que en las Constituciones de los países europeos después de la Segunda Guerra Mundial, se incorporaron por primera vez en los textos constitucionales, las declaraciones efectivas de derechos humanos.

No debe olvidarse que antes de la Segunda Guerra Mundial y a pesar de la Declaración francesa de los Derechos del Hombre y del Ciudadano en 1789, en Europa no había declaraciones similares sobre derechos humanos a las que desde 1811 se conocen en América Latina[5]. Debe recordarse incluso, que en España, sólo fue en 1978, con motivo de la última Constitución democrática, cuando se incorporó al texto fundamental una declaración de derechos. Con estas declaraciones de derechos de rango constitucional en Europa, las mismas adquirieron ese rango supremo que las impone incluso a los Parlamentos, los cuales en el universo constitucional dejaron ser soberanos. Quedaría a salvo la excepción de principio en estas materias constitucionales, del sistema británico, donde no hay Constitución escrita y, por tanto, lo único soberano sigue siendo el Parlamento y lo que el Parlamento diga; pero ahora con las restricciones derivadas de las regulaciones de la Unión Europea precisamente en materia de derechos humanos.

En *cuarto lugar*, está el principio declarativo mismo de los derechos humanos y de su garantía de rango constitucional. Por ello, el Estado no sólo se ha construido sobre el principio de la limitación al poder para asegurar la libertad y sobre el principio de la legalidad y del respeto de la Constitución; sino además, sobre el principio de la declaración o del reconocimiento de los derechos fundamentales y de su garantía con rango constitucional.

En todo caso, todas las Constituciones del mundo en los últimos doscientos años, en una forma u otra, más tarde ó más temprano, han venido adoptando estos princi-

---

5 La primera de estas declaraciones en América Latina fue la "Declaración de los Derechos del Pueblo", adoptada por la sección de Caracas del Congreso General de las Provincias de Venezuela, el 1-5-1811. Véase en Allan R. Brewer-Carías, *Las Constituciones de Venezuela,* Caracas 1997, pp. 279-281.

pios constitucionales y, progresivamente, han venido consolidando mecanismos internos de protección de los derechos humanos. Además, ello se ha producido conforme al mismo principio que reconoció la Declaración francesa de 1789, la cual interpretada doscientos años después, sigue siendo válida en el sentido de que "toda sociedad en la cual no está asegurada la garantía de los derechos, ni determinada la separación de los poderes, no tiene Constitución" (art. 16); es decir, no es un Estado de derecho.

Por ello, hoy día puede todavía afirmarse que la esencia misma de la Constitución, como texto de organización política, siempre radica en la limitación al poder por su división, distribución y separación, y en la declaración de los derechos fundamentales, garantizados por la Constitución.

Ahora bien, partiendo de estos cuatro principios básicos del Estado de derecho, el presente estudio tiene por objeto analizar los mecanismos nacionales que se han venido estableciendo y consolidando para la protección de los derechos humanos, lo que haremos estudiando separadamente: en *primer lugar*, al proceso de universalización o ampliación progresiva de las declaraciones de derechos; en *segundo lugar*, la constitucionalización de la internacionalización de los derechos humanos; en *tercer lugar*, al fortalecimiento de las acciones judiciales específicas de protección de los derechos humanos y libertades públicas; en *cuarto lugar,* el desarrollo de los sistemas de justicia constitucional o de control de la constitucionalidad de las leyes; en *quinto lugar*, la introducción progresiva, en tiempo reciente, de garantías institucionales de los derechos fundamentales a través de nuevos órganos estatales especializados para la defensa de los derechos humanos; y en *sexto lugar*, la necesaria consolidación de los elementos de la democracia representativa como condición indispensable para el funcionamiento de los mecanismos nacionales de protección de los derechos humanos.

En América Latina, este proceso de fortalecimiento de los mecanismos internos de protección de los derechos humanos además de constituir la expresión de la voluntad del soberano (el pueblo) expresada en las Constituciones, obedece también al cumplimiento de obligaciones internacionales de los Estados establecidas entre otros instrumentos, en la Convención Americana de Derechos Humanos. No se olvide que conforme al artículo 1 de la misma, los Estados Partes tienen el compromiso de respetar los derechos y libertades reconocidos en la Convención, y además, tienen la obligación de garantizar su libre y pleno ejercicio; y que el artículo 2 de la misma Convención, obliga a los mismos Estados Parte a adoptar las medidas legislativas necesarias para garantizar y hacer efectivos tales derechos y libertades. Por ello, la Corte Interamericana de Derechos Humanos, en la sentencia del *Caso: Velásquez Rodríguez* de 1988, precisó que entre las obligaciones institucionales de los Estados de dictar todas las medidas necesarias para asegurar la efectiva vigencia de los derechos humanos, están:

> [T]odas aquéllas de carácter jurídico, político, administrativo y cultural que promuevan la salvaguarda de los derechos humanos y que aseguren que las eventuales violaciones a los mismos sean efectivamente consideradas y tratadas

como un hecho ilícito que, como tal, es susceptible de acarrear sanciones para quien las cometa[6]

En consecuencia, la implementación de los mecanismos internos de protección de los derechos humanos en América latina, constituye una obligación internacional exigible de los Estados Parte de la Convención Interamericana.

Este libro tiene por objeto, precisamente, analizar comparativamente los mecanismos internos de protección de los derechos humanos en América latina, lo que haremos, lo que haremos analizando separadamente los siguientes aspectos: *en primer lugar*, la progresiva universalización y ampliación de las declaraciones constitucionales de derechos y garantías; *en segundo lugar*, el fenómeno de constitucionalización de la internacionalización de los derechos humanos que se ha venido produciendo en las últimas décadas; *en tercer lugar*, el fortalecimiento y desarrollo de las garantías judiciales de protección de los derechos humanos, en particular, las acciones de hábeas corpus, amparo y hábeas data; *en cuarto lugar*, el fortalecimiento y desarrollo de los sistemas de justicia constitucional, en particular, con la estructuración de Jurisdicciones Constitucionales; *en quinto lugar,* el desarrollo constitucional de las garantías institucionales de los derechos humanos, con las figuras de los defensores del pueblo o de los derechos humanos; y *en sexto lugar,* la consolidación del régimen democrático como condición para la efectividad de los mecanismos nacionales de protección de los derechos humanos, en particular, en relación con la *Carta Democrática Interamericana* adoptada por la Organización de Estados Americanos en septiembre de 2001.

SECCIÓN PRIMERA:
LA UNIVERSALIZACIÓN Y AMPLIACIÓN DE LAS DECLARACIONES DE DERECHOS

El primer mecanismo interno de protección de los derechos humanos, sin duda, es la declaración expresa de los mismos en los textos constitucionales, como situaciones jurídicas de poder; proceso que se ha venido universalizando y ampliando.

Desde el punto de vista estrictamente jurídico, en efecto, esos derechos humanos, como todos los derechos, constituyen situaciones jurídicas de poder que tienen las personas. Debe recordarse que en toda sociedad, todas las personas, siempre interrelacionadas entre sí, generalmente están en dos tipos de situaciones jurídicas: situaciones jurídicas de poder o situaciones jurídicas de deber. En unos casos, las personas pueden y tienen derecho a hacer, a gozar, a disfrutar o a disponer de determinados bienes (situaciones de poder); pero en otros casos, las mismas personas están obligadas a respetar, a abstenerse, a prestar o dar determinados bienes (situaciones de deber). No se concibe una sociedad donde no existan esas interrelaciones.

Ahora bien, dentro de las situaciones de poder, están los denominados derechos subjetivos, y entre estos los derechos humanos, que constituyen situaciones de poder

6 Corte Interamericana de Derechos Humanos, *Caso Velásquez Rodríguez, Sentencia de 29 de julio de 1988*, Serie C. N° 4, San José, Costa Rica, párrafo 175.

consustanciales a la naturaleza humana, a la calidad del ser humano, y que tienen todos los hombres por igual. Esos, que son esenciales a toda sociedad de hombres, son precisamente los que progresivamente se han venido declarando en los textos constitucionales en todo el mundo.

Este proceso de la universalización y ampliación de las declaraciones constitucionales de los derechos humanos la queremos analizar, haciendo referencia a tres aspectos fundamentales: en *primer lugar*, la ampliación nacional que han venido experimentando las declaraciones de derechos; en un *segundo lugar*, el carácter enunciativo de las declaraciones de los derechos y, por tanto, la incorporación progresiva en las Constituciones de un *numerus apertus* de derechos, no limitados a los que los textos constitucionales enumeran taxativamente; y en *tercer lugar*, el principio de la alteridad, como característica de la regulación de los derechos, a los efectos de garantizar su justiciabilidad.

I. LA AMPLIACIÓN NACIONAL DE LAS DECLARACIONES DE DERECHOS Y GARANTÍAS

El primer aspecto que debe mencionarse en cuanto las declaraciones de derechos, se refiere a la progresiva ampliación que las mismas han venido experimentando en el texto expreso de las Constituciones de los países en el mundo contemporáneo.

En efecto, conforme a la Declaración Universal de los Derechos del Hombre y del Ciudadano de 1789, "El fin de toda asociación política es la conservación de los derechos naturales e imprescriptibles del hombre". Sin embargo, esos derechos en ese entonces se redujeron a la libertad, a la igualdad ante la ley, a la seguridad personal y a la propiedad privada. Puede decirse que ese era el ámbito de los derechos humanos en una primera etapa del régimen de los mismos, es decir, cuando los derechos individuales y libertades eran el objeto exclusivo de regulación por el derecho constitucional. A esa pequeña lista de derechos en los textos constitucionales se fueron luego agregando otros, como por ejemplo, la libertad personal, la seguridad individual, la integridad personal, la libertad de expresión, la libertad de culto, la libertad de tránsito, la libertad de industria y comercio, la libertad de trabajo, la libertad de asociación, el derecho de reunión, la libertad de enseñanza, el derecho al honor y a la reputación, la inviolabilidad del hogar domestico, la propiedad privada; lista a la cual se agregaron los derechos políticos al sufragio, a la constitución de partidos políticos y a manifestar. Esta fue la orientación general hasta la primera mitad del Siglo XX, cuando se produjo una considerable ampliación en cuanto al ámbito de los derechos humanos.

Ello ocurrió con motivo de los postulados que se incorporaron en las Constituciones de Querétaro, en México, de 1917 y de Weimar, en Alemania, de 1919, con las cuales puede decirse que comenzó el proceso de constitucionalización de los derechos sociales tales como por ejemplo, los derechos a la educación, a la salud, al trabajo, a la sindicalización y a la huelga, a la seguridad social. Además, se formuló el principio de la función social de los derechos económicos, particularmente del derecho de propiedad; y se comenzó a configurar el derecho al debido proceso con sus garantías, entre ellas, el derecho a la defensa. Posteriormente se produjo la ampliación de los derechos políticos en función del afianzamiento de la propia democracia, desembocando en el derecho a la participación política.

En esta forma, en el mundo contemporáneo puede decirse que se ha producido un tránsito en las declaraciones de derechos humanos, desde los derechos de la llamada primera generación del constitucionalismo clásico reducidos a los derechos individuales, que más bien son libertades con su peculiar tratamiento; hacia los derechos de una segunda generación, de carácter económico, sociales y cultural, los cuales conllevan más bien obligaciones prestacionales a cargo del Estado. Además, progresivamente se han venido incorporando los derechos de la llamada tercera generación, donde se ubican el derecho de los pueblos y de las personas al desarrollo, a una determinada calidad de vida, a la protección del medio ambiente, a gozar de un patrimonio cultural e, incluso, el derecho a la paz, como incluso ha sido consagrado expresamente en la Constitución de Colombia de 1991, los cuales han venido caracterizando el constitucionalismo latinoamericano.

Además, las últimas décadas han sido testigo de la ampliación progresiva de las garantías constitucionales de todos esos derechos declarados en los Textos constitucionales, entre las cuales se destacan las de la libertad, la irretroactividad de la ley, la nulidad de los actos estatales violatorios de los derechos (garantía objetiva), la responsabilidad de los funcionarios por las violaciones, el acceso a la justicia, el debido proceso y el derecho a la tutela judicial efectiva. En fin, el principio de la reserva legal, que determina que sólo la ley formal (emanada de los parlamentos) puede limitar o restringir el ejercicio de los derechos, con lo que queda excluida toda posibilidad de limitar los derechos humanos mediante decretos-leyes ejecutivos dictados en virtud de delegaciones legislativas.

Esta ampliación progresiva de derechos se ha plasmado, en nuestro Continente, entre otras, en tres Constituciones recientes que se pueden citar como ejemplos de una enumeración extensísima de derechos, como es el caso inicialmente de la Constitución de Brasil (1988), y luego, de las Constituciones de Colombia (1991) y de Venezuela (1999). Dichas Constituciones destinan una gran cantidad de artículos a la enumeración y regulación de los derechos individuales, políticos, económicos, sociales, educacionales, culturales, ambientales, de los pueblos indígenas, y muchos de los de la tercera generación.

Para evidenciar este proceso, podría destacarse *como ejemplo,* por ser de las más recientes, el aporte que ha significado al constitucionalismo de los derechos humanos las previsiones de la reciente Constitución de Venezuela de 1999[7], que es la última de las Constituciones sancionadas por una Asamblea Constituyente en América Latina. Este texto destina su Título IV a regular los deberes, derechos humanos y garantías (arts. 19 a 135), los cuales el Estado debe garantizar a toda persona conforme al principio de progresividad y sin discriminación alguna (art. 19).

---

7 Véase los comentarios sobre el tema de los derechos en Allan R. Brewer-Carías, *La Constitución de 1999. Derecho Constitucional Venezolano,* Editorial Jurídica Venezolana, Caracas 2004, Tomo I, pp.550 y ss. y Tomo II, pp. 767 y ss. Véanse nuestras propuestas sobre la regulación de los derechos humanos en la Asamblea Nacional Constituyente de 1999, en Allan R. Brewer-Carías, *Debate Constituyente (Aportes a la Asamblea Nacional Constituyente)*, Tomo II, Fundación de Derecho Público, Editorial Jurídica Venezolana, Caracas 1999, pp. 43 a 153.

1. *Las garantías constitucionales de los derechos*

En la Constitución Venezolana ante todo, se puede distinguir un conjunto de regulaciones muy importantes, relativas a las garantías constitucionales de los derechos humanos, es decir, a los instrumentos que permitirían hacer efectivo el ejercicio de los derechos. En tal sentido, se regulan ampliamente las garantías de la libertad (art. 20); de la irretroactividad de la ley (art. 24); de la nulidad de los actos violatorios de derecho y de la responsabilidad de los funcionarios (art. 25); y de la igualdad ante la ley (art. 21). Además, se regula la garantía judicial con el derecho de acceso a la justicia que tiene toda persona para hacer valer sus derechos e intereses, incluso los colectivos o difusos, a la tutela efectiva de los mismos y a obtener con prontitud la decisión correspondiente (art. 26). La Constitución regula, además, la garantía de protección inmediata de los derechos mediante recursos efectivos: el derecho y la acción de amparo, la acción de amparo a la libertad personal o de hábeas corpus y la acción de habeas data (art. 27).

Por otra parte, también se regula expresamente, además del derecho de acceso a la justicia, la más importante de las garantías constitucionales, la del debido proceso, es decir, que la justicia se imparta conforme a las normas establecidas en la Constitución y las leyes. Esta garantía se ha establecido detalladamente en el artículo 49 que exige que "el debido proceso se aplicará a todas las actuaciones judiciales y administrativas", regulándose las siguientes garantías en forma específica: el derecho a la defensa; la presunción de inocencia; el derecho a ser oído; el derecho al ser juzgado por su juez natural, que debe ser competente, independiente e imparcial; las garantías de la confesión; el principio *nullum crimen nulla poena sine lege*; el principio *non bis in idem* y la garantía de la responsabilidad estatal por errores o retardos judiciales.

Sin embargo, entre las garantías constitucionales de los derechos humanos, sin duda, la más importante es la garantía de la reserva legal, es decir, que las limitaciones y restricciones a los derechos sólo puedan establecerse mediante ley formal. De allí la remisión que los artículos relativos a los derechos constitucionales hacen a la ley. Pero ley, en los términos de la garantía constitucional, sólo puede ser el acto emanado de la Asamblea Nacional actuando como cuerpo legislador (art. 202). Este es el único acto que puede restringir o limitar las garantías constitucionales, como lo indica el artículo 30 de la Convención Americana sobre Derechos Humanos de acuerdo con la interpretación de la Corte Interamericana de Derechos Humanos (Opinión Consultiva Nº 6).

Frente a ello debe destacarse la potencial violación de esta garantía en el propio texto constitucional venezolano, al regular la figura de la "delegación legislativa" al Presidente de la República, mediante las llamadas "leyes habilitantes" (art. 203), para que pueda dictar actos con rango y valor de ley en cualquier materia (art. 236, ord. 8), lo cual contrasta con lo que establecía la Constitución de 1961, conforme a la cual sólo podían dictarse en materias económicas y financieras (art. 190, ord. 8).

Esto, lamentablemente, incluso ante un elenco tan importante de derechos y garantías, ha abierto la vía constitucional para la violación de la reserva legal que, como se dijo, es la garantía constitucional más importante en relación con la efectiva vigencia y ejercicio de aquellos.

Por último, entre las garantías constitucionales, en el artículo 29 de la Constitución se estableció expresamente la obligación del Estado de investigar y sancionar legalmente los delitos contra los derechos humanos cometidos por sus autoridades, y en el artículo 30 se estableció la obligación del Estado de indemnizar integralmente a las víctimas de violaciones a los derechos humanos que le sean imputables, incluido el pago de daños y perjuicios. El Estado, además, debe proteger a las víctimas de delitos comunes y debe procurar que los culpables reparen los daños causados.

2. *Los derechos y libertades individuales*

El Capítulo III del Título III de la Constitución venezolana, además, se destina a regular "los derechos civiles", los que en realidad, en castellano y conforme a la tradición constitucional venezolana, son los *derechos individuales*. Se regula, así, el derecho a la vida como inviolable, estableciéndose la prohibición de la pena de muerte (art. 43). Este derecho ha sido además, reforzado, obligándose al Estado a proteger "la vida de las personas que se encuentren privadas de su libertad, prestando el servicio militar o civil, o sometidas a su autoridad en cualquier otra forma".

La Constitución, además, reguló expresamente el derecho al nombre (art. 56). Igualmente, reguló el derecho a la inviolabilidad de la libertad personal (art. 44), estableciendo garantías frente a los arrestos o detenciones, a la defensa y a no estar incomunicado; y en relación con el límite personal de las penas, la necesaria identificación de la autoridad; la excarcelación (art. 44), la protección frente a la esclavitud o servidumbre (art. 54) y la prohibición de la desaparición forzosa de personas (art. 45).

Se reguló, también detalladamente, el derecho a la integridad personal (art. 46), con los siguientes derechos: el derecho a no ser sometido a torturas o penas degradantes; el derecho de los detenidos al respeto a la dignidad humana; el derecho a decidir sobre experimentos y tratamientos; y la responsabilidad de los funcionarios.

Adicionalmente, el texto constitucional, conforme a la tradición de los textos anteriores, consagró la inviolabilidad del hogar doméstico (art. 47); la inviolabilidad de las comunicaciones privadas (art. 48); la libertad de tránsito (art. 50); el derecho de petición y a la oportuna respuesta (art. 51); y el derecho de asociación (art. 52). Este último derecho sin embargo, encuentra limitaciones de rango constitucional, respecto de los jueces, a quienes se prohíbe asociarse (art. 256); y en cuanto a la inherencia del Estado en las elecciones de los gremios profesionales, que deben ser organizadas por el Consejo Nacional Electoral, como órgano del Poder Público (Poder Electoral) (art. 293,6).

En relación con los derechos individuales, la Constitución garantiza, además, el derecho de reunión (art. 53); el derecho a la libre expresión del pensamiento (art. 57); y el derecho a la información "oportuna, veraz e imparcial", así como el derecho de réplica y rectificación cuando se vean afectados directamente por informaciones inexactas o agraviantes (art. 58). Además, encuentran regulación expresa la libertad religiosa (art. 59); el derecho a la protección del honor y la intimidad (art. 60); el derecho a la libertad de conciencia (art. 61); el derecho de protección por parte del Estado (art. 55).

3. *Los derechos sociales*

En el campo de los derechos sociales y de las familias, la Constitución de 1999 contiene extensas y complejas declaraciones, muchas de las cuales no guardan relación con el principio de la alteridad. En efecto, la Constitución atribuye al Estado innumerables obligaciones, en cuyo cumplimiento, en gran parte, se margina la participación de la sociedad, resultando un esquema que globalmente considerado es altamente paternalista y estatista.

En efecto, por una parte la Constitución reguló una serie de derechos sociales que pueden denominarse como derechos de protección, y que se refieren a las familias (art. 75); a la maternidad y paternidad (art. 76); al matrimonio "entre un hombre y una mujer", (art. 77); a los niños y adolescentes (art. 78); a los jóvenes (art. 79); a los ancianos (art. 80); y a los discapacitados (art. 81); regulándose expresamente en el artículo 101, la obligación para los medios televisivos de incorporar subtítulos y traducción a la lengua de señas para las personas con problemas auditivos.

La Constitución reguló, además, expresamente, el derecho a la vivienda (art. 82), como una declaración; y el derecho a la salud y a su protección (art. 83), imponiendo al Estado la "obligación de crear, ejercer la rectoría y gestionar un "sistema público nacional de salud", de carácter intersectorial, descentralizado y participativo, integrado al sistema de seguridad social, regido por los principios de gratuidad, universalidad, integridad, equidad, integración social y solidaridad (art. 84).

Es decir, el servicio de salud se concibe constitucionalmente como integrado al sistema de seguridad social (como un subsistema) y se lo concibe como gratuito y universal, lo que no guarda relación alguna con el sistema de seguridad social que se establece para los afiliados o asegurados. Se establece, además, con rango constitucional, que los bienes y servicios públicos de salud son propiedad del Estado y no pueden ser privatizados. Por último, se establece el principio de que la comunidad organizada tiene el derecho y el deber de participar en la toma de decisiones sobre la planificación, ejecución y control de la política específica en las instituciones públicas de salud (art. 84).

En el artículo 85 de la Constitución se establece como una obligación del Estado, el financiamiento del sistema público de salud, que debe integrar los recursos fiscales, las cotizaciones obligatorias de la seguridad social y cualquier otra fuente de financiamiento que determine la ley. El Estado, además, debe garantizar un presupuesto para la salud que permita cumplir con los objetivos de la política sanitaria. Finalmente, el mencionado artículo 85, termina su normación indicando que el Estado "regulara las instituciones públicas y privadas de salud", tratándose de la única norma en la cual se nombra a las instituciones privadas de salud, pero como objeto de regulación.

En cuanto al derecho a la seguridad social, el artículo 86 de la Constitución lo regula "como servicio público de carácter no lucrativo, que garantice la salud y asegure protección en contingencias de maternidad, paternidad, enfermedad, invalidez, enfermedades catastróficas, discapacidad, necesidades especiales, riesgos laborales, pérdida de empleo, desempleo, vejez, viudedad, orfandad, vivienda, cargas derivadas de la vida familiar y cualquier otra circunstancia de previsión social".

En el mismo Capítulo relativo a los derechos sociales y de la familia, la Constitución de 1999, en la misma orientación de la anterior Constitución de 1961, incorporó el conjunto de derechos laborales al texto constitucional, pero esta vez ampliándolos y rigidizándolos aún mas, llevando a rango constitucional muchos derechos que por su naturaleza podrían ser de rango legal. Se reguló, así, expresamente, el derecho y el deber de trabajar (art. 87); la igualdad en el trabajo (art. 88); la protección estatal al trabajo (art. 89); la jornada laboral y el derecho al descanso (art. 90); el derecho al salario (art. 91); el derecho a prestaciones sociales (art. 92); el derecho a la estabilidad laboral (art. 93); las responsabilidades laborales (art. 94); el derecho a la sindicalización (art. 95); el derecho a la contratación colectiva (art. 96); y el derecho a la huelga (art. 97).

Sobre el derecho a la sindicalización, debe destacarse la injerencia del Estado en el funcionamiento de los sindicatos, al establecer el artículo 293,6 de la Constitución la competencia del Consejo Nacional Electoral, que es un órgano del Poder Público (Poder Electoral), para "organizar las elecciones de los sindicatos y gremios profesionales". En consecuencia, en Venezuela, los sindicatos no son libres de organizar la elección de sus autoridades y representantes, sino que las mismas deben ser organizadas por el Estado.

Por otra parte, la Constitución en el Capítulo VI del Título III, consagró una serie de derechos relativos a la cultura, tales como la libertad y la creación cultural y la propiedad intelectual (art. 98); los valores de la cultura y la protección del patrimonio cultural (art. 99); la protección de la cultura popular (art. 100) y a la información cultural (art. 101), estableciendo que el Estado debe garantizar la emisión, recepción y circulación de la información cultural. A tal efecto, se impone a los medios de comunicación el deber de coadyuvar a la difusión de los valores de la tradición popular y la obra de los artistas, escritores, compositores, cineastas, científicos y demás creadores y creadoras culturales del país.

En cuanto al derecho a la educación, el artículo 102 de la Constitución comienza estableciendo, en general, que "la educación es un derecho humano y un deber social fundamental, es democrática, gratuita y obligatoria". La consecuencia de lo anterior es la previsión del mismo artículo 102, que impone al Estado la obligación de asumir la educación como "función indeclinable" y de máximo interés en todos sus niveles y modalidades y como instrumento del conocimiento científico, humanístico y tecnológico al servicio de la sociedad. En consecuencia, constitucionalmente se declara a la educación como un servicio público, precisándose, sin embargo, que "el Estado estimulará y protegerá la educación privada que se imparta de acuerdo con los principios contenidos en esta Constitución y en las Leyes".

Se regula, además, el derecho a la educación integral, la gratuidad de la educación pública; y el carácter obligatorio de la educación en todos sus niveles, desde el maternal hasta el nivel medio diversificado. En cuanto a la educación impartida en las instituciones del Estado, se la declara gratuita hasta el pregrado universitario (art. 103). Además, se establece el régimen de los educadores (art. 104); el derecho a educar (art. 106); y la educación ambiental y cívica, así como la historia y geografía de Venezuela (art. 107). En el artículo 108, se precisa, además, que los medios de comunicación social, públicos y privados, deben contribuir a la formación ciudadana. En la Constitución de 1999, además, se constitucionalizó el principio de la autonomía universitaria (art. 109); se reguló el régimen de las profesiones liberales (art. 105); el régimen de la ciencia y la tecnología (art. 110); y el derecho al deporte (art. 111).

4. *Los derechos ambientales*

En la Constitución de 1999 también constituye una novedad la regulación de los derechos relativos al medio ambiente, estableciéndose normas destinadas a regular el derecho y deber de gozar y mantener un ambiente sano (art. 127); la política de ordenación territorial (art. 128); los estudios de impacto ambiental y el régimen de los desechos tóxicos; y las cláusulas contractuales ambientales obligatorias (art. 129).

5. *Los derechos de los pueblos indígenas*

Otra de las innovaciones de la Constitución de 1999, fue la incorporación de Capítulo VIII contentivo de un conjunto de normas sobre los derechos de los pueblos indígenas, respecto de los cuales sólo había una escueta norma de protección en la anterior Constitución de 1961 (art. 77). En tal sentido se reconoce constitucionalmente "la existencia de los pueblos y comunidades indígenas, su organización social, política y económica, sus culturas, usos y costumbres, idiomas y religiones, así como su hábitat y derechos originarios sobre las tierras que ancestral y tradicionalmente ocupan y que son necesarias para desarrollar y garantizar sus formas de vida" (art. 119). El peligro que podría derivarse de esta regulación a los efectos de la integridad territorial, se buscó neutralizarlo en la misma Constitución al precisar que "los pueblos indígenas, como culturas de raíces ancestrales, forman parte de la Nación, del Estado y del pueblo venezolano como único, soberano e indivisible", no pudiéndose interpretar el término "pueblo" en el sentido que se le da en el derecho internacional (art. 126).

La Constitución, además, destinó un conjunto de normas relativas al aprovechamiento de los recursos naturales en los hábitat indígenas (art. 120); a los valores culturales indígenas (art. 121); al derecho de los pueblos indígenas a una salud integral (art. 122); al derecho de los pueblos indígenas a mantener y promover sus propias prácticas económicas (art. 123); y a la propiedad intelectual colectiva de los conocimientos, tecnológicas e innovaciones de los pueblos indígenas (art. 124). Por último, el artículo 125 de la Constitución consagra el derecho de los pueblos indígenas a la participación política; garantizando el artículo 186 de la Constitución, "la representación indígena en la Asamblea Nacional y en los cuerpos deliberantes de las entidades federales y locales con población indígena, conforme a la ley".

6. *Los derechos económicos*

Por otra parte, en la Constitución de 1999 se incorporó el Capítulo VII que enumera los *derechos económicos* de las personas, en la siguiente forma: por una parte la libertad económica (art. 112); y por la otra el derecho de propiedad y la expropiación (art. 115). Esta norma sigue la orientación del constitucionalismo venezolano, aún cuando deben destacarse algunas variaciones en relación con su equivalente en la anterior Constitución de 1961 (art. 99), que son las siguientes: *primero,* no se estableció que la propiedad privada tiene una función social que cumplir, como lo indicaba la Constitución de 1961; *segundo,* en la nueva Constitución se enumeraron los atributos del derecho de propiedad (uso, goce y disposición) lo que antes era materia de rango legal (art. 545 del Código Civil); y *tercero,* en cuanto a la expropiación, se exige en el nuevo texto constitucional que el pago de la justa indemnización sea "oportuno". En esa forma, en general, la norma garantiza con mayor fuerza el derecho de propiedad.

La Constitución, además, prohíbe que se decreten o ejecuten confiscaciones de bienes salvo en los casos permitidos por la propia Constitución y, en particular, por vía de excepción, mediante sentencia firme, respecto de los bienes de personas naturales o jurídicas, nacionales o extranjeras, responsables de delitos cometidos contra el patrimonio público, o de quienes se hayan enriquecido ilícitamente al amparo del Poder Público y los provenientes de las actividades comerciales, financieras o cualesquiera otras vinculadas al tráfico ilícito de sustancias psicotrópicas y estupefacientes (art. 116 y 271).

Por otra parte, la Constitución de 1999, destina el Título VI a regular es sistema socio económico, y entre su normativa, debe mencionarse el artículo 307 que declara al régimen latifundista como contrario al interés social, y remite al legislador para disponer lo conducente en materia tributaria para gravar las tierras ociosas y establecer las medidas necesarias para su transformación en unidades económicas productivas, rescatando igualmente las tierras de vocación agrícola.

Por otra parte, esa misma norma establece el derecho de los campesinos y demás productores agropecuarios a la propiedad de la tierra, en los casos y formas especificados por la ley respectiva. Esto implica el establecimiento de obligaciones constitucionales al Estado para proteger y promover las formas asociativas y particulares de propiedad para garantizar la producción agrícola, y para velar por la ordenación sustentable de las tierras de vocación agrícola con el objeto de asegurar su potencial agroalimentario.

Excepcionalmente dispone el mismo artículo constitucional, que el legislador creará contribuciones parafiscales con el fin de facilitar fondos para financiamiento, investigación, asistencia técnica, transferencia tecnológica y otras actividades que promuevan la productividad y la competitividad del sector agrícola.

Otra innovación constitucional en materia económica es el derecho que regula el artículo 117, de todas las personas a disponer de bienes y servicios de calidad, así como a una información adecuada y no engañosa sobre el contenido y características de los productos y servicios que consumen, a la libertad de elección y a un trato equitativo y digno.

II. EL SENTIDO DE LAS DECLARACIONES DE DERECHOS Y LAS CLÁUSULAS ABIERTAS

1. *El carácter declarativo*

Lo que es importante señalar es que desde el punto de vista jurídico, sea que las declaraciones de derechos estén incorporados en normas internacionales, sea que se hayan incorporado al derecho interno y que formen parte de las Constituciones, no son declaraciones constitutivas de los mismos, sino como lo dice su propia denominación, tienen carácter declarativo, es decir, reconocen los derechos. En consecuencia, ni las Constituciones ni las Convenciones Internacionales los crean o establecen, sino que los admiten como inherentes a la persona humana.

2. *Las cláusulas abiertas*

Bajo este ángulo, el aspecto más importante del proceso de fortalecimiento de las instituciones de protección de los derechos en América Latina ha sido la incorporación progresiva y continua en las Constituciones, de la cláusula enunciativa de los derechos de las personas que proviene, también, de la influencia del sistema constitucional norteamericano.

Esta consagración expresa en las Constituciones de cláusulas meramente enunciativas sobre derechos humanos conduce a considerar que los derechos constitucionales no se agotan en los enumerados expresamente en la declaración constitucional, sino que también se consideran como tales derechos constitucionales todos los otros inherentes a la persona humana, o los declarados en instrumentos internacionales. En esta forma, también, los derechos humanos establecidos en los instrumentos internacionales pasan a integrarse dentro de los derechos constitucionales con su mismo valor y rango, como una estrategia para la utilización desde la perspectiva constitucional, del sistema interamericano de protección de los derechos humanos.

En esta forma podemos decir que, incluso, todas las Constituciones de América Latina, con muy pocas excepciones (Cuba, Chile, México y Panamá), contienen una cláusula enunciativa de los derechos, conforme a la cual se indica expresamente que la declaración y enunciación de los derechos que se hace en los textos constitucionales, no se puede entender como negación de otros que no estando enumerados en ellos, son inherentes a la persona humana o a la dignidad de la persona humana. Cláusulas de este tipo se encuentran, por ejemplo en las Constituciones de Argentina (art. 33), Bolivia (art. 33), Colombia (art. 94), Costa Rica (art. 74), Ecuador (art. 19), Guatemala (art. 44), Honduras (art. 63), Nicaragua (art. 46), Paraguay (art. 45), Perú (art. 3), Uruguay (art. 72) y Venezuela (art. 22). En la República Dominicana, la Constitución es más general indicando que la enumeración constitucional (arts. 8 y 9) "no es limitativa, y por consiguiente, no excluye otros derechos y deberes de igual naturaleza" (art. 10).

En el artículo 22 de la Constitución de Venezuela de 1999, por ejemplo, siguiendo la tradición constitucional anterior, se establece expresamente que "la enunciación de los derechos y garantías contenidos en esta Constitución y en los instrumentos internacionales sobre derechos humanos no debe entenderse como negación de otros que, siendo inherentes a la persona humana, no figuren expresamente en ellos" (art. 22).

Esta norma, al igual que las antes mencionadas de otras Constituciones remite a los derechos inherentes a la persona humana, lo que incorpora nociones del derecho natural en el sentido de que los derechos humanos preceden al Estado y a las propias Constituciones; y además, permite ubicarlos más allá de los enumerados no sólo en la Constitución, sino en los instrumentos internacionales sobre derechos humanos, lo que amplía considerablemente su ámbito. El antecedente de esta norma de la Constitución venezolana en cuanto a la referencia a los derechos enunciados en los instrumentos internacionales, sin duda, se encuentra en la Constitución de Colombia de 1992 (art. 94). En sentido similar en la Constitución de Ecuador se indica que "Los derechos y garantías señalados en esta Constitución y en los instrumentos internacionales, no excluyen otros que se deriven de la naturaleza de la persona y que son necesarios para su pleno desenvolvimiento moral y material (art. 19). En Nicaragua, la Constitución en más detallada en cuanto a la enumeración de los instrumentos internacionales y, por tanto, más limitativa, al precisar el artículo 46 que:

> *Artículo 46*.- En el territorio nacional toda persona goza de la protección estatal y del reconocimiento de los derechos inherentes a la persona humana, del irrestricto respeto, promoción y protección de los derechos humanos, y de la plena vigencia de los derechos consignados en la Declaración Universal de los Derechos Humanos; en la Declaración Americana de Derechos y Deberes del Hombre, en el Pacto Internacional de Derechos Económicos, Sociales y Culturales, en el Pacto Internacional de Derechos Civiles y Políticos de la Organización de las Naciones Unidas; y en la Convención Americana de Derechos Humanos de la Organización de Estados Americanos.

En otros casos, como la Constitución de Brasil, la cláusula enunciativa, sin hacer referencia a los derechos inherentes a la persona humana, permite identificar como derechos constitucionales y por tanto, de igual rango y valor a los enumerados en la Constitución "adoptados por la Constitución o de los tratados internacionales en que la República Federativa de Brasil sea parte" (art. 5,2). Sin embargo, de acuerdo con la mayoría de los instrumentos internacionales, los derechos enumerados en los mismos se consideran como atributos de la persona humana, razón por la cual el efecto de aplicación de esta cláusula enunciativa viene a ser el mismo.

En definitiva, como lo señaló la antigua Corte Suprema de Justicia de Venezuela en una sentencia de 31 de enero de 1991 (Caso: *Anselmo Natale*), los:

> "Derechos inherentes de la persona humana son derechos naturales, universales, que tienen su origen y son consecuencia directa de las relaciones de solidaridad entre los hombres, de la necesidad del desarrollo institucional de los seres humanos y de la protección del medio ambiente". De allí, la misma Corte concluyó señalando que "Dichos derechos comúnmente están contemplados en Declaraciones Universales y en textos nacionales o supranacionales y su naturaleza y contenido como derechos humanos no debe permitir duda alguna por ser ellos de la esencia misma del ser y, por ende, de obligatorio respeto y protección".

Otras Constituciones establecen la cláusula enunciativa con menor ámbito, pero igualmente permiten una ampliación de los derechos humanos enumerados en el texto constitucional. Por ejemplo, en la Constitución de Costa Rica se hace referencia a los derechos inherentes o que deriven del principio cristiano de la justicia social (art. 74), en el mismo sentido de la dignidad de la persona humana.

En otras Constituciones, las cláusulas enunciativas abiertas sobre los derechos humanos hacen referencia a la soberanía del pueblo y la forma republicana de gobierno, con lo cual en la enunciación se hace más énfasis en el tema de los derechos políticos (que nacen del principio de la soberanía del pueblo y de la forma republicana de gobierno), más que en los derechos inherentes a la persona humana, como sucede en Argentina (art. 33) y Bolivia (art. 35).

Otras Constituciones hacen referencia a los derechos que deriven tanto de la forma republicana y de la forma representativa de gobierno, como de la dignidad del hombre, como sucede en Uruguay (art. 72: "no excluye los otros que son inherentes a la personalidad humana o se derivan de la forma republicana de gobierno), Perú (art. 3: "no excluye los demás que la Constitución garantiza, ni otros de naturaleza análoga o que se fundan en la dignidad del hombre, o en los principios de soberanía del pueblo, del Estado democrático de derecho y de la forma republicana de gobierno") y Honduras (art. 63 "no serán entendidos como negación de otras declaraciones, derechos y garantías no especificadas, que nacen de la soberanía, de la forma republicana, democrática y representativa de Gobierno y de la dignidad del hombre"), de lo que resulta una ampliación enorme de esta cláusula de enunciación de derechos. Puede decirse, en todo caso, que este es un signo muy característico del constitucionalismo latinoamericano, los que lo distingue, sobre todo, del constitucionalismo europeo.

Por supuesto, la enunciación de derechos abiertos en las Constituciones implica que la falta de reglamentación de los mismos por ley, no puede ser invocada para negar ni menoscabar el ejercicio de los derechos por las personas, como lo expresan muchas de nuestras Constituciones (Argentina. Bolivia, Paraguay, Venezuela, Ecuador). Se trata, por supuesto, del principio de la aplicación directa de la Constitución en materia de derechos humanos, lo que excluye la tradicional concepción de las llamadas "cláusulas programáticas" que en el constitucionalismo de hace algunas décadas se construyó, particularmente en materia de derechos sociales, que impedían su ejercicio hasta que fueran regulados legalmente y que impedían su justiciabilidad. En tal sentido, la Constitución de Ecuador es precisa al señalar:

> *Artículo 18.* Los derechos y garantías determinados en esta Constitución, y en los instrumentos internacionales vigentes, serán directa e inmediatamente aplicables por y ante cualquier juez, tribunal o autoridad ...
>
> No podrá alegarse falta de ley para justificar la violación o desconocimiento de los derechos establecidos en esta Constitución, para desechar la acción por esos hechos, o para negar el reconocimiento de tales derechos.

3. *La garantía objetiva*

Una consecuencia jurídica fundamental en el ámbito de la protección de los derechos que deriva de las declaraciones de derechos incorporadas en los textos fundamentales, incluso en la forma enunciativa, es la llamada garantía objetiva de la Constitución, conforme a la cual, los actos estatales que violen los derechos constitucionales son nulos. El principio, que para el constitucionalismo europeo contemporáneo lo descubrió Hans Kelsen[8]; puede decirse que en el constitucionalismo latinoamericano está incorporado en los textos de las Constituciones desde principios del siglo XIX, como sucedió en la Constitución de Venezuela de 1811.

Este principio implica, como se dijo, que toda decisión del Estado contraria a los derechos fundamentales establecidos en la Constitución es nula, con lo cual la garantía objetiva del propio texto constitucional deriva del mismo, declarando *expressis verbis* la nulidad de lo que sea contrario a los derechos. En tal sentido, por ejemplo, en el artículo 25 de la Constitución venezolana de 1999, se dispone que "todo acto dictado en ejercicio del Poder Público que viole o menoscabe los dere-

---

8 Véase Hans Kelsen, «La garantie jurisdictionnelle de la Constitution (La justice constitutionnelle)», *Revue du droit public et de la science politique en France et à l'étranger,* Paris 1928, p. 250.

chos garantizados por esta Constitución y la Ley es nulo; y los funcionarios públicos que lo ordenen o ejecuten incurren en responsabilidad penal, civil y administrativa, según los casos, sin que les sirvan de excusa órdenes superiores".

En el caso particular del Perú, en el artículo 31 se enumera el derecho de los ciudadanos a participar en los asuntos públicos mediante referéndum; iniciativa legislativa; remoción o revocación de autoridades y demanda de rendición de cuentas; al derecho de ser elegidos y de elegir libremente a sus representantes; al derecho de los vecinos de participar en el gobierno municipal de su jurisdicción; y al derecho al voto; agregándose que "es nulo y punible todo acto que prohíba o limite al ciudadano el ejercicio de sus derechos".

4. *El ámbito de las limitaciones a los derechos*

Por otra parte, debe mencionarse que la enunciación constitucional de derechos, con toda la ampliación que hemos indicado, incluso con el señalado carácter enunciativo, se ha establecido, en paralelo, con la precisión del ámbito de las limitaciones a los derechos. Es cierto que hay derechos absolutos, es decir, derechos no limitables o inviolables, como por ejemplo el derecho a la vida, el derecho a no ser torturado, el derecho a no sufrir penas infamantes o el derecho a la defensa. Pero fuera de estos existe el principio de la limitabilidad de los derechos y libertades, los cuales siempre tienen como frontera tanto el derecho de los demás como el orden público y social, porque, en definitiva, los derechos se ejercen en sociedad y tienen una pluralidad de titulares. Ello exige, por tanto, conciliar el ejercicio de los derechos, por todos, de manera que ello no signifique, en particular, la violación del derecho de los demás y, en general, del orden público y social.

Por supuesto, este principio puede conducir a situaciones extremas como la que lamentablemente todavía queda en alguna Constitución latinoamericana, como es el caso de la Constitución cubana, que deja abierto un campo "ilimitado" de limitaciones a los derechos fundadas en la conservación de unos principios que sólo el Poder puede determinar, con lo cual se hacen nugatorios los derechos. En tal sentido, el artículo 62 de la Constitución de Cuba dispone que: "Ninguna de las libertades reconocidas a los ciudadanos puede ser ejercida contra lo establecido en la Constitución y las leyes, ni contra la existencia y fines del Estado socialista, ni contra la decisión del pueblo cubano de construir el socialismo y el comunismo. La infracción de este principio es punible".

En general, salvo este caso, la limitación a los derechos que permiten las Constituciones está vinculada a las exigencias del orden público y social y al ejercicio de los derechos por demás.

Todo esto plantea en el campo jurídico, algunos temas importantes en relación con el ejercicio de los derechos. En primer lugar, que toda limitación tiene una garantía fundamental que es la reserva legal, de manera que sólo por ley formal como acto que emana del cuerpo legislativo electo, es que pueden establecerse esas limitaciones, sea fundadas en el derecho de los demás o en el orden público y social.

En esta materia, en Venezuela, como antes hemos dicho, a pesar de los avances que contiene la nueva Constitución, por ejemplo, en la enumeración de los derechos individuales y en la constitucionalización de los Tratados Internacionales sobre derechos humanos a los cuales se les prescribió aplicación preferente cuando sean más favorables; consideramos que contiene un aspecto negativo específico, como la grave y potencial lesión a la garantía de la reserva legal que abre respecto de los derechos constitucionales, al establecer la delegación legislativa al Presidente de la República en forma amplia (art. 302).

En segundo lugar, que en la búsqueda progresiva del balance que debe existir entre los distintos derechos, éste debe ser de tal naturaleza que el ejercicio de un derecho no implique que se conculquen otros derechos. Por eso, el principio de la indivisibilidad e interdependencia en el goce y ejercicio de los derechos. Este es un tema que, por supuesto, no es totalmente resoluble con la sola previsión de textos constitucionales, y que sólo la aplicación progresiva de los textos por un Poder Judicial efectivo y eficiente, es lo que puede ir clarificando cuándo debe primar el ejercicio de un derecho sobre otro. Ha habido muchos casos judiciales, por ejemplo y sobre todo en relación con la libertad de expresión, que han determinado hasta dónde la libertad de expresión puede significar, por ejemplo, conculcar los derechos del niño; o hasta dónde la libertad de expresión puede incidir sobre el derecho a la intimidad. En estos casos el juez es el que debe determinar qué derecho priva en un momento concreto o en qué circunstancias debe darse primacía a los derechos del niño, por ejemplo, como ha sucedido en casos judiciales en Venezuela, en relación con el derecho a la libertad de expresión del pensamiento[9].

En esta labor de interpretación, por supuesto, los principios de progresividad, de interdependencia, de razonabilidad, *favor libertatis*, del núcleo esencial de los derechos, entre otros, son fundamentales para garantizar su ejercicio.

III EL PRINCIPIO DE LA ALTERIDAD

Ahora bien, cuando se analiza el tema de los derechos y libertades, debe tenerse en cuenta que estos, como derechos constitucionales, desde el punto jurídico constituyen básicamente como se dijo, situaciones jurídicas de poder que los individuos tienen en la sociedad, y que siempre tienen que tener una relación de alteridad con situaciones jurídicas de deber, que otros individuos tienen en la misma sociedad.

Por tanto, no hay sociedad que se conciba sin que existan situaciones de poder que son correlativas con situaciones de deber entre los sujetos que actúan en ella; es decir, no se concibe la sociedad sin esta interrelación entre sujetos en situación jurídica de poder de hacer, gozar, disfrutar o tener, y otros sujetos en situación jurídica de deber, de respetar, de abstenerse, de prestar o de dar; de manera que, siempre habrá una relación derecho-obligación o, en general, poder-deber.

Los derechos humanos, desde el punto de vista jurídico, son situaciones jurídicas de poder que son consustanciales a la naturaleza humana o a la calidad de ser humano, en definitiva, a la calidad de hombre y que tienen todos los hombres por igual; pero en cuyo régimen y en su declaración, por supuesto, el principio de la alteridad tiene que estar siempre presente. Así, si hay un sujeto activo o un titular del derecho, siempre tiene que haber alguien con una obligación (sujeto pasivo) frente a ese derecho, es decir, alguien obligado a cumplir determinadas actividades para satisfacer

9 Véase por ejemplo, Allan R. Brewer-Carías et al, *La libertad de expresión amenazada*, Instituto Interamericano de Derechos Humanos, Editorial Jurídica venezolana, Caracas 2001.

el goce de esos determinados derechos; de manera que, no hay derecho sin obligación.

No puede haber, en consecuencia, por ejemplo, un derecho humano "a no enfermarse". Ese es un deseo, una declaración política pero no un derecho, porque frente a ese sueño no existe alteridad, es decir, no hay nadie que pueda estar obligado a asegurar a las personas que no se enfermen.

En el caso de Venezuela, por ejemplo, ante la amplísima y excelente enumeración de los derechos humanos que contiene la Constitución, uno de los problemas que surgen de ella es la confusión entre las buenas intenciones, los derechos constitucionales y la ilusión o frustración que puede derivar de la imposibilidad de satisfacer algunos derechos sociales; en virtud de la consagración de supuestos derechos que no pueden originar obligaciones u obligados, por imposibilidad conceptual.

Así sucede, con varios de los derechos y garantías sociales, tal y como se consagraron en la Constitución, cuya satisfacción literal es simplemente imposible. Constituyen, más bien, excelentes declaraciones de principio y de intención de indiscutible carácter teleológico, pero difícilmente pueden concebirse como "derechos" por no poder existir un sujeto con obligación de satisfacerlos. Es el caso, por ejemplo, del "derecho a la salud", que se consagra como "un derecho social fundamental obligación del Estado, que lo garantizará como parte del derecho a la vida" (art. 83). Lo cierto es que es imposible que alguien garantice la salud de nadie y que constitucionalmente se puede consagrar el "derecho a la salud". Ello equivaldría, como se dijo, a consagrar en la Constitución el derecho a no enfermarse, lo cual es imposible pues nadie puede garantizar a otra persona que no se va a enfermar.

Las formulas constitucionales en esta materia, sin embargo, son bien similares en América Latina. En algunos casos se declara la salud como bien público: como lo indica la Constitución de El Salvador, "la salud de los habitantes de la República constituye un bien público" (art. 65). En sentido similar se regula en la Constitución de Guatemala (art. 95); y por ello, ambas Constituciones establecen que el Estado y las personas están obligados a velar por su conservación y restablecimiento.

Pero aparte de estas declaraciones generales de orden constitucional, en la generalidad de las Constituciones de América Latina se establece expresamente, dentro de los derechos fundamentales o constitucionales de las personas, "el derecho a la salud" (Bolivia, art. 7,a; Brasil, art. 6 y 196; Ecuador art. 42; Nicaragua, art. 59; Venezuela, art. 84). Este derecho fundamental corresponde a todas las personas "por igual" como lo precisa la Constitución de Nicaragua (art. 59); y lo reafirma la Constitución de Guatemala, al prescribir que "el goce de la salud es derecho fundamental del ser humano, sin discriminación alguna" (art. 93).

Ahora bien, esta fórmula constitucional del "derecho a la salud", como se ha dicho, en realidad también constituye una declaración de principios relativos al compromiso del Estado y de la sociedad entera en relación con la persona humana, la cual difícilmente podría identificarse "literalmente" con un verdadero "derecho constitucional", ya que tal formulación o declaración carece del principio de la alteridad.

Sin embargo, puede decirse que con esta fórmula lo que se está estableciendo en las Constituciones en realidad es el derecho de todas las personas a que su salud sea protegida; es decir, el derecho constitucional, en realidad, es el derecho a la protección de la salud por parte del Estado, al cual le corresponde como obligación, que también corresponde a la sociedad entera, de velar por el mantenimiento y recuperación de la salud de las personas.

Por eso, otras Constituciones latinoamericanas declaran, con más precisión, "el derecho a la protección de la salud" (Honduras, art. 145); o se refieren más precisamente al derecho de todas las personas "a la protección de la salud" (Chile art. 19,9; México, art. 4; Perú, art. 7); a que "se atienda y proteja su salud" (Cuba, art. 50); o a que se les garantice "a todas las personas el acceso a los servicios de promoción, protección y recuperación de la salud." (Colombia, art. 49). En Panamá, incluso, el artículo 105 de la Constitución dispone que:

> El individuo, como parte de la comunidad, tiene derecho a la promoción, protección, conservación, restitución y rehabilitación de la salud y la obligación de conservarla, entendida ésta como el completo bienestar físico, mental y social.

En algunos casos, como sucede en la señalada Constitución de Venezuela, puede decirse que se mezclan ambas formulaciones, al disponer en su artículo 83 que "La salud es un derecho social fundamental" agregando además que "Todas las personas tienen derecho a la protección de la salud". Igual sucede en el artículo 68 de la Constitución de Paraguay, en el cual bajo el acápite de "derecho a la salud", lo que se establece es que "El Estado protegerá y promoverá la salud como derecho fundamental de la persona y en interés de la comunidad".

Otro caso que puede destacarse como ejemplo, en esta relación entre declaraciones constitucionales y derechos, es el derecho que se consagra en la Constitución de Venezuela a favor de "toda persona a una vivienda adecuada, segura, cómoda, higiénica, con servicios básicos esenciales que incluyan un hábitat que humanice las relaciones familiares, vecinales y comunitarias" (art. 82). Este "derecho", tal como está consagrado, es de imposible satisfacción. Se trata, más bien, de una declaración de principios o de intención, bellamente estructurada, que no puede conducir a identificar a un obligado a satisfacerla, y menos al Estado. Se confundieron, en esta materia, las buenas intenciones y las declaraciones sociales con derechos y obligaciones constitucionales, que originan otro tipo de relaciones jurídicas, incluso con derecho de ser amparados constitucionalmente. De la norma, en todo caso, lo que deriva como obligación del Estado es a proveer a todos, de los medios y condiciones necesarias para tener esa vivienda.

En todo caso, en la concepción inicial de la formulación de las declaraciones de derechos, el obligado era el Estado; es decir, inicialmente los derechos se formularon frente al Estado, de manera que siempre el sujeto activo era el hombre, el ciudadano, y el sujeto pasivo, el obligado, era el Estado. Esta concepción inicial de la formulación de los derechos, incluso, llevó a que los mecanismos de protección de los mismos (amparo o tutela), en su concepción inicial, fueran mecanismos de protección *frente al Estado.*

Por supuesto, esto varió posteriormente porque la relación de alteridad cambió, en el sentido de que el sujeto pasivo en los derechos no sólo es el Estado. Éste lo sigue siendo, pero no en forma exclusiva, pues progresivamente el campo del sujeto pasivo se ha universalizado, existiendo en la actualidad obligaciones, es decir, situaciones de deber en el campo de los derechos que corresponden, por supuesto, a los particulares, es decir, que corresponden a todos, incluso a las colectividades, a las comunidades y hasta a la comunidad internacional. Tal es el caso del derecho al desarrollo, como derecho que, incluso, no es sólo del hombre en particular sino de los pueblos y de las comunidades. Por ello, los obligados son algo más que los Estados, entrando en el campo de la comunidad internacional.

Por otra parte, si se presta atención al principio de la alteridad, es decir, a la relación entre situaciones de poder y situaciones de deber, se puede constatar que las situaciones de deber, es decir, del sujeto pasivo, no siempre son las mismas. Muchas veces las situaciones de deber se configuran como situaciones de prestación (obligación positiva); es decir, como obligaciones de prestar, de dar, o de hacer. Cuando se está, por ejemplo, en el campo de los derechos sociales, como el derecho a la educación o el derecho a la protección de la salud, el Estado está obligado a prestar un servicio (servicio público), es decir, está obligado a realizar una actividad positiva. Desde el punto del sujeto activo, ahí se esta, desde la perspectiva jurídica, en presencia de "derechos" en sentido estricto.

En otros campos se está en presencia de derechos fundamentales que son más bien "libertades", porque la situación del sujeto pasivo, por ejemplo del mismo Estado, no se corresponde con obligación alguna de hacer o de dar, sino que la obligación es básicamente de no hacer; es una obligación de abstención, de no molestar, de no lesionar, de no extinguir, de no privar. Por tanto, desde el punto estrictamente jurídico, más que derechos, estas son libertades. Por ejemplo, la libertad de tránsito implica más la situación de deber de que no se impida la circulación; la libertad o el derecho a la libre expresión del pensamiento implica la situación de deber del Estado de no molestar, de no censurar, de no impedir la libre expresión.

Lo anterior, en relación con el tema de las situaciones de poder y de deber y de su alteridad, conduce a distinguir claramente entre libertades y derechos cuando la situación del sujeto obligado no es, en el caso de las libertades, una obligación de dar o de hacer, sino más bien de no hacer, de abstenerse. En cambio en los derechos propiamente dichos, sí hay una obligación de prestar, como sucede, por ejemplo, en general, en los servicios públicos y, particularmente, en los de carácter social (salud, educación).

SECCIÓN SEGUNDA:
LA CONSTITUCIONALIZACIÓN DE LA INTERNACIONALIZACIÓN DE LOS DERECHOS HUMANOS

En la evolución de los mecanismos nacionales de protección de los derechos humanos se pueden distinguir diversas etapas marcadas por un proceso inicial de constitucionalización de los mismos mediante su declaración en las Constituciones, como antes se ha señalado; etapa que luego de la intermedia de internacionalización de la constitucionalización de los mismos, ha llegado finalmente a una etapa posterior, que es la actual, de constitucionalización de la internacionalización de los derechos humanos.

En efecto, puede decirse que fue después de la Segunda Guerra Mundial y de los horrores que se produjeron, los cuales pusieron al descubierto las más aberrantes violaciones a los derechos humanos nunca imaginadas; cuando comenzó la búsqueda de un necesario ámbito universal en la lucha por la protección de los mismos, para lo cual se impuso además, la consecuente y progresiva recomposición del concepto mismo de soberanía, clave en la configuración del derecho constitucional de la época.

Fue así como el derecho internacional comenzó a jugar un rol significativo en el establecimiento de límites al propio derecho constitucional, con motivo de los nuevos principios y compromisos internacionales que se fueron conformando para asegurar la paz. Por ello no es de extrañar que de esa guerra surgió, precisamente, el proceso de internacionalización de los derechos humanos, con la adopción tanto de la Declaración Americana de los Derechos y Deberes del Hombre por la Organización de Estados Americanos, como de la Declaración Universal de los Derechos Humanos por la Organización de las Naciones Unidas, ambas en 1948; y, en 1950, con la adopción de la Convención Europea de Derechos Humanos. Ese proceso se consolidó en las décadas de los sesenta y setenta, con la adopción del Pacto Internacional de Derechos Civiles y Políticos y del Pacto Internacional de Derechos Económicos, Sociales y Culturales en el ámbito de las Naciones Unidas y, en 1969, de la Convención Americana sobre Derechos Humanos en el ámbito interamericano.

En esta forma, a la constitucionalización inicial de los derechos humanos marcada por las declaraciones nacionales, siguió una segunda etapa marcada por el proceso de la internacionalización de los mismos. Su desarrollo, como instrumento de protección de tales derechos, ha sido lo que ha originado la tercera etapa de la protección, en la cual nos encontramos actualmente, la cual es la de la constitucionalización de la internacionalización de los derechos humanos, que ha sido provocada, precisamente, por la introducción en los derechos internos, de los sistemas internacionales de protección.

Este proceso se ha manifestado en primer lugar, con el otorgamiento de un determinado rango normativo en el derecho interno a los instrumentos internacionales, es decir, con la precisión, en las Constituciones, del valor que debe tener tanto la norma internacional como la del derecho interno en relación con los derechos humanos, determinando cual es la que debe prevalecer en caso de conflicto entre las mismas.

Las soluciones constitucionales en este respecto derivan no sólo de la consagración expresa de dicho rango normativo en el texto de las Constituciones, sino de la estructuración del mismo con base en la interpretación constitucional. Nos referiremos a estas dos soluciones separadamente.

I. EL RANGO NORMATIVO DE LOS INSTRUMENTOS INTERNACIONALES DE DERECHOS HUMANOS ESTABLECIDO EXPRESAMENTE EN LAS CONSTITUCIONES

En muchas Constituciones latinoamericanas el tema del rango constitucional de los instrumentos internacionales sobre derechos humanos ha sido resuelto expresamente, pudiendo distinguirse cuatro regímenes normativos según que se les haya otorgado rango supra constitucional, rango constitucional, rango supra legal o solamente rango legal[10].

1. *El rango supra constitucional de los instrumentos internacionales sobre derechos humanos*

En *primer lugar*, algunas Constituciones han establecido expresamente el rango supra constitucional de los derechos humanos declarados en instrumentos internacionales. Ello implica darle a la normativa internacional un rango superior en relación con las propias normas constitucionales, prevaleciendo, por tanto, en relación con lo dispuesto en ellas.

Tal es el caso, por ejemplo, de la Constitución de Guatemala, en cuyo artículo 46 se establece el principio general de que en materia de derechos humanos, los tratados y convenciones aceptados y ratificados por Guatemala, tienen preeminencia sobre el derecho interno, concepto éste que en nuestro criterio, no sólo comprende a las leyes sino a la propia Constitución.

En Colombia, la Constitución ha establecido una disposición similar, al disponer el artículo 93 que: "Los tratados y convenios internacionales ratificados por el Congreso, que reconocen los derechos humanos y que prohíben su limitación en los estados de excepción, prevalecen en el orden interno"; y orden interno, también, en nuestro criterio, como antes indicamos, no sólo es el establecido en las leyes sino en la propia Constitución.

En cierta forma, también podría ubicarse en este primer sistema de jerarquía supra constitucional de los derechos humanos establecidos en instrumentos internacionales, el caso de la Constitución de Venezuela de 1999, en cuyo artículo 23 se dispone que

> Los tratados, pactos y convenciones relativos a derechos humanos, suscritos y ratificados por Venezuela, tienen jerarquía constitucional y prevalecen en el orden interno, en la medida en que contengan norma sobre su goce y ejercicio más favorable a las establecidas por esta Constitución y la ley de la República, y son de aplicación inmediata y directa por los tribunales y demás órganos del Poder Público.

Al señalar esta Constitución que los derechos humanos establecidos en los instrumentos internacionales prevalecen en el orden interno, es decir, el establecido en la propia Constitución y en las leyes, cuando prevean condiciones de goce y ejercicio más favorable, sin duda le está otorgando rango supra constitucional a dichos derechos.

---

10 Véase en general sobre esta clasificación lo expuesto por Rodolfo E. Piza R., *Derecho internacional de los derechos humanos: La Convención Americana*, San José 1989; y por Carlos Ayala Corao, *La jerarquía constitucional de los tratados sobre derechos humanos y sus consecuencias*, México, 2003.

2. *El rango constitucional de los instrumentos internacionales sobre derechos humanos*

En *segundo lugar*, un grupo de Constituciones ha atribuido expresamente rango constitucional a los instrumentos internacionales sobre derechos humanos, es decir, los derechos humanos establecidos en los mismos tienen la misma jerarquía constitucional que los establecidos en el texto fundamental.

Dos tipos de regímenes constitucionales pueden distinguirse en este grupo: las Constituciones que confieren rango constitucional a todos los instrumentos internacionales de derechos humanos, y las Constituciones que otorgan tal rango, sólo a un grupo de instrumentos enumerados expresamente en la Constitución.

En el *primer tipo* se ubicaba, por ejemplo, la Constitución de Perú de 1979, derogada en 1994, cuando establecía en su artículo 105 que "Los preceptos contenidos en los tratados relativos a derechos humanos, tienen jerarquía constitucional", de manera que "No pueden ser modificados sino por el procedimiento que rige para la reforma de la Constitución".

En el *segundo tipo* se ubica la Constitución de Argentina de 1994 que le otorga una "jerarquía superior a las leyes", es decir, rango constitucional, a un grupo de tratados y declaraciones vigentes para ese entonces que enumera taxativamente el artículo 75, 22 de la Constitución, indicando los siguientes: "La Declaración Americana de los Derechos y Deberes del Hombre; la Declaración Universal de Derechos Humanos; la Convención Americana sobre Derechos Humanos; el Pacto Internacional de Derechos Económicos, Sociales y Culturales; el Pacto Internacional de Derechos Civiles y Políticos y su Protocolo Facultativo; la Convención sobre la Prevención y la Sanción del Delito de Genocidio; la Convención Internacional sobre la Eliminación de todas las Formas de Discriminación Racial; la Convención sobre la Eliminación de todas las Formas de Discriminación contra la Mujer; la Convención contra la Tortura y otros Tratos o Penas Crueles, Inhumanos o Degradantes; la Convención sobre los Derechos del Niño". Estos instrumentos, "en las condiciones de su vigencia, tienen jerarquía constitucional, no derogan artículo alguno de la primera parte de esta Constitución y deben entenderse complementarios de los derechos y garantías por ella reconocidos". Además, "solo podrán ser denunciados, en su caso, por el Poder Ejecutivo nacional, previa aprobación de las dos terceras partes de la totalidad de los miembros de cada Cámara".

En cuanto a los demás tratados sobre derechos humanos, la Constitución estableció que pueden gozar de tal jerarquía constitucional, siempre que sean aprobados por una mayoría calificada de las 2/3 partes de la totalidad de los miembros del Senado y de la Cámara de Diputados.

3. *El rango supra legal de los instrumentos internacionales sobre derechos humanos*

En *tercer lugar*, en otras Constituciones latinoamericanas se ha establecido expresamente el rango supra legal de los tratados y convenciones internacionales en general, comprendidos los relativos a derechos humanos. En estos sistemas, los tratados están sometidos a la Constitución, pero prevalecen sobre las Leyes.

Esta es la solución de la Constitución de Costa Rica, la cual dispone que "Los tratados públicos, los convenios internacionales y los concordatos debidamente aprobados por la Asamblea Legislativa, tendrán desde su promulgación o desde el día que ellos designen, autoridad superior a las leyes" (art. 7).

En el caso de Honduras se llega a una conclusión similar, aún cuando la prevalencia se regule en general respecto de los tratados internacionales y no específicamente respecto de los relativos a derechos humanos. En efecto, conforme al artículo 18 de la Constitución, los tratados internacionales en general, comprendidos los relativos a derechos humanos, forman parte del derecho interno y prevalecen sobre las leyes en caso de conflicto. La Constitución, además, dispone que en caso de que un tratado internacional afecte una disposición constitucional, el mismo debe ser aprobado mediante el procedimiento de reforma constitucional antes de su ratificación (art. 17).

En sentido similar, el artículo 144 de la Constitución de El Salvador dispone el rango legal de los tratados y su prevalencia respecto de las leyes en caso de conflicto, al disponer que "Los tratados internacionales celebrados por El Salvador con otros Estados o con organismos internacionales, constituyen leyes de la República al entrar en vigencia, conforme a las disposiciones del mismo tratado y de esta Constitución", agregando la norma que "La ley no podrá modificar o derogar lo acordado en un tratado vigente para El Salvador" y que "En caso de conflictos entre el tratado y la Ley, prevalecerá el tratado".

4. *El rango legal de los instrumentos internacionales sobre derechos humanos*

Por último, en cuarto lugar, en cuanto a la jerarquía normativa de los instrumentos internacionales sobre derechos humanos, están los sistemas constitucionales que le atribuyen en general a los tratados internacionales igual jerarquía que a las leyes.

Este es el sistema más difundido en el derecho constitucional contemporáneo, y sigue la orientación iniciada por la Constitución de los Estados Unidos de América (art. VI. 2).

En estos sistemas, por tanto, los tratados tienen el mismo rango normativo que las leyes, están sometidos a la Constitución y en su aplicación en relación con las leyes rigen los principios de ley posterior y ley especial para los efectos derogatorios que puedan tener.

II. EL VALOR NORMATIVO CONSTITUCIONAL DE LOS INSTRUMENTOS INTERNACIONALES CON INDEPENDENCIA DE LA JERARQUÍA DE ESTOS EN EL ORDEN INTERNO

Ahora bien, en ausencia de una regulación constitucional expresa relativa a la jerarquía normativa en el orden interno de los instrumentos internacionales sobre derechos humanos, los mismos pueden adquirir valor constitucional mediante técnicas interpretativas diversas de orden constitucional, en relación con el sistema interamericano de derechos humanos.

En efecto, la tendencia más general en el constitucionalismo contemporáneo ha sido la de otorgarle a los derechos humanos consagrados en los instrumentos internacionales el mismo rango y valor de los establecidos en las Constituciones, de manera que todos son considerados como derechos constitucionales. Ello se ha logrado mediante técnicas, incluso, en algunos casos, expresamente previstas en las Constituciones.

1. *La exigencia expresa de la interpretación de la Constitución de conformidad con los tratados internacionales*

Algunas Constituciones, en efecto, establecen expresamente una norma orientadora para la interpretación de los derechos humanos declarados en el texto fundamental, exigiendo que la misma debe realizarse en armonía o de conformidad con los tratados internacionales en la materia. El ejemplo más relevante en este caso es el de la Constitución de Colombia, cuyo artículo 93 establece expresamente que

> *Artículo 93.* Los derechos y deberes consagrados en esta Carta, se interpretarán de conformidad con los tratados internacionales sobre derechos humanos ratificados por Colombia.

En esta forma, en el propio texto constitucional se establece la obligación expresa para todos los órganos del Estado y no sólo para los tribunales, de interpretar las normas constitucionales reguladoras de los derechos humanos de acuerdo con lo establecido en los tratados internacionales sobre la materia. La consecuencia de ello es, por tanto, el reconocimiento implícito del mismo rango y valor de derechos constitucionales a los establecidos en los tratados internacionales, que son los que deben guiar la interpretación de los primeros.

Esta norma de la Constitución de Colombia, sin duda, tiene como antecedentes los textos de las Constituciones de España (art. 10,2) y Portugal (art. 16,2), las cuales además, se refieren en particular, a la Declaración Universal de los Derechos Humanos, cuyo contenido es el parámetro para la interpretación de las normas constitucionales sobre derechos humanos.

2. *La interpretación constitucional de las declaraciones generales sobre los fines de la sanción de la Constitución vinculados a los derechos humanos*

Otra forma de atribuir el mismo rango constitucional a los derechos consagrados en instrumentos constitucionales deriva de la interpretación constitucional que debe hacerse de las declaraciones generales relativas a los derechos humanos, y que generalmente se ubican en los preámbulos de las Constituciones.

En efecto, en muchos Preámbulos constitucionales, se establece como fin del propio texto constitucional e, incluso, del Estado, al asegurar la plena vigencia de los derechos humanos. Tal es el caso de la Constitución de Guatemala, en cuyo preámbulo se establece expresamente como finalidad del texto constitucional, "Impulsar la plena vigencia de los derechos humanos dentro de un orden institucional estable, permanente y popular, donde gobernados y gobernantes procedan con absoluto apego al derecho".

Siendo, en este caso, por tanto, finalidad de la propia sanción de la Constitución el impulsar la plena vigencia de los derechos humanos, éstos en su contexto universal adquieren el mismo valor que los declarados expresamente en la Constitución. A ello debe tender la interpretación constitucional de estas declaraciones generales.

3. *La interpretación de las obligaciones constitucionales del Estado en relación con los derechos humanos*

Otras Constituciones, en las normas destinadas a regular las declaraciones de derechos humanos, establecen expresamente obligaciones para los diversos órganos del Estado en relación con el aseguramiento de la efectividad en el goce y disfrute de tales derechos. En estos casos, al constituir una obligación del Estado el respeto de los derechos humanos o el velar por su efectivo ejercicio, los mismos, en general, adquieren rango y valor constitucional así no estén enumerados expresamente en las declaraciones constitucionales.

Tal es el caso de la Constitución de Chile, en cuya reforma de 1989 se incorporó una declaración conforme a la cual se dejó expresamente reconocido que el ejercicio de la soberanía está limitada por "El respeto a los derechos esenciales establecidos en la naturaleza humana", estableciéndose además, como "Deber de los órganos del Estado respetar y promover tales derechos garantizados por esta Constitución, así como por los tratados internacionales ratificados por Chile y que se encuentren vigentes". En consecuencia, si se trata de una obligación del Estado la de respetar y promover los derechos humanos garantizados por los tratados internacionales, los mismos adquieren el mismo valor y rango de los derechos constitucionales enumerados expresamente en el texto fundamental. Además, la referencia a los "derechos esenciales establecidos en la naturaleza humana" permite y exige identificar como tales, no sólo a los enumerados expresamente en la Constitución, sino a los establecidos en los tratados internacionales e, incluso, más allá, a los que sean de la esencia de la naturaleza humana.

En sentido similar se regula en la Constitución de Ecuador, la cual también establece como una obligación del Estado, "respetar y hacer respetar los derechos humanos que garantiza esta Constitución" (Art. 16); y garantizar "a todos sus habitantes, sin discriminación alguna, el libre y eficaz ejercicio y el goce de los derechos humanos establecidos en esta Constitución y en las declaraciones, pactos, convenios y más instrumentos internacionales vigentes".

La obligación del Estado, por tanto, no sólo se refiere a garantizar el ejercicio y goce de los derechos enumerados en la Constitución, sino de todos los enumerados en los instrumentos internacionales, los cuales en consecuencia adquieren rango y valor de derechos constitucionales.

También debe destacarse en el mismo sentido, la declaración contenida en la Constitución de Nicaragua en la cual se establece la declaración general de que toda persona no sólo "Goza de la protección estatal y del reconocimiento de los derechos inherentes a la persona humana y del irrestricto respeto, promoción y protección de los derechos humanos", sino de "La plena vigencia de los derechos consagrados en la Declaración Universal de Derechos Humanos, en la Declaración Americana de Derechos y Deberes del Hombre; en el Pacto Internacional de Derechos Económicos, Sociales y Culturales y en el Pacto Internacional de Derechos Civiles y Políticos de la Organización de Naciones Unidas y en la Convención Americana de Derechos Humanos de la Organización de Estados Americanos".

En este caso, la enumeración que hace la Constitución de ciertos instrumentos internacionales no puede sino interpretarse como una enunciación no taxativa, dadas las declaraciones procedentes sobre los derechos humanos en general y los inherentes a la persona humana.

4. *El principio de la interpretación progresiva*

El principio de la progresividad está regulado expresamente, por ejemplo, en la Constitución de Venezuela, al disponer en su artículo 19 que el goce y ejercicio de los derechos humanos lo debe garantizar el Estado a toda persona, "conforme al principio de progresividad y sin discriminación alguna". Sin embargo, algunas Constituciones, además, lo establecen expresamente como principio de interpretación, como sucede en Ecuador, donde el artículo 18 del texto fundamental dispone que "en materia de derechos y garantías constitucionales se estará a la interpretación que más favorezca su efectiva vigencia".

SECCIÓN TERCERA:

EL FORTALECIMIENTO Y DESARROLLO DE LAS GARANTÍAS JUDICIALES DE LOS DERECHOS CONSTITUCIONALES

De nada serviría una declaración de derechos como las que hemos tenido durante casi doscientos años en América Latina, si no existiera un conjunto de garantías judiciales de los mismos. Igualmente, de nada serviría la inserción de los derechos en las Constituciones, si no existiera un derecho ciudadano fundamental a su supremacía que puede ser exigible ante los tribunales.

En efecto, la idea del Estado de Derecho está indisolublemente unida a la idea de la Constitución como norma fundamental y suprema, que debe prevalecer sobre toda norma o acto estatal. Ese fue el gran y principal aporte de la revolución norteamericana al constitucionalismo moderno, y su desarrollo progresivo ha sido el fundamento de los sistemas de justicia constitucional en el mundo contemporáneo, en particular, los destinados a la protección y amparo de los derechos y libertades consagrados en las Constituciones.

Esta idea de la supremacía constitucional, es decir, de la Constitución como norma fundamental y suprema, puede decirse que fue doctrinalmente elaborada por primera vez en Norteamérica, en 1788, por *El Federalista*,[11] al referirse al papel de los jueces como intérpretes de la ley, señalando:

> Una Constitución es, de hecho, y así debe ser vista por los jueces, como ley fundamental, por tanto, corresponde a ellos establecer su significado así como el de cualquier acto proveniente del cuerpo legislativo Si se produce una situación irreconocible entre los dos, por supuesto, aquel que tiene una superior validez es el que debe prevalecer; en otras palabras, la Constitución debe prevalecer sobre las leyes, así como la intención del pueblo debe prevalecer sobre la intención de sus agentes.

Además, Hamilton, al desarrollar el principio del poder de los jueces de declarar la nulidad de los actos legislativos contrarios a la Constitución, y argumentar que ello no significaba dar superioridad del Poder Judicial sobre el Legislador, señaló que ello:

11 *The Federalist* (ed. por B.F. Wrigth), Cambridge, Mass. 1961, pp. 491-493.

> Lo único que supone es *que el poder del pueblo es superior a ambos; y* que en los casos en que la voluntad del legislador declarada en las leyes, esté en *oposición con la del pueblo declarada en la Constitución,* los Jueces deben estar condicionados por la última, antes que por las primeras.

Concluía Hamilton señalando que:

> Ningún acto legislativo contrario a la Constitución puede ser válido. Negar esto, significaría afirmar que el subalterno es más importante que el principal; que el sirviente está por encima de sus patrones; *que los representantes del pueblo son superiores al pueblo mismo.*

De estas proposiciones de Hamilton nos interesa destacar más que el principio relativo al poder de la Corte Suprema de los Estados Unidos para declarar como nulas y sin valor las leyes estadales y federales contrarias a la Constitución[12], *la idea misma de que siendo la Constitución manifestación de la voluntad del pueblo, el principal derecho constitucional que los ciudadanos pueden tener, es el derecho a dicha supremacía, es decir, al respecto de la propia voluntad expresada en la Constitución.* Nada se ganaría con señalar que la Constitución, como manifestación de la voluntad del pueblo, debe prevalecer sobre la de los órganos del Estado y sobre la actuación de los individuos, si no existiere el derecho de los integrantes del pueblo de exigir el respeto de esa Constitución.

Por ello, una de las más recientes Constituciones latinoamericanas, que es la de Colombia, consagra expresamente el principio de la supremacía constitucional, así:

> *Artículo 4º* La Constitución es norma de normas. En todo caso de incompatibilidad entre la Constitución y la Ley u otra norma jurídica, se aplicarán las disposiciones constitucionales. . . ".

En igual sentido la Constitución de Venezuela de 1999 establece que "La Constitución es la norma suprema y el fundamento del ordenamiento jurídico" (art. 7).

Ello implica, además, que en ambos países la consagración del derecho constitucional fundamental ciudadano a la tutela de dicha supremacía, sea mediante el control difuso de la constitucionalidad (art. 4, Colombia; art. 334, Venezuela) o mediante el control concentrado de la constitucionalidad por la Corte Constitucional colombiana (art. 214) o por la Sala Constitucional del Tribunal Supremo de Justicia en Venezuela (art. 336); sea mediante el ejercicio de las acciones de *hábeas corpus* o de amparo o de tutela de los derechos constitucionales fundamentales (arts. 30 y 86, Colombia; art. 27, Venezuela).

El constitucionalismo moderno, por tanto, en nuestro criterio, está montado no sólo sobre el principio de la supremacía constitucional, sino sobre la idea, como secuela del anterior principio, de que existe *un derecho del ciudadano a esa supremacía,* que se concreta, conforme al principio de la separación de poderes, en *un derecho fundamental a la tutela judicial de la supremacía constitucional,* tanto res-

---

12 Véase los célebres casos *Vanhorne's Lessee v. Dorrance, 1776- y Masbury v. Madison,* 1803 citados en Allan R. Brewer-Carías, *Judicial Review in Comparative Law,* Cambridge 1989.

pecto de la parte orgánica de la Constitución como respecto de su parte dogmática, para cuya preservación se establecen un conjunto de garantías.

Anteriormente hemos mencionado algunas de esas garantías, como la garantía objetiva que declara como nulos los actos contrarios a la Constitución; o la garantía de la reserva legal a los efectos del establecimiento de las limitaciones a los derechos, que no pueden establecerse por cualquier autoridad sino por ley formal. Además, está la garantía de la responsabilidad, por supuesto, que deriva de que todo acto contrario a los derechos constitucionales genera responsabilidad respecto de quien lo ejecute.

Además de todas las anteriores mencionadas garantías, por supuesto, la garantía fundamental de los derechos constitucionales es justamente la posibilidad de acudir ante los órganos judiciales para que estos aseguren que los derechos se hagan efectivos. Por tanto, la garantía fundamental de los derechos constitucionales es la garantía judicial porque, en definitiva, el sistema judicial en cualquier país se establece precisamente para la protección de los derechos y garantías. Esto lo regulan, incluso, casi todas las Constituciones cuando se refieren al Poder Judicial o el derecho de acceder a la justicia, para la protección de los derechos y garantías. En esta forma, el sistema judicial es la garantía fundamental de los derechos humanos, pudiéndose distinguir tres tipos de garantías judiciales: las garantías genéricas y las garantías específicas, que se desdoblan en la institución del amparo y en los otros mecanismos de la justicia constitucional.

I. LAS GARANTÍAS GENÉRICAS DE PROTECCIÓN DE LOS DERECHOS HUMANOS

1. *El derecho de acceso a la justicia y a la tutela efectiva de los derechos e intereses*

En todos los sistemas judiciales constitucionales, el derecho ciudadano más clásico es el derecho de acceso a la justicia, es decir, el derecho de obtener la tutela judicial de los derechos e intereses de las personas. Para ello es que, fundamentalmente, se organizan los sistemas judiciales o tribunalicios. Por tanto, la garantía genérica judicial de los derechos fundamentales es, justamente, la organización del sistema judicial, porque su función esencial es la protección de los derechos y libertades. Sin embargo, en América Latina, en general, a pesar de las declaraciones constitucionales, hemos tenido y tenemos una situación bastante sombría sobre la efectividad del Poder Judicial en su conjunto, como mecanismo eficaz y justo de protección de los derechos fundamentales.

En Venezuela, por ejemplo, la nueva Constitución declara el Estado como "Estado democrático y social de derecho *y de justicia*", indicándose entre los valores superiores del ordenamiento jurídico y de la actuación del Estado, la justicia (art. 2). A tal efecto, se precisa en forma expresa que "El Estado garantizará la justicia gratuita, accesible, imparcial, idónea, transparente, autónoma, independiente, responsable, equitativa y expedita, sin dilaciones indebidas, sin formalismos o reposiciones inútiles" (art. 26).

Sin embargo, a pesar de declaraciones constitucionales como esta, el Poder Judicial, en general, se nos muestra en casi todos nuestros países como incapaz de asegurar la resolución eficiente de los conflictos, de manera que se respeten los derechos de los individuos y se proteja los derechos fundamentales. No siempre la justicia es eficaz y rápida; al contrario, es lenta, y la lentitud en materia judicial conduce a lo contrario, es decir, a la injusticia.

Por ello, el primero y principal de los problemas del Estado de derecho en América Latina es el del funcionamiento de los sistemas judiciales. Esto ha llevado a que, incluso, los organismos internacionales multilaterales en los últimos años se hayan interesado por el tema de la reforma judicial, lo cual constituye una novedad frente a lo que hace algunos años eran los programas de asistencia multilateral. En los programas de asistencia multilateral, por tanto, se han venido incorporando componentes institucionales, entre los cuales se destaca el problema del Poder Judicial como un componente esencial para el desarrollo de nuestros países.

En la actualidad, por tanto, se plantea en todos los países de América Latina el reto de reconvertir al Poder Judicial y hacerlo efectivamente independiente; en definitiva, para hacer realidad la previsión de todas las Constituciones relativas a la autonomía e independencia del Poder Judicial. Esta que es la piedra angular del Estado de derecho, en el sentido de que el juez debe actuar sólo sometido a la ley, sin la influencia de los factores externos al Poder Judicial, sea de los otros Poderes Públicos, sea de factores políticos. Como lo establece la Constitución Venezolana de 1999, en el sentido de que con la finalidad de garantizar la imparcialidad y la independencia en el ejercicio de sus funciones, los funcionarios que conforman el sistema judicial "no pueden llevar a cabo activismo político partidista, gremial, sindical o de índole semejante, ni realizar actividades privadas lucrativas incompatibles con su función, ni por si ni por interpósita persona, ni ejercer ninguna otra función pública a excepción de actividades educativas" (art. 256).

Pero además de la independencia sustantiva, el Juez debe gozar de independencia personal en su actuación, lo que tiene que ver con su estabilidad como funcionario, con el régimen disciplinario, con la inamovilidad en el cargo y con el régimen de los nombramientos. En tal sentido, por ejemplo, la nueva Constitución venezolana ha establecido, con carácter general, el régimen de ingreso a la carrera administrativa y el ascenso "por concursos de oposición públicos que aseguren la idoneidad y excelencia", garantizándose la participación ciudadana en el procedimiento de selección y designación de jueces". La consecuencia es que estos no pueden ser removidos o suspendidos de sus cargos sino mediante el procedimiento legal (art. 255).

Aparte de esto, además de lograr la independencia, el reto es asegurar la efectiva administración de justicia, es decir, lograr que los casos judiciales se decidan, y que no se produzcan las acumulaciones de casos rezagados, tan característica de América Latina y que originan la justicia lenta e injusta, que tenemos en general. Para eso, reformas como las que están en curso en muchos de nuestros países sobre el tema de los procedimientos son esenciales; pues dichos procedimientos fueron concebidos en otras épocas y hoy sirven para la dilación, la obstrucción, la lentitud y, en definitiva, para que no se resuelvan las causas.

En consecuencia, el tema de la reforma procesal es un tema general de la reforma judicial, que ha conducido en muchos países, incluso, a buscar mecanismos alternos para la solución de disputas y de conflicto. En este sentido, se destaca el desarrollo de los sistemas de conciliación y de arbitramento que ha llevado, incluso, a que en algunos países se haya hablado de la "privatización de la justicia", para garantizar el derecho de los particulares de acudir a medios de arbitramento o de solución de conflictos, sin tener que acudir a los órganos judiciales ordinarios. En tal sentido, inclusive, no debe olvidarse que la Ley del Régimen de la Administración de Justicia de la República de Colombia, (Colombia, Venezuela y Ecuador) de 1824 declaraba como un derecho constitucional y fundamental de los ciudadanos, el poder resolver sus conflictos por la vía del arbitramento, estableciendo incluso, la obligación, antes de acudir a la vía judicial ordinaria, de tratar de resolver las causas por la vía de arbitramento o de la conciliación.

Ahora se busca volver a estos mecanismos que, se insiste, funcionan adecuadamente en muchos países pero que en otros, simplemente no funcionan como mecanismos alternos de la administración de justicia. Se destaca, en tal sentido, la previsión en la Constitución de Venezuela de 1999, en el sentido de que la ley "debe promover el arbitraje, la conciliación, la mediación y cualesquiera otros medios alternativos para la solución de conflictos" (art. 258).

Por último, en este tema de la administración de justicia, el tema del acceso a la misma es otro de los grandes problemas relativos a la protección constitucional de los derechos en nuestros países. Tenemos consagrado en las Constituciones el derecho al acceso de la justicia y el derecho a la tutela judicial efectiva. Así se prevé, expresamente, por ejemplo, en la Constitución de Venezuela de 1999: "Toda persona tiene derechos de acceso a los órganos de administración de justicia para hacer valer sus derechos e intereses, incluso colectivos o difusos; a la tutela efectiva de los mismos y a obtener con prontitud la decisión correspondiente" (art. 26); agregándose en la Constitución que "el proceso constituye un instrumento fundamental para la realización de la justicia", para lo cual "las leyes procesales establecerán la simplificación, uniformidad y eficacia de los trámites y adoptarán un procedimiento breve, oral y público" de manera que "no se sacrificará la justicia por la omisión de formalidades no esenciales" (art. 257).

Mucho más precisa es la fórmula de la Constitución española de 1978, la cual dispone:

> *Artículo 24.1.* Todas las personas tienen el derecho a obtener la tutela efectiva de los jueces y tribunales en el ejercicio de sus derechos e intereses legítimos, sin que, en ningún caso, pueda producirse indefensión.

Ahora bien, aun sin estar consagrado expresamente en los textos constitucionales, este derecho de acceso a la justicia para la protección de los derechos e intereses de las personas -incluyendo los de rango constitucional-, es esencial a todos los sistemas constitucionales contemporáneos, y en muchos casos, es el que garantiza el derecho de amparo a los derechos y libertades constitucionales, sin que en el ordenamiento jurídico se hayan establecido medios procesales específicos o tribunales especiales tendientes a garantizar tal protección.

Sin embargo, no se tiene realmente asegurado el acceso a la justicia de todos, y grandes capas de la población, simplemente ignora que existen mecanismos de tutela judicial, porque no tienen posibilidad de acceder a ellos para la solución de los conflictos, por lo costoso y complicado que es. Además, el Estado no ha sabido establecer adecuados mecanismos de asistencia judicial que desde hace muchas décadas se conocen y han sido desarrollados en los países europeos, pero que en nuestros países no hemos sido capaces de establecer, para permitir a todos la posibilidad de acceder a los órganos judiciales.

Por supuesto, en nuestros países, el deterioro del Poder Judicial es un deterioro de muchas décadas, de muchas generaciones, sobre lo cual incluso, hay crónicas desde siglo XIX. En Venezuela, por ejemplo, esas crónicas muestran la situación del deterioro del Poder Judicial que, cambiando la fecha, podrían perfectamente aplicarse a estos años en los cuales estamos viviendo.

Sin embargo, el programa de reforma del Poder Judicial, siendo el tema más importante para la efectiva protección interna de los derechos constitucionales, es de todos modos un tema que requiere ejecución por un largo plazo. El cambio sistemático del Poder Judicial y de la forma de administrar justicia, no es una tarea ni siquiera de una generación, sino de varias generaciones, siempre que se tenga conciencia de la necesidad de establecer estos mecanismos y de que se inicie su reforma.

2. *El amparo a través de los medios judiciales ordinarios*

Los ordenamientos jurídicos procesales, además, establecen mecanismos adjetivos que pueden servir de amparo a los derechos de las personas dentro del procedimiento civil ordinario. Es el caso, por ejemplo, de los *writs* del sistema de derecho angloamericano; de las medidas de urgencia del sistema francés e italiano, entre otros; y, en general, de las medidas cautelares.

En inglés, *"writ"*, que viene de *"written"* (escrito), si bien procesalmente es el acto introductivo de la instancia[13], en la práctica, sobre todo desde el ángulo de los estudios comparados, significa la orden o mandamiento emanado de una autoridad judicial en ejercicio de sus funciones públicas, dirigida a quien está obligado a cumplir la ley, sea una autoridad o una persona natural o jurídica. Pues bien, desde la Carta Magna, los *writs* desempeñan en el derecho inglés un papel esencial de protección de los derechos fundamentales de las personas, pues son los mecanismos judiciales ordinarios utilizados para ello.

Entre los *writs* más importantes utilizados en el derecho angloamericano, por supuesto está el *writ of habeas corpus,* para la protección de la libertad y seguridad personales; el *mandamus,* que es el *writ* del *common law,* consistente en el mandamiento u orden dirigido a una autoridad para que realice determinado acto al cual está obligado legalmente; el *writ of prohibition,* utilizado como instrumento de corrección de actuaciones judiciales para impedir que órganos judiciales inferiores actúen fuera de su competencia, usado también en materia de incompetencias de autoridades administrativas; el *writ quo warrante,* especie de acción popular intentada en nombre del interés colectivo, para salvaguarda pública contra los abusos o ilegalidades cometidos en ejercicio de funciones públicas; *el writ of error,* tendiente en el derecho norteamericano a la revisión de cualquier acto de autoridad judicial por motivos de inconstitucionalidad; y *el writ of injunction,* que tiene por objeto impedir o asegurar que se practique o ejecute determinado acto en beneficio del titular de un derecho subjetivo para impedir que se le cause un daño irreparable"[14].

En el derecho francés no existen mecanismos judiciales especiales para la protec-

13 Véase J. A. Jolowicz y otros, *Droit Anglais,* París 1986, p. 145.

14 Véase, por ejemplo, Diomar Ackel Filho, *Writs Constitucionais,* Sao Paulo, 1988, pp. 8-10.

ción de los derechos y garantías constitucionales, sino que en general, son las jurisdicciones ordinarias judiciales y administrativas las encargadas de proteger y amparar los derechos a través de los medios ordinarios.

Entre estos medios ordinarios de protección judicial de los derechos y libertades constitucionales, además de los derechos de cualquier otra naturaleza, está la institución denominada del *"référé"* consagrada en el Código de Procedimiento Civil, y que le permite al juez judicial adoptar decisiones (órdenes o prohibiciones) en casos de urgencia para la protección de dichos derechos.

El artículo 809 del Código mencionado, en efecto, autoriza al juez para que pueda, "incluso en presencia de una oposición seria, prescribir en *référé* las medidas conservativas o de restablecimiento que se impongan, sea para prevenir un daño inminente, sea para hacer cesar un trastorno manifiestamente ilícito". Agrega la norma que "en los casos en que la existencia de la obligación no sea seriamente objetable, puede acordar una provisión al acreedor u ordenar la ejecución de la obligación, incluso si se trata de una obligación de hacer".

Con base en esta facultad, el juez no sólo tiene poderes cautelares sino que tiene poderes para resolver un conflicto en casos de urgencia, con poderes restitutorios para prevenir un daño inminente (medidas conservativas) o en caso de trastorno manifiestamente ilícito. Con fundamento en esta facultad judicial, una muy amplia jurisprudencia ha puesto en evidencia la utilización de este medio procesal como instrumento para la protección inmediata de derechos y libertades constitucionales en materias tales como la protección al honor y a la propia imagen[15]. La característica de la decisión judicial, en todo caso, es que es de carácter provisional, en el sentido de que no tiene en lo principal autoridad de cosa juzgada, por lo que no afecta la facultad de los jueces del fondo para conocer con autoridad plena sobre el asunto. La provisionalidad, sin embargo, puede producir efectos permanentes si la parte agraviada no intenta otra acción de fondo.

En el sistema italiano, en el cual a pesar de que existe una Corte Constitucional, no se estableció un recurso de amparo similar al de los sistemas alemán o español, sin embargo, en el Código de Procedimiento Civil puede identificarse un procedimiento ordinario de urgencia que al igual que los *writs* de los sistemas angloamericanos y del *référé* francés, podría servir de medio efectivo de protección de los derechos y libertades constitucionales. Se trata de un procedimiento regulado en el artículo 700 del Código de Procedimiento Civil italiano que establece:

> Fuera de los casos regulados en las secciones precedentes de este capítulo, quien tenga motivo fundado para temer que durante el tiempo necesario para hacer valer su derecho en vía ordinaria éste se halle amenazado por un perjuicio inminente e irreparable, puede solicitar por escrito al juez las providencias de urgencia que, según las circunstancias parezcan más idóneas para asegurar provisionalmente los efectos de la decisión sobre el fondo.

---

15 R. LINDON, "Le juge des référés et la presse", *Dalloz 1985*, Chroniques, 61.Véase los comentarios en Enrique PAILLAS, *El recurso de protección ante el derecho comparado,* Santiago de Chile, 1990, pp. 19-26.

Si bien este procedimiento ha sido de uso escaso y esporádico, en materia de derechos constitucionales ha sido utilizado, entre otros, para la protección del derecho al nombre y a la propia imagen[16].

Por último, debe mencionarse la progresividad que se ha venido observando en materia de protección de los derechos humanos, mediante la aplicación en los procesos ordinarios e incluso contencioso administrativos, del régimen de las medidas cautelares innominadas, cada vez más amplio.

Así, a título de ejemplo, puede mencionarse que en el Código de Procedimiento Civil de Venezuela (arts. 585 y 588, Parágrafo primero), además de regular las medidas preventivas tradicionales (embargo por ejemplo), dispone que cuando exista riesgo manifiesto de que quede ilusoria la ejecución del fallo y siempre que se acompañe prueba que constituya presunción grave de esta circunstancia y del derecho que se reclama, "el Tribunal podrá acordar las providencias cautelares que considere adecuadas, cuando hubiere fundado temor de que una de las partes pueda causar lesiones graves o de difícil reparación al derecho de la otra. En estos casos, para evitar el daño, el Tribunal puede autorizar o prohibir la ejecución de determinados actos, y adoptar las providencias que tengan por objeto hacer cesar la continuidad de la lesión". Con una disposición de esta naturaleza, los poderes del juez ordinario son amplísimos para la protección de los derechos constitucionales.

II. LAS GARANTÍAS JUDICIALES ESPECÍFICAS DE LOS DERECHOS FUNDAMENTALES: EL DERECHO DE AMPARO

1. *El amparo: una institución latinoamericana*

Aparte de las garantías genéricas de carácter judicial de los derechos fundamentales, en América Latina desde el siglo XIX se han venido desarrollando un conjunto de garantías judiciales específicas, expresamente destinadas a la protección de los derechos constitucionales, tal como es la institución del amparo, de la tutela, de la protección constitucional o del mandado de segurança[17].

Esta garantía judicial, aun cuando con denominaciones diversas, puede decirse que es una institución latinoamericana que se desarrolló en nuestros países y que existe en casi todos ellos, incluso en ausencia de previsiones expresas[18].

En efecto, además del hábeas corpus como mecanismo de protección de la libertad personal, las Constituciones de casi todos los países de América Latina han regulado el recurso o la acción de amparo, en general, para la protección de todos los

---

16 Véase O. SATTA, *Diritto proccesuale civile,* Padova, 1957, p. 589.

17 Véase en general Allan R. Brewer-Carías, *El amparo a los derechos y garantías constitucionales (una aproximación comparativa),* Caracas 1993.

18 Como es el caso de la República Dominicana. Véase, Juan De La Rosa, *El recurso de amparo. Estudio Comparativo. Su aplicación en la República Dominicana*, Santo Domingo 2001; Allan R. Brewer-Carías, "La admisión jurisprudencial de la acción de amparo, en ausencia de regulación constitucional o legal en la República Dominicana» en *Revista IIDH*, Instituto Interamericano de Derechos Humanos, N° 29, San José, enero-junio 1999, pp. 95-102; y en *Iudicium et vita, Jurisprudencia en Derechos Humanos*, N° 7, Edición Especial, Tomo I, Instituto Interamericano de Derechos Humanos, San José, 2000, pp. 334-341.

otros derechos constitucionales e, incluso, en algunos países de la propia libertad personal. Sólo como un ejemplo de regulación constitucional puede mencionarse las disposiciones de dos recientes Constituciones latinoamericanas, como la reforma de la argentina de 1994 y la venezolana de 1999. En el artículo 43 de la Constitución de Argentina, en efecto, se establece la acción de amparo en la forma siguiente:

> *Artículo 43.* Toda persona puede interponer acción expedita y rápida de amparo, siempre que no exista otro medio judicial más idóneo, contra todo acto u omisión de autoridades públicas o de particulares, que en forma actual o inminente lesione, restrinja, altere o amenace, con arbitrariedad o ilegalidad manifiesta, derechos y garantías reconocidos por esta Constitución, un tratado o una ley. En el caso, el juez podrá declarar la inconstitucionalidad de la norma en que se funde el acto u omisión lesiva. Podrán interponer esta acción contra cualquier forma de discriminación y en lo relativo a los derechos que protegen al ambiente, a la competencia, al usuario y al consumidor, así como a los derechos de incidencia colectiva en general, el afectado, el defensor del pueblo y las asociaciones que propendan a esos fines, registradas conforme a la ley, la que determinará los requisitos y formas de su organización. Toda persona podrá interponer esta acción para tomar conocimiento de los datos a ella referidos y de su finalidad, que consten en registros o bancos de datos públicos, o los privados destinados a proveer informes, y en caso de falsedad o discriminación, para exigir la supresión, rectificación, confidencialidad o actualización de aquellos, No podrá afectarse el secreto de las fuentes de información periodística. Cuando el derecho lesionado, restringido, alterado o amenazado fuera la libertad física, o en caso de agravamiento ilegítimo en la forma o condiciones de detención, o en el de desaparición forzada de personas, la acción de hábeas corpus podrá ser interpuesta por el afectado o por cualquiera en su favor y el juez resolverá de inmediato, aun durante la vigencia del estado de sitio.

Por su parte, en el artículo 27 de la Constitución de Venezuela se establece el derecho de amparo, al señalar que

> *Artículo 27.* Toda persona tiene derecho a ser amparada por los tribunales en el goce y ejercicio de los derechos y garantías constitucionales, aun de aquellos inherentes a la persona que no figuren expresamente en esta Constitución o en los instrumentos internacionales sobre derechos humanos.
>
> El procedimiento de la acción de amparo constitucional será oral, público, breve, gratuito y no sujeto a formalidad, y la autoridad judicial competente tendrá potestad para restablecer inmediatamente la situación jurídica infringida o la situación que más se asemeje a ella. Todo tiempo será hábil y el tribunal lo tramitará con preferencia a cualquier otro asunto.
>
> La acción de amparo a la libertad o seguridad podrá ser interpuesta por cualquier persona, y el detenido o detenida será puesto bajo la custodia del tribunal de manera inmediata, sin dilación alguna.
>
> El ejercicio de este derecho no puede ser afectado, en modo alguno, por la declaración del estado de excepción o de la restricción de garantías constitucionales.

Por otra parte, la mayoría de las Constituciones latinoamericanas han regulado la acción de *habeas corpus* en forma separada respecto de la acción de amparo, como por ejemplo, sucede en la Constitución de Bolivia, en cuyo artículo 18 se establece:

> *Artículo 18.* I. Toda persona que creyere estar indebida o ilegalmente perseguida, detenida, procesada o presa podrá ocurrir, por sí o por cualquiera a su nombre, con poder notariado o sin él, ante la Corte Superior del Distrito o ante cualquier Juez de Partido, a elección suya, en demanda de que se guarden las formalidades legales. En los lugares donde no hubieren Juez de Partido la demanda podrá interponerse ante un Juez Instructor.
>
> II. La autoridad judicial señalará de inmediato día y hora de audiencia pública, disponiendo que el actor sea conducido a su presencia. Con dicha orden se practicará citación personal o por cédula en la oficina de la autoridad demandada, orden que será obedecida sin observación ni excusa, tanto por aquella cuanto por los encargados de las cárceles o lugares de detención sin que éstos, una vez citados, puedan desobedecer arguyendo orden superior.
>
> III. En ningún caso podrá suspenderse la audiencia. Instruida de los antecedentes, la autoridad judicial dictará sentencia en la misma audiencia ordenando la libertad, haciendo que se reparen los defectos legales o poniendo al demandante a disposición del juez competente. El fallo deberá ejecutarse en el acto. La decisión que se pronuncie se elevará en revisión, de oficio, ante el Tribunal Constitucional, en el plazo de veinticuatro horas, sin que por ello se suspenda la ejecución del fallo.
>
> IV. Si el demandado después de asistir a la audiencia la abandona antes de escuchar la sentencia, ésta será notificada válidamente en estrados. Si no concurriere, la audiencia se llevará a efecto en su rebeldía y, oída la exposición del actor o su representante, se dictará sentencia.
>
> V. Los funcionarios públicos o personas particulares que resistan las decisiones judiciales, en los casos previstos por este artículo, serán remitidos por orden de la autoridad que conoció del "habeas corpus", ante el Juez en lo Penal para su juzgamiento como reos de atentado contra las garantías constitucionales.
>
> VI. La autoridad judicial que no procediera conforme a lo dispuesto por este artículo quedará sujeta a sanción con arreglo el artículo 123°, atribución 3ª de esta Constitución.

Pero además, no debemos dejar de recordar que en las últimas décadas varias Constituciones han incorporado a los mecanismos de protección de los derechos, además del amparo y del hábeas corpus, la acción de *hábeas data*, como un medio específico de protección de los derechos de las personas frente a los archivos y frente a los bancos de datos que lleva el Estado. Por ejemplo, en las Constituciones de Argentina (art. 96), Brasil (art. 5, LXXII), Ecuador (art. 30), Paraguay (art. 135) y Perú (art. 208,3). La más reciente de las Constituciones de América Latina, la de Venezuela, resume la tendencia constitucional en esta materia al disponer en el artículo 28 lo siguiente.

> *Artículo 28.* Toda persona tiene derecho de acceder a la información y a los datos que sobre sí misma o sobre sus bienes consten en registros oficiales o

privados, con las excepciones que establezca la ley, así como de conocer el uso que se haga de los mismos y su finalidad, y a solicitar ante el tribunal competente la actualización, la rectificación o la destrucción de aquellos, si fuesen erróneos o afectasen ilegítimamente sus derechos. Igualmente, podrá acceder a documentos de cualquier naturaleza que contengan información cuyo conocimiento sea de interés para comunidades o grupos de personas. Queda a salvo el secreto de las fuentes de información periodística y de otras profesiones que determine la ley.

Todos estos mecanismos de protección, pueden reivindicarse, sin duda, como de origen latinoamericano, sin tener que estar buscando antecedentes, que no los hay, en los regímenes históricos europeos.

Además de ser una institución propia del derecho constitucional latinoamericano, a partir de su consagración en la Convención Americana sobre Derechos Humanos, puede decirse que ahora también es de carácter interamericano, establecida como la garantía por excelencia de los derechos humanos, tanto de los regulados en las Constituciones y otras normas del derecho interno, como los enumerados en las declaraciones internacionales. Aquí también podemos apreciar el mismo proceso de constitucionalización, de internacionalización de la constitucionalización, y de constitucionalización de la internacionalización en la protección de los derechos humanos antes reseñada.

En la actualidad, por tanto, el derecho de amparo establecido en la Convención Americana no sólo es una garantía judicial establecida para la protección de las personas que se puede ejercer directamente, sino que también se configura como una obligación internacional impuesta a los Estados de asegurarles a las personas esos recursos efectivos de protección de sus derechos, al punto de que su falta de consagración en el derecho interno constituye una trasgresión de la Convención. La Corte Interamericana de Derechos Humanos, incluso, ha señalado en una Opinión Consultiva (OC-9/87, sec. 24) que para que el recurso exista "No basta con que esté previsto por la Constitución o la ley o con que sea formalmente admisible, sino que se requiere que sea realmente idóneo para establecer si se ha incurrido en una violación a los derechos humanos y prever lo necesario para remediarla".

En la actualidad, por tanto, puede considerarse que la definición sobre el amparo contenida en la Convención Americana constituye el parámetro más adecuado y bien importante sobre este mecanismo efectivo de protección, al punto de que se ha estimado que constituye un "estándar mínimo común" que los Estados deben cumplir. Precisamente a los efectos de lograr ese cumplimiento es que también deben diseñarse estrategias para, desde la perspectiva constitucional, utilizar el sistema de protección internacional de derechos humanos.

2. *El sentido de la regulación sobre el amparo en la Convención Americana*

El artículo 25 de la Convención, en efecto, precisa que toda persona tiene derecho a un recurso sencillo y rápido o a cualquier otro recurso efectivo ante los jueces o tribunales competentes, que la amparen contra actos que violen sus derechos fundamentales reconocidos en la Constitución, en las leyes y en la propia Convención Americana.

De esta norma, que sigue la misma línea de redacción y lenguaje del Pacto Internacional de los Derechos Civiles y Políticos, se derivan los contornos que debería tener esta acción de protección de los derechos fundamentales en el derecho interno[19] y que exigen estrategias de constitucionalización en diversos países, cuyas Constituciones establecen lo que podría considerarse como restricciones al ejercicio del derecho de amparo.

En *primer lugar*, en la Convención Americana se concibe al amparo como un derecho fundamental, es decir, como un derecho en sí mismo. Se indica que toda persona "tiene derecho" a un recurso, lo que no significa que toda persona sólo tenga una garantía adjetiva concretizada en un solo recurso o a una acción de amparo, tutela o protección, sino que toda persona tiene derecho a la protección o amparo judicial.

Por ello, en realidad, estamos en presencia de un derecho fundamental de carácter constitucional de las personas, a tener a su disposición un medio judicial efectivo, rápido y eficaz de protección.

En *segundo lugar* debe destacarse que la Convención regula un derecho que se le garantiza a "toda persona", es decir, sin distingo de ningún tipo: personas naturales, personas jurídicas, nacionales, extranjeras, hábiles, no hábiles, de derecho público o de derecho privado; es decir, toda persona, en el sentido más amplio.

En *tercer lugar*, los mecanismos judiciales de protección a los que se refiere la Convención Americana pueden ser variados. La Convención habla de un medio efectivo, rápido, sencillo, que puede ser de cualquier clase. Por ello, en realidad, puede ser cualquier medio judicial, y no necesariamente una sola y única acción de protección o de amparo, es decir, la Convención no necesariamente se refiere a un solo medio adjetivo, sino que puede y debe tratarse de un conjunto de medios de protección, que puede implicar incluso, la posibilidad de utilizar los medios judiciales ordinarios, como por ejemplo sucede con los *writs* en el derecho angloamericano.

En *cuarto lugar*, la Convención señala que la acción puede interponerse ante los tribunales competentes, de lo que resulta que la intención de la Convención es que no se trata de un solo tribunal competente. Ello, por supuesto, se debe regular en el ordenamiento interno, pero el fundamento de la regulación de la Convención es que ésta sea esencialmente la función del Poder Judicial, como también sucede por ejemplo en los sistemas anglo-americanos, donde el amparo existe sin que se lo denomine como tal. En esos sistemas, cotidianamente los jueces dictan órdenes o decisiones de *mandamus*, *injunctions* y *prohibitions,* es decir, todos los tipos de decisiones judiciales que equivalen al amparo en América Latina. Sin embargo, esto es parte de la cotidianidad de la acción del juez, sin que tenga una característica adjetiva especial.

---

19 Véase Allan R. Brewer-Carías, "El amparo en América Latina: La universalización del Régimen de la Convención Americana sobre los Derechos Humanos y la necesidad de superar las restricciones nacionales" en *Ética y Jurisprudencia*, 1/2003, Enero-Diciembre, Universidad Valle del Momboy, Facultad de Ciencias Jurídicas y Políticas, Centro de Estudios Jurídicos "Cristóbal Mendoza", Valera, Estado Trujillo, 2004, pp. 9-34.

En *quinto lugar,* conforme a la Convención, este derecho a un medio efectivo de protección ante los tribunales se establece para la protección de todos los derechos constitucionales que estén en la Constitución, en la ley, en la propia Convención o que sean inherentes a la persona humana, por lo que también son protegibles todos los establecidos en los instrumentos internacionales. Por ello, aquí adquieren todo su valor las cláusulas enunciativas de los derechos, que los protegen aun cuando no estén enumerados en los textos, pero que siendo inherentes a la persona humana, a la dignidad de la persona humana, son objeto de protección constitucional.

Además, en *sexto lugar*, la protección que regula la Convención, es contra cualquier acto, omisión, hecho o actuación que viole los derechos y, por supuesto, también que amenace violarlos, porque no hay que esperar la violación para poder acudir al medio de protección. Es decir, este medio de protección tiene que poder existir antes de que la violación se produzca, frente a la amenaza efectiva de la violación y, por supuesto, frente a toda violación o amenaza de violación provenga de quien sea. Es decir, no debe haber acto ni actuación alguna excluidas del amparo, así emane de los particulares o de los poderes públicos en cualquier forma, sea una ley, un acto administrativo, una sentencia, una vía de hecho, una actuación o una omisión.

Ese es, en realidad, el parámetro que establece la Convención Americana, y es ese el que debe prevalecer en los derechos internos, donde hay que realizar un gran esfuerzo, como estrategia de derecho adjetivo, para la utilización desde la perspectiva constitucional de dicho sistema de protección internacional de derechos humanos. En consecuencia, teniendo en cuenta este parámetro de universalización del amparo que consagra la Convención Americana, debe realizarse un enorme esfuerzo en el ámbito interno para superar el lamentable proceso de restricción constitucional o legislativa que en algunos aspectos ha sufrido la institución del amparo. En efecto, si bien es cierto que el amparo tiene una concepción amplísima en el texto de la Convención Americana, en general, ha sido restringida en muchos casos.

3. *La necesidad de ampliar la protección constitucional mediante otros medios judiciales de protección*

El primer esfuerzo que debe desarrollarse, a los efectos de asegurar la efectividad de la protección constitucional, es el tendiente a la desadjetivización de la institución del amparo, en el sentido de reafirmar su carácter sustantivo, como derecho constitucional en sí mismo.

En efecto, puede decirse que en la mayoría de los ordenamientos internos, el amparo no se ha previsto como un derecho constitucional y se ha configurado o convertido más bien en una acción judicial. En otras palabras, el amparo se ha convertido en un medio o remedio adjetivo específico, sea recurso de protección, sea acción de tutela, sea acción de amparo o hábeas corpus o hábeas data.

En realidad, la universalidad de los medios judiciales es la que tendría que prevalecer para la protección efectiva y rápida de todos los derechos, como por ejemplo, insistimos, sucede en países donde no se regula específicamente una "acción de amparo", como lo es en Inglaterra, en Francia, o en Italia; pero donde si bien no existe un medio judicial que se llame "acción de amparo", sin embargo, existen mecanismos adecuados para la protección efectiva de los derechos en cualquier proceso. En algunos países de América Latina, conforme a la orientación de la Convención Americana e, inclusive, con antelación a la adopción de la Convención, al amparo se lo concibe como un derecho constitucional, y ha sido desarrollado con estas características, como es el caso de México y de Venezuela e, incluso, en nuestro criterio, también es el caso de Colombia.

4. *La necesidad de ampliar la protección constitucional en relación con las personas protegibles (legitimación activa)*

Una segunda estrategia que debe desarrollarse en América Latina para la utilización en el ámbito constitucional interno del sistema de protección de derechos humanos, es la tendiente a ampliar la legitimación activa para utilizar los medios judiciales de garantía, es decir, respecto de quienes son las personas protegidas.

En general puede decirse que el amparo se ha concebido como un medio de protección de carácter personalísimo, que beneficia al reclamante, y cuyos efectos en principio no se extienden a terceros.

Esta tendencia plantea, en primer lugar, el problema de la protección de los derechos colectivos, cuya iniciativa de protección se atribuye a los Defensores del Pueblo o de los Derechos Humanos. Es necesario definir una estrategia para poder permitir que las propias colectividades puedan ejercer la acción de amparo, cuando se trate de violación de derechos constitucionales colectivos. Por otra parte, cada vez con más frecuencia, dentro de los mecanismos para asegurar el acceso a la justicia, están los diseñados para la protección de los intereses difusos, sobre todo en relación con los derechos de tercera generación, como el derecho a la protección del medio ambiente.

En esta materia, la legitimación tiene que irse construyendo, y permitir que personas interesadas puedan actuar en representación de intereses difusos, cuando se trate de derechos constitucionales cuya violación afecte a toda la colectividad. En algunas Constituciones como la venezolana de 1999, incluso, ya está fuera de toda duda la posibilidad del ejercicio de la acción de amparo para la protección de derechos colectivos y difusos, lo cual ha sido ampliamente desarrollado por la jurisprudencia. Incluso, además, algunas leyes han previsto expresamente esta protección, como sucede con la Ley Orgánica para la Protección del Niño y del Adolescente, donde su regula un "recurso de protección" que se puede ejercer por ante el Tribunal de Protección al Niño y al Adolescente "contra hechos, actos u omisiones de particulares, órganos e instituciones públicas y privadas que amenacen o violen derechos colectivos o difusos de los niños y adolescentes" (arts. 177,5 y 318).

Otro aspecto relativo a la legitimación activa en materia de amparo es la indicación que contiene la Convención Americana de que la acción de amparo la tiene toda persona. Ello implica que también pueden ser accionantes, las personas de derecho público las cuales igualmente también pueden considerarse que tienen derechos constitucionales, como el derecho a la igualdad, el derecho al debido proceso o el derecho a la defensa. Por ello, las entidades públicas pueden ser perfectamente titulares de la acción, por lo cual el tema del amparo no se plantea sólo frente al Estado, sino que pueden ser los entes públicos los que exijan la protección constitucional.

Incluso, en algunos países puede considerarse que existe un amparo constitucional de garantías constitucionales de carácter político territorial, que procede cuando las Constituciones garantizan, por ejemplo, la autonomía de las entidades territoriales, como la municipal. En estos casos, se establece una "garantía constitucional", por lo que no habiendo en las Constituciones nada que reduzca el amparo sólo a los derechos de los hombres, también los derechos y garantías constitucionales establecidas en los textos respecto de la autonomía territorial, puede ser objeto de una acción de protección, por ejemplo, de un Estado de la Federación contra leyes federales, lo cual por ejemplo, se ha admitido en México. En cambio, esta situación se ha planteado en Venezuela donde se ha discutido ante los Tribunales, formulándose la protección constitucional de la garantía a la autonomía municipal como objeto de una acción de amparo; habiendo sido lamentablemente rechazada la protección por la Sala Constitucional en una interpretación restrictiva censurable[20].

5. *La necesidad de ampliar la protección constitucional en relación con los derechos protegidos*

El tercer aspecto de la estrategia para la utilización desde la perspectiva constitucional, del sistema de protección internacional de derechos humanos, se refiere al tema los derechos protegibles. De acuerdo con la Convención Americana todos los derechos son protegibles mediante las acciones de amparo: los derechos constitucionales de los hombres, de las personas morales e, incluso, de las personas institucionales de carácter constitucional.

Entre estos derechos constitucionales se encuentran tanto los declarados en el texto de las Constituciones, en las leyes, en la Convención Americana y otros instrumentos internacionales, y los que son inherentes a la persona humana. Como lo ha precisado la Corte Interamericana de Derechos Humanos en una *Opinión Consultiva* (OC-8/87) al analizar el artículo 25,1 de la Convención, donde señaló que dicho texto: "Es una disposición de carácter general que recoge la institución procesal del amparo, entendido como el procedimiento judicial sencillo y breve que tiene por objeto la tutela de todos los derechos reconocidos por las Constituciones y leyes de los Estados Partes y por la Convención".

Conforme al sistema interamericano, por tanto, el elenco de los derechos es completo para su protección. Sin embargo, en algunos casos, quizás por la influencia del modelo europeo de acción de amparo, particularmente el regulado en Alemania y en España, se ha reducido el objeto protegido en cuanto a los derechos protegibles sólo respecto de ciertos derechos enumerados en el texto constitucional. Por ejemplo, la Constitución alemana, donde sólo se admite la acción de amparo en relación con lo que en ella se denominan como "derechos fundamentales", los cuales constituyen una especie del género derechos constitucionales. En España, también se enumeran expresamente cuáles son los derechos que pueden ser protegidos por la acción de amparo.

Nada de esto puede derivarse de la Convención Americana ni de la generalidad de las Constituciones de América Latina, en los cuales todos los derechos son amparables. Por ello puede considerarse que aquellas Constituciones que establecen un

---

20 Véase la sentencia N° 1395 de 21-11-2000 (Caso: *Gobernación del Estado Mérida y otros vs. Ministerio de Finanzas*), en *Revista de Derecho Público,* N° 84, (octubre-diciembre), Editorial Jurídica Venezolana, Caracas, 2000, pp. 317 y ss.,

elenco determinado de derechos protegibles mediante la acción de amparo, son incompatibles con las obligaciones internacionales que a esos Estados impone la Convención.

En definitiva, la Convención Americana no permite la exclusión de la protección constitucional mediante el amparo de determinados derechos constitucionales, o en otras palabras, no permite que el amparo se reduzca a la protección sólo respecto de determinados derechos declarados en una Constitución. En consecuencia, sistemas como los regulados en los textos constitucionales de Chile y de Colombia pueden considerarse como incompatibles con la Convención Americana. En efecto, en el caso de Chile, Constitución enumera cuáles son los derechos objeto de la acción de protección (art. 20), y en el caso de Colombia, la Constitución también trae una enumeración respecto de los "derechos fundamentales" objeto de la tutela (art. 86), quizás por influencia europea. Sin embargo, afortunadamente, los tribunales de Colombia han venido corrigiendo esta restricción a través de una interpretación constitucional, de manera que en la actualidad, por la interrelación, universalidad, integralidad, indivisibilidad e interdependencia de los derechos, casi no hay derecho constitucional que no pueda ser tutelable.

En contraste con estos casos de previsiones constitucionales restrictivas sobre los derechos constitucionales que pueden ser objeto de protección mediante la acción de amparo, de tutela o de protección, deben destacarse otros sistemas constitucionales que expresamente establecen dentro de los derechos protegibles, no sólo todos los derechos constitucionales, sino además los declarados en el sistema de protección internacional. Es el caso, por ejemplo, de la Constitución de Costa Rica, que enumera entre los derechos objeto de protección mediante el amparo a los derechos "de carácter fundamental establecidos en los instrumentos internacionales sobre derechos humanos, aplicables a la Republica" (art. 48).

En sentido aun más amplio, la Constitución de Venezuela de 1999 precisa en forma expresa que el derecho de amparo comprende la protección de los "derechos y garantías constitucionales, aun de aquéllos inherentes a la persona que no figuren expresamente en esta Constitución o en los instrumentos internacionales sobre derechos humanos" (art. 27), lo que debe interpretarse, que no sólo son objeto de protección los derechos y garantías constitucionales y los enumerados en los instrumentos internacionales de derechos humanos, sino todos aquéllos inherentes a la persona humana, aun cuando no estén expresamente enumerados en la propia Constitución o en los instrumentos internacionales.

6. *La necesidad de ampliar el ámbito de la competencia judicial para la protección constitucional*

El cuarto aspecto de la estrategia para la utilización, desde la perspectiva constitucional, del sistema de protección internacional de derechos humanos, se refiere a la necesidad de ampliar la competencia judicial para asegurar la protección de los derechos humanos, acorde con la intención de lo que establece la Convención Americana.

En efecto, conforme a la Convención y a la tradición latinoamericana, la competencia en materia de amparo debe ser de la esencia del Poder Judicial, en el sentido de que debe ser una competencia de "los tribunales", de todos y no sólo de uno de ellos; lo cual, en cambio, es lo característico del modelo europeo, particularmente en

Alemania y en España, donde la competencia en materia de amparo se atribuye a un solo Tribunal que es el Tribunal Constitucional.

Lamentablemente, sin embargo, en algunos países de América Latina también se ha operado esta reducción en cuanto a la competencia judicial para la protección constitucional mediante el amparo, al asignarla a un solo tribunal, particularmente a las Cortes Supremas. Es el caso de la Corte Suprema de Justicia de Panamá, y de la Salas Constitucionales de la Corte Suprema de Costa Rica, El Salvador y Nicaragua donde tienen la competencia exclusiva para conocer de la acción de amparo. La aplicación de la Convención Americana debería conducir a configurar una estrategia de orden adjetivo para precisamente ampliar la competencia judicial, como por ejemplo se ha aprobado en 2004 en Honduras, con la Ley sobre la Justicia Constitucional cuyo proyecto fue elaborado por la propia Sala Constitucional de la Corte Suprema de Justicia.

En todo caso, salvo los casos mencionados, en todos los otros países de América Latina la competencia judicial en materia de amparo tiene una característica difusa, en el sentido de que es un poder que se atribuye, en general, a los tribunales de primera instancia o a los tribunales de circuito, pero no se concentra en un solo órgano. La concentración del conocimiento del amparo en un solo órgano judicial, como una acción específica, en definitiva, lo que hace es restringir el acceso a la justicia para la efectiva protección de los derechos.

7. *La necesidad de ampliar la protección constitucional en relación con los agraviantes (la legitimación pasiva)*

El quinto aspecto de la estrategia para la utilización, desde la perspectiva constitucional, del sistema de protección internacional de derechos humanos, se refiere a la necesidad de la ampliación progresiva de la legitimación pasiva en materia de amparo; es decir, en la determinación de las personas contra quienes se puede intentar la acción de amparo, lo cual no encuentra restricción alguna en la Convención Americana.

Debe recordarse, por supuesto, que en su origen la acción de protección de amparo o de tutela se la concibió siempre como un mecanismo de protección frente al Estado, precisamente porque los derechos humanos se concibieron inicialmente frente al Estado, y como límite a la actuación de los entes públicos. Sin embargo, la universalización progresiva de los derechos humanos como inherentes a la persona humana con independencia de quien debe respetarlos, ha venido ampliando el ámbito de su protección, admitiéndose que el amparo pueda intentarse también contra los particulares. Es decir, conforme con la Convención Americana, que no hace distingos, el amparo no sólo procede frente a la lesión a los derechos humanos que puede provenir de los entes públicos, sino también de los particulares.

En esta forma, puede decirse que en América Latina se admite en una forma amplia la acción de amparo contra los particulares, siguiendo una tendencia que se inició en América Latina, concretamente en Argentina a partir de los años cincuenta, donde por vía pretoriana se admitió la posibilidad del ejercicio de la acción de amparo contra particulares. Esta situación contrasta con lo que sucede en Europa, donde el amparo sólo se ejerce básicamente, contra los poderes públicos.

Sin embargo, alguna restricción a este principio de la universalidad característico de América Latina, se puede detectar en la actualidad en algunos de nuestros países a los efectos de plantear su reforma o perfeccionamiento, precisamente como parte de una estrategia, desde la perspectiva constitucional del sistema de protección internacional. Se destaca en este sentido la reducción de la posibilidad de la acción de amparo contra particulares que se ha operado en algunos países, al establecerse que procede pero sólo respecto a ciertos particulares, como son aquellos que actúan por delegación ejerciendo funciones públicas, o que cumplen algún tipo de prerrogativa, o tienen una posición de dominio, por ejemplo, en la prestación de servicios públicos, como son las empresas concesionarias. Es el caso, por ejemplo, de Costa Rica, Guatemala y Colombia..

Otros países simplemente excluyen totalmente la posibilidad del ejercicio de la acción de amparo contra particulares, siguiendo el modelo europeo, como es el caso de México, Brasil, Panamá, El Salvador y Nicaragua; situación que en nuestro criterio, se aparta de la orientación de la Convención Americana.

8. *La necesidad de ampliar la protección constitucional en relación con todas las entidades y actos estatales*

Un sexto aspecto de la estrategia para la utilización, desde la perspectiva constitucional del sistema de protección internacional de derechos humanos, se refiere a la necesidad de la ampliación de la protección constitucional frente a las propias actuaciones del Estado.

En efecto, puede señalarse que otro ámbito de reducción del amparo que contrasta con la universalidad que deriva de la Convención Americana, se refiere a los actos del Poder Público que puedan ser objeto de la acción de amparo. Conforme a la Convención Americana y a la configuración universal de la acción de amparo, no puede ni debe existir ningún acto del Estado que escape de su ámbito. Si el amparo es un medio judicial de protección de los derechos, lo es y tiene que serlo frente a cualquier acción pública; por lo que no se concibe que frente a esta característica universal del amparo, pueda haber determinadas actividades del Estado que queden excluidas a la posibilidad del ejercicio de una acción de amparo.

Sin embargo, en América Latina puede detectarse una lamentable tendencia a exclusiones, frente a las cuales debe definirse una estrategia constitucional para su eliminación. Estas exclusiones se han operado en diversos aspectos. En primer lugar, se destaca la tendencia a excluir del amparo a los actos de ciertas autoridades públicas. Es el caso, por ejemplo, de los organismos electorales, cuyos actos, en algunos países como Perú, Costa Rica y Uruguay, se excluyen expresamente de la acción de amparo. En otros casos, por ejemplo, en el mismo Perú, se prevé una exclusión del ámbito de protección constitucional del amparo respecto a los actos del Consejo Nacional de la Judicatura.

En segundo lugar, también se destaca otra tendencia a excluir del ámbito de protección de la acción de amparo a ciertos actos estatales, lo que se ha planteado particularmente en relación con las leyes y las decisiones judiciales. Algunos países, como por ejemplo, Colombia, Brasil y Uruguay, excluyen la posibilidad de ejercer la acción de amparo contra leyes, es decir, contra normas. En otros, en cambio, como en México, donde tiene su inicio el amparo contra normas y en Venezuela, se admite ampliamente el ejercicio de la acción de amparo contra leyes, como una especie de control difuso de la constitucionalidad por vía de acción, aun cuando en algunos casos exigiéndose el carácter auto aplicativo de la norma.

En otros casos, la restricción se ha establecido en materia de amparo contra decisiones judiciales. Sin embargo, también el juez al dictar su sentencia, puede lesionar un derecho constitucional; y en todo caso, ningún juez tiene poder para violar un derecho constitucional en su sentencia. Por tanto, también contra las sentencias debe admitirse la acción de amparo, la cual no se excluye en la Convención Americana y es admitida en muchos países de América Latina. En otros en cambio, se excluye expresamente la acción de amparo contra sentencias, como es el caso de Argentina, Uruguay, Costa Rica, Panamá, El Salvador y Nicaragua. En otros países, como en Colombia, si bien se incorporó expresamente en el Decreto-Ley reglamentario de la acción de tutela su procedencia contra sentencias, en una desafortunada sentencia de la Corte Constitucional de 1992, se anuló el artículo del Decreto Ley que regulaba la acción de tutela contra sentencias. Sin embargo, posteriormente, la labor tanto de la propia Corte Constitucional como de la Corte Suprema, del Consejo de Estado y de los tribunales de instancia, a pesar de la anulación de la norma, ha sido progresiva en admitir por vía de interpretación, la acción de tutela contra sentencias arbitrarias.

III. APROXIMACIÓN COMPARATIVA AL ESTUDIO DEL RECURSO O ACCIÓN DE AMPARO EN AMÉRICA LATINA

1. *Introducción*

Como se ha dicho, el desarrollo de la justicia constitucional en sus dos vertientes, como protección de la parte orgánica de la Constitución, o como protección de su parte dogmática, es decir, de los derechos y libertades constitucionales en definitiva, no es más que la manifestación de la garantía del derecho constitucional del ciudadano al respecto de la supremacía constitucional, es decir, a la tutela judicial efectiva de dicha supremacía.

Este derecho fundamental, así, se concreta ante todo, en un derecho al control judicial de la constitucionalidad de los actos estatales; sea mediante sistemas de justicia constitucional concentrados o difusos, respecto de la conformidad de las leyes y demás actos legislativos o ejecutivos de ejecución directa de la Constitución (actos de gobierno) a dicho texto; sea mediante el control por la jurisdicción contencioso-administrativa de la conformidad con el derecho (constitucionalidad y legalidad) de los actos administrativos; sea mediante el control del sometimiento de las sentencias y demás decisiones judiciales al derecho a través de las vías ordinarias (apelaciones) o extraordinarias (casación) de recursos judiciales.

Pero además, este derecho fundamental a la tutela judicial efectiva de la supremacía constitucional se concreta también, en un *derecho al amparo judicial de los derechos y libertades constitucionales* de las personas, sea mediante acciones o recursos judiciales ordinarios, o mediante acciones o recursos particulares de amparo u otros medios judiciales de protección inmediata de los mismos[21]. La consecuencia de este derecho fundamental, sin duda, implica el poder-deber atribuido a los jueces de asegurar la supremacía constitucional, sea declarando la nulidad de los actos contrarios a la Constitución, sea restableciendo los derechos y libertades constitucionales vulnerados por acciones ilegítimas, tanto de los órganos del Estado como los particulares.

Tratándose de un derecho fundamental de las personas el de asegurar la supremacía constitucional mediante la tutela judicial de la misma, es evidente, que sólo la Constitución podría limitar dicho derecho. Es decir, sería incompatible con la idea del derecho fundamental a la supremacía constitucional que hemos propuesto, cualquier limitación legal a la misma, sea manifestada en actos estatales excluidos de control judicial de constitucionalidad, sea en derechos constitucionales cuya violación no fuera amparable en forma inmediata. La supremacía constitucional es una noción absoluta, que no admite excepciones, por lo que el derecho constitucional a su aseguramiento tampoco puede admitir excepciones, salvo por supuesto, lo que establezca la propia Constitución.

Nuestra intención, en esta parte, es realizar una aproximación comparativa al estudio de las garantías constitucionales al derecho de amparo de los derechos y libertades constitucionales, partiendo de la premisa de que en casi todos los ordenamientos jurídicos en cuyas Constituciones se consagran derechos y libertades, los textos fundamentales también establecen un amplio elenco de garantías encaminadas a hacer efectivos y salvaguardar tales derechos[22]. Esta es, sin duda, una característica esencial del constitucionalismo democrático contemporáneo, en cuya base permanece con todo vigor la tajante afirmación del artículo 16 de la Declaración de los Derechos del Hombre y del Ciudadano de 1789:

> Toda sociedad en la cual la garantía de los derechos no está asegurada... carece de Constitución.

Por supuesto, los mecanismos para la tutela de los derechos y libertades constitucionales varían, pero todos derivan del derecho ciudadano a la supremacía constitucional y al respeto a los derechos y libertades consagrados en el texto fundamental.

Un estudio comparado de los principales sistemas judiciales de amparo o tutela a los derechos fundamentales, podría orientarse estudiando entre otros aspectos varias cuestiones fundamentales: en primer lugar, la naturaleza del amparo en el sentido de determinar si el amparo se consagra como un derecho constitucional o sólo como una garantía constitucional; en segundo lugar, el ámbito del amparo, en el sentido de establecer si con los medios particulares de amparo judicial se protegen todos los derechos y libertades constitucionales o sólo algunos de ellos; en tercer lugar, determinar quiénes son los titulares del derecho o garantía de amparo; y en cuarto lu-

21 Véase en general Juan VEGA GÓMEZ y Edgar CORZO SOSA (Coordinadores), *Instrumentos de tutela y justicia constitucional. Memoria del VII Congreso Iberoamericano de Derecho Constitucional,* Instituto de Investigaciones Jurídicas UNAM, México 2002.

22 Véase Allan R. Brewer-Carías, *El amparo a los derechos y garantías constitucionales (Una aproximación comparativa),* Editorial Jurídica Venezolana, Caracas 1993.

gar, precisar si todas las actuaciones públicas o privadas que vulneran los derechos y libertades constitucionales permiten ejercer las acciones o recursos de amparo, o algunas de aquellas están excluidas de los medios judiciales particulares de protección[23].

2. *Naturaleza del amparo*

Ante todo debe señalarse que la gran clasificación de los sistemas de protección de los derechos y garantías constitucionales que muestra el derecho comparado, conduce a distinguir dos sistemas judiciales de amparo, según que el amparo de los derechos y garantías constitucionales se conciba como un *derecho constitucional* en sí mismo, garantizado a su vez en múltiples formas; o como una *garantía constitucional* específica que especialmente se concreta en una o varias acciones o recursos de amparo particularizados.

La Constitución de Colombia, por ejemplo, al consagrar la "acción de tutela" de los derechos constitucionales fundamentales, opta definitivamente por la primera de las modalidades señaladas, la cual legislativamente debió ser desarrollada como un derecho constitucional a la tutela, que debía concretarse en múltiples garantías judiciales, incluyendo la "acción de tutela" autónoma; como sucede en los sistemas mexicano y venezolano.

A. *El amparo como un derecho constitucional: la protección constitucional mediante los medios judiciales ordinarios y además mediante una acción específica*

L En primer lugar, el amparo a los derechos y libertades constitucionales puede estar concebido en los sistemas constitucionales, *como un derecho constitucional de los ciudadanos, derivado del derecho a la supremacía de la Constitución y a obtener protección judicial respecto de dichos derechos y libertades por todos los tribunales.* Estos medios de protección judicial pueden ser los medios judiciales *ordinarios,* o puede tratarse de medios judiciales *específicos* de amparo inmediato.

En estos casos, por tanto, el amparo se ha regulado como un derecho constitucional, dando origen por tanto, no a una sola garantía (acción o recurso) de amparo, sino a *múltiples vías judiciales tanto ordinarias como específicas de protección de los derechos y libertades constitucionales,* que van más allá de la protección que se pueda obtener a través de las vías ordinarias. Es el caso de México y Venezuela, y es el supuesto en el cual, en nuestro criterio, se alinea la Constitución de Colombia de 1991.

a. *El juicio de amparo mexicano*

En el artículo 25 del Acta de Reformas Constitucionales de 1847, se introdujo en México *el derecho de todos los habitantes de la República a ser amparados por los tribunales* de la Federación en los derechos que les otorgaba la Constitución, contra todo ataque de parte de los Poderes Ejecutivo y Legislativo, en cuyo caso se estable-

---

23 Véase las diversas leyes relativas a la acción de amparo y al hábeas corpus en América Latina en Allan R. Brewer-Carías, *Derecho y Acción de Amparo, Tomo V, Instituciones Políticas y Constitucionales*, Editorial Jurídica Venezolana, Caracas 1998, pp. 425 y ss.

ció que los tribunales federales sólo debían dar protección en el caso concreto, sin hacer declaraciones generales sobre el acto en cuestión. Se introdujo, así, la figura del amparo constitucional como un derecho constitucional de todos a la protección de los derechos y libertades constitucionales, cuyo desarrollo posterior ha moldeado el llamado "juicio de amparo"[24], compleja institución procesal que al menos comprende cinco diferentes medios de protección judicial y de control de constitucionalidad. La institución está regulada en una extensa norma constitucional que es el artículo 107, en la cual se precisa que las controversias que se susciten por leyes o actos de la autoridad que violen las garantías individuales; por leyes o actos de la autoridad federal que vulneren o restrinjan la soberanía de los Estados o la esfera de competencia del Distrito Federal; y por leyes o actos de las autoridades de los Estados o del Distrito Federal que invadan la esfera de la autoridad federal (art. 103), se deben sujetar a los procedimientos y formas del orden jurídico que determine la ley, de acuerdo con las bases que establece la norma constitucional, entre las que se destaca la exigencia de que la sentencia de amparo "será siempre tal, que sólo se ocupe de individuos particulares, limitándose a ampararlos y protegerlos en el caso especial sobre el que verse la queja, sin hacer una declaración general respecto de la ley o acto que la motivare..."

Ahora bien, a la mencionada norma constitucional y de acuerdo a la Ley de Amparo mexicana, y tal como lo ha sistematizado Héctor Fix Zamudio, el juicio de amparo comprende los siguientes procesos:

En *primer lugar*, el "amparo de la libertad", en el cual el juicio de amparo se configura como un medio judicial de protección de los derechos constitucionales. En este aspecto, el juicio de amparo es equivalente al mandamiento de *hábeas corpus* cuando persigue la protección de la libertad personal, pero puede servir también de medio de protección de otros derechos constitucionales establecidos en los artículos 1 al 29 del Texto Fundamental, cuando resultaren violados por un acto de autoridad.

El *segundo* aspecto del juicio de amparo es que también procede contra sentencias y decisiones judiciales, cuando se alegue que el juez ha aplicado incorrectamente los dispositivos legales, resultando el llamado "amparo judicial" o "amparo casación". Es decir, se trata de un recurso judicial muy similar a los recursos extraordinarios de casación que regulan los Códigos de Procedimiento Civil en la mayoría de los países de derecho civil, para controlar la legalidad de las decisiones judiciales.

El *tercer* aspecto del juicio de amparo es el denominado "amparo administrativo" mediante el cual se desarrollan los recursos contencioso-administrativos contra los actos administrativos violatorios de la Constitución o de las leyes.

El *cuarto* aspecto del juicio de amparo es el denominado "amparo social agrario", establecido especialmente para tutelar los derechos individuales y colectivos de los campesinos sujetos al régimen de la reforma agraria, particularmente referidos a la propiedad rural.

---

24 Véase H. Fix Zamudio, *El juicio de amparo*, México 1964; *Ensayos sobre el Derecho de Amparo*, México, 1993; Eduardo Ferrer Mac-Gregor, *La acción constitucional de amparo en México y España, Estudio de Derecho Comparado*, 2ª edición, Edit. Porrúa, México D.F. 2000; Ignacio Burgoa O., *El juicio de amparo*, Vigésima octava edición, Editorial Porrúa S.A., México 1991..

Finalmente el *último* aspecto del juicio de amparo es el "amparo contra leyes", el cual puede utilizarse para impugnar directamente, por vía de acción, las leyes que violen la Constitución, directamente, sin que se requiera ningún acto administrativo o judicial de aplicación de la misma, razón por la cual procede contra las leyes autoaplicativas.

De lo anterior resulta que en el caso mexicano, el amparo no se reduce a una sola garantía judicial (acción o recurso) para la protección de los derechos constitucionales, sino a una variada gama de procesos judiciales que lo configuran más como un derecho constitucional que como una garantía específica.

b. *El derecho de amparo en Venezuela*

Como lo advirtió en 1970 el propio Héctor Fix Zamudio, la Constitución venezolana de 1961, al incorporar a su texto el artículo 49 que regulaba el *derecho de amparo,* "consagró definitivamente el derecho de amparo como instrumento procesal para proteger todos los derechos fundamentales de la persona humana consagrados constitucionalmente", en lo que calificó como "uno de los aciertos más destacados en la avanzada Carta Fundamental de 1961"[25].

En efecto, el gran aporte del texto constitucional venezolano de 1961, concepción que sigue el artículo 27 de la Constitución de 1999, en relación a la protección de los derechos fundamentales, ha sido la consagración del amparo *como un derecho fundamental* más y no sólo como una única garantía adjetiva del resto de los derechos constitucionales[26]. Es decir, la Constitución de Venezuela no consagró solamente una "acción de amparo" para proteger los derechos constitucionales, sino que lo que previó fue "“un derecho constitucional al amparo" con la consecuente obligación de todos los Tribunales de amparar a los habitantes de la República en el goce de los derechos y garantías consagrados en la Constitución, o que sin estar enumerados en el texto, sean inherentes a la persona humana.

La Ley Orgánica de Amparo sobre Derechos y Garantías Constitucionales, en vigencia a partir del 22 de enero de 1988[27], al regular y consagrar la *acción de amparo* de todos los derechos y libertades constitucionales, incluso para la protección de la libertad y seguridad personales (art. 38), reconoció expresamente que el ejercicio del derecho de amparo no se agota ni se contrae exclusivamente a dicho medio procesal, sino que puede ejercerse *también* a través de otras acciones o recursos establecidos en el ordenamiento jurídico. Así, en el artículo 3 se establece la posibi-

---

25 Véase Héctor Fix Zamudio, "Algunos aspectos comparativos del derecho de amparo en México y Venezuela", *Libro Homenaje a la Memoria de Lorenzo Herrera Mendoza,* UCV, Caracas, 1970, Tomo II, pp. 333-390.

26 Véase Héctor Fix-Zamudio, "La teoría de Allan R. Brewer-Carías sobre el derecho de amparo latinoamericano y el juicio de amparo mexicano" en *El Derecho Público a comienzos del Siglo XXI. Libro Homenaje al profesor Allan R. Brewer-Carías,* Tomo I, Instituto de Derecho Público, Editorial Civitas, Madrid 2003, pp. 1125 y ss.

27 Véase en *Gaceta Oficial* N° 33.891 de 22 de enero de 1988. Véase Allan R. Brewer-Carías y Carlos M. Ayala Corao, *Ley Orgánica de Amparo sobre Derechos y Garantías Constitucionales,* Caracas, 1988. Véase además Allan R. Brewer-Carías, *El derecho y la acción de amparo, Tomo V, Instituciones Políticas y Constitucionales*, Editorial Jurídica venezolana, Caracas 1998, pp. 163 y ss.

lidad de formular la pretensión de amparo contra leyes junto con la acción popular de inconstitucionalidad de las leyes ante la Corte Suprema de Justicia; en el artículo 5 se establece expresamente que la pretensión de amparo contra actos administrativos y contra las conductas omisivas de la Administración puede formularse conjuntamente con los recursos contencioso-administrativos; y el artículo 6, ordinal 5°, al establecer las causales de inadmisibilidad de la acción de amparo, reconoce implícitamente que se puede formular la pretensión de amparo mediante otras "vías jurídicas ordinarias" o "medios judiciales preexistentes", en los cuales puede "alegarse la violación o amenaza de violación de un derecho o garantía constitucional".

Por supuesto para que estas vías judiciales sirvan de medio de amparo constitucional, el legislador ha perfeccionado sus mecanismos de protección: por ejemplo, en la acción de inconstitucionalidad de las leyes, cuando ésta se fundamente en la violación de un derecho o garantía constitucional, en virtud de la nulidad absoluta que ello implica, se ha previsto en la Ley Orgánica la potestad de la Corte Suprema de *suspender los efectos de la Ley impugnada* respecto del caso concreto mientras se decide el recurso (art. 3°); en el recurso de casación, cuando la denuncia contra la sentencia recurrida consista en el alegato de la violación por la misma de un derecho o garantía constitucional, la Sala de Casación debe acogerse al procedimiento y lapsos expeditos establecidos en la Ley Orgánica de Amparo (art. 6, ord. 5°) teniendo en todo caso el recurso efectos suspensivos de la sentencia; y en el recurso contencioso-administrativo, cuando el motivo del mismo sea la violación de un derecho constitucional por el acto recurrido, se ha eliminado la exigencia de agotamiento de la vía administrativa y del lapso de caducidad, dada la nulidad absoluta alegada, y se permite al juez recurrir en forma más expedita a los procedimientos de urgencia y abreviación de lapsos, así como a la suspensión de efectos del acto recurrido (arts. 5 y 6, ord. 5°).

En esta forma el derecho de amparo como protección judicial, establecido en el artículo 27 de la Constitución de 1999, antes citado, puede decirse que presenta unas peculiaridades que lo hacen diferente a la mayoría de las instituciones similares de protección de los derechos y garantías constitucionales establecidas en el mundo contemporáneo, tanto en Europa, como en América Latina[28].

Conforme a esta norma constitucional, en consecuencia, puede afirmarse que en Venezuela el amparo se consagra como *un derecho* de los habitantes del país, de exigir ante todos los Tribunales, según su competencia, y de acuerdo a lo que la ley establece, la protección y el aseguramiento del goce y ejercicio de todos los derechos y garantías que la Constitución establece o que sean inherentes a la persona humana, frente a cualquier perturbación, provenga ésta de entes públicos o de particulares, mediante un procedimiento que debe ser breve y sumario, y permitir al juez restablecer inmediatamente la situación jurídica infringida.

La Constitución, por tanto, no establece "una" acción o recurso de amparo, como un particular medio de protección judicial, sino un derecho de amparo o "derecho a ser amparado", como derecho fundamental que se puede materializar, y de hecho se

---

28 Véase en general H. Fix Zamudio, *La protección procesal de los derechos humanos ante las jurisdicciones nacionales,* Madrid, 1982, pp. 366.

materializa, a través de una *"acción autónoma de amparo"*[29] que en principio se puede ejercer ante cualquier Tribunal de Primera Instancia con competencia afín al derecho constitucional violado, pero que en caso de no existir tal Tribunal en la localidad respectiva, puede ejercerse ante cualquier juzgado o tribunal, sea cual sea su jerarquía (art. 7).

Por ello, el artículo 1° de la Ley Orgánica de Amparo sobre Derechos y Garantías Constitucionales, establece lo siguiente:

> Toda persona natural habitante de la República o persona jurídica domiciliada en ésta, podrá solicitar ante los Tribunales competentes el amparo previsto en el artículo 49 de la Constitución, para el goce y el ejercicio de los derechos y garantías constitucionales, aun de aquellos derechos fundamentales de la persona humana que no figuren expresamente en la Constitución, con el propósito de que se restablezca inmediatamente la situación jurídica infringida o la situación que más se asemeje a ella.
>
> La garantía de la libertad personal que regula el *hábeas corpus* constitucional, se regirá por esta Ley.

Al consagrarse así el derecho ciudadano a ser amparado, en nuestro criterio, el sistema venezolano se acoge al sentido de la previsión del artículo 25,1 de la Convención Americana sobre Derechos Humanos de 1977[30].

c. *El derecho de tutela en Colombia*

La Constitución de Colombia de 1991, en nuestro criterio, puede decirse que se alinea en la orientación de los sistemas mexicano y venezolano de amparo, al regular no sólo una "acción de tutela" específica, para la protección de los derechos constitucionales fundamentales, sino además, establece un derecho a la tutela judicial de

---

29 Véase Allan R. Brewer-Carías, "El derecho de amparo y la acción de amparo", *Revista de Derecho Público,* N° 22, Editorial Jurídica Venezolana, Caracas, 1985, pp. 51 y ss.

30 Véase en general, sobre la acción de amparo en Venezuela: Gustavo Briceño V., *Comentarios a la Ley de Amparo*, Editorial Kinesis, Caracas 1991; José Luis Castillo Marcano et al., *El amparo constitucional y la tutela cautelar en la justicia administrativa,* Fundación Estudios de Derecho Administrativo (FUNEDA), Caracas 2000; Rafael J. Chavero Gazdik, *El nuevo régimen del amparo constitucional en Venezuela,* Editorial Sherwood, Caracas 2001; Rafael J. Chavero Gazdik, *La acción de amparo contra decisiones judiciales*, Fundación Estudios de Derecho Administrativo (FUNEDA)-Editorial Jurídica Venezolana, Caracas 1997; *El amparo constitucional en Venezuela (Doctrina, Jurisprudencia, Legislación)*, Tomo I, Instituto de Estudios Jurídicos del Estado Lara, Colegio de Abogados del Estado Lara, Diario de Tribunales 1987; *El amparo constitucional en Venezuela (Doctrina, Jurisprudencia, Legislación)*, Tomo II, Instituto de Estudios Jurídicos del Estado Lara, Colegio de Abogados del Estado Lara, Diario de Tribunales 1987; Gustavo José Linares Benzo, *El proceso de amparo en Venezuela*, Editorial Jurídica Venezolana, Caracas 1993; Gustavo José Linares Benzo, *El Proceso de Amparo*, Universidad Central de Venezuela, Facultad de Ciencias Jurídicas y Políticas, Caracas 1999; Otto Marín Gómez, *La protección procesal de las garantías constitucionales de Venezuela. Amparo y Hábeas Corpus*, Universidad Central de Venezuela, Ediciones de la Biblioteca, Colección Ciencias Jurídicas y Políticas VI, Caracas 1983; Nicolás Vegas Rolando, *El amparo constitucional y jurisprudencias*, Ediciones Librerías Destino, Caracas 1991; Francisco José Utrera y Luis A. Ortiz Álvarez, *El amparo constitucional contra sentencias,* Editorial Torino, Caracas 1997; Hildegard Rondón De Sansó, *Amparo Constitucional*, Caracas 1988; Hildegard RONDÓN DE SANSÓ, *La acción de amparo contra los poderes públicos*, Editorial Arte, Caracas 1994.

dichos derechos que se ejerce o puede ejercerse mediante otros variados medios procesales de protección de los derechos y libertades.

En efecto, el Capítulo 4 del Título II de la Constitución (De los Derechos, las Garantías y los Deberes), se refiere a la "protección y aplicación de los derechos", y en él se consagra la "acción de tutela", en la siguiente forma:

> *Artículo 86.* Toda persona tendrá acción de tutela para reclamar ante los jueces, en todo momento y lugar, mediante un procedimiento preferente y sumario, por sí misma o por quien actúe a su nombre, la protección inmediata de sus derechos constitucionales fundamentales, cuando quiera que éstos resulten vulnerados o amenazados por la acción o la omisión de cualquier autoridad pública.
>
> La protección consistirá en una orden para que aquél respecto de quien se solicita tutela, actúe o se abstenga de hacerlo. El fallo, que será de inmediato cumplimiento, podrá impugnarse ante el juez competente y, en todo caso, éste lo remitirá a la Corte Constitucional para su eventual revisión.
>
> Esta acción sólo procederá cuando el afectado no disponga de otro medio de defensa judicial, salvo que aquélla se utilice como mecanismo transitorio para evitar un perjuicio irremediable.
>
> En ningún caso podrán transcurrir más de diez días entre la solicitud de tutela y su resolución.
>
> La ley establecerá los casos en los que la acción de tutela procede contra particulares encargados de la prestación de un servicio público o cuya conducta afecte grave y directamente el interés colectivo, o respecto de quienes el solicitante se halle en estado de subordinación o indefensión.

Sin embargo, dicha acción de tutela, en nuestro criterio, no se concibe como la única vía judicial posible para la protección de los derechos constitucionales pues, en primer lugar, la misma sólo procede "cuando el afectado no disponga de otro medio de defensa judicial", (art. 86), es decir, "mediante un procedimiento preferente y sumario", lo que implica que el legislador puede consagrar variadas vías de tutela judicial de los derechos constitucionales.

Pero en segundo lugar, la Constitución expresamente señala que además de la acción de tutela, la ley debe establecer los demás recursos, las acciones y los procedimientos necesarios para que puedan propugnar por la integridad del orden jurídico y por la protección de sus derechos individuales, de grupo o colectivos, frente a la acción u omisión de las autoridades públicas.

En tercer lugar, y específicamente sobre los derechos e intereses colectivos, el artículo 88 de la Constitución dispone:

> *Artículo 88.* La ley regulará las acciones populares para la protección de los derechos e intereses colectivos, relacionados con el patrimonio, el espacio, la seguridad y la salubridad públicos. la moral administrativa, el ambiente, la libre competencia económica y otros de similar naturaleza que se definen en ella.

En consecuencia, en nuestro criterio, en la Constitución de Colombia de 1991 se ha regulado el amparo a los derechos constitucionales, como un derecho a la tutela judicial de dichos derechos que se materializa, sea mediante el ejercicio de la acción de tutela, sea mediante el ejercicio de otras acciones o recursos que el legislador puede establecer[31].

Por ello, entre las causales de improcedencia de la tutela, el Decreto Nº 2.591 de 1991, que reglamenta la acción de tutela, establece que ésta no procede "cuando existan otros recursos o medios de defensa judiciales, salvo que aquélla se utilice como mecanismo transitorio para evitar un perjuicio irremediable", entendiéndose "por irremediable el perjuicio que sólo pueda ser reparado en su integridad mediante una indemnización" (art. 6,1).

Por tanto, de acuerdo con el artículo 8 del Decreto Nº 2.591, "aun cuando el afectado disponga de otros medios de defensa judicial, la acción de tutela procederá cuando se utilice como mecanismo transitorio para evitar un perjuicio irremediable". También prescribe esa norma que "cuando se utilice como mecanismo transitorio para evitar un daño irreparable, la acción de tutela también podrá ejercerse conjuntamente con la acción de nulidad y de las demás procedentes ante la jurisdicción de lo contencioso-administrativo. En estos casos, el juez, si lo estima procedente, podrá ordenar que no se aplique el acto particular respecto de la situación jurídica concreta cuya protección se solicita, mientras dure el proceso".

La acción de tutela en Colombia también podía ejercerse conjuntamente con los recursos judiciales ordinarios. En tal sentido, el artículo 40 del Decreto Nº 2.591 de 1991, al regular la tutela contra actos judiciales, prescribió que "cuando el derecho invocado sea el debido proceso, la tutela deberá imponerse conjuntamente con el recurso procedente", es decir, en principio, con el de apelación.

Además, el artículo 40 del Decreto precisó lo siguiente:

> Quien hubiere interpuesto un recurso, o disponga de medios de defensa judicial, podrá solicitar también la tutela si ésta es utilizada como mecanismo transitorio para evitar un perjuicio irremediable. También podrá hacerlo quien, en el caso concreto, careciere de otro mecanismo de defensa judicial, siempre y cuando la acción sea interpuesta dentro de los sesenta días siguientes a la firmeza de la providencia que hubiere puesto fin al proceso.

---

31 Véase en general sobre la tutela en Colombia, Jorge Arenas Salazar, *La Tutela Una acción humanitaria,* 1ª edición 1992, Ediciones Librería Doctrina y Ley, Santa Fe de Bogotá D.C., Colombia 1992; Manuel José Cepeda, *La Tutela Materiales y Reflexiones sobre su significado*, Presidencia de la República, Consejería para el desarrollo de la Constitución, Imprenta Nacional de Colombia, Bogotá D.C. 1992; Oscar José Dueñas Ruiz, *Acción de Tutela, Su esencia en la práctica, 50 respuestas básicas*, Corte Suprema, Consejo de Estado, Legislación, Ediciones Librería del Profesional, Santa Fe de Bogotá D.C., Colombia 1992; Federico González Campos, *La Tutela Interpretación doctrinaria y jurisprudencial*, 2ª edición, Ediciones Jurídicas Gustavo Ibáñez, Santa Fe de Bogotá D.C., Colombia 1994; Manuel José Cepeda, *Las Carta de Derechos. Su interpretación y sus implicaciones*, Temis Presidencia de la República Consejería para el Desarrollo de la Constitución, Santa Fe de Bogotá, Colombia 1993; Juan Manuel Charry U., *La acción de tutela,* Editorial Temis, Santa Fe de Bogotá 1992; Herán Alejandro Olano Correa et al., *Acción de Tutela (Práctica Forense y Jurisprudencia)*, 2ª edición 1994, Tunja-Boyacá-Colombia 1994; Carlos Augusto Patiño Beltrán, *Acciones de Tutela cumplimiento populares y de grupo. Guía Práctica*, Editorial Leyer, Bogotá D.C., Colombia 2000; *Pensamiento Jurídico. La Acción de Tutela, Revista de Teoría del Derecho y Análisis Jurídico* Nº 7, Universidad Nacional de Colombia, Facultad de Derecho, Ciencias Políticas y Sociales, Santa Fe de Bogotá D.C. 1997.

Este artículo 40 del Decreto, sin embargo, fue anulado por la Corte Constitucional mediante sentencia del 1° de octubre de 1992, por considerarlo inconstitucional, pues conforme al criterio de la Corte, en Colombia no procede la tutela contra las providencias judiciales[32].

B. *El amparo como una garantía jurisdiccional específica (acción o recurso) para la protección de los derechos y libertades constitucionales*

En la mayoría de los sistemas occidentales, el amparo se ha regulado constitucionalmente, en particular, como una específica garantía jurisdiccional para la protección de los derechos y libertades constitucionales, mediante el establecimiento de un recurso o acción destinado a tal fin. En algunos supuestos se trata de un específico medio de protección judicial que se ejerce ante un solo tribunal; en otros casos se trata de una o varias acciones o recursos que se intentan ante la jurisdicción ordinaria.

En todo caso, es claro que aun así no se trata de la única vía de protección de los derechos constitucionales, dado que los jueces ordinarios tienen siempre y esencialmente tal función por las vías ordinarias de acciones y recursos.

a. *El amparo como una acción o recurso que se ejerce ante un solo tribunal*

Quizás la figura más generalizada del amparo en Europa, como medio de protección jurisdiccional de los derechos y garantías constitucionales, la constituye el establecimiento en el ordenamiento constitucional de una sola acción o recurso que se intenta ante un solo Tribunal especializado en materia de justicia constitucional. Es el caso de las acciones o recursos de amparo establecidos en Alemania[33], Austria[34] y España[35]. Este sistema también se sigue en América latina, al establecerse la competencia única y exclusiva para conocer de la acción de amparo, sea de la Corte Suprema de Justicia como órgano supremo de la vía judicial o de su Sala Constitucional. Es el caso de Costa Rica, El Salvador y Nicaragua.

a'. *El recurso de amparo en Costa Rica*

La reforma constitucional de Costa Rica de 1989, estableció expresamente el derecho de toda persona tanto al recurso de hábeas corpus para garantizar su libertad e

---

32 Véase la sentencia en *Derecho Colombiano,* Bogotá 1992, pp. 471 a 499.

33 Véase por todos I. V. Munch. "El recurso de amparo constitucional como instrumento jurídico y político en la República Federal de Alemania", *Revista de Estudios Políticos,* N° 7, Madrid, 1979, pp. 269-289; Klaus Schlaich, "El Tribunal constitucional alemán", en L. Favoreu et al., *Tribunales Constitucionales Europeos Derechos Fundamentales,* Madrid, 1984, pp. 133-232.

34 Véase por todos F. Ermacora, "El Tribunal Constitucional Austríaco" en el *Tribunal Constitucional,* Dirección General de lo Contencioso del Estado, Instituto de Estudios Fiscales, Madrid, 1981, Tomo I, pp. 409-459.

35 Véase por todos Joan Oliver Araujo, *El recurso de amparo,* Palma de Mallorca, 1986; Antonio Moya Garrido, *El recurso de amparo según la doctrina del Tribunal Constitucional,* Barcelona, 1983; José L. Cascajo Castro y Vicente Gimeno Sendra, *El recurso de amparo,* Madrid, 1985; Antonio Cano Mata, *El recurso de amparo,* Madrid, 1983.

integridad personales, como al recurso de amparo para mantener o restablecer el goce de los otros derechos consagrados en el Texto Fundamental, así como los de carácter fundamental establecidos en los instrumentos internacionales sobre derechos humanos, aplicables a la República (art. 48).

Ambos recursos son de competencia de la Sala Constitucional de la Corte Suprema de Justicia (art. 10), y se encuentran regulados en la Ley de la Jurisdicción Constitucional de 1989[36].

El recurso de amparo, conforme a esta Ley, en particular procede contra toda disposición, acuerdo o resolución y en general, contra toda acción, omisión o simple actuación material no fundada en un acto administrativo eficaz, de los servicios y órganos públicos que hayan violado, violen o amenacen violar cualquiera de aquellos derechos (art. 29). Sin embargo, la Ley excluye el amparo contra las leyes u otras disposiciones normativas, salvo cuando se impugnen conjuntamente con actos de aplicación individual de aquéllas o cuando se trate de normas de acción automática, de manera que sus preceptos resulten obligatorios inmediatamente por su sola promulgación. También excluye el amparo contra las resoluciones y actuaciones jurisdiccionales del Poder Judicial, contra los actos que realicen las autoridades administrativas al ejecutar decisiones judiciales, y contra los actos o disposiciones del Tribunal Supremo de Elecciones en materia electoral (art. 30).

La Ley de Costa Rica, además, regula la acción de amparo contra acciones u omisiones de sujetos de derecho privado, pero sólo cuando éstos actúen o deban actuar en ejercicio de funciones o potestades públicas, o se encuentren, de derecho o de hecho, en una posición de poder frente a la cual los remedios jurisdiccionales comunes resulten claramente insuficientes y tardíos para garantizar los derechos o libertades fundamentales consagrados en la Constitución y los derechos humanos reconocidos por el Derecho Internacional vigente en Costa Rica (art. 59).

Adicionalmente, la misma Ley de la Jurisdicción Constitucional regula específicamente el recurso de amparo para garantizar el derecho de rectificación o respuesta a toda persona afectada por informaciones inexactas o agraviantes emitidas en su perjuicio por medios de difusión que se dirijan al público en general, para consecuentemente efectuar por el mismo órgano de difusión su rectificación o respuesta. A tal efecto la Ley regula un procedimiento específico (art. 66 y ss.).

El recurso de amparo de Costa Rica, por tanto, se configura como un medio judicial de protección constitucional contra las actuaciones de la Administración Pública, contra las actuaciones de particulares pero cuando actúan en ejercicio del Poder Público, y contra leyes o actos normativos autoaplicativos, que se ejerce directamente ante la Sala Constitucional de la Corte Suprema de Justicia contra el servidor o el titular del órgano o representante de la entidad que aparezca como presunto autor del agravio, sin que sea necesario el ejercicio de ningún recurso administrativo previo para interponerlo.

---

36 Véase en general, Rubén Hernández Valle, *La tutela de los derechos fundamentales*, Editorial Juricentro, San José 1990.

b' *El amparo en El Salvador*

De acuerdo con el artículo 247 de la Constitución de El Salvador:

> *Artículo 247.-* Toda persona puede pedir amparo ante la Sala de lo Constitucional de la Corte Suprema de Justicia por violación de los derechos que otorga la presente Constitución.
>
> El habeas corpus puede pedirse ante la Sala de lo Constitucional de la Corte Suprema de Justicia o ante las Cámaras de Segunda Instancia que no residen en la capital. La resolución de la Cámara que denegare la libertad del favorecido podrá ser objeto de revisión, a solicitud del interesado por la Sala de lo Constitucional de la Corte Suprema de Justicia.

Por tanto, la Constitución de El Salvador de 1983, reformada muchas veces (1991-2004), dentro de las atribuciones de la Corte Suprema de Justicia establece la de "conocer de los procesos de amparo" (art. 182,1). Por ello, la Ley de Procedimientos Constitucionales de 1960, reformada en 1977, 1985 y 1997, dentro de la misma orientación de "amparo concentrado" establece que:

> *Artículo 3.* Toda persona puede pedir amparo ante la Sala de lo Constitucional de la Corte Suprema de Justicia por violación de los derechos que le otorga la Constitución.

c'. *El amparo en Nicaragua*

La Constitución de Nicaragua de 1986, reformada en 1995 y 2000 establece en su artículo 45 que "las personas cuyos derechos constitucionales hayan sido violados o estén en peligro de serlo, pueden interponer el recurso de exhibición personal o de amparo, según el caso y de acuerdo con la Ley de Amparo".

En consecuencia, la Constitución estableció el recurso de amparo en contra de toda disposición, acto o resolución y en general en contra de cada acción u omisión de cualquier funcionario, autoridad o agente de los mismos que viole o trate de violar los derechos y garantías consagrados en la Constitución Política (art. 188); y el recurso de exhibición personal en favor de aquellos, cuya libertad, integridad física y seguridad, sean violadas o estén en peligro de serlo (art. 189). Adicionalmente atribuyó competencia exclusiva para conocer del mismo a la Corte Suprema de Justicia (art. 164,3).

En sentido similar, la Ley de Amparo de Nicaragua de 1988, establece que la Corte Suprema de Justicia es el tribunal competente para conocer el recurso de amparo hasta su resolución definitiva (art. 25), correspondiendo, sin embargo, a los Tribunales de Apelaciones respectivos o a las Salas de los mismos, conocer de las primeras actuaciones hasta la suspensión del acto inclusive (art. 25).

b. *El amparo como una acción o recurso pero ejercido ante una globalidad de Tribunales*

En la mayoría de los sistemas latinoamericanos cuyas Constituciones consagran el amparo como una garantía judicial específica para la protección de los derechos y libertades constitucionales, el conocimiento de las acciones o recursos no se concentra en un solo Tribunal, sino que su conocimiento y decisión se atribuyen a una globalidad de Tribunales. Así sucede por ejemplo, en Argentina, Perú, Uruguay, Chile, Brasil, Colombia, Guatemala, Panamá, El Salvador, Bolivia y Honduras. También sucede en Venezuela con la "acción de amparo" autónoma.

a'. *El recurso de amparo en Argentina*

El recurso de hábeas corpus en Argentina no estaba establecido en la Constitución, y sólo fue incorporado al Texto Fundamental en la reforma de 1949, aun cuando luego fue dejada sin efecto en 1955. En la reforma constitucional de 1994, como se ha dicho, se volvió a establecer la acción de amparo (art. 43).

Ahora bien, en 1984, por Ley 23.098 el Congreso, al interpretar el artículo 18 de la Constitución que establece la garantía de no ser arrestado sino en virtud de orden escrita de la autoridad competente, reglamentó el hábeas corpus para la protección de la libertad física o corporal ante las detenciones ilegales y arbitrarias[37].

En cuanto a los demás derechos constitucionales, en ausencia de previsión legal, la Jurisprudencia de la Corte Suprema de la Nación había rechazado la aplicación del hábeas corpus para lograr su protección judicial. Sin embargo, a raíz de la resolución de los casos *Angel Siri y Samuel Kot* en 1957 y 1958, la Corte Suprema de la Nación produjo la creación jurisprudencial del amparo de los derechos constitucionales, dejando sentados los criterios de que el amparo procedía para tutelar los derechos constitucionales, con excepción de la libertad física protegida por el hábeas corpus; que no podía ser obstáculo a la aplicación del amparo su falta de reglamentación procesal, aplicándose en cuanto fuera posible el trámite del hábeas corpus; que el amparo protegía no sólo contra actos de los órganos del Poder Público sino de los particulares; y que procedía no obstante la existencia de una vía procesal ordinaria, si el trámite de ésta podía producir un daño grave e irreparable[38].

La labor jurisprudencial se completó con la promulgación de la Ley 16.986[39] sobre la acción de amparo de 1966 que regula sólo la acción de amparo contra actos del Estado, teniendo los particulares acceso al amparo frente a los particulares mediante las previsiones del Código Procesal Civil y Comercial de la Nación (arts. 32,1, inciso 2° y 498)[40].

En esta forma, de acuerdo con el artículo 1° de la Ley 16.986:

> La acción de amparo será admisible contra todo acto u omisión de autoridad pública que, en forma actual o inminente, lesione, restrinja, altere o amenace,

---

37 Véase, Néstor Pedro Sagües, *Derecho Procesal Constitucional. Hábeas Corpus*, Tomo 4, 2ª ed., Editorial Astrea, Buenos Aires 1988.

38 Véase por todos Susana Albanese, *Garantías Judiciales. Algunos requisitos del debido proceso legal en el derecho internacional de los derechos humanos,* Ediar S.A. Editora, Comercial, Industrial y Financiera, Buenos Aires 2000; José Luis Lazzarini, *El juicio de amparo*, 2ª ed., Buenos Aires 1988; Augusto M. Morillo et al., *El amparo. Régimen procesal*, 3ª edición, Librería Editora Platense SRL, La Plata 1998, 430 pp.; Néstor Pedro SAGÜES, Pedro *Derecho Procesal Constitucional. Acción de Amparo*, Tomo 3, 2ª ed., Editorial Astrea, Buenos Aires 1988; Alí Joaquín Salgado, *Juicio de amparo y acción de inconstitucionalidad*, Editorial Astrea, Buenos Aires 1987.

39 Véase, por todos, José Luis Lazzarini, *El juicio de amparo,* Buenos Aires, 1987; Néstor Pedro Sagüés, *Derecho Procesal Constitucional. Acción de Amparo,* Buenos Aires, 1988.

40 J. L. Lazzarini, *op. cit*., p. 229.

con arbitrariedad o ilegalidad manifiesta, los derechos o garantías explícita o implícitamente reconocidos por la Constitución Nacional, con excepción de la libertad individual tutelada por el *hábeas corpus*.

Se trata, por tanto, de una acción que se intenta ante cualquier juez de Primera Instancia con jurisdicción en el lugar en que el acto se exteriorice o tuviere o pudiere tener efectos, para la protección de todos los derechos y libertades constitucionales (incluso implícitamente reconocidos en la Constitución) contra las actuaciones u omisiones de las autoridades públicas, excepto las decisiones o actos emanados del Poder Judicial y las Leyes.

Para intentar la acción de amparo es necesario agotar los recursos o remedios judiciales o administrativos que permitan obtener la protección del derecho o garantía constitucional de que se trate, pues si éstos existen, el amparo es inadmisible, salvo que ellos no sean hábiles para reparar el agravio y el tránsito por los mismos pueda ocasionar un daño grave e irreparable. De allí que se considere al amparo como una vía excepcional. En la actualidad, la institución del amparo se ha regulado en la Constitución argentina, con ocasión de la reforma constitucional de 1994 (art. 43), en forma amplísima, siguiendo la orientación de las previsiones de la Convención Americana sobre Derechos Humanos, habiéndose desarrollado, además, la acción de hábeas data[41].

b'. *El recurso de amparo en el Perú*

La Constitución peruana de 1979 estableció en su artículo 295 las siguientes "garantías constitucionales":

> *Artículo 295.* La acción u omisión por parte de cualquier autoridad, funcionario o persona que vulnera o amenaza la libertad individual, da lugar a la acción de *hábeas corpus*.
>
> La acción de amparo cautela los demás derechos reconocidos por la Constitución que sean vulnerados o amenazados por cualquier autoridad, funcionario o persona".

Se consagró así, la acción de amparo como una garantía constitucional para la protección de todos los derechos y libertades reconocidos por la Constitución con excepción de la libertad individual (cuyo medio de protección judicial es la acción de *hábeas corpus*), cuando sean vulnerados por actos de autoridades públicas o particulares.

Estas disposiciones fueron recogidas en el texto de la Constitución de 1993, reformada en 1995, 2000 y 2002, en su artículo 200, en el cual se incorporó como garantía constitucional, además, la acción de habeas data, así:

---

41 Véase Juan F. Armagnague et al., *Derecho a la información, hábeas data e Internet*, Ediciones La Roca, Buenos Aires 2002; Miguel Ángel Ekmekdjian et al., *Hábeas Data. El derecho a la intimidad frente a la revolución informática*, Edic. Depalma, Buenos Aires 1998; Osvaldo Alfredo Gozaíni, *Derecho Procesal Constitucional, Hábeas Data. Protección de datos personales. Ley 25.326 y reglamentación (decreto 1558/2001)*, Rubinzal-Culzoni Editores, Santa Fe, Argentina 2002

1. La Acción de Habeas Corpus, que procede contra el hecho u omisión, por parte de cualquier autoridad, funcionario o persona, que vulnera o amenaza la libertad individual o los derechos constitucionales conexos.
2. La Acción de Amparo, que procede contra el hecho u omisión, por parte de cualquier autoridad, funcionario o persona, que vulnera o amenaza los demás derechos reconocidos por la Constitución, con excepción de los señalados en el inciso siguiente. No procede contra normas legales ni contra resoluciones judiciales, emanadas de procedimiento regular.
3. La Acción de Hábeas Data, que procede contra el hecho u omisión, por parte de cualquier autoridad, funcionario o persona, que vulnera o amenaza los derechos a que se refiere el artículo 2° incisos 5 y 6 de la Constitución.

De acuerdo con el Código Procesal Constitucional dictado por Ley 28.237 de 2004, que derogó entre otras, a la Ley N° 23.506 de *Hábeas Corpus y* Amparo de 1982, y a la Ley 25.398 de 1991[42] que complementaba la anterior, la acción de amparo se intenta ante el Juez civil del lugar donde se afectó el derecho o donde tiene domicilio el afectado o donde domicilia el autor de la infracción (art. 51). De acuerdo a dicho Código, el amparo sólo procede cuando se hayan agotado las vías previas (arts. 5,4; 45). Sin embargo, en caso de duda sobre el agotamiento de la vía previa, el Código exige que se prefiera dar trámite a la demanda de amparo (art. 45).

c'. *La acción de amparo en Uruguay*

La acción de amparo en Uruguay, a pesar de las declaraciones generales contenidas en los artículos 7,72 y 332 de la Constitución de 1966, se reguló en forma expresa en la Ley N° 16.011 de 1988, en la cual se estableció lo siguiente:

> *Artículo 1°* Cualquier persona física o jurídica, pública o privada, podrá deducir la acción de amparo contra todo acto, omisión o hecho de las autoridades estatales o paraestatales, así como de particulares que, en forma actual e inminente, a su juicio, lesione, restrinja, altere o amenace, con ilegitimidad manifiesta, cualquiera de sus derechos y libertades reconocidos expresa o implícitamente por la Constitución (art. 72), con excepción de los casos en que proceda la interposición del recurso de *hábeas corpus.*

Se estableció así la acción de amparo para la protección de todos los derechos y libertades constitucionales, que se puede ejercer ante todos los jueces letrados de Primera Instancia de la materia que corresponda al acto, hecho u omisión impugnados y del lugar en que éstos produzcan sus efectos (art. 3) no sólo contra actos lesivos de los órganos del Poder Público, sino contra actos de los particulares[43].

---

42 Véase Samuel B. Abad Yupanqui et al., *Código Procesal Constitucional*, Ed. Palestra, Lima 2004. Véase por todos, Alberto Borea Odría, *Las garantías constitucionales: Habeas Corpus y Amparo*, Libros Peruanos S.A., Lima 1992; Alberto Borea Odría, *El amparo y el Hábeas Corpus en el Perú de Hoy*, Lima, 1985. .

43 Véase por todos Luis Alberto Viera et al., *Ley de Amparo. Comentarios, Texto Legal y Antecedentes legislativos a su sanción. Jurisprudencia sobre el amparo*, 2ª ed., Ediciones Idea, Montevideo 1993;

La Ley N° 16.011, sin embargo, excluyó de la acción de amparo los actos jurisdiccionales, cualquiera sea su naturaleza y el órgano del que emanen; los actos de la Corte Electoral cualquiera sea su naturaleza, y las leyes y los decretos de los gobiernos departamentales que tengan fuerza de Ley en su jurisdicción (art. 1°).

Esta acción de amparo en el sistema uruguayo, sólo procede cuando no existan otros medios judiciales o administrativos que permitan obtener el mismo resultado de protección o amparo, o cuando, si existieren fueren, por las circunstancias, claramente ineficaces para la protección del derecho.

d'. *El "recurso de protección" en Chile*

La Constitución de Chile de 1980, con antecedentes en el Acta Constitucional N° 3 (Decreto-Ley N° 1.552) de 1976, estableció el recurso de protección de ciertos derechos y libertades constitucionales, que puede intentarse ante las Cortes de Apelaciones, las cuales están legalmente autorizadas para adoptar de inmediato las providencias que juzguen necesarias para restablecer el imperio del derecho y asegurar la debida protección del afectado, sin perjuicio de los demás derechos que pueda hacer valer ante la autoridad o los Tribunales correspondientes (art. 20)[44].

En particular, el artículo 20 de la Constitución dispone:

> *Artículo 20.* El que por causa de actos u omisiones arbitrarios o ilegales, sufra privación, perturbación o amenaza en el legítimo ejercicio de los derechos y garantías establecidos en el artículo 19, números 1°, 2°, 3° inciso cuarto, 4°, 5°, 6°, 9° inciso final, 11°, 12°, 13°, 15°, 16° en lo relativo a la libertad de trabajo y al derecho a su libre elección y libre contratación, y a lo establecido en el inciso cuarto, 19°, 21°, 22°, 23°, 24° y 25° podrá ocurrir por sí o por cualquiera a su nombre, a la Corte de Apelaciones respectiva, la que adoptará de inmediato las providencias que juzgue necesarias para restablecer el imperio del derecho y asegurar la debida protección del afectado, sin perjuicio de los demás derechos que pueda hacer valer ante la autoridad o los tribunales correspondientes.
>
> Procederá también, el recurso de protección en el caso del número. 8° del artículo 19, cuando el derecho a vivir en un medio ambiente libre de contaminación sea afectado por un acto arbitrario e ilegal imputable a una autoridad o persona determinada.

Además, en materia de protección de la libertad y seguridad personales, conforme al artículo 21 de la Constitución, todo individuo que se hallare arrestado, detenido o preso con infracción de lo dispuesto en la Constitución o en las leyes, puede

---

Miguel Ángel Semino, "Comentarios sobre la acción de amparo en el Derecha uruguayo", en *Boletín de la Comisión Andina de Jurista,* N° 27, Lima, 1986,

44 Véase por todos, Pedro Aberastury et al., *Acciones constitucionales de amparo y protección: realidad y prospectiva en Chile y América Latina*, Editorial Universidad de Talca, Talca 2000, Chile; Juan Manuel Errazuriz Gatica el al., *Aspectos procesales del recurso de protección,* Editorial Jurídica de Chile, Santiago de Chile 1989; Sergio Lira Herrera, *El recurso de protección. Naturaleza Jurídica, Doctrina, Jurisprudencia, Derecho Comparado,* Editorial Jurídica de Chile, Santiago de Chile 1990; Enrique Paillas, *El recurso de protección ante el derecho comparado,* Editorial Jurídica de Chile, Santiago de Chile 1990.

ocurrir por sí, o por cualquiera a su nombre, a la magistratura que señale la ley, a fin de que ésta ordene se guarden las formalidades legales y adopte de inmediato las providencias que juzgue necesarias para restablecer el imperio del derecho y asegurar la debida protección del afectado. Esa magistratura puede ordenar que el individuo sea traído a su presencia y su decreto debe ser precisamente obedecido por todos los encargados de las cárceles o lugares de detención. Instruida de los antecedentes, debe decretar su libertad inmediata o debe hacer que se reparen los defectos legales o pondrá al individuo a disposición del juez competente, procediendo en todo breve y sumariamente, y corrigiendo por sí esos defectos o dando cuenta a quien corresponda para que los corrija.

El mismo recurso, y en igual forma, puede ser deducido en favor de toda persona que ilegalmente sufra cualquiera otra privación, perturbación o amenaza en su derecho a la libertad personal y seguridad individual. En estos casos, la respectiva magistratura debe dictar las medidas antes indicadas que estime conducentes para restablecer el imperio del derecho y asegurar la debida protección del afectado.

e'. *Las acciones de protección constitucional en Brasil*

En la Constitución de Brasil, desde 1934, se había establecido expresamente el *mandado de segurança,* como una acción específica de protección de los derechos y libertades constitucionales, con excepción de la libertad personal, que era protegida mediante el recurso de *hábeas corpus.*

En la nueva Constitución de Brasil de 1988, el elenco de garantías constitucionales fue ampliado en forma destacada, pues además del *mandado de segurança y* del recurso de *hábeas corpus,* se establecieron dos nuevas acciones de protección de los derechos y libertades constitucionales: el *mandado de injunçao* y el *habeas data*[45].

En efecto, en primer lugar, el hábeas corpus se regula en el artículo 5, LXVIII de la Constitución al establecerse que procede siempre que alguien sufra o se sienta amenazado de sufrir violencia o coacción en su libertad de locomoción, por ilegalidad o abuso de poder.

La libertad de locomoción declarada en el artículo 5, XV de la Constitución es el derecho de cualquier persona de entrar, permanecer y salir con sus bienes del territorio nacional; en definitiva es el *ius ambulandi*, esencia de la libertad personal, por lo que el *hábeas corpus* procede contra las detenciones arbitrarias o ilegales. La acción se intenta en principio ante los Tribunales de Primera Instancia Criminal, pero pueden conocer de la acción los Tribunales de Apelación e incluso el Supremo Tribunal Federal, si la acción se intenta contra el Tribunal de Primera Instancia o contra el Tribunal de Apelación, respectivamente.

---

45 Véase por todos José Alfonso Da Silva, *Mandado de injunçao e habeas data,* Sao Paulo, 1989; Dimar Ackel Filho, *Writs Constitutionais,* Sao Paulo, 1988; Nagib Slaibi Filho, *Anotaçoes a Constituiçao de 1988,* Río de Janeiro, 1989; Celso Agrícola Barbi, *Do Mandado de Segurança*, 7ª edição, Revista, aumentada e actualizada de acordo com o Código de Processo Civil de 1973 e legislação posterior, Editora Forense, Río de Janeiro 1993; J. Cretella Junior, *Comentários à ley do mandado de segurança (de acordo com a constituição de 5 de outubro de 1988*, 5ª edição, Editora Forense, Río de Janeiro 1992.

La segunda acción de protección prevista de la Constitución de Brasil es el *mandado de segurança* individual o colectivo. El mandado de *segurança* se concede en el artículo 5, LXIX para proteger derechos determinados y ciertos, no amparados por el hábeas corpus o hábeas data, cuando el responsable de la ilegalidad o abuso de poder fuese una autoridad pública o un agente de una persona jurídica en ejercicio de atribuciones del Poder Público. Este recurso, que puede intentarse ante todos los tribunales según su competencia, sin embargo, no es admisible de acuerdo a la ley cuando existan recursos administrativos que puedan ejercerse contra el acto en cuestión, o si se trata de decisiones judiciales, cuando existan recursos previstos en las leyes procesales mediante los cuales pueda corregirse el acto. Tampoco se admite el mandado de *segurança* contra las leyes, incluso de carácter autoaplicativo.

La Constitución de 1988 también introdujo una novedad al regular el mandado de *segurança* colectivo, el cual puede ser ejercido por los partidos políticos con representación en el Congreso Nacional o por organizaciones sindicales, entidades de clases o asociaciones legalmente constituidas y en funcionamiento por lo menos durante un año, en defensa de los intereses de sus miembros o asociados (art. 5, LXX). Se trata de un medio procesal de protección de intereses colectivos (no difusos), ejercido por los entes representativos de los mismos, ante todos los tribunales, según su competencia, en sentido similar a la competencia en el mandado de *segurança* individual.

En tercer lugar, la Constitución de Brasil de 1988, estableció un nuevo medio procesal de protección de los derechos y libertades constitucionales, denominado el *mandado de injunçao,* que se concede conforme al artículo 5, LXXI, siempre que por falta de norma reglamentaria se torne en inviable el ejercicio de los derechos y libertades constitucionales y de las prerrogativas inherentes a la nacionalidad, a la soberanía del pueblo o a la ciudadanía. Esta acción tiene por objeto, frente a la omisión legislativa o reglamentaria, obtener la orden de un juez en la cual impone una obligación de hacer o de cumplir un determinado acto, cuya violación constituye un atentado a un derecho.

Si la omisión normativa es atribuible a las más altas autoridades de la República, el Tribunal competente es el Supremo Tribunal Federal; en otros casos, son competentes los Tribunales Superiores de justicia. En todo caso, mediante el *mandado de injunçao* el juez respectivo no legisla sino solamente ordena o manda que se conceda el derecho establecido en la Constitución, y cuya falta de reglamentación hace inviable su ejercicio.

Por último, en cuarto lugar, la Constitución de 1988 estableció otra nueva acción de protección de los derechos constitucionales, denominada *hábeas data,* que el artículo 5, LXXII concede, primero, para asegurar el conocimiento de informaciones relativas a la persona recurrente que consten en registros o banco de datos de entidades gubernamentales o de carácter público; y segundo, para la rectificación de datos, cuando no se pueda lograr mediante procesos judiciales o administrativos. El hábeas data se configura entonces como una acción constitucional destinada a garantizar tres aspectos: el derecho de acceso a los registros oficiales; el derecho de rectificación de los mismos, y el derecho de corrección de dichos registros, informatizados o no, que se intenta ante todos los tribunales, según su competencia, incluso ante el Supremo Tribunal Federal.

f'. *La "acción de amparo" en Venezuela como vía judicial autónoma*

Hemos señalado que, en Venezuela, el derecho de amparo previsto en la Constitución de 1961 y recogido en la de 1999, conforme a la Ley Orgánica de 1988 permite lograr la adecuada protección de los derechos y garantías constitucionales, además a través de otras vías judiciales, mediante una "acción de amparo" autónoma, la cual, por supuesto, aparece en el ordenamiento como absolutamente diferenciada de la acción o recursos de inconstitucionalidad de las leyes, del recurso de casación y de las acciones contencioso-administrativas. En este caso, la acción de amparo se nos presenta como una acción mucho más amplia, de protección de absolutamente todos los derechos y garantías constitucionales, incluyendo, como hemos señalado, el goce y ejercicio de la libertad personal, o derecho de *"hábeas corpus"*, regulado en detalle en la Ley Orgánica[46].

Ahora bien, una de las características de esta acción judicial autónoma de amparo, es que no presupone el que se hayan agotado vías judiciales previas para poder intentarse, lo que hace que la acción de amparo en Venezuela se diferencie del recurso de amparo que se ha desarrollado en Europa, y particularmente, en Alemania y España. En estos países, en realidad el recurso de amparo, de hecho, es un auténtico "recurso" que se intenta, en principio, contra decisiones judiciales. En Alemania, el recurso de amparo constitucional que se intenta ante el Tribunal Constitucional Federal, exige el agotamiento previo de la vía judicial ordinaria, por lo que, en definitiva, se traduce en un recurso contra una decisión judicial respectiva, aun cuando como se ha dicho, excepcionalmente procede una acción directa de amparo en ciertos casos específicos y respecto a un número muy limitado de derechos constitucionales. En España, el recurso de amparo que se intenta ante el Tribunal Constitucional, también exige el agotamiento previo de las vías judiciales y, particularmente, si se trata de un amparo en relación a actividades administrativas, en definitiva se requiere siempre el agotamiento previo de la vía judicial contencioso-administrativa. Por eso, en España, el recurso de amparo en definitiva se configura como un recurso revisor de sentencias de los Tribunales Contencioso-Administrativos.

En el caso venezolano, en cambio, la acción autónoma de amparo no exige el agotamiento previo de las vías judiciales ni se configura, por tanto, como un recurso extraordinario contra sentencias judiciales. Se trata, de una acción judicial autónoma que sólo procede cuando no se opte por otros recursos o acciones judiciales que permitan mediante procedimientos breves y sumarios, obtener amparo y protección de los derechos y el restablecimiento inmediato de los mismos (art. 6, ord. 5°). En materia de amparo contra actos administrativos o conductas omisivas de la Administración, la acción procede cuanto la vía contencioso-administrativa no sea un medio efectivo de protección constitucional. En estos casos, no es que la acción de amparo requiere el agotamiento previo del recurso contencioso administrativo de anulación cuando la violación del derecho constitucional la produce un acto administrativo, sino que el recurso contencioso-administrativo puede ser en sí mismo el medio de amparo. Por ello, en el caso de actos administrativos, cuando el recurso contencioso-administrativo no

---

46 Véase Allan R. Brewer-Carías y Carlos M. Ayala Corao, *Ley Orgánica de Amparo a los Derechos y Garantías Constitucionales,* Caracas, 1988; Hildegard Rondón De Sansó, *Amparo Constitucional,* 1991.

sirva efectivamente como medio de amparo dadas las particulares circunstancias del caso concreto, procede la acción autónoma de amparo (art. 5).

Por otra parte, debe señalarse que el derecho de amparo, de acuerdo a la Constitución y la Ley Orgánica, se puede ejercer ante "los tribunales" en conformidad con la Ley, por lo que de acuerdo a la Ley Orgánica de Amparo, la competencia para conocer de la acción autónoma de amparo se atribuye en principio, a los Tribunales de Primera Instancia.

En efecto, de acuerdo con el artículo 7° de la Ley Orgánica:

> Son competentes para conocer de la acción de amparo, los Tribunales de Primera Instancia que lo sean en la materia afín con la naturaleza del derecho o de las garantías constitucionales violados o amenazados de violación, en la jurisdicción correspondiente al lugar donde ocurriere el hecho, acto u omisión que motivaren la solicitud de amparo...
>
> Del amparo de la libertad y seguridad personales conocerán los Tribunales de Primera Instancia en lo Penal, conforme al procedimiento establecido en esta Ley.

La Ley agrega en su artículo 9° que:

> Cuando los hechos, actos u omisiones constitutivos de la violación o amenaza de violación del derecho o de la garantía constitucional se produzcan en lugar donde no funcionen Tribunales de Primera Instancia, se interpondrá la acción de amparo ante cualquier Juez de la localidad, quien decidirá conforme a lo establecido en esta Ley. Dentro de las 24 horas siguientes a la adopción de la decisión, el Juez la enviará en consulta al Tribunal de Primera Instancia competente.

En ciertos casos, sin embargo, la acción autónoma de amparo sólo puede intentarse ante la Sala Constitucional del Tribunal Supremo de Justicia, que conoce en única instancia en los casos de que la violación o amenaza de violación de los derechos constitucionales provenga de cualquier hecho, acto u omisión del Presidente de la República, de los Ministros, del Consejo Nacional Electoral y demás organismos electorales del país, del Fiscal General de la República, del Procurador General de la República o del Contralor General de la República (art. 8) o del Defensor del Pueblo.

g'. *La "acción de tutela" en Colombia como vía judicial autónoma*

Hemos señalado que, en nuestro criterio, el sistema adoptado por la Constitución de Colombia de 1991, para la protección constitucional de los derechos fundamentales, es el de consagrar un *derecho constitucional a la tutela* judicial de dichos derechos, a través de múltiples vías judiciales y también, mediante el ejercicio de una específica "acción de tutela" que se regula en el artículo 86 de la Constitución, antes citado, y que se puede ejercer también ante una globalidad de Tribunales.

Así resulta de la expresión del artículo 86 de la Constitución, al consagrarse el derecho de toda persona a ejercer la acción de tutela para la protección de los derechos constitucionales fundamentales por "ante los Jueces". Por ello, en el Decreto 2.591 de 1991 se atribuye competencia "para conocer de la acción de tutela, a prevención, los jueces o tribunales con jurisdicción en el lugar donde ocurriere la violación o la amenaza que motivaren la presentación de la solicitud" (Art. 37). Por otra parte, el mismo artículo 86 de la Constitución establece que el fallo que se dicte con motivo del ejercicio de la acción de amparo, "podrá impugnarse ante juez competente y, en todo caso, éste lo remitirá a la Corte Constitucional para su eventual revisión". De acuerdo al Decreto 2.591 de 1991, en todo caso, si no ha habido apelación, los fallos deben ser enviados a la Corte Constitucional (art. 31). La Corte tiene poder discrecional para determinar las sentencias de tutela que habrán de ser revisadas (art. 33).

Se consagra así, el principio de la "bi-instancia" del proceso judicial de la acción de tutela, con la posibilidad de una revisión "eventual" por parte de la Corte Constitucional, en los casos y con las exigencias que se establecen en el Decreto 2.591 que regula la acción.

Por otra parte, debe advertirse que en el caso de la acción de tutela de los derechos constitucionales fundamentales en Colombia, la Constitución no exige que se agoten previamente las acciones o recursos judiciales, aun cuando se establece expresamente que sólo procede "cuando el afectado no disponga de otro medio de defensa judicial" y aun en ese caso, se admite la acción de tutela "como mecanismo transitorio para evitar un perjuicio irremediable" (art. 86).

h'. *El "amparo" en Guatemala*

En la Constitución de Guatemala de 1985 se instituyó el "amparo" con el fin de proteger a las personas contra las amenazas de violaciones a sus derechos o para restaurar el imperio de los mismos cuando la violación hubiere ocurrido. La Constitución agregó que "no hay ámbito que no sea susceptible de amparo, y procederá siempre que los actos, resoluciones, disposiciones o leyes de autoridad lleven implícitos una amenaza, restricción o violación a los derechos que la Constitución y las leyes garantizan" (art. 265).

El artículo 263 de la Constitución reguló además el derecho a la exhibición personal, para quien se encuentre ilegalmente preso, detenido o cohibido de cualquier otro modo del goce de su libertad individual, amenazado de la pérdida de ella, o sufriere vejámenes, aun cuando su prisión o detención fuere fundada en ley. En esos casos, tiene derecho a pedir su inmediata exhibición ante los tribunales de justicia, ya sea con el fin de que se le restituya o garantice su libertad, se hagan cesar los vejámenes o termine la coacción a que estuviere sujeto. Si el tribunal decretare la libertad de la persona ilegalmente recluida, ésta quedará libre en el mismo acto y lugar.

Cuando así se solicite o el juez o tribunal lo juzgue pertinente, la exhibición reclamada se debe practicar en el lugar donde se encuentre el detenido, sin previo aviso ni notificación. En todo caso, es ineludible la exhibición personal del detenido en cuyo favor se hubiere solicitado.

Conforme a los artículos 11 y siguientes de la Ley de Amparo, Exhibición Personal y de Constitucionalidad, de 1986 (Decreto 1-86), la competencia para conocer del amparo se atribuyó a todos los Tribunales, así:

1. A la Corte Constitucional, en única instancia, en los amparos interpuestos en contra del Congreso de la República, la Corte Suprema de Justicia, el Presidente y el Vicepresidente de la República (art. 11).

2. A la Corte Suprema de Justicia, en los amparos en contra del Tribunal Supremo Electoral; los Ministros de Estado o Viceministros cuando actúen como Encargados del Despacho; las Salas de la Corte de Apelaciones, Cortes Marciales, Tribunales de Segunda Instancia de Cuentas y de lo Contenciosa Administrativo; el Procurador General de la Nación; el Procurador de los Derechos Humanos; la Junta Monetaria; los Embajadores o Jefes de Misión Diplomática guatemaltecos acreditados en el extranjero; y el Consejo Nacional de Desarrollo Urbano y Rural.

3. A la *Corte de Apelaciones* en sus Salas del orden común, en sus respectivas jurisdicciones, los amparos contra: los Viceministros de Estado y los Directores Generales; los funcionarios judiciales de cualquier fuero o ramo que conozcan en primera instancia; los alcaldes y corporaciones municipales de las cabeceras departamentales; el Jefe de la Contraloría General de Cuentas; los gerentes, jefes o presidentes de las entidades descentralizadas o autónomas del Estado o sus cuerpos directivos, consejos o juntas rectoras de toda clase; el Director General del Registro de Ciudadanas; las asambleas generales y juntas directivas de los colegios profesionales; las asambleas generales y órganos de dirección de los partidos políticos; los cónsules o encargados de consulados guatemaltecos en el exterior; los consejas regionales o departamentales de desarrollo urbano y rural, y los gobernadores.

4. *Los Jueces de primera instancia* del orden común, en sus respectivas jurisdicciones, los amparos en contra de: los administradores de rentas; los jueces menores; los jefes y demás empleados de policía; los alcaldes y corporaciones municipales no comprendidos en el artículo anterior; los demás funcionarios, autoridades y empleados de cualquier fuero o ramo no especificados en los artículos anteriores; y las entidades de derecho privado.

i'. *El recurso de amparo en Panamá*

De acuerdo con el artículo 50 de la Constitución panameña de 1972, reformada en 1978, 1983 y 1994, "Toda persona contra la cual se expida o se ejecute, por cualquier servidor público, una orden de hacer o de no hacer, que viole los derechos y garantías que esta Constitución consagra, tendrá derecho a que la orden sea revocada a petición suya o de cualquier persona". De acuerdo con la misma norma, "el recurso de amparo de garantías constitucionales, se tramitará mediante procedimiento sumario y será de competencia de los tribunales judiciales"[47].

Además, el artículo 23 de la Constitución, todo individuo detenido fuera de los casos y la forma que prescriben la Constitución y la Ley, debe ser puesto en libertad a petición suya o de otra persona, mediante el recurso de habeas corpus que puede ser interpuesto inmediatamente después de la detención y sin consideración a la pena aplicable. El recurso se debe tramitar con prelación a otros casos pendientes mediante procedimiento sumarísimo, sin que el trámite pueda ser suspendido por razón de horas o días inhábiles.

Conforme con el artículo 2.606 del Código Judicial, son competentes para conocer de la demanda de amparo:

---

47 Véase Lao Santizo P., *Acotaciones al amparo de garantías constitucionales panameño,* Editorial Jurídica Sanvas, San José, Costa Rica 1987.

1. El Pleno de la Corte Suprema de Justicia por actos que procedan de autoridades o funcionarios con mando y jurisdicción en toda la República o en dos o más provincias.

2. Los Tribunales Superiores de Distrito Judicial que conozcan de los asuntos civiles cuando se trate de actos que procedan de servidores públicos con mando y jurisdicción en una Provincia; y

3. Los Jueces de Circuito que conozcan de los asuntos civiles cuando se trate de servidores públicos con mandato y jurisdicción en un distrito a parte de él.

j'. *El recurso de amparo en Bolivia*

El artículo 19 de la Constitución en Bolivia de 1994, reformada en 2004, establece el recurso de amparo contra todos los actos ilegales o las omisiones indebidas de los funcionarios o particulares que restrinjan, supriman o amenacen restringir o suprimir los derechos y garantías de la persona reconocidos por la Constitución y las leyes. Este recurso de amparo se debe interponer por la persona que se creyere agraviada o por otra a su nombre con poder suficiente -salvo lo dispuesto en el artículo 129 de la Constitución-, ante las Cortes Superiores en las capitales de Departamento o ante los Jueces de Partido en las provincias, tramitándoselo en forma sumarísima. El Ministerio Público también puede interponer de oficio este recurso cuando no lo hiciere o no pudiere hacerlo la persona afectada.

En estos casos, la autoridad o la persona demandada debe ser citada a objeto de que preste información y presente, en su caso, los actuados concernientes al hecho denunciado, en el plazo máximo de cuarenta y ocho horas. La resolución final se debe pronunciar en audiencia pública inmediatamente de recibida la información del denunciado y, a falta de ella, se debe hacer sobre la base de prueba que ofrezca el recurrente. La autoridad judicial debe examinar la competencia del funcionario o los actos del particular y, encontrando cierta y efectiva la denuncia, debe conceder el amparo solicitado siempre que no hubiere otro medio o recurso legal para la protección inmediata de los derechos y garantías restringidos, suprimidos y amenazados, elevando de oficio su resolución ante el Tribunal Constitucional para su revisión, en el plazo de 24 horas.

La norma constitucional ha sido desarrollada por la Ley 1.836 de 1998 sobre Ley del Tribunal Constitucional, que precisa que el amparo constitucional precede "contra toda resolución, acto u omisión indebida de autoridad o funcionario, siempre que no hubiere otro medio o recurso pata la protección inmediata de los derechos y garantías, así como contra todo acto u omisión indebida de persona o grupo de personas particulares que restrinjan, supriman o amenacen restringir o suprimir los derechos o garantías reconocidos por la Constitución Política del estado y las leyes" (art. 94). El Tribunal Constitucional tiene competencia para revisar las sentencias de amparo (Art. 102,V).

k'. *La acción de amparo en Honduras*

De acuerdo con el artículo 183 de la Constitución, en Honduras el Estado reconoce la garantía de amparo; en consecuencia, toda persona agraviada o cualquiera otra en nombre de ésta, tiene derecho a interponer recurso de amparo para que se le mantenga o restituya en el goce o disfrute de los derechos o garantías que la Constitución establece; y para que se declare en casos concretos que una ley, resolución, acto o hecho de autoridad, no obliga al recurrente ni es aplicable por contravenir, disminuir o tergiversar cualesquiera de los derechos reconocidos por esta Constitución.

Además, conforme al artículo 182, el Estado reconoce la garantía de Habeas Corpus o de Exhibición Personal, y en consecuencia, toda persona agraviada o cualquiera otra en nombre de ésta tiene derecho a promoverla cuando se encuentre ilegalmente presa, detenida o cohibida de cualquier modo en el goce de su libertad individual; y cuando en su detención o prisión legal se apliquen al detenido o preso, tormentos, torturas, vejámenes, exacción ilegal y toda coacción, restricción o molestia innecesaria para su seguridad individual o para el orden de la prisión.

Estas acciones estaban reguladas en la Ley de Amparo de 1936, la cual ha sido derogada por la Ley sobre la Justicia Constitucional de 2004, en la cual se destacan las siguientes regulaciones:

En cuanto al objeto de la acción de amparo y conforme con las orientaciones de la Convención Americana de Derechos Humanos (art. 25), se permite su ejercicio contra los hechos, actos, omisiones o amenazas de cualesquiera de los Poderes del Estado, incluyendo las entidades descentralizadas, desconcentradas, corporaciones municipales e instituciones autónomas; las sostenidas con fondos públicos y las que actúen por delegación de algún órgano del Estado en virtud de concesión, de contrato u otra resolución válida (art. 41).

La competencia para conocer de la acción de amparo corresponde tanto a la Sala de lo Constitucional (amparo contra actos de los altos funcionarios públicos y contra sentencias de las Cortes de Apelaciones y acción de habeas data) de la Corte Suprema de Justicia como a las Cortes de Apelaciones (amparo contra sentencias de jueces departamentales, seccionales, de ejecución y de paz y contra actos de funcionarios departamentales o seccionales) y a los Juzgados de Letras (amparo contra sentencias de jueces superiores y contra actos de funcionarios municipales y locales) (art. 9 al 11). En materia de hábeas corpus, la competencia se atribuye a todos los tribunales (art. 9 al 11) en relación con los derechos a la libertad personal y a la integridad física (art. 13).

En materia de amparo, las características más importantes de las regulaciones de la Ley, son las siguientes:

En cuanto a los derechos protegidos, conforme a la orientación de la Convención Americana, están los reconocidos en la Constitución y en los Tratados, convenciones y otros instrumentos internacionales sobre derechos humanos (art. 40,1).

En cuanto a la legitimación activa, la acción de amparo puede ser ejercida por cualquier persona sin distingo, sea natural o jurídica, y también la puede intentar cualquier persona en representación del agraviado (art. 43).

En cuanto a la legitimación pasiva, como se dijo, el amparo procede contra actos de cualquier autoridad, como los normativos, las sentencias o actos administrativos y también contra los hechos omisiones o amenazas de violación (arts. 13 y 40). También procede el amparo contra particulares, aún cuando en forma limitada, respeto de instituciones sostenidas con fondos públicos y las que actúen por delegación de algún órgano del Estado en virtud de concesión, de contrato u otra resolución válida (art. 41).

En cuanto a las formalidades de la acción, las mismas se regulan expresamente (art. 48), debiendo devolverse el escrito al accionante cuando tuviese deficiencias de redacción (art. 49). La tramitación del amparo, por otra parte, debe hacerse con prelación a cualquier otro asunto, con excepción de los casos de exhibición personal (art. 50).

La Ley establece una importante innovación en cuanto a las medidas cautelares, las cuales se consagran con gran amplitud (art. 56), y no sólo se concretan a la suspensión de efectos del acto impugnado, como se regulaba anteriormente. En consecuencia, la medida cautelar puede consistir en ordenes de hacer o de deshacer, o en prohibiciones consistentes en ordenes de no hacer.

Se establece en la Ley un procedimiento de dos instancias y en todo caso, una consulta obligatoria de las sentencias de los jueces de letras departamentales o seccionales por parte de la Corte de Apelaciones (art. 67). En cuanto a las sentencias de primera instancia de las Cortes de Apelaciones en materia de amparo, también se establece la consulta obligatoria por ante la Sala Constitucional de la Corte Suprema (art. 67).

En cuanto a las sentencias de las Cortes de Apelaciones dictadas en segunda instancia, la ley prevé la posibilidad de ejercicio de un recurso de revisión extraordinario (petición de estudio) por ante la Sala Constitucional (art. 67), el cual es de conocimiento discrecional, a juicio de la Sala.

l'. *La acción de amparo en Ecuador.*

De acuerdo con el artículo 95 de la Constitución de Ecuador de 1998, cualquier persona, por sus propios derechos o como representante legitimado de una colectividad, puede proponer una acción de amparo ante el órgano de la Función Judicial designado por la ley. Mediante esta acción, que se debe tramitar en forma preferente y sumaria, se debe requerir la adopción de medidas urgentes destinadas a cesar, evitar la comisión o remediar inmediatamente las consecuencias de un acto u omisión ilegítimos de una autoridad pública, que viole o pueda violar cualquier derecho consagrado en la Constitución o en un tratado o convenio internacional vigente, y que, de modo inminente, amenace con causar un daño grave. También puede interponerse la acción si el acto o la omisión hubieren sido realizados por personas que presten servicios públicos o actúen por delegación o concesión de una autoridad pública.

La Constitución también precisa que las decisiones judiciales adoptadas en un proceso no son susceptibles de acción de amparo.

También se puede presentar acción de amparo contra los particulares, cuando su conducta afecte grave y directamente un interés comunitario, colectivo o un derecho difuso.

Para la acción de amparo no puede haber inhibición del juez que deba conocerla y todos los días serán hábiles. El juez debe convocar de inmediato a las partes, para oírlas en audiencia pública dentro de las veinticuatro horas subsiguientes y, en la misma providencia, de existir fundamento, debe ordenar la suspensión de cualquier acto que pueda traducirse en violación de un derecho.

Dentro de las 48 horas siguientes, el juez debe dictar la resolución, la cual se debe cumplir de inmediato, sin perjuicio de que tal resolución pueda ser apelada para su confirmación o revocatoria, para ante el Tribunal Constitucional. Para asegurar el cumplimiento del amparo, el juez puede adoptar las medidas que considere pertinentes, e incluso acudir a la ayuda de la fuerza pública. Las normas procesales que se opongan a la acción de amparo no podrán ser aplicables, así como tampoco las disposiciones que tiendan a retardar su ágil despacho.

La Constitución regula, además, extensivamente las acciones de habeas corpus y habeas data, así:

> *Artículo 93.*- Toda persona que crea estar ilegalmente privada de su libertad, podrá acogerse al hábeas corpus. Ejercerá este derecho por sí o por interpuesta persona, sin necesidad de mandato escrito, ante el alcalde bajo cuya jurisdicción se encuentre, o ante quien haga sus veces. La autoridad municipal, en el plazo de veinticuatro horas contadas a partir de la recepción de la solicitud, ordenará que el recurrente sea conducido inmediatamente a su presencia, y se exhiba la orden de privación de libertad. Su mandato será obedecido sin observación ni excusa, por los encargados del centro de rehabilitación o del lugar de detención.
>
> El alcalde dictará su resolución dentro de las veinticuatro horas siguientes. Dispondrá la inmediata libertad del reclamante si el detenido no fuere presentado, si no se exhibiere la orden, si ésta no cumpliere los requisitos legales, si se hubiere incurrido en vicios de procedimiento en la detención o, si se hubiere justificado el fundamento del recurso.
>
> Si el alcalde no tramitare el recurso, será civil y penalmente responsable, de conformidad con la ley.
>
> El funcionario o empleado que no acate la orden o la resolución será inmediatamente destituido de su cargo o empleo sin más trámite, por el alcalde, quien comunicará tal decisión a la Contraloría General del Estado y a la autoridad que deba nombrar su reemplazo.
>
> El funcionario o empleado destituido, luego de haber puesto en libertad al detenido, podrá reclamar por su destitución ante los órganos competentes de la Función Judicial, dentro de los ocho días siguientes a aquel en que fue notificado.
>
> *Artículo 94.*- Toda persona tendrá derecho a acceder a los documentos, bancos de datos e informes que sobre sí misma, o sobre sus bienes, consten en entidades públicas o privadas, así como a conocer el uso que se haga de ellos y su propósito.
>
> Podrá solicitar ante el funcionario respectivo, la actualización de los datos o su rectificación, eliminación o anulación, si fueren erróneos o afectaren ilegítimamente sus derechos.
>
> Si la falta de atención causare perjuicio, el afectado podrá demandar indemnización.
>
> La ley establecerá un procedimiento especial para acceder a los datos personales que consten en los archivos relacionados con la defensa nacional.

m'. *La acción de amparo en Paraguay*

La Constitución de Paraguay de 1992 también regula expresamente como garantías constitucionales, además de la acción de amparo, la acción de habeas corpus[48] y de la acción de habeas data.

En cuanto al amparo, el artículo 134 dispone que:

> *Artículo 134*. Del Amparo. Toda persona que por un acto u omisión, manifiestamente ilegítimo, de una autoridad o de un particular, se considere lesionada gravemente, o en peligro inminente de serlo en derechos o garantías consagradas en esta Constitución o en la ley, y que debido a la urgencia del caso no pudiera remediarse por la vía ordinaria, puede promover amparo ante el magistrado competente. El procedimiento será breve, sumario, gratuito, y de acción popular para los casos previstos en la ley.
>
> El magistrado tendrá facultad para salvaguardar el derecho o garantía, o para restablecer inmediatamente la situación jurídica infringida.
>
> Si se tratara de una cuestión electoral, o relativa a organizaciones políticas, será competente la justicia electoral.
>
> El Amparo no podrá promoverse en la tramitación de causas judiciales, ni contra actos de órganos judiciales, ni en el proceso de formación, sanción y promulgación de las leyes.
>
> La ley reglamentará el respectivo procedimiento. Las sentencias recaídas en el Amparo no causarán estado.

En cuanto al habeas corpus, el artículo 133 de la Constitución dispone que esta garantía puede ser interpuesto por el afectado, por sí o por interpósita persona, sin necesidad de poder por cualquier medio fehaciente, y ante cualquier Juez de Primera Instancia de la circunscripción judicial respectiva. Esta garantía del *Hábeas Corpus* puede ser:

1. Preventivo: en virtud del cual toda persona, en trance inminente de ser privada ilegalmente de su libertad física, podrá recabar el examen de la legitimidad de las circunstancias que, a criterio del afectado, amenacen su libertad, así como una orden de cesación de dichas restricciones.
2. Reparador: en virtud del cual toda persona que se hallase ilegalmente privada de su libertad puede recabar la rectificación de las circunstancias del caso. El magistrado ordenará la comparecencia del detenido, con un informe del agente público o privado que lo detuvo, dentro de las veinticuatro horas de radicada la petición. Si el requerido no lo hiciese así, el Juez se constituirá en el sitio en el que se halle recluida la persona, y en dicho lugar hará juicio de méritos y dispondrá su inmediata libertad, igual que si se hubiere cumplido con la presentación del detenido y se haya radicado el informe. Si no existiesen motivos legales que autoricen la privación de su li-

48 Véase Evelio Fernández Arévalos, *Habeas Corpus Régimen Constitucional y legal en el Paraguay*, Intercontinental Editora, Asunción, Paraguay 2000.

bertad, la dispondrá de inmediato; si hubiese orden escrita de autoridad judicial, remitirá los antecedentes a quien dispuso la detención.

3. Genérico: en virtud del cual se podrán demandar rectificación de circunstancias que, no estando contempladas en los dos casos anteriores, restrinjan la libertad o amenacen la seguridad personal. Asimismo, esta garantía podrá interponerse en casos de violencia física, psíquica o moral que agraven las condiciones de personas legalmente privadas de su libertad.

La Constitución remite a la ley para reglamentar las diversas modalidades del hábeas corpus, las cuales proceden incluso, durante el Estado de Excepción. El procedimiento debe ser breve, sumario y gratuito, pudiendo ser iniciado de oficio.

Por último, en cuanto al habeas data, la Constitución dispone:

> *Artículo 135* - Del Hábeas Data. Toda persona puede acceder a la información y a los datos que sobre sí misma, o sobre sus bienes, obren en registros oficiales o privados de carácter público, así como conocer el uso que se haga de los mismos y de su finalidad. Podrá solicitar ante el magistrado competente la actualización, la rectificación o la destrucción de aquellos, si fuesen erróneos o afectaran ilegítimamente sus derechos.

Sobre la competencia y la responsabilidad de los magistrados, el artículo 136 dispone que ningún magistrado judicial que tenga competencia, puede negarse a entender en las acciones o recursos antes mencionados; si lo hiciese injustificadamente, será enjuiciado y, en su caso, removido. En las decisiones que dicte, el magistrado judicial debe pronunciarse también sobre las responsabilidades en que hubieran incurrido las autoridades por obra del proceder ilegítimo y, de mediar circunstancias que *prima facie* evidencien la perpetración de delito, ordenará la detención o suspensión de los responsables, así como toda medida cautelar que sea procedente para la mayor efectividad de dichas responsabilidades. Asimismo, si tuviese competencia, debe instruir el sumario, pertinente y dar intervención al Ministerio Público; si no la tuviese, debe pasar los antecedentes al magistrado competente par su prosecución.

3. *Los derechos y libertades protegidos*

La protección constitucional de los derechos y libertades públicas, mediante acciones o recursos de amparo, en algunos casos se refiere a todos los derechos y libertades constitucionales y en otros, sólo abarca algunos de ellos.

Así, el derecho comparado muestra una gama de sistemas de protección o amparo constitucional que van del extremo de proteger todos los derechos y libertades constitucionales, o sólo algunos de dichos derechos constitucionales, denominados derechos fundamentales.

A. *El amparo a todos los derechos y garantías constitucionales*

En primer lugar, se destacan los sistemas de protección de todos los derechos y garantías constitucionales, sea mediante el amparo o distinguiendo el amparo del hábeas corpus.

a. *El amparo a todos los derechos y garantías constitucionales incluyendo la seguridad y libertad personal: el caso de Venezuela.*

Algunos sistemas constitucionales han concebido el amparo como un mecanismo de protección de todos los derechos y garantías constitucionales, incluyendo la seguridad y libertad personales.

Es el caso de Venezuela, donde la acción de amparo se configura como un medio de protección del goce y ejercicio de absolutamente todos los derechos y garantías que la Constitución establece; para corroborar esta afirmación basta recordar que el artículo 27 que regula el derecho de amparo, está ubicado en el Capítulo I que contiene las "Disposiciones Generales" del Título III, que se refiere a los "Derechos Humanos y Garantías Constitucionales", teniendo en cuenta que posteriormente, en los capítulos restantes, se regulan separadamente de los deberes, la nacionalidad, los derechos civiles, los derechos sociales y de la familia, los derechos culturales y educativos, los derechos económicos, los derechos ambientales, los derechos de los pueblos indígenas y los derechos políticos.

Por esta ubicación de la norma en las Disposiciones Generales citadas, la Ley Orgánica ha sido explícita al señalar que el derecho de amparo procede para la protección de:

> El goce y el ejercicio de los derechos y garantías constitucionales, aun de aquellos derechos fundamentales de la persona humana que no figuren expresamente en la Constitución (art. 1°).

Por tanto, no es posible sostener que en Venezuela el derecho de amparo se pueda traducir en un medio de protección sólo de ciertos derechos, sino al contrario, de todos los derechos y garantías que la Constitución establece, incluyendo la libertad y seguridad personales. La acción *de hábeas corpus,* en Venezuela, por tanto, es una acción de amparo a la libertad y seguridad personales regulada en la misma Ley Orgánica de Amparo[49].

Esto llevó al Legislador a considerar que mediante el derecho de amparo no sólo se protegen *todos* los derechos y garantías enumeradas en la Constitución, en los artículos 19 a 129, sino, por supuesto, aquéllas que se establecen *indirectamente* en otras normas constitucionales, por ejemplo, con motivo de regulación de deberes, como el de contribuir con los gastos públicos (art. 133). Así, es el caso de la garantía de que los entes públicos no les exijan a las personas naturales y jurídicas el pago de impuestos y contribuciones que no se hayan establecido en ley formal, conforme al artículo 317 de la Constitución, y de la garantía de que el Estado no establezca ni exija el pago de impuestos en servicio personal.

Pero adicionalmente, el derecho de amparo previsto en el artículo 27 de la Constitución también se refiere a aquellos derechos fundamentales que no estén expresamente enunciados en normas constitucionales, pero que sean derechos inherentes a la persona que no figuren expresamente en la Constitución o en los instrumentos

---

49 Véase Rutilio Mendoza, *La efectividad del Habeas Corpus en Venezuela,* Fundación Konrad Adenauer, Caracas 1995.

internacionales sobre derechos humanos y, en este sentido el texto del antes citado artículo 22 de la Constitución adquiere todo su valor.

Por tanto, la acción de amparo protege también todos los derechos inherentes a la persona humana que no figuran expresamente en el texto, no siendo, por supuesto, necesaria una ley que reglamente estos derechos para que se pueda garantizar su ejercicio. Con motivo de la declaración del artículo 22, por supuesto, adquiere una enorme importancia el elenco de los derechos del hombre que se enuncian en las Declaraciones Universales de los derechos del hombre e, incluso, en las Convenciones Internacionales formales que regulan los derechos humanos, como la Convención Americana de los Derechos Humanos o los Pactos Internacionales de los Derechos Civiles y Políticos, y Económicos y Sociales que, además, son Ley de la República, porque han sido aprobados por leyes especiales por el Congreso[50].

b. *El amparo a todos los derechos y garantías constitucionales mediante las acciones de amparo y de hábeas corpus*

En otros sistemas constitucionales latinoamericanos, sin duda la mayoría, si bien se garantiza la protección de todos los derechos y garantías constitucionales, sin excepción, ello se logra mediante *dos instituciones procesales diferenciadas:* la acción o recurso de amparo y la acción o recurso de *hábeas corpus.* Es el caso de Argentina, Costa Rica, Uruguay, Perú, El Salvador, Nicaragua, Brasil, Guatemala, Honduras, Ecuador, Paraguay. Ya nos hemos referido a la normativa constitucional en la mayoría de ellos, por lo que a continuación analizaremos algunos de los desarrollos legislativos en la materia.

a'. *Costa Rica*

En Costa Rica, el artículo 48 de la Constitución es absolutamente claro al disponer:

> *Artículo 48.* Toda persona tiene derecho al recurso de *hábeas corpus* para garantizar su libertad o integridad personales, y al recurso de amparo para mantener o restablecer el goce de los otros derechos consagrados en esta Constitución, así como de los de carácter fundamental establecidos en los instrumentos internacionales sobre derechos humanos, aplicables a la República . . . ".

Esta norma se desarrolla en la Ley de la Jurisdicción Constitucional de 1989, en la cual se le atribuye a la Sala Constitucional de la Corte Suprema de Justicia "garantizar, mediante los recursos de *hábeas corpus y* de amparo, los derechos y libertades consagrados por la Constitución Política y los derechos humanos reconocidos por el Derecho Internacional vigente en Costa Rica" (art. 2,a).

b'. *Argentina*

En Argentina, la protección de los derechos y libertades constitucionales está garantizada mediante el procedimiento de *hábeas corpus* y la acción de amparo, regulados legalmente. En cuanto al procedimiento de amparo, la Ley 23.098 de 1984

50 Véase en *Gacetas Oficiales* Nº 31.256 de 14-6-77 y Nº 2.146 Extraordinario de 28-1-78.

establece que procede cuando se denuncie un acto u omisión de una autoridad pública que implique: 1. Limitación o amenaza actual de la libertad ambulatoria sin orden escrita de autoridad competente; 2. Agravación ilegítima de la forma y condiciones en que se cumple la privación de la libertad sin perjuicio de las facultades propias del juez del proceso si lo hubiere (art. 3).

En cuanto a la acción de amparo, de acuerdo con el artículo 1° de la Ley N° 16.986 de 1966, ésta

> ...será admisible contra todo acto u omisión de autoridad pública que, en forma actual o inminente lesione, restrinja, altere o amenace, con arbitrariedad o ilegalidad manifiesta, los derechos o garantías explícita o implícitamente reconocidas por la Constitución Nacional, con excepción de la libertad individual tutelada por el *hábeas corpus.*

c'. *Uruguay*

En sentido similar, la Ley 16.011 de 1988 de Uruguay establece:

> *Artículo 1°* Cualquier persona física o jurídica, pública o privada, podrá deducir la acción de amparo contra todo acto, omisión o hecho de las autoridades estatales o paraestatales, así como de particulares que, en forma actual o inminente, a su juicio, lesione, restrinja, altere o amenace con ilegitimidad manifiesta, cualquiera de sus derechos y libertades reconocidos expresa o implícitamente por la Constitución (art. 72), con excepción de los casos en que proceda la interposición del recurso de *hábeas corpus.*

d'. *Perú*

En el sistema constitucional del Perú, se encuentra una situación similar de protección de todos los derechos y libertades constitucionales mediante tres instrumentos procesales: la acción de *hábeas corpus,* la acción de amparo y la de *hábeas data*, enumeradas en el artículo 200 de la Constitución.

Conforme al Código Procesal Constitucional (Ley 28.237 de 2004), que derogó la Ley N° 23.506, son derechos protegidos conforme al artículo 25, los siguientes:

> *Artículo 25.* Derechos protegidos. Procede el hábeas corpus ante la acción u omisión que amenace o vulnere los siguientes derechos que, enunciativamente, conforman la libertad individual:
>
> 1. La integridad personal y el derecho a no ser sometido a tortura o tratos inhumanos o humillantes, ni violentado para obtener declaraciones.
> 2. El derecho a no ser obligado a prestar juramento ni compelido a declarar o reconocer culpabilidad contra si mismo, contra su cónyuge, o sus parientes dentro del cuarto grado de consanguinidad o segundo de afinidad.
> 3. El derecho a no ser exiliado o desterrado o confinado sino por sentencia firme.
> 4. El derecho a no ser expatriado ni separado del lugar de su residencia sino por mandato judicial o por aplicación de la Ley de Extranjería.

5. El derecho del extranjero, a quien se ha concedido asilo político, de no ser expulsado del país cuyo gobierno la persigue, o en ningún caso si peligrase su libertad o seguridad por el hecho de ser expulsado.
6. El derecho de los nacionales o de los extranjeros residentes de ingresar, transitar o salir del territorio nacional, salvo mandato judicial o aplicación de la Ley de Extranjería o de Sanidad.
7. El derecho a no ser detenido sino por mandato escrito y motivado del Juez, o por las autoridades policiales en el caso de flagrante delito; o si ha sido detenido, a ser puesto dentro de las 24 horas o en el término de la distancia, a disposición del Juzgado que corresponda, de acuerdo al acápite "f" del inciso 24 del artículo 2° de la Constitución así como de las excepciones que en él se consignan.
8. El derecho de decidir voluntariamente prestar el servicio militar, conforme a la ley de la materia.
9. El derecho a no ser detenido por deudas.
10. El derecho a no ser privado del documento nacional de identidad, así como de obtener el pasaporte o su renovación dentro o fuera de la República.
11. El derecho a no ser incomunicado, sino en los casos establecidos por el literal "g" del inciso 24 del artículo 2° de la Constitución.
12. El derecho a ser asistido por un abogado defensor libremente elegido desde que se es citado o detenido por la autoridad policial u otra, sin excepción.
13. El derecho a retirar la vigilancia del domicilio y a suspender el seguimiento policial, cuando resulten arbitrarios o injustificados.
14. El derecho a la excarcelación de un procesado o condenado, cuya libertad haya sido delirada por un juez.
15. El derecho a que se observe el trámite correspondiente cuando se trate del procesamiento o detención de las personas, a que se refiere el artículo 99 de la Constitución.
16. El derecho a no ser objeto de una desaparición forzosa.
17. El derecho del detenido o recluso a no ser objeto de un tratamiento carente de razonabilidad y proporcionalidad, respecto de la forma y condiciones en que cumple el mandato de detención o la pena.

La norma agrega, que "también procede el hábeas corpus en defensa de los derechos constitucionales conexos con la libertad individual, especialmente cuando se trata del debido proceso y la inviolabilidad del domicilio".

En cuanto a la acción de amparo, de acuerdo al artículo 37 del Código, ésta procede en defensa de los siguientes derechos:

1. De igualdad y de no ser discriminado por razón de origen, sexo, raza, orientación sexual, religión, opinión, condición económica, social, idioma, o cualquier otra índole.
2. Del ejercicio público de cualquier confesión religiosa.
3. De información, opinión y expresión.

4. De la libre contratación.
5. De la creación artística, intelectual y científica.
6. De la inviolabilidad y secreto de los documentos privados y de las comunicaciones.
7. De reunión.
8. De honor, intimidad, voz, imagen y rectificación de informaciones inexactas o agraviantes.
9. De asociación.
10. Al trabajo.
11. De sindicación, negociación colectiva y huelga.
12. De propiedad y herencia.
13. De petición ante la autoridad competente.
14. De participación individual o colectiva en la vida política del país.
15. De la nacionalidad.
16. De tutela procesal efectiva.
17. A la educación, así como el derecho de los padres de escoger el centro de educación y participar en el proceso educativo de sus hijos.
18. De impartir educación dentro de los principios constitucionales.
19. A la seguridad social.
20. A la remuneración y a la pensión.
21. A la libertad de cátedra.
22. De acceso a los medios de comunicación social en los términos del artículo 35° de la Constitución.
22. De gozar de un ambiente equilibrado y adecuado al desarrollo de la vida.
23. A la Salud; y
24. Los demás que la Constitución reconoce.

El artículo 38 del Código agrega, que "no procede el amparo en defensa de un derecho que carece de sustento constitucional directo porque no está referido a los aspectos constitucionales protegidos del mismo".

e'. *Guatemala*

En la Constitución de Guatemala de 1985 también se establece el doble sistema de protección de los derechos fundamentales, mediante una acción de exhibición personal (*hábeas corpus*) y una acción de amparo.

En efecto, en el artículo 263 de la Constitución se establece respecto del derecho de exhibición personal lo siguiente:

> Quien se encuentre ilegalmente preso, detenido o cohibido de cualquier modo del goce de su libertad individual, amenazado de la pérdida de ella o sufriere vejámenes aun cuando su prisión o detención fuere fundada en ley, tiene derecho a pedir su inmediata exhibición ante los tribunales de justicia, ya sea con el

fin de que se le restituya o garantice su libertad, se hagan cesar los vejámenes o termine la coacción a que estuviere sujeto.

Si el tribunal decretare la libertad de la persona ilegalmente recluida, ésta quedará libre en el mismo acto y lugar.

Cuando así se solicite o el juez o tribunal lo juzgue pertinente, la exhibición reclamada se practicará en el lugar donde se encuentre el detenido, sin previo aviso o notificación.

Es ineludible la exhibición personal del detenido en cuyo favor se hubiere solicitado.

Además, en la Ley de Amparo, Exhibición Personal y de Constitucionalidad de 1986, se reguló el recurso orientado a proteger la libertad y seguridad de las personas asignándose competencia a los diversos tribunales del país desde los de Primera Instancia hasta la Corte Suprema de Justicia (art. 83).

En cuanto al recurso de amparo, como se señaló, este también está regulado en la Constitución[51] y desarrollado en la mencionada Ley de 1986, en cuyo artículo 10 se precisó su procedencia así:

> *Artículo 10. Procedencia del amparo.* La procedencia del amparo se extiende a toda situación que sea susceptible de un riesgo, una amenaza, restricción o violación a los derechos que la Constitución y las leyes de la República de Guatemala reconocen, ya sea que dicha situación provenga de personas y entidades de derecho público o entidades de derecho privado.

En consecuencia, toda persona tiene derecho a pedir amparo, entre otros en los siguientes casos:

a) Para que se le mantenga o restituya en el goce de los derechos y garantías que establece la Constitución o cualquiera otra ley.

b) Para que se declare en casos concretos que una ley, un reglamento, una resolución o acto de autoridad, no obligan al recurrente por contravenir o restringir cualesquiera de los derechos garantizadas por la Constitución o reconocidos por cualquiera otra ley.

c) Para que en casos concretos se declare que una disposición a resolución no meramente legislativa del Congreso de la República, no le es aplicable al recurrente por violar un derecho constitucional.

d) Cuando la autoridad de cualquier jurisdicción dicte reglamento, acuerdo o resolución de cualquier naturaleza, con abuso de poder o excediéndose de sus facultades legales, o cuando carezca de ellas o bien las ejerza en forma tal que el agravio que se causare a pueda causarse no sea reparable por otro medio legal de defensa.

---

51 Véase Jorge Mario García La Guardia, "La Constitución y su defensa en Guatemala", en el libro editado por la UNAM, *La Constitución y su defensa,* México, 1984, pp. 717-719; y *La Constitución Guatemalteca de 1985,* México, 1992.

e) Cuando en actuaciones administrativas se exijan al afectado el cumplimiento de requisitos, diligencias o actividades no razonables a ilegales, o cuando no hubiere medio o recurso de efecto suspensivo.

f) Cuando las peticiones y trámites ante autoridades administrativas no sean resueltas en el término que la ley establece, o de no haber tal término, en el de treinta días, una vez agotado el procedimiento correspondiente; así como cuando las peticiones no sean admitidas para su trámite.

g) En materia política, cuando se vulneren derechos reconocidos por la ley o por los estatutos de las organizaciones políticas. Sin embargo, en materia puramente electoral, el análisis y examen del tribunal se concretará al aspecto jurídico, dando por sentadas las cuestiones de hecho que se tuvieron por probadas en el recurso de revisión.

h) En los asuntos de los órdenes judicial y administrativo, que tuvieren establecidos en la ley procedimientos y recursos, por cuyo medio puedan ventilarse adecuadamente de conformidad con el principio jurídico del debido proceso, si después de haber hecho uso el interesado de los recursos establecidos por la ley, subsiste la amenaza, restricción o violación a los derechos que la Constitución y las leyes garantizan.

f'. *El Salvador*

En El Salvador, conforme se mencionó, los artículos 11 y 247 de la Constitución regulan las acciones de hábeas corpus y amparo, que se pueden intentar ante la Sala de lo Constitucional de la Corte Suprema de Justicia en el caso de la acción de amparo; o ante la Sala de lo Constitucional de la Corte Suprema de Justicia o ante las Cámaras de Segunda Instancia que no residen en la capital, en caso de habeas corpus. En este caso, la resolución de la Cámara que denegare la libertad del favorecido podrá ser objeto de revisión, a solicitud del interesado por la Sala de lo Constitucional de la Corte Suprema de Justicia.

La Ley de Procedimientos Constitucionales, regula estos procesos constitucionales, y en cuanto a la exhibición personal, el artículo 4 dispone:

> *Artículo 4.* Cuando la violación del derecho consista en restricción ilegal de la libertad individual, cometida por cualquier autoridad o individuo, la persona agraviada tiene derecho al *hábeas corpus* ante la Corte Suprema de Justicia o Cámaras de Segunda Instancia que no residan en la capital.

Más adelante la propia Ley dispone en su artículo 40 que:

> *Artículo 40.* En todos los casos, sean cuales fueren, en que exista prisión, encierro, custodia a restricción que no esté autorizado por la Ley, o que sea ejercido de un modo o de un grado no autorizado por la misma, la parte agraviada tiene derecho a ser protegida por el auto de exhibición de la persona.

g'. *Bolivia*

La Constitución de Bolivia de 1995 también establece como medios de protección de todos los derechos y garantías constitucionales, la acción de amparo y la acción de *hábeas corpus*[52].

El artículo 18 de la Constitución consagra la acción de *hábeas corpus* así:

> *Artículo 18.* Toda persona que creyere estar indebida o ilegalmente perseguida, detenida, procesada o presa podrá ocurrir, por sí o por cualquiera a su nombre, con poder notariado o sin él, ante la Corte Superior del Distrito o ante cualquier Juez de Partido, a elección suya, en demanda de que se guarden las formalidades legales. En los lugares donde no hubiere Juez de Partido la demanda podrá interponerse ante un Juez Instructor. . . .

Por su parte, el artículo 19 de la Constitución agrega:

> *Artículo 19.* Fuera del recurso de *hábeas corpus* a que se refiere el artículo anterior, se establece el recurso de amparo contra los actos ilegales o las omisiones indebidas de los funcionarios o particulares que restrinjan, supriman o amenacen restringir o suprimir los derechos y garantías de la persona reconocidos por esta Constitución y las Leyes....

Es de destacar que la Constitución de Bolivia no sólo consagra el recurso de amparo contra las violaciones o amenazas de violación de los derechos y garantías constitucionales sino contra los derechos y garantías reconocidos por las leyes, lo que le da una amplitud poco usual al ámbito de protección de los derechos y garantías.

h'. *Honduras*

La Constitución de Honduras de 1982 también establece la protección de todos los derechos y garantías constitucionales mediante dos "garantías constitucionales": el *hábeas corpus* y el amparo.

Conforme al artículo 182 de la Constitución:

> *Artículo 182.* El Estado reconoce la garantía de hábeas corpus o de exhibición personal. En consecuencia, toda persona agraviada o cualquiera otra a nombre de ésta tienen derecho a promoverla:
>
> 1. Cuando se encuentre ilegalmente presa, detenida o cohibida de cualquier modo en el goce de su libertad individual, y,
> 2. Cuando en su detención o prisión ilegal, se apliquen al detenido o preso, tormentos, torturas, vejámenes, exacción ilegal y toda coacción, restricción o molestia innecesaria para su seguridad individual o para el orden de la prisión....

---

52 Véase Sergio González Malabia, *La Institución de hábeas corpus en el ordenamiento jurídico boliviano,* Editorial El País, Santa Cruz de la Sierra 2002.

En cuanto a la garantía de amparo, el artículo 183 de la Constitución dispone:

Artículo 183. El Estado reconoce la garantía de amparo.

En consecuencia toda persona agraviada o cualquiera otra en nombre de ésta, tiene derecho a interponer recurso de amparo:

1. Para que se le mantenga o restituya en el goce o disfrute de los derechos o garantías que la Constitución establece; y
2. Para que se declare en casos concretos que una ley, resolución, acto u hecho de autoridad, no obliga al recurrente ni es aplicable, por contravenir, disminuir o tergiversar cualesquiera de los derechos reconocidos por esta Constitución.

Para desarrollar estas acciones constitucionales se ha sancionado la Ley sobre Justicia Constitucional, que derogó la Ley de Amparo de 1936.

i'. *Nicaragua*

De acuerdo con el artículo 45 de la Constitución de Nicaragua de 1986:

Artículo 45. Las personas cuyos derechos constitucionales hayan sido violadas o estén en peligro de serlo, pueden interponer el recurso de exhibición personal o de amparo, según el caso y de acuerdo con la Ley de Amparo.

Además, los artículos 188 y 189 de la Constitución establecen lo siguiente:

Artículo 189. Se establece el recurso de exhibición personal en favor de aquél acto o resolución y en general en contra de toda acción u omisión de cualquier funcionario, autoridad o agente de los mismos que viole o trate de violar los derechos y garantías consagrados en la Constitución Política.

Artículo 189. Se establece el recurso de exhibición personal en favor de aquellos cuya libertad, integridad física y seguridad, sean violados o estén en peligro de serlo.

Por su parte, la Ley de Amparo de 1988, regula la acción de amparo que puede intentar toda persona natural o jurídica a quien perjudique o este en inminente peligro de ser perjudicada por toda disposición, acto o resolución, y en general, toda acción u omisión de cualquier funcionario, autoridad o agente de los mismos, que viole o trate de violar los derechos y garantías consagrados en la Constitución Política (art. 23).

En cuanto al recurso de exhibición personal, puede intentarse por cualquier habitante de la República, contra el funcionario o autoridad responsable, representante o funcionario de la entidad o institución que ordene la violación o la cometa; en contra del agente ejecutor, o en contra todos, y en contra del particular que restrinja la libertad personal (art. 53).

c. *El amparo a todos los derechos y garantías constitucionales mediante varias acciones de protección constitucional: el caso de Brasil*

Como se ha señalado, en Brasil, todos los derechos y libertades garantizados por la Constitución pueden ser objeto de protección o amparo, a través de cuatro acciones específicas: *hábeas corpus, mandado de segurança, hábeas data y mandado de injunçao.*

Estos cuatro medios judiciales de protección están expresamente establecidos en la Constitución de 1988, en la siguiente forma.

En cuanto al *hábeas corpus,* el artículo 5, LXVIII dispone que:

> Se concede el *hábeas corpus* siempre que alguien sufra a se encuentre amenazado de sufrir violencia o coacción en su libertad de locomoción por ilegalidad o abuso de poder.

El artículo 5, LXIX prevé el *mandado de segurança individual* en esta forma.

> Se concede el mandato de segurança para proteger derecho líquido y cierto, no amparado por *hábeas corpus o hábeas data,* cuando el responsable por ilegalidad o abuso de poder fuera una autoridad pública o agente de persona jurídica en ejercicio de atribuciones del Poder Público.

En cuanto al *mandado de segurança colectivo,* el artículo 5, LXX de la Constitución establece:

El mandato de segurança colectivo puede ser intentado por:

a. Un partido político con representación en el Congreso Nacional;
b. Una organización sindical, entidad de clase o asociación legalmente constituida y en funcionamiento de al menos un año, en defensa de los intereses de sus miembros o asociados.

En cuanto al *mandado de injunçao,* el artículo 5, LXXI de la Constitución dispone:

> Concédese el mandado de injunçao siempre que la falta de norma reglamentaria torne inviable el ejercicio de los derechos y libertades constitucionales y de las prerrogativas inherentes a la nacionalidad, a la soberanía y a la ciudadanía.

Por último, el artículo 5, LXXII de la Constitución regula el há*beas* data así:

> Concédese el hábeas data:

a. Para asegurar el conocimiento de informaciones relativas a la persona recurrente, constantes en registros o bancos de datos de entidades gubernamentales o de carácter público.
b. Para la rectificación de datos, cuando no se prefiera hacerlo por procesos breves, judicial o administrativos.

B. *El amparo a ciertos derechos y libertades constitucionales*

En otros sistemas jurídicos, los medios de protección constitucional de derechos y libertades, sólo están establecidos en el ordenamiento constitucional respecto a ciertos derechos y garantías, que se consideran como *fundamentales*. Es la situación en general del recurso de amparo en algunos países europeos (Alemania y España), y de alguno de los sistemas latinoamericanos, como el de Chile y Colombia.

a. *El recurso de protección en Chile limitado a ciertos derechos y libertades constitucionales*

En la Constitución de Chile, el sistema de protección de derechos y libertades constitucionales está compuesto por dos acciones: en primer lugar, la acción de *hábeas corpus,* destinada a proteger a todo individuo que se hallare arrestado, detenido o preso con infracción de la Constitución; y en segundo lugar, por el recurso de protección, el cual sólo está destinado a amparar determinados derechos constitucionales.

En cuanto a la acción de *hábeas corpus,* el artículo 21 de la Constitución establece lo siguiente:

> *Artículo 21.* Todo individuo que se hallase arrestado, detenido o preso con infracción de lo dispuesta en la Constitución o en las leyes, podrá ocurrir por sí, o por cualquiera a su nombre, a la magistratura que señale la ley, a fin de que ésta ordene que se guarden las formalidades legales y adopte de inmediato las providencias que juzgue necesarias para restablecer el imperio del derecho y asegurar la debida protección del afectado.
>
> Esa magistratura podrá ordenar que el individuo sea traído a su presencia y su decreto será precisamente obedecido por todos los encargados de las cárceles o lugares de detención. Instruida de los antecedentes, decretará su libertad inmediata o hará que se reparen los defectos legales o pondrá al individuo a disposición del juez competente, procediendo en todo breve y sumariamente, y corrigiendo por sí esos defectos o dando cuenta a quien corresponda para que los corrija.
>
> El mismo recurso, y en igual forma, podrá ser deducido en favor de toda persona que ilegalmente sufra cualquiera otra privación, perturbación o amenaza en su derecho a la libertad personal y seguridad individual. La respectiva magistratura dictará en tal caso las medidas indicadas en los incisos anteriores que estime conducentes para restablecer el imperio del derecho y asegurar la debida protección del afectado.

En cuanto al recurso de protección, el mismo está consagrado en el artículo 20 de la Constitución, el cual establece:

> *Artículo 20* El que por causa de actos u omisiones arbitrarios o ilegales sufra privación, perturbación o amenaza en el legítimo ejercicio de los derechos y garantías establecidos en el artículo 19, números 1°, 2°, 3° inciso cuarto, 4°, 5°, 6°, 9° inciso final, 11°, 12°, 13°, 15°, 16° en la relativo a la libertad de trabajo y el derecho a su libre elección y libre contratación, y a lo establecido en el inciso cuarto 19°, 21°, 22°, 23°, 24° y 25° podrá ocurrir por sí o por cualquiera a su nombre, a la Corte de Apelaciones respectiva, la que adoptará de inmediato las providencias que juzgue necesarias para restablecer el imperio del derecho y asegurar la debida protección del afectado, sin perjuicio de los demás derechos que pueda hacer valer ante la autoridad o las tribunales correspondientes.
>
> Procederá, también, el recurso de protección en el caso del N° 8 del artículo 19, cuando el derecho a vivir en un medio ambiente libre de contaminación sea afectado por un acto arbitrario o ilegal imputable a una autoridad a persona determinada.

Conforme a esta enumeración, entonces sólo encuentran protección los siguientes derechos y libertades constitucionales:

1. El derecho a la vida y a la integridad física y psíquica (19,1).
2. La igualdad ante la ley (19,2).
3. El derecho a ser juzgado por sus jueces naturales (19,3).
4. El derecho al respeto a la vida privada y pública y a la honra de la persona y su familia (19,4).
5. La inviolabilidad del hogar y de toda forma de comunicación privada (19,5)
6. La libertad de conciencia y de cultos (19,6).
7. El derecho a elegir el sistema de salud (art. 19,9 in *fine*).
8. La libertad de enseñanza (19,11).
9. La libertad de emitir opinión y la de informar (19,12).
10. El derecho de reunión (19,13).
11. El derecho de asociación (19,15).
12. La libertad de trabajo, y el derecho a su libre elección y contratación (19,16).
13. El derecho de sindicación (19,19).
14. La libertad económica (19,21).
15. El derecho a la no discriminación (19,22).
16. La libertad de adquisición de propiedad (19,23).
17. El derecho de propiedad (19,24).
18. El derecho de autor (19,25).
19. El derecho a vivir en un medio ambiente libre de contaminación (20).

Fuera de estos derechos y libertades constitucionales, los otros derechos consagrados en la Constitución, no encuentran medios de protección específicos, sino que su amparo corresponde a los tribunales ordinarios por las vías judiciales ordinarias.

b. *El sistema colombiano: la tutela de ciertos derechos constitucionales fundamentales mediante el hábeas corpus y la acción de tutela*

En el sistema de la Constitución de Colombia, en primer lugar, también se establecen dos medios de protección general de los derechos constitucionales fundamentales: el *hábeas corpus* y la acción de tutela.

En cuanto al hábeas corpus[53], como medio de protección constitucional de la libertad, se establece en el artículo 30 del Texto Fundamental, así:

---

53 Véase Álvaro Trujillo Rango, *Medidas de Aseguramiento y Habeas Corpus*, 1ª ed., Editora Jurídica de Colombia, Medellín 1990.

> *Artículo* 30. Quien estuviera privado de su libertad y creyere estarlo ilegalmente, tiene derecho a invocar ante cualquier autoridad judicial, en todo tiempo, por sí o por interpuesta persona, el *hábeas corpus,* el cual debe resolverse en el término de treinta y seis horas.

Por su parte, la acción de tutela se la concibe en el artículo 86 de la Constitución, para la protección inmediata de los "derechos constitucionales fundamentales", por lo que en el contexto del Título II de la Constitución, se debe determinar si todos los derechos allí establecidos son "derechos fundamentales" susceptibles de protección mediante la acción de amparo. La respuesta, en principio es negativa, pues el Título II de la Constitución, al referirse a "los derechos, las garantías y los deberes", los regula en varios Capítulos así: Capítulo 1.- De los Derechos fundamentales; Capítulo 2.- De los derechos sociales, económicos y culturales; Capítulo 3.- De los derechos colectivos y del ambiente. De esta enumeración resultaría que, en principio, sólo los derechos enumerados en el Capítulo 1 (arts. 11 a 41) serían "derechos fundamentales", por lo que en principio, sólo esos derechos constitucionales fundamentales serían susceptibles de la "acción de tutela", quedando excluidos de este medio de protección los otros derechos constitucionales.

Por otra parte, en el artículo 85 de la Constitución, se precisa cuáles de los "derechos fundamentales", son de "aplicación inmediata", lo cual, en principio, implicaría que sólo en relación a ellos procedería el ejercicio de la acción de tutela. Estos derechos "de aplicación inmediata", y por tanto, susceptibles de protección constitucional vía la acción de tutela, son los siguientes:

1. Derecho a la vida (art. 11).
2. Derecho a no ser desaparecido, no ser sometido a torturas o tratos inhumanos o degradantes (art. 12).
3. Derecho a la igualdad (art. 13).
4. Derecho a la personalidad (art. 14)
5. Derecho a la intimidad (art. 15).
6. Derecho al libre desarrollo de la personalidad (art. 16).
7. Prohibición de la esclavitud, servidumbre y trata de seres humanos (art. 17).
8. Libertad de conciencia (art. 18).
9. Libertad de cultos (art. 19).
10. Libertad de expresión (art. 20).
11. Derecho a la honra (art. 21).
12. Derecho de petición (art. 22).
13. Libertad de circulación (art. 24).
14. Derecho al ejercicio de profesiones (art. 26).
15. Libertad de enseñanza (art. 27).
16. Libertad personal (art. 28).
17. Derecho al debido proceso y a la defensa (art. 29)
18. Derecho al *hábeas corpus* (art. 30).

19. Derecho a revisar las decisiones judiciales (art. 31).
20. Derecho a no declarar contra sí mismo (art. 33).
21. Prohibición de penas de destierro, perpetuas y confiscatorias (art. 34).
22. Derecho de reunión (art. 37).
23. Derecho de participación política y al sufragio (art. 40).

Fuera de estos derechos y libertades constitucionales, los otros derechos constitucionales no encuentran protección constitucional a través de la "acción de tutela", salvo que se trate de un derecho no señalado expresamente en la Constitución como fundamental, pero cuya naturaleza permita su tutela para casos concretos, en cuyo caso la Corte Constitucional debe dar prelación en la revisión de esas decisiones (art. 2, Decreto 2.591 de 1991). La Corte Constitucional, en todo caso, ha jugado un papel fundamental en la ampliación de la protección mediante la tutela, a derechos no definidos como fundamentales, como el derecho a la salud, pero interdependientes con otros como le derecho a la vida. Debe señalarse, además, que el Decreto N° 306 del 19-02-92 por el cual se reglamenta el Decreto 2.591 de 1991 aclara expresamente que:

> *Artículo 2.* De conformidad con el artículo 1 del Decreto 2.591 de 1991, la acción de tutela protege exclusivamente los derechos constitucionales fundamentales, y por lo tanto, no puede ser utilizado para hacer respetar derechos que sólo tienen rango legal o para hacer cumplir las leyes, los decretos, los reglamentos o cualquiera otra norma de rango inferior".

Debe destacarse, por otra parte, que en cuanto al artículo 15 de la Constitución, en dicha norma se consagra como acción de tutela un recurso de *hábeas data* en el sentido de que establece expresamente el derecho de todas las personas

> a conocer, actualizar y rectificar las informaciones que se hayan recogido sobre ellas en bancos de datos y en archivos de entidades públicas y privadas.

4. *Personas protegidas*

A. *Las personas naturales y las morales*

En general, puede señalarse que todas las personas naturales o morales pueden hacer uso de los recursos o acciones de amparo establecidos en los ordenamientos constitucionales, para la protección de los derechos y libertades.

Por supuesto, hay ciertos derechos y libertades que sólo corresponden, como derechos humanos, a las personas naturales nacionales o extranjeras (el derecho a la vida o a la seguridad y libertad personales, por ejemplo), y cuya protección sólo podría pedirse por el agraviado o en su nombre.

Pero evidentemente, en cuanto a los derechos constitucionales que puedan corresponder a personas morales (la libertad económica, o la propiedad, por ejemplo) éstas tienen la legitimación activa necesaria para pedir protección.

En el caso de Venezuela, hemos dicho, el amparo corresponde a todos para proteger el goce y ejercicio de los derechos y garantías constitucionales y, por tanto, no sólo protege a los titulares de los mismos cuando se trate de personas naturales, sino también cuando se trate de personas morales, pues además, los derechos que la Constitución establece no sólo son derechos de las personas naturales sino que muchos también se garantizan respecto de las personas morales. Lo único que exige la Ley Orgánica para el logro de la protección en estos casos es que las personas morales estén domiciliadas en el país (art. 1), lo cual, sin embargo, ha sido interpretado en sentido amplio por la jurisprudencia.

En el caso de la Constitución de Colombia, en cuanto a la acción de tutela, dado que se reserva su ejercicio para la protección de los derechos fundamentales de aplicación inmediata, en principio las personas protegidas por esa acción son las personas naturales. Las personas jurídicas, sin embargo, podrían ejercer la acción de tutela para la protección de derechos como el de petición (art. 22), al debido proceso y a la defensa (art. 29), a la revisión de las decisiones judiciales (art. 31), y a la prohibición de penas perpetuas y confiscatorias (art. 34).

B. *Las personas de derecho público*

En todo caso, el principal tema de interés comparativo, en este aspecto, es el determinar si las personas de derecho público pueden ser titulares de derechos constitucionales protegibles por la vía de acciones de amparo.

En Alemania, por ejemplo, se admite que el recurso de amparo constitucional puede ser intentado por ante el Tribunal Constitucional Federal por los Municipios o las agrupaciones municipales alegando que su derecho a la autonomía administrativa reconocido en la Ley Fundamental (art. 28-2) les ha sido violado por una disposición legislativa. En caso de que las violaciones sean causadas por leyes de los *Lander,* el recurso debe interponerse ante el Tribunal Constitucional del respectivo *Lander.* Una situación similar, aun cuando discutida, se encuentra en Austria con el recurso constitucional. En todo caso, no se trataría de un amparo a los derechos fundamentales sino de la específica garantía de la autonomía de los entes locales.

En España, doctrinalmente se considera procedente la posibilidad del ejercicio del recurso de amparo por personas jurídicas de derecho público cuando se trate de violaciones de derechos fundamentales que también tienen garantizados, como sería el derecho a la igualdad ante la Ley o a obtener tutela judicial efectiva[54].

En Argentina, procediendo el amparo contra particulares, doctrinalmente se considera que las personas jurídicas de derecho público también podrían intentar la acción de amparo para la protección de sus derechos constitucionales[55]. En cambio, en aquellos sistemas como el de Brasil, donde el *mandado de segurança* sólo se da contra el Estado y no contra los particulares, se sostiene que éste no podría ejercerse por personas de derecho público[56].

En el caso de México, también doctrinalmente se sostiene que la Federación y los Estados miembros tienen titularidad para accionar en amparo en casos de invasión de soberanías, es decir, para retener a cada autoridad en el ámbito de su compe-

---

54 Véase Joan Oliver Araujo, *op. cit.,* pp. 290-292.

55 Véase José Luis Lazzarini, *op. cit.,* pp. 266-267.

56 *Idem.,* p. 268.

tencia. Aquí no se trataría de protección de derechos fundamentales, sino de la distribución vertical de competencia y de la autonomía territorial de los entes públicos[57].

En Venezuela, hemos sostenido que los entes territoriales tienen la garantía constitucional a la autonomía que les reconoce y garantiza la Constitución, por lo que las violaciones de la misma podrían dar lugar al ejercicio de la acción de amparo.

En efecto, la Constitución, al establecer el sistema de distribución del Poder Público propio de la forma federal, establece como consecuencia una serie de potestades y competencias constitucionales de los entes territoriales. A nivel municipal, sin duda, los Municipios tienen la garantía constitucional a su autonomía, por lo que las violaciones a dicha autonomía, además de poder ser impugnadas por vía de acción de inconstitucionalidad, podrían dar origen a la protección constitucional por vía del amparo.

En este sentido, en 1997, varios Municipios del país intentaron una acción de inconstitucionalidad contra la Ley Nacional que fija los límites de los emolumentos de los altos funcionarios estadales y municipales de 1997, a la cual acumularon una acción de amparo para la protección de la autonomía constitucional lesionada por la Ley. Lamentablemente, la entonces Corte Suprema de Justicia negó la protección del amparo en estos casos, lo que ha sido confirmado en una forma incompresiblemente restrictiva por la Sala Constitucional.

En el caso de los Estados miembros, éstos también tienen garantizada su autonomía e igualdad en la Constitución (Art. 168), a cuyo efecto, el texto fundamental consagra diversos poderes y potestades constitucionales de esas entidades territoriales, entre las cuales está la de participar en el situado constitucional, es decir, en la partida de Presupuesto nacional destinada a ser distribuida entre los Estados (como ingreso de éstos) en cuyo reparto cuenta la población del Estado.

Estos derechos constitucionales de los Estados podrían verse violados o amenazados de violación, por ejemplo, si la población atribuida a los mismos fuese ilegítimamente modificada por las autoridades del Censo.

En el caso de Colombia, en cuanto a la acción de tutela, dada su reducción de los derechos fundamentales de aplicación inmediata, las entidades públicas podrían ejercerla, en casos excepcionales, como por ejemplo, la violación al derecho a la defensa y al debido proceso (art. 29).

5. *Los motivos de protección*

La protección constitucional que puede pretenderse mediante el amparo judicial tiene siempre como motivo una acción u omisión lesiva a los derechos constitucionales. De allí que interesa estudiar comparativamente en relación a estos motivos del amparo, la causa inmediata de la lesión al derecho, la cual puede provenir tanto de autoridades públicas como de los particulares.

En efecto, la causa de la lesión a los derechos y libertades constitucionales amparables constitucionalmente, en general e históricamente, se había concebido como

57 Germán J. Bidart Campos, *Derecho de Amparo,* Buenos Aires, 1961.

garantía frente al Estado, y contra las actuaciones ilegítimas y arbitrarias de las autoridades y funcionarios públicos. Sin embargo, progresivamente y en especial después de la famosa sentencia de la Corte Suprema de la Nación Argentina, en el caso *Samuel Kot* de 1958, se ha admitido el amparo frente a actos de particulares.

Sin embargo, no todos los sistemas constitucionales admiten este supuesto y. en general, puede decirse que el amparo sigue siendo una garantía sólo frente a las acciones u omisiones de las autoridades públicas.

A. *El amparo frente a particulares*

a. *Sistemas que lo admiten en general*

a'. *Argentina*

En el mencionado caso *Samuel Kot,* la Corte Suprema de la Nación Argentina admitió el amparo contra actos de particulares, sosteniendo como lo afirma Lazzarini, que "nada hay en la letra ni el espíritu de la Constitución que permita afirmar que la protección de los derechos constitucionales está circunscrita a los ataques que provengan sólo del Estado, puesto que, sostuvo el Alto Tribunal, lo que se tiene principalmente en vista, no es tanto el origen de la lesión a los derechos constitucionales como éstos en sí mismos, pues no se atiende a los agresores como a los derechos agredidos"[58].

En todo caso, a partir de dicho caso, la Corte Suprema de la Nación y en general los Tribunales de Argentina han venido admitiendo en forma reiterada y uniforme la procedencia del amparo contra actos de particulares.

La Ley N° 16.986 de 1966 de Argentina, sin embargo, como hemos dicho, sólo regula el amparo contra actos del Estado, es decir, "contra todo acto u omisión de autoridad pública" (art. 1), por lo que el amparo contra actos de particulares se obtiene en virtud de lo previsto en los artículos 321, numeral 2 y 498 del Código Procesal Civil y Comercial de la Nación.

b'. *Venezuela*

En otros países, como Venezuela, la acción de amparo contra actos de los particulares, además de contra las acciones u omisiones de las autoridades públicas, está expresamente prevista en las leyes respectivas. Así la Ley Orgánica de Amparo sobre Derechos y Garantías Constitucionales de 1988 establece que

> Procede contra cualquier hecho, acto u omisión de los órganos del Poder Público Nacional, Estadal o Municipal. También procede contra el hecho, acto u omisión originados por ciudadanos, personas jurídicas, grupos u organizaciones privadas que hayan violado, violen o amenacen violar cualquiera de las garantías o derechos amparados por esta Ley (art. 2).

58 Véase J. L. Lazzarini, *op. cit.*, p. 228.

c'. *Uruguay*

En sentido similar, la Ley Nº 16.011 de Amparo de 1988, de Uruguay, admite en general la acción de amparo

> contra todo acto, omisión o hecho de las autoridades estatales o paraestatales, *así como de particulares* que, en forma actual o inminente, a su juicio, lesione, restrinja altere o amenace, con ilegitimidad manifiesta cualquiera de los derechos y libertades reconocidos expresa o implícitamente por la Constitución (art. 1).

Por tanto, en Venezuela y en Uruguay, la protección que puede otorgar el juez de amparo al goce y ejercicio de los derechos y libertades constitucionales, no sólo se plantea frente a acciones públicas que puedan perturbar el goce y ejercicio de los derechos, sino también frente a las perturbaciones que puedan provenir de otros particulares o individuos o personas morales. En esta materia, la Constitución no distingue, por lo que la Ley admite la acción de amparo frente a actuaciones que provengan de particulares.

d'. *Chile*

La acción de protección en Chile se regula en la Constitución para proteger ciertos derechos y libertades constitucionales contra actos u omisiones arbitrarios o ilegales que produzcan perturbación o amenaza en el legítimo ejercicio de los mismos (art. 20), sin hacer distingo alguno respecto del origen de las acciones. Por ello, se admite que el recurso de protección se puede interponer indistintamente contra actos u omisiones de la autoridad o funcionarios públicos o de algún particular.

e'. *Perú*

En el caso del Perú también se admite la acción de amparo contra actos de particulares, a cuyo efecto la Constitución prevé que la acción de amparo cautela los demás derechos reconocidos por la Constitución (con excepción de la libertad individual amparable mediante la acción de *hábeas corpus*) que sean vulnerados o amenazados por "cualquier autoridad, funcionario o *persona*" (art. 200). Ello lo corrobora el artículo 2 del Código Procesal Constitucional.

f'. *Bolivia*

En Bolivia, la Constitución consagra con toda amplitud la posibilidad del ejercicio del recurso de amparo "contra los actos ilegales o las omisiones indebidas de los funcionarios o *particulares* que restrinjan, supriman o amenacen restringir o suprimir los derechos y garantías de la persona reconocidos por esta Constitución y las leyes" (art. 19).

b. *Sistemas que lo admiten restrictivamente*

a'. *Costa Rica*

En otros sistemas constitucionales se admite el amparo contra actos de particulares, pero sólo si éstos se encuentran cumpliendo actos de autoridad. Tal es el caso de Costa Rica, donde si bien la Constitución no distingue (art. 48), la Ley de la Jurisdicción Constitucional restringe el amparo contra sujetos de derecho privado, en la siguiente forma:

> *Artículo 57.* El recurso de amparo también se concederá contra acciones u omisiones de sujetos de derecho privado, cuando éstos actúen o deban actuar en ejercicio de funciones o potestades públicas, o se encuentren de derecho o de hecho, en una posición de poder frente a la cual los remedios jurisdiccionales comunes resulten claramente insuficientes o tardíos para garantizar los derechos y libertades a que se refiere el artículo 2, inciso a) de esta Ley (es decir, los derechos y libertades consagrados por la Constitución Política y los derechos humanos reconocidos por el Derecho Internacional vigente en Costa Rica).

b'. *Guatemala*

En Guatemala también procede el recurso de amparo contra actos de particulares, pero sólo en determinados casos, conforme se regula en la ley. Así es como en el artículo 9 de la Ley de Amparo, Exhibición Personal y de Constitucionalidad se establece que podrá también recurrirse en amparo contra entidades sostenidas con fondos del Estado, creadas por Ley o concesión; o las que actúen por delegación de los órganos del Estado, en virtud de contrato, concesión o conforme a otro régimen semejante.

Agrega además el artículo 9 de la Ley, que asimismo, podrá solicitarse amparo contra entidades a las que debe ingresarse por mandato legal y otras reconocidas por Ley, tales como partidos políticos, asociaciones, sociedades, sindicatos, cooperativas y otras semejantes.

c'. *Colombia*

En este mismo sentido se enmarca la Constitución de Colombia, la cual regula la acción de tutela, básicamente, como un medio de protección contra "la acción o la omisión de cualquier autoridad pública". Sin embargo, la parte final del artículo 86 de la Constitución remite a la Ley en cuanto al ejercicio de la acción de tutela contra particulares en la forma siguiente:

> La Ley establecerá los casos en los que la acción de tutela procede contra particulares encargados de la prestación de un servicio público o cuya conducta afecte grave y directamente el interés colectivo o respecto de quienes el solicitante se halle en estado de subordinación o indefensión.

En tal sentido, el Decreto N° 2.591 de 1991 (art. 42) en cuanto a la acción de tutela contra las acciones u omisiones de particulares, establece que procederá en los siguientes casos:

1. Cuando aquel contra quien se hubiere hecho la solicitud esté encargado de la prestación del servicio público de educación para proteger los derechos consagrados en los artículos 13, 15, 16, 18, 19, 20, 23, 27, 29, 37 y 38 de la Constitución.
2. Cuando aquel contra quien se hubiere hecho la solicitud esté encargado de la prestación del servido público de salud para proteger los derechos a la vida, a la intimidad, a la igualdad y a la autonomía.

3. Cuando aquel contra quien se hubiere hecho la solicitud esté encargado de la prestación de servicios públicos domiciliarios.
4. Cuando la solicitud fuere dirigida contra una organización privada, contra quien la controle efectivamente o fuere el beneficiario real de la situación que motivó la acción, siempre y cuando el solicitante tenga una relación de subordinación o indefensión con tal organización.
5. Cuando aquel contra quien se hubiere hecho la solicitud viole o amenace violar el artículo 17 de la Constitución.
6. Cuando la entidad privada sea aquella contra quien se hubiere hecho la solicitud en ejercicio del *hábeas data,* de conformidad con lo establecido en el artículo 15 de la Constitución.
7. Cuando se solicite rectificación de informaciones inexactas o erróneas. En este caso se deberá anexar la transcripción de la información o la copia de la publicación y de la rectificación solicitada que no fue publicada en condiciones que aseguren en eficacia de la misma.
8. Cuando el particular actúe o deba actuar en ejercicio de funciones públicas en cuyo caso se aplicará el mismo régimen que a las autoridades públicas.

Cuando la solicitud sea para tutelar la vida o la integridad de quien se encuentre en situación de subordinación o indefensión respeto del particular contra el cual se interpuso la acción. Se presume la indefensión del menor que solicita la tutela.

c. *Sistemas que excluyen el amparo frente a actividades u omisiones de particulares*

Otros sistemas constitucionales de protección de los derechos y garantías, regulan la acción de amparo para proteger a las personas frente al Estado y los entes que lo componen, excluyéndose la acción respecto de las acciones u omisiones de los particulares.

a'. *México*

La limitación del ejercicio de la acción de amparo sólo contra actos de los poderes públicos se encuentra también en algunos sistemas latinoamericanos. Es el caso de México, donde el juicio de amparo no procede en ningún caso contra las violaciones causadas por actos de los particulares, ya que en ese país también la protección constitucional mediante el juicio de amparo se reserva exclusivamente frente a los poderes públicos.

b'. *Brasil*

En igual sentido, la Constitución del Brasil al regular el *mandado de segurança* precisa que procede para proteger los derechos y libertades constitucionales "cuando el responsable de la ilegalidad o abuso de poder fuese una autoridad pública o un agente de persona jurídica en ejercicio de atribuciones del Poder Público", lo que excluye este recurso de protección frente a las acciones de los particulares.

c'. *Panamá*

En el caso de Panamá, el artículo 50 de la Constitución es preciso al consagrar el recurso de amparo sólo contra órdenes expedidas o ejecutadas por servidores públicos, lo que excluye la posibilidad de ejercicio de amparo contra acciones emanadas de particulares. Por ello, conforme al artículo 2.608 del Código Judicial, sólo los funcionarios públicos pueden considerarse como demandados en la tramitación de la acción de amparo.

d'. *El Salvador*

De acuerdo con el artículo 12 de la Ley de Procedimientos Constitucionales de El Salvador,

> La acción de amparo procede contra toda clase de acciones u omisiones de cualquier autoridad, funcionario del Estado o de sus organismos descentralizados, que viole aquellos derechos (los que otorga la Constitución Política) u obstaculicen su ejercicio.

De esta enunciación resulta, por tanto, excluida la acción de amparo contra particulares. Sin embargo, conforme al artículo 4° de la Ley, el derecho de *hábeas corpus* puede ejercerse contra cualquier "individuo" (además de cualquier autoridad), en los casos de restricción ilegal de la libertad individual.

e'. *Nicaragua*

En Nicaragua, el recurso de amparo sólo es admisible contra el funcionario, autoridad o agente de los mismos que por su acción u omisión viole o trate de violar los derechos y garantías consagrados en la Constitución Política (art. 23 Ley de Amparo de 1988). Sin embargo, en cuanto al recurso de exhibición personal, el mismo puede ser interpuesto contra el particular que restrinja la libertad personal (arts. 53 y 74 y siguientes, Ley de Amparo de 1988).

B. *El amparo frente a acciones u omisiones estatales*

Ahora bien, si bien el amparo contra actos de particulares no siempre es admitido en el derecho comparado, al contrario, los medios judiciales especiales de protección de los derechos y libertades constitucionales siempre se regulan y conceden contra las acciones u omisiones provenientes de autoridades y funcionarios públicos.

Sin embargo, no hay uniformidad en cuanto a la admisión del amparo respecto de todos los actos estatales, pues en algunos casos se excluye respecto a las leyes o a los actos judiciales, limitándose su admisibilidad contra los actos administrativos y las vías de hecho de las autoridades administrativas, como es el caso de Austria.

En el caso de México y Venezuela, por ejemplo, el amparo procede contra todas las actuaciones estatales, sin distinción ni limitación. Así, en el sistema venezolano de derecho de amparo regulado en la Constitución de 1999 y en la Ley Orgánica de Amparo, en el caso de protección frente a perturbaciones provenientes de autoridades públicas, ésta procede frente a toda actuación pública, es decir, frente a todos los actos estatales y ante los actos materiales, omisiones y vías de hecho de las autoridades públicas (art. 5).

Por tanto, la acción de amparo procede contra toda actuación de la Administración, aun cuando no se configure como un acto administrativo y no abra la vía contencioso-administrativa; es decir, procede, por ejemplo, contra las actuaciones materiales de la Administración; contra sus vías de hecho; contra la abstención de actuar o cumplir con una obligación; contra omisiones, en fin, contra toda forma de actuación de la Administración e, incluso, por supuesto, contra determinados actos como los de trámite, cuando no puedan ser impugnados por la vía contencioso-administrativa. Pero además, procede también contra actos legislativos, de gobierno, y judiciales (sentencias).

En nuestro criterio, dentro de esta misma orientación se enmarca la Constitución de Colombia, la cual prevé la acción de tutela para la protección de los derechos fundamentales que resulten vulnerados o amenazados por la acción o la omisión de *cualquier autoridad pública,* sin distinguir si se trata de la autoridad legislativa, judicial o administrativa.

En particular, el artículo 5° del Decreto N° 2.591 de Colombia de 1991, que reglamenta la tutela, precisa que la acción de tutela procede "contra toda acción u omisión de las autoridades públicas, que haya violado, viole o amenace violar cualesquiera de los derechos de que trata el artículo 2°" del mencionado Decreto. Se aclara además, que "la procedencia de la tutela en ningún caso está sujeta a que la acción de la autoridad se haya manifestado en un acto jurídico escrito".

C. *El amparo contra leyes y demás actos normativos*

a. *Sistemas que lo admiten*

a'. *La acción de amparo contra leyes en Venezuela*

De acuerdo al artículo 3 de la Ley Orgánica de Amparo sobre Derechos y Garantías Constitucionales:

> También es procedente la acción de amparo cuando la violación o amenaza de violación deriven de una norma que colida con la Constitución. En este caso, la providencia judicial que resuelva la acción interpuesta deberá apreciar la inaplicación de la norma impugnada y el Juez informará a la Corte Suprema de Justicia acerca de la respectiva decisión.

Quizás de las instituciones más novedosas que trae la Ley Orgánica es esta denominada "amparo contra normas" que viene a perfeccionar y completar el sistema de control de la constitucionalidad de las leyes.

En efecto, en el sistema venezolano, el control de la constitucionalidad de las leyes se ha considerado, comparativamente hablando, como un control mixto o integral, en el cual conviven el *control concentrado* de la constitucionalidad que se ejerce por la sala Constitucional del Tribunal Supremo de Justicia por vía de *acción popular, y* conforme a la cual la Sala tiene poderes para anular *erga omnes* la ley *impugnada;* y el *control difuso* de la constitucionalidad, conforme al cual y de acuerdo al artículo 334 de la Constitución y al artículo 20 del Código de Procedimiento Civil, cualquier juez tiene poder para juzgar de oficio o a petición de parte al decidir cualquier proceso, la constitucionalidad de una ley e inaplicarla en el caso concreto, con efectos *inter partes.*

A este sistema mixto o integral de control de la constitucionalidad de las leyes y demás actos normativos, como ya se ha dicho, la Ley Orgánica de Amparo viene a agregar un tercer sistema de control, que en ciertos aspectos se puede asimilar al denominado en México "amparo contra leyes" y que permite el ejercicio del control de la constitucionalidad de las leyes por los jueces de amparo, cuando conozcan de una acción de amparo ejercida contra la Ley o acto normativo que en forma directa e inmediata viole o amenace violar un derecho fundamental, y que por tanto colida con la Constitución. En estos casos, la decisión del juez, en la acción de amparo, debe apreciar la inaplicación de la norma respecto de la cual se solicita amparo. Debe destacarse, por otra parte, que la ley habla impropiamente de "norma impugnada", pero en realidad, si la norma fuera "impugnada", la decisión judicial tendría que ser de anulación de la misma, lo cual no compete al juez de amparo, pues ello está en principio reservado a la Sala Constitucional del Tribunal Supremo. Por tanto, en la acción de amparo regulada en el artículo 3° no se "impugna" la ley o acto normativo, sino que se solicita amparo respecto de los efectos del mismo, cuando viole o amenace violar un derecho constitucional.

La decisión del juez de amparo, en estos casos, no es una decisión de anulación de la ley o acto normativo, sino que se limita a ser una decisión de protección, con efectos *inter partes,* es decir, en relación al accionante, en el sentido de que la misma lo que hace es declarar que para éste la norma es inaceptable.

Pero debe agregarse en relación al control de la constitucionalidad de las leyes, que la Ley Orgánica, además de prever el amparo contra leyes, permite ejercer la acción de amparo (más propiamente, la pretensión de amparo) conjuntamente con la acción popular de inconstitucionalidad de las leyes por ante la Sala Constitucional.

En efecto, el mismo artículo 3 de la Ley Orgánica establece lo siguiente:

> La acción de amparo también podrá ejercerse conjuntamente con la acción popular de inconstitucionalidad de las leyes y demás actos estatales normativos, en cuyo caso, la Corte Suprema de Justicia, si lo estima procedente para la protección constitucional, podrá suspender la aplicación de la norma respecto de la situación jurídica concreta cuya violación se alega mientras dure el juicio de nulidad.

Como se observa, en estos casos, la Ley Orgánica ha establecido una innovación fundamental y que consiste en permitir a la Sala, contrariamente a lo que había sido la tradición jurisprudencial, el suspender los efectos de la ley o acto normativo impugnado respecto de su aplicabilidad al accionante, cuando lo juzgue necesario para la protección constitucional, mientras dure el juicio de nulidad. Hasta la entrada en vigencia de la Ley, en los juicios de nulidad de los actos estatales, la antigua Corte Suprema había negado sistemáticamente la posibilidad de suspender los efectos de los actos normativos, habiendo reducido su potestad de suspensión de efectos en juicio, respecto de los actos administrativos de efectos particulares, lo cual luego fue recogido en su Ley Orgánica (art. 136).

b'. *El juicio de amparo contra leyes en México*

El juicio de amparo en México procede, en primer lugar, contra las leyes y actos normativos contrarios a la Constitución, dando lugar a un medio judicial de control de la constitucionalidad de las leyes que puede ejercerse en forma directa contra las mismas, sin que se requiera acto administrativo o judicial alguno de ejecución o aplicación de la ley. Se ejerce ante las Cortes de Distrito, siendo el agraviante en estos casos, los órganos supremos del Estado que intervinieron en el proceso de formación de la ley, es decir, el Congreso de la Unión o las legislaturas de los Estados que sancionaron la Ley; el Presidente de la República o los Gobernadores de los Estados que pusieron el ejecútese a la Ley y los Secretarios Ejecutivos que la refrendaron y ordenaron su promulgación. En estos casos, las decisiones de las Cortes Federales de Distrito son revisables por la Corte Suprema de Justicia.

En esta forma, el amparo contra leyes en México, como señalamos, es un medio directo de control de la constitucionalidad de las mismas, aun cuando no planteada en forma abstracta, ya que el accionante debe haber sido lesionado directamente por la norma, sin necesidad de que exista otro acto estatal de ejecución de dicha ley. Por ello, el objeto del amparo contra leyes lo constituyen leyes que con su sola puesta en vigencia puedan causar un perjuicio directo y personal al accionante. Por ello, en relación a las leyes autoaplicativas, la acción debe intentarse dentro de los 30 días siguientes a su puesta en vigencia o dentro de los 15 días siguientes a la emisión del primer acto de ejecución de la ley.

En la decisión judicial correspondiente, el juez no puede formular declaraciones generales respecto de la Ley, pues la misma, destinada a proteger a los particulares, sólo puede tener efectos *inter partes*. Además, en México las decisiones en amparo contra leyes no tienen fuerza obligatoria respecto de otros tribunales salvo que éstas adquieran el carácter de "jurisprudencia", lo que sucede cuando la Corte Suprema de Justicia o las Cortes de Circuito adoptan cinco decisiones en el mismo sentido.

En todo caso, el juez de amparo tiene la potestad de suspender la aplicación de los efectos del acto normativo respecto del accionante.

c'. *El amparo contra leyes en Guatemala*

En Guatemala, el amparo procede para que se declare en casos concretos que una ley, un reglamento, una resolución o acto de autoridad no obligan al recurrente, por contravenir o restringir cualesquiera de los derechos garantizados por la Constitución o reconocidos por cualquier Ley (art. 10, literal b, Ley de Amparo, Exhibición Personal y de Constitucionalidad de 1986; art. 80, ordinal 30 de la Ley).

En estos casos, la decisión judicial de amparo deja en suspenso en cuanto al reclamante, la Ley, el reglamento, la resolución o el acto impugnados, y en su caso, el restablecimiento de la situación jurídica afectada o el cese de la medida (art. 49,a de la Ley).

d'. *El recurso de amparo contra leyes en Honduras*

La Constitución de Honduras de 1982, establece expresamente la posibilidad del ejercicio de la acción de amparo contra las leyes. Así, el artículo 183 de dicho Texto Fundamental establece que toda persona agraviada tienen derecho a interponer recursos de amparo para que se declare en casos concretos que una Ley no obliga al recurrente, ni le es aplicable por contravenir, disminuir o tergiversar cualesquiera de los derechos reconocidos por la Constitución (art. 183, ord. 2°).

e'. *El recurso de amparo contra leyes en Costa, Rica y su conversión*

En el caso de Costa Rica se establece en el artículo 30 de la Ley de la Jurisdicción Constitucional que el amparo no procede:

> Contra leyes u otras disposiciones normativas, salvo cuando se impugnen con actos de aplicación individual de aquéllas, o cuando se trate de normas de acción automática, de manera que sus preceptos resulten obligatorios inmediatamente por su sola promulgación, sin necesidad de otras normas o actos que los desarrollen o los hagan aplicables al perjudicado.

Por tanto, el amparo contra leyes o actos normativos autoaplicativos es admisible en Costa Rica, como ya lo ha resuelto la Sala Constitucional.

Debe observarse que en el caso de Costa Rica, la interposición del amparo no suspende los efectos de las leyes o normas cuestionadas, pero sí la aplicación de ellas al recurrente, así como la de los actos concretos impugnados (art. 41).

En todo caso, impugnada una ley o norma en amparo, de acuerdo a la Ley de la Jurisdicción Constitucional, el Presidente de la Sala Constitucional debe suspender, sin más trámite, el recurso y otorgará al recurrente un término de 15 días hábiles para que formalice la acción de inconstitucionalidad contra aquéllas, obligando así a convertir el amparo contra leyes en una acción de inconstitucionalidad.

b. *La exclusión de las leyes del ámbito de amparo*

En otros sistemas, al contrario, expresamente se excluye la posibilidad del ejercicio de una acción de amparo contra las leyes.

a'. *Argentina*

Es el caso de Argentina, donde la acción de amparo no procede contra las leyes, pues en relación a las mismas lo que procede es el ejercicio del control difuso de la constitucionalidad de las mismas en el caso concreto donde se plantee la cuestión de inconstitucionalidad. Por supuesto, en una decisión de amparo contra actos concretos, el juez respectivo puede apreciar la inconstitucionalidad de una norma, pero en ese caso, no se trataría realmente, de un amparo contra normas.

b'. *Brasil*

En sentido similar, en Brasil está excluido el ejercicio del mand*ado de segurança* contra leyes, no admitiéndose el amparo si la disposición legal no se ha aplicado mediante un acto administrativo, pues en todo caso, sería contra dicho acto que podría ejercerse la acción de protección.

c'. *Uruguay*

En Uruguay, la Ley N° 16.011 de 1988 establece que la acción de amparo no procederá en ningún caso "contra leyes y los decretos de los Gobiernos Departamentales que tengan fuerza de leyes en su jurisdicción" (art. 1,c).

d'. *Colombia*

En Colombia, a pesar de que la Constitución no distingue, el Decreto N° 2.591 de 1991, dentro de las causales de improcedencia de la tutela (art. 6) ha establecido que no procede: "cuando se trate de actos de carácter general, impersonal y abstracto" (ord. 5).

Las leyes son, por excelencia, actos de carácter general, impersonal y abstracto, razón por la cual conforme a ese artículo no procedería la acción de tutela contra las normas.

e'. *Perú*

Hasta la entrada en vigencia de la Constitución de 1993, de acuerdo con el artículo 3 de la Ley N° 23.506 de Perú,

> Las acciones de garantía proceden aun en el caso que la violación o amenaza se base en una norma que sea incompatible con la Constitución. En este supuesto, la inaplicación de la norma se apreciará en el mismo procedimiento.

Se establecía así, un medio de control de la constitucionalidad de las leyes, vía recurso de amparo, paralelo al control concentrado de inconstitucionalidad de las leyes que ejercía el Tribunal de Garantías Constitucionales (art. 298 y ss. de la Constitución) y el control difuso de constitucionalidad que establecía en el artículo 236 de la Constitución.

La Constitución de 1993, sin embargo, prohibió expresamente la acción de amparo contra normas legales (Art. 200,2).

D. *El amparo contra actos y hechos administrativos y contra conductas omisivas de la Administración*

En general, todos los sistemas constitucionales que regulan la institución del amparo, admiten la acción de amparo contra los actos y hechos administrativos, así como contra las conductas omisivas de la Administración.

Algunas leyes, sin embargo, regulan con más detalles el tema, como sucede en Venezuela. En efecto, de acuerdo al artículo 5 de la Ley Orgánica de Amparo:

> La acción de amparo procede contra todo acto administrativo, actuaciones materiales, vías de hecho, abstenciones u omisiones que violen o amenacen violar un derecho o garantía constitucionales, cuando no exista un medio procesal breve, sumario y eficaz, acorde con la protección constitucional.

Por tanto, la acción de amparo procede también contra actos administrativos o contra conductas omisivas de la Administración que violen o amenacen violar un derecho o garantía constitucionales, pero siempre que no exista "un medio procesal breve, sumario y eficaz, acorde con la protección constitucional". En consecuencia, si dicho medio existe, no procedería la acción de amparo; y es la propia Ley Orgánica la que se ocupa de prever dicho "medio procesal breve, sumario y efectivo, acorde con la protección constitucional". Ese medio es el recurso contencioso-administrativo de anulación, siempre que exista en la localidad un Tribunal con competencia contencioso-administrativa, y el mismo sea un medio efectivo y real de protección.

En estos casos, prevé la Ley que la acción de amparo puede ejercerse contra actos administrativos de efectos particulares o contra abstenciones o negativas de la Administración, ante el Juez Contencioso-Administrativo competente, si lo hubiere en la localidad, "conjuntamente con el recurso contencioso administrativo de anulación de actos administrativos o contra las conductas omisivas, respectivamente, que se ejerza". En estos casos agrega el artículo 5 de la Ley Orgánica, el juez, en forma breve, sumaria, efectiva, si lo considera procedente para la protección constitucional, suspenderá los efectos del acto recurrido como garantía de dicho derecho constitucional violado, mientras dure el juicio[59].

Por último, para garantizar que este recurso contencioso-administrativo de anulación y amparo, sea un medio procesal breve, sumario y efectivo, acorde con la protección constitucional, el Parágrafo Único del artículo 5 de la Ley Orgánica precisa que:

> Cuando se ejerza la acción de amparo contra actos administrativos conjuntamente con el recurso contencioso-administrativo que se fundamente en la violación de un derecho constitucional, el ejercicio del recurso procederá en cualquier tiempo, aun después de transcurridos los lapsos de caducidad previstos en la Ley; y no será necesario el agotamiento previo de la vía administrativa.

Por tanto, un acto administrativo violatorio de un derecho o garantía constitucional, puede ser impugnado en vía contencioso-administrativa en cualquier tiempo, siempre que se acompañe al recurso de anulación una pretensión de amparo; y contra dicho acto sólo puede ejercerse la acción de amparo si ya han transcurrido más de seis meses de dictado (art. 6, ord. 4°) si se ejerce conjuntamente con el recurso contencioso-administrativo de anulación.

En Colombia, hemos señalado que la acción de tutela también puede ejercerse conjuntamente con el recurso contencioso-administrativo de nulidad. En este caso, señala el artículo 8 del Decreto N° 2.591 de 1991 que:

> Cuando se utilice la acción de tutela como mecanismo transitorio para evitar un daño irreparable, la acción de tutela también podrá ejercerse con la acción de nulidad y de las demás procedentes ante la jurisdicción contencioso-administrativa. En estos casos, el juez si lo estima procedente podrá ordenar que no se aplique el acto particular respecto de la situación jurídica concreta cuya protección se solicita, mientras dura el proceso.

E. *El amparo contra sentencias y demás actos judiciales*

En contraste con la admisión generalizada del amparo contra las actuaciones de la Administración, la situación no es uniforme en relación al amparo contra sentencias y demás actos judiciales, pues en algunos países expresamente se excluye la posibilidad de la acción de amparo contra sentencias.

---

59 El artículo hacía referencia al artículo 22 de la Ley Orgánica de Amparo, el cual sin embargo, fue anulado por sentencia de la Corte Suprema de Justicia en Corte Plena de 21-5-96; Véase en Allan R. Brewer-Carías, *Acción y Derecho de Amparo*, Tomo V, *Instituciones Políticas y Constitucionales*, Editorial Jurídica Venezolana, Caracas 1996, pp. 392 y ss. .

a. *La admisibilidad de la acción de amparo contra actos judiciales*

a'. *El amparo contra sentencias en Venezuela*

La acción de amparo contra sentencias se admite ampliamente en diversos países. En efecto, de acuerdo al artículo 4 de la Ley Orgánica de Amparo de Venezuela:

> Igualmente procede la acción de amparo cuando un Tribunal de la República, actuando fuera de su competencia, dicte una resolución o sentencia u ordene un acto que lesione un derecho constitucional.

De esta norma podría interpretarse, ante todo, que si la decisión judicial violatoria de un derecho constitucional se dicta por un Juez actuando *dentro* de su competencia (por la materia o por el territorio), no procedería la acción autónoma de amparo, sino que la pretensión de amparo debería ejercerse conjuntamente con el recurso de apelación o el recurso de casación que corresponda. Ello es lo que resulta de la interpretación más directa de la norma, con el objeto de salvaguardar los medios ordinarios y extraordinarios de revisión de decisiones judiciales, que en estos casos tendrían efectos suspensivos, y por tanto, de protección constitucional inmediata.

Sin embargo, el problema de interpretación ha sido resuelto por la jurisprudencia al acoger la doctrina más acorde con la protección constitucional que consagra la Ley Orgánica, considerando en general que ningún tribunal tiene competencia para lesionar ilegítimamente, derechos o garantías constitucionales, procediendo la acción de amparo contra sentencias en caso de violación de derechos y libertades constitucionales, incluso contra sentencias dictadas en juicios de amparo.

En todo caso, en el supuesto regulado en el artículo 4 de la Ley y con el objeto de salvaguardar las jerarquías judiciales de revisión, se establece expresamente que:

> La acción de amparo debe interponerse por ante un Tribunal Superior al que emitió el pronunciamiento, quien decidirá en forma breve, sumaria y efectiva.

Por último, debe mencionarse que expresamente la Ley excluye el ejercicio de la acción de amparo cuando se trate de decisiones emanadas del Tribunal Supremo de Justicia" (art. 6, ord. 6º), lo que tiene su explicación en la garantía institucional que prevé el artículo 1º del Tribunal Supremo de Justicia al señalar que siendo dicho Tribunal "el más alto Tribunal de la República, contra sus decisiones en cualquiera de sus Salas no se oirá, ni admitirá recurso o acción alguno".

b'. *El amparo contra decisiones judiciales en el Perú*

En Perú, la Constitución excluye la acción de amparo contra "resoluciones judiciales emanadas de un procedimiento regular" (art. 200,2); y el Código Procesal Constitucional precisa, en su artículo 4º, que:

> El amparo procede respecto de resoluciones judiciales firmes dictadas con manifiesto agravio a la tutela procesal efectiva, que comprende el acceso a la justicia y el debido proceso…

c'. *El amparo contra decisiones judiciales en México*

En México, el juicio de amparo encuentra su mayor aplicación cuando se ejerce contra las sentencias y demás decisiones judiciales. En estos casos, que originan el llamado "amparo casación", sin embargo, el juicio de amparo sólo procede contra sentencias definitivas respecto de las cuales no proceda ningún recurso ordinario por el que puedan ser modificadas y reformadas, en cuyo caso, se promueve ante la Suprema Corte de Justicia o ante el Tribunal colegiado de Circuito que corresponda.

d'. *El amparo en los asuntos judiciales en Guatemala*

En Guatemala, conforme al artículo 10, letra h de la Ley de Amparo, Exhibición Personal y Constitucionalidad de 1896, toda persona tiene derecho a pedir amparo en los asuntos de orden judicial que tuvieren establecidos en la Ley, procedimientos y recursos, por cuyo medio puedan ventilarse adecuadamente de conformidad con el principio jurídico del debido proceso, si después de haber hecho uso el interesado de los recursos establecidos por la Ley, subsiste la amenaza, restricción o violación a los derechos que la Constitución y las leyes garantizan.

e'. *El amparo contra decisiones judiciales en Honduras*

En Honduras, la Ley sobre la Justicia Constitucional de 2004, siguiendo la orientación de la Ley de Amparo de 1936, establece la posibilidad general de amparo contra decisiones judiciales al regular la competencia judicial para conocer de la acción. Así, la Corte Suprema de Justicia es competente para conocer de las violaciones cometidas por las Cortes de Apelaciones y por el Tribunal Superior de Cuentas (art 9,3), y las Cortes de Apelaciones son competentes para conocer de las violaciones cometidas por los Jueces Departamentales o Seccionales y por los de Paz (art. 10,2,a).

f'. *El mandado de segurança contra actos judiciales en Brasil*

En Brasil, el *mandado de segurança* en principio no procede contra actos judiciales respecto de los cuales sea posible ejercer un recurso con efectos suspensivos o correctivos, por lo que puede concederse el amparo contra dichos actos, cuando no exista recurso alguno contra los mismos y sea imposible corregirlos.

b. *La exclusión de las sentencias del ámbito de amparo*

a'. *Argentina*

En otros países, las decisiones judiciales quedan fuera del ámbito de la acción de amparo. Es el caso de Argentina, cuya Ley N° 16.986 de 1966 expresamente señala que el amparo no será admisible cuando "el acto impugnado emana de un órgano del Poder Judicial" (art. 2,b).

b'. *Uruguay*

En igual sentido, la Ley N° 16.011 de 1988 de Uruguay establece que la acción de amparo no procederá en ningún caso "contra los actos jurisdiccionales, cualquiera sea su naturaleza y el órgano del que emanen". Aclara el artículo 2,A de la Ley que:

> Por lo que se refiere a los actos emanados de los órganos del Poder Judicial, se entiende por actos jurisdiccionales, además de las sentencias, a todos los actos dictados por los jueces en el curso de los procesos contenciosos.

En particular, en Uruguay también se excluyen especialmente del amparo, "los actos de la Corte Electoral, cualquiera sea su naturaleza" (art. 1,b).

c'. *Costa Rica*

En Costa Rica, la Ley de la Jurisdicción Constitucional expresamente prescribe que no procede el amparo "contra las resoluciones y actuaciones jurisdiccionales del Poder Judicial" (art. 30,b) y en particular, que tampoco procede "contra los actos o disposiciones del Tribunal Supremo de Elecciones en materia electoral" (art. 30,d).

d'. *Panamá*

En Panamá, si bien la Constitución consagra el derecho de amparo contra toda orden de hacer o de no hacer que viole los derechos y garantías consagrados en su texto que expida o ejecute cualquier servidor público (art. 50), el Código Judicial, al regular la acción expresamente señala que "la acción de amparo de garantías no procede contra las decisiones jurisdiccionales" (art. 2.607).

e'. *El Salvador*

En igual forma, debe señalarse que en El Salvador, expresamente, la Ley de Procedimientos Constitucionales establece que:

> *Artículo 13.* El juicio de amparo es improcedente en asuntos judiciales puramente civiles, comerciales o laborales, y respecto de sentencias definitivas ejecutoriadas en material penal.

f'. *Honduras*

La Ley sobre Justicia Constitucional, en su artículo 45, ordinales 2 y 6, establece como causales de la inadmisibilidad de la acción de amparo:

2. Contra las resoluciones dictadas en los juicios de amparo.
6. En los asuntos judiciales puramente civiles, con respecto a las partes que intervengan o hubieren intervenido en ellos y a los terceros que tuvieren expeditos recursos o acciones legales en el mismo juicio, y contra las sentencias definitivas, ejecutoriadas, en causa criminal.

g'. *Nicaragua*

Por último, debe indicarse que también en Nicaragua, la Ley de Amparo de 1988 establece expresamente que no procede el recurso de amparo "contra las resoluciones de los funcionarios judiciales en asuntos de su competencia" (art. 51, ord. 1°).

h'. *El amparo contra sentencias en Colombia y su inconstitucionalidad*

En Colombia, el Decreto N° 2.591 de 1991, en virtud de que la Constitución no la excluía, también estableció la posibilidad de ejercicio de la acción de tutela contra los actos judiciales, aun cuando de manera restrictiva, al regularse en el artículo 40 la competencia especial para conocer la acción. Esta norma, en efecto, estableció lo siguiente:

Artículo 40. Cuando las sentencias y demás providencias judiciales que pongan término a un proceso, proferidas por los jueces superiores, los tribunales, la Corte Suprema de Justicia y el Consejo de Estado, amenacen a vulneren un derecho fundamental, será competente para conocer la acción de tutela el superior jerárquico correspondiente...

Parágrafo Primero: La acción de tutela contra tales providencias judiciales sólo procederá cuando la lesión del derecho sea consecuencia directa de éstas por deducirse de manera manifiesta y directa de su parte resolutiva, se hubieren agotado todos los recursos en vía judicial y no exista otro mecanismo idóneo para reclamar la protección del derecho vulnerado o amenazado.

Sin embargo, agregó la norma que "cuando el derecho invocado sea el debido proceso, la tutela deberá interponerse conjuntamente con el recurso procedente", es decir, en principio, conjuntamente con el recurso de apelación.

Por último, el mismo artículo 40 del Decreto Nº 2.591 de 1991, estableció expresamente que "no procederá la tutela contra fallos de tutela" (art. 40, parágrafo 4º).

A pesar de esta admisibilidad legal de la tutela contra sentencias, debe señalarse como antes observamos, que la Corte Constitucional, declaró inexequible, es decir, nulo el antes mencionado artículo 40 del Decreto 2.591, mediante sentencia C-543 de 1º de octubre de 1992, limitándose así la tutela contra decisiones judiciales, por considerarlo contrario al principio de la intangibilidad de la cosa juzgada.

SECCIÓN CUARTA:

EL FORTALECIMIENTO Y DESARROLLO DE LOS SISTEMAS DE JUSTICIA CONSTITUCIONAL

La segunda de las garantías judiciales específicas, también de arraigo latinoamericano, aparte del amparo o tutela, es la garantía del control de la constitucionalidad de las leyes y que protege todo el texto de la Constitución, además de los derechos constitucionales garantizados en ella[60]. En este aspecto, América Latina también puede mostrar al mundo y al derecho constitucional contemporáneo un modelo de justicia constitucional mucho más antiguo que el modelo que Hans Kelsen concibió en 1920, en Europa, al establecer en la Constitución austriaca y luego en la Checoslovaca, la figura del Tribunal Constitucional[61]. Muchas décadas antes de las concepciones de Kelsen, la garantía efectiva de la Constitución y la garantía judicial de la supremacía de la Constitución se habían establecido en América Latina, donde en muchos países existe incluso una acción popular de inconstitucionalidad establecida, por ejemplo, desde 1858, como es el caso de Venezuela.

---

60 Véase en general, Allan R. Brewer-Carías, *El control concentrado de la constitucionalidad de las leyes (Estudio de derecho comparado),* Caracas 1994.

61 Véase Hans Kelsen, «La garantie jurisdictionnelle de la Constitution (La justice constitutionnelle)», *Revue du droit public et de la science politique en France et à l'étranger,* Paris 1928, p. 250.

Lo fundamental es que el proceso de constitucionalización de la justicia, e incluso, de la Jurisdicción Constitucional tan característico de América Latina[62], ha sido consustancial al constitucionalismo moderno. En América Latina, nuestros constituyentes, desde el siglo XIX tomaron del constitucionalismo norteamericano el control difuso de la constitucionalidad de las leyes, como uno de los principios fundamentales, el cual se fue incorporando progresivamente en muchas Constituciones como una institución de protección autóctona de América Latina, en paralelo al establecimiento, también desde el siglo pasado, de la acción directa de inconstitucionalidad para conocimiento por parte de un Tribunal Supremo. En esta forma, dentro de este proceso de garantías judiciales específicas de la Constitución y de los derechos que en ella están contenidos, se destacan los sistemas de control de constitucionalidad de las leyes[63].

En primer lugar, se destaca el control de constitucionalidad de las leyes inspirado en el constitucionalismo norteamericano que, por deducción, se estableció en la

62 Véase en general, Francisco Eguiguren Praeli, *Los Tribunales Constitucionales en Latinoamérica: una visión comparativa*, Fundación Honrad Adenauer, CIEDLA. Centro Interdisciplinario de Estudios sobre el Desarrollo Latinoamericano, Buenos Aires, Argentina 2000; Francisco Fernández Segado, *La jurisdicción constitucional en América Latina. Evolución y problemática desde la independencia hasta 1979*, CEDECU Serie Conferencias Nº 1, Montevideo 2000; José Palomino Manchego, *Los orígenes de los Tribunales Constitucionales en Iberoamérica 1931-1978*, Cuadernos de la Asociación Peruana de Derecho Constitucional, Lima, 2003; Eduardo Ferrer Mac-Gregor, (Coordinador), *Derecho Procesal Constitucional*. Colegio de Secretarios de la Suprema Corte de Justicia de la Nación, A.C., 2ª ed. Editorial Porrúa, México 2001; Eduardo Ferrer Mac-Gregor, *Los Tribunales Constitucionales en Iberoamérica, FIUNDAp*. Colegio de Secretarios de la Suprema Corte de Justicia de la Nación, México 2002; Héctor Fix Zamudio, *Veinticinco años de evolución de la justicia constitucional 1940-1965*, UNAM Instituto de Investigaciones Jurídicas, México 1968; Eduardo Ferrer Mac-Gregor et al., (Coordinadores), *Justicia Constitucional Local*, Fundación Universitaria de Derecho, Administración y Política, FUNDAp, Santiago de Querétaro, México 2003; Héctor Fix-Zamudio, *Los tribunales constitucionales y los derechos humanos*, UNAM, 1ª ed., México D.F. 1980; Domingo García Belaúnde y Francisco Fernández Segado (Coordinadores), *La jurisdicción constitucional en Iberoamérica*, Editorial Dykinson S.L., Madrid 1997; Norbert Lösing, *La jurisdiccionalidad constitucional en Latinoamérica*, Fundación Honrad Adenauer-Editorial Dyckinson, Madrid 2002; *La jurisdicción constitucional en Iberoamérica. II Coloquio Iberoamericano de Derecho Constitucional*. Universidad Externado de Colombia, Bogotá 1984; *Justicia Constitucional Comparada*, Instituto de Investigaciones Jurídicas, Centro de Estudios Constitucionales México Centroamérica, UNAM, México 1993; *La Constitución y su defensa*, UNAM, México 1984; Francisco Régis Frota Araújo, *Derecho Constitucional y control de constitucionalidad en Latinoamérica*, UFC, Casa de José de Alencar, Programa Editorial, Fortaleza-Ceará-Brasil 2000; *Revista Argentina de Derecho Constitucional*, Año II 2001, Número 3, EDIAR, Buenos Aires 2001; *Una mirada a los Tribunales Constitucionales. Las Experiencias Recientes*, Serie: Lecturas Constitucionales Andinas Nº 4, Comisión Andina de Juristas, Honrad Adenauer, Lima, Perú 1995; Juan Vega Gómez y Edgar Corzo Sosa, (Coordinadores), *Tribunales y justicia constitucional. Memoria del VII Congreso Iberoamericano de Derecho Constitucional*, Instituto de Investigaciones Jurídicas UNAM, México 2002; Humberto Nogueira Alcalá, *La Justicia y los Tribunales Constitucionales de Sudamérica en la alborada del Siglo XXI* (en prensa), Santiago de Chile, 2004. Véase además la *Revista Iberoamericana de Derecho Procesal Constitucional*, Instituto Iberoamericano de Derecho Procesal Constitucional, Ed. Porrúa, Nos. 1 y 2, 2004.

63 Véase en general Allan R. Brewer-Carías, *Judicial Review in Comparative Law*, Cambridge 1989; Allan R. Brewer-Carías, *Justicia Constitucional*, Tomo VI de Instituciones Políticas y Constitucionales, Caracas, 1996.

famosa sentencia *Marbury vs. Madison*[64] de 1803 de la Corte Suprema de los Estados Unidos. Pocas décadas después, dicho sistema de control difuso de la constitucionalidad se adoptó en América Latina, también por vía pretoriana. Fue el caso, por ejemplo, de Argentina y Brasil donde se siguió exactamente el modelo norteamericano.

Sin embargo, luego se incorporó a los propios textos constitucionales, siendo así una institución típicamente latinoamericana el hecho de que la Constitución establezca que cualquier juez, en el conocimiento de cualquier causa, puede decidir no aplicar al caso concreto que debe decidir, una ley que juzgue inconstitucional, aplicando preferentemente el texto constitucional. Esto no es sólo consecuencia de una deducción del principio de la supremacía constitucional, sino de una norma expresa en Constituciones o en leyes, adoptadas desde el siglo pasado, como es el caso de Colombia (1910) y Venezuela (1897). En textos expresos, en esos países se establece y permite a todo juez que al decidir un caso concreto, inclusive de oficio -esto lo distingue el sistema norteamericano-, puede resolver no aplicar una ley si considera que viola la Constitución o un derecho constitucional, declarándola así inconstitucional, por supuesto, con efectos en relación con el caso concreto. Este es el sistema de control de la constitucionalidad que existe desde el siglo XIX en Argentina, Uruguay, Paraguay, Brasil, Colombia, Venezuela, Honduras y Guatemala, el cual mezclado con otro sistema o aisladamente, tradicionalmente ha sido el sistema de control de constitucionalidad característico de América Latina.

Paralelamente al sistema difuso de control, también han tenido gran arraigo en América Latina, los sistemas de control concentrado de constitucionalidad de las leyes, que se han establecido desde el siglo XIX, conforme al cual se ha atribuido a las Cortes Supremas de muchos de nuestros países, por ejemplo, Venezuela, Costa Rica, El Salvador, Honduras, México, Nicaragua, Panamá, Brasil, la competencia para conocer de las acciones de inconstitucionalidad de las leyes, con poderes anulatorios.

Las Cortes Supremas han sido así, en América Latina, la Jurisdicción Constitucional por excelencia. Y si bien en otros países, por influencia europea, a partir de la década de los sesenta, se han creado Tribunales Constitucionales, la experiencia ha demostrado que no es necesario crear un Tribunal Constitucional a la usanza europea, para tener una Jurisdicción Constitucional con los mismos poderes.

En todo caso, la idea de un Tribunal Constitucional, como se dijo, como institución aparte de la Corte Suprema de Justicia, también ha tenido acogida en América Latina, de manera que paralelamente a las Cortes Supremas que actúan como tribunales constitucionales, progresivamente desde la Constitución de Guatemala de los años 60, y luego en Bolivia, Colombia, Chile, Ecuador y Perú, se han venido creando Tribunales Constitucionales especiales, aparte de la Corte Suprema de Justicia, para resolver sólo las cuestiones de constitucionalidad.

En algunos casos, en países como Colombia, se había creado una Sala Constitucional de la Corte Suprema que luego dio origen a la Corte Constitucional. Salas

64 5 U.S. (I Cr.) 137,177 (1803). Véase Laurence H. TRIBE, *American Constitutional Law*, New York 2000, pp. 207 y ss.

Constitucionales de la Corte Suprema también existen en Costa Rica, con una función muy activa, y en Honduras y El Salvador.

I. LA SUPREMACÍA DE LA CONSTITUCIÓN Y SU GARANTÍA

Ahora bien, una de las principales características del constitucionalismo latinoamericano, donde puede decirse que se desarrolló por primera vez el constitucionalismo moderno que surgió de las Revoluciones Americana (1776) y Francesa (1789), es el concepto de Constitución como realidad normativa, que prevalece en el proceso político, en la vida social y económica de cada país, como ley suprema, real y efectiva, que contiene normas directamente aplicables tanto a los órganos del Estado como a los individuos. Este fue el concepto adoptado en los Estados Unidos de América desde finales del Siglo XVIII, y en los países de América Latina desde comienzos del Siglo pasado. Fue el concepto adoptado en Europa después de la Revolución Francesa y que, abandonado durante el Siglo pasado, fue redescubierto en este Siglo, particularmente después de la Segunda Guerra Mundial.

Por tanto, la situación constitucional en América Latina siempre fue distinta a la situación *europea* del Siglo pasado y de la primera mitad de este Siglo. Bajo la inspiración del constitucionalismo norteamericano, el principio de la supremacía constitucional y de la justicia constitucional se ha arraigado en nuestros países, habiendo pasado a configurarse como uno de los principios clásicos del constitucionalismo latinoamericano.

En esta forma, por ejemplo, el sistema constitucional venezolano al concebirse en 1811, se basó en el principio de la supremacía constitucional, siendo la Constitución considerada como un cuerpo normativo que no sólo organizaba el ejercicio del Poder Público, sino que también declaraba los derechos fundamentales de los ciudadanos, previendo expresamente la garantía objetiva de la Constitución al declarar como nulas y sin ningún valor, las leyes y demás actos estatales que fuesen contrarios a sus normas y, particularmente, a las declarativas de los derechos del hombre.

La previsión en texto expreso del mismo principio de la supremacía constitucional, en contraste con la situación en los Estados Unidos de América donde fue el resultado de una deducción lógica por la jurisprudencia de la Corte Suprema, en América Latina puede decirse que en la actualidad es común. Así se establece, por ejemplo, en la Constitución de Bolivia cuando declara que "La Constitución Política del Estado es la ley suprema del ordenamiento jurídico nacional" (art. 228); en la Constitución de Colombia al señalar que "La Constitución es norma de normas" (art. 4); y en la Constitución de Venezuela al establecer que "La Constitución es la norma suprema y fundamento del ordenamiento jurídico" (art. 7). La Constitución de Ecuador, en esta materia, puede considerarse como las más explícita y detallada al establecer incluso la garantía objetiva de la Constitución, así:

> *Artículo 272.*- La Constitución prevalece sobre cualquier otra norma legal. Las disposiciones de leyes orgánicas y ordinarias, decretos-leyes, decretos, estatutos, ordenanzas, reglamentos, resoluciones y otros actos de los poderes públicos, deberán mantener conformidad con sus disposiciones y no tendrán valor si, de algún modo, estuvieren en contradicción con ella o alteraren sus prescripciones.

> Si hubiere conflicto entre normas de distinta jerarquía, las cortes, tribunales, jueces y autoridades administrativas lo resolverán, mediante la aplicación de la norma jerárquicamente superior.

Ahora bien, este principio de la supremacía de la Constitución y de su garantía objetiva, inevitablemente condujo a que en América Latina, desde el Siglo pasado, comenzara a desarrollarse un sistema de control judicial de la constitucionalidad de los actos del Estado, es decir, de justicia constitucional, tanto de carácter difuso como de carácter concentrado.

En efecto, como consecuencia de este principio de la supremacía constitucional, y en forma similar a la deducción pretoriana del caso *Marbury vs. Madison* (1803) de la Corte Suprema de los Estados Unidos de América, la Suprema Corte de la Nación Argentina en el caso *Sojo* de 1887, por motivos de fondo similares, admitió el método de control difuso de la constitucionalidad de las leyes, que continúa vigente en la actualidad, y que paralela y posteriormente fue adoptado, además, en casi todos los países latinoamericanos.

En sentido similar y también como consecuencia del principio de la supremacía constitucional, la Constitución Venezolana de 1858, consagró en su artículo 113, un método de control concentrado de la constitucionalidad de las leyes provinciales en relación a la Constitución nacional, mediante acción popular, el cual fue ampliado, a partir de 1893, en relación a todas las leyes nacionales y demás actos de ejecución directa de la Constitución. Un método concentrado de control de constitucionalidad a principios de este Siglo (1910) fue luego adoptado en Colombia, y en sentido similar existe en la actualidad, en muchos países latinoamericanos ejercido por las Cortes Supremas, por Salas Constitucionales de las mismas o por Tribunales o Cortes Constitucionales especialmente creadas en las últimas décadas.

En América Latina, por tanto, desde el Siglo XIX se tuvo conciencia que el principio de la supremacía de la Constitución, desde el punto de vista jurídico, es imperfecto e inoperante si no se establecen las garantías judiciales que la protejan ante los actos inconstitucionales del Estado o de cualquier ruptura del ordenamiento constitucional. Estos sistemas de control judicial de la constitucionalidad de las leyes, por supuesto, pudieron desarrollarse en los países de América Latina, porque en ellos no se adoptó el criterio europeo extremo de la separación de poderes que consideraba, particularmente durante el Siglo pasado y la primera mitad de este Siglo, que cualquier sistema de control judicial de la constitucionalidad de las leyes era atentatorio contra el principio de la soberanía del Parlamento, que se basaba en la preeminencia del Legislador sobre los demás poderes del Estado. Esta concepción se apoyaba en la idea de que el Parlamento estaba compuesto por representantes del pueblo, quienes como tales, en el seno de un régimen democrático representativo, representaban al Soberano y lo sustituían. En este sentido, se consideraba inadmisible toda intervención de otra instancia constitucional cualquiera con miras a limitar la autonomía del órgano representativo supremo del Estado, razón por la cual el control de la constitucionalidad de las leyes sólo podía ser ejercido por ese mismo órgano.

En América Latina, en cambio, bajo la influencia de los principios de la Revolución Norteamericana, siempre se ha entendido que el control de la constitucionalidad de las leyes, en un sistema flexible de separación de poderes, debía ser ejercido por los órganos del Poder Judicial, fuera por todos los tribunales de un país determinado, por la Corte Suprema de Justicia del país, o por un Tribunal Constitucional especialmente creado con ese fin.

En efecto, en el primer caso, como se dijo, cuando todos los tribunales de un país determinado tienen la facultad de juzgar la constitucionalidad de las leyes, se está en presencia del denominado método difuso de control de la constitucionalidad, calificado también como "sistema americano" porque se adoptó en los Estados Unidos de América, particularmente después del famoso caso *Marbury vs. Madison* decidido por la Corte Suprema en 1803. Este es el método que se aplica, por ejemplo, en Argentina, Brasil, Bolivia, Colombia, Guatemala, Honduras, Ecuador, Perú, México, y Venezuela.

Pero además del método difuso, en América Latina también tiene una larga tradición el método concentrado de justicia constitucional, conforme al cual la facultad anulatoria de control de la constitucionalidad de las leyes y de otros actos del Estado producidos en ejecución directa de la Constitución, se atribuye a un solo órgano del Estado que actúe como Jurisdicción Constitucional, sea la Corte Suprema de Justicia o un Tribunal o Corte Constitucional especialmente creado para ese fin, generalmente formando parte del Poder Judicial. Este sistema de control también se conoce como el "sistema austríaco" porque en 1920 se adoptó en Austria, o como "modelo europeo", cuando el poder de control se atribuye a un Tribunal o Corte Constitucional particularmente ubicado fuera del Poder Judicial.

En todo caso, el sistema se denomina concentrado por oposición al sistema difuso, porque la facultad de control de la constitucionalidad de ciertos actos del Estado, particularmente las leyes, sólo se confiere a un órgano constitucional que puede ser la Corte Suprema de Justicia de un país o a un Tribunal Constitucional especialmente creado, que puede o no estar integrado dentro de la organización del Poder Judicial.

Por supuesto, no existe un único sistema de justicia constitucional para garantizar y defender la Constitución, así como tampoco puede existir un sistema ideal que pueda aplicarse a todos los países. En el derecho constitucional contemporáneo cada país ha desarrollado su propio sistema, habiendo sido el método difuso atribuido a todos los órganos del Poder Judicial, iniciado en Norteamérica, el que más influencia ha tenido en países tanto de la familia jurídica romana como del *common law*. El sistema concentrado, por otra parte, si bien se inició en América Latina desde el Siglo pasado, su más importante desarrollo reciente ha sido en Europa después de la Segunda Guerra Mundial.

En muchos países, además, se ha adoptado una mezcla de los sistemas antes mencionados, el difuso y el concentrado, con miras a permitir que ambos tipos de control funcionen al mismo tiempo. Este es el caso de Bolivia, Colombia, Guatemala, Honduras, Ecuador, Perú, México y Venezuela, donde todos los tribunales tienen la facultad de juzgar la constitucionalidad de las leyes, y por consiguiente, pueden decidir en forma autónoma su inaplicabilidad a un caso concreto; y paralelamente, la Corte Suprema de Justicia o un Tribunal Constitucional tienen la atribución exclusiva de declarar la nulidad de las leyes inconstitucionales, generalmente con efectos *erga omnes*.

II. EL MÉTODO DIFUSO DE CONTROL DE LA CONSTITUCIONALIDAD

1. *Antecedentes y fundamento constitucional*

El control de la constitucionalidad de las leyes, cuando se atribuye a todos los jueces cualquiera que sea su rango y jerarquía, como se dijo, da lugar a lo que se ha denominado el control difuso de la constitucionalidad de las leyes, el cual tiene su origen en los principios del constitucionalismo norteamericano y que se extendió, en especial durante el Siglo pasado, a casi todos los países latinoamericanos.

De acuerdo con el método difuso, la facultad de declarar la inconstitucionalidad de las leyes se atribuye a todos los jueces de un país determinado, pues si la Constitución es la ley suprema del país y si se reconoce el principio de su supremacía, la Constitución se impone a cualquier otra ley que le sea incoherente. En consecuencia, las leyes que violan la Constitución o que, de una u otra manera, sean contrarias a sus normas, principios o valores, son nulas y no pueden ser aplicadas por los jueces, quienes deben darle prioridad a la Constitución. Como lo afirmó el juez Marshall, en el caso *Marbury vs. Madison* en 1803, todos los jueces y todos los tribunales deben decidir sobre los casos concretos que les son sometidos "de conformidad con la Constitución, desistiendo de la ley inconstitucional" lo que constituye "la verdadera esencia del deber judicial". Sin embargo, en este sistema de control de la constitucionalidad, este papel le corresponde a todos los tribunales y no a uno en particular, y no debe considerarse sólo como un poder, sino como un deber que les está impuesto para decidir sobre la conformidad de las leyes con la Constitución, inaplicándolas cuando sean contrarias a sus normas.

La esencia del método difuso de control de constitucionalidad, por supuesto, como se dijo, radica en la noción de supremacía constitucional y en su efectiva garantía, en el sentido de que si hay actos que coliden con la Constitución, ellos son nulos y como tales tienen que ser considerados por los Tribunales, los cuales son, precisamente, los llamados a aplicar las leyes.

En consecuencia, el primer aspecto que muestra la racionalidad del método difuso de control de constitucionalidad, como garantía objetiva de la Constitución, es el principio de la nulidad de los actos estatales y, particularmente de las leyes que colidan con la Constitución, lo que significa que un acto estatal nulo no puede producir efectos, y no necesitaría de ningún otro acto estatal posterior para quitarle su calidad usurpada de acto estatal. Al contrario, si otro acto estatal fuera necesario para ello, entonces la garantía no sería la nulidad del acto, sino su anulabilidad.

En conclusión, en el método difuso de control de la constitucionalidad, el deber de todos los jueces es el de examinar la constitucionalidad de las leyes que deban aplicar en el caso concreto, y declarar cuando ello sea necesario, que una ley particular no debe ser aplicada a la decisión de un proceso específico que el juez esté conociendo, en razón de que es inconstitucional, la cual, por tanto, debe considerarse nula y sin valor, para la resolución del caso.

Lo anterior conduce al aspecto central de la racionalidad de este método de control de la constitucionalidad, el cual es que el poder para declarar la inconstitucionalidad de la legislación es atribuido a todos los jueces de un país determinado, y no sólo una Corte o Tribunal en particular. Pero en su origen, la particularidad del sistema norteamericano estuvo en que dicho poder de todos los tribunales no estaba expresamente previsto en la Constitución, aún cuando se derivaba del conjunto del sistema constitucional. En el mismo sentido se desarrolló el sistema en Argentina, como creación pretoriana de la Suprema Corte de la Nación.

Sin embargo, en contraste con los sistemas norteamericanos y argentino, en los demás países latinoamericanos el poder de control difuso de la constitucionalidad de las leyes por parte de todos los jueces se ha establecido expresamente de forma general, como una norma de derecho positivo.

Así, por ejemplo, desde 1910, la Constitución colombiana prevé que:

> La Constitución es la norma de normas. En caso de incompatibilidad entre la Constitución y la ley o cualquier otra norma jurídica, se aplicarán las disposiciones constitucionales (art. 4 C. 1991).

En el mismo sentido, desde 1897, el Código de Procedimiento Civil venezolano establece que:

> Cuando la ley vigente cuya aplicación se requiera está en contradicción con cualquiera de las disposiciones constitucionales, los jueces aplicarán preferiblemente esta última. (art. 20).

El principio se ha constitucionalizado en Venezuela al regularse en el texto de la Constitución de 1999, así:

> *Artículo 334.* Todos los jueces o juezas de la República, en el ámbito de sus competencias y conforme a lo previsto en esta Constitución y en la ley, están en la obligación de asegurar la integridad de esta Constitución.
>
> En caso de incompatibilidad entre esta Constitución y una ley u otra norma jurídica, se aplicarán las disposiciones constitucionales, correspondiendo a los tribunales en cualquier causa, aún de oficio, decidir lo conducente...

También en Guatemala, desde 1965, la Constitución estableció expresamente el principio que conserva el artículo 266 de la Constitución de 1985, que establece:

> *Artículo 266.*- Inconstitucionalidad de las leyes en casos concretos. En casos concretos, en todo proceso de cualquier competencia o jurisdicción, en cualquier instancia y en casación y hasta antes de dictarse sentencia, las partes podrán plantear como acción, excepción o incidente, la inconstitucionalidad total o parcial de una ley. El tribunal deberá pronunciarse al respecto.

En El Salvador, la Constitución de 1983 establece:

> *Artículo 185.*- Dentro de la potestad de administrar justicia, corresponde a los tribunales, en los casos en que tengan que pronunciar sentencia, declarar la inaplicabilidad de cualquier ley o disposición de los otros órganos, contraria a los preceptos constitucionales.

En sentido similar, la Constitución Política de Bolivia de 1994, establece que:

> *Artículo 228.*- La Constitución Política del Estado es la ley suprema del ordenamiento jurídico nacional. Los tribunales, jueces y autoridades la aplicarán con preferencia a las leyes, y éstas con preferencia a cualesquiera otras resoluciones.

También la Constitución de la República de Honduras dispone:

> *Artículo 315.-* En caso de incompatibilidad entre una norma constitucional y una legal ordinaria, el Juez aplicará la primera.
>
> Igualmente aplicará la norma legal sobre toda otra norma subalterna.

En cuanto a la Constitución Política del Perú de 1993, la misma dispone:

> *Artículo 138.-* La potestad de administrar justicia emana del pueblo y se ejerce por el Poder Judicial a través de sus órganos jerárquicos con arreglo a la Constitución y a las leyes.
>
> En todo proceso, de existir incompatibilidad entre una norma constitucional y una norma legal, los jueces prefieren la primera. Igualmente, prefieren la norma legal sobre toda otra norma de rango inferior.

Por último, en Ecuador, la Constitución de 1998 estableció el método difuso de control de constitucionalidad así:

> *Artículo 273.-* Las cortes, tribunales, jueces y autoridades administrativas tendrán la obligación de aplicar las normas de la Constitución que sean pertinentes, aunque la parte interesada no las invoque expresamente.
>
> *Artículo 274.-* Cualquier juez o tribunal, en las causas que conozca, podrá declarar inaplicable, de oficio o a petición de parte, un precepto jurídico contrario a las normas de la Constitución o de los tratados y convenios internacionales, sin perjuicio de fallar sobre el asunto controvertido...

2. *La expansión del método difuso de justicia constitucional hacia América Latina*

Hacia la mitad del Siglo XIX, el sistema norteamericano de control de la constitucionalidad de las leyes puede decirse que influenció la mayor parte de los sistemas latinoamericanos, los cuales terminaron adoptándolo de una u otra forma (Argentina 1860; México 1857; Venezuela 1858; Brasil 1890; República Dominicana 1844; Colombia 1850). Algunos, incluso se orientaron hacia un sistema mixto o integral, sea agregándole al método difuso el método concentrado del control de la constitucionalidad tal como es el caso en Brasil o México, o adoptando el sistema mixto o integral desde el principio, como fue el caso de Venezuela, Colombia, Guatemala y Perú. En cambio, el sistema argentino sigue siendo el más parecido al modelo norteamericano, exclusivamente difuso.

En efecto, en lo que respecta a Argentina[65], la Constitución de la República de 1860 establecía, con una terminología muy parecida a la de la Constitución nortea-

---

65 Véase en general, Germán Bidart Campos, *La Corte Suprema, Tribunal de garantías Constitucionales*, Ediar Buenos Aires, 1984; Néstor Pedro Sagües, *Derecho Procesal Constitucional. Recurso Extraordinario*, 2 Tomos, 2ª ed., Editorial Astrea, Buenos Aires 1989; María Mercedes Serra, *Procesos y recursos constitucionales*, Ediciones Depalma, Buenos Aires 1992; Alberto B. Bianchi, *Control de constitucionalidad. El proceso y la jurisdicción constitucionales*, Universidad Austral, Editorial Ábaco de Rodolfo Depalma, Buenos Aires 1992; Alberto B. Bianchi, *Las acciones de clase. Una solución a los problemas procesales de la legitimación colectiva a gran escala,* Fundación de Derecho Constitucional José Manuel de Estrada, Editorial Ábaco de Rodolfo Depalma, Buenos Aires 2001; Jorge Reinaldo Vanossi, Jorge Reinaldo, *Aspectos del recurso extraordinario de inconstitucionalidad*, publicaciones de la

mericana, los principios de la supremacía constitucional y el papel que correspondía del Poder Judicial, pero no incluyó norma expresa alguna que confiriera poderes de control de la constitucionalidad de las leyes a la Corte Suprema o a otros Tribunales. Por ello, como sucedió en los Estados Unidos de América, el control de la constitucionalidad también fue una creación de la Suprema Corte, en el caso *Sojo* (1887) relativo a la inconstitucionalidad de una ley que buscaba ampliar la jurisdicción derivada de la Corte Suprema.

En cuanto al sistema brasilero de control de la constitucionalidad, al igual que el sistema argentino, se trata de uno de los sistemas latinoamericanos más cercanos al modelo norteamericano. Sin embargo, a partir de la Constitución de 1934, puede considerarse como un sistema mixto después de la previsión de una acción directa de inconstitucionalidad, que puede ser intentada ante el Tribunal Supremo Federal con el fin de impugnar una ley[66].

En cuanto al método difuso, éste fue expresamente previsto desde la Constitución de 1891, al atribuirse al Tribunal Supremo Federal competencia para juzgar, mediante recursos extraordinarios, los casos decididos en última instancia por otros tribunales u otros jueces, en primer lugar, cuando las decisiones cuestionadas estén en contradicción con una disposición de la Constitución o nieguen una ley federal o un tratado; en segundo lugar, cuando declaran la inconstitucionalidad de un tratado o de una ley federal, y en tercer lugar, cuando estimen que una ley u otro acto de un gobierno local es contrario a la Constitución o a una ley federal válida (art. 102, III Constitución). Esta norma establece, de esta manera, el método difuso de control de la constitucionalidad, así como la facultad del Tribunal Supremo Federal para intervenir en cualquier procedimiento relativo a la constitucionalidad de las leyes. El artículo 97 de la Constitución de 1988 establece, además, que en general, "solamente por el voto de la mayoría absoluta de sus miembros o de los miembros del respectivo órgano especial podrán los Tribunales declarar la inconstitucionalidad de una ley o de un acto normativo del poder público".

En cuanto a México, la Constitución de 1847, igualmente bajo la influencia del sistema de control de la constitucionalidad norteamericano, adoptó el método difuso al atribuir a los tribunales federales el deber de "proteger" los derechos y las libertades enumerados en la Constitución contra cualquier acción de los poderes ejecutivo y legislativo de los Estados miembros o de la Federación. El sistema adquirió perfiles propios en la Constitución de 1857, que creó esa institución jurisdiccional única conocida como *juicio de amparo*, regulada en la actualidad en las disposiciones del texto constitucional de acuerdo a las pautas determinadas desde la Constitución de 1917.

Por otra parte, debe señalarse que el juicio de amparo es una institución compleja que comprende por lo menos cinco acciones y procedimientos judiciales diferentes: el amparo libertad (habeas corpus), el amparo judicial (casación), el amparo admi-

---

Asociación de Abogados de Buenos Aires, Abeledo-Perrot, Buenos Aires 1966; Ricardo Haro, *El control de constitucionalidad,* Ed. Zavalía, Buenos Aires 2003.

66 Véase en general, Oscar Dias Corrêa, *O Supremo Tribunal Federal, Corte Constitucional do Brasil*, Editora Forense, Río de Janeiro 1987; José Alfredo De Oliveira Caracho, *Processo constitucional*, Editora Forense, Río de Janeiro 1984.

nistrativo (contencioso-administrativo), el amparo agrario y el amparo contra leyes. Entre estos cinco aspectos o contenidos del juicio de amparo, únicamente el último podría considerarse como un medio particular de protección judicial de la Constitución y de control de la constitucionalidad de los actos legislativos, compartiendo algunos puntos comunes con el sistema difuso de control de la constitucionalidad.

En todo caso, en el juicio de amparo, el control judicial de la constitucionalidad de la legislación tiene un carácter incidental con respecto a un procedimiento judicial concreto en el que se plantea la cuestión constitucional, lo que origina el uso del recurso de amparo contra la decisión judicial que aplica la ley anticonstitucional. Este recurso de amparo se intenta contra la "autoridad pública" que dictó el acto cuestionado: el juez que dictó la sentencia; la autoridad administrativa que produjo el acto administrativo; o las autoridades legislativas que sancionaron la ley objeto del amparo contra leyes. Este aspecto pone de manifiesto otra diferencia sustancial en lo que se refiere a las partes involucradas entre el sistema mexicano y el método difuso general, pues en el sistema difuso general, las partes en el juicio donde se plantea la cuestión constitucional siguen siendo las mismas del proceso.

Ahora bien, en cuanto al "amparo contra leyes", su particularidad reside en el hecho de que se trata de un procedimiento iniciado mediante una acción directa intentada por un demandante ante un Tribunal Federal de Distrito contra una ley particular, siendo la parte acusada el órgano legislativo que la produjo, el Presidente de la República o los Gobernadores de Estado que la promulgaron, y los Secretarios de Estado quienes la refrendaron y ordenaron su publicación. En estos casos, las decisiones judiciales de los Tribunales federales o de Distrito pueden ser objeto de una revisión por parte de la Corte Suprema de Justicia.

En esta forma, el amparo contra leyes en México ha sido considerado como una "acción directa" contra una ley no siendo necesaria para su ejercicio la existencia de un acto administrativo concreto o de una decisión judicial que la aplique. Sin embargo, dado que la cuestión constitucional planteada no puede ser abstracta, sólo las leyes que afectan directamente al demandante, sin necesidad alguna de otro acto del Estado inmediato o posterior, pueden ser objeto de esta acción. Así pues, el objeto de la acción son las leyes auto-aplicativas, es decir, aquellas que, por su contenido causan un perjuicio directo y personal al demandante. Por ello, en principio, la acción de amparo contra leyes debe plantearse ante los tribunales en un plazo de 30 días a partir de su publicación, y la decisión judicial respectiva, por supuesto, como en todo sistema difuso de control de constitucionalidad, tiene efectos *inter partes*.

Debe señalarse, en todo caso, que mediante la reforma constitucional de diciembre de 1994, en México se estableció la acción directa de inconstitucionalidad contra las leyes y demás normas de carácter general que se ejerce ante la Suprema Corte de Justicia, con lo cual México ha pasado a formar parte de los países con un sistema mixto o integral de control de la constitucionalidad, que combina el método difuso con el concentrado.

La Constitución de Colombia de 1991, como se dijo, siguiendo la tradición establecida a partir de la reforma constitucional de 1910, y que se había plasmado en la Ley 57 de 1887, de efímera vigencia, establece en su artículo 4 el principio de la supremacía de la Constitución y la base del sistema de control difuso de la constitucionalidad de las leyes y demás actos normativos. Este sistema de control se ejerce en paralelo al control concentrado atribuido a la Corte Constitucional la cual conoce de la inconstitucionalidad de las leyes mediante acción popular.

En Venezuela, también existe un sistema mixto o integral de control de la constitucionalidad[67], al combinarse el control concentrado que ejerce la Corte Suprema de Justicia mediante acción popular creado en 1858, con el control difuso, previsto desde 1897 en el Código de Procedimiento Civil, y recogido expresamente en el artículo 334 de la Constitución de 1999.

También conforme al modelo norteamericano y basado en el principio de la supremacía de la Constitución, la Constitución guatemalteca desde 1921, ha consagrado la facultad de los tribunales para declarar, en sus decisiones, la inaplicabilidad de cualquier ley o disposición de los demás poderes del Estado, cuando sean contrarios a las normas contenidas en la Constitución de la República (art 93,c. Constitución de 1921). Esta facultad de los Tribunales, que se configura como un poder difuso de control judicial, se mantuvo en todos los textos constitucionales hasta que la Constitución de 1965 añadió, al sistema difuso, un poder concentrado de control de la constitucionalidad conferido a un Tribunal Constitucional especialmente creado para ese fin, habiendo sido el primero de estos Tribunales creado en América Latina. Por lo tanto, desde 1965, el sistema guatemalteco de control judicial también puede considerarse como un sistema mixto o integral.

Finalmente, también existe un sistema mixto de control de la constitucionalidad en el Perú, desde la Constitución de 1979, donde se sentaron las bases del método difuso de justicia constitucional y, además, según el modelo español, se creó un Tribunal de Garantías Constitucionales dotado de poderes concentrados de control de la constitucionalidad, que la reforma de la Constitución de 1993, ha convertido en Tribunal Constitucional. Este Tribunal Constitucional es el único de su tipo, en América Latina, ubicado fuera del Poder Judicial.

3. *El carácter incidental del método difuso y los poderes ex-officio de los jueces*

El deber de todos los tribunales que deriva del método difuso de control de la constitucionalidad de las leyes, lo que implica el deber de dar preferencia a la Constitución y, en consecuencia, de desaplicar las leyes que consideren inconstitucionales, y por tanto, nulas y sin valor, implica que este deber judicial sólo puede ser cumplido *incidenter tantum;* es decir, en un proceso concreto del cual el juez esté conociendo, y donde la inconstitucionalidad de la ley o norma no es ni el objeto de dicho proceso ni el asunto principal del mismo.

En consecuencia, para que se pueda ejercer el control difuso de la constitucionalidad de las leyes, siempre tiene que existir un proceso ante un Tribunal en cualquier materia, por lo que siempre es un sistema incidental de control, en el sentido de que la cuestión de inconstitucionalidad de una ley y su inaplicabilidad, debe plantearse en un caso o proceso concreto (*"cases or controversies"* como lo ha precisado la jurisprudencia norteamericana), cualquiera sea su naturaleza, en el cual la aplicación

67 Véase Allan R. Brewer-Carías, *El sistema mixto o integral de control de constitucionalidad en Colombia y Venezuela*, Universidad Externado de Colombia (Temas de Derecho Público N° 39) y Pontificia Universidad Javeriana (Quaestiones Juridicae N° 5), Bogotá 1995.

o no de una norma concreta es considerada por el Juez como relevante para la decisión del caso. En consecuencia, en el método difuso de control de constitucionalidad, el objeto principal del proceso y de la decisión judicial no es la consideración abstracta de la constitucionalidad o inconstitucionalidad de la ley o su aplicabilidad o inaplicabilidad, sino mas bien, la decisión de un caso concreto de carácter civil, penal, administrativo, mercantil, laboral, etc.

Ahora bien, si se trata de un deber de los jueces el aplicar la Constitución en un caso concreto y desaplicar, para su decisión, la ley que consideren inconstitucional, los jueces deberían poder considerar *de oficio* las cuestiones de constitucionalidad, a pesar de que ninguna de las partes en el proceso las haya planteado. De hecho, esta es la consecuencia directa de la garantía objetiva de la Constitución cuando se establece la nulidad de las leyes que le sean contrarias, y lo que, además, produce como consecuencia la reserva dada a los jueces para considerar la nulidad y la inaplicabilidad de una norma en un caso concreto. Por supuesto, en el caso de que la cuestión constitucional se formule por una parte en el proceso, efectivamente debe tratarse de una parte con la legitimación necesaria para actuar como tal, y con el interés requerido para plantear la inaplicabilidad de la ley inconstitucional en el caso concreto.

Debe advertirse, sin embargo, que aún cuando este aspecto de la racionalidad del método difuso de control de la constitucionalidad es seguido en países como Venezuela y Ecuador, donde incluso se establece en los propios textos constitucionales (arts. 334 y 274, respectivamente), en general, las normas procesales de la mayoría de los países prohíben a los Tribunales considerar de oficio, al decidir un caso concreto, cualquier cuestión, incluso las cuestiones de inconstitucionalidad. En tal sentido en Brasil, al igual que en Argentina y Guatemala, conforme al modelo norteamericano, los jueces no tienen el poder de juzgar *ex officio* la constitucionalidad de las leyes, la cual debe ser alegada como una excepción o defensa por una de las partes en el procedimiento.

En el caso de Colombia, si bien el texto de la Constitución no excluye los eventuales poderes *ex officio* que puedan tener los jueces para decidir solos, y sin que se lo requiera una parte, desaplicar una determinada ley, se ha entendido que lo que se establece en la Constitución es una "excepción de inconstitucionalidad", en el sentido de que, en todo caso, la cuestión constitucional debe plantearse por una de las partes en el proceso mediante una excepción relativa a la aplicabilidad de una ley; parte que debe tener un interés personal y directo en la no aplicación de la ley en el caso concreto.

4. *Los efectos de las decisiones en materia de control difuso de la constitucionalidad*

Otro aspecto de la racionalidad del método difuso de control de constitucionalidad se refiere a los efectos de la decisión que adopten los Tribunales en relación a la constitucionalidad o aplicabilidad de la ley en un caso concreto; y este aspecto de los efectos de la decisión judicial se relaciona con dos preguntas: primero, ¿a quién afecta la decisión?, y segundo, ¿cuándo comienza a surtir efectos?

A. *Los efectos inter partes de las decisiones*

En relación al primer interrogante, la racionalidad del método difuso es que la decisión adoptada por el Juez sólo tiene efectos en relación a las partes en el proceso concreto en la cual aquella se adopta. En otras palabras, en el método difuso de control de constitucionalidad, la decisión adoptada en un caso sobre la inconstitucionalidad e inaplicabilidad de la ley, sólo tiene efectos *in casu et inter partes,* es decir, en relación al caso concreto y exclusivamente en relación a las partes que han participado en el proceso, por lo que no puede ser aplicada a otros particulares. Esta es la consecuencia directa del antes mencionado aspecto relativo al carácter incidental del método difuso de control de constitucionalidad. La Constitución de Ecuador, en esta materia, es la única que establece expresamente estos efectos *inter partes* de la sentencia que se dicte, al disponer que en los casos de ejercicio del método difuso de control de constitucionalidad, la "declaración no tendrá fuerza obligatoria sino en las causas en que se pronuncie" (art. 274).

En consecuencia, si una ley es considerada inconstitucional en una decisión judicial, esto no significa que dicha ley haya sido invalidada y que no sea efectiva y aplicable en otros casos. Sólo significa que en cuanto concierne a ese proceso particular y a las partes que en él intervinieron, en el cual el Juez decidió la inaplicabilidad de la Ley, ésta debe considerarse inconstitucional, nula y sin valor, sin que ello tenga ningún efecto en relación a otros procesos, otros jueces y otros particulares.

B. *Los efectos declarativos de las decisiones judiciales*

Por otra parte, los efectos *inter partes* de la decisión judicial adoptada conforme al método de control difuso de control de la constitucionalidad, están directamente relacionados con otras cuestiones concernientes también a los efectos de la decisión, pero en el tiempo; es decir, respecto de cuándo comienza a ser efectiva la declaración de inconstitucionalidad y, por supuesto, también en relación a la nulidad como garantía de la Constitución.

Cuando un Juez decide sobre la constitucionalidad de una ley, y la declara inconstitucional e inaplicable a un caso concreto, es porque la considera nula y sin valor, tal cual como si nunca hubiera existido. Por ello, la decisión tiene efectos declarativos: declara que una ley es inconstitucional y consecuentemente que ha sido inconstitucional desde que se dictó. Así, la ley cuya inaplicabilidad se decida por ser contraria a la Constitución, debe ser considerada por el Juez como si nunca hubiera tenido validez y como si siempre hubiese sido nula y sin valor. Por ello es que se dice que la decisión del Juez, de carácter declarativa, tiene efectos *ex tunc, pro praeterito* o de carácter retroactivo, en el sentido de que dichos efectos se retrotraen al momento en el cual la norma considerada inconstitucional fue promulgada. El acto legislativo declarado inconstitucional por un Juez conforme al método difuso de control de constitucionalidad, por tanto, es considerado, *ab initio* como nulo y sin valor, por lo que no es anulado por el Juez sino que éste sólo lo considera como nulo.

Por tanto, en estos casos de control constitucional difuso, los jueces no pueden anular la ley sino considerarla inconstitucional, no pudiendo los efectos de su decisión extenderse o generalizarse a otros casos o sujetos. Por el contrario, tal como sucede en todos los sistemas con control judicial difuso, el Tribunal debe limitarse a decidir la no aplicación de la ley inconstitucional en el caso concreto, por supuesto, sólo cuando ello resulta pertinente para la resolución del caso. Por ello, la ley que ha sido inaplicada en un caso concreto, sigue vigente, y otros jueces pueden seguir aplicándola. Inclusive, el juez que decide no aplicar la ley en un caso concreto, podría cambiar de opinión en un juicio posterior.

5. *Las variadas soluciones al problema de la ausencia de uniformidad de las decisiones judiciales que provoca el sistema difuso*

Una cuestión central en relación al método difuso de control de la constitucionalidad de las leyes es la relativa a los efectos prácticos que puede tener su adopción, particularmente en cuanto a la ausencia de unidad de decisiones, de manera que para evitar la incertidumbre del orden legal y las posibles contradicciones en relación a la aplicabilidad de las leyes, se han establecido correcciones a estos efectos declarativos e *inter partes* de las decisiones, a través de la doctrina *stare decisis* o mediante regulaciones de derecho positivo, cuando las decisiones se adoptan por la Corte Suprema de Justicia de un país.

En efecto, en ausencia de método alguno de control de la constitucionalidad en Europa, antes de los años veinte y con el marco tradicional del principio de la separación de poderes basado en la soberanía del Legislador, la supremacía de la Ley y la desconfianza en los tribunales como órganos de control de la acción legislativa, una de las críticas fundamentales formuladas al método difuso de control de la constitucionalidad fue, no sólo la ausencia de uniformidad de las decisiones de control, sino también la incertidumbre que podía derivarse de las eventuales decisiones contradictorias que podían dictarse en la materia.

En realidad, estos problemas existen en todos los países que han adoptado el método difuso, no pudiendo considerarse como esencialmente peculiares a los países con tradición de derecho romano que lo hayan adoptado. Además, si bien es cierto que la doctrina *stare decisis* en los países del *common law* es una corrección a los problemas anotados, la misma no es absoluta, pues no todos los casos en los cuales los tribunales inferiores decidan cuestiones de constitucionalidad, por ejemplo, en los Estados Unidos de Norteamérica, llegan a la Corte Suprema, la cual decide discrecionalmente los casos que conoce (*writ of certiorary*).

Por otra parte, y aún cuando la doctrina *stare decisis,* tal como es conocida en los países del *common law,* no se aplica en general en países con sistemas jurídicos de la tradición del derecho romano; aquellos en los cuales se ha establecido un método difuso de control de constitucionalidad han adoptado, paralelamente, sus propios correctivos a los problemas planteados, con efectos similares. Por ejemplo, en México, el artículo 94 de la Constitución remite a la ley para la fijación de los términos "en que sea obligatoria la jurisprudencia que establezcan los tribunales del Poder Judicial de la Federación sobre interpretación de la Constitución, leyes y reglamentos federales o locales y tratados internacionales celebrados por el Estado mexicano, así como los requisitos para su interrupción y modificación". Por ello, la Ley de Amparo establece los casos en los cuales las decisiones de la Corte Suprema e, incluso, de las Cortes de Circuito, deben considerarse como precedentes obligatorios, lo que sucede sólo cuando se hayan dictado cinco decisiones consecutivas, que no sean interrumpidas por alguna decisión incompatible, con el mismo efecto.

Los efectos de esta "jurisprudencia", parcialmente han sido considerados como equivalentes a los que resultan del principio *stare decisis.* Incluso, en el sistema de amparo mexicano, el llamado "amparo contra leyes" ha sido desarrollado también como una acción extraordinaria de inconstitucionalidad de leyes auto-aplicativas, que afecten directamente derechos de un individuo, y que pueden ser impugnadas ante las Cortes Federales, permitiéndoles juzgar la inconstitucionalidad de la ley sin relación alguna con un proceso concreto.

En sentido similar, en Argentina y Brasil (art. 102,III,a), países que también siguen de cerca el modelo norteamericano en el sentido del poder otorgado a todos los tribunales de decidir no aplicar las leyes basados en consideraciones constitucionales, se ha establecido la institución procesal denominada "recurso extraordinario de inconstitucionalidad" que puede formularse ante la Corte Suprema contra decisiones judiciales adoptadas en última instancia en las cuales se considera una Ley federal como inconstitucional e inaplicable al caso concreto. En estos casos, la decisión adoptada por la Corte Suprema tiene efectos *in casu et inter partes,* pero siendo dictada por el Tribunal Supremo, tiene de hecho efectos obligatorios respecto de los tribunales inferiores.

En el caso de Venezuela, la Constitución de 1999 estableció expresamente un recurso extraordinario de revisión al atribuir a la Sala Constitucional del Tribunal Supremo de Justicia competencia para "Revisar las sentencias definitivamente firmes de amparo constitucional y de control de constitucionalidad de leyes o normas jurídicas dictadas por los tribunales de la República, en los términos establecidos por la ley orgánica respectiva" (art. 336,10). El artículo 335 de la Constitución agrega que "las interpretaciones que establezca la Sala Constitucional sobre el contenido y alcance de las normas y principios constitucionales son vinculantes para las otras Salas del Tribunal Supremo de Justicia y demás tribunales de la República".

Finalmente, en los otros países con tradición de derecho romano donde se ha adoptado el método difuso de control de la constitucionalidad, debe tenerse en cuenta, particularmente en materia de casación, el valor de las decisiones de la Sala de Casación de la Corte Suprema para los Tribunales de instancia. En Venezuela, por ejemplo, el Código de Procedimiento Civil establece que "los jueces de instancia procurarán acoger la doctrina de casación establecida en los casos análogos, para defender la integridad de la legislación y la uniformidad de la jurisprudencia" (art. 321).

Pero en los casos en que los asuntos no lleguen a la Sala de Casación, los países de tradición de derecho romano con método difuso de control de constitucionalidad, también han establecido correctivos a los problemas originados por la incertidumbre y conflictividad de decisiones judiciales, mediante el establecimiento de un sistema mixto o integral de control de constitucionalidad, que combina el método difuso con el método concentrado. En América Latina este es el caso de Bolivia, Colombia, Guatemala, Honduras, Perú, Venezuela, y recientemente de México, donde paralelamente al método difuso de control de constitucionalidad expresamente previsto en el derecho positivo, también existe el método concentrado de control de constitucionalidad, que autoriza a la Corte Suprema de Justicia o a la Corte Constitucional para anular formalmente las leyes inconstitucionales, con efectos *erga omnes,* cuando es requerida mediante el ejercicio de una acción que incluso puede ser *actio popularis,* como en Colombia y Venezuela, es decir, que puede ser interpuesta por cualquier persona.

En el caso de Ecuador, en cambio, el artículo 274 de la Constitución prevé expresamente un remedio para la uniformización de las decisiones sobre inconstitucionalidad, al disponer que sin perjuicio de los efectos *inter partes* de la decisión que adopte el juez, tribunal o sala respectiva, estos deben presentar un informe sobre la declaratoria de inconstitucionalidad ante el Tribunal Constitucional, para que éste "resuelva con carácter general y obligatorio".

En consecuencia, en estos países, paralelamente al poder atribuido a cualquier tribunal para considerar en un caso concreto una ley como inconstitucional y desaplicarla, la Corte Suprema de Justicia o la Corte Constitucional tiene el poder de anular con efectos generales las leyes impugnadas por inconstitucionales.

En consecuencia, en el mismo sentido en que se ha desarrollado la doctrina *stare decisis* en los países con sistemas jurídicos del *common law* para resolver los problemas de incertidumbre y posible conflictividad entre las decisiones judiciales adoptadas por los diferentes tribunales en materia de inconstitucionalidad de las leyes que un método difuso puede originar; también los países con sistemas jurídicos de tradición de derecho romano que han adoptado el mismo método, han desarrollado diversos mecanismos legales particulares para prevenir los efectos negativos originados por los mencionados problemas, sea otorgando carácter obligatorio a los precedentes, sea asignando los poderes necesarios a una Corte Suprema o a un Tribunal Constitucional para declarar la inconstitucionalidad de las leyes, con carácter general y efectos obligatorios.

Los eventuales problemas originados por la aplicación del método difuso de control de constitucionalidad de las leyes, en consecuencia, son comunes a todos los países que lo han adoptado, sea que pertenezcan a sistemas jurídicos con tradición de derecho romano o de *common law*, por lo que la adopción del método difuso no puede conducir, en sí mismo, a considerarlo como incompatible con los sistemas jurídicos de derecho romano, por el solo hecho que no exista en ellos la regla del *stare decisis*. Ello lo desmiente el caso de América Latina.

III. EL MÉTODO CONCENTRADO DE CONTROL DE LA CONSTITUCIONALIDAD

1. *Fundamento constitucional y antecedentes*

Contrariamente al método difuso, el método concentrado de control de la constitucionalidad se caracteriza por el hecho de que el ordenamiento constitucional confiere a *un solo órgano estatal* el poder de actuar como juez constitucional, generalmente respecto de ciertos actos estatales (leyes o actos de similar rango dictados en ejecución directa de la Constitución), con potestad para anularlos. Excepcionalmente, en algunos casos, como sucede en Panamá, el control de la constitucionalidad que ejerce la Corte Suprema de Justicia no sólo se refiere a las leyes y demás actos de rango legal, sino materialmente a todos los actos estatales, lo que lo hace único en el mundo[68].

Este método concentrado de control puede ser *exclusivamente* concentrado como sucede en Panamá, Uruguay, Costa Rica o Paraguay, o puede estar establecido en forma combinada con el método difuso de control, como sucede en Colombia, El Salvador, Honduras, Venezuela, Guatemala, Brasil, México, Perú y Bolivia.

---

68 Véase Allan R. Brewer-Carías, "El sistema panameño de control concentrado de constitucionalidad en el Derecho Comparado" en *El Nuevo Derecho Constitucional Latinoamericano, IV Congreso Venezolano de Derecho Constitucional,* Volumen II, Fundación Konrad Adenauer, Asociación Venezolana de Derecho Constitucional, Caracas, 1996, pp. 889-974.

Ahora bien, el órgano estatal dotado del privilegio de ser el único juez constitucional de las leyes en el sistema concentrado de control de la constitucionalidad, puede ser la Corte Suprema de Justicia ubicada en la cúspide de la jerarquía judicial de un país, como es el caso de Costa Rica, Honduras, El Salvador, México y Venezuela; o una Corte o Tribunal Constitucional creado especialmente por la Constitución, dentro o fuera de la jerarquía judicial para actuar como único juez constitucional, como es el caso de Colombia, Chile, Perú, Guatemala, Ecuador y Bolivia. En ambos casos, estos órganos tienen en común el ejercicio de una actividad jurisdiccional, como jueces constitucionales.

Por ello, el sistema concentrado de control de la constitucionalidad, aun cuando sea generalmente similar al "modelo europeo" de Tribunales constitucionales especiales, no implica necesariamente la existencia de un Tribunal Constitucional especial, concebido constitucionalmente fuera del Poder Judicial. La experiencia latinoamericana de control concentrado de la constitucionalidad así lo demuestra, pues en general, han sido las Cortes Supremas de Justicia las que lo han ejercido, incluso mediante una Sala Constitucional (Costa Rica, Venezuela, Honduras, El Salvador); y en los casos en los cuales se ha atribuido a Tribunales Constitucionales el ejercicio del control, estos están dentro del Poder Judicial (Guatemala, Colombia, Ecuador y Bolivia) con la excepción de los casos de Chile y del Perú, cuyas Constituciones regularon a los Tribunales Constitucionales fuera del Poder Judicial.

A diferencia del método difuso de control de la constitucionalidad de las leyes, el método concentrado, al tener el juez constitucional potestades anulatorias, evidentemente que no puede desarrollarse como consecuencia de la labor pretoriana de los jueces, sino que debe ser expresamente establecido, *expressis verbis,* por normas constitucionales. En esta forma, la Constitución, como Ley suprema de un país, es el único texto que puede limitar los poderes y deberes generales de los tribunales para decidir la ley aplicable en cada caso; y es la única habilitada para atribuir dichos poderes y deberes con potestades anulatorias, en lo referente a ciertos actos del Estado, a ciertos órganos constitucionales, sea la Corte Suprema o una Corte o Tribunal Constitucional.

En tal sentido, el control concentrado de la constitucionalidad de las leyes se estableció por primera vez en América Latina, en Venezuela, en la Constitución de 1858, al atribuirse a la Corte Suprema de Justicia competencia para conocer de la *acción popular* de inconstitucionalidad de los actos de las Legislaturas Provinciales, precisándose en el artículo 113, ordinal 8° la competencia de la Corte para:

> Declarar la nulidad de los actos legislativos sancionados por las Legislaturas Provinciales, *a petición de cualquier ciudadano*, cuando sean contrarios a la Constitución.

Esta atribución de la Corte Suprema, a partir de la Constitución de 1893, se amplió respecto de todas las leyes, decretos y resoluciones inconstitucionales (art. 110, ord. 8°).

En el caso de Colombia, la competencia de la Corte Suprema de Justicia en materia de control de constitucionalidad se estableció por primera vez en la Constitución de 1886, respecto de los actos legislativos, en forma limitada y preventiva cuando hubiesen sido objetados por el Gobierno (arts. 88, 90 y 151, ord. 4°). Posteriormente, mediante el Acto Legislativo N° 3 de 31 de octubre de 1910 (reformatorio de la Constitución Nacional), el sistema concentrado colombiano de justicia constitucional adquirió plena consagración, al establecerse en el artículo 41, la *acción popular* de inconstitucionalidad, al atribuirse a la Corte Suprema de Justicia como "guardián de la integridad de la Constitución", competencia para:

> Decidir definitivamente sobre la exequibilidad de los actos legislativos que hayan sido objetados como inconstitucionales por el Gobierno, o sobre todas las leyes o decretos acusados ante ella *por cualquier ciudadano* como inconstitucionales, previa audiencia del Procurador General de la Nación.

La *acción popular* de inconstitucionalidad de las leyes, por tanto, tiene su antecedente en la Constitución venezolana de 1858 y en la Constitución colombiana de 1910; países en los cuales, como se ha visto, además, se previó el control difuso de la constitucionalidad de las leyes, consagrándoselo formalmente en Venezuela a partir de 1897 y en Colombia, en un breve período en 1887 y luego, a partir de 1910; configurándose así un sistema mixto o integral de control de la constitucionalidad, al cual se han ido orientando progresivamente los sistemas latinoamericanos. Este es el caso, por ejemplo, además de Venezuela y Colombia, de Brasil, Perú, El Salvador y Guatemala y más recientemente, de México. No obstante, algunos sistemas de América Latina, como el de Panamá, Uruguay, y Paraguay han permanecido exclusivamente concentrados, países donde sólo la Corte Suprema de Justicia tiene una jurisdicción exclusiva y original para declarar la inconstitucionalidad de las leyes.

Debe destacarse, sin embargo, que la modalidad del método concentrado de control de la constitucionalidad basado en la creación de un órgano constitucional especial, una Corte o un Tribunal para actuar como juez constitucional dotado del poder original y exclusivo para anular las leyes y otros actos de rango y efectos similares, ha marcado la evolución de la justicia constitucional en las últimas décadas en América Latina. Bajo la influencia del modelo europeo, pero de una manera incompleta, el sistema se ha implantado en Guatemala, en la década de los sesenta, y en Chile hacia principios de los años 70, con la creación de sendos Tribunales Constitucionales. Luego apareció en Ecuador y Perú donde fueron creados Tribunales de Garantías Constitucionales convertidos recientemente en Tribunales Constitucionales. En 1991, la Constitución de Colombia, estableció una Corte Constitucional, al igual que sucedió en Bolivia, en 1994.

2. *La diversa configuración del método concentrado de justicia constitucional: exclusivo o combinado con el método difuso*

Como se ha señalado anteriormente, la esencia de todo sistema de control de la constitucionalidad de las leyes es la noción de supremacía de la Constitución, de manera que si la Constitución es la ley suprema de un país y, por lo tanto, prevalece ante todas las demás leyes, entonces un acto del Estado que contradiga la Constitución no puede constituir una norma efectiva; al contrario, debe considerarse nulo.

Ahora bien, el principal elemento que aclara la diferencia entre los dos grandes métodos de control de la constitucionalidad (difuso y concentrado) no es una posible distinta concepción de la Constitución y de su supremacía, sino más bien, el tipo de garantía adoptado en el sistema constitucional para preservar dicha supremacía: la nulidad o la anulabilidad del acto inconstitucional. En esta forma, la nulidad de los actos inconstitucionales del Estado es la garantía de la Constitución que conduce al sistema difuso de control de la constitucionalidad; en cambio, la anulabilidad es, precisamente, la que conduce al método concentrado de control de la constitucionalidad de las leyes.

Contrariamente a la nulidad de los actos del Estado, la anulabilidad de dichos actos, cuando se considera como una garantía objetiva de la Constitución, significa que el acto del Estado, aún irregular o inconstitucional, una vez producido por una institución pública debe considerarse como un acto válido y efectivo hasta que el órgano que lo produjo lo derogue o revoque, o hasta que se decida su anulación por otro órgano del Estado con poderes constitucionales para ello. Este es, precisamente, el caso del método concentrado de control de la constitucionalidad, en el cual la Constitución confiere el poder para anular, con efectos generales, algunos actos inconstitucionales del Estado, a un solo órgano constitucional, sea éste la Corte Suprema existente o un órgano creado especialmente dentro o fuera del Poder Judicial, con funciones jurisdiccionales que le permiten actuar como juez constitucional.

En todo caso, en los sistemas constitucionales que adoptan el método concentrado de control de la constitucionalidad, el deber de todos los jueces y tribunales consiste en examinar la constitucionalidad de los actos del Estado. Sin embargo, cuando el acto cuestionado es una ley u otro acto inmediatamente subordinado o de ejecución directa de la Constitución, los tribunales ordinarios no pueden juzgar su inconstitucionalidad, puesto que dicho poder está reservado a un Tribunal Constitucional especial o a la Corte Suprema de un país determinado, el cual puede anular el acto.

Ahora bien, el poder de declarar la nulidad por inconstitucionalidad de las leyes y demás actos de ejecución directa de la Constitución, como se dijo, puede ser ejercido por la Corte Suprema de Justicia en forma exclusiva o por la propia Corte Suprema o un Tribunal Constitucional en un sistema mixto o integral, que además del control concentrado admite el control difuso de la constitucionalidad. En América Latina el control concentrado se ha configurado en esas dos formas. Además, existe una tercera forma de control concentrado que ejercen en forma paralela y exclusiva tanto la Corte Suprema de Justicia como un Tribunal Constitucional.

A. *El control judicial concentrado de la constitucionalidad de las leyes ejercido exclusivamente por la Corte Suprema de Justicia o por una Sala Constitucional de la misma*

El control judicial concentrado de la constitucionalidad de las leyes se ha configurado en primer lugar, en algunos países de América Latina, como una atribución exclusiva de las Cortes Supremas de Justicia en pleno o de una Sala Constitucional especializada de la misma. Por tanto, puede decirse que en América Latina no existe ningún caso de un Tribunal o Corte Constitucional con el poder exclusivo de actuar como único juez de la constitucionalidad.

En algunos supuestos, como se dijo, la Constitución atribuye a la Corte Suprema el carácter de único juez de la constitucionalidad de las leyes. Es el caso de Uruguay, Panamá, Nicaragua y República Dominicana.

En efecto, el artículo 188,1 de la Constitución de Panamá le otorga a la Corte Suprema de Justicia el poder exclusivo de proteger la integridad de la Constitución y controlar la constitucionalidad de la legislación a través de dos métodos: mediante el ejercicio de una acción directa, o mediante el planteamiento de una cuestión de constitucionalidad de carácter incidental, formulada por un órgano estatal inferior que tenga competencia para impartir justicia[69]. En ambos casos de control, la decisión de la Corte Suprema es de efectos generales, y obligatoria, y no está sujeta a ningún tipo de control. Dicha norma, en efecto, establece lo siguiente:

> *Artículo 203*.- La Corte Suprema de Justicia tendrá, entre sus atribuciones constitucionales y legales, las siguientes:
>
> 1. La guarda de la integridad de la Constitución para lo cual la Corte en pleno conocerá y decidirá, con audiencia del Procurador General de la Nación o del Procurador de la Administración, sobre la inconstitucionalidad de la Leyes, decretos, acuerdos, resoluciones y demás actos que por razones de fondo o de forma impugne ante ella cualquier persona. Cuando en un proceso público el funcionario encargado de impartir justicia advirtiere o se lo advirtiere alguna de las partes que la disposición legal o reglamentaria aplicable al caso es inconstitucional, someterá la cuestión al conocimiento del pleno de la Corte, salvo que la disposición haya sido objeto de pronunciamiento por parte de ésta, y continuará el curso del negocio hasta colocarlo en estado de decidir.
>
> Las partes sólo podrán formular tales advertencias una vez por instancia.

En el sistema de Uruguay, la Constitución de 1989 atribuye a la Corte Suprema de Justicia la jurisdicción exclusiva y originaria (art. 257) para declarar la inconstitucionalidad de las leyes y otros actos del Estado que tengan fuerza de ley, con fundamento tanto en razones substantivas como formales (art. 256). La Corte también conoce de los asuntos de inconstitucionalidad, sea mediante una acción que sólo pueden ejercer los interesados lesionados en su "interés directo, personal y legítimo" (art. 258), sea mediante una incidencia planteada por vía de excepción en cualquier proceso ordinario. En este caso, conforme lo establece el artículo 258, 2, "se suspenderán los procedimientos, elevándose las actuaciones a la Suprema Corte de Justicia". Conforme al mismo artículo 258, el Juez o Tribunal que entendiere en cualquier procedimiento judicial, o el Tribunal de lo Contencioso-Administrativo, en su caso, también pueden solicitar de oficio a la Corte Suprema la declaración de inconstitucionalidad de una ley y su inaplicabilidad, antes de dictar resolución. En todos estos casos, y a diferencia del sistema panameño, las decisiones de la Corte Suprema sobre cuestiones de constitucionalidad se refieren, exclusivamente, al caso concreto, teniendo, por tanto, efectos sólo en los procedimientos en los que fueron adoptados (art. 259).

En el caso de Nicaragua[70] el artículo 164 de la Constitución atribuye a la Corte Suprema de Justicia competencia para conocer y resolver: los recursos de amparo por violación de los derechos establecidos en la Constitución, de acuerdo a la Ley de Amparo (ord. 3); los recursos por inconstitucionalidad de la ley (ord. 4); los conflictos de competencia y constitucionalidad entre los poderes del Estado (ord. 12); y los

---

69 Véase en general, Boris Barrios González, *Derecho Procesal Constitucional*, 2ª edición actualizada, Editorial Portobelo, Biblioteca de Autores Panameños 21, Panamá 2002.

70 Véase en general, Julio Ramón García Vílchez, *El Control Constitucional en Nicaragua*, Corte Suprema de Justicia, Managua 2000.

conflictos de constitucionalidad, entre el gobierno central y los gobiernos municipales y de las regiones autónomas de la Costa Atlántica (ord. 13). En materia de control concentrado de la constitucionalidad, además, el artículo 187 estableció el recurso por inconstitucionalidad contra toda ley, decreto o reglamento que se oponga a lo prescrito por la Constitución Política, el cual puede ser interpuesto por cualquier ciudadano; es decir, como acción popular.

En la República Dominicana, conforme al artículo 67 de la Constitución, corresponde exclusivamente a la Suprema Corte de Justicia, conocer en única instancia de la constitucionalidad de las leyes, a instancias del Poder Ejecutivo, de uno de los Presidentes de las Cámaras del Congreso Nacional o de parte interesada.

En otros países, el poder exclusivo de actuar como juez constitucional se ha atribuido en particular a una Sala Constitucional de la Corte Suprema de Justicia. Es el caso de Paraguay, Costa Rica y El Salvador.

En efecto, de manera similar al modelo uruguayo, en Paraguay, la Constitución de 1992 ha mantenido el sistema de control concentrado de la constitucionalidad, atribuyendo exclusivamente a la Sala Constitucional de la Corte Suprema de Justicia la competencia para decidir las acciones o excepciones que se planteen en cualquier instancia (en cuyo caso se deben elevar los antecedentes a la Corte) con el fin de declarar la inconstitucionalidad e inaplicabilidad de las normas jurídicas (leyes y otros instrumentos normativos) contrarias al texto fundamental, y además, para anular las resoluciones judiciales (sentencias definitivas o interlocutorias) que resulten contrarias a la constitución, "en la forma y con los alcances establecidos en esta Constitución y en la ley" (arts. 160, 260).

De acuerdo con el artículo 260 de la Constitución, el procedimiento puede iniciarse por acción ante la Sala Constitucional o por vía de excepción en cualquier instancia. En ambos casos, la decisión de la Corte Suprema sólo se refiere a cada caso concreto, y el fallo sólo tiene efecto con relación a ese caso.

En la Constitución de El Salvador (art. 174), y particularmente a raíz de las reformas de 1991-1992, se ha previsto que la Corte Suprema de Justicia tiene una Sala de lo Constitucional, a la cual corresponde conocer y resolver las demandas de inconstitucionalidad de las leyes, decretos y reglamentos, los procesos de amparo, el *habeas corpus,* y las controversias entre los órganos Legislativos y Ejecutivos.

Por último, como consecuencia de la reforma constitucional de 1989, en Costa Rica también se creó una Sala Constitucional en la Corte Suprema de Justicia, que está encargada de declarar exclusivamente la inconstitucionalidad de las normas, independientemente de su naturaleza, así como de los actos de derecho público, a excepción de los actos jurisdiccionales del Poder Judicial y de la declaratoria de elección que haga el Tribunal Supremo de Elecciones (art. 10). Por consiguiente, en Costa Rica se estableció un sistema concentrado de control judicial de la constitucionalidad de las leyes atribuido exclusivamente a la Sala Constitucional de la Corte Suprema de Justicia[71], a la cual, además se le atribuyó competencia para dirimir los

71 Véase en general, Rubén Hernández Valle, *El control de la constitucionalidad de las leyes*, Ediciones Juricentro, San José, Costa Rica 1978; Anarella Bertolini et al., *La jurisdicción constitucional y su influencia el estado de derecho*, Editorial Universidad Estatal a Distancia (EUNED), San José, Costa Rica

conflictos de competencia entre los Poderes del Estado, incluido el Tribunal Supremo de Elecciones, así como con las demás entidades y órganos que indique la ley; y conocer de las consultas sobre proyectos de reforma constitucional, de aprobación de convenios o tratados internacionales y de otros proyectos de ley, según se disponga en la ley.

La Sala Constitucional, conforme a la Ley de la Jurisdicción Constitucional de 1990, puede ejercer el control de la constitucionalidad mediante cuatro medios distintos: la acción de inconstitucionalidad, las consultas legislativas, las consultas judiciales y la vía preventiva. En el primer caso, se trata del ejercicio de la acción de inconstitucionalidad contra las leyes y otras disposiciones generales, a través de dos procedimientos: la vía incidental y la vía de acción principal o directa. La decisión de la Sala Constitucional que declare la acción con lugar, anula la ley y tiene efectos *erga omnes*.

Según la Constitución y la Ley de la Jurisdicción Constitucional, el segundo medio a través del cual la Sala Constitucional puede ejercer su poder de control judicial concentrado de la constitucionalidad, es el de las consultas que le puede formular la Asamblea Legislativa durante la discusión de las reformas constitucionales, de la aprobación de acuerdos o tratados internacionales y de proyectos de reforma de la Ley de la Jurisdicción Constitucional; y además de proyectos de leyes ordinarias en discusión en la Asamblea, a petición de por lo menos diez diputados. En todos estos casos se trata de un medio de control de la constitucionalidad de tipo preventivo, puesto que la decisión de la Sala Constitucional se adopta antes de la sanción de la Ley, siendo de naturaleza obligatoria. En estos casos, la decisión interpretativa de la Sala Constitucional tiene carácter obligatorio y efectos de cosa juzgada.

El último medio de control de la constitucionalidad de las leyes previsto en Costa Rica se refiere al veto presidencial formulado respecto de leyes sancionadas pero no promulgadas, por razones de inconstitucionalidad, de conformidad con el artículo 125 de la Constitución. En esos casos de ejercicio del veto, si la Asamblea no acepta las objeciones constitucionales formuladas por el Presidente, el asunto debe ser sometido a la Sala Constitucional, suspendiéndose la promulgación de la ley.

B. *El control judicial concentrado de la constitucionalidad de las leyes ejercido por la Corte Suprema, una Sala Constitucional de la misma o por un Tribunal Constitucional en un sistema mixto o integral de control (concentrado y difuso)*

El segundo tipo de control judicial concentrado de la constitucionalidad de las leyes atribuido a las Cortes Supremas de Justicia o a los Tribunales Constitucionales se encuentra en aquellos países que han adoptado un sistema mixto o integral de control de la constitucionalidad, en el que funcionan, paralelamente, el control difuso y el control concentrado.

1996; Rodolfo E. Piza Escalante, *La Justicia Constitucional en Costa Rica. Primera Conferencia de Tribunales Constitucionales de Iberoamérica, Portugal y España*, Lisboa, Portugal, 10-13 octubre de 1995; *La jurisdicción constitucional. Seminario sobre Justicia Constitucional. III Aniversario de la Creación de la Sala Constitucional*, Editorial Juricentro, San José 1993; Carlos José Gutierrez et al, *La Jurisdicción Constitucional y su influencia en el Estado de Derecho*, San José, Costa Rica 1999.

a. *El control concentrado de la constitucionalidad de las leyes atribuido a la Corte Suprema de Justicia en un sistema mixto o integral de control*

En Brasil y México, países que cuentan con un sistema difuso de control de la constitucionalidad, también se ha atribuido a la Corte Suprema de Justicia el ejercicio del control concentrado de la constitucionalidad de las leyes.

La Constitución de Brasil, desde 1934 instauró un sistema de control concentrado de la constitucionalidad de las leyes que corresponde al Tribunal Supremo Federal, el cual se perfeccionó definitivamente en la Constitución de 1988 (art. 102). Este control concentrado de la constitucionalidad se desarrolla a través de una acción de inconstitucionalidad, que puede ser de tres tipos: la acción de intervención, la acción genérica y la acción por omisión de los poderes públicos.

La acción de intervención directa fue establecida inicialmente en la Constitución de 1934 para proteger los principios constitucionales federales (gobierno republicano, independencia y armonía de los poderes, carácter temporal de los mandatos electorales, imposibilidad de un segundo mandato sucesivo de los Gobernadores, autonomía municipal, rendición de cuentas administrativas y garantías del Poder Judicial) frente a la legislación que pueden dictar los Estados miembros. En estos casos, la Constitución previó la posibilidad de que el Gobierno federal, mediante esta acción, intervenga en los Estados miembros para asegurar la observancia de dichos principios.

Además de la acción de intervención directa, la Constitución de 1946 también previó una acción directa de inconstitucionalidad, llamada "genérica" de protección de la Constitución, la cual es de dos tipos: por un lado, la que se intenta por ante el Tribunal Supremo Federal para controlar la constitucionalidad de las leyes o actos normativos federales o estadales (art. 102, I, a); y por el otro, la acción que se intenta por ante la Corte Suprema de cada Estado, con el fin de obtener una declaración de inconstitucionalidad de las leyes y actos normativos de los Estados o Municipios, pero en relación con las Constituciones de los Estados miembros. En estos casos, la acción sólo pueden intentarla determinados funcionarios o entidades expresamente legitimadas, conforme se enumera en el artículo 103:

Artículo 103. Pueden interponer la acción de inconstitucionalidad;

- I. el Presidente de la República;
- II. la Mesa del Senado Federal;
- III. la Mesa de la Cámara de Diputados;
- IV. la Mesa de la Asamblea Legislativa;
- V. el Gobernador del Estado;
- VI. el Procurador General de la República;
- VII. el Consejo Federal de la Orden de los Abogados de Brasil;
- VIII. los partidos políticos con representación en el Congreso Nacional;
- IX. las Confederaciones Sindicales o entidades de clase de ámbito nacional.

El control de la constitucionalidad también puede ser ejercido por el Tribunal Supremo Federal, a través de la acción de inconstitucionalidad por omisión, institución adoptada en la Constitución de 1988, sin duda, bajo la inspiración del sistema de control de la constitucionalidad existente en Portugal. El objetivo de esta acción es verificar los casos en los cuales no se han emitido las leyes o actos ejecutivos requeridos para hacer que las normas constitucionales sean plenamente aplicables. Conforme al artículo 103,2 de la Constitución, una vez declarada la inconstitucionalidad por omisión de una medida destinada a dar efectividad a una norma Constitucional, se debe comunicar al Poder competente para la adopción de la providencias necesarias y, tratándose de órgano administrativo, para que se haga en 30 días.

En México, mediante la reforma constitucional de 1994 se incorporó un aparte al artículo 105, el cual trata de la competencia de la Suprema Corte de Justicia asignándole atribuciones para conocer de los conflictos entre los poderes territoriales del Estado federal y, particularmente, de las acciones de inconstitucionalidad que tengan por objeto plantear la posible contradicción entre una norma de carácter general y la Constitución, con excepción de las que se refieran a la materia electoral. La acción sólo pueden intentarla determinados funcionarios y representantes, y la decisión de la Corte tiene efectos generales de invalidez de la ley inconstitucional.

En efecto, conforme al artículo 105,I, en materia de controversias constitucionales, la Corte Suprema de Justicia y con excepción de las que se refieran a la materia electoral, tiene competencia para conocer de las que se susciten entre:

a) La Federación y un Estado o el Distrito Federal;
b) La Federación y un municipio;
c) El Poder Ejecutivo y el Congreso de la Unión; aquel y cualquiera de las Cámaras de éste o, en su caso, la Comisión Permanente, sean como órganos federales o del Distrito Federal;
d) Un Estado y otro;
e) Un Estado y el Distrito Federal;
f) El Distrito Federal y un Municipio;
g) Dos Municipios de diversos estados;
h) Dos Poderes de un mismo estado, sobre la constitucionalidad de sus actos o disposiciones generales;
i) Un Estado y uno de sus Municipios sobre la constitucionalidad de sus actos o disposiciones generales;
j) Un Estado y un Municipio de otro Estado, sobre la constitucionalidad de sus actos o disposiciones generales, y
k) Dos órganos de gobierno del Distrito Federal, sobre la constitucionalidad de sus actos o disposiciones generales.

Cuando las controversias versen sobre disposiciones generales de los Estados o de los Municipios impugnadas por los Estados, o en los casos a que se refieren los incisos c), h) y k) antes indicados, si la resolución de la Suprema Corte de Justicia las declara inválidas, dicha resolución tendrá efectos generales cuando hubiera sido aprobada por una mayoría de por lo menos ocho votos. En los demás casos, las resoluciones de la Suprema Corte de Justicia tienen efectos únicamente respecto de las partes en la controversia.

En cuanto a las acciones de inconstitucionalidad que tengan por objeto plantear la posible contradicción entre una norma de carácter general y la Constitución, conforme al artículo 105, II, las mismas pueden ejercitarse, dentro de los 30 días naturales siguientes a la fecha de publicación de la norma, exclusivamente por:

a) El equivalente al treinta y tres por ciento de los integrantes de la Cámara de Diputados del Congreso de la Unión, en contra de leyes federales o del Distrito Federal expedidas por el Congreso de la Unión;
b) El equivalente al treinta y tres por ciento de los integrantes del Senado, en contra de leyes federales o del Distrito Federal expedidas por el Congreso de la Unión o de tratados internacionales celebrados por el Estado Mexicano;
c) El Procurador General de la República, en contra de leyes de carácter federal, estatal y del Distrito Federal, así como de tratados internacionales celebrados por el Estado Mexicano;
d) El equivalente al treinta y tres por ciento de los integrantes de alguno de los órganos legislativos estatales, en contra de leyes expedidas por el propio órgano, y
e) El equivalente al treinta y tres por ciento de los integrantes de la Asamblea de representantes del Distrito Federal, en contra de leyes expedidas por la propia Asamblea, y
f) Los partidos políticos con registro ante el Instituto Federal Electoral, por conducto de sus dirigentes nacionales, en contra de leyes electorales federales o locales y los partidos políticos con registro estatal, a través de sus dirigencias, exclusivamente en contra de leyes electorales expedidas por el órgano legislativo del estado que les otorgó el registro.

En estos casos de acciones de inconstitucionalidad, las resoluciones de la Suprema Corte de Justicia sólo pueden declarar la invalidez de las normas impugnadas, siempre que fueren aprobadas por una mayoría de cuando menos ocho votos.

b. *El control judicial de la constitucionalidad de las leyes ejercido por una Sala Constitucional del Tribunal Supremo, en un sistema mixto o integral de control*

En otros casos, el control concentrado de constitucionalidad (adicional y en paralelo al control difuso) se ha atribuido a una Sala de lo Constitucional de la Corte o Tribunal Supremo. Es el caso de Venezuela, El Salvador y Honduras.

En Venezuela, la Constitución de 1999 creó la Sala Constitucional del Tribunal Supremo de Justicia, y le atribuyó el ejercicio del control concentrado de la constitucionalidad de las leyes, antes atribuido a la Sala Plena de la Corte Suprema de Justicia[72]. En tal sentido, el artículo 334 de la Constitución establece que correspon-

72 Véase en general, José Guillermo Andueza Acuña, *La jurisdicción constitucional en el derecho venezolano,* Publicaciones del Instituto de Derecho Público N° 5, Facultad de Derecho, Universidad Central de Venezuela, Caracas 1974; Humberto Briceño León, *La acción de inconstitucionalidad en Venezuela*, Colección Estudios Jurídicos N° 47, Editorial Jurídica Venezolana, Caracas 1989; Jesús María Casal,

de exclusivamente a la Sala Constitucional del Tribunal Supremo de Justicia como Jurisdicción Constitucional (arts. 266,1 y 334), declarar la nulidad de las leyes y demás actos de los órganos que ejercen el Poder Público dictados en ejecución directa e inmediata de la Constitución o que tengan rango de ley, cuando colidan con aquella. A tal efecto, el artículo 336 de la Constitución enumera las siguientes atribuciones de la Sala Constitucional del Tribunal Supremo de Justicia:

1. Declarar la nulidad total o parcial de las leyes nacionales y demás actos con rango de ley de la Asamblea Nacional, que colidan con esta Constitución.
2. Declarar la nulidad total o parcial de las Constituciones y leyes estadales, de las ordenanzas municipales y demás actos de los cuerpos deliberantes de los Estados y Municipios dictados en ejecución directa e inmediata de esta Constitución y que colidan con ella.
3. Declarar la nulidad total o parcial de los actos con rango de ley dictados por el Ejecutivo Nacional, que colidan con esta Constitución.
4. Declarar la nulidad total o parcial de los actos en ejecución directa e inmediata de esta Constitución, dictados por cualquier otro órgano estatal en ejercicio del Poder Público, cuando colidan con ésta.
5. Verificar, a solicitud del Presidente o Presidenta de la República o de la Asamblea Nacional, la conformidad con esta Constitución de los tratados internacionales suscritos por la República antes de su ratificación.
6. Revisar, en todo caso, aun de oficio, la constitucionalidad de los decretos que declaren estados de excepción dictados por el Presidente o Presidenta de la República.
7. Declarar la inconstitucionalidad de las omisiones del poder legislativo municipal, estadal o nacional cuando haya dejado de dictar las normas o medidas indispensables para garantizar el cumplimiento de esta Constitución, o las haya dictado en forma incompleta, y establecer el plazo y, de ser necesario, los lineamientos de su corrección.
8. Resolver las colisiones que existan entre diversas disposiciones legales y declarar cuál debe prevalecer.
9. Dirimir las controversias constitucionales que se susciten entre cualesquiera de los órganos del Poder Público.
10. Revisar las sentencias definitivamente firmes de amparo constitucional y de control de constitucionalidad de leyes o normas jurídicas dictadas por los Tribunales de la República, en los términos establecidos por la ley orgánica respectiva.

Constitución y Justicia Constitucional. Los fundamentos de justicia constitucional en la nueva Carta Magna, Universidad Católica Andrés Bello, Caracas 2001; Humberto J. La Roche, *El control jurisdiccional de la constitucionalidad en Venezuela y Estados Unidos*, Universidad del Zulia, Facultad de Derecho, Maracaibo 1972; Orlando Tovar Tamayo, *La Jurisdicción Constitucional,* Biblioteca de la Academia de Ciencias Políticas y Sociales, Serie Estudios Nº 10, Caracas 1983; Allan R. Brewer-Carías, *La Justicia Constitucional,* Tomo VI, *Instituciones Políticas y Constitucionales*, Universidad Católica Andrés bello, Editorial Jurídica Venezolana, Caracas 1996.

En contraste con otros sistemas constitucionales, en Venezuela, la acción de inconstitucionalidad corresponde *a todo habitante del país,* de manera que se trata de una acción popular. Es decir, la Constitución prevé un control judicial concentrado de la constitucionalidad de todos los actos del Estado, con excepción de los actos judiciales y actos administrativos, para los cuales prevé medios específicos de control de la legalidad y constitucionalidad: el recurso de casación, la apelación y el recurso contencioso administrativo. La decisión anulatoria de las leyes y demás actos de rango legal, en todo caso, tiene efectos generales, *erga omnes.*

Además, el control concentrado de la constitucionalidad de las leyes puede ejercerse en forma preventiva, respecto de las leyes sancionadas aún no promulgadas, cuando el Presidente de la República solicite al Tribunal Supremo la verificación de su constitucionalidad antes de promulgarlas (art. 214).

En Honduras, la reforma constitucional de 2000 también ha establecido un sistema de control de la constitucionalidad de carácter concentrado, respecto de las leyes tanto por razón de forma como de contenido, atribuido en forma originaria y exclusiva a la Sala de lo Constitucional de la Corte Suprema de Justicia (art. 188)[73]. En este caso, y en contraste con la acción popular venezolana, la declaración de inconstitucionalidad de una ley y su inaplicabilidad, podrá solicitarse, por quien se considere lesionado en su interés directo, personal y legítimo (art. 185). Dicha solicitud puede formularse por vía de acción por ante la Corte Suprema de Justicia; o por vía de excepción, que se puede oponer en cualquier procedimiento judicial. La Constitución también establece que cualquier Juez o Tribunal que conozca en cualquier procedimiento judicial, puede solicitar de oficio la declaración de inconstitucionalidad de una ley y su inaplicabilidad antes de dictar resolución. Tanto en este caso, como en el de la excepción de inconstitucionalidad, los procedimientos deben suspenderse, elevándose las actuaciones a la Corte Suprema de Justicia.

Las sentencias de la Sala deben se adoptadas por voto unánime y, de lo contrario, deben someterse a la Corte Plena. En los casos de las sentencias en que se declare la inconstitucionalidad de una norma, las mismas son de ejecución inmediata y tienen efectos generales y, por tanto derogan la norma inconstitucional, debiendo comunicarse al Congreso Nacional, para que la hará publicar en el Diario Oficial *La Gaceta* (art. 316).

Debe señalarse, además, que de acuerdo con el artículo 183, ordinal 2° de la Constitución de Honduras, también procede el amparo contra leyes, para que se declare en casos concretos que la Ley no obliga ni es aplicable al recurrente por contravenir, disminuir o tergiversar cualquiera de los derechos reconocidos por la Constitución. Por otra parte, la Sala de lo Constitucional también tiene competencia para dirimir los conflictos entre los Poderes del Estado, incluido el Tribunal Nacional de Elecciones (art. 316).

---

73 Véase en general, Edmundo Orellana, *La Justicia Constitucional en Honduras,* Colección Cuadernos Jurídicos, Universidad Nacional Autónoma de Honduras, Editorial Universitaria, Tegucigalpa, Honduras 1993.

En 2004, el Congreso sancionó la Ley sobre la Justicia Constitucional, en la cual se regularon, entre otros aspectos, las competencias de la Sala Constitucional como Jurisdicción Constitucional[74]

En el caso de El Salvador, la Constitución de 1983 creó la Sala de lo Constitucional de la Corte Suprema de Justicia (art. 174), a la cual corresponde conocer y resolver las demandas de inconstitucionalidad de las leyes, decretos y reglamentos, los procesos de amparo, el habeas corpus, las controversias entre el Órgano Legislativo y el Órgano Ejecutivo (art. 138 y 182,7). La Sala de lo Constitucional esta integrada por cinco Magistrados designados por la Asamblea Legislativa, y su Presidente, elegido por la misma, es el Presidente de la Corte Suprema de Justicia y del Órgano Judicial. Conforme al artículo 183 de la Constitución, la Corte Suprema de Justicia por medio de la Sala de lo Constitucional es el único tribunal competente para declarar la inconstitucionalidad de las leyes, decretos y reglamentos, en su forma y contenido, de un modo general y obligatorio, y puede hacerlo a petición de cualquier ciudadano. En El Salvador se estableció, en esta forma, como en Colombia y Venezuela, una acción popular de inconstitucionalidad.

c. *El control judicial de la constitucionalidad de las leyes ejercido por Tribunales Constitucionales en un sistema mixto o integral de control*

El control judicial concentrado de la constitucionalidad de las leyes en países que cuentan con el método difuso, también se ha atribuido a Tribunales Constitucionales especialmente creados en las Constituciones con este fin, en general integrados al Poder Judicial.

Este sistema ha sido adoptado en numerosos países de América Latina, bajo la influencia europea, particularmente en Colombia, Guatemala, Bolivia, Perú y Ecuador.

La Constitución de Colombia de 1991 atribuyó a la Corte Constitucional, el carácter de "guardián de la integridad y supremacía de la Constitución", que antes tenía la Corte Suprema de Justicia. Esta Corte Constitucional tiene a su cargo, entonces, el ejercicio del control concentrado de la constitucionalidad de las leyes y demás actos estatales de similar rango[75]. A tal efecto, conforme al artículo 241, debe cumplir las siguientes funciones:

---

74 Véase Allan R. Brewer-Carías, Jorge Mario García La Guardia y Néstor Pedro Sagües, *El sistema de justicia constitucional en Honduras,* Instituto Interamericano de Derechos Humanos, San José Costa Rica (en prensa), 2004.

75 Véase en general, Juan Manuel Charry U., *Justicia Constitucional, Derecho Comparado y Colombiano,* Colección Bibliográfica Banco de la República, Santa Fe de Bogotá D.C. 1993;Sandra Morelli Rico, *La Corte Constitucional ¿Un legislador complementario?*, Temas de Derecho Público N° 45, Instituto de Estudios Constitucionales Carlos Restrepo Piedrahita, Universidad Externado de Colombia, Bogotá 1997; Javier Tobo Rodríguez, *La Corte Constitucional y el control de constitucionalidad en Colombia,* Ediciones Jurídicas Gustavo Ibáñez , Santa Fe de Bogotá, D.C. 1996; Luis Fernando Tocora, *Control Constitucional y Derechos Humanos,* Ediciones Librería del Profesional, Santa Fe de Bogotá, Colombia 1992; Ernesto Rey Cantor, *Derecho Procesal Constitucional. Derecho Constitucional Procesal. Derechos Humanos Procesales,* Brevarios Jurídicos N° 9, Ediciones Ciencia y Derecho, Santa Fe de Bogotá 2001; Luis Carlos Sáchica, *El control de constitucionalidad*, Monografías Jurídicas 9, 2ª edición, Editorial Temis Librería, Bogotá-Colombia 1980; Luis Carlos Sáchica, *La Corte Constitucional y su juris-*

1. Decidir sobre las demandas de inconstitucionalidad que promuevan los ciudadanos contra los actos reformatorios de la Constitución, cualquiera que sea su origen, sólo por vicios de procedimiento en su formación.
2. Decidir, con anterioridad al pronunciamiento popular, sobre la constitucionalidad de la convocatoria a un referendo o a una asamblea constituyente para reformar la Constitución, sólo por vicios de procedimiento en su formación.
3. Decidir sobre la constitucionalidad de los referendos sobre leyes y de las consultas populares y plebiscitos del orden nacional. Estos últimos sólo por vicios de procedimiento en su convocatoria y realización.
4. Decidir sobre las demandas de inconstitucionalidad que presenten los ciudadanos contra las leyes, tanto por su contenido material como por vicios de procedimiento en su formación.
5. Decidir sobre las demandas de inconstitucionalidad que presentaren los ciudadanos contra los decretos con fuerza de ley dictados por el gobierno con fundamento en los artículos 150 numeral 10 y 341 de la Constitución, por su contenido material o por vicios de procedimiento en su formación.
6. Decidir sobre las excusas de que trata el artículo 137 de la Constitución.
7. Decidir definitivamente sobre la constitucionalidad de los decretos legislativos que dicte el gobierno con fundamento en los artículos 212, 213 y 215 de la Constitución.
8. Decidir definitivamente sobre la constitucionalidad de los proyectos de ley que hayan sido objetados por el gobierno como inconstitucionales, y de los proyectos de leyes estatutarias, tanto por su contenido material como por vicios de procedimiento en su formación.
9. Revisar, en la forma que determine la ley, las decisiones judiciales relacionadas con la acción de tutela de los derechos constitucionales.
10. Decidir definitivamente sobre la exequibilidad de los tratados internacionales y de las leyes que los aprueben. Con tal fin, el gobierno los remitirá a la Corte, dentro de los seis días siguientes a la sanción de la ley. Cualquier ciudadano podrá intervenir para defender o impugnar su constitucionalidad. Si la Corte los declara constitucionales, el gobierno podrá efectuar el canje de notas; en caso contrario no serán ratificados. Cuando una o varias normas de un tratado multilateral sean declaradas inexequibles por la Corte Constitucional, el presidente de la república sólo podrá manifestar el consentimiento formulando la correspondiente reserva.

La legitimación activa para intentar las acciones públicas antes indicadas corresponde en Colombia a cualquier ciudadano (art. 242,1) quien además puede intervenir como impugnador o defensor de las normas sometidas a control en los procesos promovidos por otros, así como en aquellos para los cuales no existe acción pública.

---

dicción, Editorial Temis S.A., Santa Fe de Bogotá, Colombia 1993; *Jurisdicción Constitucional de Colombia La Corte Constitucional 1992-2000 Realidades y Perspectivas*, Consejo Superior de la Judicatura-Sala Administrativa, Escuela Judicial "Rodrigo Lara Bonilla", Fundación Honrad Adenauer, Imprenta Nacional de Colombia, Bogotá D.C. 2001.

Como indicado, la Corte Constitucional, además, ejerce un control preventivo de la constitucionalidad, respecto de las leyes cuya promulgación ha sido vetada por el Presidente de la República por razones de inconstitucionalidad. Además, este control preventivo de la constitucionalidad se prevé como obligatorio en ciertos casos como la emisión de decretos de emergencia o de leyes aprobatorias de tratados.

En todo caso en que la Corte anule por inconstitucionalidad un acto legislativo, esta decisión tiene efectos *erga omnes* y hace tránsito a cosa juzgada constitucional (art. 243), siendo su contenido obligatorio para todos, de forma tal que con posterioridad no puede presentarse otra acción de inconstitucionalidad contra el mismo acto.

En Guatemala, a partir de la Constitución de 1965, en forma paralela al método difuso también se instauró un sistema concentrado de control judicial de la constitucionalidad de las leyes, atribuido a una Corte Constitucional creada para tal fin, siendo el primer país latinoamericano en haber creado un Tribunal Constitucional, conforme al modelo europeo[76]. La función esencial de dicho Tribunal, conforme al artículo 268, es la defensa del orden constitucional, para cuyo fin actúa como tribunal colegiado con independencia de los demás organismos del Estado. De acuerdo con el artículo 267, relativo a la "Inconstitucionalidad de las leyes de carácter general", por tanto, las acciones en contra de leyes, reglamentos o disposiciones de carácter general que contengan vicio parcial o total de inconstitucionalidad, se deben plantear directamente ante el Tribunal o Corte de Constitucionalidad.

De acuerdo con la Constitución de 1985, los poderes de control de la constitucionalidad son ejercidos por la Corte Constitucional cuando se ejerce un recurso de inconstitucionalidad, concebido como una acción directa, que puede ser ejercida contra "las leyes y disposiciones de carácter general, objetadas parcial o totalmente de inconstitucionalidad" (art. 272), sólo por determinados funcionarios y autoridades, teniendo la decisión de la Corte efectos generales. Además, la Corte es competente para emitir opinión sobre la constitucionalidad de los tratados, convenios y proyecto de ley, a solicitud de cualquiera de los organismos del Estado, y para emitir opinión sobre la inconstitucionalidad de las leyes vetadas por el Ejecutivo alegando inconstitucionalidad.

Un elemento importante del procedimiento que se sigue ante la Corte Constitucional en Guatemala, es el hecho de que los efectos de la ley o del acto ejecutivo impugnado pueden ser suspendidos provisionalmente por la Corte durante el curso del proceso, cuando la inconstitucionalidad sea notoria y pueda causar gravamen irreparable. Esta decisión de suspender los efectos de la ley o del acto ejecutivo tiene consecuencias generales, de carácter *erga omnes* y debe ser publicada en el *Diario Oficial.*

Por otra parte, mediante la reforma constitucional de 1994, en Bolivia también se creó un Tribunal Constitucional independiente y sometido sólo a la Constitución

---

76 Véase en general, Jorge Mario García La Guardia, *La defensa de la Constitución*, Facultad de Ciencias Jurídicas y Sociales, Universidad de San Carlos de Guatemala, Instituto de Investigaciones Jurídicas Universidad Nacional Autónoma de México, México 1983; Adolfo González Rodas, *La Corte de Constitucionalidad de Guatemala*, Cuadernos Constitucionales México Centroamérica N° 1, Universidad Nacional Autónoma de México, Corte de Constitucionalidad de Guatemala, México 1992; Mynor Pinto Acevedo, *La jurisdicción constitucional en Guatemala,* Corte de Constitucionalidad de Guatemala, Guatemala 1995.

(art. 119) con poder para ejercer el control concentrado de la constitucionalidad de las leyes (art. 116, IV), método que coexiste con el método difuso de control de constitucionalidad[77]. El Tribunal Constitucional, conforme al artículo 119, VII, tiene atribución para conocer y resolver:

1ª En única instancia, los asuntos de puro derecho sobre la inconstitucionalidad de leyes, decretos y cualquier género de resoluciones no judiciales. Si la acción es de carácter abstracto o remedial, sólo podrán interponerla el Presidente de la República, o cualquier Senador o Diputado, el Fiscal General de la República o el Defensor del Pueblo;

2ª Los conflictos de competencias y controversias entre los Poderes Públicos, la Corte Nacional Electoral, los departamentos y los municipios;

3ª Las impugnaciones del Poder Ejecutivo a las resoluciones camarales, prefecturales y municipales;

4ª Los recursos contra tributos, impuestos, tasas, patentes, derechos o contribuciones creados, modificados o suprimidos en contravención a lo dispuesto en esta Constitución;

5ª Los recursos contra resoluciones del Poder Legislativo o una de sus Cámaras, cuando tales resoluciones afecten a uno o más derechos o garantías concretas, cualesquiera sean las personas afectadas;

6ª Los recursos directos de nulidad interpuestos en resguardo del artículo 31° de esta Constitución.

7ª La revisión de los recursos de amparo constitucional y "Hábeas Corpus";

8ª Absolver las consultas del Presidente de la República, el Presidente del Honorable Congreso Nacional y el Presidente de la Corte Suprema de Justicia, sobre la constitucionalidad de proyectos de ley, decretos o resoluciones, o de leyes, decretos o resoluciones aplicables a un caso concreto. La opinión del Tribunal Constitucional es obligatoria para el órgano que efectúa la consulta;

9ª La constitucionalidad de tratados o convenios con gobiernos extranjeros u organismos internacionales;

10ª Las demandas respecto a procedimientos en la reforma de la Constitución.

La sentencia que declara la inconstitucionalidad de una ley, decreto o cualquier género de resolución no judicial, hace inaplicable la norma impugnada y surte plenos efectos respecto a todos. Sin embargo, la sentencia que se refiera a un derecho subjetivo controvertido, se limitará a declarar su inaplicabilidad al caso concreto (art. 121,II). Salvo que la sentencia disponga otra cosa, la vigencia de la norma en las partes no afectadas por la inconstitucionalidad, subsiste; y en ningún caso afecta a sentencias anteriores que tengan calidad de cosa juzgada.

---

77 Véase en general, José Antonio Rivera Santiváñez, Jurisdicción Constitucional. Procesos Constitucionales en Bolivia, Grupo Ed. Fipus, Cochabamba, Bolivia 2004; Francisco Fernández Segado, *La jurisdicción constitucional en Bolivia. La Ley número 1836, del 1° de abril de 1998 del Tribunal Constitucional*, Cuadernos Constitucionales México-Centroamérica N° 40, Universidad Nacional Autónoma de México, Corte de Constitucionalidad de Guatemala, México 2002.

La Constitución del Perú de 1979, había establecido las bases de un sistema difuso de control de la constitucionalidad y además, había creado el Tribunal de Garantías Constitucionales, con poderes concentrados de control de la constitucionalidad según el modelo español. En la reforma constitucional de 1993 se eliminó el Tribunal de Garantías Constitucionales y se estableció, en su lugar, un Tribunal Constitucional como órgano de control de la Constitución, autónomo e independiente (art. 201)[78].

Este Tribunal Constitucional ha sido creado como el "órgano de control de la Constitución" y tiene a su cargo conocer de la acción de inconstitucionalidad la cual sólo pueden ejercer, conforme al artículo 203:

1. El Presidente de la República;
2. El Fiscal de la Nación;
3. El Defensor del Pueblo;
4. El veinticinco por ciento del número legal de congresistas;
5. Cinco mil ciudadanos con firmas comprobadas por el Jurado Nacional de Elecciones. Si la norma es una ordenanza municipal, está facultado para impugnarla el uno por ciento de los ciudadanos del respectivo ámbito territorial, siempre que este porcentaje no exceda del número de firmas anteriormente señalado.
6. Los presidentes de Región con acuerdo del Consejo de Coordinación Regional o los alcaldes provinciales con acuerdo de su Concejo, en materias de su competencia.
7. Los colegios profesionales en materias de su especialidad.

Conforme al artículo 204 de la Constitución, la sentencia del Tribunal que declare la inconstitucionalidad de una norma se debe publicar en el Diario Oficial, y al día siguiente de la publicación, dicha norma queda sin efecto.

El Tribunal Constitucional también tiene competencia para conocer los conflictos de competencia, o de atribuciones asignadas por la Constitución (art. 202,3).

En Ecuador, con motivo de las reformas constitucionales de 1995, se estableció definitivamente el método concentrado de control de la constitucionalidad de las leyes a cargo de un Tribunal Constitucional, que funciona en paralelo con el método difuso[79]. En esta forma, el Tribunal Constitucional tiene competencia conforme al artículo 276 de la Constitución de 1998, para:

---

78 Véase en general, Domingo García Belaúnde, *De La Jurisdicción Constitucional al Derecho Procesal Constitucional*, 4ª ed., Editora Jurídica Grijley, Lima 2003; Domingo García Belaúnde, *Derecho Procesal Constitucional,* Editorial Temis, Bogotá, Colombia 2001; Víctor Julio Ortecho Villena, *Jurisdicción y Procesos Constitucionales. Hábeas Corpus y Amparo, Hábeas Data, Acción Popular, Acción de Cumplimiento, Inconstitucionalidad,* Editorial Roldhas, 6ª ed., Lima 2002; Elvito Rodríguez Domínguez, *Derecho Procesal Constitucional*, Grijley, Lima 1999; Samuel B. Abad Yupanqui, et al., *Código Procesal Constitucional*, Ed. Palestra, Lima 2004.

79 Véase en general, Hernán Salgado Pesantes, *Manual de Justicia Constitucional Ecuatoriana*, Fortalecimiento de la Justicia Constitucional en el Ecuador Serie 5, Corporación Editora Nacional, Quito 2004.

1. Conocer y resolver las demandas de inconstitucionalidad, de fondo o de forma, que se presenten sobre leyes orgánicas y ordinarias, decretos-leyes, decretos, ordenanzas; estatutos, reglamentos y resoluciones, emitidos por órganos de las instituciones del Estado, y suspender total o parcialmente sus efectos.
2. Conocer y resolver sobre la inconstitucionalidad de los actos administrativos de toda autoridad pública. La declaratoria de inconstitucionalidad conlleva la revocatoria del acto, sin perjuicio de que el órgano administrativo adopte las medidas necesarias para preservar el respeto a las normas constitucionales.
3. Conocer las resoluciones que denieguen el hábeas corpus, el hábeas data y el amparo, y los casos de apelación previstos en la acción de amparo.
4. Dictaminar sobre las objeciones de inconstitucionalidad que haya hecho el Presidente de la República, en el proceso de formación de las leyes.
5. Dictaminar de conformidad con la Constitución, tratados o convenios internacionales previo a su aprobación por el Congreso Nacional.
6. Dirimir conflictos de competencia o de atribuciones asignadas por la Constitución.

La legitimación para ejercer los diversos recursos y acciones, conforme al artículo 277 es como sigue: El Presidente de la República, en los casos previstos en el número 1 del art. 276; el Congreso Nacional, previa resolución de la mayoría de sus miembros, en los casos previstos en los números 1 y 2 del mismo artículo; la Corte Suprema de Justicia, previa resolución del Tribunal en Pleno, en los casos descritos en los números 1y 2 del mismo artículo; los consejos provinciales o los concejos municipales, en los casos señalados en el número 2 del mismo artículo; 1000 ciudadanos en goce de derechos políticos, o cualquier persona previo informe favorable del Defensor del Pueblo sobre su procedencia, en los casos de los números 1 y 2 del mismo artículo; el Presidente de la República pedirá el dictamen establecido en los números 4 y 5 del mismo artículo; la dirimencia prevista en el número 6 del mismo artículo, podrá ser solicitada por el Presidente de la República, por el Congreso Nacional, por la Corte Suprema de Justicia, los consejos provinciales o los concejos municipales; y la atribución a que se refiere el número 3 del mismo artículo, será ejercida a solicitud de las partes o del Defensor del Pueblo.

Las decisiones del Tribunal Constitucional de declaratoria de inconstitucionalidad causan ejecutoria y deben publicarse en el Registro Oficial, por lo que desde la fecha de la publicación entran en vigencia, dejando sin efecto la disposición y el acto declarado inconstitucional (art. 278).

Por último, debe indicarse que de las decisiones que adopten las Salas de la Corte Suprema de Justicia o los tribunales de última instancia en ejercicio de sus poderes de control difuso de la constitucionalidad de las leyes, dichos órganos judiciales deben presentar un informe al Tribunal Constitucional para que éste resuelva con carácter general.

C. *El control judicial concentrado de la constitucionalidad de las leyes ejercido en forma exclusiva y paralela por la Corte Suprema de Justicia y un Tribunal Constitucional*

En América Latina, además, debe destacarse el caso de Chile donde el sistema concentrado de control de la constitucionalidad está conferido en forma exclusiva a dos órganos judiciales separados: a la Corte Suprema de Justicia, a través de una vía incidental y, al Tribunal Constitucional, a través de una acción directa[80].

En efecto, a partir de la reforma constitucional de 1925, se autorizó a la Corte Suprema de Justicia para declarar sea de oficio o a petición de parte, la inaplicabilidad de una ley en vigor a un caso concreto por razones de inconstitucionalidad. En esta forma, la Constitución instauró un sistema concentrado de control de la constitucionalidad de carácter incidental por ante la Corte Suprema de Justicia, por medio de una institución llamada "recurso de inaplicación de las leyes". En tal sentido el artículo 80 de la Constitución dispone que:

> *Artículo 80.* La Corte Suprema, de oficio o a petición de parte, en las materias de que conozcan, o que le fueren sometidas en recurso interpuesto en cualquier gestión que se siga ante otro tribunal, podrá declarar inaplicable para esos casos particulares todo precepto legal contrario a la Constitución. Este recurso podrá deducirse en cualquier estado de la gestión, pudiendo ordenar la Corte la suspensión del procedimiento

Sin embargo, en vista de que este sistema de control de la constitucionalidad no solucionaba los conflictos constitucionales surgidos entre los órganos del Estado, originados en cuestiones de inconstitucionalidad de las leyes y de otras normas con fuerza equivalente, mediante la reforma constitucional del 21 de enero de 1970 se creó un Tribunal Constitucional con una serie de funciones referentes al control de la constitucionalidad y a la solución de conflictos de atribuciones entre los órganos del Estado. Este Tribunal fue disuelto en 1973, y posteriormente, restablecido a través de los artículos 81 y 83 de la Constitución de 1980.

El Tribunal Constitucional chileno tiene, entre sus atribuciones, conforme al artículo 82 de la Constitución,

> 1° Ejercer el control de la constitucionalidad de las leyes orgánicas constitucionales antes de su promulgación y de las leyes que interpreten algún precepto de la Constitución;
>
> 2° Resolver las cuestiones sobre constitucionalidad que se susciten durante la tramitación de los proyectos de ley o de reforma constitucional y de los tratados sometidos a la aprobación del Congreso;
>
> 4° Resolver las cuestiones que se susciten sobre constitucionalidad con relación a la convocatoria a un plebiscito, sin perjuicio de las atribuciones que correspondan al Tribunal Calificador de Elecciones;

---

80 Véase en general, Juan Colombo Campbell, *Derecho Procesal Constitucional*, Tribunal Constitucional de Chile, Santiago de Chile, julio 2004. Enrique Silva Cimma, *El Tribunal Constitucional de Chile 1971-1973)*, Colección Estudios Jurídicos N° 3, Editorial Jurídica Venezolana, Caracas 1977.

5º Resolver los reclamos en caso de que el Presidente de la República no promulgue una ley cuando deba hacerlo, promulgue un texto diverso del que constitucionalmente corresponda o dicte un decreto inconstitucional;

6º Resolver sobre la constitucionalidad de un decreto o resolución del Presidente de la República que la Contraloría haya representado por estimarlo inconstitucional, cuando sea requerido por el Presidente en conformidad al artículo 88.

En cuanto a la legitimación activa para el ejercicio del control de constitucionalidad en artículo 82 de la Constitución dispone que en el caso del numeral 1, la Cámara de origen es la que debe enviar al Tribunal Constitucional el proyecto respectivo dentro de los cinco días siguientes a aquel en que quede totalmente tramitado por el Congreso.

En el caso del numeral 2, el Tribunal sólo puede conocer de la materia a requerimiento del Presidente de la República, de cualquiera de las Cámaras o de una cuarta parte de sus miembros en ejercicio, siempre que sea formulado antes de la promulgación de la ley.

En el caso del numeral 4, la cuestión puede promoverse a requerimiento del Senado o de la Cámara de Diputados, dentro de diez días contados desde la fecha de publicación del decreto que fije el día de la consulta plebiscitaria.

En los casos del numeral 5, la cuestión puede promoverse por cualquiera de las Cámaras o por una cuarta parte de sus miembros en ejercicio, dentro de los treinta días siguientes a la publicación o notificación del texto impugnado o dentro de los sesenta días siguientes a la fecha en que el Presidente de la República debió efectuar la promulgación de la ley. Si el Tribunal acogiere el reclamo debe promulgar en su fallo la ley que no lo haya sido o rectificará la promulgación incorrecta.

En el caso del numeral 9, el Tribunal sólo puede conocer de la materia a requerimiento de la Cámara de Diputados o de la cuarta parte de sus miembros en ejercicio.

Además del control preventivo de la constitucionalidad de la legislación, en Chile, el Tribunal Constitucional tiene atribuidos poderes de control de la constitucionalidad con carácter *a posteriori*, pero sólo respecto a los decretos con fuerza de ley (art. 82,3), es decir, a los decretos emitidos por el Presidente de la República en razón de los poderes delegados por el Congreso, así como de los poderes presidenciales relativos a la promulgación de las leyes. En esta forma, el control constitucional sustantivo de la legislación por el Tribunal Constitucional en Chile no procede contra las leyes una vez que éstas han entrado en vigencia, sino sólo contra los decretos del Ejecutivo con fuerza de ley.

En el caso del numeral 3, la cuestión puede ser planteada por el Presidente de la República dentro del plazo de diez días cuando la Contraloría rechace por inconstitucional un decreto con fuerza de ley. También podrá ser promovida por cualquiera de las Cámaras o por una cuarta parte de sus miembros en ejercicio en caso de que la Contraloría hubiere tomado razón de un decreto con fuerza de ley que se impugne de inconstitucional. Este requerimiento debe efectuarse dentro del plazo de treinta días, contado desde la publicación del respectivo decreto con fuerza de ley.

Por otra parte, como se indicó, el Tribunal Constitucional puede ejercer el control de la constitucionalidad *a posteriori* sobre leyes pero únicamente con respecto a las formalidades relativas a su promulgación a cargo del Presidente de la República, a petición de las Cámaras del Congreso, en casos en que el Presidente de la República no promulgue una ley estando obligado a ello, o cuando promulgue un texto distinto del que haya sido objeto del procedimiento de formación de las leyes.

3. *El carácter previo o posterior del control concentrado de la constitucionalidad de las leyes*

El sistema de control concentrado de la constitucionalidad puede tener un carácter previo o posterior, o ambos, según que los órganos encargados de ejercer su poder jurisdiccional de control lo hagan antes de que la Ley entre en vigencia, es decir, antes de su promulgación, o una vez en vigencia. Por ello se distingue el control *a priori* del control *a posteriori* de la constitucionalidad de las leyes.

Puede decirse que lo característico del método concentrado de control de la constitucionalidad, es el control posterior, que permite anular actos estatales efectivos pero inconstitucionales y, en América Latina, este se combina en muchos casos, con un control *a priori* generalmente a instancias del Presidente de la República cuando veta una ley.

Sin embargo, algunos sistemas de control concentrado sólo prevén un control previo de la constitucionalidad de las leyes, es decir, respecto de proyectos de leyes sancionadas, antes de su promulgación, como sucede en Chile.

A. *El control preventivo de la constitucionalidad de las leyes combinado con el control posterior*

En Colombia, Venezuela, Ecuador, Panamá, Cosa Rica y Bolivia en paralelo al control concentrado de la constitucionalidad de las leyes promulgadas ejercido por la propia Corte Suprema de Justicia o un Tribunal Constitucional, también existe un control preventivo, entre otros caso, el que puede resultar, de las objeciones formuladas por el Presidente de la República, al vetar las leyes por razones de inconstitucionalidad.

En efecto, en Colombia, a partir de 1886, en Venezuela, a partir de la reforma constitucional de 1945 y en Ecuador a partir de la Reforma Constitucional de 1955, las Constituciones establecieron expresamente la posibilidad de un control preventivo de la constitucionalidad de las leyes nacionales, incluyendo las leyes de aprobación de tratados internacionales y de contratos de interés público, correspondiendo su ejercicio a la Corte Suprema de Justicia o a la Corte o Tribunal Constitucional a petición del Presidente de la República, como consecuencia de su poder de veto respecto de leyes sancionadas por las Cámaras Legislativas. En el caso de Colombia cuando una ley es objeto de un veto por causa de inconstitucionalidad, si las Cámaras Legislativas insisten en su promulgación, el Presidente de la República debe enviar el proyecto de ley a la Corte Constitucional la cual debe decidir en un lapso de seis días.

Sin embargo, en Colombia, además del control previo por la vía del veto presidencial a las leyes, la Constitución prevé dos casos de ejercicio de control previo obligatorio de la constitucionalidad por parte de la Corte Constitucional. En efecto, en primer lugar, el artículo 241,7, prevé que los decretos legislativos que emanen del Presidente de la República como consecuencia de un estado de sitio, declarado por causa de una guerra, crisis interna, o cuando el orden económico y social del país esté gravemente alterado (arts. 213, 214 y 215), deben ser sometidos en forma obligatoria a control de la constitucionalidad, para lo cual, al día siguiente de su promulgación, el Presidente de la República debe remitir estos decretos a la Corte Constitucional, a la cual corresponde decidir "definitivamente sobre su constitucionalidad" (art. 121). Cualquier ciudadano, puede intervenir en el procedimiento de revisión de los mencionados Decretos Legislativos, para defender o impugnar la constitucionalidad de los mismos (art. 37, Decreto 2067).

La Constitución también prevé en su artículo 241,10, que la Corte Constitucional debe decidir definitivamente sobre la inconstitucionalidad de los Tratados internacionales y de las Leyes que los aprueben, a cuyo efecto, el Gobierno debe remitirlos a la Corte dentro de los 6 días siguientes a la sanción de la Ley. En el procedimiento, igualmente, cualquier ciudadano puede intervenir para defender o impugnar la constitucionalidad del Tratado o la Ley. Sólo si la Corte los declara constitucionales, el gobierno puede efectuar el canje de notas; en caso contrario, no serán ratificados.

Por último, aún cuando no se trate de leyes, también se prevé un control previo obligatorio de la constitucionalidad respecto de la convocatoria a un Referendo o a una Asamblea Constituyente para reformar la Constitución, y sólo por vicios de procedimiento en su formación, antes al pronunciamiento popular respectivo (art. 241, ord. 2°); así como de los referendos sobre leyes y de las consultas populares y plebiscitos del orden nacional, sólo por vicios de procedimiento en su convocatoria y realización (art. 241, ord. 3°).

En Venezuela, como se ha dicho, la Constitución prevé un control previo de la constitucionalidad de los Tratados internacionales al atribuir a la Sala Constitucional competencia para verificar a solicitud del Presidente de la República o de la Asamblea Nacional, la conformidad con la Constitución de los tratados internacionales suscritos por la República antes de su ratificación (art. 336, 5). El artículo 203 de la Constitución atribuye a la misma Sala Constitucional, además, competencia para pronunciarse acerca de la constitucionalidad del carácter orgánico de las leyes que la Asamblea nacional haya calificado de orgánicas, las cuales al ser sancionadas deben ser remitidas a la Sala antes de su promulgación. Por último, la Sala Constitucional también puede ejercer el control preventivo de la constitucionalidad de las leyes cuando el Presidente de la República al recibirla para su promulgación y en el término que tiene para ello (10 días), considere que la ley o alguno de sus artículos son inconstitucionales y la someta a la Sala Constitucional (Art. 214).

En Panamá, también se ha previsto un control concentrado *a priori* de la constitucionalidad cuando el Presidente de la República objetare un proyecto de ley adoptada por la Asamblea Legislativa, cuando se le envía para su promulgación por razones de inconstitucionalidad, y la Asamblea insista en su adopción. En este caso, corresponde a la Corte Suprema de Justicia decidir sobre su inconstitucionalidad, de manera que si el fallo de la Corte declara el proyecto de ley como constitucional, el Ejecutivo debe sancionarlo y hacerlo promulgar. El mismo principio se aplica a los proyectos de reforma constitucional.

En Costa Rica, además de conocer de las cuestiones de constitucionalidad de leyes no promulgadas como consecuencia del veto presidencial, la Sala Constitucional de la Corte Suprema de Justicia tiene competencia para conocer de la inconstitucionalidad de los proyectos de ley como consecuencia de las consultas que le formule la Asamblea Legislativa en el caso de reformas constitucionales o Ley aprobatoria de Tratados Internacionales, o de reforma de la Ley de la Jurisdicción Constitucional.

En el caso de Bolivia, el control previo de la constitucionalidad no se regula como consecuencia del poder presidencial de veto de la legislación, sino que en general, la Constitución atribuye al Tribunal Constitucional competencia para absolver las consultas del Presidente de la República, el Presidente del Congreso Nacional y el Presidente de la Corte Suprema de Justicia, sobre la constitucionalidad de proyectos de ley, decretos o resoluciones aplicables a un caso concreto (art. 120, literal h). En estos casos, la opinión del Tribunal Constitucional es obligatoria.

B. *El control preventivo de la constitucionalidad de las leyes como único método de control concentrado*

En Chile, si bien el Tribunal Constitucional tiene competencia para resolver *a posteriori* cuestiones de constitucionalidad respecto de los decretos ejecutivos que tengan fuerza de ley; en cuanto a las leyes, estas sólo pueden ser objeto de un control preventivo, es decir, antes de su promulgación. En tal sentido, el artículo 82 de la Constitución, atribuye al Tribunal Constitucional competencia para juzgar, antes de su promulgación, la constitucionalidad de las leyes orgánicas o las que interpretan preceptos de la Constitución. El Tribunal está igualmente autorizado, para ejercer el control preventivo sobre toda cuestión que surja durante la discusión de los proyectos de ley, de los proyectos de reforma de la Constitución y de las leyes aprobatorias de los Tratados Internacionales sometidos a la sanción del Congreso.

En todos estos casos, como en el modelo francés, el control preventivo ejercido por el Tribunal Constitucional puede ser obligatorio o ejercido a petición de parte. En el caso de las leyes orgánicas constitucionales y de las leyes que interpretan una disposición constitucional, el control preventivo realizado por el Tribunal es obligatorio, a cuyo efecto el Presidente de la Cámara debe enviarle los textos dentro de los cinco días siguientes a su sanción. Dicho control preventivo, incluso, no sólo es obligatorio, sino que el Tribunal puede ejercerlo de oficio, no siendo el procedimiento, en estos casos, de carácter contencioso. Si en su decisión el Tribunal considera inconstitucional una o varias disposiciones del texto impugnado, debe enviarlo nuevamente a la Cámara correspondiente, cuyo Presidente, a su vez lo debe enviar al Presidente de la República a los efectos de su promulgación, con excepción de las disposiciones consideradas inconstitucionales.

En el caso de proyectos de enmienda constitucional o de los tratados internacionales, el ejercicio del control preventivo por el Tribunal Constitucional sólo es posible si antes de la sanción del texto y durante la discusión del proyecto, se le formula una petición por el Presidente de la República, por una de las Cámaras del Congreso o por una cuarta parte de sus miembros. Por ello, esta petición no tiene efectos suspensivos sobre el procedimiento legislativo y la acción interpuesta por ante el Tribunal es de carácter contenciosa, razón por la cual, en estos casos, el Tribunal debe notificar a los órganos constitucionales interesados y oir sus argumentos.

En todo caso, la decisión del Tribunal que considere inconstitucionales las disposiciones de un proyecto de ley o de un tratado, impide su promulgación.

4. *El carácter principal o incidental del control concentrado de la constitucionalidad*

El control concentrado de la constitucionalidad de las leyes puede tener un carácter principal o incidental, o ambos a la vez, según que los asuntos lleguen a la Jurisdicción Constitucional mediante el ejercicio de una acción o mediante remisión por parte de un Tribunal.

En casi todos los países en los cuales el control concentrado se ha establecido en forma exclusiva, como sucede en Panamá, Uruguay y Paraguay, donde sólo la Corte Suprema de Justicia puede actuar como juez constitucional, el sistema concentrado es a la vez principal e incidental. En cambio, en aquellos países en los cuales existe un sistema mixto o integral de control de la constitucionalidad, donde se combina el método difuso con el método concentrado, el control concentrado de la constitucionalidad de las leyes es siempre de carácter principal, siendo en general, incompatible con el mismo, el método incidental. Así sucede por ejemplo, en Colombia, Venezuela, Bolivia, Perú, Ecuador, Guatemala y México. La excepción a esta regla es el caso de Honduras.

A. *El carácter principal e incidental del método concentrado en los sistemas exclusivamente concentrados de control de constitucionalidad*

En Panamá, Uruguay, y Paraguay, donde sólo existe el método concentrado y exclusivo de control de la constitucionalidad, como se dijo, éste es, a la vez, principal e incidental.

En estos países, en efecto, un aspecto esencial de la racionalidad del método concentrado de control de la constitucionalidad de las leyes, en el cual el poder para anularlas se confiere a la Corte Suprema de Justicia, es que la cuestión constitucional puede alcanzar a la Corte, en primer lugar, de manera directa o principal mediante una acción ejercida contra la ley o el acto estatal concreto, la cual o sólo se concede a quien tenga interés personal y legítimo como sucede en Uruguay o Paraguay, o se atribuye a todos los ciudadanos como es el caso de Panamá donde existe la acción popular; y en segundo lugar, de manera incidental, cuando la cuestión constitucional se plantea en un tribunal inferior con motivo de un juicio particular y concreto. En este caso, el juez debe remitir su decisión a la Corte Suprema de Justicia para luego poder adoptar la resolución final del caso, en conformidad con la decisión tomada por la Corte. Este sistema exclusivamente concentrado de control de la constitucionalidad que se ejerce por vía principal y por vía incidental, es el propio del modelo europeo.

En todo caso, en el sistema exclusivamente concentrado, cuando se ejerce el control por vía principal, la cuestión constitucional relativa a una ley u otro acto estatal es "la cuestión principal" y única del juicio iniciado mediante acción directa que puede ser interpuesta por ante la Corte Suprema, tanto por los ciudadanos mediante una *actio popularis* o regida por reglas de legitimación particulares. En los supuestos en los cuales la cuestión constitucional se formule de manera incidental, la misma puede ser planteada ante un tribunal ordinario o puede formularse *ex officio* por el tribunal. Este tribunal es, entonces, el único que puede remitir la cuestión constitucional ante la Corte Suprema de Justicia, en cuyo caso debe suspender la decisión del caso concreto hasta que la cuestión constitucional haya sido resuelta por ésta, siendo su decisión obligatoria.

En efecto, en Panamá la acción directa está concebida como una *acción popular* que puede ser interpuesta por ante la Corte Suprema por cualquier persona con el fin de denunciar la inconstitucionalidad de las leyes, decretos, decisiones o actos, fundada tanto en cuestiones substantivas como de carácter formal. Por otra parte, la Constitución de Panamá estipula que cuando un juez, durante un procedimiento judicial ordinario, observe, *ex-officio* o a instancia de una de las partes, la inconstitucionalidad de normas legales o ejecutivas aplicables al caso, debe someter la cuestión de constitucionalidad a la Corte Suprema; pudiendo el tribunal seguir el procedimiento principal sólo hasta el nivel de decisión.

En Uruguay, de acuerdo con la Constitución, la declaración de inconstitucionalidad de una ley y su inaplicación al caso concreto puede ser solicitada ante la Corte Suprema de Justicia por todos aquellos que estimen que sus intereses personales y legítimos han sido lesionados por la misma. En consecuencia, en Uruguay, la acción de inconstitucionalidad está sometida a una condición general de legitimación, similar a la que existe en materia de control contencioso administrativo. La cuestión constitucional también puede ser sometida a la Corte Suprema de manera incidental mediante remisión del asunto por un tribunal inferior, sea que éste actúe *ex officio*, sea como consecuencia de una excepción presentada por cualquier parte en el proceso concreto. En este caso, el juez debe enviar a la Corte Suprema un resumen de la cuestión, pudiendo seguir el procedimiento hasta el nivel de decisión. Una vez que la Corte Suprema haya decidido, el tribunal tiene que tomar su propia decisión, de conformidad con lo que la aquélla decida (arts. 258, 259).

En Costa Rica, en principio la acción de inconstitucionalidad sólo puede intentarse por el Contralor General de la República, el Procurador General de la República, el Ministerio Público y el Defensor del Pueblo. Sin embargo, la acción también puede ejercerse de forma directa, cuando no exista, según la naturaleza del caso, ninguna lesión individual y directa o cuando se trate de la defensa de los intereses difusos o de intereses de la colectividad en general. En este caso, la acción se ejerce contra las normas o leyes auto-aplicativas, que no requieren para su ejecución de actos del Estado interpuestos, en cuyo caso, no es necesario que exista un asunto anterior pendiente para que pueda interponerse la acción. Tampoco es necesario invocar un interés individual; pues se trata de la defensa de intereses difusos o colectivos. Por ello, puede considerarse que en estos casos, la acción de inconstitucionalidad posee un cierto carácter de acción popular.

La vía incidental, que tiene como objetivo solicitar la decisión de la Sala Constitucional de la Corte Suprema de Justicia en materia de constitucionalidad, puede ser utilizada por cualquier persona que sea parte de un procedimiento en curso ante los tribunales, incluso en caso de *habeas corpus* o *amparo*, o ante la Administración, en un procedimiento administrativo que tenga por objeto agotar la vía administrativa. En este último caso, es necesario invocar la cuestión de inconstitucionalidad de la ley, como medio razonable de protección de los derechos o intereses que se consideren afectados. En estos casos de vía incidental, la acción se presenta directamente ante la Sala Constitucional, y su novedad reside en el hecho de que es posible plantearla, no sólo cuando se trata de un asunto de inconstitucionalidad formulado en un procedimiento judicial, sino también en un procedimiento administrativo. En esta forma, y por razones de economía procesal, para que se pueda ejercer la acción de inconstitucionalidad, no es necesario agotar previamente el procedimiento administrativo y llegar a los tribunales.

Conforme al artículo 120 de la Ley de la Jurisdicción Constitucional de Costa Rica, todos los jueces de la República pueden así mismo formular a la Sala Constitucional una consulta de constitucionalidad, cuando duden de la constitucionalidad de una norma o acto que deban aplicar, o de una acción u omisión que deban juzgar en un caso que les sea sometido. En estos casos, el juez que formule la consulta debe elaborar una resolución donde debe indicar las normas cuestionadas y las razones de las dudas del tribunal con respecto a su validez o interpretación constitucionales. En estos casos, el procedimiento judicial debe suspenderse hasta que la Sala Constitucional haya evacuado la consulta.

B. *El carácter principal e incidental del método concentrado en los sistemas mixtos o integrales de control de constitucionalidad*

En Honduras, a pesar de que paralelamente al método difuso de control de constitucionalidad, en la reforma constitucional de 2000 se estableció la competencia de la Sala de lo Constitucional de la Corte Suprema de Justicia para ejercer el control concentrado de la constitucionalidad, se previó expresamente primero, que la competencia para declarar la inconstitucionalidad de una ley y su inaplicabilidad, puede ser solicitada por quien se considere lesionado en su interés directo, personal y legítimo (art. 185); y segundo, que la solicitud se puede formular mediante una acción intentada directamente ante la Corte Suprema de Justicia, o por vía incidental en cualquier procedimiento judicial, como excepción que una parte oponga o de oficio por el Tribunal que conozca del asunto. En este caso de la vía incidental, el procedimiento debe suspenderse al elevarse las actuaciones a la Corte Suprema de Justicia.

C. *El carácter exclusivamente principal del método concentrado en los sistemas mixtos o integrales de control de la constitucionalidad*

En los demás sistemas mixtos o integrales de control de la constitucionalidad, donde a la vez existe un control difuso y concentrado de la constitucionalidad, este último sólo se ejerce por vía principal, mediante el ejercicio de una acción o demanda de inconstitucionalidad. Esta acción también puede ser una acción popular, o sometida a condiciones particulares de legitimación.

a. *La acción popular*

En Colombia y Venezuela, con sistemas de control mixtos o integrales donde el método concentrado se ejerce combinado con el método difuso de control de constitucionalidad, el ejercicio del método concentrado de control de la constitucionalidad por vía principal, se ejerce mediante una *acción popular.* Esta, se ejerce directamente por cualquier persona y en cualquier tiempo contra las leyes, pudiendo considerarse como el instrumento más acabado de control de la constitucionalidad de las leyes. Sin embargo, su existencia no es frecuente, pues lo normal es que se limite el ejercicio de la acción directa a determinados funcionarios u órganos del Estado (Presidente del Gobierno, Ministerio Público, miembros del Parlamento), para acceder a los Tribunales Constitucionales, como sucede en Europa; o se exija una legitimación activa determinada (interés personal, directo) en caso de que se permita el ejercicio de la acción a los particulares, como sucede en Uruguay, Honduras y Paraguay.

En Panamá, también se ha establecido la *acción popular* como medio procesal para acceder a la Jurisdicción Constitucional de la Corte Suprema de Justicia. La diferencia, en todo caso, entre el sistema panameño y el de Venezuela y Colombia, radica en el objeto del control que es más amplio en Panamá, donde no sólo las leyes y demás actos estatales de rango o valor similar pueden ser impugnados por inconstitucionalidad mediante la acción popular, sino todos los actos estatales; y en que el sistema panameño de control es exclusivamente concentrado, en tanto que el colombiano y el venezolano es mixto o integral.

Debe señalarse, en todo caso, que además de los casos de Colombia, Venezuela y Panamá, también puede identificarse una acción popular de inconstitucionalidad tanto en El Salvador como en Nicaragua.

En efecto, el artículo 96 de la Constitución de 1950 de El Salvador, cuyo texto recoge el artículo 183 de la Constitución de 1992, establece la competencia de la Corte Suprema de Justicia, por medio de la Sala de lo Constitucional, como "único tribunal competente para declarar la inconstitucionalidad de las leyes, decretos y reglamentos, en su forma y contenido, de un modo general y obligatorio, y podrá hacerlo *a petición de cualquier ciudadano"*. Por su parte, el artículo 187 de la Constitución de Nicaragua de 1995, establece "el recurso por inconstitucionalidad contra toda ley, decreto o reglamento que se oponga a lo prescrito por la Constitución política, el *cual podrá ser instaurado por cualquier ciudadano*".

Se observa, en todo caso, que una pequeña diferencia podría identificarse en cuanto a la legitimación amplia de la *acción popular*: en Venezuela se otorga a cualquier persona, al igual que en Panamá; en cambio en El Salvador y Nicaragua al igual que en Colombia, se confiere a los ciudadanos, es decir, a quienes gozan de derechos políticos en los respectivos países. Por ello, en Colombia, los extranjeros y los nacionales menores de 18 años no pueden ejercer la acción popular lo que no sucede en Venezuela, donde la legitimación es más amplia y se refiere a cualquier persona, aún cuando no sea nacional o no goce de los derechos políticos.

En otros países, si bien la legitimación para ejercer la acción de inconstitucionalidad está sometida a algunas restricciones, en definitiva podría identificarse una acción popular de inconstitucionalidad, como es el caso de Guatemala y Ecuador. En Guatemala la Constitución de 1985, reguló los poderes de control de la constitucionalidad ejercidos por la Corte Constitucional, cuando se ejerce un recurso de inconstitucionalidad, concebido como una acción directa (art. 272,a) que puede ser interpuesta contra "las leyes y disposiciones de carácter general, objetadas parcial o totalmente de inconstitucionalidad" (arts. 267 y 272,a). Conforme a la Ley de Amparo, Exhibición personal y de constitucionalidad de 1986, tienen legitimación para plantear la inconstitucionalidad de leyes, reglamentos o disposiciones de carácter general, la Junta Directiva del Colegio de Abogados, el Ministerio Público, el Procurador de Derechos Humanos y "cualquier persona con el auxilio de tres abogados colegiados activos" (art. 134).

En el caso de Ecuador, la Constitución de 1998 si bien atribuye legitimación para intentar la demanda de inconstitucionalidad de las leyes y demás actos de similar rango a diversos funcionarios, en definitiva el Tribunal Constitucional puede conocer de las mismas a petición de mil ciudadanos o de cualquier persona, previo informe favorable del Defensor del Pueblo sobre la procedencia, lo que en definitiva equivale a una acción popular (art. 277,5).

b. *La legitimación específica para el ejercicio de la acción de inconstitucionalidad*

Salvo los casos de previsión de una acción popular, el ejercicio del control concentrado de la constitucionalidad de las leyes, está sometido a condiciones de legitimación específicas, generalmente reservándose la acción a determinados funcionarios públicos.

En efecto, en Brasil, para que el Tribunal Supremo Federal controle la constitucionalidad de las leyes y otros actos normativos, la acción federal de inconstitucionalidad puede ser intentada no solamente por el Procurador General de la República, como estaba dispuesto antes de 1988, sino también por el Presidente de la República, el Presidente del Senado, el Presidente de la Cámara de Diputados o el Presidente de las Asambleas Legislativas de los Estados miembros. Por otra parte, esta acción también puede ser interpuesta por el Gobernador de un Estado miembro, por el Consejo Federal de la Orden de los Abogados, por los partidos políticos representados en el Parlamento, por una confederación sindical o por una entidad gremial nacional.

En cuanto a la acción de inconstitucionalidad genérica de los Estados, ésta se interpone por ante las Cortes Supremas de los Estados para juzgar la constitucionalidad de las leyes o actos normativos de los Estados o municipios, con respecto a la Constitución de los Estados miembros. Puede ser interpuesta por el Gobernador del Estado, por la Asamblea Legislativa del Estado, por el Procurador General del Estado, por el Consejo de Abogados del Estado, por las entidades sindicales o gremiales a nivel del Estado o del municipio, siempre y cuando tengan algún interés jurídico en el caso, o por los partidos políticos representados en la Asamblea Legislativa del Estado o, si se trata de un acto normativo emitido por un municipio, por la Cámara correspondiente.

En el caso de México, de acuerdo con el artículo 105 de la Constitución, la acción de inconstitucionalidad puede ser interpuesta sólo por: a) El equivalente al treinta y tres por ciento de los integrantes de la Cámara de Diputados del Congreso de la Unión, en contra de leyes federales o del Distrito Federal expedidas por el Congreso de la Unión; b) El equivalente al treinta y tres por ciento de los integrantes del Senado, en contra de leyes federales o del Distrito Federal expedidas por el Congreso de la Unión o de tratados internacionales celebrados por el Estado Mexicano; c) El Procurador General de la República, en contra de leyes de carácter federal, estatal y del Distrito Federal, así como de tratados internacionales celebrados por el Estado Mexicano; d) El equivalente al treinta tres por ciento de los integrantes de alguno de los órganos legislativos estatales, en contra de leyes expedidas por el propio órgano, y e) El equivalente al treinta y tres por ciento de los integrantes de la Asamblea de Representantes del Distrito Federal, en contra de leyes expedidas por la propia Asamblea.

En Perú, las partes legitimadas para intentar la demanda de inconstitucionalidad de las leyes conforme a la Constitución y al artículo 99 del Código Procesal Constitucional son el Presidente de la República, el Fiscal General de la Nación, el Defensor del Pueblo, veinticinco por ciento del número legal de congresistas, los Presidentes de Región y los Alcaldes, los Colegios Profesionales o cincuenta mil ciudadanos mediante una petición, cuyas firmas deben ser certificadas por el Jurado Nacional de Elecciones.

En Guatemala, conforme a la Ley de Amparo, Exhibición personal y de constitucionalidad de 1986, tienen legitimación para plantear la inconstitucionalidad de leyes, reglamentos o disposiciones de carácter general, la Junta Directiva del Colegio de Abogados, el Ministerio Público, el Procurador de Derechos Humanos y "cualquier persona con el auxilio de tres abogados colegiados activos". Este último convierte el recurso, materialmente, en una acción popular de inconstitucionalidad, como la que existe en Colombia, Panamá y Venezuela.

En sentido similar, en Ecuador, la Constitución de 1998 si bien establece una legitimación precisa para ejercer algunas demandas de inconstitucionalidad que pueden intentar el Presidente de la República, el Congreso Nacional, la Corte Suprema de Justicia, los Concejos Provinciales y Municipales y mil ciudadanos previo informe favorable del Defensor del Pueblo (Art. 277).

5. *El poder de iniciativa del control concentrado de la constitucionalidad y la limitación a los poderes del juez constitucional*

A. *La ausencia de iniciativa del juez constitucional y los casos de control de officio*

Como viene de señalarse, en general, la cuestión de constitucionalidad referente a la validez de una ley en los sistemas concentrados de control, se plantea normalmente ante la Corte Suprema o la Corte Constitucional mediante el ejercicio de una acción o por remisión de un tribunal inferior. En ambos casos, el juez constitucional, no tiene iniciativa propia para actuar.

En esta forma, en la Jurisdicción Constitucional en general se aplica el principio *nemo judex sine actore*, pero una vez que la cuestión constitucional ha llegado a la Corte como consecuencia de una acción o de su remisión por parte de un tribunal inferior, el principio *in judex judicet ultra petitum partis* ya no es operante. Esto significa que la Corte Suprema o la Corte Constitucional, como juez constitucional, una vez requerida su actuación por un accionante o por un medio incidental, en general tiene poderes de oficio para considerar cuestiones de constitucionalidad distintas a las que han sido planteadas.

Por otra parte, en los casos de control concentrado de la constitucionalidad por vía incidental, el juez ordinario no sólo debe actuar a instancia de parte, sino que en general tiene poderes *ex-officio* para plantear la cuestión constitucional. Así sucede en Honduras y Uruguay.

En Venezuela, en los casos de control de la constitucionalidad de los decretos que declaren estados de excepción dictados por el Presidente o Presidenta de la República, la Sala Constitucional puede revisar, en todo caso, aun de oficio, la constitucionalidad de los mismos (art. 336,6).

B. *La iniciativa de control de la constitucionalidad de los jueces ordinarios en el método incidental del sistema concentrado de control de la constitucionalidad*

En el caso del método incidental de control concentrado de la constitucionalidad, conforme al cual los tribunales inferiores deben remitir la cuestión constitucional al juez constitucional, estos no siempre están vinculados por lo que invoquen las partes o el Fiscal, de manera que cuando consideran el caso particular, pueden plantear la cuestión constitucional de oficio y transmitirla a la Corte Suprema para que ésta decida. Así sucede en Panamá, Uruguay, Honduras y Costa Rica.

Esta es una consecuencia del principio de supremacía de la Constitución y del deber de los jueces de aplicar la ley. Por tanto, aun en los sistema concentrados exclusivos de control de la constitucionalidad, en los cuales la Constitución prohíbe a los tribunales ordinarios actuar como jueces constitucionales en cuanto a las leyes y demás actos reglamentarios, esto no quiere decir que en caso de que estos consideren inconstitucional una disposición legal o reglamentaria aplicable a la decisión de un caso concreto, no tengan el poder para plantear la cuestión constitucional y no puedan transmitirla al juez constitucional. Lo contrario significaría una ruptura con el principio de la supremacía de la Constitución y con el papel de los jueces en la aplicación de la ley.

En el caso de Honduras, se destaca, la doble posibilidad que tienen los jueces ordinarios en materia constitucional: tienen la potestad de desaplicar la ley al caso concreto si la consideran inconstitucional; o pueden plantear aún de oficio, la cuestión incidental de constitucionalidad ante la Sala Constitucional de la Corte Suprema de Justicia.

C. *Los poderes inquisitivos del juez constitucional*

Debe señalarse, por último, que en los casos de control concentrado de la constitucionalidad de las leyes ejercido por vía principal, la Corte Suprema de Justicia o el Tribunal Constitucional no pueden estar condicionados sólo por los motivos o vicios de inconstitucionalidad aducidos por el accionante, por lo que en general se admite el poder de control de oficio, respecto de otros motivos de inconstitucionalidad distintos a los invocados por el accionante. Así sucede en Panamá, Colombia y Venezuela.

El control de la constitucionalidad también puede abarcar otros preceptos de la ley respectiva no impugnados, si tienen conexión con el o los artículos cuestionados en la acción. Así sucede en Costa Rica, Venezuela y Panamá.

Por otra parte, la vida de la acción de inconstitucionalidad no siempre depende de la voluntad del accionante por lo que en algunos casos, a pesar de que este pueda desistir de la misma, la Corte tiene el poder de seguir conociendo del proceso. Así sucede en Venezuela y Colombia.

6. *Los efectos de las decisiones en materia de control concentrado de la constitucionalidad*

El último aspecto de la racionalidad del método concentrado de control de la constitucionalidad se refiere a los efectos de las decisiones dictadas por la Corte

Suprema o por la Corte Constitucional relativas a la inconstitucionalidad de la ley, sea respecto a los destinatarios de la decisión, sea respecto al tiempo.

A. *Efectos en cuanto a los destinatarios*

El control concentrado de la constitucionalidad, en general, implica la atribución a un solo órgano estatal de la potestad anulatoria respecto de las leyes inconstitucionales, por lo que en general, los efectos de la decisión anulatoria son *erga omnes*. Sin embargo, en algunos sistemas concentrados de control, los efectos son *inter partes*, respecto del recurrente, aún cuando ello es excepcional.

a. *Los efectos erga omnes de la decisión anulatoria*

En lo que se refiere a quienes afecta la decisión del juez constitucional, la racionalidad del sistema concentrado de control de la constitucionalidad implica que la decisión dictada por la Corte Suprema o por la Corte Constitucional, actuando como juez constitucional, tiene efectos generales, *erga omnes*. Este es el valor de las sentencias anulatorias por inconstitucionalidad de la Corte Suprema de Justicia en Venezuela, México, Costa Rica, Brasil, Honduras, El Salvador y Panamá, y de la Corte o Tribunal Constitucional en Colombia (art. 243), Guatemala, Perú, Ecuador y Bolivia (art. 121, II), siguiendo, en este sentido, la situación general en el derecho comparado.

Esto sucede cuando el control de la constitucionalidad se ejerce mediante una acción directa interpuesta por ante la Corte Constitucional o la Corte Suprema, sin conexión con algún caso concreto contencioso. En estos casos, cuando se interpone una acción directa por ante un juez constitucional, la relación procesal no se establece entre un demandante y un demandado, sino más bien, fundamentalmente, entre un recurrente y una ley o acto estatal cuya constitucionalidad está cuestionada. En este caso, el objeto de la decisión acerca de la constitucionalidad de la ley es su anulación, y los efectos de la decisión son necesariamente *erga omnes*. Nunca deberían ser *inter partes*, particularmente debido a la ausencia de las partes propiamente dichas, en el procedimiento.

Por otra parte, en el sistema concentrado exclusivo de control de la constitucionalidad, iniciado por el método incidental, como sucede en Panamá, cuando se plantea una cuestión constitucional referente a una ley en un procedimiento concreto y el tribunal inferior la remite a la Corte Suprema para que sea objeto de una decisión, dicha decisión también debe adoptarse con base en aspectos de derecho y no con respecto a los hechos, por lo que también tiene efectos *erga omnes*, es decir, no limitados al juicio concreto en el que se planteó la cuestión constitucional ni a las partes del mismo.

En el caso de Chile, donde en general el control de constitucionalidad de las leyes es *a priori*, el artículo 83 de la constitución establece que las disposiciones que el Tribunal Constitucional declare inconstitucionales no podrán convertirse en ley en el proyecto o decreto con fuerza de ley de que se trate. En los casos de control a posteriori de la constitucionalidad de los decretos presidenciales, sin embargo, se establece que el decreto supremo impugnado quedará sin efecto de pleno derecho, con el solo mérito de la sentencia del Tribunal que acoja el reclamo (art. 82, 5, 12). Por otra parte, precisa la misma norma que una vez resuelto por el Tribunal que un precepto legal determinado es constitucional, la Corte Suprema no puede declararlo inaplicable por el mismo vicio que fue materia de la sentencia.

b. *Los efectos inter partes de la decisión declaratoria de la inconstitucionalidad*

En contraste con los efectos *erga omnes* de las decisiones anulatorias de leyes por inconstitucionales que, como regla general tienen las que dictan los Tribunales Constitucionales o las Cortes Supremas cuando ejercen el control concentrado de la constitucionalidad, puede decirse que en todos los países en los cuales la acción o excepción de inconstitucionalidad sólo puede ser ejercida por quien alegue un interés personal y directo, como sucede en Uruguay y Paraguay, los efectos de las decisiones que adopte el juez constitucional sólo afectan al accionante o a las partes en el proceso; es decir, tienen efectos *inter partes.*

B. *Efectos de las decisiones de inconstitucionalidad en el tiempo*

El principio general en cuanto a los efectos temporales de las decisiones adoptadas en materia de control concentrado de la constitucionalidad de las leyes, es que si estas tienen efectos generales, *erga omnes*, dado su carácter anulatorio, entonces sólo tienen efectos constitutivos, *ex nunc, pro futuro*; es decir, no tienen efectos retroactivos.

Esta es la solución general del derecho comparado y la que existe en Panamá, Brasil, México, Colombia, Guatemala, Bolivia, Venezuela y Perú. En Ecuador, incluso, el artículo 278 de la Constitución precisa que la declaratoria de inconstitucionalidad "no tendrá efecto retroactivo".

Las decisiones anulatorias por inconstitucionalidad, por tanto, no tienen efectos retroactivos, aún cuando excepcionalmente podrían tenerlos en protección de derechos constitucionales. Así se establece en la Constitución de México, al precisar que en los casos de controversias constitucionales y de inconstitucionalidad de las leyes, la declaración de invalidez de las resoluciones respectivas "no tendrá efectos retroactivos, salvo en materia penal, en la que regirán los principios generales y disposiciones legales aplicables de esta materia" (art. 105, III). Así lo repite el artículo 45 de la Ley mexicana reguladora de la acción de inconstitucionalidad de 1995.

En este sentido, el artículo 204 de la Constitución del Perú establece "No tiene efecto retroactivo la sentencia del Tribunal que declara inconstitucional, en todo o en parte, una norma legal". El Código Procesal Constitucional sin embargo, luego de precisar que las decisiones anulatorias no tienen efectos retroactivos, establece en el caso de que se declare la inconstitucionalidad de normas tributarias, que el Tribunal puede determinar de manera expresa en la sentencia los efectos de la decisión en el tiempo (art. 81). Además, el Código precisa que las sentencias declarativas de inconstitucionalidad no conceden derecho a reabrir procesos concluidos en los que se hayan aplicado las normas declaradas inconstitucionales, salvo en las materias previstas en el segundo párrafo del artículo 103° (materia penal) y último párrafo del artículo 74° de la Constitución (materia tributaria) (art. 83).

En sentido similar, en Colombia, el Decreto N° 2067 de 1991 regulador de la Jurisdicción Constitucional había establecido que:

> Los fallos de la Corte sólo tendrán efecto hacia el futuro, salvo para garantizar el principio de favorabilidad en materia penal, policiva y disciplinaria y en el caso previsto en el artículo 149 de la Constitución.

Esta norma, sin embargo, fue declarada nula por inconstitucionalidad por la Corte Constitucional por sentencia Nº C-103/93 por considerarse que ello corresponde decidirlo a la propia Corte Constitucional y no es materia del legislador.

Puede decirse, que por ello, en Venezuela, aún cuando rige el principio general señalado, la Ley Orgánica del Tribunal Supremo de Justicia de 2004, al igual que la derogada Ley Orgánica la Corte Suprema de 1976, no resolvió el asunto en forma expresa, sino que se limitó a señalar que la Corte debe determinar "los efectos de su decisión en el tiempo" (art. 5, párrafo 1°, numerales 5 y 7). Sin embargo, para precisar los efectos de las sentencias que anulan una ley por inconstitucionalidad, debe recordarse que en Venezuela existe un sistema mixto o integral de control de la constitucionalidad, lo que implica el funcionamiento de dos sistemas de justicia constitucional en paralelo: por un lado, el sistema difuso, ejercido por todos los jueces, y por otro, el sistema concentrado, ejercido por la Sala Constitucional del Tribunal Supremo. Por consiguiente, no deben confundirse los efectos de las decisiones en materia de control de la constitucionalidad en uno y otro método.

En efecto, en relación a los casos de control difuso de la constitucionalidad, está claro que la decisión judicial de no aplicar una ley inconstitucional, incluso si tiene sólo y exclusivamente efectos *inter partes*, equivale a una decisión simplemente declarativa, con efectos retroactivos, *pro praeterito* o *ex tunc*. Al ejercer este control difuso, el juez no anula la ley, sino que declara o constata únicamente una inconstitucionalidad preexistente; de forma que ignora la existencia de la ley (es decir, que la considera inexistente) y no la aplica en el caso concreto que corresponde el conocimiento del juez.

Ahora bien, los efectos del control difuso de la constitucionalidad de las leyes son completamente diferentes de los efectos producidos por el ejercicio del control concentrado de la constitucionalidad, cuando la Sala Constitucional declara la nulidad de una ley por inconstitucionalidad. En esos casos, cuando la Sala Constitucional en el ejercicio de sus atribuciones previstas en el artículo 336 la Constitución venezolana, "declara la nulidad" de la ley, es decir anula la ley, ésta, en principio, es válida y efectiva hasta que se publique la sentencia de la Corte, habiendo producido todos sus efectos a pesar de su inconstitucionalidad, en virtud de la presunción de la constitucionalidad de las leyes.

Como el control de la constitucionalidad de las leyes atribuida a la Sala Constitucional por el artículo 336 de la Constitución es un control concentrado, ejercido mediante acción popular, resulta claro que la sentencia que anula la ley tiene efectos constitutivos, por lo que los efectos de la anulación de la ley por inconstitucionalidad, al no existir una norma expresa constitucional o legal que disponga la solución, sólo pueden producirse *erga omnes* pero hacia el futuro, es decir, que las sentencias son, en principio, constitutivas, *pro futuro* y con efectos *ex nunc*, que no pueden referirse al pasado (no pueden ser retroactivas). Se puede afirmar que ese es el criterio que sigue no sólo la doctrina venezolana, sino también, en general, la jurisprudencia de la antigua Corte Suprema de Justicia.

En todo caso, como se dijo a partir de 1976, la Ley Orgánica de la Corte Suprema de Justicia atribuyó a la antigua Corte el poder de determinar "los efectos de su decisión en el tiempo". Por consiguiente, la Corte podía corregir los efectos desfavorables que podría acarrear el efecto *ex nunc* de sus decisiones, particularmente en el campo de los derechos y garantías constitucionales, y podría atribuir a sus sentencias efectos retroactivos, *pro praeterito*, *ex tunc*.

Por tanto, en general, las sentencias anulatorias de inconstitucionalidad en los sistemas concentrados de control tienen efectos constitutivos (no declarativos), es decir, *ex nunc* y *pro futuro*, y por tanto, no tienen efectos retroactivos. La excepción a esta regla, sin embargo, la constituye el sistema de Costa Rica, cuya Ley de la Jurisdicción Constitucional establece el principio contrario, es decir, que los efectos de la declaración de inconstitucionalidad y anulación de la ley por parte de la Sala Constitucional son *ex tunc* y, por consiguiente, declarativos y retroactivos, salvo en lo referente a los derechos adquiridos de buena fe (art. 91) o respecto de situaciones consolidadas por prescripción, caducidad o en virtud de una sentencia judicial.

En Guatemala, en general los efectos de la decisión de la Corte Constitucional son *ex-nunc*; pero si la Corte ha decidido la suspensión provisional de los efectos de una ley durante el proceso, la decisión final tiene efectos *ex tunc*, de forma retroactiva, pero sólo hasta la fecha de la decisión de suspensión de los efectos de la ley cuestionada.

7. *El control de la constitucionalidad de la omisión*

Bajo la influencia de la Constitución de Portugal, la Constitución de Brasil estableció el control de constitucionalidad de la omisión del Legislador[81] en dictar las leyes requeridas para la aplicación de la Constitución, particularmente para hacer efectivos los derechos fundamentales.

En el supuesto de la Constitución portuguesa, la legitimación para requerir el ejercicio de esta potestad de control de constitucionalidad sin embargo, sólo la tenían el Presidente de la República, el Ombudsman o los Presidentes de las Regiones Autónomas[82]. En Brasil se sigue una orientación similar. Conforme al artículo 103, pueden interponer la acción de inconstitucionalidad: el Presidente de la República; la Mesa del Senado Federal; la Mesa de la Cámara de Diputados; la Mesa de la Asamblea Legislativa; el Gobernador del Estado; el Procurador General de la República; el Consejo Federal de la Orden de los Abogados de Brasil; los partidos políticos con representación en el Congreso Nacional; y las Confederaciones Sindicales o entidades de clase de ámbito nacional. Agregando la norma que

> 2°. Declarada la inconstitucionalidad por omisión de una medida destinada a dar efectividad a una norma Constitucional, se comunicará al Poder Competente para la adopción de la providencias necesarias y, tratándose de órgano administrativo, para que se haga en treinta días.

---

81 Véase en general Sagüés-Bidart Campos-Fernández Segado-Miranda-Fernández Rodríguez-Bazán, *Inconstitucionalidad por omisión*, Editorial Temis S.A., Santa Fe de Bogotá, Colombia 1997.

82 Véase Allan R. Brewer-Carías, *Judicial Review in Comparative Law, op. cit.*, p. 269.

En cambio, en la Constitución de Venezuela de 1999 no se establece condicionamiento alguno a la legitimación, por lo que tratándose de omisiones normativas[83], el mecanismo para impulsar su control puede recibir el mismo tratamiento de una *acción popular*, es decir, bastaría el simple interés en la constitucionalidad para intentar la acción. A tal efecto, el artículo 336 de la Constitución atribuyó a la Sala Constitucional, competencia para:

> 7. Declarar la inconstitucionalidad de las omisiones del poder legislativo municipal, estadal o nacional, cuando hayan dejado de dictar las normas o medidas indispensables para garantizar el cumplimiento de la Constitución, o las hayan dictado en forma incompleta, y establecer el plazo y, de ser necesario, los lineamientos de su corrección.

SECCIÓN QUINTA:

EL DESARROLLO CONSTITUCIONAL DE LAS GARANTÍAS INSTITUCIONALES DE LOS DERECHOS HUMANOS: EL DEFENSOR DEL PUEBLO O DE LOS DERECHOS

Dentro de los mecanismos de fortalecimiento de los medios de protección de los derechos fundamentales, aparte del tema de la ampliación y universalización de las declaraciones de derechos y del tema de las garantías judiciales y de su expansión o restricción, debe destacarse la situación más reciente América Latina, respecto del desarrollo de garantías institucionales de los derechos humanos derivada de la creación de la institución de los Defensores del Pueblo o de los Defensores de Derechos Humanos, que progresivamente se han ido incorporando en muchas de nuestras Constituciones. Se trata de la idea de que en los sistemas constitucionales debe preverse la existencia de un alto funcionario del Estado, cuya misión esencial es la de velar por la efectiva vigencia de los derechos y garantías constitucionales.

En las últimas décadas esta figura comienza a ser tradicional en el constitucionalismo de América Latina. En efecto en la antigua Constitución de Venezuela de 1961, se incorporó dicha figura pero vinculada al Ministerio Público, atribuyéndose expresamente al Fiscal General de la República, la misión de velar por la vigencia y respeto de los derechos y libertades públicas. Sin embargo, dicha tarea no fue lo efectiva que podía haber sido, habiéndose hiperdesarrollado las otras tareas del Ministerio Público, en relación con las de la específica protección de los derechos humanos.

En contraste, el progresivo desarrollo del constitucionalismo latinoamericano en las últimas décadas ha tendido hacia la creación de una institución aparte del Ministerio Público para velar por la vigencia de los derechos humanos, dotada de autonomía funcional y de nombramiento parlamentario. En esta forma, actualmente tenemos el ejemplo de muchas Constituciones de América Latina, donde se consagra expresamente la figura del Defensor del Pueblo, del Defensor de los Derechos

---

83 O como lo ha calificado la Sala Constitucional: "Silencio legislativo y el funcionamiento anormal legislativo". Sentencia N° 1819 de 08-08-2000 de la Sala Político-Administrativa, caso: *René Molina vs. Comisión Legislativa Nacional.*

Humanos y, en otros casos, incluso sin previsión constitucional, como en Costa Rica, donde por ley se ha creado una figura similar. La tendencia también se siguió en la Constitución venezolana de 1999, separándose del Ministerio Público la protección institucional de los derechos humanos, tarea que se asignó al Defensor del Pueblo.

En todos esos casos, esta institución tiene una distinción respecto de lo que podría ser el modelo original que es el del Ombudsman escandinavo, el cual fue concebido como mecanismo parlamentario de protección de los derechos frente a la Administración, producto en cierta forma de la lucha entre el Ejecutivo y el Parlamento, lo que obligó a este último a establecer un Comisionado Parlamentario para vigilar la Administración del Estado. Sin embargo, en el caso de la institución latinoamericana, ya no se trata de un Ombudsman con la característica inicial, sino de un órgano con autonomía funcional que aun cuando es de nombramiento parlamentario, no está sometido al Parlamento ni responde a instrucciones parlamentarias. Tiene, por tanto, independencia frente a los Poderes del Estado en general y con lapso de duración generalmente coincidente con el período constitucional. Tiene, además, una característica importante en América Latina, y es que goza de legitimación para intentar acciones de protección de carácter procesal, es decir, acciones de amparo o acciones de inconstitucionalidad.

I. EL DEFENSOR DE LOS DERECHOS HUMANOS COMO COMISIONADO PARLAMENTARIO

En algunos países de América Latina puede decirse que la figura del defensor de los derechos humanos sigue el modelo europeo de comisionado parlamentario, aún cuando no necesariamente en relación con la Administración Pública.

1. *El Defensor del Pueblo en Argentina para la protección de los derechos ante la Administración Pública*

En el caso de la Constitución de Argentina (art. 86), el Defensor del Pueblo es un defensor frente a la Administración, que tiene por objeto la protección de los derecho humanos ante hechos, actos u omisiones de la administración pública y el control del ejercicio de las funciones administrativas públicas.

En efecto, en el Título referido al Poder Legislativo, el artículo 86 regula al Defensor del Pueblo como "órgano independiente instituido en el ámbito del Congreso de la Nación, que actuara con plena autonomía funcional, sin recibir instrucciones de ninguna autoridad. Su misión es la defensa y protección de los derechos humanos y demás derechos, garantías e intereses tutelados en esta Constitución y las leyes, ante hechos, actos u omisiones de la Administración; y el control del ejercicio de las funciones administrativas públicas".

El defensor del Pueblo es no sólo designado por el Congreso con el voto de las dos terceras partes de los miembros presentes de cada una de las Cámaras, sino que también puede ser removido en la misma forma. Goza de las inmunidades y privilegios de los legisladores; durará en su cargo cinco años, pudiendo ser nuevamente designado por una sola vez; y tiene legitimación procesal.

2. *El Defensor del Pueblo en Paraguay para la defensa general de los derechos humanos*

En el Paraguay, la Constitución (art. 276) al Defensor del Pueblo como un "comisionado parlamentario cuyas funciones son la defensa de los derechos humanos, la canalización de reclamos populares y la protección de los intereses comunitarios". Agrega la norma la precisión de que "en ningún caso tendrá función judicial ni competencia ejecutiva".

Conforme se establece en el artículo 277 dicho funcionario goza de autonomía e inamovilidad; es nombrado por mayoría de dos tercios de la Cámara de Diputados, de una terna propuesta por el Senado, y dura 5 años en sus funciones, coincidentes con el período del Congreso; y puede ser reelecto. Además, puede ser removido por mal desempeño de sus funciones, con el procedimiento del juicio político establecido en esta Constitución.

El artículo 279 establece los siguientes deberes y atribuciones del Defensor del Pueblo:

1. Recibir e investigar denuncias, quejas y reclamos contra violaciones de los derechos humanos y otros hechos que establecen esta Constitución y la ley.
2. Requerir de las autoridades en sus diversos niveles, incluyendo los de los órganos policiales y los de seguridad en general, información para el mejor ejercicio de sus funciones, sin que pueda oponérsele reserva alguna. Podrá acceder a los sitios donde se denuncie la comisión de tales hechos. Es también de su competencia actuar de oficio;
3. Emitir censura pública por actos o comportamientos contrarios a los derechos humanos;
4. Informar anualmente de sus gestiones a las Cámaras del Congreso;
5. Elaborar y divulgar informes sobre la situación de los derechos humanos que, a su juicio, requieran pronta atención pública.

3. *El Procurador de los Derechos Humanos en Guatemala para la defensa general de los derechos humanos*

En Guatemala, como parte de las garantías constitucionales y defensa del orden constitucional, el artículo 273 de la Constitución regula a la Comisión de Derechos Humanos y al Procurador de la Comisión, cuya designación corresponde al Congreso de la República.

La Comisión está formada por un diputado por cada partido político representado en el correspondiente período. Le corresponde a esta Comisión proponer al Congreso tres candidatos para la elección de un Procurador, que debe reunir las calidades de los magistrados de la Corte Suprema de Justicia y goza de las mismas inmunidades y prerrogativas de los diputados al Congreso. Ejerce su cargo por un período de 5 años,

El Procurador de los Derechos Humanos, por tanto, "es un comisionado del Congreso de la República para la defensa de los Derechos Humanos que la Constitución garantiza"; a cuyo efecto tiene "facultades de supervisar la administración (art. 274). El artículo 275 le define al Procurador de los Derechos Humanos, las siguientes atribuciones:

1. Promover el buen funcionamiento y la agilización de la gestión administrativa gubernamental, en materia de Derechos Humanos;
2. Investigar y denunciar comportamientos administrativos lesivos a los intereses de las personas;
3. Investigar toda clase de denuncias que le sean planteadas por cualquier persona, sobre violaciones a los Derechos Humanos;
4. Recomendar privada o públicamente a los funcionarios la modificación de un comportamiento administrativo objetado;
5. Emitir censura pública por actos o comportamientos en contra de los derechos constitucionales;
6. Promover acciones o recursos, judiciales o administrativos, en los casos en que sea procedente.

II. EL DEFENSOR DE LOS DERECHOS HUMANOS COMO PARTE DEL MINISTERIO PÚBLICO

La mayoría de las Constituciones latinoamericanas que regulan la figura del Defensor del Pueblo o del Procurador para Defensa de los Derechos Humanos, no especifican en forma alguna que la tarea de protección se deba ejercer en relación con la administración del Estado o al Poder Ejecutivo, sino frente a la universalidad de actores que puedan atentar contra los derechos humanos. Es el caso de las Constituciones de Colombia, Ecuador, El Salvador y Paraguay, aún cuando en algunos países como en Colombia y El Salvador, el Defensor de los Derechos Humanos o Derechos del Pueblo se vincula al Ministerio Público.

1. *El Defensor del Pueblo en Colombia*

En efecto, en Colombia, dentro de los organismos de control y en particular, dentro del Ministerio Público, el artículo 281, regula al Defensor del Pueblo como formando parte del ministerio público, órgano que debe ejercer sus funciones bajo la suprema dirección del Procurador General de la Nación.

Este funcionario, elegido por la Cámara de Representantes para un período de cuatro años de terna elaborada por el presidente de la República, conforme se indica en el artículo 282 del texto constitucional, debe velar por la promoción, el ejercicio y la divulgación de los derechos humanos, para lo cual debe ejercer las siguientes funciones:

1. Orientar e instruir a los habitantes del territorio nacional y a los colombianos en el exterior en el ejercicio y defensa de sus derechos ante las autoridades competentes o entidades de carácter privado.
2. Divulgar los derechos humanos y recomendar las políticas para su enseñanza.
3. Invocar el derecho de habeas corpus e interponer las acciones de tutela, sin perjuicio del derecho que asiste a los interesados.

4. Organizar y dirigir la defensoría pública en los términos que señale la ley.
5. Interponer acciones populares en asuntos relacionados con su competencia.
6. Presentar proyectos de ley sobre materias relativas a su competencia.
7. Rendir informes al Congreso sobre el cumplimiento de sus funciones.

2. *El Procurador para la Defensa de los Derechos Humanos en El Salvador*

En El Salvador, igualmente, el Procurador para la Defensa de los Derechos Humanos integra el Ministerio Público junto con el Fiscal General de la República y el Procurador General de la República (art. 191). Todos estos funcionarios, conforme al artículo 192 de la Constitución, son elegidos por la Asamblea Legislativa por mayoría cualificada de los dos tercios de Diputados electos, y duran 3 años en el ejercicio de sus cargos pudiendo ser reelegidos. Se prevé, además la posibilidad de su "destitución solamente procederá por causas legales, con el voto de los dos tercios de los Diputados electos".

El artículo 194,I de la Constitución atribuye al Procurador para la Defensa de los Derechos Humanos las siguientes funciones:

1° Velar por el respeto y la garantía a los Derechos Humanos;

2° Investigar, de oficio o por denuncia que hubiere recibido, casos de violaciones a los derechos Humanos;

3° Asistir a las presuntas víctimas de violaciones a los Derechos Humanos;

4° Promover recursos judiciales o administrativos para la protección de los Derechos Humanos;

5° Vigilar la situación de las personas privadas de su libertad. Será notificado de todo arresto y cuidará que sean respetados los límites legales de la detención administrativa;

6° Practicar inspecciones, donde lo estime necesario, en orden a asegurar el respeto a los Derechos Humanos;

7° Supervisar la actuación de la administración pública frente a las personas;

8° Promover reformar ante los Órganos del Estado para el progreso de los Derechos Humanos;

9° Emitir opiniones sobre proyectos de leyes que afecten el ejercicio de los Derechos Humanos;

10° Promover y proponer las medidas que estime necesarias en orden a prevenir violaciones a los Derechos Humanos;

11° Formular conclusiones y recomendaciones pública o privadamente;

12° Elaborar y publicar informes;

13° Desarrollar un programa permanente de actividades de promoción sobre el conocimiento y respeto de los Derechos Humanos.

III. EL DEFENSOR DE LOS DERECHOS HUMANOS COMO ÓRGANO CONSTITUCIONAL CON AUTONOMÍA FUNCIONAL

En otros países, los órganos de protección de los derechos humanos están configurados constitucionalmente como órganos constitucionales, con autonomía funcional, sin vinculación con algún otro órgano constitucional o Poder del Estado.

Es el caso de Ecuador, cuya Constitución, es su artículo 96 regula al Defensor del Pueblo, con jurisdicción nacional, "para promover o patrocinar el hábeas corpus y la acción de amparo de las personas que lo requieran; defender y excitar la observancia de los derechos fundamentales que esta Constitución garantiza; observar la calidad de los servicios públicos y ejercer las demás funciones que le asigne la ley".

El Defensor del Pueblo, quien debe reunir los mismos requisitos exigidos para ser magistrado de la Corte Suprema de Justicia; es elegido por el Congreso Nacional de fuera de su seno, con el voto favorable de las dos terceras partes de sus miembros, luego de haber escuchado a las organizaciones de derechos humanos legalmente reconocidas. Es designado para desempeñar sus funciones durante cinco años, puede ser reelegido por una sola vez, y debe rendir informe anual de labores al Congreso Nacional.

El Defensor del Pueblo, conforme a la Constitución, tiene "independencia y autonomía económica y administrativa" y goza de fuero e inmunidad en los términos que señale la ley.

En México, la Constitución dispone en su artículo 102,B que el Congreso de la Unión y las legislaturas de las entidades federativas, en el ámbito de sus respectivas competencias, debe establecer organismos de protección de los derechos humanos que ampara el orden jurídico mexicano, los que deben conocer de quejas en contra de actos u omisiones de naturaleza administrativa provenientes de cualquier autoridad o servidor público, con excepción de los del Poder Judicial de la Federación, que violen estos derechos. Estos organismos deben formular recomendaciones públicas, no vinculantes y denuncias y quejas ante las autoridades respectivas; y no son competentes "tratándose de asuntos electorales, laborales y jurisdiccionales".

En el caso del organismo establecido el Congreso de la Unión se denomina Comisión Nacional de Derechos Humanos; y cuenta con autonomía de gestión y presupuestaria, personalidad jurídica y patrimonio propios.

En Bolivia, la Constitución destina un título a regular la "Defensa de la Sociedad", y en el mismo, el artículo 127, a normar el Defensor del Pueblo, como órgano que "vela por la vigencia y el cumplimiento de los derechos y garantías de las personas en relación a la actividad administrativa de todo el sector público. Asimismo, vela por la defensa, promoción y divulgación de los derechos humanos".

El Defensor del Pueblo "no recibe instrucciones de los poderes públicos", y conforme al artículo 128 de la Constitución es elegido por dos tercios de votos de los miembros presentes del Congreso Nacional; no puede ser enjuiciado, perseguido ni detenido por causa del ejercicio de sus funciones, salvo la comisión de delitos, en cuyo caso se debe aplicar el procedimiento previsto en el artículo 118°, atribución 6ª de esta Constitución; y desempeña sus funciones por un período de 5 años y puede ser reelecto por una sola vez. El cargo de Defensor del Pueblo es incompatible con el desempeño de cualquier otra actividad pública, o privada remunerada a excepción de la docencia universitaria.

El artículo 129 asigna al Defensor del Pueblo, la facultad de interponer los recursos de inconstitucionalidad, directo de nulidad, amparo y hábeas corpus, sin necesidad de mandato. A tal efecto, se le garantiza "acceso libre a los centros de detención, reclusión e internación".

En el Perú, la Constitución en su artículo 161 regula a la Defensoría del Pueblo como un órgano es autónomo. Su titular, el Defensor del Pueblo es elegido y removido por el Congreso con el voto de dos tercios de su número legal; y goza de la misma inmunidad y de las mismas prerrogativas de los congresistas. Dura 5 años en ejercicio de sus funciones y no está sujeto a mandato imperativo.

Conforme al artículo 162, corresponde a la Defensoría del Pueblo defender los derechos constitucionales y fundamentales de la persona y de la comunidad; y supervisar el cumplimiento de los deberes de la administración estatal y la prestación de los servicios públicos a la ciudadanía.

En Nicaragua, la Constitución se limita a establecer como competencia de la Asamblea Nacional, en nombramiento del Procurador para la Defensa de los Derechos Humanos, remitiendo a la ley la regulación de su funcionamiento (art. 138,30)

IV. EL DEFENSOR DEL PUEBLO COMO PARTE DE LA DIVISIÓN DEL PODER PÚBLICO

Por último, debe mencionarse el caso de Venezuela, cuya Constitución de 1999, creó la figura del Defensor del Pueblo, como órgano del Poder Ciudadano, que es uno de los cinco órganos del Poder Público Nacional, el cual, el artículo 136 divide en "Legislativo, Ejecutivo, Judicial, Ciudadano y Electoral". En consecuencia, conforme a esta penta división del Poder Público, el Defensor del Pueblo, junto con el Fiscal General de la República y el Contralor General de la República, integran el Poder Ciudadano.

La garantía constitucional de Defensor del Pueblo expresamente se regula en el artículo 282 de la Constitución, al disponer que "gozará de inmunidad en el ejercicio de sus funciones y, por lo tanto, no podrá ser perseguido, detenido, ni enjuiciado por actos relacionados con el ejercicio de sus funciones".

Conforme al artículo 280 de la Constitución, el Defensor del Pueblo "tiene a su cargo la promoción, defensa y vigilancia de los derechos y garantías establecidos en esta Constitución y en los tratados internacionales sobre derechos humano, además de los intereses legítimos, colectivos o difusos de los ciudadanos". Para el cumplimiento de tal misión, el artículo 281 asigna al Defensor del Pueblo, las siguientes atribuciones

1. Velar por el efectivo respeto y garantía de los derechos humanos consagrados en esta Constitución y en los tratados, convenios y acuerdos internacionales sobre derechos humanos ratificados por la República, investigando de oficio o a instancia de parte las denuncias que lleguen a su conocimiento.
2. Velar por el correcto funcionamiento de los servicios públicos, amparar y proteger los derechos e intereses legítimos, colectivos y difusos de las personas, contra las arbitrariedades, desviaciones de poder y errores cometidos en la prestación de los mismos, interponiendo cuando fuere pro-

cedente las acciones necesarias para exigir al Estado el resarcimiento a los administrados de los daños y perjuicios que les sean ocasionados con motivo del funcionamiento de los servicios públicos.

3. Interponer las acciones de inconstitucionalidad, amparo, habeas corpus, hábeas data y las demás acciones o recursos necesarios para ejercer las atribuciones señaladas en los numerales anteriores, cuando fuere procedente de conformidad con la ley.
4. Instar al Fiscal General de la República para que intente las acciones o recursos a que hubiere lugar contra los funcionarios públicos o funcionarias públicas, responsables de la violación o menoscabo de los derechos humanos.
5. Solicitar al Consejo Moral Republicano que adopte las medidas a que hubiere lugar respecto de los funcionarios públicos o funcionarias públicas responsables por la violación o menoscabo de los derechos humanos.
6. Solicitar ante el órgano competente la aplicación de los correctivos y las sanciones a que hubiere lugar por la violación de los derechos del público consumidor y usuario, de conformidad con la ley.
7. Presentar ante los órganos legislativos municipales, estadales o nacionales, proyectos de ley u otras iniciativas para la protección progresiva de los derechos humanos.
8. Velar por los derechos de los pueblos indígenas y ejercer las acciones necesarias para su garantía y efectiva protección.
9. Visitar e inspeccionar las dependencias y establecimientos de los órganos del Estado, a fin de prevenir o proteger los derechos humanos.
10. Formular ante los órganos correspondientes las recomendaciones y observaciones necesarias para la mejor protección de los derechos humanos, para lo cual desarrollará mecanismos de comunicación permanente con órganos públicos o privados, nacionales e internacionales, de protección y defensa de los derechos humanos.
11. Promover y ejecutar políticas para la difusión y efectiva protección de los derechos humanos.

SECCIÓN SEXTA:

LA CONSOLIDACIÓN DEL RÉGIMEN DEMOCRÁTICO COMO CONDICIÓN PARA LA EFECTIVIDAD DE LOS MECANISMOS NACIONALES DE PROTECCIÓN DE LOS DERECHOS HUMANOS

La posibilidad de utilización efectiva de los mecanismos nacionales de protección de los derechos humanos, sin duda, depende de la efectiva consolidación del régimen democrático. Así como puede decirse que no existe democracia donde no haya una garantía efectiva de los derechos humanos, también debe señalarse que estos no pueden ser efectivamente garantizados sino en un régimen democrático.

Pero sobre la democracia, debe señalarse que si bien la elección de representantes es y seguirá siendo una pieza esencial de la misma, la sola elección popular de los gobernantes no es suficiente para que pueda decirse que existe un régimen democrático representativo, como más de un autócrata ha proclamado sacrificando los otros elementos esenciales de la democracia. No se olvide que, por ejemplo, los líderes fascistas de la primera mitad del Siglo pasado llegaron al poder y consolidaron su régimen totalitario con el voto popular; y que muchos de los autócratas que todavía actúan en el mundo, de tanto en cuanto se hace elegir mediante una votación popular en cuyo proceso no hay libertad de postulación de candidatos ni pluralismo político.

La democracia es mucho más que la sola elección popular de los gobernantes, que siempre tiene que ser mediante elecciones periódicas, libres y basadas en el sufragio universal y secreto como expresión de la soberanía popular; y apunta a un régimen político donde, además, se respeten los derechos humanos; se acceda al poder con sujeción al Estado de derecho, y aquél se ejerza conforme al mismo; exista un régimen plural de partidos y organizaciones políticas; y la separación e independencia de los poderes esté asegurada.

I. LA CARTA DEMOCRÁTICA INTERAMERICANA

En este sentido, y para comprender bien qué debe entenderse por régimen democrático, en América Latina tiene la más grande importancia la *Carta Democrática Interamericana* adoptada por la Asamblea General de la Organización de Estados Americanos, en sus sesiones extraordinarias celebradas en Lima, Perú, el 11 de septiembre de 2001, el mismo día de los ataques terroristas en Nueva York y Washington, en la cual no sólo se consideró que "los pueblos de América tienen *derecho a la democracia* y sus gobiernos la obligación de promoverla y defenderla" (art. 1), sino que además, se formularon los siguientes postulados fundamentales respecto de este régimen político:

Primero, que el ejercicio efectivo de la democracia representativa es la base del Estado de derecho y de los regímenes constitucionales de los Estados americanos (art. 2).

Segundo, que la democracia representativa se refuerza y profundiza con la participación permanente, ética y responsable de la ciudadanía en un marco de legalidad, conforme al respectivo orden constitucional (art. 2); y

Tercero, que son elementos esenciales de la democracia representativa, entre otros, los siguientes:

a. El respeto a los derechos humanos y las libertades fundamentales;
b. El acceso al poder y su ejercicio con sujeción al Estado de derecho;
c. La celebración de elecciones periódicas, libres, justas y basadas en el sufragio universal y secreto, como expresión de la soberanía del pueblo;
d. El régimen plural de partidos y organizaciones políticas; y
e. La separación e independencia de los poderes públicos.

Lo más destacado de esta documento, quizás el más importante que se haya adoptado jamás por una comunidad internacional sobre el régimen político democrático, es la superación de la ecuación simplista antes mencionada que en algunos ámbitos nacionales e internacionales, según la conveniencia del momento e interés singular del intérprete, ha tendido a identificar a la democracia con el sólo origen electivo de los representantes. La democracia exige elecciones; pero es mucho más que ello; y en tal sentido, la Carta Democrática, en cierta forma, para formular los elementos esenciales de la democracia, recoge los cuatro principios sobre los cuales, como señalamos en la Introducción a este libro, está montado el Estado democrático de derecho: principio de la limitación y control del poder, principio de la legitimidad democrática, principio de la legalidad y principio declarativo y garantista de los derechos humanos.

Por tanto, con una declaración como la contenida en el texto de la Carta Democrática, se replantea el más importante y esencial de los debates políticos en América Latina, aún vigente en estos comienzos del siglo XXI, y que no es otro que el de la propia democracia y su efectiva gobernabilidad; pues, sin duda, hay demasiadas voces que están planteando que hay que sustituirla por un régimen político autoritario, militarista e impositivo, fundamentado en la centralización y la concentración del Poder, amparado en una ilusoria participación que no es tal, sino simple populismo sometido, como supuestamente sustitutiva de la representación.

Por la importancia que tienen los postulados de la democracia establecidos en la Carta Democrática para la posibilidad misma del ejercicio de los mecanismos nacionales de protección de los derechos humanos, estimamos necesario, a continuación, glosar su contenido. La Carta está dividida en seis capítulos, en los cuales se desarrollaron los siguientes aspectos: la democracia y el sistema interamericano; la democracia y los derechos humanos; la democracia, el desarrollo integral y el combate a la pobreza; el fortalecimiento y preservación de la institucionalidad democrática; la democracia y las misiones de observación electoral; y promoción de la cultura democrática.

II. LA DEMOCRACIA Y EL SISTEMA INTERAMERICANO

1. *El derecho a la democracia*

El artículo 1° de la Carta reconoce y declara que los pueblos de América tienen derecho a la democracia y sus gobiernos la obligación de promoverla y defenderla, considerando a la democracia como esencial para el desarrollo social, político y económico de los pueblos de América.

2. *La reafirmación de la democracia representativa y de la participación política*

El ejercicio efectivo de la democracia representativa conforme al artículo 2 de la Carta, se considera la base del Estado de derecho y los regímenes constitucionales de los Estados Miembros de la Organización de los Estados Americanos.

La democracia representativa, por otra parte, se refuerza y profundiza con la participación permanente, ética y responsable de la ciudadanía en un marco de legalidad conforme al respectivo orden constitucional.

3. *Los elementos esenciales de la democracia representativa*

El artículo 3 de la Carta enumera como elementos esenciales de la democracia representativa, entre otros, los siguientes: 1) el respeto a los derechos humanos y las libertades fundamentales; 2) el acceso al poder y su ejercicio con sujeción al estado de derecho; 3) la celebración de elecciones periódicas, libres, justas y basadas en el sufragio universal y secreto como expresión de la soberanía del pueblo; 4) el régimen plural de partidos y organizaciones políticas; y 5) la separación e independencia de los poderes públicos.

4. *Los componentes fundamentales del ejercicio de la democracia*

Son componentes fundamentales del ejercicio de la democracia tal como los enumera el artículo 4° de la Carta, 1) la transparencia de las actividades gubernamentales, 2) la probidad, 3) la responsabilidad de los gobiernos en la gestión pública, 4) el respeto por los derechos sociales y 5) la libertad de expresión y de prensa.

Además, se declara que son igualmente fundamentales para la democracia la subordinación constitucional de todas las instituciones del Estado a la autoridad civil legalmente constituida y el respeto al estado de derecho de todas las entidades y sectores de la sociedad.

5. *Los partidos políticos y su financiamiento*

El artículo 5° de la Carta considera el fortalecimiento de los partidos y de otras organizaciones políticas como prioritario para la democracia. Agrega, además, que se deberá prestar atención especial a la problemática derivada de los altos costos de las campañas electorales y al establecimiento de un régimen equilibrado y transparente de financiación de sus actividades.

6. *La participación política*

El artículo 6° de la Carta declara como un derecho y una responsabilidad la participación de la ciudadanía en las decisiones relativas a su propio desarrollo, considerándola también como una condición necesaria para el pleno y efectivo ejercicio de la democracia. Este se fortalece con la Promoción y fomento de las diversas formas de participación.

III. LA DEMOCRACIA Y LOS DERECHOS HUMANOS

1. *La democracia y el ejercicio de los derechos y libertades*

La democracia como lo precisa el artículo 7 de la Carta, es indispensable para el ejercicio efectivo de las libertades fundamentales y los derechos humanos, en su carácter universal, indivisible e interdependiente, consagrados en las respectivas constituciones de los Estados y en los instrumentos interamericanos e internacionales de derechos humanos.

2. *El derecho de las personas a denunciar violaciones de derechos humanos ante los organismos internacionales*

El artículo 8 de la Carta consagra el derecho de cualquier persona o grupo de personas que consideren que sus derechos humanos han sido violados para interponer denuncias o peticiones ante el sistema interamericano de promoción y protección de los derechos humanos conforme a los procedimientos establecidos en el mismo.

A tal efecto la Carta constituye una reafirmación de la intención de los Estados Miembros de la OEA de fortalecer el sistema interamericano de protección de los derechos humanos para la consolidación de la democracia en el Hemisferio.

3. *La proscripción de la discriminación*

En particular, el artículo 9 de la Carta considera que contribuyen al fortalecimiento de la democracia y la participación ciudadana, la eliminación de toda forma de discriminación, especialmente la discriminación de género, étnica y racial, y de las diversas formas de intolerancia, así como la promoción y protección de los derechos humanos de los pueblos indígenas y los migrantes y el respeto a la diversidad étnica, cultural y religiosa en las Américas.

4. *La democracia y los derechos laborales*

Además, la Carta precisa que la promoción y el fortalecimiento de la democracia requieren el ejercicio pleno y eficaz de los derechos de los trabajadores y la aplicación de normas laborales básicas, tal como están consagradas en la Declaración de la Organización Internacional del Trabajo (OIT) relativa a los Principios y Derechos Fundamentales en el Trabajo y su Seguimiento, adoptada en 1998, así como en otras convenciones básicas afines de la OIT (art. 10), lo que se completa con la declaración de que la democracia se fortalece con el mejoramiento de las condiciones laborales y la calidad de vida de los trabajadores del Hemisferio.

IV. DEMOCRACIA, EL DESARROLLO INTEGRAL Y EL COMBATE A LA POBREZA

1. *La democracia y el desarrollo económico*

El artículo 11 de la Carta considera y declara que la democracia y el desarrollo económico y social son interdependientes y se refuerzan mutuamente.

2. *La democracia y los problemas sociales*

La pobreza, el analfabetismo y los bajos niveles de desarrollo humano son considerados por el artículo 12 de la Carta, como factores que inciden negativamente en la consolidación de la democracia. En consecuencia, con la Carta los Estados Miembros de la OEA se comprometen a adoptar y ejecutar todas las acciones necesarias para la creación de empleo productivo, la reducción de la pobreza y la erradicación de la pobreza extrema, teniendo en cuenta las diferentes realidades y condiciones económicas de los países del Hemisferio.

Este compromiso común frente a los problemas del desarrollo y la pobreza, también destaca la importancia de mantener los equilibrios macroeconómicos y el imperativo de fortalecer la cohesión social y la democracia.

3. *La democracia y el crecimiento económico*

El artículo 13 de la Carta declara que la promoción y observancia de los derechos económicos, sociales y culturales son consustanciales al desarrollo integral, al crecimiento económico con equidad y a la consolidación de la democracia en los Estados del Hemisferio.

4. *El rol de la OEA en materia de desarrollo*

En el artículo 14 de la Carta los Estados Miembros acuerdan examinar periódicamente las acciones adoptadas y ejecutadas por la Organización encaminadas a fomentar el diálogo, la cooperación para el desarrollo integral y el combate a la pobreza en el Hemisferio, y tomar las medidas oportunas para promover estos objetivos.

5. *La democracia y el medio ambiente*

Dispone el artículo 15 de la Carta, que el ejercicio de la democracia facilita la preservación y el manejo adecuado del medio ambiente. Por ello, se considera como esencial que los Estados del Hemisferio implementen políticas y estrategias de protección del medio ambiente, respetando los diversos tratados y convenciones, para lograr un desarrollo sostenible en beneficio de las futuras generaciones.

6. *La democracia y la educación*

El artículo 16 de la Carta, por su parte, considera a la educación como clave para fortalecer las instituciones democráticas, promover el desarrollo del potencial humano y el alivio de la pobreza, y fomentar un mayor entendimiento entre los pueblos. Para lograr estas metas la norma establece que es esencial que una educación de calidad esté al alcance de todos, incluyendo a las niñas y las mujeres, los habitantes de las zonas rurales y las personas que pertenecen a las minorías.

V. EL FORTALECIMIENTO Y LA PRESERVACIÓN DE LA INSTITUCIONALIDAD DEMOCRÁTICA

1. *La solicitud de asistencia a la OEA*

El artículo 17 de la Carta dispone que cuando el gobierno de un Estado Miembro considere que está en riesgo su proceso político institucional democrático o su legítimo ejercicio del poder, puede recurrir al Secretario General o al Consejo Permanente a fin de solicitar asistencia para el fortalecimiento y preservación de la institucionalidad democrática.

2. *Las visitas de la OEA*

Cuando en un Estado Miembro se produzcan situaciones que pudieran afectar el desarrollo del proceso político institucional democrático o el legítimo ejercicio del poder, conforme al artículo 18 de la Carta, el Secretario General o el Consejo Permanente pueden, con el consentimiento previo del gobierno afectado, disponer visitas y otras gestiones con la finalidad de hacer un análisis de la situación. En tal caso, el Secretario General debe elevar un informe al Consejo Permanente, y éste debe realizar una apreciación colectiva de la situación y, en caso necesario, puede adoptar decisiones dirigidas a la preservación de la institucionalidad democrática y su fortalecimiento.

3. *Efectos de la ruptura del orden democrático o la alteración del orden constitucional en un Estado Miembro*

El artículo 19 de la Carta dispone que conforme a los principios de la Carta de la OEA y con sujeción a sus normas, y en concordancia con la cláusula democrática contenida en la Declaración de la ciudad de Quebec, la ruptura del orden democrático o una alteración del orden constitucional que afecte gravemente el orden democrático en un Estado Miembro constituye, mientras persista, un obstáculo insuperable para la participación de su gobierno en las sesiones de la Asamblea General, de la Reunión de Consulta, de los Consejos de la Organización y de las conferencias especializadas, de las comisiones, grupos de trabajo y demás órganos de la Organización.

4. *Las iniciativas en caso de alteración del orden constitucional en un Estado*

Conforme al artículo 20 de la Carta, en caso de que en un Estado Miembro se produzca una alteración del orden constitucional que afecte gravemente su orden democrático, cualquier Estado Miembro o el Secretario General puede solicitar la convocatoria inmediata del Consejo Permanente para realizar una apreciación colectiva de la situación y adoptar las decisiones que estime conveniente.

El Consejo Permanente, según la situación, puede disponer la realización de las gestiones diplomáticas necesarias, incluidos los buenos oficios, para promover la normalización de la institucionalidad democrática.

Si las gestiones diplomáticas resultaren infructuosas o si la urgencia del caso lo aconsejare, el Consejo Permanente debe convocar de inmediato un período extraordinario de sesiones de la Asamblea General para que ésta adopte las decisiones que estime apropiadas, incluyendo gestiones diplomáticas, conforme a la Carta de la Organización, el derecho internacional y las disposiciones de la presente Carta Democrática.

Durante el proceso se realizarán las gestiones diplomáticas necesarias, incluidos los buenos oficios, para promover la normalización de la institucionalidad democrática.

5. *La consecuencia de la ruptura del orden democrático constatada por la Asamblea General: la suspensión de los derechos de participación en la OEA*

El artículo 21 de la Carta dispone que cuando la Asamblea General, convocada a un período extraordinario de sesiones, constate que se ha producido la ruptura del orden democrático en un Estado Miembro y que las gestiones diplomáticas han sido infructuosas, conforme a la Carta de la OEA debe tomar la decisión de suspender a dicho Estado Miembro del ejercicio de su derecho de participación en la OEA con el voto afirmativo de los dos tercios de los Estados Miembros. En tal caso, la suspensión entrará en vigor de inmediato. Adoptada la decisión de suspender a un gobierno, la Organización debe mantener sus gestiones diplomáticas para el restablecimiento de la democracia en el Estado Miembro afectado.

Sin embargo, el Estado Miembro que hubiera sido objeto de suspensión debe continuar observando el cumplimiento de sus obligaciones como miembro de la Organización, en particular en materia de derechos humanos.

6. *El levantamiento de la suspensión*

Una vez superada la situación que motivó la suspensión, conforme se establece en el artículo 22 de la Carta, cualquier Estado Miembro o el Secretario General puede proponer a la Asamblea General el levantamiento de la suspensión, la cual puede adoptar la decisión por el voto de los dos tercios de los Estados Miembros, de acuerdo con la Carta de la OEA.

VI. LA DEMOCRACIA Y LAS MISIONES DE OBSERVACIÓN ELECTORAL

1. *Los procesos electorales y la asistencia internacional*

El artículo 23 de la Carta declara que los Estados Miembros son los responsables de organizar, llevar a cabo y garantizar procesos electorales libres y justos. Precisa la norma, sin embargo, que los Estados Miembros, en ejercicio de su soberanía, pueden solicitar a la OEA asesoramiento o asistencia para el fortalecimiento y desarrollo de sus instituciones y procesos electorales, incluido el envío de misiones preliminares para ese propósito.

2. *Las misiones internacionales de observación electoral*

Las misiones de observación electoral, conforme al artículo 24 de la Carta, se deben llevar a cabo por solicitud del Estado Miembro interesado. Con tal finalidad, el gobierno de dicho Estado y el Secretario General deben celebrar un convenio que determine el alcance y la cobertura de la misión de observación electoral de que se trate, en cuyo caso, el Estado Miembro debe garantizar las condiciones de seguridad, libre acceso a la información y amplia cooperación con la misión de observación electoral.

Las misiones de observación electoral se deben realizar de conformidad con los principios y normas de la OEA. La Organización debe asegurar la eficacia e independencia de estas misiones, para lo cual se las debe dotar de los recursos necesarios. Dichas misiones se deben realizar de forma objetiva, imparcial y transparente, y con la capacidad técnica apropiada.

Las misiones de observación electoral deben presentar oportunamente al Consejo Permanente, a través de la Secretaría General, los informes sobre sus actividades.

3. *La información de las condiciones para la realización de elecciones libres y justas*

Las misiones de observación electoral, conforme al artículo 25 de la Carta, deben informar al Consejo Permanente, a través de la Secretaría General, si no existiesen las condiciones necesarias para la realización de elecciones libres y justas. En tal caso, la OEA puede enviar, con el acuerdo del Estado interesado, misiones especiales a fin de contribuir a crear o mejorar dichas condiciones.

VII. LA PROMOCIÓN DE LA CULTURA DEMOCRÁTICA

1. *Obligaciones de la OEA*

Conforme al artículo 26 de la Carta, la OEA continuará desarrollando programas y actividades dirigidos a promover los principios y prácticas democráticas y fortalecer la cultura democrática en el Hemisferio, considerando que la democracia es un sistema de vida fundado en la libertad y el mejoramiento económico, social y cultural de los pueblos. La OEA debe mantener consultas y cooperación continua con los Estados Miembros, tomando en cuenta los aportes de organizaciones de la sociedad civil que trabajen en esos ámbitos.

2. *Contenido de los programas*

Los programas y actividades, conforme al artículo 27 de la Carta, se deben dirigir a promover la gobernabilidad, la buena gestión, los valores democráticos y el fortalecimiento de la institucionalidad política y de las organizaciones de la sociedad civil. Se debe prestar atención especial al desarrollo de programas y actividades para la educación de la niñez y la juventud como forma de asegurar la permanencia de los valores democráticos, incluidas la libertad y la justicia social.

3. *La participación de la mujer*

Los Estados, conforme al artículo 28 de la Carta, deben promover la plena e igualitaria participación de la mujer en las estructuras políticas de sus respectivos países como elemento fundamental para la promoción y ejercicio de la cultura democrática.

* * *

Hasta aquí, el contenido de la Carta Democrática Interamericana.

Como puede apreciarse, es un documento de primera importancia en la definición de los valores esenciales y componentes fundamentales de la democracia en América Latina, que compromete a todos los Estados Miembros de la OEA, y sirve para la protección del orden democrático y constitucional en los mismos. Para ello, sin embargo, tiene que cambiarse la percepción sobre la democracia, como un régimen que es mucho más que elecciones, no sólo en los Estados miembros sino en la Organización en si misma.

Por ejemplo, puede decirse que precisamente, que el último de los elementos esenciales mencionados en la *Carta Democrática* como consustanciales a la democracia (art. 3), que se refiere a la separación e independencia de los poderes del Estado, es el que en nuestro criterio apunta a identificar un verdadero régimen democrático, para que, incluso, los otros factores que la deben caracterizar puedan ser efectivos, entre ellos, la posibilidad misma de elecciones libres y el ejercicio y protección de los derechos humanos.

Ese elemento que se identifica como "separación e independencia de los poderes", no es otro que el orden institucional que tiene que existir en toda democracia para controlar y limitar el Poder del Estado. Por ello precisamente, una autocracia se caracteriza, al contrario, por la ausencia de mecanismos institucionales destinados a controlar dicho Poder, y porque el poder del Estado no esté efectivamente separado y distribuido de manera que el poder pueda frenar al poder

Por tanto, sin control institucional del Poder del Estado no hay ni puede haber democracia, pues de este elemento, en definitiva, dependen todos los otros elementos esenciales de la democracia. Sólo controlando al Poder es que puede haber elecciones libres y justas; sólo controlando al Poder es que puede haber efectivo respeto a la Constitución y vigencia del Estado de derecho; sólo controlando al Poder es que puede haber pluralismo político; sólo controlando al Poder es que puede haber garantía de respeto a los derechos humanos y posibilidad efectiva de implementación de los mecanismos nacionales de protección de los mismos; y sólo controlando el Poder es que puede haber participación política.

En todo caso, un sistema institucional para controlar el ejercicio del poder político, implica, ineludiblemente, su distribución o separación, por lo que demasiada concentración del Poder, si no hay controles efectivos sobre los gobernantes, y peor aún, si estos tienen o creen tener apoyo popular, conduce al autoritarismo y, en definitiva, a la tiranía. No debe olvidarse que la historia de la humanidad durante el Siglo pasado nos enseña, precisamente, cómo tiranos usaron el voto de la mayoría para acceder al poder y desde allí aplicaron el autoritarismo para acabar con la democracia y todos sus elementos, comenzando por los derechos humanos.

SEGUNDA PARTE

EL DERECHO DE AMPARO EN EL DERECHO CONSTITUCIONAL COMPARADO DE AMÉRICA LATINA

SECCIÓN PRIMERA:

ENSAYO DE SÍNTESIS COMPARATIVA SOBRE EL RÉGIMEN DEL AMPARO EN LA LEGISLACIÓN LATINOAMERICANA (2009/2012)

El texto de esta Sección primera es el de la Nota Introductiva (actualizada) al libro Allan R. Brewer-Carías, *Leyes de Amparo de América Latina*, (Presentación por José Guillermo Vallarta Plata y José de Jesús Naveja Macías), Instituto de Administración Pública de Jalisco y sus Municipios, Instituto de Administración Pública del Estado de México, Poder Judicial del Estado de México, Academia de Derecho Constitucional de la Confederación de Colegios y Asociaciones de Abogados de México, Jalisco 2009, 2 Vols.

1. El amparo ha sido concebido en todos los países latinoamericanos como un medio judicial extraordinario especialmente establecido para la protección de los derechos constitucionales, contra los agravios o amenazas inflingidos contra los mismos por parte de autoridades y de particulares. Aún cuando ha sido indistintamente calificado como acción, recurso o juicio, en realidad, en todos los casos se trata de un proceso constitucional que normalmente concluye con una orden judicial de amparo, protección o tutela de los derechos violados o amenazados de violación.[84]

---

84 Véase en general, desde el punto de vista comparado, Héctor Fix-Zamudio y Eduardo Ferrer Mac-Gregor (Coord.), *El derecho de amparo en el mundo*, Edit. Porrúa, México 2006; Allan R. Brewer-Carías, *El amparo a los derechos y libertades constitucionales. Una aproximación comparativa*, Cuadernos de la Cátedra de Derecho Público, n° 1, Universidad Católica del Táchira, San Cristóbal 1993, 138 pp.; también publicado por el Instituto Interamericano de Derechos Humanos, (Curso Interdisciplinario), San José, Costa Rica, 1993, (mimeo), 120 pp. y en *La protección jurídica del ciudadano. Estudios en Homenaje al Profesor Jesús González Pérez*, Tomo 3, Editorial Civitas, Madrid 1993, pp. 2.695-2.740; Allan R. Brewer-Carías, *Mecanismos nacionales de protección de los derechos humanos (Garantías judiciales de los derechos humanos en el derecho constitucional comparado latinoamericano)*, Instituto Interamericano de Derechos Humanos, San José 2005; y Allan R. Brewer-Carías, *Cons-*

Este medio judicial extraordinario de protección no sólo es una de las piezas más importantes del sistema constitucional latinoamericano, sino quizás la más "latinoamericana" de todas las que lo conforman, habiendo incluso influido en la adopción en otros países de instituciones similares, como recientemente ha ocurrido en Filipinas con la creación del *Writ of amparo* a través de reglas dictadas por la Corte Suprema de ese país, en septiembre de 2007[85].

En cuanto a los aspectos del sistema constitucional latinoamericano relativos a la protección de los derechos constitucionales, en términos generales los mismos han respondido a dos grandes tendencias: por una parte, la progresiva adopción y ampliación de las declaraciones constitucionales de derechos; y por la otra, la también progresiva constitucionalización de las garantías judiciales de los mismos, en particular mediante el proceso de amparo.

2. En efecto, si algo en esta materia ha sido característico del constitucionalismo latinoamericano, ha sido la larga tradición que todos nuestros países han tenido incorporando en el texto de las Constituciones extensas declaraciones de derechos, y no sólo de los civiles y políticos, sino de los sociales, culturales, económicos, ambientales y de los pueblos indígenas. Ello contrasta, por ejemplo, con la reducida lista de derechos que por ejemplo se enumeran en las primeras Enmiendas (*Bill of Rights*) a la Constitución de los Estados Unidos de América o con la total ausencia de declaración de derechos constitucionales en el orden interno del Reino Unido.

La tradición declarativa latinoamericana comenzó hace casi 200 años, con la adopción, en 1811, de la "Declaración de los Derechos del Pueblo" por el Congreso Supremo de las Provincias de Venezuela, el 1 de julio de 1811, unos días antes de la declaración de Independencia de dichas provincias respecto de España; y luego, con la incorporación de un largo capítulo sobre derechos del hombre y de la sociedad, en la primera Constitución latinoamericana, que fue la "Constitución Federal de los Estados de Venezuela del 21 de diciembre de 1811."

Es por ello que puede decirse que aún cuando nuestros países, por más de tres siglos fueron colonias del Imperio español, en la configuración inicial del constitucionalismo realmente no se pueden encontrar influencias del sistema constitucional español, sino más bien, influencias directas de los principios constitucionales que se derivaron de las Revoluciones americana y francesa del siglo XVIII, los cuales a la vez, y paralelamente, también fueron luego seguidos en España a partir de la sanción de la Constitución de la Monarquía Española de Cádiz de 1812.[86]

Otro aspecto que por supuesto está ligado a la tradición declarativa de derecho y que ha sido parte de la realidad constitucional latinoamericana, ha sido el desafortunado proceso de violación de los mismos por regímenes autoritarios, lo que desafortunadamente y quizás en forma más sofisticada, incluso se produce en el presente, al

titucional Protection of Human Rights in Latin America. A Comparative Law Study on the amparo proceeding, Cambridge University Press, New York, 2008.

85 "The Rule of the Writ of Amparo", Supreme Court of Philippines, 2007.

86 Véase Allan R. Brewer-Carías, *Reflexiones sobre la Revolución Americana (1776), la Revolución Francesa (1789) y la Revolución Hispanoamericana (1811-1830) y sus aportes al Constitucionalismo Moderno*, Universidad Externado de Colombia, Bogotá 2008.

haberse instalado en algunos países, gobiernos autoritarios en fraude a la Constitución y a la democracia misma. Ello ha provocado que haya sido precisamente en los períodos de transición democrática, donde normalmente se haya acentuado el esfuerzo por ampliar dichas declaraciones de derechos, a los efectos de reesforzar su protección y agregar los nuevos derechos humanos, tanto individuales como colectivos.

En ese contexto también ha sido característico de nuestro constitucionalismo histórico, la incorporación en el texto de las Constituciones de la llamada "cláusula abierta" de los derechos humanos, siguiendo la tradición iniciada con la de la IX Enmienda de la Constitución de los Estados Unidos de América (1791), pero referida, no sólo a los otros derechos no enumerados en el texto constitucional que son "retenidos por el pueblo" como esta indica, sino a otros derechos que son inherentes a la persona humana o a la dignidad humana, o que derivan de la naturaleza de la persona humana, como se dispone en muchas de nuestras Constituciones. El resultado es que cláusulas de esta naturaleza se encuentran en todas las Constituciones latinoamericanas, excepto en las de Cuba, Chile, México y Panamá.

3. Por otra parte, esta progresiva expansión del contenido de las declaraciones constitucionales de derechos también ha provocado la incorporación expresa en las Constituciones, en muchos casos con rango constitucional, de los derechos declarados en tratados y convenciones internacionales de derechos humanos. A estos, por tanto, no sólo se les ha dado rango legal siguiendo la tradición constitucional también iniciada en Norteamérica, sino que en muchos casos incluso se les ha dado rango supra legal, rango constitucional y hasta rango supra constitucional. Algunas Constituciones, incluso, han conferido preeminencia a las previsiones de los tratados internacionales sobre derechos humanos en relación con las normas de la propia Constitución, cuando contengan previsiones más favorables al ejercicio de los derechos. Es el caso, por ejemplo, de la Constitución de Venezuela (art. 23).

En relación con este tema de la jerarquía de los tratados internacionales sobre derechos humanos en el derecho interno, aún en ausencia de disposiciones constitucionales expresas, en algunos países latinoamericanos el tema se ha resuelto mediante interpretación constitucional, al haberse incorporado en el texto mismo de las Constituciones, el principio de que en materia de derechos humanos, la interpretación del alcance de los mismos siempre debe ser hecha de acuerdo con lo establecido en dichos tratados internacionales de derechos humanos. Este es el caso, por ejemplo, de la Constitución de Colombia (art. 93) y del Código Procesal Constitucional del Perú (art. V).

Sin embargo, en este proceso de constitucionalización y de internacionalización de los derechos humanos, un específico tratado multilateral que ha tenido una importancia excepcional en la materia, ha sido como ha sido la Convención Americana de Derechos Humanos de 1969, y no sólo respecto del contenido de las declaraciones de derechos, sino en relación con el desarrollo de los mecanismos de protección judicial de los mismos, incluso a nivel internacional, con la creación de la Corte Interamericana de Derechos Humanos. Esta Convención, firmada en 1969 y ratificada por todos los países latinoamericanos con excepción de Cuba, ha sido un muy efectivo instrumento para la consolidación de un muy rico estándar mínimo sobre la regulación de los derechos civiles y políticos, común para todos los países.

4. Pero además de por las declaraciones sobre derechos humanos progresivamente ampliadas, el sistema constitucional latinoamericano de protección de los mismos se caracteriza por una segunda tendencia, que consiste en la expresa previsión en las Constituciones, precisamente de los mecanismos de protección judicial de los derechos, mediante la regulación de un específico medio judicial para ello, que ha sido llamado *Amparo* (Guatemala), *Juicio de amparo,* (México), *Proceso de amparo* (El Salvador, Perú), *Acción de amparo* (Argentina, República Dominicana, Ecuador, Honduras, Paraguay, Uruguay y Venezuela), *Recurso de amparo* (Bolivia, Costa Rica, Nicaragua, y Panamá), *Acción de tutela* (Colombia), *Recurso de protección* (Chile), *Mandado de segurança* y *mandado de injunçao* (Brasil), y que en todos los casos, se rigen por reglas procesales diferentes a las generales que se han establecido en los Códigos de Procedimiento Civil para los procesos destinadas a la protección general de los derechos o interesas de las personas y de sus bienes.

Ello implica que la protección de los derechos constitucionales en nuestros países puede lograrse de dos maneras: por una parte, a través de las acciones o recursos ordinarios y extraordinarios que en general se han establecidos en los Códigos de Procedimiento Civil; y por la otra, además, mediante las acciones y recursos establecidos en forma separada para el específico propósito de proteger los derechos constitucionales, y que han dado origen al proceso constitucional de amparo.

Como antes se mencionó, esta última solución es la que ha sido seguida en los países de América Latina, siendo ella uno de los signos distintivos de mayor importancia del derecho constitucional de nuestros países. La misma contrasta, por ejemplo, con la seguida en el sistema constitucional de los Estados Unidos de América donde la protección efectiva de los derechos humanos se asegura mediante los remedios judiciales ordinarios del proceso o a través de los remedios extraordinarios de equidad (como las *injunctions*), las cuales también se utilizan para la protección de cualquier tipo de derechos o intereses de las personas. En América latina, en cambio, y en parte dada la tradicional deficiencia de los medios judiciales generales y ordinarios para asegurar la protección efectiva de los derechos constitucionales, es que se ha desarrollado el proceso de amparo como un medio judicial específico para asegurar su protección.

5. Este medio específico de protección fue inicialmente introducido en México en 1847, con el nombre de juicio de amparo, el cual de acuerdo con la opinión unánime de los autores mexicanos tuvo su origen en el sistema de control judicial de constitucionalidad (*Judicial Review*) de los Estados Unidos de América, tal como había sido descrito por Alexis de Tocqueville en su obra *La democracia en América*, escrita sólo unos años después del caso *Malbury v. Madison* U.S. (1 Cranch), 137; 2 L. Ed. 60 (1803).[87]

Sin embargo, en su evolución posterior, el juicio de amparo mexicano, en una forma bien diferente al modelo norteamericano, se convirtió en la institución única y compleja de la actualidad, que sólo se encuentra en México, mediante la cual,

87 Véase Francisco Fernández Segado, "Los orígenes del control de la constitucionalidad y del juicio de amparo en el constitucionalismo mexicano de la primera mitad del siglo XIX. El impacto del Voto particular de don mariano Otero", en *Revista Iberoamericana de Derecho Procesal Constitucional*, N° 5, Instituto Iberoamericano de Derecho Procesal Constitucional, Ed. Porrúa, México 2006, pp. 67 ss.

además de asegurarse la protección de las garantías individuales (*amparo libertad*), comprende un variado y amplio grupo de otras medidas de protección judicial que se pueden ejercer contra el Estado y sus agentes, y que en los otros países latinoamericanos son siempre acciones o procesos separados. En ellos se incluyen, las acciones para el control de la constitucionalidad de las leyes (*amparo contra leyes*), las acciones para el control de legalidad e inconstitucionalidad de los actos administrativos (*amparo administrativo*), las acciones para el control judicial de las sentencias (*amparo casación*), y las acciones para la protección de los derechos campesinos (*amparo agrario*).[88] Este carácter comprehensivo y único del juicio de amparo no se encuentra en ningún otro país de América Latina, lo que no ha impedido a que sea precisamente el amparo mexicano el que más se conozca fuera de América Latina.

En todo caso, después de su introducción en México, durante el mismo Siglo XIX el proceso de amparo comenzó a extenderse por América Latina, dando origen en todos los países a una diferente y específica acción o recurso, y a un proceso, establecido exclusivamente para la protección de los derechos y libertades constitucionales, llegando en algunos casos a convertirse incluso en una institución procesal más protectiva que el amparo mexicano.[89]

En esta forma, además del recurso de habeas corpus que se generalizó en casi todos los países, el amparo fue introducido durante la segunda mitad del Siglo XIX en las Constituciones de Guatemala (1879), El Salvador (1886) y Honduras (1894); y durante el siglo XX, en las Constituciones de Nicaragua (1911), Brasil (*mandado de segurança* 1934), Panamá (1941), Costa Rica (1946), Venezuela (1961), Bolivia, Paraguay, Ecuador (1967), Perú (1976), Chile (*recurso de protección*, 1976) y Colombia (*acción de tutela*, 1991).

Desde 1957, y mediante precedentes judiciales, la acción de amparo había sido admitida en Argentina, habiendo sido regulada por Ley en 1966, y luego incorporada en la reforma constitucional de 1994. En la República Dominicana, desde 2000 la Corte Suprema también había admitido el amparo, el cual también fue regulado posteriormente, en 2006, mediante la Ley de Amparo. Las normas de esta última Ley fueron incorporadas en 2011 en la Ley Orgánica del Tribunal Constitucional y de los Procesos Constitucionales 2011, que derogó la ley de 2006.

6. La consecuencia de este proceso constitucionalización de las garantías judiciales de los derechos humanos es que en todos los países latinoamericanos, con la excepción de Cuba, están reguladas las acciones de habeas corpus y amparo como medios judiciales específicos exclusivamente diseñados para la protección de los derechos constitucionales.

En todos los países el amparo está regulado en expresas normas constitucionales; y en todos los países, excepto en Chile, el proceso de amparo está regulado en textos legislativos específicos. En Chile, el recurso de protección se encuentra regulado en un cuerpo normativo denominado Auto Acordado sancionado por la Corte Suprema de Justicia, cuya última reforma es de 2006.

---

88 Véase Héctor Fix-Zamudio, *Ensayos sobre el derecho de amparo*, Editorial Porrúa, México 2003

89 Véase Joaquín Brague Camazano, *La Jurisdicción constitucional de la libertad. Teoría general, Argentina, México, Corte Interamericana de Derechos Humanos*, Editorial Porrúa, México, 2005, pp. 156 ss.

En la actualidad, por tanto, las siguientes son las leyes que regulan el proceso de amparo en América Latina[90]:

ARGENTINA:	Ley N° 16.986. Acción de Amparo, 1966;
BOLIVIA:	Ley N° 1836. Ley del Tribunal Constitucional, 1998;
BRAZIL:	Lei N° 12.016 Mandado de Segurança, 2009
COLOMBIA:	Decretos Ley N° 2591, 306 y 1382. Acción de Tutela, 2000;
COSTA RICA:	Ley N° 7135. Ley de la Jurisdicción Constitucional, 1989;
ECUADOR:	Ley N° 000. RO/99. Ley de Control Constitucional, 1997;
EL SALVADOR:	Ley de Procedimientos Constitucionales, 1960;
GUATEMALA:	Decreto N° 1-86. Ley de Amparo. Exhibición personal y Constitucionalidad, 1986;
HONDURAS:	Ley sobre Justicia Constitucional, 2004;
MÉXICO:	Ley de Amparo, reglamentaria de los artículos 103 y 107 de la Constitución Política, 1936 (reforma, 2011);
NICARAGUA:	Ley N° 49. Amparo, 1988;
PANAMÁ:	Código Judicial, Libro Cuarto: Instituciones de Garantía, 1999;
PARAGUAY:	Ley N° 1.337/88. Código Procesal Civil, Titulo II. El Juicio de Amparo, 1988;
PERÚ:	Ley N° 28.237. Código Procesal Constitucional, 2005;
REPÚBLICA DOMINICANA:	Ley Orgánica del Tribunal Constitucional y de los Procesos Constitucionales, 2011.
URUGUAY:	Ley N° 16.011. Acción de Amparo, 1988;
VENEZUELA:	Ley Orgánica de Amparo sobre Derechos y Garantías Constitucionales, 1988.

Estas leyes, en algunos casos han sido específicamente sancionadas para regular la acción de amparo como sucede en Argentina, Brasil, Colombia, México, Nicaragua, Uruguay y Venezuela. En otros casos, la legislación dictada también contiene regulaciones en relación con otros medios judiciales de protección de la Constitución, como las acciones de inconstitucionalidad y las acciones de habeas corpus y habeas data, como es el caso Bolivia, Guatemala, Perú, Costa Rica, Ecuador, El Salvador, Honduras y República Dominicana. Sólo en Panamá y en Paraguay el proceso de amparo está regulado en un Capítulo especial en los respectivos Códigos de Procedimiento Civil o judicial.

---

90 Véase Allan R. Brewer-Carías, *Leyes de Amparo de América Latina* (Compilación y Estudio Preliminar), Instituto de Administración Pública de Jalisco y sus Municipios, Instituto de Administración Pública del Estado de México, Poder Judicial del Estado de México, Academia de Derecho Constitucional de la Confederación de Colegios y Asociaciones de Abogados de México, Jalisco, 2009. 2 Vols. 419 pp. y 405 pp.

7. En la gran mayoría de los países latinoamericanos, además de la acción de amparo, las Constituciones siempre se ha regulado como medio judicial aparte para la protección de la libertad e integridad personal, el recurso de habeas. Es el caso de Argentina, Bolivia, Brasil, Colombia, Costa Rica, Chile, la República Dominicana, Ecuador, El Salvador, Honduras, Nicaragua, Panamá, Paraguay, Perú y Uruguay

Sólo en algunas Constituciones como la de Guatemala, México y Venezuela, el proceso de amparo está concebido como una acción concebida para la protección de todos los derechos y libertades constitucionales, incluyendo la libertad personal, en cuyo caso el habeas corpus es considerado como un tipo de acción de amparo, denominado por ejemplo como acción de exhibición personal (Guatemala) o amparo para la protección de la libertad personal (Venezuela).

Por otra parte, más recientemente, en algunos países como Argentina, Ecuador, Paraguay, Perú y Venezuela, además de la acción de amparo y de la de habeas corpus, las Constituciones han establecido otra acción distinta, llamada de habeas data, mediante la cual las personas pueden formular peticiones para obtener información sobre sí mismas que estén contenidas en archivos, registros y bancos de datos, públicos o privados, y en caso de información falsa, errada o discriminatoria, pueden solicitar su eliminación, confidencialidad o corrección.

Como resultado de todo este proceso protectivo de los derechos humanos, en la actualidad, las regulaciones constitucionales en la materia en América Latina, se han configurado en tres formas diferentes:

En primer lugar, previendo tres recursos o acciones diferentes, el *amparo, el habeas corpus y el habeas data*, como sucede en Argentina, Brasil, Ecuador, Paraguay, Perú y República Dominicana;

En segundo lugar, estableciendo dos recursos diferentes, por una parte el *amparo y el habeas corpus*, como es el caso en Bolivia, Colombia, Costa Rica, Chile, El Salvador, Honduras, Nicaragua, Panamá y Uruguay; y por la otra, el *amparo y el habeas data*, como es el caso de Venezuela; y

En tercer lugar, regulando un solo recurso o acción de *amparo,* comprendiendo en el mismo la protección de la libertad personal, como es el caso de Guatemala, México y Venezuela.

8. El proceso constitucional de amparo en América Latina, por otra parte, se ha configurado como una pieza más del sistema general de protección de la Constitución que desde el siglo XIX se ha venido desarrollando en nuestros países, es decir, dentro de los diversos sistemas nacionales de control de constitucionalidad de los actos estatales, en particular de las leyes. Siguiendo los criterios más tradicionales derivados del órgano llamado a ejercer el control de constitucionalidad, estos pueden clasificarse en tres grandes grupos:

En primer lugar están los países que han adoptado única y exclusivamente el método difuso de control de constitucionalidad, que en América Latina sólo es Argentina, donde además se regula el recurso de amparo.

En segundo lugar están los países que han adoptado también única y exclusivamente, el método de control concentrado de la constitucionalidad, atribuyéndolo a un Tribunal Constitucional o a la Corte Suprema de Justicia, los cuales a la vez se pueden clasificar en dos grupos, según que la acción de amparo también esté concentrada en la Jurisdicción Constitucional, como es el caso de Costa Rica y El Salvador (Sala Constitucional de la Corte Suprema); o que se pueda ejercer ante una universalidad de tribunales, como es el caso de Bolivia, Chile, Honduras, Panamá, Paraguay y Uruguay; y

En tercer lugar, están los países que han adoptado un sistema mixto de control de constitucionalidad que combinan el método difuso con el método concentrado, como es el caso de Brasil, Colombia, Ecuador, Guatemala, México, Nicaragua, Perú, República Dominicana y Venezuela.

9. En términos generales, los derechos constitucionales que pueden ser objeto de protección mediante el proceso constitucional de amparo son todos aquellos declarados en la Constitución o que se considere que tienen rango constitucional. En algunos países, incluso, se establece expresamente que mediante la acción de amparo también pueden protegerse los derechos declarados en los convenios internacionales (Argentina, Costa Rica, Ecuador y Venezuela) y en otros, los establecidos en leyes (Argentina, Bolivia, Guatemala y Paraguay).

Solo excepcionalmente algunas Constituciones reducen el ámbito de protección del amparo respecto de algunos derechos o garantías individuales o "derechos fundamentales" declarados en la Constitución, como es el caso de Colombia, Chile y México. Esta es la tendencia que por lo demás se ha seguido en Alemania y España con el recurso de protección individual o recurso de amparo, establecidos para la sola protección de los "derechos fundamentales", y que más recientemente se ha seguido en la regulación del *writ of amparo* en Filipinas, para la protección sólo del derecho a la vida, la libertad y la seguridad.

10. En todos los países latinoamericanos, la acción de amparo está concebida como una vía judicial extraordinaria, para cuyo ejercicio se establecen diversas regulaciones particularmente referidas a su relación con las vías ordinarias de protección:

En primer lugar, en algunos países se establece que la acción de amparo sólo se puede ejercer cuando no exista otro medio judicial adecuado para la inmediata protección constitucional, como es el caso de Argentina, Bolivia, Chile, República Dominicana, El Salvador, Paraguay, Uruguay y Venezuela.

En segundo lugar, en otros países se establece que la acción de amparo sólo puede ejercerse cuando se hayan agotado los otros medios judiciales existentes para proteger los derechos constitucionales, como es el caso de Brasil, Colombia, Guatemala, México y Perú; y

En tercer lugar, en otros países lo que se establece es la inadmisibilidad de la acción de amparo cuando ya se hayan intentado otros recursos protectivos, como es el caso de Argentina, Bolivia, Chile, Ecuador, México, Perú y Venezuela.

11. En todo caso, en cuanto al procedimiento del proceso de amparo, en todos los países de América Latina, con excepción de Chile, se ha garantizado el carácter bilateral del proceso, debiendo en general iniciarse a instancia de parte. En Honduras y Guatemala, sin embargo, la legislación permite que en materia de habeas corpus los tribunales puedan iniciar el procedimiento de oficio.

En general, dado el carácter personal de la acción de amparo, es por tanto la parte injuriada o agraviada la que puede intentar la acción de amparo, aún cuando en algunas legislaciones se admite que otras personas distintas puedan intentar en nombre de la persona agraviada, tanto la acción de habeas corpus (Argentina, Bolivia, Guatemala, Honduras, México, Nicaragua, Perú y Venezuela) como la acción de amparo (Guatemala, Colombia y Perú), al igual que las acciones colectivas (Argentina, Brasil, Costa Rica, Colombia -acción popular-, Ecuador y Perú).

Por otra parte, muchas legislaciones otorgan legitimación para intentar la acción de amparo en nombre de los agraviados o de la colectividad, al Defensor de los Derechos Humanos o Defensor del Pueblo, como es el caso de Argentina, Bolivia, Colombia, Ecuador, El Salvador, Guatemala, Perú, Nicaragua, Paraguay y Venezuela.

12. La acción o recurso de amparo se ha establecido en América Latina para la protección de los derechos constitucionales, de manera que ha sido su objeto el que realmente ha dado origen a este proceso constitucional extraordinario, independientemente de la persona o entidad que haya causado el agravio o violación del derecho. Por ello, la lógica del sistema protectivo es que el amparo debe proceder en cualquier caso de violación o amenaza, cualquiera haya sido el origen de la misma, sea un acto u omisión de una autoridad pública o de un individuo.

Sin embargo, si bien todos los países de América Latina admiten la acción de amparo contra funcionarios y autoridades públicas -incluso, el amparo, en su origen, fue concebido como un medio de protección frente al Estado- , no todos los países admiten la posibilidad de ejercer la acción contra particulares agraviantes.

En cuanto a la acción de amparo contra acciones u omisiones lesivas provenientes de autoridades y funcionarios, si bien en la mayoría de los países se establece como un medio general de protección sin ningún tipo de distinciones como sucede en Bolivia, Colombia, El Salvador, Guatemala, Perú, Nicaragua, Uruguay y Venezuela; en México, en cambio, se limita la posibilidad de intentarla sólo contra autoridades que tengan el poder de decidir, de ejecutar o de imponer decisiones.

En otros países se excluye la acción de amparo sólo respecto de ciertas autoridades como son los cuerpos electorales, tal como sucede en Costa Rica, México, Nicaragua, Panamá, Perú y Uruguay; o el Consejo de la Magistratura, como es el caso de Perú.

13. Excepto en los países en los cuales la acción de amparo sólo se admite contra autoridades, que son la minoría (Brasil, El Salvador, México, Nicaragua y Panamá), en el resto de los países latinoamericanos la acción de amparo se admite contra particulares, en algunos casos sin distinción de ningún tipo como sucede en Argentina, Bolivia, Chile, República Dominicana, Paraguay, Perú, Uruguay y Venezuela; y en otros casos, en forma restrictiva sólo respecto de ciertos individuos o empresas privadas concesionarias de servicios públicos, con poderes públicos delegados o que estén en ciertas situaciones de poder en relación con la colectividad, como es el caso de Colombia, Costa Rica, Ecuador, Guatemala y Honduras.

14. En cuanto a la acción de amparo ejercida contra autoridades y funcionarios, el tratamiento de los actos estatales que pueden ser objeto de la acción de amparo tampoco es uniforme, en el sentido de que en muchos casos se establecen exclusiones puntuales.

Por ejemplo, en cuanto a actos ejecutivos, en México se excluyen de la acción de amparo ciertos actos presidenciales, y en Uruguay se excluyen los reglamentos ejecutivos; en Argentina y Perú se excluyen de la acción de amparo los actos estatales en los cuales se decidan cuestiones políticas, y en Argentina, además, los actos relativos a la defensa nacional. Igualmente, en Argentina y en Paraguay se excluyen de la acción de amparo los actos que afecten el funcionamiento de los servicios públicos.

En cuanto a los actos legislativos, en México se excluyen de la acción de amparo ciertos actos del Congreso; y en cuanto al amparo contra leyes, la mayoría de los países lo excluyen, como sucede en Argentina, Bolivia, Brasil, Colombia, Costa Rica, Chile, Ecuador, El Salvador, Nicaragua, Perú, Panamá, Paraguay, Republica Dominicana y Uruguay. En realidad, el amparo contra leyes sólo se admite en Honduras, donde sólo se aplica el método concentrado de control de constitucionalidad de las leyes; y en Guatemala, México y Venezuela, que han adoptado el sistema mixto de control de constitucionalidad de las leyes.

En cuanto a los actos judiciales, también en la mayoría de los países de América Latina se excluye la acción de amparo contra los mismos, como es el caso de Argentina, Bolivia, Brasil, Costa Rica, Chile, Ecuador, El Salvador, Nicaragua, Paraguay, República Dominicana, y Uruguay. En otros países, sin embargo, se admite la acción de amparo contra sentencias, como sucede en Colombia, Guatemala, Honduras, México, Panamá, Perú y Venezuela; aún cuando en algunos de ellos se excluye expresamente respecto de decisiones de las Cortes Supremas (México, Panamá, Perú, Venezuela) o de las decisiones dictadas en los juicios de amparo (Honduras, México).

15. Por último, en esta síntesis comparativa al amparo en América Latina, debe hacerse mención al tratamiento que la legislación le da al tema de la revisión de las sentencias dictadas en los procesos de amparo, pues tratándose de procesos constitucionales, las leyes tienden a asegurar la uniformidad de la aplicación e interpretación de la Constitución, particularmente en aquellos casos, que son la mayoría, en los cuales la competencia judicial para conocer de la acción de amparo se ejerce por una universalidad de tribunales y no sólo por la Jurisdicción Constitucional, como sólo ocurre en Costa Rica, El Salvador y Nicaragua.

En todos los otros países, en todo caso, para la búsqueda de la uniformidad de la interpretación constitucional se han establecido mecanismos judiciales de revisión de manera que en una forma u otra las decisiones dictadas en los procesos de amparo puedan llegar a ser revisadas por las Cortes Supremas o los Tribunales Constitucionales.

En tal sentido, en Argentina, que sólo aplica el método difuso de control de constitucionalidad, las sentencias dictadas en los juicios de amparo y en materias constitucionales, pueden ser objeto de un recurso extraordinario de revisión ante el la Corte Suprema.

En los países que sólo aplican el método concentrado de control de constitucionalidad de las leyes pero donde los juicios de amparo se desarrollan ante tribunales inferiores, se han establecido mecanismos de revisión obligatoria (Bolivia) o discrecional (Honduras) por el Tribunal Constitucional o por la Sala Constitucional del Tribunal Supremo de Justicia, respectivamente.

En los países que aplican el sistema mixto de control de constitucionalidad, en unos casos se han establecido mecanismos de revisión automáticos por los Tribunales Constitucionales, de carácter obligatorio (Ecuador) o discrecional (Colombia); y en otros, se han previsto mecanismos de revisión, mediante recursos o apelaciones, por las Cortes Supremas o los Tribunales Constitucionales, también de carácter obligatorio (Brasil, Guatemala, Perú) o discrecional (México, Venezuela).

SECCIÓN SEGUNDA:

EL PROCESO DE AMPARO EN EL DERECHO CONSTITUCIONAL COMPARADO LATINOAMERICANO (LAS LEYES DE AMPARO DE AMÉRICA LATINA (2015)

Esta Sección segunda recoge el texto del "Estudio preliminar" que se publicó en la Segunda edición ampliada y actualizada del libro *Leyes de Amparo de América Latina. Con un estudio preliminar sobre el amparo en el derecho constitucional comparado latinoamericano*, Segunda Edición aumentada y actualizada, Colección Derecho Público Iberoamericano Nº 3, Editorial Jurídica Venezolana International, Caracas – New York 2016, pp. 17-144; texto que se publicó simultáneamente con el título: *El proceso de amparo en América Latina*, por Editorial Porrúa, México 2016, y por Editorial Gaceta Jurídica, Lima 2016.

El libro sobre *Leyes de Amparo de América Latina* estuvo precedido de la siguiente Nota a la segunda edición (2016):

La primera edición de esta obra, con la recopilación de todos los textos de las leyes y regulaciones relativas al proceso de amparo en América latina, y de las normas constitucional que en cada país le sirven de fundamento, salió en 2009, como *Leyes de Amparo de América Latina*, con una breve aproximación comparativa, editada por el Instituto de Administración Pública de Jalisco y sus Municipios, el Instituto de Administración Pública del Estado de México, el Poder Judicial del Estado de México, y la Academia de Derecho Constitucional de la Confederación de Colegios y Asociaciones de Abogados de México, Jalisco 2009, 2 Vols. 419 pp. y 405 pp.

La iniciativa para publicar dicha recopilación la tuvieron los Licenciados José de Jesús Naveja Macías y José Guillermo Vallarta Plata, a quienes de nuevo quiero agradecer su interés en la misma, cuando se enteraron de que la tenía, con motivo de la preparación del curso sobre *Judicial Protection of Human Rights in Latin America. A Comparative Constitutional Law Study on the Latin American Injunction for the Protection of Constitutional Rights (Amparo proceeding*," que me correspondió dictar entre los años 2006 y 2008, como *Adjunct Professor of Law,* en el Master en derecho (LLM) de la *Columbia Law School,* Universidad de Columbia en Nueva York.

Dicho Curso se publicó en inglés con el título de: *Constitutional Protection of Human Rigths in Latin America. A Comparative Study of Amparo Proceeding*, por Cambridge University Press, New York 2008, 432 pp.; y el texto completo del mismo, además de haberse publicado mimeografiado para uso de los estudiantes de la Maestría (*Judicial Action for "amparo" or Protection of Fundamental Rights in Latin America*, For the Exclusive use of the Students, Columbia Law School, New York 2006, 383 pp.), se incluyó en mi libro: *Judicial Review. Comparative Constitucional Law Essays, Lectures and Courses (1985-2011),* Fundación de Derecho Público, Editorial Jurídica Venezolana, Caracas 2014, pp. 425-849.

El texto del curso lo revisé con ocasión de la preparación del Curso sobre *La Justicia Constitucional en América Latina* que dicté en la Maestría de Ciencias

Jurídicas de la Facultad de Derecho de la Universidad Panamericana de México, en febrero de 2016, con lo cual conformé una versión en castellano del mismo, que en buena parte se incluye ahora como el Estudio preliminar para esta nueva edición de la recopilación sobre "El proceso de amparo en el derecho constitucional comparado de América Latina," a la cual he incorporado los textos legales derivados de las últimas reformas de la acción de amparo aprobadas en Bolivia, Chile, Ecuador, México y República Dominicana.

Por otra parte, el texto de dicho Estudio Preliminar se publica, con los ajustes necesarios, durante el año en curso, como libro, con el título de *El proceso de amparo en el derecho constitucional comparado de América Latina,* por la Editorial Porrúa en México, gracias a la iniciativa del profesor Eduardo Ferrer Mac Gregor; y por la Editorial Gaceta Jurídica S.A. en Lima, gracias a la iniciativa del profesor Domingo García Belaúnde. A ambos, queridos amigos, mi agradecimiento por sus iniciativas y su invariable amistad.

New York, marzo de 2016

I. INTRODUCCIÓN GENERAL

El amparo ha sido concebido en todos los países latinoamericanos como un medio judicial extraordinario especialmente establecido para la protección de los derechos constitucionales, contra los agravios o amenazas infligidos contra los mismos por parte de autoridades y de particulares. Aun cuando ha sido indistintamente calificado como acción, recurso o juicio, en realidad, en todos los casos se trata de un proceso constitucional que normalmente concluye con una orden judicial de amparo, protección o tutela de los derechos violados o amenazados de violación.[91]

Este medio judicial extraordinario de protección no sólo es una de las piezas más importantes del sistema constitucional latinoamericano, sino quizás la más "latinoamericana" de todas las que lo conforman, habiendo incluso influido en la adopción en otros países de instituciones similares, como en años recientemente ocurrió en Filipinas con la creación del *Writ of amparo* a través de reglas dictadas por la Corte

91 Véase en general, desde el punto de vista comparado, Héctor Fix-Zamudio y Eduardo Ferrer Mac-Gregor (Coord.), *El derecho de amparo en el mundo*, Edit. Porrúa, México 2006; Allan R. Brewer-Carías, *El amparo a los derechos y libertades constitucionales. Una aproximación comparativa*, Cuadernos de la Cátedra de Derecho Público, N° 1, Universidad Católica del Táchira, San Cristóbal 1993, 138 pp.; también publicado por el Instituto Interamericano de Derechos Humanos, (Curso Interdisciplinario), San José, Costa Rica, 1993, (mimeo), 120 pp. y en *La protección jurídica del ciudadano. Estudios en Homenaje al Profesor Jesús González Pérez*, Tomo 3, Editorial Civitas, Madrid 1993, pp. 2.695-2.740; Allan R. Brewer-Carías, *Mecanismos nacionales de protección de los derechos humanos (Garantías judiciales de los derechos humanos en el derecho constitucional comparado latinoamericano)*, Instituto Interamericano de Derechos Humanos, San José 2005; *Constitucional Protection of Human Rights in Latin America. A Comparative Law Study on the amparo proceeding*, Cambridge University Press, New York, 2008; y "Ensayo de síntesis comparativa sobre el régimen del amparo en la legislación latinoamericana," en *Revista Iberoamericana de Derecho Procesal Constitucional*, nº 9 enero-junio 2008, Editorial Porrúa, Instituto Iberoamericano de Derecho Procesal Constitucional, México 2008, pp. 311-321.

Suprema de ese país, en septiembre de 2007,[92] en la misma forma de regulación seguida en Chile.

En cuanto a los aspectos del sistema constitucional latinoamericano relativos a la protección de los derechos constitucionales, en términos generales los mismos han respondido a dos grandes tendencias: por una parte, la progresiva adopción y ampliación de las declaraciones constitucionales de derechos; y por la otra, la también progresiva constitucionalización de las garantías judiciales de los mismos, en particular mediante el proceso de amparo.

En efecto, si algo en esta materia ha sido característico del constitucionalismo latinoamericano, ha sido la larga tradición que todos nuestros países han tenido incorporando en el texto de las Constituciones extensas declaraciones de derechos, y no sólo de los civiles y políticos, sino de los sociales, culturales, económicos, ambientales y de los pueblos indígenas. Ello contrasta, por ejemplo, con la reducida lista de derechos que por ejemplo se enumeran en las primeras Enmiendas (*Bill of Rights*) a la Constitución de los Estados Unidos de América o con la total ausencia de declaración de derechos constitucionales en el orden interno del Reino Unido, sólo incorporada al mismo a través de las regulaciones de la Unión Europea.

La tradición declarativa latinoamericana comenzó hace 200 años, con la adopción, en 1811, de la "Declaración de los Derechos del Pueblo" por el Congreso Supremo de las Provincias de Venezuela, el 1 de julio de 1811, unos días antes de la declaración de Independencia de dichas provincias respecto de España; y luego, con la incorporación de un largo capítulo sobre derechos del hombre y de la sociedad, en la primera Constitución latinoamericana, que fue la "Constitución Federal de los Estados de Venezuela del 21 de diciembre de 1811."[93]

Es por ello que puede decirse que aun cuando nuestros países, por más de tres siglos fueron colonias del Imperio español, en la configuración inicial del constitucionalismo realmente no se pueden encontrar influencias del sistema constitucional español, sino más bien, influencias directas de los principios constitucionales que se derivaron de las Revoluciones americana y francesa del siglo XVIII, los cuales a la vez, y paralelamente, también fueron luego seguidos en España a partir de la sanción de la Constitución de la Monarquía Española de Cádiz de 1812.[94]

Otro aspecto que por supuesto está ligado a la tradición declarativa de derecho y que ha sido parte de la realidad constitucional latinoamericana, ha sido el desafortu-

---

92 "The Rule of the Writ of Amparo", Supreme Court of Philippines, 2007.

93 Véase Allan R. Brewer-Carías, *Las declaraciones de derechos del pueblo y del hombre de 1811 (Bicentenario de la Declaración de "Derechos del Pueblo" de 1° de julio de 1811 y de la "Declaración de Derechos del Hombre" contenida en la Constitución Federal de los Estados de Venezuela de 21 de diciembre de 1811)*, Prólogo de Román José Duque Corredor), Academia de Ciencias Políticas y Sociales, Caracas 2011.

94 Véase Allan R. Brewer-Carías, *Reflexiones sobre la Revolución Americana (1776), la Revolución Francesa (1789) y la Revolución Hispanoamericana (1811-1830) y sus aportes al Constitucionalismo Moderno*, Universidad Externado de Colombia, Bogotá 2008; Allan R. Brewer-Carías, *Sobre el constitucionalismo hispanoamericano pre-gaditano 1811-1812*, Colección Cuadernos de la Cátedra Fundacional Charles Brewer Maucó, sobre Historia del Derecho, Universidad Católica Andrés Bello, N° 5, Editorial Jurídica Venezolana, Caracas 2013.

nado proceso de violación de los mismos por regímenes autoritarios, lo que lamentablemente y quizás en forma más sofisticada, incluso se produce en el presente, al haberse instalado en algunos países, gobiernos autoritarios en fraude a la Constitución y a la democracia misma.[95] Ello ha provocado que haya sido precisamente en los períodos de transición democrática, donde normalmente se haya acentuado el esfuerzo por ampliar dichas declaraciones de derechos, a los efectos de reforzar su protección y agregar los nuevos derechos humanos, tanto individuales como colectivos.

En ese contexto también ha sido característico de nuestro constitucionalismo histórico, la incorporación en el texto de las Constituciones de la llamada "cláusula abierta" de los derechos humanos, siguiendo la tradición iniciada con la de la IX Enmienda de la Constitución de los Estados Unidos de América (1791), pero referida, no sólo a los otros derechos no enumerados en el texto constitucional que son "retenidos por el pueblo" como esta indica, sino a otros derechos que son inherentes a la persona humana o a la dignidad humana, o que derivan de la naturaleza de la persona humana, como se dispone en muchas de nuestras Constituciones. El resultado es que cláusulas de esta naturaleza se encuentran en todas las Constituciones latinoamericanas, excepto en las de Cuba, Chile, México y Panamá.

Por otra parte, esta progresiva expansión del contenido de las declaraciones constitucionales de derechos también ha provocado la incorporación expresa en las Constituciones, en muchos casos con rango constitucional, de los derechos declarados en tratados y convenciones internacionales de derechos humanos. A estos, por tanto, no sólo se les ha dado rango legal siguiendo la tradición constitucional también iniciada en Norteamérica, sino que en muchos casos incluso se les ha dado rango supra legal, rango constitucional y hasta rango supra constitucional. Algunas Constituciones, incluso, han conferido preeminencia a las previsiones de los tratados internacionales sobre derechos humanos en relación con las normas de la propia Constitución, cuando contengan previsiones más favorables al ejercicio de los derechos. Es el caso, por ejemplo, de la Constitución de Venezuela (art. 23), a pesar de que la jurisprudencia de la Sala Constitucional del Tribunal Supremo lo haya desconocido.[96]

En relación con este tema de la jerarquía de los tratados internacionales sobre derechos humanos en el derecho interno, aún en ausencia de disposiciones constitucionales expresas, en algunos países latinoamericanos el tema se ha resuelto mediante interpretación constitucional, al haberse incorporado en el texto mismo de las Constituciones, el principio de que en materia de derechos humanos, la interpretación del alcance de los mismos siempre debe ser hecha de acuerdo con lo establecido en dichos tratados internacionales de derechos humanos. Este es el caso, por ejemplo, de la Constitución de Colombia (art. 93) y del Código Procesal Constitucional del Perú (art. V).

---

95 Fue el caso de Venezuela desde 1999. Véase Allan R. Brewer-Carías, *Dismantling Democracy. The Chávez Authoritarian Experiment*, Cambridge University Press, New York 2010,

96 Véase Allan R. Brewer-Carías, "La aplicación de los tratados internacionales sobre derechos humanos en el orden interno", en *Revista IIDH*, Instituto Interamericano de Derechos Humanos, N° 46, San José 2007, pp. 219-271.

Sin embargo, en este proceso de constitucionalización y de internacionalización de los derechos humanos, un específico tratado multilateral que ha tenido una importancia excepcional en la materia, ha sido como ha sido la Convención Americana de Derechos Humanos de 1969, y no sólo respecto del contenido de las declaraciones de derechos, sino en relación con el desarrollo de los mecanismos de protección judicial de los mismos, incluso a nivel internacional, con la creación de la Corte Interamericana de Derechos Humanos. Esta Convención, firmada en 1969 y ratificada por todos los países latinoamericanos con excepción de Cuba, ha sido un muy efectivo instrumento para la consolidación de un muy rico estándar mínimo sobre la regulación de los derechos civiles y políticos, común para todos los países. Lamentablemente, en 2013, Venezuela denunció la Convención Americana para escaparse de la jurisdicción de la Corte Interamericana de Derechos Humanos.[97]

Pero además de la progresiva ampliación de las declaraciones sobre derechos humanos, una segunda tendencia también caracteriza al sistema constitucional latinoamericano de protección de los mismos, que consiste en la expresa previsión en las Constituciones, precisamente de los mecanismos de protección judicial de los derechos, mediante la regulación de un específico medio judicial para ello, que ha sido llamado *Amparo* (Guatemala), *Juicio de amparo,* (México), *Proceso de amparo* (El Salvador, Perú), *Derecho de amparo* o *acción de amparo* (Venezuela), *Acción de amparo* (Argentina, República Dominicana, Honduras, Paraguay, Uruguay), *Recurso de amparo constitucional* (Bolivia, Costa Rica, Nicaragua, y Panamá), *Acción de tutela* (Colombia), *Recurso de protección* (Chile), *Acción de protección* (Ecuador), *Mandado de segurança* y *mandado de injunçao* (Brasil), y que en todos los casos, se rigen por reglas procesales diferentes a las generales que se han establecido en los Códigos de Procedimiento Civil para los procesos destinadas a la protección general de los derechos o interesas de las personas y de sus bienes.

Ello implica que la protección de los derechos constitucionales en nuestros países puede lograrse de dos maneras: por una parte, a través de las acciones o recursos ordinarios y extraordinarios que en general se han establecidos en los Códigos de Procedimiento Civil; y por la otra, además, mediante las acciones y recursos establecidos en forma separada para el específico propósito de proteger los derechos constitucionales, y que han dado origen al proceso constitucional de amparo.

Como antes se mencionó, esta última solución es la que ha sido seguida en los países de América Latina, siendo ella uno de los signos distintivos de mayor importancia del derecho constitucional de nuestros países. La misma contrasta, por ejem-

97 Véase la comunicación N° 125 de 6 de septiembre de 2012 dirigida por el entonces Canciller de Venezuela, Nicolás Maduro, dirigida al Secretario General de la OEA, en http://www.minci.gob.ve/wp-content/uploads/2013/09/Carta-Retiro-CIDH-Firmada-y-sello.pdf. Véase sobre ello, Carlos Ayala Corao, "Inconstitucionalidad de la denuncia de la Convención Americana sobre Derechos Humanos por Venezuela" en *Revista Europea de Derechos Fundamentales*, Instituto de Derecho Público, Valencia, España, N° 20/2° semestre 2012; en *Estudios Constitucionales*, Centro de Estudios Constitucionales de Chile, Universidad de Talca, año 10, N° 2, Chile, 2012; en la *Revista Iberoamericana de Derecho Procesal Constitucional*, Instituto Iberoamericano de Derecho Procesal Constitucional y Editorial Porrúa, N° 18, Julio-Diciembre, 2012; en la *Revista de Derecho Público*, N° 131, Caracas, julio-septiembre 2012; en el *Anuario de Derecho Constitucional Latinoamericano 2013*, Anuario 2013, Konrad Adenauer Stiftung: Programa Estado de Derecho para Latinoamérica y Universidad del Rosario, Bogotá, Colombia 2013.

plo, con la seguida en el sistema constitucional de los Estados Unidos de América donde la protección efectiva de los derechos humanos se asegura mediante los remedios judiciales ordinarios del proceso o a través de los remedios extraordinarios de equidad (como las *injunctions*), las cuales también se utilizan para la protección de cualquier tipo de derechos o intereses de las personas (*civil rights injunctions*). En América latina, en cambio, y en parte dada la tradicional deficiencia de los medios judiciales generales y ordinarios para asegurar la protección efectiva de los derechos constitucionales, es que se ha desarrollado el proceso de amparo como un medio judicial específico para asegurar su protección.

Este medio específico de protección fue inicialmente introducido en México en 1847, con el nombre de juicio de amparo, el cual de acuerdo con la opinión unánime de los autores mexicanos tuvo su origen en el sistema de control judicial de constitucionalidad (*Judicial Review*) de los Estados Unidos de América, tal como había sido descrito por Alexis de Tocqueville en su obra *La democracia en América*, escrita sólo unos años después del caso *Malbury v. Madison* U.S. (1 Cranch), 137; 2 L. Ed. 60 (1803).[98]

Sin embargo, en su evolución posterior, el juicio de amparo mexicano, en una forma bien diferente al modelo norteamericano, se convirtió en la institución única y compleja de la actualidad, que sólo se encuentra en México, mediante la cual, además de asegurarse la protección de las garantías individuales (*amparo libertad*), comprende un variado y amplio grupo de otras medidas de protección judicial que se pueden ejercer contra el Estado y sus agentes, y que en los otros países latinoamericanos son siempre acciones o procesos separados. En ellos se incluyen, acciones para el control de la constitucionalidad de las leyes (*amparo contra leyes*), acciones para el control de legalidad e inconstitucionalidad de los actos administrativos (*amparo administrativo*), acciones para el control judicial de las sentencias (*amparo casación*), y acciones para la protección de los derechos campesinos (*amparo colectivo*).[99] Este carácter comprehensivo y único del juicio de amparo no se encuentra en ningún otro país de América Latina, lo que no ha impedido a que sea precisamente el amparo mexicano el que más se conozca fuera de América Latina.

En todo caso, después de su introducción en México, durante el mismo Siglo XIX el proceso de amparo comenzó a extenderse por América Latina, dando origen en todos los países a una diferente y específica acción o recurso, y a un proceso, establecido exclusivamente para la protección de los derechos y libertades constitucionales, llegando en algunos casos a convertirse, incluso, en una institución proce-

---

98 Véase Francisco Fernández Segado, "Los orígenes del control de la constitucionalidad y del juicio de amparo en el constitucionalismo mexicano de la primera mitad del siglo XIX. El impacto del Voto particular de don mariano Otero", en *Revista Iberoamericana de Derecho Procesal Constitucional*, N° 5, Instituto Iberoamericano de Derecho Procesal Constitucional, Ed. Porrúa, México 2006, pp. 67 ss.

99 Véase una sistematización del nuevo juicio y las acciones de amparo mexicano en FERRER MAC-GREGOR, Eduardo y SÁNCHEZ GIL, Rubén, *"El nuevo juicio de amparo"*, coedición de Porrúa, UNAM, México, 2013.

sal más protectiva que el amparo mexicano,[100] particularmente antes de las reformas de 2013 de la ley de Amparo

En esta forma, además del recurso de habeas corpus que se generalizó en casi todos los países, el amparo fue introducido durante la segunda mitad del Siglo XIX en las Constituciones de Guatemala (1879), El Salvador (1886) y Honduras (1894); y durante el siglo XX, en las Constituciones de Nicaragua (1911), Brasil (*mandado de segurança* 1934), Panamá (1941), Costa Rica (1946), Venezuela (1961), Bolivia, Paraguay, Ecuador (1967), Perú (1979), Chile (*recurso de protección*, 1980, reforma 2001) Colombia (*acción de tutela*, 1991), República Dominicana (2010).

Desde 1957, y mediante precedentes judiciales, la acción de amparo había sido admitida en Argentina, habiendo sido regulada por Ley en 1966, y luego incorporada en la reforma constitucional de 1994. En la República Dominicana, desde 2000 la Corte Suprema también admitió el amparo, el cual también fue regulado posteriormente, en 2006, mediante la Ley de Amparo, y en 2010 en las normas de la Constitución; cuyas normas se desarrollaron en 2011, en la Ley Orgánica del Tribunal Constitucional y de los Procesos Constitucionales.

La consecuencia de este proceso constitucionalización de las garantías judiciales de los derechos humanos es que en todos los países latinoamericanos, con la excepción de Cuba, están reguladas las acciones de habeas corpus y amparo como medios judiciales específicos diseñados exclusivamente para la protección de los derechos y garantías constitucionales.

En todos los países, como se dijo, el amparo está regulado en expresas normas constitucionales; y en todos, excepto en Chile, el proceso de amparo está regulado en textos legislativos específicos. En Chile, el recurso de protección se encuentra regulado en un cuerpo normativo denominado "Auto Acordado" sancionado por la Corte Suprema de Justicia en 1992, cuya última reforma es de 2015.

En la actualidad, por tanto, las siguientes son las leyes que regulan el proceso de amparo en América Latina:

ARGENTINA	Ley N° 16.986. Acción de Amparo, 1966;
BOLIVIA	Ley N° 254. Código Procesal Constitucional 2012.
BRAZIL	Lei N° 12.016 Mandado de Segurança, 2009
COLOMBIA	Decretos Ley N° 2591, 306 y 1382. Acción de Tutela, 2000;
COSTA RICA	Ley N° 7135. Ley de la Jurisdicción Constitucional, 1989;
ECUADOR	Ley Orgánica de Garantías Constitucionales y Control de Constitucionalidad, 2009.
EL SALVADOR	Decreto 2996, Ley de Procedimientos Constitucionales, 1960;

100 Véase Joaquín Brague Camazano, *La Jurisdicción constitucional de la libertad. Teoría general, Argentina, México, Corte Interamericana de Derechos Humanos*, Editorial Porrúa, México, 2005, pp. 156 ss.

GUATEMALA	Decreto N° 1-86. Ley de Amparo. Exhibición personal y Constitucionalidad, 1986;
HONDURAS	Ley sobre Justicia Constitucional, 2004;
MÉXICO	Ley de Amparo, reglamentaria de los artículos 103 y 107 de la Constitución Política, 2013;
NICARAGUA	Ley N° 49. Amparo, 1988;
PANAMÁ	Código Judicial, Libro Cuarto: Instituciones de Garantía, 1999;
PARAGUAY	Ley N° 1.337/88. Código Procesal Civil, Titulo II. El Juicio de Amparo, 1988;
PERÚ	Ley N° 28.237. Código Procesal Constitucional, 2005;
REPÚBLICA DOMINICANA	Ley Orgánica del Tribunal Constitucional y de los Procesos Constitucionales, 2011.
URUGUAY	Ley N° 16.011. Acción de Amparo, 1988;
VENEZUELA	Ley Orgánica de Amparo sobre Derechos y Garantías Constitucionales, 1988.*

Estas leyes, en algunos casos, han sido sancionadas para regular exclusivamente la acción de amparo como sucede en Argentina, Brasil, Colombia, México, Nicaragua, Uruguay y Venezuela. En otros casos, la legislación dictada, además de regular la acción de amparo, también contiene regulaciones en relación con otros medios judiciales de protección de la Constitución, como las acciones de inconstitucionalidad y las acciones de habeas corpus y habeas data, como es el caso Bolivia, Guatemala, Perú, Costa Rica, Ecuador, El Salvador, Honduras y República Dominicana. Sólo en Panamá y en Paraguay el proceso de amparo está regulado en un Capítulo especial en los respectivos Códigos de Procedimiento Civil o judicial.

En la gran mayoría de los países latinoamericanos, además de la acción de amparo, las Constituciones siempre han regulado el recurso de habeas corpus como medio judicial aparte para la protección de la libertad e integridad personales. Es el caso de Argentina, Bolivia (acción de libertad), Brasil, Colombia, Costa Rica, Chile, República Dominicana, Ecuador, El Salvador, Honduras, Nicaragua, Panamá, Paraguay, Perú y Uruguay

Sólo en algunas Constituciones como la de Guatemala, México y Venezuela, el proceso de amparo está concebido como una acción para la protección de todos los derechos y libertades constitucionales, incluyendo la libertad personal, en cuyo caso

* Aun cuando la Asamblea Nacional sancionó una reforma de la Ley Orgánica en 2014, y casi un año después, la Sala Constitucional del Tribunal Supremo de Justicia, mediante sentencia N° 1573 de 18 de noviembre de 2014, declaró como constitucional el carácter orgánico de la ley de reforma (Véase en (http://historico.tsj.gob.ve/decisiones/scon/noviembre/171652-1573-181114-2014-14-0771.HTML), dicha Ley nunca fue promulgada por el Ejecutivo ni publicada en *Gaceta Oficial*.

el habeas corpus es considerado como un tipo de acción de amparo, denominado por ejemplo como acción de exhibición personal (Guatemala) o amparo para la protección de la libertad personal (Venezuela).

Por otra parte, más recientemente, en algunos países como Argentina, Bolivia, Ecuador, Paraguay, Perú y Venezuela, además de la acción de amparo y de la de habeas corpus, las Constituciones han establecido otra acción distinta, llamada de habeas data (o protección de privacidad), mediante la cual las personas pueden formular peticiones para obtener información sobre sí mismas que estén contenidas en archivos, registros y bancos de datos, públicos o privados, y en caso de información falsa, errada o discriminatoria, pueden solicitar su eliminación, confidencialidad o corrección.

Como resultado de todo este proceso protectivo de los derechos humanos, en la actualidad, las regulaciones constitucionales en la materia en América Latina, se han configurado en tres formas diferentes:

En primer lugar, previendo tres recursos o acciones diferentes, el *amparo, el habeas corpus y el habeas data*, como sucede en Argentina, Brasil, Bolivia (acción de protección de privacidad), Ecuador, Paraguay, Perú y República Dominicana;

En segundo lugar, estableciendo dos recursos diferentes, por una parte el *amparo y el habeas corpus*, como es el caso en Colombia, Costa Rica, Chile, El Salvador, Honduras, Nicaragua, Panamá y Uruguay; y por la otra, el *amparo y el habeas data*, como es el caso de Venezuela; y

En tercer lugar, regulando un solo recurso o acción de *amparo,* comprendiendo en el mismo la protección de la libertad personal, como es el caso de Guatemala, México y Venezuela.

A todo ello deben agregarse otras acciones de garantías de derechos como las acciones de incumplimiento o de acceso a la información que se han regulado en muchos países.

El proceso constitucional de amparo en América Latina, por otra parte, se ha configurado como una pieza más del sistema general de protección de la Constitución que desde el siglo XIX se ha venido desarrollando en nuestros países, es decir, dentro de los diversos sistemas nacionales de control de constitucionalidad de los actos estatales, en particular de las leyes. Siguiendo los criterios más tradicionales derivados del órgano llamado a ejercer el control de constitucionalidad, estos pueden clasificarse en tres grandes grupos:

En primer lugar están los países que han adoptado única y exclusivamente el método difuso de control de constitucionalidad, que en América Latina sólo es Argentina, donde además se regula el recurso de amparo.

En segundo lugar están los países que han adoptado también única y exclusivamente, el método de control concentrado de la constitucionalidad, atribuyéndolo a un Tribunal o Corte Constitucional o a la Corte Suprema de Justicia, los cuales a la vez se pueden clasificar en dos grupos, según que la acción de amparo también esté concentrada en la Jurisdicción Constitucional, como es el caso de Costa Rica y El Salvador (Sala Constitucional de la Corte Suprema); o que se pueda ejercer ante una universalidad de tribunales, como es el caso de Bolivia, Chile, Ecuador, Honduras, Panamá, Paraguay y Uruguay; y

En tercer lugar, están los países que han adoptado un sistema mixto de control de constitucionalidad que combinan el método difuso con el método concentrado, como es el caso de Brasil, Colombia, Guatemala, México, Nicaragua, Perú, República Dominicana y Venezuela.

En términos generales, los derechos constitucionales que pueden ser objeto de protección mediante el proceso constitucional de amparo son todos aquellos declarados en la Constitución o que se considere que tienen rango constitucional. En algunos países, incluso, se establece expresamente que mediante la acción de amparo también pueden protegerse los derechos declarados en los convenios internacionales (Argentina, Costa Rica, Ecuador y Venezuela) y en otros, los establecidos en leyes (Argentina, Bolivia, Guatemala y Paraguay).

Solo excepcionalmente algunas Constituciones reducen el ámbito de protección del amparo respecto de algunos derechos o garantías individuales o "derechos fundamentales" declarados en la Constitución, como es el caso de Colombia y Chile. Esta es la tendencia que por lo demás se ha seguido en Alemania y España con el recurso de protección individual o recurso de amparo, establecidos para la sola protección de los "derechos fundamentales", y que más recientemente se ha seguido en la regulación del *writ of amparo* en Filipinas, para la protección sólo del derecho a la vida, la libertad y la seguridad.

En todos los países latinoamericanos, la acción de amparo está concebida como una vía judicial extraordinaria, para cuyo ejercicio se establecen diversas regulaciones particularmente referidas a su relación con las vías ordinarias de protección:

En primer lugar, en algunos países se establece que la acción de amparo sólo se puede ejercer cuando no exista otro medio judicial adecuado para la inmediata protección constitucional, como es el caso de Argentina, Bolivia, Chile, Ecuador, , El Salvador, Paraguay, República Dominicana, Uruguay y Venezuela.

En segundo lugar, en otros países se establece que la acción de amparo sólo puede ejercerse cuando se hayan agotado los otros medios judiciales idóneos existentes para proteger los derechos constitucionales, como es el caso de Brasil, Colombia, Guatemala, México y Perú.

En tercer lugar, en otros grupo de países lo que se establece es la inadmisibilidad de la acción de amparo cuando ya se hayan intentado otros recursos protectivos, como es el caso de Argentina, Chile, Ecuador, México y Perú..

En todo caso, en cuanto al procedimiento del proceso de amparo, en todos los países de América Latina, con excepción de Chile, se ha garantizado el carácter bilateral del proceso, debiendo en general iniciarse a instancia de parte. En Honduras y Guatemala, sin embargo, la legislación permite que en materia de habeas corpus los tribunales puedan iniciar el procedimiento de oficio.

En general, dado el carácter personal de la acción de amparo, es por tanto la parte injuriada o agraviada la que puede intentar la acción de amparo, aun cuando en algunas legislaciones se admite que otras personas distintas puedan intentar en nombre de la persona agraviada, tanto la acción de habeas corpus (Argentina, Bolivia, Guatemala, Honduras, México, Nicaragua, Perú y Venezuela) como la acción de amparo (Guatemala, Colombia y Perú), al igual que las acciones colectivas (Argentina, Brasil, Costa Rica, Colombia -acción popular-, y Perú).

Por otra parte, muchas legislaciones otorgan legitimación para intentar la acción de amparo en nombre de los agraviados o de la colectividad, al Defensor de los Derechos Humanos o Defensor del Pueblo, como es el caso de Argentina, Bolivia, Colombia, Ecuador, El Salvador, Guatemala, Perú, Nicaragua, Paraguay, Venezuela y México.

La acción o recurso de amparo se ha establecido en América Latina para la protección de los derechos constitucionales, de manera que ha sido su objeto el que realmente ha dado origen a este proceso constitucional extraordinario, independientemente de la persona o entidad que haya causado el agravio o violación del derecho. Por ello, la lógica del sistema protectivo es que el amparo debe proceder en cualquier caso de violación o amenaza, cualquiera haya sido el origen de la misma, sea un acto u omisión de una autoridad pública o de un individuo.

Sin embargo, si bien todos los países de América Latina admiten la acción de amparo contra funcionarios y autoridades públicas -incluso, el amparo, en su origen, fue concebido como un medio de protección frente al Estado- , no todos los países admiten la posibilidad de ejercer la acción contra particulares agraviantes.

En cuanto a la acción de amparo contra acciones u omisiones lesivas provenientes de autoridades y funcionarios, si bien en la mayoría de los países se establece como un medio general de protección sin ningún tipo de distinciones como sucede en Bolivia, Colombia, El Salvador, Guatemala, Perú, Nicaragua, Uruguay y Venezuela; en México, en cambio, se limita la posibilidad de intentarla sólo contra una "autoridad responsable," que es la que dicta, ordena, ejecuta o trata de ejecutar el acto que crea, modifica o extingue situaciones jurídicas en forma unilateral y obligatoria; u omita el acto que de realizarse crearía, modificaría o extinguiría dichas situaciones jurídicas (art. II.5, Ley de Amparo).

En otros países se excluye la acción de amparo sólo respecto de ciertas autoridades como son los cuerpos electorales, tal como sucede en Costa Rica, Ecuador, México, Nicaragua, Panamá, y Uruguay; o el Consejo de la Magistratura, como es el caso de Perú.

Excepto en los países en los cuales la acción de amparo sólo se admite contra autoridades, que son la minoría (Brasil, El Salvador, y Panamá), en el resto de los países latinoamericanos la acción de amparo se admite contra particulares, en algunos casos sin distinción de ningún tipo como sucede en Argentina, Bolivia, Chile, República Dominicana, Paraguay, Perú, Uruguay y Venezuela; y en otros casos, en forma restrictiva sólo respecto de ciertos individuos o empresas privadas concesionarias de servicios públicos, con poderes públicos delegados o que estén en ciertas situaciones de poder en relación con la colectividad, como es el caso de Colombia, Costa Rica, Ecuador, Guatemala y Honduras.

En el caso de México, con la reforma de la Ley de Amparo de 2013 se estableció también la posibilidad de amparo contra particulares (art. I,III, único) pero sólo cuando éstos "tengan la calidad de *autoridad responsable*," la cual en los términos del artículo 5.II de la Ley es "la que dicta, ordena, ejecuta o trata de ejecutar el acto que crea, modifica o extingue situaciones jurídicas en forma unilateral y obligatoria; u omita el acto que de realizarse crearía, modificaría o extinguiría dichas situaciones jurídicas," considerando la misma norma que los particulares tienen tal calidad, cuando "realicen actos equivalentes a los de autoridad, que afecten derechos en los términos de esta fracción, y cuyas funciones estén determinadas por una norma general" (art. 5.II).

En cuanto a la acción de amparo ejercida contra autoridades y funcionarios, el tratamiento de los actos estatales que pueden ser objeto de la acción de amparo tampoco es uniforme, en el sentido de que en muchos casos se establecen exclusiones puntuales.

Por ejemplo, en cuanto a actos ejecutivos, en México se excluyen de la acción de amparo ciertos actos presidenciales, y en Uruguay se excluyen los reglamentos ejecutivos; en Argentina y Perú se excluyen de la acción de amparo los actos estatales en los cuales se decidan cuestiones políticas, y en Argentina, además, los actos relativos a la defensa nacional. Igualmente, en Argentina y en Paraguay se excluyen de la acción de amparo los actos que afecten el funcionamiento de los servicios públicos.

En cuanto a los actos legislativos, en México se excluyen de la acción de amparo ciertos actos del Congreso; y en cuanto al amparo contra leyes, la mayoría de los países lo excluyen, como sucede en Argentina, Bolivia, Brasil, Colombia, Costa Rica, Chile, Ecuador, El Salvador, Nicaragua, Perú, Panamá, Paraguay, Republica Dominicana, Uruguay y Venezuela. En realidad, el amparo contra leyes sólo se admite en Honduras, donde sólo se aplica el método concentrado de control de constitucionalidad de las leyes; y en Guatemala y México, que han adoptado el sistema mixto de control de constitucionalidad de las leyes, en especial contra las leyes autoaplicativas.

En cuanto a los actos judiciales, también en la mayoría de los países de América Latina se excluye la acción de amparo contra los mismos, como es el caso de Argentina, Brasil, Costa Rica, Chile, Ecuador, El Salvador, Nicaragua, Paraguay, y Uruguay. En Bolivia se excluye contra resoluciones judiciales pero sólo si pudiesen ser modificadas o suprimidas por cualquier otro recurso del cual no se haya hecho uso (art. 53.3). En otros países, sin embargo, se admite la acción de amparo contra sentencias, como sucede en Colombia, Guatemala, Honduras, México, Panamá, Perú y Venezuela; aun cuando en algunos de ellos se excluye expresamente respecto de decisiones de las Cortes Supremas (México, Panamá, Venezuela) o de las decisiones dictadas en los juicios de amparo (Honduras, México). En Ecuador, sin embargo, se prevé una acción de protección extraordinaria contra sentencias que sólo se puede intentar ante la Corte Constitucional (art. 437, Constitución).

Por último, en esta síntesis comparativa del amparo en América Latina, debe hacerse mención al tratamiento que la legislación le da al tema de la revisión de las sentencias dictadas en los procesos de amparo, pues tratándose de procesos constitucionales, las leyes tienden a asegurar la uniformidad de la aplicación e interpretación de la Constitución, particularmente en aquellos casos, que son la mayoría, en los cuales la competencia judicial para conocer de la acción de amparo se ejerce por una universalidad de tribunales y no sólo por la Jurisdicción Constitucional, como sólo ocurre en Costa Rica, El Salvador y Nicaragua.

En todos los otros países, en todo caso, para la búsqueda de la uniformidad de la interpretación constitucional se han establecido mecanismos judiciales de revisión de manera que en una forma u otra las decisiones dictadas en los procesos de amparo puedan llegar a ser revisadas por las Cortes Supremas o los Tribunales Constitucionales.

En tal sentido, en Argentina, que sólo aplica el método difuso de control de constitucionalidad, las sentencias dictadas en los juicios de amparo y en materias constitucionales, pueden ser objeto de un recurso extraordinario de revisión ante el la Corte Suprema.

En los países que sólo aplican el método concentrado de control de constitucionalidad de las leyes pero donde los juicios de amparo se desarrollan ante tribunales inferiores, se han establecido mecanismos de revisión obligatoria (Bolivia) o discrecional (Ecuador, Honduras) por la Corte Constitucional o por la Sala Constitucional del Tribunal Supremo de Justicia, respectivamente.

En los países que aplican el sistema mixto de control de constitucionalidad, en unos casos se han establecido mecanismos de revisión automáticos por los Tribunales Constitucionales discrecional (Colombia); y en otros, se han previsto mecanismos de revisión, mediante recursos o apelaciones, por las Cortes Supremas o los Tribunales Constitucionales, también de carácter obligatorio (Brasil, Guatemala, Perú) o discrecional (México, Venezuela).

II. EL DERECHO DE AMPARO EN LA CONVENCIÓN AMERICANA

Pero además de haber sido consagrado en las Constituciones y en la legislación interna de los países de América latina, uno de esos derechos más importantes consagrados en la Convención Americana de derechos Humanos, ha sido también el derecho de toda persona a ser amparada en sus derechos humanos y garantías previstos en la Convención y en las Constituciones nacionales, el cual, como hemos visto, a pesar de la más que centenaria tradición de la cual goza en América Latina, en muchos países aún no ha encontrado su cabal efectividad, al menos en los amplios términos que lo concibe la Convención Americana en el marco del derecho a la protección judicial.

En efecto, el artículo 25.1 de la Convención dispone:

> "Toda persona tiene derecho a un recurso sencillo y rápido o a cualquier otro recurso efectivo ante los jueces o tribunales competentes, que la ampare contra actos que violen sus derechos fundamentales reconocidos por la Constitución, la ley o la presente Convención, aun cuando tal violación sea cometida por personas que actúen en ejercicio de sus funciones oficiales."

De esta norma resulta que el derecho de amparo que encuentra su fundamento en la misma no sólo es un derecho aplicable en todos los Estados miembros, sino que del mismo resulta la obligación internacional que les ha sido impuesta a los mismos con el objeto de asegurarle a todas las personas, no sólo la existencia sino la efectividad de ese recurso efectivo, sencillo y rápido para la protección de sus derechos. Para ello, la propia Convención dispuso que los Estados Partes se comprometen "a garantizar que la autoridad competente prevista por el sistema legal del Estado decidirá sobre los derechos de toda persona que interponga tal recurso" (artículo 25.2.a). Ello lo ha puntualizado la Corte Interamericana en innumerables sentencias al recordar:

> "El deber general del Estado de adecuar su derecho interno a las disposiciones de dicha Convención para garantizar los derechos en ella consagrados, establecido en el artículo 2, incluye la expedición de normas y el desarrollo de

prácticas conducentes a la observancia efectiva de los derechos y libertades consagrados en la misma, así como la adopción de medidas para suprimir las normas y prácticas de cualquier naturaleza que entrañen una violación a las garantías previstas en la Convención. Este deber general del Estado Parte implica que las medidas de derecho interno han de ser efectivas (principio del *effet utile)*, para lo cual el Estado debe adaptar su actuación a la normativa de protección de la Convención."[101]

Ahora bien, es bien sabido que la Corte Interamericana de Derechos Humanos desde sus primeras Opiniones Consultivas identificó el recurso previsto en el artículo 25.1 de la Convención con la institución latinoamericana del amparo. Así lo expuso en su Opinión Consultiva OC-8/87 del 30 de enero de 1987, *El habeas corpus bajo suspensión de garantías (arts. 27.2, 25.1 y 7.6 Convención Americana sobre Derechos Humanos)*, señaló que el artículo 25.1 de la Convención era "una disposición de carácter general que recoge la institución del amparo, entendido como el procedimiento judicial sencillo y breve que tiene por objeto la tutela de todos los derechos reconocidos por las constituciones y las leyes de los Estados partes y por la Convención."[102] Y también en la Opinión Consultiva OC-9/87 del 6 de octubre de 1987, *Garantías judiciales en estados de emergencia (arts. 27.2, 25 y 8, Convención Americana sobre Derechos Humanos)*, donde la Corte precisó que "para que tal recurso exista, no basta con que esté previsto por la Constitución o la ley o con que sea formalmente admisible, sino que se requiere que sea realmente idóneo para establecer si se ha incurrido en una violación a los derechos humanos y proveer lo necesario para remediarla;" al punto de establecer que su falta de consagración en el derecho interno, es decir, "la inexistencia de un recurso efectivo contra las violaciones a los derechos reconocidos por la Convención constituye una transgresión de la misma por el Estado Parte en el cual semejante situación tenga lugar." [103]

La Corte Interamericana, en sus decisiones posteriores y luego de una larga evolución, variado su interpretación, indicando que el artículo 25.1, al consagrar el derecho al recurso efectivo como derecho de amparo, lo ha hecho en el sentido más amplio, de derecho humano a la "protección judicial" efectiva, incluyendo el derecho de acceso a la justicia, siguiendo la orientación fijada inicialmente por el juez Antonio Cançado Trindade en su Voto al caso *Genie Lacayo Vs. Nicaragua* de 29 de enero de 1997 cuando consideró que la norma era, no sólo uno de los pilares básicos de la Convención, sino "de todo el Estado de derecho en una sociedad democrática según el sentido de la Convención;"[104] concepto que se reiteró con poste-

---

101 Véase sentencia en el caso *Yatama Vs. Nicaragua* de 23 de Junio de 2005, (Párr. 170), en http://www.corteidh.or.cr/docs/casos/articulos/seriec_127_esp.pdf

102 Véase Opinión Consultiva OC-8/87, del 30 de enero de 1987, *El habeas corpus bajo suspensión de garantías (arts. 27.2, 25.1 y 7.6 Convención Americana sobre Derechos Humanos*, en http://www.corteidh.or.cr/docs/opiniones/seriea_08_esp.pdf

103 Véase Opinión Consultiva OC-9/87 del 6 de octubre de 1987, *Garantías judiciales en estados de emergencia (arts. 27.2, 25 y 8, Convención Americana sobre Derechos Humanos* (Párr. 24), en http://www.corteidh.or.cr/docs/opiniones/seriea_09_esp.pdf

104 Voto Disidente de Antonio Augusto Cançado Trindade en la sentencia del *Caso Genie Lacayo vs. Nicaragua* (*Solicitud de Revisión de la Sentencia de Fondo, Reparaciones y Costas)* de 13 de septiembre de 1997 (Párr. 18), en http://www.corteidh.or.cr/docs/casos/articulos/se-riec_21_esp.pdf

rioridad en la jurisprudencia de la Corte Interamericana a partir de la sentencia del caso *Castillo Páez vs. Perú* de 3 de noviembre de mismo año.[105]

En este contexto, por supuesto más amplio, el derecho de amparo no es más que una de las piezas de ese pilar básico de la democracia que es el derecho humano a la protección judicial, y no lo agota; de manera que la acción de amparo se subsume en dicho sistema de recursos judiciales rápidos, sencillos y eficaces (con el signo en este caso de la inmediatez de la protección por tratarse de derechos humanos) a los cuales las personas tienen derecho de acceder (acceso a la justicia) con las garantías del debido proceso que derivan del artículo 25.1 en conexión con el artículo 8 sobre garantías judiciales, los cuales en conjunto son los que constituyen el pilar de la democracia.[106] Como lo dijo la Corte Interamericana en la sentencia del caso de *La Masacre de las Dos Erres vs. Guatemala* de 24 de noviembre de 2009, luego de expresar que "el recurso de amparo por su naturaleza es el procedimiento judicial sencillo y breve que tiene por objeto la tutela de todos los derechos reconocidos por las constituciones y leyes de los Estados partes y por la Convención;" que "tal recurso *entra* en el ámbito del art. 25 de la Convención Americana, por lo cual tiene que cumplir con varias exigencias, entre las cuales se encuentra la idoneidad y la efectividad."[107]

La consecuencia de ello es que independientemente de que el artículo 25.1 de la Convención no se agote en una única acción de amparo, ni se lo considere ahora por la jurisprudencia de la Corte Interamericana solamente como la consagración de un recurso de amparo, lo cierto es que dicha norma al establecer el "derecho de amparo" como derecho humano, ha fijado los parámetros mínimos conforme a los cuales los Estados miembros deben cumplir la obligación de asegurarle a todas las personas no sólo la existencia sino la efectividad de ese o esos recursos efectivos, sencillos y rápidos para la protección de sus derechos, lo que debe asegurarse en particular cuando regulen y establezcan la "acción de amparo" para la protección de los derechos previstos en la Constitución y en la propia Convención.

Ese artículo 25.1 es, por tanto, en nuestro criterio, el marco que establece la Convención Americana conforme al cual tanto la Corte Interamericana como los jueces y tribunales nacionales, deberían ejercer el control de convencionalidad[108] en

---

105 Véase sentencia del caso *Castillo Páez vs. Perú* de 3 de noviembre de 1997 (Párr. 82), en http://www.corteidh.or.cr/docs/casos/articulos/seriec_34_esp.pdf.

106 Por ello, Anamari Garro Vargas considera que "no es lo mismo afirmar que el sistema de recursos judiciales eficaces es uno de los pilares de la Convención y del Estado de Derecho en un sistema democrático, que sostener que uno de esos pilares es un recurso sencillo y eficaz para proteger los derechos fundamentales." Véase Anamari Garro Vargas, *La improcedencia del recurso de amparo contra las resoluciones y actuaciones jurisdiccionales del Poder Judicial a la luz de la Constitución costarricense y del artículo 25 de la Convención Americana sobre Derechos Humanos*, Tesis para optar al grado de Doctor en Derecho, Universidad de los Andes, Santiago de Chile 2012 (Versión mimeografiada), p. 213.

107 Véase la sentencia del caso *La Masacre de las Dos Erres vs. Guatemala* de 24 de noviembre de 2009 C211/2009 (Párr. 107) en http://www.corteidh.or.cr/docs/casos/articulos/se-riec_211_esp.pdf

108 Véase sobre el control de convencionalidad: Ernesto Rey Cantor, *Control de Convencionalidad de las Leyes y Derechos Humanos*, México, Editorial Porrúa-Instituto Mexicano de Derecho Procesal Constitucional, 2008; Juan Carlos Hitters, "Control de constitucionalidad y control de convencionalidad. Comparación," en *Estudios Constitucionales*, Centro de Estudios Constitucionales de Chile, Universidad de Talca, Año 7, N° 2, 2009, pp. 109-128; Susana Albanese (Coordinadora), El control de conven-

relación con los actos y decisiones de los Estados para asegurar el derecho de amparo para la protección de los derechos humanos, con el objeto de superar las restricciones nacionales a la institución del amparo que, como antes se comentó someramente, todavía persisten en muchos países. Así se deriva por ejemplo, de lo que la Corte Interamericana consideró como "el sentido de la protección otorgada por el artículo 25 de la Convención" consistente en:

> "la posibilidad real de acceder a un recurso judicial para que la autoridad competente y capaz de emitir una decisión vinculante determine si ha habido o no una violación a algún derecho que la persona que reclama estima tener y que, en caso de ser encontrada una violación, el recurso sea útil para restituir al interesado en el goce de su derecho y repararlo."[109]

Por ello hemos sostenido que de dicha norma de la Convención, al consagrar el "derecho de amparo," no permite que se puedan establecer restricciones al mismo, lo que es particularmente importante cuando se trata de regular en el ámbito interno una "acción de amparo" para precisamente asegurar la protección de los derechos humanos, de cuyo ámbito, por tanto, no pueden quedar excluidos de protección determinados derechos, ni pueden determinados actos estatales quedar excluidos de control, ni pueden quedar personas que no estén protegidas, ni pueden quedar agraviantes que no puedan ser juzgados por sus violaciones mediante el recurso sencillo rápido y eficaz. Otra cosa, por supuesto, es que la regulación que exista en el derecho interno sobre el proceso de amparo, cuando se establece con una amplitud inusitada, convierta a la institución llamada a proteger los derechos humanos en una técnica procesal que en la práctica impida asegurar la protección efectiva, sencilla y rápida de los derechos.

Debe destacarse que la Corte Interamericana, en este aspecto, ha ejercido un importante control de convencionalidad en la sentencia del caso de *La Masacre de las Dos Erres vs. Guatemala* de 24 de noviembre de 2009, en la cual, a pesar de que estimó que en Guatemala el recurso de amparo era "adecuado para tutelar los derechos humanos de los individuos,"[110] observó sin embargo, que su "uso indebido," su "estructura actual" y las "disposiciones que lo regulaban," aunado a "la falta de debida diligencia y la tolerancia por parte de los tribunales al momento de tramitarlo, así como la falta de tutela judicial efectiva, han permitido el uso abusivo del amparo

---

cionalidad, Buenos Aireas, Ed. Ediar, 2008; Eduardo Ferrer Mac-Gregor, "El control difuso de convencionalidad en el Estado constitucional", en Fix-Zamudio, Héctor, y Valadés, Diego (Coordinadores), *Formación y perspectiva del Estado mexicano,* México, El Colegio Nacional-UNAM, 2010, pp. 151-188; Eduardo Ferrer Mac-Gregor, "Interpretación conforme y control difuso de convencionalidad el nuevo paradigma para el juez mexicano," en *Derechos Humanos: Un nuevo modelo constitucional*, México, UNAM-IIJ, 2011, pp. 339-429; Carlos Ayala Corao, *Del diálogo jurisprudencial al control de convencionalidad*, Editorial Jurídica Venezolana, Caracas 2013, pp. 123 ss.. Véase igualmente, Jaime Orlando Santofimio y Allan R. Brewer-Carías, *Control de Convencionalidad y Responsabilidad del Estado*, Universidad Externado de Colombia, Bogotá, 2013.

109 Véase la sentencia en el caso *Jorge Castañeda Gutman vs. México* de 6 de agosto de 2008 (Párr. 100) en http://www.corteidh.or.cr/docs/casos/articulos/seriec_184_esp.pdf.

110 Véase la sentencia del caso *La Masacre de las Dos Erres vs. Guatemala* de 24 de noviembre de 2009 C211/2009 (Párr. 121) en http://www.corteidh.or.cr/docs/casos/articulos/se-riec_211_esp.pdf.

como práctica dilatoria en el proceso,"[111] de manera que "su uso indebido ha impedido su verdadera efectividad, al no haber permitido que produzca el resultado para el cual fue concebido."[112] La Corte, en dicho caso, constató además, que si bien al momento de dictar la sentencia el Estado había informado que estaba en curso de discusión una reforma a la Ley de Amparo, consideró que "aún no han sido removidos los obstáculos para que el amparo cumpla con los objetivos para los cuales ha sido creado."[113] De lo anterior, la Corte Interamericana concluyó su control de convencionalidad indicando que:

> "De acuerdo a lo expuesto la Corte considera que, en el marco de la legislación vigente en Guatemala, en el presente caso el recurso de amparo se ha transformado en un medio para dilatar y entorpecer el proceso judicial y en un factor para la impunidad. En consecuencia, este Tribunal considera que en el presente caso el Estado violó los derechos a las garantías judiciales y a la protección judicial, que configuran el acceso a la justicia de las víctimas, reconocidos en los artículos 8.1 y 25.1 de la Convención, e incumplió con las disposiciones contenidas en los artículos 1.1 y 2 de la misma."[114] (Párr. 124).

En consecuencia, no sólo la deficiente regulación del amparo cuando es restrictiva, sino también cuando es excesivamente permisiva pueden hacer inefectiva, complicada y lenta la protección judicial, de lo cual en este caso de *La Masacre de las Dos Erres vs. Guatemala* la Corte consideró que en Guatemala el Estado también tenía el deber general de "adecuar su derecho interno a las disposiciones de la Convención Americana para garantizar los derechos en ella consagrados," considerando que precisamente en materia del recurso de amparo, "la expedición de normas y el desarrollo de prácticas conducentes a la efectiva observancia de dichas garantías"[115] de manera que en el caso, incluso, las partes habían "coincidido en considerar abusivo el uso del recurso de amparo como práctica dilatoria."[116]

Pero regular adjetivamente la acción de amparo para hacerla real y efectivamente un medio rápido y sencillo de protección judicial de los derechos humanos, tarea que corresponde a los Estados en el marco de la regulación del artículo 25.1 de la Convención Americana, no puede conducir a restringir o limitar los aspectos sustantivos del instrumento de protección. Por ello no compartimos la expresión utilizada por la Corte Interamericana en otra sentencia dictada en el caso *Jorge Castañeda Gutman vs. México* de 6 de agosto de 2008, al aceptar que los Estados pueden establecer límites a la admisibilidad del "recurso de amparo," y estimar "que no es en si

111 *Ídem*. Párr. 120.

112 *Ídem*, Párr. 121

113 *Ídem*. Párr. 123

114 *Ídem*. Párr. 124

115 *Ídem*. Párr. 122

116 *Ídem*. Párr. 122

mismo incompatible con la Convención que un Estado limite el recurso de amparo a algunas materias."[117]

Ante todo, debe observarse que excluir del recurso de amparo en "algunas materias" no puede considerarse como un tema de "admisibilidad," pues no es un tema adjetivo. Excluir el derecho de amparo, por ejemplo, la protección de un derecho o el control de determinados actos estadales, son aspectos sustantivos que no admiten exclusión conforme al artículo 25.1 de la Convención Americana. Otra cosa distinta es la legitimidad que puedan tener los Estados para establecer condiciones adjetivas de admisibilidad de las acciones judiciales. Como lo ha dicho la Corte Interamericana en el caso *Trabajadores Cesados del Congreso (Aguado Alfaro y otros) v. Perú* de 24 de noviembre de 2006, en el orden interno de los Estados, "pueden y deben establecerse presupuestos y criterios de admisibilidad de los recursos internos, de carácter judicial o de cualquier otra índole." [118] Sin embargo, ello no puede nunca significar la negación del propio derecho a la protección judicial o específicamente al amparo respecto de determinados derechos humanos o actos estatales que los violen.

En todo caso, la afirmación de la Corte Interamericana, aún cuando se refiera a límites a un "recurso de amparo," por ser formulada en relación con una norma de la Convención que lo que regula es el "derecho de amparo," la consideramos esencialmente contraria a la Convención; lo que por otro lado se confirma con la "aclaratoria" que la misma Corte hizo en la misma sentencia a renglón seguido de esa frase, indicando que la restricción que se pudiera establecer por los Estados no sería incompatible con la Convención "siempre y cuando provea otro recurso de similar naturaleza e igual alcance para aquellos derechos humanos que no sean de conocimiento de la autoridad judicial por medio del amparo."[119] Ello, lo que confirma es que no es posible restringir el derecho de amparo, pues si no está garantizado en las normas procesales que regulan una específica "acción de amparo" debe estar garantizado en otras normas adjetivas relativas a otros recursos, los cuales, si son "de similar naturaleza e igual alcance," son medios judiciales de amparo.

La aclaratoria de la Corte, en todo caso, a lo que obliga, al realizar el control de convencionalidad, al igual que obliga a los jueces y tribunales nacionales, es a que tienen que hacer el escrutinio de todo el orden procesal para determinar si restringida en la ley nacional la admisibilidad de una específica "acción de amparo," en el ordenamiento procesal del Estado se establece "otro recurso de similar naturaleza e igual alcance" para la protección del derecho, es decir, otro medio judicial de amparo. Por ello, precisamente, en el caso *Jorge Castañeda Gutman vs. México* de 6 de agosto de 2008, la Corte interamericana concluyó que para la protección del derecho político a ser electo, "dado que el recurso de amparo no resulta procedente en mate-

---

117 Véase sentencia en el caso *Jorge Castañeda Gutman vs. México* de 6 de agosto de 2008 (Párr. 92) en http://www.corteidh.or.cr/docs/casos/articulos/seriec_184_esp.pdf.

118 Véase sentencia en el caso *Trabajadores Cesados del Congreso (Aguado Alfaro y otros) vs. Perú* de 24 de noviembre de 2006, Serie C Nº 158, (Párr. 126), en http://www.corte-idh.or.cr/docs/casos/articulos/seriec_158_esp.pdf.

119 Véase sentencia en el caso *Jorge Castañeda Gutman vs. México* de 6 de agosto de 2008 (Párr. 92) en http://www.corteidh.or.cr/docs/casos/articulos/seriec_184_esp.pdf.

ria electoral," no habiendo en México otro recurso efectivo para la protección, consideró que el Estado no ofreció a la víctima "un recurso idóneo para reclamar la alegada violación de su derecho político a ser elegido, y por tanto violó el artículo 25 de la CADH, en relación con el art. 1.1 del mismo instrumento."[120]

Le faltó a la Corte Interamericana en esta sentencia, sin embargo, completar el control de convencionalidad y ordenarle al Estado mexicano la reforma de la Ley de Amparo para que en ausencia de ese inexistente "otro recurso idóneo de protección" de los derechos electorales, procediera a eliminar la restricción de admisibilidad de la acción de amparo contra decisiones de autoridades en materia electoral. En esta materia la Corte Interamericana, en realidad, se limitó a recordar que "La obligación contenida en el artículo 2 de la Convención reconoce una norma consuetudinaria que prescribe que, cuando un Estado ha celebrado un convenio internacional, debe introducir en su derecho interno las modificaciones necesarias para asegurar la ejecución de las obligaciones internacionales asumidas."[121] Pero, sin embargo, se abstuvo en realidad de ejercer el control de convencionalidad.

Ahora bien, considerando entonces que el artículo 25 de la Convención Americana sobre Derechos Humanos, cuya redacción y lenguaje sigue los del Pacto Internacional de los Derechos Civiles y Políticos,[122] establece un derecho de amparo de los derechos humanos, sea mediante una acción de amparo o mediante otro recurso sencillo, rápido y eficaz para la protección de los mismos, es posible derivar de dicho artículo los contornos fundamentales que debe tener la institución de la acción de amparo, de tutela o de protección de los derechos fundamentales en los derechos internos, cuyo sentido[123] se puede conformar por los siguientes elementos:

En *primer* lugar, la Convención Americana concibe al amparo como un derecho fundamental[124] en si mismo y no sólo como una garantía adjetiva, en una concepción que, sin embargo, no se ha seguido generalmente en América Latina. En realidad sólo en Venezuela el amparo ha sido concebido en la Constitución como un derecho

---

120 *Ídem*, Par 131

121 *Ídem*., Párr. 132

122 Véase Allan R. Brewer-Carías, "El derecho al debido proceso y el derecho de amparo en el proyecto de Constitución Europea", en Juan Pérez Royo, Joaquín Pablo Urías Martínez, Manuel Carrasco Durán, Editores), en *Derecho Constitucional para el Siglo XXI. Actas del Congreso Iberoamericano de Derecho Constitucional,* Tomo I, Thomson-Aranzadi, Madrid 2006, pp. 2151-2162.

123 Véase Allan R. Brewer-Carías, *Mecanismos nacionales de protección de los derechos humanos (Garantías judiciales de los derechos humanos en el derecho constitucional comparado latinoamericano),* Instituto Interamericano de Derechos Humanos (IIDH), Costa Rica, San José 2005; *Constitutional Protection of Human Rights in Latin America. A Comparative Study of the Amparo Proceedings*, Cambridge University Press, New York, 2008; "El amparo en América Latina: La universalización del régimen de la Convención Americana sobre los Derechos Humanos y la necesidad de superar las restricciones nacionales", en *Ética y Jurisprudencia*, 1/2003, Enero-Diciembre, Universidad Valle del Momboy, Facultad de Ciencias Jurídicas y Políticas, Centro de Estudios Jurídicos "Cristóbal Mendoza", Valera, Estado Trujillo, 2004, pp. 9-34.

124 Véase en general, Héctor Fix-Zamudio, Ensayos sobre el derecho de amparo, Porrúa, México 2003; y Héctor Fix-Zamudio and Eduardo Ferrer Mac-Gregor (Coordinadores), *El derecho de amparo en el mundo*, Porrúa, México 2006.

humano, más que como una sola garantía adjetiva.[125] Se indica en la Convención, en efecto, que toda persona "tiene derecho" a un recurso, lo que no significa que solamente tenga derecho a una específica garantía adjetiva que se concretiza en un solo recurso o en una acción de amparo, de tutela o de protección específica. El derecho se ha concebido más amplio, como derecho a la protección constitucional de los derechos o al amparo de los mismos. Por eso, en realidad, estamos en presencia de un derecho fundamental de rango internacional y constitucional de las personas, a tener a su disposición medios judiciales efectivos, rápidos y eficaces de protección. Y uno de ellos, es precisamente la acción de amparo, de tutela o de protección.

Por ello, en *segundo* lugar, los mecanismos judiciales de protección de los derechos humanos a los que se refiere la Convención Americana pueden ser variados, y deben ser efectivos, rápidos y sencillos. Pueden ser de cualquier clase, a través de cualquier medio judicial y no necesariamente una sola y única acción de protección o de amparo. Es decir, la Convención no necesariamente se refiere a un solo medio adjetivo de protección, sino que puede y debe tratarse de un conjunto de medios de protección, lo que puede implicar, incluso, la posibilidad de utilizar los medios judiciales ordinarios cuando sean efectivos como recursos rápidos y sencillos de protección.

En *tercer* lugar, debe destacarse que la Convención regula un derecho que se le debe garantizar a "toda persona" sin distingo de ningún tipo, por lo que en el derecho interno corresponde a las personas naturales y jurídicas o morales; nacionales y extranjeras; hábiles y no hábiles; de derecho público y derecho privado. Es decir, corresponde a toda persona en el sentido más universal.

En *cuarto* lugar, la Convención señala que el medio judicial de protección o amparo puede interponerse ante los tribunales competentes, de manera que no se trata de un solo y único tribunal competente, sino de una función que esencialmente corresponde al Poder Judicial o a los órganos que ejercen la Jurisdicción Constitucional aún ubicados fuera del Poder Judicial.

En *quinto* lugar, conforme a la Convención, este derecho a un medio efectivo de protección ante los tribunales se establece para la protección de todos los derechos humanos que estén en la Constitución, en la ley, en la propia Convención Americana o que sin estar en texto expreso, sean inherentes a la persona humana, por lo que también son protegibles aquellos establecidos en los instrumentos internacionales. Por ello, aquí adquieren todo su valor las cláusulas enunciativas de los derechos, que los protegen aún cuando no estén enumerados en los textos, pero que siendo inherentes a la persona humana y a su dignidad, deban ser objeto de protección constitucional. La garantía del artículo 25.1, en todo caso, en el derecho interno, se refiere

125 Véase Allan R. Brewer-Carías, "El derecho de amparo y la acción de amparo", en *Revista de Derecho Público*, N° 22, Editorial Jurídica Venezolana, Caracas, abril-junio 1985, pp. 51-61; e *Instituciones Políticas y Constitucionales*, Vol. V, Derecho y Acción de Amparo, Universidad Católica del Táchira - Editorial Jurídica Venezolana, Caracas - San Cristóbal 1998. Véase además, Héctor Fix Zamudio, "La teoría de Allan R. Brewer-Carías sobre el derecho de amparo latinoamericano y el juicio de amparo mexicano," en *El derecho público a comienzos del Siglo XXI. Estudios en homenaje al profesor Allan R. Brewer-Carías*, Ed. Civitas, Universidad Central de Venezuela, Madrid 2003, Tomo I, pp. 1125-1163.

a la protección de los derechos constitucionales sin que quepa distinguir en estos, unos que sean "fundamentales" y otros que no lo son. La expresión "derechos fundamentales" en el artículo 25.1 de la Convención, en el ámbito interno, equivale a derechos constitucionales, o que integran el bloque de constitucionalidad.

En *sexto* lugar, la protección que regula la Convención es contra cualquier acto, omisión, hecho o actuación de cualquier autoridad que viole los derechos y, por supuesto, también, que amenace violarlos, porque no hay que esperar que la violación se produzca para poder acudir al medio judicial de protección. Es decir, este medio de protección tiene que poder existir antes de que la violación se produzca, frente a la amenaza efectiva de la violación y, por supuesto, frente a toda violación o amenaza de violación que provenga del Estado y de sus autoridades. Es decir, no puede ni debe haber acto ni actuación pública alguna excluida del amparo, en cualquier forma, sea una ley, un acto administrativo, una sentencia, una vía de hecho, una actuación o una omisión.

Y en *séptimo* lugar, la protección que consagra la Convención es también contra cualquier acto, omisión, hecho o actuación de los entes públicos y sus funcionarios o de los particulares, individuos o empresas de cualquier naturaleza, que violen o amenacen violar los derechos fundamentales.

Este es, en realidad, en nuestro criterio, el parámetro que establece la Convención Americana sobre el derecho de amparo, y es ese el que debería prevalecer en los derechos internos cuando se establece la acción o recurso de amparo, donde hay que realizar un importante esfuerzo de adaptación para superar el cuadro de restricciones constitucionales o legislativas que en algunos aspectos ha sufrido la institución del amparo; que teniendo una concepción tan amplia en el texto de la Convención Americana, en muchos casos ha sido restringid.

Por lo demás, no hay que olvidar que en la mayoría de los países latinoamericanos la Convención tiene rango constitucional o rango supra legal, e incluso, en algunos tiene rango supra constitucional[126], lo que implica la necesidad jurídica de que la legislación interna se adapte a la misma. Además, la amplitud de la regulación de la Convención Americana sobre Derechos humanos, así como el proceso de constitucionalización de sus regulaciones que ha ocurrido en América Latina, plantean tanto a la propia Corte Interamericana como a los jueces y tribunales nacionales, en ejercicio del control de convencionalidad y en ausencia de reformas legales, el reto de procurar adaptar las previsiones de la legislación interna a las exigencias de la Con-

---

126 En relación a la clasificación de los sistemas constitucionales de acuerdo con el rango de los tratados internacionales, véase Rodolfo E. Piza R., *Derecho internacional de los derechos humanos: La Convención Americana*, San José 1989; Carlos Ayala Corao, "La jerarquía de los instrumentos internacionales sobre derechos humanos", en *El nuevo derecho constitucional latinoamericano*, IV Congreso venezolano de Derecho constitucional, Vol. II, Caracas, 1996 y *La jerarquía constitucional de los tratados sobre derechos humanos y sus consecuencias*, México, 2003; Florentín Meléndez, *Instrumentos internacionales sobre derechos humanos aplicables a la administración de justicia. Estudio constitucional comparado*, Cámara de Diputados, México 2004, pp. 26 ss.; y Humberto Henderson, "Los tratados internacionales de derechos humanos en el orden interno: la importancia del principio *pro homine*", en *Revista IIDH, Instituto Interamericano de Derechos Humanos*, N° 39, San José 2004, pp. 71 y ss. Véase también, Allan R. Brewer-Carías, *Mecanismos nacionales de protección de los derechos humanos, Instituto Internacional de Derechos Humanos*, San José, 2004, pp. 62 ss.

vención, cuyo contenido constituye, en definitiva, un estándar mínimo común para todos los Estados.

Ello implica, si nos adentramos en las regulaciones de derecho interno de muchos de nuestros países, la necesidad, por ejemplo, de que se amplíe la protección constitucional de manera que la pueda acordar cualquier juez o tribunal y no sólo un Tribunal Constitucional o Sala Constitucional del Tribunal Supremo; mediante el ejercicio de todas las vías judiciales y no sólo a través de un sólo recurso o acción de amparo como sucede en la gran mayoría de los países; en relación con todas las personas y para la protección de absolutamente todos los derechos constitucionales, y no sólo algunos; y contra todo acto u omisión provenga de quién provenga, incluyendo de particulares, superando las restricciones que en este aspecto existen en muchos de nuestros países.

En las presentes notas, en todo caso, queremos realizar el estudio comparativo del proceso de amparo en América latina, destacando aspectos incluso donde procedería realizar el control de convencionalidad, analizando los siguientes aspectos: en *primer lugar*, el ámbito del derecho de amparo en los países latinoamericanos, en el sentido de asegurar que todos los derechos constitucionales o que integren el bloque de constitucionalidad encuentren protección; en *segundo lugar*, el universo de las personas protegidas, de manera que el derecho de amparo proteja a toda persona agraviada en sus derechos humanos; en *tercer lugar*, el universo de los agraviantes, es decir, de las personas que causen la violación, de manera de asegurar que el derecho de amparo se pueda ejercer en contra de todos los agraviantes, así sean particulares; en *cuarto lugar*, el control de los actos lesivos de los derechos, de manera de amparar o asegurar la protección de los derechos contra todo acto lesivo de los mismos, cualquiera sea su naturaleza, incluyendo todos los actos lesivos estatales; en *quinto lugar*, las condiciones que deben revestir los daños y amenazas para la protección constitucional; en *sexto lugar*, el sentido alcance de la protección constitucional (sentencia de amparo); y por último, en *séptimo lugar*, la revisión de las sentencias de amparo.

III. LA PROTECCIÓN DE TODOS LOS DERECHOS FUNDAMENTALES Y CONSTITUCIONALES

Uno de los propósitos esenciales de los sistemas de garantía de la Constitución, es la protección de la parte dogmática del texto fundamental, es decir, la protección de los derechos declarados en la misma o que por virtud de sus normas, han adquirido rango y valor constitucional, estando fuera del alcance del legislador en el sentido que no pueden ser eliminados o disminuidos mediante leyes.

Por ello es que tienen tanta importancia las declaraciones constitucionales de derechos, pues le permiten al juez constitucional proceder de inmediato a asegurar su protección. Ello contrasta con otros sistemas, como el estadounidense, donde la escueta declaración constitucional de derechos hace a veces más laborioso procurar su protección constitucional, como ha ocurrido por ejemplo, con los derechos sociales, como los relativos a la educación o a la vivienda. En relación con el derecho de educación, por ejemplo, no ha sido considerado en los Estados Unidos como un derecho fundamental, razón por la cual la Corte Suprema en el caso *San Antonio Independent School District et al. v. Rodriguez et al.*, 411 U.S. 1; 93 S. Ct. 1278; 36 L. Ed. 2d 16; (1973), del 21 de marzo de 1.973, ha decidido que aunque la educación "es uno de los más importantes servicios prestados por el estado (como se declaró en *Brown v. Board of Education*), no está dentro de la limitada categoría de derechos reconocida por esta Corte como garantizada por la Constitución" En este caso, la Corte Suprema negó a dicho derecho la cualidad de "derecho fundamental", insistiendo que "la educación, no obstante su indiscutida importancia, no es un derecho al que se reconoce, explícita o implícitamente, protección por la constitución."

Al resolver el caso, la Corte Suprema se refirió a otra decisión emitida en el caso *Dandridge v. Williams*, 397 U.S. 471 (1970), donde tratando otras materias de asistencia social pública, la Corte sentenció que:

> "No es terreno de esta Corte el crear derechos constitucionales sustanciales a título de garantizar la igualdad de las leyes. De allí que la clave para descubrir si la educación es "fundamental" no se encontrará en comparaciones sobre la significación social relativa de la educación, con la subsistencia o la vivienda. Ni tampoco se encontrará al sopesar si la educación es tan importante como el derecho a movilizarse. Más bien, la respuesta yace en determinar si existe un derecho a la educación, explícita o implícitamente, garantizado por la Constitución.

En apoyo del antes mencionado caso *San Antonio Independent School District et al. v. Rodriguez et al.*, la Corte también se refirió a otro caso -*Lindsay v. Normet*, 405 U.S. 56 (1972)- dictado solo un año antes y en el cual reiteró firmemente "que la importancia social no es el determinante crítico para sujetar la legislación estadal a examen estricto," negando rango constitucional al derecho a tener una vivienda, disponiendo que sin denigrar de "la importancia de una vivienda decente, segura e higiénica," el hecho es que "la Constitución no dispone de medios judiciales para cada anomalía social o económica," siendo la materia de atribución legislativa y no judicial.

Por consiguiente, el elemento clave para que los derechos humanos sean materia de protección constitucional -también en los Estados Unidos- es su rango o reconocimiento constitucional que tengan como derechos, independientemente de la posibilidad que sean además regulados, por las leyes. Esta es la situación general en América Latina, donde como se dijo, la acción de amparo se dispone para la protección de los derechos consagrados en las Constituciones, independientemente de si además están regulados en las leyes.

El tema central, por tanto, en esta materia de la protección constitucional de los derechos es el relativo a cuáles son los susceptibles de tal protección, siendo la regla general, que todos los derechos constitucionales deben y pueden ser protegidos sin excepción, como sucede en Venezuela. Aun así, esta regla tiene su excepción en los casos de Chile y Colombia donde el alcance de la protección del amparo ha sido reducida a solo ciertos derechos constitucionales.

1. *El amparo y hábeas corpus para la protección de todos los derechos constitucionales*

De acuerdo con la regla general, los derechos protegidos por la acción de amparo son los "derechos constitucionales," expresión que comprende, *primero*, los derechos expresamente declarados en la Constitución, cualquiera que sea la fórmula que se utilice; *segundo*, aquellos derechos que aun no siendo enumerados en las Constituciones son inherentes a los seres humanos; y *tercero,* aquellos derechos enumerados en los instrumentos internacionales de derechos humanos ratificados por el Estado.

En palabras de las leyes de amparo argentina (art. 1) y uruguaya de 1.988 (art. 72), la protección constitucional se refiere a los derechos y libertades "explícita o implícitamente reconocidas por la Constitución Nacional."

De manera que, por ejemplo, en el caso de Venezuela todos los derechos enumerados en el Título III de la Constitución -referido a los derechos humanos, garantías y deberes- son protegidos mediante la acción de amparo. Tales derechos son los derechos de ciudadanía, derechos civiles (o individuales), los derechos políticos, los derechos sociales y de las familias, los derechos culturales y educativos, los derechos económicos, los derechos ambientales y los derechos de los pueblos indígenas enumerados en los artículos 19 al 129. Adicionalmente, todo otro derecho y garantía constitucional derivado de otras disposiciones constitucionales también puede ser protegido aun cuando no esté incluido en el Título III como, por ejemplo, la garantía constitucional de independencia del poder judicial o la garantía constitucional de la legalidad del impuesto (los impuestos solo pueden ser fijados por ley).[127]

Respecto de los derechos protegidos y a través de las cláusulas abiertas de los derechos constitucionales, casi todos los países latinoamericanos han admitido la protección constitucional respecto de los derechos y garantías constitucionales no expresamente enumerados en la Constitución pero que pueden ser considerados inherentes a los seres humanos. Estas cláusulas abiertas han sido ampliamente aplicadas por los tribunales latinoamericanos, no quedando duda en relación con la posibilidad de que un derecho o garantía no enumerado sea protegido constitucionalmente; formula que tiene su directo antecedente en la Novena Enmienda de la Constitución de los Estados Unidos, la cual, sin embargo, allí solo se ha aplicado en pocas ocasiones.

Por ejemplo, en el caso *Griswold v. Connecticut,* de 7 de junio de 1965 (1965, 381 U.S. 479; 85 S. Ct. 1678; 14 L. Ed. 2d 510), la Suprema Corte declaró que, aunque no estuviese expresamente mencionado en la Constitución, el derecho de privacidad marital debía ser considerado como un derecho constitucional, comprendido en el concepto de libertad y protegido constitucionalmente. En contraste, sin embargo, como se dijo, casi todas las constituciones latinoamericanas, con excepción de Cuba, Chile, México y Panamá, contienen cláusulas abiertas de este tipo, enfatizando que la declaración o enunciación de derechos establecida en la Constitución no se entenderá como la negación de otros no establecidos ahí y que son inherentes al individuo o a su dignidad humana. Cláusulas de este tipo se encuentran en las constituciones de Argentina (art. 33), Colombia (art. 94), Costa Rica (art. 74), Ecuador (art. 84), Guatemala (art. 44), Honduras (art. 63), Nicaragua (art. 46), Paraguay (art. 45), Perú (art. 3), Uruguay (art. 72) y también en Venezuela (art. 22).

---

127 Véase Allan R. Brewer-Carías, *Instituciones Políticas y Constitucionales*, Vol. V, Derecho y Acción de Amparo, Universidad Católica del Táchira - Editorial Jurídica Venezolana, Caracas - San Cristóbal 1998, pp. 209 ss. Véase decisión de la Corte Primera de lo Contencioso-Administrativo, caso *Fecadove*, en Rafael Chavero G., *El nuevo régimen del amparo constitucional en Venezuela,* Ed. Sherwood, Caracas, 2001, p. 157.

La Constitución de la Republica Dominicana es menos expresiva, indicando solamente que la enumeración constitucional de los derechos "no tienen carácter limitativo y, por consiguiente, no excluyen otros derechos y garantías de igual naturaleza " (art. 74.1). La Constitución de Ecuador, por ejemplo, se refiere a que el reconocimiento de los derechos y garantías establecidos en la Constitución y en los instrumentos internacionales de derechos humanos, "no excluirá los demás derechos derivados de la dignidad de las personas, comunidades, pueblos y nacionalidades, que sean necesarios para su pleno desenvolvimiento (art. 11.7).

En otros casos, como la Constitución de Brasil, la cláusula abierta, sin referirse a los derechos inherentes de las personas humanas, indica que la enumeración de derechos y garantías en la Constitución, no excluye otros derechos derivados del régimen y principios establecidos por la Constitución o por los tratados internacionales en los cuales la República Federativa de Brasil sea parte" (art. 5.2). La Constitución de Costa Rica se refiere a esos derechos "que se deriven del principio cristiano de justicia social" (art. 74), una expresión que puede interpretarse en el sentido de la dignidad humana y justicia social.

En otras Constituciones, en vez de referirse a derechos inherente a los seres humanos, las cláusulas abiertas se refieren a la soberanía del pueblo y a la forma republicana de gobierno y, por consiguiente, más énfasis se hace respecto de los derechos políticos que a los derechos inherentes de las personas humanas. Este es el caso de Argentina, donde el artículo 33 de la Constitución establece que "las declaraciones, derechos y garantías que enumera la Constitución, no serán entendidos como negación de otros derechos y garantías no enumerados; pero que nacen del principio de la soberanía del pueblo y de la forma republicana de gobierno." Disposiciones similares están contenidas en las constituciones de Bolivia (art. 13.II) y Uruguay (art. 72). En Perú (art. 3) y Honduras (art. 63) las constituciones se refieren a otros derechos de naturaleza análoga o que están fundamentados en la "dignidad del hombre o en la soberanía del pueblo, el imperio democrático de la ley y la forma republicana de gobierno."

En todos estos casos, la incorporación de cláusulas abiertas en la constitución respecto de los derechos humanos implica que la ausencia de regulaciones legales de dichos derechos no puede ser invocada para negar o menoscabar su ejercicio por el pueblo, como está expresado en muchas Constituciones (Argentina, Bolivia, Paraguay, Venezuela y Ecuador).

Pero además de los derechos declarados en la Constitución y aquellos derivados de las cláusulas abiertas como inherentes a la persona humana, los derechos declarados en los tratados internacionales pueden también ser protegidos mediante la acción de amparo. Esto está también expresamente previsto en muchos países donde los derechos declarados en tratados internacionales se les han conferido rango constitucional, como es el caso de Venezuela (Constitución, art. 23). Asimismo en Costa Rica, por ejemplo, el artículo 48 de la Constitución es absolutamente claro cuando garantiza el derecho de toda persona a intentar acciones de amparo para mantener o restablecer el goce de todo otro derecho otorgado por esta Constitución así como de aquellos de naturaleza fundamental establecidos en los instrumentos internacionales de derechos humanos vigentes en la república. En el mismo sentido está regulado en la Ley Orgánica de Garantías Jurisdiccionales y Control Constitucional de 2.009 de Ecuador que establece en su artículo 1 que "esta ley tiene por objeto regular la jurisdicción constitucional, con el fin de garantizar jurisdiccionalmente los derechos reconocidos en la Constitución y en los instrumentos internacionales de derechos humanos y de la naturaleza; y garantizar la eficacia y la supremacía constitucional."

Por consiguiente, el alcance de la protección constitucional del amparo en América Latina en general es muy amplio. Esto ha provocado que en algunos países -a fin de determinar el alcance de la protección constitucional del amparo y habeas corpus- las leyes especiales que regulan el amparo tiendan a ser exhaustivas al enumerar los derechos a ser protegidos, como es el caso de Perú, donde el Código Procesal Constitucional (Ley N° 28.237 de 2.004) expresamente enumera e identifica cuales son los derechos a ser protegidos mediante el amparo y el habeas corpus. Respecto de éste último, una lista extensa está dispuesta en el artículo 25 de la ley, añadiendo que "también procede el hábeas corpus en defensa de los derechos constitucionales conexos con la libertad individual, especialmente cuando se trata del debido proceso y la inviolabilidad del domicilio." Asimismo y respecto de la acción de amparo, el mismo código peruano de procedimiento constitucional incluye una larga lista de derechos (art. 37) a ser protegidos, incluyendo al final una referencia a todos "los demás que la Constitución reconoce", resolviendo los problemas que normalmente tiene la práctica de enumerar situaciones específicas en las leyes con el riesgo general de dejar asuntos por fuera.

La ley guatemalteca de amparo también tiende a agotar la enumeración de casos en que la acción de amparo puede intentarse[128], añadiendo asimismo que su admisión se extiende a cualquier situación que presente un riesgo, amenaza, restricción o violación de los derechos reconocidos por "la Constitución y las leyes de la República de Guatemala", sea que la situación sea causada por entidades o personas de derecho público o privado.

En todos estos casos, cuando se enumeran sin limitación los derechos constitucionales a ser protegidos mediante las acciones de amparo y habeas corpus y si no hay riesgo de dejar fuera derechos constitucionales a ser considerados como protegidos, indudablemente estas leyes son importantes instrumentos para la ejecución judicial de los derechos y para la interpretación jurisprudencial sobre el alcance de los derechos a ser protegidos.

2. *El amparo y hábeas corpus para la protección de sólo algunos derechos constitucionales*

Aun cuando es verdad que el principio general es que solo los derechos constitucionales han de ser protegidos mediante el amparo y hábeas corpus, el hecho es que no todas las constituciones latinoamericanas garantizan esa protección constitucional para todos los derechos constitucionales.

Como ya se mencionó y en contraste con el general sentido protector latinoamericano, en el caso de Chile y Colombia, la acción específica de tutela y de protección de los derechos y libertades constitucionales está solamente establecida en la consti-

---

128 Véase. Jorge Mario García La Guardia, "La Constitución y su defensa en Guatemala," en *La Constitución y su defensa*, Universidad Nacional Autónoma de México, México, 1984, pp. 717–719; y *La Constitución Guatemalteca de 1985*, México, 1992.

tución para proteger ciertos derechos y garantías. En estos casos, el alcance de la acción de amparo es uno restringido, el cual ha caracterizado, asimismo, los sistemas restrictivos seguidos en las constituciones alemana y española en relación con los recursos de amparo que están establecidos únicamente para la protección de los así llamados "derechos fundamentales."

A. *La acción de protección chilena para determinados derechos*

En Chile, aparte de la acción de hábeas corpus establecida para proteger a cualquier individuo contra arrestos inconstitucionales, detenciones y encarcelamiento; el recurso de protección está establecido sólo para garantizar algunos derechos constitucionales enumerados en el artículo 19, numerales 1, 2, 3 (parágrafo 4o.), 4, 5, 6, 9 (parágrafo final), 11, 12, 13, 15, 16 de la constitución y en el cuarto párrafo y numerales 19, 21, 22, 23, 24 y 25 de la misma constitución.

La lista asimismo se refiere principalmente a derechos civiles o individuales, también incluyendo algunos derechos sociales, como el derecho a elegir un sistema de salud pública, la libertad para enseñar y trabajar y de afiliarse a sindicatos laborales; algunos derechos a la libertad económica y de propiedad; y el derecho a tener un ambiente descontaminado.

Aparte de todos estos derechos y libertades constitucionales, los otros derechos consagrados en la constitución no tienen un medio específico de protección, estando su protección a cargo de los tribunales ordinarios a través de los procedimientos judiciales ordinarios.

B. *La acción de "tutela" colombiana para la protección de derechos fundamentales*

En el caso de Colombia, además del hábeas corpus, la Constitución también establece la acción de *tutela*, en el artículo 86, para la protección inmediata de lo que se llaman "derechos constitucionales fundamentales."

En efecto, el Título II de la Constitución se dedica a establecer "los derechos, garantías y deberes," enumerándolos en tres capítulos: el Capítulo 1 contiene la lista de "derechos fundamentales;" el Capítulo 2 enumera los derechos sociales, económicos y culturales; y el Capítulo 3 se refiere a los derechos colectivos y al ambiente sano.

De esta declaración constitucional de derechos resulta que solamente los tal llamados "derechos fundamentales" enumerados en el Capítulo 1 (art. 11 a 41) son los derechos constitucionales que se pueden proteger por medio de la *acción de tutela*, y los demás quedan excluidos de ella, y protegidos sólo por los medios judiciales ordinarios.

Por otro lado, el artículo 85 de la Constitución también indica que entre 'Estos "derechos fundamentales," los de "inmediata aplicación" son los protegidos por la acción de *tutela*. La lista también se refiere a los derechos civiles y políticos, y entre los derechos sociales, incluye la libertad de enseñanza. Otros derechos consagrados en otros artículos de la Constitución también se califican como derechos fundamentales, como los "derechos fundamentales" de los niños, enumerados en el artículo 44 sobre la vida, la integridad física, la salud y la seguridad social.

Aparte de estos derechos constitucionales expresamente declarados como "derechos fundamentales," los demás derechos constitucionales no tienen protección constitucional por medio de la acción de *tutela* y serán protegidos por medio del proceso judicial ordinario.

No obstante esta norma limitante, incluso si un derecho no está expresamente señalado en la Constitución como "fundamental," la Corte Constitucional de Colombia, como supremo intérprete de la Constitución, ha reconocido tal carácter a otros derechos, extendiendo la protección de la *tutela* a derechos no definidos como "fundamentales," pero considerados interdependientes con otros que tienen tal naturaleza, como el derecho a la vida.

Con respecto a esto, en una de sus primeras sentencias (n° T-02 del 8 de mayo de 1992) emitida en un caso sobre derechos educativos, la Corte Constitucional sentenció que el criterio principal para identificar "derechos fundamentales" es "determinar si son o no derechos esenciales de los seres humanos", tarea que siempre debe realizar el juez de *tutela*, quien debe comenzar su sentencia analizando los primeros noventa y cuatro artículos de la constitución, y si es necesario, aplicando la cláusula abierta sobre derechos humanos inherentes a las personas humanas.

Estos artículos, interpretados por la Corte Constitucional a la luz de la Convención Inter-Americana de Derechos Humanos, le permitieron inferir lo que se pueden considerar como derechos inalienables, inherentes y esenciales de los seres humanos, lo que hace que, de hecho, la lista de "derechos fundamentales" del Capítulo 1 del Título II de la constitución no sea exhaustiva de los "derechos fundamentales" y no excluya otros derechos de la posibilidad de ser considerados fundamentales y objetos de litigio por medio de la acción de *tutela*.[129]

Con la finalidad de identificar esos derechos fundamentales, la Corte Constitucional también ha aplicado el principio de "conexión" entre los derechos constitucionales, en particular sobre los derechos económicos, culturales y sociales, sentenciando que es posible aceptar la acción de *tutela* con respecto a esos derechos en casos en los que también haya ocurrido la violación de un derecho fundamental.

Por ejemplo, en la sentencia N° T-406 del 5 de junio de 1992, la Corte admitió una acción de *tutela* presentada en el caso de una inundación de un drenaje público, por la que el accionante reclamó la reivindicación del derecho a la salud pública, el derecho a un ambiente sano y a la salud de la población en general. Aunque la acción fue rechazada por el tribunal inferior al considerar que no estaban involucrados los derechos fundamentales, la Corte Constitucional la admitió al considerar que el derecho a un sistema de drenaje, en circunstancias en las que evidentemente quedaban afectados los derechos constitucionales fundamentales, tales como la dignidad humana, el derecho a la vida, o los derechos de los discapacitados, debía considerarse objeto de litigio por medio de la *tutela*.[130]

A través de este principio interpretativo de la conexión con los derechos fundamentales, de hecho los tribunales colombianos protegen casi todos los derechos constitucionales, incluso aquellos no enumerados como derechos fundamentales.

---

129 Véase. sentencia T-02 del 8 de mayo de 1992, en Manuel José Cepeda, *Derecho Constitucional Jurisprudencial. Las grandes decisiones de la Corte Constitucional*, Legis, Bogotá, 2001, pp. 49–54.

130 Véase sentencia T-406 del 5 de junio de 1992, en *Idem*, pp. 55–63.

3. *El tema de la protección constitucional de los derechos sociales*

Por ello, la cuestión más importante en materia de control judicial de los derechos constitucionales en América Latina, mediante el ejercicio de las acciones de amparo, es la relativa a la protección de los derechos económicos, sociales y culturales. En algunos países, muchos de esos derechos no están declarados en las Constituciones, careciendo, por consiguiente, de protección judicial constitucional al no tener rango constitucional. En otros países, como es el caso de Colombia y Chile, muchos de esos derechos sociales no se consideran "derechos fundamentales,, los cuales son, en general, los únicos que se pueden proteger mediante las acciones de *tutela* y de protección.

No obstante, incluso en países que no establecen distinción alguna respecto de los derechos protegidos, la cuestión del control jurisdiccional de esos derechos económicos, sociales y culturales sigue siendo un punto importante, particularmente porque en algunos casos se requiere algún tipo de legislación adicional para su plena viabilidad.

Estos derechos, en particular los sociales, generalmente implican la obligación del Estado de proveer o prestar servicios o cumplir actividades, para lo cual el gasto público debe disponerse respecto de cada servicio, dependiendo de las decisiones políticas del gobierno. Por tanto, se ha planteado que las disposiciones que establecen tales derechos solo se pueden aplicar después que el Congreso sancione la legislación que disponga el alcance de su disfrute (así como también las obligaciones del Estado) y después que el Poder Ejecutivo adopte políticas públicas específicas. Sin embargo, tal método ha sido cuestionado, en particular con base en el principio de la conexión que existe entre los derechos sociales y los civiles, que implican la necesidad de considerar nuevos principios derivados del concepto de Estado Social y del funcionamiento del Estado de Interés Social.

Por ejemplo, a este respecto, la Corte Constitucional colombiana en su sentencia N° T-406 del 5 de junio de 1992, estableció el principio que esos derechos tienen su razón de ser en el hecho que su satisfacción mínima es una condición indispensable para el disfrute de los derechos civiles y políticos que "sin el respeto de la dignidad humana en cuanto a sus condiciones materiales de existencia, toda pretensión de efectividad de los derechos clásicos de libertad e igualdad formal consagrados en el capítulo primero del título segundo de la Carta, se reducirá a un mero e inocuo formalismo". Por eso, la Corte Constitucional consideró que "la intervención judicial en el caso de un derecho económico social o cultural es necesaria cuando ella sea indispensable para hacer respetar un principio constitucional o un derecho fundamental". En consecuencia, según la Corte Constitucional, el ejercicio de los derechos sociales, económicos y culturales no se puede limitar a la relación política entre el constituyente y el legislador, en el sentido que la eficacia de la Constitución no puede estar sólo en manos del legislador. Al contrario, "la norma constitucional no tendría ningún valor y la validez de la voluntad constituyente quedaría supeditada a la voluntad legislativa."[131]

---

131 Véase Sentencia T-406 del 5 de junio de 1.992 en Manuel José Cepeda, *Derecho Constitucional Jurisprudencial. Las grandes decisiones de la Corte Constitucional*, Legis, Bogotá, 2001, p. 61.

Sin embargo, basándose en estos argumentos, la Corte Constitucional de Colombia concluyó su sentencia diciendo que debido al hecho que "la aplicación de los derechos económicos sociales y culturales plantea un problema no de generación de recursos sino de asignación de recursos y por lo tanto se trata de un problema político [...] la aceptación de la tutela para los derechos en cuestión, sólo cabe en aquellos casos en los cuales exista violación de un derecho fundamental."[132]

A partir de esta sentencia, el principio de la "conexión" entre los derechos sociales y los derechos fundamentales con respecto a su control jurisdiccional, desarrollado en otros países como México (derecho a la vida) y los Estados Unidos (no discriminación), también se ha aplicado en Colombia.

En consecuencia, en esos países, cuando no exista tal conexión entre un derecho fundamental y uno social, éste último no puede ser protegido, por sí mismo, mediante una acción de *tutela* como, por ejemplo, fue el caso del derecho constitucional a tener una vivienda o habitación digna, con respecto al cual, la misma Corte Constitucional colombiana decidió que, en tal caso, "al igual que otros derechos de contenido social, económico o cultural, no otorga a la persona un derecho subjetivo para exigir del Estado en una forma directa e inmediata su plena satisfacción."[133]

Estos problemas relativos a las condiciones políticas necesarias para la efectividad de algunos derechos sociales, económicos y culturales ha sido la base de la discusión, en derecho constitucional contemporáneo, no acerca de si esos derechos (como la educación, la salud, la seguridad social o la vivienda) tienen o no rango constitucional sino acerca de si pueden ser objeto de protección judicial constitucional, es decir, acerca de la posibilidad de exigir su cumplimiento mediante acciones judiciales contra el estado.

4. *La cuestión de la protección de los derechos en situaciones de emergencia*

Otra cuestión que debe mencionarse sobre la situación de los derechos constitucionales como objeto de litigio por medio de la acción de amparo es el alcance y extensión de tal protección constitucional y la admisibilidad de las acciones de amparo en situaciones de emergencia.

Por ejemplo, la cuestión se discutió y además quedó regulada en el artículo 6.7 de la Ley Orgánica de Amparo de Venezuela de 1988, al establecer que la acción de amparo era inadmisible "en caso de suspensión de los derechos y garantías" cuando, en casos de conflicto interno o externo, se declarase una situación de emergencia. Esta disposición fue, por supuesto, tácitamente derogada debido al rango prevalente que tenía la Convención Americana sobre Derechos Humanos, respecto de las leyes internas conforme al artículo 23 de la Constitución de 1999,) la cual al contrario, dispone que, incluso en casos de emergencia, las garantías judiciales de los derechos constitucionales no se pueden suspender. A pesar de que Venezuela denunció la Convención en 2013, el principio sin embargo sigue rigiendo, por derogación tácita derivada de las previsiones de la propia Constitución de 1999, que incluso hacen inconstitucional la referida denuncia.

132 *Idem*, p. 61.

133 Véase sentencia T-251 del 5 de junio de 1995, *Idem*, p. 486.

En cuanto a la normativa prevalente en América Latina, es que las acciones de amparo y habeas corpus siempre se pueden presentar, incluso en situaciones de excepción, como por ejemplo se declara expresamente en el artículo 1° del Decreto que regula la acción de *tutela* en Colombia. Con respecto al habeas corpus, de modo similar, el artículo 62 de la Ley de Amparo nicaragüense establece que en caso de suspensión de las garantías constitucionales de libertad personal, el recurso de exhibición personal se mantendrá en vigor. El Código Procesal Constitucional peruano también establece el principio que durante los regímenes de emergencia, no se suspenderán los procesos de amparo y habeas corpus, así como los demás procesos constitucionales.[134]

En el caso de Argentina, con respecto a la garantía de habeas corpus, la Ley de Habeas Corpus establece que en el caso de un estado de sitio cuando se restringe la libertad personal, es admisible el proceso de habeas corpus cuando se dirige a probar, en un caso particular: 1) la legitimidad de la declaración del estado de sitio; 2) la relación entre la orden de privación de libertad y la situación que origina la declaración del estado de sitio; y 3) el ilegítimo empeoramiento de las condiciones de detención.

El asunto lo resolvió definitivamente en octubre de 1986 la Corte Interamericana de Derechos Humanos por medio de una *Opinión Consultiva* que requirió la Comisión Interamericana para la interpretación de los artículos 25, 1 y 7, 6 de la Convención Inter-Americana de Derechos Humanos, con el fin de determinar si el decreto de habeas corpus era una de las garantías judiciales que, según la última cláusula del artículo 27, 2 de esa Convención, no podía ser suspendida por un estado parte de la convención.[135]

En su *Opinión Consultiva OC-8/87* del 30 de enero de 1987 (*Habeas Corpus en Situaciones de Emergencia*), la Corte Interamericana de Derechos Humanos declaró que si bien es cierto que "en condiciones de grave emergencia es lícito suspender temporalmente ciertos derechos y libertades cuyo ejercicio pleno, en condiciones de normalidad, debe ser respetado y garantizado por el Estado ..." es imperativo que "las garantías judiciales esenciales para (su) protección permanezcan vigentes (art.

---

134 Según el artículo 23 del Código, cuando los recursos se presentan con respecto a los derechos suspendidos, el tribunal debe examinar la razonabilidad y proporcionalidad del acto restrictivo, siguiendo estos criterios: 1) Si la demanda se refiere a derechos constitucionales no suspendidos; 2) Si se refiere a los derechos suspendidos, no teniendo el fundamento del acto restrictivo del derecho una relación directa con los motives que justifican la declaración del estado de emergencia; 3) Si se refiere a los derechos suspendidos, y el acto restrictivo del derecho es evidentemente innecesario o injustificado teniendo en cuenta la conducta del agraviado o la situación de hecho evaluada brevemente por el juez.

135 El artículo 27 de la Convención autoriza a los estados, en tiempo de guerra, peligro público u otra emergencia que amenace la independencia o seguridad de un estado-parte, a tomar medidas que deroguen sus obligaciones según la convención, pero con la declaración expresa que eso no autoriza ninguna suspensión de los siguientes artículos: art. 3 (Derecho a la Personalidad Jurídica), art. 4 (Derecho a la Vida), art. 5 (Derecho al Trato Humanitario), art. 6 (Libertad de la Esclavitud), art. 9 (Irretroactividad de las Leyes), art. 12 (Libertad de Conciencia y de Religión), art. 17 (Derechos de la Familia), art. 18 (Derecho al Nombre), art. 19 (Derechos del Niño), art. 20 (Derecho a la Nacionalidad), y art. 23 (Derecho a Participar en el Gobierno) o de las garantías jurídicas esenciales para la protección de esos derechos.

27, 2)";[136] añadiendo que estos medios judiciales que "deben considerarse como indispensables, a los efectos del artículo 27.2, [son] aquellos procedimientos judiciales que ordinariamente son idóneos para garantizar la plenitud del ejercicio de los derechos y libertades a que se refiere dicho artículo y cuya supresión o limitación pon-dría en peligro esa plenitud" (Párr. 29).

También en 1.986, el Gobierno de Uruguay solicitó una Opinión Consultiva a la Corte Interamericana de Derechos Humanos sobre el alcance de la prohibición de suspensión de las garantías judiciales esenciales para la protección de los derechos mencionados en el artículo 27, 2 de la Convención Inter-Americana; esto resultó en la *Opinión Consultiva OC-9/87* del 6 de octubre de 1987 (*Garantías Judiciales en Estados de Emergencia*), en la que la Corte, siguiendo su ya citada *Opinión Consultiva OC-8/97*, acordaba que "la declaración de un estado de emergencia... no puede conllevar la supresión o inefectividad de las garantías judiciales que la Convención requiere de los Estados Miembros para establecer la protección de los derechos no sujetos a derogación o suspensión por el estado de emergencia", concluyendo que "es violatoria de la Convención toda disposición adoptada por virtud del estado de emergencia, que redunde en la supresión de esas garantías."[137]

La Corte Interamericana también indicó que las garantías judiciales "indispensables" que no están sujetas a suspensión, incluyen "aquellos procedimientos judiciales, inherentes a la forma democrática representativa de gobierno (art. 29.c), previstos en el derecho interno de los Estados Partes como idóneos para garantizar la plenitud del ejercicio de los derechos a que se refiere el artículo 27.2 de la Convención y cuya supresión o limitación comporte la indefensión de tales derechos", y que "las mencionadas garantías judiciales deben ejercitarse dentro del marco y según los principios del debido proceso legal, recogidos por el artículo 8 de la Convención" (Párr. 41, 2 y 41, 3).

IV. LA PROTECCIÓN CONSTITUCIONAL COMO DERECHO DE TODAS LAS PERSONAS AGRAVIADAS

Las Constituciones declaran derechos fundamentales de las personas, respecto de las cuales, el juez competente en materia de amparo es el llamado a garantizar su goce y ejercicio por ellas. Esto plantea el tema de la persona agraviada en los procesos de amparo, es decir, de las que pueden ser accionantes, quejosos, peticionarios.

En principio, por supuesto, esa capacidad o la legitimación procesal corresponde a las personas titulares del derecho constitucional que ha sido violado o amenazado

---

136 Opinión Consultiva OC-8/87 del 30 de enero de 1987, Habeas corpus en situaciones de emergencia, Parágrafo 27. v. en Sergio García Ramírez (Coord.), *La Jurisprudencia de la Corte Interamericana de Derechos Humanos,* Universidad Nacional Autónoma de México, Corte Interamericana de Derechos Humanos, México, 2001, pp. 1.008 ss.

137 Opinión Consultiva OC-9/87 del 6 de octubre de 1987, Garantías Judiciales en Estados de Emergencia, Parágrafos 25, 26. La conclusión de la corte fue entonces que deben considerarse como las garantías judiciales indispensables no susceptibles de suspensión, según lo establecido en el artículo 27.2 de la Convención, el hábeas corpus (art. 7.6), el amparo, o cualquier otro recurso efectivo ante los jueces o tribunales competentes (art. 25.1), destinado a garantizar el respeto a los derechos y libertades cuya suspensión no está autorizada por la misma Convención. (parágrafo 41, 1). *Idem,* pp. 1.019 ss.

de violación, situación que le da particular interés para intentar la acción de protección ante el tribunal competente. Por eso, la acción de amparo se ha considerado en principio como una acción *in personam* por lo cual el accionante debe ser precisamente la persona agraviada; lo que implica que generalmente se considere que la acción de amparo en América latina, como sucede con las *injunctions* del sistema estadounidense, debe ser personalizada, en el sentido de que se atribuye a una persona particular la cual, por gozar del derecho lesionado, tiene un interés personal en el caso y su resultado.[138]

En este sentido, la Ley de Amparo nicaragüense prevé que sólo la parte agraviada puede intentar la acción de amparo, definiendo como tal a "toda persona natural o jurídica a quien perjudique o esté en inminente peligro de ser perjudicada por toda disposición, acto o resolución, y en general, toda acción u omisión de cualquier funcionario, autoridad o agente de los mismos" (art. 23).[139]

Esto plantea, por tanto diversas cuestiones respecto de quienes pueden ser parte agraviada o lesionada en un proceso de amparo, como las relativas a los medios judiciales de protección, a la legitimación activa o al derecho a actuar, las relativa a la calidad del accionante en el sentido de si tiene que ser sólo una persona física o ser humano, o una persona jurídica o puede ser una corporación, incluyendo las entidades de derecho público. Otros aspectos que se deben considerar son la posibilidad de que el Ministerio Público o los Defensores del Pueblo puedan intentar la acción de amparo.

1. *La persona agraviada y los medios judiciales de protección*

La Convención Americana a regular el derecho a la protección judicial en su artículo 25.1 se refiere al derecho de toda persona agraviada a ser amparada, protegida o tutelada en sus derechos fundamentales reconocidos por la Constitución, la ley o la presente Convención, mediante "un recurso sencillo y rápido *o cualquier otro recurso efectivo*," lo que implica que el derecho de amparo no necesariamente se garantiza a través de un solo medio adjetivo de protección, sino que puede y debe tratarse de un conjunto de medios de protección, lo que puede implicar, incluso, la posibilidad de utilizar los medios judiciales ordinarios cuando estos sean efectivos como recursos rápidos y sencillos de amparo. Es la situación práctica de lo que durante las décadas de su desarrollo ha ocurrido en México dada la expansión de las múltiples vías de protección que se incluyen dentro de la denominación genérica de juicio de amparo.

En esta materia, sin embargo, la casi totalidad de los países de América Latina, en contraste con la orientación de la Convención, siguiendo sus respectivas tradiciones constitucionales, han reducido en el orden interno los medios procesales de amparo, protección o tutela de los derechos fundamentales a una sola garantía judicial

---

138 Véase Kevin Schroder *et al*, "Injunction," *Corpus Juris Secundum*, Thomson West, Vol. 43A, 2004; M. Glenn Abernathy and Barbara A. Perry, *Civil Liberties Under the Constitution*, University of South Carolina Press, 1993, p. 4.

139 En este mismo sentido, la Ley N° 437-06 que establecía el Recurso de Amparo de la República Dominicana disponía que "Cualquier persona física o moral, sin distinción de ninguna especie, tiene derecho a reclamar la protección de sus derechos individuales mediante la acción de amparo." (art. 2).

específica, que es la expresamente regulada, aun cuando en la mayoría de los casos con la amplitud necesaria, que se denomina y regula como *acción*, *proceso* o *recurso* de amparo, de protección o de tutela.

Una disidencia en esta orientación, sin embargo, es el caso de Venezuela, donde conforme a la Constitución (art. 27), la Ley Orgánica de 1988 reguló el derecho de amparo, estableciendo para ello, además de una acción de amparo, que se puede ejercer en forma autónoma, una gama de otros medios de protección constitucional al permitir ejercer la pretensión de amparo conjuntamente con otras acciones judiciales. Este carácter del amparo, como un "derecho constitucional," en nuestro criterio es el elemento clave para identificar a la institución venezolana[140] en el marco del derecho comparado latinoamericano.

Lo anterior implica que la pretensión de amparo de los derechos fundamentales en Venezuela, además de poder formularse mediante la acción autónoma de amparo, se puede formular conjuntamente con otros medios judiciales, así: *primero*, conjuntamente con la acción popular de inconstitucionalidad de las leyes, autorizando al Juez Constitucional a suspender la aplicación de la norma respecto de la situación jurídica concreta cuya violación se alega, mientras dure el juicio de nulidad (art. 3, Ley Orgánica); *segundo*, conjuntamente con la acción de nulidad contra actos administrativos o contra abstenciones o negativas de la Administración, que violen o amenacen violar un derecho o una garantía constitucionales intentada ante los órganos de la Jurisdicción Contencioso Administrativa, en cuyo caso, el juez en forma breve, sumaria, efectiva, si lo considera procedente para la protección constitucional, suspenderá los efectos del acto recurrido como garantía de dicho derecho constitucional violado, mientras dure el juicio (art. 5, Ley Orgánica); y *tercero*, también puede formularse la pretensión de amparo conjuntamente con otros medios procesales o acciones ordinarias, en cuyo caso, al alegarse la violación o amenaza de violación de un derecho o garantía constitucionales, el Juez debe proceder en forma breve y sumaria a fin de ordenar la suspensión provisional de los efectos del acto cuestionado (art. 6.5, Ley Orgánica. De ello deriva que el agraviado puede recurrir a las vías judiciales ordinarias o hacer uso de medios judiciales preexistentes (apelación, recurso de casación, solicitud de nulidad, por ejemplo), para alegar la violación o amenaza de violación de un derecho o garantía constitucional.

En estos últimos supuestos se encuentra, por ejemplo, la solicitud de nulidad en el proceso penal, denominada "amparo penal," cuando se formula por el acusado violación de derechos y garantías constitucionales, en cuyo caso, el amparo se formula junto con dicha vía procesal previstas en el artículo 191 del Código Orgánico Procesal Penal para enervar las lesiones constitucionales denunciadas en el proceso, lo que incluso en ese caso hace que respecto de esas actuaciones sea inadmisible el ejercicio de una acción "autónoma" de amparo. En estos casos, en el marco mismo del proceso penal y de la protección de derechos y garantías constitucionales, el Código Orgánico le atribuye a los jueces de control la obligación de "hacer respetar las garantías procesales" (art. 64); a los jueces de la fase preliminar, la obligación de "controlar el cumplimiento de los principios y garantías establecidos en este Código,

140 Véase Allan R. Brewer–Carías, "El derecho de amparo y la acción de amparo", *Revista de Derecho Público,* N° 22, EJV, Caracas, 1985, pp. 51 y ss.

en la Constitución de la República, tratados, convenios o acuerdos internacionales suscritos por la República" (Art. 282); y también en general, a los jueces de control, durante las fases preparatoria e intermedia, "la obligación de "respetar las garantías procesales" (art. 531). En ese contexto, al conocer del amparo penal formulado junto con las solicitudes de nulidad, dichos jueces actúan como jueces de amparo.

En todo caso, de acuerdo con la doctrina de la antigua Corte Suprema de Justicia (caso *Tarjetas Banvenez* de 10 de julio de 1991, en estos casos, el pretensión de amparo formulado como pretensión conjunta con una acción, petición o solicitud ordinaria o en el curso del proceso derivado de la misma, no tiene carácter de acción principal sino de pretensión accesoria a la acción o solicitud junto con la que se formula, quedando sometida por tanto al pronunciamiento jurisdiccional final que se emita en la misma; pudiendo tener en algunos casos efectos anulatorios (de actos administrativos en el contencioso administrativo, o nulidad de sentencias o actuaciones judiciales cuestionadas, en caso de solicitudes de nulidad, de apelación o de recurso de casación), y en otros, efectos temporales y provisorios si se trata de solos efectos cautelares (no restablecedores) suspensivos de la ejecución de un acto, mientras dure el juicio para evitar que una sentencia a favor del accionante se haga inútil en su ejecución, como sucede en los juicios de nulidad de las leyes o de los actos administrativos.[141]

2. *La persona agraviada y la cuestión de la legitimación activa*

Ahora bien, en el juicio de amparo, como la acción tiene carácter personal, el accionante, como parte agraviada, en principio puede ser solamente el titular del derecho lesionado,[142] es decir, la persona cuyos derechos constitucionales han sido agraviados o amenazados de agravio. Así, nadie puede intentar una acción de amparo alegando en nombre propio el derecho que pertenece a otro. Es por eso que la acción de amparo es una acción personal o "subjetiva" en el sentido que sólo puede intentarla ante los tribunales la parte agraviada, con un interés personal, legítimo y directo, la cual puede actuar *in personam* o a través de su representante.[143] Éste es el mismo principio que se aplica en la legitimación activa para procurar la medida de *injunction* estadounidense, que sólo se atribuye a la persona agraviada,[144] pues solo ella es la que puede intentar la acción.[145]

141 Véase sentencia de la antigua Corte Suprema de Justicia, Sala Político Administrativa de 3–8–89, *Revista de Derecho Público*, Nº 39, EJV, Caracas, 1989, p. 136.

142 En este sentido el artículo 567 del Código Procesal Civil paraguayo establece que "[L]a acción de amparo será deducida por el titular del derecho lesionado o en peligro inminente de serlo".

143 Véase decisión de 27 de agosto de 1.993 (caso *Kenet E. Leal*) en *Revista de Derecho Público*, Nº 55-56, Editorial Jurídica Venezolana, Caracas, 1993, p. 322; y decisión del Primer Tribunal de control jurisdiccional de acciones administrativas, del 18 de noviembre de 1993, en *Revista de Derecho Público*, Nº 55–56, Editorial Jurídica Venezolana, Caracas, 1993, pp. 325–327.

144 Véase el caso *Alabama Power Co. v. Alabama Elec. Co-op., Inc.*, 394 F.2d 672 (5° Cir. 1968), en John Bourdeau et al., "Injunctions," en Kevin Schroder, John Glenn and Maureen Placilla (Ed.), *Corpus Juris Secundum*, Vol. 43A, West 2004, p. 229.

145 Como se establece, por ejemplo, específicamente en Ecuador. v. Hernán Salgado Pesantes, *Manual de Justicia Constitucional Ecuatoriana*, Corporación Editora Nacional, Quito, 2004, p. 81. En Costa Rica, aunque la Ley de la Jurisdicción Constitucional prevé que la acción puede intentarla cualquier persona

Aunque ésta es la regla general en América Latina, algunas leyes de amparo sin embargo, autorizan a personas distintas de las partes agraviadas o sus representantes a intentar la acción de amparo en su representación,[146] siendo entonces posible distinguir al respecto entre la *legitimatio* o legitimación activa *ad causam* y la *legitimatio* o legitimación activa *ad processum*.[147] La primera se refiere a la persona o entidad titular del derecho constitucional particular que se ha violado; y la segunda, a la capacidad particular de las personas para actuar en el proceso (capacidad procesal), es decir, a la capacidad de comparecer ante el tribunal y utilizar los procesos adecuados para apoyar una demanda, que puede referirse a sus propios derechos o a los derechos de otros.

La legitimación activa *ad causam* corresponde en principio a cualquier persona cuyos derechos constitucionales han sido lesionados, o amenazados de ser lesionados, y que tenga derecho a procurar la protección de los tribunales por medio de la acción de amparo; bien sea por ser *personas naturales* o seres humanos (sin distinción entre ciudadanos, incapacitados o extranjeros) o una persona *jurídica* o moral.[148] En algunos casos, la legitimación activa también corresponde a grupos de personas o entidades colectivas aún sin "personalidad" jurídica formal atribuida por ley, como se ha admitido en Chile con respecto al recurso de protección.[149]

(art. 33), la Sala Constitucional ha interpretado que se refiere a cualquier persona cuyos derechos constitucionales hayan sido agraviados (v. Decisión 93-90). Véase la referencia en Rubén Hernández Valle, *Derecho Procesal Constitucional*, Editorial Juricentro, San José, 2001, p. 234); y en caso de una acción de amparo presentada por una persona distinta de la parte agraviada, esta última debe aprobar la presentación para que continúe el proceso. De otro modo, faltaría la legitimación activa. *V.* Decisión 5086-94, en *Idem*, p. 235.

146 Artículo 567 Código de Procedimiento Civil, Paraguay.

147 Véase en general, Alí Joaquín Salgado, *Juicio de amparo y acción de inconstitucionalidad*, Astrea, Buenos Aires, 1987, pp. 81 ss.; Joaquín Brage Camazano, *La jurisdicción constitucional de la libertad*, Editorial Porrúa, México, 2005, pp. 162 ss.

148 La palabra "personas" en las leyes de amparo se usa para designar personas humanas o entidades reconocidas por la ley como sujetos de derechos y deberes, incluyendo corporaciones o compañías: Argentina (art. 5: "persona individual o jurídica"; República Dominicana (art. 2: "Cualquier persona física o moral"); Colombia (art. 1: "Toda persona"); Ecuador (art. 9.a: "cualquier persona"; El Salvador (art. 3 y 12: "Toda persona"); Guatemala (art. 8: "las personas"), Honduras (art. 41: "toda persona agraviada"; art. 44: "cualquier persona natural o jurídica"); México (art. 4: "la parte a quien perjudique la ley"); Panamá (art. 2615: "Toda persona"); Perú (art. 39: "El afectado es la persona legitimada"); Uruguay (art. 1: "cualquier persona física o jurídica, pública o privada"); Venezuela (art. 2: "personas naturales y jurídicas"). En el Reglamento de Filipinas, la petición del amparo también está disponible a "cualquier persona" cuyo derecho a la vida, la libertad y la seguridad, haya sido violado" (Sec. 1).

149 La Constitución chilena, en materia de legitimación activa, se refiere a "el que" (quien), sin referirse a "personas" (art. 20). v. Juan Manuel Errázuriz y Jorge Miguel Otero A., *Aspectos procesales del recurso de protección*, Editorial Jurídica de Chile, Santiago, 1989, pp. 15, 50. v. el caso *RP, Federación Chilena de Hockey y Patinaje*, C. de Santiago, 1984, RDJ, T, LXXXI, Nº 3, 2da. P., Secc. 5ta, p. 240. Sin embargo, en otras decisiones judiciales se ha sostenido el criterio contrario. v. la referencia en Sergio Lira Herrera, *El recurso de protección. Naturaleza jurídica. Doctrina. Jurisprudencia, Derecho Comparado*, Santiago, 1990, pp. 144–145.

A. *Las personas naturales: Legitimación activa ad causam y ad processum*

El principio general en las leyes de amparo en América latina es que todos los seres humanos, cuando sus derechos constitucionales son arbitraria o ilegítimamente agraviados o amenazados, tienen la necesaria legitimación para intentar la acción de amparo. En la expresión "personas" usada en tales leyes, están comprendidas todas las personas naturales sin distinción. La expresión, por supuesto, no equivale a "ciudadanos", que son aquellas personas que por nacimiento o por naturalización son miembros de la comunidad política representada por el estado. Sin embargo, estas personas, como ciudadanos, serían las únicas que tendrían la legitimación necesaria para la protección de ciertos derechos políticos, como el derecho al voto o a la participación en la política.

Por otro lado, en materia de amparo, los extranjeros tienen en principio el mismo derecho general que los nacionales y tienen la necesaria legitimación para ejercer el derecho al amparo.[150]

Excepto en este caso particular, el principio general en América Latina es que toda persona lesionada tiene la legitimación *ad causam* para intentar la acción de amparo. Por ello, en México, la Suprema Corte en ejercicio del control de convencionalidad declaró contrario al artículo 25 de la Convención Americana el artículo 76 bis.II de la Ley de Amparo abrogada, el cual dejó de aplicarse, pues limitaba la protección que otorga solamente al reo excluyendo a la víctima.[151] Por ello, también, respecto de leyes que formalmente restringen la legitimación A este respecto, las leyes deben interpretarse en sentido amplio, como ocurre por ejemplo en la ley de amparo venezolana la cual aunque prevé en su primer artículo que la acción de amparo puede intentarla "toda persona natural habitante de la República",[152] se entiende la expresión como referida a cualquier persona, incluso quienes no viven en el país.[153]

---

150 Antes en México, las decisiones del Presidente de la República, dictadas según la Constitución, para la expulsión de extranjeros, se encontraba excluida del amparo. Véase Eduardo Ferrer Mac-Gregor, La *acción constitucional de amparo en México y España*, Editorial Porrúa, México, 2002, p. 230.

151 Tesis 2ª CXXXVII/202 y J.26/2003, *Semanario Judicial de la Federación y su gaceta* 9ª. Época Tomo XVI, noviembre de 2002, p. 449 y Tomo XVIII, agosto de 2003, p.175; citadas por Alfonso Jaime Martínez Lazcano, "Control difuso de convencionalidad en México," en Boris Barrios González (Coordinador), *Temas de Derecho Procesal Constitucional Latinoamericano*, Memorias I Congreso panameño de Derecho Procesal Constitucional y III Congreso Internacional Proceso y Constitución, Panamá 2012, pp. 209.

152 Véase referencias en Allan R. Brewer-Carías, *Instituciones Políticas y Constitucionales*, Vol. V, El derecho y la acción de Amparo, Universidad Católica del Táchira, Editorial Jurídica Venezolana, San Cristóbal-Caracas, 1998, p. 319. La misma antigua Corte Suprema, en ejercicio de su potestad de control jurisdiccional difuso, declaró inconstitucional la referencia limitante del artículo 1 de la Ley al subrayar el carácter de "habitantes de la República", sentenciando en contrario, que cualquier persona, viva o no en la República, cuyos derechos sean agraviados en Venezuela, tiene suficiente legitimación para intentar la acción de amparo. V. Sentencia de 13 de diciembre de 1994, caso Jackroo Marine Limited. Véase la referencia en Rafael Chavero, *El Nuevo Régimen del Amparo Constitucional en Venezuela*, Caracas, 2001, pp. 98–99

153 La misma antigua Corte Suprema, por el ejercicio de su potestad de control jurisdiccional difusa, declaró inconstitucional la referencia limitante del artículo 1 de la ley al subrayar el carácter de "habitantes de la República", sentenciando en contrario, que cualquier persona, viva o no en la República, cuyos de-

Los menores, por supuesto, también tienen legitimación *ad causam*, pero sólo están autorizados para intentar acciones de amparo para proteger sus derechos constitucionales a través de sus representantes (padres o tutores), quienes, en esos casos, tienen legitimación *ad processum*. Sólo excepcionalmente la ley mexicana permite que los menores actúen personalmente cuando sus representantes estén ausentes o impedidos.[154] En Colombia, cuando el representante de un menor está en situación de incapacidad para asumir su defensa, cualquiera puede actuar representando a la parte agraviada (art. 10).[155]

Excepto en aquellos casos en que los representantes de personas naturales incapaces sean llamados a actuar, la regla general de legitimación activa *ad processum* por tanto, respecto de las personas naturales, es que tienen la posibilidad de comparecer ante el tribunal como personas agraviadas en defensa de sus propios derechos. En consecuencia, como asunto de principio, ningún otro puede actuar judicialmente en nombre de la persona agraviada, excepto cuando un representante es nombrado legalmente o actúa con un poder notariado o carta de autorización (Paraguay, art. 567).

Sin embargo, una excepción general a esta regla se refiere a la acción de habeas corpus, en cuyo caso, como generalmente la persona agraviada está físicamente impedida de actuar personalmente por sufrir detención o libertad limitada, las leyes de amparo autorizan a cualquier persona a intentar la acción en representación suya.[156]

En el mismo sentido, algunas leyes de amparo, para garantizar la protección constitucional, también establecen la posibilidad que otras personas actúen representando a la parte agraviada e intenten la acción en su nombre. Puede ser cualquier abogado o familiar como se establece en Guatemala (art. 23), o cualquier persona como se establece en Paraguay (art. 567), Ecuador (art. 9.1), Honduras, Uruguay[157]

---

rechos sean agraviados en Venezuela, tiene suficiente legitimación para intentar la acción de amparo. V. Sentencia de 13 de diciembre de 1994, caso *Jackroo Marine Limited*. Véase la referencia en Rafael Chavero, *El Nuevo Régimen del Amparo Constitucional en Venezuela*, Caracas, 2001, pp. 98–99.

154 Este es el caso de México, donde la Ley de Amparo prevé que un menor "podrá pedir amparo sin la intervención de su legítimo representante cuando éste se halle ausente o impedido" y añade que "el juez, sin perjuicio de dictar las providencias que sean urgentes, le nombrará un representante especial para que intervenga en el juicio." (art. 6).

155 Lo que el Legislador quiso asegurar en este caso fue la posibilidad de una efectiva protección de los derechos, por ejemplo, en casos de violencia física infligida por los padres con respecto a sus hijos, en cuyo caso un vecino es la persona que puede intervenir para intentar una acción de tutela. De otro modo, la acción protectora, en tales casos, no podría ser intentada, particularmente porque los padres son los representantes legales de sus hijos. Véase Juan Carlos Esguerra Portocarrero, *La protección constitucional del ciudadano*, Lexis, Bogotá, 2005, p. 122.

156 Argentina (art. 5: cualquiera que lo represente); Bolivia (art. 89: cualquiera en su nombre); Guatemala (art. 85: cualquier otra persona); Honduras (art. 19: cualquier persona); México (art. 15: cualquier otra persona en su nombre); Nicaragua (art. 52: cualquier habitante de la República); Perú: (art. 26: cualquiera a su favor); Venezuela (art. 41: cualquier persona que gestione a su favor). En México, la ley impone en la parte agraviada la obligación de ratificar expresamente la interposición del recurso de amparo, al punto que si la queja no se ratifica, se reputará no presentada (art. 15).

157 En Honduras, la Ley sobre Justicia Constitucional autoriza a cualquier persona actuar por la parte agraviada, sin necesidad de poder, en cuyo caso el artículo 44 prevé que prevalecerá el criterio de la parte agraviada (art. 44). En Uruguay (art. 3) la Ley Nº 16.011 sobre la Acción de Amparo prevé que en casos en los que la parte agraviada, por sí misma o por su representante, no pudiese intentar la acción, enton-

y Colombia, donde cualquiera puede actuar en nombre de la parte agraviada cuando esta última esté en situación de incapacidad para asumir su propia defensa (art. 10).[158] El mismo principio está establecido en el Código Procesal Constitucional de Perú.[159]

Otro aspecto que se debe notar sobre la legitimación activa es que algunas leyes de amparo latinoamericanas, en forma restrictiva, obligan al accionante a nombrar formalmente a un abogado que le asista como, por ejemplo, se indica en el Código Judicial panameño (art. 2.261).

B. *Personas Jurídicas: Legitimación activa ad causam y ad processum*

Aparte de las personas naturales, también las personas jurídicas gozan de los derechos constitucionales, por lo que tienen derecho a intentar acciones de amparo cuando los mismos han sido violados, de modo que las asociaciones, compañías, fundaciones o corporaciones también pueden intentar acciones de amparo,[160] por ejemplo, para proteger su derecho a la no discriminación, al debido proceso legal, a la defensa o a los derechos económicos o de propiedad, en cuyo caso, por supuesto, deben actuar a través de sus directores o representantes según sus estatutos (México, art. 6). Por ello, la jurisprudencia en Venezuela ha establecido que la acción de amparo no está restringida a proteger "derechos o garantías constitucionales a los derechos de las personas naturales," pues también las personas jurídicas son titulares de derechos fundamentales."[161]

En este contexto de la legitimación dada a las personas jurídicas para intentar acciones de amparo, el Código Procesal Civil paraguayo enumera particularmente a los partidos políticos con capacidad reconocida por las autoridades electorales; las

---

ces cualquiera puede hacerlo por ella, sin perjuicio de la responsabilidad del agente si éste hubiese actuado con fraude, malicia o culpable ligereza (art. 4).

158 Véase Carlos Augusto Patiño Beltrán, *Acciones de tutela, cumplimiento, populares y de grupo*, Editorial Leyer, Bogotá, 2000, p. 10; y Juan Carlos Esguerra Portocarrero, *La protección constitucional del ciudadano*, Lexis, Bogotá, 2005, p. 122.

159 El artículo 41 del Código establece: "Cualquier persona puede comparecer en nombre de quien no tiene representación procesal, cuando esta se encuentre imposibilitada para interponer la demanda por sí misma, sea por atentado concurrente contra la libertad individual, por razones de fundado temor o amenaza, por una situación de inminente peligro o por cualquier otra causa análoga. Una vez que el afectado se halle en posibilidad de hacerlo, deberá ratificar la demanda y la actividad procesal realizada por el procurador oficioso."

160 También es el caso de Colombia, donde la acción de tutela se estableció para la protección de los "derechos fundamentales" de aplicación inmediata, que incluyen los de las personas jurídicas, como el derecho de petición (art. 23), al debido proceso y a la defensa (art. 29) y a la revisión de decisiones judiciales (art. 31). En Ecuador, la legitimación activa de las personas jurídicas para intentar una acción de amparo fue negada por Marco Morales Tobar en "La acción de amparo y su procedimiento en el Ecuador," *Estudios Constitucionales. Revista del Centro de Estudios Constitucionales*, Año 1, N° 1, Universidad de Talca, Chile, 2003, pp. 281–282. Así también en la República Dominicana, donde el juicio de amparo fue admitido por la Suprema Corte, incluso sin disposición constitucional o legal, precisamente en un caso presentado ante la Corte por una compañía comercial (*Productos Avon S.A.*). v. por ejemplo, Juan de la Rosa, *El recurso de amparo, Estudio Comparativo*, Santo Domingo, 2001, p. 69.

161 Véase sentencia N° 1395 de 21 noviembre de 2000, caso *Estado Mérida y otros vs. Ministro de Finanzas*, en *Revista de Derecho Público*, N° 84, Editorial Jurídica Venezolana, Caracas, 2000, pp. 315 ss.

entidades con personería gremial o profesional y las entidades con personería gremial o profesional; y las sociedades o asociaciones con fines no contrarios al bien común (art. 568).

Una cuestión importante sobre la legitimación activa de las personas jurídicas para intentar acciones de amparo se refiere a la posibilidad de que las entidades de derecho público puedan hacerlo, es decir, a la capacidad de las entidades públicas de intentar acciones de amparo.

Históricamente, la acción de amparo, como medio judicial específico para la protección de derechos constitucionales, se concibió originalmente para la defensa de los individuos o personas naturales contra los funcionarios o entidades públicas; es decir, como una garantía para protegerse frente al Estado. Por eso, inicialmente, era inconcebible que una entidad pública intentara una acción de amparo contra otras entidades públicas o privadas. Sin embargo, ya que las entidades públicas pueden, como cualquier persona jurídica, ser titulares de derechos constitucionales, se admite en general que puedan intentar acciones de amparo para la protección de sus derechos. Esto es así expresamente en Argentina,[162] en Uruguay, donde está expresamente regulado en la Ley de amparo al referirse a la "persona física o jurídica, pública o privada" (art. 1) y es el caso también en Venezuela.[163]

También en México se admite expresamente que las corporaciones públicas intenten acciones de amparo pero sólo con referencia a sus intereses patrimoniales lesionados (art. 7), lo que significa que de ninguna otra manera puede una entidad pública en México como, por ejemplo, un estado, una municipalidad o una corporación pública, intentar una acción de amparo, pues de otro modo resultaría en un conflicto entre las autoridades que no podría resolverse a través de esta acción judicial.[164]

---

162 Véase José Luis Lazzarini, *El Juicio de Amparo*, Ed. La Ley, Buenos Aires, 1987, p. 238–240; 266. Entre los casos de amparo decididos en Argentina como consecuencia de las medidas económicas de emergencia adoptadas por el gobierno en 2001, que congelaron todos los depósitos en cuentas de ahorro y corrientes de todos los bancos y los convirtieron de dólares americanos a pesos devaluados argentinos, uno que se debe mencionar es el caso San Luis, sentenciado por la Corte Suprema el 5 de marzo de 2003, en el cual no sólo declaró la corte la inconstitucionalidad del Ejecutivo sino que en ese caso ordenó al "Banco Central o el Banco de la Nación Argentina le entreguen a la provincia dólares billetes de los plazos fijos que individualiza, o su equivalente en pesos según el valor de la moneda estadounidense en el mercado libre de cambios". El aspecto interesante del juicio fue su presentación por la Provincia de San Luis contra el Estado Nacional y el Banco Central de la Nación Argentina, es decir, un Estado Federal (Provincia de San Luis) contra el Estado Nacional, para la protección de los derechos constitucionales a la propiedad del primero. v. comentarios en Antonio María Hernández, *Las emergencias y el orden constitucional*, Universidad Nacional Autónoma de México, Rubinzal-Culsoni Editores, México, 2003, pp. 119 ss.

163 La Sala Constitucional del Tribunal Supremo en decisión Nº 1395 de 21 de noviembre de 2.000, declaró que los "entes político-territoriales como los Estados o Municipios [pueden] acudir al amparo para defender los derechos o libertades de los que puedan ser titulares, como el derecho al debido proceso, o el derecho a la igualdad, o a la irretroactividad de la ley." Véase el Caso *Estado Mérida et al. vs. Ministro de Finanzas*, en *Revista de Derecho Público*, Nº 84, Editorial Jurídica Venezolana, Caracas, 2000, pp. 315 ss.

164 Véase Eduardo Ferrer Mac-Gregor, La *acción constitucional de amparo en México y España*, Editorial Porrúa, México, 2002, p. 244–245; Richard D. Baker, *Judicial Review in México. A Study of the Amparo Suit*, University Press of Texas, Austin, 1971 pp. 107–109..

Es en este mismo sentido, que en Perú, el Código Procesal Constitucional también expresamente declara la inadmisibilidad de la acción de amparo cuando se refiere a "conflictos entre entidades de derecho público interno", es decir, entre ramas del gobierno u órganos constitucionales o gobiernos locales o regionales que deban ser dirimidos mediante los procedimientos constitucionales establecidos en el código (art. 5,9).[165]

Esta misma discusión general sobre la posibilidad de ejercer la acción de amparo entre entidades públicas ha surgido en otros sistemas federales, en particular cuando se dirigen a proteger la garantía constitucional de autonomía y autogobierno políticos. En Alemania, por ejemplo, se admite que los municipios, o grupos de municipios, puedan intentar una querella constitucional ante el Tribunal Constitucional Federal alegando que su derecho a la autonomía o al autogobierno, garantizados en la constitución (art. 28-2), ha sido violado por una disposición legal federal.[166] Esta posibilidad fue rechazada en México pues, aunque los artículos 103, III y 107 de la Constitución establecen que la acción de amparo es admisible en casos de controversias que surgen por " por normas generales o actos de las autoridades de los Estados o del Distrito Federal que invadan la esfera de competencia de la autoridad federal ", se entienden sólo referidos a la protección de los derechos y garantías individuales y, de ninguna manera, dirigidos a establecer una acción de amparo para la protección de la autonomía constitucional de los Estados con respecto a las invasiones por el estado federal.[167]

En Venezuela, que también es un Estado organizado con forma federal, el asunto se discutió con referencia a la protección de los derechos de la autonomía política de los Estados y Municipios garantizada en la Constitución y respecto de la posibilidad de intentar una acción de amparo para su protección. Una acción intentada con tal propósito, por ejemplo, por los municipios, fue rechazada por la antigua Corte Suprema de Justicia, argumentando que las entidades político territoriales, como personas morales, no pueden intentar acciones de amparo sino sólo para la protección de derechos constitucionales en estricto sentido excluyendo de la protección las garantías constitucionales como la de la autonomía territorial.[168] Con argumentos similares, la Sala Constitucional del Tribunal Supremo de Justicia también rechazó

---

165 El código sustituyó la disposición de la Ley 25.011 de Habeas Corpus y Amparo de 1982 que declaraba inadmisibles las acciones de amparo, pero cuando proceden "de las dependencias administrativas, incluyendo las empresas públicas, contra los Poderes del Estado y los organismos creados por la Constitución, por los actos efectuados en el ejercicio regular de sus funciones" (Ley 25011, art. 6,4). V. comentarios sobre esta disposición en la derogada Ley 25.011 en Víctor Julio Orcheto Villena, *Jurisdicción y procesos constitucionales*, Editorial Rhodas, Lima, p. 169.

166 En el caso de violaciones por una ley del länder, tal recurso se intentará ante el Tribunal Constitucional del Länder respectivo (art. 93,1,4 de la Constitución). Una situación similar, aunque debatible, se encuentra en Austria con respecto al recurso constitucional. Sea cual fuese el caso, por supuesto, no se trataría de un amparo para la protección de derechos fundamentales, sino más bien de una garantía constitucional específica de la autonomía de entidades locales.

167 Véase referencia en Eduardo Ferrer Mac-Gregor, *La acción constitucional de amparo en México y España*, Editorial Porrúa, México, 2002, p. 246, nota 425.

168 Véase sentencia de 2 de octubre de 1997, en Rafael Chavero, *El nuevo régimen del amparo constitucional en Venezuela*, Caracas, 2001, pp. 122–123.

en 2000 una acción de amparo interpuesta por un Estado de la federación contra el Ministerio de Finanzas ya que, según se alegaba, afectaba su autonomía financiera.[169]

Por otro lado, en sistemas como los de Brasil, donde el *mandado de segurança* sólo se puede intentar contra el Estado y no contra personas individuales, se considera que el estado mismo o sus dependencias no pueden intentar el recurso.[170]

C. *Legitimación activa y la protección de derechos constitucionales colectivos y difusos*

Como antes se dijo, la característica general del proceso de amparo es su carácter personal, en el sentido que puede sólo iniciarlo ante los tribunales competentes el titular de los derechos, su representante o una de las partes agraviadas.[171]

Sin embargo, no todos los derechos constitucionales son individuales; y al contrario, algunos son colectivos por naturaleza, en el sentido que corresponden a grupos de personas más o menos definidos, de modo que su violación no sólo lesiona los derechos personales de cada uno de los individuos que los disfruta, sino también a todo el grupo de personas o colectividades a los que pertenecen esos individuos. En tales casos, entonces, la acción de amparo también puede intentarla el grupo o asociación de personas que representan a sus asociados, incluso aun cuando no tengan formalmente el carácter de "persona jurídica.""[172]

En algunos casos, como en Venezuela, la Constitución establece expresamente como parte del derecho constitucional de todas las personas, el tener acceso a la justicia y el procurar la protección no sólo de los derechos personales sino también de los "colectivos" o "difusos" (art. 26). Los primeros han sido considerado como los referidos a un sector poblacional determinado (aunque no cuantificado) e identificable, conformado por un conjunto de personas como sería el caso grupos profesionales, grupos de vecinos o los gremios. En cuanto a los derechos difusos, son los que buscan aseguraren general un nivel de vida aceptable, de manera que al afectar-

---

169 Véase sentencia N° 1395 de 21 de noviembre de 2000, Caso *Estado Mérida et al. v. Ministro de Finanzas*, en *Revista de Derecho Público*, N° 84, Editorial Jurídica Venezolana, Caracas, 2000, pp. 315 ss.

170 Véase Celso Agrícola Barbi, *Do mandado de Securança*, Editora Forense, Rio de Janeiro, 1993, pp. 68 ss.; José Luis Lazzarini, *El juicio de amparo*, Editorial La Ley, Buenos Aires, 1987, pp. 267–268.

171 Algunas legislaciones como la brasileña, respecto del mandado de securança establecen que en el caso de amenazas o violaciones de derechos relativos a algunas personas, cualquiera de ellas puede intentar la acción (art. 1,2). En Costa Rica también, respecto del derecho constitucional a rectificación y respuesta en caso de agravios, la Ley de la Jurisdicción Constitucional prevé que cuando los agraviados son más de una persona, cualquiera de ellas puede intentar la acción; y en los casos en los que los agraviados pueden ser identificados con un grupo o colectividad organizada, la legitimación para actuar debe ejercerla su representante autorizado (art. 67).

172 Es por eso que el Código Procesal Civil de Paraguay, por ejemplo, al definir la legitimación activa en materia de amparo, además de personas físicas o jurídicas, se refiere a partidos políticos debidamente registrados, entidades con personería gremial o profesional y sociedades o asociaciones que, sin investir el carácter de personas jurídicas, no contrarían, según sus estatutos, el bien público (art. 568). En Argentina, la Ley de Amparo también prevé la legitimación activa para intentar acciones de amparo a estas asociaciones que, sin ser formalmente personas jurídicas, pueden justificar, según sus propios estatutos, que no se oponen al bien público (art. 5).

los se lesiona el nivel de vida de toda la comunidad o sociedad, como sucede con los daños al ambiente o a los consumidores.[173]

En esos casos, cualquier persona procesalmente capaz puede intentar la acción, para impedir el daño a la población o a sectores de ella a la cual pertenece. Lo mismo se aplica, por ejemplo, en los casos de la acción de amparo interpuesta para la protección de derechos electorales, en cuyo caso, cualquier ciudadano invocando los derechos generales de los votantes, puede intentar la acción,[174] admitiéndose incluso en estos casos de intereses difusos o colectivos que la legitimación activa la puedan tener las asociaciones, sociedades, fundaciones, cámaras, sindicatos y demás entes colectivos, cuyo objeto sea la defensa de la sociedad.[175]

Estas acciones "colectivas" de amparo dirigidas a proteger derechos difusos,[176] particularmente en materia de ambiente, han sido incluidos expresamente en las Constituciones en América Latina, como es el caso en Argentina, donde la Constitución prevé que la acción de amparo puede intentarlo "el afectado, el defensor del pueblo y las asociaciones que propendan a esos fines, registradas conforme a la ley" (art. 43) contra cualquier forma de discriminación y en lo relativo a los derechos que protegen al ambiente, a la competencia, al usuario y al consumidor, así como a los derechos de incidencia colectiva en general.[177] En Perú, el artículo 40 de Código Pro-

---

173 Véase sentencia N° 656 de la Sala Constitucional, del 30 de junio de 2000, caso *Defensor del Pueblo vs. Comisión Legislativa Nacional,* citada en sentencia N° 379 del 26 de febrero de 2003, caso *Mireya Ripanti et vs. Presidente de Petróleos de Venezuela S.A. (PDVSA)*, en *Revista de Derecho Público*, N° 93–96, Editorial Jurídica Venezolana, Caracas, 2003, pp. 152 ss.

174 En tales casos, la Sala incluso ha concedido medidas de precaución con efectos *erga omnes* "tanto para las personas naturales y organizaciones que han solicitado la protección de amparo constitucional como para todos los electores en su conjunto." Véase sentencia de la Sala Constitucional N° 483 del 29 de mayo de 2000, caso *Queremos Elegir y otros*, en *Revista de Derecho Público*, N° 82, 2000, Editorial Jurídica Venezolana, pp. 489–491. En el mismo sentido, v. sentencia de la misma Sala N° 714 de 13 de julio de 2000, caso APRUM, en *Revista de Derecho Público*, N° 83, Editorial Jurídica Venezolana, Caracas, 2000, pp. 319 ss.

175 Véase la referencia y comentarios en Rafael Chavero, *El nuevo régimen del amparo constitucional en Venezuela*, Caracas, 2001, pp. 110–114.

176 En la República Dominicana y antes de la aprobación de la Ley N° 437-06 que establece el Recurso de Amparo en 2.006, cuando la Suprema Corte admitía la acción de amparo, los tribunales admitían que cualquier persona con capacidad legal e interés en el cumplimiento general de derechos humanos colectivos, tales como el derecho a la educación, podía intentar una acción de amparo si la materia no era sola y exclusivamente particular. *V.* Sentencia N° 406-2 del 21 de junio de 2001, Juzgado de Primera Instancia de San Pedro Macoris. *V.* referencia en Miguel A. Valera Montero, *Hacia un Nuevo concepto de constitucionalismo*, Santo Domingo, 2006, pp. 388–389.

177 Cuatro acciones colectivas específicas resultaron de este artículo: amparo contra cualquier forma de discriminación; amparo para la protección del ambiente; amparo para la protección de la libre competencia, y amparo para la protección de los derechos del usuario y del consumidor. Por eso, respecto de la discriminación, el objeto de este amparo no es la discriminación respecto de un individuo en particular sino respecto de un grupo de personas entre los cuales existe un nexo o tendencia común que da origen a la discriminación. Véase Joaquín Brage Camazano, *La jurisdicción constitucional de la libertad*, Editorial Porrúa, México, 2005, pp. 94. Por otro lado, respecto a la protección del ambiente, se formaliza la tendencia que comenzó a consolidarse después de un caso de 1983 en el que se presentó un amparo para la protección del equilibrio ecológico para la protección de los delfines. La Corte Suprema aceptó en tal caso la posibilidad que cualquiera, individualmente o en representación de su familia, intentara una acción de amparo para la conservación del equilibrio ecológico debido al derecho de cualquier ser humano de proteger su hábitat. Véase Alí Joaquín Salgado, *Juicio de amparo y acción de inconstitucionalidad*,

cesal Constitucional también autoriza a intentar la acción de amparo a cualquier persona "cuando se trate de amenaza o violación del derecho al medio ambiente u otros derechos difusos que gocen de reconocimiento constitucional, así como las entidades sin fines de lucro cuyo objeto sea la defensa de los referidos derechos". De forma similar en Brasil, la Constitución estableció un *mandado de securança* llamado *colectivo*, dirigido a la protección de derechos difusos o colectivos y a ser intentado por los partidos políticos con representación en el Congreso Nacional, los sindicatos, las instituciones colectivas o las asociaciones legalmente establecidas en defensa de los intereses de sus miembros y que deben haber estado funcionando al menos el año anterior (art. 5.69.2).[178]

En Ecuador, el artículo 9 de la Ley Orgánica de Garantías Jurisdiccionales y Control Constitucional permite directamente que la acción sea intentada por "cualquier persona, comunidad, pueblo, nacionalidad o colectivo, vulnerada o amenazada en uno o más de sus derechos constitucionales, quien actuará por sí misma o a través de representante o apoderado". El caso de Costa Rica debe también mencionarse, donde el amparo colectivo se ha sido admitido por la Sala Constitucional de la Corte Suprema en materia de ambiente, basándose en las disposiciones constitucionales que establecen el derecho de todos "a un ambiente sano y ecológicamente equilibrado" (art. 50), por lo que cualquier persona queda "legitimada para denunciar los actos que infrinjan tal derecho."[179]

A partir de 2013, la ley de amparo mexicana se halla dentro de esta tendencia, pues contempla la protección de derechos colectivos y amplió la legitimación activa a favor de individuos o grupos bajo la figura del interés legítimo.[180] De acuerdo al artículo 5.III, es procedente el amparo contra normas generales u omisiones siempre y cuando con ello se produzca una afectación real y actual a su esfera jurídica, ya sea de manera directa o en virtud de su especial situación frente al orden jurídico."[181]

Astrea Buenos Aires, 1987, pp. 81–89. Sobre las asociaciones que pueden interponer demandas colectivas de amparo, la Corte Suprema de Argentina también ha considerado que no requieren registro formal. *V.* Sentencias 320:690, caso *Asociación Grandes Usuarios* y Sentencia 323:1339, caso *Asociación Benghalensis*. Véase las referencias en Joaquín Brage Camazano, *La jurisdicción constitucional de la libertad*, Editorial Porrúa, México, 2005, pp. 92–93.

178 Además, desde 1985 se ha desarrollado en Brasil una "acción civil colectiva", con tendencias similares a las Acciones Colectivas de los Estados Unidos, muy ampliamente utilizadas para la protección de derechos de clases, como los consumidores, aunque limitando la legitimación activa a las entidades públicas (nacionales, estatales y municipales) y a las asociaciones. *V.* Antonio Gidi, "Acciones de grupo y "amparo colectivo" en Brasil. La protección de derechos difusos, colectivos e individuales homogéneos", en Eduardo Ferrer Mac-Gregor (Coordinador), *Derecho Procesal Constitucional*, Colegio de Secretarios de la Suprema Corte de Justicia de la Nación, Editorial Porrúa, Tomo III, México, 2003, pp. 2.538 ss.

179 Véase sentencia 1700-03. v. referencia en Rubén Hernández Valle, *Derecho Procesal Constitucional*, Editorial Juricentro, San José, 2001, pp. 239–240.

180 Antes de la reforma, el amparo era solo individual, basado en el interés personal y directo. Véase Eduardo Ferrer Mac-Gregor, *Juicio de amparo e interés legítimo: la tutela de los derechos difusos y colectivos*, Editorial Porrúa, México, 2003, p. 56.

181 Antes de la reforma de 2013, el amparo en protección de intereses colectivos era básicamente el amparo agrario (Véase FERRER MAC-GREGOR, Eduardo. *La acción constitucional de amparo en México y España*. Editorial Porrúa, México, 2002, p. 233 y ss.), contemplándose ahora *en las mismas condiciones que los amparos colectivos del art. 5.III.*

También en Colombia, el principio general respecto a la acción de *tutela* es su carácter personal y privado, de modo que sólo puede ser presentada por el sujeto del derecho individual fundamental protegido por la constitución.[182] Esto no significa, sin embargo, que los derechos difusos o colectivos no estén protegidos, pues la Constitución ha regulado además de la acción de *tutela*, la "acción popular" o acción de grupo,[183] es decir, acciones colectivas similitudes a las *class actions* estadounidenses,[184] que han resultado muy efectivas para la protección de los derechos civiles en casos de discriminación.

3. *Funcionarios públicos con legitimación activa en el proceso de amparo*

A pesar de su carácter personal, incluso en casos de acciones para la protección de derechos colectivos y difusos, generalmente se acepta que algunos funcionarios públicos ostenten legitimación activa para intentar acciones de amparo representando a la comunidad o a grupos de personas. Tradicionalmente éste ha sido el caso del Ministerio Público y ahora del Defensor del Pueblo, cargos que existen en casi todos los países latinoamericanos.

En efecto, un aspecto importante del sistema latinoamericano de defensa de los derechos humanos y en particular respecto a la legitimación activa en casos de amparo, ha sido la creación de entidades constitucionales autónomas llamadas Defen-

---

182 Véase Juan Carlos Esguerra Portocarrero, *La protección constitucional del ciudadano*, Lexis, Bogotá, 2005, p. 121. Por eso el artículo 6,3 de la Ley de Tutela expresamente dispone que la acción de tutela es inadmisible cuando los derechos que se busca proteger son "derechos colectivos, tales como la paz y los demás mencionados en el artículo 88 de la Constitución Política", en particular porque para tal propósito se estableció un medio judicial especial llamado "acciones populares". El artículo 6,3 de la Ley de Tutela añadió que lo anterior no impide que el titular de derechos amenazados o violados pueda intentar una acción de tutela en situaciones que comprometan intereses o derechos colectivos y el de sus propios derechos amenazados o violados, amenazados o violados, cuando se trata de prevenir un perjuicio irremediable.

183 Estas acciones populares son aquellas establecidas en la constitución para la protección de derechos e intereses relacionados con la propiedad pública, el espacio público, la seguridad y salud públicas, la moral administrativa, el ambiente, la libre competencia económica, y otros de naturaleza similar. Todos éstos son derechos difusos y para su protección, la ley 472 de 1998 ha regulado estas acciones populares. Esta ley también regula otros tipos de acciones para la protección de derechos en casos de agravios sufridos por un número plural de personas. Sobre las acciones populares, éstas las puede intentar cualquier persona u Organización No Gubernamental, organizaciones populares o cívicas, entidades públicas con funciones contraloras cuando el agravio o amenaza no se originan debido a sus actividades, el Fiscal General, el Defensor del Pueblo, los fiscales distritales y municipales, y los alcaldes y funcionarios públicos que por sus funciones deben defender y proteger los derechos antes citados (art. 12). Sobre las acciones de grupo establecidas para la protección de una pluralidad de personas en caso de sufrir lesiones en sus derechos de modo colectivo, la Ley 472 de 1998 establece estas acciones con fines básicamente de indemnización y sólo pueden ser interpuestas por veinte individuos, actuando todos en su propio nombre. Por tanto, no son acciones dirigidas a proteger a toda la población o colectividad, sino sólo a una pluralidad de personas que tienen los mismos derechos y buscan su protección.

184 Regulada por la regla Nº 23 de las Reglas Federales de Procedimiento Civil e incoadas para la protección de los derechos civiles, ésta regla dispone que, en casos de una clase en las que sus integrantes tengan intereses de hecho o de derecho comunes a dicha clase pero que por ser tantos harían impracticable la tarea de reunirlos a todos, la acción pueda intentarla uno o más de dichos integrantes -como partes accionantes representativas de la clase- si las acciones de éstas son acciones características de la clase y si tales representantes protegerían de modo justo y adecuado los intereses de ella (Regla Nº 23, Acciones Colectivas, a).

sorías del Pueblo o Defensorías de los Derechos Humanos con el propósito particular de proteger y procurar la protección de los derechos constitucionales, en particular de los derechos constitucionales difusos.

En algunos casos, estas instituciones siguen las líneas generales del modelo de Ombudsman escandinavo, inicialmente concebido como una institución parlamentaria independiente para la protección de los derechos de los ciudadanos, en particular en relación con la Administración Pública, como ocurre en Argentina[185] (Defensor del Pueblo), Paraguay (Defensor del Pueblo)[186] y Guatemala (Procurador de Derechos Humanos).[187]

En otros países latinoamericanos la institución se ha concebido con mayor autonomía, en particular con respecto al parlamento y otras ramas del gobierno, habiéndose establecido para la protección de los derechos humanos sin tener relación específica con la Administración Pública. Éste es el caso de Colombia (Defensor del Pueblo),[188] Ecuador (Defensor del Pueblo)[189] y El Salvador (Procurador para la De-

---

185 Dentro del primer grupo y cerca del modelo europeo, la constitución argentina, en el capítulo referido al Poder Legislativo (art. 86), establece al Defensor del Pueblo para la protección de los derechos humanos con respecto a la Administración Pública. Se concibe como una entidad independiente en el ámbito del Congreso, que actúa con autonomía funcional y sin recibir instrucciones de ninguna autoridad. Su misión es la defensa y protección de los derechos humanos, garantizados en la constitución y las leyes, contra hechos, actos u omisiones de la Administración Pública y controlar el ejercicio de las funciones administrativas. El Defensor del Pueblo es nombrado por el Congreso con dos tercios de los votos de los miembros presentes en la votación y sólo puede ser removido de la misma manera.

186 En la Constitución de Paraguay, el Defensor del Pueblo es un comisionado parlamentario para la protección de los derechos humanos, la canalización de las demandas populares y la protección de los intereses comunitarios, sin ninguna función judicial o ejecutiva (art. 276). Es elegido por la Cámara de Diputados a partir de una propuesta del Senado con el voto de dos tercios de sus miembros.

187 En Guatemala, la constitución establece un Procurador de Derechos Humanos como comisionado parlamentario elegido por el Congreso a partir de una propuesta de una Comisión de Derechos Humanos integrada por representantes de los partidos políticos presentes en el Congreso. Su misión es defender los derechos humanos y supervisar la Administración Pública (art. 274). La ley de amparo en Guatemala da suficiente cualidad al Fiscal y al Procurador de Derechos Humanos para intentar acciones de amparo "a efecto de proteger los intereses que les han sido encomendados" (art. 25).

188 En Colombia, el Defensor del Pueblo, elegido por la Cámara de Diputados del Congreso a propuesta formulada por el presidente de la república, fue creado como parte del Ministerio Público (art. 281) con la misión específica de vigilar la promoción, ejercicio y divulgación de los derechos humanos. De entre sus facultades está el invocar el derecho al habeas corpus e incoar acciones de tutela, sin perjuicio de los derechos de la parte interesada. La Ley de Tutela también autoriza al Defensor del Pueblo a intentar estas acciones en nombre de cualquier persona cuando se le fuere solicitado, en caso que la persona se encuentre en situación de desprotección (arts. 10 y 46) o cuando se trate de colombianos residentes en el exterior del país (art. 51). En tales casos, el Defensor del Pueblo será considerado parte en el proceso junto con la parte agraviada (art. 47).

189 El Defensor del Pueblo en Ecuador es una institución completamente independiente y autónoma con respecto a las clásicas ramas del gobierno y es también elegido por el Congreso con el voto de dos terceras partes de sus miembros (art. 96). Entre sus funciones está defender y promover el respeto por los derechos constitucionales fundamentales, vigilar la calidad de los servicios públicos y promover y apoyar las acciones de habeas corpus y de amparo a solicitud de parte. La ley que regula la materia en Ecuador, la Ley Orgánica de Garantías Jurisdiccionales y Control Constitucional, también autoriza al Defensor del Pueblo a intentar acciones de habeas corpus y de amparo (arts. 9.1).

fensa de los Derechos Humanos)[190] aunque en estos dos últimos países se ha organizado dentro del Ministerio Público. Éste es también el caso de México (Comisión de Derechos Humanos),[191] Bolivia (Defensor del Pueblo),[192] Perú (Oficina del Defensor del Pueblo),[193] y Nicaragua (Procurador para la Defensa de los Derechos Humanos).[194] También en Venezuela, la Constitución de 1999 creó la institución conocida como el Defensor del Pueblo, siguiendo la tendencia de crear un órgano independiente y autónomo del estado para la protección de los derechos humanos pero, en este caso, con la situación extrema de establecerlo formalmente como una rama separada del gobierno.[195]

La tendencia general con respecto a todas estas instituciones constitucionales autónomas para la protección de los derechos humanos es la facultad que se les atribuye de intentar acciones de amparo, particularmente en relación con la protección de derechos constitucionales difusos, teniendo entonces la necesaria legitimación para intentar una acción, por ejemplo, en casos de protección de los derechos de los

---

190 En El Salvador, el Procurador para la Defensa de los Derechos Humanos es parte del Ministerio Público, junto con el Fiscal General y el Procurador General de la República (art. 191), todos elegidos por la Asamblea Legislativa con el voto de dos tercios de sus miembros. Dentro de sus funciones está vigilar por el respeto y garantía de los derechos humanos y la promoción de acciones judiciales para su protección (art. 194).

191 En México, la constitución también ha establecido que el Congreso y las legislaturas estatales deben crear entidades para la protección de los derechos humanos y recibir quejas respecto de actos u omisiones administrativas de cualquier autoridad, salvo las del poder judicial que violen tales derechos. A nivel nacional, la entidad se llama Comisión Nacional de los Derechos Humanos.

192 En Bolivia, la constitución también crea al Defensor del Pueblo con el propósito de vigilar por la aplicación y respeto de los derechos y garantías de la persona con respecto a actividades administrativas de todo el sector público para la defensa, promoción y divulgación de los derechos humanos (art. 127). El Defensor del Pueblo no recibe instrucciones de los poderes públicos y es elegido por el Congreso (art. 128). Entre sus funciones está intentar acciones de amparo y habeas corpus sin necesidad de un poder (art. 129).

193 En Perú, la constitución también crea el despacho del Defensor del Pueblo como órgano autónomo, cuya cabeza es elegida por el Congreso también con el voto de dos tercios de sus miembros (art. 162) con el propósito de defender los derechos humanos y fundamentales de las personas y de la comunidad y supervisar el cumplimiento de los deberes de la administración estatal y la prestación de los servicios públicos a la ciudadanía. El Código Procesal Constitucional autoriza al Defensor del Pueblo, en el ejercicio de sus competencias, a intentar acciones de amparo (art. 40).

194 En Nicaragua, la constitución sólo establece que la Asamblea Nacional nombrará al Procurador para la Defensa de los Derechos Humanos (art. 138.30).

195 La Constitución de Venezuela de 1.999 a este respecto establece una penta-separación de poderes, distinguiendo cinco ramas de gobierno, separando las ramas legislativa, ejecutiva, judicial, electoral y ciudadana; creando al Defensor del Pueblo dentro del Poder Ciudadano, en adición al despacho del Fiscal General y del Contralor General (art. 134). El Defensor del Pueblo fue creado para la promoción, defensa y supervisión de los derechos y garantías establecidas en la Constitución y en los tratados internacionales de derechos humanos, así como también para los intereses legítimos colectivos y difusos de los ciudadanos (art. 281). En particular y según el artículo 281 de la Constitución, también tiene entre sus atribuciones vigilar el funcionamiento del poder de los servicios públicos y promover y proteger los derechos e intereses legítimos, colectivos y difusos del pueblo contra las arbitrariedades o desviaciones de poder en la prestación de tales servicios, estando autorizado a intentar las acciones necesarias para pedir la compensación de los agravios causados por el mal funcionamiento de los servicios públicos. También tiene entre sus funciones la posibilidad de intentar acciones de amparo y de hábeas corpus.

pueblos indígenas, del derecho al ambiente y el derecho de los ciudadanos a la participación política.

4. *La cuestión de la legitimación activa de otros funcionarios públicos en el recurso de amparo*

El efecto principal de la creación de todas estas instituciones constitucionales autónomas para la protección de los derechos humanos, con legitimación activa para intentar acciones de amparo, es la falta de legitimación activa que las otras instituciones del Estado tienen para iniciar el procedimiento de amparo.

Sin embargo, en países donde no se han creado esas instituciones específicas del para la protección de los derechos humanos, o donde éstas tienen un alcance limitado, otras entidades como los fiscales (del Ministerio Público) o el Procurador General se le ha otorgado la necesaria capacidad para han intentar acciones en representación del pueblo en protección de los derechos humanos.

Este ha sido el caso de los Estados Unidos, donde algunos funcionarios públicos, y en particular el Procurador General, se los ha considerado con suficiente legitimación activa para intentar *injunctions* en protección de los derechos humanos,[196] lo cual se generalizó después de la sentencia de la Suprema Corte en el caso de *Brown vs. Board of Education of Topeka* 347 U.S. 483 (1954); 349 U.S. 294 (1955), al declarar inconstitucional el sistema escolar dual ("separados pero iguales"). Después de esta sentencia y mediante La Ley de Derechos Civiles de 1.957, el Congreso comenzó a autorizar al Procurador General para que interpusiera *injunctions* en protección de los derechos humanos, particularmente con el fin de implementar la 15ª Enmienda al referirse, por ejemplo, al derecho de votar sin discriminaciones.[197] La consecuencia de estas reformas ha sido que el Procurador General, al representar los Estados Unidos, ha dejado de participar en procesos de derechos civiles como *amicus curia* solamente y habiendo jugado un papel prominente incoando *injunctions* en

---

196 El Procurador General, por supuesto, ha tenido la legitimación requerida para la protección del interés general del estado, por ejemplo, en el control del servicio de correos, como lo admitió la Corte Suprema en sentencia *In Re Debs*, 158 U.S. 565, 15 S.Ct. 900,39 L.Ed. 1092 (1895), siendo en tal caso la parte contra los miembros de un sindicato de trabajadores de ferrocarriles que amenazaban el funcionamiento de los trenes. Unos años antes, el Congreso, mediante la ley Sherman, contra los monopolios, atribuyó facultad al Procurador General para activar procesos de enjunciones a fin de impedir restricciones al comercio.

197 Véase ha señalado Owen R. Fiss: "La iniciativa legislativa inmediatamente siguiente -la Ley de Derechos Civiles de 1.960- fue dispuesta en gran parte para perfeccionar las armas de *injunctions* del Procurador General en favor del derecho al sufragio. En cada una de las siguientes leyes sobre derechos civiles -las de 1964 y 1968- se repitió el mismo patrón: se autorizó al Procurador General para incoar medidas de *injunction* a fin de exigir el cumplimiento de una amplia gama de derechos – servicios públicos (p. ej. restaurantes), instalaciones estatales (p. ej. parques), escuelas públicas, empleos y vivienda –." Véase Owen M. Fiss, *The Civil Rights Injunction*, Indiana University Press, Bloomington & London, 1978, p. 21.

protección de derechos civiles[198] procurando la protección por ejemplo, en materia de seguridad y salud públicas.[199]

En los países latinoamericanos, excepto por el ya mencionado caso de la legitimación activa conferida al Defensor del Pueblo, o en algunos casos a los fiscales del ministerio público,[200] ningún otro funcionario o organismo público tiene la facultad de invocar la representación de derechos colectivos o difusos con la finalidad de intentar una acción de amparo.

En este sentido, por ejemplo, en Venezuela la Sala Constitucional del Tribunal Supremo decidió el rechazo de una acción de amparo presentada por el gobernador de uno de los Estados federados, resolviendo que los Estados y Municipios no pueden intentar acciones para la protección de derechos e intereses difusos y colectivos excepto si una ley los autoriza expresamente.[201] Esta doctrina fue ratificada en otra sentencia pronunciada en 2.001, en la cual la Sala Constitucional también negó a los Gobernadores o Alcaldes legitimación activa para intentar acciones colectivas, argumentando que "el Estado venezolano, como tal, carece de ella [legitimación activa], ya que tiene mecanismos y otras vías para lograr el cese de las lesiones a esos derechos e intereses, sobre todo por la vía administrativa."[202]

En consecuencia, a las autoridades de los Estados y Municipios (Gobernadores y Alcaldes) se les ha negado legitimación activa para intentar acciones de amparo que persigan la protección de derechos constitucionales colectivos cuando los infrinjan autoridades nacionales.

---

198 Véase Owen M. Fiss and Doug Rendleman, *Injunctions*, Second Edition, University Casebook Series, The Foundation Press, Mineola, New York, 1984, p. 35.

199 Por eso, por ejemplo, los procedimientos de *injunctions* en casos del ejercicio ilegal de la medicina y de otras profesiones conexas han sido interpuestas por el Procurador General, una Comisión Estadal de Salud y un abogado del condado. v. por ejemplo *State ex rel. State Bd. Of Healing Arts v. Beyrle*, 269 Kan. 616, 7 P3d 1194 (2000), *Idem*, p. 276 ss.

200 En Argentina, se ha aceptado la legitimación activa del Procurador General para intentar acciones de amparo. *v.* Néstor Pedro Sagüés, "El derecho de amparo en Argentina," en Héctor Fix-Zamudio y Eduardo Ferrer Mac-Gregor, *El derecho de amparo en el Mundo*, Editorial Porrúa, México, 2006, p. 59. En México, la Ley de Amparo autoriza al Ministerio Público Federal a intentar acciones de amparo en casos criminales y de familia, aunque no en casos civiles o comerciales (art. 5, 1,IV).

201 Sentencia del 21 de noviembre de 2000. Caso William *Dávila. Gobernación Estado Mérida*. Véase comentarios en Rafael Chavero, *El nuevo régimen del amparo constitucional en Venezuela*, Caracas, 2001, p. 115.

202 Véase sentencia de la Sala Constitucional n° 656 del 30 de junio de 2000, caso Defensor del Pueblo vs. Comisión Legislativa Nacional, como se cita en sentencia n° 379 del 3 de febrero de 2.003, *Mireya Ripanti et al. vs. Presidente de Petróleos de Venezuela S.A. (PDVSA)*, en *Revista de Derecho Público*, n° 93–96, Editorial Jurídica Venezolana, Caracas, 2003, pp. 152 ss.

V. LA PROTECCIÓN CONSTITUCIONAL FRENTE A TODOS LOS AGRAVIANTES

La garantía de los derechos constitucionales implica que el derecho de amparo o de protección de los mismos que tiene toda persona, debe poder ejercerse sea quien fuere la persona que produce la violación o el daño, siempre que el responsable, persona o entidad pública o privada sea individualizable como agraviante, de manera que incluso el resultado final pueda ser una orden judicial "dirigida a un individuo claramente identificado y no solo a la ciudadanía en general."[203] De allí que adjetivamente, el proceso de amparo esté signado siempre por la característica de la bilateralidad, basada en la relación procesal que debe ser establecida entre la parte agraviada y la agraviante, quien debe participar también del proceso.[204]

1. *La cuestión de la individualización del demandado*

La necesidad de individualizar al demandado deriva también del carácter subjetivo o personal del amparo, en el sentido que en el libelo (como se dispone generalmente en todas las leyes de amparo latinoamericanas),[205] el demandante debe claramente identificar la autoridad, funcionario público, persona o entidad contra quien se interpone el recurso.

De acuerdo con lo estipulado en algunas leyes, este requisito solo aplica, desde luego, cuando dicha individualización es posible.[206] Por eso y como dispone el Código de Procedimiento Civil paraguayo, cuando la identificación del demandado no sea posible, el juez, para garantizar la relación procesal bilateral, deberá suplir los medios necesarios para procurar determinarla (art. 569.b). A este respecto, en particular cuando el agraviante no puede ser determinado o localizado y como lo dispone la ley de amparo uruguaya, el tribunal debe designar un defensor público que lo represente en el caso.[207]

No obstante, en el proceso de amparo, más importante que el autor del agravio, es la lesión infligida a los derechos constitucionales. De manera que cuando sea imposible para el demandante o el juez identificar claramente al demandado, si el hecho o la acción que causa el daño puede ser claramente determinada, aun sin la identificación del autor exacto que la ha producido, sea una autoridad, funcionario público o un individuo, la queja constitucional puede presentarse y, eventualmente, la protección puede concederse.

---

203 Véase Owen M. Fiss, *The Civil Rights Injunction*, Indiana University Press, 1978, p. 12.

204 Véase Corte Suprema de Justicia de Venezuela, Sala Político-Administrativa, decisión del 16 de diciembre de 1.992, caso *Haydée Casanova*, en la *Revista de Derecho Público*, Nº 52, Editorial Jurídica Venezolana, Caracas, 1992, p. 139.

205 Argentina, art. 6,b; Bolivia, 97,II; Colombia, art. 14; Costa Rica, art. 38; El Salvador, art. 14,2; Guatemala art. 21,d; Honduras, art. 21; 49,4; México 116,III; 166,III; Nicaragua, art. 27,2; Panamá, art. 2619,2; Paraguay, art. 568,b; Perú, art. 42,3; Venezuela art. 18,3

206 Argentina (art. 6,b); Colombia (art. 14); Nicaragua (arts. 25; 55) y Venezuela (art. 18,3).

207 En Uruguay, la Ley de amparo al respecto expresamente prevé la posibilidad de intentar la acción en casos urgentes, aun sin conocer con precisión la persona responsable del daño, en cuyo caso, el tribunal debe publicar avisos oficiales para identificarla y, caso que no se presente, el tribunal deberá designar de oficio un defensor (art. 7).

Esta regla general ha sido desarrollada en la doctrina argentina que precisa que "la acción de amparo tiende a enfocarse más en el acto lesivo, y sólo accesoriamente en su autor,"[208] de manera que una vez que la lesión ha sido causada y el acto lesivo ha sido determinado, el hecho de que su autor no ha sido identificado no puede impedir la decisión reparadora del daño, "dado el hecho de que la acción de amparo tiende más a restablecer el derecho constitucional lesionado que individualizar el autor de la violación."[209]

Sin embargo, este principio no quiere decir que el demandante puede simplemente liberarse de su obligación de procurar la identificación del autor del daño infligido a sus derechos, así que, como también se ha resuelto en Argentina, en los casos en los cuales no se individualice al agraviante, la demanda puede ser rechazada cuando se determine que lo que el demandante pretendía era forzar al tribunal a hacer el trabajo que le correspondía a él.[210]

Aun así, dejando a un lado estas restricciones, el principio general respecto de la demanda de amparo es que el demandante debe hacer la individualización requerida del agraviante mediante su identificación, sea persona humana o corporación, sea un funcionario o entidad pública, siendo tal persona o entidad la parte causante del daño o de la amenaza de violación de los derechos del demandante.

En el caso de recursos de amparo intentados contra personas jurídicas, entidades públicas o corporaciones, el libelo debe también identificarlas con precisión y, asimismo, con mención, cuando sea posible, de sus representantes. En estos casos de daños causados por entidades o corporaciones, la demanda puede ser intentada directamente contra la persona natural que actúa en representación de la entidad o corporación, por ejemplo, el funcionario público; o directamente contra la entidad misma. En este último caso y de acuerdo con la expresión utilizada en las *injunctions* de los derechos civiles en los Estados Unidos, la demanda puede intentarse contra "el cargo en lugar de la persona".[211]

Esto significa, lo que es regla en México, que en estos casos el amparo se interpone contra la "autoridad responsable"; expresión ésta que está concebida en términos institucionales antes que en términos personales en el sentido que la institución

---

208 Véase Alí Joaquín Salgado, *Juicio de amparo y acción de inconstitucionalidad*, Astrea, Buenos Aires, 1987, p. 92

209 Véase José Luis Lazzarini, *El juicio de amparo*, La Ley, Buenos Aires, 1987, p. 274. Es por esto que, en el caso principal argentino de Ángel Siri (en el cual la Corte Suprema en Argentina admitió la acción de amparo sin ninguna normativa legal al respecto), la corte protegió al propietario de un rotativo que fue clausurado por el gobierno, aun cuando en el expediente no había evidencia clara de cuál autoridad lo había clausurado ni los motivos de la decisión. *Idem*, p. 276.

210 Fue el caso, por ejemplo, decidido por la Corte Suprema de Justicia rechazando una acción de amparo que fue interpuesta por un ex-Presidente de la República (caso *Juan D. Perón*) contra disposiciones del gobierno pidiendo que se regresara el cuerpo de su difunta esposa. En ese caso, la corte suprema dispuso acerca de la necesidad de una "mínima individualización del autor del acto que origina la demanda" rechazando la acción de amparo por falta de individualización mínima del demandado. La corte dedujo que lo que el demandante buscaba era conseguir de los tribunales una orden para practicar las indagaciones necesarias con respecto al paradero del cuerpo.v. Fallos: 248–537, referido en José Luis Lazzarini, *El juicio de amparo*, La Ley, Buenos Aires, 1987, p. 275.

211 Véase Owen M. Fiss, *The Civil Rights Injunction*, Indiana University Press, 1978, p. 15.

involucrada siempre permanece como autor responsable, independientemente de los cambios de personas que la representen. Por consiguiente, en caso de recursos de amparo intentados contra entidades y corporaciones, la persona natural que las representa puede cambiar (como sucede comúnmente con las entidades públicas), circunstancia que no afecta la relación bilateral entre las partes agraviantes y agraviadas.

Como se dijo antes, la demanda puede ser intentada también contra la persona misma del representante de la entidad o corporación; por ejemplo, contra el funcionario público o el director o gerente de la entidad, particularmente cuando el daño o la amenaza ha sido provocada personalmente por él, con independencia de la persona o entidad jurídica por quien actúa.[212] En estos casos, cuando por ejemplo el funcionario público responsable del daño puede ser identificado con precisión como la parte agraviante, es solo éste, personalmente quien debe actuar como demandado en el procedimiento, en cuyo caso no será necesario enviar notificación al superior jerárquico o al Procurador General de la república.[213] En tales casos, es la persona natural o funcionario público individualizado quien debe actuar como la parte agraviante.[214]

Por el contrario, si la demanda es intentada, por ejemplo, contra una entidad ministerial como un órgano de la administración pública, en este caso el Procurador General, como representante del Estado, es el órgano que debe actuar en el proceso como su representante judicial. En otros casos, cuando la demanda de amparo es ejercida contra un órgano de la administración pública perfectamente identificado e individualizado y no contra el Estado, el Procurador General, como su representante judicial, no tiene necesariamente una función procesal que desempeñar y no puede actuar en su representación.[215]

---

212 En tales casos, cuando la acción es interpuesta contra funcionarios públicos, como dispone el artículo 27 de la ley de amparo venezolana, el tribunal que decide en el mérito debe notificar su decisión a la autoridad competente "a fin de que resuelva sobre la procedencia o no de medida disciplinaria contra el funcionario público culpable de la violación o de la amenaza contra el derecho o la garantía constitucionales."

213 Véase sentencia de la Corte Primera de lo Contencioso Administrativo del 12-5-1988 en *Revista de Derecho Público*, N° 34, Editorial Jurídica Venezolana, Caracas, 1988, p. 113; sentencia de la Corte Suprema de Justicia en Sala Político Administrativa de 16-3-1989, en *Revista de Derecho Público*, N° 38, Editorial Jurídica Venezolana, Caracas, 1989, p. 110; sentencia de la Corte Primera de lo Contencioso Administrativo de 7-9-1989, en la *Revista de Derecho Público*, N° 40, Editorial Jurídica Venezolana, Caracas, 1989, p. 107.

214 Véase sentencia de antigua Corte Suprema de Justicia en Sala Político Administrativa, de 8-3-1990, en la *Revista de Derecho Público*, N° 42, Editorial Jurídica Venezolana, Caracas, 1990, p. 114; sentencia de la Corte Primera de lo Contencioso Administrativo de 21-11-1990, en *Revista de Derecho Público*, N° 44, Editorial Jurídica Venezolana, Caracas, 1990, p. 148.

215 Véase sentencia de la Corte Primera de lo Contencioso Administrativo de 10-10-1990 en la *Revista de Derecho Público*, N° 44, Editorial Jurídica Venezolana, Caracas, 1990, p. 142; sentencia de la antigua Corte Suprema de Justicia en Sala Político Administrativa de 1-8-1991, en *Revista de Derecho Público*, N° 47, Editorial Jurídica Venezolana, Caracas, 1990, p. 120; sentencia de la. Corte Primera de lo Contencioso Administrativo de 30-7-1992, en *Revista de Derecho Público*, N° 51, Editorial Jurídica Venezolana, Caracas, 1992, p. 164; y sentencia de la antigua Corte Suprema de Justicia en Sala Político Administrativa de 15-12-1992, en *Revista de Derecho Público*, N° 52, Editorial Jurídica Venezolana, Caracas, 1992, p. 13.

2. *El demandado en la demanda de amparo: las autoridades y los particulares*

El aspecto más importante en el proceso de amparo en América Latina respecto de la parte agraviante, es que, con algunas excepciones, la demanda de amparo puede interponerse no solo contra las autoridades públicas sino también contra los particulares. En otras palabras, este específico medio judicial de protección está concebido para la protección de derechos y garantías constitucionales contra los daños y amenazas de violación independientemente de su autor, que puede ser una entidad pública, cualquier autoridades, individuos particulares o compañas o corporaciones privadas.

Es cierto que el procedimiento de amparo fue originalmente establecido para proteger a los particulares contra el Estado; pero esa tendencia inicial no ha impedido la posibilidad de que en la mayoría de los países el procedimiento de amparo se admita para la protección de los derechos constitucionales contra acciones de otros individuos.

Por ello, la situación actual es que en la mayoría de los países latinoamericanos está aceptada la admisión de la demanda de amparo ejercida contra particulares, como es el caso en Argentina, Bolivia, Ecuador, Chile, la República Dominicana, Paraguay, Perú, Venezuela y Uruguay, así como, aunque de manera más restringida, en Colombia, Costa Rica, Guatemala, Honduras y México. En cambio, solo en una minoría de países latinoamericanos la demanda de amparo permanece exclusivamente como un medio tutelar contra las autoridades, como ocurre en Brasil, El Salvador, Panamá, y Nicaragua. Este es el caso también en los Estados Unidos donde las *injunctions* de los derechos civiles en materia de derechos o garantías constitucionales[216] pueden ser solamente admitidos contra entidades públicas.[217]

A. *El amparo contra las autoridades públicas: entidades públicas y funcionarios públicos*

Como antes se dijo, en Latinoamérica, solamente en Brasil, El Salvador, Panamá, y Nicaragua la demanda de amparo permanece como un medio protector para ser

---

216 En otras materias las *injunctions* pueden intentarse contra cualquier persona como "altos funcionarios públicos o personas particulares". Véase M. Glenn Abernathy and Barbara A. Perry, *Civil Liberties under the Constitution*, Sixth Edition, University of South Carolina Press, 1993, p. 8.

217 Como lo han explicado M. Glenn Abernathy y Barbara A. Perry: "Recursos limitados contra las interferencias de los particulares a la libertad de decisión. Otro problema en el esfuerzo del ciudadano para estar libre de restricciones está en que muchos tipos de interferencias provenientes de personas particulares no constituyen ilícitos sancionados por la ley. Los prejuicios personales y la discriminación privada no ofrecen -en ausencia de previsiones legales especificas- las bases para una intervención judicial en favor del agraviado. Por ejemplo, si a alguien es negada la admisión a ser miembro de un club social solamente en razón de su raza, religión o afiliación política, éste puede comprensiblemente dolerse por el rechazo pero los tribunales no podrán auxiliarlo (nuevamente, asumiendo que no existe ninguna disposición legal que prohíba tales discriminaciones). Hay, entonces, muchos tipos de restricciones a la libertad de decisión individual que están más allá de la autoridad de los tribunales poderlas resolver o aliviar. Hay que tener en cuenta que la garantía de los derechos en la Constitución de los Estados Unidos solo protege contra la actuación gubernamental y no aplica a los abusos puramente privados, salvo por lo que respecta a la prohibición de la esclavitud de la XIII Enmienda. Los recursos para los abusos personales deben buscarse entonces en leyes especiales, el derecho común o las regulaciones administrativas u oficiales y en las sentencias." *Idem*, p. 6.

intentado sólo contra el Estado, es decir, contra entidades y funcionarios públicos. En cambio, en los otros países, además de las entidades y funcionarios públicos, la demanda de amparo puede interponerse contra particulares también.

La primera situación había sido la de México desde el origen de la acción de amparo cuando la Constitución la concibió para proteger a los particulares contra los agravios de sus garantías constitucionales cometidas por las "autoridades" (art. 103). A partir de 2013, sin embargo, se admite la acción de amparo contra particulares siempre que actúen como "autoridad responsable." (art. I,III, único). Por eso, en la acción de amparo mexicana, debe siempre existir una autoridad responsable[218] (o su equivalente); requisito éste que ha sido desarrollado por la jurisprudencia con respecto a los siguientes aspectos:

Primero, no todas las entidades públicas pueden ser consideradas "autoridades", sino solo aquellas que estén facultadas para tomar decisiones e imponerlas y ejecutarlas a los particulares mediante el uso del poder público coactivo.[219] De acuerdo con esta doctrina, los tribunales han rechazado la acción de amparo contra entidades públicas que han sido consideradas carentes de facultades de decisión, como son aquellas de naturaleza consultiva.[220] De allí que, por ejemplo, muchas entidades descentralizadas como *Petróleos Mexicanos*, la Comisión Nacional de Electricidad, el Defensor de los Derechos Humanos de la UNAM y las universidades autónomas fueron inicialmente excluidas de la categoría de "autoridades".[221] No obstante, la acción de amparo ha sido progresivamente admitida contra algunas de esas entidades, basada en la posible facultad de decisión en algunos casos particulares.[222]

Segundo, la jurisprudencia ha desarrollado la doctrina del funcionario público *de facto*, en el sentido que aun si el agraviante no es el legítimo titular del cargo público, el amparo debe ser admitido cuando el daño ha sido causado por alguien que

218 De acuerdo con ello, el artículo 5.II de Ley de amparo la que "con independencia de su naturaleza formal, [...] dicta, ordena, ejecuta o trata de ejecutar el acto que crea, modifica o extingue situaciones jurídicas en forma unilateral y obligatoria; u omita el acto que de realizarse crearía, modificaría o extinguiría dichas situaciones jurídicas." En su versión inicial, esta norma se interpreto en el sentido que las autoridades no son solo aquellas superiores que ordenan los actos, sino también aquellas subordinadas que las ejecutan o procuran ejecutarlas; siendo el amparo admitido contra cualquiera de éstas. Véase "Autoridades para efectos del juicio de amparo" (*Apéndice al Semanario Judicial de la Federación*, 1917–1988, Segunda parte, Tesis 300, p. 519). Véase la referencia en Eduardo Ferrer Mac-Gregor, *La acción constitucional de amparo en México y España. Estudio de derecho comparado*, Editorial Porrúa, México 2002, p. 254.

219 Como se definió en el caso Campos Otero Julia (1935), este término se entiende como "un órgano del Estado, investido legalmente de la facultad de decisión y del poder de mando necesario para imponer a los particulares sus propias determinaciones, o las que emanen de algún otro órgano del mismo Estado.". Véase la referencia en Eduardo Ferrer Mac-Gregor, *La acción constitucional de amparo en México y España. Estudio de derecho comparado*, Editorial Porrúa, México 2002, p. 253; y en Suprema Corte, *Jurisprudencia de la Suprema Corte*, Tesis 179, II, 360. Véase la referencia en Richard D. Baker, *Judicial Review in México. A Study of the Amparo Suit*, Texas University Press, Austin 1971, p. 94.

220 *Idem*, p. 95.

221 Véanse las referencias a las decisiones judiciales en Eduardo Ferrer Mac-Gregor, *La acción constitucional de amparo en México y España. Estudio de derecho comparado*, Editorial Porrúa, México 2002, pp. 255–256.

222 *Idem*, p. 257.

pretende ejercer facultades públicas con el asentimiento de los ciudadanos, que por ello se confían legítimamente a éste.

Tercero y respecto del concepto de autoridad en la demanda de amparo, el demandante debe identificar a todos aquellos efectivamente involucrados en la acción agraviante (quienes deben ser notificados por el tribunal); y no solo aquellos que ordenaron la actividad impugnada, sino también aquellos que la han decidido y los que la han ejecutado o aplicado.[223]

En contraste con la situación en México, en casi todos los países latinoamericanos, el término "autoridad" ha sido interpretado en sentido más amplio y como referido a cualquier entidad o funcionario público, independientemente de sus poderes o funciones.

En Argentina, por ejemplo, como lo establece la Ley de amparo, la acción puede intentarse contra "todo acto u omisión de autoridad pública" (art. 1), teniendo el término "autoridad pública"[224] un sentido amplio, incluyendo toda suerte de entidades o funcionarios públicos de todas las ramas de gobierno. Por consiguiente, a pesar de algunas aisladas interpretaciones restrictivas,[225] la tendencia general en Argentina es entender "autoridad" en sentido amplio, incluyendo cualquier agente, empleado, funcionario público, magistrado de gobierno o cualquier funcionario actuando en tal condición, incluyendo individuos particulares cumpliendo funciones públicas, como los concesionarios de servicios públicos.[226]

En un sentido similar, en Bolivia, Colombia, El Salvador, Perú, Nicaragua, Uruguay y Venezuela, por ejemplo, también en sentido amplio, el término "autoridades

---

223 Como decidió la Corte Suprema: si la acción de amparo identifica la autoridad responsable como aquella que ha tomado la decisión o la ha ordenado, pidiendo la suspensión de sus efectos sin identificar la autoridad que la ha ejecutado, la suspensión no puede concederse ya que la ejecución se considera como consentida por el accionante. Por el contrario, si la demanda solo menciona como autoridades responsables a aquellas quienes han ejecutado las actuaciones sin identificar quienes las ordenaron, entonces, si bien es cierto que la suspensión puede otorgarse, el caso debe descontinuarse porque, sin identificar al autor de las actuaciones, la situación debe considerarse como consentida por el accionante. *V.* Jurisprudencia de la Corte Suprema en "Actos Consumados. Suspensión improcedente" y "Actos derivados de actos consentidos," en el *Apéndice al Semanario Judicial de la Federación*, 1917-1995, Primera Sala, Tesis 1090, p. 756; y Tribunal Pleno, Tesis 17, p. 12. Véanse las referencias en Eduardo Ferrer Mac-Gregor, *La acción constitucional de amparo en México y España. Estudio de derecho comparado,* Editorial Porrúa, México 2002, p, 255, notes 450–451.

224 Hay que decir que la expresión "autoridad pública" del artículo 1 de la ley de amparo fue incluida debido a la intención del legislador de 1964 de no regular el amparo contra particulares; lo que, sin embargo, ya estaba admitido por la Corte Suprema y luego expresamente regulado por el Código de Procedimiento Civil.

225 En algunas ocasiones esta expresión ha sido interpretada también de modo restrictivo como en México, refiriéndose solo a funcionarios públicos con *imperium*, esto es, aquellos con poder para ordenar y declarar actos obligatorios y exigir el uso de la fuerza pública para ejecutarlos. Véase Néstor Pedro Sagüés, *Derecho procesal Constitucional,* Vol. 3, *Acción de amparo*, Editorial Astrea, Buenos Aires, 1988, pp. 91–93; Joaquín Brague Camazano, *La Jurisdicción constitucional de la libertad (Teoría general, Argentina, México, Corte Interamericana de Derechos Humanos),* Editorial Porrúa, México, 2005, p. 97. José Luis Lazzarini, *El juicio de amparo,* Editorial La Ley, Buenos Aires, 1987, pp. 208–209.

226 En algunos casos se ha considerado incluso que las actuaciones de una Asamblea Constituyente Provincial pueden ser impugnadas por vía de la acción de amparo. Véase Alí Joaquín Salgado, *Juicio de amparo y acción de inconstitucionalidad,* Editorial Astrea, Buenos Aires, 1987, pp. 24–25.

públicas" o servidores públicos se ha concebido con el propósito de conceder la protección del amparo frente a cualquier funcionario o entidad pública,[227] "sea de la categoría que sea y sean cuales sean las funciones que ejerza," como se dispone en la ley brasileña del *mandado de segurança* (art. 1). En Ecuador sin embargo se precisa que debe tratarse de autoridades públicas "no judiciales" (art. 41.1) Por ello, algunas leyes de amparo, para disipar cualquier duda, son enumerativas e incluyen cualquier acto de cualquiera de las ramas del poder público e incluyen entidades desconcentradas, descentralizadas o autónomas, corporaciones municipales o aquellas financiadas con fondos públicos o aquellas operando por delegación del estado por vía de una concesión, contrato o resolución.[228]

B. *El amparo contra individuos o personas particulares*

Si bien es cierto que la demanda de amparo, como medio judicial específico para la protección de los derechos y garantías constitucionales, como antes se dijo, fue concebida originalmente para la protección de los particulares contra el Estado y sus funcionarios públicos, en la actualidad también ha ido progresivamente admitida contra personas, corporaciones e instituciones privadas cuyas actividades pueden también causar daños o amenazas de daños respecto de los derechos constitucionales de los demás.

Ello es así, a pesar de que en algunos países, la posibilidad del amparo contra particulares se mantenga inadmisible, como es el caso Brasil, en relación con el *mandado de segurança,* respecto del cual la Constitución dispone su admisibilidad solo para proteger los derechos y libertades "cuando el responsable de la ilegalidad o abuso de poder fuese la administración pública o el representante de una persona jurídica en el ejercicio de atribuciones del poder público," excluyendo así la demanda de la protección contra las acciones de los individuos particulares.[229] Disposiciones similares están previstas en la leyes de amparo de Panamá (Constitución, art. 50; Código Judicial, art. 2.608), El Salvador (art. 12) y Nicaragua (art. 23).

En la nueva orientación, el amparo contra particulares fue admitido por vez primera en Argentina, mediante la decisión de la Corte Suprema de Justicia de la Nación de 1.958, dictada en el caso *Samuel Kot*, en el cual decidió que "nada hay, ni en la letra ni en el espíritu de la Constitución, que permita afirmar que la protección de los llamados *derechos humanos* [...] esté circunscripta a los ataques que provengan sólo de la autoridad," siendo importante no solo el origen del daño a los derechos constitucionales sino también los derechos mismos, admitiendo por esta vía la demanda de amparo contra los particulares.[230]

---

227 Bolivia (art. 51), Colombia (art. 1), El Salvador (art. 12), Perú (art. 2), Nicaragua (art. 3), Uruguay (art. 2) and Venezuela (art. 2).

228 Guatemala (art. 9); Honduras (art. 41).

229 Véase Celso Agrícola Barbi, *Do mandado de segurança*, Editora Forense, Rio de Janeiro 1993, p. 92.

230 Véase José Luis Lazzarini, *El juicio de amparo,* La Ley, Buenos Aires 1987, p. 228; Joaquín Brage Camazo, *La jurisdicción constitucional de la libertad (Teoría general, Argentina, México, Corte Interamericana de derechos humanos)*, Editorial Porrúa, México, 2005, p. 99; Néstor Pedro Sagüés, *Derecho procesal Constitucional*, Vol. 3, *Acción de amparo*, Editorial Astrea, Buenos Aires, 1988, pp. 13, 512, 527 ss.

En Argentina, sin embargo, luego de admitirse el amparo contra particulares, la Ley 16.986 de amparo sancionada en 1.966 solo se refirió a las demandas de amparo contra el Estado es decir, "contra todo acto u omisión de autoridad pública" (art. 1); estando el amparo contra particulares regulado en los artículos 3221,1 y 498 del Código de Procedimiento Civil y Comercial.

En todo caso, después de la decisión del caso *Kot*, el amparo contra personas particulares fue admitido seguidamente en muchos países latinoamericanos como en Bolivia, Chile, República Dominicana, Paraguay, Perú, Uruguay y Venezuela, y también como en Colombia, Costa Rica, Ecuador, Guatemala y Honduras, donde la demanda de amparo puede ser incoada contra los actos u omisiones de individuos causantes de daños o riesgos a los derechos constitucionales de las demás personas, aunque no siempre con el mismo sentido.

En Venezuela, la demanda de amparo también es admisible contra actos de los particulares. La Ley Orgánica de Amparo de 1988 dispone que la demanda de amparo "también procede contra el hecho, acto u omisión originados por ciudadanos, personas jurídicas, grupos u organizaciones privadas que hayan violado, violen o amenacen violar cualquiera de las garantías o derechos amparados por esta Ley" (art. 2).

De manera similar, la Ley 16.011 de amparo uruguaya de 1.988 admite, en términos generales, la demanda de amparo "contra todo acto, omisión o hecho de las autoridades estatales o paraestatales, así como de particulares que en forma actual o inminente, a su juicio, lesione, restrinja, altere o amenace, con ilegitimidad manifiesta, cualquiera de sus derechos y libertades reconocidos expresa o implícitamente por la Constitución" (art. 1).[231] Una disposición similar está contenida en el Código Procesal Constitucional peruano (art. 2)[232] y en la constitución boliviana (art. 128).

También en Chile, aun sin una ley que estipule la acción para una tutela, se ha interpretado que la acción está establecida en la constitución a fin de proteger derechos y libertades constitucionales contra actos u omisiones arbitrarias o ilegítimas que perturben o amenacen dichos derechos y libertades (art. 20), sin distinción en cuanto al origen de la acción, siendo la misma admitida contra actos u omisiones de particulares.[233] Una interpretación similar también fue tomada por la Corte Suprema de la República Dominicana respecto de la admisibilidad del amparo contra particulares.[234]

231 Véase Luis Alberto Viera, *Ley de Amparo*, Ediciones Idea, Montevideo 1993, pp. 63, 157.

232 Véase Samuel B. Abad Yupanqui, *El proceso constitucional de amparo*, Gaceta Jurídica, Lima 2004, pp. 389 ss.

233 Véase Humberto Nogueira Alcalá, "El derecho de amparo o protección de los derechos humanos, fundamentales o esenciales en Chile: evolución y perspectivas," en Humberto Nogueira Alcalá (Editor), *Acciones constitucionales de amparo y protección: realidad y perspectivas en Chile y América Latina*, Editorial Universidad de Talca, Talca 2000, p. 41.

234 Véase Eduardo Jorge Prats, *Derecho Constitucional*, Vol. II, Gaceta Judicial, Santo Domingo 2005, p. 390.

Otros países latinoamericanos, como Guatemala (art. 9), Colombia,[235] Costa Rica,[236] Honduras y México solo admiten la acción de amparo contra particulares en forma restringida, en el sentido que solo puede ser interpuesta contra individuos o corporaciones que están en una posición de ascendencia con respecto a los ciudadanos o que de alguna manera ejercen funciones o actividades públicas o están prestando servicios públicos o de utilidad social.[237] En el caso de Ecuador, por ejemplo, se prevé que la acción de protección procede contra "todo acto u omisión del prestador de servicio público que viole los derechos y garantías" (art. 41.3) y contra "todo acto u omisión de personas naturales o jurídicas del sector privado, cuando ocurra al menos una de las siguientes circunstancias: a) Presten servicios públicos impropios o de interés público; b) Presten servicios públicos por delegación o concesión; c) Provoque daño grave; d) La persona afectada se encuentre en estado de subordinación o indefensión frente a un poder económico, social, cultural, religioso o de cualquier otro tipo. 5. Todo acto discriminatorio cometido por cualquier persona. (art. 41.1).

En el caso de México, con la reforma de la Ley de Amparo de 2013 se estableció también la posibilidad de amparo contra particulares (art. I,III, único) pero sólo cuando éstos "tengan la calidad de *autoridad responsable*," la cual en los términos del artículo 5.II de la Ley es "la que dicta, ordena, ejecuta o trata de ejecutar el acto que crea, modifica o extingue situaciones jurídicas en forma unilateral y obligatoria; u omita el acto que de realizarse crearía, modificaría o extinguiría dichas situaciones jurídicas," considerando la misma norma que los particulares tienen tal calidad, cuando "realicen actos equivalentes a los de autoridad, que afecten derechos en los términos de esta fracción, y cuyas funciones estén determinadas por una norma general" (art. 5.II).

Por otra parte, las acciones de amparo pueden ser incoadas también contra partidos políticos, o sus representantes, cuando su conducta viola los derechos de los ciudadanos, como se ha admitido también en los Estados Unidos.[238]

---

235 En Colombia donde la constitución expresamente remite a la ley para establecer "los casos en los que la acción de tutela procede contra particulares encargados de la prestación de un servicio público o cuya conducta afecte grave y directamente el interés colectivo, o respecto de quienes el solicitante se halle en estado de subordinación o indefensión." (art. 86).

236 Al respecto, la ley de la jurisdicción constitucional costarricense restringe el amparo contra particulares. Véase Rubén Hernández Valle, *Derecho Procesal Constitucional,* Editorial Juricentro, San José 2001, pp. 275, 281 ss. El artículo 57 establece: "El recurso de amparo también se concederá contra las acciones u omisiones de sujetos de Derecho Privado, cuando éstos actúen o deban actuar en ejercicio de funciones o potestades públicas, o se encuentren, de derecho o de hecho, en una posición de poder frente a la cual los remedios jurisdiccionales comunes resulten claramente insuficientes o tardíos para garantizar los derechos o libertades fundamentales a que se refiere el artículo 2, inciso a), de esta Ley."

237 De manera similar a las *injunctions* admitidas en los Estados Unidos contra corporaciones de servicios públicos. Véase por ejemplo, caso *Wiemer v. Louisville Water Co*., 130 F. 251 (C.C.W.D. Ky. 1903), en John Bourdeau *et al*, "Injunctions," en Kevin Schroder, John Glenn and Maureen Placilla, *Corpus Juris Secundum*, Volume 43A, Thompson West, 2004, p. 182 ss.

238 Véase caso *Maxey v. Washington State Democratic Committee*, 319 F. Supp. 673 (W.D. Wash. 1970), *Idem,* p. 240.

VI. LA PROTECCIÓN CONSTITUCIONAL FRENTE A TODOS LOS ACTOS ESTATALES

En virtud de que originalmente la acción de amparo se estableció y desarrolló para la defensa de los derechos constitucionales frente a violaciones infringidas por el Estado y las autoridades, la parte agraviante más comúnmente regulada en las leyes relativas a amparo en Latinoamérica han sido, desde luego, las autoridades públicas o los funcionarios públicos cuando sus actos u omisiones (sean legislativos, ejecutivos o judiciales) violen a amenacen violar los derechos. Por ello, la Convención Americana, de Derechos Humanos por ejemplo, al regular el amparo, como protección judicial, le da una configuración universal de manera que no indica acto alguno del Estado que escape del ámbito del amparo. Si el amparo es un medio judicial de protección de los derechos fundamentales constitucionales, ello es y tiene que serlo frente a cualquier acción de cualquier ente público o funcionario público; por lo que no se concibe que frente a esta característica universal del amparo, pueda haber determinadas actividades del Estado que puedan quedar excluidas del ámbito de la protección constitucional. Es decir, conforme a la Convención Americana, todos los actos, vías de hecho y omisiones de las autoridades públicas pueden ser objeto de la acción de amparo, cuando mediante ellos se violen o amenacen derechos constitucionales, sea que emanen de autoridades legislativas, ejecutivas o judiciales.

Es en este sentido que, por ejemplo, la Ley de Amparo de Guatemala dispone el principio general de universalidad indicando que "no hay ámbito que no sea susceptible de amparo" siendo admisible contra cualesquiera "actos, resoluciones, disposiciones o leyes de autoridad [que] lleven implícitos una amenaza, restricción o violación a los derechos que la Constitución y las leyes garantizan." (art. 8).

Estos son en general los mismos términos utilizados en la Ley Orgánica de Amparo de Venezuela la cual establece que el recurso de amparo puede ser intentado "contra cualquier hecho, acto u omisión provenientes de los órganos del Poder Público Nacional, Estadal o Municipal" (poderes públicos) (art. 2); lo que significa que la tutela constitucional puede ser incoada contra cualquier acción pública, es decir, cualquier acto formal del Estado o cualquier acto sustantivo de hecho (vías de hecho) (art. 5); así como contra cualquier omisión de las entidades públicas. Es por esto también que los tribunales en Venezuela han decidido que "no puede existir ningún acto estatal que no sea susceptible de ser revisado por vía de amparo, entendiendo ésta, no como una forma de control jurisdiccional de la inconstitucionalidad de los actos estatales capaz de declarar su nulidad, sino –como se ha dicho– un remedio de protección de las libertades públicas cuyo objeto es restablecer su goce y disfrute, cuando alguna persona natural o jurídica, o grupo u organizaciones privadas, amenace vulnerarlas o las vulneren efectivamente" admitiendo, por lo tanto, que el recurso constitucional de amparo puede ser intentado aun contra actos excluidos del control constitucional cuando un daño o violación de derechos o garantías constitucionales haya sido alegado. [239]

---

239 Véase sentencia de la antigua Corte Suprema de Justicia del 31 de enero de 1.991, caso *Anselmo Natale*, en *Revista de Derecho Público*, N° 45, Editorial Jurídica Venezolana, Caracas 1991, p. 118; sentencia de la Corte Primera de lo Contencioso Administrativo de 18 de junio de 1992, en *Revista de Derecho Público*, N° 46, Editorial Jurídica Venezolana, Caracas 1991, p. 125. De acuerdo con los tribunales ve-

No obstante este principio general de universalidad del amparo, pueden encontrarse una serie de excepciones en muchas leyes de amparo latinoamericanas en relación con algunos actos particulares y específicos del Estado o actividades que están expresamente excluidas de los procedimientos de amparo, sean de naturaleza legislativa, ejecutiva, administrativa o judicial, lo cual al ser contrario a la Convención Americana, constituyen un campo propicio para el control de convencionalidad.

1. *Amparo contra actos legislativos*

En efecto, la primera cuestión en esta materia se refiere a la posibilidad de intentar acciones de amparo contra actos u omisiones legislativas cuando causan daños a los derechos constitucionales de las personas. Las violaciones en estos casos pueden ser causadas por leyes o por otras decisiones tomadas, por ejemplo, por comisiones parlamentarias.

A. *El amparo contra decisiones de los cuerpos parlamentarios y sus comisiones*

En relación con actos de los Congresos o Asambleas y de las comisiones parlamentarias (incluyendo los consejos legislativos regionales o municipales) cuando lesionan derechos y garantías constitucionales, en principio, es posible impugnarlos mediante la acción de amparo ante los tribunales competentes.[240] Esto ha sido expresamente admitido, por ejemplo, en Argentina[241], Costa Rica[242] y Venezuela.[243]

---

nezolanos, este carácter universal del amparo respecto de los actos u omisiones de las autoridades públicas implica que La lectura del artículo 2 de la Ley Orgánica de Amparo evidencia que no hay prácticamente ningún tipo de conducta, independientemente de su naturaleza o carácter, así como de los sujetos de los cuales provenga, del cual pueda predicarse que está excluido *per se* de su revisión por los jueces de amparo, a los efectos de determinar si vulnera o no algún derecho o garantía constitucional"; Decisión de la Corte Primera de lo Contencioso-Administrativo del 11 de noviembre de 1.993 en *Revista de Derecho Público*, N° 55–56, Editorial Jurídica Venezolana, Caracas, 1993, p. 284. En otra sentencia del 13 de febrero de 1.992, la Corte Primera decidió: "Observa esta Corte que la característica esencial del régimen de amparo, tanto en la concepción constitucional como en su desarrollo legislativo, es su universalidad... por lo cual hace extensiva la protección que por tal medio otorga, a todos los sujetos (personas físicas o morales que se encuentran en el territorio de la nación) así como a todos los derechos constitucionalmente garantizados, e incluso aquéllos que sin estar expresamente previstos en el texto fundamental, son inherentes a la persona humana. Este es el punto de partida para entender el ámbito del amparo constitucional. Los únicos supuestos excluidos de su esfera son aquéllos que expresamente señala el artículo 6 de la Ley Orgánica de Amparo sobre Derechos y Garantías Constitucionales y, desde el punto de vista sustantivo, no hay limitaciones respecto a derechos o garantías específicas." Véase *Revista de Derecho Público*, N° 49, Editorial Jurídica Venezolana, Caracas 1992, pp. 120–121.

240 En los Estados Unidos, los actos del Concejo Municipal pueden ser impugnados mediante injunctions. Véase *Stuab v. City of Baxley*, 355 U.S. 313 (1958), en M. Glenn Abernathy and Barbara A. Perry, *Civil Liberties under the Constitution*, University of South Carolina Press, 1993, pp. 12–13.

241 En Argentina fue el caso de las interpelaciones parlamentarias desarrolladas en 1.984 en relación con los hechos ocurridos durante el gobierno de facto anterior, en el cual una comisión parlamentaria ordenó allanar la oficina de una firma de abogados y confiscar documentos. En las decisiones de la Corte Suprema de Justicia en el caso Klein en 1.984, sin cuestionar las facultades de las comisiones parlamentarias para hacer pesquisas, se sentenció que ellas no pueden, sin disposiciones legales formales, válidamente restringir los derechos individuales, en particular, allanar el domicilio personal de las personas y decomisar sus documentos personales. En el caso, por tanto, fue decidido que la orden solo podía tomarse basándose en disposiciones legales y no en la sola decisión de las comisiones y, eventualmente,

En contraste, en México, el artículo 61 de la Ley de amparo expresamente excluye del recurso de amparo, las resoluciones y declaraciones del Congreso federal y sus Cámaras, así como las de los cuerpos legislativos estadales y sus comisiones respecto de la elección, suspensión o remoción de funcionarios públicos en casos donde las constituciones correspondientes les confieran el poder para resolver el asunto de una manera soberana o discrecional.[244] Las decisiones tomadas por la Cámara de Diputados o del Senado, en juicios políticos, que sean declaradas inatacables[245] (Constitución, art. 110) también están excluidas del recurso de amparo. Ello, sin duda, contraría la Convención Americana la cual no excluye acto lesivo alguno para asegurar la protección o amparo de los derechos humanos. Estas exclusiones por tanto, son campo propicio para el ejercicio de convencionalidad tanto por la Corte Interamericana como por los jueces y tribunales nacionales.

B. *El amparo contra leyes*

Ahora bien, aparte de los actos de las comisiones o cuerpos legislativos, uno de los aspectos más importantes del procedimiento de amparo latinoamericano se refiere a la posibilidad de intentar la acción de amparo contra las leyes. Si bien es cierto que en algunos países está expresamente admitido como es el caso de Guatemala, Honduras y México; en la mayoría de los países latinoamericanos aún está expresamente excluido como es el caso en Argentina, Bolivia, Brasil, Colombia, Chile,[246] Costa Rica, Ecuador, El Salvador,[247] Panamá, Perú, Paraguay, Nicaragua, República Dominicana y Uruguay.

---

fundados en una orden judicial. Véase los comentarios en la sentencia de Primera Instancia de 1.984 (1ª. InstCrimCorrFed, Juzg Nº 3, 10-9-84, ED 110-653), en Néstor Pedro Sagüés, *Derecho procesal Constitucional*, Vol. 3, *Acción de amparo*, Editorial Astrea Buenos Aires 1988, pp. 95–97; Joaquín Brague Camazano, *La Jurisdicción constitucional de la libertad (Teoría general, Argentina, México, Corte Interamericana de Derechos Humanos)*, Editorial Porrúa, México 2005, p. 98; José Luis Lazzarini, *El juicio de amparo*, Editorial La Ley, Buenos Aires 1987, pp. 216–216.

242 Véase Rubén Hernández Valle, *Derecho Procesal Constitucional*, Editorial Juricentro, San José 2001, pp. 211–214.

243 En Venezuela, similarmente, la Corte Suprema, aun reconociendo la existencia de atribuciones exclusivas de los cuerpos legislativos, los cuales de acuerdo con la constitución de 1.961 (art. 159) no estaban sujetos al control jurisdiccional, admitió la protección del amparo contra ellas para la inmediata restauración de los derechos constitucionales lesionados del accionante; y admitió la acción de amparo contra actos legislativos. Sentencia de 31 de enero de 1.991 (caso *Anselmo Natale*). Véase en *Revista de Derecho Público*, nº 45, Editorial Jurídica Venezolana, Caracas 1991, p. 118.

244 Véase Richard D. Baker, *Judicial Review in México. A Study of the Amparo Suit*, Texas University Press, Austin 1971, p. 98.

245 Véase Eduardo Ferrer Mac-Gregor, *La acción constitucional de amparo en México y España. Estudio de derecho comparado*, Editorial Porrúa, México 2002, p. 378.

246 Véase Humberto Nogueira Alcalá, "El derecho de amparo o protección de los derechos humanos, fundamentales o esenciales en Chile: evolución y perspectivas," in Humberto Nogueira Alcalá (Editor), *Acciones constitucionales de amparo y protección: realidad y perspectivas en Chile y América Latina*, Editorial Universidad de Talca, Talca 2000, p. 45.

247 Véase Edmundo Orellana, *La Justicia Constitucional en Honduras*, Universidad Nacional Autónoma de Honduras, Editorial Universitaria, Tegucigalpa 1993, p. 102, nota 26.

Con respecto a los países donde la acción de amparo es admitido contra las leyes, la interposición de la acción, por ejemplo en México, está limitada a solo las leyes de aplicación directa (las que pueden lesionar los derechos constitucionales sin necesidad de ningún otro acto del Estado que la ejecute o aplique), o a los solos actos que aplican la ley en particular. Solamente en Guatemala y Honduras, es que el recurso de amparo es admitido directamente contra las leyes.

En efecto, en México, el artículo 1.I de la Ley de amparo establece que el amparo puede intentarse contra leyes de aplicación directa o leyes auto-aplicables cuando causen un daño directo a las garantías constitucionales del accionante sin requerirse un acto judicial o administrativo adicional para su aplicación.[248] En tales casos, la acción se intenta directamente contra la ley dando lugar al control de constitucionalidad de la misma. Por ello el amparo contra las leyes en México está considerado como un medio judicial para el control constitucional directo de las mismas (aun cuando la acción no se intente en forma abstracta debido a que el accionante debe haber sido lesionado directamente y sin necesidad de otro acto adicional del Estado para la aplicación de la ley). Por el contrario, cuando la ley, por sí misma, no causa un daño directo y personal al accionante (porque no es de aplicación directa), la acción de amparo es inadmisible al menos que sea intentada contra los actos del Estado que aplican dicha ley a una persona especifica.[249]

En Venezuela, dado el carácter universal del sistema de control de constitucionalidad, consolidado en la Constitución de 1999, puede decirse que una de las más destacadas innovaciones de la Ley de amparo de 1988 fue la de establecer la acción directa de amparo contra las leyes y otros actos normativos, complementando el sistema general mixto de control constitucional.[250] Considerábamos que cuando se

---

248 Véase *Garza Flores Hnos., Sucs.* case, 28 S.J. 1208 (1930). Véase la referencia en Richard D. Baker, *Judicial Review in México. A Study of the Amparo Suit*, Texas University Press, Austin 1971, p. 167. En estos casos la acción debe ser intentada dentro de los treinta días siguientes a su ejecución. En dichos casos, los demandados son las instituciones supremas del estado que intervinieron en la redacción de la ley, es decir, el Congreso de la Unión o las legislaturas de los estados que sancionaron la ley, el presidente de la república o estado, gobernadores que ordenaron su ejecución y las secretarías ejecutivas que la sancionaron y ordenaron su promulgación.

249 Como se dispone expresamente en el artículo 61, XII el juicio de amparo es inadmisible: "contra actos que no afecten los intereses jurídicos o legítimos del quejoso, en los términos establecidos en la fracción I del artículo 5o de la presente Ley, y contra normas generales que requieran de un acto de aplicación posterior al inicio de su vigencia". En estos casos de leyes que no son de aplicación directa, la acción de amparo debe ser interpuesta dentro de los quince días siguientes a la producción del primer acto que las ejecute o aplique. Véase Eduardo Ferrer Mac-Gregor, *La acción constitucional de amparo en México y España. Estudio de derecho comparado*, Editorial Porrúa, México, 2002, p, 387. El principal aspecto a resaltar, desde luego, es la distinción entre leyes que son de aplicación directa de las leyes que no lo son. Siguiendo la doctrina asentada en el caso de Villera de Orellana, María de los Ángeles et al., aquellas son las que obligan inmediatamente y en cuyas disposiciones las personas a quienes aplica son clara e inequívocamente identificadas, siendo *ipso facto* sujetas a una obligación que implica el cumplimiento de actos no requeridos previamente, resultando en una modificación perjudicial de los derechos de la persona. Suprema Corte de Justicia, 123 S.J. 783 (1955). Véase comentarios en Richard D. Baker, *Judicial Review in México. A Study of the Amparo Suit*, Texas University Press, Austin 1971, p. 168–173.

250 De acuerdo con el artículo 3 de la ley de amparo, son dos las formas establecidas mediante las cuales puede conducirse una pretensión de amparo ante la corte competente: de una manera autónoma o ejercida en conjunto con la acción popular de inconstitucionalidad de las leyes. En el último caso, la pretensión de amparo está subordinada a la acción principal de control jurisdiccional, permitiendo a la corte

intentaba directamente la acción contra leyes, el propósito de la disposición legal era asegurar la inaplicabilidad de la ley al caso particular con efectos *inter partes*.[251]

Sin embargo, a pesar de las disposiciones de la ley de amparo, lo cierto es que la jurisprudencia del Tribunal Supremo rechazó tales acciones imponiendo la necesidad de intentarlas solo contra los actos del Estado dictados para aplicar las leyes y no directamente en contra de las mismas.[252] La antigua Corte Suprema, en sus decisiones a partir de 1993, aun admitiendo la diferencia que existe entre las leyes de aplicación directa de aquellas que no lo son,[253] concluyó declarando la imposibilidad de que un acto normativo pueda lesionar directa y efectivamente, por sí mismo, los derechos constitucionales de una persona. El tribunal también consideró que una ley, a los efectos de la acción de amparo no podría ser una amenaza a derechos constitucionales, en razón de que para intentar una acción de amparo, esta tiene que ser "inminente, posible y realizable", condiciones que se considera no se dan respecto de las leyes.

Ahora bien, en contraste con las normas mexicanas, respecto de las cuales, por contrariar la Convención Americana la cual no excluye acto alguno de la protección o amparo, podría ejercerse el control de convencionalidad; el amparo contra las leyes en Guatemala está previsto bajo la modalidad directa, estando la Corte de Constitucionalidad facultada "para que se declare en casos concretos que una ley, un reglamento, una resolución o acto de autoridad, no obligan al recurrente por contravenir o restringir cualesquiera de los derechos garantizados por la Constitución o reconocidos por cualquiera otra ley" (Ley de Amparo de Guatemala, art. 10,b). Esta misma facultad judicial, pero solo relativa a los reglamentos del poder ejecutivo, está establecida en Honduras (Ley sobre Justicia Constitucional, art. 41,b). En ambos casos, las sentencias en los procedimientos de amparo tienen el efecto de suspender la aplicación de la ley o reglamento del ejecutivo respecto del recurrente y, si fuese pertinente, el restablecimiento de la situación jurídica lesionada o la cesación de la medida (Ley de amparo, art. 49,a).[254]

Aparte de estos cuatro casos de México, Guatemala y Honduras, como se ha dicho, en los otros países latinoamericanos el amparo contra las leyes está expresa-

---

solamente la posibilidad de suspender la aplicación de la ley mientras se resuelve la acción por inconstitucionalidad. Véase Allan R. Brewer-Carías, *Instituciones Políticas y Constitucionales*, Vol. V, *Derecho y Acción de Amparo*, Editorial Jurídica Venezolana, Caracas, 1998, pp. 227 ss.

251 Véase Allan R. Brewer-Carías, *Instituciones Políticas y Constitucionales*, Vol. V, *Derecho y Acción de Amparo*, Editorial Jurídica Venezolana, Caracas, 1998, pp. 224 ss.; Rafael Chavero, *El nuevo régimen del amparo constitucional en Venezuela*, Editorial Sherwood, Caracas 2001, pp. 553 ss.

252 Véase decisión del 24 de mayo de 1.993, la Sala Político-Administrativa de la Corte Suprema de Justicia, en *Revista de Derecho Público*, N° 55-56, Editorial Jurídica Venezolana, Caracas 1993, pp. 287–288.

253 Sentenciando que las leyes de aplicación directa imponen, con su promulgación, una inmediata obligación a las personas para quienes se dicta; y, por el contrario, aquellas leyes que no son de aplicación directa requieren de un acto para su aplicación, en cuyos casos su sola promulgación no puede producir una violación constitucional. Véase en *Revista de Derecho. Público*, N° 55-56, Editorial Jurídica Venezolana, Caracas 1993, p. 285.

254 Véase Edmundo Orellana, *La justicia constitucional en Honduras*, Universidad Nacional Autónoma de Honduras, Tegucigalpa 1993, p. 102, nota 26.

mente excluido, siendo este, sin duda, como se dijo, un campo propicio para el control de convencionalidad.

En efecto, en Argentina, aun contando con la larga tradición del control de constitucionalidad de las leyes mediante la aplicación del método difuso de control, el amparo contra las leyes no se admite.[255] Sin embargo, si en el ejercicio de una acción de amparo contra actos del estado, se considera inconstitucional la ley en la cual el acto impugnado esté basado, el juez de amparo, mediante el método difuso de control de constitucionalidad, podría decidir acerca de la inaplicabilidad de la ley en ese caso.[256]

En Brasil, el *mandado de segurança* también está excluido contra las leyes o disposiciones legales cuando éstas no han sido aplicadas a través de actos administrativos.[257]

En Uruguay, en sentido similar, aun siendo un país con un sistema concentrado de control constitucional, el amparo contra las leyes está excluido en relación con las leyes y actos del Estado de similar rango (Ley Nº 16.011, art. 1,c). En Uruguay, en efecto, el único medio para lograr la declaratoria de la inconstitucionalidad de una ley, es mediante el ejercicio de un recurso ante la Corte Suprema, la cual sólo puede decidir sobre la inconstitucionalidad con efectos limitados al caso concreto. En el caso de una acción de amparo donde se plantee la cuestión de inconstitucionalidad de una ley, la decisión del juez competente sólo tendría efectos suspensivos respecto de la aplicación de la ley en relación con el recurrente, quedando sujeta a la decisión de la Corte Suprema en cuanto a la inconstitucionalidad de la ley.[258] Por su parte, la ley reguladora del amparo en el Paraguay también dispone que cuando para una decisión en un procedimiento de amparo sea necesario determinar la constitucionalidad o inconstitucionalidad de una ley, el tribunal debe enviar los expedientes a la Sala Constitucional de la Corte Suprema a fin de decidir sobre su inconstitucionalidad. Esta incidencia no suspendería el procedimiento en el tribunal inferior, el cual debe continuarlo hasta antes de su decisión (art. 582).

En Costa Rica, la Ley de la Jurisdicción Constitucional también dispone la inadmisibilidad de la acción de amparo contra las leyes o contra otras disposiciones reglamentarias, con la excepción de cuando son impugnadas junto con los actos que las aplican individualmente, o cuando se relacionan con normas de aplicación directa o automática, sin necesidad de otras normas o actuaciones que las desarrollen o

---

255 Véase José Luis Lazzarini, *El juicio de amparo*, Editorial La Ley, Buenos Aires 1987, p. 214; Néstor Pedro Sagüés, *Derecho procesal Constitucional*, Vol. 3, "Acción de amparo," Editorial Astrea, Buenos Aires, 1988, p. 97.

256 En este respecto, el artículo 2,d de la Ley de amparo dispuso que la acción de amparo no es admisible "cuando la determinación de la eventual invalidez del acto requiriese [...] la declaración de inconstitucionalidad de leyes [...]". Esto se ha tomado como no vigente porque contradice el artículo 31 de la constitución (ley suprema de la nación). Véase Néstor Pedro Sagüés, *Derecho procesal Constitucional*, Vol. 3, *Acción de amparo*, Editorial Astrea Buenos Aires, 1988, p. 243–258. Adicionalmente, el artículo 43 de la Constitución de 1994, que ahora rige la acción de amparo, ha expresamente resuelto la situación disponiendo que "En el caso, el juez podrá declarar la inconstitucionalidad de la norma en que se funde el acto u omisión lesiva."

257 Véase José Luis Lazzarini, *El juicio de amparo*, La Ley, Buenos Aires 1987, pp. 213–214.

258 Véase Luis Alberto Viera, *Ley de Amparo*, Ediciones Idea, Montevideo 1993, pp. 23.

hagan aplicables al recurrente (Ley de la Jurisdicción Constitucional, art. 30,a). Sin embargo, en estos casos, el amparo contra la ley de aplicación directa no es directamente resuelto por la Sala Constitucional, sino que debe ser convertido en una acción de inconstitucionalidad de la ley impugnada.[259] En dichos casos, el presidente de la Sala Constitucional debe suspender el procedimiento de amparo y dar al recurrente, quince días para formalizar una acción directa de inconstitucionalidad contra la ley (Ley de la Jurisdicción Constitucional de Costa Rica, art. 48). Así que solo después que la ley es anulada por la Sala Constitucional, la acción de amparo será decidida.

En el Perú, de manera similar a la solución argentina y después de discusiones que surgieron conforme a la legislación anterior,[260] el Código Procesal Constitucional dispone que cuando se invoque la amenaza o violación de actos que tienen como sustento la aplicación de una norma incompatible con la Constitución, la sentencia que declare fundada la demanda dispondrá, además, la inaplicabilidad de la citada norma (art. 3). En este caso también, para decidir, el tribunal debe utilizar sus facultades de control jurisdiccional a través del método difuso.

También en Colombia, la acción de tutela está excluida respecto de todos los "actos de carácter general, impersonal y abstracto" (art. 6,5); y en Nicaragua, la acción de amparo no es admisible "en contra del proceso de formación de la ley desde la introducción de la correspondiente iniciativa hasta la publicación del texto definitivo (Ley de Amparo, art. 7)

2. *El amparo contra las actuaciones ejecutivas y actos administrativos*

A. *El amparo contra actos del Poder Ejecutivo*

Con respecto a las autoridades del Poder Ejecutivo, el principio general es que la acción de aparo es admisible respecto de los actos administrativos, hechos u omisiones de los órganos e entidades públicas que integran la Administración Pública, en todos sus niveles (nacional, estadal y municipal), incluyendo las entidades descentralizadas, autónomas, independientes y desconcentradas. La acción de amparo, por supuesto, también procede contra los actos dictados por la cabeza del poder ejecutivo, es decir, por el Presidente de la Republica.

No obstante, en relación con actos administrativos y en general del Poder Ejecutivo, algunas restricciones específicas se han establecido en América latina, por ejemplo, en México, donde el acto presidencial específico de expulsión de un extranjero del territorio (art. 33)[261] no puede ser impugnado por medio de la acción de amparo y, en Uruguay, contra los reglamentos del ejecutivo.[262]

---

259 Véase Rubén Hernández, *Derecho Procesal Constitucional*, Editorial Juricentro, San José 2001, pp. 45, 208–209, 245, 223.

260 Particularmente y respecto de las acciones de amparo contra leyes de aplicación directa, Véase Samuel B. Abad Yupanqui, *El proceso constitucional de amparo*, Gaceta Jurídica, Lima 2004, pp. 352-374.

261 Véase Eduardo Ferrer Mac-Gregor, *La acción constitucional de amparo en México y España. Estudio de derecho comparado*, Editorial Porrúa, México 2002, p. 377.

262 Véase Luis Alberto Viera, *Ley de Amparo*, Ediciones Idea, Montevideo, 1993, p. 99.

Con relación a los actos administrativos, como se dijo antes, todos los países latinoamericanos admiten la posibilidad de la interposición de acciones de amparo contra dichos actos; y, aun en algunos países, como en Venezuela, establece en la Ley de 1988 la posibilidad de ejercer la acción de dos maneras: en forma autónoma o en conjunción con un recurso contencioso-administrativo de nulidad del acto en cuestión.[263] La diferencia principal entre las dos vías[264] está, primero, en la naturaleza del alegato: en el sentido de que en el primer caso, la violación alegada respecto del derecho constitucional debe ser una violación directa, inmediata y flagrante; en el segundo caso, lo que tiene que ser probado es la existencia de una grave presunción de la violación del derecho constitucional. Y, segundo, hay también una diferencia en cuanto al objetivo general del procedimiento: en el primer caso, la sentencia pronunciada es una sentencia definitiva de tutela constitucional, de carácter restauradora; en el segundo caso, la sentencia sólo tiene carácter cautelar de suspensión de los efectos del acto impugnado, que queda sujeta a la decisión de la causa principal de nulidad.[265] De manera similar a la solución venezolana, el artículo 8 de la Ley de tutela colombiana establece la posibilidad de interponer "la tutela como mecanismo transitorio" contra actos administrativos en conjunción con el recurso contencioso-administrativo de nulidad.

---

263 Respecto de la última, la antigua Corte Suprema de Justicia en sentencia de 10 de julio de 1.991 (caso *Tarjetas Banvenez*), aclaró que en dicho caso, la acción no es una acción principal sino subordinada a la acción principal al que se le ha adjuntado y está sujeta a la decisión final anulatoria de la decisión que tiene que ser dictada en la acción principal. Véase texto en la *Revista de Derecho Público*, N° 47, Editorial Jurídica Venezolana, Caracas, 1991, pp. 169–174 y comentarios en *Revista de Derecho Público*, nº 50, Editorial Jurídica Venezolana, Caracas 1992, pp. 183–184. Es por esto que en estos casos la pretensión del amparo (que debe estar fundamentada en una presunción grave de la violación del derecho constitucional) tiene un carácter preventivo y temporal que consiste en la suspensión de los efectos del acto administrativo impugnado mientras se produce la decisión final en el recurso de nulidad. Este carácter cautelar de la protección del amparo mientras se resuelve la acción está, por tanto, sujeto a la decisión final a ser dictada en el proceso contencioso-administrativo de nulidad contra el acto impugnado. Véase en *Revista de Derecho Público*, N° 47, Editorial Jurídica Venezolana, Caracas 1991, pp. 170–171.

264 La principal diferencia entre ambos procedimientos según la Corte Suprema de Justicia es que, en el primer caso del recurso autónomo de amparo contra actos administrativos, el recurrente debe alegar una violación directa, inmediata y flagrante del derecho constitucional, el cual por sí mismo evidencia la necesidad de la orden de amparo como medio definitivo para restaurar la situación jurídica lesionada. En el segundo caso y dada la naturaleza suspensiva de la orden de amparo, la cual solo tiende a detener temporalmente los efectos del acto lesivo hasta que el recurso contencioso-administrativo que confirme o anule dicho acto sea decidido, las violaciones inconstitucionales alegadas de disposiciones constitucionales pueden ser formuladas junto con las violaciones de disposiciones legales, o correspondientes a una ley, que desarrollan disposiciones constitucionales; y porque es un recurso de control constitucional contra actos administrativos que persiguen la nulidad de éstos, pueden también dichos recursos fundamentarse en textos legales. Lo que la corte no puede hacer en estos casos de acciones conjuntas con el fin de suspender los efectos del acto administrativo impugnado, es fundamentar su decisión solamente en las alegadas violaciones de la ley porque esto significaría anticipar la decisión final en el recurso principal (de control constitucional de nulidad). *Ídem*, pp. 171–172.

265 *Ídem*, p. 172. Véase t. respecto de la nulidad del artículo 22 de la ley orgánica de amparo, la decisión de la anterior Corte Suprema del 21 de mayo de 1.996 en Allan R. Brewer-Carías, *Instituciones Políticas y Constitucionales*, Vol. V, *Derecho y Acción de Amparo*, Editorial Jurídica Venezolana, Caracas 1996, pp. 392 ss.

En la reforma fallida de la Ley venezolana de 2014, se pretendió establecer que la acción de amparo sólo se podía intentar contra actos administrativos si no existí otro medio judicial idóneo para enervar la lesión constitucional, siendo el recurso contencioso administrativo precisamente dicho medio.

B. *La acción de amparo y las cuestiones políticas*

Un tema importante en relación al amparo contra actos del Poder Ejecutivo, es el relacionado con los llamados actos políticos o las llamadas cuestiones políticas, lo cual, sin embargo, en materia de control judicial, en América Latina solo es relevante en Argentina y Perú.

En efecto, de acuerdo con la doctrina que se originó en los Estados Unidos con relación al control jurisdiccional de constitucionalidad, siempre se ha considerado como exentos de control judicial a los actos de naturaleza política, todo ello, en el marco de la "separación de los poderes" y de las relaciones que deben existir "entre la rama judicial y las agencias coordinadas del gobierno federal".[266] En estos casos se considera que la Corte Suprema ha considerado que la solución de las controversias constitucionales corresponde a las ramas políticas del gobierno, quedando excluidos de control judicial. Esas cuestiones políticas, en general, son las relativas a las relaciones exteriores que impliquen definición de "política general, consideraciones de extrema magnitud y, ciertamente, por entero fuera de la competencia de una corte de justicia."[267] En todos estos casos, desde luego, aun cuando pueda elaborarse una lista de "cuestiones políticas" que no sean justiciables, la responsabilidad última en determinarlas corresponde a la Corte Suprema.[268]

Siguiendo esta doctrina, e igualmente sin ninguna base constitucional expresa, la Corte Suprema en Argentina y el Tribunal Constitucional en Perú[269] también han

---

266 Véase *Baker v. Carr,* 369 U.S. 186 (1962),en M. Glenn Abernathy and Barbara A. Perry, *Civil Liberties under the Constitution*, Sixth Edition, University of South Carolina Press, 1993, pp. 6–7.

267 Véase *Ware v. Hylton*, 3 Dallas, 199 (1796). Las decisiones sobre relaciones exteriores por lo tanto y como declaró el magistrado Jackson en *Chicago and Southern Air Lines v. Waterman Steamship Co.* (1948): "Están enteramente confinadas por nuestra constitución a los departamentos políticos del gobierno ... Son decisiones de una naturaleza para la que el poder judicial no tiene aptitudes, facilidades ni responsabilidad y que, desde mucho tiempo, ha sido considerada pertenencia del dominio del poder político, no sujeto a la intromisión o cuestionamiento judicial." *Chicago and Southern Air Lines v. Waterman Steamship Co.*, 333 US 103 (1948), p. 111. Aunque desarrollada principalmente para materias de asuntos exteriores, la Corte Suprema también ha considerado como *cuestiones políticas* determinadas materias relacionadas con el manejo de los asuntos interiores, los cuales son por lo tanto no enjuiciables jurisdiccionalmente; como, por ejemplo, la decisión de si un estado debe tener una forma republicana de gobierno y la cual en Luther v. Borden (1849) fue considerada una "decisión vinculante para cada uno de los departamentos del gobierno y que no podía ser cuestionada en un tribunal judicial." *Luther v. Borden* 48 U.S. (7 Howard), 1, (1849). *Ídem*, pp. 6–7.

268 Como dijo la corte en *Baker v. Carr* 369 U.S. 186 (1962): "Decidir si una materia ha sido, en cualquier medida, atribuida por la constitución a otra rama del gobierno o si la acción de esa rama excede la autoridad cualquiera que se le haya atribuido -dijo la corte, es en sí mismo un ejercicio delicado de interpretación constitucional y es responsabilidad de esta corte decidirlo como intérprete último de la constitución." *Ídem*, p. 6-7.

269 Véase Samuel B. Abad Yupanqui, *El proceso constitucional de amparo*, Gaceta Jurídica, Lima 2004, pp. 128 ss.

desarrollado la misma eximente para el control judicial y para el ejercicio de las acciones de amparo en materias políticas.

La excepción argentina se refiere principalmente a los denominados "actos de gobierno" o "actos políticos" referidos, por ejemplo, a las declaraciones de guerra y de estados de sitio; a las intervenciones del gobierno central en las provincias, a la "conveniencia pública" con fines de expropiación, a la emergencia para aprobar determinados tributos impositivos directos; y a los actos relativos a las relaciones exteriores como son el reconocimiento de nuevos Estados o gobiernos extranjeros, o la expulsión de extranjeros.[270] Todos estos actos son considerados en Argentina como asuntos de carácter político, que son dictados por los órganos políticos del Estado de acuerdo con las atribuciones que les han sido atribuidas exclusiva y directamente en la Constitución; razón por la cual se los considera fuera del ámbito de la acción de amparo.

En esta materia, también debe mencionarse en argentina, la restricción establecida en la Ley de amparo, al establecer la inadmisibilidad de la acción de amparo contra actos dictados en aplicación expresa de la Ley de Defensa Nacional (Ley N° 16.970, art. 2,b).[271]

En el Perú, el tema de las cuestiones políticas en cierta forma se consideró en la sentencia de la Corte Interamericana donde se realizó el control de convencionalidad de la decisión adoptada por el Congreso en el Perú, mediante la cual se removió de sus cargos a los magistrados del Tribunal Constitucional, sin las debidas garantías de protección judicial. En efecto, en el conocido caso *Tribunal Constitucional vs. Perú*, de 31 de enero de 2001, la Corte Interamericana. luego de reiterar su criterio de que para que el Estado cumpla con lo dispuesto en el artículo 25.1 de la Convención, "no basta con que los recursos existan formalmente, sino que los mismos deben tener efectividad, es decir, debe brindarse a la persona la posibilidad real de interponer un recurso que sea sencillo y rápido,"[272] consideró que "la institución procesal del amparo reúne las características necesarias para la tutela efectiva de los derechos fundamentales, esto es, la de ser sencilla y breve[273]; pasando luego a explicar que "en lo que concierne al debido proceso legal," los actos del proceso de "destitución de los magistrados del Tribunal Constitucional seguido ante el Congreso, que se hallan sometidos a normas legales que deben ser puntualmente observadas," pueden ser recurribles en amparo, considerando sin embargo que el proceso de am-

---

270 Para que esta excepción sea aplicada, se ha considerado que el acto impugnado debe en forma clara y exacta basarse en las disposiciones de dicha ley. Véase José Luis Lazzarini, *El juicio de amparo*, La Ley, Buenos Aires 1987, p. 190 ss.; Néstor Pedro Sagüés, *Derecho procesal Constitucional, Vol. 3, "Acción de amparo,"* Editorial Astrea, Buenos Aires 1988, pp. 270 ss.; Alí Joaquín Salgado, *Juicio de amparo y acción de inconstitucionalidad*, Astrea, Buenos Aires 1987, p. 23.

271 Véase caso *Diario El Mundo c/ Gobierno nacional*, CNFed, Sala 1 ContAdm, 30 de abril de 1974, JA, 23-1974-195. Véanse los comentarios en Néstor Pedro Sagüés, *Derecho procesal Constitucional,* Vol. 3, *Acción de amparo*, Editorial Astrea, Buenos Aires 1988, pp. 212–214.

272 Véase la sentencia en el caso *Tribunal Constitucional vs. Perú*, de 31 de enero de 2001 (Párr. 90) en http://www.corteidh.or.cr/docs/casos/articulos/Seriec_71_esp.pdf

273 *Idem*, Párr. 91

paro "no implica valoración alguna sobre actos de carácter estrictamente político atribuidos por la Constitución al Poder Legislativo." [274]

La Corte Interamericana en el caso, analizó la decisión que había adoptado el propio Tribunal Constitucional peruano al decidir los recursos de amparo intentado por los magistrados destituidos considerando que "el ejercicio de la potestad de sanción, específicamente la de destitución de altos funcionarios, no puede ser abiertamente evaluada en sede jurisdiccional, pues constituye un acto privativo del Congreso de la República, equivalente a lo que en doctrina se denomina '*Political Questions*' o cuestiones políticas no justiciables;" [275] destacando sin embargo, que el propio Tribunal había establecido que:

> "tal potestad no es ilimitada o absolutamente discrecional sino que se encuentra sometida a ciertos parámetros, uno de ellos y quizás el principal, el de su ejercicio conforme al principio de razonabilidad, pues no sería lógico ni menos justo, que la imposición de una medida de sanción, se adopte tras una situación de total incertidumbre o carencia de motivación. De allí que cuando existan casos en los que un acto de naturaleza política, como el que se cuestiona en la presente vía de amparo, denote una manifiesta transgresión de dicho principio y por extensión de otros como el del Estado Democrático de Derecho o el Debido Proceso Material, es un hecho inobjetable que este Colegiado sí puede evaluar su coherencia a la luz de la Constitución Política del Estado." [276]

En el caso, sin embargo, a pesar de que el Tribunal Constitucional estimó posible la revisión judicial de actos vinculados con un juicio político a efecto de evaluar si en aquéllos se había cumplido con las garantías propias del debido proceso legal, consideró que se habían respetado tales garantías, declarándose el recurso de amparo como infundado [277] la Corte Interamericana estimó "que el fracaso de los recursos interpuestos contra la decisión del Congreso que destituyó a los magistrados del Tribunal Constitucional" se debió a apreciaciones "no estrictamente jurídicas" afirmando que "la decisión de los amparos en el caso en análisis no se reunieron las exigencias de imparcialidad por parte del Tribunal que conoció los citados amparos" violándose el derecho a la protección judicial, en perjuicio de las víctimas. [278]

En todos estos casos de exclusión de la acción de amparo respecto de las actuaciones del Poder Ejecutivo que se consideren como cuestiones políticas, sin duda contrarias a los parámetros fijados en el artículo 25.1 de la Convención Americana para el derecho a la protección o amparo judicial, es también campo propicio para el ejercicio del control de convencionalidad.

---

274 *Idem*, Párr. 94

275 *Idem*, Párr. 95

276 *Idem*, Párr. 95

277 *Idem*, Párr. 95

278 *Idem*, Párrs. 96, 97

C. *La acción de amparo y el funcionamiento de los servicios públicos*

Finalmente y en relación con los actos administrativos, también en Argentina la Ley de amparo establece la inadmisibilidad de la acción de amparo en casos en los cuales la intervención judicial comprometa directa o indirectamente "la regularidad, continuidad y eficacia de la prestación de un servicio público, o el desenvolvimiento de actividades esenciales del Estado" (art. 2,c). La misma disposición se establece respecto de la acción de amparo en el Código de Procedimiento Civil de Paraguay (art. 565,c).

Dado la forma de redacción y la utilización de conceptos indeterminados (comprometer, directo, indirecto, regularidad, continuidad, eficacia, prestación, servicio público) y debido al hecho que cualquier actividad administrativa del Estado puede siempre relacionarse con un servicio público,[279] esta disposición ha sido altamente criticada en Argentina, considerando que con su aplicación materialmente sería difícil que un amparo se decida contra el Estado.[280] En todo caso la decisión final corresponde a los tribunales y si bien es verdad que en la práctica la excepción no ha sido casi nunca utilizada,[281] en algunas materias importantes sí se ha alegado.[282]

En todo caso, la exclusión de la acción de amparo en los mencionados casos de cuestiones políticas y de afectación de servicios públicos, en nuestro criterio, también resultan contrarias a lo dispuesto en el artículo 25.1 de la Convención Americana para el derecho a la protección o amparo judicial, constituyendo igualmente campo propicio para el ejercicio del control de convencionalidad.

---

279 *Idem*, pp. 226 ss.

280 Véase José Luis Lazzarini, *El juicio de amparo*, La Ley, Buenos Aires 1987, p. 231.

281 *Idem*, p. 233; Néstor Pedro Sagüés, *Derecho procesal Constitucional*, Vol. 3, *Acción de amparo*, Editorial Astrea, Buenos Aires 1988, p. 228.

282 Pasó, por ejemplo, en las acciones de amparo interpuestas en 1.985 contra la decisión del Banco Central de la República suspendiendo, por algunos meses, el plazo de los pagos de depósitos en moneda extranjera. Aunque algunos tribunales rechazaron las acciones de amparo en el asunto (v. CFed *BBlanca* case, 13 de agosto de 1.985, ED, 116-116, en Alí Joaquín Salgado, *Juicio de amparo y acción de inconstitucionalidad*, Editorial Astrea 1987, p. 51, note 59), en el caso *Peso*, la Cámara Nacional de Apelaciones en lo Contencioso-Administrativo Federal de Buenos Aires decidió rechazar los argumentos que pedían el rechazo de la acción de amparo basados en el concepto de que el caso es uno relativo a un "servicio público", considerando que las actividades del Banco Central no posee los elementos para ser considerado un servicio público como tal. Véase CNFedConAdm, Sala IV, 13 de junio de 1.985, ED, 114-231in Alí Joaquín Salgado, *Juicio de amparo y acción de inconstitucionalidad*, Editorial Astrea 1987, p. 50, nota 56. Algunos años mas tarde y respecto de una decisión similar del Banco Central de Venezuela sobre los impagos de los depósitos en moneda extranjera, en los casos referidos como *Corralito*, no hubo alegato alguno que considerara esas decisiones del Banco Central (que fueron tomadas en un estado nacional de emergencia económica) como actividades correspondientes a un servicio público. En tales casos, las acciones de amparo fueron admitidas y declaradas con lugar, pero con múltiples incidentes judiciales. Véase, por ejemplo, los casos Smith y San Luis, 2.002, en Antonio María Hernández, *Las emergencias y el orden constitucional*, Universidad Nacional Autónoma de México, México, 2003, pp. 71 ss., 119 ss. En dichos casos, las leyes y decretos de emergencia económica fueron declarados inconstitucionales.

3. *El amparo contra las sentencias y actos judiciales*

A. *La admisión de los recursos de amparo contra las decisiones judiciales*

En contraste con la admisión general de la acción de amparo contra actos administrativos y en general, contra los actos del Poder Ejecutivo, lo mismo no puede decirse respecto de las decisiones judiciales, las cuales en muchos casos se han excluido del ámbito de la acción de amparo. En otras palabras, si bien la acción de amparo está admitido en muchos países de América Latina contra los actos judiciales, en la mayoría de los países han sido expresamente excluidos y considerados inadmisibles, específicamente cuando las decisiones judiciales son pronunciadas en ejercicio del poder jurisdiccional,[283] lo que sin duda también se configura como un campo propicio para el control de convencionalidad por contrariar lo dispuesto en el artículo 25.1 de la Convención Americana, el cual no excluye acto estatal lesivo de derechos humanos alguno de la protección judicial.

Respecto de los países que admiten el recurso de amparo para la tutela de los derechos constitucionales contra decisiones judiciales, puede decirse que ello ha sido la tradición en México (el amparo casación);[284] admitiéndose además, en general, en Guatemala (art. 10,h), Honduras (art. 9,3 y 10,2,a), Panamá (art. 2.615),[285] Perú y Venezuela.

El principio general en estos casos, según lo dispone el Código Procesal Constitucional peruano, es que el amparo es admitido contra resoluciones judiciales firmes dictadas con manifiesto agravio a la tutela procesal efectiva, que comprende el acceso a la justicia y el debido proceso (art. 4).[286] En el caso de Venezuela, de manera similar a como estaba establecido en la legislación de Perú antes de la sanción del Código, el artículo 4 de la Ley de amparo de 1988 dispone que en los casos de decisiones judiciales "procede la acción de amparo cuando un Tribunal de la República, actuando fuera de su competencia, dicte una resolución o sentencia u ordene un acto que lesione un derecho constitucional." Debido a que ningún tribunal puede tener facultad para ilegítimamente causar una lesión a los derechos y garantías constitucionales, el amparo contra decisiones judiciales es ampliamente admitido cuando la decisión de un tribunal lesionase directamente los derechos constitucionales del accionante, normalmente vinculados al debido proceso. En la reforma fallida de la Ley Orgánica de 2014, se pretendió abandonar esa redacción y establecer en su lugar que la acción de amparo contra actos judiciales solo procedía cuando el juez que los emanase o los emitiese hubiese "incurrido en una grave usurpación de funciones o abuso de poder que ocasione la violación del derecho constitucional" (art. 12).

---

283 Por consiguiente, los actos administrativos dictados por los tribunales pueden ser impugnados mediante el amparo. Véase, por ejemplo, en relación con Argentina a Néstor Pedro Sagüés, *Derecho procesal Constitucional*, Vol. 3, *Acción de amparo*, Editorial Astrea, Buenos Aires 1988, pp. 197 ss.

284 Véase Richard D. Baker, *Judicial Review in México. A Study of the Amparo Suit*, Texas University Press, Austin 1971, p. 98.

285 En este caso, sin ningún efecto suspensivo. Véase Boris Barrios González, *Derecho Procesal Constitucional*, Editorial Portobelo, Panamá 2.002, p. 159.

286 Véase Samuel B. Abad Yupanqui, *El proceso constitucional de amparo*, Gaceta Jurídica, Lima 2004, p. 326.

El caso de Colombia también debe mencionarse, especialmente debido al hecho que el artículo 40 del decreto Nº 2.591 de 1.991 que reguló la acción de tutela apenas sancionada la Constitución, admitió la acción de tutela contra decisiones judiciales, lo que por lo demás, no estaba excluido en la Constitución. Por consiguiente, el Decreto expresamente estableció la posibilidad de intentar la acción de *tutela* contra actos judiciales cuando éstos infligieran daños directos a los derechos fundamentales. En esos casos, la *tutela* debía ser interpuesta *junto con el recurso apropiado*, es decir, el recurso de apelación. No obstante esta admisibilidad establecida por una ley de la tutela contra decisiones judiciales, en 1992 fue declarada inconstitucional por la Corte Constitucional, la cual anuló la norma considerándola contraria al principio de intangibilidad de los efectos de la cosa juzgada.[287]

En esa forma fue eliminada en Colombia la acción de *tutela* contra las decisiones judiciales, pero no por mucho tiempo. Un año después de la decisión anulatoria de la Corte Constitucional, y luego de numerosas decisiones judiciales, la misma Corte Constitucional readmitió la acción de *tutela* contra las decisiones judiciales cuando constituyeren vías de hecho,[288] es decir, cuando fuesen pronunciadas como consecuencia de un ejercicio arbitrario de la función judicial, violando los derechos constitucionales del demandante.[289] De manera que, de acuerdo con esta doctrina, la cual es aplicable a casi todos los casos en que la acción de amparo es incoada contra decisiones judiciales, éstas, para que sean impugnadas por vía de la acción de tutela deben haber sido pronunciadas en violación grave y flagrante de las garantías al debido proceso legal, constituyéndose en una decisión ilegítima o arbitraria sin soporte legal ninguno.

Aparte del requisito general establecido de requerir el previo agotamiento de los recursos judiciales ordinarios disponibles contra la decisión impugnada, en los países de América Latina donde se admite la acción de amparo contra las decisiones judiciales, algunas limitaciones se han establecido respecto de las decisiones de la Cortes o Tribunales Supremos (México, Panamá art. 2,615, Venezuela art. 6.6) o del Tribunal Constitucional (Perú), que no pueden ser objeto de las acciones de amparos.

Por otra parte, otras restricciones se han establecido respecto de las decisiones judicial que se dicten en los procedimientos de amparo, las cuales no pueden ser objeto de otra acción de amparo, como se dispone en Honduras (art. 45,2) y en México (art. 61).[290] En otros países, por el contrario, la acción de amparo es admitidas aun contra decisiones judiciales dictadas en materia de amparo, como sucede en

---

287 Véase Decisión C-543 del 1 de octubre de 1.992 en Manuel José Cepeda Espinosa, *Derecho Constitucional jurisprudencial. Las grandes decisiones de la Corte Constitucional*, Legis, Bogotá 2001, pp. 1009 ss.

288 Véase Decisión S-231 del 13 de mayo de 1.994, *Idem*, pp. 1022 ss.

289 Véase Decisión US-1218 del 21 de noviembre de 2.001. Véase en Juan Carlos Esguerra, *La protección constitucional del ciudadano,* Legis, Bogotá 2004, p. 164. Véase Eduardo Cifuentes Muñoz, "Tutela contra sentencias (El caso colombiano)," en Humberto Nogueira Alcalá (Ed.), *Acciones constitucionales de amparo y protección: realidad y perspectivas en Chile y América Latina*, Editorial Universidad de Talca, Talca 2000, pp. 307 ss.

290 Véase Eduardo Ferrer Mac-Gregor, *La acción constitucional de amparo en México y España. Estudio de derecho comparado*, Editorial Porrúa, México, 2002, p. 379.

de Colombia,[291] Perú[292] y Venezuela,[293] tomando en consideración que esas decisiones también pueden, por sí mismas, violar derechos constitucionales del recurrente o del recurrido, distintos de aquellos reclamados en el recurso original de amparo.

B. *La exclusión de los recursos de amparo contra las decisiones judiciales*

Aparte de los casos antes mencionados, sin embargo, puede decirse que la tendencia general en los países de América Latina, es el rechazo de la acción de amparo contra las decisiones judiciales, como es el caso en Argentina (art. 2,b),[294] Bolivia (art. 53.3: si pueden ser modificadas o suprimidas mediante otros recursos), Brasil (art. 5,II), Costa Rica (art. 30,b),[295] Chile,[296] República Dominicana,[297] Ecuador (arts. 41.1; 42,6),[298] Nicaragua (art. 51,b) Paraguay (art. 2,a) y Uruguay (art. 2,a).[299]

En El Salvador y Honduras la exclusión está limitada a los actos judiciales "puramente civiles, comerciales o laborales, y respecto de sentencias definitivas ejecutoriadas en materia penal." (El Salvador, art. 13; Honduras, art. 46.7). También, en

---

291 Véase Juan Carlos Esguerra, *La protección constitucional del ciudadano*, Legis, Bogotá 2004, p. 164.

292 Véase Samuel B. Abad Yupanqui, *El proceso constitucional de amparo*, Gaceta Jurídica, Lima 2004, pp. 327, 330.

293 Véase Allan R. Brewer-Carías, *Instituciones Políticas y Constitucionales,* Vol. V, *Derecho y Acción de Amparo*, Universidad católica del Táchira, Editorial Jurídica Venezolana, San Cristóbal-Caracas 1998, pp. 263 ss.

294 Véase Joaquín Brague Camazano, *La Jurisdicción constitucional de la libertad (Teoría general, Argentina, México, Corte Interamericana de Derechos Humanos)*, Editorial Porrúa, México 2005, p. 98. José Luis Lazzarini, *El juicio de amparo*, Editorial La Ley, Buenos Aires, 1987, pp. 218–223; Alí Joaquín Salgado, *Juicio de amparo y acción de inconstitucionalidad*, Astrea, Buenos Aires 1987, p. 46.

295 Véase Rubén Hernández Valle, *Derecho Procesal Constitucional*, Editorial Juricentro, San José 2001, pp. 45, 206, 223, 226. El único caso en el cual se ha planteado a nivel internacional la cuestión de la inconvencionalidad del artículo 31.b de la Ley de la Jurisdicción Constitucional costarricense fue declarado inadmisible por la Comisión Interamericana de Derechos Humanos porque el derecho que se había alegado como violado por el Estado no era un derecho establecido en la Convención Americana sino de orden interno (derecho a jubilación de un funcionario público). Véase el Informe 85/98. caso 11.417, *Gilbert Bernard Little vs. Costa Rica*, punto resolutivo 2. Véase la referencia en Anamari Garro, *La improcedencia del recurso de amparo contra las resoluciones y actuaciones jurisdiccionales del Poder Judicial a la luz de la Constitución costarricense y del artículo 25 de la Convención Americana sobre Derechos Humanos*, Tesis para optar al grado de Doctor en Derecho, Universidad de los Andes, Santiago de Chile 2012 (Versión mimeografiada), p. 271, Nota 983.

296 Véase Juan Manuel Errazuriz G. y Jorge Miguel Otero A., *Aspectos procesales del recurso de protección*, Editorial Jurídica de Chile, Santiago, 1989, p. 103. No obstante, algunos autores consideran que el recurso de tutela es admisible contra decisiones judiciales cuando son pronunciadas en forma arbitraria y en violación de los derechos al debido proceso. Véase Humberto Nogueira Alcalá, "El derecho de amparo o protección de los derechos humanos, fundamentales o esenciales en Chile: evolución y perspectivas," en Humberto Nogueira Alcalá (Editor), *Acciones constitucionales de amparo y protección: realidad y perspectivas en Chile y América Latina*, Editorial Universidad de Talca, Talca 2000, p. 45.

297 Véase Eduardo Jorge Prats, *Derecho Constitucional*, Vol. II, Gaceta Judicial, Santo Domingo 2005, p. 391. En la Ley de Amparo de 2006 se excluía expresamente de la acción de amparo, a las decisiones judiciales (art. 3.a).

298 Véase Hernán Salgado Pesantes, *Manual de Justicia Constitucional Ecuatoriana*, Corporación Editora Nacional, Quito 2004, p. 84.

299 Véase Luis Alberto Viera, *Ley de Amparo*, Ediciones Idea, Montevideo 1993, pp. 50, 97.

Brasil el *mandado de segurança* está excluido contra decisiones judiciales cuando de acuerdo con las normas procesales, existe contra ellas un recurso judicial o cuando tales decisiones pueden ser modificadas por otros medios (art. 5,II).

El artículo 25.1 de la Convención Americana al garantizar el derecho de amparo o protección judicial lo estableció en forma general contra las violaciones por parte de los órganos del Estado de los derechos humanos, cualquiera que sea la fuente de la violación, amparo contra un específico acto estatal que viole los derechos, como son las sentencias y actos judiciales, sin duda, contraría la Convención, siendo igualmente campo propicio para el ejercicio del control de convencionalidad, por parte de la Corte Interamericana y de los jueces y tribunales nacionales.

Sin embargo, en esta materia, puede decirse que la Corte Interamericana dejó pasar la oportunidad de realizar el control de convencionalidad respecto de la inconvencional negación de la acción de amparo contra decisiones de los órganos judiciales en Ecuador. El tema se planteó específicamente en la sentencia del caso *Acosta Calderón vs. Ecuador* de 24 de junio de 2005, ante el alegato de los representantes de las víctimas de que en Ecuador, aún "con las reformas constitucionales de 1996 y 1998, el ejercicio de la garantía del amparo no se encuentra asegurado en concordancia con la norma del [artículo] 25 de la Convención, pues prohíbe de manera expresa que se interpongan acciones de amparo en contra de las providencias judiciales."[300] La Corte Interamericana, sin embargo, en lugar de entrar a realizar el control de convencionalidad en este importante aspecto, se limitó a señalar que no se pronunciaba sobre las alegaciones de los representantes pues "dichas reformas no se enmarcan dentro de los presupuestos del presente caso"[301]

El tema del amparo contra decisiones judiciales, en todo caso, requiere que el amparo esté configurado como un amparo difuso en el sentido de que los tribunales llamados a conocer de las acciones de amparo sean en general los de todo el orden judicial, de manera que el amparo se pueda intentar ante el juez superior a aquél que dicta el acto lesivo. En Venezuela, por ejemplo, el amparo se intenta en principio ante los jueces de primera instancia, por lo que los jueces competentes para conocer de la acción de amparo son los tribunales superiores. En sistemas de amparo concentrado en un solo tribunal, como es el caso de la Sala Constitucional del Tribunal Supremo de Justicia de Costa Rica, que es la que tiene competencia exclusiva para conocer de las acciones de amparo, sería prácticamente imposible implementar el amparo contra decisiones judiciales (en la actualidad excluida en la Ley de la jurisdicción Constitucional), pues de hacerse sin descentralizar el amparo colapsaría completamente la Sala Constitucional.

4. *El amparo contra actos de otros órganos constitucionales*

Aparte de los actos de las ramas legislativa, ejecutiva y judicial, el principio de la separación de los poderes ha dado origen en el derecho constitucional latinoamericano contemporáneo a otros órganos del Estado independientes de dichas clásicas

---

300 Véase sentencia del caso *Acosta Calderón vs. Ecuador de 24 de junio de* 2005, Serie C 129 (Párr. 87.f), en http://www.corteidh.or.cr/docs/casos/articulos/seriec_129_esp1.pdf.

301 *Ídem*. Párr. 98.

tres ramas del Poder Público. Este es el caso de los cuerpos u órganos electorales encargados de dirigir los procesos electorales; de las oficinas de Defensoría del Pueblo o de los Derechos Humanos; de las entidades fiscalizadoras o Contralorías Generales; y de los Consejos de la Judicatura o de la Magistratura establecidos para la dirección y administración de las cortes y tribunales.

Debido a que dichos órganos emanan actos estatales, los mismos, al igual que sus hechos y omisiones, pueden ser objeto de acciones de amparo cuando violen derechos constitucionales. No obstante, algunas excepciones también han sido establecidas para negar la admisibilidad de acciones de amparo, por ejemplo, contra los cuerpos electorales como sucede en Costa Rica (art. 30,d),[302] Ecuador (art. 42.7), México (art. 61.IV),[303] Nicaragua (art. 51,5), Panamá (art. 2.615),[304] y Uruguay (art. 1,b). Eta exclusión, igualmente, es campo propicio para el ejercicio del control de convencionalidad, para adecuar estas normas a la Convención Americana.

Ello por lo demás, fue lo que ocurrió en el Perú, respecto del artículo 5.8 del Código Procesal Constitucional que excluía la acción de amparo contra las decisiones del Juzgado Nacional de Elecciones. Esta norma fue objeto de control de convencionalidad por parte del Tribunal Constitucional el cual la anuló invocando el carácter vinculante de la jurisprudencia de la Corte Interamericana, incluidas sus opiniones consultivas.[305]

En esta materia, en todo caso, también debe mencionarse el ejercicio del control de convencionalidad que ejerció la Corte Interamericana respecto de la exclusión del recurso de amparo o protección judicial efectiva contra actos de algunas autoridades electorales en Nicaragua. Se trata del caso *Yatama vs. Nicaragua* de 23 de junio de 2005, en el cual la Corte Interamericana, después de constatar que el Consejo Supremo Electoral de Nicaragua en un proceso electoral de 2000 no había respetado las garantías del debido proceso del partido Yatama al rechazarle la presentación de

---

302 Véase Rubén Hernández Valle, *Derecho Procesal Constitucional*, Editorial Juricentro, San José 2001, pp. 228–229. Otras materias decididas por el Tribunal Supremo de Elecciones como nacionalidad, capacidad o estado civil son materias sujetas al control jurisdiccional mediante el amparo. Véase José Miguel Villalobos, "El recurso de amparo en Costa Rica," en Humberto Nogueira Alcalá (Editor), *Acciones constitucionales de amparo y protección: realidad y perspectivas en Chile y América Latina*, Editorial Universidad de Talca, Talca 2000, pp. 222–223.

303 Véase Eduardo Ferrer Mac-Gregor, *La acción constitucional de amparo en México y España. Estudio de derecho comparado*, Editorial Porrúa, México 2002, p. 378; Véase Richard D. Baker, *Judicial Review in México. A Study of the Amparo Suit*, Texas University Press, Austin 1971, pp. 98, 152.

304 Véase Boris Barrios González, *Derecho Procesal Constitucional*, Editorial Portobelo, Panamá 2002, p. 161.

305 Véase sentencia del Tribunal Constitucional del Perú de 19 de junio de 2007 dictada en el caso *Colegio de Abogados del Callao vs. Congreso de la República*, (00007-2007-PI/TC-19); citada por Carlos Ayala Corao, "El diálogo jurisprudencial entre los Tribunales internacionales de derechos humanos y los Tribunales constitucionales," Boris Barrios González (Coordinador), *Temas de Derecho Procesal Constitucional Latinoamericano*, Memorias I Congreso panameño de Derecho Procesal Constitucional y III Congreso Internacional Proceso y Constitución, Panamá 2012, p. 176. Antes De la anulación, sin embargo, la acción de amparo se admitía si la decisión del *Jurado Nacional de Elecciones* no tenía una naturaleza jurisdiccional o, teniéndola, violaba la efectiva protección judicial (el debido proceso). Véase Samuel B. Abad Yupanqui, *El proceso constitucional de amparo*, Gaceta Jurídica, Lima 2004, pp. 128, 421, 447.

candidatos a las elecciones, afectando el derecho a la participación política de los candidatos (párr. 160-164), constató que el Estado había violado el derecho a la protección judicial o amparo establecido en el artículo 25.1 por impedirse en el orden interno la recurribilidad de los actos del Consejo Nacional Electoral. La Corte Interamericana consideró, en esencia, que "la inexistencia de recursos internos efectivos coloca a las personas en estado de indefensión" de manera que "la inexistencia de un recurso efectivo contra las violaciones de los derechos reconocidos por la Convención constituye una transgresión de la misma por el Estado Parte,"[306] para lo cual reiteró su doctrina de que la existencia de la garantía prevista en el artículo 25.1 de la Convención consistente en "la posibilidad real de interponer un recurso," en los términos de dicha norma, "constituye uno de los pilares básicos, no sólo de la Convención Americana, sino del propio Estado de Derecho en una sociedad democrática en el sentido de la Convención."[307]

Pasó luego la Corte Interamericana, al analizar la situación en Nicaragua, a constatar que de acuerdo con la Constitución Política, contra los actos del órgano de mayor jerarquía del Poder Electoral, el Consejo Supremo Electoral (artículo 129), "no habrá recurso alguno, ordinario ni extraordinario" (artículo 173.14), lo que recoge la Ley de Amparo al disponer que el recurso de amparo no procede "contra las resoluciones dictadas en materia electoral" (artículo 51.5), admitiéndose sólo conforme a la ley Electoral el recurso de amparo contra las "resoluciones definitivas que en materia de partidos políticos dicte el Consejo Supremo Electoral" (artículo 76).[308]Por tanto, intentado como fue el caso sometido a su conocimiento un recurso de amparo contra una decisión del Consejo Supremo Electoral, la Sala de lo Constitucional de Nicaragua resolvió declararlo "improcedente *in limine litis* con fundamento en que no tenía competencia para conocer en materia electoral."[309]

En esta situación la Corte Interamericana comenzó por afirmar que si bien la Constitución de Nicaragua establecía la irrecurribilidad de las resoluciones del Consejo Supremo Electoral en materia electoral, ello no puede significar "que dicho Consejo no deba estar sometido a controles judiciales, como lo están los otros poderes del Estado;" afirmando, con razón, que "las exigencias derivadas del principio de independencia de los poderes del Estado no son incompatibles con la necesidad de consagrar recursos o mecanismos para proteger los derechos humanos."[310] De manera que, puntualizó la Corte, "independientemente de la regulación que cada Estado haga respecto del órgano supremo electoral, éste debe estar sujeto a algún control jurisdiccional que permita determinar si sus actos han sido adoptados al amparo de los derechos y garantías mínimas previstos en la Convención Americana, así como las establecidos en su propia legislación, lo cual no es incompatible con el respeto a las funciones que son propias de dicho órgano en materia electoral." De la carencia en ese caso, del recurso sencillo y rápido, tomando en cuenta las particularidades del

---

306 Véase sentencia en el caso *Yatama Vs. Nicaragua* de 23 de Junio de 2005 (Párr. 167, 168), en http://www.corteidh.or.cr/docs/casos/articulos/seriec_127_esp.pdf.

307 *Idem*, Párr. 169.

308 *Idem*, Párr. 171.

309 *Idem*, Párr. 172.

310 *Idem*, Párr. 174.

procedimiento electoral, concluyó la Corte "que el Estado violó el derecho a la protección judicial consagrado en el artículo 25.1 de la Convención Americana, en perjuicio de los candidatos propuestos por Yatama para participar en las elecciones municipales de 2000, en relación con los artículos 1.1 y 2 de la misma"[311]

El control de convencionalidad efectuado por la Corte Interamericana ante la irrecurribilidad mediante la acción de amparo de los actos del Consejo Supremo Electoral, lo que consideró como una violación del artículo 25.1 de la Convención, en relación con los artículos 1.1 y 2 de la misma, condujo a la Corte a requerir del Estado:

> "que adopte, dentro de un plazo razonable, las medidas legislativas necesarias para establecer un recurso judicial sencillo, rápido y efectivo que permita controlar las decisiones del Consejo Supremo Electoral que afecten derechos humanos, tales como los derechos políticos, con observancia de las garantías legales y convencionales respectivas, y derogue las normas que impidan la interposición de ese recurso."[312]

Debe mencionarse que en este aspecto, el juez Alejandro Montiel Argüello en un Voto Disidente de la misma sentencia, materialmente se limitó a constatar que la inconvencional exclusión de los "recursos de amparo en cuestiones electorales" en el ordenamiento jurídico de Nicaragua, ocurría "al igual que lo hacen las legislaciones de muchos otros países y también son muchos los países que al igual que Nicaragua excluyen del recurso de amparo las resoluciones judiciales por considerar que los recursos ordinarios son suficientes para garantizar los derechos humanos."[313]

Ello, en lugar de legitimizar la restricción nicaragüense lo que pone en evidencia es que en esos otros países la normativa también es violatoria de la Convención Americana, debiendo corregirse mediante el control de convencionalidad.

Otro supuesto de exclusión de las acciones de amparo contra actos de determinadas autoridades es el que subsiste en el Perú respecto de los recursos de amparo cuando se ejerzan contra actos del Consejo de la Magistratura mediante los cuales se destituya o ratifique a los jueces (art. 5,7) dictados en forma debidamente motivada y con previa audiencia del interesado.[314] Una disposición similar se encuentra en México donde la Ley de Amparo declara improcedente el juicio de amparo contra los actos del Consejo de la Judicatura Federal (art. Art. 61.III).

5. *El amparo contra las omisiones de entes públicos*

Aparte de los actos o acciones positivas de funcionarios o autoridades públicas o de individuos, el recurso de amparo también puede incoarse contra las omisiones de las autoridades cuando las correspondientes entidades o funcionarios públicos no

---

311 *Idem,* Párr. 175, 176.

312 *Idem,* Párr. 254.

313 *Idem,* Voto Disidente, Párr. 7.

314 Véase Samuel B. Abad Yupanqui, *El proceso constitucional de amparo*, Gaceta Jurídica, Lima 2004, p. 126.

cumplen con sus obligaciones generales, causando daño o amenazando los derechos constitucionales.

En estos casos de las omisiones de funcionarios públicos, la acción de amparo contra los mismos es admitida en general en América Latina, de manera de obtener, de parte de un tribunal, una orden dirigida contra el funcionario público obligándole a actuar en el asunto respecto del cual tiene autoridad o jurisdicción.

En todo caso, para que una omisión pueda sea objeto de una acción de amparo, debe infligir un daño directo al derecho constitucional del recurrente. Si en cambio se tratase de un derecho de rango legal, en algunos países como Venezuela, la acción de amparo será inadmisible estando la parte afectada obligada a utilizar los recursos judiciales ordinarios, como el recurso contencioso-administrativo por carencia u omisión.[315] A fin de determinar cuándo sea posible intentar la acción de amparo contra las omisiones de los funcionarios públicos, el elemento clave establecido por los tribunales en Venezuela se ha referido a la naturaleza de los deberes de los funcionarios públicos, de manera que la acción de amparo sólo es admisible cuando la materia haga referencia a un deber constitucional en general del funcionario, y no a deberes específicos conforme a una ley.

VII. LAS CONDICIONES DE LOS DAÑOS Y AMENAZAS PARA LA PROTECCIÓN CONSTITUCIONAL

La acción de amparo generalmente procede contra todos los daños infligidos a los derechos o garantía constitucionales, debiendo en general reunir las siguientes condiciones establecidas en las leyes de amparo latinoamericanas para que el amparo sea admitido: primero, los daños deben tener un carácter personal y directo en el sentido que los daños deben afectar personalmente al accionante; segundo, deben ser efectivos y reales; tercero, deben ser manifiesta u ostensiblemente arbitrarios, ilegales e ilegítimos; cuarto, los daños deben ser demostrados en el caso; quinto, el demandante no debe haberlos consentido; sexto, los daños deben ser reparables, siendo el proceso de amparo de carácter restablecedor; y séptimo, si se trata de amenazas deben ser inminentes, siendo el proceso de amparo e ese caso de carácter preventivo.

1. *El carácter personal y directo de los daños*

La primera condición de los daños infligidos a los derechos constitucionales del accionante para que una acción de amparo sea admisible, es que el mismo haya sufrido "un daño o amenaza directa, personal y actual a sus derechos constitucionales;"[316] es decir, que el demandante debe estar personalmente afectado. En conse-

---

315 Véanse las decisiones de la antigua Corte Suprema de Justicia, Sala Político-Administrativa del 5 de noviembre de 1.992, caso *Jorge E. Alvarado*, en *Revista de Derecho Público*, N° 52, Editorial Jurídica Venezolana, Caracas 1992, p. 187; y 18 de noviembre de 1.993 en la *Revista de Derecho Público*, N° 55-56, Editorial Jurídica Venezolana, Caracas 1993, p. 295.

316 Como, por ejemplo, ha sido decidido en Venezuela, al resolver la Antigua Corte Primera de lo Contencioso administrativo que es necesario que las acciones denunciadas afecten directamente la esfera subjetiva del accionante, quedando excluidas, en consecuencia, las conductas genéricas aun cuando afecten

cuencia, la acción de amparo no puede interponerse cuando los derechos afectados sean los de otra persona distinta del demandante o cuando los daños solo afecten al demandante de modo indirecto.[317]

El demandante, entonces, debe necesariamente ser la persona "afectada", como se le denomina en Argentina (art. 5) y Perú (art. 39); o la persona "agraviada", como se le denomina en Nicaragua (art. 23); o aquella que "sufre" el daño, como se le refiere a ella en Brasil (art. 1).

A pesar de la tendencia dominante de la procedencia del amparo solo cuando el daño sea directo y personal;[318] la ley de amparo mexicana protege los intereses legítimos ya sean individuales o colectivos; aunque la afectación tiene que ser real y directa." Igualmente el amparo se considera inadmisible cuando el daño o amenaza no sea atribuible a la persona señalada como la parte agraviante, es decir, cuando el daño no es causado personalmente por el demandado.[319]

2. *El carácter actual y real de los daños*

Pero además de afectar los derechos constitucionales del demandante, para que proceda la acción de amparo, los daños deben ser "actuales" en el sentido de que para el momento de intentar la acción, los daños o amenazas deben estar ocurriendo actualmente y no deben haber cesado o concluido. Esto está expresamente previsto en las leyes de amparo de Argentina (art. 1), República Dominicana (art. 65) y Uruguay (art. 1).

Esta misma regla se aplica en los Estados Unidos respecto de las *injunctions* en el sentido de que para que una persona pueda intentarla, debe evidenciar unos daños

---

tangencialmente. Véase sentencia de la Corte Primera de lo Contencioso-Administrativo del 2.12.93, en *Revista de Derecho Público*, n° 55–56, Editorial Jurídica Venezolana, Caracas, 1993, pp. 302–303.

317 Por eso es que, por ejemplo, la Constitución mexicana expresamente dispone a este respecto, la necesidad de que el demandante haya sufrido un daño "personal y directo" (art. 107.I), en el sentido que sus derechos constitucionales personales deben haber sido afectados directamente.

318 Véase Eduardo Ferrer Mac-Gregor, *La acción constitucional de amparo en México y España*, Editorial Porrúa, México, 2002, pp. 386–387.

319 En este sentido, por ejemplo, fue decidido por la antigua Corte Suprema de Justicia venezolana, en amparo intentado en 1.999 contra el Presidente de la República y que denunciaba como actos agraviantes las posibles medidas a ser tomadas por la Asamblea Constituyente Nacional, que el Presidente había convocado, una vez instalada la misma. La Corte consideró inadmisible la acción, considerando que las razones alegadas por el accionante, considerando que eran de naturaleza eventual e hipotética, lo que contradecía la necesidad de un daño objetico y real o una amenaza a uno derecho o garantía constitucional. a fin de que el amparo fuese admisible. La Corte argumentó además, que la acción de amparo constitucional tiene por objeto dar protección contra situaciones que en na forma directa pueden producir daño en relación con los derechos y garantías constitucionales del accionante, buscando la restauración de la situación jurídica infringida. En este caso, la persona identificada como agraviante (Presidente de la República) no puede ser quien produzca el eventual que pudiera condicionar los derechos electorales del accionante, así como el temor de que la modificación de la organización de los poderes constituidos, solo podría ser atribuido a los miembros que puedan ser electos a la Asamblea Nacional Constituyente, todavía no elegida. En consecuencia, en el caso, no existe la inmediata relación que es necesaria en materia de amparo, entre el accionante y el agraviante. Véase sentencia de 23.4.99 (caso *A. Albornoz*), en Rafael Chavero, *El nuevo régimen del amparo constitucional en Venezuela*, Ed. Sherwood, Caracas, 2001, p. 240.

actuales, sustanciales y graves o una posibilidad cierta de tales daños. Por tanto, un demandante no tendrá derecho a una *injunction*, cuando un daño en su contra no se evidencie como resultante de la actividad que se denuncia o se procura evitar.[320]

En otras palabras, los daños deben ser reales en el sentido de que deben haber ocurrido efectivamente; lo cual debe ser claramente demostrado por el demandante en el proceso. Es por eso que como lo resolvió la antigua Corte Suprema en Venezuela, la acción de amparo solo puede ser dirigida contra actos u omisiones perfectamente determinados, y no contra conductas genéricas; contra una actividad real y objetiva y no contra suposiciones relativas a la intención del presunto agraviante; y contra las consecuencias directas e inmediatas de las actividades del ente público o del funcionario.[321]

El carácter real y actual de los daños para intentar la acción de amparo implica que la acción no puede tener un carácter pasado o un futuro probable. Por ello se ha dicho que los daños en materia de amparo, deben estar vivos y presentes en toda su intensidad, en el sentido de que deben referirse al presente, no al pasado o a hechos que ya acaecieron, que pertenecen al pasado, o que ya acaecieron; al contrario debe tratarse de situaciones presentes, que se pueden incluso prolongar en el tiempo.[322]

Por tanto y como lo establece la jurisprudencia de la Corte Suprema de Justicia de México, la acción de amparo es inadmisible cuando es referida a hechos probables futuros;[323] o a actos que no han ocurrido todavía, o a daños que no solo no están presentes, sino que nunca podrían ser infligidos.[324]

Fue fundada en esta condición que precisamente, la antigua Corte Suprema de Justicia rechazó la posibilidad de que se intentasen acciones de amparo contra las leyes en casos en que tales acciones no fueran directamente aplicables, y exigieran de actos adicionales para su ejecución.[325]

Por otra parte, esta misma condición de que el daño o amenaza debe ser actual, implica que el mismo no debe haber cesado o concluido porque de lo contrario

---

320 Véase U.S. Boyle v. Landry, 401 U.S. 77, 91 S. Ct.758, 27 L. Ed. 2d 696 (1971), en John Bourdeau et al., "Injunctions," en Kevin Schroder, John Glenn and Maureen Placilla (Ed.), *Corpus Juris Secundum*, Vol. 43A, Thomson West, 2004, p. 66.

321 Véase la sentencia de la antigua Corte Suprema de Justicia, Sala Político-Administrativa del 2-12-1993, en *Revista de Derecho Público*, N° 55–56, Editorial Jurídica Venezolana, Caracas, 1993, pp. 302–303. Igualmente, sentencia del 14-8-1992 en *Revista de Derecho Público*, N° 51, Editorial Jurídica Venezolana, Caracas, 1992, p. 145.

322 Véase sentencia de la antigua Corte Primera de lo Contencioso-Administrativo del 7-5-1987 en el caso Desarrollo 77 C. A. en FUNEDA *15 años de Jurisprudencia de la Corte Primera de lo Contencioso Administrativo 1977–1992*, Caracas, 1994, p. 78.

323 Tesis jurisprudencial 74, *Apéndice al Semanario Judicial de la Federación, 1917–1988*, Segunda parte, Salas y Tesis Comunes, p. 123. Véase en Eduardo Ferrer Mac-Gregor, La acción constitucional de amparo en México y España, Edit. Porrúa, México, 2002, p. 395.

324 Véase Tesis 44 y 45. *Jurisprudencia de la Suprema Corte*, pp. 110, 113. Véase en Richard D. Baker, *Judicial Review in México. A Study of the Amparo Suit*, University of Texas Press, Austin, 1971, p. 96, note 12.

325 Véase sentencia de la antigua Corte Suprema de Justicia, Sala Político-Administrativa de 24-5-1993, en *Revista de Derecho Público*, N° 55–56, Editorial Jurídica Venezolana, Caracas, 1993, pp. 289–290.

–como está previsto expresamente en Argentina[326]- la demanda debe declararse inadmisible. También en las leyes de amparo de Honduras (art. 46,6) y Nicaragua (art. 51,3) se prescribe que el recurso al amparo es inadmisible cuando los efectos del acto impugnado ya han cesado; caso en el cual el juez puede rechazar la acción *in limine*. El mismo principio se aplica en México, donde la ley de amparo declara inadmisible la acción de amparo cuando los efectos del acto impugnado han cesado o, cuando aun subsistiendo, ya no pueden producir consecuencias legales o sustanciales porque han perdido su objeto o sustancia (art. 61.XXI). En Perú, el Código Procesal Constitucional también prescribe la inadmisibilidad de la acción de amparo cuando para el momento de su interposición, la amenaza o violación de los derechos constitucionales ha cesado (art. 5,5). Ese también es el caso, por ejemplo, cuando durante el curso del proceso, el acto impugnado es anulado.[327]

En consecuencia, a fin de conceder de la pretensión de amparo, los tribunales venezolanos han establecido que el daño no debe haber cesado antes que la decisión del juez sea tomada; por el contrario, si el daño ha cesado, el juez *in limine litis* debe declarar la inadmisibilidad de la acción.[328]

Por ejemplo, en el caso de acciones de amparo contra omisiones judiciales, si el juez ha emitido su decisión antes de que la acción sea interpuesta o durante el procedimiento, el daño puede considerarse como suspendido[329] y la acción de amparo debe declararse inadmisible.

En sentido similar, la Sala Constitucional de Costa Rica ha decidido que carece de interés jurisdiccional el examinar por ejemplo, las circunstancias de la suspensión de un acto impugnado, en casos en los cuales el acto ya haya sido anulado y cuando, para el momento de la interposición del recurso, la parte afectada ha sido restablecida en el ejercicio de sus derechos.[330]

---

326 Véase Alí Joaquín Salgado, *Juicio de amparo y acción de inconstitucionalidad*, Astrea, Buenos Aires, 1987, p. 27.

327 Al respecto, la Corte Primera de lo Contencioso-Administrativo dispuso la inadmisibilidad de una acción de amparo porque, durante los procedimientos, el acto impugnado fue rechazado. v. Sentencia del 14-8-1992, en *Revista de Derecho Público*, N° 51, Editorial Jurídica Venezolana, Caracas, 1992, p. 154.

328 Véase sentencia de 15-2-1992, en *Revista de Derecho Público* N° 52, Editorial Jurídica Venezolana, Caracas, 1992, p. 164; sentencia del 12-2-1992 de la Corte Primera de lo Contencioso-Administrativo, Caso *Allan R. Brewer-Carías*, en *Revista de Derecho Público,* N° 49, Editorial Jurídica Venezolana, Caracas, 1992, pp. 131–132; y sentencia de la antigua Corte Suprema de Justicia, Sala Político-Administrativa del 27.5.1993, en la *Revista de Derecho Público*, N° 53–54, Editorial Jurídica Venezolana, Caracas, 1993, p. 264.

329 Véase Rafael Chavero G., El nuevo régimen del amparo constitucional en Venezuela, Editorial Sherwood, Caracas 2001, pp. 237-238.

330 Véase sentencia n° 1051–97, en Rubén Hernández Valle, *Derecho Procesal Constitucional*, Editorial Juricentro, San José 2001, pp. 244–245. Pero en relación con el carácter actual del daño, es posible considerar que cuando un nuevo hecho modifica la situación anteriormente conocida y declarada y que no estaba presente en el momento que ocurrió el daño, es posible conceder la tutela antes denegada con base en el nuevo argumento, el cual puede arrojar un resultado distinto o contradictorio. Este caso puede ocurrir, por ejemplo, cuando el juez de amparo que debe resolver respecto de una situación específica, actual y determinada, le es pedido que determine la existencia de un nuevo hecho que ha ocurrido después de intentada la acción y que podría alterar o modificar la mencionada situación, en cuyo caso, la

El mismo principio rige en los Estados Unidos respecto de la condición de actualidad del daño para que pueda otorgarse la protección de un *injunction,* ya que en los casos federales, la norma es que debe tratarse de una controversia actual debe existir no solo al momento de la interposición de la acción sino a todo lo largo del proceso, aun a nivel judicial de revisión o *certiorari.*[331]

No obstante, este principio de la actualidad del daño tiene algunas excepciones. Por ejemplo, en Perú, aun cuando la misma norma general está establecida para la inadmisibilidad de la acción de amparo (cuando al momento de presentación, el daño a los derechos constitucionales ya ha cesado), el Código Procesal Constitucional ha autorizado a las cortes a continuar el procedimiento y también, en circunstancias específicas, a conceder la protección del amparo,[332] por ejemplo, cuando el objeto de la acción consiste en ordenar al demandado que se refrene de realizar nuevamente los actos u omisiones que provocaron la interposición de la demanda.

La misma excepción rige, por ejemplo, respecto de los efectos ya producidos por el acto impugnado. Por ejemplo, cuando para establecer responsabilidades civiles e indemnizaciones sean necesarias acciones judiciales adicionales, la protección del amparo puede concederse, aun cuando los efectos del acto impugnado hayan cesado, con el fin que pueda determinarse judicialmente la persona responsable, permitiéndose así la interposición subsiguiente de una acción solo indemnizatoria.

3. *El daño manifiestamente arbitrario, ilegal e ilegitimo*

Igualmente, para que la acción de amaro sea admitida, el daño o amenaza al derecho, además de ser directo, real y actual, debe ser manifiestamente arbitrario, ilegal o ilegítimo.

---

acción puede ser admitida y resuelta en protección del demandante, aun si antes había sido rechazada de antemano. *V.* sentencia de la Corte Suprema de Justicia de Venezuela, Sala Político-Administrativa del 5-8-1992, en *Revista de Derecho Público*, Nº 51, Editorial Jurídica Venezolana, Caracas, 1992, p. 145.

331 Sin embargo, en el importante caso *Roe v. Wade*, 410 U.S. 113 (1973), la Corte Suprema extendió los derechos de privacidad de la mujer derogando las leyes estadales que prohibían el aborto. La Corte reconoció que aunque este derecho de privacidad no estaba expresamente mencionado en la constitución, estaba garantizado como un derecho constitucional para proteger "la decisión de una mujer acerca de si terminar o no su embarazo" a pesar de admitir que la legislación de los estados podía regular los factores determinantes de la decisión de abortar en algún punto del embarazo con base en "garantizar la salud, mantener niveles médicos y proteger la vida en potencia." Pero el objeto de la controversia era que el embarazo llegó a término mientras el procedimiento era decidido, de forma que el daño alegado perdía su actualidad. No obstante, la Corte Suprema resolvió en el caso que "Cuando], como aquí, el embarazo es un hecho significativo del litigio, el período normal de gestación humana de 266 días es tan corto que el embarazo llegará a término antes que el procedimiento usual de apelación sea decidido. Si dicha terminación desvirtúa la demanda, rara vez los casos de embarazo superarán en algo a la fase probatoria y la instancia de apelación será en efecto negada. Nuestra ley no debe ser así de rígida. El embarazo sobreviene a la misma mujer más de una vez; y en la población en general, si la especie humana ha de sobrevivir, siempre estará presente. El embarazo provee una justificación clásica para terminar con la certeza. Efectivamente puede ser capaz de repetirse y, sin embargo, evadir el juicio." Véase M. Glenn Abernathy and Barbara A. Perry, *Civil Liberties under the Constitution*, University of South Carolina Press, 1993, pp. 4–5.

332 Véase Luis Sanz Dávalos, "Las innovaciones del Código Procesal constitucional en el proceso constitucional de amparo," en Susana Castañeda et al, *Introducción a los procesos constitucionales. Comentarios al Código Procesal Constitucional*, Jurista Editores, Lima 2005, p. 126.

Esta es, por ejemplo, la condición general expresamente establecida por la Ley de amparo argentina que prescribe que para que una acción de amparo sea admisible, el daño, es decir, la "lesión, restricción, alteración o amenaza a los derechos y garantías constitucionales" debe ser "manifiestamente arbitrario e ilegal" (art. 1). Esta condición de admisibilidad está establecida también en la Ley de amparo de la República Dominicana (art. 65); y en la Ley de amparo de Uruguay donde se lo establece como la necesidad de que el acto impugnado ostente una "ilegitimidad manifiesta" (art. 1). En este mismo sentido, la ley brasileña, respecto del *mandado de segurança*, dispone la necesidad de que la violación sea causada ilegalmente o con abuso de poder (art. 1).[333] Asimismo, en el Reglamento del Recurso de Amparo de 2.007 de Filipinas, se dispone que la violación debe ser provocada por un "acto u omisión ilegítima" (secc. 1).

Respecto de los actos de los poderes públicos, esta condición general de admisibilidad de la acción de amparo deriva del principio general de derecho público de la presunción de validez que beneficia los actos de estado, lo que implica que para superar tal presunción, el demandante debe demostrar que el daño causado es manifiestamente ilegal y arbitrario. El mismo principio se aplica en los Estados Unidos precisamente imponiendo al demandante para que procedan las *injunctions* contra actos administrativos, que pruebe las violaciones alegadas a fin de deshacer la presunción de validez de los mismos.[334]

La consecuencia de esta condición es que el acto u omisión impugnado debe ser manifiestamente como contrario al orden legal, es decir, a las normas de orden público establecidas en la Constitución, leyes y reglamentos; debe ser manifiestamente ilegítimo por carecer de soporte legal alguno; y debe ser manifiestamente arbitrario porque, viniendo de un acto irrazonable o injusto, el mismo es un acto contrario a la justicia y la razón.[335]

4. *El carácter evidente de los daños*

La condición de que los daños derivados de actos o amenazas, deben ser manifiestamente arbitrarios, ilegales e ilegítimos y deben afectar de manera directa e inmediata los derechos del demandante, implica que para la interposición de la acción

---

333 El principio también se aplica en Chile y Ecuador. v. Juan Manuel Errázuriz G. y Jorge Miguel Otero A., *Aspectos procesales del recurso de protección*, Editorial Jurídica de Chile, Santiago, 1989, pp. 51–55; Hernán Salgado Pesantes, *Manual de Justicia Constitucional Ecuatoriana*, Corporación Editora Nacional, Quito, 2004, p. 79.

334 Como lo han comentado M. Glenn Abernathy y Perry: "Los tribunales no presumen automáticamente que todas las restricciones a la libre elección son impropias. La carga es arrojada en la persona que impugna los actos, quien debe demostrar que los mismos son impropios. Esto se observa más fácilmente en los casos en los que la demanda alega que un acto de la legislatura es inconstitucional ... Los jueces también alegan que a los actos de los funcionarios públicos deben atribuírseles alguna presunción de validez. De manera que se presume que el funcionario público que elimina alimentos calificados por él como no aptos para el consumo tiene buenas razones para hacerlo. La persona cuya propiedad es eliminada de ese modo debe asumir la carga de probar mala fe de parte del funcionario si, como consecuencia de ello, es incoada una demanda." v. M. Glenn Abernathy and Barbara A. Perry, *Civil Liberties under the Constitution*, University of South Carolina Press, 1993, p. 5.

335 Véase Alí Joaquín Salgado, *Juicio de amparo y acción de inconstitucionalidad*, Astrea, Buenos Aires, 1987, pp. 28–29.

de amparo, tales daños deben ser evidentes, imponiendo así directamente sobre el demandante la carga de probar sus alegatos. Es decir, el demandante tiene la carga de desvirtuar la presunción de validez de los actos impugnados, debiendo fundamentar sus argumentos sobre bases razonables mediante la comprobación del carácter irrazonable de los actos u omisiones impugnados, y de que dichos actos u omisiones han perjudicado personal y directamente sus derechos.

También en esta materia, la regla procesal de amparo es similar a las normas sobre *injunctions*, tal como ha sido decidido por los tribunales de los Estados Unidos, según las cuales "la parte solicitando de una *injunction*, debe demostrar que el daño es evidente." [336]

Por consiguiente, en el procedimiento de amparo, el demandante tiene la carga de la prueba del daño o de las amenazas causadas a sus derechos, precisamente por parte del agraviante[337] Esto implica que cuando la prueba de los daños o amenazas puede establecerse mediante prueba escrita o documental, las leyes de amparo de Argentina (art. 7), Paraguay (art. 569) y Uruguay (art. 5) expresamente imponen al agraviado la obligación de adjuntarlas siempre a la demanda.

La prueba del daño puede también basarse, por ejemplo, en actos o conductas previas del demandado o en el patrón pasado de su conducta.[338]

5. *El carácter no consentido de los daños*

Finalmente, el daño a los derechos constitucionales que permiten la interposición de la demanda de amparo requiere no solo que sea actual, posible, real e inminente, sino que también tiene que ser no consentido por el agraviado; quien, además, no ha

---

336 Véase el caso *Mt. Emmons Min. Co. V. Town of Crested Butte*, 690 P.2d 231 (Colo. 1984), en John Bourdeau et al., "Injunctions," en Kevin Schroder, John Glenn and Maureen Placilla (Editors), *Corpus Juris Secundum*, Vol. 43A, Thomson West, 2004, p. 54.

337 Es por esto que los tribunales en Argentina, por ejemplo, han negado la acción de amparo contra amenazas no comprobadas; por ejemplo, cuando una madre intentó una demanda pidiendo protección policial a fin de evitar una orden de secuestro emitida por un tribunal extranjero en razón de que la existencia de la orden no estaba comprobada ni suficientes elementos para juzgar el caso fueron aportados a fin de probar que las autoridades locales dejarían de aplicar las disposiciones legales competentes para la ejecución en el país de sentencias extranjeras, las cuales disposiciones prescriben suficientes garantías para la defensa de los derechos y para la protección del orden público interno. Véase las referencias en Néstor Pedro Sagües, *Derecho Procesal Constitucional*, Vol. 3, "Acción de Amparo," Astrea, Buenos Aires, 1988, pp. 117; y en Rafael Chavero, *El nuevo régimen del amparo constitucional en Venezuela*, Ed. Sherwood, Caracas, 2001, pp. 190, 239.

338 Como fue el caso resuelto en los Estados Unidos en el caso *Galella v. Onassis* (S.D.N.Y. 1972), en el cual la esposa de J. F. Kennedy, ex-presidente de los Estados Unidos, interpuso una *injunction* contra un fotógrafo independiente para prevenir que violara los derechos de privacidad de ella con base en su previo patrón de conducta hostigante como periodista. Como fue resumido por Tabb and Shoben: "La evidencia demostraba que el fotógrafo había repetidamente incurrido en una conducta hostigante contra la familia Onassis para conseguir fotos y cada vez la conducta invasiva era de un tipo diferente. Fundado en el pasado patrón de conducta, la corte concluyó que esa conducta del fotógrafo continuaría indefinidamente en el futuro. La prueba de la inminencia era muy sólida porque el fotógrafo había incluso enviado publicidad a clientes anunciando futuras imágenes anticipadas de Onassis. Aun cuando el patrón de conducta era variado en los tipos de procedimientos invasivos, el carácter general de la conducta era de hostigamiento. Con suficiente evidencia, aun un patrón impredecible puede indicar inminencia." Véase William M. Tabb and Elaine W. Shoben, *Remedies*, Thompson West, 2005, p. 29.

debido provocarlo.[339] Es decir, el demandante no debe haber consentido expresa o tácitamente el impugnado acto o daño a sus derechos. Lo contrario, haría considerar inadmisible la acción de amparo.

Las leyes de amparo en esta materia distinguen dos posibles modalidades de conductas aprobatorias: el consentimiento expreso y el consentimiento tácito; también con algunas excepciones.

A. *El consentimiento expreso*

En cuanto al consentimiento expreso, según lo establecido en la Ley Orgánica de amparo venezolana el mismo existe cuando hay "signo inequívocos de aceptación" (art. 6,4) por parte del agraviado de los actos, hechos u omisiones causantes del daño, en cuyo caso la acción de amparo, será inadmisible.

Esta causal de inadmisibilidad está también expresamente regulada en la Ley de amparo de México, de acuerdo con la cual existe un consentimiento expreso del acto impugnado cuando hay "manifestaciones de voluntad que entrañen ese consentimiento" (art. 61.XIII). También en Nicaragua existe el consentimiento expreso respecto de "actos que hubieren sido consentidos por el agraviado de modo expreso" (art. 51,4); y en Costa Rica "Cuando la acción u omisión hubiere sido legítimamente consentida por la persona agraviada" (art. 30, ch).

En ciertos aspectos, esta causal de inadmisibilidad del procedimiento de amparo cuando existe consentimiento expreso por parte del agraviante, tiene también alguna equivalencia en los procedimientos de *injunctions* de los Estados Unidos contenida en la excepción de equidad denominada "estopell," y que está referida a las actuaciones del agraviante antes de interponer la demanda que sean incongruentes con los derechos que reclama en su acción.[340]

B. *El consentimiento tácito*

Aparte de los casos de consentimiento expreso, la otra causal de inadmisibilidad en el procedimiento de amparo ocurre en casos de consentimiento tácito del agraviado respecto del acto, hecho u omisión causante del daño a sus derechos; y opera cuando se en la ley establece un lapso preciso para interponer la demanda, y el mismo se haya agotado sin que la acción se haya interpuesto.

Esta causal de inadmisibilidad de la acción de amparo es también equivalente a lo que en el procedimiento de las *injunctions* en los Estados Unidos se denomina "*laches,*" con lo que persigue evitar que el agraviante obtenga la medida protectiva de equidad cuando no actuado con la celeridad debida para interponer la acción y

---

339 Véase Hernán Salgado Pesantes, *Manual de Justicia Constitucional Ecuatoriana*, Corporación Editora Nacional, Quito, 2004, p. 80.

340 El clásico ejemplo de una estópel, como medida, excepción o decreto judicial que consiste en una prohibición de conducta o acción, como la describen Tabb y Shoben "es que el demandante no puede invocar el derecho de equidad para reclamar una orden de remoción de una cerca de un vecino instalada sobre el lindero del lote si el demandante estuvo presente y observó la instalación de la cerca con pleno conocimiento de la ubicación de dicho lindero. El silencio del demandante, estando en conocimiento de los hechos, es un acto inconsistente con el título invocado en la corte." Véase William M. Tabb and Elaine W. Shoben, *Remedies*, Thomson West, 2005, pp. 50–51.

que se resume en la frase "la equidad asiste al diligente, no a aquellos que se queden dormidos en sus derechos."[341]

La diferencia entre la doctrina de los "*laches*" relativa a las *injunctions* y el concepto latinoamericano de consentimiento tácito reside básicamente en el hecho de que el término para interponer la acción de amparo en Latinoamérica está expresamente establecido en la leyes de amparo, de modo que el vencimiento del término sin la interposición de la acción es lo que se considera que produce el consentimiento tácito respecto del acto, el hecho o la omisión causante del daño.

En relación con esto, y solo con excepción de las leyes de Ecuador[342] y Colombia (donde por ejemplo, la Ley de Tutela dispone que la acción para de tutela puede interponerse en cualquier momento, art. 11), las leyes de amparo en Latinoamérica siempre prevén términos, contados en días y meses,[343] a los efectos de la interposición de la acción, considerándose tácitamente consentidos los actos, hechos u omisiones impugnados, cuando la acción no ha sido intentada en el término estipulado.

El sentido de esta causal de inadmisibilidad de la acción de amparo fue resumida por la antigua Corte Suprema de Justicia venezolana al argumentar que siendo la acción de amparo un medio especial, breve, sumario y efectivo de protección judicial de derechos constitucionales, es lógico que el legislador prescriba un preciso lapso de tiempo entre el momento en el cual se produce en daño y el momento en el cual el agraviado debe interponer la acción. Dejar transcurrir más de seis meses desde el momento en el cual se dictó acto lesivo para el ejercicio de la acción, es una

---

341 *Idem*, p. 48. Como se ventiló en el caso *Lake Development Enterprises, Inc. v. Kojetinsky*, 410 S.W. 2d 361, 367–68 (Mo. App. 1966): "'*Laches*' [del francés *lasche*: laxitud, negligencia] es la dejadez o negligencia por un período de tiempo irrazonable e inexplicado en circunstancias que permitían diligencia para hacer lo que debía hacerse en derecho. No hay un período fijo dentro del cual una persona debe afirmar sus derechos o ser inhabilitado mediante la medida de *laches*. La extensión de tiempo depende de las circunstancias del caso en particular. Una mera demora en afirmar un derecho no constituye de suyo una lache; la demora en cuestión debe operar en contra y en perjuicio del demandado. Laches es un asunto de hechos a ser determinada a partir de toda las pruebas y circunstancias alegadas en el juicio." Véase la referencia en Owen M. Fiss and Doug Rendelman, *Injunctions*, The Foundation Press, Mineola New York, 1984, pp. 102–103.

342 Véase Hernán Salgado Pesantes, *Manual de Justicia Constitucional Ecuatoriana*, Corporación Editora Nacional, Quito, 2004, p. 81.

343 El término en las leyes de amparo de América Latina está generalmente establecido por número de días contados a partir de la fecha del acto impugnado o del día que la parte agraviada entra en conocimiento de la violación: Argentina, 15 días (art. 2,e); Brasil, 120 días (art. 18); República Dominicana, 30 días (art. 3,b); Guatemala, 30 días (art. 20); Honduras, dos meses; México, 15 días como regla general pero con muchos otros lapsos para demandar con diferentes medidas de tiempo (arts. 21, 22 y 61.X); Nicaragua, 30 días (arts. 26; 51,4); Paraguay, 60 días (art. 567); Perú, 60 días (arts. 5,10; 44); Uruguay, 30 días (art 4). En Venezuela, el término es de seis meses (art. 23.4). En el caso de Chile, donde en ausencia de una ley reguladora de la acción de protección, el término para demandar (quince días) ha sido establecido por la Corte Suprema, suscitándose discusiones sobre la constitucionalidad de dichas normas, debido al criterio de que un término para demandar de ese tipo debe ser establecido solo por el legislador. Véase Juan Manuel Errázuriz and Jorge Miguel Otero A., *Aspectos procesales del recurso de protección*, Editorial Jurídica de Chile, Santiago, 1989, p. 130. En Costa Rica, la Ley de Jurisdicción Constitucional dispone que el recurso de amparo puede ser intentado en cualquier momento mientras dure la violación, amenaza, agravio o restricción, y hasta dos meses después que los efectos directos a la parte agraviada hayan cesado (arts. 35, 60). Este término para demandar puede ser también suspendido si la parte interesada decide intentar un recurso administrativo contra el acto en concreto (art. 31).

demostración del consentimiento del daño por parte del agraviado. Su indolencia debe ser sancionada, impidiendo que haga uso del remedio judicial que tiene su justificación precisamente en la urgente necesidad de restablecer la situación legal infringida.[344]

Como regla general en la materia, la consecuencia de vencerse el plazo sin intentarse la acción de amparo, considerando que se ha producido un consentimiento tácito, como lo prescribe expresamente la ley costarricense (art. 36),[345] no impide a la parte interesada intentar otros posibles recursos o acciones contra el acto causante del daño.

C. *Excepciones a la regla del consentimiento tácito*

Sin embargo, respecto de este consentimiento tácito, algunas excepciones han sido desarrolladas en la legislación de amparo.

Una primera excepción es la basada en la naturaleza de los derechos constitucionales a ser protegidos, de manera que un amparo puede ser intentado en cualquier momento respecto de derechos inviolables absolutos como el derecho a la vida o a no ser torturado. En este sentido, en la Ley de amparo mexicana se establece la excepción respecto de actos públicos que atenten contra la vida, la libertad personal, deportación o la conscripción militar forzosa (art. 22).[346] En estos casos, la acción de amparo puede ser intentada en cualquier momento, como es también es el del amparo para la protección de los derechos campesinos relativos a la tierra comunal (art. 217).

En Costa Rica, el artículo 20 de la Ley de Jurisdicción Constitucional, también establece como una excepción, la posibilidad de intentar una acción de amparo después de que se haya agotado el término, contra el riesgo de aplicación de una ley o reglamento inconstitucional a un caso particular, así como en los casos de la posibilidad manifiesta de la emisión de un acto que lesiona los derechos del agraviado.

En sentido similar, en Venezuela la Ley de amparo establece la excepción a la regla del consentimiento tácito en los casos de violaciones graves, continuadas y permanentes, que se identifican como violaciones a normas de orden público (art. 6,4),[347] que pueden afectar el ordenamiento general indispensable para la existencia de la comunidad.

---

344 Véase la sentencia del 24-10-1990 en *Revista de Derecho Público*, n° 44, Editorial Jurídica Venezolana, Caracas, 1990, p. 144.

345 Véase los comentarios en Rubén Hernández Valle, *Derecho Procesal Constitucional*, Editorial Juricentro, 2001, pp. 226–229, 243.

346 Véase Eduardo Ferrer Mac-Gregor, *La acción constitucional de amparo en México y España*, Editorial Porrúa, México, 2002, p. 331.

347 Como fue decidido por la Sala de Casación de la Corte Suprema en Venezuela en decisión del 3-4-1985 "el concepto de orden público permite que el interés general de la sociedad y del Estado prevalezca sobre los intereses particulares o individuales a los efectos de asegurar la vigencia o propósito de algunas instituciones." Véase la referencia en las sentencias de la antigua Corte Suprema de Justicia, Sala Político-Administrativa, del 1-2-1990, caso *Tuna Atlántica C.A.*, y sentencia del 30-6-1992 en la *Revista de Derecho Público*, N° 60, Editorial Jurídica Venezolana, Caracas, 1992, p. 157. En muchos casos, es el mismo legislador el que declara expresamente en una ley particular que sus disposiciones tienen carácter

Este concepto de "orden público" es importante porque aun cuando se haya vencido el término sin que se haya intentado la acción, los jueces podrían admitirla por razones de "orden público", desconociendo la aplicación de la regla del consentimiento tácito. Tal como fue decidido por la antigua Corte Primera de lo Contencioso Administrativo, al precisar que el consentimiento tácito por falta de ejercicio de la acción en el lapso legal no se produce en casos de extrema gravedad que constituyen una injuria a la conciencia jurídica, como sería el caso de la flagrante violación de derechos individuales "que no pueden denunciase por el agraviado, de la privación de la libertad, de la sumisión a tortura física o psicológica, tratos degradantes, daños a la dignidad humana u otros casos extremos"[348]

Por consiguiente, en tales casos donde ningún consentimiento tácito puede ser considerado como válido, el amparo judicial es admitido aun cuando el término para intentarlo se haya agotado.

La segunda excepción general a la regla del consentimiento tácito se refiere a situaciones donde el daño infligido a los derechos es de naturaleza continua, es decir, cuando están ocurriendo continuamente. En el mismo sentido, en los Estados Unidos, los "*laches*" no pueden alegarse para oponerse a una demanda de *injunction* intentada para evitar un ilícito que es de naturaleza continua.[349]

Por ejemplo, en Venezuela, en cuanto a esta excepción a la regla de la improcedencia de la acción de amparo por haberse vencido el plazo de seis meses para intentar la acción, se ha argumentado que no se aplica en los casos de una cadena de eventos (hechos continuados o permanentes) que debido a su constancia y reincidencia, permitan presumir que el agraviado está actualmente amenazado por los hechos repetidos, de los cuales no se puede producir consentimiento.[350]

Otras excepciones al consentimiento tácito se refieren a casos en los cuales existen situaciones de hecho que implican la imposibilidad de intentar la acción. Por ejemplo, en Honduras, está expresamente dispuesto que la acción puede intentarse luego que se haya agotado el término, cuando la imposibilidad de intentarla se pueda comprobar debidamente (art. 46,3); y en sentido similar, la ley uruguaya también

---

de 'orden público', en el sentido que sus normas no pueden ser modificadas mediante contratos. v. sentencia de la antigua Corte Suprema de Justicia, Sala Político-Administrativa, del 22-3-1988 en *Revista de Derecho Público*, N° 34, Editorial Jurídica Venezolana, Caracas, 1988, p. 114.

348 Véase sentencias de la Corte Primera de lo Contencioso-Administrativo de 13-10-1988 en *Revista de Derecho Público*, nº 36, Editorial Jurídica Venezolana, Caracas, 1988, p. 95; de la antigua Corte Suprema de Justicia, Sala Político-Administrativa, de 1-11-1989 en *Revista de Derecho Público*, n° 40, Editorial Jurídica Venezolana, Caracas, 1989, p. 111; y de la Sala de Casación de la misma Corte Suprema de Justicia del 28-6-1995 (Exp. N° 94–172). v. la referencia en Rafael Chavero G., *El nuevo régimen del amparo constitucional en Venezuela*, Editorial Sherwood, Caracas, 2001, p. 188, nota 178. Véase igualmente otra sentencia en la materia en las pp. 214-246.

349 Véanse los casos *Pacific Greyhound Lines v. Sun Valley Bus Lines*, 70 Ariz. 65, 216 P. 2d 404, 1950; y *Goldstein v. Beal*, 317 Mass. 750, 59 N.E. 2d 712, 1945. Véase en John Bourdeau et al., "Injunctions," en Kevin Schroder, John Glenn and Maureen Placilla (Ed.), *Corpus Juris Secundum*, Vol. 43A, Thomson West, 2004, p. 329.

350 Véase sentencia del 22-10-1990, caso *María Cambra de Pulgar*, en *Revista de Derecho Público*, nº 44, Editorial Jurídica Venezolana, Caracas, 1990, pp. 143–144.

dispone la excepción para los casos en los cuales el agraviado ha estado impedido de intentar la acción por "justa causa" (art. 4).

En México, particularmente respecto del amparo contra las leyes, la Ley de amparo prescribe que la acción no solo puede intentarse contra la ley sino que también puede intentarse cuando se haya agotado el plazo, contra el primer acto en aplicación de la misma; de manera que la regla del consentimiento tácito aplica en este caso solo cuando este acto no haya sido impugnado (art. 61.X).[351]

En Venezuela, la Ley Orgánica de Amparo de 1988 también regula algunas excepciones a la regla del consentimiento tácito, cuando la acción de amparo sea intenta conjuntamente con otra acción de nulidad, caso en el cual no se aplica el término general de seis meses previsto para la interposición de la acción. Esta es la regla en caso de daños o amenazas producidos por actos administrativos u omisiones de la Administración cuando la acción de amparo se intenta conjuntamente con la acción de nulidad de los actos administrativos o contra las omisiones administrativas.[352]

6 *El carácter reparable de los daños y el carácter restablecedor del proceso de amparo.*

Como antes se dijo, el daño infligido a los derechos constitucionales que justifica la interposición de una acción de amparo, además de las condiciones antes analizadas, debe cumplir dos otras condiciones, dependiendo de si se trata de daños o amenazas de daño.

Si se trata de un daño infligido a los derechos de las personas, debe tratarse de un daño reparable, teniendo por objeto el proceso de amparo el restablecimiento del disfrute del derecho. De allí su carácter restaurador. Pero si se trata de amenaza de daño ocasionada al derecho, la misma debe ser inminente, estando el amparo dirigido a prevenir o impedir que la violación ocurra, teniendo el proceso en este caso, el mismo un carácter preventivo.

A. *El carácter restaurador del proceso amparo en relación con los daños*

En efecto, en caso de daños, el procedimiento de amparo tiene por objeto restablecer al agraviado en el goce del derecho lesionado, restableciendo la situación que existía para cuando el derecho fue lesionado, eliminando o suspendiendo, si fuese necesario, el acto o hecho perjudicial.

En este sentido, la acción de amparo también tiene similitudes con las *injunctions* reparadoras en los Estados Unidos, las cuales procuran eliminar los efectos de un

---

351 Véase Eduardo Ferrer Mac-Gregor, *La acción constitucional de amparo en México y España*, Editorial Porrúa, México, 2002, p. 391; Richard D. Baker, *Judicial Review in México. A Study of the Amparo Suit*, University of Austin Press, Austin, 1971, p. 172.

352 En sentido similar, la regla del consentimiento tácito tampoco es aplicable en caso de actos u omisiones administrativas cuando la acción de amparo es intentada junto con la acción de nulidad contra actos u omisiones administrativas. En este caso, debido a la pretensión constitucional, como lo estableció la derogada Ley Orgánica de 1988, la acción de nulidad podía intentarse en cualquier momento (art. 5).

ilícito cometido o conminar al agraviante a iniciar acciones dirigidas a corregir esos efectos lesivos.[353]

Sin embargo, en algunas situaciones, debido a la naturaleza efectiva del daño infligido, los efectos restauradores no pueden obtenerse, en cuyo caso, la decisión de amparo debe tender a colocar los derechos del accionante en la situación más cerca o más similar a la que existía antes de que se produjera la lesión.[354]

B *La condición específica del daño: su carácter reparable*

Debido al carácter restaurador del amparo, la principal condición especifica que los daños deben tener para que una petición de amparo sea acordada, es que los mismos tengan un carácter reparable. Así como lo dispone, por ejemplo, la Ley Orgánica de amparo en Venezuela, al prever que las acciones de amparo son improcedentes cuando "la violación del derecho o la garantía constitucional, constituya una evidente situación irreparable, no siendo posible el restablecimiento de la situación jurídica infringida o la que más se le asemeje." (art. 6.3) En estos casos, la ley define como actos que configuran situaciones irreparables mediante la acción de amparo, aquellos que "no puedan volver las cosas al estado que tenían antes de la violación" (art. 6.3).

La principal consecuencia de este carácter reparable del daño y de los efectos restauradores del proceso de amparo, es que a través de la acción de amparo no es posible crear situaciones jurídicas nuevas para el agraviado ni tampoco es posible modificar las actuales.[355].

---

353 Como lo ha explicado Owen M. Fiss, para ver cómo funciona, y asumiendo por ejemplo que ha ocurrido algún ilícito, como un acto discriminatorio, el objeto de la *injunction* –concebida clásicamente como un instrumento preventivo- sería prevenir la recurrencia de la conducta dañina en el futuro (terminar con la discriminación y no volver a hacerlo). Pero en el caso *United States v. Louisiana* (380 U.S. 145, (1965)), relativo a una discriminación electoral, el magistrado Black identificó todavía otro objetivo de la *injunction*, que es la eliminación de los efectos del ilícito ejecutado (la discriminación realizada). La *injunction* reparadora –por mucho tiempo concebida por los autores del siglo XIX, como High (A *Treatise on the Law of Injunction* 3, 1873), como una imposibilidad analítica- fue por eso consagrada. Y por el mismo estilo, les fue ordenado a los funcionarios electorales no solo terminar con la discriminación en las elecciones futuras sino también dejar sin efecto una pasada elección e instalar una nueva manera de remover cualquier traza de discriminación como la que contaminó la anterior (*Bell v. Southwell*, 376 F.2de 659 (5TH Cir. 1976). Igualmente, a funcionarios públicos de un programa de vivienda se les ordenó cesar con la discriminación con base racial en su selección para la asignación de futuras viviendas, y que construyeran viviendas en áreas de habitantes blancos de manera de eliminar los efectos de una política segregacionista que derivaba de ubicar proyectos públicos de vivienda solo en las áreas de habitantes negros de la ciudad (*Hills v. Gautreaux*, 425 U.S. 284 (1976)). Véase en Owen M. Fiss, *The Civil Rights Injunction*, Indiana University Press, 1978, pp.7–10.

354 En este sentido, la antigua Corte Suprema de Justicia venezolana expresó que "una de las principales características de la acción de amparo es el ser un medio judicial restablecedor, cuya misión es restablecer la situación infringida o, lo que es lo mismo, colocar de nuevo al agraviado en el goce de sus derechos constitucionales lesionados. Véase la sentencia de 6-2-1996, caso *Asamblea legislativa del Estado Bolívar*, en Rafael Chavero, *El nuevo régimen del amparo constitucional en Venezuela*, Ed. Sherwood, Caracas, 2001, pp. 185, 242–243.

355 Véase las sentencias de la antigua Corte Suprema de Justicia, Sala Político-Administrativa del 27-10-1993, caso *Ana Drossos,* y de 4-11-1993, caso *Partido Convergencia*, en *Revista de Derecho Público*, nº 55–56, Editorial Jurídica Venezolana, Caracas, 1993, p. 340.

En este sentido, por ejemplo, la Sala Constitucional del Tribunal Supremo de Justicia negó una solicitud de asilo a un accionante, formulada mediante una acción de amparo, porque lo que éste buscaba con la misma era más bien obtener la ciudadanía venezolana sin cumplir las condiciones y procedimientos administrativos establecidos. La Sala declaró en ese caso que la acción había sido "interpuesta a fin de que esta Sala dicte mandamiento de amparo, consistente en la legalización del actor [...] lo cual se traduciría en la constitución o creación de un status civil y jurídico que no ostentaba el solicitante antes de la interposición de la presente acción de amparo constitucional."[356]

Por consiguiente, en relación con daños, los efectos restablecedores de los procedimientos de amparo imponen la necesidad de que el daño tenga un carácter reparable para que los tribunales puedan restablecer las cosas al estado o situación que tenían para el momento del daño, eliminando el hecho o acto lesivo impugnado. Por el contrario, cuando la violación a un derecho constitucional resulta tener un carácter irreparable, la acción de amparo es inadmisible.

Esto es congruente con el objetivo principal del proceso de amparo tal como se dispone, por ejemplo, en el artículo 29 de la Constitución venezolana y el artículo 1 de la Ley de amparo, en el sentido de que el mismo procura que se "restablezca inmediatamente la situación jurídica infringida o la situación que más se asemeje a ella."[357] En el mismo sentido, las leyes de amparo de México (art. 61.XVI) y Honduras (art. 46,5), expresamente establecen que en caso de daños infligidos a derechos constitucionales, la acción de amparo solo puede ser intentada cuando el daño es reparable y reversible; siendo la acción inadmisible cuando el acto lesivo causante del daño ya ha sido ejecutado o cuando sus efectos ya han sido agotados o consumados en forma irreparable. Es decir, las acciones de amparo no pueden ser el remedio adecuado en relación con un *fait accompli* o situaciones irreparables.

El ejemplo clásico en México sobre esta condición de admisibilidad de la acción de amparo es la situación creada por una sentencia de muerte ya ejecutada,[358] en

---

356 Véase la sentencia de 20-1-2000, caso *Domingo Ramírez Monja*, en Rafael Chavero, *El nuevo régimen del amparo constitucional en Venezuela*, Ed. Sherwood, Caracas, 2001, p. 244. En otra sentencia dictada el 21-4-1999, caso *J. C. Marín*, la antigua Corte Suprema en el mismo sentido declaró inadmisible una acción de amparo en un caso en que el accionante pedía ser designado juez de un tribunal específico o que fuese colocado en una situación jurídica que no tenía antes que el acto impugnado fuese dictado. La Corte decidió que en el caso era imposible intentar una acción de amparo con ese objetivo, declarándolo inadmisible. Para ello, la Corte argumentó sobre la característica de la acción de amparo que su "efecto restablecedor" en cuanto a la situación jurídica infringida, de manera que la misma es inadmisible cuando el restablecimiento de una situación es imposible; cuando mediante la acción el agraviado busca una compensación de los daños, ya que esta no puede sustituir los derechos lesionados; o cuando el demandante lo que pretende es que la Corte le cree un derecho o na situación que no existía antes de que se produjera el acto, hecho u omisión lesivas. Todo ello, lo que implica es la "exclusión de la posibilidad de que el amparo tenga efectos constitutivos". *Idem*, pp. 244–245.

357 Véase sentencia de la antigua Corte Primera de lo Contencioso-Administrativo venezolana de 14-1-1992, en *Revista de Derecho Público*, Nº 49, Editorial Jurídica Venezolana, Caracas, 1992, p. 130; y sentencia de la antigua Corte Suprema de Justicia, Sala Político-Administrativa de 4-3-1993 en *Revista de Derecho Público*, Nº 53-54, Editorial Jurídica Venezolana, Caracas, 1993, p. 260.

358 Tesis 32, II, 90. *Jurisprudencia de la Suprema Corte*. Véase la referencia en Richard D. Baker, *Judicial Review in México. A Study of the Amparo Suit*, University of Austin Press, Austin, 1971, p. 95, note 11.

cuyo caso sería completamente irrelevante intentar una acción de amparo. Es por eso que en México, esta condición de inadmisibilidad aplica a todos los casos cuando es material y jurídicamente imposible retornar a la parte lesionada a la posición que tenía antes de la violación[359]; o cuando en términos generales, el acto impugnado es efectivamente irreparable debido a que es físicamente imposible devolver las cosas al estado que tenían antes de la violación.[360]

Esta es también una condición general para la admisibilidad de las *injunctions* en los Estados Unidos, donde los tribunales han declarado que dado que su objeto es evitar acciones aun no tomadas, la misma no puede ser intentada para frenar una acción que ya ha sido cumplida para el momento cuando la acción se ha intentado ante los tribunales en vista de que el daño ya ha sido causado.[361]

En este mismo sentido, por ejemplo, la antigua Corte Suprema de Justicia de Venezuela declaró inadmisible una acción de amparo contra un cobro indebido de impuestos después que el impuesto fue pagado, considerando que en tal caso no era posible restablecer la situación infringida.[362] También en relación con los derechos de maternidad de las mujeres, los tribunales venezolanos han declarado inadmisible la acción de amparo que procura la protección de los derechos del permiso de maternidad después del nacimiento del niño, declarando que era imposible para la actora el ser restablecida en el derecho presuntamente violado de disfrutar el permiso de maternidad durante seis meses antes y después del parto, porque al decidir se estaba en presencia de una situación irremediable que no podía ser restablecida debido al hecho de que era imposible devolver el tiempo pasado.[363]

En otros casos, la misma antigua Corte Suprema de Justicia consideró inadmisible acciones de amparo cuando la única manera de restablecer la situación jurídica infringida era mediante la declaración de nulidad de un acto administrativo, lo cual el juez de amparo —cuando el amparo contra actos administrativos se intente ante un juez civil— no puede hacer.[364]

---

359 *Idem*, p. 96.

360 Tesis "Actos consumados de modo irreparable," *Apéndice al Semanario Judicial de la federación 1917-1988*, Segunda Parte, Salas y Tesis Comunes, pp. 106–107. Véase en Eduardo Ferrer Mac-Gregor, *La acción constitucional de amparo en México y España*, Edit. Porrúa, México, 2002, p. 388, notas 232–233.

361 "No hay causa para decretar una *injunction* a menos que el ilícito alegado esté actualmente ocurriendo, amenace de hecho o se espere con razonable probabilidad. Un tribunal no puede restringir un acto después que se ha realizado. Un acto que ha sido realizado de tal forma que ya no presente una controversia judicial, no da pie para el decreto de una *injunction*." Véase los casos *County of Chesterfield v. Windy Hill, Ltd.*, 263 Va. 197, 559 S.E. 2d 627 (2002); *Kay v. David Douglas School Dist.* N° 40, 303 Or. 574, 738 P 2d 1389, 40 Ed. Law Rep. 1027 (1987); *Exparte Connors*, 855 So. 2d 486 (Ala. 2003); *Patterson v. Council on Probate Judicial Conduct*, 215 Conn. 553, 577 A. 2d 701 (1990), en John Bourdeau *et al*, "Injunctions," en Kevin Schroder, John Glenn, Maureen Placilla (Editors), *Corpus Juris Secundum*, Vol. 43A, Thomson West, 2004, p. 73.

362 Véase la sentencia de la antigua Corte Suprema de Justicia, Sala Político-Administrativa del 21-3-1988 en *Revista de Derecho Público*, nº 34, Editorial Jurídica Venezolana, Caracas 1988, p. 114.

363 Véase sentencia de la antigua Corte Primera de lo Contencioso-Administrativo del 17-9-1989, en *Revista de Derecho Público*, nº 40, Editorial Jurídica Venezolana, Caracas 1989, p. 111.

364 Véase sentencia de la antigua Corte Suprema de Justicia, Sala Político-Administrativa de 1-11-1990, en *Revista de Derecho Público*, nº 44, Editorial Jurídica Venezolana, Caracas, 1990, pp. 152–153. Igual-

Estas tendencias generales acerca del carácter reparable de los daños y los efectos restauradores o restablecedores del proceso de amparo pueden ser consideradas las tendencias generales de las leyes de amparo en Latinoamérica.

Como antes se dijo, está el caso de México, donde el artículo 61.XVI de la Ley de amparo prescribe que el amparo es inadmisible contra actos decididos en un procedimiento judicial o administrativo cuando las infracciones reclamadas (debido al cambio de la situación jurídica) han ocurrido de manera irreparable. Es también la tendencia general en Colombia donde la ley de tutela dispone que la acción sea inadmisible "Cuando sea evidente que la violación del derecho originó un daño consumado, salvo cuando continúe la acción u omisión violatoria del derecho" (art. 6.4).

De estas regulaciones se puede sostener, en conclusión, que el proceso de amparo tiene naturaleza esencialmente restablecedora, lo que implica que el daño ilegítimo puede ser detenido o modificado a fin de que la situación del accionante sea restablecida por una orden judicial; o si el daño tiene efectos continuos, para lograr su suspensión. Sobre esos efectos ya cumplidos, la naturaleza restauradora del amparo implica la posibilidad de retrotraer las cosas al estado que tenían antes que el daño se iniciara. Por consiguiente, lo que el juez de amparo no puede hacer es crear situaciones que eran inexistentes para el momento de la interposición de la acción; o corregir los daños infringidos a derechos cuando ya es muy tarde para hacerlo.[365]

A este respecto, por ejemplo, refiriéndose al derecho a la protección de la salud, la antigua Corte Suprema de Justicia venezolana, en un caso relativo a la protección de la salud, consideró que el amparo era el medio judicial adecuado, porque el juez "podía ordenar a la autoridad competente que asumiera precisas conductas para el tratamiento médico del agraviado." En el caso, con la demanda de amparo, el agraviante buscaba tener un particular y adecuado tratamiento a su salud, que podía obtenerse vía la acción de amparo que buscaba restablecer su derecho lesionado. En el caso, dijo la Corte, la demandante no estaba buscando que se le reestableciera su salud al estado que antes tenía, sino a tener un particular tratamiento de salud, lo que consideró perfectamente válido"[366]

En el Perú, el Código Procesal Constitucional, también prescribe que la acción de amparo -así como todos los procesos constitucionales-, son inadmisibles cuando

---

mente sentencia de la antigua Corte Primera de lo Contencioso-Administrativo de 10-9-1992 en la *Revista de Derecho Público*, nº 51, Editorial Jurídica Venezolana, Caracas 1992, p. 155.

365 Como lo decidió la antigua Corte Primera de lo Contencioso-Administrativo en relación con una orden municipal para la demolición de un edificio, en el sentido de que si la demolición ya estaba ejecutada, el juez de amparo no podía decidir el caso por el carácter irreparable del daño. Véase sentencia de 1-1-1999, caso *B. Gómez*, en Rafael Chavero, *El nuevo régimen del amparo constitucional en Venezuela*, Ed. Sherwood, Caracas 2001, p 242. La Corte Primera también declaró en un caso decidido el 4-2-1999, caso *C. Negrín*, con respecto a un concurso de cátedra en una universidad pública que lo que pretendía la parte agraviada era que se la inscribiera en el mencionado concurso de cátedra (Farmacología en la Escuela de Medicina), lo que al tiempo de decidir era imposible pues el lapso para ello había terminad un año antes, por lo que el daño producido debía ser considerado irreparable mediante la acción de amparo. *Idem*, p. 243.

366 Véase la sentencia de 3-3-1990 en *Revista de Derecho Público*, Nº 42, Editorial Jurídica Venezolana, Caracas 1990, p. 107.

al momento de su interposición, la violación a los derechos constitucionales se han convertido en irreparables (art. 5,5).

7. *El carácter preventivo del proceso de amparo contra las amenazas de carácter inminente*

El proceso de amparo no es solo un medio judicial que procura el restablecimiento de los derechos constitucionales lesionados, sino que es también un medio judicial instituido para la tutela de dichos derechos en contra de las amenazas ilegítimas que los violan.

En estos casos, el proceso de amparo tiene un carácter preventivo -en el sentido de evitar un daño-, similar a las *injunctions* preventivas de los derechos civiles en los Estados Unidos que procuran "prohibir la ocurrencia de algún acto, o serie de ellos, en el futuro,"[367] y que están diseñadas "para evitar un futuro daño a una persona a través de la prohibición u orden de cumplir una determinada conducta por parte de otra persona."[368]

Sería absurdo que la persona afectada, teniendo pleno conocimiento de la ocurrencia próxima de un daño, esperase pacientemente a que el acto dañino se produjese, con todas sus consecuencias, para intentar la acción de amparo. Por el contrario, la persona tiene derecho a accionar en procura de una orden judicial que prohíba el acto a cumplirse, evitando así la ocurrencia del daño.

La principal condición para esta posibilidad de intentar acciones de amparo contra amenazas a derechos constitucionales –como lo prevén expresamente las leyes de amparo nicaragüense (arts. 51, 57, 79), peruana (art. 2) y venezolana (art. 2; 6,2)- es que ellas deben ser reales, ciertas, inmediatas, inminentes, posibles y factibles.

Por otra parte, existen algunos derechos constitucionales que en general lo que necesitan es esencial y precisamente la protección contra las amenazas, como el derecho a la vida, por ejemplo, en casos de amenazas inminentes de muerte, porque de lo contario tanto el derecho como la protección perderían todo sentido. En este caso, la única manera de garantizar el derecho a la vida es evitando que se materialicen las amenazas de muerte, por ejemplo, mediante la efectiva protección policial de la persona.

Ahora bien, si la condición principal específica para la admisibilidad del amparo contra daños a derechos constitucionales es su carácter reparador o restablecedor; respecto de las amenazas, la condición principal específica es que ellas han de ser de carácter inminente.

Esta condición está también expresamente establecida en las leyes de amparo, por ejemplo, de República Dominicana (art. 91), Nicaragua (arts. 51, 57, 79) Perú (art. 2) y Venezuela (arts. 6..2), que disponen que para intentar una acción de amparo contra amenazas, éstas han de ser no solo reales, ciertas, posibles y factibles, sino que además, deben tener un carácter de inmediatez e inminencia que causen temor a las personas o el sentimiento de peligro respecto de sus derechos. Por el contrario, si

---

367 Véase Owen M. Fiss, *The Civil Rights Injunction*, Indiana University Press, 1978, p. 7.

368 Véase William M. Tabb and Elaine W. Shoben, Remedies, Thompson West, 2005, p. 22.

el caso se refiere a situaciones en las cuales ya hay un daño causado, y el hecho ya se ha cumplido, ya ninguna amenaza es posible.[369]

En consecuencia, para intentar una acción de amparo contra una amenaza, ésta debe consistir en un potencial daño o violación, que debe ser inminente en el sentido de que puede ocurrir pronto; siendo esta misma regla (la del carácter de inminencia de la amenaza) aplicada en los Estados Unidos como condición esencial para autorizar *injunctions* preventivas. Esto significa que los tribunales deben dictar *injunctions* solo cuando la amenaza sea inminente, prohibiendo futuras acciones; y no cuando la amenaza sea considerada remota, potencial o especulativa.[370]

En el mismo sentido que los amparos en los países latinoamericanos, las *injunctions* en los Estados Unidos no pueden ser dictadas "para simplemente aliviar temores y aprehensiones o para calmar las ansiedades de las personas, puesto que tales temores y aprehensiones pueden existir sin razones sustanciales y ser absolutamente infundadas o especulativas."[371] Las *injunctions*, al igual que el amparo, son recursos

369 Con respecto a esta condición, por ejemplo, la Corte Constitucional de Colombia ha dicho que: "La amenaza a un derecho constitucional fundamental tiene múltiples expresiones: puede estar referida a las circunstancias específicas de una persona respecto al ejercicio de aquel; a la existencia de signos positivos e inequívocos sobre el designio adoptado por un sujeto capaz de ejecutar actos que configuren la violación del derecho; o estar representada en el desafío de alguien (tentativa), con repercusión directa sobre el derecho de que se trata; también puede estar constituida por actos no deliberados pero que, atendiendo a sus características, llevan al juez de tutela al convencimiento de que si él no actúa mediante una orden, impidiendo que tal comportamiento continúe, se producirá la violación del derecho; igualmente pueden corresponder a una omisión de la autoridad cuya prolongación en el tiempo permite que aparezca o se acreciente un riesgo; también es factible que se configure por la existencia de una norma - autorización o mandato- contraria a la preceptiva constitucional, cuya aplicación efectiva en el caso concreto sería en sí misma un ataque o un desconocimiento de los derechos fundamentales." Véase la referencia a la decisión T-349 del 27-8-1993 en Rafael Chavero, *El nuevo régimen del amparo constitucional en Venezuela*, Ed. Sherwood, Caracas, 2001, pp. 238–239. En el mismo sentido, véase la sentencia de la antigua Corte Primera de lo Contencioso-Administrativo venezolana de 16-7-1992, en *Revista de Derecho Público*, nº 51, Editorial Jurídica Venezolana, Caracas 1992, p. 155.

370 En el caso *Reserve Mining Co. v. Environmental Protection Agency* 513 F.2d, 492 (8th Cir 1975), el tribunal de circuito no dictó la *injunction* solicitada para que se ordenara a la Reserve Mining Company que cesara la descarga de desechos de su planta procesadora de hierro mineral, en Silver Bay, Minnesota, por afectar el medio ambiente de Silver Bay y a las aguas del Lake Superior, porque aun cuando el accionante ha demostrado que las descargas dan origen a una "amenaza potencial a la salud pública ... ningún daño que haya ocurrido a la salud pública a la fecha se ha demostrado y el peligro a la salud no es inminente. La evidencia reclama medidas de prevención y cautela. No existe razón alguna que requiera que Reserve corte sus operaciones de inmediato." Véase los comentarios en Owen M. Fiss and Doug Rendelman, *Injunctions,* The Foundation Press, Mineola, New York, 1984, pp. 116 ff. En otro caso, muy citado, *Fletcher v. Bealey*, 28 Ch. 688 (1885), se hace referencia a depósitos de desechos del demandado en terrenos del accionante y el juez declaró que, dado que la acción es interpuesta para prevenir daños continuos bajo una acción *quia-timet*, dos ingredientes son necesarios: "Si ningún daño presente es demostrado, debe haber prueba de un peligro inminente y también debe haber prueba de que el daño temido, si acaece, será muy sustancial. Casi debería decir que debe ser demostrado que el daño será irreparable porque si no se prueba que el peligro es tan inminente (como para que nadie dude de que si se demora la medida el daño ocurrirá), pienso que debe demostrarse que de ocurrir el daño, efectivamente y en cualquier momento, será de tal modo y bajo tales circunstancias que será imposible para el accionante protegerse contra el mismo si la medida le es negada en una acción quia timet." Véase la referencia en *Idem*, pp. 110–111.

371 Véase casos *Callis, Papa, Jackstadt & Halloran, P.C. v. Norkolk and Western Ry. Co.*, 195 Ill. 2d 356, 254 Ill. Dec. 707, 748 N. E.2d 153 (2001); *Frey v. DeCordova Bend Estates Owners Ass'n*, 647 S.W2d

extraordinarios "diseñados para prevenir un daño serio y no han de ser utilizadas para proteger una persona de meras inconveniencias o de daños especulativos o insustanciales."[372]

Esta condición, como se dijo, también está establecida generalmente en las leyes de amparo latinoamericanas. Por ejemplo, en Venezuela, de acuerdo con la Ley de Amparo las amenazas que pueden ser controladas mediante las acciones de amparo deben ser inmediata (art. 6.2), de manera que la acción de amparo es improcedente cuando la amenaza o violación de un derecho constitucional ha cesado o terminado (art. 6.1) o cuando la amenaza contra un derecho o garantía constitucional no es "inmediata, posible y realizable" (art. 6.2).[373]

En un sentido similar, la Sala Constitucional de la Corte Suprema de Costa Rica ha establecido que "el amparo contra amenazas en relación con derechos fundamentales sólo puede acordarse si la amenaza es cierta, real, efectiva e inminente (Art. 29, Ley); en consecuencia, esos probables perjuicios que no son capaces de ser objetivamente captados no pueden ser protegidos mediante amparo."[374]

En el mismo sentido y respecto del carácter inminente de la amenaza, los tribunales en México han declarado que ésta debe ser suficientemente demostrada como una amenaza que está a punto de ocurrir, debido a que, por ejemplo, algunos actos ya se han realizado o debido a que se puede considerar que algunos actos ocurrirán como consecuencia ineludible de hechos anteriores (que han sido asimismo también demostrados).[375] Esto distingue las acciones inminentes de aquellas que ya ocurrieron o de aquellas que, a lo mejor, ocurrirán en el futuro.

La constitución ecuatoriana, en relación con la admisibilidad de la acción de amparo, también prescribe respecto del carácter "inminente" de la amenaza, que la misma esté a punto de producirse en el próximo futuro como un verdadero daño

---

246 (Tex. 1983); *Ormco Corp. v. Johns*, 19 I.E.R. Cas. (BNA), 1714, 148 Lab. Cas. (CCH), 59741, 2003 WL 2007816 (Ala. 2003), en John Bordeau et al., "Injunctions," en Kevin Schroder, John Glenn and Maureen Placilla (Editors), *Corpus Juris Secundum*, Vol. 43A, Thomson West, 2004, p. 57.

372 Véase el caso *Kucera v. State, Dept. of Transp.*, 140 Wash. 2d 200, 955 O.2d 63 (200)), *Idem*, pp. 57–58.

373 Véase sentencias de la antigua Corte Suprema de Justicia, Sala Político-Administrativa de 9-6-1988 en *Revista de Derecho Público*, N° 35, Editorial Jurídica Venezolana, Caracas, 1988, p. 114 y de 14-8-1992 en *Revista de Derecho Público*, N° 51, Editorial Jurídica Venezolana, Caracas, 1992, pp. 158–159; y la sentencia de la antigua Corte Primera de lo Contencioso-Administrativo de 30-6-1988, en *Revista de Derecho Público*, n° 35, Editorial Jurídica Venezolana, Caracas 1988, p. 115. Estas condiciones generales se han considerado como concurrentes cuando se refieren a la tutela constitucional ante daños que alguien pronto infligirá en los derechos de otra persona. Véase sentencia de la antigua Corte Suprema de Justicia, Sala Político-Administrativa de 24-6-1993 en *Revista de Derecho Público*, N° 55–56, Editorial Jurídica Venezolana, Caracas 1993, p. 289; y de 22-3-1995, caso *La Reintegradora*, en Rafael Chavero, *El nuevo régimen del amparo constitucional en Venezuela*, Ed. Sherwood, Caracas 2001, p. 239.

374 Véase Voto 295-93, en Rubén Hernández Valle, *Derecho Procesal constitucional*, Editorial Juricentro, San José 2001, p. 222.

375 Véase Joaquín Brage Camazano, *La Jurisdicción Constitucional de la Libertad. Teoría general, Argentina, México, Corte Interamericana de Derechos Humanos*, Ed. Porrúa, México 2005, pp. 171–173.

potencial y no como mera conjetura. Adicionalmente, el daño debe ser concreto y real y el accionante debe demostrar cómo afecta sus derechos (art. 95).[376]

La inminencia del daño debe ser cierta, de allí que, por ejemplo, los tribunales mexicanos han declarado que, en concreto, la sola posibilidad de que las autoridades puedan utilizar sus facultades de investigación y control ante el accionante no puede ser fundamento suficiente para intentar la acción de amparo.[377] En este mismo sentido, la ley de *tutela* en Colombia se refiere a los casos en los cuales "no se encuentra amenazado un derecho constitucional" prescribiendo que "se entenderá que no se encuentra amenazado un derecho constitucional fundamental por el sólo hecho de que se abra una averiguación administrativa por la autoridad competente con sujeción al procedimiento correspondiente regulado por la ley" (decreto 306-92, art. 3).

En el mismo sentido, la antigua Corte Suprema de Justicia de Venezuela declaró en 1.989 que "la apertura de un procedimiento administrativo de averiguación disciplinaria no es suficiente para justificar la protección de la parte mediante el proceso de amparo, más aún cuando dicho procedimiento, en el cual todos los necesarios medios de defensa se pueden ejercer, puede concluir en una decisión descartando alguna incriminación contra la parte con la consecuente terminación del procedimiento disciplinario, sin sanción alguna contra la parte."[378]

Los criterios del carácter inminente de la amenaza a los derechos constitucionales para la admisión de la acción de amparo condujo también a la antigua Corte Suprema de Justicia de Venezuela a rechazar el proceso de amparo contra las leyes, argumentando que una ley o norma legal no puede originar, por sí misma, una amenaza posible, inminente y factible.[379] No obstante, la Corte ha considerado que el accionante podía siempre intentar la acción de amparo contra el funcionario público que debía aplicar la ley, procurando una prohibición judicial dirigida a ese funcionario público conminándole a no aplicar la norma impugnada."[380]

VIII. SENTIDO Y ALCANCE DE LA PROTECCIÓN CONSTITUCIONAL (LA SENTENCIA DE AMPARO)

1. *Las condiciones generales de la decisión judicial de protección constitu-cional*

El objetico del proceso de amparo, para la parte agraviada, es conseguir la protección judicial -amparo, tutela, protección- reclamada para sus derechos constitucionales ilegítimamente lesionados o amenazados por la parte agraviante.

---

376 Véase Hernán Salgado Pesantes, *Manual de Justicia Constitucional Ecuatoriana*, Corporación Editora Nacional, Quito 2004, p. 80.

377 Véase en *Semanario Judicial de la Federación*, Tomo I, Segunda parte-2, p. 697. Véase la referencia en Joaquín Brage Camazano, *La Jurisdicción Constitucional de la Libertad. Teoría general, Argentina, México, Corte Interamericana de Derechos Humanos*, Ed. Porrúa, México 2005, p. 173, nota 269.

378 Véase sentencia de la antigua Corte Suprema de Justicia, Sala Político-Administrativa de 26-10-1989, caso *Gisela Parra Mejía*, en Rafael Chavero, *El nuevo régimen del amparo constitucional en Venezuela*, Ed. Sherwood, Caracas, 2001, pp. 191, 241.

379 Véase sentencia de 24-5-1993, de la Sala Político-Administrativa de la antigua Corte Suprema en *Revista de Derecho Público*, N° 55-56, Editorial Jurídica Venezolana, Caracas 1993, pp. 289–290.

380 *Idem*, p. 290.

Por consiguiente, el resultado final del proceso, caracterizado por su naturaleza bilateral que impone la necesidad de que los accionados tengan el derecho a participar y ser oídos,[381] es una decisión judicial formal u orden dictada por el tribunal para la protección de los derechos amenazados o la restitución del disfrute del derecho lesionado, la cual puede consistir, por ejemplo, en una decisión ordenando o previniendo una actuación o en una orden de hacer, no hacer o deshacer alguna acción.[382] Esto quiere decir que el mandamiento de amparo, como la *injunction* norteamericana,[383] es un decreto judicial de protección judicial de los derechos fundamentales.

En su emisión, la función del tribunal de amparo es, por una parte, la de impedir al agraviante infligir más daños al accionante, teniendo la sentencia es ese caso, carácter prohibitivo u obligatorio; o, por otra parte, la de corregir la situación presente mediante la cesación de los efectos del ilícito cometido.[384]

Es por eso que la orden judicial de amparo en Latinoamérica, aun sin la distinción entre recursos del "*Equity*" y recursos del "*Law*", es muy similar en sus objetivos y efectos no solo respecto de la *injunction* de los Estados Unidos sino que también respecto de los otros recursos del *Equity* y los recursos extraordinarios fuera del *Equity* como el *mandamus y prohibition* y los recursos legales declarativos.

De acuerdo a lo anterior, por tanto, en particular, el mandamiento u orden de amparo puede ser, primero, de carácter prohibitivo, similar a las *injunctions* prohibitivas decretadas para restringir una acción, para impedir determinados actos o para ordenar a una persona abstenerse de realizarlos.

Segundo, puede ser también ser una orden de carácter obligatorio, o sea, como la *injunction* obligatoria imponiendo deshacer un acto o la restauración de un *status quo*; y como el decreto norteamericano de *mandamus* emitido para forzar una acción o la ejecución de algún acto, o para ordenar a una persona realizarlo.

Tercero, la orden de amparo también puede ser similar a los norteamericanos decreto de *prohibition* o decreto de *error* cuando la orden está dirigida a un tribunal,[385]

---

381 De manera similar, respecto de las *injunctions* definitivas, éstas solo pueden declararse si se libra compulsa de la demanda y se ha hecho citación del accionado. Véase por ejemplo, los casos: *U.S. v. Crusco*, 464 F.2d 1060, Cir. 1972*; Murphy v. Washington American League Baseball Club, Inc.*, 324 F2d. 394, D.C. Cir. 1963, en John Bourdeau *et al.*, "Injunctions," en Kevin Schroder, John Glenn and Maureen Placilla, *Corpus Juris Secundum*, Volumen 43A, Thomson West, 2004, p. 339.

382 En la *injunction* de los Estados Unidos, la orden puede ser ejecutiva o preventiva de virtualmente cualquier tipo de acción (*Dawkins v. Walker*, 794 So. 2d 333, Ala. 2001; *Levin v. Barish*, 505 Pa. 514, 481 A.2d 1183, 1984) o puede ordenar a alguien que deshaga un ilícito o un daño (*State Game and Fish Com'n v. Sledge*, 344 Ark. 505, 42 S.W.3d 427, 2001). Es una orden judicial demandando a una persona a hacer o abstenerse de hacer determinados actos (*Skolnick v. Altheimer & Gray*, 191 Ill 2d 214, 246 Ill. Dec. 324, 730 N.E.2d 4, 2000), por cualquier periodo de tiempo independientemente de su propósito (*Sheridan County Elec. Co-op v. Ferguson*, 124 Mont. 543, 227 P.2d 597, 1951). *Idem,* p. 19.

383 Véase caso *Nussbaum v. Hetzer*, 1, N.J. 171, 62 A. 2d 399 (1948). *Idem*, p. 19.

384 Similar a la "*injunction* preventiva" y a la "*injunction* restitutoria o indemnizatoria" en los Estados Unidos. Véase William M. Tabb y Elaine W. Shoben, *Remedies*, Thomson West, 2005, pp. 86–89; John Bourdeau *et al.*, "Injunctions," en Kevin Schroder, John Glenn y Maureen Placilla, *Corpus Juris Secundum*, Volumen 43A, Thomson West, 2004, pp. 28 ss.

385 Véase William M. Tabb y Elaine W. Shoben, *Remedies*, Thomson West, 2005, pp. 86 ss. 246 ss.; y en John Bourdeau *et al.*, "Injunctions," en Kevin Schroder, John Glenn y Maureen Placilla, *Corpus Juris Secundum*, Volumen 43A, Thompson West, 2004, pp. 21 ss.; 28 ss.

cosa que normalmente pasa con las acciones de amparo interpuestas contra decisiones judiciales.

Y cuarto, puede ser también similar al recurso declarativo por el cual los tribunales son llamados a declarar el derecho constitucional del accionante respecto de las otras partes.

Por lo tanto, en los procedimientos de amparo, los tribunales latinoamericanos tienen poderes muy amplios para proveer soluciones y efectivamente proteger derechos constitucionales, decretando órdenes de hacer, no hacer, restringir hacer o deshacer algo.[386] Los problemas yacen en la efectividad de las funciones judiciales y en la autonomía e independencia de los tribunales.[387]

Los contenidos de la resolución final han sido regulados en las leyes de amparo y pueden consistir, como se establece en el artículo 86 de la Constitución colombiana, en una orden dirigida a la persona "respecto de quien se solicita la tutela, [para que] actúe o se abstenga de hacerlo." En el decreto 2591 regulador de tutela se estipula, en una forma más general, que la decisión judicial debe establecer "la conducta a cumplir con el fin de hacer efectiva la tutela" (art. 29.4).[388] En sentido similar, se regula en Argentina (art. 12.b)[389]; República Dominicana (art. 89.3); Honduras (art. 63,3)[390]; México (art. 77); Nicaragua (art. 45); Paraguay (art. 578, b); Perú (art. 17, 5); Uruguay (art. 9, b)[391]; y Venezuela (art. 30),[392] donde las leyes de amparo establecen que la decisión final de amparo debe "determinar la conducta u orden a ser cumplida", teniendo en cuenta, como se establece en la Ley de Justicia Constitucional de Honduras, que el objetivo de las decisiones de los tribunales es "garantizar al agraviado en el pleno goce de sus derechos fundamentales y volver las cosas, siempre que sea posible, al estado anterior a la violación"(art. 63).

En Filipinas, el Reglamento sobre el Recurso de Amparo, art. 18, establece que "si los alegatos en la demanda son probados mediante prueba sustancial, el tribunal concederá el privilegio del recurso y tales remedios como correspondan y sean apropiados."

---

386 Véase. Allan R. Brewer-Carías, *Instituciones Políticas y Constitucionales,* Vol., V, *Derecho y Acción de Amparo,* Editorial Jurídica Venezolana, Caracas, 1998, pp. 143 ss.

387 Contrario a lo que sucede en los Estados Unidos y Bretaña. Véase F. H. Lawson, *Remedies of English Law,* Londres, 1980, p. 175; B. Schwartz y H. W. R. Wade, *Legal control of government,* Oxford, 1978, p. 205.

388 Véase Juan Carlos Esguerra Portocarrero, *La protección constitucional del ciudadano*, Legis, Bogotá, 2004, p. 153.

389 Véase Néstor Pedro Sagüés, *Derecho procesal Constitucional,* Vol. 3, "Acción de amparo," Editorial Astrea, Buenos Aires, 1988, p. 434; Alí Joaquín Salgado, *Juicio de amparo y acción de inconstitucionalidad*, Editorial Astrea, Buenos Aires, 1987, p. 100; José Luis lazzarini, *El juicio de amparo*, Ed. La Ley, Buenos Aires, 1987, pp. 345, 359.

390 Véase Edmundo Orellana, *La justicia constitucional en Honduras*, Universidad Nacional Autónoma de Honduras, Tegucigalpa, 1993, pp. 181, 208, 216.

391 Véase Luis Alberto Viera, *Ley de Amparo*, Ediciones Idea, Montevideo, 1993, p. 52, 207 ss.

392 Véase Rafael Chavero G. *El nuevo amparo constitucional en Venezuela,* Ed. Sherwood, Caracas, 2001, p. 185 ss., 327 ss.; Allan R. Brewer-Carías, *Instituciones Políticas y Constitucionales,* Vol. V, *Derecho y Acción de Amparo,* Editorial Jurídica Venezolana, Caracas, 1998, pp. 399 ss.

2. *La naturaleza preventiva y restitutoria del amparo*

La orden judicial de amparo puede ser de naturaleza restitutoria o preventiva. En el primer caso, puede consistir en una orden procurando el reestablecimiento de la situación jurídica del accionante al estado que tenía antes de la violación del derecho, o al estado más parecido al que tenía antes de dicha violación; y en el segundo caso, en cuanto al amparo de naturaleza preventiva, puede consistir en forzar al agraviante a hacer o a refrenarse de hacer determinados actos para mantener el disfrute de los derechos del accionante.

Tal como lo provee expresamente la Ley de Amparo mexicana (art. 77), respecto de los efectos positivos o negativos del acto impugnado:

> I. Cuando el acto reclamado sea de carácter positivo se restituirá al quejoso en el pleno goce del derecho violado, restableciendo las cosas al estado que guardaban antes de la violación; y
>
> II. Cuando el acto reclamado sea de carácter negativo o implique una omisión, obligar a la autoridad responsable a respetar el derecho de que se trate y a cumplir lo que el mismo exija."[393]

Una previsión similar está establecida en la Ley de Jurisdicción Constitucional de Costa Rica (art. 49); así como en la Ley de Amparo de Nicaragua (art. 46).

Según esto puede decirse que una de las principales características del proceso de amparo en todos los países latinoamericanos, cuando las acciones se dirigen contra perjuicios causados por conductas positivas, es su propósito restitutorio o restaurador. Como se estipula, por ejemplo, en el decreto 2591 de tutela de Colombia: "Cuando la solicitud se dirija contra una acción de la autoridad, el fallo que conceda la tutela tendrá por objeto garantizar al agraviado el pleno goce de su derecho, y volver al estado anterior a la violación, cuando fuere posible" (art. 23). Una previsión similar está establecida en las Leyes de amparo de El Salvador (art. 35), Costa Rica (art. 49) y Perú (art. 1) donde, además, el artículo 55,3 del Código Procesal Constitucional provee como uno de los contenidos de la decisión de amparo la "restitución o restablecimiento del agraviado en el pleno goce de sus derechos constitucionales ordenando que las cosas vuelvan al estado en que se encontraban antes de la violación," así como la prescripción de la conducta que ha de cumplirse para el cumplimiento efectivo de la decisión (art. 55,4).

Respecto de estos efectos de la decisión de amparo, la Ley de Amparo en Guatemala provee que en relación con el reclamante, el tribunal suspenderá la aplicación

---

393 Sobre esto en relación con el anterior artículo 80, Baker: explicó "Cuando el acto impugnado es de naturaleza positiva, el recurso de amparo tiene la forma de una *injunction* prohibitiva, más cualesquiera elementos adicionales que sean necesarios para reparar los daños ya infligidos. Esto último es para cumplirse mediante la restitución de la situación que existía antes que la Constitución fuese infringida. Cuando el acto es de naturaleza negativa, el recurso toma la forma de un decreto ordenando a la autoridad responsable cumplir positivamente con las disposiciones de la garantía constitucional infringida. En ambos casos, el objetivo de la sentencia es el de restablecer al accionante el goce pleno y libre de sus derechos constitucionales y, de acuerdo con este objetivo, la indemnización pecuniaria no resulta un remedio apropiado al amparo." Véase Richard D. Baker, *Judicial Review in México. A Study of the Amparo Suit,* University of Texas Press, Austin 1971, p. 238.

de la ley, el reglamento, la resolución o acto impugnado y, cuando fuese necesario, ordenará el restablecimiento de la situación jurídica lesionada o la terminación de la medida en cuestión (art. 49,a). Una norma similar está en Honduras (Ley de Justicia Constitucional, art. 63,2), y con mayor amplitud en la Ley de Garantías de Ecuador que habla de la orden de "reparación integral" (art. 18) por el daño material e inmaterial, mediante la cual se "procurará que la persona o personas titulares del derecho violado gocen y disfruten el derecho de la manera más adecuada posible y que se restablezca a la situación anterior a la violación," pudiendo incluir, "entre otras formas, la restitución del derecho, la compensación económica o patrimonial, la rehabilitación, la satisfacción, las garantías de que el hecho no se repita, la obligación de remitir a la autoridad competente para investigar y sancionar, las medidas de reconocimiento, las disculpas públicas, la prestación de servicios públicos, la atención de salud" (art. 18).

En Colombia, según el Decreto 2591 de tutela (art. 29,6) "cuando la violación o amenaza de violación derive de la aplicación de una norma incompatible con los derechos fundamentales, la providencia judicial que resuelva la acción interpuesta deberá además ordenar la inaplicación de la norma impugnada en el caso concreto."

Sin embargo, la decisión de amparo puede también tener un carácter protector cuando es decretada contra omisiones o acciones negativas de una autoridad pública, en cuyos casos, como lo prevé el Decreto 2591 de tutela de Colombia "cuando lo impugnado hubiere sido la denegación de un acto o una omisión, el fallo ordenará realizarlo o desarrollar la acción adecuada, para lo cual se otorgará un plazo prudencial perentorio" (art. 23). Una provisión similar está estipulada en la leyes de amparo de El Salvador (art. 35), Guatemala (art. 49,b) y Costa Rica (art. 49). En este último país, adicionalmente, está establecido que en casos en los que la acción de amparo sea interpuesta contra omisiones de las autoridades (por ejemplo la omisión de reglamentar una ley), la Sala Constitucional, en su decisión, debe determinar los elementos básicos a ser aplicados en el caso de acuerdo con los principios generales del derecho (art. 49,c); además se establece un término de dos meses para que la autoridad sancione la norma (art. 49).

Aun así, respecto de amenazas a los derechos, las decisiones de amparo pueden tener también una naturaleza preventiva, como también está previsto, por ejemplo, en la Ley de Jurisdicción Constitucional de Costa Rica (art. 49) y en el decreto 2591 de tutela de Colombia (art. 23), estableciendo respecto de la decisión de tutela que si se tratase "de una mera conducta o actuación material, o de una amenaza, se ordenará su inmediata cesación, así como evitar toda nueva violación o amenaza, perturbación o restricción."

Asimismo, en casos en los cuales, si para el momento cuando la protección de tutela es concedida el acto impugnado ha cesado en sus efectos o ya los ha producido (haciendo imposible restaurar el disfrute de sus derechos al accionante), el tribunal puede advertir terminantemente a la autoridad pública no causar otra vez las acciones u omisiones que originaron la acción de tutela (Colombia, art. 24). De modo similar se provee en el Código Procesal Constitucional de Perú (art. 1).

3. *La regla del contenido no anulatorio del amparo*

Aun siendo de carácter restitutorio, en términos generales, cuando la acción de amparo es interpuesta contra actos, particularmente actos de las autoridades (causando daños o peligros a los derechos constitucionales), el efecto inmediato de la decisión es suspender los efectos del acto impugnado respecto del accionante, no teniendo el proceso, normalmente, el propósito de anular esos actos del Estado. Tomar decisiones anulando leyes o actos administrativos es, en principio, competencia exclusiva de los tribunales de jurisdicción constitucional y de jurisdicción administrativa, y no de los jueces de amparo. Sólo cuando el amparo se intenta contra un acto administrativo ante los tribunales contencioso administrativos, como lo establece por ejemplo la Ley venezolana (art. 5), entonces en su decisión el juez si tiene poder anulatorio respecto de los actos administrativos impugnados.

Ahora bien, respecto de las leyes y específicamente aquellas autónomas, cuando una acción de amparo es interpuesta directamente contra ellas y según como lo disponen las leyes de amparo de México,[394] Guatemala[395] y Honduras,[396] el juez de amparo al dictar su decisión no tiene poder para anularlas y, en orden a proteger el derecho lesionado o amenazado, lo que puede hacer es declarar la inaplicabilidad de ellas al accionante en el caso particular. Debe hacerse la salvedad de que en México, cuando se trate de un amparo indirecto contra una norma general resuelto en segunda ocasión consecutiva, la Suprema Corte de Justicia puede hacer la declaratoria general de inconstitucionalidad (art. 231).

Particularmente y en relación con las leyes, en países donde el método concentrado de control de constitucionalidad es aplicado (como es el caso en todos los países latinoamericanos excepto Argentina), la anulación de leyes es una atribución judicial reservada a las jurisdicciones constitucionales (Cortes Supremas o Constitucionales) , no siendo factible para los jueces de amparo anular leyes. Por otra parte, en países donde es aplicado el método difuso de control de constitucionalidad, los tribunales ordinarios no tienen atribución judicial para anular leyes, estando facultados solo para declarar su inconstitucionalidad y para decidir su inaplicabilidad respecto del caso particular, aplicando preferentemente la Constitución

En Costa Rica existe un sistema de control de constitucionalidad concentrado absoluto, conforme al cual se asigna a la Sala Constitucional de la Corte Suprema el poder para decidir ambas acciones: las acciones de amparo, así como las acciones procurando declarar la nulidad de leyes inconstitucionales. Aun ahí, la Ley de Jurisdicción Constitucional ha establecido que cuando el amparo es interpuesto contra una ley o cuando la Sala Constitucional determina que los actos impugnados están fundamentados en una ley, la misma no puede anular la ley en el proceso de amparo, limitándose a suspender su aplicación, solicitando al accionante que presente una petición separada para el control de la inconstitucionalidad de la ley, la cual debe ser presentada ante la misma Sala en el término de 15 días (art. 48).

---

394 Véase Eduardo Ferrer Mac-Gregor, *La acción constitucional de amparo en México y España. Estudio de derecho comparado*, Editorial Porrúa, México, 2002, pp. 262–263; Richard D. Baker, *Judicial Review in México. A Study of the Amparo Suit,* University of Texas Press, Austin, 1971, p. 270.

395 Véase en Jorge Mario García Laguardia, *Jurisprudencia constitucional. Guatemala, Honduras, México. Una Muestra*, Guatemala, 1986, pp. 23, 24, 92, 93.

396 Véase Edmundo Orellana, *La justicia constitucional en Honduras*, Universidad Nacional Autónoma de Honduras, Tegucigalpa, 1993, pp. 208, 221.

En Venezuela, en relación con la facultad de todas las Salas del Tribunal Supremo para decidir casos aplicando el método difuso de control de constitucionalidad de las leyes, la ley reguladora del Tribunal Supremo provee que, en esos casos, al decidir un caso particular (incluyendo casos de amparo) las Salas deben notificar a la Sala Constitucional para que ésta, si lo estima, proceda a examinar la constitucionalidad de la ley de forma abstracta y, eventualmente, declare su nulidad (art. 5, 1,22; y 5,5).[397]

En relación con los actos administrativos, la regla general es también que las decisiones de amparo no pueden anular el acto administrativo impugnado, estando el juez de amparo facultado solamente para suspender sus efectos y aplicación al accionante. En términos generales y en estos casos, la facultad de anular actos administrativos es también exclusivamente una facultad atribuida a los tribunales de jurisdicción administrativa, como es el caso en Venezuela,[398] los cuales al tener competencia para conocer de las acciones de amparo contra los mismos (art. 5), entonces si pueden pronunciar su anulación al decretar el mandamiento de amparo.

No obstante el principio general antes indicado, algunas excepciones se pueden identificar respecto de la tendencia general en esta materia de amparo contra actos administrativos, cuando se intenta ante tribunales que no son parte de la jurisdicción contencioso administrativa, algunos países, en el caso de acciones de amparo contra actos administrativos, permiten las facultades anulatorias a los jueces de amparo.

En el caso de México donde, dado el hecho de que una de las modalidades de la acción de amparo es el amparo contra actos administrativos (de manera similar a los procedimientos contencioso-administrativos en otros países), la decisión de amparo en tales casos tiene efectos anulatorios.

Por otra parte, el Código Procesal Constitucional de Perú expresamente dispone que la decisión de amparo debe contener la "declaración de nulidad de la decisión, acto o resolución que hayan impedido el pleno ejercicio de los derechos constitucionales protegidos con determinación, en su caso, de la extensión de sus efectos" (art. 55).[399] También en Costa Rica, según el artículo 49 de la Ley de Jurisdicción Constitucional, en casos de acciones de amparo contra actos administrativos, la concesión del amparo implica los efectos anulatorios del acto administrativo impugnado.

Por otra parte, en relación con las acciones de amparo interpuestas contra decisiones judiciales, los efectos de la sentencia concediendo la protección constitucional de amparo también consisten en la anulación del acto judicial o decisión impugnada, como es el caso de Venezuela.[400]

---

397 Véase Allan R. Brewer-Carías, *Ley Orgánica del Tribunal Supremo de Justicia*, Editorial Jurídica Venezolana, Caracas, 2004, p. 40.

398 Véase Rafael Chavero G., *El nuevo amparo constitucional en Venezuela,* Ed. Sherwood, Caracas, 2001, pp. 358 ss.; Allan R. Brewer-Carías, *Instituciones Políticas y Constitucionales,* Vol. V, *Derecho y Acción de Amparo,* Editorial Jurídica Venezolana, Caracas, 1998, pp. 144; 400.

399 Véase Samuel B. Abad Yupanqui, *El proceso constitucional de amparo*, Gaceta Jurídica, Lima, 2004, p. 186.

400 Véase Rafael Chavero G., *El nuevo amparo constitucional en Venezuela,* Ed. Sherwood, Caracas, 2001, p. 511; Allan R. Brewer-Carías, "Derecho y Acción de Amparo, Vol. V, *Instituciones Políticas y Constitucionales* Editorial Jurídica Venezolana, Caracas, 1998, p. 297; Allan R. Brewer-Carías, "El proble-

4. *El carácter no indemnizatorio de la decisión de amparo*

Otro aspecto que debe mencionarse respecto de las decisiones de amparo en Latinoamérica es que, en términos generales, ellas no tienen carácter indemnizatorio,[401] porque la función de los tribunales en estos procesos es sólo la protección de los derechos del accionante y no pronunciar decisiones de condena contra el agraviante, para el pago al agraviado de indemnización alguna por daños resultantes del agravio.[402] Es decir, el procedimiento de amparo es, en términos generales, un procedimiento preventivo y restitutorio, y no indemnizatorio,[403] estando los tribunales facultados para prevenir daños o restituir el goce de un derecho (como, por ejemplo, mediante la suspensión de los efectos agraviantes del acto), pero no para la condena del agraviante a pagar una indemnización.

Sin embargo, esta tendencia general también tiene algunas excepciones en algunas leyes de amparo de Latinoamérica que dan carácter indemnizatorio al proceso de amparo. Este es el caso de Bolivia,[404] Ecuador y Guatemala[405] donde los tribunales de amparo deben determinar la existencia de la responsabilidad civil y penal del agraviante, fijando el monto de los daños y perjuicios a pagar al agraviado.

En Ecuador por ejemplo, el artículo 18 de la Ley de Garantías dispone que en caso de declararse la vulneración de derechos el juez debe de ordenar la reparación integral por el daño material e inmaterial, lo que puede incluir. además de la restitución del derecho, la compensación económica o patrimonial por el daño material, lo que debe comprender, entre otras, "la compensación por la pérdida o detrimento de los ingresos de las personas afectadas, los gastos efectuados con motivo de los hechos y las consecuencias de carácter pecuniario que tengan un nexo causal con los hechos del caso. Además, el artículo 19 de la Ley, específicamente regula la reparación económica, precisando que "cuando parte de la reparación, por cualquier motivo, implique pago en dinero al afectado o titular del derecho violado, la determina-

---

ma del amparo contra sentencias o de cómo la Sala de Casación Civil remedia arbitrariedades judiciales," en *Revista de Derecho Público*, N° 34, Editorial Jurídica Venezolana, Caracas, abril-junio 1988, pp. 157–171.

401 De manera similar a las *injunctions* de los Estados Unidos. Véase e caso *Simenstad v. Hagen*, 22 Wis. 2d 653, 126 N.W.2d 529, 1964, en John Bourdeau *et al.*, "Injunctions," in Kevin Schroder, John Glenn and Maureen Placilla, *Corpus Juris Secundum*, Volume 43A, Thomson West, 2004, p. 20.

402 Por ejemplo, en el caso de una orden administrativa ilegitima dictada por una autoridad municipal demoliendo un edificio -aun si fuese ejecutada y aun infringiendo un derecho constitucional a la propiedad-, la acción de amparo no tiene el propósito de indemnizar, siendo en este caso inadmisible particularmente dado el carácter irreparable del daño.

403 Véase José Luis Lazzarini, *El juicio de amparo*, Ed. La Ley, Buenos Aires, 1987, pp. 346–347; Néstor Pedro Sagüés, *Derecho procesal Constitucional,* Vol 3, *Acción de amparo*, Editorial Astrea Buenos Aires, 1988, p. 437; Rafael Chavero G., *El nuevo amparo constitucional en Venezuela,* Ed. Sherwood, Caracas, 2001, pp. 185, 242, 262, 326, 328; Allan R. Brewer-Carías, *Instituciones Políticas y Constitucionales,* Vol. V, *Derecho y Acción de Amparo,* Editorial Jurídica Venezolana, Caracas, 1998, p. 143.

404 En Bolivia, el artículo 57.1 de la ley, respecto del contenido de la decisión de amparo, establece que al decretar el amparo el tribunal determinará la existencia de responsabilidad civil y penal, fijando el monto de los daños y perjuicios a pagarse de acuerdo con lo establecido en el artículo 39.

405 También en Guatemala, el artículo 59 de la ley menciona los daños y perjuicios, estableciendo que cuando el tribunal en su decisión condena al pago de daños y perjuicios, el mismo debe fijar el monto o, al menos, establecer las bases para su determinación (artículo 59).

ción del monto se tramitará en juicio verbal sumario ante el mismo juez, si fuere contra un particular; y en juicio contencioso administrativo si fuere contra el Estado."

En otras legislaciones, como la de Colombia y Costa Rica, los efectos indemnizatorios de la decisión de amparo son permitidos pero sólo en forma abstracta. A tal fin, en Costa Rica, el artículo 51 de la Ley de Jurisdicción Constitucional prevé que "toda resolución que acoja el recurso condenará en abstracto a la indemnización de los daños y perjuicios," correspondiendo la determinación concreta de ellos a la etapa de la ejecución de la sentencia.[406]

También en Colombia, el artículo 25 del Decreto 2591 regulador de la tutela dispone que cuando la parte agraviada no tiene otros medios y la violación de sus derechos es manifiesta, clara e indisputablemente consecuencia de una arbitrariedad, el tribunal *ex officio*, en la decisión concediendo la tutela, puede ordenar de forma abstracta la indemnización por los daños causados, siempre que ello sea necesario para asegurar el goce efectivo del derecho. Asimismo, en forma similar a lo que se prevé en la Ley costarricense, el artículo 23 de la Ley colombiana prescribe que la condena será decretada contra la entidad donde el agraviante trabaja, y contra éste solidariamente, cuando haya actuado con dolo o culpa, sin perjuicio de toda otra responsabilidad civil o penal. La determinación concreta de la indemnización corresponde a los tribunales de la jurisdicción contencioso administrativo en un procedimiento incidental que debe tener lugar dentro de los seis meses siguiente.[407]

Excepto en los casos de Bolivia, Guatemala, Colombia y Costa Rica, en todos los otros países latinoamericanos las acciones judiciales tendientes a procurar indemnización por parte del agraviante por su responsabilidad como consecuencia del agravio infligido al derecho constitucional del accionante, debe demandarse mediante un recurso judicial ordinario por separado para ese efecto ante la jurisdicción civil o administrativa. Esto se dispone en las leyes de amparo de El Salvador (art. 35); Panamá (art. 2.627) y es también el caso de Venezuela.

---

406 El artículo 52 de la Ley de Jurisdicción Constitucional dispone que cuando la acción de amparo es incoada contra las autoridades, la condena será declarada contra el estado o contra la entidad donde el accionado trabaja y con éste último solidariamente si ha actuado con dolo o culpa y sin excluir toda otra responsabilidad administrativa, civil o penal. También cuando el procedimiento de amparo está en curso y el acto del estado es revocado, paralizado o suspendido, el amparo será concedido solo para efectos de la correspondiente decisión que reconoce la indemnización (art. 52). En estos casos la determinación concreta será realizada por los tribunales de jurisdicción administrativa. En casos donde la acción de amparo es incoada contra individuos, el artículo 53 de dicha ley dispone que, al conceder el amparo, el tribunal debe también condenar la persona o entidad responsable a pagar los daños y perjuicios; la determinación de los cuales se realizará en la ejecución judicial civil de la decisión. Véase Rubén Hernández, *Derecho Procesal Constitucional*, Editorial Juricentro, San José 2001, p. 268; José Luis Villalobos, "El recurso de amparo en Costa Rica," en Humberto Nogueira Alcalá (Editor), *Acciones constitucionales de amparo y protección: realidad y perspectivas en Chile y América Latina*, Editorial Universidad de Talca, Talca, 2000, p. 229.

407 Véase Juan Carlos Esguerra Portocarrero, *La protección constitucional del ciudadano*, Legis, Bogotá, 2004, p. 155. También cuando el procedimiento de amparo está en curso y el acto del Estado es revocado, paralizado o suspendido, la tutela será concedida solo para efectos de la correspondiente decisión reconociendo la indemnización (art. 26).

5. El *pago de las costas procesales*

Finalmente y con relación con las consecuencias económicas de la demanda de amparo, en las leyes latinoamericanas, en general, tal como se prevé en Argentina (art. 14); Colombia (art. 25); Costa Rica (arts. 51, 53); El Salvador (art. 35); Guatemala (arts. 44, 45, 100); Honduras (art. 105); Paraguay (art. 587) y Perú (art. 56), la parte contra quien se dirige la decisión debe pagar las costas del proceso.

En Venezuela se buscó aplicar el mismo principio con ocasión de la fallida reforma de la Ley Orgánica de 2014, al haber querido eliminarse la previsión de la Ley vigente que reduce el pago de costas procesales a los procesos de amparo interpuestos contra individuos, excluyendo dicho pago de los procesos de amparo contra las autoridades públicas (art. 33, Ley de 1988).

6. *Los efectos de la* sentencia de amparo

Otro aspecto importante de las decisiones definitivas de amparo está relacionado con sus efectos. Primero, en relación con su alcance, sobre si son de efectos generales o de efectos *inter partes*; segundo, en relación con los efectos de lo decidido, y su valor o no de *res iudicata* o *cosa juzgada;* y tercero, sobre el carácter obligatorio de la sentencia y sus consecuencias.

A. *El efecto inter partes y sus excepciones*

La regla general respecto de los efectos de las decisiones judiciales de amparo es que ellas solamente tienen efectos *inter partes*, es decir, solamente tienen efectos entre las partes del proceso (el accionante, el accionado y terceros coadyuvantes) y aquellos que han participado en el proceso. Esto está expresamente estipulado en las leyes mexicanas[408] y nicaragüenses (art. 44) de amparo.

Es decir, en forma similar a las *injunctions* en los Estados Unidos,[409] las decisiones de amparo en Latinoamérica solo tienen efectos vinculantes respecto de las partes del proceso y solo respecto de la controversia; siendo esta la consecuencia más importante del carácter individual del amparo como una acción principalmente diseñada para la protección de derechos y garantías constitucionales personales.[410]

La única excepción a este principio en los Estados Unidos son las sentencias sobre cuestiones constitucionales cuando son decididas por la Corte Suprema, en cuyo caso y debido a la doctrina del precedente o *stare decisis*, todos los tribunales están

---

408 El artículo 76 de la Ley de Amparo establece que "Las sentencias que se pronuncien en los juicios de amparo sólo se ocuparán de los individuos particulares o de las personas morales, privadas u oficiales que lo hubiesen solicitado, limitándose a ampararlos y protegerlos, si procediere, en el caso especial sobre el que verse la demanda, sin hacer una declaración general respecto de la ley o acto que la motivare."

409 Véase el caso *ESP Fidelity Corp. v. Department of Housing & Urban Development*, 512 F.2d 887, (9th Cir. 1975), en John Bourdeau *et al.*, "Injunctions," en Kevin Schroder, John Glenn and Maureen Placilla, *Corpus Juris Secundum*, Volume 43A, Thomson West, 2004, pp. 414.

410 Las regulaciones venezolanas pueden destacarse en este aspecto. En principio, las decisiones de la corte han sido constantes en otorgar a las acciones de amparo un carácter individual donde la legitimidad corresponde al individuo directamente afectado por la violación del derecho o garantía constitucional. Véase por ejemplo, la decisión de la Sala Constitucional del 15 de marzo de 2000 en *Revista de Derecho Público*, nº 81, Editorial Jurídica Venezolana, Caracas 2000, pp. 322–323.

obligados a aplicar la misma regla constitucional en casos donde se planteen controversias similares.[411]

La misma regla existe en algunos países latinoamericanos como, por ejemplo, cuando la Corte Suprema de México sienta una "jurisprudencia," o como sucede en los casos relativos a interpretaciones constitucionales por parte de las Cortes Supremas o Constitucionales, a las cuales se le ha conferido efectos erga omnes e incluso vinculantes. Este es el caso de Venezuela, respecto de las sentencias de la Sala Constitucional (art. 336 de la Constitución) y de Perú respecto de las decisiones del Tribunal Constitucional (art. VII, Código Procesal Constitucional), en los procesos de anulación de las leyes.

Aun con esta excepción, la regla general respecto de las sentencias en los procesos de amparo es que las decisiones solamente tienen efectos vinculantes en relación con las partes del proceso (aunque incluyendo también terceros beneficiarios o terceras partes en el caso).

No obstante, este principio general tiene también sus excepciones debido al desarrollo progresivo de la naturaleza colectiva de algunos derechos constitucionales como, por ejemplo, es el caso de la violación de los derechos ambientales, de los derechos de las comunidades indígenas y de otros derechos difusos,[412] en cuyos casos[413] la sentencia definitiva puede beneficiar otras personas diferentes de aquellas que han participado activamente en el proceso como accionantes.

Este es el caso de las decisiones de amparo sobre derechos e intereses colectivos como los ambientales en Argentina y Brasil. En Venezuela, debido a la disposición constitucional respecto de intereses difusos o colectivos, la Sala Constitucional del Tribunal Supremo a partir de 2000 admitió las acciones de amparo procurando la protección y ejercicio de esos derechos colectivos, entre otros, por ejemplo, los derechos al sufragio. En tales casos, la Sala incluso, en un caso relativo a derechos electorales, le otorgó efectos *erga omnes* a las medidas precautelares, que beneficiaron no sólo a los individuos que interpusieron la acción para la protección constitucional, sino a todos los demás electores considerados como un grupo.[414] El amparo

---

411 Véase M. Glenn Abernathy and Barbara A. Perry, *Civil Liberties under the Constitution*, University of South Carolina Press, 1993, p. 5.

412 Véase Rafael Chavero G. *El nuevo amparo constitucional en Venezuela,* Ed. Sherwood, Caracas, 2001, pp. 333 ss.

413 Como también ocurre en relación con las *Class Actions* o acciones colectivas en los Estados Unidos. Véase M. Glenn Abernathy and Barbara A. Perry, *Civil Liberties under the Constitution*, University of South Carolina Press, 1993, p. 6.

414 Véase decisión de la Sala Constitucional N° 483 del 29 de mayo de 2.000, caso de *"Queremos Elegir" y otros*, en *Revista de Derecho Público*, N° 82, Editorial Jurídica Venezolana, 2000, pp. 489–491. En el mismo sentido, la decisión de la misma Sala n° 714 del 13 de Julio de 2.000, caso *APRUM* en *Revista de Derecho Público*, N° 83, 2000, Editorial Jurídica Venezolana, pp. 319 ss. La Sala Constitucional ha decidido que "toda persona puede acceder ante la justicia para ventilar derechos e intereses difusos o colectivos" y ha extendido "la legitimación activa a las asociaciones, sociedades, fundaciones, cámaras, sindicatos, y demás entes colectivos, cuyo objeto sea la defensa de la sociedad, siempre que obren dentro de los límites de sus objetivos societarios, destinados a velar por los intereses de sus miembros en cuanto a lo que es su objeto." v. Sentencia de la Sala Constitucional N° 656 de 30-6-2000, caso *Defensor del Pueblo vs. Comisión Legislativa Nacional*, que se refiere en la decisión n° 379 de febrero 26 de

para la protección de intereses y derechos colectivos y difusos, en todo caso, fue uno de los aspectos normativos que se buscó desarrollar con la fallida reforma de la Ley Orgánica de Amparo venezolana de 2014 (art. 48 ss.).

Por otra parte, debe destacarse que la Defensoría del Pueblo en Venezuela tiene competencia para promover, defender y salvaguardar los derechos y garantías constitucionales y además, los intereses legítimos, colectivos y difusos de los ciudadanos" (arts. 280 y 281,2 de la Constitución); siendo por consiguiente su legitimación admitida para presentar demandas de amparo en nombre de los ciudadanos como un todo.[415] En todos estos casos, por lo tanto, la sentencia judicial beneficia a todas las personas a quienes corresponde el ejercicio de los derechos e intereses colectivos en cuestión.

B *La cuestión del alcance de los efectos de la cosa juzgada*

Por otra parte, como todas las decisiones judiciales definitivas, las decisiones de amparo en los países latinoamericanos también tienen efectos de cosa juzgada, dando estabilidad a la sentencia. Eso quiere decir que las decisiones de los tribunales son vinculantes no solo para las partes en el proceso, o sus beneficiarios, sino también para el mismo tribunal que no puede modificar su sentencia (inmutabilidad).

La cosa juzgada implica, por tanto, la imposibilidad que una nueva demanda sea admitida respecto de la misma materia ya decidida o que una decisión sea tomada en un sentido diferente al sentido con que se tomó en el proceso anterior.[416]

Aun cuando los efectos de *cosa juzgada* constituyen principios generales en Latinoamérica, respecto de las decisiones de amparo han surgido discusiones en muchos países en relación con el alcance de esos efectos basados en la tradicional distinción que se ha establecido en el derecho procesal, entre los llamados efectos "sustanciales" o materiales y los efectos "formales" de la *cosa juzgada* con el objeto de determinar cuál de ellos aplica a la sentencia de amparo.

2003, caso *Mireya Ripanti et vs. Presidente de Petróleos de Venezuela S.A. (PDVSA)*, en *Revista de Derecho Público*, n° 93-96, Editorial Jurídica Venezolana, Caracas, 2003, pp. 152 ss.

415 En un caso el Defensor del Pueblo actuó contra una amenaza de la Comisión Legislativa Nacional del año 2000 de designar miembros del Consejo Nacional Electoral sin cumplir con los requisitos constitucionales. En ese caso la Sala Constitucional decidió que "la Defensoría queda legitimada para interponer acciones cuyo objeto es hacer valer los derechos o intereses difusos y colectivos" sin requerir la aquiescencia de la sociedad en nombre de quien actúa, pero esta disposición no excluye o prohíbe el acceso de los ciudadanos al sistema judicial en defensa de los derechos e intereses colectivos (art. 26). Véase sentencia de la Sala Constitucional N° 656 del 6 de mayo de 2001, caso: *Defensor del Pueblo vs. Comisión Legislativa Nacional*, *Idem.*

416 En contraste, estos efectos de la cosa juzgada, como regla general, no son aplicables a las órdenes de las *injunctions* en los Estados Unidos, las cuales pueden ser modificadas por el tribunal. Como ya se ha resumido respecto de la doctrina judicial en esta materia: "Las *injuncions* son distintas de otras sentencias en el contexto de la cosa juzgada porque las partes están frecuentemente sujetas a la jurisdicción continua del tribunal y el tribunal debe hallar un equilibrio entre las políticas de la cosa juzgada y el derecho del tribunal a aplicar medidas modificadas a circunstancias cambiadas." Véase el caso *Town of Durham v. Cutter*, 121 N.H. 243, 428 A. 2d 904 (1981), *en* John Bourdeau *et al.*, "Injunctions," *en* Kevin Schroder, John Glenn and Maureen Placilla, *Corpus Juris Secundum*, Volume 43A, Thomson West, 2004, p. 416; y Owen M. Fiss and Doug Rendleman, *Injunctions*, The Foundation Press, 1984, pp. 497–498, 526.

En términos generales, la "*cosa juzgada* formal" se aplica a decisiones judiciales en el sentido de que no impide el desarrollo de un nuevo proceso entre las partes, siempre que la materia no haya sido decidida al fondo en el procedimiento de amparo. En cuanto a la "*cosa juzgada* sustancial" se aplica cuando la decisión judicial ha entrado al fondo del asunto, no permitiendo que otros procesos se desarrollen sobre ella.

El fondo de la materia decidida en el procedimiento de amparo es aquella relacionada con el manifiesto daño o amenaza ilegítima y arbitraria causada por una parte agraviante en relación con determinado derecho o garantía constitucional del accionante. Es decir, el fondo en los procesos de amparo se reduce a determinar la existencia de la ilegitima y manifiesta violación del derecho, independientemente de otras posibles materias que puedan resolverse por las partes en otros procesos.

Al respecto, por ejemplo, la Ley N° 16.986 de Amparo de Argentina establece lo siguiente:

> *Art. 13.* La sentencia firme declarativa de la existencia o inexistencia de la lesión, restricción alteración o amenaza arbitraria o manifiestamente ilegal de un derecho o garantía constitucional, hace cosa juzgada respecto del amparo, dejando subsistente el ejercicio de las acciones o recursos que puedan corresponder a las partes, con independencia del amparo. [417]

Una disposición similar está estipulada en las leyes de amparo paraguaya (art. 579) y uruguaya (art. 11).[418]

La ley de amparo venezolana, de manera similar a la disposición argentina y con el mismo criterio diferenciador respecto de los efectos de la cosa juzgada sustancial o formal[419] dispone que "La sentencia firme de amparo producirá efectos jurídicos

---

417 Esta disposición, relativa a los efectos de la cosa juzgada, ha sido interpretada de dos maneras: Por una parte, Lazzarini ha considerado que la disposición establece los efectos de la "*cosa juzgada* sustantiva" de la decisión de amparo protectiva, alegando que la alusión que el artículo hace con relación a otras acciones o recursos, se está refiriendo a acciones penales tendientes a sancionar los agravios (causantes del daño) o a acciones civiles que procuran indemnización, pero no a otras acciones en las cuales el amparo puede ser nuevamente litigado. Véase José Luis Lazzarini, *El juicio de Amparo,* Ed. La Ley, Buenos Aires, 1987, pp. 356 ss. Por su parte Sagües ha considerado que, aun cuando la acción de amparo es un proceso bilateral debido a su carácter breve y sumario con las consiguientes restricciones respecto de pruebas y formalidades, no puede haber una decisión sobre el fondo del caso; así que ninguna *cosa juzgada* sustantiva puede producirse sino solo una *cosa juzgada* formal, siendo posible que el fondo de la materia pueda ser resuelto mediante los medios judiciales ordinarios, siempre que las partes aleguen que ha ocurrido un lesión a su derecho de defensa en el procedimiento de amparo (por ejemplo, en relación con las pruebas). Véase Néstor Pedro Sagüés, *Derecho procesal Constitucional,* Vol. 3, *Acción de amparo,* Editorial Astrea, Buenos Aires, 1988, pp. 449 ss.

418 Véase Luis Alberto Viera, *Ley de Amparo*, Ediciones Idea, Montevideo, 1993, p. 40.

419 Al respecto, la Antigua Corte Primera de lo Contencioso-Administrativo en una sentencia de 16-10-1986, caso "*Montilva*", decidió que si en un caso "la acción de amparo es intentada con el mismo objeto, denunciando las mismas violaciones, basada en los mismos motivos y con idéntico objeto a la anterior y dirigida contra la misma persona, entonces es evidente que en ese caso, la fuerza de la *res judicata* se aplica para evitar la repetición del caso, dado el hecho de la controversia a ser resuelta tiene la misma identidad subjetiva y objetiva que la previamente decidida." Véase. Rafael Chavero G., *El nuevo amparo constitucional en Venezuela,* Ed. Sherwood, Caracas, 2001, pp. 338 ss.; Gustavo Linares Benzo, *El proceso de amparo en Venezuela*, Caracas, 1999, p. 121.

respecto al derecho o garantía objetos del proceso, sin perjuicio de las acciones o recursos que legalmente correspondan a las partes" (art. 36).

Según esta norma, la *cosa juzgada* en la demanda de amparo solo se refiere a lo que ha sido litigado y decidido en el caso, respecto de la violación o agravio infligido al derecho o garantía constitucional.[420] En términos generales, por tanto, la decisión de amparo no resuelve todas las otras cuestiones posibles que pudiesen surgir de la lesión, sino solo el aspecto de la violación o lesión de los derechos o garantías constitucionales, siendo éste el único punto respecto del cual la decisión produce efectos de *cosa juzgada*. En estos casos, después que la decisión de amparo, otros asuntos legales pueden permanecer pendientes de solución para otros procesos y es por esto que la decisión de amparo en estos casos es pronunciada "sin perjuicio de las acciones y recursos que puedan legalmente corresponder a las partes." En este caso, como se ha dicho, la decisión de amparo tiene efectos de cosa juzgada formal.[421]

En muchos otros casos, naturalmente, la decisión de amparo, al pronunciarse sobre la violación del derecho constitucional provocada por acciones u omisiones ilegítimas, no deja espacio para discutir ningún otro punto legal a través de ningún otro procedimiento posterior, en cuyos casos, la sentencia de amparo tiene efectos de *cosa juzgada* sustancial.

Esta distinción entre los efectos de *cosa juzgada* respecto de las decisiones de amparo ha sido expresamente establecida, por ejemplo, en la Ley de Amparo de El Salvador en la cual se prescribe lo siguiente:

> "Art. 81.- La sentencia definitiva en los dos procesos mencionados en el artículo anterior produce los efectos de cosa juzgada contra toda persona o funcionario, haya o no intervenido en el proceso, sólo en cuanto a que el acto reclamado es o no constitucional, o violatorio de preceptos constitucionales. Con todo, el contenido de la sentencia no constituye en sí declaración, reconocimiento o constitución de derechos privados subjetivos de los particulares o del Estado; en consecuencia la resolución dictada no puede oponerse como excepción de cosa juzgada a ninguna acción que se ventile posteriormente ante los Tribunales de la República."

---

420 Véase en *Revista de Derecho Público,* nº 28, Editorial Jurídica Venezolana, Caracas, 1986, p. 106.

421 Véase al respecto, Juan Manuel Errázuriz y Jorge Miguel Otero A., *Aspectos procesales del recurso de protección*, Editorial Jurídica de Chile, Santiago, 1989, pp. 195 ss. y 202. Estos efectos de la decisión de amparo también existen respecto de la acción de amparo contra individuos y un caso puede ilustrar el punto: en 1.987 surgió una controversia en una universidad venezolana privada en Caracas -la Universidad Santa Maria- en relación con el cargo para la presidencia de la institución (rector), un cargo que era disputado por dos profesores alegando que habían sido designados por los órganos universitarios. La Corte Primera de lo Contencioso-Administrativo, en una decisión del 17 de diciembre de 1.987 pronunció una decisión de amparo en la materia demandada por uno de los rectores a fin de garantizar la seguridad jurídica a la comunidad universitaria dado el hecho de que el punto de quién era el *rector* de la universidad no podía permanecer sin solución indefinidamente. Sentenció considerando legitima la designación de uno de los *rectores* hasta que la controversia relativa a la legitimidad de los entes a cargo de las designaciones se resolviera en vía judicial." Véase en *El Universal,* Caracas, 27 de diciembre de 1.987, p. 2–5. De acuerdo con esta decisión, era necesaria que una acción civil adicional fuese resuelta a fin de decidir el fondo del asunto.

Las leyes de amparo hondureña (art. 72) y guatemalteca también disponen en términos similares que "las resoluciones dictadas en procesos de amparo ... son de efecto declarativo y no causan excepción de cosa juzgada, sin perjuicio de las disposiciones relativas a la jurisprudencia en materia de amparo" (art. 190).

Finalmente, en el Perú, el Código Procesal Constitucional no resuelve la discusión y se limita a estipular que "En los procesos constitucionales sólo adquiere la autoridad de cosa juzgada la decisión final que se pronuncie sobre el fondo" (art. 6).[422]

7. *El carácter obligatorio de las sentencias de amparo y la sanción al desacato judicial*

Un último aspecto debe resaltarse respecto de los efectos de la decisión de amparo y es en relación con su carácter obligatorio. Como todas las decisiones judiciales, la sentencia de amparo es obligatoria no solo para las partes del proceso sino también respecto de todas las otras personas y funcionarios públicos que deben aplicarlas. El agraviante, por ejemplo, está obligado a acatarla de inmediato como expresamente lo dispone las leyes de amparo de Bolivia (art. 40); Colombia (arts. 27, 30); Costa Rica (art. 53); Ecuador (arts. 17.3, 21); Honduras (art. 65); Nicaragua (art. 48); Paraguay (art. 583); Perú (arts. 22, 24) y Venezuela (art. 29).

En orden a ejecutar la decisión, los tribunales pueden *ex officio*, o a petición de parte, tomar todas las medidas dirigidas a su cumplimiento, estando facultados, por ejemplo, en la ley guatemalteca, para decretar órdenes y librar oficios a las autoridades y funcionarios públicos de la administración pública o a las personas obligadas (art. 55). Los tribunales de amparo según lo dispuesto en las leyes de amparo de Guatemala (art. 105), El Salvador (art. 61) y Nicaragua (art. 77) también están facultados para usar los medios de fuerza pública para asegurar el cumplimiento de sus decisiones.

Aun así los jueces de amparo en Latinoamérica no tienen facultad directa de castigar, mediante la imposición de sanciones penales, el desacato a sus órdenes. En otras palabras, no tienen la facultad inherente de hacerlo, cosa que, en contraste, es una de los caracteres más importantes del sistema de la *injunction* en los Estados Unidos.[423] Estas facultades de sancionar penalmente fueron las que precisamente

---

422 Véase Samuel B. Abad Yupanqui, *El proceso constitucional de amparo*, Gaceta Jurídica, Lima, 2004, pp. 194 ss.

423 Esto es particularmente importante con respecto a la contumacia penal, la cual fue establecida desde el caso *In Re Debs* (158 U.S. 564, 15 S.Ct. 900, 39 L.Ed. 1092 (1895)), donde de acuerdo con el magistrado Brewer quien pronunció la sentencia de la Corte Suprema, se decidió así: "Pero el poder de un tribunal de emitir una orden lleva consigo el poder también de sancionar por una desobediencia a tal orden y la pregunta acerca de la desobediencia ha sido, desde tiempos inmemoriales, la función especial del tribunal. Y esto no es un tecnicismo. Para que un tribunal pueda compeler obediencia a su orden debe tener el derecho a cuestionar si ha habido desobediencia a su orden. El someter la cuestión de la desobediencia a otro tribunal, sea un jurado u otra corte, equivaldría a privar los procedimientos de la mitad de su eficacia. En *Watson v. Williams,* 36 Miss. 331, 341, se declaró: "El poder de multar y encarcelar por contumacia ha sido considerado, desde la historia más antigua del derecho, como la necesaria faceta y atributo de un tribunal sin el cual no podría existir más de lo que pudiera existir sin un juez. Es un poder inherente a todos los tribunales de los que se tiene cuenta y coexistente con ellos por las sabias disposiciones del *Common Law*. Un tribunal sin el poder efectivo de protegerse a si mismo contra los asaltos de

dieron a la *injunction* en los Estados Unidos su efectividad en relación con cualquier desobediencia, estando el mismo tribunal facultado para reivindicar su propio poder mediante la imposición de sanciones penales y pecuniarias con prisión y tas.[424] Los tribunales latinoamericanos, en contraste, no tienen esas facultades o éstas son muy débiles.

En efecto, aun cuando el desacato a la sentencia de amparo sea sancionable en las leyes de amparo latinoamericanas, no está en las manos del mismo tribunal de amparo el aplicar sanciones afectando personalmente al renuente. Estas facultades sancionatorias están atribuidas sea a la administración pública sea a un diferente tribunal penal. Así, por ejemplo, en caso de desacato, el tribunal de amparo debe procurar el comienzo de un procedimiento disciplinario administrativo contra el funcionario público rebelde que debe ser decidido por el órgano superior correspondiente en la administración pública, como está establecido en Colombia (art. 27), Perú (art. 59) y Nicaragua (art. 48).

Respecto de la aplicación de sanciones penales al rebelde, los tribunales de amparo, o la parte interesada, deben procurar el inicio de un proceso judicial penal en contra de aquél, el cual debe ser desarrollado por ante los tribunales penales competentes, como es la regla general establecida en Bolivia (art. 40.II); Colombia (arts. 27, 52, 53); Costa Rica (art. 71); El Salvador (arts. 37, 61); Guatemala (arts. 32, 54, 92); Honduras (art. 62); México (arts. 261, 262); Nicaragua (art. 77); Panamáá (art. 2632); y Paraguay (art. 584). En algunos casos excepcionales, como en Colombia (art. 27), el juez de tutela puede imponer (pero solo eso) detenciones administrativas a la parte renuente. Esta fue una previsión que se quiso incorporar en la fallida reforma de la Ley de Amparo de Venezuela de 2014, buscando otorgarle al juez de amparo amplias potestades sancionatorias de multa (arts. 26 y 65) y de imposición de la sanción de arresto por desacato (art. 64).

Por lo tanto, los jueces de amparo en Latinoamérica no tienen el poder para directamente imponer sanciones disciplinarias o penales a aquellos que desacatan sus órdenes y solo en algunos países tienen poder para directamente imponer multas (*astreintes*) a las partes renuentes de manera continua y hasta el cumplimiento de la orden. Este es el caso de Colombia (art. 27); Bolivia (art. 40.II); República Dominicana (art. 93); Guatemala (art. 53); Nicaragua, (art. 66); Perú (art. 22);[425] y México (193). En Venezuela, como se dijo, en la fallida reforma de la Ley Orgánica de 2014, se buscó atribuir al juez de amparo, poder sancionatorio mediante multas (art. 26), y en caso de desacato mediante arresto (art. 64), lo que no está previsto en la Ley vigente de 1988.

---

los desaforados o de ejecutar sus órdenes, sentencias o decretos contra los rebeldes a sus disposiciones, sería una desgracia al derecho y un estigma a la era que lo produjo." *V.* Owen M. Fiss and Doug Rendleman, *Injunctions*, The Foundation Press, 1984, p. 13. v.t. William M. Tabb and Elaine W. Shoben, *Remedies*, Thomson West, 2005, pp. 72 ss.

424 En Filipinas, el Reglamento sobre el Recurso de Amparo, faculta al tribunal competente a "ordenar al accionado que se niega a responder, o que responda falsamente, o a cualquier persona que de cualquier otro manera desobedezca o se resista a un proceso legítimo u orden del tribunal, a ser sancionado por contumacia. El contumaz puede ser encarcelado o multado."

425 Véase Samuel B. Abad Yupanqui, *El proceso constitucional de amparo*, Gaceta Jurídica, Lima 2004, p. 136.

IX. LA REVISIÓN DE LAS SENTENCIAS DE AMPARO POR LAS JURISDICCIONES CONSTITUCIONALES (CORTE CONSTITUCIONAL O LA CORTE SUPREMA)

Debido al principio procesal general de la doble instancia, las decisiones de amparo (como también las decisiones judiciales pronunciadas en ejercicio del método difuso del control de constitucionalidad), son apelables ante los tribunales superiores de acuerdo con las normas generales establecidas en los Códigos procesales. Por supuesto, este principio general no aplica cuando el único tribunal competente en materia de amparo es el más alto tribunal del país, como sucede en Costa Rica, Nicaragua y El Salvador donde la acción de amparo es concentrada debiendo ejercerse exclusivamente ante la respectiva Sala Constitucional de la Corte Suprema de Justicia; o en relación con decisiones sobre control de constitucionalidad en países que siguen el sistema de control concentrado de la constitucionalidad de las leyes, donde es dicho alto tribunal el que decide.

En consecuencia y excepto en esos casos anteriores, las decisiones de amparo no pueden normalmente llegar al conocimiento de la Corte Suprema o a la Corte Constitucional para su revisión, salvo cuando se decide en apelación o cuando se ha establecido un recurso extraordinario o de revisión, en muchos casos similares al recurso de *certiorari* en los Estados Unidos

En efecto, particularmente cuando están involucradas materias de constitucionalidad, la Corte Suprema de Justicia de los Estados Unidos y cuando al conocer de una petición de *certiorari*, tiene competencia para revisar discrecionalmente las decisiones de las cortes federales de apelación y de las cortes federales especializadas, y también, todas las decisiones de las cortes supremas de los Estados que toquen materias de competencia federal. Se trata en efecto de una competencia discrecional de la Corte, no forzosa, por lo que en la materia puede decirse que no hay derecho de apelación de parte de las partes. Los asuntos llegan a la Corte a través de estos recursos de *certiorari*, mediante el cual la parte perdidosa en un tribunal inferior solicita una revisión ante la Corte Suprema, explicando las razones de constitucionalidad que motivan su petición de revisión. [426]

Este método para buscar la revisión judicial de un caso por parte de la Corte Suprema de los Estados Unidos está expresamente establecido en los casos previstos en el titulo 28 del *U.S Code*, de acuerdo con la *Rule* No. 10 de las *Rules* de la Corte Suprema aprobadas en 2005, donde se establece que el *certiorari* no es "materia de derecho sino materia de discreción judicial", que se ejerce solo por razones convincentes, cuando hay razones especiales e importantes para ello.

Por consiguiente, de acuerdo con esta Regla y en orden a promover uniformidad y consistencia en la ley federal, los siguientes factores pueden motivar a la Corte Suprema para admitir el *certiorari*: 1. Cuestiones importantes en materia de ley federal sobre los que la Corte no se haya pronunciado todavía; 2. Interpretaciones contradictorias en materia ley federal por parte de tribunales inferiores; 3. Decisiones de tribunales inferiores que contradicen decisiones previas de la Corte Suprema;

---

426 Véase L. Baum, *The Supreme Court*, Washington, 1981, p. 81.

y 4. Desviaciones del curso reconocido y ordinario de los procedimientos judiciales por parte de los tribunales inferiores. [427]

Por supuesto, la decisión de *certiorari* puede ser adoptada sobre la base de otros factores, o puede ser negada aun cuando se den uno o más de los motivos antes mencionados. La discrecionalidad de la Corte no está limitada y depende de la importancia del caso particular y del interés público que la Corte considere tiene para proceder a la revisión judicial.

Aun cuando de manera diferente, en los sistemas latinoamericanos de control de constitucionalidad y de proceso de amparo, se puede identificar igualmente una tendencia general consistente en la competencia asignada a la Corte Suprema de Justicia o a los Tribunales Constitucionales, de determinadas facultades judiciales para revisar decisiones de tribunales inferiores relativas a asuntos constitucionales, tanto emitidas en los procedimientos de amparo o en aplicación del método difuso de control jurisdiccional. En esta forma, igualmente, el interés por establecer algún instrumento que asegure la uniformidad de la interpretación constitucional y la efectividad del ejercicio de los derechos constitucionales, ha provocado la incorporación en las Constituciones y en las leyes reguladoras de los procesos constitucionales, de mecanismos judiciales a través de los cuales las más altas cortes tengan eventualmente la última palabra en materia constitucional.

1. *La concentración de la competencia para conocer de la acción de amparo en la Jurisdicción Constitucional: Costa Rica, El Salvador, Nicaragua*

El asunto, por supuesto, como se ha dicho, ha quedado resuelto en los países donde está establecido el método concentrado de control de constitucionalidad de las leyes como el único método para asegurar el control jurisdiccional de las mismas y, donde, adicionalmente, se ha establecido el sistema judicial concentrado de amparo; como es el caso mencionado de Costa Rica y El Salvador, donde la Corte Suprema, a través de la Sala Constitucional, es el único tribunal en el país con la exclusiva competencia para decidir acciones de amparo y para asegurar el control de constitucionalidad de las leyes.

En Costa Rica, según la Ley de Jurisdicción Constitucional de 1.989, el recurso de amparo y el habeas corpus pueden ser interpuestos solamente ante la Sala Constitucional de la Corte Suprema de Justicia; siendo también esta Sala, el tribunal constitucional con poderes exclusivos para ejercer el método de control concentrado de constitucionalidad de las leyes y de otros actos del Estado, mediante decisiones que pueden tener efectos anulatorios *erga omnes* (art. 10).

También en El Salvador está establecido un sistema concentrado absoluto de control de constitucionalidad de las leyes, asignando a la Sala Constitucional de la Corte Suprema de Justicia la competencia exclusiva para declarar la inconstitucionalidad de leyes, decretos y reglamentos cuando éstos sean impugnados por medio de una acción directa y popular, con facultad para anularlos con efectos generales *erga omnes* (arts. 2 y 10 de la ley). Adicionalmente, de modo similar al régimen costarri-

---

427 Véase respecto de la anterior Regla nº 17,1: R. A. Rossum y G. A. Tarr, *American Constitutional Law*, New York, 1983, p. 28.

cense, también en El Salvador, la Sala Constitucional de la Corte Suprema de Justicia es el único órgano judicial con la facultad exclusiva para decidir recursos de amparo y habeas corpus para la tutela de los derechos declarados en la constitución (art. 247).

La única excepción a esta regla en El Salvador está establecida en materia de habeas corpus cuando el agravio a los derechos constitucionales tiene lugar fuera de la ciudad capital, San Salvador. En esos casos, es posible interponer el recurso de amparo por ante las Cámaras de Segunda Instancia (art. 41), en cuyo caso, sólo si la sentencia negara la libertad de la parte agraviada, el caso puede ser revisado por la Sala Constitucional.

También ha sido la solución establecida en Nicaragua en matera de amparo, aun cuando en el marco de un sistema de control mixto de la constitucionalidad de las leyes. En Nicaragua, en efecto, en asuntos de control de constitucionalidad, el sistema constitucional que se aplica es el sistema mixto que combina el control concentrado de la constitucionalidad de las leyes a cargo de la Corte Suprema, con el poder general de todos los tribunales para decidir en asuntos de constitucionalidad de leyes mediante el método difuso, al decidir casos particulares, con efectos *inter partes*.

En estos últimos casos, en orden a asegurar la uniformidad de la interpretación constitucional, las decisiones de los tribunales en materia de control de la constitucionalidad de leyes, decretos y reglamentos pueden llegar a la Corte Suprema mediante el recurso de casación o mediante el recurso de amparo interpuesto ante la Corte Suprema por la parte correspondiente en el procedimiento de un caso. Solo cuando esta decisión no pueda ser cuestionada por el recurso de casación, la Ley de Amparo prescribe que el tribunal respectivo deberá enviarlo a la Corte Suprema para que esta ratifique la inconstitucionalidad de la ley, decreto o reglamento y para declarar su inaplicabilidad. En tales casos, las decisiones, aunque declaren la nulidad de la ley, no pueden afectar los derechos adquiridos de terceros conforme a esas leyes o reglamentos (arts. 21 y 22).

Sin embargo y en relación con las acciones de amparo y habeas corpus, en Nicaragua se ha establecido un sistema judicial concentrado mediante la asignación a la Corte Suprema de Justicia del poder exclusivo para decidir recursos de amparo y de protección a la libertad personal. Por consiguiente, en esta materia, la uniformidad de la interpretación constitucional respecto de la protección de los derechos constitucionales también está asegurada en forma automática.

2. *La tendencia a la revisión de las sentencias de amparo por las Jurisdicciones Constitucionales*

En contraste con la concentración del amparo en las Jurisdicciones Constitucionales, en otros países, donde el control de constitucionalidad de las leyes esta atribuida en forma difusa a todos los tribunales y donde las acciones de amparo son interpuestas también ante una variedad de tribunales inferiores, sin embargo, varios procedimientos adjetivos se han establecido para que las cuestiones constitucionales o las decisiones de amparo puedan llegar por ante la Corte Suprema o la Corte Constitucional.

Esto ha ocurrido, por ejemplo, mediante el recurso extraordinario en Argentina que tiene el método difuso como el único método existente del método de control constitucionalidad de las leyes.

En otros países donde el método concentrado de control de constitucionalidad de las leyes es el que ha establecido en forma exclusiva, como es el caso de Bolivia, Costa Rica, Chile, El Salvador, Honduras, Panamá, Paraguay y Uruguay, las Cortes Supremas de Justicia o los Tribunales Constitucionales, tienen el monopolio para decidir en materias de control de constitucionalidad delas leyes, asegurando de ese modo la uniformidad de la jurisprudencia en materia constitucional. Aun así, en todos esos países, el procedimiento de amparo no está necesariamente concentrado y, al contrario, corresponde a una variedad de tribunales inferiores, lo que no ha impedido que se hayan establecido correctivos procesales, por ejemplo en Bolivia y Honduras, para permitir al Tribunal Supremo o Tribunal Constitucional para poder dar la interpretación final en materia de amparo.

Por otra parte, en Brasil, Colombia, Guatemala, México, Perú, República Dominicana y Venezuela donde el método difuso está combinado con el método concentrado, aun cuando la doctrina constitucional puede ser desarrollada por una variedad de tribunales inferiores (por medio del control difuso de constitucionalidad o mediante decisiones de amparo), también se han establecido específicos correctivos adjetivos o procesales de revisión para permitir a las Cortes Supremas o Tribunales Constitucionales asegurar la uniformidad de la jurisprudencia en las materias constitucional y de amparo.

A continuación analizaremos todos estos mecanismos judiciales mediante los cuales, en materia de decisiones judiciales sobre control de constitucionalidad y amparo cuando son dictadas por una variedad de tribunales inferiores, los casos pueden llegar al conocimiento de las Cortes Supremas o a los Tribunales Constitucionales para dar la última interpretación de la Constitución, con la precisión de que en Panamá, Chile, Uruguay y Paraguay no hay previsión alguna respecto de esta materia.

Para analizar la situación de los países en los cuales si se han establecido mecanismos de revisión de las sentencias de amparo, teniendo siempre en cuenta el marco de la clasificación general según el método de control de constitucionalidad que se aplica en los diversos países (método difusivo; método concentrado; y sistema mixto de control de constitucionalidad), analizaremos los diversos mecanismos de revisión de las sentencias de amparo clasificándolos en cuatro grupos: sistemas recursos de revisión obligatoria; sistemas de recursos de revisión discrecional; sistemas automáticos de revisión obligatoria y sistemas automáticos de revisión discrecional; según que los asuntos lleguen al Tribunal Supremo o Corte Constitucional en ejercicio de un recurso o lleguen por envío o consulta automática.

3. *Los sistemas de recursos extraordinarios de revisión de conocimiento obligatorio*

A *El recurso extraordinario en el Brasil*

El sistema brasileño de control de constitucionalidad fue transformado, desde 1.934, en un sistema mixto en el que el método difuso adoptado desde el siglo XIX, opera en combinación con un sistema concentrado que es ejercido por el Tribunal Superior Federal.

Respecto del método difuso de control de constitucionalidad y para permitir al Tribunal Supremo decidir en última instancia en materia de dicho control de leyes, desde su incorporación en la Constitución en 1.891, el Tribunal Supremo tiene el poder de revisar las decisiones de los tribunales inferiores en materia de constitucionalidad, mediante el ejercicio de un recurso extraordinario.

Este recurso puede ser interpuesto contra decisiones judiciales adoptadas en materia de protección de derechos constitucionales por las Cortes Superiores Federales o por las Cortes Federales Regionales cuando se considera que los tribunales han adoptado las decisiones de manera inconsistente con la Constitución, o en casos en que los tribunales han denegado la validez de un tratado o ley federal, o cuando las decisiones han declarado la inconstitucionalidad de un tratado o una ley federal; o cuando consideran que leyes o actos de autoridades locales como inconstitucionales o contrarios a una ley federal válida (Constitución, art. 199,III,b y c).

B *El recurso de agravio en el Perú*

En el caso del Perú, el Tribunal Constitucional, como Jurisdicción Constitucional, también ejerce el método concentrado de control de constitucionalidad de las leyes, básicamente mediante decisiones resolviendo acciones de inconstitucionalidad de las mismas (Constitución, art. 202,1; Código, art. 77); todo dentro de un sistema mixto de control jurisdiccional que además faculta a todos los tribunales para aplicar el método difuso de control de constitucionalidad. Las acciones de amparo también se presentan ante una variedad de tribunales inferiores.

Con el fin de lograr uniformidad de interpretación constitucional, también en Perú algunos instrumentos adjetivos se han introducido aunque no de manera uniforme.

En materia de habeas corpus, amparos y habeas data, el artículo 202,2 de la Constitución atribuyó al Tribunal Constitucional la facultad de revisar, en última y definitiva instancia, todas las decisiones de instancias inferiores en las cuales se deniegue de la protección solicitada; asuntos que pueden llegar al Tribunal Constitucional de Perú, mediante un recurso de agravio constitucional interpuesto contra la sentencia de segunda instancia denegando el reclamo (Código, art. 18).

Si el recurso de agravio se denegara, la parte interesada puede también presentar al Tribunal Constitucional un recurso de *queja*, en cuyo caso si el tribunal considera el recurso debidamente sustentado, puede proceder a decidir el recurso de agravio pidiendo al tribunal superior que envíe el expediente respectivo (art. 19).

Si el Tribunal Constitucional considera que la sentencia impugnada está afectada por un defecto o vicio del procedimiento, puede anularla y ordenar la reposición del procedimiento al estado existente previo al defecto. En casos en los cuales el vicio solo afecte la sentencia atacada, el Tribunal debe revocarla y debe dictar en sustitución una decisión sustantiva (art. 20).

Por otra parte, en materia de sentencias dictadas por tribunales inferiores ejerciendo el método difuso de control de constitucionalidad, cuando los jueces ordinarios deciden la inaplicabilidad de leyes con base en argumentos constitucionales, conforme al artículo 14 de la Ley Orgánica del Poder Judicial, ellos deben obligatoriamente enviar sus sentencias a revisión por parte de la Corte Suprema de Justicia. Debe destacarse que en este caso, la remisión no es hecha al Tribunal Constitucional sino a la Corte Suprema de Justicia del Perú, a través de su Sala de Derecho Constitucional y Social, a fin de que ésta determine si la sentencia del tribunal ordinario en materia constitucional fue adecuada o no, convalidando la inaplicabilidad de la ley al caso particular.[428]

C *El recurso de apelación en Guatemala*

En Guatemala, existe también un sistema mixto de control de constitucionalidad, permitiendo a todos los tribunales poder resolver sobre la inconstitucionalidad de leyes mediante el método difuso de control de constitucionalidad, que se ha establecido en paralelo con el método concentrado asignado a la Corte Constitucional. Esta puede declarar la nulidad de leyes cuando es solicitada mediante una acción de inconstitucionalidad. Adicionalmente, el procedimiento de amparo ha sido también atribuido a una variedad de tribunales inferiores.

A fin de asegurar la intervención final de la Corte Constitucional en materias de constitucionalidad respecto de las decisiones de protección de derechos humanos, éstas están sujetas a apelación por ante la Corte Constitucional (art. 60), que puede ser formulada por las partes, por el Procurador Público y por el Comisionado de Derechos Humanos (art. 63).

La decisión de la Corte Constitucional puede confirmar, revocar o modificar la resolución del tribunal inferior (art. 67) y puede también anular todo el procedimiento cuando se prueba que la normativa legal no fue observada en el proceso.

Sin embargo, en Guatemala la cuestión de la inconstitucionalidad de una ley puede plantearse como una acción o una excepción o incidencia en un caso particular, sometida al tribunal competente por el Procurador Público o por las partes. En estos casos, la decisión del tribunal aplicando el método difuso de control jurisdiccional puede ser también apelada ante la Corte Constitucional (art. 121).

Si la cuestión de inconstitucionalidad de una ley es planteada en un proceso concreto, el tribunal competente deberá también resolver el punto (art. 123); y la decisión también puede ser apelada ante la Corte Constitucional (art. 130).

4. *Los sistemas de recursos extraordinarios de revisión de conocimiento discrecional*

A. *El recurso extraordinario en Argentina*

El sistema de justicia constitucional en Argentina, sigue el método difuso de control jurisdiccional, teniendo la Corte Suprema de la Nación poderes para revisar las decisiones de los tribunales inferiores en materia constitucional. Se trata, además, del único país latinoamericano que permanece con el sistema difuso de control de constitucionalidad como el único aplicado para asegurar la constitucionalidad de las

---

428 Véase Aníbal Quiroga León: "El derecho procesal constitucional Peruano," en Juan Vega Gómez y Edgar Corzo Sosa, (Coord.*) Instrumentos de tutela y justicia constitucional, Memoria del VII Congreso Iberoamericano de Derecho Constitucional,* Instituto de Investigaciones Jurídicas, Universidad Nacional Autónoma de México, México, pp. 471 ss.

leyes por los tribunales inferiores, particularmente los de primera instancia, los cuales son también los llamados a decidir las acciones de amparo.

En ambos casos, las decisiones de los tribunales en materia constitucional pueden alcanzar la Corte Suprema de la Nación mediante un recurso extraordinario que solo puede ser presentado contra las decisiones de los tribunales superiores de segunda instancia, cuando la validez de un tratado o de una ley ha sido cuestionada o, en términos generales, resuelven un asunto de control de constitucionalidad de una ley.[429] Este es, sin duda, el mecanismo judicial mediante el cual la Corte Suprema normalmente decide sobre la interpretación final de la Constitución cuando revisa la constitucionalidad de actos de estado y, por consiguiente, es el medio más importante de control de constitucionalidad.

En esta forma, la Corte Suprema está investida en el sistema argentino, con dos tipos de competencia de alzada, una competencia ordinaria de apelación, y otra competencia "extraordinaria;" ésta última siendo la que puede ejercer la Corte Suprema mediante el llamado "recurso extraordinario" a través del cual la Corte puede asegurar la uniformidad de la interpretación constitucional.

Sin embargo, a diferencia del sistema norteamericano de la petición de *certiorari*, donde las partes no tienen un derecho a recurrir y la Corte tiene la facultad discrecional de admitirlo, en el caso del recurso extraordinario, la Corte Suprema argentina ejerce una competencia obligatoria como consecuencia del derecho que tienen las partes de presentar dicho recurso, aunque la Corte tenga facultad discrecional para rechazarlo.[430]

Por supuesto, cuando decide estos recursos extraordinarios, la Corte Suprema no actúa como tribunal de tercera instancia porque su facultad de control solo se refiere a materias relativas a cuestiones constitucionales.

Las decisiones de la Corte Suprema sobre el control de constitucionalidad, por otra parte, no son formalmente vinculantes para los tribunales inferiores,[431] pero debido a que como son pronunciadas por el más alto tribunal del país, tiene definitivamente una influencia importante sobre los mismos, particularmente cuando una doctrina ha sido clara y frecuentemente definida por la Corte.

Finalmente, debe mencionarse que aun sin fundamento en ninguna disposición legal, en 1.990, a través de una serie de decisiones judiciales, la Corte Suprema admitió lo que se ha llamado el recurso extraordinario *per saltum*; esto es, un recurso extraordinario presentado ante la Corte Suprema contra decisiones de primera instancia (no contra decisiones de los tribunales superiores) en circunstancias extraor-

---

429 Véase Ley N° 48, Article 14; v. Elias Guastavino: *Recurso extraordinario de inconstitucionalidad*, Ed. La Roca, Buenos Aires, 1992; Lino Enrique Palacio: *El recurso extraordinario federal. Teoría y práctica*, Abeledo-Perrot, Buenos Aires, 1992, p. 14.

430 Véase Lino Enrique Palacio: *El recurso extraordinario federal. Teoría y práctica*, Abeledo-Perrot, Buenos Aires, 1992, p. 26.

431 Véase R. Bielsa: *La protección constitucional y el recurso extraordinario*. Jurisdicción de la Corte Suprema, Buenos Aires, 1958, pp. 49, 198, 267; A. E. Ghigliani, *Del control jurisdiccional de constitucionalidad*, Buenos Aires, 1952, pp. 97, 98.

dinarias de interés institucional grave.[432] En estos casos, en forma muy excepcional, la Corte Suprema ha intervenido en procesos judiciales, en casos institucionales o de estado de gran importancia, revisando la decisión del tribunal de primera instancia, circunvalando la apelación ante el tribunal superior.

B. *El recurso de revisión en Venezuela*

En otros países con un sistema mixto de control de constitucionalidad de las leyes, como es el caso en Venezuela, la competencia de revisión por parte de la Corte o Tribunal Supremo como Jurisdicción Constitucional, para revisar las sentencias de los tribunales inferiores en materia constitucional, también está establecida pero como un poder discrecional de ésta.

En Venezuela el sistema de control de constitucionalidad es también de carácter mixto, estando establecido el método difuso en paralelo al método concentrado, siendo éste último asignado a la Sala Constitucional del Tribunal Supremo de Justicia con facultades para anular leyes cuando sea requerida por una acción popular.

Respecto de las decisiones dictadas por los tribunales inferiores aplicando el método difuso de control de constitucionalidad, al igual que respecto de las decisiones dictadas en los procesos de amparo, la Constitución de 1.999 estableció un recurso extraordinario de revisión que permite a la Sala Constitucional de la Corte Suprema dictar sentencias definitivas en todos los casos de importancia constitucional.

Este recurso extraordinario puede ser interpuesto contra las decisiones judiciales definitivas dictadas en procedimientos de amparo y, también, contra cualquier decisión judicial en la cual se resuelvan cuestiones constitucionales sobre la inaplicabilidad de leyes porque se hayan considerado inconstitucionales (art. 336.10).

La competencia extraordinaria de revisión por parte de la Sala Constitucional también se concibe en Venezuela como un poder discrecional,[433] a través de la cual la Sala Constitucional puede dar uniformidad a la interpretación judicial constitucional y a la aplicación de los derechos humanos por parte de los tribunales ordinarios, teniendo la facultad de dar a su interpretación de la Constitución efectos generales vinculantes, similares a los efectos del principio procesal del *stare decisis* (art. 335).

C. *El recurso de revisión en la República Dominicana*

En el caso de la República Dominicana el artículo 54 de la Ley regula un recurso de revisión para ser intentado ante el Tribunal Constitucional, al cual se le otorga la potestad de "revisar las decisiones jurisdiccionales que hayan adquirido la autoridad de la cosa irrevocablemente juzgada" (art. 53) en los siguientes casos:

---

432 Véase Ricardo Haro, "*El per saltum en la justicia federal Argentina,*" en su libro: El Control de Constitucionalidad, Editorial Zavalía, Buenos Aires, 2003, pp. 87–122; Lino Enrique Palacio: *El recurso extraordinario federal*. Teoría y práctica, Buenos Aires, 1992, pp. 111–118.

433 En forma similar al escrito de *certiorari* en los Estados Unidos. v. Jesús María Casal: *Constitución y Justicia Constitucional,* Caracas, 2002, p. 92.

1. Cuando la decisión declare inaplicable por inconstitucional una ley, decreto, reglamento, resolución u ordenanza;

2. Cuando la decisión viole un precedente del Tribunal Constitucional; y

3. Cuando se haya producido una violación de un derecho fundamental, siempre que concurran y se cumplan todos y cada uno de los siguientes requisitos: a) Que el derecho fundamental vulnerado se haya invocado formalmente en el proceso, tan pronto quien invoque la violación haya tomado conocimiento de la misma. b) Que se hayan agotado todos los recursos disponibles dentro de la vía jurisdiccional correspondiente y que la violación no haya sido subsanada. c) Que la violación al derecho fundamental sea imputable de modo inmediato y directo a una acción u omisión del órgano jurisdiccional, con independencia de los hechos que dieron lugar al proceso en que dicha violación se produjo, los cuales el Tribunal Constitucional no podrá revisar" (art. 53).

En este último caso (art. 53.3), sin embargo, la jurisdicción del Tribunal no es obligatoria, sino que la admisión de la revisión queda sujeta a que el Tribunal Constitucional "considere que, en razón de su especial trascendencia o relevancia constitucional, el contenido del recurso de revisión justifique un examen y una decisión sobre el asunto planteado. El Tribunal siempre deberá motivar sus decisiones."

D. *El recurso de revisión en México*

Uno de los más importantes instrumentos de control jurisdiccional en México, bien es sabido que es el amparo contra las leyes, a través de los cuales los tribunales federales pueden ejercer el control de constitucionalidad de las leyes cuando deciden una "acción de inconstitucionalidad" que puede ser incoada ante un tribunal distrital federal, de acuerdo a la norma constitucional (art. 107, XI, XII). En estos casos de amparo contra las leyes, así como respecto de los amparos cuando se declara la inconstitucionalidad de una ley, las decisiones de los tribunales distritales federales son revisables por la Corte Suprema de Justicia (art. 107 constitucional, VIII, a), la cual tiene la facultad definitiva para decidir el asunto cuando decide los recursos de revisión que sean incoados por las partes.

En particular y según la reforma constitucional sancionada en 1.988, a la Corte Suprema le fue atribuida la facultad de decidir en última instancia todos los casos de amparo donde la decisión involucre la inconstitucionalidad de una ley o defina una interpretación directa de una norma de la constitución (art. 107, IX). Con tal fin, el recurso de revisión fue reglamentado por la Regulación No. 5/1999 del 21 de junio de 1.999 de la Corte Suprema,[434] correspondiéndole a la Corte Suprema determinar si el asunto de constitucionalidad involucrado en la decisión del tribunal inferior tiene la importancia y trascendencia necesaria como para ser estudiado por la Suprema Corte (art. 82, Ley de Amparo). De acuerdo con esta regulación, los asuntos considerados como teniendo importancia son aquellos donde los argumentos son excepcionales, es decir, de interés especial y aquellos de carácter trascendental

434 Véase *Diario Oficial de la Federación* June 22, 1999. v. el texto en Eduardo Ferrer Mac Gregor: *La acción constitucional de amparo en México y España. Estudio de derecho comparado*, Editorial Porrúa, México, 2002, pp. 403 ss.

cuando la resolución del caso pudiera tener efectos sobresalientes en materia constitucional de acuerdo al art. 40 de la Ley de amparo y 107, VIII constitucional.

Esta atribución permite a la Corte Suprema dar la interpretación final de la Constitución de manera uniforme,[435] estando sus decisiones limitadas a resolver las cuestiones constitucionales del caso.

E. *El recurso de revisión en Honduras*

En Honduras, la Sala Constitucional de la Corte Suprema de Justicia también tiene el poder exclusivo de controlar la constitucionalidad de las leyes, sea mediante una acción directa o mediante la remisión de la cuestión constitucional por parte de un tribunal inferior. La única excepción respecto de esta concentración se refiere a los casos donde el control jurisdiccional de leyes se solicita mediante una acción de amparo; esto es, en materia de amparo contra leyes. En estos casos, los tribunales pueden decidir no aplicar una ley en un caso específico relacionado con la parte interesada, cuando es considerada contraria a derechos constitucionales.

En todos los casos de amparo, sin embargo, las decisiones de los tribunales inferiores están sujetas a revisión automática por parte del tribunal superior respectivo, y las decisiones de esos tribunal de apelaciones también pueden estar sujetas a control por parte de la Sala Constitucional de la Corte Suprema, a petición de parte, pero en este caso sobre una base de un poder discrecional (arts. 68, 69, Ley), teniendo así la Sala Constitucional la posibilidad de ser la última instancia para decidir en materia de amparos.

5. *Los sistemas de revisión automática de conocimiento obligatorio: Bolivia*

En Bolivia, de acuerdo con la Constitución (arts. 202.1) y con la Ley del Tribunal Constitucional (art. 7,8), este no solo es el único tribunal con competencia exclusiva para decidir sobre el control de constitucionalidad de las leyes, sea mediante una acción directa o a través de una petición incidental; sino que adicionalmente tiene la facultad de revisar todas las decisiones pronunciadas por tribunales inferiores en materia de amparo o habeas corpus (art. 129.IV, Constitución; art. 38; y 41 ss. Ley). En este caso, a diferencia de las disposiciones en Argentina, ningún recurso extraordinario de control está previsto, así que el poder del Tribunal Constitucional de revisar las decisiones de amparo y habeas corpus es ejercido automáticamente en forma obligatoria.

Para tal fin las decisiones judiciales que se dicten en la materia deben ser enviadas por los tribunales respectivos ante el Tribunal Constitucional de manera de garantizar la uniformidad de la interpretación constitucional.

---

435 Véase Joaquín Brage Camazano: *La jurisdicción constitucional de la libertad (Teoría general, Argentina, México, Corte Interamericana de Derechos Humanos)*, Editorial Porrúa, Instituto Mexicano de Derecho Procesal Constitucional, México, 2005, pp. 153–155.

6. *Los sistemas de revisión automática de conocimiento discrecional*

A. *La consulta obligatoria en Colombia*

En Colombia, la Corte Constitucional está facultada para revisar en forma automática las decisiones judiciales en materia de amparo, para lo cual tiene potestad discrecional.

Dicha Corte Constitucional, que fue creada en 1.991 como guardián último de la Constitución, al conocer de las acciones populares que se puedan intentar demandado la inconstitucionalidad de las leyes, tiene la competencia exclusiva para declarar la nulidad de las mismas, con efectos generales.[436] Este método concentrado de control de constitucionalidad en todo caso, está establecido en paralelo con el método difuso de control de constitucionalidad ejercido por todos los tribunales; y además con la atribución a una variedad de tribunales inferiores de la competencia para decidir en materia de tutela. Respecto de las decisiones de tutela, la Corte Constitucional tiene el poder de revisarlas.

Sin embargo, en este caso, contrario a la solución argentina no está previsto recurso extraordinario específico alguno de control, siendo la remisión de los expedientes a la Corte, obligatoria por parte de los tribunales, teniendo sin embargo, la Corte Constitucional poderes discrecionales para conocer de la revisión

Con tal propósito, el Decreto 2.591 de 1.991 sobre la acción de *tutela* establece que cuando una decisión de tutela no es apelada, debe ser siempre remitida automáticamente para revisión por parte de la Corte Constitucional (art. 31); y cuando las decisiones son apeladas, la decisión correspondiente del tribunal superior, sea confirmándola sea revocándola, también debe ser remitida automáticamente a la Corte Constitucional para su revisión (art. 32). En todos estos casos, la Sala Constitucional tiene poderes discrecionales para determinar cuál decisión de tutela será examinada o no (art. 33). [437]

De acuerdo con la ley regladora de la tutela, todas las decisiones de la Corte Constitucional que revisen, modifiquen o revoquen la decisión de tutela o que unifiquen la jurisprudencia constitucional o clarifiquen el alcance de las disposiciones constitucionales, deben ser motivadas; y todas las otras deben ser justificadas (art. 35).

Por otra parte, las decisiones de revisión que adopte la Corte Constitucional solo producen efectos respecto del caso particular; por lo que el tribunal de primera instancia debe ser inmediatamente notificado, el cual a su vez debe notificar a las par-

436 Véase J. Vidal Perdomo*: Derecho constitucional general*, Bogotá 1985, p. 42; D.R. Salazar: Constitución Política de Colombia, Bogotá, 1982, p. 305; E. Sarria*: Guarda de la Constitución*, Bogotá, p. 78.

437 A tal efecto, la Corte Constitucional debe designar dos de sus magistrados para seleccionar, sin motivación expresa y de acuerdo con su criterio, las decisiones de *tutela* que han de ser reconsideradas. Sin embargo, cualquiera de los magistrados y el Defensor del Pueblo pueden solicitar la reconsideración de la decisión excluida cuando consideren que la reconsideración puede aclarar el alcance de un derecho o evitar un grave perjuicio. Asimismo, según la decisión 282 de febrero de 2.000, el Procurador General de la Nación puede solicitar la reconsideración de las decisiones de tutela cuando considere necesario defender el orden legal, el patrimonio público y los derechos y garantías fundamentales (artículo 7.12).

tes y dictar las resoluciones necesarias para adecuar sus propias decisiones al pronunciamiento de la Corte Constitucional.

En Colombia, sin embargo, no se ha establecido recurso extraordinario alguno para la revisión de sentencias dictadas por los tribunales en materia de control difuso de la constitucionalidad de las leyes que también existe.

B. *La consulta obligatoria en Ecuador*

En el caso del Ecuador, donde existe un sistema de justicia constitucional concentrado, se atribuye a la Corte Constitucional la potestad de revisar las sentencias de amparo dictadas por tribunales inferiores, las cuales deben ser obligatoriamente remitidas a la Corte en el término de tres días contados a partir de su ejecutoría a la Corte Constitucional, para su conocimiento y eventual selección y revisión (art. 25.1). La selección de las sentencias para su revisión, se debe hacer teniendo en cuenta las siguientes reglas previstas en el artículo 25 de la Ley de Garantías: Primero, "la Sala de Selección, después de conocer las sentencias, escogerá discrecionalmente aquellas sentencias objeto de la revisión" lo que se informará a través del portal de internet de la Corte Constitucional (25.2); segundo, "la exclusión de la revisión no requiere de motivación expresa" 25.3; tercero, la Sala de Selección debe tener en cuenta los siguientes parámetros para la selección, que deben ser explicados en el auto de selección: a) Gravedad del asunto; b) Novedad del caso e inexistencia de precedente judicial; c) Negación de los precedentes judiciales fijados por la Corte Constitucional; y d) Relevancia o trascendencia nacional del asunto resuelto en la sentencia" (art. 25.4). Teniendo en cuenta estas causales, el Defensor del Pueblo o cualquier juez de la Corte Constitucional puede solicitar la selección de la sentencia.

7. *La competencia discrecional de control ex officio por parte de las Jurisdicciones Constitucionales en materia constitucional*

Además de la competencia automática o de alzada de revisión por parte de la Jurisdicción Constitucional respecto de decisiones judiciales emitidas por tribunales inferiores en materia constitucional y resolviendo acciones de amparo, en algunos países latinoamericanos se ha atribuido a la Jurisdicción Constitucional competencia para revisar *ex officio* tales decisiones cuando aspectos constitucionales importantes están implicados.

En el caso de México, de acuerdo con la reforma constitucional aprobada en 1994 y 2014 (art. 107, VIII, tercer párrafo), la Corte Suprema de México fue revestida de la facultad discrecional de seleccionar los casos a revisar e materia de amparo, de importancia constitucional, cuando le es solicitado por los tribunales de circuito, *ex officio* o a pedido del Procurador General de la República. La principal característica de esta facultad de atracción es que ninguna petición de un particular es posible.

En Venezuela ha sido la Sala Constitucional de la Corte Suprema, a título de jurisdicción Constitucional, la cual ha desarrollado facultades *ex officio* para revisar decisiones de tribunales inferiores en materia constitucional, sin ninguna base constitucional. Con base en la antes mencionada facultad de la Sala Constitucional de conocer discrecionalmente las decisiones de los tribunales inferiores en materia constitucional de importancia, la Sala Constitucional, distorsionando sus facultades de control, extendió dicha facultad más allá de los casos específicos de decisiones de control de constitucionalidad y adoptadas en procesos de amparo establecidos en la Constitución; extensión que luego fue regularizada en la Ley Orgánica del Tribunal Supremo de Justicia desde 2004. En todo caso, mediante una doctrina judicial vinculante, la Sala extendió sus poderes de control a cualquier otra decisión judicial emitida en cualquier otra materia cuando la Sala considera que es contraria a la Constitución; una facultad que la Sala consideró autorizada a ejercer a pesar de la ausencia de cualquier norma constitucional, incluso *ex officio*. Estas facultades de control han sido también desarrolladas para casos de particulares decisiones judiciales cuando se consideran contrarios a la interpretación de la Sala Constitucional de la Constitución, o cuando se considera que están afectadas de un error grotesco respecto de la interpretación constitucional.[438]

***

Sin duda, como hemos señalado al inicio, entre todas las instituciones del derecho constitucional de América Latina, el derecho o la acción de amparo, protección o tutela puede considerarse como la más característica de todas, al punto de que bien se la puede calificar como una institución propiamente latinoamericana,[439] por lo demás, de origen mexicano, la cual ha incluso influido en su adopción en otras latitudes (Filipinas, por ejemplo).

Sin embargo, en su regulación legal, a pesar de toda su tradición constitucional, dicha institución, en muchos aspectos y en muchos países, no se adapta a los parámetros del derecho humano a la protección judicial para amparar los derechos humanos tal como se recogió en el artículo 25.1 de la Convención Americana sobre Derechos Humanos. El amparo, por tanto, siendo tan viejo casi como el mismo constitucionalismo latinoamericano,[440] todavía requiere de ajustes, los cuales se han venido realizando a nivel continental gracias precisamente al control de convencionalidad desarrollado por la Corte Interamericana de Derechos Humanos y por los jueces y tribunales nacionales en el orden interno con base a ese marco común que ha sido el citado artículo 25 de la Convención. Ello ha venido contribuyendo a darle a la institución del amparo su dimensión universal. Con ello, el camino se ha iniciado, como lo muestra el análisis que hemos efectuado, lo que no significa que no falte mucho por recorrerr.

---

438 Véase Decisión Nº 93 del 6.2.2.001, caso *Olimpia Tours and Travel vs. Corporación de Turismo de Venezuela*, en *Revista de Derecho Público*, Nº 85-88, Editorial Jurídica Venezolana, Caracas, 2001, pp. 414–415. v. Allan R. Brewer-Carías: "*Quis Custodiet ipsos Custodes:* De la interpretación constitucional a la inconstitucionalidad de la interpretación," en *VIII Congreso Nacional de Derecho Constitucional, Perú, Septiembre 2005*, Fondo Editorial, Colegio de Abogados de Arequipa, Arequipa, 2005, pp. 463–489.

439 Véase en general lo que hemos expuesto en Allan R. Brewer-Carías, *Constitucional Protection of Human Rights in Latin America. A Comparative Law Study on the amparo proceeding*, Cambridge University Press, New York, 2008.

440 Véase Allan R. Brewer-Carías, "Ensayo de síntesis comparativa sobre el régimen del amparo en la legislación latinoamericana", en *Revista Iberoamericana de Derecho Procesal Constitucional,* Nº 9 enero-junio 2008, Editorial Porrúa, Instituto Iberoamericano de Derecho Procesal Constitucional, México 2008, pp. 311-321.

TERCERA PARTE:

OTROS ESTUDIOS SOBRE EL AMPARO EN AMÉRICA LATINA

SECCIÓN PRIMERA

EL AMPARO EN AMÉRICA LATINA: LA UNIVERSALIZACIÓN DEL RÉGIMEN EN LA CONVENCIÓN AMERICANA SOBRE DERECHOS HUMANOS Y LA NECESIDAD DE SUPERAR LAS RESTRICCIONES NACIONALES (2003).

Esta sección es el texto del discurso de incorporación como Miembro Correspondiente Extranjero de la Academia Nacional de Derecho y Ciencias Sociales de Córdoba, Argentina, 02/09/03. El texto fue publicado como "El amparo en América Latina: La universalización del Régimen de la Convención Americana sobre los Derechos Humanos y la necesidad de superar las restricciones nacionales," en *Ética y Jurisprudencia*, 1/2003, Enero-Diciembre, Universidad Valle del Momboy, Facultad de Ciencias Jurídicas y Políticas, Centro de Estudios Jurídicos "Cristóbal Mendoza", Valera, Estado Trujillo, 2004, pp. 9-34. Igualmente en el libro: *Constitución, democracia y control del poder*, Mérida 2004, pp. 159-182

El texto estuvo precedido de las siguientes palabras:

Muchas gracias al querido amigo Antonio María Hernández por sus generosas palabras de presentación, las que sólo la amistad podrían explicar, y gracias además por haberme ofrecido el motivo de venir a Córdoba en esta oportunidad.

Al fin he tenido la ocasión de llegar a esta hermosísima, más que centenaria y académica ciudad, la última de las fundadas desde Santiago del estero en lo que fue la Provincia de Tucumán con el impulso de quienes venían del Alto Perú; pero la primera en todo el territorio argentino en tener una Universidad, a lo cual se ha referido extensamente el profesor Diego Valadés.

Que privilegio y que honor, por tanto, para quien viene de la parte más septentrional del Continente Americano, de poder ser recibido en la más austral de las grandes Academias de derecho del mundo hispano, y además, poder acompañar en este acto al Profesor Valadés.

Mis primeras palabras esta noche tienen que ser de excusa a los Señores Académicos por el retardo que he tendido en esta comparecencia; y además, por supuesto, de profundo agradecimiento por el alto honor que se me confirió hace

ya más de dos décadas. Mi agradecimiento a los Académicos de entonces y de los de siempre, en la persona del maestro Pedro J. Frías quien presidía en aquél entonces la Academia; y mi agradecimiento a los académicos de ahora, quienes me reciben y quienes como Ricardo Haro, tanto me insistieron en que viniera.

Nunca es tarde, queridos amigos; por ello estoy aquí, honrado de ser recibido en esta Casa.

Cuando Antonio María Hernández me precisó para que preparara mi discurso de incorporación, pensé que debía dedicarlo a un tema de derecho constitucional comparado en América Latina, pero con particular interés en la Argentina; y ello me llevó a decidirme por tratar la institución del amparo, de la tutela o de la protección constitucional de los derechos humanos.

* * *

En el desarrollo de los mecanismos nacionales de protección de los derechos humanos en el mundo contemporáneo, se pueden distinguir diversas etapas que van desde una inicial caracterizada por un proceso de constitucionalización de los derechos mediante su declaración en las Constituciones; seguido de una intermedia, de internacionalización de la constitucionalización de los mismos por su inclusión en los instrumentos internacionales; terminando con la etapa actual marcada por la constitucionalización de la internacionalización de los derechos humanos.

Después de la multiplicación de las declaraciones constitucionales sobre derechos humanos que se produjo durante los Siglo XVIII y XX hasta la primera mitad del Siglo XX, fue precisamente a partir de la Segunda Guerra Mundial y como consecuencia de los horrores que la provocaron y que pusieron al descubierto las más aberrantes violaciones a los derechos humanos nunca imaginadas, cuándo se comenzó en la búsqueda de un necesario ámbito universal para la lucha en pro de la protección de los mismos. Ello condujo a su consagración en diversos instrumentos nacionales, lo que además condujo a una consecuente y progresiva recomposición del concepto mismo de soberanía, clave en la configuración del derecho constitucional de la época.

El derecho internacional, así, comenzó a jugar un rol significativo en el establecimiento de límites al propio derecho constitucional, con motivo de los nuevos principios y compromisos internacionales que se fueron conformando para asegurar la paz. Por ello, no es de extrañar que de esa Segunda Guerra Mundial haya surgido, no sólo la efectiva constitucionalización de la protección de los derechos humanos, sino el proceso mismo de internacionalización de los derechos con la adopción, en 1948, tanto de la Declaración Americana de los Derechos y Deberes del Hombre por la Organización de Estados Americanos, como de la Declaración Universal de los Derechos Humanos por la Organización de las Naciones Unidas; y, en 1950, de la Convención Europea de Derechos Humanos. Ese proceso se consolidó en las décadas de los sesenta y setenta, con la adopción del Pacto Internacional de Derechos Civiles y Políticos y del Pacto Internacional de Derechos Económicos, Sociales y Culturales en el ámbito de las Naciones Unidas y en 1969, de la Convención Americana sobre Derechos Humanos en el ámbito interamericano.

Entre los derechos constitucionalizados e internacionalizados en esos instrumentos está la precisamente, la institución del amparo como vía judicial expedita para la protección de los derechos humanos, la cual se había venido desarrollando en América Latina desde el Siglo XIX; y que ha adoptado incluso otras denominaciones como la de tutela, la de protección constitucional o la de *mandado de segurança*[441]. Por ello bien podemos afirmar que se trata de una institución latinoamericana, desarrollada para la protección tanto de la libertad personal (hábeas corpus), como, en general, de todos los otros derechos constitucionales. Además, en las últimas décadas al *hábeas corpus* y al amparo, en las Constituciones, se ha agregado la acción de *hábeas data*, como un medio específico de protección de los derechos de las personas frente a los archivos y bancos de datos que lleva el Estado[442]. Los latinoamericanos, sin duda, podemos reivindicar todos estos mecanismos de protección como de origen latinoamericano, sin tener que estar buscando antecedentes, que no los hay, en los regímenes históricos europeos.

Pero además de ser una institución propia del derecho constitucional latinoamericano, puede decirse que a partir de su consagración en la Convención Americana sobre Derechos Humanos, también la podemos considerar como una institución de carácter interamericano establecida como la garantía judicial por excelencia de los derechos humanos, tanto de los regulados en las Constituciones y otras normas del derecho interno, como de los enumerados en las declaraciones internacionales. En tal sentido, el artículo 25 de la Convención establece:

> Art. 25,1. Toda persona tiene derecho a un recurso sencillo y rápido o a cualquier otro recurso efectivo ante los jueces o tribunales competentes, que la ampare contra los actos que violen sus derechos fundamentales reconocidos por la Constitución, la ley o la presente Convención, aún cuando tal violación sea cometida por personas que actúen en ejercicio de sus funciones oficiales.

Esta consagración del derecho de amparo en la Convención Americana, por otra parte, se configura como una obligación internacional impuesta a los Estados de asegurar a las personas ese recurso efectivo de protección de sus derechos. Por ello, la propia Convención dispone que:

> Art. 25,2. Los Estados Partes se comprometen:
>
> a) a garantizar que la autoridad competente prevista en el sistema legal del Estado decidirá sobre los derechos de toda persona que interponga tal recurso

La Corte Interamericana de Derechos Humanos, por ello, incluso ha señalado en una *Opinión Consultiva* (OC-9/87, sec. 24) que para que el recurso exista:

> "No basta con que esté previsto por la Constitución o la ley o con que sea formalmente admisible, sino que se requiere que sea realmente idóneo para establecer si se ha incurrido en una violación a los derechos humanos y prever lo necesario para remediarla"; al punto de que su falta de consagración en el derecho interno podría considerarse como una trasgresión de la Convención.

---

441 Véase en general Allan R. Brewer-Carías, *El amparo a los derechos y garantías constitucionales (una aproximación comparativa)*, Caracas 1993.

442 Así ha sucedido, por ejemplo, en las Constituciones de Argentina (art. 96), Brasil (art. 5, LXXII), Ecuador (art. 30), Paraguay (Art. 135) y Perú (art. 208,3).

En la actualidad, por tanto, puede considerarse que la definición contenida en la Convención Americana sobre el derecho de amparo constituye el parámetro más adecuado e importante sobre este mecanismo efectivo de protección, por lo cual deben diseñarse estrategias para que desde la perspectiva constitucional se pueda utilizar el sistema de protección internacional de derechos humanos, y se puedan superar las restricciones nacionales a la institución del amparo que se han venido desarrollado en América Latina. Para analizar esta problemática, dividiré mi exposición en tres partes: en una primera, analizaré cuál es el sentido de la regulación del amparo en la Convención Americana; en una segunda parte, analizaré el rango y valor de dicha Convención en el derecho interno; y en una tercera etapa, me referiré a los aspectos en lo que es necesario adaptar las regulaciones sobre el amparo a las exigencias de la Convención.

I. EL SENTIDO DE LA REGULACIÓN DEL AMPARO EN LA CONVENCIÓN AMERICANA SOBRE DERECHOS HUMANOS

Conforme al antes mencionado artículo 25 de la Convención Americana sobre Derechos Humanos, cuya redacción y lenguaje sigue los del Pacto Internacional de los Derechos Civiles y Políticos, toda persona tiene derecho a un recurso sencillo y rápido o a cualquier otro recurso efectivo ante los jueces o tribunales competentes, que la amparen contra actos que violen sus derechos fundamentales reconocidos en la respectiva Constitución y en las leyes, y en la propia Convención Americana.

De esta norma internacional puede decirse que se derivan los contornos que debería tener esta acción de amparo, de tutela o de protección de los derechos fundamentales en los derechos internos, los cuales lamentablemente en muchos países se encuentran parcialmente restringidos. A los efectos de poder confrontar la norma interamericana con las regulaciones del derecho interno de los países de América Latina y poder plantear las adaptaciones necesarias debemos comenzar, por tanto, por definir el sentido de la regulación contenida en la Convención Americana el cual se conforma por los siguientes elementos:

En *primer lugar* debe señalarse que en la Convención Americana se concibe al amparo como un derecho fundamental, es decir, como un derecho en sí mismo y no sólo como una garantía adjetiva. Se indica en efecto que toda persona "tiene derecho" a un recurso; por lo que no sólo se trata de que toda persona sólo deba tener a su disposición una garantía adjetiva concretizada en un solo recurso o en una acción de amparo, tutela o protección, sino que toda persona tiene derecho a la protección o amparo judicial.

Por ello, en realidad, estamos en presencia de un derecho fundamental de carácter internacional y constitucional de las personas, a tener a su disposición un medio judicial efectivo, rápido y eficaz de protección.

En *segundo lugar* debe destacarse que la Convención regula un derecho que se le debe garantizar a "toda persona" sin distingo de ningún tipo, por lo que corresponde a las personas naturales y a las personas jurídicas o morales; a las personas nacionales y a las extranjeras; a las hábiles y no hábiles; a las personas de derecho público y a las de derecho privado. Es decir, corresponde a toda persona en el sentido más universal.

En *tercer lugar*, los mecanismos judiciales de protección de los derechos humanos a los que se refiere la Convención Americana pue-den ser variados. La Convención habla de un medio efectivo, rápido y sencillo que por tanto, puede ser de cualquier clase. Por ello, en realidad, puede tratarse de cualquier medio judicial y no necesariamente una sola y única acción de protección o de amparo. Es decir, la Convención no necesariamente se refiere a un solo medio adjetivo de protección, sino que puede y debe tratarse de un conjunto de medios de protección que puede implicar, incluso, la posibilidad de utilizar los medios judiciales ordinarios, como por ejemplo sucede con los *writs* en el derecho angloamericano.

En *cuarto lugar*, la Convención señala que el medio judicial de protección o la acción de amparo puede interponerse ante los tribunales competentes, de lo que resulta que la intención de la Convención es que no se trata de un solo y único tribunal competente. Ello, por supuesto, se debe regular en el ordenamiento interno, pero el fundamento de la regulación de la Convención es que ésta debe ser esencialmente la función del Poder Judicial, como también sucede por ejemplo en los sistemas angloamericanos donde el amparo existe sin que se lo denomine como tal. En esos sistemas los jueces cotidianamente dictan órdenes o decisiones de *mandamus*, *injunctions* y *prohibitions*, es decir, todos los tipos de decisiones judiciales que equivalen al amparo en América Latina, como parte de la cotidianidad de la acción del juez, sin que tengan una característica adjetiva especial.

En *quinto lugar,* conforme a la Convención, este derecho a un medio efectivo de protección ante los tribunales se establece para la protección de *todos* los derechos constitucionales que estén en la Constitución, en la ley, en la propia Convención Americana o que sin estar en texto expreso, sean inherentes a la persona humana, por lo que también son protegibles aquellos establecidos en los instrumentos internacionales. Por ello aquí adquieren todo su valor las cláusulas enunciativas de los derechos, que los protegen aun cuando no estén enumerados en los textos, pero que siendo inherentes a la persona humana y a su dignidad, deban ser objeto de protección constitucional.

Además, en *sexto lugar*, la protección que regula la Convención es contra cualquier acto, omisión, hecho o actuación que viole los derechos y, por supuesto, también que amenace violarlos, porque no hay que esperar que la violación se produzca para poder acudir al medio judicial de protección. Es decir, este medio de protección tiene que poder existir antes de que la violación se produzca, frente a la amenaza efectiva de la violación y, por supuesto, frente a toda violación o amenaza de violación provenga de quien sea. Es decir, no puede ni debe haber acto ni actuación alguna excluidas del amparo, así emane de los particulares o de los poderes públicos, en cualquier forma, sea una ley, un acto administrativo, una sentencia, una vía de hecho, una actuación u una omisión.

Este es, en realidad, el parámetro que establece la Convención Americana sobre el amparo, y es ese el que debe prevalecer en los derechos internos, donde hay que realizar un gran esfuerzo, como estrategia de derecho adjetivo, para la utilización desde la perspectiva constitucional, de dicho sistema de protección internacional de derechos humanos. En consecuencia, teniendo en cuenta este parámetro de universalización del amparo que consagra la Convención Americana, debe realizarse un enorme esfuerzo en el ámbito interno para superar el lamentable proceso de restricciones constitucionales o legislativas que en algunos aspectos ha sufrido la institución del amparo; que teniendo una concepción tan amplia en el texto de la Convención Americana, en muchos casos ha sido restringida.

Este esfuerzo, además, se facilita por el proceso de constitucionalización de la Convención Americana en el derecho interno de los países que ha implicado que se haya dotado a la misma de un rango normativo superior en dicho derecho interno.

II. EL VALOR DE LA CONVENCIÓN AMERICANA DE DERECHOS HUMANOS EN EL DERECHO INTERNO

En el derecho interno de los países de América latina, en efecto, el proceso de constitucionalización de la internacionalización de los mecanismos de *protección* de los derechos humanos se ha manifestado mediante el otorgamiento de un determinado rango normativo a los instrumentos internacionales como la Convención Americana, mediante la precisión, en el mismo texto de las Constituciones en caso de conflicto, del principio de prevalencia de las normas –la internacional o la interna- relativa a los derechos humanos. Las soluciones constitucionales en este respecto derivan no sólo de la consagración expresa de dicho rango normativo en el texto de las Constituciones, sino de la estructuración del mismo con base en la interpretación constitucional.

1. *El rango normativo de los instrumentos internacionales de derechos humanos establecido expresamente en las Constituciones*

En muchas Constituciones latinoamericanas el tema del rango constitucional de los instrumentos internacionales sobre derechos humanos incluyendo la Convención Americana sobre Derechos Huma-nos, ha sido resuelto expresamente, pudiendo distinguirse cuatro regímenes normativos según que les haya sido otorgado rango supra constitucional, rango constitucional, rango supra legal o solamente rango legal[443].

A. *El rango supra constitucional de los instrumentos internacionales sobre derechos humanos*

En *primer lugar*, algunas Constituciones han establecido expresamente el rango supra constitucional de los derechos humanos declarados en instrumentos internacionales; es decir, un rango superior al de las propias normas constitucionales, prevaleciendo, por tanto, en relación con las mismas.

Tal es el caso, por ejemplo, de la Constitución de Guatemala, en cuyo artículo 46 se establece el principio general de que en materia de derechos humanos, los tratados y convenciones aceptados y ratificados por Guatemala tienen preeminencia sobre el derecho interno, concepto éste de "derecho interno" que no sólo comprende a las leyes sino a la propia Constitución.

En Colombia, la Constitución ha establecido una disposición similar, al disponer el artículo 93 que: "Los tratados y convenios internacionales ratificados por el Congreso, que reconocen los derechos humanos y que prohíben su limitación en los estados de excepción, prevalecen en el orden interno"; y "orden interno", también en este caso, en

---

443 Véase en general sobre esta clasificación lo expuesto por Rodolfo E. Piza R., *Derecho internacional de los derechos humanos: La Convención Americana*, San José 1989; y por Carlos Ayala Corao, *La jerarquía constitucional de los tratados sobre derechos humanos y sus consecuencias*, México 2003.

nuestro criterio, como antes indicamos, no sólo comprende al establecido en las leyes sino en la propia Constitución.

En cierta forma, también podría ubicarse en este primer sistema de jerarquía supra constitucional de los derechos humanos establecidos en instrumentos internacionales, el caso reciente de la Constitución de Venezuela de 1999, en cuyo artículo 23 se dispone que

> "Los tratados, pactos y convenciones relativos a derechos humanos, suscritos y ratificados por Venezuela, tienen jerarquía constitucional y prevalecen en el orden interno, en la medida en que contengan norma sobre su goce y ejercicio más favorable a las establecidas por esta Constitución y la ley de la República, y son de aplicación inmediata y directa por los tribunales y demás órganos del Poder Público".

Al señalar esta Constitución que los derechos humanos establecidos en los instrumentos internacionales prevalecen en el "orden interno", es decir, el establecido en la propia Constitución y en las leyes, cuando prevean condiciones de goce y ejercicio más favorable, sin duda que le está otorgando rango supra constitucional a dichos derechos y a sus mecanismos de protección. Esa prevalencia, por otra parte, puede ser apreciada por el juez constitucional en todos los procesos constitucionales, sea cuando el juez ordinario conoce del control difuso de la constitucionalidad, sea cuando los jueces deciden acciones de amparo constitucional o de habeas corpus, o sea cuando la Sala Constitucional del Tribunal Supremo, como Jurisdicción constitucional conoce de acciones de inconstitucionalidad de las leyes, de acciones de interpretación constitucional o de inconstitucionalidades por omisión de Legislador.

Sin embargo, ha sido la propia Sala Constitucional del Tribunal Supremo de Justicia de Venezuela la cual ha pretendido reducir el ámbito de aplicación e interpretación de esta rica norma constitucional, pretendiendo reservarse en exclusiva esa tarea y desconociendo el valor de las recomendaciones e interpretaciones de la Comisión Interamericana de Derechos Humanos.

En efecto, en la sentencia N°. 1942 de 15 de julio de 2003, mediante la cual la Sala declaró sin lugar una acción de nulidad por inconstitucionalidad que había sido interpuesta contra las normas de desacato que todavía contiene el Código Penal de Venezuela, y que contrarían las disposiciones de la Convención Americana sobre Derechos Humanos conforme lo ha interpretado la Comisión Interamericana de Derechos humanos en una de sus conocidas Recomendaciones, la Sala Constitucional se reservó la aplicación del artículo 31 de la Constitución, violando las disposiciones constitucionales que regulan el sistema mixto o integral de justicia constitucional de Venezuela[444], al señalar que:

> "Es la Sala Constitucional quien determina cuáles normas sobre derechos humanos de esos tratados, pactos y convenios, prevalecen en el orden interno;

---

444 Véase Allan R. Brewer-Carías, *El sistema de justicia constitucional en la Constitución de 1999*, Caracas 2000.

al igual que cuáles derechos humanos no contemplados en los citados instrumentos internacionales tienen vigencia en Venezuela".

Por otra parte, la Sala Constitucional le ha restado todo valor a las interpretaciones que puedan realizar los organismos internacionales sobre el alcance de los instrumentos internacionales sobre derechos humanos en relación con el derecho interno, al expresar que el artículo 23 de la Constitución "se refiere a normas que establezcan derechos, no a fallos o dictámenes de instituciones, resoluciones de organismos, etc., prescritos en los Tratados, sino sólo a normas creativas de derechos humanos", agregando que:

> Repite la Sala, que se trata de una prevalencia de las normas que conforman los Tratados, Pactos y Convenios (términos que son sinónimos) relativos a derechos humanos, pero no de los informes u opiniones de organismos internacionales, que pretendan interpretar el alcance de las normas de los instrumentos internacionales.

La Sala, además, al ratificar su competencia para interpretar la Constitución, agregó que:

> Esta competencia de la Sala Constitucional en la materia, que emana de la Carta Fundamental, no puede quedar disminuida por normas de carácter adjetivo contenidas en Tratados ni en otros textos Internacionales sobre Derechos Humanos suscritos por el país, que permitan a los Estados partes del Tratado consultar a organismos internacionales acerca de la interpretación de los derechos referidos en la Convención o Pacto, como se establece en el artículo 64 de la Ley Aprobatoria de la Convención Americana sobre Derechos Humanos, Pacto de San José, ya que, de ello ser posible, se estaría ante una forma de enmienda constitucional en esta materia, sin que se cumplan los trámites para ello, al disminuir la competencia de la Sala Constitucional y trasladarla a entes multinacionales o transnacionales (internacionales), quienes harían interpretaciones vinculantes.

B. *El rango constitucional de los instrumentos internacionales sobre derechos humanos*

En *segundo lugar*, un grupo de Constituciones ha atribuido expresamente rango constitucional a los instrumentos internacionales sobre derechos humanos, con lo que los derechos humanos y sus mecanismos de protección establecidos en los mismos tienen la misma jerarquía constitucional que los establecidos en el texto fundamental.

Dos tipos de regímenes constitucionales pueden distinguirse en este grupo: las Constituciones que confieren rango constitucional a todos los instrumentos internacionales de derechos humanos, y las Constituciones que otorgan tal rango, sólo a un grupo de instrumentos enumerados expresamente en la Constitución.

En el *primer tipo* se ubicaba, por ejemplo, la Constitución de Perú de 1979, derogada en 1994, cuando establecía en su artículo 105 que "Los preceptos contenidos en los tratados relativos a derechos humanos, tienen jerarquía constitucional", de manera que "No pueden ser modificados sino por el procedimiento que rige para la reforma de la Constitución".

En el *segundo tipo* se ubica la Constitución de Argentina de 1994 que le otorga una jerarquía "superior a las leyes", es decir, rango constitucional a un grupo de tratados y declaraciones vigentes para ese entonces que se enumeran taxativamente en el artículo 75, 22 de la Constitución, entre los cuales están la Declaración Americana, la Convención Americana y los Pactos Internacionales, además de otros instrumentos internacionales que se especifican relativos al delito de genocidio, o sobre discriminación racial y discriminación contra la mujer, sobre la tortura y otros tratos o penas crueles, inhumanos y degradantes y sobre derechos del niño.

En cuanto a los demás tratados sobre derechos humanos, la Constitución estableció que pueden gozar de tal jerarquía constitucional, siempre que sean aprobados por una mayoría calificada de las 2/3 partes de la totalidad de los miembros del Senado y de la Cámara de Diputados.

C. *El rango supra legal de los instrumentos internacionales sobre derechos humanos*

En *tercer lugar*, en otras Constituciones latinoamericanas, sólo se ha establecido expresamente el rango supra legal, pero sometidos a la Constitución, de los tratados y convenciones internacionales en general, comprendidos los relativos a derechos humanos, en el sentido de que prevalecen sobre las Leyes, pero sin tener rango constitucional.

Esta es la solución de la Constitución de Costa Rica, la cual dispone que

> "Los tratados públicos, los convenios internacionales y los concordatos debidamente aprobados por la Asamblea Legislativa, tendrán desde su promulgación o desde el día que ellos designen, autoridad superior a las leyes" (art. 7).

En el caso de Honduras se llega a una conclusión similar, aún cuando la prevalencia se regule en general respecto de los tratados internacionales y no específicamente respecto de los relativos a derechos humanos. En efecto, conforme al artículo 16 de la Constitución, los tratados internacionales en general, comprendidos los relativos a derechos humanos, forman parte del derecho interno y prevalecen sobre las leyes en caso de conflicto (art. 18). La Constitución, además, dispone que en caso de que un tratado internacional afecte una disposición constitucional, el mismo debe ser aprobado mediante el procedimiento de reforma constitucional antes de su ratificación (art. 17).

En sentido similar, el artículo 144 de la Constitución de El Salvador dispone el rango legal de los tratados y su prevalencia respecto de las leyes en caso de conflicto, al disponer que "Los tratados internacionales celebrados por El Salvador con otros Estados o con organismos internacionales, constituyen leyes de la República al entrar en vigencia, conforme a las disposiciones del mismo tratado y de esta Constitución", agregando la norma que "La ley no podrá modificar o derogar lo acordado en un tratado vigente para El Salvador" y que "En caso de conflictos entre el tratado y la Ley, prevalecerá el tratado".

D. *El rango legal de los instrumentos internacionales sobre derechos humanos*

Por último, en *cuarto lugar*, en cuanto a la jerarquía normativa de los instrumentos internacionales sobre derechos humanos, están los sistemas constitucionales que le atribuyen en general a los tratados internacionales igual jerarquía que a las leyes.

Este es el sistema más difundido en el derecho constitucional contemporáneo, y sigue la orientación iniciada por la Constitución de los Estados Unidos de América (art. VI. 2). En esta línea regulatoria está la Constitución de Ecuador (art. 137).

En estos sistemas, por tanto, los tratados tienen el mismo rango normativo que las leyes, están sometidos a la Constitución y en su aplicación en relación con las leyes rigen los principios de ley posterior y ley especial para los efectos derogatorios que puedan tener.

2. *El valor normativo constitucional de los instrumentos internacionales con independencia de la jerarquía de estos en el orden interno*

Pero en ausencia de una regulación constitucional expresa relativa a la jerarquía normativa en el orden interno de los instrumentos internacionales sobre derechos humanos, debe decirse que estos derechos y sus garantías de protección enumerados en los mismos, pueden adquirir valor constitucional mediante técnicas interpretativas diversas de orden constitucional en relación, precisamente, con el sistema interamericano de derechos humanos.

En efecto, la tendencia más general en el constitucionalismo contemporáneo ha sido la de otorgarle a los derechos humanos consagrados en los instrumentos internacionales, el mismo rango y valor de los establecidos en las Constituciones, de manera que todos son considerados como derechos constitucionales. Ello se ha logrado mediante técnicas, incluso, en algunos casos, expresamente previstas en las Constituciones.

A. *La exigencia expresa de la interpretación de la Constitución de conformidad con los tratados internacionales*

Algunas Constituciones, en efecto, establecen expresamente una norma orientadora para la interpretación de los derechos humanos declarados en el texto fundamental, exigiendo que la misma debe realizarse en armonía o de conformidad con los tratados internacionales en la materia. El ejemplo más relevante en este caso es el de la Constitución de Colombia, cuyo artículo 93 establece expresamente que:

> "Los derechos y deberes consagrados en esta Carta, se interpretarán de conformidad con los tratados internacionales sobre derechos humanos ratificados por Colombia".

En esta forma, en el propio texto constitucional se establece la obligación expresa para todos los órganos del Estado y no sólo para los tribunales, de interpretar las normas constitucionales reguladoras de los derechos humanos de acuerdo con lo regulado en los tratados internacionales sobre la materia. La consecuencia de ello es, por tanto, el reconocimiento implícito del mismo rango y valor de derechos constitucionales a los establecidos en los tratados internacionales, que son los que deben guiar la interpretación de los primeros.

Esta norma de la Constitución de Colombia, sin duda, tiene como antecedentes el texto de las Constituciones de España (art. 10,2) y Portugal (art. 16,2), en las cuales, además, se menciona en particular a la Declaración Universal de los Derechos Humanos, cuyo contenido en consecuencia es el parámetro para la interpretación de las normas constitucionales sobre derechos humanos.

B. *La interpretación constitucional de las declaraciones generales sobre los fines de la sanción de la Constitución vinculados a los derechos humanos*

Otra vía para de atribuir el mismo rango constitucional a los derechos y mecanismos de protección consagrados en instrumentos constitucionales, deriva de la interpretación constitucional que debe hacerse de las declaraciones generales relativas a los derechos humanos, las cuales generalmente se ubican en los preámbulos de las Constituciones.

En efecto, en muchos Preámbulos constitucionales se establece como fin del propio texto constitucional e, incluso, del Estado, al asegurar la plena vigencia de los derechos humanos. Tal es el caso de la Constitución de Guatemala, en cuyo preámbulo se establece expresamente como finalidad del texto constitucional, "Impulsar la plena vigencia de los derechos humanos dentro de un orden institucional estable, permanente y popular, donde gobernados y gobernantes procedan con absoluto apego al derecho".

Siendo, en este caso, por tanto, finalidad de la propia sanción de la Constitución el impulsar la plena vigencia de los derechos humanos, éstos en su contexto universal adquieren el mismo valor que los declarados expresamente en la Constitución. A ello debe tender la interpretación constitucional de estas declaraciones generales.

C. *La interpretación de las obligaciones constitucionales del Estado en relación con los derechos humanos*

Otras Constituciones, en las normas destinadas a regular las declaraciones de derechos humanos, establecen expresamente obligaciones para los diversos órganos del Estado en relación con el aseguramiento de la efectividad en el goce y disfrute de los mismos. En estos casos, al constituir una obligación del Estado el respeto de los derechos humanos o el velar por su efectivo ejercicio, los mismos, en general, adquieren rango y valor constitucional así no estén enumerados expresamente en las declaraciones constitucionales.

Tal es el caso de la Constitución de Chile, en cuya reforma de 1989 se incorporó una declaración conforme a la cual se dejó expresamente reconocido que el ejercicio de la soberanía está limitada por "El respeto a los derechos esenciales establecidos en la naturaleza humana", estableciéndose además, como "Deber de los órganos del Estado respetar y promover tales derechos garantizados por esta Constitución, así como por los tratados internacionales ratificados por Chile y que se encuentren vigentes". En consecuencia, si se trata de una obligación del Estado la de respetar y promover los derechos humanos garantizados por los tratados internacionales, los mismos adquieren el mismo valor y rango de los derechos constitucionales enumerados expresamente en el texto fundamental.

Además, la referencia a los "derechos esenciales establecidos en la naturaleza humana" permite y exige identificar como tales, no sólo a los enumerados expresamente en la Constitución, sino a los establecidos en los tratados internacionales e, incluso, más allá, a los que sean de la esencia de la naturaleza humana.

En sentido similar se regula en la Constitución de Ecuador, la cual también establece como una obligación del Estado, el garantizar "A todos los individuos, hombres o mujeres que se hallen sujetos a su jurisdicción, el libre y eficaz ejercicio y goce de los derechos civiles, políticos, económicos, sociales y culturales enunciados en las declaraciones, pactos, convenios y demás instrumentos internacionales vigentes". La obligación del Estado, por tanto, no sólo se refiere a garantizar el ejercicio y goce de los derechos enumerados en la Constitución, sino de todos los enumerados en los instrumentos Internacionales, los cuales en consecuencia adquieren rango y valor de derechos constitucionales.

También debe destacarse en el mismo sentido, la declaración contenida en la Constitución de Nicaragua en la cual se establece la declaración general de que toda persona no sólo "Goza de la protección estatal y del reconocimiento de los derechos inherentes a la persona humana y del irrestricto respeto, promoción y protección de los derechos humanos", sino de "La plena vigencia de los derechos consagrados en la Declaración Universal de Derechos Humanos, en la Declaración Americana de Derechos y Deberes del Hombre; en el Pacto Internacional de Derechos Económicos, Sociales y Culturales y en el Pacto Internacional de Derechos Civiles y Políticos de la Organización de Naciones Unidas y en la Convención Americana de Derechos Humanos de la Organización de Estados Americanos".

En este caso, la enumeración que hace la Constitución de ciertos instrumentos internacionales como la Convención Americana, no puede sino interpretarse como una enunciación no taxativa, dadas las declaraciones procedentes sobre los derechos humanos en general y los inherentes a la persona humana.

III. LA NECESIDAD DE ADAPTAR LAS REGULACIONES NACIONALES SOBRE EL AMPARO A LAS EXIGENCIAS DE LA CONVENCIÓN AMERICANA

Ahora bien, ante la amplitud de la regulación de la Convención Americana sobre Derechos Humanos, y ante el proceso de constitucionalización de sus regulaciones, consideramos que en América Latina debe realizarse un gran esfuerzo por superar las restricciones al ejercicio del derecho de amparo que se han venido estableciendo en el derecho interno de los países.

La definición del amparo contenida en la Convención Americana constituye un "estándar mínimo común" que todos los Estados deben cumplir; para lo cual deben diseñarse estrategias para desde la perspectiva constitucional, utilizar el sistema de protección internacional de derechos humanos.

Ello implica la necesidad de que en el derecho interno de nuestros países se amplíe la protección constitucional de manera que la pueda acordar cualquier juez o tribunal; mediante el ejercicio de todas las vías judiciales y no sólo a través de un sólo recurso o acción de amparo; en relación con todas las personas y para la protección de absolutamente con todos los derechos constitucionales; y contra todo acto u omisión provenga de quién provenga.

1. *La necesidad de ampliar la protección constitucional mediante otros medios judiciales de protección*

El primer esfuerzo que debe desarrollarse a los efectos de asegurar la efectividad de la protección constitucional, es el tendiente a la desadjetivización de la institución del amparo, en el sentido de reafirmar su carácter sustantivo como derecho constitucional en sí mismo.

En efecto, puede decirse que en la mayoría de los ordenamientos internos el amparo no se ha previsto como un derecho constitucional y más bien se ha configurado o convertido en una acción judicial, es decir, en un medio o remedio adjetivo específico, denominado recurso de protección, acción de tutela, acción de amparo, *mandado de segurança* o hábeas corpus o hábeas data.

En realidad, la universalidad de los medios judiciales es la que tendría que prevalecer para la protección efectiva y rápida de todos los derechos como por ejemplo, insistimos, sucede en países donde no se regula específicamente una "acción de amparo", como en Inglaterra, en Francia, o en Italia; pero donde si bien no existe un medio judicial que se llame "acción de amparo", sin embargo existen mecanismos adecuados para la protección efectiva de los derechos en cualquier proceso. En algunos países de América Latina conforme a la orientación de la Convención Americana e, inclusive, con antelación a la adopción de la Convención, al amparo ha sido concebido como un derecho constitucional, y ha sido desarrollado con estas características, como es el caso de México y de Venezuela e, incluso, en nuestro criterio, también es el caso de Colombia.

2. *La necesidad de ampliar la protección constitucional en relación con las personas protegibles (legitimación activa)*

Una segunda estrategia que debe desarrollarse en América Latina para la utilización en el ámbito constitucional interno del sistema de protección de derechos humanos, es la tendiente a ampliar la legitimación activa para la utilización de los medios judiciales de garantía, es decir, ampliar el ámbito de las personas protegidas o protegibles.

En general puede decirse que el amparo se ha concebido como un medio de protección de carácter personalísimo, que beneficia al reclamante, y cuyos efectos en principio no se puede extender a terceros.

Esta tendencia plantea, en primer lugar, el problema de la protección de los derechos colectivos, cuya iniciativa de protección se atribuye a los Defensores del Pueblo o de los Derechos Humanos, por lo que debería definirse una estrategia para poder permitir que las propias colectividades puedan ejercer la acción de amparo cuando se trate de violación de derechos constitucionales colectivos.

Por otra parte, no olvidemos que cada vez con más frecuencia, dentro de los mecanismos para asegurar el acceso a la justicia, están los diseñados para la protección de los intereses difusos, sobre todo en relación con los derechos de tercera generación, como el derecho a la protección del medio ambiente. En esta materia, la legitimación tiene que irse construyendo, de manera que se permita que personas interesadas puedan actuar en representación de intereses difusos cuando se trate de derechos constitucionales cuya violación afecte a toda una colectividad. Incluso, en algunas Constituciones como la venezolana de 1999 ya está fuera de toda duda la posibilidad del ejercicio de la acción de amparo para la protección de derechos colectivos y difusos, lo cual ha sido ampliamente desarrollado por la jurisprudencia.

Otro aspecto relativo a la legitimación activa en materia de amparo es la indicación que contiene la Convención Americana de que la acción de amparo la tiene "toda persona", lo que implica que las personas de derecho público también pueden ser accionantes, como titulares de derechos constitucionales, como son los de la igualdad, debido proceso o a la defensa. Por ello las entidades públicas pueden ser perfectamente titulares de la acción, por lo cual el tema del amparo no se plantea sólo contra el Estado, sino que también los entes públicos pueden ser los que exijan la protección constitucional.

Incluso en algunos países puede considerarse que existe un amparo constitucional respecto de las garantías constitucionales de carácter político territorial propias de la descentralización política, el cual procede cuando las Constituciones garantizan, por ejemplo la autonomía de las entidades locales, como la autonomía municipal. En estos casos, estamos en presencia de una "garantía constitucional", por lo que no habiendo en las Constituciones nada que reduzca el amparo sólo a los derechos y garantías de los hombres, también los derechos y garantías constitucionales establecidas en los textos respecto de la autonomía territorial, podrían ser objeto de una acción de protección, como sucede por ejemplo, en México en relación con los Estados de la Federación, contra leyes federales. En cambio, esta situación se ha planteado recientemente en Venezuela mediante la presentación ante los Tribunales de una acción de amparo para la protección de la garantía a la autonomía municipal ante violaciones nacionales; la cual lamentablemente ha sido rechazada por la Sala Constitucional en una interpretación restrictiva totalmente inadmisible.

3. *La necesidad de ampliar la protección constitucional en relación con los derechos protegidos*

El tercer aspecto de la estrategia para la utilización desde la perspectiva constitucional del sistema de protección internacional de derechos humanos, se refiere al tema los derechos protegibles. De acuerdo con la Convención Americana todos los derechos son protegibles mediante las acciones de amparo: los derechos constitucionales de los hombres, de las personas morales e, incluso, de las personas institucionales de carácter constitucional.

Entre estos derechos constitucionales se encuentran tanto los declarados en el texto de las Constituciones, en las leyes, en la Convención Americana y otros instrumentos internacionales, y los que son inherentes a la persona humana. Como lo ha precisado la Corte Interamericana de Derechos Humanos en una Opinión Consultiva (OC-8/87) al analizar el artículo 25,1 de la Convención, donde señaló que dicho texto:

> "Es una disposición de carácter general que recoge la institución procesal del amparo, entendido como el procedimiento judicial sencillo y breve que tiene por objeto la tutela de todos los derechos reconocidos por las Constituciones y leyes de los Estados Partes y por la Convención".

Conforme al sistema interamericano, por tanto, el elenco de los derechos protegibles tendría que ser completo. Sin embargo, en contraste, en algunos casos quizás por la influencia del modelo europeo de acción de amparo, particularmente el regulado en Alemania y en España, se ha reducido el objeto protegido en cuanto a los derechos protegibles sólo respecto de ciertos derechos enumerados en el texto constitucional. Así se establece en la Constitución alemana, donde sólo se admite la acción de amparo en relación con lo que en ella se denominan como "derechos fundamentales", los cuales son una especie dentro del género derechos constitucionales. En España también se enumeran expresamente cuáles son los derechos que pueden ser protegidos por la acción de amparo.

Nada de esto puede derivarse de la Convención Americana ni de la generalidad de las Constituciones de América Latina, en los cuales todos los derechos son amparables. Por ello puede considerarse que aquellas Constituciones que establecen un elenco determinado de derechos protegibles mediante la acción de amparo, son incompatibles con las obligaciones internacionales que a esos Estados impone la Convención.

En definitiva, la Convención Americana no permite la exclusión de la protección constitucional mediante el amparo de determinados derechos constitucionales, o en otras palabras, no permite que el amparo se reduzca a la protección sólo respecto de determinados derechos declarados en una Constitución. En consecuencia, sistemas como los regulados en los textos constitucionales de Chile y de Colombia pueden considerarse como incompatibles con la Convención Americana. En el caso de Chile, Constitución enumera cuáles son los derechos objeto de la acción de protección, y en el caso de Colombia, la Constitución también trae una enumeración respecto de los "derechos fundamentales" objeto de la tutela; en ambos casos, quizás por influencia europea. Sin embargo, afortunadamente los tribunales de la República han venido corrigiendo esta restricción a través de una interpretación constitucional, de manera que en la actualidad, particularmente en Colombia casi no hay derecho constitucional que no pueda ser tutelable.

En contraste con estos casos de previsiones constitucionales restrictivas sobre los derechos constitucionales que pueden ser objeto de protección mediante la acción de amparo, de tutela o de protección, deben destacarse otros sistemas constitucionales que expresamente establecen dentro de los derechos protegibles, no sólo todos los derechos constitucionales, sino además, los declarados en el sistema de protección internacional. Es el caso por ejemplo de la Constitución de Costa Rica, que enumera entre los derechos objeto de protección mediante el amparo a los derechos "de carácter fundamental establecidos en los instrumentos internacionales sobre derechos humanos, aplicables a la Republica".

En sentido aun más amplio, la Constitución de Venezuela de 1999 precisa en forma expresa que el derecho de amparo comprende la protección de los "derechos y garantías constitucionales, aun de aquéllos inherentes a la persona que no figuren expresamente en esta Constitución o en los instrumentos internacionales sobre derechos humanos", de lo que debe interpretarse que no sólo son objeto de protección los derechos y garantías constitucionales y los enumerados en los instrumentos internacionales de derechos humanos, sino todos aquéllos inherentes a la persona humana, aun cuando no estén expresamente enumerados en la propia Constitución o en los instrumentos internacionales.

4. *La necesidad de ampliar el ámbito de la competencia judicial para la protección constitucional*

El cuarto aspecto de la estrategia para la utilización, desde la perspectiva constitucional del sistema de protección internacional de derechos humanos, se refiere a la necesidad de ampliar la competencia judicial para asegurar la protección de los derechos humanos acorde con la intención de lo que establece la Convención Americana.

En efecto, conforme a la Convención y a la tradición latinoamericana, la competencia en materia de amparo es de la esencia del Poder Judicial, en el sentido de que debe ser una competencia de "los tribunales", de todos y no sólo de uno de ellos, como en cambio es característico del modelo europeo, particularmente en Alemania y en España, donde la competencia en materia de amparo se atribuye a un solo Tribunal que es el Tribunal Constitucional.

Lamentablemente, sin embargo, en algunos países de América Latina también se ha operado esta reducción en cuanto a la competencia judicial para la protección constitucional mediante el amparo, al asignarla a un solo tribunal, particularmente a las Cortes Supremas. Es el caso de Panamá, de Costa Rica, de El Salvador y de Nicaragua, donde sólo la Corte Suprema es competente para conocer de la acción de amparo. La aplicación de la Convención Americana debería conducir a configurar una estrategia de orden adjetivo para precisamente ampliar la competencia judicial, como por ejemplo se ha propuesto recientemente en Honduras, en el Proyecto de Ley sobre la Justicia Constitucional que ha elaborado la propia Sala Constitucional de la Corte Suprema de Justicia.

En todo caso, salvo los casos mencionados, en todos los otros países de América Latina la competencia judicial en materia de amparo tiene una característica difusa, en el sentido de que es un poder que se atribuye en general a los tribunales de primera instancia o a los tribunales de circuito, pero no se concentra en un solo órgano. La concentración en un solo órgano del conocimiento del amparo, como una acción específica, en definitiva, lo que hace es restringir el acceso a la justicia para la efectiva protección de los derechos.

5. *La necesidad de ampliar la protección constitucional en relación con los agraviantes (la legitimación pasiva)*

El quinto aspecto de la estrategia para la utilización desde la perspectiva constitucional, del sistema de protección internacional de derechos humanos, se refiere a la necesidad de la ampliación progresiva de la legitimación pasiva en materia de amparo, es decir, en la determinación de las personas contra quienes se puede intentar la acción de amparo, lo cual no encuentra restricción alguna en la Convención Americana.

No debe olvidarse, por supuesto, que en su origen la acción de protección de amparo o de tutela se la concibió siempre como un mecanismo de protección contra el Estado, precisamente porque los derechos humanos se concibieron inicialmente frente al Estado, y como limite a la actuación de los entes públicos. Sin embargo, la universalización progresiva de los derechos humanos como inherentes a la persona humana con independencia de quien debe respetarlos, ha venido ampliando el ámbito de su protección, admitiéndose que el amparo pueda intentarse también contra los particulares. Es decir, conforme con la Convención Americana, que no hace distingos, el amparo no sólo procede frente a la lesión a los derechos humanos que puede provenir de los entes públicos, sino también de los particulares.

En esta forma puede decirse que en América Latina se admite en una forma amplia la acción de amparo contra los particulares, tendencia que se inició en América Latina, concretamente en este país, Argentina, a partir de los años 50, donde por vía pretoriana se admitió la posibilidad del ejercicio de la acción de amparo contra particulares. Esta situación contrasta con lo que sucede en Europa, donde el amparo sólo se ejerce básicamente, contra los poderes públicos.

Sin embargo, alguna restricción a este principio de la universalidad característico de América Latina, se puede detectar en la actualidad en algunos de nuestros países, a los efectos de plantear su reforma o perfeccionamiento, precisamente como parte de una estrategia, desde la perspectiva constitucional, del sistema de protección internacional. Se destaca en este sentido la reducción de la posibilidad de ejercicio de la acción de amparo contra particulares que se ha operado en algunos países, al establecerse que sólo procede respecto a ciertos particulares, como son aquellos que actúan por delegación ejerciendo funciones públicas, o aquellos que cumplen algún tipo de prerrogativa o tienen una posición de dominio, por ejemplo, en la prestación de servicios públicos, como son las empresas concesionarias. En este sentido, legislaciones como las de Costa Rica, Guatemala y Colombia admiten que se pueda intentar acción de amparo pero sólo contra esos determinados particulares.

Otros países simplemente excluyen totalmente la posibilidad del ejercicio de la acción de amparo contra particulares siguiendo el modelo europeo, como es el caso de México, Brasil, Panamá, El Salvador y Nicaragua; situación que en nuestro criterio, se aparta de la orientación de la Convención Americana.

6. *La necesidad de ampliar la protección constitucional en relación con todas las entidades y actos estatales*

Un sexto aspecto de la estrategia para la utilización desde la perspectiva constitucional del sistema de protección internacional de derechos humanos, se refiere a la necesidad de la ampliación de la protección constitucional frente a las propias actuaciones del Estado.

En efecto, puede señalarse que otro ámbito de reducción del amparo que contrasta con la universalidad que deriva de la Convención Americana, se refiere a los actos del Poder Público que pueden ser objeto de la acción de amparo. Conforme a la Convención Americana y a la configuración universal de la acción de amparo, no puede ni debe existir acto alguno del Estado que escape de su ámbito. Si el amparo es un medio judicial de protección de los derechos, lo es y tiene que serlo frente a cualquier acción pública; por lo que no se concibe que frente a esta característica universal del amparo pueda haber determinadas actividades del Estado que queden excluidas a la posibilidad del ejercicio de una acción de amparo.

Sin embargo, en América Latina puede detectarse una lamentable tendencia a exclusiones frente a las cuales debe definirse una estrategia constitucional para su eliminación. Estas exclusiones se han operado en diversos aspectos.

En primer lugar se destaca la tendencia a excluir del amparo a los actos de ciertas autoridades públicas, como por ejemplo de los organismos electorales, cuyos actos, en algunos países como Perú, Costa Rica y Uruguay, se excluyen expresamente de la acción de amparo. En otros casos, por ejemplo, en el mismo Perú se prevé una exclusión del ámbito de protección constitucional del amparo respecto a los actos del Consejo Nacional de la Judicatura. En otros casos la exclusión se refiere a la materia, como las que tengan relación con la aplicación de leyes de defensa pública, como sucede en Argentina.

En segundo lugar, también se destaca otra tendencia a excluir del ámbito de protección mediante la acción de amparo a ciertos actos estatales, lo que se ha planteado particularmente en relación con las leyes y las decisiones judiciales. Algunos países, como por ejemplo Perú, Colombia, Brasil y Uruguay, excluyen la posibilidad de ejercer la acción de amparo contra leyes, es decir, contra normas. En otros, en cambio, como en México, donde tiene su inicio el amparo contra normas y asimismo en Venezuela, se admite ampliamente la posibilidad del ejercicio del ejercicio de la acción de amparo contra leyes como una especie de control difuso de la constitucionalidad por vía de acción, aun cuando en algunos casos exigiéndose el carácter auto aplicativo de la norma.

En otros casos la restricción se ha establecido en materia de amparo contra decisiones judiciales, aún cuando también el juez, al dictar su sentencia, puede lesionar un derecho constitucional. Ningún juez tiene poder para, en su sentencia, violar un derecho constitucional, por lo que también debería admitirse la acción de amparo contra las sentencias, lo cual no se excluye en la Convención Americana y es posible en muchos países de América Latina.

Pero en algunos países, en cambio, se excluye expresamente la acción de amparo contra sentencias, como es el caso de Argentina, Uruguay, Costa Rica, Panamá, El Salvador y Nicaragua. En otros países como en Colombia, si bien se incorporó expresamente en el Decreto-Ley reglamentario de la acción de tutela su procedencia contra sentencias, en una desafortunada sentencia de la Corte Constitucional de 1992 se anuló el artículo del Decreto Ley que regulaba la acción de tutela contra las mismas. Sin embargo, posteriormente y a pesar de la anulación de la norma, la labor tanto de la propia Corte Constitucional como de la Corte Suprema, del Consejo de Estado y de los tribunales de instancia, ha sido progresiva en admitir por vía de interpretación, la acción de tutela contra sentencias arbitrarias.

A MANERA DE CONCLUSIÓN

Como puede observarse de lo que he analizado anteriormente, la universalización de la concepción del amparo en la Convención Americana sobre Derechos Humanos tendría que prevalecer en los derechos internos, donde deberían quedar eliminadas todas las restricciones nacionales que se han venido estableciendo respecto de la acción de amparo.

Ello implica que el amparo tiene que ser concebido como un derecho constitucional en sí mismo, y no sólo como una acción o garantía adjetiva de proyección; que las personas amparables son todas, sin distingo de naturaleza alguna, incluyendo a las personas estatales; que la protección judicial de los derechos no se debe limitar a una sola acción de amparo, sino que puede lograrse a través de cualquier medio judicial idóneo; que la obligación judicial de amparar corresponde a todos los tribunales, por ser de la esencia del poder judicial, y no sólo a una Cor-

te o Tribunal Constitucional; que todos los derechos constitucionales son amparables, incluso los inherentes a la persona humana no enumerados en los textos constitucionales; que la protección constitucional procede contra todo acto omisión hecho o actuación que viole los derechos o amenace violarlos; que la protección constitucional procede contra acciones u omisiones lesivas de los particulares y no sólo e los agentes del Estado; y que en este último caso, procede contra leyes, actos ejecutivos y administrativos y sentencias sin que pueda haber exclusión alguna.

Ese es el marco que deriva de la Convención Americana sobre la institución del amparo, que he querido compartir con Ustedes esta noche, con motivo de mi incorporación a la Academia, como reflexión general sobre una institución latinoamericana muy arraigada en nuestros países, pero no por ello exenta de perfeccionamiento.

Muchas gracias de nuevo, queridos amigos Académicos; muchas gracias a todos por su atención.

Córdoba, 2 de septiembre de 2003

SECCIÓN SEGUNDA:

LA CONSTITUCIÓN EUROPEA, EL DERECHO A LA TUTELA JUDICIAL EFECTIVA Y LA REGULACIÓN DEL DERECHO DE AMPARO (UNA APROXIMACIÓN DESDE EL PUNTO DE VISTA DEL DERECHO CONSTITUCIONAL IBEROAMERICANO) (SEVILLA, DICIEMBRE 2003),

El texto de esta Sección es el de la ponencia presentada en el *VIII Congreso Iberoamericano de Derecho Constitucional*, Instituto Iberoamericano de Derecho Constitucional, Facultad de Derecho, Universidad de Sevilla, Sevilla, 5 de diciembre de 2003. Fue publicada con el título: "El derecho al debido proceso y el derecho de amparo en el proyecto de Constitución Europea", en Juan Pérez Royo, Joaquín Pablo Urías Martínez, Manuel Carrasco Durán, Editores), *Derecho Constitucional para el Siglo XXI. Actas del Congreso Iberoamericano de Derecho Constitucional,* Tomo I, Thomson-Aranzadi, Madrid 2006, pp. 2151-2162. Publicado también en el libro: *Constitución, democracia y control del poder*, Mérida 2004, pp. 183-196.

INTRODUCCIÓN

En el Proyecto de Constitución Europea de 20 de junio de 2003, la Unión reconoce los derechos, libertades y principios enunciados en la "Carta de los Derechos Fundamentales de la Unión" la cual constituye su Segunda Parte (art. 7,1). En particular, es en esta Carta en la que se ha incorporado una norma con el subtítulo de "derecho a la tutela judicial efectiva y a un juez imparcial", pero que regula mucho más que eso, con el siguiente texto:

> Art. II-47: Derecho a la tutela judicial efectiva y a un juez imparcial.
>
> Toda persona cuyos derechos y libertades garantizados por el Derecho de la Unión hayan sido violados tiene derecho a la tutela judicial efectiva respetando las condiciones establecidas en el presente artículo.

> Toda persona tiene derecho a que su causa sea oída equitativa y públicamente y dentro de un plazo razonable por un juez independiente e imparcial, establecido previamente por la ley. Toda persona podrá hacerse aconsejar, defender y representar.
>
> Se prestará asistencia jurídica gratuita a quienes no dispongan de recursos suficientes siempre y cuando dicha asistencia sea necesaria para garantizarla efectividad del acceso a la justicia.

De la lectura de esta norma, en efecto, puede deducirse que no solo consagra el derecho a la tutela judicial efectiva de carácter general, como garantía general a la justicia y al debido proceso (párrafos segundo y tercero); sino que además prevé las vías judiciales de amparo o de tutela judicial efectiva individual, específicamente para la protección de los derechos y libertades garantizados en la Constitución y en el Derecho adoptado por las instituciones de la Unión (art. 10).

Esta distinción que se ha ido delineando durante las últimas décadas en los instrumentos internacionales relativos a los derechos humanos y en algunos sistemas constitucionales europeos como por ejemplo los de Alemania y España, en América Latina tiene una larga tradición por el desarrollo de la institución del amparo a los derechos constitucionales.

Por eso, desde el punto de vista del derecho constitucional iberoamericano estimamos que de la norma del artículo II,47 de la Constitución Europea, no podría apreciarse otra cosa que no fuera la consagración del derecho fundamental al amparo. En realidad ello es lo que motiva estas reflexiones: la lectura, desde el ángulo del derecho iberoamericano, de una institución europea en el marco de la protección judicial de los derechos constitucionales. Estas reflexiones que tienden a identificar la consagración de la institución del amparo en dicha norma, las haremos analizando la cuestión en dos partes: en primer lugar, estableceremos el contraste de la misma con las previsiones similares en los instrumentos internacionales más relevantes que pudieran haberle servido de antecedente; y en segundo lugar, estableceremos las características del amparo en la Declaración Universal de Derechos Humanos y en el Pacto de los Derechos Civiles y Políticos del sistema de las Naciones Unidas, y las que derivan del Proyecto de Constitución Europea.

I. EL CONTRASTE DE LAS PREVISIONES DEL PROYECTO DE CONSTITUCIÓN EUROPEA CON SUS ANTECEDENTES INTERNACIONALES

1. *El debido proceso en el Convenio Europeo para la Protección de los Derechos Humanos*

Conforme al artículo 7,3 del proyecto de Constitución Europea, además de la Carta de Derechos Humanos, también forman parte del Derecho de la Unión como principios generales, los derechos fundamentales que garantiza el Convenio para la Protección de los Derechos Humanos y de las Libertades Fundamentales adoptado por los Gobiernos miembros del Consejo de Europa el 4 de noviembre de 1950 "y los que son fruto de las tradiciones constitucionales comunes de los Estados miembros".

Por tanto, con la Constitución Europea adquieren rango constitucional los derechos declarados en el Convenio Europeo, entre ellos el relativo al debido proceso que se regula en el artículo 6.1 de dicho Convenio.

Sin embargo, puede decirse que la norma del Artículo II, 47 de la Constitución Europea no sólo no repite la similar del Convenio Europeo, sino que la supera. Esta, en efecto, en materia de garantías judiciales, se reducía al derecho de toda persona al debido proceso, al indicarse en particular, en la primera parte del artículo 6,1, que:

> Art. 6,1. Toda persona tiene derecho a que su causa sea oída equitativa, públicamente y dentro de un plazo razonable, por un Tribunal independiente e imparcial, establecido por la Ley, que decidirá sus litigios sobre sus derechos y obligaciones de carácter civil o sobre el fundamento de cualquier acusación en materia penal dirigida contra ella...

La norma del Proyecto de Constitución Europea, por tanto, no sólo puede considerarse como una progresión respecto de lo previsto en el Convenio Europeo, sino que ha dado un paso adicional al regular la tutela judicial efectiva, pero no sólo en general, sino específicamente para la particular protección de los derechos fundamentales (párrafo primero).

La Constitución Europea, en esta forma, puede decirse que sigue el sentido de los textos de la Declaración Universal de los Derechos Humanos y del Pacto Internacional de Derechos Civiles y Políticos, y además, la evolución que ha tenido en Alemania y España la protección específica de los derechos fundamentales mediante la acción de amparo.

2. *El amparo en la Declaración Universal de Derechos Humanos de las Naciones Unidas*

En efecto, la Declaración Universal de los Derechos Humanos adoptada por la Asamblea General de las Naciones Unidas el 10 de diciembre de 1948, además de la garantía del debido proceso (art. 12), puede decirse que consagró como derecho de todas las personas el derecho de amparo a los derechos fundamentales, en los siguientes términos:

> Art. 8. Toda persona tiene derecho a un recurso efectivo, ante los tribunales nacionales competentes, que la ampare contra actos que violen sus derechos fundamentales reconocidos por la constitución o la ley.

Este derecho fundamental establecido en la Declaración se puede considerar como un derecho que tiene toda persona a que sus derechos fundamentales sean amparados judicialmente mediante un recurso efectivo, lo que en el mundo contemporáneo ha dado lugar al desarrollo de la acción o recurso de amparo, muy extendido en América Latina y consagrado después de la segunda post guerra en Alemania y en España. Como se dijo, dicho derecho se estableció separado del derecho al debido proceso que el artículo 12 de la Declaración consagró en los siguientes términos:

> Art. 12. Toda persona tiene derecho, en condiciones de plena igualdad, a ser oída públicamente y con justicia por el tribunal independiente e imparcial, para la determinación de sus derechos y obligaciones o para el examen de cualquier acusación contra ella en materia penal.

Ese derecho de amparo, que en nuestro criterio se establece ahora en el proyecto de Constitución Europea (Art, II,47, párrafo primero), por tanto, es distinto al derecho fundamental que tiene toda persona en el ejercicio de sus derechos e intereses legítimos, a que se le asegure el acceso a la justicia y a obtener una tutela judicial efectiva por parte de los jueces, con garantía del debido proceso y del derecho a la defensa (art. II,47, párrafos segundo y tercero).

Entre uno y otro derecho podría establecerse una relación de género a especie: el derecho a la tutela judicial efectiva general sería el género, vinculado al derecho al debido proceso y a la defensa en relación con todos los derechos (y no sólo los fundamentales) e intereses legítimos de las personas; y el derecho de amparo o a la tutela judicial efectiva individual, se refiere en concreto al derecho de las personas a disponer específicamente de "un recurso efectivo" ante los tribunales, que las amparen contra actos que particularmente violen sus derechos fundamentales reconocidos no sólo en la Constitución sino en las leyes. Se trata, sin duda, del derecho de amparo que se traduce en el derecho a un recurso efectivo para la específica protección de los derechos fundamentales.

3. *El amparo en el Pacto Internacional de Derechos Civiles y Políticos de Naciones Unidas*

Casi 20 años después de la Declaración Universal, en el Pacto Internacional de Derechos Civiles y Políticos adoptado en el seno de las Naciones Unidas el 19 de diciembre de 1966, también se estableció como un compromiso de los Estados Partes en el Pacto, además de garantizar el derecho al debido proceso en una detallada norma (Art. 14), el garantizar que:

> Art. 2,3,a). Toda persona cuyos derechos y libertades reconocidos en el presente Pacto hayan sido violados podrá interponer un recurso efectivo, aún cuando tal violación hubiera sido cometida por personas que actuaban en ejercicio de sus funciones oficiales;
>
> b) La autoridad competente, judicial, administrativa o legislativa, o cualquiera otra autoridad competente prevista por el sistema legal del Estado, decidirá sobre los derechos de toda persona que interponga tal recurso, y a desarrollar las posibilidades de recurso judicial;
>
> c) Las autoridades competentes cumplirán toda decisión en que se haya estimado procedente el recurso.

En esta norma del Pacto, en la misma línea de la Declaración Universal, de nuevo se garantizó internacionalmente el derecho de amparo de los derechos fundamentales y no sólo el derecho al debido proceso o a la tutela judicial en general, perfeccionándose incluso su consagración, al otorgarse a toda persona el derecho de interponer un recurso efectivo fuera cual fuera la causa de la violación a los derechos y libertades reconocidos en el Pacto, y no sólo ante las violaciones provenientes de "actos", como señalaba la Declaración Universal. Además, se precisó que dicho recurso procede contra cualquiera que sea el agraviante o sujeto activo de la violación, incluso si se tratase de funcionarios públicos o, en general, de personas que actúan en ejercicio de sus funciones oficiales. El derecho de amparo que consagra el Pacto Internacional, sin embargo, sólo se refiere a la protección de los derechos y libertades reconocidos en el propio Pacto, sin hacer alusión a los que se establecen en las Constituciones y leyes de los Estados.

4. *El amparo en la Convención Americana sobre Derechos Humanos*

En la misma línea de regulación del Pacto Internacional de Derechos Civiles y Políticos debe mencionarse el texto de la Convención Americana sobre Derechos Humanos adoptada por la Conferencia Especializada sobre Derechos Humanos el 22 de noviembre de 1969, la cual estableció también tanto el derecho al debido proceso con todas sus garantías judiciales en una detalladísima norma (art. 8), como el derecho de amparo; este último, delineándolo con mayor precisión incluso como institución latinoamericana, establecida como la garantía judicial por excelencia de los derechos humanos, tanto de los regulados en las Constituciones y otras normas del derecho interno, como de los enumerados en los instrumentos internacionales. En tal sentido, el artículo 25 de la Convención Americana establece:

> Art.25,1. Toda persona tiene derecho a un recurso sencillo y rápido o a cualquier otro recurso efectivo ante los jueces o tribunales competentes, que la ampare contra los actos que violen sus derechos fundamentales reconocidos por la Constitución, la ley o la presente Convención, aún cuando tal violación sea cometida por personas que actúen en ejercicio de sus funciones oficiales.

Esta consagración del derecho de amparo en la Convención Americana, por otra parte, se configura como una obligación internacional impuesta a los Estados de asegurar a las personas ese recurso efectivo de protección de sus derechos. Por ello, la propia Convención dispone que:

> Art.25,2. Los Estados Partes se comprometen:
>
> a) a garantizar que la autoridad competente prevista en el sistema legal del Estado decidirá sobre los derechos de toda persona que interponga tal recurso.

5. *La distinción entre el derecho al debido proceso y el derecho de amparo*

Ahora bien, de los instrumentos internacionales antes analizados resulta con toda precisión la distinción entre el derecho a la tutela judicial efectiva o derecho al debido proceso y el derecho de amparo, la cual en nuestro criterio es la que también se recoge en el Proyecto de Constitución Europea. Dicha distinción puede decirse que también ha ido delineándose en las últimas décadas en algunos sistemas constitucionales europeos como los de Alemania y España.

En Alemania, en efecto, aparte del derecho de "todos a ser oídos legalmente ante los tribunales (art. 103.1), en la Constitución se estableció específicamente que "toda persona cuyos derechos sean vulnerados por el poder público podrá recurrir a la vía judicial. Si no hubiere otra jurisdicción competente para conocer del recurso, la vía será la de los tribunales ordinarios" (art. 19.IV), lo que ha dado origen al recurso de amparo como instrumento tutelador de los derechos fundamentales, aún cuando sólo frente a violaciones causadas por los órganos del Poder Público. Se trata en general de un recurso subsidiario que para intentarse requiere que se agoten los recursos judiciales ordinarios.

En España, aparte de regularse en la Constitución que todos "tienen derecho a obtener la tutela efectiva de los jueces y tribunales en el ejercicio de sus derechos e intereses legítimos, sin que, en ningún caso, pueda producirse indefensión" (art. 24.1), en particular se precisa que "cualquier ciudadano podrá recabar la tutela de las libertades y derechos reconocidos en el artículo 14 y la Sección primera del Capítulo segundo (derechos fundamentales y libertades públicas) ante los Tribunales ordinarios por un procedimiento basado en los principios de preferencia y sumariedad y, en su caso, a través del recurso de amparo ante el Tribunal Constitucional"(art. 53,2). En este caso, aún cuando no se establece así expresamente en la Constitución, en la Ley Orgánica del Tribunal Constitucional se ha reducido la posibilidad de ejercicio del recurso de amparo contra actos de los órganos del Poder Público, en general, una vez agotadas las vías previas de la jurisdicción ordinaria.

Ahora bien, ante la progresividad que puede observarse en el mundo contemporáneo en la consagración tanto internacional como nacional de la garantía de la acción de amparo constitucional para la especifica protección de los derechos fundamentales; puede decirse que el Proyecto de Constitución Europea sigue la misma línea al regular no sólo el derecho a la tutela judicial efectiva general, sino el derecho de amparo o tutela judicial efectiva individual para la protección específica de los derechos fundamentales, siguiendo la orientación de los instrumentos internacionales sobre derechos humanos de Naciones Unidas, y la tendencia constitucional de Alemania y España.

II. EL SENTIDO DE LA REGULACIÓN DEL DERECHO DE AMPARO EN LOS INSTRUMENTOS INTERNACIONALES Y EN EL PROYECTO DE CONSTITUCIÓN EUROPEA

1. *Características del amparo en la Declaración Universal y en el Pacto Internacional de Derechos Civiles y Políticos*

Pero ateniéndonos ahora sólo a las regulaciones contenidas en la Declaración Universal de los Derechos Humanos y en el Pacto Internacional de los derechos Civiles y políticos, como se ha dicho, en esos instrumentos internacionales, independientemente del derecho a la tutela judicial efectiva, se ha establecido el derecho de toda persona a un recurso efectivo ante los jueces o tribunales nacionales competentes para que la amparen contra las violaciones a sus derechos y libertades fundamentales reconocidos en las respectivas Constituciones, en las leyes y en la propia Declaración Universal y en el Pacto Internacional.

De estas normas internacionales puede decirse que se derivan los contornos de lo que debería ser este recurso de amparo de los derechos fundamentales en el derecho interno de los países, delineados, por lo demás, en forma mucho más amplia de la que existe en los sistemas alemán y español, y que podrían identificarse con base en los siguientes principios:

En *primer lugar,* tanto la Declaración Universal como el Pacto Internacional conciben el amparo como un derecho fundamental. Estimamos que ello deriva de la indicación de que toda persona "tiene derecho" a un recurso efectivo o de un derecho a interponer un "recurso efectivo" para obtener el amparo judicial a sus derechos; de lo que resulta, incluso, que no sólo se trata de que toda persona tenga una garantía adjetiva concretizada en un solo recurso o a una acción de amparo, tutela o protección, sino que toda persona tiene derecho a la protección o amparo judicial. Este es el sentido, por ejemplo, en nuestro criterio de la regulación de la Constitución española. Por ello, en realidad, se puede decir que estamos en presencia de un derecho fundamental de carácter internacional y constitucional de las personas, a tener a su disposición un medio judicial efectivo de protección de sus derechos constitucionales.

En *segundo lugar,* conforme a la Declaración Universal y al Pacto Internacional, el derecho de amparo que en ellos se regula se le debe garantizar a "toda persona" sin distingo de ningún tipo, por lo que corresponde a las personas naturales y a las personas jurídicas o morales; a las personas nacionales y a las extranjeras; a las hábiles y no hábiles; a las personas de derecho público y a las de derecho privado. Es decir, corresponde a toda persona en el sentido más universal.

En *tercer lugar*, el "recurso efectivo" de protección de los derechos y libertades fundamentales de carácter judicial a los que se refieren tanto la Declaración Universal como el Pacto Internacional, puede ser de cualquier clase. Por ello, en realidad, consideramos que puede tratarse de cualquier medio judicial y no necesariamente de una sola y única acción de protección o de amparo. Es decir, ni la Declaración Universal ni el Pacto Internacional necesariamente se refieren a un solo medio adjetivo de protección, sino que puede y debe tratarse de un conjunto de medios de protección, lo que puede implicar, incluso, la posibilidad de utilizar los medios judiciales ordinarios si estos garantizan la efectividad de la protección constitucional, o como lo señala la Constitución española, si tienen procedimientos basados en los principios de preferencia y sumariedad.

Por tanto, no puede tratarse de cualquier medio judicial para que se asegure el derecho de amparo, sino que por sobre todo tiene tratarse de un recurso "efectivo", es decir, que permita obtener la protección al derecho violado en forma rápida y con el resultado protectivo deseado.

En *cuarto lugar*, la Declaración Universal y el Pacto Internacional señalan que el recurso judicial de protección o amparo puede interponerse ante los tribunales nacionales competentes, de lo que resulta que la intención de las regulaciones es que no se trate de un solo y único tribunal competente, como sucede en el caso alemán y español donde la competencia para conocer de la acción de amparo se atribuye al Tribunal Constitucional. Ello, por supuesto, se debe regular en el ordenamiento constitucional interno, pero el fundamento de la regulación de la Declaración Universal y del Pacto Internacional es que ésta sea esencialmente la función del Poder Judicial.

En *quinto lugar,* conforme a la Declaración Universal y al Pacto Internacional este derecho a un recurso efectivo de protección ante los tribunales, se establece para la protección de todos los derechos y libertades fundamentales que estén en la Constitución, en la ley o en los propios instrumentos internacionales, los cuales se denominan derechos fundamentales o constitucionales; y no sólo de ciertos derechos constitucionales, como los específicamente denominados "derechos funda- mentales" o libertades individuales en Constituciones como las de Alemania y España.

En *sexto lugar*, la protección que regula el Pacto Internacional es contra cualquier violación a los derechos fundamentales, la cual puede provenir de cualquier acto, omisión, hecho o actuación que viole los derechos y libertades y, por supuesto, también que amenace violarlos, porque no tendría sentido esperar que la violación se produzca para poder acudir a interponer el recurso efectivo de protección. Es decir, este recuro de amparo o de protección tiene que poder interponerse antes de que la violación se produzca, frente a la amenaza efectiva de la violación y, por supuesto, frente a toda violación o amenaza de violación provenga de quien sea.

En *séptimo lugar*, el recurso efectivo que regulan tanto la Declaración Universal como el Pacto Internacional se puede interponer contra cualquiera que sea el sujeto activo de la violación, por lo que no puede ni debe haber acto ni actuación alguna excluidas de la protección del amparo, así emane de los particulares o de los poderes públicos. Por ello, la aclaratoria que formula el Pacto Internacional de que el recurso efectivo de protección o amparo también se puede intentar cuando la violación a los derechos y libertades hubiera sido cometida por personas que actúen en ejercicio de sus funciones oficiales, es decir, por funcionarios públicos, lo que hace es dejar por sentado que la acción de amparo también puede interponerse contra particulares, lo cual está excluido por ejemplo, en Alemania y España.

Por último, en *octavo lugar*, en los casos de violaciones que sean cometidas por personas que actúan en ejercicio de sus funciones oficiales, ni la Declaración Universal ni el Pacto Internacional indican específicamente en ejercicio de cuál Poder Público aquellos actúan, por lo que el recurso efectivo de protección o amparo podría interponerse contra cualquier acto que emane de cualquier funcionario público, sea una ley, un acto administrativo, una sentencia judicial, una vía de hecho, en fin, contra cualquier actuación u omisión realizada en ejercicio de la función pública.

Esto implica, por otra parte, que el recurso de amparo se podría interponer directamente contra el acto lesivo, sin que se tengan que agotar otras vías judiciales, es decir, sin que tenga que tener un carácter subsidiario como sucede en Alemania y en España, donde en definitiva el recurso siempre se tiene que interponer contra la decisión judicial que agote las vías ordinarias previas.

Ese es, en realidad, el marco que establecen tanto la Declaración Universal y el Pacto Internacional de Naciones Unidas como la Convención Americana sobre Derechos Humanos, y es ese el que debería prevalecer en los derechos internos de los países que han ratificado esos instrumentos. Ese parámetro, por otra parte, quizás fue tomado en cuenta para la consagración en el Proyecto de Constitución Europea de este derecho de amparo, más allá del derecho a la tutela judicial efectiva general.

2. *El amparo en el Proyecto de Constitución Europea.*

Como se ha dicho, el artículo II, 47 del Proyecto de Constitución Europea no sólo consagra en sus párrafos segundo y tercero el derecho a la tutela judicial efectiva general, sino que en su párrafo primero establece expresa y específicamente, el derecho de toda persona "a la tutela judicial efectiva" particular frente a las violaciones de sus "derechos y libertades garantizados por el Derecho de la Unión".

Se trata, por tanto, de un derecho de toda persona a ser tutelado judicial y efectivamente, es decir, a ser amparado por la justicia respecto de las violaciones a sus derechos y libertades garantizados por el Derecho de la Unión y, particularmente, a los enumerados en la Segunda Parte de la Constitución Europea relativa a la "Carta de los Derechos Fundamentales de la Unión" que son los que la Unión reconoce expresamente (art. 7,1), así como los garantizados en el Convenio Europeo para la Protección de los Derechos Humanos y de las Libertades Fundamentales y sus Protocolos los cuales se consideran que forman parte del Derecho de la Unión (art. 7,3).

Este derecho de amparo consagrado en la Constitución Europea, en nuestro criterio, implicaría lo siguiente:

En *primer lugar,* que el derecho a la tutela judicial efectiva frente a las violaciones de los derechos y libertades garantizados en el Derecho de la Unión, consagrado en el artículo II, 47 de la Constitución Europea, es en sí mismo un derecho fundamental al amparo y no sólo una garantía adjetiva en particular. Estimamos que ello deriva de la mención expresa de que toda persona "tiene derecho" a la tutela judicial efectiva para obtener el amparo a sus derechos y libertades, sin que la Constitución indique que se trate de un remedio adjetivo específico, pudiendo obtenerse la protección constitucional mediante cualquier tipo recurso efectivo acorde las exigencias de dicha protección, incluso mediante la acción específica de amparo. Por ello podría decirse que, conforme a la norma, se estaría en presencia de un derecho fundamental de carácter internacional y constitucional de las personas, a tener a su disposición medios judiciales efectivos de protección. La Constitución Europea puede decirse que sigue, en esta forma, la orientación del constitucionalismo alemán y español en cuanto a la consagración de un derecho fundamental a la tutela judicial efectiva individual.

En *segundo lugar,* la Constitución regula un derecho que se le garantiza a "toda persona" sin distingo de ningún tipo, por lo que corresponde a las personas naturales y a las personas jurídicas o morales; a las personas hábiles y no hábiles; y a las personas de derecho público y a las de derecho privado; es decir, que corresponde a toda persona en el sentido más universal.

Por tanto, si bien el artículo 8,2 del Proyecto de Constitución precisa que "Los ciudadanos de la Unión serán titulares de los derechos... previstos en la Constitución", en nuestro criterio, ello no puede interpretarse en el sentido de considerar que las "personas" a quienes se garantiza el derecho a la tutela judicial efectiva, sólo sean aquellas que tengan la "ciudadanía de la Unión", que son las que ostenten la nacionalidad de un Estado Miembro (Art 8,1). En realidad, las personas que no ostenten la ciudadanía de la Unión sólo quedan excluidos de la titularidad de los derechos que la Constitución reserva específicamente a los "ciudadanos de la Unión", como sería por ejemplo, el derecho a circular y residir libremente en el territorio de los Estados miembros y el derecho de sufragio activo y pasivo en las elecciones al Parlamento Europeo (art. 8,2).

En *tercer lugar*, la Constitución garantiza la tutela judicial efectiva contra las violaciones a los derechos y libertades establecidos en el Derecho de la Unión, sin precisar alguna competencia judicial específica, por lo que estimamos que siendo la justicia una competencia compartida entre la Unión y los Estados Miembros (art. 13,2), ha de entenderse que se trata, en general, de una competencia tanto del Tribunal de Justicia de la Unión como de los tribunales nacionales y no necesariamente de un solo y único tribunal constitucional.

En *cuarto lugar,* conforme a la Constitución este derecho a la tutela judicial efectiva por parte de los tribunales se establece para la protección de todos los derechos y libertades establecidos en la Constitución Europea y, en general, en el Derecho de la Unión, y no de sólo ciertos de dichos derechos o libertades que podrían equivaler a los por ejemplo denominados "derechos fundamentales" en las Constituciones de Alemania y España. La "Carta de los Derechos Fundamentales de la Unión", en efecto, enumera muchos derechos sociales y culturales que no encajan en la enunciación tradicional de los "derechos fundamentales" del constitucionalismo español o alemán.

En *quinto lugar*, la protección que regula la Constitución se refiere a cualquier violación a los derechos y libertades, la cual puede provenir de cualquier acto, omisión, hecho o actuación de cualquier sujeto. En nuestro criterio también cualquier amenaza de violación podría ser amparada en cuyo caso la tutela judicial tendría por objeto impedir efectivamente que la violación se produzca.

En *sexto lugar*, el medio judicial para obtener la tutela judicial efectiva conforme a la Constitución, se puede interponer contra cualquiera que sea el sujeto activo de la violación. Es decir, conforme al texto del artículo II, 47, no podría ni debería haber acto ni actuación alguna excluidas de la tutela judicial efectiva, así emane de los particulares o de los poderes públicos. Nada autoriza del texto de la Constitución Europea para que se pueda excluir de la protección del amparo, por ejemplo, a los actos violatorios realizados por particulares.

En *séptimo lugar*, en los casos de violaciones a los derechos y libertades garantizados por el Derecho de la Unión que sean cometidas por personas que actúan en ejercicio de sus funciones oficiales, es decir, por funcionarios públicos, conforme al texto del artículo II, 47 de la Constitución Europea, el recurso para obtener la tutela judicial efectiva podría interponerse contra cualquier acto de los funcionarios públicos, sea una ley, un acto administrativo o una sentencia judicial, e incluso, contra un no-acto como una vía de hecho; en fin, contra cualquier actuación u omisión.

Por otra parte, nada indica la Constitución Europea sobre el carácter subsidiario o no del recurso de protección, el cual podría interponerse directamente contra el acto lesivo.

Por último, en *octavo lugar*, la tutela judicial efectiva que garantiza la Constitución Europea frente a violaciones de los derechos y libertades garantizados por el Derecho de la Unión, debe efectuarse respetándose las condiciones establecidas en los párrafos segundo y tercero de la norma, es decir, que a la persona se le garantice en su causa el derecho a ser oída equitativa y públicamente y dentro de un plazo razonable, por un juez independiente e imparcial establecido previamente por la ley. Además, que se le garantice el derecho de hacerse aconsejar, defender y representar, y si no dispone de recursos suficientes, que se le preste asistencia jurídica gratuita siempre y cuando dicha asistencia sea necesaria para garantizar la efectividad del acceso a la justicia.

APRECIACIÓN FINAL

De lo anteriormente expuesto, en nuestro criterio, los proyectistas de la Constitución Europea, conforme a lo que se había previsto en la Carta de Derechos adoptada en la conferencia de Niza, han consagrado el derecho de amparo judicial ante las violaciones de los derechos y libertades que consagra, en términos distintos a la garantía genérica al debido proceso o a la tutela judicial efectiva.

Este derecho de amparo, sin duda desconocido en la mayoría de los países europeos, en contraste como se dijo, se ha venido regulando en los instrumentos internacionales y en el constitucionalismo latinoamericano, aún con ciertas restricciones. Sin embargo, tal como se prevé ahora el texto del proyecto de Constitución Europea, aparece la institución del amparo como un derecho que procede contra la violación de cualquier derecho delas personas, y no sólo de algunos que se consideran como "fundamentales"; contra cualquiera que sea el sujeto activo de la violación, y no sólo contra los actos de los funcionarios públicos contra cualquier acto, hecho u omisión que la provoque, incluso contra leyes, actos administrativos o sentencias; que se puede ejercer directamente ante los tribunales competentes de la Unión y de los Estados miembros, y no necesariamente ante un solo tribunal, como los tribunales constitucionales; y sin necesidad de agotar los recursos judiciales ordinarios. Es posible que esa no haya sido la intención de los proyectistas, pero como a la ley debe atribuirse el sentido que deriva del significado propio de las palabras, si a ello nos atenemos, el artículo II-47 del proyecto de Constitución Europea, en nuestro criterio consagra una acción de amparo como derecho a la tutela judicial particular en forma diferente a la tutela judicial efectiva general.

SECCIÓN TERCERA:

ALGUNOS ASPECTOS DE LA UNIVERSALIDAD DEL AMPARO EN LA CONVENCIÓN AMERICANA DE DERECHOS HUMANOS Y EL DEBATE, EN 2007, DE LA REFORMA DEL AMPARO EN MÉXICO) (2007).

Esta sección recoge el texto de la Ponencia preparada para el II Congreso Mexicano de Derecho Procesal Constitucional, Instituto de Investigaciones Jurídicas, UNAM, México, 29 de mayo al 1º de junio 2007. Fue publicada en el libro: Allan R. Brewer-Carías, *Derecho procesal constitucional, instrumentos para la justicia constitucional*, Editorial Investigaciones Jurídicas C.A., San José, Costa Rica 2012, pp. 355-382. Posteriormente, con las Reformas Constitucionales de junio de 2011, y luego las reformas legales de 2013, se realizaron cambios importantísimos en relación con el juicio de amparo en México.

Una de las características más destacadas del derecho constitucional latinoamericano, ha sido la de la constitucionalización de la institución de amparo, como una vía judicial expedita, también denominada como tutela (Colombia), protección constitucional (Chile) o *mandado de segurança* y *mandado de injunciao (Brasil)*[445] para la protección de los derechos humanos. Ello ha ocurrido en todas las constituciones latinoamericanas, excepto en la de Cuba.

---

445 En relación con nuestros trabajos comparativos sobre el tema véase Allan R. Brewer-Carías, *El amparo a los derechos y libertades constitucionales. Una aproximación comparativa*, Cuadernos de la Cátedra Allan R. Brewer-Carías de Derecho Público, N° 1, Universidad Católica del Táchira, San Cristóbal 1993, 138 pp; también publicado en el Instituto Interamericano de Derechos Humanos (Curso Interdisciplinario), San José, Costa Rica, 1993, (mimeo), 120 pp. y en el libro *La protección jurídica del ciudadano. Estudios en Homenaje al Profesor Jesús González Pérez*, Tomo 3, Editorial Civitas, Madrid 1993, pp. 2.695-2.740; Allan R. Brewer-Carías, *Mecanismos nacionales de protección de los derechos humanos (Garantías judiciales de los derechos humanos en el derecho constitucional comparado latinoamericano)*, Instituto Interamericano de Derechos Humanos, San José 2005; y Allan R. Brewer-Carías, *Judicial Protection of Human Rights in Latin America (A Comparative Constitucional Law Study on the latin American Injunction For the Protection od Constitucional Rights ("Amparo" Proceeding)*, Columbia Law School, New York 2006

Se trata, sin duda, desde el inicio de su regulación en México, a mitades del Siglo XIX, de una institución latinoamericana[446], que los latinoamericanos podemos reivindicar como tal, sin tener que estar buscando antecedentes, que en mi criterio no los hay, en los regímenes históricos europeos.

Pero además de ser una institución propia del derecho constitucional latinoamericano, puede decirse que a partir de su consagración en la Convención Americana sobre Derechos Humanos, también se la puede considerar como una institución interamericana, establecida como la garantía judicial por excelencia de los derechos humanos, tanto de los regulados en las constituciones nacionales y otras normas del derecho interno, como de los enumerados en la propia Convención y en otros instrumentos internacionales.

En tal sentido, el artículo 25 de la Convención establece la institución del amparo como un derecho fundamental al disponer que:

> *Art.25,1.* Toda persona tiene derecho a un recurso sencillo y rápido o a cualquier otro recurso efectivo ante los jueces o tribunales competentes, que la ampare contra los actos que violen sus derechos fundamentales reconocidos por la Constitución, la ley o la presente Convención, aún cuando tal violación sea cometida por personas que actúen en ejercicio de sus funciones oficiales.

Esta consagración del derecho de amparo en la Convención Americana, la cual constituye derecho aplicable en todos nuestros países -incluso en muchos de ellos con rango constitucional-, implica el establecimiento de una obligación internacional impuesta a los Estados Miembros de asegurar a las personas ese recurso efectivo de protección de sus derechos. Por ello, la propia Convención dispone que los Estados Partes se comprometen "a garantizar que la autoridad competente prevista en el sistema legal del Estado decidirá sobre los derechos de toda persona que interponga tal recurso" (art. 25,2,a). La Corte Interamericana de Derechos Humanos, por ello, incluso ha señalado en una *Opinión Consultiva* (OC-9/87, sec. 24) que para que el recurso exista: "no basta con que esté previsto por la Constitución o la ley o con que sea formalmente admisible, sino que se requiere que sea realmente idóneo para establecer si se ha incurrido en una violación a los derechos humanos y prever lo necesario para remediarla"; al punto de que su falta de consagración en el derecho interno podría considerarse como una trasgresión de la Convención.

En la actualidad, por tanto, puede considerarse que la regulación contenida en la Convención Americana sobre el derecho de amparo, constituye el parámetro más adecuado e importante en América Latina sobre este mecanismo efectivo de protección de los derechos humanos, que bien, podría servir de punto de partida para la reforma del amparo en muchos de nuestros países, incluyendo México, de manera que se puedan superar las posibles restricciones nacionales a la institución del amparo que todavía subsisten.

---

446 Véase en general, Héctor Fix-Zamudio and Eduardo Ferrer Mac-Gregor (Coordinadores), *El derecho de amparo en el mundo*, Porrúa, Mexico 2006.

I. EL SENTIDO DE LA REGULACIÓN DEL AMPARO EN LA CONVENCIÓN AMERICANA SOBRE DERECHOS HUMANOS

Conforme al antes mencionado artículo 25 de la Convención Americana sobre Derechos Humanos, cuya redacción y lenguaje sigue los del Pacto Internacional de los Derechos Civiles y Políticos, toda persona tiene derecho a un recurso sencillo y rápido o a cualquier otro recurso efectivo ante los jueces o tribunales competentes, que la amparen contra actos que violen sus derechos fundamentales reconocidos en la respectiva Constitución y en las leyes, y en la propia Convención Americana.

De esta norma internacional puede decirse que se derivan los contornos fundamentales que debería tener la institución del amparo, de tutela o de protección de los derechos fundamentales en los derechos internos, cuyo sentido[447] se puede conformar por los siguientes elementos:

En *primer lugar*, la Convención Americana concibe al amparo -tal como se desarrollo la institución en México[448]-, como un derecho fundamental en si mismo y no sólo como una garantía adjetiva, en una concepción que, sin embargo, no se ha seguido generalmente en América latina. En realidad sólo en Venezuela el amparo se ha concebido en la Constitución como un derecho más que como una sola garantía adjetiva[449].

Se indica en la Convención, que toda persona "*tiene derecho*" a un recurso, lo que no significa que solamente tenga derecho a una específica garantía adjetiva que se concretiza en un solo recurso o en una acción de amparo, tutela o protección. El derecho, se ha concebido más amplio como derecho a la protección constitucional de los derechos o al amparo de los mismos. Por eso, en realidad, estamos en presencia de un derecho fundamental de carácter internacional y constitucional de las personas, a tener a su disposición medios judiciales efectivos, rápidos y eficaces de protección.

Por ello, en *segundo lugar*, los mecanismos judiciales de protección de los derechos humanos a los que se refiere la Convención Americana pueden ser variados. Lo que deben ser es efectivos, rápidos y sencillos y los mismos puede ser de cualquier clase, de cualquier medio judicial y no necesariamente una sola y única acción de protección o de amparo. Es decir, la Convención no necesariamente se refiere a un solo medio adjetivo de protección, sino que puede y debe tratarse de un conjunto de medios de protección que puede implicar, incluso, la posibilidad de utilizar los medios judiciales ordinarios.

---

447 Véase Allan R. Brewer-Carías, "El amparo en América Latina: La universalización del Régimen de la Convención Americana sobre los Derechos Humanos y la necesidad de superar las restricciones nacionales", en *Ética y Jurisprudencia*, 1/2003, Enero-Diciembre, Universidad Valle del Momboy, Facultad de Ciencias Jurídicas y Políticas, Centro de Estudios Jurídicos "Cristóbal Mendoza", Valera, Estado Trujillo, 2004, pp. 9-34.

448 Véase en general, Héctor Fix-Zamudio, *Ensayos sobre el derecho de amparo*, Porrúa, México 2003; y Héctor Fix-Zamudio and Eduardo Ferrer Mac-Gregor (Coordinadores), El derecho de amparo en el mundo, Porrúa, México 2006.

449 Véase Allan R. Brewer-Carías, *Instituciones Políticas y Constitucionales*, Vol. V, *Derecho y Acción de Amparo*, Caracas 1998.

En *tercer lugar* debe destacarse que la Convención regula un derecho que se le debe garantizar a "*toda persona*" sin distingo de ningún tipo, por lo que corresponde a las personas naturales y jurídicas o morales; nacionales y extranjeras; hábiles y no hábiles; de derecho público y derecho privado. Es decir, corresponde a toda persona en el sentido más universal.

En *cuarto lugar*, la Convención señala que el medio judicial de protección o la acción de amparo puede interponerse ante los tribunales competentes, de manera que no se trata de un solo y único tribunal competente, sino de una función que esencialmente es del Poder Judicial.

En *quinto lugar,* conforme a la Convención, este derecho a un medio efectivo de protección ante los tribunales se establece para la protección de *todos* los derechos constitucionales que estén en la Constitución, en la ley, en la propia Convención Americana o que sin estar en texto expreso, sean inherentes a la persona humana, por lo que también son protegibles aquellos establecidos en los instrumentos internacionales. Por ello, aquí adquieren todo su valor las cláusulas enunciativas de los derechos, que los protegen aún cuando no estén enumerados en los textos, pero que siendo inherentes a la persona humana y a su dignidad, deban ser objeto de protección constitucional.

Además, en *sexto lugar*, la protección que regula la Convención es contra cualquier acto, omisión, hecho o actuación de cualquier autoridad que viole los derechos y, por supuesto, también que amenace violarlos, porque no hay que esperar que la violación se produzca para poder acudir al medio judicial de protección. Es decir, este medio de protección tiene que poder existir antes de que la violación se produzca, frente a la amenaza efectiva de la violación y, por supuesto, frente a toda violación o amenaza de violación que provenga del Estado y de sus autoridades. Es decir, no puede ni debe haber acto ni actuación pública alguna excluida del amparo, en cualquier forma, sea una ley, un acto administrativo, una sentencia, una vía de hecho, una actuación o una omisión.

Y en *séptimo lugar,* la protección que consagra la Convención es también contra cualquier acto, omisión, hecho o actuación de los particulares, individuos o empresas de cualquier naturaleza, que violen o amenacen violar los derechos fundamentales.

Este es, en realidad, el parámetro que establece la Convención Americana sobre el amparo, y es ese el que debería prevalecer en los derechos internos, donde hay que realizar un importante esfuerzo de adaptación para superar el cuadro de restricciones constitucionales o legislativas que en algunos aspectos ha sufrido la institución del amparo; que teniendo una concepción tan amplia en el texto de la Convención Americana, en muchos casos ha sido restringida.

Por lo demás, no se olvide que en la mayoría de los países latinoamericanos la Convención tiene rango constitucional o rango supra legal, e incluso, en algunos tiene rango supra constitucional[450], lo que implica la necesidad jurídica de que la legislación interna se adapte a la misma.

---

450 En relación a la clasificación de los sistemas constitucionales de acuerdo con el rango de los tratados internacionales, véase Rodolfo E. Piza R., *Derecho internacional de los derechos humanos: La Con-*

El caso de Venezuela es, sin duda excepcional, ya que la Constitución de 1999 dispone, en su artículo 23 que:

> "Los tratados, pactos y convenciones relativos a derechos humanos, suscritos y ratificados por Venezuela, tienen jerarquía constitucional y prevalecen en el orden interno, en la medida en que contengan norma sobre su goce y ejercicio más favorable a las establecidas por esta Constitución y la ley de la República, y son de aplicación inmediata y directa por los tribunales y demás órganos del Poder Público".

Al señalar esta Constitución que los derechos humanos establecidos en los instrumentos internacionales prevalecen en el "*orden interno*", es decir, el establecido en la propia Constitución y en las leyes, cuando prevean condiciones de goce y ejercicio más favorables, sin duda que le está otorgando rango supra constitucional a dichos derechos y a sus mecanismos de protección.

En contraste, en el caso de México, la Convención y los tratados internacionales, en principio han considerado que tienen igual jerarquía que las leyes, conforme a la orientación iniciada en el derecho constitucional moderno con la denominada cláusula de supremacía de la Constitución de los Estados Unidos de América (art. VI. 2). En tal sentido, la Constitución de México es quizás de las Constituciones de los países de América Latina, la que de cerca sigue el texto de la cláusula norteamericana, otorgando a los tratados el mismo rango que la ley (artículo 133).

Con base en esta disposición, la Suprema Corte de la Nación de México en decisión N° C/92 del 30 de junio de 1992 decidió que como las leyes tienen el mismo rango que los tratados, estos, en la jerarquía de las normas en el ordenamiento jurídico mexicano, están "inmediatamente debajo de la Constitución", y, en consecuencia, en el caso concreto, "los tratados internacionales no pueden ser el criterio para determinar la inconstitucionalidad de una ley, ni viceversa". En consecuencia, en el caso sometido a la decisión de la Corte, la Ley relativa a las Asociaciones Comerciales e Industriales no podía considerarse inconstitucional por ser contraria a lo que estaba regulado en un tratado internacional.[451]

Sin embargo, este criterio ha sido abandonado en 1998 por la misma Suprema Corte de la Nación en una sentencia N° 1475/98, en la cual el supremo tribunal interpretando el artículo 133 de la Constitución a la luz de la Convención de Viena sobre Tratados de 1969, determinó que en virtud de que "los tratados internacionales son asumidos por el Estado Mexicano en su conjunto y todas sus autoridades en

---

vención Americana, San José 1989; Carlos Ayala Corao, "La jerarquía de los instrumentos internacionales sobre derechos humanos", en *El nuevo derecho constitucional latinoamericano, IV Congreso venezolano de Derecho constitucional*, Vol. II, Caracas, 1996 y *La jerarquía constitucional de los tratados sobre derechos humanos y sus consecuencias*, México, 2003; Florentín Meléndez, *Instrumentos internacionales sobre derechos humanos aplicables a la administración de justicia. Estudio constitucional comparado*, Cámara de Diputados, México 2004, pp. 26 y ss; y Humberto Henderson, "Los tratados internacionales de derechos humanos en el orden interno: la importancia del principio pro homine", en *Revista IIDH*, Instituto Interamericano de Derechos Humanos, N° 39, San José 2004, pp. 71 y ss. Véase también, Allan R. Brewer-Carías, *Mecanismos nacionales de protección de los derechos humanos, Instituto Internacional de Derechos Humanos*, San José, 2004, pp. 62 y ss.

451 Tesis P. C/92, en *Gaceta del Semanario Judicial de la Federación*, N° 60, diciembre de 1992, p. 27.

relación con la comunidad internacional", los mismos están ubicados en un segundo nivel inmediatamente debajo de la Constitución y por encima de las leyes federales y locales".[452]

Ello, sin duda, significa un avance sustancial, pues podría considerarse que la Convención Americana tiene rango superior a las leyes, donde se incluye la Ley de Amparo.

Sin embargo, en este proceso de aplicación del derecho internacional de los derechos humanos en el orden interno, es de destacar que la Constitución mexicana no contiene declaraciones generales como las que existen en otros países de América Latina, mediante las cuales los derechos declarados en los tratados internacionales, por la vía de la interpretación pudieran adquirir rango constitucional, tal como sucede, por ejemplo, en la Constitución de Colombia en la cual se establece expresamente una norma orientadora para la interpretación de los derechos humanos declarados en el texto fundamental, exigiendo que la misma debe realizarse en armonía o de conformidad con los tratados internacionales en la materia (artículo 93).

Asimismo, en la Constitución de Guatemala, el preámbulo establece expresamente como finalidad del texto constitucional, "Impulsar la plena vigencia de los derechos humanos dentro de un orden institucional estable, permanente y popular, donde gobernados y gobernantes procedan con absoluto apego al derecho". Igualmente, puede mencionarse la Constitución de Chile en la cual, se precisa que el ejercicio de la soberanía está limitada por "El respeto a los derechos esenciales establecidos en la naturaleza humana", estableciéndose además, como "Deber de los órganos del Estado respetar y promover tales derechos garantizados por esta Constitución, así como por los tratados internacionales ratificados por Chile y que se encuentren vigentes" (artículo 5).

Del mismo modo, en la Constitución de Ecuador, también se establece como una obligación del Estado el garantizar "a todos sus habitantes, sin discriminación alguna, el libre y eficaz ejercicio y el goce de los derechos humanos establecidos en esta Constitución y en las declaraciones, pactos, convenios y más instrumentos internacionales vigentes" (art. 17). Esta obligación del Estado, por tanto, no sólo se refiere a garantizar el ejercicio y goce de los derechos enumerados en la Constitución, sino de todos los enumerados en los instrumentos internacionales, los cuales en consecuencia adquieren rango y valor de derechos constitucionales.

Ahora bien, ante la amplitud de la regulación de la Convención Americana sobre Derechos humanos, y ante el proceso de constitucionalización de sus regulaciones que ha ocurrido en América Latina, es indudable que en muchos países se podrían realizar esfuerzos de reforma de la institución del amparo para adaptarla a las exigencias de la Convención, cuyo contenido constituye, en definitiva, un estándar mínimo común para todos los Estados.

---

452 Véase Guadalupe Barrena y Carlos Montemayor "Incorporación del derecho internacional en la Constitución mexicana", *Derechos Humanos. Memoria del IV Congreso Nacional de Derecho Constitucional,* Vol. III, Instituto de Investigaciones Jurídicas, UNAM, México 2001, *cit.*, por Humberto Henderson, "Los tratados internacionales de derechos humanos en el orden interno: la importancia del principio *pro homine*", in *Revista IIDH*, Instituto Interamericano de Derechos Humanos, Nº 39, San José 2004, p. 82, nota 15.

Ello implica, si nos adentramos en las regulaciones de derecho interno de muchos de nuestros países, la necesidad, por ejemplo, de que se amplíe la protección constitucional de manera que la pueda acordar cualquier juez o tribunal y no sólo un Tribual como ocurre en Costa Rica, El Salvador o Nicaragua; mediante el ejercicio de todas las vías judiciales y no sólo a través de un sólo recurso o acción de amparo como sucede en la gran mayoría de los países; en relación con todas las personas y para la protección de absolutamente todos los derechos constitucionales, y no sólo algunos, como sucede en Chile o Colombia; y contra todo acto u omisión provenga de quién provenga, superando las restricciones que en este aspecto existen en muchos de nuestros países.

Veamos entonces, qué resulta de la confrontación entre la Convención Americana y los derechos internos, con especial referencia a México, donde la amplitud con la cual históricamente se ha desarrollado la institución del amparo, sin duda influyó en la propia redacción de la Convención Americana, y décadas antes, de la Declaración Americana de Derechos Humanos de 1948.

II. EL TEMA DE LOS DERECHOS PROTEGIBLES POR EL AMPARO Y LA SOLA PROTECCIÓN DE LAS “GARANTÍAS INDIVIDUALES”

Uno de los temas esenciales relativos a la institución del amparo se refiere a universo de los derechos protegibles. De acuerdo con la Convención Americana de Derechos Humanos todos los derechos humanos y constitucionales son protegibles mediante las acciones de amparo y, por supuesto, no sólo son derechos humanos los derechos civiles y políticos sino los económicos, sociales, culturales, ambientales y los de los pueblos indígenas.

Entre estos derechos constitucionales se encuentran tanto los declarados en el texto de las Constituciones, en las leyes, en la Convención Americana y otros instrumentos internacionales, y además todos los que sean inherentes a la persona humana. Como lo ha precisado la Corte Interamericana de Derechos Humanos en una Opinión Consultiva (OC-8/87) al analizar el artículo 25,1 de la Convención, donde señaló que dicho texto:

> “Es una disposición de carácter general que recoge la institución procesal del amparo, entendido como el procedimiento judicial sencillo y breve que tiene por objeto la tutela **de todos los derechos reconocidos por las Constituciones y leyes de los Estados Partes y por la Convención**”.

Conforme al sistema interamericano, por tanto, el elenco de los derechos protegibles tendría que ser completo. Sin embargo, en contraste, en algunos casos existen restricciones, sea porque las constituciones sólo dan rango constitucional a determinados derechos o porque, en otros casos, las constituciones solo protegen mediante el amparo ciertos derechos, quizás por la influencia del modelo europeo de la acción de amparo. Es el caso particularmente regulado en Alemania y en España, donde el amparo está consagrando constitucionalmente para proteger sólo ciertos derechos que a tal efecto se enumeran expresamente en el texto constitucional de dichos países como “*derechos fundamentales*”, los cuales son solo una especie dentro del género de los derechos constitucionales.

Nada similar a esto puede derivarse de la Convención Americana ni de la generalidad de las Constituciones de América Latina, en las cuales en general, todos los derechos son amparables. Por ello puede considerarse que aquellas constituciones que establecen un elenco restringido y determinado de derechos protegibles mediante la acción de amparo, son incompatibles con las obligaciones internacionales que a esos Estados impone la Convención, ya que la Convención Americana no permite que el amparo se reduzca a la protección sólo respecto de determinados derechos declarados en una Constitución.

En consecuencia, sistemas como los regulados en los textos constitucionales de Chile y de Colombia podrían considerarse como incompatibles con la Convención Americana. En el caso de Chile, la Constitución enumera cuáles son los derechos objeto de la acción de protección, y en el caso de Colombia, la Constitución también trae una enumeración respecto de los "*derechos fundamentales*" que son los únicos que pueden ser objeto de la tutela. Sin embargo, en Colombia debe señalarse que afortunadamente, los tribunales de la República han venido corrigiendo esta situación restrictiva mediante la aplicación del principio de la conexión, de manera que en la actualidad, casi no hay derecho constitucional que no pueda ser tutelable.

En el caso de México, el juicio de amparo se ha regulado en la Constitución (Artículo 103,1) para la protección de las "*garantías individuales*" que se declaran y enumeran en la Sección I de la Constitución, Artículos 1 a 29, en los cuales, por supuesto, no se incluyen todos los derechos constitucionales.

En esta materia, la *jurisprudencia* de la Suprema Corte ha establecido como doctrina judicial obligatoria que "*El juicio de amparo fue establecido... no para resguardar todo el cuerpo de la propia Constitución, sino para proteger las garantías individuales*"[453], que están enumeradas en los primeros 29 artículos de la Constitución.

Estos artículos inicialmente comprendían, básicamente, los derechos civiles o individuales, algunos derechos económicos como la libertad económica y de trabajo, y el derecho social a la educación. En las reformas recientes importantes se han agregado al contenido de los primeros artículos de la Constitución, otros derechos sociales, como los de los pueblos indígenas (artículo 2); el derecho a la protección de la familia; el derecho a la protección de la salud; el derecho a un medio ambiente adecuado; el derecho a la vivienda; y los derechos de los niños (artículo 4).

En todo caso, desde el siglo diecinueve en relación con la lista restringida de los garantías individuales, se han desarrollado discusiones e interpretaciones buscando extender la protección del amparo, y en tal sentido hay que recordar la opinión de quien fuera Presidente de la Suprema Corte de la Nación, Ignacio L. Vallarta (1878-1882), quien sostuvo que las garantías individuales no podían reducirse a aquellas enumeradas en los primeros 29 artículos de la Constitución y que los derechos declarados en otros artículos de la Constitución podían ser protegidos, siempre y cuando en

---

453 Véase Suprema Corte de Justicia, *Jurisprudencia de la Suprema Corte*, Tesis 111, II, 246. Véase las referencias en Ignacio Burgoa, *El juicio de amparo*, Editorial Porrúa, México 1991, p. 250; y Richard D. Baker, *Judicial Review in Mexico. A Study of the Amparo Suit*, University of Texas, Austin and London, 1971, p. 112.

ellos hubiera una explicación, regulación o limitación o extensión relativa a las garantías individuales.[454]

De acuerdo con esta doctrina, Vallarta defendió la admisibilidad del juicio de amparo no solo en los casos definidos en el artículo 103, sino de otros derechos incluidos en otros artículos, basándose en el principio de la conexión que tuvieran con aquellos enumerados en la sección I de la Constitución.[455] Esta doctrina, fue el más importante instrumento para la extensión de la protección constitucional del amparo, particularmente en relación con los derechos sociales relativos a materias agrarias y laborales incluidas en el artículo 27 y 123 de la Constitución, que se han considerado también como garantías individuales.[456]

Sin embargo, la *jurisprudencia* de la Suprema Corte no fue siempre uniforme al decidir sobre la protección mediante el amparo de derechos no incluidos en los primeros artículos de la Constitución, como es particularmente el caso de los derechos políticos. La Suprema Corte ha mantenido, por ejemplo, que las violaciones de los derechos políticos no da pié para la admisibilidad del juicio de amparo porque esos derechos no son garantías individuales.[457]

Pero en otros casos, mediante la doctrina de la "*conexión*", la Suprema Corte le ha dado curso a las demandas de amparo relativas a la protección de los derechos políticos, estableciendo que aún cuando estos estén en juego, si el acto atacado puede implicar la violación de una garantía individual, como ello no puede ser juzgado *a priori*, la demanda debe ser admitida.[458] De manera, que incluso con las restricciones constitucionales relativas a las garantías individuales, mediante la interpretación de la conexión, en México la protección del juicio de amparo ha abarcado otros derechos constitucionales.

En todo caso, en contraste con los casos de previsiones constitucionales restrictivas sobre los derechos constitucionales que pueden ser objeto de protección mediante la acción de amparo, de tutela o de protección, deben destacarse otros sistemas constitucionales que expresamente establecen dentro de los derechos protegibles, no sólo todos los derechos constitucionales, sino además, los declarados en el sistema de protección internacional. Es el caso, por ejemplo de la Constitución de Costa Rica, que enumera entre los derechos objeto de protección mediante el amparo a los derechos "*de carácter fundamental establecidos en los instrumentos internacionales sobre derechos humanos, aplicables a la Republica*".

---

454 Véase Ignacio L. Vallarta, *Cuestiones constitucionales. Votos del C. Ignacio L. Vallarta*, Presidente de la Suprema Corte de Justicia en los negocios más notables, III, pp. 145-149, *cit.* en Ignacio Burgoa, *El juicio de amparo, cit.*, p. 253; Richard D. Baker, *Judicial Review in Mexico. A Study of the Amparo Suit, cit.*, p. 113t.

455 *Idem.*

456 Véase Ignacio Burgoa, *El juicio de amparo, cit.*, p. 263.

457 Véase Suprema Corte de la Nación, *Jurisprudencia de la Suprema Corte*, Tesis 345, III, 645, *cit.*, por Richard D. Baker, *Judicial Review in Mexico. A Study of the Amparo Suit, cit.*, pp. 130, 156.

458 Véase Suprema Corte de la Nación, *Jurisprudencia de la Suprema Corte*, Tesis 346, III, 656, *cit.*, por Richard D. Baker, *Judicial Review in Mexico. A Study of the Amparo Suit, cit.*, p. 157. Véase también Suprema Corte de la Nación, Mendoza Eustaquio y otros, 10 S. J. (475) (1922), *cit.*, por Richard D. Baker, *Judicial Review in Mexico. A Study of the Amparo Suit, cit.*, pp. 130, 156.

En sentido aun más amplio, la Constitución de Venezuela de 1999 precisa en forma expresa que el derecho de amparo comprende la protección de los "*derechos y garantías constitucionales, aun de aquéllos inherentes a la persona que no figuren expresamente en esta Constitución o en los instrumentos internacionales sobre derechos humanos*", de lo que debe interpretarse que no sólo son objeto de protección los derechos y garantías constitucionales y los enumerados en los instrumentos internacionales de derechos humanos, sino todos aquéllos inherentes a la persona humana, aún cuando no estén expresamente enumerados en la propia Constitución o en los instrumentos internacionales.

Debe recordarse, en esta materia, que la Constitución de México es de las pocas de América Latina, junto con la de Cuba, Chile y Panamá, que no contiene una cláusula abierta que haga referencia expresa a los derechos inherentes a la persona humana, y que conforme a la orientación iniciada con la IX Enmienda a la Constitución norteamericana (1791), ha constituido en el resto de los países de América Latina un importantísimo instrumento para la expansión de la protección constitucional del amparo. Dicha Enmienda, en efecto estableció el principio de que "*la enumeración en la Constitución de ciertos derechos, no puede significar la negación de otros retenidos por el pueblo*".

La mayoría de las Constituciones latinoamericanas, como se dijo, contienen esas cláusulas abiertas, haciendo énfasis al enumerar los derechos en el sentido de que ello no debe entenderse como la negación de otros no enumerados en ellas que sean inherentes a la persona humana o a la dignidad de la persona humana. Cláusulas de este tipo se encuentran en las Constituciones de Argentina (Artículo 33), Bolivia (Artículo 33), Colombia (Artículo 94), Costa Rica (Artículo 74), Ecuador (Artículo 19), Guatemala (Artículo 44), Honduras (Artículo 63), Nicaragua (Artículo 46), Paraguay (Artículo 45), Perú (Artículo 3), Uruguay (Artículo 72) y Venezuela (Artículo 22).

Pero en algunos casos, como en Colombia y Venezuela, las cláusulas abiertas permiten la identificación de derechos inherentes a la persona humana, no sólo en relación a los no enumerados en las Constituciones, sino también a los enumerados en los instrumentos internacionales de derechos humanos, abriendo en consecuencia considerablemente el ámbito de protección.

Como hemos mencionado, cláusulas abiertas sobre derechos humanos se encuentran en casi todas las Constituciones de América latina, aún con contenidos diferentes. La Constitución de Ecuador, por ejemplo, se refiere a los derechos "derivados de la naturaleza de la persona humana que son necesarios para su completo desarrollo moral y material" (Artículo 19).[459] En Costa Rica la Constitución se refiere a los derechos que se derivan "del principio cristiano de justicia social" (Artículo 74), lo que se ha interpretado como referido a los principios de la dignidad humana y de la justicia social.

En otras Constituciones, en lugar de referirse a los derechos inherentes a la persona humana, las cláusulas abiertas se refieren a la soberanía del pueblo y la forma

459 Véase además, el Artículo 18 de la Constitución que complementa esta norma; así como el artículo 46 de la Constitución de Nicaragua, que establece una larga lista de tratados, y por tanto, limitativa.

republicana de gobierno, haciendo mayor énfasis en los derechos políticos. Es el caso de las Constituciones de Argentina (artículo 33), Bolivia (Art. 55) y Uruguay (Artículo 72). En el Perú (Artículo 3) y en Honduras (Artículo 63) las Constituciones se refieren a los derechos de naturaleza análoga o que se basan en la dignidad del hombre, o en la soberanía del pueblo o en el Estado democrático de derecho.

En todos estos casos, la inserción de cláusulas abiertas en las Constituciones en relación con los derechos humanos, implica que la ausencia de desarrollo legislativo de esos derechos no puede ser invocada para negar o desmejorar su ejercicio por las personas, como incluso se expresa formalmente en las Constituciones de Argentina, Bolivia, Paraguay, Venezuela y Ecuador. Esta previsión, por supuesto, responde al principio de la aplicabilidad inmediata de la constitución en materia de derechos humanos, lo que implica el rechazo al concepto tradicional de las llamadas "*cláusulas programáticas*" que se construyeron en el constitucionalismo de hace algunas décadas, particularmente en el campo de los derechos sociales, lo que impedía su completo ejercicio y justiciabilidad hasta que se dictara la legislación que los desarrollara.

III. EL TEMA DEL CARÁCTER PERSONAL DEL AMPARO, LAS PERSONAS PROTEGIDAS Y LA EXCLUSIÓN DE LA PROTECCIÓN DE LOS DERECHOS COLECTIVOS Y DIFUSOS

Otra tendencia que se observa en América Latina, limitativa del ámbito del amparo, se refiere a legitimación activa para la utilización de los medios judiciales de garantía, es decir, al tema del ámbito de las personas protegidas o protegibles.

En general puede decirse que el amparo se ha concebido como un medio de protección de carácter personalísimo, que beneficia al reclamante, y cuyos efectos en principio no se puede extender a terceros.

Esta tendencia plantea, en primer lugar, el problema de la posibilidad de exclusión de ciertas personas del ejercicio de la acción de amparo, y en segundo lugar, el problema de la protección de los derechos colectivos, cuya iniciativa de protección se atribuye a los Defensores del Pueblo o de los Derechos Humanos, pero que a la vez las propias colectividades, sus miembros o sus representantes pueden ejercer la acción de amparo.

El principio general en las leyes de amparo de América Latina es que las personas, sean naturales o jurídicas (morales) tienen la legitimidad necesaria para intentar acciones de amparo en protección de sus derechos constitucionales, de manera que en la expresión "*persona*" se incluyen a las humanas y a las morales.

En cuanto a las personas humanas, sin embargo, la expresión no equivale a la de "*ciudadano*" que se refiere más al vínculo jurídico que se establece entre una persona humana y el Estado con fundamento en la nacionalidad o en el ejercicio de los derechos políticos (ciudadanía).

Ello implica, sin embargo, que los ciudadanos sean las únicas personas humanas que pueden ejercer un amparo en protección de sus derechos políticos, los cuales se reservan a los mismos, como el derecho al sufragio a la participación política.

Pero fuera de estos derechos políticos, en relación con los derechos humanos, todas las personas, nacionales o extranjeras, residentes o transeúntes, tienen derecho de amparo a sus derechos constitucionales.

En el universo latinoamericano, sin embargo, sólo en México se encuentra una excepción en esta materia, en relación con las decisiones del Presidente de la República dictadas conforme a la Constitución ordenando la expulsión de extranjeros, quienes quedan excluidos de la protección de juicio de amparo.[460]

Pero aparte de las personas naturales, como se dijo, las personas jurídicas también son titulares de derechos constitucionales, de manera que cuando los derechos de asociaciones, corporaciones, compañías o fundaciones han sido violados, sus representantes (México, Artículo 8) pueden ejercer la acción de amparo,[461] por ejemplo en caso de vulneración del derecho a la no discriminación, al debido proceso legal, a la defensa, a la libertad económica o a la propiedad. Como fue decidido por la Sala Constitucional del Tribunal Supremo de Justicia de Venezuela, la protección constitucional del amparo los derechos constitucionales "no implica que se restrinja la noción de derechos constitucionales y garantías solo a los de las personas naturales, porque también las personas morales son titulares de derechos fundamentales".[462]

Otra importante cuestión relativa a la legitimación de las personas morales para intentar acciones de amparo, se refiere a la posibilidad que tienen las personas de derecho público o las personas estatales para accionar en amparo. No se olvide que históricamente el juicio de amparo surgió como un mecanismo de protección de los individuos o personas privadas frente al Estado, sus autoridades y funcionarios. Por ello, en sus inicios, era inconcebible que las personas estatales pudieran intentar acciones de amparo contra otras autoridades o contra particulares.

Sin embargo, debido a que las personas estatales, como personas morales, pueden ser titulares de derechos constitucionales, en la actualidad se admite en general, que puedan intentar acciones de amparo para la protección de esos derechos. Así se establece expresamente, por ejemplo, en Argentina[463], en Uruguay (donde la Ley de

---

460 Véase Eduardo Ferrer Mac-Gregor, *La acción constitucional de amparo en México y España*, Editorial Porrúa, México 2002, p. 230.

461 También es el caso de Colombia donde la acción de tutela se establece para los "derechos fundamentales" de aplicación inmediata, lo que incluye los de las personas morales como el derecho de petición (Artículo 22), el debido proceso y el derecho a la defensa (Artículo 29) el derecho a la tutela judicial (Artículo 31). En Ecuador, la legitimación de las personas jurídicas ha sido rechazada por Marco Morales Tobar, en "La acción de amparo y su procedimiento en el Ecuador", *Estudios Constitucionales. Revista del Centro de Estudios Constitucionales*, Año 1, Nº 1, Universidad de Talca, Santiago, Chile 2003, pp. 281-282. Incluso en la República Dominicana donde el amparo, antes de la Ley de 2006 se admitió por la jurisprudencia de la Corte Suprema en un caso precisamente de un amparo intentado por una empresa comercial (Caso *Productos Avon SA*). Véase por ejemplo, Juan de la Rosa, *El recurso de amparo, Estudio Comparativo*, Santo Domingo, 2001, p. 69.

462 Véase decisión Nº 1595 de Noviembre de 2000, Caso *Estado Mérida y otros vs. Ministerio de Finanzas*, en *Revista de Derecho Público*, Nº 84, Editorial Jurídica Venezolana, Caracas, 2000, pp. 315 y ss.

463 Véase José Luis Lazzarini, *El juicio de Amparo,* Ed. La Ley, Buenotes 1987, p. 238-240; 266. Entre los casos de amparo decididos en Argentina como consecuencia de las medidas de emergencia económica adoptadas por el gobierno en 2001 congelando los depósitos de ahorro y cuentas corrientes en los bancos y convirtiéndolas de dólares a pesos devaluados, uno de los que debe mencionarse es el Caso *San Luis*, decidido por la Corte Suprema el 5 de marzo de 2003, en el cual la Corte no sólo declaró la inconstitucionalidad de la decisión ejecutiva sino ordenó al Banco Central de la nación a reembolsar a la Provincia de San Luis los montos de dólares depositados, o su equivalente en pesos al valor del día de pago, de acuerdo con la rata de venta en el mercado libre de divisas. Lo interesante es que la acción la intentó

Amparo expresamente se refiere a la legitimación de las "*personas públicas y privadas*") y en Venezuela.[464]

También en México se admite expresamente que las personas estatales puedan intentar juicios de amparo pero sin embargo sólo en relación con sus intereses patrimoniales (Artículo 9), lo que implica que en ningún otro caso puede una entidad pública en México, por ejemplo un Estado de la federación, una Municipalidad o una corporación pública intentar un juicio de amparo, pues de lo contrario se ha considerado que implicaría un conflicto entre autoridades que no puede resolverse por la vía del juicio de amparo.[465]

En un sentido similar se ha regulado en el Código Procesal Constitucional del Perú, al declararse inadmisible la acción de amparo cuando se refiera a "*conflictos entre entidades de derecho público interno*", es decir, las ramas del poder público, los órganos constitucionales o los gobiernos regionales o locales, los cuales deben ser resueltos mediante el procedimiento constitucional establecido al efecto en el mismo Código (Artículo 5,9).[466]

Pero como se dijo al inicio, si bien es cierto que el principio general del juicio o la acción de amparo es su carácter personal, en el sentido de que sólo puede ser intentado por la persona natural o jurídica titular del derecho violado o amenazado, es necesario tener en cuenta que en el mundo contemporáneo, no todos los derechos constitucionales son derechos individuales o personales, pues hay muchos que tienen naturaleza colectiva, en el sentido de que corresponden a un grupo más o menos

---

una provincia contra el Estado nacional y el Banco Central para la protección del derecho constitucional de propiedad de dicha Provincia. Véase los comentarios en Antonio María Hernández, *Las emergencias y el orden constitucional*, Universidad Nacional Autónoma de México, Rubinzal-Culsoni Editores, México, 2003, pp. 119 y ss.

464 La Sala Constitucional del Tribunal Supremo en sentencia Nº 1595 de Noviembre 2000, decidió que "las entidades políticas como los Estados y Municipios pueden... intentar acciones de amparo para la protección de los derechos y libertades de las que pueden ser titulares, como el debido proceso, el derecho a la igualdad y a la irretroactividad de la ley." Caso *Estado Mérida y otros vs. Ministerio de Finanzas*, en *Revista de Derecho Público*, Nº 84, Editorial Jurídica Venezolana, Caracas, 2000, pp. 315 y ss.

465 Véase Eduardo Ferrer Mac-Gregor, *La acción constitucional de amparo en México y España*, Editorial Porrúa, México 2002, p. 244-245; Richard D. Baker, *Judicial Review in México. A Study of the Amparo Suit*, University Press of Texas, Austin 1971 pp. 107-109. La Suprema Corte ha decidido que "es absurdo pretender que una dependencia pública del Ejecutivo pueda invocar la violación de garantías individuales buscando protección contra actos de otras entidades públicas actuando dentro de la rama del poder Ejecutivo". Véase "Tesis jurisprudencial 916", *Apéndice al Semanario Judicial de la Federación*, 1917-1988, Segunda Parte, "Salas y Tesis Comunes", p. 1500, cit. por Eduardo Ferrer Mac-Gregor, *La acción constitucional de amparo en México y España,* Editorial Porrúa, México 2002, p. 245, nota 427. En otra decisión de la Suprema Corte se decidió que no es posible conceder la acción extraordinaria de amparo a "órganos del Estado contra actos del Estado mismo" manifestados a través de otras agencias, ya que ello sería establecer un conflicto entre poderes soberanos, pues la acción de amparo sólo se concede cuando hay una petición de un individuo privado contra el abuso de poder. Véase Tesis 450, III, pp. 868 ss, *cit.,* por Richard D. Baker, *Judicial Review in México. A Study of the Amparo Suit*, University Press of Texas, Austin 1971 p. 108.

466 El Código sustituyó la previsión de la Ley 25011 que declaraba inadmisible las acciones de amparo intentadas por entidades públicas, incluyendo empresas públicas, contra actos cumplidos en ejercicio regular de sus funciones por los poderes públicos del Estado y los órganos creados por la Constitución. (Artículo 5,4, Código). Véase los comentarios sobre la previsión de la Ley derogada en Víctor Julio Orcheto Villena, *Jurisdicción y procesos constitucionales*, Editorial Rhodas, Lima, p. 169.

definido de personas, de manera tal que su violación afecta no sólo derechos personales sino al grupo entero de personas o colectividad al cual pertenecen los individuos. En estos casos, el amparo puede ser intentado por el grupo o la asociación de personas que las represente, incluso sin estas tener formalmente personalidad jurídica.[467]

En algunos casos como en Venezuela, la Constitución expresamente establece como parte del derecho de acceso a la justicia, el derecho de cualquier persona de solicitar protección no sólo de sus derechos personales, sino de los derechos "*colectivos*" y "*difusos*" (artículo. 26).

En relación con estos derechos colectivos, la Sala Constitucional del Tribunal Supremo de Venezuela los ha considerado como derechos que corresponden a un grupo de personas no determinadas o individualizas que forman parte de un sector de la población, cuando entre ellas existe un vínculo jurídico que las unifica, como sucede en los casos de daños a grupos profesionales, de vecinos, sindicatos, o de habitantes de un área urbana.[468] En relación con los derechos difusos, la misma Sala Constitucional ha establecido que en esos casos, se refiere a los que pueden afectar a la población en general porque buscan asegurar a las personas en general una mejor calidad de vida así como condiciones mínimas de existencia.[469] En este sentido, por ejemplo, están los daños al ambiente o a los consumidores que tienen efectos dañinos y expansivos en relación con grandes grupos de la población, y que responden a obligaciones genéricas de protección al ambiente o a los consumidores.[470]

Ahora bien, en relación con la legitimación activa para intentar acciones de amparo en búsqueda de protección de estos derechos colectivos y difusos, por ejemplo, la Sala Constitucional del Tribunal Supremo de Venezuela ha admitido la posibilidad de que "*cualquier individuo con capacidad legal*" pueda intentar la acción, cuando busca impedir daños a la población o partes de ella a las que pertenece, estando habilitado para intentar la acción basada en la protección de intereses difusos o colectivos.[471]

Fue el caso, por ejemplo, de una acción de amparo intentada para la protección de los derechos electorales, en el cual, un ciudadano invocando los derechos generales del sufragio, intentó una acción de amparo que incluso, significó en 2000 la sus-

---

467 Por ello, por ejemplo, el Código Procesal Civil de Paraguay, al definir la legitimación activa para peticionar en amparo, además de las personas físicas o jurídicas, se refiere a los partidos políticos con personería reconocida por el organismo electoral, las entidades con personería gremial o profesional y las sociedades o asociaciones que sin tener el carácter de personas jurídicas, justificaren "que no contrarían una finalidad de bien común" (Art. 568). En Argentina, la Ley de Amparo también concede legitimación para intentar la acción de amparo a las asociaciones que sin tener formalmente personalidad jurídica pueden justificar de acuerdo con sus estatutos, que no están en contra del "bien público" (Artículo 5).

468 Véase la sentencia de la Sala Constitucional N° 656 de 5 de junio de 2001 (Caso: *Defensor del Pueblo vs. Comisión Legislativa Nacional*).

469 *Idem,* sentencia de la Sala Constitucional N° 656 of 06-05-01 (Case: *Defensor del Pueblo vs. Comisión Legislativa Nacional.*

470 *Idem,* sentencia de la Sala Constitucional N° 656 of 06-05-01 (Case: *Defensor del Pueblo vs. Comisión Legislativa Nacional.*

471 *Idem,* sentencia de la Sala Constitucional N° 656 de 05-06-2001 (Case: *Defensor del Pueblo vs. Comisión Legislativa Nacional*

pensión inmediata de una elección general presidencial y legislativa.[472] En otras palabras, la Sala Constitucional ha admitido que "cualquier persona capaz que busque impedir daños a la población o a sectores de la misma a los que pertenece, puede intentar acciones en defensa de los intereses colectivos o difusos", extendiendo "la legitimación a las asociaciones, sociedades, fundaciones, cámaras, sindicatos y otras entidades colectivas dedicadas a la defensa de la sociedad, siempre que actúen dentro de los límites de sus fines societarios referidos a la protección de los intereses de sus miembros."[473]

En estos casos, la Sala Constitucional estableció las condiciones generales de la legitimación, decidiendo que la acción debe basarse "no sólo en el derecho personal o interés del accionante, sino también en el derecho común o colectivo".[474] En consecuencia, en estos casos debe existir una relación o vínculo "incluso sin ser de carácter jurídico, entre quien demanda en nombre del interés general de la sociedad o de parte de ella (interés social común) y el daño o peligro causado a la colectividad."[475]

Estas acciones "*colectivas*" de amparo para la protección de derechos difusos, particularmente en materia ambiental, han sido expresamente constitucionalizados en América Latina, como es el caso de Argentina, en cuya Constitución se estableció que la acción de amparo puede intentarse por la parte afectada, el Defensor del Pueblo y las asociaciones registradas que persigan esos fines, contra cualquier tipo de discriminación en relación con los derechos para la protección del ambiente, la libre competencia, los derechos de usuarios y consumidores y los derechos de incidencia colectiva general (Artículo 43).[476]

---

472 En estos casos, la Sala Constitucional incluso ha otorgado medidas cautelares con efectos *erga omnes* tanto a los individuos y la entidad que interpusieron la acción como "a todos los votantes como grupo". Véase sentencia de la Sala Constitucional N° 483 de 29 de septiembre de 2000 (Caso: *"Queremos Elegir" y otros*), *Revista de Derecho Público*, N° 82, 2000, EJV, pp. 489-491. En sentido similar véase la decisión de la misma Sala N° 714 de 13-06-2000 (Caso: *APRUM*).

473 Véase sentencia de la Sala Constitucional de 30-06-2000 (Caso *Defensoría del Pueblo*. Véase las referencias y comentarios en Rafael Chavero, *El nuevo régimen del amparo constitucional en Venezuela*, Caracas 2001, pp. 110-114.

474 Véase sentencia N° 1948 de 17-02-2000 (Caso: *William O. Ojeda O. vs. Consejo Nacional Electoral*).

475 *Idem*. Véase sentencia N° 1948 de 17-02-2000 (Caso: *William O. Ojeda O. vs. Consejo Nacional Electoral*). Sin embargo, a pesar de las sentencias progresistas antes mencionadas en relación con la protección de los intereses colectivos o difusos, como los derechos políticos, en una más reciente decisión de 21 de noviembre de 2005, la Sala Constitucional ha revertido su decisión en un caso intentado por otro partido político denominado "Un Solo Pueblo". Véase Caso *Willian Ojeda vs. Ministro de la Defensa y los Comandantes Generales del Ejército y de la Guardia Nacional*, en *Revista de Derecho Público*, N° 104, Editorial Jurídica Venezolana, Caracas 2005.

476 Véase Joaquín Brage Camazano, *La jurisdicción constitucional de la libertad*, Editorial Porrúa, México 2005, pp. 94 y ss.; Alí Joaquin Salgado, *Juicio de amparo y acción de inconstitucionalidad*, Astrea Buenos Aires 1987, pp. 81-89. En relación con asociaciones que pueden intentar la acción de amparo, la Suprema Corte de la nación ha considerado que no requieren registro formal. Véase sentencia 320:690, Caso: *Asociación Grandes Usuarios y sentencia 323:1339*, Caso *Asociación Benghalensis*, en Joaquín Brage Camazano, *La jurisdicción constitucional de la libertad*, Editorial Porrúa, México 2005, pp. 92-93.

En Perú, el artículo 40 del Código Procesal Constitucional también autoriza a cualquier persona para intentar acciones de amparo, en casos referidos a las amenazas o violaciones a los derechos ambientales u otros derechos difusos que gozan de reconocimiento constitucional, así como respecto de cualquier entidad con fines no lucrativos cuyos fines sean la defensa de esos derechos.

En sentido similar, en Brasil se ha regulado en la Constitución el *mandado de securança colectivo*, destinado a la protección de los derechos difusos o colectivos, que puede intentarse por los partidos políticos con representación en el Congreso nacional, por los sindicatos y los instrumentos de clase o asociaciones legalmente establecidas en defensa de los intereses de sus miembros, que hayan estado funcionando al menos durante el año (Artículo 5, LXIII).[477]

En Ecuador, el artículo 48 de la Ley de Amparo también autoriza a cualquier persona natural o jurídica para intentar una acción de amparo cuando se trate de la protección al ambiente, incluyendo a las comunidades indígenas a través de sus representantes.[478]

En el caso de Costa Rica, los amparos colectivos han sido admitidos por la Sala Constitucional de la Corte Suprema de Justicia en materias relativas al ambiente, basándose en la previsión constitucional que establece el derecho de todos "a un ambiente saludable y ecológicamente equilibrado" (Artículo 50); atribuyendo a cualquier persona "la legitimación para denunciar los actos que infrinjan tales derechos".[479]

Pero contrariamente a esta tendencia expansiva general de la acción de amparo para la protección de los derechos colectivos, en México, el juicio de amparo continúa teniendo el tradicional carácter personal, basado en el interés personal y directo del accionante[480]. El único caso en el cual en cierto modo el juicio de amparo protege intereses colectivos son los relativos al amparo para la protección de los derechos de los campesinos y de los derechos colectivos a las tierras rurales.[481]

Incluso en Colombia, si bien la acción de tutela también responde al carácter personal y privado de la acción de amparo, de manera que sólo puede intentarse por el

---

477 Adicionalmente, desde 1985, en Brasil se ha desarrollado las "acciones civiles colectivas", en forma similar a las *Class Actions* del derecho norteamericano para la protección de derechos de grupo, como consumidores, aún cuando limitando la legitimación a las entidades públicas y a las asociaciones Véase Antonio Gidi, "Acciones de grupo y amparo colectivo en Brasil. La protección de derechos difusos, colectivos e individuales homogéneos", in Eduardo Ferrer Mac Gregor (Coordinator), *Derecho Procesal Constitucional*, Colegio de Secretarios de la Suprema Corte de Justicia de la Nación, Editorial Porrúa, Tomo III, México 2003, pp. 2.538 y ss.

478 Hernán Salgado Pesantes, *Manual de Justicia Constitucional Ecuatoriana*, Corporación Editora Nacional, Quito 2004, p. 76.

479 Véase sentencia 1700-03 de la Sala Constitucional. Véase la referencia en Rubén Hernández Valle, *Derecho Procesal Constitucional*, Editorial Juricentro, San José, 2001, pp. 239-240.

480 Véase Eduardo Ferrer Mac-Gregor, *Juicio de amparo e interés legítimo: la tutela de los derechos difusos y colectivos*, Editorial Porrúa, México 2003, p.56.

481 Véase Eduardo Ferrer Mac-Gregor, *La acción constitucional de amparo en México y España*, Editorial Porrúa, México 2002, p. 233 y ss.

titular del derecho fundamental protegido por la Constitución[482], ello no significa que los derechos difusos o colectivos no encuentren protección judicial, a cuyo efecto la Constitución ha regulado la "*acción popular*" para la protección de los mismos.[483]

IV. EL TEMA DE LA UNIVERSALIDAD DEL AMPARO Y LA EXCLUSIÓN DEL AMPARO CONTRA PARTICULARES

Otro aspecto que en los derechos internos de América latina contrasta con el sistema de protección de derechos humanos internacionalmente regulado, se refiere a la legitimación pasiva en materia de amparo, es decir, a la determinación de las personas contra quienes se puede intentar la acción de amparo, lo cual no encuentra restricción alguna en la Convención Americana.

No olvidamos, por supuesto, que en su origen la acción de protección de amparo o de tutela se concibió siempre como un mecanismo de protección contra el Estado, precisamente porque los derechos humanos se concibieron inicialmente frente al Estado, y como un ámbito de limitaciones a la actuación de los entes públicos. Sin embargo, la universalización progresiva de los derechos humanos como inherentes a la persona humana con independencia de quien debe respetarlos, ha venido ampliando el ámbito de su protección, admitiéndose que el amparo pueda también intentarse contra los particulares, los cuales también pueden violar ilegítimamente derechos constitucionales que requieren protección inmediata. Es decir, conforme con la Convención Americana, que no hace distingos, el amparo no sólo procede frente a la lesión a los derechos humanos que puedan provenir de los actos, hechos y omisiones de las autoridades y entes públicos, sino también de los particulares y empresas privadas.

Esto fue admitido por primera vez en Argentina en la conocida decisión de la Suprema Corte de la Nación de 1958 conocida como el caso *Samuel Kot*, en el cual se decidió que nada de la letra de la Constitución permite aseverar que la protección de los derechos constitucionales se circunscribe solo a los ataques del Estado, siendo en estos casos lo importante no solo el origen del daño sino el derecho en si mismo, aceptándose definitivamente la acción de amparo contra particulares.[484]

---

482 Véase Juan Carlos Esguerra Portocarrero, *La protección constitucional del ciudadano*, Lexis, Bogotá 2005, p. 121. Es por ello que el artículo 6,3 de la Ley de Tutela expresamente dispone que la acción de tutela es inadmisible cuando los derechos que se busca proteger son derechos colectivos como el derecho a la paz y otros referidos en el artículo 88 de la Constitución", particularmente porque para tal fin se ha establecido una vía específica denominada "acción popular".

483 Estas acciones populares están establecidas en la Constitución para la protección de los derechos e intereses relacionados con la propiedad pública, el espacio público, la seguridad pública y la salud, la moral administrativa, el ambiente, la libertad de competencia y otros de naturaleza similar. Todos estos son derechos difusos, y su protección se regula en la Ley 472 de 1998 relativa a las acciones populares. Esta ley también regula otras acciones para la protección de los derechos en caso de danos infringidos a un una pluralidad de personas.

484 Véase José Luis Lazzarini, *El juicio de amparo*, La Ley, Buenos Aires, 1987, p. 228; Joaquín Brage Camazo, *La jurisdicción constitucional de la libertad (Teoría general, Argentina, México, Corte Interamericana de derechos humanos)*, Editorial Porrúa, México 2005, p. 99; Néstor Pedro Sagüés, "Derecho procesal Constitucional", Vol. 3, *Acción de amparo*, Editorial Astrea Buenos Aires 1988, pp. 13, 512, 527 y ss.

A partir de esta decisión, la acción de amparo contra particulares se fue admitiendo en muchos países de América Latina como Bolivia, Chile, Perú, República Dominicana, Uruguay y Venezuela, y además en Colombia, Costa Rica, Ecuador y Guatemala, donde la acción de amparo puede intentarse contra acciones u omisiones solo de ciertas empresas particulares concesionarias de servicios públicos o que actúen por delegación de prerrogativas públicas o gocen de una posición de superioridad en relación con las personas.

En otros países, la posibilidad del ejercicio de la acción de amparo contra individuos continúa sin admitirse, como es el caso de México, donde la protección constitucional mediante el juicio de amparo está establecida exclusivamente contra autoridades.[485]

También en el Brasil, en relación con el *mandado de segurança,* la Constitución admite la acción de amparo exclusivamente para proteger los derechos y libertades cuando la parte responsable de la ilegalidad o abuso de poder es una autoridad pública o un agente de una entidad que ejerza atribuciones de autoridad, en consecuencia, excluyendo la protección del amparo contra acciones de personas privadas.[486] Previsiones similares se encuentran en las leyes reguladoras del amparo de Panamá (artículo 50, Constitución; artículo 2608 Código Judicial), El Salvador (artículo 12) y Nicaragua (artículo 23).

En contraste, como se dijo, la acción de amparo contra particulares se admitió inicialmente en Argentina, aún cuando la Ley 16.986 solo se refiere a la acción de amparo contra las acciones y omisiones de las autoridades (Artículo 1); de manera que el amparo contra los particulares está regulada en los artículos 321,2 y 498 del Código de Procedimiento Civil y Comercial.

En Venezuela, la acción de amparo también se admite contra actos de cualquier particular, de manera que la Ley Orgánica de Amparo de 1988[487] dispone que la acción se puede intentar contra cualquier hecho, acto u omisión de ciudadanos, personas jurídicas, grupos u organizaciones privadas, que hayan violado, violen o amenacen violar cualquiera de las garantías o derechos amparados por esa Ley (Artículo 2).

En sentido similar, la Ley 16.011 de Uruguay de 1988, en términos generales admite la acción de amparo contra cualquier acto, omisión o hecho del Estado o de autoridades del sector público, así como de individuos que en una forma actual, inminente, manifiesta e ilegal lesionen, restrinjan, alteren o amenacen cualesquiera de los derechos y libertades expresa o implícitamente reconocidos en la Constitución (Art. 1).[488]

---

485 Véase Eduardo Ferrer Mac-Gregor, *La acción constitucional de amparo en México y España. Estudio de derecho comparado*, Editorial Porrúa, México 2002, p, 251; Joaquín Brage Camazo, *La jurisdicción constitucional de la libertad (Teoría general, Argentina, México, Corte Interamericana de derechos humanos)*, Editorial Porrúa, México 2005, 184.

486 Véase Celso Agrícola Barbi, *Do mandado de segurança*, Editora Forense, Rio de Janeiro 1993, p. 92.

487 Véase Allan R. Brewer-Carías, *Instituciones Políticas y Constitucionales*, Vol. V, *Derecho y Acción de Amparo*, Editorial Jurídica Venezolana, Caracas 1998, pp. 96, 128; Rafael Chavero, *El nuevo régimen del amparo constitucional en Venezuela*, Editorial Sherwood, Caracas 2001.

488 Véase Luis Alberto Viera, *Ley de Amparo*, Ediciones Idea, Montevideo 1993, pp. 63, 157.

Una previsión similar está en el Código de Procedimientos constitucionales del Perú (Artículo 2)[489] y en la Constitución de Bolivia (Art. 19).

Incluso en Chile, que es el único de los países latinoamericanos que crea una ley reguladora de la acción de protección prevista en la Constitución, se ha interpretado que la acción se establece para la protección de los derechos constitucionales contra actos arbitrarios e ilegales que los violen o amenacen (Artículo 20), sin consideración alguna respecto de su origen, siendo admitida contra actos u omisiones de particulares.[490] Una interpretación similar se ha seguido en la República Dominicana sobre la admisibilidad de la acción de amparo contra particulares[491], lo que se ha recogido en la Ley reguladora de la acción de amparo de 2006 (artículo 1).

Otros países latinoamericanos como Guatemala (Artículo 9), Colombia (artículo 86, Constitución),[492] Costa Rica (artículo 57 Ley de la Jurisdicción Constitucional)[493], Ecuador (artículo 95,3, Constitución)[494] y Honduras (artículo 41, Ley de la Justicia Constitucional), como se dijo, solo admiten la acción de amparo contra particulares en forma restringida, en el sentido de que sólo puede ser intentada contra individuos o corporaciones que estén en posición de superioridad en relación al común de las personas, o que en alguna forma ejerzan funciones o actividades públicas o que estén prestando un servicio público mediante concesión.[495]

---

489 Véase Samuel B. Abad Yupanqui, *El proceso constitucional de amparo*, Gaceta Jurídica, Lima 2004, pp. 389 y ss.

490 Véase Humberto Nogueira Alcalá, "El derecho de amparo o protección de los derechos humanos, fundamentales o esenciales en Chile: evolución y perspectivas", en Humberto Nogueira Alcalá (Editor), *Acciones constitucionales de amparo y protección: realidad y perspectivas en Chile y América Latina*, Editorial Universidad de Talca, Talca 2000, p. 41.

491 Véase Eduardo Jorge Prats, *Derecho Constitucional*, Vol. II, Gaceta Judicial, Santo Domingo 2005, p. 390.

492 En Colombia donde la Constitución se refiere expresamente a la ley para el establecimiento de los casos en los cuales la acción de tutela puede intentarse contra individuos privados encargados de la prestación de servicios públicos o cuya conducta pueda afectar seria y directamente los derechos colectivos o respecto de los cuales el accionante se encuentre en una situación de subordinación o vulnerabilidad. (Art. 86). Los supuestos en los cuales procede la acción de tutela los reguló el Decreto 2.591 de 1991 (Artículo 42).

493 En este sentido, el Artículo 57 de la Ley de la Jurisdicción Constitucional de Costa Rica restringe la acción de amparo contra individuos, sólo cuando ejerzan funciones públicas o de autoridad, o estén por derecho o de hecho en una posición de poder respecto de la cual los recursos ante la jurisdicción ordinaria sean claramente inefectivos para garantizar los derechos y la libertad prevista en el Artículo 2,a de la Ley. Véase Rubén Hernández Valle, *Derecho Procesal Constitucional,* Editorial Juricentro, San José 2001, pp. 275, 281 y ss.

494 En Ecuador, la acción de amparo se admite contra las entidades que no siendo entidades públicas, presten un servicio público por delegación o por concesión y en términos generales contra individuos cuando sus acciones u omisiones causen daños o amenazas a derechos constitucionales y afecten en una forma grave y directa intereses comunes, colectivos o difusos (Art. 95,3).

495 En una forma similar a las injunctions que se admiten en el derecho norteamericano contra las corporaciones de servicios públicos. Véase, John Bourdeau et al, "Injunctions" in Kevin Schroder, John Glenn and Maureen Placilla, *Corpus Juris Secundum*, Volume 43A, Thompson West, 2004, p. 182 y ss.

V. EL TEMA DEL AMPARO CONTRA AUTORIDADES PÚBLICAS Y EL CONCEPTO RESTRICTIVO DE "AUTORIDAD RESPONSABLE"

Otro aspecto fundamental de la concepción del amparo en la Convención Americana, se refiere al ámbito de entidades públicas contra las cuales puede ejercerse la acción de amparo, en el sentido de que tiene una configuración universal de manera que no puede ni debe existir acto alguno del Estado que escape del ámbito del amparo.

Si el amparo es un medio judicial de protección de los derechos, ello es y tiene que serlo frente a cualquier acción de cualquier ente público o funcionario público; por lo que no se concibe que frente a esta característica universal del amparo, pueda haber determinadas actividades del Estado que puedan quedar excluidas del ámbito de una acción de amparo.

Dos aspectos, sin embargo, deben destacarse en esta materia, y se refieren por una parte, a las autoridades públicas contra las que se puede ejercer la acción de amparo; y por la otra, a los actos estatales que pueden ser objeto de la acción de amparo.

En cuanto al primer aspecto, en México, desde un inicio, el amparo se ha regulado en la Constitución como un medio de protección constitucional contra las "autoridades" (artículo 108), de manera que siempre se exige la existencia de una "autoridad responsable".[496] Este término se ha concebido siempre más desde el punto de vista institucional que personal, en el sentido de que la institución involucrada en la violación es la que se considera como autoridad responsable, independientemente de quién sea la persona o funcionario encargado de representarla.[497]

Pero por otra parte, de acuerdo con la jurisprudencia de la Suprema Corte, estas "autoridades" no son cualquier entidad o institución pública sino sólo aquellas dotadas de poderes de decisión que puedan imponer y ejecutar sus actos incluso mediante el uso de la fuerza pública.[498] De acuerdo con esta doctrina, en consecuencia, los tribunales han rechazado acciones de amparo contra entidades públicas consideradas como carentes de poderes de decisión, como por ejemplo ha ocurrido con aquellas

---

496 De acuerdo con el artículo 11 de la Ley de Amparo, la autoridad responsable es la que ha dictado, promulgado, ordenado, ejecutado o tratado de ejecutar la ley o el acto reclamado. Véase "Autoridades para efectos del juicio de amparo" (*Apéndice al Semanario Judicial de la Federación*, 1917-1988, Segunda parte, Tesis 300, p. 519; en Eduardo Ferrer Mac-Gregor, *La acción constitucional de amparo en México y España. Estudio de derecho comparado*, Editorial Porrúa, México 2002, p, 254.

497 Véase Richard D. Baker, *Judicial Review in Mexico*. A Study of the Amparo Suits, Texas University Press, Austin 1971, p. 209. Véase Suprema Corte, *Jurisprudencia de la Suprema* Corte, Tesis 183, II, p. 365; y Suprema Corte, Montufar Miguel, 17 S.J. 798 (1925). Véase las referencias en *Idem*., p. 208-109, note 36

498 Así fue definido el término desde la sentencia dictada en el caso *Campos Otero Julia,* 1935. Véase "Autoridades para efectos del juicio de amparo" (*Apéndice al Semanario Judicial de la Federación*, 1917-1988, Segunda parte, Tesis 300, p. 519, cit. por Eduardo Ferrer Mac-Gregor, *La acción constitucional de amparo en México y España. Estudio de derecho comparado*, Editorial Porrúa, México 2002, p. 253. Véase también Suprema Corte, *Jurisprudencia de la Suprema Corte*, Tesis 179, II, 360, cit. por Richard D. Baker, *Judicial Review in Mexico. A Study of the Amparo Suit*, Texas University Press, Austin, 1971, p. 94.

de asesoría o consulta.[499] En este sentido, por ejemplo, inicialmente en muchos casos le fue rechazada la categoría de "autoridad" a entidades como Petróleos Mexicanos, la Comisión Nacional de Electricidad, el Defensor de los Derechos Humanos de la UNAM y las Universidades Autónomas.[500] Ello sin embargo, se ha progresivamente interpretado en favor de la protección constitucional, habiéndose admitido la acción de amparo contra muchas de esas entidades con base en la posible existencia de poderes de decisión en las mismas.[501]

En todo caso, en contraste con la tradición restrictiva mexicana en torno al concepto de "autoridad", en los otros países de América Latina, el término "autoridad" a los efectos del amparo ha sido interpretado y aplicado en forma amplia, comprendiendo cualquier entidad pública o cualquier funcionario público, independientemente de los poderes y funciones que le estén atribuidos. En Argentina, por ejemplo, en la Ley de Amparo, la expresión "autoridad pública" (artículo 1) incluye todo tipo de entes públicos o funcionarios de todas las ramas del poder público, por lo que a pesar de alguna interpretación restrictiva aislada conforme a la tradición de la jurisprudencia mexicana,[502] la tendencia general es entender como autoridad, cualquier agente, empleado, funcionario público, magistrado o cualquier agente actuando en tal carácter, incluyendo particulares actuando en ejercicio de funciones públicas, como los concesionarios de servicios públicos.

En similar sentido, por ejemplo, en Bolivia (Art. 94), Colombia (Art. 1), El Salvador (Art. 12), Perú (Art. 2), Nicaragua (Art. 3),Uruguay (Art. 2) and Venezuela (Art. 2), también conforme a una interpretación amplia, el término autoridad pública se concibe con el propósito de garantizar la protección del amparo contra cualquier funcionario o entidad públicos, "independientemente de su categoría y funciones" como lo establece la Ley de Brasil sobre el *mandado de segurança* (Artículo 1). Incluso, algunas Leyes de amparo, con el objeto de disipar dudas son enumerativas, incluyendo cualquier acto de los órganos del poder público, así se trate de entes descentralizados o autónomos, de orden municipal, financiados con fondos públicos o actuando por delegación del Estado mediante concesión, contrato o decisión administrativos. (Guatemala Art. 9, Honduras, Art. 41).

---

499 Véase Richard D. Baker, *Judicial Review in Mexico. A Study of the Amparo Suit*, Texas University Press, Austin, 1971, p. 95.

500 Véase Eduardo Ferrer Mac-Gregor, *La acción constitucional de amparo en México y España. Estudio de derecho comparado,* Editorial Porrúa, México 2002, pp. 255-256.

501 Véase Eduardo Ferrer Mac-Gregor, *La acción constitucional de amparo en México y España. Estudio de derecho comparado*, Editorial Porrúa, México 2002, p, 257

502 En algunas ocasiones se ha interpretado el término comprendiendo solo los funcionarios dotados de *imperium*, es decir, de poderes de dirección y de emisión de decisiones obligatorias que incluso requieran el uso de la fuerza pública para ser ejecutada. Véase Néstor Pedro Sagüés, "Derecho procesal Constitucional", Vol 3, *Acción de amparo*, Editorial Astrea, Buenos Aires 1988, pp. 91-93; Joaquin Brague Camazano, *La Jurisdicción constitucional de la libertad (Teoría general, Argentina, México, Corte Interamericana de Derechos Humanos),* Editorial Porrúa, México 2005, p. 97; José Luis Lazzarini, *El juicio de amparo,* Editorial La Ley, Buenos Aires, 1987, pp. 208-209.

VI. EL TEMA DE LA IMPUGNACIÓN DE ACTOS PÚBLICOS Y LOS ACTOS EXCLUIDOS

Conforme a la Convención Americana, por otra parte, todos los actos, vías de hecho y omisiones de las autoridades públicas pueden ser objeto de la acción de amparo, cuando mediante ellos se violen o amenacen derechos constitucionales, sea que emanen de autoridades legislativas, ejecutivas o judiciales.

En México, por ejemplo, el amparo procede contra leyes, contra actos ejecutivos o administrativos y contra sentencias; y en tal sentido, sin duda, se presenta un contraste con otros países de América Latina donde pueden detectarse unas tendencias a establecer determinadas exclusiones.

En primer lugar se destaca la tendencia a excluir del amparo a los actos de ciertas autoridades públicas, como por ejemplo, a los organismos electorales –tendencia de la cual en este aspecto no escapa México-, cuyos actos, en algunos países como Perú, Costa Rica y Uruguay, se excluyen expresamente de la acción de amparo.

En otros casos, por ejemplo, en el mismo Perú se prevé una exclusión del ámbito de protección constitucional del amparo respecto a los actos del Consejo Nacional de la Judicatura. En otros casos la exclusión se refiere a la materia, como las que tengan relación con la aplicación de leyes de defensa pública, como sucede en Argentina.

En segundo lugar, también se destaca otra tendencia en el ámbito latinoamericano a excluir de la protección del amparo respecto de ciertos actos estatales, lo que se ha previsto particularmente en relación con las leyes, como sucede por ejemplo en Argentina, Brasil, Bolivia, Colombia, Costa Rica, Chile, Ecuador, El Salvador, Nicaragua, Panamá, Paraguay, Perú, Uruguay, la República Dominicana y Uruguay, cuyas legislaciones excluyen la posibilidad de ejercer la acción de amparo contra leyes, es decir, contra normas.

En México, en cambio, al igual que en Venezuela, se admite la acción de amparo contra leyes auto aplicativas; y por su parte, en Guatemala y Honduras el amparo contra leyes está previsto en forma general.

Por tanto, en contraste con la amplitud mexicana respecto del amparo contra leyes, en México el amparo se restringe en relación con los actos de los cuerpos legislativos, distintos a las leyes; y esto, a la inversa contrasta con la tendencia latinoamericana. En efecto, en relación con los actos parlamentarios distintos a las leyes, incluyendo los emanados de los cuerpos legislativos regionales y municipales, los mismos pueden ser objeto de acciones de amparo en muchos países, cuando con ellos se violen derechos constitucionales, tal como se ha aceptado en Argentina,[503] Costa Rica,[504] y Venezuela.[505]

En contraste con esta tendencia, en México, el Artículo 73,VIII de la Ley de Amparo expresamente excluye de la acción de amparo las resoluciones y declaraciones del Congreso federal y de sus Cámaras, al igual que de las legislaturas de los Estados y sus comisiones, relativas a la elección, suspensión y remoción de funcionarios públicos en casos en los cuales las respectivas Constituciones confieran a dichos órganos el poder de decisión en la materia de manera soberana y discrecional.[506] Por otra parte, las decisiones adoptadas por la Cámara de Diputados o el Senado en casos de juicio político, que son consideradas como in impugnables[507] (Artículo 110 de la Constitución) también están excluidas de la acción de amparo.

Por otra parte, en cuanto a las acciones de amparo contra decisiones judiciales, ampliamente aceptadas en México, aún cuando también los jueces, al dictar sus sentencias, puedan lesionar derechos constitucionales en muchos países de América Latina se encuentran restringidas. La verdad es que ningún juez tiene poder para que en sus sentencias pueda violar un derecho constitucional, por lo que también debería admitirse la acción de amparo contra las sentencias, lo cual no se excluye en la Convención Americana y es admitida en muchos países de América Latina.

Pero en algunos países, en cambio, se excluye expresamente la acción de amparo contra sentencias, como es el caso de Argentina, Bolivia, Brasil, Costa Rica, Chile, Ecuador, El Salvador, Nicaragua, Paraguay, República Dominicana y Uruguay. En Colombia, si bien la tutela contra sentencias se incorporó expresamente en el Decreto-Ley reglamentario de la acción, en sentencia de la Corte Constitucional de 1992 se anuló el artículo 40 de dicho Decreto Ley que la regulaba. Sin embargo, posteriormente y a pesar de la anulación de la norma, la labor tanto de la propia Corte Constitucional como de la Corte Suprema, del Consejo de Estado y de los tribunales de instancia, ha sido progresiva en admitir por vía de interpretación, la acción de tutela contra sentencias arbitrarias.

503 Véase decisión del Tribunal de Primera Instancia Criminal de 1984 (1ª. InstCrimCorrFed, Juzg Nº 3, 10-9-84, ED 110-653) en Néstor Pedro Sagüés, *Derecho procesal Constitucional*, Vol 3, "Acción de amparo", Editorial Astrea Buenos Aires 1988, pp. 95-97; Joaquin Brague Camazano, *La Jurisdicción constitucional de la libertad (Teoría general, Argentina, México, Corte Interamericana de Derechos Humanos)*, Editorial Porrúa, México 2005, p. 98; y José Luis Lazzarini, *El juicio de amparo*, Editorial La Ley, Buenos Aires 1987, pp. 216-216.

504 Véase Rubén Hernández Valle, *Derecho Procesal Constitucional*, Editorial Juricentro, San José 2001, pp. 211-214.

505 En Venezuela, en sentido similar, la antigua Corte Suprema admitió la acción de amparo, incluso contra actos parlamentarios respecto de los cuales se excluía el control de constitucionalidad (actos privativos de las Cámaras legislativas). Sentencia de 31-01-1991 (Caso: *Anselmo Natale*), en *Revista de Derecho Público*, Nº 45, EJV, Caracas, 1991, p. 118.

506 Véase Richard D. Baker, *Judicial Review in Mexico. A Study of the Amparo Suit*, Texas University Press, Austin 1971, p. 98.

507 Véase Eduardo Ferrer Mac-Gregor, *La acción constitucional de amparo en México y España. Estudio de derecho comparado*, Editorial Porrúa, México 2002, p. 378.

VII. EL TEMA DE LA IMPUGNACIÓN DE LOS ACTOS PÚBLICOS Y LA EXIGENCIA DE LA DEFINITIVIDAD DEL ACTO IMPUGNADO

Como se ha dicho, en México, contrariamente a lo que sucede en la mayoría de los países latinoamericanos, inclusive con antelación a la adopción de la Convención Americana, el juicio de amparo ha sido concebido como un derecho constitucional que se ha desarrollado procesalmente con estas características, resultando en las cinco grandes vertientes que el profesor Héctor Fix Zamudio desentrañó magistralmente hace años de manera que los juristas pudiéramos apreciar el universo del juicio de amparo, que son el amparo a la libertad, el amparo contra leyes, el amparo administrativo, el amparo judicial o amparo casación y amparo agrario.

Esas mismas vertientes se han desarrollado en el amparo en Venezuela pudiendo configurarse en vías judiciales de amparo, pero conservando cada una su propia formulación adjetiva histórica: la acción autónoma de amparo (que incluye el habeas corpus), la acción de inconstitucionalidad de las leyes con pretensión de amparo, la acción contencioso administrativa de anulación con pretensión de amparo, el recurso de casación o la apelación judicial con pretensión de amparo y amparo agrario. En el resto de los países de América Latina, como se dijo, el amparo es básicamente una acción o recurso, es decir, una importante garantía adjetiva de los derechos fundamentales.

Pero aparte de la configuración del amparo como un derecho o como una garantía, la amplitud de la institución puede verse reducida en algunos aspectos mediante el establecimiento de las condiciones de admisibilidad del juicio o de la acción de amparo.

En esta materia de amparo, tratándose siempre de un medio judicial extraordinario, la condición de admisibilidad general del juicio o acción deriva de su relación que existe siempre con los medios ordinarios, de manera que el principio general es el de la inadmisibilidad del juicio o acción cuando existan otras vías judiciales ordinarias adecuadas que permitan efectivamente la obtención de la protección inmediata del derecho constitucional.

Esta condición general de admisibilidad del amparo, basada en la inexistencia de otras vías ordinarias adecuadas que puedan asegurar efectivamente la protección constitucional inmediata del derecho, puede decirse que se aplica en la mayoría de los países latinoamericanos.

Como ejemplo se puede mencionar el caso de Argentina, donde siendo la acción de amparo un medio extraordinario y residual, es la propia Constitución la que dispone que la acción de amparo es admisible siempre que no existan otros medios judiciales más adecuados (Artículo 43). Esta condición también se establece en la Ley de Amparo, ampliándola en relación con las vías de recursos administrativos, al disponer la inadmisibilidad de la acción cuando existan otros recursos judiciales y administrativos, que permitan la obtención de la protección del derecho o garantía constitucional (Artículo 2,a). Sin embargo, en relación con esta condición de admisibilidad, se establece una excepción general en el sentido de admitir la acción en los casos en los que si se utilizan esos otros recursos existentes, ello produce un daño grave e irreparable; o los mismos no sean suficientes para otorgar la inmediata y adecuada protección que requiere el derecho constitucional violado o amenazado.[508]

La regla general de existencia y adecuación de los otros recursos judiciales existentes, sin embargo, no se aplica en otros países, como Brasil, Colombia, Guatemala, México y Perú, donde la única regla que se aplica es la de la existencia y disposición de los recursos pero no la de su adecuación.

Es decir, en algunos países, la condición de admisibilidad solo se refiere a la cuestión de la existencia y disposición de otros medios judiciales ordinarios de protección, sin consideración alguna sobre si son o no adecuados para garantizar la protección inmediata requerida por la violación constitucional, imponiendo al accionante en amparo la obligación de agotar previamente todos esos recursos judiciales (y en algunos casos administrativos), siempre con algunas excepciones relativas a los daños irreparables que pueda ello ocasionar, pero independientemente de toda consideración en relación a si son o no adecuados para la protección constitucional En estos países, podría decirse que la acción de amparo es subsidiaria, tal como sucede en España.[509]

En México esta condición responde al principio de definitividad, es decir, que el acto impugnado por amparo sea de carácter definitivo, lo que ocurre cuando el acto ya no pueda ser impugnado por ninguna otra vía judicial.[510] Sin embargo, algunas excepciones se establecen respecto de esta condición, en particular, cuando el acto que se impugna implica un peligro a la vida del accionante, o de deportación del

---

508 Véase José Luis Lazzarini, *El juicio de amparo*, Ed. La Ley, Buenos Aires, 1987, p. 94-95, 122 y ss., 139; Alí Joaquín Salgado, *Juicio de amparo y acción de inconstitucionalidad*, Editorial Astrea, Buenos Aires, 1987, pp. 31 y ss. Siendo esta una condición de admisibilidad, el accionante debe alegar y probar que no hay otro medio adecuado de protección de los derechos. Véase Néstor Pedro Sagüés, *Derecho Procesal Constitucional*, Vol. 3, "Acción de Amparo", Editorial Astrea, Buenos Aires, 1988, p. 170. Como fue decidido por la Suprema Corte: "Resulta indispensable para la admisión del remedio excepcional del amparo que quien solicita la protección judicial demuestre, en debida forma, la inexistencia de otras vías legales idóneas para la protección del derecho lesionado o que la remisión a ellas produzca un gravamen insustituible de reparación ulterior". Véase Caso *Carlos Alfredo Villar v. Banco de la República Argentina, cit.*, por Samuel B. Abad Yupanqui, *El proceso constitucional de amparo*, Gaceta Jurídica, Lima, 2004, pp. 223-224.

509 En sentido similar, en España el principio general es que como la protección de los derechos constitucionales es una tarea atribuida a los tribunales, solo se puede admitir la acción de amparo ante el Tribunal Constitucional, una vez que se hayan agotado los recursos judiciales ordinarios, de manera que la acción de amparo en la práctica solo se puede intentar contra la decisión judicial final del caso. Por eso, el amparo en España es considerado como una acción subsidiaria en el sentido de que solo se puede intentar previo el agotamiento de los medios legales ordinarios, contra la decisión que en ellos se adopte. Véase Eduardo Ferrer Mac Gregor, *La acción constitucional de amparo en México y España. Estudio de derecho comparado*, Editorial Porrúa, México, 2002, pp. 292 y ss.

510 En este sentido, el artículo 103 de la Constitución y el artículo 73 de la ley de Amparo disponen que la acción de amparo dirigida contra decisiones judiciales, solo se puede intentar contra la sentencia final y definitiva, respecto de la cual no cabe otro medio de impugnación para modificarla o revocarla (Art 73, XIII). El mismo principio se establece en relación con los actos administrativos, en relación con los cuales la acción de amparo sólo es admisible cuando los mismos no puedan ser impugnados mediante otros recursos o acciones o mediante ningún orto medio de defensa que pueda permitir la suspensión de sus efectos, siempre que no dispongan condiciones adicionales a los establecidos en la Ley de Amparo (Artículo 73, XV).

país, o de violación de los derechos al debido proceso previstos en el artículo 20 de la Constitución. De manera que en estos casos, incluso existiendo otras vías judiciales, el juicio de amparo puede intentarse.

La consecuencia general del principio de la definitividad del acto impugnado, es no sólo el necesario agotamiento de los recursos existentes u otros medios de defensa que puedan significar la modificación o revocación del acto impugnado, sino que esos medios judiciales deben ser agotados en si mismos, es decir, no es suficiente de que sean peticionados sino que es necesario que se haya seguido todo el procedimiento prescrito hasta su última fase concluyendo con la decisión definitiva emanada de la autoridad[511]

***

Como puede observarse de lo que he analizado anteriormente, la universalización de la concepción del amparo en la Convención Americana sobre Derechos Humanos tendría que prevalecer en los derechos internos, donde deberían quedar eliminadas todas las restricciones nacionales que se han venido estableciendo respecto de la acción de amparo.

Ello implica, ante todo, como sucede en México, que el amparo tiene que ser concebido como un derecho constitucional en sí mismo, y no sólo como una acción o garantía adjetiva de protección; pero además, que las personas amparables son todas, sin distingo de naturaleza alguna, incluyendo a las personas estatales; y que la protección judicial de los derechos no se debe limitar a una sola acción de amparo, sino que puede lograrse a través de cualquier medio judicial idóneo.

Asimismo, que la obligación judicial de amparar corresponde a todos los tribunales, por ser de la esencia del poder judicial, y no sólo a una Corte o Tribunal Constitucional; que todos los derechos constitucionales son amparables, incluso los inherentes a la persona humana no enumerados en los textos constitucionales; que la protección constitucional procede contra todo acto, omisión, hecho o actuación que viole los derechos o amenace violarlos; que la protección constitucional procede contra acciones u omisiones lesivas de los particulares y no sólo de los agentes del Estado; y que en este último caso, procede contra leyes, actos ejecutivos, administrativos y sentencias sin que pueda haber exclusión alguna.

SECCIÓN CUARTA:

LA ADMISIÓN DE LA ACCIÓN DE AMPARO EN REPÚBLICA DOMINICANA) (2000)

Esta sección recoge el texto del trabajo publicado con el título: "La admisión jurisprudencial de la acción de amparo, en ausencia de regulación constitucional o legal, en la República Dominicana", en la *Revista IIDH*, Instituto Inter-

511 Véase Eduardo Ferrer Mac Gregor, *La acción constitucional de amparo en México y España. Estudio de derecho comparado*, Editorial Porrúa, México, 2002, pp. 315, 392 y ss.; y Richard D. Baker, *Judicial Review in Mexico. A Study of the Amparo Suit*, University of Texas Press, Austin, 1971, p. 100.

americano de Derechos Humanos, N° 29, San José, enero-junio 1999, pp. 95-102; y en la revista *Iudicium et vita, Jurisprudencia en Derechos Humanos*, N° 7, Edición Especial, Tomo I, San José, 2000, pp. 334-341.

La influencia del derecho internacional de los derechos humanos en los derechos internos de los Estados, es cada vez más importante, particularmente, en materia constitucional.

Un ejemplo de ello es la admisión, por la Suprema Corte de Justicia de la República Dominicana en una sentencia del 24-2-99 (Caso ***Productos Avon, S.A.),*** de la acción de amparo con fundamento en lo dispuesto en la Convención Americana sobre Derechos Humanos, incorporada al derecho interno.

I. En efecto, la Constitución de la República Dominicana no regula expresamente la acción de amparo en tanto que medio judicial breve y sumario para la protección de los ciudadanos frente a violaciones a sus derechos y garantías constitucionales, que pueda ejercerse ante los jueces del país. En esta materia sólo se regula, en la Ley de Hábeas Corpus, un mecanismo procesal de protección respecto de la libertad y seguridad personal, es decir, de la libertad física y corporal de los ciudadanos.

Sin embargo, la Constitución de la República Dominicana en su artículo 3°, párrafo final establece, que:

> La República Dominicana reconoce y aplica las normas del Derecho Internacional General y Americano en la medida en que sus poderes públicos las hayan adoptado, y se pronuncia a favor de la solidaridad económica de los países de América y apoyará toda iniciativa que propenda a la defensa de sus productos básicos y materias primas.

Por otra parte, mediante Resolución N° 739 de 25-12-77, el Congreso Nacional de la República Dominicana adoptó como Ley la Convención Americana sobre Derechos Humanos la cual fue publicada en la Gaceta Oficial N° 9460 de 11-2-78, entre cuyas normas está el artículo 25, ordinal 1° que estatuye:

> Toda persona tiene derecho a un recurso sencillo y rápido o a cualquier otro recurso efectivo ante jueces y tribunales competentes, que la ampare contra actos que violen sus derechos fundamentales reconocidos por la Constitución, la ley o la presente Convención, aún cuando tal violación sea cometida por personas que actúen en ejercicio de sus funciones oficiales.

También se destaca el artículo 8° de la Convención, que dispone:

> Toda persona tiene derecho a ser oída, con las debidas garantías y dentro de un plazo razonable por un juez o tribunal competente, independiente e imparcial, establecido con anterioridad por la ley, en la sustanciación de cualquier acusación penal formulada contra ella, o para la determinación de sus obligaciones de orden civil, laboral, fiscal o de cualquier otro carácter.

Conforme a estas normas, por tanto, puede decirse que si bien en la Constitución no se prevé la acción de amparo, esta podía considerarse que formalmente podía utilizarse en el derecho interno de la República Dominicana, en virtud de lo previsto en la Convención Americana sobre Derechos Humanos que había sido aprobada por el Congreso Nacional.

La acción de amparo, allí prevista, sin embargo, no tenía un procedimiento legalmente prescrito que pudiera viabilizar su ejercicio, por. lo que en la práctica no tenía aplicación.

Fue con motivo del ejercicio de una acción de amparo ante la Suprema Corte de Justicia, ejercida por una empresa contra unas sentencias que habían sido dictadas por un Juzgado de Trabajo del Distrito Nacional, que la Suprema Corte, en sentencia del 24-2-99, declaró a la acción de amparo, como una **institución de derecho positivo** dominicano y le estableció, conforme a sus atribuciones legales, el procedimiento judicial necesario para su ejercicio efectivo; todo ello con fundamento en la vigencia de la Convención Americana sobre Derechos Humanos.

II. La empresa accionante contra las sentencias del Juzgado de Trabajo del Distrito Nacional, fundamentó la acción intentada contra las sentencias del Juzgado de Trabajo, en la lesión de sus derechos fundamentales al debido proceso, a una actuación apegada a la ley o principio de la legalidad y a ser juzgada por una jurisdicción competente, al argumentar las razones de la lesión solicitó a la Suprema Corte que resolviese:

Primero: Que la Suprema Corte de Justicia declare, en la sentencia a intervenir, que el amparo es una institución del Derecho Positivo Dominicano,

Segundo: Que la Suprema Corte de Justicia trace el procedimiento a seguir en materia de amparo de conformidad con las atribuciones otorgadas a la Suprema Corte de Justicia, por el artículo 29, inciso 2 de la Ley N° 821 de Organización Judicial, que textualmente prescribe: "Determinar el procedimiento judicial que deberá observarse en los casos ocurrentes, cuando no esté establecido en la ley, o resolver cualquier punto que para tal procedimiento sea necesario", reconocido sistemáticamente en jurisprudencia constante de la Suprema Corte de Justicia.

Además, solicitó el accionante que la Suprema Corte ordenase el sobreseimiento o suspensión de demandas intentadas contra la empresa recurrente, hasta tanto se decidiesen las apelaciones pendientes contra las sentencias objeto de la acción de amparo.

III. La Suprema Corte de Justicia, para decidir, sentó los siguientes criterios:

1. En **primer lugar**, que los textos invocados por la empresa recurrente, particularmente la Convención Americana sobre Derechos Humanos, tienen por objeto la protección judicial de los derechos fundamentales reconocidos por la Constitución, la ley y la misma Convención, contra los actos violatorios de esos derechos, cometidos por personas que actúen o no en el ejercicio de funciones oficiales o por particulares.

De esta consideración resulta, en **primer lugar**, el reconocimiento de la acción o recurso de amparo, como medio judicial sencillo y rápido de protección judicial de los derechos fundamentales reconocidos no sólo en la Constitución, sino en la Convención Americana y en la ley; y en **segundo lugar**, el reconocimiento de ese medio de protección contra todo acto violatorio de dichos derechos, cometidos por personas que actúen o no en el ejercicio de funciones oficiales o por particulares.

El principio sentado por la Suprema Corte, por tanto, deja clara la procedencia de la acción de amparo no sólo contra actos emanados de las autoridades del Estado, sino contra particulares. Siguió así, la Suprema Corte dominicana, la concepción amplia del amparo en relación a su objeto, que deriva de la Convención Americana;

apartándose de los criterios restrictivos que en algunos países ha conducido, indebidamente, a la exclusión de la acción de amparo contra particulares.

2. En ***Segundo lugar***, la Suprema Corte, también adoptó el criterio amplio de admitir la acción de amparo contra sentencias y demás actos judiciales, que deriva del texto de la Convención Americana, contrariamente a la tendencia inadecuada que se ha observado en algunos países de América Latina, que excluyen la acción de amparo contra decisiones judiciales. En tal sentido se destaca el caso de Colombia, donde fue la Corte Constitucional la que declaró la nulidad del correspondiente artículo del Estatuto de la acción de tutela que reguló el amparo contra sentencias, acción que, sin embargo, ha venido siendo ejercida indirectamente contra las vías de hecho o arbitrariedades judiciales.

La Suprema Corte de Justicia Dominicana, al contrario en la sentencia comentada sobre esta materia, constató:

> que contrariamente a como ha sido juzgado en el sentido de que los actos violatorios tendrían que provenir de personas no investidas con funciones judiciales o que no actúen en el ejercicio de esas funciones, el recurso de amparo, como mecanismo protector de la libertad individual en sus diversos aspectos, no debe ser excluido como remedio procesal específico para solucionar situaciones creadas por personas investidas de funciones judiciales.

Para llegar a esta conclusión, la Suprema Corte señaló que

> al expresar el artículo 25.1 de la Convención, que el recurso de amparo esta abierto a favor de toda persona contra los actos que violen sus derechos fundamentales, "aún cuando tal violación sea cometida por personas que actúen en ejercicio de sus funciones oficiales", evidentemente incluye entre esas a las funciones judiciales,

Es decir, conforme a la Convención Americana no se puede excluir como objeto de la acción de amparo y de la protección constitucional a los actos adoptados por los jueces. Son tan actos dictados por una autoridad en ejercicio de sus funciones, como los actos administrativos.

3. En ***tercer lugar,*** la Suprema Corte advirtió que la acción de amparo contra sentencias y demás actos judiciales por violación de derechos fundamentales no puede entenderse como la introducción de una nueva instancia para la revisión de procesos judiciales, llamando la atención sobre el posible abuso de la utilización de este medio de protección.

En tal sentido, la sentencia de la Suprema Corte de Justicia señaló que si bien la acción de amparo procede contra sentencias:

> no es posible, en cambio, que los jueces puedan acoger el amparo para revocar por la vía sumaria de esta acción lo ya resuelto por otros magistrados en ejercicio de la competencia que le atribuye la ley, sin que se produzca la anarquía y una profunda perturbación en el proceso judicial.

Concluyó la sentencia, en todo caso, señalando que la vía de la acción de amparo

> queda abierta contra todo acto u omisión de los particulares o de los órganos a agentes de la Administración Pública, incluido la omisión o el acto adminis-

trativo, no jurisdiccional, del Poder Judicial, si lleva cualquiera de ellos una lesión, restricción o alteración, a un derecho constitucionalmente protegido.

IV. Ahora bien, admitida constitucionalmente la acción de amparo mediante la aplicación de la Convención Americana, el problema consistía en la necesidad de establecer un procedimiento para tramitarla y, además, regular la competencia judicial. Si bien ningún Juez podía negarse a conocer de la acción de amparo, la carencia de regulación legal de la competencia y del procedimiento a seguir, obligaban a la Suprema Corte a resolver pretorianamente el problema.

La Suprema Corte razonó el problema así:

> Atendido, a que si bien el artículo 25.1 de la Convención prescribe que el recurso de amparo debe intentarse ante los jueces o tribunales competentes, y si también es cierto que la competencia, para este recurso, no está determinada por nuestro derecho procesal ni por ley especial alguna, como sí ocurre con la Ley de Hábeas Corpus, que atribuye competencia y reglamenta la forma de proceder para proteger la libertad física o corporal del ciudadano, no es menos cierto que como el recurso de amparo constituye el medio o procedimiento sencillo, rápido y efectivo creado para todos los derechos consagrados en la constitución y otras leyes excepto aquellos protegidos por el Hábeas Corpus, ningún juez podría, si a él se recurre por una alegada libertad constitucional vulnerada, negar el amparo pretextando la inexistencia de ley que reglamente la acción ejercida.

La solución para los requerimientos adjetivos del ejercicio de la acción de amparo, la sacó la Suprema Corte de las disposiciones de la Ley N° 821, de Organización Judicial, que la faculta para establecer los procedimientos a seguir en caso de que no exista procedimiento legalmente prescrito. Por ello, dijo la Suprema Corte:

> que si es válido que para la protección de los derechos se debe tener un medio, un camino especial que los haga efectivos, la Suprema Corte de Justicia está facultada, empero, para determinarlo cuando por omisión del legislador no se ha establecido el procedimiento adecuado.

Con fundamento en ello, la Suprema Corte, en su sentencia, terminó señalando que:

> Atendido, a que además, con el fin de no desnaturalizar la esencia de esta acción conviene se disponga la adopción de reglas mínimas para la instrucción y fallo de la misma y los recursos a que estará sujeta la sentencia que se dicte.

En cuanto a la competencia judicial, la ausencia de ley precisa no impidió a la Suprema Corte interpretar la Convención Americana y de ello concluir que si bien en principio, la competencia para conocer de la acción de amparo correspondería **a** todo juez, sin embargo, para evitar una competencia "antojadiza y confusa", la propia Suprema Corte, conforme a la misma norma de la Ley 821 de Organización Judicial, asumió la competencia para establecerlo. El razonamiento de la Suprema Corte fue el siguiente:

> que no obstante ser de principio que sólo la ley atribuye competencia, al no existir ninguna disposición que ponga a cargo de determinado juez o tribunal el conocimiento del recurso de amparo, resulta forzoso admitir, a tenor del citado

artículo 25.1, que cualquier juez o tribunal del orden judicial, podría válidamente ser apoderado de un recurso de amparo, siempre que aparezca, de modo claro y manifiesto, la ilegitimidad de una restricción cualquiera a alguno de los derechos esenciales de la persona humana, pero como ello traería consigo una competencia antojadiza y confusa, de las consideraciones que anteceden resulta evidente la necesidad de que la Suprema Corte de Justicia, de conformidad con las atribuciones que le confiere el inciso 2 del artículo 29 de la Ley N° 821, de Organización Judicial, determine la competencia y el procedimiento que deberá observarse en los casos de apoderamiento judicial con motivo de un recurso de amparo.

Para determinar, entonces, la competencia judicial, la Suprema Corte partió de la interpretación jurisprudencial de la misma Suprema Corte, concluyendo que la competencia en la materia debía recaer en los jueces de la Primera Instancia, como sucede en la mayoría de los países de América Latina.

La Suprema Corte, en efecto, señaló lo siguiente:

> Atendido a que ha sido interpretado por esta Suprema Corte de Justicia, que los jueces de primera instancia, como jueces de derecho común, tienen plenitud de jurisdicción en todo el distrito judicial en el cual ejercen sus funciones y, por tanto, deben ser considerados como los jueces competentes a los cuales se refiere la ley, cuando lo hace en términos generales, en la extensión de su jurisdicción; que como el artículo 25.1 de la Convención se refiere precisamente en términos generales, a que toda persona tiene derecho a un recurso sencillo y rápido o a cualquier otro recurso efectivo ante "jueces o tribunales competentes", obviamente está atribuyendo, en nuestro caso, competencia para conocer en primer grado de la acción de amparo, a nuestros jueces de primera instancia.

V. Como consecuencia de todo lo expuesto, la Suprema Corte concluyó con una Resolución terminante sobre la materia, resolviendo los siguientes aspectos:

1° En cuanto a la acción de amparo como institución de derecho interno, dispuso:

Declarar que el recurso de amparo previsto en el artículo 21.1 de la Convención Americana de Derechos Humanos, de San José, Costa Rica, del 22 de noviembre de 1969, es una institución de derecho positivo dominicano, por haber sido adoptada y aprobada por el Congreso Nacional, mediante Resolución N° 739 del 25 de diciembre de 1977, de conformidad con el artículo 3° de la Constitución.

2° En cuanto a la competencia judicial para conocer de la acción de amparo, la Suprema Corte determinó:

que tiene competencia para conocer de la acción de amparo el juez de primera instancia con jurisdicción en el lugar en que se haya producido el acto u omisión.

3° En cuanto al procedimiento a seguir, la Corte señaló que el

que deberá observarse en materia de amparo será el instituido para el referimiento, reglamentado por los artículos 101 y siguientes de la ley 834 de 1978.

Sin embargo, en la sentencia, la Suprema Corte precisó las siguientes normas adjetivas específicas relativas a la acción de amparo:

a. Sobre el recurrente

El impetrante deberá interponer la acción de amparo contra el acto arbitrario u omisión, dentro de los 15 días en que se haya producido el acto u omisión de que se trate.

b. Sobre la audiencia constitucional

La audiencia para el conocimiento de la acción, deberá ser fijada para que tenga lugar dentro del tercer día de recibida la instancia correspondiente.

c. Sobre la Admisibilidad

Cuando la acción fuere ostensiblemente improcedente a juicio del magistrado apoderado, así lo hará constar en autos y ordenará el archivo del expediente. Este auto no será susceptible de ningún recurso.

d. Sobre la sentencia

El juez deberá dictar sentencia dentro de los 5 días que sigan al momento en que el asunto quede en estado.

e. Sobre la Apelación

El recurso de apelación, que conocerá la Corte de Apelación correspondiente, deberá interponerse dentro de los 3 días hábiles de notificada la sentencia, el cual se sustanciará en la misma forma y plazos que se indican para la primera instancia, incluido del plazo de que se dispone para dictar sentencia.

f. Sobre las Costas

Los procedimientos del recurso de amparo se harán libres de costas.

V. La decisión antes comentada de la Corte Suprema de Justicia de la República Dominicana, sin duda, debe celebrarse pues no sólo pone en evidencia el valor del principio de la progresividad en la protección de los derechos humanos, sino al poder creativo de los máximos órganos judiciales, particularmente cuando se trata de proteger los derechos y garantías constitucionales.

Estos constituyen un valor esencial de las sociedades democráticas del mundo contemporáneo, que obligan a una interpretación y aplicación progresiva del ordenamiento jurídico, como se evidencia de esta sentencia que hemos comentado.

SECCIÓN QUINTA:

EL CONTROL DE CONVENCIONALIDAD, CON PARTICULAR REFERENCIA A LA GARANTÍA DEL DERECHO A LA PROTECCIÓN JUDICIAL MEDIANTE UN RECURSO SENCILLO, RÁPIDO Y EFECTIVO DE AMPARO DE LOS DERECHOS HUMANOS (2012)

Esta Sección quinta recoge el texto preparado para la exposición en el evento organizado por la Sala Constitucional de la Corte Suprema de Justicia de Costa Rica, sobre el etma de "El control de convencionalidad y su aplicación," San José, Costa Rica, 27-28 de septiembre de 2012. El texto fue publicado en el

libro: Allan R. Brewer-Carías y Jaime Orlando Santofimio, *Control de convencionalidad y responsabilidad del Estado*, Universidad Externado de Colombia, Bogotá 2013. Dicho texto sirvió en parte para la redacción del estudio sobre: "El derecho de amparo contra todos los actos estatales y el control de convencionalidad en América Latina," preparado para el libro: *Estado constitucional, derechos humanos, justicia y vida universitaria, en homenaje al Dr. Jorge Carpizo*, Instituto de Investigaciones Jurídicas, Universidad nacional Autónoma de México, México 2013.

INTRODUCCIÓN

El derecho a la defensa puede decirse que encontró su formulación jurisprudencial histórica en el mundo moderno en el famoso caso *Dr. Bentley* decidido por una Corte inglesa en 1723, la cual resolvió que el Dr. Bentley, entonces *Chancellor* de la Universidad de Cambridge, no podía haber sido desprovisto de sus títulos o grados académicos sin habérsele informado previamente de los cargos formulados en su contra, y sin habérsele dado la oportunidad de responderlos.[512] Para ello, como es bien conocido, el Juez Fortescue consideró tal derecho como un principio de *natural justice* que todas las leyes de Dios y del mundo reconocían, rememorando incluso que Dios mismo cuando dictó su sentencia de expulsión de Adán del Paraíso luego de haberlo llamado antes para que hiciera su defensa.[513]. Por ello, Michael Stassionopoulos en su conocida tesis de grado precisamente sobre el derecho a la defensa, concluyó diciendo que dicho derecho en realidad era "tan viejo como el mundo"[514]

Algo similar podríamos decir del control de convencionalidad[515] que ha adquirido tanta notoriedad en los últimos años, el cual si bien no es tan viejo como el mundo, sí podemos considerar que es tan viejo como la vigencia misma de la Convención Americana sobre Derechos Humanos. [516]

---

512 Véase E.C.S. Wade y G. Godfrey Philips, *Constitutional and Administrative Law*, London, 1981, p. 599.

513 Véase *Dr. Bentley's case: The King v. The Chancellor, Ec, of Cambridge* (1723), Stra. 557. *Vid.* las referencias en *Cooper v. The Board of Works for Wandsworth District* (1863), 14.C.B. (n.s.) 180, en S. H. Bailey, C. A. Cross y J. F. Garner, *Cases and materials in Administrative Law*, London, 1977, pp. 348-351.

514 Véase Michael Stassinopoulos, *Le droit de la défense devant les autorités administratives*, París, 1976, p. 50.

515 Véase Ernesto Rey Cantor, *Control de Convencionalidad de las Leyes y Derechos Humanos*, México, Editorial Porrúa-Instituto Mexicano de Derecho Procesal Constitucional, 2008; Juan Carlos Hitters, "Control de constitucionalidad y control de convencionalidad. Comparación," en *Estudios Constitucionales*, Centro de Estudios Constitucionales de Chile, Universidad de Talca, Año 7, Nº 2, 2009, pp. 109-128; Susana Albanese (Coordinadora), El control de convencionalidad, Buenos Aireas, Ed. Ediar, 2008; Eduardo Ferrer Mac-Gregor, "El control difuso de convencionalidad en el Estado constitucional", en Fix-Zamudio, Héctor, y Valadés, Diego (Coordinadores), *Formación y perspectiva del Estado mexicano,* México, El Colegio Nacional-UNAM, 2010, pp. 151-188; Eduardo Ferrer Mac-Gregor, "Interpretación conforme y control difuso de convencionalidad el nuevo paradigma para el juez mexicano," en *Derechos Humanos: Un nuevo modelo constitucional*, México, UNAM-IIJ, 2011, pp. 339-429.

516 Véase en el mismo sentido, Karlos A. Castilla Juárez, "El control de inconvencionalidad. Un nuevo debate en México a partir de la sentencia del caso Radilla pacheco," en Eduardo Ferrer Mac Gregor

Ese ha sido y es, precisamente, el control que usualmente ha realizado y realiza la Corte Interamericana de Derechos Humanos en sus sentencias, cuando al juzgar las violaciones a la Convención Americana sobre derechos Humanos cometidas por los actos u omisiones de los Estados, ha tenido que confrontar las normas de la misma con las previsiones del derecho interno, de manera que en los casos en los cuales ha encontrado que estas son contrarias o incompatibles con aquella, ha ordenando a los Estados realizar la corrección de la inconvencionalidad, por ejemplo modificando la norma cuestionada.[517]

Ese también ha sido el control que han ejercido y ejercen los jueces o tribunales nacionales cuando han juzgado la validez de los actos del Estado, al confrontarlos no sólo con la Constitución respectiva, sino con el elenco de derechos humanos y de obligaciones de los Estados contenidos en la Convención Americana, o al aplicar las decisiones vinculantes de la Corte Interamericana, decidiendo en consecuencia, conforme a sus competencias, la anulación de las normas nacionales o su desaplicación en el caso concreto.

En esta materia, en realidad, tanto a la Corte Interamericana como con los jueces nacionales puede decirse que les ocurrió algo similar a lo que se la atribuye a Jourdain, aquél personaje de la obra "El burgués gentilhombre" de Molière, quien al consultar al Filósofo en qué forma podía escribirle a una dama de quien estaba enamorado, que no fuera ni en prosa ni en verso, su interlocutor le explicó que sólo lo podía hacer en prosa o en verso, y nada más, frente a lo cual exclamó extrañado, "Mas de cuarenta años que hablo en prosa sin saberlo." Y así fue en nuestro mundo de los derechos humanos, donde tuvieron que pasar casi cuarenta años desde que la Convención fuera suscrita (1969) para que gracias a la importante conceptualización efectuada en 2003 por el juez Sergio García Ramírez de la Corte Interamericana de Derechos Humanos, se captara en sus propios contornos el control que la propia Corte y los jueces y tribunales nacionales venían ejerciendo con anterioridad.

En esta materia, por tanto, lo que realmente es nuevo, ha sido por una parte, la afortunada acuñación de un término como ha sido el de "control de convencionalidad,"[518] que Sergio García Ramírez propuso en su Voto razonado a la sentencia del

---

(Coordinador), *El control difuso de convencionalidad. Diálogo entre la Corte Interamericana de Derechos Humanos y los jueces nacionales), FUNDAp,* Querétaro, México 2012, pp. 83-84

517 Por ello, el juez Eduardo Ferrer Mac-Gregor ha señalado que el "control concentrado de convencionalidad" lo venía realizando la Corte IDH desde sus primeras sentencias, sometiendo a un examen de convencionalidad los actos y normas de los Estados en un caso particular." Véase su Voto razonado a la sentencia de la Corte Interamericana en el caso *Cabrera García y Montiel Flores vs. México* de 26 de noviembre de 2010 (Párr. 22), en http://www.corteidh.or.cr/docs/casos/ar-ticulos/seriec_220_esp.pdf . También ha dicho con razón que "el control de convencionalidad constituye la razón de ser de la Corte Interamericana." Véase en Eduardo Ferrer Mac Gregor, "Interpretación conforme y control difuso de convencionalidad. El nuevo paradigma para el juez mexicano," en Eduardo Ferrer Mac Gregor (Coordinador), *El control difuso de convencionalidad. Diálogo entre la Corte Interamericana de Derechos Humanos y los jueces nacionales), FUNDAp,* Querétaro, México 2012, p.132.

518 Como lo ha destacado Juan Carlos Hitters, "Claro está que cuando se utiliza la terminología de "control de convencionalidad", no se quiere decir que recién a partir del citado asunto la Corte IDH haya ejercido tal potestad, porque desde siempre el cuerpo hace una comparación entre ambos esquemas, destacando por supuesto la prioridad de la regla supranacional; lo que en verdad ha sucedido es que desde ese momento se utiliza tal fraseología." Véase Juan Carlos Hitters, "Control de constitucionalidad y control de

caso *Myrna Mack Chang vs. Guatemala*, de 25 de noviembre de 2003;[519] y por la otra, la clarificación de que dicho control de convencionalidad se efectúa en dos vertientes, dimensiones o manifestaciones, por un lado a nivel internacional por la Corte Interamericana, y por el otro, en el orden interno de los países, por los jueces y tribunales nacionales.[520] Estas dos vertientes, ha identificado Sergio García Ramírez distinguiendo entre "el control propio, original o externo de convencionalidad" que ejerce la Corte Interamericana, y el "control interno de convencionalidad" que ejercen los tribunales nacionales;[521] y Eduardo Ferrer Mac Gregor, distinguiendo entre el "control concentrado" de convencionalidad" que ejerce la Corte Interamericana, en sede internacional, y el "control difuso" de convencionalidad, a cargo de los jueces nacionales, en sede interna.[522]

Estas dos vertientes, en efecto, las detectó el propio Juez García Ramírez al año siguiente, en otro Voto razonado, esta vez a la sentencia del Caso *Tibi vs. Ecuador* de 7 de diciembre de 2004, cuando efectuó una comparación entre el control de constitucionalidad y el control de convencionalidad, considerando en cuanto a la función de la Corte Interamericana, que la misma se asemejaba a la de los tribunales constitucionales cuando juzgan la inconstitucionalidad de las leyes y demás actos normativos conforme a las reglas, principios y valores constitucionales; agregando que dicha Corte analiza los actos de los Estados que llegan a su conocimiento "en relación con normas, principios y valores de los tratados en los que funda su compe-

---

convencionalidad. Comparación," en *Estudios Constitucionales*, Centro de Estudios Constitucionales de Chile, Universidad de Talca, Año 7, Nº 2, 2009, pp. 109-128.

519 Véase Voto Concurrente Razonado del Juez Sergio García Ramírez a la sentencia en el caso *Myrna Mack Chang Vs. Guatemala*, de 25 de noviembre de 2003, Serie C Nº 101, http://www.corteidh.or.cr/docs/casos/articulos/seriec_101_esp.pdf, donde se refirió al "'control de convencionalidad' que trae consigo la jurisdicción de la Corte internacional" (Párr. 27). Véase el comentario del propio Sergio García Ramírez sobre dicho voto y la evolución de su aporte al desarrollo de la noción en Sergio García Ramírez, "El control judicial interno de convencionalidad," en Eduardo Ferrer Mac Gregor (Coordinador), *El control difuso de convencionalidad. Diálogo entre la Corte Interamericana de Derechos Humanos y los jueces nacionales), FUNDAp,* Querétaro, México 2012, pp. 230 ss. Véase igualmente los comentarios a los criterios de García Ramírez en Karlos A. Castilla Juárez, "El control de convencionalidad. Un nuevo debate en México a partir de la sentencia del caso Radilla Pacheco," en Eduardo Ferrer Mac Gregor (Coordinador), *El control difuso de convencionalidad. Diálogo entre la Corte Interamericana de Derechos Humanos y los jueces nacionales), FUNDAp,* Querétaro, México 2012, pp. 87 ss.

520 Algunos autores, sin embargo, niegan que existan estas dos vertientes en el control de convencionalidad, argumentando que el mismo está reservado a la Corte Interamericana, negando la posibilidad de que los jueces y tribunales nacionales lleven a cabo dicho control. Karlos A. Castilla Juárez, "El control de convencionalidad. Un nuevo debate en México a partir de la sentencia del caso Radilla pacheco," en Eduardo Ferrer Mac Gregor (Coordinador), *El control difuso de convencionalidad. Diálogo entre la Corte Interamericana de Derechos Humanos y los jueces nacionales), FUNDAp,* Querétaro, México 2012, pp. 88 ss.

521 Véase Sergio García Ramírez, "El control judicial interno de convencionalidad," en Eduardo Ferrer Mac Gregor (Coordinador), *El control difuso de convencionalidad. Diálogo entre la Corte Interamericana de Derechos Humanos y los jueces nacionales), FUNDAp,* Querétaro, México 2012, pp. 213..

522 Véase Eduardo Ferrer Mac Gregor, "Interpretación conforme y control difuso de convencionalidad. El nuevo paradigma para el juez mexicano," en Eduardo Ferrer Mac Gregor (Coordinador), *El control difuso de convencionalidad. Diálogo entre la Corte Interamericana de Derechos Humanos y los jueces nacionales), FUNDAp,* Querétaro, México 2012, p.132.

tencia contenciosa;" y que si bien "los tribunales constitucionales controlan la 'constitucionalidad', el tribunal internacional de derechos humanos resuelve acerca de la 'convencionalidad' de esos actos."[523]

Por otra parte, en cuanto al control de constitucionalidad que realizan los órganos jurisdiccionales internos, de acuerdo con lo expresado por el mismo García Ramírez, estos "procuran conformar la actividad del poder público -y, eventualmente, de otros agentes sociales- al orden que entraña el Estado de Derecho en una sociedad democrática," en cambio, "el tribunal interamericano, por su parte, pretende conformar esa actividad al orden internacional acogido en la Convención fundadora de la jurisdicción interamericana y aceptado por los Estados partes en ejercicio de su soberanía."[524]

A raíz de estas reflexiones quedó claro en el mundo internacional de los derechos humanos que bajo la misma denominación de "control de convencionalidad" se han venido ejerciendo dos tipos de controles, por dos tipos de órganos jurisdiccionales distintos ubicados en niveles diferentes, uno en el ámbito internacional y otros en el ámbito nacional, y con dos efectos jurídicos completamente distintos, lo que amerita realizar algunas puntualizaciones sobre uno y otro a los efectos de podernos centrar en el objeto específico de esta exposición que es sobre las perspectivas del control de convencionalidad en materia de amparo de los derechos fundamentales.[525]

---

523 Voto razonado del Juez Sergio García Ramírez a la sentencia en el caso *Tibi Vs. Ecuador*, Sentencia de 7 de septiembre de 2004, Serie C N° 114 (Párr. 3), en http://www.corteidh.or.cr/docs/casos/articulos/seriec_114_esp.pdf. Véanse los comentarios sobre las dos vertientes del control de convencionalidad en Víctor Bazan y Claudio Nash (Editores), *Justicia Constitucional y derechos Fundamentales. El Control de Convencionalidad 2011*, Centro de Derechos Humanos Universidad de Chile, Konrad Adenauer Stiftung, 2011, pp. 24, 59; y Víctor Bazán, "Estimulando sinergias: de diálogos jurisprudenciales y control de convencionalidad," en Eduardo Ferrer Mac Gregor (Coordinador), *El control difuso de convencionalidad. Diálogo entre la Corte Interamericana de Derechos Humanos y los jueces nacionales), FUNDAp,* Querétaro, México 2012, pp. 14 ss.

524 Voto razonado del Juez Sergio García Ramírez a la sentencia en el caso *Tibi Vs. Ecuador*, Sentencia de 7 de septiembre de 2004, Serie C N° 114 (Párr. 4), en http://www.corteidh.or.cr/docs/casos/articulos/seriec_114_esp.pdf.

525 En cuanto a las leyes de reguladoras del amparo que se mencionan sólo con el nombre de cada país, son las siguientes: ARGENTINA. Ley N° 16.986. Acción de Amparo, 1966; BOLIVIA. Ley N° 1836. Ley del Tribunal Constitucional, 1998; BRAZIL. Lei N° 12.016 Mandado de Segurança, 2009; COLOMBIA. Decretos Ley N° 2591, 306 y 1382. Acción de Tutela, 2000; COSTA RICA. Ley N° 7135. Ley de la Jurisdicción Constitucional, 1989; ECUADOR. Ley N° 000. RO/99. Ley de Control Constitucional, 1997; EL SALVADOR. Ley de Procedimientos Constitucionales, 1960; GUATEMALA. Decreto N° 1-86. Ley de Amparo. Exhibición personal y Constitucionalidad, 1986; HONDURAS. Ley sobre Justicia Constitucional, 2004; MÉXICO. Ley de Amparo, reglamentaria de los artículos 103 y 107 de la Constitución Política, 1936 (última reforma, 2011); NICARAGUA. Ley N° 49. Amparo, 1988; PANAMÁ. Código Judicial, Libro Cuarto: Instituciones de Garantía, 1999; PARAGUAY. Ley N° 1.337/88. Código Procesal Civil, Titulo II. El Juicio de Amparo, 1988; PERÚ. Ley N° 28.237. Código Procesal Constitucional, 2005; REPÚBLICA DOMINICANA. Ley Orgánica del Tribunal Constitucional y de los Procesos Constitucionales, 2011; URUGUAY. Ley N° 16.011. Acción de Amparo, 1988; VENEZUELA. Ley Orgánica de Amparo sobre Derechos y Garantías Constitucionales, 1988.

I. LAS DOS VERTIENTES DEL CONTROL DE CONVENCIONALIDAD

En cuanto al control de convencionalidad ejercido por los jueces y tribunales nacionales, si bien desde hace décadas se había venía realizando en muchas jurisdicciones nacionales, fue luego de la conceptualización efectuada por el juez García Ramírez, y a partir de la sentencia de la Corte Interamericana en el caso *Almonacid Arellano y otros vs. Chile* de 26 de septiembre de 2006,[526] cuando el término se acuñó en la jurisprudencia para identificar el control que ejercen dichos jueces cuando frente a normas nacionales que deban aplicar a casos concretos de los cuales conozcan, le dan prevalencia a las previsiones de la Convención Americana cuando aquellas normas nacionales le sean contrarias. Este control ocurre, igualmente cuando los jueces nacionales aplican en el ámbito interno las sentencias vinculantes de la Corte Interamericana. Dicho control de convencionalidad, además, particularmente en países en los cuales la Convención tiene rango constitucional o forma parte del bloque de la constitucionalidad, los jueces nacionales pueden, según sus respectivas competencias, no sólo desaplicar sino incluso anular las normas internas contrarias a la Convención Americana.

En la citada sentencia *Almonacid Arellano y otros vs. Chile* de 26 de septiembre de 2006, en efecto, la Corte Interamericana, después de aceptar que "los jueces y tribunales internos están sujetos al imperio de la ley y, por ello, están obligados a aplicar las disposiciones vigentes en el ordenamiento jurídico" de cada país, consideró sin embargo, que cuando los Estados respectivos han ratificado la Convención Americana, en virtud de que los jueces están sometidos a ella, eso los "obliga a velar porque los efectos de las disposiciones de la Convención no se vean mermadas por la aplicación de leyes contrarias a su objeto y fin, y que desde un inicio carecen de efectos jurídicos."[527]

Partiendo de esa premisa, la Corte Interamericana concluyó con su conocida afirmación de que "el Poder Judicial debe ejercer una especie de 'control de convencionalidad' entre las normas jurídicas internas que aplican en los casos concretos y la Convención Americana sobre Derechos Humanos," agregando, incluso que en esa tarea "el Poder Judicial debe tener en cuenta no solamente el tratado, sino también la interpretación que del mismo ha hecho la Corte Interamericana, intérprete última de la Convención Americana".[528]

Este control de convencionalidad, sin embargo, como hemos dicho, a pesar de la novedosa denominación introducida en 2006, se había ejercido con anterioridad por los tribunales nacionales en América Latina. Ello ocurrió, por ejemplo, en Venezuela, antes de que se iniciara el régimen autoritario que a partir de 1999 asaltó y se apoderó del Estado, incluyendo el Tribunal Supremo de Justicia y todos los tribuna-

---

526 Véase sentencia en el caso *Almonacid Arellano y otros v Chile* de 26 de septiembre de 2006, en http://www.corteidh.or.cr/docs/casos/articulos/seriec_154_esp.pdf

527 *Ídem.*, Párr.124

528 Para llegar a esta conclusión, la Corte Interamericana precisó que dicho control "tiene sustento en el principio de la buena fe que opera en el Derecho Internacional, en el sentido que los Estados deben cumplir las obligaciones impuestas por ese Derecho de buena fe y sin poder invocar para su incumplimiento el derecho interno, regla que se encuentra recogida en el artículo 27 de la Convención de Viena sobre los Tratados." *Idem*. Párr. 125.

les de la República; cuando en la década de los setenta, los tribunales de instancia comenzaron a aplicar preferentemente la Convención Americana en relación con previsiones del derecho interno pocos años después de que la misma hubiera comenzado a entrar en vigor, con lo cual, por ejemplo pudieron cambiar, la interpretación jurisprudencial restrictiva que había sentado la antigua Corte Suprema de Justicia en 1970, que conducía en la práctica a la inadmisibilidad de la acción de amparo.

El artículo 49 de la Constitución de 1961 entonces vigente, en efecto había establecido el derecho de todas las personas a ser amparadas por los tribunales "en el goce y ejercicio de los derechos y garantías que la Constitución establece, *en conformidad con la Ley,*" frase ésta última de la cual dedujo la Corte Suprema que el ejercicio de tal derecho había quedado supeditado a lo que la ley estableciera. Ello, además, era lo que se deducía del texto de la Exposición de Motivos del proyecto de Constitución, donde al justificar la inclusión de la Disposición Transitoria (Quinta) que reglamentaba provisionalmente el derecho de *hábeas corpus,* se indicó que ello había sido "a fin de no dejar en suspenso" la eficacia del artículo en materia de libertad personal hasta la promulgación de la ley respectiva;[529] ley que sólo se sancionó en 1988.[530] Ello implicó que en los primeros lustros de vigencia de la Constitución, con excepción de la libertad personal, los demás derechos y garantías constitucionales carecieron de un efectivo instrumento de protección judicial.

Lo anterior, sin embargo, no fue obstáculo para que hacia finales de la década de los sesenta, algunos jueces de instancia comenzaran a admitir acciones de amparo para proteger otras libertades o garantías distintas de la libertad individual,[531] apli-

529 Véase, Exposición de Motivos del Proyecto de Constitución en *Revista de la Facultad de Derecho,* UCV, N° 21 Caracas, 1961, p. 381.

530 Véase Ley Orgánica de Amparo a los Derechos y Garantías Constitucionales en *Gaceta Oficial* N° 34.060 de 27 de septiembre de 1988. Sobre esta Ley véanse los comentarios de Allan R. Brewer-Carías y Carlos Ayala Corao, *Ley Orgánica de Amparo a los Derechos y Garantías Constitucionales*, Editorial Jurídica Venezolana, 6ª, ed., Caracas 2007.

531 Por sentencia del 13 de septiembre de 1968 del Juez Séptimo de Primera Instancia en lo Penal del Distrito Federal, confirmada por fallo de 4-10-68 de la Corte Superior Segunda en la Penal del Distrito Federal, se otorgó amparo a un ciudadano contra un acto administrativo que ordenó la detención de su automóvil en virtud de que el mismo no había sido importado regularmente al país. (Véase, R. Escala Zerpa, *Recurso de Amparo contra arbitrariedad de Funcionario Público,* Caracas, 1968). Asimismo, con fecha 14 de abril de 1989 otro Juez de Primera Instancia en lo Civil del Distrito Federal, acordó recurso de amparo, confirmado por decisión de 14 de julio de 1969 de la Corte Superior Segunda en lo Civil y Mercantil del Distrito Federal, contra un acto de la Policía Técnica Judicial que detuvo a un particular y se le obligó a reconocer como padre de un menor y a pagar una pensión alimentaria. Estas decisiones, tomadas de referencias contenidas en la publicación periódica *Síntesis Jurídica* (Escritorio Santana Mujica) fueron comentadas por dicha publicación en los siguientes términos: "Como un paso formativo del lento avance de nuestro país hacia un eficiente estado de derecho, ha de apuntarse las iniciales sentencias, derivadas de jueces penales y civiles, donde se derrota la tesis restrictiva, que se sostuvo inicialmente de que el amparo no era aplicable en el país, pese a su consagración en la Constitución porque carecía de reglamentación. Ahora se sostiene que cualquier juez es competente para conocer y decidir el amparo, que el fallo dictado no tiene consulta, que la ausencia de procedimiento no impide la procedencia del amparo, porque la Constitución dice: "la falta de la ley reglamentaria en estos derechos no menoscaba el ejercicio de los mismos". (Art. 50 CN), y se otorga ante cualquier acto público o privado, que desconozca, disminuya a menoscabe las garantías constitucionales". Véase además, Jesús R. Quintero "Recursos de Amparo, La cuestión central en dos sentencias y un voto salvado", en *Revista de la Facultad de Derecho,* N° 9, UCAB, Caracas, 1969-1970, pp. 157 a 206.

cando para ello, el procedimiento previsto para el *hábeas corpus*, invocando incluso como antecedente la decisión del caso *Ángel Siri* de la Corte Suprema de Argentina dictada el 27 de diciembre de 1.957, en la cual, conforme al principio de la progresividad[532] se abrió el camino para la generalización de la acción de amparo.[533] Ello sin embargo fue contrariado por la Corte Suprema de Justicia a finales de 1970,[534] al considerar en relación con la Disposición Transitoria Quinta constitucional, que "la protección de cualquier otro derecho —establecido o no en la Constitución — queda excluida del campo de aplicación de esa norma, por ser evidente la intención del constituyente de limitar su alcance al caso expresamente previsto por ella", calificando las decisiones que se habían venido adoptadas por jueces de instancia en lo penal amparando otros derechos distintos a la libertad personal, como una "extralimitación de atribuciones,"[535] y considerando al artículo 49 constitucional como de carácter programático, y por tanto, no aplicable directamente."[536]

---

532 Véase lo expuesto en Allan R. Brewer-Carías. "La reciente evolución jurisprudencial en relación a la admisibilidad del recurso de amparo," en *Revista de Derecho Público,* N° 19, Caracas, 1984, pp. 207 ss.

533 Véase la referencia al caso *Ángel Siri* en José Luis Lazzarini, *El juicio de amparo*, La Ley, Buenos Aires, 1987, pp. 26 ss. y 373 ss.; Alí Joaquín Salgado, *Juicio de amparo y acción de inconstitucionalidad*, Ed. Astrea, Buenos Aires, 1987, pp. 5; Néstor Pedro Sagües, *Derecho Procesal Constitucional. Acción de Amparo*, Volumen 3, 2a Edición, Editorial Astrea, Buenos Aires, 1988, pp. 9 ss.

534 En la sentencia de la Corte Suprema de Justicia en Sala Político Administrativa de 11 de noviembre de 1970, en *Gaceta Oficial* N° 1.447, Extraordinaria de diciembre de 1970, pp. 27 y 28, ya se vislumbra la interpretación que posteriormente se adoptaría: "A diferencia de otras situaciones en relación a las cuales el Congreso, aún no ha determinado por Ley, cuál es el juez competente y el procedimiento a seguir a fin de obtener amparo judicial...".

535 Véase sentencia de la Corte Suprema de Justicia en Sala Político Administrativa de 14 de diciembre de 1970 en *Gaceta Oficial* N° 29.434 de 6 de febrero de 1971 pp. 219.984 y 219.985, y en *Gaceta Forense,* N° 70, 1970, pp. 179 ss. Esta decisión fue ratificada por sentencia de la misma Corte de 26 de abril de 1971 en *Gaceta Oficial* N° 1.478, Extraordinaria de julio de 1971, p. 31; y por Acuerdo de 24 de ABRIL DE 1972 en *Gaceta Oficial* N° 29.788 de 25 de abril de 1972, p. 222.865. El criterio de la Corte había sido también el de la Procuraduría General de la República. Véase, *Doctrina Procuraduría General de la República* 1970. Caracas 1971, pp. 37 ss.

536 La Corte dijo: "no es una norma directa e inmediatamente aplicable por los jueces, sino un precepto programático, sólo parcialmente reglamentada para la fecha en que la Constitución fue promulgada, y dirigido particularmente al Congreso, que es el órgano al cual compete la reglamentación de las garantías constitucionales, en conformidad con los artículos 136, ordinal 24, y 139 de la Constitución. Tal es la interpretación que da la Corte al artículo 49 al analizar sus previsiones aisladamente con el fin de desentrañar la mente del constituyente del lenguaje usado por éste para expresar su voluntad. Pero esta interpretación gramatical se robustece con la observación adicional de que el constituyente se habría abstenido de regular el procedimiento de *hábeas corpus,* si hubiera considerado que para hacer efectivo el amparo bastaba lo dicho en el artículo 49 respecto al procedimiento, no siendo indispensable su reglamentación legal para determinar el fuero competente y el modo de proceder". De consiguiente, agregó la Corte.: ""el constituyente supone la existencia de una ley anterior al hecho o acto que afecte el derecho cuya protección se solicite; que autorice a determinados jueces para obrar en el sentido que pretenda el actor; y que establezca un procedimiento adecuado a la finalidad que se persiga. Dado el número y variedad de las situaciones jurídicas, en que pueda estar comprometido un derecho o una garantía constitucional, era forzoso que el constituyente dejara al legislador ordinario la potestad de establecer las reglas conforme a las cuales los tribunales deben amparar el goce y ejercicio de los derechos y garantías constitucionales, teniendo en cuenta no sólo las previsiones ya existentes que es necesario apreciar para atribuir a un determinado tribunal el conocimiento de un asunto, y establecer el procedimiento a seguir en cada situación." Véase la sentencia de la Corte Suprema de Justicia en Sala Político Administrativa de 14 de diciembre de 1970 en *Gaceta Forense*, N° 70, Caracas 1970, pp. 179 ss.

A esa interpretación que había sido sentada en una sentencia aislada, la Sala Político Administrativa de la Corte Suprema de Justicia, incluso, le dio una aplicación general al dictar un "Acuerdo" de 24 de abril de 1972 conforme a las potestades reglamentarias que le otorgaba el artículo 138 de la Ley Orgánica del Poder Judicial, en el cual precisó que:

> "la competencia de los Tribunales de Primera Instancia y Superiores en lo Penal de la República, a que se refiere la Disposición Transitoria Quinta de la Constitución, se limita exclusivamente al conocimiento del recurso de *hábeas corpus* previsto en dicha norma; y que en consecuencia, toda decisión que no esté apoyada en la competencia específica de dichos Tribunales o que invada la atribuida por la Constitución y las Leyes, a otros órganos judiciales, constituye una usurpación o extralimitación de atribuciones"[537].

En esta forma quedó en general fuera de la competencia de los tribunales penales el poder conocer de acciones de amparo respecto de derechos cuyo conocimiento no formase parte de su competencia específica. Como el Acuerdo no consideró que fuera indispensable que para que una acción de amparo pudiera ser interpuesta ante otros tribunales fuera necesaria la sanción de una ley previa que regulara expresamente la acción, después de que Venezuela ratificó la Convención Americana sobre Derechos Humanos en 1977 (e igualmente, el Pacto Internacional de Derechos Económicos, Sociales y Culturales, en 1978, y el Pacto Internacional de Derechos Civiles y Políticos el mismo año 1978), los tribunales comenzaran a admitir acciones de amparo en virtud de la consagración en esos instrumentos internacionales (por ejemplo, el artículo 25.1 de la Convención Americana), del derecho de toda persona a un recurso sencillo y rápido o a cualquier otro recurso efectivo ante los Tribunales competentes que lo amparen contra actos que violen los derechos humanos.[538]

Fue con base en estos antecedentes, cuando pocos años después comenzó a modificarse la rigidez interpretativa que en materia de la admisibilidad de las acciones de amparo se había enunciado en 1970, lo que se produjo con una sentencia de un juzgado civil de instancia de 24 de noviembre de 1982 (*Caso Rondalera*),539 en la cual se admitió una acción de amparo para la protección del derecho a la educación. Si bien al final en primera instancia se declaró sin lugar la acción, una vez apelada la sentencia, el Juzgado Superior competente en cambio decretó el amparo solicitado mediante sentencia de 10 de febrero de 1983,[540] para lo cual, al referirse al problema de la competencia, señaló:

> "el mandato del Constituyente de amparar está dirigido a todos los Jueces, y que si bien la jurisprudencia de la Corte Suprema de Justicia ha definido la in-

---

537 Véase el texto en *Gaceta Oficial* N° 29.788 de 25 de abril de 1972. Véase, así mismo en la revista *Ministerio Público,* N° 19, Caracas 1972, pp. 105-107.

538 Véase en *Gaceta Oficial* N° 31.256 de 14 de junio de 1977 y N° 2.146 Extra, de 28 de enero de 1978.

539 Véase René Molina Galicia, *El Amparo a Rondalera,* Ediciones, Síntesis Jurídica, Caracas, 1984, p. 80.

540 *Idem,* pp. 106 a 169.

competencia de los Tribunales Penales para conocer de juicios de amparo distintos a las que tengan por objeto la privación o restricción de la libertad humana, pues de ellos corresponde conocer a la Jurisdicción Penal con exclusividad, persiste en cuanto al recurso de amparo la competencia genérica que establece el artículo 49 de la Constitución, lo que hace competente a dicho Tribunal, como tribunal civil para conocer en primer grado de este recurso de amparo que evidentemente pretende obtener la protección de un derecho civil como son el de educar, mediante el ejercicio de la actividad docente y el de recibir educación en plantel escogido por los padres"[541].

El Tribunal Superior, para llegar a esta conclusión, al referirse a la sentencia de la Corte Suprema de Justicia de 1970, puntualizó además, que después de 21 años de vigencia de la Constitución de 1961, y a pesar de que no se había "reglamentado *ese recurso efectivo, rápido y eficaz,* para desentrañar las violaciones," salvo el amparo de la libertad personal y las restricciones de que ella pueda ser objeto, mediante el *Hábeas Corpus,* ya eran:

> "leyes vigentes en Venezuela los Tratados Internacionales cuya normativa transcribimos en materia de derechos humanos, políticos, civiles y penales, la que nos lleva a la conclusión de que la situación jurídica en Venezuela no es la misma de 1970, y la jurisprudencia favorable a la admisión a la acción de amparo a nivel de instancia se ha incrementado con los problemas de competencia, por ser llevados a la jurisdicción penal, aun cuando se trate de materias civiles, por la experiencia que se reconoce a dicha jurisdicción en el manejo de *Hábeas Corpus*"[542].

Esta puede considerarse, en Venezuela, como el antecedente remoto del control de convencionalidad que permitió, con base en las disposiciones de la Convención Americana, que se generalizara la admisión de las acciones de amparo aún sin que se hubiese dictado la ley que la regulara; interpretación que fue luego acogida por la propia Corte Suprema de Justicia en Sala Político-Administrativa, al decidir sobre una acción de amparo que había sido intentada por un candidato presidencial contra una decisión del Consejo Supremo Electoral que limitaba el derecho a realizar propaganda electoral en condiciones de igualdad. Se trató del caso Andrés Velázquez decidido mediante sentencia de 20 de octubre de 1983,[543] en el cual se admitió la posibilidad del ejercicio de acciones de amparo para la protección de derechos distintos al de *hábeas corpus,* al considerar que el carácter programático del artículo 49 de la Constitución, había quedado superado "desde el momento en que por Ley se habían aprobado Convenciones Internacionales sobre derechos humanos que exigían la garantía del amparo."

Se admitió así la acción de amparo en Venezuela, con base en el control de convencionalidad que realizó la Corte Suprema, exigiéndole sin embargo a los tribuna-

---

541 *Idem,* pp. 152 a 163.

542 *Idem,* p. 149.

543 Véase en *Revista de Derecho Público,* N° 11, Editorial Jurídica Venezolana, Caracas 1983, pp. 169 y 170. Véase el comentario sobre esta sentencia del Magistrado ponente del fallo, René De Sola, "El Recurso de Amparo en Venezuela" en *Revista SIC*, N° 472, Caracas, febrero 1985, pp. 74 ss.

les de instancia que ejercieran la competencia en la materia con prudencia "tratando de suplir por medio de la analogía y demás instrumentos de interpretación de que los provee el sistema jurídico venezolano, la lamentable ausencia de una ley reglamentaria de la materia," precisando que debían conocer de los "recursos de amparo de acuerdo con la afinidad que con su competencia natural tengan los derechos que se pretendan vulnerados."[544]

Posteriormente, en forma más directa, e igualmente en materia de admisibilidad de la acción de amparo en ausencia de previsiones constitucionales y legales, mediante un control de convencionalidad y en aplicación de la Convención Americana, en 1999 se admitió la acción de amparo en la República Dominicana, donde hasta esa fecha no se había admitido por falta de reglas de procedimiento relativas al amparo, incluyendo normas legales atributivas de competencia judiciales para conocer de la acción. Se trató de la sentencia del caso *Productos Avon S.A* dictada por la Corte Suprema el 24 de febrero de 1999 con motivo de un amparo ejercido contra una decisión judicial por violación de derechos laborales, que admitió la acción en ausencia de disposiciones constitucionales o legales sobre la misma, prescribiendo incluso las normas de procedimiento aplicables,[545] declarando para tal fin que "el recurso de amparo previsto en el artículo 25,1 de la Convención Americana de De-

---

544 *Idem*, p. 170.

545 El caso se desarrolló como sigue: 1. La empresa demandante alegó que la decisión judicial del tribunal laboral había violado su derecho a ser juzgado por el juez natural, a cuyo efecto solicitó a la Corte Suprema que: primero, declarara en su sentencia que el amparo debía considerarse como una institución dominicana de derecho público; y segundo, que la Corte Suprema, de acuerdo con las disposiciones de la Ley Orgánica Judicial que le atribuye a la Corte el poder de resolver sobre el procedimiento aplicable en caso de que no exista uno legalmente prescrito, disponiendo las normas respectivas, que en consecuencia estableciera dichas normas en relación con los recursos de amparo. Adicionalmente, el recurrente solicitó a la Corte que dictara una medida cautelar suspendiendo los efectos de la sentencia laboral impugnada mientras durase el juicio de amparo. 2. La Corte Suprema, a los efectos de decidir, estableció el criterio que los tratados internacionales invocados por el recurrente, particularmente los artículos 8 y 25,1 de la Convención Americana de Derechos Humanos, eran parte del derecho interno de la República Dominicana, y tenían la finalidad de garantizar la protección judicial de los derechos fundamentales reconocidos en la Constitución, en la ley y en la indicada Convención, contra todo acto violatorio de dichos derechos, cometido por cualquier persona actuando o no en el ejercicio de funciones públicas, por lo que incluso se admitía contra actuaciones de particulares. En este aspecto, la Corte Suprema resolvió que: "Contrariamente a como ha sido juzgado en el sentido de que los actos violatorios tendrían que provenir de personas no investidas con funciones judiciales o que no actúen en el ejercicio de esas funciones, el recurso de amparo, como mecanismo protector de la libertad individual en sus diversos aspectos, no debe ser excluido como remedio procesal específico para solucionar situaciones creadas por personas investidas de funciones judiciales ya que, al expresar el artículo25.1 de la Convención, que el recurso de amparo está abierto a favor de toda persona contra actos que violes sus derechos fundamentales, "aún cuando tal violación sea cometida por personas que actúen en ejercicio de sus funciones oficiales", evidentemente incluye entre éstas a las funciones judiciales ". Igualmente, la Corte resolvió que la vía del amparo: "Queda abierta contra todo acto u omisión de los particulares o de los órganos o agentes de la administración pública, incluido la omisión o el acto administrativo, no jurisdiccional. Del poder judicial, si lleva cualquiera de ellos una lesión, restricción o alteración, a un derecho constitucionalmente protegido. Véase en *Iudicum et Vita, Jurisprudencia nacional de América Latina en Derechos Humanos*, N° 7, Tomo I, Instituto Interamericano de Derechos Humanos, San José, Costa Rica, Diciembre 2000 p. 329 y ss. Véanse los comentarios a dicha sentencia en Allan R. Brewer-Carías, "La admisión jurisprudencial de la acción de amparo en ausencia de regulación constitucional o legal en la República Dominicana", *Idem*, pp. 334 ss.; y en *Revista IIDH*, Instituto Interamericano de Derechos Humanos, San José 2000, pp. 95-102.

rechos Humanos de San José, Costa Rica, del 22 de noviembre de 1969, es una institución de derecho positivo dominicano, por haber sido adoptada y aprobada por el Congreso Nacional, mediante Resolución N° 739 del 25 de diciembre de 1977, de conformidad con el artículo 3, de la Constitución de la República."[546]

Esta sentencia de la Corte Suprema de la República Dominicana fue también un claro ejemplo de control de convencionalidad contra la omisión legislativa, admitiéndose la acción de amparo para la protección de los derechos humanos de acuerdo con lo establecido en la Convención Americana de Derechos Humanos.

Antes, sin embargo, la antigua Corte Suprema de Justicia de Venezuela, como Jurisdicción Constitucional, también había ejercido el control de convencionalidad al anular diversas disposiciones legales basando su decisión en la violación de los derechos establecidos en la Convención Americana de Derechos Humanos, considerados, de acuerdo con lo establecido en el artículo 50 de la Constitución de 1961 (equivalente al artículo 22 de la Constitución de 1999), como "derechos inherentes a la persona humana."[547]

Así ocurrió, por ejemplo, en 1996, cuando la antigua Corte Suprema de Justicia, al decidir la acción popular de inconstitucionalidad que se había intentado contra la Ley de División Político Territorial del Estado Amazonas por no haberse respetado los derechos de participación política de las comunidades indígenas que debieron haber sido consultadas, resolvió que siendo dicho Estado de la federación venezolana mayormente poblado por dichas comunidades, la sanción de dicha Ley sin previamente haberse oído la opinión de las mismas, mediante consulta popular, significó la violación del derecho constitucional a la participación política, el cual aún cuando no estaba expresamente enumerado en la Constitución de 1961, fue considerado como inherente a la persona humana, como un "principio general de rango constitucional en una sociedad democrática", aplicando la cláusula abierta del artículo 50 constitucional y además, la Convención Americana de derechos Humanos.[548] Para ello, la Corte decidió que en el caso había ocurrido una violación a los derechos constitucionales de las minorías establecidos en la Constitución y en los

546 Véase en en *Iudicum et Vita, Jurisprudencia nacional de América Latina en Derechos Humanos*, N° 7, Tomo I, Instituto Interamericano de Derechos Humanos, San José, Costa Rica, Diciembre 2000 p. 333

547 Véase Allan R. Brewer-Carías, "La interrelación entre los Tribunales Constitucionales de América Latina y la Corte Interamericana de Derechos Humanos, y la cuestión de la inejecutabilidad de sus decisiones en Venezuela," en Armin von Bogdandy, Flavia Piovesan y Mariela Morales Antonorzi (Coodinadores), *Direitos Humanos, Democracia e Integracao Jurídica na América do Sul*, Lumen Juris Editora, Rio de Janeiro 2010, pp. 661-701.

548 Véase sentencia de 5 de diciembre de 1996, caso: *Antonio Guzmán, Lucas Omashi y otros*, en *Revista de Derecho Público*, N° 67-68, Editorial Jurídica venezolana, Caracas 1996, pp. 176 ss. Véase sobre ello, Allan R. Brewer-Carías, "La interrelación entre los Tribunales Constitucionales de América Latina y la Corte Interamericana de Derechos Humanos, y la cuestión de la inejecutabilidad de sus decisiones en Venezuela," en Armin von Bogdandy, Flavia Piovesan y Mariela Morales Antonorzi (Coodinadores), *Direitos Humanos, Democracia e Integraçao Jurídica na América do Sul*, Lumen Juris Editora, Rio de Janeiro 2010, pp. 661-701; Carlos Ayala Corao, "El diálogo jurisprudencial entre los Tribunales internacionales de derechos humanos y los Tribunales constitucionales," Boris Barrios González (Coordinador), *Temas de Derecho Procesal Constitucional Latinoamericano*, Memorias I Congreso Panameño de Derecho Procesal Constitucional y III Congreso Internacional Proceso y Constitución, Panamá 2012, pp. 180-181

tratados y convenciones internacionales, en particular, al derecho a la participación política en el proceso de elaboración de leyes.

El año siguiente, en 1997, la misma antigua Corte Suprema de Venezuela dictó otra importante decisión, en este caso anulando una ley nacional, la llamada Ley de Vagos y Maleantes, por considerarla inconstitucional por violación de las garantías judiciales y al debido proceso, basándose de nuevo en el "proceso de constitucionalización de los derechos humanos de acuerdo con el artículo 50 de la Constitución", y considerando que dicha ley "vulnera *ipso jure*, Convenciones Internacionales y Tratados, sobre los derechos del hombre, en la medida en que dichos instrumentos adquieren jerarquía constitucional." La Corte en efecto, consideró a la ley impugnada como infamante, al permitir detenciones ejecutivas o administrativas de personas consideradas como vagos o maleantes sin garantía alguna del debido proceso, basando su decisión en el artículo 5 de la Declaración Universal de los Derechos Humanos y en la Convención Americana sobre Derechos Humanos, la cual consideró que "se ha incorporado a nuestro Derecho Interno como norma ejecutiva y ejecutable reforzada por la jurisprudencia, la cual le ha dado el carácter de parámetro de constitucionalidad. Ello entraña la incorporación a nuestro ordenamiento jurídico interno del régimen previsto en convenciones internacionales." La Corte consideró que la ley impugnada era inconstitucional en virtud de que omitía las garantías de un juicio justo establecidas en los artículo 7 y 8 de la Convención Americana y en los artículos 9 y 14 del Pacto Internacional de Derechos Civiles y Políticos, y porque además era discriminatoria, violando el artículo 24 de la misma Convención Americana, cuyo texto íntegro se transcribió en la sentencia.[549] Se trató, sin duda, de un ejemplo claro de control de convencionalidad ejercido por la jurisdicción Constitucional interna.

II. EL DESARROLLO CONCEPTUAL RECIENTE DEL CONTROL DE CONVENCIONALIDAD EN EL ORDEN INTERNO EN LA JURISPRUDENCIA DE LA CORTE INTERAMERICANA

En todo caso, esa tendencia de desarrollo del control de convencionalidad del orden normativo interno realizado por los jueces nacionales, como se dijo, fue la que encontró su definición conceptual expresa en la sentencia antes mencionada de la Corte Interamericana, dictada en el caso *Almonacid Arellano y otros vs. Chile* de 26

---

549 Véase sentencia de 6 de noviembre de 1997, en *Revista de Derecho Público* N° 71-72, Editorial Jurídica Venezolana, Caracas 1997, pp. 177 y ss. Véase Allan R. Brewer-Carías, "La interrelación entre los Tribunales Constitucionales de América Latina y la Corte Interamericana de Derechos Humanos, y la cuestión de la inejecutabilidad de sus decisiones en Venezuela," en Armin von Bogdandy, Flavia Piovesan y Mariela Morales Antonorzi (Coodinadores), *Direitos Humanos, Democracia e Integracao Jurídica na América do Sul*, Lumen Juris Editora, Rio de Janeiro 2010, pp. 661-701.Carlos Ayala Corao, "El diálogo jurisprudencial entre los Tribunales internacionales de derechos humanos y los Tribunales constitucionales," en Boris Barrios González (Coordinador), *Temas de Derecho Procesal Constitucional Latinoamericano*, Memorias I Congreso panameño de Derecho Procesal Constitucional y III Congreso Internacional Proceso y Constitución, Panamá 2012, pp. 181-182

de septiembre de 2006, cuyo contenido ha sido reiterado en otras decisiones posteriores como por ejemplo, las dictadas en los casos.[550]

En el citado caso *Trabajadores Cesados del Congreso (Aguado Alfaro y otros) v. Perú* de 2006, en efecto, sobre el control de convencionalidad, la Corte Interamericana reiteró lo que antes había expuesto en el sentido de que:

> "Cuando un Estado ha ratificado un tratado internacional como la Convención Americana, sus jueces están sometidos a ella, lo que les obliga a velar porque el efecto útil de la Convención no se vea mermado o anulado por la aplicación de leyes contrarias a sus disposiciones, objeto y fin;"

Agregando que en esos casos,

> "los órganos del Poder Judicial deben ejercer no sólo un control de constitucionalidad, sino también de convencionalidad *ex officio*, entre las normas internas y la Convención Americana, evidentemente en el marco de sus respectivas competencias y de las regulaciones procesales pertinentes."[551]

De acuerdo con estas definiciones conceptuales el control de convencionalidad se concibe en el orden interno por la Corte Interamericana, como una tarea asignada básicamente al "Poder Judicial" en general, es decir, a los "jueces y tribunales internos" sin distinción alguna, e independientemente de las regulaciones que puedan existir en materia de control de constitucionalidad en cada país, siendo este quizás el dato de mayor interés a retener de dicha definición por las repercusiones que conlleva. Como lo dijo con toda precisión el juez Eduardo Ferrer Mac Gregor en su Voto razonado al caso *Cabrera García y Montiel Flores vs. México* de 2010, el control de convencionalidad en el ámbito interno "convierte al juez nacional en juez internacional: en un primer y auténtico guardián de la Convención Americana…Los jueces nacionales se convierten en los primeros intérpretes de la normatividad internacional."[552]

---

550 Véase por ejemplo, las sentencias en los casos *Trabajadores Cesados del Congreso (Aguado Alfaro y otros) v. Perú* de 24 de noviembre de 2006; *La Cantuta vs. Perú* de 29 de noviembre de 2006 (Párr. 173); *Boyce y otros vs. Barbados de* 20 de noviembre de 2007 (Párr. 78); *Fermín Ramírez y Raxcacó Reyes v. Guatemala*" de 9 de mayo de 2008, (Párr. 63); *Heliodoro Portugal vs. Panamá de* 12 de agosto de 2008 (Párr. 180); *Rosendo Radilla Pacheco vs. Estados Unidos Mexicanos de* 23 de noviembre de 2009 (Párr. 339); *Manuel Cepeda Vargas vs. Colombia de* 26 de mayo de 2010 (Párr. 208, nota 307); *Comunidad Indígena Xákmok Kásek vs. Paraguay* de 24 de agosto de 2010; *Fernández Ortega y Otros vs. México* 30 de agosto de 2010); *Rosendo Cantú y Otra vs. México de* 31 de agosto de 2010 (Párr. 219); *Ibsen Cárdenas e Ibsen Peña vs. Bolivia de* 1° de septiembre de 2010 (Párr. 202); *Vélez Loor vs. Panamá de* 23 de noviembre de 2010 (Párr. 287); *Gomes Lund y Otros (Guerrilha do Araguaia) vs. Brasil de* 24 de noviembre de 2010 (Párr. 106), y *Cabrera García y Montiel Flores vs. México* de 26 de noviembre de 2010 (Párr. 225).

551 Véase sentencia en el caso *Trabajadores Cesados del Congreso (Aguado Alfaro y otros) v. Perú* de 24 de noviembre de 2006 (Párr. 128), en http://www.corteidh.or.cr/docs/casos/ar-ticulos/seriec_158_esp.pdf

552 Véase Eduardo Ferrer Mac-Gregor, Voto razonado a la sentencia de la Corte Interamericana en el caso *Cabrera García y Montiel Flores vs. México* de 26 de noviembre de 2010 (Párr. 24), en http://www.corteidh.or.cr/docs/casos/articulos/seriec_220_esp.pdf Véase en igual sentido, Eduardo Ferrer Mac Gregor, "Interpretación conforme y control difuso de convencionalidad. El nuevo paradigma para el juez mexicano," en Eduardo Ferrer Mac Gregor (Coordinador), *El control difuso de convencionalidad. Diálogo entre la Corte Interamericana de Derechos Humanos y los jueces nacionales), FUN-*

Por ello, como también lo expresó Ferrer Mac Gregor en su Voto razonado al mismo caso:

> "no existe duda de que el "control de convencionalidad" debe realizarse *por cualquier juez o tribunal que materialmente realice funciones jurisdiccionales*, incluyendo, por supuesto, a las Cortes, Salas o Tribunales Constitucionales, así como a las Cortes Supremas de Justicia y demás altas jurisdicciones de los veinticuatro países que han suscrito y ratificado o se han adherido a la Convención Americana sobre Derechos Humanos, 32 y con mayor razón de los veintiún Estados que han reconocido la jurisdicción contenciosa de la Corte IDH, 33 de un total de treinta y cinco países que conforman la OEA."[553]

Esto significa entonces que conforme a la doctrina de la Corte Interamericana, el control de convencionalidad corresponde ser ejercido en el ámbito interno por todos los jueces y tribunales, sin distingo, lo que implica:

En *primer lugar*, que se ejerce en las Jurisdicciones Constitucionales. Es decir, por una parte, por todos los Tribunales Constitucionales donde estos existan, estén estos ubicados dentro del Poder Judicial (Bolivia, Colombia, Ecuador, Guatemala, República Dominicana) o fuera del mismo (Chile, Perú), e independientemente de que ejerzan el control concentrado de constitucionalidad en forma exclusiva (Bolivia, Chile,) o combinado con el método difuso (Colombia, Ecuador, Guatemala, Perú, República Dominicana); y por la otra, a las Cortes Supremas de Justicia cuando estén configuradas como tal Jurisdicción Constitucional, sea que ejerzan el control concentrado a través de una Sala Constitucional (Costa Rica, El Salvador, Honduras, Paraguay, Venezuela) o en Pleno (Brasil, México, Nicaragua, Panamá, Uruguay), e independientemente de que ejerzan dicho control de constitucionalidad concentrado en forma exclusiva (Costa Rica, El Salvador, Honduras, Panamá. Paraguay y Uruguay) o combinado con el método difuso (Venezuela, Nicaragua,).

En *segundo lugar*, que corresponde a todos los jueces y tribunales (incluyendo las Cortes Supremas) que en el orden interno ejerzan un control difuso de la constitucionalidad, sea que se trate de la única forma de control de constitucionalidad existente en el país (Argentina) o que lo ejerzan en forma combinada con el método

---

DAp, Querétaro, México 2012, p.141. Véase Néstor Pedro Sagües, "El 'control de convencionalidad' en el sistema interamericano y sus anticipos en el ámbito de los derechos económico-sociales. Concordancias y diferencias con el sistema europeo," en Eduardo Ferrer Mac Gregor (Coordinador), *El control difuso de convencionalidad. Diálogo entre la Corte Interamericana de Derechos Humanos y los jueces nacionales), FUNDAp,* Querétaro, México 2012, p. 428

553 Véase Eduardo Ferrer Mac-Gregor, Voto razonado a la sentencia de la Corte Interamericana en el caso *Cabrera García y Montiel Flores vs. México* de 26 de noviembre de 2010 (Párr. 20, 23), en http://www.corteidh.or.cr/docs/casos/articulos/seriec_220_esp.pdf . En el mismo Voto razonado, el juez Ferrer Mac-Gregor agregó que "la doctrina del "control difuso de convencionalidad" establecida por la Corte IDH tiene como destinatarios *a todos los jueces nacionales*, que deben ejercer dicho "control" con independencia de su jerarquía, grado, cuantía o materia de competencia que la normatividad interna les otorgue." *Idem*, Párr. 33. Véase igualmente en Eduardo Ferrer Mac Gregor, "Interpretación conforme y control difuso de convencionalidad. El nuevo paradigma para el juez mexicano," en Eduardo Ferrer Mac Gregor (Coordinador), *El control difuso de convencionalidad. Diálogo entre la Corte Interamericana de Derechos Humanos y los jueces nacionales), FUNDAp,* Querétaro, México 2012, p. 139

concentrado (Colombia, Ecuador, Guatemala, Perú, Nicaragua, México, República Dominicana y Venezuela).

Y en *cuarto lugar*, que corresponde a todos los jueces y tribunales aún cuando en el orden interno no tengan asignado el ejercicio del control difuso de constitucionalidad (Bolivia, Chile, Costa Rica, Panamá, Honduras, Paraguay, Uruguay), pues en definitiva, si bien se pueden establecer semejanzas entre el control de constitucionalidad y el control de convencionalidad,[554] se trata de dos procesos distintos, de manera que en ningún caso se puede considerar al control de convencionalidad como un control de constitucionalidad, particularmente porque cuando se ejerce en el orden interno, su fuente no se encuentra en la Constitución de los respectivos países, sino en la Convención Americana como integrante que es del bloque de la constitucionalidad.

Por otra parte, por lo que respecta al control de convencionalidad ejercido en el ámbito internacional por la Corte Interamericana, las sentencias nunca tienen efectos ni anulatorios ni invalidatorios como resultado del mismo, limitándose la Corte Interamericana a ordenar al Estado cuyas normas han infringido los derechos garantizados en la Convención, a adoptar las medidas necesarias para reformar sus normas internas para adecuar los preceptos legales a lo establecido en la Convención, incluso las de orden constitucionales,[555] como sucedió en casos decididos por la Corte Interamericana respecto de Chile y Trinidad,[556] y proceder a dejar sin efecto los actos Estatales lesivos.

Esta adecuación, como lo destacó la Corte Interamericana en la sentencia del caso *Heliodoro Portugal vs. Panamá* de 12 de agosto de 2008, implica la adopción de medidas en dos vertientes, a saber:

> "i) la supresión de las normas y prácticas de cualquier naturaleza que entrañen violación a las garantías previstas en la Convención o que desconozcan los derechos allí reconocidos u obstaculicen su ejercicio; y ii) la expedición de normas y el desarrollo de prácticas conducentes a la efectiva observancia de dichas garantías[557]

---

554 Véase Karlos A. Castilla Juárez, "El control de inconvencionalidad. Un nuevo debate en México a partir de la sentencia del caso Radilla pacheco," en Eduardo Ferrer Mac Gregor (Coordinador), *El control difuso de convencionalidad. Diálogo entre la Corte Interamericana de Derechos Humanos y los jueces nacionales), FUNDAp,* Querétaro, México 2012, p. 337.

555 Véase Néstor Sagüés, *El control de convencionalidad. En particular sobre las Constituciones Nacionales,* La Ley, 2009-B, p. 761; y Víctor Bazán y Claudio Nash (Editores), *Justicia Constitucional y derechos Fundamentales. El Control de Convencionalidad 2011*, Centro de Derechos Humanos Universidad de Chile, Konrad Adenauer Stiftung, 2011, pp. 33, 78; Humberto Noguera Alcalá, "Los desafíos del control de convencionalidad del *corpus iuris interamericano*. Para los tribunales nacionales, en especial, para los Tribunales Constitucionales," en Eduardo Ferrer Mac Gregor (Coordinador), *El control difuso de convencionalidad. Diálogo entre la Corte Interamericana de Derechos Humanos y los jueces nacionales), FUNDAp,* Querétaro, México 2012, p. 337.

556 Véase Ernesto Rey Cantor, "Controles de convencionalidad de las leyes," en Eduardo Ferrer Mac Gregor (Coordinador), *El control difuso de convencionalidad. Diálogo entre la Corte Interamericana de Derechos Humanos y los jueces nacionales), FUNDAp,* Querétaro, México 2012, p. 412.

557 Véase la sentencia en el caso *Heliodoro Portugal vs. Panamá*. Excepciones Preliminares, Fondo, Reparaciones y Costas. Sentencia de 12 de agosto de 2008. Serie C Nº 186 (Párr. 180-181), en

Esta obligación de los Estados puede implicar incluso la de adaptar y modificar la propia Constitución como se decidió por la Corte Interamericana en la sentencia del caso *La Ultima Tentación de Cristo* de 2001. En dicha sentencia, la Corte Interamericana entendió que "la responsabilidad internacional del Estado puede generarse por actos u omisiones de cualquier poder u órgano de éste, independientemente de su jerarquía, que violen la Convención Americana, considerando que en dicho caso, dicha responsabilidad internacional del Estado chileno "se generó en virtud de que el artículo 19 número 12 de la Constitución establece la censura previa en la producción cinematográfica y, por lo tanto, determina los actos de los Poderes Ejecutivo, Legislativo y Judicial." Fue en virtud de ello, que además de declarar la violación al derecho a la libertad de pensamiento y de expresión consagrado en el artículo 13 de la Convención Americana, en perjuicio de los señores Juan Pablo Olmedo Bustos y otros, decidió "que el Estado debe modificar su ordenamiento jurídico interno, en un plazo razonable, con el fin de suprimir la censura previa para permitir la exhibición de la película "La Última Tentación de Cristo", y debe rendir a la Corte Interamericana de Derechos Humanos, dentro de un plazo de seis meses a partir de la notificación de la presente Sentencia, un informe sobre las medidas tomadas a ese respecto."[558]

Otro ejemplo destacado que debe mencionarse fue la sentencia en el caso *Raxcacó Reyes Vs. Guatemala*, Sentencia de 15 de septiembre de 2005[559] en la cual la Corte Interamericana, consideró que una norma (art. 201) del Código Penal de Guatemala que permitía la pena de muerte en determinadas circunstancias, infringía la prohibición de privación arbitraria de la vida establecida en el artículo 4.1 y 4.2 de la Convención, razón por la cual ordenó al Estado guatemalteco que debía reformar el artículo 201 del Código Penal, que en la reforma el Estado "en ningún caso, ampliará el catálogo de delitos sancionados con la pena capital previsto con anterioridad a la ratificación de la Convención Americana," y que mientras ello ocurría el Estado debía "abstenerse de aplicar la pena de muerte y ejecutar a los condenados por el delito de plagio o secuestro exclusivamente.[560]"

En sentido similar, en el caso *Cabrera García y Montiel Flores vs. México* de 26 de noviembre de 2010,[561] la Corte Interamericana al constatar que el Estado

---

http://www.corteidh.or.cr/docs/casos/articulos/seriec_186_esp.pdf. Véase el comentario en Juan Carlos Hitters, "Control de constitucionalidad y control de convencionalidad. Comparación," en *Estudios Constitucionales*, Centro de Estudios Constitucionales de Chile, Universidad de Talca, Año 7, N° 2, 2009, pp. 109-128.

558 Véase sentencia en el caso *"La Última Tentación de Cristo" [Olmedo Bustos y otros] Vs. Chile*, Sentencia de 5 de febrero de 2001, Serie C N° 73 (Párr. 103.4), en http://www.corteidh.or.cr/docs/casos/articulos/Serie C_73_esp.pdf Igualmente se destaca la sentencia de la Corte Interamericana en *caso Cesar vc. Trinidad de 11 de marzo de 2005*. Véase en comentario en Ernesto Rey Cantor, "Controles de convencionalidad de las leyes," en Eduardo Ferrer Mac Gregor (Coordinador), *El control difuso de convencionalidad. Diálogo entre la Corte Interamericana de Derechos Humanos y los jueces nacionales), FUNDAp*, Querétaro, México 2012, pp. 412-413.

559 Véase sentencia en el caso *Raxcacó Reyes Vs. Guatemala*, Sentencia de 15 de septiembre de 2005, Serie C N° 133, en http://www.corteidh.or.cr/docs/casos/articulos/seriec_133_esp.pdf

560 *Ídem*, Párr. 132..

561 La Corte citó en apoyo las sentencias dictadas en los casos *Radilla Pacheco vs. México* de 23 de noviembre de 2009, (Párr. 341 y 342) en http://www.corteidh.or.cr/docs/ca-sos/articulos/se-

mexicano había violado el derecho a la protección judicial previsto en el artículo 25.1, en relación con el artículo 1.1 de la Convención Americana, declaró que el artículo 57 del Código de Justicia Militar era incompatible con la Convención Americana, ordenando al Estado "adoptar, en un plazo razonable, las reformas legislativas pertinentes para compatibilizar la citada disposición con los estándares internacionales en la materia y de la Convención Americana, de conformidad con lo establecido en esta Sentencia."[562]

Por todo ello, en mi criterio, el desarrollo del control de convencionalidad en la doctrina establecida por la Corte Interamericana, no supedita ni puede supeditar dicho control a la existencia de un determinado sistema de justicia constitucional que se pueda haberse desarrollado en cada país. Por ello consideramos, por ejemplo, que en los países en los cuales no existe un control difuso de la constitucionalidad, nada impide que los jueces y tribunales a los cuales se aplica directamente las previsiones de la Convención Americana, no puedan ejercer el control difuso de convencionalidad. Tal es el caso, por ejemplo, en los países en los cuales existen sistemas de justicia constitucional exclusivamente concentrados (Bolivia, Chile, Costa Rica, El Salvador, Honduras, Panamá. Paraguay y Uruguay), donde además de que las previsiones de la Convención Americana formen parte del bloque de constitucionalidad, las mismas obligan a todos los jueces y tribunales nacionales, siendo de aplicación directa por parte de todos ellos. Sin embargo, por ejemplo, en relación con Chile, a pesar de coincidir en que el control de convencionalidad es distinto al control de constitucionalidad, Humberto Noguera Alcalá, en definitiva hace depender uno de otro y considera que en dicho país, el control de convencionalidad sólo lo puede ejercer el órgano que ejerce el control de constitucionalidad que en ese caso es de carácter concentrado, que es el Tribunal Constitucional.[563] Al contrario Néstor Pedro Sagües, considera que todos los jueces en el ámbito interno deben ejercer el control de convencionalidad "que aunque no se encuentre habilitado para declarar la inconstitucionalidad, v.gr., a una regla del Código Civil, de todos modos tiene, en el máximo esfuerzo posible, que modularla y hacerla operar conforme y no contra, a la Constitución Local."[564]

---

riec_209_esp.pdf; *Fernández Ortega y otros. vs. México*, (Párr. 238 y 239), y *Rosendo Cantú y otra vs. México*, de 30 de agosto de 2012 (Párr. 221 y 222) en http://www.corteidh.or.cr/docs/casos/articulos/seriec_215_esp.pdf.

562 Véase sentencia de la Corte Interamericana en el caso *Cabrera García y Montiel Flores vs. México* de 26 de noviembre de 2010 (Párr. 234), en http://www.corteidh.or.cr/docs/ca-sos/articulos/seriec_220_esp.pdf

563 Véase Humberto Noguera Alcalá, "Los desafíos del control de convencionalidad del *corpus iuris interamericano*. Para los tribunales nacionales, en especial, para los Tribunales Constitucionales," en Eduardo Ferrer Mac Gregor (Coordinador), *El control difuso de convencionalidad. Diálogo entre la Corte Interamericana de Derechos Humanos y los jueces nacionales), FUNDAp,* Querétaro, México 2012, pp. 354, 363.

564 Véase Néstor Pedro Sagües, "El 'control de convencionalidad' en el sistema interamericano y sus anticipos en el ámbito de los derechos económico-sociales. Concordancias y diferencias con el sistema europeo," en Eduardo Ferrer Mac Gregor (Coordinador), *El control difuso de convencionalidad. Diálogo entre la Corte Interamericana de Derechos Humanos y los jueces nacionales), FUNDAp,* Querétaro, México 2012, p. 426.

En nuestro criterio, sin embargo, cuando afirmamos que todos los jueces nacionales tienen competencia para ejercer el control de convencionalidad, es para ejercerlo, de manera que aún en los países que tienen un sistema concentrado de control de constitucionalidad, y a pesar del control concentrado de constitucionalidad existente, todos los jueces y tribunales deben aplicar la Convención Americana y por ello están llamados a ejercer el control difuso de convencionalidad, lo que implica que en caso de incompatibilidad o conflicto entre una norma interna que deban aplicar para resolver un caso concreto y normas de la Convención Americana, deben dar preferencia a éstas y desaplicar las normas de derecho interno contrarias a la Convención. Dicho control de convencionalidad que los jueces deben ejercer, por supuesto, lo deben realizar, como lo precisó la Corte Interamericana, "en el marco de sus respectivas competencias y de las regulaciones procesales pertinentes." Ello es, de acuerdo con su competencia por la materia, el grado y el territorio que tengan en el ámbito interno, sin que en ello tenga ningún condicionante la competencia que puedan tener en materia de control de constitucionalidad, que es otra cosa.

Por tanto, no estamos de acuerdo que en materia de control de convencionalidad, se pueda afirmar, como lo hizo por ejemplo la Suprema Corte de México en sentencias de diciembres de 2011, en el sentido de que el ejercicio de este control difuso de convencionalidad "deberá adecuarse al modelo de control de constitucionalidad existente en nuestro país" o que "debe ser acorde con el modelo general de control establecido constitucionalmente."[565] La afirmación, por supuesto, no tiene mayores consecuencias si sólo se atiende a la situación en México, pues el sistema de justicia constitucional ha evolucionado hacia un sistema mixto o integral de control de constitucionalidad que existe en el presente, en el cual coexiste el control concentrado que ejerce la Suprema Corte, coexiste con el control difuso que ejercen los tribunales en general.

Sin embargo, una afirmación como la mencionada si tendría consecuencias en países como Panamá, Costa Rica o Chile, donde sólo existe un sistema de control concentrado de constitucionalidad que ejerce en exclusiva la Corte Suprema y no existe control difuso de constitucionalidad,[566] lo que podría llevar a la conclusión que los jueces en general no podrían ejercer el control de convencionalidad. [567] Esta

---

565 Véase las sentencias en Alfonso Jaime Martínez Lazcano, "Control difuso de convencionalidad en México," en Boris Barrios González (Coordinador), *Temas de Derecho Procesal Constitucional Latinoamericano*, Memorias I Congreso panameño de Derecho Procesal Constitucional y III Congreso Internacional Proceso y Constitución, Panamá 2012, pp. 209- 210. Véase igualmente las referencias en Víctor Bazán y Claudio Nash (Editores), *Justicia Constitucional y derechos Fundamentales. El Control de Convencionalidad 2011*, Centro de Derechos Humanos Universidad de Chile, Konrad Adenauer Stiftung, 2011, pp. 41, 80.

566 Véase Allan R. Brewer-Carías, "El sistema panameño de justicia constitucional a la luz del Derecho Comparado," en *Revista Novum Ius*, Edicion Nº 15º, Editada por los Miembros de la Asociación Nueva Generación Jurídica publicación estudiantil de la Facultad de Derecho y Ciencias Políticas de la Universidad de Panamá, Panamá, 2010. pp. 130-168.

567 Como se señaló, así lo considera por ejemplo respecto de Chile, Véase Humberto Noguera Alcalá, "Los desafíos del control de convencionalidad del *corpus iuris interamericano.* Para los tribunales nacionales, en especial, para los Tribunales Constitucionales," en Eduardo Ferrer Mac Gregor (Coordinador), *El control difuso de convencionalidad. Diálogo entre la Corte Interamericana de Derechos Humanos y los jueces nacionales), FUNDAp,* Querétaro, México 2012, pp. 354, 363.

ha sido también, por ejemplo, la conclusión a la que ha llegado el magistrado Jerónimo Mejía Edwards de la Corte Suprema de Panamá, al indicar también que el control de convencionalidad en el ámbito interno debe ejercerse "a la luz del sistema de constitucionalidad previsto en el país"[568] o "a la luz de las disposiciones internas que reglamentan el control de constitucionalidad de las leyes y demás actos del Estado,"[569] concluyendo que tratándose en el caso de Panamá de un sistema completamente concentrado de control de constitucionalidad, el control de convencionalidad solo puede ejercerse "a través de esos mecanismos que se efectúa el control de constitucionalidad" pudiendo los jueces en caso de encontrar una incompatibilidad entre una ley y la Convención Americana, solamente elevar la consulta respectiva ante la Corte Suprema de Justicia para que sea ésta la que ejerza el control de convencionalidad.[570]

En estos casos de países en los cuales no existe control difuso de la constitucionalidad de las leyes, el propio juez Eduardo Ferrer Mac Gregor, quién también ha contribuido al desarrollo conceptual de los contornos del control de convencionalidad en nuestros países, particularmente en su Voto razonado a la sentencia de la Corte Interamericana en el caso *Cabrera García y Montiel Flores v. México* de 26 de noviembre de 2010, ha estimado que en esos casos en los cuales el control de convencionalidad es ejercido por los jueces y tribunales en países en los cuales no existe control difuso de constitucionalidad, se trata de un control de "menor intensidad" quedando limitado el juez, en esos casos, a sólo producir "interpretaciones conformes" a la Convención, sin poder decidir sobre la inaplicabilidad de normas cuando son inconvencionales.[571]

El razonamiento del juez Ferrer Mac Gregor parte de la interpretación de la frase de la jurisprudencia de la Corte Interamericana, según la cual el control de convencionalidad que deben ejercer todos los jueces de oficio, lo deben realizar "evidentemente en el marco de sus respectivas competencias y de las regulaciones procesales

568 Véase Jerónimo Mejía Edwards, "Control de constitucionalidad y convencionalidad en Panamá," en Boris Barrios González (Coordinador), *Temas de Derecho Procesal Constitucional Latinoamericano*, Memorias I Congreso panameño de Derecho Procesal Constitucional y III Congreso Internacional Proceso y Constitución, Panamá 2012, pp. p. 258.

569 *Idem*, p. 261.

570 *Idem*, 261-263.

571 Véase Eduardo Ferrer Mac Gregor, Voto razonado a la sentencia caso *Cabrera García y Montiel Flores vs. México* de 26 de noviembre de 2010 (Párr. 37), en http://www.corteidh.or.cr/docs/casos/articulos/seriec_220_esp.pdf El mismo juez Ferrer Mac Gregor ha agregado: "En caso de incompatibilidad absoluta, donde no exista "interpretación convencional" posible, si el juez carece de facultades para desaplicar la norma, se limitará a señalar la inconvencionalidad de la misma o, en su caso, "plantear la duda de inconvencionalidad" ante otros órganos jurisdiccionales competentes dentro del mismo sistema jurídico nacional que puedan ejercer el "control de convencionalidad" con mayor intensidad. Así, los órganos jurisdiccionales revisores tendrán que ejercer dicho "control" y desaplicar la norma o bien declarar la invalidez de la misma por resultar inconvencional (Párr. 39), *Ídem*. Véase igualmente en Eduardo Ferrer Mac Gregor, "Interpretación conforme y control difuso de convencionalidad. El nuevo paradigma para el juez mexicano," en Eduardo Ferrer Mac Gregor (Coordinador), *El control difuso de convencionalidad. Diálogo entre la Corte Interamericana de Derechos Humanos y los jueces nacionales), FUNDAp,* Querétaro, México 2012, pp. 110, 123, 147, 148.

correspondientes,"[572] considerando sin embargo que la misma no puede interpretarse como "limitante para ejercer el "control difuso de convencionalidad," sino como una manera de "graduar" la intensidad del mismo;[573] concluyendo entonces con su apreciación de que "el grado de intensidad del "control difuso de convencionalidad" disminuye en aquellos sistemas donde no se permite el "control difuso de constitucionalidad" y, por consiguiente, no todos los jueces tienen la facultad de dejar de aplicar una ley al caso concreto."[574]

Estimamos, al contrario, que en relación con este control difuso de convencionalidad que ha definido la jurisprudencia de la Corte Interamericana para ser ejercido en el ámbito interno, "implica que todos los jueces, sin distinción, pueden ejercerlo,"[575] independientemente de que el sistema de justicia constitucional no admita el ejercicio del control difuso de constitucionalidad, por parte de los jueces ordinarios.[576]

Es sin duda útil hacer la comparación entre el sistema de control de constitucionalidad y el control de convencionalidad, como lo hizo en su momento el juez García Ramírez, pero en nuestro criterio, por ser distintos ambos controles,[577] ello no

---

572 Véase Eduardo Ferrer Mac Gregor, Voto razonado a la sentencia caso *Cabrera García y Montiel Flores vs. México* de 26 de noviembre de 2010 (Párr. 39), en http://www.corteidh.or.cr/docs/casos/articulos/seriec_220_esp.pdf. Véase igualmente en Eduardo Ferrer Mac Gregor, "Interpretación conforme y control difuso de convencionalidad. El nuevo paradigma para el juez mexicano," en Eduardo Ferrer Mac Gregor (Coordinador), *El control difuso de convencionalidad. Diálogo entre la Corte Interamericana de Derechos Humanos y los jueces nacionales), FUNDAp,* Querétaro, México 2012, pp. 147, 151. Véase también Claudio Nash Rojas, "Comentarios al trabajo de Víctor Bazán: 'El control de convencionalidad: incógnitas, desafíos y perspectivas," en Víctor Bazan y Claudio Nash (Editores), *Justicia Constitucional y derechos Fundamentales. El Control de Convencionalidad 2011*, Centro de Derechos Humanos Universidad de Chile, Konrad Adenauer Stiftung, 2011, p. 65.

573 Véase Eduardo Ferrer Mac Gregor, Voto razonado a la sentencia caso *Cabrera García y Montiel Flores vs. México* de 26 de noviembre de 2010 (Párr. 35), en http://www.corteidh.or.cr/docs/casos/articulos/seriec_220_esp.pdf.

574 *Ídem*, Párr. 37. Véase también Aylín Ordóñez Reyna, "Apuntes a Él control de convencionalidad: incógnitas, desafíos y perspectivas,'" de Víctor Bazán, en Víctor Bazán y Claudio Nash (Editores), *Justicia Constitucional y derechos Fundamentales. El Control de Convencionalidad 2011*, Centro de Derechos Humanos Universidad de Chile, Konrad Adenauer Stiftung, 2011, p. 80

575 Véase Alfonso Jaime Martínez Lazcano, "Control difuso de convencionalidad en México," en Boris Barrios González (Coordinador), *Temas de Derecho Procesal Constitucional Latinoamericano*, Memorias I Congreso panameño de Derecho Procesal Constitucional y III Congreso Internacional Proceso y Constitución, Panamá 2012, p 201

576 Véase las dudas y discusión sobre esta posibilidad de que todos los jueces ejerzan en el ámbito interno el control de convencionalidad aún cuando el sistema de control de constitucionalidad adoptado no los autorice a ejercer el control difuso de constitucionalidad, en Aylín Ordóñez Reyna, "Apuntes a el control de convencionalidad: incógnitas, desafíos y perspectivas" de Víctor Bazán, en Víctor Bazan y Claudio Nash (Editores), *Justicia Constitucional y derechos Fundamentales. El Control de Convencionalidad 2011*, Centro de Derechos Humanos Universidad de Chile, Konrad Adenauer Stiftung, 2011, pp. 75, 76 81.

577 Véase Claudio Nash Rojas, "Comentarios al trabajo de Víctor Bazán: 'El control de convencionalidad: incógnitas, desafíos y perspectivas'," en Víctor Bazán y Claudio Nash (Editores), *Justicia Constitucional y derechos Fundamentales. El Control de Convencionalidad 2011*, Centro de Derechos Humanos Universidad de Chile, Konrad Adenauer Stiftung, 2011, p. 65.

autoriza a hacer depender el funcionamiento del último respecto de lo que se establezca en el primero.

Por otra parte, de acuerdo con la doctrina de la Corte Interamericana, ese control difuso de convencionalidad lo deben ejercer todos los jueces, sin distinción, *de oficio*, lo que siempre ocurre, por supuesto, en el curso de un proceso que ha sido iniciado a instancia de parte.

Sobre ello, sin embargo, el magistrado Ernesto Jinesta de la Corte Suprema de Costa Rica ha considerado que con la sentencia de la Corte Interamericana en el caso *Trabajadores Cesados del Congreso v. Perú*,[578] se produjo:

> "una modificación o reforma tácita de todas las legislaciones nacionales en materia de acciones de inconstitucionalidad, por cuanto, ahora el respectivo Tribunal o Sala, de oficio y aunque no haya sido solicitado por la parte que plantea la acción, debe efectuar el test de convencionalidad de la norma, disposición o acto interno o local."[579]

De ello concluyó el magistrado Jinesta que:

> "en el Derecho Procesal Constitucional se da un salto parcial, a nivel interamericano, de un sistema dispositivo a uno parcialmente inquisitivo en materia de control de convencionalidad, por lo cual los Tribunales y Salas, so pena de hacer incurrir al Estado respectivo en responsabilidad internacional por omisión, deben efectuar, oficiosamente de convencionalidad, obviamente, todo dentro del marco de sus respectivas competencias y regulaciones procesales domésticas."[580]

Sin embargo, en realidad, la competencia de las Jurisdicciones Constitucionales para poder conocer de oficio, en el curso de un proceso ya incoado por una parte, de vicios de inconstitucionalidad no denunciados, o de los jueces de ejercer de oficio el control difuso de inconstitucionalidad no es nada nuevo en América Latina, habiendo sido consagrado en muchos casos legalmente.[581] Por lo demás, la referencia que hizo en este sentido la Corte Interamericana en las sentencias citadas sobre este control de convencionalidad de oficio, en nuestro criterio no elimina el principio dispositivo que rige los procesos judiciales, significando que la actuación de oficio para

---

578 Véase sentencia en el caso *Trabajadores Cesados del Congreso (Aguado Alfaro y otros) v. Perú* de 24 de noviembre de 2006 (Párr. 128), en http://www.corteidh.or.cr/docs/casos/ar-ticulos/seriec_158_esp.pdf

579 Véase Ernesto Jinesta L., "Control de convencionalidad ejercido por los Tribunales y Salas Constitucionales," en Eduardo Ferrer Mac-Gregor, (Coordinador), *El control difuso de convencionalidad. Diálogo entre la Corte Interamericana de derechos humanos y los jueces nacionales. En memoria del Ministro José de Jesús Gudiño Pelayo*, Funda, Querétaro, México 2012, p. 278.

580 *Idem.*

581 Véase por ejemplo, Allan R. Brewer-Carías, "Régimen y alcance de la actuación judicial de oficio en materia de justicia constitucional en Venezuela", en *Estudios Constitucionales. Revista Semestral del Centro de Estudios Constitucionales*, Año 4, N° 2, Universidad de Talca, Santiago, Chile 2006, pp. 221-250. Publicado en *Crónica sobre la "In" Justicia Constitucional. La Sala Constitucional y el autoritarismo en Venezuela*, Colección Instituto de Derecho Público. Universidad Central de Venezuela, N° 2, Editorial Jurídica Venezolana, Caracas 2007, pp. 129-159.

ejercer el control de convencionalidad se tiene que producir siempre en el curso de un proceso iniciado a instancia de parte, aún cuando las partes no lo hayan planteado la cuestión de convencionalidad.

El tema, en todo caso, lo que plantea hacia el futuro como tema de discusión en esta materia, es la posibilidad o el deber, no ya sólo de los tribunales nacionales, sino de la propia Corte Interamericana de poder ejercer de oficio el control de convencionalidad, cuando en los procesos por violación de derechos de la Convención Americana de los cuales esté conociendo, evidencie *motu proprio* la existencia de violaciones respecto de otros derechos de la Convención aún cuando no hayan sido denunciadas por la víctima , y que resulten de las actas del expediente.

III. EL MARCO DEL DERECHO DE AMPARO EN LA CONVENCIÓN AMERICANA PARA EL EJERCICIO DEL CONTROL DE CONVENCIONALIDAD

Ahora bien, el control de convencionalidad, sea que se ejerza por la Corte Interamericana al juzgar las violaciones cometidas por los Estados a los derechos humanos consagrados en la Convención Americana, o sea que se ejerza por los jueces y tribunales nacionales cuando apliquen las normas de la Convención Americana para resolver denuncias sobre violaciones de los derechos consagrados en la misma, tiene siempre por objeto revisar las actuaciones de los órganos del Estado, incluidos los jueces, a la luz de la Convención Americana sobre Derechos Humanos, de sus Protocolos adicionales y de la propia jurisprudencia convencional sentada por la Corte Interamericana de manera de asegurar que las disposiciones de la Convención no se vean mermadas por la aplicación de leyes contrarias a su objeto y fin, de lo que resulta la obligación de hacer que aquellas prevalezcan sobre las normas del derecho interno.

Uno de esos derechos consagrados en la Convención Americana que requiere de atención permanente tanto por parte de la Corte Interamericana como de los jueces y tribunales nacionales, y que sin duda puede ser un campo propicio para el desarrollo del control de convencionalidad, es el derecho de amparo respecto de los derechos humanos y garantías previstos en la Convención Americana, el cual, a pesar de la más que centenaria tradición de la que goza en América Latina, en muchos países aún no ha encontrado su cabal efectividad, al menos en los términos tan amplios como el marco del derecho a la protección judicial consagrado en la Convención Americana..

Como es sabido, el artículo 25.1 de la Convención dispone:

> "Toda persona tiene derecho a un recurso sencillo y rápido o a cualquier otro recurso efectivo ante los jueces o tribunales competentes, que la ampare contra actos que violen sus derechos fundamentales reconocidos por la Constitución, la ley o la presente Convención, aun cuando tal violación sea cometida por personas que actúen en ejercicio de sus funciones oficiales."

El derecho de amparo que encuentra su fundamento en esta norma no sólo es un derecho aplicable en todos los Estados miembros, sino que del mismo resulta la obligación internacional que les ha sido impuesta a los mismos con el objeto de asegurarle a todas las personas, no sólo la existencia sino la efectividad de ese recurso efectivo, sencillo y rápido para la protección de sus derechos. Para ello, la propia

Convención dispuso que los Estados Partes se comprometen "a garantizar que la autoridad competente prevista por el sistema legal del Estado decidirá sobre los derechos de toda persona que interponga tal recurso" (artículo 25.2.a). Ello lo ha puntualizado la Corte Interamericana en innumerables sentencias al recordar:

> "El deber general del Estado de adecuar su derecho interno a las disposiciones de dicha Convención para garantizar los derechos en ella consagrados, establecido en el artículo 2, incluye la expedición de normas y el desarrollo de prácticas conducentes a la observancia efectiva de los derechos y libertades consagrados en la misma, así como la adopción de medidas para suprimir las normas y prácticas de cualquier naturaleza que entrañen una violación a las garantías previstas en la Convención. Este deber general del Estado Parte implica que las medidas de derecho interno han de ser efectivas (principio del *effet utile)*, para lo cual el Estado debe adaptar su actuación a la normativa de protección de la Convención."[582]

Ahora bien, es bien sabido que la Corte Interamericana de Derechos Humanos desde sus primeras Opiniones Consultivas identificó el recurso previsto en el artículo 25.1 de la Convención con la institución latinoamericana del amparo. Así lo expuso en su Opinión Consultiva OC-8/87 del 30 de enero de 1987, *El habeas corpus bajo suspensión de garantías (arts. 27.2, 25.1 y 7.6 Convención Americana sobre Derechos Humanos)*, señaló que el artículo 25.1 de la Convención era "una disposición de carácter general que recoge la institución del amparo, entendido como el procedimiento judicial sencillo y breve que tiene por objeto la tutela de todos los derechos reconocidos por las constituciones y las leyes de los Estados partes y por la Convención."[583] Y también en la Opinión Consultiva OC-9/87 del 6 de octubre de 1987, *Garantías judiciales en estados de emergencia (arts. 27.2, 25 y 8, Convención Americana sobre Derechos Humanos)*, donde la Corte precisó que "para que tal recurso exista, no basta con que esté previsto por la Constitución o la ley o con que sea formalmente admisible, sino que se requiere que sea realmente idóneo para establecer si se ha incurrido en una violación a los derechos humanos y proveer lo necesario para remediarla;" al punto de establecer que su falta de consagración en el derecho interno, es decir, "la inexistencia de un recurso efectivo contra las violaciones a los derechos reconocidos por la Convención constituye una transgresión de la misma por el Estado Parte en el cual semejante situación tenga lugar."[584]

Es bien sabido igualmente que en sus decisiones posteriores y luego de una larga evolución, la Corte Interamericana ha variado su interpretación, indicando que el artículo 25.1, al consagrar el derecho al recurso efectivo como derecho de amparo, lo hace en el sentido más amplio, de derecho humano a la "protección judicial" efec-

---

582 Véase sentencia en el caso *Yatama Vs. Nicaragua* de 23 de Junio de 2005, (Párr. 170), en http://www.corteidh.or.cr/docs/casos/articulos/seriec_127_esp.pdf

583 Véase Opinión Consultiva OC-8/87, del 30 de enero de 1987, *El habeas corpus bajo suspensión de garantías (arts. 27.2, 25.1 y 7.6 Convención Americana sobre Derechos Humanos*, en http://www.corteidh.or.cr/docs/opiniones/seriea_08_esp.pdf

584 Véase Opinión Consultiva OC-9/87 del 6 de octubre de 1987, *Garantías judiciales en estados de emergencia (arts. 27.2, 25 y 8, Convención Americana sobre Derechos Humanos* (Párr. 24), en http://www.corteidh.or.cr/docs/opiniones/seriea_09_esp.pdf

tiva, incluyendo el derecho de acceso a la justicia, siguiendo la orientación fijada inicialmente por el juez Antonio Cançado Trindade en su Voto al caso *Genie Lacayo Vs. Nicaragua* de 29 de enero de 1997 cuando consideró que la norma era, no sólo uno de los pilares básicos de la Convención, sino "de todo el Estado de derecho en una sociedad democrática según el sentido de la Convención;"[585] concepto que se reiteró con posterioridad en la jurisprudencia de la Corte Interamericana a partir de la sentencia del caso *Castillo Páez vs. Perú* de 3 de noviembre de mismo año.[586]

En este contexto, por supuesto más amplio, el derecho de amparo no es más que una de las piezas de ese pilar básico de la democracia que es el derecho humano a la protección judicial, y no lo agota; de manera que la acción de amparo se subsume en dicho sistema de recursos judiciales rápidos, sencillos y eficaces (con el signo en este caso de la inmediatez de la protección por tratarse de derechos humanos) a los cuales las personas tienen derecho de acceder (acceso a la justicia) con las garantías del debido proceso que derivan del artículo 25.1 en conexión con el artículo 8 sobre garantías judiciales, los cuales en conjunto son los que constituyen el pilar de la democracia.[587] Como lo dijo la Corte Interamericana en la sentencia del caso de *La Masacre de las Dos Erres vs. Guatemala* de 24 de noviembre de 2009, luego de expresar que "el recurso de amparo por su naturaleza es el procedimiento judicial sencillo y breve que tiene por objeto la tutela de todos los derechos reconocidos por las constituciones y leyes de los Estados partes y por la Convención;" que "tal recurso *entra* en el ámbito del art. 25 de la Convención Americana, por lo cual tiene que cumplir con varias exigencias, entre las cuales se encuentra la idoneidad y la efectividad."[588]

La consecuencia de ello es que independientemente de que el artículo 25.1 de la Convención no se agote en una única acción de amparo, ni se lo considere ahora por la jurisprudencia de la Corte Interamericana solamente como la consagración de un recurso de amparo, lo cierto es que dicha norma al establecer el "derecho de amparo" como derecho humano, ha fijado los parámetros mínimos conforme a los cuales los Estados miembros deben cumplir la obligación de asegurarle a todas las personas no sólo la existencia sino la efectividad de ese o esos recursos efectivos, sencillos y rápidos para la protección de sus derechos, lo que debe asegurarse en particular

---

585 Voto Disidente de Antônio Augusto Cançado Trindade en la sentencia del *Caso Genie Lacayo vs. Nicaragua* (*Solicitud de Revisión de la Sentencia de Fondo, Reparaciones y Costas)* de 13 de septiembre de 1997 (Párr. 18), en http://www.corteidh.or.cr/docs/casos/articulos/seriec_21_esp.pdf

586 Véase sentencia del caso *Castillo Páez vs. Perú* de 3 de noviembre de 1997 (Párr. 82), en http://www.corteidh.or.cr/docs/casos/articulos/seriec_34_esp.pdf.

587 Por ello, Anamari Garro Vargas considera que "no es lo mismo afirmar que el sistema de recursos judiciales eficaces es uno de los pilares de la Convención y del Estado de Derecho en un sistema democrático, que sostener que uno de esos pilares es un recurso sencillo y eficaz para proteger los derechos fundamentales." Véase Anamari Garro Vargas, *La improcedencia del recurso de amparo contra las resoluciones y actuaciones jurisdiccionales del Poder Judicial a la luz de la Constitución costarricense y del artículo 25 de la Convención Americana sobre Derechos Humanos*, Tesis para optar al grado de Doctor en Derecho, Universidad de los Andes, Santiago de Chile 2012 (Versión mimeografiada), p. 213.

588 Véase la sentencia del caso *La Masacre de las Dos Erres vs. Guatemala* de 24 de noviembre de 2009 C211/2009 (Párr. 107) en http://www.corteidh.or.cr/docs/casos/articulos/seriec_211_esp.pdf

cuando regulen y establezcan la "acción de amparo" para la protección de los derechos previstos en la Constitución y en la propia Convención.

Ese artículo 25.1 es, por tanto, en nuestro criterio, el marco que establece la Convención Americana conforme al cual tanto la Corte Interamericana como los jueces y tribunales nacionales, deben ejercer el control de convencionalidad en relación con los actos y decisiones de los Estados para asegurar el derecho de amparo para la protección de los derechos humanos, con el objeto de superar las restricciones nacionales a la institución del amparo que todavía persisten en muchos países. Así se deriva por ejemplo, de lo que la Corte Interamericana consideró como "el sentido de la protección otorgada por el artículo 25 de la Convención" consistente en:

> "la posibilidad real de acceder a un recurso judicial para que la autoridad competente y capaz de emitir una decisión vinculante determine si ha habido o no una violación a algún derecho que la persona que reclama estima tener y que, en caso de ser encontrada una violación, el recurso sea útil para restituir al interesado en el goce de su derecho y repararlo."[589]

Por ello hemos sostenido que de dicha norma de la Convención, al consagrar el "derecho de amparo," no permite que se puedan establecer restricciones al mismo, lo que es particularmente importante cuando se trata de regular en el ámbito interno una "acción de amparo" para precisamente asegurar la protección de los derechos humanos, de cuyo ámbito, por tanto, no pueden quedar excluidos de protección determinados derechos, ni pueden determinados actos estatales quedar excluidos de control, ni pueden quedar personas que no estén protegidas, ni pueden quedar agraviantes que no puedan ser juzgados por sus violaciones mediante el recurso sencillo rápido y eficaz. Otra cosa, por supuesto, es que la regulación que exista en el derecho interno sobre el proceso de amparo, cuando se establece con una amplitud inusitada, convierta a la institución llamada a proteger los derechos humanos en una técnica procesal que en la práctica impida asegurar la protección efectiva, sencilla y rápida de los derechos.

Debe destacarse que la Corte Interamericana, en este aspecto, ha ejercido un importante control de convencionalidad en la sentencia del caso de *La Masacre de las Dos Erres vs. Guatemala* de 24 de noviembre de 2009, en la cual, a pesar de que estimó que en Guatemala el recurso de amparo era "adecuado para tutelar los derechos humanos de los individuos,"[590] observó sin embargo, que su "uso indebido," su "estructura actual" y las "disposiciones que lo regulaban," aunado a "la falta de debida diligencia y la tolerancia por parte de los tribunales al momento de tramitarlo, así como la falta de tutela judicial efectiva, han permitido el uso abusivo del amparo como práctica dilatoria en el proceso,"[591] de manera que "su uso indebido ha impedido su verdadera efectividad, al no haber permitido que produzca el resultado para

---

589 Véase la sentencia en el caso *Jorge Castañeda Gutman vs. México* de 6 de agosto de 2008 (Párr. 100) en http://www.corteidh.or.cr/docs/casos/articulos/seriec_184_esp.pdf

590 Véase la sentencia del caso *La Masacre de las Dos Erres vs. Guatemala* de 24 de noviembre de 2009 C211/2009 (Párr. 121) en http://www.corteidh.or.cr/docs/casos/articulos/seriec_211_esp.pdf

591 *Idem*. Párr. 120

el cual fue concebido."[592] La Corte, en dicho caso, constató además, que si bien al momento de dictar la sentencia el Estado había informado que estaba en curso de discusión una reforma a la Ley de Amparo, consideró que "aún no han sido removidos los obstáculos para que el amparo cumpla con los objetivos para los cuales ha sido creado."[593] De lo anterior, la Corte Interamericana concluyó su control de convencionalidad indicando que:

> "De acuerdo a lo expuesto la Corte considera que, en el marco de la legislación vigente en Guatemala, en el presente caso el recurso de amparo se ha transformado en un medio para dilatar y entorpecer el proceso judicial y en un factor para la impunidad. En consecuencia, este Tribunal considera que en el presente caso el Estado violó los derechos a las garantías judiciales y a la protección judicial, que configuran el acceso a la justicia de las víctimas, reconocidos en los artículos 8.1 y 25.1 de la Convención, e incumplió con las disposiciones contenidas en los artículos 1.1 y 2 de la misma." [594] (Párr. 124)

En consecuencia, no sólo la deficiente regulación del amparo cuando es restrictiva, sino también cuando es excesivamente permisiva pueden hacer inefectiva, complicada y lenta la protección judicial, de lo cual en este caso de *La Masacre de las Dos Erres vs. Guatemala* la Corte consideró que en Guatemala el Estado también tenía el deber general de "adecuar su derecho interno a las disposiciones de la Convención Americana para garantizar los derechos en ella consagrados," considerando que precisamente en materia del recurso de amparo, "la expedición de normas y el desarrollo de prácticas conducentes a la efectiva observancia de dichas garantías"[595] de manera que en el caso, incluso, las partes habían "coincidido en considerar abusivo el uso del recurso de amparo como práctica dilatoria."[596]

Pero regular adjetivamente la acción de amparo para hacerla real y efectivamente un medio rápido y sencillo de protección judicial de los derechos humanos, tarea que corresponde a los Estados en el marco de la regulación del artículo 25.1 de la Convención Americana, no puede conducir a restringir o limitar los aspectos sustantivos del instrumento de protección. Por ello no compartimos la expresión utilizada por la Corte Interamericana en otra sentencia dictada en el caso *Jorge Castañeda Gutman vs. México* de 6 de agosto de 2008, al aceptar que los Estados pueden establecer límites a la admisibilidad del "recurso de amparo," y estimar "que no es en si mismo incompatible con la Convención que un Estado limite el recurso de amparo a algunas materias."[597]

Ante todo, debe observarse que excluir del recurso de amparo en "algunas materias" no puede considerarse como un tema de "admisibilidad," pues no es un tema

---

592 *Idem*, Párr. 121

593 *Idem*. Párr. 123

594 *Idem*. Párr. 124

595 *Idem*. Párr. 122

596 *Idem*. Párr. 122

597 Véase sentencia en el caso *Jorge Castañeda Gutman vs. México* de 6 de agosto de 2008 (Párr. 92) en http://www.corteidh.or.cr/docs/casos/articulos/seriec_184_esp.pdf

adjetivo. Excluir el derecho de amparo, por ejemplo, la protección de un derecho o el control de determinados actos estadales, son aspectos sustantivos que no admiten exclusión conforme al artículo 25.1 de la Convención Americana. Otra cosa distinta es la legitimidad que puedan tener los Estados para establecer condiciones adjetivas de admisibilidad de las acciones judiciales. Como lo ha dicho la Corte Interamericana en el caso *Trabajadores Cesados del Congreso (Aguado Alfaro y otros) v. Perú* de de 24 de noviembre de 2006, en el orden interno de los Estados, "pueden y deben establecerse presupuestos y criterios de admisibilidad de los recursos internos, de carácter judicial o de cualquier otra índole." [598] Sin embargo, ello no puede nunca significar la negación del propio derecho a la protección judicial o específicamente al amparo respecto de determinados derechos humanos o actos estatales que los violen.

En todo caso, la afirmación de la Corte Interamericana, aún cuando se refiera a límites a un "recurso de amparo," por ser formulada en relación con una norma de la Convención que lo que regula es el "derecho de amparo," la consideramos esencialmente contraria a la Convención; lo que por otro lado se confirma con la "aclaratoria" que la misma Corte hizo en la misma sentencia a renglón seguido de esa frase, indicando que la restricción que se pudiera establecer por los Estados no sería incompatible con la Convención "siempre y cuando provea otro recurso de similar naturaleza e igual alcance para aquellos derechos humanos que no sean de conocimiento de la autoridad judicial por medio del amparo."[599] Ello, lo que confirma es que no es posible restringir el derecho de amparo, pues si no está garantizado en las normas procesales que regulan una específica "acción de amparo" debe estar garantizado en otras normas adjetivas relativas a otros recursos, los cuales, si son "de similar naturaleza e igual alcance," son medios judiciales de amparo.

La aclaratoria de la Corte, en todo caso, a lo que obliga, al realizar el control de convencionalidad, al igual que obliga a los jueces y tribunales nacionales, es a que tienen que hacer el escrutinio de todo el orden procesal para determinar si restringida en la ley nacional la admisibilidad de una específica "acción de amparo," en el ordenamiento procesal del Estado se establece "otro recurso de similar naturaleza e igual alcance" para la protección del derecho, es decir, otro medio judicial de amparo. Por ello, precisamente, en el caso *Jorge Castañeda Gutman vs. México* de 6 de agosto de 2008, la Corte interamericana concluyó que para la protección del derecho político a ser electo, "dado que el recurso de amparo no resulta procedente en materia electoral," no habiendo en México otro recurso efectivo para la protección, consideró que el Estado no ofreció a la víctima "un recurso idóneo para reclamar la alegada violación de su derecho político a ser elegido, y por tanto violó el artículo 25 de la CADH, en relación con el art. 1.1 del mismo instrumento."[600]

---

598 Véase sentencia en el caso *Trabajadores Cesados del Congreso (Aguado Alfaro y otros) vs. Perú* de 24 de noviembre de 2006, Serie C Nº 158, (Párr. 126), en http://www.corteidh.or.cr/docs/casos/articulos/seriec_158_esp.pdf.

599 Véase sentencia en el caso *Jorge Castañeda Gutman vs. México* de 6 de agosto de 2008 (Párr. 92) en http://www.corteidh.or.cr/docs/casos/articulos/seriec_184_esp.pdf

600 *Idem,* Par 131

Le faltó a la Corte Interamericana en esta sentencia, sin embargo, completar el control de convencionalidad y ordenarle al Estado mexicano la reforma de la Ley de Amparo para que en ausencia de ese inexistente "otro recurso idóneo de protección" de los derechos electorales, procediera a eliminar la restricción de admisibilidad de la acción de amparo contra decisiones de autoridades en materia electoral. En esta materia la Corte Interamericana, en realidad, se limitó a recordar que "La obligación contenida en el artículo 2 de la Convención reconoce una norma consuetudinaria que prescribe que, cuando un Estado ha celebrado un convenio internacional, debe introducir en su derecho interno las modificaciones necesarias para asegurar la ejecución de las obligaciones internacionales asumidas."[601] Pero, sin embargo, se abstuvo en realidad de ejercer el control de convencionalidad.

Ahora bien, considerando entonces que el artículo 25 de la Convención Americana sobre Derechos Humanos, cuya redacción y lenguaje sigue los del Pacto Internacional de los Derechos Civiles y Políticos,[602] establece un derecho de amparo de los derechos humanos, sea mediante una acción de amparo o mediante otro recurso sencillo, rápido y eficaz para la protección de los mismos, es posible derivar de dicho artículo los contornos fundamentales que debe tener la institución de la acción de amparo, de tutela o de protección de los derechos fundamentales en los derechos internos, cuyo sentido[603] se puede conformar por los siguientes elementos:

En *primer* lugar, la Convención Americana concibe al amparo como un derecho fundamental[604] en si mismo y no sólo como una garantía adjetiva, en una concepción que, sin embargo, no se ha seguido generalmente en América Latina. En realidad sólo en Venezuela el amparo ha sido concebido en la Constitución como un derecho humano, más que como una sola garantía adjetiva.[605] Se indica en la Convención, en

---

601 *Idem.*, Párr. 132

602 Véase Allan R. Brewer-Carías, "El derecho al debido proceso y el derecho de amparo en el proyecto de Constitución Europea", en Juan Pérez Royo, Joaquín Pablo Urías Martínez, Manuel Carrasco Durán, Editores), en *Derecho Constitucional para el Siglo XXI. Actas del Congreso Iberoamericano de Derecho Constitucional,* Tomo I, Thomson-Aranzadi, Madrid 2006, pp.2151-2162.

603 Véase Allan R. Brewer-Carías, *Mecanismos nacionales de protección de los derechos humanos (Garantías judiciales de los derechos humanos en el derecho constitucional comparado latinoamericano),* Instituto Interamericano de Derechos Humanos (IIDH), Costa Rica, San José 2005; *Constitutional Protection of Human Rights in Latin America. A Comparative Study of the Amparo Proceedings*, Cambridge University Press, New York, 2008; "El amparo en América Latina: La universalización del régimen de la Convención Americana sobre los Derechos Humanos y la necesidad de superar las restricciones nacionales", en *Ética y Jurisprudencia*, 1/2003, Enero-Diciembre, Universidad Valle del Momboy, Facultad de Ciencias Jurídicas y Políticas, Centro de Estudios Jurídicos "Cristóbal Mendoza", Valera, Estado Trujillo, 2004, pp. 9-34

604 Véase en general, Héctor Fix-Zamudio, Ensayos sobre el derecho de amparo, Porrúa, México 2003; y Héctor Fix-Zamudio and Eduardo Ferrer Mac-Gregor (Coordinadores), *El derecho de amparo en el mundo*, Porrúa, México 2006

605 Véase Allan R. Brewer-Carías, "El derecho de amparo y la acción de amparo", en *Revista de Derecho Público*, N° 22, Editorial Jurídica Venezolana, Caracas, abril-junio 1985, pp. 51-61; e *Instituciones Políticas y Constitucionales*, Vol V, Derecho y Acción de Amparo, Universidad Católica del Táchira - Editorial Jurídica Venezolana, Caracas - San Cristóbal 1998. Véase además, Héctor Fix Zamudio, "La teoría de Allan R. Brewer-Carías sobre el derecho de amparo latinoamericano y el juicio de amparo mexicano," en *El derecho público a comienzos del Siglo XXI. Estudios en homenaje al profesor Allan*

efecto, que toda persona "tiene derecho" a un recurso, lo que no significa que solamente tenga derecho a una específica garantía adjetiva que se concretiza en un solo recurso o en una acción de amparo, de tutela o de protección específica. El derecho se ha concebido más amplio, como derecho a la protección constitucional de los derechos o al amparo de los mismos. Por eso, en realidad, estamos en presencia de un derecho fundamental de rango internacional y constitucional de las personas, a tener a su disposición medios judiciales efectivos, rápidos y eficaces de protección. Y uno de ellos, es precisamente la acción de amparo, de tutela o de protección

Por ello, en *segundo* lugar, los mecanismos judiciales de protección de los derechos humanos a los que se refiere la Convención Americana pueden ser variados, y lo que deben ser es efectivos, rápidos y sencillos. Pueden ser de cualquier clase, a través de cualquier medio judicial y no necesariamente una sola y única acción de protección o de amparo. Es decir, la Convención no necesariamente se refiere a un solo medio adjetivo de protección, sino que puede y debe tratarse de un conjunto de medios de protección, lo que puede implicar, incluso, la posibilidad de utilizar los medios judiciales ordinarios cuando sean efectivos como recursos rápidos y sencillos de protección.

En *tercer* lugar, debe destacarse que la Convención regula un derecho que se le debe garantizar a "toda persona" sin distingo de ningún tipo, por lo que en el derecho interno corresponde a las personas naturales y jurídicas o morales; nacionales y extranjeras; hábiles y no hábiles; de derecho público y derecho privado. Es decir, corresponde a toda persona en el sentido más universal.

En *cuarto* lugar, la Convención señala que el medio judicial de protección o amparo puede interponerse ante los tribunales competentes, de manera que no se trata de un solo y único tribunal competente, sino de una función que esencialmente corresponde al Poder Judicial o a los órganos que ejercen la Jurisdicción Constitucional aún ubicados fuera del Poder Judicial.

En *quinto* lugar, conforme a la Convención, este derecho a un medio efectivo de protección ante los tribunales se establece para la protección de todos los derechos humanos que estén en la Constitución, en la ley, en la propia Convención Americana o que sin estar en texto expreso, sean inherentes a la persona humana, por lo que también son protegibles aquellos establecidos en los instrumentos internacionales. Por ello, aquí adquieren todo su valor las cláusulas enunciativas de los derechos, que los protegen aún cuando no estén enumerados en los textos, pero que siendo inherentes a la persona humana y a su dignidad, deban ser objeto de protección constitucional. La garantía del artículo 25.1, en todo caso, en el derecho interno, se refiere a la protección de los derechos constitucionales sin que quepa distinguir en estos, unos que sean "fundamentales" y otros que no lo son. La expresión "derechos fundamentales" en el artículo 25.1 de la Convención, en el ámbito interno, equivale a derechos constitucionales, o que integran el bloque de constitucionalidad.

En *sexto* lugar, la protección que regula la Convención es contra cualquier acto, omisión, hecho o actuación de cualquier autoridad que viole los derechos y, por

---

R. Brewer-Carías, Ed. Civitas, Universidad Central de Venezuela, Madrid 2003, Tomo I, pp. 1125-1163.

supuesto, también, que amenace violarlos, porque no hay que esperar que la violación se produzca para poder acudir al medio judicial de protección. Es decir, este medio de protección tiene que poder existir antes de que la violación se produzca, frente a la amenaza efectiva de la violación y, por supuesto, frente a toda violación o amenaza de violación que provenga del Estado y de sus autoridades. Es decir, no puede ni debe haber acto ni actuación pública alguna excluida del amparo, en cualquier forma, sea una ley, un acto administrativo, una sentencia, una vía de hecho, una actuación o una omisión.

Y en *séptimo* lugar, la protección que consagra la Convención es también contra cualquier acto, omisión, hecho o actuación de los entes públicos y sus funcionarios o de los particulares, individuos o empresas de cualquier naturaleza, que violen o amenacen violar los derechos fundamentales.

Este es, en realidad, en nuestro criterio, el parámetro que establece la Convención Americana sobre el derecho de amparo, y es ese el que debería prevalecer en los derechos internos cuando se establece la acción o recurso de amparo, donde hay que realizar un importante esfuerzo de adaptación para superar el cuadro de restricciones constitucionales o legislativas que en algunos aspectos ha sufrido la institución del amparo; que teniendo una concepción tan amplia en el texto de la Convención Americana, en muchos casos ha sido restringida.

Por lo demás, no hay que olvidar que en la mayoría de los países latinoamericanos la Convención tiene rango constitucional o rango supra legal, e incluso, en algunos tiene rango supra constitucional[606], lo que implica la necesidad jurídica de que la legislación interna se adapte a la misma. Además, la amplitud de la regulación de la Convención Americana sobre Derechos humanos, así como el proceso de constitucionalización de sus regulaciones que ha ocurrido en América Latina, plantean tanto a la propia Corte Interamericana como a los jueces y tribunales nacionales, en ejercicio del control de convencionalidad y en ausencia de reformas legales, el reto de procurar adaptar las previsiones de la legislación interna a las exigencias de la Convención, cuyo contenido constituye, en definitiva, un estándar mínimo común para todos los Estados.

Ello implica, si nos adentramos en las regulaciones de derecho interno de muchos de nuestros países, la necesidad, por ejemplo, de que se amplíe la protección constitucional de manera que la pueda acordar cualquier juez o tribunal y no sólo un Tribunal Constitucional o Sala Constitucional del Tribunal Supremo; mediante el

---

606 En relación a la clasificación de los sistemas constitucionales de acuerdo con el rango de los tratados internacionales, véase Rodolfo E. Piza R., *Derecho internacional de los derechos humanos: La Convención Americana*, San José 1989; Carlos Ayala Corao, "La jerarquía de los instrumentos internacionales sobre derechos humanos", en *El nuevo derecho constitucional latinoamericano*, IV Congreso venezolano de Derecho constitucional, Vol. II, Caracas, 1996 y *La jerarquía constitucional de los tratados sobre derechos humanos y sus consecuencias*, México, 2003; Florentín Meléndez, *Instrumentos internacionales sobre derechos humanos aplicables a la administración de justicia. Estudio constitucional comparado*, Cámara de Diputados, México 2004, pp. 26 ss.; y Humberto Henderson, "Los tratados internacionales de derechos humanos en el orden interno: la importancia del principio *pro homine*", en *Revista IIDH, Instituto Interamericano de Derechos Humanos*, Nº 39, San José 2004, pp. 71 y ss. Véase también, Allan R. Brewer-Carías, *Mecanismos nacionales de protección de los derechos humanos, Instituto Internacional de Derechos Humanos*, San José, 2004, pp. 62 ss.

ejercicio de todas las vías judiciales y no sólo a través de un sólo recurso o acción de amparo como sucede en la gran mayoría de los países; en relación con todas las personas y para la protección de absolutamente todos los derechos constitucionales, y no sólo algunos; y contra todo acto u omisión provenga de quién provenga, incluyendo de particulares, superando las restricciones que en este aspecto existen en muchos de nuestros países.

El reto del control de convencionalidad en esta materia de amparo, en particular, se plantea, en particular en los siguientes aspectos en los cuales la Convención no establece distinción alguna, y que aquí queremos analizar: en *primer lugar*, respecto del ámbito del derecho de amparo en los países latinoamericanos, en el sentido de asegurar que todos los derechos constitucionales o que integren el bloque de constitucionalidad encuentren protección; en *segundo lugar*, respecto del universo de las personas protegidas, de manera que el derecho de amparo proteja a toda persona agraviada en sus derechos humanos; en *tercer lugar*, respecto del universo de los agraviantes, es decir, de las personas que causen la violación, de manera de asegurar que el derecho de amparo se pueda ejercer en contra de todos los agraviantes, así sean particulares; en *cuarto lugar*, respecto del control de los actos lesivos de los derechos, de manera de amparar o asegurar la protección de los derechos contra todo acto lesivo de los mismos, cualquiera sea su naturaleza, incluyendo todos los actos lesivos estatales.

IV. EL TEMA DEL CONTROL DE CONVENCIONALIDAD PARA ASEGURAR EL DERECHO DE AMPARO RESPECTO DE TODOS LOS DERECHOS HUMANOS DE RANGO CONSTITUCIONAL (DERECHOS FUNDAMENTALES)

El primer aspecto que genera retos para el control de convencionalidad en relación con el artículo 25.1 de la Convención Americana es el tendiente a asegurar que el derecho de amparo se pueda ejercer para la protección de todos los derechos establecidos en la Convención y en las Constituciones, materia en la cual, en nuestro criterio, la Convención no establece distinción alguna.

El propósito de la Convención Americana fue declarar a nivel internacional americano un conjunto de derechos humanos para asegurar su protección general, los cuales también se denominan como derechos fundamentales; derechos que en el ámbito de los Estados Miembros de la Convención están integrados en los derechos constitucionales o en los que integran el bloque de la constitucionalidad, como los declarados en la Convención Americana que están fuera del alcance del legislador en el sentido que no pueden ser eliminados o disminuidos mediante leyes. No hay, en la Convención Americana una distinción entre los derechos humanos que enumera, entre derechos humanos "fundamentales" y otros que no lo son; en realidad todos son fundamentales, y todos gozan de la protección judicial prevista en el artículo 25.1 de la Convención. Y en cuanto a los países de América Latina, en general no hay diferencia sustantiva alguna entre derechos humanos, derechos fundamentales y derechos constitucionales, que son equivalentes, como resulta claramente, por ejemplo, del texto de una de las últimas Constituciones sancionadas en el Continente, como es la de la República Dominicana de 2010, donde todos los derechos constitucionales son derechos fundamentales (Artículo 37 y siguientes). Sólo en dos países, Colombia y Chile, se ha establecido una subcategoría de "derechos fundamentales" dentro de los derechos humanos o derechos constitucionales, de naturaleza eminentemente adjetiva, que serían sólo los que son susceptibles de protección judicial inmediata mediante la acción de tutela o de protección.

Dejando aparte esa disidencia, la importancia de las declaraciones constitucionales de derechos humanos en general en los otros países de América Latina es que en el ámbito interno le permiten al juez constitucional proceder de inmediato a asegurar su protección. Ello contrasta con otros sistemas, como el estadounidense, donde la escueta declaración constitucional de derechos hace a veces más laborioso procurar su protección constitucional, como ha ocurrido por ejemplo, con los derechos sociales, como los relativos a la educación o a la vivienda. En relación con el derecho de educación, por ejemplo, no es considerado en los Estados Unidos como un derecho "fundamental," razón por la cual la Corte Suprema en el caso *San Antonio Independent School District et al. v. Rodriguez et al.*, 411 U.S. 1; 93 S. Ct. 1278; 36 L. Ed. 2d 16; (1973), del 21 de marzo de 1.973, haya decidido que aunque la educación "es uno de los más importantes servicios prestados por el estado (como se declaró en *Brown v. Board of Education*), no está dentro de la limitada categoría de derechos reconocida por esta Corte como garantizada por la Constitución." En este caso, la Corte Suprema negó a dicho derecho la cualidad de "derecho fundamental", insistiendo que "la educación, no obstante su indiscutida importancia, no es un derecho al que se reconoce, explícita o implícitamente, protección por la constitución."

Al resolver el caso, la Corte Suprema se refirió a otra decisión emitida en el caso *Dandridge v. Williams*, 397 U.S. 471 (1970), donde tratando otras materias de asistencia social pública, la Corte sentenció que:

> "No es terreno de esta Corte el crear derechos constitucionales sustanciales a título de garantizar la igualdad de las leyes. De allí que la clave para descubrir si la educación es "fundamental" no se encontrará en comparaciones sobre la significación social relativa de la educación, con la subsistencia o la vivienda. Ni tampoco se encontrará al sopesar si la educación es tan importante como el derecho a movilizarse. Más bien, la respuesta yace en determinar si existe un derecho a la educación, explícita o implícitamente, garantizado por la Constitución."

En apoyo del antes mencionado caso *San Antonio Independent School District et al. v. Rodriguez et al.*, la Corte también se refirió a otro caso - *Lindsay v. Normet*, 405 U.S. 56 (1972)- dictado solo un año antes y en el cual reiteró firmemente "que la importancia social no es el determinante crítico para sujetar la legislación estadal a examen estricto," negando rango constitucional al derecho a tener una vivienda, disponiendo que sin denigrar de "la importancia de una vivienda decente, segura e higiénica," el hecho es que "la Constitución no dispone de medios judiciales para cada anomalía social o económica," siendo la materia de atribución legislativa y no judicial.

Por consiguiente, el elemento clave para que los derechos humanos sean materia de protección constitucional en el ámbito interno - también en los Estados Unidos - es su rango o reconocimiento constitucional que tengan como derechos, independientemente de la posibilidad que sean además regulados por las leyes. Esta es la situación general en América Latina, donde como se dijo, la acción de amparo se dispone para la protección de los derechos consagrados en las Constituciones y en las convenciones internacionales de derechos humanos que forman parte del bloque de constitucionalidad, independientemente de si además están regulados en las leyes.

El tema central, por tanto, en esta materia de la protección constitucional de los derechos es el relativo a cuáles son los derechos susceptibles de tal protección, siendo la regla general, como se ha dicho, que todos los derechos constitucionales deben y pueden ser protegidos sin excepción. Aún así, como también advertimos, esta regla encuentra disidencias en los casos de Chile y Colombia donde el alcance de la protección del amparo ha sido reducida a solo ciertos derechos constitucionales, los llamados "fundamentales" contrariando, sin duda, en mi criterio, la Convención Americana.

1. *El amparo y hábeas corpus para la protección de todos los derechos constitucionales*

De acuerdo con la regla general, los derechos protegidos por la acción de amparo son los "derechos constitucionales", expresión que comprende, *primero*, los derechos expresamente declarados en la Constitución, cualquiera que sea la fórmula que se utilice; *segundo*, aquellos derechos que aun no siendo enumerados en las Constituciones son inherentes a los seres humanos; y *tercero,* aquellos derechos enumerados en los instrumentos internacionales de derechos humanos ratificados por el Estado. En palabras de las leyes de amparo de Argentina (art. 1) y de Uruguay (art. 72), la protección constitucional se refiere a los derechos y libertades "explícita o implícitamente reconocidas por la Constitución Nacional."

De manera que, por ejemplo, en el caso de Venezuela todos los derechos enumerados en el Título III de la Constitución -referido a los derechos humanos, garantías y deberes- son protegidos mediante la acción de amparo. Tales derechos son los derechos de ciudadanía, derechos civiles (o individuales), los derechos políticos, los derechos sociales y de las familias, los derechos culturales y educativos, los derechos económicos, los derechos ambientales y los derechos de los pueblos indígenas enumerados en los artículos 19 al 129. Adicionalmente, todo otro derecho y garantía constitucional derivado de otras disposiciones constitucionales también puede ser protegido aun cuando no esté incluido en el Título III como, por ejemplo, la garantía constitucional de independencia del poder judicial o la garantía constitucional de la legalidad del impuesto (los impuestos solo pueden ser fijados por ley).[607]

Respecto de los derechos protegidos y a través de las cláusulas abiertas de los derechos constitucionales, casi todos los países latinoamericanos han admitido la protección constitucional respecto de los derechos y garantías constitucionales no expresamente enumerados en la Constitución pero que pueden ser considerados inherentes a los seres humanos. Estas cláusulas abiertas, que han sido ampliamente aplicadas por los tribunales latinoamericanos, no quedando duda en relación con la posibilidad de que un derecho o garantía sea protegido constitucionalmente, tiene su

---

607 Véase Allan R. Brewer-Carías, *Instituciones Políticas y Constitucionales*, Vol. V, Derecho y Acción de Amparo, Universidad Católica del Táchira - Editorial Jurídica Venezolana, Caracas - San Cristóbal 1998, pp. 209 ss. Véase decisión de la Corte Primera de lo Contencioso-Administrativo, caso *Fecadove*, en Rafael Chavero G., *El nuevo régimen del amparo constitucional en Venezuela,* Ed. Sherwood, Caracas 2001, p. 157.

directo antecedente en la Novena Enmienda de la Constitución de los Estados Unidos, la cual, sin embargo, allí solo se ha aplicado en pocas ocasiones. Por ejemplo, en el caso *Griswold v. Connecticut*, de 7 de junio de 1965 (1965, 381 U.S. 479; 85 S. Ct. 1678; 14 L. Ed. 2d 510), la Suprema Corte declaró que, aunque no estuviese expresamente mencionado en la Constitución, el derecho de privacidad marital debía ser considerado como un derecho constitucional, comprendido en el concepto de libertad y protegido constitucionalmente.

En contraste, sin embargo, como se dijo, casi todas las constituciones latinoamericanas, con excepción de Cuba, Chile, México y Panamá, contienen cláusulas abiertas de este tipo, enfatizando que la declaración o enunciación de derechos establecida en la Constitución no se entenderá como la negación de otros no establecidos ahí y que son inherentes al individuo o a su dignidad humana. Cláusulas de este tipo se encuentran en las constituciones de Argentina (art. 33), Bolivia (art. 13.II), Colombia (art. 94), Costa Rica (art. 74), Ecuador (art. 19), Guatemala (art. 44), Honduras (art. 63), Nicaragua (art. 46), Paraguay (art. 45), Perú (art. 3), Uruguay (art. 72) y Venezuela (art. 22).

La Constitución de la Republica Dominicana es menos expresiva, indicando solamente que la enumeración constitucional de los derechos "no tienen carácter limitativo y, por consiguiente, no excluyen otros derechos y garantías de igual naturaleza " (art. 74.1). La Constitución de Ecuador, por ejemplo, se refiere a que el reconocimiento de los derechos y garantías establecidos en la Constitución y en los instrumentos internacionales de derechos humanos, "no excluirá los demás derechos derivados de la dignidad de las personas, comunidades, pueblos y nacionalidades, que sean necesarios para su pleno desenvolvimiento. (art. 11.7).

En otros casos, como la Constitución de Brasil, la cláusula abierta, sin referirse a los derechos inherentes de las personas humanas, indica que la enumeración de derechos y garantías en la Constitución, no excluye otros derechos derivados del régimen y principios establecidos por la Constitución o por los tratados internacionales en los cuales la Republica Federativa de Brasil sea parte." (art. 5.2). La Constitución de Costa Rica se refiere a esos derechos "que se deriven del principio cristiano de justicia social" (art. 74), una expresión que puede interpretarse en el sentido de la dignidad humana y justicia social.

En otras Constituciones, en vez de referirse a derechos inherente a los seres humanos, las cláusulas abiertas se refieren a la soberanía del pueblo y a la forma republicana de gobierno y, por consiguiente, más énfasis se hace respecto de los derechos políticos que a los derechos inherentes de las personas humanas. Este es el caso de Argentina, donde el artículo 33 de la Constitución establece que "las declaraciones, derechos y garantías que enumera la Constitución, no serán entendidos como negación de otros derechos y garantías no enumerados; pero que nacen del principio de la soberanía del pueblo y de la forma republicana de gobierno." Una disposición similar está en la Constitución de Uruguay (art. 72); y en las del Perú (art. 3) y Honduras (art. 63), el texto se refiere a otros derechos de naturaleza análoga o que están fundamentados en la "dignidad del hombre o en la soberanía del pueblo, el imperio democrático de la ley y la forma republicana de gobierno."

En todos estos casos, la incorporación de cláusulas abiertas en la constitución respecto de los derechos humanos implica que la ausencia de regulaciones legales de dichos derechos no puede ser invocada para negar o menoscabar su ejercicio por el pueblo, como está expresado en muchas constituciones (Argentina, Bolivia, Paraguay, Venezuela y Ecuador).

Pero además de los derechos declarados en la Constitución y aquellos derivados de las cláusulas abiertas como inherentes a la persona humana, los derechos declarados en los tratados internacionales pueden también ser protegidos mediante la acción de amparo. Esto está también expresamente previsto en muchos países donde los derechos declarados en tratados internacionales se les ha conferido rango constitucional, como es el caso de Venezuela (Constitución, art. 23) y República Dominicana (art. 74.3). Asimismo en Costa Rica, por ejemplo, el artículo 48 de la Constitución es absolutamente claro cuando garantiza el derecho de toda persona a intentar acciones de amparo para mantener o restablecer el goce de todo otro derecho otorgado por la Constitución así como de aquellos de naturaleza fundamental establecidos en los instrumentos internacionales de derechos humanos vigentes en la República. En el mismo sentido está regulado en la Ley Orgánica de Garantías Jurisdiccionales y Control Constitucional de 2.009 de Ecuador que establece en su artículo 1 que "esta ley tiene por objeto regular la jurisdicción constitucional, con el fin de garantizar jurisdiccionalmente los derechos reconocidos en la Constitución y en los instrumentos internacionales de derechos humanos y de la naturaleza; y garantizar la eficacia y la supremacía constitucional."

Por consiguiente, el alcance de la protección constitucional del amparo en América Latina en general es muy amplio. Esto ha provocado que en algunos países -a fin de determinar el alcance de la protección constitucional del amparo y habeas corpus- las leyes especiales que regulan el amparo tiendan a ser exhaustivas al enumerar los derechos a ser protegidos, como es el caso de Perú, donde el Código Procesal Constitucional (Ley Nº 28.237 de 2.004) expresamente enumera e identifica cuales son los derechos a ser protegidos mediante el amparo y el habeas corpus. Respecto de éste último, una lista extensa está dispuesta en el artículo 25 de la ley, añadiendo que "también procede el hábeas corpus en defensa de los derechos constitucionales conexos con la libertad individual, especialmente cuando se trata del debido proceso y la inviolabilidad del domicilio." Asimismo y respecto de la acción de amparo, el mismo código peruano de procedimiento constitucional incluye una larga lista de derechos (art. 37) a ser protegidos, incluyendo al final una referencia a todos "los demás que la Constitución reconoce", resolviendo los problemas que normalmente tiene la práctica de enumerar situaciones específicas en las leyes con el riesgo general de dejar asuntos por fuera.

La ley guatemalteca de amparo también tiende a agotar la enumeración de casos en que la acción de amparo puede intentarse[608], añadiendo asimismo que su admisión se extiende a cualquier situación que presente un riesgo, amenaza, restricción o violación de los derechos reconocidos por "la Constitución y las leyes de la República de Guatemala", sea que la situación sea causada por entidades o personas de derecho público o privado.

---

608 Véase. Jorge Mario García La Guardia, "La Constitución y su defensa en Guatemala," en *La Constitución y su defensa*, Universidad Nacional Autónoma de México, México, 1984, pp. 717–719; y *La Constitución Guatemalteca de 1985*, México 1992.

En todos estos casos, cuando se enumeran sin limitación los derechos constitucionales a ser protegidos mediante las acciones de amparo y habeas corpus y si no hay riesgo de dejar fuera derechos constitucionales a ser considerados como protegidos, indudablemente estas leyes son importantes instrumentos para la ejecución judicial de los derechos y para la interpretación jurisprudencial sobre el alcance de los derechos a ser protegidos.

2. *El problema del amparo y hábeas corpus para la protección de sólo algunos derechos constitucionales*

Aun cuando es verdad que el principio general es que solo los derechos constitucionales han de ser protegidos mediante el amparo y hábeas corpus, el hecho es que no todas las constituciones latinoamericanas garantizan esa protección constitucional para todos los derechos constitucionales.

Como ya se mencionó y en contraste con el general sentido protector latinoamericano, en el caso de Chile y Colombia, la acción específica de tutela y de protección de los derechos y libertades constitucionales está solamente establecida en la Constitución para proteger ciertos derechos y garantías. En estos casos, el alcance de la acción de amparo es uno restringido, el cual ha caracterizado, asimismo, los sistemas restrictivos seguidos en las constituciones alemana y española en relación con los recursos de amparo que están establecidos únicamente para la protección de los así llamados "derechos fundamentales".

En Chile, aparte de la acción de hábeas corpus establecida para proteger a cualquier individuo contra arrestos inconstitucionales, detenciones y encarcelamiento; el recurso de protección está establecido sólo para garantizar algunos derechos constitucionales enumerados en el artículo 19, numerales 1, 2, 3 (parágrafo 4°.), 4, 5, 6, 9 (parágrafo final), 11, 12, 13, 15, 16 de la constitución y en el cuarto párrafo y numerales 19, 21, 22, 23, 24 y 25 de la misma constitución.

La lista asimismo se refiere principalmente a derechos civiles o individuales, también incluyendo algunos derechos sociales, como el derecho a elegir un sistema de salud pública, la libertad para enseñar y trabajar y de afiliarse a sindicatos laborales; algunos derechos a la libertad económica y de propiedad; y el derecho a tener un ambiente descontaminado.

Aparte de todos estos derechos y libertades constitucionales, los otros derechos consagrados en la Constitución no tienen un medio específico de protección, estando su protección a cargo de los tribunales ordinarios a través de los procedimientos judiciales ordinarios.

En el caso de Colombia, además del hábeas corpus, la constitución también establece la acción de *tutela*, en el art. 86, para la protección inmediata de lo que se llaman "derechos constitucionales fundamentales".

En efecto, el Título II de la constitución se dedica a establecer "los derechos, garantías y deberes", enumerándolos en tres capítulos: el Capítulo 1 contiene la lista de "derechos fundamentales"; el Capítulo 2 enumera los derechos sociales, económicos y culturales; y el Capítulo 3 se refiere a los derechos colectivos y al ambiente sano.

De esta declaración constitucional de derechos resulta que solamente los tal llamados "derechos fundamentales" enumerados en el Capítulo 1 (art. 11 a 41) son los derechos constitucionales que se pueden proteger por medio de la *acción de tutela*, y los demás quedan excluidos de ella, y protegidos sólo por los medios judiciales ordinarios.

Por otro lado, el artículo 85 de la Constitución también indica que entre estos "derechos fundamentales", los de "inmediata aplicación" son los protegidos por la acción de *tutela*. La lista también se refiere a los derechos civiles y políticos, y entre los derechos sociales, incluye la libertad de enseñanza. Otros derechos consagrados en otros artículos de la Constitución también se califican como derechos fundamentales, como los "derechos fundamentales" de los niños, enumerados en el art. 44 sobre la vida, la integridad física, la salud y la seguridad social.

Aparte de estos derechos constitucionales expresamente declarados como "derechos fundamentales", los demás derechos constitucionales no tienen protección constitucional por medio de la acción de *tutela* y serán protegidos por medio del proceso judicial ordinario.

No obstante esta norma limitante, incluso si un derecho no está expresamente señalado en la Constitución como "fundamental", la Corte Constitucional de Colombia, como supremo intérprete de la constitución, ha reconocido tal carácter a otros derechos, extendiendo la protección de la *tutela* a derechos no definidos como "fundamentales", pero considerados interdependientes con otros que tienen tal naturaleza, como el derecho a la vida.

Con respecto a esto, por ejemplo, en una de sus primeras sentencias (N° T-02 del 8 de mayo de 1992) emitida en un caso sobre derechos educativos, la Corte Constitucional sentenció que el criterio principal para identificar "derechos fundamentales" es "determinar si son o no derechos esenciales de los seres humanos", tarea que siempre debe realizar el juez de *tutela*, quien debe comenzar su sentencia analizando los primeros noventa y cuatro artículos de la constitución, y si es necesario, aplicando la cláusula abierta sobre derechos humanos inherentes a las personas humanas.

Estos artículos, interpretados por la Corte Constitucional en ejercicio del control de convencionalidad, es decir, a la luz de la Convención Americana sobre Derechos Humanos, han permitido a la Corte inferir lo que se pueden considerar derechos inalienables, inherentes y esenciales de los seres humanos, lo que hace que, de hecho, la lista de "derechos fundamentales" del Capítulo 1 del Título II de la constitución no sea exhaustiva de los "derechos fundamentales" y no excluya otros derechos de la posibilidad de ser considerados fundamentales y objetos de litigio por medio de la acción de *tutela*.[609]

Con la finalidad de identificar esos derechos fundamentales, la Corte Constitucional también ha aplicado el principio de "conexión" entre los derechos constitucionales, en particular sobre los derechos económicos, culturales y sociales, sentenciando que es posible aceptar la acción de *tutela* con respecto a esos derechos en casos en los que también haya ocurrido la violación de un derecho fundamental.

Por ejemplo, en la sentencia N° T-406 del 5 de junio de 1992, la Corte admitió una acción de *tutela* presentada en el caso de una inundación de un drenaje público, por la que el accionante reclamó la reivindicación del derecho a la salud pública, el derecho a

---

609 Véase. sentencia T-02 del 8 de mayo de 1992, en Manuel José Cepeda, *Derecho Constitucional Jurisprudencial. Las grandes decisiones de la Corte Constitucional*, Legis, Bogotá 2001, pp. 49–54.

un ambiente sano y a la salud de la población en general. Aunque la acción fue rechazada por el tribunal inferior al considerar que no estaban involucrados los derechos fundamentales, la Corte Constitucional la admitió al considerar que el derecho a un sistema de drenaje, en circunstancias en las que evidentemente quedaban afectados los derechos constitucionales fundamentales, tales como la dignidad humana, el derecho a la vida, o los derechos de los discapacitados, debía considerarse objeto de litigio por medio de la *tutela.*[610]

A través de este principio interpretativo de la conexión con los derechos fundamentales, de hecho los tribunales colombianos protegen casi todos los derechos constitucionales, incluso aquellos no enumerados como derechos fundamentales.

V. EL TEMA DEL CONTROL DE CONVENCIONALIDAD PARA ASEGURAR EL DERECHO DE AMPARO RESPECTO DE TODA PERSONA AGRAVIADA EN SUS DERECHOS HUMANOS

Un segundo aspecto que también genera retos para el control de convencionalidad en relación con el artículo 25.1 de la Convención Americana, es asegurar que el derecho de amparo se pueda ejercer para la protección de los derechos establecidos en la Convención y en las Constituciones frente a las violaciones infringidas por parte de cualquier persona agraviada en sus derechos humanos, materia en la cual la Convención no establece distinción alguna.

En efecto, la Convención Americana y las Constituciones declaran derechos de las personas, respecto de las cuales, el reto de juez constitucional es garantizar su goce y ejercicio por ellas. Esto plantea el tema de la persona agraviada en los procesos de amparo, es decir, el tema de las personas que pueden ser accionantes, quejosos o peticionarios, es decir, en definitiva, de las personas que pueden ejercer el derecho de amparo mediante recursos rápidos, sencillos y eficaces acorde con la protección constitucional requerida.

En principio, por supuesto, esa capacidad o la legitimación procesal corresponde a las personas titulares del derecho constitucional que ha sido violado, situación que le da particular interés para intentar la acción de protección ante el tribunal competente. Por eso la acción de amparo se ha considerado en principio como una acción *in personam* por lo cual el accionante debe ser precisamente la persona agraviada.

En este sentido, por ejemplo, la Ley de Amparo nicaragüense prevé que sólo la parte agraviada puede intentar la acción de amparo, definiendo como tal a "toda persona natural o jurídica a quien perjudique o esté en inminente peligro de ser perjudicada por toda disposición, acto o resolución, y en general, toda acción u omisión de cualquier funcionario, autoridad o agente de los mismos" (art. 23).[611]

De acuerdo con el principio que se deriva de esta norma, conforme a los ordenamientos internos, todas las personas sin distingo alguno, que sean las titulares de derechos constitucionales, incluyendo a las personas jurídicas, tienen derecho a in-

610 Véase sentencia T-406 del 5 de junio de 1992, en *Ídem*, pp. 55–63.

611 En este mismo sentido, la Ley Nº 437-06 que establecía el Recurso de Amparo de la República Dominicana disponía que "Cualquier persona física o moral, sin distinción de ninguna especie, tiene derecho a reclamar la protección de sus derechos individuales mediante la acción de amparo." (art. 2).

tentar acciones de amparo cuando los mismos han sido violados, de modo que las asociaciones, compañías, fundaciones o corporaciones también pueden intentar acciones de amparo,[612] por ejemplo, para proteger su derecho a la no discriminación, al debido proceso legal, a la defensa o a los derechos económicos o de propiedad, en cuyo caso, por supuesto, deben actuar a través de sus directores o representantes según sus estatutos (México, art. 8). Por ello, la jurisprudencia en Venezuela ha establecido que la acción de amparo no está restringida a proteger "derechos o garantías constitucionales a los derechos de las personas naturales," pues también las personas jurídicas son titulares de derechos fundamentales."[613]

Sin embargo, como es bien sabido, en cambio, que conforme a la Convención Americana, su objeto es la protección de los derechos humanos, en tanto que derechos de la persona humana, por lo que conforme al régimen general de las leyes de amparo en América Latina, todos los seres humanos, cuando sus derechos constitucionales son arbitraria o ilegítimamente agraviados o amenazados, pueden ejercer el derecho de amparo, y tienen la necesaria legitimación para intentar la acción de amparo.

Por tanto, conforme al artículo 25.1 de la Convención Americana la expresión "personas" comprende a todas las personas naturales sin distinción, conforme al principio de igualdad y no discriminación. Dicha expresión, por lo demás, no equivale a la de "ciudadanos," que son aquellas personas naturales que por nacimiento o por naturalización son miembros de la comunidad política representada por el Estado, y que son las titulares de los derechos políticos. En relación con éstos, sin embargo, estas personas, como ciudadanos, serían las únicas que tendrían la legitimación necesaria para la protección de los mismos, como sería por ejemplo, el derecho al voto o a la participación en la política.

En materia de amparo, por tanto, estando el derecho garantizado a todas las personas, los extranjeros tienen en principio el mismo derecho general que los nacionales y tienen la necesaria legitimación para ejercer el derecho al amparo. Sin embargo, sólo en México se encuentra una excepción respecto a la titularidad del derecho de amparo, respecto de los extranjeros que por decisión del Presidente de la República, dictada conforme a la Constitución para su expulsión de extranjeros, los cuales históricamente no pueden ejercer el juicio de amparo.[614] Esta situación ex-

---

612 También es el caso de Colombia, donde la acción de tutela se estableció para la protección de los "derechos fundamentales" de aplicación inmediata, que incluyen los de las personas jurídicas, como el derecho de petición (art. 23), al debido proceso y a la defensa (art. 29) y a la revisión de decisiones judiciales (art. 31). En Ecuador, la legitimación activa de las personas jurídicas para intentar una acción de amparo fue negada por Marco Morales Tobar en "La acción de amparo y su procedimiento en el Ecuador," *Estudios Constitucionales. Revista del Centro de Estudios Constitucionales*, Año 1, N° 1, Universidad de Talca, Chile 2003, pp. 281–282. Así también en la República Dominicana, donde el juicio de amparo fue admitido por la Suprema Corte, incluso sin disposición constitucional o legal, precisamente en un caso presentado ante la Corte por una compañía comercial (*Productos Avon S.A.*). v. por ejemplo, Juan de la Rosa, *El recurso de amparo, Estudio Comparativo*, Santo Domingo 2001, p. 69.

613 Véase sentencia N° 1395 de 21 noviembre de 2000, caso *Estado Mérida y otros vs. Ministro de Finanzas*, en *Revista de Derecho Público*, N° 84, Editorial Jurídica Venezolana, Caracas 2000, pp. 315 ss.

614 Véase Eduardo Ferrer Mac-Gregor, La *acción constitucional de amparo en México y España*, Editorial Porrúa, México 2002, p. 230.

cepcional, sin duda, no es compatible con las previsiones de la Convención Americana.

En todo caso, con excepción de este caso particular, el principio general en América Latina es que toda persona lesionada tiene la legitimación *ad causam* para intentar la acción de amparo. Por ello, por ejemplo, en México, la Suprema Corte en ejercicio del control de convencionalidad declaró contrario al artículo 25.1 de la Convención Americana, el antiguo artículo 76 bis.II de la Ley de Amparo, el cual dejó de aplicarse, pues limitaba la protección que en el mismo se otorgaba solamente al reo, excluyendo a la víctima.[615]

Por ello, también, incluso respecto de leyes que formalmente restringen la legitimación activa en materia de amparo, las mismas han sido interpretadas conforme a la Convención Americana, es decir, en sentido amplio, como ocurrió por ejemplo respecto de la Ley Orgánica de Amparo sobre Derechos y Garantías Constitucionales de de Venezuela, la cual prevé en su primer artículo que la acción de amparo puede intentarla "toda persona natural habitante de la República." La antigua Corte Suprema de Justicia, en ejercicio de su potestad de control difuso de constitucionalidad, declaró inconstitucional la referencia limitante de dicha norma ("habitantes de la República") sentenciando que cualquier persona, viva o no en el territorio de la República, cuyos derechos sean lesionados en Venezuela, tiene legitimación suficiente para intentar la acción de amparo.[616]

Debe mencionarse, por último, que incluso dentro de los parámetros de la Convención Americana, no todos los derechos humanos son exclusivamente individuales; siendo en algunos casos colectivos por naturaleza, en el sentido que corresponden a grupos de personas más o menos definidos, de modo que su violación no sólo lesiona los derechos personales de cada uno de los individuos que los disfrutan, sino también a todo el grupo de personas o colectividades a los que pertenecen esos individuos. En tales casos, entonces, la acción de amparo también puede intentarla el grupo o asociación de personas que representan a sus asociados, incluso aun cuando no tengan formalmente el carácter de "persona jurídica."[617]

615 Tesis 2ª CXXXVII/202 y J.26/2003, *Semanario Judicial de la Federación y su gaceta* 9ª. Época Tomo XVI, noviembre de 2002, p. 449 y Tomo XVIII, agosto de 2003, p.175; citadas por Alfonso Jaime Martínez Lazcano, "Control difuso de convencionalidad en México," en Boris Barrios González (Coordinador), *Temas de Derecho Procesal Constitucional Latinoamericano*, Memorias I Congreso panameño de Derecho Procesal Constitucional y III Congreso Internacional Proceso y Constitución, Panamá 2012, pp. 209.

616 Véase sentencia de 13 de diciembre de 1994, caso *Jackroo Marine Limited*, en Rafael Chavero, *El Nuevo Régimen del Amparo Constitucional en Venezuela*, Caracas, 2001, pp. 98–99; y en Allan R. Brewer-Carías, *Instituciones Políticas y Constitucionales*, Vol. V, El derecho y la acción de Amparo, Universidad Católica del Táchira, Editorial Jurídica Venezolana, San Cristóbal-Caracas, 1998, p. 319.

617 Es por eso, que el Código Procesal Civil de Paraguay, por ejemplo, al definir la legitimación activa en materia de amparo, además de personas físicas o jurídicas, se refiere a partidos políticos debidamente registrados, entidades con personería gremial o profesional y sociedades o asociaciones que, sin investir el carácter de personas jurídicas, no contrarían, según sus estatutos, el bien público (art. 568). En Argentina, la Ley de Amparo también prevé la legitimación activa para intentar acciones de amparo a estas asociaciones que, sin ser formalmente personas jurídicas, pueden justificar, según sus propios estatutos, que no se oponen al bien público (art. 5).

En algunos casos, como en Venezuela, la Constitución establece expresamente como parte del derecho constitucional de todas las personas, el tener acceso a la justicia y el procurar la protección no sólo de los derechos personales sino también de los "colectivos" o "difusos" (art. 26). Los primeros han sido considerado como los referidos a un sector poblacional determinado (aunque no cuantificado) e identificable, conformado por un conjunto de personas como sería el caso grupos profesionales, grupos de vecinos o los gremios. En cuanto a los derechos difusos, son los que buscan asegurar en general un nivel de vida aceptable, de manera que al afectarlos se lesiona el nivel de vida de toda la comunidad o sociedad, como sucede con los daños al ambiente o a los consumidores.[618]

En esos casos, cualquier persona procesalmente capaz puede intentar la acción para impedir el daño a la población o a sectores de ella a la cual pertenece. Lo mismo se aplica, por ejemplo, en los casos de la acción de amparo interpuesta para la protección de derechos electorales, en cuyo caso, cualquier ciudadano invocando los derechos generales de los votantes, puede intentar la acción,[619] admitiéndose incluso en estos casos de intereses difusos o colectivos que la legitimación activa la puedan tener las asociaciones, sociedades, fundaciones, cámaras, sindicatos y demás entes colectivos, cuyo objeto sea la defensa de la sociedad,[620]

Estas acciones "colectivas" de amparo dirigidas a proteger derechos difusos, particularmente en materia de ambiente, han sido incluidos expresamente en las Constituciones en América Latina, como es el caso en Argentina, donde la Constitución prevé que la acción de amparo puede intentarlo "el afectado, el defensor del pueblo y las asociaciones que propendan a esos fines, registradas conforme a la ley" (art. 43) contra cualquier forma de discriminación y en lo relativo a los derechos que protegen al ambiente, a la competencia, al usuario y al consumidor, así como a los derechos de incidencia colectiva en general.[621] En Perú, el artículo 40 de Código

618 Véase sentencia N° 656 de la Sala Constitucional, del 30 de junio de 2000, caso *Defensor del Pueblo vs. Comisión Legislativa Nacional,* citada en sentencia N° 379 del 26 de febrero de 2.003, caso *Mireya Ripanti et vs. Presidente de Petróleos de Venezuela S.A. (PDVSA)*, en *Revista de Derecho Público*, N° 93–96, Editorial Jurídica Venezolana, Caracas 2003, pp. 152 ss.

619 En tales casos, la Sala incluso ha concedido medidas de precaución con efectos erga omnes "tanto para las personas naturales y organizaciones que han solicitado la protección de amparo constitucional como para todos los electores en su conjunto." Véase sentencia de la Sala Constitucional N° 483 del 29 de mayo de 2.000, caso *Queremos Elegir y otros*, en *Revista de Derecho Público*, N° 82, 2000, Editorial Jurídica Venezolana, pp. 489–491. En el mismo sentido, v. sentencia de la misma Sala No. 714 de 13 de julio de 2000, caso APRUM, en *Revista de Derecho Público*, N° 83, Editorial Jurídica Venezolana, Caracas 2000, pp. 319 ss.

620 Véase la referencia y comentarios en Rafael Chavero, *El nuevo régimen del amparo constitucional en Venezuela*, Caracas 2001, pp. 110–114.

621 Cuatro acciones colectivas específicas resultaron de este artículo: amparo contra cualquier forma de discriminación; amparo para la protección del ambiente; amparo para la protección de la libre competencia, y amparo para la protección de los derechos del usuario y del consumidor. Por eso, respecto de la discriminación, el objeto de este amparo no es la discriminación respecto de un individuo en particular sino respecto de un grupo de personas entre los cuales existe un nexo o tendencia común que da origen a la discriminación. Véase Joaquín Brage Camazano, *La jurisdicción constitucional de la libertad*, Editorial Porrúa, México 2005, pp. 94. Por otro lado, respecto a la protección del ambiente, se formaliza la tendencia que comenzó a consolidarse después de un caso de 1983 en el que se presentó un amparo para la protección del equilibrio ecológico para la protección de los delfines. La Corte Suprema aceptó en tal

Procesal Constitucional también autoriza a intentar la acción de amparo a cualquier persona "cuando se trate de amenaza o violación del derecho al medio ambiente u otros derechos difusos que gocen de reconocimiento constitucional, así como las entidades sin fines de lucro cuyo objeto sea la defensa de los referidos derechos". De forma similar en Brasil, la Constitución estableció un *mandado de securança* llamado *colectivo*, dirigido a la protección de derechos difusos o colectivos y a ser intentado por los partidos políticos con representación en el Congreso Nacional, los sindicatos, las instituciones colectivas o las asociaciones legalmente establecidas en defensa de los intereses de sus miembros y que deben haber estado funcionando al menos el año anterior (art. 5.69.2).[622]

En Ecuador, el artículo 9 de la Ley Orgánica de Garantías Jurisdiccionales y Control Constitucional permite directamente que la acción sea intentada por "cualquier persona, comunidad, pueblo, nacionalidad o colectivo, vulnerada o amenazada en uno o más de sus derechos constitucionales, quien actuará por sí misma o a través de representante o apoderado". El caso de Costa Rica debe también mencionarse, donde el amparo colectivo se ha sido admitido por la Sala Constitucional de la Corte Suprema en materia de ambiente, basándose en las disposiciones constitucionales que establecen el derecho de todos "a un ambiente sano y ecológicamente equilibrado" (art. 50), por lo que cualquier persona queda "legitimada para denunciar los actos que infrinjan tal derecho".[623]

Sin embargo, al contrario de la tendencia mencionada, que amplía la acción de amparo para la protección de derechos colectivos, en México el proceso de amparo sigue teniendo carácter esencialmente individual, basado en el interés personal y directo[624] del accionante. El único caso en el que, de cierta manera, el amparo protege intereses colectivos es aquel relacionado con el amparo para la protección de campesinos y de propietarios agrarios colectivos.[625]

---

caso la posibilidad que cualquiera, individualmente o en representación de su familia, intentara una acción de amparo para la conservación del equilibrio ecológico debido al derecho de cualquier ser humano de proteger su hábitat. Véase Alí Joaquín Salgado, *Juicio de amparo y acción de inconstitucionalidad*, Astrea Buenos Aires, 1987, pp. 81–89. Sobre las asociaciones que pueden interponer demandas colectivas de amparo, la Corte Suprema de Argentina también ha considerado que no requieren registro formal. v. Sentencias 320:690, caso *Asociación Grandes Usuarios* y Sentencia 323:1339, caso *Asociación Benghalensis*. Véase las referencias en Joaquín Brage Camazano, *La jurisdicción constitucional de la libertad*, Editorial Porrúa, México 2005, pp. 92–93.

622 Además, desde 1985 se ha desarrollado en Brasil una "acción civil colectiva", con tendencias similares a las Acciones Colectivas de los Estados Unidos, muy ampliamente utilizadas para la protección de derechos de clases, como los consumidores, aunque limitando la legitimación activa a las entidades públicas (nacionales, estatales y municipales) y a las asociaciones. v. Antonio Gidi, Acciones de grupo y "amparo colectivo" en Brasil. La protección de derechos difusos, colectivos e individuales homogéneos, en Eduardo Ferrer Mac-Gregor (Coordinador), *Derecho Procesal Constitucional*, Colegio de Secretarios de la Suprema Corte de Justicia de la Nación, Editorial Porrúa, Tomo III, México 2003, pp. 2.538 ss.

623 Véase la referencia a la sentencia 1700-03, en Rubén Hernández Valle, *Derecho Procesal Constitucional*, Editorial Juricentro, San José 2001, pp. 239–240.

624 Véase Eduardo Ferrer Mac-Gregor, *Juicio de amparo e interés legítimo: la tutela de los derechos difusos y colectivos*, Editorial Porrúa, México 2003, p. 56.

625 Véase Eduardo Ferrer Mac-Gregor, *La acción constitucional de amparo en México y España*, Editorial Porrúa, México 2002, p. 233 ss.

También en Colombia, el principio general respecto a la acción de *tutela* es su carácter personal y privado, de modo que sólo puede ser presentada por el sujeto del derecho individual fundamental protegido por la constitución.[626] Esto no significa, sin embargo, que los derechos difusos o colectivos no estén protegidos, pues la Constitución ha regulado además de la acción de *tutela*, la "acción popular" o acción de grupo,[627] es decir, acciones colectivas que han resultado muy efectivas para la protección de los derechos civiles en casos de discriminación.

VI. EL TEMA DEL CONTROL DE CONVENCIONALIDAD PARA ASEGURAR EL DERECHO DE AMPARO DE LOS DERECHOS HUMANOS FRENTE A TODO AGRAVIANTE

Un tercer aspecto que genera un reto para el control de convencionalidad en relación con el artículo 25.1 de la Convención Americana es asegurar que el derecho de amparo se pueda ejercer para la protección de los derechos establecidos en la Convención y en las Constituciones frente a cualquier agraviante, cualquiera sea su condición, persona física o natural, privada o pública, materia en la cual la Convención Americana no establece distinción alguna. Es decir, la garantía de los derechos constitucionales implica que el derecho de amparo o de protección de los mismos que tiene toda persona, debe poder ejercerse sea quien fuere la persona que produce la violación o el daño.

Por ello se ha considerado que en el proceso de amparo, más importante que el autor del agravio es la lesión infligida a los derechos constitucionales, razón por la cual la doctrina argentina indica que "la acción de amparo tiende a enfocarse más en

---

626 Véase Juan Carlos Esguerra Portocarrero, *La protección constitucional del ciudadano*, Lexis, Bogotá 2005, p. 121. Por eso el artículo 6,3 de la Ley de Tutela expresamente dispone que la acción de tutela es inadmisible cuando los derechos que se busca proteger son "derechos colectivos, tales como la paz y los demás mencionados en el artículo 88 de la Constitución Política", en particular porque para tal propósito se estableció un medio judicial especial llamado "acciones populares". El artículo 6,3 de la Ley de Tutela añadió que lo anterior no impide que el titular de derechos amenazados o violados pueda intentar una acción de tutela en situaciones que comprometan intereses o derechos colectivos y el de sus propios derechos amenazados o violados, amenazados o violados, cuando se trata de prevenir un perjuicio irremediable.

627 Estas acciones populares son aquellas establecidas en la constitución para la protección de derechos e intereses relacionados con la propiedad pública, el espacio público, la seguridad y salud públicas, la moral administrativa, el ambiente, la libre competencia económica, y otros de naturaleza similar. Todos éstos son derechos difusos y para su protección, la Ley 472 de 1998 ha regulado estas acciones populares. Esta ley también regula otros tipos de acciones para la protección de derechos en casos de agravios sufridos por un número plural de personas. Sobre las acciones populares, éstas las puede intentar cualquier persona u Organización No Gubernamental, organizaciones populares o cívicas, entidades públicas con funciones contraloras cuando el agravio o amenaza no se originan debido a sus actividades, el Fiscal General, el Defensor del Pueblo, los fiscales distritales y municipales, y los alcaldes y funcionarios públicos que por sus funciones deben defender y proteger los derechos antes citados (art. 12). Sobre las acciones de grupo establecidas para la protección de una pluralidad de personas en caso de sufrir lesiones en sus derechos de modo colectivo, la Ley 472 de 1998 establece estas acciones con fines básicamente de indemnización y sólo pueden ser interpuestas por veinte individuos, actuando todos en su propio nombre. Por tanto, no son acciones dirigidas a proteger a toda la población o colectividad, sino sólo a una pluralidad de personas que tienen los mismos derechos y buscan su protección.

el acto lesivo, y sólo accesoriamente en su autor,"[628] en el sentido de que "la acción de amparo tiende más a restablecer el derecho constitucional lesionado que individualizar el autor de la violación."[629] Ello significa, por tanto, que cualquiera que sea el agraviante, la protección constitucional del amparo debe admitirse porque de lo que se trata es de restablecer la situación jurídica infringida. La consecuencia es por tanto, que el amparo tiene que proceder cualquiera que sea el agraviante, si su acción u omisión ha violado o amenazado violar un derecho constitucional, lo que tendría que implicar que no puede haber agraviantes de derechos humanos que no puedan ser sujetos de control por la vía de la protección del amparo.

El panorama en América Latina en este campo, sin embargo no es uniforme. Como es sabido, en general se admite el amparo contra lesiones a los derechos humanos cometidas por funcionarios públicos, y no siempre se admite contra las violaciones cometidas por particulares, lo que sin duda, es contrario a la Convención Americana, cuyo artículo 25.1 no distingue entre agraviantes ni excluye algunos del ámbito de la protección judicial, aún cuando el proceso de amparo haya sido originalmente establecido para proteger a los particulares contra el Estado. Esa tradición histórica, incluso, ha llevado a la misma Corte Interamericana a afirmar que "La salvaguarda de la persona frente al ejercicio arbitrario del poder público es el objetivo primordial de la protección internacional de los derechos humanos."[630] Es cierto, es el objetivo primordial, pero no el único, ni ello significa excluir el amparo contra particulares. Es cierto entonces, que en la tendencia inicial permanecen muchos países, como México; pero ello no ha impedido en otros países la posibilidad de que el proceso de amparo se admita para la protección de los derechos constitucionales contra acciones de otros individuos.

De esa evolución ha resultado que la situación actual sea la inversa de la inicial, de manera que en la mayoría de los países latinoamericanos está aceptada la admisión de la demanda de amparo ejercida contra particulares, como es el caso en Argentina, Bolivia,[631] Chile, la República Dominicana, Paraguay, Perú, Venezuela y Uruguay, así como, aunque de manera más restringida, en Colombia, Costa Rica,

---

628 Véase Alí Joaquín Salgado, *Juicio de amparo y acción de inconstitucionalidad*, Astrea, Buenos Aires 1987, p. 92.

629 Véase José Luis Lazzarini, *El juicio de amparo*, La Ley, Buenos Aires, 1987, p. 274. Es por esto que, en el caso principal argentino de *Ángel Siri* (en el cual la Corte Suprema en Argentina admitió la acción de amparo sin ninguna normativa legal al respecto), la corte protegió al propietario de un rotativo que fue clausurado por el gobierno, aun cuando en el expediente no había evidencia clara de cuál autoridad lo había clausurado ni los motivos de la decisión. *Idem*, p. 276.

630 Véase sentencias en los casos *Tibi Vs. Ecuador* de 7 de septiembre de 2004, Serie C Nº 114 (Párr. 130), en http://www.corteidh.or.cr/docs/casos/articulos/seriec_114_esp.pdf; *"Cinco Pensionistas" v. Perú,* de 28 de febrero de 2003. Serie C Nº 98 (Párr. 126) en http://www.corteidh.or.cr/docs/casos/articulos/Seriec_98_esp.pdf ; *Tribunal Constitucional vs. Perú*, de 31 de enero de 2001 (Párr. 89) en http://www.corteidh.or.cr/docs/casos/articulos/Seriec_71_esp.pdf; *Yatama Vs. Nicaragua* de 23 de Junio de 2005, (Párr. 167), en http://www.corteidh.or.cr/docs/casos/articulos/seriec_127_esp.pdf.

631 Véase las variaciones que en la materia se produjeron en la jurisprudencia del Tribunal Constitucional de Bolivia, en José Antonio Ribera, "Justicia constitucional y derechos fundamentales en Bolivia. Avances y retrocesos," en Víctor Bazán y Claudio Nash (Editores), *Justicia Constitucional y derechos Fundamentales. El Control de Convencionalidad 2011*, Centro de Derechos Humanos Universidad de Chile, Konrad Adenauer Stiftung, 2011, pp. 103-105.

Ecuador, Guatemala y Honduras. En cambio, solo en una minoría de países latinoamericanos la demanda de amparo permanece exclusivamente como un medio tutelar contra las autoridades, como ocurre en Brasil, El Salvador, Panamá, México y Nicaragua, lo que sin duda, contraría al artículo 25.1 de la Convención Americana.

Como antes se dijo, en Latinoamérica, solamente en Brasil, El Salvador, Panamá, México y Nicaragua la demanda de amparo permanece como un medio protector para ser intentado sólo contra el Estado, es decir, contra entidades y funcionarios públicos. Como se dijo, en otros países, además de las entidades y funcionarios públicos, la demanda de amparo puede interponerse contra particulares también.

Ahora bien, en cuanto a la acción de amparo contra entidades públicas, esta fue concebida en México para proteger a los particulares contra los agravios de sus garantías constitucionales cometidas por las "autoridades" (art. 103). Es por eso que en la acción de amparo mexicana, debe siempre existir una autoridad responsable;[632] requisito éste que ha sido desarrollado por la jurisprudencia al precisar que no todas las entidades públicas pueden ser consideradas "autoridades", sino solo aquellas que estén facultadas para tomar decisiones e imponerlas y ejecutarlas a los particulares mediante el uso del poder público coactivo.[633] De acuerdo con esta doctrina, los tribunales han rechazado la acción de amparo contra entidades públicas que han sido consideradas carentes de facultades de decisión, como son aquellas de naturaleza consultiva.[634]

De allí que, por ejemplo, muchas entidades descentralizadas como *Petróleos Mexicanos*, la Comisión Nacional de Electricidad, el Defensor de los Derechos Humanos de la UNAM y las universidades autónomas fueron inicialmente excluidas de la categoría de "autoridades".[635] No obstante, la acción de amparo ha sido progresivamente admitida contra algunas de esas entidades, basada en la posible facultad de decisión en algunos casos particulares.[636] Toda esta situación, sin embargo, no se ajusta al marco establecido en la Convención Americana y podría ser objeto de

---

632 De acuerdo con ello, el artículo 11 de la ley de amparo señala que "Es autoridad responsable la que dicta, promulga, publica, ordena, ejecuta o trata de ejecutar la ley o el acto reclamado." Este artículo se ha interpretado en el sentido que las autoridades no son solo aquellas superiores que ordenan los actos, sino también aquellas subordinadas que las ejecutan o procuran ejecutarlas; siendo el amparo admitido contra cualquiera de éstas. Véase "Autoridades para efectos del juicio de amparo" (*Apéndice al Semanario Judicial de la Federación*, 1917–1988, Segunda parte, Tesis 300, p. 519). Véase la referencia en Eduardo Ferrer Mac-Gregor, *La acción constitucional de amparo en México y España. Estudio de derecho comparado*, Editorial Porrúa, México 2002, p. 254.

633 Como se definió en el caso Campos Otero Julia (1935), este término se entiende como "un órgano del Estado, investido legalmente de la facultad de decisión y del poder de mando necesario para imponer a los particulares sus propias determinaciones, o las que emanen de algún otro órgano del mismo Estado.". Véase la referencia en Eduardo Ferrer Mac-Gregor, *La acción constitucional de amparo en México y España. Estudio de derecho comparado*, Editorial Porrúa, México 2002, p. 253; y en Suprema Corte, *Jurisprudencia de la Suprema Corte*, Tesis 179, II, 360. Véase la referencia en Richard D. Baker, *Judicial Review in México. A Study of the Amparo Suit*, Texas University Press, Austin 1971, p. 94.

634 *Idem*, p. 95.

635 Véanse las referencias a las decisiones judiciales en Eduardo Ferrer Mac-Gregor, *La acción constitucional de amparo en México y España. Estudio de derecho comparado,* Editorial Porrúa, México 2002, pp. 255–256.

636 *Idem*, p. 257.

control de convencionalidad, para asegurar que proceda el amparo contra toda lesión al derecho constitucional así sea inflingida por servidores públicos que no se consideren como "autoridad."

En contraste con el tratamiento mexicano, en casi todos los países latinoamericanos, el término "autoridad" ha sido interpretado en sentido más amplio y como referido a cualquier entidad o funcionario público, independientemente de sus poderes o funciones.

En Argentina, por ejemplo, como lo establece la Ley de amparo, la acción puede intentarse contra "todo acto u omisión de autoridad pública" (art. 1), teniendo el término "autoridad pública"[637] un sentido amplio, incluyendo toda suerte de entidades o funcionarios públicos de todas las ramas de gobierno. Por consiguiente, a pesar de algunas aisladas interpretaciones restrictivas,[638] la tendencia general en Argentina es entender "autoridad" en sentido amplio, incluyendo cualquier agente, empleado, funcionario público, magistrado de gobierno o cualquier funcionario actuando en tal condición, incluyendo individuos particulares cumpliendo funciones públicas, como los concesionarios de servicios públicos.[639]

En un sentido similar, en Bolivia, Colombia, El Salvador, Perú, Nicaragua, Uruguay y Venezuela, por ejemplo, también en sentido amplio, el término "autoridades públicas" se ha concebido con el propósito de conceder la protección del amparo frente a cualquier funcionario o entidad pública,[640] "sea de la categoría que sea y sean cuales sean las funciones que ejerza", como se dispone en la ley brasileña del *mandado de segurança* (art. 1). Por ello, algunas leyes de amparo, para disipar cualquier duda, son enumerativas e incluyen cualquier acto de cualquiera de las ramas del poder público e incluyen entidades desconcentradas, descentralizadas o autónomas, corporaciones municipales o aquellas financiadas con fondos públicos o aquellas operando por delegación del estado por vía de una concesión, contrato o resolución.[641]

Sin embargo, en materia de asegurar la protección constitucional contra las violaciones a los derechos humanos, independientemente de quién sea el agraviante, el

---

637 Hay que decir que la expresión "autoridad pública" del artículo 1 de la ley de amparo fue incluida debido a la intención del legislador de 1.964 de no regular el amparo contra particulares; lo que, sin embargo, ya estaba admitido por la Corte Suprema y luego expresamente regulado por el Código de Procedimiento Civil.

638 En algunas ocasiones esta expresión ha sido interpretada también de modo restrictivo como en México, refiriéndose solo a funcionarios públicos con *imperium*, esto es, aquellos con poder para ordenar y declarar actos obligatorios y exigir el uso de la fuerza pública para ejecutarlos. Véase Néstor Pedro Sagüés, *Derecho procesal Constitucional,* Vol. 3, *Acción de amparo*, Editorial Astrea, Buenos Aires 1988, pp. 91–93; Joaquín Brague Camazano, *La Jurisdicción constitucional de la libertad (Teoría general, Argentina, México, Corte Interamericana de Derechos Humanos),* Editorial Porrúa, México 2005, p. 97. José Luis Lazzarini, *El juicio de amparo,* Editorial La Ley, Buenos Aires 1987, pp. 208–209.

639 En algunos casos se ha considerado incluso que las actuaciones de una Asamblea Constituyente Provincial pueden ser impugnadas por vía de la acción de amparo. Véase Alí Joaquín Salgado, *Juicio de amparo y acción de inconstitucionalidad,* Editorial Astrea, Buenos Aires 1987, pp. 24–25.

640 Bolivia (art. 94), Colombia (art. 1), El Salvador (art. 12), Perú (art. 2), Nicaragua (art. 3), Uruguay (art. 2) and Venezuela (art. 2).

641 Guatemala (art. 9); Honduras (art. 41).

aspecto más importante en el proceso de amparo en América Latina que constituye un ámbito propio para el ejercicio del control de convencionalidad, es que conforme al parámetro establecido por la Convención Americana, la demanda de amparo puede interponerse no solo contra las autoridades públicas sino también contra los particulares. En otras palabras, el derecho de las personas a ser amparadas mediante la acción de amparo como medio específico judicial de protección está concebido para la protección de todos los derechos y garantías constitucionales contra los daños y amenazas de violación a los mismos, independientemente de su autor, que puede ser una entidad pública, cualquier autoridades, individuos particulares o compañas o corporaciones privadas.

Es cierto, que la demanda de amparo, como medio judicial específico para la protección de los derechos y garantías constitucionales, como se dijo fue concebida originalmente para la protección de los particulares contra el Estado y sus funcionarios públicos. Sin embargo, progresivamente ha ido progresivamente siendo admitida contra personas, corporaciones e instituciones privadas cuyas actividades pueden también causar daños o amenazas de daños respecto de los derechos constitucionales de los demás.

Esto fue admitido por vez primera en Argentina, mediante la decisión de la Corte Suprema de Justicia de la Nación de 1.958, dictada en el caso *Samuel Kot*, en el cual decidió que "nada hay, ni en la letra ni en el espíritu de la Constitución, que permita afirmar que la protección de los llamados *derechos humanos* [...] esté circunscripta a los ataques que provengan sólo de la autoridad", siendo importante no solo el origen del daño a los derechos constitucionales sino también los derechos mismos, admitiendo por esta vía la demanda de amparo contra los particulares.[642]

Después de esta decisión, el amparo contra personas particulares fue admitido seguidamente en muchos países latinoamericanos como en Bolivia, Chile, República Dominicana, Paraguay, Perú, Uruguay y Venezuela, y también en Colombia, Costa Rica, Ecuador, Guatemala y Honduras, donde la demanda de amparo puede ser incoada contra los actos u omisiones de individuos causantes de daños o riesgos a los derechos constitucionales de las demás personas, aunque no siempre con el mismo sentido.

En algunos países, la posibilidad del amparo contra particulares se mantiene inadmisible, como es el caso en México, donde la tutela constitucional de la demanda de amparo se estipula exclusivamente contra las autoridades.[643] También en Brasil, en relación con el *mandado de segurança,* la Constitución dispone su admisibilidad solo para proteger los derechos y libertades contra el estado y no contra personas

---

642 Véase José Luis Lazzarini, *El juicio de amparo,* La Ley, Buenos Aires 1987, p. 228; Joaquín Brage Camazano, *La jurisdicción constitucional de la libertad (Teoría general, Argentina, México, Corte Interamericana de derechos humanos)*, Editorial Porrúa, México 2005, p. 99; Néstor Pedro Sagüés, *Derecho procesal Constitucional*, Vol. 3, *Acción de amparo*, Editorial Astrea, Buenos Aires 1988, pp. 13, 512, 527 ss.

643 Véase Eduardo Ferrer Mac-Gregor, *La acción constitucional de amparo en México y España. Estudio de derecho comparado*, Editorial Porrúa, México 2002, p, 251; Joaquín Brage Camazo, *La jurisdicción constitucional de la libertad (Teoría general, Argentina, México, Corte Interamericana de derechos humanos)*, Editorial Porrúa, México 2005, 184.

individuales, "cuando el responsable de la ilegalidad o abuso de poder fuese la administración pública o el representante de una persona jurídica en el ejercicio de atribuciones del poder público", excluyendo así la demanda de la protección contra las acciones de los individuos particulares.[644] Disposiciones similares están previstas en la leyes de amparo de Panamá (Constitución, art. 50; Código Judicial, art. 2.608), El Salvador (art. 12) y Nicaragua (art. 23). Estas previsiones, sin duda, son contrarias a la Convención Americana y deberían ser objeto de control de convencionalidad.

En contraste y como ya se dijo, la demanda de amparo contra particulares es admisible en Argentina, estando el amparo contra particulares regulado en los artículos 321,2 y 498 del Código de Procedimiento Civil y Comercial.

En Venezuela, la demanda de amparo también es admisible contra actos de los particulares. La Ley Orgánica de Amparo de 1.988[645] dispone que la demanda de amparo "también procede contra el hecho, acto u omisión originados por ciudadanos, personas jurídicas, grupos u organizaciones privadas que hayan violado, violen o amenacen violar cualquiera de las garantías o derechos amparados por esta Ley." (art. 2).

De manera similar, la Ley 16.011 de amparo de Uruguay de 1.988 admite, en términos generales, la demanda de amparo "contra todo acto, omisión o hecho de las autoridades estatales o paraestatales, así como de particulares que en forma actual o inminente, a su juicio, lesione, restrinja, altere o amenace, con ilegitimidad manifiesta, cualquiera de sus derechos y libertades reconocidos expresa o implícitamente por la Constitución" (art. 1).[646] Una disposición similar está contenida en el Código Procesal Constitucional peruano (art. 2)[647] y en la constitución boliviana (art. 19).

También en Chile, aun sin una ley que estipule la acción para una tutela, se ha interpretado que la acción está establecida en la constitución a fin de proteger derechos y libertades constitucionales contra actos u omisiones arbitrarias o ilegítimas que perturben o amenacen dichos derechos y libertades (art. 20), sin distinción en cuanto al origen de la acción, siendo la misma admitida contra actos u omisiones de particulares.[648] Una interpretación similar también fue tomada por la Corte Suprema de la República Dominicana respecto de la admisibilidad del amparo contra particulares.[649]

---

644 Véase Celso Agrícola Barbi, *Do mandado de segurança*, Editora Forense, Rio de Janeiro 1993, p. 92.

645 Véase Allan R. Brewer-Carías, *Instituciones Políticas y Constitucionales*, Vol. V, *Derecho y Acción de Amparo,* Editorial Jurídica Venezolana, Caracas, 1998, pp. 96, 128; Rafael Chavero, *El nuevo régimen del amparo constitucional en Venezuela*, Editorial Sherwood, Caracas 2001.

646 Véase Luis Alberto Viera, *Ley de Amparo*, Ediciones Idea, Montevideo 1993, pp. 63, 157.

647 Véase Samuel B. Abad Yupanqui, *El proceso constitucional de amparo*, Gaceta Jurídica, Lima 2004, pp. 389 ss.

648 Véase Humberto Nogueira Alcalá, "El derecho de amparo o protección de los derechos humanos, fundamentales o esenciales en Chile: evolución y perspectivas," en Humberto Nogueira Alcalá (Editor), *Acciones constitucionales de amparo y protección: realidad y perspectivas en Chile y América Latina*, Editorial Universidad de Talca, Talca 2000, p. 41.

649 Véase Eduardo Jorge Prats, *Derecho Constitucional*, Vol. II, Gaceta Judicial, Santo Domingo 2005, p.390.

Otros países latinoamericanos, como Guatemala (art. 9), Colombia,[650] Costa Rica,[651] Ecuador[652] y Honduras solo admiten la acción de amparo contra particulares pero en forma restringida, en el sentido que solo puede ser interpuesta contra individuos o corporaciones que están en una posición de ascendencia con respecto a los ciudadanos o que de alguna manera ejercen funciones o actividades públicas o están prestando servicios públicos o de utilidad social.[653] Nada autoriza en la Convención Americana a dejar fuera de control en la protección judicial de los derechos humanos los agravios a los mismos cometidos por otros particulares no dotados de posición de poder o que por delegación realizan funciones públicas o presten servicios públicos. Por ello, esta restricción también puede considerarse un campo propicio para el control de convencionalidad.

VII. EL TEMA DEL CONTROL DE CONVENCIONALIDAD PARA ASEGURAR EL DERECHO DE AMPARO FRENTE A TODOS LOS ACTOS ESTATALES

Ahora bien, limitándonos a la protección judicial vía amparo contra los actos u omisiones de las autoridades públicas, otro aspecto que genera un gran reto para el control de convencionalidad en relación con el artículo 25.1 de la Convención Americana es asegurar que el derecho de amparo se pueda ejercer para la protección de los derechos establecidos en la Convención y en las Constituciones, contra todo acto u omisión lesivo de los mismos, cualquiera sea su naturaleza, materia en la cual la Convención no establece distinción alguna.

En efecto, en virtud de que originalmente la acción de amparo se estableció y desarrolló para la defensa de los derechos constitucionales frente a violaciones infringidas por el Estado y las autoridades, la parte agraviante más comúnmente regulada en las leyes relativas a amparo en Latinoamérica han sido, desde luego, las autoridades públicas o los funcionarios públicos cuando sus actos u omisiones (sean legislativos, ejecutivos o judiciales) violen a amenacen violar los derechos. Por ello,

---

650 En Colombia donde la constitución expresamente remite a la ley para establecer "los casos en los que la acción de tutela procede contra particulares encargados de la prestación de un servicio público o cuya conducta afecte grave y directamente el interés colectivo, o respecto de quienes el solicitante se halle en estado de subordinación o indefensión." (art. 86).

651 Al respecto, la ley de la jurisdicción constitucional costarricense restringe el amparo contra particulares. Véase Rubén Hernández Valle, *Derecho Procesal Constitucional,* Editorial Juricentro, San José 2001, pp. 275, 281 ss. El artículo 57 establece: "El recurso de amparo también se concederá contra las acciones u omisiones de sujetos de Derecho Privado, cuando éstos actúen o deban actuar en ejercicio de funciones o potestades públicas, o se encuentren, de derecho o de hecho, en una posición de poder frente a la cual los remedios jurisdiccionales comunes resulten claramente insuficientes o tardíos para garantizar los derechos o libertades fundamentales a que se refiere el artículo 2, inciso a), de esta Ley."

652 En Ecuador, la acción de amparo está admitida contra entidades que, aun no siendo autoridades públicas, prestan servicios públicos por delegación o concesión y, en términos generales, contra particulares pero solo cuando sus actos u omisiones causen daños o riesgos a los derechos constitucionales y afecten de un modo grave y directo intereses comunes, colectivos o difusos (art. 95,3).

653 De manera similar a las enjunciones admitidas en los Estados Unidos contra corporaciones de servicios públicos. Véase por ejemplo, caso *Wiemer v. Louisville Water Co*., 130 F. 251 (C.C.W.D. Ky. 1903), en John Bourdeau *et al*, "Injunctions," en Kevin Schroder, John Glenn and Maureen Placilla, *Corpus Juris Secundum*, Volume 43A, Thompson West, 2004, p. 182 ss.

la Convención Americana, de Derechos Humanos por ejemplo, al regular el amparo, como protección judicial, le da una configuración universal de manera que no indica acto alguno del Estado que escape del ámbito del amparo. Si el amparo es un medio judicial de protección de los derechos fundamentales constitucionales, ello es y tiene que serlo frente a cualquier acción de cualquier ente público o funcionario público; por lo que no se concibe que frente a esta característica universal del amparo, pueda haber determinadas actividades del Estado que puedan quedar excluidas del ámbito de la protección constitucional. Es decir, conforme a la Convención Americana, todos los actos, vías de hecho y omisiones de las autoridades públicas pueden ser objeto de la acción de amparo, cuando mediante ellos se violen o amenacen derechos constitucionales, sea que emanen de autoridades legislativas, ejecutivas o judiciales.

Es en este sentido que, por ejemplo, la Ley de Amparo de Guatemala dispone el principio general de universalidad indicando que "no hay ámbito que no sea susceptible de amparo" siendo admisible contra cualesquiera "actos, resoluciones, disposiciones o leyes de autoridad [que] lleven implícitos una amenaza, restricción o violación a los derechos que la Constitución y las leyes garantizan." (art. 8).

Estos son en general los mismos términos utilizados en la Ley Orgánica de Amparo de Venezuela la cual establece que el recurso de amparo puede ser intentado "contra cualquier hecho, acto u omisión provenientes de los órganos del Poder Público Nacional, Estadal o Municipal" (poderes públicos) (art. 2); lo que significa que la tutela constitucional puede ser incoada contra cualquier acción pública, es decir, cualquier acto formal del Estado o cualquier acto sustantivo de hecho (vías de hecho) (art. 5); así como contra cualquier omisión de las entidades públicas. Es por esto también que los tribunales en Venezuela han decidido que "no puede existir ningún acto estatal que no sea susceptible de ser revisado por vía de amparo, entendiendo ésta, no como una forma de control jurisdiccional de la inconstitucionalidad de los actos estatales capaz de declarar su nulidad, sino –como se ha dicho– un remedio de protección de las libertades públicas cuyo objeto es restablecer su goce y disfrute, cuando alguna persona natural o jurídica, o grupo u organizaciones privadas, amenace vulnerarlas o las vulneren efectivamente" admitiendo, por lo tanto, que el recurso constitucional de amparo puede ser intentado aun contra actos excluidos del control constitucional cuando un daño o violación de derechos o garantías constitucionales haya sido alegado. [654]

---

654 Véase sentencia de la antigua Corte Suprema de Justicia del 31 de enero de 1991, caso *Anselmo Natale*, en *Revista de Derecho Público*, N° 45, Editorial Jurídica Venezolana, Caracas 1991, p. 118; sentencia de la Corte Primera de lo Contencioso Administrativo de 18 de junio de 1992, en *Revista de Derecho Público*, n °46, Editorial Jurídica Venezolana, Caracas 1991, p. 125. De acuerdo con las cortes venezolanas, este carácter universal del amparo respecto de los actos u omisiones de las autoridades públicas implica que La lectura del artículo 2 de la Ley Orgánica de Amparo evidencia que no hay prácticamente ningún tipo de conducta, independientemente de su naturaleza o carácter, así como de los sujetos de los cuales provenga, del cual pueda predicarse que está excluido *per se* de su revisión por los jueces de amparo, a los efectos de determinar si vulnera o no algún derecho o garantía constitucional"; Decisión de la Corte Primera de lo Contencioso-Administrativo del 11 de noviembre de 1.993 en *Revista de Derecho Público*, N° 55–56, Editorial Jurídica Venezolana, Caracas, 1993, p. 284.. En otra sentencia del 13 de febrero de 1.992, la Corte Primera decidió: "Observa esta Corte que la característica esencial del régimen de amparo, tanto en la concepción constitucional como en su desarrollo legislativo, es su universa-

No obstante este principio general de universalidad del amparo, pueden encontrarse una serie de excepciones en muchas leyes de amparo latinoamericanas en relación con algunos actos particulares y específicos del Estado o actividades que están expresamente excluidas de los procedimientos de amparo, sean de naturaleza legislativa, ejecutiva, administrativa o judicial, lo cual al ser contrario a la Convención Americana, constituyen un campo propicio para el control de convencionalidad.

1. *Amparo contra actos legislativos*

En efecto, la primera cuestión en esta materia se refiere a la posibilidad de intentar acciones de amparo contra actos u omisiones legislativas cuando causan daños a los derechos constitucionales de las personas. Las violaciones en estos casos pueden ser causadas por leyes o por otras decisiones tomadas, por ejemplo, por comisiones parlamentarias.

A. *El amparo contra decisiones de cuerpos parlamentarios y sus comisiones*

En relación con actos de los Congresos o Asambleas y de las comisiones parlamentarias (incluyendo los consejos legislativos regionales o municipales) cuando lesionan derechos y garantías constitucionales, en principio, es posible impugnarlos mediante la acción de amparo ante los tribunales competentes.[655] Esto ha sido expresamente admitido, por ejemplo, en Argentina[656], Costa Rica[657] y Venezuela.[658]

---

lidad... por lo cual hace extensiva la protección que por tal medio otorga, a todos los sujetos (personas físicas o morales que se encuentran en el territorio de la nación) así como a todos los derechos constitucionalmente garantizados, e incluso aquéllos que sin estar expresamente previstos en el texto fundamental, son inherentes a la persona humana. Este es el punto de partida para entender el ámbito del amparo constitucional. Los únicos supuestos excluidos de su esfera son aquéllos que expresamente señala el artículo 6 de la Ley Orgánica de Amparo sobre Derechos y Garantías Constitucionales y, desde el punto de vista sustantivo, no hay limitaciones respecto a derechos o garantías específicas." Véase *Revista de Derecho Público*, N° 49, Editorial Jurídica Venezolana, Caracas 1992, pp. 120–121.

655 En los Estados Unidos, los actos del Concejo Municipal pueden ser impugnados mediante injunctions. Véase *Stuab v. City of Baxley*, 355 U.S. 313 (1958), en M. Glenn Abernathy and Barbara A. Perry, *Civil Liberties under the Constitution*, University of South Carolina Press, 1993, pp. 12–13.

656 En Argentina fue el caso de las interpelaciones parlamentarias desarrolladas en 1.984 en relación con los hechos ocurridos durante el gobierno de facto anterior, en el cual una comisión parlamentaria ordenó allanar la oficina de una firma de abogados y confiscar documentos. En las decisiones de la Corte Suprema de Justicia en el caso *Klein* en 1984, sin cuestionar las facultades de las comisiones parlamentarias para hacer pesquisas, se sentenció que ellas no pueden, sin disposiciones legales formales, válidamente restringir los derechos individuales, en particular, allanar el domicilio personal de las personas y decomisar sus documentos personales. En el caso, por tanto, fue decidido que la orden solo podía tomarse basándose en disposiciones legales y no en la sola decisión de las comisiones y, eventualmente, fundados en una orden judicial. Véase los comentarios en la sentencia de Primera Instancia de 1.984 (1ª. InstCrimCorrFed, Juzg N° 3, 10-9-84, ED 110-653), en Néstor Pedro Sagüés, *Derecho procesal Constitucional*, Vol. 3, *Acción de amparo*, Editorial Astrea Buenos Aires 1988, pp. 95–97; Joaquín Brague Camazano, *La Jurisdicción constitucional de la libertad (Teoría general, Argentina, México, Corte Interamericana de Derechos Humanos)*, Editorial Porrúa, México 2005, p. 98; José Luis Lazzarini, *El juicio de amparo*, Editorial La Ley, Buenos Aires 1987, pp. 216–216.

657 Véase Rubén Hernández Valle, *Derecho Procesal Constitucional*, Editorial Juricentro, San José 2001, pp. 211–214.

En contraste, en México, el artículo 73, VIII de la Ley de amparo expresamente excluye del recurso de amparo, las resoluciones y declaraciones del Congreso federal y sus Cámaras, así como las de los cuerpos legislativos estadales y sus comisiones respecto de la elección, suspensión o remoción de funcionarios públicos en casos donde las constituciones correspondientes les confieran el poder para resolver el asunto de una manera soberana o discrecional.[659] Las decisiones tomadas por la Cámara de Diputados o del Senado, en juicios políticos, que sean declaradas inatacables[660] (Constitución, art. 110) también están excluidas del recurso de amparo. Ello, sin duda, contraría la Convención Americana la cual no excluye acto lesivo alguno para asegurar la protección o amparo de los derechos humanos. Estas exclusiones por tanto, son campo propicio para el ejercicio de convencionalidad tanto por la Corte Interamericana como por los jueces y tribunales nacionales.

B. *El amparo contra las leyes*

Ahora bien, aparte de los actos de las comisiones o cuerpos legislativos, uno de los aspectos más importantes del procedimiento de amparo latinoamericano se refiere a la posibilidad de intentar la acción de amparo contra las leyes. Si bien es cierto que en algunos países está expresamente admitido como es el caso de Guatemala, Honduras, México y Venezuela; en la mayoría de los países latinoamericanos aún está expresamente excluido como es el caso en Argentina, Bolivia, Brasil, Colombia, Chile,[661] Costa Rica, República Dominicana, Ecuador, El Salvador,[662] Panamá, Perú, Paraguay, Nicaragua y Uruguay.

Con respecto a los países donde la acción de amparo es admitido contra las leyes, la interposición de la acción, por ejemplo en México y en Venezuela, está limitada a solo las leyes de aplicación directa (las que pueden lesionar los derechos constitucionales sin necesidad de ningún otro acto del Estado que la ejecute o aplique), o a los solos actos que aplican la ley en particular. Solamente en Guatemala y Honduras, es que el recurso de amparo es admitido directamente contra las leyes.

En efecto, en México, el artículo 1,I de la Ley de amparo establece que el amparo puede intentarse contra leyes de aplicación directa o leyes auto-aplicables cuando

---

658 En Venezuela, similarmente, la Corte Suprema, aun reconociendo la existencia de atribuciones exclusivas de los cuerpos legislativos, los cuales de acuerdo con la constitución de 1.961 (art. 159) no estaban sujetos al control jurisdiccional, admitió la protección del amparo contra ellas para la inmediata restauración de los derechos constitucionales lesionados del accionante; y admitió la acción de amparo contra actos legislativos. Sentencia de 31 de enero de 1.991 (caso *Anselmo Natale*). Véase en *Revista de Derecho Público*, N° 45, Editorial Jurídica Venezolana, Caracas 1991, p. 118.

659 Véase Richard D. Baker, *Judicial Review in México. A Study of the Amparo Suit*, Texas University Press, Austin 1971, p. 98.

660 Véase Eduardo Ferrer Mac-Gregor, *La acción constitucional de amparo en México y España. Estudio de derecho comparado*, Editorial Porrúa, México 2002, p. 378.

661 Véase Humberto Nogueira Alcalá, "El derecho de amparo o protección de los derechos humanos, fundamentales o esenciales en Chile: evolución y perspectivas," in Humberto Nogueira Alcalá (Editor), *Acciones constitucionales de amparo y protección: realidad y perspectivas en Chile y América Latina*, Editorial Universidad de Talca, Talca 2000, p. 45.

662 Véase Edmundo Orellana, *La Justicia Constitucional en Honduras*, Universidad Nacional Autónoma de Honduras, Editorial Universitaria, Tegucigalpa 1993, p. 102, nota 26.

causen un daño directo a las garantías constitucionales del accionante sin requerirse un acto judicial o administrativo adicional para su aplicación.[663] En tales casos, la acción se intenta directamente contra la ley dando lugar al control de constitucionalidad de la misma. Por ello el amparo contra las leyes en México está considerado como un medio judicial para el control constitucional directo de las mismas (aun cuando la acción no se intente en forma abstracta debido a que el accionante debe haber sido lesionado directamente y sin necesidad de otro acto adicional del Estado para la aplicación de la ley). Por el contrario, cuando la ley, por sí misma, no causa un daño directo y personal al accionante (porque no es de aplicación directa), la acción de amparo es inadmisible al menos que sea intentada contra los actos del Estado que aplican dicha ley a una persona especifica.[664]

En Venezuela, dado el carácter universal del sistema de control de constitucionalidad, consolidado en la Constitución de 1.999, puede decirse que una de las más destacadas innovaciones de la Ley de amparo de 1.988 fue la de establecer la acción directa de amparo contra las leyes y otros actos normativos, complementando el sistema general mixto de control constitucional.[665] Considerábamos que cuando se intentaba directamente la acción contra leyes, el propósito de la disposición legal era asegurar la inaplicabilidad de la ley al caso particular con efectos *inter partes*.[666]

---

663 Véase *Garza Flores Hnos., Sucs.* case, 28 S.J. 1208 (1930). Véase la referencia en Richard D. Baker, *Judicial Review in México. A Study of the Amparo Suit*, Texas University Press, Austin 1971, p. 167. En estos casos la acción debe ser intentada dentro de los treinta días siguientes a su ejecución. En dichos casos, los demandados son las instituciones supremas del estado que intervinieron en la redacción de la ley, es decir, el Congreso de la Unión o las legislaturas de los estados que sancionaron la ley, el presidente de la república o estado, gobernadores que ordenaron su ejecución y las secretarías ejecutivas que la sancionaron y ordenaron su promulgación.

664 Como se dispone expresamente en el artículo 73, VI, el juicio de amparo es inadmisible "contra leyes, tratados y reglamentos que, por su sola vigencia, no causen perjuicio al quejoso, sino que se necesite un acto posterior de aplicación para que se origine tal perjuicio." En estos casos de leyes que no son de aplicación directa, la acción de amparo debe ser interpuesta dentro de los quince días siguientes a la producción del primer acto que las ejecute o aplique. Véase Eduardo Ferrer Mac-Gregor, *La acción constitucional de amparo en México y España. Estudio de derecho comparado*, Editorial Porrúa, México, 2002, p, 387. El principal aspecto a resaltar, desde luego, es la distinción entre leyes que son de aplicación directa de las leyes que no lo son. Siguiendo la doctrina asentada en el caso de Villera de Orellana, María de los Ángeles et al., aquellas son las que obligan inmediatamente y en cuyas disposiciones las personas a quienes aplica son clara e inequívocamente identificadas, siendo *ipso facto* sujetas a una obligación que implica el cumplimiento de actos no requeridos previamente, resultando en una modificación perjudicial de los derechos de la persona. Suprema Corte de Justicia, 123 S.J. 783 (1955). Véase comentarios en Richard D. Baker, *Judicial Review in México. A Study of the Amparo Suit*, Texas University Press, Austin 1971, p. 168–173.

665 De acuerdo con el artículo 3 de la ley de amparo, son dos las formas establecidas mediante las cuales puede conducirse una pretensión de amparo ante la corte competente: de una manera autónoma o ejercida en conjunto con la acción popular de inconstitucionalidad de las leyes. En el último caso, la pretensión de amparo está subordinada a la acción principal de control jurisdiccional, permitiendo a la corte solamente la posibilidad de suspender la aplicación de la ley mientras se resuelve la acción por inconstitucionalidad. Véase Allan R. Brewer-Carías, *Instituciones Políticas y Constitucionales*, Vol. V, *Derecho y Acción de Amparo*, Editorial Jurídica Venezolana, Caracas, 1998, pp. 227 ss.

666 Véase Allan R. Brewer-Carías, *Instituciones Políticas y Constitucionales*, Vol. V, *Derecho y Acción de Amparo*, Editorial Jurídica Venezolana, Caracas, 1998, pp. 224 ss.; Rafael Chavero, *El nuevo régimen del amparo constitucional en Venezuela*, Editorial Sherwood, Caracas 2001, pp. 553 ss.

Sin embargo, a pesar de las disposiciones de la ley de amparo, lo cierto es que la jurisprudencia del Tribunal Supremo rechazó tales acciones imponiendo la necesidad de intentarlas solo contra los actos del Estado dictados para aplicar las leyes y no directamente en contra de las mismas.[667] Sin embargo, la antigua Corte Suprema, en sus decisiones a partir de 1993, aún admitiendo la diferencia que existe entre las leyes de aplicación directa de aquellas que no lo son,[668] concluyó declarando la imposibilidad de que un acto normativo pueda lesionar directa y efectivamente, por sí mismo, los derechos constitucionales de una persona. El tribunal también consideró que una ley, a los efectos de la acción de amparo no podría ser una amenaza a derechos constitucionales, en razón de que para intentar una acción de amparo, esta tiene que ser "inminente, posible y realizable", condiciones que se considera no se dan respecto de las leyes.

Ahora bien, en contraste con las normas mexicanas y venezolanas, respecto de las cuales, por contrariar la Convención Americana la cual no excluye acto alguno de la protección o amparo, podría ejercerse el control de convencionalidad; el amparo contra las leyes en Guatemala está previsto bajo la modalidad directa, estando la Corte de Constitucionalidad facultada "para que se declare en casos concretos que una ley, un reglamento, una resolución o acto de autoridad, no obligan al recurrente por contravenir o restringir cualesquiera de los derechos garantizados por la Constitución o reconocidos por cualquiera otra ley" (Ley de Amparo de Guatemala, art. 10,b). Esta misma facultad judicial, pero solo relativa a los reglamentos del poder ejecutivo, está establecida en Honduras (Ley sobre Justicia Constitucional, art. 41,b). En ambos casos, las sentencias en los procedimientos de amparo tienen el efecto de suspender la aplicación de la ley o reglamento del ejecutivo respecto del recurrente y, si fuese pertinente, el restablecimiento de la situación jurídica lesionada o la cesación de la medida (Ley de amparo, art. 49,a).[669]

Aparte de estos cuatro casos de México, Venezuela, Guatemala y Honduras, como se ha dicho, en los otros países latinoamericanos el amparo contra las leyes está expresamente excluido, siendo este, sin duda, como se dijo, un campo propicio para el control de convencionalidad.

En efecto, en Argentina, aun contando con la larga tradición del control de constitucionalidad de las leyes mediante la aplicación del método difuso de control, el amparo contra las leyes no se admite.[670] Sin embargo, si en el ejercicio de una ac-

---

667 Véase decisión del 24 de mayo de 1.993, la Sala Político-Administrativa de la Corte Suprema de Justicia, en *Revista de Derecho Público*, N° 55-56, Editorial Jurídica Venezolana, Caracas 1993, pp. 287–288.

668 Sentenciando que las leyes de aplicación directa imponen, con su promulgación, una inmediata obligación a las personas para quienes se dicta; y, por el contrario, aquellas leyes que no son de aplicación directa requieren de un acto para su aplicación, en cuyos casos su sola promulgación no puede producir una violación constitucional. Véase en Revista de Derecho. Público, N° 55-56, Editorial Jurídica Venezolana, Caracas 1993, p. 285

669 Véase Edmundo Orellana, *La justicia constitucional en Honduras*, Universidad Nacional Autónoma de Honduras, Tegucigalpa 1993, p. 102, nota 26.

670 Véase José Luis Lazzarini, *El juicio de amparo*, Editorial La Ley, Buenos Aires 1987, p. 214; Néstor Pedro Sagüés, *Derecho procesal Constitucional*, Vol. 3, "Acción de amparo," Editorial Astrea, Buenos Aires, 1988, p. 97.

ción de amparo contra actos del estado, se considera inconstitucional la ley en la cual el acto impugnado esté basado, el juez de amparo, mediante el método difuso de control de constitucionalidad, podría decidir acerca de la inaplicabilidad de la ley en ese caso.[671]

En Brasil, el *mandado de segurança* también está excluido contra las leyes o disposiciones legales cuando éstas no han sido aplicadas a través de actos administrativos.[672]

En Uruguay, en sentido similar, aun siendo un país con un sistema concentrado de control constitucional, el amparo contra las leyes está excluido en relación con las leyes y actos del Estado de similar rango (Ley N° 16.011, art. 1,c). En Uruguay, en efecto, el único medio para lograr la declaratoria de la inconstitucionalidad de una ley, es mediante el ejercicio de un recurso ante la Corte Suprema, la cual sólo puede decidir sobre la inconstitucionalidad con efectos limitados al caso concreto. En el caso de una acción de amparo donde se plantee la cuestión de inconstitucionalidad de una ley, la decisión del juez competente sólo tendría efectos suspensivos respecto de la aplicación de la ley en relación con el recurrente, quedando sujeta a la decisión de la Corte Suprema en cuanto a la inconstitucionalidad de la ley.[673] Por su parte, la ley reguladora del amparo en el Paraguay también dispone que cuando para una decisión en un procedimiento de amparo sea necesario determinar la constitucionalidad o inconstitucionalidad de una ley, el tribunal debe enviar los expedientes a la Sala Constitucional de la Corte Suprema a fin de decidir sobre su inconstitucionalidad. Esta incidencia no suspendería el procedimiento en el tribunal inferior, el cual debe continuarlo hasta antes de su decisión (art. 582).

En Costa Rica, la Ley de la Jurisdicción Constitucional también dispone la inadmisibilidad de la acción de amparo contra las leyes o contra otras disposiciones reglamentarias, con la excepción de cuando son impugnadas junto con los actos que las aplican individualmente, o cuando se relacionan con normas de aplicación directa o automática, sin necesidad de otras normas o actuaciones que las desarrollen o hagan aplicables al recurrente (Ley de la Jurisdicción Constitucional, art. 30,a). Sin embargo, en estos casos, el amparo contra la ley de aplicación directa no es directamente resuelto por la Sala Constitucional, sino que debe ser convertido en una acción de inconstitucionalidad de la ley impugnada.[674] En dichos casos, el presidente de la Sala Constitucional debe suspender el procedimiento de amparo y dar al recurrente, quince días para formalizar una acción directa de inconstitucionalidad contra

---

671 En este respecto, el artículo 2,d de la Ley de amparo dispuso que la acción de amparo no es admisible "cuando la determinación de la eventual invalidez del acto requiriese [...] la declaración de inconstitucionalidad de leyes [...]". Esto se ha tomado como no vigente porque contradice el artículo 31 de la constitución (ley suprema de la nación). Véase Néstor Pedro Sagüés, *Derecho procesal Constitucional*, Vol. 3, *Acción de amparo*, Editorial Astrea Buenos Aires, 1988, p. 243–258. Adicionalmente, el artículo 43 de la Constitución de 1.994, que ahora rige la acción de amparo, ha expresamente resuelto la situación disponiendo que "En el caso, el juez podrá declarar la inconstitucionalidad de la norma en que se funde el acto u omisión lesiva."

672 Véase José Luis Lazzarini, *El juicio de amparo*, La Ley, Buenos Aires 1987, pp. 213–214.

673 Véase Luis Alberto Viera, *Ley de Amparo*, Ediciones Idea, Montevideo 1993, pp. 23.

674 Véase Rubén Hernández, *Derecho Procesal Constitucional*, Editorial Juricentro, San José 2001, pp. 45, 208–209, 245, 223.

la ley (Ley de la Jurisdicción Constitucional de Costa Rica, art. 48). Así que solo después que la ley es anulada por la Sala Constitucional, la acción de amparo será decidida.

En el Perú, de manera similar a la solución argentina y después de discusiones que surgieron conforme a la legislación anterior,[675] el Código Procesal Constitucional dispone que cuando se invoque la amenaza o violación de actos que tienen como sustento la aplicación de una norma incompatible con la Constitución, la sentencia que declare fundada la demanda dispondrá, además, la inaplicabilidad de la citada norma (art. 3). En este caso también, para decidir, el tribunal debe utilizar sus facultades de control jurisdiccional a través del método difuso.

También en Colombia, la acción de tutela está excluida respecto de todos los "actos de carácter general, impersonal y abstracto" (art. 6,5); y en Nicaragua, la acción de amparo no es admisible "en contra del proceso de formación de la ley desde la introducción de la correspondiente iniciativa hasta la publicación del texto definitivo (Ley de Amparo, art. 7)

2. *El amparo contra las actuaciones ejecutivas y actos administrativos*

A. *El amparo contra actos del Poder Ejecutivo*

Con respecto a las autoridades del Poder Ejecutivo, el principio general es que la acción de aparo es admisible respecto de los actos administrativos, hechos u omisiones de los órganos e entidades públicas que integran la Administración Pública, en todos sus niveles (nacional, estadal y municipal), incluyendo las entidades descentralizadas, autónomas, independientes y desconcentradas. La acción de amparo, por supuesto, también procede contra los actos dictados por la cabeza del poder ejecutivo, es decir, por el Presidente de la Republica.

No obstante, en relación con actos administrativos y en general del Poder Ejecutivo, algunas restricciones específicas se han establecido en América latina, por ejemplo, en México, donde el acto presidencial específico de expulsión de un extranjero del territorio (art. 33)[676] no puede ser impugnado por medio de la acción de amparo y, en Uruguay, contra los reglamentos del ejecutivo.[677]

Con relación a los actos administrativos, como se dijo antes, todos los países latinoamericanos admiten la posibilidad de la interposición de acciones de amparo contra dichos actos; y, aun en algunos países, como en Venezuela, la Ley de amparo (art. 5) dispone la posibilidad de ejercer la acción de dos maneras: en forma autónoma o en conjunción con un recurso contencioso-administrativo de nulidad del acto en cuestión.[678] La diferencia principal entre las dos vías[679] está, primero, en la

---

675 Particularmente y respecto de las acciones de amparo contra leyes de aplicación directa, Véase Samuel B. Abad Yupanqui, *El proceso constitucional de amparo*, Gaceta Jurídica, Lima 2004, pp. 352-374.

676 Véase Eduardo Ferrer Mac-Gregor, *La acción constitucional de amparo en México y España. Estudio de derecho comparado*, Editorial Porrúa, México 2002, p. 377.

677 Véase Luis Alberto Viera, *Ley de Amparo*, Ediciones Idea, Montevideo, 1993, p. 99.

678 Respecto de la última, la antigua Corte Suprema de Justicia en sentencia de 10 de julio de 1.991 (caso *Tarjetas Banvenez*), aclaró que en dicho caso, la acción no es una acción principal sino subordinada a la acción principal al que se le ha adjuntado y está sujeta a la decisión final anulatoria de la decisión que

naturaleza del alegato: en el sentido de que en el primer caso, la violación alegada respecto del derecho constitucional debe ser una violación directa, inmediata y flagrante; en el segundo caso, lo que tiene que ser probado es la existencia de una grave presunción de la violación del derecho constitucional.

Y, segundo, hay también una diferencia en cuanto al objetivo general del procedimiento: en el primer caso, la sentencia pronunciada es una sentencia definitiva de tutela constitucional, de carácter restauradora; en el segundo caso, la sentencia sólo tiene carácter cautelar de suspensión de los efectos del acto impugnado, que queda sujeta a la decisión de la causa principal de nulidad.[680]

De manera similar a la solución venezolana, el artículo 8 de la Ley de tutela colombiana establece la posibilidad de interponer "la tutela como mecanismo transitorio" contra actos administrativos en conjunción con el recurso contencioso-administrativo de nulidad.

B. *La acción de amparo y las cuestiones políticas*

Un tema importante en relación al amparo contra actos del Poder Ejecutivo, es el relacionado con los llamados actos políticos o las llamadas cuestiones políticas, lo cual, sin embargo, en materia de control judicial, en América Latina solo es relevante en Argentina y Perú.

En efecto, de acuerdo con la doctrina que se originó en los Estados Unidos con relación al control jurisdiccional de constitucionalidad, siempre se ha considerado

---

tiene que ser dictada en la acción principal. Véase texto en la *Revista de Derecho Público*, Nº 47, Editorial Jurídica Venezolana, Caracas, 1991, pp. 169–174 y comentarios en *Revista de Derecho Público*, Nº 50, Editorial Jurídica Venezolana, Caracas 1992, pp. 183–184. Es por esto que en estos casos la pretensión del amparo (que debe estar fundamentada en una presunción grave de la violación del derecho constitucional) tiene un carácter preventivo y temporal que consiste en la suspensión de los efectos del acto administrativo impugnado mientras se produce la decisión final en el recurso de nulidad. Este carácter cautelar de la protección del amparo mientras se resuelve la acción está, por tanto, sujeto a la decisión final a ser dictada en el proceso contencioso-administrativo de nulidad contra el acto impugnado. Véase en *Revista de Derecho Público*, Nº 47, Editorial Jurídica Venezolana, Caracas 1991, pp. 170–171.

679 La principal diferencia entre ambos procedimientos según la Corte Suprema de Justicia es que, en el primer caso del recurso autónomo de amparo contra actos administrativos, el recurrente debe alegar una violación directa, inmediata y flagrante del derecho constitucional, el cual por sí mismo evidencia la necesidad de la orden de amparo como medio definitivo para restaurar la situación jurídica lesionada. En el segundo caso y dada la naturaleza suspensiva de la orden de amparo, la cual solo tiende a detener temporalmente los efectos del acto lesivo hasta que el recurso contencioso-administrativo que confirme o anule dicho acto sea decidido, las violaciones inconstitucionales alegadas de disposiciones constitucionales pueden ser formuladas junto con las violaciones de disposiciones legales, o correspondientes a una ley, que desarrollan disposiciones constitucionales; y porque es un recurso de control constitucional contra actos administrativos que persiguen la nulidad de éstos, pueden también dichos recursos fundamentarse en textos legales. Lo que la corte no puede hacer en estos casos de acciones conjuntas con el fin de suspender los efectos del acto administrativo impugnado, es fundamentar su decisión solamente en las alegadas violaciones de la ley porque esto significaría anticipar la decisión final en el recurso principal (de control constitucional de nulidad). *Ídem*, pp. 171–172.

680 *Ídem*, p. 172. Véase t. respecto de la nulidad del artículo 22 de la ley orgánica de amparo, la decisión de la anterior Corte Suprema del 21 de mayo de 1.996 en Allan R. Brewer-Carías, *Instituciones Políticas y Constitucionales,* Vol. V, *Derecho y Acción de Amparo*, Editorial Jurídica Venezolana, Caracas 1996, pp. 392 ss.

como exentos de control judicial a los actos de naturaleza política, todo ello, en el marco de la "separación de los poderes" y de las relaciones que deben existir "entre la rama judicial y las agencias coordinadas del gobierno federal".[681] En estos casos se considera que la Corte Suprema ha considerado que la solución de las controversias constitucionales corresponde a las ramas políticas del gobierno, quedando excluidos de control judicial. Esas cuestiones políticas, en general, son las relativas a las relaciones exteriores que impliquen definición de "política general, consideraciones de extrema magnitud y, ciertamente, por entero fuera de la competencia de una corte de justicia."[682] En todos estos casos, desde luego, aun cuando pueda elaborarse una lista de "cuestiones políticas" que no sean justiciables, la responsabilidad última en determinarlas corresponde a la Corte Suprema.[683]

Siguiendo esta doctrina, e igualmente sin ninguna base constitucional expresa, la Corte Suprema en Argentina y el Tribunal Constitucional en Perú[684] también han desarrollado la misma eximente para el control judicial y para el ejercicio de las acciones de amparo en materias políticas.

La excepción argentina se refiere principalmente a los denominados "actos de gobierno" o "actos políticos" referidos, por ejemplo, a las declaraciones de guerra y de estados de sitio; a las intervenciones del gobierno central en las provincias, a la "conveniencia pública" con fines de expropiación, a la emergencia para aprobar determinados tributos impositivos directos; y a los actos relativos a las relaciones exteriores como son el reconocimiento de nuevos Estados o gobiernos extranjeros, o la expulsión de extranjeros.[685] Todos estos actos son considerados en Argentina

---

681 Véase *Baker v. Carr,* 369 U.S. 186 (1962),en M. Glenn Abernathy and Barbara A. Perry, *Civil Liberties under the Constitution*, Sixth Edition, University of South Carolina Press, 1993, pp. 6–7.

682 Véase *Ware v. Hylton*, 3 Dallas, 199 (1796). Las decisiones sobre relaciones exteriores por lo tanto y como declaró el magistrado Jackson en *Chicago and Southern Air Lines v. Waterman Steamship Co.* (1948): "Están enteramente confinadas por nuestra constitución a los departamentos políticos del gobierno … Son decisiones de una naturaleza para la que el poder judicial no tiene aptitudes, facilidades ni responsabilidad y que, desde mucho tiempo, ha sido considerada pertenencia del dominio del poder político, no sujeto a la intromisión o cuestionamiento judicial." *Chicago and Southern Air Lines v. Waterman Steamship Co.*, 333 US 103 (1948), p. 111. Aunque desarrollada principalmente para materias de asuntos exteriores, la Corte Suprema también ha considerado como *cuestiones políticas* determinadas materias relacionadas con el manejo de los asuntos interiores, los cuales son por lo tanto no enjuiciables jurisdiccionalmente; como, por ejemplo, la decisión de si un estado debe tener una forma republicana de gobierno y la cual en Luther v. Borden (1849) fue considerada una "decisión vinculante para cada uno de los departamentos del gobierno y que no podía ser cuestionada en un tribunal judicial." *Luther v. Borden* 48 U.S. (7 Howard), 1, (1849). *Ídem*, pp. 6–7.

683 Como dijo la corte en *Baker v. Carr* 369 U.S. 186 (1962): "Decidir si una materia ha sido, en cualquier medida, atribuida por la constitución a otra rama del gobierno o si la acción de esa rama excede la autoridad cualquiera que se le haya atribuido -dijo la corte, es en sí mismo un ejercicio delicado de interpretación constitucional y es responsabilidad de esta corte decidirlo como intérprete último de la constitución." *Idem,* p. 6-7.

684 Véase Samuel B. Abad Yupanqui, *El proceso constitucional de amparo*, Gaceta Jurídica, Lima 2004, pp. 128 ss.

685 Para que esta excepción sea aplicada, se ha considerado que el acto impugnado debe en forma clara y exacta basarse en las disposiciones de dicha ley. Véase José Luis Lazzarini, *El juicio de amparo*, La Ley, Buenos Aires 1987, p. 190 ss.; Néstor Pedro Sagüés, *Derecho procesal Constitucional*, Vol. 3, "Acción de amparo," Editorial Astrea, Buenos Aires 1988, pp. 270 ss.; Alí Joaquín Salgado, *Juicio de amparo y acción de inconstitucionalidad*, Astrea, Buenos Aires 1987, p. 23.

como asuntos de carácter político, que son dictados por los órganos políticos del Estado de acuerdo con las atribuciones que les han sido atribuidas exclusiva y directamente en la Constitución; razón por la cual se los considera fuera del ámbito de la acción de amparo.

En esta materia, también debe mencionarse en argentina, la restricción establecida en la Ley de amparo, al establecer la inadmisibilidad de la acción de amparo contra actos dictados en aplicación expresa de la Ley de Defensa Nacional (Ley N° 16.970, art. 2,b).[686]

En el Perú, el tema de las cuestiones políticas en cierta forma se consideró en la sentencia de la Corte Interamericana donde se realizó el control de convencionalidad de la decisión adoptada por el Congreso en el Perú, mediante la cual se removió de sus cargos a los magistrados del Tribunal Constitucional, sin las debidas garantías de protección judicial. En efecto, en el conocido caso *Tribunal Constitucional vs. Perú*, de 31 de enero de 2001, la Corte Interamericana. luego de reiterar su criterio de que para que el Estado cumpla con lo dispuesto en el artículo 25.1 de la Convención, "no basta con que los recursos existan formalmente, sino que los mismos deben tener efectividad, es decir, debe brindarse a la persona la posibilidad real de interponer un recurso que sea sencillo y rápido,"[687] consideró que "la institución procesal del amparo reúne las características necesarias para la tutela efectiva de los derechos fundamentales, esto es, la de ser sencilla y breve[688]; pasando luego a explicar que "en lo que concierne al debido proceso legal," los actos del proceso de "destitución de los magistrados del Tribunal Constitucional seguido ante el Congreso, que se hallan sometidos a normas legales que deben ser puntualmente observadas," pueden ser recurribles en amparo, considerando sin embargo que el proceso de amparo "no implica valoración alguna sobre actos de carácter estrictamente político atribuidos por la Constitución al Poder Legislativo."[689]

La Corte Interamericana en el caso, analizó la decisión que había adoptado el propio Tribunal Constitucional peruano al decidir los recursos de amparo intentado por los magistrados destituidos considerando que "el ejercicio de la potestad de sanción, específicamente la de destitución de altos funcionarios, no puede ser abiertamente evaluada en sede jurisdiccional, pues constituye un acto privativo del Congreso de la República, equivalente a lo que en doctrina se denomina 'Political Questions' o cuestiones políticas no justiciables;"[690] destacando sin embargo, que el propio Tribunal había establecido que:

> "tal potestad no es ilimitada o absolutamente discrecional sino que se encuentra sometida a ciertos parámetros, uno de ellos y quizás el principal, el de

---

686 Véase caso *Diario El Mundo c/ Gobierno nacional*, CNFed, Sala 1 ContAdm, 30 de abril de 1.974, JA, 23-1974-195. Véanse los comentarios en Néstor Pedro Sagüés, *Derecho procesal Constitucional,* Vol. 3, *Acción de amparo*, Editorial Astrea, Buenos Aires 1988, pp. 212–214.

687 Véase la sentencia en el caso *Tribunal Constitucional vs. Perú*, de 31 de enero de 2001 (Párr. 90) en http://www.corteidh.or.cr/docs/casos/articulos/Seriec_71_esp.pdf

688 *Idem*, Párr. 91

689 *Idem*, Párr. 94

690 *Idem*, Párr. 95

su ejercicio conforme al principio de razonabilidad, pues no sería lógico ni menos justo, que la imposición de una medida de sanción, se adopte tras una situación de total incertidumbre o carencia de motivación. De allí que cuando existan casos en los que un acto de naturaleza política, como el que se cuestiona en la presente vía de amparo, denote una manifiesta transgresión de dicho principio y por extensión de otros como el del Estado Democrático de Derecho o el Debido Proceso Material, es un hecho inobjetable que este Colegiado sí puede evaluar su coherencia a la luz de la Constitución Política del Estado."[691]

En el caso, sin embargo, a pesar de que el Tribunal Constitucional estimó posible la revisión judicial de actos vinculados con un juicio político a efecto de evaluar si en aquéllos se había cumplido con las garantías propias del debido proceso legal, consideró que se habían respetado tales garantías, declarándose el recurso de amparo como infundado [692] la Corte Interamericana estimó "que el fracaso de los recursos interpuestos contra la decisión del Congreso que destituyó a los magistrados del Tribunal Constitucional" se debió a apreciaciones "no estrictamente jurídicas" afirmando que "la decisión de los amparos en el caso en análisis no se reunieron las exigencias de imparcialidad por parte del Tribunal que conoció los citados amparos" violándose el derecho a la protección judicial, en perjuicio de las víctimas. [693]

En todos estos casos de exclusión de la acción de amparo respecto de las actuaciones del Poder Ejecutivo que se consideren como cuestiones políticas, sin duda contrarias a los parámetros fijados en el artículo 25.1 de la Convención Americana para el derecho a la protección o amparo judicial, es también campo propicio para el ejercicio del control de convencionalidad.

C. *La acción de amparo y el funcionamiento de los servicios públicos*

Finalmente y en relación con los actos administrativos, también en Argentina la Ley de amparo establece la inadmisibilidad de la acción de amparo en casos en los cuales la intervención judicial comprometa directa o indirectamente "la regularidad, continuidad y eficacia de la prestación de un servicio público, o el desenvolvimiento de actividades esenciales del Estado" (art. 2,c). La misma disposición se establece respecto de la acción de amparo en el Código de Procedimiento Civil de Paraguay (art. 565,c).

Dado la forma de redacción y la utilización de conceptos indeterminados (comprometer, directo, indirecto, regularidad, continuidad, eficacia, prestación, servicio público) y debido al hecho que cualquier actividad administrativa del Estado puede siempre relacionarse con un servicio público,[694] esta disposición ha sido altamente criticada en Argentina, considerando que con su aplicación materialmente sería difícil que un amparo se decida contra el Estado.[695] En todo caso la decisión final co-

691 *Idem,* Párr. 95

692 *Idem,* Párr. 95

693 *Idem,* Párrs. 96, 97

694 *Idem*, pp. 226 ss.

695 Véase José Luis Lazzarini, *El juicio de amparo*, La Ley, Buenos Aires 1987, p. 231.

rresponde a los tribunales y si bien es verdad que en la práctica la excepción no ha sido casi nunca utilizada,[696] en algunas materias importantes sí se ha alegado.[697]

En todo caso, la exclusión de la acción de amparo en los mencionados casos de cuestiones políticas y de afectación de servicios públicos, en nuestro criterio, también resultan contrarias a lo dispuesto en el artículo 25.1 de la Convención Americana para el derecho a la protección o amparo judicial, constituyendo igualmente campo propicio para el ejercicio del control de convencionalidad.

3. *El amparo contra las sentencias y actos judiciales*

En contraste con la admisión general de la acción de amparo contra actos administrativos y en general, contra los actos del Poder Ejecutivo, lo mismo no puede decirse respecto de las decisiones judiciales, las cuales en muchos casos se han excluido del ámbito de la acción de amparo. En otras palabras, si bien la acción de amparo está admitido en muchos países de América Latina contra los actos judiciales, en la mayoría de los países han sido expresamente excluidos y considerados inadmisibles, específicamente cuando las decisiones judiciales son pronunciadas en ejercicio del poder jurisdiccional,[698] lo que sin duda también se configura como un campo propicio para el control de convencionalidad por contrariar lo dispuesto en el artículo 25.1 de la Convención Americana, el cual no excluye acto estatal lesivo de derechos humanos alguno de la protección judicial.

Respecto de los países que admiten el recurso de amparo para la tutela de los derechos constitucionales contra decisiones judiciales, puede decirse que ello ha sido

---

696 *Idem*, p. 233; Néstor Pedro Sagüés, *Derecho procesal Constitucional*, Vol. 3, *Acción de amparo*, Editorial Astrea, Buenos Aires 1988, p. 228.

697 Pasó, por ejemplo, en las acciones de amparo interpuestas en 1.985 contra la decisión del Banco Central de la República suspendiendo, por algunos meses, el plazo de los pagos de depósitos en moneda extranjera. Aunque algunos tribunales rechazaron las acciones de amparo en el asunto (v. CFed *BBlanca* case, 13 de agosto de 1.985, ED, 116-116, en Alí Joaquín Salgado, *Juicio de amparo y acción de inconstitucionalidad*, Editorial Astrea 1987, p. 51, note 59), en el caso *Peso*, la Cámara Nacional de Apelaciones en lo Contencioso-Administrativo Federal de Buenos Aires decidió rechazar los argumentos que pedían el rechazo de la acción de amparo basados en el concepto de que el caso es uno relativo a un "servicio público", considerando que las actividades del Banco Central no posee los elementos para ser considerado un servicio público como tal. Véase CNFedConAdm, Sala IV, 13 de junio de 1.985, ED, 114-231 en Alí Joaquín Salgado, *Juicio de amparo y acción de inconstitucionalidad*, Editorial Astrea 1987, p. 50, nota 56. Algunos años mas tarde y respecto de una decisión similar del Banco Central de Venezuela sobre los impagos de los depósitos en moneda extranjera, en los casos referidos como *Corralito*, no hubo alegato alguno que considerara esas decisiones del Banco Central (que fueron tomadas en un estado nacional de emergencia económica) como actividades correspondientes a un servicio público. En tales casos, las acciones de amparo fueron admitidas y declaradas con lugar, pero con múltiples incidentes judiciales. Véase, por ejemplo, los casos Smith y San Luis, 2002, en Antonio María Hernández, *Las emergencias y el orden constitucional*, Universidad Nacional Autónoma de México, México, 2003, pp. 71 ss., 119 ss. En dichos casos, las leyes y decretos de emergencia económica fueron declarados inconstitucionales.

698 Por consiguiente, los actos administrativos dictados por los tribunales pueden ser impugnados mediante el amparo. Véase, por ejemplo, en relación con Argentina a Néstor Pedro Sagüés, *Derecho procesal Constitucional*, Vol. 3, *Acción de amparo*, Editorial Astrea, Buenos Aires 1988, pp. 197 ss.

la tradición en México (el amparo casación);[699] admitiéndose además, en general, en Guatemala (art. 10,h), Honduras (art. 9,3 y 10,2,a), Panamá (art. 2.615),[700] Perú y Venezuela.

El principio general en estos casos, según lo dispone el Código Procesal Constitucional peruano, es que el amparo es admitido contra resoluciones judiciales firmes dictadas con manifiesto agravio a la tutela procesal efectiva, que comprende el acceso a la justicia y el debido proceso (art. 4).[701] En el caso de Venezuela, de manera similar a como estaba establecido en la legislación de Perú antes de la sanción del Código, el artículo 4 de la Ley de amparo dispone que en los casos de decisiones judiciales "procede la acción de amparo cuando un Tribunal de la República, actuando fuera de su competencia, dicte una resolución o sentencia u ordene un acto que lesione un derecho constitucional." Debido a que ningún tribunal puede tener facultad para ilegítimamente causar una lesión a los derechos y garantías constitucionales, el amparo contra decisiones judiciales es ampliamente admitido cuando la decisión de un tribunal lesiona directamente los derechos constitucionales del accionante, normalmente vinculados al debido proceso.

El caso de Colombia también debe mencionarse, especialmente debido al hecho que el artículo 40 del decreto N° 2.591 de 1.991 que reguló la acción de tutela apenas sancionada la Constitución, admitió la acción de tutela contra decisiones judiciales, lo que por lo demás, no estaba excluido en la Constitución. Por consiguiente, el Decreto expresamente estableció la posibilidad de intentar la acción de *tutela* contra actos judiciales cuando éstos infligieran daños directos a los derechos fundamentales. En esos casos, la *tutela* debía ser interpuesta *junto con el recurso apropiado*, es decir, el recurso de apelación. No obstante esta admisibilidad establecida por una ley de la tutela contra decisiones judiciales, en 1992 fue declarada inconstitucional por la Corte Constitucional, la cual anuló la norma considerándola contraria al principio de intangibilidad de los efectos de la cosa juzgada.[702]

En esa forma fue eliminada en Colombia la acción de *tutela* contra las decisiones judiciales, pero no por mucho tiempo. Un año después de la decisión anulatoria de la Corte Constitucional, y luego de numerosas decisiones judiciales, la misma Corte Constitucional readmitió la acción de *tutela* contra las decisiones judiciales cuando constituyeren vías de hecho,[703] es decir, cuando fuesen pronunciadas como consecuencia de un ejercicio arbitrario de la función judicial, violando los derechos constitucionales del demandante.[704] De manera que, de acuerdo con esta doctrina, la cual

699 Véase Richard D. Baker, *Judicial Review in México. A Study of the Amparo Suit*, Texas University Press, Austin 1971, p. 98.

700 En este caso, sin ningún efecto suspensivo. Véase Boris Barrios González, *Derecho Procesal Constitucional*, Editorial Portobelo, Panamá 2.002, p. 159.

701 Véase Samuel B. Abad Yupanqui, *El proceso constitucional de amparo*, Gaceta Jurídica, Lima 2004, p. 326.

702 Véase Decisión C-543 del 1 de octubre de 1.992 en Manuel José Cepeda Espinosa, *Derecho Constitucional jurisprudencial. Las grandes decisiones de la Corte Constitucional*, Legis, Bogotá 2001, pp. 1009 ss.

703 Véase Decisión S-231 del 13 de mayo de 1.994, *Idem*, pp. 1022 ss.

704 Véase Decisión US-1218 del 21 de noviembre de 2.001. Véase en Juan Carlos Esguerra, *La protección constitucional del ciudadano,* Legis, Bogotá 2004, p. 164. Véase Eduardo Cifuentes Muñoz, "Tutela

es aplicable a casi todos los casos en que la acción de amparo es incoada contra decisiones judiciales, éstas, para que sean impugnadas por vía de la acción de tutela deben haber sido pronunciadas en violación grave y flagrante de las garantías al debido proceso legal, constituyéndose en una decisión ilegítima o arbitraria sin soporte legal ninguno.

Aparte de los casos antes mencionados, sin embargo, puede decirse que la tendencia general en los países de América Latina, es el rechazo de la acción de amparo contra las decisiones judiciales, como es el caso en Argentina (art. 2,b),[705] Bolivia (art. 96,3), Brasil (art. 5,II), Costa Rica (art. 30,b),[706] Chile,[707] República Dominicana (art. 3,a),[708] Ecuador,[709] Nicaragua (art. 51,b) Paraguay (art. 2,a) y Uruguay (art. 2,a).[710]

En El Salvador y Honduras la exclusión está limitada a los actos judiciales "puramente civiles, comerciales o laborales, y respecto de sentencias definitivas ejecutoriadas en materia penal." (El Salvador, art. 13; Honduras, art. 46.7). También, en Brasil el *mandado de segurança* está excluido contra decisiones judiciales cuando de acuerdo con las normas procesales, existe contra ellas un recurso judicial o cuando tales decisiones pueden ser modificadas por otros medios (art. 5,II).

---

contra sentencias (El caso colombiano)," en Humberto Nogueira Alcalá (Ed.), *Acciones constitucionales de amparo y protección: realidad y perspectivas en Chile y América Latina*, Editorial Universidad de Talca, Talca 2000, pp. 307 ss.

705 Véase Joaquín Brague Camazano, *La Jurisdicción constitucional de la libertad (Teoría general, Argentina, México, Corte Interamericana de Derechos Humanos)*, Editorial Porrúa, México 2005, p. 98. José Luis Lazzarini, *El juicio de amparo*, Editorial La Ley, Buenos Aires, 1987, pp. 218–223; Alí Joaquín Salgado, *Juicio de amparo y acción de inconstitucionalidad*, Astrea, Buenos Aires 1987, p. 46.

706 Véase Rubén Hernández Valle, *Derecho Procesal Constitucional*, Editorial Juricentro, San José 2001, pp. 45, 206, 223, 226. El único caso en el cual se ha planteado a nivel internacional la cuestión de la inconvencionalidad del artículo 31.b de la Ley de la Jurisdicción Constitucional costarricense fue declarado inadmisible por la Comisión Interamericana de Derechos Humanos porque el derecho que se había alegado como violado por el Estado no era un derecho establecido en la Convención Americana sino de orden interno (derecho a jubilación de un funcionario público). Véase el Informe 85/98. caso 11.417, *Gilbert Bernard Little vs. Costa Rica*, punto resolutivo 2. Véase la referencia en Anamari Garro, *La improcedencia del recurso de amparo contra las resoluciones y actuaciones jurisdiccionales del Poder Judicial a la luz de la Constitución costarricense y del artículo 25 de la Convención Americana sobre Derechos Humanos*, Tesis para optar al grado de Doctor en Derecho, Universidad de los Andes, Santiago de Chile 2012 (Versión mimeografiada), p. 271.

707 Véase Juan Manuel Errazuriz G. y Jorge Miguel Otero A., *Aspectos procesales del recurso de protección*, Editorial Jurídica de Chile, Santiago, 1989, p. 103. No obstante, algunos autores consideran que el recurso de tutela es admisible contra decisiones judiciales cuando son pronunciadas en forma arbitraria y en violación de los derechos al debido proceso. Véase Humberto Nogueira Alcalá, "El derecho de amparo o protección de los derechos humanos, fundamentales o esenciales en Chile: evolución y perspectivas," en Humberto Nogueira Alcalá (Editor), *Acciones constitucionales de amparo y protección: realidad y perspectivas en Chile y América Latina*, Editorial Universidad de Talca, Talca 2000, p. 45.

708 Véase Eduardo Jorge Prats, *Derecho Constitucional*, Vol. II, Gaceta Judicial, Santo Domingo 2005, p. 391.

709 Véase Hernán Salgado Pesantes, *Manual de Justicia Constitucional Ecuatoriana*, Corporación Editora Nacional, Quito 2004, p. 84.

710 Véase Luis Alberto Viera, *Ley de Amparo*, Ediciones Idea, Montevideo 1993, pp. 50, 97.

El artículo 25.1 de la Convención Americana al garantizar el derecho de amparo o protección judicial lo estableció en forma general contra las violaciones por parte de los órganos del Estado de los derechos humanos, cualquiera que sea la fuente de la violación, amparo contra un específico acto estatal que viole los derechos, como son las sentencias y actos judiciales, sin duda, contraría la Convención, siendo igualmente campo propicio para el ejercicio del control de convencionalidad, por parte de la Corte Interamericana y de los jueces y tribunales nacionales.

Sin embargo, en esta materia, puede decirse que la Corte Interamericana dejó pasar la oportunidad de realizar el control de convencionalidad respecto de la inconvencional negación de la acción de amparo contra decisiones de los órganos judiciales en Ecuador. El tema se planteó específicamente en la sentencia del caso *Acosta Calderón vs. Ecuador* de 24 de junio de 2005, ante el alegato de los representantes de las víctimas de que en Ecuador, aún "con las reformas constitucionales de 1996 y 1998, el ejercicio de la garantía del amparo no se encuentra asegurado en concordancia con la norma del [artículo] 25 de la Convención, pues prohíbe de manera expresa que se interpongan acciones de amparo en contra de las providencias judiciales."[711] La Corte Interamericana, sin embargo, en lugar de entrar a realizar el control de convencionalidad en este importante aspecto, se limitó a señalar que no se pronunciaba sobre las alegaciones de los representantes pues "dichas reformas no se enmarcan dentro de los presupuestos del presente caso"[712]

El tema del amparo contra decisiones judiciales, en todo caso, requiere que el amparo esté configurado como un amparo difuso en el sentido de que los tribunales llamados a conocer de las acciones de amparo sean en general los de todo el orden judicial, de manera que el amparo se pueda intentar ante el juez superior a aquél que dicta el acto lesivo. En Venezuela, por ejemplo, el amparo se intenta en principio ante los jueces de primera instancia, por lo que los jueces competentes para conocer de la acción de amparo son los tribunales superiores. En sistemas de amparo concentrado en un solo tribunal, como es el caso de la Sala Constitucional del Tribunal Supremo de Justicia de Costa Rica, que es la que tiene competencia exclusiva para conocer de las acciones de amparo, sería prácticamente imposible implementar el amparo contra decisiones judiciales (en la actualidad excluida en la Ley de la jurisdicción Constitucional), pues de hacerse sin descentralizar el amparo colapsaría completamente la Sala Constitucional.

4. *El amparo contra actos de otros órganos constitucionales*

Aparte de lo actos de las ramas legislativa, ejecutiva y judicial, el principio de la separación de los poderes ha dado origen en el derecho constitucional latinoamericano contemporáneo a otros órganos del Estado independientes de dichas clásicas tres ramas del Poder Público. Este es el caso de los cuerpos u órganos electorales encargados de dirigir los procesos electorales; de las oficinas de Defensoría del Pueblo o de los Derechos Humanos; de las entidades fiscalizadoras o Contralorías

---

711 Véase sentencia del caso *Acosta Calderón vs. Ecuador de 24 de junio de* 2005, Serie C 129 (Párr. 87.f), en http://www.corteidh.or.cr/docs/casos/articulos/seriec_129_esp1.pdf

712 *Ídem*. Párr. 98

Generales; y de los Consejos de la Judicatura o de la Magistratura establecidos para la dirección y administración de las cortes y tribunales.

Debido a que dichos órganos emanan actos estatales, los mismos, al igual que sus hechos y omisiones, pueden ser objeto de acciones de amparo cuando violen derechos constitucionales. No obstante, algunas excepciones también han sido establecidas para negar la admisibilidad de acciones de amparo, por ejemplo, contra los cuerpos electorales como sucede en Costa Rica (art. 30,d),[713] México (art. 73,VII),[714] Nicaragua (art. 51,5), Panamá (art. 2.615),[715] y Uruguay (art. 1,b). Eta exclusión, igualmente, es campo propicio para el ejercicio del control de convencionalidad, para adecuar estas normas a la Convención Americana.

Ello por lo demás, fue lo que ocurrió en el Perú, respecto del artículo 5.8 del Código Procesal Constitucional que excluía la acción de amparo contra las decisiones del Juzgado Nacional de Elecciones. Esta norma fue objeto de control de convencionalidad por parte del Tribunal Constitucional el cual la anuló invocando el carácter vinculante de la jurisprudencia de la Corte Interamericana, incluidas sus opiniones consultivas.[716]

Sin embargo, en el Perú subsiste otra exclusión respecto de los recursos de amparo cuando se ejerzan contra actos del Consejo de la Magistratura mediante los cuales se destituya o ratifique a los jueces (art. 5,7) dictados en forma debidamente motivada y con previa audiencia del interesado.[717]

En esta materia, en todo caso, debe mencionarse el ejercicio del control de convencionalidad que ejerció la Corte Interamericana respecto de la exclusión del recurso de amparo o protección judicial efectiva contra actos de algunas autoridades electorales en Nicaragua. Se trata del caso *Yatama vs. Nicaragua* de 23 de junio de

---

713 Véase Rubén Hernández Valle, *Derecho Procesal Constitucional*, Editorial Juricentro, San José 2001, pp. 228–229. Otras materias decididas por el Tribunal Supremo de Elecciones como nacionalidad, capacidad o estado civil son materias sujetas al control jurisdiccional mediante el amparo. Véase José Miguel Villalobos, "El recurso de amparo en Costa Rica," en Humberto Nogueira Alcalá (Editor), *Acciones constitucionales de amparo y protección: realidad y perspectivas en Chile y América Latina*, Editorial Universidad de Talca, Talca 2000, pp. 222–223.

714 Véase Eduardo Ferrer Mac-Gregor, *La acción constitucional de amparo en México y España. Estudio de derecho comparado*, Editorial Porrúa, México 2002, p. 378; Véase Richard D. Baker, *Judicial Review in México. A Study of the Amparo Suit*, Texas University Press, Austin 1971, pp. 98, 152.

715 Véase Boris Barrios González, *Derecho Procesal Constitucional*, Editorial Portobelo, Panamá 2002, p. 161.

716 Véase sentencia del Tribunal Constitucional del Perú de 19 de junio de 2007 dictada en el caso *Colegio de Abogados del Callao vs. Congreso de la República*, (00007-2007-PI/TC-19); citada por Carlos Ayala Corao, "El diálogo jurisprudencial entre los Tribunales internacionales de derechos humanos y los Tribunales constitucionales," Boris Barrios González (Coordinador), *Temas de Derecho Procesal Constitucional Latinoamericano*, Memorias I Congreso panameño de Derecho Procesal Constitucional y III Congreso Internacional Proceso y Constitución, Panamá 2012, p. 176. Antes De la anulación, sin embargo, la acción de amparo se admitía si la decisión del *Jurado Nacional de Elecciones* no tenía una naturaleza jurisdiccional o, teniéndola, violaba la efectiva protección judicial (el debido proceso). Véase Samuel B. Abad Yupanqui, *El proceso constitucional de amparo*, Gaceta Jurídica, Lima 2004, pp. 128, 421, 447

717 Véase Samuel B. Abad Yupanqui, *El proceso constitucional de amparo*, Gaceta Jurídica, Lima 2004, p. 126.

2005, en el cual la Corte Interamericana, después de constatar que el Consejo Supremo Electoral de Nicaragua en un proceso electoral de 2000 no había respetado las garantías del debido proceso del partido Yatama al rechazarle la presentación de candidatos a las elecciones, afectando el derecho a la participación política de los candidatos (párr. 160-164), constató que el Estado había violado el derecho a la protección judicial o amparo establecido en el artículo 25.1 por impedirse en el orden interno la recurribilidad de los actos del Consejo Nacional Electoral. La Corte Interamericana consideró, en esencia, que "la inexistencia de recursos internos efectivos coloca a las personas en estado de indefensión" de manera que "la inexistencia de un recurso efectivo contra las violaciones de los derechos reconocidos por la Convención constituye una transgresión de la misma por el Estado Parte,"[718] para lo cual reiteró su doctrina de que la existencia de la garantía prevista en el artículo 25.1 de la Convención consistente en "la posibilidad real de interponer un recurso," en los términos de dicha norma, "constituye uno de los pilares básicos, no sólo de la Convención Americana, sino del propio Estado de Derecho en una sociedad democrática en el sentido de la Convención."[719]

Pasó luego la Corte Interamericana, al analizar la situación en Nicaragua, a constatar que de acuerdo con la Constitución Política, contra los actos del órgano de mayor jerarquía del Poder Electoral, el Consejo Supremo Electoral (artículo 129), "no habrá recurso alguno, ordinario ni extraordinario" (artículo 173.14), lo que recoge la Ley de Amparo al disponer que el recurso de amparo no procede "contra las resoluciones dictadas en materia electoral" (artículo 51.5), admitiéndose sólo conforme a la ley Electoral el recurso de amparo contra las "resoluciones definitivas que en materia de partidos políticos dicte el Consejo Supremo Electoral" (artículo 76).[720]Por tanto, intentado como fue el caso sometido a su conocimiento un recurso de amparo contra una decisión del Consejo Supremo Electoral, la Sala de lo Constitucional de Nicaragua resolvió declararlo "improcedente *in limine litis* con fundamento en que no tenía competencia para conocer en materia electoral."[721]

En esta situación la Corte Interamericana comenzó por afirmar que si bien la Constitución de Nicaragua establecía la irrecurribilidad de las resoluciones del Consejo Supremo Electoral en materia electoral, ello no puede significar "que dicho Consejo no deba estar sometido a controles judiciales, como lo están los otros poderes del Estado;" afirmando, con razón, que "las exigencias derivadas del principio de independencia de los poderes del Estado no son incompatibles con la necesidad de consagrar recursos o mecanismos para proteger los derechos humanos."[722] De manera que, puntualizó la Corte, "independientemente de la regulación que cada Estado haga respecto del órgano supremo electoral, éste debe estar sujeto a algún control jurisdiccional que permita determinar si sus actos han sido adoptados al amparo de los derechos y garantías mínimas previstos en la Convención Americana, así como

---

718 Véase sentencia en el caso *Yatama Vs. Nicaragua* de 23 de Junio de 2005 (Párr. 167, 168), en http://www.corteidh.or.cr/docs/casos/articulos/seriec_127_esp.pdf

719 *Idem*, Párr. 169

720 *Idem*, Párr. 171

721 *Idem*, Párr. 172

722 *Idem*, Párr. 174

las establecidos en su propia legislación, lo cual no es incompatible con el respeto a las funciones que son propias de dicho órgano en materia electoral." De la carencia en ese caso, del recurso sencillo y rápido, tomando en cuenta las particularidades del procedimiento electoral, concluyó la Corte "que el Estado violó el derecho a la protección judicial consagrado en el artículo 25.1 de la Convención Americana, en perjuicio de los candidatos propuestos por Yatama para participar en las elecciones municipales de 2000, en relación con los artículos 1.1 y 2 de la misma" [723]

El control de convencionalidad efectuado por la Corte Interamericana ante la irrecurribilidad mediante la acción de amparo de los actos del Consejo Supremo Electoral, lo que consideró como una violación del artículo 25.1 de la Convención, en relación con los artículos 1.1 y 2 de la misma, condujo a la Corte a requerir del Estado:

> "que adopte, dentro de un plazo razonable, las medidas legislativas necesarias para establecer un recurso judicial sencillo, rápido y efectivo que permita controlar las decisiones del Consejo Supremo Electoral que afecten derechos humanos, tales como los derechos políticos, con observancia de las garantías legales y convencionales respectivas, y derogue las normas que impidan la interposición de ese recurso."[724]

Debe mencionarse que en este aspecto, el juez Alejandro Montiel Argüello en un Voto Disidente de la misma sentencia, materialmente se limitó a constatar que la inconvencional exclusión de los "recursos de amparo en cuestiones electorales" en el ordenamiento jurídico de Nicaragua, ocurría "al igual que lo hacen las legislaciones de muchos otros países y también son muchos los países que al igual que Nicaragua excluyen del recurso de amparo las resoluciones judiciales por considerar que los recursos ordinarios son suficientes para garantizar los derechos humanos."[725]

Ello, en lugar de legitimizar la restricción nicaragüense lo que pone en evidencia es que en esos otros países la normativa también es violatoria de la Convención Americana, debiendo corregirse mediante el control de convencionalida.

***

Entre todas las instituciones del derecho constitucional de América Latina, sin duda, el derecho o la acción de amparo[726] puede considerarse como la más característica de todas, al punto de que bien se la puede calificar como una institución

---

723 *Idem*, Párr. 175, 176.

724 *Idem*, Párr. 254

725 *Idem*, Voto Disidente, Párr. 7

726 Entre las denominaciones empleadas para la regulación de la institución de amparo en los países de América latina, se destacan las siguientes: *Amparo* (Guatemala), *Juicio de amparo,* (México), *Proceso de amparo* (El Salvador, Perú), *Acción de amparo* (Argentina, República Dominicana, Ecuador, Honduras, Paraguay, Uruguay y Venezuela), *Recurso de amparo* (Bolivia, Costa Rica, Nicaragua, y Panamá), *Acción de tutela* (Colombia), *Recurso de protección* (Chile), *Mandado de segurança* y *mandado de injunçao* (Brasil),

propiamente latinoamericana,[727] la cual además, ha influido en su adopción en otras latitudes.[728]

Bien sabemos que fue inicialmente introducido en México en 1847, con el nombre de juicio de amparo, donde se reguló por primera vez, habiendo tenido su origen, de acuerdo con la opinión unánime de los autores mexicanos, en el sistema de control judicial de constitucionalidad (*Judicial Review*) de los Estados Unidos de América, tal como había sido descrito por Alexis de Tocqueville en su obra *La democracia en América*, escrita sólo unos años después del caso *Marbury v. Madison* U.S. (1 Cranch), 137; 2 L. Ed. 60 (1803).[729] Sin embargo, en su evolución posterior, el juicio de amparo mexicano, en una forma bien diferente al modelo norteamericano, se convirtió en la institución única y compleja de la actualidad, que sólo se encuentra en México,[730] en el sentido de que el carácter comprehensivo y único que tiene no se encuentra en ningún otro país de América Latina, lo que no ha impedido sin embargo, que sea precisamente el amparo mexicano el que más se conozca fuera de América Latina.

En todo caso, después de su introducción en México, durante el mismo Siglo XIX el proceso de amparo comenzó a extenderse por América Latina, dando origen en todos los países en general a una diferente y específica acción o recurso, y a un proceso, establecido exclusivamente para la protección de los derechos y libertades constitucionales, llegando en algunos casos a convertirse incluso en una institución procesal más protectiva que el amparo mexicano.[731] En esta forma, además del recurso de habeas corpus que se generalizó en casi todos los países, el amparo fue introducido durante la segunda mitad del Siglo XIX en las Constituciones de Guatemala (1879), El Salvador (1886) y Honduras (1894); y durante el siglo XX, en las Constituciones de Nicaragua (1911), Brasil (*mandado de segurança* 1934), Panamá (1941), Costa Rica (1946), Venezuela (1961), Bolivia, Paraguay, Ecuador (1967), Perú (1976), Chile (*recurso de protección*, 1976), Colombia (*acción de tutela*, 1991) y República Dominicana (2010). Como es sabido, desde 1957, y mediante precedentes judiciales, la acción de amparo había sido admitida en Argentina, habiendo sido regulada por Ley en 1966, y luego incorporada en la reforma constitucional de 1994.

En esta forma, en la actualidad en todos los países el amparo está regulado en expresas normas constitucionales; y en todos los países, excepto en Chile, el proceso

---

727 Véase en general lo que hemos expuesto en Allan R. Brewer-Carías, *Constitucional Protection of Human Rights in Latin America. A Comparative Law Study on the amparo proceeding*, Cambridge University Press, New York, 2008.

728 La más reciente, por ejemplo en Filipinas, en la resolución de la Corte Suprema de ese país, "The Rule of the Writ of Amparo" dictadas en 2007. Véase Allan R. Brewer-Carías, "The Latin American Amparo Proceeding and the Writ of Amparo in The Philippines," en *City University of Hong Kong Law Review*, Volume 1:1 October 2009, pp 73–90

729 Véase Francisco Fernández Segado, "Los orígenes del control de la constitucionalidad y del juicio de amparo en el constitucionalismo mexicano de la primera mitad del siglo XIX. El impacto del Voto particular de don mariano Otero", en *Revista Iberoamericana de Derecho Procesal Constitucional*, N° 5, Instituto Iberoamericano de Derecho Procesal Constitucional, Ed. Porrúa, México 2006, pp. 67 ss.

730 Véase Héctor Fix-Zamudio, *Ensayos sobre el derecho de amparo*, Editorial Porrúa, México 2003

731 Véase Joaquín Brague Camazano, *La Jurisdicción constitucional de la libertad. Teoría general, Argentina, México, Corte Interamericana de Derechos Humanos*, Editorial Porrúa, México, 2005, pp. 156 ss.

de amparo está regulado en textos legislativos específicos.[732] Estas leyes, en algunos casos han sido específicamente sancionadas para regular la acción de amparo como sucede en Argentina, Brasil, Colombia, México, Nicaragua, Uruguay y Venezuela. En otros casos, la legislación dictada también contiene regulaciones en relación con otros medios judiciales de protección de la Constitución, como las acciones de inconstitucionalidad y las acciones de habeas corpus y habeas data, como es el caso Bolivia, Guatemala, Perú, Costa Rica, Ecuador, El Salvador, Honduras y República Dominicana. Sólo en Panamá y en Paraguay el proceso de amparo está regulado en un Capítulo especial en los respectivos Códigos de Procedimiento Civil o judicial.

Sin embargo, y a pesar de toda esta expansión legislativa y tradición constitucional, en muchos aspectos y en muchos países la institución del amparo no se adapta a los parámetros del derecho humano a la protección judicial para amparar los derechos humanos tal como se recogió en el artículo 25.1 de la Convención Americana sobre derechos Humanos. El amparo, por tanto, siendo tan viejo casi como el mismo constitucionalismo latinoamericano,[733] todavía requiere de ajustes, los cuales se han venido realizando a nivel continental gracias precisamente al control de convencionalidad desarrollado por la Corte Interamericana de Derechos Humanos y por los jueces y tribunales nacionales en el orden interno con base a ese marco común que ha sido el citado artículo 25 de la Convención.

En términos generales, como hemos visto, los derechos constitucionales que pueden ser objeto de protección mediante el proceso constitucional de amparo son todos aquellos declarados en la Constitución y en la Convención Americana, o que se considere que tienen rango constitucional o forman parte del bloque de la constitucionalidad. En algunos países, incluso, se establece expresamente que mediante la acción de amparo también pueden protegerse los derechos declarados en los convenios internacionales (Argentina, Costa Rica, Ecuador y Venezuela) y en otros, los establecidos en leyes (Argentina, Bolivia, Guatemala y Paraguay). Sin embargo, alejándose de esa universalidad, excepcionalmente algunas Constituciones reducen el ámbito de protección del amparo respecto de algunos derechos calificados como "derechos fundamentales" declarados en la Constitución, como es el caso de Colombia y Chile. Esta es la tendencia que por lo demás se ha seguido en Alemania y España con el recurso de protección individual o recurso de amparo, establecidos para la sola protección de los "derechos fundamentales", y que más recientemente se ha seguido en la regulación del *writ of amparo* en Filipinas, para la protección sólo del derecho a la vida, la libertad y la seguridad.

Como la acción o recurso de amparo se ha establecido para la protección de los derechos constitucionales, independientemente de la persona o entidad que haya

---

732 Véase Allan R. Brewer-Carías, *Leyes de Amparo de América Latina* (Compilación y Estudio Preliminar), Instituto de Administración Pública de Jalisco y sus Municipios, Instituto de Administración Pública del Estado de México, Poder Judicial del Estado de México, Academia de Derecho Constitucional de la Confederación de Colegios y Asociaciones de Abogados de México,. Jalisco, 2009. 2 Vols. 419 pp. y 405 pp.

733 Véase Allan R. Brewer-Carías, "Ensayo de síntesis comparativa sobre el régimen del amparo en la legislación latinoamericana", en *Revista Iberoamericana de Derecho Procesal Constitucional,* Nº 9 enero-junio 2008, Editorial Porrúa, Instituto Iberoamericano de Derecho Procesal Constitucional, México 2008, pp. 311-321.

causado el agravio o violación del derecho, la lógica del sistema protectivo debería ser que el amparo proceda en cualquier caso de violación o amenaza, cualquiera haya sido el origen de la misma, sea un acto u omisión de una autoridad pública o de un particular. Sin embargo, también contrariando ese carácter universal, si bien todos los países de América Latina admiten la acción de amparo contra funcionarios y autoridades públicas -incluso, el amparo, en su origen, fue concebido como un medio de protección frente al Estado-, no todos los países admiten la posibilidad de ejercer la acción contra particulares agraviantes.

En cuanto a la acción de amparo contra acciones u omisiones lesivas provenientes de autoridades y funcionarios, si bien en la mayoría de los países se establece como un medio general de protección sin ningún tipo de distinciones como sucede en Bolivia, Colombia, El Salvador, Guatemala, Perú, Nicaragua, Uruguay y Venezuela; en México, en cambio, se limita la posibilidad de intentarla sólo contra autoridades que tengan el poder de decidir, de ejecutar o de imponer decisiones. En otros países se excluye la acción de amparo respecto de ciertas autoridades, como son los cuerpos electorales, tal como sucede en Costa Rica, México, Nicaragua, Panamá, Perú y Uruguay; o el Consejo de la Magistratura, como es el caso de Perú.

Ahora bien, excepto en los países en los cuales la acción de amparo sólo se admite contra autoridades, que son la minoría (Brasil, El Salvador, México, Nicaragua y Panamá), en el resto de los países latinoamericanos la acción de amparo se admite contra particulares, en algunos casos sin distinción de ningún tipo como sucede en Argentina, Bolivia, Chile, República Dominicana, Paraguay, Perú, Uruguay y Venezuela; y en otros casos, en forma restrictiva sólo respecto de ciertos individuos o empresas privadas concesionarias de servicios públicos, con poderes públicos delegados o que estén en ciertas situaciones de poder en relación con la colectividad, como es el caso de Colombia, Costa Rica, Ecuador, Guatemala y Honduras.

En cuanto a la acción de amparo ejercida contra autoridades y funcionarios, el tratamiento de los actos estatales que pueden ser objeto de la acción de amparo tampoco es uniforme, en el sentido de que en muchos casos se establecen exclusiones puntuales, lo que también contraría el espíritu de universalidad del amparo. Por ejemplo, en cuanto a actos ejecutivos, en México se excluyen de la acción de amparo ciertos actos presidenciales, y en Uruguay se excluyen los reglamentos ejecutivos; en Argentina y Perú se excluyen de la acción de amparo los actos estatales en los cuales se decidan cuestiones políticas, y en Argentina, además, los actos relativos a la defensa nacional. Igualmente, en Argentina y en Paraguay se excluyen de la acción de amparo los actos que afecten el funcionamiento de los servicios públicos.

En cuanto a los actos legislativos, en México se excluyen de la acción de amparo ciertos actos del Congreso; y en cuanto al amparo contra leyes, la mayoría de los países lo excluyen, como sucede en Argentina, Bolivia, Brasil, Colombia, Costa Rica, Chile, Ecuador, El Salvador, Nicaragua, Perú, Panamá, Paraguay, Republica Dominicana y Uruguay. En realidad, el amparo contra leyes sólo se admite en Honduras, donde sólo se aplica el método concentrado de control de constitucionalidad de las leyes; y en Guatemala, México y Venezuela, que han adoptado el sistema mixto de control de constitucionalidad de las leyes.

En cuanto a los actos judiciales, también en la mayoría de los países de América Latina se excluye la acción de amparo contra los mismos, como es el caso de Argentina, Bolivia, Brasil, Costa Rica, Chile, Ecuador, El Salvador, Nicaragua, Paraguay,

República Dominicana, y Uruguay. En otros países, sin embargo, se admite la acción de amparo contra sentencias, como sucede en Colombia, Guatemala, Honduras, México, Panamá, Perú y Venezuela; aún cuando en algunos de ellos se excluye expresamente respecto de decisiones de las Cortes Supremas (México, Panamá, Perú, Venezuela) o de las decisiones dictadas en los juicios de amparo (Honduras, México).

Todo este panorama lo que nos muestra es un campo muy amplio y propicio para el ejercicio del control de convencionalidad en nuestros países, para darle a la institución del amparo su dimensión universal, como en muchas sentencias lo ha venido realizando progresivamente la Corte Interamericana, y los propios jueces y tribunales nacionales. El camino está iniciado, como lo muestra el análisis que hemos efectuado, lo que no significa que no falte mucho por recorrer.

CUARTA PARTE

EL PROCESO JUDICIAL DE AMPARO O DE PROTECCIÓN DE LOS DERECHOS FUNDAMENTALES EN AMÉRICA LATINA

JUDICIAL ACTION FOR "AMPARO" OR FOR PROTECTION OF FUNDAMENTAL RIGHTS IN LATIN AMERICA

Esta Cuarta parte de este Tomo XI de la Colección *Tratado de Derecho Constitucional*, sobre *El proceso judicial de amparo o de protección de los derechos fundamentales en América Latina* es el texto original de las notas del curso sobre "*The Judicial Action for Amparo or Protection of Fundamental Rights in Latin America,*" (La acción de amparo para la protección de los derechos fundamentales en América Latina), que como *Adjunct Professor of Law* dicté en la Facultad de Derecho de la Universidad de Columbia en Nueva York (*Columbia Law School, Columbia University in the City of New York*) durante los semestres de los años 2006–2008. Estas notas fueron publicadas mimeografiadas, en dos volúmenes (384 pp), para el uso exclusivo de los estudiantes de la Facultad, con el título: *Judicial Protection of Human Rights in Latin America. A Comparative Constitutional Law Study on the Latin American Injuction for the protection of Constitutional Rights ("Amparo proceeding").* Una versión abreviada de estas notas se publicó como libro con el título *Constitutional Protection of Human Rights in Latin America. A Comparative Study of the Amparo Proceeding*, Cambridge University Press, New York, 2008, 432 pp.

Como no existe versión en castellano completa de este curso, incluimos en este Tomo XI de la Colección *Tratado de Derecho Constitucional*, la versión completa del original en inglés, tal como fue redactada durante la preparación del curso.

INTRODUCTION

Latin American countries have a longstanding tradition on extensive constitutional declarations of human rights. Since the beginning of republican constitutionalism in 1811, Latin American constitutions have enshrined a Bill of Rights and the authority of courts to adjudicate on constitutional violation.

Particularly during the second half of the XX Century, these declarations have been progressively enlarged, adding economic, social, cultural, environmental and indigenous rights to the traditional list of civil rights and political liberties; and have entrenched, in many cases, not only such rights and liberties, but also principles relating to the social goals of the State and of the political system.

However, Latin American Countries have also had a long history of human rights violations and disdain. That is why, in an effort to ensure for its effective guaranty and enforcement, another main trend in Latin America has been to formally insert all human rights, *expressis verbis,* in the texts of the Constitutions.

Additionally to the enlargement of the constitutional declarations, a new tendency among these countries has been to constitutionalize the rights enumerated in the dully ratified international treaties and conventions on human rights, therefore expanding the constitutional declarations and provisions with the ratification of such international instruments.

Moreover, regarding statutes, other Constitutions have granted pre–emptive status to duly ratified international treaties or conventions on human rights, whenever the treaty provides for more favourable provisions in the exercise of a human right. Some Constitutions even go as far as granting this pre–emption with respect to other constitutional provisions.

Together with this expansive and protective process of human rights declarations, Latin American constitutions have incorporated into their constitutional text, specific judicial remedies for the protection of constitutional rights; which in some constitutions, has been incorporated itself as a civil right, and not merely as a procedural or adjective device to guarantee human rights.

Accordingly, and in addition to the writ of *habeas corpus*, and *habeas data*, the individual's constitutional right to be protected on their fundamental rights has prompted the development of a peculiar Latin American institution known as: suit, judgment or writ of "amparo". The "amparo" was initially established in Mexico in 1857 where it was developed as the "amparo suit" or judgment (*juicio de amparo*). Particularly during the last century (XX Century), the "amparo" spread all over Latin America but took a different shape to the Mexican "amparo".

The Mexican suit of "amparo" is a very complex institution –found exclusively in Mexico– developed with the purpose of both protecting human rights and as a mean for judicial review of the constitutionality and legality of statutes, administrative actions, judicial decisions, as well as peasant's rights protection. On the contrary, in the rest of the Latin American countries, the "amparo" action or recourse was established as a specific judicial remedy with the exclusive purpose of protecting human rights and freedoms, so that it can be said that many of the "amparo" actions or recourses in these later countries became more effective as a means of protection of human rights than the original Mexican institution [734].

This course is intended to examine the most recent trends in the constitutional and legal regulations in all Latin American countries regarding the "amparo" suit, action or recourse– including the old *habeas corpus* writ and the new *habeas data* actions or recourses. By means of a comparative constitutional law approach, also with reference to the United States civil rights injunctions, the course will analyze

734 Véase Joaquín Brague Camazano, *La Jurisdicción constitucional de la libertad. Teoría general, Argentina, México, Corte Interamericana de Derechos Humanos*, Editorial Porrúa, México 2005, p. 156.

this Latin American institution departing from the regulation of the "amparo" guarantee established in Article 25 of the 1969 American Convention of Human Rights which entered into force in 1978 after being ratified by all Latin American States.

The main purpose of this course is to study the character of this judicial remedy both from the perspective of the constitutional right and the action or procedural recourse for protection; to identify the courts with jurisdiction to grant the protection; to examine the general procedural rules to bring an "amparo"; to determine the kind of constitutional rights worthy of protection by means of an "amparo" (whether all constitutional rights or only some of them, namely "fundamental rights", should be covered); to analyze the individuals or legal entities that may be entitled to the protection of an "amparo", that is, the aggrieved, affected or injured party (the plaintiff); to study the standing requirements to file the action; to analyze the potential proper defendants in the judicial process, namely, the party perpetrator of the nuisance, whether a State body, a public officer, individuals or private entities; to analyze the particular types of public or private actions or omissions that can cause the violation of constitutional rights, with particular reference to the various State acts which can be the object of the "amparo" action or recourse: statutes, administrative acts or judicial decisions, as well as State bodies' omissions; and finally, to study the purpose of the protection that may be awarded and the available remedies for the re–establishment of the individual or collective rights infringed, as well as the means for the enforcement of the judicial adjudication[735].

One of the main aspects to be analyzed regarding the "amparo" suit in Latin America is the one referred to the special character of this judicial mean. This particularity comes from the fact that the "amparo" is not incorporated in the general judicial procedures law regulations, but specifically regulated in the Constitution, as a separate and specific mean for the protection of human rights. In this respect, it is also relevant to our analysis, the justification for such treatment, particularly when compared with other legal systems that also effectively protect human rights, but by means of the normal or common judicial actions, recourses or writs.

In other words, we will examine why Latin American countries have established a special judicial mean for human rights protection; considering that, in general terms, the most important duty of all the Judiciary as the Judicial Branch of Government, in any country, is to decide and resolve in specific cases, questions or controversies regarding individual rights and interests. That is, the reasons why the common and general judicial means established in the Civil Codes and Civil procedures Codes of Latin America are not the only devoted to guaranteeing the effective protection of human rights.

---

735 Véase en general Allan R. Brewer–Carías, *El amparo a los derechos y libertades constitucionales. Una aproximación comparativa*, Cuadernos de la Cátedra Allan R. Brewer-Carías de Derecho Público, Nº 1, Universidad Católica del Táchira, San Cristóbal 1993, 138 pp; also published by the Inter Americanl Institute on Human Rights, (Interdisciplinary Course), San José, Costa Rica, 1993, (mimeo), 120 pp. and in *La protección jurídica del ciudadano. Estudios en Homenaje al Profesor Jesús González Pérez*, Tomo 3, Editorial Civitas, Madrid 1993, pp. 2.695–2.74; and Allan R. Brewer–Carías, *Mecanismos nacionales de protección de los derechos humanos (Garantías judiciales de los derechos humanos en el derecho constitucional comparado latinoamericano),* Instituto Interamericano de Derechos Humanos, San José 2005.

CHAPTER I.

THE CONSTITUTIONAL DECLARATIONS OF HUMAN RIGHTS IN LATIN AMERICA

I. RIGHTS: CONSTITUTIONAL RIGHTS, HUMAN RIGHTS, CIVIL RIGHTS, FUNDAMENTAL RIGHTS

In general terms, the Judiciary is established in any country in order to decide cases and to make binding judgments which affect personal and proprietary rights. In this regard, the expression "rights" is used to describe that which is legally guaranteed and due to a person; or the power, privilege or immunity secured to a person by law. That is to say, rights are legal or constitutional situations that empower a person to act (freedom of expression) or not to act (conscience objection), usually being personal freedoms or liberties what oblige the State and other individuals not to interfere with or obstruct the exercise of rights of others.

But rights can also be considered as legal situations that entitle a person to request something or to receive goods or services form a public entity (right to health protection or right to education) in which case the State is obliged to furnish services or to accomplish certain activities. In both cases, the rights are recognized and protected, the violation of which is a wrong.

It can be said that in any society, from a legal point of view, all persons are in one way or another in one of two situations: either they are in a legal situation or condition of having power to do something or request something, or in a legal situation of having some duties or obligations to accomplish. In some cases, a person may have the right to act or not to act, or to make, to enjoy or to take advantage of something, or to dispose of determined possessions. In all these legal interpersonal relations, they are in a status or position of being empowered.

But in other cases, the same person can be in the legal situation of having a duty to accomplish; that is, they can be in a position of being obliged to respect, to refrain from, to abstain from or to render or give certain services or goods to others.

What is certain is that it is inconceivable that a society could exist without such personal interrelations of powers and duties. If one person for instance, has freedom of religion or speech as a constitutional right, that situation always implies that the State, the public officials and every other individual have the duty to respect, to abstain from embarrassing or to impede the freedom of others. In this case, the situation of the obliged person is a status of having the duty to abstain from interfering with the freedom of others.

In other cases, if the constitutional right is not conceived as a right to act or not to act, that is, as a freedom, but instead is conceived as a right to receive certain services or goods, for instance health care, education or cultural services, that situation implies that the State has the duty to render those services in the form of public utilities. In this situation, the status of the obliged person is to act or to provide something to others.

So rights are always attributed to persons, whether as freedoms to act or as rights to receive something; and in both situations, "persons" are not only human beings but also entities or corporations recognized by law as having rights and duties.

Now, among the "rights" attributed to a person, it is possible to distinguish those which are declared or recognized in the Constitution, that is to say, "constitutional rights". Those rights can not only be attributed to natural persons or human beings, but also to artificial persons like entities or corporations. This is the case, for instance, of property rights or the right to due process of law.

Other rights, conversely, such as the right to life or in general, the rights known as freedoms, like freedom of association, freedom of expression or freedom of speech are only attributed to human beings. Thus, the expression "human rights", in a strict sense, is referred to those attributed to human beings. Among these it is also possible to distinguish those called in North American law as "civil rights", or civil liberties, that is, the individual rights of personal liberty or freedom guaranteed in the Constitution, such as freedom of speech, press, assembly, or religion guaranteed by the First Amendment of the U.S. Constitution.

However, "civil rights" do not exhaust the list of constitutional rights, which nowadays also comprises social, economic, cultural and environmental rights. It may be true that civil rights were those first declared in the Constitutions, but at present time they are accompanied by a long list of other rights belonging to what has been called other "generations" of rights.

In other countries, mainly in Europe, as evidenced in the cases of Germany and Spain, the expression "fundamental rights" is also used in the Constitutions, in order to identify certain constitutional rights that can be protected by a special judicial mean of protection or "amparo", which in general terms are equivalent to the individual or civil rights. This expression of "fundamental rights" is also used in the Colombian Constitution, to identify a category of constitutional rights, mainly the individual rights, which are of immediate application and can be protected by the "acción de tutela".

These regulations, in particular, tend to distinguish among the constitutional rights, those that can be considered as "justiciable rights" particularly by means of the specific judicial action or recourse of "amparo", and constitutional rights not considered "fundamental rights". The latter group is left to be protected by means of the general or common judicial means. Constitutional rights can always be considered essentially justiciables, but their "justiciability" –as the quality or state of being appropriate or suitable for reviewing by a court–, will vary depending on the judicial means available in the legal system for such purpose. In some countries, all constitutional rights are justiciables by means of the general judicial means of protection, such as in the United States; in other countries all constitutional rights are justiciables by means of a specific judicial mean of protection like the *habeas corpus* or "amparo" action or recourse, such as in the case of Venezuela; and in other countries, the constitutional rights are protected by a special mean of protection if they are "fundamental rights", being the other constitutional rights justiciables through the common judicial means.

In the United States, regarding rights, the word "fundamental" is used when referring to civil rights that are protected in the Constitution, as "fundamental civil rights". As has been ruled by the Supreme Court in *United States v. Wong Kim Ark*, 169 U.S. 649; 18 S. Ct. 456; 42 L. Ed. 890; (1898) on March 28, 1898, referring to "**fundamental civil rights** for the security of which organized society was instituted, and which remain, with certain exceptions mentioned in the Federal Constitution…"

Thus, this expression "fundamental rights" is commonly used with various meanings: form a formal point of view, they can be considered as the rights embodied in the Constitution; from a substantive point of view, fundamental rights can also be considered as are the most important rights that according to their own principles and value are recognized in a society[736]; and from a judicial point of view, they are such when they can be judicially protected by special means as the "amparo".

Our intention is to analyze the process of constitutionalization of rights in modern constitutionalism, and for this purpose it is possible to consider all "constitutional rights" as "human rights", in spite of the fact that some of them are also attributed to artificial persons. This is why, for the purpose of this Course, the expressions "constitutional rights" and "human rights" are used in an equivalent sense.

II. THE CONSTITUTIONAL DECLARATIONS OF HUMAN RIGHTS

1. *The North American and French Declarations*

The declaration of rights in the text of the Constitutions began with constitutionalism itself, and with the very notion of Constitution as a superior law[737].

This happened with at the Convention of Virginia in 1776, at the beginning of the Independence process of the American Colonies, when the first Declaration of Rights in constitutional history was approved. Practice followed subsequently by the other Colonies.

This practice differed from the English precedents, mainly because in establishing entrenched rights, they did not refer to rights based on the common law and tradition, but rather to the rights derived from human nature and reason. Thus the rights declared in the Bill of Rights of those colonies were those natural rights which "do pertain to ... [the people] and their posterity, as the basis and foundation of government" as the Virginia Declaration of Rights stated.

In the brief preamble to that Declaration (which precedes the text of the Constitution or Form of Government of Virginia of June 29, 1776), the relation between natural rights and government was clearly established. Also evident is the direct influence of Locke's theories in the sense that political society forms itself upon those rights as the basis and foundation of government. That is why the Declaration was based on the fact of the existence of "inherent rights" to all men, which by nature were declared "equally free and independent" (I); enumerating as individual rights

---

736 Véase Alfonso Gairaud Brenes, "Los Mecanismos de interpretación de los derechos humanos: especial referencia a la jurisprudencia peruana" en José F. Palomino Manchego, *El derecho procesal constitucional peruano. Estudios en Homenaje a Domingo García Belaunde*, Editorial Jurídica Grijley, Lima, 2005, Tomo I, p. 124.

737 Véase en general Allan R. Brewer–Carías, *Reflexiones sobre la Revolución Americana (1776) y la Revolución Francesa (1789) y sus aportes al constitucionalismo moderno,* Cuadernos de la Cátedra Allan R. Brewer–Carías de Derecho Administrativo, Universidad Católica Andrés Bello, N° 1, Editorial Jurídica Venezolana, Caracas, 1992.

the following: the "enjoyment of life and liberty"; the right to "acquiring and possessing property" (I) so that no property could be taken from any person for public usage without his consent (VI); "the freedom of the press" (XII); and the freedom of religion "according to the dictates of conscience" (XVI).

The due process of law rights were also declared, by stating the right of all men in criminal prosecutions "to demand the cause and nature of his accusation, to be confronted with the accusers and witnesses, to call for evidence in his favor, and to a speedy trial by an impartial jury of his vicinage, without whose unanimous consent he cannot be found guilty, nor can he be compelled to give evidence against himself"; and also "that no man be deprived of his liberty except by the law of the land or the judgment of his peers" (VIII); "that excessive bail ought not to be required, nor excessive fines imposed; nor cruel and unusual punishments inflicted" (IX); and that no "general warrants… may be commanded to search suspected places without evidence of a fact committed, or to seize any person or persons not named, or whose offence is not particularly described and supported by evidence" (X).

The Virginia Declaration also guaranteed, as a political right, the right of suffrage and to have free elections of representatives (VI).

Finally, a collective right was also declared, a right appertaining to "a majority of the community" and considered as "an indubitable, unalienable, and indefeasible right" to "reform, alter or abolish" any government founded "inadequate or contrary" to the purposes set forth in the Declaration (III).

The same fundamental liberal principles of the Virginia Declaration can also be found in the Declaration of Independence of the United States of America, approved less than one month later (July 4, 1776), holding as a self evident truths "That all men are created equal; that they are endowed by their Creator with certain unalienable rights; that among these are life, liberty, and the pursuit of happiness"; and that, "to secure these rights, government is instituted among men, deriving their just powers from the consent of the governed"; "that, whenever any form of government becomes destructive of these ends, it is the right of the people to alter or to abolish it and to institute new government, laying its foundation on such principles and organizing its powers in such form, as to them shall seem most likely to effect their safety and happiness".

These declarations, undoubtedly, marked the beginning of the democratic and liberal era of the modern rule of law constitutionalism.

Although the 1787 Constitution of the United States did not contain a declaration of fundamental rights, such Declarations nevertheless constituted one of the main characteristics of American constitutionalism, influencing modern constitutional law.

The 1787 Constitution was criticized for the fact that it did not include a Bill of Rights, but this deficiency was solved two years later when ten first Amendments to the Constitution were drafted by the first Congress and approved on September 29, 1789 just one month after the approval on August 26, 1789 of the French Declaration of the Rights of Man and of the Citizen.

The Bill of Rights entered in force in 1791 after the last ratifications were approved by Vermont and Virginia, where "certain rights" were enumerated, but with the express statement that said enumeration, "shall not be construed to deny or disparage other [rights] retained by the people" (IX), thus, reinforcing the "declarative" character of the constitutional declaration of rights.

The following "certain rights" were the ones declared: the freedom of religion and of the exercise of cult; freedom of speech, or of the press; the right to peaceably assemble, the right to petition the Government (I); the right to keep and bear arms (II); the right to not accept quarters of soldiers in any house in time of peace, without the consent of the owner (III); and the right of the people to be secure in their persons, houses, papers, and effects, against unreasonable searches and seizures (IV).

The due process of law rights were also declared as follows: only to be condemned by the Judiciary; not to be subject twice to prosecution for the same offence; not to be witness against himself, nor be deprived of life, liberty, or property, without due process of law; nor shall private property be taken for public use without just compensation (V). In criminal prosecutions, the right of the accused to a speedy and public trial, by an impartial jury of the State and district wherein the crime shall have been committed, which district shall have been previously ascertained by law; and the rights to be informed of the nature and cause of the accusation; to be confronted with the witnesses against him; to have compulsory process for obtaining witnesses in his favor, and to have the assistance of counsel for his defence (VI). Additionally, in suits at common law, the right of trial by jury; and the right not to have re–examined the fact tried by a jury except according to the rules of the common law (VII). Finally, the right people have not to be asked for excessive bail, nor to be imposed of excessive fines, nor to be subjected to cruel and unusual punishments (VIII).

The Bill of Rights contained in the first Ten Amendments was complemented with the declaration of other rights in subsequent Amendments. In 1865, the prohibition of slavery and involuntary servitude (XIII); in 1868, 1970 and 1920, the right to elect representatives, to vote and to be elected, as political rights (XIV,2,3; XV; XIX); and in 1868, the right to citizenship; the right of persons not to be deprived of life, liberty, or property by any State, without due process of law; and the right to have equal protection of laws (XIV,1).

The general trend to declare human rights in the Constitutions, as superior laws, seeking their entrenchment, was immediately followed by the French Revolution, first adopting the Declaration of the Rights of Man and of the Citizen by the National Assembly on August 26, 1789 and second by embodying it at the beginning of the 1791 First French Constitution[738].

In the drafting of the seventeen articles of the Declaration recognizing and proclaiming all the fundamental rights of man, the influence of the American Declarations was decisive, particularly in the principle itself of the need of a formal declara-

---

738 Véase en general Allan R. Brewer–Carías, *Reflexiones sobre la Revolución Americana (1776) y la Revolución Francesa (1789) y sus aportes al constitucionalismo moderno,* Cuadernos de la Cátedra Allan R. Brewer–Carías de Derecho Administrativo, Universidad Católica Andrés Bello, N° 1, Editorial Jurídica Venezolana, Caracas 1992.

tion of rights, and in its contents. The mutual influence that the continents had on each other at the time are well known: the French philosophers, including Montesquieu and Rousseau were studied in North America; French participation in the War of Independence was important; Lafayette was a member of the drafting committee of the Constituent Assembly which produced the French Declaration and submitted his own draft based on the Declaration of Independence and the Virginia Bill of Rights; the *repporteur* of the Constitutional Commission proposed "transplanting to France the noble idea conceived in North America"; and Jefferson himself was present in Paris in 1789, having succeeded Benjamin Franklin as American Minister to France[739].

The main objectives in both declarations were the same: to protect the citizen against arbitrary power and to establish the rule of law.

However, it is certain that the French Declaration was, of course, more directly influenced by the thoughts of Rousseau and Montesquieu. The drafters of the Declaration took from Rousseau the principles of considering the role of society as being related to the natural liberty of man, and the idea that the law, as the expression of the general will passed by the representatives of the nation, cannot be an instrument for oppression. They also took from Montesquieu his fundamental distrust of power, and therefore, the principle of separation of powers also embodied in the Virginia Declaration[740].

Of course, the rights proclaimed in the French Declaration were also natural rights of man, thus inalienable and universal; rights that was not granted by political society, but rights inherent to the nature of human beings.

This conception is clear in the justifying text of the Declaration issued "considering that the ignorance, forgetfulness or contempt of the rights of man is the sole causes of public misfortunes and of the corruption of government"; originating a perpetual reminder of the "natural inalienable and sacred rights of man."

The rights and freedoms were recognized and proclaimed forwarded by these declaration of principles: that "men are born and remain free and equal in rights" (1); that "liberty, property, security, and resistance to oppression" are "natural and inalienable rights of man" (2); that "liberty consists of the power to do whatever is not injurious to others; hence the enjoyment of the natural rights of every man has as its limits only those that assure to other members of society the enjoyment of those same rights; limits that can only be determined by law (4); that "nothing may be prevented which is not forbidden by law", and that "no one may be constrained to do what it is not provided for by law (5); that "all citizens have the right to concur personally, or through their representatives" in the formation of the law, as the "expression of the general will"; and that the law "must be the same for all, whether it protects or punishes" (6). There is express reference to the following civil rights: rights to free expression and to free communication of ideas and opinions, considered in the Declaration as "one of the most precious of the rights of man"; the right of every citizen to "speak, write, and print with freedom" (11); the right not to "be dis-

739 J. Rivero, *Les libertés publiques*, Dalloz, Paris, 1973, Vol. I, p. 45.

740 J. Rivero, *op. cit.*, p. 41–42.

quieted on account of his opinions, including his religious views" (10); and the right to property considered "sacred and inviolable", and the right to be "equitably indemnified" when someone is deprive of his property because of a legally determined public necessity, (17).

The rest of the Declaration refers to the due process of law rights: the right of all persons not to "be accused, arrested, or imprisoned except in the cases and according to the forms prescribed by law" (7); the right to be punished "only as are strictly and obviously necessary" and only when the punishment is "legally inflicted in virtue of a law passed and promulgated before the commission of the offence" (8); and the right of all persons to be "held innocent until they shall have been declared guilty" (9).

As for political rights, the Declarations recognized the right of all citizens to be "equally eligible to all dignities and to all public positions and occupations" (6); and the right to "require of every public agent an account of his administration" (15)

The whole process of the development of modern constitutionalism based on the rule of law or the *État de droit*, began with the products of the American and French revolutions and with the general principles they motivated: the idea of Constitution as a superior and fundamental law adopted by the people as sovereign; the democratic and republican principles, based on popular representation, the separation of powers, in the horizontal and the vertical systems; the role of the Judicial Branch, and the formal Declarations of Rights; principles that were subsequently incorporated into all written constitutions of the modern world.

2. *The Influence in Latin America*

These principles first had an immediate impact in Latin American constitutionalism, long before than in other European countries[741].

We must bear in mind that the process of independence of the Spanish Colonies in Latin America started in 1810, only twenty three years after the sanctioning of the American Constitution, and seven years after the Marbury v. Madison landmark judicial review case. This happens in a moment in which Spain was occupied by French troops after Napoleon had imposed to the invaded realm the Bayonne Constitution of 1808. Spain was fighting for independence from France, and the American Colonies, repudiating the French invasion, began to seek independence from Spain.

So the principles of modern constitutionalism were first adopted in Latin America, from 1811 on, before than in Spain. In Spain these principles were embodied with a monarchical framework a few months after –in the Cadiz 1812 Constitution– which remained in force only for two years, until the Monarchy was restored in 1814. The important aspect to be stressed out is that no Spanish constitutional influence can be found in the beginning of Latin American modern constitutionalism, which basically followed the North American trend.

---

741 Véase en general Allan R. Brewer–Carías, *Los derechos humanos en Venezuela: casi 200 años de historia*, Biblioteca de la Academia de Ciencias Políticas y Sociales, Serie Estudios, N° 38, Caracas 1990.

It can be said that, in general, the American –North American and Latin–American– constitutional revolution process and its declarations of rights were very different to the French and even the Spanish ones.

In the French Revolution and Declaration, it was not a case of establishing a new state but of the continuation of a national state already in existence, within the monarchical principle. The same occurred in Spain. On the contrary, in the American Revolution and Declarations, new states were being built upon a new basis.

The purpose of the French Declaration, as stated in its introduction, was to solemnly remind all members of the community of their natural rights and duties. Hence the new principle of individual liberty appeared only as an important modification within the context of a political unity already in existence.

On the other hand, in the North American and Latin–American declarations, the enforcement of rights was an important factor in the independence process, and thus, in the building of the new states upon a new basis. Particularly relevant was the principle of the sovereignty of people with all its democratic content. Therefore, on the American Continent, the solemn Declaration of Fundamental Rights meant the establishment of principles on which the political unity of the nations was based, and the validity of which was recognized as the most important assumption in the emergence and formation of that unity.

Putting aside the Haiti Constitution of 1805, it can be said that the third formal declaration of rights by an independent state in constitutional history was the "Declaration of Rights of the People" adopted by the Supreme Congress of Venezuela in 1811 four days before the formal Venezuelan Independence Act of July 5th, 1811, was approved.

The content of that Declaration followed both the French and the American Declarations, but was much more detailed in the enumeration of rights, including new ones such as the right to industrial and commercial freedom and the freedom to work (20); and the right to consider peoples' home as an inviolable asylum (22). In the declaration of the rights of people, there is also a reference to a social right when it states that "instruction is necessary for all. The society must favor with all its power the progress of public reason to put instruction at the reach of all" (Ch. 4, 4).

The Declaration was also incorporated as a final Chapter of the first of all Latin–American constitutions, the Venezuelan Constitution of December 21, 1811[742], in 59 extensive articles, among which, as an example, articles 151 ff. can be pointed out. This set of articles follow what was established in the French and American declarations, stating that governments are established in order to guarantee the exercise of rights of man, namely "liberty, equality, property and security", defining such rights as follows:

---

742 Véase en general Allan R. Brewer–Carías, *Las Constituciones de Venezuela,* Universidad Católica del Táchira (Venezuela), Instituto de Estudios de Administración Local y del Centro de Estudios Constitucionales (España), Madrid 1985, 1.086 pp. A second edition was published by Academia de Ciencias Políticas y Sociales, Caracas, Biblioteca de la Academia de Ciencias Políticas y Sociales, Caracas 1997.

153. Liberty (freedom) is the power to do whatever is not injurious to others or to society, which limits can only be establish by law.

154. Equality consists in that the law must be the same for all citizens, whether it punishes or protects.

155. Property is the right of everybody to enjoy and dispose goods acquired with its work and industry.

156. Security exists within the guaranty and protection that the society gives to each of its members regarding the preservation of their person, their rights and properties.

These two Venezuelan Declarations of Rights of 1811 mark the beginning of a very long tradition of almost 200 hundred years of continuous, extensive and always enlarging Latin American Declarations of Rights; a tradition very different from the European one.

3. *The Situation in France*

For instance, we must remember that in France, after the Declaration of 1789, no other Declaration of Rights was adopted. After the 1875 Constitutional Laws[743] even its contents were excluded from the text of the Constitution, considering that their provisions were not directly applicable to individuals. That is why the 1958 French Constitution only refers to human rights in an indirect way when it states in its Preamble that "The French people, solemnly proclaim their subjection to the rights of Man and to the national sovereignty principles as have been defined by the Declaration of 1789, confirmed and completed by the Preamble to the constitution of 1946".

Moreover, this Preamble to the Constitution was initially considered by the Constitutional Council itself, only as a principle for the orientation of constitutional interpretation[744]; criteria that began to change after the Constitutional Council decision of July, 16, 1971 regarding the freedom of association, when it was decided that a proposed law establishing a particular judicial controls in order for an association acquiring legal capacity, was against the Constitution. The proposed statute was an amendment bill to a 1901 statute relating to non–profit associations, which the Council considered unconstitutional[745], using the following argument:

The 1958 Constitution through the Preamble to the 1946 Constitution referred to the "fundamental principles recognized by the laws of the Republic" among which the freedom of association must be listed.

---

743 J. Rivero, *Les libertés publiques*, Vol. 1, Paris, 1973, p. 70.

744 L. Hamon, "Contrôle de Constitutionalité et protection des droits individuels. A propos de trois décisions récents du Conseil Constitutionnel", *Recueil Dalloz Sirey 1974*, Chronique XVI, p. 85.

745 See the Constitutional Council decision in L. Favoreu, y J. Philip, *Les grandes décisions du Conseil Constitutionnel*, Paris 1984, p. 222. See the comments of the 16 July, 1971 decisions in J. Rivero, "Note", *L'Actualité Juridique. Droit Administratif*, 1971, p. 537; J. Rivero, "Principes fondamentaux reconnus par les lois de la Republique; une nouvelle categorie constitutionnelle?", *Dalloz 1974*, Chroniques, p. 265; and J.E. Bradsley, "The Constitutional Council and Constitutional Liberties in France", *The American Journal of Comparative Law*, 20, (3), 1972, p. 43; B. Nicholas, "Fundamental Rights and Judicial Review in France", *Public Law*, 1978, p. 83.

In conformity with this principle, associations were to be constituted freely and could publicly develop their activities. The only condition to this association was making a previous declaration, the validity of which was not to be submitted to a previous intervention by either administrative or judicial authorities.

Thus, the Constitutional Council determined that the limits imposed on associations by the proposed bill establishing a prior judicial control of said declaration, were unconstitutional. This decision allowed Professor Jean Rivero to say,

> "The liberty of association, which is not expressly established either in the Declaration or by the particularly needed principles of our times, but which is only recognized by a Statute of July 1st., 1901, has been recognized by the Constitutional Council decision, as having a constitutional character, not only as a principle, but in relation to the modalities of its exercise"[746].

This decision of 1971 is an example of the creative tendency regarding fundamental rights of the Constitutional Council, even though for that purpose its decision was based on the Preamble to the Constitution, and through it, in what the Preamble to the 1946 Constitution considered the "fundamental principles recognized by the laws of the Republic." In general, therefore, to establish a fundamental right or liberty as a "fundamental principle", the Constitutional Council based itself on a particular existing statute, as happened with the liberty of association which was recognized by the Statute of July 1st, 1901.

But in other cases[747], as has happened with the right to self defense, the Constitutional Council has not based itself in a particular Statute for deducing a right based on "the fundamental principles recognized by the laws of the Republic." In that decision dated January 19th–20th 1981[748], the Constitutional Council radically changed the previous approach regarding the right to one's own defense, which was considered by the *Conseil d'État* simply as a general principle of law[749]. Conversely, after the 1981 decision, the Constitutional Council recognized it as part of the "principles and rules of constitutional value", an expression used by the Constitutional Council to describe in a generic manner all the norms that, without being contained in the text of the constitution itself, have Constitutional status[750].

Therefore, in France, "conformity with the constitution" as a consequence of the principle of constitutionality, is not understood today strictly as conformity with an

---

746 J. Rivero, "Les garanties constitutionnelles des droits de l'homme en droit français", *IX Journees Juridiques Franco–Latino Americaines*, Bayonne 21–23 mai 1976, (mimeo), p. 11.

747 Decisions of 8 Nov. 1976; 2 Dec. 1976; 20 July 77, 19 January 1981; 20 January 1981, *Cf.* the quotations in F. Luchaire, "Procedures et techniques de protection des droits fondamentaux. Conseil Constitutionnel français", in L Favoreu (ed.), *Cours constitutionnelles européennes et droit fondamentaux,* Aix–en–Provence 1982, pp. 69, 70, 83.

748 L. Favoreu and L. Philip, *Les grandes décisions..., cit.*, pp. 490, 517.

749 *Cf.* D.G. Lavroff, "El Consejo Constitucional francés y la garantía de las libertades públicas", *Revista española de derecho constitucional*, 1 (3), 1981, pp. 54–55; L. Favoreu and L. Philip, *Les grandes décisions..., cit.*, p. 213.

750 L. Favoreu, "Les décisions du Conseil Constitutionnel dans l'affaire des nationalisations", *Revue du droit public et de la science politique en France et à l'étranger*, T. XCVIII, N° 2, Paris, 1982, p. 401.

express disposition of the Constitution. Since the 1970's, the notion of constitutional norms that could serve as reference norms to control the constitutionality of legislation has been progressively understood in a wider sense, comprising dispositions or principles outside the constitutional text, and in particular, the Declaration of 1789, the Preambles to the 1946 and 1958 Constitutions, the fundamental principles recognized by the laws of the Republic, and the general principles of constitutional value[751]. All these sources of the principle of constitutionality enjoy the same authority as the written articles of the Constitution.

This process of adaptation of the Constitution by the constitutional judge was also confirmed in France in the decision of the Constitutional Council in the *Nationalizations* case of 1982. In this case, the Council applied the article concerning property rights of the 1789 Declaration, thus declaring such right as having constitutional status. In the decision dated January 16 1982[752], the Council considered that even though the relevant article of the 1789 Declaration was obsolete, and that it ought to be interpreted in a completely different way from the sense it had in 1789[753], it:

> Considering that, after 1789 and up to date, the purposes and conditions of the exercise of property rights have evolved because of the expansion of its range of application regarding new individual domains and because of the limitations imposed by the general interest, the principles contained in the Declarations of Man's Rights have full constitutional value, regarding both the fundamental character of the right to property, being its preservation one of the objectives of political society, located in the same level as liberty, security and resistance to oppression, as well as the guaranties given to the holders of such right and the public bodies prerogatives..."[754].

Consequently, the Constitutional Council in this case, not only "created" a fundamental constitutional right when giving constitutional rank and value to the 1789 Declaration, but "adapted" the former "sacred" and absolute property right set forth 200 hundred years ago creating the limited and limitable right of our times. Its preservation led the Council to declare some articles of the Nationalization Law as unconstitutional.

Since these decisions of the Constitutional Council adopted in the seventies, the *block of constitutionality*[755] was enlarged precisely to include the Declaration of

---

751 L. Favoreu, "L'application directe et l'effect indirect des normes constitutionnelles", *French Report to the XI International Congres of Comparative Law*, Caracas, 1982, (mineo), p. 4

752 See L. Favoreu y L. Philip, *Les grandes décisions..., cit.,* pp. 525–562

753 L. Favoreu, *Le contrôle juridictionnel des lois et sa légitimité. Développements récents en Europe Occidentale*, Association Internationale des Sciences Juridiques, Colloque d'Uppsala 1984, (mineo), p. 32; also published in L. Favoreu and J.A. Jolowicz, *Le contrôle juridictionnel des lois. Légitimité, effectivité et developments récents*, Paris 1986, pp. 17–68.

754 L. Favoreu y L. Philip, *Les grandes décisions..., cit.,* p. 526. *Cfr.* L. Favoreu, "Les décisions du Conseil Constitutionnel dans l'affaire des nationalisations", *Revue du droit public et de la science politique en France et à l'étranger*, T. XCVIII, N° 2, Paris 1982, p. 406.

755 L. Favoreu, "Le principe de constitutionalité. Essai de définition d'après la jurisprudence du Conseil constitutionnel", in *Recueil d'études en l'honneur de Charles Eisenmann*, Paris, 1977, p. 33.

Rights of Man and Citizens of 1789 and the Preamble of the 1946 Constitution, by means of interpretation of the 1958 Constitution Preambles, and of the fundamental principles recognized by the laws of the Republic[756]. This also led Professor Rivero to assert, with respect to the activism of the Constitutional Council, that with those decisions –based on "the constitution and particularly on its Preamble"–, a revolution has taken place, stating that "In a single blow, the 1789 Declaration, the 1946 Preamble, the fundamental principles recognized by the laws of the Republic, have been integrated into the French Constitution, even if the Constituent did not want to do it. The French Constitution has doubled its volume through the single will of the Constitutional Council"[757]. The author concludes by saying that "Through the single will of the Constitutional Council the French Constitution has doubled its volume"[758].

This process of expansion of constitutional declarations of rights can be considered as one of the main characteristics of the recent evolution of modern constitutionalism, in which various "generations" of rights can be distinguished.

III. THE EXPANSION OF THE CONSTITUTIONAL DECLARATIONS OF RIGHTS BEGINNING WITH THE INDIVIDUAL AND CIVIL RIGHTS

1. *The Individual and Civil Rights*

In effect, the initial human rights set forth in the Constitutions, as was the case of the North American Bill of Rights or the French Declaration of Citizens and Man's Rights, or of the XIX Century Latin American constitutional declarations of human rights, have been considered the "First declaration" of human rights, containing those rights essential to human nature, or essential to the quality of the human being, and which are common to all human persons. These rights were precisely those referred to in the French declaration, when stating that "The aim of all political association is the preservation of the natural and imprescriptibly rights of man". At the end of the XVIII Century those rights were reduced to freedom, equality before the law, personal safety and safety of property. To these original human rights, the American Bill of Rights added the freedom of religion and cult, freedom of speech and of the press, the right to peaceably assemble, the right to petition, the due process of law guaranties, the right to move and the right to vote. During the XX Century the list of political rights was also enlarged, adding to the right to vote the right to public demonstration, the right to participate in political parties, the right to seek for asylum and in general terms, the right to participate in political life.

---

756 L. Favoreu, *Le contrôle juridictionnel des lois et sa légitimité. Développements récents en Europe Occidentale*, Association Internationale des Sciences Juridiques, Colloque d'Uppsala, 1984, (mineo), p. 8; also published in L. Favoreu and J.A. Jolowicz, *op. cit.*, pp. 17–68.

757 J. Rivero, "Rapport de Synthèse" in L. Favoreu, (ed.), *Cours constitutionnelles europeenes et droit fondamentar,* Aix–en–Provence, 1982, p. 520.

758 *Idem*, p. 520.

All those rights have configured what has been called the "First generation" of human rights[759], as civil or individual rights essential to all human beings, which were regulated in all of the XIX and XX Centuries' constitutions. This First generation of rights is still important, particularly regarding the justiciability of human rights. For instance, in the Spanish Constitution, they are equivalent to "fundamental rights" in order to be protected by means of the "amparo" recourse that can be brought before the Constitutional Tribunal.

In effect, Article 53,2 of the Spanish Constitution empowered any citizen to ask for the protection ("tutela") of the liberties and rights recognized in Article 14 and in the first Section of the Second Chapter of the Constitution. This protection is sought before the regular courts through a process based on the principles of preference and speed, and when appropriate, through the recourse of "amparo" before the Constitutional Court. This last recourse shall be applicable to objections of conscience recognized in Article 30. Accordingly, as mentioned before, the recourse of "amparo" is only reserved to protect certain constitutional rights equivalent in general contemporary terms to the First generation of Rights, called "fundamental rights", which are the following: The right to equality before the law, without any discrimination (Article 14); the right to life and to physical and moral integrity and not to be subjected to torture or inhuman or degrading punishment or treatment, and the right to the abolishment of death penalty (Article 15); the freedom of ideology, religion, and cult (Article 16); the right to personal liberty and security, particularly regarding detentions (Article 17); the right to honor, to personal and family privacy and to identity; the right to the inviolability of home; and the right to secrecy of communications (postal, telegraphic, and telephone communication) (Article 18); freedom to move (Article 19); the rights to freely express and disseminate thoughts, ideas and opinions through words, writing, or any other means of reproduction and the right to freely communicate or receive truthful information without any kind of censorship (Article 20); the right to peaceful and unarmed assembly and the right to demonstrate (Article 21); the right to association (article 22); the right to participate in public affairs, directly or through representatives freely elected in periodic elections and the right to accede, under conditions of equality, to public functions and positions (Article 23); the right to be effectively protected by judges and courts in the exercise of their rights; the right to self defense and the due process of law rights (no self–incrimination, the presumption of innocence) (Article 24); the *Nulla Poena Sine Lege* rights (Article 25); the right to personal and collective petition (Article 29); and the right oppose conscientious objection for exemption from compulsory military service (Article 30).

All these rights are the civil or political rights that for example, have also been declared in the United Nations International Covenant on Civil and Political Rights of 1966.

---

759 The classification of human rights in "generations", only serves to more or less appreciate the chronological trends of the evolution process of their constitutionalization. See Antonio A. Cançado Trindade, "Derechos de solidaridad", in *Estudios Básicos de Derechos Humanos*, Vol. I, Instituto Interamericano de Derechos Humanos, San José, 1994, pp. 64 ff.

One recently enacted Constitution in which all these individual or civil rights are regulated in an extensive way is the 1999 Venezuelan Constitution. I want to highlight this example, not only because it is an illustration of contemporary tendency to constitutionalize human rights by means of very rich and progressive declarations, but also because it is an example that even with such impressive declarations, there is still an absence of an effective independent and autonomous Judiciary, that renders very difficult the justiciability of such rights.

In the Venezuelan Constitution above all one can find a group of very important regulations related to the constitutional guarantees of human rights, that is to say, to the instruments that allow the exercise of such rights.

In this regard, the following guarantees are largely regulated: general freedom in the sense of the right of every one to develop its own personality with only the limits connected to the other individuals rights and to the social and public interest (Article 20); the general principle of the non–retroactive effects of statutes (Article 24); the principle of the nullity of any State act that violates constitutional rights and the principle that all public officials that produced or executed them, are liable (Article 25); and the general principle of equality before the law forbidding any kind of discrimination (Article 21). The Constitution also regulates, following the Spanish Constitution provision, the right of any person to have access to the courts in order to demand enforcement of his rights and interests, including the collective or diffuse rights; the right to obtain effective protection of his rights and to obtain a promptly corresponding decision (Article 26).

The Constitution also regulates the persons' right to have the immediate guarantee or protection of his constitutional rights by means of effective actions or recourse such as the action of "amparo"; the action of protection of personal freedom or *habeas corpus*; and the action of *habeas data* devoted to protect personal data from public or private data bank institutions (Article 27).

On the other hand, the rights to due process of law are also expressly regulated, as well as the right to access to justice, which impose the duty to the Judiciary to only decide cases in accordance with the standards established in the Constitution and the law. The rights to the due process had been established in detail in Article 49, which requires that "due process be applied to all judicial and administrative actions", specifically regulating the following guarantees: the right to self defence; the presumption of innocence; the right to be heard; the right to be judged by the competent and pre–existing judge, that must be independent and impartial; the guarantees against self indictment; the principle of *nullum crimen nulla poena sine lege*; the principle of *non bis in idem* and the guarantee of the State's liability for errors or judicial delays.

Nevertheless, of all the constitutional guarantees of human rights, there can be no doubt that the most important is the guarantee of legality in the sense that only by means of statutes constitutional rights can be limited and restricted. Hence the reference in all constitutional articles on constitutional rights to the "law", is made to law in the sense of statutes (formal law), as acts emanating from the National Assembly acting as a legislative body (Article 202). Additionally, these are the only acts that can restrict or limit constitutional guarantees, as provided in Article 30 of the American Convention on Human Rights, pursuant to the interpretation of the Inter American Court for Human Rights (Advisory Opinion N° 6).

One aspect that we must mention is that even with these kind of constitutional guarantees, the same Constitution provides a formula for its bypassing and potential violation, when regulating the possibility for the Assembly to "delegate legislative powers" in the President of the Republic, by means of so–called "enabling laws" (Article 203), whereby he can dictate executive acts with the rank and value of statutes on any subject (Article 206, Ordinal 8). This provision contrasts with the previous 1961 Constitution which used to set forth that the President could only regulate, by means of enabling laws, matters related to the economy and finance (Article 190, Ordinal 8)[760].

The 1999 Constitution provision, instead, has unfortunately opened up a constitutional loophole that allows the National Assembly and the President, even with the impressive range of rights and guarantees embodied in the Constitution, to violate the guarantee of legality which, as stated above, is the most important guarantee for the effective enforcement and execution of human rights.

When referring to constitutional guarantees, it should finally be mentioned that under Article 29 of the Venezuelan Constitution, the State is expressly compelled to investigate and legally sanction any human rights violations committed by its authorities, and Article 30 establishes the State's obligation to wholly indemnify victims of human rights abuse attributable to the State, including the payment of damages. The State shall also protect victims of ordinary offences and endeavor to have the guilty parties repair the damage caused.

Title III, Chapter III of the Venezuelan Constitution is devoted to regulate civil or individual rights, beginning with the right to life, as inviolable thus banning the death penalty (Article 43). This right has also been reinforced by obliging the State to protect "the life of people when deprived of their freedom, rendering military or civil service, or in any other way are submitted to its authority".

The Constitution also expressly regulates the peoples right to a name (identification right) (Article 56); the right to the inviolability of personal freedom (Article. 44), establishing guarantees against arrest and detention, and the prohibition to be held incommunicado (Article 44), the prohibition of slavery or servitude (Article 54) and prohibition of forced disappearance of people.

It is also regulated in detail the right to personal safety (Article 46), with the following rights: the right to not be subjected to torture or degrading punishment; the right of those arrested to be treated with respect on their human dignity; the right to consent upon experiments or treatments; and the liability of public officials for infringements of such rights.

The text of the Constitution, in accordance with the tradition of previous texts, additionally enshrines the inviolability of the home (Article 47); the inviolability of private communications (Article 48); free passage or right to move (Article 50); the right to petition and to a timely response (Article 51); and the right of association (Article 52). This last right, however, has certain constitutional limitations first with

760 See Pedro Nikken, "Constitución Venezolana de 1999: La habilitación para dictar decretos ejecutivos con fuerza de ley restrictivos de los derechos humanos y su contradicción con el derecho internacional", en *Revista de Derecho Público*, N° 83, Editorial Jurídica Venezolana, Caracas, 2000, p. 5 ff.

respect to judges, who may not associate (Article 256); and second a very inconvenient one, referred to the intervention of the State in the internal elections of labor unions and professional associations, which must be organized by the National Electoral Council, as one of the five branches of government (Electoral Power) (Article 293, 6).

In relation to individual rights, the Constitution also guarantees the right to public or private unarmed assemble, without requiring any previous permits from authorities (Article 53); the right to the free expression of thought, ideas and opinion, by any means and without censorship (Article 57); and the right to "opportune, true and unbiased" information, as well as the right to response and correction when directly affected by incorrect or offensive information (Article 58). Express regulation also exists regarding the right to religious freedom and cult (Article 59); the right to protection of honor, privacy, self image, confidentiality and reputation (Article 60); the right to freedom of conscience (Article 61); and the right to be protected by the State (Article 55).

All these civil rights can be protected by means of the amparo and habeas corpus actions set fourth in article 27 of the Constitution.

2. *The social, economic and cultural rights*

But regarding the already mentioned "fundamental rights" listed in the Spanish Constitution in order to guaranty their protection by means of the "amparo" recourse –mainly referred to civil rights, it must be indicated that additionally to those civil and political rights, the Spanish Constitution has listed within the "fundamental rights", two social rights: the right to education, including the freedom to teach and to create educational institutions (Article 27); and the workers right to found unions and to strike in defense of their interest (Article 28). These rights are thus also protected by means of the recourse of "amparo".

These social rights can be considered as part of the so called Second Generation of human rights referred to the social, economic and cultural rights, which began to be incorporated in the constitutional declarations of Rights with the Mexican Constitution of 1917 and with the Weimar Constitution of Germany of 1919. All those rights were also the object of the United Nations International Covenant on Social, Economic and Cultural Rights of 1966.

But in fact, well before the adoption of the UN Covenant, after World War II, and due to the Welfare State model that spread all over the Occidental world, almost all Latin American Constitutions started to incorporate in their Declarations of rights, additionally to the civil and political rights, the social, economic, and cultural rights. In this sense, the right to education and the right to health care were constitutionalized, as well as the labor rights: the right to work, the right to membership of labor unions, the right to strike, the right to social security; and additionally, the right to equal treatment at work and the right to a salary. The rights to social benefits and to have stability at work and the right to bargain collectively for labor benefits.

Other rights that were progressively constitutionalized, were the right to have proper housing and the right to cultural heritage; as well as all the right to social protection or welfare, such as the right to have family, children protection, maternity and disabled persons protections.

Many of these social rights were incorporated in the Constitutions in order to set forth a constitutional duty or obligation for the State to provide social protection to the people or to render certain public services, as public utilities.

On the other hand, also as Second generation of rights, additionally to the property rights, the economic rights were also constitutionalized, particularly the economic freedom which implies the freedom of industry and trade and the freedom to work.

The 1999 Venezuelan Constitution can be mentioned not only regarding the regulation of these social, economic and cultural rights, but also as an example of extensive and complex policy declarations, regarding which is difficult to find the necessary relation between right and obligation[761]. On the other hand, the Constitution, in a highly paternalistic and State oriented trend, attributes innumerable social obligations to the State bodies, and in the compliance of which society's participation is expressly excluded. Thus, in the 1999 Constitution, the State is responsible for almost all social goals and welfare, a task impossible to be accomplished, even with the rich oil producing State that Venezuela is, where in the first six years of the enforcement of the Constitution (1999–2005), because the rising oil prices, State revenues rose to a level never dreamed before. The tragic result has been that in the same period of time, in parallel to the State populist distribution of money policy, poverty has risen.

Anyway, regarding constitutional regulations, the Constitution starts by regulating a group of social rights, referring to families (Article 75); maternity and paternity (Article 76); marriage "between a man and a woman" (Article 77); children and teenagers (Article 78); young people (Article 79); the elderly (Article 80); and to disabled (Article 81); with express regulation of the obligation of televised media to include subtitles and translation into sign language for people with hearing problems (Article 101).

The Constitution also expressly regulated, as a declaration, the people's right to a dwelling place, that must be "adequate, sure, comfortable, hygienic with the essential utilities, including an habitat that humanizes family, neighborhood and communal relations" (Article 82); and the right to health care (Article 83), imposing on the State the obligation to create, oversee and administer a "national public health system", that must be inter–sectorial, decentralized and participative, integrated with the social security system, governed by the principles of freeness, universality, integrity, fairness, social integration and solidarity (Article 84).

Hence, the health service is constitutionally conceived as being integrated with the social security system (as a sub–system), and also conceived as being free and universal, which bears no relationship whatsoever with the social security system established for the affiliates or the insured. It is also set forth with constitutional rank, that public health goods and services are considered as State ownership and shall not be privatized. Finally, it is set forth that the organized community shall

761 See in general Allan R. Brewer–Carías, *Derecho Constitucional Venezolano. La Constitución de 1999*, Editorial jurídica Venezolana, Caracas 2004, 2 vols.

have the right and duty to participate in decisions regarding the planning, execution and control of specific policies at the public health institutions (Article 84).

Article 85 of the Constitution establishes that the State shall be obliged to finance the public health system by means of tax income, the obligatory contributions to social security and any other source of financing determined by law. The State shall also guarantee a health budget that covers the objectives of the health policy. Finally, the above–mentioned Article 85 indicates that the State "shall regulate public and private health institutions"; this being the only ruling that names private health institutions, but merely as subjects to regulation.

In regard to the right to social security, Article 86 of the Constitution regulates it "as a non–lucrative public service that guarantees the health and assures protection in contingencies concerning maternity, paternity, sickness, invalidity, catastrophic illnesses, disability, special needs, labor risks, loss of employment, old–age, widowhood, orphanage, housing, costs derived from family life and any other circumstance of social welfare".

In the same Chapter relative to social and family rights, the 1999 Constitution, in a way similar to the 1961 Constitution, incorporated the group of labor rights into the text of the Constitution, but this time it broadened them and reinforced them even more, raising many rights to a constitutional rank. Thus, the right and duty to work was expressly regulated (Article 87); as well as the right to equality at work (Article 88); the State protection of work (Article 89); the workday and right to rest (Article 90); the right to a salary (Article 91); the right to social benefits (Article 92); the right to work stability (Article 93); responsibilities at the workplace (Article 94); the right to join a labor union (Article 95); the right to collective bargain (96); and the right to strike (Article 97).

In regard to the right to join labor unions, the very inconvenient State's influence over the unions' functions should be emphasized, by reason of Article 293.6 of the Constitution, which states that the National Electoral Council shall be the organ competent to "organize the elections of labor unions and professional associations". In Venezuela, therefore, the unions are not free to organize their own elections of their authorities and representatives, since such elections organization shall be carried out by the State.

On the other hand, Title III, Chapter VI of the Constitution enshrines a series of rights regarding culture, such as cultural freedom and creation, and intellectual property (Article 98); cultural values and the protection of cultural heritage (Article 99); the protection of popular culture (Article 100) and cultural information (Article 101), establishing that the State shall guarantee the broadcasting, reception and circulation of cultural information. To this end, the media is duty–bound to assist in the broadcasting of the values of popular tradition and the work of artists, composers, filmmakers, scientists and other such creators of culture.

With regards to education, Article 102 of the Constitution begins by establishing, in general terms, that "education is a human right and an essential social duty, democratic, free and obligatory". The consequence of this is the provision under Article 102 that imposes on the State the obligation to assume education as an "indeclinable function" and one of maximum interest at all its levels and types, and as an instrument of scientific, humanistic and technological knowledge at the service of society. Hence, constitutionally speaking, education is declared a public utility or service, emphasizing however that: "the State shall encourage and protect any private education that is rendered according to the principles provided in the Constitution and the Law".

The right to an integral education, the free nature of public education and the obligatory character of all levels of education from pre–school to diversified secondary level, are also regulated. Insofar as State school education is concerned, this shall be free up to pre–university level (Article 103). The teachers´ regime is also established (Article 104); as are the right to educate (Article 106), and the obligatory teaching of environmental and civic education; as well as the history and geography of Venezuela (Article 107). Article 108 also emphasizes that social communication media, both public and private, shall contribute to the citizens' education. Additionally, the 1999 Constitution formalizes the principle of the universities' autonomy (Article 109); regulates the regime of the liberal professions (Article 105); the regime of science and technology (Article 110); and the right to sporting activities (Article 111).

All these social rights imply State obligations and can also be enforced by means of the "amparo" action or recourse, as has been used mainly regarding social protection rights, like maternity rights, and right to education and health care.

The 1999 Constitution also incorporates in Chapter VII, with detail, the economic rights of people, as follows: on the one hand economic freedom (Article 112); and on the other the right to property and right to only be expropriated by means of due process and just compensation (Article 115). This form of regulation follows the orientation of Venezuelan constitutionalism, although certain variations with regard to its equivalent in the previous 1961 Constitution (Article 99), should be emphasized: *firstly*, it is not mentioned that private property shall perform a social function, as indicated in the 1961 Constitution; *secondly,* in the 1999 Constitution the attributes of the ownership of property (use, possession and disposal) are detailed, where such provision were previously a legal matter (dealt with under Article 545 of the Civil Code); and *thirdly*, in regard to expropriation, the new constitutional text provides that the payment of fair compensation be "timely". Thus the regulation guarantees more strongly the right to ownership of property. But in contrast to these guarantees, it can be said that never before the State has occupied more land without proper compensation as has occurred since the enactment of the Constitution in 2000, particularly in the country side.

The Constitution also forbids any kind of confiscation of goods, except in the cases allowed by the Constitution itself, by way of exception and due process, to the goods and property of national or foreign individuals or companies guilty of corruption crimes committed against public property, or those who have illicitly enriched themselves acting as public officials, or in cases of enrichment arising from commercial, financial or other activities associated with the illicit traffic of drugs and narcotics (Articles 116 and 271).

Additionally, Title VI of the 1999 Constitution is dedicated to the regulation of the socio–economic system. Amongst its regulations, Article 307 should be mentioned, since it declares the regime of large rural estates (*latifundio*) as being contrary to social interest, and encouraging the legislator to tax idle land and to establish the measures necessary to transform such land into productive economic units, also rescuing land being eminently agricultural land.

This same regulation establishes the right of peasants and other countryman to own land, pursuant to the methods and cases specified by the respective law. This implies the establishment of constitutional State obligations to protect and encourage associative and individual ownership mechanisms in order to guaranty farm production, and to control the sustainable organization of farm land in order to ensure food and agricultural potential.

The same article exceptionally provides that the legislator create taxlike contributions to facilitate the funding for the financing, research, technical assistance, technology transfer and other activities promoting productivity and competition in the agricultural sector.

3. *The collective rights*

More recently, in the past decades, a Third generation of rights has developed, related to collective rights, considered as human kind rights or solidarity rights, like the right to have a healthy environment; the right to development; the right to free competition; the consumer's rights to have products and services of quality; the right to have a certain standard of living; the right to human kind heritage, the rights of the indigenous communities and even the right to peace, as is set forth in the Colombian Constitution of 1991 (Article 22).

Many recent constitutions have incorporated such rights in their texts, as has happened with the right to have a healthy environment, to which Constitutions devote extensive articles. This is the case of the 1994 Argentinean Constitution, whose article 41 states that:

(1) All inhabitants are entitled to the right to a healthy and balanced environment fit for human development in order that productive activities shall meet present needs without endangering those of future generations; and shall have the duty to preserve it. As a first priority, environmental damage shall bring about the obligation to repair it according to law.

(2) The authorities shall provide for the protection of this right, the rational use of natural resources, the preservation of the natural and cultural heritage and of the biological diversity, and shall also provide for environmental information and education.

(3) The Nation shall regulate the minimum protection standards, and the provinces those necessary to reinforce them, without altering their local jurisdictions.

(4) The entry into the national territory of present or potential dangerous wastes, and of radioactive ones, is forbidden.

Before the Argentinean Constitution, the 1988 Constitution of Brazil initiated the constitutionalization process of the rights to healthy environment, with its article 255, in which it is also regulated the general policy of the State regarding environment, as follows:

"All persons are entitled to an ecologically balanced environment, which is an asset for the people's common use and is essential to healthy life, it being the duty of the Government and of the community to defend and preserve it for present and future generations.

(1) In order to ensure the effectiveness of this right, it is incumbent upon the Government to:

I. preserve and restore essential ecological processes and provide ecological handling of the species and ecosystems;

II. preserve the variety and integrity of Brazil's genetic wealth and supervise entities engaged in research and handling of genetic material;

III. determine, in all units of the Federation, territorial spaces and components which are to receive special protection, any alteration and suppression only being allowed by means of a law, and any use which adversely affects the integrity of the attributes which justify their protection being forbidden;

IV. demand, according to the law, for the installation of works or activities which may cause significant degradation of the environment, a prior environment impact study, which shall be made public;

V. control the production, marketing, and use of techniques, methods, and substances which represent a risk to life, to the quality of life, and to the environment;

VI. promote environmental education at all school levels and public awareness of the need to preserve the environment;

VII. protect the fauna and the flora, all practices which jeopardize their ecological function, cause the extinction of species or subject animals to cruelty being forbidden according to the law.

(2) Those who explore mineral resources shall be required to restore the degraded environment according to the technical solution required by the proper government agency, according to the law.

(3) Conduct and activities considered harmful to the environment shall subject the individual or corporate wrongdoers to penal and administrative sanctions, in addition to the obligation to repair the damages caused.

(4) The Brazilian Amazon Forest, the Atlantic Woodlands, the "Serra do Mar", the "Pantanal Mato Grossense" and the Coastline are part of the national wealth, and they shall be used, according to the law, under conditions which ensure preservation of the environment, including the use of natural resources.

(5) Vacant governmental lands or lands seized by the States through discriminatory actions, which are necessary to protect natural ecosystems, are inalienable.

(6) Power plants operated by nuclear reactor shall have their location defined in a federal law and may otherwise not be installed.

Following this general pattern, the right to the environment is also regulated in the Constitutions of Colombia (Article 79), Cuba (Article 27), Chile (Article 8), Ecuador (Articles 86–91); Guatemala (Articles 97–98), Mexico (Article 4), Panamá (Article 114), Paraguay (article 7), Perú (Article 22) and Venezuela (Articles 127–129).

In the 1999 Venezuelan Constitution, which we have been commenting as a Latin American example of contemporary constitutional declarations of rights, and as an innovation is the regulation of rights relative to the environment –establishing standards for the right and duty to enjoy and maintain a healthy environment (Article 127); the territorial land planning policy (Article 128); environmental impact studies and the toxic substances régime; and the obligatory inclusion of environmental clauses in public contracts (Article 129).

Another constitutional innovation regarding economic matters, but as collective rights, is regulated by Article 117, referred to the right of everybody to possess quality goods and services, as well as adequate and non–deceptive information of the products and services they consume; to freedom of choice; and to a fair and dignified treatment. In this case, in fact, the Constitution has established a collective right of the Third generation, as well as in Article 113 referred to the prohibition of monopoly and to the abuse of dominion position in trade competitions relations.

Also regarding collective rights, the rights of the indigenous peoples have been regulated in a very extensive way in many recent Constitutions of Latin America, as has happened in the Constitutions of Colombia (Articles 171, 246, 329, 330), Ecuador (Articles 83–85), Mexico (Article 2), Paraguay (Articles 62–67) and Venezuela (Articles 119–126).

In the latter, Chapter VIII contains a group of regulations of the rights of the indigenous people, in contrast with the previous Constitution of 1961 (Article 77) which contained only a brief protection regulation. In this regard, the 1999 Constitution recognizes "the existence of indigenous peoples and communities, their social, political and economic organization; their cultures, usages and customs, languages and religions; and their habitat and their original rights over their ancestral and traditional lands, necessary for developing and guaranteeing their life–styles" (Article 119). The Constitution sought to neutralize the danger that might arise from this regulation in regard to the national territory integrity, by stating that "since they represent cultures with ancestral roots, the indigenous people are part of the Nation, the State and the sole, sovereign and indivisible Venezuelan people", where the term "people" should not be interpreted in the sense provided under international law (Article 126).

Apart from this, the Constitution provided a set of regulations relative to the development of natural resources to be found in indigenous habitats (Article 120); to the indigenous cultural values (Article 121); to the right of the indigenous people to integral health care (Article 122); and to indigenous people's rights to the collective intellectual property of their knowledge, technologies and innovations (Article 124). Finally, Article 125 of the Constitution enshrines the indigenous people's right to political participation, with Article 126 of the Constitution guaranteeing "indigenous representation in the National Assembly and the consultant bodies of the federal and local entities that have indigenous populations, pursuant to the law."

In all these cases, the Constitutions regulates these rights not as individual rights, but as collective rights, which are also different to the individual rights that can be collectively claimed, like the labor rights.

> Some of these rights have been the object of international regulations, as is the case of the right to development incorporated in article 1 of the United Nations Declarations on the Right of Development (1986), as follows:
>
> 1. The right to development is an inalienable human right by virtue of which every human person and all peoples are entitled to participate in, contribute to, and enjoy economic, social, cultural and political development, in which all human rights and fundamental freedoms can be fully realized.
> 2. The human right to development also implies the full realization of the right of peoples to self–determination, which includes, subject to the relevant provisions of both International Covenants on Human Rights, the exercise of their inalienable right to full sovereignty over all their natural wealth and resources.

Finally, it must be mentioned that beside these collective rights, in the contemporary world, a Fourth generation of human rights is beginning to appear, yet in the process to be constructed, such as the human right to the protection of the human genome and the genetic identity and also the rights to the informatics technology progress.

4. *The problem of the relation between rights and obligation in the constitutional declarations*

As mentioned before, when analyzing the subject of rights and freedoms, as constitutional rights, they essentially are legal situations of power that individuals hold within a society, by which they have the right to do or not to do, to make, to act or to be protected. Being situations of power, they must always have a direct relationship with other legal situations of duty that are held by the State or by other individuals in the same society, in the sense that if somebody has the power to act, some other person has the duty to refrain from or to impede that action; or if somebody has the right to be protected for instance on his health, the State is obliged to developed institutions in order to care for the health of individuals.

Hence a society cannot be conceived without these direct relations among the subjects that act therein, between those situations of power that are correlative to situations of duty. That is to say, a society cannot be imagined without this interrelation between subjects that, on the one hand, hold the legal power to do, enjoy, use or have, and other subjects that, on the other hand, are in a legal situation of duty, respect, abstention, rendering or giving. In other words, there is always a relationship between a right and an obligation or, in general, between a power and a duty.

From a legal viewpoint, human rights are legal situations of power that are consubstantial with human nature or with the quality of being human, in fact, with the quality of man, and which all men have in equal measure, but in whose regime and declaration, of course, the principle of relation or correlatively with duties has to be always present. Thus, if there is an active subject that has a right, there always has to be someone with an obligation (a passive subject) towards that right, that is, someone who is obliged to abstain from or to perform certain activities to satisfy the enjoyment of those determined rights; therefore there can be no right without a correlative obligation.

In this sense, for instance, there cannot be a human right "to not to get ill." This is a wish, a political declaration, a general purpose of society, but not a right, because correlatively to that dream there is no a particular subject with the duty of ensuring that peoples will not get ill.

In the case of the Venezuelan Constitution, for example, one of the problems that arise when facing the most ample and excellent listing of human rights contained in it, is the confusion that can be found in the constitutional text between good intentions, declarations of public policy and constitutional rights. In some cases, illusion or frustration can derive from the impossibility of satisfying certain aims that have been formulated as social rights, that, because of conceptual impossibility, cannot originate obligations or obligated parties.

This happens with several social rights and guarantees established in the Constitution that are simply impossible to satisfy literally. They are excellent declarations of principle and intent of an unquestionably teleological nature, but it is difficult to conceive them as "rights", since there cannot exist a subject with the obligation to satisfy them.

Such is the case, for example, of the "right to health", enshrined as an "essential social right and obligation of the State, that it shall guarantee as part of the right to life" (Article 83). The fact is that it is impossible for anybody to guarantee somebody else's health, and therefore that constitutionally the "right to health" be established. This would be like, as mentioned before, establishing in the Constitution the right to not become ill, which is impossible since nobody can guarantee to another person that they are not going to become ill.

Constitutional formulas in these matters, however, are quite similar over Latin America. In some cases health is declared public property, as provided in the Constitution of El Salvador: "... the health of the inhabitants of the Republic is considered public property" (Article 65). The Constitution of Guatemala (Article 95) regulates health in a similar sense, and for this reason, both Constitutions establish that the State and the people are under the obligation to ensure its conservation and reestablishment. In this sense it can be said that the right to health is more conceived as a collective right, rather than an individual right.

Yet apart from these general declarations of a constitutional nature, in the majority of the Constitutions of Latin America, the "right to health" is expressly established within the fundamental or constitutional rights of the people (Bolivia, Article 7.a; Brasil, Articles 6 and 196; Ecuador, Article 42; Nicaragua, Article 59; Venezuela, Article 84). This fundamental right corresponds "equally" to all people, as declared in the Constitution of Nicaragua (Article 59); and the Constitution of Guatemala reaffirms this, providing that "the enjoyment of good health is a fundamental right of every human person, and there shall be no discrimination whatsoever in this regard" (Article 93).

Therefore, this constitutional formula of the "right to health", as mentioned above, in fact constitutes a declaration of principles relative to the State's commitment and that of society as a whole to the human person, which would be very difficult to identify "literally" as a real "constitutional right", except from the collective point of view, since such description or declaration lacks the principle of reciprocity.

Nevertheless, it can be said that what the Constitutions seeks to establish with this formula, from the individual rights point of view, is in fact the right of all people to have their health protected by the State, whose corresponding obligation is to ensure the care and recuperation of the health of the people.

For this reason, other Latin American Constitutions declare, more exactly, as an individual right, "the right to the protection of health" (Honduras, Article 145); or they refer more precisely to the right of all people to the protection of their health" (Chile, Article 19,9; Mexico, Article 4; Peru, Article 7); or that "their health be cared for and protected" (Cuba, Article 50); or that "all people be guaranteed access to the promotion, protection and recuperation of health" (Colombia, Article 49). In Panama, Article 105 of the Constitution even provides that:

> "The individual, as part of society, is entitled to the promotion, protection, conservation, restitution and rehabilitation of his or her health and the obligation to maintain such health, this being understood to be complete physical, mental and social well–being".

In certain cases, as occurs in the above–mentioned Constitution of Venezuela, it could be said that both formulas are mixed together, when, for example, Article 83 provides that "health is an essential social right", moreover adding that "all people shall have the right to the protection of their health." A similar situation occurs in Article 68 of the Constitution of Paraguay, where, under the heading "right to health", it establishes that "the State shall protect and promote health as being a fundamental right of the individual and in the interest of society."

Another case that can be highlighted as an example of this relationship between constitutional declarations and the relation of rights with duties, is the right that the Venezuelan Constitution enshrines in favor of "all people to an adequate, safe, comfortable and healthy dwelling, with all the basic essential utilities and a habitat that humanizes family, neighborhood and community relationships" (Article 82). This "right", as written, is impossible to satisfy, and not even a rich State can be obliged to satisfy it. It is, rather, a declaration of principles or intent, beautifully structured, that cannot however lead to identifying a party that is obligated to satisfy it, and much less to the State. Here, good intentions and social declarations were confused with constitutional rights and obligations, which cause a different type of legal relationship that are even justifiable or entitled to constitutional protection. What in fact can and must be constructed from such "right to dwelling", in the obligation of the State to provide everyone with the means and conditions to have such a home.

IV. CHANGES IN THE OBLIGED PARTY REGARDING CONSTITUTIONAL RIGHTS AND FREEDOMS

In any case, according to the initial concept behind the formulation of the declaration of civil rights, the responsible party in the relation right/duty was the State. This means that the rights were originally formulated before the State, in order to be protected from State actions or intrusions, so the active subject was always man, a citizen, and the passive subject – the obligated party – was the State.

This initial concept of the formulation of constitutional rights, particularly regarding civil or individual rights, even led to their justiciability by means of the "amparo" action or recourse always conceived as a protection mechanisms against the State. So in its origin, the "amparo" action was not conceived to protect individuals from other individuals' offences.

This of course changed later on with the alteration of the way of conceiving the relationship between rights and duties (in the sense that the passive subject in the constitutional rights is not only the State). The latter continues to be so, but not exclusively, since the field of the passive subject has been progressively universalized, to the point where there now exist obligations –that is, situations of duty in the field of rights– that correspond, naturally, to individuals, to groups, to communities, and even to the international community. This is the case of the Third generation of rights like the right to development, a right which, moreover, is not only held by man as an individual but by peoples and communities and also the international community.

On the other hand, referring to the necessary relationship between situations of power and situations of duty, it can be found that the situations of duty, –those corresponding to the passive subject, are not always of the same nature.

Often the situations of duty are configured as situations of being obliged to provide or to give or render something, accomplishing a positive obligation, that is to say, as obligations to render, give or make. This is the common situation regarding social rights, such as the right to education or right to health care, in relation to which the State is obliged to carry out a positive activity, or to render a public service or utility, that the citizens have the right to received or enjoy, as the active subjects in the legal relation.

In other fields, constitutional rights instead of being rights to receive something as a service, are rather "freedoms", because the situation of the passive subject, for example of the State itself, does not correspond to any obligation to do or to give. In these cases, the obligation is basically an obligation to abstain from acting, to not disturb, to not harm, to not stop, to not deprive. Therefore, from the strictly legal viewpoint, these are more freedoms rather than rights. For example, the freedom of moving implies more a correlative situation of duty consisting in the obligation to restrict the free circulation of people; the freedom or the right to free expression of thoughts, to free speech or to free press implies the State's duty not to bother, not to censor, not to prevent or impede the exercise of such rights.

This relation between the various situations of power and duty leads to a clear distinction between freedoms and rights, when the situation of the obligated subject is not, in the case of freedoms, an obligation to give or to do, but rather not to do, to abstain. In contrast, in the rights as such, there is an obligation to render, as occurs, for example, in general, in public services and, particularly, in those of a social nature (health, education).

From this point of view, regarding the rights in strict sense, it can be said that in general, the obliged party is the State, that is the party with the duty to provide health care or education to the people; instead, regarding freedoms, not only the State is obliged not to restrict, or not to impede its exercise, but also other individuals have the duty to abstain or to refrain. That is why, in contemporary constitutional law, the action of "amparo" in many countries can also be exercised against individuals and not only against the State, as was the initial constitutional trend.

V. THE DECLARATIVE NATURE OF THE CONSTITUTIONAL DECLARATIONS OF RIGHTS AND THE OPEN CONSTITUTIONAL CLAUSES

From a legal point of view, and regarding all the "generations" of rights, it is important to note how the declarations are not "constitutive" of such rights, in the sense that they do not create such rights, but rather, as their name itself implies, are of a declaratory nature, that is, they only recognize the existence of rights. Therefore neither the Constitutions nor the International Conventions create or establish them, but rather admit them as being inherent to the human person, as natural rights.

From this angle, the most important aspect of the expansion process of the constitutional declarations of human rights in Latin America, has been the progressive and continuous incorporation in the Constitutions of the "open clauses" of a person's rights, which has also arisen through the influence of the United States IX (1791) in which it is stated that "the enumeration in the Constitution, of certain rights, shall not be constructed to deny or disparage others retained by the people".

The express enshrining of clauses of such sort in the Constitutions confirms that the list of constitutional rights does not end with those that are expressly listed in the constitutional declaration, but that all others rights which are inherent to the human person or those declared in international instruments are also considered as human rights.

In this respect it can even be said that all Latin American Constitutions, with only very few exceptions (Cuba, Chile, Mexico and Panamá), contain open clauses of the rights, according to which it is expressly indicated that the declaration and enunciation of the rights that is made in the Constitution shall not be understood to be a denial of others not listed therein, that are inherent to the human person or to human dignity. Clauses of this type are to be found, for example, in the Constitutions of Argentina (Article 33), Bolivia (Article 33), Colombia (Article 94), Costa Rica (Article 74), Ecuador (Article 19), Guatemala (Article 44), Honduras (Article 63), Nicaragua (Article 46), Paraguay (Article 45), Peru (Article 3), Uruguay (Article 72) and Venezuela (Article 22).

In the Dominican Republic, the Constitution is less expressive, only indicating that the constitutional list (Articles 8 and 9) "is not limitative, and therefore does not exclude other rights and duties of a similar nature" (Article 10).

Regarding the rights inherent to human persons referred to in many of the open clauses, the former Supreme Court of Justice of Venezuela in a decision of January 31, 1991 (Case: *Anselmo Natale*), stated:

> "The inherent rights of a human person are natural, universal rights which find their origin and are direct consequence of the relationships of solidarity among men, of the need for the individual development of mankind and for the protection of the environment."

Therefore the same Court concluded by stating that

> "...such rights are commonly enshrined in Universal declarations and in national and supranational texts, and their nature and content as human rights shall leave no room for doubt, since they are the very essence of a human person and shall therefore be necessarily respected and protected" [762].

Accordingly, Article 22 of the Constitution of Venezuela, following the tradition of previous Constitutions, expressly establishes that "the enunciation of the rights and guarantees contained in this Constitution and in the international instruments on human rights shall not be understood to be a denial of others that being inherent to the human person, are not expressly set forth in those texts"; adding that "the absence of the regulating statute of such rights do not impede its exercise" (Article 22).

This article, like Article 94 of the 1991 Colombian Constitution and Article 44 of the Guatemalan Constitution, refers to the "inherent rights of a human person", thus incorporating notions of a natural right, in the sense that human rights precede the State and the Constitutions themselves. The Constitution of Paraguay, in the same sense, refers to "rights inherent to human personality" (Article 45).

But in the case of Colombia and Venezuela, the open clause allows for the identification of rights inherent to human persons, not only regarding those listed in the Constitution, but also in international human rights instruments, thus considerably broadening their scope. On the other hand the clause has allowed national Courts to identify human rights inherent to human beings not expressly regulated in the Constitutions, but set forth in international instruments. It was the case during the nineties of the former Supreme Court of Justice of Venezuela, which annulled statutes basing its rulings in the violation of rights set forth in the American Convention which were considered as rights inherent to human beings according to open clause incorporated in article 50 of the 1961 Constitution.

In effect, in 1996, the Supreme Court of Justice, when deciding a judicial review action brought before the Court against the State of *Amazonas* legislation setting its territorial division, ruled that being the State mainly populated by indigenous people, the sanctioning of the statute without hearing the opinion of the indigenous communities, violated the constitutional right to political participation. Such right was not expressly regulated in the 1961 Constitution, so the Court founded its ruling in the open clause enshrined in Article 50 of the Constitution (equivalent to Article 22 of the 1999 Constitution), considering the right to political participation as inherent to human being, in particular, as a "general principle of constitutional rank in a democratic society", adding, regarding the case, that "because of being a minorities rights (indigenous peoples in the case), it must be judicially protected, according to Article 50 of the Constitution, to the great international treaties and conventions on human rights, and to the national and states legislation". In the December 5, 1996 ruling it was provided:

---

762 See the reference in Carlos Ayala Corao, "La jerarquía de los instrumentos internacionales sobre derechos humanos", en *El nuevo derecho constitucional latinoamericano*, *IV Congreso venezolano de Derecho constitucional*, Vol. II, Caracas, 1996, and in *La jerarquía constitucional de los tratados sobre derechos humanos y sus consecuencias*, México, 2003.

> In the case, there was no evidence of the accomplishment of the previsions regarding citizens participation, lacking the statute of its original legitimacy derived from the popular hearing. The defendants argued that the advice of public bodies such as the Ministry of the Environment and the Environment Autonomous Services of the Amazon States where asked, as well as the advice of some indigenous organization. The Court deems that such procedure does only constitute a timid and insignificant expression of the constitutional right to political participation in the process of elaborating statutes, which must be guarantied before and pending the legislative activity and not only when the legislation is promulgated... Regarding a statute referred to the political–territorial division of a State like the Amazonas State (mainly populated by indigenous communities), it is a statute that changes and modifies the economic and social conditions of the region, the vital environment of individuals, the municipal boundaries, the land ownership regime and the daily life of indigenous peoples. Thus their participation must be considered with special attention, due to the fact that indigenous peoples are one of the most exposed groups to human rights violations, due to their socio–economic and cultural conditions, in which habitat intervenes various interest some times contrary to the legitimate rights of autochthonous populations... It is in this context that the rights of indigenous peoples acquire more force, as it is expressly recognized by this Court[763].

According to the aforementioned, the Court's decision referred to the violation of constitutional rights of minorities set forth in the Constitution and in the international treaties and conventions on human rights, particularly the right to citizenship participation in the statute elaborating process, particularly because no public consultation was made in the case to the minority indigenous communities, as a consequence of which, the Court decided to annul the challenged statute.

The following year, in 1997, another important decision was issued by the former Supreme Court of Justice of Venezuela, this time annulling a national (federal) statute referred to wicked and crooked persons (Ley de vagos y maleantes) which was considered unconstitutional, based on the "constitutionalization of human rights process according to Article 50 of the Constitution", because such statute "violated *ipso jure* the international conventions and treaties on human rights which had acquired constitutional rank". In its November 6, 1997 ruling, the Supreme Court considered the challenged statute which allowed executive detentions without due process to persons considered wicked or crooks, as infamous, supporting its decision on Article 5 of the Universal Declaration on Human Rights, and in the American Convention on Human Rights "which has been incorporated on internal law as self-applicable regulation reinforced by courts decisions that has given the Convention constitutional force, which implies the incorporation to our internal legal order of the regime set forth in the international conventions". The Court considered that the challenged statute was unconstitutional because it omitted the guaranties for a fair trial set forth in Articles 7 and 8 of the American Convention and Articles 9 and 14 of the International Covenant on Human Rights, and because it was discriminatory

---

763 Caso: *Antonio Guzmán, Lucas Omashi y otros,* en *Revista de Derecho Público*, N° 67–68, Editorial Jurídica Venezolana, Caracas, 1996, pp. 176 ff.

violating Article 24 of the same American Convention, transcribing in the ruling text the entire text of those articles. The Court also referred in its annulling ruling, to the existence of "reports of human rights organization which openly condemn the Venezuelan legislation on wicked and crook persons, particularly on the grounds of promoting the sanction of a statute on citizen's security protection"[764].

More recently, and regarding the challenging of the proposed call for a consultative referendum for the convening of a National Constituent Assembly by the elected President of the Republic in December 1998, which was not regulated in the 1961 Constitution as a mean for constitutional review or reform, the Supreme Court in January 1999, issued two rulings deciding interpretative recourses, allowing the convening of such Constituent Assembly by means of a referendum based on the peoples right to political participation also founded in the open clause on human rights set forth in Article 50 of the Constitution, considering it as an implicit, constitutionally not enumerated right inherent in the human person.

Considering the referendum as a right inherent to the human person, the Court specifically indicated that:

> This is applicable, not only from a methodological point of view, but ontologically as well, since if the right to a constitutional referendum were considered to depend on a reform of the current Constitution, it would be subordinate to the will of the constituted power, which in turn would be placed above the sovereign power. The absence of such a right in the Fundamental Charter must be interpreted as a gap in the Constitution, since it could not be sustained that the sovereign power had renounced, *ab inicio*, the exercise of a power that is the work of its own political decision.[765]

The conclusion of the Court's decision was that it was not necessary to previously reform the Constitution in order to recognize the referendum or popular consultation on whether to convene a Constituent Assembly as being a constitutional right[766].

Open clauses of human rights, of the same nature, which have served in Latin American countries to resolve important constitutional issues, are found in almost all their Constitutions, even with different contents. The Constitution of Ecuador, for instance, indicates that "the rights and guarantees provided in this Constitution and in international instruments do not exclude others derived from the nature of the human person and are necessary for his or her full moral and material development (Article 19). This provision is complemented by Article 18 in which it is stated that the rights and guaranties enshrined in the Constitution and in the international instruments, are directly and immediately applicable by and before any court or authority; and that the absence of regulatory statutes can not be alleged in order to justify

---

764 See in *Revista de Derecho Público* N° 71–72, Editorial Jurídica Venezolana, Caracas, 1997, pp. 177 ff.

765 See in *Revista de Derecho Público,* N° 77–80, Editorial Jurídica Venezolana, Caracas, 1999, p. 67

766 See the comments in Allan R. Brewer–Carías, "La configuración judicial del proceso constituyente o de cómo el guardián de la Constitución abrió el camino para su violación y para su propia extinción", in *Revista de Derecho Público,* N° 77–80, Editorial Jurídica Venezolana, Caracas, 1999, pp. 453 ff.

the violation or the ignorance of the rights set forth in the Constitution, or to reject the action for its protection, or to deny the recognizance of such rights.

In Nicaragua, the Constitution is more detailed regarding the listing of international instruments and, as such, more limitative, when its Article 46 provides as follows:

> **Article 46.**– Every person in the land shall enjoy State protection and the recognition of the rights inherent to the human person, of the unrestricted respect, promotion and protection of human rights, and of the full enforcement of the rights consigned in the Universal Declaration of Human Rights; in the American Declaration of the Rights and Duties of Man; in the International Covenant on Economic, Social and Cultural Rights; in the United Nations' International Covenant on Civil and Political Rights; and in the American Convention on Human Rights of the Organization of American States.

In other cases, such as the Constitution of Brazil, the open clause, without referring to the inherent rights of human persons, indicates that the listing in the Constitution of right and guaranties, does not exclude others "derived form the regime and principles adopted by the Constitution or by international treaties to which the Federative Republic of Brazil is a party" (Article 5.2). However, pursuant to the majority of international instruments, the rights listed therein are considered human attributes, and therefore the effect when applying this enunciative clause is the same.

Other Latin American Constitutions also contain these open clauses allowing for the extension of the human rights listed in the text of the Constitution, even though perhaps with some lesser scope regarding the previous examples.

It is the case of the Constitution of Costa Rica when indicating that the enunciation of rights and benefits it contained does not exclude others "which derive from the Christian principle of social justice" (Article 74), expression that nonetheless must be interpreted in the sense of occidental notion of human dignity and social justice.

In other Constitutions, the open clauses on human rights refer to the sovereignty of the people and the republican form of government and therefore more emphasis is made on regarding political rights, than on the inherent rights of human persons, as occurs in Argentina, where Article 33 of the Constitution states that:

> "The declarations, rights and guaranties enumerated in the Constitution, can not be understood as to deny others rights and guaranties not enumerated, but that rose from the principle of the people's sovereignty and from the republican form of government".

An almost exact regulation is contained in article 35 of the Constitution of Bolivia. Also in similar way, other Constitutions make reference to the rights derived both from the republican form of government and from the representative nature of the government as well as from the dignity of man. This is the case of Uruguay where Article 72 of the Constitution states that "the enunciation of rights, duties and guaranties made by the Constitution does not exclude the others that are inherent to human personality or derive from the republican form of government". Also in Peru Article 3 of the Constitution refers to "others guaranteed by the Constitution, nor others of an analogous nature or that are based on the dignity of man, or on the sovereignty of the people, of the democratic rule of law and of the republican form of government".

Also in Honduras, Article 63 states that

> "The declarations, rights and guaranties enumerated in this Constitution, must not be understood as a denial of other unspecified declarations, rights and guarantees, rising from sovereignty, the republican, democratic and representative form of Government and from the dignity of man".

Naturally, in all these cases, the incorporation of open clauses in the Constitution regarding human rights, as mentioned before regarding the Venezuelan constitutional provision, implies that the absence of statutory regulation of such rights cannot be invoked to deny or undermine the exercise of these rights by the people, as is expressed in many Constitutions (Argentina, Bolivia, Paraguay, Venezuela, and Ecuador). This, of course responds to the principle of the direct applicability of the Constitution in human rights matters, which excludes the traditional concept of the so–called "programmatic clauses" which was constructed under the constitutionalism of some decades ago, particularly in the question of social rights, which impeded their being exercised until legally regulated, and also impeded their justiciability.

In this regard, as mentioned, the Constitution of Ecuador is careful to point out the following:

> *Article 18.* The rights and guarantees determined in this Constitution and in the international instruments in force, shall be directly and immediately enforceable by and before any judge, court or authority...
>
> ...The lack of statutes shall not be alleged in order to justify the violation or ignorance of the rights established in this Constitution; to dismiss actions by reason of these facts; or to deny the recognition of such rights.

VI. ABSOLUTE OR LIMITATIVE CHARACTER OF THE DECLARATIONS

It must also be noted, on the other hand, that the constitutional enunciation of rights, notwithstanding the increase of scope we have mentioned, and even including the enunciative character of their constitutional declarations, has been laid down in parallel with the establishment of a specific scope for the limitations to such rights.

It is true that there are absolute rights, as are all the rights considered and declared as inviolable and not limitable, such as the right to life, the right to not be tortured, and the right to not receive shameful sentences or the right self defense.

But beyond these, there exists the principle of the limitability of rights and freedoms, whose borderline is always marked by both the rights of others persons and public and social order, because, unquestionably, rights are exercised in society and they have many titleholders. This requires, therefore, the need to conciliate the exercising of rights by everyone, in order that it not bring about, in particular, the violation of other people's rights and, in general, of public and social general order.

Of course, this principle can lead to extreme dangerous situations such as the one which unfortunately still remains in the Constitutions of Cuba, which leaves open an "unlimited" possibility of limitations to human rights, founded on the conservation of principles that can only be determined by the established Power, thus rendering the rights futile. In this regard, Article 62 of the Cuban Constitution provides that: "None of the citizens' recognized freedoms may be exercised against the provisions of the Constitution and the laws, or against the existence and purposes of the socialist State, or against the Cuban people's decision to construct socialism and communism. Offences against such principle are punishable."

Generally speaking however, and leaving aside this fortunately isolated case, the limitation to rights allowed by the Constitutions are only linked to the demands for public and social general order and to the exercise of the same rights by others.

Legally speaking, this all leads to important matters that concern the exercise of rights. Firstly, that any limitation confronts a fundamental guarantee in the sense that is constitutionally required that they be imposed only by means of statutory regulations or by a formal law sanctioned by the elected legislative body.

In this regard and as we have mentioned before, in spite of the advances contained for instance in the 1999 Constitution, with its exhaustive list of rights and the constitutionalization of international treaties concerning human rights, a specific negative aspect of its regulations which signifies a serious and potential harm to the guarantee of the principle of legality, is the establishment of the broad legislative delegation in the President of the Republic (Article 302), that can lead to executive limitations of constitutional rights.

On the other hand, mention must be made of the progressive search for the balance that must exist between the different rights, which must be done in such a way that the exercise of one right does not imply the infringement of another. That is the reason for the principles of indivisibility and interdependence in the enjoyment and exercise of rights; a matter that cannot be completely resolved through the sole provision of the Constitution. It only can be achieved through the progressive application of such texts by an effective and efficient Judiciary, which is the only branch of government that can clarify when the exercise of one right shall outweigh that of another.

There have been many legal cases, for example in relation to freedom of speech, that have determined how far freedom of speech can signify, for instance, the infringement of a child's rights, or to what extent freedom of speech can affect the right to privacy. In these cases the judge is the one who has to decide which right shall prevail in a specific moment, or under what circumstances precedence shall be given to the rights of a child, for example, as has happened in court cases in Venezuela, in regard to the right to free expression of thought[767].

767 See for example, Allan R. Brewer–Carías *et a. Los derechos del niño vs. los abusos parlamentarios de la libertad de expresión*, Colección Opiniones y Alegatos Jurídicos, N° 4, Editorial Jurídica Venezolana, Caracas, 1994.

In this task of interpretation, the principles of progressiveness, interdependence, reasonableness, *favor libertatis* and the concept of the essential nucleus of rights, among others, are essential for guaranteeing for they exercise and enforceability.

CHAPTER II

THE CONSTITUTIONALIZATION OF THE INTERNATIONALIZATION OF HUMAN RIGHTS

I. THE CONSTITUTIONAL AND INTERNATIONAL REGULATIONS

Human rights today are not solely a matter concerning constitutional law and constitutional regulations. Progressively, and particularly after the Second World War, they have been also a main and essential matter of international law. During the past decades both branches of law have mutually feedback one to the other in setting forth declarations and regulations regarding human rights.

Initially, and particularly until the Second World War, the human rights regulations were the process of a constitutionalization process, by mean of the expansion of the declarations of rights, freedoms and guarantees enshrined in the Constitutions. This was the case of the initial declarations of civil rights in the XVIII Century American and French Constitutions, and of the extensive subsequent chapter devoted to enumerate constitutional rights in all the Latin American Constitutions.

The first stage of the protection of human rights process was, then, a process of constitutionalization of the declarations of human rights.

That first stage was then followed by a second one, that of the internationalization of the constitutionalization of human rights, particularly after the Second World War, characterized not only by the general approval in the United States and in the Organization of American States in 1948 of general declarations on human rights, but also by the approval of multilateral treaties on the matter. It was, undoubtedly, the evil and most aberrant violations of human rights uncovered after the end of the War that provoked such international reaction seeking for the protection of human right as a matter of international and supranational law, not being considered enough for the effective protection and enforcement of rights, their sole national constitutional provisions.

For this purpose, a re–arrangement of the concept of sovereignty was needed, in order for the States to accept the imposition of international law over national regulations. International law began to play an important role in the establishing of limits to constitutional law itself, as a result of the new international principles and commitments that came about after the War to guarantee peace.

Therefore it is not surprising that precisely following the end of the War began the process of internationalization of human rights, with the adoption in 1948 of both the American Declaration of the Rights and Duties of Man by the Organization of American States, and the Universal Declaration of Human Rights by the United Nations Organization. Those declarations were followed only two years latter by the first multilateral treaty on the matter, the 1950 European Convention on Human Rights, which entered into force in 1953.

Regarding the American Declaration adopted in 1948, its contents referred basically to civil, social and political rights, as follows: right to life, liberty and personal security (I); right to equality before the law (II); right to religious freedom and cult (III); right to freely search information, to opinion, and expression (IV); right to protection of honor, personal reputation and privacy (V); right to family and to its protection (VI); rights to maternity and children protections (VII); right to residence and move (VIII); right to the inviolability of the home (IX); right to the inviolability and transmission of correspondence (X); right to the preservation of health (XI); right to education (XII); right to culture (XIII); right to work and to fair remuneration (XIV); right to leisure time (XV); right to social security (XVI); right to the recognition of personality (XVII); right to fair trial (due process) (XVIII); right to nationality (XIX); right to vote and to political participation (XX); right to assembly (XXI); right to association (XXII); right to property (XXIII); right to petition (XXIV); right to personal liberty and to protection from arbitrary arrests (XXV); and right to presumption of innocence, to impartial hearing (XXVI), to seek for asylum (XXVII).

The process of internationalization of human rights was consolidated in 1966, with the adoption of the United Nations International Covenant on Civil and Political Rights, and the International Covenant on Economic, Social and Cultural Rights, both in effect since 1976; and, in 1969, with the adoption of the American Convention on Human Rights, which also entered into force in 1976.

The International Covenant on Civil and Political Rights declared the following rights: the right to life and restrictions on death penalty (6); the right not to be subjected to torture or to cruel, inhuman or degrading treatment or punishment, and without his free consent to medical or scientific experimentation (7); the prohibition of slavery, servitude and compulsory labor (8); the right to liberty, to personal security, not to be subjected to arbitrary arrest or detention, and only to be deprived of his liberty by means of due process of law (9); the right of detainees to be treated with humanity and with respect for the inherent dignity of the human person (10); the right not to be imprisoned due to contractual obligations (11); the right to liberty of movement and freedom to choose residence (12); the right of aliens to be expelled only by means of due process (13); the rights and guaranties of due process of law, among them: to be equal before the courts; to have a fair and public hearing by a competent, independent and impartial tribunal established by law; to be presumed innocent; to be informed and to self defense; to not to be compelled to testify against himself or to confess guilt; to the reviewing of the convicting judicial decision; and the *non bis in idem* right (14); the *nulla pena sine lege* right (15); the right to be recognized as a person (16); the right to privacy, honor and reputation (17); the right to freedom of thought, conscience and religion (18); the right to hold opinions and to express them and the freedom to seek, receive and impart information and ideas (19), except in cases of propaganda for war and incitement to discrimination, hostility or violence (20); the right of peaceful assembly (21); right to freedom of association, including the right to form and join trade unions (22); the rights to protections of family, the right of men and women to marry and to found a family (23); the right of children to be protected, to have a name and a nationality (24); the citizens rights to take part in the conduct of public affairs, to vote and to be elected, and have access to public service (25); the right to be equal before the law and to the equal protection of the law 26); and the minority groups rights to enjoy their own culture, to profess and practice their own religion, or to use their own language (27).

Article 2 of the International Covenant expressly provides for the obligation of each State Party to respect and to ensure to all individuals within its territory and subject to its jurisdiction the rights recognized in the Covenant, without distinction of any kind, such as race, color, sex, language, religion, political or other opinion, national or social origin, property, birth or other status. Additionally, the State Parties are obliged to take the necessary steps, in accordance with its constitutional processes and with the provisions of the present Covenant, "to adopt such laws or other measures as may be necessary to give effect to the rights recognized in the present Covenant".

In particular, regarding the judicial guarantee for the protection of the rights declared in the Covenant, article 2,3 oblige each State Party:

> "(a) To ensure that any person whose rights or freedoms as herein recognized are violated shall have an effective remedy, notwithstanding that the violation has been committed by persons acting in an official capacity;
>
> (b) To ensure that any person claiming such a remedy shall have his right thereto determined by competent judicial, administrative or legislative authorities, or by any other competent authority provided for by the legal system of the State, and to develop the possibilities of judicial remedy;
>
> (c) To ensure that when granted, the competent authorities shall enforce such remedies".

Accordingly, the Covenant also establishes a general right of any person not only to have access to justice for the protections of their rights but to have at their disposition an effective remedy to seek protection to their rights not only against public official actions but also against individual actions.

Regarding the International Covenant on Economic, Social and Cultural Rights, it declares the following rights: the right to work (6); the right to the enjoyment of just and favorable conditions of work, in particular, remuneration with fair wages providing decent living; safe and healthy working conditions; equal opportunity, and rest, leisure and reasonable limitation of working hours (7); the right of everyone to form and join trade unions and the right of trade unions to function freely; and the right to strike (8); the right of everyone to social security, including social insurance (9); the right to family, marriage, maternity and children's protection (10); right of everyone to an adequate standard of living for himself and his family, including adequate food, clothing and housing, and to the continuous improvement of living conditions (11); the fundamental right of everyone to be free from hunger (12); the right of everyone to the enjoyment of the highest attainable standard of physical and mental health and to health care (13); the right of everyone to education, the liberty of parents to choose for their children schools, other than those established by the public authorities, and the liberty of individuals and bodies to establish and direct educational institutions (13) and the right of everyone to culture and to enjoy the benefits of scientific progress (14).

Article 2,2 of the Covenant obligated the States Parties to guarantee that the rights enunciated in it will be exercised without discrimination of any kind as to race, color, sex, language, religion, political or other opinion, national or social origin, property, birth or other status; and Article 3 obligated them to ensure the equal right of men and women to the enjoyment of all economic, social and cultural rights set forth in the Covenant. In Article 4 of the Covenant, the guarantee of legality concerning the social, economic and cultural rights was set forth by stating that the States Parties "recognize that, in the enjoyment of those rights provided by the State in conformity with the present Covenant, the State may subject such rights only to such limitations as are determined by law only in so far as this may be compatible with the nature of these rights and solely for the purpose of promoting the general welfare in a democratic society".

Nevertheless, in contrast with what was established in the International Covenant on Civil and Political Rights, in the International Covenant on Economic, Social and Cultural Rights, no justifiability rights for their enforcement were set forth.

II. THE AMERICAN INTERNATIONALIZATION OF HUMAN RIGHTS

The American Convention on Human Rights, as mentioned, was approved in the Organization of American States General Assembly in Costa Rica in 1969, and entered into force in 1979. It has been ratified by all Latin American Countries, all of which have recognized the jurisdiction of the Inter American Court on Human Rights. It must be noted that the only American country that has not signed the Convention is Canada, and the United States of America, even though has signed the Convention on June 1st, 1977 at the OAS General Secretariat, has not yet ratified it.

The American Convention has extreme importance in Latin America, being its content mainly referred to civil and political rights. Regarding economic and social rights, the Convention just limits its scope to declare that "the States Parties undertake to adopt measures, both internally and through international cooperation, especially those of an economic and technical nature, with a view to achieving progressively, by legislation or other appropriate means, the full realization of the rights implicit in the economic, social, educational, scientific, and cultural standards set forth in the Charter of the Organization of American States".

Now, regarding civil and political rights, the American Convention declares the following rights:

Article 3. Right to Juridical Personality:

Every person has the right to recognition as a person before the law.

Article 4. Right to Life:

1. Every person has the right to have his life respected. This right shall be protected by law and, in general, from the moment of conception. No one shall be arbitrarily deprived of his life.
2. In countries that have not abolished the death penalty, it may be imposed only for the most serious crimes and pursuant to a final judgment rendered by a competent court and in accordance with a law establishing such punishment, enacted prior to the commission of the crime. The application of such punishment shall not be extended to crimes to which it does not presently apply.

3. The death penalty shall not be reestablished in states that have abolished it.
4. In no case shall capital punishment be inflicted for political offenses or related common crimes.
5. Capital punishment shall not be imposed upon persons who, at the time the crime was committed, were under 18 years of age or over 70 years of age; nor shall it be applied to pregnant women.
6. Every person condemned to death shall have the right to apply for amnesty, pardon, or commutation of sentence, which may be granted in all cases. Capital punishment shall not be imposed while such a petition is pending decision by the competent authority.

Article 5. Right to Humane Treatment:

1. Every person has the right to have his physical, mental, and moral integrity respected.
2. No one shall be subjected to torture or to cruel, inhuman, or degrading punishment or treatment. All persons deprived of their liberty shall be treated with respect for the inherent dignity of the human person.
3. Punishment shall not be extended to any person other than the criminal.
4. Accused persons shall, save in exceptional circumstances, be segregated from convicted persons, and shall be subject to separate treatment appropriate to their status as unconvicted persons.
5. Minors while subject to criminal proceedings shall be separated from adults and brought before specialized tribunals, as speedily as possible, so that they may be treated in accordance with their status as minors.
6. Punishments consisting of deprivation of liberty shall have as an essential aim the reform and social readaptation of the prisoners.

Article 6. Freedom from Slavery

1. No one shall be subject to slavery or to involuntary servitude, which are prohibited in all their forms, as are the slave trade and traffic in women.
2. No one shall be required to perform forced or compulsory labor. This provision shall not be interpreted to mean that, in those countries in which the penalty established for certain crimes is deprivation of liberty at forced labor, the carrying out of such a sentence imposed by a competent court is prohibited. Forced labor shall not adversely affect the dignity or the physical or intellectual capacity of the prisoner.
3. For the purposes of this article, the following do not constitute forced or compulsory labor:
   a. work or service normally required of a person imprisoned in execution of a sentence or formal decision passed by the competent judicial authority. Such work or service shall be carried out under the supervision and control of public authorities, and any persons performing such work or service shall not be placed at the disposal of any private party, company, or juridical person;

b. military service and, in countries in which conscientious objectors are recognized, national service that the law may provide for in lieu of military service;

c. service exacted in time of danger or calamity that threatens the existence or the well–being of the community; or

d. work or service that forms part of normal civic obligations.

Article 7. Right to Personal Liberty

1. Every person has the right to personal liberty and security.
2. No one shall be deprived of his physical liberty except for the reasons and under the conditions established beforehand by the constitution of the State Party concerned or by a law established pursuant thereto.
3. No one shall be subject to arbitrary arrest or imprisonment.
4. Anyone who is detained shall be informed of the reasons for his detention and shall be promptly notified of the charge or charges against him.
5. Any person detained shall be brought promptly before a judge or other officer authorized by law to exercise judicial power and shall be entitled to trial within a reasonable time or to be released without prejudice to the continuation of the proceedings. His release may be subject to guarantees to assure his appearance for trial.
6. Anyone who is deprived of his liberty shall be entitled to recourse to a competent court, in order that the court may decide without delay on the lawfulness of his arrest or detention and order his release if the arrest or detention is unlawful. In States Parties whose laws provide that anyone who believes himself to be threatened with deprivation of his liberty is entitled to recourse to a competent court in order that it may decide on the lawfulness of such threat, this remedy may not be restricted or abolished. The interested party or another person in his behalf is entitled to seek these remedies.
7. No one shall be detained for debt. This principle shall not limit the orders of a competent judicial authority issued for no fulfillment of duties of support.

Article 8. Right to a Fair Trial

1. Every person has the right to a hearing, with due guarantees and within a reasonable time, by a competent, independent, and impartial tribunal, previously established by law, in the substantiation of any accusation of a criminal nature made against him or for the determination of his rights and obligations of a civil, labor, fiscal, or any other nature.
2. Every person accused of a criminal offence has the right to be presumed innocent so long as his guilt has not been proven according to law. During the proceedings, every person is entitled, with full equality, to the following minimum guarantees:

a. the right of the accused to be assisted without charge by a translator or interpreter, if he does not understand or does not speak the language of the tribunal or court;

b. prior notification in detail to the accused of the charges against him;
c. adequate time and means for the preparation of his defense;
d. the right of the accused to defend himself personally or to be assisted by legal counsel of his own choosing, and to communicate freely and privately with his counsel;
e. the inalienable right to be assisted by counsel provided by the state, paid or not as the domestic law provides, if the accused does not defend himself personally or engage his own counsel within the time period established by law;
f. the right of the defense to examine witnesses present in the court and to obtain the appearance, as witnesses, of experts or other persons who may throw light on the facts;
g. the right not to be compelled to be a witness against himself or to plead guilty; and
h. the right to appeal the judgment to a higher court.

3. A confession of guilt by the accused shall be valid only if it is made without coercion of any kind.
4. An accused person acquitted by a nonappealable judgment shall not be subjected to a new trial for the same cause.
5. Criminal proceedings shall be public, except insofar as may be necessary to protect the interests of justice.

Article 9. Freedom from Ex Post Facto Laws

No one shall be convicted of any act or omission that did not constitute a criminal offense, under the applicable law, at the time it was committed. A heavier penalty shall not be imposed than the one that was applicable at the time the criminal offence was committed. If subsequent to the commission of the offence the law provides for the imposition of a lighter punishment, the guilty **person shall benefit there from.**

Article 10. Right to Compensation

Every person has the right to be compensated in accordance with the law in the event he has been sentenced by a final judgment through a miscarriage of justice.

Article 11. Right to Privacy

1. Everyone has the right to have his honor respected and his dignity recognized.
2. No one may be the object of arbitrary or abusive interference with his private life, his family, his home, or his correspondence, or of unlawful attacks on his honor or reputation.
3. Everyone has the right to the protection of the law against such interference or attacks.

Article 12. Freedom of Conscience and Religion

1. Everyone has the right to freedom of conscience and of religion. This right includes freedom to maintain or to change one's religion or beliefs,

and freedom to profess or disseminate one's religion or beliefs, either individually or together with others, in public or in private.

2. No one shall be subject to restrictions that might impair his freedom to maintain or to change his religion or beliefs.
3. Freedom to manifest one's religion and beliefs may be subject only to the limitations prescribed by law that are necessary to protect public safety, order, health, or morals, or the rights or freedoms of others.
4. Parents or guardians, as the case may be, have the right to provide for the religious and moral education of their children or wards that is in accord with their own convictions.

Article 13. Freedom of Thought and Expression

1. Everyone has the right to freedom of thought and expression. This right includes freedom to seek, receive, and impart information and ideas of all kinds, regardless of frontiers, either orally, in writing, in print, in the form of art, or through any other medium of one's choice.
2. The exercise of the right provided for in the foregoing paragraph shall not be subject to prior censorship but shall be subject to subsequent imposition of liability, which shall be expressly established by law to the extent necessary to ensure:
   a. respect for the rights or reputations of others; or
   b. the protection of national security, public order, or public health or morals.
3. The right of expression may not be restricted by indirect methods or means, such as the abuse of government or private controls over newsprint, radio broadcasting frequencies, or equipment used in the dissemination of information, or by any other means tending to impede the communication and circulation of ideas and opinions.
4. Notwithstanding the provisions of paragraph 2 above, public entertainments may be subject by law to prior censorship for the sole purpose of regulating access to them for the moral protection of childhood and adolescence.
5. Any propaganda for war and any advocacy of national, racial, or religious hatred that constitute incitements to lawless violence or to any other similar action against any person or group of persons on any grounds including those of race, color, religion, language, or national origin shall be considered as offenses punishable by law.

Article 14. Right of Reply

1. Anyone injured by inaccurate or offensive statements or ideas disseminated to the public in general by a legally regulated medium of communication has the right to reply or to make a correction using the same communications outlet, under such conditions as the law may establish.
2. The correction or reply shall not in any case remit other legal liabilities that may have been incurred.
3. For the effective protection of honor and reputation, every publisher, and every newspaper, motion picture, radio, and Television Company, shall

have a person responsible who is not protected by immunities or special privileges.

Article 15. Right of Assembly

The right of peaceful assembly, without arms, is recognized. No restrictions may be placed on the exercise of this right other than those imposed in conformity with the law and necessary in a democratic society in the interest of national security, public safety or public order, or to protect public health or morals or the rights or freedom of others.

Article 16. Freedom of Association

1. Everyone has the right to associate freely for ideological, religious, political, econo-mic, labor, social, cultural, sports, or other purposes.
2. The exercise of this right shall be subject only to such restrictions established by law as may be necessary in a democratic society, in the interest of national security, public safety or public order, or to protect public health or morals or the rights and freedoms of others.
3. The provisions of this article do not bar the imposition of legal restrictions, including even deprivation of the exercise of the right of association, on members of the armed forces and the police.

Article 17. Rights of the Family

1. The family is the natural and fundamental group unit of society and is entitled to protection by society and the state.
2. The right of men and women of marriageable age to marry and to raise a family shall be recognized, if they meet the conditions required by domestic laws, insofar as such conditions do not affect the principle of nondiscrimination established in this Convention.
3. No marriage shall be entered into without the free and full consent of the intending spouses.
4. The States Parties shall take appropriate steps to ensure the equality of rights and the adequate balancing of responsibilities of the spouses as to marriage, during marriage, and in the event of its dissolution. In case of dissolution, provision shall be made for the necessary protection of any children solely on the basis of their own best interests.
5. The law shall recognize equal rights for children born out of wedlock and those born in wedlock.

Article 18. Right to a Name

Every person has the right to a given name and to the surnames of his parents or that of one of them. The law shall regulate the manner in which this right shall be ensured for all, by the use of assumed names if necessary.

Article 19. Rights of the Child

Every minor child has the right to the measures of protection required by his condition as a minor on the part of his family, society, and the state.

Article 20. **Right** to Nationality

1. Every person has the right to a nationality.

2. Every person has the right to the nationality of the state in whose territory he was born if he does not have the right to any other nationality.
3. No one shall be arbitrarily deprived of his nationality or of the right to change it.

Article 21. Right to Property

1. Everyone has the right to the use and enjoyment of his property. The law may subordinate such use and enjoyment to the interest of society.
2. No one shall be deprived of his property except upon payment of just compensation, for reasons of public utility or social interest, and in the cases and according to the forms established by law.
3. Usury and any other form of exploitation of man by man shall be prohibited by law.

Article 22. Freedom of Movement and Residence

1. Every person lawfully in the territory of a State Party has the right to move about in it, and to reside in it subject to the provisions of the law.
2. Every person has the right lo leave any country freely, including his own.
3. The exercise of the foregoing rights may be restricted only pursuant to a law to the extent necessary in a democratic society to prevent crime or to protect national security, public safety, public order, public morals, public health, or the rights or freedoms of others.
4. The exercise of the rights recognized in paragraph 1 may also be restricted by law in designated zones for reasons of public interest.
5. No one can be expelled from the territory of the state of which he is a national or be deprived of the right to enter it.
6. An alien lawfully in the territory of a State Party to this Convention may be expelled from it only pursuant to a decision reached in accordance with law.
7. Every person has the right to seek and be granted asylum in a foreign territory, in accordance with the legislation of the state and international conventions, in the event he is being pursued for political offenses or related common crimes.
8. In no case may an alien be deported or returned to a country, regardless of whether or not it is his country of origin, if in that country his right to life or personal freedom is in danger of being violated because of his race, nationality, religion, social status, or political opinions.
9. The collective expulsion of aliens is prohibited.

Article 23. Right to Participate in Government

1. Every citizen shall enjoy the following rights and opportunities:
   a. to take part in the conduct of public affairs, directly or through freely chosen representatives;

b. to vote and to be elected in genuine periodic elections, which shall be by universal and equal suffrage and by secret ballot that guarantees the free expression of the will of the voters; and

c. to have access, under general conditions of equality, to the public service of his country.

2. The law may regulate the exercise of the rights and opportunities referred to in the preceding paragraph only on the basis of age, nationality, residence, language, education, civil and mental capacity, or sentencing by a competent court in criminal proceedings.

Article 24. Right to Equal Protection

All persons are equal before the law. Consequently, they are entitled, without discrimination, to equal protection of the law.

But additionally to all the previous rights, in these American Convention, and in a different way to what was established in the International Covenant on Civil and Political Rights, it was expressly set forth as the right of everyone to judicial protection of human rights, by means of the "amparo" action, recourse or suit, as follows:

Article 25. Right to Judicial Protection

1. Everyone has the right to simple and prompt recourse, or any other effective recourse, to a competent court or tribunal for protection ("que la ampare") against acts that violate his fundamental rights recognized by the constitution or laws of the state concerned or by this Convention, even though such violation may have been committed by persons acting in the course of their official duties.

2. The States Parties undertake:

   a. to ensure that any person claiming such remedy shall have his rights determined by the competent authority provided for by the legal system of the state;

   b. to develop the possibilities of judicial remedy; and

   c. to ensure that the competent authorities shall enforce such remedies when granted.

Finally, in order to ensure fulfillment of the commitments made by the States Parties to the Convention, the Inter–American Commission on Human Rights, and the Inter–American Court of Human Rights were created (33). For that purpose the Convention recognized the right of any person or group of persons, or any nongovernmental entity legally recognized in one or more member states of the Organization, to lodge petitions with the Commission containing denunciations or complaints of violation of the Convention by a State Party (44), as well as the power of the State Parties to allege before the Commission that another State Party has committed a violation of a human right set forth in the Convention (45). Following a very extensive regulated procedure, the Commission can bring before the Inter American Court on Human Rights cases of violation of the State Parties obligations and if the Court, following the procedure set forth in the Convention, finds that there has been a violation of a right or freedom protected by the Convention, the Court shall rule that the injured party be ensured the enjoyment of his right or freedom that was violated, and if appropriate, can also rule that the consequences of the measure or situation that constituted the breach of such right or freedom be remedied and that fair compensation be paid to the injured party (63).

The general rule of admissibility of the petition is that "the remedies under domestic law have been pursued and exhausted in accordance with generally recognized principles of international law"(Article 46,1,a); rule that has the following exceptions: when in the internal law of the State the due process for the protection for the violated rights is non existent; when the affected party has been impeded in his rights to access to the internal jurisdictional recourses, or when he has been impeded of exhausting them; or when a unjustified delay has occurred regarding such recourses (Article 77,2 of the Internal regulation of the Commission).

Even though the petition before the Inter–American Commission has been qualified as an "international amparo"[768], not being the Commission a jurisdictional body, the initial petition can not qualify as a judicial mean. Eventually, the Commission is the only body that can bring before the Inter American Court a request for protection on behalf individuals. On the contrary, in the European system, individuals can bring direct petitions against Member States before the European Tribunal on Human Rights regarding the protection of human rights.

Nevertheless, it must be mentioned that in some Latin American Constitutions, as is the case of the 1999 Venezuelan Constitution, the right to petition for the protection of human rights before international organizations has been regulated as an individual constitutional right. In this regard, Article 31 sets forth:

> **Article 31.** According to what is set forth in the treaties, covenants and conventions on human rights ratified by the Republic, everybody has the right to file petitions or complaints before the international organizations created for such purposes, in order to seek for the protection (amparo) of his human rights.

The Constitution also imposes the State the obligation, according to the procedures provided in the Constitution and the statutes, to adopt the necessary measures in order to comply with the decisions of the abovementioned international organizations.

Anyway, since the beginning of its activities in 1979, the Commission and the Court have been very active in the exercise of its functions, having decided in numerous cases against State parties for violations of human rights. The Courts consultative opinions and rulings now constitute the basic doctrine on human rights in Latin America.

Finally, regarding international treaties, mention must also be made to the African Charter of Human Rights, adopted in 1981. The fact, in any case, is that since the establishment of the United Nations, many other declarations and treaties referring to human rights –more than 70– have been adopted, creating various international organizations on human rights, including two International Courts –the Euro-

---

768 See Carlos Ayala Corao, "Del amparo constitucional al amparo interamericano como institutos para la protección de los derechos humanos" en *Memoria del VI Congreso Iberoamericano de derecho constitucional*, Tomo I, Bogotá, 1998.

pean and the Inter American Courts–as international judicial organs with the purpose of assuring the accomplishment of State obligations regarding human rights and to protect them.

From all these international regulations on human rights, it can be clearly appreciated that following the initial process of constitutionalization of human rights by means of the progressively enlarged national constitutional declarations, which took place up to the Second World War, a second stage was developed, marked by the internationalization of such constitutionalization process, by means of the international declarations of rights.

III. THE CONSTITUTIONALIZATION OF THE INTERNATIONALIZATION OF HUMAN RIGHTS

But in recent times, we have witnessed a third stage on the process of protecting human rights, which can be characterized as a process now again of constitutionalization but of the internationalization of human rights, that has developed precisely, by the incorporation in the constitutional internal regulations, of the international systems of protection.

This process can be characterized, first of all by the process of giving internal constitutional or statutory rank to the international instruments on human rights, that is to say, by setting forth expressly in the Constitutions, the value to be given to both the international declarations and treaties on human rights regarding the internal constitutional norms and statutes concerning human rights, even determining which shall prevail in the event of there being a conflict among them.

This is a matter that of course must be regulated in the Constitutions themselves, whether by mean of enshrining the regulatory rank of international treaties in the constitutional texts, or by means of setting forth in the Constitutions for the rules for constitutional interpretation of human rights and of the international instruments referring to them.

1. *The supra constitutional rank of international instruments of human rights*

In many Latin American Constitutions the question of the internal normative value and rank of the international human rights instruments has been expressly resolved in four different ways: by granting the international instruments supra–constitutional rank, constitutional rank, supra–legal rank or statutory rank[769].

---

769 For a general comment regarding this classification, see Rodolfo E. Piza R., *Derecho internacional de los derechos humanos: La Convención Americana*, San José, 1989; Carlos Ayala Corao, "La jerarquía de los instrumentos internacionales sobre derechos humanos", in *El nuevo derecho constitucional latinoamericano*, *IV Congreso venezolano de Derecho constitucional*, Vol. II, Caracas, 1996 and *La jerarquía constitucional de los tratados sobre derechos humanos y sus consecuencias*, México, 2003; and Humberto Henderson, "Los tratados internacionales de derechos humanos en el orden interno: la importancia del principio pro homine", en *Revista IIDH*, Instituto Interamericano de Derechos Humanos, N° 39, San José, 2004, pp. 71 y ss. See also, Allan R. Brewer–Carías, *Mecanismos nacionales de protección de los derechos humanos*, Instituto Internacional de Derechos Humanos, San José, 2004, pp.62 y ss.

Firstly, certain Constitutions have expressly set forth the supra–constitutional rank of human rights declared in international instruments. This has implied giving the international regulation a superior rank regarding the Constitution itself, therefore prevailing over their provisions.

Such is the case, for example, of the Constitution of Guatemala, whose Article 46 sets forth the general principle of pre–eminence of International law, by stating that in declaring that "in human rights matters, the treaties and conventions accepted and ratified by Guatemala shall have pre–eminence over internal law", in which it must be included other that the statutes, the Constitution itself. Based on this prevalence of international treaties, the Constitutional Court has decided cases applying the American Convention, as was the case of the decision issued on May 27, 1997 regarding freedom of expression and the rectification rights. In the case, by means of an "amparo" action, a person asks the constitutional protection of the Court regarding the news published in two news papers referring to his as forming part of a band of criminals, and asking before the Court to be respected in his right to seek for the rectification of the news by the news papers. Even tough the constitutional right to seek for rectification in cases of news published affecting the honor, reputation and privacy of any body is not expressly set forth in the Constitution, the Constitutional Court applied Articles 11, 13 and 14 of the American Convention which guarantee the right of any affected party by news papers information to "rectification and response that must be published in the same news paper", considering such provisions as forming part of the constitutional order of Guatemala[770].

Also in Honduras, Article 16 of the Constitution sets forth that the all treaties subscribed with other States (not only related to human rights), are part of internal law; and Article 18 establishes the pre–eminence of treaties over statutes in case of conflict between them. In addition, the Honduran Constitution admits the possibility of ratification of treaties contrary to what is set forth in the Constitution, in which case they must be approved according to the procedure set forth for constitutional revision (Article 17). A similar regulation is established in Article 53 of the Peruvian Constitution.

In Colombia, the Constitution has also established a similar provision, with Article 93 providing that: "international treaties and conventions ratified by Congress, which recognize human rights and forbid their limitation in states of emergency, shall prevail over internal law". In this case, also, internal law must be understood to comprise not only statutes but the Constitution itself.

The Constitutional Court of Colombia in a decision N° T–447/95 of October 23, 1995, recognized the right of everybody to have an identity as a right inherent to human being, basing its ruling in what is set forth in the international treaties and covenants, for which it was recognized supra constitutional and supra legal rank. The Court began by referring to previous ruling of the former Supreme Court of Justice which had determined their supra–legal value, by arguing:

---

770 See in *Iudicum et Vita, Jurisprudencia nacional de América Latina en Derechos Humanos*, N° 5, Instituto Interamericano de Derechos Humanos, San José, Costa Rica, Diciembre 1997, pp. 45 ff.

Since 1928 the Supreme Court of Justice has given prevalent value to international treaties regarding legislative internal order; due to the fact that such international norms, by will of the Colombian state, enter to form part of the legal order with supra legal rank, setting forth the coactive force of provisions the signing State has the obligation to enforce. The supra legal value has been expressly established in article 93 of the Constitution of Colombia, as has been recognized by the Supreme Court of Justice, arguing that it must be added that such superiority has been sustained as an invariable doctrine that "is a public law principle, that the Constitution and the international treaties are the superior law of the land and their dispositions prevail over the legal norms contrary to their provisions even if they are posterior laws"[771].

In the same decision, the Constitutional Court referred to the "supra constitutional" rank of international treaties, which implies the State's obligation to guarantee the effective enforcement of human rights, basing the constitutional provision on Article 2,2 of the International Covenant on Human Rights and in Article 2 of the American Convention on Human Rights. The Court stated:

> The American Convention and the United Nations International Covenants set forth that the obligation of the States is not only to respect civil and political rights but also to guarantee, without discrimination, its free and complete enjoyment by any person subjected to its jurisdiction (Article 1, American Convention; Article 2,1 International Covenant on civil and political rights). For that purpose, these covenants that have been ratified by Colombia, and consequently prevail in the internal order (Article 93 Constitution), set forth that the Member States have the obligation according to the constitutional proceedings, to adopt "the legislative or other character measures in order to make human rights effective" (Article. 2, American Convention; Article 2,2, International Covenant on Civil and Political Rights). According to this authorized doctrine, the Constitutional Court considers that the judicial decisions and particularly this Court's rulings must be among the "other character" measures abovementioned, due to the fact that the Judiciary is one of the Branches of the Colombian State, which has the duty to adopt the necessary measures in order to make effective the persons' rights"...Consequently it is legitimate for the judges and particular for the Constitutional Court, when deciding cases, to consider within the legal order the rights recognized in the Constitution and in the Covenants"[772].

Based in the abovementioned, and considering that Article 29,C of the American Convention forbids the interpretation of its provisions that preclude other rights or guarantees that are inherent in the human personality and that give a very wide sense to the interpretation of such rights, the Court concluded that being "the right to have

---

771 See the text in *Derechos Fundamentales e interpretación Constitucional, (Ensayos–Jurisprudencia)*, Comisión Andina de Juristas, Lima, 1997; and in Carlos Ayala Corao, "Recepción de la jurisprudencia internacional sobre derechos humanos por la jurisprudencia constitucional", *Revista del Tribunal Constitucional*, N° 6, Sucre, Bolivia, Nov. 2004, pp. 275 y ss.

772 *Idem.*

an identity implicitly set forth in all the international covenants and conventions, and thus, legally protected" it is possible to affirm such right "as being inherent to human person fully guaranteed due to the obligatory force of the international covenant" which also set forth the right to dignity and to the free development of own personality"[773].

To a certain point, the case of the 1999 Constitution of Venezuela could also be placed under this first system of supra–constitutional hierarchy of human rights contained in treaties, with its Article 23, which provides that:

> "Treaties, covenants and conventions referring to human rights, signed and ratified by Venezuela, shall have constitutional hierarchy and will prevail over internal legal order, when they contain regulations regarding their enjoyment and exercise, more favorable than those established in this Constitution and the statutes of the Republic. Those treaties and conventions shall be immediately and directly applicable by the courts and all other official authorities.

By declaring that human rights enshrined in international instruments shall prevail over internal legal order, when containing more favorable conditions of enjoyment and exercise such rights, it is referring not only to what is declared on statutes, but also in the Constitution. This undoubtedly grants supra–constitutional rank to such rights.

This article of the 1999 Constitution, without doubt, is one of the most important ones in matters of human rights[774], not only because it sets forth the supra–constitutional rank of human rights treaties, but because it prescribes the direct and immediate applicability of such treaties by all courts and authorities of the country. Its inclusion in the new Constitution was a significant advancement in the completion of the protection framework of human rights.

But unfortunately, this very clear constitutional provision has been interpreted by the Constitutional Chamber of the Supreme Court in a way openly contrary to what it states, and to what was the intention of the proponents and of the Constituent. In effect, in a decision N°1942 of July 7th, 2003 when resolving a judicial review action on the constitutionality of some Penal Code articles regarding the freedom of expression that where challenged because they were contrary to international treaties, the Constitutional Chamber ruled as follows:

First, the Chamber stated that Article 23 of the Constitution contained two key elements: "1) It refers to human rights applicable to human beings; 2) It refers to norms setting forth rights and not to decisions or opinions of institutions, resolutions of bodies, etc, established in the treaties; thus it only refers to norms that created human rights".

The Constitutional Chamber was repetitive by stating that: "It is a matter of prevalence of norms which conform treaties, covenants or Agreements (synonym ex-

773 *Idem.*

774 See the author's proposal of the draft of this article to the National Constituent Assembly, in Allan R. Brewer–Carías, *Debate Constituyente, (Aportes a la Asamblea Nacional Constituyente)*, Fundación de Derecho Público, Caracas, 1999, pp. 88 y ss y 111 y ss.

pressions) referred to human rights, but not to reports or opinions of international bodies which pretend to interpret the scope of international instruments". The Chamber concluded that it is clear that according to Article 23, "the constitutional hierarchy of treaties, covenants or conventions refers to its norms which once integrated into the Constitution, the only institution capable of interpreting them vis–à–vis Venezuelan law, is the constitutional judge according to Article 335 of the Constitution, only the Constitutional Chamber"; insisting in the same proposition by stating that:

> "Once the human rights substantive norms contained in Conventions, covenants and treaties have been incorporated to the constitutional hierarchy, the maximum and last interpreter of them, vis–à–vis internal law, is the Constitutional Chamber, which determines the content and scope of the constitutional norms and principles (Article 335), among them are the treaties, covenants and conventions on human rights, duly subscribed and ratified by Venezuela"

From this proposition, the Constitutional Chamber concluded that "is the Constitutional Chamber the only one that determines which norms on human rights contained in treaties, covenants and conventions, prevail in the internal legal order; as well as which human rights not incorporated in such international instruments have effects in Venezuela"; concluding that:

> "This power of the Constitutional Chamber on the matter, derived from the Constitution, cannot be diminished by adjective norms contained in the treaties or in other international texts on human rights subscribed by the country, allowing the States parties to ask international institutions for the interpretation of rights referred to in the Convention or covenant, as established in Article 64 of the Approbatory statute of the American Convention of Human Rights, San José Covenant, because otherwise, the situation would be of a constitutional amendment, without following the constitutional procedures, diminishing the powers of the Constitutional Chamber, transferring it to international or transnational bodies, with the power to dictate obligatory interpretations" [775].

The Constitutional Chamber based its decision on sovereignty principles, arguing that decisions adopted by international courts cannot be enforced in Venezuela, but only when they are in accordance with the Constitution. Thus, the supra constitutional rank of treaties when establishing more favorable regulations regarding human rights was suddenly eliminated by the Constitutional Chamber, assuming an absolute monopoly of Constitution interpretation, which, according to the constitution, the Chamber does not have.

The main problem regarding this restrictive criterion on the interpretation of international instruments is that unfortunately the ruling was set forth as an obligatory interpretation of the Constitution limiting the general powers of any court to resolve by means of judicial review on the matter, directly applying and giving prevalence to the American Convention regarding constitutional provisions.

775 See the text in *Revista de Derecho Público,* Nº 93–96, Editorial Jurídica Venezolana, Caracas, 2003, pp. 136 ff.

This restrictive interpretation was really issued in a ruling devoted to deny any constitutional value and rank to the recommendations of the Inter–American Commission on Human Rights, thus refusing to consider unconstitutional some articles of the Penal Code regarding restrictions to the freedom of expression when referring to public officials that were contrary to the recommendations of the Commission which was argued were obligatory for the country.

The Constitutional Chamber argued that according to the American Convention, the Commission may formulate "recommendations" to the governments in order for them to adopt progressive measures in favor of human rights within their internal laws and constitutional prescriptions, as well as provisions to promote the respect of such rights (Article 41.b), adding:

> If what is recommended by the Commission must be adapted to the Constitution and statutes of the States it means they do not have obligatory force, because the internal laws or the Constitution could be contrary to the recommendations. Thus, the articles of the Convention do not refer to the obligatory character of the recommendations, in contrast, they refer to the powers assigned to the other organ: the Court, which according to Article 62 of the Convention, can give obligatory interpretations of the Convention when requested by the States, which means that they accept the opinion,
>
> If the Court has such power, and the Commission does not, it is compulsory to conclude that the recommendations of the latter do not have the character of the opinions of the former, and consequently, the Chamber declares that the recommendations of the Inter American Commission of Human Rights are non obligatory regarding internal law.
>
> The Chamber considers that the recommendations must be weigh up by the Member States. They must adapt their legislation to the recommendations if they do not collide with the constitutional provisions, but for such adaptation there is no timing set, and until it is done, the statutes in effect which do not collide with the Constitution, or according to the Venezuelan courts with the human rights enshrined in the international conventions, will remain in force until declared unconstitutional of repealed by other states"[776].

Eventually, the Chamber concluded stating that the recommendations of the Commission regarding what has been called the "*leyes de desacato*" (statute protecting public officials from public criticism), are only the Commission's point of view without any imperative effect, and an alert directed to the States in order for them, in the future, to repeal or to reform them adapting them to international laws. Unfortunately, the Constitutional Chamber forgot that what the States are obliged to do regarding the recommendations, is to adopt the necessary measures in order to adapt their internal law to the Convention, measures that do not exhaust themselves with only repealing or reforming statutes, being one of such measures, precisely, the judicial interpretation which could be adopted by the constitutional judge in accordance

776 See the text in *Revista de Derecho Público,* N° 93–96, Editorial Jurídica Venezolana, Caracas, 2003, pp. 136 ff.

with the Commission's recommendations. Contrary to what was resolved by the Venezuelan Tribunal, in Argentina, once the Inter American Commission determined that the amnesty statutes (*Punto Final* and *Obediencia Debida*) and the pardon measures adopted regarding the crimes committed by the military dictatorship were contrary to the American Convention, some courts began to consider such statutes as unconstitutional because they were in violation of international law[777].

The Venezuelan Constitutional Chamber, in any case, concluded its restrictive interpretation by stating: that: "A different interpretation means giving the Commission a supranational character which weakened the Member State's sovereignty, something that is prohibited by the Constitution"[778]. Anyway, after the Constitutional Chamber's ruling, the Penal Code was reformed but not in the relevant parts regarding the crimes referred to as "*leyes de desacato*". This decision was contrary to what was decided in 1995 by the Argentinean Congress regarding the same matters, by repealing the articles related to the same crimes in compliance with the Inter American Commission recommendation on the matter[779]

The restrictive approach of the Venezuelan Constitutional Chamber regarding the importance on internal law of the Inter American Commission on Human Rights recommendations was previously stated in a decision dated May 5th, 2000. In this decision the Constitutional Chamber objected the quasi–jurisdictional powers of the Inter American Commission on Human Rights. The case was as follows: after a magazine (*Revista Exceso*) filed an "amparo" action before the national jurisdictions seeking constitutional protection of its right to free expression and information, the plaintiff went before the Inter American Commission on Human Rights denouncing the mal functioning of internal jurisdiction regarding the amparo action filed, and seeking international protection against the Venezuelan State for violation of its rights to freedom of expression and due process and against judicial harassment practices against one of its journalist and the director of the magazine. In the case, the Inter American Commission issued provisional protective measures.

When the time arrived to decide the "amparo" action, the Constitutional Chamber considered that in the case, the plaintiff's due process rights had been effectively violated (independently of its right to freedom of expression), but regarding the provisional measures adopted by the Inter American Commission, qualifying it as "unacceptable", the Chamber stated that:

---

777 Decision de 4–03–2001, Juzgado Federal N° 4, caso: *Pobrete Hlaczik. Cit.*, por Kathryn Sikkink, "The transnacional dimension of judicialization of politics in latin America", in Rachel Sieder et al (ed), *The Judicalization of Politics In Latin America,* Palgrave Macmillan, New York, 2005, pp. 274, 290.

778 Decision N° 1942 of July, 15, 2003, in *Revista de Derecho Público,* N° 93–96, Editorial Jurídica Venezolana, Caracas, 2003, pp. 136 ff. i.

779 Case: *Verbistky, Report of the Comisión* N° 22/94 of September 20, 1994, case: *11.012* (Argentina). See the comments by Antonio Cançado Trindade, "Libertad de expresión y derecho a la información en los planos internacional y nacional", in *Iudicum et Vita, Jurisprudencia nacional de América Latina en Derechos Humanos*, N° 5, Instituto Interamericano de Derechos Humanos, San José, Costa Rica, Diciembre 1997, pp.194–195. See the "Informe sobre la compatibilidad entre las leyes de desacato y la Convención Americana sobre Derechos Humanos de 17 de febrero de 1995", in *Estudios Básicos de derechos Humanos*, Vol. X, Instituto Interamericano de Derechos Humanos, San José, 2000.

> [The Constitutional Chamber] also considers unacceptable the instance of the Inter American Commission on Human Rights of the Organization of American States in the sense that asking for the adoption of measures that imply a gross intrusion in the country's judicial organs, like the suspension of the judicial proceeding against the plaintiff, are measures that can only be adopted by the judges exercising their judicial attributions and independence, according to what is stated in the Constitution and the statutes of the Republic. Additionally, article 46,b of the American Convention on Human Rights set forth that the petition on denunciations or complaint for the violations of the Convention by a State, requires the presentation and exhaustion of the internal jurisdiction remedies according to the generally accepted principles of international law, which was allowed in this case, due to the fact that the judicial delay was not attributable to the Chamber" [780].

This unfortunate ruling can also be considered contrary to Article 31 of the Venezuelan Constitution which sets forth the individual rights of anybody to bring before the international organizations on human rights, as it is the Inter American Commission on Human Rights, petitions or complaints to seek protection (amparo) of their violated rights. How can this right be enforced if it is the same Constitutional Chamber the one that refuses to accept the jurisdiction of the Commission?

In contrast to this reaction of the Venezuelan Constitutional Chamber, the situation is different in other countries, as is the case of Costa Rica, in which the Constitutional Chamber of the Supreme Court, in its decision N° 2313–95, based the annulment of Article 22 of the Journalist College Organic Statute (imposing the obligatory membership of the Journalist College in order to exercise the profession), on what the Inter American Court decided in its Advisory Opinion N° OC–5 of 1985[781], stating that "if the Inter American Court on Human Rights is the natural organ for the interpretation of the American Convention on Human Rights, the force of its decision when interpreting the Convention and judging on the national statutes according to the Convention, have the value of an interpreted norm"[782]. Consequently, the Chamber concluded the case by arguing that because Costa Rica was the Member State which requested from the Inter American Court its Advisory Opinion:

---

780 Case: *Faitha M.Nahmens L. y Ben Ami Fihman Z.* (*Revista Exceso*), Exp. N° 00–0216, decisión N° 386 de 17–5–2000. See in *cit.*, en Carlos Ayala Corao, "Recepción de la jurisprudencia internacional sobre derechos humanos por la jurisprudencia constitucional" en *Revista del Tribunal Constitucional*, N° 6, Sucre, Bolivia, Nov. 2004, pp. 275 y ss.

781 Opinión Consultiva OC–5/85 de 13 de noviembre de 1985. *La colegiación obligatoria de periodistas (arts. 13 y 29 Convención Americana sobre Derechos Humanos). In such Opinion the Inter American Court considered that "the compulsory affiliation of journalists is incompatible with article 13 of the American Convention, because it impedes any other person to the full use of the Medias as a mean to express or transmit his information*"; and also "that the Costa Rican Organic Statute on Journalists (Ley n° 4420 of September 22, 1969), which is the subject of this Opinion, because it impedes certain persons to be affiliated to the Journalists Collage, and consequently, it is incompatible because it impedes the full use of the Media as a vehicle to express and transmit information".

782 Decision N° 2312–05 of May, 9, 1995, in Rodolfo Piza Escalante, *La justicia constitucional en Costa Rica,* San José, 1995; and en Carlos Ayala Corao, "Recepción de la jurisprudencia internacional sobre derechos humanos por la jurisprudencia constitucional" en *Revista del Tribunal Constitucional*, N° 6, Sucre, Bolivia, Nov. 2004, pp. 275 y ss.

> "When the Inter American Court on Human Rights, in its OC–O5–85 unanimously decided that the obligatory affiliation of journalists set forth in Statute N° 4420 is incompatible with article 13 of the American Convention on Human Rights because it impedes persons the access to the Media, [such Opinion] cannot but oblige the country that started the complex and costly procedure of the Inter American system of protection of human rights"

On the other hand, and according to the case law decisions of the Constitutional Chamber of Costa Rica, the constitutional system of this country can also be classified within the category of those that give supra constitutional rank to the international treaties on human rights when they contain more favorable provisions on the matter. Accordingly, in the abovementioned decision 2313–95, the Constitutional Chamber considered that:

> Being international instruments in force in the country, Article 7 of the Constitution does not apply, due to the fact that Article 48 of the same Constitution contains a special provision regarding treaties on human rights, giving them a normative force of constitutional level. To the point, as has been recognized by this Chamber's jurisprudence, the international instruments on human rights in force in Costa Rica, have not only a similar value to the Political Constitution, but they prevail over the Constitution when giving to persons more rights or guaranties (vid. decisions N° 3435–92 and N° 5759–93)[783].

Consequently, in the same 2313–95 decision, the Constitutional Chamber when considering its own powers of judicial review of constitutionality stated that:

> The Constitutional Chamber not only declares violations of constitutional rights, but of all the universe of fundamental rights set forth in the international instruments on human rights in force in the country. From this point of view, the Constitutional Chamber's recognition of the normative contents of the American Convention on Human Rights, as was interpreted by the Inter American Court on Human Rights in its Consultative Opinion OC–05–85, is natural and absolutely according with its wide powers. So, without needing to duplicate rulings, based on the same arguments of that Opinion, the Chamber considers that it is clear for Costa Rica that the norms of Statute N°40… are illegitimate and contrary to the right to information in the wide sense which is developed in Article 13 of the San José of Costa Rica Covenant, as well in Articles 28 and 29 of the Political Constitution.

Now, back to the Venezuelan situation, mention must be made to the fact that before the abovementioned restrictive interpretation was issued, many Venezuelan courts, when dealing with other matters, did apply the American Convention on Human Rights, thus declaring its prevalence vis–à–vis the Constitution and statutory provisions.

---

783 See also the text of the decisión in Alfonso Gairaud Brenes, "Los Mecanismos de interpretación de los derechos humanos: especial referencia a la jurisprudencia peruana" en José F. Palomino Manchego, *El derecho procesal constitucional peruano. Estudios en Homenaje a Domingo García Belaunde*, Editorial Jurídica Grijley, Lima, 2005, Tomo I, p. 133, note 21.

This is the case of the constitutional right to appeal judicial decisions before a superior court. According to the 1976 general statute regulating the special jurisdiction for judicial review of administrative acts (*jurisdicción contencioso–administrativa*)[784], some administrative acts, such as those of independent Administrations, were to be challenged before the First Court on judicial review of administrative action, in a proceeding that had to be decided in a sole instance, without any appeal before the corresponding Chamber of the Supreme Court of Justice. The 1999 Constitution only set forth the right to appeal regarding criminal cases in which a person would be declared guilty (Article 49,1); thus, in other cases, like judicial review of administrative acts, no constitutional norm guarantees the right to appeal. In particular cases, the appeal was brought before the Administrative Review Chamber of the Supreme Court alleging the unconstitutionality of the statutorily limits to appeal, and a few judicial decisions were taken by means of judicial review (diffuse method), admitting the appeal, based on "the right to appeal the judgment to a higher court", that is set forth in Article 8,2,h of the American Convention on Human Rights, which was considered as forming part of internal constitutional law of the country.

The matter eventually also reached the Constitutional Chamber of the Supreme Tribunal of Justice, which in a decision N° 87 of March 13, 2000 stated:

> If this provision (Article 8,2,h of the American Convention) is compared to Article 49,1 of the Constitution in which the right to appeal only corresponds to those who have been declared guilty in criminal cases, including an authorization to set forth statutory exceptions, it must be interpreted that the norm of the Convention is more favorable to the exercise of such right, due to the fact that it guarantees the right of everybody to be heard not only regarding to criminal procedures, but also regarding rights and obligations in civil, labor, taxation or any other procedure, in which the right to appeal without any exception is established; assigning such right to the category of minimal guarantee of anybody, independently of its condition in the proceeding, and governed by the principle of equality".
>
> If this international provision of the American Convention is compared with the first paragraph of Article 185 of the Organic statute on the Supreme Court of Justice, it must be interpreted that the latter is incompatible with the former, because it denies in absolute terms, the right that the Convention guarantees"[785].

Based on the aforementioned, the Constitutional Chamber concluded its ruling by stating that it:

> "recognized and declared, based on what is set forth in Article 23 of the Constitution, that Article 8,1 and 2,h of the American Convention on Human Rights, is part of the Venezuelan constitutional order; that its dispositions re-

784 See the comments in Allan R. Brewer–Carías y Josefina Calcaño de Temeltas, *Ley Orgánica de la Corte Suprema de Justicia,* Editorial Jurídica Venezolana, Caracas, 1978.

785 Case: *C.A. Electricidad del Centro (Elecentro) y otra vs. Superintendencia para la Promoción y Protección de la Libre Competencia. (Procompetencia)* en *Revista de Derecho Público*, N° 81, Editorial Jurídica Venezolana, Caracas, 2000, pp. 157 y ss.

garding the right to appeal are more favorable regarding the exercise of such right in relation to what is set forth in Article 49,1 of the Constitution; and that such provisions are of direct and immediate application by courts and authorities"[786].

The Constitutional Chamber even resolved in its obligatory interpretation, to re–write the statute, stating:

> Consequently, and taking into account that last first paragraph of Article 185 of the Organic Statute of the Supreme Court of Justice sets forth that: "Against the First Court decisions in the matter listed in numbers 1 to 4 of such provision, no recourse or appeal will be heard"; that such provision is incompatible with the one set forth in Article 8,1 and 2,h of the American Convention of Human Rights which have constitutional hierarchy and are of prevalent application; that Article 334 of the Constitution sets forth that "In case of incompatibility between this Constitution and a statute or other legal norm, the constitutional provisions will apply, being attributed such power to decide to all courts in any case, even in an ex officio manner"; this (Constitutional) Chamber leaves without application the aforementioned disposition contained in the first paragraph of Article 185 of the Organic Statute, applying instead, in the case (File 99–22167), the provision of second paragraph of the same Article 185 of the Statute, which states: "Against definitive decisions of the same (First) Court…an appeal can be brought before the Supreme Court of Justice (rectius: Supreme Tribunal of Justice)". So is decided"[787].

2. *The constitutional rank of international instruments of human rights*

Secondly, other Constitutions also attributed in an express way the constitutional rank to international treaties on human rights, thus acquiring the same normative hierarchy as those set forth in the Constitution.

Two types of constitutional regimes can be distinguished in this group: Constitutions that confer constitutional rank on all international instruments of human rights, and Constitutions that only grant such rank to a group of instruments that are expressly listed in the Constitution.

In the *first group*, for example, is to be found Peru's 1979 Constitution, repealed in 1994, which in its Article 105 established that "the precepts contained in treaties on human rights, shall have constitutional hierarchy..." and therefore "...cannot be modified except by the procedure in force for reforming the Constitution."

Among the *second type* is to be found the 1994 Constitution of Argentina which grants to a group of treaties and declarations in force at the time, specifically listed in Article 75.22 of the Constitution, a hierarchy superior to the laws, that is, constitutional rank, listing only the following: the American Declaration of the Rights and Duties of Man; the Universal Declaration of Human Rights; the American Convention on Human Rights; the International Covenant on Economic, Social and Cultural

---

786 *Idem.*

787 *Idem.*

Rights; the International Covenant on Civil and Political Rights and its Facultative Protocol; the Convention on the Prevention and Punishment of the Crime of Genocide; the International Convention on the Elimination of All Forms of Racial Discrimination; the Convention on the Elimination of All Forms of Discrimination against Women; the Convention against Torture and Other Cruel, Inhuman or Degrading Treatment or Punishment; the Convention on the Rights of the Child.

These instruments as set forth in the Constitution, "pursuant to the conditions determining their validity, shall have constitutional hierarchy, shall not abrogate any article of the first part of this Constitution, and shall be understood to be complementary to the rights and guarantees recognized by such Constitution." Apart from this, "they may only be denounced, if such were the case, by the Executive, with prior approval of two thirds of the total members of each Chamber."

In regard to other human rights treaties different to those listed in Article 75,22, the Constitution established that they could enjoy such constitutional hierarchy, provided that they were approved by a qualified majority of 2/3 of the total members of the Senate and the Chamber of Deputies.

According with these constitutional provisions, the Supreme Court of the Nation of Argentina, has applied the American Convention on Human Rights, giving prevalence to its provisions regarding internal statutes, as has happened regarding the Criminal Procedural Code. In contrast to what is set forth in the American Convention, the Criminal Procedural Code excluded from the right to appeal, some judicial decisions according to the amount of the punishment. The Supreme Court of the Nation declared the invalidity on the grounds of its unconstitutionality of such limits, applying the American Convention which in Article 8, 1,h guarantees "the right to appeal the judgment to a higher court"[788].

Additionally, in Argentina, the courts have also considered the decisions of the Inter American Commission and of the Inter American Court as obligatory, even before the international treaties on human rights were constitutionalized. In a decision dated July 7, 1992 the Supreme Court applied the Inter American Court Advisory Opinion OC–7/86[789], stating that "the interpretation of the Covenant, additionally, must be oriented by the decisions of the Inter American Court on Human Rights, one of its purposes being the interpretation of the San José Covenant"[790].

---

788 Decision of April, 4, 1995, Giroldi, H.D. an others. See the references in Aida Kemelmajer de Carlucci and María Gabriela Abalos de Mosso, "Grandes líneas directrices de la jurisprudencia argentina sobre material constitucional durante el año 1995", in *Anuario de Derecho Constitucional latinoamericano 1996*, Fundación Konrad Adenauer, Bogotá, 1996, pp. 517 ff.; and in Carlos Ayala Corao, "Recepción de la jurisprudencia internacional sobre derechos humanos por la jurisprudencia constitucional" in *Revista del Tribunal Constitucional*, N° 6, Sucre, Bolivia, Nov. 2004, pp. 275 ff.

789 Advisory Opinion OC–7/86 August 29, 1986. *Exigibilidad del derecho de rectificación o respuesta (arts. 14.1, 1.1 y 2 de la Convención Americana sobre Derechos Humanos).*

790 Case *Miguel A. Ekmkdjiam, Gerardo Sofivic and others*, in Ariel E. Dulitzky, "La aplicación de los Tratados sobre Derechos Humanos por los tribunales locales: un estudio comparado" in *La aplicación de los tratados sobre derechos Humanos por los tribunales locales*, Centro de Estudios Legales y Sociales, Buenos Aires, 1997. See Carlos Ayala Corao, "Recepción de la jurisprudencia internacional sobre derechos humanos por la jurisprudencia constitucional" en *Revista del Tribunal Constitucional*, N° 6, Sucre, Bolivia, Nov. 2004, pp. 275 ff.

In 1995, the same Supreme Court considered that due to the recognition by the Argentinean State of the Inter American Court jurisdiction to resolve on cases referred to the interpretation and application of the American Convention, its decisions "must serve as a guide for the interpretation of constitutional provisions"[791]. In other decisions the Supreme Court has repealed lower court decisions when considering that their interpretation was made in an incompatible way regarding the decision's doctrine of the Inter American Commission on Human Rights[792]

Reference should also be made to the case of Panama, where even though the Constitution has no express provision regarding the normative rank of treaties, from the jurisprudence of the Supreme Court such rank can be deducted, when considering that any violation of an international treaty is considered as a violation of Article 4 of the Constitution.

In effect, Article 4 of the Panamanian Constitution only sets forth that "The Republic of Panama respects the norms of international law". Thus, such norm has allowed the Supreme Court of Justice to consider as a constitutional violation any violation to norms of international treaties. In a decision of March 12, 1990, the Supreme Court declared the unconstitutionality of an Executive Decree which established general arbitrary conditions for the exercise of the rights to free expression and press, and stated that:

> Such act violates article 4 of the Constitution that oblige the national authorities to respect the international law norms. In the case under examination, as stated by the plaintiff, it is a matter of violation of the International Covenant on Human Rights and of the American Convention on Human Rights approved through statutes 14–1976 and 15–1977, which rejects any prior censorship regarding the exercise of the freedoms of expression and press, as fundamental human rights"[793].

One of the consequences of giving constitutional rank to international treaties, for instance, to the American Convention, is that the rights declared in it are out of the reach of the legislative body, which cannot legislate diminishing in any way the enforcement or scope of such rights.

It is the case, for instance, of the due process of law rights enshrined in the American Convention on Human Rights, like the right to a fair trial. According to Article 8,1 of the Convention "every person has the right to a hearing, with due guarantees and within a reasonable time, *by a competent, independent, and impartial tribunal, previously established by law*, in the substantiation of any accusation of a criminal nature made against him or for the determination of his rights and obligations of a

---

791 Case H Giroldi/Cassation Recourse, April 7, 1995 in *Jurisprudencia Argentina*, Vol. 1995–III, p. 571. See Carlos Ayala Corao, "Recepción de la jurisprudencia internacional sobre derechos humanos por la jurisprudencia constitucional" in *Revista del Tribunal Constitucional*, N° 6, Sucre, Bolivia, Nov. 2004, pp. 275 ff.

792 Case: *Bramajo*, September 12, 1996, in *Jurisprudencia Argentina*, Nov. 20, 1996. See Carlos Ayala Corao, "Recepción de la jurisprudencia internacional sobre derechos humanos por la jurisprudencia constitucional" en *Revista del Tribunal Constitucional*, N° 6, Sucre, Bolivia, Nov. 2004, pp. 275 y ss.

793 Véase en *Iudicum et Vita, Jurisprudencia nacional de América Latina en Derechos Humanos*, N° 5, Instituto Interamericano de Derechos Humanos, San José, Costa Rica, Diciembre 1997 pp. 80–82

civil, labor, fiscal, or any other nature". And regarding the right to personal liberty, Article 7,2 and 7,5 set forth the right of every person not to " be deprived of his physical liberty except for the *reasons and under the conditions established beforehand by the constitution* of the State Party concerned or by a law established pursuant thereto"; and the right of "any person detained *shall be brought promptly before a judge or other officer authorized by law to exercise judicial power* and shall be entitled to trial within a reasonable time or to be released without prejudice to the continuation of the proceedings".

These rights are also enshrined in the national Constitutions and due to their declaration in the Convention, have constitutional rank, therefore, they are protected by the amparo and habeas corpus recourses, the latter being regulated in Article 7,6 of the Convention which sets forth the right of anyone who is deprived of his liberty to "be entitled to recourse to a competent court, in order that the court may decide without delay on the lawfulness of his arrest or detention and order his release if the arrest or detention is unlawful"; right that cannot "be restricted or abolished".

These provisions prohibit, in Latin America, any possibility for the creation or special commissions to try any kind of offenses; and also prohibits for civilians to be tried by ordinary military courts and of course by military commissions. It also prohibits the creation of special courts to hear some criminal procedures after the offenses have been committed, in the sense that every person has the right to be heard only before courts existing prior to the offenses. For instance, in the Cantoral Benavides case, the Inter American Court on Human Rights decided that Peru violated Article 8,1 of the Convention because Mr. Cantoral Benavides had been prosecuted by a military judge, which was not the "competent independent and impartial judge" provided for in that provision. Consequently the Court considered that Peru had also violated Article 7.5 of the Convention because the victim had been brought before a criminal military court[794]. By ruling this way it can even be considered that the Court has ruled that not any judiciary body can examine the legality and reasonability of a detention, but only those that do not violate the principle of "natural judge"[795].

And this is in fact one of the cores of the due process of law rights according to the Convention, the right to be heard by a competent court set forth not only by statute but by a statute that must be sanctioned previously to the offense. This is a pro-

794 Case *Cantoral Benavides*, Augst 18, 2000. Paragraph 75: Also, the Court considers that the trial of Mr. Luis Alberto Cantoral–Benavides in the military criminal court violated Article 8(1) of the American Convention, which refers to the right to a fair trial before a competent, independent and impartial judge (*infra* para. 115). Consequently, the fact that Cantoral–Benavides was brought before a military criminal judge does not meet the requirements of Article 7(5) of the Convention. Also, the continuation of his detention by order of the military judges constituted arbitrary arrest, in violation of Article 7(3) of the Convention. Paragraph 76: The legal principle set forth in Article 7(5) of the Convention was not respected in this case until the accused was brought before a judge in the regular jurisdiction. In the file, there is no evidence of the date on which this occurred, but it can be reasonably concluded that it took place in early October 1993, since on October 8, 1993, the 43rd Criminal Court of Lima ordered that the investigation stage of a trial be opened against Cantoral–Benavides.

795 See Cecilia Medina Quiroga, *La Convención Americana: Teoría y Jurisprudencia*, Universidad de Chile, Santiago 2003, p. 231

vision tending to proscribe ad hoc courts or commissions. The Inter American Court has referred to this due process of law right in the Ivcher Bronstein case. In such case, the Peruvian Executive Commission of the Judiciary, weeks before a Resolution depriving Mr. Bronstein of his Peruvian citizenship was issued, altered the composition of a Chamber of the Supreme Court and empowered such Chamber to create in a transitory way, specialized Superior chambers and Public Law specialized courts. The Supreme Court Chamber created one of such courts and appointed its judges, who heard the recourses filed by Mr. Bronstein. The Inter American Court ruled as follows:

> **114.** The Court considers that, by creating temporary public law chambers and courts and appointing judges to them at the time that the facts of the case sub judice occurred, the State did not guarantee to Mr. Ivcher Bronstein the right to be heard by judges or courts "previously established by law", as stipulated in Article 8(1) of the American Convention[796].

The Inter American Court also ruled on these matters in the Castillo Petruzzi and others Case, where it decided that:

> **129.** A basic principle of the independence of the judiciary is that every person has the right to be heard by regular courts, following procedures previously established by law. States are not to create "[t]ribunals that do not use the duly established procedures of the legal process [...] to displace the jurisdiction belonging to the ordinary courts or judicial tribu-nals"[797].

Particularly regarding the need of a competent court, and referring to the military courts, the Inter American Commission on Human Rights has considered that "to prosecute ordinary crimes as though they were military crimes simply because they had been committed by members of the military breached the guarantee of an independent and impartial tribunal" [798]; and the Inter American Court ruled in the Castillo Petruzzi et al case that due process of law rights were violated when ordinary common offenses are transferred to the military jurisdiction; that judging civilians for treason in such courts imply to exclude their "natural judge" to hear those proceedings; and that because military jurisdiction is set forth for the purpose of maintaining order and discipline within the Armed Forces, civilians cannot incur in conducts contrary to such military duties. The Courts ruled as follows:

> **128.** The Court notes that several pieces of legislation give the military courts jurisdiction for the purpose of maintaining order and discipline within the ranks of the armed forces. Application of this functional jurisdiction is confined to military personnel who have committed some crime or were derelict in

796 Case *Ivcher Bronstein*, February 6, 2001. Paragraphs 113–114

797 Case *Castillo Petruzzi* el al., May 30, 1999, paragraph 129. The quotation correspond to *Basic Principles on the Independence of the Judiciary*, adopted by the Seventh United Nations Conference on the Prevention of Crime and Treatment of Offenders, held in Milan August 26 to September 6, 1985, and confirmed by the General Assembly in its resolutions 40/32 of 29 November 1985 and 40/146 of 13 December 1985.

798 Case *Genie Lacayo*, January 29, 1997. Paragraph 53.

performing their duties, and then, only under certain circumstances. This was the definition in Peru's own law (Article 282 of the 1979 Constitution). Transferring jurisdiction from civilian courts to military courts, thus allowing military courts to try civilians accused of treason, means that the competent, independent and impartial tribunal previously established by law is precluded from hearing these cases. In effect, military tribunals are not the tribunals previously established by law for civilians. Having no military functions or duties, civilians cannot engage in behaviors that violate military duties. When a military court takes jurisdiction over a matter that regular courts should hear, the individual's right to a hearing by a competent, independent and impartial tribunal previously established by law and, a fortiori, his right to due process is violated. That right to due process, in turn, is intimately linked to the very right of access to the courts"[799]

Finally, in the Durand and *Ugarte Case*, the Inter American Court ruled that:

> **117.** In a democratic Government of Laws, the penal military jurisdiction shall have a restrictive and exceptional scope and shall lead to the protection of special juridical interests, related to the functions assigned by law to the military forces. Consequently, civilians must be excluded from the military jurisdiction scope and only the military shall be judged by commission of crime or offenses that by its own nature attempt against legally protected interests of military order[800].

This excludes not only the processing of civilians by military courts, but additionally the possibility to assign to military courts to hear cases of common felonies committed by military, even in the exercise of its functions. As was ruled by the same Inter American Court:

> **118**. In this case, the military in charge of subduing the riots that took place in El Frontón prison resorted to a disproportionate use of force, which surpassed the limits of their functions thus also causing a high number of inmate death toll. Thus, the actions which brought about this situation cannot be considered as military felonies, but common crimes, so investigation and punishment must be placed on the ordinary justice, apart from the fact that the alleged active parties had been military or not[801].

In contrast with the aforementioned, the absence of similar constitutional provisions in the United States allows those discussions to continue regarding the validity of military commissions set up by a military order of Nov. 13, 2001, to try non–citizens for "acts of international terrorism", after the September 11 terrorist attacks. This discussion was reported on March 26, 2006, in The New York Times[802] sho-

---

799 Case *Castillo Petruzzi* et al, May 30, 1999, Paragraph 128 and 132

800 Case *Durand and Ugarte*, August 16, 2000, paragraph 117

801 *Idem*, Paragraph 118

802 See Linda Greenhouse "Detainee case Will Pose delicate Question for Courts. A White House Challenge to Jurisdiction", *The New York Times* March 27, 2006, p. A12.

wing the struggle for supremacy between the courts and the Government, which can be briefed as follows:

According to the Detainee Treatment Act sanctioned on December 2005, the federal courts jurisdiction has been excluded over cases brought by detainees at the United States naval base at Guantánamo Bay, Cuba. In the case, *Hamdan v. Rumsfeld*, referred to a person held since 2002, the court must decide whether it retains the right to proceed with this case; a matter that has not being discussed since the immediate aftermath of the Civil War, in which the Supreme Court permitted Congress to divest the Court of jurisdiction over a case it has already agreed to decide. In the Ex Parte McCardle case, after arguments had been heard in an appeal brought by William H. McCardle, a Mississippi newspaper editor who was taken into custody and charged by the military government with fomenting insurrection; Congress, fearing that a Supreme Court ruling in favor of the editor could result in invalidating military control of the former Confederate state, enacted a law to deprive the court of jurisdiction. The court then dismissed the appeal, rejecting the argument that with the new statute it was permitting Congress to usurp the judicial function.

In the new case Hamdan v. Rumpfel N° 05–184, the administration also filed a motion with the court in January 2006, just days after the Detainee Treatment Act was signed into law, urging immediate dismissal of Mr. Hamdan's appeal. On February 21, the court declined to act on the motion, announcing instead that it would take up the jurisdictional question as part of the argument on the merits of the case. Contrary to the McCardle case in which the Congress spoke clearly in the court–stripping amendment, the Detainee Treatment Act seems to be ambiguous on its application to pending, as opposed to future, cases.

According to the Detainee Treatment Act, Guantánamo detainees are tried by a military commission and will have only a circumscribed right to a subsequent appeal in federal court, in which they can not raise the basic challenge to the commission's operation that Mr. Hamdan is presenting in his Supreme Court case. Military commissions are not new in the United States; they were first used during the war with Mexico in the 1840's. But there have been none since the World War II era.

The main point to be resolved is if any Congressional enactment or inherent power authorized the administration to set up a special tribunal without the procedural protections offered by American military law and required by the Geneva Conventions; and if conspiracy, is or is not a war crime, and if it is or not subject to trial by military commissions. In the end, the question at hand is if the Geneva Conventions apply in the cases related to the Guantanamo detainees, and if their protections can or cannot be invoked by individual detainees[803].

The reference to the case is made in order to highlight what happens in cases such as the United States where there is no express constitutional rank with the right to be tried by judicial competent independent and impartial courts established before the offenses were committed, as set forth in the American Convention on Human Rights; and if the discussions regarding the struggle on the supremacy between the courts and the Government can still be developed as above mentioned; as well as the

---

803 *Idem*

exclusion of any injunctive protection of rights in such cases. In Latin America, after so many cases and stories of ad hoc commissions or special courts to try people with no due process of law rights, the provisions of the American Convention and those set forth in the Constitutions, do not allow even the discussion to be sustained. The due process of law, with all its content, is a constitutional right, and its enforcement is out of the reach of Congress and no legislation can be passed to restrict the courts jurisdiction. And being it a constitutional right, the amparo and habeas corpus protection can always be sought by the affected party, and eventually reach the American Court on Human Rights for the protection, as shown in the aforementioned cases.

3. *The supra statutory rank of international treaties on human rights*

Thirdly, other Latin American Constitutions have expressly established the supra–legal rank of international treaties and conventions in general, including those relative to human rights. In these systems, the treaties are subject to the Constitution, but prevail over the statutes.

This was the solution followed in the Constitutions of Germany (Article 25), Italy (Article 10) and France (Article 55), and in Latin America is the solution followed in the Constitution of Costa Rica, which provides that: "Public treaties, international agreements and covenants duly approved by the Legislative Assembly shall, as of their enactment or the day they themselves set forth, have superior authority to that of the laws" (Article 7). Nevertheless, as mentioned above, the jurisprudence of the Constitutional Chamber has given constitutional rank to international treaties on human rights, and even supra constitutional rank in cases in which they contain more favorable provisions regarding the exercise of such rights.

In this respect, the Constitutional Chamber has for instance, directly applied the American Convention on Human Rights, as prevailing regarding statutes, arguing that the legal "norms which contradict [a treaty] must be considered simply as repealed, by virtue precisely of the superior rank of the treaty (decision 282–90, case of violation of Article 8.2 of the American Convention on Human Rights by the repealed Article 472 of the Criminal Procedures Code). Thus, when considering that Article 8.2 of the American Convention "recognizes as a fundamental right of everybody who has been criminally indicted, to appeal the judicial decision"; the Chamber considered that Article 472 of the Criminal Procedure Code which limits the exercise of the cassation recourse, had to be considered as "not set forth" and understand "that the cassation recourse is a mean legally given to any condemned person regarding whatever sanction imposed in a criminal procedure". The Constitutional Chamber in a subsequent decision N° 719–90 accepted a judicial review action declaring the unconstitutionality of said Article 474 of the Criminal procedure Code, deciding its annulment and considering that the limits set forth in such article to the right to appeal in cassation in favor of any criminally condemned person, as "not being set forth".

It must be noted, that in another Constitutional Chamber decision (N° 1054–94), the challenging of Article 426 of the Criminal Procedures Code which denies appeal regarding decisions on other non criminal contraventions, was rejected according to the jurisprudence set by the Chamber, based on the fact that what the Chamber has clearly decided is that "what is established in the said American Convention is the fundamental right to appeal given to anybody condemned in a criminal procedures, and not indistinctively in other matters".

Now, regarding the supra legal rank of treaties and their prevalence over internal statutes in case of conflict, in a similar sense, Article 144 of the Constitution of El Salvador provides the legal status of treaties and their prevalence with respect to the statutes in the event of conflict, when stating that: "International treaties executed by El Salvador with other States or with international organisms, shall constitute laws of the Republic upon entering into force, pursuant to the provisions of the treaty itself and of this Constitution," adding the regulation that: "The statute shall not modify or abrogate that which is agreed upon in the treaty for El Salvador" and that: "In the event of conflicts between the treaty and the statute, the treaty shall prevail".

In accordance with these provisions, the Constitutional Chamber of the Supreme Court of Justice of El Salvador has also applied International treaties on human rights, on deciding cases on which the international regulations are considered to prevail. It was the case of a November 17, 1994 decision issued regarding a provisional detention of a former commander of the irregular armed forces, ordered in a defamatory criminal trial brought against him. The Chamber stated that "For the adequate comprehension of the provisional detention institution in our system, we must additionally bear in mind –according to Article 144 of the Constitution, what is set forth in the international treaties ratified by El Salvador"[804]. So the Court analyzed Articles 11,1 of the Universal Declaration on Human Rights, and Article 9,3 of the International Covenant on Civil and Political Rights, which refers to the presumption of innocence and to the exceptional character of the preventive detention, which must not be considered as a general rule. The Court also analyzed Article XXVI of the American Declarations of Human Rights, referred as well to the presumption of innocence; and Articles 7,2 and 8,2 of the American Convention on Human Rights, which refer to the rights of persons regarding detentions, particularly the principle *nulla pena sine lege*. From the aforementioned the Court concluded by stating that "It is within this –constitutional and international– context where the analysis of the provisional detention must be framed, because such provisions, due to their superior place in the normative hierarchy, are obligatory"[805].

Consequently and based on the international regulations, regarding the preventive detention the Chamber concluded that "It must never be considered as a general rule in criminal proceedings –as expressly forbidden in Article 9,3 of the International Covenant on Civil and Political Rights–, so that it cannot be automatically decided", because it cannot be understood as an anticipated sanction. On the contrary, in order to be decided, it needs in each case the judge's evaluation of the circumstances regarding its need and convenience for the protection of fundamental public interest.

---

804 See in *Iudicum et Vita, Jurisprudencia nacional de América Latina en Derechos Humanos*, N° 5, Instituto Interamericano de Derechos Humanos, San José, Costa Rica, Diciembre 1997, p. 157

805 *Idem*, p. 157.

Based in the aforementioned, the Chamber concluded regarding the case, that "when the provisional detention was decided, the judge did not base its decision in any justification at all, thus being unconstitutional"[806].

In another decision of the Constitutional Chamber of the Supreme Court of El Salvador issued on June 13, 1995, the Chamber declared the unconstitutionality of a local government regulation (*Ordenanza municipal*) setting forth restrictions to the exercise of the political rights to meeting and demonstration, basing its decision in Article 15 of the American Convention on Human Rights and in Article 21 of the International Covenant on Civil and Political Rights, according to which limitations to such rights can only be regulated by means of statutes. The Chamber argued as follows: "The international treaties in force in our country, having supremacy regarding secondary regulations, and among them, the Municipal Code, recognized the freedom of meeting and public demonstration and established that such rights can only be subjected to limitations or restrictions as are necessary in a democratic society and are provided in statutes", which "must be sanctions by the Legislative Assembly following the formalities set forth in the Constitution". The Chamber also ruled that such statute, according to Article XXVIII of the American Declaration on Human Rights, can only set forth limitations subjected to the "principle of reasonability", which means that they must be "intrinsically just, that is to say, that they must be in accordance to certain rules of enough value in order to give the sense to the substantive notion of justice enshrined in the Constitution". In this regard, the Chamber concluded its decision regarding the case, declaring the unconstitutionality of the challenged municipal regulation, stating:

> Non of these elements are found in the challenged instrument on grounds of unconstitutionality, that is to say, it is a typical case of authority abuse, not only because without any authorization it regulated a constitutional right, but because it usurped a function reserved to the Legislative body

The Constitution of Mexico, when referring to international treaties is the one among the Latin American countries which more closely resembles the North American constitutional provision, stating:

> **Article 133.** This Constitution, the laws (statutes) of Congress of the Union and all the treaties that have been made and shall be made in accordance therewith by the President with the approval of the Senate according to the Constitution, shall be the supreme law of the Union. The judges of each state shall conform to the Constitution, laws and treaties, in spite of any disposition in contrary to them that could be contained in the Constitutions and statutes of the States.

According to this traditional supremacy clause, treaties were also traditionally considered as having the same rank as statutes. This was decided by the Supreme Court of the Nation by the ruling C/92, June 30, 1992, in which it stated that because the statutes have the same rank that treaties have, "immediately below the Constitution in the hierarchy of norms of the Mexican legal order", and:

---

806 *Idem*, p. 158.

> "international treaties cannot be the criteria in order to determine the unconstitutionality of a statute, nor vice versa. Thus, the Commerce and Industrial Associations Statute cannot be considered unconstitutional because it is contrary to what is regulated in an international treaty"[807]

But this criteria has been abandoned by the same Supreme Court in a ruling of revision of an amparo decision N° 1475/98, in which the Court, interpreting Article 133 of the Constitution according to the 1969 Vienna Convention on Treaties determined that because "the international compromises are assumed by the Mexican State as a whole and obliged all its authorities regarding international community", the international treaties are located in a second level immediately under the Constitution and above the federal and local statutes[808].

Among this group of countries that gives international treaties on human rights a superior rank regarding statutes, it can also be mentioned the case of Paraguay. The Constitution has a supremacy clause similar to the North American and Mexican one, with the following text:

> **Article 137.** On the supremacy of the Constitution. The supreme law of the Republic is the Constitution. The latter, the international treaties, covenants and agreements approved and ratified, the statutes sanctioned by Congress and the other legal hierarchical inferior regulations accordingly issued, integrate the positive national law in the enunciated preference order.

Nonetheless, this constitutional clause has a peculiarity regarding other similar clause, since it enunciates the order of preference given to the legal regulations; thus, the treaties being located under the Constitution but above the statutes. Additionally, the Article is complemented by Article 141 of the same Constitution which provides that "international treatises approved by the National Congress and which are duly ratified, are part of the internal legal order with the hierarchy established in Article 137"

According to these provisions, the Court of Appeal in criminal cases, First Chamber, in a decision dated June 10, 1996, revoked a judicial decision of an inferior court which had sentenced a person for a defamation offence regarding a public politician person. The argument of the Court was that in a "democratic society, the politicians are exposed to citizens criticism" and that in "no way individual interest can prevail over public interest", invoking for the revocation not only constitutional articles, but also Article 13 of the American Convention on Human Rights[809]

---

807 Tesis P. C/92, in *Gaceta del Semanario Judicial de la Federación*, N° 60, diciembre de 1992, p. 27.

808 Véase Guadalupe Barrena y Carlos Montemayor "Incorporación del derecho internacional en la Constitución mexicana", *Derechos Humanos. Memoria del IV Congreso Nacional de Derecho Constitucional*, Vol. III, Instituto de Investigaciones Jurídicas, UNAM, México, 2001, *cit.*, por Humberto Henderson, "Los tratados internacionales de derechos humanos en el orden interno: la importancia del principio *pro homine*", en *Revista IIDH*, Instituto Interamericano de Derechos Humanos, N° 39, San José, 2004, p. 82, nota 15.

809 See in *Iudicum et Vita, Jurisprudencia nacional de América Latina en Derechos Humanos*, N° 5, Instituto Interamericano de Derechos Humanos, San José, Costa Rica, Diciembre 1997 pp. 82–86.

4. *The statutory rank of international treaties on human rights*

In *fourth* place, regarding the legal hierarchy of international instruments of human rights, it can be said that in general, constitutional systems have attributes to international treaties the same hierarchy as of statutes. It can be considered as the most widespread system in contemporary constitutional law, following the orientation begun by the Constitution of the United States of America, in which Article VI. 2, states:

> This Constitution, and the laws of the United States which shall be made in pursuance thereof; and all treaties made, or which shall be made, under the authority of the United States, shall be the supreme law of the land; and the judges in every state shall be bound thereby, anything in the Constitution or laws of any State to the contrary notwithstanding.

In such systems, therefore, "international law is part of the law of the land", the treaties having the same legal rank as the statutes. They are subject to the Constitution, and in their application regarding statutes, they are governed by the principles of subsequent law and special law in regard to the derogatory effects they may have.

Is the case of Uruguay, Article 6 of the Constitution only provides that in all treaties a clause must be incorporated regulating that "the differences between the parties must be decided by mean of arbitration or other peaceful means". In the article, no reference is made regarding the hierarchy of treaties in the legal order or human rights.

Nonetheless, for instance, the Supreme Court of Justice on a decision of October 23, 1996, directly applied international treaties in order to reject the question of unconstitutionality raised in the case by the Public Prosecutor regarding the Press Statute, whose regulations guarantied the right of the defendant to the be prosecuted while in freedom. The case referred to a press offence trial for critics to the President of Paraguay, in which the plaintiff was the Paraguayan Ambassador to Uruguay. In the case, the Public Prosecutor raised the question of unconstitutionality arguing that the Press Statute, when allowing only to certain persons to be tried while in freedom, violates the equality principle set forth in Article 7 of the American Declaration of Human Rights, and Article 24 of the American Convention on Human Rights. In order to decide the question, rejecting the Public prosecutor's argument, the Supreme Court carefully analyzed the human right of free expression, making reference to Article 19 of the International Covenant of Civil and Political Rights; to Article 13.1 of the American Convention on Human Rights; to the Consultative Opinion OC–O5 of the Inter American Court on Human Rights referred to the incompatibility of the freedom of expression with the obligatory affiliation of journalists to the Journalist's College in Costa Rica; and to the presumption of innocence right "expressly set forth in the international Declarations and Conventions to which the country has adhered or that in one way or another oblige it (Universal Declaration on Man's Rights, art. 11; International Covenant on Human Rights, art

14.4; and Inter American Convention on Human Rights, art. 8.2)", all allowing the defendant to be trial in freedom[810].

The Dominican Republic constitutional system can also be classified in this group of countries in which their Constitutions give treaties the same legal rank as statutes. Precisely due to that fact, being the Dominican Republic one of the very few Latin American Countries that do not have in its Constitution expressly regulated the "amparo" action or recourse as a special judicial mean for the protection of human rights; the Supreme Court did apply the American Convention of Human Rights in order to admit the "amparo" recourse.

In effect, Article 3 of the Dominican Republic Constitutions states that "The Dominican Republic recognizes and applies international law regulations, general and American ones, when they have been approved by the State organs", and accordingly, in 1977 the Congress approved the American Convention on Human Rights, whose Article 8 and 25,1 as abovementioned, regulate the general due process of law rules and the "amparo" action or recourse for the judicial protections of human rights. Thus, according to these regulations, if it is true that the Constitution does not set forth the "amparo" action, it is regulated in the American Convention and then it can be exercised by anybody seeking protection of his human rights. But the problem was the absence of procedure rules, comprising the absence of formal attribution to specific courts of the power to decide upon "amparo" suits. That explains why actions or recourses of "amparo" were never brought before courts, until 1999, when a private company, the Avon enterprise, did so before the Supreme Court of Justice, against a judicial decision on labor matters, alleging violations of constitutional rights.

The Supreme Court, in a decision of February 24, 1999 admitted the "amparo" suit brought before the Court by *Productos Avon S.A.*, an enterprise, declared the "amparo" as a "public law institution" and prescribed in the decision the basic rules of procedure for such actions[811]. The case developed as follows:

1. The plaintiff company claimed that a judicial decision on labor matters, issued by a lower court, violated its rights to be judged by the competent court of justice, asking the Supreme Court: First: To declare in its ruling that the "amparo" recourse be considered as a Dominican is a public law institution; and second, that the Supreme Court, according to the provisions of the Organic Judicial statute which attributed to the Supreme Court the power to resolve on adjective matters when a specific procedure does not have a statutory regulation, to set forth the procedure to be followed regarding the "amparo" recourses. Additionally, the plaintiff asked the Court to issue a preliminary order suspending the effects of the challenged judicial labor decisions, pending the course of the trial.

---

810 See in *Iudicum et Vita, Jurisprudencia nacional de América Latina en Derechos Humanos*, N° 5, Instituto Interamericano de Derechos Humanos, San José, Costa Rica, Diciembre 1997 pp. 72–79.

811 See in *Iudicum et Vita, Jurisprudencia nacional de América Latina en Derechos Humanos*, N° 7, Tomo I, Instituto Interamericano de Derechos Humanos, San José, Costa Rica, Diciembre, 2000 p. 329 ff. See the comments regarding the decisión in Allan R. Brewer–Carías, "La admisión jurisprudencial de la acción de amparo en ausencia de regulación constitucional o legal en la República Dominicana", *Idem*, pp. 334 ff.

2. The Supreme Court, in order to decide, fixed the criteria that the international treaties invoked by the plaintiff, particularly Articles 8 and 25,1 of the American Convention on Human Rights, as internal Dominican law, have the purpose to guarantee the judicial protection of fundamental rights recognized in the Constitution, the law and the said Convention, against acts which violate such rights, committed by any person acting or not in their public functions thus also against individuals actions. In this regard, the Supreme Court decided that:

> "Contrary to what has been decided in the sense that the offending acts must be issued by judicial officials or persons acting in such functions, the "amparo" recourse, it is considered that as a protection mechanism of individual freedom in its various aspects, the "amparo" must not be excluded as a judicial remedy in order to resolve situations originated by persons accomplishing judicial functions. Article 25,1 of the Convention, provide that the "amparo" recourse is open in favor of anybody against acts which violate his fundamental rights "even when the violation is committed by individuals not acting exercise of public functions"; evidently including the judicial functions; ... as well as against any action or omission from individuals or public administration officials, including omissions or non jurisdictional administrative acts from the courts, if they affect a constitutional protected right"[812].

In this regard, the Dominican Republic Supreme Court decision is considered a very important ruling, clearly stating that the "amparo" recourse can be filed against individuals, following the broad conception of the "amparo" action initiated in Argentina, and followed in Uruguay, Chile, Perú, Bolivia and Venezuela. The narrow conception excluding the "amparo" recourse against individuals is followed in Mexico, Brazil, Panama, El Salvador and Nicaragua. The Dominican Supreme Court also followed the broad conception of "amparo" admitting the action against judicial decisions, as it is accepted in the American Convention, contrary to the tendency observed in other Latin American countries that excluded judicial decisions from the "amparo" recourse, as is the case of Argentina, Uruguay, Costa Rica, Panama, El Salvador, Honduras and Nicaragua.

In Colombia, the 1991 statute regulating the action of "tutela" also admitted the amparo against judicial rulings, but the Constitutional Court annulled the corresponding article, considering that it violated the right to *res judicata* effects of definitive judicial decisions[813]. Nonetheless, the "tutela" against judicial decisions has indirectly been admitted when arbitrariness is alleged against judicial decisions[814]

3. Regarding the Dominican Republic Supreme Court decision, it additionally decided that even in the absence of procedural rules for the "amparo" recourse, contrary to what happens regarding habeas corpus recourses (where there is a statute establishing the competent court and the procedure); and because the amparo re-

---

812 *Idem*. p. 332.

813 Decision C.543 of September 24, 1992. See in Manuel José Cepeda Espinosa, *Derecho Constitucional Jurisprudencia*, Legis, Bogotá, 2001, p. 1009 ff.

814 Decision T–213 of May 13, 1994. See in Manuel José Cepeda Espinosa, *Derecho Constitucional Jurisprudencia, Legis*, Bogotá, 2001, p. 1022 ff.

course is a simple, speedy and effective judicial mean for the protection of all constitutional rights other than those protected by means of habeas corpus, no judge can refuse to admit it adducing the absence of statutory regulation. For that purpose, the Supreme Court invoked its power according to Article 29,2 of the Judicial organization Statute, to establish the procedural rules in order to avoid the confusion that can cause the absence of such rules. Consequently, the Supreme Court decided "to declare that the recourse set forth in Article 25,1 of the November 22, 1969 San José, Costa Rica American Convention on Human Rights, is an institution of Dominican positive law, due to its approval by the National Congress through resolution N° 739 of December 1977, according to Article 3 of the Constitution".

On the other hand, the Supreme Court resolved the practical problems derived from the acceptance of the "amparo" suit, by setting forth the procedural rules, as follows: First, by determining that the competent courts to decide on the matter are the courts of first instance in the place in which the challenged act or omission has been produced; and second, by stating adjective rules of procedure, similar to those established in Articles 101 and following of the Statute N° 834 of 1978, adding references to the delay to bring the action before the court, to the hearing that has to take place, the delay for the decision and the delay for the appeal. The Supreme Court finally remembered, in order to avoid abuses in the use of the action, that the "amparo" recourse must not be understood as the introduction of a third instance in the judicial process[815].

This Dominican Republic Supreme Court 1999 decision, taken in absence of constitutional and statutory regulations regarding the "amparo" action, admitting this judicial means for protection of all human rights according to what is set forth in the American Convention on Human Rights, is without doubt a very important one, not only regarding the "amparo" recourse or action as a specific judicial means for human rights protection, but also regarding the enforcement within internal law of the American Convention on Human Rights.

IV. THE INTERPRETATIVE CONSTITUTIONAL RULES REGARDING THE INTERNATIONAL INSTRUMENTS ON HUMAN RIGHTS

Now, in absence of express constitutional regulations regarding the hierarchy of international treaties on human rights in the internal legal system, –whether constitutional, supra statutory or statutory rank–, such instruments can also acquire constitutional value and rank by means of different constitutional interpretation rules. In other words, the rights declared in international treaties can also be considered as constitutional rights, by means of other constitutional regulations or techniques: first, by referring the interpretation of constitutional rights to what is set forth in the international treaties; second, by enshrining in the Preambles or general declarations of the Constitutions references to the universal declarations on human rights.

---

815 See the text *Iudicum et Vita, Jurisprudencia nacional de América Latina en Derechos Humanos*, N° 7, Tomo I, Instituto Interamericano de Derechos Humanos, San José, Costa Rica, Diciembre 2000 p. 329 y ss. See the comments in Allan R. Brewer–Carías, "La admisión jurisprudencial de la acción de amparo en ausencia de regulación constitucional o legal en la República Dominicana", *Idem*, pp. 334 ff.

In the first place, some Constitutions expressly set forth a guiding rule for interpreting human rights declared in their text, requiring that such interpretation must be made in accordance to what is set forth in the international treaties on human rights. This is the technique found in the Spanish Constitution, where article 10,2, states:

> The norms concerning fundamental rights or freedom recognized in the Constitution, must be interpreted in accordance to the Universal Declaration of Human Rights and the international treaties and conventions referred to the same matter ratified by Spain.

In similar way, the Portuguese Constitution also sets forth, that:

> **Article 16,2.** The provisions of the Constitution and laws relating to fundamental rights are to be read and interpreted in harmony with the Universal Declaration of Human Rights.

These two constitutional provisions, without doubt, influenced the drafting of the 1991 Colombian Constitution, where Article 93 establishes:

> **Article 93.** The rights and duties enshrined in this Charter shall be interpreted pursuant to the international treaties on human rights ratified by Colombia.

Following this constitutional provision, all State bodies, not just the courts, have to interpret the constitutional regulations regarding human rights pursuant to the provisions of the international treaties on the matter. The result of this constitutional principle of interpretation is the recognition of an equal rank and constitutional value for those constitutional rights declared in international treaties, which are the ones that will guide the interpretation of the rights enshrined in the Constitution.

This interpretative technique has been frequently used by the Constitutional Court in Colombia when interpreting the extent of constitutional rights, as was the case in a decision of February 22, 1996 issued when deciding a judicial review action filed on the grounds of unconstitutionality against the statute which regulates Television networks, considered by the plaintiff as being contrary to the constitutional right to inform.

The Constitutional Court began its decision by arguing that:

> "the internal validity of a statute is not only subjected to the conformity of its regulations to what is set forth in the Constitution, but also to what is prescribed in the international treaties approved by Congress and ratified by the President of the Republic".

As clearly set forth in Article 93 of the Constitution, the conformity of the internal legislation to international treaties and obligations of the Colombian State regarding other States and supranational entities, is imposed more severely by the Constitution when the matter relates to the application and exercise of fundamental rights. According to such article of the Constitution, the international treaties and covenants approved by Congress and ratified by the Executive in which human rights are recognized and its limitations are prohibited in states of exception, prevail regarding the internal legal order.

> The constitutional article declares in a straightforward manner that the rights and duties enshrined in the Constitution must be interpreted in accordance to the international treaties on human rights ratified by Colombia"[816].

Based on the abovementioned, the Constitutional Chamber then referred in its decision to the constitutional right to freedom of expression of thoughts and of information, following what is set forth in Article 19,3 of the International Covenant on Human Rights and in Article 13,2 of the American Convention on Human Rights, particularly regarding the universality of the exercise of such rights "without any considerations of frontiers"; concluding by ruling that:

> To forbid in the national territory the installation or functioning of land stations devoted to receive and later to diffuse, transmit or distribute television signals coming from satellites, whether national or international, is a flagrant violation of the right to be informed which everybody has pursuant to Article 20 of the Constitution[817].

The interpretative technique of human rights according to what is established in international instruments on the matter has also been established, for instance, in the Peruvian Constitutional Procedure Code, by article V that sets forth:

> **Article V.** *Interpretation of constitutional rights*. The content and the scope of constitutional rights protected by means of the constitutional process established in this Code (including habeas corpus and amparo) must be interpreted according to the Universal Declaration on Human Rights, the treaties on human rights, as well as to the decisions issued by the international courts on human rights established according to treaties in which Peru is a Party".

1. *The constitutional general references to the universal declarations on human rights*

The second interpretative technique through which international declarations on human rights acquired constitutional rank and value, results from the general declarations enshrined in the Preambles or the constitutional text precisely referring to those international declarations on human rights.

Regarding the Preambles of the Constitution, many of the Post War Constitutions contain general declarations regarding human rights, with particular reference to universal declarations. The classic example is the 1958 French Constitution in which, without containing in its text a Bill of Rights, the following general declaration is contained in its Preamble:

> The French people hereby solemnly proclaim their dedication to the Rights of Man and the principle of national sovereignty as defined by the Declaration of 1789, reaffirmed and complemented by the Preamble to the 1946 Constitution.

---

816 See in *Iudicum et Vita, Jurisprudencia nacional de América Latina en Derechos Humanos*, N° 5, Instituto Interamericano de Derechos Humanos, San José, Costa Rica, Diciembre 1997 pp. 34–35.

817 *Idem*, p. 37.

By means of this general declaration the Constitutional Council has enlarged the constitutionality block, attributing constitutional value and rank to all the fundamental rights contained in the 1789 Declaration of Rights of Citizens and Man[818].

In other Constitutions, the Preambles contain general declarations in order to define a general purpose of the Constitution and to give a general orientation to State and society actions seeking the respect and full enforcement of human rights. For instance, the Preamble of the 1999 Venezuelan Constitution declares that the Constitution itself was sanctioned in order to "assure the rights to life, to work, to cultural heritage, to education, to social justice and to equality without any kind of discrimination", promoting "the universal and indivisible guarantee of human rights".

The Constitution of Guatemala also expressly declares in its Preamble that its text shall "encourage full enforcement of human rights within a stable, permanent and popular institutional order, where governed and governors shall proceed in strict observance of the law".

Being in those cases the general purpose of the countries' Constitution to guarantee, promote and encourage the full enjoyment and enforcement of human rights referred to their universal context, the rights enshrined in the international declarations and treaties can be considered or interpreted as having the same value and rank to those expressly declared in the Constitution's texts themselves.

Other Constitutions contain similar general declarations, not in their Preambles, but within their texts, when regulating specific aspects of the State bodies functioning and setting forth, for instance, the need for the effective guaranty that must be given to anybody to enjoy and exercise constitutional rights. In these cases, upon constituting as a State obligation the respect of human rights or to assure that they are properly enforced, it has been interpreted that such rights generally acquire constitutional rank and value even if not expressly listed in the constitutional declarations.

Such is the case of the Constitution of Chile, whose 1989 reform included a declaration pursuant to which it was expressly recognized that the exercise of sovereignty is limited by "respect for the essential rights to be found in human nature", also prescribing as a "duty of State bodies to respect and promote such rights guaranteed by this Constitution, as well as by international treaties ratified by Chile and currently in force" (Art. 5,II). Hence, if it is the State's duty to respect and promote human rights that are guaranteed by international treaties, such rights acquire the same rank and value as the constitutional rights expressly listed in the constitutional text itself. Moreover, the reference to "essential rights to be found in human nature" permits and requires that not only those expressly listed in the Constitution be identified as such, but also those established in international treaties and, what is more, those not expressly declared but that are part of human nature itself.

The Constitution of Ecuador also prescribes the State's obligation "... to respect and have respected the human rights guaranteed by this Constitution" (Article 16); assuring to "all its citizens, with no discrimination whatsoever, the free and effective exercise and enjoyment of the human rights established in this Constitution and in

818 See the references in Allan R. Brewer–Carías, *Judicial Review in Comparative Law*, Cambridge, 1989.

the declarations, covenants, agreements and other current international instruments in force."

Therefore, in these cases, the State's obligation refers not only to its guaranteeing the exercise and enjoyment of the rights listed in the Constitution, but all those named in international instruments too, which therefore can be considered as acquiring the same rank and value of constitutional rights.

In this regard, special reference should be made to the Constitution of Nicaragua which establishes the general declaration that all people shall not only "enjoy State protection and the recognition of rights inherent to the human person and the unrestricted respect, promotion and protection of their human rights", but also the protection of the State for the "full enforcement of the rights enshrined in the Universal Declaration of Human Rights; in the American Declaration of the Rights and Duties of Man; in the United Nations' International Covenant on Civil and Political Rights; and in the American Convention on Human Rights of the Organization of American States."

In this case, the Constitution's reference to certain international instruments, due to the international dynamic on these matters, can only be interpreted as a non–exhaustive statement, given the preceding declarations referred in general to human rights and to those inherent to the human person.

Based on Article 46 of the Nicaraguan Constitution, statutes have been challenged on the grounds of unconstitutionally because they violate rights declared in international treaties. It was the case of the judicial review process of the 1989 General statute on Medias (*Ley General sobre los medios de la Comunicación Social (Ley Nº 57*), in which the Supreme Court, in its decision of August 22, 1989, even if it rejected the "amparo of unconstitutionality" recourse filed against the statute, in order to decide, the Court extensively considered the denounced violations not only regarding Article 46 of the Constitution but, through it, also considered articles of the Human Rights Declaration, the International Covenant on Civil and Political Rights and the American Convention on Human Rights[819].

Finally, the Constitution of Brazil proclaims that the State in its international relations, is ruled by the principle of the prevalence of human rights (Article 4,III); and that being constituted as a democratic rule of law State, it has as one of its foundations the dignity of human person (Article I, III). Regarding in particular human rights, Article 5,2 of the Constitutions declares, that:

> The rights and guarantees set forth in the Constitution do not exclude others which can result from the regime and principles therein set forth or from the international treaties on which the Federative Republic of Brazil may be part.

---

819 See the text in *Iudicum et Vita, Jurisprudencia nacional de América Latina en Derechos Humanos*, Nº 5, Instituto Interamericano de Derechos Humanos, San José, Costa Rica, Diciembre 1997, pp. 128–140. See the comments of Antonio Cançado Trindade, "Libertad de expresión y derecho a la información en los planos internacional y nacional", *Idem*, p. 194.

This article has been interpreted as a mean for inserting the Constitution in the general trend of Latin American constitutionalism that gives a special treatment in internal law to the rights and guarantees internationally guarantied.

2. *The enforcement of rights regardless of their statutory regulation*

In addition to the abovementioned, regarding the process of constitutionalization of the internationalization of human rights, special reference must be made to constitutional clauses which prescribe the right to the enforcement of constitutional rights regardless of the existence or not of statutory regulations.

In these sense, for instance, the Venezuela Constitution since 1961 established that "The lack of statutory regulations of rights (inherent to human beings) does not impede their exercise" (Article 50), in the sense that there is no need for a statute to be enacted in order for the exercise of the constitutional rights. This is the same regulation that can be found for instance in the Ecuadorian Constitution in which Article 18 states: "The absence of statute cannot be alleged in order to justify or ignore rights set forth in this Constitution, or to not admit actions for their protections, or to deny the acknowledgment of such rights".

Regarding the Venezuelan regulation, now enshrined in Article 22 of the Constitution, it must be indicated that it has serve for the acknowledgment and enforcement of very important constitutional rights, like precisely, the enforcement of the right to "amparo".

In effect, the right to "amparo" was originally set forth in the 1961 Constitution, as follows:

> **Article 49**. The courts shall protect ("ampararán") all inhabitants of the Republic in the exercise of their rights and guarantees set forth in the Constitution, according to the law (statute). The procedure shall be brief and speedy and the competent judge will have the power to immediately restore the infringed legal situation.

The wording of this article was interpreted by the courts in the sense that the acceptability of the amparo suit was conditioned to the previous enactment of the statute regulations on the matter, particularly because the same Constitution expressly regulated in a transitory way the procedure for the habeas corpus action, pending the sanctioning of such statute, "in order to not leave (its applicability) suspended". From this regulation the courts then understood that the intention of Article 49 was to condition the admissibility of the amparo action to the previous sanctioning of the statute on the matter, providing only in an exceptional way for the immediate acceptability of the habeas corpus action[820].

In this sense, the Supreme Court of Justice in 1970 regarding the amparo suit, considered Article 49 to be a "programmatic" one, thus not directly applicable, being necessary the previous enactment of the statute on the matter, in order to bring before a court an action of amparo. The Court said:

---

820 See Allan R. Brewer–Carías, *Instituciones Políticas y Constitucionales*, Tomo V, *Derecho y Acción de Amparo*, Universidad Católica del Táchira, Editorial Jurídica Venezolana, Caracas, 1998, pp. 111 ff.

> The article is not a direct and immediately applicable stipulation by the courts, but only a programmatic one directed to Congress that is the competent body to regulate for constitutional guarantees; interpretation reinforced by the transitive constitutional regulation on habeas corpus[821].

This constitutional judicial approach regarding the acceptability of the amparo action began to change after the approval by Congress in 1977, of the 1969 American Convention on Human Rights and in 1978, of the International Covenant on Civil and Political Rights; treaties that regulated the specific need for a simple and speedy judicial mean for the protection of human rights. Consequently, contrary to the Supreme Court initial interpretation –which at the time had no *stare decisis* effects– the lower courts began in 1982 to accept amparo suits, funding directly their rulings in the American Convention[822]; situation that finally lead the Supreme Court to change its criteria by applying the open clause on human rights inherent to persons, and particularly the provision that states that the absence of a regulatory statute regarding human rights cannot affect the exercise of the rights declared in the Constitution. In a decision of October 20, 1983 the Supreme Court thus admitted the possibility of the filling of the constitutional protective amparo action regarding any constitutional right. Notwithstanding the Court said in its ruling that:

> "By admitting the possibility of the exercise of the amparo recourse, the Court must draw the attention of the lower courts, to be prudent and rational when using the powers granted in the Constitution (for the immediate constitutional protection of human rights), in order to fill the gap produced by the absence of the regulatory statute"[823].

The Organic Amparo statute for the protection of constitutional rights and guarantees was finally sanctioned in 1988[824], giving way to the massive use of this judicial mean for protection of human rights, particularly because of the unsuitability of the common judicial mean for that purpose. Nonetheless, it was by mean of the application of the open clause regarding human rights that the amparo suit was previously accepted.

3. *The principle of progressive interpretation of constitutional rights*

Finally, mention must be made to the principle of progressive interpretation of human rights, which implies that as a matter of principle, no interpretation of statutes related to human rights can be admitted if the result is the diminishing of the effective enjoyment, exercise or guarantee of constitutional rights; and also that in

---

821 See in *Gaceta Forense*, N° 70, Caracas, 1970, pp. 179 y ss.; and in Allan R. Brewer–Carías, "La reciente evolución jurisprudencial en relación a la admisibilidad del recurso de amparo", in *Revista de Derecho Público,* N° 19, Editorial Jurídica Venezolana, Caracas, 1984, pp. 207 ff.

822 See the references in A. R. Brewer–Carías, "La reciente evolución jurisprudencial en relación con la admisibilidad del recurso de amparo", *Revista de Derecho Público*, N° 19, Editorial Jurídica Venezolana, Caracas, 1984, pp. 211 ff.

823 See in *Revista de Derecho Público*, N° 11, Editorial Jurídica Venezolana, Caracas, 1983, pp. 167–170.

824 *Gaceta Oficial* N° 33.891 de 22–01–1988. See Allan R. Brewer–Carías y Carlos Ayala Corao, *Ley Orgánica de Amparo sobre derechos y garantías constitucionales*, Caracas, 1988.

case involving various provisions, the one that should prevail is the one that contains the more favorable regulation[825]. As stated by the former Supreme Court of Justice of Venezuela, the principle of progressiveness in human rights implies the need to preferably apply the most favorable provision to human rights, whether of constitutional law, international law or ordinary law"[826]. Consequently, the interpretation of statutes must always be guided by the principle of progressiveness, in the sense that it must always result in more protection regarding rights.

The principle of progressiveness is expressly regulated, for example, in the 1999 Constitution of Venezuela, where Article 19 provides that the enjoyment and exercise of human rights shall be guaranteed to everybody by the State, "... pursuant to the principle of progressiveness and without any discrimination."

Other Constitutions also expressly establish it as a principle of interpretation, as may be seen in Article 18 of the Ecuadorian Constitution which provides that "... in matters of constitutional rights and guarantees, the interpretation that most favors its effective enforcement shall be the one upheld."

This principle of the progressive interpretation of human rights regulations is equivalent to the *pro homines* principle of interpretation, which has been defined as "the hermeneutical criteria that conditions all the human rights law, according to which the widest and most protective provision must be applied in the sense that one must always prefer the provision that is in favor of man (*pro homine*)"[827]. The principle has been incorporated in the Ecuadorian Constitution when specifying the method of interpretation that must be applied in matters of rights and guaranties established in the Constitution, in the sense that the interpretation must be done in the way "that most favors its effective enforcement" (article 18)[828]. It also has been deducted as incorporated in other Constitutions, as is the case of Chile and Peru, when they provide as one of the essential purposes of the State the protection of human rights. It was the case of the 1993 Peruvian Constitution which stated that "the defense of human beings and the respect of their dignity are society and State goal" (Article 1); and is the case of the Chilean Constitution when it provides that it is "the duty of the State to respect and promote human rights guaranteed in the Constitution, as well as in the international treaties in force ratified by Chile" (art. 5)[829]. In Peru, the Constitutional Tribunal, when choosing the most favorable inter-

---

825 See in general, Pedro Nikken, *La protección internacional de los derechos humanos. Su desarrollo progresivo*, Instituto Interamericano de Derechos Humanos, Ed. Civitas, Madrid, 1987.

826 Decision of July, 30, 1996, in *Revista de Derecho Público*, N° 67–68, Editorial Jurídica Venezolana, Caracas, 1996, p. 170.

827 See Mónica Pinto, "El principio *pro homine*. Criterio hermenéutico y pautas para la regulación de los derechos humanos", in *La aplicación de los tratados sobre derechos Humanos por los tribunales locales*, Centro de Estudios Legales y Sociales, Buenos Aires, 1997, p. 163. Also see, Humberto Henderson, "Los tratados internacionales de derechos humanos en el orden interno: la importancia del principio *pro homine*", in *Revista IIDH, Instituto Interamericano de Derechos Humanos*, N° 39, San José, 2004, p. 92.

828 See Hernán Salgado Pesantes, *Manual de Justicia Constitucional Ecuatoriana*, Corporación Editora Nacional, Quito, 2004, p. 92.

pretation for the protection of human rights, has defined "the *pro homine* principle as the one according to which a rule referred to human rights must be interpreted 'in the most favorable way for the person, that is, for the beneficiary of the interpretation'"[830]

As it has been indicated by Henderson, the *pro homine* principle has various application forms: first, when various provisions on human rights can be applied in the case, the one to be chosen is the one with the best and must favorable provisions regarding the individual; second, in cases rulings succession, it must be understood that the last provision does not repeal the previous one if this has better and more favorable provisions which must be preserved; and third, when it is a matter of application of just one legal provision on human rights, the same must be interpreted in the way resulting more favorable to the protection of the person[831].

In a certain way this *pro homine* interpretation was the one that guided *Chief Justice Warren* of the United States Supreme Court in its 1954 opinion in *Brown vs Board of Education of Topeka, Kansas*, 347 U.S. 483 (1954). in which, when referring to the XIV Amendment, he said that:

> In approaching this problem, we cannot turn the clock back to 1868 when the Amendment was adopted, or even to 1896 when *Plessy v. Fersugon* was written. We must consider public education in the light of its full development and its present place in American life throughout the Nation. Only in this way can it be determined if segregation in public schools deprives these plaintiffs of the equal protection of the laws.

From this, he concluded saying:

> We conclude that in the field of public education the doctrine of "separate but equal" has no place. Separate educational facilities are inherently unequal. Therefore, we hold that the plaintiffs and others similarly situated for whom the actions have been brought are, by reason of the segregation complained of, deprived of the equal protection of the laws guaranteed by the Fourteenth Amendment. This disposition makes unnecessary any discussion whether such segregation also violates the Due Process Clause of the Fourteenth Amendment".

---

829 See Iván Bazán Chacón, "Aplicación del derecho internacional en la judicialización de violaciones de derechos humanos" in *Para hacer justicia. Reflexiones en torno a la judicialización de casos de violaciones de derechos humanos*, Coordinadora Nacional de Derechos Humanos, Lima, 2004, p.27; Humberto Henderson, "Los tratados internacionales de derechos humanos en el orden interno: la importancia del principio *pro homine*", en *Revista IIDH, Instituto Interamericano de Derechos Humanos*, N° 39, San José, 2004, p. 89, nota 27.

830 See decisión 1049–2003–AA/TC of January 30, 2004 in Alfonso Gairaud Brenes, "Los Mecanismos de interpretación de los derechos humanos: especial referencia a la jurisprudencia peruana" en José F. Palomino Manchego, *El derecho procesal constitucional peruano. Estudios en Homenaje a Domingo García Belaunde*, Editorial Jurídica Grijley, Lima, 2005, Tomo I, p. 138.

831 See Humberto Henderson, "Los tratados internacionales de derechos humanos en el orden interno: la importancia del principio *pro homine*", in *Revista IIDH, Instituto Interamericano de Derechos Humanos*, N° 39, San José, 2004, pp. 92–96.

This principle of progressivism, regarding the interpretation of constitutional rights, has also been incorporated in the American Convention on Human Rights in which Article 29 provides the following rules regarding "restrictions regarding interpretation", in the sense that "no provision of this Convention shall be interpreted as":

a. permitting any State Party, group, or person to suppress the enjoyment or exercise of the rights and freedoms recognized in this Convention or to restrict them to a greater extent than is provided for herein;

b. restricting the enjoyment or exercise of any right or freedom recognized by virtue of the laws of any State Party or by virtue of another convention to which one of the said states is a party;

c. precluding other rights or guarantees that are inherent in the human personality or derived from representative democracy as a form of government; or

d. excluding or limiting the effect that the American Declaration of the Rights and Duties of Man and other international acts of the same nature may have.

Regarding the specific principle of progressiveness set forth in the Venezuelan Constitution, it also has implied that if a constitutional right is regulated with different contexts in the Constitution and in international treaties, then the most favorable provision must prevail and be applicable to the interested party.

In an "amparo" decision issued by the former Supreme Court of Justice on December 3, 1990, the Court applied the principle regarding the rights of a pregnant public official not to be unjustifiably dismissed of her job during pregnancy. At that time, the Organic Statute on Labor did not regulate such right, and it was only set forth in the Covenant N° 103 of the Labor International Organization and in the Convention eliminating all forms of discrimination against women. Regarding the constitutional provisions, Article 74 only provided for the general right to maternity protection. Notwithstanding the Supreme Court in the concrete case, after analyzing the protection asked by the employee whose dismissal impede her to enjoy the pre and post natal rest, admitted the "amparo" and declared the requested protection. In its decision, the Supreme Court ruled as followed:

> "The right not to be dismissed when pregnancy and the right to enjoy a pre and post natal rest are rights inherent to human beings that are constitutionalized due to Article 50 of the Constitution which stated that "the enunciation of rights and guarantees contained in the Constitution must not be understood to deny others not expressly within regulated. The lack of regulatory statute regarding such rights does not impede its exercise…".
>
> Consequently, from all these supranational regulations and particularly due to the protection set forth in article 74 of the Constitution, which guaranties the protection of maternity and of the pregnant women, such protection being materialized through the right of the pregnant working women not to be dismissed and the right to enjoy the pre and post natal rest…
>
> Based in such clear and conclusive dispositions, this Court considers that any attempt from the employer to diminish the right of the pregnant women not

to be dismissed without justification or disciplinary reasons, and the consequent effect of denying the right to pre and post natal rest, constitute an evident and flagrant violation of the constitutional principle set forth in Articles 74 and 93 of the Constitution…"[832]

CHAPTER III

THE JUDICIAL MEANS FOR THE PROTECTION OF HUMAN RIGHTS

I. THE CONSTITUTIONAL GUARANTEES TO THE DECLARATIONS OF RIGHTS

Constitutional declarations of rights, in the Constitutions or in international treaties and covenants, would be of no use at all, unless supported by a set of constitutional guarantees of the exercise of such rights.

The first of all constitutional guaranties is the guaranty of the supremacy of the Constitution and of entrenched declarations of human rights therein contained; the second is the judicial guaranty, that is to say, the set of judicial means established in benefit of persons in order to assure the effective exercise of such rights, and the effective protection of them.

In other words, the insertion of Declarations of rights in the Constitutions would be of no use to the citizen unless there is a fundamental right that establishes their supremacy, which can be enforced in court.

In fact, the idea of Rule of Law is indissolubly bound to the idea of the Constitution as an essential and supreme rule, which shall prevail over any state rule or action. This was the great and principal contribution of the American Revolution to modern constitutionalism, and its progressive development has provided the basis for the constitutional systems of justice in the modern world, particularly those aimed at protecting and defending the rights and freedoms enshrined in the Constitutions.

It can be said that this idea of constitutional supremacy, that is, of the Constitution as a fundamental and supreme law, was first developed in America in 1788 by Alexander Hamilton in *The Federalist*[833] when referring to the role of judges as interpreters of the law, stating:

> "A constitution is, in fact, and must be regarded by the judges, as a fundamental law. It therefore, belongs to them to ascertain its meaning, as well as the meaning of any particular act proceeding from the legislative body. If there should happen to be an irreconcilable variance between the two, that which has the superior obligation and validity ought, of course, to be preferred; or, in ot-

832 See in *Revista de Derecho Público*, N° 45, Editorial Jurídica Venezolana, Caracas, 1991, pp. 84–85. See the references in decisión sentenciaos July 30, 1996 in *Revista de Derecho Público,* N° 97–98, Editorial Jurídica Venezolana, Caracas, 1996, p. 170.

833 *The Federalist* (edited by B.F. Wright), Cambridge, Mass. 1961, pp. 491–493.

her words, the constitution ought to be preferred to the Statute, the intention of the people to the intention of their agents".

He added in response to the assertion that "the rights of the courts to pronounce legislative acts void, because contrary to the constitution" would "imply a superiority of the judiciary to the legislative powers", the following:

> "Nor does this conclusion –that the Courts must prefer the constitution over statutes– by any means supposes a superiority of the judicial to the legislative body. It only supposes that the power of the people is superior to both; and that where the will of the legislature, declared in its Statutes stands in opposition to that of the people declared in the constitution, the judges ought to be governed by the latter rather than the former. They ought to regulate their decisions by the fundamental laws, rather than by those which are not fundamental".

Thus, his conclusive assertion that:

> "No legislative act, therefore, contrary to the constitution, can be valid. To deny this, would be to affirm, that the deputy is greater than his principal; that the servant is above his master; that the representative of the people are superior to the peoples themselves; that men acting by virtue of powers, may do not only what their powers do not authorize, but what they forbid'.

Thus, in *The Federalist*, Hamilton not only developed the doctrine of the supremacy of the constitution, but most importantly the doctrine of "the judges as guardians of the constitution", as the title of letter N° 78 reads, where Hamilton said, considering the constitution as a limit to state powers and particularly to the Legislative authority, that,

> "Limitations of this kind can be preserved in practice no other way than through the medium of courts of justice, whose duty it must be, to declare all acts contrary to the manifest tenor of the constitution, void. Without this, all the reservations of particular rights or privileges would amount to nothing".[834]

But among Hamilton's proposals, I would like to place more emphasis on the idea itself that since the Constitution is the expression of the will of the people, the principal constitutional right the people can have, is the right to that supremacy, that is to say, the right to the respect for and preservation of their own will as expressed in the Constitution. The consequence of this principle is the other derived and fundamental principle, that the Judiciary shall have the power to declare null and void any state or federal law that is contrary to the Constitution[835]. It is clear, that nothing would be gained by stating that the Constitution, being the expression of the will of the people, shall prevail over that of the State entities and over individual actions, if the people do not have the right to demand the respect of the Constitution.

---

834 *The Federalist* (ed. by B.F. Wright), Cambridge, Mass 1961, p. 491 –493.

835 See referentes to the cases *Vanhorne's Lessee v. Dorrance, 1776* and *Masbury v. Madison,* 1803 in Allan R. Brewer–Carías in *Judicial Review in Comparative Law,* Cambridge University Press, Cambridge, 1989.

For this precise reason, one of the most recent Latin American Constitutions, that of Colombia (1991), expressly enshrines the principle of constitutional supremacy as follows:

> "**Article 4**. The Constitution is the rule of rules. Whenever a case of incompatibility between the Constitution and a statute or another legal norms, arises the constitutional provisions shall be applied ..."

The 1999 Constitution of Venezuela similarly establishes that: "... the Constitution is the supreme rule and basis of the legal system" (Article 7) and that "in case of incompatibility between this constitution and a statute or other legal norm, the constitutional provisions shall be applied, being the courts empowered to decide, even ex officio" (Article 334).

In both countries this implies that the custody of the basic constitutional right of the citizen to the protection of such supremacy, is assured by means of: first, the judicial review powers regarding statutes attributed to all court and judges (Article 4, Colombia; Article 334, Venezuela); second, the popular action that can be brought before the Constitutional Court (Colombia, Article 214) or Constitutional Chamber of the Supreme Tribunal (Venezuela, Article 336) in order to seek the concentrated judicial review of constitutionality of statutes; third, by means of the exercise of specific actions for protection of constitutional rights, as is the case of the actions of *habeas corpus*, of "amparo" or of habeas data (Articles 30 and 86, Colombia; Article 27, Venezuela).

Therefore, modern constitutionalism is founded not only on the principle of constitutional supremacy, but also on the principle that the *citizens have a constitutional right to such supremacy*, that in fact, pursuant to the principle of separation of powers, becomes *a fundamental right to the judicial protection of such constitutional supremacy*, both regarding the organic part of the Constitution (separation of powers, territorial distribution of powers), as well as regarding the dogmatic part of the Constitution (human rights), for the preservation of which a set of guarantees are established.

Among these guarantees it can be mentioned, the "objective guarantee" which declares that any acts contrary to the Constitution shall be considered null and void. The principle, explained in the twenties by Hans Kelsen[836], has been incorporated in the Latin American Constitutions since the beginning of the XIX Century, as occurred with the Venezuelan Constitution of 1811.

This principle implies that any State body decision that is contrary to the fundamental rights established in the Constitution is null and void, as has been set fourth in the 1999 Venezuelan Constitution:

> "**Article 25**: Any State authority act that violates or lessens the rights guaranteed in this Constitution and the law, is null; and the public officials which orders or execute them shall be criminally, civil and administratively liable, without any possible excuses based on superior orders".

---

836 See Hans Kelsen: «La garantie jurisdictionnelle de la Constitution (La justice constitutionnelle)», *Revue du droit public et de la science politique en France et à l'étranger*, Paris, 1928, p. 250.

In the particular case of Peru, Article 31 lists the right of citizens to participate in public affairs through: a referendum; legislative initiative; removal or revocation of authorities and the demand for accounting; the right to be elected and freely choose their representatives; the right of the local population to participate in the municipal government of its jurisdiction; and the right to vote; adding that "any act that forbids or limits the citizen's exercise of his or her rights is null and punishable."

Other constitutional guaranty of the declarations of human rights, perhaps the most important, is the legislative privilege to set fourth restrictions or limitations to constitutional rights, which can only by established by statutes, that is to say, by the laws passed by the legislative body and not by executive regulations.

There is also, of course, the guarantee of liability, or the guarantee that the public officials or individuals responsible for the injury or nuisance are legally obligated or accountable under civil, criminal and administrative law.

Apart from all the above–mentioned guarantees, the other basic guarantee of constitutional rights is of course, precisely, the possibility of bringing claims before the courts in order to assure that such rights are protected, preventing its violation or restoring the aggrieved party in its exercise. Hence, the fundamental guarantee of constitutional rights is definitely the judicial guarantee.

II. THE JUDICIAL GUARANTEE OF CONSTITUTIONAL RIGHTS

1. *The right to have access to justice and the protection of rights*

In any country subjected to the rule of law, the judicial branch of government is established not only to guarantee the enforcement of the law, but in particular, to hear and decide cases or questions of rights affecting personal and proprietary interests, making the necessary binding judgments on them. Of course, among those rights to be protected and enforced by the Judiciary, are the constitutional rights.

In effect, in all constitutional judicial systems, the most classical of citizens' rights is to have access to justice. This is the right to obtain judicial protection and enforcement of one's rights and interests. This is the essential reason for the organization of the Judiciary, to assure the judicial guarantee of personal and proprietary rights.

However, the Judiciary not always accomplishes its fundamental duty, as has occurred in Latin America, where in spite of the constitutional declarations, many countries still are facing a rather dismal situation regarding the effectiveness of the Judiciary as a whole, as an efficient and just protector of fundamental rights.

In Venezuela, for example, the 1999 Constitution declares that the State is a "... democratic and social State of law *and justice*," emphasizing justice as being among the uppermost values of the legal system and of the State's actions (Article 2). To this end, it is expressly stated that "... the State shall guarantee free, accessible, impartial, ideal, transparent, autonomous, independent, liable, fair and timely justice, without undue delay, and without senseless formalities or reversals" (Article 26).

It is really very difficult to find in any Constitutions in the contemporary world, similar sort of magnificent declarations about justice and the Judiciary, to which, the Supreme Tribunal of Venezuela, has referred to very eloquently, by stating:

> Consequently, when the Constitution qualified the State as a State of law and justice and set fourth Justice and preeminence of fundamental rights as a superior value of the legal order, it is only stressing that all public entities –and specially the Judiciary– must inexorably privilege a notion of justice above formalities and technicalities that belongs to a formal legality which certainly has give way to a new State conception. And this notion of Justice has a special meaning in the fertile field of the judicial proceeding in which the right to self defense and the due process of law rights (article 49), the search for the truth as an consubstantial element of justice, in which the former must not be scarified due to the omission of non essential formalities (article 257); bearing in mind that access to justice is set forth in order to allow citizens to ask for the enforcement of their rights and could obtain their effective and expedite judicial protection, without undue delays and without useless formalities and procedural reviews (article 26); all of which conform a Cosmo vision of a Lawful State, of the parties as element of democracy, and of the inescapable duty of the Judiciary and judges to maintain processes and judgments within the constitutional values and principles[837].

But in spite of these marvelous declarations, in order to achieve these aims of the State of Justice, the most elemental institutional condition needed, in any Country, is the existence of really autonomous and independent judges, empowered to interpret and apply the law, achieving justice in an impartial way; and that can effectively protect citizens, particularly when referring to the enforcement of rights against State actions.

For that purpose, an effective Judiciary has to be built upon the principle of separation of powers. On the contrary, if the Government controls the courts and judges, no effective guarantee exists regarding constitutional rights, particularly when the offender party is a governmental agency. In this case, and in spite of all constitutional declarations, it is impossible to speak of rule of law.

The braking news in the December 28, 2005 edition of *The New York Times* (front page left), was the title: "When Chinese Sue the State, cases are Often Smothered"; referring to the fact that if it is true that "the number of people wanting to sue the government is large and growing", the truth is that " the number of people who succeed in filing cases against the government is minuscule", concluding by stating that: "So you could say there is a gap between theory and practice". The article referred to the impossibility for peasants to even file complaints seeking compensation for the take over of farmed land converted for the construction of roads and commercial, noting that "the case would not even be registered and there would be no rejection notice, either", and adding: "They met Kafkaesque obstacles at every turn. The only party that used the courts successfully was the state–linked construction company. It won an injunction in March declaring peasants' protest illegal"; judicial decision that –in this case–, was massively published in the village and even

---

837 See decision N° 949 Politico Administrative Chamber of the Suporeme Court of Justice (SPA–CSJ) of April 26, 2000, in *Revista de Derecho Público*, N° 82, (abril–junio), Editorial Jurídica Venezolana, Caracas, 2000, pp. 163 ff.

"the party boss read the text of the decision over the village's loudspeakers". The "villagers said –points out the article– that they were outraged that the court acted so quickly after suppressing their own suit" adding that they "discovered that the law is what they say", "What they practice is power"[838]

This reportage sounds familiar when authoritarian governments take control of States, as has so frequently happened in Latin American history, and for instance, as it has been occurring since 1999 in Venezuela. There, the "gap between theory and practice" is abysmal; the "State of Justice" being in the hands of a government controlled Judiciary. Just one example can enlighten the situation:

Since 1976, and for 25 years, Special Courts for judicial review of administrative action, acting within a democratic regime, developed a very important jurisdiction in order to control the legality of Public Administration activities.

In July 17, the Venezuelan Federation of Doctors or Physicians, brought before the Judicial Review of Administrative Actions First Court in Caracas, a nullity claim against the Mayor of Caracas and the Ministry of Health act taken in conjunction with the Caracas metropolitan College of Doctors, by which these bodies, regulated the hiring of Cuban doctors for a health program called "*Barrio Adentro*" (Inside the Slums); which the Federation of doctors considered discriminatory against the rights of Venezuelan doctors to exercise medicine, allowing foreign doctors to exercise the profession without complying with the Medicine Profession Statute regulations for the exercise of such profession. So the Federation also filed an "amparo" action seeking the collective protection of the Venezuelan doctor's constitutional rights"[839].

In August 21, 2003, the Court issued a preliminary injunction considering that there were sufficient elements to consider the equality before the law right violated. The Court ordered the suspension of the Cuban doctor's hiring and ordered the Collage of Doctors to substitute the Cuban doctors already hired by Venezuelan or foreign doctors who had fulfilled the Statute regulations in order to exercise the medical profession.

The preliminary injunction could not be executed; was rejected and ignored by the Ministry of Health and by the Mayor, and even the President of the Republic in his weekly TV program said that the judicial decision would not be executed[840]. In the mean time, the offender parties, on September 5th, 2003 also brought an "amparo" action before the Constitutional Chamber of the Supreme Tribunal, demanding the Supreme Court to take over the case; which decided on September 25, 2003, based on jurisdictional arguments. The result was the Supreme Tribunal, assuming the case, annulling the lower Court decision and intervening its attributions to ensu-

838 Article by Joseph Kahn, *The New York Times*, December 28, 2005, pp. A1 and A10.

839 See Claudia Nikken, "El caso "Barrio Adentro": La Corte Primera de lo Contencioso Administrativo ante la Sala Constitucional del Tribunal Supremo de Justicia o el avocamiento como medio de amparo de derechos e intereses colectivos y difusos " in *Revista de Derecho Público*, N° 93–96, Editorial Jurídica Venezolana, Caracas, 2003, pp. 5 y ss.

840 "*Váyanse con su decisión no sé para donde, la cumplirán ustedes en su casa si quieren…*" (You can go with your decision, I don't know where; you Hill enforced in your house, if you want…) Talk in the TV programme *Aló Presidente*, N° 161, August 24, 2004

re the non execution of the preliminary injunctions initially issued. Three years latter, no other decision was taken on the case.

But in the meantime, other governmental decisions were taken: days after the Supreme Tribunal's decision, in September 2005, Secret Service officials seized the lower Court, after detaining a clerk on futile motives; the President of the Republic publicly called the President of the lower Court a bandit[841]"; and a few weeks later, the Special Commission of intervention of the Judiciary, dismissed all the five judges of the Lower Fist Court, basing its decision in a supposedly "inexcusable error" they had incurred in when deciding a case in 2002[842]. The decision was protected by the Bar Associations of all States[843] and also by the International Jurist Commission[844]; but in fact the lower First Court remained suspended and closed[845] for more than ten months[846], during which no judicial review of administrative action could be sought. This was the governmental response to a judicial decision which affected a very sensitive governmental populist program; response which was expressed trough the government controlled Judiciary administration[847]. It must be borne in mind that the same Commission for the intervention of the Judiciary, has dismissed without due process almost all judges. As a result of these massive dismissals the Judiciary ended up being composed by the end of 2005 by more that 90% of provisionally appointed judges, thus dependent of the ruling power[848].

One of the main political critics to the party–democratic system that functioned in Venezuela from 1961 up to 1998, was the exclusively political appointment process of the Supreme Court Justices by the National Congress. That is why in the 1999 Constitution a parliamentary proceeding was set forth, in order to limit the discretionary power of the National Assembly, assigning to a Proposing Committee integrated exclusively by representatives of civic society, the task to choose and postulate before the Assembly the candidates to be appointed Justices. Unfortunately, the Statute sanctioned for that purpose turned the independent Committee into traditional parliamentary commission, politically controlled, which was challenged by the Peoples Defender before the Constitutional Chamber on grounds of unconstitutionality, but the suit was never decided. Additionally, in the case, the Constitutio-

841 Public declaration, September 20, 2004.

842 See the information in *El Nacional*, Caracas, November 5, 2004, p. A2. In the same page, the dismissed President of the First Court said: "La justicia venezolana vive un momento tenebroso, pues el tribunal que constituye un último resquicio de esperanza ha sido clausurado" (Venezuenal Judiciary lives a tenebrous moment, due to the Fac. that the last resort of espoir Court has been shout down").

843 See the Communiqué of the Asociación Venezolana de Derecho Administrativo, in *El Nacional*, Caracas, October 12, 2003, A–5.

844 See in *El Nacional,* Caracas, November 18,–2004, p. A–6.

845 See in *El Nacional*, Caracas, October 24, 2003, p. A–2.

846 See in en *El Nacional*, Caracas, July 16,2004, p. A–6.

847 See Allan R. Brewer–Carías, "La progresiva y sistemática demolición institucional de la autonomía e independencia del Poder Judicial en Venezuela 1999–2004", in *XXX Jornadas J.M Domínguez Escovar, Estado de derecho, Administración de justicia y derechos humanos*, Instituto de Estudios Jurídicos del Estado Lara, Barquisimeto, 2005, pp.33–174.

848 *Idem.*

nal Chamber resolved that the Constitution did not apply for the appointment of the same Justices by ratification.

Thus, since 2000, the result has been a more partisan governmental controlled Supreme Tribunal, with the aggravating circumstance of the power the Constitution vested in the National Assembly to dismiss the Supreme Tribunal Justices by vote of two thirds of its members, which the Statute concerning the Tribunal has unconstitutionally modified, adding a procedure for "the annulment of the appointment act" just by the absolute majority voting, which was used in 2004[849].

Thus, with Justices of the Supreme Tribunal politically appointed and politically dismissible, the independence and autonomy of the Judiciary in Venezuela is simply an illusion; and without such independence and autonomy, it is difficult to think on effective guarantees of constitutional rights.

Unfortunately, after more than 40 years of democratic ruling the time has come for Venezuela to have an authoritarian regime, showing that the historical pendulum movement between democracy and authoritarian regimes continues to be a general pattern in Latin America constitutional history, as has occurred in other countries and in other times.

Anyway, the lesson to be learned is that judicial guarantee of constitutional rights requires an independent and autonomous Judiciary, conducted out of reach of the government.

Other question is that even in democratic regimes; some times the Judiciary appears to be incapable of guaranteeing the effective resolution of disputes, thus respecting individual rights and protecting constitutional rights. Justice has not always been swift and efficient; on the contrary, it has proved to be slow; and slowness in judicial matters leads to the opposite, that is, injustice.

Thus the first and main problem of the Rule of Law in Latin America, even in democratic regimes, is the functioning of the judicial systems; which has provoked that almost all Latin American countries have taken on the challenge of restructuring the Judiciary, seeking to make it truly independent and giving truth to the provision of all the Constitutions. This is the cornerstone of the Rule of Law, in the sense that judges shall act only pursuant to the law, without being influenced by outside the law factors, whether they are exercised by other public bodies or by political pressures.

But beyond their substantive independence, Judge must also be personally independent to act, which has to do with their appointment stability. In this regard, again, for example, the Venezuelan 1999 Constitution has established, in general terms, the regime for entering the judicial career and promotion only "through public competition that assures suitability and excellence," guaranteeing "citizen's participation in the procedure of selection and appointment of the judges." The consequence is that they may not be removed or suspended from their positions except through a legal proceeding before a disciplinary jurisdiction (Article 255). This, again, unfortunately is just a theoretical aim, because all contests for judge's appointment have been

849 *Idem.*

suspended since 2002. Almost all judges are being provisionally appointed without citizen participation, and there is no disciplinary jurisdiction for their dismissal. Furthermore, the suspension and dismissal of all judges corresponds to a Commission for the intervention of the Judiciary that is not regulated in the Constitution[850]

On the other hand, and beyond achieving independence, the other challenge in all our countries, is to assure the effective administration of justice, that is to say, that the judicial cases be decided surpassing the trend of slow and unjust administration of justice. This is why reforms such as the ones being carried out in many countries on matters of procedure are so essential, since many of the procedures were conceived in other times and now only serve to delay, obstruct, slow down and, finally, not resolve cases.

These reforms had even led many countries to seek other mechanisms for solving disputes and conflicts, like conciliation and arbitration systems. The "privatization of justice" –as it has been called– has been developed in order to guarantee the individual's right to recur to means of arbitration or conciliation without having to resort to the ordinary courts of justice. This approach is not new at all: in the 1824 Stature of the Regime of Administration of Justice of the Republic of Colombia (Colombia, Venezuela and Ecuador) it was stated that all citizens had the constitutional and fundamental right to be able to resolve their conflicts by means of arbitration, and even established the obligation to attempt to resolve disputes through arbitration or conciliation, before resorting to an ordinary legal procedure. In this regard, the 1999 Constitution of Venezuela also states that the law "... shall promote arbitration, conciliation, mediation and any other alternative means to resolve dispute" (Article 258).

Finally, regarding the administration of justice, another aspect that has to be mentioned is the matter of access to justice, which is another of the major problems surrounding the constitutional protection of constitutional rights in Latin America. The access to justice and the right to have effective judicial protection are enshrined in the Constitutions, as can be found in the 1999 Constitution of Venezuela in which it is expressly provided that "Everybody shall have the right of access to the institutions of administration of justice to assert their rights and interests, including collective and diffuse rights and interests; the right to the effective protection of such rights, and the right to obtain a prompt corresponding decision" (Article 26). For that purpose, adds the Constitution, that "the procedure is a fundamental instrument in achieving justice", and therefore "procedural laws shall establish the simplification, uniformity and effectiveness of the proceedings and shall adopt a brief, oral and public procedure" in order to ensure that "justice not be sacrificed because of the omission of non essential formalities" (Article 257).

The formula provided in Spain's 1978 Constitution is far more precise:

> **Article 24.1**. All persons have the right to obtain effective protection from the judges and the courts in the exercise of their rights and legitimate interests, and in no case may there be a lack of defense.

---

850 *Idem.*

However, even when not expressly enshrined in the constitutional texts, this right to have access to justice for the protection of people's rights and interests – including the constitutional rights – is an essential element of all contemporary constitutional systems, and in many cases it is what guarantees the right to protection ("amparo") of constitutional rights and freedoms even when the legal system has not established specific procedural means or special courts that are designed to guarantee such protection.

Nonetheless, in practice, access to justice has not always been guaranteed to everybody, and huge portions of the population simply know nothing about judicial protection mechanisms, since they have no possibility of accessing to justice to resolve disputes because of the costs and complications involved. Moreover, the Latin American State has not been able to establish the appropriate legal assistance mechanisms that for decades have been recognized and have been developed in European countries, as judicial assistance, but which we have been unable to be established in our countries to offer everyone the possibility of access to the judicial institutions.

In any case, the deterioration of the Judiciary in our countries is not a recent event, it has been occurring over several decades, with many generations involved. That is why the Judiciary reform program, while being one of the most important elements in achieving effective internal protection of constitutional rights, is something that has to be carried out over a lengthy period. The systematic change of the Judiciary and of the way justice is administered is not even a task of one generation, but rather of several generations, provided there is a consciousness of the need to establish such mechanisms and to initiate reform.

Any way, as I have noted, the Judiciary and the judicial system is established in any country in order to protect peoples' rights, and to resolve controversies between parties.

2. *Judicial means for the protection of constitutional rights*

Legal or constitutional rights are both to be protected and enforced by the courts by means of the judicial proceedings set forth for that purpose in procedural law, without being necessary or indispensable the establishment of specific judicial means only devoted to assure that protection. But of course, this is not excluded, and its existence depends on how the Judiciary accomplished its protective role regarding human rights.

That is why, in contemporary world, especially regarding constitutional rights and freedoms (those embodied in the constitutional Declarations of Rights), their judicial protection and guarantee can be achieved in two ways: first, by means of the general established (ordinary or extraordinary) suits, actions, recourses or writs set fourth in procedural law in order to have a right or duty judicially enforced; or second, in addition to the general means, by means of specific judicial suits, actions or recourses seeking remedies particularly established in order to protect and enforce constitutional rights and freedoms and to prevent and redress wrongs regarding those rights.

That is, the judicial guarantee of constitutional rights can be achieved through the general procedural regulations in order to enforce any kind of personal or proprietary rights and interest, as is the general trend in the United States and in Europe. It can also be achieved by means of specific judicial proceeding established only and particularly for the protection of the rights declared in the Constitution, being the latter the general trend in Latin America, mainly because the general judicial means have been insufficient for granting effective protection to the latter.

Our purpose in this Course of Lectures is to analyze this specific judicial means for protection of human rights in Latin America, generally called the "amparo" suit, action or recourse, but bearing in mind that such protection can also be achieved by the general judicial means, including the procedures set forth in case of urgency. This is the situation in Europe and in the United States, to which I want to refer first.

3. *The United States judicial means for the protection of rights (including constitutional rights)*

In the United States, following the British procedural law tradition, the protection of human rights, civil rights or constitutional rights (those embodied in the Bill of Eights), has always been achieved through the general ordinary or extraordinary judicial means, and particularly, be means of the remedies established in Law or in Equity.

This distinction between Law and Equity in order to construct two judicial system of courts, traditionally inherent to the Anglo–American legal system, has also penetrated the civil law countries, where the judges can also decide cases based on "*equidad*", term also used in procedural law. For example, in the Venezuelan Civil Code, article 12 impose the judges the duty to decide cases in conformity with the rules of law (*normas de derecho*), unless a statute authorize them to decide accordingly to "*equidad*"; and article 13 the indicates that the courts will decide the merits of the case based on to "*equidad*" only when asked to do so by the agreed consent of the parties and the rights involved in the controversy are rights that can be renounced or transferred, such as property rights. Only regarding arbitration the Code distinguishes between "law arbiters" (*árbitros de derecho*) and arbitrators. The former must always decide according to the legal procedure and to the law; the latter will proceed with complete liberty, according to their most convenient view in the parties' interest, particularly according to "equidad" (article 618).

The Venezuelan Constitution, when referring to the State as rule of law and Justice, also uses the expression "*justicia equitativa*" (equitable justice), which has lead the Supreme Court to consider the possibility of the existence of two sorts of jurisdictions: law and equity jurisdiction, identifying within the latter, the "peace judges" (*jueces de paz*), which in the local neighborhoods must try to decide controversies by means of conciliation and when resulting impossible, according to equity except when a law solution is imposed by a statute (art. 3, Peace Justice Statute). Peace judges must also decide according to equity when expressly asked by the parties. Regarding this concept of "*equidad*", the Constitutional Chamber of the Supreme Court has indicated that the concept:

> Of difficult comprehension, refers to a value judgment, related to the idea of justice when applied to a concrete case, view that is not based on the law, but in the conscience, the moral, the natural reason and other values. Due to the personal and subjective character of these values, the treatment of decisions based

upon them ought to be different to the decisions issued based on legal norms"[851].

But with exceptions (such as the "peace judges" jurisdictions), in general, it can be said that in civil law countries the law jurisdiction prevails, and no general distinction can be found between law and equity courts. In the United Stated, on the contrary, it is fundamental to distinguish between trial or causes at law and actions in equity; as well as legal remedies as opposed to equitable ones. The latter being the ones in which the judicial resolution "does not come from established principles but simply derives from common sense and socially acceptable notions of fair play"[852].

Both are used for the protection of rights, to the point that the most common definition of remedy is "the means by which rights are enforced or the violation of rights is prevented, redressed or compensated"[853]. Of course they are not judicial means only conceived for the protection of constitutional rights, because remedies can and are also commonly used for the protections of rights based upon statutes and also derived from common law.

The most important procedural rule regarding remedies is that equitable remedies are always subordinated to the legal ones, in the sense that they proceed when the remedy at law is inadequate; in other words, the legal remedies are preferred in any individual case if they are adequate. As it was stated in *In re Debs case*, 158 U.S. 564, 15 S.Ct 900, 39 L Ed. 1092 (1895): "As a rule, injunctions are denied to those who have adequate remedy at law. Where the choice is between the ordinary and the extraordinary process of law, and the former are sufficient, the rule will not permit the use of the latter"[854]

The most common legal remedies are the damage remedies, the restitution remedies and the declaratory remedies.

The damage or compensatory remedies allow the injured party or the plaintiffs to seek compensation for losses sustained in violations of his rights. It is the main instrument to resolve disputes in contract law and regarding torts cases. These compensatory remedies find their equivalent in the actions for damages and prejudices in civil law countries.

On the other hand, restitution remedies are intended to restore property to its rightful owner or to obtain from the plaintiff any illegal profits or unjust enrichment he obtained as a consequence of the wrong made to the plaintiff property. The judicial ordinary writ or order commanding the offender party to do or to refrain from doing something that can be issued in these cases of restitution remedies, are the writ of detinue, issued to recover personal property; the writ of ejectment, for the recovery of land; the writ of entry, which allows a person wrongfully dispossessed

851 Decision N° 1139 of October, 10, 2000 (Amparo case: *Héctor L. Quiroga*), in *Revista de Derecho Público*, N° 84, Editorial Jurídica Venezolana, Caracas, 2000, p. 351.

852 See William Tabb and Elaine W. Shoben, *Remedies*, Thomson West, 2005, p. 13.

853 See William Tabb and Elaine W. Shoben, *Remedies*, Thomson West, 2005, p. 1.

854 See in Owen M. Fiss, *Injunctions,* The Foundation Press, 1984, p. 8.

of real property to enter and retake the property; and the writ of possession, issued to recover the possession of a land. In civil law countries, the equivalent remedies are the property restitution action ("*acción reivindicatoria*") or the action for enrichment without cause. It can also be identified as an equivalent the actions to restore possession of land or to prevent its invasions ("*interdictos*").

The declaratory remedies are intended to obtain from a court a declaration of the rights or legal relations between parties, being commonly used in cases or controversy, to determine the constitutionality of a statute. It is also used to construct a private instrument between parties so that the interested party may obtain a resolution of the dispute. The latter is equivalent to the declaratory actions on civil law countries, and the former, to the petition to declare in a case or controversy, the non applicability of a statute on the grounds of its unconstitutionality, requesting the prevalent application of the Constitution. .

The equitable remedies they are the coercive ones, particularly injunctions, by means of which a court of equity can decide that the plaintiff or aggrieved party is entitled to an extraordinary relief consisting of an order issued by a court commanding the defendant or the offender party to do something or not to do something, that is to say, to refrain from doing specific acts. They are called coercive remedies because they are backed by the contempt power, that is to say, the power of the court to directly sanction the disobedient defendant.

Particularly regarding the protection of civil or constitutional rights, in the United States the coercive remedies that has been used, as extraordinary ones, are the following: first, the writ of injunction, in its four types: preventive, structural, restorative and prophylactic; and second, the writ of habeas corpus.

In civil law countries, where "equitable" courts do not exist, the most common equivalent legal action to all these extraordinary coercive or equitable remedies or writs, are precisely the actions of "amparo" and of habeas corpus, for the protection of constitutional rights.

Regarding injunctions, and following what William M. Tabb and Elaine W. Shoben had explained[855], the four mentioned types of injunctions can be characterized as follows:

The preventive injunction, –preventive in the sense of avoiding harm– is a court order designed to avoid future harm to a party by prohibiting or mandating certain behavior by another party. In other words, to prevent the defendant from inflicting future injury to the plaintiff. These preventive injunctions can be mandatory, prohibitory or quia–timed injunctions.

The mandatory injunction consists in orders issued to the defendant to do an affirmative act or to mandates a specific course of conduct. Regarding the violations of rights made by public authorities, within the mandatory injunction it must be mentioned the writ of mandamus, issued by a court to compel a government officer to perform certain duties or to execute actions which is obliged to do.

855 See William M. Tabb and Elaine W. Shoben, *Remedies*, Thomson West, 2005, pp.86 ff.

Regarding the prohibitory injunction, they are the ones issued in order to forbid or restrain an act. Among these prohibitory remedies it can be also mentioned the writ of prohibition, when used as an instrument to correct judicial actions by preventing lower judicial courts from acting in certain way.

It can also be distinguished the quia–timet injunction, consisting of an order granted to prevent an action that has been threatened but has not yet violated the plaintiff rights. All these injunctions can be permanent injunctions that affect the legal relationship of the parties until subsequently modified or dissolved

All the above mentioned preventive injunctions, are "preventive" in the sense that they tend to avoid harm, and therefore are not equivalent to the preliminary injunctions. This is important to be stressed in order to avoid wrongs, particularly when comparing with the civil law countries institutions. In Spanish language, the expression "preventive measures" is used to identify what would be "preliminary or interlocutory injunctions" and not preventive injunctions. Thus, regarding the interlocutory injunctions (preliminary injunctions and temporary restraining orders), the general equivalent procedural decision in the civil law counties would be what has been called the "unlisted preventive measures" ("*medidas cautelares innominadas*") that can be issued in order to preserve the status quo or to restore the factual situation during the specific trial development.

On the other hand, the structural injunction, were developed by the courts after the *Brown v. Board of Education* case (347 U.S. 483 (1954); 349 U.S. 294 (1955), in which the court declared the dual school system discriminatory, using injunction as an instrument of reform, by means of which the courts in certain cases, have undertaken the supervision over institutional State policies and practices where constitutional exists in those institutions. As described by Owen S. Fiss:

> "Brown gave the injunction a special prominence. School desegregation became one of prime litigative chores of courts in the period of 1954–1955, and in these cases the typical remedy was the injunction. School desegregation not only gave the injunction a greater currency, it also presented the injunction with new challenges, in terms of both the enormity and the kinds of tasks it was assigned. The injunction was to be used to restructure the educational systems throughout the nation.
>
> The impact of Brown on our remedial jurisprudence –giving primacy to the injunction– was not confined to schools desegregation. It also extended to civil rights cases in general, and beyond civil rights to litigation involving electoral reappointments, mental hospitals, prisons, trade practices, and the environment. Having desegregated the schools of Alabama, it was only natural to Judge Johnson to try to reform the mental hospitals and then the prisons of the state in name of human rights –the right to treatment or to be free from cruel and unusual punishment– and to attempt this Herculean feat through injunction. And he was not alone. The same logic was manifest in actions of other judges, North and South"[856].

---

856 See Owen M. Fiss, *The Civil Rights Injunctions*, Indiana University Press, 1978 pp. 4–5; and in Owen M. Fiss and Doug Rendelman, *Injunctions*, The Foundation Press, 1984, pp. 33–34.

Thus, structural injunctions can be considered a modern constitutional law instrument specifically developed for the protection of human rights, particularly in State institutions; instrument that has been considered to " become an implicit part of the Constitutional guarantee of protecting individual rights from inappropriate government action"[857].

In the third place, the restorative injunctions must be mentioned, also called reparative injunctions, devoted to correct a past wrong situation. In these cases, the court order is devoted to require the defendant to restore the plaintiff to the position it occupied before the defendant committed the wrong. In order to protect a constitutional right, as for instance the right to be elected, the court order can also consist in the repetition of the election process itself.

Among these restorative remedies, it can also be mentioned the writ of error, consisting in an order for the revision by reasons of unconstitutionality, of a judicial decision of a lower court.

Finally, there are also the so called prophylactic injunctions, issued also to safeguard the plaintiff's rights, preventing future harm, by ordering certain behaviors from the defendant, other than the direct prohibition of future actions. These prophylactic injunctions refer to behavior indirectly related to the prohibited conduct, for instance devoted to ask the defendant to develop positive actions in order to minimize the risk of the repetition of the wrong in the future.

But other than by means of injunctions in order to protect freedom as a constitutional right particularly against government actions, the other extraordinary remedy in the United States –following the long British tradition–, is the writ of habeas corpus, the oldest judicial mean for the protections of life and personal integrity. It has also been employed to bring a person before a court in order to proof or certify that he is alive and in good health, or to determine that his imprisonment is not illegal. It has also been used to obtain review of the regularity of the extradition or the deportation process, of the right to bail or its amount.

In conclusion, as seen in the brief analysis of the remedies in United States law, the protection of constitutional rights is assured by these general (ordinary or extraordinary) judicial means known as remedies, particularly the injunctions and the writs, most of which can also be used to protect legal (non constitutional) rights. So the Constitution in the United States does not provide for a specific judicial means for the protection of human rights, contrary to what happens in Latin America.

4. *The protection of human rights in France and Italy through the general judicial means*

The situation in Europe, in general terms, with the exception of Germany and Spain –where the Constitutions provide an "amparo" recourse, is similar to the one of the United States: the protection of human rights is assured by general judicial means, and in particular by the extraordinary preliminary and urgent proceedings devoted to prevent an irreparable injury from occurring, issued before or during a

---

857 See William M. Tabb and Eliane W. Shoben, *Remedies*, pp. 87–88.

trail and before the court has the chance to decide the case, but also with the particular procedural development that in many cases, they have become permanent orders.

This is the case in France with the institution known as the *référé,* the case or Italy with the extraordinary urgent measures and the case of Spain with the precautionary measures ("*medidas cautelares*").

In France, the Civil Procedural Code sets forth the distinction between proceedings regarding the decision of the substance and proceedings refers to decisions that must be taken before setting on legal grounds ("*avant dire droit*"); these are the writs of *référé*, which are judicial decisions issued in case of urgency, after a party request in order that the court adopt the necessary measures to immediately protect a right.

There are to types of *référés*[858]: first, the provisional one consisting in orders issued to prevent imminent damages or to order the cessation of an evidently illicit action. They are devoted to protect rights in a preliminary and interlocutory way pending the trial, that is, pending the judicial decision of the merits. The *référé* can be issued (art. 809 CPC). This *référés* are equivalent to the preliminary injunctions in the North American system, both designated to preserve the status quo in order to prevent irreparable damages before the court decides the substantive merits of the dispute[859].

Second, the other *référérs* are the ones issues in cases of urgency, based in the existence of an evidently illicit conduct that affects an unquestionable right, for its protection. The defendant, of course, must furnish the appropriate proof of the existence of the rights and of the manifest illegality of the defendant actions. These *référés* can also consist in conservatory or restitution measures to prevent imminent damages or to stop illicit actions, and also, orders issued to the plaintiff to accomplish particular duties if the obligations is proved. In this case, the principal procedural element is the need for the court to summon the defendant in order to hear his argument in an oral hearing (art. 811 CPC). These *référé* are equivalent to the preventive or structural injunctions in the North American system, in the sense that they are not only devoted to protect constitutional or human rights but any legal right, and because their permanent injunctions. In France they are qualified as "provisional" judicial decisions but only in the sense that they do not produce substantive *res judicata* effects, that is, a definitive judicial decision regarding the merits which could prevent the principal lawsuit that can be brought before the courts. On the contrary, as it happened with the "amparo" decisions in almost all Latin American countries, the *référé* only produces formal *res judicata* effects in the sense that no other *référé* can be issued in the same matter, and between the same parties.

Thus, in the latter case, the *référé* is a judicial decision that is taken independently of the resolution of the controversy on the merits in the principal lawsuit that eventually can be brought before the courts. Consequently, the principal consequen-

858 See R. Lindon, "Le juge des référés et la presse", *Dalloz 1985*, Chroniques, 61. See the comments by Enrique Paillas, *El recurso de protección ante el derecho comparado,* Santiago de Chile, 1990, pp. 19–26.

859 See William M. Tabb and Eliane W. Shoben, *Remedies*, Thomson West, 2005, p. 4.

ce of this "provisional" character of the decision is that if there is no principal lawsuit regarding the substantive merits of the case brought before the courts, the *référé* decisions becomes permanent.

As mentioned, and as it happened in the United States, the *référés* in France are a general procedural mean to seek judicial protection of any rights, and not only constitutional or human rights; but regarding the latter, they have been used successfully to protect them.

For instance, it has been used in controversies between individuals, for the protection of the constitutional right to privacy, and particularly to the individual right to each one's owns image. In 1980, the *Reader's Digest* magazine published in the front cover of one of its issues, the photo of a doctor showing him practicing medicine, in circumstance regarding which he did not give the magazine any consent for the publication. Consequently, he asked the Court of Great Instance of Paris the due protection, which on November 1980 decided on *référé* as follows: The Court took into account that in the cover of the issue N° 405 of the magazine, Dr. Antoine Chapman's photography was published in support of an article referring to Hospital patients rights regarding the medical treatment they can receive; that the photography of Dr. Chapman that was published has no relation to his work and life as a physician; and that according to deontological rules of the medical profession, physicians can avoid any kind of advertisement. Then the Court concluded considering that Dr. Chapman has an individual right to his own image, before his own patients and his colleagues, and that consequently, that the publication of his photo, without his consent, in the cover of a non professional magazine of great diffusion, and in a moment in which he was exercising his medical profession produced an evidently illicit overturn. The consequence was the judicial order directed to the magazine to publish in the following issue, a notice indicating that D. Chapman never gave his consent for the publication of his photograph in the previous issue[860].

In a similar case in 1981, a photo of a practicing lawyer was published in the weekly magazine *Le Nouvel Observateur*, showing her acting with her gown in courts; the photograph was published in order to support an article regarding the legal practice by women and also was published without her consent. In order to grant the *référé* protection, the same argument of absence of consent of the lawyer to publish her photo in a non professional magazine prevail, considering the courts also, in the case, that the deontological rules of the legal profession allow to avoid any kind of advertisement. The court also considerer the right of the lawyer to give of her self the image she wanted to her clients and colleagues. The publication of the photo was also considered an illicit overture of her rights that had to be stopped. Thus the judicial order directed to the weekly magazine to publish in the following issue, the notice that the defendant never gave authorization for the publication[861].

---

860 See the references in Enrique Paillas, *El recurso de protección ante el derecho comparado*, Santiago de Chile 1990, pp. 22–23.

861 See in Enrique Paillas, *El recurso de protección ante el derecho comparado*, Santiago de Chile 1990, pp. 23–24.

The *référé* protection to constitutional rights has also been used to protect rights against public official actions. For instance, regarding the constitutional right to free enterprise, a case was decided in 1983, as follows: In the town Saint Cry–sur–Mer, Mr. Decurgis was the owner of a bar located near a public square, having next to the bar, a stand in which he used to sell fruits and legumes to the passing people. The Mayor of the town ordered the closing of the square passage, impeding the customers to have access to Mr. Decurigs stand, who could then not sell his merchandise. He asked judicial protection via *référé*, not for his supposedly property rights which he did not have, but for his right to develop economic and commercial activities, which has not been forbidden by any formal administrative act. The Court considered the right to develop commercial and industrial activities, as a fundamental public freedom of persons which cannot be limited by the *de facto* activities (*voi de fait*), expressed without any previous formal administrative act issue as a consequence of an administrative procedure, which was non existent in the case. Consequently the *référé* decision ordered the mayor to restore the situation Mr. Decurigs had before the arbitrary municipal action was taken[862].

The *référé* has also been used in France for the protection of property rights, regarding industrial factories against illegal occupation of its premises by the workers. In such cases, the Courts, even though recognizing the workers constitutional right to strike, in protection of the property rights of the owners of the factory and their rights to have access to their property, considered illegal the *de facto* occupation of the premises by the workers (*voi de fait illegal*), contrary to the owners rights, that prevented the continuation of work and impede the free entrance to the buildings. The ruling was an order directed to the workers to leave the premises, and if the order was not to be voluntarily carried out then it authorized the use of the police to do so.

In similar situations, injunction has been issued in the United States, even brought before the courts by the Attorney General asking for the protection of property rights of the United States regarding mail, and the protection of freedom of interstate commerce and of transportation of the mail, against striking workers members of the American Railway Union who in 1894 had sit in the railroad premises paralyzing the traffic in Chicago. Without challenging the workers right to quit work and without interfering with the organization of labor, the court considered that the strike interfered with the operation of trains carrying mail and with interstate commerce, and ordered the end of the sit in. In the well known *In Re Debs* case 158 U.S. 564, 15 S.ct. 900,39 L. Ed. 1092 (1895), the Supreme Court set forth the basic principles of injunctions, particularly regarding the power the courts have to punish the disobedience of its injunctive rulings by imposing fines and ordering imprisonment for contempt[863].

In Italy, the judicial mean equivalent to the French *référé* is the proceeding in case of urgency set forth in the Civil Procedural Code within the precautionary measu-

---

862 See in Enrique Paillas, *El recurso de protección ante el derecho comparado,* Santiago de Chile 1990, p. 26.

863 See Owen M. Fiss and Doug Rendelman, *Injunctions,* The Foundation Press, Mineola New York 1984, p. 13.

res. According to article 700 of such Code those who have fundamental motives to fear that during the period in an ordinary process to enforce its rights, they can be threatened by an imminent and irreparable prejudice, may go before the court asking for the necessary urgent decisions that, according to the circumstances, could be suitable in order to provisionally assure the effects of the decision on the merits. Even though it is a precautionary power that can be used to protect any right, it has been used for the protection of constitutional rights such as the right to protection of health, environmental rights, rights to have a name and right to one owns' image[864]

Mention has also to be made to the same institution of the in nominate precautionary judicial power established in the Latin American Procedural Code, which have also been used for the protection of human rights when asked for in ordinary procedures. In this regard, for instance, the reform of the Civil Procedure Code sanctioned in the eighties set forth in Articles 585 and 588, that when there is an evident risk that the execution of the decision be illusory and provided there is accompanying evidence which constitutes a serious presumption of such circumstance and of the right claimed, the court may adopt the precautionary decisions it considers appropriate, when there exists a well–founded fear that one of the parties may cause to the rights of the other party serious or difficult to repair harms. In these cases, to avoid the damage, the court may authorize or prohibit the execution of determined acts, and adopt the decisions that are intended to stop the damage from continuing. With a provision of this nature, the ordinary judge has very broad powers when protecting constitutional rights.

But in fact, these in nominated precautionary judicial powers have only been set forth in recent times in the Latin American civil procedure codes. Thus, in absence of those emergency judicial powers, including the injunction powers attributed to ordinary judges, and because the inefficiency of the general available judicial means in order to obtain an effective and quick protection of constitutional rights, the general trend in almost all of Latin America since the XIX Century has been the progressive regulation of special judicial means exclusively set forth for the protection of constitutional rights, as is the institution named the suit, action or recourse of "amparo", protection or tutelage.

III. THE SPECIFIC JUDICIAL MEANS FOR THE PROTECTION OF HUMAN RIGHTS

1. *Origins of the Latin American "amparo" suit*

The origin of this specific Latin American judicial mean for the protection of constitutional rights and guaranties can be found in Mexico. In what was called the Constitutional "Reforms Act" of 1848, a special provision devoted to guarantee the fundamental rights declared in the Constitution, was incorporated (article 5), setting forth that in order to assure the human rights recognized in the Constitution, a statute had to regulate the guaranties of freedom, security, property and equality of all inhabitants of the Republic, and also had to establish the means for its enforcement.

---

864 See Enrique Paillas, *El recurso de protección ante el derecho comparado,* Santiago de Chile, 1990, p. 46.

No statute was sanctioned but this disposition has always been considered as the remote antecedent of the "amparo" trial or law suit.

The "*Acta de Reformas*" provision was followed by the so called "*formula Otero*", a draft proposal made by one of the members of the Constitutional Commission, embodied in Article 25 of the 1848 Constitution, with the following text:

> **Article 25**. The courts of the federation will protect (*ampararán*) any inhabitant of the Republic in the exercise and conservation of the rights granted to him in the constitution and the constitutional statutes, against any offensive action by the Legislative or Executive powers, whether of the Federation or of the states; the said courts being limited to give protection in the particular case to which the process refers, without making any general statement regarding the statute or the act provoking the decision.[865]

From this "formula" the main characteristics of the "amparo" suit have always been that it only precedes against public entities actions (Legislative or Executive) and that the judicial decision adopted cannot have general effects, but rather, only effects regarding the concrete controversy and the parties involved, following in the latter case, the general trends of the effects decision of judicial review ruling in the United States.

Based on this Article 25 of the Constitution and even without a regulatory statute, the first judicial judgment of amparo was issued on August 13, 1848, impeding the exile of a citizen without due process.

The 1857 Constitution developed further the amparo institution, setting forth that any controversy derived from a statute or any other authority act which violates the individual guaranties, or from statutes or acts of the Federation which violate or restrict the sovereignty of the States, will be resolved by the Federal courts as a result of the aggrieved party petition, by means of a judicial decision issued after following a formal proceeding; decision that cannot refer but only to the particular individuals, only in order to protect and "*ampararlos*" in the special case to which the process refers to, without making any general statement regarding the statute or the challenged act (arts. 101 and 102).

The unanimous opinion regarding the origin of the amparo suit in México in the XIX Century, before its subsequent development, coincides in affirming that its antecedents are to be found in the North American system of judicial review of the constitutionality of statutes, which was known in Mexico through the readings of the book by Alexis de Tocqueville, *Democracy in America* (1835), in which he refers to

865 See the text in J. Carpizo, *La Constitución Mexicana de 1917*, México 1979, p. 271; Robert D. Baker, *Judicial Review in Mexico. A Study of the Amparo Suit*, Texas University Press, Austin, 1971, p. 23; and H. Fix–Zamudio, "Algunos aspectos comparativos del derecho de amparo en México y Venezuela", *Libro Homenaje a la Memoria de Lorenzo Herrera Mendoza*, Caracas, 1970, Vol. II, p. 336. See also H. Fix–Zamudio "A Brief Introduction to the Mexican Writ of Amparo", *California Western International Law Journal*, San Diego 1977, p. 313.

the role of the Judiciary on matters of judicial review once the *Marbury v. Madison* Supreme Court decision of 1803 was issued[866].

When Alexis De Tocqueville visited America almost two hundred years ago, and described the political system of the United States, he stressed, in particular, the way Americans had organized their judicial power, which he considered unique in the world.[867] His observations about the powers of the courts, which he believed, "the most important power" of the country,[868] were directly referred to the powers for judicial review, whose basic trends can still be elaborated from them. He specifically pointed out that "that immense political power"[869] of the American courts, "lies in this one fact" –he said– "The Americans have given their judges the right to base their decisions on the constitution rather than on the laws. In other words, they allow them not to apply laws which they consider unconstitutional[870], adding that "If anyone invokes in an American Court a statute which the judge considers contrary to the constitution, he can refuse to apply it.[871] This power of American judges, De Tocqueville stressed, was "the only power peculiar to an American judge"[872], which at the time was correct. Today, it must be said, it is the power common to all judges in legal systems with a diffuse system of judicial review.

The influence of that American judicial review powers can be clearly appreciated regarding the original Mexican amparo regulation, particularly regarding the cases and controversy requirement, a basic element for judicial review and the amparo suit as well as the common exclusively the inter partes effects of the judicial decision.

But the original Mexican amparo institution devoted in the beginning to protect constitutional rights against authority acts, subsequently evolved into a unique and very complex judicial institution, that is not to be found in any other Latin American country, not only designed to guarantee judicial protection of constitutional rights against the State acts or actions, but as a multipurpose institution that additionally is used for the protection of personal freedom, equivalent to the habeas corpus writ (called "*amparo libertad*"); for judicial review of constitutionally of statutes (called "*amparo contra leyes*"), with trends similar to the North American diffuse system of judicial review; for judicial review of constitutionality and legality of judicial decisions (called "*amparo casación*") similar to the cassation recourse that existed in almost all civil law countries; for judicial review of administrative actions (called "*amparo administrativo*"), equivalent to the judicial review of administrative acts

---

866 See Roberet D. Baker, *Judicial Review in Mexico. A Study of the Amparo Suit*, University of Texas Press, Austin1971, pp. 15, 33; Eduardo Ferrer Mac–Gregor, *La acción constitucional de* amparo *en México y España, Estudio de Derecho Comparado*, 2nd Edition, Edit. Porrúa, México D.F. 2000; Héctor Fix–Zamudio, *Ensayos sobre el derecho de amparo,* Universidad Nacional Autónoma de México, Editorial Porrúa, México 2003

867 Alexis De Tocqueville, *Democracy in America* (ed. by J.P. Mayer and M. Lerner), The Fontana Library, London, 1968, Vol. 1, p. 120.

868 *Idem*, p. 122.

869 *Ibid*, pp. 122, 124.

870 *Ibid*, p. 122.

871 *Ibid*, p. 124.

872 *Ibid*, p. 124.

jurisdictions developed in almost all civil law countries, following the influence of the French contentieux– administrative jurisdiction; and for the protection of peasants rights derived from the agrarian reform process (called "*amparo agrario*") equivalent to the agrarian jurisdictions that can be found in almost all Latin American countries.

All those jurisdictions and judicial means in Mexico are all under the same "amparo" name and umbrella; which as mentioned, is a unique case in comparative law. No other country in the world follows the Mexican "amparo" omni comprehensive approach, by mean of which the original "amparo" judicial mean for the protection of constitutional rights was deformed in the sense that what in almost all civil law countries are separate actions, recourses or jurisdictions, with very different objectives, in Mexico all are called "amparo". On the other hand, this omni comprehensive trend of the Mexican amparo resulting form the effort to expand its protection, in the end paradoxically has provoke that the effective protection of constitutional rights in practice has been weakened[873]. Thus, it can be said that what really spread in almost all the other Lain American countries from the Mexican "amparo" institution, was only the name given to the special judicial means for the protection of constitutional rights (amparo), but not at all of its complex content, as mentioned, unique to the Mexican system.

In other Latin American countries, also since the beginning of the XIX Century antecedents of the "amparo" can be found. In Venezuela, for instance, in the 1811 Declaration of Rights of the people, it was specifically provided the right to petition in order to protect such rights, as follows: "The citizens freedom of petition before public authorities in order to ask for the protection of his rights, in any way can be impeded or limited" (Article 22). This declaration was followed by the 1830 Constitution declaration regarding the need to a special protective means of the constitutional rights, in which was stated that: "Every person must find a prompt and safe remedy according to the law, regarding the injuries and damages suffered in their persons, properties, honor and esteem" (Article 189).

And according to this constitutional provision, it was the Organic Statute on the Judiciary of 1950 that attributed to the Superior Courts powers: "To decide recourses of force, "amparo" and protection against written and oral orders or prescription, given by authorities of the Republic" (Article 9), using for the first time the word "amparo" to identify a judicial mean; as well as the person's right to ask for "amparo" to freedom rights (habeas corpus), as follows:

> **10.** In case in which any public official were forming criminal cause against any person or had issued a detention order, the interested party or anybody acting in his name, can bring before the Superior Court by means of "amparo" or protection; and the latter, ordering the suspension of the procedure, will ask the files and the presence of the party (en vida), and if it finds the petition according to justice, will level the oppressive order".

---

873 See the coments in this regard in Joaquín Brage Camazano, *La Jurisdicción Constitucional de la Libertad (Teoría general, Argentina, México, Corte Interamericana de Derechos Humanos)*, Editorial Porrúa, Instituto Mexicano de Derecho Procesal Constitucional, México, 2005, p. 156.

Nevertheless, and inspite of these provisions, in Venezuela the "amparo" action was only developed after the enactment of the Constitution of 1961. Yet, in the XIX Century, in the Venezuelan 1897 Civil Procedure Code, judicial review as a power of all judges to consider null and void legal provisions contrary to the Constitution –in the North American legal tradition– was formally inserted in positive law, allowing judicial protection of constitutional rights. Article 20 of such Code provides: "When the law whose application is requested is contrary to any provision of the Constitution, the judges will give preference to the latter[874].

In other Latin American countries the amparo action or recourse as well as the habeas corpus recourse were introduced in positive law since the XIX century, as follows: regarding habeas corpus in Brasil (1830), El Salvador (1841), Argentina (1863) and Perú (1897), and regarding the amparo action or recourse in Guatemala (1879), El Salvador (1886), Honduras (1894), Nicaragua (1911), Brasil (*mandado de securança* 1934), Panama (1941), Costa Rica (1946), Venezuela (1961), Bolivia, Paraguay, Ecuador (1967), Panama (1972), Perú (1976), Chile (*recurso de protección* 1976) and Colombia (*acción de tutela* 1991). In Argentina, since 1957, the amparo action was admitted through court decisions and regulated in positive law in 1966; and in the Dominican Republic, since 2000 the Supreme Court has admitted the amparo action.

Currently (2006), in all Latin American countries, exception made of Cuba, the habeas corpus and amparo suits, actions or recourses ("*acción de protección*" in Chile and "*acción de tutela* in Colombia) it exists as a specific judicial means exclusively designed for the protection of constitutional rights; in all of them, exception made of the Dominican Republic, the provision for the action is embodied in the Constitutions and in all of them, exception made of Chile and Panamá, the ations of amparo have been expressly regulated in special statutes.

2. *The judicial review methods as means for the protection of human rights*

In the other hand, the regulation of the "amparo" actions in Latin America, must also be considered as a particular means for the protection of Constitution and of its supremacy regarding specifically the declarations of rights; a method of judicial review that complements the general systems of judicial review of the constitutionality of statutes developed in Latin America, also since the XIX century: the diffuse and the concentrated methods of judicial review.

According to the so called "American model", the diffuse method of judicial review empowers all the judges and courts of a given country to act as a constitutional judge, in the sense that when applying the law, they are allowed to judge its constitutionality and therefore, not to apply it in the concrete process when they consider it

---

874 The text of the norm in Spanish is as follows: "Cuando la ley vigente, cuya aplicación se pida, colidiere con alguna disposición constitucional, los jueces aplicarán ésta con preferencia." The text was originally adopted in the 1897 Code (Art. 10), followed by the 1904 Code (Art. 10) and the 1916 Code (Art. 7). In the 1985 Code the only change introduced in relation to the previous text, is the word "judges" which substituted the word "Tribunals." See the text of the 1897, 1904 and 1916 Codes in *Leyes y Decretos Reglamentarios de los Estados Unidos de Venezuela*, Caracas, 1943, Vol. V.

unconstitutional and void, giving priority to the Constitution[875]. This diffuse system of judicial review of constitutionality of legislation is not a system peculiar to the common law system of law and is perfectly compatible with the civil or Roman law tradition. It has existed since the XIX Century in most Latin American countries, as is the case of Dominican Republic (1844) [876], Mexico (1857), Colombia (1850), Argentina (1860), Brazil (1890) and Venezuela (1897). In Mexico, Argentina and Brazil, the method strictly follows the American model; and in Colombia, Venezuela and Perú, it exists in a mixed system with the concentrated method of judicial review. The diffuse method is also applied in some European countries with a civil law tradition, like Switzerland, Greece and Portugal.

The duty of the courts on the diffuse model of judicial review can only be accomplished *incidenter tantum*, through a particular process (cases and controversies) that have been brought before them, and where the unconstitutionality of a particular statute is neither "the issue" nor the principal issue in the process. Therefore, a process must be initiated before a court on any matter or subject whatsoever, the diffuse system of judicial review of constitutionality being, consequently, always an incidental system of review. In these cases, the decision adopted by the Supreme Court has *in casu et inter partes* effects, that is, effects related to the concrete case and exclusively to the parties who have participated in the process, and therefore, it cannot be applied to other individuals. The judicial decision has also declarative effect in the sense that it only declares the *ab initio* nullity of the challenged statute. Thus, when declaring the statute unconstitutional and inapplicable, in fact, the decision has *ex–tunc*, and *pro pretaerito* effects in the sense that they are retroactive to the moment of the enactment of the statute, considered as not having produced any effect regarding the concrete process and parties.

Finally, it must be said that in order to avoid the uncertainty of the legal order and contradictions due to the multiple decisions that can refers to constitutional issues, corrections have been made to these *inter partes* effects through the *stare decisis* doctrine or through positive law, when the decision is adopted by the Supreme Court of a given country[877].

But Latin American countries have also followed the so called "Austrian" or European model of judicial review, established well before it was invented in Europe, as a concentrated method, by Hans Kelsen in 1920[878]. In Latin America, since the

---

875 See Allan R. Brewer Carías, *Judicial Review in Comparative Law*, Cambridge University Press, Cambridge 1989.

876 The 1844 constitution, as well as the 1966 constitution (Art. 46) established that 'are null and void all Laws, Decrees, Resolutions, Regulations or Acts contrary to the constitution. Consequently all the Courts can declare an act unconstitutional and not applicable to the concrete case. *Cf.* M. Berges Chupani, "Report" in *Memoria de la Reunión de Cortes Superiores de Justicia de Ibero–América, El Caribe, España y Portugal*, Caracas, 1983, p. 380.

877 *Idem.*

878 See H. Kelsen, "La garantie juridictionnelle de la Constitution (La Justice constitutionnelle), *Revue du droit public et de la science politique en France et à l'étranger*, Paris 1928, pp. 197–257; Allan R. Brewer-Carías, *Judicial Review in Comparative Law*, Cambridge University Press, Cambridge 1989.

XIX century some countries have adopted it as the only method of judicial review and others, mixed with the diffuse method of judicial review.

The concentrated method of judicial review, contrary to the diffuse system, is basically characterized by the fact that the constitutional system empowers one single state organ of a given country to act as a constitutional judge, in the sense of being the only State organ called to decide upon constitutional matters regarding legislative acts and other State acts with similar rank or value, in a jurisdictional way.

This state body with the monopoly of acting as a constitutional judge can either be the Supreme Court of Justice of the country, in its character as the highest court in the judicial hierarchy or it can also be a special Constitutional Court, Council or Tribunal, specially created by the Constitution.

Therefore, the concentrated system of judicial review of the constitutionality of legislation, even though generally identified with the "European model" of special constitutional courts,[879] does not necessarily imply its existence. It only implies the assignment to a single state organ, which exercises jurisdictional activity, of the duty and power to act as a constitutional judge, with powers to declare the nullity of state acts, which has to be established and regulated expressly in the Constitution.

Contrary to the diffuse system of judicial review, which is always of an incidental character, the concentrated system of judicial review can have either a principal or incidental character, in the sense that constitutional questions regarding statutes may reach the supreme court or the constitutional court, by virtue of a direct action, some times a popular action, or request brought before the court or by reference of the question to the court, from a lower court, where the constitutional question has been raised in a concrete proceeding, either *ex–officio* or through the initiative of a party.

The decision adopted by the constitutional court or the supreme court acting as a constitutional judge in the concentrated method, has general effects, thus it applies *erga omnes*. Additionally the decision has a *constitutive* effect in the sense that: it declares the nullity of a statute which produces effects up to the moment in which its nullity is established. That is why it is said that the decision of the court, as it is a constitutive one, has *ex–nunc*, *pro futuro* or prospective effects, in the sense that, in principle, they do not go back to the moment of the enactment of the statute considered thereon unconstitutional, the effects produced by the annulled statute until that annulment are still considered valid.

In Latin America, since the middle of the XIX Century many countries have adopted a concentrated method of judicial review by assigning the supreme court of the country with the power to declare the nullity of legislation. This was the case in Colombia and Venezuela in which an authentic concentrated method of judicial review has existed since 1850 and in which the supreme courts have the monopoly of annulling statutes. It is also the case of Panamá, Uruguay and Paraguay.

879 M. Cappelletti, *Judicial Review in the Contemporary World*, Indianapolis, 1971, pp. 50–53.

Subsequently, in many countries the system moved to a mixed one, in which the diffuse and the concentrated systems of judicial review coexist, as is the case of Brazil, Colombia, Peru, Venezuela, Peru and Guatemala.

Also, in Latin America, some countries have established Constitutional Courts or Tribunal in order to perform the concentrated method of judicial review, as is the case of Guatemala, Chile, Perú, Ecuador and Colombia.

Therefore, the judicial protection of constitutional rights in Latin America, additionally to the amparo actions or recourses, can be achieved by means of the diffuse and concentrated methods of judicial review.

3. *The European "amparo" actions*

Finally, we must mention that as a result of the regulation of the concentrated method of judicial review, in Austria, Germany and Spain, a specific judicial means for the protection of some constitutional rights was also established.

In effect, the "Austrian method" of judicial review was originated in Europe after the First World War under the influence of the ideas and direct work of Hans Kelsen, particularly regarding the concept of the supremacy of the constitution and the need for a jurisdictional guarantee of that supremacy;[880] but it was also a direct result of the absence of a diffuse system of judicial review of the constitutionality of legislation whose exclusion was expressly or indirectly established in the Constitution; and of the traditional European distrust regarding the judiciary to control the constitutionality or legislation. Thus, in order to accomplish such task it was necessary to establish an independent State body.

Accordingly, the first constitutional tribunals were established in Czechoslovakia and Austria, in their respective Constitutions of February 29 and October 1st 1920. Due to its permanence and its reestablishment in 1945, the Austrian Constitutional Tribunal, created in the 1920 Constitution, was to be the leading institution of the "European" concentrated system of judicial review. Hans Kelsen, a member himself of the Constitutional Tribunal until 1929, formulated the original general trends of the institution, very similar to the Czechoslovakian one, regulated in the 1945 Constitution[881] and in the Federal Law of the Constitutional Tribunal of 1953, modified on various occasions[882].

But in Austria, the Constitutional Tribunal not only has the power to act as a constitutional judge controlling the constitutionality of statutes, executive regulations and Treaties, but also to grant constitutional protection against the violation of fundamental rights. For this purpose, any individual has the right to bring before the Constitutional Tribunal, recourses or complaints against administrative acts when

880 H. Kelsen, "La garantie juridictionnelle de la Constitution (La Justice constitutionnelle), *Revue du droit public et de la science politique en France et à l'étranger*, Paris, 1928, pp. 197–257.

881 Arts.137–148, Constitution of I May 1945. See a Spanish version of the Constitution in I. Méndez de Vigo, "El Verfassungsgerichthof (Tribunal Constitucional Austríaco)", *Boletín de Jurisprudencia Constitucional*, Cortes Generales, 7, Madrid, 1981, pp. 555–560.

882 Law N° 85, 1953. See in T. Ohlinger, *Legge sulla Corte Costituzionale Austriaca*, Firenze, 1982.

the claimant alleges that they infringe a right guaranteed in the constitution (art. 144).

This was the origin of the development of a special judicial means for the protection of fundamental rights in Europe, although in a concentrated way which establishes the difference with Latin American "amparo" recourses.

The Austrian model influenced the establishment of the a concentrated system of judicial review in the Second Spanish Republic, in accordance with the Constitution of December 9 1931, by which a Tribunal of Constitutional Guarantees was created[883]. The system was also conceived as a concentrated one, in which the Tribunal of Constitutional Guarantees had exclusive powers to judge upon the constitutionality of statutes, and additionally, the power to protect fundamental rights by means of a recourse of constitutional protection called "*recurso de amparo*", regarding which some authors have also found some influence of the Mexican "amparo"[884].

After the Second World War, also following the Austrian model, the 1949 Constitution of Germany created a Federal Constitutional Tribunal as the "supreme guardian of the Constitution"[885] having "the last word on the construction of the Federal Constitution."[886] The Tribunal is empowered to decide in a concentrated way, upon petitions for the abstract control of norms and constitutional complaints against laws that can be brought before it in a direct way, or by the referrals made before it by any lower court to seek a concrete control of statutes. Additional to these means for judicial review, it was also established a constitutional complaint for the protection of a fundamental right that can be brought before the Federal Constitutional Tribunal against a judicial decision which is considered to have violated the rights and freedoms of a person because it applied a statute which is alleged to have been unconstitutional (Art. 93, 1, 4,a) FCT Law).

Finally, regarding an "amparo" action, we must mention the current Spanish regulations established in the 1978 Constitution with the creation of the Constitutional Tribunal, later regulated in the "Organic Law of the Constitutional Tribunal" of 3 October 1979[887], which had establish a concentrated method of judicial review, considered as an illustrative example of the concentrated European model[888]. In accordance with the Constitution, the Constitutional Tribunal is conceived as a constitu-

---

883 J.L. Melián Gil, *El Tribunal de Garantías Constitucionales de la Segunda República Española*, Madrid, 1971, pp. 16–17, 53; P. Cruz Villalón, "Dos modos de regulación del control de constitucionalidad: Checoslovaquia (1920–1938) y España (1931–1936), *Revista española de derecho constitucional*, 5, 1982, p. 118.

884 See Eduardo Ferrer Mac–Gregor, *La acción constitucional de* amparo *en México y España, Estudio de Derecho Comparado*, 2nd Edition, Edit. Porrúa, México D.F. 2000

885 See G. Müller, "El Tribunal Constitucional federal de la República Federal de Alemania", in *Revista de la Comisión Internacional de Juristas*, Vol. VI, Ginebra 1965, p. 216; F. Sainz Moreno, "Tribunal Constitucional federal alemán", *Boletín de Jurisprudencia Constitucional*, Cortes Generales, 8, Madrid 1981, p. 606

886 See H. G. Rupp, "The Federal Constitutional Court and the Constitution of the Federal Republic of Germany", *Saint Louis University Law Journal*, Vol XVI, 1971–1972, p. 359.

887 Organic Law 2/1979. See the text in *Boletín Oficial del Estado*, Nº 239, 5 October, 1979.

888 See P. Bon, F. Moderne and Y. Rodríguez, *La justice constitutionnelle en Espagne*, Paris 1982, p. 41.

tional organ, thus independent and separate from the Judicial Power, but with jurisdictional functions as the guarantor of the constitutionality of state action.[889]

Additionally to its functions to decide the "recourse of unconstitutionality against laws and normative acts with force of law" (art. 161, 1,1 Constitution), through which "the Constitutional Tribunal guarantees the primacy of the Constitution and judges the conformity or inconformity" of the laws and normative acts with force of law with it (art. 27, 1, Organic Law 2/79), the Constitutional Tribunal is empowered to decide the *recursos de amparo* (recourse for constitutional protection), that can be directly brought by individuals before the Constitutional Tribunal, when they deem their constitutional rights and liberties violated by dispositions, juridical acts or simple factual actions of the public bodies, the Autonomous Communities and other public territorial entities or by their officials (Art. 161, 1, b) Constitution; Art. 41, 2 Organic Law 2/1979). This recourse for the protection of fundamental rights cannot be exercised directly against statutes, which violate fundamental rights in a direct way,[890] as in the West German system. Therefore, it can only be exercised against administrative or judicial acts and acts without force of law produced by the legislative authorities (Art. 42 Organic Law 2/1979), and only when the ordinary judicial means for the protection of fundamental rights have been exhausted (Art. 43, 1 Organic Law 2/1979.). Consequently, the recourse for *amparo* in general results in a direct action against judicial acts [891] and can only indirectly lead to judicial review of legislation when the particular state act challenged by it is based on a statute considered unconstitutional (Art. 55,2 Organic Law 2/1979).

The general trend of the European "amparo" recourse, in contrast to the Latin American institution, is that it is conceived as a concentrated judicial mean for the protection of fundamental rights against State actions, by assigning the power to decide them to a single Constitutional Tribunal; and only to protect certain constitutional rights listed in the Constitutions as "fundamental" rights, more or less equivalent to civil or individual rights. In contrast, in Latin American countries, the "amparo" action or recourse, exception made of Costa Rica and Panamá, can be exercised before all courts; exception made, at least formally, of Chile and Colombia, always for the protection of all constitutional rights, including social and economic ones; and in many countries can be exercised not only against State acts but also against individuals.

---

889 M. García Pelayo, "El Status del Tribunal Constitucional", *Revista española de derecho constitucional*, 1, 1981, pp. 11–34; F. Rubio Llorente, "Sobre la relación entre Tribunal Constitucional y poder judicial en el ejercicio de la jurisdicción constitucional", *Revista española de derecho constitucional*, 4, 1982, pp. 35–67, As an independent organ it also has autoregulatory powers: Art. 2,2 Organic Law 2/1979.

890 *Cf.*, Eduardo García de Enterría, *La Constitución como norma y el Tribunal Constitucional*, Madrid 1985, p. 151.

891 *Cf.* Favoreu, "Actualité et légitimité du Contrôle juridictionnel des lois en Europe occidentale." *Revue du droit public et de la science politique en France et à l'étranger*, Paris 1984 (5), pp. 1155–1156.

CHAPTER IV:

THE LATIN AMERICAN "AMPARO" ACTION OR RECOURSE AND THE AMERICAN CONVENTION ON HUMAN RIGHTS

I. THE "AMPARO" ACTION, RECOURSE OR SUIT: A LATIN AMERICAN CONSTITUTIONAL INSTITUTION

Section 9, clause 2 of the Constitution of the United States regulates –although in an indirect way– the writ of habeas corpus, when it states that "The Privilege of the Writ of Habeas Corpus shall not be suspended, unless when in Cases of Rebellion or Invasion the public Safety may require it".

In contrast, as has been mentioned before, since the XIX Century, additionally to the common and general judicial guarantees of constitutional and other rights –and sometimes in parallel to the habeas corpus recourse–, a group of specific judicial remedies for the guarantee of constitutional rights has been developed in Latin America, expressly intended to protect those constitutional rights. Those are the action, recourse or suit of "amparo", also known as action of "tutela" (Colombia), recourse for "protección" (Chile), or in Brazil, the "*mandado de segurança*"[892].

In all of its versions, it is always a specific judicial guarantee set forth in order to protect constitutional rights, and is generally enshrined in the Constitutions, although it has also been developed without express constitutional or statutory provisions, as is case of the "amparo" recourse in the Dominican Republic.[893]

At present, the "amparo" action or recourse is expressly regulated in the Constitutions of Argentina, Bolivia, Brasil, Chile, Colombia, Costa Rica, Ecuador, El Salvador, Guatemala, Honduras, México, Nicaragua, Panamá, Paraguay, Perú, and Venezuela. Sometimes the provision also includes the protection of personal liberty, although most countries have set forth a different recourse of habeas corpus for the specific protection of personal freedom and integrity and even an habeas data recourse, of more recent creation, for the protection of personal data.

My purpose now is to make a general and brief reference to the constitutional regulations on the amparo process, action or recourse in the Latin American Constitution, which I will referred according to the way they establishes the amparo action: together with the habeas corpus and habeas data; only together with the habeas corpus, or comprising the protection of personal freedom.

---

892 See, in general, Allan R. Brewer–Carías, *El "amparo" a los derechos y garantías constitucionales (una aproximación comparativa),* Editorial Jurídica venezolana, Caracas, 1993.

893 As is the case of the Dominican Republic. See Juan De la Rosa, *El recurso de "amparo". Estudio Comparativo. Su aplicación en la República Dominicana*, Santo Domingo, 2001; Allan R. Brewer–Carías, "La admisión jurisprudencial de la acción de "amparo", en ausencia de regulación constitucional o legal en la República Dominicana» in *Revista IIDH*, Instituto Interamericano de Derechos Humanos, Nº 29, San José, January–June 1999, pp. 95–102; and in *Iudicium et vita, Jurisprudencia en Derechos Humanos*, Nº 7, Edición Especial, Tomo I, Instituto Interamericano de Derechos Humanos, San José, 2000, pp. 334–341.

1. *Constitutions establishing the three protective judicial means: amparo, habeas corpus and habeas data*

A. *"Amparo", habeas corpus and habeas data in Argentina*

In effect, in Article 43 of the Constitution of Argentina, introduced in the reform of 1994, these three specific actions for human rights protection ("amparo", habeas data and habeas corpus actions), are expressly regulated. Regarding the "amparo" action, the Constitution provides[894]:

> **Artícle 43.–** Any person shall file a prompt and summary proceeding regarding constitutional guarantees, provided there is no other legal remedy, against any act or omission of the public authorities or individuals which currently or imminently may damage, limit, modify or threaten rights and guarantees recognized by this Constitution, treaties or laws, with open arbitrariness or illegality. In such case, the judge may declare that the act or omission is based on an unconstitutional rule.

Therefore, the "amparo" action can only be brought before a court if there is no other more suitable judicial mean. It proceeds not only against public official acts or omissions, but also against private individuals acts or omissions, for the protection of all constitutional rights and guaranties, not only the ones set forth in the Constitutions but also in international treaties and in statutes. Thus, the "amparo" action directly proceeds for the protections of all rights declared in international treaties ratified by Argentina.

The Constitution also provides a collective action of "amparo" that can be filed by the affected party, the people's defendant and Associations that seek general purposes, in order to protect collective rights. The rights protected are particularly the environment, free competition, user and consumer rights as well as rights of general collective incidence.

---

894 **Article 43.** Toda persona puede interponer acción expedita y rápida de "amparo", siempre que no exista otro medio judicial mas idóneo, contra todo acto u omisión de autoridades públicas o de particulares, que en forma actual o inminente lesione, restrinja, altere o amenace, con arbitrariedad o ilegalidad manifiesta, derechos y garantías reconocidos por esta Constitución, un tratado o una ley. En el caso, el juez podrá declarar la inconstitucionalidad de la norma en que se funde el acto u omisión lesiva.

Podrán interponer esta acción contra cualquier forma de discriminación y en lo relativo a los derechos que protegen al ambiente, a la competencia, al usuario y al consumidor, así como a los derechos de incidencia colectiva en general, el afectado, el defensor del pueblo y las asociaciones que propendan a esos fines, registradas conforme a la ley, la que determinará los requisitos y formas de su organización.

Toda persona podrá interponer esta acción para tomar conocimiento de los datos a ella referidos y de su finalidad, que consten en registros o bancos de datos públicos, o privados destinados a proveer informes, y en caso de falsedad o discriminación, para exigir la supresión, rectificación, confidencialidad o actualización de aquellos. No podrá afectarse el secreto de las fuentes de información periodística.

Cuando el derecho lesionado, restringido, alterado o amenazado fuera la libertad física, o, en caso de agravamiento ilegitimo en la forma o condiciones de detención, o en el de desaparición forzada de personas, la acción de habeas corpus podrá ser interpuesta por el afectado o por cualquiera en su favor y el juez resolverá de inmediato, aun durante la vigencia del estado de sitio.

Additionally to the "amparo" action, the Argentinean Constitution also sets forth what in Latin America has been called the action of habeas data. This Constitution provides that any person can file a suit in order to acquire knowledge about data with reference to himself, contained in public or private registry or data banks set for preparing reports and about the purpose of this data. In case of falsity or discrimination, the plaintiff can also seek for its suppression, rectification, confidentiality and actualization. Nonetheless, the Constitution provides that the filing of this action must not affect the secrecy of journalistic information sources.

The Constitution also regulates the habeas corpus action, stating that:

> When the right affected, restrained, altered or threatened is that of physical freedom, or in case of an illegitimate worsening of procedure or conditions of detention, or in case of forced disappearance of persons, the action of habeas corpus can be filed by the affected party or by any other person on his behalf. In such cases, the judge will resolve immediately, even in state of siege

Therefore, in Argentina, by means of the three above mentioned specific remedies, any person can seek for the protection of all human rights declared in the Constitution, international treaties and statutes that could be violated by public officials and by individuals.

The three actions have been regulated in three separate statutes: the "amparo" Action Statute (*Ley de acción de "amparo", Ley 16986/ 1966*), the Habeas Corpus statute (*Ley 23098/1984*) and the Personal Data Protection Statute (*Ley 25366/2000*).

B. *"Mandado de segurança", "mandado de injunção", habeas corpus and habeas data in Brazil*

In Brazil, Article 5 of the Constitution, after enumerating all the constitutional rights and guarantees, provides the actions for protection (the habeas corpus, the *mandado de segurança* the *mandado de injunção* and the habeas–data), as follows[895]:

---

895 **Article 5º**– Todos são iguais perante a lei, sem distinção de qualquer natureza, garantindo–se aos brasileiros e aos estrangeiros residentes no País a inviolabilidade do direito à vida, à liberdade, à igualdade, à segurança e a propriedade, nos termos seguintes:

–conceder–se–á habeas–corpus sempre que alguém sofrer ou se achar ameaçado de sofrer violência ou coação em sua liberdade de locomoção, por ilegalidade ou abuso de poder;

–conceder–se–á mandado de segurança para proteger direito líquido e certo, não amparado por habeas–corpus ou habeas–data, quando o responsável pela ilegalidade ou abuso de poder for autoridade pública ou agente de pessoa jurídica no exercício de atribuições do poder público;

–o mandado de segurança coletivo pode ser impetrado por:

partido político com representação no Congresso Nacional;

organização sindical, entidade de classe, ou associação legalmente constituída e em funcionamento há pelo menos um a no, em defesa dos interesses de seus membros ou associados;

–conceder–se–á mandado de injunção sempre que a falta de norma regulamentadora torne inviável o exercício dos direitos e liberdades constitucionais e das prerrogativas inerentes à nacionalidade, à soberania e à cidadania;

"The habeas corpus to anybody who suffers o there is a threaten to suffer violence or coactions on his moving freedom because of illegality or authority abuse;

The *mandado de segurança* in order to protect any true and enforceable right not protected by means of habeas–corpus or habeas–data, when a public authority or an agent of a legal person acting exercising public functions is responsible for the illegality or the abuse.

It must be noted that the *mandado de segurança* is excluded regarding individual's acts or omissions; and that the Constitution also provides a *mandado de segurança coletivo* that can be excersised by political parties with Congressional representation, labor unions, class entities or associations legally established and with one year of activities in defense of their members or associates.

Additionally, the Constitution sets forth the *mandado de injunção* in cases that due to the absence of regulatory statutes, the exercise of constitutional rights and freedoms and the prerogatives inherent to nationality, sovereignty and citizenship, would become unviable".

The Constitution also regulates:

The habeas data in order to ensure the knowledge of information referred to the plaintiff, contained in registries or databanks of governmental or public bodies; or to rectify the data when the petitioner decides not to do so through a confidential process, either administrative or judicial.

The procedural rules regarding the mandado de segurança are set forth in Lei N° 1.533, of December 31,1951.

C. *"Amparo", habeas corpus and habeas data in Ecuador*

The Constitution of Ecuador also provides for the three fundamental means developed for the protection of human rights: the habeas corpus, habeas data and "amparo"; but not all as judicial remedies, contrary to the general trend of Latin America.

Article 95 of the Constitution[896] provides a detailed set of rules regarding the habeas corpus, as a right of "any person who thinks that he has been illegally deprived of his freedom"; but not as a right to a judicial remedy.

–conceder–se–á habeas–data:

para assegurar o conhecimento de informações relativas à pessoa do impetrante, constantes de registros ou bancos de dados de entidades governamentais ou de caráter público;

para a retificação de dados, quando não se prefira fazê–lo por processo sigiloso, judicial ou administrativo;

896 **Artículo 93.**– Toda persona que crea estar ilegalmente privada de su libertad, podrá acogerse al hábeas corpus. Ejercerá este derecho por sí o por interpuesta persona, sin necesidad de mandato escrito, ante el alcalde bajo cuya jurisdicción se encuentre, o ante quien haga sus veces. La autoridad municipal, en el plazo de veinticuatro horas contadas a partir de la recepción de la solicitud, ordenará que el recurrente sea conducido inmediatamente a su presencia, y se exhiba la orden de privación de libertad. Su mandato

In the Constitution such right to habeas corpus is conceived as an a administrative request, in the sense that it must be filed not before a judge, but only before the corresponding local government authority or mayor (alcalde), being possible that the request be filed directly by the affected person or through another person, even without the need of a written power of attorney. Within 24 hours from the filing of the request, the local government authority must order that the aggrieved person be immediately brought before him, and that the order of detention be shown. The administrative order, according to the Constitution, "must be obeyed without any comment or excuse by the persons in charge of the center of detention".

It is also the "alcalde" who must issue the decision of the case in a 24 hour delay, deciding the immediate freedom of the claimant if the detainee were not brought before it, or the detention order were not shown, or such order does not fulfill the legal conditions, if the detention was irregular, or if the claim was justified.

The public official who disobeys the order will be immediately dismissed of his position by the mayor, without any other proceeding; decision that must be informed to the General Comptroller's Office and to the authority that must appoint his substitute.

Regarding the habeas data, Article 94 of the Constitution also conceives it as a right that all persons have, to access to the documents, data bank of reports referring to the person, or his properties, that are in public or private entities, as well as to know what is their use and purpose.

The person can request before the respective official for the data to be actualized or rectified, removed or annulled, when erroneous or when it illegitimately affects the claimant's rights.

In the Ecuadorian Constitution only the "amparo" action is directly conceived as a judicial remedy, for which, Article 95[897] sets forth extensive regulations:

---

será obedecido sin observación ni excusa, por los encargados del centro de rehabilitación o del lugar de detención.

El alcalde dictará su resolución dentro de las veinticuatro horas siguientes. Dispondrá la inmediata libertad del reclamante si el detenido no fuere presentado, si no se exhibiere la orden, si ésta no cumpliere los requisitos legales, si se hubiere incurrido en vicios de procedimiento en la detención o, si se hubiere justificado el fundamento del recurso.

Si el alcalde no tramitare el recurso, será civil y penalmente responsable, de conformidad con la ley.

El funcionario o empleado que no acate la orden o la resolución será inmediatamente destituido de su cargo o empleo sin más trámite, por el alcalde, quien comunicará tal decisión a la Contraloría General del Estado y a la autoridad que deba nombrar su reemplazo.

El funcionario o empleado destituido, luego de haber puesto en libertad al detenido, podrá reclamar por su destitución ante los órganos competentes de la Función Judicial, dentro de los ocho días siguientes a aquel en que fue notificado.

897 **Artículo 95.**– Cualquier persona, por sus propios derechos o como representante legitimado de una colectividad, podrá proponer una acción de "amparo" ante el órgano de la Función Judicial designado por la ley. Mediante esta acción, que se tramitará en forma preferente y sumaria, se requerirá la adopción de medidas urgentes destinadas a cesar, evitar la comisión o remediar inmediatamente las consecuencias de un acto u omisión ilegítimos de una autoridad pública, que viole o pueda violar cualquier derecho consagrado en la Constitución o en un tratado o convenio internacional vigente, y que, de modo inminente, amenace con causar un daño grave. También podrá interponerse la acción si el acto o la omi-

Article 95. Any person, by his own rights or as representative of a collectivity, can file an action of "amparo" before the judicial organ indicated by statute. By means of this action that must be carried out in a preferred and summary way, it will be necessary to adopt urgent measures in order to stop, prevent or immediately remedy the consequences of an illegitimate act or omission of a public authority, which violates or could violate any right enshrined in the Constitution or in an international treaty or convention in force, and that in an imminent way threatens to cause a grave harm. The "amparo" action can also be filed if the act or the omission is executed by persons rendering public services or that act by delegation or concession from a public authority.

Judicial decisions issued in a procedure cannot be challenged by means of the "amparo" action.

The "amparo" action can also be filed against individuals, when its conduct affects grave and directly a communitarian or collective interest or a diffuse right.

In the "amparo" action there will be no inhibition from the judge that must decide it, and all days will be court day.

The judge must immediately convene the parties, to hear them within the next 24 hours in a public hearing, and in the same decision, if reasons exists, will order the suspension of any act which could signified a violation to a right.

Within the next 48 hours, the judge must issue a decision, which must be immediately executed, even though such decision can be appealed before the Constitutional Tribunal for its confirmation or repeal.

The statute must determine the sanctions applicable to the authorities or persons who disobey the judicial resolutions and the judges who violated the "am-

---

sión hubieren sido realizados por personas que presten servicios públicos o actúen por delegación o concesión de una autoridad pública.

No serán susceptibles de acción de "amparo" las decisiones judiciales adoptadas en un proceso.

También se podrá presentar acción de "amparo" contra los particulares, cuando su conducta afecte grave y directamente un interés comunitario, colectivo o un derecho difuso.

Para la acción de "amparo" no habrá inhibición del juez que deba conocerla y todos los días serán hábiles.

El juez convocará de inmediato a las partes, para oírlas en audiencia pública dentro de las veinticuatro horas subsiguientes y, en la misma providencia, de existir fundamento, ordenará la suspensión de cualquier acto que pueda traducirse en violación de un derecho.

Dentro de las cuarenta y ocho horas siguientes, el juez dictará la resolución, la cual se cumplirá de inmediato, sin perjuicio de que tal resolución pueda ser apelada para su confirmación o revocatoria, para ante el Tribunal Constitucional.

La ley determinará las sanciones aplicables a las autoridades o personas que incumplan las resoluciones dictadas por el juez; y a los jueces y magistrados que violen el procedimiento de "amparo", independientemente de las acciones legales a que hubiere lugar. Para asegurar el cumplimiento del "amparo", el juez podrá adoptar las medidas que considere pertinentes, e incluso acudir a la ayuda de la fuerza pública.

No serán aplicables las normas procesales que se opongan a la acción de "amparo", ni las disposiciones que tiendan a retardar su ágil despacho

paro" procedures. In order to assure the accomplishment of the "amparo" decisions, the judges can adopt any pertinent measures; even ask the police for help.

All procedural norms contrary to the "amparo" action will not be applicable, nor the dispositions that could delay its quick application.

The habeas corpus, habeas data and the "amparo" –the last two ones as judicial remedies, are regulated in the Constitutional Judicial Review Statute (*Ley de Control Constitucional*, Ley N° 000. RO/99) of July 2nd, 1997.

D. *"Amparo", habeas corpus and habeas data in Paraguay*

Since the Constitution of Paraguay is a more recent one, not only has it regulated in a very extended way the "amparo" and habeas corpus recourses as constitutional guaranties regarding the rights declared in the Constitution (art. 131), but has also expressly regulated the habeas data recourse.

Regarding the habeas corpus, Article 133 of the Constitution sets forth that this guaranty can be filed before any First Instance judge of the corresponding circuit, by he affected person or by someone on his behalf, without needing power of attorney, and distinguishes three types of habeas corpus: preventive, restorative and generic.

The preventive habeas corpus can be filed by any person in the situation of imminent deprivation of his physical freedom, in order to seek for the examination of the legitimacy of the circumstances that, according to the affected party, could threaten his freedom, as well as for an order to stop such restrictions.

The restorative habeas corpus can be filed by any person that is in the situation illegal deprivation of his freedom in order seek for the rectification of the circumstances of the case. In this case, the judge will order the appearance of the detainee within the following 24 hours, with a report from the public or private agent who detained him. When the summoned party doesn't accomplish the order, the judge must go to the site where the person is confined, and in such place make a judgment on the merits and arrange his immediate freedom, similarly as if the appearance of the detainee would have been accomplished, and the requested report filed. If there were no legal motives to authorize the deprivation of freedom, it will dispose the immediate release; and in case of existence of a written order from a judicial authority, will envoy the back grounds to whom ordered the detention.

Finally, the generic habeas corpus recourse is intended to seek rectification of circumstances that are not comprised in the two above mentioned cases, restrict freedom or threatened personal safety. Also, this guaranty could be filed in cases of physical, psychical or moral violence which aggravates the conditions of persons already legally deprived from freedom.

The Constitution refers to a statute for the regulation of the habeas corpus guaranty, by means of a procedure that must be brief, succinct and without cost; clarifying that it is admissible in states of emergency situations and that it can be initiated *ex officio*.

Regarding the "amparo" recourse, Article 134 of the Constitution[898] states that it can be filed before the competent judge by any person that considers himself gravely damaged in his rights of guaranties set forth in the Constitution or in statutes or in imminent danger of being, by means of an authority or individual obviously illegitimate act or an omission, provided that because of the urgency of the case, the situation cannot be resolved through the ordinary judicial means. The procedure will be brief, succinct and without cost, and a popular action will be accepted in the cases allowed by the statute.

The judge will have the power to safeguard the right or guaranty or to immediately restore the infringed legal situation.

In electoral matters or related to political organizations, the jurisdiction will correspond to the electoral judiciary.

The Constitution sets forth that the "amparo" will not be admissible in judicial proceedings, nor against judicial decisions, nor in the procedure of formation, sanction and promulgation of statutes.

Finally, regarding the habeas data recourse, Article 135 of the Constitution[899], declares that any person may have access to the information and data referring to himself or to his properties that are in official or private public registries, and to know about the use and purpose of such information. The interested party can also ask from the competent judge, the update, the rectification or the destruction of the registries if they are erroneous or when they illegitimately affected his rights.

The statutory regulations regarding "amparo" are set forth in the "amparo" Statute (*Ley 341/71 reglamentaria del "amparo")* de 1971.

---

898 **Artículo 134.– Del "amparo".** Toda persona que por un acto u omisión, manifiestamente ilegítimo, de una autoridad o de un particular, se considere lesionada gravemente, o en peligro inminente de serlo en derechos o garantías consagradas en esta Constitución o en la ley, y que debido a la urgencia del caso no pudiera remediarse por la vía ordinaria, puede promover "amparo" ante el magistrado competente. El procedimiento será breve, sumario, gratuito, y de acción popular para los casos previstos en la ley.

El magistrado tendrá facultad para salvaguardar el derecho o garantía, o para restablecer inmediatamente la situación jurídica infringida.

Si se tratara de una cuestión electoral, o relativa a organizaciones políticas, será competente la justicia electoral.

El "amparo" no podrá promoverse en la tramitación de causas judiciales, ni contra actos de órganos judiciales, ni en el proceso de formación, sanción y promulgación de las leyes.

La ley reglamentará el respectivo procedimiento. Las sentencias recaídas en el "amparo" no causarán estado.

899 **Artículo 135.– Del habeas data.** Toda persona puede acceder a la información y a los datos que sobre si misma, o sobre sus bienes, obren en registros oficiales o privados de carácter público, así como conocer el uso que se haga de los mismos y de su finalidad. Podrá solicitar ante el magistrado competente la actualización, la rectificación o la destrucción de aquellos, si fuesen erróneos o afectaran ilegítimamente sus derechos.

E. *"Amparo", habeas corpus and habeas data in Perú*

The Constitution of Peru enumerates the constitutional guaranties in its Article 200, and among them, in particular, the actions of habeas corpus, "amparo" and habeas data[900].

The action of habeas corpus is admissible regarding any fact or omission of any authority, public official or person that harms or threatens the individual freedom or the related constitutional rights.

The action of "amparo" is admissible against any fact or omission of any authority, public official or person, which harms or threatens the other rights recognized in the Constitution. Nonetheless, according to the Constitution, the action of "amparo" is not admissible against legal norms or against judicial decisions adopted in a regular proceeding.

Regarding the habeas data action, the same Article 200 of the Constitution regulates its admissibility against the fact or omission of any authority, public official or person, which harms or threatens the following rights declared in Article 2, sections 5,6 and 7 of the Constitution:

First, the right to request without expressing motives, and to receive required information from any public entity, in the legal delay, with the due cost implied; exception is made regarding the information referred to the personal privacy and those expressly excluded by statute or because of national security reasons.

Second, to secure that the information services, computerized or not, public or private, do not provide information affecting the personal and familiar intimacy.

Third, to honor and good reputation, to personal and familiar intimacy and to one's own voice and image.

The Constitution expressly states that the habeas corpus and "amparo" actions would not be suspended during exception constitutional regimes (art. 137). In such cases, when these actions are filed regarding restricted or suspended rights, the competent court will examine the reasonability and proportionality of the restrictive act, but is not allowed to challenge the state of emergency or of site declaration.

All the constitutional guaranties, including the habeas corpus, "amparo" and habeas data actions have been regulated in the Constitutional Procedure Code (*Código Procesal Constitucional*) of 2005.

---

900 **Artículo 200.**– Son garantías constitucionales:

La Acción de *Hábeas Corpus*, que procede ante el hecho u omisión, por parte de cualquier autoridad, funcionario o persona, que vulnera o amenaza la libertad individual o los derechos constitucionales conexos.

La Acción de *"amparo"*, que procede contra e hecho u omisión, por parte de cualquier autoridad, funcionario o persona, que vulnera o amenaza los demás derechos reconocidos por la Constitución. No procede contra normas legales ni contra resoluciones judiciales, emanadas de procedimiento regular.

La Acción de *Hábeas Data*, que procede contra el hecho u omisión, por parte de cualquier autoridad, funcionario o persona, que vulnera o amenaza los derechos a que se refiere el artículo 2°, incisos 5, 6, y 7 de la Constitución….

2. *Constitutions establishing the two protective judicial means: amparo and habeas corpus*

A. *"Amparo" and habeas corpus in Bolivia*

In Bolivia, the Constitution regulates both, the "amparo" and the habeas corpus recourses, as follows[901]:

First, Article 18 refers to the habeas corpus recourse by stating that any person who thinks is being undue or illegally persecuted, detained, prosecuted or held, can, by himself or through any other person acting on his behalf, with or without power of attorney, file a suit before the District Superior Court or before any local judge, in

---

901 **Artículo 18.**– Toda persona que creyere estar indebida o ilegalmente perseguida, detenida, procesada o presa podrá ocurrir, por sí o por cualquiera a su nombre, con poder notariado o sin él, ante la Corte Superior del Distrito o ante cualquier Juez de Partido, a elección suya, en demanda de que se guarden las formalidades legales. En los lugares donde no hubiere Juez de Partido la demanda podrá interponerse ante un Juez Instructor.

La autoridad judicial señalará de inmediato día y hora de audiencia pública, disponiendo que el actor sea conducido a su presencia. Con dicha orden se practicará citación personal o por cédula en la oficina de la autoridad demandada, orden que será obedecida sin observación ni excusa, tanto por aquella cuanto por los encargados de las cárceles o lugares de detención sin que éstos, una vez citados, puedan desobedecer arguyendo orden superior.

En ninguna caso podrá suspenderse la audiencia. Instruida de los antecedentes, la autoridad judicial dictará sentencia en la misma audiencia ordenando la libertad, haciendo que se reparen los defectos legales o poniendo al demandante a disposición del juez competente. El fallo deberá ejecutarse en el acto. La decisión que se pronuncie se elevará en revisión, de oficio, ante el fallo.

Si el demandado después de asistir a la audiencia la abandona antes de escuchar la sentencia, ésta será notificada válidamente en estrados. Si no concurriere, la audiencia se llevará a efecto en su rebeldía y oída la exposición del actor o su representante, se dictará sentencia.

Artículo 19.– Fuera del recurso de "habeas corpus" a que se refiere el artículo anterior, se establece el recurso de "amparo" contra los actos ilegales o las omisiones indebidas de los funcionarios o particulares que restrinjan, supriman o amenacen restringir o suprimir los derechos y garantías de la persona reconocidos por esta Constitución y las leyes.

El recurso de "amparo" se interpondrá por la persona que se creyere agraviada o por otra a su nombre con poder suficiente de esta Constitución, ante las Cortes Superiores en las capitales de Departamento y ante los Jueces de Partido en las provincias, tramitándose en forma sumarísima. El Ministerio Público podrá también interponer de oficio este recurso cuando no lo hubiere o no pudiere hacerlo la persona afectada.

La autoridad o la persona demandada será citada en la forma prevista por el artículo anterior a objeto de que preste información y presente, en su caso, los actuados concernientes al hecho denunciado, en el plazo máximo de cuarenta y ocho horas. La resolución final se pronunciará en audiencia pública inmediatamente de recibida la información del denunciado y, a falta de ella, lo hará sobre la base de la prueba que ofrezca el recurrente.

La autoridad judicial examinará la competencia del funcionario o los actos del particular y, encontrando cierta y efectiva la denuncia, concederá el "amparo" solicitado siempre que no hubiere otro medio o recurso legal para la protección inmediata de los derechos y garantías restringidos, suprimidos o amenazados, elevando de oficio su resolución ante el Tribunal Constitucional para su revisión, en el plazo de veinticuatro horas.

Las determinaciones previas de la autoridad judicial y la decisión final que conceda el "amparo" serán ejecutadas inmediatamente y sin observación, aplicándose, en caso de resistencia, lo dispuesto en el artículo anterior.

order to ask for the respect of the legal formalities. In such cases, the judicial authority must immediately fix a day and hour for a public hearing ordering the appearance of the plaintiff before his presence; order which must be obeyed without excuse, not being a valid argument the obedience of superior orders. In no case the hearing can be suspended, and in it, once knowing about the antecedents, the judicial authority must decide ordering the freedom of the plaintiff, which must be sent before the competent judge, and must amend the legal wrongs.

Regarding the "amparo" recourse, Article 19 of the Constitution states as follows:

> **Article 19.**– Besides the recourse of habeas corpus, the recourse of "amparo" is set forth against the illegal acts or the undue omissions of public officials or of individuals, which restrict, suspend or threaten to restrict or to suspend the person's rights and guarantees recognized in the Constitution and in statutes.
>
> The recourse must be filed by the aggrieved person or by another on his behalf, before the Superior Courts of the Department's capitals or before the local judges of the provinces, and decided in a speedy procedure. The Public Prosecutor can also file the recourse on behalf of the affected person if he has not or could not file it.

Therefore, the "amparo" action is set forth for the protection of all constitutional rights declared in the Constitution and statutes. Additionally, about the Bolivian constitutional regulation, it must also be noted the possibility to file the "amparo" action against individuals, and not only against public officials; and the provision that the "amparo" judicial protection will only be issued "if there is no other mean or legal recourse for the immediate protection of the restricted, suspended or threatened rights or guarantees". Another important procedural regulation refers to the need to send *ex officio* the judicial decision to the Constitutional Tribunal for its revision before this court.

The "amparo" and the habeas corpus actions are regulated in the Constitutional Tribunal Statute (*Ley Nº 1836 del Tribunal Constitucional*) enacted in 1998, even though the Constitutional Tribunal of Bolivia only has reviewing powers over judicial decisions on the matter.

B. *Recourse for "tutela" and habeas corpus in Colombia*

In Colombia, in addition to the habeas corpus recourse, the 1992 Constitution sets forth the "amparo" recourse but naming it "recurso de tutela", using a word that in Spanish has the same general meaning as "amparo" and as "protección".

In this regard, referring to the habeas corpus, Article 30 of the Constitution states[902]:

> **Article 30.**– Anyone who is deprived of his freedom, or who thinks has been illegally deprived of it, has the right to claim before any judicial authority for

902 **Artículo 30.**– Quien estuviere privado de su libertad, y creyere estarlo ilegalmente, tiene derecho a invocar ante cualquier autoridad judicial, en todo tiempo, por sí o por interpuesta persona, el Habeas Corpus, el cual debe resolverse en el término de treinta y seis horas.

Habeas Corpus, personally of through any other person, which must be decided in 36 hours.

Regarding the action of "tutela" or "amparo", Article 86 of the Constitution provides[903] as follows:

> **Article 86.–** Everyone has the action of "tutela" in order to claim before the courts, by himself or by any other person acting on his behalf, at any moment and lieu, by means of a preferred and summary proceeding, the immediate protection of their constitutional fundamental rights, whenever they are violated of threatened by actions or omissions of any public authority.
>
> The protection will consist in an order directed to who is sued in tutela, in order for him to act or to abstain from acting. The decision will be of immediate accomplishment, but it can be challenged before the competent judge, who in this case, must send the case to the Constitutional Court for its possible revision.
>
> This action can only be filed when the aggrieved party has no other means for its judicial defense, unless it is used as a transitory mechanism to prevent an irremediable prejudice.
>
> In no case more that 10 days can elapse from the request of tutela and its resolution.
>
> The statute will provide the cases in which the tutela will proceed against individuals that are in charge of providing public services or those whose conduct may affect collective interests in a grave and direct manner, or those to whom the claimant is in a situation of subordination or is defenseless.

Thus, the "tutela" action was constitutionally regulated to protect only certain constitutional rights, those listed in the Constitution as "fundamental" or considered as such because their conexity with the latter, in general, against public official violations, but also against only certain individual damaging actions. It must be said that notwithstanding the limitations regarding the protected rights, by means of judicial interpretation, the list of protected rights through the "tutela" has been progressively enlarged.

---

903 **Artículo 86.**– Toda persona tendrá acción de tutela para reclamar ante los jueces, en todo momento y lugar, mediante un procedimiento preferente y sumario, por sí misma o por quien actúe en su nombre, la protección inmediata de sus derechos constitucionales fundamentales, cuando quiera que éstos resultaren vulnerados o amenazados por la acción o la omisión de cualquier autoridad pública.

La protección consistirá en una orden para que aquel respecto de quien se solicita tutela, actúe o se abstenga de hacerlo. El fallo, que será de inmediato cumplimiento, podrá impugnarse ante el juez competente y, en todo caso, éste lo remitirá a la Corte Constitucional para su eventual revisión.

Esta acción sólo procederá cuando el afectado no disponga de otro medio de defensa judicial, salvo que aquella se utilice como mecanismo transitorio para evitar un perjuicio irremediable.

En ningún caso podrán transcurrir más de diez días entre la solicitud de tutela y su resolución.

La ley establecerá los casos en los que la acción de tutela procede contra particulares encargados de la prestación de un servicio público o cuya conducta afectare grave y directamente el interés colectivo, o respecto de quienes el solicitante se halle en estado de subordinación o indefensión.

In Colombia, the incorporation of the tutela action in the 1991 Constitution with the additional creation of the Constitutional Court, triggered a very important and drastic change regarding the effective judicial protection of constitutional rights, allowing the access to justice to peoples that where previously excluded.

The tutela action has been regulated in the statute–decree N° 2591 of November 19th, 1991 which has been developed by decree N° 306 of February 19th 1992 and decree N° 382 of July 12, 2000.

C. *"Amparo" and habeas corpus in Costa Rica*

The Constitution of Costa Rica has expressly regulated the right of persons to file recourses of habeas corpus and "amparo" in order to seek for the protection of constitutional rights.

In this regard, Article 48 of the Constitution states that "every person has the right to the habeas corpus recourse in order to guarantee his personal freedom and integrity, and to the "amparo" recourse in order to maintain and reestablish the enjoyment of the rights enshrined in this Constitution, as well as those fundamental rights set forth in international instruments on human rights applicable in the republic"; assigning to the Constitutional Chamber of the Supreme Court the legal authority to decide them[904].

Since the creation of the IV Chamber (Constitutional Chamber) of the Supreme Court, Costa Rica has also experienced a very important change regarding the access to justice and the effective protection of human rights.

Both the habeas corpus and the "amparo" recourses are regulated in the Constitutional Judicial Review statute (*Ley de la Jurisdicción Constitucional, Ley N° 7135*) of October 11th, 1989.

D. *Recourses for protection and of habeas corpus in Chile*

In Chile, Articles 20 and 21 of the Constitution regulate the recourse of protection (*recurso de protección*) but directing it only to a precise list of constitutional rights, and additionally, the habeas corpus recourse, as follows[905]:

---

904 **Artículo 48.**– Toda persona tiene derecho al recurso de hábeas corpus para garantizar su libertad e integridad personales, y al recurso de "amparo" para mantener o restablecer el goce de los otros derechos consagrados en esta Constitución, así como de los de carácter fundamental establecidos en los instrumentos internacionales sobre derechos humanos, aplicables en la República. Ambos recursos serán de competencia de la Sala indicada en el artículo 10.

905 **Artículo 20.**– El que por causa de actos u omisiones arbitrarios o ilegales, sufra privación, perturbación o amenaza en el legítimo ejercicio de los derechos y garantías establecidos en el artículo 19, números 1., 2., 3. inciso cuarto, 4., 5., 6., 9. inciso final, 11., 12., 13., 15., 16. en lo relativo a la libertad de trabajo y al derecho a su libre elección y libre contratación, y a lo establecido en el inciso cuarto, 19., 21., 22., 23., 24. y 25. podrá ocurrir por sí o por cualquiera a su nombre, a la Corte de Apelaciones respectiva, la que adoptará de inmediato las providencias que juzgue necesarias para restablecer el imperio del derecho y asegurar la debida protección del afectado, sin perjuicio de los demás derechos que pueda hacer valer ante la autoridad o los tribunales correspondientes.

Procederá también, el recurso de protección en el caso del N° 8. del artículo 19, cuando el derecho a vivir en un medio ambiente libre de contaminación sea afectado por un acto arbitrario e ilegal imputable a una autoridad o persona determinada.

> **Article 20.**– Anyone who, as a result of arbitrary or illegal acts or omissions suffers privation, perturbation or threat in the legitimate exercise of the rights and guaranties set forth in Article 19, numbers 1., 2., 3. clause fourth, 4., 5., 6., 9. final clause, 11., 12., 13., 15., 16., with respect to freedom to work and the right to freedom of contracting, and clause fourth, 19., 21., 22., 23., 24. and 25. by his own or anyone on his behalf, may file a complaint before the respective Appellate Courts, which shall immediately adopt the necessary measures in order to reestablish the rule of law and assure due protection to the affected party without prejudice to the other rights that it may allege before the respective authority or court.

The recourse of protection will also be admitted in case of number 8 of Article 19, when the right to live in a pollution–free environment would be affected by an arbitrary or illegal act attributed to a public official or to an individual

The Chilean regulation, as the Colombian one, is exceptional in Latin America, because it limits the protected rights only to a list expressly set forth in the Constitution, mainly referred to civil rights. The consequence is that all other constitutional rights not enumerated as protected by the recourse of protection, must be enforced by means of the ordinary judicial procedures. In this regard, the Chilean and Colombian Constitutions followed the pattern set by the German and Spanish constitutional regulations regarding the "amparo" recourse.

In Chile, the Constitution also provides for the habeas corpus recourse, as follows:

> **Article 21.** Anybody being under arrest, detained or held–up in violation of what is set forth in the Constitution or in the statutes, can file before the court indicated by statute, by himself of by anyone on his behalf, a request for an order granting the protection of legal formalities, and the immediate adoption of the measures necessary in order to reestablish the rule of law and assure the due protection of the affected party.
>
> The court can order the person be brought before his presence and his orders must be precisely accomplished by all those in charge of prisons or detentions sites. Once the history of antecedents is known, the court will order the imme-

---

Artículo 21.– Todo individuo que se hallare arrestado, detenido o preso con infracción de lo dispuesto en la Constitución o en las leyes, podrá ocurrir por sí, o por cualquiera a su nombre, a la magistratura que señale la ley, a fin de que ésta ordene se guarden las formalidades legales y adopte de inmediato las providencias que juzgue necesarias para restablecer el imperio del derecho y asegurar la debida protección del afectado.

Esa magistratura podrá ordenar que el individuo sea traído a su presencia y su decreto será precisamente obedecido por todos los encargados de las cárceles o lugares de detención. Instruida de los antecedentes, decretará su libertad inmediata o hará que se reparen los defectos legales o pondrá al individuo a disposición del juez competente, procediendo en todo breve y sumariamente, y corrigiendo por sí esos defectos o dando cuenta a quien corresponda para que los corrija.

El mismo recurso, y en igual forma, podrá ser deducido en favor de toda persona que ilegalmente sufra cualquiera otra privación, perturbación o amenaza en su derecho a la libertad personal y seguridad individual. La respectiva magistratura dictará en tal caso las medidas indicadas en los incisos anteriores que estime conducentes para restablecer el imperio del derecho y asegurar la debida protección del afectado.

diate release of the plaintiff, that the legal defects be repaired or to send the plaintiff before the competent judge. The court must always act by means of a brief and summary proceeding, correcting ex officio such defects or informing to whom it might concern in order for its correction.

The same recourse can be filed in favor of any person that may illegally suffer any privation, perturbation or threatening of his personal freedom and individual safety. In such cases, the judge will order the measures previously indicated, in order to reestablish the rule of law and assure the due protection of the affected party.

The chilean "recurso de protección" has not yet been statutorily regulated, being only regulated in the constitution and by a supreme court regulation: *auto acordado de la corte suprema de justicia sobre tramitación del recurso de protección de garantías constitucionales, 1977.*

E. *"Amparo" and habeas corpus in El Salvador*

In El Salvador, Article 247 of the Constitution also sets forth two different specific judicial means for the protection of all constitutional right: the "amparo" action and the habeas corpus action, the latter for the protection of personal freedom[906].

Regarding the violation of the rights granted in the Constitution, every person has the right to request "protection ("amparo") before the Constitutional Chamber of the Supreme Court of Justice.

Regarding the protection of personal freedom, the habeas corpus can be requested before the same Constitutional Chamber of the Supreme Court of Justice or before the Second Instance courts not located in the capital city. In the latter case, the decisions of such courts, when denying the freedom of the plaintiff, could be subjected to revision by the Constitutional Chamber of the Supreme Court of Justice., when requested by the interested party

The regulation of the "amparo" and habeas corpus action is set forth in the 1960 Statute on Constitutional proceedings (*Ley de Procedimientos Constitucionales*) of 1960, as amended in 1997.

F. *"Amparo" and habeas corpus in Honduras*

In the case of Honduras, the Constitution provides for two separate actions for the protection of human rights: "amparo" and habeas corpus[907].

---

906 **Art. 247**.– Toda persona puede pedir "amparo" ante la Sala de lo Constitucional de la Corte Suprema de Justicia por violación de los derechos que otorga la presente Constitución.

El habeas corpus puede pedirse ante la Sala de lo Constitucional de la Corte Suprema de Justicia o ante las Cámaras de Segunda Instancia que no residen en la capital. La resolución de la Cámara que denegare la libertad del favorecido podrá ser objeto de revisión, a solicitud del interesado por la Sala de lo Constitucional de la Corte Suprema de Justicia.

907 **Artículo 182.**– El Estado reconoce la garantía de habeas corpus o de exhibición personal. En consecuencia, toda persona agraviada o cualquiera otra en nombre de ésta tiene derecho a promoverla:

Cuando se encuentre ilegalmente presa, detenida o cohibida de cualquier modo en el goce de su libertad individual; y,

Regarding habeas corpus, Article 182 of the Constitution states that

> "the State recognizes the guaranty of habeas corpus or personal exhibition"; thus, any aggrieved person or any other in his name has the right to file [the action], when illegally detained or in any way restrained in the enjoyment of his individual freedom; and when in his illegal detention or imprisonment; torments, tortures, abuses, illegal exaction and any repression, restriction or unnecessary annoyance regarding his individual safety or for the order of prison applied to the detainee".

The same article adds that the habeas corpus action may be filed without power of attorney or formality of any kind, orally or in writing, by means of any sort of communication, in any day and without costs. In no case shall the judges reject the action of habeas corpus, and they shall have the ineludible duty to immediately proceed in order to put an end to the violations to personal freedom or safety.

The courts that fail to admit these actions will become criminally and administratively liable. The authority that orders or the agent that executes the concealing or that in any way harm this guaranty, will incur in the illegal detention offence.

Regarding the recourse of "amparo", Article 183 of the Constitution also states that "the State recognizes the guaranty of '"amparo"'[908], thus any aggrieved person or any other on his behalf has the right to file the recourse, in order to be maintained or to be restored in the enjoyment of the rights and guaranties set forth in the Constitution; and in order to have a declaration made that a statute or an authority resolution, act or fact does not oblige the plaintiff and is not applicable because it contravened, diminished or distorted any of the rights recognized in this Constitution"

The Constitution adds that the "amparo" recourse must be filed according to the statute; which in the particular case, is the Constitutional Judicial Review statute (*Ley sobre la Justicia Constitucional*) of 2004.

Cuando en su detención o prisión legal, se apliquen al detenido o preso, tormentos, torturas, vejámenes, exacción ilegal y toda coacción, restricción o molestia innecesaria para su seguridad individual o para el orden de la prisión.

La acción de habeas corpus se ejercerá sin necesidad de poder ni de formalidad alguna, verbalmente o por escrito, utilizando cualquier medio de comunicación, en horas o días hábiles o inhábiles y libres de costas.

Los jueces o magistrados no podrán desechar la acción de habeas corpus y tienen la obligación ineludible de proceder de inmediato para hacer cesar la violación a la libertad o a la seguridad personal.

Los tribunales que dejaren de admitir estas acciones incurrirán en responsabilidad penal y administrativa. Las autoridades que ordenaren y los agentes que ejecutaren el ocultamiento del detenido o que en cualquier forma quebranten esta garantía incurrirán en el delito de detención ilegal.

908 **Artículo 183.–** El Estado reconoce la garantía de "amparo". En consecuencia toda persona agraviada o cualquiera otra en nombre de ésta, tiene derecho a interponer recurso de "amparo":

Para que se le mantenga o restituya en el goce o disfrute de los derechos o garantías que la Constitución establece; y,

Para que se declare en casos concretos que una ley, resolución, acto o hecho de autoridad, no obliga al recurrente ni es aplicable por contravenir, disminuir o tergiversar cualesquiera de los derechos reconocidos por esta Constitución. el recurso de "amparo" se interpondrá de conformidad con la ley

According to these regulations, the "amparo" action is conceived for the protection of all rights declared or recognized in the Constitution, against public authority actions or facts, and regarding individuals, is only admissible when they act with authority delegated powers.

G. *"Amparo" and habeas corpus in Nicaragua*

Regarding the "amparo" action, in Nicaragua[909], the Constitution only provides that "the persons whose constitutional rights have been violated or are in peril of being violated, can file according to the case the recourse of personal exhibition or [the recourse] of "amparo", in accordance with the "amparo" statute". No constitutional precision exists regarding the origin of the violation, so that if it is true that the recourse could then be brought against violations provoked by public officials and individuals, there are no provisions admitting it in the latter case

Thus, in the Constitution, for the protection of all constitutional rights, two specific judicial actions are regulated: personal exhibition (habeas corpus) and "amparo"; both regulated in the "amparo" statute (*Ley de "amparo"*) of 1988.

H. *"Amparo" and habeas corpus in Panama*

Following the general trend of Latin American Constitution, the Constitution of Panama also distinguishes two specific judicial means for the protection of constitutional rights, habeas corpus and "amparo".

Regarding habeas corpus, according to Article 23 of the Constitution[910], "any individual detained in cases not prescribed in or without fulfilling the formalities prescribed in the Constitution and statutes, by means of the habeas corpus recourse will be freed at his request or at the request of other person. The recourse can be filed immediately after the detention and without consideration regarding the applicable punishment".

The habeas corpus recourse must be treated with prevalence to other pending cases, by means of a very brief procedure, which cannot be suspended because of the hours or non working days.

The Constitution of Panama, in its Article 50[911], also regulates the recourse of "amparo", setting forth the right of any person to have revoked any order to do or

---

909 **Artículo 45.**– Las personas cuyos derechos constitucionales hayan sido violados o estén en peligro de serlo, pueden interponer el recurso de exhibición personal o de "amparo", según el caso y de acuerdo con la Ley de "amparo".

910 **Artículo 23.**– todo individuo detenido fuera de los casos y a la forma que prescriben esta Constitución y la Ley, será puesto en libertad a petición suya o de otra persona, mediante el recurso de habeas corpus que podrá ser interpuesto inmediatamente después de la detención y sin consideración a la pena aplicable. El recurso se tramitará con prelación a otros casos pendientes mediante procedimiento sumarísimo, sin que el trámite pueda ser suspendido por razón de horas o días inhábiles.

911 **Artículo 50.**– Toda persona contra la cual se expida o se ejecute, por cualquier servidor público, una orden de hacer o no hacer, que viole los derechos y garantías que está constitución consagra, tendrá derecho a que la orden sea revocada a petición suya o de cualquiera persona.

El recurso de "amparo" de garantías constitucionales a que este artículo se refiere, se tramitará mediante procedimiento sumario y será de competencia de los tribunales judiciales.

not to do, issue by any public servant which violates the rights and guaranties set forth in the Constitution. For that purpose, the recourse of "amparo" regarding constitutional guaranties can be filed before the competent court at his request of by any other person; being subject to a brief procedure.

Thus, the "amparo" is also conceived in Panamá for the protection of constitutional rights against authority actions, not being admitted against individual unconstitutional actions.

The statutory regulation regarding habeas corpus and "amparo" are set forth in the Judicial Code (*Código Judicial, Libro IV Instituciones de garantía*), Articles 2574–2614 (habeas corpus) and 2615–2632 (*"amparo" de garantía constitucionales*).

I. *Habeas corpus in Uruguay*

The Constitution of Uruguay, even if it is true that it does not provide expressly for the action or recourse of "amparo", it can be deducted from its Article 7 when it declares the right of all inhabitants of the Republic "to be protected in the enjoyment of their life, honor, freedom, safety, work and property"[912].

Nonetheless, similarly to the Dominican Republic Constitution, the Uruguayan Constitution only regulated the action of habeas corpus, in Article 17[913], which states:

> **Article 17**.– In case of undue imprisonment, the interested party or any person can file before the competent judge the habeas corpus recourse in order to have the authority that has ordered the apprehension to immediately explain and justify its legal motive, being subjected to what the judge decides.

Notwithstanding, the "amparo" recourse has been regulated in the 1988 "Amparo" Law N° 16011 (*Ley de "amparo"*).

J. *Habeas corpus in Dominican Republic*

The Constitution of the Dominican Republic is one of the very few Latin American Constitution which does not expressly regulate the "amparo" action as a specific judicial mean for the protection of constitutional rights. Nonetheless, as mentioned above, this omission did not impede the Supreme Court of Justice from admitting and regulating the "amparo" action, applying for that purpose the Inter American Convention on Human Rights.

The basis procedure rules for amparo where established by the Supreme Court in its 1999 decision declaring the amparo recourse as a public positive law institution.

---

912 **Artículo 7°.**–Los habitantes de la República tienen derecho a ser protegidos en el goce de su vida, honor, libertad, seguridad, trabajo y propiedad. Nadie puede ser privado de estos derechos sino conforme a las leyes que se establecen por razones de interés general.

913 **Artículo 17.**– En caso de prisión indebida el interesado o cualquier persona podrá interponer ante el Juez competente el recurso de "habeas corpus", a fin de que la autoridad aprehensora explique y justifique de inmediato el motivo legal de la aprehensión, estándose a lo que decida el Juez indicado.

Regarding constitutional guaranties, the Constitution only sets forth the judicial guaranties for the protection of personal safety, by means of the action of habeas corpus. In this respect, Article 8 of the Constitution[914] provides that being "the effective protection of human rights the principal purpose of the State", the habeas Corpus statute will provide the way to proceed in a succinct way in order to secure, among others, with the compliance of the following individual safety rights: a. Not to be subject to corporal constraint because of debts not originated in violation of criminal statutes; b. Not to be imprisoned or to have restricted his freedom without motivated written judicial order, except in cases of flagrant crime; c. To be immediately freed at ones request or by any other person on one's behalf when deprived from one's freedom without due cause or without the legal formalities, on cases not set forth in the statutes; d. In case of detention, to be brought before a judicial authority within a 48 hour delay or to be freed; e. To be freed or to be subjected to prison within a delay of 48 hours after the detainee is brought before the judicial authority; f. Not to be transported from one prison to another without written and motivated judicial order.

The habeas was initially regulated by the 1978 Habeas Corpus statute (*Ley de habeas corpus*), and since 2002 it is regulated in the Procedural Criminal Code (Ley 76–02) (articles 381–392).

---

914 **Artículo 8.**– Se reconoce como finalidad principal del Estado la protección efectiva de los derechos de la persona humana y el mantenimiento de los medios que le permitan perfeccionarse progresivamente dentro de un orden de libertad individual y de justicia social, compatible con el orden público, el bienestar general y los derechos de todos. Para garantizar la realización de esos fines se fijan las siguientes normas:

1. La inviolabilidad de la vida. En consecuencia no podrá establecerse, pronunciarse ni aplicarse en ningún caso la pena de muerte, ni las torturas, ni ninguna otra pena o procedimiento vejatorio o que implique la pérdida o la disminución de la integridad física o de la salud del individuo;
2. La seguridad individual. En consecuencia:
   a) No se establecerá al apremio corporal por deuda que no proviniere de infracción a las leyes penales;
   b) Nadie podrá ser reducido a prisión ni cohibido en su libertad sin orden motivada y escrita de funcionario judicial competente, salvo el caso de flagrante delito;
   c) Toda persona privada de su libertad sin causa o sin las formalidades legales, o fuera de los casos previstos por las leyes, será puesta inmediatamente en libertad a requerimiento suyo o de cualquier persona;
   d) Toda persona privada de su libertad será sometida a la autoridad judicial competente dentro de las cuarenta y ocho horas de su detención o puesta en libertad;
   e) Todo arresto se dejará sin efecto o se elevará a prisión dentro de las cuarenta y ocho horas de haber sido sometido el arrestado a la autoridad judicial competente, debiendo notificarse al interesado dentro del mismo plazo, la providencia que al efecto se dictare;
   f) Queda terminantemente prohibido el traslado de cualquier detenido de un establecimiento carcelario a otro lugar sin orden escrita y motivada de la autoridad judicial competente;
   g) Toda persona que tenga bajo su guarda a un detenido estará obligada a presentarlo tan pronto como se lo requiera la autoridad competente. La Ley de Hábeas Corpus, determinará la manera de proceder sumariamente para el cumplimiento de las prescripciones contenidas en las letras a), b), c), d), e), f) y g) y establecerá las sanciones que proceda; …

3. *Constitutions Establishing the Amparo as the General Protective Judicial Means*

A. *"Amparo" in Guatemala*

In the case of Guatemala, as is the case of México, the Constitution provides only one specific judicial mean for the protection of all constitutional rights, the "amparo" action, comprising the protection of personal freedom.

In this regard, Article 265 of the Constitution sets forth the "amparo"[915], with the purpose of protecting the people against the threats of violations to their rights to restore their effectiveness in case of violations. The Constitution emphatically states that "There is no scope that is not susceptible of "amparo", and that ["amparo"] "will proceed whenever the authority acts, resolutions, dispositions or statutes imply a threat, restriction or violation of the rights guaranteed by the Constitution and the statutes".

The constitutional provision only refers to authorities, but nonetheless, the amparo has been admitted for the protection of all rights declared in the Constitution and also in statutes, also against individual actions.

The regulation of the action of "amparo" is set forth in the 1986 "Amparo", Personal Exhibition and Constitutionality Statute (*Ley de "amparo", exhibición personal y de constitucionalidad*).

B. *Suit for "amparo" in México*

As was already mentioned, the specific judicial means for the protection of human rights, named "amparo" in Latin America, has its origin in Mexico, where it has been regulated in the Constitution since the XIX Century.

But from a remedy originally inspired in the North American injunctions, the Mexican institution of "amparo", was conceived as a suit, not only for the protection of constitutional rights and guaranties, but also to resolve what in other Countries is the object of different actions and procedures, in particular, judicial review of constitutionality of statutes, judicial review of administrative action and judicial review of judicial decisions (cassation).

But in particular, regarding the protection of constitutional rights and guaranties, in the Mexican Constitution the "amparo" is conceived as a general trail initiated be means of an action that can be brought before the courts for the protection of all individual guarantees declared in the Constitution, but only against actions of authorities such as statutes, judicial decisions or administrative acts, and not against private individual actions.

Article 107 of the Constitution regulates in a very extensive and detailed way the procedural rules for the exercise of the "amparo" action, as well as the competent

---

915 **Artículo 265.**– Procedencia del "amparo". Se instituye el "amparo" con el fin de proteger a las personas contra las amenazas de violaciones a sus derechos o para restaurar el imperio de los mismos cuando la violación hubiere ocurrido. No hay ámbito que no sea susceptible de "amparo", y procederá siempre que los actos, resoluciones, disposiciones o leyes de autoridad lleven implícitos una amenaza, restricción o violación a los derechos que la Constitución y las leyes garantizan.

courts. In its basic regulations[916], this article provides that all controversies that could arise "out of statutes or acts of the authorities that violate individual guarantees" (art. 103,I), as set forth in Article 107, shall be subject to the legal forms and procedure prescribed by the statute, on the following bases:

I. The trial in "amparo" shall always be held at the instance of the injured party.

II. The judgment shall always be such that it affects only private individuals and it is limited to the preserving (ampararlos) and protecting them in the

---

916 **Artículo 107**.– Todas las controversias de que habla el Artículo 103 se sujetaran a los procedimientos y formas del orden jurídico que determine la ley, de acuerdo a las bases siguientes:

I. El juicio de "amparo" se seguirá siempre a instancia de parte agraviada;

II. La sentencia será siempre tal, que solo se ocupe de individuos particulares, limitándose a ampararlos y protegerlos en el caso especial sobre el que verse la queja, sin hacer una declaración general respecto de la ley o acto que la motivare....

III. Cuando se reclamen actos de tribunales judiciales, administrativos o del trabajo, el "amparo" solo procederá en los casos siguientes:

a) Contra sentencias definitivas o laudos y resoluciones que pongan fin al juicio, respecto de las cuales no proceda ningún recurso ordinario por el que puedan ser modificados o reformados, ya sea que la violación se cometa en ellos o que, cometida durante el procedimiento, afecte a las defensas del quejoso, trascendiendo al resultado del fallo; siempre que en materia civil haya sido impugnada la violación en el curso del procedimiento mediante el recurso ordinario establecido por la ley e invocada como agravio en la segunda instancia, si se cometió en la primera. Estos requisitos no serán exigibles en el "amparo" contra sentencias dictadas en controversias sobre acciones del estado civil o que afecten al orden y a la estabilidad de la familia.

b) Contra actos en juicio cuya ejecución sea de imposible reparación, fuera del juicio o después de concluido, una vez agotados los recursos que en su caso procedan, y

c) Contra actos que afecten a personas extrañas al juicio;

IV. En materia administrativa el "amparo" procede, además, contra resoluciones que causen agravio no reparable mediante algún recurso, juicio o medio de defensa legal. No será necesario agotar estos cuando la ley que los establezca exija, para otorgar la suspensión del acto reclamado, mayores requisitos que los que la ley reglamentaria del juicio de "amparo" requiera como condición para decretar esa suspensión; ....

VIII. Contra las sentencias que pronuncien en "amparo" los jueces de distrito o los tribunales unitarios de circuito procede revisión. de ella conocerá la Suprema Corte de Justicia:

a) Cuando habiéndose impugnado en la demanda de "amparo", por estimarlos directamente violatorios de esta constitución, leyes federales o locales, tratados internacionales, reglamentos expedidos por el Presidente de la República de acuerdo con la Fracción I del Artículo 89 de esta constitución y reglamentos de leyes locales expedidos por los gobernadores de los estados o por el jefe del Distrito Federal, subsista en el recurso el problema de constitucionalidad;

b) Cuando se trate de los casos comprendidos en las fracciones II y III del Artículo 103 de esta constitución. La Suprema Corte de Justicia, de oficio o a petición fundada del correspondiente tribunal colegiado de circuito, o del procurador general de la República, podrá conocer de los "amparos" en revisión, que por su interés y trascendencia así lo ameriten. En los casos no previstos en los párrafos anteriores, conocerán de la revisión los tribunales colegiados de circuito y sus sentencias no admitirán recurso alguno;

special case to which the complaint refers, without making any general declaration as to the statute or act on which the complaint is based.

In particular, in the case of "amparo" against judicial decisions on civil, criminal, or labor matters, the writ of *"amparo"* shall be granted only:

1. Against final judgments or awards against which no ordinary recourse is available by virtue of which these judgments can be modified or amended, whether the violation [of the individual guarantees] is committed in the judgments or awards, or whether, if committed during the course of the trial, the violation prejudices the petitioner's defense by going beyond the outcome of the judgment; provided that in civil or criminal judicial matters timely objection and protest were made against it by means of the ordinary appeal, or if it occurred in the first instance, were raised in the second instance. None of these conditions are required in cases of "amparo" against judicial decisions referring to controversies related to personal statute and that affect the family stability and order.
2. Against acts at the trial, the execution of which would be irreparable out of court, or at the conclusion of the trial, once all available recourses have been exhausted.
3. Against acts that affect persons who are strangers to the trial.

In administrative matters, *"amparo"* may be filed against decisions which cause an injury that cannot be remedied through any legal recourse, trial, or defense. It shall not be necessary to exhaust these remedies when the statute that established them, in order to allow the suspension of the contested act, demands greater requirements than the regulatory statute for trials in *"amparo"* as a condition for ordering such suspension.

All the judgments in *"amparo"* rendered by district courts when a statute is impugned as unconstitutional or in cases of violation of individual guaranties, are subject to review by the Supreme Court of Justice (107, VIII). The Supreme Court, ex officio or when asked by the lower court or by the public prosecutor, may resolve the revision of "amparo" whose revision have been sought, if it considers it of interest or importance (art. 107, VIII).

The "amparo" suit has been regulated in the "amparo" statute developing Articles 103 and 107 of the Constitution (*Ley de "amparo" reglamentaria de los artículos 103 y 107 de la Constitución Política)* of 1935, which has been amended many times.

C. *"Amparo" in Venezuela*

The Venezuelan Constitution since 1961 has regulated the "amparo" not as a specific judicial means for the protection of constitutional right, but as a constitutional right in itself, of all persons to be judicially protected in the enjoyment of all human rights. This tradition has been followed in the 1999 Constitution, which guaranties the right of every person to have access to the Judiciary in order to have enforced his rights and interest, including the collective or diffuse ones, and to have the effective protection of the same, and to obtain in a speedy way the corresponding decision. For such purpose, "the State must guarantee a free justice, accessible, impartial, suitable, transparent, autonomous, independent, responsible, equitable, expeditious, without delay, without formalisms and useless repositions" (art. 26).

But in particular, regarding "amparo", Article 27 of the Constitution[917] sets forth the right to legal protection as follows:

> **Article 27.** Everyone has the right to be protected by the courts in the enjoyment and exercise of constitutional rights and guarantees, including even those inherent to persons not expressly mentioned in this Constitution or in international instruments on human rights.
>
> Proceedings on the action of constitutional "amparo" shall be oral, public, brief, free of charge and unencumbered by formalities, and the competent judge shall have the power to immediately restore the infringed legal situation infringed or the closest possible equivalent thereto.
>
> All time shall be available for the holding of such proceedings, and the court shall give priority to constitutional claims over any other matter. The action of "amparo" regarding freedom or safety, may be exercised by any person and the detainee shall be immediately transferred to the court, without delay. The exercise of this right shall not be affected in any way by the declaration of a state of exception or restriction of constitutional guarantees.

From this regulation, the "amparo" in conceived in Venezuela, as a constitutional right that all individuals have, to be protected on their human rights, even on those not expressly declared in the Constitution or in international treaties, but that are inherent to human beings, against any harm or threat from public officials or individuals. The action of "amparo" is thus expressly regulated, comprising the protection of individual freedom and safety.

But additionally, the Venezuelan Constitution has also set forth the habeas data recourse, by stating in its Article 28[918]:

---

917 **Artículo 27.**– Toda persona tiene derecho a ser amparada por los tribunales en el goce y ejercicio de los derechos y garantías constitucionales, aun de aquellos inherentes a la persona que no figuren expresamente en esta Constitución o en los instrumentos internacionales sobre derechos humanos.

El procedimiento de la acción de "amparo" constitucional será oral, público, breve, gratuito y no sujeto a formalidad, y la autoridad judicial competente tendrá potestad para restablecer inmediatamente la situación jurídica infringida o la situación que más se asemeje a ella.

Todo tiempo será hábil y el tribunal lo tramitará con preferencia a cualquier otro asunto. La acción de "amparo" a la libertad o seguridad podrá ser interpuesta por cualquier persona, y el detenido o detenida será puesto bajo la custodia del tribunal de manera inmediata, sin dilación alguna. El ejercicio de este derecho no puede ser afectado, en modo alguno, por la declaración del estado de excepción o de la restricción de garantías constitucionales.

918 **Artículo 28.**– Toda persona tiene derecho de acceder a la información y a los datos que sobre sí misma o sobre sus bienes consten en registros oficiales o privados, con las excepciones que establezca la ley, así como de conocer el uso que se haga de los mismos y su finalidad, y a solicitar ante el tribunal competente la actualización, la rectificación o la destrucción de aquellos, si fuesen erróneos o afectasen ilegítimamente sus derechos. Igualmente, podrá acceder a documentos de cualquier naturaleza que contengan información cuyo conocimiento sea de interés para comunidades o grupos de personas. Queda a salvo el secreto de las fuentes de información periodística y de otras profesiones que determine la ley.

Article 28. Anyone has the right of access to the information and data concerning him or his goods which are contained in official or private registries, with the exceptions that may be established by statute, as well as to know what use is being made of the same and the purpose thereof, and to petition the competent court for the updating, rectification or destruction of erroneous records and those that unlawfully affect the petitioner's right. The petitioner may also have access to documents of any nature containing information whose knowledge could be of interest to communities or groups of persons. The foregoing is without prejudice to the confidentiality of sources from which information is received by journalists, or secrecy in other professions as may be determined by statute.

According to these constitutional provisions, the "*amparo*" has been consequently regulated *as a constitutional right* of the people, to require the protection of courts to ensure the enjoyment and exercise of *all the rights and guarantees* established by the Constitution or being inherent to the human being, against any distress, whether by public authorities or individuals, by means of proceedings that should be brief and summary, and that allow the judge to immediately restore the infringed legal situation[919].

Hence, the Constitution does not establish only "one" action or writ of protection as a particular remedy, but rather a "right to protection" as a fundamental right which can, and in fact is, exercised through a variety of legal actions and recourses, including a direct "action for protection" of a subsidiary nature.

Thus, the Constitution does not establish just a particular constitutional *adjective* "guarantee" of constitutional rank to protect constitutional rights, but moreover, what it has established is a true "constitutional right", the right of everyone to be protected by the courts in the enjoyment and exercise of their constitutional rights and guarantees. This character of the *amparo*, as a "constitutional right" is the basic element that identifies the Venezuelan institution[920] and that leads to its consideration not as a single action or complaint, but as a right. This criterion was the one that in our opinion, as abovementioned, led the Supreme Court in 1983, to change its criterion established in 1970, regarding the possibility of the exercise of the action for protection, even in the absence of the law regulating and developing the constitutional dispositions on the matter.[921]

The question could be stated as follows: If the norm of Article 49 were to establish an "action or recourse" for protection, then Article 50 of the Constitution which lays down that the absence of laws regulating the exercise of "constitutional rights" would not impede their exercise, would not be applicable[922] on the contrary,

---

919 The right of protection (Art. 27 Constitution) is thus different to the broader right to access to justice specifically regulated in Articles 26 and 48 of the Constitution

920 See Allan R. Brewer–Carías, "El derecho de *amparo* y la acción de *amparo*", in *Revista de derecho público,* N° 22, Editorial Jurídica Venezolana, Caracas, 1985, pp. 51–61.

921 See Supreme Court of Justice in Político–Administrative Chamber, October 20, 1983, in *Revista de derecho público,* N° 16, Editorial Jurídica Venezolana, Caracas, 1983, p. 169.

922 See the opinion stated by the Attorney's General Office in *Doctrina de la Procuraduría General de la República 1970*, Caracas, 1971, p. 35.

if Article 49 of the Constitution was to establish a "fundamental right", as it is done, then Article 50 of the Constitution would be applicable,[923] and even without the law of the right of *amparo*, this right could be constitutionally exercised. The latter is the predominant criterion followed by the courts, and in our opinion is the most distinguishable feature of the *amparo* institution in Venezuela.

II. THE INTERNATIONALIZATION OF THE "AMPARO" IN THE LATIN AMERICA

As can be deducted from the constitutional regulations of the "amparo" right, action or recourse in all Latin American Countries, additional to the regulations of the habeas corpus and habeas data recourses, the existence of special judicial means for the protection of human rights can be considered as a general feature of Latin American constitutionalism; with Latin American origin and without real precedents in the historical European regimes.

That is why this characteristic institution of Latin American constitutionalism, was originally regulated in the American Declaration of the Rights and Duties of Man approved by the Ninth International Conference of American States, held in Bogotá, Colombia, in April 1948, in which Article 18 set forth:

> **Article XVIII**. Every person may resort to the courts to ensure respect for his legal rights. There should likewise be available to him a simple, brief procedure whereby the courts will protect him (*lo ampare*) from acts of authority that, to his prejudice, violate any fundamental constitutional rights[924].
>
> A similar regulation was later incorporated in Article 8 of the Universal Declaration of Human Rights adopted by United Nations in December the same year 1948. In the English version of the Declaration, Article 8 just states that: "Everyone has the right to an effective remedy by the competent national tribunals for acts violating the fundamental rights granted to him by the constitution or by law". Nonetheless, in the Spanish version, the wording is nearest to the American Declaration wording:
>
> **Article 8,** Toda persona tiene derecho a un recurso efectivo, ante los tribunales nacionales competentes, *que la ampare* contra actos que violen sus derechos fundamentales reconocidos por la constitución o por la ley.

A free English translation of this text will show not only a right to an effective remedy but a right to an effective remedy for the protection of human rights: "Every person has the right to an effective recourse before the national competent courts,

---

923 See J.R. Quintero "Recurso de *amparo*. La cuestión central en dos sentencias y un Voto Salvado" in *Revista de la Facultad de Derecho*, N° 9, Universidad Católica Andrés Bello, Caracas, 1969–1970, pp. 161–162–166. See the judicial decision and its dissident opinion in pp. 180–206. See the text also in O. Marín Gómez, *Protección procesal de las garantías constitucionales de Venezuela. Amparo y Habeas Corpus*, Caracas, 1983, pp. 229–250.

924 The Spanish vesion of article 18 is as follow: Derecho de justicia: Artículo XVIII: Toda persona puede ocurrir a los tribunales para hacer valer sus derechos. Asimismo debe disponer de un procedimiento sencillo y breve por el cual la justicia *lo ampare* contra actos de la autoridad que violen, en perjuicio suyo, alguno de los derechos fundamentales consagrados constitucionalmente.

for his protection (*que la ampare*) against acts that violate his fundamental rights recognized in the Constitution and in statutes".

After this first International Declarations, in 1950 the European Convention on Human Rights, which was the first international convention on human rights, also regulated the right to effective recourses in cases of violations of human rights, as follows:

> **Article 13.** Everyone whose rights and freedoms as set forth in this Convention are violated shall have an effective remedy before a national authority notwithstanding that the violation has been committed by persons acting in an official capacity[925].
>
> The 1966 International Covenant on Civil and Political Rights of the United Nations, Article 2,3 also regulated the right to an effective remedy in case of violations of human rights, as follows, by obligating the Stats parties to undertake:
>
> a) To ensure that any person whose rights or freedoms as herein recognized are violated shall have an effective remedy, notwithstanding that the violation has been committed by persons acting in an official capacity;
>
> b) To ensure that any person claiming such a remedy shall have his right thereto determined by competent judicial, administrative or legislative authorities, or by any other competent authority provided for by the legal system of the State, and to develop the possibilities of judicial remedy;
>
> c) To ensure that the competent authorities shall enforce such remedies when granted[926].

Finally, the 1969 American Convention on Human Rights declared the right to judicial protection, or more precisely, to the "amparo" recourse, as follows:

> **Article 25.** Right to Judicial Protection
>
> 1. Everyone has the right to simple and prompt recourse, or any other effective recourse, to a competent court or tribunal for protection (que la

---

925 The Spanish version of article 13 is: **Artículo 13. Derecho a un recurso efectivo**. Toda persona cuyos derechos y libertades reconocidos en el presente Convenio hayan sido violados tiene derecho a la concesión de un recurso efectivo ante una instancia nacional, incluso cuando la violación haya sido cometida por personas que actúen en el ejercicio de sus funciones oficiales.

926 The Spanish version is: Article 2,3. Cada uno de los Estados Partes en el presente Pacto se compromete a garantizar que:

a) Toda persona cuyos derechos o libertades reconocidos en el presente Pacto hayan sido violados podrá interponer un recurso efectivo, aun cuando tal violación hubiera sido cometida por personas que actuaban en ejercicio de sus funciones oficiales;

b) La autoridad competente, judicial, administrativa o legislativa, o cualquiera otra autoridad competente prevista por el sistema legal del Esta do, decidirá sobre los derechos de toda persona que interponga tal recurso, y desarrollará las posibilidades de recurso judicial;

c) Las autoridades competentes cumplirán toda decisión en que se haya estimado procedente el recurso.

ampare) against acts that violate his fundamental rights recognized by the constitution or laws of the state concerned or by this Convention, even though such violation may have been committed by persons acting in the course of their official duties.

2. The States Parties undertake:
    a. to ensure that any person claiming such remedy shall have his rights determined by the competent authority provided for by the legal system of the state;
    b. to develop the possibilities of judicial remedy; and
    c. to ensure that the competent authorities shall enforce such remedies when gran-ted[927].

1. *The "amparo" in the American Convention on Human Rights*

This article of the American Convention regulates the "amparo" recourse for the protection of human rights, as their judicial guarantee *par excellence*, both those regulated in the Constitutions and other internal legal regulations of the Party States, as well as those listed in international declarations. That is why the Inter American Court on Human Rights has considered this Article 25 as a "general provision that gives expression to the procedural institution known as "amparo", which is a simple and prompt remedy designated for the protection of all of the rights recognized in the Constitution and laws of the States parties and by the Convention"; thus, that "can be applied to all rights" [928].

But the American Convention, in Article 7 regarding the right to personal liberty and security, also provides for the recourse of habeas corpus as follows:

> 6. Anyone who is deprived of his liberty shall be entitled to recourse to a competent court, in order that the court decides without delay on the lawfulness of his arrest or detention and order his release if the arrest or detention is unlawful. In States Parties whose laws provide that anyone who believes himself to be threatened with deprivation of his liberty is entitled to recourse to a competent court in order that it decides on the lawfulness of such threat, this remedy may

---

927 The Spanish version is as follows: **Artículo 25. Protección Judicial.** Toda persona tiene derecho a un recurso sencillo y rápido o a cualquier otro recurso efectivo ante los jueces o tribunales competentes, *que la ampare* contra actos que violen sus derechos fundamentales reconocidos por la Constitución, la ley o la presente Convención, aun cuando tal violación sea cometida por personas que actúen en ejercicio de sus funciones oficiales.

Los Estados partes se comprometen:

a) a garantizar que la autoridad competente prevista por el sistema legal del Estado decidirá sobre los derechos de toda persona que interponga tal recurso;

b) a desarrollar las posibilidades de recurso judicial, y

c) a garantizar el cumplimiento, por las autoridades competentes, de toda decisión en que se haya estimado procedente el recurso.

928 See Advisory Opinion OC–8/8 Habeas corpus in emergency situations), paragraph 32. (El artículo 25,1 de la Convención es una disposición de carácter general que recoge la institución procesal del "amparo", como procedimiento sencillo y breve que tiene por objeto la tutela de los derechos fundamentales").

not be restricted or abolished. The interested party or another person on his behalf is entitled to seek these remedies.

Examining the habeas corpus and the "amparo" together, it is possible to conclude, as asserted by the Inter American Court on Human Rights,

> "that '"amparo"' comprises a whole series of remedies and that habeas corpus is but one of its components. An examination of the essentials aspects of both guarantees, as embodied in the Convention and, in their different forms, in the legal systems of the States parties, indicates that in some instances habeas corpus functions are an independent remedy. Here its primary purpose is to protect the personal freedom of those who are being detained or who have been threatened with detention. In other circumstances, however, habeas corpus is viewed either as the ""amparo" of freedom" or as an integral part of "amparo"[929].

These regulations can be considered the culmination of the process of internationalization of the constitutionalization of human rights, in particular regarding the provision of specific judicial means for their protection. So, if it is true that since the XIX Century, the "amparo" and habeas corpus recourses or actions, were initially regulated in many Latin American Constitutions; since the seventies, they have now passed to be regulated in a general way in an International Convention that has been ratified by all Latin American Countries, where, in general terms –as has been previously analyzed, it has been recognized as having constitutional o supra statutorily rank. Regarding both guarantees the Inter American Court of Human Rigts, has considered "the writs of habeas corpus and of "amparo" among those judicial remedies that are essential for the protection of various rights whose derogation is prohibited by Article 27 (2) and that serve, moreover, to preserve legality in a democratic society"[930].

After its ratification, it has been the Convention the one that has pushed for the subsequent process of constitucionalization of the internationalization of the "amparo", being the inspiration for many of the new Latin America constitutionals reforms or regulations, sanctioned during the last two decades, particularly regarding the "amparo" recourse.

Nowadays, therefore, the right to a judicial guaranty of human rights ("amparo" and habeas corpus) set forth in the American Convention is also an international obligation imposed on the States Parties to guarantee their peoples these effective protective remedies of their human rights. This goes so far as to the point that lack of internal regulations and effective function, constitutes a breach of the Convention.

---

929 Advisory Opinion OC–8//87 of January 30, 1987 (Habeas Corpus in Emergency Situations), paragraph 34

930 Advisory Opinion OC–8/87 of January 30, 1987 (Habeas Corpus in Emergency Situation), paragraph 42; Advisory Opinion OC–9/87 of October 6, 1987 (Judicial Guarantees in Status of Emergency), paragraph 33.

Referring in particular to the "amparo", from what it is set forth in Article 25 of the American Convention, as well as from the regulations of the other international instruments on human rights, the internationalization of the "amparo" recourse has concluded in the design of a specific remedy for the protection of human rights, considered by the Inter American Court on Human Rights, as "one of the basic pillars not only of the American Convention, but of the rule of Law in a democratic society"[931]; which can be characterized by the following elements:

First, in the American Convention the "amparo" is conceived as a specific judicial recourse or action, that is, as a judicial guaranty; but it is also conceived as a fundamental human right in itself, that is to say, the right of citizens to be protected by the Judiciary;

Second, the remedy is conceived to protect all human rights recognized in the Constitutions, in the statutes or in the international instruments;

Third, the recourse in order to seek the judicial protection must be simple, brief and effective;

Fourth, the recourse can be brought before the competent courts, which must be independent and autonomous according to the general terms of the international instruments;

Fifth, the protection refers to any kind of violations of human rights, thus produced by acts issued by private individuals as well as by public officials, even when acting in the course of their official duties;

Sixth, the effectiveness of the recourse is related to the effective repair of the offence by means of the enforcement of the judicial decision by the competent authorities.

The most important consequence of the internationalization of the "amparo", is that according to Article 1,1 of the Convention, the States Parties are obligated not only "*to respect*" the right to "amparo" recognized herein, but also "*to ensure* to all persons subject to their jurisdiction the free and full exercise" of such right, without any discrimination. This "implies the duty of States parties to organize the governmental apparatus and, in general, all the structures through which public power is exercised, so that they are capable of ensuring the free and full enjoyment of human rights"[932].

The actions of the State Parties in order to comply with this obligation are not only formal ones, in the sense that it "is not fulfilled by the existence of a legal system designed to make it possible to comply with this obligation, it also requires the government to conduct itself so as to effectively ensure the free and full exercise of human rights"[933]. On the contrary, as stressed by the Inter American Court on Human Rights, referring to the "amparo" as a judicial guaranty of human rights,

931 See Case: *Castillo Páez,* p. 83; Caso: *Suárez Roseo,* p. 65 and caso: *Blake,* p. 102. See the referentes in Cecilia Medina Quiroga, *La Convención Americana: teoría y jurisprudencia*, IIDH, San José, 2003, p. 358.

932 Case: *Velásquez Rodríguez,* Judgement July, 29, 1988, Paragraph 166.

933 *Idem*, paragrapf 167

> "for such a remedy to exist, it is not sufficient that it be provided for by the Constitution or by law or that it be formally recognized, but rather it must be truly effective in establishing whether there has been a violation of human rights and in providing redress"[934].

2. *The meaning of the regulation of the "amparo" in the American Convention*

As mentioned before, Article 25 of the Convention provides that everyone has the right to simple and prompt recourse, or any other effective recourse, to a competent court or tribunal for protection (*que la ampare*) against acts that violate his fundamental rights recognized by the Constitution or laws of the state concerned and by the American Convention itself.

From this precise provision derives the framework that this action for the protection of fundamental rights should have in internal law[935] and which demands constitutionalization strategies for different countries in which Constitutions establish what could be considered restrictions to the exercise of the right to "amparo".

3. *The "amparo" as a Human Right*

Firstly, the American Convention conceives the "amparo" as a human right in itself, when providing that everybody "has the right" to a recourse. This does not mean that people only have a specific adjective law instrument for the protection of other rights, but that everyone has a human right in itself to obtain constitutional protection or "amparo" regarding all human rights.

Thus, we are in fact in the presence of a human right of the people to have at their disposal an effective, simple and prompt judicial means for the protection of their rights; which additionally, is considered in the Convention as one of the "fundamental" rights that cannot be suspended or restricted in cases of state of emergency.

Article 27 of the Convention allows that in time of war, public danger, or other emergency that threatens the independence or security of a State Party, certain measures to be taken derogating its obligations under the Convention to the extent and for the period of time strictly required by the exigencies of the situation, provided that such measures are not inconsistent with its other obligations under international law and do not involve discrimination on the ground of race, color, sex, language, religion, or social origin. In paragraph 2 of the same article, it set forth that

---

934 Advisory Opinión OC–9/87 of October 6, 1987 (Judicial Guarantees in Status of Emergency), paragraph 24. See in similar sense, Case: *Comunidad Mayagna (Sumo) Awas Tingni,* paragraph 113; Caso: *Ivcher Bronstein,* paragraph 136; Caso: *Cantoral benavides,* paragraph 164; caso: *Durand y Ugarte,* paragraph 102.

935 *Véase* Allan R. Brewer–Carías, "El "*amparo*" en América Latina: La universalización del régimen de la Convención Americana sobre Derechos Humanos y la necesidad de superar las restricciones nacionales" in *Ética y Jurisprudencia*, 1/2003, Enero–Diciembre, Universidad Valle del Momboy, Facultad de Ciencias Jurídicas y Políticas, Centro de Estudios Jurídicos "Cristóbal Mendoza", Valera, Estado Trujillo, 2004, pp. 9–34.

"The foregoing provision does not authorize any suspension of the following articles: Article 3 (Right to juridical personality), Article 4 (Right to life), Article 5 (Right to humane treatment), Article 6 (Freedom from slavery), Article 9 (Freedom from ex post facto laws), Article 12 (Freedom of conscience and religion), Article 17 (Rights of the family), Article 18 (Right to a name), Article 19 (Rights of the child), Article 20 (Right to nationality), and Article 23 (Right to participate in Government), or of the judicial guarantees essential for the protection of such rights".

The Inter American Court on Human Rights has issued two Advisory Opinions on the matter regarding the possibility of the suspension of the "amparo" and habeas corpus provisions, having concluded that "the suspension of the legal remedies of habeas corpus or of "amparo" in emergency situations cannot be deemed to be compatible with the international obligations imposed on these States by the Convention"[936], being incompatible with "legality in a democratic society" which must be preserved[937].

But in spite of the American Convention provision considering the "amparo" as a human right, it is true that in the majority of internal legislation of Latin American Countries, the "amparo" has not been provided as a constitutional right in itself and it has taken the form of, rather, been regulated as an specific adjective action. In other words, the "amparo" has been regulated as a specific remedy or judicial means of protection, either a recourse of "amparo", "tutela" or protection, or as an action of *habeas corpus* or *habeas data.*

Instead, the American Convention sets forth the judicial protection of human rights, by mean of a prompt, simple and effective remedy that could be not only the specific action of "amparo" or habeas corpus, but another judicial mean, such as it occurs in countries where an "action of "amparo"" is not specifically regulated, as it is the case in the United States, England, France or Italy; but where although no legal means called "action of "amparo"" exist, there are nevertheless adequate mechanisms for the effective protection of human rights by means of ordinary judicial remedies. Nonetheless, it can be said that in some Latin American countries, following the orientation of the American Convention and, moreover, in advance of the adoption of such Convention, the "amparo" was conceived as a constitutional right in itself, and it has been developed with those characteristics, such as in the case of Mexico and Venezuela and also in the case of Colombia.

4. *The "amparo" as a judicial guarantee*

Secondly, the recourse of "amparo" enshrined in Article 25 of the Convention devoted to regulate the "Right to judicial protection", must of course always be a judicial mean of protection. This feature differentiates the provisions of the American Convention from those of the International Covenant on Civil and Political

936 Advisory Opinion OC–8//87 of January 30, 1987 (Habeas Corpus in Emergency Situations), paragraph 43.

937 *Idem*, paragraph 42

Rights (Article 2,3) and of the European Convention on Human Rights, which only provides for an effective recourse, without qualifying it as "judicial".

The judicial protection mechanisms referred to such article of the American Convention is undoubtedly inspired in the Latin American action of "amparo", but it can be said that its scope may be wider. It comprises of course the Colombian action of tutela and the Chilean action of protection, but it also comprises all other judicial remedies that in an effective, simple and prompt way can protect human rights. The Convention speaks of an effective, prompt and simple means that may be of any type. Therefore, in fact, it can be any effective judicial means, and not necessarily a single and unique action of "amparo". In other words, the Convention not necessarily refers to an only and single judicial remedy, but rather that there can and must be a collection also effective, of ordinary legal means for the protection of human rights. That is why, regarding "amparo", in general terms most of the Latin American legislations set forth that this specific means has a subordinate nature, in the sense that it proceeds only when there are no other effective judicial means that can protect human rights; in similar sense than the subordinate character the Anglo–American injunction has.

On the other hand, referring to the judicial character of the action or recourse, the Convention also set forth that they can be brought before the "competent courts", thus being the intention of the Convention to set forth an essential function of the Judiciary, as also happens, for instance, under the Anglo–American systems, where the "amparo" exists in the various writs of injunctions, but without being named as such. In these systems judges routinely issue *mandamus*, *injunction* and *prohibition* orders or decisions, equivalent to the ""amparos" in Latin America. However, this is part of the routine actions of the Judiciary, without it being a specific judicial mean.

On the other hand, when the American Convention refers to the "competent courts" in order to decide "amparo" remedies, it is not referring to only one specific court, but to all the Judiciary. That is why, pursuant to the Convention and Latin American tradition, competence in "amparo" matters are in general essentially belonging to the Judiciary, in the sense that such competence shall belong to "the tribunals" – to all of them and not just one of them–, which is in fact a characteristic of the European model, in particular that of Germany and Spain, where competence in "amparo" matters is held by one single Tribunal, the Constitutional Tribunal.

Unfortunately, however, this reduction of the judicial competence to constitutionally protect through an "amparo" has occurred in some Latin American countries, upon assigning it to one single tribunal, particularly the Supreme Court. This is the case of the Constitutional Chamber of the Supreme Courts of Costa Rica, El Salvador and Nicaragua, where such courts are the exclusively competent to hear the recourse of "amparo".

Whatever the case, and apart from the examples mentioned, in all other countries of Latin America, judicial competence in matters of "amparo" is diffused, in the sense that it is a power that is attributed, generally speaking, to the courts of first instance or circumscription courts, but it is not concentrated in one single institution. What the concentration of the hearing of the "amparo" in one single judicial institution finally does is to restrict access to justice for the effective protection of rights.

5. *The "amparo" as a simple, prompt and effective judicial guarantee*

Thirdly, in any case, the judicial recourse that the Convention guarantees, as set forth in Article 25 and as has been stressed by the Inter American Court on Human Rights, must be all together "simple, prompt and effective"[938].

Regarding the simplicity, it refers to a procedure that must lack the dilatory procedural formalities of ordinary judicial means, imposed by the need to grant a constitutional –not ordinary– protection; and regarding the prompt character of the recourse, the Inter American court has argued about the need for a reasonable delay for the decision, not considering "prompt" recourses which were resolved after "a long time"[939].

The effective character of the recourse refers to the fact that it will be capable to produce the results for which it has been created[940]; in words of the Inter American Court on Human Rigths,

> "it must be truly effective in establishing whether there has been a violation of human rights and in providing redress. A remedy which proves illusory because of the general conditions prevailing in the country, or even in the particular circumstances of a given case, cannot be considered effective. That could be the case, for example, when practice has shown its ineffectiveness: when the Judicial Power lacks the necessary independence to render impartial decisions or the means to carry out its judgments; or in any other situation that constitutes a denial of justice, as there is an unjustified delay in the decision; or when, for any reason, the alleged victim is denied access to a judicial remedy" [941].

Thus, it is not enough for being effective that a recourse be regulated in internal law for the purpose of protecting human rights, being necessary the existence of basic conditions to function and be applied with the expected results. In this regard, for a judicial recourse to be effective, above all is necessary for the Judiciary to be really independent and autonomous, so for instance in the case Ivcher Bronstein, the Inter American Court decided that in Peru at the time, the conditions of independence and autonomy of the court were not satisfied in the national proceeding, so the recourses that the plaintiff had had not been effective"[942]. The Inter American Court has also considered that a recourse is not effective when impartiality lacks in the corresponding court[943].

---

938 Case: *Suárez Romero,* Paragraph 66.

939 Case: *Ivcher Bronstein,* paragraph 140.

940 Inter American Court on Human Rights, case: *Velásquez Rodríguez,* paragraph 66.

941 Advisory Opinión OC–9/87 of October 6, 1987 (Judicial Guarantees in Status of Emergency), paragraph 24.

942 Case: *Ivcher Bronstein*, paragraph 139.

943 Case: *Tribunal Constitucional* paragraph 96

6. *The "amparo" as a judicial guarantee for the protection of everyone's rights and guarantees*

Fourthly, it should be emphasized that the Convention regulates a right that is guaranteed to "everyone", that is to say, everybody in the very broadest sense, without distinction or discrimination of any kind: individuals, nationals, foreigners, legally able or not, corporations or entities of public or private law.

It is true that Article 1,2 of the Convention sets forth that "for the purposes of this Convention, "person" means every human being". Nonetheless, Article 25 when guaranteeing the judicial protection right refers to such rights as corresponding to everyone and not to every person, so that regarding internal national law, artificial persons or legal entities have the right to the "amparo" recourse for the protection of their rights, like for instance, the due process of law and non-discrimination rights.

But setting forth the "amparo" as a judicial remedy for the protection of any person or entity, that is to say, as a personal remedy, its results in principle, benefit the plaintiff, so that the effects of the "amparo" do not extend to third parties.

This feature gives rise, firstly, to the problem of the protection of collective rights, an initiative attributed in some legislation to the Ombudsmen or Defenders of Human Rights. But the fact is that it has been progressively admitted in much internal statutes, the possibility for the communities to exercise the action of "amparo", when collective constitutional rights are being violated. Additionally, as a consequence of reforms tending to increase citizens access to justice, some statutes have set forth remedies for the protection of diffuse or widespread interests, particularly in regard to third generation rights, such as the protection of the environment or consumers rights.

In this sense, the standing to bring the action before the courts has being gradually constructed to allow interested parties to act in representation of diffuse or collective interests, when dealing with constitutional rights, the violation of which affects the community as a whole. In certain Constitutions, such as the Venezuelan Constitution of 1999, there is already no question regarding the possibility of exercising the recourse of "amparo" to protect collective and diffuse rights, already widely developed by case law. Some statutes have even expressly provided such protection, as occurs with the Organic statute for the Protection of the Child and the Teenagers, where a "recourse of protection" is regulated. This recourse may be brought before the Tribunal for the Protection of the Child and the Teenagers "against facts, acts or omissions of individuals, public and private entities and institutions that threaten or violate collective or diffuse (widespread) rights of the children and teenagers" (Article 177,5 and 318).

Another aspect related to the standing to file the action of "amparo", as previously mentioned, related to the assertion of the American Conventions that the right to "amparo" is held by everyone, is the question of whether the public entities can be plaintiff on matters of "amparo". Public entities also have constitutional rights, such as the right to non-discrimination, right to due process or right to own defense. Therefore, public entities are perfectly entitled to bring actions, so that the action of "amparo" is not only conceived as actions against the State.

In some countries it may even be considered that there is a constitutional "amparo" set forth in benefit of political entities, as the States and Municipal government in a Federation, when the respective Constitution guarantees their autonomy. In these cases, the constitutional guarantee set forth in the constitutional texts with respect to territorial autonomy, can also be the object of an action for protection, as has been admitted in Mexico and Germany.

But in other countries, as has been the case in Venezuela, even if the constitutional guarantee of municipal autonomy has been judicially discussed at the Supreme Court, the Constitutional Chamber in a restrictive interpretation has rejected the admissibility of the "amparo" action for such purposes, adopting a restrictive scope rule confining "amparo" only to constitutional rights and not to constitutional territorial guaranties[944].

7. *The "amparo" as a judicial guarantee for the protection of all constitutional rights and guarantees*

Fifthly, pursuant to the Convention this right to an effective judicial means of protection before the courts, is established for the protection of all the constitutional rights contained in the Convention, the Constitution and statutes or those that are inherent to the human person. Therefore all rights established in international instruments are also entitled to protection. Thus the open clauses of the constitutional rights acquires here all their value, protecting them even when they are not listed in the texts, but which are subject to constitutional protection since they are inherent to the human person and human dignity.

Consequently, according to the American Convention, all rights can be protected by means of "amparo" actions. As mentioned, those declared in the texts of the Constitutions, of the statutes, of the American Convention, as well as those that are inherent to the human person. As has been stated by the Inter–American Court of Human Rights in its *Advisory Opinion* (OC–8/87) analyzing Article 25,1 of the Convention: "The above text is a general provision that gives expression to the procedural institution known as ""amparo"," which is a simple and prompt remedy designed for the protection *of all of the rights* recognized by the constitutions and laws of the States Parties and by the Convention."[945]

Therefore, pursuant to the Inter–American system, there is a complete and unlimited catalogue of the rights to be protected. However, in some cases, perhaps because of the influence of the European model of "amparo" recourse, particularly the one regulated by Germany and Spain, the rights protected by mean of "amparo" have been reduced to some of the rights listed in the constitutional text. Is the case, for example, of the German Constitution, which only admits the action of "amparo" for what it calls "fundamental rights," which constitutes only one species of the constitutional rights. In Spain too, the rights that may be protected by an "amparo" recourse are those expressly listed as "fundamental".

---

944 See Decision N° 1395 of November 11, 2000 (Case: *Gobernación del Estado Mérida y otros vs. Ministerio de Finanzas*), in *Revista de Derecho Público,* N° 84, Editorial Jurídica Venezolana, Caracas, 2000, pp. 317 ff.

945 Advisory Opinion OC–8/87 (Habeas Corpus in Emergency Situations), paragraph 32

None of the above can be derived from the American Convention or from the majority of Latin American Constitutions, wherein all constitutional rights are subject to "amparo". Therefore it may be said that the Constitutions that establish a determined array of rights that are to be protected by means of a recourse to "amparo", are incompatible with the international obligations that are imposed on such States by the Convention. The American Convention does not allow the exclusion of constitutional protection by means of the "amparo" of determined constitutional rights, or in other words, it does not allow that the "amparo" be reduced to a protection only in respect of determined rights declared in a Constitution.

Consequently, systems such as those regulated by the constitutional texts of Chile and Colombia may be considered to be incompatible with the American Convention. In fact, in the case of Chile, the Constitution lists the rights that may be the object of recourse to protection (Article 20), and in the case of Colombia, the Constitution also includes a list of the "fundamental rights" that may be the object of protection. However, the courts in Colombia have fortunately been gradually correcting this restriction through constitutional interpretation, in such a way that today, due to the interrelation, universality, indivisibility and interdependence of rights, there are almost no constitutional rights that can not be protected by means of the action of "tutela".

In contrast to such cases of restrictive constitutional provisions on constitutional rights that may be the object of protection by means of a recourse to "amparo", "tutela" or protection, there are other Constitutions that expressly set forth as being within the scope of protected rights not only all constitutional rights, but also those that are declared in the international system of protection of human rights. This is the case, for example, of the Constitution of Costa Rica, which lists among the rights subject to protection by recourse of "amparo" those rights "of a fundamental nature established in the international instruments on human rights, applicable to the Republic" (Article 48).

In an even broader sense, the 1999 Constitution of Venezuela expressly states that the right to "amparo" includes protection of "constitutional rights and guarantees, even those that are inherent to the human person and which do not expressly figure in this Constitution or in the international instruments of human rights" (Article 27), which must be interpreted to mean that not only the constitutional rights and guarantees and those listed in international instruments are subject to protection, but also all those inherent to the human person, even when they are not expressly listed in the Constitution itself or in international instruments.

8. *The "amparo" as a judicial guarantee for the protection of all constitutional rights and guarantees, against any violation or harm from the State or individuals*

Sixthly, the protection that the Convention regulates is against any act, omission, fact or action that violates human rights and, of course, which threatens to violate them too, because it is not necessary to wait for the violation before being able to have recourse to the means of protection. This implies that this means of protection has to be able to exist before the violation occurs, when there is a real threat of such violation and, of course, before any violation or threat of violation, no matter who is the author. This is to say that no action or omission that could imply a violation of rights, shall be excluded from the "amparo", whether it emanates from individuals or from the authorities under any guise whatsoever, be it a statute, an administrative act, a judicial decision, a *fait accompli*, an action or an omission, or just a fact.

All this implies that the recourse of "amparo" can be brought before the courts against any persons. It must be remembered that the recourse of "amparo" was always originally conceived as a judicial means of protection against the State, precisely because human rights were initially conceived regarding the State, and as a limit to the actions of public entities. However, the progressive universalization of human rights as inherent to the human person, independently of who must respect them, the scope of protection has been widening, to the point of admitting that the "amparo" can also be a recourse against private individuals. Thus, pursuant to the American Convention, which makes no distinction in this regard, the "amparo" proceeds not only against impairment of human rights originated by a public entity, but also by a private individual.

In this regard, it may be said that the action of "amparo" against individuals in Latin America is broadly admitted, following a trend that began in Latin America, more precisely in Argentina in the 50s, when the possibility of exercising a recourse of "amparo" against individuals was admitted. This situation is in sharp contrast with what occurs in Europe where the "amparo" is essentially only exercised against the public authorities.

Nevertheless, certain restriction of this principle of universality of "amparo" that is a characteristic of Latin America can be found in some Constitutions that set forth that "amparo" can only proceed regarding certain individuals, such as those who act as agents exercising public functions, or who exercise some kind of prerogative, or who are in a position of control, for example, when rendering public services, by mean of a concession. This is the case, for example, in Costa Rica, Guatemala and Colombia.

Other countries following the European model as is the case of Mexico, Brazil, Panama, El Salvador and Nicaragua simply excluded any possibility of filing a recourse of "amparo" against private individuals; a situation distant itself from the orientation of the American Convention.

But regarding the constitutional protection against actions of the State, another scope of reduction of "amparo" that contrasts with the universality deriving from the American Convention, refers to the acts of the authorities that may be challenged by means of a recourse of "amparo". Pursuant to the American Convention and the universal shaping of the recourse of "amparo", there cannot and must not exist a single State act that escapes its scope. If the "amparo" is a legal means for the protection of human rights, it is and has to be against any public action that violates them, and therefore it cannot be conceived that there can be certain acts of the State that are excluded from the possibility to be challenged by amparo.

Nevertheless, a tendency towards exclusions can be identified in Latin America in different aspects:

In some cases, the exclusion refers to actions of certain public authorities, such as the electoral authorities, whose actions, in some countries like Peru, Costa Rica and Uruguay, are expressly excluded from the recourse of "amparo".

In other cases, Peru also as an example, exclusion from the scope of constitutional protection of the "amparo" is provided with respect to the acts of the National Council of the Judiciary.

On the other hand, the exclusion from the scope of protection of the recourse of "amparo" can refer to certain State actions, as happened with regard to the statutes and judicial decisions. Some countries, for example, Colombia, Brazil and Uruguay, exclude the possibility of filing the recourse of "amparo" against statutes, that is, in general terms against regulations. In contrast, in other countries "amparo" against statutes is admitted as is the case of Mexico, where the "amparo" against statutes began, even if in certain cases this requires self–application of the statute. In Venezuela, even though according to the Organic Statute of "amparo" the recourse is widely admitted against statutes, the Supreme Court has also developed the need for the statute to be self–applicable, in order to admit the "amparo" remedy.

In other cases, the restriction of "amparo" refers to judicial decisions. In principle, when judges decide particular cases, they too can infringe constitutional rights; and no judge is empowered to violate a constitutional right in his decisions. Therefore the recourse of "amparo", must also be admitted against judicial decisions. Nonetheless, in some countries the recourse of "amparo" against judicial decisions is expressly excluded, as is the case of Argentina, Uruguay, Costa Rica, Panama, El Salvador and Nicaragua. Yet, in other countries, like Colombia, although it is expressly regulated the admission of "amparo" against judicial decisions, in 1992, an unfortunate decision considered its admissibility as contrary to the principle of *res judicata*, so the Constitutional Court annulled the respective article of the statute[946]. But in spite of the annulment, progressively, all the main courts and the Council of State have admitted the action of "amparo" against judicial decisions, on the grounds of their arbitrary content (judicial *voi de fait*)[947].

9. *The "amparo" as a judicial guarantee that can be filed at any time, including in situations of emergency*

Seventhly and finally, the "amparo" recourse as well as the habeas corpus, are judicial means of protection that can be filed by the interested party at any time, without exception. Particularly, the right cannot be limited because of exceptional situations or states of emergency.

In particular, it must be mentioned that Article 27,1 of the American Convention allows that in time of war, public danger, or other emergency that threatens the independence or security of a State Party, "it may take measures derogating from its obligations under the present Convention to the extent and for the period of time strictly required by the exigencies of the situation, provided that such measures are not inconsistent with its other obligations under international law and do not involve discrimination on the ground of race, color, sex, language, religion, or social origin".

946 See Decision C–543, September 24, 1992 in Manuel José Cepeda, *Derecho Constitucional Jurisprudencial. Las grandes decisiones de la Corte Constitucional*, Legis, Bogotá, 2001, pp. 1009 ff.

947 See Decision T–231, May 13, 1994 in Manuel José Cepeda, *Derecho Constitucional Jurisprudencial. Las grandes decisiones de la Corte Constitucional*, Legis, Bogotá, 2001, pp. 1022 ff.

Nonetheless, in Article 27,2 it is expressly provided that no suspension at all is allowed regarding the following rights: right to juridical personality (Article 3); right to life (Article 4); right to humane treatment (Article 5); freedom from slavery (Article 6); freedom from ex post facto laws (Article 9); freedom of conscience and religion (Article 12); rights of the family (Article 17); right to a name (Article 18); rights of the child (Article 19); right to nationality (Article 20): and right to participate in Government (Article 23), "or of the judicial guarantees essential for the protection of such rights". Thus, the right to judicial protection of all those rights by means of "amparo" and habeas corpus cannot be suspended in situations of emergency.

The Inter–American Court of Human Rights in its *Advisory Opinion* (OC–8/87) of January 30, 1987 (Habeas Corpus in Emergency Situations) has referred to the question of whether habeas corpus as a judicial remedy "may remain in effect as a means of ensuring individual liberty even during states of emergency, despite the fact that Article 7 is not listed among the provisions that may not be suspended in exceptional circumstances". The Court concluded that if the exercise of State powers even in states of emergency has limits, "it follows that writs of habeas corpus and of "amparo" are among those judicial remedies that are essential for the protection of various rights whose derogation is prohibited by Article 27(2) and that serve, moreover, to preserve legality in a democratic society". Therefore, the Court ruled that "the Constitutions and legal systems of the States Parties that authorize, expressly or by implication, the suspension of the legal remedies of habeas corpus or of "amparo" in emergency situations cannot be deemed to be compatible with the international obligations imposed on these States by the Convention"[948].

Afterwards, the Inter–American Court of Human Rights in its Advisory Opinion (OC–9/87) of October 6, 1987 (Judicial Guarantees in States of Emergency) emphasizes its ruling, holding that "the judicial guarantees essential for the protection of the human rights not subject to derogation, according to Article 27(2) of the Convention, are those to which the Convention expressly refers in Articles 7(6) and 25(1), considered within the framework and the principles of Article 8, and also those necessary to the preservation of the rule of law, even during the state of exception that results from the suspension of guarantees"[949]. Thus, the final Opinion of the Court was:

1. That the "essential" judicial guarantees which are not subject to derogation, according to Article 27(2) of the Convention, include habeas corpus (Art. 7(6)), "amparo", and any other effective remedy before judges or competent tribunals (Art. 25(1)), which is designed to guarantee the respect of the rights and freedoms whose suspension is not authorized by the Convention.

---

948 Advisory Opinion oc–8/87 of January 30, 1987 (Habeas corpus in emergency situations), Paragraph 37, 42 and 43.

949 Advisory Opinion oc–9/87 of October 6, 1987 (Judicial Guarantees in States of Emergency), Paragraph 38.

2. That the "essential" judicial guarantees which are not subject to suspension, include those judicial procedures, inherent to representative democracy as a form of government (Art. 29(c)), provided for in the laws of the States Parties as suitable for guaranteeing the full exercise of the rights referred to in Article 27(2) of the Convention and whose suppression or restriction entails the lack of protection of such rights.
3. That the above judicial guarantees should be exercised within the framework and the principles of due process of law, expressed in Article 8 of the Convention[950].

In general terms, the foregoing is the parameter that the American Convention establishes for the "amparo", and this is precisely what should prevail in the internal legal systems, where a huge effort has to be made from the constitutional perspective in order to adapt the internal regulations to such international system of protection of human rights.

CHAPTER V.

THE AMPARO AS A CONSTITUTIONAL REMEDY WITHIN THE LATIN AMERICAN DIFFUSE AND CONCENTRATED SYSTEMS OF JUDICIAL REVIEW OF LEGISLATION

I. THE AMPARO AS A SPECIFIC JUDICIAL GUARANTEE FOR THE PROTECTION OF CONSTITUTIONAL RIGHTS AND FREEDOMS AND THE SYSTEMS OF JUDICIAL REVIEW OF LEGISLATION

In contrast to the Mexican and Venezuelan systems of amparo, which comprises the protection of personal freedom (habeas corpus), in the rest of Latin American countries, the amparo and the habeas corpus have been constitutionally regulated as judicial guarantees for the protection of constitutional rights and freedoms, by establishing in both cases a specific recourse or an action for such purpose. These specific means of judicial protection some times are only exercised before one single court; but in the majority of cases, they are exercised before the universe of courts of first instance.

Of course, such specific actions for the protection of constitutional rights and guarantees, are a substantial part of the judicial review systems of legislation that have been developed in Latin America since the XIX century, where it is possible to distinguish tree systems: the ones that apply the diffuse method ("American Model") of judicial review; and the ones that apply the concentrated method ("Austrian Model") of judicial review; and a last one, typically Latin American, that conforms a mixed system of judicial review in which the diffuse method of judicial review is combined with the concentrated one.

Judicial review of constitutionality[951] is the power of the courts to control the conformity of acts of the state with the Constitution, particularly of legislative acts,

950 *Idem*, paragraph 41.

issued in direct application of the Constitution. Therefore, in principle, judicial review can only exist in legal systems in which there is a written Constitution, imposing limits on the state organs' activities and within such organs, on Parliament in particular. As a result, the power of the courts to control the constitutionality of state acts is not necessarily a consequence of the sole judicial power, but of the legal limitations imposed on state organs, particularly on Parliament and on the government, in a constitution established as a supreme law.

In this sense, judicial review of the constitutionality of state acts is the ultimate consequence of the consolidation of the *rule of law (État de Droit)* where the state organs are not sovereign, are subject to limits imposed by a constitution having the force of a superior law, and in particular, when the legislator is limited in his legislative action and there is judicial control over the "legality of laws.".[952]

Therefore, acts of Parliament or Congress must always be submitted to the law, and cannot be contrary to the law. Consequently, the spirit of legality imposes the existence and functioning not only of a control of legality of administrative acts, but also of a control of the legality of laws as acts of Parliament. Only in countries where this control exists, are there truly organized democracies and *État de Droit.*

Therefore, this judicial control of the "legality of laws" is, precisely, the judicial control of the constitutionality of legislation and of other state acts issued in direct execution of the constitution, in relation to which legality means "constitutionality." Thus, there is the existence of judicial review of constitutionality that we are now going to study.

This judicial review of constitutionality is normally possible, of course, not only in those legal systems that have a *written* constitution as a supreme rule embodying the fundamental values of society, but when that superior rule is established in a rigid or entrenched way, in the sense that it cannot be modified by ordinary legislation. In principle, it is in a system of this kind that all the organs of the state are limited by and subject to the constitution and must therefore pursue their activities according to this supreme law.

This implies therefore, that not only are the traditional state organs for executing the law –the administration and the judges– subject to the law (Constitution and "legislation"), but that the organs which create the "legislation", particularly the legislative bodies, are also subject to the constitution.

Of course, a written and rigid constitution, situated at the apex of a legal system, not only demands that all the acts issued by state organs in direct execution thereof should not violate the constitution, but must also provide a guarantee to prevent or sanction such violations.[953] Thus, the judicial review of constitutionality as the power of the judiciary to control the submission of state organs to the superior rule of the country.

---

951 See Allan R. Brewer–Carías, *Judicial Review in Comparative Law,* Cambridge University Press, Cambridge, 1989.

952 *Ibid.* p. 215.

953 *Cf.* H. Kelsen, "La garantie juridictionnelle de la Constitution (La Justice constitutionnelle)" *Revue du droit public et de la science politique en France et à l'étranger*, T. XLV, 1928, p.197–257.

Different criteria can be adopted for classifying the various systems of constitutional justice or judicial review of the constitutionality of state acts, particularly of legislation.[954] However, all of them are related to a basic criteria referring to the state organs that can carry out constitutional justice functions.

In effect, judicial review of constitutionality can be exercised by all the courts of a given country or only by the Supreme Court of the country or by a court specially created for that purpose.

In the first case, all the courts of a given country are empowered to judge the constitutionality of laws. This is the case in the United States of America, thus this system has been identified as the "American model", because it was first adopted in the United States particularly after the famous *Marbury* v. *Madison* case decided by the Supreme Court in 1803. This system is followed in many countries with or without a common law tradition. This is the case, for example, in Argentina, Mexico, Greece, Australia, Canada, India, Japan, Sweden, Norway and Denmark. This system is also qualified as a diffuse system of judicial review of constitutionality,[955] because judicial control belongs to all the courts from the lowest level up to the Supreme Court of the country.

By contrast, there is the concentrated system of judicial review, in which the power to control the constitutionality of legislation and other state organs issued in direct execution of the Constitution is assigned to a single organ of the state, whether to its Supreme Court or to a special court created for that particular purpose. In the latter case, it is also called the Austrian system because it was first established in Austria, in 1920. This system is also called the "European model" and is followed, for instance, in Germany, Italy, and Spain. It is a concentrated system of judicial review, as opposed to the diffuse system, because the power of control over the constitutionality of state acts is given only to one single constitutional body that can be the Supreme Court of a given country or as in the Austrian or European model, to a specially created constitutional court or tribunal, that even though it exercises judicial functions, in general, it is created by the constitution outside ordinary judicial power, as a constitutional organ different to the Supreme Court of the country.

In regard to the judicial organs that can exercise the power of controlling the constitutionality of laws, other countries have adopted a mixture of the above mentioned diffuse and concentrate systems, in the sense that they allow for both types of control at the same time. Such is the case in Colombia and Venezuela where all courts are entitled to judge the constitutionality of laws and therefore decide autonomously upon their inapplicability in a given process, and the Supreme Court has the power to declare the unconstitutionality of laws in an objective process. One can say that these countries have a diffuse and concentrated parallel system of judicial review at one and the same time, perhaps the most complete in comparative law.

---

954 See in general M. Cappelletti, *Judicial Review in the Contemporary World*, Indianapolis 1971, p. 45 and M. Cappelleti and J.C. Adams, "Judicial Review of Legislation: European Antecedents and Adaptations", *Harvard Law Review*, 79, 6, April 1966, p. 1207.

955 M. Cappelletti, "El control judicial de la constitucionalidad de las leyes en el derecho comparado", *Revista de la Facultad de Derecho de México*, 61, 1966, p. 28.

But regarding the so–called concentrated systems of judicial review, in which the power of control is given to the Supreme Court or to a constitutional court, other distinctions can be observed.

In the first place, in relation to the moment at which control of the constitutionality of laws is performed, it may be prior to the formal enactment of the particular law, as is the case in France, or the judicial control of the constitutionality of laws which can be exercised by the court after the law has come into effect, as is the case in Germany and Italy.

In this respect, other countries have established both possibilities as is the case Spain, Portugal and Venezuela. In the latter, a law sanctioned by Congress prior to its enactment, can be placed by the President of the Republic before the Supreme Court to obtain a decision regarding its constitutionality, and the Supreme Court can also judge the constitutionality of the law after it has been published and has come into legal effect.

Moreover, in relation to the concentrated systems of judicial review, two other types of control can be distinguished regarding the manner in which review is required either incidentally or through an objective action. In the first place, the constitutional question is not considered justiciable unless it is closely and directly related to a particular process, in which the constitutionality of the concrete law is not normally necessary to the unique issue in the process. In this case, judicial control is incidental, and the Supreme Court or constitutional tribunal can only decide when it is required to do so by the ordinary court that has to decide the case. In this situation, it is basically the function of the ordinary courts, upon hearing a concrete case, to place the constitutional issue before the constitutional court.

Of course, the incidental nature of judicial review is essential to diffuse control systems and, therefore, to all legal systems that follow the American model.

But in the field of the concentrated system of judicial review, the control granted to the constitutional court can also be exercised through direct action where the constitutionality of the particular law is the only issue in the process, without reference or relation to a particular process.

In this latter case, another distinction can be made, in relation to the *locus standing* to exercise the direct action of unconstitutionality: in most countries with a concentrated system of judicial review, only other organs of the state can place the direct action of constitutionality before the constitutional court, for instance, the head of government, or a number of representatives in Parliament.

Other systems of concentrated judicial review grant the action of constitutionality to individuals, whether requiring that the particular law affect a fundamental right of the individual, or by means of a popular action, in which any citizen can request the constitutional court or Supreme Court to decide upon his claim concerning the constitutionality of a given law, without particular requirement regarding his standing.

As we have seen, the basic division we can establish regarding the various systems of judicial review, depends in our opinion, upon the concentrated or centralized or diffuse or decentralized character of judicial control of constitutionality, that is to say, when the power of control is given to all the courts of a given country or to one special constitutional court or to the Supreme Court of that country. We have also said that some countries have even adopted both systems of judicial review that developed in parallel. Related to this main classification, as we said, other criteria can be adopted to identify the various systems of judicial control of the constitutionality of laws: the incidental and the principal or objective action systems.

But in relation to the main distinction between the diffuse and concentrated systems of judicial review, we can also distinguish other criteria for classifying the various systems, according to the legal effects given to the particular judicial decision of review.

Within this scope, we can distinguish decisions with *in casu et inter partes* or *erga omnes* effects, that is to say, when the judicial decision has effects only within the parties in a concrete process, or when it has general effects applicable to everyone.

For instance, in the diffused systems of judicial review, according to the American system, the decision of the courts in principle, only has effect relating to the parties of the process; effects that are closely related to the incidental character of judicial review.

Whereas in the concentrated system of judicial review, following the Austrian model, when the judicial decision is a consequence of the exercise of an objective action, the effects of such a decision are general, with *erga omnes* validity.

Thus, in the diffuse systems of judicial review a law declared unconstitutional with *inter partes* effects, is in principle considered null and void, with no effect whatsoever. Therefore, in this case the decision in principle is retroactive in the sense that it has *ex tunc*, or *pro pretaerito* consequences; that is to say, the law declared unconstitutional is considered never to have existed or never to have been valid. Thus, this decision, in principle, has "declarative" effects, in the sense that it declares the pre–existing nullity of the unconstitutional law.

In the concentrated systems of judicial review, on the contrary, a law declared unconstitutional, with *erga omnes* effect, is in principle considered annullable. Therefore, in this case, the decision is prospective, in the sense that has *ex nunc*, *pro futuro* consequences, that is to say, the law declared unconstitutional is considered as having produced its effect until its annulment by the court, or until the moment determined by the court subsequent to the decision. In this case, therefore the decision has "constitutive" effects, in the sense that the law will become unconstitutional only after the decision has been made.

Nevertheless, this distinction related to the effects of the judicial decision regarding the unconstitutionality of a law is not absolute. On the one hand, if it is true that in the diffuse systems of judicial review, the decision has *inter partes* effects, when the decision is adopted by the Supreme Court, as a consequence of the *stare decisis* doctrine, the practical effects of the decision, in fact, are general, in the sense that it binds all the lower courts of the country. Therefore, as soon as the Supreme Court has declared a law unconstitutional, no other court can apply it.

On the other hand, in concentrated systems of judicial review, when a judicial decision is adopted on an incidental issue of constitutionality, some constitutional systems have established that the effects of that decision are only related in principle, to the particular process in which the constitutionality question was raised, and between the parties of that process, even though this is not the general rule.

In relation to the declarative or constitutive effects of the decision, or its retroactive or prospective effects, the absolute parallelism with the diffuse and concentrated systems has also disappeared.

In the diffuse systems of judicial review, even though the effects of the declarative decisions of unconstitutionality of the law, are *ex tunc, pro pretaerito*, in practice, exceptions have been made in civil cases to allow for the invalidity of the law not to be retroactive. In the same manner, in the concentrated systems of judicial review, even though the effects of the constitutive judicial decisions of unconstitutionality of the law are *ex nunc, pro futuro*, in practice, exceptions were needed to be made in criminal cases to allow for the invalidity of the law to be retroactive, and benefit the accused.

Our purpose in the following parts of the course is to study all these systems of judicial review of constitutionality of state acts, and particularly of legislation in comparative law. To that end we will analyze the most important legal systems in contemporary constitutional law, classifying them in accordance with the main distinctions we have made between the diffuse and the concentrated systems of judicial review.

Following the main distinction of methods of judicial review, and since also the specific actions for protection of constitutional rights and guaranties are means that can serve for judicial review of legislation, we will analyze the regulation of the amparo and habeas corpus actions or recourses in Latin America, classifying the Countries in accordance to the method of judicial review that exists in each of them, as follows:

a) The amparo action in countries with only a diffuse system of judicial review: the case of Argentina.
b) The amparo action in countries with only a concentrated system of judicial review: the case of Costa Rica, El Salvador, Bolivia, Chile, Honduras, Panama, Paraguay and Uruguay.
c) The amparo action in countries with mixed systems (diffuse and concentrated) of judicial review: in addition to Mexico and Venezuela, the case of Nicaragua, Brazil, Colombia, Dominican Republic, Ecuador, Guatemala and Peru.

II. THE AMPARO ACTION IN COUNTRIES WITH ONLY A DIFFUSE SYSTEM OF JUDICIAL REVIEW: THE CASE OF ARGENTINA

Argentina is the only Latin American country where the diffuse method of judicial review remains as the only one established to control the constitutionality of legislation. The other Latin American Countries that have the diffuse method of judicial review, have it mixed with the concentrated method, as is the case of Mexico and Venezuela, already studied, and of Brazil, Colombia, Dominican Republic, Ecuador, Guatemala and Peru.

Thus the amparo and habeas corpus actions in Argentina are essential adjective tools for judicial review, at present fully regulated by the Argentinean Constitution through the constitutional reform of 1994 (Article 43), following the guidelines of the American Convention on Human Rights, and having, moreover, developed the action of *habeas data*[956].

As above mentioned, the recourse of amparo was developed in Argentina as was the judicial review itself, as a result of a judicial doctrine[957] set forth by the Supreme Court in the Angel Siri Case of 27 December 1957,[958] in which the competence of ordinary courts to protect the fundamental rights of citizens, against violation from public authorities actions or from individuals was definitively accepted[959]. Prior to that date, in 1984, when interpreting Article 18 of the Constitution, which set forth the guarantee of all persons not to be arrested except by virtue of a written warrant of the competent authority, Congress, through Law 23.098, regulated the *habeas corpus* for the protection of physical and personal freedom against illegal or arbitrary detentions[960].

Insofar as other constitutional rights are concerned, they were protected through the ordinary judicial means, considering the courts that the habeas corpus could not be used for such purpose. Thus, in the absence of a legal provision, the Supreme Court of the Nation rejected the application of *habeas corpus* to obtain judicial protection to other constitutional rights. That is why in the Case *Bartolo* in 1959 the Supreme Court ruled that "nor in the text, or in the spirit, or in the constitutional tradition of the habeas corpus institution, can be found any basis for its application to the right of property, the freedom of commerce and industry ...; against the abuses or infringements of individuals or public officers regarding rights, the statutes and court decisions set forth administrative and judicial remedies"[961].

This situation radically changed in 1957, as a result of the resolution of the case of *Angel* Siri, who was director of the Newspaper (Mercedes) in the Province of Buenos Aires. After the Government closure of the Newspaper, Mr Siri brought before a criminal court a petition requesting amparo of the freedom of press and his right to work declared in the Constitution. The court rejected the claim arguing that the petition filed was a habeas corpus, which only protected physical and personal freedom. Once the judicial decision was confirmed by a superior court, an extraordinary recourse was filled against the decision before the Supreme Court, which in a

956 See: Juan F. Armagnague *et al.*, *Derecho a la información, hábeas data e Internet*, Ediciones La Roca, Buenos Aires 2002; Miguel Ángel Ekmekdjian *et al.*, *Hábeas Data. El derecho a la intimidad frente a la revolución informática*, Edic. Depalma, Buenos Aires, 1998; Osvaldo Alfredo Gozaíni, *Derecho Procesal Constitucional, Hábeas Data. Protección de datos personales. Ley 25.326 y reglamentación (decreto 1558/2001)*, Rubinzal–Culzoni Editores, Santa Fe, Argentina, 2002

957 *Cf.* G. R. Carrio, *Algunos aspectos del recurso de amparo,* Buenos Aires, 1959, p. 9; J. R. Vanossi, *Teoría constitucional*, *cit.*, Vol. II, p. 277.

958 See G. R. Carrio, *op. cit.*, p. 10.

959 See the Samuel Kot Ltd. case of 5 September, 1958, S.V. Linares Quintana, *Acción de amparo*, Buenos Aires, 1960, p. 25.

960 See: Néstor Pedro Sagües, *Derecho Procesal Constitucional. Hábeas Corpus*, Volumen 4, 2nd Edition, Editorial Astrea, Buenos Aires, 1988.

961 See the referente in Joaquín Brage Camazano, *La jurisdicción constitucional de la libertad (Teoría general, Argentina, México, Corte Interamericana de Derechos Humanos)*, Editorial Porrúa, Instituto Mexicano de Derecho Procesal Constitucional, México, 2005, p. 66.

decision of December 27, 1957 admitted the action of amparo. The argument of the Supreme Courts was that in the case, it was alleged the violation of the constitutional guarantee of freedom of press and the right to work; and that the arbitrary governmental decision violated those rights being proved, they have to be protected by the courts and so the absence of a statutory regulation on the amparo recourse is not a valid argument to reject the judicial protection,. In brief, the Supreme Court argued that the constitutional rights and guaranties of peoples, once embodied in the Constitution, must always be judicially protected regardless of the existence of a regulatory statute on the matter[962].

The second important decision of the Argentinean Supreme Court was issued the next year in the *Case Kot*, of October 5th, 1958. In this case, the action of amparo was brought before a court by Samuel Kot, the owner of a factory whose premises had been occupied by its workers on strike. Having been initially rejected, eventually the action of amparo was admitted by the Supreme Court ordering the restitution of the factory to his owner. The Court decided that in any case in which it appears clear and in a manifest way the illegitimacy of a restriction to any of the essential constitutional rights, and also the grave and irreparable damages that can be caused if the question is referred to be resolved by the judicial ordinary means; the courts must immediately re–establish the restricted right, applying the habeas corpus procedure, by means of the prompt amparo recourse.

Nonetheless, in the case, the Court warned the whole Judiciary that in these cases of constitutional protection, the judicial power had to be exercised in a prudent way in order to avoid the complete substitution of the ordinary judicial means; that is to say, that by means of the prompt amparo guarantee, all the ordinary controversies where contradictory rights must be discussed, resulted being resolved. The Supreme Court resolved in the case, precisely that it was not wise to compel the plaintiff, whose property was taken, to seek for its restitution by mean of the ordinary judicial proceedings.

The other very important issue decided by the Supreme Court in the *Kot Case*, was that the amparo not only protected against acts of authorities but also against private individuals illegitimate actions based on the principle that in spite of the existence of an ordinary procedure, it was nevertheless admissible if the processing of the latter could cause serious and irreparable harm[963].

---

962 See the reference in José Luis Lazzarini, *El juicio de amparo*, La Ley, Buenos Aires, 1987, pp. 26 ff y 373 ff.; Alí Joaquín Salgado, *Juicio de amparo y acción de inconstitucionalidad*, Ed. Astrea, Buenos Aires, 1987, pp. 5.

963 See the reference in José Luis Lazzarini, *El juicio de amparo*, La Ley, Buenos Aires, 1987, pp. 243 ff; Alí Joaquín Salgado, *Juicio de amparo y acción de inconstitucionalidad*, Ed. Astrea, Buenos Aires, 1987, pp. 6.; Susana Albanese, *Garantías Judiciales. Algunos requisitos del debido proceso legal en el derecho internacional de los derechos humanos,* Ediar S.A. Editora, Comercial, Industrial y Financiera, Buenos Aires, 2000; Augusto M. Morillo *et al*., *El amparo. Régimen procesal*, 3rd Edition, Librería Editora Platense SRL, La Plata, 1998, 430 pp.; Néstor Pedro Sagües, *Derecho Procesal Constitucional. Acción de Amparo*, Volumen 3, 2nd Edition, Editorial Astrea, Buenos Aires, 1988.

The judicial creation of the amparo lead to the approval of the 1966 Law 16.986[964] on the action of amparo, which nevertheless only regulates the action of amparo against acts of the State; so the amparo action against private parties is filed by means of the provisions of the Code of Civil and Commercial Procedure of the Nation (Article 32,1, Sub–sections 2 and 498)[965].

Thus, pursuant to Article 1st of Law 16.986, the action of amparo can be brought before a court against any act or omission of a public authority which in an overtly arbitrary or illegal manner, currently or imminently harms, restricts, alters or threatens, the rights or guarantees that are explicitly or implicitly recognized by the National Constitution, with the exception of individual freedom protected by *habeas corpus*.

Therefore, this is an action that can be brought before any judge of First Instance with jurisdiction over the place where the act takes place or where it has or could have effect, following the rules of jurisdiction attached to the concerned matter (Article 4, Amparo Law), for the protection of all constitutional rights and freedoms (even those implicitly recognized in the Constitution) against acts or omissions of the public authorities, except for those decisions or acts emanating from the Judiciary or against statutes. On the other hand, it is an action that is admissible only when no other judicial or administrative recourses or remedies exist to assure the protection. Thus, in order to bring the action of amparo, all judicial or administrative recourses or remedies that may assure the constitutional protection of the right or guarantee in question must be exhausted, since if they in fact exist, then the amparo is inadmissible, unless they are incapable of redressing the damage and their processing can lead to serious and irreparable harm. Thus the amparo is considered an exceptional proceeding.

The same regulatory trend is set forth in Article 321 of the Civil Procedure Code regarding the amparo against private damaging actions, in which it is also stressed that the action is only admissible in cases in which the urgent reparation of the damages or the immediate end of the challenged actions are needed, and always if the controversy, because of its nature, cannot be resolved by means of the ordinary judicial procedure.

On the other hand it must be stressed that even thought the actions of amparo are in general exercised before the judges of first instance, the cases can reach the Supreme Court of the Nation, by means of an extraordinary recourse when in the judicial decision a matter of judicial review of constitutionality is resolved[966].

---

964 See José Luis Lazzarini, *El juicio de amparo,* Buenos Aires, 1987; Néstor Pedro Sagüés, *Derecho Procesal Constitucional. Acción de Amparo,* Buenos Aires, 1988.

965 J. L. Lazzarini, *op. cit*., p. 229.

966 See Elias Guastavino, *Recurso extraordinario de inconstitucionalidad,* Ed. La Roca, Buenos Aires, Argentina, 1992

This leads us to make a few comments regarding the judicial review system in Argentina[967], which follows very closely the North American model, also founded in the supremacy clause of the 1860 Constitution which set forth:

> **Article 31.** This constitution, the laws of the Nation that the Congress consequently approves and the treaties with foreign powers, are the supreme law of the Nation, and the authorities of each Province are obliged to conform to it, notwithstanding any contrary disposition which the provincial laws or Constitutions might contain.

On the other hand, Article 100 referring to judicial power, set forth:

> The Supreme Court and the inferior Courts of the Nation, are competent to try and decide all cases related to aspects ruled by the constitution, by the laws of the Nation and by the Treaties with foreign nations.

Therefore, in terms similar to the American constitution, the Argentinean Constitution does not expressly confer any judicial review power upon the Supreme Court or the other courts; being also judicial review a creation of the Supreme Court, based on the principles of supremacy of the Constitution and judicial duty when applying the law.

The first case in which judicial review power was exercised regarding a federal statute was the *Sojo* case, (1887), also concerning the unconstitutionality of a law that tried to enlarge the original jurisdiction of the Supreme Court[968] as was the *Marbury* v. *Madison* case.

Nevertheless, the question of the powers of the judiciary to control the constitutionality of legislation was a matter of discussion in the Parana Constitutional Convention in 1857–1858, where the predominant opinion on the subject was: first, the character of the Constitution as a supreme law and the power of the courts to maintain its supremacy over the statutes which infringed it; second, the limits imposed over the constituted powers by popular sovereignty, so that statutes contrary to the principles embodied in the Constitution, could not be binding on the courts; and

---

967 See in general Néstor Pedro Sagüés, *Derecho procesal Constitucional,* Tomo I, Cuarta edición, 2002; Ricardo Haro, *El control de constitucionalidad,* Editorial Zavalia, Buenos Aires, Argentina, 2003; Juan Carlos Hitters, "La jurisdicción constitucional en Argentina" en Domingo García Belaunde, y Francisco Fernández Segado, (Coordinadores), *La jurisdicción constitucional en Iberoamérica,* Ed. Dykinson, Madrid, España, 1997; Maximiliano Toricelli, *El sistema de control constitucional argentino,* Editorial Lexis Nexis Depalma, Buenos Aires, Argentina, 2002.

968 *Cf.* A.E. Ghigliani *Del control jurisdiccional de constitucionalidad*, Buenos Aires, 1952., p. 5; R. Bielsa, *La protección constitucional y el recurso extraordinario. Jurisdicción de la Corte Suprema*, Buenos Aires, 1958. p. 41, 43, 179 who speaks about a "pretorian creation" of judicial review by the Supreme Court, *op. cit.,* p. 179. *Cf.* J.R. Vanossi and P.F. Ubertone, *Instituciones de defensa de la Constitución en la Argentina*, UNAM, Congreso Internacional sobre la Constitución y su defensa, México, 1982, (mimeo), p. 4 (also Publisher as "Control jurisdiccional de constitucionalidad". en *Desafíos del control de constitucionalidad,* Ediciones Ciudad Argentina, Buenos Aires, Argentina, 1996), H. Quiroga Lavie, *Derecho constitucional*, Buenos Aires, 1978, p. 481. Previously in 1863 the firsts Supreme Court decisions where adopted in constitutional matters but refered to provincial and executive acts. *Cf.* A. E. Ghigliani, *op. cit.*, p. 58.

third, that the Judiciary was precisely the branch of government which ought to have enough power to interpret the Constitution regarding the other of the State.[969]

Therefore, through the work of the courts, the Argentinean system of judicial review was developed over more than a century ago as a diffuse system[970] in which all the courts have the power to declare the unconstitutionality of legislative acts, treaties,[971] executive and administrative acts and judicial decisions, whether at national or provincial levels.[972] This power of judicial review is, of course, reserved to the courts and the executive cannot decide not to apply a statute on unconstitutional grounds.

Therefore, in Argentina, the power to control the constitutionality of state acts is not reserved to one single judicial body or a group of them; it concerns all courts, of course, within the scope of the jurisdiction that each of them has.

Argentina, being a federal state, has two court systems established from their origin following the American model in the organization of the judiciary:[973] National and provincial courts. The provincial courts have jurisdiction over all matters of "ordinary law," (*derecho común*) like civil, commercial, criminal, labor, social security, and mining law and public provincial law (constitutional and administrative provincial law). In each Province there are courts of first and second instances, and at their apex a Superior Provincial Court.

At the national level, the national courts have jurisdiction over all matters regulated by "federal law"; particularly concerning constitutional and administrative law cases and in all cases in which the Nation is a party or foreign diplomatic agents are involved. The organization of the national courts is as follows: National courts with territorial jurisdiction in the first instance; national chambers of appeals, in the second instance, and at the apex the Supreme Court of Justice, that also acts as a third instance.[974]

The Supreme Court of Justice, the only judicial body created in the Constitution, considers itself "final interpreter of the Constitution" or "the defendant of the Constitution",[975] and has two sorts of jurisdiction: original and appellate. The original jurisdiction is established in the Constitution and, therefore, is not extendible by statute, and concerns all matters related to ambassadors, ministers and foreign consuls and to which the Provinces are party (art. 101).

---

969 *Cf.* A.E. Ghigliani, *op. cit.*, p. 58.

970 N.P. Sagües, *Recurso Extraordinario*, Buenos Aires, 1984, Vol. I, p. 91. J.R. Vanossi and P.F. Ubertone, *op. cit.* p. 2, 14. See also J.R. Vanossi, *Teoría constitucional*, Buenos Aires, Vol. II, *Supremacía y control de constitucionalidad*, Buenos Aires, 1976, p. 155.

971 In particular, regarding the unconstitutionality of Treaties and the posibility of the Courts to control them, A.G. Ghigliani, *op. cit.*, p. 62; J.R. Vanossi, *Aspectos del recurso extraordinario de inconstitucionalidad*, Buenos Aires, 1966, p. 91, and *Teoría constitucional*, *op. cit.*, Vol. II, p. 277.

972 *Cf.* R. Bielsa, *op. cit.*, pp. 120–148. J.R. Vanossi and P.F. Ubertone, *doc. cit.*, p. 6.

973 *Cf.* R. Bielsa, *op. cit.*, p. 57; A.E. Ghigliani, *op. cit.*, p. 55.

974 *Cf.* J.R. Vanossi and P.F. Ubertone, *doc. cit.*, p. 14–18; A.E. Ghigliani, *op. cit.*, p. 76.

975 R. Bielsa, *op. cit.*, p. 270; J.R. Vanossi and P.F. Ubertone, *doc. cit.*, p. 18.

In its appellate jurisdiction, the Supreme Court has jurisdiction through two sorts of appeals: ordinary and extraordinary. In its appellate jurisdiction through ordinary appeals, the Supreme Court has the power of reviewing the decisions of the national chambers of appeal in the following cases: 1. Cases in which the Nation is a party according to an amount fixed periodically; 2. Cases concerning extradition of criminals sought by foreign countries; and 3. Cases concerning the seizure of ships in time of war and other cases concerning maritime law.[976]

In these cases of appellate jurisdiction through ordinary appeal, the Supreme Court acts as a court of third instance and last resort reviewing the whole case decided by the national chambers of appeals.

However, as we have said, the appellate jurisdiction of the Supreme Court of Justice can also be exercised through what has been called an "extraordinary recourse" that the party in a case decided by the national Chambers of appeals and by the Superior Courts of the Provinces can bring before the Supreme Court, in particular cases related to constitutional issues and with special conditions. This is, undoubtedly, the judicial mean through which the Supreme Court normally decides upon the final interpretation of the Constitution when reviewing the constitutionality of state acts, and consequently it is the most important mean for judicial review.

Before analyzing this "extraordinary recourse", reference has to be made to the general trends of the incidental character of the Argentinean diffuse system and its consequences.

In effect, as a diffuse system of judicial review, the Argentinean system is essentially an incidental one, in which the question of constitutionality is not the principal object of a process; thus the constitutional issue can be at any moment and at any stage of any proceeding. This incidental character has led to considering the Argentinean system of judicial review, as an "indirect" control system,[977] because the constitutional issue can only be raised in a judicial controversy, case or process, normally through an exception, at any moment before the decision is adopted by the court, and therefore not necessarily in the *litis contestatio* of the proceeding.[978]

The principal condition for raising constitutional questions is that they can only be raised in a "judicial case" or litigation between parties;[979] therefore, they cannot be raised as an abstract question before a court, and the courts cannot render declarative decisions upon unconstitutional matters.[980]

Nevertheless, the existence of a case or controversy in which the constitutional question could be raised is not only necessary, it is also indispensable that the question be raised by a party in the process with due interest in the matter, that is to say,

---

976 *Cf.* R. Bielsa, *op. cit.*, p. 60–61; J.R. Vanossi and P.F. Ubertone, *doc. cit.*, p. 19.

977 A.E. Ghigliani, *op. cit.*, p. 75.

978 A.E. Ghigliani, *op. cit.*, p. 76.

979 Art. 100 of the constitution; *Cf.* R. Bielsa, *op. cit.*, p. 213, 214; A.E. Ghigliani, *op. cit.*, p. 75; J.R. Vanossi and P.F. Ubertone, *doc. cit.*, p. 23.

980 *Cf.* R. Bielsa, *op. cit.*, p. 213, 214; A.E. Ghigliani, *op. cit.*, p. 80; S.M. Lozada, *Derecho Constitucional Argentino*, Buenos Aires, 1972, Vol. I, p. 342.

which alleges a particular injury in his own right caused by the statute considered invalid.[981]

Consequently, the court on its own cannot raise constitutional issues in the Argentinean system. Thus, even if the court is convinced of the unconstitutionality of a statute, if a party has not raised the question, the Court is bound to apply the Statute to the decision of the case.[982] In this respect, it must be stressed that even though this has been the judicial doctrine invariably applied by courts, some authors have considered that the constitutional questions can be decided by courts without being raised by a party, based on the principle of constitutional supremacy and the notion of "public order."[983]

Nevertheless, an exemption to the need for party intervention when raising the constitutional issue has been established by the Supreme Court, allowing the court to consider constitutional questions on its own, only in matters concerning the jurisdiction of the courts themselves and their functional autonomy. Consequently, the Supreme Court decided upon the unconstitutionality of a statute that enlarged its original jurisdiction of the Supreme Court of Justice established in the Constitution, although not being raised by a party.[984]

Furthermore and related to the incidental or indirect character of judicial review in the Argentinean system, the constitutional question raised in a case particularly due to the presumption of constitutionality of all statutes,[985] must be of an un avoiding character, in the sense that its decision must be essential to the resolution of the case which depends on it.[986] Moreover, the constitutional question must be clear and undoubted. Therefore, the declaration of unconstitutionality being considered an act of extreme gravity and the last ratio of the legal order, the court must abstain its consideration when there are doubts about the issue.[987] Thus when an interpretation of the statute avoiding the consideration of the constitutional question is possible the court must follow this path.[988]

Finally, it must be said that in the Argentinean system, the Supreme Court of the Nation has developed the same exception to judicial review established in the North American system, concerning political questions, even though the Constitution does not expressly establish anything on the matter.[989] These political questions are related to the "acts of government" or "political acts" doctrine developed in continental

981 S.M. Lozada, *op. cit.*, p. 342; A.E. Ghigliani, *op.cit.,* p. 82; J.R. Vanossi and P.E. Ubertone, *doc. cit.*, p. 23.

982 R. Bielsa, *op. cit.*, p. 198, 214; H. Quiroga Lavie, *op. cit.*, p. 479.

983 G. Bidart Campos, *El derecho constitucional del poder*, Vol. II, Chap. XXIX; J.R. Vanossi, *Teoría constitucional*, *op. cit.*, Vol. II, p. 318, 319.

984 *Cf.* J.R. Vanossi and P.E. Ubertone, *doc. cit.*, 25; .R. Bielsa, *op. cit.*, 255; H. Quiroga Lavie, *op. cit.*, p. 479.

985 A.E. Ghigliani, *op. cit.*, p. 89, 90.

986 A.E. Ghigliani, *op. cit.,* p. 89; S.M. Losada, *op. cit.*, p. 341.

987 H. Quiroga Lavie, *op. cit.*, p. 480.

988 A.E. Ghigliani, *op. cit.*, p. 91.

989 J.R. Vanossi and P.E. Ubertone, *doc. cit.*, p. 11.

European law, and within which we can mention the following: the declaration of state of siege; the declaration of federal intervention in the provinces; the declaration of "public use" for means of expropriation; the declaration of war; the declaration of emergency to approve certain direct tax contributions; acts concerning foreign relations; the recognition of new foreign states or new foreign state governments; the expulsion of aliens, etc., In general, within these political questions there are acts exercised by the political powers of the state in accordance with powers exclusively and directly attributed to them in the Constitution,[990] which can be considered the key element for their identification.

The Supreme Court of the Nation is vested in the Argentinean system, like it is in the United States, with two sorts of jurisdiction: original and appellate jurisdiction, and in the latter two other sorts can be distinguished: ordinary appellate jurisdiction and "extraordinary appellate jurisdiction" that can be exercised by the Supreme Court through the so called "extraordinary recourse", which accomplishes a similar result to the request for writ of *certiorari* in the United States Supreme Court.

But of course, the "extraordinary recourse" is quite different to the American request for writ of *certiorari*, in the sense that the Supreme Court of the Nation does not have discretionary powers in accepting extraordinary recourses. Thus, in the Argentinean system, the appellate jurisdiction of the Supreme Court, whether ordinary or extraordinary, is a mandatory jurisdiction, exercised as a consequence of a right the parties have, whether to appeal or to introduce the extraordinary recourse.

When the extraordinary recourse is filed, the Supreme Court does not act as a mere third instance court,[991] particularly because the Court does not review the motives of the judicial decision under consideration, regarding the facts; its power of review being concentrated only in aspects of law regarding constitutional questions. That is why it has been said that the Supreme Court, as a consequence of an extraordinary recourse, "does not act *jure litigatoris*" but *jure constitutionis*, does not judge a *questio facti*, but a *questio juris*."[992]

This substantive difference between the function of the Supreme Court as a consequence of the exercise of an appeal or an extraordinary recourse is followed by another formal difference, particularly, that contrary to the appeal, the extraordinary recourse must be motivated and founded on constitutional reasons.[993]

Even though it is called "extraordinary" it must be said that the ordinary appeal being reduced to the review of very few decisions of the National Chambers of Appeals, the "extraordinary recourse" is the judicial means through which the parties can most commonly reach the Supreme Court of Justice in order to obtain judicial review of constitutionality of state acts.[994] Particularly because, as we have mentioned, not only the definitive decisions of the National Chambers of Appeals can be

---

990 *Cf.* A.E. Ghigliani, *op. cit.*, p. 85; H. Quiroga Lavie, *op. cit.*, p. 482; S.M. Losada, *op. cit.*, p. 343; J.R. Vanossi and P.E. Ubertone, *doc. cit.*, p. 11, 12.

991 *Cf.* N. P. Sagües, *op. cit.*, p. 270; pp. 185, 221, 228, 275.

992 R. Bielsa, *op. cit.*, p. 222.

993 *Cf.* R. Bielsa, *op. cit.*, pp. 245, 252.

994 *Cf.* J.R. Vanossi and P.E. Ubertone, *doc. cit.*, p. 19.

the object of an extraordinary recourse but also the definitive decisions of the Superior Courts of the Provinces where the generality of ordinary law cases reach.

Now, the exercise of this extraordinary recourse is submitted to various particular rules, which must be stressed:

First of all, the extraordinary recourse can only be exercised in connection with constitutional matters, thus its importance regarding judicial review. In this respect, the extraordinary recourse can be exercised in three cases:

a. When in a case the question of validity of a treaty, an act of Congress or of another authority exercised in the Nation's name has been raised, and the judicial decision has been against the validity of the particular act;

b. When the validity of an act or decree of the Provincial authorities has been questioned on the grounds of its repugnance to the Constitution, treaties or acts of Congress, and the judicial decision has been in favor of the validity of the particular act.

c. When the interpretation of a clause of the Constitution, of a treaty or of an act of Congress or another national act has been questioned, and the judicial decision has been against the validity of a title, right, privilege or exemption founded in said clause which has been a matter of the case.[995]

As a creation of the Supreme Court of the Nation doctrine, the extraordinary recourse against "arbitrary judicial decisions" has also been accepted. Arbitrary judicial decisions are considered those in which the right to defend one self in a proceeding is said to have been violated. It has also been accepted in cases of so called "institutional gravity", when the Supreme Court can be reached even though the extraordinary recourse would be normally inadmissible; and in cases when an "effective deprivation of justice" has been committed.[996]

The second rule referred to the admissibility of the extraordinary recourse states that the constitutional question must have been discussed in the proceeding in the lower courts, and considered in its decision, before it can be brought before the Supreme Court through the extraordinary recourse.[997] Therefore, the Supreme Court has rejected the recourse when the constitutional issue has not been discussed in the lower courts and has not been considered in the decision.[998] Furthermore, the constitutional issue must have been maintained in the various judicial instances in the lower courts and not abandoned by the interested party. On the contrary, the Supreme Court would reject the extraordinary recourse.[999]

In third place, all the other aspects of the incidental character of judicial review already mentioned apply, of course, to the admissibility of the extraordinary recour-

995 Statute 48, Art. 14. *Cf.* J.R. Vanossi and P.E. Ubertone, *cit.* p. 20; R. Bielsa, *op. cit.*, p. 210, 211; N.P. Sagües, *op. cit.*, p. 272.

996 *Cf.* J.R. Vanossi and P.E. Ubertone, *doc. cit.*, p. 20.

997 *Cf.* R. Bielsa, *op. cit.*, pp. 190, 202, 203, 205, 209.

998 *Cf.* R. Bielsa, *op. cit.*, p. 204.

999 *Cf.* R. Bielsa, *op. cit.*, p. 260.

se, and particularly the fact that it must be exercised by a party with direct interests in the matter, whose rights are affected by the decision regarding the invalidity of a statute, and that the solution of the constitutional question must be unavoidable and indispensable for the decision of the case. Regarding standing, it must be pointed out that in the Argentinean system, it is expressly accepted that public bodies whose acts have been questioned on the grounds of unconstitutionality and also the Public Prosecutor, are considered party regarding the exercise of the extraordinary recourse.[1000]

Finally, in the Argentinean system of judicial review, as a pure diffuse system, we must refer to the effects of the decision adopted by the courts when exercising their powers of judicial review of constitutionality.

First of all, it must be said that judicial decisions adopted on matters of constitutionality, when they consider a statute to be unconstitutional, whether adopted by inferior courts or by the Supreme Court, they simply do not apply the invalid statute by giving preference to the Constitution, but there is no annulment. The courts in Argentina do not have the power to annul or repeal a law. That power is reserved to the legislator, and the only thing they can do is to refuse its application in the concrete case when they consider it unconstitutional.[1001] The statute, therefore, when considered unconstitutional and non–applicable by the judge, is considered null and void, with no effect whatsoever[1002] in the particular case. This leads to the consideration of the retroactive effect of the decision, bearing in mind its declarative character, thus *ex tunc, pro praeterito*. We insist, however, that the statute remains valid and generally applicable and even the same court can change its criteria about its unconstitutionality and apply it in the future.[1003]

That is why these effects of the judicial decision on constitutional matters, in the Argentinean system are strictly *inter partes* effect, a consequence of the diffuse character of the system. Thus the decision considering the nullity of a statute has effect only in connection with the particular process where the question has been raised and between the parties which have intervened in it and, therefore, has no *erga omnes* effects at all.[1004]

On the other hand, in the Argentinean system, the decision on judicial review, even the decisions of the Supreme Court on constitutional issues are not obligatory for the other courts or the inferior courts.[1005] Moreover, even though in the 1949 constitutional reform it was expressly established that the interpretation adopted by the Supreme Court of Justice upon the articles of the Constitution would be considered binding on the national and provincial courts,[1006] this article of the constitution

1000 *Cf.* R. Bielsa, *op. cit.*, pp. 237, 238.

1001 *Cf.* R. Bielsa, *op. cit.*, pp. 197, 198, 345; N.P. Sagües, *op. cit.*, p. 156.

1002 *Cf.* A.E. Ghigliani, *op. cit.*, p. 95.

1003 *Cf.* R. Bielsa, *op. cit.*, p. 196; A.E. Ghigliani, *op. cit.*, p. 92, 97; N. P. Sagües, *op. cit.*, p. 177.

1004 *Cf.* H. Quiroga Lavie, *op. cit.*, p. 479.

1005 *Cf.* R. Bielsa, *op. cit.*, pp. 49, 198, 267; A.E. Ghigliani, *op. cit.*, pp. 97, 98.

1006 Art. 95 of the 1949 Constitution. *Cf.* C.A. Ayanagaray, *Efectos de la declaración de inconstitucionalidad*, Buenos Aires, 1955, p. 11; R. Bielsa, *op. cit.*, p. 268.

was later repealed and the situation today is the absolute power of all courts to render their judgment autonomously with their own constitutional interpretation.

Nevertheless, it is certain that the Supreme Court of Justice, because it is the highest court in the country with wide appellate jurisdiction, particularly through the extraordinary recourse, its decisions have a definitive influence upon all the inferior courts particularly when a doctrine has been clearly and reiterated established by the Court.

Finally, regarding the Argentinean system, discussions have arisen concerning the possibility of the exercise of the diffuse system of judicial review, by the courts, when deciding recourse for *amparo* brought before them for the protection of fundamental rights.

Now since its acceptance and despite the diffuse system of judicial review followed in Argentina, the Supreme Court established the criteria of the incompetence of the *amparo* judge to review the constitutionality of legislation, reducing the powers of the judge of *amparo* to decide only on acts or facts that could violate fundamental rights. Thus it was established that the *amparo* could not be granted when the complaint contained the allegation of unconstitutionality of a law on which the relevant acts or facts were based. Thus, the Supreme Court considered that the judicial decision in cases of recourse for *amparo* could not have declarative effects regarding the unconstitutionality of statutes, due to the summary nature of its proceeding.[1007] This doctrine was followed later by law 16.986 of 18 October 1966 about the recourse for *amparo*, in which it was expressly established that the "action for *amparo* will not be admissible when the decision upon the invalidity of the act will require.... the declaration of the unconstitutionality of statutes, decrees or ordinances."(art. 2,d).

Nevertheless, in 1967, the Supreme Court, without declaring the unconstitutionality of the above mentioned disposition of law 16.986 in the *Outon* case,[1008] in an implicit way, decided its inapplicability and accepted the criteria that when considering *amparo* cases, the courts have the power to review the unconstitutionality of legislation, which has been supported by the leading constitutional law authors of the country.[1009]

Anyway, the acceptance of this means of judicial review of legislation, through the action for *amparo*, could lead to a direct action of unconstitutionality, although of a diffuse character, which differs from the incidental normal character of the constitutional review system, which is commonly exercised as a consequence of an

---

1007 See the *Aserradero Clipper SRL* case (1961), J. R. Vanossi *Teoría constitucional, cit.*, Vol. II, p. 286.

1008 Outon case of 29 March 1967. J. R. Vanossi, *Teoría constitucional, cit.*, Vol. II, p. 288.

1009 G. J. Bidart Campos, *Régimen legal del amparo,* 1969; G. J. Bidart Campos, "El control de constitucionalidad en el juicio de amparo y la arbitrariedad o ilegalidad del acto lesivo", *Jurisprudencia argentina*, 23–4–1969; N. P. Sagües, "El juicio de amparo y el planteo de inconstitucionalidad", *Jurisprudencia argentina*, 20–7–1973; J. R. J. R. Vanossi, *Teoría constitucional, cit.*, Vol. II, pp.288–292; José Luis Lazzarini, *El juicio de amparo*, La Ley, Buenos Aires, 1987, pp. 80, 86; Alí Joaquín Salgado, *Juicio de amparo y acción de inconstitucionalidad*, Ed. Astrea, Buenos Aires, 1987, p. 58; Joaquín Brage Camazano, *La jurisdicción constitucional de la libertad (Teoría general, Argentina, México, Corte Interamericana de Derechos Humanos*), Editorial Porrúa, Instituto Mexicano de Derecho Procesal Constitucional, México, 2005, pp. 71, 117.

exception raised by a party in a concrete process, whose main objective is not the constitutional question.

On the contrary, in the action of *amparo,* when founded on reasons of unconstitutionality of a statute on which the concrete act that violates the fundamental right that the petitioners seek to be protected is based, the unconstitutionality of the laws becomes a direct issue of the action itself. That is why it has been said that by accepting this feature of the action for protection, the Supreme Court has opened the way to a new direct means of judicial review of constitutionality of legislation.[1010]

III. THE AMPARO ACTION IN COUNTRIES WITH ONLY A CONCENTRATED SYSTEM OF JUDICIAL REVIEW

Argentina is the only Latin American country that has kept the diffuse method of judicial review as the only one in order to control the constitutionality of legislation.

Others Latin American countries have also followed the trend of adopting only one system of judicial review, but on the opposite side, attached only to the concentrated method. It is the case of Bolivia, Chile, Costa Rica, El Salvador, Honduras, Panama, Paraguay and Uruguay, countries that have the concentrated method of judicial review as the only existing one in the country by reserving to the Supreme Court or to a Constitutional Tribunal the monopoly to control the constitutionality of legislation.

Notwithstanding, regarding the amparo and habeas corpus actions, the exclusive attribution of the Supreme Court or Constitutional Tribunal are not always empowered with judicial review, and on the contrary, in the majority of the countries with concentrated method of judicial review, the amparo jurisdiction corresponds to a universality of courts and judges.

Thus, regarding amparo in countries with concentrated method of judicial review, the systems can be classified distinguishing those where amparo is also attributed to the judicial review concentrated organ or is attributed to the whole judiciary.

1. *The amparo action exercised before one single tribunal: the Constitutional Chamber of the Supreme Court in Costa Rica and El Salvador*

Perhaps the most common trend of the amparo in Europe, existing only in countries with a concentrated system of judicial review as a means of judicial protection of constitutional rights and guarantees, is to consider it as a single action or recourse that can only be brought before one single Tribunal specialized in constitutional matters. This is the case of the actions or recourses of amparo established in Germany[1011], Austria[1012] and Spain[1013].

1010 J. R. Vanossi, *Teoría constitucional, cit.*, Vol. II, p. 291.

1011 See I. V. Munch. "El recurso de amparo constitucional como instrumento jurídico y político en la República Federal de Alemania", *Revista de Estudios Políticos,* N° 7, Madrid, 1979, pp. 269–289; Klaus Schlaich, "El Tribunal constitucional alemán", in L. Favoreu *et al.*, *Tribunales Constitucionales Europeos Derechos Fundamentales,* Madrid, 1984, pp. 133–232.

This system is also followed in some Latin American countries with concentrated systems of judicial review, when setting forth a sole and exclusive court to hear the actions of amparo and habeas corpus, as is the case of the Constitutional Chamber of the Supreme Court of Costa Rica and El Salvador.

This is also the case of the Supreme Court of Justice of Nicaragua, but with the basic distinction that in this country there is a mixed system of judicial review.

A. *The recourse of amparo in Costa Rica*

In Costa Rica, as mentioned above, every person has a right the file the recourse of *habeas corpus* in order to guarantee his personal freedom and safety, and the recourse of amparo to maintain or reestablish the enjoyment of the other rights set forth in the Constitution, as well as the fundamental rights established in international instruments on human rights that are applicable to the Republic (Article 48, Constitution).

According to the 1989 Constitutional Jurisdiction Law, both recourses can only be brought before the Constitutional Chamber of the Supreme Court of Justice[1014]. Articles 2,a and 4 of such statute provide the specific attribution of that Constitutional Chamber to "guarantee by means of the recourses of habeas corpus and amparo, the rights and freedoms set forth in the Constitution and the human rights recognized by international law applicable in Costa Rica".

Regarding the habeas corpus recourse, Article 15 of the Law set forth that its purpose is to guaranty personal freedom and integrity, against acts or omissions from an authority of any kind, including judicial, against that freedom's threats and against the unduly disturbance and restrictions to such freedom adopted by authorities, as well as against illegitimate restrictions regarding the right to move from one place to another within the Republic, or the right to stay, to leave and to come back to its territory (Art. 15).

Pursuant to this same Law, and regarding the recourse of amparo, it is stated that it proceeds against any provision, agreement or resolution and, in general, against any action, omission or simple material action that is not founded on an effective administrative act, of the services or public institutions that have violated, violate or threatens to violate any of such rights (Article 29). The amparo not only proceeds against arbitrary acts, but also against actions or omissions founded on norms which are arbitrarily interpreted or unduly applied.

1012 See F. Ermacora, "El Tribunal Constitucional Austríaco" in the *Tribunal Constitucional,* Dirección General de lo Contencioso del Estado, Instituto de Estudios Fiscales, Madrid, 1981, Volumen I, pp. 409–459.

1013 See Joan Oliver Araujo, *El recurso de amparo,* Palma de Mallorca, 1986; Antonio Moya Garrido, *El recurso de amparo según la doctrina del Tribunal Constitucional,* Barcelona, 1983; José L. Cascajo Castro and Vicente Gimeno Sendra, *El recurso de amparo,* Madrid, 1985; Antonio Cano Mata, *El recurso de amparo,* Madrid, 1983.

1014 See, in general, Rubén Hernández Valle, *La tutela de los derechos fundamentales*, Editorial Juricentro, San José 1990.

However, the Law excludes the amparo action against statutes or other regulatory provisions, unless they are challenged together with the individual acts that apply them or when the contents of the norms are automatically applicable, in the sense that their provisions become immediately obligatory simply upon their passing. It also excludes the amparo against the judicial resolutions and actions of the Judiciary, against acts carried out by the authorities upon executing judicial decisions, and against the acts or provisions of the Supreme Tribunal of Elections in electoral matters (Article 30).

Costa Rica's Law also regulates the action of amparo against actions or omissions of those private law subjects, but in a way similar to the Colombian regulation, only when they act or should act in exercise of public functions or powers or are by law or by fact in a position of power against which ordinary judicial remedies are clearly insufficient and tardy in guaranteeing the fundamental rights and freedoms established in the Constitution and the human rights recognized by International Law in force in Costa Rica (Article 57).

In particular, the same Law of Constitutional Jurisdiction specifically regulates the recourse of amparo to guarantee the right of correction or response to any person affected by incorrect or harmful report issued against him or her by the mass media, in order that it be rectified or responded by the same broadcaster. The Law regulates a specific procedure for such purpose (Articles 66 *et seq.*).

The recourse of amparo of Costa Rica, therefore, is conceived as a judicial means of constitutional protection against actions of the Public Administration, against individual's actions when exercising Public Authority, and against self–applicable laws or regulatory acts, which is brought directly before the Constitutional Chamber of the Supreme Court of Justice against the agent or titleholder of the institution or representative of the entity that appears to be the author of the offence, without it being necessary to exercise any administrative recourse prior to bringing the action.

On the other hand, the Constitutional Chamber of the Supreme Court of Costa Rica before which are filed the amparo recourses, was created as a result of the constitutional reform of 1989, with additional powers to declare the unconstitutionality of statutes and other State acts, with annulatory effects (Art. 10). Accordingly, in Costa Rica and following a long legislative tradition of absence of diffuse method of judicial review, a concentrated system of judicial review was established attributing exclusively to the Constitutional Chamber by mean of different judicial instruments like the action of unconstitutionality and the judicial referrals[1015].

Article 73 of the Constitutional Jurisdiction Law sets forth the action of unconstitutionality that can be brought before the Chamber against any statute or regulation, when in their drafting it violates any essential constitutional formality, when a constitutional amendment has been approved in violation of the constitutional procedure, when a statute is contrary to the Constitution because opposing an international treaty or agreement, when an international convention or agreement is signed, approved or ratified in a contrary way to the Constitution provisions or when an international

---

1015 *Véase* en general Rubén Hernández Valle, *El Control de la Constitucionalidad de las Leyes*, San José, 1990.

convention or agreement in its contents and effects infringe the Constitution or a constitutional principle. The decisions of the Chamber when declaring the unconstitutionality of the challenged statute have annulatory and *erga omnes* effects. The decisions also have declarative and retroactive ex tunc effects, except regarding bona fide acquired rights or consolidated legal situations by means of prescription, caducity of a judicial decision (Article 92).

This action can be exercise in an incidental or principal way. The incidental way may be brought before the Constitutional Chamber by any party in a judicial procedure, even in cases of habeas corpus and amparo, and in administrative procedures before Public Administration in which case the constitutional question must be raised as a reasonable mean for the protection of the rights and interest of the affected parties (Article 75).

The principal unconstitutionality action can only be brought before the Constitutional Chamber by the General Comptroller, the Attorney General, the Public Prosecutor an the Peoples' Defendant (Article 75). Nonetheless, the action can also be brought before the Chamber in cases of absence of individual harm or in cases devoted to the defense of diffuse or collective interests, in which cases, the action is brought against regulation or auto applicable statutes which do not require additional State actions for its enforcement. In these cases, no individual interest must be raised being then the constitutional action similar to a popular action.[1016]

In addition to the action of unconstitutionality, the other important mean for judicial review is the judicial referrals on constitutionality matters that the courts can raise before the Constitutional Chamber when there are doubts regarding the constitutionality of the regulation or the statute that they must apply for the resolution of the case (Article 120). In these cases, the court must prepare a resolution where it must raise the constitutional questions to be sent to the Constitutional Chamber. The judicial procedure must be suspended until the Chamber decision is taken, which has obligatory character and res judicata effects (articles 104 and 117).

B. *The recourse of amparo in El Salvador*

In a similar way to the Costa Rican regulations, also in El Salvador, the Constitutional Chamber of the Supreme Court of Justice is the judicial body with the exclusive power to decide recourses of amparo for the protection against all the violations of the rights granted by the Constitution (Article 247). Also, regarding the *habeas corpus* recourses to protect personal freedom, the power to decide them is likewise attributed to the Constitutional Chamber of the Supreme Court of Justice.

Nonetheless, when the aggressive action takes place outside the capital, the habeas corpus recourse can be filed before the Chambers of Second Instance (article 42). In such cases, the decision of the Chambers that denies the liberty of the aggrieved party may be subject to review, at the request of the interested party, by the Constitutional Chamber of the Supreme Court of Justice.

Both actions, amparo and habeas corpus, have been regulated in the 1960 Law N° 2996 of Constitutional Proceedings, amended in multiple occasions up to 1997,

1016 See Rubén Hernández Valle, *El Control de la Constitucionalidad de las Leyes*, San José, 1990.

setting forth that the action of amparo proceeds against any kind of actions or omissions of any authority, public official or decentralized bodies or of the judicial definitive decisions issued by the Judicial review of administrative action Chambers which violate the rights guaranteed in the Constitution or impede its exercise. When the State is the aggrieved party, the Constitutional Chamber must order the suspension of the challenged act (Article 12).

The Law disposed that the action of amparo can only be filed when the act against which it is formulated, cannot be reparable within the procedure by means of other remedies.

In cases in which the amparo is funded in the illegal detention or undue restriction of personal freedom, the protection must be sought through the habeas corpus recourse. In this regard, Article 38 of the same Law set forth the right of everyone to dispose of himself, considering that such right is harmed, when the person is detained against his will, due to threats, to fear to injury, constraint or other material obstacles, in which cases it is understood that the person is reduced to prison and in custody of authority or of the private persons that made the detention (Art. 38).

In all these cases of non–legally authorized prison, confinement, custody or restriction, or which is exercised in a way not legally authorized, the aggrieved party has the right to be protected by writ of personal exhibition (article 40).

In El Salvador, also a concentrated system of judicial review has been set forth in the Constitution, resulting from the creation of the Constitutional Chamber of the Supreme Court by means of the constitutional reforms of 1991–1992. The Constitution attributed to the Chamber the general and exclusive power not only to resolve the amparo and habeas corpus recourses but to declare the unconstitutionality of statutes, decrees and regulations, also with *erga omnes* effects. The unconstitutionality action is conceived in the Constitutional Proceeding Law as a popular action that can be brought before the Chamber by any citizen (Articles 2 and 10).

2. *The amparo action exercised before a universality of courts: the case of Bolivia, Chile, Honduras, Panama, Paraguay and Uruguay*

With the exception of the tree abovementioned cases of Costa Rica, El Salvador and Nicaragua, where the judicial protection of constitutional rights is concentrated in the Supreme Court, in all the other Latin American countries the actions or recourses of amparo and habeas corpus, as a specific judicial guarantees of constitutional rights and freedoms, are regulated in a diffuse way in the sense that it can be filled before a wide universe of courts instead of being concentrated in one sole Tribunal. This is the case of all other Latin American countries. In addition to the Mexican and Venezuelan systems already analyzed of the amparo as a constitutional right and as a remedy, it is also the case of Argentina, Bolivia, Brazil, Colombia, Chile, Dominican Republic, Ecuador, Guatemala, Honduras, Panama, Paraguay, Peru and Uruguay.

But regarding the countries where a concentrated system of judicial review exists as the only method to control the constitutionality of legislation, like Bolivia, Chile, Honduras, panama, Paraguay and Uruguay, the jurisdiction to decide amparo and habeas corpus actions is attributed to multiple courts.

A. *The recourse of amparo in Bolivia*

According to the Constitution of Bolivia, the recourse of constitutional amparo can be brought before the High Courts in the Department capitals or before the District Judges in the Provinces, against any illegal act or unlawful omission of officials or private individuals that restrict, suppress or threaten to restrict or withhold personal rights and guarantees recognized by the Constitution and the statutes (Art. 19).

The recourse of amparo must be brought by the person who believes to have been wronged or by another sufficiently authorized person in his name, being extremely summarily processed. The Public Prosecutor may also bring, *ex officio*, this recourse when the affected party does not or is unable to do so. In these cases the amparo can only be conceded, provided there is no other means or legal recourse for the immediate protection of the restricted, suppressed and threatened rights and guarantees.

The Constitution also set forth the habeas corpus that can be filed by any person who believes to be illegitimately prosecuted, detained, or imprisoned or by another in his name, with or without power of attorney, Superior Courts of District or any Local judge, asking that the formalities be observed (Article. 18).

Regarding the recourse of habeas data it can also be brought before Superior Courts of District or any Local judge, by any person who believes himself to be illegitimately impeded from knowing, or to object or obtain the removal or rectification of data registered in any physical, electronic, magnetic or computerized in public or private files or data banks, that could affect his fundamental right to personal or familiar intimacy and privacy, self-image, honor or reputation recognized in the Constitution (Article 23)

The tree recourses had been developed by Law 1.836 of 1998 on the Law of the Constitutional Tribunal, which states that the constitutional amparo shall be admitted "against any unlawful resolution, act or omission of an authority or official, provided there is no other procedure or recourse available to immediately protect the rights and guarantees, and also against any unlawful act or omission of a person or group of private individuals that restricts, suppresses or threatens the rights or guarantees recognized by the Political Constitution of the State and the Laws" (Article 94).

In Bolivia, according to the Constitution (Article 120,7), and the Law of the Constitutional Tribunal (Article 7,8), all the judicial decisions issued on amparo or habeas corpus must be sent to the Constitutional Tribunal in order to be reviewed. According to Articles 93 and 102,V of the Law on the Constitutional Tribunal, the decisions on amparo and habeas corpus must be sent ex officio to the Constitutional Tribunal in a 24 hours delay for their revision, without causing any suspension on its enforcement.

The revision, in the case of Bolivia, different to the Argentinean, Brazilian, Colombian and Venezuelan extraordinary recourses for revision, is not a recourse, but an obligatory revision that the Constitutional Tribunal must do, to which the decisions must be sent by the courts.

Even though the 1861 Constitution introduced in Bolivia the diffuse system of judicial review following the North American model, by means of the 1994 constitutional reform, the judicial review system in Bolivia was transformed into an exclusively concentrated one[1017], corresponding to the Constitutional Tribunal, which began its functioning in 1999, the exclusive power to declare the nullity of statutes declared unconstitutional, with *erga omnes* effects[1018].

Therefore, the Constitutional Tribunal has the attribution to control the constitutionality and to guaranty the supremacy of the Constitution, the respect and enforcement of fundamental rights and guarantees as well as the constitutionality of conventions and treaties (Art. 1 of the Law). Thus the courts, except by means of amparo, habeas corpus and habeas data, cannot rule on constitutional matters, and can only refer the control of constitutionality of statutes to the Constitutional Tribunal.

In such character of the Constitutional Tribunal as having the monopoly of judicial review, it also has the power to review the judicial decisions on amparo and habeas corpus, and consequently to seek for the uniform interpretation of the Constitution.

B. *The "recourse of protection" in Chile*

Chile's 1980 Constitution, with antecedents in Constitutional Act N° 3 (Decree–Law 1.552) of 1976, sets forth the recourse of protection of certain constitutional rights and freedoms that may be brought before the competent Courts of Appeals to immediately adopt the rulings they consider appropriate for re–establishing the rule of law and assuring the due protection of the affected party, without prejudice to the other rights that may be enforced before the corresponding authority or tribunals (Article 20)[1019].

According to the Constitution, as we have analyzed, this recourse of protection is only set forth to protect the specific rights enshrined in "Article 19, Numbers 1; 2; 3 Subsection 4; 4; 5; 6; 9 Final Subsection; 11; 12; 13; 15; 16 related to the freedom to work and the freedom of free choice and free contracting, and the terms established in Subsection 4; 19; 21; 22; 23; 24 and 25". The recourse of protection is also admitted in the case of Article 19, Number 8, when the right to live in an environment free

---

1017 See in general José Antonio Rivera Santivañez, "La jurisdicción constitucional en Bolivia. Cinco años en defensa del orden constitucional y democrático" en *Revista Iberoamericana de Derecho Procesal Constitucional* N° 1, enero, junio 2004, Ed. Porrúa, 2004; José Antonio Rivera Santivañez, "El control constitucional en Bolivia" en *Anuario Iberoamericano de Justicia Constitucional*. Centro de Estudios Políticos y Constitucionales N° 3, 1999, pp. 205–237; José Antonio Rivera Santivañez, "Los valores supremos y principios fundamentales en la jurisprudencia constitucional" in *La Justicia Constitucional en Bolivia 1998–2003*, Ed. Tribunal Constitucional–AECI, Bolivia, 2003. pp. 347 y ss.; Benjamín Miguel Harb, "La jurisdicción constitucional en Bolivia" en *La Jurisdicción Constitucional en Iberoamérica*, Ed. Dykinson, Madrid, España, 1997, pp. 337 y ss, p. 131.

1018 Jorge Asbún Rojas, "Control constitucional en Bolivia, evolución y perspectivas" en *Jurisdicción Constitucional*, Academia Boliviana de Estudios Constitucionales. Editora El País, Santa Cruz, Bolivia, 2000, p. 86.

1019 See (in general): Pedro Aberastury *et al.*, *Acciones constitucionales de* amparo *y protección: realidad y prospectiva en Chile y América Latina*, Editorial Universidad de Talca, Talca 2000, Chile; Juan Manuel Errazuriz Gatica *et al.*, *Aspectos procesales del recurso de protección*, Editorial Jurídica de Chile, Santiago de Chile, 1989; Sergio Lira Herrera, *El recurso de protección. Naturaleza Jurídica, Doctrina, Jurisprudencia, Derecho Comparado*, Editorial Jurídica de Chile, Santiago de Chile, 1990; Enrique Paillas, *El recurso de protección ante el derecho comparado*, Editorial Jurídica de Chile, Santiago de Chile, 1990.

of contamination is affected by an arbitrary and illegal act attributable to a determined authority or person.

Pursuant to Article 21 of the Constitution, also in matters of constitutional rights protection, specifically regarding to personal freedom and safety, any individual who is under arrest, detained or imprisoned with infringement of the provisions of the Constitution or the statutes, by himself or by any one in his name, may request from the competent court, to order that legal formalities be observed and to immediately adopt the necessary provisions for the re–establishment of the rule of law and to assure the due protection of the affected party.

The court may order that the person be brought before it and its decree shall be precisely obeyed by those in charge of the prisons or places of detention. Once instructed of the antecedents, it shall order the immediate release or the correction of any legal defects, or order that the person be placed at the disposal of the competent judge, proceeding summarily and promptly, and correcting itself such defects or instructing whoever it corresponds to correct them.

The same recourse, in likewise, may be brought in favor of any person who illegally suffers any other deprival, disturbance or threat to the right to personal freedom and individual safety. In such cases, the respective court shall pronounce the above–mentioned measures it deems appropriate for re–establishing the rule of law and ensuring due protection of the affected party.

It must be noted that Chile is one of the few Latin American countries where the recourse of amparo or protection has not been regulated by a special statute. This lack of special statute does not impede its exercise in an efficient way, not only against public authorities harmful's actions but against individuals too. Some cases decided during the eighties', reported by Paillas[1020] may illustrate this fact.

For instance, in a case, a farmer brought before a court an action for protection against a neighbor that had demolished the fence dividing their land, and by rebuilding it in another place it affected the plaintiff property rights. The court ordered the re–establishing of the fence to its original place, considering that the arbitrary action of the defendant threatened the property rights of the plaintiff. The decision sought to maintain the existing legal factual situation, in the sense that the recourse of protection was not set forth to resolve property controversies and to establish the real land division, for which the ordinary judicial means are regulated.

In other case, protection was granted to a physician and Medicine professor whose incorporation to the National Health Service was banned, because violation of the non discrimination constitutional guaranty. In other case, a protection was granted against a factory, ordering to halt the production of human consuming products until a ventilation system was set in the premises, in order to expel the gases produced. In the case, the plaintiffs were the neighbors who alleged violation to their rights to a healthy environment. A recourse of protection was filed by the Universidad Austral because of the occupation of its buildings by students, in which case the protection was granted because a violation to the University's rights to teach and to use its own

1020 See in Enrique Paillas, *El recurso de protección ante el derecho comparado,* Santiago de Chile, 1990, pp. 80 ff

property was found. In all these cases, no decision was issued in order to resolve in a definitive way the legal controversy between parties regarding their respective rights. The decision of the recourse for protection was adopted just in order to resolve a factual problem and to preserve the situation affected by arbitrary actions, re–establishing the existing situation, in order for the interested parties to resolve their rights dispute by the ordinary judicial means.

Nevertheless, in other cases, the recourse for protection were brought before the courts in order to resolve controversies in a definitive way, for which no ordinary judicial mean were available for the resolution of the problem in a prompt an effective way. It is the case, for instance, of ignoring indubitable rights. It was the case of the owner of a land who sought protection to his property right against a railway Company authorized by the state to extract materials from the land for the building of a railway. The court granted the protection because the violation of property rights, not only by the Railway Company but also by the public body which authorized the seizure of the materials.

In all the cases, it can be said that the common denominator is always the urgency needed for the protection.

One aspect that must be highlighted is that in Chile, even though the judicial decisions regarding the recourses of protection are constitutional matters, when deciding the case, the courts cannot adopt any decision on judicial review of legislation. Since 1970 a Constitutional Tribunal was created in Chile, in charge of exercising a concentrated judicial review of statutes[1021]; but since the 2005 constitutional reform, all sort of decisions on judicial review of legislation, even in concrete cases, have been concentrated in the Tribunal. Thus, when deciding a recourse of protection, if the court considers that the applicable statute is unconstitutional, it cannot decide on the matter, but has to refer the case to the Constitutional Tribunal for its decision.

In this regard, Article 82, 6 of the Constitution assigns the Constitutional Tribunal the power to resolve the inapplicability of statutory provisions in any case before any ordinary or special court, when contrary to the Constitution. Thus, the Constitutional Tribunal has the monopoly of judicial review. In these cases, according to the same Article 82 of the Constitution, the question of unconstitutionality of a statute can be raised by any of the party to the case or by the court that is hearing the case. The Constitutional Tribunal through any of its Chambers may declare without any possibility to be challenged, the admissibility of the question as long as it verifies that a judicial action is pending before an ordinary or special court, that the application of the challenged statutory provision can be decisive to resolve the case and that the challenge is reasonably founded. The same Chamber can decide the suspension

1021 See in general Raúl Bertelsen Repetto, *Control de constitucionalidad de la ley,* Editorial Jurídica de Chile, Santiago, Chile, 1969; Francisco Zúñiga Urbina, *Jurisdicción constitucional en Chile,* Tomo II, Ed. Universidad Central de Chile, Santiago, 2002; Humberto Nogueira Alcalá, "El Tribunal Constitucional chileno" en *Lecturas Constitucionales Andinas* N° 1, Ed. Comisión Andina de Juristas, Lima, Perú, 1991; Lautaro Ríos Álvarez, "La Justicia Constitucional en Chile" en *La Revista de Derecho* N° 1, Ed. Facultad de Derecho, Universidad Central, Santiago, Chile, 1988; Teodoro Rivera, "El Tribunal Constitucional" en *Revista Chilena de Derecho*, Volumen 11, N° 23, Santiago, Chile, 1984.

of the proceedings where the action of inapplicability on grounds of unconstitutionality has been raised.

When the Constitutional Tribunal has decided in a concrete case the inapplicability of a statutory provision, the decision has only *inter partes* effects. Following, by means of a public action, the question of the unconstitutionality of the provision can be brought before the same Constitutional Tribunal, seeking a ruling in order to annul the statute with general *erga omnes* effects (article 82,7).

C. *The action of amparo in Honduras*

Pursuant to Article 183 of its Constitution, in Honduras the State recognizes the guarantee of amparo; therefore, any offended party, or another in his or her name, shall be entitled to bring a recourse of amparo to uphold or reinstate the enjoyment or benefit of the rights or guarantees established by the Constitution; and in order that he or she declares in specific cases that a law, resolution, act or fact of authority does not apply to the petitioner, nor is it applicable, since it contravenes, diminishes or distorts one or other of the rights recognized by this Constitution. Also pursuant to Article 182 of the Constitution, the State recognizes the guarantee of *habeas corpus* (*exhibición personal*), consequently, any affected party or any other person in his or her name is entitled to bring such action when illegally imprisoned, detained or in any way deprived of the individual's right to enjoy freedom; and when in the course of the legal detention or imprisonment, torment, torture, humiliation, illegal extortion and any unnecessary force, restriction or molestation is applied for his or her individual safety or by order of the jail.

These actions were regulated by the 1936 Act of Amparo, until it was repeal by the 2004 Law of Constitutional Justice, in which the follow regulations should be highlighted [1022]:

Regarding the purpose of the action of amparo and pursuant to the orientation of the American Convention on Human Rights (Article 25), its exercise is admitted against facts, acts, omissions or threats by any State Authority, including decentralized and de–concentrated entities, municipal corporations and autonomous institutes; those maintained by public funds and those that act through delegation of a State entity by reason of a concession, contract or other valid resolution (Article 42).

The power to hear the action of amparo is attributed to all levels of courts as follows:

According to Article 9 of the Law on Constitutional Justice, all actions of habeas data and the amparo recourses in cases of violation of fundamental rights perpetrated by the President of the Republic, the Appellate Courts, the Accounting Superior Tribunal, the General Attorney of the Republic, the Electoral Supreme Tribunal and

---

1022 See Allan R. Brewer–Carías, "La reforma del sistema de justicia constitucional en Honduras", en *Revista Iberoamericana de Derecho Procesal Constitucional. Proceso y Constitución* (Directores Eduardo Ferrer Mac–Gregor y Aníbal Quiroga León), N° 4, 2005, Editorial Porrúa, México, pp. 57–77; and "El sistema de justicia constitucional en Honduras" in *El sistema de Justicia Constitucional en Honduras (Comentarios a la Ley sobre Justicia Constitucional)*, Instituto Interamericano de Derechos Humanos, Corte Suprema de Justicia. República de Honduras, San José, 2004, pp. 1–148

by other officials with national jurisdiction, must be brought before the Constitutional Chamber of the Supreme Court of Justice which was created in the 2000 constitutional reform.

The Courts of Appeals are the competent courts to hear the amparo in cases of violation of fundamental rights perpetrated by the Departmental courts and sectional, executor judges and justices of peace, as well as by all political, administrative or military department or section employees (Article 10).

Finally, in the lower level of the Judiciary, the ordinary courts (Jueces de Letras) are competent to hear the amparo recourses in any other cases of violations of fundamental rights and particularly those perpetrated by lower level public officials, by municipal corporations or its members, comprising the police judges and auxiliary mayors (Article 11).

On the other hand, all the above mentioned courts have the power to hear and decide the habeas corpus or personal appearance recourse for the rights of personal freedom and safety (Article 13).

In matters concerning amparo, the most important characteristics of the Law's regulations are as follows:

The rights protected, pursuant to the guidelines of the American Convention, are those recognized in the Constitution and in the Treaties, covenants and other international instruments of human rights (Article 41,1).

Respecting the standing to sue, the action of amparo may be brought by any person without distinction, whether an individual or a legal entity, and it may also be brought by any person in representation of the aggrieved party (Article 44).

With respect to the defendant party, as has been said, the amparo shall be admitted against acts of any authority, such as norms, judicial decisions or administrative acts and also against omissions or threats of violation (Articles 13 and 41). The amparo shall also be admitted against private parties, although to a limited extent, in respect of institutions maintained by public funds and those acting by delegation of a State entity by virtue of a concession, contract or other valid resolution (Article 42).

The processing of the amparo, on the other hand, shall take preference over any other matter, except for cases of *habeas corpus* (Article 51).

A procedure of two instances is established in the Law and in all cases an obligatory consultation of the decisions is set forth. Regarding the decisions issued by the department courts, they must be sent in consultation before the Appellate Courts. The decision issued by these Appellate Courts can be subject to review by the Constitutional Chamber of the Supreme Court by means of the parties' request for study. In such cases the Constitutional Chamber has discretionary power to resolve the admissibility of the request (article 68). Regarding the decisions adopted in first instance by the Appeals Courts in questions of amparo, they must also be sent for consultation before the Constitutional Chamber of the Supreme Court (Article 69).

Thus, the Constitutional Chamber can always be the last resort to decide upon the matters of amparo. According to the Constitution, it can be said that the Honduran system of judicial review is conceived as a mixed one, combining the diffuse and the concentrated ones, the latter in the hands of the Constitutional Chamber. Regarding the diffuse method of judicial review of legislation, Article 320 of the

Constitution set forth that "In cases of incompatibility between a constitutional norm and an ordinary statutory one, the courts must apply the former". A constitutional provision regarding the diffuse method of judicial review cannot be clearer[1023]. Notwithstanding, and following the legislative practice of the past, the final version of the Law on Constitutional Justice of 2004, failed to regulate such method, setting forth a one and only concentrated method of judicial review of legislation by attributing to the Constitutional Chamber the power to annul statutes on the grounds of their unconstitutionality. Nevertheless, the diffuse method always persists by means of the amparo recourse, because in it, precisely, the court decision can be can be a judicial declaration that in the specific cases, a law is not to be enforced against the claimant nor is it applicable, since it contravenes, diminishes or distorts a right recognized by this Constitution" (183,2 Constitution).

Regarding the concentrated method of judicial review, the Constitution sets forth that "The statutes can be declared unconstitutional on grounds of form or in its contents" (Article 184), corresponding to the Constitutional Chamber of the Supreme Court the exclusive hearing and resolution on the matter (Article 315,5). The most important aspects of this concentrated method of judicial review are the followings:

Regarding the object of judicial review, the actions of unconstitutionality that can be brought before the Constitutional Chamber are about the statutes and general applicable norms, except regulations, that must be challenged before the administrative action judicial review courts; constitutional amendments approved contrary to the formalities set forth in the Constitution; approbatory statutes of international treaties sanctioned without following the constitutional formalities (Article 17); and against statutes that contravene the provisions of an international treaty or convention in force in Honduras (article 76).

The action of unconstitutionality can be brought before the Constitutional Chamber in a limited standing rule, set forth in the Law on Constitutional Justice following the Constitution, reduced to those persons having a personal, direct and legitimate interest (Article 77).

The concentrated method of judicial review can also be exercised in an incidental manner, as an exception of unconstitutionality of a statute that can be raised in any process (Article 82), or by the referral of the case that any court can make to the Constitutional Chamber of the Supreme Court before deciding the case (Article 87). In such cases, the proceeding must continue in the lower court up to the stage of deciding the case, in which it must be suspended waiting for the Constitutional Chambers decision on the constitutional question (Article 77).

In both cases, whether through the action of unconstitutionality or by means of the incidental constitutional question, the decision of the Constitutional Chamber has *erga omnes* effects, with repealing character (Article 94).

1023 See Allan R. Brewer–Carías, "El sistema de justicia constitucional en Honduras" in *El sistema de Justicia Constitucional en Honduras (Comentarios a la Ley sobre Justicia Constitucional)*, Instituto Interamericano de Derechos Humanos, Corte Suprema de Justicia. República de Honduras, San José, 2004, pp. 27 ff.

D. *The action of amparo in Panamá*

The amparo action of constitutional guaranties is set forth in Article 50 of Panama's 1972 Constitution, reformed in 1978, 1983 and 1994, for the benefit of any person against whom an order to do or not to do is issued or enforced by any public servant, which violates the rights and guarantees enshrined in this Constitution. In such cases the person has the right to have the order revoked at his request or that of any other person on his behalf." According to the same article, "the recourse of amparo of constitutional guarantees shall be brought by means of a summary procedure and shall be the competence of the judicial tribunals"[1024].

Article 23 of the Constitution also sets forth the habeas corpus recourse in favor of any individual arrested in a manner or in cases other than those prescribed by the Constitution and the statute. In such cases, the person shall be released at his request or that of another person, by means of the recourse of *habeas corpus*, which may be brought immediately following the arrest and irrespective of the applicable punishment.

The regulation related to the amparo action and to the habeas corpus recourse is set forth in the Judicial Code of Panama. Regarding the amparo of constitutional guaranties, according to Article 2615 of the Code, it can be brought against any kind of acts that harm or injure the fundamental rights and guaranties set forth in the Constitution, having the form of an order to do or not no do, when the seriousness and imminence of the damage they cause requires an immediate repeal. It can also be brought against judicial decisions when all the existing judicial means to impugn it have been exhausted; but cannot refer to judicial decisions adopted by the Electoral Tribunal, the Supreme Court of Justice or any of its Chambers.

Pursuant to Article 2.616 of the Legal Code, the following are the competent courts to hear claims of amparo:

1. The Supreme Court of Justice, for acts issued by authorities or officials with rule and jurisdiction in the whole Republic or in two or more provinces.
2. The District High Courts, for acts issued by public servants with rule and jurisdiction in one Province; and
3. The Circuit Judges for acts issued by public servants with rule and jurisdiction in one district or part of such district.

The distribution of the judicial power to resolve in matters of amparo and habeas corpus among all levels of the Judiciary contrast with the judicial review system of Panama, conceived as a concentrated one, by attributing to the Supreme Court of Justice the exclusive power to decide upon the constitutionality of legislation.

Article 203,1 of the Panamanian Constitution gives the Supreme Court the exclusive role to protect the integrity of the Constitution and to control the constitutionality of legislation by means of two different methods: a direct popular action or by

1024 See: Lao Santizo P., *Acotaciones al* amparo *de garantías constitucionales panameño,* Editorial Jurídica Sanvas, San José, Costa Rica, 1987.

mean of a question of constitutionality that can be raised as an incident before a lower court.

Regarding the action of unconstitutionality, in similar terms as the Colombian and Venezuelan regulations, it is conceived as a popular action that can be brought before the Supreme Court by anybody in order to denounce the unconstitutionality of statutes, decrees, decisions or acts, founded in substantive or formal questions (Article 2556).

On the other hand, the question of the unconstitutionality of legal or executive norms applicable to a case can be raised by the parties to the case or ex officio by the respective court, in which case the incidental question must be sent to the Supreme Court for its decision. The procedure must be suspended at the stage previous to the decision that can only be issued once the Supreme Court has adopted its decision on the constitutional matters (Article 2557 Judicial Code).

In both cases, the Supreme Court decision is final, definitive, obligatory and with non-retroactive effects, and must be published in the Official Gazette (article 2573 Judicial Code).

E. *The petition for amparo in Paraguay*

The 1992 Constitution of Paraguay also expressly regulates as constitutional guarantees, the petition for amparo, the action of *habeas corpus* (Article 133)[1025] and the action of *habeas data* (Article 135).

Regarding the petition for amparo, according to Article 134 of the Constitution, it can be filed by anyone who considers himself seriously affected by a clearly illegitimate act or omission, either by governmental authorities or individuals, or who may be in imminent danger that the rights and guarantees set forth in the Constitution or the statutes may be curtailed, and whom, in light of the urgency of the matter cannot seek remedy through regular legal means. In such case, the affected person may file a petition for amparo before a competent judge. Proceedings will be brief, summary, and free of charge, and of popular action in the cases set forth by legislation.

The judge is empowered to safeguard rights, guarantee, or immediately restore the legal situation that existed prior to the violation.

The amparo petition which has been regulated in the 1971 Law 341 of Amparo, is not admissible against judicial decisions and resolutions and when the matter refers to the individual freedom protected by the recourse of habeas corpus (Article 2).

According to Article 3 of the Law of Amparo, the petition for amparo can be filed before any first instance court with jurisdiction in the place where the act or omission could have effect. Nonetheless, the Constitution provides that, regarding electoral questions and matters related to political organization, the competent court will be that of the electoral jurisdiction (Article 134).

1025 See: Evelio Fernández Arévalos, *Habeas Corpus Régimen Constitucional y legal en el Paraguay*, Intercontinental Editora, Asunción, Paraguay 2000.

The recourses of habeas data and habeas corpus must also be filed before the judges of first instance (Article 133); and in some cases the habeas corpus recourse before the Supreme Court (Article 259,5).

Except for the resolutions of the amparo petition, habeas corpus recourse or habeas data action, which in general corresponds to all courts of first instance, all other constitutional matters dealing with judicial review of legislation are the exclusive attribution of the Constitutional Chamber of the Supreme Court of Justice. Therefore, in Paraguay, since the 1992 Constitution, a concentrated system of judicial review[1026] has existed, by attributing the Supreme Court of Justice the power to decide actions and exceptions seeking to declare the unconstitutionality and inapplicability of statutes contrary to the Constitution. Article 260 of the Constitution, assigns the Constitutional Chamber created in 1995, the power to hear and resolve upon the unconstitutionality of statutes and other normative instruments, declaring in the concrete case, the inapplicability of their dispositions that are contrary to the Constitutions. The decision, thus, only has effects for the concrete case.[1027]

The Constitutional Chamber also has the power to decide upon the unconstitutionality of judicial definitive or interlocutory decisions, declaring their nullity when contrary to the Constitution. In all these cases, the procedure can be initiated by means of an action before the Constitutional Chamber of the Supreme Court or through an exception raised in any instance, in which case the files must be sent to the Constitutional Chamber.

This is confirmed by Article 18,a) of the Civil Procedure Code which set forth that the when a judge hearing a concrete case considers the applicable statute contrary to the Constitution, even ex officio, he may send the files to the Supreme Court of Justice, in order for the Court to decide the question of unconstitutionality.

In particular, regarding actions of amparo, Article 582 of the same Civil Procedure Code (Law N° 600, 1995), set forth that when in order to decide an action for amparo, the competent court must determine the constitutionally or unconstitutionality of a statute, decree or regulation, the court must send the files to the Constitutional Chamber of the Supreme Court of Justice, who as soon as possible, must declare the unconstitutionality when evident.

F. *The action of amparo in Uruguay*

Notwithstanding the general declarations contained in Articles 7,72 and 332 of the 1966 Constitution, the action of amparo in Uruguay was expressly regulated by Law 16.011 of 1988, which establishes that any person, human or artificial, public or private, may bring an action of amparo against any act, omission or fact of the state or public sector authorities, as well as of private individuals that in a illegitima-

---

1026 See in general, Norbert Lösing, "La justicia constitucional en Paraguay y Uruguay" en *Anuario de Derecho Constitucional Latinoamericano 2002.* Ed. KAS, Montevideo, Uruguay, 2002; Luis Lezcano Claude, *El control de constitucionalidad en el Paraguay,* Ed. La Ley Paraguaya S.A. Asunción, Paraguay, 2000.

1027 L.M. Argaña, "Control de la Constitucionalidad de las Leyes en Paraguay", *Memoria de la Reunión de Presidentes de Cortes Supremas de Justicia en Iberoamérica, el Caribe, España y Portugal*, Caracas, 1982, pp. 550, 551, 669, 671.

te evident way, currently or imminently impair, restrict, alter or threaten unlawfully any of the rights and freedoms expressly or implicitly recognized by the Constitution (Article 72), except in those cases where an action of *habeas corpus* is admitted.

This action of amparo for the protection of all constitutional rights and freedoms may be brought before the judges of First Instance in the matter corresponding to the act, fact or omission under dispute and of the place where they produce effect (Article 3)[1028].

However, Law 16.011 excludes from action of amparo, all judicial acts issued in judicial controversies, no matter their nature and irrespective of the court that issues them; also acts of the Electoral Court, whatever their nature; as well as the statutes and decrees of departmental governments that have force of statute in their jurisdiction (Article 1).

This action of amparo in the Uruguayan system is only admitted when there are no other judicial or administrative means available for obtaining the same result of protection or amparo, or when, if they were to exist, are clearly ineffective for protecting the right Article 2).

In the process of amparo, constitutional questions may arise regarding the unconstitutionality of statutes, but the ordinary court cannot resolve them, and a referral to the Supreme Court must be made. This is the consequence of the concentrated method of judicial review of legislation that exists in Uruguay[1029].

Article 256 of the Uruguayan Constitution, since 1934[1030], assigns to the Supreme Court of Justice the exclusive and original power to declare the unconstitutionality of statutes and other State acts with force of statutes, whether founded on formal or substantive reasons.

This declaration of unconstitutionality of a statute and its inapplicability can be requested be means of an action of unconstitutionality that can be filed before the Supreme Court by all those who deem that their personal and legitimate interests

---

1028 See (in general): Luis Alberto Viera *et al.*, *Ley de Amparo. Comentarios, Texto Legal y Antecedentes legislativos a su sanción. Jurisprudencia sobre el* amparo, 2nd Edition, Ediciones IDEA, Montevideo, 1993; Miguel Ángel Semino, "Comentarios sobre la acción de amparo en el Derecha uruguayo", en *Boletín de la Comisión Andina de Jurista,* N° 27, Lima, 1986,

1029 See in general José Korseniak, "La Justicia constitucional en Uruguay" en *La Revista de Derecho*, año III, enero–junio 1989, Facultad de Derecho, Universidad Central, 1989; Héctor Gros Espiell, "La jurisdicción constitucional en el Uruguay" en *La Jurisdicción Constitucional en Iberoamérica*, Ed. Universidad Externado de Colombia, Bogotá, Colombia, 1984; Eduardo Esteva G. "La jurisdicción constitucional en Uruguay" en Domingo García Belaunde, y Francisco Fernández Segado, (Coord.), *La Jurisdicción Constitucional en Iberoamérica.* Ed. Dykinson, Madrid, España, 1997; Norbert Lösing, "La justicia constitucional en Paraguay y Uruguay" en *Anuario de Derecho Constitucional Latinoamericano 2002.* Ed. KAS, Montevideo, Uruguay, 2002,

1030 Originally, the system was established in 1934, and latter in 1951. See H. Gross Espiell, *La Constitución y su Defensa*, Congreso, "*La Constitución y su Defensa*", UNAM, 1982 (policopiado), pp. 7,11. The siystem remained in the 1966 Constitution, in the "Acta Institucional N° 8 de 1977" and in the "Acta Institucional N° 12 de 1981". *Idem*, pp. 16, 20.

have been harmed (Article 258)[1031]. Thus, regarding standing, the Uruguayan regulation has similarities with the Honduran one.

The constitutional question can also be submitted to the Supreme Court in an incidental way by a referral made ex officio or as a consequence of an exception of unconstitutionality raised by a party to a concrete process, by an inferior court (art. 258). In such cases, the inferior court must send to the Supreme Court an abstract of the question, the case having to be suspended at the stage of deciding it. Once the Supreme Court has decided, the inferior court must then decide according to what the Supreme Court has ruled (Articles 258, 259).

In all cases, the decisions of the Supreme Court on matters of constitutionality only refer to the concrete case in which the question is raised (Article 259). This principle is clear regarding the incidental mean of judicial review where the question of constitutionality is raised in a concrete case, but originates doubts regarding the action of unconstitutionality. According to the Law N° 13747 of 1969[1032], which regulates the procedures in matters of judicial review, the decision of the Supreme Court impede the application of the challenged norms declared unconstitutional regarding the plaintiff, authorize its use as an exception in all other judicial proceedings, including the judicial review of Public administration activities[1033].

CHAPTER VI

THE AMPARO AS A CONSTITUTIONAL REMEDY WITHIN THE LATIN AMERICAN MIXED SYSTEMS (DIFFUSE AND CONCENTRATED) OF JUDICIAL REVIEW OF LEGISLATION

In the middle of the XIX Century, the North American system of judicial review influenced some Latin American countries which also adopted the diffuse system of judicial review. Alexis De Tocqueville's influential book, *Democracy in America*, [1034] is considered to have played a fundamental role in this process, particularly regarding the Latin American countries with a federal form of state, all of whom adopted a form of constitutional justice, as was the case in Argentina (1860), Mexico (1857), Venezuela (1858) and Brazil (1890). The system was also adopted in other countries with a brief federal experience like Colombia (1850) and even without connection with the federal form of state in the Dominican Republic (1844), where it is still in force.

1031 Artículo 258. See H. Gross Espiell, *op. cit.*, pp. 28, 29; J.P. Gatto de Souza, "Control de la Constitucionalidad de los Actos del Poder público en Uruguay", *Memoria de la Reunión de Presidentes de Cortes Supremas de Justicia en Iberoamérica, el Caribe, España y Portugal*, Caracas, 1982, pp. 661, 662.

1032 See H. Gross Espiell, *op. cit.*, p. 29.

1033 *Idem.*

1034 The first edition in Spanish of the book was issued in 1836, one year after the French and English edition. On the influence of the De Tocqueville book on the matter, see J. Carpizo and H. Fix–Zamudio, "La necesidad y la legitimidad de la revisión judicial en América Latina. Desarrollo reciente", in *Boletín Mexicano de Derecho Comparado*, 52, 1985, p. 33; R.D. Baker, *Judicial Review in México. A Study of the Amparo Suit*, Austin 1971, pp. 15, 33.

But all the Latin American diffuse systems of judicial review, except for Argentina which remained the most similar to the American model[1035], moved from the original diffuse system towards a mixed system, by adding the concentrated method of judicial review, or by adopting the mixed system from the beginning with its own natural characteristics. Even the Mexican system with the peculiarities of the *juicio de amparo* also moved from the original diffuse system to the current mixed system.

Due to the mixed character of the judicial review system, in all the countries that have adopted the mixed system of judicial review, except for Nicaragua, the amparo actions can be filed before a universe of courts, as happens in Brazil, Colombia, Dominican Republic, Ecuador, Guatemala, Peru, Mexico and Venezuela. In Nicaragua, on the contrary, only the Supreme Court can hear actions of amparo.

I. THE AMPARO ACTION OR RECOURSE IN MIXED SYSTEMS OF JUDICIAL REVIEW, EXERCISED BEFORE ONE SINGLE TRIBUNAL: THE CASE OF THE SUPREME COURT OF NICARAGUA

In Nicaragua, the Supreme Court of Justice is the one called to hear and decide the recourse of amparo (Art. 164,3), which –according to Article 45 of the Constitution, corresponds to those "whose constitutional rights have been violated or are in danger of violation". Only two other Latin American countries assign to their Supreme Court the monopoly to decide amparo actions, Costa Rica and El Salvador, but with the difference that there, the judicial review system followed is an exclusively concentrated one, exercised by a Constitutional Chamber of the Supreme Court.

The recourse of amparo in Nicaragua is set forth against any provision, act or resolution, and in general against any action or omission of any official, authority or agent that violates or attempts to violate the rights and guarantees enshrined in the Constitution; and the recourse of *habeas corpus* in regulated in favor of those whose freedom, physical integrity and safety have been violated or are in danger of being violated (Articles 188 and 189 of the Constitution). Both recourses are of the exclusive competence of the Supreme Court of Justice to hear them (Article 164,3).

According to the 1988 Law of Amparo, the recourse of amparo proceeds against any disposition, act or resolution and in general, against any action or omission of any public official, authority or agent which violates or threatens to violate the rights and guaranties declared in the Constitution (Article 3). Thus, no amparo recourse can be filled against private individual's actions or omissions.

On the other hand, regarding the recourse of personal exhibition (habeas corpus), it proceeds in favor of those persons whose freedom, physical integrity and security are violated or in danger of being violated by any public official, authority, entity or

1035 A. E. Ghigliani, *Del control jurisdiccional de constitucionalidad*, Buenos Aires 1952, who speaks about "Northamerican filiation" of the judicial control of constitutionality in Argentinian law, p. 6, 55, 115. *Cf.* R. Bielsa, *La protección constitucional y el recurso extraordinario. Jurisdicción de la Corte Suprema*, Buenos Aires 1958, p. 116; J.A.C. Grant, "El control jurisdiccional de la constitucionalidad de las Leyes: una contribución de las Américas a la ciencia política", *Revista de la Facultad de Derecho de México*, UNAM, T. XII, 45, 1962, p. 652; C.J. Friedrich, *The Impact of American Constitutionalism Abroad*, Boston 1967, p. 83.

public institution, autonomous or not, and acts restrictive of personal freedom of any inhabitant of the Republic performed by individuals (Art. 4)

As mentioned, the Supreme Court of Justice is the only competent tribunal to finally decide the recourse of amparo. According to Article 25 of the Amparo Law, the amparo recourse must be brought before the Courts of Appeals or its Civil Chambers, where the first path of the proceeding must be accomplished, including the suspension of the challenged act. The files must then be sent for the accomplishment of the final path of the procedure to the Supreme Court of Justice until the final decision. Even in cases in which the Courts of Appeals reject to hear the recourse, the plaintiff can bring the case by mean of an action de amparo before the Supreme Court, against the illegitimate act of fact (*vía de hecho*).

In cases of illegal detentions made by any authority, the recourse of personal exhibition must be filed before the Courts of Appeals or their Criminal Chambers. In cases of acts restrictive of freedom made by individuals, the habeas corpus must be filed before the Criminal District courts (Art. 54).

In Nicaragua, even though the Supreme Court is the only competent court to decide the amparo and personal exhibition recourses, as well as a recourse of unconstitutionality of statutes, the judicial review system is not a concentrated one but a mixed one, because all courts, in accordance with the principle of constitutional supremacy (Article 182 of the Constitution), can be considered as having the general power to decide upon the unconstitutionality of statutes when deciding concrete cases, with only *inter partes* effects.

The recourse of unconstitutionality is conceived as a direct action that can be brought before the Supreme Court by any citizen against any statute, decree or regulation (Article 2 of the Amparo Law). The decision is thus conceived as a popular action, and the Supreme Court's decision when declaring the unconstitutionality of the impugned act, has also general and formal *res judiciata* effects. The statute declared in contravention with the Constitution cannot be applied after the Court's decision has been adopted (Articles 18 and 19).

It must be highlighted that the question of the unconstitutionality of a statute, decree or regulation can also be raised in a particular case before the Supreme Court by the corresponding party in the proceeding of a recourse of cassation or of a recourse of amparo, in which cases, if the Supreme Court in its decision, in addition to the cassation of the judicial decision and to the constitutional protection to be granted to the party, must declare the unconstitutionality of the statute, decree or regulation, with the same general effects. Nonetheless, the decision cannot affect third party rights acquired from those statutes or regulations (Articles 20 and 22).

The Amparo Law also provides that in any judicial case in which a decision that cannot be challenged by mean of a cassation recourse has been adopted, resolving the matter with express declaration of the unconstitutionality or a statute, decree or regulation, the respective court must send its decision to the Supreme Court. The latter can ratify the unconstitutionality of the statute, decree or regulation and declare its inapplicability. In such case the decision cannot affect third party rights acquired from those statutes or regulations (Articles 21 and 22)

As mentioned, with the only exception of Nicaragua, in all other Latin American countries that follow the mixed system of judicial review combining the diffuse and concentrated method of judicial review of the constitutionality of statutes, the amparo recourse proceedings follows the diffuse trends, and can be filed before a universality of courts and not before one single court. It is the case of the systems of Brazil, Colombia, Dominican Republic, Ecuador, Guatemala, Mexico, Perú and Venezuela.

II. THE AMPARO ACTION OR RECOURSE IN MIXED SYSTEMS OF JUDICIAL REVIEW EXERCISED BEFORE A UNIVERSALITY OF COURTS: THE CASE OF MEXICO, VENEZUELA, BRAZIL, COLOMBIA, DOMINICAN REPUBLIC, ECUADOR, GUATEMALA AND PERÚ

As has been mentioned before, the supremacy of the Constitution in a democratic society, as the product of the people's will expressed by means of the constituent power, implies that the Constitution cannot be modified except only by means of the constitutional revision process enshrined by the people in the same Constitution. The people as creator of the Constitution have a right to its preservation and to its supremacy.

The consequence of such right to he supremacy of the Constitution is the set of guaranties the Constitution set forth in order to protect it, by means of the judicial review power attributed to the Judiciary or by means of the actions for protection of the Constitution that can be filed before the courts.

In both cases, if people have a constitutional right to the supremacy of the Constitution and its contents, it also has a constitutional right to the protection of such supremacy, referred not only to the organic part of the Constitution (State organization and division and separation of powers) but also regarding its dogmatic side, that is, the constitutional rights and freedoms declared in the Constitution as pertaining to the people. Thus, everyone has rights guarantied in the Constitution, and everyone has the constitutional right to be effectively protected by the Judiciary in the enjoyment and exercise of such constitutional rights.

The consequence of such approach is that there is a fundamental right that can be distinguished, above all, and it is the right to the judicial control for the enforcement of the Constitution, in order to assure the submission of the State organs to the latter.

Concerning the organic part of the Constitution, this right implies: first, the right to judicial review of legislation (statutes), by means of direct actions of unconstitutionality brought before a constitutional court in a concentrated method of judicial review or by mean of the diffuse method of judicial review where the constitutionality of statutes can be challenge before any court; second, the right to judicial review of administrative action, generally by special administrative courts, on ground of constitutionality and legality; and third, the right to judicial review of judicial decisions through ordinary (appeals) or extraordinary (cassation) means of review.

Moreover, regarding the dogmatic part of the Constitution, this fundamental right to effective judicial protection of constitutional supremacy is also manifest in a right to judicial protection of the constitutional rights and freedoms of the people, either by ordinary judicial effective actions or recourses, or by means of specific actions or recourses of "amparo" or other judicial means of immediate protection of such rights. These provisions of constitutional guarantees to the constitutional rights and freedoms are an essential characteristic of contemporary democratic constitutionalism, the basis of which continues to be the unequivocal statement of Article 16 of the 1789 Declaration of the Rights of Man and the Citizen:

> Any society in which no provision is made for guaranteeing rights or for the separation of powers, has no Constitution.

The consequence of this fundamental right to constitutional supremacy and the right to its judicial protection undoubtedly implies the power/duty attributed to the courts for the purpose of guaranteeing constitutional supremacy, either by annulling State acts (statutes, administrative acts, judicial resolutions) that are contrary to the Constitution, or by re–establishing constitutional rights and freedoms impaired by illegitimate actions, both by State entities and by private individuals.

Such citizens' constitutional right, as all rights of the people guaranteed in the Constitution, can only be limited by the same Constitution. That is why statutory legal restrictions to this right to Constitutional supremacy and to "amparo" protection would be incompatible with their fundamental right character, whether manifested for instance in the exclusion of some State act to be challenged or of some constitutional rights whose violation cannot be immediately protected by the "amparo" action. Constitutional supremacy is an absolute notion that admits no exception, and therefore neither of the constitutional right could be excluded from the judicial protection guarantees, unless, of course, provided by the Constitution itself.

Anyway, as already mentioned, regarding the Latin American "amparo", the national constitutional and statutory regulations allow to distinguish two general systems according to whether the "amparo" of constitutional rights and freedoms is conceived to be *per se* a *constitutional right*, at the same time being a judicial guarantee in multiple ways; or as a specific judicial remedy for the protection of constitutional rights.

1. *The "amparo" as a constitutional right*

Firstly, the "amparo" of constitutional rights and freedoms may be conceived in the constitutional system as a constitutional right of the citizens, derived from the right to the supremacy of the Constitution and to obtain judicial protection from all courts regarding such rights and freedoms. Such means of judicial protection may be ordinary judicial means, or a specific judicial means of immediate protection.

In these cases, therefore, the amparo has been regulated as a constitutional right, hence originating not just one judicial guarantee (action or recourse) of "amparo", but multiple judicial proceedings, both ordinary and specific, for the protection of constitutional rights and freedoms. Such is the case of Mexico and Venezuela where, in addition, no distinction is made between an amparo action and an habeas corpus action, being the latter just an amparo directed to protect personal freedom and safety.

A. *The Mexican suit of "amparo"*

As has been mentioned before, under Article 25 of the 1847 Act of Constitutional Reforms, Mexico introduced *the right of all inhabitants of the Republic to be legally protected by the courts* of the Federation regarding the rights and guarantees granted to them by the Constitution, against any attack by the Executive or Legislative Authorities, thereby establishing that the federal courts had the duty to provide protection only in concrete cases, without making general declarations concerning the act in question. This is how it arose the figure of constitutional "amparo", as a constitutional right of all people to the protection of their constitutional rights and freedoms, the subsequent development of which, has shaped the so–called "judgment or trail of amparo".

This amparo suit, according to Article 1,1 of the Amparo Law, is set forth in order to resolve any controversy arisen from statutes and authorities' acts which violate individual guaranties. But also, according to the same article, it also has the purpose of resolving any controversy produced by federal statutes or authorities acts harming or restricting the States sovereignty or by States statutes of authorities' acts invading the sphere of federal authority.

In this case of amparo, the judicial protection is granted by means of a quick and efficient procedure, characterized by the absence of formalisms, the intermediary role the judge has between the parties, the inquisitorial character of the procedure which grants the judge with wide and inclusive *ex officio* powers to conduct and direct the process and the concentration of the procedure in only one hearing[1036].

This "trial of amparo", if it is true that is the only judicial means that can be used for the judicial protection of constitutional rights and guarantees and also for judicial review of the constitutionality of statutes, does not only have that purpose, being a very complex procedural institution which comprises at least five different judicial actions and proceedings which are generally differentiated processes in the other countries with a civil law tradition.

These five different aspects of the trial for *amparo*, have been systematized by Professor Héctor Fix–Zamudio[1037], as follows:

The first aspect of the trial for *amparo* is the so called "*amparo de la libertad*" (protection of freedom) in which the "*amparo*" proceeding functions as a judicial means for the protection of fundamental rights established in the Constitution. In this respect the trial for *amparo* could be equivalent to the request for a writ of *habeas corpus* when it seeks the protection of personal liberty, but can also serve as the protection of all other fundamental rights established in Articles 1 to 29 when violated by an act of an authority[1038].

1036 Héctor Fix–Zamudio, *Ensayos sobre el derecho de amparo,* Universidad Nacional Autónoma de México, Editorial Porrúa, México, 2003.

1037 H. Fix–Zamudio, *El juicio de amparo*, México 1964, p. 243, 377; H. Fix–Zamudio, "Reflexiones sobre la naturaleza procesal del amparo", *Revista de la Facultad de Derecho de México*, 56, 1964, p. 980. H. Fix–Zamudio, "Algunos aspectos comparativos del derecho de amparo en México y Venezuela", *loc. cit.*, p. 345; H. Fix–Zamudio, "Lineamientos fundamentales del proceso social agrario en el derecho mexicano" in *Atti della Seconda Assemblea. Istituto di Dirito Agrario Internazionale a Comparato*, Vol I, Milán, 1964, p. 402; Eduardo Ferrer Mac–Gregor, *La acción constitucional de* amparo *en México y España, Estudio de Derecho Comparado*, 2nd Edition, Edit. Porrúa, México D.F., 2000; Ignacio Burgoa O., *El juicio de amparo*, Twenty–eighth Edition, Editorial Porrúa S.A., México, 1991.

1038 *Cf.* R.D. Baker, *Judicial Review in México. A Study of the Amparo Suit*, Texas, 1971, p. 92.

The second aspect of the trial of *amparo* is that it also proceeds against judicial decisions (Art. 107, III, V Constitution) when it is alleged that they have incorrectly applied legal provisions, which results in the so called "*amparo judicial*" or "*amparo casación*", that is to say, in a judicial recourse very similar to the recourse of cassation that exists in civil and criminal procedural law in the civil law countries, to seek control of the legality or constitutionality of judicial decisions by the Supreme Courts of Justice. The institution is called *recurso de casación* following the French word *casation*, being in general the attribution of the Court on cassation or of the Supreme Court in their Civil, Labor and Criminal Cassation Chambers. It is an extraordinary judicial recourse which proceeds against definitive and final judicial decisions issued after the exhaustion of all ordinary appeals, and that can only be founded on violations of the Constitution and statutes or of the judicial procedural formalities. By this judicial mean, the Supreme Court assures the uniformity of legal interpretation and judicial application of law. As mentioned, in all Latin American countries it is a specific extraordinary judicial recourse, except in México, where it is one of the modalities of the amparo trail.

The third aspect of the trial for *amparo* is the so–called "*amparo administrativo*" through which it is possible to impugn administrative acts that violate the Constitution or the statutes (Art. 107, IV Constitution . This aspect of the trial for *amparo* results in a mean for judicial review of administrative action, equivalent to the French born *contentieux administratif* extended to almost all civil law countries.

It must be also stressed that in the majority of Latin American countries, in some way influenced by the French administrative law doctrine, some kind of special courts and recourses have been created in order to control the legality and constitutionality of Public Administration's actions and in particular, of administrative acts, seeking their annulment. Even in some countries, such as Colombia, a *Consejo de Estado* has been created following the *Conceil d'État* French model, as the head of a Judicial Review of Administrative Action separate Jurisdiction. In the other countries, the head of the Jurisdiction has been located in the Supreme Court, and the main purpose of it, as mentioned, is to challenge administrative acts seeking their annulment, when being considered unconstitutional or illegal. The important trend of such Jurisdiction is that it is not only devoted to protect human or constitutional rights, but in general, the legality of the administrative actions.

Again in this regard, the Mexican system is also an exception in the sense that for controlling the legality of administrative action and for the protection of individual constitutional rights and guaranties, the administrative amparo has been developed. Consequently, in similar way to the Anglo–American tradition, the ordinary courts are in charge of controlling the Public Administration, but in the case of México, by means of the amparo suit.

The fourth aspect of the trial for *amparo* is the so called *amparo agrario* which is set up for the protection of peasants against acts of the agrarian authorities which could affect their agrarian rights, regulated by the agrarian reform provisions particularly referred to collective rural property (Art. 107, II).

Finally, the fifth aspect of the trial for *amparo*, is the so called *amparo contra leyes* (*amparo* against laws), which can be used to challenge statutes that violate the Constitution, which results in a means of judicial review of the constitutionality of legislation, exercised in a direct way in the absence of any administrative act of enforcement or judicial act of application of the statute considered unconstitutional. This aspect of the trial for *amparo* has been considered as the most specific in constitutional justice aspects.[1039]

In all these five aspects of the trial for *amparo*, this particular means of constitutional judicial protection can be used as a means of judicial review of the constitutionality of legislative acts, in which cases they have the common trends of the diffuse system of judicial review, the fifth aspect of the *amparo* against laws, but have additional peculiarities.

In effect, all the four first mentioned aspects of the trial for *amparo* can be used as a means for judicial review of legislation when a constitutional question, having been raised in a particular proceeding, the courts decide the case, based on a statute considered to be unconstitutional. In such cases, the party which alleges being injured in his rights or interests by the decision, can exercise a recourse of *amparo* against the judicial decision, seeking judicial review of legislation.[1040] In these cases, the recourse of *amparo*, being a review of a judicial decision, must be brought before a Collegiate Circuit Court or the Supreme Court of Justice, according to their respective jurisdictions (Art. 107, V,VI).[1041]

In cases of this direct *amparo* brought before the Collegiate Circuit Courts, the constitution confers the power of reviewing the decisions taken to the Supreme Court, only when constitutional issues are involved, In particular, the article 107, IX of Constitution sets forth:

> Decisions in direct amparo rendered by a Collegiate Circuit Court are not revisable unless the decision involves the unconstitutionality of a law or establishes a direct interpretation of a provision of the constitution, in which case it may be taken to the Supreme Court of Justice, limited exclusively to the decision of actual constitutional questions.

Nevertheless, the same constitutional provision states that the Collegiate Circuit Courts decisions in direct *amparo* are not revisable if they are based "on a precedent established by the Supreme Court of Justice as to the constitutionality of a law or the direct interpretation of a provision of the constitution."

Anyway, in all these cases of *amparo*, judicial review of legislation has an incidental character regarding a concrete judicial proceeding in which the constitutional question is raised and which brings about the use of the "recourse" of *amparo*, against the judicial decision which applied the unconstitutional statute.

Judicial review of legislation through the trial for *amparo*, therefore, has the general trends of the diffuse systems of judicial review according to the North Ameri-

---

1039 H. Fix–Zamudio, "Algunos problemas que plantea el amparo contra leyes", *Boletín del Instituto de Derecho Comparado de México*, UNAM, 37, 1960, 15, 20.

1040 H. Fix–Zamudio, "Aspectos comparativos del derecho de amparo en México y Venezuela..." *loc. cit.* p. 358, 359; "Algunos problemas que plantea el amparo contra leyes...", *loc. cit.*, p. 22, 23.

1041 *Cf.* H. Fix–Zamudio, "Algunos problemas que plantea el amparo contra leyes...", *loc. cit.*, p. 22

can model,[1042] even though with a few very important particular features which result from this unique judicial proceeding.

First of all, as we mentioned, the jurisdiction for a trial for *amparo* is reserved to the federal courts. Judicial review of the constitutionality of legislation in Mexico is not a power of all courts but attributed only to the federal courts.

Secondly, since the *amparo* trial is initiated either through a recourse of *amparo* in its first four aspects or through an action in the fifth aspect of the *amparo* against laws, it is always developed against a "public authority", whether it be the judge who has dictated the judicial decision or the administrative authority that has produced the administrative act which are both the object of the recourse of *amparo*; or the legislative authorities that have approved the statute which is the object of the *amparo* against laws action. This aspect reveals another substantial difference between the Mexican system and the general diffuse system, in which the parties in the process in where a constitutional question is raised, continue to be the same.[1043]

As we have said, in the first four aspects of the trial for *amparo,* the proceedings are initiated through a recourse of *amparo* normally exercised against a judicial decision, the situation being different in the fifth aspect of the trial for *amparo,* so called *amparo* against laws, in which judicial review of constitutionality of legislation is sought through an "action of unconstitutionality", rather than through a recourse, where the action is exercised against the legislative bodies that approved the challenged statute.

In effect, as we have said, one of the five aspects of the trial for *amparo* is the so called "*amparo* against laws", whose peculiarity regarding the other aspects of the trial for *amparo* consists in the fact that in this case, it is a proceeding initiated through a direct action brought before a federal district court (Art. 107, XII) by a plaintiff, against a particular statute. The defendants being the supreme organs of "the state" which intervened in the process of formation of the statute, namely, the Congress of the Union, or the state Legislatures which produced it; the President of the Republic or the Governors of the states which enacted it, and the Secretaries of state which countersigned it and ordered its publication.[1044] In these cases, the federal district courts decisions are revisable by the Supreme Court of Justice. (Art. 107, VIII,a).

The *amparo* against laws, therefore, is a direct action against a statute, and the existence of a concrete administrative act or judicial decision for its enactment or its application is not necessary to its exercise.[1045] Nevertheless, the constitutional question involved in this action is not an abstract one, and that is why only the statutes that inflict a direct injury on the plaintiff, without the necessity of any other interme-

---

1042 J.A.C. Grant, "El control jurisdiccional de la constitucionalidad de las leyes: una contribución de las Américas a la ciencia política", *Revista de la Facultad de Derecho de México*, 45, México 1962, p. 657.

1043 *Idem*, p. 657–661.

1044 H. Fix–Zamudio, "Algunos problemas que plantea el amparo...", *loc. cit.*, p. 21.

1045 *Cf.* R.D. Baker, *op. cit.*, p. 164.

diate or subsequent state act, can be the object of this action.[1046] Therefore, the object of this action is self–executing statutes, that is to say, statutes that with their sole enactment, cause personal and direct prejudice to the plaintiff. That is why, in principle, the action seeking the *amparo* against laws must be brought before the court within 30 days after their enactment. Nevertheless, the action can also be brought before the Court within 15 days after the first act of enactment of the said statute so as to protect the plaintiff's rights to sue (Art. 21. Amparo Law).[1047]

Regarding the effects of the judicial decision on any of the aspects of the trial for *amparo*, in which judicial review of constitutionality is sought whether in a pure incidental way or through the action to request an "*amparo* against laws", the constitution has expressly established (since the institution of the trial for *amparo* in the middle of the last century) that the courts cannot "make any general declaration as to the law or act on which the complaint is based", the judgment affecting "only private individuals" and limited to affording them shelter and protection in a special case to which the complaint refers" (Art. 107, II).[1048] Therefore, a decision in a "trial for *amparo*" in which judicial review of legislation is accomplished, can only have *inter partes* effects, and can never consist of general declarations with *erga omnes* effects.

Therefore, the courts in their decisions regarding the unconstitutionality of a statute do not annul or repeal it; therefore, the statute remains in the books and can be applied by the courts, the only effect of the declaration of its unconstitutionality being directed to the parties in a concrete process.

On the other hand, it must be said that the decisions of the trials for *amparo*, whether or not referred to judicial review, do not have general binding effects even regarding other courts, and are only obligatory to other courts in cases of established *jurisprudencia,* that is to say, of obligatory precedent. The constitution does not expressly establish when an obligatory precedent exists and refers to the special Organic law of the Constitutional Trial to specify "the terms and cases in which the *jurisprudencia* of the courts of the federal judicial power is binding, as well as the requirements for modifying it"(Art. 107, XIII, 1). According to that Organic law *jurisprudencia* is established by the Supreme Court of Justice or by the Collegiate Circuit Courts when five consecutive decisions to the same effect, uninterrupted by any incompatible rulings are rendered (Art. 192, 193) but it can be modified when the respective Court pronounces a contradictory judgment with a qualified majority of votes of its members(Art. 194).[1049]

Nevertheless, as *jurisprudencia* can be established by the federal Collegiate Circuit Courts and by the Supreme Court, contradictory interpretations of the constitu-

---

1046 Self–executed Statutes (auto–aplicativas). *Cf.* R.D. Baker, *op. cit.* p. 167; H. Fix–Zamudio, "Algunos problemas que plantea el amparo...", *loc. cit.* p. 24.

1047 *Cf.* H. Fix–Zamudio, "Algunos problemas que plantea el amparo...", *loc. cit.*, p. 32. *Cf.* R.D. Baker, *op. cit.* p. 171.

1048 The principle is named the "Otero formula" due to its inclusion in the 1857 constitution under the influence of Mariano Otero. *Cf.* H, Fix–Zamudio, "Algunos aspectos comparativos del derecho de amparo..." *loc. cit.*, p. 360; and H. Fix–Zamudio, "Algunos problemas que plantea el amparo...", *loc. cit.*, p. 33, 37.

1049 See the quotations in R.D. Baker, *op. cit.* p. 263.

tion can exist, having binding effects upon the lower courts. In order to resolve these conflicts, the constitution establishes the power of the Supreme Court or of the Collegiate Circuit Court to resolve the conflict, when the contradiction is denounced by the Chambers of the Supreme Court or another Collegiate Circuit Court; by the Attorney General or by any of the parties to the cases in which the *jurisprudencia* was established (Art. 107, XIII).[1050] Anyway the resolution of the contradiction between judicial doctrines, has the sole purpose of determining one single *jurisprudencia* on the matter, and does not affect concrete juridical situations, derived from the contradictory judicial decisions adopted in the respective trials (Art. 107, XIII).[1051]

Finally, regarding the practical effects of the trial for *amparo*, it must be stressed that the constitution establishes a particular preliminary remedy during the trial for *amparo*, which consists of the possible suspension of the application of the contested state act, which in certain aspects is similar to the injunction in the North American system but reduced to an *injunction pendente litis*.[1052] In this respect, Article 107 of the constitution established that:

Contested acts may be subject to suspension in those cases and under conditions and guaranties specified by law, with respect to which account shall be taken of the nature of the alleged violation, the difficulty of remedying the damages that might be incurred by the aggrieved party by its performance, and the damages that the suspension might cause to third parties and the public interest (Art. 107, X).

The amparo suit, if against definitive judicial decisions of a District Court, must be filled before another District Court in the same District or before the Collegiate Circuit Courts when there is no other ordinary available recourse to modify it (Articles 40 and 158, Amparo Law). In all other cases, the action must be brought before the District judges with jurisdiction in the place where the challenged act is executed or is trying to be executed (Article 36 Amparo Law). In places where there is no District court, the First Instance courts can receive the complaint, being authorized to order the facts to be maintained as they are and to ask for the relevant reports on the case, before sending the files to the respective District Court (Article 38).

According to Article 114 the petition of amparo must be brought before the District Courts when they are filled: 1) against federal or local statutes, international treaties, national executive regulations or State's Governors regulations or any other administrative regulations which causes prejudices to the plaintiff by its enacting or due to their first applicatory act; 2) against acts issued by judicial, administrative or labor courts; 3) against acts issued by judicial, administrative or labor courts executed outside the trial or after its conclusion; 4) against execution of judicial acts regarding persons of assets which are of impossible to repair; 5) against acts issued within or outside the trial that affect persons not involved in it; 6). against federal statutes or authority acts; and 7) against the Public prosecutor resolutions confirming the not filling or desisting from criminal claims.

1050 See the comments, in R.D. Baker, *op. cit.*, p. 264.

1051 See the comments in J.A.C. Grant, *loc. cit.* p. 662.

1052 J.A.C. Grant, *loc. cit.*, p. 652, note 33.

It must be also mentioned that according to a constitutional reform passed in 1983, based in the experience of the North American writ of certiorari, the Supreme Court was vested with a discretionary competency to select to review the cases of amparo of constitutional importance; and according to another constitutional reform on 1988, the Supreme Court was attributed the competency to decide in last instance all cases of amparo where the constitutionality of a statute were at stake. Both attributions allow the Supreme Court to give final interpretation of the Constitution in a uniform way[1053].

As we can see, although having peculiarities that cannot be reproduced in any other legal system, the trial for *amparo* remains within its own particular trends, a means for judicial review that follows the features of the diffuse system of judicial review.

The above implies that in the case of Mexico, the amparo is not reduced to one single guarantee (action or recourse) of the protection of constitutional rights, but is rather a varied range of judicial procedures that make it more of a constitutional right than a specific guarantee.

Finally, it must be mentioned that regarding judicial review of constitutionality of statutes, the 1994 Mexican constitutional reform, for the first time in Mexico, introduced an abstract judicial review proceeding of statutes, by attributing to the Supreme Court the power to decide with general binding effect, actions regarding the constitutionality of statutes. In this respect, Article 105,II of the Constitution assigns to the Supreme Court of the nation the power to decide judicial actions raising contradictions between a general norm (regulation) and the Constitution, for instance, a federal statute, when filed within 30 days after its publishing, by a number equivalent to the 33% of the members of the Chamber of Representatives or of the Senate; by the Attorney General of the Republic; or against electoral statutes by the national representatives of the political parties. In these cases, the Supreme Court resolution can declare the invalidity of the statute with *erga omnes* effects when approved by not less than 8 of the 11 votes[1054].

B. *The right to "amparo" in Venezuela*

As Héctor Fix Zamudio himself pointed out in 1970, when Venezuela incorporated Article 49 regulating the *right to* amparo in its 1961 Constitution, "... it definitively enshrined the right to amparo as a procedural instrument to protect all the constitutionally enshrined fundamental rights of the human person," in what he described as "one of the most outstanding achievements of the very advanced Magna Carta of 1961"[1055].

1053 See Joaquín Brage Camazano, *La jurisdicción constitucional de la libertad (Teoría general, Argentina, México, Corte Interamericana de Derechos Humanos)*, Editorial Porrúa, Instituto Mexicano de Derecho Procesal Constitucional, México, 2005, p. 153–155.

1054 See Joaquín Brage Camazano, "El control abstracto de la constitucionalidad de las leyes en México" in Eduardo Ferrer Mac Gregor (Coordinador), *Derecho Procesal Constitucional,* Editorial Porrúa, México, Vol. I, 2003, pp. 919 ff.

1055 See Héctor Fix Zamudio, "Algunos aspectos comparativos del derecho de amparo en México y Venezuela", *Libro Homenaje a la Memoria de Lorenzo Herrera Mendoza,* UCV, Caracas, 1970, Volumen II,

In fact, the great contribution of the Venezuelan constitutional text of 1961, a concept that is followed under Article 27 of the 1999 Constitution, in relation to fundamental rights, was the establishment of the amparo as one more fundamental right, and not just as a sole dependent guarantee of the rest of the constitutional rights[1056]. Therefore, the Constitution of Venezuela not only established an "action of amparo" to protect constitutional rights, but what it provided was "a constitutional right to amparo" and the subsequent obligation of all Tribunals to provide amparo to the people of the Republic in the enjoyment of the rights and freedoms enshrined in the Constitution, or which, when not listed in the text, are inherent to the human person.

That is why Article 1 of the Organic Law of Amparo of Constitutional Rights and Guarantees states the following:

> Any individual living in the Republic or artificial person domiciled therein, may request from the competent courts the amparo provided in Article 49 of the Constitution, of the enjoyment and exercise of constitutional rights and guarantees, even of those fundamental rights of the human person that are not expressly provided in the Constitution, in order that the infringed juridical situation or the situation most resembling such situation be reestablished immediately.
>
> The guarantee of personal freedom that regulates the constitutional habeas corpus, shall be governed by this Law[1057].

By regulating and establishing the *action of* amparo of all constitutional rights and freedoms, even for the protection of personal freedom and safety (Article 38),

---

pp. 333–390.

1056 See Héctor Fix–Zamudio, "La teoría de Allan R. Brewer–Carías sobre el derecho de amparo latinoamericano y el juicio de amparo mexicano" in *El Derecho Público a comienzos del Siglo XXI. Libro Homenaje al profesor Allan R. Brewer–Carías*, Volumen I, Instituto de Derecho Público, Editorial Civitas, Madrid, 2003, pp. 1125 *et seq.*

1057 On the action of amparo in Venezuela, in general, see: Gustavo Briceño V., *Comentarios a la Ley de Amparo,* Editorial Kinesis, Caracas, 1991; José Luis Castillo Marcano *et al.*, *El amparo constitucional y la tutela cautelar en la justicia administrativa,* Fundación Estudios de Derecho Administrativo (FUNEDA), Caracas, 2000; Rafael J. Chavero Gazdik, *El nuevo régimen del* amparo *constitucional en Venezuela,* Editorial Sherwood, Caracas, 2001; Rafael J. Chavero Gazdik, *La acción de* amparo *contra decisiones judiciales*, Fundación Estudios de Derecho Administrativo (FUNEDA)–Editorial Jurídica Venezolana, Caracas, 1997; *El amparo constitucional en Venezuela (Doctrina, Jurisprudencia, Legislación)*, Volumen I, Instituto de Estudios Jurídicos del Estado Lara, Colegio de Abogados del Estado Lara, Diario de Tribunales 1987; *El amparo constitucional en Venezuela (Doctrina, Jurisprudencia, Legislación)*, Volumen II, Instituto de Estudios Jurídicos del Estado Lara, Colegio de Abogados del Estado Lara, Diario de Tribunales 1987; Gustavo José Linares Benzo, *El proceso de amparo en Venezuela*, Editorial Jurídica Venezolana, Caracas, 1993; Gustavo José Linares Benzo, *El Proceso de Amparo*, Universidad Central de Venezuela, Facultad de Ciencias Jurídicas y Políticas, Caracas, 1999; Otto Marín Gómez, *La protección procesal de las garantías constitucionales de Venezuela. Amparo y Hábeas Corpus*, Universidad Central de Venezuela, Ediciones de la Biblioteca, Colección Ciencias Jurídicas y Políticas VI, Caracas, 1983; Nicolás Vegas Rolando, *El amparo constitucional y jurisprudencias*, Ediciones Librerías Destino, Caracas, 1991; Francisco José Utrera and Luis A. Ortiz Álvarez, *El amparo constitucional contra sentencias,* Editorial Torino, Caracas, 1997; Hildegard Rondón De Sansó, *Amparo Constitucional*, Caracas, 1988; Hildegard Rondón De Sansó, *La acción de amparo contra los poderes públicos*, Editorial Arte, Caracas, 1994.

the Organic Law of the Amparo of Constitutional Rights and Guarantees, in force since January 22, 1988[1058], expressly recognized that the exercise of the right of amparo is not exhausted nor it is exclusively incurred by such procedural means, but that it can *also* be exercised through other actions or recourses established in the legal order.

This was definitively resolved by the Supreme Court decision of July 7, 1971 (Caso: *Tarjetas Banvenez*)[1059] referred to by the same Supreme Court in decision dated June 1oth 1992, in which the Court stated:

> "The Amparo Law set forth two adjective mechanisms: the (autonomous) action for amparo and the jointly filing of such action with other actions or recourses, which differs in their nature and legal consequences. Regarding the latter, that is to say, the filing of such action of amparo jointly with other actions or recourses, the Amparo Law distinguishes tree mechanism: a) the action of amparo filed jointly with the popular action of unconstitutionality against statutes and State acts of the same rank and value (Article 3); b) The action of amparo filed jointly with the judicial review of administrative act recourse or against omissive conducts of Public Administration (article 5); and c) the amparo action filed jointly with ordinary judicial actions (article 6,5).

The Court has also sustained that the action for amparo in neither of these cases is an autonomous action of amparo, but a subordinate one, accessory to the action or recourse to which it has been joined, subject to its final decision. Being joined actions, the case must be heard by the competent court regarding the principal action"[1060].

This decision, definitively clarified that the intention of the Amparo Law was to distinguish between the autonomous action for amparo and the amparo claim filed jointly with other existing actions, in which cases, the amparo is a claim dependant on the principal action, having the amparo decision a preliminary protective nature[1061]

According to these provisions, Article 3 of the Amparo law provided the possibility for the claim of amparo to be filed jointly with the popular action of unconstitutionality of statutes, which is exercised before the Constitutional Chamber of the Supreme Tribunal of Justice. In these cases, when the popular action is founded on the violation of a constitutional right or guarantee, due to the nullity that such claim implies, the Organic Law authorizes the Supreme Tribunal to *suspend the effects of*

1058 See *Gaceta Oficial* N° 33.891 of January 22, 1988. See Allan R. Brewer–Carías and Carlos M. Ayala Corao, *Ley Orgánica de Amparo sobre Derechos y Garantías Constitucionales,* Caracas, 1988. See also Allan R. Brewer–Carías, *El derecho y la acción de amparo,* Tomo V, *Instituciones Políticas y Constitucionales*, Editorial Jurídica Venezolana, Caracas, 1998, pp. 163 *et seq*.

1059 See the text in *Revista de Derecho Público,* N° 47, EJV, Caracas, 1991, pp. 169–174.

1060 See in *Revista de Derecho Público,* N° 50, Editorial Jurídica Venezolana, Caracas, 1992, pp. 183–184.

1061 See regarding the inadmisibility of the action, decision of First Court on Judicial Review of Administrative Action (CPCA: Corte Primera de lo Contenciosao Administrativo), December 14, 1992, en FUNEDA, *15 años de Jurisprudencia, Corte Primera de lo Contencioso–Administrativo 1977–1992. Amparo Constitucional,* Caracas, 1994, p. 121.

the disputed statute in respect of the specific case, while the nullity popular action is decided.

On the other hand, Article 5 of the Amparo law expressly establishes that the claim of amparo against administrative acts and against Public Administration omissions may also be brought jointly with judicial review of administrative actions recourses. In such cases, when the cause of such recourse is the violation of a constitutional right by the challenged administrative act, the requirement of previously exhausting administrative procedures and the lapse for expiry that are common in judicial review of administrative actions recourses have been eliminated; and the courts are allowed to adopt immediate procedures for the abbreviation of lapses, as well as the power to suspend of the effects of the challenged act while the nullity judicial action is decided (Articles 5, and 6,5).

Finally, Article 6, Number 6, when establishing the causes of inadmissibility of the action of amparo, implicitly recognizes that the claim of amparo may also be brought jointly with other "ordinary judicial procedures" or "pre–existing judicial means," wherein the "violation or threat of violation of a constitutional right or guarantee may be alleged.". For instance, it can be filed jointly with the recourse of cassation, when the claim against the challenged judicial decision consists in its alleged violation of a constitutional right or guarantee. In such cases, the Cassation Chambers of the Supreme Tribunal shall follow the procedure and lapses established in the Organic Law of Amparo (Article 6,5), and the recourse will anyway have the effect of suspending the challenged decision.

In all these cases of amparo claims filed jointly with other judicial means, the Supreme Court of Justice has clearly set forth the proceeding rules, as follows:

> The amparo claims filed jointly with another action or recourse have all the inherent adjective character of the actions' joint proceedings, that is: it must be decided by only one court (the one competent regarding the principal action), and both claims (amparo and nullity or other) must be heard in only one proceeding that has two stages: the preliminary one regarding the amparo, and the contradictory one that necessarily include in its final decision, the preliminary one which ends in such time, as well as the decision on the requested nullity. In other words, if because the above analyzed characteristics the amparo order is reduced only and exclusively to the preliminary suspension of a challenged act, the decision which resolves the nullity requested leaves without effects the preventive preliminary measure, whether the challenged act is declared null or not.[1062].

Of course, the action for amparo can also by brought before the first instance courts in an autonomous way, not being in such cases attached or dependent to any other proceeding. As the former Supreme Court of Justice pointed out in the already mentioned decision of July 10th, 1991 that undoubtedly:

> This action that is filed autonomously because of its re–establishing nature and its capability, sufficient and adequate nature to obtain the requested amparo

1062 *Idem*. p. 171.

> mandamus, is a sufficient judicial mean in itself in order to return the things to the situation they had when the right was harmed and to make definitively disappear the offender act or fact, without the need to file any other judicial proceedings.
>
> That is why this Court has reiteratively sustained that in such cases, the plaintiff must invoke and demonstrate that it is a matter of flagrant, vulgar, direct and immediate constitutional harm, which must not be understood as saying that the constitutional rights and guaranties must not be regulated by statutes, but only that in order to decide, the courts must not base its ruling only on the violation of such statutes. On the contrary, it will not be a constitutional action for amparo but rather another type of recourse, for instance, the judicial review action against administrative acts, whose annulatory effects does not correspond with the restitutory effects of the amparo; and if such substitution be allowed, the amparo would arrive to substitute not only those actions but all the other procedural means set forth in the legal order, losing its extraordinary character[1063].

Even regarding administrative acts, Article 5 of the Organic Amparo law states that:

> The action for amparo proceeds against any administrative act, material actions, factual actions (vía de hecho), abstentions or omissions that violate or threaten to violate constitutional rights and guarantees, provided that no other brief, summary and efficient mean exist according to the constitutional protection.

And of course, a judicial mean of that sort is precisely to joint the amparo claim to the judicial review action to challenge the administrative act, provided that a competent court of the judicial review of administrative actions jurisdiction exists in the place where the administrative acts has been issued.

From all that has been mentioned above, it may be said that the Venezuelan right to amparo as a constitutional protection set forth in Article 27 of the 1999 Constitution, has certain peculiarities that distinguish it from the majority of similar institutions of protection of the constitutional rights and guarantees established nowadays, both in Europe and in Latin America[1064].

Therefore, pursuant to this constitutional norm and the Organic Amparo Law regulations, it may be stated that in Venezuela, the amparo is enshrined as *a right* of the inhabitants of the country to seek from courts that they protect and guarantee the enjoyment and exercise of all the rights and guarantees established by the Constitution or that are inherent to the human person, against any disruption, whether by public or private entities, by means of a procedure that shall be brief and summary, and that allows the judge to immediately reinstate the impaired juridical situation.

1063 *Idem.* pp. 169–170. 95

1064 See, in general, H. Fix Zamudio, *La protección procesal de los derechos humanos ante las jurisdicciones nacionales,* Madrid, 1982, pp. 366.

Therefore, the Constitution does not establish 'one' action or recourse of amparo as a particular means of judicial protection, but rather a right to amparo or "right to be subject to amparo," as a fundamental right that may materialize and which in fact materializes, through an "*autonomous action of* amparo"[1065] which can, in principle, be exercised before any court or tribunal, irrespective of their hierarchy (Article 7); or by means of ordinary legal actions, when by means of brief and summary proceedings, the judge is empowered to immediately re–establish infringed legal situations. In all such cases, it is not that the ordinary means substitute the constitutional right of protection (or diminish it), but that they can serve as the judicial means for protection.

Thus, the "right to amparo" can be ensured by a variety of existing legal means (actions and recourses), in which case, the "right to protection" is not identified with any specific legal action. But in the case of the "action for amparo" –which, as it has been said, is of a subordinate nature in the sense that it is admissible only when there is no other judicial means of protection or relief formally provided for in the legal system–, this subordinate "action for amparo" does appear as differentiated from other means for the legal protection of rights and guarantees, and for the defense of the Constitution itself.

Indeed, this leads us to point out the substantial difference that exists between the Venezuelan "right to protection"– and even the subsidiary "action for amparo" contemplated in the Constitution, and the Mexican "trial for *amparo*", which is really a mixture, under one name, as we have seen, of five legal actions which in the Venezuelan legal system are completely different. These actions that in Mexico are covered by the heading *juicio de amparo* are: firstly, the protection of personal liberty, which is basically the remedy of *habeas corpus*; secondly, what is known as the "*amparo* against laws", which complements the direct action for judicial review of unconstitutionality of laws; thirdly, the "*amparo* cassation", which is really the same as the recourse of cassation; fourthly, what is known as "administrative protection", which leads to judicial review of administrative actions; and fifthly, the Mexican system of protection also includes what is known as "agrarian *amparo*" for the protection of the rights of peasants.[1066]

By contrast with the Mexican situation, the right to protection contemplated in the Venezuelan Constitution, as we have pointed out, firstly ensures the possibility of protection when fundamental rights are infringed by state acts by means of the action of unconstitutionality of statutes (popular action), or through the power attributed to any judge to not apply a statute when it is considered unconstitutional (diffuse system of judicial review); by means of the recourse of cassation before the Cassation Chambers of the Supreme Tribunal with respect to judicial decisions; and by means of the administrative actions that can be exercised against administrative acts before the judicial review of administrative action Jurisdiction. Additionally, it

---

1065 See Allan R. Brewer–Carías, "El derecho de amparo y la acción de amparo", *Revista de Derecho Público,* N° 22, Editorial Jurídica Venezolana, Caracas, 1985, pp. 51 *et seq*.

1066 Héctor Fix–Zamudio, "Algunos aspectos comparativos del derecho de *amparo* en México y Venezuela", *Libro Homenaje a la Memoria de Lorenzo Herrera Mendoza*, Universidad Central de Venezuela, Caracas, 1970, Vol. II, pp. 344–356.

ensures the possibility of protection of fundamental rights against infringement by other individuals through ordinary judicial means.

To ensure the effectiveness of all these ordinary judicial means to serve as means for protecting fundamental rights, the Amparo statute of 1988 has perfected them. For instance, in cases of the popular action seeking abstract judicial review of legislation, when its grounds are the infringement of a constitutional right or guarantee, an "amparo" joined petition can be filed, and due to the absolute nullity implied, seeking the Supreme Tribunal to decide the suspension of the effects of the challenged statute while the case is being decided.

In the procedure of the recourse of cassation, when the complaint against the challenged judicial decision is based on the violation of a fundamental right, the motives for the admissibility of the recourse could be widened, as well as the judicial decisions that could be impugned.

In the proceeding of judicial review of administrative action, when the grounds of the actions are the violation of fundamental rights, according to Article 5 of the Amparo Organic Statute, the expiry delay for the actions to be exercised is eliminated, due to the absolute nullity involved, and the judge is allowed to use his powers more freely to declare the emergency situation of the process, shortening delays, and to promptly suspend the effects of the challenged administrative act while the final decision of the case is produced.

However, as we have said, additional to all the ordinary means, the right to protection allows adequate protection to be achieved for constitutional rights and guarantees, by means of an "action for amparo" which has been regulated in the Amparo Organic Law, as a judicial means, completely different from the popular action for judicial review of unconstitutionality of statutes, the recourse of cassation, and from actions for judicial review of administrative actions, that can be brought before the first instance courts with jurisdiction in the site[1067].

In this case, the "action for amparo" appears as a much broader action for protecting absolutely all constitutional rights and guarantees including the enjoyment and exercise of personal freedom.

Now, one of the features of this autonomous constitutional action, called the "action for amparo", is that it does not presuppose that other previous legal judicial or administrative means have to be exhausted before it can be exercised. This differentiates the institution of the "action for amparo" in Venezuela from the "recourse of *amparo* or the "constitutional complaint" developed in Europe, particularly in Germany and in Spain. In these countries, the protective remedy is really an authentic "recourse" that is brought, in principle, against judicial decisions. In Germany, for example, to bring a constitutional complaint for the protection of constitutional rights before the Federal Constitutional Tribunal, the available ordinary judicial means need to be previously exhausted, which definitively entails a recourse against a final judicial decision, even though, in exceptional cases, a direct complaint for

---

1067 See: Allan R. Brewer–Carías and Carlos M. Ayala Corao, *Ley Orgánica de Amparo a los Derechos y Garantías Constitucionales,* Editorial Jurídica Venezolana, Caracas, 1988; Hildegard Rondón De Sansó, *Amparo Constitucional,* 1991.

protection may be allowed in certain specific cases and with respect to a very limited number of constitutional rights.[1068] In Spain, all legal recourses need to be exhausted in order to bring a "*recurso de amparo*" of constitutional rights before the Constitutional Tribunal, and, particularly when dealing with protection against administrative activities, the ordinary means for judicial review of administrative decisions must be definitively exhausted. For this reason, the recourse for protection in Spain is eventually a means for judicial review of decisions taken by the Administrative Judicial review courts.[1069]

On the contrary, the "action for amparo" in Venezuela is not conditioned to previously exhausting other legal means, and thus it does not result as recourse against judicial decisions either. It is, as it has been pointed out, a judicial action that it is only admissible when no other legal action in the legal system exists to seek the protection of fundamental rights and their immediate reestablishment by means of brief, summary proceedings.

In this sense, in order to adequately understand the character of the "action for amparo", as an autonomous action, it must be borne in mind the protective character of other judicial means, among which are the actions for judicial review of administrative acts. It is not the case that the action for amparo requires the previous exhaustion of the actions for judicial review of administrative acts, when these violate fundamental rights, but that the action for judicial review can itself be considered as a means for protection of fundamental rights, in which case a petition in this regard can be joined to it. Thus, only when no judicial means for protection exists, and in the case of administrative acts, when actions for their judicial review are not effective as a means for protection due to the particular circumstances of the case, the "action for amparo" would be admissible.

On the other hand, it should be noted that according to the Constitution, the right to protection may be exercised according to the law, before "the Courts", and thus, as it has been said, the organization of the legal and procedural system does not provide for one single judicial action to guarantee the enjoyment and exercise of constitutional rights to be brought before one single Court.

The legal system may, and indeed does, regulate systems for the protection of constitutional rights and guarantees by means of ordinary actions, through brief and summary proceedings in which the judge has power to re–establish the infringed subjective legal situations immediately, which distinguishes the system from those in Europe, particularly from the action for protection in Germany or in Spain which is one, single action, to be brought before one, single Court, and which serves as a mechanism for the protection of certain constitutional rights and guarantees.[1070.]

1068 K. Schlaich, "Procedures et techniques de protection des droits fondamentaux. Tribunal Constitutionnel Fédéral allemand", in L. Favoreu (ed.), *Cours constitutionnelles européenes et droits fondamentaux*, Paris, 1982, pp. 105–164.

1069 See, J.L. García Ruíz, *Recurso de amparo en el derecho español*, Madrid, 1980. F. Castedo Álvarez, "El recurso de amparo constitucional" in Instituto de Estudios Fiscales, *El Tribunal Constitucional*, Madrid, 1981, Vol. I, pp. 179–208.

1070 *Cf.* H. Fix–Zamudio, "El derecho de amparo en México y en España. Su influencia recíproca", *Revista de estudios políticos*, N° 7, Madrid, 1979, pp. 254–255.

In Venezuela, according to Article 7 of the Organic Law on Amparo, the competent courts to decide amparo actions are the First Instance Courts with jurisdiction on matters related to the constitutional rights or guarantees violated, in the place where the facts, acts of omission have occurred. Regarding amparo of personal freedom and security the competent courts should be the Criminal First Instance courts (Article 40). Nonetheless, when the facts, acts or omissions harming or threatening to harm the constitutional right or guarantee occurs in a place where no First Instance court exists, the amparo action may be brought before and judge of the place, which must decide according to the law, and in a 24 hour delay it must send the files for consultation to the competent First Instance court (Article 9).

Only in cases in which facts, actions or omissions of the President of the Republic, his Cabinet members, the National Electoral Council, the Prosecutor General, the Attorney general and the General Comptroller of the Republic are involved, the power to decide the amparo actions correspond in only instance to the Constitutional Chamber of the Supreme Tribunal of Justice (Article 8).

Nonetheless, in all the other cases, the Constitutional Chamber of the Supreme Court has the power to review all "amparo" highest instance decisions by means of the extraordinary recourse of revision that the interested party can file before it, in which the Chamber can decide at its discretion, in a similar way as the North American writ of certiorari.

On the other hand, and independently of the autonomous action of amparo, the right to constitutional protection in Venezuela is expressed in several legal judicial means which may be brought before all the Courts, and which may serve as a protection by means of pre–existing actions and remedies, so long as provision is made for brief, summary proceedings with powers for the judge to restore the infringed subjective legal situations. For this reason, and given this all–inclusive characteristic, the "action for amparo" is not the only action or recourse admissible for protection but that, rather, it may also be obtained by other legal means regulated by the legal system.

However, whether by use of pre–established judicial means or through the autonomous action, the right to protection as expressed in the Venezuelan Constitution is to protect all the rights and guarantees that the Constitution establishes. This protection constitutes a fundamental guarantee of human rights, which in turn entails certain implications. Above all, the objective of the right to protection, according to the Constitution, is to protect the enjoyment and exercise of constitutional rights and guarantees, and thus, it applies not only to individuals as holders of such rights, but also to cases in which these rights are exercised by companies or corporations. There can be no doubt that, given the scope with which the Constitution declares the "right to amparo", the expression "all the inhabitants" cannot be understood to refer solely to human beings, rather, it also refers to all entities or organizations, since the rights established in the Constitution are moreover not only rights of individuals, but many of them are also rights of collective entities or artificial persons.

At the same time, however, the protection of the enjoyment and exercise of constitutional rights and guaranties is embodied in the Constitution not only regarding public actions, which may disrupt the enjoyment and exercise of such rights, but also regarding disruptions, which may originate from other private individuals. The Constitution makes no distinction in this respect, and thus the action for amparo is perfectly admissible against actions by individuals, the action for amparo has doubtlessly been conceived as a traditional means of protection against actions by the state and its authorities. However, despite this tradition of conceiving the action for protection as a means of protecting rights and guarantees against public actions, in Venezuela, the scope with which this is regulated by Article 27 of the Constitution allows the action for amparo to be brought against individual actions, that is to say, when the disruption of the enjoyment and exercise of rights originates from private individuals or organizations.

This also differentiates the Venezuelan system from that which exists in other systems such as Mexico or Spain, in which the "action for amparo" is solely conceived against public actions.[1071] For this reason, as we have said, in Spain the recourse of amparo is expressed as a review of decisions by the administrative judicial court when reviewing administrative acts.[1072]

On the other hand, in the case of protection from disruption originating from public authorities, it should be affirmed, without doubt, that as regulated by Article 27 of the Constitution, this protection is admissible against all public actions, that is to say, against all state acts as well as against any other action by public officials. The right to protection has, of course, been regulated, in many cases in this field, by judicial means already established in the legal system. For example, as far as unconstitutional statutes, which affect constitutional rights and guarantees, are concerned, it is admissible to bring a popular action before the Supreme Tribunal of Justice, which can be considered a means for protection. Also, when a judge decides not to apply a law, under Article 334 of the Constitution or Article 20 of the Civil Procedural Code, because he decides that it infringes a constitutional right, he also ensures protection of that right.[1073] The same occurs with actions brought before the administrative judicial Tribunals against administrative acts, which constitute a means for the protection of constitutional rights and guarantees when the basis for impugning the administrative act is the violation of the enjoyment and exercise of such rights and guarantees, and the judicial suspension of the effects of the challenged act may be obtained immediately, and is admissible against any type of administrative act, both express and implied.[1074]

Additionally, it must be said that the subordinate action for amparo is admissible against any activity by the Public Administration, even when this does not constitute a formal administrative act and is thus not open to actions before the administrative jurisdiction. That is to say, it would be admissible, for example, against material acts by the administration; its *de facto proceedings*; its failure to act or to fulfill an obligation; in short, against any action or omission by the Administration, and even, of

---

1071 *Idem*, pp. 254–255. On the contrary in Argentina is accepted the recourse of "*amparo*" against individual actions. Kot case: *of 5.9.1958*. See G.R. Carrio, *Algunos aspectos del recurso de amparo*, Buenos Aires, 1959, p. 13.

1072 *Cf.* J. González Pérez, *Derecho procesal constitucional*, Madrid, 1980, p. 278.

1073 See Allan R. Brewer–Carías, *El control de la constitucionalidad de los actos estatales*, Caracas, 1978.

1074 Allan R. Brewer–Carías, "Tipos de acciones y recursos contencioso–administrativos y el tema de la legitimación", in *Conferencia sobre la reforma de la justicia administrativa en Costa Rica*, Corte Suprema de Justicia, Marzo, 1986.

course, against specific acts which may not be contested before the administrative judicial courts.

Indeed, the subordinate action for amparo may also be admissible against actions by the legislative body against which there are no legal means for objection, and may even be brought against judicial decisions against which no legal means of appeal exist or have been contemplated, or the recourse of cassation could not be exercised.

We have said, however, that the action for amparo also constitutes a means for the protection of the enjoyment and exercise of *all* rights and guarantees established in the Constitution: individual, social, cultural, economic, environmental and political rights.

By virtue of the Constitutional provision, there is nothing to suggest that the right to protection in Venezuela constitutes a means for the protection of only certain rights, but that rather, it relates, on the contrary, to all rights and guarantees established in the Constitution. This, of course, leads to the assertion that the right to protection and the subordinate "action for amparo" are means for protecting, not only those rights and guarantees listed in the Constitution, but also all the rights inherent to the human person, even when not specified in the Constitution. As abovementioned, this give substantial importance to the series of human rights listed in the Universal Declaration of the Rights of Man, and in the International Conventions that regulate human rights, such as those of the American Human Rights Convention, or the International Covenants on Civil and Political, and Economic and Social Rights, which are, moreover, laws of the Republic, because they have been approved in Congress by special laws.[1075] But, though limiting our comments to the rights described in the Constitution, however, we must stress the fact that what is termed *amparo* is the right to a judicial means for protecting the enjoyment and exercise of absolutely all those constitutional rights, which means that a difference is established with respect to other *amparo* institutions particular to Latin America.

In fact, if the situation in Latin America is analyzed comparatively, the following criteria can, in general, be identified. In the first place, the system that identifies *amparo* with judicial protection from arbitrary detention (*habeas corpus*) always entails a writ requiring that the person detained be shown. This was the legal tradition, for example, in Chile. Secondly, there is the system that identifies *amparo* as a means for the protection of all rights, except that of personal liberty, which is granted a special means of protection, such as the remedy of *habeas corpus*. This system, in fact, distinguishes between the two types of actions, the action for protection and the writ of *habeas corpus*, and is for example, the tradition in the Argentinean, and Brazilian systems.

Thirdly, *amparo* is also seen as a means for the protection of all rights and guarantees enshrined in the Constitution, and it has been the tradition in Central America, particularly in Guatemala, Honduras and Nicaragua, in contrast to the situation in Europe, for example, in which the remedy is established for the protection of cer-

---

1075 See *Gaceta Oficial* Nº 31.256 de 14–6–77 and Nº 2.146 Extra. de 28–1–78.

tain rights only.[1076] This happens, for example, in Spain, where the recourse of protection is reserved for the protection of a limited group of constitutional rights only, equivalent to what the Venezuelan Constitution has characterized as "individual rights."[1077]

We have pointed out that *amparo* is conceived in Venezuela as the right to a legal means (action or remedy) for the protection of absolutely all constitutional rights and guarantees, not only, of course, of individual rights, but also of the social, cultural, environmental, political and economic rights declared in the Constitution. Also, as *amparo* is intended for the protection of all the rights and guarantees enshrined in the Constitution, this implies that what is known as the right of *habeas corpus* is really a part of the right to protection, or if preferred, one manifestation of the *amparo*.

That is why the right to seek protection against any deprivation or restriction to personal freedom is regulated in the Organic Amparo Law, setting forth that the action must bring before the First Instance Criminal court with jurisdiction in the place where the aggrieving act is enforced or where the aggrieved person is, court that must issue an habeas corpus mandamus (Article 39).

From the terms of Article 27 of the Constitution, it can be said that the objective protected by the right to amparo is the enjoyment and exercise of constitutional rights and guarantees, and of course, protection for the enjoyment and exercise of such rights and guarantees is admissible, not only when some *direct* violation of a constitutional rule occurs, but also of course, when there is a violation of the legal rules that regulate the enjoyment and exercise of such rights. We consider that there is no foundation whatsoever in Venezuela for wishing to restrict the exercise of the subordinate action for protection only to cases in which a "direct violation" of the Constitution occurs [1078].

In effect, we must bear in mind that the regulation of constitutional rights and guarantees in Venezuela is not uniform, and that the manner in which they are embodied in the Constitution gives rise to differing effects of such rights and guarantees.[1079] In fact, we may identify, in the first place, the "absolute rights", among which are the right to life, the right not to be held incommunicado, not to be subjected to torture or other procedures that cause moral or physical suffering, which is the same thing as the right to personal integrity, and the right not to be condemned to prison for life, or to punishments that are defamatory or that restrict personal freedom for more than 30 years. These rights are expressed in the Constitution in such a way that

---

1076 Allan R. Brewer–Carías, *Garantías constitucionales de los derechos del hombre*, Caracas, 1976, p. 69.

1077 Art. 53, ord. 2. Spanish Constitution 1978.

1078 See the decision of the Supreme Court in Politico–Administrative Chamber of October 28, 1983, in *Revista de Derecho Público*, N° 16, Editorial Jurídica Venezolana, Caracas, 1983, p. 169. See the comments of René De Sola, "Vida y vicisitudes del recurso de amparo en Venezuela", *Revista del Instituto Venezolano de Derecho Social*, 47, Caracas, 1985, p. 58, (also published in *Revista SIC*; 472, Caracas, 1985, 74.

1079 Allan R. Brewer–Carías, *Instituciones políticas y Constitucionales*, Vol. IV, *Derechos y garantías Constitucionales*, Universidad Católica del Táchira, Editorial Jurídica venezolana, Caracas–San Cristóbal, 1996.

it can be said that they are rights that can neither be limited nor regulated even by the legislator, and that are, moreover, the rights which may not be restricted by executive decision based on the powers attributed to the President of the Republic in cases of emergency or disturbances that may disrupt the peace of the Republic, or in serious circumstances which affect its economic or social life. With the exception of these absolute rights, all other rights and guarantees, by contrast, are liable to limitation or regulation by the Legislator, and may be subject to measures for their restriction or suspension (art. 241 Constitution).

A second type of constitutional rights comprises those whose exercise may be restricted by the President of the Republic, even though, in principle, the legislator may not limit them. This stems from the manner in which the Constitution expresses the rights, for example, to protection of honor, reputation and privacy; the right not to take an oath or to make self–incriminating statements; not to remain imprisoned once officially released from jail; not to be punished twice for the same crime; the right to equality and freedom from discrimination; the right to religious freedom and to freedom of thought; the right to petition and to receive timely response; the right to be judged by one's ordinary judges; the right to defense; the right of association; the right to health protection; the rights to education and to work; and the right to vote.

A third category of rights, stemming from the Constitution, is that composed of those rights which may be limited by the legislator, although in a restricted way. This category contains, for instance, the prisoner's right, before being sentenced, to be heard "as indicated by the law"; the right to inviolability of the home, except in cases of search "according to the law and the decision of the courts"; the right to inviolability of correspondence, except in cases of inspection or fiscal supervision of accounting documents "according to the law"; the right to take public office, with the only restrictions being conditions of aptitude "required by law."

The fourth category comprises a series of constitutional rights that can be regulated and limited by the legislator in a wider form. Among such rights would be the right not to be detained unless caught *in fraganti*; "in the cases and with the formalities established in the law"; the freedom of movement "with the condition established by law"; the right to exercise a cult under the "supreme inspection of the State according to the law"; the right to carry on economic activities with no other limitations than those established by statute by reasons of security, health or other social interests; the right to property, submitted to the "contributions, restrictions and obligations established by law based on public or social interests"; the right to political association and to public demonstration "according to the formalities established by law." In all such cases, the exercise of rights is definitively subject to what the legislator stipulates, and within quite considerable margins.

The fifth and final category of constitutional rights and guarantees is formed by those established in such a manner that their exercise is definitively subject to legal regulation. Among such rights would be, for example, that of using the organs for the administration of justice "under the terms and conditions established by the law"; that of joining associations "according to the law"; and the right to strike "under the conditions set by the law". In all such cases, the manner in which the Constitution expresses the rights and guarantees requires that they be regulated by the Law so as to be exercised at all. From this classification of rights and guarantees into five groups, according to the Constitution, it is evident that there is no sense in holding that the right to protection, and in particular, the subsidiary "action for amparo", can only be admissible when the Constitution is "directly violated", since many rights are not only embodied in the Constitution, but rather, by virtue of the Constitution itself, their exercise is subject to provisions and regulations established by the Legislator. The right to protection is thus also admissible against violations of laws, which regulate the enjoyment, and exercise of rights.

We have pointed out that the right to protection, as regulated by the Constitution, has the definitive aim of ensuring the *enjoyment and exercise* of constitutional rights and guarantees. Precisely for this reason, the Constitution grants the competent judge the power to immediately "re–establish the infringed juridical situation", and precisely for this reason, also provides that "the procedure should be brief and summary."

This aim of the remedy of ensuring the enjoyment and exercise of constitutional rights and guarantees entails that the judge, of course, has power to adopt preventive and cautionary measures, but bearing in mind that the legal means of protection and even the subordinate action for amparo, are not necessarily exhausted thereby.

In other words, the protection for the enjoyment and exercise of constitutional rights and guarantees does not only entail, nor is it exhausted by the adoption of some immediate measure, by means of a brief and summary proceeding which re–establishes the infringed legal situation, but rather that the action or remedy for amparo by means of legal proceedings needs the judge in the case of *amparo* to decide on the substantive issue and give a verdict as to the legality and legitimacy of the "violation" of the right in question, without prejudice to the fact that, by means of brief and summary mechanisms, decisions may be adopted during the proceedings to immediately re–establish the infringed legal situation.

In our opinion and after analyzing the Venezuelan right for amparo, the following conclusions can be formed:

First, the Constitution consecrates a *right to amparo*, and not any particular "action" or "remedy" before a particular Court. This right is established as a fundamental right of individuals and collective persons.

Second, the right to protection implies an *obligation* of all Courts to protect according to the law, against disturbances of the enjoyment and exercise of rights and guarantees. Thus, the development the legislator has made regarding this right to amparo may take the form, as has happened, of pre–existing actions or remedies, or may consist of a subordinate action for protection, which is admissible when pre–existing actions and remedies cannot be effective by means of a brief and summary procedure with powers for the judge to protect fundamental rights and immediately re–establish the infringed legal situation.

Third, the right to protection may thus be guaranteed by means of *actions and recourse* contemplated in the legal order (the popular action of unconstitutionality; the power of all judges to decide not to apply a law considered unconstitutional; actions for judicial review of administrative actions; the provisional system of *habe-*

as corpus), or by means of the subordinate and autonomous action for protection[1080] and that can be brought before any court according to its subject of attributions.

Fourth, the right of amparo is admissible to guarantee the enjoyment and exercise of *all* constitutional rights and guarantees. It may be put into effect with respect to disturbances of individual rights, as well as those of social, economic, cultural environmental and political rights.

Fifth, the right to amparo seeks to assure protection of constitutional rights and guarantees against *any disturbance* in their enjoyment and exercise, whether this is originated by *private* individuals or by *public* authorities. In the case of disturbance by public authorities, the right of protection is admissible against legislative, administrative and judicial acts, by means of the actions and recourses contemplated in the legal order (the action of unconstitutionality, the recourse of cassation, or actions for judicial review of administrative actions) when they allow a legal situation which has been infringed, to be re–established by means of a brief and summary procedure, or by means of the subsidiary autonomous action for protection. Moreover, this action for protection is admissible against material acts or courses of action of the administration, thus it is not then admissible only against administrative acts.

Sixth, by virtue of the different ways in the Constitution for regulating fundamental rights, the right to amparo can be exercised to protect the enjoyment and exercise of constitutional rights and guarantees, *not only when there has been some direct violation of the Constitution*, but also when what has been violated are the legal developments which, by virtue of the Constitution, regulate, limit and even allow the exercise of such rights. Of course, protection must be exercised against an activity that directly violates a fundamental right established in the Constitution, whether it be regulated by statute or not, and whether or not the violation is contrary to what the law developing the right establishes.

Seventh, the decision of the judge as a consequence of the exercise of this right to amparo, whether this be pre–existing actions or recourses or by means of the subordinate and autonomous "action for protection", should not limit himself to precautionary or preventive measures, but should re–establish the infringed legal situation. To this end he should make a pronouncement on the substantive issue brought before him, namely the legality and legitimacy or otherwise the disturbance of the constitutional right or guarantee that has been reported as infringed.

Eighth, the Venezuelan system of judicial review, being a mixed one (can be exercised by all courts in whatever kind of judicial proceeding), where the diffuse system of judicial review has been fully developed, it is obvious that judicial review of legislation is a power that can be exercised by the courts when deciding action for amparo" of fundamental rights, when for instance, their violation is infringed by a public authority act based on a statute deemed unconstitutional. In such cases, if the judge gives the protection requested through an order similar to the writs of mandamus or to the injunctions, he must previously declare the statute based on which the challenged action was taken, inapplicable on the grounds of it being unconstitutio-

1080 Allan R. Brewer–Carías, "La reciente evolución jurisprudencial en relación a la admisibilidad del recurso de amparo", *Revista de derecho público*, Nº 19, Caracas, 1984, pp. 207–218.

nal. Therefore, in such cases, judicial review of the constitutionality of legislation is also exercised when an action for amparo of fundamental rights is filed.

In this respect, some precisions must be made regarding the Venezuelan system of judicial review. Article 336 of the Constitution of 1999, following a constitutional tradition that can be traced back to the 1858 Constitution[1081], sets forth the power of the Constitutional Chamber of the Supreme Tribunal, as Constitutional Jurisdiction, to review the constitutionality of statutes and other national, state or municipal normative acts and acts of government adopted by the President of the Republic, when requested by means of a popular action. That is to say, it provides for judicial review of the constitutionality of all state acts issued in direct application of the Constitution, and particularly of statutes.

This judicial review power of the constitutionality of state acts allows the Supreme Tribunal of Justice to declare them null and void with *erga omnes* effects when they violate the Constitution. It thus constitutes a concentrated system of judicial review of the constitutionality of statutes and other state acts with similar rank or value.

Moreover, Article 334 of the same Constitution, also following a legal tradition that can be traced back to the 1897 Civil Procedure Code, sets forth the power of all courts to declare statutes or other normative state acts inapplicable in a given case, when they consider them unconstitutional and, hence, sets preference to constitutional rules, providing a diffuse system of judicial review.

Therefore, as also happens in the Portuguese system and in many Latin American countries, the Venezuelan system of judicial review of the constitutionality of statutes and other state acts, mixes the diffuse system of judicial review of the constitutionality of statutes with the concentrated systems.[1082]

With respect to this mixed character of the Venezuelan system, the former Supreme Court has analyzed the scope of judicial review of the constitutionality of statutes, and has correctly pointed out that this is the responsibility:

> [N]ot only of the Supreme Tribunal of the Republic, but also of all the judges, whatever their rank and standing may be. It is sufficient that an official is part of the Judiciary for him to be a custodian of the Constitution and, consequently, to apply it's ruling preferentially over those of ordinary statutes. Nonetheless, the application of Constitution by the judges, only has effects in the concrete case at issue and, for that very reason, only affects the interested parties to the conflict. In contrast, when constitutional illegitimacy in a law is declared by the Supreme [Tribunal] when exercising its sovereign function, as the interpreter of the Constitution, and in response to the pertinent [popular] action, the effects of the decision extend *erga omnes* and have the force of law. In the

---

1081 See J. G. Andueza, *La jurisdicción constitucional en el derecho venezolano*, Universidad Central de Venezuela, Caracas, 1955 p. 46.

1082 See in general, Allan R. Brewer–Carías, *El control de la constitucionalidad de los actos estatales*, Caracas, 1977; and also "Algunas consideraciones sobre el control jurisdiccional de la constitucionalidad de los actos estatales en el derecho venezolano", *Revista de Administración Pública*, 76, Madrid, 1975, pp. 419–446.

first case, the review is incidental and special, and in the second, principal and general. When this happens –that is to say when the recourse is autonomous– the control is either formal or material, depending on whether the nullity has to do with an irregularity relating to the process of drafting the statute, or whether –despite the legislation having been correct from the formalist point of view– the intrinsic content of the statute suffers from substantial defects.[1083.]

Consequently, the Venezuelan system of judicial review is a mixed one, in which the diffuse system functions in parallel with the concentrated system of judicial review assigned to the Constitutional Chamber of the Supreme Tribunal of Justice.

As previously stated, Article 334 of the Constitution following what was set forth in Article 20 of the Civil Procedure Code since 1897, states:

> **Art. 334.** [...] In case of incompatibility between this Constitution and a statute or other norm, the constitutional provisions will be apply, being the courts in any case, even ex officio, the ones to decide therein[1084]

According to this norm, the diffuse system of judicial review allows any judge, from the lowest judicial rank to the Supreme Tribunal of Justice, to decide not to apply a statute in a concrete case that conflicts with any provision of the Constitution when the application of that statute is demanded by a party to litigation. This is, no doubt, the basic consequence of the principle of the supremacy of the Constitution, as considered since the beginning of the last century by all the commentators of the Civil Procedure Code.

According to this power attributed to all judges, the diffuse system of judicial review in Venezuela can be characterized by the following trends:

Firstly, as we have stated, the power attributed to all judges to control the constitutionality of legislation is the natural consequence of the principle of the supremacy of the Constitution. The judges are bound by the Constitution and have the duty to apply it; therefore, if a law is unconstitutional, they cannot apply it and must give preference to the Constitution, because an unconstitutional law can have no value.

It must be said that this was the basic principle established ever since the beginning of Venezuelan constitutionalism, in the 1811 Constitution where it has been considered that an implicit diffuse judicial review system was adopted.[1085]

1083 See decisión of Federal Court (which in 1961 was substituted by the Supreme Court of Justice), June 19, 1953 *Gaceta Forense*, 1, 1953, pp. 77–78.

1084 Article 334: En caso de incompatibilidad entre esta Constitución y una ley u otra norma jurídica, se aplicarán las disposiciones constitucionales, correspondiendo a los tribunales en cualquier causa, aún de oficio, decidir lo conducente". The text of article 20 of the Civil Procedure Code says: "Cuando la ley vigente, cuya aplicación se pida, colidiere con alguna disposición constitucional, los jueces aplicarán ésta con preferencia." The text was originally adopted in the 1897 Code (Art. 10), followed by the 1904 Code (Art. 10) and the 1916 Code (Art. 7). In the 1985 Code the only change introduced in relation to the previous text, is the word "judges" which substituted the word "Tribunals". See the text of the 1897, 1904 and 1916 Codes in *Leyes y Decretos Reglamentarios de los Estados Unidos de Venezuela*, Caracas, 1943, Vol. V.

1085 H. J. La Roche, *El control jurisdiccional de la constitucionalidad en Venezuela y Estados Unidos*, Maracaibo, 1971, p. 24; T. "El recurso de inconstitucionalidad en la Constitución venezolana de 1811",

In effect, Article 227 of the 1811 Constitution set forth:

> The present Constitution, the statutes to be adopted in its execution and the Treaties to be subscribed under the authority of the Union Government will be the supreme law of the state in the whole Confederation, and the authorities and inhabitants of the provinces are bound to religiously obey and observe them without excuse or pretext; but the statutes enacted against the text of the Constitution will have no value unless they fulfill all the required conditions for a just and legitimate revision and sanction.[1086]

According to this norm, in the same sense as the North American model, unconstitutional laws were considered null and void, as they could have no effect whatsoever.

The guarantee of the Constitution in that case was the nullity of the unconstitutional act, and not its annulability. Thus the judges were not bound to apply unconstitutional laws and acts; on the contrary, as established in the 1830 Constitution, all public officials had the duty not to "obey or execute orders evidently contrary to the Constitution or the laws."[1087]

Now concerning fundamental rights and freedoms, ever since the 1893 Constitution the *nullity* of the statutes which violated or harmed them, as their basic guarantee has been expressly established.[1088] That is why the 1999 Constitution expressly set forth that:

> **Art. 25**: Every act of the Public Power which violates or impairs the rights guaranteed by this Constitution is void, and the public officials and employees who order or execute it shall be held criminally, civilly or administratively liable, as the case may be, and orders of superiors manifestly contrary to the Constitution and the laws may not serve as an excuse.

Consequently, it can be said that since the 1811 Constitution, the diffuse system of judicial review of legislation, based on the principle of the supremacy of the Constitution and the nullity and infectivity of unconstitutional acts, has existed in Venezuela following the implicit North American constitutional trends, particularly until 1897, when it was expressly established as a power of all judges in the Civil Procedure Code.

It must be mentioned also that in the 1901 Constitution, following the approval of the 1897 Civil Procedure Code, the power of all judges to control the constitutionality of statutes was ratified. In that Constitution, competence to declare which disposition would prevail in a concrete case, when a lower judge *motu proprio* or at party instance, would have referred a constitutional question to the Supreme Court,

---

in *El pensamiento constitucional de Latinoamérica 1810–1830*, Congreso de Academias e Institutos Históricos, Actas y Ponencias, Caracas, 1962, Vol. 3, p. 208.

1086 See in Allan R. Brewer–Carías, *Las Constituciones de Venezuela*, Instituto de Estudios de Administración Local, Centro de Estudios Constitucionales, Madrid, 1985, p. 203.

1087 Art. 186. See in Allan R. Brewer–Carías, *Las Constituciones ..., cit.*, p. 353.

1088 Art. 17. See in Allan R. Brewer–Carías, *Las Constituciones..., cit.*, p. 531.

was attributed to the Supreme Court. Nevertheless, it was expressly established that this referral did not have suspenssive effects on the procedure, and that the lower judge was empowered to decide the constitutional question if through the opportunity of adopting his own decision, the Supreme Court opinion was not received by the lower court.[1089]

Anyway, historically and in the present constitutional system, Venezuela has always had, following the American model, a diffuse system of judicial review according to which all courts have the power to examine the constitutionality of statutes and not to apply them when considering them unconstitutional, giving preference to the Constitution. Of course, the expression "statute" (*ley*) used in the Constitution and in the Civil Procedure Code has always been interpreted in an extensive way, comprising not only formal statutes approved by Congress, but also all normative state acts, including executive regulations.

Following the general trends of all diffuse systems of judicial review, the Venezuelan system also has an incidental character, that is to say, the judge can only review the constitutionality of a statute and decide not to apply it, when deciding a concrete case brought before him by a party, in which the constitutional question is not, of course, the principal issue submitted for his decision, but only an incidental question regarding the law which the judge must apply for the resolution of the case as required by a party.

Therefore, the power of courts to control the constitutionality of legislation can only be exercised within a concrete adversary litigation (case and controversy), regarding the statute the application of which is demanded by a party, and when the constitutional issue is relevant to the case and necessary to be resolved in their decision. But in the Venezuelan system, the constitutional issue itself can be raised *ex officio* by the judge when deciding the concrete case so it is not necessarily required, as happens in the North American system, to be alleged by a party. Therefore, the Venezuelan diffuse system of judicial review although incidental, is not a control that is exclusively exercised through an "exception of unconstitutionality"[1090] risen by a party. On the contrary, it can be exercised by the judge, *motu proprio* as stated since the 1901 Constitution (art. 106,8).

On the other hand, the nullity of unconstitutional laws, particularly those that violate fundamental rights; being the guarantee of the Constitution, the decision of the courts in the diffuse system of constitutional control has declarative effects. That is to say, the judge when deciding not to apply a statute in a concrete case declares it unconstitutional and, therefore, considers it unconstitutional ever since its enactment (*ab initio*), thus as never having been valid and as always having been null and void. Consequently, the decision of the court in the concrete case evidently has *ex–tunc* and *pro pretaerito* or retroactive effects, preventing the unconstitutional and inapplicable statute from having any effect in the case. Thus, the judge's decision is not a

---

1089 Art. 106, 8 in Allan R. Brewer–Carías, *Las Constituciones ..., cit.*, pp. 579–580. See the comments regarding this norm in R. Feo, *Estudios sobre el Código de procedimiento civil venezolano*, Caracas 1904, Vol. I, pp. 32–33

1090 See a contrary opinion in H.J. La Roche, *op. cit.*, pp. 137, 140, 150, 162; and in J.G. Andueza, *op. cit.*, pp. 37–38.

declaration "of nullity" of the statute he considered unconstitutional, but rather a declaration that the statute "is unconstitutional." In declaring the statute inapplicable to the concrete case, the court considers that the statute could never have produced effects in the particular case; as it has never existed. In other words, when the court declares that the statute is inapplicable to a particular case which was supposed to have been governed, in the past, by a statute whose applicability is demanded by one of the parties to the case, the judge is "ignoring" the –in his opinion– unconstitutional law, and thus considering it never having had effects on the particular case brought before him.

Of course, these declarative and *ex–tunc* effects of the decision, only refer to the concrete parties, in the concrete process in which the decision is adopted.

Thus, the decision only has *in casu et inter partes* effects,[1091] as a consequence of the incidental character (*incidenter tantum*) control. Therefore, if a statute has been considered unconstitutional in a concrete judicial case decision, and the judge decided not to apply it to the case but gave preference to the Constitution, this does not mean that the law has been invalidated and is not enforceable and applicable elsewhere. According to the Civil Procedure Code, judges have no competence to make declarations of the nullity of the unconstitutional law, or to annul it, because these attributions are exclusively assigned in the Constitution to the Constitutional Chamber of the Supreme Tribunal. Thus, in the diffuse system of review, the decision in which the judge decides not to apply a statute in the concrete case only means that concerning that particular process and parties, the law must be considered unconstitutional, null and void, but with no effects regarding other cases, other judges or other individuals.

Therefore, the fact that a statute is declared inapplicable by reason of unconstitutionality by a judge in a particular case does not affect its validity nor is it equivalent to a declaration of nullity. The law as such continues to be valid, and will only lose its general effects if repealed by another law (art. 177, 1961 Constitution) or if annulled by the Supreme Tribunal of Justice (art. 215,3,4 1961 Constitution).

In this regard, it must be mentioned that the Organic law on the Supreme Tribunal of 2004 has incorporated a new provision imposing the Chambers of the Supreme Court, after ruling any statute as unconstitutional following the diffuse method of judicial review, to send the case to the Constitutional Camber to allow the latter to rule the matter, and if it proceeds, the statute can be annulled with *erga omnes* effects (article 5,1o, 22).

In any case, in the Venezuelan procedural system, the *stare decisis* doctrine has no application at all, the judges being sovereign in their decisions, only submitted to the Constitution and the law. Therefore, decisions regarding the inapplicability of a law considered unconstitutional do not have binding effects, neither regarding the same judge who may change his legal opinion in other cases, nor regarding other judges or courts, except in cases of decision issued by the Constitutional Chamber with obligatory effects.

1091 See the Federal Court decision of June 19, 1953, in *Gaceta Forense* N° 1, 1953, pp. 77–78.

On the other hand, like the American or Argentinean systems, in the Venezuelan system of constitutional judicial control, the 1999 Constitution has created an extraordinary means or review recourse that can be filed against judicial decisions in which constitutional questions are involved that can be brought before the Constitutional Chamber of the Supreme Tribunal.

Before 1999, judge's decisions on matters of unconstitutionality were only subject to the ordinary means of appeal and to the recourse of cassation, following the general rules established in the Civil Procedural Code. It was only in the 1901 Constitution that the Federal Court was assigned the power to establish general criterion in constitutional matters referred to by lower courts, when a constitutional issue was raised in concrete judicial cases, which power was eliminated in the subsequent constitutional reform of 1904.

Nevertheless, before 1999, the possible contradictions that could arise between different court decisions, with the consequent uncertainty in the legal order, were corrected ever since 1858, through the establishment, in parallel with the diffuse system of judicial review, of a concentrated system of constitutional control assigned now to the Constitutional Chamber of the Supreme Tribunal of Justice.

As mentioned, one of the important reforms introduced to the judicial review system by the 1999 Constitution was to give the Constitutional Chamber of the Supreme Tribunal, the power to "review the definitive decisions issued by the courts on amparo matters and on judicial review of statutes or other norms" (Article 336,10).

This power of the Constitutional Chamber was conceived as an extraordinary power to review, at its discretion, by means of an extraordinary recourse similar to the application to the writ of certiorari, highest instance courts decisions issued in matters of judicial review of legislation, and specifically on matters of amparo.

The essential trend of this attribution is its discretionary character[1092], that allows the Constitutional Chamber to choose the cases to be reviewed. As the same Constitutional Chamber of the Supreme Tribunal pointed it out in its decision N° 727 of April 8th, 2003, "in the cases of the decisions subject to revision, the Constitution does not provide for the creation of a third instance. What has set forth the constitutional provision is an exceptional and discretional power of the Constitutional Chamber that as such, must be exercised with maxim prudence regarding the admission of recourses for review final judicial decisions"[1093].

In absence of the statute that must regulate the Constitutional Jurisdiction assigned to the Constitutional Chamber, it has been the same Constitutional Chamber the one that has modeled the framework of this recourse for revision of judicial decisions on constitutional matters. By the end of 2000, as a consequence of the Chamber rulings N° 1, 2, 44 and 714, the Supreme Court doctrine regarding the conditions

1092 As mentioned, in a certain way similar to the *writ of cerciorari* in the Nort American system. See Allan R. Brewer–Carías, *Judicial Review in Comparative Law, op. cit.*, p. 141; See also the comments of Jesús María Casal, *Constitución y Justicia Constitucional,* Caracas 2002, p. 92.

1093 Case: *Revisión de la sentencia dictada por la Sala Electoral en fecha 21 de noviembre de 2002*, in *Revista de Derecho Público*, N° 93–96, Editorial Jurídica Venezolana, Caracas, 2003.

that a judicial decision must have in order to be the object of the review recourse was as follows:

1°) The decision must have been issued in second instance, by means of an appeal or consultation, so that the review cannot be understood as a new instance.

2°) The constitutional revision is only admissible in order to preserve the uniformity of interpretation of constitutional norms and principles, or when it exists a deliberate violation of constitutional prescription, which will be analyzed by the Constitutional Chamber, in a facultative way

3°) As a consequence, and different to consultations, the recourse for revision is not *ipso jure* admissible, because it depends on the party's initiative, and not on the initiative of the courts that issued the decision, unless the Constitutional Chamber ex officio decides to accepted it bearing always in mind its purpose[1094].

After, in decision N° 93 of February 6th, 2001(Case: *Olimpia Tours and Travel vs. Corporación de Turismo de Venezuela*), the Constitutional Chamber began to extend its own review powers, adding to the recourse for revision other judicial decisions different to those issued in matters of amparo or on judicial review of constitutionality, as follows:

1. The last instance definitive judicial amparo decisions of any kind, issued by the other Chambers of the Supreme Tribunal of Justice and by any court or tribunal of the country.
2. The last instance definitive judicial decisions of courts and of the other Chambers of the Supreme Tribunal on judicial review of constitutionality of statutes or State regulations.
3. The last instance definitive judicial decisions issued by the other Chambers of the Supreme Tribunal or by the other courts and tribunals putting aside or expressly or tacitly by–passing the interpretations of the Constitution ruled in any Constitutional Chamber's decision issued before the impugned ruling, thus making an erroneous constitutional judicial review by erroneously applying the Constitution.
4. The last instance definitive judicial decisions issued by the other Chambers of the Supreme Tribunal of by the other courts and tribunals which, according to the Constitutional Chamber's criteria, would incur in a grotesque error regarding the interpretation of the Constitution or simply would disregard the interpretation of the constitutional provision; cases

1094 See decisión of November 2, 2000 (Case: *Roderick A. Muñoz P. vs. Juzgado de los Municipios Carache, Candelaria y José Felipe Márquez Cañizales de la Circunscripción Judicial del Estado Trujillo*) in *Revista de Derecho Público*, N° 84, (octubre–diciembre), Editorial Jurídica Venezolana, Caracas, 2000, p. 367.

in which it would also be an erroneous judicial review of constitutionality[1095].

According to this doctrine, the Constitutional Chamber has extended its review power regarding judicial decisions, that in the Constitution is reduced to "amparo" and judicial review decisions, including other judicial decisions, even those issued by the other Chambers of the Supreme Tribunal (Civil, Criminal and Social Chambers, Electoral Chamber and Administrative judicial review Chamber) which is not authorized in the Constitution, and constitutes a violation to the constitutional right to *res judicata*, affecting legal stability and security

The Constitutional Chamber, in effect, after analyzing the due process of law guarantees regarding the extraordinary revision of judicial decisions, in decision N° 93 of February 6th, 2001 (Case: *Olimpia Tours and Travel vs. Corporación de Turismo de Venezuela*), alter analyzing its constitutional role as guarantor of the supremacy or the Constitution and as the interpreter of the Constitution, concluded saying that "there are no doubts about the Constitution interpretative powers of the Chamber, whose decisions are obligatory for the other Chambers and the rest of the courts of the Republic. Thus, all the other Chambers of the Supreme Tribunal and the other courts and tribunal are obligated to decide accordingly to the interpretation of constitutional provisions issued by the Chamber…The Constitution gives the Constitutional Chamber the superior and unique power regarding the interpretation of the Constitution.".

The conclusion from the argument developed by he Constitutional Chamber has been the affirmation of its powers to be "the maxim interpreter of the Constitution" with the power to issue obligatory interpretations, from which resulted its power to review, even ex officio, any judicial decision of any other Chamber of the Supreme Tribunal or of any court, when contrary to the constitutional interpretation set forth by the Chamber[1096].

This doctrine, particularly regarding to the others Chamber of the Supreme Tribunal decisions, has been incorporated in the Organic Law of the Supreme Tribunal (art. 5,4).

But just regarding the "amparo" definitive last instance judicial decisions, the power of the Constitutional Chamber of the Supreme Court to hear the extraordinary review recourse, is a very important instrument in order to provide uniformity to the judicial constitutional interpretation and enforcement of human rights made by ordinary courts.

1095 See in *Revista de Derecho Público*, N° 85–88, Editorial Jurídica Venezolana, Caracas, 2001, pp. 414–415. See also decisión N° 727 of April 8th, 2003 (Caso: *Revisión de la sentencia dictada por la Sala Electoral en fecha 21 de noviembre de 2002)*, en *Revista de Derecho Público*, N° 93–96, Editorial Jurídica Venezolana, Caracas, 2003

1096 *Idem*. pp. 412–414.

2. *The amparo action or recourse as a constitutional guarantee*

A. *The actions of constitutional protection in Brazil*

Since 1934,[1097] the Constitution of Brazil has expressly established the *mandado de segurança* as a special means for the protection of fundamental rights, other than personal liberty –which is protected through the recourse for *habeas corpus*. Thus, in the Brazilian constitutional system there are two main special actions for the constitutional protection of fundamental rights: the *mandado de segurança* and the *habeas corpus* actions. In particular, the *mandado de segurança* is intended to protect actual individual rights not protected through *habeas corpus*, whoever the authority responsible for the illegality or abuse of powers may be.[1098]

But after the 1988 Constitution, additionally to the *mandado de segurança* and the *habeas corpus* recourses, other two specific recourses had been regulated: the *mandado de injunçao* and the *habeas data*[1099].

Regarding the *habeas corpus,* it can be brought before the courts whenever anyone, suffers or feels threatened with suffering violence or duress in his or her freedom of movement because of illegal acts or abuses of power (Article 5, LXVIII of the Constitution). The right of movement (*ius ambuland)* is defined as the right of every person to enter, stay and leave national territory with his belongings (Article 5, XV). In principle, the action is brought before the Tribunals of First Criminal Instance, but actions may be heard by the Appeals Tribunals and even by the Supreme Federal Tribunal, if action is brought against the Tribunal of First Instance or against the Appeals Tribunal.

The second action of protection provided in the Constitution is the individual or collective *mandado de segurança,* regulated in Law N° 1533 of December 31 1951[1100]. This action is devoted to protect certain and determined rights that are not protected by *habeas corpus* or *habeas data,* when the party responsible for the illegal action or abuse of power is a public authority or an agent of an artificial person exercising attributions of the Authorities (Article 5, LXIX).

This recourse, which may be brought before any tribunal according to its competence, is not admissible when there are administrative recourses that can be brought against the act in question, or if the decisions are judicial, when there are recourses

---

1097 Art. 113,33 Constitution 1934. A. Ríos Espinoza, Presupuestos constitucionales del mandato de seguridad", *Boletín del Instituto de Derecho Comparado de México*, UNAM, 46, 1963, p. 71. (Also published in H. Fix–Zamudio, A. Ríos Espinosa and N. Alcalá Zamora, *Tres estudios sobre el mandato de seguridad brasileño*, México 1963, pp. 71–96.

1098 153,21 Constitution.

1099 See (in general): José Alfonso Da Silva, *Mandado de injunçao e habeas data,* Sao Paulo, 1989; Dimar Ackel Filho, *Writs Constitutionais,* Sao Paulo, 1988; Nagib Slaibi Filho, *Anotaçoes a Constituiçao de 1988,* Río de Janeiro, 1989; Celso Agrícola Barbi, *Do Mandado de Segurança,* 7th Edition, Revista, aumentada e actualizada de acordo com o Código de Processo Civil de 1973 e legislação posterior, Editora Forense, Río de Janeiro 1993; J. Cretella Júnior, *Comentários à ley do mandado de segurança (de acordo com a constituição de 5 de outubro de 1988*, 5th Edition, Editora Forense, Río de Janeiro 1992.

1100 See J. Cretella Junior, *Coméntarios à Lei do mandado de segurança. De acordo com a Constitução de 5 de Octubre de 1988*, Editora Forense, Rio de Janeiro, 1992.

provided under procedural law by means of which the act may be corrected. Neither is the writ of *segurança* admitted against statutes, even those that are self–applicable.

The collective *mandado de segurança* is conceived as a means of protecting collective interests, which may be brought before the courts by political parties represented in the National Congress, trade union organizations, and legally organized entities or associations for the defense of the interests of their members or associates (Article 5, LXX).

Additionally, Brazil has a distinctive regulation which is the *mandado de injunçao* similar to the writ of injunction, directed to protect the exercise of constitutional rights and freedoms and of the prerogatives inherent to nationality, the sovereignty of the people or citizenship when the lack of a regulatory state on the matter can make such rights unviable (Article 5, LXXI), The purpose of this action against a legislative or regulatory omission is to obtain the order of a judge imposing the obligation to the legislative body to carry out or comply with a determined act, the violation of which constitutes an impairment of a right.

If the regulatory omission is attributable to the highest authorities of the Republic, the competent Tribunal is the Supreme Federal Tribunal; in other cases the High Courts of Justice are competent. Whatever the case, the respective judge cannot surrogate the legislative body in the sense that it cannot legislate by means of the writ of *injunçao*, but can simply order or instruct that the right established in the Constitution that is unviable because of lack of regulation be conceded,.

Lastly, the 1988 Constitution introduced the *habeas data,* provided to assure firstly, that the information relative to the plaintiff found in records or databanks of governmental or public sector entities be heard; and secondly, for the rectification of data, when not achievable through judicial or administrative proceedings (Article 5, LXXII). *Habeas data* may therefore be defined as a constitutional action used to guarantee three aspects: the right of access to official records; the right to rectify such records, and the right to correct them. The recourse can be brought before any competent court, and even before the Supreme Federal Tribunal.

In Brazil there also exists an extraordinary recourse of constitutionality that can be filed before the Federal Supreme Tribunal, against the judicial decision issued on matters of protection of constitutional rights by the Superior Federal Court or by the Regional Federal Courts, when it is considered that the courts have made the decisions in a way inconsistent with the Constitution, or in which the court has denied the validity of a treaty or federal statute, or when the decisions has declared the unconstitutionality of a treaty or of a Federal Law; and when they deem a local government law or act that has been challenged as unconstitutional or contrary to a valid federal law[1101].

In these cases the matter can reach the Federal Supreme Tribunal, which is the most important court on matters of judicial review (having Brazil a mixed system of

1101 Art. 199. III, b,c. Constitution.

judicial review) as happens with numerous Latin American that combine the diffuse system on judicial review with the concentrated one[1102].

In effect, the Brazilian system of judicial review, in its origin, like the Argentinean, can be considered one of the Latin American systems that followed the North American model more closely[1103]. It was after the 1934 Constitution, that a direct action of unconstitutionality was introduced. This action was conceived to be brought before the Federal Supreme Tribunal to impugned statutes. This is how the Brazilian system of judicial review began to be a mixed one.

In effect, the Federal Constitution of 1891 clearly influenced by the North American constitutional system[1104] assigned the Supreme Federal Tribunal the power to review, through an extraordinary recourse, the decisions of the federal courts and of the courts of the Member States, in which the validity or the application of the treaties or Federal Laws was questioned, and the decisions were against; or in which the validity of laws or government acts of the states was questioned on the grounds of contravention to the Constitution or to federal laws; and the decisions considered the challenged laws or acts valid[1105]. As a consequence of this express constitutional attribution, the Federal Law 221 of 1894[1106] assigned the power to judge upon the validity of obviously unconstitutional laws and executive regulations, and to decide their inapplicability in concrete cases, to all federal judges. Thus, the diffuse system of judicial review of legislation was established in Brazil at the end of the last century, and was perfected through the subsequent constitutional reforms of 1926, 1934, 1937, 1946 and 1967[1107]. Therefore, we can say that the main feature of the Brazilian system of judicial review is its diffuse character, with all its consequences according to the American model.

As mentioned, in addition to the diffuse system of judicial review, a concentrated system of review was established in the 1934 Constitution, by attributing power to the Supreme Federal Tribunal to declare the unconstitutionality of member state

---

1102 See in general Mantel Goncalves Ferreira Filho, "O sistema constitucional brasileiro e as recentes inovacoes no controle de constitucionalidade" in *Anuario Iberoamericano de Justicia Constitucional*, N° 5, 2001, Centro de Estudios Políticos y Constitucionales, Madrid, España, 2001; José Carlos Barbosa Moreira, "El control judicial de la constitucionalidad de las leyes en el Brasil: un bosquejo", in *Desafíos del control de constitucionalidad*, Ediciones Ciudad Argentina, Buenos Aires, Argentina, 1996; Paulo Bonavides, "Jurisdicao constitucional e legitimidade (algumas observacoes sobre o Brasil)" en *Anuario Iberoamericano de Justicia Constitucional* N° 7, Centro de Estudios Políticos y Constitucionales, Madrid, 2003; Enrique Ricardo Lewandowski, "Notas sobre o controle da constitucionalidade no Brasil", en Edgar Corzo Sosa, y otros, *Justicia Constitucional Comparada*, Ed. Universidad Nacional Autónoma de México, México D.F. 1993; Zeno Veloso, *Controle jurisdicional de constitucionalidade,* Ed. Cejup, Belém, Brasil, 1999.

1103 H. Fix–Zamudio and J. Carpizo, "Amerique latine" in L. Favoreu and J.A. Jolowicz (ed.), *Le contrôle juridictionnel des lois*, Paris 1986, p. 121.

1104 O.A. Bandeira de Mello, *A teoria das Constituiçoes rigidas*, Sao Paulo 1980, p. 157; J. Alfonso Da Silva, *Sistema de defensa da Constituiçao brasileira*, Congreso sobre la Constitución y su Defensa, UNAM, México 1982, p. 29. (mimeo).

1105 Art. 59, III, 1. 1981 Constitution.

1106 Art. 13,10. Law 221 of 20 November 1984

1107 O.A. Bandeira de Mello, *op. cit.*, pp. 158–237

Constitutions or laws (state laws) when required to do so by the Attorney General of the Republic.[1108] Thus, a direct action of unconstitutionality was established as of 1934, to defend federal constitutional principles, against Member state acts,[1109] later developed in subsequent Constitutions [1110] up to its extension after the 1965 Constitutional Amendment, to control all normative acts of state, whether federal or of the Member States.[1111]

Consequently, the Brazilian system can be considered a mixed one in which the diffuse system of judicial review operates in combination with a concentrated system.[1112]

In the American model and in the Argentinean experience the powers of the courts to control the constitutionality of legislation were derived from the principle of constitutional supremacy as applied by the Supreme Court. Contrary to that, the diffuse system of judicial review arose in Brazil from express provisions in the 1891 Constitution, [1113] and it is still based on constitutional norms. In this respect, as previously mentioned, the Constitution establishes the power of the Supreme Federal Tribunal to judge through extraordinary recourses, cases decided in the last resort by other courts or judges, first, when the challenged judicial decisions are against any disposition of the Constitution or denied the enforcement of a Treaty or federal law; second, when they declared the unconstitutionality of a Treaty or of a federal law; and third, when they deemed a law or other local government valid when such law challenges the Constitution or a federal law.[1114]

According to this norm, not only is the diffuse system of judicial review established, but the power of the Supreme Tribunal to intervene in all proceedings in which constitutional questions have been resolved, is also established.

As we have mentioned, the diffuse system of judicial review in Brazil follows the general trends of the American model also developed in Argentina. Therefore, all the courts of first instance have the power not to apply laws (federal, state or Municipal laws) that they deem unconstitutional, when a party to the proceeding has raised the question of constitutionality. Thus, the judges have no *ex officio* power to judge the constitutionality of the laws, and can only exercise it when the question of constitutionality has been raised by the interested party as an exception or defense in the process.[1115] The constitutional question, once raised, has a preliminary character regarding the final decision of the case, which the judge must decide beforehand.

1108 Art. 12,2. 1934 Constitution.

1109 J. Alfonso da Silva, *doc. cit.* p. 29

1110 Also in the Law N° 2271 of 22 July 1954.

1111 *Cf.* J. Alfonso Da Silva, *doc. cit.*, p. 31

1112 A. Buzaid, "La acción directa de inconstitucionalidad en el derecho brasileño", *Revista de la Facultad de Derecho*, UCAB, N° 19–22, Caracas 1964, p. 55; O.A. Bandeira de Mello, *op. cit.*, p. 157.

1113 *Cf.*, J. Alfonso Da Silva, *doc. cit.*, pp. 32, 34; J. Alfonso Da Silva, *Curso de direito constitucional positivo*, Sao Paulo 1984, p. 17.

1114 Art. 119, III b,c, Constitution. J. Alfonso Da Silva, *Sistema... doc. cit.*, p. 43; O.A. Bandeira de Mello, *op. cit.*, p. 215.

1115 J. Alfonso Da Silva, *Curso...* p. 18; J. Alfonso da Silva, *Sistema... doc. cit.*, pp. 33, 37, 58.

Of course, the decision of the courts on constitutional matters has only *in casu et inter partes* effects, and the unapplied law is considered null and void *ab initio*. Thus, the decision has *ex tunc*, retroactive effects.[1116]

The constitutional question can also be considered in a second instance, through the normal appeals process, in which case, when the court of second instance is a collegiate court, the decision upon matters of unconstitutionality of legislation must be adopted by a majority vote decision of its members.[1117]

As already mentioned, the Brazilian Constitution, ever since the establishment of the constitutional review judicial system in 1891, has always expressly regulated the power of the Supreme Court to review lower courts decisions on matters of constitutionality, through an extraordinary recourse that can be brought before the Tribunal, by the party to the process who has lost the case.[1118]

Finally it must be said that when deciding constitutional questions, the Supreme Federal Tribunal must adopt its decision with the vote of the majority of its members.[1119] The decision, as the first instance one, when declaring the unconstitutionality of a law, has *inter partes* and *ex tunc* effects.[1120] In such cases, the Tribunal in fact recognizes the *ab initio* unconstitutionality of the law, in a decision which has declarative effects, but does not annul or repeal the law, which continues in force and to be applicable.

In the Brazilian system, an additional feature can be distinguished: once adopted by the Tribunal, the decision must be sent to the Federal Senate which has the power, according to the Constitution, to "suspend the execution of all or part of a statute or decree when declared unconstitutional by the Supreme Federal Tribunal through a definitive decision,[1121] in which case the effects of the Senate decisions have, of course, *erga omnes* and *ex nunc* effects.[1122]

Anyway, it must be said that in Brazil, like in the North American system, a presumption of constitutionality also exists regarding laws and other state acts. Consequently, only when the unconstitutionality of a law appears to be without doubt, the Tribunal can declare its unconstitutionality. Thus, in case of doubt, it must reject the question and consider the law constitutional, and applicable in the concrete case.[1123]

From the above mentioned, it can be deducted that additionally to the diffuse and concentrated systems of judicial review, an indirect means for judicial review, through the actions for protection of fundamental rights and liberties, can also be identified in the Brazilian constitutional system.

1116 J. Alfonso Da Silva, *Sistema... doc. cit.*, pp. 41,64; A. Buzaid, *loc. cit.*, p. 91.

1117 This qualified vote was first established in the 1934 Constitution (Art. 179), and is always required. See O.A. Bandeira de Mello, *op. cit.*, p. 159.

1118 J. Alfonso Da Silva, *Sistema... doc. cit.*, p. 44

1119 D.A. Bandeira de Mello, *op. cit.*, p. 218

1120 J. Alfonso Da Silva, *Sistema... doc. cit.*, pp. 69, 71

1121 Art. 42, VII Federal Constitution

1122 J. Alfonso Da Silva, *Sistema...*, *doc. cit.*, p. 73.

1123 *Cf.* T.B. Cavalcanti, *Do controle de constitutionalidade*, Rio do Janeiro, 1966, p. 69.

Nevertheless, it has been traditionally considered that laws or any other normative act of state, cannot be the object of an action requesting either *habeas corpus* or a *mandado de segurança*[1124]. In this respect, as happened with the Argentinean recourse for *amparo* until recent changes within the Supreme Court decisions, the abstract control of the constitutionality of laws is not possible through the exercise of the actions for a *mandado de segurança*, or *habeas corpus*. In other words, no direct action against laws can be exercised through the *mandado de segurança*, or *habeas corpus* actions, even if they are what the Mexican system calls auto–applicative or self-executing laws.[1125] Nevertheless, such actions can serve as an indirect means of judicial review, for the diffuse system, when they are exercised against an act of any authority when executed based on a law deemed unconstitutional. Thus, it is only the concrete situation that results from the execution or application of the law or normative act, the one that can be directly impugned by means of these actions for protection of fundamental rights, and only in an indirect way and in accordance with the diffuse method of review, that laws can be controlled by the courts on the grounds of their unconstitutionality.

B. *The action of "tutela" in Colombia*

During the constitution–making process of 1991, the intention of the drafters of the Colombian Constitution was to regulate the amparo as a constitutional right[1126], in the same trend of the Mexican and Venezuelan systems of amparo.

Nonetheless, in the final version of the Constitution, the National Constituent Assembly abandoned the proposal to set forth the amparo as a constitutional right in itself, regulating the amparo action as a specific judicial mean for the protection of only some constitutional rights, changing its general Latin American denomination of "action of amparo" to "action of tutela"[1127]. Thus, even though at the beginning of the application of the reform we identified the Colombian system more in the general category of the Mexican and Venezuela amparo[1128], the statutory regulation and its very important application have molded the tutela as a specific mean for the pro-

---

1124 *Cf.* A. Alfonso Da Silva, "*Sistema... doc. cit.*, p. 47; H. Fix–Zamudio, "Mandato de seguridad y juicio de *amparo*", *Boletín del Instituto de Derecho Comparado de México*, UNAM; 46, 1963, pp. 11, 17. Also published in H. Fix–Zamudio, A. Ríos Espinosa, N. Alcalá Zamora, *op. cit.*, pp. 3–69; A. Rios Espinosa, *loc. cit.*, p. 88.

1125 H. Fix–Zamudio, *loc. cit.*, p. 16; A. Alfonso Da Silva, *Sistema... doc. cit.*, pp. 46,47.

1126 See the draft in Jorge Arenas Salazar, *La tutela. Una acción humanitaria*, Librería Doctrina y Ley, Bogotá 1992, pp. 47. See the comments in Allan R. Brewer–Carías, "El amparo a los derechos y libertades constitucionales y la acción de tutela a los derechos fundamentales en Colombia: una aproximación comparativa" en Manuel José Cepeda (editor), ***La Carta de Derechos. Su interpretación y sus implicaciones***, Editorial Temis, Bogotá 1993, pp. 21–81; y en la obra colectiva ***La protección jurídica del ciudadano. Estudios en Homenaje al Profesor Jesús González Pérez***, Tomo 3, Editorial Civitas, Madrid 1993, pp. 2.695–2.748.

1127 Both words, "amparo"and "tutela" have the same meaning in Spanish. See the proposal in *Idem*, p. 49 ff.

1128 See Allan R. Brewer–Carías

tection of fundamental constitutional rights[1129], which are not all the rights enshrined in the Constitution, regulating it in parallel to the habeas corpus recourse, regulated in the Criminal Code.

Additionally, the Constitution also regulated the popular actions in order to protect collective rights and interests related to public patrimony, public space, public safety and public health, administrative morals, the environment, free economic competition and others of like nature defined by statute.

The "action of *tutela*", has been regulated in Decree N° 2.591 of 1991, as an action that everybody has in order to claim before the courts, at all times and at in any place, through a preferential and summary procedure, by himself or by some one on his behalf, the immediate protection of their fundamental constitutional rights, whenever they are harmed by the action or the omission of any public authority or by individuals. In the latter case, the individuals are only those in charge of rendering a public service whose conduct seriously and directly affects collective interests, regarding which the aggrieved party finds himself in a position of subordination or defenselessness.

The Constitution does not exclude any State act from the tutela action, which includes judicial acts that harm fundamental rights. That is why Article 40 of the Decree 2591 provided for the action of tutela against judicial decisions. Nonetheless, this Article 40 of the Decree was annulled by the Constitutional Court in its October 1, 1992 decision, considering it unconstitutional[1130]. Nonetheless, as abovementioned, the Constitutional Court has developed the doctrine of arbitrariness in order to admit the tutela against judicial decisions when it is thought that they are issued as a result of a judicial *voie de fact* [1131].

1129 See, in general, in regard to the tutela in Colombia, Jorge Arenas Salazar, *La Tutela Una acción humanitaria,* 1st Edition 1992, Ediciones Librería Doctrina y Ley, Santa Fe de Bogotá D.C., Colombia 1992; Manuel José Cepeda, *La Tutela Materiales y Reflexiones sobre su significado*, Presidencia de la República, Consejería para el desarrollo de la Constitución, Imprenta Nacional de Colombia, Bogotá D.C. 1992; Oscar José Dueñas Ruiz, *Acción de Tutela, Su esencia en la práctica, 50 respuestas básicas*, Corte Suprema, Consejo de Estado, Legislación, Ediciones Librería del Profesional, Santa Fe de Bogotá D.C., Colombia 1992; Federico González Campos, *La Tutela: Interpretación doctrinaria y jurisprudencial*, 2nd Edition, Ediciones Jurídicas Gustavo Ibáñez, Santa Fe de Bogotá D.C., Colombia 1994; Manuel José Cepeda, *Las Carta de Derechos. Su interpretación y sus implicaciones*, Temis Presidencia de la República Consejería para el Desarrollo de la Constitución, Santa Fe de Bogotá, Colombia 1993; Juan Manuel Charry U., *La acción de tutela,* Editorial Temis, Santa Fe de Bogotá 1992; Herán Alejandro Olano Correa et al., *Acción de Tutela (Práctica Forense y Jurisprudencia)*, 2nd Edition 1994, Tunja–Boyacá–Colombia 1994; Carlos Augusto Patiño Beltrán, *Acciones de Tutela cumplimiento populares y de grupo. Guía Práctica*, Editorial Leyer, Bogotá D.C., Colombia 2000; *Pensamiento Jurídico. La Acción de Tutela, Revista de Teoría del Derecho y Análisis Jurídico* N° 7, Universidad Nacional de Colombia, Facultad de Derecho, Ciencias Políticas y Sociales, Santa Fe de Bogotá D.C. 1997.

1130 See the decision N° C–543 of September 24, 1992 in *Derecho Colombiano,* Bogotá 1992, pp. 471 to 499; and in Manuel José Cepeda, *Derecho Constitucional Jurisprudencial. Las grandes decisiones de la Corte Constitucional*, Legis, Bogotá 001, pp. 1009 ff.

1131 See the decisión N° T–231 of May 13, 1994 in Manuel José Cepeda, *Derecho Constitucional Jurisprudencial. Las grandes decisiones de la Corte Constitucional*, Legis, Bogotá 001, pp. 1022 ff.

The Decree set forth that the action of tutela can also be filed in states of exception, and when such exception measures refer to rights, the action of tutela can be exercised at least to defend its essential contents.

> According to Article 86 of the Constitution, such action shall only proceed when the affected party does not have another means of judicial defense, unless it is used as a temporary measure to avoid irreparable damage. This does not mean that the remedy can only be brought before the courts after exhausting the ordinary means; but that the action of tutela is only available for constitutional protection, when there are no other judicial preferred and brief means to achieve such purpose. That is why, as stated in Article 6,2 of the Decree N° 2591, the action of tutela is inadmissible when the recourse of *habeas corpus* can be filed for the protection of the particular right.

For this reason, Decree N° 2.591 of 1991 established, among the causes of inadmissibility of such protection, that it shall not proceed "when other recourses or judicial means of defense are available unless being used as a temporary measure to avoid irreparable damage," in the understanding that "irreparable damage is that which can only be wholly repaired by means of indemnification" (Article 6,1).

Therefore, pursuant to Decree N° 2.591, Article 8, "even when the affected party has other means of judicial defense, the action of *tutela* shall proceed when used as a temporary mechanism to avoid irreparable harm". The statute also provides that "when used as a temporary mechanism to avoid irreparable harm, the action of *tutela* may be brought together with the action of annulment and others that are admitted before the judicial review of administrative action jurisdiction. In these cases, the judge may determine that the particular act be not applied to the specific judicial situation the protection of which is being sought, for as long as the trial lasts."

The Constitution set forth that the action of *tutela* for the protection of fundamental constitutional rights can be brought "before the judges"; and accordingly, Decree 2.591 of 1991 attributes the power "to hear the action of *tutela*, to the judges and tribunals with jurisdiction over the place where the violation or threat of violation takes place" (Article 37).

Decree 1380 of 2000, regarding the courts with jurisdiction in the place where the violation or threatens have taken place, before which the action must be filed, establishes the following rules, depending the defendant party. If it is 1) against any national public authority, before the Districts Superior Courts; 2) against any national or departmental decentralized entity for public utilities, before the Circuit courts; 3) against district or municipal authorities and against individuals, before the municipal courts; 4) against any general administrative act issued by a national authority, before the Cundinamarca Judicial review of administrative actions; 5) against any judicial entity, before the respective superior court; and 6) against the Supreme Court of Justice, the *Consejo de Estado* or the Superior Council of the Judiciary, or its Disciplinary Chamber before the same Corporation in the corresponding Chamber.

As mentioned above, in Colombia the action of *habeas corpus* also set forth in the Constitution (Article 30) is regulated in the Criminal Code as a right that proceeds in order to protect ("amparo") personal freedom against any arbitrary act of any authority that tends to restrict it (Article 5). It can be filed when a person is captured violating its constitutional or legal guarantees, or its freedom deprivation is illicitly extended (Articles 430); before any criminal court in the place where the detainee is or where the person has been captured (Article 431).

Now, regarding the decisions on the actions of *tutela*, they are subject to appeal; and pursuant to Decree 2.591 of 1991, if no appeal has been filed, the decisions must be sent for their revision to the Constitutional Court (Article 31); the Court having discretionary power to determine which decisions of *tutela* will be reviewed (Article 33).

Since the 1991 Constitution, the Constitutional Court plays a very important role in matters of judicial review, being the Colombian system, like the Venezuelan and Brazilian ones, a mixed system[1132], set forth as such since the 1910 Constitution. In it, the power attributed to all courts to declare the inapplicability of laws they deem contrary to the Constitution, was set forth in parallel with a concentrated system of judicial review attributed to the then Supreme Court, also through the exercise of a popular action.[1133].

It was in the 1910 Constitution that the role of "guardian of the integrity of the Constitution" which is still today in the Fundamental text on the hands of the Constitutional Court, was attributed for the first time to the Supreme Court of Justice[1134]. It was also in that same Constitution that the principle of the diffuse system of judicial review acquired constitutional rank, as established in Article 7 of the 1991Constitution, which states:

> **Art. 215.** The Constitution is the norm of norms. In all cases of incompatibility between the Constitution and a statute, the constitutional provisions shall be applied.

Anyway, since 1910, the Colombian constitutional system has mixed both the diffuse and the concentrated systems of judicial review, attributing now the concentrated power to annul, with *erga omnes* effects, to the Constitutional Court in a similar way to the Venezuelan system, by means of a popular action.

Regarding Article 7 of the Constitution, it provides the basis of the diffuse system of judicial review, according to which all judges have the power to decide not to apply a law in a concrete process, when they deem it contrary to the Constitution. The system, as it has been developed, functions entirely according to the North American model, particularly, because it has been conceived as an "exception of unconstitutionality."

Of course, in these cases of diffuse constitutional control, the judges cannot annul the law or declare its unconstitutionality, nor can the effects of their decision be

---

1132 See in general Eduardo Cifuentes Muñoz, "La Jurisdicción constitucional en Colombia" en *La Jurisdicción constitucional en Iberoamérica,* Ed Dykinson, Madrid, España, 1997; Luis Carlos Sácchica, *La Corte Constitucional y su jurisdicción,* Ed. Temis, Bogotá, Colombia, 1993

1133 Concerning the mixed character of the system see: J. Vidal Perdomo, *Derecho constitucional general*, Bogotá 1985, p. 42; D.R. Salazar, *Constitución Política de Colombia*, Bogotá 1982, p. 305; E. Sarria, *Guarda de la Constitución*, Bogotá, p. 78.

1134 *Cf.* D.R. Salazar, *op. cit.*, p. 304.

extended or generalized. On the contrary, as happens in all other diffuse judicial review systems, the court must limit itself to deciding not to apply the unconstitutional law to the concrete case, of course only when it is pertinent to the resolution of the case. That decision has effects only concerning the parties to the case. Therefore, as with similar systems elsewhere, the law whose application has been denied in a concrete case, continues to be in force and other judges can moreover continue to apply it. Even the judge who chose not to apply it in a concrete case, can change his mind in a subsequent process.[1135]

The creation of the Constitutional Court as the ultimate guardian of the Constitution originated the attribution of the Court to review all the judicial decisions resolving actions for *tutela.* As opposed to the Venezuelan or Argentinean cases, in Colombia there is not a specific matter for a recourse of revision, but an attribution that must be automatically accomplished in a discretionary way. In effect, the Decree regulating the procedure set forth that when a *tutela* decision is not appealed, it always must be automatically sent for revision to the Constitutional Court (Article 31). In cases in which the decisions are appealed, the superior court's decision, whether confirming or revoking the appealed decision, must also be automatically sent to the Constitutional Court for its revision (Article 32). .

For that purpose, the Constitutional Court must appoint two of its Magistrates in order to select, without express motivation and according to their criteria, the *tutela* decisions which are to be reviewed. Nonetheless, any of the Magistrates of the Court and the Peoples' defendant can request the revision of the excluded decision, when they deem that the review can clarify the scope of a right or avoid a grave prejudice. Also, according to Decree 262 of February 2000, the General Attorney of the Nation can ask for the revision of *tutela* decisions when he deems necessary to defend the legal order, the public patrimony and the fundamental rights and guarantees (Art. 7,12).

All the decisions not excluded from review in a delay of 30 days, must be reviewed by the Court in a three month delay (Article 33). For that purpose, the Constitutional Court must appoint three magistrates who will integrate the Chamber called to decide (Article 34). All the review decisions that modify or revoke the *tutela* decision, that unify the constitutional judicial doctrine (*jurisprudencia*) or that clarify the scope of constitutional provisions must be motivated; the others must just be justified (Article 35). The Constitutional Court review decisions only produce effects regarding the concrete case. They must immediately be notified to the first instance court, which at his turn must notify it to the parties, and adopt the necessary decisions in order to adequate its own decision to the Court ruling.

C. *The action of amparo in Dominican Republic*

In the case of the Dominican Republic, as has been already mentioned, there are no constitutional or legal provisions regulating the amparo recourse as a specific judicial mean for protection of constitutional rights. The Constitution only refers to the recourse of habeas corpus for the protection of personal freedom, which has

---

1135 *Cf.* L.C. Sachica, *El control...cit.*, p. 65.

been regulated by the 1978 Habeas Corpus Law (*Ley de habeas corpus*), and based on such regulations, the Supreme Court traditionally limited the procedure of habeas data to the protection of the right to physical freedom and safety, excluding any possibility of using the habeas corpus recourse in order to protect other constitutional rights.

Nevertheless, as has been mentioned, the Supreme Court by means of a decision of February 24, 1999 (Case: *Productos Avon S.A.*) based in the American Convention on Human Rights, admitted the amparo recourse for the protection of constitutional rights and determined that the competent courts to decide on the matter of amparo are the courts of first instance in the place in which the challenged act or omission has been produced. A few months latter, by means of Resolution of June, 10 1999, the Supreme Court determined that the competent fist instance courts are those deciding civil matters.

The amparo action has been successfully used for the protection of constitutional rights. Among the multiple cases, the following can be mentioned: For instance, a 2002 case in which the Court of First Instance of the National District ordered the National Citizenship Registry to issue the Identification Card to two boys born in the Republic from Haitian illegally settled parents, arguing that the rejection of such documents constituted a violation of the boys identity and citizenship rights.

Other case decided by the same Court of First Instance of the National District originated in the order adopted by the Public prosecutor of the National District seizing of the Listin Diario Newspaper, which was considered contrary to the constitutional rights not to be applied statutes retroactively, to non-discrimination, to freedom of press and to property rights[1136].

It must be mentioned that in Dominican Republic, a mixed system of judicial review exists combining the diffuse method of judicial review with the concentrated one. Regarding the diffuse method, the 1844 Constitution, as well as the 2002 Constitution set forth that "all statutes, decrees, resolutions, regulations or acts contrary to the Constitution are null and void" (Article 46). From this express regulation of the consequences of the constitutional supremacy principle, all the Courts can declare an act unconstitutional and not applicable to the concrete case[1137].

On the other hand, the Supreme Court of Justice has the exclusive power to hear the action of unconstitutionality of statutes that can be brought before the Court by the President of the Republic, the Presidents of the national Congress Chambers or by an interested party (Article 67,1).

D. *The action of amparo in Ecuador*

As it has been already analyzed, the 1988 Ecuadorian Constitution set forth the basic and extensive regulations not only regarding the action for amparo, but also

1136 See Samuel Arias Arzeno, "El Amparo en la República Dominicana: su Evolución Jurisprudencial", publicado en *Revista Estudios Jurídicos*, Vol. XI N° 3, Ediciones Capeldom, Septiembre–Diciembre 2002.

1137 *Cf.* M. Berges Chupani, "Report" in *Memoria de la Reunión de Cortes Superiores de Justicia de Ibero–America, El Caribe, España y Portugal*, Caracas, 1983, p. 380.

regarding the action of habeas corpus and habeas data; which are statutorily developed in the 1997 Law on Constitutionality Control.

Regarding the amparo action, according to Article 46 of the Law, its purpose is to effectively protect the rights enshrined in the Constitution or in international declarations, covenants and instruments, in force in Ecuador, against any threat originated in an illegitimate act of public administration authorities that could have caused, have caused or can cause an imminent, grave and irreparable harm. It must be highlighted that in these cases, the amparo action can only be filed against actions from Public Administration, and not from other non-executive entities of the State. The Constitution expressly excludes judicial decisions from the action of amparo.

The action can be filed in order to request the adoption of urgent measures directed to put an end to the harm or to avoid the danger of the protected rights. It can also be the object of an amparo action the omission in the issuing of an act or the absence of its enforcement.

The action may also be brought if the act or omission were carried out by persons that render public services or act by delegation or concession of a public authority. Only in such cases, an amparo can be filed against a private person.

As mentioned, according to Article 47 of the Law on Constitutional Control, the competent courts to hear the amparo action are the first instance courts where the challenged act has been in effect.

All decisions granting amparo adopted by the first instance courts by means of an advisory procedure must obligatorily be sent to the Constitutional Tribunal in order to be confirmed or revoked. When the first instance decision denies the amparo action (as well as the habeas corpus or habeas data actions), it can be appealed before the same Constitutional Tribunal (Articles 12,3; 31and 52).

The Constitutional Tribunal of Ecuador, in substitution of the former Constitutional Guarantees Tribunal, was vested in the 1998 Constitution with the power to declare the nullity on the grounds of unconstitutionality of any statute, decree, regulation or ordinance, when an action is brought before the Tribunal by the President of the Republic, the National Congress, the Supreme Court, one thousand citizens or by any person provided a previous favorable report from the Peoples' Defendant (Article 18).

But this power to annul statutes with *erga omnes* effects (Article 22) in a concentrated way, is combined in Ecuador with the diffuse method of judicial review which attributed to all courts the power to declare the unconstitutionality of statutes applying the Constitution with preference. The judicial review system in Ecuador, is thus a mixed one[1138].

1138 See in general Hernán Salgado Pesantes, *Manual de Justicia Constitucional Ecuatoriana,* Corporación Editora Nacional, Quito, Ecuador, 2004; Hernán Salgado Pesantes, "El control de constitucionalidad en la Carta Política del Ecuador" en *Una mirada a los Tribunales Constitucionales. Las experiencias recientes. Lecturas Constitucionales Andinas* Nº 4, Ed. Comisión Andina de Juristas, Lima, Perú; Ernesto López Freire, "Evolución del control de constitucionalidad en el Ecuador" en *Derecho Constitucional para fortalecer la democracia ecuatoriana*, Ed. Tribunal Constitucional – Kas, Quito, Ecuador, 1999; Marco Morales Tobar, "Actualidad de la Justicia Constitucional en el Ecuador" en Luis López Guerra (Coordinador). *La Justicia Constitucional en la actualidad*, Corporación Editora Nacional, Quito,

In this respect, Article 272 of the Constitution sets forth:

> "The Constitution prevails over any other legal norm. All the organic or ordinary statutes, decrees–law, ordinances, regulations or resolution dispositions, must conform to its provisions and in case they enter in contradiction with it or alters their provisions, they will have no value".

As a consequence of this supremacy principle, Article 274 of the Constitution sets forth the diffuse method of judicial review allowing any court at parties petitions or *ex officio*, to declare the inapplicability of any norm contrary to the Constitution, as follows:

> Any court or judge, in the cases they are hearing, at party's request or ex officio, may declare a legal provision contrary to the Constitution or to international treaties or covenants as inapplicable, notwithstanding its power to decide the controversy.

According to the same article, this declaration will not have obligatory force except in the case in which it is issued, that is to say, has only *inter partes* effects; and the court or tribunal must write a report on the declaration of unconstitutionality of the statute that must be sent to the Constitutional Tribunal in order for it to resolve the matter in a general and obligatory way, that is to say, with *erga omnes* effects.

Thus, in matters of amparo, if when granting the constitutional protection the competent judges applying the diffuse method of judicial review has adopted decisions declaring the unconstitutionality of statutes[1139], they must also write the report on the question of constitutionality to be sent to the Constitutional Tribunal by the advisory proceeding for its confirmation or revocation (Art. 12,6).

E. *The "amparo" in Guatemala*

In Guatemala the 1985 Constitution set forth the "amparo" as a specific judicial mean to protect people against the threat of violation of their rights, or to restore the rule of such rights when the violation has already occurred. According to the Constitution, "there is no scope that is not subject to amparo, and it shall be admitted provided that the acts, resolutions, provisions or statutes carry an implicit threat, restriction or violation of the rights guaranteed by the Constitution and the statutes" (Article 265).

In particular, according to Article 10 of the 1986 Amparo, personal exhibition and constitutionality Law, the amparo is due to protect all situations susceptible to risk, a threat, restriction or violation of the rights recognized in the Constitution and the statutes of the republic, whether the situation comes from public law persons or entities or private law entities. Article 9 of the Amparo Law specifies that amparo can be brought against the State, comprising decentralized or autonomous entities,

---

Ecuador, pp. 77–165; Oswaldo Cevallos Bueno, "El sistema de control concentrado y el constitucionalismo en el Ecuador" en *Anuario Iberoamericano de Justicia Constitucional,* Nº 6, 2002, Madrid, España, 2002.

1139 See Hernán Salgado Pesantes, *Manual de Justicia Constitucional Ecuatoriana,* Corporación Editora Nacional, Quito, Ecuador, 2004, p. 85.

against those entities sustained with public funds created by statute or by virtue of a concession, or those that act by delegation of the State, by virtue of a contract, concession or similar. Amparo can also be filed against entities to which persons must be integrated by law and other recognized by statute, like the political parties, associations, societies, trade unions, cooperatives and similar.

Article 10 of the Amparo Law enumerates as examples, the following cases in which everybody has the right to ask for amparo:

a) To ask to be maintained or to be restituted in the enjoyment of the rights and guarantees set forth in the Constitution or any other statute;

b) In order to seek a declaration in a concrete case, that a statute, regulation, resolution or authority act does not oblige the plaintiff because it contradicts or restricts any of the rights guaranteed in the Constitution or recognized by any other statute'

c) In order to seek a declaration in a concrete case that a non-legislative disposition or resolution of Congress, is not applicable to the plaintiff because it violates a constitutional right;

d) When an authority of any jurisdiction issues a regulation, accord or resolution of any kind that abuses of power or exceeds its legal attributions, or when it has no attributions or they are exercised in a way that the harm caused or that can be caused would be irreparable through any other mean of defense.

e) When in administrative activities the affected party is compelled to accomplish unreasonable or illegal formalities, task or activities, or when no suppressive mean or recourse exists;

f) When the petitions or formalities before administrative authorities are not resolved in the delay fixed by statutes, or in case that no delay exists, in a delay of 30 days once exhausted the procedure, or when the petitions are not admitted;

g) In political matters, when the rights recognized in the Constitution or statutes, are injured by political organizations;

h) In judicial and administrative matters, regarding which the statutes set forth procedures and recourses according to due process rules that can serve to adequately resolve them, if after the exhaustion of recourses by the interested party, the threat, restriction or violation to the rights recognized in the Constitution and guarantied by the statute, persist;

Article 263 of the Constitution and Article 82 of the Amparo Law also regulate the right to *habeas corpus* in favor of anyone who is illegally arrested, detained or in any other way prevented from enjoying personal freedom, threatened with losing such freedom, or suffering humiliation, even when their imprisonment or detention is legally founded. In such cases, the affected party has the right to request his immediate personal appearance (*habeas corpus*) before the court, either for his constitutional guarantee of freedom to be reinstated, for the humiliations to cease, or to terminate the duress to which was being subjected.

Pursuant to Articles 11 *et seq*. of the 1986 Law of Amparo, the competence to hear the amparo is attributed to all courts as follows:

1. To the *Constitutional Court*, as sole instance, in the cases of amparo brought against the Congress of the Republic, the Supreme Court of Justice, the President and the Vice President of the Republic (Article 11).
2. To the *Supreme Court of Justice*, in the cases of amparo brought against the Supreme Electoral Tribunal; Ministers or Vice Ministers of State when acting in the name of their Office; Chambers of the Courts of Appeal, Martial Courts, Courts of Second Instance of Accounts and Administrative judicial review Courts; the Attorney General; the Human Rights Commissioner; the Monetary Board; Ambassadors or Heads of Diplomatic Guatemalan Missions abroad; and the National Council of Urban and Rural Development.
3. To the ordinary Chambers of the *Court of Appeals*, in their respective jurisdictions, the amparos against: Vice Ministers of State and Director–Generals; judicial officials of any jurisdiction or branch of first instance; mayors and municipal corporations of departmental centers; the Head of the Comptroller General; the managers, heads or presidents of decentralized or autonomous State entities or their directors, councils or boards of directors of any kind; the Director–General of the Peoples' Registry; general assemblies and directors of professional associations; general assemblies and directors of political parties; consuls or heads of Guatemalan consulates overseas; regional or departmental councils of urban and rural development, and governors.
4. The *Judges of First Instance* in their respective jurisdictions, for amparos against: revenue administrators; minor judges; police chiefs and employees; mayors and municipal corporations not included in the previous article; all other officials, authorities and employees of any jurisdiction or branch not specified in previous articles; and private law entities.

The competent courts in matters of habeas corpus are the same mentioned above, except regarding the attributions assigned to the Constitutional Court that corresponds to the Supreme Court of Justice (Article 83).

In all the cases, amparo decisions are subjected to appeal before the Constitutional Court (Art 60), recourse that can be filed by the parties, the Public prosecutor and the Human Rights Commissioner (Article 63).

The Constitutional Court in its decision can confirm, revoke or modify the lower court resolution (Art. 67); and can also annul the whole proceeding when it is proved that in the proceedings the legal prescription had not been observed.

The judicial review system of Guatemala is also a mixed system, in which the Constitutional Court plays a principal role.

The Constitutional Court by means of the concentrated method of judicial review is empowered to hear actions of unconstitutionality against statutes, regulations or general dispositions (Article 133), that can be brought before the Court by the board of directors of the Lawyer's (Bar) Association (Colegio de Abogados), the Public prosecutor; the Human Rights Commissioner; or by any person with the help of three lawyers members of the Bar (Article 134). The statutes, regulations or general dispositions declared unconstitutional, will cease in their effects from the following day after the publication of the Constitutional Court decisions in the Official Gazette (Article 140). Thus, the Constitutional Court's decision has *erga omnes* effects.

But besides the Constitutional Court powers following the concentrated method of judicial review, in Guatemala the diffuse method of judicial review of legislation has also been traditionally set forth, derived from the principle of the supremacy of the Constitution. That is why Article 115 of the Amparo Law declared that all "statutes, governmental dispositions or any order regulating the exercise of rights guaranteed in the Constitution, shall be null and void if they violate, diminish, restrict or distort them. No statute can contravene the Constitution's disposition. The statutes that violate or distort the constitutional norms are null and void.

The consequence of this principles is the possibility of the parties to raise in any concrete case (including cases of amparo and habeas corpus), before any court, at any instance or in cassation, before the decision is issued, as an action or as an exception or incident, the question of the unconstitutionality of the statute in order to its inapplicability to the concrete case be declared (Article 116). In such cases, once raised the constitutional question before any court, it assumes the character of constitutional tribunal (Art. 120).

In cases of action of unconstitutionality in concrete cases, it can be brought before the competent court by the Public prosecutor or by the parties in 9 days. The court must decide in three days, and the decision can be appealed before the Constitutional Courts (Article 121). If the question of unconstitutionality of a statute supporting the claim is raised has an exception or incident, the competent court must resolve the matter (Article 123). The decision can also be appealed before the Constitutional court (Article 130).

F. *The recourse of amparo in Perú*

Article 200 of the Peruvian Constitution sets forth the action of *habeas corpus* against any action or omission by any authority, official or person that impairs or threatens individual freedom; the action of amparo to protect all other rights recognized by the Constitution impaired or threatened by any authority, official or person; and the action of *habeas data*, against any act or omission by any authority, official or person that impairs or threatens the rights referred to in Article 2, Subsections 5 and 6 of the Constitution; that is, to request and receive information from any public office, except when they affect personal intimacy or were excluded for national security; to assure that public or private informatics services will not release information that affects personal and familiar intimacy.

In 2004 the first Constitutional Procedural Code in Latin America was sanctioned in Peru (Law 28.237)[1140], which repealed the previous statutes regulating the

1140 See: Samuel B. Abad Yupanqui *et al.*, *Código Procesal Constitucional*, Ed. Palestra, Lima 2004. See (in general): Alberto Borea Odría, *Las garantías constitucionales: Habeas Corpus y* Amparo, Libros Peruanos S.A., Lima 1992; Alberto Borea Odría, *El* amparo *y el Hábeas Corpus en el Perú de Hoy*, Lima, 1985.

amparo and the habeas corpus recourses (Law 23.506 of 1982, and Law 25.398 of 1991).

This Code highlights the purposes of the habeas corpus, habeas data and amparo guaranties, which is to protect the constitutional rights, in order to restore things to the state they had previous to the violation or threat of violation of constitutional rights, or dispose the accomplishment of a legal order or of an administrative act (Article 1).

According to Article 2 of the Code, the constitutional remedies of habeas corpus, amparo and habeas data are admissible when the constitutional rights are threatened or violated by actions or obligatory acts omissions from any authority, public official or person. In case of a threat being invoked, it must be of certain and imminent execution.

The competent courts to hear the amparo recourses are the Civil Courts with jurisdiction on the place where the right was affected, or of the plaintiff or defendant residence (Article 51). But if the harm has been caused by a judicial decision, the amparo must be filed before the Civil Chamber of the respective Superior Court of Justice.

According to the same Code, the amparo shall only be admitted when previous procedures have been exhausted (Articles 5,4; 45). However, in case of doubt over the exhausting of prior procedures, the Code requires that the amparo suit be given preference (Article 45).

Regarding the habeas corpus recourse, the competent judges are the Criminal ones (Article 28).

According to Article 202,2 of the Constitution, it is attributed to the Constitutional Tribunal the power to hear in last and definitive instance, the judicial decisions denying the habeas corpus, amparo and habeas data. Thus, all the habeas corpus, habeas data and amparo decisions can reach the Constitutional Tribunal of Perú, by means of a recourse of constitutional damage (*agravio*) that can be filed against the second instance judicial decision denying the claim (Article 18, Code). If this constitutional damage recourse is denied, the interested party can file before the Constitutional Tribunal a recourse of complaint (*queja*), in which case, if the Tribunal considered the complaint duly supported, it will the proceed to decide the constitutional damage recourse, asking from the superior court the envoy of the corresponding files (Article 19).

If the Constitutional Tribunal considers that the challenged judicial decision has been issued as a consequence of a defect or vice in the procedure that has affected its sense, will annul it and order the reposition of the procedure to the situation previous to when the defect happened. In cases in which the vice only affects the challenged decision, the Tribunal must repeal it and issue a substantive ruling (Article 20).

This Constitutional Tribunal of Peru, reinstalled in 1996, plays a very important role in the judicial review system, which nevertheless, is a mixed one, combining the diffuse system of judicial review with the concentrated one attributed to the Tribunal[1141].

Article 138 of the 1993 Constitution sets forth the diffuse method of judicial review, providing:

> **Article 138**. The power to administer justice derives from the people and is exercised by the Judiciary, through its hierarchical organs according to the Constitution and the statutes. In any process, if an incompatibility exists between a constitutional norm and a legal norm, the courts must prefer the former. Likewise, must prefer the legal norm over the norms with inferior rank.

Thus, all courts can exercise judicial review of legislation in concrete cases, having their decisions in such cases *inter partes* effects[1142].

Nonetheless, the Peruvian diffuse method of judicial review has a peculiarity that makes it unique in comparative law because the ordinary judges when deciding the inapplicability to a case of statutes based on constitutional arguments, according to Article 14 of the Organic Law on the Judiciary, must obligatorily send its decision to the Supreme Court of Justice. It is then the Supreme Court, through its Constitutional Law and Social Chamber, the one that eventually determines if the decision of the ordinary court was adequate or not, validating the non applicability of the statute to the concrete case.

But additional to the diffuse method of judicial review, in Peru a concentrated method is also set forth by attributing the Constitutional Tribunal the power to hear in unique instance the actions of unconstitutionality (Article 202,1) regarding norms of legal rank (statutes), legislative decrees, urgency decrees, treaties approved by Congress, Congress internal regulations, regional norms and municipal ordinances (Art. 77, Code).

This action can be brought before the Tribunal by: 1. The President of the Republic; 2. The Prosecutor General of the nation; 3. The Peoples defendant; 4. By a number equivalent to 25% of representatives to the Congress; 5. By 5.000 citizen whose signatures must be validated by the National Jury of Elections. If it is a local government regulation the action can be filed by 1% of the citizens of the corres-

---

1141 See in general Domingo García Belaúnde, "La jurisdicción constitucional en Perú" en Domingo García Belaúnde y Francisco Fernández Segado (Coord.), *La jurisdicción constitucional en Iberoamérica,* Ed. Dykinson, Madrid, España, 1977; Domingo García Belaunde, "La jurisdicción constitucional y el modelo dual o paralelo" en *La Justicia Constitucional a fines del siglo XX, Revista del Instituto de Ciencias Políticas y Derecho Constitucional,* año VII, N° 6, Palestra editores, Huancayo, Perú; Domingo García Belaunde (Coordinador) *La Constitución y su defensa,* Ed Jurídica Grijley, Lima, 2003, p. 96. César Landa, *Teoría del Derecho procesal Constitucional,* Ed. Palestra, Lima, Perú, 2004; José Palomino Manchego, "Control y magistratura constitucional en el Perú" in Juan Vega Gómez, and Edgar Corzo Sosa (Coordinadores.), *Instrumentos de tutela y justicia constitucional, Memoria del VII Congreso Iberoamericano de Derecho Constitucional,* Instituto de Investigaciones Jurídicas, UNAM, México. Aníbal Quiroga León, "El derecho procesal constitucional peruano" en Juan Vega Gómez y Edgar Corzo Sosa (Coord.) *Instrumentos de tutela y justicia constitucional, Memoria del VII Congreso Iberoamericano de Derecho Constitucional,* Instituto de Investigaciones Jurídicas, UNAM, México, pp. 471 y ss.

1142 See Aníbal Quiroga León, "Control difuso y control concentrado en el derecho procesal peruano" en *Revista Derecho* N° 50, diciembre de 1996, Facultad de Derecho de la Pontificia Universidad Católica del Perú, Lima, Perú, 1996, pp. 207 ff.

ponding; 6. The presidents of Regions with the vote of the Regional Coordinating Councils, or the provincial mayors with the vote of the local Councils, in matter of their jurisdiction; and 7. The professional associations *(Colegios)* in matters of their specialty (Article 203; Article 99 Code).

The decision of the Constitutional Tribunal, in these cases of the concentrated method of judicial review when declaring the unconstitutionality of a norm, must be published in the Official Gazzette. The day after such publication the statute will began to have no effects, and the decision of the Constitutional Tribunal will have no retroactive effects (Article 204). Thus, the decision has *erga omnes* and *ex nunc* effects, and the authority of *res judicata*, being obligatory to all public entities (Articles 81, 82 Code).

CHAPTER VII

THE JUSTICIABLE CONSTITUTIONAL RIGHTS BY MEANS OF THE "AMPARO" AND HABEAS CORPUS ACTIONS

I. CONSTITUTIONAL RIGHTS AND JUSTICIABILITY

Justiciability is the quality or state of being appropriate or suitable for review by a court[1143]. Regarding specific Latin American actions for protection of constitutional rights, justiciability is the quality of a right of being suitable to be protected.

Amparo and habeas corpus recourses are specific constitutional means set forth in the Constitutions for the protection of constitutional rights. Consequently, not all individual rights are justiciable by means of the amparo and habeas corpus recourses; but only certain rights, those enshrined in the Constitution what places them out of reach from the Legislative branch of government. There lays the importance that in the Latin American systems of judicial protection constitutional declarations of human rights have; and also lays one of the main differences between the North American injunction remedies and the Latin American amparo.

Both are extraordinary remedies, but injunctions are equitable remedies that can be filed for the protection of any personal or property rights, even those of statutory origin, provided that they cannot be effectively protected by ordinary common law courts. Amparo, on the contrary, is an action that can only be filed for the protection of rights of constitutional origin and rank.

The consequence of the need of constitutional rank for a right to be justiciable by means of amparo and habeas corpus is that the rights that are only set in statutes and other lower rank norms cannot be protected by mean of amparo and habeas corpus, and it is thus compulsory to seek their judicial protection by means of the ordinary remedies.

In this regard, the system on the United States can be mentioned regarding the protection of social rights that are not declared in the Constitution and that their character of fundamental right have been denied by the Supreme Court, as it is the

1143 Brian A. Garner (Editor in Chief), *Black's Law Dictionary,* Wets Group, St. Paul, Minn. 2001., p. 391.

case of the right to education, or to have a dwelling. For instance, all were referred in the case *San Antonio Independent School District et al. v. Rodriguez et al.*, 411 U.S. 1; 93 S. Ct. 1278; 36 L. Ed. 2d 16; (1973), decided by the Supreme Court on March 21, 1973, in which it was ruled that though education "is one of the most important services performed by the State (as was ruled in *Brown v. Bord of Education*), it is not within the limited category of rights recognized by this Court as guaranteed by the Constitution", thus denying such right the quality of "fundamental right". The decision was issued as a result of the attack to the Texas system of financing public education by Mexican–American parents whose children attend the elementary and secondary schools in an urban school district in San Antonio, Texas. They brought a class action on behalf of school children throughout the State who are members of minority groups or who are poor and reside in school districts having a low property tax base

The Court considered that:

> "[The] financing system did not impinge upon any fundamental right protected by the Constitution, so as to require application of the strict judicial scrutiny test under which a compelling state interest must be shown, since education, notwithstanding its undisputed importance, is not a right afforded explicit or implicit protection by the Constitution; even assuming that some identifiable quantum of education is a constitutionally protected prerequisite to the meaningful exercise of the right of free speech and the right to vote, nevertheless the strict judicial scrutiny rule is not applicable where the state's financing system does not occasion an absolute denial of educational opportunities to any of its children, and where there is no indication or charge that the system fails to provide each child with an opportunity to acquire the basic minimal skills necessary for the enjoyment of the rights of speech and of full participation in the political process".

In support of this decision, the Court referred to the case *Lindsaey v. Normet*, 405 U.S. 56 (1972) decided only the year before, in which it "firmly reiterates that social importance is not the critical determinant for subjecting state legislation to strict scrutiny" In that case, which denies constitutional rank to the right to have dwelling, the matter referred to the procedural limitations imposed on tenants in suits brought by landlords under Oregon's Forcible Entry and Wrongful Detainer Law. The tenants argued that the statutory limitations implied "fundamental interests which are particularly important to the poor," such as the "'need for decent shelter'" and the "'right to retain peaceful possession of one's home.'" The Supreme Court in the reference to this case, highlighted the following analysis made by Mr. Justice White, in his opinion for the Court, as instructive:

> "We do not denigrate the importance of decent, safe, and sanitary housing. But the Constitution does not provide judicial remedies for every social and economic ill. We are unable to perceive in that document any constitutional guarantee of access to dwellings of a particular quality or any recognition of the right of a tenant to occupy the real property of his landlord beyond the term of his lease, without the payment of rent... Absent constitutional mandate, the assurance of adequate housing and the definition of landlord–tenant relationships are legislative, not judicial, functions."

In a similar way, the court in its decision also referred to the case of *Dandridge v. Williams*, 397 U.S. 471 (1970), arguing that the Court's explicit recognition of the fact that the "administration of public welfare assistance . . . involves the most basic economic needs of impoverished human beings" provided no basis for departing from the settled mode of constitutional analysis of legislative classifications involving questions of economic and social policy. The Court then concluded that:

> "As in the case of housing, the central importance of welfare benefits to the poor was not an adequate foundation for requiring the State to justify its law by showing some compelling state interest. The Court refused to apply the strict–scrutiny test despite its contemporaneous recognition in *Goldberg v. Kelly*, 397 U.S. 354,364 (1970) that "welfare provides the means to obtain essential food, clothing, housing, and medical care."
>
> The lesson of these cases in addressing the question now before the Court is plain. It is not the province of this Court to create substantive constitutional rights in the name of guaranteeing equal protection of the laws. Thus, the key to discovering whether education is "fundamental" is not to be found in comparisons of the relative societal significance of education as opposed to subsistence or housing. Nor is it to be found by weighing whether education is as important as the right to travel. Rather, the answer lies in assessing whether there is a right to education explicitly or implicitly guaranteed by the Constitution.

Regarding the Latin American countries, there is no doubt regarding the constitutional rank of such rights, being the amparo the judicial mean for the protection of them, as rights declared in the Constitutions. Thus, when the Bolivian Amparo Law set forth that the amparo is devoted to protect rights and guaranties "recognized in the Constitution and the laws" (Article 94); the reference to "laws" must not be interpreted as an alternative (Constitution " or "laws), but in an accumulatively (Constitution and the laws). In the case of Guatemala, if it is true that Article 1 of the Amparo law refers to "rights inherent to persons protected by the Constitution, the laws and international agreements ratified by Guatemala", including "laws", it only refers to amparo as a "constitutional guaranty of defense"; thus, based on constitutional reasons.

II. AMPARO FOR THE JUSTICIABILITY OF CONSTITUTIONAL RIGHTS ONLY IN CASES OF CONSTITUTIONAL VIOLATIONS

Consequently, even in cases of rights enshrined in the Constitution, the amparo recourse is only admissible when the constitutional provision referred to the right has been violated.

Thus, it is not possible to file an action of amparo just basing it in the violation of the statutory provisions which regulate the right. It is, for instance, the case of property rights, widely regulated in the Civil Codes, regarding which all the conducts affecting those regulations in general terms had their own ordinary remedies. One example is the civil injunctions set forth in the Civil Code and the Civil Procedure Codes for the immediate protection of possession rights in cases of trespasses (*interdictos*) which are effective judicial remedies for the protection of a land owner or occupant rights. Thus, in cases of property trespass, the *interdicto of amparo* or of new construction are effective means for protection, and no amparo action can be filed in such cases.

As was decided by the Constitutional Chamber of the Supreme Tribunal of Justice of Venezuela,

> "The amparo action protects one aspect of the legal situations of persons referred to their fundamental rights, corresponding the defense of subjective rights –different to fundamental rights and public liberties– to the ordinary administrative and judicial recourses and actions. For instance, it is not the same to deny a citizen the condition to have property rights, than to discuss property rights between parties, the protection of which corresponds to a specific judicial action of recovery (*reivindicación*). But if the right to defend its property means the denial of a fundamental right, then the proprietor is denied of his right, and must be protected.
>
> This means that in the amparo proceedings the court judge the actions of public entities or Individuals that can harm fundamental rights; but in no case can it review, for instance, the applicability or interpretation or ordinary law by the Administration or the courts, unless than from them a direct violation of the Constitution can be deducted. The amparo is not a new judicial instance, nor the substitution of ordinary judicial means for the protection of rights and interest; it is the reaffirmation of constitutional values, by mean of which the court hearing an amparo can decide regarding the contents or the application of constitutional provisions regulating fundamental rights, can review the interpretation made by public administration or judicial bodies, or determine if the facts from which constitutional violations are deducted constitute a direct violation of the Constitution"[1144].

This relates the subject, of course, to the general condition of the extraordinary character of the amparo action, in the sense that it can only be filed when no other appropriate and effective ordinary judicial means of protection are legally provided. This condition is set forth in a similar way to the "inadequacy" condition provided for the equitable injunction remedies in North America, in the sense that they are only admissible when there is no adequate remedy at law[1145].

This inadequacy, of course, can result from the factual situations that impede granting the protection as was resolved since the well know case of *Wheelock v. Nooman* (NY 1888), in which an injunction was granted to require the defendant to remove great boulders which he had left on the plaintiff's property beyond the terms of the license to do so. The plaintiff in the case could not easily remove the boulders and sued the cost of removal of the trespassing rocks because of their size and

---

1144 Decision N° 828 of July, 27, 2000 (case: *Seguros Corporativos (SEGUCORP), C.A. et al. vs. Superintedencia* de *Seguros*), in *Revista de Derecho Público*, N° 83, Editorial Jurídica Venezolana, Caracas 2000, pp. 290 ff.

1145 See Owen M. Fiss and Doug Rendleman, *Injunctions*, 2d Ed, The Foundation Press, Mineola, New Cork, 1984, p. 59.

weight[1146]. On the contrary, the remedy at law is adequate if the defendant left litter on the property because the plaintiff can pay for someone to remove the trash and then sue the defendant for the cost incurred, as was decided in *Connor v. Grosso* (Cal. 1953)[1147].

But in other cases in the United States, the extraordinary character of the injunctive remedies derives from the fact that the law cannot provide an adequate remedy because of the nature of the right involved, which was the case of the constitutional claims in the case of school segregation which violated rights that require equitable intervention.

It is because of this nature of the rights that can be protected by means of amparo, as constitutional rights, that this specific action for protection can only be filed when the Constitution is directly infringed.

The Venezuelan First Court on Judicial Review of Administrative action Jurisdiction, in a decision of December 6, 1989, issued just after the Amparo Law was sanctioned (1988), fixed this doctrine, as follows:

> The amparo is admissible only in cases of violations of constitutional rights and guaranties. These rights and guaranties can be regulated in norms of inferior rank, but those are not the norms that can be alleged as violated, and reference must be made to the text that originates them. The extraordinary character of the amparo impedes that through it, the fulfillment or regulations and conditions set forth in statutory norms, those matters that can be discussed by other ordinary means be argued. If it were not conceived like this, the amparo jurisdiction would substitute any other, and the critics and fear would be raised by this new institution"[1148].

Of course, and even if the constitutional right and guaranty can be regulated through statutory norms, the amparo action cannot be founded in the sole violation of such statutory provisions. As was subsequently ruled by the Supreme Court of Venezuela in decision of August 14, 1990, the amparo can only be filed because of direct and immediate contraventions of constitutional rights and guaranties; and for that purpose:

> It is necessary to demonstrate the sole harm to such norms and not to others of infra constitutional character. Thus, the action for amparo, is always of constitutional nature, it is justified in the measure that the rights or guaranties harmed or threatened are of such same rank. In conclusion, it is not enough to allege the violation of inferior rank norms, which are not the ones to be protected

1146 See the reference in William M. Tab and Elaine W. Shoben, Remedies in a Nutshell, Thomson West, St. Paul, 2005, p. 24.

1147 *Idem.*

1148 See in *Revista de Derecho Público,* N° 41, Editorial Jurídica Venezolana, Caracas, 1990, p. 99. This doctrine has been followed by the First Court on Judicial review of Adminsitrative action in the decisions of August 22, 1990 in FUNEDA *15 años de Jurisprudencia, op. cit., p.* 138; of September 16, 1992, in *Revista de Derecho Público,* N° 51, Editorial Jurídica Venezolana, Caracas, 1992, p. 151; ando f December 4, 1992, in *Revista de Derecho Público,* N° 52, Editorial Jurídica Venezolana, Caracas, p. 165 and in FUNEDA, *15 años de Jurisprudencia, op. cit., p.* 140.

by amparo but for other means. Even if they apply constitutional provisions, it is indispensable, and also enough, to demonstrate the direct violation of a constitutional provision"[1149].

Consequently, as a matter of principle, all constitutional rights and guaranties are justiciable by mean of the amparo recourse, provided that the Constitution is directly infringed, notwithstanding the right to also be regulated by statutes. That is why, for instance, the Peruvian Code on Constitutional Jurisdiction is precise when it sets that the "amparo shall not be admitted in defense of a right that lacks direct constitutional founding or when it is does not directly refer to the protected constitutional aspects of such right." (Articles 5,1 and 38), which confirms the already mentioned principle of the amparo protection only regarding the violation of the Constitution provisions regarding the rights.

III. AMPARO AND HABEAS CORPUS FOR THE PROTECTION OF ALL CONSTITUTIONAL RIGHTS

Almost all Latin American countries set forth the habeas corpus recourse for the protection of personal freedom and safety, and the amparo recourse for the protection of all the other constitutional rights and guarantees. The only exception in this pattern, are Mexico and Venezuela, where the personal freedom and safety are also protected through the general amparo suit or action, being thus the habeas corpus only a kind or a specie of the amparo. On the contrary, in all others Latin American Countries the habeas corpus is regulated as a separate action or recourse for the specific protection of personal freedom and safety.

The reason for the Mexican and Venezuelan exception is, precisely, the conception that those countries have of the amparo as a constitutional right and not exclusively as an adjective mean for protection of human rights.

But what is important regarding the amparo and habeas corpus recourses, is that in almost all the Latin American countries, by means of a general amparo suit or action or of both, amparo and habeas corpus recourses or actions, all constitutional rights are protected, without any exception. The exception in this regard are the countries where the amparo has been reduced to protect only certain constitutional rights, as is the case of the "tutela" action in Colombia and of the action for protection in Chile, conceived only for the protection of some constitutional rights qualified as "fundamental" or enumerated in the constitutional text. It is also the case of Mexico, where the amparo suit is established for the protection of only the "individual guarantees".

1149 See in *Revista de Derecho Público,* N° 44, Editorial Jurídica Venezolana, Caracas, 1990 p. 143. See also, Supreme Court of Justice decisions (Politico Adminsitrative Chamber) of November 8, 1990, in *Revista de Derecho Público,* N° 44, Editorial Jurídica Venezolana, Caracas, 1990, p. 141; of April 4, 1990, in *Revista de Derecho Público,* N° 42, Editorial Jurídica Venezolana, Caracas, 1990; p. 112; of January 31, 1989, *Revista de Derecho Público* N° 37, Editorial Jurídica Venezolana, Caracas, 198, p; of August 14, 1989, in *Revista de Derecho Público,* N° 39, Editorial Jurídica Venezolana, Caracas, 1989, p. 144; of March 4, 1993, in *Revista de Derecho Público,* nos 53–54, Editorial Jurídica Venezolana, Caracas, 1993, p. 254; ando f the First Court on Judicial Reviwe of Administrative Action of September 7, 1992, in FUNEDA en *15 años de Jurisprudencia, op. cit.,* p. 127.

Thus two general systems can be distinguish in Latin America regarding the amparo: those in which all constitutional rights and guaranties can be protected through the amparo and habeas corpus recourse; and those where the amparo recourse is directed to protect only some constitutional rights, those qualified as "fundamental rights" or " individual guarantees".

In the first system, the rights protected in principle are those enshrined in the Constitutions, thus the use of the expression "constitutional rights", in order, first, to comprise the rights enumerated in the constitutional texts; second, those that even not being enumerated in the Constitutions are inherent to human beings; and third, those enumerated in the international instruments on human rights ratified by the State. In the words of the Argentinean Amparo Law (Article 1) and in the Uruguayan 1988 Amparo Law (Article 72), the constitutional protection refers to the rights and freedoms "expressly or implicitly recognized by the Constitution"

Is the case of Venezuela, where the action of amparo is conceived as a means for the protection of the enjoyment and practice of absolutely all the constitutional rights and guarantees, as well as those inherent to human beings not enumerated in the Constitution or in the international instruments on human rights; the expression "instruments" comprising not only treaties, conventions and covenants but also declarations. This is what is expressly set forth in Article 27 of the Constitution.

Consequently, all constitutional rights listed in Title III (Human Rights, Guarantees and Duties) of the Constitution as the citizenship rights, the civil (individual) rights, the political rights, the social and family rights, the cultural and educational rights, the economic rights, the environmental rights and the indigenous people rights, can be protected by means of the amparo action (Articles 19–129). And additionally, other rights and guaranties derived from other constitutional provisions not included in Title III on "Human Rights, Guarantees and Duties", like the constitutional guarantee of the independence of the Judiciary[1150], or the constitutional guarantee to the legality of taxation (that taxes can only by set forth by statute)[1151], can also be protected by means of amparo.

But as aforementioned, the amparo action in Venezuela is also admissible for the protection of all "constitutional rights and guaranties, even those inherent to persons that are not expressly enumerated in the Constitution or in international instruments on human rights" (Art. 27, Constitution). This declaration leaves no loophole regarding right or guarantee to be constitutionally protected; particularly because of the open clause enshrined in Article 22 of the Constitution.

This clause, extensively used by the Latin American supreme courts to identity rights and guaranties not expressly listed in the Constitution, has its antecedent in the IX Amendment of the United States Constitution, even though, in contrast, in the

---

1150 Decision of the former Supreme Court of Justice, Political Administrative Chamber, dated march, 25, 1994 (Case *Arnoldo Echegaray*).

1151 See Allan R. Brewer–Carías, "Derecho y Acción de Amparo", *Instituciones Políticas y Constitucionales,* Vol. V., Caracas, 1998, pp. 209 y ss. See decision of the First Court on judicial review of Administrative Action, case *Fecadove*. See the reference in Rafael Chavero G, *El Nuevo régimen del amparo constitucional en Venezuela*, Caracas, 2001, p. 157.

United States the Supreme Court has had little occasion to interpret it. One of the few cases, though, is the case *Griswold v. Connecticut* decided on June 7, 1965, 381 U.S. 479; 85 S. Ct. 1678; 14 L. Ed. 2d 510; 1965[1152], in which Justice Goldberg, delivering the opinion of the Court, held the unconstitutionality of the Connecticut's birth–control law because it intruded upon the right of marital privacy, which was considered as embraced by the concept of liberty, even if it was not explicitly mentioned in the Constitution. The Court based its ruling precisely on the Ninth Amendment to the Constitution, declaring that:

> To hold that a right so basic and fundamental and so deep–rooted in our society as the right of privacy in marriage may be infringed because that right is not guaranteed in so many words by the first eight amendments to the Constitution is to ignore the **Ninth Amendment** and to give it no effect whatsoever. Moreover, a judicial construction that this fundamental right is not protected by the Constitution because it is not mentioned in explicit terms by one of the first eight amendments or elsewhere in the Constitution would violate the **Ninth Amendment,** which specifically states that "the enumeration in the Constitution, of certain rights, shall not be construed to deny or disparage others retained by the people
>
> Rather, the **Ninth Amendment** shows a belief of the Constitution's authors that fundamental rights exist that are not expressly enumerated in the first eight amendments and an intent that the list of rights included there not be deemed exhaustive. As any student of this Court's opinions knows, this Court has held, often unanimously, that the Fifth and Fourteenth Amendments protect certain fundamental personal liberties from abridgment by the Federal Government or the States. See, e. g., Bolling v. Sharpe, 347 U.S. 497; Aptheker v. Secretary of State, 378 U.S. 500; Kent v. Dulles, 357 U.S. 116; Cantwell v. Connecticut, 310 U.S. 296; NAACP v. Alabama, 357 U.S. 449; Gideon v. Wainwright, 372 U.S. 335; New York Times Co. v. Sullivan, 376 U.S. 254. The **Ninth Amendment** simply shows the intent of the Constitution's authors that other fundamental personal rights should not be denied such protection or disparaged in any other way simply because they are not specifically listed in the first eight constitutional amendments…
>
> In sum, the **Ninth Amendment** simply lends strong support to the view that the "liberty" protected by the Fifth and Fourteenth Amendments from infringement by the Federal Government or the States is not restricted to rights specifically mentioned in the first eight amendments. *Cf.* United Public Workers v. Mitchell, 330 U.S. 75, 94–95.
>
> In determining which rights are fundamental, judges are not left at large to decide cases in light of their personal and private notions. Rather, they must look to the "traditions and [collective] conscience of our people" to determine whether a principle is "so rooted [there] . . . as to be ranked as fundamental." Snyder v. Massachusetts, 291 U.S. 97, 105. The inquiry is whether a right involved "is of such a character that it cannot be denied without violating those

---

1152 U.S. LEXIS 2282

'fundamental principles of liberty and justice which lie at the base of all our civil and political institutions' . . . ." Powell v. Alabama, 287 U.S. 45, 67. "Liberty" also "gains content from the emanations of . . . specific [constitutional] guarantees" and "from experience with the requirements of a free society." Poe v. Ullman, 367 U.S. 497, 517.

The Court thus concluded that:

"The entire fabric of the Constitution and the purposes that clearly underlie its specific guarantees demonstrate that the rights to marital privacy and to marry and raise a family are of similar order and magnitude as the fundamental rights specifically protected. Although the Constitution does not speak in so many words of the right of privacy in marriage, I cannot believe that it offers these fundamental rights no protection. The fact that no particular provision of the Constitution explicitly forbids the State from disrupting the traditional relation of the family –a relation as old and as fundamental as our entire civilization– surely does not show that the Government was meant to have the power to do so. Rather, as the **Ninth Amendment** expressly recognizes, there are fundamental personal rights such as this one, which are protected from abridgment by the Government though not specifically mentioned in the Constitution."

In sum, the Supreme Court concluded affirming that "the right of privacy in the marital relation is fundamental and basic a personal right retained by the people" within the meaning of the Ninth Amendment", thus considering unconstitutional the Connecticut law that prohibits the use of contraceptives.

The application of open clause on human rights in Venezuela, similar to the Ninth Amendment, has already been analyzed, expanding the scope of the constitutional rights protected by means of amparo. The same has happened in the other Latin American Countries, which had developed both the amparo and habeas corpus recourses for the protection of all human rights declared in the Constitutions and in the International Treaties.

Is the case of Costa Rica, where Article 48 of the Constitution is absolutely clear when it guarantees the right of every person to file the action of habeas corpus to guarantee their freedom and personal integrity and the action for amparo to maintain or reestablish the enjoyment of all other rights conferred by this Constitution as well as those of a fundamental nature established in international instruments on human rights, enforceable in the Republic. In the same sense it is regulated in the Ecuadorian Law where amparo is set for "the judicial effective protection of all rights enshrined in the Constitution and those contained in the declarations, covenants, conventions and other international instruments in force in Ecuador (Article 46).

Other legislations, in order to precise the extension of the constitutional amparo and habeas corpus protection, tend to be exhaustive in the listing of the constitutional rights to be protected, as is the case of Peru. For instance, when distinguishing the amparo and habeas corpus actions, the Constitutional Procedure Code (Law 28.237 of 2004) expressly lists and identifies the following rights as protected by mean of the *habeas corpus*:

1. Personal integrity and the right not to be submitted to torture or inhuman or humiliating treatment, nor coerced to obtain declarations.

2. The right not to be forced to render oaths nor be compelled to declare or recognize their own guilt, that of their spouse, or their family members up to the fourth level of consanguinity or second of affinity.
3. The right not to be exiled or banished or confined except by final judicial decision.
4. The right not to be expatriated nor kept away from one's residence except by legal order or by application of the Immigration Law.
5. The right of the foreigner to whom political asylum has been granted, not to be expelled from the country to the country that is persecuting him, or under no circumstance if his freedom or safety is in danger through being expelled.
6. The right of nationals or resident foreigners to enter, transit or leave national territory, except by legal order or application of the Immigration or Health Law.
7. The right not to be detained except by written and justified judicial order, or by the police forces for having committed a flagrant crime; or if he or she has been detained, to be brought before the corresponding Court within 24 hours or as soon as possible.
8. The right to voluntarily decide to render military service, pursuant to the law governing such matter.
9. The right not to be arrested for debt.
10. The right not to be deprived of the national identity document, or to obtain a passport or its renewal within the Republic or overseas.
11. The right not to be held incommunicado, except in those cases established under the Constitution (Article 2, 24, g).
12. The right to be assisted by a freely chosen defense lawyer at the moment of being summonsed or arrested by the police or other authority, without exception.
13. The right to have removed the surveillance of one's domicile or suspended police trailing, when arbitrary and unjustified.
14. The right of the person on trial or condemned to be released from jail, if his or her freedom has been decided by a judge.
15. The right to have the correct procedure observed in the case of the processing or detention of persons, pursuant to Article 99 of the Constitution.
16. The right not to be subject to a forced disappearance.
17. The right of the person under arrest or imprisoned not to be subject to treatment that is unreasonable or disproportional, in respect of the form and conditions in which the order of detention or imprisonment is carried out.

The article adds that "*habeas corpus* shall also be admitted in defense of constitutional rights associated with individual freedom, especially when due process and the inviolability of the home are concerned."

As far as the action of amparo is concerned, pursuant to the same Peruvian Code on Constitutional Procedure, such action shall be admitted in defense of the following rights expressly listed in article 37:

1. To equality and not to be discriminated because of origin, sex, race, sexual orientation, religion, opinion, economic or social condition, language or any other;
2. To publicly exercise any religious creed;
3. To information, opinion and expression;
4. To contract freely;
5. To the artistic, intellectual and scientific creation;
6. To the inviolability and secrecy of private documents and communications;
7. To assembly;
8. To honor, intimacy, voice, image and to the rectification of incorrect or harmful information;
9. To associate;
10. To work;
11. To unionize, collectively bargain and go on strike;
12. To property and to inherit;
13. To petition before the competent authority;
14. To participate individually and collectively in the political life of the country;
15. To citizenship;
16. To effective judicial protection;
17. To education and the right of the parents to choose the school and participate in the education of their children;
18. To teach according to constitutional principles;
19. To social security;
20. To compensation and a pension;
21. To the freedom to lecture;
22. To have access to the media, pursuant to Article 35 of the Constitution;
22. To enjoy an environment that is balanced and appropriate for developing one's life;
23. To health; and
24. To others recognized by the Constitution.

Fortunately, the last item referred to all "the other rights recognized in the Constitution" resolves the problems that normally have the practice to list in some statutes, specific situations with the risk of leaving thinks behind.

The Guatemalan Amparo Law also tends to exhaust the cases in which the amparo action can be filed[1153], when setting in Article 10 that its admission extends to any situation that presents a risk, a threat, a restriction or a violation of the rights recognized by "the Constitution and the laws of the Republic of Guatemala", whether such situation is caused by public or private law entities or individuals. Therefore, as it is listed in the same Article 10, every person shall have the right to request amparo, in the following cases, among others:

a) To be maintained or reinstated in the enjoyment of the rights and guarantees established in "the Constitution or any other law".

b) To seek a decision to declare, in specific cases, that a law, regulation, resolution or act of the authorities shall not be enforced against the plaintiff because it contravenes or restricts a right that is guaranteed by "the Constitution or any other law".

c) To seek a decision to declare in specific cases, that a provision or resolution (not merely legislative) of the Congress of the Republic is not applicable to the plaintiff since it violates a constitutional right.

d) When an authority of any jurisdiction issues a regulation, decision or resolution of any kind, abusing its power or exceeding its legal powers, or when such powers are non–existent or exercised in such a way that the harm caused or likely to be caused "cannot be corrected by any other legal means of defense".

e) When in administrative proceedings, the affected party is forced to comply with unreasonable or unlawful requirements, procedures or activities, or when "there is no means or recourse available to suspend their effect".

f) When petitions and procedures before administrative authorities are not resolved in the delay established by law, or, in absence of such delay, within thirty days following the exhaustion of the corresponding procedure; and also when petitions are not admitted for processing.

g) In political matters, when rights recognized by the law or by the by–laws of political organizations are infringed. Nevertheless, in purely electoral matters, the court analysis and examination shall be limited to legal aspects, accepting such questions of fact that are considered proven in the recourse of review.

h) In matters of judicial and administrative order, for which procedures and recourses are established by law, and by means of which such matters may be appropriately discussed in accordance with the legal principle of due process, if after the interested party has made use of the recourses established by law, there is still a threat, restriction or violation of the rights guaranteed by the Constitution and the law.

1153 See: Jorge Mario García La Guardia, "La Constitución y su defensa en Guatemala", en el libro editado por la UNAM, *La Constitución y su defensa,* México, 1984, pp. 717–719; and *La Constitución Guatemalteca de 1985,* México, 1992.

Even in the cases where this article of the Amparo law refers to rights protected in "the Constitution or the laws", the violation of the right must be a constitutional one. If it is just a legal one, the affected party has the ordinary means for protection, thus the amparo is not admitted when these ordinary means exists.

IV. AMPARO AND HABEAS CORPUS FOR THE PROTECTION OF ONLY SOME CONSTITUTIONAL RIGHTS

As already mentioned, in contrast with the general trend of the Latin American system of amparo and habeas corpus for the protection of all constitutional rights, in the case of Chile and Colombia, the specific action for protection of constitutional rights and freedoms is only established in the Constitution with respect to certain rights and guarantees which are listed as *fundamental*. These systems follow the general trend set by German and Spanish regulations on the amparo recourses.

1. *The European antecedents*

In Germany, in addition to the abstract judicial review of norms exercised by the Federal Constitutional Tribunal at the request of some State political organs, judicial review can also be exercised by the Constitutional Tribunal as a result of a constitutional complaint or "amparo" recourse that any person can bring before the Tribunal when he claims that one of his basic or fundamental rights has been directly violated by a normative state act. This "constitutional complaint", only constitutionalized in 1969 was originally established in the 1951 Federal Statute of the Constitutional Tribunal (Art. 90. Federal Constitutional Tribunal Law) and was conceived as a specific judicial means for the protection of fundamental rights and freedoms against any action of the state organs which violates them. Therefore, it is not a specific action only directed to obtain judicial review of legislation, but it can be used for that purpose, when exercised against a statute.

The constitutional complaint after the 1969 constitutional amendment is expressly established in Article 93, section 1, N° 4ª of the Constitution when attributing the Federal Constitutional Tribunal power to decide:

> On complaints of unconstitutionality, which may be entered by any person who claims that one of his basic (fundamental) rights or one of his rights under paragraph (4) of article 20, under articles 33, 38, 101, 103, or 104 has been violated by public authority.[1154]

Therefore, the constitutional complaint can be brought before the Tribunal against any state act, whether legislative, executive or judicial, but in all cases, it can only be exercised once the ordinary judicial means for the protection of the fundamental rights that have been violated are exhausted (Art. 90, 2 Federal Constitutional Tribunal Law). Consequently, the constitutional complaint is a subordinate mean of judicial protection of fundamental rights,[1155] and if there are other judicial recour-

---

1154 See also Arts. 90–96 FCT Law.

1155 Art. 19.4 of the Constitution establishes in general that "Should any person's rights be violated by public authority resource to the courts shall be open to him. If jurisdiction is not specified, recourse shall be to the ordinary courts."

ses or actions that can serve the purpose of protecting fundamental rights, the constitutional complaint is not admissible, except when the Constitutional Tribunal considers the matter as being of general importance or when it considers that the claimant is threatened by a grave and irremediable prejudice if it is sent to the ordinary judicial means for protection (Art. 90, *2* Federal Constitutional Tribunal Law).

The most important feature of the German constitutional complaint, when comparing it with the Latin American amparo, is that it is set in the Constitution only for the protection of the rights listed in Article 93,1 of the Constitution, which are the following:

First, the fundamental rights (*Grundrechte*), enshrined in Articles 1 to 19 of the Constitution, which are the followings:

1. Man's dignity (Art. 1);
2. Freedom to develop its own personality (Art. 2–1);
3. Right to life and to physical integrity (Art. 2–2);
4. Equality (Art. 3);
5. Ideological and Religion freedom (Art. 4–1);
6. Freedom of cult (Art. 4–2);
7. Conscience objection (Art. 4–3 y Art. 12–a2);
8. Freedom of expression and to inform (Art. 5–1);
9. Freedom to teach and to research (Art. 5–3);
10. Marital freedom, family protection and non discrimination because of extra matrimonial birth (Art. 6);
11. Right to education (Art. 7);
12. Freedom of assembly (Art. 8);
13. Freedom of association (Art. 9);
14. Inviolability of communications secret (Art. 10);
15. Freedom of residence and of movement (Art. 11);
16. Freedom to freely choose a profession and the place of work (Art. 12);
17. Inviolability of domicile (Art. 13);
18. Private property rights and to inherit (Art. 14);
19. Right to German nationality (Art. 16–1);
20. Right to political asylum for aliens (Art. 16–2); and
21. Right to petition (Art. 17).

Additionally, it also can be protected by the constitutional complaint, the constitutional rights enshrined in Articles 20–4, 33, 38, 101, 103 and 104 of the same Constitution, which are the following:

21. Right to resist against who acts against the constitutional order (Art 20–4);
22. Equal rights and obligations of Germans in all Status of the Federation (Art. 33–1);

23. Right to have access in equal terms to public positions (Art. 33–2);
24. Right to vote and to be elected (Art. 38);
25. Prohibition of extraordinary courts and right to "natural judge" (Art. 101);
26. Right to be heard by courts (Art. 103–1);
27 Right to *non bis in ídem* principle (Art. 103–3); and
28 Judicial guarantees for deprivation of liberty (Art. 104).

In all these cases, the constitutional complaint can be exercised directly against a statute or any other normative state act on the grounds that it directly impairs the fundamental rights of the claimant. In that case, it leads directly to the exercise of a judicial review of normative state acts function by the Constitutional Tribunal. As a result of this constitutional complaint, if the statute is considered unconstitutional, it must be declared null (Art. 95, 3, B FCT Law).

The basic condition for the admissibility of constitutional complaints against laws is, of course, the fact that the challenged statute or normative state act, must personally affect the claimant's fundamental rights, in a direct and current way, without the need for any further administrative application of the norm. On the contrary, if this further administrative application is needed, he must wait for the administrative execution of the statute and complain against it. This direct prejudice caused by the normative act on the rights of the claimant, as a basic element for the admissibility of the complain, justifies the delay of one year after its publication established for the introduction of the action before the Tribunal (Art. 93, 1, B FCT Law).

It also explains the power of the Constitutional Tribunal to adopt provisional protective measures regarding the challenged statute, *pendente litis*, in the sense that the Tribunal can even theoretically, suspend the application of the challenged law (Art. 32 FCT Law).

Finally, regarding this constitutional complaint, Article 93, section 1, N° 4b of the Constitution, also empowers the constitutional tribunal to decide:

> On complaints of unconstitutionality, entered by communes (municipalities) or association of communes (municipalities) on the ground that their right to self–government under Article 28 has been violated by a law other than a Lander Law open to complaint to the respective land constitutional court.

Hence, the direct constitutional complaint against laws is not only attributed to individuals for the protection of their fundamental rights, but also to the local government entities, for the protection of their autonomy and right to self–government guaranteed in the Constitution, against federal statutes that could violate them. In these cases, it also results in a direct means of judicial review of statutes of legislation.

The 1978 Spanish Constitution, when setting forth the amparo recourse, in a certain way followed the features of the German constitutional complaint and also, of the amparo recourse originally established in the Republic in the thirties.

Thus, apart from the direct and incidental methods of judicial review, in the Spanish system a recourse of amparo has been created for constitutional protection also of fundamental rights, which can be brought before the Constitutional Tribunal by any person with direct interest in the matter, against state acts of a non legislative character (Art. 161,1,b, Constitution; and Art. 41,2 Organic Law 2/1979)

However, if the recourse for protection is based on the fact that the challenged state act is based on a statute that at the same time infringes fundamental rights or freedoms, the Tribunal must proceed to review its constitutionality through the procedural rules established for the direct action or recourse of unconstitutionality (Art. 52,2 Organic Law 2/1979).

The Spanish recourse of amparo, following the German constitutional complaint features, reduces the constitutional protection to only certain constitutional rights and freedoms also qualified as "fundamental", recognized in Article 14, in the first section of the Second Chapter (Arts. 15 a 20) and in the second paragraph of Article 30 of the Constitution, which are the following:

1. Equality before the law (Art. 14);
2. Right to life and physical and moral integrity (Art. 15);
3. Ideological, religious and freedoms and freedom of cult (Art. 16);
4. Right to personal freedom and safety (Art. 17);
5. Right to honor, personal and familiar intimacy and to one's image Arts. 18–1 and 18–4);
6. Inviolability of domicile (Art. 18–2);
7. Secrecy of communications (Art. 18–3);
8. Right to freely choose one's residence, to move within the territory and to freely leave Spain (Art. 19);
9. Right to freedom of expression and to freely propagate one's thought (Art. 20–1–a);
10. Right to produce and to literary, artistic, scientific and technical creations (Art. 20–1–b);
11. Freedom of teaching (chair) (Art. 20–1–c);
12. Right to communicate and to receive true information by any mean (Art. 20–1–d);
13. Right to meet and to demonstration (Art. 21);
14. Right to association (Art. 22);
15. Right to participate in public affairs (Art. 23–1);
16 Right to equal access to public functions or positions (Art. 23–2);
17. Right to obtain effective protection by courts and judges (Art. 24–1);
18. Right to have the ordinary and predetermined judge, to defense and to be assisted by a lawyer, to be inform of the accusation, to a public process without undue delays and with the guaranties of using the pertinent means of evidence for its defense, not to self incriminate, not to confess culpability and to the presumption of innocence (Art. 24–2;
19. Principle of criminal legality (*nullum crime sine legge*) (Art. 25–1);

20. Rights of the detainees to a pay work and to the benefits of social security, to have access to culture and to the integral development of one's personality (Art. 25–2);
21. Right to education and to the liberty to teach (Art. 27–1);
22. Freedom to create teaching centers, within the constitutional principles (Art. 27–6);
23. Freedom to freely unionized trade (Art. 28–1);
24. Right to strike (Art. 28–2);
25. Right to personal and collective petition (Art. 29); and
26. Right to conscience objection (Art. 30–2).

It must be said that notwithstanding the very ample enumeration of fundamental rights that can be protected by means of the amparo recourse before the Constitutional Tribunal, they are other constitutional rights not protected by the recourse which although constitutional, do not qualify as "fundamental rights".

This limitative approach to the justiciable rights by means of amparo is exceptionally followed in Latin America only in Chile and Colombia.

2. *The Chilean "acción de protección" for the protection of some constitutional rights*

In Chile, as in the majority of Latin American Countries, constitutional rights are protected by means of the action of habeas corpus, aimed at protecting any individual who is arrested, detained or imprisoned in breach of the Constitution; and by the recourse of protection, which is only aimed at guaranteeing the amparo of determined constitutional rights, in cases of arbitrary or illegal actions or omissions, or of privation, disturbance or threat in the legitimate exercise of the rights and guarantees established in Article 19, numbers 1, 2, 3 (paragraph 4), 4, 5, 6, 9 (final paragraph), 11, 12, 13, 15, 16 of the Constitution regarding to freedom to work and the right of freedom of choice and freedom of contract, and to what is established in the fourth paragraph and numbers 19, 21, 22, 23, 24 and 25. These rights are the following:

1. The right to life and to the physical and psychological integrity (19,1);
2. Equality before the law (19,2);
3. Right to be judged by one's natural judges (19,3);
4. Right to respect for private and public life and the honor of the individual and his family (19,4);
5. Right to the inviolability of home and all forms of private communication (19,5);
6. Freedom of conscience and of manifestation of all cults (19,6);
7. Right to choose the health system (19,9 fine);
8. Freedom of teaching (19,11);
9. Freedom to express opinions and to disseminate information (19,12);
10. Right to assemble (19,13).

11. Right to associate (19,15);
12. Freedom to work, and the right to free selection and contracting (19,l6);
13. Right to affiliate to trade unions (19,19);
14. Economic freedom (19,21);
15. Right to a non–discriminatory treatment (19,22);
16. Freedom to acquire ownership (19,23);
17. Property right (19,24);
18. Right of authorship (19,25); and
19. Right to live in a contamination–free environment (20).

Apart from these constitutional rights and freedoms, the other rights enshrined in the Constitution have no specific means of protection, but rather their protection corresponds to the ordinary courts through ordinary judicial procedures.

3. *The Colombian "action de tutela" for the protection of fundamental rights*

In the case of Colombia, in similar way, the Constitution also sets forth two means of general protection of constitutional rights: the *habeas corpus* and the action of " tutela"; the latter designed in Article 86 of the Constitution for the immediate protection of "fundamental constitutional rights", which are not all the rights and guarantees enshrined in the Constitution.

In effect, Title II of the Constitution, on referring to "the rights, guarantees and duties", regulates them in several Chapters, as follows: Chapter 1, concerning "fundamental rights"; Chapter 2, concerning social, economic and cultural rights; and Chapter 3, concerning collective rights and the environment. From this it results that in principle, only the rights listed in Chapter I (Articles 11 to 41) as "fundamental rights" are the only constitutional rights that can be protected by the "action of tutela", being the other constitutional rights excluded from this means of protection, and thus, protected by the ordinary judicial mean.

On the other hand, Article 85 of the Constitution also defines which of the "fundamental rights" are of "immediate application," which, in principle, would imply that the action of tutela would only be admitted in these cases.

Such rights "of immediate application" and therefore susceptible of constitutional protection through the action of tutela, are the following:

1. Right to life (Article 11).
2. Right to not be disappeared, or be submitted to torture or inhuman or degrading treatment (Article 12).
3. Right to equality (Article 13).
4. Right to personality (Article 14)
5. Right to intimacy (Article 15).
6. Right to the free development of own personality (Article 16).
7. Prohibition of slavery, servitude, and human trade (Article 17).
8. Freedom of conscience (Article 18).
9. Freedom of cult (Article 19).

10. Freedom of expression (Article 20).
11. Right to honor (Article 21).
12. Right to petition (Article 23).
13. Freedom of movement (Article 24).
14. Right to exercise one's profession (Article 26).
15. Freedom to teach (Article 27).
16. Personal freedom (Article 28).
17. Right to due process and defense (Article 29)
18. Right to habeas corpus (Article 30).
19. Right to review judicial decisions (Article 31).
20. Right to not testify against oneself (Article 33).
21. Prohibition of deportation, life imprisonment, or confiscation penalties (Article 34).
22. Right to assemble (Article 37).
23. Right to political participation and to vote (Article 40).

Other rights enshrined in other articles of the Constitution can also be considered as fundamental rights, like the "fundamental rights" of children listed in Article 44 to life, physical integrity, health and social security

Apart from these constitutional expressly declared as fundamental rights and freedoms, other constitutional in principle, would not have constitutional protection under the "action of tutela", unless it is a right not expressly provided in the Constitution as being "fundamental", nature that the Constitutional Court can determine (Article 2, Decree of 1991). That is why, Decree N° 306 of 19–02–92 which regulates Decree 2.591 of 1991, expressly declares:

> **Article 2.** Pursuant to Article 1 of Decree 2.591 of 1991, the action of tutela only protects fundamental constitutional rights, and therefore, may not be used to enforce respect of rights that only have legal rank, or to enforce compliance with laws, decrees, regulations or any other regulation of an inferior level.

The Constitutional Court, in every case, has played a fundamental role in broadening protection by means of tutela to include rights not defined as "fundamental", such as the right to health, but interdependent of others such as the right to life. For that purpose in one of its first decisions, N° T–02 of May 8th, 1992, issued in a case regarding educational rights, the Constitutional Court fixed the following principal criteria to identify "fundamental rights":

Being the human persons the subject, reason and purpose of the 1991 Constitution, the "first and most important criteria for the tutela judge to determine the fundamental constitutional rights, is to determine if it is or not an essential right to human beings". Thus, "in order to verify if a constitutional fundamental right derives from the concept of essential rights to human being, the tutela judge must rationally research from Articles 5 and 94 of the Constitution". The first article sets forth the recognition by the State, without any discrimination, of the primacy of the inalienable rights of persons and protects the family as a basic institution of society.

The second sets forth the open clause regarding human rights, in the sense that the listing of rights and guaranties in the Constitution and international conventions, cannot be understood as denial of others that being inherent to human persons, are not expressly therein.

Both articles, being interpreted on the lights of the American Convention on Human Right, allow to infer what can be considered inalienable, inherent and essential, as the Constitutional Court ruled: "something is inalienable because it is inherent, and something is inherent because it is essential", being also another characteristic of the constitutional fundamental rights, the existence of correlative duties.

The Constitutional Court in the same decision also developed ancillary criteria to determine the fundamental rights, such as the concept of rights of immediate application, which do not require previous statutory regulation for its enforcement; and the location of the corresponding articles in the Titles of the Constitution, even though the latter cannot be considered as crucial. Thus, the list of "fundamental rights" of Chapter I of Title II of the Constitution does not exhaust the "fundamental rights" and does not exclude other rights for being considered fundamental and justiciable by means of tutela[1156].

But, as abovementioned, the Constitutional Court has also developed its criteria of the connection of the rights seeking protection by means of amparo with other fundamental rights, particularly applying such criteria in cases of economic, cultural and social rights. The Constitutional Court thus has ruled that the acceptance of the tutela action regarding these (economic, social and cultural) rights is only possible in cases in which also a violation of a fundamental right exists. In the decision N° T–406 of June 5th, 1992, the Court heard a tutela brought before a court in a case of public drainage flooding, seeking the protection of the right to public health, the right to a healthy environment and to the population's health. The action was rejected by the lower court which considered that no fundamental rights were involved in the case, but the Constitutional Court admitted the action considering that the right to have sewage system, in circumstances in which it could evidently affect constitutional fundamental rights, as human dignity, right to life, rights of the disabled, it must be considered as justiciable by means of tutela[1157].

4. *The mexican amparo suit for the protection of only the "individual guarantees"*

In Mexico, as already mentioned, if it is true that the amparo suit has been regulated in the Constitution for the protection of all constitutional rights, these, according to the wording of Article 103,1 are only the "individual guarantees" declared and enumerated in Section I, Articles 1 to 29 of the Constitution.

The *jurisprudencia* or judicial obligatory doctrine traditionally established by the Supreme Court, in effect, has been that "the amparo suit was established… not to

1156 See decision T–02 of May 8th, 1992, in Manuel José Cepeda, *Derecho Constitucional Jurisprudencial. Las grandes decisiones de la Corte Constitucional,* Legis, Bogotá, 2001, pp. 49–54.

1157 See decision T–406 of June 5th, 1992 in Manuel José Cepeda, *Derecho Constitucional Jurisprudencial. Las grandes decisiones de la Corte Constitucional,* Legis, Bogotá, 2001, pp. 55–63.

safeguard the entire body of the Constitution but to protect the individual guarantees" enumerated in the first twenty nine articles of the Constitution[1158]

This constitutional interpretation has in reduced the scope of the amparo protection, only to the following "individual guaranties": prohibition of slavery and discrimination (Article 1); rights of the indigenous eoples (article 2); right to education, and right to educate; (Article 3); right to equal treatment; right to the protection of health; right to an adequate environment; right to dwelling; and minors rights (article 4); economic and occupation freedom and prohibition to render services without remuneration (Article 5); freedom of expression of ideas (Article 6); freedom of writing and publishing (Article 7); right to petition (Article 8); right to assemble and association (Article 9); right to bear arms (Article 10); right to movement and travel (Article 11); prohibition of nobility title (Article 12); right to natural judge (Article 13); guaranty of non-retroactivity of laws, and due process of law rights (Article 14, 19, 20, 21, 23); rights regarding extradition (Article 15); personal freedom and detention and search guaranties (Article 16, 17, 18, 19, 22); right to justice and access to justice (Article 17, 21); freedom of religion (Article 24); right to privacy of correspondence, mail (Article 25); right to inviolability of home (Article 26); right to property and land ownership (Article 27); prohibition of monopolies (Article 28). Articles 1 and 29 regulate the suspension of guaranties.

This restricted scope of the amparo provoked multiple discussions and interpretations tending to extend it. In this regard, mention must be made of the opinion of Ignacio L. Vallarta, who served as President of the Supreme Court (1878–1882), and who sustained that the individual guaranties cannot be reduced to those enumerated in the first 29 articles of the Constitution, because they can also be declared in other articles of the Constitution, provided that they contain and contain an explanation, a regulation, a limitation of extension of the individual guarantees. He wrote that:

> "in the case of individual guarantees, it will frequently be necessary to refer to texts other that those that define them in order to decide with certainty whether one of them has been violated. Because of the intimate connection that exists between the articles containing guarantees and others that, although they de not mention them, nonetheless presuppose them, explain them or complement them; because of the undeniable correlation that exists between them, [the guarantee] cannot be considered in isolation without weakening them, without contradicting their spirit, without frequently rendering their application impossible...for instance, in order to know if persons may be deprived of the property guaranteed by Article 27, under the form of taxation, it would be necessary to consider Article 31, which provides that [such] contribution be proportional and equitable; similarly, to determine whether the personal liberty defined in Article 5 is violated by requiring the performance of the public services, it would be necessary to [interpret] it in terms of the same article 31, which specifies certain limits on that liberty... [or] finally, in order to explain the competence to which

1158 See Suprema Corte de Justicia, *Jurisprudencia de la Suprema Corte*, Thesis 111, II, 246. See the referentes in Ignacio Burgoa, *El juicio de amparo*, Editorial Porrúa, México 191, p. 231, and Richard D. Baker, *Judicial Review in Mexico. A Study of the Amparo Suit*, University of Texas, Austin and London, 1971, p. 112.

Article 16 refers, it is necessary to examine Article 50, which established the constitutional distribution of powers between the three branches of government"[1159].

According to this doctrine, as concluded by Vallarta, the amparo suit is admissible only in the cases defined in Article 103, "but it can be based on the concordance of the guaranties found in Section I of the Constitution with articles not included under that heading"[1160]. This concordance doctrine has been the main tool for the extension of the constitutional protection of amparo, particularly regarding social guarantees referred to agrarian and labor matters included in Articles 27 and 123 of the Constitution, considered also as citizens' guarantees[1161].

Nonetheless, constitutional rights not included in the firsts articles of the Constitution, according to the *jurisprudencia* of the Supreme Court, traditionally where not protected by means of amparo. In this regard, the Supreme Court maintained that "the violation of political rights does not give grounds for the admissibility of amparo because these [rights] are not individual guarantees"[1162]. Nonetheless, also by means of the concordance doctrine in other cases the Supreme Court has given protection to political rights, by saying that "even when political rights are in question, if the act complained of may involve the violation of individual guarantees, a fact that cannot be judge *apriori*, the complaint... should be admitted"[1163]; and that "although the Court has established that amparo is inadmissible against the violation of political rights, this jurisprudence refers to cases in which federal protection is sought against authorities exercising political functions and whose acts are directly and exclusively related to the exercise of rights of that nature. It cannot be applied to cases in which amparo is sought against judicial decisions, that although affecting political rights, may also violate individual guarantees"[1164]

V. THE QUESTION OF THE PROTECTION OF RIGHTS IN SITUATIONS OF EMERGENCY

One last issue must be mentioned regarding the justiciability of rights, and it is the question of the admissibility of amparo actions in situations of emergency.

For instance, Article 6,7 of the 1988 Venezuelan Amparo Law used to provide that the amparo action was inadmissible "in case of suspensions of rights and guarantees" when referred to the protection of such. This decision of suspension, accor-

---

1159 See Ignacio L. Vallarta, *Cuestiones constitucionales. Votos del C. Ignacio L. Vallarta, presidente de la Suprema Corte de Justicia en los negocios más notables*, III, pp. 145–149. See the references in Ignacio Burgoa, *op. cit*, p. 253; Richard D. Baker, *op. cit*, p. 113

1160 *Idem*.

1161 See Ignacio Burgoa, *op. cit,* p. 263.

1162 See Suprema Corte de la Nación, *Jurisprudencia de la Suprema Corte*, thesis 345, III, 645, *cit.*, by Richard D. Baker, *op. cit.*, pp. 130, 156.

1163 See Suprema Corte de la Nación, *Jurisprudencia de la Suprema Corte*, thesis 346, III, 656, *cit.*, by Richard D. Baker, *op. cit.*, p. 157.

1164 See Suprema Corte de la Nación, *Mendoza Eustaquio y otros, 10 S. J. (475) (1922), cit.* by Richard D. Baker, *op. cit.*, pp. 130, 156.

ding to Article 241 of the 1961 Constitution, could only be decided when in cases of interior or exterior conflict, a situation of emergency was declared. To the contrary, the American Convention on Human Rights provides that even in cases of emergency, the judicial guaranties of rights cannot be suspended. Thus, due to the prevalent rank that the American Convention on Human Rights has regarding internal law, as set forth in Article 23 of the 1999 Venezuelan Constitution, the abovementioned Venezuelan Amparo Law restriction was tacitly repealed. Thus, the prevalent regulation in Latin America is that the action for amparo can be filed even in states of emergency, as declared in Article 1st of the Decree regulating the action for tutela in Colombia. Also regarding the habeas corpus, in a similar sense, Article 62 of the Nicaraguan Law of Amparo sets forth that in case of suspension of the constitutional guaranties of personal freedom, the recourse of personal exhibition will remain in force.

The Peruvian Constitutional Procedure Code establishes the principle that during the emergency regimes, the amparo and habeas corpus as well as all the others constitutional proceedings, will not be suspended. According to Article 23 of the Code, when the recourses are filed in relation to the suspended rights, the court must examine the reasonability and the proportionality of the restrictive act, following these criteria:

1) If the claim refers to constitutional rights not suspended;
2) If referred to the suspended rights, the founding of the right's restrictive act does not have direct relation with the motives justifying the declaration of state of emergency;
3) If referred to the suspended rights, the right's restrictive act happens to be evidently unnecessary or unjustified bearing in mind the conduct of the aggrieved party or the factual situation briefly evaluated by the judge.

In particular, regarding the habeas corpus guarantee, the Argentinean Habeas Corpus Law provides that in case of state of siege when the personal freedom of a person is restricted, the habeas corpus proceeding is directed to prove, in the concrete case:

1) The legitimacy of the declaration of state of siege;
2) The relation between the freedom depriving order and the situation that originates the declaration of state of siege;
3) The illegitimate worsened detention way and conditions which in no case can be effective in prisons.

On October 1986, the Inter–American Commission on Human Rights submitted to the Inter American Court of Human Rights a request for advisory opinion seeking the interpretation of Articles 25,1 and 7,6 of the American Convention on Human Rights, in order to determine if the writ of habeas corpus is one of the judicial guarantees that, pursuant to the last clause of Article 27,2 of that Convention, may not be suspended by a State Party to the Convention.

Article 27 of the Convention authorizes States, in time of war, public danger, or other emergency that threatens the independence or security of a State Party, to take measures derogating its obligations under the Convention; but with the express declaration that such does not authorize any suspension of the following articles:

> **Article 3** (Right to Juridical Personality), Article 4 (Right to Life), Article 5 (Right to Humane Treatment), Article 6 (Freedom from Slavery), Article 9 (Freedom from Ex Post Facto Laws), Article 12 (Freedom of Conscience and Religion), Article 17 (Rights of the Family), Article 18 (Right to a Name), Article 19 (Rights of the Child), Article 20 (Right to Nationality), and Article 23 (Right to Participate in Government), or *of the judicial guarantees essential for the protection of such rights*.

The Inter American Court on Human Rights issued its *Advisory Opinion OC–8/87* of January 30, 1987 (Habeas Corpus in Emergency Situations), declaring that since "in serious emergency situations it is lawful to temporarily suspend certain rights and freedoms the free exercise of which must, under normal circumstances, be respected and guaranteed by the State…it is imperative that "the judicial guarantees essential for (their) protection" remain in force. Article 27(2)"[1165]; adding that these "judicial remedies that must be considered to be essential within the meaning of Article 27(2) are those that ordinarily would effectively guarantee the full exercise of the rights and freedoms protected by that provision and the denial of which or restriction would endanger their full enjoyment"[1166].

The Court also advises that the guaranties must not only be essential but also *judicial,* expression that "can only refer to those judicial remedies that are truly capable of protecting these rights" before independent and impartial judicial bodies[1167]; concluding that:

> 42. From what has been said before, it follows that writs of habeas corpus and of "amparo" are among those judicial remedies that are essential for the protection of various rights the derogation of which is prohibited by Article 27(2) and that serve, moreover, to preserve legality in a democratic society.
>
> 43. The Court must also observe that the Constitutions and legal systems of the States Parties that authorize, expressly or by implication, the suspension of the legal remedies of habeas corpus or of "amparo" in emergency situations cannot be deemed to be compatible with the international obligations imposed on these States by the Convention.

In the same year 1986, the Government of Uruguay also submitted to the Inter–American Court a request for an advisory opinion on the scope of the prohibition of the suspension of the judicial guaranties essential for the protection of the rights mentioned in Article 27,2 of the American Convention; resulting in the issue of the *Advisory Opinion* OC–9/87 of October 6, 1987 (Judicial Guarantees in States Of

---

1165 *Advisory Opinion OC–8/87* of January 30, 1987 (Habeas corpus in emergency situations), paragraph 27.

1166 *Idem*, paragraph 29.

1167 *Idem*, paragraph 30.

Emergency), in which the Court, following its aforementioned Advisory Opinion OC–8/97, empathized that "the declaration of a state of emergency… cannot entail the suppression or ineffectiveness of the judicial guarantees that the Convention requires the States Parties to establish for the protection of the rights not subject to derogation or suspension by the state of emergency"; "therefore, any provision adopted by virtue of a state of emergency which results in the suspension of those guaranties is a violation of the Convention"[1168]. The conclusion of the Court then was:

> 1. That the "essential" judicial guarantees which are not subject to derogation, according to Article 27(2) of the Convention, include habeas corpus (Art. 7(6)), amparo, and any other effective remedy before judges or competent tribunals (Art. 25(1)), which is designed to guarantee the respect of the rights and freedoms the suspension of which is not authorized by the Convention[1169].

The Inter American Court also concluded that the "essential" judicial guarantees which are not subject to suspension, "include those judicial procedures, inherent to representative democracy as a form of government (Art. 29©), provided for in the laws of the States Parties as suitable for guaranteeing the full exercise of the rights referred to in Article 27(2) of the Convention and the suppression of which or restriction entails the lack of protection of such rights"; and that "the above judicial guarantees should be exercised within the framework and the principles of due process of law, expressed in Article 8 of the Convention"[1170].

This doctrine of Inter American Court is a very important one for the protection of human rights in Latin America, due to the unfortunate past experiences some countries have had in situations of emergency or of state of siege, particularly under military dictatorship or internal civil war cases; where there has been no effective judicial protection available to persons' life and physical integrity; where it has been impossible to prevent their disappearance or their whereabouts been kept secret; and other times no means have been effective to protect persons against torture or other cruel, inhumane, or degrading punishment or treatment.

Nonetheless, according to the Inter American Court on Human Rights doctrine following the provisions of the American Convention, the discussion that has been held in the United States regarding the possibility to exclude the habeas corpus protection to the so called "combatant enemies" which had been kept for years in custody without any judicial guaranty to protect their rights, cannot be held.

The matter was decided by the Supreme Court in *Rasul v.Bush,* 542 U.S. 466; 124 S. Ct. 2686; 159 L. Ed. 2d 548; 2004 in a case referred to aliens that had been captured abroad, from 2002 and onward, by United States authorities during hostilities with the Taliban regime in Afghanistan, and that were held in executive deten-

---

1168 *Advisory Opinion* OC–9/87 of October 6, 1987 (Judicial Guarantees in States Of Emergency), paragraphs 25, 26.

1169 *Idem*. paragraph 41,1

1170 *Idem*, paragraph 41,2 and 41,3.

tion at the Guantanamo Bay Naval Base in Cuba. They filed various habeas corpus actions in the United States District Court for the District of Columbia against the United States and some federal and military officials, alleging that they were being held in federal custody in violation of the laws of the United States, that they had been imprisoned without having been charged with any wrongdoing, permitted to consult counsel, or provided access to courts or other tribunals. The District Court's jurisdiction was invoked under the federal habeas corpus provision (28 USCS § 2241©(3)) that authorized Federal District Courts to entertain habeas corpus applications by persons claiming to be held in custody "in violation of the Constitution or laws or treaties of the United States." The District Court dismissed the actions for jurisdiction, on the ground that aliens detained outside the sovereign territory of the United States could not invoke a habeas corpus petition; and the United States Court of Appeals for the District of Columbia Circuit, in affirming, concluded that the privilege of litigation in United States courts did not extend to aliens in military custody who had no presence in any territory over which the United States was sovereign (355 US App DC 189,321 F3d 1134). On certiorari, the United States Supreme Court reversed and remanded, holding that the District Court had jurisdiction, under 28 USCS § 2241, to review the legality of the plaintiffs' detention.

Notwithstanding this Supreme Court decision, the Senate of the United States voted on November 2005 an amendment to a military budget bill, to strip captured "enemy combatants" at Guantánamo Bay, of the legal tool given to them by the Supreme Court when it allowed them to challenge their detentions in United States courts[1171].

As mentioned before, a law banning the habeas corpus action could not even be proposed in Latin American Countries, due to its regulation in the Constitutions and in the Inter American Convention on Human Rights as a right that cannot be suspended even in situations of emergency. The same occurs, for instance, regarding personal freedom related to the length of administrative detention that in general is established in the Latin American Constitutions. Thus, no legal regulation or amendments can be approved extending that restrictive police custody, as for instance has occurred in Europe also due to the war against terrorism[1172]. In Latin Ameri-

---

1171 See Eric Schmitt, "Senate Approves Limiting Rights of U.S. Detainees", *The New York Times,* November 11, 2005.

1172 As reported by Katrin Bennhold, in "Europe Takes Harder Line With Terror Suspects", *The New York Times,* April 17, 2006: "In December, France increased its period of detention without charge for terror suspects to six days from four; it retained rules that have allowed uncharged suspects to be denied access to a lawyer during the first three days.

Italy last year extended custody to 24 hours from 12 and authorized the police to interrogate detainees in the absence of their lawyers. In 2003, Spain extended the period in which suspected terrorists can be held effectively incommunicado to a maximum 13 days, according to the advocacy group Human Rights Watch.

Britain has gone furthest. The latest law doubles the period during which a terror suspect can be held in custody without charge to 28 days. It was just 48 hours in 2001, and Prime Minister Tony Blair fought for an extension to three months. The new law followed one filed soon after the attacks of Sept. 11, 2001, that allowed foreign terror suspects to be held indefinitely without charge. The House of Lords declared that measure unlawful in late 2004.

ca, on the contrary, due to the constitutional rank of the regulation, the only way to extend police custody length restriction is through a constitutional amendment or reform.

CHAPTER VIII

THE QUESTION OF THE JUSTICIABILITY OF SOCIAL CONSTITUTIONAL RIGHTS BY MEANS OF THE "AMPARO" ACTION

I. THE QUESTION OF THE JUSTICIABILITY OF SOCIAL RIGHTS

The most important question on the justiciability of constitutional rights in Latin America refers to those rights of economic, social and cultural character. As was argued by the Colombian Constitutional Court in the already mentioned decision N° T–406 of June 5th, 1992:

> The majority of the economic, social and cultural rights imply the rendering of an activity by the State and thus, an economic expenditure that in general terms depends on political decisions. It is based on these propositions that it is sustained that the provisions setting forth such rights cannot only be subject to the existence of a legislation issued by Congress in order to assure their enforcement. Nonetheless, the new principles of the Social State and the new relations deriving from the Welfare State impose the questioning of that solution…
>
> The *raison d'étre* of these rights derives from the fact that its minimal satisfactions are an indispensable condition for the enjoyment of the civil and political rights. In other words, without the satisfaction of minimal conditions of existence, or in the sense of Article 1 of the Constitution, without respect to human dignity regarding the material conditions of existence, any aspiration of effectively ensuring the classical freedom and equalitarian rights enshrined in Chapter I of Title II of the Constitution, would be just simple and useless formalism…
>
> …The judicial intervention in cases of economic, social and cultural rights is necessary when it is indispensable in order to assure the respect a constitutional principle or of a fundamental right.
>
> The Constitution is a present time legal (juridical) norm and has to be immediately applied and respected. From that, to sustain that the social, economic and cultural rights are reduced to a political responsibility link between the constituent and the legislator, is not only ingenuity regarding the existence of such link, but also an evident distortion regarding the sense and coherence that the Constitution must maintain. If the responsibility of the Constitution's efficiency would be in the hands of the legislator, the constitutional norm would

not have any value and the validity of the constituent's will, would stay subject to the legislator's will[1173].

Eventually the Constitutional Court of Colombia concluded its ruling saying that due to the fact that "the application of social, economic and cultural rights pose the political problem, not of generation of resources but of allocation of them, the admission of tutela regarding social, economic and cultural rights can only be accepted in cases where a violation of a fundamental right exists"[1174].

Consequently, for instance, the Constitutional Court has protected the right to health of a military servicemen and to be treated in a military hospital, although he was not formally entitled to have such treatment because his military oath was yet to be given, considering that the right must be protected "when the health service is needed and is indispensable in order to preserve the right to life, in which cases the State is obligated to render it to persons in need"[1175]. So when there are no such connections, the social right in itself cannot be protected by means of tutela, as for instance has been the case of the constitutional right to a dignified dwelling or housing, regarding which, the Constitutional Court has ruled that, "as happens with other rights of social, economic and cultural contents, no subjective right is given to persons to ask the State in a direct and immediate way, to plainly satisfy such right"[1176]

For the same reason of the political character of the possible enforcement of social, economic and cultural rights, its justiciability has been widely discussed in contemporary constitutional law.

For instance, this has been the feature of the North American Supreme Court doctrine, even in the aftermath of the so called "The Rights Revolution" that shaped North America in the last decades of the XX Century. As Charles R. Repp has pointed out referring to the Supreme Court's scattered attention to individual rights in the thirties (when less than 10 percent of the Court's decisions involved individual rights other than property rights), and the revolutionary changes that occurred in the following decades:

> By the late sixties, almost 70 percent of its decisions involved individual rights, and the Court had, essentially, proclaimed it the guardian of the individual rights of ordinary citizen. In the process, the Court created and expanded a host of new constitutional rights, among them virtually all the rights now regarded as essential to the Constitution: freedom of speech and the press, rights against discrimination on the basis of race or sex, and the right to due process in criminal and administrative procedures[1177]

1173 See decision T–406 of June 5th, 1992 in Manuel José Cepeda, *Derecho Constitucional Jurisprudencial. Las grandes decisiones de la Corte Constitucional,* Legis, Bogotá, 2001, p. 61.

1174 *Idem*. p. 61

1175 See Decision T–534 of September 24, 1992, in pp. 461 ff.

1176 See Decision T–251 of June 5, 1995, in p. 486.

1177 See Charles R. Repp, *The Rights Revolution. Lawyers, Activists, and Supreme Courts in Comparative Perspective*, The University of Chicago Press, Chicago and London, 1998, p. 2. See also, pp. 26 ff.

This very important "Rights Revolution" in the United States led the Supreme Court to guarantee civil rights that were not effectively protected before, like the non-discrimination rights derived from the implementation of *Brown v. Board of Education* 347 U.S. 483 (1954) overturning the racial segregation in public schools; the extension of freedom of speech guaranteed in the First Amendment; restricting federal and state actions, from *Fiske v. Kansas* 274 U.S. 380 (1927); the due process of law rights of accused persons and prisoners, following *Mapp v. Ohio* 367 U.S 643 (1961) and *Gideon v. Wainwright* 372 U.S. 335 (1963); the women's rights regarding sex discrimination beginning in *Reed v. Reed* 404 U.S. 71 (1971 and in *Fontinero v. Richardson*, 411 U.S. 677 (1973).

But if it is true that in matters of judicial protection of civil and individual rights in the United States it is possible to talk about a Revolution, nothing similar can be said regarding social and cultural rights, many of them the Supreme Court had denied to even qualify them as fundamental rights, as happened with the right to education, to housing and to social welfare.

Nonetheless, in Latin America, the discussion is not whether social, economic and cultural rights like education, health, social welfare or housing are or are not fundamental constitutional rights, but even if they have such rank, the question is if they can be justiciable, that is to say, if they can be enforced by means of judicial actions against the State.

II. THE CASE OF THE RIGHT TO HEALTH IN LATIN AMERICAN CONSTITUTIONS AND THE STATE'S OBLIGATIONS

This is the main issue on the discussion in Latin America. Without doubts, the Constitutions of all Latin American countries recognized the constitutional and even the fundamental character and rank of social, economic and cultural rights, but not always the courts had decided actions for amparo of such rights, particularly when brought against the State.

One important constitutional right whose justiciability has been discussed in Latin America is the right to health, enshrined in all the Constitutions; justiciability that is conditioned, first, by the way the right is declared in the Constitutions; second regarding the scope given to the amparo action; and third by the concrete cases resolved by the Courts.

Not all the Latin American Constitutions set forth the right to health in the same way. Some refer to the matter as a public asset, as is the case of El Salvador, where the Constitution declares that "the health of the inhabitants of the republic is a public asset" (Art 65). In similar terms, it is set in the Constitution of Guatemala (Art. 95); and in both texts it is declared that the State and the individuals are obligated to take care of its preservation and reestablishment.

Nonetheless, in almost all Constitutions the "right to health" is listed as a constitutional right (Bolivia, Art. 7,a; Brazil, Art. 6 y 196; Ecuador Art. 46; Nicaragua, Art. 59); Venezuela, Art. 84), that corresponds to everybody in equal terms as it is expressed in the Constitution of Nicaragua (Art. 59); and is reaffirmed in the Constitution of Guatemala, by saying that "the enjoyment of health is a fundamental right of human beings, without any kind of discrimination" (Art. 93).

This constitutional formula of "right to health", though, in fact what reveals in a general declaration of principles regarding the commitment of the State and the society toward human beings, rather that a strict constitutional right, due to the absence of an *alter* party in the declaration. In fact nobody can be obligated to promise the health of a person, and conversely, nobody can have the "right" not become ill.

Nonetheless, it can be said that with this formula of the "right to health" in reality, what the Constitutions are setting forth is the constitutional right of everybody to the protection of health, or to be protected in their health, by the State. Thus, the State, as well as the whole society, has the obligation to watch for the maintenance and recuperation of people's health. That is why other Latin American Constitutions provide in a more precise way, the "right to the protection of health" (Honduras, Art. 145); or referrer to the right of everybody to the protection of their health" (Chile Art. 19,9; México, Art. 4; Perú, Art. 7); or the right "for their health to be taken care of or protected" (Cuba, Art. 50); or that everybody has to have the guarantee "to have access to the services for the promotion, protection and recovery of health" (Colombia, Art. 49). In Panama, Article 105 of the Constitution provides that:

> The individual, as part of the community, has the right to the promotion, protection, maintenance, restitution and rehabilitation of health, and the obligation to maintain it, understood as the complete physical, mental and social welfare".

In some cases, as it happens in the Venezuelan Constitution, both formulas have been put together, when Article 83 of the Constitution provides as follows: "Health is a fundamental social right… all persons have for their health to be protected". In similar sense, Article 68 of the Constitution of Paraguay referring to the "right to health", says: "In the interest of community, the State will protect and promote health as a fundamental right of persons".

But a right for health to be protected by the State, in fact, is a right to have access to the service that takes care of health. Nonetheless, only a few Constitutions assure the equalitarian right to have such access, in some cases without cost, regarding public health services. In the case of Chile, where the Constitution provides that "the State protects the free and equalitarian access to the actions for promotion, protection and recovery of health and of rehabilitation of the individuals" (Art. 19,9). The Cuban Constitution, in Article 50, sets forth that the State guarantees the rights of persons to have their health being taken care of and protected "with the rendering of free medical and hospital assistance".

In the case of Chile, in the same constitutional provision a distinction is made between the health public programs and services render, regarding which it is provided that "the public health programs and actions are free for all", but, "the public services of medical attention will be free for those who need them " (Art. 43). The Constitution also provides that "in no case the emergency attentions will be denied in public or private premises" (Art. 43). In similar sense the Constitution of Paraguay sets forth that "Nobody will be deprived of public assistance in order to prevent or treat diseases, pests or plague, or of help in cases of catastrophes or accidents" (Art. 68).

The Constitution of El Salvador provides that the State must "give free assistance to the sick who lacked resources, and in general to all inhabitants, when the treatment is an efficient mean to prevent the dissemination of a transmissible disease"; (Art. 66); and in Uruguay, the Constitution provides that "the State must freely provide the means for protection and of assistance only to those in need and to those without enough resources" (Art. 44). In other cases, the Constitutions refer to the statute to "define the terms through which the basis attention for all the inhabitants will be free and obligatory" (Colombia, Art. 49); or for the definition of "the rules and modes for the access to the health services" (México, Art. 4).

From all these constitutional regulations, additionally to the general duties imposed to everyone, the communities and society in general have the duty to preserve healthy conditions, in particular a series of constitutional duties are set forth regarding the State and public bodies, which in a certain way are the ones that can orient the scope of the justiciability of the right to health.

For instance, in the Panamanian Constitution it is set forth that "It is an essential State function to watch for the health of the population" (Art. 105); and the Constitution of Guatemala, provides as an "obligation of the State on health ad social assistance" that "The State must watch for the health and social assistance of all inhabitants. It will develop, through its institutions, actions for the prevention, promotion, recovery, rehabilitation, coordination and the complementary ones in order to seek the most complete physical, mental and social welfare" (Article 94).

The Venezuelan Constitution, after declaring health as a fundamental right, declares as an "obligation for the State, who must guarantee it as part of the right to life. The State must promote and develop policies devoted to raise the quality of life, the collective welfare and the access to the..." (Art. 83). In the Constitution of Honduras, Article 145 provides that "The state must maintain an adequate environment for the protection of people's helath".

And the Constitution of Cuba sets forth that the State guarantees the right of persons to have their health taken care of and protected" (Art. 50) "by means of rendering free medical and hospital assistance through the network of rural medical services, polyclinics, hospitals, prophylactic and special treatment facilities; by rendering free stomatology assistance; by means of the development of plans for sanitary and health education, periodical medical exams, general vaccination and other disease preventive measures".

In Ecuador, Article 42 of the Constitution prescribes that the State guarantees the right to health, and the promotion and protection of health, "by means of the development of the alimentary safety, the provision of drinking water and basic sanitation, the promotion of family, labor and community healthy environment and the possibility to have permanent an uninterrupted access to health services, according the equity, universality, solidarity, quality and efficiency principles".

Article 106 of the Panamanian Constitution provides that in matters of health; it is for the State basically to develop activities, integrating the prevention, restoration and rehabilitation, among other purposes for "the protection of the mother, the child and the adolescent by means of guaranteeing integral attention during the gestation, nursing, growth and development of youth and adolescence; the fighting of transmissible diseases by means of environmental sanitation, development of access to drinking water and to adopt measures for the immunization, prophylaxis and treatment, collectively and individually rendered to all the population; and to create, according to the needs of each region, facilities in which integral health services are rendered, and drugs are given to all the population. This health services and medication will be freely rendered to whom lacks economic resources".

In Bolivia the State has the "obligation to defend human persons by protecting the health of the population, to assure the continuity of subsistence and rehabilitation means of disabled persons; to commit the raise family group life conditions (Art. 158.I). The Constitution of Peru provides that "the State determines the health policy" (Art. 9); and in similar terms the Constitution of El Salvador prescribes that "The State will determine the national health policy and will control and supervise its application" (Art. 65). In Nicaragua, Article 59 of the Constitution provides that the State must establish basic conditions for health promotion, protection, recovery and rehabilitation, and that it must direct and organize health programs, services and actions and promote popular participation in its defense".

In Brazil, the State has the duty to guarantee health "through social and economic policies tending to reduce the risk of sickness and other risks and the universal and equalitarian access to actions and services for health promotion, protection and recovery" (Art. 196). In Ecuador, the State must promote "the culture for health and life, with emphasis on alimentary and nutrition education of mothers and children and in sexual and reproductive health, by means of society participation and the social media collaboration (Art. 43).

For such purpose, the State must formulate "a health national policy and will watch for its application; control the functioning of entities in the sector; recognize, respect and promote the development of traditional and alternative medicine, the exercise of which will be regulated by statute, and will promote the scientific and technological advancement in health are, subjected to bioethics principles. Will also adopt programs tending to eradicate alcoholism and other toxic manias" (Art. 44).

According to all these express constitutional provisions, in some case vaguely and in others very detailed and precise, the protection of health can be considered in general as a constitutional obligation of the State, which does not exclude the possibility for individual to render health care services. In this regard, for instance, the Chilean Constitution provides that "everyone has the right to choose the health care system to which want to belong, be it public or private" (Art. 19), which implies the right of individuals to render health care services. This is expressly set in the Brazilian Constitution by providing that "sanitary assistance is of free private initiative", but subjected to express constitutional restrictions such as the ones provided in Article 199, "private institutions may participate in a complementary way in the Unique Health System, according the rules set forth by it, by means of public law contract or agreement, favor being given the philanthropic institutions and non–profit entities"; that "it is forbidden that public funds be directed to help or subsidize profit–oriented private"; and that also "it is forbidden the direct or indirect participation of foreign companies or capital in the sanitary assistance in the country, except in cases provided by statute".

Anyway, except for this provision, in the other Latin American countries, it can be said that in general, no private initiative to render health care services is provided, and what is provided is the State's power to regulate all health care services. As it is provided in the Venezuelan Constitution: "The State shall regulate both public and private health care institutions" (Art. 85); or as is it provided in Article 19 of the

Chilean Constitution, in which additionally to declaring that the coordination and control of the activities related to health corresponds to the State, it declares that "the State shall give preference to guarantee the execution of health assistance, whether undertaken by public or private institutions, in accordance with the form and conditions set by statute which may establish obligatory payments"

Article 44 of the Uruguayan Constitution provides that "The State must legislate on all questions related to public health and hygiene, tending to the physical, moral and social improvement of all inhabitants of the country". In Honduras, Article 149 assigns to the State the power to supervise all the private activities related to health. In Brazil, Article 197 of the Constitution, due to the public importance of health activities and services, empowers the public bodies directly or by third parties, to regulate, supervise and control them. Also, the Colombian Constitution provides in Article 49 that it is for the State to establish "the policies for the rendering of health care services by private entities, and to supervise and control them."

The general consequence of the Constitutions providing for State obligations to render health care services to answer individual's constitutional right to receive health care materializes in public utilities or public services. As provided expressly in the Colombian Constitution: "health care and environment sanitation are public services that the State has to meet (Article 49); and the Bolivian Constitution adds that "The social services and assistance are State functions" being the regulations related to public health of coactive and obligatory character (Art. 164).

In this regard, the majority of Latin American Constitutions contained the general principles regarding public and private health care services, integrated in a national or unique system (Chile, Art. 45: Paraguay, Art. 69; Venezuela, Art. 84; Brazil, Art. 198).

III. THE JUSTICIABILITY OF THE RIGHT TO HEALTH

The people's constitutional right to health –particularly due to the obligations imposed to the States to provide services for the maintenance and recovery of people's health– pose the question of its justiciability by means of the amparo recourses or actions. Being constitutional rights, in principle they can be enforced by courts through the specific means for the protection of human rights.

Nonetheless, this has only been expressly regulated in one Latin American country: Peru. The Peruvian Constitutional Procedure Code, which expressly provides that the amparo recourse can be filed for the defense of the right "to health" (Article 37,24). In the case of Chile, the Constitution refers to the recourse of protection only to protect the "right to choose the system of health" (Article 19,9). No other specific regulation exists regarding amparo and right to health, which does not exclude the judicial protection. On the contrary, as a matter of principle, amparo actions can be brought before the courts for the protection of the right to health.

Nonetheless, the decisions of the courts in this regard have not been as protective as the constitutional provisions can allow. In general terms, and taking into account judicial decisions of the Constitutional Courts or Constitutional Chambers of Supreme Courts, as well as other court decisions of Peru, Colombia, Costa Rica, Chile and Venezuela, it is possible to distinguish two general tendencies: First, of wide protection in three cases: in cases in which it exists a concrete legal relationship between the plaintiff and the public entity defendant party, like the one derived from the social security system paid by the individual; in cases in which the right to health is protected because of its connection with other fundamental rights as the right to life; and in cases in which the courts have denied the programmatic character to the right to health; and second, of limited protection in cases which impose the State obligations to render services of health care which surpass the resources originally set forth.

The first cases related to amparo decisions for protection of the rights to health in concrete legal situations usually derived from the social security obligations regarding insured persons. This is the case of the Constitutional Chamber of the Supreme Tribunal of Justice of Venezuela decision N° 487 of April 6th, 2001 (Case: *Glenda López y otros vs. Instituto Venezolano de los Seguros Sociales*), in which the Court started by pointing out that the right to health or to the protection of health is "an integral part of the right to life, set forth in the Constitution as a fundamental social right (and not simply as an assignments of State purposes), whose satisfaction mainly belongs to the State and its institutions, thorough activities intended to progressively raise the quality of life of citizens and the collective welfare". This implies, according to the Court's decision that "the right to health is not to be exhausted with the simple physical care of the illness of a person, but it must be extended to the appropriate care in order to safeguard the mental, social, environmental etc., integrity of persons, including the communities, as collective imperfect entities, in the sense that they do not have by–laws organizing them as artificial persons".

In the concrete case heard by the Court, the violation of the right to health (and also the threat regarding the right to life) was alleged by HIV/AIDS infected persons, as caused by the Venezuelan Institute for Social Security, which they considered was obligated to "give medical integral care to its affiliates". The Constitutional Chamber thus ruled that because the omission of the Institute "to provide the plaintiffs, in a regular and permanent way, the drugs for the treatment of HIV/SIDA prescribed by the specialist attached to the Hospital Domingo Luciani, and to practice the specialized medical exams directed to help the efficient treatment of HIV/AIDS"; the right to health and even the right to life of the plaintiff were put in danger[1178].

The second cases are related to the protection of the right to health as a consequence of the protection of the right to life, as has been decided in Colombia and Costa Rica.

As mentioned before, the Colombian Constitution does not include, among the fundamental rights protected by means of the action of tutela, the right to health or to the protection of health, so that the Constitutional Court has constructed the possibility of its protection establishing its connection to the right to life. In the decision N° T–484/92 of August 11, 1992[1179], when deciding a revision recourse of a tutela decision against the Institute of Social Security, the plaintiff in the case, also infec-

---

1178 Véase en *Revista de Derecho Público*, N° 85–88, Editorial Jurídica Venezolana, Caracas, 2001, pp. 139–141.

1179 File N° 2130, Case: *Alonso Muñoz Ceballos*,

ted with HIV/AIDS, claimed that it was infected while being covered by the Social Security program and had a favorable decision of the first instance Court which ordered the Institute to continue to render the plaintiff the health care services that we had been receiving. The Constitutional Court, when deciding, affirmed that "health is one of those assets that because of its inherent character to the dignified existence of man, is protected and especially, regarding persons that because of its economic, physical or mental conditions are in a manifest weakness condition" (Article 13, Constitution); being it a right that "seeks the assurance the fundamental right to life (Article 11 Constitution). Thus, the assistance nature imposes a primordial and preferential treatment by public entities and the legislator, in order for its effective protection". The Court, moreover, when connecting the right to health with the right to life, pointed out that:

The right to health comprises in its legal nature a bunch of elements that can be classified in two great blocks: First, those that identify it as an immediate condition to the right of life, thus, attacking peoples health is equivalent to attacking life itself. Thus conducts that harass the safe environment (Article 49,1), are to be treated in a concurrent manner with the health problems. Additionally, the recognition of the right to health forbids personal conducts that can cause damage to others, originating criminal and civil liabilities. Because all of these aspects, the right to health comes out as a fundamental right. The second block of elements place the right to health within an assistance character derived from the Welfare State, due to the fact that its recognition imposes concrete actions, developed through legislation, in order to render a public service not only for medical assistance, but also regarding hospital, pharmaceutical and laboratory rights. The threshold between the right to health as fundamental and assistance is imprecise and above all subject to the circumstances of each case (Article 13 Constitution), but in principle it can be asserted that the right to health is fundamental when related to the protection of life".

Based on the foregoing, regarding the concrete case of the petitioner infected with HIV/AIDS who was been treated by the health care services from the Institute of Social Security, the Court ratified the inferior decision's on tutela, bearing in mind that in the particular circumstance, the prevention of the right to health, was the condition for the protection of the his fundamental right to life.

In a similar sense, the Constitutional Chamber of the Supreme Court of Justice of Costa Rica, in decision N° 2003–8377 of August 8th, 2003[1180], deciding an amparo recourse filed by the People's Defendant on behalf of the aggrieved person against the Costa Rican Institute of Social security because of the denial of the requested treatment for the disease known as Gaucher type 1, arguing that such denial "harmed the right to life and to health of the minor" who required the prescribed drug for "maintaining his life", the Constitutional Chamber after referring to the doctrine of the right of life in previous Court's decisions, including the right to health, concluded that "the Constitution provides in its Article 21 that he human life is inviolable, from which it derives the right every citizen has to health, thus corresponding to the State to ensure public health… (N° 5130–94 of 17:33 hrs on 7 September 1994)".

1180 File. 03–007020–0007–CO, Case: *Tania González Valle*.

The Chamber added that "the preeminence of life and health, as superior values of people, is present and is of obligatory protection by the State, not only in the Constitution, but also in the various international instruments ratified by the country", making reference to Article 3 of the Universal Declaration on Human Rights, Article 4 of the American Convention on Human Rights; Article 1 of the American Declaration on Rights and Duties of Man; Article 6 of the International Covenant on Civil and Political Rights; Article 12 of the International Covenant on Economic, Social and Cultural Rights; and Articles 14 and 26 of the Convention on Chile Rights (Law 7184 of July 18, 1990).

Due to the responsibilities of the State derived from these norms, the Constitutional Chamber comes in to analyzing the mission and functions of the Costa Rican Institution of Social Security making reference to its previous decision nº 1997–05934 of September 23, 1997, in which "it was considered that the denial from the Costa Rican institutions on Social Security to provide patients infected with HIV/AIDS the adequate therapy harms their fundamental rights". Departing from this premise, the Chamber analyzes the concrete case of the protected Tania González Valle, being proved in the files that she was not receiving the prescript treatment. Regarding the arguments of the Institutions based on financial aspects, the Chamber pointed out that:

> "This Court is conscientious regarding the scattered financial resources of the social security system, nonetheless it considers that the principal challenge the Costa Rican Institution of Social Security faces in this stage of its institutional development, –where Costa Rica has achieved life standards qualities similar to those of developed countries–, is to optimize the management of available resources of the system of health insurance and reduce the administrative costs in order to efficiently invest these resources. The Chamber considers that the prescript drugs are undoubtfully onerous, nonetheless, due to the exceptional characteristics of the illness suffered, which is lethal, and due to the impossibility for her parents to contribute for the acquisition of the drugs, based on Articles 21 and 173 of the Constitution, and 24 and 26 of the Convention on the Child's Rights, it proceeds to confirm the recourse. The acceptance of the recourse implies that the Costa Rican Institution on Social Security must immediately provide Tania Gonzalez Valle with the drug "Cerezyme" (Imuglucerase) in the conditions prescribed by her doctor".

In Peru, the Constitutional Court in a decision of April 20, 2004[1181], also ruled regarding the right to health when deciding an extraordinary revision recourse filed against an amparo decision issued by the Superior Court of Justice of Lima. The latter had partially adjudicated the amparo action brought against the Peruvian State (Ministery of Health), demanding for the plaintiff, an HIV/AIDS infected "integral health care by means of the constant provision of drugs needed to treat HIV/AIDS, as well as the performance of periodical exams and tests that the doctor orders".

The Constitutional Tribunal, referring to the rights that are protected by means of the action of amparo, admitted that "the right to health is not among the fundamental

1181 File N.° 2945–2003–AA/TC, Case: *Azanca Alhelí Meza García*

rights set forth in Article 2 of the Constitution, but is rather recognized in Articles 7 and 9 of the Constitution in the Chapter related to social and economic rights"; nonetheless, concluded in a "similar way decided by the Colombian Constitutional Court, that when the violation of the right to health compromises other fundamental rights, like the right to life, the right to physical integrity and the right to the free development of one's personality, such right acquires fundamental right character and, therefore, must be protected by means of amparo action *(STC N.° T– 499 Corte Constitucional de Colombia)".*

The nature of the economic and social rights, as is the case of the right to health, originates State obligations directed to provide social assistance. The Tribunal argued that the right health, as all the so called *prestacionales* ("rendering") rights, like social security, public health, housing, education and other public services, it represents "one of the social goals of the State through which individuals can achieve their complete auto determination". Individuals can then "demand" the accomplishment of State duties by "asking the State to adopt adequate measures in order to achieve the social goals". However, "not in all cases the social rights are by themselves legally enforceable, due to the need of a budget support for its accomplishment".

Notwithstanding the above mentioned, the Constitutional Tribunal pointed out that "there were not just programmatic provisions with mediate effects as has been traditionally considered when differentiating them from the so called civil and political rights of immediate efficacy, because the indispensable guarantee for the enjoyment of the civil and political rights is precisely its minimal satisfaction. Accordingly, without dignified education, health and life quality, it would be difficult to talk about freedom and social equality, which motivates both the Legislator and the Judiciary to think jointly and interdependently on the recognition of such rights. Their satisfaction also requires a minimum action from the State, by means of the establishment of public services to render health care in equal conditions for all the population.

In this regard, the Tribunal ruled that "the social rights must be interpreted as true citizen guaranties that bind the State within a vision that tends to reevaluate the legal validity of constitutional norms, thus of the enforcement of the Constitution". Thus, the enforcement of these rights implies the need to surpass the programmatic conception allowing the improvement of the social prescriptions of the Constitution, as well as the State obligation, to which it is necessary to impose quantified goals in order to guaranty the force of the right". According to the Tribunal criteria, "this new vision of the social rights allows to recognize in its essential content, principles like solidarity and human being dignity respect, which are the funding of the Welfare State based on the rule of Law".

After analyzing these principles, the Tribunal considered as "erroneous the argument of the State defendant when arguing that the right to health and the national policy of health are just programmatic norms that more that a concrete right only signify a plan of action for the State"; adding that it would be naïve "to sustain that the social rights are reduced to be just a link for political responsibility between the Constituent and the legislator, which would be "an evident distortion regarding the Constitution's sense and coherence".

Regarding the right to health and its inseparable relation to the right to life, the Tribunal ruled that according to the Constitution "the defense of human beings and the respect of their dignity… presupposes the unrestricted enforcement of the right to life"; because "the exercise of any right, privilege, faculty or power has no sense or turns out to be useless in cases of non existence of physical life of somebody in favor of which it can be recognized". The Tribunal continued its ruling saying:

> 28. Health is a fundamental right due to its inseparable relation with the right to life, which is irresoluble, due to the fact that an illness can provoke death or in any case, the deterioration of life conditions. Thus the need to materialize actions tending to take care of life is evident, which supposed a health care oriented to attack the illness signs…

Since the right to the protection of health is recognized in Article 7 of the Constitution, persons have also a right to attain and preserve a plain physical and psychical condition; consequently, they have "the right to be assigned sanitary and social measures for nourishing, clothing, dwelling and medical assistance, according to the level allowed by public funds and social solidarity".

The Tribunal then considered the question of the justiciability of social rights, like the right to health, ruling that "they cannot be requested in the same way in all cases, due to the fact that it is not a matter of specific rendering, because its depend on budget allocations; on the contrary, that would suppose that each individual could judicially ask at any moment for an employment or for a specific dwelling or for health"; concluding that:

> 33. To judicially demand a social right will depend on various factors, such as seriousness and reasonability of the case, its relation to other rights and State's budget resources, provided that concrete actions can be proved for the accomplishment of social policies"...

The Tribunal then analyzed the State's actions in the case, due to the pleading of the plaintiff's rights which affects his own life, ruling that "if it is true that in developing countries it is difficult to demand immediate attention and satisfaction of social policies for the whole population, [this Tribunal] reaffirms that its justification is valid only when concrete State actions are observed for the achievement of the resulting effect; on the contrary, the lack of attention would result in an unconstitutional omission situation".

Regarding the public policies in matters of HIV/AIDS the Tribunal considered that "in general, regarding social rights such as the right to health, no rendering obligation results in it itself because it depends on the State's financial resources, which nevertheless, in no way can justify a prolonged inaction, because it would result in an unconstitutional omission". The conclusion in the case was "the granting of the legal protection to a social right as the right to health, due to the fact that in this particular case the conditions justifying it are fulfilled" not only "due to the potential damage to the right to life, but also because of the motives on which the legislation is based in the matter which has organized the means for maximum protection to the AIDS infected persons".

1. *The right to health and the State's financial resources*

In other cases, the justiciability of the right to health regarding HIV/AIDS treatment has been completely subordinated to the disposal of resources. This has been the sense of some 2000/2001 Chilean courts' decisions regarding action for protections suits. In one case, the action was filed against the Ministry of Health, for failing to provide medical treatment to a group of HIV patients, arguing violation to the right to life and the right to equal protection. The plaintiff asked to be treated with the same therapy that was been given to others HIV patients, which the Ministry had denied arguing that it lacked enough economic resources for providing it to all Chilean HIV patients. The Court of appeals of Santiago ruled that the obligation of the Ministry of Health, according to the Law regulating health care provisions (Law N° 2763/1979), was to provide health care in accordance with the resources that are available to it considering reasonable the explanation provided by the Ministry based on the lack of economic resources to provide the best available treatment to the plaintiffs. The decision was confirmed by the Supreme Court[1182].

In another 2001 decision, the same Ministry of Health was sued for the same reasons by HIV patients on a more critical conditions, and even though the Court of appeals of Santiago ruled in favor of the petitioners, ordering the Ministry to provide them immediately with the best available treatment, the Supreme Court reversed the ruling, arguing that the Ministry had acted in accordance to the law[1183].

2. *The rejection to protect the right to health in an abstract way*

Finally, it must be mentioned a recent ruling of the Venezuelan Constitutional Chamber of the Supreme Court, that while contradicting previous rulings, decided that the right to health was not able to be protected by means of amparo actions, but only through political mechanisms of control regarding public policies.

The Chamber in a decision N° 1002 of May 26, 2004 (Case: *Federación Médica Venezolana*), rejected an amparo action brought by the Venezuelan Medical Federation "defending diffuse society rights and interests, and in particular those of the physicians", seeking protection to health, against the "*omissive*" conduct of the Ministry of Health and Social Development and the Venezuelan Institute of Social Security, because it failed to "directly provide an efficient service of health to the population in all the national territory, by means of promptly providing the necessary equipment and resources".

The Constitutional Chamber, in order to reject the claim, began by establishing a distinction that is not reflected in the Constitution, "between the civil and political rights and those of third generation", pointing out that:

> The dichotomy between civil and political rights and the economic, social and cultural ones was establish since the preparatory works of the two United nations Covenants, and particularly, in the 1951 decision of the General Assembly not to frame on both instruments the regulation of the two category of rights as an expression of the idea that the civil and political rights where rights that can be immediately enforced –because of implied abstention duties form

---

1182 See the reference in Javier A. Courso, "Judicialization pd Chilean Politics" in Rachel Sieder, Line Schjolden and Alan Angeli (Ed.), *The Judicializacion of Politics in Latin America*, Palgrave Macmillan, New York, 2005, pp. 119–120.

1183 *Idem*. p. 120.

the State–; whereas the economic, social and cultural rights were implemented by means of rules of that ought to be progressively developed –due to the fact that they implied positive obligations. Such criterion was also followed in the European Social Charter– in which's negotiation process existed the conviction that it would be difficult to guaranty the application of economic, social and cultural rights by means of judicial control– and in the American Convention on Human Rights".

The Constitutional Chamber, after recognizing the indivisibility of human rights, in the sense that the full enjoyment of the civil and political rights is impossible without the enjoyment of economic, social and cultural rights –as declared in the Teheran Conference on Human Rights and accepted by the General Assembly of United Nations in Resolution Nº 32/130–; pointed out that such assertion did not vanish the incertitude regarding the role of States in economic, social and cultural rights and its obligations deriving form such rights. The doubt subsists, because as explained by the Constitutional Chamber, the implementation of economic, social and cultural rights "faces the debt crisis and the resulting impoverishment of Latin American countries, so the satisfaction of such rights depends on the availability of existing resources, the State being committed only to provide means in order to progressively achieve its goals".

But, as pointed out by the Chamber, due to the fact that the 1999 Venezuelan Constitution set forth not only the Welfare State based on the Rule but on the consideration of the economic, social and cultural rights as "fundamental rights", this situation imposes the need to do a theoretical effort to framework the protection of such rights, in order to not issue decisions that could be qualified as demagogic because of their impossibility to enforce.

The Constitutional Chamber began its argument by saying that the idea of the Welfare State based on the Rule of law refers to a State devoted to satisfying the basic needs of individuals, in order to the achievement of higher living standards in the population; but from that sole idea it is not possible to deduct rights, or consider that they are within the subjective sphere of citizens. From this idea what results is the aspiration to satisfy basic needs of individuals as a guiding principle of administrative activity. Regarding the justiciability of rights, the Constitutional Chamber added:

> In contrast, at least in the 1999 Constitution, the economic, social and cultural rights are declared as fundamental rights, which implies specific consequences, among them, –in principle– the applicability of the protection by means of amparo, because the Constitution, in contrast to what is establish in other legal orders, does not exclude certain rights from that guaranty, nor its immediate applicability, due to the fact that our constitutional order has a normative immediate value and application, rejecting what are known as programmatic rights.

Consequently, having such economic, social and cultural rights a fundamental rights character; they are undoubtedly judicially protected, because on the contrary, we will not be facing a right but a moral value aspiration".

But after affirming this, the Constitutional Chamber built the denial of such justiciability of social right, stating that "the point is to determine when one is asking for the enforcement of an economic, social or cultural right, and when one is asking that the Public Administration perform the Welfare State based on the Rule of Law State clause, given that the way s to ask in both cases differ". This distinction derives from the recognition of the political value of the State's activity devoted to satisfy the existence needs, and from the definition of the essential core of each of the rights that is stake". From this, the Chamber went to rule on the non justiciability of social rights, arguing that they were only submitted to political control, emphasizing that:

> In the first case we must begin affirming that the policy, is basically manifested itself, through acts, and also through application, design, planning, evaluation and follow–up regarding the government trends and public expenses, so that policy does not exhaust itself in the legal framework. In this context the acts are subjected to judicial review, but only regarding its legal elements (conformity of the concrete action to the law, and not in a general or abstract way). The of participation set forth in the Constitution and the laws (during the accomplishment of governmental and administrative functions, and in case of evident incapacity of Public Administration to plan in an efficient way its activity to satisfy the existence needs, citizens will withdraw the confidence given to their representatives by mean of election, as a sign of a process of de legitimization of political actors".
>
> ....the point is to emphasize the impossibility for the judge to challenge the opportunity and convenience of the Administration, of the government or of the legislation, or the material or technical impossibility that in some occasions exists of enforcing the judicial decisions that order the accomplishment of certain duties...
>
> ...in the public activity, the State has freedom to organize itself, which cannot be legitimately substituted by the Judiciary. It has it as a consequence of the accomplishment of its constitutional duties resulting from the nature of such functions, that is, as a derivation of the principle of separation of powers that sets forth a scope reserved to each power and excludes the substitution of wills, and that the Government–Judiciary relation prevents for judicial review to be the measure for the sufficiency of the rendering burden".

The Constitutional Chamber then went to quote the doctrine of the Spanish Constitutional Tribunal and of the German federal Constitutional Tribunal, regarding the absence of judicial review in political acts or political order acts, generalizing as follows:

> "Policies are in principle, outside the scope of judicial review, but not for that reason they escape control only that this applicable control is the political one also set forth in the Constitution. The State organs act under their own responsibility, which can be challenged in the political level, meaning that they cannot be unvested of the authorization in their political management. But that process of de–legitimating can not be qualified by the Judiciary, unless when determining an administrative liability for damages caused by the political activity and putting aside that a fundamental right be affected by the decision, in which case, eventually, the control will not be regarding the political elements of the act and turn to be a control regarding its juridical elements..."

From the abovementioned, the Constitutional Chamber then concluded that:

> a) The economic, social and cultural rights have, as all rights, judicial protection; b) In order to know if one is facing one of such rights, it must exist a perfectly defined juridical relation where the harm to them comes from a change to the juridical sphere of a citizen or of collectivity; c) The State activity directed to satisfy the existence need is an activity with political contents; d) That such activity can manifest itself by acts or through policies; e) That such acts can be the object of judicial control in their juridical elements, not in the political; f) That the policies, in principle, can not be the object of judicial control but of political control; g) That such judicial impossibility cannot be understood as the rejection of the citizens right to action".

The Constitutional Chamber eventually ruled that "resulting from the principle of separation of powers, the Judiciary cannot substitute the Legislative or the Executive definition of social policies, the violation of which, could led to a government by judges", adding that "due to the fact that the economic, social and cultural policies depend on the existing resources, the Judiciary has the power to control in positive way, that bearing in mind the economic situation of the State, it has made a maximal use of the available resources –including legislative measures–; and in negative sense, the absolute absence of economic, social and cultural policies (which voided the essential core of the respective rights), as well as those policies openly directed to harm the juridical situation that protect the economic, social or cultural rights, cases that impose the State the burden of proof, also implying regarding the former, the analysis of the distribution of social spending".

Regarding the amparo action, the Constitutional Chamber concluded affirming that being "of a reestablish nature, the possibility to judicially control the economic, social and cultural policies are not comprised by this constitutional guaranty, but it is completely within the nature of the functions of the People's Defendant.

Finally, referring the right to health, and the claim of the *Federación Médica Venezolana* asking to the court to order the accomplishment of economic resources to the hospitals, and budget allocation for the acquisition of medical equipment and hospital materials, the Chamber rejected it considering that it is a very evident political activity, abstract in nature, which makes it "impossible to be the object of an amparo action directed to restore concrete juridical situations". In the proceedings of the public hearing on the case, the Chamber finally ruled that "social or third generation rights, contrary to those of first or second generation, have a specific structure" that originates certain differences which impose the precision on what can be referred the judicial protection regarding such rights, pointing out that:

> "Such rights, by themselves, are not in the subjective sphere of citizens due to the fact that, *ab initio*, they are guiding principles of the administrative activity; they are the basis of the Social and Justice State based on the Rule of law clause, and thus, they are elements defining the goals, in the sense that they qualified what must be considered of public interest.
>
> Consequently, the enforcement of the third generations of rights is not possible, being the political control the only way to verify its accomplishment. Faced to the evident incapacity of Public Administration to efficiently plan its ac-

tive means for the reestablishment of the harmed rights. If such means are adequate to resolve the situation, there is no need to file the special amparo action. But even if such means exists, if they are inadequate for the immediate reestablishment of the constitutional guaranty, it is also justifiable to use the constitutional protection mean of amparo"[1218].

Of course, the question of the availability and of the adequacy of the existing judicial means for the admissibility or not of the amparo action, in the end is a matter of judicial interpretation and adjudication, decided always in the concrete case decision, when evaluating the adequacy question. For instance, in a decision of the First Court on administrative jurisdiction dated May 20, 1994 (case *Federación Venezolana de Deportes Equestres*) it was ruled that the judicial review of administrative acts actions were not adequate for the protection requested in the case, that seeks the participation of the Venezuelan Federation of Equestrian Sports in an international competition. The case required immediate decision, so the court ruled as follows:

> It is the opinion of this court that when the action was brought before it, the only mean that the claimant had in order to obtain the reestablishment of the infringed juridical situation was the amparo action, due to the fact that by means of the judicial review of administrative acts recourse seeking its nullity, they could never be able to obtain the said reestablishment of the infringed juridical situation that was to assist to the 1990 the international competitions"[1219]

In contrary sense and after having established for years a judicial doctrine admitting the autonomous amparo action against administrative acts, in recent years, the Supreme Tribunal of Justice of Venezuela has been progressively imposing a restrictive interpretation on the matter, ruling on the adequacy of the judicial review action seeking the annulment of such acts before the Administrative Jurisdiction. This can be realized from the decision taken in a recent and polemic case referred to the expropriation of some premises of a corn agro–industry complex, which developed as follows:

In August 2005, officers from the Ministry of Agriculture and Land and military officers and soldiers from the Army and the National Guard, surrounded the installation of the company *Refinadora de Maíz Venezolana, C.A. (Remavenca)*, and announces were publicly made regarding the appointment of an Administrator Commission that would taking over the industry. These actions where challenged by the company as a de facto action alleging the violation of the company rights to equality, due process and defense, economic freedom, property rights and to the non-confiscation guaranty of property. A few days latter, the Governor of the State of *Barinas* where the industry is located, issued a Decree ordering the expropriation of the premises, and consequently the Supreme Tribunal declared the inadmissibility of the amparo action that was filed, basing its ruling on the following arguments:

1218 See decision of the Politico Administrative Chamber of the Supreme Court of Justice of June 12, 1990, *Revista de Derecho Público* N° 43, Editorial Jurídica Venezolana, Caracas, 1990, p. 78. See also in *Revista de Derecho Público,* N° 55–56, Editorial Jurídica Venezolana, Caracas, 1993, pp. 311–313.

1219 See the reference in Rafael Chavero G. *El nuevo amparo constitucional en Venezuela,* Ed. Sherwood, Caracas 2001, p. 354.

The criteria established up to now by this Tribunal, by which it has concluded on the inadmissibility of the autonomous amparo action against administrative acts has been that the judicial review of administrative act actions –among which the recourse for nullity, the actions against the administrative abstentions and recourse filed by public servants– are the adequate means, that is, the brief, prompt and efficient means in order to obtain the reestablishment of the infringed juridical situation, in addition to the wide powers that are attributed to the administrative jurisdiction courts in Article 29 of the Constitution.

Accordingly, the recourse for nullity or the expropriation suit, are the adequate means to resolve the claims referred to supposed controversies in the expropriation procedure; those are the preexisting judicial means in order to judicially decide conflicts in which previous legality studies are required, and which the constitutional judge cannot consider.

Thus, the Chamber considers that the claimants, if they think that the alleged claim persists, they can obtain the reestablishment of their allegedly infringed juridical situation, by means of the ordinary actions and to obtain satisfaction to their claims. So existing adequate means for the resolution of the controversy argued by the plaintiff, it is compulsory for the Chamber to declare the inadmissibility of the amparo action, according to what is set forth in Article 6,5 of the Organic Law[1220].

Also even without statutory regulation, the same rule of admissibility has been adopted in Chile[1221] and in Dominican Republic. In the latter country, the Supreme Court has ruled as follows:

> "According to the Dominican legal doctrine, as well as to the international doctrine and jurisprudence, the amparo action has a subordinate character, which implies that it can only be filed when the interested person does not have any other mean to claim for the protection of the harmed or threatened right; the principle supposes that the amparo action cannot be filed when other procedures exists in parallel, in which the injured party has the possibility to claim for the protection of the same fundamental rights[1222].

1220 See decision of the Constitucional Chamber of the Supreme Tribunal of Justice N° 3375 of November 4, 2005, Case: *Refinadora de Maíz Venezolana, C.A. (Remavenca), y Procesadora Venezolana de Cereales, S.A. (Provencesa) vs. Ministro de Agricultura y Tierras y efectivos de los componentes Ejército y Guardia Nacional de la Fuerza Armada Nacional.*

1221 See Humberto Nogueira Alcalá, "El derecho de amparo o protección de los derechos humanos, fundamentales o esenciales en Chile: evolución y perspectivas", in Humberto Nogueira Alcalá (Editor), *Acciones constitucionales de amparo y protección: realidad y perspectivas en Chile y América Latina*", Editorial Universidad de Talca, Talca 2000, p. 27. In contrary sense, see Emilio Pfeffer Urquiaga, "Naturaleza, caracteristicas y fines del recurso de protección", in Humberto Nogueira Alcalá (Editor), *Acciones constitucionales de amparo y protección: realidad y perspectivas en Chile y América Latina*", Editorial Universidad de Talca, Talca 2000, p. 153.

1222 Manuel A. Valera Montero, *Hacia un nuevo concepto de Constitución. Selección y clasificación de decisiones de la Suprema Corte de Justicia de la República Dominicana en materia constitucional 1910–2004*, Santo Domingo, 2006, pp. 374–375.

3. *The question of the previous election of other remedies that are pending of decision, including amparo suits*

The extraordinary character of the amparo suit not only implies that it can only be filed when the affected party does not have any other available ordinary judicial to obtain adequate protection for his harmed or threatened constitutional rights, but that the affected party in seeking protection when bringing an amparo suit, must not have a pending action or recourse brought before a court for the same purpose. This can be considered also as a general rule on the matter, similar to what is called in North American law, the "doctrine of the election of remedies" regarding the equitable defenses in the suit for injunctions. As Tabb and Shoben have pointed out: "The doctrine of elections of remedies provides that when an injured party has two available but inconsistent remedies to redress a harm, the act of choosing one constitutes a binding election that forecloses the other"[1223].

In similar sense, the general rule in Latin America, as it is set forth in Article 73, XIV of the Mexican Amparo Law, is that the amparo suit is inadmissible when the claimant has brought before an ordinary court any recourse or legal defense seeking to modify, repeal or nullify the challenged act". So pending the decision on a judicial process in which the claimant has asked the same protective remedies, the amparo suit cannot be admissible[1224]. The Peruvian Code on Constitutional procedures also establishes that the amparo action is inadmissible "when the aggrieved party has previously chosen other judicial processes seeking protection of his constitutional right" (Art 5, 3). The same has been decided by the Chilean courts regarding the action for protection.[1225]

In Venezuela, Article 6,5 of the Amparo Law also provides that the suit is inadmissible "when the injured party has chosen other ordinary judicial means or has used other preexisting judicial means". In such cases, when the violation or threat of constitutional rights and guarantees has been alleged, the court must follow the procedure set forth in the Amparo Law (Arts. 23, 24 and 25), in order to provisionally suspend the effects of the challenged act.

This inadmissibility clause is only applicable when in the other judicial action or recourse the constitutional violation has been alleged; so that the constitutional protection can be obtained. Thus, it is possible to obtain in an immediate way the effective protection of the constitutional rights, this justifies in such cases, the inadmissibility of the amparo action.

This inadmissibility clause has been applied in cases of the exercise of judicial review against administrative acts actions, when a protection of constitutional rights has been conjunctly requested, seeking the suspension of the effects of the challenged ad-

---

1223 See William M. Tabb and Elaine W. Shoben, *Remedies*, Thomson West 2005, p. 56.

1224 See Eduardo Ferrer Mac–Gregor, *La acción constitucional de amparo en México y España. Estudio de derecho comparado*, Editorial Porrúa, México, 2002, pp. 393.; Richard D. Baker, *Judicial Review in Mexico. A Study of the Amparo Suit,* University of Texas Press, Austin, 1971, p. 100

1225 See Juan Manuel Errazuriz G. and Jorge Miguel Otero A., *Aspectos procesales del recurso de protección*, Editorial Jurídica de Chile, Santiago, 1989, p. 114.

ministrative acts. In these cases, the First Court on Administrative Jurisdiction in a decision dated May 11, 1992 (Case *Venalum*), ruled as follows:

> "It has been the criteria of this court that Article 6,5 of the Amparo law imposes the inadmissibility of the amparo action when the aggrieved party has chosen for the ordinary judicial means or has used the preexistent judicial means. The court has considered in previous cases that when the plaintiff is asking for the suspension of the challenged administrative act according to Article 136 of the Supreme Court Organic Law, that means the use of a parallel mean for protection that turns in inadmissible the amparo action, because such petition for a provisional remedy requested conjunctly with the nullity action, is in itself a cause of inadmissibility[1226].

On the other hand, it most be highlighted that the inadmissibility clause only applies when the plaintiff has used other judicial means for protection exercised before the courts; so if only administrative recourses have been used, the inadmissible clause is not applied, because the administrative recourses are not judicial ordinary means that can impede the filing of the amparo action[1227].

Nonetheless, in Argentina, even thought the same general rule of inadmissibly has been developed through judicial interpretation, it has also comprised the cases in which the injured party has chosen to use administrative means for defense. As was decided in the Hughtes Tool Company SA. case, "the sole fact that the plaintiff has chosen to file a petition or recourse before the Administration, provokes the inadmissibility of the amparo action, because a claim of this nature cannot be used to take the case from the authority intervening in the case because so asked by the same plaintiff'[1228]. In other cases, the decision has been that "it is not legal nor logic for a plaintiff in parallel and simultaneously to use two means of different procedural nature, one ordinary and the other extraordinary because it would be incompati-

1226 See en *Revista de Derecho Público,* N° 50, Editorial Jurídica Venezolana, Caracas, 1992, pp. 187–188. See also the decisions of the First Court of February 21, 1991, *Revista de Derecho Público,* N° 45, Editorial Jurídica Venezolana, Caracas, p. 146, and of September 24, 1991, en FUNEDA, *15 años de Jurisprudencia... cit.*, p. 105; of December 5, 1991 and April 1, 1993 in *Revista de Derecho Público,* N° 53–54, Editorial Jurídica Venezolana, Caracas, 1994, p. 263. See also decisión of the Politico Administrative Chamber of the Supreme Court of July 13, 1992 (*Case Municipio Almirante Padilla*), *Revista de Derecho Público,* N° 51, Editorial Jurídica Venezolana; Caracas, 1992, pp. 215–216; and decisión of November 11, 1993, Caso *UNET*, in *Revista de Derecho Público,* N° 55–56, Editorial Jurídica Venezolana, Caracas, 1993, p. 489.

1227 See the decisión of the First Court on administrative jurisdiction has decided on a decision dated march 8, 1993 (Case: Federico Domingo) in *Revista de Derecho Público,* N° 53–54, Editorial Jurídica Venezolana, Caracas, 1994, p. 261. See also decision dated May 6, 1994 (Caso *Universidad Occidental Lisandro Alvarado*), en *Revista de Derecho Público,* N° 57–58, Editorial Jurídica Venezolana, Caracas, 1994. See Rafael Chavero G. *El nuevo amparo constitucional en Venezuela*, Ed. Sherwood, Caracas 2001, pp. 250 ff.

1228 See in Alí Joaquín Salgado, *Juicio de amparo y acción de inconstitucionalidad*, Editorial Astrea, Buenos Aires 1987, pp. 33

ble and it would place the claimant in a position of privileged or advantage contrary to the principle of equality in the exercise of procedural rules"[1229].

Finally, in order to assure the effective protection of rights, the courts in Argentina have developed the doctrine that even in cases in which the interested party has chosen to use other judicial means for the protection of the harmed constitutional rights other than the amparo action, a subsequent amparo action could be admissible when there is an excessive delay in the resolution of the previous procedure to be issued; delay that can provoke the grave and irreparable harm that can justify the filing on the amparo action in order to obtain the immediate protection needed[1230].

On the other hand, in the legislation of Bolivia, Ecuador, Mexico and Venezuela the inadmissibility of the amparo action is specifically regulated in cases in which a previous amparo action has been previously filed. In this regard, in Bolivia the Amparo Law provides that the amparo action is inadmissible when a previous constitutional amparo action has been filed with identity on the person, the object and the cause (Art. 96, 2); and in Ecuador, the Amparo Law forbids the filing of more that one amparo action regarding the same matter and with the same object, before more than one court. That is why, those filing an amparo action must declare under oath in the written request that he has not filed before other courts another amparo action with the same matter and object (Art 57).

In Mexico, Article 73, III of the amparo law also provides the inadmissibility of the amparo action against statutes and acts that are the object of another amparo suit pending of resolution, filed by the same aggrieved party, against the same authorities and regarding the same challenged act, even if the constitutional violations are different.

Also in Venezuela, Article 6,8 of the Amparo law provides the inadmissibility of the action for amparo when a decision regarding another amparo suit has been brought before the courts regarding the same facts and is pending of decision[1231].

II. THE CHARACTER OF THE AMPARO SUIT PROCEDURE

1. *The brief character of the procedure*

Being the amparo suit an extraordinary remedy for the immediate protection of constitutional rights, its main feature is the brief character of the procedure, which is justified because its purpose is to protect a person in cases of irreparable injuries or threats to his constitutional rights. Thus, this irreparable character of the harm or threat and the immediate need for protection are the key elements that conform the procedural rules of the amparo suit.

1229 See ST La Rioja, 27/1/71, J.A., 10–1971–782. See the reference in Néstor Pedro Sagüés, *Derecho procesal Constitucional,* Vol. 3, *Acción de amparo*, Editorial Astrea, Buenos Aires 1988, p. 187.

1230 See Alí Joaquín Salgado, *Juicio de amparo y acción de inconstitucionalidad*, Editorial Astrea, Buenos Aires 1987, p. 34; José Luis Lazzarini, *El juicio de amparo*, Ed. La Ley, Buenos Aires1987, p. 143.

1231 See for instance decision of the Politico Administrative Chamber of the Supreme Court of Justice of October 13, 1993, in *Revista de Derecho Público*, N° 55–56, Editorial Jurídica Venezolana, Caracas, 1993, pp. 348–349.

In this regard, the same principle applies to the North American injunctions, regarding which the judicial doctrine on the matter has established the following principles:

> "An injunction is granted only when required to avoid immediate and irreparable damage to a legally recognized rights, such as property rights, constitutional rights or contract rights. There must be some vital necessity for the injunction so that one of the parties will not be damaged and left without adequate remedy. This requirement cannot be met where there is no showing of any real or immediate threat that the petitioner will be wronged again. Except as is otherwise provided by statute, to warrant an injunction it ordinarily must be clearly shown that some act has been done, or is threatened, which will produce irreparable injury to the party asking for the injunction, regardless of whether the party may additionally prove that the activity sought to be enjoined is illegal per se...
>
> The very function of an injunction is to furnish preventive relief against irreparable mischief or injury, and the remedy will not be awarded where it appears to the satisfaction of the court that the injury complained of is not such a character. More specifically, a permanent, mandatory injunction, a preliminary, interlocutory or temporary injunction, a preliminary mandatory injunction, or a preliminary, interlocutory or temporary restraining order, will not, as a general rule, be grated where it is not shown that an irreparable injury is immediate impending and will be inflicted on the petitioner before the case can be brought to a final hearing, no matter how likely it may be that the moving party will prevail on the merits"[1232].

In general terms, these same principles applies to the amparo suit, but with the particular feature that in Latin America they have given shape to specific and particular procedural rules that govern the judicial procedure of the amparo suit, characterized by being a brief judicial process that is justified because of its protective objective regarding constitutional rights against violations, that requires immediate protection.

Those rules are characterized by a few particular trends, mainly referred to the general brief configuration of the procedure and, in particular, to the rules governing the complaint to be filed; the proof activity of the parties; the defendant report needed because of the bilateral character of the process and the hearing of the case.

That is, even being the nature of the amparo suit procedure a brief an prompt one, the bilateral character of the procedure imposes the respect of the due process rules and the need to guarantee the right to self defense of the defendant. That is why no definitive amparo adjudication can be given without the participation of the defendant. That is why only in a very exceptional way, some legislation as the Colombian one, admits the possibility of granting the constitutional protection (tutela) *in limene litis*, that is, "without any formal consideration and without previous enquiry, if the decision is founded in an evidence that shows the grave and imminent

---

1232 See in John Bourdeau et al, "Injunctions" in Kevin Schroder, John Glenn and Maureen Placilla, *Corpus Juris Secundum*, Volume 43A, Thomson West, 2004, pp. 76–78.

violation of harm to the right" (Art. 18). In the Venezuelan Amparo Law, from which such provision was taken, also provided for the possibility for the amparo judge "to immediately restore the infringed juridical situation, without considerations of mere form and without any kind of brief enquiry", being required in such cases, that "the amparo protection be founded in an evidence which constitute a grave presumption of the violation of harm of violation" (Art. 22).

Nonetheless, this article of the Venezuelan Amparo Law was annulled by the former Supreme Court of Justice[1233], considering that it violated in a flagrant way the constitutional right to defense, and denying to establish its constitutional interpretation as just as a provision which only established –although with incorrect wording– a provisional and not definitive judicial measure of protection[1234].

2. *The brief and prompt nature of the procedure*

The Latin American statutes regulating the amparo suit not only provide for a specific judicial mean for the protection of constitutional rights, but also for specific rules of procedure particularly referred to the amparo suit, which differ from the general rules that govern the ordinary judicial procedure. These specific rules are conditioned by the brief and promptness nature of the amparo procedure, which is imposed by the need for the immediate protection of constitutional rights.

As it is provided in Article 27 of the Venezuelan Constitution: the procedure of the constitutional amparo action must be oral, public, brief, free of charge and not subject to formality". Regarding some of these principles, the First Court on Judicial review of administrative actions even before the enactment of the Amparo law in 1988 ruled that because of the brief character of the procedure, it must be understood as having "the condition of being urgent, thus it must be followed promptly and decided in the shorter possible time"; and additionally it must be summary, in the sense that "the procedure must be simple, uncomplicated, without incidences and complex formalities". In this sense, the procedure must not be converted in a procedural complex and confused situation, limited in time to resolve the multiple" and various challenges and questions opposed as previous stage"[1235]. According to these principles, the Amparo Law of 1988 provided for the brief, prompt and summary procedure that governed the amparo suit up to the enactment of the 1999 Constitution, when the Constitutional Chamber interpreted the Statute provision according to

---

1233 Decision dated May 21, 1996. See in *Gaceta Oficial Extra* Nº 5071 May 29, 1996. See the comments in Allan R. Brewer–Carías, "Derecho y Acción de Amparo", Vol. V, *Instituciones Políticas y Constitucionales*, Editorial Jurídica venezolana, Caracas, 1998, pp. 388–396; Rafael Chavero Gazdik, *El nuevo régimen del amparo constitucional en Venezuela*, Edit. Sherwood, Caracas 2001, pp. 212, 266 ff., 410 ff.

1234 See the comments in Allan R. Brewer–Carías, "Derecho y Acción de Amparo", *Instituciones Políticas y Constitucionales*, Vol. V, Editorial Jurídica venezolana, Caracas 1998, pp. 398.

1235 See decision of January 17, 1985, in *Revista de Derecho Público,* Nº 21, Editorial Jurídica Venezolana, Caracas, 1985, p. 140

the new Constitution having re–written its regulations by constitutional interpretation[1236].

III. THE PRINCIPLES GOVERNING THE PREFERRED CHARACTER OF THE PROCEDURE

The general principles governing these specific rules are often expressly enumerated in the Amparo Laws, as guidelines for their general judicial interpretation. For instance, in Colombia, these are "the principles of publicity, prevalence of substantial law, economy, promptness and efficacy" (Art 3); in Ecuador, "the principles of procedural promptness and immediate [response]" (*inmediatez*) (Art 59); in Honduras, the "principles of independence, morality of the debate, informality, publicity, prevalence of substantial law, free of charge, promptness, procedural economy, effectiveness, and due process" (Art. 45); in Peru, "the principles of judicial direction of the process, free of charge regarding the plaintiff acts, procedural economy, immediate and socialization" (Art. III).

In particular, as a key principle for interpretation of procedural rules, it must be highlighted the one provided in the Honduras Law regarding the need for the prevalence of substantial rules over formal provisions, in the sense that because in the procedure "the merits on the matter must prevail", the "procedural defects must not prevent the quick development of the procedure". Consequently, it is provided that "the parties can correct their own mistakes, if remediable" being the courts also authorized to ex officio correct them (Honduras, Art. 4,5; Guatemala, Art. 6; Paraguay, Art. 20; El Salvador, Art. 80). That is why the Peruvian Code specifies that "the judge and the Constitutional Tribunal must adjust the formalities set forth in this Code, to the attainment of the purposes of the constitutional processes" (Art. III) which is the immediate protection of constitutional rights.

For such purposes, in the Venezuelan Constitution is provided that "any time will be workable time and the courts will give preference to the amparo regarding any other matter" (Art. 27). These principles are set forth in almost all the Amparo Laws in Latin America, by expressly providing that the amparo action can be filed at any time (Colombia, Arts. 1 and 15; Honduras, Art. 16; Guatemala, Art. 5), even on holidays and out of labor hours (Costa Rica Art. 5; Ecuador, Art. 47; El Salvador Art. 79; Paraguay, Art.19).

One of the abovementioned procedural principles is the preferred character of the amparo in the sense that the procedure must be followed with preference, which implies that when an amparo is filed, the courts must postpone all other matters of different nature (Guatemala, Art. 5; Honduras, Arts. 4,3; Peru; Venezuela, Art. 13),

---

1236 See the decisión of the Constitucional Chamber of the Supreme Tribunal of Justice N° 7 dated February 1, 2000 (Case *José Amando Mejía*), in *Revista de Derecho Público*, N° 81, Editorial Jurídica Venezolana, Caracas, 2000, pp. 245 ff. See the comments in Allan R. Brewer–Carías, *El sistema de justicia constitucional en la constitución de 1999 (Comentarios sobre su desarrollo jurisprudencial y su explicación, a veces errada, en la Exposición de Motivos),* Editorial Jurídica Venezolana, Caracas, 2000 and in Rafael Chavero Gazdik, *El nuevo régimen del amparo constitucional en Venezuela*, Edit. Sherwood, Caracas, 2001, pp. 203 ff.

except the cases of habeas corpus" (Colombia, Art. 15; Brazil, Art. 17; Costa Rica, Art. 39; Honduras, Art 511).

The Amparo Laws also assigns the courts the task of directing the procedure, empowering them to act ex officio (El Salvador, Art. 5; Guatemala, Art. 6; Honduras, Art. 4,4; Peru, Art. III) even in matter of evidence; the inertia of the parties not being valid to justify any delay (Costa Rica, Art. 8; El Salvador, Art. 5). Additionally, the notifications made by the court can be done by any mean including technical, electronic or magnetic ones (El Salvador. Art. 79).

In the amparo procedure, as a general rule, the procedural terms cannot be extended, nor suspended nor interrupted, except in cases expressly set forth in the statute (Costa Rica, Arts. 8 and 39; El Salvador, Art. 5; Honduras 4; Peru, Art 33,8; Paraguay Art. 19). Any delay in the procedure is the responsibility of the courts (Costa Rica, Art. 8; Honduras, Art. 4,8; Peru, Art. 13).

Another general rule regarding the amparo suit procedure is that no incidents are allowed in it (Honduras, Art. 70; Uruguay, Art. 12; Panamá, Art. 2610; Paraguay, Art. 20; Uruguay, Art. 12); thus, neither excuse or recuse of judges are admitted or they are restricted (Argentina, Art.16; Colombia, Art. 39; Ecuador Art. 47, and 59; Honduras, Art. 18; Panamá, Art. 2610; Paraguay, Art. 20; Peru Art. 33, 1 and 2; Venezuela, Art. 11). Nonetheless, the Amparo law in some countries provides for specific and prompt procedure rules to resolve the situation regarding the cases of impeding situations of the competent judges to resolve the case (Costa Rica, Art. 6; Guatemala, Arts. 17, 111; Mexico, Art. 66; Panama, Art. 2610; Peru, Art. 52; Venezuela, Art. 11).

1. *General provisions regarding the filing of the petition*

The general principle on judicial procedure in Latin America, is that the petitions that are to be brought before the courts must always be filed in writing. That is why, all the Amparo Laws specify with detail the necessary content of the petition in matters of amparo.

Nonetheless, some exceptions have been established allowing the oral presentation of the amparo in cases of urgency (Venezuela, Arts. 16, 18; Colombia, Art. 14; Honduras, Art. 16; Peru, Art. 27), danger to life, deprivation of liberty without judicial process, deportation or exile (Mexico, Art. 117) or if the plaintiff is short of means (Guatemala, Art. 26 Honduras, Art. 22 –habeas corpus–). Nonetheless, is such cases, the petitions must be subsequently ratified in writing.

In other cases, it is allowed for the plaintiff to bring the petition before the court by telegram or radiogram (Brazil, Art. 4; Costa Rica, Art. 38) or by electronic means (Peru, Art. 27).

Since the normal way to bring the amparo action before the competent court is through a written text –as it is also required for the petition for injunction in North America[1237], the petitioner must express in it, in a clear and precise manner, all the

1237 See in John Bourdeau et al, "Injunctions" in Kevin Schroder, John Glenn and Maureen Placilla, *Corpus Juris Secundum*, Volume 43A, Thomson West, 2004, pp.346 ff.

necessary elements regarding the alleged right to relief and on the arguments for the admissibility of the action. Thus, according to what is established in the Amparo Laws in Latin America, in general terms, the petition or complaint must comprise the following:

1) The complete identification and information regarding the plaintiff (Argentina, Art 6,a; Bolivia, Art. 97,I; Colombia, Art. 14; El Salvador, Art. 14; Mexico, 116,1 and 166, 1; Nicaragua, Art. 27,1; Peru, Art, 42,2; Paraguay, Art.; 6,a; Venezuela, Art. 18, 1 and 2). If someone is acting on behalf of the plaintiff, also his identification; and if the plaintiff is an artificial person, its identification as well as the representative's complete identification (El Salvador, Art. 14,1; Guatemala Arts. 21,b and c; Honduras, Art. 49,2)

2) The individuation of the injurer party (Argentina, Art 6,b; Bolivia, Art. 97, II; Honduras, Art. 49, 2; Paraguay, Art. 6,b; Venezuela, Art. 18,2), and regarding public entities, the harming public authority, and if possible, the organ provoking the harm or threat (Colombia, Art. 14; Costa Rica, Art. 38; El Salvador, Art. 14; Guatemala, Art. 21,d; panama, Art. 2619,2; México, Arts. 116,III and 166,III; Nicaragua, Art. 27,2 and 55).

3) The detailed narration of the circumstances in which the harm or the threat has been caused (Argentina, Art., 6,c; Bolivia, Art. 97,III; Colombia, Art. 14; Costa Rica, Art. 38; El Salvador, Art. 14,5; Guatemala, Art. 21,e; Panama, Art. 2619,3; Paraguay, Art. 6,d; Honduras, Art. 49,5; Nicaragua, Art. 55; Peru, Art. 42,4; Venezuela, Art. 18,5), and in particular, the act, action, omission or fact causing the harm or threat (El Salvador, Art. 14,3; Honduras, Art. 49,3; Nicaragua, Art. 27,3; Peru, Art. 42,5; Mexico Arts. 116, IV and 166,IV).

4) The constitutional right or guaranty that has been violated, harmed or threatened (Bolivia, Art. 97,IV; Colombia, Art. 14; El Salvador, Art. 14,4; Panamá, Art. 2619,V; Honduras, Art. 49,6; Venezuela, Art. 18,4), with the precise indication of the articles of the Constitution containing the rights or guarantees (Guatemala, Art. 21,f; Mexico, Arts. 116, V and 166,VI; Nicaragua, Art. 27,4). The Tutela Law in Colombia exempts the need of identifying the article of the constitution providing that the harmed or threatened right is identified with precision (Art. 14). A similar provision is set forth in the Costa Rican Constitutional Jurisdiction Law (Art. 38).

5) The plaintiff must specify the concrete petition for the judicial order to be issue in protection of his rights that is requested from the court (Argentina, Art. 6,d; Bolivia, Art. 97,VI; Honduras, Art. 49,7; Peru. Art. 42,6; Paraguay, Art 6,d).

6) Finally, the plaintiff must base the conditions for the admissibility of the action, in particular, regarding the inadequacy of the other possible judicial remedies and the irreparable injury the plaintiff will suffer without the amparo suit protection[1238].

In order to soften the consequences of not mentioning correctly all the abovementioned requirements that have to be complied with in the presentation of the

1238 In similar way as in the injunction petition in the United States. See in John Bourdeau et al, "Injunctions" in Kevin Schroder, John Glenn and Maureen Placilla, *Corpus Juris Secundum*, Volume 43A, Thomson West, 2004, pp. 346, 352.

petition, almost all the Latin American Amparo Laws, in protection of the injured party right to sue, provides that the courts are obliged to return to the plaintiff the petition that does not conform with those requirements in order for him to make the necessary corrections. That is to say, the petition will not be considered inadmissible because of the non compliance with the requirements of the Laws, and in order to have them corrected or mended the court must return it to the petitioner for him to correct it in a brief delay. And only if the petitioner does not make the corrections then the complaint will be rejected (Colombia, Art. 17; Costa Rica, Art. 42; El Salvador, Art. 18; Guatemala, Art. 22; Honduras, Art. 50; Mexico, Art. 146; Nicaragua, Art. 28; Peru, Art. 48; Paraguay, Art. 7; Venezuela, Art. 19).

2. *General principles regarding evidence and burden of proof*

As has been studied in previous chapters, the amparo suit is a specific judicial mean regulated in Latin America in order to obtain the immediate protection of constitutional rights and guaranties, when the aggrieved or injured parties have no other adequate judicial means for such purpose.

In any case, the violation of a constitutional right that can found an amparo action, in general terms must be a flagrant, vulgar, direct and immediate, caused by a perfectly determined act or omission, and the harm or injury caused to the constitutional rights must be manifestly arbitrary, illegal or illegitimate, consequence of a violation of the Constitution; all of which, in principle must be clear and ostensible from what the plaintiff argues before the court in his petition.

This conditions, similar to what is established in the United States regarding the injunctions[1239], imposes to the plaintiff the burden to proof the existence of the right, the alleged violations of threat, and the illegitimate character of the action causing it, with clear and convincing evidence. That is why, for instance, all the Amparo Laws in Latin America require that all the circumstances of the case must be explained in the text of the petition, with all the evidences supporting it. Also some statutes impose the need for the petition to be filed attaching all the documentary evidence (Argentina, Art. 7; Bolivia, Art. 97,V; Guatemala, Art. 21,g; Panama, Art. 2619; Uruguay, Art. 5), and specifying all the other evidences to be presented (Argentina, Art. 7; Uruguay, Art. 5). In México the evidences must be shown in the hearing, except the documentary evidence that can be filed before (Art. 151).

In any case, the amparo suit is a brief and prompt procedure for the immediate protection of constitutional rights based in sufficient evidence, which cannot be involved in complex evidence activity. If the latter situation is the case, the Argentinean Amparo Law provides for the inadmissibility of the amparo action, by establishing it in cases "where in order to determine the invalidity of the [challenged] act, a mayor scope of debate or proof is required" (Art., 2d).

Accordingly, the courts have rejected amparo actions in complex cases where a mayor debate is needed, and in cases in which the evidences are difficult to be pro-

1239 See Kevin Schroder, John Glenn and Maureen Placilla (Editors), *Corpus Juris Secundum*, Vol. 43A, Thomson West, 2004, p 54.

vided[1240], which is considered incompatible with the brief and prompt character of the amparo suit that requires that the alleged violation be "manifestly" illegitimate and harming. Even though without the clear provision on the matter of the Argentinean Law, this same principle has been considered as applicable regarding the *mandado de seguranca* in Brazil, Uruguay[1241] and Venezuela[1242]

On the other hand, regarding the "evidence phase" in the process in the amparo suit, regulated in some Laws (El Salvador, Art, 29; Guatemala, Art. 35); some legislations, as is the case of Peru, discard its existence, providing that the evidences must be presented with the petition, and that they will be accepted if they do not require further procedural developments (Art. 9). The courts also have among their ex officio powers, the competence to obtain evidences (Costa Rica, Art. 47; Guatemala, Art. 36; Paraguay, Art. 11) if it does not cause an irreparable prejudice to the plaintiff (Venezuela Art. 17), or to do whatever they consider necessary without affecting the length of the procedure. In the latter case no previous notification to the parties is required (Peru, Art 9).

In principle, all evidences are admitted in the amparo suit, so the court can found its decision to grant or not the required protection in any evidence (Colombia, Art. 21). Nonetheless, some legislations forbid some evidences in the amparo suit, as is the case of confession (Argentina Art. 7; El Salvador, Arts. 29; Mexico, Art. 150; Paraguay, Art 12), and those considered contrary to morality or good costumes (México, Art. 150).

3. *The decision regarding the admissibility of the petition*

It can be considered as a general feature of the procedure of the amparo suit, the power of the competent court to decide at the beginning of the procedure upon the admission of the petition, when it accomplishes with all the admissibility conditions set fort in the Amparo Laws. Consequently, the courts are empowered to decide *in limine litis* about the inadmissibility of the action when the petition does not accomplish in a manifest way with the conditions determined in the statute (Argentina, Art. 3; Bolivia, Art. 98; Costa Rica, Art. 9; Mexico, Art. 145; Peru, Art. 47; Uruguay, Art. 2).

4. *The defendant (the injurer or aggrieving party) pleading or answer*

In almost all the Latin American Laws regulating the amparo suit, after the decision of the court to admit the action, one of the main phases of the procedure refers to the need for the court to notify the aggrieving party in order to request it, a formal answer regarding the alleged violations of constitutional rights of the plaintiff. Due to the bilateral character of the procedure, as happens in the injunctive relief proce-

---

1240 See José Luis Lazzarini, *El juicio de amparo*, Ed. La Ley, Buenos Aires1987, p. 94–95, 173 ff.; Alí Joaquín Salgado, *Juicio de amparo y acción de inconstitucionalidad,* Editorial Astrea, Buenos Aires, 1987, pp. 52; Néstor Pedro Sagüés, *Derecho procesal Constitucional,* Vol. 3, *Acción de amparo*, Editorial Astrea, Buenos Aires, 1988, pp. 231–239.

1241 See Luis Alberto Viera, *Ley de Amparo*, Ediciones Idea, Montevideo 1993, p. 17.

1242 See Rafael Chavero G., *El nuevo amparo constitucional en Venezuela*, Ed. Sherwood, Caracas, 2001, p. 340.

dure in the United States, an amparo ruling must not be issued until the pleadings by the defendant have been joined[1243]. In the cases of Bolivia and Ecuador, the Amparo Laws do not require the filing of an answer, which can be nonetheless be presented before the court in the hearing of the case (Bolivia, Art. 100; Ecuador, Art. 49).

Thus, after admitting the claim, the first procedural step the court must take is the request from the defendant and the formal answer of the petition formulated by the injured party, in which, in addition the defendant must put forward his counter evidences. This is what was established in the Venezuelan Amparo Law (Art. 24); which nonetheless has been eliminated by the Constitutional Chamber in its decision of 2000, interpreting the Amparo law according to the new 1999 Constitution, reshaping the amparo suit procedure[1244].

In the other Latin American countries, the defendant's answer or pleading regarding the harm or threat alleged by the plaintiff to be sent to the court, must be sent in a very brief term (Argentina, Art. 8; Bolivia, Art. 100; Panama, Art. 2591) of hours (24h: El Salvador, Art. 21; 48h: Venezuela, Art. 23) or three days (Colombia, Art. 19; Costa Rica, Arts. 19, 43, 61; Paraguay, Art. 9), five days (Honduras, Arts. 26, 52; Mexico, Art. 147, 149; Peru, Art. 53) of ten days (Nicaragua, Art. 37). The omission by the court to request the defendant's answer produces the nullity of the process (Argentina, Art. 8).

The omission of the defendant to send his pleading answer to the court, implies that the facts alleged by the injured party facts and acts causing the harm or threat must be considered as certain (Colombia, Art. 19; Costa Rica, Art. 45[1245]; El Salvador, Art. 22; Honduras (habeas corpus), Art. 26; Mexico, Art 149; Nicaragua, Art. 39); or that the constitutional right or guarantee that is allegedly be violated, must in fact be considered violated (Honduras, Art. 53) or that the plaintiff alleged facts must be considered as accepted by the defendant (Venezuela, Art. 23). In those cases, the consequence of the omission by the defendant to send his answer to the court is that the amparo should be granted (Argentina, Art. 20; Costa Rica, Art. 45; Honduras, Art. 53). In some cases, the effect of such omission is to grant a preliminary relief, suspending the effects of the challenged act (Guatemala, Art. 33).

Notwithstanding, in certain cases, the court can insist on the remittance of the answer or ask for new information (Argentina, Arts. 20, 21; Colombia, Art. 21; Costa Rica, Art. 45; Peru, Art. 53)

5. *The hearing in the amparo suit*

In all the Latin American Amparo Laws, one of the most important steps on the procedure is the hearing that the court must convene, also in a very prompt term of days, with the participation of the parties (Argentina, Art. 9; Bolivia, Art. 100;

1243 See in John Bourdeau et al, "Injunctions" in Kevin Schroder, John Glenn and Maureen Placilla, *Corpus Juris Secundum*, Volume 43A, Thomson West, 2004, pp.357 ff.

1244 See Rafael Chavero G., *El nuevo amparo constitucional en Venezuela,* Ed. Sherwood, Caracas, 2001, pp.264 ff.

1245 In cases of habeas corpus article 23 of the Costa Rican Law set forth that the facts could be considered as certain.

Ecuador, Art. 49; Uruguay, Art. 6; Paraguay, Art. 10; Venezuela, Art. 26) The absence of the defendant in general terms does not produce the suspension of the hearing (Bolivia, Art. 100).

According to some Amparo laws, if the plaintiff does not assist to the hearing it is understood that he desisted his action, with payment of the costs (Argentina, Art. 10; Ecuador, Art. 50); and if it is the defendant the one who does not assist, the hearing is not suspended (Ecuador, Art. 5), a81nd the evidences presented by the plaintiff will be accepted and the court then must proceed to decide (Art. 10).

In some Latin American Laws, it is set forth that the court must take its decision in the same hearing or trial (Bolivia Art. 100; Uruguay, Art. 6; Venezuela, or in the following days (Venezuela, Art. 24).

CHAPTER X.

THE PROTECTED PERSONS: THE INJURED PARTY IN THE AMPARO SUIT INDIVIDUAL AND COLLECTIVE ACTIONS AND THE GENERAL STANDING CONDITIONS

I. THE PARTIES IN THE AMPARO SUIT

The Latin American amparo is always conceived as a suit, that is, as a proceeding initiated by a party or parties, the injured or offended party, by mean of an action or a recourse brought before the competent court, against another party (the injurer or offender party) whose actions or omissions has violated or has caused harm to his constitutional rights.

The final outcome of the amparo suit is always a judicial order, similar to the North American writs of injunction, mandamus or error, directed to the injuring party ordering to do or to abstain from doing something or a decisions suspending the effects or annulling the damaging act causing the harm.

Thus, in general terms, it can be said that the amparo suit has similarities with the civil suit for an injunction that an injured party can bring before a court to seek for the enforcement or restoration of his violated rights or for the prevention of its violation. It also can be identified with a "suit for mandamus" brought by an injured party before a court against a public officer whose omission has caused harm to the plaintiff, in order to seek for a writ ordering the former to perform a duty which the law requires him to do but he refuses or neglects to perform. Also, the suit for amparo has similarities with some kind of "suit for writ of error" brought before the competent superior court by an injured party whose constitutional rights have been violated by a judicial decision, seeking the annulment or the correction of the judicial wrong or error.

What is clear in the Latin American amparo legislations, is that the amparo is not only the remedy, or the final court written order (writ) commanding the addressee to do or refrain from doing some specific act[1246]. It is, above all, a suit that is specifica-

1246 Bryan A. Garner (ed), *Black's Law Dictionary,* Secod Pocket Edition, St. Paul, Minn. P. 2001

lly designed to protect constitutional rights following an adversary process according to the "cases or controversy" condition derived from Article III of the North American Constitution; which opposes one or multiple injured or complaining parties acting as plaintiffs, against one or multiple injuring parties acting as defendants, ending with a judicial decision or judicial order directed to protect the constitutional rights of the injured party. Also being considered as parties the interested third parties that can be harmed or benefited by the action and its results, as well as the Public Prosecutor (Attorney General) or the People's Defendant.

That is why in the amparo suit the procedural adversary principle or principle of bilateralism[1247] prevails, in the sense that the judicial proceeding of the suit, although it has to be brief and speedy, must always assure the presence of both parties and the respect of the constitutional guaranties of defense. Thus, a judicial guarantee of constitutional rights as is the amparo suit can in no way transform itself in a proceeding violating the other constitutional guarantees like the right to defense. Except regarding preliminary judicial orders, the principle of *audi alteram partem* (hear the other party or listen to both sides) must then always be respected. That is why, for instance, the Supreme Court of Justice of Venezuela in a 1996 judicial review procedure, annulled Article 22 of the 1988 Amparo Law, which allowed the courts to adopt final decisions on amparo in cases of grave violations of constitutional rights, reestablishing the constitutional harmed right without any formal or summary inquiry and without hearing the plaintiff or potential injurer. Even if the Article could be constitutionally interpreted as only directed to allow the adoption of *inaudita partem* preliminary decisions or injunctions in the proceeding[1248], the Supreme Court considered the Article as a vulgar and flagrant violation of the constitutional right to self defense[1249], and annulled it.

Accordingly, one of the most important aspects of the amparo suit legislations in Latin America, refers to the parties in the suit, which can only be initiated at the party's request. Thus, no case of *ex officio* amparo proceeding is possible or admissible.

The suit must the be initiates by mean of an action or recourse brought before a court by the injured party or parties, as the complainant or plaintiff, against the injurer party or parties, as defendants, called to the proceeding because they provoked the harm or violation to the constitutionals rights of the former. The initiation of the suit can be an action or recourse, the latter when exercised against an administrative act or a judicial decision which is to be challenged only after the exhaustion of the available administrative or judicial recourses. When through an action, the amparo

---

1247 José Luis Lazzarini, *El Juicio de Amparo*, Editorial La Ley, Buenos Aires, 1987, pp. 270 y ss.

1248 As was asked to be decided by the Supreme Court. See Allan R. Brewer–Carías, "Derecho y Acción de Amparo", *Instituciones Políticas y Constitucionales,* Vol. V, Universidad Católica del Táchira, Editorial Jurídica Venezolana, Caracas, 1998, pp. 389 y ss.

1249 Decision of the Supreme Court of Justice of May, 21 1996, in *Gaceta Oficial Extra*. N° 5071 of May, 29, 1996. See the comments in Allan R. Brewer–Carías, "Derecho y Acción de Amparo", *Instituciones Políticas y Constitucionales*, Vol. V, Universidad Católica del Táchira, Editorial Jurídica Venezolana, Caracas, 1998, pp. 389 y ss; and in Rafael Chavero, *El Nuevo Régimen del Amparo Constitucional en Venezuela*, Caracas, 2001, pp. 212, 266 y ss. and 410 y ss.

can be brought directly before the courts against facts, acts or omissions, without the need to exhaust previous recourses.

This principle of bilateralism regarding the amparo, which always implies the existence of a controversy between two parties, always initiated by a complainant or injured party against an injurer party, can be considered as the common trend in Latin America. The only exception in this regard is Chile, where in the absence of a statutorily regulated amparo, it has been considered that the proceeding of the recourse for protection is not based on a controversy between parties, but on a request raised by a party before a court, being the procedural relation the one established between a complainant and a court, and not between an injured and an injurer party[1250].

Regarding the plaintiff, the Latin American amparo legislations have detailed regulations in relation to who can be the specific aggrieved or injured party, in the sense of who has standing to sue for constitutional judicial protection; in relation to how can the injured party act in the judicial proceeding; and in relation to the conditions the constitutional right harms or violations most have for the action to be brought before the courts.

In respect to the defendants or injurer party, the Latin American amparo laws also set forth extensive regulations regarding the authorities that can be sued before the courts for constitutional violations, as well as the individuals or private persons that can be sued before the competent courts when responsible for the harm or the violation of a constitutional rights; how can all the injurer or offender parties act in the judicial proceeding; and also, the specific public or private acts or omissions that have caused those harms or violations in the plaintiff's constitutional rights.

II. THE INJURED PARTY

In the amparo suit, the injured party, also named the claimant, the complainant or the petitioner, who in the proceeding is the plaintiff, is the person holder of a constitutional right that has suffered an actionable wrong, that is, whose constitutional right have been violated, thus having sufficient concrete interest in bringing the case before a court, and regarding the outcome of the controversy. Being the amparo action an action *in personam* for the protection of constitutional rights, the litigant must be the injured or aggrieved person. That is why, it is generally considered that the amparo action needs to be personalized, as attributed to the particular person enjoying the harmed right, that is, the person who has a justiciable interest in the subject matter of the litigation in his own right, or a personal interest in the outcome of the controversy. As ruled regarding injunctions in *Parkview Hospital v. Com., Dept. of Public Welfare*, 56 Pa. Commw. 218, 424 A. 2d 599 (1981): to bring an action "requires an aggrieved party to show a substantial, direct, and immediate in-

1250 See for example Sergio Lira Herrera, *El recurso de protección. Naturaleza jurídica, doctrina, jurisprudencial, derecho comparad*, Santiago de Chile 1990, pp. 157 y ss.; Juan Manuel Errazuziz G. y Jorge Miguel Otero A., *Aspectos procesales del recurso de protección*, Editorial Jurídica de Chile, Santiago, 1989, pp. 39, 40 y 157. In contrary sense, Enrique Paillas considers that in the recourse for protection the principle of bilateralism applies. See Enrique Paillas, *El recurso de protección ante el derecho comparado*, Editorial Jurídica de Chile, Santiago, 1990, pp. 105.

terest is the subject matter of the litigation"[1251]. Or as ruled in *Warth v. Seldin*, 422 U.S. 4909, 498–500 (1975): the plaintiff must "allege such a personal stake in the outcome of the controversy" as to justify the exercise of the court's remedial powers on his behalf, because he himself has suffered "some threatened or actual injury resulting from the putatively illegal action"[1252].

It is in this sense that Article 23 of the Nicaraguan Amparo law provides that only the aggrieved party can file the amparo, defining as such, "any natural or artificial person being harmed or in a situation of imminent danger of being harmed by any disposition, act or resolution, and in general, by any action or omission from any public officer, authority or its agent, that violates or threats to violate the rights and guaranties enshrined in the Constitution".

A few questions must be emphasized regarding the injured or aggrieved party: first, the matter of standing to sue; second, the quality of the persons entitled to sue, in the sense of it being a physical person or human being and also artificial persons or corporation, including public law entities; third, the possibility for the Public Prosecutors or Peoples' Public Defendants to sue in amparo; and forth, regarding the third parties that can intervene in the proceedings on the side of the claimant.

1. *Injured persons and standing*

In the amparo suit, having the action a personal character, the plaintiff or injured party can only be the holder of the violated right; thus, the aggrieved party can only be the person whose constitutional rights have been injured or threatened of being harmed[1253]. Thus, nobody can sue in amparo alleging in his own name a right belonging to another[1254].

As it was ruled by the former Supreme Court of Justice of Venezuela regarding the personal character of the amparo suit, which imposes for its admissibility:

> "A qualified interest of who is asking for the restitution or reestablishment of the harmed right or guaranty, that is, that the harm be directed to him and that, eventually, its effects affect directly and indisputably upon him, harming his scope of subjective rights guarantied in the Constitution. It is only the person that is specially and directly injured in his subjective fundamental rights by a specific act, fact or omission the one that can bring an action before the competent courts by mean of a brief and speedy proceeding, in order that the judge

---

1251 See the reference in Kevin Schroder et al, "Injunction", *Corpus Juris Secundum*, Thomson West, Volume 43A, 2004, p. 331, note 4.

1252 M. Glenn Abernathy and Barbara A. Perry, *Civil Liberties Under the Constitution*, University of South Carolina Press, 1993, p. 4

1253 See decisions of the former Politico–Administrative Chamber of the Supreme Court of Justice of June 18, 1992, *Revista de Derecho Público* N° 50, Editorial Jurídica Venezolana, Caracas, 1992, p. 135; and of August 13, 1992, *Revista de Derecho Público,* N° 51, Editorial Jurídica Venezolana, Caracas, 1992 p. 160

1254 See decision of the former Politico–Administrative Chamber of the Supreme Court of Justice of February 14, 1990, in *Revista de Derecho Público,* N° 4l, Editorial Jurídica Venezolana, Caracas, 1990, p. 101

decides immediately the reestablishment of the infringed subjective legal situation"[1255].

Thus the amparo action has been qualified as a "subjective action"[1256], that can only be brought before the courts personally by the aggrieved party which having the personal, legitimate and direct interest[1257], is the one that directly or through his duly appointed representative has the standing to sue[1258].

Even though this is the general rule in Latin America, a few legislations authorized other persons different to the injured parties or their representatives, to file the amparo suit on their behalf. It is then possible to distinguish in matter of amparo, the *legitimatio* or standing *ad causam* from the *legitimatio* or standing *ad processum*[1259].

The standing *ad causam* in the amparo suit refers to the person or entity that enjoys the particular constitutional right which has been violated. The standing *ad processum* refers to the particular capacity the persons has to act in the procedure (procedural capacity), that is, the ability to appear in court and to use the appropriate procedures in support of a claim, which can refer to his own rights or to the rights of others.

In conclusion, any person whose constitutional rights have been violated or threatened to be violated, has the right to seek protection form the courts by means of the action for amparo; whether being *natural persons* or human beings without distinction of being citizens, disabled or foreigners; or being *artificial* persons or entities. And the word persons is used in the sense of human beings or entities that are recognized by law as having rights and duties, including corporations or companies[1260].

Exceptionally, though, in some countries the amparo suit has been admitted when filed by groups or communities without formal legal "personality" attributed

---

1255 See decision of the former Politico–Administrative Chamber of the Supreme Court of Justice of August 27, 1993 (Case: *Kenet E. Leal*), in *Revista de Derecho Público,* Nº 55–56, Editorial Jurídica Venezolana, Caracas, 1993, p. 322

1256 See decision First Court on Judicial Review of Administrative Action, of November 18, 1993, in *Revista de Derecho Público,* nos. 55–56, Editorial Jurídica Venezolana, Caracas, 1993, pp. 325–327.

1257 See decisios of the former Politico–Administrative Chamber of the Supreme Court of Justice of October 22, 1990 and October 22, 1992, in *Revista de Derecho Público,* Nº 52, Editorial Jurídica Venezolana, Caracas, 1992, p. 140 and of November 18, 1993, in *Revista de Derecho Público,* Nº 55–56, Editorial Jurídica Venezolana, Caracas, 1993, p. 327.

1258 See decision of the First Court on Judicial Review of Administrative Action of August 21, 1992, in *Revista de Derecho Público,* Nº 51, Editorial Jurídica Venezolana, Caracas, 1992, p. 161.

1259 See in general, Alí Joaquín Salgado, *Juicio de amparo y acción de inconstitucionalidad*, Astrea Buenos Aires 1987, pp. 81 ff; Joaquín Brage Camazano, *La jurisdicción constitucional de la libertad*, Editorial Porrúa, México 2005, pp. 162 ff.; Sergio Lira Herrera, *El recurso de protección. Naturaleza jurídica. Doctrina. Jurisprudencia. Derecho Comparado*, Santiago 1990.

1260 Argentina (article 5: "any individual or juridical persons"), Colombia (Article 1: "any person"); Ecuador (article 48: "natural or juridical persons"); El Salvador (article "3 and 12: "any person"; (Guatemala (article 8: "persons"), Honduras (article 41: "any aggrieved person"; article 44: "any natural or juridical person"), Mexico (article 39: affected person"); Panamá (article: 2615: "any person"); Peru (article 39: "the affected"); Uruguay (article 1: any physical or juridical person, public or private"); Venezuela (article 1: "natural or juridical persons").

by law, as has happened in Chile with the recourse for protection[1261] in some cases filed by affected individual or collective entities without having personality (Case: RP, *Federación Chilena de Hockey y Patinaje*, C. de Santiago, 1984, RDJ, T, LXXXI, N° 3, 2da, P., Secc.5ta, p. 240)[1262]

2. *Natural persons: Standing ad causam and ad processum*

The general principle in Latin America, is that all natural persons, as human beings, when their constitutional rights are arbitrarily or illegitimately harmed or threatened with violation, have the necessary standing to file the action for protection, as is expressly set forth in all the Amparo Laws, when referring to "persons" in general, comprising human beings and juridical or artificial persons, without distinctions,

Regarding the natural persons, of course, the expression is not equivalent to "citizens", being the latter those persons who by birth or naturalization are members of the political community represented by the State. But if it is true that the amparo is a judicial guarantee granted to all persons, citizens or foreigners; regarding the protection of political rights, like the right to vote, being the citizens the only persons entitled to those rights, only they have the right to sue in amparo for their protection.

As natural persons, foreigners also have the same general rights as nationals, having the needed standing to exercise the right to amparo. Only in Mexico an exception can be found regarding the decisions where the President of the Republic is constitutionally authorized to adopt measures expulsing foreigners, in which case it has been recognized that they cannot challenge such decisions vía amparo[1263].

Except this particular case, the general trend in Latin America has been to apply an extensive interpretation regarding standing *ad causam*, allowing all affected persons to file the amparo suit. As an example of this trend, the interpretation of the Venezuelan Law of Amparo can be mentioned, regarding the expression of its Article 1 which entitles "all natural persons inhabitants of the Republic" (Art. 1) to file amparo suits. The main problem with this article resulted from the condition to be "inhabitant of the Republic", that is, to physically be in the territory of the Republic as resident, tourist or in any other situation, which was originally interpreted to deny the right to amparo to persons not living in the country. The Supreme Court of Justice, progressively widened the interpretation, admitting the amparo action filed by a person not inhabitant of the Republic, no matter his nationality or legal condition, providing, according to a decision of August 27, 1993, "that his constitutional rights

---

1261 The Chilean Constitution in matter of standing refers to "el que" (who), not mentioning "persons" (art. 20) See, Juan Manuel Errazuriz and Jorge Miguel Otero A., *Aspectos procesales del recurso de protección*, Editorial Jurídica de Chile, Santiago 1989, pp. 15, 50; 9.

1262 Nonetheless, in other judicial decisions the contrary criteria has been sustained. See the reference in Sergio Lira Herrera, *El recurso de protección. Naturaleza jurídica. Doctrina. Jurisprudencia. Derecho Comparado,* Santiago 1990, pp. 144–145.

1263 See Eduardo Ferrer Mac–Gregor, *La acción constitucional de amparo en México y España*, Editorial Porrúa, México 2002, p. 230.

and guaranties had been directly harmed or threatened by any act, fact or omission carried out, issued or produced in the Republic"[1264].

The following year this same Supreme Court, by mean of the exercise of its diffuse judicial review powers, declared unconstitutional the limiting reference of Article 1 of the Law when stressing the character of "inhabitants of the Republic", ruling on the contrary, that any person whether or not living in the Republic whose rights are harmed in Venezuela, has enough standing to file an amparo action[1265]

Minors, of course, also have standing *ad causam*, and through their representatives (parents or tutors) can file amparo actions for the protection and defense of their constitutional rights, and only exceptionally they are allowed to act personally. Is the case of México, were the Amparo law provided that a minor "can ask for amparo without the intervention of his legitimate representative when he is absent or impaired"; adding that "in such case, the court, without being impeded to adopt urgent measures, must appoint a special representative in order to intervene in the suit"(Art. 6).

The standing *ad processum* regarding natural persons, that is, the possibility to appear before the court, in principle corresponds to the same injured persons for the defense of their own rights. Thus, as a matter of principle, no other person can judicially act on behalf of the injured person, except when legally prescribed, for instance in the case of minors or incapacitated that must act in court through their representatives.

A general exception for this principle refers to the action of habeas corpus, in which case, generally, being the injured person impeded to act personally because he is under detention or has his freedom restrained, normally the Law authorizes anybody to file the action on his behalf[1266]. In México, the Law imposes the injured party the obligation to expressly ratify the filing of the amparo suit, to the point that if the complaint is not ratified it will be considered as not filed (Art. 17). In some cases, as is the case of Guatemala (art. 86) and Honduras (art. 20), the courts even have *ex officio* power and the obligation to initiate the habeas corpus suit, in cases where they happen to have knowledge of the facts.

But regarding the amparo suit, as mentioned, the principle of its personal character prevails, in the same sense as the rule of standing to seek injunctive relief in the United States, which only is attributed to the person affected[1267]. Thus, the injured party is the one that in principle can file the action, as is expressly set forth for ins-

---

1264 See in *Jurisprudencia Ramírez & Garay*, Tomo CXXVI, p. 667. See the references in Allan R. Brewer–Carías, "Derecho y Acción de Amparo", Vol. V, *Instituciones Políticas y Constitucionales,* Editorial Jurídica Venezolana, Caracas, 1998, p. 319

1265 Decision of December 13, 1994 (Case: *Jackroo Marine Limited*). See the reference in Rafael Chavero, *El Nuevo Régimen del Amparo Constitucional en Venezuela*, Caracas, 2001, pp. 98–99,

1266 Argentina (article 5: anybody on his behalf"); Bolivia (article 89: anybody in his name); Guatemala (art 85: any other person); Honduras Art. 19: any person); Mexico (article 17: any other person in his name); Nicaragua (article 52: any inhabitant of the republic); Peru: (article 26: anybody in his favor); Venezuela (article 39: anybody acting on his behalf).

1267 See Kevin Schroder et al, "Injunctions" in *Corpus Juris Secundum*, Vol. 43A, West 2004, p. 229

tance in Ecuador[1268]. In Costa Rica, even though the Amparo Law provides that the action can be filed by anybody (Article 33), the Constitutional Chamber has interpreted that it refers to anybody that has been injured in his constitutional rights[1269]; and in case of an amparo action filed by a person different form the injured party, in order for the proceeding to continue, the latter must approve the filing. Otherwise, there would be lack of standing[1270].

Some Amparo Laws, in order to guarantee the constitutional protection, set forth the possibility for other persons to act on behalf of the injured party, and file the action in his name. It can be any lawyer or a relative as established in Guatemala (Article 23), it can be anybody, as for instance in Colombia, where anyone can act on behalf of the injured party when the latter is in a situation of inability to assume his own defense (Article 10)[1271]. What the Legislator wanted to assure in this case, was the possibility for an effective protection of the rights, for instance, in cases of physical violence infringed by parents regarding their children, in which case a neighbor is the person that can intervene filing an action for tutela. Otherwise, in such cases, the action for protection could not be filed, particularly because the parents are the legal representatives of their children[1272]

Also, in Ecuador, any spontaneous agent justifying the impossibility of the affected party to do so can file the action in his name, which nonetheless must be ratified within the three subsequent days (Art. 48). In Honduras the Amparo Law authorizes anyone to act on behalf of the injured party, without needing a power of attorney, in which case Article 44 provides that the criteria of the affected party shall prevail (Art. 44). In Uruguay (Art. 3) and Paraguay (Art 4), the Amparo Laws provides that in cases where the affected party, by himself of through his representative, cannot file the action, then anybody can do it on his behalf, being subjected the acting person to liability if initiating the amparo with fraud malice or frivolity (Article 4). In similar sense the Peruvian Code also set forth a general rule on the matter, that:

> **Article 41**. Any person can appear in court in the name of another person without procedural representation, when it is impossible for the latter to file the action on his own behalf, whether because his freedom is being concurrently affected, has a founded fear or threat, there is a situation of imminent danger or any other analogous cause. Once the affected party is in the possibility of acting, he must ratify the claim and the procedural activity followed by the person acting in fact.

1268 See Hernán Salgado Pesantes, *Manual de Justicia Constitucional Ecuatoriana,* Corporación Editora Nacional, Quito 2004, p. 81

1269 Decisión 93–90. See the reference in Rubén Hernández Valle, *Derecho Procesal Constitucional,* Editorial Juricentro, San José, 2001, p. 234.

1270 Decisión 5086–94. See the reference in Rubén Hernández Valle, *Derecho Procesal Constitucional,* Editorial Juricentro, san José2001, p. 235.

1271 See Carlos Augusto Patiño Beltrán, *Acciones de tutela, cumplimiento, populares y de grupo*, Editorial Leyer, Bogotá 2000, p. 10i

1272 See Juan Carlos Esguerra Portocarrero, *La protección constitucional del ciudadano*, Lexis, Bogotá 2005, p. 122.

Another aspect to be pointed out is that being the amparo suit a judicial process, some Latin American Amparo Laws impose the need for the parties in the amparo suit to act personally or through formal representatives, and in any case to formally appoint an attorney to assist them, as set forth in the Panamanian Judicial Code (Art. 22618). In Venezuela, according to what is provided in the Attorneys Law (*Ley de Abogados*), in all judicial processes the parties must be assisted by lawyers, which was also considered to be applicable to the amparo suit"[1273]. Nonetheless, in more recent decisions, the Constitutional Chamber of the Supreme Tribunal, due to the non formalistic character of the amparo proceeding, has ruled that even though the injured party does not need to be assisted by an attorney when filing the action, it must appointed one in the course of the proceeding or the court must appoint one to act on his behalf[1274]

3. *Artificial persons: Standing at causam and ad processum*

As mentioned before, artificial persons also have the right to file amparo actions when their constitutional rights have been violated. If it is true that "human rights" are of the exclusivity of human beings, they are constitutional rights that are not only attributed to human beings but to all other persons, with rights and obligations, like associations, foundations, corporations or companies. These artificial persons, like human beings, also have constitutional rights such as the right to non discrimination, the due process of law guaranties, the right to defense or property rights.

The action of tutela in the Constitution of Colombia can only be used for the protection of immediately applicable "fundamental rights", which in principle are individual rights, artificial persons, however, may file the action of tutela for the protection of rights such as that of petition (Article 22), due process and defense (Article 29) and review of judicial decisions (Article 31).

Thus, in case of violations of those rights, the entities have the needed standing *ad causam* to file the action of amparo, as is accepted in almost all Latin American Amparo laws[1275]. Even in the Dominican Republic, were the amparo suit was admitted by the Supreme Court, even without constitutional or legal provision, precisely in a suit brought before the Court by a commercial company (Productos Avon SA)[1276]. Of course, like all artificial persons, they must act by means of their directors or representatives as regulated in their by–laws (México, Article 8).

1273 See for instantes decisions of the First Court on Judicial Review of Administrative Action of November 18, 1993 (*Caso: Carlos G. Pérez*), *Revista de Derecho Público,* N° 55–56, Editorial Jurídica Venezolana, Caracas, 1993, pp. 353–354; of September 14, 1989, *Revista de Derecho Público* N° 40, Editorial Jurídica Venezolana, Caracas, 1989, p. 105; and of March 4, 1993 and March 25, 1993, *Revista de Derecho Público,* N° 53–54, Editorial Jurídica Venezolana, Caracas, 1993, p. 258

1274 See decision of July, 19 2000 (Case: *Rubén Guerra*). See the reference and comments in Rafael Chavero, *El Nuevo Régimen del Amparo Constitucional en Venezuela*, Caracas, 2001, pp. 129–135.

1275 In Ecuador, the standing of artificial persons to file an amparo action has been denied by Marco Morales Tobar in "La acción de amparo y su procedimiento en el Ecuador", *Estudios Constitucionales. Revista del Centro de Estudios Constitucionales*, Año 1, N° 1, Universidad de Talca, Santiago, Chile 2003, pp. 281–282.

1276 See for instante, Juan de la Rosa, *El recurso de amparo, Estudio Comparativo*, Santo Domingo, 2001, p. 69.

The main question regarding the artificial persons as injured parties with standing to file amparo suits refers to the possibility for the public artificial persons or entities that are part of the State general organization to file amparo suits.

It is clear that historically, the amparo suit, being a specific judicial mean for the protection of constitutional rights, was originally conceived as a constitutional guarantee for individuals or private persons facing public officers or public entities; that is, as a guarantee for protection against the State. So initially, it was unconceivable that a public entity could file an amparo against other public or private entity; but currently it is accepted in most Latin American Countries that public entities can be holders of constitutional rights and file actions of amparo for their protection, as is the case, for instance, of Argentina[1277], Uruguay (where it is expressly regulated in the Amparo Law when referring to "public or private artificial persons") or Venezuela. Among the amparo cases decided in Argentina as a consequence of the emergency economic measures adopted by the Government in 2001, freezing all deposits in saving and current accounts in all the Banks, and converting them from US dollars into Argentinean devaluated pesos, one that must be mentioned is the *Case San Luis*, decided by the Supreme Court on March 5, 2003, in which not only the Court declared the unconstitutionality of the Executive but in the case, "ordered the Central Bank of the Argentinean Nation the reimbursement to the Province of San Luis of the amounts of North American dollars deposited, or its equivalent in pesos at the value in the day of payments, according to the rate of selling of the free market of exchange". The interesting aspect of the suit was that it was filed by the Province of San Luis against the National State and the Central Bank of the Argentinean Nation, that is, a Federated State (Provincia de San Luis) against the National State for the protection of the constitutional rights to property of the former[1278].

In other countries, on the contrary, as in the case of Peru, the Code of Constitutional Procedure expressly declares the inadmissibility of the amparo suit when referring to "conflicts between public law internal entities. The constitutional conflicts between those entities, whether public powers of the State, organs of constitutional level of importance, local or regional governments, will be settled through the corresponding constitutional procedures" (Article 5,9). The Code substituted the Law 25011 provision that declared inadmissible actions of amparo, but "when filed by the public offices, including public enterprises, against public powers of the State and the organs created in the Constitution, against acts accomplished in the regular exercise of their functions" (Article 5,4, Code)[1279].

Thus, and particularly because of the assumption of economic activities by public entities in the same level of activities as private persons, the amparo also protect them, when their constitutional rights are illegitimately harmed. In some countries, as is the case of Mexico, it is expressly admitted for public corporations to file amparo suits but only when their economic interests (*intereses patrimoniales*) are har-

---

1277 See José Luis Lazzarini, *El juicio de Amparo*, Ed. La Ley, Buenotes 1987, p. 238–240; 266.

1278 See the comments in Antonio María Hernández, *Las emergencias y el orden constitucional*, Universidad Nacional Autónoma de México, Rubinzal–Culsoni Editores, México, 2003, pp. 119 y ss.

1279 See the comments regarding this provision in the repealed Law 2501, in Victor Julio Orcheto Villena, Jurisdicción y procesos constitucionales, Editorial Rhodas, Lima, p. 169.

med (Article 9). In no other way can a public entity in México, for instance a State, a Municipality or a public corporation file an amparo suit, because it would otherwise result in a conflict between authorities that cannot be resolved through this judicial action[1280]. The Supreme Court has decided that "it is absurd to pretend that a public dependency of the Executive could invoke the violation of individual guaranties seeking protection against acts of other public entities also acting within the Executive branch of government"[1281]. In another decision the Supreme Court has ruled that: "it is not possible to concede the extraordinary remedy of amparo to organs of the state against acts of the state itself manifested through other of its agencies, since this would establish a conflict of sovereign powers, whereas the amparo suit is concerned only with the complaint of private individual directed against an abuse of power"[1282]

In some countries, discussions have arisen regarding the possibility of the exercise of the amparo suit between public entities in a federal system in order to protect the constitutional guarantee of political autonomy and self government. In Germany, for example, a constitutional complaint may be brought before the Federal Constitutional Tribunal by municipalities or groups of municipalities when alleging that their right to constitutional autonomy or self government, recognized in the Constitution (Article 28–2) has been violated by a federal legal provision. In the case of violations by a law of the *Lander,* such recourse shall be brought before the Constitutional Tribunal of the respective *Lander* (Article 93,1,4 of the Constitution). A similar situation, albeit debatable, is to be found in Austria with regard to the constitutional recourse. Whatever the case, of course it would not be an amparo for the protection of fundamental rights, but rather of a specific constitutional guarantee of the autonomy of local entities.

In the case of Mexico, Article 103, III and 107 of the Constitution set forth the amparo suit in case of controversies arisen "because laws or acts of federal authority infringe or restrict the States sovereignty"; provision that could be understood as establishing the action of amparo for the protection of the distribution of power between the federal and state level of the State, that is, for the protection of the federated States constitutional autonomy regarding the invasions from the federal State. Nonetheless, the Supreme Court has denied such possibility arguing that:

> "the amparo suit was established in Article 103 of the Constitution not for the protection of all the constitutional text, but for the protection of individual guarantees; and what is established in Section III must be understood in the sense that a federal law can only be challenged in the amparo suit when it invades or restricts the sovereignty of the States, when there is an affected indivi-

---

1280 See Eduardo Ferrer Mac–Gregor, *La acción constitucional de amparo en México y España*, Editorial Porrúa, México 2002, p. 244–245; Richard D. Baker, *Judicial Review in México. A Study of the Amparo Suit*, University Press of Texas, Austin 1971 pp. 107–109

1281 See Tesis jurisprudencial 916, *Apéndice al Semanario Judicial de la Federación*, 1917–1988, Segunda Parte, Salas y Tesis Comunes, p. 1500. See the reference in Eduardo Ferrer Mac–Gregor, *La acción constitucional de amparo en México y España*, Editorial Porrúa, México 2002, p. 245, note 427.

1282 See Tesis 450, III, pp. 868–868. See the reference in Richard D. Baker, *Judicial Review in México. A Study of the Amparo Suit*, University Press of Texas, Austin 1971 p.108

dual which in a concrete case claims against the violation of his constitutional guarantees"[1283].

The same discussion has been raised in Venezuela, also a federal state, regarding the guarantee of the political autonomy of the States and Municipalities, recognized and guaranteed in the Constitution, in order to determine if their violation could give rise to constitutional protection through an action of amparo. In this sense, in 1997 several Municipalities brought an action of unconstitutionality against a national statute limiting the income that higher–level state and municipal officials could have; action to which the claimants joined an action of amparo for the protection of the constitutional autonomy impaired by the Law. In the end the constitutional protection was denied by the then Supreme Court of Justice, in a decision of October 2, 1997 in which the Court ruled that if "it is undoubted that artificial persons, and consequently, political–territorial entities can be holders of the majority of rights enshrined in the Constitution, as for instance, the rights to defense, non discrimination of property" they are also "holders of public powers and prerogatives, public functions exclusively directed to obtain constitutional goals"; and that if it is true that those prerogatives are also guarantied in the Constitution, these institutional guaranty cannot be equivalent to the guaranty of constitutional rights; thus not admitting the amparo as a means for protection of such guaranties. Additionally, the Court ruled that being the amparo an extraordinary action that "can only be filed when no other efficient means for constitutional protection exists", due to the fact that in Venezuela the Constitution sets forth a series of recourses directed to impede the miss knowledge or invasion of public prerogatives between territorial entities, the amparo cannot be used for those purpose. The Court concluded affirming that:

> "the territorial entities, as artificial persons, can have standing to sue in amparo; but only regarding the protection in strict sense of constitutional rights and guaranties, thus excluding from the amparo the protection of their prerogatives and powers, as well as to resolve the conflicts among those entities between themselves or regarding other Public Power entities"[1284]

The Constitutional Chamber latter, in a decision N° 1595 of November 2000, confirmed the ruling rejecting an amparo action, this time filed by a State of the Federation against the Ministry of Finance which, it was alleged, affected their financial autonomy, arguing as follows:

> "The object of the amparo is the reinforced protection of constitutional rights and guaranties, which comprises the rights enumerated in the Constitution, some of which are outside of Title III (see for instance articles 143,260 and 317 of the Constitution), as well as those set forth in international treaties

1283 See Tesis jurisprudencial 389, *Apéndice al Semanario Judicial de la Federación*, 1917–1995, Tribunal Pleno, p. 362. See the reference in Eduardo Ferrer Mac–Gregor, *La acción constitucional de amparo en México y España*, Editorial Porrúa, México 2002, p. 246, note 425.

1284 See the reference and comments in Rafael Chavero, *El Nuevo Régimen del Amparo Constitucional en Venezuela*, Caracas, 2001, pp. 122– 123

> on human rights ratified by the Republic, and any other inherent to human persons.
>
> The aforementioned does not imply to restrict the notion of constitutional rights and guaranties only to the rights and guaranties of natural persons, because also artificial persons are holders of fundamental rights, Even the public law artificial persons can be holders of rights.
>
> But what has been said allows to conclude that the political–territorial entities as the States and the Municipalities, can only file amparo suits for the protection of the rights and liberties they can be holders of, as the right to due process, or the right to equality or to the retroactivity of the law. Conversely, they cannot file an amparo in order to protect the autonomy the Constitution recognized to them or the powers or competencies derived from the latter.
>
> The autonomy of a public entity only enjoys protection through amparo when the Constitution recognizes it as a concretion of one funded fundamental right, like the universities autonomy regarding the right to education (Article 109 of the Constitution).
>
> In the concrete case, the claimants have not invoked a constitutional right of the States which could have been violated, but the autonomy the Constitution assures, and in particular, "the guaranty of the financial autonomy regulated in Articles 159; 164, section 3; and 167, sections 4 and 6 of the Constitution".
>
> Nonetheless, under the concept of constitutional guaranty there cannot be submitted contents completely strange to the range of constitutionally protected public freedoms, as is pretended, due to the fact that the guarantee is closely related with the right. The guarantee can be understood as the constitutional reception of the rights or as the existing mechanisms for its protection. Whether in one or other sense the guarantee is consubstantial to the right, thus it is not adequate to use the concept of guarantee to expand the amparo's scope of protection, including in it any power or competency constitutionally guaranteed. The latter would conduct to the denaturalization of the amparo, which would lose its specificity and convert it in a mean for the protection of all the Constitution"[1285].

The restrictive criteria has been also followed by the Constitucional Chamber of Costa Rica, arguing that "the object and matter of the amparo is not to guarantee in an abstract way the enforcement of the Constitution, but the threats and violations of the enjoyment of fundamental rights of persons…and in the case examined that situation is not present". The case referred to an alleged violation of the official procedures followed to facilitate the operation of a cellular mobile network by a company, concluding the Chamber that "the violation of Constitutional norms cannot be demanded through an amparo action"[1286].

1285 Case *State Mérida and other v. Ministry of Finances*, in *Revista de Derecho Público*, N° 84, Editorial Jurídica venezolana, Caracas, pp 315 ff.

1286 See Vote 285–90. See the reference in Rubén Hernández Valle, *Derecho Procesal Constitucional*, Editorial Juricentro, San José 2001, p. 235

On the other hand, in systems such as Brazil's, where the *mandado de segurança* can only be brought against the State and not against individuals, it is argued that the State itself or its agencies cannot file the suit[1287].

III. STANDING AND THE PROTECTION OF COLLECTIVE AND IFFUSE CONSTITUTIONAL RIGHTS

Constitutional rights are commonly identified with individual or civil rights that corresponds to individuals who enjoy them in a personalized way. That is why the amparo action, as a judicial mean for the protection of constitutional rights, has also been traditionally characterized as a personal action that can only be brought before the competent courts by the particular person holder of the rights or his representatives. Some legislations like the Brazilian one, regarding the *mandado de securança* set forth that in case of rights threatened or violated covering a few persons, any of them can file the action (Article 1,2). In Costa Rica, also, regarding the constitutional right to rectification and response in cases of offenses, the Constitutional Jurisdiction Law provides that when the offended are more than one person, any of them can file the action; and in cases in which the offended could be identified with a group or an organized collectivity, the standing to sue must be exercised by their authorized representative (Article 67)..

Nonetheless, some rights are collective by nature in the sense that they correspond to a group more or less defined of persons, in which case its violations affects not only the right of each of the individuals who enjoy them, but also the group of persons or collectivity to which the individuals belongs. In these cases, the amparo action can also be filed by the group or association of persons representing their associates, even if those associations do not have the formal character of an artificial person. That is why, for instance, the Amparo Law of Paraguay, when defining standing to sue in matters of amparo, additionally to physical or artificial persons, refers to political parties duly registered, entities with guild or professional identities and societies or associations that without being given the character of artificial persons, according to their by–laws their goals are not contrary to public good (*bien público*) (Art. 5). In Argentina, the Amparo Law also provides the standing to file amparo actions by these associations that without being formally artificial persons can justify, according to their by–laws that they are not against "public or collective interest" (*bien público*) (Article 5).

In Venezuela, the 1999 Constitution expressly sets forth the constitutional right of everybody to have access to justice, not only to seek for the enforcement of specific personal rights and interests, but even to enforce "collective or diffuse interests" (Art. 26); which opened the possibility of amparo actions that can be filed on behalf of collective or diffuse interest.

The Constitutional Chamber of the Supreme Tribunal of Justice in a decision N° 656 of May 5, 2001 (Case: *Defensor del Pueblo vs. Comisión Legislativa Nacional*, defined the diffuse and the collective interests or rights, as concepts established not

---

1287 See Celso Agrícola Barbi, *Do mandado de Seguranca*, Editora Forense, Río de Janeiro, 1993, pp. 68 ff; José Luis Lazzarini, *El Juico de Amparo*, Editorial La Ley, Buenos Aires, 1987, pp. 267–. 268.

for the protection of a number of individuals that can be considered as representing the entire or an important part of a society, which are affected on their constitutional rights and guarantees destined to protect the public welfare by an attack to their quality of life. The Constitutional Chamber defined the collective rights, when the "damage is specifically located in a groups that can be determined as such, even if it is not quantifiable or individualized, as would be that case of the inhabitants of an area of the country affected by an illegal construction that creates problems with the public services in the area". These focused specific interests are the collective ones, which "refer to a determined and identified sector of the population (even though not quantified), individually, within the group there exists or might exist a legal bond uniting them. This is the case of damages to professional groups, to groups of neighbors, to labor unions, to the inhabitants of a certain area, etc."

In a different sense, regarding the diffuse rights, they affect the population as a whole because they are intended to assure the people, in a general way, an acceptable quality of life (basic conditions of existence). When they are affected, the quality of life of the entire community or society in its different scopes diminishes, and an interest arises in each member of that community and of the other components of society, in preventing that situation to occur, and that it be repaired if that situation already occurred. Thus, the Constitutional Chamber has ruled, in these cases:

> "it is a diffuse interest (that originates rights), since it spread among all the individuals of a society, even though from time to time the damage to the quality of life may be limited to groups that are able to be individualized as sectors that suffer as social entities. It can be the case of the inhabitants of a given sector or people pertaining to a same category, or the member of professional groups, etc. Nevertheless, those affected shall be no specified individuals, but a totality or groups of individuals or corporations, since the damaged goods are not susceptible of exclusive appropriation by one subject ...
>
> Despite the concept that rules the diffuse interest or right as part of the defense of the citizenship, it is aimed at satisfying social or collective needs, before the personal ones. Since the damage is general (to the population or broad parts of it), the diffuse right or interest unites individuals who do not know each other, who individually lack of connection or legal relations among them, who at the beginning are undetermined, but united only because of the same situation of damage or danger they are involved in as members of a society and due to the right that arises in everyone to the protection of their quality of life, set forth in the Constitution...
>
> The common damage to the quality of life, which concerns any component of population or society as such, despite the legal relations they may have with other of these undetermined members, is the content of the diffuse right or interest.

In this sense, damages to the environment or to the consumers, for example, even in the case that they occur in a certain place, have expansive effects that harm the inhabitants of large sectors of the country and even the world, and respond to the undetermined obligation of protecting the environment or the consumers. Thus according to the doctrine of the Constitutional Chamber,

The diffuse interests are the wider ones, where the damaged good is the most general good, since it concerns the entire population and, contrary to the collective interests or rights, they arise from an obligation of uncertain object; while in the collective ones, the obligation may be concrete, yet not demandable by individualized persons.

Consumers are all the inhabitants of the country. The damage to them as such responds to a *supra* individual or *supra* personal right, and to an uncertain obligation in favor of them, from those managing goods and services. Their quality of life diminishes, whether they realize it or not, since many massive communicational mechanisms shall annul or alter the conscience of the damage. Their interest, or the one of those affected, for example, due to the damages to the environment, is diffuse and so is the right raised to preventing or impeding the damage.

The interest of the neighbors, whose neighborhood is worsened in its public services by a construction, for example, responds as well to a supra personal legal right, yet it can be determined, located in specific groups, and it is the interest that allows a collective action. That is the collective interest. It gives origin to collective rights and may refer to a certain legal object.

The truth in both cases (diffuse and collective interest) is that the damage is suffered by the social group equally, even if some members do not consider themselves damaged, since they consent the damage. This concept differs from the personal damage directed to a personal legal right. This difference does not impede the existence of mixed damages, the same fact damaging a personal legal right and a supra individual one."[1288]

Now, regarding the standing to bring before courts action for amparo seeking the protection of collective and diffuse constitutional rights, the same Constitutional Chamber of the Supreme Court, for instance, has admitted the filing of an action of *amparo* to protect political electoral rights filed by one voter exercising his own right, even having granted precautionary measures with *erga omnes* effects "to both individuals and corporations who have brought to suit the constitutional protection, and to all voters as a group"[1289].

The Constitutional Chamber, with this same orientation, has interpreted Article 26 of the Constitution in a wide way regarding the action of *amparo* of collective or diffuse interests by stating that:

"Consequently, any individual with legal capacity to bring suit, who is going to impede a damage to the population or parts of it where he belongs to, is entitled to bring to suit grounded in diffuse or collective interests, and where he had suffered personal damages, he shall claim for himself (jointly) the compensa-

---

1288 See decision of the Constitutional Chamber N° 656 of 06–05–01 (Case: *Defensor del Pueblo vs. Comisión Legislativa Nacional*.

1289 Decision of the Constitutional Chamber N° 483 of 05–29–2000 (Case: *"Queremos Elegir" y otros*), *Revista de Derecho Público*, N° 82, 2000, Editorial Jurídica Venezolana, pp. 489-491. In the same sense, decision of the same Chamber N° 714 of 13–07–2000 (Case: *APRUM*).

tion of such. This interpretation, grounded in Article 26, extends the standing to companies, corporations, foundations, chambers, unions and other collective entities, whose object is the defense of the society, as long as they act within the boundaries of their corporate object, aimed at protecting the interests of their members regarding their object. Article 102 of the Organic Law of Urban Planning follows this orientation.

In the Venezuelan legislation, currently, an individual shall not bring to suit a compensation for the damaged collectivity, when claiming diffuse interests. Such claim corresponds to entities such as the Public Prosecutor or the Defender of the People.

When the damages harm groups of individuals that are legally bound or pertain to the same activity, the action grounded in collective interests, whose purpose is the same as the one of the diffuse interests, shall be brought to suit by the corporations that gather the damaged sectors or groups and even by any member of that sector or group as long as he acts in defense of that social segment…

Due to the foregoing, it is not necessary for whoever brings a suit grounded on diffuse or collective interests, if it is a diffuse one, to have a bond previously established with the offender. It is necessary that he acts as a member of the society, or its general categories (consumers, users, etc.), and invokes his right or interest shared with the citizenship, since he participates with them in the damaged factual situation because of the infringement or detriment of the fundamental rights concerning the collectivity, which generates a common subjective right that despite being indivisible, may be enforced by anyone in the infringed situation, since the legal order acknowledges those rights in Article 26 of the Constitution. It is a legal interest guaranteed in the Constitution. It cannot be appropriated individually and exclusively by any individual, since anyone damaged is able to enforce it, unless it is restricted by law, which can be claimed to whoever owes the obligation of certain object.

Even though it is a general right or interest enjoyed by the plaintiff, which allows various plaintiffs, he himself shall be threatened, shall have suffered the damage or shall be suffering it as a part of the citizenship, whereby whoever is not residing in the country, or is not damaged shall lack of standing; this situation separates these actions from the popular ones.

Whoever brings suit based on collective rights or interests, shall do it in his condition of member of the group or sector damaged, therefore, he suffers the damage jointly with others, whereby he assumes an interest of his own and gives him or her the right to claim the end of the damage for himself and the others, with whom shares the right or interest. It shall be a group or sector not individualized, otherwise, it would be a concrete party.

In both cases, if the action is admitted, a legal benefit will arise in favor of the plaintiff and his common interest with the society or collectivity of protecting it, maintaining the quality of life. The defense of society's interests is guaranteed.

The plaintiff is given the subjective right to react against the damaging act or concrete threat, caused by the offender's violation of the fundamental rights of the society in general.

Whoever is entitled to act shall always plea for an actual interest, which does not terminate for the society in one single process.

If an individual brings suit grounding his action in diffuse rights or interests, yet the judge considers that it is about them, he shall subpoena the Defender of the People or the entities established by law in particular subjects, and shall notify through an edict all the parties in interest, whether there are processes in which the law excludes and grants representation to other individuals. All these legitimate interested parties shall intervene as third party claimants, if the judge admits them as such taking into consideration the existence of diffuse rights and interests. [1290]

The Constitutional Chamber has also determined the general conditions of standing in these cases of collective or diffuse rights, in a decision N° 1948 of February 17, 2000 (Case: *William O. Ojeda O. vs. Consejo Nacional Electoral*), in which it ruled that is necessary that the following elements be combined:

"1. That the plaintiff sues based not only on his personal right or interest, but also on a common or collective right or interest.
2. That the reason of the claim (or the action of amparo filed) be the general damage to the quality of life of all the inhabitants of the country or parts of it, since the legal situation of all the member of the society or its groups has been damaged when their common quality of life was worsened.
3. That the damaged goods not be susceptible of exclusive appropriation by one subject (as the plaintiff).
4. That it concern an indivisible right or interest that involves the entire population of the country or a group of it.
5. That a bond exists, even if it is not a legal one, between whoever demands in general interest of the society or a part of it (social common interest), raised from the damage or danger in which collectivity is (as such). This damage or danger and the possibility of it happening are known by the judge due to common knowledge.
6. That a necessity of satisfying social or collective interests exist, before the individual ones.
7. That a person is obliged to an undetermined obligation, the enforcement of which is general."[1291]

1290 See decision of the Constitutional Chamber N° 656 of 06–05–2001, Case: *Defensor del Pueblo vs. Comisión Legislativa Nacional*.

1291 Decision N° 1.048 of the Constitutional Chamber dated 02–17–00, Case: *William Ojeda vs. Consejo Nacional Electoral*.

One of the most important issues regarding these collective and diffuse amparo actions relates to the standing of the "representative". The Constitutional Chamber, on the matter, has ruled the following criteria:

> "Any person capable in procedure that tends to impede harms to the population or sectors of it to which he appertains, can file actions in defense of diffuse or collective interest...This interpretation founded in Article 26 (of the Constitution), extend standing to the associations, societies, foundations, chambers, trade unions and other collective entities, devoted to defend society, provided they act within the limits of their societal goals referred to watch for the interest of their members".

The Chamber added that:

> "Those who file actions regarding the defense of diffuse interest do not need to have any previously established relation with the offender, but has to act as a member of society, or of its general categories (consumers, users, etc.) and has to invoke his right or interest shared with the population's, because he participates with all regarding the harmed factual situation due to the noncompliance of the diminution of fundamental rights of everybody, which give birth to a communal subjective right, that although indivisible, is actionable by any one place within the infringed situation"[1292].

But in spite of all the aforementioned progressive decisions regarding the protection of collective and diffuse rights, like the political ones, in a recent decision dated November 21, 2005, the Constitutional Chamber has set back, and in the case, originated by a claim filed by the director of a political association named "Un Solo Pueblo" against the threat of violations of the political rights of the aforesaid political party and of all the other supporters of the calling of a recall referendum regarding the President of the Republic, ruled that:

> "The action of amparo was filed for the protection of constitutional rights of an undetermined number of persons, whose identity was not indicated in the filing document, in which they are not included as claimants.
>
> It is the criteria of this Chamber, those that could result directly affected in their constitutional rights and guaranties by the alleged threat attributed to the Ministry of Defense and the General Commanders of the Army and the National Guard are, precisely, the persons that are members or supporters of "Un solo Pueblo", or those who prove they are part of one of the groups that promoted the recall referendum; in which case they would have standing to bring before the constitutional judge, by themselves or through representatives, seeking the reestablishment of the infringed juridical situation or impeding the realization of the threat, because the *legitimatio ad causam* exists in each one of them, not precisely as constitutionally harmed of aggrieved.

1292 Decisión of the Constitutional Chamber of June 30, 2000 (Case *Defensoría del Pueblo).* See the reference and comments in Rafael Chavero, *El Nuevo Régimen del Amparo Constitucional en Venezuela*, Caracas, 2001, pp. 110–114.

> Due to the foregoing, the Chamber considers that Mr. William Ojeda, who said he acted as Director of the political association called "Un Sólo Pueblo", quality that he furthermore has not demonstrated, lacks of the necessary standing to seek for constitutional amparo of the constitutional rights set forth in Articles 19, 21 and 68 of the Constitution regarding the members, supporters and participants of the mentioned political association as well as the political coalition that proposed the recall referendum of the President of the Republic, and consequently, this Chamber declares the inadmissibility of the amparo action filed"[1293].

Besides the foregoing inconsistencies in judicial doctrine, "Collective suits" of amparo for the protection of diffuse rights have been expressly constitutionalized in Argentina, where the Constitution provides in Article 43, that the amparo suit can be filed by "the affected party, the People's Defendant and the registered associations that tend to those goals":

> Against any form of discrimination and regarding the rights for the protection of environment, the free competition, the user and the consumer, as well as the rights of collective general incidence, the affected party, the People's Defendant and the registered associations that tend to those goals, could file this action.

Regarding the associations that can file the collective amparo suits, the Supreme Court of Argentina has also considered that they do not require formal registration[1294].

Three specific collective actions result from this article: amparo against any form of discrimination; amparo for the protection of the environment; and amparo for the protection of free competitions, the user and the consumer. That is why regarding discrimination, the object of this amparo is not a discrimination regarding a particular individual but a group of persons between which a nexus or common trend exists which originates the discrimination.[1295]

On the other hand, regarding the protection of the environment, it was formalized the trend that began to be consolidated after a 1983 case in which an amparo was filed for the protection of the ecologic equilibrium regarding the protection of dolphins. The Supreme Court accepted in that case, the possibility for anybody individually or in representation of his family, to file an amparo action when pursuing the

---

1293 See Case: *William Ojeda vs. Ministro de la Defensa y los Comandantes Generales del Ejército y de la Guardia Nacional*, in *Revista de Derecho Público*, N° 104, Editorial Jurídica Venezolana, Caracas, 2005.

1294 Decisions 320:690, Case: *Asociación Grandes Usuarios and Decision 323:1339*, Asociación Benghalensis. See the referentes in Joaquín Brage Camazano, *La jurisdicción constitucional de la libertad*, Editorial Porrúa, México 2005, pp. 92–93.

1295 See Joaquín Brage Camazano, *La jurisdicción constitucional de la libertad*, Editorial Porrúa, México 2005, pp. 94.

maintenance of the ecological equilibrium, due to the right any human being has to protect his habitat[1296].

In Peru, Article 40 of the Constitutional Procedure Code authorizes any person to file the amparo suit "in cases referred to threats or violation of environmental rights or other diffuse rights that enjoy constitutional recognition, as well as the non lucrative entities whose goals are the defense of such rights".

In Brazil, Article 5, LXIII of the Constitution sets forth the *mandado de securanca colectivo* , as a sort of *mandado de seguranca* for the protection of actual rights not protected by habeas–corpus or habeas–data, when the responsible of the illegality or abuse of power is a public authority or an agent of a artificial person acting in exercise of public power attributions, but that can be filed by: a) political parties with representation in national Congress, b) trade unions, class institutions or associations legally established and functioning at least for one year in defense of the interests of its members. This *mandado de securanca* is thus not intended to protect individual rights, but diffuse or collective rights.

It must also be mentioned, that since 1985 a "collective civil action" has been developed in Brazil, with similar trends as the Class Actions of the United States, very widely used for the protection of group rights, like consumers though limiting the standing to the public entities (national, state and municipal) and to associations[1297].

In Ecuador, Article 48 of the Amparo Law also authorizes any person, natural or artificial to file the amparo action, "when it is a matter of protection of the environment". Thus, any person, including the indigenous communities through their representative, can file the amparo suit[1298]

It also must be mentioned the case of Costa Rica, where the collective amparo has also been admitted in matters of environment by the Constitutional Chamber of the Supreme Court. Article 50 of the Constitution, in effect, provides that "any person has the right to a healthy and ecologically equilibrated environment"; thus, it has standing to denounce the acts which infringe that right and to claim the reparation of the harm caused". Even though not expressly referring to the amparo suit, the Constitutional Chamber did refer to a similar norm of the previous Constitution (Article 89) which gave standing to anybody "to file amparo actions for the defense of the right to the conservation of the natural resources of the country. Even tough it does not exist a direct and clear suit for the claimant as in the concrete case of the State against an individual, all inhabitants, regarding the violations of Article 89 of the Constitution, suffer a prejudice in the same proportion as if it where a direct harm, thus it is accepted that an interest exists in his favor that authorizes him to file an

---

1296 See Alí Joaquín Salgado, *Juicio de amparo y acción de inconstitucionalidad*, Astrea Buenos Aires 1987, pp. 81–89.

1297 See Antonio Gidi, "Acciones de grupo y "amparo colectivo" en Brasil. La protección de derechos difusos, colectivos e individuales homogéneos", in Eduardo Ferrer Mac–Gregor (Coordinator), *Derecho Procesal Constitucional*, Colegio de Secretarios de la Suprema Corte de Justicia de la Nación, Editorial Porrúa, Tomo III, México 2003, pp. 2.538 ff.

1298 Hernán Salgado Pesantes, *Manual de Justicia Constitucional Ecuatoriana,* Corporación Editora Nacional, Quito 2004, p. 76.

action for the protection of such right to maintain the natural equilibrium of the ecosystem"[1299].

Even in the Dominican Republic, where no constitutional provision exists regarding the amparo suit, the Supreme Court not only has created it but, accordingly, the courts have admitted that any person legally capable and with interest in the general enforcement of collective human rights, as the right to education, can file an action for amparo due that the matter is not only and exclusively a private one[1300].

In Mexico, contrary to the current tendency of other countries, the amparo suit continues to have an essential individual character, based in the personal and direct interest[1301]. The only cases in which the amparo in certain way protects collective interest are those related to the agrarian amparo, for the protection of peasants and of collective agrarian land owners[1302].

In Colombia, the general principle is also that the action for tutela is a personal and private action, that can only be filed by the holder of the individual right protected by the constitutional norm. Thus it is not a public or popular action. The tutela action can only be exercised in person, seeking the protection of a personal, fundamental right, of constitutional rank of the person on whose behalf it is filed[1303]. That is why, Article 6,3 of the Tutela Law expressly provides that the action of tutela is inadmissible when the rights seeking to be protected are "collective rights, as the right to peace and others referred to in Article 88 of the Constitution", particularly because for that purposes a special judicial means for protection is established called "popular actions". Article 6,3 of the Tutela Law added that the foregoing will not prevent that the holder of rights threatened to be violated or that have been violated can file a tutela action in situations compromising collective rights and interest and of his own threatened or violated rights, when it is a matter to prevent an irremediable harm".

According to Article 88 of the Constitution, the diffuse or "collective" rights are protected not by the tutela action, but by means of the "popular actions" or the group actions. The former are those established in the Constitution for the protection of rights and interests related to public property, public space, public security and health, administrative morale, environment, economic free competition and others of similar nature. All these are diffuse rights, and for its protections, the law 472 of 1998 has regulated these popular actions.

1299 Decision 1700–03. See the reference Rubén Hernández Valle, *Derecho Procesal Constitucional,* Editorial Juricentro, San José, 2001, pp.239–240.

1300 See decisión 406–2 of June 21, 2001, First Instante Court of San Pedro Macoris. See the reference in Miguel A. Valera Montero, *Hacia un Nuevo concepto de constitucionalismo*, Santo Domingo, 2006, pp. 388–389.

1301 See Eduardo Ferrer Mac–Gregor, *Juicio de amparo e interés legítimo: la tutela de los derechos difusos y colectivos*, Editorial Porrúa, México 2003, p. 56.

1302 See Eduardo Ferrer Mac–Gregor, *La acción constitucional de amparo en México y España*, Editorial Porrúa, México 2002, p. 233 ff.

1303 Juan Carlos Esquerra Portocarrero, *La protección constitucional del ciudadano,* Lexis, Bogotá, 2005, p. 121.

This statute also regulates other sort of actions, for the protection of rights in cases of harms suffered by a plural number of persons. These group actions are similar to the class actions of North American Law.

Regarding the popular actions, they can be filed by any person, the Non Governmental Organizations, the Popular or Civic Organizations, the public entities with control functions, when the harm or threat is not initiated by their activities, the General Prosecutor, the Peoples 'Defendant and the District and Municipal prosecutors, and the mayors and public officers that because of their functions they must defend and protect the abovementioned rights (Art. 12).

Regarding the group actions set forth for the protection of a plurality of persons in cases of suffering harm in their rights in a collective way, the Law 472 of 1998 establishes these actions basically with indemnizatory purposes, and they can only be filed by 20 individuals, acting all of them on their own behalf. Thus, these are not actions directed to protect the whole population or collectivity, but only a plurality of persons that have the same rights, and seek for its protection.

These group actions have some similarities with the class actions regulated in Rule 23 of the Federal Rules of Civil Procedure filed for the protection of civil rights, that is, the "civil rights class actions". According to that Rule, in cases of a class of persons who have question of law or fact common to the class, but have so numerous members that joining all of them would be an impracticable task, then the action can be filed by one or more of its members as representative plaintiff parties on behalf of all, provided that the claims of the representative parties are typical of the claims of the class and that such representatives parties will fairly and adequately protect the interests of the class. (Rule 23, Class Actions, a).

The class actions have been applied in cases of violation of civil rights, particularly regarding to the right of non discrimination. It was the case decided by the Supreme Court *Zablocki, Milwaukee County Clerk v. Redhail* case of January 18, 1978, 434 U.S. 374; 98 S. Ct. 673; 54 L. Ed. 2d 618, as a result of a class action brought before a federal court under 42 U.S.C.S. § 1983, by Wisconsin residents holding that the marriage prohibition set forth in Wisconsin State § 245.10 (1973) violated the equal protection clause, U.S. Const. amend. XIV. According to that statute, Wisconsin residents were prevented from marrying if they were behind in their child support obligations or if the children to whom they were obligated were likely to become public charges. The Court found that the statute violated equal protection in that it directly and substantially interfered with the fundamental right to marry without being closely tailored to effectuate the state's interests.

Another Supreme Court decision, *Lau et al. v. Nichols et al.*, dated January 21, 1974, 414 U.S. 563; 94 S. Ct. 786; 39 L. Ed. 2d 1; 1974 also decided in favor of a class, on discrimination violations. In the case, non–English speaking students of Chinese ancestry brought a class suit in a federal court of California against officials of the San Francisco Unified School District, seeking relief against alleged unequal educational opportunities resulting from the officials' failure to establish a program to rectify the students' language problem. The Supreme Court eventually held that the school district, which received federal financial assistance, violated dispositions that ban discrimination based on race, color, or national origin in any program or activity receiving federal financial assistance, and furthermore violated the implementing regulations of the Department of Health, Education, and Welfare, by failing to establish a program to deal with the complaining students' language problem.

IV. THE PEOPLES' DEFENDANT STANDING ON THE AMPARO SUIT

As the amparo suit has been instituted in Latin America as a specific judicial means for the protection of constitutional rights, another general tendency in Latin American constitutionalism is for the creation in the Constitution or Legislation (Costa Rica) of a specific autonomous State entity or body with the objective of protecting and seeking for the protection of constitutional rights, called the Defendant of the People (People's Defendant) or of Human Rights.

In some cases, the institution follows in general lines the classical Scandinavian Ombudsman, initially conceived as a parliamentary independent entity for the protection of citizens' rights regarding Public Administration. In other Latin American countries, it is more conceived as an autonomous institution, from both parliament and the Executive as well as from the Judicial Power.

In the first group, closer to the European model, the Argentinean Constitution in the chapter referred to the Legislative Power (Art. 86) establishes the Defendant of the People for the protection of human rights regarding Public Administration. It is conceived as an independent entity in the scope of the Congress, acting with functional autonomy and without receiving instructions from any authority. Its mission is the defense and protection of human rights guaranteed in the Constitutions and statues against Public Administration facts, acts or omissions, and to control the exercise of administrative functions. The Peoples defendant is nominated by the Congress, by 2/3 of the votes of the members present in the voting and can only be removed in the same way.

In the Constitution of Paraguay, the Peoples' Defendant is a parliamentary commissioner for the protection of human rights, for the channeling of popular claims and for the protection of communitarian interests, without having any judicial or executive functions (Art. 276). It is elected by the Chamber of Representatives, from a proposal by the Senate, with the vote of 2/3 of its members.

In Guatemala, the Constitution establishes a Procurator on Human Rights as a parliamentary commissioner, elected by Congress from a proposal made by a Commission on Human Rights integrated by representatives of the political parties in Congress. His mission is to defend human rights and to supervise Public Administration (Article 274). The Law on amparo in Guatemala gives the Public Prosecutor and the Procurator on Human Rights sufficient standing to file amparo actions "for the defense of the interests assigned to them" (Article 25).

In the majority of the Latin American Constitutions, the Peoples' defendant or the Procurator for the Defense of Human Rights are created without any specific reference to Public Administration, thus they face all State organs, for the protection of human rights. This is the case of Colombia, Ecuador and El Salvador, even though in the last two countries, it is regulated attached to the Public Prosecutor's Office (*Ministerio Público*).

In Colombia, the Peoples' Defendant, elected by the representative Chamber of Congress from a proposal formulated by the president of the Republic, is created as part of the Public Prosecutor Office (Article 281), with the specific mission of watching for the promotion, exercise and divulgation of human rights. Within its powers is to invoke the right to habeas corpus and to file actions for tutela, without prejudice of the interested party rights. The Tutela Law also authorizes the Peoples' Defendant to file these actions on behalf of anyone when asked to do so, in cases of the person being in a non protective situation (Articles 10 and 46), or regarding Colombians residing outside the country (Article 51). In such cases, the Peoples' Defendant will be considered party in the process together with the injured party (Article 47).

In El Salvador, the Procurator for the Defense of Human Rights in part of the Public Ministry, together with the Public Prosecutor and the Attorney General of the Republic (Art. 191), all elected by the Legislative Assembly by a 2/3 vote of its members. Within its functions are to watch for the respect and guarantee of human rights and to promote judicial actions for their protection (Article 194).

Other countries have a Peoples Defendant as a complete independent and autonomous institution regarding the classical branches of government, as is the case of Ecuador, with the Peoples' Defendant, also elected by the Congress with the vote of the 2/3 of its members (Article 96). Among its functions are to defend and encourage the respect of the fundamental constitutional rights, to watch for the quality of the public services and to promote and support the habeas corpus and amparo actions at the person's request. The Law regulating the matter in Ecuador also authorizes the Peoples' defendant to file habeas corpus and amparo actions (Articles 33 and 48).

In Mexico, the Constitution has also established that Congress and the state legislatures must create entities for the protection on human rights, receiving grievances regarding administrative acts or omissions of any authority except the judicial power, that violate such rights. At the national level, the entity is named National Commission on Human Rights. Nonetheless, the Amparo Law authorizes the Federal Public Prosecutor to file action for amparo in criminal and family cases, but not in civil or commercial cases (Article 5, 1,IV).

In Bolivia, the Constitution also creates the Peoples' Defendant for the purpose of watching for the enforcement and respect of the persons' rights and guarantees regarding administrative activities on all the public sector, as for the defense, promotion and divulgation of human rights (Article 127). The Peoples defendant does not receive instructions from the public powers and is elected by Congress (Article 128). Among its functions are to file the actions of amparo and habeas corpus without needing any power of attorney. (Article 129).

In Peru, the Constitution also creates the Peopels' Defendant Office as an autonomous organ, the head of which is elected by Congress also with 2/3 votes of its members (article 162), for the purpose of defending persons and community human and fundamental rights, to supervise for the accomplishment of public administration duties and the rendering of public services to the people. The Constitutional Procedure Code authorizes the People' Defendant, in exercising its competencies, to file amparo actions (Article 40).

In Nicaragua the Constitution only establishes that the National Assembly will appoint the Procurator for the defense of Human Rights (Article 138,30).

The tendency to create an independent and autonomous organ of the State for the protection of human rights has reached the extreme regulation in the 1999 Venezuelan Constitution, which establishes a *penta* separation of powers, between the Legislative, Executive, Judicial, Electoral and Citizens branches of government, creating within the Citizens Power the Peoples' Defendant. Also the Public Prosecutor Office and the General Comptroller Office form part of the Citizens Power (Article 134).

The Peoples' Defendant is created for the promotion, defense and supervision of the rights and guaranties set forth in the Constitution and in the international treaties on human rights, as well as for the citizens' legitimate, collective and diffuse interests (Article 281). In particular, according to Article 281 of the Constitution, it also has among its functions to watch for the functioning of public services power and to promote and protect the peoples' legitimate, collective and diffuse rights and interests against arbitrariness or deviation of power in the rendering of such services, being authorized to file the necessary actions to ask for the compensation of the damages caused from the malfunctioning of public services. It also has among its functions, the possibility of filing actions of amparo and habeas corpus.

In Venezuela, the Constitutional Chamber has admitted the standing of the Defender of the People to file actions for *amparo* on behalf of the citizens as a whole, as was the case of the action filed against the Congress'pretension to appoint the Electoral National Council members without fulfilling the constitutional requirements. In the case, decided on June, 6, 2001, the Constitutional Chamber, when analyzing Article 280 of the Constitution, pointed out that:

> "As a matter of law, the Defender has standing to bring to suit actions aimed at enforcing the diffuse and collective rights or interests; not being necessary the requirement of the acquiescence of the society it acts on behalf of for the exercise of the action. The Defender of the People is given legitimate interest to act in a process defending a right granted to it by the Constitution itself, consisting in protecting the society or groups in it, in the cases of Article 281 *eiusdem*.
>
> ...The forgoing, according to this Chamber criteria, makes clear that the issue of the protection of diffuse and collective rights and interests may be raised by the Defender of the People, through the action of amparo, and it is declared this way.
>
> As for the general provision of Article 280 *eiusdem*, regarding the general defense and protection of diffuse and collective interests, this Chamber considers that the Defender of the People is entitled to act to protect those rights and interests , when they correspond in general to the consumers and users (6, Article 281), or to protect the rights of Indian peoples (paragraph 8 of the same Article), since the defense and protection of such categories is one of the faculties granted to said entity by Article 281 of the Constitution in force. It is about a general protection and not a protection of individualities.
>
> Within this frame of action, and since the political rights are included in the human rights and guarantees of Title III of the Constitution in force, which have a general projection, among which the ones provided in Article 62 of the Constitution can be found, it must be concluded that the Defender of the People on behalf of the society, legitimated by law, is entitled to bring to suit an action of amparo tending to control the Electoral Power, to the citizen's benefit, in order

to enforce Articles 62 and 70 of the Constitution, which were denounced to be breached by the National Legislative Assembly…" (right to citizen participation).

Due to the difference between diffuse and collective interests, both the Defender of the People, within its attributions, and every individual residing in the country, except for the legal exceptions, are entitled to bring to suit the action (be it of amparo or an specific one) for the protection of the former ones; while the action of the collective interests is given to the Defender of the People and to any member of the group or sector identified as a component of that specific collectivity, and acting defending the collectivity. Both individuals and corporations whose object be the protection of such interests may raise the action, and the standing in all these actions varies according to the nature of the same, that is why law can limit the action in specific individuals or entities. However, in our Constitution, in the provisions of Article 281 the Defender of the People is objectively granted the procedural interest and the capacity to sue"[1304].

V. THE QUESTION OF OTHER PUBLIC (STATE) INSTITUTIONS STANDING ON THE AMPARO SUIT

Another important issue regarding standing in filing amparo suits is to determine if other State entities can file amparo actions on behalf of the people, in defense of collective or diffuse rights. In contrast with what has occurred in the United States, it can be said that in general terms, beside the Peoples' Defendant standing, no other public entity can assume the defense of the rights of the peoples by means of filing amparo suits.

In the United States, in the Supreme Court decision *In Re Debs*, 158 U.S. 565, 15 S.Ct. 900,39 L.Ed. 1092 (1895), the standing of the Attorney General for the protection of the State's general interest as the property on the mail in injunctive proceedings, was admitted, even being a party against the members of a railway trade union which threatened the functioning of railways. A few years before, the Congress had approved the Sherman Antitrust Act which granted authority to the Attorney General to commence injunctive proceedings to prevent restraints to trade.

Half a century later, after the Supreme Court decision in *Brown v. Board of Education of Topeka,* 347 U.S. 483 (1954); 349 U.S. 294 (1955) declared the dual school system ("separate but equal") unconstitutional, by means of the Civil Rights Act of 1957, the Congress authorized the Attorney General to bring injunctive suits to implement the Fifteenth Amendment referred to right to vote in a non-discriminatory basis. As referred by Owen R. Fiss:

> "The very next congressional initiative, the Civil Rights Act of 1960, was in large part intended to perfect the Attorney General's injunctive weaponry on behalf of voting rights. In each of the subsequent civil rights acts, those of 1964 and 1968 the pattern was repeated; the Attorney General was authorized to ini-

1304 Decision of the Constitutional Chamber N° 656 of 06–05–2001, Case: *Defensor del Pueblo vs. Comisión Legislativa Nacional.*

tiate injunctive suits to enforce wide range of rights –public accommodations (e.g. restaurants), state facilities (e.g. parks), public schools, employments, and housing"[1305].

Thus, after *Brown*, it can be said that the United States ceased to participate in civil rights proceedings just as *amicus curia*, and in his name the Attorney General began to play prominent role acting in civil rights proceedings even before having specific authorization from Congress. As mentioned by Fiss: "The civil rights era forced the Attorney General and the courts to re–examine the non–statutory powers of the United States to sue to enforce the Constitution"[1306]".

The standing of the Attorney General was finally generally admitted regarding the protection of human rights in the case *United States v. City of Philadelphia*, 644 F.2d. 187 (3d Cir. 1980), in which the United States authority to sue a city and its officials for an injunction against the violation of the XIV Amendment rights of individual because of police brutality, was admitted; the United States was considered as suing as class representative for the city of Philadelphia. The United States Court of Appeals, Third Circuits ruled in the matter, as follows:

Article II section 3 of the Constitution charges the Executive to "take care that the Laws be faithfully executed." Independent of any explicit statutory grant of authority, provided Congress has not expressly limited its authority, the Executive has the inherent constitutional power and duty to enforce constitutional and statutory rights by resort to the courts. When Federal courts have upheld executive standing without explicit congressional authority, they have looked to other provisions of the Constitution, such as the commerce clause (See, e. g., Sanitary District of Chicago v. United States, 266 Us. 405,45 S. Ct. 176, 69 L. Ed. 352 (1925); In re debs, 158 U.S. 564 15 S. Ct. 900, 39 L. Ed. 1092 (1895) and cases cited infra, p 218. and the fourteenth amendment (See United States v. Brand Jewelers, 318 F. Supp. 1293 (S.D.N.Y. 1970) and to a general statutory scheme defining federal rights but lacking the specific remedy of executive suit (See, e. g., Wyandotte Transp. Co. v. United States, 389 U.S. 191, 88 S. Ct. 379, 19 L. Ed. 2d. 407 (1967); United States v. American Bell Telephone Co., 128 U.S. 315, 9 S. Ct. 90, 32 L. Ed. 450 (1888); United States v. San Jacinto Tin Co., 125 U.S. 273, 8 S. Ct. 850, 31 L. Ed. 747 (1888)). In addition, 28 U.S.C. § 518 (b) affords the Attorney General statutory authority to "conduct and argue any case in a court of the United States in which the United States is interested." The Supreme Court has held that this statute confers on the Executive general authority to initiate suits "to safeguard national interests." (United States v. California, 332 U.S. 19, 27, 67 S. Ct. 1658, 1662, 91 L. Ed. 1889 (1946)). Moreover, the Supreme Court has held that the Executive's general constitutional duty to protect the public welfare "is often of itself sufficient to give it standing in court." (In re Debs, 158 U.S. 564, 584, 15 S. Ct. 900, 906, 39 L. Ed. 1092 (1895).

1305 See Owen M. Fiss, *The Civil Rights Injunction,* Indiana University Pres, Bloomington & London, 1978, p. 21

1306 See Owen M. Fiss and Doug Rendleman, *Injunctions*, Second Edition, University Casebook Series, The Foundation Press, Mineola, New York, 1984, p. 35.

Thus, the standing of the Attorney General in the United States as well as of other public agencies has been admitted to file injunctions seeking the protection of some constitutional rights of citizens. For example, the standing of the United States and of the Secretary of Education, has been recognized to seek an injunction against a university to stop the release of student records in violation of a federal statute (*United States v. Miami University*, 294 F. 3d 797, 166 Ed. Law Rep. 464 2002 FED App. 0213P (6th Cir. 2002)[1307]. In general terms, the standing of the United States, the States and the Municipalities has been accepted in all cases in which they act in its capacity as protectors of the public interest, like public welfare, public safety or public health. That is why actions for injunction in cases of the illegal practice of medicine, and other allied professions had been brought by the attorney general, a State board of health or a county attorney[1308],

Contrary to this North American tendency, in the Latin American countries except for the already mentioned standing assigned to the Peoples' Defendant, no other public officer or agency can claim the representation of collective or diffuse rights in order to file an amparo suit. This has even been expressly ruled in Venezuela, where the Constitutional Chamber of the Supreme Court deciding an amparo suit initiated by a Governor of one of the federated States, in a decision of November 21, 2000 ruled the following:

The States and Municipalities cannot file actions for diffuse and collective rights and interest, except if a statute expressly authorizes them.

The collective and diffuse rights and interests pursue to maintain in all the population or sectors of it, an acceptable quality of life, in those matters related to the quality of life that must be rendered by the State of by individuals. They are rights and interest that can coincide with individual rights and interests, but that according to Article 26 of the Constitution and unless the statute denies the action, can be claimed by any person invoking a right or interest shared with the people in general or a sector of the population, and who fears or has suffered, being part of such collectivity, a harm in his quality of life.

Now, being for the State to maintain the acceptable quality of life conditions, its bodies or entities cannot ask from it to render an activity; thus, within the structure of the State, the only institution that can file such actions is the Peoples' Defendant due to the fact that it represents the people and not the State, as well as other public entities when a particular statute gives them such actions[1309].

In this sense, the Venezuelan Constitutional Chamber has denied the standing to file collective actions for amparo to the governors or mayors. In an action for judicial review of a statute with a joint amparo claim, of May 6, 2001, the Chamber decided that:

1307 See the reference in Kevin Schroder et al, "Injunction", *Corpus Juris Secundum*, Thomson West, Volume 43A, 2004, p. 252.

1308 See the referentes to specific cases in Kevin Schroder et al, "Injunction", *Corpus Juris Secundum*, Thomson West, Volume 43A, 2004, p.271 ff.

1309 Case *William Dávila. Gobernación Estado Mérida*. See the comments in Rafael Chavero, *El Nuevo Régimen del Amparo Constitucional en Venezuela*, Caracas, 2001, p. 115.

[The] actions in general grounded in diffuse or collective rights and interests may be filed by any Venezuelan person or legal entity, or by foreign persons residing in the country, who have access to the judicial system through the exercise of this action. The Venezuelan State, as such, lacks of it, since it has mechanisms and other means to cease the damage to those rights and interests, specially through administrative procedures; but the population in general is entitled to bring them in the way explained in this decision, and those ones can be brought by the Defender of the People, since as for Article 280 of the Constitution, the Defendant of the People is in charge of the promotion, defense and guardianship of the legitimate, collective and diffuse interest of the citizens. According to this Chamber, said provision does not exclude or prohibit the citizens the access to the judicial system in defense of the diffuse and collective rights and interests, since Article 26 of the Constitution in force sets forth the access to the judicial system to every person, whereby individuals are entitled to bring to suit as well, unless a law denies them the action. Within the structure of the State, since it does not have those attributions granted, the only one who is able to protect individuals in matters of collective or diffuse interest is the Defender of the People (in any of its scopes: national, state, county or special). The Public Prosecutor (except in the case that a law grants it), Mayors, or Municipal auditors lack both such attribution and the action, unless the law grants them both)."[1310]

VI. THE INJURED THIRD PARTY

As in all suits, and particularly in matters of amparo and protection of constitutional rights, it is possible that third parties not originally connected with the suit, have some personal interest in the action filed because the omission, the particular situation or the challenged act, also affects their constitutional rights, coinciding whether with the claimant or plaintiff or with the allegations of the defendants.

Injured third parties, thus, may be added in the proceedings so that their rights in the subject matter may be also determined and enforced by the corresponding court when coinciding with the plaintiff allegations. Of course the general rule is the same as in the injunctions proceeding in the United States: persons with a unity of interest in the subject matter of the suit and who are entitled to, and seek the same character of relief, may join the plaintiff claim[1311]. Consequently, a person is allowed to intervene in an amparo proceeding adhering to the plaintiff claim and in defense of it because they have a direct interest in the matter that can be affected with the final decision; claim that cannot be modified nor expand by the third party.

Some Latin American Amparo Laws refer specifically to the intervention of third parties, as is the case of Guatemala where Article 34 of the Law establishes the obligation of

---

1310 Decision of the Constitutional Chamber N° 656 of June 5, 2001, Case: *Defensor del Pueblo vs. Comisión Legislativa Nacional*.

1311 See the comments in reference in Kevin Schroder et al, "Injunction", *Corpus Juris Secundum*, Thomson West, Volume 43A, 2004, p. 332.

"the authority, the person denounced or the claimant, if they arrive to know of any person with direct interest in the subject matter or the suspension of the challenged act, resolution or procedure, whether because they are party in the proceedings of because they have any other legal relation with the exposed situation; to tell the foregoing to the court, indicating name and address and in a brief way, the relation with such interest. In this case the court must hear the referred person, as well as the Public prosecutor, considered as a party".

In Mexico, Article 5 of the Amparo Law, in addition to the aggrieved person or persons and to the challenged authority or authorities, are declared also as parties in the amparo suit, "the affected third party or parties", having the possibility to intervene in such character, the following:

a) The counterpart of the injured when the claimed act is issued in a non criminal trail or controversy, or any of the parties in the same trail when the amparo is filed by a person strange to the procedure:
b) The offended or the persons that according to the law, have right to have the damage repaired or to demand for civil liability derived from the commitment of the crime, in amparo suits filed against criminal judicial decisions, when the latter affects the reparation or the liability;
c) The person or persons that have argued in their own favor regarding the challenged act against which the amparo is filed, when being acts adopted by authorities other than judicial of labor; or that without arguing in their favor, they have direct interest in the subsistence of the challenged act.

In the case of Peru, the Constitutional Procedural Code following the universal procedural rules, provides that when in the suit for amparo, it appears for the court the need to incorporate third parties not initially summoned, the judge must incorporate them if from the suit or the answer it is evident that the final decision will affect other parties (Art. 43). Additionally, Article 54 of the Code provides the right to anybody having legal and relevant interest in the outcome of the trail to be incorporated to the procedure and be declared as third interested party, being incorporated to the proceedings at the stage as it is.

Finally, regarding third parties, and without prejudice to what has being said about the intervention of the Peoples' Defendants in the amparo suits, before the extension of this public officer, it has been a legal tradition in Latin American regulations referred to habeas corpus and amparo, to consider the Public Prosecutor (Ministerio Público) in its character of general guarantor for the respects of constitutional rights in the judicial proceedings, as a *bona fide* third party that must be summoned to allow its participation in the proceedings.

In this respect, for instance, the Argentinean Habeas Corpus Law regulates the intervention of the Public Prosecutor, for which purpose the court once received the complaint, must notify its representatives, which will have in the proceedings the same rights given to all those that intervene in it, without any need to notify them for the accomplishment of any procedural act. The Public Prosecutor can file arguments and make the appeals considered necessary (Article 21).

The same occurs in México, where the Amparo Law guarantees the Public prosecutor its right to intervene in the procedure (Article 5, I, IV). In similar sense the

Venezuelan Law of Amparo allows the intervention of the Public prosecutors in all amparo suits, but points out that its non intervention cannot affect the continuity or validity of the procedure (Article 14).

In similar sense regarding the participation of the Public Prosecutor as third party in good faith, in the United States, particularly in matters of judicial protection of civil rights, the participation of the Attorney General in injunctive proceedings as *amicus curiae* has been even encouraged by the courts. In the Texas prison case *Estelle v. Justice,* 426 U.S. 925; 96 S. Ct. 2637: 49 L. Ed. 2d 380 (1976) the matter was definitively resolved: the trial Judge in the case invited the Attorney general to participate as *"litigating amicus"*, with the same rights normally associated with the party, for instance to present evidence and to cross–examine witnesses. This participation was challenged by the State but finally was accepted.

However, since the expansion of injunctive process for the protection of civil rights, beginning with school desegregation cases following the Supreme Court's decisions in *Brown v. Board of Education of Topeka,* (1955), the Attorney General has had a very important role intervening in what has been called "structural injunctions". Through them, on civil rights massive violation matters, the courts have undertaken to judicially supervise the authorities' institutional policies and practices, in many cases with the active participation of the Attorney General in the litigation as *amicus curiae*. As defined by Tabb and Shoben:

> Structural injunctions are modern phenomenon born of necessity from development in Constitutional law where the Supreme Court has identified substantive rights whose enforcement requires substantial judicial supervision. These rights concern the treatment of individuals by institutions, such as the right not to suffer inhumane treatment in prisons or public mental hospital. Enforcement of such rights by injunction has become an implicit part of the Constitutional guarantee of protecting individual liberties from inappropriate government action[1312].

CHAPTER XI

THE DAMAGING OR INJURING PARTY IN THE AMPARO SUIT, AND THE ACTS OR OMISSIONS CAUSING THE HARM OR THE THREATS TO CONSTITUTIONAL RIGHTS

The amparo suit is governed by the principle of bilateralism, in the sense that not only the procedure must be initiated by a plaintiff that must in principle be the party whose constitutional rights and guaranties have been injured or threatened, but in principle, it must also always exist a defendant party, that is, the party whose actions or omissions are those precisely causing the harm or threats. This means that the

1312 See William M. Tabb and Elaine W. Shoben, *Remedies,* Thomson West, 2005, pp. 87–88.

judicial decision the plaintiff is seeking through the amparo suit, must always be directed to somebody that must be individuated[1313].

This is similar to what occurs in the United States, regarding injunctions, referring to its individuated character, which implies that in general terms the resulting judicial order must be "addressed to some clearly identified individual, not just the general citizenry"[1314]

I. THE QUESTION OF THE INDIVIDUATION OF THE DEFENDANT

The general principle regarding amparo, then, is that in the complaint, the plaintiff must clearly identify the authority, public officer, person or entity against whom the action is filed, that is the defendant, as is set forth in the Amparo Laws (Argentina, Art. 6,b; Bolivia, 97,II; Colombia, Art. 14; Costa Rica, Art. 38; El Salvador, Art. 14,2; Guatemala Art. 21,d; Honduras, Art. 21; 49,4; México 116, III; 166,III; Nicaragua, Art. 27,2; Panama, Art. 2619,2; Paraguay, Art. 6,c; Peru, Art. 42,3; Venezuela Art. 18,3).

Nonetheless, some legislations although establishing that the need for the identification of the defendant, provide that this condition only applies "when it is possible" (Argentina, Art. 6,b; Colombia 14; Nicaragua, Art. 25; 55; Venezuela Art. 18, 3); and some Laws as the Paraguayan one, even establish that when the identification of the defendant is not possible, it is for the judge to provide the necessary measures in order to establish the procedural bilateral relation.

Thus, from the beginning of the procedure when the action is filed, or latter in the proceeding, the bilateral character of the amparo suit implies that in principle, a procedural relation must be established between the injured party and the injurer one, which must participate in the process. This implies the individuation character of the suit, equivalent to its personal character.

In this regard, the former Supreme Court of Justice of Venezuela in a decision of December 15, 1992 pointed out that:

> "The amparo action set forth in the Constitution, and regulated in the Organic Amparo law, has among its fundamental characteristic its basic personal or subjective character, which implies that a direct, specific and undutiful relation must exist between the person claiming for the protection of his rights, and the person purported to have originated the disturbance, who is to be the one with standing to act as defendant or the person against whom the action is filed. In

---

1313 The only exception to the principle of bilateralism is the case of Chile, where the offender is not consider a defendant party but only a person whose activity is limited to inform the court and give it the documents it have. That is why in the Regulation set forth by the Supreme Court it is said that the affected state organ, person of public officer just "can" appear as party in the process. See Juan Manuel Errazuriz G. and Jorge Miguel Otero A., *Aspectos procesales del recurso de protección*, Editorial Jurídica de Chile 1989, p. 27.

1314 See Owen M. Fiss, *The Civil Rights Injunction*, Indiana University Press, 1978, p. 12

other words, it is necessary, for granting an amparo, that the person signaled as the injurer be in the end, the one originating the harm"[1315].

But as mentioned, in some situations, it is not possible for the plaintiff or for the judge, to clearly identify the defendant. The important aspect to clearly determine is the fact or action causing the harm, in which case, even without the identification of the exact authority or public officer who had produced it, the constitutional protection must be given. In Argentina this question has been analyzed, and it has been considered as a general principle, that the individuation of the author of the challenged act or omission will only be requested, when possible, because "preferably the amparo tends to focus on the damaging act and only in an accessory way in its author"[1316]. In other words, that once the injurer act has been proved, the sole fact that its author has not been determined, cannot impede the decision to repair the harm, "due to the fact that the amparo action tends to restore the aggrieved constitutional rights, more than to individualize its author"[1317].

That is why, in the *Angel Siri* Argentinean leading case, in which and without statutory regulations, the Supreme Court in Argentina admitted the amparo action, the Court protected the owner of a newspaper that was shoot down by the government, notwithstanding that in the files there was no clear evidence regarding the authority that closed it, nor the motives of the decision[1318].

Nonetheless, in case of absence of individuation of the author of the injuring action, the court must to adopt the necessary measures in order to determine it, and eventually, for the purpose of preserving the bilateral character of the process, designate a public defendant in the case. The Uruguayan Amparo law in this regard expressly provides the possibility to file the action in urgent cases even without knowing with precision about the person responsible for the harm fact, in which case, the court must publish public notices to identify it, and in case of the responsible not showing, the court must appoint an ex officio defendant (Art. 7).

Nonetheless, in other cases of absence of individuation of the injurer party, the claim has been rejected when it is determined that what the plaintiff pretends is to force the court to do the job. It was the case decided by the Argentinean Supreme Court rejecting an amparo actions filed by the former President of the Republic *Juan D. Perón* case, asking for the return of the body of his dead wife. In that case, the Supreme Court ruled about the need for a "minimal individuation of the author of the act originating the claim", due to the fact that:

> "the general principles of procedural law do not suffer any exception due to the exceptional character of the amparo, and must be respected, in order to eventually assure the exercise of the right to defense, from which the counter-

1315 See decision of the Politico Administrative Chamber of the Supreme Court of Justice of December 16, 1992 (Caso *Haydée Casanova*), *Revista de Derecho Público,* N° 52, Editorial Jurídica Venezolana, Caracas, 1992, p. 139.

1316 See Alí Joaquín Salgado, *Juicio de amparo y acción de inconstitucionalidad*, Astrea, Buenos Aires, 1987, p. 92

1317 José Luis Lazzarini, *El juicio de amparo*, La Ley, Buenos Aires, 1987, p. 274.

1318 See José Luis Lazzarini, *El juicio de amparo*, La Ley, Buenos Aires, 1987, pp. 275–276.

part must not be deprived... This is evident from the text of the suit in which it is affirmed that the act provoking the claim has been executed 'by disposition of the former Provisional Government' without adding any other reference or explanation regarding the pointed public officer or entity. It is evident that the minimal requirements of individuation of the defendant, referred above, have not been accomplished in the case. On the contrary what is revealed in the files of this case, is that in lieu of seeking protection to his constitutional guarantees harmed by a an illegal State act, the plaintiff has intended to use the amparo procedure with the purpose of obtaining from the judges the order to practice the necessary inquiries regarding the facts, which are not proved or specified with precision. And it is clear that the performance of the instruction phase can not be achieved by means of this amparo remedy, whose incorporation to Argentinean positive law has purposes different to the one pursued in this case"[1319].

Anyway, with the aforementioned exceptions, the principle of the individuation of the defendant rules in amparo maters. If the aggrieving party is a natural person (human being), whether a public officer or an individual, it must be identified in the usual way, being necessary in any case, to be the person originating the harm or threat to the plaintiff's rights. Being the aggrieving party an artificial person which needs to act through its representatives, whether it be a public entity or a corporation, the action for amparo must be filed against it, identifying with precision the entity and its representative, when possible. In the latter case, the action can be filed against the entity or corporation itself, or personally against the representative itself (public officer or manager), if the harm or threat has been personally provoked by the latter, independently of the artificial person or entity for which he is acting.

That is, as it has been decided by the Venezuelan courts, the aggrieving party must always be directly responsible for the conduct violating the constitutional rights and guaranties of the aggrieved party[1320]; consequently, if a person is denounced as aggrieving without being so, the amparo action must be rejected[1321] As decided by the Fist Court on Judicial review of Administrative Action in a decision of July 13, 1993:

"Among the basic characteristics of the amparo action, it is its subjective character, which requires for its admissibility that the threat of violation of a constitutional right be immediate, possible and realizable by the person identify as aggrieving, which means that in the case of a once materialized violation, it must be executed directly by the accused, that is, a direct relation must exist

---

1319 Fallos: 248–537, referred in José Luis Lazzarini, *El juicio de amparo*, La Ley, Buenos Aires, 1987, p.275

1320 See decisions of the First Court on Judicial Review of Administrative Action of May 12, 1988, *Revista de Derecho Público,* Nº 34, Editorial Jurídica Venezolana, Caracas, 1988, p. 113; and of June 16, 1988, *Revista de Derecho Público,* Nº 35, Editorial Jurídica Venezolana, Caracas, 1988, p. 138.

1321 See decision of the Politico Administrative Chamber of the Supreme Court of Justice of November 22, 1993, *Revista de Derecho Público,* Nº 55–56, Editorial Jurídica Venezolana, Caracas, 1993, pp. 487–489.

between the person asking for the protection to his rights and the person identified as aggrieving who will be the one with standing, and this being the person against whom the action is filed. This leads to affirm that for the admissibility of the amparo action, it is necessary that the person identified as aggrieving eventually be the one causing the purported harm and the one which would be obliged to follow the amparo order in case of the granting of the protection petition.

This essentially personal and subjective character of the amparo action results from the very reading of Article 18,3 of the Amparo Law which imposes on the plaintiff the burden of sufficiently identifying the aggrieving party, when possible. It is also evident from Article 32,a, where it is set forth the need for the decision to expressly mention "the authority, private body or person against whose acts or resolution the amparo is conceded; because on the contrary it could happen that processes could be filed against persons different to those that supposedly caused the harm, which will be contrary to the spirit, purpose and raison d'êter of the Amparo Law. Anyway, the problem of the precise identification of the aggrieving party has been raised regarding amparo actions against Public Administration activities, in order to avoid that the amparo actions be unnecessarily filed against the Republic as a legal person. The necessary identity between the 'aggrieved party and the person accused as being the aggrieving –which must be the one provoking the constitutional harm– has been repeatedly ruled by this Chamber, particularly in order to avoid the filing of amparo processes against the Republic, and to encourage the filing against the specific public officer who produced the purported harm act, fact or omission. In this sense it was decided in ruling of August 1°, 1991 (Case: *María Pérez, N° 391*) where it was said that "the constitutional amparo action, because of its special nature, is an action directly filed against the administrative authority which harms or threatens to harm the constitutional right"[1322].

That is why Article 27 of the Venezuelan Amparo Law provides that in case of amparo against public officials, the court deciding on the merits must notify its decision to the competent authority "in order for it to decide the disciplinary sanctions against the public official responsible of the violation or the threat against a constitutional right or guarantee". This implies that in the filing of the action of amparo in cases of Public Administration activities, "the person acting on behalf of (or representing) the entity who caused the harm or threat to the rights or guarantees must be identified, which is, the signaled person who has the exact and direct knowledge of the facts"[1323].

But the requirement to identify the individual or natural person representative of the entity causing the harm, does not imply that the action must always be filed against such individual; it can be directly filed against the entity in itself. This has

1322 See decisión of the Politico–Administrative Chamber of the Supreme Court of Justice of December 15, 1992 (Caso *Haydee Casanova*), *Revista de Derecho Público*, N° 52, Editorial Jurídica Venezolana, Caracas, 1992, p. 139.

1323 See decision of the First Court on Judicial Review of Administrative Action of June 16, 1988, *Revista de Derecho Público,* N° 35, Editorial Jurídica Venezolana, Caracas, 1988, p. 138

been for instance, the general trend in civil right injunctions in the United States, particularly when filed through class actions where the lost of individuation in the act and beneficiary has also provoked its address "to the office rather than the person"[1324].

This is also the sense of aggrieving authority in the Mexican system where the responsible authority is conceived in institutional rather than personal terms, in the sense that the institution involved remains responsible regardless of the changes in personas[1325]. In this sense it has been decided by the Supreme Court of Mexico, ruling that the discharge, transfer, promotion, demotion, death, or other removal of the individual who has actually ordered or executed the act object of the complaint, or any transfer of jurisdiction over the matter in contest, is no bar to the suit[1326].

Thus, the amparo suit against artificial persons can be filed against the organ or directly against the person in charge of it. In the former case, the person in charge can be changed, that is for instance the case of public entities, where the public official can be changed, but this circumstance does not change the bilateral relation between aggrieved and aggrieving parties. As it has been decided by the Venezuelan First Court on Judicial review of Administrative Action in a decision of September 28, 1993 regarding an amparo action filed against the dean of a Law Faculty, in which case the person in charge as Dean was changed:

> "the heading of the position does not change its organic unity. If the dean of the Faculty changes, it will always be a subjective figure that substitutes the preceding one. That is why in a decision of September 11, 1990 this Court ruled that the circumstance of the head of an organ mentioned as aggrieving being changed does not alter the procedural relation originated with the amparo action. To the latter it must in this case be added that it would have no sense to rule that the procedural relation be continued with the person that doesn't occupy anymore the position, because in case the constitutional amparo is granted, then the ex public official would not be in a position to reestablish the factual infringed situation. As much, the former public officer could be liable for the damages caused, but as it is known, the amparo action has the only purpose of reestablishing the harmed legal situation, and that can only be assured by the current public official"[1327].

Consequently, according to the Venezuelan judicial doctrine on the matter, in cases in which the aggrieved party identifies with precision as aggrieving the public official responsible for the harm, it is this one and only him who must act in the procedure, in which case no notice must be made to its superior or to the Attorney gene-

---

1324 See Owen M. Fiss, *The Civil Rights Injunction*, Indiana University Press 1978, p. 15

1325 See Richard D. Baker, *Judicial Review in Mexico. A Study of the Amparo Suit*, Texas University Press, Austin1971, p. 209

1326 Suprema Corte, *Jurisprudencia de la Suprema Corte*, Tesis 183, II, p. 365; also Suprema Corte, *Montufar Miguel*, 17 *S.J.* 798 (1925). See the references in Richard D. Baker, *Judicial Review in Mexico. A Study of the Amparo Suit*, Texas University Press, Austin1971, p. 208–109, note 36

1327 See decision of the First Court on Judicial Review of Administrative Action of September 28, 1993, *Revista de Derecho Público*, N° 55–56, Editorial Jurídica Venezolana, Caracas, 1993, p. 330.

ral[1328]. Conversely, if the action is for instance filed against a Ministerial entity as an organ of the Republic, the action must be understood to be filed against the latter, being in such cases the Attorney general the entity that must act as the judicial representative of it[1329]. On the contrary, if the amparo suit is exercised against a perfectly identified and individuated organ of Ministerial entity and not against the Republic, the judicial representative of the latter has no procedural role to play[1330]. That is, if the amparo action is directed against an individuated administrative authority, for instance, a Ministry, the representative of the Republic can not act on his behalf[1331]. In such cases, it is the individuated person or public officer that must personally act as aggrieving party[1332].

II. THE DEFENDANT IN THE AMPARO SUIT: AUTHORITIES AND INDIVIDUALS

One of the most important aspects regarding the damaging, aggrieving or injurer party in the amparo suit, that is, the defendant, is related to whether the amparo can only be filed against public authorities or can it also be filed against particulars or individuals. That is, whether the specific judicial means of amparo is only established for the protection of constitutional rights and guaranties against public entities and authorities harms or threats, that is, in general terms, against the State, or it can also be used against private individuals' actions harming or threatening such rights.

The former position can be considered as the general trend in Latin America, following the historical fact that the amparo suit was originally created to protect individuals against the State. Nonetheless, nowadays, in the majority of the countries, this situation does not exclude the admission of the amparo suit for the protection of constitutional rights against individual's actions, as is the case in Argentina, Bolivia,

---

1328 See decisions of the First Court on Judicial Review of Administrative Actions of May 12, 1988, *Revista de Derecho Público,* Nº 34, Editorial Jurídica Venezolana, Caracas, 1988, p. 113; and of September 7, 1989, *Revista de Derecho Público* Nº 40, Editorial Jurídica Venezolana, Caracas, 1989, p. 107. Also decision of the Politico Administrative Chamber of the Supreme Court of Justice of March 16, 1989, *Revista de Derecho Público*, Nº 38, Editorial Jurídica Venezolana, Caracas, 1989, p. 110.

1329 See decision of the First Court on Judicial Review of Administrative Actions of September 7, 1989, *Revista de Derecho Público,* Nº 40, Editorial Jurídica Venezolana, Caracas, 1989, p. 107.

1330 See decision of the First Court on Judicial Review of Administrative Actions of November 21, 1990, *Revista de Derecho Público*, Nº 44, Editorial Jurídica Venezolana, Caracas, 1990, p. 148.

1331 See decisions of the First Court on Judicial Review of Administrative Actions of October 10, 1990, *Revista de Derecho Público,* Nº 44, Editorial Jurídica Venezolana, Caracas, 1990, p. 142; and of July 30, 1992, *Revista de Derecho Público,* Nº 51, Editorial Jurídica Venezolana, Caracas, 1992, p. 164; and decisions of the Politico Administrative Chamber of the Supreme Court of Justice of August 1, 1991, *Revista de Derecho Público,* Nº 47, Editorial Jurídica Venezolana, Caracas, 1991, p. 120, and of December 15, 1992, *Revista de Derecho Público*, Nº 52, Editorial Jurídica Venezolana, Caracas, 1992, p. 139.

1332 See decision of the Politico Administrative Chamber of the Supreme Court of Justice of March 8, 1990, *Revista de Derecho Público*, Nº 42, Editorial Jurídica Venezolana, Caracas, 1990, p. 114; and of the First Court on Judicial Review of Administrative Actions of November 21, 1990, *Revista de Derecho Público,* Nº 44, Editorial Jurídica Venezolana, Caracas, 1990, p. 148. Igualmente en FUNEDA, *15 años de Jurisprudencia, cit.,* p. 164; and of July, 14, 1988, FUNEDA, *15 años de Jurisprudencia, cit.*, p. 177.

Chile, Dominican Republic, Peru, Venezuela and Uruguay, as well as, although in a more restrictive way, in Colombia, Costa Rica Ecuador, and Guatemala.

III. THE AMPARO AGAINST PUBLIC AUTHORITIES: PUBLIC ENTITIES AND PUBLIC OFFICERS

In general terms, all Latin American countries establish that the amparo action shall be filed against public entities and public officials, following the original features of the amparo as a special judicial means for the protection of human rights, facing the State. But this situation, as mentioned before, has changed to the point that, nowadays, the countries that only admit the amparo suit against public entities or officers, excluding the suit against individuals or private persons, are the minority, as is the case in Brazil, El Salvador, Panama, Mexico and Nicaragua. In all the other Latin American countries, additionally to the amparo suit against public entities and officers, the action for constitutional protection can be filed against private parties.

Regarding civil rights injunctions, the United States can also be included in the former group. If it is true that in this country, injunctions, as general judicial means for rights' protection can be filed against any person as "higher public officials or private persons"[1333] causing the harm to a right, in matters of constitutional or civil rights guaranties, it has been considered that it is only admissible regarding public entities. As explained by, M. Glenn Abernathy and Barbara A. Perry:

> "Limited remedies for private interfere with free choice. Another problem in the citizen's search for freedom from restriction lies in that many types of interference stemming from private persons do not constitute actionable wrongs under the law. Private prejudice and private discrimination do not, in the absence of specific statutory provisions, offer grounds for judicial intervention on behalf of the sufferer. If one is denied admission to membership in a social club, for example, solely on the basis of his race or religion or political affiliation, he may understandably smart under the rejection, but the courts cannot help him (again assuming no statutory provision batting such distinctions). There are, then, many types of restraints on individual freedom of choice which are beyond the authority of courts to remove or ameliorate.
>
> It should be noted that the guarantees of rights in the United States Constitution only protect against governmental action and do not apply to purely private encroachments, except for the Thirteenth Amendment's prohibition of slavery. Remedies for private invasion must be found in statutes, the common law, or administrative agency regulations and adjudications"[1334].

In Latin America, as mentioned before, only Brazil, El Salvador, Panama, Mexico and Nicaragua leave the amparo action to be filed no more than against the State, that is, public entities and public officials. This was the situation at the origin of the

---

1333 See M. Glenn Abernathy and Barbara A. Perry, *Civil Liberties under the Constitution*, Sixth Edition, University of South Carolina Press, 1993, p. 8.

1334 See M. Glenn Abernathy and Barbara A. Perry, *Civil Liberties under the Constitution*, Sixth Edition, University of South Carolina Press, 1993, p. 6.

amparo suit in Mexico, as it currently remains when Article 103 of the Constitution provides that the amparo shall be filed against infraction to constitutional guarantees committed by an "authority", in the sense that it must always be a responsible authority. Accordingly, Article 11 of the Amparo Law points out that "The authority responsible is the one who edicts, promulgates, orders, executes or tries to execute the statute or the claimed act". This article has been interpreted in the sense that authorities are not only those superior ones which order the acts, but also those subordinate ones that execute or try to execute them; the amparo being admitted against any of them"[1335].

This term "authority" could be interpreted in the wider sense of any public entity of public official regardless its powers of functions. This is the sense given, for instance, to the Amparo laws of Argentina, Peru or Venezuela. But in Argentina, the notion of "authority" regarding the amparo suit, even though apparently wider, has in fact a restrictive meaning, when it refers only to those public officers with power to decide. As was defined in the *case Campos Otero Julia* (1935), this term is understood as "an organ of the State legally vested with the powers of decision and command necessary for imposing upon individuals either its own determinations or those that emanate form some other State organs"[1336]. This definition was expanded to include "all those persons who dispose of public power (*fuerza pública*) by virtue of either legal or *de facto* circumstances, and who, consequently find themselves in a position to perform acts of a public character, due to the fact that the power they have is public"[1337].

Three aspects must be emphasized regarding the judicial doctrine on the notion of "authority" in Mexico: First, the idea of the *de facto* public officer, in the sense that even if the offender is not the legitimate holder of the public office whose authority is exercised, the amparo must be admitted because the harm is caused by some one that pretends to be exercising public power, the citizens having the right to legitimate confidence in those who exercise public power.

Second, that because the definition of "authority" refers to those public entities that are in a position to make a decision and to impose or execute them by a coactive use of public power, in many cases, the courts had rejected the amparo suit against public entities considering that they do not have the power to decide, like those with

1335 See "Autoridades para efectos del juicio de amparo" (*Apéndice al Semanario Judicial de la federación, 1917–1988*, Segunda parte, tesis 300, p. 519. See the reference in Eduardo Ferrer Mac-Gregor, *La acción constitucional de amparo en México y España. Estudio de derecho comparado*, Editorial Porrúa, México, 2002, p. 254.

1336 See Suprema Corte, *Campos Otero Julia*, 45, S.J. 5033 (1935). See the reference in Richard D. Baker, *Judicial Review in Mexico. A Study of the Amparo Suit*, Texas University Press, Austin, 1971, p. 94

1337 See "Autoridades para efectos del juicio de amparo" (*Apéndice al Semanario Judicial de la Federación*, 1917–1988, Segunda parte, tesis 300, p. 519. See the reference in Eduardo Ferrer Mac–Gregor, *La acción constitucional de amparo en México y España. Estudio de derecho comparado*, Editorial Porrúa, México 2002, p, 253. Also see Suprema Corte, *Jurisprudencia de la Suprema Corte*, thesis 179, II, 360. see the referente in Richard D. Baker, *Judicial Review in Mexico. A Study of the Amparo Suit*, Texas University Press, Austin, 1971, p. 94.

purely staff or consultative nature[1338]. According to this interpretation, for instance, many decentralized public entities like *Petróleos Mexicanos,* the National Commission on Electricity, the Human Rights' Defendant of the UNAM and the Autonomous Universities were initially excluded from the category of "authorities"[1339]. Nonetheless, progressively the amparo suit has been admitted against some of these entities based on the decision powers they have in concrete cases[1340].

Third, that from a procedural point of view, all the authorities materially involved in the aggrieving action must be identified by the plaintiff in his action and be notified by the court; not only those who ordered the action, but those who have decided it and that have to execute or apply it. As decided by the Supreme Court: if in the amparo claim it is only mentioned the responsible authority adopting the act – the authority who orders– and the suspension of the act is requested, this cannot be granted because the situation will be of acts consented; on the contrary, if there are only mentioned as responsible authorities those who have executed the act, then the suspension can be granted, but the case must be discontinued because the facts resulted from a consented act[1341].

In contrast with this restrictive interpretation on the concept of authority regarding the Mexican amparo suit, in Argentina, for instance, the amparo action can be filed against "any public authority act or omission" (Art. 1), being interpreted the term "public authority", in a wide sense including all sorts of public entity or officials of all branches of government. It must be said that the expression "public authority" in Article 1 of the the Amparo Law was incorporated because of the intention of the 1964 legislator to not regulate the amparo against individuals, which nonetheless was already admitted by the Supreme Court and later expressly regulated in the Civil Procedure Code. Even though the expression could also be interpreted in a restrictive way referring only to public officers with *imperium*, that is, those with power to command and to edict obligatory decisions and to require the use of public force to execute them, the general trend is to interpret it in a wide sense comprising any agent, employee, public official, magistrate of government agent acting in that condition, including individuals accomplishing public functions, like the public services concessionaries[1342]. In some cases it has even been considered that actions of a

---

1338 Richard D. Baker, *Judicial Review in Mexico. A Study of the Amparo Suit*, Texas University Press, Austin, 1971, p. 95.

1339 See the references to the judicial decisions in Eduardo Ferrer Mac–Gregor, *La acción constitucional de amparo en México y España. Estudio de derecho comparado*, Editorial Porrúa, México, 2002, pp. 255–256.

1340 Se Eduardo Ferrer Mac–Gregor, *La acción constitucional de amparo en México y España. Estudio de derecho comparado*, Editorial Porrúa, México 2002, p. 257.

1341 See the Supreme Court jurisprudencia on "Actos Consumados. Suspensión "improcedente" y actos derivados de actos consentidos" en Apéndice al Semanario Judicial de la federación, 1917–1995, Primera sala, tesis 1090, p. 756; y Tribunal Pleno, Tesis 17, p. 12. See the references in Eduardo Ferrer Mac–Gregor, *La acción constitucional de amparo en México y España. Estudio de derecho comparado*, Editorial Porrúa, México 2002, p. 255, notes 450 and 451.

1342 See Néstor Pedro Sagüés, *Derecho procesal Constitucional, Vol 3, Acción de amparo*, Editorial Astrea Buenos Aires 1988, pp.91–93; Joaquín Brague Camazano, *La Jurisdicción constitucional de la libertad (Teoría general, Argentina, México, Corte Interamericana de Derechos Humanos)*, Editorial Porrúa,

Provincial Constituent Assembly violating constitutional rights can be challenged via the amparo action[1343]

In similarly wide sense, the term "public authorities" is also conceived for the purpose of the amparo protection, for instance, in Bolivia (Art. 94), Colombia (Art.1), El Salvador (Art. 12), Peru (Art. 2), Uruguay (Art. 2) and Venezuela (Art. 2). In Brazil, Article 1 of the statute regulating the *mandado de segurança* provides that this action can be filed against any violation provoked by "authorities, no matter its category and functions"; and in Nicaragua the expression refers to "any public official, authority of its agents" (Art. 3). Some legislations, in order to dissipate any doubts, are enumerative and include any act from any of the branches of government, including delegated, decentralized or autonomous entities, municipal corporations or those supported with public founds or that act by delegation of a State organ by means of a concession, contract or resolution (Guatemala Art. 9, Honduras Art. 41).

The only Latin American country where the amparo action regarding authorities is statutorily reduced expressly to those of the Executive branch of government is Ecuador, where Article 46 of the Amparo Law only admits the amparo against "public administration authorities"(Art. 46).

But besides this specific exception, in contrast, it can be said that in almost all other Latin American countries, the amparo action is established as a specific judicial means for the protection of constitutional rights and guaranties against any acts, facts or omissions of any public authority (public entities or public officials), which can be part of any of the branches of government, whether executive, legislative, judicial or control.

As set forth in the Guatemalan Amparo law, "*no sphere shall be excluded from amparo*" and the action will be admitted against acts, resolutions, dispositions and statutes of authority which could imply a threat, a restriction or a violation of the rights guarantied in the Constitution and in statutes" (Art. 8).

It is also the case in Venezuela, where Article 2 of the Amparo law provides that the action can be filed against "any fact, act or omission of any of the National, States, of Municipal Public Powers (branches of government); which means that the constitutional protection can be filed against any public action, that is, any formal state act, any material action and any factual activity (*vía de hecho*) (Art. 5); as well as against any omission from public entities.

This universality of the amparo suit has been developed by judicial decisions doctrine. For instance, in the case Aura Loreto Rangel, the First Court on Judicial review of Administrative Action of November 11, 1993, it was ruled that:

> "From what Article 2 of the Amparo law sets forth, it results that there is no conduct type, regardless of its nature or character, or from their authors, which

México 2005, p. 97. José Luis Lazzarini, *El juicio de amparo,* Editorial La Ley, Buenos Aires 1987, pp. 208–209.

1343 See Alí Joaquín Salgado, *Juicio de amparo y acción de inconstitucionalidad*, Editorial Astrea, Buenos Aires, 1987, pp. 24–25.

can be excluded per se from the amparo judge revision in order to determine if it harms or not constitutional rights or guarantees"[1344].

The same criterion has been adopted by the Political Administrative Chamber of the Supreme Court of Justice in a decision of may 24, 1993 as follows:

> The terms on which the amparo action is regulated in Article 49 of the Constitution (now Article 27) are very extensive. If the extended scope of the rights and guarantees that can be protected and restored through this judicial mean is undoubted; the harm cannot be limited to those produced only by some acts. So, in equal terms it must be permitted that any harming act –whether an act, a fact or an omission– with respect to any constitutional right and guarantee, can be challenged by means of this action, due to the fact that the amparo action is the protection of any norm regulating the so called subjective rights of constitutional rank, it cannot be sustained that such protection is only available in cases in which the injuring act has some precise characteristics, whether from a material or organic point of view. The *jurisprudencia* of this Court has been constant regarding both principles. In decision N° 22, dated January 31, 1991 (Case*: Anselmo Natale*), it was decided that 'there is no State act that could not be reviewed by amparo, the latter understood not as a mean for judicial review of constitutionality of State acts in order to annul them, but as a protective remedy regarding public freedoms whose purpose is to reestablish its enjoyment and exercise, when a natural or artificial person, or group or private organization, threaten to harm them or effectively harm them (See, regarding the extended scope of the protected rights, decision of December 4, 1990, Case *Mariela Morales de Jimenez*, N° 661)[1345].

In another decision dated February 13, 1992, the First Court ruled:

> "This Court observes that the essential characteristic of the amparo regime, in its constitutional regulation as well as in its statutory development, is its universality.., so the protection it assures is extended to all subjects (physical or artificial persons), as well as regarding all constitutionally guaranteed rights, including those that without being expressly regulated in the Constitution, are inherent to human beings. This the departing point in order to understand the scope of the constitutional amparo... Regarding Public Administration, the amparo against it is so extended that it can be filed against all acts, omissions and factual actions, without any kind of exclusion regarding some matters that always related to the public order and social interest"[1346]

Notwithstanding this general principle of the universality of the amparo, a series of exceptions can be identified in various legislations, regarding some particular and specific State activities that are expressly excluded. In this regard, we will analyze the situation regarding the amparo against legislative, executive and judicial acts as

1344 See in *Revista de Derecho Público,* N° 55–56, Editorial Jurídica Venezolana, Caracas, 1993, p. 284.

1345 See in *Revista de Derecho Público,* N° 55–56, Editorial Jurídica Venezolana, Caracas, 1993, pp. 284–285.

1346 See in *Revista de Derecho Público,* N° 49, Editorial Jurídica Venezolana, Caracas, 1992, pp. 120–121.

well as the particular exceptions established in the statutory regulations of the amparo suit.

1. *The Amparo against legislative actions*

Congress and parliamentary commissions are public authorities, and by means of its actions they can harm constitutional rights and guaranties; that is, legislative bodies, from national Congress down to municipal councils, can be a source of interference with personal freedom[1347]. Against such legislative actions or omissions that injure constitutional rights or guarantees, amparo suits can be brought before the competent courts.

A. *Amparo against parliamentary bodies' and their commissions' decisions*

Regarding parliamentary bodies (Chambers) and its commissions, in Argentina, Costa Rica[1348] and Venezuela, for instance, the amparo action has been admitted against their acts when they harm constitutional rights.

In Argentina, it was the case of the parliamentary enquiries developed in 1984 regarding the facts occurred during the previous de facto government, in which the parliamentary commission ordered the breaking into law offices of various lawyers and the seizure of documents. In the court decisions, particularly in the Case *Klein* decided in 1984, without questioning the powers of the parliamentary commissions to make inquiries, it was ruled that they cannot, without formal statutory provisions, validly restrict individual rights, in particular, to break into the personal domicile of people and to seize their personal documents. It was thus decided that the order, could only be taken based on a statutory provision, not by the sole decision of the commissions, and eventually based in a judicial order[1349]

In Venezuela, a similar situation can be identified regarding the privative attributions of legislative bodies. Although the 1961 Constitution (Art. 159) set forth that they were not to be reviewed by other branches of government, regarding the former Congress and their commissions, the Supreme Court admitted the amparo action against their acts, in a decision dated January 31, 1991 (Caso: *Anselmo Natale*), ruling as follows:

> "The exclusion of judicial review regarding certain parliamentary acts – except in cases of extra limitation of powers– set forth in Article 159 of the Constitution, as a way to prevent, due to the rules of separation of powers, that

---

1347 See *Stuab v. City of Baxley*, 355 U.S. 313 (1958). See the comments in M. Glenn Abernathy and Barbara A. Perry, *Civil Liberties under the Constitution,* University of South Carolina Press, 1993, pp. 12–13.

1348 See Rubén Hernández Valle, *Derecho Procesal Constitucional*, Editorial Juricentro, San José 2001, pp. 211–214

1349 See the comments on the First Instance decision of 1984 (1ª *InstCrimCorrFed*, Juzg N° 3, 10–9–84, ED 110–653) in Néstor Pedro Sagüés, *Derecho procesal Constitucional,* Vol 3, *Acción de amparo*, Editorial Astrea Buenos Aires 1988, pp. 95–97; Joaquín Brague Camazano, *La Jurisdicción constitucional de la libertad (Teoría general, Argentina, México, Corte Interamericana de Derechos Humanos)*, Editorial Porrúa, México 2005, p. 98. José Luis Lazzarini, *El juicio de amparo,* Editorial La Ley, Buenos Aires 1987, pp. 216–216.

the executive and judicial branches could invade or interfere in the orbit of the legislative body which is the trustee of the popular sovereignty, is restricted to determine the intrinsic regularity of such acts regarding the Constitution, in order to annul them, but it does not apply when it is a matter of obtaining the immediate reestablishment of the enjoyment and exercise of harmed rights and guarantees set forth in the Constitution"[1350].

Consequently, after ruling –as has been above mentioned– that "it cannot exist any State act excluded from revision by means of amparo, the purpose of which is not to annul State acts but to protect public freedoms and restore its enjoyment when violated or harmed", the Supreme Court decided as follows:

> The Chamber considers that the constitutional amparo, understood in this way, can be filed by any person, natural or artificial, even against acts excluded from judicial control as those set forth in Article 159 of the Constitution as established in that provision, alleging a harm or violation of constitutional rights or guarantees, or those that being inherent to human beings, are not listed expressly in it"[1351].

In the case of México, Article 73, VIII of the Amparo Law expressly excludes from the amparo suit, the resolutions and declarations of the Federal Congress and its Chambers, as well as of the State Legislative bodies and heir Commissions, regarding the election, suspension or dismissal of public officers, in cases in which the corresponding Constitutions confer them the power to resolve the matter in a sovereign or discretionary way[1352]. There are also excluded from the amparo suit, the decisions adopted by the Representative Chamber of by the Senate in cases of impeachments, which Article 110 of the Constitution declares as non challenging ones[1353].

In the United States, the general rule is that injunctions may not be directed against Congress; and injunctions have been rejected for instance to suspend a congressional subpoena, where the complainant had an adequate remedy to protect his rights in connection with a hearing[1354].

1350 See in *Revista de Derecho Público,* N° 45, Editorial Jurídica Venezolana, Caracas, 1991, p. 118

1351 See in *Revista de Derecho Público,* N° 45, Editorial Jurídica Venezolana, Caracas, 1991, p. 118. See also decision of the First Court on Judicial review of Administrative action of June 18, 1992 See in *Revista de Derecho Público,* N° 46, Editorial Jurídica Venezolana, Caracas, 1991, p. 125.

1352 See Richard D. Baker, *Judicial Review in Mexico. A Study of the Amparo Suit,* Texas University Press, Austin 1971, p. 98

1353 See Eduardo Ferrer Mac–Gregor, *La acción constitucional de amparo en México y España. Estudio de derecho comparado,* Editorial Porrúa, México 2002, p. 378.

1354 See U.S. –Mins et al. V. McCarty, 209 F. 2d 307 (D.C. Cir. 1953), in John Bourdeau et al, "Injunctions" in Kevin Schroder, John Glenn and Maureen Placilla, *Corpus Juris Secundum*, Volume 43A, Thomson West, 2004, p. 230.

B. *Amparo against laws (statutes)*

One of the most important issues regarding the Latin American amparo refers to the possibility of filing the amparo action against statutes, which if it is true that it is accepted in some countries like Mexico, Venezuela and Guatemala, is excluded –in some cases expressly– in others, like Argentina, Brazil, Colombia, Chile, Costa Rica, El Salvador, Panama, Peru and Uruguay. But regardless of the acceptance in some countries, the admissibility of the amparo action against laws has been progressively restricted, allowing in some countries its filing only against self–executing statutes (Mexico), or only regarding the acts which apply the particular statute, not being in general, admitted directly against the statute itself, except in Guatemala.

In effect, in Mexico, Article 1,I of the Amparo Law establishes that the amparo can be filed against statutes that violate the constitutional guarantees. In such cases, the amparo action can be filed directly against self executing or self applicable statutes (laws) when considered contrary to the Constitution, giving rise in such cases, to a judicial means of judicial review of constitutionality of the statutes. In these cases, the action can be filed directly against the statute, without any need for an administrative or judicial act of application of the statute, because the statute in itself is the one that causes direct harm to the constitutional guarantees of the plaintiff[1355]. In these cases, the action has to be filed within 30 days following their enforcement. In such cases, the defendants are the supreme institutions of the State that had intervened in the drafting of the statute, that is, the Congress of the Union or the legislatures of the States that passed the statute, the President of the Republic or State Governors that ordered its execution and the Executive Secretariats that approved it and ordered its enactment.

Consequently, the amparo against laws in Mexico, is considered a judicial means for the direct control of the constitutionality of such statutes, even if it is not brought in an abstract manner, since the claimant must have been directly harmed by the legislation, without the need for another state act for the application of the statute. On the contrary, when the statute in itself does not cause direct and personal harm to the claimant, that is, the statute is not self executing, the amparo action is inadmissible, unless it is filed against the State acts that apply it to a specific person[1356]. As it is expressly set forth in Article 73,VI, the amparo suit is inadmissible "against statutes, treaties or regulations that, by its sole passing, they do not cause harm to the plaintiff, but need a subsequent act of its application in order for the prejudice to initiate". In these cases, of statutes that are not self–executing, the amparo action must be filed within 15 days following the issuing of the first act of its execution or application.

The main aspect to be stressed on the matter, of course, is the distinction between the self executing and not self executing laws. Following the doctrine established in

---

1355 See Garza Flores Hnos., Sucs., 28 S.J. 1208 (1930). See the reference in Richard D. Baker, *Judicial Review in Mexico. A Study of the Amparo Suit*, Texas University Press, Austin1971, p. 167

1356 See Eduardo Ferrer Mac–Gregor, *La acción constitucional de amparo en México y España. Estudio de derecho comparado*, Editorial Porrúa, México 2002, p, 387

the case of *Villera de Orellana María de los Angeles y coags*., the former are those immediately obligatory, in which provisions the persons to whom are applicable are clearly and unmistakably identified, being *ipso jure* subjected to an obligation which implies the accomplishment of acts not previously required, resulting a prejudicial modification of the person's rights[1357].

The Mexican solution is similar to the United States exceptions to the doctrine of non–interference, according to which injunctions, if not admitted in principle against legislative acts, are admitted against municipal ordinances and regulations, when by its mere passage they immediately produce some irreparable loss or injury to the plaintiff[1358].

According to the universality character of the system set forth in the Venezuelan Constitution regarding the acts that can be challenged by means of amparo, one of the most distinguishable innovations of the 1988 Amparo Law was the regulation of the amparo against statutes and other normative acts, complementing the general mixed system of judicial review[1359]. In this regard, Article 3 of the Amparo law establishes the following:

> **Artículo 3º** The amparo action is also admissible when the violation or the threats of violation derives from a norm contrary to the constitution. In this case, the resulting judicial decision resolving the filed action, must take notice of the inapplicability of the challenged norm and the court must inform its decision to the Supreme Court.
>
> The action of amparo may also be brought together with the popular action of unconstitutionality of laws and other state normative acts, in which case, if it deems it necessary for the constitutional protection, the Supreme Court of Justice may suspend the application of the norm in respect of the specific juridical situation whose violation is alleged, whilst the suit for its annulment lasts.

This article sets forth two ways through which an amparo pretension can be filed before the competent court: in an autonomous way, or exercised together with the popular action of unconstitutionality of statutes. In the latter case, the amparo pretension is subordinated to the principal action for judicial review, producing only the possibility for the court to suspend the application of the statute pending the unconstitutionality suit. In this case, the situation is similar to the one of the popular action of unconstitutionality in the Dominican Republic when the amparo pretension is filed together with it[1360].

1357 Suprema Corte de Justicia, 123 S.J. 783 (1955). See the comments in Richard D. Baker, *Judicial Review in Mexico. A Study of the Amparo Suit*, Texas University Press, Austin, 1971, p. 168–173e

1358 See. *Larkins v. City of Denison*, 683 S.W. 2d 754 (Tex. App. Dallas 1984). See the reference to this and other court decisions on the matter in John Bourdeau et al, "Injunctions" in Kevin Schroder, John Glenn and Maureen Placilla, *Corpus Juris Secundum*, Volume 43A, Thomson West, 2004, pp. 257–260

1359 See Allan R. Brewer–Carías, "Derecho y Acción de Amparo", Vol. V, *Instituciones Políticas y Constitucionales,* Editorial Jurídica Venezolana, Caracas, 1998, pp. 227 ff.

1360 See Eduardo Jorge Prats, *Derecho Constitucional*, Vol. II, *Gaceta Judicial*, Santo Domingo 2005, p. 399.

But in the former case, Article 3 of the Venezuelan Amparo Law sets forth a direct amparo action against statutes, different to the popular action of unconstitutionality whose nullity results have *erga omnes* effects, seeking only the inapplicability of the statute to a concrete case with *inter partes* effects[1361]. But even thought the clear wording of the article, it can be said that the amparo action against laws has in fact been eliminated in Venezuela as a consequence of the interpretation made by the former Supreme Court of Justice, imposing the need of the action to be always and only directed against the State acts applying the statute and not directly against it. In a decision dated May 24, 1993, the Politico Administrative Chamber of the Supreme Court issued a decision that has been the leading case on the matter, ruling that:

> Thus, it seem that there is no doubt that Article 3 of the Amparo law does not set forth the possibility of filing an amparo action directly against a normative act, but against the act, fact or omission that has its origin in a normative provision which is considered by the claimant as contrary to the Constitution and for which, due to the presumption of legitimacy and constitutionality of the former, the court must previously resolve its inapplicability to the concrete case argued. It is obvious, thus, that such article of the Amparo law does not allow the possibility of filing this action for constitutional protection against a statute or other normative act, but against the act which applies or executes it, which is definitively the one that in the concrete case can cause a particular harm to the constitutional rights and guaranties of a precise person"[1362].

The Court, in its decision, admitted the distinction between the self executing and not self executing statutes, ruling that the former imposes an immediate obligation for the persons to whom it is issued, with its promulgation; and on the contrary, the latter requires an act for its later execution, in which case its sole promulgation cannot produce a constitutional violation"[1363]. But even though it admits the distinction, the Supreme Court concluded its ruling declaring the impossibility for a real normative act to directly and by itself, harm the constitutional orbit of a concrete and particular situation of an individual.

But by rejecting the possibility of direct harms that a statute can cause to particular constitutional rights, the Court in principle admitted the possibility for the unconstitutional statute to cause threats to those same persons' rights, ruling that in such case the threats ought to be "imminent, possible and realizable" in order for an amparo action to be admitted. But in the same decision, such possibility was rejected with the following argument:

1361 See Allan R. Brewer–Carías, "Derecho y Acción de Amparo", Vol. V, *Instituciones Políticas y Constitucionales*, Editorial Jurídica Venezolana, Caracas 1998, pp. 224 ff; Rafael Chavero, *El nuevo régimen del amparo constitucional en Venezuela*, Editorial Sherwood, Caracas, 2001, pp. 553 ff.

1362 See in *Revista de Derecho Público*, N° 55–56, Editorial Jurídica Venezolana, Caracas, 1993, pp. 287–288

1363 See in *Revista de Derecho Público*, N° 55–56, Editorial Jurídica Venezolana, Caracas, 1993, p. 285.

"In case of an amparo action against a norm, the concretion of the possible harm would not be 'immediate', because it will always be the need for a competent authority to execute or apply it in order for the statute to effectively harm the claimant. It must be concluded that the probable harm produced by the norm will always be a mediate and indirect one, due to the need for the statute to be applied to the concrete case. So that the harm will be caused by mean of the act applying the illegal norm.

The same occurs with the third condition, in the sense that the probable and imminent threat will never be made by the possible defendant. If it would be possible to sustain that the amparo could be admissible against a statute whose constitutionality is challenged, it would be necessary to accept as aggrieved party the legislative body issuing it, being the party to participate in the process as defendant. But it must be highlighted that in the case in which the possible harm could be realized, it would not be the legislative body the one called to execute it, but rather the public officer that must apply the norm in all the cases in which an individual is located in the situation regulated.

If it is understood that the object of the amparo action is the statute, then the conclusion would be that the possible defendant (the public entity enacting the norm whose unconstitutionality is alleged) could not be the one that could make the threat. The concrete harm would be definitively made by a different entity or person (the one applying the unconstitutional norm to a specific and concrete case)[1364].

From the above mentioned, the Venezuelan Supreme Court concluded rejecting the amparo action against statutes and normative acts, not only because it considered that the Amparo laws does not set forth such possibility –bypassing its text–, but because even being possible to bring the extraordinary action against a normative act, it would not comply with the imminent, possible and realizable conditions of the threats set forth in Article 6,2 of the Amparo Law.

In Guatemala the amparo against laws is established in a direct form, being the Constitutional Courts empowered to "declare in specific cases that a statute, a regulation, resolution or act of the authorities does not bind the claimant, since it contravenes or restricts any of the rights guaranteed by the Constitution or recognized by any Law (Article 10,b Guatemala Law). This same judicial power, but only regarding to executive regulations, is established in Honduras (Article 41,b Law). In both cases, the judicial decisions on amparo suspend the application of the statute, the executive regulation, resolution or challenged act in respect of the claimant, and if applicable, the re–establishment of the juridical situation affected or the cessation of the measure (Article 49,a Guatemala)[1365].

In other Latin American countries, the possibility of bringing an action of amparo against statutes is expressly excluded. This is the case of Costa Rica, where the

---

1364 See in *Revista de Derecho Público,* N° 55–56, Editorial Jurídica Venezolana, Caracas, 1993, pp. 288 a 290.

1365 See Edmundo Orellana, *La justicia constitucional en Honduras*, Universidad Nacional Autónoma de Honduras, Tegucigalpa, 1993, p. 102, note 26.

Law on Constitutional Jurisdiction provides that the amparo action against statutes and other regulatory provisions is not admissible, except when challenged together with the acts individually applying it, or when dealing with automatically enforced regulations, in such a way that their prescriptions become automatically enforceable simply by their enactment, without the need for other regulations or acts that develop them or render them applicable to the claimant (Art 30,a Costa Rica Law). Nonetheless, in these cases, the amparo against the self executing statute is not directly decided by the Constitutional Chamber, and instead, it is converted into a direct action on judicial review of the constitutionality of the challenged statute[1366]. In such cases, the President of the Constitutional Chamber must suspend the procedure and give the plaintiff 15 days in order for him to formalize a direct action on judicial review of constitutionality against the statute (Art. 48 Costa Rica Law). So, only after the statute is annulled by the Constitutional Chamber, the amparo action will be decided.

In Uruguay, in similar sense, the amparo against statutes is excluded regarding statutes and State acts of similar rank (Art. 1,c Law 16011), being the only means to challenge the constitutionality of a statute, the judicial action file to obtain a declaration of its unconstitutionality in a concrete case by the Supreme Court. In such cases, the amparo pretension can only have a suppressive effect regarding the application of the statute to the plaintiff pending the Supreme Court decision on the unconstitutionality of the statute[1367]

In Argentina, even with its longstanding tradition on judicial review of legislation by means of the diffuse method of judicial review, the amparo against statutes is not admitted[1368]. Nonetheless, if in an amparo action against State acts, the statute in which the challenged act is based is considered unconstitutional, the amparo judge, by means of the diffuse method of judicial review can decide upon the inapplicability of the statute in the case. In this regard, Article 2,d of the Amparo Law when setting forth that the amparo action is not admissible "when for the purpose of determining the invalidity of the challenged act it is required the declaration of the unconstitutionality a the statute", has been considered as not being in force because it contradicts Article 31 of the Constitution (supremacy clause)[1369]. Additionally, Article 43 of the 1994 Constitution, now regulating the amparo action, has expressly solved the discussion by setting forth that "In the case, the judge can declare the unconstitutionality of the norm in which the act or omission is based". After discussions based in previous legislation, regarding the admissibility in the judicial doctrine of the

---

1366 See Rubén Hernández, *Derecho Procesal Constitucional*, Editorial Juricentro, San José, 2001, pp. 45, 208–209, 245, 223.

1367 See Luis Alberto Viera, *Ley de Amparo*, Ediciones Idea, Montevideo 1993, pp. 23,

1368 See José Luis Lazzarini, *El juicio de amparo*, Editorial La Ley, Buenos Aires 1987, p. 214; Néstor Pedro Sagüés, *Derecho procesal Constitucional,* Vol. 3, *Acción de amparo*, Editorial Astrea Buenos Aires 1988, p. 97.

1369 See Néstor Pedro Sagüés, *Derecho procesal Constitucional,* Vol. 3, *Acción de amparo*, Editorial Astrea Buenos Aires 1988, pp. 243–258.

amparo against self executing statutes[1370], in similar sense to the Argentinean solution, the Peruvian Constitutional Procedure Code has established as follows: "When it is argued that the acts causing threats or violation are based in the application of a norm not compatible with the Constitution, the decision declaring the claim founded must additionally decide on the inapplicability of such norm" (Article 43). In this case, also, the court in order to decide must use its judicial review powers through the diffuse method.

In other countries, the amparo action against statutes is just declared as inadmissible in the legislation or considered as such by the courts: as is the case in Chile[1371], Uruguay (Art. 1,c Amparo Law), Panamá and El Salvador[1372]. In Brazil, the *mandado de segurança* is also excluded against laws or legal provisions when they have not been applied through an administrative act[1373]. In Colombia, the tutela action is also excluded regarding all "acts of a general, impersonal and abstract nature" (Art 6,5); and in Nicaragua, the amparo action is not admissible "against the process of drafting the statute, its promulgation or publication or any other legislative act or resolution" (Article 51, Law).

2. *Amparo against executive and administrative acts and actions*

The general terms, it can be said that the amparo action was born seeking the protection from executive authorities, in particular, against administrative acts issued by public officers or facts or omissions accomplished by them; that is, against acts, facts or omissions from the entities or bodies forming Public Administration at all its levels (national, state, municipal). These acts, facts or omissions are always considered as produced by public authorities, particularly from the executive branch of government and its decentralized or deconcentrated bodies.

In general terms it can be said that in all Latin American countries the amparo actions are admitted against executive and administrative acts causing harms or threats to constitutional rights and guarantees, including acts issued by the Head of the Executive, that is, the President of the Republic, in contrary sense to what happens in the United States where in principle, the coercive remedy of an injunction cannot be directed against the President[1374]. The only express exceptions on these matters are the Mexican amparo suit against executive acts of expulsion of foreig-

---

1370 See Samuel B. Abad Yupanqui, *El proceso constitucional de amparo*, Gaceta Jurídica, Lima 2004, pp. 352–374

1371 Humberto Nogueira Alcalá, "El derecho de amparo o protección de los derechos humanos, fundamentales o esenciales en Chile: evolución y perspectivas", in Humberto Nogueira Alcalá (Editor), *Acciones constitucionales de amparo y protección: realidad y perspectivas en Chile y América Latina*", Editorial Universidad de Talca, Talca 2000, p. 45.

1372 See Edmundo Orellana, *La Justicia Constitucional en Honduras*, Universidad Nacional Autónoma de Honduras, Editorial Universitaria, Tegucigalpa 1993, p 102, note 26.

1373 See José Luis Lazzarini, *El juicio de amparo*, La Ley, Buenos Aires, 1987, pp. 213–214.

1374 See Sloan v. Nixon, 60 F.R.D. 228 (S.D.N.Y. 1973), aff'd, 93 F.2d 1398 (2d Cir. 1974), judgment aff'd, 419 U.S. 958, 95 S. Ct. 218, 42 L. Ed. 2d 174 (1974). See the reference in John Bourdeau et al, "Injunctions" in Kevin Schroder, John Glenn and Maureen Placilla, *Corpus Juris Secundum*, Volume 43A, Thomson West, 2004, p. 229.

ners from the territory (Art. 33)[1375], and in Uruguay, the amparo action against executive regulations[1376].

Regarding in particular the amparo against administrative acts, Article 5 of the Venezuelan Amparo Law[1377] provides that:

> The action of amparo shall be admitted against any administrative act, material action, irreversible facts, abstentions or omissions that violate or threaten to violate a constitutional right or guarantee, when there is no brief, summary and efficient procedure available, in accordance with the constitutional protection.
>
> When an action for amparo is brought against administrative acts of particular effects or against abstentions or denials of Public Administration, it can be filed before the Judicial review of administrative action jurisdiction, together with the judicial review recourse seeking the nullity of administrative acts or against the omission. In such cases, in a brief, summary and effective way, if it deems necessary for the constitutional protection, pending the suit, the court may suspend the effects of the challenged act, as guarantee of the violated constitutional right.
>
> In such cases of exercising the amparo action together with the judicial review recourse against the administrative act based on violation of a constitutional right, there will be no delay for the exercise of the recourse, which can be brought even after those statutorily established lapses have elapsed, and it will not be necessary the exhaustion of the administrative recourses.

This regulation can be considered as one of the most comprehensive in all Latin American Amparo laws regarding amparo actions against administrative acts, regulating the possibility of exercising the amparo action in two ways: in an autonomous way or together with a nullity recourse for judicial review of the act. Regarding the latter, the former Supreme Court of Justice in the decision of July, 10, 1991 (Caso:

1375 See Eduardo Ferrer Mac–Gregor, *La acción constitucional de amparo en México y España. Estudio de derecho comparado*, Editorial Porrúa, México 2002, p. 377.

1376 See Luis Alberto Viera, *Ley de Amparo*, Ediciones Idea, Montevideo 1993, pp. 99.

1377 **Artículo 5.** *La acción de amparo contra actos administrativos, vías de y hecho y conductas omisivas de la Administración.* La acción de amparo procede contra todo acto administrativo, actuaciones materiales, vías de hecho, abstenciones u omisiones que violen o amenacen violar un derecho o una garantía constitucionales, cuando no exista un medio procesal breve, sumario y eficaz, acorde con la protección constitucional.

Cuando la acción de amparo se ejerza contra actos administrativos de efectos particulares o contra abstenciones o negativas de la Administración, podrá formularse ante el Juez Contencioso–Administrativo competente, si lo hubiere en la localidad, conjuntamente con el recurso contencioso administrativo de anulación de actos administrativos o contra las conductas omisivas, respectivamente, que se ejerza. En estos casos, el Juez, en forma breve, sumaria, efectiva y conforme a lo establecido en el artículo 22, si lo considera procedente para la protección constitucional, suspenderá los efectos del acto recurrido como garantía de dicho derecho constitucional violado, mientras dure el juicio.

Parágrafo Único. Cuando se ejerza la acción de amparo contra actos administrativos conjuntamente con el recurso contencioso–administrativo que se fundamente en la violación de un derecho constitucional, el ejercicio del recurso procederá en cualquier tiempo, aun después de transcurridos los lapsos de caducidad previstos en la Ley y no será necesario el agotamiento previo de la vía administrativa.

Tarjetas Banvenez), clarified that in such case, the action is not a principal one, but subordinated and ancillary regarding the principal recourse to which it has been attached, and subjected to the final nullifying decision that has to be issued in it[1378]. That is why, in such cases, the amparo pretension that must be founded in a grave presumption of the violation of the constitutional right, has a preventive and temporal character, pending the final decision of the nullity suit, consisting in the suspension of the effects of the challenged administrative act. This provisional character of the amparo protection pending the suit, is thus subjected to the final decision to be issued in the nullity judicial review procedure against the challenged administrative act[1379].

The main difference between both procedures according to the Supreme Court doctrine is that:

> In the first case of the autonomous amparo action against administrative acts, the plaintiff must allege a direct, immediate and flagrant violation to the constitutional right, which in its own demonstrates the need for the amparo order as a definitive means to restore the harmed juridical situation. In the second case, given the suspensive nature of the amparo order which only tends to provisionally stop the effects of the injuring act until the judicial review of administrative action confirming or nullifying it is decided, the alleged unconstitutional violations of constitutional provisions can be formulated together with violations of legal or statutory provisions developing the constitutional ones, because it is a judicial review action against administrative acts, seeking their nullity, they can also be founded on legal texts. What the court cannot do in these cases of filing together the actions, in order to suspend the effects of the challenged administrative act, is to found its decision only in the legal violations alleged, because that would mean to anticipate the final decision on the principal nullity judicial review recourse[1380].

The Supreme Court then concluded affirming that the final distinction between both lies, first, in their purpose: in the autonomous action of amparo against administrative acts it has a restorative character, and in the case of the amparo filed together with the judicial review action against the challenged act, it has a nullifying character. Second, in the first case the alleged and proved constitutional right violation must be a direct, immediate and flagrant one; in the second case, what has to be proved is the existence of a grave presumption of the constitutional violation. And third, in the first case, the judicial decision issued is a definitive constitutional pro-

1378 See the text in *Revista de Derecho Público,* N° 47, Editorial Jurídica Venezolana, Caracas, 1991, pp. 169–174 See also the comments in *Revista de Derecho Público,* N° 50, Editorial Jurídica Venezolana, Caracas, 1992, pp. 183–184

1379 *Idem.* pp. 170–171

1380 *Idem.*, pp. 171–172.

tection one; in the second case, it has only preventive character of suspension of the effects of the challenged act pending the principal judicial review process[1381].

In some way similar to the Venezuelan solution, in Article 8 of the Colombian Tutela Law[1382] it can also be found a regulation regarding the "tutela as a transitory mean" of protection, as follows:

First, it is provided that even in case the injured party would have another judicial means of protection, the action for tutela will be admitted when used as a transitory means in order to prevent an irreparable damage. In such cases, the court will expressly rule in its decision that the protection [order] will be in force only during the term the competent judicial court will use in order to decide on the merits of the action brought by the injured party. In any case, the affected party must file such action in the maximum delay of 4 month from the tutela decision. In case that the action is not filed, the tutela decision will cease in its effects.

Second, in cases in which the tutela is used as a transitory means in order to prevent an irreparable injury, the action for tutela can also be filed together with the nullifying action before the judicial review of administrative action (contencioso–administrativo) jurisdiction. In these cases, if the court deems it justified, it could order, pending the process, the non application of the particular act regarding the concrete juridical situation whose protection is being demanded.

Finally, regarding executive and administrative acts and actions, mention must be made of the Argentinean restriction regarding the possible filing of the amparo action, in matters related to national defense and to public services (public utilities).

Article 2,b of the Amparo Law declares inadmissible the amparo action against "acts issued in express application of the Law 16.970", which is the so called Law of National Defense. For this exception to be applied, it has been considered that the challenged act must in a clear and exact way rely on the provisions of such law[1383].

1381 *Idem.*, p. 172. See also regarding the nullity of article 22 of the Organic Amparo law the Supreme Court decisión dated May 21, 1996, in Allan R. Brewer–Carías, *Acción y Derecho de* Amparo, Tomo V, *Instituciones Políticas y Constitucionales*, Editorial Jurídica Venezolana, Caracas, 1996, pp. 392 y ss.

1382 **Artículo 8° La tutela como mecanismo transitorio.** Aun cuando el afectado disponga de otro medio de defensa judicial, la acción de tutela procederá cuando se utilice como mecanismo transitorio para evitar un perjuicio irremediable.

En el caso del inciso anterior, el juez señalará expresamente en la sentencia que su orden permanecerá vigente sólo durante el término que la autoridad judicial competente utilice para decidir de fondo sobre la acción instaurada por el afectado.

En todo caso el afectado deberá ejercer dicha acción en un término máximo de cuatro (4) meses a partir del fallo de tutela.

Si no se instaura, cesarán los efectos de éste.

Cuando se utilice como mecanismo transitorio para evitar un daño irreparable, la acción de tutela también podrá ejercerse conjuntamente con la acción de nulidad y de las demás precedentes ante la jurisdicción de lo contencioso administrativo. En estos casos, el juez si lo estima procedente podrá ordenar que no se aplique el acto particular respecto de la situación jurídica concreta cuya protección se solicita, mientras dure el proceso.

1383 See Case *Diario El Mundo c/ Gobierno nacional*, CNFed, Sala 1 ContAdm, 30/4/74, JA, 23–1974–195. See the comments in Néstor Pedro Sagüés, *Derecho procesal Constitucional,* Vol. 3, *Acción de amparo*, Editorial Astrea Buenos Aires 1988, pp. 212–214.

On the other hand, also in Argentina, the Amparo Law sets forth the inadmissibility of the amparo action in cases in which "the judicial intervention could directly or indirectly place in a compromising situation the regularity, continuity and efficacy of rendering a public service for the development of the essential activities of the State" (Article 2,c). Due to the general expressions used in the article (compromising, directly, indirectly, regularity, continuity, efficacy, rendering, public service), this provision has been highly criticized, being considered that with it "it is difficult to see an amparo against the State to be granted"[1384], particularly, due to the fact that any administrative activity of the State can always be related to a public service[1385]. Nonetheless, the final decision corresponds to the court, and if it is true that in practice the exception has hardly been used[1386], in some important matters it was alleged. It happened for instance in the amparo actions filed in 1985 against the Central Bank of the Republic decision suspending for a few months delay the payments of the deposits in foreign currency. Even though some courts rejected amparo actions in the matter[1387], in the "Peso" Case the Federal National Chamber on judicial review of administrative actions of Buenos Aires decided to reject the arguments asking for the rejection of the amparo action based in the consideration of the matter as related to a "public service", considering that the Central bank activities have not the elements to be considered as a public service in the sense of public utility[1388]. A few years latter, regarding similar decisions of the Central Bank on the non payments of deposit in foreign currencies, in the cases referred to as the "Corralito", there was no allegation whatsoever considering those Central Bank decisions, which were adopted on situation of state of economic emergency, as public service activities. In such cases, the amparo actions were admitted and granted, but with multiple judicial incidents[1389].

3. *Amparo against judicial acts and decisions*

There is a general acceptance of the amparo action as a specific judicial means for constitutional rights protection against administrative acts (including those administrative acts issued by courts and tribunals), but the same cannot be said regarding judicial decisions on jurisdictional matters. In some countries, their Amparo Laws expressly reject and consider inadmissible the filing of amparo actions against

---

1384 José Luis Lazzarini, *El juicio de amparo*, La Ley, Buenos Aires, 1987, p. 231.

1385 Néstor Pedro Sagüés, *Derecho procesal Constitucional,* Vol. 3, *Acción de amparo*, Editorial Astrea Buenos Aires 1988, pp. 226 ff.

1386 See José Luis Lazzarini, *El juicio de amparo*, La Ley, Buenos Aires, 1987, p. 233; Néstor Pedro Sagüés, *Derecho procesal Constitucional,* Vol. 3, *Acción de amparo*, Editorial Astrea Buenos Aires 1988, p. 228.

1387 See Cfed B. Blanca, 13/8/85, ED, 116–116. See the comments in Alí Joaquín Salgado, *Juicio de amparo y acción de inconstitucionalidad*, Editorial Astrea 1987, p. 51, note 59.

1388 See CNFedConAdm, Sala IV, 13/6/85, ED, 114–231. See the comments in Alí Joaquín Salgado, *Juicio de amparo y acción de inconstitucionalidad*, Editorial Astrea, 1987, p. 50, note 56

1389 See for instance the *Smith* and the *San Luis* cases, 2002, in Antonio María Hernández, *Las emergencias y el orden constitucional*, Universidad Nacional Autónoma de México, México 2003, pp. 71 ff. And 119 ff. In Duch cases, the Laws and Decrees of Economic Emergency were declared unconstitutional.

judicial decisions, issued applying jurisdictional power[1390]. This is the case of Argentina (Art. 2,b)[1391], Bolivia (Art. 96,3), Costa Rica (Art. 30,b)[1392], Chile[1393], Dominican Republic[1394], Ecuador[1395], Nicaragua (Art. 51,b), Paraguay (Art. 2,a) and Uruguay (Art. 2,a)[1396]. In El Salvador and Honduras, the exclusion is in particular referred to judicial acts issued "in judicial matters that are purely civil, commercial or labor–related, and in respect of definitive decisions in criminal matters" (El Salvador, Art. 13; Honduras Art. 45,6). In Brazil, the *mandado de seguranca* Statute excludes it against judicial decisions when according to the procedure statutes it exists a judicial recourse against them, or when they can be modified by means of correction (Art. 5,II).

On the contrary, in other Latin American countries, the amparo action can be filed against judicial decisions, as is the case in Mexico, where the direct amparo suit finds its broadest application (amparo cassation)[1397], and is also the case in Guatemala (Art. 10,h), Honduras (Arts. 9,3 and,10,2,*a*), Panama (Art. 2615)[1398], Peru and Venezuela.

The general principle in this cases, as set forth in the Peruvian Code on Constitutional Procedures, is that the amparo is admitted against definitive judicial resolutions when "they manifestly impair the effective procedural protection, including access to justice and due process" (Art. 4)[1399]. In the case of Venezuela, in a similar way to what it was established in the Peruvian legislation prior to the Code, Article

---

1390 Administrative acts issued by courts can be challenged by means of amparo. See for exaple, regarding Argentina, Néstor Pedro Sagüés, *Derecho procesal Constitucional, Vol 3, Acción de amparo*, Editorial Astrea Buenos Aires 1988, pp.197 ff.

1391 See Joaquin Brague Camazano, *La Jurisdicción constitucional de la libertad (Teoría general, Argentina, México, Corte Interamericana de Derechos Humanos)*, Editorial Porrúa, México 2005, p. 98. José Luis Lazzarini, *El juicio de amparo,* Editorial La Ley, Buenos Aires 1987, pp. 218–223; Alí Joaquín Salgado, *Juicio de amparo y acción de inconstitucionalidad,* Astrea, Buenos Aires, 1987, p. 46.

1392 See Rubén Hernández Valle, *Derecho Procesal Constitucional*, Editorial Juricentro, San José 2001, pp. 45, 206, 223, 226.

1393 See Juan Manuel Errazuriz G. and Jorge Miguel Otero A., *Aspectos procesales del recurso de protección,* Editorial Jurídica de Chile, Santiago 1989, p. 103. Nonetheless, some authors considers that sthe recourse for protection is admisible against judicial decisions when issued in an arbitrary way and in violation of due process rights.See Humberto Nogueira Alcalá, "El derecho de amparo o protección de los derechos humanos, fundamentales o esenciales en Chile: evolución y perspectivas", in Humberto Nogueira Alcalá (Editor), *Acciones constitucionales de amparo y protección: realidad y perspectivas en Chile y América Latina*", Editorial Universidad de Talca, Talca 2000, p. 45

1394 See Eduardo Jorge Prats, *Derecho Constitucional*, Vol. II, Gaceta Judicial, Santo Domingo 2005, p. 391.

1395 Hernán Salgado Pesantes, *Manual de Justicia Constitucional Ecuatoriana*, Corporación Editora nacional, Quito 2004, p. 84.

1396 See Luis Alberto Viera, *Ley de Amparo*, Ediciones Idea, Montevideo 1993, pp. 50, 97.

1397 See Richard D. Baker, *Judicial Review in Mexico. A Study of the Amparo Suit*, Texas University Press, Austin 1971, p. 98.

1398 With no suspensive effects. See Boris Barrios González, *Derecho Procesal Constitucional*, Editorial Portobelo, Panama 2002, p. 159

1399 See Samuel B. Abad Yupanqui, *El proceso constitucional de amparo*, Gaceta Jurídica, Lima, 2004, p. 326

4 of the Amparo law provides that "the action of amparo shall also be admitted when a Tribunal of the Republic, acting outside its competence, pronounces a resolution or decision or orders an action that impairs a constitutional right". Since no court has power to unlawfully cause harm to constitutional rights or guarantees, the amparo against judicial decisions is admitted when a court decision directly harms the constitutional rights of the plaintiff, normally related to the due process of law rights. As was decided by the Cassation Chamber of the former Supreme Court of Justice in a decision of December 5, 1990, the amparo against judicial decisions is admitted "when the decision in itself injures the juridical conscience, when harming in a flagrant way individual rights that cannot be renounced or when the decision violates the principle of juridical security (judicial stability), deciding against *res judicata*, or when issued in a process where the plaintiff's right to defense has not been guaranteed, or in any way the due process guarantee has been violated"[1400].

In Colombia, Article 40 of the the Decree N° 2.591 of 1991, due to the fact that the Constitution did not exclude it, also established the possibility of bringing an action of amparo against judicial actions, when the impairment of the right is a direct consequence of them, adding that "when the right invoked is that of due process, the tutela shall be brought together with the appropriate recourse," that is, together with the recourse of appeal". Notwithstanding the statutory admissibility of tutela against judicial decisions, the Constitutional Court in ruling C–543 of October 1, 1992, declared the aforementioned Article 40 of Decree 2.591 unconstitutional, and hence null and void, considering it contrary to the principle of intangibility of the *res judicata*.[1401] Nonetheless, one year later, and after numerous judicial decisions on the matter, the same Constitutional Court admitted the tutela action against judicial decisions when they constitute a *vía de hecho* (voi de fait) or factual action[1402], being considering as such:

> The ostensible and grave violation of the rules governing the process in which the challenged decision was issued, up to the point that because the flagrant disregard of the due process and other constitutional, the plaintiff's constitutional rights had been directly violated by the challenged act.
>
> This means that the via de hecho is in fact the arbitrary exercise of the judicial function, in such terms that the deciding court has decided not according to law –which thus has been violated– but only according to its personal will"[1403]

1400 *Case José Díaz Aquino*, also refered to in decisión dated December 14, 1994 of the same cassation Chamber. See the reference in Allan R. Brewer–Carías, "Derecho y Acción de Amparo", *Instituciones Políticas y Constitucionales* Vol V, Editorial Jurídica Venezolana, Caracas, 1998, pp. 261 ff; Rafael Chavero, *El nuevo régimen del amparo constitucional en Venezuela*, Editorial Sherwood, Caracas, 2001, pp. 483 ff.

1401 See in Manuel José Cepeda Espinosa, *Derecho Constitucional jurisprudencial. Las grandes decisiones de la Corte Constitucional*, Legis, Bogotá 2001, pp. 1009 ff.

1402 See decision S–231 dated May 13, 1994, in Manuel José Cepeda Espinosa, *Derecho Constitucional jurisprudencial. Las grandes decisiones de la Corte Constitucional*, Legis, Bogotá, 2001, pp. 1022 ff.

1403 See SU–1218 decision of November 21, 2001. See in Juan Carlos Esguerra, *La protección constitucional del ciudadano,* Legis, Bogotá 2004, p. 164. See Eduardo Cifuentes Muñoz, "Tutela contra sentencias (El caso colombiano)", in Humberto Nogueira Alcalá (Editor), *Acciones constitucionales de ampa-*

According to this doctrine, applicable to almost all the other cases in which the amparo action is admissible against judicial decisions, it can be said that for granting the amparo, the challenged judicial decision must have been issued in grave and flagrant violation of the due process of law guaranties, thus constituting not a lawful decision but an unlawful one or *vía de hecho*, that is, an action with no legal support whatsoever.

In a certain way regarding injunctions on judicial matters, it can be said that in the United States, injunction can also be granted when for instance, it clearly appears that the prosecution of law actions will result in fraud, gross wrong or oppression, and that justice clearly requires equitable interference. As has been decided by the courts:

> "The power of a court of equity to interfere with the general right of a person to sue and to restrain the person from prosecuting the action will be exercised only where it appears clearly that the prosecution of the law action will result in a fraud, gross wrong, or oppression, and that conscience and justice clearly require equitable interference. Accordingly, an action at law may be restrained under these restrictive rules where a person is attempting to, or would, through the instrumentality of an action at law, obtain an unconscionable advantage of another"[1404]

On the other hand, some restrictions have been established in the Amparo law admitting the amparo actions against judicial decisions. Besides the need to the exhaustion of the available ordinary judicial recourses against the challenged decision, the decisions of the Supreme Court (Mexico, Panama, Art 2.615; Venezuela, Art 6,6) or the Constitutional Tribunal (Peru) had been expressly excluded form the amparo action. In some cases, the judicial amparo decision itself cannot be the object of another amparo suit (Honduras, Art 45,2; Mexico, Art. 73,II[1405]); in the same sense that in the United States, an injunction against an injunction, sometimes referred to as a counter injunction, should not be issued[1406]. In other countries, on the contrary, the amparo actions are admitted even against amparo judicial decisions (Colombia[1407], Perú[1408], Venezuela[1409] because those decisions, in their selves, can

---

ro y protección: realidad y perspectivas en Chile y América Latina", Editorial Universidad de Talca, Talca 2000, pp. 307 ff.

1404 See Miles v. Illinois Cent. R. Co. 315 U.S. 698, 62 S. Ct. 827, 86 L. Ed. 1129, 146 A.L.R 1104 (1942); Langenau Mfg. Co. v. City of Cleveland, 159 Ohio St. 525, 50 Ohio *Op.* 435, 112 N.E. 2d 658 (1953); Kardy v. Shook, 237 Md. 524, 207 A2d 83 (1965). See in John Bourdeau et al, "Injunctions" in Kevin Schroder, John Glenn and Maureen Placilla, *Corpus Juris Secundum*, Volume 43A, Thomson West, 2004, pp. 114–115.

1405 See Eduardo Ferrer Mac–Gregor, *La acción constitucional de amparo en México y España. Estudio de derecho comparado*, Editorial Porrúa, México 2002, p, 379

1406 See Sellers v. Valenzuela, 249 Ala. 620, 32 So. 2d 520 (1947). See in John Bourdeau et al, "Injunctions" in Kevin Schroder, John Glenn and Maureen Placilla, *Corpus Juris Secundum*, Volume 43A, Thomson West, 2004, pp. 87.

1407 See Juan Carlos Esguerra, *La protección constitucional del ciudadano,* Legis, Bogotá 2004, p. 164

1408 See Samuel B. Abad Yupanqui, *El proceso constitucional de amparo*, Gaceta Jurídica, Lima 2004, pp. 327, 330

also additionally violate constitutional rights, different to those claimed in the initial suit.

4. *Amparo against acts of other constitutional entities*

In contemporary Latin American constitutional law, additionally to the three classic branches of government, the separation of powers principle has given origin to other State organs, not dependent on the Legislative, Executive or Judicial branches, with certain types of autonomy and independence. It is the case, for instance of the Electoral bodies, in charge of governing the electoral processes, the Peoples' Defendant or Human Rights Defendants Office, the Public Prosecutor Offices, the General Audit entities (Contraloría General) and the Council of the Judiciary for the government and administration of courts and tribunals. Being State organs, their acts, facts and omissions can also be challenged by means of amparo actions when violating constitutional rights.

Nonetheless, regarding these State entities, some exceptions have been established regarding the justicablility of their actions by means of amparo actions. For instance, in Costa Rica (Art. 30,d)[1410], Mexico (Art. 73,VII)[1411], Nicaragua (Art. 51,5), Panamá (Art. 2.615)[1412], Peru (Art. 5,8)[1413] and Uruguay (Art. 1,b), the amparo suit is excluded regarding acts of the electoral bodies, in similar sense as the injunctions are excluded in the United States regarding actions of the election officers in the performance of their duties[1414].

On the other hand, regarding the Council of the Judiciary (Consejo de la Magistratura), the Peruvian Amparo Law excludes the acts of that entity from being challenged through the amparo action, when referred to the dismissal or ratification of

---

1409 See Allan R. Brewer–Carías, "Derecho y Acción de Amparo", Vol. V, *Instituciones Políticas y Constitucionales*, Editorial Jurídica Venezolana, Caracas, 1998, pp. 263 ff.

1410 See Rubén Hernández Valle, *Derecho Procesal Constitucional*, Editorial Juricentro, San José 2001, pp. 228–229. Other matters decided by the Tribunal Supremo de Elecciones like citizenship, personal capacity or personal status matters, are justiciables by means of amparo. See José Miguel Villalobos, "El recurso de amparo en Costa Rica" in", in Humberto Nogueira Alcalá (Editor), *Acciones constitucionales de amparo y protección: realidad y perspectivas en Chile y América Latina*", Editorial Universidad de Talca, Talca 2000, pp 222–223.

1411 See Eduardo Ferrer Mac–Gregor, *La acción constitucional de amparo en México y España. Estudio de derecho comparado*, Editorial Porrúa, México 2002, p. 378; See Richard D. Baker, *Judicial Review in Mexico. A Study of the Amparo Suit*, Texas University Press, Austin, 1971, pp. 98, 152.

1412 See Boris Barrios González, *Derecho Procesal Constitucional*, Editorial Portobelo, Panamá 2002, p. 161

1413 Nonetheless, the amparo action can be admitted if the decision of the Jurado Nacional de Elecciones does not have jurisdiccional nature or if jurisdiccional, it violates the effective judicial protection (due process). See Samuel B. Abad Yupanqui, *El proceso constitucional de amparo*, Gaceta Jurídica, Lima 2004, pp. 128, 421, 447.

1414 See Boyd v. Story, 350 Ark. 56, 84 S.W.3d 444 (2002). See in in John Bourdeau et al, "Injunctions" in Kevin Schroder, John Glenn and Maureen Placilla, *Corpus Juris Secundum*, Volume 43A, Thomson West, 2004, pp. 238–239.

judges, when the decisions are duly motivated and issued after the interested party being heard (Art. 5,7)[1415].

5. *The amparo action and the political questions*

In has been a traditional judicial doctrine in the United States to consider as non justifiable the so called "political questions" mainly related to the "separation of powers" and particularly with "the relationship between the judiciary and the co–ordinate branches of the Federal Government."[1416] It is considered that the preemptive political nature of these questions imposes their solution in the political branches of government rather than in the courts. That is why, the exemption not only applies to judicial review in general, but also to injunctions.

The main source of questions considered as political and thus non justiciable by the Supreme Court are related to foreign affairs which involves –as the Supreme Court stated in *Ware* v. *Hylton* (1796)– "considerations of policy, considerations of extreme magnitude, and certainly entirely incompetent to the examination and decision of a Court of Justice."[1417] Decisions concerning foreign relations therefore, as stated by Justice Jackson in *Chicago and Southern Air Lines v. Waterman Stamship Co.* (1948):

> Are wholly confined by our constitution to the political departments of the government. ... They are decisions of a kind for which the Judiciary has neither aptitude, facilities nor responsibility and which has long been held to belong in the domain of political power not subject to judicial intrusion or inquiry.[1418]

Even though developed mainly in the foreign affairs sphere, the Supreme Court has also considered certain matters relating to the government of internal affairs, a political question, and thus non justiciable; like the decision as to whether a state must have a republican form of government, which in *Luther* v. *Borden* (1849) was considered a "decision binding on every other department of the government, and could not be questioned in a judicial tribunal."[1419]

Any way and even though that through the decisions of the Supreme Court, a list of "political questions" that the Court has considered as non–justifiable can be elaborated, the ultimate responsibility in determining them corresponds to the Supreme Court.

As the Court said in *Baker* v. *Carr* (1962):

> Deciding whether a matter has in any measure been committed by the constitution to another branch of government, or whether the action of that branch

---

1415 See Samuel B. Abad Yupanqui, *El proceso constitucional de amparo*, Gaceta Jurídica, Lima 2004, p. 126.

1416 Baker v. Carr, 369 U.S. 186 (1962). See in See M. Glenn Abernathy and Barbara A. Perry, *Civil Liberties under the Constitution*, Sixth Edition, University of South Carolina Press, 1993, pp. 6–7.

1417 *Ware v. Hylton*, 3 Dallas, 199 (1796)

1418 Chicago *and Southern Air Lines v. Waterman Steamship Co.*, 333 US 103 (1948) p. 111.

1419 Luther v. Borden 48 U.S. (7 Howard), 1, (1849). See in M. Glenn Abernathy and Barbara A. Perry, *Civil Liberties under the Constitution*, Sixth Edition, University of South Carolina Press, 1993, pp. 6–7

exceeds whatever authority has been committed, –said the Court– is itself a delicate exercise in constitutional interpretation, and is a responsibility of this Court as ultimate interpreter of the constitution...[1420].

Following the United States tradition, in Argentina, the Supreme Court of Justice has developed the same exception to judicial review and to the amparo action, concerning political questions, even though the Constitution does not expressly establish anything on the matter. These political questions are related to the "acts of government" of "political acts" doctrine developed in continental European law, and within which it can be mentioned the following: the declaration of state of siege; the declaration of federal intervention in the provinces; the declaration of "public use" for means of expropriation; the declaration of war; the declaration of emergency to approve certain direct tax contributions; acts concerning foreign relations; the recognition of new foreign states or new foreign state governments; the expulsion of aliens, etc.[1421] In general, within these political questions there are acts exercised by the political powers of the state in accordance with powers exclusively and directly attributed to them in the constitution, which can be considered the key element for their identification.

Apart from Argentina, only in Peru the issue of the political questions as non justiciable matter by means of amparo has been considered by the Constitutional Tribunal[1422].

6. *The amparo against executive and administrative omissions*

In general terms, the amparo action can be filed in all Latin American countries, not only against positive acts or actions from public officers or authorities (and also from individuals) that cause harm or threat upon constitutional rights and guarantees, but also against the omissions of such entities or persons when they do not comply with their general obligations to decide petitions, which can also cause such harms of threats. In particular, the amparo action has been frequently used to challenge Public Administration omissions or abstentions to act; but in the countries where amparo is admissible against individual, it also can be filed against their omissions harming or threatening constitutional rights.

Regarding public officers omissions, the amparo action in Latin America is generally filed in order to obtain from the court an order directed against a public officer in order for him to act in a matter with respect to which he has authority or jurisdiction. The amparo action against omissions in these cases is similar to the North American mandamus or mandatory injunction[1423], defined as "a writ commanding a

---

1420 Baker v. Carr, 369 U.S. 186 (1962).

1421 See José Luis Lazzarini, *El juicio de amparo*, La Ley, Buenos Aires, 1987, p. 190 ff.; Néstor Pedro Sagüés, *Derecho procesal Constitucional,* Vol. 3, *Acción de amparo*, Editorial Astrea, Buenos Aires, 1988, pp. 270 ff.; Alí Joaquín Salgado, *Juicio de amparo y acción de inconstitucionalidad*, Astrea, Buenos Aires, 1987, p. 23.

1422 See Samuel B. Abad Yupanqui, *El proceso constitucional de amparo*, Gaceta Jurídica, Lima 2004, pp. 128 ff.

1423 In the United Status, it has been considered that while as a general rule courts will not compel by injunction the performance by public officers of their official duties (Bellamy v. gates, 214 Va. 314, 200 S.E.

public officer to perform some duty which the laws require him to do but he refuses or neglects to perform". Thus mandamus cannot be used if the public officer has any discretion in the matter; "but if the law is clear in requiring the performance of some ministerial (nondiscretionary) function, then mandamus may properly be sought to nudge the reluctant or negligent official along in the performance of his or her duties"[1424]. As it was decided by the Supreme Court in Wilbur v. United States, 281 U.S. 206, 218 (1930):

> "Where the duty in a particular situation is so plainly prescribed as to be free from doubt and equivalent to a positive command it is regarded as being so far ministerial that its performance may be compelled by mandamus, unless there be provision or implication to the contrary, But where the duty is not thus plainly prescribed but depends upon a statute the construction or application of which is not free from doubt, it is regarded as involving the character of judgment or discretion which cannot be controlled by mandamus"[1425].

In Latin America, for an omission to be the object of an amparo action, it must produce a direct violation of a constitutional right of the plaintiff, who in cases of illegalities in some countries like Venezuela, will only be allowed to use other judicial remedies, as the judicial review of administrative omission action before the special courts of the matter (contencioso–administrativo).

According to the judicial doctrine established by the former Supreme Court of Justice of Venezuela, the amparo action against omissive conducts of Public Administration, must comply with the following two conditions:

> "a) That the alleged omissive conduct be absolute, which means that Public Administration has not accomplished in any moment the due function; and b) that the omission be regarding a generic duty, that is, the duty a public officer has to act in compliance with the powers attributed to him, which is different to the specific duty that is the condition for the judicial review of administrative omissive action. Thus, only when it is a matter of a generic duty, of procedure, of providing in a matter which is inherent to the public officer position, he incurs in the omissive conduct regarding which the amparo action is admissible[1426].

2d 533, (1973)), a court may compel public officers or boards to act in a matter with respect to which they have jurisdiction or authority (Erie v. State By and Through State Highway Commission, 154 Mont. 150, 461 P 2d 207 (1969)). See in in John Bourdeau et al, "Injunctions" in Kevin Schroder, John Glenn and Maureen Placilla, *Corpus Juris Secundum*, Volume 43A, Thomson West, 2004, pp. 221, 222, 244.

1424 See M. Glenn Abernathy and Barbara A. Perry, *Civil Liberties under the Constitution*, Sixth Edition, University of South Carolina Press, 1993, p. 8. One of the important features of the writ of mandamus in North America y that the writ does not issue to purely private persons, but can only be directed to public officials or persons performing some quasi–public functions. Idem, p. 8.

1425 See the reference in See M. Glenn Abernathy and Barbara A. Perry, *Civil Liberties under the Constitution*, Sixth Edition, University of South Carolina Press, 1993, p. 8

1426 See thye decisions of the former Supreme Court of Justice, Politico Adminsitrative Chamber, dated November 5, 1992 (Caso *Jorge E. Alvarado*), in *Revista de Derecho Público,* N° 52, Editorial Jurídica

From this Venezuelan judicial doctrine results that the important condition for the admissibility of the amparo action against public officer omissions, is the one related to the nature of his duties, being only admissible when the matters refer to generic duties and not to specific ones. As defined by the same former Supreme Court in a decision dated February, 11, 1992:

> "In cases of Public Administration abstentions or omissions a distinction can be observed regarding the constitutional provisions violated when they provide for generic or specific duties. In the first case, when a public entity does not comply with its generic obligation to respond [a petition] of continuing the procedure or recourse filed by an individual, it violates the constitutional right to obtain prompt answer [to petitions] set forth in Article 67 of the Constitution; whereas when the inactivity is produced regarding a specific duty imposed by a statute in a concrete and ineludible way, no direct constitutional violation occurs. Condition in the latter case that the Court has been imposing for the filing of the judicial review of administrative omissions recourse...
>
> From the aforementioned reasons the Court deems conclusive that the inactivity of Public Administration to accomplish a specific legal duty precisely infringes in a direct and immediate way the legal (statutory) text regulating the matter, in which case the Constitution is only violated in a mediate and indirect way. For the amparo judge, in order to detect if an abstention of the aggrieved entity effectively harms a constitutional right or guarantee, it must first, rely himself on the supposedly unaccomplished statute in order to verify if the abstention is regarding an specific obligation. In which case it must deny the amparo action and give to the plaintiff another remedy, as the judicial review action against Public Administration omissions[1427].

In these cases, the judicial order of mandamus eventually consists in commanding the public officer to perform the duty the Constitution requires him to do which he refuses or neglects to perform, that is, to promptly decide the petitions individuals had filed before him[1428]. In general terms, then, the court order cannot substitute the public officer decision[1429]; and only in cases when a specific statute provides what is called the "positive silence" (the presumption that after the exhaustion of a particular delay, it is considered that Public Administration has decided accordingly to what has been asked in the particular petition), then the judicial order impliedly gives positive effects to the official abstention or omission[1430]

Venezolana, Caracas, 1992, p. 187; and November 18, 1993, in *Revista de Derecho Público,* N° 55–56, Editorial Jurídica Venezolana, Caracas, 1993, p. 295

1427 See in *Revista de Derecho Público,* N° 53–54, Editorial Jurídica Venezolana, Caracas, 1993, pp. 272–273.

1428 See the former venezuelan Supreme Court decisión dated August 26, 1993 (*Caso Inversiones Klanki*), *Revista de Derecho Público,* N° 55–56, Editorial Jurídica Venezolana, Caracas, 1993, p. 294.

1429 See for instante in Argentina, Néstor Pedro Sagüés, *Derecho procesal Constitucional,* Vol. 3, *Acción de amparo*, Editorial Astrea Buenos Aires 1988, pp. 73 ff.

1430 See the venezuelan former Supreme Court decision dated December 20, 1991 (Caso *BHO, C.A.*), en *Revista de Derecho Público,* N° 48, Editorial Jurídica Venezolana, Caracas, 1991, pp. 141–143

IV. THE AMPARO AGAINST INDIVIDUALS OR PRIVATE PERSONS

If it is true that the amparo action, as a specific means for the protection of constitutional rights and guarantees was originally conceived for the protection of individuals against the State and its public officials, it has been progressively admitted against private persons, corporations or institutions whose actions can also cause harm or threats regarding constitutional rights of others. As was ruled in the Argentinean *Samuel Kot Case,* in which the Supreme Court of the Nation began to admit the amparo against acts of individuals, by saying that:

> "There is nothing in the letter and spirit of the Constitution that allows for the assertion that the protection of constitutional rights is circumscribed only to attacks of the State, since, sustained the High Court, what is to be kept in mind is not only the origin of the impairment of constitutional rights but the rights themselves, because the same attention is not paid to the aggressors as to the rights aggrieved"[1431].

Nonetheless, not in all Latin American countries amparo actions against individuals are admitted. In Mexico, for instance, the amparo suit is not admitted against violations caused by acts of private individuals, so the constitutional protection through the amparo suit is established exclusively against the authorities[1432]. Similarly, when regulating the *mandado de segurança,* the Constitution of Brazil provides for its admission to protect constitutional rights and freedoms "when the party responsible for the illegality or abuse of power is a public authority or an agent of a legal entity exercising attributions of the Authorities," thus excluding this recourse of protection against the actions of private individuals[1433]. Similar provisions are set forth in the Amparo law regulations in Panamá (Art. 50 Constitution; Art 2608 Judicial Code), El Salvador (Art. 12) and Nicaragua (Art. 23).

As mentioned above, in other Latin American countries, after the Argentinean *Kot Case*, the amparo against individual's actions or omissions causing harm or threats to constitutional rights of other individuals has been admitted, although in some countries in a restrictive way. In general terms it is admitted in Argentina, even though the 1966 Law 16.986 only refers to the amparo action against the State, that is "against every act or omission of the authorities" (Article 1); the amparo against individuals being regulated in articles 321,2 and 498 of the Code of Civil and Commercial Procedure.

1431 See José Luis Lazzarini, *El juicio de amparo*, La Ley, Buenos Aires, 1987, p. 228; Joaquín Brage Camazo, La jurisdicción constitucional de la libertad (Teoría general, Argentina, México, Corte Interamericana de derechos humanos), Editorial Porrúa, México, 2005, p. 99; Néstor Pedro Sagüés, *Derecho procesal Constitucional,* Vol. 3, *Acción de amparo*, Editorial Astrea Buenos Aires 1988, pp. 13, 512, 527 ff.

1432 See Eduardo Ferrer Mac–Gregor, *La acción constitucional de amparo en México y España. Estudio de derecho comparado*, Editorial Porrúa, México 2002, p, 251; Joaquín Brage Camazano, La jurisdicción constitucional de la libertad (Teoría general, Argentina, México, Corte Interamericana de derechos humanos), Editorial Porrúa, México, 2005, 184.

1433 See Celso Agrícola Barbi, *Do mandado de segurança*, Editora Forense, Rio de Janeiro 1993, p. 92.

In Venezuela, the amparo action against acts of individuals, is expressly provided in the 1988 Organic Law of Amparo[1434], where Article 2 provides:.

> [The amparo action] shall be admitted against any fact, act or omission originated by citizens, legal entities, private groups or organizations that have violated, violate or threaten to violate any of the guarantees or rights that are entitled to the amparo of this Law.

In a similar manner, Uruguay's 1988 Law 16.011 of Amparo admits, in general, the action of amparo "against any act, omission or fact of the state or public sector authorities, as well as individuals, that is deemed to currently or imminently, manifestly and unlawfully impair, restrict, alter or threaten any of the rights and freedoms expressly or implicitly recognized by the Constitution" (Art. 1)[1435]. A similar provision is set forth in Article 2 of the Peruvian Code of Constitutional procedures[1436] and in the Bolivian Constitution (Art. 19).

Also in Chile, it has been interpreted that the action for protection of constitutional rights and freedoms against arbitrary or unlawful acts or omissions that perturb or threaten when legally exercised (Article 20), being established without making any distinction as to the origin of such acts or omissions, can also be brought against acts or omissions of individuals[1437]. Similar interpretation was adopted by the Supreme Court of the Dominican Republic regarding the admissibility of the amparo against individuals[1438].

Other Latin American countries, such as Colombia, Costa Rica Ecuador and Guatemala admit the amparo action when filed against individuals, but in a restricted way, only regarding the individuals that are in a position of superiority regarding citizens or in some way exercises public functions or activities or are rendering public services or public utilities[1439]. In this regard, the Costa Rican Law of Constitutional Jurisdiction restricts the amparo against individual[1440] as follows:

> **Article 57**. The recourse of amparo shall also be admitted against actions or omissions of individual subjects of the law when they act or should act in exer-

---

1434 Allan R. Brewer–Carías, *Instituciones Políticas y Constitucionales*, Vol. V, *Derecho y Acción de Amparo,* Editorial Jurídica Venezolana, Caracas 1998, pp. 96, 128.

1435 See Luis Alberto Viera, *Ley de Amparo*, Ediciones Idea, Montevideo 1993, pp. 63, 157.

1436 See Samuel B. Abad Yupanqui, *El proceso constitucional de amparo*, Gaceta Jurídica, Lima 2004, pp. 389 ff.

1437 See Humberto Nogueira Alcalá, "El derecho de amparo o protección de los derechos humanos, fundamentales o esenciales en Chile: evolución y perspectivas", in Humberto Nogueira Alcalá (Editor), *Acciones constitucionales de amparo y protección: realidad y perspectivas en Chile y América Latina*", Editorial Universidad de Talca, Talca 2000, p. 41

1438 See Eduardo Jorge Prats, *Derecho Constitucional*, Vol. II, Gaceta Judicial, Santo Domingo 2005, p. 390.

1439 In a similar way to the injunctions admitted in the United Status against public services corporations. See in John Bourdeau et al, "Injunctions" in Kevin Schroder, John Glenn and Maureen Placilla, *Corpus Juris Secundum*, Volume 43A, Thomson West, 2004, p. 182 ff.

1440 See Rubén Hernández Valle, *Derecho Procesal Constitucional*, Editorial Juricentro, San José 2001, pp. 275, 281 ff.

cise of public functions or authority, or are by right or in fact in a position of power before which ordinary jurisdictional remedies are clearly insufficient or belated for guaranteeing the rights and freedoms referred to in Article 2,a of this Law.

In similar terms it is provided in the Guatemalan Law on Amparo (Art. 9) and in Colombia where the Constitution expressly refers to the law for the establishment of "the cases in which the action of tutela may be filed against private individuals entrusted with providing a public service or whose conduct may affect seriously and directly the collective interest or in respect of whom the applicant may find himself/herself in a state of subordination or vulnerability" (Art. 86). Was in compliance with this constitutional mandating that the Decree 2.591 of 1991 (Article 42) establishes that the action of tutela shall be admitted against acts or omissions of private individuals[1441] in the following cases:

1. When the person against whom action is brought is in charge of the public service of education, in protection of the rights enshrined in Articles 13, 15, 16, 18, 19, 20, 23, 27, 29, 37 and 38 of the Constitution.
2. When the person against whom action is brought is in charge of rendering a public health service, to protect the rights to life, intimacy, equality and autonomy.
3. When the person against whom action is brought is in charge of rendering public services.
4. When the request is directed against a private organization, against who effectively controls such organization or is the real beneficiary of the situation that caused the action, provided the claimant is in a position of subordination or defenselessness before such organization.
5. When the person against whom action is brought violates or threatens to violate Article 17 of the Constitution.
6. When the private entity is the one against which the request for habeas data would have been brought, pursuant to Article 15 of the Constitution.
7. When requesting the rectification of incorrect or erroneous information. In this case it is necessary to attach the transcription of the information or copy of the publication and of the rectification requested that was not published in such a way that its effectiveness be assured.
8. When the individual acts or should act in exercise of his or her public functions, in which case the same régime that regulates public authorities shall be applied.

When the request is for the tutela of the life or safety of the person who is in a position of subordination or defenselessness with respect to the matter against which action was brought. The minor who brings an action of tutela shall be presumed defenseless.

1441 See Juan Carlos Esguerra, *La protección constitucional del ciudadano,* Legis, Bogotá 2004, p. 151.

Finally, also in Ecuador, the amparo actions is admitted against entities that though not public authorities, they render public services by delegation or concession and in general against individuals but only when their actions or omissions cause harm or threats to constitutional rights and affect in a grave and direct way common, collective or diffuse interests (Art. 95,3)[1442]. In this regard, for instance, amparo actions can be filed against political parties or their officials when their conduct violates the rights of other persons, as it has also being admitted in the United States[1443].

V. THE PARTICIPATION OF THIRD PARTIES FOR THE DEFENDANT IN THE AMPARO SUIT

In the amparo suit, the injurer or damaging parties are those authorities, public officials, private persons, entities or corporations duly individuated whose actions or omissions are those precisely causing the harm or threats to the constitutional rights and guaranties of the plaintiff. Nonetheless, third parties can also act in the process, defending the injurer party position. It happens with those persons that, for instance, are beneficiaries of the authority act challenge. In this sense the Mexican Amparo Law provides that besides the injured and the injurer, are also considered party in the amparo suit, the persons that have obtained challenged act in their favor or those that could have direct interest in the act's endurance (Art. 5, III, c)[1444]. In similar sense in the Norte American procedure on injunctions, it is considered that all persons whose interest will necessarily be affected by the decree in a suit for injunction are properly joined as defendants[1445].

Due to the general bilateral procedural rule, the principle applies in all Latin American countries, except in Chile, where, as mentioned, the bilateralism of the procedure is not admitted[1446]. In some cases even the need for the participation of third parties for the defendant is necessary, as is the case in Venezuela on the amparo actions against judicial decisions, in which the party beneficiary of the challenged ruling must obligatorily be notified to participate in the procedure as defendant of the challenged decision.[1447]

1442 Hernán Salgado Pesantes, *Manual de Justicia Constitucional Ecuatoriana*, Corporación Editora Nacional, Quito, 2004, p. 77.

1443 *Maxey v. Washington State Democratic Committee*, 319 F. Supp. 673 (W.D. Wash. 1970), in John Bourdeau et al, "Injunctions" in Kevin Schroder, John Glenn and Maureen Placilla, *Corpus Juris Secundum*, Volume 43A, Thomson West, 2004, p. 240.

1444 See Eduardo Ferrer Mac–Gregor, *La acción constitucional de amparo en México y España. Estudio de derecho comparado*, Editorial Porrúa, México 2002, pp. 249–250.

1445 Silva V. Romney, 473 F. 2d 287 (1st Cir. 1973); Greenhouse v. Greco, 368 F. Supp. 736 (W.D. La. 1973). See the reference in John Bourdeau et al, "Injunctions" in Kevin Schroder, John Glenn and Maureen Placilla, *Corpus Juris Secundum*, Volume 43A, Thomson West, 2004, pp. 332–333.

1446 See Juan Manuel Errazuriz G. and Jorge Miguel Otero A., *Aspectos procesales del recurso de protección*, Editorial Jurídica de Chile 1989, p. 149.

1447 See Rafael Chavero, *El nuevo régimen del amparo constitucional en Venezuela*, Editorial Sherwood, Caracas 2001, pp. 489.

CHAPTER XII

THE MOTIVES FOR THE AMPARO SUIT: THE INJURY OR THE THREAT OF VIOLATION TO THE PLAINTIFF'S CONSTITUTIONAL RIGHTS

The amparo action, as a specific judicial means for the protection of constitutional rights and guaranties, can be filed by the plaintiff when he is personally affected in his own rights, in a direct and present way; or when he is threatened to be harmed in those rights in an imminent way.

The personal character of the amparo suit is then related to the direct harm caused to the plaintiff or to the threat that affects such rights (which must be an imminent one).

I. THE GENERAL PERSONAL AND DIRECT CHARACTER OF THE INJURY

The claimant or plaintiff in the amparo suit must have suffered a direct, personal and present injury in his constitutional rights or must have been threatened in them.

That is, in cases of injury it must personally affect the claimant, in a direct and present way regarding his constitutional rights. If it harms only statutory established rights, or another person's rights or only affects the plaintiff in an indirect way, the action is inadmissible.

The Mexican Constitution, in this regard, refers to the need for the plaintiff to have "a personal and direct" harm (Art. 107,I), in the sense that his personal constitutional rights must have been directly affected. That is why the claimant must be the 'affected" person (Argentina: Article 5; Peru: Article 39), the "aggrieved" person (Nicaragua, Article 23) or the one who "suffers" the harm (Brazil: Article 1). Consequently if the harm does not affect the plaintiff in his constitutional rights, in a personal and direct way, the action is considered inadmissible[1448].

The foregoing means, first, that the rights that must be directly affected or harmed for the amparo action to be admissible must be of constitutional order, and second, that the harm must directly and personally affect the plaintiff. Consequently, rights just recognized in statutes without constitutional rank, cannot be protected by means of amparo actions, and this is one of the main distinctions between the North American injunctions and the amparo.

In this sense, in Venezuela the courts have ruled that the harm caused must always be the result of a violation of a constitutional right that must be "flagrant, vulgar, direct and immediate, which does not mean that the right or guarantee are not due to be regulated in statutes, but it in not necessary for the court to base its decision in the latter to determine if the of the violation of the constitutional right has effectively occurred"[1449].

1448 See Eduardo Ferrer Mac–Gregor, *La acción constitucional de amparo en México y España*, Editorial Porrúa, México 2002, pp. 386–387.

1449 See Supreme Court of Justice, Case *Tarjetas Banvenez*, July 10, 1991, in *Revista de Derecho Público,* N° 47, Editorial Jurídica Venezolana, Caracas, 1991, pp. 169–170. See also decisión of may 20, 1994,

In other words, only direct and evident constitutional violations can be protected by means of amparo; thus, for instance, as ruled in 1991 by the Venezuelan courts, the internal electoral regime of political parties or of professional associations could not be the object of an amparo action funded in the right to vote set forth in the Constitution, "which only applies to the national electoral process [not being applied] to the internal electoral process of the political parties", concluding that the amparo only protects constitutional rights and guaranties and not legal (statutory) ones, and much less the ones contained in association's by–laws"[1450]. In other decisions, the courts declared inadmissible amparo actions for the protection of rights when the allegations were only founded "in legal (statutory) considerations", as the right to work commonly conditioned by statutes regarding dismissals. Thus, the amparo is not the judicial mean for the protection of such right if the violation is only referred to the labor Law provisions"[1451] .

As mentioned, the violation of the constitutional right must be a direct violation caused by a concrete action or omission which the claimant must allege and must proof. The courts in Venezuela have ruled in this regard that

> "the amparo action can only be directed against a perfectly and determined act or omission, and not against a generic conduct; against an objective and real activity and not against a supposition regarding the intention of the presumed injurer, and against the direct and immediate consequences of the activities of the public body or officer. It is necessary, though, that the denounced actions directly affect the subjective sphere of the claimant, consequently excluding the generic conducts, even if they can affect in a tangential way on the matter.
>
> That is why the amparo action is not a popular action for denouncing against the illegitimacy of the public entities of control over convenience or opportunity, but a protector remedy of the claimant sphere when it is demonstrated that it has been directly affected"[1452].

In another decision, the Supreme Court of Justice ruled abut the need that:

> The violation of the constitutional rights and guaranties be a direct and immediate consequence of the act, fact or omission, not being possible to attribute

---

Corte Primera de lo Contencioso Administrativa (Case *Federación Venezolana de Deportes Ecuestres)*; in *Revista de Derecho Público,* N° 57–58, Editorial Jurídica Venezolana, Caracas, 1994, p.

1450 See decision of August, 8, 1991, *Revista de Derecho Público,* N° 47, Editorial Jurídica Venezolana, Caracas, 1991, p. 129.

1451 See decision of October 8, 1990, *Revista de Derecho Público,* N° 44, Editorial Jurídica Venezolana, Caracas, 1990, pp. 139–140. In similar sense, the violation of the right to self defense because the right to cross examination of a witness was denied according to article 349 of the Procedural Civil Code, cannot be founded in article 68 of the Constitution because that would signify to analyze the violation of norms of statutary rank and not of constitutional rank. See decision of the Politico Administrative Chamber of the Supreme Court of Justice of November 8, 1990, *Revista de Derecho Público,* N° 44, Editorial Jurídica Venezolana, Caracas, 1990, pp. 140–141

1452 See decisión of December 2, 1993, *Revista de Derecho Público,* N° 55–56, Editorial Jurídica Venezolana, Caracas, 1993, pp. 302–303

or assign to the injurer agent different results to those produced or to be produced. The right's violation must be the product of the harming act"[1453].

The main consequence of being the injury a direct and immediate one regarding the claimant is that he has to prove his assertions, that is to say, in the amparo action the injured party has the burden to proof the personal and direct harm. Similar to the rules on injunctions, as resolved by the North American courts, according to which, "the party seeking an injunction, whether permanent or temporary, must establish some verifiable injury"[1454].That is why, regarding documental proofs, the claimant must always present them with the filling of the action (Amparo Laws: Argentina, Article 7; Uruguay, Article 5).

II. THE ARBITRARY, ILLEGAL AND ILLEGITIMATE MANIFEST INJURY

On the other hand, the harm or injury caused to a constitutional right in order for an amparo action to be admitted, must be manifestly arbitrary, illegal or illegitimate, and consequence of a violation of the Constitution.

In this regard, for instance, the Argentinean Amparo Law, is precise in indicating that for an amparo action to be admissible it must be filed against any "manifestly arbitrary or illegal" act or omission of a public authority, that "harms, restricts, alters or threatens the constitutional rights and guaranties" (Art. 1). This feature of the challenged official action or omission to be manifestly illegal or arbitrary, is a consequence of the presumption of validity that as a general principle of public law, all official acts have. The Uruguayan Amparo law refers to acts issued with "manifest illegitimacy" (Art. 1); and the Brazilian Law, in similar sense, also set forth expressly that the *mandado de segurança* is established for the protection of constitutional rights when being violated "*ilegalmente ou com abuso do poder*" (Art 1)[1455].

The challenged act or omission, thus, must be manifestly contrary to the legal order (*legalidad*), that is, the rules of law contained not only in the Constitution, but also in statutes and regulations; or it must be manifestly illegitimate, because it lacks of any legal support; or because it is manifestly arbitrary, that is, an act not reasonable or unjust; in other words, contrary to justice or to reason[1456]. The same principle applies in the United States imposing to the plaintiff in civil right injunctions the burden to prove the alleged violations in order to destroy the presumption that the official acts are valid, which has been considered a limitation on judicial power to protect rights. As M. Glenn Abernathy and Perry have commented:

1453 See decisión of August 14, 1992, *Revista de Derecho Público,* N° 51, Editorial Jurídica Venezolana, Caracas, 1992, p. 145

1454 See Kevin Schroder, John Glenn and Maureen Placilla (Editors), *Corpus Juris Secundum*, Vol. 43A, Thomson West, 2004, p 54.

1455 The principle is also referred to in Chile and Ecuador. Juan Manuel Errazuriz G. and Jorge Miguel Otero A., *Aspectos procesales del recurso de protección,* Editorial Jurídica de Chile, Santiago, 1989, pp. 51–55; Hernán Salgado Pesantes, *Manual de Justicia Constitucional Ecuatoriana*, Corporación Editora Nacional, Quito 2004, p. 79.

1456 See Alí Joaquín Salgado, *Juicio de amparo y acción de inconstitucionalidad*, Astrea, Buenos Aires 1987, pp. 28–29.

> "The courts do not automatically presume that all restraints on free choice are improper. The burden is thrown on the person attacking acts to prove that they are improper. This is most readily seen in cases involving the claim that an act of the legislature is unconstitutional…Judges also argue that acts of administrative officials should be accorded some presumption of validity. Thus a health officer who destroys food alleged by him to be unfit for consumption is presumed to have good reason for his action. The person whose property is so destroyed must bear the burden of proving bad faith on part of the official, if an action is brought as a consequence"[1457].

Consequently, when expressly established in the statutes or not, the same principle applies in Latin America, in the sense that in the amparo action, the act or omission challenged by the plaintiff because it harms his rights, must be manifestly illegal, illegitimate, arbitrary or issued with abuse of power, which implies the need for the claimant on the contrary, to build his arguments upon reasonable basis, and to prove that the challenged act or omission of the public official is an unreasonable one.

III. THE ACTUAL AND REAL CHARACTER OF THE INJURY

Another general condition of the injury in order to be protected by the amparo action is its actual character, as is expressly provided in the Argentinean (Article 1) and Uruguayan (Amparo, Art 1) Laws, in the sense that the harm must be presently occurring and must not have ceased. In similar sense as it is the rule regarding the injunctions in the United States:

> "A petitioner is not entitled to an injunction where no injury to the petitioner is shown from the action sought to be prevented. Ordinarily, a person, in order to be entitled to injunctive relief, whether prohibitory or mandatory in its nature, must establish an actual and substantial, serious, injury, or an affirmative prospect of such an injury"[1458].

The actual character of the injury regarding the amparo suit, as argued by the Venezuelan courts, signifies that the injury "must be alive, must be present in all its intensity", in other words, the actual character of the harm "refers to the present character, not to the past, nor to facts already happened, which appertain to the past, but to the present situation which can be prolonged in an in definitive length of time"[1459].

In this regard, Article 6,1 of the Amparo law of Venezuela establishes as a cause of inadmissibility of the amparo action, that the violation would have not ceased,

---

1457 See M. Glenn Abernathy and Barbara A. Perry, *Civil Liberties under the Constitution*, University of South Carolina Press, 1993, p. 5

1458 See Kevin Schroder, John Glenn and Maureen Placilla (Editors), *Corpus Juris Secundum*, Vol. 43A, Thomson West, 2004, p 66.

1459 See decision of the First Court on Judicial Review of Administrative Action of May 7, 1987 (Caso: *Desarrollo 77 C.A.*), in FUNEDA *15 años de Jurisprudencia cit.*, p. 78.

that is, "it must be actual, recent, alive"[1460]. The principle is the same in Argentina, where if the harm has ceased, the claim by mean of amparo must be declared inadmissible[1461]. In Honduras (Art. 46,6 Constitutional Justice Law) and Nicaragua (Art. 51,3, Amparo Law) prescribes that the recourse for amparo is inadmissible when the effects of the challenged act have ceased, in which case the court could reject *in limene* (*de plano*) the claim. Also in México, Article 73,XVI of the Amparo law declares inadmissible the amparo action when the challenged acts have ceased in their effects, or when even those acts subsist, they cannot produce material or legal effects whatsoever, because they have lost their object or substance. In Peru, the Constitutional procedure Code also prescribes the inadmissibility of the amparo action when at the moment of its filing the threat or the violation of the constitutional rights has ceased (Art. 5,5).

In this regard, the First Court on Judicial Review of administrative actions of Venezuela resolved the inadmissibility of an action for amparo because, during the proceedings, the challenged act was repealed[1462]. The Supreme Court also decided that in the proceedings of an amparo suit the harm must not have ceased before the judge decision; on the contrary, if the harm has ceased, the judge must declare *in limine litis*, the inadmissibility of the action[1463]. For instance, in the case of an amparo against the omission of a court to decide a case, which as alleged harms the rights of somebody, if before the filing of the action or during the proceeding the challenged court has decided, from that moment on the harm can be considered to have ceased[1464]

In similar sense, the Constitutional Chamber of Costa Rica has determined that it has not jurisdictional present interest to examine the circumstances for the suspension [of the effects on an act], when [the act has been repealed], and thus, when the affected party has been reestablished in the enjoyment of his rights before filing the recourse[1465]. But regarding the actual character of the harm, it is possible to consider that when new a fact modifies to such an extreme an already known and declared situation as not being present at the moment the harm occurred, then the new argument could provoke different or contradictory results regarding the previous ones.

1460 See decision of the First Court on Judicial Review of Administrative Action of November 13, 1988, in FUNEDA, *15 años de la Jurisprudencia, cit.*, p. 134

1461 Alí Joaquín Salgado, *Juicio de amparo y acción de inconstitucionalidad,* Astrea, Buenos Aires 1987, p. 27

1462 See decision of the First Court on Judicial Review of Administrative Action of August 14, 1992 in *Revista de Derecho Público,* N° 51, Editorial Jurídica Venezolana, Caracas, 1992, p. 154.

1463 See decisions of the Politico Administrative Chamber of the former Supreme Court of Justice of December 15, 1992, *Revista de Derecho Público* N° 52, Editorial Jurídica Venezolana, Caracas, 1992, p. 164; and of May 27, 1993, *Revista de Derecho Público,* nos 53–54, Editorial Jurídica Venezolana, Caracas, 1993, p. 264. *Cfr.* Decision of the First Court on Judicial Review of Administrative Actions of December 12, 1992 (Caso *Allan R. Brewer–Carías*), *Revista de Derecho Público,* N° 49, Editorial Jurídica Venezolana, Caracas, 1992, pp. 131–132

1464 See Rafael Chavero G., *El nuevo régimen del amparo constitucional en Venezuela*, Editorial Sherwood, caracas 2001, pp. 237–238.

1465 Decision N° 1051–97, in Rubén Hernández Valle, *Derecho Procesal Constitucional,* Editorial Juricentro, San José 2001, pp. 244–245.

This could occur, for instance, when the amparo judge, that must know regarding an specific, actual and determined situation, could determine the existence of a new fact that had not occurred at the moment of the filing, and that could alter or modify that situation, in which case, the action can be admitted and decided protecting the plaintiff, even if it had been beforehand rejected[1466].

Regarding the actual character of the harm for granting the amparo or constitutional protection, the rule in federal cases in the United States is that an actual controversy must exist not only at the time the action was initiated, but at all stages of the proceeding, even at appellate or certiorari review. Nonetheless, in the important case *Roe v. Wade,* 410 U.S. 113 (1973), in which the Supreme Court expanded the women's right to privacy, striking down states laws banning abortion. The Court recognized that even if this right of privacy was not explicitly mentioned in the Constitution, it was guaranteed as a constitutional right for protecting "a woman's decision whether or not to terminate her pregnancy", even though admitting that the states legislation could regulate the factors governing the abortion decision at some point in pregnancy based on "safeguarding health, maintaining medical standards and in protecting potential life".

But the point in the case was that, pending the procedure, the pregnancy period of the claimant came to term, so the injury claimed lost its present character. Nonetheless, the Supreme Court ruled in the case that

> "[When], as here, pregnancy is a significant fact in the litigation, the normal 266–day human generation period is so short that pregnancy will come to term before the usual appellate process is complete. If that termination makes a case moot, pregnancy litigation seldom will survive much beyond the trial stage, and appellate review will be effectively denied. Our law should not be that rigid. Pregnancy comes more than once to the same woman, and in the general population, if man is to survive, it will always be with us. Pregnancy provides a classic justification for a conclusion of non mootness. It truly could be 'capable of repetition, yet evading review'"[1467].

In Peru, even though the same general rule is established regarding the inadmissibility "when at the filing of the action the harm or threat to a constitutional rights has ceased", it has been considered that when the harm or threat ceases after the action has been filed, the Constitutional Procedure Code allows the continuation of the proceedings, taking into account the harm produced, and that the amparo be granted[1468].

On the other hand, as established in the Amparo laws of México (Art. 73, IX) and Honduras (Art. 46,5), in cases of injuries or harms produced to constitutional

---

1466 *Cfr*. decision of the Politico Administrative Chamber of the former Supreme Court of Justice of August 5, 1992, *Revista de Derecho Público,* Nº 51, Editorial Jurídica Venezolana, Caracas, 1992, p. 145.

1467 See M. Glenn Abernathy and Barbara A. Perry, *Civil Liberties under the Constitution*, University of Scout Carolina Press, 1993, pp. 4–5

1468 See Luis Sanz Dávalos, "Las innovaciones del Código Procesal constitucional en el proceso constitucional de amparo", in Susana Castañeda et al, *Introducción a los procesos constitucionales. Comentarios al Código Procesal Constitucional,* Jurista Editores, Lima 1005, p 126.

rights, the amparo action can only be filed when the injury is a reparable one or the harm is reversible; thus, the amparo action is inadmissible when the challenged act provoking the harm has already been accomplished or has already been completed (*consumado*) in an irreparable way. That is, amparo actions cannot be the adequate remedy regarding fait accompli.

In México, the classical example regarding this condition of admissibility of the amparo suit, has been the situation of an executed death sentence[1469], in which case it will be wholly irrelevant to file an amparo action. The non admissibility condition applies to all cases "when it is materially or juridically impossible to return the injured party to the position occupied prior to the violation"[1470]; or when in general terms the challenged act is in fact irreparable because it is "physically impossible to turn back the things to the stage they had before the violation"[1471].

This is also the general condition for the admissibility of the injunctions in the United States, as has been decided by the courts, constructing the following judicial doctrine:

> The purpose of an injunction is to restrain actions that have not yet been taken and, therefore, an injunction will not lie to restrain an act already completed at the time the action is instituted, since the injury has already been done. There is no cause for the issuance of an injunction unless the alleged wrong is actually occurring or is actually threatened or apprehended with reasonable probability and a court cannot enjoin an act after it has been completed. An act which has been completed, such that it no longer presents a justiciable controversy, does not give grounds for the issuance of an injunction[1472].

IV. THE RESTORATIVE NATURE OF AMPARO SUIT AND THE REPARABLE CHARACTER OF THE INJURY

In general terms, regarding violations of constitutional rights, the amparo action in Latin America has a restorative character, tending to restitute the affected right to the situations existing when the right was harmed, eliminating the detrimental act or fact, or to restore the personal situation of the plaintiff to one closer to the existing before the injury. Regarding threats to rights, the amparo action has a preventive character, in the sense that it seeks to impede the injury to be produced or completed.

1469 Tesis 32, II, 90. Supreme Corte, Jurisprudencia de la Suprema Corte. See the reference in Richard D. Baker, *Judicial Review in Mexico. A Study of the Amparo Suit*, University of Austin Press, Austin 1971, p. 95, note 11.

1470 See Robert D. Baker, *Judicial Review in Mexico. A Study of the Amparo Suit*, University of Austin Press, Austin 1971, p.96

1471 Tesis "Actos consumados de modo irreparable", Apéndice al Semanario Judicial de la federación 1917–1988, Segunda Parte, salas y Tesis Comunes, pp. 106–107. See the referente in Eduardo Ferrer Mac–Gregor, *La acción constitucional de amparo en México y España*, Edit. Porrúa, México 2002, p. 388, notes 232 and 233.

1472 See Kevin Schroder, John Glenn, Maureen Placilla (Editors), *Corpus Juris Secundum*, Vol 43A, Thomson West, 2004, p. 73.

In this sense, regarding constitutional rights that has been violated, the amparo action has similarities with the so called reparative injunctions in the United States, which seeks to eliminate the effects of a past wrong or to compel the defendant to engage in a course of action that seeks to correct those effects[1473]. As has been explained by Owen M. Fiss:

> To see how it works, let us assume that a wrong has occurred (such as an act of discrimination). Then the missions of an injunction –classically conceived as a preventive instrument– would be to prevent the recurrence of the wrongful conduct in the future (stop discriminating and do not discriminate again). But in *United States v. Louisiana* (380 U.S. 145, (1965)), a voting discrimination case, Justice Black identified still another mission for the injunction –the elimination of the effects of the past wrong the past discrimination). The reparative injunction –long thought by the nineteenth–century textbook writers, such as High (*A Treatise on the Law of Injunction* 3, 1873) to be an analytical impossibility– was thereby legitimated. And in the same vein, election officials have been ordered not only to stop discriminating in the future elections, but also to set aside a past election and to run a new election as a means of removing the taint of discrimination that infected the first one (*Bell v. Southwell*, 376 F.2de 659 (5TH Cir. 1976)). Similarly, public housing officials have been ordered both to cease discriminating on the basis of race in their future choices of sites and to build units in the white areas as a means of eliminating the effects of the past segregative policy (placing public housing projects only in the black areas of the city)(*Hills v. Gautreaux*, 425 U.S. 284 (1976)).[1474]

Accordingly, as also decided by the former Supreme Court of Justice of Venezuela, in 1996:

> One of the principal characteristics of the amparo action is to be a restorative (restablecedor) judicial means, the mission of which is to restore the infringed situation or, what is the same, to put the claimant again in the enjoyment of his constitutional rights which has been infringed. The abovementioned characteristic of this judicial means, besides been recognized by court decisions doctrine and by legal writers, is set forth in the Amparo Law, when establishing in Article 6,3, as a motive for the inadmissibility of the action, "when the violation of the constitutional rights and guarantees, turns on in an evident irreparable situation, being impossible to restore the infringed legal situation. It is understood that the acts that by means of the amparo can not be turn up thinks to the stage they had before the violation are irreparable"[1475].

Due to this restorative character of the amparo, no new juridical situations can be created by means of this judicial action, nor is it possible to modify those in existen-

---

1473 Seen Owen M. Fiss, *The Civil Rights Injunction*, Indiana University Press 1978, p.7.

1474 Seen Owen M. Fiss, *The Civil Rights Injunction*, Indiana University Press 1978, pp.7–10

1475 See decisión of February 6, 1996, case: Asamblea legislativa del Estado Bolívar. See in Rafael Chavero, *El nuevo régimen del amparo constitucional en Venezuela*, Ed. Sherwood, Caracas 2001, pp. 185, 242–243.

ce[1476]. The Constitutional Chamber of the Supreme Tribunal of Justice, in a decision of January 20, 2000 ruled in this sense that a claimant cannot pretend to obtain the claimed asylum right by means of an amparo action, which through he pretended to obtain the Venezuelan citizenship but without following the established procedure. The Court ruled in the case, that:

> "This amparo action has been filed in order to seek a decision from this court, consisting in the legalization of the situation of the claimant, which would consist in the constitution or creation of a civil and juridical status the petitioner did not have before filing the complaint for amparo".

Thus this petition was considered "contrary to the restorative nature of the amparo"[1477].

In another decision issued on April 4, 1999, the former Supreme Court in a similar sense, declared inadmissible an amparo action in a case in which the claimant was asking to be appointed as judge in a specific court or to be put in a juridical situation that he did not have before the challenged act was issued. The Court decided that in the case, it was impossible for such purpose to file an amparo action, declaring it inadmissible, thus ruling as follows:

> "This Court must highlight that one of the essential characteristics of the amparo action is it reestablishing effects, that is, literally, to put one thing in the stage it possessed beforehand, in its natural stage, which for the claimant means to be put in the situation he had before the production of the claimed violation. The foregoing means that the plaintiff claim must be directed to seek 'the reestablishment of the infringed juridical situation'; the amparo actions are inadmissible when the reestablishment of the infringed situation is not possible; when through them the claimant seeks a compensation of damages, because the latter cannot be a substitution of the harmed right; nor when the plaintiff pretends the court to create a right or a situation that did not exist before the challenged act, fact or omission. All this is the exclusion for the possibility for the amparo to have constitutive effects"[1478].

What in the suit for amparo can certainly be done is to restore things to the stage they had at the moment of the injury, making the challenged and proved infringing fact or act regarding a constitutional right or guarantee, to disappear. Thus when the violation to a constitutional right turns up to be an irreparable situation, the amparo actions is inadmissible. This is congruent with what Article 29 of the Venezuelan Constitution and Article 1 of Amparo Law provide in that the amparo action seeks

---

1476 See decisions of the Politico Administrative Chamber of the former Supreme Court of Justice, of October 27, 1993 (Case *Ana Drossos*), and November 4, 1993 (Case *Partido Convergencia*), in *Revista de Derecho Público,* nos 55–56, Editorial Jurídica Venezolana, Caracas, 1993, p. 340.

1477 See Case *Domingo Ramírez Monja*. See the reference in Rafael Chavero, *El nuevo régimen del amparo constitucional en Venezuela*, Ed. Sherwood, Caracas 2001, p. 244.

1478 Decision of April 21, 1999, Case *J. C. Marín*. See the reference in Rafael Chavero, *El nuevo régimen del amparo constitucional en Venezuela*, Ed. Sherwood, Caracas, 2001, pp. 244–245.

to "the immediate restoring of the infringed juridical situation or to the situation more similar to it"[1479].

In this regard, the former Supreme Court of Justice declared inadmissible an amparo action against a undue tax collecting act, once paid, considering that in such case it was not possible to restore the infringed juridical situation[1480]; and the First Court on Judicial review of administrative action on a decision of September 7, 1989, declared inadmissible an amparo action referred to maternity protection rights (pre and post natal leave) filed after the childbirth, ruling that:

> "It is impossible for the plaintiff to be restored in her presumed violated rights to enjoy a pre and post natal leave during 6 month before and after the childbirth, because we are now facing an irremediable situation that can not be restored, due that it is impossible to date back the elapsed time"[1481].

In similar sense, the former Supreme Court of Justice in a decision of November 1, 1990, considered inadmissible an amparo action, when the only way to restore the infringed juridical situation was declaring the nullity of an administrative act, which the amparo judge cannot do in its decision[1482].

The abovementioned can be considered the general trend regarding the amparo regulations in Latin America. In México, Article 73,X of the Amparo Law prescribes that the amparo in inadmissible against acts adopted in a judicial or administrative proceeding, when due to the change of the juridical situation, the violations claimed in the proceeding must be considered as completed in an irreparable way. It is also the general trend regarding the tutela in Colombia where the Law provides that the action is inadmissible "when it is evident that the violation originated a completed harm, unless the action or omissions harming the rights continues".

In conclusion, in general terms, the amparo suit imposes the need for the harm to possibly be amended, or if it has not been initiated, to be restored by a judicial order impeding its execution, or if it has continuous effects, for its suspension in case it has not been initiated; and regarding those effects already accomplished, the possibility to date back things to the stage before the harm commenced. What the amparo judge cannot do is create situations that were inexistent at the moment of the action's filing; or to correct harms to rights when it is too late to do so. As resolved by the First Court on Judicial Review of administrative action of Venezuela, regarding a municipal order for the demolition of a building, in the sense that if the demolition

---

1479 See First Court on Judicial review of Administrative Action, decision of January 14, 1992, in *Revista de Derecho Público,* N° 49, Editorial Jurídica Venezolana, Caracas, 1992, p. 130; and decision of the former Supreme Court of Justice, Politico Administrative Chamber, of March 4, 1993, in *Revista de Derecho Público,* N° 53–54, Editorial Jurídica Venezolana, Caracas, 1993, p. 260.

1480 CSJ–CP 21–3–88– *Revista de Derecho Público,* N° 34, Editorial Jurídica Venezolana, Caracas, 1988, p. 114

1481 See decision of First Court on Judicial Review of Administrative Actions of September 17, 1989, *Revista de Derecho Público* N° 40, Editorial Jurídica Venezolana, Caracas, 1989, p. 111.

1482 See decisions of the Politico Administrative Chamber of the former Supreme Court of Justice of November 1, 1990, *Revista de Derecho Publico,* N° 44, Editorial Jurídica Venezolana, Caracas, 1990, pp. 152–153; *Cfr.* decision of the First Court on Judicial Review of Administrative Actions of September 10, 1992, *Revista de Derecho Público,* N° 51, Editorial Jurídica Venezolana, Caracas, 1992, p. 155.

was already executed, the amparo judge cannot decide the matter, because of the irreparable character of the harm[1483].

The First Court also ruled in a case decided in February 4, 1999 regarding a public university position contest that, "the pretended aggrieved party is seeking to be allowed to be registered itself in the public contest for the Chair of Pharmacology in the School of Medicine José María Vargas, but at the present time, the registration was impossible due to the fact that the delay had elapsed the previous year, and consequently the harm produced must be considered as irreparable, declaring the inadmissible the action for amparo"[1484].

Another example that can also be mentioned refers to the right to the protection of health, different to a possible right to have one's health restored. The former Supreme Court of Justice, in a decision of March 3, 1990, ruled as following:

> "The Court considers that the infringed juridical situation is reparable by means of amparo, due to the fact that the plaintiff can be satisfied in his claims through such judicial means. From the judicial procedure point of view, it is possible for the protection of health the possibility for the judge to order the competent authority to assume precise conduct for the medical protection of the claimant conduct. The claim of the petitioner is to have a particular and adequate health care, which can be obtained via the amparo action, seeking the reestablishment of a harmed right, and this can be obtained by means of amparo. In this case, the claimant is not seeking her health to be restored to the stage it had before, but to have a particular health care, which is perfectly valid"[1485].

In Peru, the Constitutional Procedure Code also prescribes that the amparo action, as well as all constitutional proceedings, are inadmissible when at the moment of its filing, the violation of the constitutional rights has become irreparable (Art. 5,5). Nonetheless, being the purpose of the constitutional processes to protect constitutional rights, reestablishing the thighs to the stage they had before the constitutional rights violation or threat or prescribing the accomplishment of a legal mandate or an administrative act, the Code establishes that if after the filing of the claim, the aggression or threat has ceased because of a voluntary decision of the aggressor, or if the harm turns up to be irreparable, the court, taking into account the injury, will grant the claim indicating the scope of its decision and ordering the defendant to refrain from performing again the actions or omissions that provoked the filing of the suit.

1483 See the January 1st, 1999 decision (Case: *B. Gómez*). See the reference in Rafael Chavero, *El nuevo régimen del amparo constitucional en Venezuela*, Ed. Sherwood, Caracas, 2001, p. 242.

1484 See Case *C. Negrín*. See the reference in Rafael Chavero, *El nuevo régimen del amparo constitucional en Venezuela*, Ed. Sherwood, Caracas, 2001, p. 243.

1485 See in *Revista de Derecho Público,* N° 42, Editorial Jurídica Venezolana, Caracas, 1990, p. 107

V. THE PREVENTIVE NATURE OF AMPARO SUIT AND THE IMMINENT CHARACTER OF THE THREAT

The amparo suit is not only the effective judicial means for the restoration of the injured constitutional rights that has been harmed, similar to the reparative or restorative civil rights injunctions, but it is also the effective judicial means for the protection of such rights and guaranties when threatened to be violated or harmed. This latter amparo suit is then similar to the preventive civil rights injunctions which, in this case, "seeks to prohibit some discrete act or series of acts from occurring in the future"[1486], and is designed "to avoid future harm to a party by prohibiting or mandating certain behavior ay another party. The injunction is 'preventive' in the sense of avoiding harm"[1487].

All the amparo laws on Latin America expressly refers to the possibility of filing the amparo suit not only against actual violation of constitutional rights but also and basically against threats (*amenaza*) of harming or injuring constitutional rights and guaranties; threats that in general terms must also be real and certain, but additionally, must be immediate, imminent, possible and realizable (Nicaragua, Articles 51, 57, 79; Peru, Article 2; Venezuela, Articles 2; 6,2).

As decided by the Venezuelan courts: to threaten means to provoke fear to others or to make others feel in danger regarding their rights; conversely, a violation is a situation in which a fact has already been accomplished, so no threat is possible[1488]. In this regard, the Colombian Constitutional Court has drawn the distinction between harm and threat, as follows:

> "The harm has implicit the concept of injury or prejudice. A right is harmed when its object is damaged. A right is threatened when that same object, without being destroyed, is put in a situation of suffering a decrease"[1489].
>
> "Harm and threat of fundamental rights are two different concepts clearly distinguishable: the former needs an objective verification that the tutela judges must do, by proving its empirical occurrence and their constitutional repercussions; the latter, conversely, adds subjective and objective criteria, conforming itself not by the intention of the public officer or the individual, but by the result

1486 See Owen M. Fiss, *The Civil Rights Injunction*, Indiana University Press, 1978, p. 7

1487 See William M. Tabb and Eliane W. Shoben, *Remedies*, Thomson West, 2005, p. 22. The last sentence is very important from the terminological point of view when comparing the injunctions with the amparo suits: in Spanish the word "*preventivo*" is used in procedural law (*medidas preventivas o cautelares*) to refers to the "temporary": or "preliminary" orders or restraints that in North America the judge can issue during the proceeding. So the preventive character of the amparo and of the injunctions cannot be confused with the "*medidas preventivas*" or temporary or preliminary measures that the courts can issue during the trial for the immediate protection of rights, facing the prospect of an irremediable harm that can be caused.

1488 Decision First Court on Judicial Review of Administrative Actions of July 16, 1092, *Revista de Derecho Público,* N° 51, Editorial Jurídica Venezolana, Caracas, 1992, p. 155

1489 Decision T–412 of June 17, 1992. See he references in Juan Carlos Esguerra Portocarrero, *La protección constitucional del ciudadano*, Legis, Bogotá 2005, p. 147; and in Federico González Campos, *La tutela. Interpretación doctrinaria y jurisprudencial*, Ediciones Jurídicas Gustavo Ibáñez, Bogotá, 1994, pp. 46–47.

the action or omission can have regarding the spirit of the affected person. Thus, in order to determine the constitutional hypothesis of the threat, the confluence of subjective and objectives elements are needed: the fear of the plaintiff that feels his fundamental rights are in danger of perish and the validation of such perception by means of external objective elements, the significance of which is the one offered by the temporal and historical circumstances in which the facts are developing"[1490]

A threat is then, a potential harm or violation, that is imminent and to occur soon, regarding which the same Constitutional Court of Colombia has said:

> "A threat to a fundamental constitutional right has multiple expressions: it can be referred to the specific circumstances of a person regarding the exercise of the right; to the existence of positive and unequivocal signs regarding the intention of a person capable to execute acts that can violate the right; or be represented in the challenge of someone (attempt), with direct repercussion on the right; also it can be constituted by non deliberated acts that, according to its characteristics, can lead the amparo court to be convinced that if no order is issued, impeding the conduct to continue, the violation of the right will be produced; also it can correspond to an authority omission whose extension in time allows the risk to appear or to increase; its configuration is also feasible in case of the existence of a norm –authorization or mandate– contrary to the Constitution, the application of which in the concrete case would be in itself an attack or a disregard of the fundamental"[1491]

Of course there are some constitutional rights that if they are not protected against threats, they could lose all sense in their selves. It happens with the right to life, in the sense that if someone has received imminent death threats, the only way to guarantee the right to life is by avoiding the concretion of the threats, for instance, providing the person with due police protection.

According to Article 2 of the Venezuelan Amparo Law, the threats that can be protected by the amparo suits, must be imminent, adding Article 6,1 of the same Law that the action for amparo will not be admitted when the threat of violation of a constitutional right has ceased, or when the threat against a constitutional right or guarantee is not "immediate, possible and feasible (Art. 6,2)[1492]. Regarding these general conditions, the Venezuelan former Supreme Court of Justice, ruled that they

---

1490 Decision T–439 of July 2, 1992. See he references in Juan Carlos Esguerra Portocarrero, *La protección constitucional del ciudadano*, Legis, Bogotá, 2005, p. 148

1491 See decision T– 349 of August 27, 1993. See the references in Rafael Chavero, *El nuevo régimen del amparo constitucional en Venezuela*, Ed. Sherwood, Caracas, 2001, pp. 238–239.

1492 *Cfr.* See decisions of the Politico Administrative Chamber of the former Supreme Court of Justice of June 9, 1988, *Revista de Derecho Público,* Nº 35, Editorial Jurídica Venezolana, Caracas, 1988, p. 114; and of August 14, 1992, *Revista de Derecho Público,* Nº 51, Editorial Jurídica Venezolana, Caracas, 1992, pp. 158–159; and of the First Court on Judicial Review of Administrative Actions of June 30, 1988, *Revista de Derecho Público,* Nº 35, Editorial Jurídica Venezolana, Caracas, 1988, p. 115.

must be concurrent conditions when referred to the constitutional protection against harms that will soon be done by someone to the rights of others[1493].

In similar sense, the Constitutional Chamber of the Supreme Court of Costa Rica has ruled that "according to Article 29 (of the Constitutional Jurisdiction Law), the amparo against a threat regarding a fundamental right can only be granted if the threat is certain, real, effective and imminent; thus, those probable prejudices not capable of being objectively apprehended cannot be protected by amparo,"[1494]

In this regard, the *jurisprudencia* of the Supreme Court of México has developed as a non admissibility cause for the amparo suit, when the action refers to "future and probable acts"[1495]. This refers to acts that have not yet occurred, thus referring to injuries that not only do not presently exist but may never be inflicted; in other words, "simple futurity is not in itself a sufficient bar to the suit. If the execution of the act is imminent and certain, although not formally completed or in process, the amparo suit is admissible"[1496]. In the same sense in Ecuador, regarding the "imminent" character of the harm prescribed in Article 95 of the Constitution must be to occur in the near future, as a true potential injury that is not a mere conjecture. Additionally, the harm must be concrete and real and the claimant must prove how it affects his rights[1497].

In the same sense, in Mexico the courts have ruled regarding the imminent character of the harm that they are those that have been sufficiently proved that they will occur, because for instance, previous actions had been taken or they will ineludible be consequence of past facts also proved[1498]. This distinguishes the imminent actions from those already existing or from those just to be occurring in the future. What is certain is that if the amparo action were only to be admitted against existing facts, the affected party, even though having complete knowledge of the near occurrence of a harm, in order to file the amparo action, would have to patiently wait for the act to be issued, with all its harming consequences.

But what is basically needed for the amparo against threats regarding constitutional rights is its imminent character. This rule has also been developed in the United States as an essential requirement for preventive injunctions, in the sense that courts

---

1493 See decisions of the Politico Administrative Chamber of the Supreme Court of Justice of June 24, 1993, *Revista de Derecho Público,* Nº 55–56, Editorial Jurídica Venezolana, Caracas, 1993, p. 289; and of March 22, 1995 (Case: *La Reintegradora*), in Rafael Chavero, *El nuevo régimen del amparo constitucional en Venezuela*, Ed. Sherwod, Caracas 2001, p. 239

1494 See Vote 295–93. See the references in Rubén Hernández Valle, *Derecho Procesal constitucional*, Editorial Juricentro, 2001, p. 222.

1495 Tesis jurisprudencial 74, *Apéndice al Semanario Judicial de la Federación*, 1917–1988, Segunda parte, salas y tesis Comunes, p. 123. See the reference in Eduardo Ferrer Mac–Gregor, *La acción constitucional de amparo en México y España,* Edit. Porrúa, México, 2002, p.395.

1496 Tesis 44 and 45. *Jurisprudencia de la Suprema Corte*, pp. 110, 113. See the referencie in Richard D. Baker, *Judicial Review in México. A study of the Amparo Suit*, University of Texas Press, Austin, 1971, p. 96, note 12.

1497 See Hernán Salgado Pesantes, *Manual de Justicia Constitucional Ecuatoriana*, Corporación Editora nacional, Quito 2004, p.80.

1498 Joaquin Brage Camazano, *La Jurisdicción Constitucional de la Libertad. Teoría general, Argentina, México, Corte Interamericana de Derechos Humanos*, Ed. Porrúa, México, 2005, pp. 171–173

will order them only when the threatened harm is imminent, in order to prohibit future conduct; and not when the harm is considered remote, potential or speculative. *In Reserve Mining Co. v. Environmetal Protection Agency* 513 F.2d, 492 (8th Cir 1975), the Circuit Court did not grant the requested injunction ordering Reserve Mining Company to cease discharging wastes from its iron ore processing plant in Silver Bay, Minnesota, into the ambient air of Silver bay and the waters of lake Superior, because even though the plaintiff has established that the discharges give rise to a "potential threat to the public health...no harm to the public health has been shown to have occurred to this date and the danger to health is not imminent. The evidence calls for preventive and precautionary steps. No reason exists which requires that Reserve terminate its operations at once"[1499]. In other classically cited case, *Fletcher v. Bealey*, 28 Ch. 688 (1885), referred to waste deposits in the plaintiff land by the defendant, the judge ruled that being the action brought to prevent continuing damages, for a *quia timet* action, two ingredients are necessary:

> "There must, if no actual damage is proved, be proof of imminent danger, and there must also be proof that the apprehended damage will, if it comes, be very substantial. I should almost say it must be proved that it will be irreparable, because, if the danger is not proved to be so imminent that no one can doubt that, if the remedy is delayed, the damage will be suffered, I think it must be shown that, if the damage does occur at any time, it will come in such a way and under such circumstances that it will be impossible for the Plaintiff to protect himself against it if relief is denied to him in a *quia timet* action"[1500].

As happens also regarding injunctions in the United States, the amparo in Latin American Countries cannot be granted "merely to allay the fears and apprehensions or to soothe the anxieties of individuals, since such fears and apprehensions may exist without substantial reasons and be absolutely groundless or speculative"[1501]. The amparo, as the injunction, is an extraordinary remedy "designed to prevent serious harm, is not to be used to protect a person from mere inconvenience or speculative and insubstantial injury"[1502].

As mentioned, the imminence of the harm must be certain, so that for example, the Mexican courts have ruled that mere possibility for the authorities to exercise their powers of investigation and control, cannot be sufficient for the filing of an amparo action[1503]. In this same sense it is regulated, regarding the tutela action, in Article 3 of Decree 306–92 of Colombia".

1499 See the comments in Owen M. Fiss and Doug Rendelman, *Injunctions*, The Foundation Press, Mineola New York, 1984, pp. 116 ff.

1500 See the reference in Owen M. Fiss and Doug Rendelman, *Injunctions*, The Foundation Press, Mineola New York, 1984, pp. 11o–111.

1501 See Kevin Schroder, John Glenn and Maureen Placilla (Editors), *Corpus Juris Secundum*, Vol. 43A, Thomson West, 2004, p. 57

1502 Kevin Schroder, John Glenn and Maureen Placilla (Editors), *Corpus Juris Secundum*, Vol. 43A, Thomson West, 2004, pp. 57–58.

1503 See *Semanario Judicial de la Federación*, Tomo I, Segunda parte–2, p. 697. See the reference in Joaquín Brage Camazano, *La Jurisdicción Constitucional de la Libertad. Teoría general, Argentina, México, Corte Interamericana de Derechos Humanos*, Ed. Porrúa, México 2005, p. 173, note 269

> **Article 3:** *When it does not exist threat to a fundamental constitutional right*: It will be understood that a fundamental constitutional right will not be threaten by the only fact of the opening of an administrative enquiry by the competent authority, subjected to the procedure regulated by law.

In the same sense, the Supreme Court of Justice of Venezuela ruled in 1989 that

> "the opening of a disciplinary administrative inquiry is not enough to justify the protection of a party by means of the judicial remedy of amparo, moreover if the said proceeding, in which all needed defenses can be exercised, may conclude in a decision discarding the incriminations against the party with the definitive closing of the disciplinary process, without any sanction to the party"[1504].

On the other hand, the threats regarding which constitutional rights can be protected by the amparo suit must be proven by the claimant, as threats against his rights that are precisely made by the defendant. That is why, the Argentinean courts for instance, have rejected an amparo action against non proved threats, for instance, when a mother filed a complaint asking the police protection to avoid an order of seizure of a minor, issued by a foreign court, because the existence of the order was not proved, nor sufficient elements for judging the case were alleged in order to prove that the local authorities were going to fail to apply the legal dispositions that apply to the execution in the country of foreign judicial decisions, which prescribes enough guarantees for the defense of rights and to protect internal public order[1505].

The proof of the harm can also be based on previous acts or conducts of the defendant, or on his past pattern of conduct. One example, in the United States, as resumed by Tabb and Shoben, is the case *Galella v. Onassis* (S.D.N.Y. 1972) originated in the claim of the wife of J. F. Kennedy, the former President of the United States, seeking for an injunction against a professional free–lance photographer to restrain him from violating her rights of privacy. "The evidence showed that the photographer had repeatedly engaged in harassing behavior of the Onassis family in order to obtain pictures, but each time the invasive behavior was different. Based upon the pattern of past conduct, the court concluded that the photographer's behavior would continue indefinitely in the future. The evidence on imminency was very strong because the photographer had even sent an advertisement to customers announcing future anticipated pictures of Onassis. Even though the pattern of behavior was varied in the types of invasive conduct, the overall nature of it was harassing. With sufficient evidence, even an unpredictable pattern can establish imminency"[1506].

The threat must also be attributed to the defendant; on the contrary, the amparo action must be rejected. It was the case of an amparo action brought before the for-

---

1504 See decision of the Politico Administrative Chamber of October 26, 1989 (Case *Gisela Parra Mejía*). See the reference in Rafael Chavero, *El nuevo régimen del amparo constitucional en Venezuela*, Ed. Sherwood, Caracas 2001, pp. 191, 241,

1505 See the references in Néstor Pedro Sagües, *Derecho Procesal Constitucional, Acción de Amparo*, Vol 3, Astrea, Buenos Aires, 1988, pp. 117; and in Rafael Chavero, *El nuevo régimen del amparo constitucional en Venezuela*, Ed. Sherwood, Caracas 2001, pp. 190 and 239.

1506 See William M. Tabb and Eliane W. Shoben, *Remedies*, Thomson West, 2005, p. 29

mer Venezuelan Supreme Court of Justice in 1999, against the President of the Republic, denouncing as injuring acts possible measures to be adopted by the National Constituent Assembly convened by the President, once it were installed. The Court rejected the action not only because "the reasons alleged by the plaintiff were of eventual and hypothetical nature, which contradicts the need of an objective and real harm or threat to constitutional rights or guarantees" in order for the amparo to be admissible; but said, regarding the alleged defendant in the case, the following:

> "This court must say, that the action for constitutional amparo serves to give protection against situations that in a direct way could produce harms regarding the plaintiff's constitutional rights or guarantees, seeking the restoration of its infringed juridical situation. In this case, the person identified as plaintiff (President of the Republic) could not be by himself the one to produce the eventual harm which would condition the voting rights of the plaintiff, and the fear that the organization of the constituted braches of government could be modified, would be attributed to the members of those that could be elected to the National Constituent Assembly not yet elected. Thus in the case there does not exist the immediate relation between the plaintiff and the defendants needed in he amparo suit"[1507].

Another aspect to be mentioned is the possibility to file an amparo action against the legislator based on the threat to constitutional rights provoked by statutes or legislative acts, which is related to the main subject of the amparo against laws. In this regard, the former Supreme Court of Justice of Venezuela, in a restrictive, has ruled that a statute or a legal norm, in itself, cannot originate a valid possible, imminent and feasible threat, to allow the filing of an amparo action. In a decision of May 24, 1993, the Politico–Administrative Chamber of the Supreme Court ruled:

> It is indisputable that a legal norm violating the Constitution can also harm persons situated in the juridical situation it regulates, so in such case, the harm could be considered 'possible', according to Article 6,2 of the Amparo law.
>
> Nonetheless, when an amparo action is filed against a norm, –that is, when the object of the action is the norm in itself–, the concretion of the possible alleged harm would not be "immediate", due to the fact that there would be always necessary for the competent authority to proceed to the execution or application of the norm, in order to harm the plaintiff. One must conclude that the probable harm caused by a norm will always be mediate and indirect, needing to be apply to the concrete case. Thus, the injury will be caused through and by means of an act applying the disposition that is contrary to the rule of law.
>
> The same occurs with the third condition set forth in the Law; the threat, that is, the probable and imminent harm, will never be feasible –that is, concreted– by the defendant. If it could be sustained that the amparo could be filed against a disposition the constitutionality of which is challenged, then it would be necessary to accept as defendant the legislative body or the public officer which

1507 See decision of April 23, 1999 (Case: *A. Albornoz*). See the reference in Rafael Chavero, *El nuevo régimen del amparo constitucional en Venezuela*, Ed. Sherwood, Caracas, 2001, p. 240.

had sanctioned it, being the latter the one that would act in court defending the act. It can be observed that in case the possible harm would effectively arrive to be materialized, it would not be the legislative body or the sate organ which issued it, the one that will execute it, but the public official for whom the application of the norm will be imposing in all the cases in which an individual would be in the factual situation established in the norm.

If it is understood that that the norm can be the object or an amparo action, the conclusion would be that the defendant (the public entity sanctioning the norm the unconstitutionality of which is alleged) could not be the one entity conducting the threat; but that the harm would be in the end concretized or provoked by a different entity (the one applying to the specific and concrete case the unconstitutional provision).

Thus the amparo against law and other normative acts must be discarded, not only because the Amparo law does not establish such possibility, but also because even though being possible to file the extraordinary action against a normative act of general effects, the court must declare its inadmissibility because the conditions set fort in Article 6,2 of the Amparo law are not covered"[1508].

Accordingly, the former Supreme Court rejected the possibility to fill amparo actions against laws, restricting the scope of the Amparo Law in our opinion without major basic arguments, and facing the possibility for the constitutional protection to be needed, ruled as follows:

> "Nonetheless, this High Court considers necessary to point out that the previous conclusion does not signify the impossibility to prevent the concretion of the harm –objection that could be drawn from the thesis that the amparo can only proceed if the unconstitutional norm is applied–, due to he fact that the imminently aggrieved person, must not necessarily wait for the effective execution of the illegal norm, because since he faces the threat having the conditions established in the Law, he could seek for amparo for his constitutional rights. In such case, thou, the amparo would not be directed against the norm, but against the public officer that has to apply it. In effect, being imminent the application to an individual of a normative disposition contrary to any of the constitutional rights or guaranties, the potentially affected person could seek from the court a prohibition directed to the said public officer plaintiff, compelling not to apply the challenged norm, once evaluated by the court as being unconstitutional"[1509].

VI. THE NON CONSENTED CHARACTER OF THE INJURY

The injury to a constitutional right or guarantee that can permit an individual to seek constitutional judicial protection by means of an amparo action, must not only

---

1508 See decision of the Politico Administrative Chamber of May 25, 1993 in *Revista de Derecho Público,* N° 55–56, Editorial Jurídica Venezolana, Caracas, 1993, pp. 289–290

1509 *Idem.*, p. 290.

be actual, possible, real and imminent, and not provoked by the plaintiff himself[1510], but must not be a consented harm or injury; that is, the complainant must not have expressly or tacitly consented to the challenged act or the harm caused to his right.

Regarding the express consent, it exists, as ruled in the Venezuelan Amparo Law, when there are "unequivocal signs of acceptance" (Art. 6,4)[1511] of the act, the facts or the omissions causing the injury, in which case the amparo action is inadmissible.

This case of inadmissibility of the amparo action is also expressly regulated in the Amparo Laws of México, against expressly consented acts or acts consented as consequence of "expression of will that implies such consent" (article 73, XI); in Nicaragua, against "acts that have been consented by the claimant in an express way" (Article 51,4); and in Costa Rica, "when the action or omission would be legitimately consented by the aggrieved person"(Article 30,ch).

In certain aspects, this inadmissibility clause for the amparo suit referred to the express consent of the plaintiff, has some equivalence with the equitable defense in the United Stated injunctions called *estopell*, which refers to actions of the plaintiff prior to the filing of the suit, that are inconsistent with the rights it asserts in his claim.

The classic example of *estopell*, as referred to by Tabb and Shoben, "is that a plaintiff cannot ask equity for an order to remove a neighbor's fence built over the lot line if the plaintiff stood by and watched the fence construction in full knowledge of the location of the lot line. The plaintiff silence with knowledge of the facts is an action inconsistent with the right asserted in court"[1512].

The other clause of inadmissibility in the amparo suit refers to the tacit consent of the plaintiff regarding the act, fact or omission causing the injury to his rights, which happens when a precise delay of time has elapsed without the claim being brought before the courts.

This clause for the inadmissibility of the amparo suit is also equivalent to what in North American procedure for injunction is called laches, which as resumed by Tabb and Shoben, "bars a suitor in equity who has not acted promptly in bringing the action; it is reflected in the maxim: 'Equity aids the vigilant, not those who slumber in their rights'"[1513].

As argued in *Lake Development Enterprises, Inc. v. Kojetinsky*, 410 S.W. 2d 361, 367–68 (Mo. App. 1966):

> "'Laches" is the neglect, for an unreasonable and unexplained length of time under circumstances permitting diligence, to do what in law, should have been done. There is no fixed period within which a person must assert his claim or be barred by laches. The length of time depends upon the circumstances of the par-

1510 See Hernán Salgado Pesantes, *Manual de Justicia Constitucional Ecuatoriana*, Corporación Editora Nacional, Quito 2004, p. 80.

1511 The Venezuelan Law qualifies this express consent as "tacit".

1512 See William M. Tabb and Eliane W. Shoben, *Remedies*, Thomson West, 2005, pp. 50–51

1513 See William M. Tabb and Eliane W. Shoben, *Remedies*, Thomson West, 2005, p. 48.

ticular case. Mere delay in asserting a right does not of itself constitute laches; the delay involved must work to the disadvantage and prejudice of the defendant. Laches is a question of fact to be determined from all the evidence and circumstances adduced at trial"[1514].

The difference between the doctrine of laches regarding injunctions and the Latin American concept of tacit consent referred to amparo suits, basically lays in the fact that the delay to file the action for amparo in Lain America, is in general expressly established in the Amparo Laws, so the exhaustion of the delay without the filing of the action, is what is considered to be a tacit consent regarding the act, the fact or the omission causing the injury.

In this regard, and only with few exceptions, as Ecuador[1515] and Colombia (where for instance, the tutela law establishes that the action for tutela can be filed in any moment, Art. 11), the Amparo Laws in Latin America set forth a delay, considering that it is tacitly understood that the injured party has consented the acts, when the recourses or actions are not filed within the delays set forth in the statutes. The established delay varies in the legislation in a number of days counted from the date of the challenged act or from the day the injured party has known about the violation: Argentina, 15 days (Art. 2,e); Brazil, 120 days (Art. 18); Guatemala, 30 days (Art. 20); Honduras, 2 months; México, 15 days as a general rule, but with many other delays with different length of time (Arts. 21, 22 and 73,XII); Nicaragua, 30 days (Art. 26; 51,4); Peru, 60 days (Arts. 5,10; 44); Uruguay, 30 days (Art 4); Venezuela, 6 months (Art. 6,4). In the cases of Dominican Republic and Chile, where the delay (15 days) has been regulated by Supreme Court, discussions have arisen regarding the constitutionality of such norms, due to the criteria that a delay of such type must be only established by the Legislator[1516]

In Costa Rica, the Constitutional Jurisdiction Law establishes that the amparo recourse can be filed at any time while the violation, threat, injury or restriction endures, and up to 2 months after the direct effects regarding the injured party, have ceased (Arts. 35, 60). This delay can also be suspended if the interested party decides to file an administrative recourse against the particular act (Art. 31). Regarding this clause of inadmissibility of the amparo action, the former Supreme Court of Justice of Venezuela ruled in a decision of October 24, 1990, that:

> "Being the amparo action a special, brief, summary and effective judicial remedy for the protection of constitutional rights...it is logic for the Legislator to prescribe a correct proportion of time between the moment in which the harm is produced and the moment the aggrieved party is to file the action. To let pass more that 6 months from the moment in which the injuring act is issued for the

---

1514 See the reference Owen M. Fiss and Doug Rendelman, *Injunctions*, The Foundation Press, Mineola New York, 1984, pp. 102–103.

1515 See Hernán Salgado Pesantes, *Manual de Justicia Constitucional Ecuatoriana*, Corporación Editora Nacional, Quito 2004, p. 81

1516 See Juan Manuel Errazuriz and Jorge Miguel Otero A., *Aspectos procesales del recurso de protección*, Editorial Jurídica de Chile, Santiago 1989, p. 130; Miguel A. Valera Montero, *Hacia un nuevo concepto de Constitución*, Santo Domingo, 2006, p. 404.

exercise of the action is the demonstration of the acceptance of the harm from the side of the aggrieved party; the indolence must be sanctioned, impeding the use of the judicial remedy that has its justification on the urgent need to reestablish a legal situation"[1517].

Of course, as a general rule in this matter, the exhaustion of the delay without filing the amparo action, although considered as a tacit consent regarding the injury, does not prevent the interested person from filing any other recourse or action against the act provoking the harm, as it is expressly regulated in the Costa Rican Law (Art. 36)[1518].

A particular aspect can be mentioned, regarding the situation in cases of wrongs that are continuous in nature. In the United States, it is considered that laches cannot be urged as a defense to a suit to enjoin a wrong which is continuing in its nature (Pacific Greyhound Lines v. Sun Valley Bus Lines, 70 Ariz. 65, 216 P. 2d 404, 1950; Goldstein v. Beal, 317 Mass. 750, 59 N.E. 2d 712, 1945)[1519]. A similar rule has been applied for instance, in Venezuela, where the Fist Court on Administrative Judicial review actions in a decision of October 22, 1990 (Case: *María Cambra de Pulgar*) in which when deciding on a defense on inadmissibility of an action, ruled:

> "In spite that a number of the facts indicated had been produced more that 6 months ago, they have been described in order to reveal a supposed chain of events that, due to their constancy and re incidence, allows presuming that the plaintiff is threatened with those facts being repeated. This character of the threat is what the amparo intends to stop. According to what the plaintiff point out, no tacit consent can be produced from his part ... Consequently, there are no grounds for the application to any of the inadmissibility clauses set forth in the Amparo Law"[1520].

VII. EXCEPTIONS TO THE TACIT CONSENT RULE

On the other hand, since there are constitutional question involved, the Laws establish various exceptions regarding the caducity or lapsing of the action. For instance, in Honduras, it is expressly regulated that the action can be filed after the exhaustion of the delay, when the impossibility to bring the action before the court is duly proved (Art. 46,3). In similar sense it is regulated in Article 4 of the Uruguayan Law when the plaintiff has been impeded by "just cause" to file the action.

In México, in particular, regarding the amparo against laws, the action can be filed not only against the statute, but also after the exhaustion of the delay, against the first concrete act that applies it; so the tacit consent rule applies in this case, only

---

1517 See in *Revista de Derecho Público,* N° 44, Editorial Jurídica Venezolana, Caracas, 1990, p. 144.

1518 See the comments in Ruben Hernández Valle, *Derecho procesal Constitucional*, Editorial Juricentro, 2001, pp. 226–229, 243.

1519 See the references in Kevin Schroder, John Glenn and Maureen Placilla (Editors), *Corpus Juris Secundum*, Vol. 43A, Thomson West, 2004, p. 329

1520 See decision of October 22, 1990, in *Revista de Derecho Público,* N° 44, Editorial Jurídica Venezolana, Caracas, 1990, pp. 143–144

when the latter is not challenged in the delay set forth in the Amparo Law (Art. 73,XII)[1521]. But additionally to this particular exception, Article 22 of the Amparo Law of Mexico establishes other general exception to the tacit consent rule, in cases of authority acts endangering the life, the personal freedom, deportation, any other acts prohibited in Article 22 of the Constitution, or the forced incorporation to the army[1522]. In these cases the amparo action can be brought before the courts at any time. Also the amparo action can be filed at any time, in cases of the protection of peasants rights related to communal land (Art. 217).

In Costa Rica, Article 20 of the Constitutional Jurisdiction Law also establishes as an exception regarding the delay, in cases in which the amparo action is filed against the risk of an unconstitutional law or regulation to be applied in concrete cases, as well as in cases of a manifest possibility of acts harming the plaintiff rights could be issued or occur.

In Venezuela, the Amparo Law also provides a few exceptions regarding the tacit consent rule, when the amparo action is filed together or jointly with another nullity action, in which cases the general 6 month delay established for the filing of the action does not apply. This is the rule in cases of harms or threats originated in statutes or regulations, and in administrative acts or public administration omissions, when the amparo action is filed jointly with the popular action for judicial review of unconstitutionality of statutes, or with the judicial review action against administrative actions or omissions.

Regarding the judicial review popular action against statutes, it is conceived in the Organic Law of the Supreme Tribunal as an action that can be filed at any time, so if a petition for amparo is filed together with the popular action, no delay is applicable. This is why, no tacit consent can be understood when the harm is provoked by a statute.

Similarly, the tacit consent rule does not apply either in cases of administrative acts or omissions, when the amparo action is filed together with the judicial review action against administrative acts or omissions, in which case, due to the constitutional complaint, the latter can be filed at any moment, as is expressly provided in the Amparo Law (Art. 5).

Finally, mention must be done to the exception regarding the tacit consent rule regarding actions or omissions established in Article 6,4 of the Venezuelan Amparo Law, in cases when the violations of constitutional rights infringes "public order and good conduct", an exceptional situation that must derive from a rule of law[1523].

This concept of "public order" in the Venezuelan legal system refers to situations where the application of a state concerns the general and indispensable legal order

---

1521 See Eduardo Ferrer Mac–Gregor, *La acción constitucional de amparo en México y España*, Editorial Porrúa, México 2002, p. 391; Richard D. Baker, *Judicial Review in Mexico. A Study of the Amparo Suit*, University of Austin Press, Austin 1971, p. 172.

1522 Eduardo Ferrer Mac–Gregor, *La acción constitucional de amparo en México y España*, Editorial Porrúa, México 2002, p. 331

1523 See decision of the Politico Administrative Chamber of March 22, 1988, in *Revista de Derecho Público*, N° 34, Editorial Jurídica Venezolana, Caracas, 1988, p. 114.

for the existence of the community, which cannot be bequeathed; and it does not apply in cases that only concern the parties in a contractual or private controversy. As ruled by the Cassation Chamber of the Supreme Court in Venezuela, in a decision of April 3, 1985, "the concept of public order tend to make the general interest of the Society and of the State to win over the individual particular interest, in order to assure the enforcement and purpose of some institutions"[1524].

For instance, as a matter of general principle, public order provisions in public law are those establishing competencies or attributions to the public entities[1525], including the Judiciary, and those concerning the taxation powers of public entities. In private law, for instance, all the provisions referring to the status of persons (for instance: *patria potestas*, divorce, adoption) are norms in which public order and good customs are involved[1526].

But in many cases it is the lawmaker itself that has expressly declared in a particular statute that its provisions are of "public order" character, in the sense that its norms cannot be modified through contracts. That is the case for instance, of the 2004 Consumers and Users Protection Law[1527], where Article 2 sets forth that its provisions are of public order and may not be renounced by the parties.

Regarding the amparo action and the exception to the tacit consent rule, the First Court of Administrative Judicial Review, has ruled as follows:

> "It is true that the tacit or express consent does not extinguish the action when the violation infringes the public order or the good customs, and that Article 14 of the Amparo Law qualifies the action, whether in its principal or incidental aspects up to the judicial decision execution, as "eminent public order". A textual interpretation could lead to the absurd of considering that, because all matters of amparo are of public order, the express consent (configured by the delay exhaustion) does not extinguish the action; but such interpretation contradicts the logic of the system and the nature of amparo, which is a brief and speedy mean regarding actual harms. Thus, it must be interpreted that the extinction of the amparo action due to the elapse of the delay (express consent, according to the legislator), is produced in all cases, except when the way through which the harm has been produced, is of such gravity that it constitutes an injury to the juridical conscience. It would be the case, for instance, of flagrant violations to individual rights that cannot be denounced by the affected

---

1524 See the reference in decisión of the Politico Administrative Chamber of February 1, 1990 (*Case Tuna Atlántica C.A.*) and of June 30, 1992, in *Revista de Derecho Público,* N° 60, Editorial Jurídica Venezolana, Caracas, 1992, p. 157.

1525 See for instante, decisión of the Constitucional Chamber of the Supreme Tribunal of March 1, 2001 (Case: *Alcalde del Municipio Baruta, Bingos*). See the reference in Rafael Chavero G., *El nuevo régimen del amparo constitucional en Venezuela*, Editorial Sherwood, Caracas 2001, 187.

1526 Allan R. Brewer–Carías, *Contratos Administrativos*, Editorial Jurídica Venezolana, Caracas, 1992, pp. 265–268.

1527 *Official Gazette*, N° 37.930, May 4th 2004.

party; deprivation of freedom; submission to physical or psychological torture; maltreatment; harms to human dignity and other extreme cases"[1528].

Consequently not all violations of constitutional rights and guarantees are considered in their selves as having public order concern, but only those where the juridical or legal conscience of society is harmed, like when human dignity is injured in a flagrant and grave way, as happens with freedom deprivation and infringement of tortures. In such cases, no tacit consent can be admitted, and the amparo judicial protection must be admitted even tough the delay for filing the action would have been exhausted.

CHAPTER XIII

JUDICIAL ADJUDICATIONS IN THE "AMPARO" SUIT: PRELIMINARY MEASURES AND DEFINITIVE RULINGS: PREVENTIVE AND RESTORATIVE DECISIONS

The final purpose of filing an amparo action is for the plaintiff to obtain a judicial adjudication from the competent court, seeking for the immediate protection of his harmed or threatened constitutional right or guarantee, which in general terms, using the same wording used for the North American injunctions, can consist on:

> "Restrain action or interference of some kind; to furnish preventive relief against irreparable mischief or injury; or to preserve the status quo. It is a remedy designed to prevent irreparable injury by prohibiting or commanding certain acts. The function of injunctive relief is to restrain motion and to enforce inaction. An injunction is designed to prevent harm, not redress harm; it is not compensatory. The remedy grants prospective, as opposed to retrospective, relief; it is preventative, protective or restorative, but not addressed to past wrongs"[1529].

Thus, if it is true that the general purpose of both institutions can be considered the same, and that both have an extraordinary character in procedural law, there is a basic distinction between them, regarding their protective object: the North American injunction is a judicial equity remedy that can serve for the protection of any kind of personal or property right that in a particular circumstance cannot be adequately protected by remedies at law. In contrast, the Latin American Amparo is conceived as a specific judicial means for the exclusive protection of constitutional

---

1528 See the decision of the First Court on Judicial Review of Administrative Actions of October 13, 1988, in *Revista de Derecho Público,* N° 36, Editorial Jurídica Venezolana, Caracas, 1988, p. 95. This opinion was followed exactly by the Politico Administrative Chamber of the Supreme Court of Justice, decision of November 1, 1989, in *Revista de Derecho Público,* N° 40, Editorial Jurídica Venezolana, Caracas, 1989, p. 111; and by the Cassation Chamber of the same Supreme Court of Justice, in decision of June 28, 1995, (Exp. N°. 94–172). See the reference in Rafael Chavero G., *El nuevo régimen del amparo constitucional en Venezuela*, Editorial Sherwood, Caracas, 2001, p. 188, note 178. See other judicial decision on the matter in pp. 214 and 246.

1529 See the reference to the corresponding judicial decisions in John Bourdeau et al, "Injunctions" in Kevin Schroder, John Glenn and Maureen Placilla, *Corpus Juris Secundum*, Volume 43A, Thompson West, 2004, p. 20.

rights and guarantees. That is why the general rules governing the injunctions in North America are set forth in the general procedural statutes. Instead, in Latin America, the general rules for the amparo suit are set forth in the Constitutions.

As in the injunctive procedure, two general sort of judicial adjudications can also be issued in the amparo suit for the protection of the claimed constitutional rights or guaranties: preliminary measures that can be issued since the beginning of the procedure and that are in general subject to the final court ruling; and definitive preventive or restorative adjudications ending the process.

I. PRELIMINARY MEASURES IN THE AMPARO SUIT

The preliminary, interlocutory and temporal judicial measures that a Latin American court can adopt in any judicial process before full trial on the merits, generally regulated in the Procedural Codes and applicable to the amparo processes are what in Spanish are called "*medidas preventivas*" or "*medidas cautelares*" issued in an interlocutory way, the expressions "*preventiva*" or "*cautelar*" being used in to describe "preliminary" procedural decisions in contrast to definitive or final adjudications. Thus, the Spanish expression "*preventiva*", is not used exclusively in the English sense of "preventive" as to prevent or to avoiding harm. In the North American system, the "preventive injunction" is a definitive injunction and not a "preliminary" one. In other words, as explained by Tabb and Shoben:

> "The classic form of injunctions in private litigation is the preventive injunction. By definition, a preventive injunction is a court order designed to avoid future harm to a party by prohibiting or mandating certain behavior by another party. The injunction is "preventive" in the sense of avoiding harm. The wording may be either prohibitory ("Do not trespass") or mandatory ("Remove the obstruction")[1530].

The preliminary judicial measures, of course, can also have "preventive" effects in the sense of preserving the *status quo*, but only in a temporary or preliminary basis, pending the procedure. As the same authors Tabb and Shoben have said:

> "Upon a compelling showing by the plaintiff, the court may issue a coercive order even before full trial on the merits. A preliminary injunction gives the plaintiff temporary relief pending trial on the merit. A temporary restraining order affords immediate relief pending the hearing on the preliminary injunction. Both of these types of interlocutory relief are designed to preserve the status quo to prevent irreparable harm before a court can decide the substantive merits of the dispute. Such orders are available only upon a strong showing of the necessity for such relief and may be conditioned upon the claimant posting a bond or sufficient security to protect the interests of the defendant in the event that the injunction is later determined to have been wrongfully issued"[1531].

1530 See William M. Tabb and Elaine W. Shoben, *Remedies*, Thomson West, 2005, p. 22

1531 See William M. Tabb and Elaine W. Shoben, *Remedies*, Thomson West, 2005, p. 4

So, in order to avoid confusions, we are going to use the English expression "preliminary" measures to identify what in Spanish is called "*medidas preventivas o cautelares*" as interlocutory and temporal judicial protective measures that are issued pending the suit, which are similar to the North American "preliminary injunctions" also issued as interlocutory and temporal relief pending the trial. In both cases, the preliminary measures are different from the final judicial protective (permanent injunction) decisions consisting in preventive or restorative adjudication[1532].

That is why, in general terms, the amparo suit in Latin America does not have a "cautelar" in the sense of preliminary nature, but tends to protect in a definitive way the constitutional right or guarantee alleged as harmed or threatened. Nonetheless, some terminological confusion can be identified in some countries in which it has been given to the amparo action a "cautelar" nature, based on the distinction between "cautelar" measures and "cautelar actions". Nonetheless, in those cases, the leveling of the amparo action as "cautelar" is not in the sense of just having a "preliminary" nature, but in the sense of deciding only about the immediate protection of a constitutional right without resolving the other matters of a controversy. This can be seen in Ecuador and Chile, where the amparo suit has been considered to have "cautelar" nature, but in a sense not equivalent to a "preliminary" nature. The Constitutional Court of Ecuador, for instance, has decided as followed:

> "That the amparo action set forth in Article 95 of the Constitution is in essence, preliminary (*cautelar*) regarding the constitutional rights, not allowing [the court] to decide on the merits or to substitute the proceedings set forth in the legal order for the resolution of a controversy, but only to suspend the effects of an authority act which harms those rights; and the decisions issued in the amparo suit do not produce *res judicata*, so the authority, once corrected the incurred defects, may go back to the matter and issue a new act, providing it is adjusted to the constitutional and legal provisions"[1533]

In similar way, in Chile the action for protection has been considered to have a "*cautelar*" nature, not in the sense of "preliminary" measures, but as tending to obtain a definitive protective adjudication regarding constitutional rights[1534].

But putting aside these terminological clarifications, in the amparo procedure, preliminary measures can be adopted by the courts pending the final adjudication, in order to preserve the *status quo*, avoiding harms or restoring the plaintiff situation to the original situation, during the development of the procedure. The Latin American Laws vary in the regulatory scope of the preliminary measures, in the sense that in some cases they are enumerated in a restrictive way, and in others, the range of power for preliminary protective measures is unlimited.

1532 See John Bourdeau et al, "Injunctions" in Kevin Schroder, John Glenn and Maureen Placilla, *Corpus Juris Secundum*, Volume 43A, Thompson West, 2004, pp. 24 ff.

1533 See the text and comments in Hernán Salgado Pesantes, *Manual de Justicia Constitucional Ecuatoriana,* Corporación Editora Nacional, Quito, 2004, p. 78.

1534 See Eduardo Soto Kloss, *El recurso de protección. Orígenes, doctrina y jurisprudencia*, Editorial Jurídica de Chile, Santiago 1982, p. 248; Juan Manuel Errazuriz and Jorge Miguel Otero A., *Aspectos procesales del recurso de protección*, Editorial Jurídica de Chile, Santiago, 1989, pp. 34–38.

1. *The suspension of the effects of the challenged act*

The preliminary judicial measures can consist in the suspension of the effects of the challenged acts. This is considered to be the most traditional preliminary measure, having its origin in the traditional conception of the amparo as a judicial mean for the protection of constitutional rights against State acts.

Two legal regulations can be distinguished in this matter of the suspension of the effects of the challenged acts, regarding the automatic suspension or the need for a court decision on the matter.

In the specific case of Costa Rica, the suspension of the effect of the challenged act can be considered an automatic preliminary effect of the filing of the amparo action, but in the other cases, it is properly a preliminary protective decision that the court must take.

In effect, in Costa Rica, when the amparo action is filed against a statute or other normative act, the application of them to the plaintiff is automatically suspended. In concrete challenged acts, their effects are also automatically suspended (Art. 41). The court can also adopt any other adequate conservatory or security measure in order to prevent material risks or avoid the production of other harms consequence of the facts occurred, (Art. 41). Being the suspension of the challenged act an automatic consequence of the filing of the amparo petition, it is for Public Administration to ask the court to order the execution of the challenged act. For such purpose, the same Article 41 of the Amparo Law provides that in grave exceptional cases the court can order the execution or the continuation of the execution of the challenged act, at the request of Public Administration. This power that can be exercised ex officio, in cases when the suspension of the effects of the act may cause or threaten to cause effective and imminent damages and prejudices to the public interest, bigger that those that could be caused to the aggrieved party. The court can issue the preliminary measures that it considers adequate for the protection of rights and liberties of the aggrieved party and to prevent that the effects of an eventual resolution granting the amparo in his favor become illusory (Art. 41)[1535].

Except in this exceptional case, the suspension of the effects of the challenged act is set forth as a preliminary protective measure that the competent court can issue.

The initial regulations on the matter began with the amparo suit Laws in Mexico, where the suspension of the challenged act is the classic preliminary measure on matters of amparo, which can be decided ex officio or at the request of the party (Art. 122). The decision to suspend the effect of the challenged act can be granted when it means a danger of deprivation of life, deportation, expulsion or other conducts prohibited in Article 22 of the Constitutions; or an act that if executed would make physically impossible for the plaintiff to enjoy the individual guarantee claimed. The suspension will consist 1) In ordering the end of the acts that are endangering the life, or that allows the deportation or the expulsion of the plaintiff, or the

---

1535 See Rubén Hernández Valle, *Derecho Procesal Constitucional*, Editorial Juricentro, San José 2001, pp. 248–254.

execution of any of those forbidden in Article 22 of the Constitution; or 2) in ordering that things be maintained in the stage they are, the court having to adopt the adequate measures in order to avoid the consummation of the challenged acts (Art. 123).

Additionally, the suspension can only be decided, when requested by the party; when the harm caused to the aggrieved would be difficult to repair if the act is executed; or when because of the suspension no prejudice is provoked to the social interest, nor the public order norms are contravened. It is understood that the latter is produced when the suspension for instance, implies the continuation of vicious or criminal activities or related to drug production or trafficking, alcoholism or that prevent the adoption of measures to fight grave diseases (Arts. 124, 130)[1536].

In a more precise way, the suspension of the effects of the challenged act has been regulated as a preliminary measure in Articles 31 ff. of the Nicaraguan Amparo Law, as follows:

1) Three days after the filing of the petition, the court ex officio or at the party's request can suspend the effects of the challenged act (Art. 31).

2) The suspension will be ex officio decided when the challenged act if executed would make physically impossible to restore the plaintiff in the enjoyment of his right, or when a notorious lack of jurisdiction of the authority or public officer against the action is filed, or when the challenged act is one of those that no authority can legally execute (Art. 32).

3) If the suspension is requested by the party, it will be granted when the following circumstances concur: a) That the suspension not cause harm to the general interests nor be contrary to public order provisions; b) That the damages and prejudices that could be caused to the aggrieved party with the execution of the act be deemed by the court as difficult to repair; c) That the petitioner post sufficient bond or guarantee in order to repair the damages or compensate the prejudices that the suspension could cause to third parties, in case the amparo action is rejected (Art. 33).

4) Once the suspension order is issued, the court must establish the situation according to which things must remain, and adopt the adequate measures for the conservation up to the end of the procedure, of the matter object of the amparo, (Art. 34).

5) The suspension will lose its effects if a third interested party gives sufficient bond in order to restore things to the stage it was before the challenged act and to pay the damages and prejudices that occur to the plaintiff in case the amparo is granted (Art. 35).

In similar sense to the Nicaraguan regulations, the Guatemalan Amparo Law also sets forth the provisions for what is called the "provisional amparo" decision, con-

---

1536 See Richard D. Baker, *Judicial Review in Mexico. A Study of the Amparo Suit*, University of Texas Press, Austin 1971, p. 233 ff.; Joaquín Brage Camazano, *La jurisdicción constitucional de la libertad (Teoría general, Argentina, México, Corte Interamericana de derechos humanos)*, Editorial Porrúa, México 2005, p. 197.

sisting in the suspension of the challenged acts (Art. 23 ff). The same principles can be found in the Honduran Amparo Law (arts. 57 ff).

In other Amparo Laws such as in El Salvador, the general provision is the possibility for the court to decide on "the immediate provisional suspension of the challenged act when its execution could cause irreparable harm or damages of difficult reparation by the definitive ruling"(Art. 20). The Law also sets forth that the provisional suspension can only refer to acts with positive effects (Art. 19), thus no suspension is admitted regarding acts with negative effects, that is, for instance, acts denying a petition, because the suspension would be equivalent to provisionally granting the original petition.

Also in Brazil, in the mandado de segurança regulations it is set forth as a provisional measure the possibility for the court to suspend the challenged act when from the evidences filed it could result the inefficacy of the definitive measure in case it is granted (Art. 7,2)[1537].

In Colombia, Article 7 of the Tutela Law provides for the "provisional measures for the protection of a right", as follows:

> **Art. 7.** From the filing of the petition, when the court considers it expressly necessary and urgent for the protection of a right, it will suspend the application of the concrete act that threatens or harms it.
>
> Nonetheless, at party's request or *ex offico*, the execution or the continuation of the execution can be decided in order to avoid certain and imminent prejudices to public interest. In any case, the court must order what it considers necessary to protect the rights and to prevent that the effects of an eventual decision in favor of the plaintiff become illusory".
>
> The court, *ex officio* and at the request of a party, according to the circumstances of the case, can also issue any conservatory or security measure tending to protect the right or to avoid further damages produced by the facts.

In Venezuela, when the amparo action is filed jointly with the judicial review popular action for nullity against statutes or with the judicial review of administrative actions recourse, the amparo petition has always a preliminary (*cautelar*) character, and consequently, the decision granting the amparo pending the principal suit is always of a preliminary character of suspension of the effects of the challenged act. Thus, in the case of statutes it is the Constitutional Chamber the competent one for deciding the suspension of the application of the statute, in such cases, with *erga omnes* effects[1538]; and regarding administrative acts, the courts of the Administrative Jurisdiction are the ones that can decide the matter of suspension of the effects of the administrative challenged act pending the judicial review suit[1539].

1537 See José Luis Lazzarini, *El juicio de amparo*, Ed. La Ley, Buenos Aires 1987, p. 319

1538 See Rafael Chavero G. *El nuevo amparo constitucional en Venezuela,* Ed. Sherwood, Caracas 2001, pp. 468 ff. 327 ff.; Allan R. Brewer–Carías, "Derecho y Acción de Amparo, Vol V, *Instituciones Políticas y Constitucionales*, Editorial Jurídica venezolana, Caracas, 1998, pp. 277 ff.

1539 See Allan R. Brewer–Carías, "Derecho y Acción de Amparo, Vol. V, *Instituciones Políticas y Constitucionales* Editorial Jurídica venezolana, Caracas, 1998, pp. 281 ff.

2. *The order not to adopt innovative actions*

In Argentina Amparo law refers to the preliminary measures in an indirect way in Article 15, referring to non innovative measures and to the suspension of the effects of the challenged act; the former tending to the maintenance of the *status quo*, thus, paralyzing the facts that even with the filing of the action, pending the brief procedure of the amparo action, could continue to prejudice the integral repairing of the harmed constitutional right. The measure, as all the preliminary measures, tends to assure the result of the definitive decision ending the amparo suit, and to ensure that it will have the same efficacy as if it would have been issued at the moment of the filing of the action[1540].

In similar way the Amparo Law of Paraguay also authorizes the competent court, ex officio or at the party's request, to order non innovation orders at any moment, in case that the execution has begin or of imminent grave harm. In such cases, when the violation of the rights and guarantees appears in an evident way and the harm could result irreparable, the court must order the suspension of the challenged act, order the accomplishment of the omitted act, or order the preliminary convenient measures (Art. 8).

3. *The other preliminary protective measures*

In other Latin American countries, the preliminary measures that the court can issue in the amparo suit, are referred in a wider sense, in that the judge can order at any moment the "preliminary measures" for the protection of the rights (Costa Rica, Art. 21[1541]; Uruguay, Art. 7[1542]); as is the case in the Bolivian Law, which authorizes the court to issue "the necessary preliminary decisions" in order to avoid the completion of the threat, to restrict or suspend a constitutional right or guarantee in which the petition is founded and that at the court's criteria could create an irreparable situation by means of the amparo" (Art. 99).

4. *The conditions for the issuing of preliminary protective measures*

In the Peruvian Code on Constitutional Procedures, which is the most recent of all the Latin American legislation referred to the amparo suit, the preliminary protective measures have found a precise regulation, particularly regarding the conditions that need to be accomplished for its issuing, as follows:

> **Article 15**. Preliminary measures. In the constitutional processes, preliminary measures can be adopted as well as the suspension of the harming act. In order for it issuance, the appearance of good right, the danger in the delay and the adequacy of the petition to guarantee the efficacy of the claim, must be requi-

---

1540 See José Luis Lazzarini, *El juicio de amparo*, Ed. La Ley, Buenos Aires 1987, pp. 314–315; Alí Joaquín Salgado, *Juicio de amparo y acción de inconstitucionalidad,* Editorial Astrea, Buenos Aires 1987, pp. 109; Néstor Pedro Sagüés, *Derecho procesal Constitucional,* Vol. 3, *Acción de amparo*, Editorial Astrea Buenos Aires 1988, p. 460.

1541 See Rubén Hernández, *Derecho Procesal Constitucional*, Editorial Juricentro, San José, 2001, pp. 248, 252

1542 See Luis Alberto Viera, *Ley de Amparo*, Ediciones Idea, Montevideo, 1993, pp. 41, 206.

red. They can be issued without the knowledge of the other party and the appeal is only granted without suspensive effects. Its justification, formality and execution will depend on the content of the constitutional claim and the final decision securing…"

This article is the only one that can be found in the Latin Amparo Laws expressly establishing the conditions for the issuance of preliminary measures, which in the other countries have been constructed through judicial doctrine[1543]. The main conditions refer, first, to what is called the *fumus boni juris* or the need for the petitioner to prove the existence of his right or guarantee set forth in the Constitution that can be violated or threatened. And second, to what is called the *periculum in mora* or the need to prove that the delay in granting the preliminary protection will make the harm irreparable. Additionally it also exists a condition called *periculum in dammi*, referred to the need to prove the imminence of the harm that can be caused; and the need to balance the collective and particular interest involved in the case[1544].

As was ruled by the Supreme Tribunal of Justice of Venezuela, in a decision N° 488 dated March 3, 2000:

> "In order for an anticipated protective measure to be granted it is necessary to examine the existence of three essential elements due to its preliminary content, and always balancing the collective or individual interest; such conditions are:
>
> 1. *Fumus Boni Iuris*, that is, the reasonable appearance of the existence of good right in hands of the petitioner alleging its violation, appearance that must derive from the documents attached to the petition.
> 2. *Periculum in mora*, that is, the danger that the definitive ruling could result illusory, due to the necessary delay in resolving the incident of the suspension.
> 3. *Periculum in Damni*, that is, the imminence of the harm caused by the presumptive violation of the fundamental rights of the petitioner and its irreparability. These elements are those that basically allow seeking for the necessary anticipatory protection of the constitutional rights and guarantees".[1545]

In general terms, these conditions for the issuance of the preliminary protective measures in the amparo suit are the same as those expected to be tested when issuing the preliminary injunctions in the United States. As has been summarized by Tabb and Shoben:

1543 See Samuel B. Abad Yupanqui, *El proceso constitucional de amparo*, Gaceta Jurídica, Lima, 2004, pp. 491, 422 ff. 501 ff.

1544 As for instante has been decided by the Venezuelan First Court on Adminsitrative Jurisdiction, Case: *Video & Juegos Costa Verde, C.A. vs. Prefecto del Municipio Maracaibo del Estado Zulia*, in *Revista de Derecho Público*, N° 85–98, Editorial Jurídica Venezolana, Caracas 2001, p. 291

1545 Case *Constructora Pedeca, C.A. vs. Gobernación del Estado Anzoátegui*, in *Revista de Derecho Público*, N° 81, Editorial Jurídica Venezolana, Caracas, 2000, p. 459.

> "Most circuits follow the traditional test for a preliminary injunction. That test has four prerequisites for the issuance of a preliminary injunction. They are: 1) a probability of prevailing on the merits; 2) an irreparable injury if the relief is delayed; 3) a balance of hardship favoring the plaintiff; 4) a showing that the injunction would not adverse to the public interest. The burden of proof on each of these four elements rests with the movant"[1546].

5. *The inaudita pars issuing of the preliminary protective measures*

Due to the extraordinary character of the amparo action, the preliminary protective measures requested by the plaintiff, if the abovementioned prerequisites are fulfilled, can be decided and issued by the court in an immediate way, without a previous hearing of the potential defendants, that is, *inadi alteram parte* or *inaudita pars*, as it is expressly provided in the Peruvian Constitutional Procedures Code (Art. 15)[1547]. Nonetheless, many Amparo laws provide for the need of an immediate notification of the corresponding authority when the suspension of effects of his acts is decided as a preliminary protective measure (Colombia, Art. 7; Mexico, Art. 123,II; El Salvador, Art. 24; Honduras, Art. 6°).

In a similar sense, in the United States, the preliminary injunctions and restraining orders can be issued in cases of great urgency and when an immediate threat of irreparable injury exists which forecloses the opportunity to give reasonable notice to the plaintiff, in which the court must balance the harm sought to be preserved against the rights of notice and hearing.[1548]

Due to this character of being decided without previous hearing the potential defendant, the preliminary decision is adopted at the responsibility and risk of the plaintiff, as is provided in the Honduras Law (Art. 58); the court being empowered to ask for the posting of a bond in order to guarantee the damages that can be caused by the measure, in particular, regarding third parties (Mexico, Art. 124 ff.; Honduras, Art. 58; Paraguay, Art. 8).

The preliminary measures in the amparo process, as happens with the injunctions[1549], are essentially modifiable or revocable by the court, particularly at the request of the defendant or of third parties (Colombia, Art. 7; Honduras, Art. 61; Guatemala, Art. 30). In Mexico, even third parties can place a bond requesting the revocation of the preliminary measure of suspension of challenged acts effects, in order to restore things to how they were before the guarantee was violated an to pay the

---

1546 See William M. Tabb and Elaine W. Shoben, *Remedies*, Thomson West, 2005, p. 63.

1547 See Samuel B. Abad Yupanqui, *El proceso constitucional de amparo*, Gaceta Jurídica, Lima, 2004, pp. 508.

1548 See the reference to the corresponding judicial decisions in John Bourdeau et al, "Injunctions" in Kevin Schroder, John Glenn and Maureen Placilla, *Corpus Juris Secundum*, Volume 43A, Thompson West, 2004, pp. 339 ff.

1549 See the reference to the corresponding judicial decisions in John Bourdeau et al, "Injunctions" in Kevin Schroder, John Glenn and Maureen Placilla, *Corpus Juris Secundum*, Volume 43A, Thomson West, 2004, pp. 406 ff; 421.

damages and prejudices that could be caused to the petitioner, in case the amparo is granted (Art. 126).

II. THE DEFINITIVE JUDICIAL ADJUDICATION IN THE AMPARO SUIT

The purpose of the amparo suit is for the injured or aggrieved party (the plaintiff), to obtain a judicial protection (*amparo, tutela, protección*) of his constitutional rights or guarantees that have been harmed or threatened by an aggrieving or injurer party (the defendant). The final result of the process, characterized by its bilateral frame which imposes the need for the defendants to have the right to participate and to be heard[1550], is thus a formal judicial decision or order issued by the court in order to protect threatened rights or to restore the harmed one. This order, like the North American injunction:

> "Is a court order commanding or preventing virtually any type of action, or commanding someone to undo some wrong or injury. It is a judicial order requiring a person to do or refrain from doing certain acts, for any period of time, no matter its purpose. This is to say, an injunction is a writ framed according to the circumstances or the case commanding an act which the court regards as essential in justice, or restraining an act which it deems contrary to equity and good conscience"[1551].

In similar sense, the function of the amparo court's decision is, on the one hand, to prevent the defendant from inflicting further injury on the plaintiff, similarly the "preventive injunction" in the United States, that can be prohibitory or mandatory; or on the other hand, to correct the present by undoing the effects of a past wrong, similarly the "restorative or reparative injunction" in the United States[1552].

But the amparo judicial order in Latin America, where the distinction between equitable and law extraordinary remedies does not exist, is not only similar in its purposes and effects to the North American injunction, but also to the other non equitable extraordinary remedies, like the mandamus and prohibition legal remedies. That is, the amparo order can not only be prohibitory, that is, issued to restrain an action or that certain acts be forbidden (to command a person to refrain from doing a specific act), but also mandatory, that is, to compel an action; that is, like the writ of mandamus, it can compel the execution of some act (command a person to do a specific act), and likewise, the mandatory injunction can also require undoing an act, restoring the statu quo. The amparo judicial order can also be similar to the writ of

---

1550 Similarly, regarding definitive injunctions, they only can be granted if process issues and service is made on the defendant. See the reference to the corresponding judicial decisions in John Bourdeau et al, "Injunctions" in Kevin Schroder, John Glenn and Maureen Placilla, *Corpus Juris Secundum*, Volume 43A, Thomson West, 2004, p. 339.

1551 See the reference to the corresponding judicial decisions in John Bourdeau et al, "Injunctions" in Kevin Schroder, John Glenn and Maureen Placilla, *Corpus Juris Secundum*, Volume 43A, Thomson West, 2004, p. 19.

1552 See William M. Tabb and Elaine W. Shoben, *Remedies*, Thomson West, 2005, pp. 86–89; John Bourdeau et al, "Injunctions" in Kevin Schroder, John Glenn and Maureen Placilla, *Corpus Juris Secundum*, Volume 43A, Thomson West, 2004, pp. 28 ff.

prohibition, when the order is directed to a court, what normally happens in the cases of amparo actions filed against judicial decisions[1553].

Regarding for instance the Venezuelan amparo process, where the courts have very extensive powers that allow them, in similar way to the North American and British judges[1554], to provide for remedies in order to effectively protect constitutional rights, in that they can issue orders to do, to refrain from doing, or to undo; or prohibitions[1555].

1. *The preventive and restorative nature of the amparo*

The contents of the final adjudication in the amparo suit is a very extensive one, and in general consists, as is set forth in Article 86 of the Colombian Constitution, in an order directed to the person or persons "against whom the tutela is filed, in order to act or to refrain from act"; or as it is set forth in a more generic way in the Amparo Law, the decision must establish "the order and precise definition of the conduct to be accomplished in order to make effective the tutela" (Colombia, Art. 29,4[1556]); the "precise conduct to be accomplished" (Argentina, Art. 12,b[1557]; Honduras, Art. 63,3[1558]; Mexico, Art. 77,III; Nicaragua, Art. 45; Paraguay, Art. 16,b; Peru, Art. 17,5; Uruguay, Art. 9,b[1559]; Venezuela, Art. 32,b[1560]). That is why in general terms the Honduran Law states that the court, when issuing its decision, must always bear in mind that its "purpose is to guarantee the aggrieved party the complete enjoyment of his fundamental rights and to return things, when possible, to the stage they had previous to the violation" (Art. 63).

That is, the order can be of a restorative nature, consisting in seeking for the reestablishment of the juridical situation of the plaintiff to the stage it had before the violation or to the most similar one; and can be of a preventive nature, compelling the defendant to do or refrain from doing acts in order to maintain the plaintiff in the

---

1553 See for the reference to the North American remedies, William M. Tabb and Elaine W. Shoben, *Remedies*, Thomson West, 2005, pp. 86 ff; and in John Bourdeau et al, "Injunctions" in Kevin Schroder, John Glenn and Maureen Placilla, *Corpus Juris Secundum*, Volume 43A, Thompson West, 2004, pp. 21 ff.; 28 ff.

1554 Véase F. H. Lawson, *Remedies of English Law,* Londres, 1980, p. 175; B. Schwartz y H.W. R. Wade, *Legal control of government,* Oxford, 1978, p. 205.

1555 See Allan R. Brewer–Carías, "Derecho y Acción de Amparo, Vol. V, *Instituciones Políticas y Constitucionales* Editorial Jurídica Venezolana, Caracas 1998, pp. 143 ff.

1556 Juan Carlos Esguerra Portocarrero, *La protección constitucional del ciudadano*, Legis, Bogotá, 2004 p. 153.

1557 See Néstor Pedro Sagüés, *Derecho procesal Constitucional,* Vol. 3, *Acción de amparo*, Editorial Astrea Buenos Aires, 1988, p. 434; Alí Joaquín Salgado, *Juicio de amparo y acción de inconstitucionalidad*, Editorial Astrea, Buenos Aires, 1987, p. 100; José Luis Lazzarini, *El juicio de amparo*, Ed. La Ley, Buenos Aires, 1987, pp. 345, 359.

1558 Edmundo Orellana, *La justicia constitucional en Honduras*, Universidad Nacional Autónoma de Honduras, Tegucigalpa, 1993, pp. 181, 208, 216.

1559 See Luis Alberto Viera, *Ley de Amparo*, Ediciones Idea, Montevideo, 1993, p. 52, 207 ff.

1560 Rafael Chavero G. *El nuevo amparo constitucional en Venezuela,* Ed. Sherwood, Caracas, 2001, p. 185 ff., 327 ff.; Allan R. Brewer–Carías, "Derecho y Acción de Amparo, Vol. V, *Instituciones Políticas y Constitucionales* Editorial Jurídica Venezolana, Caracas, 1998, pp. 399 ff.

situation of enjoyments of is rights. As it is expressly provided in Article 80 of the Mexican Amparo Law:

> **Article 80.** When the claimed act is of a positive character, the decision granting the amparo will have the purpose to restore the aggrieved party in the complete enjoyment of the harmed constitutional guarantee, reestablishing things to the stage they had before the violation; when the claimed act is of negative character, the effect of the amparo will be to compel the responsible authority to act in the sense to respect the guarantee and to accomplish what the same guarantee implies.

The same provision is set forth in Article 49 of the Costa Rican Constitutional Jurisdiction Law; as well as in Article 46 of the Nicaraguan Amparo Law. Its content has been explained by Baker as follows:

> "When the act complained of is of a positive character, the writ of amparo has the form of a prohibitory injunction plus whatever additional elements that may be necessary to repair damages already inflicted. The latter is to be accomplished by reproducing the situation that existed before the Constitution was violated. When the act is negative in character, the writ takes the form of an order directing the responsible authority to actively comply with the provisions of the violated constitutional guarantee. In both cases, the purpose of the judgment is to restore to the complaint the full and unimpaired enjoyment of his constitutional rights. Consistent with this purpose, monetary damages are not appropriate remedies in amparo"[1561].

Accordingly, it can be said that one of the main characteristic of the amparo in all Latin American countries is its restorative or reestablishing purpose. In this regard, for example, the Colombian Tutela Law provided that "when the claim is directed against an authority action, the tutela decision has the purpose of guaranteeing the aggrieved party the complete enjoyment of his right and when possible, to return the situation to the stage previous to the violation" (Art. 23). A similar provision is established in El Salvador (Art. 35), Costa Rica (Art. 49) and in Peru (Art. 1), where Article 55,3 of the Constitutional Procedures Code provides as one of the contents of the amparo decision "the restitution or reestablishment of the aggrieved party in the complete enjoyment of his constitutional rights ordering that things will revert to the stage they had before the violation", as well as the order for the conduct to be accomplished for the effective compliance with the decision (Art. 55,4).

In other perspective, in Guatemala, the Amparo law regarding the effects of the amparo decision states that it will suspend, regarding the claimant, the application of the challenged statute, regulation, resolution or act, and being the case, the reestablishment of the affected juridical situation or the ending of the measure" (Art. 49,a; Ecuador, Art. 51). Also in Colombia, according to Article 29,6 of the Tutela Law, "when the violation or threat of harming derives form the application of a norm incompatible with the fundamental rights, the resulting judicial decision resolving the

---

1561 See Richard D. Baker, *Judicial Review in Mexico. A Study of the Amparo Suit,* University of Texas Press, Austin, 1971, p. 238.

action must also order the inapplicability of the challenged norm in the concrete case". In a similar sense it is stated in the Honduran Constitutional Justice Law (Art. 63,2).

But the amparo decision also can have protective character when issued against omissions or actions. In cases in which the harm to the constitutional right is caused by a negative of action or an omission from a public authority, in which cases, as set forth in the Colombian Tutela Law, "the decision will order the issuance of the act or the accomplishment of the adequate actions, for which purpose it must establish a prompt delay" (Art. 23). A similar provision is established in the El Salvador Amparo Law (Art. 35) and in the Ecuatorian Amparo law (Art. 51). Also, the Guatemalan Amparo Law sets forth that in such cases the amparo decision will establish a term for the delay to be ended, if the case is only a matter of delay in resolving" (Art. 49,b; Costa Rica, Art 49); and in cases where the amparo is filed against an omission of the authority to issue a regulation of a statute, the court will decide determining the basis and elements to be apply in the case according to the general principles of law (Art. 49,c). Additionally, in Costa Rica, in such cases, the judicial order must establish a term of two months for the authority to issue the regulation (Art. 49)

In cases referred to mere conduct or material activity or threats, according to the Costa Rican Constitutional Jurisdiction Law (Art. 49) and Colombian Tutela Law (Art. 23), the amparo or tutela decision will "order its immediate ending, as well as measures to prevent any new violation or threat, disturbance or restriction". Also, in cases where if by the moment where the tutela protection is granted, the challenged act has ceased in its effects or has produced them, making impossible to restore the plaintiff in the enjoyment of his rights, the court will warn the public authority not to cause again in any way, the actions or omissions which originated the tutela suit (Colombia, Art. 24). In a similar way it is stated in the Peruvian Constitutional Procedures Code (Art. 1).

2. *The question of the annulling content of the amparo decision*

In general terms it can be said that the amparo suit in Latin America does not have annulling purposes regarding the State acts that can cause or provoke the harm or threats to constitutional rights, corresponding the decisions to annul statutes to the Constitutional Jurisdiction and to the Administrative Jurisdictions when administrative acts are targeted.

In effect, if the amparo action is filed directly against statutes, as in some countries it is possible in cases of self executing laws (Mexico[1562], Guatemala[1563], Honduras[1564]), the amparo judge, when granting the amparo has no power to annul the sta-

1562 See Eduardo Ferrer Mac–Gregor, *La acción constitucional de amparo en México y España. Estudio de derecho comparado*, Editorial Porrúa, México, 2002, pp. 262–263; Richard D. Baker, *Judicial Review in Mexico. A Study of the Amparo Suit,* University of Texas Press, Austin, 1971, p. 270

1563 See in Jorge Mario García Laguardia, *Jurisprudencia constitucional. Guatemala., Honduras. México, Una Muestra*, Guatemala, 1986, pp. 23, 24, 92, 93.

1564 See Edmundo Orellana, *La justicia constitucional en Honduras*, Universidad Nacional Autónoma de Honduras, Tegucigalpa, 1993, pp. 208, 221.

tute, and in order to protect the harmed or threatened right it only declares its inapplicability to the plaintiff, as is also the case in Venezuela[1565]. In countries where the concentrated method of judicial review exists, the annulment of statutes with general or *erga omnes* effects, is a judicial power reserved to the Constitutional Jurisdictions (Constitutional Courts or Tribunal); and in countries with the diffuse method of judicial review, if it is true that there is not such judicial power to annul statutes, the courts are only empowered to declare their unconstitutionality regarding the concrete case. Thus, in countries with the diffuse method of judicial review, in general terms when the competent courts in an amparo suit grants the constitutional protection, they have the power to declare the unconstitutionality of the applicable statute in the concrete case.

Nonetheless, the case of Costa Rica must be mentioned because the Constitutional Chamber of the Supreme Court is the competent court to decide the amparo suits and the nullity actions against statutes, Article 48 of the Constitutional Jurisdiction Law provides that when the amparo is filed against a statute norm or when the Constitutional Chambers determines that the challenged acts are founded in a statute, it will decide to suspend the procedure and ask for the petitioner to file a petition in a term of 15 days, for judicial review of the unconstitutionality of the statute (Art. 48).

In Venezuela, regarding the possibility for the Chambers of the Supreme Tribunal to exercise the diffuse control of the constitutionality of legislation when deciding in a concrete case, the Law regulating the Tribunal provides that the other Chambers must notify the Constitucional Chamber for it to proceed to examine in an abstract way the constitutionality of the statute and eventually declare its nullity (Articles 5, 1,22; and 5,5)[1566].

In cases where the amparo action is filed against administrative acts, again, in general terms the amparo decision cannot annul the corresponding administrative act, but only suspend its application to the plaintiff, corresponding to the Administrative Jurisdiction the exclusive power to annul such acts, as is the case in Venezuela[1567]. In this regard, the case of Peru must be highlighted because its Constitutional Procedures Code expressly provides that the amparo decision must contain "the declaration of the nullity of the decision, act or resolution that has impeded the complete exercise of the constitutional rights protected with the ruling, and in the case, the extension of its effects" (Art. 55)[1568]. Also in Costa Rica, according to Article 49 of the Constitutional Jurisdiction Law, it is considered that in case of amparo actions against administrative acts, the granting of the amparo implies the annulling effects of the decision.

1565 Rafael Chavero G. *El nuevo amparo constitucional en Venezuela,* Ed. Sherwood, Caracas 2001, pp. 468 ff.

1566 See Allan R. Brewer–Carías, *Ley Orgánica del Tribunal Supremo de Justicia*, Editorial Jurídica Venezolana, Caracas, 2004, p. 40.

1567 Rafael Chavero G. *El nuevo amparo constitucional en Venezuela,* Ed. Sherwood, Caracas 2001, pp. 358 ff.; Allan R. Brewer–Carías, "Derecho y Acción de Amparo, Vol. V, *Instituciones Políticas y Constitucionales,* Editorial Jurídica Venezolana, Caracas, 1998, pp. 144; 400.

1568 See Samuel B. Abad Yupanqui, *El proceso constitucional de amparo*, Gaceta Jurídica, Lima, 2004, p. 186

Finally, regarding the amparo action when filed against judicial decisions, the effects of the ruling granting the amparo protection are also the annulment of the challenged judicial act or decision, as happens in Venezuela[1569].

3. *The non compensatory character of the amparo decision*

Similarly to the North American injunction[1570], in general terms, the Latin American amparo suit and decision have not a compensatory character in the sense that the function of the courts in such suit is not to condemn the defendant to pay the plaintiff any sort of compensation for damages caused. For instance in the case of an illegitimate administrative order to demolish a building issued by a municipal authority, if executed, even if it violates the constitutional right to property, it cannot be the object of an amparo action due to the irreparable character of the harm. Consequently, the amparo judge is not competent to condemn the public entity to pay damages. The amparo judge, in such cases, could only have the possibility to prevent the harm, for instance by suspending the demolition before its execution, but never to condemn the entity to the payment of compensation. The amparo suit, as mentioned, is in general terms a preventive and restorative process, but not a compensatory one[1571].

Nonetheless, if it is true that this is the general principle, some Latin American Amparo Laws give compensatory character to the amparo suit a. This is the case of Bolivia, Colombia and Costa Rica.

In Bolivia, Article 102,II of the Law, regarding the content of the amparo decision, states that when granting the amparo the court will determine the existence of civil and criminal liability, fixing the amount of the damages and prejudices to be paid. Also, in Guatemala, Article 59 of the Law refers to the damages and prejudices, stating that when the court in its decision condemns to the payment of damages and prejudices, it must fix its amount or at least establish the basis for its determination (Art. 59).

Bolivia and Guatemala are the only Latin American Amparo Laws that provide for a direct compensatory character of the amparo decision. In other legislations, such as Colombia and Costa Rica the compensation in the amparo decision is only established in an abstract way.

In effect, in Costa Rica, Article 51 of the Constitutional Jurisdiction Law provides that "always when an amparo is granted the court, in abstract, will condemn for the compensation of damages and prejudices", and the settlement belongs in the

---

1569 See Rafael Chavero G. *El nuevo amparo constitucional en Venezuela,* Ed. Sherwood, Caracas, 2001, p. 511; Allan R. Brewer–Carías, "Derecho y Acción de Amparo, Vol. V, *Instituciones Políticas y Constitucionales* Editorial Jurídica Venezolana, Caracas, 1998, p. 297.

1570 See John Bourdeau et al, "Injunctions" in Kevin Schroder, John Glenn and Maureen Placilla, *Corpus Juris Secundum*, Volume 43A, Thomson West, 2004, p. 20

1571 See José Luis Lazzarini, *El juicio de amparo*, Ed. La Ley, Buenos Aires1987, pp. 346–347; Néstor Pedro Sagüés, *Derecho procesal Constitucional,* Vol. 3, *Acción de amparo*, Editorial Astrea Buenos Aires, 1988, p. 437; Rafael Chavero G. *El nuevo amparo constitucional en Venezuela,* Ed. Sherwood, Caracas 2001, pp. 185, 242, 262, 326, 328; Allan R. Brewer–Carías, "Derecho y Acción de Amparo, Vol V, *Instituciones Políticas y Constitucionales,* Editorial Jurídica Venezolana, Caracas, 1998, p. 143.

stage of the execution of the decision. When the amparo action is filed against authorities, the condemnation will be issued against the State or against the entity where the defendant works, and jointly with the latter if he has acted with dolus or guilt, without excluding all other administrative, civil or criminal liabilities. Also, in case when the amparo process is pending and the challenged State act is revoked, stopped or suspended, the amparo will be granted only to the effects of the corresponding decision awarding compensation (Art. 52). In these cases the settlement will be made by the Administrative Jurisdiction courts[1572].

In cases where the amparo action is filed against individuals, Article 53 of the same Law provides that when granting the amparo, the court must also condemn the person or responsible entity to compensate for the damages and prejudices, the settlement of which will be made in the civil judicial execution of the decision mean.

Also in Colombia, Article 25 of the Tutela Law provides that when the affected party has not other means, and the violation of his rights is manifest and a clear and indisputable consequence of an arbitrariness, in the decision granting the tutela the court can, ex officio, order in an abstract way the compensation of the damages caused, provided it is needed in order to assure the effective enjoyment for the right. Similarly to what is provided in the Costa Rican Law, Article 23 of the Colombian Law establishes that the condemn will be issued against the entity where the defendant works, and jointly with the latter if he has acted with dolus or guilt, without excluding all other administrative, civil or criminal liabilities. The settlement of the compensation corresponds to the Administrative Jurisdiction courts in an incidental procedure that must take place within the following six months[1573].

Also, in case where the tutela process is pending and the challenged State act is revoked, stopped or suspended, the tutela will be granted only to the effects of the corresponding decision awarding the compensation (Art. 26).

Except in these cases of Bolivia, Colombia and Costa Rica, in all other Latin American countries, the judicial actions tending to seek for compensation from the defendant, because of its liability as a consequence of the constitutional right harm or threat, must be filed before the civil or administrative judicial jurisdiction by means of the ordinary judicial remedies established for that purpose. This is provided in some Latin American Amparo Laws (El Salvador, Art. 35; Panama, Art. 2627). The Venezuelan Amparo Law also expressly provides that in cases of granting an amparo, the court must send copy of the decision to the competent authority where the public officer causing the harm works, in order to impose the corresponding disciplinary measures (Art. 27).

Finally, regarding the economic consequences of the amparo suit, in general terms in the Latin American Laws it is provided that the party against whom the

---

1572 See Rubén Hernández, *Derecho Procesal Constitucional*, Editorial Juricentro, San José, 2001, p. 268; José Luis Villalobos, El recurso de amparo en Costa Rica", in Humberto Nogueira Alcalá (Editor), *Acciones constitucionales de amparo y protección: realidad y perspectivas en Chile y América Latina*", Editorial Universidad de Talca, Talca, 2000, p. 229.

1573 See Juan Carlos Esguerra Portocarrero, *La protección constitucional del ciudadano*, Legis, Bogotá, 2004, p. 155.

decision is directed is due to pay the costs of the process (Argentina, Art. 14; Bolivia, Art. 102,III; Colombia, Art. 25; Costa Rica, Arts. 51, 53; El Salvador, Art. 35; Guatemala, Arts. 44, 45, 100; Honduras, Art. 105; Paraguay, Art. 22; Peru, Art. 56). Only in Venezuela the order to pay the costs is provided regarding the amparo suits only against individuals and not against public authorities (Art. 33).

4. *The effects of the definitive judicial ruling on the amparo suit*

The question of the effects of the amparo ruling refers to various aspects: first, to the scope of the effects of the judicial decision granting the amparo, whether *inter partes* or general effects; second, to the *res judicata* effects of the decision; and finally, to the extent of the compulsory effects of the ruling, regarding the consequences of the disobedience of the judicial orders.

A. *The inter partes effects and its exceptions*

The general rule regarding the amparo judicial decisions effects, is that it only has *inter partes* effects, that is, between the parties that have been involved in the suit, that is, the plaintiff or plaintiffs, the defendant or defendants and the third parties that have participated in the process on the side or any the aforementioned.. As it is established in the Mexican Amparo Law: "the decisions in the amparo suits only refers to the individuals or corporations, private or public which filed the actions, limiting their scope to protect them in the case, without making general declarations regarding the statute or act causing the suit" (Art. 76). In the same sense it is set forth in Article 44 of the Nicaraguan Law.

Thus, and as in the case of the injunctions in North America[1574], the decision rendered binds only the parties to the suit, and only regarding the controversy. This is the most important consequence of the personal character of the amparo, which is an action mainly devoted for the protection of personal constitutional rights or guarantees. Other aspects refer to the general content of the ruling on constitutional questions, which in North America implies that in cases decided by the United States Supreme Court, because of the doctrine of precedent (*stare decisis*), all courts are obliged to apply the same constitutional rule in cases with a similar controversy[1575]. The same rule exists in Latin America, in cases where the Supreme Courts or Constitutional Courts rulings, regarding the constitutional interpretation, have been entrusted with obligatory general effects, as is the case in Venezuela with the Constitutional Chamber rulings (Art. 336 of the Constitution) and of Peru, with the Constitutional Tribunal decisions (precedents, Art. VII of the Code on Constitutional procedures).

1574 See the reference to the corresponding judicial decisions in John Bourdeau et al, "Injunctions" in Kevin Schroder, John Glenn and Maureen Placilla, *Corpus Juris Secundum*, Volume 43A, Thomson West, 2004, pp. 414; 417.

1575 See M. Glenn Abernathy and Barbara A. Perry, Civil Liberties under the Constitution, University of South Carolina Press, 1993, p. 5.

Thus, as a general rule, regarding the particular ruling in the amparo suit, the decision is only binding on the parties to the suit, including third parties. Those are the beneficiaries and the obliged parties.

But of course, progressively, the amparo suit in many cases has acquired a collective nature, for instance, in cases of violation of environmental rights and other diffuse and collective rights[1576], in which cases, as happens in the class actions in the United States[1577], the definitive ruling can benefit other persons different to those that have actively participated in the procedure as plaintiff.

The Venezuelan regulations can be highlighted in this regard. In principle, the court decisions have been constant in granting the action of *amparo* a personal character where the standing belongs firstly to "the individual directly affected by the infringement of constitutional rights and guarantees."[1578]

Nonetheless, by virtue of the constitutional acknowledgment of the legal protection of diffuse or collective interests, the Constitutional Chamber of the Supreme Tribunal has also admitted the possibility of employing the action of *amparo* to assure the enforcment of those collective interests, including for instance, that of voters in their political rights. In such cases, the Chamber has granted precautionary measures with *erga omnes* effects "for both individuals and corporations who have instituted an action for constitutional protection and to all voters as a group." [1579]

The Constitutional Chamber, has decided that "any individual is entitled to bring suit based on diffuse or collective interests" and has extended "standing to companies, corporations, foundations, chambers, unions and other collective entities, whose object is the defense of society, as long as they act within the boundaries of their corporate objects, aimed at protecting the interests of their members regarding those objects." [1580]

In addition, the Peoples' Defendant has the authority to promote, defend, and guard constitutional rights and guarantees "as well as the legitimate, collective or diffuse interests of the citizens" (Art. 280 and 281,2 of the Constitution); consequently, the Constitutional Chamber has admitted the standing of the Peoples' Defendant to bring to suit in an action of *amparo* on behalf of the citizens as a whole group. In one case the Defender of the People acted against a threat by the National Legislative Commission to appoint Electoral National Council members without fulfilling constitutional requirements.

1576 See Rafael Chavero G. *El nuevo amparo constitucional en Venezuela,* Ed. Sherwood, Caracas, 2001, pp. 333 ff.

1577 See M. Glenn Abernathy and Barbara A. Perry, Civil Liberties under the Constitution, University of South Carolina Press, 1993, p. 6

1578 See for example, decision of the Constitutional Chamber dated 03–15–2000, *Revista de Derecho Público*, N° 81, Editorial Jurídica Venezolana, 2000, pp. 322–323.

1579 Decision of the Constitutional Chamber N° 483 of 05–29–2000 (Case: *"Queremos Elegir" y otros*), *Revista de Derecho Público*, N° 82, Editorial Jurídica Venezolana, 2000, pp 489–491. In the same sense, decision of the same Chamber N° 714 of 13–07–2000 (Case: *APRUM*).

1580 See decision of the Constitutional Chamber N° 656 of 06–05–2001 (Case: *Defensor del Pueblo vs. Comisión Legislativa Nacional)*.

In that case, the Constitutional Chamber, decided that "the Defender has standing to bring actions aimed at enforcing diffuse and collective rights or interests" without requiring the acquiescence of the society on whose behalf he acts, but this provision does not exclude or prevent citizens' access to the judicial system in defense of diffuse and collective rights and interests, since Article 26 of the Constitution in force provides access to the judicial system to every person, whereby individuals are entitled to bring suit as well, unless a law denies them that action[1581]. In all those cases, consequently, the judicial ruling benefits all the persons enjoying the collective rights or interest involved.

B. *The question of the scope of the res judicata effects*

As all definitive judicial decisions, the amparo decision in Latin America has in general *res judicata* effects, which provides stability, and is binding not only for the parties in the suit or its beneficiaries, but regarding the court itself which cannot modify its ruling (immutability). *Res judicata* implies then, the impossibility for a new suit to take place regarding the same matter already decided, or that a decision be taken in different sense than the one already decided in a previous process.

In contrast, as a general rule, the injunction ruling in North America does not have, in general, this *res judicata* effect since the injunction orders can be modified by the court. As it has been summarized regarding the judicial doctrine on the matter:

> "Injunctions are different from other judgments in the context of *res judicata* because the parties are often subject to the court's continuing jurisdiction, and the court must strike a balance between the policies of *res judicata* and the right of the court to apply modified measures to changed circumstances "[1582].

But in Latin America, although the *res judicata* effects have been admitted regarding the amparo decisions, discussions have developed in many countries following a traditional distinction established between the "material" and the "formal" *res judicata*, in order to determine which one applies to the amparo ruling.

In general terms, the concept of "formal res judicata" applies to judicial decisions that even when enforced, they do not impede for a new process between the same parties to be developed, due to the fact that in such cases the matter has not been decided on the merits and on the defenses; while "material *res judicata*" exists when the judicial decision has decided on the merits, not being allowed for other processes to develop regarding the same matter.

The matter in the amparo suit is the illegitimate and manifest harm or threat caused by an identified aggrieving party to the constitutional right or guarantees of the plaintiff; matter that is to be resolved in a brief and prompt procedure. Thus, the

---

1581 Decision of the Constitutional Chamber N° 656 of 06–05–2001, (Case: *Defensor del Pueblo vs. Comisión Legislativa Nacional)*.

1582 See the reference to the corresponding judicial decisions in John Bourdeau et al, "Injunctions" in Kevin Schroder, John Glenn and Maureen Placilla, *Corpus Juris Secundum*, Volume 43A, Thomson West, 2004, p. 416. See also Owen M. Fiss and Doug Rendleman, Injunctions, The Foundation Press, 1984, pp. 497–498, 526.

merits on the matters are reduced to determining the existence of such illegitimate and manifest violation of the right, regardless of other matters that can be resolved or in some cases must be resolved between the parties in other processes.

As it is set forth in the Argentina Amparo Law:

> **Article 13**. The definitive decision declaring the existence or nonexistence of an arbitrary or manifestly illegal harm, restriction, alteration or threat regarding a constitutional right and guarantee, produces res judicata regarding the amparo, and the exercise of the actions or recourses that could correspond to the parties subsist, in spite of the amparo.

A similar provision is set forth in Article 17 of the Paraguayan Law; and in Article 11 of the Uruguayan Law[1583].

This provision, regarding the effects of the *res judicata*, has been considered interpreted in two ways: On the one hand, Lazzarini has considered it establishes the "material res judicata" effects regarding the protective amparo decision, arguing that the allusion the article makes regarding other actions or recourses, are referred to criminal actions tending to punish the offenses causing the harm, or to civil actions tending to obtain compensation, but not to other actions in which the amparo could be again reargued[1584]. On the other hand, Sagües has considered that even being the amparo suit a bilateral process, due to its brief and prompt character with the consequent restrictions regarding proofs and formalities, there can not be a decision on the merits of the matter, so no material *res judicata* can be produced, but only a formal one, being possible for the merits to be resolved through the ordinary judicial means, only if the parties allege a violation to their due process rights occurred (for instance, regarding evidences) in the amparo process[1585].

In the Venezuelan Amparo Law, in a similar way to the Argentinean provision, and with the same different approach regarding the material or formal *res judicata* effects[1586], Article 36 establishes:

> **Article 36.** The definitive amparo decision will produce legal effects regarding the right or guarantee that has been the object of the process, without prejudice of the actions or recourses that legally correspond to the parties.

In this regard, the First Court on Administrative Jurisdiction, in a decision dated October 16, 1986 (*Case Pedro J. Montilva*), decided that if in a case "the action of amparo is filed with the same object, denouncing the same violations, based on the same motives and with identical object as the previous one and directed against the same person, then it is evident that in such case, the res judicata force applies in order to avoid the rearguing of the case, due to the fact that the controversy to be

---

1583 See Luis Alberto Viera, *Ley de Amparo*, Ediciones Idea, Montevideo, 1993, p. 40

1584 See José Luis Lazzarini, *El juicio de amparo*, Ed. La Ley, Buenos Aires, 1987, pp. 356 ff.

1585 See Néstor Pedro Sagüés, *Derecho procesal Constitucional,* Vol. 3, *Acción de amparo*, Editorial Astrea Buenos Aires, 1988, pp. 449 ff.

1586 See Rafael Chavero G. *El nuevo amparo constitucional en Venezuela,* Ed. Sherwood, Caracas, 2001, pp. 338 ff.; Gustavo Linares Benzo, *El proceso de amparo en Venezuela*, Caracas, 1999, p. 121 f.

resolved has the same subjective and objective identity than the one already decided"[1587].

According to this doctrine, and according to Article 36 of the Law, the *res judicata* in the amparo suit only refers to what has been argued and decided in the case regarding the violation of harm produced to a constitutional right or guarantee. Thus, the amparo decision in general terms does not resolve all the possible merits of the matter but only the aspect of the violation or harm of the rights or guarantees, which is the only aspect regarding which the decision can produce res judicata effects. That is why the decision only has restorative effects, due to the fact that by means of the amparo suit, as it has been resolved by the Supreme Court of Venezuela, "non of the three types of judicial declarative, constitutive or to condemn decision can be obtained, nor, of course, the interpretative decision"[1588]. For example, if an amparo decision is issued against an administrative act because it causes harm to constitutional rights, it only has restorative or reestablishing effects suspending the application of the challenged act, but it does not have annulling effects. Consequently, the amparo decision in such cases, does not have res judicata effects regarding the judicial review action that can be filed against the administrative act before the Administrative Jurisdiction courts.[1589]

That is, in matters of amparo suit, in many cases the amparo decision regarding the violation of the right by the illegitimate action of omissions, resolves definitively the matter, not being necessary to discuss any other legal matter through any other process. In such cases, it can be said that the amparo ruling has material res judicata effects. But in other cases, after the amparo decision has been issued, other legal questions can remain pending to be resolved in other processes, and that is why the amparo decision is issued "without prejudice of the actions or recourses that could legally correspond to the parties". Is has been said that the amparo decision has formal res judicata effects, which do not refer to the matter of the right's violation ruling.[1590]

These effects of the amparo decision also exists regarding the amparo suit against individuals, and a case can illustrate the matter: in 1987 a controversy arose in a private Caracas University (Santa María), regarding the position for the Head of the institution (Rector), a position that was disputed by two professors that argued they where appointed by the University bodies. The First Court on Administrative Jurisdiction in a decision dated December 17, 1987, issued an amparo decision on the matter filed by one of the *Rectores* in order to assure legal security to the university community, due to the fact that the matter regarding who was the Head of the University could not remain indefinitely unresolved, ruled considering legitimate the designation of one of the Rectores, "until the controversy regarding the legitimacy

---

1587 See in *Revista de Derecho Público*, N° 28, EJV, Caracas, 1986, p. 106

1588 See decisión of the Politico–Administrative Chamber of July 15, 1992, in *Revista de Derecho Público*, N° 51, EJV, Caracas, 1992, p. 171.

1589 See Allan R. Brewer–Carías, "Derecho y Acción de Amparo, Vol. V, *Instituciones Políticas y Constitucionales* Editorial Jurídica Venezolana, Caracas, 1998, pp. 346 ff.

1590 See in this respect, Juan Manuel Errazuriz and Jorge Miguel Otero A., *Aspectos procesales del recurso de protección*, Editorial Jurídica de Chile, Santiago 1989, pp. 195 ff, 202.

of the bodies that made the appointments be resolved by the judicial competent court"[1591]. According to this decision, a civil action was needed to be resolved in order to resolve the merits.

The different approaches to the *res judicata* regarding amparo decisions have been expressly resolved, for instance, in the El Salvador Amparo Law, which prescribes the following:

> **Article 81**. The definitive amparo decision produces *res judicata* effects against any person of public officer, had he intervened or not in the process, only regarding the matter of the challenged act being or not constitutional or contrary to the constitutional provisions. With all, the content of the decision does not constitute in itself a declaration, recognition or constitution of private rights of individuals or of the state; consequently the decision can not be opposed as a *res judicata* defense regarding any action that could be afterward filed before the courts of the Republic".

In similar terms it is set forth in the Honduran Law (Art. 72), and in the Guatemalan Law, which provides that "the decisions issued in the amparo suits have declarative effects and do not originate the res judicata defense, without prejudice of the provisions derived from the *jurisprudencia* on the matter (Art. 190).

Finally, in Peru, the Code of Constitutional Procedures does not resolve the discussion, just declaring that "In the constitutional processes, only the final decision deciding the merits acquire the *res judicata* authority" (Art. 6)[1592]. But the Peruvian Code is one of the few that expressly regulates the effects of the *res judicata* authority regarding the preliminary orders or measures issued during the procedure, in the sense that they will be automatically extinguished. Nonetheless, if the final decision grants the amparo, the effects of the preliminary measures will be kept being converted if definitive (Art. 16).

III. THE OBLIGATORY CHARACTER OF THE AMPARO RULINGS AND THE PUNISHMENT FOR CONTEMPT

The amparo ruling, as all judicial decisions, is binding upon the parties and all other public officers that must apply them, and the defendant must immediately obey by it as it is expressed in the Amparo Laws (Bolivia, Art. 102; Colombia, Arts. 27, 30; Costa Rica, Art. 53; Ecuador, Art, 58; Honduras, Art. 65; Nicaragua, Art. 48; Peru, Arts. 22, 24; Venezuela, Arts. 29, 30).

In order to execute the decision, the courts, ex officio or at the party's request, must adopt all the measures directed to its accomplishment, being empowered in the Guatemalan Law to issue orders and mandamus to the authorities and public officers of Public Administration or obligated persons (Art. 55). The amparo courts are also empowered to use public enforcement units to assure the accomplishment of its de-

---

1591 See in *El Universal,* Caracas, December 27, 1987, p. 2–5.

1592 See Samuel B. Abad Yupanqui, *El proceso constitucional de amparo*, Gaceta Jurídica, Lima 2004, pp. 194 ff.

cisions (Guatemala, Art. 105; Ecuador, Art. 61; El Salvador, Art. 61; Nicaragua, Art. 77).

But the amparo judges in Latin America do not have direct power to punish for disobedience, in other words, they do not have contempt power, which in contrast is one of the most important futures of the injunctive relief system in the United States. This is particularly important regarding criminal contempt, which was established since the *In Re Debs* case (158 U.S. 564, 15 S.Ct. 900, 39 L.Ed. 1092 (1895), where according to Justice Brewer who delivered the court's opinion, it was ruled:

> "But the power of a court to make an order carries with it the equal power to punish for a disobedience of that order, and the inquiry as to the question of disobedience has been, from time immemorial, the special function of the court. And this is no technical rule. In order that a court may compel obedience to its order it must have the right to inquire whether there has been any disobedience thereof. To submit the question of disobedience to another tribunal, be it a jury or another court, would operate to deprive the proceedings of half its efficiency...In Watson v. Williams, 36 Miss. 331, 341, it was said: "The power to fine and imprison for contempt, from the earliest history of jurisprudence, has been regarded as the necessary incident and attribute of a court, without which it could no more exist than without a judge. It is a power inherent in all courts of record, and coexisting with them by the wise provisions of the common law. A court without the power effectually to protect itself against the assaults of the lawless, or to enforce its orders, judgments, or decrees against the recusant parties before it, would be a disgrace to the legislation, and a stigma upon the age which invented it".[1593]

These contempt powers are precisely what gave to the injunction in the United States its effectiveness regarding any disobedience, being empowered the same court to vindicate their own power by imposing criminal or economic sanctions by means of imprisonment and fines. The Latin American courts, in contrast do not have such powers, or they are very weak.

In effect, even though the disobedience of the amparo ruling is punishable in the Amparo Latin American Laws, it is not the power of the same amparo court to apply the sanctions. In general terms, the sanctioning powers are attributed to Public Administration of to criminal court. So, in case of disobedience, the court must seek for the initiation of an administrative disciplinary procedure against the disobedient public officer that must be developed by the corresponding superior organ in Public Administration (Colombia, Art. 27; Peru, Art. 59; Nicaragua, Art. 48). Regarding the application of criminal sanctions, the amparo court in cases of disobedience, must seek for the initiation of a criminal procedure against the disobedient to be brought before the competent criminal courts (Bolivia, Art. 104; Colombia, Arts. 27, 52, 53; Costa Rica, Art. 71; Ecuador, Art. 58; El Salvador, Art. 37, 61; Guatemala, Arts. 32, 54, 92; Honduras, Art. 62; Panama, Art. 2632; Mexico, Arts. 202, 209; Nicaragua, Art. 77; Venezuela, Art. 31). Therefore, the amparo judge in Latin Ame-

1593 See Owen M. Fiss and Doug Rendleman, "Injunctions", The Foundation Press, 1984, p. 13. See also William M. Tabb and Elaine W. Shoben, *Remedies*, Thomson West, 2005, pp. 72 ff

rica does not have the power to impose directly to those that disobey their orders, disciplinary or criminal sanctions, and only in some countries there have been improvements in the legislations, granting the same amparo courts the powers to impose successive fines (*astreintes*) up to the accomplishing of the order to those disobeying them (Colombia, Art. 27; Guatemala, Art. 53; Nicaragua, Art. 66; Peru, Art. 22[1594]) and in some cases, to impose administrative arrests (Colombia, Art. 27).

IV. THE REVISION OF THE AMPARO DECISIONS BY A CONSTITUTIONAL COURT OR THE SUPREME COURT

The amparo decisions, except in the cases where the competent court that issued them is the highest court in the country, as happens in Costa Rica (Constitutional Chamber of the Supreme Court of Justice), Nicaragua (Constitutional Chamber of the Supreme Court of Justice) and El Salvador (Constitutional Chamber of the Supreme Court of Justice), can be appealed according the general rules established in the procedural codes. Due to the general rule of double instance, the decisions cannot normally arrive to their revision by the Supreme Court of the Constitutional Court, except when an extraordinary means for revision is established, in some cases similar to the writ for certiorari in the United States.

In effects, whether or not they involve constitutional issues, the United States Supreme Court is authorized to review all the decisions of the federal courts of appeals, and of the specialized federal courts, and all the decisions of the supreme courts of the states involving issues of federal law, but on a discretionary basis, when considering a petition for a writ of certiorari.

In effect, in all such cases where there is no right of appeal established and where the mandatory appellate jurisdiction of the Supreme Court is not established, they can reach the Supreme Court as petitions for certiorari, where a litigant who has lost in a lower court, petitions a review in the Supreme Court, setting out the reasons why review should be granted.[1595] This method of seeking review by the Supreme Court is expressly established in the cases set forth in the 28 US Code, according to the Supreme Court's Rule N° 17,1 establishing that the rules governing review on certiorari are, "not a matter of right, but of judicial discretion, and will be granted only when there are special and important reasons therefore".

According to this Rule, consequently, in order to promote uniformity and consistency in federal law, the following factors might prompt the Supreme Court to grant certiorari: 1. Important questions of federal law on which the court has not previously ruled; 2. Conflicting interpretations of federal law by lower courts; 3. Lower courts decisions that conflict with previous Supreme Court decisions; and 4. Lower court departures from the accepted and usual course of judicial proceedings.[1596]

Of course, review may be granted on the basis of other factors, or denied even if one or more of the above mentioned factors is present. The discretion of the Supre-

1594 See Samuel B. Abad Yupanqui, *El proceso constitucional de amparo*, Gaceta Jurídica, Lima, 2004, p. 136.

1595 See L. Baum, *The Supreme Court*, Washington, 1981, p. 81.

1596 See. R.A. Rossum and G.A. Tarr, *American Constitutional Law*, New York, 1983, p. 28.

me Court is not limited, and it is the importance of the issue and the public interest considered by the Court in a particular case, which leads the Court to grant certiorari and to review some cases.

Although in different ways in Argentina, Bolivia, Brazil, Colombia, Honduras, Mexico and Venezuela, the Constitutional Courts, the Constitutional Chambers of the Supreme Courts or the latter, can finally review the amparo decisions.

In effect, in Argentina, even thought the actions of amparo are in general exercised before the judges of first instance, the cases can reach the Supreme Court of the Nation, by means of an extraordinary recourse when in the judicial decision a matter of judicial review of constitutionality is resolved[1597]. This is, undoubtedly, the judicial mean through which the Supreme Court normally decides upon the final interpretation of the Constitution when reviewing the constitutionality of state acts, and consequently it is the most important mean for judicial review.

But of course, the "extraordinary recourse" is quite different to the American request for writ of *certiorari*, in the sense that the Supreme Court of the Nation does not have discretionary powers in accepting extraordinary recourses. On the contrary, in such cases it is a mandatory jurisdiction, exercised as a consequence of a right the parties have to introduce the extraordinary recourse. In these cases the Supreme Court does not act as a mere third instance court, particularly because the Court does not review the motives of the judicial decision under consideration, regarding the facts. Its power of review is concentrated only in aspects of law regarding constitutional questions.

In Brazil there also exists an extraordinary recourse of constitutionality that can be filed before the Federal Supreme Tribunal, which is the most important court on matters of judicial review[1598], against the judicial decision issued on matters of protection of constitutional rights by the Superior Federal Court or by the Regional Federal Courts, when it is considered that the courts have made the decisions in a way inconsistent with the Constitution, or in which the court has denied the validity of a treaty or federal statute, or when the decisions has declared the unconstitutionality of a treaty or of a Federal Law; and when they deem a local government law or act that has been challenged as unconstitutional or contrary to a valid federal law (Art. 199,III,b,c).

1597 See Elias Guastavino, *Recurso extraordinario de inconstitucionalidad,* Ed. La Roca, Buenos Aires, Argentina, 1992.

1598 See in general Manoel Goncalves Ferreira Filho, "O sistema constitucional brasileiro e as recentes inovacoes no controle de constitucionalidade" in *Anuario Iberoamericano de Justicia Constitucional*, Nº 5, 2001, Centro de Estudios Políticos y Constitucionales, Madrid, España, 2001; José Carlos Barbosa Moreira, "El control judicial de la constitucionalidad de las leyes en el Brasil: un bosquejo", in *Desafíos del control de constitucionalidad*, Ediciones Ciudad Argentina, Buenos Aires, Argentina, 1996; Paulo Bonavides, "Jurisdicao constitucional e legitimidade (algumas observacoes sobre o Brasil)" en *Anuario Iberoamerivano de Justicia Constitucional* Nº 7, Centro de Estudios Políticos y Constitucionales, Madrid, 2003; Enrique Ricardo Lewandowski, "Notas sobre o controle da constitucionalidade no Brasil", en Edgar Corzo Sosa, y otros, *Justicia Constitucional Comparada*, Ed. Universidad Nacional Autónoma de México, México D.F. 1993; Zeno Veloso, *Controle jurisdicional de constitucionalidade,* Ed. Cejup, Belém, Brasil, 1999.

The general judicial procedural system in Venezuela is also governed by the by–instance principle, so that judicial decisions resolving cases on judicial review are subject to the ordinary appeal. The cases could only reach the Cassation Chambers of the Supreme Tribunal through cassation recourses (Art. 312 and ff. CCP). Because this situation could lead to possible dispersion of the judicial decision on constitutional matters, the 1999 Constitution, also provided a corrective procedure by granting the Constitutional Chamber of the Supreme Tribunal of Justice, the power to:

> "Review final judicial decisions issued by the courts of the Republic on amparo suits and when deciding judicial review of statutes, in the terms established by the respective organic law." (Art. 336,10 C)

Regarding this provision, it must be pointed out that it is neither an appeal nor a general second or third procedural instance. It is an exceptional faculty of the Constitutional Chamber to review, upon its judgment and discretion, through an extraordinary recourse (in similar sense as the *writ of certiorary*) exercised against *last instance* decisions in which constitutional issues are decided by means of judicial review or in *amparo* suits.

It is a reviewing non obligatory power that can be exercised in an optional way[1599]. The Chamber has the power to choose the cases in which it considers convenient to decide because of the constitutional relevance of the matter.

In Colombia, the creation of the Constitutional Court as the ultimate guardian of the Constitution originated the attribution of the Court to review all the judicial decisions resolving actions for tutela. As opposed to the Venezuelan or Argentinean cases, in Colombia there is not a specific recourse for revision, but an attribution that must be automatically accomplished in a discretionary way. In effect, the Decree regulating the procedure sets forth that when a tutela decision is not appealed, it must be automatically sent for revision to the Constitutional Court (Article 31). In cases where the decisions are appealed, the superior court's decision, whether confirming or revoking the appealed decision, must also be automatically sent to the Constitutional Court for its revision (Article 32). .

In Bolivia, according to the Constitution (Article 120,7), and to the Law of the Constitutional Tribunal (Articles 7,8; 93; 102,V), all judicial decisions issued on amparo or habeas corpus suits must be sent ex officio to the Constitutional Tribunal in order to be reviewed. The revision, in the case of Bolivia, is also different to the Argentinean, Brazilian, and Venezuelan extraordinary recourses for revision, and more similar to the situation in Colombia where it is not a recourse, but an obligatory revision that the Constitutional Tribunal must do, to which the decisions must be sent by the courts.

In Honduras, a procedure of two instances is also established and in all cases an obligatory consultation of the amparo decisions is provided. Regarding the decisions issued by the department courts, they must be sent in consultation before the Appellate Courts; and regarding these decision issued by the Appellate Courts, they can

---

1599 See Allan R. Brewer–Carías, *Judicial Review in Comparative Law*, *op. cit.* p. 141; See the comments of Jesús María Casal, *Constitución y Justicia Constitucional*, Caracas 2003, p. 92

be subject to review by the Constitutional Chamber of the Supreme Court by means of the parties' request for study.

In such cases the Constitutional Chamber has also discretionary power to resolve the admissibility of the request (Article 68). Regarding the decisions adopted in first instance by the Appeals Courts in questions of amparo, they must also be sent for consultation before the Constitutional Chamber of the Supreme Court (Article 69).

Finally, the case of Mexico must be also mentioned. Through the constitutional reform of 1983, the Supreme Court was vested with a discretionary competency to select to decide, requesting them from the Circuit courts, ex officio or at the request of the General Prosecutor of the Republic, the cases of amparo of constitutional relevance; Later, by means of another constitutional reform in 1988, power was attributed to the Supreme Court to decide in last instance all cases of amparo suits where the constitutionality of a statute is at stake. Both attributions allow the Supreme Court to give final interpretation of the Constitution in a uniform way.[1600]

1600 See Joaquín Brage Camazano, *La jurisdicción constitucional de la libertad (Teoría general, Argentina, México, Corte Interamericana de Derechos Humanos)*, Editorial Porrúa, Instituto Mexicano de Derecho Procesal Constitucional, México 2005, pp. 153–155.

QUINTA PARTE

EL RÉGIMEN DEL PROCESO DE AMPARO EN VENEZUELA EN UNA PERSPECTIVA DE DERECHO COMPARADO, Y LA LEY ORGÁNICA SOBRE DERECHOS Y GARANTÍAS CONSTITUCIONALES DE 1988

El texto de esta Quinta parte, es el de la "Introducción general al régimen jurídico del derecho y de la acción de amparo," del libro *Ley Orgánica de Amparo sobre los derechos y garantías constitucionales*, (con estudios de Allan R. Brewer-Carías, Carlos Ayala Corao y Rafael J. Chavero Gazdik), Colección Textos Legislativos Nº 5, séptima edición corregida, aumentada y actualizada, Editorial Jurídica Venezolana, Caracas/2016, pp. 420.

El artículo 27 de la Constitución de 1999, siguiendo la orientación de la norma que inicialmente se incorporó en la Constitución de 1961 (art. 49), garantiza a toda persona el "derecho a ser amparada por los tribunales en el goce y ejercicio de los derechos y garantías constitucionales, aun de aquellos inherentes a la persona que no figuren expresamente en esta Constitución o en los instrumentos internacionales sobre derechos humanos."

Se estableció así en Venezuela el "derecho de amparo," como una de las vías para materializar el ejercicio de la justicia constitucional a cargo de los tribunales de la jurisdicción ordinaria[1601] destinada a proteger los derechos y garantías establecidos en la Constitución, en los tratados e instrumentos internacionales sobre derechos humanos, o que sean inherentes al ser humano aun cuando no figuren expresamente es esos textos; ante cualquier violación o amenaza de violación por parte de las autoridades públicas o de los particulares. En el proceso constitucional de amparo, además, los jueces competentes, cuando sea necesario pueden aplicar para decidir el caso el método difuso de control de constitucionalidad de las leyes y demás actos

1601 Véase en general sobre las formas de ejercicio de la justicia constitucional, Allan R. Brewer-Carías, *La Justicia Constitucional (Procesos y Procedimientos Constitucionales)*, Editorial Porrúa/ Instituto Mexicano de Derecho procesal Constitucional, México 2007; *Derecho Procesal Constitucional. Instrumentos para la Justicia Constitucional*, Tercera Edición, Centro de Derecho Procesal Constitucional, Universidad Monteávila, Editorial Jurídica Venezolana, Caracas 2014.

normativos desaplicándolas cuando las juzgue inconstitucionales al decidir el caso concreto (artículo 334 de la Constitución).[1602]

La consagración con rango constitucional de los derechos de las personas, en efecto, no tendría efectividad alguna si no se estableciera en el propio texto constitucional la mencionada garantía judicial específica de dichos derechos, que en Venezuela no se redujo a ser una única "garantía judicial" o acción o recurso de amparo sino a regular *el derecho de todas las personas a ser amparadas por los tribunales* en el goce y ejercicio de los propios derechos constitucionales; garantía que se puede ejercer, por supuesto, mediante el ejercicio de una acción autónoma de amparo regulada en la Ley Orgánica de Amparo sobre Derechos y Garantías Constitucionales de 1988,[1603] pero también, como se regula en la Ley Orgánica, mediante la formulación de una pretensión de amparo conjuntamente con otras vías judiciales idóneas y efectivas para la protección constitucional, es decir, para enervar las lesiones constitucionales aducidas, como son la acción de inconstitucionalidad de las leyes, la acción contencioso administrativa de anulación contra los actos administrativos, y las acciones y recursos ordinarios, de apelación o casación e incluso solicitudes judiciales como por ejemplo las de nulidad absoluta por violación de garantías constitucionales en materia penal ("amparo penal"). Precisamente por ello, la Constitución en Venezuela, al contrario de lo que sucede en la mayoría de los países de América Latina,[1604] no reguló una única y sola "acción de amparo," sino el derecho de todos a ser amparados, es decir, el "derecho de amparo," siendo este uno de los signos

---

1602 Véase Allan R. Brewer-Carias, "El método difuso de control de constitucionalidad de las leyes en el derecho venezolano", en Victor Bazán (coord.), Derecho Procesal Constitucional Americano y Europeo, Edit. Abeledo-Perrot, dos tomos, Buenos Aires, Rep. Argentina, 2010, Tomo I, pp.671-690

1603 Véase en *Gaceta Oficial* de la República de Venezuela número 34.060 del 27 de septiembre de 1988. Véase sobre la Ley nuestros estudios anteriores: "Introducción General al régimen del derecho de amparo a los derechos y garantías constitucionales (El proceso de amparo)," en Allan R. Brewer-Carías , Carlos Ayala Corao y Rafael J. Chavero Gazdik, *Ley Orgánica de Amparo sobre Derechos y Garantías Constitucionales*, , Colección Textos Legislativos N° 5, Editorial Jurídica Venezolana (primera edición, 1988), Sexta edición corregida, aumentada y actualizada, Caracas 2007, pp. 9-149. La Ley fue reformada mediante Ley sancionada por la Asamblea Nacional en 2014, pero la reforma nunca fue promulgada ni publicada, a pesar de que incluso la Sala Constitucional del Tribunal Supremo declaró la constitucionalidad de su carácter orgánico conforme con la Constitución. Véase sobre dicha fallida reforma véase Allan R. Brewer-Carías, "Sobre las diversas formas de ejercicio del derecho constitucional de amparo en Venezuela: Comentarios a la fallida reforma de la Ley Orgánica de Amparo de 1988, sancionada en 2014," en *El proceso constitucional de amparo. Balance y Reforma*, del Centro de Estudios Constitucionales, Lima 2015.

1604 Véase en general, nuestros trabajos comparativos: *Judicial Review in Comparative Law,* Cambridge Studies in International and Comparative Law. New Series, Cambridge University Press, Cambridge 1989; *Constitutional Protection Of Human Rights In Latin America. A Comparative Study of the Amparo Proceedings*, Cambridge University Press, New York 2008; *El proceso de amparo en América Latina,* Instituto Iberoamericano de Derecho Procesal Constitucional, Ed. Porrúa, México 2016; "El amparo a los derechos y libertades constitucionales y la acción de tutela a los derechos fundamentales en Colombia: una aproximación comparativa", en Manuel José Cepeda (editor), *La Carta de derechos. Su interpretación y sus implicaciones*, Editorial Temis, Bogotá 1993, pp. 21-81, y en *La protección jurídica del ciudadano. Estudios en Homenaje al Profesor Jesús González Pérez*, Tomo 3, Editorial Civitas, Madrid 1993, pp. 2.695-2.748; *El amparo a los derechos y libertades constitucionales. Una aproximación comparativa*, Cuadernos de la Cátedra Allan R. Brewer-Carías de Derecho Público, n° 1, Universidad Católica del Táchira, San Cristóbal 1993, 138 pp., también publicado por el Instituto Interamericano de Derechos Humanos (Curso Interdisciplinario), San José, Costa Rica, 1993, (mimeo), 120 pp.

distintivos del amparo venezolano cuando se lo compara con la misma institución en América Latina.[1605]

Precisamente pero ello, en Venezuela, al regular la Constitución este derecho de todos a ser amparados (art. 29) en sus derechos, la acción de amparo no agota el ejercicio de dicho derecho, en el sentido de que como lo observó la Sala Constitucional del Tribunal Supremo de Justicia en sentencia Nº 1215 de 25 de julio de 2011, adicionalmente, "el ejercicio de la tutela constitucional por parte de todos los jueces de la República, a través de cualquiera de los canales procesales dispuestos por el ordenamiento jurídico, *es una característica inmanente al sistema judicial venezolano*";[1606] razón por la cual, como se dijo, el derecho de amparo se puede ejercer, además de mediante la acción de amparo, a través de otros medios o vía procesales idóneas y efectivas para la protección constitucional.

Por supuesto, la vía procesal por excelencia para dicha protección constitucional de los derechos y garantías constitucionales, es la acción de amparo, que ha sido definida por la Sala Constitucional del Tribunal Supremo de Justicia, como:

> "una garantía de restablecimiento de la lesión actual o inminente a una ventaja esencial, producto de un acto, actuación u omisión antijurídica, en tanto contraria a un postulado en cuyo seno se encuentre reconocido un derecho fundamental".[1607]

Por ello, dicha acción de amparo, que siempre origina el ejercicio de la justicia constitucional, se desarrolla, en principio, ante cualquier juez de primera instancia de la jurisdicción ordinaria, es decir, ante los tribunales civiles, mercantiles, laborales, penales, de menores, agrarios o de cualquier otra materia, y de los tribunales de la jurisdicción contencioso administrativa; o ante cualquier juez de la localidad si no hubiere uno de primera instancia.

La misma Sala Constitucional del Tribunal Supremo señaló en sentencia No 1229 de 5 de abril de 2013, que si bien "la acción de amparo constitucional es un medio judicial breve y expedito, a través del cual se protegen los derechos fundamentales que la Constitución reconoce [...] cuando se puede acudir a la vía procesal ordinaria, sin que la lesión a la situación jurídica se haga irreparable, es precisamente el trámite o el medio procesal ordinario, el instrumento para reparar la lesión y no la acción de amparo y, por tanto, no habría posibilidad de interponer la acción de amparo si estuviese prevista otra acción o un recurso para dilucidar la misma cuestión."[1608] De allí el carácter extraordinario de la acción de amparo, conforme a lo cual, de acuerdo a lo expresado por la misma Sala Constitucional del Tribunal Su-

---

1605 Véase Allan R. Brewer-Carías, "El derecho de amparo y la acción de amparo", en *Revista de Derecho Público*, Nº 22, Editorial Jurídica Venezolana, Caracas, abril-junio 1985, pp. 51-61.

1606 Véase la sentencia Nº 1215 de 25-7-2011, en *Revista de Derecho Público*, Nº 127, Editorial Jurídica Venezolana, Caracas 2011, pp. 174-176.

1607 Véase sentencia Nº 460 de 6–4–2001 (Caso: *Only One Import, C.A. vs. Guardia Nacional*), en *Revista de Derecho Público*, Nº 85–88, Editorial Jurídica Venezolana (EJV), Caracas 2001, p. 437.

1608 Véase la sentencia Nº 1229 de 5-4-2013, en *Revista de Derecho Público*, Nº 134, Editorial Jurídica Venezolana, Caracas 2013, pp. 149-152.

premo, en sentencia Nº 1189 de 30 de septiembre de 2009, estando concebida la acción de amparo:

> "como una acción destinada al restablecimiento de un derecho o una garantía constitucional lesionados, sólo es admisible como una medida extraordinaria destinada a evitar que el orden jurídico quede lesionado, ante la inexistencia de una vía idónea que, por su rapidez y eficacia, impida la lesión de un derecho constitucional. La admisibilidad de la acción de amparo surge cuando los medios ordinarios son insuficientes para restablecer la situación infringida, o cuando su procedimiento, dada la naturaleza de la lesión alegada, no cumple con la finalidad de lograr la protección de inmediato o, en todo caso, sus efectos vienen a ser retardados o diferidos, de modo que no permiten reparar el daño sufrido, cuando el derecho constitucional está conculcado."[1609]

En todo caso, tratándose de un proceso constitucional que se puede iniciar mediante una acción autónoma de amparo, o mediante una petición de amparo formulada conjuntamente con otras acciones, solicitudes o recursos judiciales, además de ser una de las garantías constitucionales, es un derecho constitucional en sí mismo: el derecho de amparo o el derecho a ser amparado.[1610]

I. EL RÉGIMEN NORMATIVO DEL PROCESO DE AMPARO

1. *La regulación constitucional*

Como se ha dicho, el artículo 27 de la Constitución de 1999,[1611] siguiendo la orientación del artículo 49 de la Constitución de 1961, reguló el proceso de amparo constitucional *como la vía procesal para el ejercicio de un derecho constitucional*, es decir, *el derecho de toda persona a ser amparado judicialmente en sus derechos y garantías constitucionales,*[1612] el cual como se ha explicado se puede ejercer a

---

1609 Véase la sentencia Nº 1189 de 30-9-2009, en *Revista de Derecho Público*, Nº 119, Editorial Jurídica Venezolana, Caracas 2009, pp. 135-137.

1610 Véase Allan R. Brewer–Carías, *El Derecho y la Acción de Amparo,* Tomo V, *Instituciones Políticas y Constitucionales,* Editorial Jurídica Venezolana, Universidad Católica del Táchira, Caracas–San Cristóbal, 1998; y antes: "El derecho de amparo y la acción de amparo," en *Revista de Derecho Público*, Nº 22, Editorial Jurídica Venezolana, Caracas, abril-junio 1985, pp. 51-61.

1611 Véase en general, Hildegard Rondón de Sansó, "La acción de amparo constitucional a raíz de la vigencia de la Constitución de 1999", en *Revista de la Facultad de Ciencias Jurídicas y Políticas de la UCV,* Nº 119, Caracas, 2000, pp. 147–172; Richard D. Henríquez Larrazábal, "El problema de la procedencia del amparo constitucional en el Derecho venezolano", en *Bases y principios del sistema constitucional venezolano (Ponencias del VII Congreso Venezolano de Derecho Constitucional realizado en San Cristóbal del 21 al 23 de Noviembre de 2001),* Volumen II, pp. 403–475; Víctor R. Hernández–Mendible, "El amparo constitucional desde la perspectiva cautelar", en *El Derecho Público a comienzos del siglo XXI. Estudios homenaje al Profesor Allan R. Brewer–Carías,* Tomo I, Edit. Civitas, Madrid, 2003, pp. 1219–1301.

1612 Véase en general Hildegard Rondón de Sansó, *La acción de amparo contra los Poderes Públicos*, Editorial Arte, Caracas 1994; Hildegard Rondón de Sansó, *Amparo constitucional,* Editorial Arte, Caracas 1998; Gustavo Linares Benzo, El proceso de amparo, Universidad central de Venezuela, Caracas 1999; Rafael J. Chavero Gazdik, *El nuevo régimen del amparo constitucional en Venezuela,* Edit. Sherwood, Caracas 2001.

través de múltiples medios o recursos judiciales de protección, incluyendo la acción de amparo. A tal efecto, el artículo 27 de la Constitución dispone:

> "*Artículo 27*: Toda persona tiene derecho a ser amparada por los tribunales en el goce y ejercicio de los derechos y garantías constitucionales, aun de aquellos inherentes a la persona que no figuren expresamente en esta Constitución o en los instrumentos internacionales sobre derechos humanos.
>
> El procedimiento de la acción de amparo constitucional será oral, público, breve, gratuito y no sujeto a formalidad, y la autoridad judicial competente tendrá potestad para restablecer inmediatamente la situación jurídica infringida o la situación que más se asemeje a ella. Todo tiempo será hábil y el tribunal lo tramitará con preferencia a cualquier otro asunto.
>
> La acción de amparo a la libertad o seguridad podrá ser interpuesta por cualquier persona, y el detenido o detenida será puesto bajo la custodia del tribunal de manera inmediata, sin dilación alguna.
>
> El ejercicio de este derecho no puede ser afectado, en modo alguno, por la declaración del estado de excepción o de la restricción de garantías constitucionales".

Las reformas más importantes que introdujo esta norma respecto de lo que se estableció en el artículo 49 de la Constitución de 1961,[1613] fueron las siguientes:

En *primer lugar*, en forma expresa se estableció el amparo como un "*derecho*" constitucional de toda persona, "a ser amparada por los tribunales en el goce y ejercicio de los derechos y garantías constitucionales".

En segundo lugar, se trata de un derecho que corresponde a "toda persona" en el sentido de toda persona natural que se encuentre en el territorio nacional o de toda persona jurídica domiciliada o que tenga intereses en el mismo.

En tercer *lugar*, en cuanto a los derechos amparables, se estableció que no sólo son los que la Constitución establece, sino aquellos inherentes a la persona que no figuren expresamente, no sólo en la Constitución sino en los instrumentos internacionales (tratados, pactos, convenciones suscritos y ratificados por la República) sobre derechos humanos, los cuales, además, conforme a la propia Constitución, tienen rango constitucional y prevalecen incluso sobre el orden interno si contienen regulaciones más favorables (artículo 23). Por tanto, todos los derechos constitucionales y fundamentales son justiciables por la vía del amparo.

En cuarto lugar, es un derecho, el de ser amparado, que puede ejercerse para buscar protección judicial contra cualquier violación o amenaza de violación de esos derechos o garantías constitucionales, provengan de actos, hechos u omisiones de funcionarios, órganos o entidades públicas o de otros particulares.

1613 El artículo 49 de la Constitución de 1961 dispuso: "Los Tribunales ampararán a todo habitante de la República en el goce y ejercicio de los derechos y garantías que la Constitución establece, en conformidad con la ley. / El procedimiento será breve y sumario, y el juez competente tendrá potestad para restablecer inmediatamente la situación jurídica infringida.

En quinto lugar, para que proceda el ejercicio del derecho a ser amparado ante los tribunales, se requiere que el derecho o garantía constitucional sea directamente lesionado en su goce o ejercicio, sea que con ello se viole directamente la Constitución, los instrumentos internacionales o las leyes que conforme a la Constitución regulan o garantizan el derecho.

En sexto lugar, la Constitución atribuye competencia judicial para conocer de las pretensiones de amparo a "los tribunales," con lo cual la Constitución expresamente se apartó de los sistemas que regulan el amparo como un medio adjetivo único que debe ejercerse ante un solo órgano jurisdiccional (Tribunal Constitucional). Además la protección del amparo puede pedirse, ya sea conjuntamente con el ejercicio de las acciones o recursos ordinarios o extraordinarios previstos en el ordenamiento procesal que sean idóneos y efectivos para la protección constitucional, o mediante una acción autónoma de amparo. Adicionalmente, se establece que todo tiempo es hábil y el tribunal debe tramitar el amparo con preferencia a cualquier otro asunto.

En *séptimo lugar*, en cuanto al procedimiento, en lugar de establecer sólo que debía ser "breve y sumario" como lo hacía la Constitución de 1961, se indica que debe ser "oral, público, breve, gratuito y no sujeto a formalidad", y agregando, además, que "todo tiempo será hábil y el tribunal lo tramitará con preferencia a cualquier otro asunto", a lo que debe agregarse que sea efectivo, "para restablecer inmediatamente la situación jurídica infringida o la situación que más se le asemeje".

Y en *octavo lugar* se precisó expresamente que "el ejercicio de este *derecho* no puede ser afectado, en modo alguno, por la declaración del estado de excepción o de la restricción de garantías constitucionales".

Como puede observarse de dicha norma dela artículo 27 de la Constitución, en ella no sólo se recogieron todos los principios fundamentales en materia de amparo que la Constitución de 1961 había establecido, sino los que se habían desarrollado jurisprudencialmente antes y después de la sanción de la Ley Orgánica de Amparo sobre Derechos y Garantías Constitucionales de 1988,[1614] estableciéndose por tanto, no sólo una acción de amparo sino en forma más amplia, el derecho constitucional a ser amparado; principios que se complementa con las previsiones de los instrumentos internacionales en materia de derechos humanos.

2. *El derecho de amparo en la Declaración Universal de Derechos Humanos de las Naciones Unidas y en el Pacto Internacional de Derechos Civiles y Políticos de Naciones Unidas*

El Pacto Internacional de Derechos Civiles y Políticos de Naciones Unidas, que fue sancionado en Venezuela mediante Ley aprobatoria de 1978,[1615] en efecto, en nuestro criterio estableció el derecho de amparo, siendo su antecedente inmediato, la Declaración Universal de los Derechos Humanos adoptada por la Asamblea General

1614 Véase Allan R. Brewer-Carías, "La reciente evolución jurisprudencial en relación a la admisibilidad del recurso de amparo", en *Revista de Derecho Público*, N° 19, EJV, Caracas, julio-septiembre 1984, pp. 207-217; y "El derecho de amparo y la acción de amparo", en *Revista de Derecho Público*, N° 22, Editorial Jurídica Venezolana, Caracas, abril-junio 1985, pp. 51-61.

1615 Véase en *Gaceta Oficial* N° 2146 Extra de 29 de enero de 1978.

de las Naciones Unidas el 10 de diciembre de 1948. Dicha Declaración, además de establecer la garantía del debido proceso (Art. 12), puede decirse que consagró también como derecho de todas las personas, el derecho de amparo a los derechos fundamentales, en los siguientes términos:

> "*Artículo 8*. Toda persona tiene derecho a un recurso efectivo, ante los tribunales nacionales competentes, que la ampare contra actos que violen sus derechos fundamentales reconocidos por la constitución o la ley".

Este derecho fundamental establecido en la Declaración se puede considerar como un derecho que tiene toda persona a disponer de un recurso efectivo para la protección judicial de sus derechos fundamentales, es decir, que estos puedan ser amparados judicialmente mediante un recurso efectivo, lo que en el mundo contemporáneo ha dado lugar al desarrollo de la acción o recurso de amparo, consagrado incluso después de la segunda post guerra en Alemania y en España. Como se dijo, dicho derecho se estableció separado del derecho al debido proceso que el artículo 12 de la Declaración consagró en los siguientes términos:

> "*Artículo 12*. Toda persona tiene derecho, en condiciones de plena igualdad, a ser oída públicamente y con justicia por el tribunal independiente e imparcial, para la determinación de sus derechos y obligaciones o para el examen de cualquier acusación contra ella en materia penal".

El derecho de amparo puede decirse que también se recogió en la "Carta de los Derechos Fundamentales de la Unión" presentado como anexo al Proyecto de la Constitución Europea de 2003 (art. II,47, párrafo primero), en forma separada respecto del derecho fundamental que tiene toda persona en el ejercicio de sus derechos e intereses legítimos, a que se le asegure el acceso a la justicia y a obtener una tutela judicial efectiva por parte de los jueces, con garantía del debido proceso y del derecho a la defensa (art. II,47, párrafos segundo y tercero).[1616]

Entre uno y otro derecho podría establecerse una relación de género a especie: el derecho a la tutela judicial efectiva general sería el género, vinculado al derecho al debido proceso y a la defensa en relación con todos los derechos (y no sólo los fundamentales) e intereses legítimos de las personas; y el derecho de amparo o a la tutela judicial efectiva individual, se refiere en concreto al derecho de las personas a disponer específicamente de "un recurso efectivo" ante los tribunales, que las amparen contra actos que particularmente violen sus derechos fundamentales reconocidos no sólo en la Constitución sino en las leyes. Se trata, sin duda, del derecho de amparo que se traduce en el derecho a un recurso efectivo para la específica protección de los derechos fundamentales.

Casi 20 años después de adoptada la Declaración Universal, en el mencionado Pacto Internacional de Derechos Civiles y Políticos adoptado en el seno de las Na-

---

1616 Véase Allan R. Brewer-Carías, "El derecho al debido proceso y el derecho de amparo en el proyecto de Constitución Europea", en Juan Pérez Royo, Joaquín Pablo Urías Martínez, Manuel Carrasco Durán, Editores), *Derecho Constitucional para el Siglo XXI. Actas del Congreso Iberoamericano de Derecho Constitucional,* Tomo I, Thomson-Aranzadi, Madrid 2006, pp.2151-2162. Véase el Proyecto en https://www.pfizer.es/docs/pdf/salud/Pro-yecto_de_Constitucion_de_la_UE.pdf.

ciones Unidas el 19 de diciembre de 1966, también se estableció como un compromiso de los Estados Partes en el Pacto, además de garantizar el derecho al debido proceso en una detallada norma (Art. 14), el garantizar que:

> "*Art. 2.3.a.* Toda persona cuyos derechos y libertades reconocidos en el presente Pacto hayan sido violados podrá interponer un recurso efectivo, aún cuando tal violación hubiera sido cometida por personas que actuaban en ejercicio de sus funciones oficiales;
>
> b) La autoridad competente, judicial, administrativa o legislativa, o cualquiera otra autoridad competente prevista por el sistema legal del Estado, decidirá sobre los derechos de toda persona que interponga tal recurso, y a desarrollar las posibilidades de recurso judicial;
>
> c) Las autoridades competentes cumplirán toda decisión en que se haya estimado procedente el recurso".

En esta norma del Pacto, en la misma línea de la Declaración Universal, de nuevo se garantizó internacionalmente el derecho de amparo de los derechos fundamentales y no sólo el derecho al debido proceso o a la tutela judicial en general, perfeccionándose incluso su consagración, al otorgarse a toda persona el derecho de interponer un recurso efectivo cualquiera que sea la causa de la violación a los derechos y libertades reconocidos en el Pacto, y no sólo ante las violaciones provenientes de "actos", como señalaba la Declaración Universal. Además, se precisó que dicho recurso procede contra cualquiera que sea el agraviante o sujeto activo de la violación, incluso si se tratase de funcionarios públicos o, en general, de personas que actúan en ejercicio de sus funciones oficiales. El derecho de amparo que consagró el Pacto Internacional, sin embargo, sólo se refiere a la protección de los derechos y libertades reconocidos en el mismo, sin hacer alusión a los que se establecen en las Constituciones y leyes de los Estados.

Ahora, ateniéndonos a las regulaciones contenidas en la Declaración Universal de los Derechos Humanos y en el Pacto Internacional de los Derechos Civiles y Políticos, como se ha dicho, en esos instrumentos internacionales, independientemente del derecho a la tutela judicial efectiva, se ha establecido el derecho de toda persona a un recurso efectivo ante los jueces o tribunales nacionales competentes para que la amparen contra las violaciones a sus derechos y libertades fundamentales reconocidos en las respectivas Constituciones, en las leyes y en la propia Declaración Universal y en el Pacto Internacional.

De estas normas internacionales puede decirse que se derivan los contornos de lo que debería ser este derecho de amparo de los derechos fundamentales en el derecho interno de los países, delineados, por lo demás, en forma mucho más amplia de la que existe en los sistemas alemán y español, y que podrían identificarse con base en los siguientes principios:

En *primer lugar,* tanto la Declaración Universal como el Pacto Internacional conciben el amparo como un derecho fundamental. Estimamos que ello deriva de la indicación de que toda persona "tiene derecho" a un recurso efectivo o a un derecho a interponer un "recurso efectivo" para obtener el amparo judicial a sus derechos; de lo que resulta, incluso, que no sólo se trata de que toda persona tenga una garantía adjetiva concretizada en un solo recurso o a una acción específica de amparo, tutela o protección, sino que toda persona tiene derecho a la protección o al amparo judicial de sus derechos constitucionales.

En *segundo lugar,* conforme a la Declaración Universal y al Pacto Internacional, el derecho de amparo que en ellos se regula se le debe garantizar a "toda persona" sin distingo de ningún tipo, por lo que corresponde a las personas naturales y a las personas jurídicas o morales; a las personas nacionales y a las extranjeras; a las hábiles y no hábiles; a las personas de derecho público y a las de derecho privado. Es decir, corresponde a toda persona en el sentido más universal.

En *tercer lugar*, el "recurso efectivo" de protección de los derechos y libertades fundamentales de carácter judicial a los que se refieren tanto la Declaración Universal como el Pacto Internacional, puede ser de cualquier clase. Por ello, en realidad, consideramos que puede tratarse de cualquier medio judicial de protección efectivo, y no necesariamente de una sola y única específica "acción de amparo." Es decir, ni la Declaración Universal ni el Pacto Internacional necesariamente se refieren a un solo medio adjetivo de protección, sino que puede y debe tratarse de un conjunto de medios de protección siempre que sean idóneos para la protección constitucional, lo que puede implicar, incluso, la posibilidad de utilizar los medios judiciales ordinarios si estos garantizan la efectividad de la protección constitucional.

Por tanto, no se trata de que cualquier medio judicial pueda asegurar derecho de amparo, sino que por sobre todo tiene que tratarse de un recurso idóneo y "efectivo," es decir, que permita obtener la protección constitucional al derecho violado en forma rápida y con el resultado protectivo deseado, o que enerve las lesiones constitucionales.

En *cuarto lugar*, la Declaración Universal y el Pacto Internacional señalan que el recurso judicial de protección o amparo puede interponerse ante los tribunales nacionales competentes, de lo que resulta que la intención de las regulaciones es que no sólo se trate de un solo y único tribunal competente, como sucede en el caso alemán y español, o en América Latina, de Costa Rica, donde la competencia para conocer de la acción de amparo se atribuye al Tribunal Constitucional o a la Corte Suprema. Ello, por supuesto, se puede regular en el ordenamiento constitucional interno, pero el fundamento de la regulación de la Declaración Universal y del Pacto Internacional es que ésta sea esencialmente la función del Poder Judicial.

En *quinto lugar,* conforme a la Declaración Universal y al Pacto Internacional este derecho a un recurso efectivo de protección ante los tribunales, se establece para la protección de todos los derechos y libertades fundamentales que estén en la Constitución, en la ley o en los propios instrumentos internacionales, los cuales se denominan derechos fundamentales o constitucionales; y no sólo de ciertos derechos constitucionales, como los específicamente denominados "derechos fundamentales" o libertades individuales en Constituciones como las de Alemania y España, y en América Latina, de Colombia.

En *sexto lugar*, la protección que regula el Pacto Internacional es contra cualquier violación o amenaza de violación a los derechos fundamentales, la cual puede provenir de cualquier acto, omisión, hecho o actuación que viole los derechos y libertades y, por supuesto, también que amenace violarlos, porque no tendría sentido esperar que la violación se produzca para poder acudir a interponer el recurso efectivo de protección. Es decir, este recuro efectivo para obtener amparo o protección tiene que poder interponerse antes de que la violación se produzca, frente a la amenaza efectiva de la violación y, por supuesto, frente a toda violación o amenaza de violación provenga de quien sea.

En *séptimo lugar*, el recurso efectivo que regula tanto la Declaración Universal como el Pacto Internacional se puede interponer contra cualquiera que sea el sujeto activo de la violación, por lo que no puede ni debe haber acto ni actuación alguna excluidas de la protección del amparo, así emane de los particulares o de los órganos y entes del Estado y de sus poderes públicos. Por ello, la aclaratoria que formula el Pacto Internacional de que el recurso efectivo de protección o amparo también se puede intentar cuando la violación a los derechos y libertades hubiera sido cometida por personas que actúen en ejercicio de sus funciones oficiales, es decir, por funcionarios públicos, lo que hace es dejar por sentado que la acción de amparo también puede interponerse contra particulares, lo cual sin embargo está excluido en muchos países como Alemania y España.

Por último, en *octavo lugar*, en los casos de violaciones que sean cometidas por personas que actúan en ejercicio de sus funciones oficiales, ni la Declaración Universal ni el Pacto Internacional indican específicamente en ejercicio de cuál Poder Público aquellos actúan, por lo que el recurso efectivo de protección o amparo podría interponerse contra cualquier acto que emane de cualquier funcionario público o persona actuando en ejercicio de poderes estatales, sea una ley, un acto administrativo, una sentencia judicial, una vía de hecho, en fin, contra cualquier actuación u omisión realizada en ejercicio de la función pública.

Esto implica, por otra parte, que la acción o pretensión de amparo se podría interponer directamente contra el acto lesivo, sin que se tengan que agotar otras vías judiciales, es decir, sin que tenga que tener un carácter subsidiario como sucede en Alemania y en España, donde en definitiva el recurso siempre se tiene que interponer contra la decisión judicial que agote las vías ordinarias previas.

Ese es, en realidad, el marco que establecen la Declaración Universal y el Pacto Internacional de Naciones Unidas, y es ese el que debería prevalecer en los derechos internos de los países que han ratificado esos instrumentos. Ese parámetro, por otra parte, quizás fue el tomado en cuenta para la consagración en el Proyecto de Constitución Europea de 2003 de este derecho de amparo, más allá del derecho a la tutela judicial efectiva general.

3. *El derecho de amparo en la Convención Americana sobre Derechos Humanos y el control de convencionalidad*

En la misma línea de regulación del Pacto Internacional de Derechos Civiles y Políticos debe mencionarse el texto de la Convención Americana sobre Derechos Humanos adoptada por la Conferencia Especializada sobre Derechos Humanos el 22 de noviembre de 1969, aprobado por Ley en Venezuela en 1977,[1617] la cual también

1617 Véase en *Gaceta Oficial* Nº 31256 de 14 de junio de 1977. Venezuela que fue Estado Miembro de la Convención desde los años noventa, la denunció en 2012, contrariando la Constitución. Véase Carlos Ayala Corao, "Inconstitucionalidad de la denuncia de la Convención Americana sobre Derechos Humanos por Venezuela" en *Revista Europea de Derechos Fundamentales*, Instituto de Derecho Público, Valencia, España, Nº 20/2º semestre 2012; en *Estudios Constitucionales*, Centro de Estudios Constitucionales de Chile, Universidad de Talca, año 10, Nº 2, Chile, 2012; en la *Revista Iberoamericana de Dere-*

estableció tanto el derecho al debido proceso con todas sus garantías judiciales en una detalladísima norma (Art. 8), como el derecho de amparo; este último, delineándolo con mayor precisión incluso como institución latinoamericana, establecida como la garantía judicial por excelencia de los derechos humanos, tanto de los regulados en las Constituciones y otras normas del derecho interno, como de los enumerados en los instrumentos internacionales.[1618] En tal sentido, el artículo 25 de la Convención Americana establece:

> "*Art. 25,1.* Toda persona tiene derecho a un recurso sencillo y rápido o a cualquier otro recurso efectivo ante los jueces o tribunales competentes, que la ampare contra los actos que violen sus derechos fundamentales reconocidos por la Constitución, la ley o la presente Convención, aun cuando tal violación sea cometida por personas que actúen en ejercicio de sus funciones oficiales".

Esta consagración del derecho de amparo en la Convención Americana, a pesar de que Venezuela haya denunciado la Convención en 2012,[1619] es importante destacarla pues conforma una doctrina enriquecedora de la institución del amparo como derecho tal como se ha consagrado la Constitución de 1999, pudiéndose decir, incluso que la institución venezolana del derecho de amparo, en comparación con el resto de los países de América latina, es la más parecida a la regulación de la Convención Americana en la materia.

En efecto, de la norma del artículo 25.1 de la Convención, resulta que el derecho de amparo que encuentra su fundamento en la misma, no sólo es un derecho aplicable en todos los Estados miembros, sino que del mismo resulta la obligación internacional que les ha sido impuesta a los mismos con el objeto de asegurarle a todas las personas, no sólo la existencia sino la efectividad de ese recurso efectivo, sencillo y rápido para la protección de sus derechos. Para ello, la propia Convención dispuso que los Estados Partes se comprometen "a garantizar que la autoridad competente prevista por el sistema legal del Estado decidirá sobre los derechos de toda persona que interponga tal recurso" (artículo 25.2.a). Ello lo puntualizó la Corte Interamericana en innumerables sentencias al recordar:

> "El deber general del Estado de adecuar su derecho interno a las disposiciones de dicha Convención para garantizar los derechos en ella consagrados, establecido en el artículo 2, incluye la expedición de normas y el desarrollo de

---

cho Procesal Constitucional, Instituto Iberoamericano de Derecho Procesal Constitucional y Editorial Porrúa, N° 18, Julio-Diciembre, 2012; en la *Revista de Derecho Público*, N° 131, Caracas, julio-septiembre 2012; en el *Anuario de Derecho Constitucional Latinoamericano 2013*, Anuario 2013, Konrad Adenauer Stiftung: Programa Estado de Derecho para Latinoamérica y Universidad del Rosario, Bogotá 2013.

1618 Véase Allan R. Brewer–Carías, "El amparo en América Latina: La universalización del régimen de la Convención Americana sobre los Derechos Humanos y la necesidad de superar las restricciones nacionales" en *Ética y Jurisprudencia*, 1/2003, Enero–Diciembre, Universidad Valle del Momboy, Facultad de Ciencias Jurídicas y Políticas, Centro de Estudios Jurídicos "Cristóbal Mendoza", Valera, Estado Trujillo, 2004, pp. 9–34.

1619 La denuncia de la Convención se materializó por comunicación dirigida por el entonces Ministro de Relaciones Exteriores al Secretario General de la OEA, en fecha 6 de septiembre de 2012.

prácticas conducentes a la observancia efectiva de los derechos y libertades consagrados en la misma, así como la adopción de medidas para suprimir las normas y prácticas de cualquier naturaleza que entrañen una violación a las garantías previstas en la Convención. Este deber general del Estado Parte implica que las medidas de derecho interno han de ser efectivas (principio del *effet utile)*, para lo cual el Estado debe adaptar su actuación a la normativa de protección de la Convención."[1620]

Ahora bien, es bien sabido que la Corte Interamericana de Derechos Humanos desde sus primeras Opiniones Consultivas identificó el recurso previsto en el artículo 25.1 de la Convención con la institución latinoamericana del amparo. Así lo expuso en su Opinión Consultiva OC-8/87 del 30 de enero de 1987, *El habeas corpus bajo suspensión de garantías (arts. 27.2, 25.1 y 7.6 Convención Americana sobre Derechos Humanos)*, en la cual señaló que el artículo 25.1 de la Convención era "una disposición de carácter general que recoge la institución del amparo, entendido como el procedimiento judicial sencillo y breve que tiene por objeto la tutela de todos los derechos reconocidos por las constituciones y las leyes de los Estados partes y por la Convención."[1621] Y también en la Opinión Consultiva OC-9/87 del 6 de octubre de 1987, *Garantías judiciales en estados de emergencia (arts. 27.2, 25 y 8, Convención Americana sobre Derechos Humanos)*, donde la Corte precisó que "para que tal recurso exista, no basta con que esté previsto por la Constitución o la ley o con que sea formalmente admisible, sino que se requiere que sea realmente idóneo para establecer si se ha incurrido en una violación a los derechos humanos y proveer lo necesario para remediarla;" al punto de establecer que su falta de consagración en el derecho interno, es decir, "la inexistencia de un recurso efectivo contra las violaciones a los derechos reconocidos por la Convención constituye una transgresión de la misma por el Estado Parte en el cual semejante situación tenga lugar."[1622]

Es bien sabido igualmente que en sus decisiones posteriores y luego de una larga evolución, la Corte Interamericana ha variado su interpretación, indicando que el artículo 25.1, al consagrar el derecho al recurso efectivo como derecho de amparo, lo hace en el sentido más amplio, de derecho humano a la "protección judicial" efectiva, incluyendo el derecho de acceso a la justicia, siguiendo la orientación fijada inicialmente por el juez Antonio Cançado Trindade en su Voto al caso *Genie Lacayo Vs. Nicaragua* de 29 de enero de 1997 cuando consideró que la norma era, no sólo uno de los pilares básicos de la Convención, sino "de todo el Estado de derecho en una sociedad democrática según el sentido de la Convención;"[1623] concepto que

---

1620 Véase sentencia en el caso *Yatama Vs. Nicaragua* de 23 de Junio de 2005, (Párr. 170), en http://www.corteidh.or.cr/docs/casos/articulos/seriec_127_esp.pdf

1621 Véase Opinión Consultiva OC-8/87, del 30 de enero de 1987, *El habeas corpus bajo suspensión de garantías (arts. 27.2, 25.1 y 7.6 Convención Americana sobre Derechos Humanos*, en http://www.corteidh.or.cr/docs/opiniones/seriea_08_esp.pdf

1622 Véase Opinión Consultiva OC-9/87 del 6 de octubre de 1987, *Garantías judiciales en estados de emergencia (arts. 27.2, 25 y 8, Convención Americana sobre Derechos Humanos* (Párr. 24), en http://www.corteidh.or.cr/docs/opiniones/seriea_09_esp.pdf

1623 Voto Disidente de Antonio Augusto Cançado Trindade en la sentencia del Caso *Genie Lacayo vs. Nicaragua* (*Solicitud de Revisión de la Sentencia de Fondo, Reparaciones y Costas)* de 13 de septiembre de 1997 (Párr. 18), en http://www.corteidh.or.cr/docs/casos/ar-ticulos/seriec_21_esp.pdf

se reiteró con posterioridad en la jurisprudencia de la Corte Interamericana a partir de la sentencia del caso *Castillo Páez vs. Perú* de 3 de noviembre de mismo año.[1624]

En este contexto, por supuesto más amplio, el derecho de amparo no es más que una de las piezas de ese pilar básico de la democracia que es el derecho humano a la protección judicial, y no lo agota; de manera que la acción de amparo se subsume en dicho sistema de recursos judiciales rápidos, sencillos y eficaces (con el signo en este caso de la inmediatez de la protección por tratarse de derechos humanos) a los cuales las personas tienen derecho de acceder (acceso a la justicia) con las garantías del debido proceso que derivan del artículo 25.1 en conexión con el artículo 8 sobre garantías judiciales, los cuales en conjunto son los que constituyen el pilar de la democracia.[1625] Como lo dijo la Corte Interamericana en la sentencia del caso de *La Masacre de las Dos Erres vs. Guatemala* de 24 de noviembre de 2009, luego de expresar que "el recurso de amparo por su naturaleza es el procedimiento judicial sencillo y breve que tiene por objeto la tutela de todos los derechos reconocidos por las constituciones y leyes de los Estados partes y por la Convención;" que "tal recurso *entra* en el ámbito del art. 25 de la Convención Americana, por lo cual tiene que cumplir con varias exigencias, entre las cuales se encuentra la idoneidad y la efectividad."[1626]

La consecuencia de ello es que independientemente de que el artículo 25.1 de la Convención no se agote en una única acción de amparo, ni se lo considere ahora por la jurisprudencia de la Corte Interamericana solamente como la consagración de un recurso de amparo, lo cierto es que dicha norma al establecer el "derecho de amparo" como derecho humano, ha fijado los parámetros mínimos conforme a los cuales los Estados miembros deben cumplir la obligación de asegurarle a todas las personas no sólo la existencia sino la efectividad de ese o esos recursos efectivos, sencillos y rápidos para la protección de sus derechos, lo que debe asegurarse en particular cuando regulen y establezcan la "acción de amparo" para la protección de los derechos previstos en la Constitución y en la propia Convención.

Ese artículo 25.1 es, por tanto, en nuestro criterio, el marco que establece la Convención Americana conforme al cual tanto la Corte Interamericana como los jueces y tribunales nacionales, deben ejercer el control de convencionalidad[1627] en

---

1624 Véase sentencia del caso *Castillo Páez vs. Perú* de 3 de noviembre de 1997 (Párr. 82), en http://www.corteidh.or.cr/docs/casos/articulos/seriec_34_esp.pdf.

1625 Por ello, Anamari Garro Vargas considera que "no es lo mismo afirmar que el sistema de recursos judiciales eficaces es uno de los pilares de la Convención y del Estado de Derecho en un sistema democrático, que sostener que uno de esos pilares es un recurso sencillo y eficaz para proteger los derechos fundamentales." Véase Anamari Garro Vargas, *La improcedencia del recurso de amparo contra las resoluciones y actuaciones jurisdiccionales del Poder Judicial a la luz de la Constitución costarricense y del artículo 25 de la Convención Americana sobre Derechos Humanos*, Tesis para optar al grado de Doctor en Derecho, Universidad de los Andes, Santiago de Chile 2012 (Versión mimeografiada), p. 213.

1626 Véase la sentencia del caso *La Masacre de las Dos Erres vs. Guatemala* de 24 de noviembre de 2009 C211/2009 (Párr. 107) en http://www.corteidh.or.cr/docs/ca-sos/articulos/seriec_211_esp.pdf

1627 Véase sobre el control de convencionalidad lo que hemos expuesto en el libro: Allan R. Brewer-Carías y Jaime Orlando Santofimio, *Control de Convencionalidad y Responsabilidad del Estado*, Universidad Externado de Colombia, Bogotá, 2013. Véase además, Ernesto Rey Cantor, *Control de Convencionalidad de las Leyes y Derechos Humanos*, México, Editorial Porrúa-Instituto Mexicano de Derecho Procesal Constitucional, 2008; Juan Carlos Hitters, "Control de constitucionalidad y control de convenciona-

relación con los actos y decisiones de los Estados para asegurar el derecho de amparo para la protección de los derechos humanos, con el objeto de superar las restricciones nacionales a la institución del amparo que todavía persisten en muchos países. Así se deriva por ejemplo, de lo que la Corte Interamericana consideró como "el sentido de la protección otorgada por el artículo 25 de la Convención" consistente en:

> "la posibilidad real de acceder a un recurso judicial para que la autoridad competente y capaz de emitir una decisión vinculante determine si ha habido o no una violación a algún derecho que la persona que reclama estima tener y que, en caso de ser encontrada una violación, el recurso sea útil para restituir al interesado en el goce de su derecho y repararlo."[1628]

Por ello hemos sostenido que de dicha norma de la Convención, al consagrar el "derecho de amparo," no permite que se puedan establecer restricciones al mismo, lo que es particularmente importante cuando se trata de regular en el ámbito interno una "acción de amparo" para precisamente asegurar la protección de los derechos humanos, de cuyo ámbito, por tanto, no pueden quedar excluidos de protección determinados derechos, ni pueden determinados actos estatales quedar excluidos de control, ni pueden quedar personas que no estén protegidas, ni pueden quedar agraviantes que no puedan ser juzgados por sus violaciones mediante el recurso sencillo rápido y eficaz. Otra cosa, por supuesto, es que la regulación que exista en el derecho interno sobre el proceso de amparo, cuando se establece con una amplitud inusitada, convierta a la institución llamada a proteger los derechos humanos en una técnica procesal que en la práctica impida asegurar la protección efectiva, sencilla y rápida de los derechos.

Debe destacarse que la Corte Interamericana, en este aspecto, ha ejercido un importante control de convencionalidad en la sentencia del caso de *La Masacre de las Dos Erres vs. Guatemala* de 24 de noviembre de 2009, en la cual, a pesar de que estimó que en Guatemala el recurso de amparo era "adecuado para tutelar los derechos humanos de los individuos,"[1629] observó sin embargo, que su "uso indebido," su "estructura actual" y las "disposiciones que lo regulaban," aunado a "la falta de debida diligencia y la tolerancia por parte de los tribunales al momento de tramitarlo, así como la falta de tutela judicial efectiva, han permitido el uso abusivo del am-

---

lidad. Comparación," en *Estudios Constitucionales*, Centro de Estudios Constitucionales de Chile, Universidad de Talca, Año 7, Nº 2, 2009, pp. 109-128; Susana Albanese (Coordinadora), El control de convencionalidad, Buenos Aireas, Ed. Ediar, 2008; Eduardo Ferrer Mac-Gregor, "El control difuso de convencionalidad en el Estado constitucional", en Fix-Zamudio, Héctor, y Valadés, Diego (Coordinadores), *Formación y perspectiva del Estado mexicano,* México, El Colegio Nacional-UNAM, 2010, pp. 151-188; Eduardo Ferrer Mac-Gregor, "Interpretación conforme y control difuso de convencionalidad el nuevo paradigma para el juez mexicano," en *Derechos Humanos: Un nuevo modelo constitucional*, México, UNAM-IIJ, 2011, pp. 339-429; Carlos Ayala Corao, *Del diálogo jurisprudencial al control de convencionalidad*, Editorial Jurídica Venezolana, Caracas 2013, pp. 123 ss.

1628 Véase la sentencia en el caso *Jorge Castañeda Gutman vs. México* de 6 de agosto de 2008 (Párr. 100) en http://www.corteidh.or.cr/docs/casos/articulos/se-riec_184_esp.pdf.

1629 Véase la sentencia del caso *La Masacre de las Dos Erres vs. Guatemala* de 24 de noviembre de 2009 C211/2009 (Párr. 121) en http://www.corteidh.or.cr/docs/ca-sos/articulos/se-riec_211_esp.pdf.

paro como práctica dilatoria en el proceso,"[1630] de manera que "su uso indebido ha impedido su verdadera efectividad, al no haber permitido que produzca el resultado para el cual fue concebido."[1631] La Corte, en dicho caso, constató además, que si bien al momento de dictar la sentencia el Estado había informado que estaba en curso de discusión una reforma a la Ley de Amparo, consideró que "aún no han sido removidos los obstáculos para que el amparo cumpla con los objetivos para los cuales ha sido creado."[1632] De lo anterior, la Corte Interamericana concluyó su control de convencionalidad indicando que:

> "De acuerdo a lo expuesto la Corte considera que, en el marco de la legislación vigente en Guatemala, en el presente caso el recurso de amparo se ha transformado en un medio para dilatar y entorpecer el proceso judicial y en un factor para la impunidad. En consecuencia, este Tribunal considera que en el presente caso el Estado violó los derechos a las garantías judiciales y a la protección judicial, que configuran el acceso a la justicia de las víctimas, reconocidos en los artículos 8.1 y 25.1 de la Convención, e incumplió con las disposiciones contenidas en los artículos 1.1 y 2 de la misma." [1633] (Párr. 124)

En consecuencia, no sólo la deficiente regulación del amparo cuando es restrictiva, sino también cuando es excesivamente permisiva pueden hacer inefectiva, complicada y lenta la protección judicial, de lo cual en este caso de *La Masacre de las Dos Erres vs. Guatemala* la Corte consideró que en Guatemala el Estado también tenía el deber general de "adecuar su derecho interno a las disposiciones de la Convención Americana para garantizar los derechos en ella consagrados," considerando que precisamente en materia del recurso de amparo, "la expedición de normas y el desarrollo de prácticas conducentes a la efectiva observancia de dichas garantías"[1634] de manera que en el caso, incluso, las partes habían "coincidido en considerar abusivo el uso del recurso de amparo como práctica dilatoria."[1635]

Pero regular adjetivamente la acción de amparo para hacerla real y efectivamente un medio rápido y sencillo de protección judicial de los derechos humanos, tarea que corresponde a los Estados en el marco de la regulación del artículo 25.1 de la Convención Americana, no puede conducir a restringir o limitar los aspectos sustantivos del instrumento de protección. Por ello no compartimos la expresión utilizada por la Corte Interamericana en otra sentencia dictada en el caso *Jorge Castañeda Gutman vs. México* de 6 de agosto de 2008, al aceptar que los Estados pueden establecer límites a la admisibilidad del "recurso de amparo," y estimar "que no es en si

---

1630 *Ídem*. Párr. 120

1631 *Ídem*, Párr. 121

1632 *Ídem*. Párr. 123

1633 *Ídem*. Párr. 124

1634 *Ídem*. Párr. 122

1635 *Ídem*. Párr. 122

mismo incompatible con la Convención que un Estado limite el recurso de amparo a algunas materias."[1636]

Ante todo, debe observarse que excluir del recurso de amparo en "algunas materias" no puede considerarse como un tema de "admisibilidad," pues no es un tema adjetivo. Excluir el derecho de amparo, por ejemplo, la protección de un derecho o el control de determinados actos estadales, son aspectos sustantivos que no admiten exclusión conforme al artículo 25.1 de la Convención Americana. Otra cosa distinta es la legitimidad que puedan tener los Estados para establecer condiciones adjetivas de admisibilidad de las acciones judiciales. Como lo ha dicho la Corte Interamericana en el caso *Trabajadores Cesados del Congreso (Aguado Alfaro y otros) v. Perú* de 24 de noviembre de 2006, en el orden interno de los Estados, "pueden y deben establecerse presupuestos y criterios de admisibilidad de los recursos internos, de carácter judicial o de cualquier otra índole." [1637] Sin embargo, ello no puede nunca significar la negación del propio derecho a la protección judicial o específicamente al amparo respecto de determinados derechos humanos o actos estatales que los violen.

En todo caso, la afirmación de la Corte Interamericana, aún cuando se refiera a límites a un "recurso de amparo," por ser formulada en relación con una norma de la Convención que lo que regula es el "derecho de amparo," la consideramos esencialmente contraria a la Convención; lo que por otro lado se confirma con la "aclaratoria" que la misma Corte hizo en la misma sentencia, a renglón seguido de esa frase, indicando que la restricción que se pudiera establecer por los Estados no sería incompatible con la Convención "siempre y cuando provea otro recurso de similar naturaleza e igual alcance para aquellos derechos humanos que no sean de conocimiento de la autoridad judicial por medio del amparo."[1638] Ello, lo que confirma es que no es posible restringir el derecho de amparo, pues si no está garantizado en las normas procesales que regulan una específica "acción de amparo" debe estar garantizado en otras normas adjetivas relativas a otros recursos, los cuales, si son "de similar naturaleza e igual alcance," son medios judiciales de amparo.

La aclaratoria de la Corte, en todo caso, a lo que obliga, al realizar el control de convencionalidad, al igual que obliga a los jueces y tribunales nacionales, es a que tienen que hacer el escrutinio de todo el orden procesal para determinar si restringida en la ley nacional la admisibilidad de una específica "acción de amparo," en el ordenamiento procesal del Estado se establece "otro recurso de similar naturaleza e igual alcance" para la protección del derecho, es decir, otro medio judicial de amparo como vía procesal idónea y efectiva para enervar las lesiones constitucionales. Por ello, precisamente, en el caso *Jorge Castañeda Gutman vs. México* de 6 de agosto de 2008, la Corte interamericana concluyó, por ejemplo, que para la protec-

1636 Véase sentencia en el caso *Jorge Castañeda Gutman vs. México* de 6 de agosto de 2008 (Párr. 92) en http://www.corteidh.or.cr/docs/casos/articulos/seriec_184_esp.pdf

1637 Véase sentencia en el caso *Trabajadores Cesados del Congreso (Aguado Alfaro y otros) vs. Perú* de 24 de noviembre de 2006, Serie C Nº 158, (Párr. 126), en http://www.corteidh.or.cr/docs/casos/articulos/seriec_158_esp.pdf .

1638 Véase sentencia en el caso *Jorge Castañeda Gutman vs. México* de 6 de agosto de 2008 (Párr. 92) en http://www.corteidh.or.cr/docs/casos/articulos/seriec_184_esp.pdf.

ción del derecho político a ser electo, "dado que el recurso de amparo no resulta procedente en materia electoral," no habiendo en México otro recurso efectivo para la protección, consideró que el Estado no ofreció a la víctima "un recurso idóneo para reclamar la alegada violación de su derecho político a ser elegido, y por tanto violó el artículo 25 de la CADH, en relación con el art. 1.1 del mismo instrumento."[1639]

Le faltó a la Corte Interamericana en esta sentencia, sin embargo, completar el control de convencionalidad y ordenarle al Estado mexicano la reforma de la Ley de Amparo para que en ausencia de ese inexistente "otro recurso idóneo de protección" de los derechos electorales, procediera a eliminar la restricción de admisibilidad de la acción de amparo contra decisiones de autoridades en materia electoral. En esta materia la Corte Interamericana, en realidad, se limitó a recordar que "La obligación contenida en el artículo 2 de la Convención reconoce una norma consuetudinaria que prescribe que, cuando un Estado ha celebrado un convenio internacional, debe introducir en su derecho interno las modificaciones necesarias para asegurar la ejecución de las obligaciones internacionales asumidas."[1640] Pero, sin embargo, se abstuvo en realidad de ejercer el control de convencionalidad.

Ahora bien, considerando entonces que el artículo 25 de la Convención Americana sobre Derechos Humanos, cuya redacción y lenguaje sigue los del Pacto Internacional de los Derechos Civiles y Políticos,[1641] establece un derecho de amparo de los derechos humanos, sea mediante una acción de amparo o mediante otro recurso sencillo, idóneo, rápido y eficaz para la protección de los mismos, es posible derivar de dicho artículo los contornos fundamentales que debe tener la institución de la acción de amparo, de tutela o de protección de los derechos fundamentales en los derechos internos, cuyo sentido[1642] se puede conformar por los siguientes elementos:

En *primer* lugar, la Convención Americana concibe al amparo como un derecho fundamental[1643] en sí mismo y no sólo como una garantía adjetiva, en una concepción que, sin embargo, no se ha seguido generalmente en América Latina. En reali-

---

1639 *Ídem,* Par 131

1640 *Ídem*, Párr. 132

1641 Véase Allan R. Brewer-Carías, "El derecho al debido proceso y el derecho de amparo en el proyecto de Constitución Europea", en Juan Pérez Royo, Joaquín Pablo Urías Martínez, Manuel Carrasco Durán, Editores), en *Derecho Constitucional para el Siglo XXI. Actas del Congreso Iberoamericano de Derecho Constitucional,* Tomo I, Thomson-Aranzadi, Madrid 2006, pp. 2151-2162.

1642 Véase Allan R. Brewer-Carías, *Mecanismos nacionales de protección de los derechos humanos (Garantías judiciales de los derechos humanos en el derecho constitucional comparado latinoamericano),* Instituto Interamericano de Derechos Humanos (IIDH), Costa Rica, San José 2005; *Constitutional Protection of Human Rights in Latin America. A Comparative Study of the Amparo Proceedings*, Cambridge University Press, New York, 2008; "El amparo en América Latina: La universalización del régimen de la Convención Americana sobre los Derechos Humanos y la necesidad de superar las restricciones nacionales", en *Ética y Jurisprudencia*, 1/2003, Enero-Diciembre, Universidad Valle del Momboy, Facultad de Ciencias Jurídicas y Políticas, Centro de Estudios Jurídicos "Cristóbal Mendoza", Valera, Estado Trujillo, 2004, pp. 9-34.

1643 Véase en general, Héctor Fix-Zamudio, Ensayos sobre el derecho de amparo, Porrúa, México 2003; y Héctor Fix-Zamudio and Eduardo Ferrer Mac-Gregor (Coordinadores), *El derecho de amparo en el mundo*, Porrúa, México 2006.

dad sólo en Venezuela el amparo ha sido concebido en la Constitución como un derecho humano, más que como una sola garantía adjetiva.[1644] Se indica en la Convención, en efecto, que toda persona "tiene derecho" a un recurso, lo que no significa que solamente tenga derecho a una específica garantía adjetiva que se concretiza en un solo recurso o en una acción de amparo, de tutela o de protección específica. El derecho se ha concebido más amplio, como derecho a la protección constitucional de los derechos o al amparo de los mismos. Por eso, en realidad, estamos en presencia de un derecho fundamental de rango internacional y constitucional de las personas, a tener a su disposición medios judiciales efectivos, idóneos, rápidos y eficaces de protección. Y uno de ellos, es precisamente la acción de amparo, de tutela o de protección

Por ello, en *segundo* lugar, los mecanismos judiciales de protección de los derechos humanos a los que se refiere la Convención Americana pueden ser variados, y lo que deben ser es efectivos, idóneos, rápidos y sencillos. Pueden ser de cualquier clase, a través de cualquier medio judicial y no necesariamente una sola y única acción de protección o de amparo. Es decir, la Convención no necesariamente se refiere a un solo medio adjetivo de protección, sino que puede y debe tratarse de un conjunto de medios de protección, lo que puede implicar, incluso, la posibilidad de utilizar los medios judiciales ordinarios cuando sean efectivos como recursos rápidos y sencillos de protección.

En *tercer* lugar, debe destacarse que la Convención regula un derecho que se le debe garantizar a "toda persona" sin distingo de ningún tipo, por lo que en el derecho interno corresponde a las personas naturales y jurídicas o morales; nacionales y extranjeras; hábiles y no hábiles; de derecho público y derecho privado. Es decir, corresponde a toda persona en el sentido más universal.

En *cuarto* lugar, la Convención señala que el medio judicial de protección o amparo puede interponerse ante los tribunales competentes, de manera que no se trata de un solo y único tribunal competente, sino de una función que esencialmente corresponde al Poder Judicial o a los órganos que ejercen la Jurisdicción Constitucional aún ubicados fuera del Poder Judicial.

En *quinto* lugar, conforme a la Convención, este derecho a un medio efectivo de protección ante los tribunales se establece para la protección de todos los derechos humanos que estén en la Constitución, en la ley, en la propia Convención Americana o que sin estar en texto expreso, sean inherentes a la persona humana, por lo que también son protegibles aquellos establecidos en los instrumentos internacionales. Por ello, aquí adquieren todo su valor las cláusulas enunciativas de los derechos, que los protegen aún cuando no estén enumerados en los textos, pero que siendo in-

---

1644 Véase Allan R. Brewer-Carías, "El derecho de amparo y la acción de amparo", en *Revista de Derecho Público*, N° 22, Editorial Jurídica Venezolana, Caracas, abril-junio 1985, pp. 51-61; e *Instituciones Políticas y Constitucionales*, Vol. V, Derecho y Acción de Amparo, Universidad Católica del Táchira - Editorial Jurídica Venezolana, Caracas - San Cristóbal 1998. Véase además, Héctor Fix Zamudio, "La teoría de Allan R. Brewer-Carías sobre el derecho de amparo latinoamericano y el juicio de amparo mexicano," en *El derecho público a comienzos del Siglo XXI. Estudios en homenaje al profesor Allan R. Brewer-Carías*, Ed. Civitas, Universidad Central de Venezuela, Madrid 2003, Tomo I, pp. 1125-1163.

herentes al ser humano y a su dignidad, deban ser objeto de protección constitucional. La garantía del artículo 25.1 de la Convención, en todo caso, en el derecho interno, se refiere a la protección de los derechos constitucionales sin que quepa distinguir en estos, unos que sean "fundamentales" y otros que no lo son. La expresión "derechos fundamentales" en el artículo 25.1 de la Convención, en el ámbito interno, equivale a derechos constitucionales, o que integran el bloque de constitucionalidad.

En *sexto* lugar, la protección que regula la Convención es contra cualquier acto, omisión, hecho o actuación de cualquier funcionario, autoridad, órgano, ente o entidad estatal que viole los derechos y, por supuesto, también, que amenace violarlos, porque no hay que esperar que la violación se produzca para poder acudir al medio judicial de protección. Es decir, este medio de protección tiene que poder existir antes de que la violación se produzca, frente a la amenaza efectiva de la violación y, por supuesto, frente a toda violación o amenaza de violación que provenga del Estado y de sus autoridades. Es decir, no puede ni debe haber acto ni actuación pública alguna excluida del amparo, en cualquier forma, sea una ley, un acto administrativo, una sentencia, una vía de hecho, una actuación o una omisión.

Y en *séptimo* lugar, la protección que consagra la Convención es también contra cualquier acto, omisión, hecho o actuación de cualquier persona jurídica o natural, es decir, también, la de los individuos, instituciones, entidades o empresas de cualquier naturaleza, que violen o amenacen violar los derechos fundamentales.

Este es, en realidad, en nuestro criterio, el parámetro que establece la Convención Americana sobre el derecho de amparo, y es ese el que debería prevalecer en los derechos internos de los países cuando se establece la acción o recurso de amparo, como es el caso de Venezuela, a pesar de haber denunciado la Convención. En otros países de América Latina, en cambio, aún queda por realizar un importante esfuerzo de adaptación para superar el cuadro de restricciones constitucionales o legislativas que en algunos aspectos ha sufrido la institución del amparo; que teniendo una concepción tan amplia en el texto de la Convención Americana, en muchos casos ha sido restringida.

Por lo demás, no hay que olvidar que en la mayoría de los países latinoamericanos la Convención tiene rango constitucional o rango supra legal, e incluso, en algunos tiene rango supra constitucional[1645], lo que implica la necesidad jurídica de que la legislación interna se adapte a la misma. Además, la amplitud de la regulación de

1645 En relación a la clasificación de los sistemas constitucionales de acuerdo con el rango de los tratados internacionales, véase Rodolfo E. Piza R., *Derecho internacional de los derechos humanos: La Convención Americana*, San José 1989; Carlos Ayala Corao, "La jerarquía de los instrumentos internacionales sobre derechos humanos", en *El nuevo derecho constitucional latinoamericano*, IV Congreso venezolano de Derecho constitucional, Vol. II, Caracas, 1996 y *La jerarquía constitucional de los tratados sobre derechos humanos y sus consecuencias*, México, 2003; Florentín Meléndez, *Instrumentos internacionales sobre derechos humanos aplicables a la administración de justicia. Estudio constitucional comparado*, Cámara de Diputados, México 2004, pp. 26 ss.; y Humberto Henderson, "Los tratados internacionales de derechos humanos en el orden interno: la importancia del principio *pro homine*", en *Revista IIDH, Instituto Interamericano de Derechos Humanos*, N° 39, San José 2004, pp. 71 y ss. Véase también, Allan R. Brewer-Carías, *Mecanismos nacionales de protección de los derechos humanos, Instituto Internacional de Derechos Humanos*, San José, 2004, pp. 62 ss.

la Convención Americana sobre Derechos humanos, así como el proceso de constitucionalización de sus regulaciones que ha ocurrido en América Latina, plantean tanto a la propia Corte Interamericana como a los jueces y tribunales nacionales, en ejercicio del control de convencionalidad y en ausencia de reformas legales, el reto de procurar adaptar las previsiones de la legislación interna a las exigencias de la Convención, cuyo contenido constituye, en definitiva, un estándar mínimo común para todos los Estados.

4. *El contraste entre la universalidad del amparo en la Convención Americana y las regulaciones legales en los diversos países latinoamericanos*

Lo anterior implica, si nos adentramos en las regulaciones de derecho interno de muchos de nuestros países, la necesidad, por ejemplo, de que se amplíe la protección constitucional de manera que la pueda acordar cualquier juez o tribunal y no sólo un Tribunal Constitucional o Sala Constitucional del Tribunal Supremo; mediante el ejercicio de todas las vías judiciales y no sólo a través de un sólo recurso o acción de amparo como sucede en la gran mayoría de los países; en relación con todas las personas y para la protección de absolutamente todos los derechos constitucionales, y no sólo algunos; y contra todo acto u omisión provenga de quién provenga, incluyendo de particulares, superando las restricciones que en este aspecto existen en muchos de nuestros países.

El reto del control de convencionalidad en esta materia de amparo, en particular, se plantea, en particular en los siguientes aspectos en los cuales la Convención no establece distinción alguna, y que a pesar de que Venezuela se adapta a los principios derivados de la Convención, para reafirmar el alcance de la institución de nuestro derecho de amparo, aquí queremos analizar: en *primer lugar*, el tema del ámbito del derecho de amparo en los países latinoamericanos, en el sentido de asegurar que todos los derechos constitucionales o que integren el bloque de constitucionalidad encuentren protección; en *segundo lugar*, el tema del universo de las personas protegidas, de manera que el derecho de amparo proteja a toda persona agraviada en sus derechos humanos; en *tercer lugar*, el tema del universo de los agraviantes, es decir, de las personas que causen la violación, de manera de asegurar que el derecho de amparo se pueda ejercer en contra de todos los agraviantes, así sean particulares; en *cuarto lugar*, el tema del control de los actos lesivos de los derechos, de manera de amparar o asegurar la protección de los derechos contra todo acto lesivo de los mismos, cualquiera sea su naturaleza, incluyendo todos los actos lesivos estatales.

A. *El derecho de amparo frente a todos los actos estatales*

Ahora bien, limitándonos a considerar ahora la protección judicial vía amparo contra los actos u omisiones de las autoridades públicas, uno de los aspectos que genera uno de los grandes retos para el control de convencionalidad en relación con el artículo 25.1 de la Convención Americana es asegurar que el derecho de amparo se pueda ejercer para la protección de los derechos establecidos en la Convención y en las Constituciones, contra todo acto u omisión lesivo de los mismos, cualquiera sea su naturaleza, materia en la cual la Convención no establece distinción alguna.

En efecto, en virtud de que originalmente la acción de amparo se estableció y desarrolló para la defensa de los derechos constitucionales frente a violaciones infringidas por el Estado y las autoridades, la parte agraviante más comúnmente regulada en las leyes relativas a amparo en Latinoamérica ha sido, desde luego, las autoridades públicas o los funcionarios públicos cuando sus actos u omisiones (sean legislativos, ejecutivos o judiciales) violen a amenacen violar los derechos. Por ello, la Convención Americana sobre de Derechos Humanos por ejemplo, al regular el amparo, como protección judicial, le da una configuración universal de manera que no indica acto alguno del Estado que escape del ámbito del amparo. Si el amparo es un medio judicial de protección de los derechos fundamentales constitucionales, ello es y tiene que serlo frente a cualquier acción de cualquier ente público o funcionario público; por lo que no se concibe que frente a esta característica universal del amparo, pueda haber determinadas actividades del Estado que puedan quedar excluidas del ámbito de la protección constitucional. Es decir, conforme a la Convención Americana, todos los actos, vías de hecho y omisiones de las autoridades públicas pueden ser objeto de la acción de amparo, cuando mediante ellos se violen o amenacen derechos constitucionales, sea que emanen de autoridades legislativas, ejecutivas o judiciales.

Es en este sentido que, por ejemplo, la Ley de Amparo de Guatemala dispone el principio general de universalidad indicando que "no hay ámbito que no sea susceptible de amparo" siendo admisible contra cualesquiera "actos, resoluciones, disposiciones o leyes de autoridad [que] lleven implícitos una amenaza, restricción o violación a los derechos que la Constitución y las leyes garantizan." (art. 8).

Estos son en general los mismos términos utilizados en la Ley Orgánica de Amparo de Venezuela la cual establece que la acción de amparo puede ser intentada contra amenazas o violaciones de derechos y garantías constitucionales infligidas "por hechos, actos u omisiones de los órganos, entes y misiones que ejercen el Poder Público; así como de las organizaciones del Poder Popular, personas naturales y jurídicas o grupos u organizaciones de cualquier naturaleza" (art.2); lo que significa que la tutela constitucional puede ser incoada contra cualquier acción pública, es decir, cualquier acto formal del Estado, sus órganos, entidades o instituciones o cualquier actividad o vías de hecho; así como contra cualquier omisión de las entidades públicas. Es por esto también que los tribunales en Venezuela han decidido que "no puede existir ningún acto estatal que no sea susceptible de ser revisado por vía de amparo, entendiendo ésta, no como una forma de control jurisdiccional de la inconstitucionalidad de los actos estatales capaz de declarar su nulidad, sino –como se ha dicho– un remedio de protección de las libertades públicas cuyo objeto es restablecer su goce y disfrute, cuando alguna persona natural o jurídica, o grupo u organizaciones privadas, amenace vulnerarlas o las vulneren efectivamente" admitiendo, por lo tanto, que el recurso constitucional de amparo puede ser intentado aun contra actos excluidos del control constitucional cuando un daño o violación de derechos o garantías constitucionales haya sido alegado. [1646]

1646 Véase sentencia de la antigua Corte Suprema de Justicia del 31 de enero de 1.991, caso *Anselmo Natale*, en *Revista de Derecho Público*, Nº 45, Editorial Jurídica Venezolana, Caracas 1991, p. 118; sentencia de la Corte Primera de lo Contencioso Administrativo de 18 de junio de 1992, en *Revista de Derecho Público*, Nº 46, Editorial Jurídica Venezolana, Caracas 1991, p. 125. De acuerdo con las cortes venezolanas, este carácter universal del amparo respecto de los actos u omisiones de las autoridades públicas implica que La lectura del artículo 2 de la Ley Orgánica de Amparo evidencia que no hay prácticamente ningún tipo de conducta, independientemente de su naturaleza o carácter, así como de los sujetos de los

No obstante este principio general de universalidad del amparo, pueden encontrarse una serie de excepciones en muchas leyes de amparo latinoamericanas[1647] en relación con algunos actos particulares y específicos del Estado o actividades que están expresamente excluidas de los procedimientos de amparo, sean de naturaleza legislativa, ejecutiva, administrativa, electoral o judicial, lo cual al ser contrario a la Convención Americana, constituyen un campo propicio para el control de convencionalidad.

B. *Amparo contra actos legislativos*

En efecto, la primera cuestión en esta materia se refiere a la posibilidad de intentar acciones de amparo contra actos u omisiones legislativas cuando causan daños a los derechos constitucionales de las personas. Las violaciones en estos casos pueden ser causadas por leyes o por otras decisiones tomadas, por ejemplo, por comisiones parlamentarias.

a. *El amparo contra decisiones de cuerpos parlamentarios y sus comisiones*

En relación con actos de los Congresos o Asambleas y de las comisiones parlamentarias (incluyendo los consejos legislativos regionales o municipales) cuando

---

cuales provenga, del cual pueda predicarse que está excluido *per se* de su revisión por los jueces de amparo, a los efectos de determinar si vulnera o no algún derecho o garantía constitucional"; Decisión de la Corte Primera de lo Contencioso-Administrativo del 11 de noviembre de 1.993 en *Revista de Derecho Público*, N° 55–56, Editorial Jurídica Venezolana, Caracas, 1993, p. 284. En otra sentencia del 13 de febrero de 1.992, la Corte Primera decidió: "Observa esta Corte que la característica esencial del régimen de amparo, tanto en la concepción constitucional como en su desarrollo legislativo, es su universalidad... por lo cual hace extensiva la protección que por tal medio otorga, a todos los sujetos (personas físicas o morales que se encuentran en el territorio de la nación) así como a todos los derechos constitucionalmente garantizados, e incluso aquéllos que sin estar expresamente previstos en el texto fundamental, son inherentes a la persona humana. Este es el punto de partida para entender el ámbito del amparo constitucional. Los únicos supuestos excluidos de su esfera son aquéllos que expresamente señala el artículo 6 de la Ley Orgánica de Amparo sobre Derechos y Garantías Constitucionales y, desde el punto de vista sustantivo, no hay limitaciones respecto a derechos o garantías específicas." Véase *Revista de Derecho Público*, N° 49, Editorial Jurídica Venezolana, Caracas 1992, pp. 120–121.

1647 Las leyes de amparo en América latina, y a las cuales hacemos referencia en este libro, sólo mencionando el país son: **Argentina:** Ley 16.986. Acción de Amparo, 1966; **Bolivia:** Ley N° 254, Código Procesal Constitucional, 2012; **Brasil:** Lei N° 1.533. Mandado De Segurança, 1951; **Colombia:** Decretos Ley N° 2591, 306 y 1382. Acción de Tutela, 2000; **Costa Rica:** Ley N° 7135. Ley de la Jurisdicción Constitucional, 1989; **Chile:** Auto Acordado de la Corte Suprema de Justicia sobre tramitación del Recurso de Protección de Garantías Constitucionales, 1992- 2007; **Ecuador:** Ley Orgánica de Garantías Constitucionales y Control Constitucional, 2009; **El Salvador:** Ley de Procedimientos Constitucionales, 1960; **Guatemala:** Decreto N° 1-86. Ley de Amparo. Exhibición Personal y Constitucionalidad, 1986; **Honduras:** Ley sobre Justicia Constitucional, 2004; **México:** Ley de Amparo reglamentaria de los artículos 103 y 107 de la Constitución Política de los Estados Unidos Mexicanos, 2012; **Nicaragua:** Ley N° 49. Amparo, 1988 y reformas de 1995; PANAMÁ: Código Judicial, Libro Cuarto: Instituciones de Garantía, 1999; **Paraguay:** Ley N° 1337/88. Código Procesal Civil, Titulo II. El juicio de amparo, 1988; **Perú:** Ley N° 28237. Código Procesal Constitucional, 2005; **República Dominicana:** Ley Orgánica del Tribunal Constitucional y de los Procedimientos Constitucionales, 2011; **Uruguay:** Ley N° 16.011. Acción de Amparo, 1988; **Venezuela:** Ley Orgánica de Amparo sobre Derechos y Garantías Constitucionales, 1988. Véase el texto de dichas leyes en Allan R. Brewer-Carías, *Leyes de Amparo de América Latina*, primera edición: Guadalajara, México 2008; segunda edición: Caracas 2016.

lesionan derechos y garantías constitucionales, en principio, es posible impugnarlos mediante la acción de amparo ante los tribunales competentes.[1648] Esto es expresamente admitido, por ejemplo, en Argentina[1649], Costa Rica[1650] y Venezuela.[1651]

En contraste, en México, el artículo 73, VIII de la Ley de amparo expresamente excluye del recurso de amparo, las resoluciones y declaraciones del Congreso federal y sus Cámaras, así como las de los cuerpos legislativos estadales y sus comisiones respecto de la elección, suspensión o remoción de funcionarios públicos en casos donde las constituciones correspondientes les confieran el poder para resolver el asunto de una manera soberana o discrecional.[1652] Las decisiones tomadas por la Cámara de Diputados o del Senado, en juicios políticos, que sean declaradas inatacables[1653] (Constitución, art. 110) también están excluidas del recurso de amparo. Ello, sin duda, contraría la Convención Americana la cual no excluye acto lesivo alguno para asegurar la protección o amparo de los derechos humanos. Estas exclusiones por tanto, son campo propicio para el ejercicio de convencionalidad tanto por la Corte Interamericana como por los jueces y tribunales nacionales.

b. *El amparo contra las leyes*

Ahora bien, aparte de los actos de las comisiones o cuerpos legislativos, uno de los aspectos más importantes del procedimiento de amparo latinoamericano se refie-

---

1648 En los Estados Unidos, los actos del Concejo Municipal pueden ser impugnados mediante *injunctions*. Véase *Stuab v. City of Baxley*, 355 U.S. 313 (1958), en M. Glenn Abernathy and Barbara A. Perry, *Civil Liberties under the Constitution*, University of South Carolina Press, 1993, pp. 12–13.

1649 En Argentina fue el caso de las interpelaciones parlamentarias desarrolladas en 1.984 en relación con los hechos ocurridos durante el gobierno de facto anterior, en el cual una comisión parlamentaria ordenó allanar la oficina de una firma de abogados y confiscar documentos. En las decisiones de la Corte Suprema de Justicia en el caso Klein en 1.984, sin cuestionar las facultades de las comisiones parlamentarias para hacer pesquisas, se sentenció que ellas no pueden, sin disposiciones legales formales, válidamente restringir los derechos individuales, en particular, allanar el domicilio personal de las personas y decomisar sus documentos personales. En el caso, por tanto, fue decidido que la orden solo podía tomarse basándose en disposiciones legales y no en la sola decisión de las comisiones y, eventualmente, fundados en una orden judicial. Véase los comentarios en la sentencia de Primera Instancia de 1.984 (1ª. InstCrimCorrFed, Juzg Nº 3, 10-9-84, ED 110-653), en Néstor Pedro Sagüés, *Derecho procesal Constitucional*, Vol. 3, *Acción de amparo*, Editorial Astrea Buenos Aires 1988, pp. 95–97; Joaquín Brague Camazano, *La Jurisdicción constitucional de la libertad (Teoría general, Argentina, México, Corte Interamericana de Derechos Humanos)*, Editorial Porrúa, México 2005, p. 98; José Luis Lazzarini, *El juicio de amparo*, Editorial La Ley, Buenos Aires 1987, pp. 216–216.

1650 Véase Rubén Hernández Valle, *Derecho Procesal Constitucional*, Editorial Juricentro, San José 2001, pp. 211–214.

1651 En Venezuela, similarmente, la Corte Suprema, aun reconociendo la existencia de atribuciones exclusivas de los cuerpos legislativos, los cuales de acuerdo con la constitución de 1.961 (art. 159) no estaban sujetos al control jurisdiccional, admitió la protección del amparo contra ellas para la inmediata restauración de los derechos constitucionales lesionados del accionante; y admitió la acción de amparo contra actos legislativos. Sentencia de 31 de enero de 1.991 (caso *Anselmo Natale*). Véase en *Revista de Derecho Público*, Nº 45, Editorial Jurídica Venezolana, Caracas 1991, p. 118.

1652 Véase Richard D. Baker, *Judicial Review in México. A Study of the Amparo Suit*, Texas University Press, Austin 1971, p. 98.

1653 Véase Eduardo Ferrer Mac-Gregor, *La acción constitucional de amparo en México y España. Estudio de derecho comparado*, Editorial Porrúa, México 2002, p. 378.

re a la posibilidad de intentar la acción de amparo contra las leyes. Si bien es cierto que en algunos países está expresamente admitido como es el caso de Guatemala, Honduras y México; en la mayoría de los países latinoamericanos aún está expresamente excluido como es el caso en Argentina, Bolivia, Brasil, Colombia, Chile,[1654] Costa Rica, República Dominicana, Ecuador, El Salvador,[1655] Panamá, Perú, Paraguay, Nicaragua y Uruguay.

Con respecto a los países donde la acción de amparo es admitido contra las leyes, la interposición de la acción, por ejemplo en México, está limitada a solo las leyes de aplicación directa (las que pueden lesionar los derechos constitucionales sin necesidad de ningún otro acto del Estado que la ejecute o aplique), o a los solos actos que aplican la ley en particular, como lo interpretó la antigua Corte Suprema de Justicia en Venezuela. Solamente en Guatemala y Honduras, es que el recurso de amparo es admitido directamente contra las leyes.

En efecto, en México, el artículo 1,I de la Ley de amparo establece que el amparo puede intentarse contra leyes de aplicación directa o leyes auto-aplicables cuando causen un daño directo a las garantías constitucionales del accionante sin requerirse un acto judicial o administrativo adicional para su aplicación.[1656] En tales casos, la acción se intenta directamente contra la ley dando lugar al control de constitucionalidad de la misma. Por ello el amparo contra las leyes en México está considerado como un medio judicial para el control constitucional directo de las mismas (aun cuando la acción no se intente en forma abstracta debido a que el accionante debe haber sido lesionado directamente y sin necesidad de otro acto adicional del Estado para la aplicación de la ley). Por el contrario, cuando la ley, por sí misma, no causa un daño directo y personal al accionante (porque no es de aplicación directa), la acción de amparo es inadmisible al menos que sea intentada contra los actos del Estado que aplican dicha ley a una persona especifica.[1657]

1654 Véase Humberto Nogueira Alcalá, "El derecho de amparo o protección de los derechos humanos, fundamentales o esenciales en Chile: evolución y perspectivas," in Humberto Nogueira Alcalá (Editor), *Acciones constitucionales de amparo y protección: realidad y perspectivas en Chile y América Latina*, Editorial Universidad de Talca, Talca 2000, p. 45.

1655 Véase Edmundo Orellana, *La Justicia Constitucional en Honduras*, Universidad Nacional Autónoma de Honduras, Editorial Universitaria, Tegucigalpa 1993, p. 102, nota 26.

1656 Véase *Garza Flores Hnos., Sucs.* case, 28 S.J. 1208 (1930). Véase la referencia en Richard D. Baker, *Judicial Review in México. A Study of the Amparo Suit*, Texas University Press, Austin 1971, p. 167. En estos casos la acción debe ser intentada dentro de los treinta días siguientes a su ejecución. En dichos casos, los demandados son las instituciones supremas del estado que intervinieron en la redacción de la ley, es decir, el Congreso de la Unión o las legislaturas de los estados que sancionaron la ley, el presidente de la república o estado, gobernadores que ordenaron su ejecución y las secretarías ejecutivas que la sancionaron y ordenaron su promulgación.

1657 Como se dispone expresamente en el artículo 73,VI, el juicio de amparo es inadmisible "contra leyes, tratados y reglamentos que, por su sola vigencia, no causen perjuicio al quejoso, sino que se necesite un acto posterior de aplicación para que se origine tal perjuicio." En estos casos de leyes que no son de aplicación directa, la acción de amparo debe ser interpuesta dentro de los quince días siguientes a la producción del primer acto que las ejecute o aplique. Véase Eduardo Ferrer Mac-Gregor, *La acción constitucional de amparo en México y España. Estudio de derecho comparado*, Editorial Porrúa, México, 2002, p, 387. El principal aspecto a resaltar, desde luego, es la distinción entre leyes que son de aplicación directa de las leyes que no lo son. Siguiendo la doctrina asentada en el caso de Villera de Orellana, María de los Ángeles et al., aquellas son las que obligan inmediatamente y en cuyas disposiciones

En Venezuela, dado el carácter universal del sistema de control de constitucionalidad establecido en la Constitución de 1961 y consolidado en la Constitución de 1.999, debe recordarse que una de las más destacadas innovaciones de la Ley Orgánica de Amparo de 1.988 fue la de haber establecido la acción directa de amparo contra las leyes y otros actos normativos, complementando el sistema general mixto de control constitucional.[1658] Considerábamos que cuando se intentaba directamente la acción contra leyes, el propósito de la disposición legal era asegurar la inaplicabilidad de la ley al caso particular con efectos *inter partes*.[1659]

Sin embargo, a pesar de las disposiciones de la Ley Orgánica de Amparo, lo cierto es que la jurisprudencia de la antigua Corte Suprema rechazó tales acciones imponiendo la necesidad de intentarlas solo contra los actos del Estado dictados para aplicar las leyes y no directamente en contra de las mismas.[1660] La antigua Corte Suprema, en sus decisiones a partir de 1993, aun admitiendo la diferencia que existe entre las leyes de aplicación directa de aquellas que no lo son,[1661] concluyó declarando la imposibilidad de que un acto normativo pueda lesionar directa y efectivamente, por sí mismo, los derechos constitucionales de una persona. El tribunal también consideró que una Ley, a los efectos de la acción de amparo no podría ser una amenaza a derechos constitucionales, en razón de que para intentar una acción de amparo, esta tiene que ser "inminente, posible y realizable", condiciones que se considera no se dan respecto de las leyes.

Ahora bien, en contraste con esta orientación jurisprudencial, que se aparta de la doctrina de la Convención Americana la cual no excluye acto alguno de la protec-

---

las personas a quienes aplica son clara e inequívocamente identificadas, siendo *ipso facto* sujetas a una obligación que implica el cumplimiento de actos no requeridos previamente, resultando en una modificación perjudicial de los derechos de la persona. Suprema Corte de Justicia, 123 S.J. 783 (1955). Véase comentarios en Richard D. Baker, *Judicial Review in México. A Study of the Amparo Suit*, Texas University Press, Austin 1971, p. 168–173.

1658 De acuerdo con el artículo 3 de la ley de amparo, son dos las formas establecidas mediante las cuales puede conducirse una pretensión de amparo ante la corte competente: de una manera autónoma o ejercida en conjunto con la acción popular de inconstitucionalidad de las leyes. En el último caso, la pretensión de amparo está subordinada a la acción principal de control jurisdiccional, permitiendo a la corte solamente la posibilidad de suspender la aplicación de la ley mientras se resuelve la acción por inconstitucionalidad. Véase Allan R. Brewer-Carías, *Instituciones Políticas y Constitucionales*, Vol. V, *Derecho y Acción de Amparo*, Editorial Jurídica Venezolana, Caracas, 1998, pp. 227 ss.

1659 Véase Allan R. Brewer-Carías, *Instituciones Políticas y Constitucionales*, Vol. V, *Derecho y Acción de Amparo*, Editorial Jurídica Venezolana, Caracas, 1998, pp. 224 ss., y "La acción de amparo contra leyes y demás actos normativos en el Derecho venezolano", en *Liber Amicorum. Héctor Fix-Zamudio*, Volumen I, Secretaría de la Corte Interamericana de Derechos Humanos. San José, Costa Rica 1998, pp. 481-501; y Rafael Chavero, *El nuevo régimen del amparo constitucional en Venezuela*, Editorial Sherwood, Caracas 2001, pp. 553 ss.

1660 Véase decisión del 24 de mayo de 1.993, la Sala Político-Administrativa de la Corte Suprema de Justicia, en *Revista de Derecho Público*, N° 55-56, Editorial Jurídica Venezolana, Caracas 1993, pp. 287–288.

1661 Sentenciando que las leyes de aplicación directa imponen, con su promulgación, una inmediata obligación a las personas para quienes se dicta; y, por el contrario, aquellas leyes que no son de aplicación directa requieren de un acto para su aplicación, en cuyos casos su sola promulgación no puede producir una violación constitucional. Véase en *Revista de Derecho. Público*, N° 55-56, Editorial Jurídica Venezolana, Caracas 1993, p. 285

ción o amparo; el amparo contra las leyes está previsto en Guatemala bajo la modalidad directa, estando la Corte de Constitucionalidad facultada "para que se declare en casos concretos que una ley, un reglamento, una resolución o acto de autoridad, no obligan al recurrente por contravenir o restringir cualesquiera de los derechos garantizados por la Constitución o reconocidos por cualquiera otra ley" (Ley de Amparo de Guatemala, art. 10.b). Esta misma facultad judicial, pero solo relativa a los reglamentos del poder ejecutivo, está establecida en Honduras (Ley sobre Justicia Constitucional, art. 41.b). En ambos casos, las sentencias en los procedimientos de amparo tienen el efecto de suspender la aplicación de la ley o reglamento del Ejecutivo respecto del recurrente y, si fuese pertinente, el restablecimiento de la situación jurídica lesionada o la cesación de la medida (Ley de amparo, art. 49,a).[1662]

Aparte de estos casos de México, Guatemala y Honduras, como se ha dicho, en los otros países latinoamericanos el amparo contra las leyes está expresamente excluido, siendo este, sin duda, como se dijo, un campo propicio para el control de convencionalidad.

En efecto, en Argentina, aun contando con la larga tradición del control de constitucionalidad de las leyes mediante la aplicación del método difuso de control, el amparo contra las leyes no se admite.[1663] Sin embargo, si en el ejercicio de una acción de amparo contra actos del estado, se considera inconstitucional la ley en la cual el acto impugnado esté basado, el juez de amparo, mediante el método difuso de control de constitucionalidad, podría decidir acerca de la inaplicabilidad de la ley en ese caso.[1664]

En Brasil, el *mandado de segurança* también está excluido contra las leyes o disposiciones legales cuando éstas no han sido aplicadas a través de actos administrativos.[1665]

En Uruguay, en sentido similar, aun siendo un país con un sistema concentrado de control constitucional, el amparo contra las leyes está excluido en relación con las leyes y actos del Estado de similar rango (Ley N° 16.011, art. 1,c). En Uruguay, en efecto, el único medio para lograr la declaratoria de la inconstitucionalidad de una ley, es mediante el ejercicio de un recurso ante la Corte Suprema, la cual sólo puede decidir sobre la inconstitucionalidad con efectos limitados al caso concreto. En el caso de una acción de amparo donde se plantee la cuestión de inconstituciona-

---

1662 Véase Edmundo Orellana, *La justicia constitucional en Honduras*, Universidad Nacional Autónoma de Honduras, Tegucigalpa 1993, p. 102, nota 26.

1663 Véase José Luis Lazzarini, *El juicio de amparo*, Editorial La Ley, Buenos Aires 1987, p. 214; Néstor Pedro Sagüés, *Derecho procesal Constitucional*, Vol. 3, "Acción de amparo," Editorial Astrea, Buenos Aires, 1988, p. 97.

1664 En este respecto, el artículo 2,d de la Ley de amparo dispuso que la acción de amparo no es admisible "cuando la determinación de la eventual invalidez del acto requiriese [...] la declaración de inconstitucionalidad de leyes [...]". Esto se ha tomado como no vigente porque contradice el artículo 31 de la constitución (ley suprema de la nación). Véase Néstor Pedro Sagüés, *Derecho procesal Constitucional*, Vol. 3, *Acción de amparo*, Editorial Astrea Buenos Aires, 1988, p. 243–258. Adicionalmente, el artículo 43 de la Constitución de 1.994, que ahora rige la acción de amparo, ha expresamente resuelto la situación disponiendo que "En el caso, el juez podrá declarar la inconstitucionalidad de la norma en que se funde el acto u omisión lesiva."

1665 Véase José Luis Lazzarini, *El juicio de amparo*, La Ley, Buenos Aires 1987, pp. 213–214.

lidad de una ley, la decisión del juez competente sólo tendría efectos suspensivos respecto de la aplicación de la ley en relación con el recurrente, quedando sujeta a la decisión de la Corte Suprema en cuanto a la inconstitucionalidad de la ley.[1666] Por su parte, la ley reguladora del amparo en el Paraguay también dispone que cuando para una decisión en un procedimiento de amparo sea necesario determinar la constitucionalidad o inconstitucionalidad de una ley, el tribunal debe enviar los expedientes a la Sala Constitucional de la Corte Suprema a fin de decidir sobre su inconstitucionalidad. Esta incidencia no suspendería el procedimiento en el tribunal inferior, el cual debe continuarlo hasta antes de su decisión (art. 582).

En Costa Rica, la Ley de la Jurisdicción Constitucional también dispone la inadmisibilidad de la acción de amparo contra las leyes o contra otras disposiciones reglamentarias, con la excepción de cuando son impugnadas junto con los actos que las aplican individualmente, o cuando se relacionan con normas de aplicación directa o automática, sin necesidad de otras normas o actuaciones que las desarrollen o hagan aplicables al recurrente (Ley de la Jurisdicción Constitucional, art. 30,a). Sin embargo, en estos casos, el amparo contra una la ley de aplicación directa no es directamente resuelto por la Sala Constitucional, sino que debe ser convertido en una acción de inconstitucionalidad de la ley impugnada.[1667] En dichos casos, el presidente de la Sala Constitucional debe suspender el procedimiento de amparo y dar al recurrente quince días para formalizar una acción directa de inconstitucionalidad contra la ley (Ley de la Jurisdicción Constitucional de Costa Rica, art. 48). Así que solo después que la ley es anulada por la Sala Constitucional, es que la acción de amparo debe ser decidida.

En el Perú, de manera similar a la solución argentina y después de discusiones que surgieron conforme a la legislación anterior,[1668] el Código Procesal Constitucional dispone que cuando se invoque la amenaza o violación de actos que tienen como sustento la aplicación de una norma incompatible con la Constitución, la sentencia que declare fundada la demanda dispondrá, además, la inaplicabilidad de la citada norma (art. 3). En este caso también, para decidir, el tribunal debe utilizar sus facultades de control jurisdiccional a través del método difuso.

También en Colombia, la acción de tutela está excluida respecto de todos los "actos de carácter general, impersonal y abstracto" (art. 6,5); y en Nicaragua, la acción de amparo no es admisible "en contra del proceso de formación de la ley desde la introducción de la correspondiente iniciativa hasta la publicación del texto definitivo (Ley de Amparo, art. 7).

1666 Véase Luis Alberto Viera, *Ley de Amparo*, Ediciones Idea, Montevideo 1993, pp. 23.

1667 Véase Rubén Hernández, *Derecho Procesal Constitucional*, Editorial Juricentro, San José 2001, pp. 45, 208–209, 245, 223.

1668 Particularmente y respecto de las acciones de amparo contra leyes de aplicación directa, Véase Samuel B. Abad Yupanqui, *El proceso constitucional de amparo*, Gaceta Jurídica, Lima 2004, pp. 352-374.

C. *El amparo contra las actuaciones ejecutivas y actos administrativos*

a. *El amparo contra actos del Poder Ejecutivo*

Con respecto a las autoridades del Poder Ejecutivo, el principio general es que la acción de amparo es admisible respecto de los actos administrativos, hechos u omisiones de los órganos e entidades públicas que integran la Administración Pública, en todos sus niveles (nacional, estadal y municipal), incluyendo las entidades descentralizadas, autónomas, independientes y desconcentradas; y en el caso de Venezuela, incluso contra los actos, hechos y omisiones de las entidades del llamado "Poder Popular." La acción de amparo, por supuesto, también procede contra los actos dictados por la cabeza del poder ejecutivo, es decir, por el Presidente de la Republica.

No obstante, en relación con actos administrativos y en general del Poder Ejecutivo, algunas restricciones específicas se han establecido en América Latina, por ejemplo, en México, donde el acto presidencial específico de expulsión de un extranjero del territorio (art. 33) [1669] que no puede ser impugnado por medio de la acción de amparo y, en Uruguay, contra los reglamentos del ejecutivo[1670].

En relación con los actos administrativos, como se dijo antes, todos los países latinoamericanos admiten la posibilidad de la interposición de acciones de amparo contra dichos actos; y, aun en algunos países, como en Venezuela, la Ley Orgánica de Amparo (art. 14) dispone la posibilidad de ejercer el derecho de amparo de dos maneras: mediante los medios procesales ordinarios, que en este caso es el recurso contencioso de anulación; y sólo cuando este se haya agotado o no resulta adecuado para restituir o salvaguardar el derecho lesionado, excepcionalmente en forma autónoma cuando fuere procedente (art. 14).[1671] La diferencia principal entre las dos vías está, primero, en la naturaleza del alegato: en el sentido de que en el segundo caso, la violación alegada respecto del derecho constitucional debe ser una violación directa, inmediata y flagrante; en el primer caso, lo que tiene que ser probado es la existencia de una grave presunción de la violación del derecho constitucional. [1672] Y,

---

1669 Véase Eduardo Ferrer Mac-Gregor, *La acción constitucional de amparo en México y España. Estudio de derecho comparado*, Editorial Porrúa, México 2002, p. 377.

1670 Véase Luis Alberto Viera, *Ley de Amparo*, Ediciones Idea, Montevideo, 1993, p. 99.

1671 Cuando se formula la pretensión de amaro con el medio procesal existente que es el recurso contencioso de anulación, la antigua Corte Suprema de Justicia en sentencia de 10 de julio de 1.991 (caso *Tarjetas Banvenez*), aclaró que en dicho caso, la acción no es una acción principal sino subordinada a la acción principal al que se le ha adjuntado y está sujeta a la decisión final anulatoria de la decisión que tiene que ser dictada en la acción principal. Véase texto en la *Revista de Derecho Público*, N° 47, Editorial Jurídica Venezolana, Caracas, 1991, pp. 169–174 y comentarios en *Revista de Derecho Público*, N° 50, Editorial Jurídica Venezolana, Caracas 1992, pp. 183–184. Es por esto que en estos casos la pretensión del amparo (que debe estar fundamentada en una presunción grave de la violación del derecho constitucional) tiene un carácter preventivo y temporal que consiste en la suspensión de los efectos del acto administrativo impugnado mientras se produce la decisión final en el recurso de nulidad. Este carácter cautelar de la protección del amparo mientras se resuelve la acción está, por tanto, sujeto a la decisión final a ser dictada en el proceso contencioso-administrativo de nulidad contra el acto impugnado. Véase en *Revista de Derecho Público*, N° 47, Editorial Jurídica Venezolana, Caracas 1991, pp. 170–171.

1672 La principal diferencia entre ambos procedimientos según la Corte Suprema de Justicia es que, en el segundo caso del recurso autónomo de amparo contra actos administrativos, el recurrente debe alegar

segundo, hay también una diferencia en cuanto al objetivo general del procedimiento: en el segundo caso, la sentencia pronunciada es una sentencia definitiva de tutela constitucional, de carácter restauradora; en el primer caso, la sentencia sólo tiene carácter cautelar de suspensión de los efectos del acto impugnado, que queda sujeta a la decisión de la causa principal de nulidad.[1673]

De manera similar a la solución venezolana, el artículo 8 de la Ley de tutela colombiana establece la posibilidad de interponer "la tutela como mecanismo transitorio" contra actos administrativos en conjunción con el recurso contencioso-administrativo de nulidad.

b. *La acción de amparo y las cuestiones políticas*

Un tema importante en relación al amparo contra actos del Poder Ejecutivo, es el relacionado con los llamados actos políticos o las llamadas cuestiones políticas, lo cual, sin embargo, en materia de control judicial, en América Latina solo es relevante en Argentina y Perú.

En efecto, de acuerdo con la doctrina que se originó en los Estados Unidos con relación al control jurisdiccional de constitucionalidad, siempre se ha considerado como exentos de control judicial a los actos de naturaleza política, todo ello, en el marco de la "separación de los poderes" y de las relaciones que deben existir "entre la rama judicial y las agencias coordinadas del gobierno federal."[1674] En estos casos se considera que la Corte Suprema ha considerado que la solución de las controversias constitucionales corresponde a las ramas políticas del gobierno, quedando excluidos de control judicial. Esas cuestiones políticas, en general, son las relativas a las relaciones exteriores que impliquen definición de "política general, consideraciones de extrema magnitud y, ciertamente, por entero fuera de la competencia de una corte de justicia."[1675] En todos estos casos, desde luego, aun cuando pueda ela-

---

una violación directa, inmediata y flagrante del derecho constitucional, el cual por sí mismo evidencia la necesidad de la orden de amparo como medio definitivo para restaurar la situación jurídica lesionada. En el primer caso y dada la naturaleza suspensiva de la orden de amparo, la cual solo tiende a detener temporalmente los efectos del acto lesivo hasta que el recurso contencioso-administrativo que confirme o anule dicho acto sea decidido, las violaciones inconstitucionales alegadas de disposiciones constitucionales pueden ser formuladas junto con las violaciones de disposiciones legales, o correspondientes a una ley, que desarrollan disposiciones constitucionales; y porque es un recurso de control constitucional contra actos administrativos que persiguen la nulidad de éstos, pueden también dichos recursos fundamentarse en textos legales. Lo que la corte no puede hacer en estos casos de acciones conjuntas con el fin de suspender los efectos del acto administrativo impugnado, es fundamentar su decisión solamente en las alegadas violaciones de la ley porque esto significaría anticipar la decisión final en el recurso principal (de control constitucional de nulidad). *Ídem*, pp. 171–172.

1673 *Ídem*, p. 172. Véase t. respecto de la nulidad del artículo 22 de la ley orgánica de amparo, la decisión de la anterior Corte Suprema del 21 de mayo de 1.996 en Allan R. Brewer-Carías, *Instituciones Políticas y Constitucionales,* Vol. V, *Derecho y Acción de Amparo*, Editorial Jurídica Venezolana, Caracas 1996, pp. 392 ss.

1674 Véase *Baker v. Carr,* 369 U.S. 186 (1962),en M. Glenn Abernathy and Barbara A. Perry, *Civil Liberties under the Constitution*, Sixth Edition, University of South Carolina Press, 1993, pp. 6–7.

1675 Véase *Ware v. Hylton*, 3 Dallas, 199 (1796). Las decisiones sobre relaciones exteriores por lo tanto y como declaró el magistrado Jackson en *Chicago and Southern Air Lines v. Waterman Steamship Co.* (1948): "Están enteramente confinadas por nuestra constitución a los departamentos políticos del gobierno ... Son decisiones de una naturaleza para la que el poder judicial no tiene aptitudes, facilidades

borarse una lista de "cuestiones políticas" que no sean justiciables, la responsabilidad última en determinarlas corresponde a la Corte Suprema.[1676]

Siguiendo esta doctrina, e igualmente sin ninguna base constitucional expresa, la Corte Suprema en Argentina y el Tribunal Constitucional en Perú[1677] también han desarrollado la misma eximente para el control judicial y para el ejercicio de las acciones de amparo en materias políticas.

La excepción argentina se refiere principalmente a los denominados "actos de gobierno" o "actos políticos" referidos, por ejemplo, a las declaraciones de guerra y de estados de sitio; a las intervenciones del gobierno central en las provincias, a la "conveniencia pública" con fines de expropiación, a la emergencia para aprobar determinados tributos impositivos directos; y a los actos relativos a las relaciones exteriores como son el reconocimiento de nuevos Estados o gobiernos extranjeros, o la expulsión de extranjeros.[1678] Todos estos actos son considerados en Argentina como asuntos de carácter político, que son dictados por los órganos políticos del Estado de acuerdo con las atribuciones que les han sido atribuidas exclusiva y directamente en la Constitución; razón por la cual se los considera fuera del ámbito de la acción de amparo.

En esta materia, también debe mencionarse en argentina, la restricción establecida en la Ley de amparo, al establecer la inadmisibilidad de la acción de amparo contra actos dictados en aplicación expresa de la Ley de Defensa Nacional (Ley N° 16.970, art. 2,b).[1679]

En el Perú, el tema de las cuestiones políticas en cierta forma se consideró en la sentencia de la Corte Interamericana donde se realizó el control de convencionalidad

---

ni responsabilidad y que, desde mucho tiempo, ha sido considerada pertenencia del dominio del poder político, no sujeto a la intromisión o cuestionamiento judicial." *Chicago and Southern Air Lines v. Waterman Steamship Co.*, 333 US 103 (1948), p. 111. Aunque desarrollada principalmente para materias de asuntos exteriores, la Corte Suprema también ha considerado como *cuestiones políticas* determinadas materias relacionadas con el manejo de los asuntos interiores, los cuales son por lo tanto no enjuiciables jurisdiccionalmente; como, por ejemplo, la decisión de si un estado debe tener una forma republicana de gobierno y la cual en Luther v. Borden (1849) fue considerada una "decisión vinculante para cada uno de los departamentos del gobierno y que no podía ser cuestionada en un tribunal judicial." *Luther v. Borden* 48 U.S. (7 Howard), 1, (1849). *Ídem*, pp. 6–7.

1676 Como dijo la corte en *Baker v. Carr* 369 U.S. 186 (1962): "Decidir si una materia ha sido, en cualquier medida, atribuida por la constitución a otra rama del gobierno o si la acción de esa rama excede la autoridad cualquiera que se le haya atribuido -dijo la corte, es en sí mismo un ejercicio delicado de interpretación constitucional y es responsabilidad de esta corte decidirlo como intérprete último de la constitución." *Ídem*, p. 6-7.

1677 Véase Samuel B. Abad Yupanqui, *El proceso constitucional de amparo*, Gaceta Jurídica, Lima 2004, pp. 128 ss.

1678 Para que esta excepción sea aplicada, se ha considerado que el acto impugnado debe en forma clara y exacta basarse en las disposiciones de dicha ley. Véase José Luis Lazzarini, *El juicio de amparo*, La Ley, Buenos Aires 1987, p. 190 ss.; Néstor Pedro Sagüés, *Derecho procesal Constitucional*, Vol. 3, "Acción de amparo," Editorial Astrea, Buenos Aires 1988, pp. 270 ss.; Alí Joaquín Salgado, *Juicio de amparo y acción de inconstitucionalidad*, Astrea, Buenos Aires 1987, p. 23.

1679 Véase caso *Diario El Mundo c/ Gobierno nacional*, CNFed, Sala 1 ContAdm, 30 de abril de 1.974, JA, 23-1974-195. Véanse los comentarios en Néstor Pedro Sagüés, *Derecho procesal Constitucional,* Vol. 3, *Acción de amparo*, Editorial Astrea, Buenos Aires 1988, pp. 212–214.

de la decisión adoptada por el Congreso en el Perú, mediante la cual se removió de sus cargos a los magistrados del Tribunal Constitucional, sin las debidas garantías de protección judicial. En efecto, en el conocido caso *Tribunal Constitucional vs. Perú*, de 31 de enero de 2001, la Corte Interamericana. luego de reiterar su criterio de que para que el Estado cumpla con lo dispuesto en el artículo 25.1 de la Convención, "no basta con que los recursos existan formalmente, sino que los mismos deben tener efectividad, es decir, debe brindarse a la persona la posibilidad real de interponer un recurso que sea sencillo y rápido,"[1680] consideró que "la institución procesal del amparo reúne las características necesarias para la tutela efectiva de los derechos fundamentales, esto es, la de ser sencilla y breve[1681]; pasando luego a explicar que "en lo que concierne al debido proceso legal," los actos del proceso de "destitución de los magistrados del Tribunal Constitucional seguido ante el Congreso, que se hallan sometidos a normas legales que deben ser puntualmente observadas," pueden ser recurribles en amparo, considerando sin embargo que el proceso de amparo "no implica valoración alguna sobre actos de carácter estrictamente político atribuidos por la Constitución al Poder Legislativo."[1682]

La Corte Interamericana en el caso, analizó la decisión que había adoptado el propio Tribunal Constitucional peruano al decidir los recursos de amparo intentado por los magistrados destituidos considerando que "el ejercicio de la potestad de sanción, específicamente la de destitución de altos funcionarios, no puede ser abiertamente evaluada en sede jurisdiccional, pues constituye un acto privativo del Congreso de la República, equivalente a lo que en doctrina se denomina '*Political Questions*' o cuestiones políticas no justiciables;" [1683] destacando sin embargo, que el propio Tribunal había establecido que:

> "tal potestad no es ilimitada o absolutamente discrecional sino que se encuentra sometida a ciertos parámetros, uno de ellos y quizás el principal, el de su ejercicio conforme al principio de razonabilidad, pues no sería lógico ni menos justo, que la imposición de una medida de sanción, se adopte tras una situación de total incertidumbre o carencia de motivación. De allí que cuando existan casos en los que un acto de naturaleza política, como el que se cuestiona en la presente vía de amparo, denote una manifiesta transgresión de dicho principio y por extensión de otros como el del Estado Democrático de Derecho o el Debido Proceso Material, es un hecho inobjetable que este Colegiado sí puede evaluar su coherencia a la luz de la Constitución Política del Estado." [1684]

En el caso, sin embargo, a pesar de que el Tribunal Constitucional estimó posible la revisión judicial de actos vinculados con un juicio político a efecto de evaluar si en aquéllos se había cumplido con las garantías propias del debido proceso legal,

---

1680 Véase la sentencia en el caso *Tribunal Constitucional vs. Perú*, de 31 de enero de 2001 (Párr. 90) en http://www.corteidh.or.cr/docs/casos/articulos/Seriec_71_esp.pdf

1681 *Idem*, Párr. 91

1682 *Idem*, Párr. 94

1683 *Idem*, Párr. 95

1684 *Idem*, Párr. 95

consideró que se habían respetado tales garantías, declarándose el recurso de amparo como infundado [1685] la Corte Interamericana estimó "que el fracaso de los recursos interpuestos contra la decisión del Congreso que destituyó a los magistrados del Tribunal Constitucional" se debió a apreciaciones "no estrictamente jurídicas" afirmando que "la decisión de los amparos en el caso en análisis no se reunieron las exigencias de imparcialidad por parte del Tribunal que conoció los citados amparos" violándose el derecho a la protección judicial, en perjuicio de las víctimas. [1686]

En todos estos casos de exclusión de la acción de amparo respecto de las actuaciones del Poder Ejecutivo que se consideren como cuestiones políticas, sin duda contrarias a los parámetros fijados en el artículo 25.1 de la Convención Americana para el derecho a la protección o amparo judicial, es también campo propicio para el ejercicio del control de convencionalidad.

c. *La acción de amparo y el funcionamiento de los servicios públicos*

Finalmente y en relación con los actos administrativos, también en Argentina la Ley de amparo establece la inadmisibilidad de la acción de amparo en casos en los cuales la intervención judicial comprometa directa o indirectamente "la regularidad, continuidad y eficacia de la prestación de un servicio público, o el desenvolvimiento de actividades esenciales del Estado" (art. 2,c). La misma disposición se establece respecto de la acción de amparo en el Código de Procedimiento Civil de Paraguay (art. 565,c).

Dado la forma de redacción y la utilización de conceptos indeterminados (comprometer, directo, indirecto, regularidad, continuidad, eficacia, prestación, servicio público) y debido al hecho que cualquier actividad administrativa del Estado puede siempre relacionarse con un servicio público,[1687] esta disposición ha sido altamente criticada en Argentina, considerando que con su aplicación materialmente sería difícil que un amparo se decida contra el Estado.[1688] En todo caso la decisión final corresponde a los tribunales y si bien es verdad que en la práctica la excepción no ha sido casi nunca utilizada,[1689] en algunas materias importantes sí se ha alegado.[1690]

1685 *Idem,* Párr. 95

1686 *Idem,* Párrs. 96, 97

1687 *Idem,* pp. 226 ss.

1688 Véase José Luis Lazzarini, *El juicio de amparo,* La Ley, Buenos Aires 1987, p. 231.

1689 *Idem,* p. 233; Néstor Pedro Sagüés, *Derecho procesal Constitucional,* Vol. 3, *Acción de amparo,* Editorial Astrea, Buenos Aires 1988, p. 228.

1690 Pasó, por ejemplo, en las acciones de amparo interpuestas en 1.985 contra la decisión del Banco Central de la República suspendiendo, por algunos meses, el plazo de los pagos de depósitos en moneda extranjera. Aunque algunos tribunales rechazaron las acciones de amparo en el asunto (v. CFed *BBlanca* case, 13 de agosto de 1.985, ED, 116-116, en Alí Joaquín Salgado, *Juicio de amparo y acción de inconstitucionalidad,* Editorial Astrea 1987, p. 51, note 59), en el caso *Peso,* la Cámara Nacional de Apelaciones en lo Contencioso-Administrativo Federal de Buenos Aires decidió rechazar los argumentos que pedían el rechazo de la acción de amparo basados en el concepto de que el caso es uno relativo a un "servicio público", considerando que las actividades del Banco Central no posee los elementos para ser considerado un servicio público como tal. Véase CNFedConAdm, Sala IV, 13 de junio de 1.985, ED, 114-231in Alí Joaquín Salgado, *Juicio de amparo y acción de inconstitucionalidad,* Editorial Astrea 1987, p. 50, nota 56. Algunos años mas tarde y respecto de una decisión similar del Banco Central de

En todo caso, la exclusión de la acción de amparo en los mencionados casos de cuestiones políticas y de afectación de servicios públicos, en nuestro criterio, también resultan contrarias a lo dispuesto en el artículo 25.1 de la Convención Americana para el derecho a la protección o amparo judicial, constituyendo igualmente campo propicio para el ejercicio del control de convencionalidad.

D. *El amparo contra las sentencias y actos judiciales*

En contraste con la admisión general de la acción de amparo contra actos administrativos y en general, contra los actos del Poder Ejecutivo, lo mismo no puede decirse respecto de las decisiones judiciales, las cuales en muchos casos se han excluido del ámbito de la acción de amparo. En otras palabras, si bien la acción de amparo está admitido en muchos países de América Latina contra los actos judiciales, en la mayoría de los países han sido expresamente excluidos y considerados inadmisibles, específicamente cuando las decisiones judiciales son pronunciadas en ejercicio del poder jurisdiccional,[1691] lo que sin duda también se configura como un campo propicio para el control de convencionalidad por contrariar lo dispuesto en el artículo 25.1 de la Convención Americana, el cual no excluye acto estatal lesivo de derechos humanos alguno de la protección judicial.

Respecto de los países que admiten el recurso de amparo para la tutela de los derechos constitucionales contra decisiones judiciales, puede decirse que ello ha sido la tradición en México (el amparo casación);[1692] admitiéndose además, en general, en Guatemala (art. 10,h), Honduras (art. 9,3 y 10,2,a), Panamá (art. 2.615),[1693] Perú y Venezuela.

El principio general en estos casos, según lo dispone el Código Procesal Constitucional peruano, es que el amparo es admitido contra resoluciones judiciales firmes dictadas con manifiesto agravio a la tutela procesal efectiva, que comprende el acceso a la justicia y el debido proceso (art. 4).[1694] En el caso de Venezuela, de manera similar a como estaba establecido en la legislación de Perú antes de la sanción del Código, el artículo 4 de la Ley Orgánica de Amparo dispone que la acción de ampa-

---

Venezuela sobre los impagos de los depósitos en moneda extranjera, en los casos referidos como *Corralito*, no hubo alegato alguno que considerara esas decisiones del Banco Central (que fueron tomadas en un estado nacional de emergencia económica) como actividades correspondientes a un servicio público. En tales casos, las acciones de amparo fueron admitidas y declaradas con lugar, pero con múltiples incidentes judiciales. Véase, por ejemplo, los casos Smith y San Luis, 2002, en Antonio María Hernández, *Las emergencias y el orden constitucional*, Universidad Nacional Autónoma de México, México, 2003, pp. 71 ss., 119 ss. En dichos casos, las leyes y decretos de emergencia económica fueron declarados inconstitucionales.

1691 Por consiguiente, los actos administrativos dictados por los tribunales pueden ser impugnados mediante el amparo. Véase, por ejemplo, en relación con Argentina a Néstor Pedro Sagüés, *Derecho procesal Constitucional*, Vol. 3, *Acción de amparo*, Editorial Astrea, Buenos Aires 1988, pp. 197 ss.

1692 Véase Richard D. Baker, *Judicial Review in México. A Study of the Amparo Suit*, Texas University Press, Austin 1971, p. 98.

1693 En este caso, sin ningún efecto suspensivo. Véase Boris Barrios González, *Derecho Procesal Constitucional*, Editorial Portobelo, Panamá 2.002, p. 159.

1694 Véase Samuel B. Abad Yupanqui, *El proceso constitucional de amparo*, Gaceta Jurídica, Lima 2004, p. 326.

ro procede "cuando un Tribunal de la República, actuando fuera de su competencia, dicte una resolución o sentencia u ordene un acto que lesione un derecho constitucional" (art. 4). En estos casos, la acción de amparo debe interponerse por ante un tribunal superior al que emitió el pronunciamiento, el cual debe decidir en forma breve, sumaria y efectiva.

El caso de Colombia también debe mencionarse, especialmente debido al hecho que el artículo 40 del decreto Nº 2.591 de 1.991 que reguló la acción de tutela apenas sancionada la Constitución, admitió la acción de tutela contra decisiones judiciales, lo que por lo demás, no estaba excluido en la Constitución. Por consiguiente, el Decreto expresamente estableció la posibilidad de intentar la acción de *tutela* contra actos judiciales cuando éstos infligieran daños directos a los derechos fundamentales. En esos casos, la *tutela* debía ser interpuesta *junto con el recurso apropiado*, es decir, el recurso de apelación. No obstante esta admisibilidad establecida por una ley de la tutela contra decisiones judiciales, en 1992 fue declarada inconstitucional por la Corte Constitucional, la cual anuló la norma considerándola contraria al principio de intangibilidad de los efectos de la cosa juzgada.[1695]

En esa forma fue eliminada en Colombia la acción de *tutela* contra las decisiones judiciales, pero no por mucho tiempo. Un año después de la decisión anulatoria de la Corte Constitucional, y luego de numerosas decisiones judiciales, la misma Corte Constitucional readmitió la acción de *tutela* contra las decisiones judiciales cuando constituyeren vías de hecho,[1696] es decir, cuando fuesen pronunciadas como consecuencia de un ejercicio arbitrario de la función judicial, violando los derechos constitucionales del demandante.[1697] De manera que, de acuerdo con esta doctrina, la cual es aplicable a casi todos los casos en que la acción de amparo es incoada contra decisiones judiciales, éstas, para que sean impugnadas por vía de la acción de tutela deben haber sido pronunciadas en violación grave y flagrante de las garantías al debido proceso legal, constituyéndose en una decisión ilegítima o arbitraria sin soporte legal ninguno.

Aparte de los casos antes mencionados, sin embargo, puede decirse que la tendencia general en los países de América Latina, es el rechazo de la acción de amparo contra las decisiones judiciales, como es el caso en Argentina (art. 2,b),[1698] Bolivia

---

1695 Véase Decisión C-543 del 1 de octubre de 1.992 en Manuel José Cepeda Espinosa, *Derecho Constitucional jurisprudencial. Las grandes decisiones de la Corte Constitucional*, Legis, Bogotá 2001, pp. 1009 ss.

1696 Véase Decisión S-231 del 13 de mayo de 1.994, *Idem*, pp. 1022 ss.

1697 Véase Decisión US-1218 del 21 de noviembre de 2.001. Véase en Juan Carlos Esguerra, *La protección constitucional del ciudadano,* Legis, Bogotá 2004, p. 164. Véase Eduardo Cifuentes Muñoz, "Tutela contra sentencias (El caso colombiano)," en Humberto Nogueira Alcalá (Ed.), *Acciones constitucionales de amparo y protección: realidad y perspectivas en Chile y América Latina*, Editorial Universidad de Talca, Talca 2000, pp. 307 ss.

1698 Véase Joaquín Brague Camazano, *La Jurisdicción constitucional de la libertad (Teoría general, Argentina, México, Corte Interamericana de Derechos Humanos)*, Editorial Porrúa, México 2005, p. 98. José Luis Lazzarini, *El juicio de amparo*, Editorial La Ley, Buenos Aires, 1987, pp. 218–223; Alí Joaquín Salgado, *Juicio de amparo y acción de inconstitucionalidad*, Astrea, Buenos Aires 1987, p. 46.

(art. 96,3), Brasil (art. 5,II), Costa Rica (art. 30,b),[1699] Chile,[1700] República Dominicana (art. 3,a),[1701] Ecuador,[1702] Nicaragua (art. 51,b) Paraguay (art. 2,a) y Uruguay (art. 2,a).[1703]

En El Salvador y Honduras la exclusión está limitada a los actos judiciales "puramente civiles, comerciales o laborales, y respecto de sentencias definitivas ejecutoriadas en materia penal." (El Salvador, art. 13; Honduras, art. 46.7). También, en Brasil el *mandado de segurança* está excluido contra decisiones judiciales cuando de acuerdo con las normas procesales, existe contra ellas un recurso judicial o cuando tales decisiones pueden ser modificadas por otros medios (art. 5,II).

El artículo 25.1 de la Convención Americana al garantizar el derecho de amparo o protección judicial lo estableció en forma general contra las violaciones por parte de los órganos del Estado de los derechos humanos, cualquiera que sea la fuente de la violación, amparo contra un específico acto estatal que viole los derechos, como son las sentencias y actos judiciales, sin duda, contraría la Convención, siendo igualmente campo propicio para el ejercicio del control de convencionalidad, por parte de la Corte Interamericana y de los jueces y tribunales nacionales.

Sin embargo, en esta materia, puede decirse que la Corte Interamericana dejó pasar la oportunidad de realizar el control de convencionalidad respecto de la inconvencional negación de la acción de amparo contra decisiones de los órganos judiciales en Ecuador. El tema se planteó específicamente en la sentencia del caso *Acosta Calderón vs. Ecuador* de 24 de junio de 2005, ante el alegato de los representantes de las víctimas de que en Ecuador, aún "con las reformas constitucionales de 1996 y 1998, el ejercicio de la garantía del amparo no se encuentra asegurado en concordancia con la norma del [artículo] 25 de la Convención, pues prohíbe de manera

---

1699 Véase Rubén Hernández Valle, *Derecho Procesal Constitucional*, Editorial Juricentro, San José 2001, pp. 45, 206, 223, 226. El único caso en el cual se ha planteado a nivel internacional la cuestión de la inconvencionalidad del artículo 31.b de la Ley de la Jurisdicción Constitucional costarricense fue declarado inadmisible por la Comisión Interamericana de Derechos Humanos porque el derecho que se había alegado como violado por el Estado no era un derecho establecido en la Convención Americana sino de orden interno (derecho a jubilación de un funcionario público). Véase el Informe 85/98. caso 11.417, *Gilbert Bernard Little vs. Costa Rica*, punto resolutivo 2. Véase la referencia en Anamari Garro, *La improcedencia del recurso de amparo contra las resoluciones y actuaciones jurisdiccionales del Poder Judicial a la luz de la Constitución costarricense y del artículo 25 de la Convención Americana sobre Derechos Humanos*, Tesis para optar al grado de Doctor en Derecho, Universidad de los Andes, Santiago de Chile 2012 (Versión mimeografiada), p. 271, Nota 983.

1700 Véase Juan Manuel Errazuriz G. y Jorge Miguel Otero A., *Aspectos procesales del recurso de protección*, Editorial Jurídica de Chile, Santiago, 1989, p. 103. No obstante, algunos autores consideran que el recurso de tutela es admisible contra decisiones judiciales cuando son pronunciadas en forma arbitraria y en violación de los derechos al debido proceso. Véase Humberto Nogueira Alcalá, "El derecho de amparo o protección de los derechos humanos, fundamentales o esenciales en Chile: evolución y perspectivas," en Humberto Nogueira Alcalá (Editor), *Acciones constitucionales de amparo y protección: realidad y perspectivas en Chile y América Latina*, Editorial Universidad de Talca, Talca 2000, p. 45.

1701 Véase Eduardo Jorge Prats, *Derecho Constitucional*, Vol. II, Gaceta Judicial, Santo Domingo 2005, p. 391.

1702 Véase Hernán Salgado Pesantes, *Manual de Justicia Constitucional Ecuatoriana*, Corporación Editora Nacional, Quito 2004, p. 84.

1703 Véase Luis Alberto Viera, *Ley de Amparo*, Ediciones Idea, Montevideo 1993, pp. 50, 97.

expresa que se interpongan acciones de amparo en contra de las providencias judiciales."[1704] La Corte Interamericana, sin embargo, en lugar de entrar a realizar el control de convencionalidad en este importante aspecto, se limitó a señalar que no se pronunciaba sobre las alegaciones de los representantes pues "dichas reformas no se enmarcan dentro de los presupuestos del presente caso"[1705]

El tema del amparo contra decisiones judiciales, en todo caso, requiere que el amparo esté configurado como un amparo difuso en el sentido de que los tribunales llamados a conocer de las acciones de amparo sean en general los de todo el orden judicial, de manera que el amparo se pueda intentar ante el juez superior a aquél que dicta el acto lesivo, como se regula en la Ley Orgánica de Venezuela (art. 4). En sistemas de amparo concentrado en un solo tribunal, como es el caso de la Sala Constitucional del Tribunal Supremo de Justicia de Costa Rica, que es la que tiene competencia exclusiva para conocer de las acciones de amparo, sería prácticamente imposible implementar el amparo contra decisiones judiciales (en la actualidad excluida en la Ley de la jurisdicción Constitucional), pues de hacerse sin descentralizar el amparo colapsaría completamente la Sala Constitucional.

E. *El amparo contra actos de otros órganos constitucionales*

Aparte de los actos de las ramas legislativa, ejecutiva y judicial, el principio de la separación de los poderes ha dado origen en el derecho constitucional latinoamericano contemporáneo a otros órganos del Estado independientes de dichas clásicas tres ramas del Poder Público. Este es el caso de los cuerpos u órganos electorales encargados de dirigir los procesos electorales; de las oficinas de Defensoría del Pueblo o de los Derechos Humanos; de las entidades fiscalizadoras o Contralorías Generales; y de los Consejos de la Judicatura o de la Magistratura establecidos para la dirección y administración de las cortes y tribunales.

Debido a que dichos órganos emanan actos estatales, los mismos, al igual que sus hechos y omisiones, pueden ser objeto de acciones de amparo cuando violen derechos constitucionales. No obstante, algunas excepciones también han sido establecidas para negar la admisibilidad de acciones de amparo, por ejemplo, contra los cuerpos electorales como sucede en Costa Rica (art. 30.d),[1706] México (art. 73.VII),[1707] Nicaragua (art. 51.5), Panamá (art. 2.615),[1708] y Uruguay (art. 1.b). Esta

---

1704 Véase sentencia del caso *Acosta Calderón vs. Ecuador de 24 de junio de* 2005, Serie C 129 (Párr. 87.f), en http://www.corteidh.or.cr/docs/casos/articulos/se-riec_129_esp1.pdf

1705 *Ídem*. Párr. 98

1706 Véase Rubén Hernández Valle, *Derecho Procesal Constitucional*, Editorial Juricentro, San José 2001, pp. 228–229. Otras materias decididas por el Tribunal Supremo de Elecciones como nacionalidad, capacidad o estado civil son materias sujetas al control jurisdiccional mediante el amparo. Véase José Miguel Villalobos, "El recurso de amparo en Costa Rica," en Humberto Nogueira Alcalá (Editor), *Acciones constitucionales de amparo y protección: realidad y perspectivas en Chile y América Latina*, Editorial Universidad de Talca, Talca 2000, pp. 222–223.

1707 Véase Eduardo Ferrer Mac-Gregor, *La acción constitucional de amparo en México y España. Estudio de derecho comparado*, Editorial Porrúa, México 2002, p. 378; Véase Richard D. Baker, *Judicial Review in México. A Study of the Amparo Suit*, Texas University Press, Austin 1971, pp. 98, 152.

1708 Véase Boris Barrios González, *Derecho Procesal Constitucional*, Editorial Portobelo, Panamá 2002, p. 161.

exclusión, igualmente, es campo propicio para el ejercicio del control de convencionalidad, para adecuar estas normas a la Convención Americana.

Ello por lo demás, fue lo que ocurrió en el Perú, respecto del artículo 5.8 del Código Procesal Constitucional que excluía la acción de amparo contra las decisiones del Juzgado Nacional de Elecciones. Esta norma fue objeto de control de convencionalidad por parte del Tribunal Constitucional el cual la anuló invocando el carácter vinculante de la jurisprudencia de la Corte Interamericana, incluidas sus opiniones consultivas.[1709]

Sin embargo, en el México y en el Perú subsiste otra exclusión respecto de los recursos de amparo cuando se ejerzan contra actos del Consejo de la Magistratura. En el Perú, respecto de los actos mediante los cuales se destituya o ratifique a los jueces (art. 5,7) dictados en forma debidamente motivada y con previa audiencia del interesado.[1710]

En esta materia, en todo caso, debe mencionarse el ejercicio del control de convencionalidad que ejerció la Corte Interamericana respecto de la exclusión del recurso de amparo o protección judicial efectiva contra actos de algunas autoridades electorales en Nicaragua. Se trata del caso *Yatama vs. Nicaragua* de 23 de junio de 2005, en el cual la Corte Interamericana, después de constatar que el Consejo Supremo Electoral de Nicaragua en un proceso electoral de 2000 no había respetado las garantías del debido proceso del partido Yatama al rechazarle la presentación de candidatos a las elecciones, afectando el derecho a la participación política de los candidatos (párr. 160-164), constató que el Estado había violado el derecho a la protección judicial o amparo establecido en el artículo 25.1 por impedirse en el orden interno la recurribilidad de los actos del Consejo Nacional Electoral. La Corte Interamericana consideró, en esencia, que "la inexistencia de recursos internos efectivos coloca a las personas en estado de indefensión" de manera que "la inexistencia de un recurso efectivo contra las violaciones de los derechos reconocidos por la Convención constituye una transgresión de la misma por el Estado Parte,"[1711] para lo cual reiteró su doctrina de que la existencia de la garantía prevista en el artículo 25.1 de la Convención consistente en "la posibilidad real de interponer un recurso," en los términos de dicha norma, "constituye uno de los pilares básicos, no sólo de la

1709 Véase sentencia del Tribunal Constitucional del Perú de 19 de junio de 2007 dictada en el caso *Colegio de Abogados del Callao vs. Congreso de la República*, (00007-2007-PI/TC-19); citada por Carlos Ayala Corao, "El diálogo jurisprudencial entre los Tribunales internacionales de derechos humanos y los Tribunales constitucionales," Boris Barrios González (Coordinador), *Temas de Derecho Procesal Constitucional Latinoamericano*, Memorias I Congreso panameño de Derecho Procesal Constitucional y III Congreso Internacional Proceso y Constitución, Panamá 2012, p. 176. Antes De la anulación, sin embargo, la acción de amparo se admitía si la decisión del *Jurado Nacional de Elecciones* no tenía una naturaleza jurisdiccional o, teniéndola, violaba la efectiva protección judicial (el debido proceso). Véase Samuel B. Abad Yupanqui, *El proceso constitucional de amparo*, Gaceta Jurídica, Lima 2004, pp. 128, 421, 447

1710 Véase Samuel B. Abad Yupanqui, *El proceso constitucional de amparo*, Gaceta Jurídica, Lima 2004, p. 126.

1711 Véase sentencia en el caso *Yatama Vs. Nicaragua* de 23 de Junio de 2005 (Párr. 167, 168), en http://www.corteidh.or.cr/docs/casos/articulos/seriec_127_esp.pdf.

Convención Americana, sino del propio Estado de Derecho en una sociedad democrática en el sentido de la Convención."[1712]

Pasó luego la Corte Interamericana, al analizar la situación en Nicaragua, a constatar que de acuerdo con la Constitución Política, contra los actos del órgano de mayor jerarquía del Poder Electoral, el Consejo Supremo Electoral (artículo 129), "no habrá recurso alguno, ordinario ni extraordinario" (artículo 173.14), lo que recoge la Ley de Amparo al disponer que el recurso de amparo no procede "contra las resoluciones dictadas en materia electoral" (artículo 51.5), admitiéndose sólo conforme a la ley Electoral el recurso de amparo contra las "resoluciones definitivas que en materia de partidos políticos dicte el Consejo Supremo Electoral" (artículo 76).[1713]Por tanto, intentado como fue el caso sometido a su conocimiento un recurso de amparo contra una decisión del Consejo Supremo Electoral, la Sala de lo Constitucional de Nicaragua resolvió declararlo "improcedente *in limine litis* con fundamento en que no tenía competencia para conocer en materia electoral."[1714]

En esta situación la Corte Interamericana comenzó por afirmar que si bien la Constitución de Nicaragua establecía la irrecurribilidad de las resoluciones del Consejo Supremo Electoral en materia electoral, ello no puede significar "que dicho Consejo no deba estar sometido a controles judiciales, como lo están los otros poderes del Estado;" afirmando, con razón, que "las exigencias derivadas del principio de independencia de los poderes del Estado no son incompatibles con la necesidad de consagrar recursos o mecanismos para proteger los derechos humanos."[1715] De manera que, puntualizó la Corte, "independientemente de la regulación que cada Estado haga respecto del órgano supremo electoral, éste debe estar sujeto a algún control jurisdiccional que permita determinar si sus actos han sido adoptados al amparo de los derechos y garantías mínimas previstos en la Convención Americana, así como las establecidos en su propia legislación, lo cual no es incompatible con el respeto a las funciones que son propias de dicho órgano en materia electoral." De la carencia en ese caso, del recurso sencillo y rápido, tomando en cuenta las particularidades del procedimiento electoral, concluyó la Corte "que el Estado violó el derecho a la protección judicial consagrado en el artículo 25.1 de la Convención Americana, en perjuicio de los candidatos propuestos por Yatama para participar en las elecciones municipales de 2000, en relación con los artículos 1.1 y 2 de la misma"[1716]

El control de convencionalidad efectuado por la Corte Interamericana ante la irrecurribilidad mediante la acción de amparo de los actos del Consejo Supremo Electoral, lo que consideró como una violación del artículo 25.1 de la Convención, en relación con los artículos 1.1 y 2 de la misma, condujo a la Corte a requerir del Estado:

1712 *Idem*, Párr. 169

1713 *Idem*, Párr. 171

1714 *Idem*, Párr. 172

1715 *Idem*, Párr. 174

1716 *Idem*, Párr. 175, 176.

"que adopte, dentro de un plazo razonable, las medidas legislativas necesarias para establecer un recurso judicial sencillo, rápido y efectivo que permita controlar las decisiones del Consejo Supremo Electoral que afecten derechos humanos, tales como los derechos políticos, con observancia de las garantías legales y convencionales respectivas, y derogue las normas que impidan la interposición de ese recurso."[1717]

Debe mencionarse que en este aspecto, el juez Alejandro Montiel Argüello en un Voto Disidente de la misma sentencia, materialmente se limitó a constatar que la inconvencional exclusión de los "recursos de amparo en cuestiones electorales" en el ordenamiento jurídico de Nicaragua, ocurría "al igual que lo hacen las legislaciones de muchos otros países y también son muchos los países que al igual que Nicaragua excluyen del recurso de amparo las resoluciones judiciales por considerar que los recursos ordinarios son suficientes para garantizar los derechos humanos."[1718]

Ello, en lugar de legitimar la restricción nicaragüense lo que pone en evidencia es que en esos otros países la normativa también es violatoria de la Convención Americana, debiendo corregirse mediante el control de convencionalidad

De lo anterior resulta que entre todas las instituciones del derecho constitucional de América Latina, el derecho o la acción de amparo[1719] puede considerarse como la más característica de todas, al punto de que bien se la puede calificar como una institución propiamente latinoamericana,[1720] por lo demás, de origen mexicano,[1721] la cual ha incluso influido en su adopción en otras latitudes.[1722]

En la actualidad en los países latinoamericanos el amparo está regulado en expresas normas constitucionales; y en todos, excepto en Chile, el proceso de amparo está regulado en textos legislativos específicos.[1723] Estas leyes, en algunos casos han

1717 *Idem*, Párr. 254

1718 *Idem*, Voto Disidente, Párr. 7

1719 Entre las denominaciones empleadas para la regulación de la institución de amparo en los países de América latina, se destacan las siguientes: *Amparo* (Guatemala), *Juicio de amparo,* (México), *Proceso de amparo* (El Salvador, Perú), *Acción de amparo* (Argentina, República Dominicana, Ecuador, Honduras, Paraguay, Uruguay y Venezuela), *Recurso de amparo* (Bolivia, Costa Rica, Nicaragua, y Panamá), *Acción de tutela* (Colombia), *Recurso de protección* (Chile), *Mandado de segurança* y *mandado de injunçao* (Brasil),

1720 Véase en general lo que hemos expuesto en Allan R. Brewer-Carías, *Constitucional Protection of Human Rights in Latin America. A Comparative Law Study on the Amparo Proceeding*, Cambridge University Press, New York, 2008.

1721 Véase Héctor Fix-Zamudio, *Ensayos sobre el derecho de amparo*, Editorial Porrúa, México 2003; Francisco Fernández Segado, "Los orígenes del control de la constitucionalidad y del juicio de amparo en el constitucionalismo mexicano de la primera mitad del siglo XIX. El impacto del Voto particular de don mariano Otero", en *Revista Iberoamericana de Derecho Procesal Constitucional*, N° 5, Instituto Iberoamericano de Derecho Procesal Constitucional, Ed. Porrúa, México 2006, pp. 67 ss.

1722 La más reciente, por ejemplo en Filipinas, en la resolución de la Corte Suprema de ese país, "The Rule of the Writ of Amparo" dictadas en 2007. Véase Allan R. Brewer-Carías, "The Latin American Amparo Proceeding and the Writ of Amparo in The Philippines," en *City University of Hong Kong Law Review,* Volume 1:1 October 2009, pp 73–90

1723 Véase Allan R. Brewer-Carías, *Leyes de Amparo de América Latina* (Compilación y Estudio Preliminar), Instituto de Administración Pública de Jalisco y sus Municipios, Instituto de Administración Pública del Estado de México, Poder Judicial del Estado de México, Academia de Derecho Constitucio-

sido específicamente sancionadas para regular la "acción de amparo" como sucede en Argentina, Brasil, Colombia, México, Nicaragua, Uruguay. En otros casos, la legislación dictada también contiene regulaciones en relación con otros medios judiciales de protección de la Constitución, como las acciones de inconstitucionalidad y las acciones de habeas corpus y habeas data, como es el caso Bolivia, Guatemala, Perú, Costa Rica, Ecuador, El Salvador, Honduras y República Dominicana, y en cierta forma de Venezuela. Sólo en Panamá y en Paraguay el proceso de amparo está regulado en un Capítulo especial en los respectivos Códigos de Procedimiento Civil o judicial.

Sin embargo, y a pesar de toda esta expansión legislativa y tradición constitucional, en muchos aspectos y en muchos países la institución del amparo, como hemos destacado, no se adapta a los parámetros del derecho humano a la protección judicial para amparar los derechos humanos tal como se recogió en el artículo 25.1 de la Convención Americana sobre derechos Humanos. El amparo, por tanto, siendo tan viejo casi como el mismo constitucionalismo latinoamericano,[1724] todavía requiere de ajustes, los cuales se han venido realizando a nivel continental gracias precisamente al control de convencionalidad desarrollado por la Corte Interamericana de Derechos Humanos y por los jueces y tribunales nacionales en el orden interno con base a ese marco común que ha sido el citado artículo 25 de la Convención.

Hemos analizado la situación de la acción de amparo contra acciones u omisiones lesivas provenientes de autoridades y funcionarios, y si bien en la mayoría de los países se establece como un medio general de protección sin ningún tipo de distinciones como sucede en Bolivia, Colombia, El Salvador, Guatemala, Perú, Nicaragua, Uruguay y Venezuela; en México, se limita la posibilidad de intentarla sólo contra "autoridades responsables" que tengan el poder de decidir, de ejecutar o de imponer decisiones. En otros países se excluye la acción de amparo respecto de ciertas autoridades, como son los cuerpos electorales, tal como sucede en Costa Rica, México, Nicaragua, Panamá, Perú y Uruguay; o el Consejo de la Magistratura, como es el caso de Perú. En cuanto a la acción de amparo ejercida contra autoridades y funcionarios, el tratamiento de los actos estatales que pueden ser objeto de la acción de amparo tampoco es uniforme, en el sentido de que en muchos casos se establecen exclusiones puntuales, lo que también contraría el espíritu de universalidad del amparo. Por ejemplo, en cuanto a actos ejecutivos, en México se excluyen de la acción de amparo ciertos actos presidenciales, y en Uruguay se excluyen los reglamentos ejecutivos; en Argentina y Perú se excluyen de la acción de amparo los actos estatales en los cuales se decidan cuestiones políticas, y en Argentina, además, los actos relativos a la defensa nacional. Igualmente, en Argentina y en Paraguay se excluyen de la acción de amparo los actos que afecten el funcionamiento de los servicios públicos.

---

nal de la Confederación de Colegios y Asociaciones de Abogados de México,. Jalisco, 2009. 2 Vols. 419 pp. y 405 pp.

1724 Véase Allan R. Brewer-Carías, "Ensayo de síntesis comparativa sobre el régimen del amparo en la legislación latinoamericana", en *Revista Iberoamericana de Derecho Procesal Constitucional,* N° 9 enero-junio 2008, Editorial Porrúa, Instituto Iberoamericano de Derecho Procesal Constitucional, México 2008, pp. 311-321.

En cuanto a los actos legislativos, en México se excluyen de la acción de amparo ciertos actos del Congreso; y en cuanto al amparo contra leyes, la mayoría de los países lo excluyen, como sucede en Argentina, Bolivia, Brasil, Colombia, Costa Rica, Chile, Ecuador, El Salvador, Nicaragua, Perú, Panamá, Paraguay, Republica Dominicana y Uruguay. En realidad, el amparo contra leyes sólo se admite en Honduras, donde sólo se aplica el método concentrado de control de constitucionalidad de las leyes; y en Guatemala y México, que han adoptado el sistema mixto de control de constitucionalidad de las leyes.

En cuanto a los actos judiciales, también en la mayoría de los países de América Latina se excluye la acción de amparo contra los mismos, como es el caso de Argentina, Bolivia, Brasil, Costa Rica, Chile, Ecuador, El Salvador, Nicaragua, Paraguay, República Dominicana, y Uruguay. En otros países, sin embargo, se admite la acción de amparo contra sentencias, como sucede en Colombia, Guatemala, Honduras, México, Panamá, Perú y Venezuela; aun cuando en algunos de ellos se excluye expresamente respecto de decisiones de las Cortes Supremas (México, Panamá, Perú, Venezuela) o de las decisiones dictadas en los juicios de amparo (Honduras, México).

Todo este panorama lo que nos muestra es un campo muy amplio y propicio para el ejercicio del control de convencionalidad en nuestros países, para darle a la institución del amparo su dimensión universal, como en muchas sentencias lo ha venido realizando progresivamente la Corte Interamericana, y los propios jueces y tribunales nacionales. El camino está iniciado, como lo muestra el análisis que hemos efectuado, lo que no significa que no falte mucho por recorrer.

5. *El derecho de amparo y la acción de amparo en la Ley Orgánica de Amparo sobre Derechos y Garantías Constitucionales*

El derecho de amparo, como antes se dijo, fue establecido por primera vez en Venezuela en el artículo 49 de la Constitución de 1961, en el cual, como lo afirmó Héctor Fix-Zamudio, "consagró definitivamente el derecho de amparo como instrumento procesal para proteger todos los derechos fundamentales de la persona humana consagrados constitucionalmente", en lo que calificó como "uno de los aciertos más destacados en la avanzada Carta Fundamental de 1961"[1725]. Como se ha dicho, esta orientación se acentuó en el texto de la Constitución de 1999.

En efecto, como antes hemos insistido, el gran aporte del texto constitucional con relación a la protección de los derechos fundamentales, fue la consagración del amparo como un derecho fundamental más, y no sólo como una garantía judicial específica. Ello resulta, además, de la configuración jurisprudencial del derecho del amparo, conforme a la cual puede sostenerse que la Constitución no consagró solamente una "acción de amparo" para proteger los derechos constitucionales, sino que

1725 Véase Héctor Fix Zamudio, "Algunos aspectos comparativos del derecho de amparo en México y Venezuela", *Libro Homenaje a la Memoria de Lorenzo Herrera Mendoza,* UCV, Caracas, 1970, Tomo II, pp. 333–390. Véase además, Héctor Fix Zamudio, "La teoría de Allan R. Brewer-Carías sobre el derecho de amparo Latinoamericano y el juicio de amparo mexicano", en *El derecho público a comienzos del siglo XXI. Estudios en homenaje al Profesor Allan R. Brewer-Carías,* Editorial Thomson Civitas, Madrid, 2002, Tomo I, pp. 1125 y ss.

lo que previó fue "un derecho fundamental al amparo" con la consecuente obligación de todos los tribunales de amparar a las personas en el goce y ejercicio de los derechos y garantías consagrados en la Constitución, o que sin estar enumerados en el texto, sean inherentes a la persona humana.[1726]

Con esa orientación se dictó la Ley Orgánica de Amparo sobre Derechos y Garantías Constitucionales en vigencia a partir del 22 de enero de 1988,[1727] lo cual, sin duda, fue una de las leyes más importantes que se dictaron en el país después de la propia Constitución de 1961.[1728]

Por eso la Sala Político Administrativa de la Corte Suprema de Justicia en sentencia de 31 de enero de 1991, al referirse al amparo como remedio judicial extraordinario para la defensa de los derechos y garantías constitucionales desarrollado en la Ley Orgánica, señaló que ello:

> "Constituye un logro importante y trascendente para la plena vigencia del Estado de derecho existente en el país hace ya más de tres décadas, y se erige como un instituto fundamental, de rango superior sobre cualquier otra norma que pudiera oponérsele dentro del propio ordenamiento constitucional venezolano."[1729].

1726 Véase Allan R. Brewer–Carías, *Estado de derecho y Control Judicial,* Madrid 1987, pp. 587 a 657. Véase también el libro *El amparo constitucional en Venezuela,* Instituto de Estudios Jurídicos del Estado Lara, 2 Tomos, Barquisimeto, 1987, en los que se recogen una serie de artículos y estudios sobre el amparo constitucional y de decisiones judiciales sobre la admisibilidad del amparo en nuestro país. Véase además Gustavo J. Linares Benzo "El Proceso de Amparo en Venezuela", *Revista de la Fundación Procuraduría General de la República,* N° 2, 1987, pp. 27 a 110.

1727 Véase en *Gaceta Oficial* N° 33.891 de 22 de enero de 1988. La Ley Orgánica fue reformada en 27–9–88, publicada en *Gaceta Oficial* N° 34.060 de 27–9–88. Véase sobre el proyecto de dicha Ley Orgánica: Allan R. Brewer-Carías, "Observaciones críticas al Proyecto de Ley de la Acción de Amparo de los Derechos Fundamentales (1985), y "Proyecto de Ley Orgánica sobre el Derecho de Amparo (1987)" y "Propuestas de reforma al Proyecto de Ley Orgánica de Amparo sobre Derechos y Garantías Constitucionales (1987)", en Allan R. Brewer-Carías, *Estudios de Derecho Público, (Labor en el Senado 1985-1987),* Tomo III, Ediciones del Congreso de la República, Caracas 1989, pp. 71-186.; pp. 187-204. y pp. 205-229.

1728 Véase los comentarios sobre la Ley Orgánica que hemos publicado en el exterior: "Comentarios a la Ley Orgánica de Amparo sobre Derechos y Garantías Constitucionales (1988) de Venezuela", en *Revista IIDH*, Instituto Interamericano de Derechos Humanos, n° 6, San José, julio-diciembre 1987, pp. 135-178; "Comentarios a la Ley Orgánica de Amparo sobre Derechos y Garantías Constitucionales (1988) de Venezuela", en *Boletín Mexicano de Derecho Comparado*, Año N° 63, Año XXI, Instituto de Investigaciones Jurídicas, Universidad Nacional Autónoma de México, México, septiembre-diciembre 1988, pp. 1.107-1.159; "Situación actual del derecho de amparo en Venezuela", en *Estudios en Homenaje al Dr. Héctor Fix-Zamudio*, Tomo III, Derecho Procesal, Universidad Nacional Autónoma de México, México 1988, pp. 1.703-1.759; "El poder judicial en Venezuela y la justicia constitucional: Control de la constitucionalidad y amparo a los derechos fundamentales", en *Elementos para una reforma de la Constitución*, Congreso Internacional sobre la Reforma de la Constitución, Consejo para la Consolidación de la Democracia, Buenos Aires, 1988, pp. 47-135; "El derecho de amparo en Venezuela", en *Revista de Derecho*, n° 1, año V, Facultad de Derecho, Universidad Central, Santiago de Chile 1991, pp. 151-178, y en *Garantías jurisdiccionales para la defensa de los derechos humanos en Iberoamérica*, Instituto de Investigaciones Jurídicas, Universidad Nacional Autónoma de México, México 1992, pp. 7-53.

1729 Véase en *Revista de Derecho Público,* N° 45, EJV, Caracas, 1991, p. 117.

Ahora bien, la Ley Orgánica de Amparo sobre Derechos y Garantías Constitucionales de 1988, al regular y consagrar la acción de amparo reconoció expresamente que el ejercicio del derecho de amparo no se agota ni se contrae exclusivamente a dicho medio procesal, sino que puede ejercerse también a través de otras acciones o recursos establecidos en el ordenamiento jurídico. Quedó así, definitivamente resuelta la discusión doctrinal sobre si el amparo que consagraba la Constitución de 1961 (como lo hace la de 1999) es en sí mismo un derecho fundamental o si sólo es una garantía adjetiva de los derechos fundamentales. La Ley de 1988 optó por la primera posición, pues si bien reguló la acción de amparo como un medio adjetivo autónomo de protección de los derechos fundamentales, sin embargo estableció expresamente que el derecho de amparo de dichos derechos puede ejercerse, también, mediante otras vías procesales consagradas en el ordenamiento jurídico. En palabras de la antigua Sala Constitucional:

> "Resulta así congruente con lo que se ha venido analizando, que la específica acción de amparo constitucional consagrada en el inciso segundo del artículo 27 de la Carta Magna, constituya un medio adicional a los ordinarios en la tarea de salvaguardar los derechos fundamentales. Al contrario de cómo ha venido siendo concebida, dicha acción no entraña un monopolio procesal en cuanto al trámite de denuncias respecto a violaciones a la regularidad constitucional –tal tesis la descarta el sistema de garantías procesales de que disponen los tribunales en el ejercicio ordinario de su función"[1730].

Por ello, en el artículo 3° de la Ley Orgánica estableció la posibilidad de ejercer la acción de amparo contra leyes junto con la acción popular de inconstitucionalidad de las leyes ante la Sala Constitucional del Tribunal Supremo de Justicia; en el artículo 5° se estableció expresamente que la pretensión de amparo contra actos administrativos y contra las conductas omisivas de la Administración puede ejercerse conjuntamente con el recurso contencioso administrativo de anulación; y el artículo 6.5, al establecer las causales de inadmisibilidad de la acción de amparo, reconoció implícitamente que se puede formular la pretensión de amparo mediante otras "vías jurídicas ordinarias" o "medios judiciales preexistentes", en los cuales puede "alegarse la violación o amenaza de violación de un derecho o garantía constitucional".

Así lo reconoció la antigua Corte Suprema de Justicia en Sala Político Administrativa en sentencia de 10 de julio de 1991 (Caso: *Tarjetas Banvenez*), la cual al ser citada en sentencia de la misma Corte de 10 de junio de 1992, la llevó a señalar lo siguiente:

> "El texto de la Ley Orgánica de Amparo prevé fundamentalmente dos mecanismos procesales: la acción autónoma de amparo y la acumulación de ésta con otro tipo de acciones o recursos, modalidades que difieren sustancialmente en cuanto a su naturaleza y consecuencias jurídicas. Por lo que respecta a la segunda de las modalidades señaladas, es decir, la acción de amparo ejercida conjuntamente con otros medios procesales, la referida ley regula tres supuestos: a) la acción de amparo acumulada a la acción popular de inconstitucionalidad de

1730 Véase en *Revista de Derecho Público*, N° 85–88, EJV, Caracas, 2001, p. 448.

las leyes y demás actos estatales normativos (artículo 3°); b) la acción de amparo acumulada al recurso contencioso administrativo de anulación contra actos administrativos de efectos particulares o contra las conductas omisivas de la Administración (artículo 5°); c) la acción de amparo acumulada con acciones ordinarias (artículo 6°, ordinal 5°)"[1731].

La Sala sostuvo, además, "que la acción de amparo en ninguno de estos casos es una acción principal sino subordinada, accesoria a la acción o al recurso al cual se acumula, sometido al pronunciamiento jurisdiccional final que se emita en la acción acumulada. Tratándose de una acumulación de acciones, debe ser resuelta por el juez competente para conocer de la acción principal"[1732].

Por tanto, como lo señaló el Informe de la Comisión de Política Interior del Senado de fecha 9 de diciembre de 1987, al estudiar el Proyecto de Ley Orgánica de Amparo sobre Derechos y garantías Constitucionales:

> "el artículo 49 de la Constitución, más que un medio adjetivo procesal, consagra un derecho fundamental, el derecho a ser amparado. De manera que la Constitución no consagra una acción de amparo o un medio adjetivo, sino un derecho fundamental, el derecho a ser amparado... tan fundamental como aquéllos que van a ser objeto de amparo. Y ese derecho puede materializarse, sin duda, a través del ejercicio de múltiples acciones y recursos".

Sin embargo, estimó la misma Comisión que también "era necesario desarrollar el mandato constitucional en una Ley que consagre que la acción de amparo puede ser ejercida por todo habitante del país y ser resuelta de manera sumaria, breve y efectiva para evitar lesiones o daños y restablecer inmediatamente la situación jurídica infringida"[1733], para lo cual precisamente, se sancionó la Ley Orgánica de Amparo.

Como se ha dicho, al igual que la Constitución de 1961, la Constitución de 1999 no establece "una" sola y específica acción o recurso de amparo, como un particular medio de protección judicial, sino un "derecho de amparo" o "derecho a ser amparado." Este carácter del amparo, como un "derecho constitucional", en nuestro criterio es el elemento clave para identificar la institución venezolana;[1734] derecho fundamental que se puede materializar y de hecho se materializa, a través de diversas acciones y recursos judiciales, incluso a través de una "acción autónoma de amparo" que regula la Ley Orgánica.

1731 Véase sentencia N° 140 del 10-06-1992, en *Revista de Derecho Público,* N° 50, EJV, Caracas, 1992, pp. 183–184.

1732 *Idem.*

1733 Véase el "Informe que presenta la Comisión Permanente de Política Interior del Senado referente al Proyecto de Ley Orgánica de Amparo sobre Derechos y Garantías Constitucionales", de 9–12–87, considerado en la sesión del Senado de 14–12–87. Véase nuestros estudios sobre el Proyecto de Ley en Allan R. Brewer–Carías, *Estudios de Derecho Público (Labor en el Senado 1985–1987),* Tomo III, Caracas, 1989, pp. 71 a 230.

1734 Véase Allan R. Brewer–Carías, "El derecho de amparo y la acción de amparo", *Revista de Derecho Público,* N° 22, EJV, Caracas, 1985, pp. 51 y ss.

Sin embargo, no debe olvidarse que la no consideración constitucional del amparo como una sola acción o recurso, sino como un derecho, fue lo que justificó el cambio de criterio sentado por la Corte Suprema de Justicia en 1983, respecto de su tesis antes sustentada en 1970, sobre la posibilidad del ejercicio de la acción de amparo aun en ausencia de la ley reglamentaria prevista en la Constitución de 1961. Si la norma del artículo 49 hubiera consagrado exclusivamente "una acción o recurso" de amparo, el artículo 50 del texto constitucional de 1961 le hubiera sido inaplicable[1735]; en cambio, como el artículo 49 de la Constitución de 1961, como el de la de 1999, consagra un derecho fundamental, como en efecto sucede, se aplicaba el texto de dicho artículo 50 de dicha Constitución al disponer que "la falta de ley reglamentaria" de los derechos constitucionales enunciados en el texto, no menoscaba el ejercicio de los mismos.[1736] Este es el criterio que ha sido el dominante de la jurisprudencia y, en nuestra opinión, el más importante elemento diferenciador de la institución de amparo en Venezuela que, además, fue recogido en la Ley Orgánica.

En efecto, en su artículo 1°, la Ley Orgánica de Amparo sobre Derechos y Garantías Constitucionales de 1988, estableció lo siguiente:

> "Toda persona natural habitante de la República o persona jurídica domiciliada en ésta, podrá solicitar ante los Tribunales competentes el amparo previsto en el artículo 49 de la Constitución, para el goce y el ejercicio de los derechos y garantías constitucionales, aun de aquellos derechos fundamentales de la persona humana que no figuren expresamente en la Constitución, con el propósito de que se restablezca inmediatamente la situación jurídica infringida o la situación que más se asemeje a ella.
>
> La garantía de la libertad personal que regula el hábeas corpus constitucional, se regirá por esta Ley".

La consecuencia de estas orientaciones conforme a la previsión de la Constitución (art. 49) fue entonces la necesidad que hubo de configurar en la Ley Orgánica

---

1735 Como lo sostenía la Procuraduría General de la República en 1970: "el amparo, más que un derecho, constituye una garantía de protección de los derechos, y de acuerdo con la letra de la Ley sólo los derechos pueden ser ejercidos, aun antes de promulgada la Ley reglamentaria respectiva". Véase *Doctrina de la Procuraduría General de la República 1970,* Caracas, 1971. p. 35.

1736 Este criterio del amparo como un derecho lo destacó en 1970, Jesús Ramón Quintero, cuando al comentar una decisión de la Corte Superior Cuarta en lo Penal en torno a un recurso de amparo de 22 de diciembre de 1969 señaló: Existe pues, según el fallo de la Corte. un derecho de los individuos, de amparo, y un deber u obligación de los Tribunales de concederlo cuando sea procedente. Tal derecho y tal obligación tienen una base en la propia Constitución la cual a su vez, y de un modo terminante que no admite ningún tipo de duda, establece que su solo texto es suficiente para que los Tribunales concedan el amparo, pues la falta de Ley reglamentaria de los derechos, aunque no deseable, no puede convertirse en un obstáculo para el cabal y completo goce y disfrute de esos derechos que la Constitución establece y aun de aquellos que no están establecidos en forma expresa, pero que sean inherentes a la persona humana". Véase "Recurso de amparo. La cuestión central en dos sentencias y un voto salvado" en *Revista de la Facultad de Derecho.* Universidad Católica Andrés Bello, N° 9, Caracas, 1969–1970, pp. 161 y 162. En las páginas 166 y siguientes refuerza el mismo argumento. El texto de la sentencia que comenta y del voto salvado a la misma puede verse en pp. 180 a 206. Véase asimismo el texto del voto salvado en Otto Marín Gómez, *Protección procesal de las garantías constitucionales de Venezuela. Amparo y Hábeas Corpus,* Caracas, 1983, pp. 229–250.

de Amparo de 1988, conforme a la orientación del artículo 47 de la Constitución de 1961 (equivalente al artículo 27 de la Constitución de 1999), al amparo constitucional como el mencionado "derecho fundamental" y no sólo como una única "acción de amparo," lo que implicó la necesidad de conciliar el ejercicio del derecho de amparo con los medios judiciales existentes de protección constitucional, de manera que no quedasen éstos eliminados como tales, sino al contrario, reforzados. De allí las antes mencionadas previsiones de los artículos 3, 5 y 6,5 de la Ley Orgánica de 1988 que regularon expresamente la posibilidad de la formulación de pretensiones de amparo constitucional conjuntamente con las acciones de nulidad por inconstitucionalidad, con las acciones contencioso-administrativas de anulación y con las acciones judiciales ordinarias o extraordinarias; normas todas que propusimos en el proceso de formación de la Ley en la Cámara del Senado.[1737] El sentido de las mismas, luego de múltiples vacilaciones jurisprudenciales fue el que quedó clarificado en la antes mencionada sentencia de la Sala Político Administrativa de la antigua Corte Suprema de 10 de julio de 1991 (Caso: *Tarjetas Banvenez*), cuando distinguió la acción de amparo que se denominó "autónoma," de la pretensión de amparo constitucional formulada con otras acciones o recursos que regula el ordenamiento procesal, con mero carácter cautelar.[1738]

La consideración del amparo constitucional como un derecho fundamental a un medio de protección judicial, por tanto, trae como consecuencia, que el amparo no es, precisamente, ni una "acción" ni un "recurso", pues la Constitución no identifica el "derecho de amparo" con ninguna vía o medio judicial concreto, a pesar del que se regula en la Ley Orgánica. Por tanto, tal como está concebido tanto en la Constitución como en el artículo 1° de la Ley Orgánica, el amparo puede materializarse en un recurso, en sentido estricto, de revisión de decisiones administrativas o judiciales, o puede configurarse como un proceso o "una acción autónoma" que no consista necesariamente en la revisión de determinado acto jurídico. Por eso, el amparo puede indistintamente consistir en un "recurso" o en una "acción" autónoma. Depende del objeto de la protección y de la regulación legal.

Pero además, tal como lo concibe tanto el artículo 27 de la Constitución como el artículo 1° de la Ley Orgánica, el amparo no sólo se establece como un *derecho* de las personas a ser amparados en el goce y ejercicio de los derechos y garantías que la Constitución establece y que sean inherentes a la persona, sino que, en realidad, conforme al principio de alteridad, además se configura como un *deber* de los tribunales de amparar a las personas en el goce y ejercicio de tales derechos. Por ello el amparo, tal como está en el texto constitucional, no queda reducido a una acción única y autónoma, necesariamente independiente de todas las otras acciones o recursos judiciales previstos para la defensa de los derechos y garantías constitucionales, sino que la Constitución es lo suficientemente amplia y flexible como para permitir diversos sistemas judiciales de amparo de los derechos y garantías constitucionales,

---

1737 Véase Allan R. Brewer–Carías, "Propuestas de reforma al Proyecto de Ley Orgánica de Amparo sobre Derechos y Garantías Constitucionales (1987)", *Estudios de derecho público, (Labor en el Senado 1985–1987)*, Tomo III, Ediciones del Congreso de la República, Caracas 1989, pp. 205–229.

1738 Véase el texto de esta sentencia en *Revista de Derecho Público,* N° 47, EJV, Caracas, 1991, pp. 169–174.

sea a través de acciones o recursos judiciales tradicionales o mediante la vía general de acción de amparo regulada en la Ley Orgánica.

Por tanto, puede haber y hay muchos medios judiciales de protección que permiten a los particulares ser amparados en el goce y ejercicio de sus derechos constitucionales, mediante un procedimiento breve y sumario, en el cual el juez tiene competencia para restablecer inmediatamente las situaciones jurídicas infringidas por cualquiera. En estos casos, no es que esas vías judiciales ya previstas sustituyan el derecho de amparo (o lo desmejoren), sino que sirven como medios judiciales de amparo.

Ahora bien, a pesar de la multiplicidad de vías de protección judicial de los derechos y garantías constitucionales que aseguran el "derecho de amparo" previsto en la Constitución, es indudable que dado el carácter omnicomprensivo de la protección que "en conformidad con la ley" establece el texto fundamental, para que aquél derecho de amparo sea realmente efectivo, como lo había delineado la jurisprudencia, resultó indispensable regular en la Ley Orgánica, una "acción de amparo", que procede sólo si el interesado no ha optado por recurrir a otros medios judiciales de protección y amparo de los derechos y garantías constitucionales legalmente previstos (art. 6.5) o cuando frente a actos administrativos o carencias de la Administración, los previstos formalmente en las leyes no sean suficientemente acordes con la protección jurisdiccional, es decir, no constituyan un medio breve, sumario y efectivo, acorde con la protección constitucional (art. 5).

Por ello, el artículo 6.5 de la Ley Orgánica establece como causal de inadmisibilidad de la acción de amparo, los casos en los cuales "el agraviado haya optado por recurrir a las vías judiciales ordinarias o hecho uso de los medios judiciales preexistentes," en cuyo caso al alegarse la violación o amenaza de violación de un derecho o garantía constitucional, el juez debe acogerse al procedimiento y a los lapsos previstos en la Ley Orgánica para la protección inmediata y ordenar la suspensión provisional de los efectos del acto cuestionado.

Asimismo, y en particular, tratándose del derecho de amparo frente a actos administrativos o conductas omisivas de la Administración, conforme al artículo 5 de la Ley, la acción autónoma de amparo no procede "cuando exista un medio procesal breve, sumario y eficaz, acorde con la protección constitucional" y éste es el que regula precisamente el mismo artículo 5 de la Ley, al establecer que el recurso contencioso administrativo de anulación es un medio breve, sumario y eficaz, y plantear que conjuntamente con el mismo puede formularse la pretensión de amparo, en cuyo caso, no sólo no es necesario agotar la vía administrativa, sino que el recurso puede intentarse en cualquier tiempo, pudiendo el juez, además, suspender los efectos del acto administrativo recurrido como garantía del derecho constitucional violado, mientras dure el juicio de nulidad, conforme al procedimiento establecido en la propia Ley Orgánica (Arts. 5 y 6.5).

Por tanto, si bien el "derecho de amparo" puede asegurarse a través de múltiples vías (acciones o recursos) judiciales preexistentes, en cuyo caso, el "derecho de amparo" no se identifica con ningún recurso o acción judicial concreto; en el caso de "la acción de amparo" que regula la Ley Orgánica, ésta procede en todo caso, salvo cuando se haya optado por otro medio de protección o de amparo previsto en el ordenamiento jurídico. En materia de amparo contra actos administrativos, la acción autónoma de amparo sólo procede cuando la vía contencioso administrativa no sea un medio efectivo acorde con la protección constitucional.

Pero el derecho de amparo que prevé el artículo 27 de la Constitución, y que regula la Ley Orgánica, como hemos indicado, también permite asegurar la protección de los derechos fundamentales infringidos por actos estatales, a través de la acción de inconstitucionalidad de las leyes (acción popular) o de la desaplicación de una ley por cualquier juez (el denominado control difuso de la constitucionalidad); a través del recurso de casación respecto de sentencias, y mediante el recurso contencioso administrativo de anulación de los actos administrativos. Asimismo, permite asegurar la protección de los derechos fundamentales vulnerados por otros particulares a través de las vías judiciales del proceso ordinario, como el "amparo penal" mediante la solicitud de nulidad de las actuaciones procesales violatorias de las garantías constitucionales..

Por supuesto, para que estas vías judiciales sirvan de medio de amparo constitucional, el legislador ha perfeccionado sus mecanismos de protección: por ejemplo, en el recurso de inconstitucionalidad de las leyes, cuando ésta se fundamente en la violación de un derecho o garantía constitucional, en virtud de la nulidad absoluta que ello implica, se ha provisto en la Ley Orgánica la potestad de la Corte Suprema de desaplicar los efectos de la ley impugnada *respecto del caso concreto* mientras se decide el recurso (art. 3°); en el recurso de casación, cuando la denuncia de la sentencia recurrida consista en el alegato de la violación por la misma de un derecho o garantía constitucional; en el recurso contencioso administrativo, cuando el motivo del mismo sea la violación de un derecho constitucional por el acto recurrido, se ha eliminado la exigencia de agotamiento de la vía administrativa y del lapso de caducidad, dada la nulidad absoluta alegada, y se permite al juez recurrir en forma más expedita a los procedimientos de urgencia y abreviación de lapsos, así como a la suspensión de efectos del acto recurrido (arts. 5 y 6.5); o en la solicitud de nulidad por violación de las garantías judiciales en los procesos penales, por ejemplo.

Pero además, hemos dicho, el derecho de amparo conforme a la Ley Orgánica permite lograr la adecuada protección de los derechos y garantías constitucionales a través de una "acción de amparo" autónoma, la cual, por supuesto, aparece en el ordenamiento como absolutamente diferenciada de la acción o recursos de inconstitucionalidad de las leyes, del recurso de casación, de las acciones contencioso administrativas y de otros medios judiciales.

Una de las características de esta acción judicial autónoma de amparo, es que *no presupone el que se hayan agotado vías judiciales previas para poder intentarse,* lo que hace que la institución de la acción de amparo en Venezuela se diferencie con el recurso de amparo que se ha desarrollado en Europa y, particularmente, en Alemania y España. En estos países, en realidad, el recurso de amparo es un auténtico "recurso extraordinario" que se intenta, en principio, contra decisiones judiciales. En Alemania, por ejemplo, el recurso de amparo constitucional que se intenta ante el Tribunal Constitucional Federal, exige el agotamiento previo de las vías judiciales ordinarias, por lo que, en definitiva, se traduce en un recurso contra una decisión judicial respectiva, aun cuando excepcionalmente procede la acción directa de amparo en ciertos casos específicos y respecto a un número muy limitado de derechos constitucionales[1739]. En España, el recurso de amparo que se intenta ante el Tribunal Constitucional, también exige el agotamiento previo de las vías judiciales y, particularmente, si se trata de un amparo en relación con actividades administrativas, en definitiva se requiere siempre el agotamiento previo a la vía judicial contencioso administrativa. Por eso, en España, el recurso de amparo se configura como un recurso revisor de sentencias de los Tribunales Contencioso Administrativos[1740].

En el caso venezolano, en cambio, la acción autónoma de amparo *no exige el agotamiento previo de las vías judiciales* ni se configura, por tanto, como un recurso extraordinario contra sentencias judiciales. Se trata, sí, de una acción judicial autónoma que sólo procede cuando no se opte por otros recursos o acciones judiciales que permitan mediante procedimientos breves y sumarios, obtener amparo y protección de los derechos y el restablecimiento inmediato de los mismos (art. 6, ord. 5°) o en materia de amparo contra actos administrativos o conductas omisivas de la Administración, cuando la vía contencioso administrativa no sea un medio efectivo de protección constitucional[1741]. En estos casos, no es que la acción de amparo requiere el agotamiento previo del recurso contencioso administrativo de anulación, cuando la violación del derecho constitucional la produce un acto administrativo, sino que el recurso contencioso administrativo puede ser en sí mismo el medio de amparo. Por ello, en el caso de actos administrativos, cuando el recurso contencioso administrativo no sirva efectivamente como medio de amparo dadas las particulares circunstancias del caso concreto, es que la acción autónoma de amparo procede (art. 5°).

Por otra parte, debe señalarse que el derecho de amparo, de acuerdo a la Constitución y la Ley Orgánica, se puede ejercer ante "los tribunales" en conformidad con la Ley, por lo que de acuerdo a la organización del sistema judicial y procesal, no existe una única acción judicial ante un sólo tribunal, prevista para garantizar el ejercicio y goce de los derechos constitucionales. Hemos dicho que de acuerdo a la Constitución no se prevé el derecho de amparo como una sola acción o recurso, que se intenta ante un solo Tribunal, con el objeto de amparar el goce y ejercicio de los derechos constitucionales, por lo que el ordenamiento regula, a través de recursos y acciones tradicionales, sistemas de amparo de los derechos y garantías constitucio-

1739 Véase R. Schlaich, "Procedures et techniques de protection des droits fondamentaux. Tribunal Constitutionnel Fédéral Allemand" en L. Favoreu (ed.), *Cours constitutionnelles Européennes et Droits Fondamentaux,* Paris, 1982, pp. 105–164.

1740 Véase J. L. García Ruiz, *Recurso de Amparo en el Derecho Español,* Madrid, 1980; F. Castedo Álvarez, "El recurso de amparo constitucional" en Instituto de Estudios Fiscales, *El Tribunal Constitucional,* Madrid, 1981 Tomo I, pp. 179–208.

1741 Este carácter subsidiario que le habíamos atribuido a la acción autónoma de amparo en materia de amparo contra actos administrativos y que la jurisprudencia había confirmado, no significaba, como lo señaló H. Rondón de Sansó, que "sólo es admisible cuando hubiesen sido agotados todos los recursos ordinarios que para el caso específico el sistema jurídico prevé" (Véase en "El amparo constitucional en Venezuela", *Revista de Derecho Público,* N° 25, EJV, Caracas, 1986, p. 56). Al contrario, como ya lo habíamos explicado (Véase Allan R. Brewer–Carías, "El derecho de amparo y la acción de amparo, *Revista de Derecho Público,* N° 22, EJV, Caracas, 1985, pp. 53–54) la subsidiariedad de la acción autónoma de amparo contra actos administrativos derivaba de que procedía cuando el "recurso contencioso administrativo de anulación y amparo" no era un medio efectivo de protección. Véase además, Allan R. Brewer–Carías. *Estado de derecho y Control Judicial, cit.,* pp. 628 y ss.

nales, mediante procedimientos breves y sumarios con poderes para el juez, para restablecer en forma inmediata situaciones jurídicas subjetivas infringidas.

Por eso, insistimos, en Venezuela, el amparo de los derechos puede obtenerse a través de diversas acciones o recursos que regula el ordenamiento jurídico, por lo que, en definitiva, el derecho de amparo no se traduce en una sola acción o recurso, lo que diferencia nuestro amparo de los recursos de amparo europeos, particularmente el recurso de amparo en Alemania y en España, donde el recurso de amparo es una sola acción que se intenta ante un solo Tribunal, y que sirve como mecanismo para la protección de algunos derechos y garantías constitucionales[1742]. Al contrario, en el caso venezolano, el derecho de amparo se presenta, en realidad, como una vía judicial multiforme que se puede ejercer ante todos los Tribunales, conforme a la Ley, sea mediante las acciones o recursos preexistentes que pueden servir de amparo, siempre que se prevea un procedimiento breve y sumario con poderes para el juez para restablecer las situaciones jurídicas subjetivas infringidas; sea mediante la acción autónoma de amparo prevista en la Ley Orgánica.

II. LA COMPETENCIA JUDICIAL EN MATERIA DE AMPARO

De acuerdo con el artículo 27 de la Constitución, y en virtud de que el amparo está concebido como un derecho ciudadano a la tutela judicial efectiva de sus derechos constitucionales, más que como un solo medio procesal específico o garantía de los derechos, puede decirse que todos los jueces de la República pueden ser competentes para conocer de una acción o pretensión de amparo.

Ahora bien, en relación a la competencia judicial para conocer del amparo, conforme a la Ley Orgánica, la misma está condicionada por las dos modalidades de ejercicio del derecho de amparo: sea en forma conjunta con otra acción o recurso o como acción autónoma.

En el primer caso, de ejercicio conjunto de la pretensión de amparo junto con una acción de inconstitucionalidad, conforme al artículo 3 de la Ley Orgánica; con una acción contencioso administrativa, conforme al artículo 5 de la Ley Orgánica; o con cualquier otra acción o medio judicial, conforme al ordinal 5 del artículo 6° de la Ley Orgánica, el tribunal competente para conocer de la pretensión de amparo, sin duda, es el tribunal competente para conocer de la acción principal; es decir, en el caso del artículo 3 de la Ley Orgánica, la Sala Constitucional del Tribunal Supremo; en el caso del artículo 5° de la Ley Orgánica, el tribunal de la jurisdicción contencioso administrativa que sea competente para conocer de la nulidad del acto administrativo impugnado; y en el caso del ordinal 5° del artículo 6° de la Ley Orgánica, el tribunal competente para conocer de la acción o medio procesal al cual se acumule la pretensión de amparo.

En todos esos casos de pretensión de amparo acumulada a otras acciones o medios judiciales, por tanto, la competencia judicial para conocer de la solicitud de amparo está resuelta en la propia Ley Orgánica. Es en los casos de ejercicio de la acción autónoma de amparo en los cuales, sin embargo, se han planteado diversas

---

1742 Véase H. Fix Zamudio, "El derecho de amparo en México y en España. Su influencia recíproca", *Revista de Estudios Políticos*, N° 7, Madrid, 1979, pp. 254–255.

interpretaciones para definir la competencia judicial, en aplicación del artículo 7 de la Ley Orgánica.

1. *El principio legal de la competencia judicial: los tribunales de primera instancia*

El principio fundamental de la competencia judicial en materia de amparo está establecido en el artículo 7 de Ley Orgánica, que establece:

> "*Artículo. 7* Son competentes para conocer de la acción de amparo, los Tribunales de Primera Instancia que lo sean en la materia afín con la naturaleza del derecho o de las garantías constitucionales violados o amenazados de violación, en la jurisdicción correspondiente al lugar donde ocurriere el hecho, acto u omisión que motivaren la solicitud de amparo.
>
> En caso de duda, se observarán, en lo pertinente, las normas sobre competencia en razón de la materia".

Se establece así, como principio rector para dilucidar la competencia, el criterio de *la afinidad entre la materia natural del juez y los derechos o garantías denunciados como lesionados.* Como lo ha señalado la Corte Suprema de Justicia:

> "[...] de manera que el juez competente para conocer de la acción es el que se encuentre mayormente familiarizado o especializado con el contenido de esos derechos, con el fin de alcanzar así una mayor efectividad de la institución".[1743]

En todo caso, es evidente que cuando el artículo 7 de la Ley Orgánica hace referencia a "los tribunales de primera instancia", no se está refiriendo formal y orgánicamente a aquellos que en su propia denominación se los califique expresamente como de "Primera Instancia", sino en general, además de a estos, a todos aquellos tribunales, cualquiera que sea su denominación, rango o jerarquía que conozcan en primera instancia dentro de su jurisdicción en la materia afín con la naturaleza del derecho o de la garantía constitucional violados o amenazados de violación, como es el caso de los Tribunales Superiores en lo Contencioso Administrativo o de la Corte Primera de lo Contencioso Administrativo en los casos en los cuales conozcan de asuntos en primera instancia. Por ello, en la sentencia de 16 de noviembre de 1989, la antigua Corte Suprema de Justicia señaló:

> "En efecto, si la idea fue la de que el amparo sea conocido por el juez idóneo, familiarizado y especialista en la materia objeto de la institución protectora: ¿por qué negar a sólo una categoría de esos jueces de primera instancia, por el hecho de no llevar la denominación "Tribunal de Primera Instancia", la competencia natural para conocer de los amparos que denuncien la violación de de-

---

1743 Véase la sentencia de la antigua Corte Suprema de Justicia, Sala Político Administrativa de 16–11–89 (Caso: *Copei–Julio Cesar Moreno*), *Revista de Derecho Público,* N° 40, EJV Caracas, 1989, p. 96, también citada en sentencia de la antigua Corte Suprema de Justicia, Sala Político Administrativa de 17–2–93 (Caso: *Aseguradora Nacional Agrícola*), *Revista de Derecho Público,* N° 53–54, EJV, Caracas, 1994, pp. 246–247; y en sentencia de la antigua Corte Suprema de Justicia, Sala Político Administrativa de 27–5–93, *Revista de Derecho Público,* n° 53–54, EJV, Caracas, 1994, p. 237.

rechos y garantías integrados dentro de su esfera de competencia por la materia?; más aún y por otra parte, cuando este mismo tribunal actúa y conoce, con el máximo rango, en primera instancia dentro de su jurisdicción"[1744].

Por tanto, si bien en materia de la acción autónoma de amparo son competentes todos los tribunales que conozcan de asuntos en primera instancia, en materias afines con los derechos o garantías violados o amenazados de violación, conforme al criterio de la afinidad entre la materia natural del juez y los derechos y garantías lesionados, el Legislador, en el mismo artículo 7 de la Ley Orgánica estableció expresamente la competencia de unos tribunales de primera instancia, con ese rango y denominación en relación al amparo a la *libertad y seguridad personales*, al señalar que "Del amparo de la libertad y seguridad personales conocerán los Tribunales de Primera Instancia en lo Penal, conforme al procedimiento establecido en esta Ley". Esta competencia de los Tribunales de Primera Instancia en lo Penal se ratifica en el artículo 40 de la Ley Orgánica que establece que "Los Juzgados de Primera Instancia en lo Penal son competentes para conocer y decidir sobre el amparo de la libertad y seguridad personales". En esos casos, prevé además la norma, que los respectivos, "tribunales superiores conocerán en consulta de las sentencias dictadas por aquéllos".

2. *La competencia excepcional de cualquier juez de la localidad con competencia en primera instancia*

Tal como lo señaló la antigua Corte Suprema de Justicia en la citada sentencia de 16 de noviembre de 1989 (Caso: *J.C. Moreno–COPEI*), ante el principio de que el conocimiento de las acciones de amparo debe estar atribuido a los tribunales de primera instancia que tengan competencia afín con el derecho vulnerado, surgen dos excepciones bien claras:

> "1) si no existiere un tribunal de primera instancia de esas características, conocerá cualquier otro tribunal, también de primera instancia, existente en la localidad, pero indudablemente de rango inferior; y 2) un fuero especial para la Corte Suprema de Justicia –mas, siempre en Sala con competencia afín al derecho lesionado (criterio material de afinidad, todavía, presente)– cuando se tratare de amparos contra ciertas autoridades, de alto rango, especialmente señaladas por el legislador"[1745]

La primera excepción mencionada, está establecida en el artículo 9 de la Ley Orgánica que dispone:

> "*Artículo 9.* Cuando los hechos, actos u omisiones constitutivos de la violación o amenaza de violación del derecho o de las garantías constitucionales se produzcan en lugar donde no funcionen Tribunales de Primera Instancia, se interpondrá la acción de amparo ante cualquier Juez de la localidad, quien

---

1744 Véase sentencia de la antigua Corte Suprema de Justicia, Sala Político Administrativa de 16–11–89 (Caso: *Copei–Julio Cesar Moreno*), *Revista de Derecho Público,* nº 40, EJV, Caracas, 1989, pp. 97–98.

1745 Véase en *Revista de Derecho Público,* nº 40, EJV, Caracas, 1989, p. 97.

decidirá conforme a lo establecido en esta Ley. Dentro de las veinticuatro (24) horas siguientes a la adopción de la decisión, el Juez la enviará en consulta al Tribunal de Primera Instancia competente".

En esta forma, el Legislador, al establecer esta excepción buscó "eliminar obstáculos sobre todo los de orden geográfico y económico"[1746] para el ejercicio de la acción de amparo cuando los hechos, actos u omisiones constitutivos de la violación del derecho o garantías constitucionales se produzcan en un lugar donde no funcionen tribunales de primera instancia. En este caso, la acción puede intentarse ante cualquier juez de la localidad, se entiende, de inferior rango formal[1747].

Una vez que se decida la acción interpuesta, el artículo 9 de la Ley Orgánica exige que se envíe en consulta al Tribunal de Primera Instancia competente, el cual, por supuesto, no necesariamente tiene que ser el superior jerárquico respectivo, sino el que debía conocer en primera instancia del asunto[1748].

3. *La competencia de las Salas del Tribunal Supremo de Justicia en materia de amparo.*

La segunda excepción al principio de la competencia definida por la afinidad entre la materia natural del juez y los derechos o garantías denunciados como lesionados, se estableció en el artículo 8 de la Ley Orgánica, que establece:

> "*Artículo 8* La Corte Suprema de Justicia conocerá, en única instancia y mediante aplicación de los lapsos y formalidades previstos en la Ley, en la Sala con competencia afín con el derecho o garantía constitucionales violados o amenazados de violación, de las acciones de amparo contra los hechos, actos y omisiones, emanados del Presidente de la República, de los Ministros, del Consejo Supremo Electoral y de los demás organismos electorales del país, del Fiscal General de la República, del Procurador General de la República o del Contralor General de la República".

La única reforma efectiva que ha tenido la Ley Orgánica de 1988 se produjo, precisamente, en relación con este artículo, al agregarse a la enumeración del artículo 8, los actos, hechos u omisiones emanados del "Consejo Supremo Electoral y los demás organismos electorales."[1749] La Sala Constitucional, por otra parte, consideró que la enumeración contenida en el artículo 8 de la Ley Orgánica de Amparo era enunciativa y no taxativa, en tanto que existen órganos con rango similar -dada su naturaleza y atribuciones- a los cuales debe extenderse, necesariamente, la aplica-

---

1746 Véase sentencia de la Corte Primera de lo Contencioso administrativo de 10–9–92 (Caso: *UNET*), *Revista de Derecho Público,* N° 51, EJV, Caracas, 1992, p. 138.

1747 Véase sentencia de la antigua Corte Suprema de Justicia, Sala Político Administrativa de 16–11–89 (Caso: *Copei*), *Revista de Derecho Público,* N° 40, EJV, Caracas, 1989, p. 97.

1748 Véase sentencia de la Corte Primera de lo Contencioso administrativo de 10–9–92, *Revista de Derecho Público,* N° 51, EJV, Caracas, 1992, p. 138.

1749 La Ley Orgánica, publicada en *Gaceta Oficial* n° 33.891 de 22–1–88, fue reformada por Ley de 17–9–88 *Gaceta Oficial* N° 34.060 de 27–9–88.

ción del fuero especial consagrado en el mismo, como fue el caso de la Comisión de Funcionamiento y Reestructuración del Sistema Judicial.[1750]

A. *Competencia de la Sala Constitucional*

Ahora bien, en relación con esta norma y con motivo de la creación de la Sala Constitucional del Tribunal Supremo, al interpretar el artículo 27 de la Constitución, dicha Sala introdujo algunas "reformas" a la Ley Orgánica[1751], en forma que consideramos totalmente irregular pues la Jurisdicción Constitucional no puede ser un "legislador positivo,"[1752] y menos con tendencia a la concentración de competencias en materia de amparo.

Esto ocurrió, en *primer lugar,* en el campo de las competencias de las Salas del Tribunal Supremo en materia de amparo. A pesar de que constitucionalmente todas las Salas del Tribunal Supremo serían competentes conforme a la Ley Orgánica de Amparo para conocer de acciones de amparo, la Sala Constitucional en sentencia nº 1 de 20 de enero de 2000 dictada con motivo de decidir la admisibilidad de una acción de amparo (Caso: *Emery Mata Millán vs. Ministro del Interior y Justicia y otros*), interpretó erradamente los principios constitucionales y resolvió *concentrar* exclusivamente en la propia Sala Constitucional, las competencias para conocer de las acciones de amparo que venían conociendo las otras Salas, en única instancia, contra altos funcionarios nacionales conforme al artículo 8 de la Ley Orgánica de Amparo; o contra las sentencias dictadas en primera instancia por los Tribunales Superiores de la República, la Corte Primera de lo Contencioso Administrativo y las Cortes de Apelaciones en lo Penal; o las apelaciones o consultas de las sentencias dictadas por esos mismos Tribunales cuando conocieran de acciones de amparo en primera instancia.

Estimamos que la Sala Constitucional se extralimitó en su interpretación de la Constitución, pues del texto de la misma no resulta competencia exclusiva alguna de la Sala para conocer de las acciones de amparo que se intenten ante el Tribunal Supremo o de las apelaciones o consultas en relación con sentencias de amparo dictadas por la Corte Primera de lo Contencioso Administrativa, las Cortes de Apelacio-

---

1750 Véase sentencia Nº 432 de 19–5–2000 (Caso: *Elena C. Marval R. y otro vs. Comisión de Funcionamiento y Reestructuración del Sistema Judicial*), en *Revista de Derecho Público*, Nº 82, EJV, Caracas 2000, p. 454. In igual sentido sentencia nº 864 de 28–7–2000 (Caso: *Braulio Sánchez vs. Comisión de Funcionamiento y Reestructuración del Sistema Judicial*), en *Revista de Derecho Público*, Nº 83, EJV, Caracas 2000, p. 283

1751 Véase en general, Antonio Canova González, "La Sala Constitucional y su competencia en los procesos de amparo", en: *Estudios de Derecho Administrativo: Libro Homenaje a la Universidad Central de Venezuela,* Volumen I, Imprenta Nacional, Caracas, 2001, pp. 157–176; Luis Martínez Hernández, "Nuevo régimen de acción de amparo con motivo de sentencias dictadas por la Sala Constitucional del Tribunal Supremo de Justicia", en *Estudios de Derecho Público: Libro Homenaje a Humberto J. La Roche Rincón,* Volumen I. Tribunal Supremo de Justicia, Caracas, 2001, pp. 209–265; Rafael Badell Madrid, "El amparo constitucional en la jurisprudencia del Tribunal Supremo de Justicia, *Revista de derecho del Tribunal Supremo de Justicia,* nº 4, Caracas, 2002, pp. 87 a 129.

1752 Fue Hans Kelsen el que comparó a los Tribunales Constitucionales con ser "*legisladores negativos*" al equiparar la anulación de una ley con su derogación. Véase Allan R. Brewer–Carías, *Judicial Review in Comparative Law, op. cit.* p. 192.

nes en lo Penal o los Tribunales Superiores[1753]. La Sala Constitucional, en la Constitución, sólo tiene competencia exclusiva para ejercer la Jurisdicción Constitucional, pero no para actuar como único juez constitucional.

Estas competencias de la Sala Constitucional en materia de amparo, en todo caso, fueron recogidas en el artículo 25 de la Ley Orgánica del Tribunal Supremo de Justicia de 2010, que asigna a la Sala Constitucional competencia para:

> 18. Conocer en única instancia las demandas de amparo constitucional que sean interpuestas contra los altos funcionarios o funcionarias públicos nacionales de rango constitucional.
>
> 22. Conocer de las demandas de amparo contra los actos, actuaciones y omisiones del Consejo Nacional Electoral, de la Junta Electoral Nacional, de la Comisión de Registro Civil y Electoral, de la Comisión de Participación Política y Financiamiento, así como los demás órganos subalternos y subordinados del Poder Electoral.

La competencia se refiere por tanto a las acciones de amparo contra los titulares de los órganos de los Poderes Públicos previstos en la Constitución que ejerzan competencias a nivel nacional, que son, el Presidente de la República, el Vicepresidente de la República, los Ministros, el Procurador General de la República, el Fiscal General de la República, el Defensor del Pueblo, el Contralor General de la República, y el Presidente del Consejo Nacional Electoral y los titulares de los demás órganos electorales.

Otra excepción a la competencia general de los tribunales de primera instancia en materia de amparo, mediante la atribución de competencia a la Sala Constitucional del Tribunal Supremo de Justicia en primera y única instancia, es la prevista en el artículo 25 de la Ley Orgánica del Tribunal Supremo de Justicia de 2010, para:

> 21. Conocer las demandas y las pretensiones de amparo para la protección de intereses difusos o colectivos cuando la controversia tenga trascendencia nacional, salvo lo que disponen leyes especiales y las pretensiones que, por su naturaleza, correspondan al contencioso de los servicios públicos o al contencioso electoral.

Por otra parte, conforme al artículo 25 de la Ley Orgánica del Tribunal Supremo de Justicia (2010), se vació materialmente de competencia en materia de amparo a la Sala Político Administrativa al atribuirse a la Sala Constitucional competencia en segunda instancia para:

> 19. Conocer las apelaciones contra las sentencias que recaigan en los procesos de amparo constitucional autónomo que sean dictadas por los juzgados superiores de la República, salvo contra las de los Juzgados Superiores en lo Contencioso Administrativo.

1753 Confróntese la apreciación coincidente de Jesús María Casal, *Constitución y Justicia Constitucional*, Caracas, 2000, p. 91.

20. Conocer las demandas de amparo constitucional autónomo contra las decisiones que dicten, en última instancia, los juzgados superiores de la República, salvo de las que se incoen contra las de los Juzgados Superiores en lo Contencioso Administrativo.

Por último, en cuanto a las competencias de la Sala Constitucional en materia de amparo, una de las importantes innovaciones de la Constitución de 1999 en materia de justicia constitucional, establecida en el artículo 336.10, fue prever la asignación a la Sala Constitucional de la potestad para revisar sentencias de los tribunales en materia constitucional, en particular, "las sentencias definitivamente firmes de amparo constitucional y de control de constitucionalidad de leyes o normas jurídicas dictadas por los tribunales de la República, en los términos establecidos por la ley orgánica respectiva." Dicha competencia, después de un desarrollo importante en la jurisprudencia,[1754] se ha regulado en el artículo 25 de la Ley Orgánica del Tribunal Supremo de Justicia, como competencia de la Sala para:

10. Revisar las sentencias definitivamente firmes que sean dictadas por los Tribunales de la República, cuando hayan desconocido algún precedente dictado por la Sala Constitucional; efectuado una indebida aplicación de una norma o principio constitucional; o producido un error grave en su interpretación; o por falta de aplicación de algún principio o normas constitucionales.
11. Revisar las sentencias dictadas por las otras Salas que se subsuman en los supuestos que señala el numeral anterior, así como la violación de principios jurídicos fundamentales que estén contenidos en la Constitución de la República Bolivariana de Venezuela, tratados, pactos o convenios internacionales suscritos y ratificados válidamente por la República o cuando incurran en violaciones de derechos constitucionales.
12. Revisar las sentencias definitivamente firmes en las que se haya ejercido el control difuso de la constitucionalidad de las leyes u otras normas jurídicas, que sean dictadas por las demás Salas del Tribunal Supremo de Justicia y demás Tribunales de la República.

En esta materia, conforme al artículo 35 de la ley Orgánica del Tribunal Supremo, cuando la Sala ejerza la revisión de sentencias definitivamente firmes, debe determinar los efectos inmediatos de su decisión, pudiendo reenviar la controversia a la Sala o Tribunal respectivo o conocer la causa, siempre que el motivo que haya generado la revisión constitucional sea de mero derecho y no suponga una nueva actividad probatoria; o que la Sala pondere que el reenvío pueda significar una dilación inútil o indebida, cuando se trate de un vicio que pueda subsanarse con la sola decisión que sea dictada.

1754 Véase Allan R. Brewer-Carías, "La metamorfosis jurisprudencial y legal del recurso extraordinario de revisión constitucional de sentencias en Venezuela" en Eduardo Andrés Velandia Canosa (Director Científico). ***Derecho procesal constitucional***. Tomo III, volumen III. VC Editores Ltda. y Asociación Colombiana de Derecho Procesal Constitucional, Bogotá 2012, p. 269-304.

B. *La competencia de la Sala Electoral como tribunal de única instancia en materia de amparo de contenido electoral*

En materia electoral, la Ley Orgánica del Tribunal Supremo de Justicia le atribuye a la Sala Electoral del Tribunal Supremo, competencia para conocer en primera instancia de "las demandas de amparo constitucional de contenido electoral, distintas a las atribuidas a la Sala Constitucional" (art. 27.3).

Debe mencionarse sobre esto, que sólo tres meses antes de que se publicara la Ley Orgánica del Tribunal Supremo atribuyendo esta competencia a la Sala Electoral, la Sala Constitucional en sentencia Nº 187 de 8 de abril de 2010, había resuelto que "a partir de la publicación de esta sentencia asumirá, sin excepciones, la competencia para conocer de los amparos autónomos que se interpongan contra autoridades subalternas electorales, entes de interés electoral y cualesquiera otra petición con sustancia electoral."[1755]

III. EL CARÁCTER EXTRAORDINARIO DE LA ACCIÓN AUTÓNOMA DE AMPARO

Meses antes de la sanción de la Ley Orgánica de Amparo de 1988, la antigua Corte Suprema de Justicia en Sala Político Administrativa en sentencia de 6 de agosto de 1987 (Caso: *RAP*), había dejado sentado el principio de que la acción de amparo era siempre procedente, cuando los medios ordinarios que existieran contra los actos inconstitucionales o ilegales fueran insuficientes para reparar el perjuicio o no fueran idóneos para evitar el daño o la lesión causada por tales actos.[1756]

De allí el carácter extraordinario que la jurisprudencia fue desarrollando sobre la acción de amparo, en el sentido de que la misma procede "cuando se hayan agotado, no existan, o sean inoperantes otras vías procesales que permitan la reparación del daño;" o "en ausencia de una vía judicial o procedimental específica prevista en el ordenamiento jurídico y aplicable al caso". Esta tesis, desarrollada por la antigua Corte Suprema en la sentencia citada, "es de vieja data en Venezuela", y consiste en definitiva en que si un medio ordinario:

> "permite la protección del derecho constitucionalizado, el amparo no será procedente. Por el contrario, si no hay proceso idóneo para salvaguardarlo, se abre la vía del amparo".

En otras palabras, dijo la antigua Corte Suprema de Justicia, "la acción de amparo resulta improcedente cuando existan medios procesales que permitan obtener los mismos efectos procesales perseguidos por el amparo solicitado". En definitiva, la antigua Corte en esa sentencia del Caso: *RAP,* concluyó señalando que:

1755 Véase en *Revista de Derecho Público*, Nº 122, Editorial Jurídica Venezolana, Caracas 2010, pp. 214-217. Véase además, sentencia de la Sala Electoral Nº 54 de 21-4-2010, en el mismo sentido, en *Idem*, pp. 218-225.

1756 Véase en *Revista de Derecho Público,* Nº 33, Editorial Jurídica Venezolana, Caracas, 1987, p. 107.

"para que sea dable la concesión de un mandamiento de amparo, el juez que conoce de la solicitud respectiva debe concretar su examen a la verificación de los siguientes aspectos:

1) Que la situación infringida por el acto, hecho u omisión de la autoridad pública o del particular, sea violatorio en forma directa, manifiesta e incontestable de un derecho o garantía constitucionalmente tutelado;
2) Que no exista para el restablecimiento de esa situación jurídica lesionada ningún otro medio procesal ordinario adecuado; y
3) Que la lesión o el derecho o garantía afectados sean de tal naturaleza que no podrían ser reparados mediante la utilización de ese otro medio procesal."[1757].

En el mismo sentido, como lo indicó la antigua Corte Primera de lo Contencioso Administrativo, en sentencia de 12 mayo de 1988:

"Cuando el accionante tenga medios procesales ciertamente eficaces, breves e idóneos, los cuales constituyen para ello garantías suficientes y apropiadas para el caso de ser jurídicamente procedentes, tal circunstancia hace inadecuada, esta vía jurisdiccional (acción de amparo autónoma) para la obtención de lo solicitado."[1758]

En definitiva, lo extraordinario de la acción de amparo es que como principio se admite cuando no existan vías procesales idóneas para enervar las lesiones constitucionales aducidas," de manera que si estas existen, la acción de amparo es inadmisible (art. 23.5).

Este carácter extraordinario de la acción de amparo fue precisado por la antigua Corte Suprema en Sala Político Administrativa poco después de sancionada la Ley Orgánica de 1988, en sentencia de 14 de agosto de 1990, al calificar dicha acción como "especial" así:

"Tal como lo ha establecido este Máximo Tribunal reiteradamente, la acción de amparo resulta ser de carácter especial, en el sentido de que no puede sustituir los recursos y acciones establecidos para reclamar algún derecho constitucional, si sus respectivos procedimientos son a su vez breves y sumarios, o efi-

---

1757 En *Revista de Derecho Público,* Nº 31, 1987, pp. 81, 83, 86, 87 y 88. En igual sentido la sentencia de la Corte Primera de lo Contencioso administrativo de 21–1–88, *Revista de Derecho Público,* Nº 33, EJV, Caracas, 1988, p. 110.

1758 Véase en *Revista de Derecho Público,* Nº 34, EJV, Caracas, 1988, p. 104. Véase además, la sentencia de la Corte Suprema en Sala Político Administrativa de 6–12–89, en Véase en *Revista de Derecho Público,* Nº 41, EJV, Caracas, 1989 p. 41. En igual sentido la sentencia de la misma antigua Corte Suprema de Justicia, Sala Político Administrativa de 23–5–88 señaló que procede la acción de amparo "cuando se hayan agotado, no existan o sean inoperantes otras vías judiciales que permitan la reparación del daño". En el caso resuelto se trataba de una acción de amparo intentada contra un acto de negativa del registro de la propiedad de un inmueble y la Corte resolvió que a dicha negativa de registro podía darse satisfacción mediante los procedimientos administrativos y judiciales previstos, agregando que "no puede la brevedad, efectividad y sumariedad del procedimiento de amparo sustituir lapsos y plazos que el legislador estimó conveniente establecer especialmente en materia de registro de la propiedad inmobiliaria". Véase en *Revista de Derecho Público,* Nº 35, EJV, Caracas, 1988, p. 125.

caces, para lograr su rápido restablecimiento. Así lo ha manifestado esta Sala en sentencia de fecha 23–5–88, cuando aclaró que no es posible utilizar la acción de amparo, "como sustitutoria de los recursos precisa y específicamente arbitrados por el legislador –en desarrollo de normas fundamentales– para lograr de esta manera el propósito que se pretende en autos. Si tal sustitución se permitiere, el amparo llegaría a suplantar no sólo esa, sino todas las vías procesales establecidas en nuestro sistema de derecho positivo, situación en modo alguno deseable ni deseada por el legislador del amparo". En ese mismo sentido se ha pronunciado la Sala de Casación Civil de esta Suprema Corte, cuando en sentencia de fecha 27–4–88, asentó que el actor tiene la carga procesal de "utilizar el procedimiento normal preestablecido por la ley adecuado a su pretensión, carga que de incumplirse, produce la inadmisión del amparo instaurado". En esa misma sentencia la Sala de Casación Civil, precisó, que el numeral 5 del artículo 6° de la Ley Orgánica de Amparo sobre Derechos y Garantías Constitucionales, debe interpretarse en el sentido de que "no puede entenderse nunca como una facultad libre de acudir o no a las vías establecidas, sino como la carga procesal del actor de utilizar el procedimiento normal preestablecido por la Ley (*omissis*)". En concreto, pues, que si existe "un medio procesal, breve, sumario y eficaz acorde con la protección constitucional", como lo exige el artículo 5° de la Ley Orgánica de Amparo sobre Derechos y Garantías Constitucionales, la acción de amparo en contra de los actos administrativos, actuaciones materiales, vías de hecho, abstenciones u omisiones de la Administración Pública, resulta ser inadmisible, por no darse el presupuesto general de dicha acción cual es su carácter extraordinario."[1759]

En sentido similar en sentencia de 11 de diciembre de 19 de diciembre de 1990, la Sala Político Administrativa de la antigua Corte Suprema precisó:

> "Ha sido el criterio reiterado de la jurisprudencia de este Máximo Tribunal, así como de la doctrina, que la acción de amparo es un remedio judicial extraordinario o especial que sólo procede cuando se hayan agotado, no existan, o sean inoperantes otras vías procesales que permitan la reparación del daño. Igualmente, el artículo 5 de la Ley Orgánica de Amparo sobre Derechos y Garantías Constitucionales señala que la acción de amparo procede cuando no exista un medio procesal breve, sumario y eficaz acorde con la protección constitucional.
>
> Tal requisito procesal objetivo para la admisibilidad de la acción hace del amparo un medio o instrumento judicial que sólo puede ser admitido por el juez una vez verificado que los otros medios ordinarios no son los eficaces o idóneos para restablecer la situación jurídica denunciada. Si existen esos medios, el juez debe abstenerse de admitir la acción de amparo propuesta.
>
> En efecto, la naturaleza extraordinaria o especial del amparo constitucional, tiene como objetivo lograr que dicha institución no sea sustitutiva de los medios ordinarios; igualmente alerta sobre la necesidad de su uso prudente y racional

1759 Véase en *Revista de Derecho Público,* N° 44, EJV, Caracas, 1990, p. 134.

como medio de defensa extremo de los derechos constitucionales admisible sólo cuando sea la única vía idónea y eficaz para el restablecimiento de las libertades públicas o cuando los otros medios sean inoperantes para lograr dicho objetivo"[1760].

En consecuencia, en sentido contrario, cuando en el ordenamiento jurídico exista una vía idónea, adecuada, eficaz y operante que permita el restablecimiento inmediato de la situación jurídica infringida, acorde con la protección del derecho constitucional, la acción de amparo puede ser declarada inadmisible. Así lo resolvió, desde 1991, la antigua Corte Suprema, por ejemplo, en relación al amparo tributario regulado en el Código Orgánico Tributario: existiendo esta vía para reparar los perjuicios derivados de la abstención administrativa, la acción autónoma de amparo se ha considerado improcedente.[1761]

En todo caso, en materia de amparo contra actos administrativos el carácter extraordinario fue muy desarrollado por la jurisprudencia, por la previsión expresa que estaba establecida en el artículo 5° de la Ley Orgánica de 1988 que establecía su procedencia "cuando no exista un medio procesal breve, sumario y eficaz, acorde con la protección constitucional". Por ello, la norma fue analizada por la Sala Constitucional del Tribunal Supremo de Justicia, apenas entró en vigencia la Constitución de 1999, habiendo concluido en la interpretación vinculante adoptada en la sentencia N° 1 de 20 de enero de 2000 (Caso *Emery Mata Millán*), que:[1762]

> "Dicho artículo, a juicio de esta Sala, no colide con la Constitución. y por lo tanto, tiene plena vigencia, y según él, las acciones de amparo pueden ejercerse conjuntamente con el recurso contencioso administrativo de nulidad de actos administrativos o contra las conductas omisivas.
>
> Al estar vigente el citado artículo 50, surge una excepción a la doctrina sobre la competencia en materia de amparo, contenida en este fallo, y es que los tribunales, incluyendo las Salas de este Supremo Tribunal, que conozcan de procesos de nulidad de actos administrativos de efectos particulares, o contra negativas o abstenciones de la Administración, mediante recursos contenciosos administrativos, podrán a su vez conocer de los amparos previstos en el artículo 5° de la Ley Orgánica de Amparo Sobre Derechos y Garantías Constitucionales, siempre que el recurso de nulidad o por abstención de la Administración, no se funde en una infracción directa e inmediata de la Constitución, y siempre que la acción de amparo no se encuentre caduca.
>
> Resultado de la doctrina que se expone, es que las Salas de este Tribunal Supremo de Justicia que conocen amparos que no se han ejercido conjuntamente con recursos contenciosos administrativos, remitirán a esta Sala las acciones de amparo que venían tramitando, mientras que la Sala Político-Administrativa y la Sala Electoral seguirán conociendo los amparos que se ejercieron o se ejer-

---

1760 Véase en *Revista de Derecho Público,* N° 45, EJV, Caracas, 1991, p. 112.

1761 Véase sentencia de la antigua Corte Suprema de Justicia, Sala Político Administrativa de 14–8–90 (Caso: *Grespais*), *Revista de Derecho Público,* N° 44, EJV, Caracas, 1990, p. 135.

1762 *Revista de Derecho Público,* N° 81, EJV, Caracas, 2000, pp. 225-229.

zan conjuntamente con el recurso contencioso administrativo o electoral de anulación de actos o contra las conductas omisivas.".

El principio contenido en el artículo 5 de la Ley Orgánica de 1988, consecuencia del carácter extraordinario de la acción de amparo se recogió en la regulación de la acción contencioso administrativa, contra actos administrativos u omisiones de la Administración, con el amplísimo poder cautelar, en la Ley Orgánica de la Jurisdicción Contencioso Administrativa lo que constituye precisamente, una vía procesal idónea para enervar las lesiones constitucionales aducidas.

IV. EL OBJETO DE LA PROTECCIÓN CONSTITUCIONAL: TODOS LOS DERECHOS Y GARANTÍAS CONSTITUCIONALES

1. *El régimen general en Venezuela: la protección de todos los derechos y garantías*

El derecho de amparo en la Constitución y en la Ley Orgánica está configurado para proteger el goce y ejercicio de *todos* los derechos y garantías que establece la Constitución y los instrumentos internacionales sobre derechos humanos (Artículo 27 Constitución), razón por la cual el artículo 1° de la Ley Orgánica se configura la acción como una garantía fundamental que tiene "toda persona" de poder ejercer:

> "ante los Tribunales competentes el amparo previsto en el artículo 49 de la Constitución, para el goce y el ejercicio de los derechos y garantías constitucionales, aun de aquellos derechos fundamentales de la persona humana que no figuren expresamente en la Constitución, con el propósito de que se restablezca inmediatamente la situación jurídica infringida o la situación que más se asemeje a ella.

A ello, se agregó en la misma norma "la garantía de la libertad personal", con lo cual, en definitiva, el amparo se configura como una garantía fundamental de los derechos humanos y de los derechos constitucionales.

Por otra parte, el derecho de amparo corresponde a *todos* para proteger el goce y ejercicio de los derechos y garantías constitucionales y, por tanto, no sólo protege a los titulares de los mismos cuando se trate de personas naturales, sino también de dichos derechos cuando éstos se ejercen por personas morales. Es indudable que por la amplitud con la cual el artículo 27 de la Constitución consagra el derecho de amparo, la expresión "todo habitante" como titular de la acción conforme al artículo 1° de la Ley Orgánica de Amparo, no la interpretó la jurisprudencia ni el Legislador como referida sólo a las personas naturales, sino que también se refiere, por supuesto, a todas las personas jurídicas, incluso las personas morales de derecho público, pues los derechos que la Constitución establece no sólo son derechos de las personas naturales sino que muchos también se garantizan respecto de las personas morales[1763]. Lo único que exige la Ley Orgánica para el logro de la protección en estos casos es que las personas morales estén domiciliadas en el país (Art. 1).

1763 Véase lo indicado por la Corte Primera de lo Contencioso-Administrativo en sentencias de 30–4–87, 24–4–88 y 28–7–88 en FUNEDA, 15 *años de Jurisprudencia de la Corte Primera de lo Contencioso–Administrativo, 1977–1992, Amparo Constitucional,* Caracas, 1994, pp. 141, 180 y 225.

En cuanto a los derechos y garantías protegidos, en particular de las personas de derecho público territoriales, la doctrina de la Sala Constitucional ha excluido de protección mediante amparo, a las "garantías institucionales" de la autonomía de los entes político-territoriales establecidas en la Constitución,[1764] considerando que los Estados o Municipios sólo pueden acudir al amparo para defender los derechos de los que puedan ser titulares, como el derecho al debido proceso, o el derecho a la igualdad, o a la irretroactividad de la ley; en cambio, no pueden accionar en amparo para tutelar la garantía de la autonomía que la Constitución les reconoce o las potestades y competencias que aquélla comporta.[1765]

Pero, como hemos dicho, la acción de amparo se configura como un medio de protección del goce y ejercicio de *absolutamente todos* los derechos y garantías que la Constitución establece, y para corroborar esta afirmación basta recordar que su artículo 27 está ubicado en el Capítulo I que contiene las "Disposiciones Generales" del Título III, que se refiere a los "De los derechos humanos y garantías y de los deberes", teniendo en cuenta que posteriormente, en los ocho capítulos restantes, se regulan separadamente los derechos de los ciudadanos, los derechos civiles, los derechos políticos, los derechos sociales y de las familias, los derechos culturales y educativos, los derechos económicos, los derechos de los pueblos indígenas y los derechos ambientales.

Por esta ubicación de la norma en las Disposiciones Generales citadas, la Ley Orgánica ha sido explícita al señalar que el derecho de amparo procede respeto de "el goce y el ejercicio de los derechos y garantías constitucionales, aun de aquellos inherentes a la persona que no figuren expresamente en la Constitución" (Art. 1°).

Por tanto, en Venezuela el amparo no es solo un medio de protección de ciertos derechos, sino al contrario, de todos los derechos y garantías que la Constitución establece y que además están establecidos en los instrumentos internacionales sobre derechos humanos, o que sean inherentes a la persona humana, teniendo en cuenta, además, que los consagrados en tratados internacionales tienen rango constitucional por expresa previsión del artículo 23 de la Constitución. No tiene aplicación en Venezuela, por tanto, el sistema restrictivo de la acción de amparo que lo prevé sólo para proteger ciertos derechos constitucionales denominados como "fundamentales" lo que implica que quedarían fuera de su ámbito todos los otros, como sucede en España, Alemania y algunos países latinoamericanos como Chile y Colombia.[1766] Al contrario, en Venezuela, *todos* los derechos constitucionales pueden ser objeto de protección mediante la acción de amparo.

Esto llevó al legislador a considerar que mediante el derecho de amparo no sólo se protegen *todos* los derechos y garantías enumeradas en la Constitución, en los

1764 La Sala Constitucional, en esta forma, ha rechazado lo que ha denominado como el "amparo organizacional," como una pretendida figura destinada a tutelar potestades públicas o garantías institucionales." Véase sentencia N° 1655 de 5 de diciembre de 2012, en *Revista de Derecho Público*, N° 132, Editorial Jurídica Venezolana, Caracas 2012, pp. 184-185.

1765 Véase entre otras, la sentencia N° 1395 de 21–11–2000 (Caso: *Gobernación del Estado Mérida y otras vs. Ministerio de Finanzas*), en *Revista de Derecho Público*, N° 84, EJV, Caracas 2000, pp. 315 ss.

1766 Véase Allan R. Brewer–Carías, *El amparo a los derechos y garantías constitucionales, (Una aproximación comparativa)*, Caracas, 1993, pp. 63 ss.

artículos 19 a 129, sino, por supuesto, aquéllos que se establecen indirectamente en otras normas constitucionales. Por ejemplo, la garantía de que los entes públicos no le pueden exigir a las personas naturales jurídicas el pago de impuestos y contribuciones que no se hayan establecido en ley formal, y la garantía de que el Estado no establezca ni exija el pago de impuestos en servicio personal, consagrado en el artículo 317 de la Constitución.[1767]

Por tanto, el amparo está previsto en la Constitución como un derecho de protección de todos los derechos y garantías constitucionales, sin límites, incluso cuando éstos resultan de principios constitucionales. Así, por ejemplo, lo señaló la antigua Corte Primera de lo Contencioso Administrativo en sentencia de 7 de mayo de 1990, al indicar que:

> "El amparo constitucional es el medio directo, efectivo y sumario que el constituyente ha puesto en manos de los ciudadanos y de las corporaciones que los mismos integran, para que sean tutelados no sólo los derechos que ella les garantiza, sino también los principios que rigen el sistema jurídico, tales como el de la actuación democrática; el de la legítima representatividad y de la justicia misma".[1768]

De acuerdo a esta orientación, por tanto, poco importa donde estén ubicados dentro de la Constitución los derechos o garantías constitucionales. Lo importante es que tengan rango constitucional. Esto lo reconoció expresamente la antigua Corte Primera de lo Contencioso Administrativo en sentencia de 25 de junio de 1993, al precisar que:

> "Ni todos los derechos constitucionales están contenidos en el Título III del Texto Fundamental, ni todas las disposiciones del susodicho título establecen derechos constitucionales. Por lo contrario, existen disposiciones del Título III de la Constitución que lo que establecen son las llamadas "determinaciones de fines del Estado"; por supuesto, estos fines del Estado están encaminados a la protección o facilitación del ejercicio de derechos constitucionales, pero sin establecerlos"[1769].

Por ello, en general, la jurisprudencia ha exigido para que proceda el amparo que se trate de una violación inmediata, directa y clara de un derecho o garantía consti-

---

1767 Sin embargo, en algunas sentencias se puede apreciar alguna tendencia restrictiva en esta materia. Por ejemplo, en la de la Corte Suprema de Justicia en Corte Plena de 21–3–88, al solicitarse protección constitucional contra la exigencia del pago de una contribución por renovar un registro de vehículos no previsto en la Ley de Tránsito, y por tanto, evidentemente violatorio de la garantía constitucional de la reserva legal. Véase en *Revista de Derecho Público,* Nº 34, EJV, Caracas, 1988, p. 105. Véase también sentencia de la Sala Político-Administrativa de 17–10–88. Véase en *Revista de Derecho Público,* Nº 36, EJV, Caracas, 1988, p. 91. Véase sobre ello Allan R. Brewer–Carías, *Derecho y acción de amparo*, Vol. V, *Instituciones Políticas y Constitucionales, cit.* pp. 209 ss.

1768 Véase en FUNEDA, 15 *años de Jurisprudencia, op. cit.*, p. 152.

1769 Véase en *Revista de Derecho Público,* nos 53–54, EJV, Caracas, 1993, p. 361.

tucional o de rango constitucional,[1770] como por supuesto serían también los derechos inherentes a la persona humana[1771] conforme al artículo 22 de la Constitución.

En efecto, el derecho de amparo previsto en el artículo 27 de la Constitución también se refiere a aquellos derechos fundamentales que no estén expresamente enunciados en normas constitucionales, pero que sean derechos inherentes a la persona humana, adquiriendo, en este sentido, todo su valor, la cláusula abierta contenida en el artículo 22 de la Constitución, que establece lo siguiente:

> "*Artículo 22.* La enunciación de los derechos y garantías contenidas en la Constitución y en los instrumentos internacionales sobre derechos humanos no debe entenderse como negación de otros que, siendo inherentes a la persona, no figuren expresamente en ella. La falta de ley reglamentaria de estos derechos no menoscaba el ejercicio de los mismos".

Por tanto, la acción de amparo protege también todos estos derechos inherentes a la persona humana que no figuran expresamente en el texto, o en los instrumentos internacionales sobre derechos humanos; no siendo por supuesto necesaria una ley que reglamente estos derechos para que se pueda garantizar su ejercicio.[1772] Con motivo de este enunciado del artículo 22, por supuesto, adquiere una enorme importancia el elenco de los derechos del hombre que se enuncian en las Declaraciones Universales de los Derechos del Hombre, y en las Convenciones Internacionales formales que regulan los derechos humanos, como los Pactos Internacionales de los Derechos Civiles y Políticos, y de Derechos Económicos y Sociales los cuales, además, tienen rango constitucional, habiendo sido aprobados por leyes especiales por el Congreso.[1773] Lamentablemente, en cuanto a la Convención Americana sobre Derechos Humanos, Venezuela la denunció en 2012.

Por otra parte, en Venezuela, al estar destinado el amparo a proteger todos los derechos y garantías enumerados en la Constitución, el llamado derecho de hábeas corpus se ha configurado como parte del derecho de amparo o, si se quiere, una manifestación del derecho de amparo. En nuestro país, esto resultaba claro de la regulación que traía la Disposición Transitoria Quinta de la Constitución de 1961 donde

---

1770 Véase, por ejemplo, sentencias de la Corte Primera de lo Contencioso administrativo de 22–1–88, *Revista de Derecho Público,* N° 33, EJV, Caracas, 1988, p. 109; de 24–5–88, *Revista de Derecho Público,* N° 35, EJV, Caracas, 1988, p. 100; de 30–6–88, *Revista de Derecho Público,* N° 35, EJV, Caracas, 1988, p. 129; de 8–10–91, *Revista de Derecho Público,* N° 48, EJV, Caracas, 1991, p. 138; de 15–9–92 y 16–9–92, *Revista de Derecho Público,* N° 51, EJV, Caracas, 1992, pp. 146 y 150; y de la antigua Corte Suprema de Justicia, Sala Político Administrativa, de 9–5–88, *Revista de Derecho Público* N° 34, EJV, Caracas, 1988, pp. 105 y 116; de 27–6–90, *Revista de Derecho Público* N° 43, EJV, Caracas, 1990 p. 92, y de 26–10–89, *Revista de Derecho Públic*o, N° 40, EJV, Caracas, 1989, p. 109. Véase también de la antigua Corte Suprema de Justicia, Sala Plena de 21–3–88, *Revista de Derecho Público,* N° 34, EJV, Caracas, 1988, p. 105.

1771 Véase sentencias de la antigua Corte Suprema de Justicia, Sala Político Administrativa, de 5–10–89, *Revista de Derecho Público,* N° 40, EJV, Caracas, 1989, p. 108; y de 14–8–89, *Revista de Derecho Públic*o, N° 39, EJV, Caracas, 1989, p. 144.

1772 Véase, por ejemplo, sentencia de la antigua Corte Suprema de Justicia, Sala Político Administrativa de 5–10–89 en *Revista de Derecho Público,* N° 40, EJV, Caracas, 1989, p. 108.

1773 Véase en *Gaceta Oficial* N° 31.266 de 14–6–77 y N° 2.146 Extra. de 28–1–78.

se afirmaba que el amparo a la libertad personal, hasta tanto se dictase la ley especial que lo regulare conforme al artículo 49, procedía de acuerdo con una serie de reglas procesales que allí se establecieron, destinadas a proteger a los particulares respecto a la privación o restricción de su libertad con violación de las garantías constitucionales. Al hablar dicha Disposición Transitoria de 1961 de "amparo a la libertad personal" y remitir al artículo 49, en definitiva, implicaba que el derecho de amparo previsto en el artículo 49, también estaba destinado a amparar la libertad personal y que sólo transitoriamente se establecía un procedimiento específico en esta Disposición, pero sin que en Venezuela realmente se configurase un derecho de hábeas corpus distinto al derecho general de amparo, regulado en el artículo 27 de la Constitución.

Esta concepción fue la que se acogió en la Constitución de 1999 y es la que se confirma expresamente en la Ley Orgánica de Amparo de 1988 al establecer en su artículo 1° que "La garantía de la libertad personal que regula el *hábeas corpus* constitucional, se regirá por esta ley"; destinando a ello los artículos 38 a 47 de la misma.

2. *La situación de la protección de los derechos constitucionales en el derecho comparado: el contraste con el derecho venezolano*

Uno de los propósitos esenciales de los sistemas de garantía de la Constitución, es la protección de la parte dogmática del texto fundamental, es decir, la protección de los derechos declarados en la misma o que por virtud de sus normas, han adquirido rango y valor constitucional, estando fuera del alcance del legislador en el sentido que no pueden ser eliminados o disminuidos mediante leyes.

Por ello es que tienen tanta importancia las declaraciones constitucionales de derechos, pues le permiten al juez constitucional proceder de inmediato a asegurar su protección. Ello contrasta con otros sistemas, como el estadounidense, donde la escueta declaración constitucional de derechos hace a veces más laborioso procurar su protección constitucional, como ha ocurrido por ejemplo, con los derechos sociales, como los relativos a la educación o a la vivienda. En relación con el derecho de educación, por ejemplo, no ha sido considerado en los Estados Unidos como un derecho fundamental, razón por la cual la Corte Suprema en el caso *San Antonio Independent School District et al. v. Rodriguez et al.*, 411 U.S. 1; 93 S. Ct. 1278; 36 L. Ed. 2d 16; (1973), del 21 de marzo de 1.973, ha decidido que aunque la educación "es uno de los más importantes servicios prestados por el estado (como se declaró en *Brown v. Board of Education*), no está dentro de la limitada categoría de derechos reconocida por esta Corte como garantizada por la Constitución" En este caso, la Corte Suprema negó a dicho derecho la cualidad de "derecho fundamental", insistiendo que "la educación, no obstante su indiscutida importancia, no es un derecho al que se reconoce, explícita o implícitamente, protección por la constitución."

Al resolver el caso, la Corte Suprema se refirió a otra decisión emitida en el caso *Dandridge v. Williams*, 397 U.S. 471 (1970), donde tratando otras materias de asistencia social pública, la Corte sentenció que:

> "No es terreno de esta Corte el crear derechos constitucionales sustanciales a título de garantizar la igualdad de las leyes. De allí que la clave para descubrir si la educación es "fundamental" no se encontrará en comparaciones sobre la

significación social relativa de la educación, con la subsistencia o la vivienda. Ni tampoco se encontrará al sopesar si la educación es tan importante como el derecho a movilizarse. Más bien, la respuesta yace en determinar si existe un derecho a la educación, explícita o implícitamente, garantizado por la Constitución.

En apoyo del antes mencionado caso *San Antonio Independent School District et al. v. Rodriguez et al.*, la Corte también se refirió a otro caso - *Lindsay v. Normet*, 405 U.S. 56 (1972)- dictado solo un año antes y en el cual reiteró firmemente "que la importancia social no es el determinante crítico para sujetar la legislación estadal a examen estricto," negando rango constitucional al derecho a tener una vivienda, disponiendo que sin denigrar de "la importancia de una vivienda decente, segura e higiénica," el hecho es que "la Constitución no dispone de medios judiciales para cada anomalía social o económica," siendo la materia de atribución legislativa y no judicial.

Por consiguiente, el elemento clave para que los derechos humanos sean materia de protección constitucional - también en los Estados Unidos - es su rango o reconocimiento constitucional que tengan como derechos, independientemente de la posibilidad que sean además regulados, por las leyes. Esta es la situación general en América Latina, donde como se dijo, la acción de amparo se dispone para la protección de los derechos consagrados en las Constituciones, independientemente de si además están regulados en las leyes.

El tema central, por tanto, en esta materia de la protección constitucional de los derechos es el relativo a cuáles son los susceptibles de tal protección, siendo la regla general, que todos los derechos constitucionales deben y pueden ser protegidos sin excepción, como sucede en Venezuela. Aun así, esta regla tiene su excepción en los casos de Chile y Colombia donde el alcance de la protección del amparo ha sido reducida a solo ciertos derechos constitucionales.

A. *El amparo y hábeas corpus para la protección de todos los derechos constitucionales*

De acuerdo con la regla general, los derechos protegidos por la acción de amparo son los "derechos constitucionales," expresión que comprende, *primero*, los derechos expresamente declarados en la Constitución, cualquiera que sea la fórmula que se utilice; *segundo*, aquellos derechos que aun no siendo enumerados en las Constituciones son inherentes a los seres humanos; y *tercero,* aquellos derechos enumerados en los instrumentos internacionales de derechos humanos ratificados por el Estado.

En palabras de las leyes de amparo argentina (art. 1) y uruguaya de 1.988 (art. 72), la protección constitucional se refiere a los derechos y libertades "explícita o implícitamente reconocidas por la Constitución Nacional."

De manera que, por ejemplo, como hemos dicho, en el caso de Venezuela todos los derechos enumerados en el Título III de la Constitución -referido a los derechos humanos, garantías y deberes- son protegidos mediante la acción de amparo. Tales derechos son los derechos de ciudadanía, derechos civiles (o individuales), los derechos políticos, los derechos sociales y de las familias, los derechos culturales y educativos, los derechos económicos, los derechos ambientales y los derechos de los pueblos indígenas enumerados en los artículos 19 al 129. Adicionalmente, todo otro derecho y garantía constitucional derivado de otras disposiciones constitucionales también puede ser protegido aun cuando no esté incluido en el Título III como, por ejemplo, la garantía constitucional de independencia del poder judicial o la garantía constitucional de la legalidad del impuesto (los impuestos solo pueden ser fijados por ley).[1774]

Respecto de los derechos protegidos y a través de las cláusulas abiertas de los derechos constitucionales, casi todos los países latinoamericanos han admitido la protección constitucional respecto de los derechos y garantías constitucionales no expresamente enumerados en la Constitución pero que pueden ser considerados inherentes a los seres humanos. Estas cláusulas abiertas han sido ampliamente aplicadas por los tribunales latinoamericanos, no quedando duda en relación con la posibilidad de que un derecho o garantía no enumerado sea protegido constitucionalmente; formula que tiene su directo antecedente en la Novena Enmienda de la Constitución de los Estados Unidos, la cual, sin embargo, allí solo se ha aplicado en pocas ocasiones.

Por ejemplo, en el caso *Griswold v. Connecticut*, de 7 de junio de 1965 (1965, 381 U.S. 479; 85 S. Ct. 1678; 14 L. Ed. 2d 510), la Suprema Corte declaró que, aunque no estuviese expresamente mencionado en la Constitución, el derecho de privacidad marital debía ser considerado como un derecho constitucional, comprendido en el concepto de libertad y protegido constitucionalmente. En contraste, sin embargo, como se dijo, casi todas las constituciones latinoamericanas, con excepción de Cuba, Chile, México y Panamá, contienen cláusulas abiertas de este tipo, enfatizando que la declaración o enunciación de derechos establecida en la Constitución no se entenderá como la negación de otros no establecidos ahí y que son inherentes al individuo o a su dignidad humana. Cláusulas de este tipo se encuentran en las constituciones de Argentina (art. 33), Bolivia (art. 33), Colombia (art. 94), Costa Rica (art. 74), Ecuador (art. 19), Guatemala (art. 44), Honduras (art. 63), Nicaragua (art. 46), Paraguay (art. 45), Perú (art. 3), Uruguay (art. 72) y también en Venezuela (art. 22).

La Constitución de la Republica Dominicana es menos expresiva, indicando solamente que la enumeración constitucional de los derechos "no tienen carácter limitativo y, por consiguiente, no excluyen otros derechos y garantías de igual naturaleza " (art. 74.1). La constitución de Ecuador, por ejemplo, se refiere a que el reconocimiento de los derechos y garantías establecidos en la Constitución y en los instrumentos internacionales de derechos humanos, "no excluirá los demás derechos derivados de la dignidad de las personas, comunidades, pueblos y nacionalidades, que sean necesarios para su pleno desenvolvimiento. (art. 11.7).

En otros casos, como la Constitución de Brasil, la cláusula abierta, sin referirse a los derechos inherentes de las personas humanas, indica que la enumeración de de-

1774 Véase Allan R. Brewer-Carías, *Instituciones Políticas y Constitucionales*, Vol. V, Derecho y Acción de Amparo, Universidad Católica del Táchira - Editorial Jurídica Venezolana, Caracas - San Cristóbal 1998, pp. 209 ss. Véase decisión de la Corte Primera de lo Contencioso-Administrativo, caso *Fecadove*, en Rafael Chavero G., *El nuevo régimen del amparo constitucional en Venezuela,* Ed. Sherwood, Caracas, 2001, p. 157.

rechos y garantías en la Constitución, no excluye otros derechos derivados del régimen y principios establecidos por la Constitución o por los tratados internacionales en los cuales la República Federativa de Brasil sea parte" (art. 5.2). La Constitución de Costa Rica se refiere a esos derechos "que se deriven del principio cristiano de justicia social" (art. 74), una expresión que puede interpretarse en el sentido de la dignidad humana y justicia social.

En otras Constituciones, en vez de referirse a derechos inherente a los seres humanos, las cláusulas abiertas se refieren a la soberanía del pueblo y a la forma republicana de gobierno y, por consiguiente, más énfasis se hace respecto de los derechos políticos que a los derechos inherentes de las personas humanas. Este es el caso de Argentina, donde el artículo 33 de la Constitución establece que "las declaraciones, derechos y garantías que enumera la Constitución, no serán entendidos como negación de otros derechos y garantías no enumerados; pero que nacen del principio de la soberanía del pueblo y de la forma republicana de gobierno." Disposiciones similares están contenidas en las constituciones de Bolivia (art. 55) y Uruguay (art. 72). En Perú (art. 3) y Honduras (art. 63) las constituciones se refieren a otros derechos de naturaleza análoga o que están fundamentados en la "dignidad del hombre o en la soberanía del pueblo, el imperio democrático de la ley y la forma republicana de gobierno."

En todos estos casos, la incorporación de cláusulas abiertas en la constitución respecto de los derechos humanos implica que la ausencia de regulaciones legales de dichos derechos no puede ser invocada para negar o menoscabar su ejercicio por el pueblo, como está expresado en muchas constituciones (Argentina, Bolivia, Paraguay, Venezuela y Ecuador).

Pero además de los derechos declarados en la Constitución y aquellos derivados de las cláusulas abiertas como inherentes a la persona humana, los derechos declarados en los tratados internacionales pueden también ser protegidos mediante la acción de amparo. Esto está también expresamente previsto en muchos países donde los derechos declarados en tratados internacionales se les ha conferido rango constitucional, como es el caso de Venezuela (Constitución, art. 23). Asimismo en Costa Rica, por ejemplo, el artículo 48 de la Constitución es absolutamente claro cuando garantiza el derecho de toda persona a intentar acciones de amparo para mantener o restablecer el goce de todo otro derecho otorgado por esta Constitución así como de aquellos de naturaleza fundamental establecidos en los instrumentos internacionales de derechos humanos vigentes en la república. En el mismo sentido está regulado en la Ley Orgánica de Garantías Jurisdiccionales y Control Constitucional de 2.009 de Ecuador que establece en su artículo 1 que "esta ley tiene por objeto regular la jurisdicción constitucional, con el fin de garantizar jurisdiccionalmente los derechos reconocidos en la Constitución y en los instrumentos internacionales de derechos humanos y de la naturaleza; y garantizar la eficacia y la supremacía constitucional."

Por consiguiente, el alcance de la protección constitucional del amparo en América Latina en general es muy amplio. Esto ha provocado que en algunos países -a fin de determinar el alcance de la protección constitucional del amparo y habeas corpus- las leyes especiales que regulan el amparo tiendan a ser exhaustivas al enumerar los derechos a ser protegidos, como es el caso de Perú, donde el Código Procesal Constitucional (Ley N° 28.237 de 2.004) expresamente enumera e identifica cuales son los derechos a ser protegidos mediante el amparo y el habeas corpus.

Respecto de éste último, una lista extensa está dispuesta en el artículo 25 de la ley, añadiendo que "también procede el hábeas corpus en defensa de los derechos constitucionales conexos con la libertad individual, especialmente cuando se trata del debido proceso y la inviolabilidad del domicilio." Asimismo y respecto de la acción de amparo, el mismo código peruano de procedimiento constitucional incluye una larga lista de derechos (art. 37) a ser protegidos, incluyendo al final una referencia a todos "los demás que la Constitución reconoce", resolviendo los problemas que normalmente tiene la práctica de enumerar situaciones específicas en las leyes con el riesgo general de dejar asuntos por fuera.

La ley guatemalteca de amparo también tiende a agotar la enumeración de casos en que la acción de amparo puede intentarse[1775], añadiendo asimismo que su admisión se extiende a cualquier situación que presente un riesgo, amenaza, restricción o violación de los derechos reconocidos por "la Constitución y las leyes de la República de Guatemala", sea que la situación sea causada por entidades o personas de derecho público o privado.

En todos estos casos, cuando se enumeran sin limitación los derechos constitucionales a ser protegidos mediante las acciones de amparo y habeas corpus y si no hay riesgo de dejar fuera derechos constitucionales a ser considerados como protegidos, indudablemente estas leyes son importantes instrumentos para la ejecución judicial de los derechos y para la interpretación jurisprudencial sobre el alcance de los derechos a ser protegidos.

B. *El amparo y hábeas corpus para la protección de sólo algunos derechos constitucionales*

Aun cuando es verdad que el principio general es que solo los derechos constitucionales han de ser protegidos mediante el amparo y hábeas corpus, el hecho es que no todas las constituciones latinoamericanas garantizan esa protección constitucional para todos los derechos constitucionales.

Como ya se mencionó y en contraste con el general sentido protector latinoamericano, en el caso de Chile y Colombia, la acción específica de tutela y de protección de los derechos y libertades constitucionales está solamente establecida en la constitución para proteger ciertos derechos y garantías. En estos casos, el alcance de la acción de amparo es uno restringido, el cual ha caracterizado, asimismo, los sistemas restrictivos seguidos en las constituciones alemana y española en relación con los recursos de amparo que están establecidos únicamente para la protección de los así llamados "derechos fundamentales."

a. *La acción de protección chilena para determinados derechos*

En Chile, aparte de la acción de hábeas corpus establecida para proteger a cualquier individuo contra arrestos inconstitucionales, detenciones y encarcelamiento; el recurso de protección está establecido sólo para garantizar algunos derechos consti-

---

1775 Véase. Jorge Mario García La Guardia, "La Constitución y su defensa en Guatemala," en *La Constitución y su defensa*, Universidad Nacional Autónoma de México, México, 1984, pp. 717–719; y *La Constitución Guatemalteca de 1985*, México, 1992.

tucionales enumerados en el artículo 19, numerales 1, 2, 3 (parágrafo 4°), 4, 5, 6, 9 (parágrafo final), 11, 12, 13, 15, 16 de la constitución y en el cuarto párrafo y numerales 19, 21, 22, 23, 24 y 25 de la misma constitución.

La lista asimismo se refiere principalmente a derechos civiles o individuales, también incluyendo algunos derechos sociales, como el derecho a elegir un sistema de salud pública, la libertad para enseñar y trabajar y de afiliarse a sindicatos laborales; algunos derechos a la libertad económica y de propiedad; y el derecho a tener un ambiente descontaminado.

Aparte de todos estos derechos y libertades constitucionales, los otros derechos consagrados en la constitución no tienen un medio específico de protección, estando su protección a cargo de los tribunales ordinarios a través de los procedimientos judiciales ordinarios.

b. *La acción de "tutela" colombiana para la protección de derechos fundamentales*

En el caso de Colombia, además del hábeas corpus, la Constitución también establece la acción de *tutela*, en el artículo 86, para la protección inmediata de lo que se llaman "derechos constitucionales fundamentales."

En efecto, el Título II de la Constitución se dedica a establecer "los derechos, garantías y deberes," enumerándolos en tres capítulos: el Capítulo 1 contiene la lista de "derechos fundamentales;" el Capítulo 2 enumera los derechos sociales, económicos y culturales; y el Capítulo 3 se refiere a los derechos colectivos y al ambiente sano.

De esta declaración constitucional de derechos resulta que solamente los tal llamados "derechos fundamentales" enumerados en el Capítulo 1 (art. 11 a 41) son los derechos constitucionales que se pueden proteger por medio de la *acción de tutela*, y los demás quedan excluidos de ella, y protegidos sólo por los medios judiciales ordinarios.

Por otro lado, el artículo 85 de la Constitución también indica que entre estos "derechos fundamentales," los de "inmediata aplicación" son los protegidos por la acción de *tutela*. La lista también se refiere a los derechos civiles y políticos, y entre los derechos sociales, incluye la libertad de enseñanza. Otros derechos consagrados en otros artículos de la Constitución también se califican como derechos fundamentales, como los "derechos fundamentales" de los niños, enumerados en el artículo 44 sobre la vida, la integridad física, la salud y la seguridad social.

Aparte de estos derechos constitucionales expresamente declarados como "derechos fundamentales," los demás derechos constitucionales no tienen protección constitucional por medio de la acción de *tutela* y serán protegidos por medio del proceso judicial ordinario.

No obstante esta norma limitante, incluso si un derecho no está expresamente señalado en la Constitución como "fundamental," la Corte Constitucional de Colombia, como supremo intérprete de la Constitución, ha reconocido tal carácter a otros derechos, extendiendo la protección de la *tutela* a derechos no definidos como "fundamentales," pero considerados interdependientes con otros que tienen tal naturaleza, como el derecho a la vida.

Con respecto a esto, en una de sus primeras sentencias (n° T-02 del 8 de mayo de 1992) emitida en un caso sobre derechos educativos, la Corte Constitucional sentenció que el criterio principal para identificar "derechos fundamentales" es "determinar si son o no derechos esenciales de los seres humanos", tarea que siempre debe realizar el juez de *tutela*, quien debe comenzar su sentencia analizando los primeros noventa y cuatro artículos de la constitución, y si es necesario, aplicando la cláusula abierta sobre derechos humanos inherentes a las personas humanas.

Estos artículos, interpretados por la Corte Constitucional a la luz de la Convención Inter-Americana de Derechos Humanos, le permitieron inferir lo que se pueden considerar como derechos inalienables, inherentes y esenciales de los seres humanos, lo que hace que, de hecho, la lista de "derechos fundamentales" del Capítulo 1 del Título II de la constitución no sea exhaustiva de los "derechos fundamentales" y no excluya otros derechos de la posibilidad de ser considerados fundamentales y objetos de litigio por medio de la acción de *tutela*.[1776]

Con la finalidad de identificar esos derechos fundamentales, la Corte Constitucional también ha aplicado el principio de "conexión" entre los derechos constitucionales, en particular sobre los derechos económicos, culturales y sociales, sentenciando que es posible aceptar la acción de *tutela* con respecto a esos derechos en casos en los que también haya ocurrido la violación de un derecho fundamental.

Por ejemplo, en la sentencia n° T-406 del 5 de junio de 1992, la Corte admitió una acción de *tutela* presentada en el caso de una inundación de un drenaje público, por la que el accionante reclamó la reivindicación del derecho a la salud pública, el derecho a un ambiente sano y a la salud de la población en general. Aunque la acción fue rechazada por el tribunal inferior al considerar que no estaban involucrados los derechos fundamentales, la Corte Constitucional la admitió al considerar que el derecho a un sistema de drenaje, en circunstancias en las que evidentemente quedaban afectados los derechos constitucionales fundamentales, tales como la dignidad humana, el derecho a la vida, o los derechos de los discapacitados, debía considerarse objeto de litigio por medio de la *tutela*.[1777]

A través de este principio interpretativo de la conexión con los derechos fundamentales, de hecho los tribunales colombianos protegen casi todos los derechos constitucionales, incluso aquellos no enumerados como derechos fundamentales.

3. *La cuestión de la protección de los derechos en situaciones de emergencia*

Otra cuestión que debe mencionarse sobre la situación de los derechos constitucionales como objeto de litigio por medio de la acción de amparo es el alcance y extensión de tal protección constitucional y la admisibilidad de las acciones de amparo en situaciones de emergencia.

Por ejemplo, la cuestión se discutió y además quedó regulada en el artículo 6.7 de la Ley Orgánica de Amparo de Venezuela de 1988, al establecer que la acción de amparo era inadmisible "en caso de suspensión de los derechos y garantías" cuando, en casos de conflicto interno o externo, se declarase una situación de emergencia. Esta disposición fue, por supuesto, tácitamente derogada debido al rango prevalente

---

1776 Véase. sentencia T-02 del 8 de mayo de 1992, en Manuel José Cepeda, *Derecho Constitucional Jurisprudencial. Las grandes decisiones de la Corte Constitucional*, Legis, Bogotá, 2001, pp. 49–54.

1777 Véase sentencia T-406 del 5 de junio de 1992, en *Idem*, pp. 55–63.

que tenía la Convención Americana sobre Derechos Humanos, respecto de las leyes internas conforme al artículo 23 de la Constitución de 1.999, la cual al contrario, dispone que, incluso en casos de emergencia, las garantías judiciales de los derechos constitucionales no se pueden suspender. A pesar de que Venezuela denunció la Convención en 2012, el principio en nuestro criterio sigue rigiendo.

En cuanto a la normativa prevalente en América Latina, es que las acciones de amparo y habeas corpus siempre se pueden presentar, incluso en situaciones de excepción, como por ejemplo se declara expresamente en el artículo 1° del Decreto que regula la acción de *tutela* en Colombia. Con respecto al habeas corpus, de modo similar, el artículo 62 de la Ley de Amparo nicaragüense establece que en caso de suspensión de las garantías constitucionales de libertad personal, el recurso de exhibición personal se mantendrá en vigor. El Código Procesal Constitucional peruano también establece el principio que durante los regímenes de emergencia, no se suspenderán los procesos de amparo y habeas corpus, así como los demás procesos constitucionales.[1778]

En el caso de Argentina, con respecto a la garantía de habeas corpus, la Ley de Habeas Corpus establece que en el caso de un estado de sitio cuando se restringe la libertad personal, es admisible el proceso de habeas corpus cuando se dirige a probar, en un caso particular: 1) la legitimidad de la declaración del estado de sitio; 2) la relación entre la orden de privación de libertad y la situación que origina la declaración del estado de sitio; y 3) el ilegítimo empeoramiento de las condiciones de detención.

El asunto lo resolvió definitivamente en octubre de 1986 la Corte Interamericana de Derechos Humanos por medio de una *Opinión Consultiva* que requirió la Comisión Interamericana para la interpretación de los artículos 25, 1 y 7, 6 de la Convención Inter-Americana de Derechos Humanos, con el fin de determinar si el decreto de habeas corpus era una de las garantías judiciales que, según la última cláusula del artículo 27, 2 de esa Convención, no podía ser suspendida por un estado parte de la convención.[1779]

En su *Opinión Consultiva OC-8/87* del 30 de enero de 1987 (*Habeas Corpus en Situaciones de Emergencia*), la Corte Interamericana de Derechos Humanos declaró

1778 Según el artículo 23 del Código, cuando los recursos se presentan con respecto a los derechos suspendidos, el tribunal debe examinar la razonabilidad y proporcionalidad del acto restrictivo, siguiendo estos criterios: 1) Si la demanda se refiere a derechos constitucionales no suspendidos; 2) Si se refiere a los derechos suspendidos, no teniendo el fundamento del acto restrictivo del derecho una relación directa con los motives que justifican la declaración del estado de emergencia; 3) Si se refiere a los derechos suspendidos, y el acto restrictivo del derecho es evidentemente innecesario o injustificado teniendo en cuenta la conducta del agraviado o la situación de hecho evaluada brevemente por el juez.

1779 El artículo 27 de la Convención autoriza a los estados, en tiempo de guerra, peligro público u otra emergencia que amenace la independencia o seguridad de un estado-parte, a tomar medidas que deroguen sus obligaciones según la convención, pero con la declaración expresa que eso no autoriza ninguna suspensión de los siguientes artículos: art. 3 (Derecho a la Personalidad Jurídica), art. 4 (Derecho a la Vida), art. 5 (Derecho al Trato Humanitario), art. 6 (Libertad de la Esclavitud), art. 9 (Irretroactividad de las Leyes), art. 12 (Libertad de Conciencia y de Religión), art. 17 (Derechos de la Familia), art. 18 (Derecho al Nombre), art. 19 (Derechos del Niño), art. 20 (Derecho a la Nacionalidad), y art. 23 (Derecho a Participar en el Gobierno) o de las garantías jurídicas esenciales para la protección de esos derechos.

que si bien es cierto que "en condiciones de grave emergencia es lícito suspender temporalmente ciertos derechos y libertades cuyo ejercicio pleno, en condiciones de normalidad, debe ser respetado y garantizado por el Estado ..." es imperativo que "las garantías judiciales esenciales para (su) protección permanezcan vigentes (art. 27, 2)";[1780] añadiendo que estos medios judiciales que "deben considerarse como indispensables, a los efectos del artículo 27.2, [son] aquellos procedimientos judiciales que ordinariamente son idóneos para garantizar la plenitud del ejercicio de los derechos y libertades a que se refiere dicho artículo y cuya supresión o limitación pondría en peligro esa plenitud" (Párr. 29).

También en 1.986, el Gobierno de Uruguay solicitó una Opinión Consultiva a la Corte Interamericana de Derechos Humanos sobre el alcance de la prohibición de suspensión de las garantías judiciales esenciales para la protección de los derechos mencionados en el artículo 27, 2 de la Convención Inter-Americana; esto resultó en la *Opinión Consultiva OC-9/87* del 6 de octubre de 1987 (*Garantías Judiciales en Estados de Emergencia*), en la que la Corte, siguiendo su ya citada *Opinión Consultiva OC-8/97*, acordaba que "la declaración de un estado de emergencia... no puede conllevar la supresión o inefectividad de las garantías judiciales que la Convención requiere de los Estados Miembros para establecer la protección de los derechos no sujetos a derogación o suspensión por el estado de emergencia", concluyendo que "es violatoria de la Convención toda disposición adoptada por virtud del estado de emergencia, que redunde en la supresión de esas garantías."[1781]

La Corte Interamericana también indicó que las garantías judiciales "indispensables" que no están sujetas a suspensión, incluyen "aquellos procedimientos judiciales, inherentes a la forma democrática representativa de gobierno (art. 29.c), previstos en el derecho interno de los Estados Partes como idóneos para garantizar la plenitud del ejercicio de los derechos a que se refiere el artículo 27.2 de la Convención y cuya supresión o limitación comporte la indefensión de tales derechos", y que "las mencionadas garantías judiciales deben ejercitarse dentro del marco y según los principios del debido proceso legal, recogidos por el artículo 8 de la Convención" (Párr. 41, 2 y 41, 3).

4. *El tema de la protección constitucional de los derechos sociales*

La cuestión más importante en materia de control judicial de los derechos constitucionales en Venezuela y en general en América Latina, mediante el ejercicio de las acciones de amparo, es la relativa a la protección de los derechos económicos, socia-

---

1780 *Opinión Consultiva OC-8/87* del 30 de enero de 1987, Habeas corpus en situaciones de emergencia, Parágrafo 27. v. en Sergio García Ramírez (Coord.), *La Jurisprudencia de la Corte Interamericana de Derechos Humanos,* Universidad Nacional Autónoma de México, Corte Interamericana de Derechos Humanos, México, 2001, pp. 1.008 ss.

1781 *Opinión Consultiva OC-9/87* del 6 de octubre de 1987, Garantías Judiciales en Estados de Emergencia, Parágrafos 25, 26. La conclusión de la corte fue entonces que deben considerarse como las garantías judiciales indispensables no susceptibles de suspensión, según lo establecido en el artículo 27.2 de la Convención, el hábeas corpus (art. 7.6), el amparo, o cualquier otro recurso efectivo ante los jueces o tribunales competentes (art. 25.1), destinado a garantizar el respeto a los derechos y libertades cuya suspensión no está autorizada por la misma Convención. (parágrafo 41, 1). *Idem,* pp. 1.019 ss.

les y culturales[1782]. En algunos países, muchos de esos derechos no están declarados en las Constituciones, careciendo, por consiguiente, de protección judicial constitucional al no tener rango constitucional. En otros países, como es el caso de Colombia y Chile, muchos de esos derechos sociales no se consideran "derechos fundamentales,, los cuales son, en general, los únicos que se pueden proteger mediante las acciones de *tutela* y de protección.

No obstante, incluso en países que no establecen distinción alguna respecto de los derechos protegidos, la cuestión del control jurisdiccional de esos derechos económicos, sociales y culturales sigue siendo un punto importante, particularmente porque en algunos casos se requiere algún tipo de legislación adicional para su plena viabilidad.

Estos derechos, en particular los sociales, generalmente implican la obligación del Estado de proveer o prestar servicios o cumplir actividades, para lo cual el gasto público debe disponerse respecto de cada servicio, dependiendo de las decisiones políticas del gobierno. Por tanto, se ha planteado que las disposiciones que establecen tales derechos solo se pueden aplicar después que el Congreso sancione la legislación que disponga el alcance de su disfrute (así como también las obligaciones del Estado) y después que el Poder Ejecutivo adopte políticas públicas específicas. Sin embargo, tal método ha sido cuestionado, en particular con base en el principio de la conexión que existe entre los derechos sociales y los civiles, que implican la necesidad de considerar nuevos principios derivados del concepto de Estado Social y del funcionamiento del Estado de Interés Social.

Por ejemplo, a este respecto, la Corte Constitucional colombiana en su sentencia N° T-406 del 5 de junio de 1.992, estableció el principio que esos derechos tienen su razón de ser en el hecho que su satisfacción mínima es una condición indispensable para el disfrute de los derechos civiles y políticos que "sin el respeto de la dignidad humana en cuanto a sus condiciones materiales de existencia, toda pretensión de efectividad de los derechos clásicos de libertad e igualdad formal consagrados en el capítulo primero del título segundo de la Carta, se reducirá a un mero e inocuo formalismo". Por eso, la Corte Constitucional consideró que "la intervención judicial en el caso de un derecho económico social o cultural es necesaria cuando ella sea indispensable para hacer respetar un principio constitucional o un derecho fundamental". En consecuencia, según la Corte Constitucional, el ejercicio de los derechos sociales, económicos y culturales no se puede limitar a la relación política entre el constituyente y el legislador, en el sentido que la eficacia de la Constitución no puede estar sólo en manos del legislador. Al contrario, "la norma constitucional no tendría ningún valor y la validez de la voluntad constituyente quedaría supeditada a la voluntad legislativa."[1783]

1782 Véase Allan R. Brewer-Carías, Sobre la justiciabilidad de los derechos sociales," en *Los Derechos Económicos y Sociales y su Exigibilidad en el Estado Social y Democrático de Derecho*," II Congreso Internacional, Tribunal Constitucional de la República Dominicana, Santo Domingo, 26-29 de noviembre de 2014.

1783 Véase Sentencia T-406 del 5 de junio de 1.992 en Manuel José Cepeda, *Derecho Constitucional Jurisprudencial. Las grandes decisiones de la Corte Constitucional*, Legis, Bogotá, 2001, p. 61.

Sin embargo, basándose en estos argumentos, la Corte Constitucional de Colombia concluyó su sentencia diciendo que debido al hecho que "la aplicación de los derechos económicos sociales y culturales plantea un problema no de generación de recursos sino de asignación de recursos y por lo tanto se trata de un problema político [...] la aceptación de la tutela para los derechos en cuestión, sólo cabe en aquellos casos en los cuales exista violación de un derecho fundamental."[1784]

A partir de esta sentencia, el principio de la "conexión" entre los derechos sociales y los derechos fundamentales con respecto a su control jurisdiccional, desarrollado en otros países como México (derecho a la vida) y los Estados Unidos (no discriminación), también se ha aplicado en Colombia.

En consecuencia, en esos países, cuando no exista tal conexión entre un derecho fundamental y uno social, éste último no puede ser protegido, por sí mismo, mediante una acción de *tutela* como, por ejemplo, fue el caso del derecho constitucional a tener una vivienda o habitación digna, con respecto al cual, la misma Corte Constitucional colombiana decidió que, en tal caso, "al igual que otros derechos de contenido social, económico o cultural, no otorga a la persona un derecho subjetivo para exigir del Estado en una forma directa e inmediata su plena satisfacción."[1785]

Estos problemas relativos a las condiciones políticas necesarias para la efectividad de algunos derechos sociales, económicos y culturales ha sido la base de la discusión, en derecho constitucional contemporáneo, no acerca de si esos derechos (como la educación, la salud, la seguridad social o la vivienda) tienen o no rango constitucional sino acerca de si pueden ser objeto de protección judicial constitucional, es decir, acerca de la posibilidad de exigir su cumplimiento mediante acciones judiciales contra el estado.

5. *Algunas soluciones en materia de protección del derecho constitucional a la salud*

La discusión en torno a la protección de los derechos sociales se ha presentado particularmente en relación con el derecho de la colectividad a la salud, el cual está consagrado en la totalidad de las Constituciones latinoamericanas, aun cuando enunciado en forma diferente.

En efecto, algunas Constituciones se refieren a la salud como un bien público, como es el caso de El Salvador (art. 65) y Guatemala (art. 95), donde se dispone que el Estado y las personas individuales tienen el deber de atender a su cuidado y recuperación. En contraste, en otras Constituciones como las de Bolivia (art. 7, a), Brasil (arts. 6 y 196), Ecuador (art. 46), Nicaragua (art. 59) y Venezuela (art. 84), se dispone del "derecho a la salud" como un derecho constitucional e incluso como derecho constitucional "fundamental" (Venezuela, art. 83), que corresponde por igual a todos, como también se expresa en la Constitución de Nicaragua (art. 59). Este principio de igualdad se reafirma en la Constitución de Guatemala al disponer que "El goce de la salud es derecho fundamental del ser humano, sin discriminación alguna." (art. 93). En otras Constituciones, el derecho a la salud deriva del reconocimiento

1784 *Idem*, p. 61.

1785 Véase sentencia T-251 del 5 de junio de 1995, *Idem*, p. 486.

del rango constitucional del Pacto Internacional de Derechos Económicos, Sociales y Culturales, como es el caso de Argentina (art. 75).

Ahora bien, con esta fórmula constitucional del "derecho a la salud," lo que las Constituciones han establecido es un derecho constitucional de todos a recibir protección a su salud por parte del Estado, el cual a su vez tiene la obligación, junto con toda la sociedad, de procurar el mantenimiento y la recuperación de la salud de las personas.

Es por eso que otras Constituciones latinoamericanas, en lugar de disponer el "derecho a la salud," establecen de modo más preciso el derecho de las personas a "la protección de la salud", como se establece en Honduras (art. 145), Chile (art. 19, 9), México (art. 4), Perú (art. 7), y Colombia (art. 49). Esto implica, en términos generales, como se dispone en la Constitución de Panamá, que se trata de un "derecho a la promoción, protección, conservación, restitución y rehabilitación de la salud y la obligación de conservarla, entendida ésta como el completo bienestar físico, mental y social" (art. 109). Este derecho, también declarado en la Constitución de Paraguay, implica la obligación del Estado que "protegerá y promoverá la salud como derecho fundamental de la persona y en interés de la comunidad" (art. 68).

En consecuencia, este derecho a la salud, en el sentido de un derecho a ser protegido por el Estado, eventualmente implica el derecho de todos a tener igual acceso a los servicios públicos establecidos para cuidar de la salud del pueblo, como lo establece la Constitución de Chile, que dispone que "El Estado protege el libre e igualitario acceso a las acciones de promoción, protección y recuperación de la salud y de rehabilitación del individuo" (art. 19, 9).

Para garantizar el acceso a los servicios de salud, las Constituciones latinoamericanas establecen diferentes enunciados. Por ejemplo, la Constitución de El Salvador declara que el Estado debe dar "asistencia gratuita a los enfermos que carezcan de recursos, y a los habitantes en general, cuando el tratamiento constituya un medio eficaz para prevenir la diseminación de una enfermedad transmisible" (art. 66). La Constitución de Uruguay establece que "El Estado proporcionará gratuitamente los medios de prevención y de asistencia tan sólo a los indigentes o carentes de recursos suficientes" (art. 44); y en Panamá, la Constitución establece que "Estos servicios de salud y medicamentos serán proporcionados gratuitamente a quienes carezcan de recursos económicos" (art. 110.5). Por su parte en la Constitución de Paraguay se dispone que "Nadie será privado de asistencia pública para prevenir o tratar enfermedades, pestes o plagas, y de socorro en los casos de catástrofes y de accidentes" (art. 68).

En otros casos, las Constituciones sólo expresan principios generales que se refieren a las normativas que deben establecerse por la ley. Éste es el caso de la Constitución colombiana (art. 49), que dispone que el legislador "señalará los términos en los cuales la atención básica para todos los habitantes será gratuita y obligatoria;" y éste es también el caso de la Constitución mexicana, que indica que "la ley definirá las bases y modalidades para el acceso a los servicios de salud" (art. 4).

Para todas estas disposiciones constitucionales, además de los deberes de solidaridad general que se imponen a todos para procurar condiciones sostenidas de salubridad, también se imponen una serie de obligaciones al Estado y a las entidades públicas, que eventualmente son las que determinan el alcance de su control jurisdiccional.

Por ejemplo, la Constitución panameña establece que "Es función esencial del Estado velar por la salud de la población de la República" (art. 109); y la Constitución de Guatemala establece como obligación del Estado "la salud y la asistencia social de todos los habitantes" y el "desarrollo" a través de sus instituciones de "acciones de prevención, promoción, recuperación, rehabilitación, coordinación y las complementarias pertinentes a fin de procurarles el más completo bienestar físico, mental y social" (art. 94). La Constitución venezolana, después de declarar la salud como derecho fundamental, también dispone, como obligación del Estado, la garantía a la salud como parte del derecho a la vida (art. 83); y la Constitución hondureña establece que "el Estado conservará el medio ambiente adecuado para proteger la salud de las personas" (art. 145).

En este asunto de las obligaciones del Estado con respecto a la salud, otras Constituciones contienen previsiones más detalladas, como es el caso, por ejemplo, de Panamá (art. 106) y Bolivia (art. 158, 1) con respecto a las políticas generales asignadas al Estado. La Constitución de Ecuador de 2008 en esta orientación dispuso en su artículo 32:

> "La salud es un derecho que garantiza el Estado, cuya realización se vincula al ejercicio de otros derechos, entre ellos el derecho al agua, la alimentación, la educación, la cultura física, el trabajo, la seguridad social, los ambientes sanos y otros que sustentan el buen vivir. El Estado garantizará este derecho mediante políticas económicas, sociales, culturales, educativas y ambientales; y el acceso permanente, oportuno y sin exclusión a programas, acciones y servicios de promoción y atención integral de salud, salud sexual y salud reproductiva. La prestación de los servicios de salud se regirá por los principios de equidad, universalidad, solidaridad, interculturalidad, calidad, eficiencia, eficacia, precaución y bioética, con enfoque de género y generacional."

En la misma orientación, la Constitución de Perú determina que "el Estado determina la política nacional de salud" (art. 9), y la Constitución de El Salvador prescribe que "El Estado determinará la política nacional de salud y controlará y supervisará su aplicación" (art. 65). En Nicaragua, la Constitución determina que el Estado debe establecer "las condiciones básicas para su promoción, protección, recuperación y rehabilitación. Corresponde al Estado dirigir y organizar los programas, servicios y acciones de salud y promover la participación popular en defensa de la misma" (art. 59). En Brasil, el Estado tiene el deber constitucional de garantizar la salud como derecho de todos "mediante políticas sociales y económicas que tiendan a la reducción del riesgo de enfermedad y de otros riesgos y al acceso universal e igualitario a las acciones y servicios para su promoción, protección y recuperación" (art. 196).

La consecuencia general de todas estas disposiciones constitucionales, que establecen la obligación del Estado de prestar servicios de salud por el derecho constitucional de las personas a que se proteja la misma, es que tales obligaciones siempre se materializan en el establecimiento de servicios de salud para las personas. Esto está expresamente dispuesto en la Constitución colombiana al declarar que "la atención de la salud y el saneamiento ambiental son servicios públicos a cargo del Estado" (art. 49) y en la constitución boliviana que establece que "el servicio y la asistencia sociales son funciones del Estado" y que las normas relativas a la salud pública son "de carácter coercitivo y obligatorio" (art. 164).

En todos estos casos, la consecuencia de una disposición constitucional que establezca la obligación del estado de prestar un servicio público para cuidar la salud personal es la existencia de un derecho constitucional a utilizar tal servicio, lo que en consecuencia implica su justiciabilidad, es decir que, en principio, pueden ser reclamados judicialmente y opuestos frente al Estado. El tema, sin embargo, no ha tenido un tratamiento igual en América Latina.

La protección judicial del derecho a la salud, en efecto, depende del modo como las normas específicas han sido establecidas en la Constitución y en las leyes de la materia. Por ejemplo, sólo en casos excepcionales se dispone expresamente la protección judicial del derecho a la salud, como es el caso de Perú, donde el Código Procesal Constitucional expresamente establece que el recurso de amparo puede intentarse para la protección del derecho "a la salud" (art. 37, 24). En el caso de Chile, la constitución sólo se refiere al recurso con miras a la protección del "derecho a elegir el sistema de salud" (art. 19, 9).

Aparte de estas dos disposiciones, no existen en Latinoamérica normas constitucionales o legales expresas respecto al proceso de amparo para exigir el derecho a la salud, lo que por supuesto no excluye la posibilidad de tal protección judicial, como resulta de la jurisprudencia sentada en la materia por los tribunales constitucionales, como ha sucedido por ejemplo en Argentina, Perú, Colombia, Costa Rica, Chile y Venezuela. En esta materia, varias tendencias se pueden distinguir, con carácter progresivo. Una primera tendencia sería, la protección de la salud como derecho colectivo, basada en el interés colectivo. Una segunda tendencia resulta de la protección del derecho a la salud en casos concretos, en relación con el derecho a la vida y cuando una relación legal particular se ha establecido o existe entre el accionante y la entidad pública que actúa en calidad de parte demandada, como la que se deriva de los programas de Seguridad Social a los que contribuye el individuo. En este caso, debido a la íntima "conexión" con otros derechos fundamentales, como el derecho a la vida, los tribunales han rechazado también el carácter "programático" atribuido al derecho a la salud. Y una tercera tendencia sería la protección judicial limitada del derecho a la salud, sujeta a la política estatal vigente al respecto, en particular con respecto a la distribución y disponibilidad de fondos públicos.

A. *La protección del derecho a la salud como derecho colectivo*

La primera tendencia de la protección constitucional del derecho a la salud se basa en su consideración como un derecho colectivo, como se establece en el Pacto Internacional de Derechos Económicos, Sociales y Culturales, cuyo art. 12,1 dispone que los Estados Partes "reconocen el derecho de toda persona al disfrute del más alto nivel posible de salud física y mental" y en consecuencia, según el art. 12, 2, c, se prescribe que los pasos que deben seguir los Estados Partes para lograr la plena realización de este derecho incluyen los necesarios para "la prevención y el tratamiento de las enfermedades epidémicas, endémicas, profesionales y de otra índole, y la lucha contra ellas."

En Argentina, la Constitución (art. 75, 22) ha dado rango constitucional al Pacto Internacional y, en consecuencia, el derecho colectivo a la salud ha sido aplicado por los tribunales. Éste fue el caso de una acción de amparo decidida por la Cámara

Nacional de Apelaciones en lo Contencioso-Administrativo Federal, el 2 de junio de 1998 (*Viceconte, Mariela c. Estado Nacional (Ministerio de Salud y Ministerio de Economía de la Nación) s/ caso Acción de Amparo*), que fue intentado como una acción colectiva de amparo por Mariela Viceconte para obligar al Estado a producir la vacuna *Candid 1*, basada en su propio derecho a la salud y el de otros millones de personas expuestas al contagio con "Fiebre Hemorrágica Argentina."

La accionante alegó específicamente la violación de la obligación de prevenir, tratar y combatir enfermedades epidémicas y endémicas, según el artículo 12, 2, c del Pacto Internacional de Derechos Económicos, Sociales y Culturales y la Cámara de Apelaciones concluyó que la omisión del estado en disponer la producción de la vacuna era una violación del derecho a la salud bajo ese artículo del Pacto. Por tanto, la Cámara sentenció que el estado tenía la obligación de fabricar la vacuna y le ordenó cumplir estrictamente y sin dilación con un cronograma previamente diseñado para tal propósito por el Ministerio de Salud. La Cámara también pidió al Defensor del Pueblo que supervisara ese cronograma.[1786]

B. *La protección del derecho a la salud en relación con el derecho a la vida y las obligaciones del Seguro Social*

La segunda tendencia de la protección judicial del derecho a la salud mediante la acción de amparo, se refiere a su protección en situaciones particulares derivadas de las obligaciones específicas, por ejemplo del Seguro Social, con respecto a las personas aseguradas.

Por ejemplo, se puede mencionar la decisión de la Sala Constitucional del Tribunal Supremo de Justicia de Venezuela en sentencia n° 487 del 6 de abril de 2001 (caso *Glenda López y otros vs. Instituto Venezolano de los Seguros Sociales*), por la que se protegió a una persona infectada con VIH/SIDA y quien había intentado una acción contra el Instituto de los Seguros Sociales, obligando a dicho instituto a suministrar atención médica al accionante, para lo cual el Tribunal consideró el derecho a la salud o a la protección de la salud como parte integral del derecho a la vida, establecido en la Constitución como derecho fundamental cuya satisfacción corresponde básicamente al Estado a través de acciones tendientes a elevar la calidad de la vida de los ciudadanos y al beneficio colectivo.[1787]

Esta conexión entre el derecho a la salud y otros derechos fundamentales, tal como el derecho a la vida que se puede exigir de modo inmediato por medio del amparo, también es la tendencia seguida por los tribunales en Argentina, Colombia, Costa Rica y Perú.

En Colombia, como se dijo antes, la Constitución no incluye el derecho a la salud o a la protección de la salud en la lista de los "derechos fundamentales" que son los únicos protegidos por la acción de *tutela*. Sin embargo, la Corte Constitucional,

---

1786 Véase la referencia en M. Claudia Caputi, "Reseña jurisprudencial. La tutela judicial de la salud y su reivindicación contra los entes estatales" en *Revista Iberoamericana de Estudios Autonómicos*, N° 2, Goberna & Derecho, Guayaquil, 2006, pp. 145–164.

1787 Véase en *Revista de Derecho Público*, N° 85–88, Editorial Jurídica Venezolana, Caracas 2001, pp. 139–141.

para asegurar su protección judicial, ha aplicado el principio de la conexión del derecho a la salud con el derecho a la vida. Éste fue el caso en la sentencia n° T-484/92 del 11 de agosto de 1992, emitida al revisar una sentencia de *tutela* de un tribunal inferior, que había sido intentada contra el Instituto de los Seguros Sociales. El accionante en el caso, también contagiado de VIH/SIDA, argumentó que se había contagiado mientras estaba cubierto por el programa de Seguridad Social. El accionante obtuvo una decisión favorable del Juzgado de Primera Instancia que ordenó al Instituto continuar suministrando los servicios de salud que el accionante había estado recibiendo, y el Tribunal Constitucional, al revisar el caso, afirmó que "La salud es uno de aquellos bienes que por su carácter inherente a la existencia digna de los hombres, se encuentra protegido, especialmente en las personas que por su condición económica, "física" o mental, se hallen en circunstancias de debilidad manifiesta (C.N., art. 13)."

Al considerar el derecho a la salud como un derecho que "busca el aseguramiento del fundamental derecho a la vida (C.N., art. 11)," la Corte constitucional decidió que, debido a su naturaleza asistencial, "impone un tratamiento prioritario y preferencial por parte del poder público ... con miras a su protección efectiva."[1788] La Corte, con respecto al caso específico del accionante contagiado con VIH/SIDA que recibió tratamiento de los servicios de salud del Instituto de Seguros Sociales, ratificó la decisión de *tutela* del juzgado inferior, teniendo en cuenta que, en el caso concreto, la protección del derecho a la salud era la condición para la protección de su derecho fundamental a la vida.

En un caso similar, la Sala Constitucional de la Corte Suprema de Justicia de Costa Rica, n° 2003-8377 del 8 de agosto de 2003,[1789] al decidir un recurso de amparo presentado por el Defensor del Pueblo actuando por una menor agraviada (*Tania González Valle*) contra la Caja Costarricense del Seguro Social por negarse al tratamiento solicitado para una enfermedad específica (conocida como Gaucher tipo 1), argumentó que tal negativa "lesiona el derecho a la vida y a la salud de la menor" quien requería la medicina prescrita para "mantener su vida." La Sala Constitucional, después de referirse al derecho a la vida protegido en decisiones previas que se basaban en la disposición de la constitución (art. 21) que establecen la inviolabilidad de la vida humana, concluyó derivando "el derecho a la salud que tiene todo ciudadano, siendo en definitiva al Estado a quien le corresponde velar por la salud pública... (N° 5130-94 de 17:33 horas el 7 de setiembre de 1994)." La Sala también se refirió a "la preponderancia de la vida y de la salud, como valores supremos de [la sociedad, los cuales son] de obligada tutela para el Estado, [estando presentes] no sólo en la Constitución Política, sino también en diversos instrumentos internacionales suscritos por el país."[1790]

1788 Archivo N° 2.130, caso *Alonso Muñoz Ceballos*. v. en el mismo sentido, Sentencia T-534 de 24 de setiembre de 1.992, en Manuel José Cepeda, *Derecho Constitucional Jurisprudencial. Las grandes decisiones de la Corte Constitucional*, Legis, Bogotá, 2001, pp. 461 ss.

1789 Archivo 03-007020-0007-CO, caso *Tania González Valle*.

1790 En particular, la sentencia hacía referencia al art. 3 de la Declaración Universal de los Derechos Humanos, art. 4 de la Convención Americana de Derechos Humanos, art. 1° de la Declaración Americana de Derechos y Deberes del Hombre, art. 6 del Pacto Internacional de Derechos Civiles y Políticos, art. 12

En consecuencia, debido a las responsabilidades del Estado derivada de estas disposiciones, al analizar la misión y funciones de la Caja Costarricense de Seguro Social, la Sala consideró, como había declarado en sentencia previa (n° 1997-05934 del 23 de septiembre de 1997), "que la denegatoria de la Caja Costarricense de Seguro Social a suministrar a los pacientes de Sida la terapia antirretroviral, lesionaba sus derechos fundamentales." Divergiendo de esta afirmación, al analizar el caso particular de la menor con enfermedad de Gaucher, la Sala determinó que no estaba recibiendo el tratamiento prescrito debido a los limitados recursos financieros de la Caja de Seguro Social y concluyó que, aunque el costo de las medicinas prescritas era sin duda oneroso, sin embargo, debido a las características excepcionalmente letales de la enfermedad y a la imposibilidad de sus padres de cubrir los costos de la prescripción, confirmaba el recurso y ordenaba a la Caja de Seguro Social a proveer de inmediato la medicación específica en las condiciones prescritas por su médico[1791].

En Perú, el Tribunal Constitucional, en sentencia del 20 de abril de 2.004, también protegió el derecho a la salud al decidir un recurso extraordinario de revisión intentado contra una decisión de amparo pronunciada por la Corte Superior de Justicia de Lima. Este último había concedido parcialmente la protección del amparo intentada contra el estado peruano (Ministerio de Salud), ordenándole proveer al accionante, también una persona infectada con VIH/SIDA, "atención médica integral [...] la que deberá consistir en a) la provisión constante de medicamentos necesarios para el tratamiento del VIH/SIDA [...] y b) la realización de exámenes periódicos, así como las pruebas [..]. a solicitud del médico tratante."[1792] El Tribunal Constitucional, refiriéndose a los derechos protegidos por medio de la acción de amparo, aun admitiendo que "el derecho a la salud no se encuentra contemplado entre los derechos fundamentales establecidos en el artículo 2° de la Constitución, sino más bien se lo reconoce en el capítulo de los derechos económicos y sociales,"[1793] concluyó –refiriéndose a la doctrina de la corte colombiana– que en "que

---

del Pacto Internacional de Derechos Económicos, Sociales y Culturales y los arts. 14 y 26 de la Convención de Derechos de los Niños (Ley N° 7.184 del 18 de julio de 1.990).

1791 El Tribunal argumentó como sigue: "Este Tribunal es consciente de que los recursos económicos del sistema de seguridad social son escasos, sin embargo considera que el desafío principal que la Caja Costarricense de Seguro Social enfrenta en esta etapa de su desarrollo institucional, en el que se han logrado para Costa Rica estándares de calidad de vida y salud comparables a los de los países desarrollados, radica en optimizar el manejo de los recursos disponibles, disminuir costos administrativos, para que los recursos del sistema de seguro de salud sean invertidos eficientemente. La Sala aprecia que el medicamento prescrito a la amparada es ciertamente muy oneroso, sin embargo, en atención a las características excepcionales de la enfermedad que sufre, que es letal y dado que se ha descartado que sus padres tengan la posibilidad de colaborar en la adquisición de los medicamentos mediante estudios de trabajo social, con fundamento en los artículos 21 y 173 de la Constitución Política y 24 y 26 de la Convención de los Derechos del Niño procede declarar con lugar el recurso. La estimación del recurso implica que la Caja Costarricense de Seguro Social debe suministrar de inmediato a Tania González Valle el medicamento "Cerezyme" (Imuglucerase) en los términos prescritos por su médico tratante." Archivo 03-007020-0007-CO, caso *Tania González Valle.*

1792 Archivo N° 2945-2003-AA/TC, caso *Azanca Alhelí Meza García.*

1793 Desde 2.004, el derecho a la salud está establecido en el Código Procesal Constitucional, como uno de los derechos expresamente protegidos por la acción de amparo (art. 37, 24).

cuando la vulneración del derecho a la salud compromete otros derechos fundamentales, como el derecho a la vida, la integridad física o el libre desarrollo de la personalidad, tal derecho adquiere carácter de derecho fundamental y, por tanto, su afectación merece protección vía la acción de amparo (STC N° T- 499 Corte Constitucional de Colombia)."[1794]

También en Argentina, la Corte Suprema de la Nación, en sentencia del 12 de diciembre de 2.003 (caso *Asociación Esclerosis Múltiple de Salta*), reconoció la acción de amparo como el medio judicial más efectivo para ser ejercitado de modo inevitable "para la salvaguarda del derecho fundamental de la vida y de la salud."[1795]

C. *La protección limitada del derecho a la salud y los recursos financieros del Estado*

La tercera tendencia referente a la protección de los derechos humanos es una restringida o limitada y en la cual el control jurisdiccional del derecho a la salud (también respecto al tratamiento del VIH/SIDA) se subordinó completamente a la disponibilidad real de recursos financieros suficientes; como fue el caso de algunas decisiones de los tribunales chilenos en 2000/2001.

En un caso, la acción de protección fue interpuesta contra el Ministerio de Salud por no prestar tratamiento médico a un grupo de pacientes con VIH/SIDA, argumentando que era una violación del derecho a la vida y al de igualdad ante la ley. El accionante exigía ser tratado con la misma terapia que se daba a otros pacientes con VIH/SIDA, que el Ministerio negaba argumentando que carecía de suficientes recursos económicos para atender a todos los pacientes con VIH/SIDA en Chile. El Tribunal de Apelaciones de Santiago determinó que la obligación del Ministerio de Sanidad, según la Ley que regula las disposiciones sobre salud (Ley n° 2763/1979), era la de proveer cuidados de salud según los recursos disponibles, y consideró que la explicación del Ministerio era razonable, y que existía un déficit de recursos económicos para proveer el mejor tratamiento disponible a los accionantes. La sentencia fue confirmada más adelante por la Corte Suprema.[1796]

1794 Considerando la naturaleza de los derechos económicos y sociales, como es el caso del derecho a la salud, que siempre origina obligaciones estatales dirigidas a prestar asistencia social, el Tribunal Constitucional peruano en la misma sentencia alegaba que el derecho a la salud, así como todos los llamados "*prestacionales*" (que implica hacer una prestación de algo), como la seguridad social, la salud pública, la vivienda, la educación y otros servicios públicos, constituye una de "los fines sociales del Estado a través de los cuales el individuo puede lograr su plena autodeterminación." Las personas pueden entonces "exigir" el cumplimiento de las obligaciones del estado al "requerir que el Estado adopte las medidas adecuadas para el logro de fines sociales". Sin embargo, el Tribunal reconoció que "no en todos los casos los derechos sociales son por sí mismos jurídicamente sancionables, al ser necesario el soporte presupuestal para su ejecución." Archivo N° 2945-2003-AA/TC, caso Azanca Alhelí Meza García.

1795 Véase Fallos: 326: 4931; y la referencia en M. Claudia Caputi, "Reseña jurisprudencial. La tutela judicial de la salud y su reivindicación contra los entes estatales," en la *Revista Iberoamericana de Estudios Autonómicos*, N° 2, Goberna & Derecho, Guayaquil, 2006, pp. 145–164.

1796 Véase referencia en Javier A. Courso, "Judicialization of Chilean Politics" en Rachel Sieder, Line Schjolden y Alan Angeli (Ed.), *The Judicialization of Politics in Latin America*, Palgrave Macmillan, New York, 2005, pp. 119–120.

En otro caso de 2.001, el mismo Ministerio de Salud fue demandado por las mismas razones por pacientes con VIH en condiciones más críticas y, aunque la Corte de Apelaciones de Santiago sentenció en favor de los accionantes y ordenó al ministerio que les proveyera inmediatamente con el mejor tratamiento disponible, la Corte Suprema revocó la sentencia, alegando que el ministerio había actuado conforme a la ley.[1797]

V. EL CARÁCTER CONSTITUCIONAL DE LA VIOLACIÓN A LOS DERECHOS (LA VIOLACIÓN DIRECTA)

Como la acción de amparo procede para la protección de todos los derechos y garantías constitucionales o de rango constitucional, incluso los inherentes a la persona humana no enumerados en el texto fundamental o en los instrumentos internacionales sobre derechos humanos, la violación o amenaza de violación que se requiere para su procedencia es, precisamente, una que afecte un derecho o garantía constitucional, siendo necesaria que dicha violación sea directa.

Sin embargo, debe precisarse que violación directa de un derecho y garantía constitucional no es lo mismo que violación directa de una norma constitucional. Ello se deriva del propio artículo 27 de la Constitución al precisar que el objeto de la protección que concede la acción de amparo, es el goce y ejercicio de los derechos y garantías constitucionales frente a las violaciones o amenazas de violaciones de los mismos, por lo que no sólo procede la protección cuando pueda haber una violación *directa* de alguna norma constitucional, sino también, por supuesto, cuando haya violación de las normas legales que regulan el ejercicio y goce de dichos derechos. Por ello estimamos que no tiene fundamento alguno en Venezuela pretender restringir el ejercicio de la acción de amparo, solamente cuando exista una violación directa de la Constitución.[1798]

En efecto, no debe olvidarse que los derechos y garantías constitucionales en Venezuela no tienen una regulación uniforme y su consagración en la Constitución da origen a una efectividad diferente de dichos derechos y garantías. En efecto, en primer lugar pueden identificarse los "derechos absolutos" o "intangibles" entre los cuales está el derecho a la vida; el derecho a no ser incomunicado; a no ser sometido a tortura o procedimiento que cause sufrimiento físico o moral, lo que no es otra cosa que el derecho a la integridad personal; el derecho al debido proceso, el dere-

---

1797 *Idem*, p. 120.

1798 La tesis fue expuesta en la sentencia de la Corte Suprema de Justicia en Sala Político-Administrativa de 28-10-83. Véase en *Revista de Derecho Público,* Nº 16, EJV, Caracas, 1983, pp. 169-170. Véanse los comentarios del Magistrado Ponente de dicha sentencia, René De Sola, "Vida y Vicisitudes del Recurso de Amparo en Venezuela", *Revista del Instituto Venezolano de Derecho Social,* Nº 47, Caracas, 1985, p. 58 (publicado también en *Revista SIC,* Nº 472, Caracas, 1986, pp. 74 y ss.). Afortunadamente, la Corte Primera de lo Contencioso-Administrativo en sentencia de fecha 13 de febrero de 1986 ha definido la tesis contraria, que nosotros hemos propugnado, al señalar que "el amparo como acción especial, exige para su admisión y procedencia, que se requiera como protección frente a una violación de una norma constitucional, o legal, que desarrolle un derecho fundamental de progenie constitucional. De modo que el derecho que se dice infringido puede estar consagrado en una ley o en la Constitución" (Ponente: R. J. Duque Corredor). Caso *Federación Venezolana de Tiro*. Véase en *Revista de Derecho Público,* Nº 25, EJV, Caracas, 1986, pp. 114-117.

cho a la información; y el derecho a no ser condenado a penas perpetuas o infamantes o restrictivas de la libertad personal por más de treinta años. Estos derechos enunciados en la propia Constitución están establecidos en tal forma en el Texto Fundamental, que puede decirse que son derechos que no son limitables ni regulables por el legislador siquiera, y que además, son derechos cuyas garantías no pueden restringirse en situaciones de estado de excepción (art. 337). Salvo estos derechos absolutos o intangibles, en cambio, todos los otros derechos y garantías tienen la posibilidad de ser regulados o limitados por el legislador, y sus garantías pueden ser objeto de medidas de restricción; e incluso, algunos quedan constitucionalmente sometidos a las regulaciones legislativas.[1799]

De acuerdo con ello, por tanto, no tiene sentido el señalar que el derecho de amparo y, en particular, la acción de amparo, procede sólo cuando se viola la Constitución en forma directa, pues la mayoría de los derechos no sólo tienen consagración constitucional, sino que por virtud de la propia Constitución, están sometidos en su ejercicio a las prescripciones y regulaciones que deba establecer el Legislador. Por tanto, el derecho de amparo también procede cuando la violación o amenaza de violación de un derecho o garantía constitucionales, implique una violación directa de las leyes que regulen el ejercicio y goce de los mismos.

Esta exigencia de violación directa de un derecho o garantía constitucional, independientemente de que el mismo esté regulado en normas de rango legal, fue un tema tratado y precisado por la jurisprudencia desde antes de la sanción de la Ley Orgánica de Amparo de 1988. Inicialmente, con la sentencia de la antigua Corte Suprema de Justicia en Sala Político Administrativa de 20 de octubre de 1983 (Caso *Andrés Velásquez*),[1800] se exigió que la violación directa fuera de una norma constitucional que no tuviera desarrollo legislativo, ello se cambió radicalmente, pues como lo dijo la antigua Corte Primera de lo Contencioso Administrativo, en sentencia de 21 de noviembre de 1990, "hoy en día mantener que el amparo sólo procede cuando se trata de la violación de una norma constitucional que no tiene desarrollo legislativo, significa negar en general la procedencia de este derecho". Por ello la Corte Primera se preguntaba: "¿Qué interpretación debe darse al carácter directo?", señalando que "para que exista violación directa", es necesario que se den las siguientes condiciones:

"1) Obviamente que exista una norma constitucional consagratoria de un derecho o garantía, o que, sin que la misma esté presente, se trate sin embargo de los derechos inherentes a la persona humana o de los principios sustentadores del sistema jurídico (por ejemplo, obtener la ejecución del fallo).

2) Que si esta norma está desarrollada por la Ley, por mandato expreso o implícito de la Constitución, esta Ley no contemple como supuesto restrictivo la situación que se plantea en el caso subjudice.

1799 Es lo que se ha denominado por la jurisprudencia, derechos consagrados en "normas programáticas". Véase las sentencias de la Corte Suprema de Justicia en Corte Plena de 27–2–68 y 12–9–69 en *Gaceta Forense,* N° 64, 1969, pp. 21 y ss.; y 65, 1969, pp. 10 y ss. respectivamente.

1800 Véase en *Revista de Derecho Público,* N° 16, EJV, Caracas, 1983, pp. 169–170.

3) Que el efecto principal querido por el acto o acción objeto del amparo, deba recaer necesariamente sobre el solicitante del mismo.
4) Que la lesión que se denuncia en el amparo sea producida por una actuación u omisión frontalmente contraria a la norma constitucional, por lo cual no se constituye el supuesto si se está ante una interpretación más o menos plausible de dicha norma.
5) Desarrollando el punto anterior, la violación directa implica el desconocimiento global, integral, absoluto, del derecho o garantía y no de lesiones parciales al mismo o que puedan graduarse.
6) La lesión directa impide que el acto que de ella derivara sea subsanado por un medio posteriormente empleado".

Estas son las características fundamentales de la violación directa que, de estar presentes, en forma alguna impiden que se denuncien como correlativamente violadas normas de menor rango, cualquiera que el mismo sea, pero que particularicen el contenido de la disposición constitucional."[1801]

Esta doctrina ya la había expuesto la misma antigua Corte Primera en sentencia de 6 diciembre de 1989, recién dictada la Ley Orgánica de 1988 en la siguiente forma:

> "Igualmente se observa que el amparo se acuerda sólo por violación de las garantías y derechos constitucionales. Estas garantías y derechos bien pueden estar recogidos en normas de menor rango, pero no son tales normas las que han de alegarse como conculcadas, sino deberá hacerse referencia al texto que les da origen, por cuanto el carácter extraordinario del amparo impide que se debatan a través del mismo, el cumplimiento o no de las regulaciones y condiciones establecidas en normas que no sean de rango constitucional, lo cual podrá ventilarse por la vía de las acciones ordinarias. De no ser así, la jurisdicción de amparo sería sustitutiva de cualquier otra y se justificarían las críticas y el temor que esta novísima institución ha planteado"[1802].

Por supuesto, y aun cuando el derecho o garantía constitucional pueda estar regulado y desarrollado en normas legales, la acción de amparo no puede fundamentarse en la sola violación de dichas normas legales. Como lo precisó la antigua Corte Suprema en Sala Político Administrativa, en sentencia de 14 de agosto de 1990, el amparo se acuerda sólo por violación directa e inmediata de garantías y derechos constitucionales; y:

> "Para ello se debe demostrar la lesión sólo de dichas normas, y no de otras de carácter infraconstitucional. En consecuencia, la acción de amparo, siempre de índole constitucional, se justifica en la medida en que sean lesionados o

---

1801 Véase en *Revista de Derecho Público,* N° 44, EJV, Caracas, 1990, pp. 141 y 142.

1802 Véase en *Revista de Derecho Público,* N° 41, EJV, Caracas, 1990, p. 99. Esta doctrina se ha recogido en las siguientes sentencias de la Corte Primera de lo Contencioso Administrativa de 22–8–90 en FUNEDA *15 años de Jurisprudencia, op. cit.,* p. 138; 16–9–92, en *Revista de Derecho Público,* N° 51, EJV, Caracas, 1992, p. 151; y 4–12–92, en *Revista de Derecho Público,* N° 52, EJV, Caracas, p. 165 y en FUNEDA *15 años de Jurisprudencia, op. cit.,* p. 140.

amenazados de lesión, derechos o garantías de ese rango, conforme a los términos del artículo 49 de la Carta Fundamental. No basta, en conclusión, con alegar la violación de normas de inferior jerarquía, las que conforme a lo expuesto no son objeto de protección por el medio específico del amparo –pero sí por otros–; aunque desarrollen preceptos constitucionales es, por lo tanto, indispensable, pero también suficiente, que sea demostrada la vulneración directa del precepto constitucional"[1803].

Esta doctrina jurisprudencial ha sido ratificada por la Sala Constitucional del Tribunal Supremo, por ejemplo, en sentencia N° 1556 de 8 de diciembre de 2000 (Caso: *Transporte Sicalpar, C.A. vs. Puertos del Litoral Central, S.A.*), en la cual estableció:

"Cuando el goce y/o el ejercicio de estos derechos se niega, procede la acción de amparo, si se cumple con el resto de los requisitos de ley para ello. En consecuencia, no están tutelados por la acción de amparo, la infracción de derechos que nacen de la ley en sentido lato, de los tratados internacionales que no versan sobre Derechos Humanos, o que nacen de los contratos"[1804].

El objeto de protección, por tanto, son las situaciones jurídicas derivadas de derechos constitucionales, no pudiendo dirimirse mediante la acción de amparo, derechos subjetivos de rango legal. Como lo resumió la propia Sala Constitucional del Tribunal Supremo en sentencia N° 828 de 27 de julio de 2000 (Caso: *Seguros Corporativos (SEGUCORP), C.A. y otros vs. Superintendencia de Seguros*):

"En otras palabras, la situación jurídica del ciudadano es un concepto complejo, en el que destacan derechos y deberes, pero la acción de amparo tutela un aspecto de la situación jurídica del ciudadano que son sus derechos fundamentales, pues la defensa de los derechos subjetivos –diferentes a los derechos fundamentales y las libertades públicas– y los intereses legítimos, se realiza mediante recursos administrativos y acciones judiciales. Por ejemplo, no es lo mismo negar la posibilidad a un ciudadano de tener la condición de propietario, que una discusión acerca de la titularidad de un bien entre particulares, cuya protección se ejerce mediante una acción judicial específica: la reivindicación. Pero, si se niega a un ciudadano su derecho a defender su propiedad, se le niega un derecho fundamental, cuyo goce y ejercicio debe ser restituido.

Esto trae como consecuencia, que en el procedimiento de amparo el juez enjuicia las actuaciones de los órganos del poder público o de los particulares, que hayan podido lesionar los derechos fundamentales. Pero, en ningún caso, puede

1803 Véase en *Revista de Derecho Público,* N° 44, EJV, Caracas, 1990 p. 143. Véase en igual sentido, sentencias de la antigua Corte Suprema de Justicia, Sala Político Administrativa, de 8–11–90, *Revista de Derecho Público,* N° 44, EJV, Caracas, 1990, p. 141; de 4–4–90, *Revista de Derecho Público,* N° 42, EJV, Caracas, 1990, p. 112; de 31–1–89, *Revista de Derecho Público* N° 37, EJV, Caracas, 198, p. 89; de 14–8–89– *Revista de Derecho Público,* N° 39, EJV, Caracas, 1989, p. 144; y de 4–3–93, *Revista de Derecho Público,* nos 53–54, EJV, Caracas, 1993, p. 254, en la cual se cita la sentencia de la antigua Corte Suprema de Justicia, Sala Político Administrativa de 6–12–89; y sentencia de la Corte Primera de lo Contencioso Administrativo, 17–9–92 FUNEDA en *15 años de Jurisprudencia, op. cit.,* p. 127.

1804 Véase en *Revista de Derecho Público,* N° 83, EJV, Caracas, 2000, p. 319.

revisar, por ejemplo, la aplicación o interpretación del derecho ordinario, por parte de la administración o los órganos judiciales, a menos que de ella se derive una infracción directa de la Constitución. No se trata de una nueva instancia judicial o administrativa, ni de la sustitución de los medios ordinarios para la tutela de los derechos o intereses, se trata de la reafirmación de los valores constitucionales, en la cual el juez que conoce del amparo puede pronunciarse acerca del contenido o aplicación de las normas constitucionales que desarrollan los derechos fundamentales, revisar la interpretación que de éstas ha realizado la administración pública o los órganos de la administración de justicia, o establecer si los hechos de los que se deducen las violaciones constitucionales, constituyen una violación directa de la Constitución"[1805]

En definitiva, "si la norma constitucional resulta directamente aplicable a la solución del conflicto, esto es, si la situación en la cual surgió la controversia era canalizable según los fines y contenido de un precepto constitucional o de una norma de rango inferior en cuyo contenido esté reflejado o se encuentra implícito un derecho humano; entonces, al acto, actuación u omisión que le desconoció debe imputársele la causación de una lesión a la regularidad constitucional y, en consecuencia, ser pasible del procedimiento de tutela en vía de amparo... Si tal no fuere, es decir, si la determinada situación jurídica podía conducirse a través de normas en cuyos términos no se verifica el contenido esencial de un derecho humano, las consecuencias derivadas de la no aplicación o falsa aplicación de dichas normas devendría revisable por la jurisdicción ordinaria".[1806]

VI. PRINCIPIOS DE LA PROTECCIÓN CONSTITUCIONAL RESPECTO DE TODAS LAS PERSONAS EN EL MARCO DEL DERECHO COMPARADO: LAS PERSONAS PROTEGIDAS

Las Constituciones declaran derechos fundamentales de las personas, respecto de las cuales, el juez competente en materia de amparo es el llamado a garantizar su goce y ejercicio por ellas. Esto plantea el tema de la persona agraviada en los procesos de amparo, es decir, de las que pueden ser accionantes, quejosos o peticionarios que conforme al artículo 1 de la Ley Orgánica de Amparo es "toda persona" y conforme al artículo 2 de la misma Ley ,puede ser cualquier "persona natural y jurídica." De esta norma se deriva, que el amparo no sólo protege a las personas naturales, sino también a las personas morales cuando sean titulares de los derechos.

En principio, por supuesto, esa capacidad o la legitimación procesal corresponde a las personas titulares del derecho constitucional que ha sido violado o amenazado de violación, situación que le da particular interés para intentar la acción de protección ante el tribunal competente. Por eso, la acción de amparo se ha considerado en principio como una acción *in personam* por lo cual el accionante debe ser precisamente la persona agraviada; lo que implica que generalmente se considere que la

1805 Véase en *Revista de Derecho Público,* N° 83, EJV, Caracas, 2000, pp. 290 ss. En igual sentido véase sentencia de la Sala Constitucional N° 1082 de 27–9–2000 (Caso: *María E. Díaz T. vs. Corte Primera de lo Contencioso Administrativo*), *idem* p. 295 ss.

1806 Véase sentencia N° 460 de 6–4–2001 (Caso: *Only One Import, C.A. vs. Guardia Nacional*), en *Revista de Derecho Público,* N° 85–88, EJV, Caracas, 2001, p. 438.

acción de amparo en América latina, como sucede con las *injunctions* del sistema estadounidense, debe ser personalizada, en el sentido de que se atribuye a una persona particular la cual, por gozar del derecho lesionado, tiene un interés personal en el caso y su resultado.[1807]

En este sentido, la Ley de Amparo nicaragüense prevé que sólo la parte agraviada puede intentar la acción de amparo, definiendo como tal a "toda persona natural o jurídica a quien perjudique o esté en inminente peligro de ser perjudicada por toda disposición, acto o resolución, y en general, toda acción u omisión de cualquier funcionario, autoridad o agente de los mismos" (art. 23).[1808]

Esto plantea, por tanto diversas cuestiones respecto de quienes pueden ser parte agraviada o lesionada en un proceso de amparo, como las relativas a la legitimación activa o al derecho a actuar, las relativa a la calidad del accionante en el sentido de si tiene que ser sólo una persona física o ser humano, o una persona jurídica o puede ser una corporación, incluyendo las entidades de derecho público. Otros aspectos que se deben considerar son la posibilidad de que el Ministerio Público o los Defensores del Pueblo puedan intentar la acción de amparo.

1. *La persona agraviada y la cuestión de la legitimación activa*

En el juicio de amparo, como la acción tiene carácter personal, el accionante, como parte agraviada, en principio puede ser solamente el titular del derecho lesionado,[1809] es decir, la persona cuyos derechos constitucionales han sido agraviados o amenazados de agravio. Así, nadie puede intentar una acción de amparo alegando en nombre propio el derecho que pertenece a otro. Es por eso que la acción de amparo es una acción personal o "subjetiva" en el sentido que sólo puede intentarla ante los tribunales la parte agraviada, con un interés personal, legítimo y directo, la cual puede actuar *in personam* o a través de su representante.[1810] Éste es el mismo principio que se aplica en la legitimación activa para procurar la medida de *injunction* estadounidense, que sólo se atribuye a la persona agraviada,[1811] pues solo ella es la que puede intentar la acción.[1812]

1807 Véase Kevin Schroder *et al*, "Injunction," *Corpus Juris Secundum*, Thomson West, Vol. 43A, 2004; M. Glenn Abernathy and Barbara A. Perry, *Civil Liberties Under the Constitution*, University of South Carolina Press, 1993, p. 4.

1808 En este mismo sentido, la Ley Nº 437-06 que establecía el Recurso de Amparo de la República Dominicana disponía que "Cualquier persona física o moral, sin distinción de ninguna especie, tiene derecho a reclamar la protección de sus derechos individuales mediante la acción de amparo." (art. 2).

1809 En este sentido el artículo 567 del Código Procesal Civil paraguayo establece que "[L]a acción de amparo será deducida por el titular del derecho lesionado o en peligro inminente de serlo".

1810 Véase decisión de 27 de agosto de 1.993 (caso *Kenet E. Leal*) en *Revista de Derecho Público*, Nº 55-56, Editorial Jurídica Venezolana, Caracas, 1993, p. 322; y decisión del Primer Tribunal de control jurisdiccional de acciones administrativas, del 18 de noviembre de 1993, en *Revista de Derecho Público*, Nº 55–56, Editorial Jurídica Venezolana, Caracas, 1993, pp. 325–327.

1811 Véase el caso *Alabama Power Co. v. Alabama Elec. Co-op., Inc.*, 394 F.2d 672 (5° Cir. 1968), en John Bourdeau et al., "Injunctions," en Kevin Schroder, John Glenn and Maureen Placilla (Ed.), *Corpus Juris Secundum*, Vol 43A, West 2004, p. 229.

1812 Como se establece, por ejemplo, específicamente en Ecuador. v. Hernán Salgado Pesantes, *Manual de Justicia Constitucional Ecuatoriana*, Corporación Editora Nacional, Quito, 2004, p. 81. En Costa Rica,

Aunque ésta es la regla general en América Latina, algunas leyes de amparo sin embargo, autorizan a personas distintas de las partes agraviadas o sus representantes a intentar la acción de amparo en su representación,[1813] siendo entonces posible distinguir al respecto entre la *legitimatio* o legitimación activa *ad causam* y la *legitimatio* o legitimación activa *ad processum*.[1814] La primera se refiere a la persona o entidad titular del derecho constitucional particular que se ha violado; y la segunda, a la capacidad particular de las personas para actuar en el proceso (capacidad procesal), es decir, a la capacidad de comparecer ante el tribunal y utilizar los procesos adecuados para apoyar una demanda, que puede referirse a sus propios derechos o a los derechos de otros.

La legitimación activa *ad causam* corresponde en principio a cualquier persona cuyos derechos constitucionales han sido lesionados, o amenazados de ser lesionados, y que tenga derecho a procurar la protección de los tribunales por medio de la acción de amparo; bien sea por ser *personas naturales* o seres humanos (sin distinción entre ciudadanos, incapacitados o extranjeros) o una persona *jurídica* o moral.[1815] En algunos casos, la legitimación activa también corresponde a grupos de personas o entidades colectivas aún sin "personalidad" jurídica formal atribuida por ley, como se ha admitido en Chile con respecto al recurso de protección.[1816]

---

aunque la Ley de la Jurisdicción Constitucional prevé que la acción puede intentarla cualquier persona (art. 33), la Sala Constitucional ha interpretado que se refiere a cualquier persona cuyos derechos constitucionales hayan sido agraviados (v. Decisión 93-90). Véase la referencia en Rubén Hernández Valle, *Derecho Procesal Constitucional*, Editorial Juricentro, San José, 2001, p. 234); y en caso de una acción de amparo presentada por una persona distinta de la parte agraviada, esta última debe aprobar la presentación para que continúe el proceso. De otro modo, faltaría la legitimación activa. v. Decisión 5086-94, en *Idem*, p. 235.

1813 Artículo 567 Código de Procedimiento Civil, Paraguay.

1814 Véase en general, Alí Joaquín Salgado, *Juicio de amparo y acción de inconstitucionalidad*, Astrea, Buenos Aires, 1987, pp. 81 ss.; Joaquín Brage Camazano, *La jurisdicción constitucional de la libertad*, Editorial Porrúa, México, 2005, pp. 162 ss.

1815 La palabra "personas" en las leyes de amparo se usa para designar personas humanas o entidades reconocidas por la ley como sujetos de derechos y deberes, incluyendo corporaciones o compañías: Argentina (art. 5: "persona individual o jurídica"; República Dominicana (art. 2: "Cualquier persona física o moral"); Colombia (art. 1: "Toda persona"); Ecuador (art. 9.a: "cualquier persona"; El Salvador (art. 3 y 12: "Toda persona"); Guatemala (art. 8: "las personas"), Honduras (art. 41: "toda persona agraviada"; art. 44: "cualquier persona natural o jurídica"); México (art. 4: "la parte a quien perjudique la ley"); Panamá (art. 2615: "Toda persona"); Perú (art. 39: "El afectado es la persona legitimada"); Uruguay (art. 1: "cualquier persona física o jurídica, pública o privada"); Venezuela (art. 2: "personas naturales o persona jurídicas"). En el Reglamento de Filipinas, la petición del amparo también está disponible a "cualquier persona" cuyo derecho a la vida, la libertad y la seguridad, haya sido violado" (Sec. 1).

1816 La Constitución chilena, en materia de legitimación activa, se refiere a "el que" (quien), sin referirse a "personas" (art. 20). v. Juan Manuel Errázuriz y Jorge Miguel Otero A., *Aspectos procesales del recurso de protección*, Editorial Jurídica de Chile, Santiago, 1989, pp. 15, 50. v. el caso *RP, Federación Chilena de Hockey y Patinaje*, C. de Santiago, 1984, RDJ, T, LXXXI, Nº 3, 2da. P., Secc. 5ta, p. 240. Sin embargo, en otras decisiones judiciales se ha sostenido el criterio contrario. v. la referencia en Sergio Lira Herrera, *El recurso de protección. Naturaleza jurídica. Doctrina. Jurisprudencia, Derecho Comparado*, Santiago, 1990, pp. 144–145.

2. *Las personas naturales: Legitimación activa ad causam y ad processum*

El principio general en las leyes de amparo en América latina es que todos los seres humanos, cuando sus derechos constitucionales son arbitraria o ilegítimamente agraviados o amenazados, tienen la necesaria legitimación para intentar la acción de amparo. En la expresión "personas" usada en tales leyes, están comprendidas todas las personas naturales sin distinción. La expresión, por supuesto, no equivale a "ciudadanos", que son aquellas personas que por nacimiento o por naturalización son miembros de la comunidad política representada por el estado. Sin embargo, estas personas, como ciudadanos, serían las únicas que tendrían la legitimación necesaria para la protección de ciertos derechos políticos, como el derecho al voto o a la participación en la política.

Por otro lado, en materia de amparo, los extranjeros tienen en principio el mismo derecho general que los nacionales y tienen la necesaria legitimación para ejercer el derecho al amparo. Sólo en México se encuentra una excepción respecto a las decisiones del Presidente de la República, dictadas según la Constitución, para la expulsión de extranjeros, medida que se encuentra excluida del amparo.[1817]

Excepto en este caso particular, el principio general en América Latina es que toda persona lesionada tiene la legitimación *ad causam* para intentar la acción de amparo. Por ello, en México, la Suprema Corte en ejercicio del control de convencionalidad declaró contrario al artículo 25 de la Convención Americana el artículo 76 bis.II de la Ley de Amparo, el cual dejó de aplicarse, pues limitaba la protección que otorga solamente al reo excluyendo a la víctima.[1818] Por ello, también, respecto de leyes que formalmente restringen la legitimación A este respecto, las leyes deben interpretarse en sentido amplio, como ocurre por ejemplo en la ley de amparo venezolana la cual aunque prevé en su primer artículo que la acción de amparo puede intentarla "toda persona natural habitante de la República",[1819] se entiende la expresión como referida a cualquier persona, incluso quienes no viven en el país.[1820]

1817 Véase Eduardo Ferrer Mac-Gregor, La *acción constitucional de amparo en México y España*, Editorial Porrúa, México, 2002, p. 230.

1818 Tesis 2ª CXXXVII/202 y J.26/2003, *Semanario Judicial de la Federación y su gaceta* 9ª. Época Tomo XVI, noviembre de 2002, p. 449 y Tomo XVIII, agosto de 2003, p.175; citadas por Alfonso Jaime Martínez Lazcano, "Control difuso de convencionalidad en México," en Boris Barrios González (Coordinador), *Temas de Derecho Procesal Constitucional Latinoamericano*, Memorias I Congreso panameño de Derecho Procesal Constitucional y III Congreso Internacional Proceso y Constitución, Panamá 2012, pp. 209.

1819 Véase referencias en Allan R. Brewer-Carías, *Instituciones Políticas y Constitucionales*, Vol. V, El derecho y la acción de Amparo, Universidad Católica del Táchira, Editorial Jurídica Venezolana, San Cristóbal-Caracas, 1998, p. 319. La misma antigua Corte Suprema, en ejercicio de su potestad de control jurisdiccional difuso, declaró inconstitucional la referencia limitante del artículo 1 de la Ley al subrayar el carácter de "habitantes de la República", sentenciando en contrario, que cualquier persona, viva o no en la República, cuyos derechos sean agraviados en Venezuela, tiene suficiente legitimación para intentar la acción de amparo. v. Sentencia de 13 de diciembre de 1994, caso *Jackroo Marine Limited.* Véase la referencia en Rafael Chavero, *El Nuevo Régimen del Amparo Constitucional en Venezuela*, Caracas, 2001, pp. 98–99

1820 La misma antigua Corte Suprema, por el ejercicio de su potestad de control jurisdiccional difusa, declaró inconstitucional la referencia limitante del artículo 1 de la ley al subrayar el carácter de "habitantes de la República", sentenciando en contrario, que cualquier persona, viva o no en la República, cuyos de-

Los menores, por supuesto, también tienen legitimación *ad causam*, pero sólo están autorizados para intentar acciones de amparo para proteger sus derechos constitucionales a través de sus representantes (padres o tutores), quienes, en esos casos, tienen legitimación *ad processum*. Sólo excepcionalmente la ley mexicana permite que los menores actúen personalmente cuando sus representantes estén ausentes o impedidos.[1821] En Colombia, cuando el representante de un menor está en situación de incapacidad para asumir su defensa, cualquiera puede actuar representando a la parte agraviada (art. 10).[1822]

Excepto en aquellos casos en que los representantes de personas naturales incapaces sean llamados a actuar, la regla general de legitimación activa *ad processum* por tanto, respecto de las personas naturales, es que tienen la posibilidad de comparecer ante el tribunal como personas agraviadas en defensa de sus propios derechos. En consecuencia, como asunto de principio, ningún otro puede actuar judicialmente en nombre de la persona agraviada, excepto cuando un representante es nombrado legalmente o actúa con un poder notariado o carta de autorización (Paraguay, art. 567).

Sin embargo, una excepción general a esta regla se refiere a la acción de habeas corpus, en cuyo caso, como generalmente la persona agraviada está físicamente impedida de actuar personalmente por sufrir detención o libertad limitada, las leyes de amparo autorizan a cualquier persona a intentar la acción en representación suya.[1823]

En el mismo sentido, algunas leyes de amparo, para garantizar la protección constitucional, también establecen la posibilidad que otras personas actúen representando a la parte agraviada e intenten la acción en su nombre. Puede ser cualquier abogado o familiar como se establece en Guatemala (art. 23), o cualquier persona como se establece en Paraguay (art. 567), Ecuador, Honduras, Uruguay[1824] y Co-

---

rechos sean agraviados en Venezuela, tiene suficiente legitimación para intentar la acción de amparo. V. Sentencia de 13 de diciembre de 1994, caso *Jackroo Marine Limited*. Véase la referencia en Rafael Chavero, *El Nuevo Régimen del Amparo Constitucional en Venezuela*, Caracas, 2001, pp. 98–99.

1821 Este es el caso de México, donde la Ley de Amparo prevé que un menor "podrá pedir amparo sin la intervención de su legítimo representante cuando éste se halle ausente o impedido" y añade que "el juez, sin perjuicio de dictar las providencias que sean urgentes, le nombrará un representante especial para que intervenga en el juicio." (art. 6).

1822 Lo que el Legislador quiso asegurar en este caso fue la posibilidad de una efectiva protección de los derechos, por ejemplo, en casos de violencia física infligida por los padres con respecto a sus hijos, en cuyo caso un vecino es la persona que puede intervenir para intentar una acción de tutela. De otro modo, la acción protectora, en tales casos, no podría ser intentada, particularmente porque los padres son los representantes legales de sus hijos. Véase Juan Carlos Esguerra Portocarrero, *La protección constitucional del ciudadano*, Lexis, Bogotá, 2005, p. 122.

1823 Argentina (art. 5: cualquiera que lo represente); Bolivia (art. 89: cualquiera en su nombre); Guatemala (art. 85: cualquier otra persona); Honduras (art. 19: cualquier persona); México (art. 17: cualquier otra persona en su nombre); Nicaragua (art. 52: cualquier habitante de la República); Perú: (art. 26: cualquiera a su favor); Venezuela (art. 39: cualquiera que lo represente). En México, la ley impone en la parte agraviada la obligación de ratificar expresamente la interposición del recurso de amparo, al punto que si la queja no se ratifica, se reputará no presentada (art. 17).

1824 En Ecuador, cualquier actor espontáneo que justifique la imposibilidad de la parte agraviada para hacerlo, puede intentar la acción en su nombre, que, sin embargo, debe ser ratificada en los tres días subsiguientes (art. 48). En Honduras, la Ley sobre Justicia Constitucional autoriza a cualquier persona actuar por la parte agraviada, sin necesidad de poder, en cuyo caso el artículo 44 prevé que prevalecerá el crite-

lombia, donde cualquiera puede actuar en nombre de la parte agraviada cuando esta última esté en situación de incapacidad para asumir su propia defensa (art. 10).[1825] El mismo principio está establecido en el Código Procesal Constitucional de Perú.[1826]

Otro aspecto que se debe notar sobre la legitimación activa es que algunas leyes de amparo latinoamericanas, en forma restrictiva, obligan al accionante a nombrar formalmente a un abogado que le asista como, por ejemplo, se indica en el Código Judicial panameño (art. 2.261).

3. *Personas Jurídicas: Legitimación activa ad causam y ad processum*

Aparte de las personas naturales, también las personas jurídicas gozan de los derechos constitucionales, por lo que tienen derecho a intentar acciones de amparo cuando los mismos han sido violados, de modo que las asociaciones, compañías, fundaciones o corporaciones también pueden intentar acciones de amparo,[1827] por ejemplo, para proteger su derecho a la no discriminación, al debido proceso legal, a la defensa o a los derechos económicos o de propiedad, en cuyo caso, por supuesto, deben actuar a través de sus directores o representantes según sus estatutos (México, art. 8). Por ello, la jurisprudencia en Venezuela ha establecido que la acción de amparo no está restringida a proteger "derechos o garantías constitucionales a los derechos de las personas naturales," pues también las personas jurídicas son titulares de derechos fundamentales."[1828]

En este contexto de la legitimación dada a las personas jurídicas para intentar acciones de amparo, el Código Procesal Civil paraguayo enumera particularmente a

---

rio de la parte agraviada (art. 44). En Uruguay (art. 3) la Ley N° 16.011 sobre la Acción de Amparo prevé que en casos en los que la parte agraviada, por sí misma o por su representante, no pudiese intentar la acción, entonces cualquiera puede hacerlo por ella, sin perjuicio de la responsabilidad del agente si éste hubiese actuado con fraude, malicia o culpable ligereza (art. 4).

1825 Véase Carlos Augusto Patiño Beltrán, *Acciones de tutela, cumplimiento, populares y de grupo*, Editorial Leyer, Bogotá, 2000, p. 10; y Juan Carlos Esguerra Portocarrero, *La protección constitucional del ciudadano*, Lexis, Bogotá, 2005, p. 122.

1826 El artículo 41 del Código establece: "Cualquier persona puede comparecer en nombre de quien no tiene representación procesal, cuando esta se encuentre imposibilitada para interponer la demanda por sí misma, sea por atentado concurrente contra la libertad individual, por razones de fundado temor o amenaza, por una situación de inminente peligro o por cualquier otra causa análoga. Una vez que el afectado se halle en posibilidad de hacerlo, deberá ratificar la demanda y la actividad procesal realizada por el procurador oficioso."

1827 También es el caso de Colombia, donde la acción de tutela se estableció para la protección de los "derechos fundamentales" de aplicación inmediata, que incluyen los de las personas jurídicas, como el derecho de petición (art. 23), al debido proceso y a la defensa (art. 29) y a la revisión de decisiones judiciales (art. 31). En Ecuador, la legitimación activa de las personas jurídicas para intentar una acción de amparo fue negada por Marco Morales Tobar en "La acción de amparo y su procedimiento en el Ecuador," *Estudios Constitucionales. Revista del Centro de Estudios Constitucionales*, Año 1, N° 1, Universidad de Talca, Chile, 2003, pp. 281–282. Así también en la República Dominicana, donde el juicio de amparo fue admitido por la Suprema Corte, incluso sin disposición constitucional o legal, precisamente en un caso presentado ante la Corte por una compañía comercial (*Productos Avon S.A.*). v. por ejemplo, Juan de la Rosa, *El recurso de amparo, Estudio Comparativo*, Santo Domingo, 2001, p. 69.

1828 Véase sentencia N° 1395 de 21 noviembre de 2000, caso *Estado Mérida y otros vs. Ministro de Finanzas*, en *Revista de Derecho Público*, N° 84, Editorial Jurídica Venezolana, Caracas, 2000, pp. 315 ss.

los partidos políticos con capacidad reconocida por las autoridades electorales; las entidades con personería gremial o profesional y las entidades con personería gremial o profesional; y las sociedades o asociaciones con fines no contrarios al bien común (art. 568).

Una cuestión importante sobre la legitimación activa de las personas jurídicas para intentar acciones de amparo se refiere a la posibilidad de que las entidades de derecho público puedan hacerlo, es decir, a la capacidad de las entidades públicas de intentar acciones de amparo.

Históricamente, la acción de amparo, como medio judicial específico para la protección de derechos constitucionales, se concibió originalmente para la defensa de los individuos o personas naturales contra los funcionarios o entidades públicas; es decir, como una garantía para protegerse frente al Estado. Por eso, inicialmente, era inconcebible que una entidad pública intentara una acción de amparo contra otras entidades públicas o privadas. Sin embargo, ya que las entidades públicas pueden, como cualquier persona jurídica, ser titulares de derechos constitucionales, se admite en general que puedan intentar acciones de amparo para la protección de sus derechos. Esto es así expresamente en Argentina,[1829] en Uruguay, donde está expresamente regulado en la Ley de amparo al referirse a la "persona física o jurídica, pública o privada (art. 1), y es el caso también en Venezuela.[1830]

También en México se admite expresamente que las corporaciones públicas intenten acciones de amparo pero sólo con referencia a sus intereses patrimoniales lesionados (art. 9), lo que significa que de ninguna otra manera puede una entidad pública en México como, por ejemplo, un estado, una municipalidad o una corporación pública, intentar una acción de amparo, pues de otro modo resultaría en un con-

---

1829 Véase José Luis Lazzarini, *El Juicio de Amparo*, Ed. La Ley, Buenos Aires, 1987, p. 238–240; 266. Entre los casos de amparo decididos en Argentina como consecuencia de las medidas económicas de emergencia adoptadas por el gobierno en 2001, que congelaron todos los depósitos en cuentas de ahorro y corrientes de todos los bancos y los convirtieron de dólares americanos a pesos devaluados argentinos, uno que se debe mencionar es el caso San Luis, sentenciado por la Corte Suprema el 5 de marzo de 2003, en el cual no sólo declaró la corte la inconstitucionalidad del Ejecutivo sino que en ese caso ordenó al "Banco Central o el Banco de la Nación Argentina le entreguen a la provincia dólares billetes de los plazos fijos que individualiza, o su equivalente en pesos según el valor de la moneda estadounidense en el mercado libre de cambios". El aspecto interesante del juicio fue su presentación por la Provincia de San Luis contra el Estado Nacional y el Banco Central de la Nación Argentina, es decir, un Estado Federal (Provincia de San Luis) contra el Estado Nacional, para la protección de los derechos constitucionales a la propiedad del primero. v. comentarios en Antonio María Hernández, *Las emergencias y el orden constitucional*, Universidad Nacional Autónoma de México, Rubinzal-Culsoni Editores, México, 2003, pp. 119 ss.

1830 La Sala Constitucional del Tribunal Supremo en decisión N° 1395 de 21 de noviembre de 2.000, declaró que los "entes político-territoriales como los Estados o Municipios [pueden] acudir al amparo para defender los derechos o libertades de los que puedan ser titulares, como el derecho al debido proceso, o el derecho a la igualdad, o a la irretroactividad de la ley." Véase el Caso Estado Mérida et al. vs. Ministro de Finanzas, en *Revista de Derecho Público*, N° 84, Editorial Jurídica Venezolana, Caracas, 2000, pp. 315 ss.

flicto entre las autoridades que no podría resolverse a través de esta acción judicial.[1831]

Es en este mismo sentido, que en Perú, el Código Procesal Constitucional también expresamente declara la inadmisibilidad de la acción de amparo cuando se refiere a "conflictos entre entidades de derecho público interno", es decir, entre ramas del gobierno u órganos constitucionales o gobiernos locales o regionales que deban ser dirimidos mediante los procedimientos constitucionales establecidos en el código (art. 5,9).[1832]

Esta misma discusión general sobre la posibilidad de ejercer la acción de amparo entre entidades públicas ha surgido en otros sistemas federales, en particular cuando se dirigen a proteger la garantía constitucional de autonomía y autogobierno políticos. En Alemania, por ejemplo, se admite que los municipios, o grupos de municipios, puedan intentar una querella constitucional ante el Tribunal Constitucional Federal alegando que su derecho a la autonomía o al autogobierno, garantizados en la constitución (art. 28-2), ha sido violado por una disposición legal federal.[1833] Esta posibilidad fue rechazada en México pues, aunque los artículos 103, III y 107 de la Constitución establecen que la acción de amparo es admisible en casos de controversias que surgen por "leyes o actos de las autoridades de los estados o del distrito federal que invadan la esfera de competencia de la autoridad federal", se entienden sólo referidos a la protección de los derechos y garantías individuales y, de ninguna manera, dirigidos a establecer una acción de amparo para la protección de la autonomía constitucional de los Estados con respecto a las invasiones por el estado federal.[1834]

En Venezuela, que también es un Estado organizado con forma federal, el asunto se discutió con referencia a la protección de los derechos de la autonomía política de los Estados y Municipios garantizada en la Constitución y respecto de la posibilidad de intentar una acción de amparo para su protección. Una acción intentada con tal propósito, por ejemplo, por los municipios, fue rechazada por la antigua Corte Suprema de Justicia, argumentando que las entidades político territoriales, como personas morales, no pueden intentar acciones de amparo sino sólo para la protección

---

1831 Véase Eduardo Ferrer Mac-Gregor, La *acción constitucional de amparo en México y España*, Editorial Porrúa, México, 2002, p. 244–245; Richard D. Baker, *Judicial Review in México*. A Study of the Amparo Suit, University Press of Texas, Austin, 1971 pp. 107–109..

1832 El código sustituyó la disposición de la Ley 25.011 de Habeas Corpus y Amparo de 1982 que declaraba inadmisibles las acciones de amparo, pero cuando proceden "de las dependencias administrativas, incluyendo las empresas públicas, contra los Poderes del Estado y los organismos creados por la Constitución, por los actos efectuados en el ejercicio regular de sus funciones" (Ley 25011, art. 6,4). V. comentarios sobre esta disposición en la derogada Ley 25.011 en Víctor Julio Orcheto Villena, *Jurisdicción y procesos constitucionales*, Editorial Rhodas, Lima, p. 169.

1833 En el caso de violaciones por una ley del länder, tal recurso se intentará ante el Tribunal Constitucional del länder respectivo (art. 93,1,4 de la Constitución). Una situación similar, aunque debatible, se encuentra en Austria con respecto al recurso constitucional. Sea cual fuese el caso, por supuesto, no se trataría de un amparo para la protección de derechos fundamentales, sino más bien de una garantía constitucional específica de la autonomía de entidades locales.

1834 Véase referencia en Eduardo Ferrer Mac-Gregor, *La acción constitucional de amparo en México y España*, Editorial Porrúa, México, 2002, p. 246, nota 425.

de derechos constitucionales en estricto sentido excluyendo de la protección las garantías constitucionales como la de la autonomía territorial.[1835] Con argumentos similares, la Sala Constitucional del Tribunal Supremo de Justicia también rechazó en 2000 una acción de amparo interpuesta por un Estado de la federación contra el Ministerio de Finanzas ya que, según se alegaba, afectaba su autonomía financiera.[1836]

Por otro lado, en sistemas como los de Brasil, donde el *mandado de segurança* sólo se puede intentar contra el Estado y no contra personas individuales, se considera que el estado mismo o sus dependencias no pueden intentar el recurso.[1837]

4. *Legitimación activa y la protección de derechos constitucionales colectivos y difusos*

Como antes se dijo, la característica general del proceso de amparo es su carácter personal, en el sentido que puede sólo iniciarlo ante los tribunales competentes el titular de los derechos, su representante o una de las partes agraviadas.[1838]

Sin embargo, no todos los derechos constitucionales son individuales; y al contrario, algunos son colectivos por naturaleza, en el sentido que corresponden a grupos de personas más o menos definidos, de modo que su violación no sólo lesiona los derechos personales de cada uno de los individuos que los disfruta, sino también a todo el grupo de personas o colectividades a los que pertenecen esos individuos. En tales casos, entonces, la acción de amparo también puede intentarla el grupo o asociación de personas que representan a sus asociados, incluso aun cuando no tengan formalmente el carácter de "persona jurídica."[1839]

En algunos casos, como en Venezuela, la Constitución establece expresamente como parte del derecho constitucional de todas las personas, el tener acceso a la justicia y el procurar la protección no sólo de los derechos personales sino también

---

1835 Véase sentencia de 2 de octubre de 1997, en Rafael Chavero, *El nuevo régimen del amparo constitucional en Venezuela*, Caracas, 2001, pp. 122–123.

1836 Véase sentencia N° 1395 de 21 de noviembre de 2000, Caso *Estado Mérida et al. v. Ministro de Finanzas*, en *Revista de Derecho Público*, N° 84, Editorial Jurídica Venezolana, Caracas, 2000, pp. 315 ss.

1837 Véase Celso Agrícola Barbi, *Do mandado de Securança*, Editora Forense, Rio de Janeiro, 1993, pp. 68 ss.; José Luis Lazzarini, *El juicio de amparo*, Editorial La Ley, Buenos Aires, 1987, pp. 267–268.

1838 Algunas legislaciones como la brasileña, respecto del mandado de securança establecen que en el caso de amenazas o violaciones de derechos relativos a algunas personas, cualquiera de ellas puede intentar la acción (art. 1,2). En Costa Rica también, respecto del derecho constitucional a rectificación y respuesta en caso de agravios, la Ley de la Jurisdicción Constitucional prevé que cuando los agraviados son más de una persona, cualquiera de ellas puede intentar la acción; y en los casos en los que los agraviados pueden ser identificados con un grupo o colectividad organizada, la legitimación para actuar debe ejercerla su representante autorizado (art. 67).

1839 Es por eso que el Código Procesal Civil de Paraguay, por ejemplo, al definir la legitimación activa en materia de amparo, además de personas físicas o jurídicas, se refiere a partidos políticos debidamente registrados, entidades con personería gremial o profesional y sociedades o asociaciones que, sin investir el carácter de personas jurídicas, no contrarían, según sus estatutos, el bien público (art. 568). En Argentina, la Ley de Amparo también prevé la legitimación activa para intentar acciones de amparo a estas asociaciones que, sin ser formalmente personas jurídicas, pueden justificar, según sus propios estatutos, que no se oponen al bien público (art. 5).

de los "colectivos" o "difusos" (art. 26). Los primeros han sido considerado como los referidos a un sector poblacional determinado (aunque no cuantificado) e identificable, conformado por un conjunto de personas como sería el caso grupos profesionales, grupos de vecinos o los gremios. En cuanto a los derechos difusos, son los que buscan aseguraren general un nivel de vida aceptable, de manera que al afectarlos se lesiona el nivel de vida de toda la comunidad o sociedad, como sucede con los daños al ambiente o a los consumidores.[1840]

En esos casos, cualquier persona procesalmente capaz puede intentar la acción, para impedir el daño a la población o a sectores de ella a la cual pertenece. Lo mismo se aplica, por ejemplo, en los casos de la acción de amparo interpuesta para la protección de derechos electorales, en cuyo caso, cualquier ciudadano invocando los derechos generales de los votantes, puede intentar la acción,[1841] admitiéndose incluso en estos casos de intereses difusos o colectivos que la legitimación activa la puedan tener las asociaciones, sociedades, fundaciones, cámaras, sindicatos y demás entes colectivos, cuyo objeto sea la defensa de la sociedad.[1842]

Estas acciones "colectivas" de amparo dirigidas a proteger derechos difusos,[1843] particularmente en materia de ambiente, han sido incluidos expresamente en las Constituciones en América Latina, como es el caso en Argentina, donde la Constitución prevé que la acción de amparo puede intentarlo "el afectado, el defensor del pueblo y las asociaciones que propendan a esos fines, registradas conforme a la ley" (art. 43) contra cualquier forma de discriminación y en lo relativo a los derechos que protegen al ambiente, a la competencia, al usuario y al consumidor, así como a los derechos de incidencia colectiva en general.[1844] En Perú, el artículo 40 de Código

1840 Véase sentencia N° 656 de la Sala Constitucional, del 30 de junio de 2000, caso *Defensor del Pueblo vs. Comisión Legislativa Nacional,* citada en sentencia N° 379 del 26 de febrero de 2.003, caso *Mireya Ripanti et vs. Presidente de Petróleos de Venezuela S.A. (PDVSA)*, en *Revista de Derecho Público*, n° 93–96, Editorial Jurídica Venezolana, Caracas, 2003, pp. 152 ss.

1841 En tales casos, la Sala incluso ha concedido medidas de precaución con efectos *erga omnes* "tanto para las personas naturales y organizaciones que han solicitado la protección de amparo constitucional como para todos los electores en su conjunto." Véase sentencia de la Sala Constitucional N° 483 del 29 de mayo de 2.000, caso *Queremos Elegir y otros*, en *Revista de Derecho Público*, N° 82, 2000, Editorial Jurídica Venezolana, pp. 489–491. En el mismo sentido, v. sentencia de la misma Sala N° 714 de 13 de julio de 2000, caso APRUM, en *Revista de Derecho Público*, N° 83, Editorial Jurídica Venezolana, Caracas, 2000, pp. 319 ss.

1842 Véase la referencia y comentarios en Rafael Chavero, *El nuevo régimen del amparo constitucional en Venezuela*, Caracas, 2001, pp. 110–114.

1843 En la República Dominicana y antes de la aprobación de la Ley N° 437-06 que establece el Recurso de Amparo en 2.006, cuando la Suprema Corte admitía la acción de amparo, los tribunales admitían que cualquier persona con capacidad legal e interés en el cumplimiento general de derechos humanos colectivos, tales como el derecho a la educación, podía intentar una acción de amparo si la materia no era sola y exclusivamente particular. v. Sentencia N° 406-2 del 21 de junio de 2001, Juzgado de Primera Instancia de San Pedro Macoris. v. referencia en Miguel A. Valera Montero, *Hacia un Nuevo concepto de constitucionalismo*, Santo Domingo, 2006, pp. 388–389.

1844 Cuatro acciones colectivas específicas resultaron de este artículo: amparo contra cualquier forma de discriminación; amparo para la protección del ambiente; amparo para la protección de la libre competencia, y amparo para la protección de los derechos del usuario y del consumidor. Por eso, respecto de la discriminación, el objeto de este amparo no es la discriminación respecto de un individuo en particular sino respecto de un grupo de personas entre los cuales existe un nexo o tendencia común que da origen a la discriminación. Véase Joaquín Brage Camazano, *La jurisdicción constitucional de la libertad*, Edito-

Procesal Constitucional también autoriza a intentar la acción de amparo a cualquier persona "cuando se trate de amenaza o violación del derecho al medio ambiente u otros derechos difusos que gocen de reconocimiento constitucional, así como las entidades sin fines de lucro cuyo objeto sea la defensa de los referidos derechos". De forma similar en Brasil, la Constitución estableció un *mandado de securança* llamado *colectivo*, dirigido a la protección de derechos difusos o colectivos y a ser intentado por los partidos políticos con representación en el Congreso Nacional, los sindicatos, las instituciones colectivas o las asociaciones legalmente establecidas en defensa de los intereses de sus miembros y que deben haber estado funcionando al menos el año anterior (art. 5.69.2).[1845]

En Ecuador, el artículo 9 de la Ley Orgánica de Garantías Jurisdiccionales y Control Constitucional permite directamente que la acción sea intentada por "cualquier persona, comunidad, pueblo, nacionalidad o colectivo, vulnerada o amenazada en uno o más de sus derechos constitucionales, quien actuará por sí misma o a través de representante o apoderado". El caso de Costa Rica debe también mencionarse, donde el amparo colectivo se ha sido admitido por la Sala Constitucional de la Corte Suprema en materia de ambiente, basándose en las disposiciones constitucionales que establecen el derecho de todos "a un ambiente sano y ecológicamente equilibrado" (art. 50), por lo que cualquier persona queda "legitimada para denunciar los actos que infrinjan tal derecho."[1846]

Sin embargo, al contrario de la tendencia mencionada, que amplía la acción de amparo para la protección de derechos colectivos, en México el proceso de amparo sigue teniendo carácter esencialmente individual, basado en el interés personal y directo[1847] del accionante. El único caso en el que, de cierta manera, el amparo pro-

---

rial Porrúa, México, 2005, pp. 94. Por otro lado, respecto a la protección del ambiente, se formaliza la tendencia que comenzó a consolidarse después de un caso de 1983 en el que se presentó un amparo para la protección del equilibrio ecológico para la protección de los delfines. La Corte Suprema aceptó en tal caso la posibilidad que cualquiera, individualmente o en representación de su familia, intentara una acción de amparo para la conservación del equilibrio ecológico debido al derecho de cualquier ser humano de proteger su hábitat. Véase Alí Joaquín Salgado, *Juicio de amparo y acción de inconstitucionalidad*, Astrea Buenos Aires, 1987, pp. 81–89. Sobre las asociaciones que pueden interponer demandas colectivas de amparo, la Corte Suprema de Argentina también ha considerado que no requieren registro formal. v. Sentencias 320:690, caso *Asociación Grandes Usuarios* y Sentencia 323:1339, caso *Asociación Benghalensis*. Véase las referencias en Joaquín Brage Camazano, *La jurisdicción constitucional de la libertad*, Editorial Porrúa, México, 2005, pp. 92–93.

1845 Además, desde 1985 se ha desarrollado en Brasil una "acción civil colectiva", con tendencias similares a las Acciones Colectivas de los Estados Unidos, muy ampliamente utilizadas para la protección de derechos de clases, como los consumidores, aunque limitando la legitimación activa a las entidades públicas (nacionales, estatales y municipales) y a las asociaciones. v. Antonio Gidi, Acciones de grupo y "amparo colectivo" en Brasil. La protección de derechos difusos, colectivos e individuales homogéneos, en Eduardo Ferrer Mac-Gregor (Coordinador), *Derecho Procesal Constitucional*, Colegio de Secretarios de la Suprema Corte de Justicia de la Nación, Editorial Porrúa, Tomo III, México, 2003, pp. 2.538 ss.

1846 Véase sentencia 1700-03. v. referencia en Rubén Hernández Valle, *Derecho Procesal Constitucional*, Editorial Juricentro, San José, 2001, pp. 239–240.

1847 Véase Eduardo Ferrer Mac-Gregor, *Juicio de amparo e interés legítimo: la tutela de los derechos difusos y colectivos*, Editorial Porrúa, México, 2003, p. 56.

tege intereses colectivos es aquel relacionado con el amparo para la protección de campesinos y de propietarios agrarios colectivos.[1848]

También en Colombia, el principio general respecto a la acción de *tutela* es su carácter personal y privado, de modo que sólo puede ser presentada por el sujeto del derecho individual fundamental protegido por la constitución.[1849] Esto no significa, sin embargo, que los derechos difusos o colectivos no estén protegidos, pues la Constitución ha regulado además de la acción de *tutela*, la "acción popular" o acción de grupo,[1850] es decir, acciones colectivas similitudes a las *class actions* estadounidenses,[1851] que han resultado muy efectivas para la protección de los derechos civiles en casos de discriminación.

1848 Véase Eduardo Ferrer Mac-Gregor, *La acción constitucional de amparo en México y España*, Editorial Porrúa, México, 2002, p. 233 ss.

1849 Véase Juan Carlos Esguerra Portocarrero, *La protección constitucional del ciudadano*, Lexis, Bogotá, 2005, p. 121. Por eso el artículo 6,3 de la Ley de Tutela expresamente dispone que la acción de tutela es inadmisible cuando los derechos que se busca proteger son "derechos colectivos, tales como la paz y los demás mencionados en el artículo 88 de la Constitución Política", en particular porque para tal propósito se estableció un medio judicial especial llamado "acciones populares". El artículo 6,3 de la Ley de Tutela añadió que lo anterior no impide que el titular de derechos amenazados o violados pueda intentar una acción de tutela en situaciones que comprometan intereses o derechos colectivos y el de sus propios derechos amenazados o violados, amenazados o violados, cuando se trata de prevenir un perjuicio irremediable.

1850 Estas acciones populares son aquellas establecidas en la constitución para la protección de derechos e intereses relacionados con la propiedad pública, el espacio público, la seguridad y salud públicas, la moral administrativa, el ambiente, la libre competencia económica, y otros de naturaleza similar. Todos éstos son derechos difusos y para su protección, la ley 472 de 1998 ha regulado estas acciones populares. Esta ley también regula otros tipos de acciones para la protección de derechos en casos de agravios sufridos por un número plural de personas. Sobre las acciones populares, éstas las puede intentar cualquier persona u Organización No Gubernamental, organizaciones populares o cívicas, entidades públicas con funciones contraloras cuando el agravio o amenaza no se originan debido a sus actividades, el Fiscal General, el Defensor del Pueblo, los fiscales distritales y municipales, y los alcaldes y funcionarios públicos que por sus funciones deben defender y proteger los derechos antes citados (art. 12). Sobre las acciones de grupo establecidas para la protección de una pluralidad de personas en caso de sufrir lesiones en sus derechos de modo colectivo, la Ley 472 de 1998 establece estas acciones con fines básicamente de indemnización y sólo pueden ser interpuestas por veinte individuos, actuando todos en su propio nombre. Por tanto, no son acciones dirigidas a proteger a toda la población o colectividad, sino sólo a una pluralidad de personas que tienen los mismos derechos y buscan su protección.

1851 Regulada por la regla N° 23 de las Reglas Federales de Procedimiento Civil e incoadas para la protección de los derechos civiles, ésta regla dispone que, en casos de una clase en las que sus integrantes tengan intereses de hecho o de derecho comunes a dicha clase pero que por ser tantos harían impracticable la tarea de reunirlos a todos, la acción pueda intentarla uno o más de dichos integrantes -como partes accionantes representativas de la clase- si las acciones de éstas son acciones características de la clase y si tales representantes protegerían de modo justo y adecuado los intereses de ella (Regla N° 23, Acciones Colectivas, a).

VII. LA UNIVERSALIDAD DEL AMPARO Y LAS CAUSAS DE LA LESIÓN O AMENAZA DE LESIÓN DE DERECHOS Y GARANTÍAS CONSTITUCIONALES

1. *El régimen en el derecho venezolano*

A. *El amparo contra autoridades y contra particulares*

La acción de amparo procede contra cualquier acto, hecho u omisión de autoridades o de particulares que viole derechos o garantías constitucionales o amenace violarlos. Por tanto, no hay actos, hechos u omisiones que escapen de la acción de amparo, lo que se reafirma en el artículo 2 de la Ley Orgánica, que dispone:

> *Artículo 2.* La acción de amparo procede contra cualquier hecho, acto u omisión provenientes de los órganos del Poder Público Nacional, Estadal o Municipal. También procede contra el hecho, acto u omisión originados por ciudadanos, personas jurídicas, grupos u organizaciones privadas, que hayan violado, violen o amenacen violar cualquiera de las garantías o derechos amparados por esta Ley".

Por tanto, la protección que puede otorgar el juez de amparo al goce y ejercicio de los derechos y garantías constitucionales, se plantea en el texto constitucional y en la Ley Orgánica no solo frente a actuaciones de autoridades públicas que puedan perturbar el goce y ejercicio de los derechos, sino también frente a las perturbaciones que puedan provenir de particulares, individuos o personas morales. En esta materia, la Constitución no distingue, por lo que la Ley Orgánica admite la acción de amparo frente a acciones que provienen de particulares[1852]. Esto también contribuye a diferenciar la acción de amparo en Venezuela de la existente en otros sistemas como los de Brasil o México, o el de España, en los cuales el recurso de amparo sólo se concibe frente a autoridades; o de la existente en otros países en el sentido de limitar la acción contra particulares, solamente cuando ocupen posiciones de poder o ejerzan funciones públicas, por ejemplo, como concesionarios de servicios públicos como sucede en Costa Rica y Colombia.

Por otra parte, en el caso de protección frente a perturbaciones provenientes de autoridades públicas, sin la menor duda debe afirmarse también que tal como lo regula el artículo 27 de la Constitución y la Ley Orgánica, esta protección procede frente a *toda* actuación pública, es decir, frente a todos los actos estatales y ante los actos materiales y vías de hecho de las autoridades públicas (art. 5°).

Por tanto, la acción de amparo procede contra toda actuación de la Administración, aun cuando no configure un acto administrativo y no abra la vía contencioso administrativa, es decir, procede, por ejemplo, contra las actuaciones materiales de la Administración; contra sus vías de hecho; contra la abstención en actuar o cumplir una obligación; contra las omisiones, en fin, contra toda forma de actuación de la

---

1852 Tal como sucede en Argentina después del caso *Samuel Kot SRL.* de 1958. S. V. Linares Quintana, *Acción de Amparo,* Buenos Aires, 1960, p. 25, G. R. Carrio, *Algunos aspectos del recurso de amparo,* Buenos Aires, 1959, p. 13.

Administración e, incluso, por supuesto, contra determinados actos como los de trámite, cuando no puedan ser impugnados por la vía contencioso administrativa.

Esta universalidad del amparo, por lo demás, fue precisada y desarrollada por la jurisprudencia, tanto de la antigua Corte Suprema como de la Corte Primera de la Contencioso Administrativo. Así lo señaló la Corte Primera de la Contencioso Administrativo en sentencia de 11 de noviembre de 1993 (Caso: *Aura Loreto Rangel*):

> "La lectura del artículo 2 de la Ley Orgánica de Amparo evidencia que no hay prácticamente ningún tipo de conducta, independientemente de su naturaleza o carácter, así como de los sujetos de los cuales provenga, del cual pueda predicarse que está excluido *per se* de su revisión por los jueces de amparo, a los efectos de determinar si vulnera o no algún derecho o garantía constitucional" [1853].

El mismo criterio lo precisó la Sala Político Administrativa de la antigua Corte Suprema en sentencia de 24 de mayo de 1993, así:

> "Son muy amplios los términos en que la acción de amparo está consagrada en el artículo 49 del Texto Fundamental. Así, si bien es incuestionable lo extenso del ámbito de los derechos y garantías susceptibles de ser protegidos y restablecidos mediante esta vía procesal, tampoco puede limitarse a que la lesión sea producto de determinados actos solamente. En efecto, debe igualmente permitirse que cualquier acto lesivo –ya sea un acto, hecho u omisión– de derechos y garantías constitucionales sea posible de cuestionar mediante este medio procesal, ya que, siendo el objetivo de la acción de amparo la protección de cualquier norma que consagre uno de los llamados derechos subjetivos de rango constitucional, no puede sostenerse que esa protección es viable sólo en los casos en que el acto perturbador reúna determinadas características, ya sean desde el punto de vista material u orgánico.
>
> La jurisprudencia de esta Sala ha sido consecuente con ambos principios. En decisión del 31 de enero de 1991 (Caso: *Anselmo Natale, registrada bajo el número 22*) se señaló que "no puede existir ningún acto estatal que no sea susceptible de ser revisado por vía de amparo, entendiendo ésta, no como una forma de control jurisdiccional de la inconstitucionalidad de los actos estatales capaz de declarar su nulidad, sino –como se ha dicho– un remedio de protección de las libertades públicas cuyo objeto es restablecer su goce y disfrute, cuando alguna persona natural o jurídica, o grupo u organizaciones privadas, amenace vulnerarlas o las vulneren efectivamente" (véase además, en relación a la amplitud de los derechos fundamentales amparables, la decisión del 4–12–90, caso: *Mariela Morales de Jiménez*, N° 661)."[1854]

1853 Véase en *Revista de Derecho Público,* n° 55–56, EJV, Caracas, 1993, p. 284.

1854 Véase en *Revista de Derecho Público,* n° 55–56, EJV, Caracas, 1993, pp. 284–285.

En sentencia de 13 de febrero de 1992, la Corte Primera, por otra parte, precisó:

> "Observa esta Corte que la característica esencial del régimen de amparo, tanto en la concepción constitucional como en su desarrollo legislativo, es su universalidad... por lo cual hace extensiva la protección que por tal medio otorga, a todos los sujetos (personas físicas o morales que se encuentran en el territorio de la nación) así como a todos los derechos constitucionalmente garantizados, e incluso aquéllos que sin estar expresamente previstos en el texto fundamental, son inherentes a la persona humana. Este es el punto de partida para entender el ámbito del amparo constitucional. Los únicos supuestos excluidos de su esfera son aquéllos que expresamente señala el artículo 6 de la Ley Orgánica de Amparo sobre Derechos y Garantías Constitucionales y, desde el punto de vista sustantivo, no hay limitaciones respecto a derechos o garantías específicas.
>
> Respecto a la Administración, el amparo contra la misma es de tal amplitud que se acuerda contra todos los actos, omisiones y vías de hecho, sin hacer exclusión alguna de determinadas materias de su competencia que, como se sabe, están siempre vinculadas con el orden público y con el interés social"[1855].

Por tanto, ninguna actuación u omisión escapa al amparo, habiendo solo quedando excluidos de la acción, conforme se estableció en el artículo 6,6 de la ley Orgánica, "los actos de la Corte Suprema de Justicia"[1856], en virtud de que como lo había previsto el artículo 211 de la Constitución de 1961, no existía la posibilidad de intentar cualquier tipo de recursos contra las decisiones de la Corte.

Por ello, incluso, conforme a la Constitución de 1961, las decisiones de los Cuerpos Legislativos adoptados en uso de sus atribuciones privativas y que conforme al artículo 159 de dicha Constitución no eran susceptibles de veto, examen o control de los otros Poderes del Estado, las mismas podían ser objeto de acción de amparo. Ello fue resuelto expresamente por la antigua Corte Suprema de Justicia en Sala Político Administrativa en sentencia de 31 de enero de 1991 (Caso: *Anselmo Natale*), en la cual señaló que "no puede existir ningún acto estatal que no sea susceptible de ser revisado por vía de amparo, entendiendo ésta, no como una forma de control jurisdiccional de la constitucionalidad de los actos estatales capaz de declarar su nulidad, sino como se ha dicho, un medio de protección de las libertades públicas cuyo objeto es restablecer su goce o disfrute, cuando alguna persona natural o jurídica, o grupos u organizaciones privadas, amenace vulnerarlas o las vulneren efectivamente"[1857]. Por supuesto, si se trata de amparo contra actuaciones de la Administración no es necesario que se trate de un acto administrativo el que cause la

---

1855 Véase en *Revista de Derecho Público,* N° 49, EJV, Caracas, 1992, pp. 120–121.

1856 Véase sentencia de la Corte Primera de lo Contencioso Administrativa de 18–6–91, en FUNEDA, *15 años de Jurisprudencia op. cit.,* p. 145; y en *Revista de Derecho Público,* N° 46, EJV, Caracas, 1991, p. 124.

1857 Véase en *Revista de Derecho Público,* N° 45, EJV, Caracas, 1991, p. 118. La tesis de la Corte Suprema fue reafirmada por la Corte Primera de lo Contencioso Administrativo en sentencia de 18–6–91, en Véase en *Revista de Derecho Público,* N° 46, EJV, Caracas, 1991, p. 125.

lesión[1858], pudiendo intentarse la acción de amparo contra vías de hecho de la Administración[1859].

A continuación haremos especial mención a los casos de acciones de amparo contra los actos jurídicos del Estado, particularmente contra los actos legislativos, de gobierno, administrativos y judiciales (sentencias), particularmente por la necesidad de conciliar el ejercicio de la acción de amparo con el ejercicio de las vías de impugnación de dichos actos. La Ley Orgánica, en este sentido, regula expresamente el amparo contra leyes, contra actos administrativos y contra sentencias y providencias judiciales.

B. *El amparo contra leyes y demás actos normativos*

De acuerdo al artículo 3° de la Ley Orgánica:

> "También es procedente la acción de amparo cuando la violación o amenaza de violación deriven de una norma que colida con la Constitución. En este caso, la providencia judicial que resuelva la acción interpuesta deberá apreciar la inaplicación de la norma impugnada y el Juez informará a la Corte Suprema de Justicia acerca de la respectiva decisión".

Esta es, quizás, una de las instituciones más novedosas que incorporó la Ley Orgánica referida al denominado "amparo contra normas" que vino a perfeccionar y completar el sistema de control de la constitucionalidad de las leyes, agregando un tercer sistema de control (además de los métodos concentrado y difuso), el cual en ciertos aspectos se puede asimilar al denominado en México "amparo contra leyes".[1860] En este caso, se permite el ejercicio del control de la constitucionalidad de las leyes por los jueces cuando conozcan de una acción de amparo ejercida contra una ley o un acto normativo que en forma directa e inmediata viole o amenace violar un derecho fundamental, y que por tanto, colida con la Constitución[1861].

En estos casos de amparo contra normas, sin embargo, la decisión del juez no es anulatoria, sino que sólo debe apreciar la inaplicación de la norma respecto de la cual se solicita amparo, como una decisión de protección, que por ello, tiene efectos *inter partes,* es decir, en relación al accionante. De acuerdo al artículo 3 de la Ley, cuando se faculta al juez de amparo para resolver de inmediato "restablecer la situa-

---

1858 Véase sentencia de la Corte Primera de lo Contencioso Administrativa de 25–6–93, *Revista de Derecho Público,* n° 53–54, EJV, Caracas, 1993, p. 255.

1859 Véase sentencia de la antigua Corte Suprema de Justicia, Sala Político Administrativa, 8–5–91, *Revista de Derecho Público,* n° 46, EJV, Caracas, 1991, p. 127.

1860 Héctor Fix–Zamudio, "Algunos problemas que plantea el amparo contra leyes", *Boletín del Instituto de Derecho Comparado de México,* UNAM, n° 37, 1960, pp. 11 a 39.

1861 La institución fue inspirada en el amparo contra normas que establecía la ley peruana de amparo antes de la reforma de la Constitución de 1992. Véase en general, Samuel B. Abad Yupanqui, "El amparo contra leyes" en *Comisión Andina de Juristas, Lecturas Constitucionales Andinas,* n° 3 Lima, 1994, pp. 129 a 152. Véase además, Allan R. Brewer-Carías, "La acción de amparo contra leyes y demás actos normativos en el Derecho venezolano", en *Liber Amicorum. Héctor Fix-Zamudio*, Volumen I, Secretaría de la Corte Interamericana de Derechos Humanos. San José, Costa Rica 1998, pp. 481-501.

ción jurídica infringida", en este caso equivale a la suspensión de efectos de la ley respecto del accionante, es decir, su inaplicabilidad al accionante.

Pero en relación al control de la constitucionalidad de las leyes, que la Ley Orgánica, además de prever el amparo contra normas, permite ejercer la acción de amparo, o más propiamente la pretensión de amparo, conjuntamente con la acción popular de inconstitucionalidad de las leyes ante la Sala Constitucional del Tribunal Supremo de Justicia.

En efecto, el mismo artículo 3° de la Ley Orgánica establece lo siguiente:

> "La acción de amparo también podrá ejercerse conjuntamente con la acción popular de inconstitucionalidad de las leyes y demás actos estatales normativos, en cuyo caso, la Corte Suprema de Justicia, si lo estima procedente para la protección constitucional, podrá suspender la aplicación de la norma respecto de la situación jurídica concreta cuya violación se alega, mientras dure el juicio de nulidad".

Como se observa, en estos casos la Ley Orgánica ha establecido una innovación fundamental consistente en permitir a la Sala, contrariamente a lo que había sido la tradición jurisprudencial, el suspender los efectos de la ley o acto normativo impugnado respecto de su aplicabilidad al accionante, cuando lo juzgue necesario para la protección constitucional, mientras dure el juicio de nulidad. Hasta la promulgación de la Ley Orgánica de Amparo en los juicios de nulidad de los actos estatales, la antigua Corte Suprema había negado sistemáticamente la posibilidad de suspender los efectos de los actos normativos, habiendo reducido su potestad de suspensión de efectos en juicio, respecto de los actos administrativos de efectos particulares.

Ahora bien, en cuanto a la acción autónoma de amparo contra normas previstas en el artículo 3° de la Ley Orgánica, hemos sostenido que se trata de una *vía directa de control difuso* de la constitucionalidad de las leyes, que viene a completar el control difuso incidental que establece el artículo 20 del Código de Procedimiento Civil. Se trata de un control difuso pues permite a todo juez de amparo pronunciarse sobre la inconstitucionalidad de una ley por violación de derechos y garantías constitucionales; y es directo pues la cuestión constitucional no se plantea en un juicio en forma incidental, sino como objeto directo de una acción de amparo, teniendo la decisión, en todo caso, efectos *inter partes*[1862].

La Ley venezolana, por otra parte, no establece límite alguno respecto de la procedencia de la acción de amparo contra normas, y no requiere de la emisión de actos de ejecución de la misma. Sin embargo, a pesar de la claridad del artículo 3° de la Ley Orgánica de Amparo, la jurisprudencia de la Sala Político Administrativa de la antigua Corte Suprema impuso el criterio de que no procede la acción de amparo directamente contra normas, y que lo que procede, realmente, es la acción de amparo contra los actos de ejecución de la norma, que serían los actos lesivos[1863]. En

1862 Véase Allan R. Brewer–Carías, *Nuevas tendencias en el contencioso administrativo en Venezuela,* EJV, Caracas, 1993, p. 168.

1863 Fue el caso de la en sentencia de 8–8–94, la Sala Político Administrativa al resolver un amparo en el caso de las declaraciones juradas de patrimonio exigidas a los administradores de bancos por la Ley de Emergencia Financiera de 1994. Véase el texto en Allan R. Brewer–Carías y Carlos Ayala Corao, *El de-*

sentencia de 24 de mayo de 1993, incluso, la propia antigua Corte Suprema, en Sala Político Administrativa había considerado como obvio que "el mencionado artículo de la Ley Orgánica de Amparo no consagra la posibilidad de interponer esta acción de protección constitucional contra una ley u otro acto normativo sino contra el acto de aplicación o ejecución de ésta, el cual en definitiva es el que, en el caso concreto, puede ocasionar una lesión particular de los derechos y garantías constitucionales de una persona determinada".[1864]

De estas sentencias resultó la adopción, por los tribunales venezolanos, de la tesis mexicana del amparo sólo contra las leyes auto aplicativas, respecto de las cuales la Corte Primera de lo Contencioso Administrativo en sentencia de 18 de noviembre de 1993, resolvió así:

> "Con respecto a la inmediatez de la amenaza constitucional, lo cual implica una lesión cierta e inminente, observa esta Corte que en el caso específico de los actos normativos la doctrina ha distinguido entre las denominadas normas auto aplicativas y las de aplicación mediata. En cuanto a las primeras, su sola promulgación implica una inmediata obligatoriedad para las personas a las cuales se encuentra destinada, por lo cual son de aplicación automática. Por el contrario, las normas de afectación mediata e indirecta requieren de un acto de ejecución posterior, en cuyo caso la simple promulgación no podría producir una violación constitucional."[1865]

C. *El amparo respecto de los actos administrativos y contra conductas omisivas de la Administración*

De acuerdo al artículo 5° de la Ley Orgánica:

> "La acción de amparo procede contra todo acto administrativo, actuaciones materiales, vías de hecho, abstenciones u omisiones que violen o amenacen violar un derecho o garantía constitucionales, cuando no exista un medio procesal breve, sumario y eficaz, acorde con la protección constitucional."

Por tanto, la acción de amparo procede también contra actos administrativos o contra conductas omisivas de la Administración que violen o amenacen violar un derecho o garantía constitucionales, pero siempre que no exista "un medio procesal breve, sumario y eficaz, acorde con la protección constitucional". En consecuencia, si dicho medio existe no es admisible la acción de amparo; pudiendo ser dicho medio el recurso contencioso administrativo de anulación, siempre que exista en la localidad un tribunal con competencia contencioso administrativa, y se formule en el

---

recho a la intimidad y a la vida privada y su protección frente a las injerencias abusivas o arbitrarias del Estado, Caracas, 1995, pp. 214 a 216.

1864 Véase en *Revista de Derecho Público*, N° 55–56, EJV, Caracas, 1993, pp. 287–288. Véase también sentencia de 19–11–92 (Caso: *Electrificación del Caroní, EDELCA, n° 54).*

1865 Véase en *Revista de Derecho Público*, N° 55–56, EJV, Caracas, 1993, p. 285. La Corte Suprema, sin embargo, en sentencia de 24–5–93 materialmente negó la posibilidad de leyes autoaplicativas. Véase en *Revista de Derecho Público,* Nos. 55–56, EJV, Caracas, 1993, pp. 288 a 290.

mismo conjuntamente con la pretensión de nulidad, la pretensión de amparo,[1866] conforme a las competencias definidas en la Ley Orgánica de la Jurisdicción Contencioso Administrativa de 2010.

En estos casos, agrega el artículo 5° de la Ley Orgánica de Amparo, el Juez, en forma breve, sumaria y efectiva, si lo considera procedente para la protección constitucional, suspenderá los efectos del acto recurrido como garantía de dicho derecho constitucional violado, mientras dure el juicio.

Para garantizar que este recurso contencioso administrativo de anulación y amparo, sea un medio procesal breve, sumario y efectivo, acorde con la protección constitucional, el Parágrafo Único del artículo 5° de la Ley Orgánica precisa que:

> "Cuando se ejerza la acción de amparo contra actos administrativos conjuntamente con el recurso contencioso administrativo que se fundamente en la violación de un derecho constitucional, el ejercicio del recurso procederá en cualquier tiempo, aun después de transcurridos los lapsos de caducidad previstos en la Ley; y no será necesario el agotamiento previo de la vía administrativa."

Sobre el carácter extraordinario de la acción de amparo contra actos administrativos, la jurisprudencia en Venezuela ha sido muy variable. La posición inicial fue considerar que frente a un acto administrativo no resultaba procedente ejercer la acción autónoma de amparo, si contra el mismo podía interponerse el recurso contencioso administrativo de anulación con la pretensión de amparo como lo autoriza el artículo 5° de la Ley[1867]. Sin embargo, posteriormente se comenzó a estimar que la acción autónoma de amparo contra un acto administrativo sólo procedía cuando se diesen circunstancias excepcionales o extraordinarias que no pudieran resolverse por la vía contencioso administrativa[1868], para desembocar, a partir de 1993, con el criterio de que el recurso contencioso de anulación no es un medio eficaz para la

1866 Véase sentencias de la antigua Corte Suprema de Justicia, Sala Político Administrativa de 25–1–89 y 9–8–89 en *Revista de Derecho Público,* N° 39, EJV, Caracas, 1989, p. 139.

1867 Véase Corte Primera de lo Contencioso Administrativo 24–5–88, véase en *Revista de Derecho Público,* Nº 34, EJV, Caracas, 1988, p. 126Conforme a esta doctrina la Corte Primera de lo Contencioso Administrativo desarrolló una constante jurisprudencia conforme a la cual consideró improcedente la acción autónoma de amparo contra actos administrativos lesivos de los derechos de los funcionarios públicos, estableciendo que en esos casos la acción contencioso-administrativa funcionarial, constituía un medio idóneo para la protección constitucional, al punto de considerar que "Distinta interpretación, supondría efectos derogatorios sobre la casi totalidad de los procedimientos jurisdiccionales existentes en el régimen jurídico venezolano. Véase sentencia de 3–06–88, en *Revista de Derecho Público,* Nº 35, EJV, Caracas, 1988, p. 129. En sentido coincidente, véase las sentencias de la Corte Primera de lo Contencioso Administrativa de 7–7–88, *Revista de Derecho Público,* Nº 35, EJV, Caracas, 1988, p. 130; de 16–6–88, *Revista de Derecho Público* Nº 35, EJV, Caracas, 1988, p. 138; de 20–4–89, *Revista de Derecho Público,* Nº 38, EJV, Caracas, 1989 p. 109; y de 5–2–90 en FUNEDA, 15 *años de Jurisprudencia, op. cit.,* p. 235. En sentido similar el Tribunal Superior Contencioso-Administrativo de la Región Capital en sentencias de 14–2–91 y 31–1–91 *Revista de Derecho Público,* Nº 45, EJV, Caracas, 1991, pp. 113, 114 y 119, ha considerado que el recurso contencioso-administrativo con pretensión de amparo es la vía eficaz para la protección constitucional. 5–2–90. Véase en *Revista de Derecho Público,* Nº 41, EJV, Caracas, 1990, p. 114.

1868 Véase sentencia de la Corte Primera de lo Contencioso Administrativo de 9–7–91, en *Revista de Derecho Público,* Nº 47, EJV, Caracas, 1991, p. 131.

protección constitucional. En tal sentido la Corte Primera de lo Contencioso Administrativo sostuvo que:

> "[...] no es posible admitir, que el recurso contencioso administrativo de anulación sea el medio breve, sumario y eficaz sustitutivo del amparo pues, si así fuera, el artículo 2 de la Ley Orgánica de Amparo sobre Derechos y Garantías Constitucionales vendría a ser superfluo, a menos en lo atinente a que la acción de amparo procede contra cualquier acto de la Administración, bastando la interposición conjunta de ambos mecanismos procesales. Por lo demás, admitir tal interpretación sería tanto como negar la posibilidad de la acción de amparo autónoma contra actos administrativos, por tanto, este razonamiento del a quo resulta no ajustado a derecho y así se declara."[1869]

En todo caso, el tema central en relación con el ejercicio de la acción autónoma de amparo contra actos administrativos, es el de los efectos de la decisión de amparo, que no tiene carácter anulatorio sino de mera suspensión de efectos del acto, lo que implica que el acto administrativo lesivo queda incólume en cuanto a su validez, por lo que para que la protección constitucional sea integral debe buscarse su anulación posterior por la vía contencioso administrativa. Para ello, el juez que otorgue amparo contra un acto administrativo debería imponerle al agraviado la obligación de impugnar el acto administrativo ante el tribunal contencioso administrativo competente.

Pero la acción de amparo no sólo procede contra actos administrativos sino también contra conductas omisivas de la Administración, para lo cual debe existir mora frente a un requerimiento del interesado. Es decir, es necesario que el presunto agraviado se haya dirigido en forma previa a la presunta autoridad agraviante, dando inicio a un procedimiento constitutivo, de manera que no se puede accionar por abstención cuando no habido requerimiento del administrado para que la autoridad administrativa emita algún acto administrativo.[1870]

Particular importancia tiene el amparo contra las conductas omisivas en los casos de silencio de la Administración en los procedimientos constitutivos del acto administrativo, que se han estimado como violatorias al derecho de petición, pues en esos casos, sólo considerar el silencio como rechazo, no satisface la garantía constitucional del derecho de petición. En tales casos, la jurisprudencia ha considerado que el accionante puede "exigir que se cumpla el contenido de tal derecho, a saber, que se le confiera la pretensión deducida ante la Administración; que se dicte la declaración que pretende; o bien que se le señalen los motivos por los cuales no puede la Administración acceder a ninguna de las actuaciones precedentemente señaladas."[1871]

1869 Véase sentencias de la Corte Primera de lo Contencioso Administrativa de 23–4–93, en *Revista de Derecho Público,* N° 53–54, EJV, Caracas, 1993, pp. 263–264; de 1–4–93, *Revista de Derecho Público,* Nos. 53–54 EJV, Caracas, 1993, p. 271 y antes, de 19–9–90 en FUNEDA, *15 años de Jurisprudencia..., op. cit.,* p. 149.

1870 Sentencia de la antigua Corte Suprema de Justicia, Sala Político Administrativa de 18–11–93, en *Revista de Derecho Público* N°s 55–56, EJV, Caracas, 1993, p. 295.

1871 Véase sentencia de la Corte Primera de lo Contencioso Administrativo de 17–12–85, citada en sentencia de la misma Corte Primera de 13–2–86. FUNEDA, *15 años de Jurisprudencia, cit.,* pp. 312–313.

En el caso de silencio en el procedimiento de impugnación del acto administrativo, en cambio, la jurisprudencia ha considerado que no procede la acción de amparo,[1872] salvo cuando el objeto de la misma sea un acto denegatorio tácito producto del silencio en el procedimiento constitutivo.[1873] De acuerdo a esta jurisprudencia puede entonces decirse que la antigua Corte Suprema exigió para la procedencia de la acción de amparo contra conductas omisivas de la Administración, en forma acumulativa o concurrente, la existencia de dos requisitos:

> "[...] a) que la conducta omisiva que se denuncia sea absoluta, lo que significa que la Administración no haya en ningún momento realizado la actuación debida; y b) que la omisión ocurra ante una obligación genérica, es decir, aquella obligación que tiene el funcionario de actuar en ejercicio de las atribuciones correspondientes a su cargo distinta, por tanto, a la obligación específica que se ha exigido para la procedencia de la acción contencioso-administrativa por abstención. De manera que sólo cuando ante una obligación genérica, procedimental, de tramitar o proveer un asunto inherente al cargo del funcionario, éste incurre en una conducta omisiva, es que resulta procedente la acción extraordinaria de amparo constitucional"[1874].

Por supuesto, en todos estos casos de procedencia de la acción de amparo contra la mora de la Administración, como violatoria del derecho a obtener oportuna respuesta garantizado en el artículo 67 de la Constitución, la consecuencia de la violación de tal derecho, como lo ha señalado la Corte Primera de lo Contencioso Administrativo, "sólo implica ordenar a la autoridad administrativa que otorgue la respuesta correspondiente"[1875].

Debe señalarse que en los casos de silencio positivo la Corte Primera de lo Contencioso Administrativo también ha admitido la acción de amparo, ante la omisión de la Administración de darle los efectos positivos originados por su abstención.[1876]

Por último debe hacerse mención al tema de las reclamaciones en materia de funcionamiento de los servicios públicos, que la Constitución de 1999 atribuyó a la Jurisdicción Contencioso Administrativa (art. 259). Sin embargo, antes de la regulación concreta en la Ley Orgánica de la Jurisdicción Contencioso Administrativa de 2010 del llamado "contencioso de los servicios público," la Sala Constitucional del

---

1872 Véase sentencia de la Sala Político Administrativa de la antigua Corte Suprema de 23–5–88, (Caso: *Fincas Algaba*), en *Revista de Derecho Público,* N° 35, EJV, Caracas, 1988, pp. 109–112. Véase además, sentencia de la antigua Corte Suprema de Justicia, Sala Político Administrativa de 11–7–91, (Caso: *J. E. Durán Díaz*).

1873 Véase sentencia de la antigua Corte Suprema de 13–8–92, (Caso: *N. J. Salas Grado*) en *Revista de Derecho Público,* N° 51, EJV, Caracas, 1992, pp. 173 y 174.

1874 Véase sentencias de la antigua Corte Suprema de Justicia, Sala Político Administrativa de 5–11–92 (Caso: *Jorge E. Alvarado*), en *Revista de Derecho Público,* N° 52, EJV, Caracas, 1992, p. 187; y de 18–11–93, en *Revista de Derecho Público,* Nos. 55–56, EJV, Caracas, 1993, p. 295.

1875 Véase sentencia de 26–8–93 (Caso: *Inversiones Klanki*), en *Revista de Derecho Público,* N° 55–56, EJV, Caracas, 1993, p. 294.

1876 Véase sentencia de 20–12–91 (Caso: *BHO, C.A.*), en *Revista de Derecho Público,* N° 48, EJV, Caracas, 1991, pp. 141–143.

Tribunal Supremo de Justicia, en sentencia de 8 de diciembre de 2000, señaló que ante la ausencia de mecanismos inmediatos para la reclamación de los servicios públicos prestados mediante concesión, la acción de amparo constitucional podá fungir como instrumento idóneo para tales fines en casos de concesiones, para controlar la protección de los servicios públicos, procurando su correcto funcionamiento, la erradicación de la arbitrariedad, o las desviaciones de poder, señalando sin embargo, que "Lo ideal es que muchas de estas fallas se ventilen mediante un contencioso de los servicios públicos;" agregando:

> "Basta pensar en el caso de que sin justificación, ni razonabilidad alguna, se tome una medida que no obedece a argumentos que puedan ser justificados y explicados a los usuarios del servicio, y de manera extorsiva se les niegue el servicio (luz, agua, teléfono, etc.) si no cumplen con la exigencia de quien lo presta. Podría ser que el contrato considerase tal posibilidad a favor del prestador del servicio, pero el uso abusivo (que no puede ser tutelado por ningún convenio) al privar de las necesidades básicas a la población (agua, luz, teléfono, aseo urbano, etc.), afecta un derecho fundamental del ser humano, cual es el del libre desenvolvimiento de su personalidad, que mal puede llevarse adelante cuando se ve privado de elementos básicos para ello, debido a la conducta arbitraria del prestador del servicio.
>
> No se trata del incumplimiento contractual del usuario o de interpretaciones al convenio, sino del ajuste a los precios que él paga, a las tarifas, peajes y otras exacciones semejantes, producto de un injustificado y desproporcionado aumento (irrazonable) por parte del servidor, que priva a las personas de las necesidades básicas si no cancela el ajuste o el aumento, y que al coaccionarlo a cumplir mediante el pago inmediato a cambio de no cortarle el servicio, le impide que goce de la vivienda con los servicios básicos esenciales (artículo 82 de la Constitución), o que se ejerza el derecho al trabajo (artículo 87 *eiusdem*), según los casos.
>
> No se trata del usuario que no cumple con la obligación y recibe la sanción a tal conducta (suspensión del servicio), sino de la actividad arbitraria de quien suministra el servicio, que infringe derechos y garantías constitucionales básicas de las personas, actitud que a pesar de que pudiese estar contemplada en los contratos, equivale a vías de hecho...
>
> Ante la injustificada privación de los servicios básicos esenciales a que tiene derecho el ser humano en la vivienda que ocupa (artículo 82 de la vigente Constitución) y de los cuales venía gozando; así como la privación del acceso de los servicios que garanticen la salud en sentido amplio, lo que incluye la higiene en el lugar de trabajo o en el hogar (artículo 83 *eiusdem*); y la infracción que las prácticas expresadas causan al artículo 117 de la Constitución de la República Bolivariana de Venezuela, toda persona a fin de ejercer los derechos consagrados en dichos artículos, tiene en su cabeza la acción de amparo constitucional a fin de hacer cesar la amenaza al goce y ejercicio de los derechos constitucionales señalados, y al restablecimiento de la situación jurídica lesionado por la violación de esos derechos…
>
> Hay servicios públicos, como el eléctrico, por ejemplo, en que la Ley (Decreto con rango y Fuerza de Ley del Servicio Eléctrico), hace nacer derechos y

obligaciones a los usuarios y a los prestadores del servicio, y lo relativo a esos derechos no estarían tutelados por el amparo constitucional, por lo que deberán ventilarse mediante los procesos ordinarios, mientras no se dicte una Ley que rija el contencioso de los servicios públicos.

Pero, la suspensión o privación abusiva del servicio, fundada en la falta de pago de lo facturado por un servicio que efectivamente no se recibió, o cuya recepción no puede ser demostrada, o que no corresponde a una tarifa o suma razonable, desborda los derechos emanados de la Ley, se trata de un abuso que invade derechos constitucionales, impidiendo el goce y ejercicio de los mismos por quienes son víctimas de la suspensión o privación del servicio, y cuando ello sucede, el derecho conculcado es el constitucional, y es el amparo la vía ideal para impedir la amenaza o lesión en la situación jurídica fundada en dicho derecho. En casos como estos, no sólo el amparo propende a la reanudación del servicio, sino que como parte de la justicia efectiva la reanudación puede hacerse compulsivamente, sin perjuicio de las acciones penales por desacato al fallo que se dicte en el amparo."[1877]

En todo caso, la Ley Orgánica de la Jurisdicción Contencioso Administrativa, ha regulado la materia y ha atribuido a los órganos de la Jurisdicción competencia en materia de reclamos por la prestación de los servicios públicos y el restablecimiento de las situaciones jurídicas subjetivas lesionadas por los prestadores de los mismos (art. 9,5), asignando el conocimiento de la materia exclusivamente a los Juzgados de Municipio de la Jurisdicción Contencioso Administrativa, como competencia única, para conocer de "las demandas que interpongan los usuarios o usuarias o las organizaciones públicas o privadas que los representen, por la prestación de servicios públicos" (art. 26,1).

D. *El amparo contra sentencias y demás actos judiciales*

Por último, en relación al amparo contra actos estatales, el artículo 4° de la Ley Orgánica establece que:

> "Igualmente procede la acción de amparo cuando un Tribunal de la República, actuando fuera de su competencia, dicte una resolución o sentencia u ordene un acto que lesione un derecho constitucional".

De esta norma podría interpretarse, ante todo, que si la decisión judicial violatoria de un derecho constitucional se dicta por un juez actuando *dentro de su competencia* (por la materia o por el territorio), no procedería la acción autónoma de amparo, sino que la pretensión de amparo debería ejercerse conjuntamente con el recurso de apelación o el recurso de casación que corresponda. Ello es lo que resultaría de la interpretación literal de la norma, con el objeto de salvaguardar los medios ordinarios y extraordinarios de revisión de decisiones judiciales, que en estos casos tendrían efectos suspensivos, y por tanto, de protección constitucional inmediata

1877 Citada en la sentencia antes citada de la Corte Primera de lo Contencioso Administrativo de 08-12-2000, publicada en *Revista de Derecho Público*, N° 89-92, Editorial Jurídica Venezolana, Caracas, 2002, pp. 350-354.

Sin embargo, el problema de interpretación resultaría de los casos en los que no esté prevista en el ordenamiento procesal una vía ordinaria o extraordinaria de revisión de sentencias, o éstas no procedan, o no se hayan ejercido oportunamente. La jurisprudencia, en este sentido, ha conformado en estos casos la doctrina más acorde con la protección constitucional que consagra la Ley Orgánica, pues en definitiva, ningún Tribunal tiene ni puede tener competencia para dictar decisiones en las cuales lesione derechos o garantías constitucionales.

En todo caso, en el supuesto regulado en el artículo 4° y con el objeto de salvaguardar las jerarquías judiciales de revisión, se establece expresamente que "La acción de amparo debe interponerse por ante un Tribunal superior al que emitió el pronunciamiento, quien decidirá en forma breve, sumaria y efectiva".

Además, debe mencionarse, como antes se advirtió, que la Ley expresamente excluye el ejercicio de la acción de amparo "cuando se trate de decisiones emanadas de Tribunal Supremo de Justicia" (Art. 6, Ord. 6°), lo que tiene su explicación en la garantía institucional que prevé la Constitución en el sentido de que siendo dicho Tribunal el más alto de la República, contra sus decisiones no se puede oírse ni admitirse recurso alguno[1878].

Ahora bien, en relación al amparo contra sentencias[1879], la jurisprudencia ha precisado sus contornos precisando, ante todo, que es necesario que exista un acto judicial lesivo, es decir, que lesione o amenace lesionar un derecho constitucional, para lo cual ningún tribunal puede tener competencia.[1880] La expresión legal "actuando fuera de su competencia" ha sido interpretada por la Sala Político Administrativa de la antigua Corte Suprema, en sentencia de 12 de diciembre de 1989 (Caso: *El Crack C.A*) como equivalente a un tribunal que "usurpa funciones, ejerciendo unas que no le son conferidas o hace uso indebido de las funciones que le han sido atribuidas, lesionando con su actuación derechos o garantías constitucionales"[1881].

De acuerdo a esta doctrina, por tanto, y dada la garantía de la cosa juzgada que protege a las decisiones judiciales, no basta para que sea procedente una acción de amparo contra sentencias que el accionante sólo señale que la sentencia le fue ad-

---

1878 Véase la sentencia de la antigua Corte Suprema de Justicia, Sala Político Administrativa de 5–12–90 en *Revista de Derecho Público,* N° 45, EJV, Caracas, 1991, p. 119.

1879 Véase, entre otras, la sentencia de la Sala Constitucional n° 848 de 28–7–2000 (Caso: *Luis A. Baca vs. Juzgado Segundo de Primera Instancia en lo Civil, Mercantil, Agrario y del Tránsito del Primer Circuito de la Circunscripción Judicial del Estado Bolívar*), en *Revista de Derecho Público,* N° 83, EJV, Caracas, 2000, p. 296 ss.

1880 Véase Allan R. Brewer–Carías, "El problema del amparo contra sentencias o de cómo la Sala de Casación Civil remedia arbitrariedades judiciales" en *Revista de Derecho Público,* N° 34, EJV, Caracas, 1988, p. 164; y "El recurso de amparo contra sentencias de amparo dictadas en segunda instancia", en *Revista de Derecho Público*, N° 36, Editorial Jurídica Venezolana, Caracas, octubre-diciembre 1988, pp. 160-172.

1881 Véase en *Revista de Derecho Público,* N° 41, EJV, Caracas, 1990, pp. 110–111. En igual sentido se destacan las sentencias de la misma Sala Político Administrativa de 27–6–90, 4–7–90, 7–8–90, 5–12–90 y 31–5–91, citadas en *Revista de Derecho Público,* N° 46, EJV, Caracas, 1991, p. 132. Igualmente, sentencia de 4–2–93, *Revista de Derecho Público* N° 53–54, EJV, Caracas, 1993, p. 276.

versa, sino que debe alegar abuso o exceso de poder del juez, como forma de incompetencia[1882].

El tema, particularmente en relación a la garantía de la cosa juzgada fue objeto de consideración detallada y particular por la Sala de Casación Civil de la antigua Corte Suprema de Justicia en sentencia de 5 de diciembre de 1990 al analizar el artículo 4° de la Ley Orgánica, en la cual estableció los casos en los que puede intentarse y ser admitida la acción autónoma de amparo contra decisiones judiciales cuando:

> "1. El juez actuando fuera de su competencia, entendida ésta en el sentido de la jurisprudencia transcrita, vulnera una garantía o derecho de rango constitucional;
> 2. La decisión constituya un acto lesivo a la conciencia jurídica, al infringir en forma flagrante, por ejemplo, los derechos individuales que no pueden ser renunciados por el afectado; o
> 3. El fallo vulnere el principio de seguridad jurídica, proveyendo contra la cosa juzgada, o fuese proferido en un proceso donde evidentemente no se hubiese garantizado al solicitante del amparo las debidas oportunidades de defensa, o se hubiese irrespetado de alguna otra manera la garantía del debido proceso."[1883]

La Corte Primera de lo Contencioso Administrativo, en una sentencia de 9 septiembre de 1993, también señaló la relación entre la importancia de la cosa juzgada y la procedencia de la acción de amparo, la cual nunca puede constituirse en una tercera instancia, precisando lo siguiente:

> "En atención a esa vocación de la definitividad que tienen las decisiones emanadas de los tribunales y a las suficientes garantías que ofrecen a las partes en conflicto los procedimientos judiciales, el amparo contra las sentencias debe estar sometido a estrictos requisitos, tendentes a impedir que, so pretexto de solicitar amparo de derechos constitucionales pretendidamente violados, se esté intentando realmente reabrir indefinidamente los asuntos ya judicialmente decididos e impugnar sentencias por vías diferentes o adicionales a los recursos que el propio ordenamiento jurídico procesal ofrece para ello. Es razonable, por tanto, que se exija –como requisito de procedencia del amparo contra sentencias– el que la conducta del juez accionado constituya un abuso de poder o una grave usurpación o extralimitación de funciones, que lesione simultáneamente un derecho constitucional. En cambio, no podría proceder el amparo cuando el juez haya actuado dentro de los límites de su oficio, sólo que el accionante no está

1882 Véase sentencia antigua Corte Suprema de Justicia, Sala Político Administrativa de 31–5–91, *Revista de Derecho Público,* N° 46, EJV, Caracas, 1991, p. 132.

1883 Caso *José Díaz Aquino*, (consultada en original). Citada también en sentencia de 14–12–94 de la misma Sala de Casación (consultada en original, Caso *Cimarrón*).

de acuerdo con los criterios jurídicos utilizados por aquél al adoptar su decisión..."[1884]

Por otra parte, la Corte Primera también consideró que no son procedentes, en principio, las pretensiones de amparo contra sentencias que puedan ser objeto de apelación en ambos efectos; excepto en los casos en los que la actividad procesal pueda perjudicar a terceros, en tanto que éstos no hayan tenido la posibilidad real de acceso al proceso y no hayan ejercido efectivamente su derecho a la defensa.[1885]

Por otra parte, en relación al amparo contra sentencias y demás actos judiciales, otro aspecto que debe destacarse es que la aplicación del artículo 4° de la Ley Orgánica de Amparo sólo procede cuando el juez en concreto actúa en ejercicio de funciones jurisdiccionales, en cuyo caso, el juez competente para conocer de la acción es el tribunal superior al que emitió el pronunciamiento. En cambio, en los supuestos en los cuales un juez dicte un acto actuando en función administrativa (no jurisdiccional), por ejemplo, cuando actúa como registrador mercantil, la competencia para conocer de la acción de amparo corresponde al tribunal de primera instancia que lo sea en la materia afín con la naturaleza del derecho violado"[1886].

Por otra parte, el artículo 4° de la Ley Orgánica, al regular la posibilidad de ejercicio de la acción de amparo contra sentencias, no estableció ningún límite[1887], por lo que evidentemente que una acción de amparo también puede intentarse contra una sentencia dictada en un juicio de amparo, siempre que en ésta, el juez, actuando fuera de su competencia en el sentido antes indicado, lesione un derecho o garantía constitucional.[1888] En estos casos, por tanto, cuando se ejerce una acción de amparo contra una sentencia dictada en un juicio de amparo, ella debe estar motivada por el hecho de que la sentencia atacada, en sí misma, e independientemente del fondo de la causa decidida, lesiona ilegítimamente un derecho constitucional. Por ello, en estos casos, no se busca "reabrir" una controversia judicial ya decidida y finalizada; es decir, el juez de amparo contra sentencias no puede "reabrir" el proceso decidido en la sentencia impugnada, sino que limita su actuación a juzgar si la sentencia, en sí misma, viola ilegítimamente un derecho constitucional a objeto de ordenar el inmediato restablecimiento de la situación jurídica lesionada por la decisión judicial.

La Sala de Casación Civil de la antigua Corte Suprema de Justicia en sentencia de 8 de diciembre de 1995 (Caso: *Mavesa*), sobre la posibilidad de interponer una

---

1884 Véase en *Revista de Derecho Público,* N° 55–56, EJV, Caracas, 1993, p. 297.

1885 Véase sentencia n° 1311 de 9–10–2000, (Caso: *Ciruley J. González V. y otros vs. Juzgado Superior Segundo en lo Civil y Contencioso Administrativo de la Circunscripción Judicial de la Región Capital*), en *Revista de Derecho Público,* N° 84, EJV, Caracas, 2000, p. 352.

1886 Véase la sentencia de la Sala de Casación Civil de la Corte Suprema de Justicia de 21–9–89, *Revista de Derecho Público,* N° 40, EJV, Caracas, 1989, pp. 92–93.

1887 La Sala Constitucional, en cambio, ha establecido que sólo procede el amparo, conforme al artículo 4 de la Ley Orgánica de Amparo, contra las sentencias que dicten los tribunales en segundo grado de jurisdicción, cuando se denuncien violaciones a derechos o garantías constitucionales no juzgadas en cualquiera de las dos instancias. Véase sentencia N° 127 de 6–2–2001 (Caso: *Licorería El Buchón, C.A. vs. Juzgado Primero de Primera Instancia en lo Civil, Mercantil, Agrario y Tránsito de la Circunscripción Judicial del Estado Bolívar*) en *Revista de Derecho Público*, N° 85–88, EJV, Caracas, 2001, p. 441.

1888 Véase Allan R. Brewer Carías, "El problema del amparo contra sentencias...", *loc. cit.,* p. 164.

acción de amparo contra una decisión judicial pronunciada en un procedimiento de amparo constitucional, indicó que ello es procedente:

> "[...] siempre que concurran ciertos extremos o requisitos: a) que se haya satisfecho el principio de la doble instancia; b) que los hechos concretos causantes de la violación constitucional sean distintos de los revisados en el primer amparo, sin importar que se refiera al mismo o diferente derecho constitucional; y c) que el Tribunal haya incurrido en los supuestos de hecho que exige el artículo 4° de la Ley Orgánica de Amparo sobre Derechos y Garantías Constitucionales" (Sentencia 18–11–92, Caso: *C.V.G. Internacional, C.A.*).[1889]

La Sala Constitucional del Tribunal Supremo, sin embargo, ha excluido la acción de amparo contra sentencias que agotan la doble instancia en materia de amparo (apelación o consulta obligatoria)[1890], aún cuando ha aclarado que queda a salvo el caso de que ella contenga un agravio constitucional nuevo y distinto de los ya conocidos y resueltos, o que la Sala decida ejercer al respecto la potestad extraordinaria de revisión[1891]

En relación con las partes en el proceso, debe señalarse que conforme a la doctrina de la Sala Constitucional, "la acción de amparo contra decisiones judiciales no procede contra el Juez que dictó la decisión sino contra la decisión en sí misma", en el sentido de que el Juez no es el legitimado pasivo en el procedimiento de amparo, siendo el fallo, en si mismo, "el presunto trasgresor de un derecho o garantía constitucional". Por ello es que se ha considerado que no es necesaria la presencia del Juez para defender o informar sobre la decisión tomada, de manera que según lo resuelto por la misma Sala en su sentencia de 1° de febrero de 2000 (Caso: *José A. Mejías y otros*), "la ausencia del juez a la audiencia oral, no significa aceptación de la pretensión de amparo".[1892]

En esos casos de amparo contra decisiones judiciales, conforme a la doctrina de la misma Sala Constitucional, la contraparte del accionante en amparo contra la omisión o decisión judicial agraviante, es un tercero interesado; por lo que el solo

---

1889 Consultada en original.

1890 Véase sentencia N° 245 de 25–4–2000 (Caso: *Fernando J. Roa R. vs. Juzgado Segundo de Primera Instancia del Trabajo y Agrario de la Circunscripción Judicial del Estado Táchira*), en *Revista de Derecho Público*, N° 82, EJV, Caracas, 2000, p. 478.

1891 Véase sentencia N° 335 de 4–5–2000 (Caso: *Asociación Civil de Conductores "Casanova Norte" vs. Juzgado Superior en lo Civil, Mercantil, Tránsito y Trabajo, Menores y Estabilidad Laboral del Primer Circuito de la Circunscripción Judicial del Estado Bolívar*), en *Revista de Derecho Público*, N° 82, EJV, Caracas, 2000, p. 481. Igualmente, sentencia N° 341 de 10–5–2000 (Caso: *Wilfredo J. Palacios vs. Sala N° 1 de la Corte de Apelaciones del Circuito Judicial Penal de la Circunscripción Judicial del Estado Carabobo*), *idem*, p. 483.

1892 Véase sentencia nº 436 de 22–5–2000 (Caso: *Foramer de Venezuela, C.A. vs. Juzgado Tercero de Primera Instancia del Trabajo de la Circunscripción Judicial del Estado Zulia*), en *Revista de Derecho Público*, N° 82, EJV, Caracas, 2000, p. 476.

hecho de demostrar su participación en dicho juicio, lo legitima para participar en el proceso de amparo.[1893]

Por último, debe hacerse mención a la llamada "acción de amparo sobrevenida", como vía muy especial creada por el legislador para permitir que se ventile en un juicio en curso y en el mismo juicio, una denuncia de lesión constitucional acaecida durante su curso, y que busca evitar la materialización o continuidad de los efectos lesivos de un acto, surgido en el transcurso del proceso principal, por lo que la misma necesariamente debe interponerse dentro de dicho proceso y pierde su finalidad una vez que este ha culminado[1894].

En estos casos, cuando las violaciones a los derechos y garantías constitucionales surgen en el curso de un proceso debido a actuaciones de las partes, de terceros, de auxiliares de justicia o de funcionarios judiciales diferentes a los jueces, el amparo puede interponerse ante el juez que esté conociendo la causa, quien lo debe sustanciar y decidir en cuaderno separado. Sin embargo, cuando se trate de una actuación del propio juez de la causa el amparo debe intentarse ante el tribunal superior.

2. *Los principios del amparo en el derecho comparado en relación con los agraviantes y la protección contra autoridades y particulares*

En el derecho venezolano, como hemos indicado, conforme al artículo 2 de la Ley Orgánica de Amparo identifica al agraviante en la forma más general posible al precisar que las amenazas o violaciones a los derechos que son amparables mediante la acción de amparo pueden provenir de "órganos, entes y misiones que ejercen el Poder Público; así como de las organizaciones del Poder Popular, personas naturales y jurídicas o grupos u organizaciones de cualquier naturaleza."

En este marco, la garantía de los derechos constitucionales implica que el derecho de amparo o de protección de los mismos que tiene toda persona, debe poder ejercerse sea quien fuere la persona que produce la violación o el daño, siempre que el responsable, persona o entidad pública o privada sea individualizable como agraviante, de manera que incluso el resultado final pueda ser una orden judicial "dirigida a un individuo claramente identificado y no solo a la ciudadanía en general."[1895] De allí que adjetivamente, el proceso de amparo esté signado como principio por la característica de la bilateralidad, basada en la relación procesal que debe ser establecida entre la parte agraviada y la agraviante, quien debe participar también del proceso.[1896]

1893 Véase sentencia nº 628 de 27–6–2000 (Caso: *Águilas del Zulia Baseball Club, C.A. vs. Juzgado Primero de Primera Instancia en lo Civil y Mercantil de la Circunscripción Judicial del Estado Zulia*), en *Revista de Derecho Público*, Nº 82, EJV, Caracas, 2000, p. 477.

1894 Véase sentencia de la Sala Electoral nº 115 de 6–8–2003 (Caso: *Roberto S. Zara M. y otros vs. Carlos J. Jiménez C.*), en *Revista de Derecho Público*, Nº 93–96, EJV, Caracas, 2003, p. 542.

1895 Véase Owen M. Fiss, *The Civil Rights Injunction*, Indiana University Press, 1978, p. 12.

1896 Véase Corte Suprema de Justicia de Venezuela, Sala Político-Administrativa, decisión del 16 de diciembre de 1.992, caso *Haydée Casanova*, en la *Revista de Derecho Público*, Nº 52, Editorial Jurídica Venezolana, Caracas, 1992, p. 139.

Ahora bien, el carácter personalísimo de la acción de amparo no sólo moldea la condición del agraviado, excepto en los casos de intereses colectivos y difusos, sino también la del agraviante. Este sólo puede ser la persona que ha originado la lesión o amenaza de lesión al derecho del agraviado. La antigua Corte Suprema de Justicia, en Sala Político Administrativa lo puntualizó, en sentencia del 15 diciembre de 1992, al considerar que "debe existir una relación directa, específica e indubitable entre la persona que solicita la protección de derechos fundamentales y la persona imputada de dar origen al supuesto agente perturbador, quien viene a ser legitimado pasivo o el sujeto contra quien se deduce la pretensión en el proceso judicial incoado."[1897] En otras palabras, es necesario, para la procedencia de la acción de amparo, que la persona señalada como agraviante sea la que en definitiva originó la supuesta lesión. Para ello, el artículo 20.2 de la Ley Orgánica, dentro de las condiciones de la solicitud de la acción de amparo, incluye la exigencia de que haya "suficiente señalamiento e identificación de la parte presuntamente agraviante, si fuere posible, e indicación de la circunstancia de localización."

En relación con esto, tratándose de una persona natural, la identificación y precisión del agraviante no presenta mayores dificultades, siempre que la persona indicada sea la que en definitiva originó la lesión o la amenaza de lesión al derecho del agraviado. La acción de amparo también puede intentarse contra una persona moral cuando ésta, actuando a través de sus órganos, es la causante de la lesión.[1898]

Por otra parte, en relación a las personas morales, la acción de amparo podría intentarse contra el órgano de la misma o uno de los órganos, si la lesión ha sido infringida por el mismo; e, incluso, contra el o los titulares individualizados del órgano, si la o las personas naturales titulares del órgano pueden identificarse como agraviante, con independencia del órgano en sí mismo.

Es decir, el agraviante tiene que ser el directo responsable de la conducta que se imputa como violatoria de los derechos o garantías constitucionales del agraviante;[1899] y de lo contrario, si se denuncia a una persona como agraviante sin serlo, la acción de amparo debe ser declarada inadmisible.[1900]

Ello implica que la acción de amparo en los casos de actuaciones de la Administración Pública, exige que se identifique al titular del órgano que efectivamente produjo la lesión o amenaza de lesión de los derechos o garantías, es decir, al sujeto a quien se imputan, que posee conocimiento directo y personal sobre los hechos.[1901]

1897 Véase sentencia de la antigua Corte Suprema de Justicia, Sala Político Administrativa de 16–12–92 (Caso *Haydée Casanova*), *Revista de Derecho Público,* N° 52, EJV, Caracas, 1992, p. 139.

1898 Véase sentencia de la Corte Primera de lo Contencioso Administrativo de 7–9–89, *Revista de Derecho Público,* N° 40, EJV, Caracas, 1989, p. 108.

1899 Véase sentencias de la Corte Primera de lo Contencioso Administrativo de 12–5–88, *Revista de Derecho Público,* N° 34, EJV, Caracas, 1988, p. 113; y de 16–6–88, *Revista de Derecho Público,* N° 35, EJV, Caracas, 1988, p. 138.

1900 Véase sentencia de la antigua Corte Suprema de Justicia, Sala Político Administrativo de 22–11–93, *Revista de Derecho Público,* N° 55–56, EJV, Caracas, 1993, pp. 487–489.

1901 Véase sentencia de la Corte Primera de lo Contencioso Administrativo de 16–6–88, *Revista de Derecho Público,* N° 35, EJV, Caracas, 1988, p. 138.

Pero el hecho de que se identifique, con precisión, al titular del órgano que causó la lesión, no implica que la acción de amparo se tenga que intentar contra dicho titular y no contra el órgano que produjo la lesión. En estos casos, podría cambiar el titular del órgano, es decir, el funcionario, pero no por ello cambia la relación entre agraviado y agraviante.[1902]

En consecuencia, en los casos en que el agraviado señale en forma precisa al funcionario público autor del agravio, es a éste y sólo a éste, a quien le corresponde actuar en el proceso, sea cual fuere su jerarquía, y en modo alguno puede actuar en el proceso ni debe ser notificado a tal efecto, por ejemplo, ni el superior inmediato o máximo titular jerárquico del órgano,[1903] ni el Procurador General de la República en caso de que se trate de un funcionario.[1904] En cambio, si la acción de amparo se intenta, por ejemplo, contra un Ministerio como órgano de la República, su actuación sí sería imputable a la persona jurídica "República", de la cual el Ministerio es sólo un órgano, y en ese caso, el representante judicial de la República, quien tendría que actuar en juicio, sería el Procurador General de la República.[1905]

Sin embargo, al contrario, cuando el amparo está dirigido contra un órgano perfectamente individualizado de la Administración Pública Nacional, y no contra la República, la representación de la República, a través del Procurador General de la República, no tiene relevancia alguna de carácter procesal.[1906] Es decir, cuando el amparo está dirigido contra una autoridad administrativa, en cuyo caso debe personalizarse un sujeto específico,[1907] por ejemplo, contra un Ministro, los representantes de la Procuraduría General de la República no pueden ejercer la representación del mismo en el juicio de amparo.[1908] En esos casos en los cuales se intente la acción de amparo contra un organismo administrativo, se debe individualizar la acción en la persona de su titular o responsable para ese momento, al cual debe notificarse y debe comparecer personalmente.[1909]

1902 Véase sentencia de la Corte Primera de lo Contencioso Administrativo de 28–9–93, *Revista de Derecho Público*, N° 55–56, EJV, Caracas, 1993, p. 330.

1903 Véase sentencia de la Corte Primera de lo Contencioso Administrativo de 12–5–88, *Revista de Derecho Público,* N° 34, EJV, Caracas, 1988, p. 113.

1904 Véase sentencia de la antigua Corte Suprema de Justicia, Sala Político Administrativa de 16–3–89, *Revista de Derecho Público*, N° 38, EJV, Caracas, 1989, p. 110; sentencia de la Corte Primera de lo Contencioso Administrativo de 7–9–89, *Revista de Derecho Público*, N° 40, EJV, Caracas, 1989, p. 107.

1905 Véase sentencia de la Corte Primera de lo Contencioso Administrativo de 7–9–89, *Revista de Derecho Público,* N° 40, EJV, Caracas, 1989, p. 107.

1906 Véase sentencia de la Corte Primera de lo Contencioso Administrativo de 21–11–90, *Revista de Derecho Público*, N° 44, EJV, Caracas, 1990, p. 148.

1907 Véase sentencia de la Corte Primera de lo Contencioso Administrativo de 10–10–90, *Revista de Derecho Público,* N° 44, EJV, Caracas, 1990, p. 142.

1908 Véase sentencias de la antigua Corte Suprema de Justicia, Sala Político Administrativa de 1–8–91, *Revista de Derecho Público,* N° 47, EJV, Caracas, 1991, p. 120; y de 15–12–92, *Revista de Derecho Público*, N° 52, EJV, Caracas, 1992, p. 139; y véase sentencia de la Corte Primera de lo Contencioso Administrativo de 30–7–92, *Revista de Derecho Público,* N° 51, EJV, Caracas, 1992, p. 164.

1909 Véase sentencia de la antigua Corte Suprema de Justicia, Sala Político Administrativa de 8–3–90, *Revista de Derecho Público*, N° 42, EJV, Caracas, 1990, p. 114; y sentencias de la Corte Primera de lo Con-

Esta necesidad de individualizar al demandado en la demanda de acción de amparo, como se ha dicho, que deriva también del carácter subjetivo o personal del amparo, también se exige en general en todas las leyes de amparo latinoamericanas,[1910] lo que de acuerdo con lo estipulado en algunas leyes, solo aplica, desde luego, cuando dicha individualización es posible.[1911] Por eso y como dispone el Código de Procedimiento Civil paraguayo, cuando la identificación del demandado no sea posible, el juez, para garantizar la relación procesal bilateral, deberá suplir los medios necesarios para procurar determinarla (art. 569.b). A este respecto, en particular cuando el agraviante no puede ser determinado o localizado y como lo dispone la ley de amparo uruguaya, el tribunal debe designar un defensor público que lo represente en el caso.[1912]

No obstante, en el proceso de amparo, más importante que el autor del agravio, es la lesión infligida a los derechos constitucionales. De manera que cuando sea imposible para el demandante o el juez identificar claramente al demandado, si el hecho o la acción que causa el daño puede ser claramente determinada, aun sin la identificación del autor exacto que la ha producido, sea una autoridad, funcionario público o un individuo, la queja constitucional puede presentarse y, eventualmente, la protección puede concederse.

Esta regla general ha sido desarrollada en la doctrina argentina que precisa que "la acción de amparo tiende a enfocarse más en el acto lesivo, y sólo accesoriamente en su autor,"[1913] de manera que una vez que la lesión ha sido causada y el acto lesivo ha sido determinado, el hecho de que su autor no ha sido identificado no puede impedir la decisión reparadora del daño, "dado el hecho de que la acción de amparo tiende más a restablecer el derecho constitucional lesionado que individualizar el autor de la violación."[1914]

Sin embargo, este principio no quiere decir que el demandante puede simplemente liberarse de su obligación de procurar la identificación del autor del daño infligido a sus derechos, así que, como también se ha resuelto en Argentina, en los casos en

---

tencioso Administrativo de 21–11–90, *Revista de Derecho Público,* Nº 44, EJV, Caracas, 1990, p. 148, y en FUNEDA, *15 años de Jurisprudencia, cit.,* p. 164 y de 14–7–88, FUNEDA, *15 años de Jurisprudencia, cit.*, p. 177.

1910 Argentina, art. 6,b; Bolivia, 97,II; Colombia, art. 14; Costa Rica, art. 38; El Salvador, art. 14,2; Guatemala art. 21,d; Honduras, art. 21; 49,4; México 116,III; 166,III; Nicaragua, art. 27,2; Panamá, art. 2619,2; Paraguay, art. 568,b; Perú, art. 42,3; Venezuela art. 18,3

1911 Argentina (art. 6,b); Colombia (art. 14); Nicaragua (arts. 25; 55) y Venezuela (art. 18,3).

1912 En Uruguay, la Ley de amparo al respecto expresamente prevé la posibilidad de intentar la acción en casos urgentes, aun sin conocer con precisión la persona responsable del daño, en cuyo caso, el tribunal debe publicar avisos oficiales para identificarla y, caso que no se presente, el tribunal deberá designar de oficio un defensor (art. 7).

1913 Véase Alí Joaquín Salgado, *Juicio de amparo y acción de inconstitucionalidad*, Astrea, Buenos Aires, 1987, p. 92

1914 Véase José Luis Lazzarini, *El juicio de amparo*, La Ley, Buenos Aires, 1987, p. 274. Es por esto que, en el caso principal argentino de Ángel Siri (en el cual la Corte Suprema en Argentina admitió la acción de amparo sin ninguna normativa legal al respecto), la corte protegió al propietario de un rotativo que fue clausurado por el gobierno, aun cuando en el expediente no había evidencia clara de cuál autoridad lo había clausurado ni los motivos de la decisión. *Idem*, p. 276

los cuales no se individualice al agraviante, la demanda puede ser rechazada cuando se determine que lo que el demandante pretendía era forzar al tribunal a hacer el trabajo que le correspondía a él.[1915]

Aun así, dejando a un lado estas restricciones, el principio general respecto de la demanda de amparo es que el demandante debe hacer la individualización requerida del agraviante mediante su identificación, sea persona humana o corporación, sea un funcionario o entidad pública, siendo tal persona o entidad la parte causante del daño o de la amenaza de violación de los derechos del demandante.

En el caso de recursos de amparo intentados contra personas jurídicas, entidades públicas o corporaciones, el libelo debe también identificarlas con precisión y, asimismo, con mención, cuando sea posible, de sus representantes. En estos casos de daños causados por entidades o corporaciones, la demanda puede ser intentada directamente contra la persona natural que actúa en representación de la entidad o corporación, por ejemplo, el funcionario público; o directamente contra la entidad misma. En este último caso y de acuerdo con la expresión utilizada en las *injunctions* de los derechos civiles en los Estados Unidos, la demanda puede intentarse contra "el cargo en lugar de la persona".[1916]

Esto significa, lo que es regla en México, que en estos casos el amparo se interpone contra la "autoridad responsable"; expresión ésta concebida "con independencia de su naturaleza formal," referida a "la que dicta, ordena, ejecuta o trata de ejecutar el acto que crea, modifica o extingue situaciones jurídicas en forma unilateral y obligatoria; u omita el acto que de realizarse crearía, modificaría o extinguiría dichas situaciones jurídicas." Por consiguiente, en caso de recursos de amparo intentados contra entidades y corporaciones, la persona natural que las representa puede cambiar (como sucede comúnmente con las entidades públicas), circunstancia que no afecta la relación bilateral entre las partes agraviantes y agraviadas.

Como se dijo antes, la demanda puede ser intentada también contra la persona misma del representante de la entidad o corporación; por ejemplo, contra el funcionario público o el director o gerente de la entidad, particularmente cuando el daño o la amenaza ha sido provocada personalmente por él, con independencia de la persona o entidad jurídica por quien actúa.[1917] En estos casos, cuando por ejemplo el funcionario público responsable del daño puede ser identificado con precisión como la

---

1915 Fue el caso, por ejemplo, decidido por la Corte Suprema de Justicia rechazando una acción de amparo que fue interpuesta por un ex-Presidente de la República (caso *Juan D. Perón*) contra disposiciones del gobierno pidiendo que se regresara el cuerpo de su difunta esposa. En ese caso, la corte suprema dispuso acerca de la necesidad de una "mínima individualización del autor del acto que origina la demanda" rechazando la acción de amparo por falta de individualización mínima del demandado. La corte dedujo que lo que el demandante buscaba era conseguir de los tribunales una orden para practicar las indagaciones necesarias con respecto al paradero del cuerpo.v. Fallos: 248–537, referido en José Luis Lazzarini, *El juicio de amparo*, La Ley, Buenos Aires, 1987, p. 275.

1916 Véase Owen M. Fiss, *The Civil Rights Injunction*, Indiana University Press, 1978, p. 15.

1917 En tales casos, cuando la acción es interpuesta contra funcionarios públicos, como dispone el artículo 27 de la ley de amparo venezolana, el tribunal que decide en el mérito debe notificar su decisión a la autoridad competente "a fin de que resuelva sobre la procedencia o no de medida disciplinaria contra el funcionario público culpable de la violación o de la amenaza contra el derecho o la garantía constitucionales."

parte agraviante, es solo éste, personalmente quien debe actuar como demandado en el procedimiento, en cuyo caso no será necesario enviar notificación al superior jerárquico o al Procurador General de la república.[1918] En tales casos, es la persona natural o funcionario público individualizado quien debe actuar como la parte agraviante.[1919]

Por el contrario, si la demanda es intentada, por ejemplo, contra una entidad ministerial como un órgano de la administración pública, en este caso el Procurador General, como representante del Estado, es el órgano que debe actuar en el proceso como su representante judicial. En otros casos, cuando la demanda de amparo es ejercida contra un órgano de la administración pública perfectamente identificado e individualizado y no contra el Estado, el Procurador General, como su representante judicial, no tiene necesariamente una función procesal que desempeñar y no puede actuar en su representación.[1920]

A. *El demandado en la demanda de amparo: las autoridades y los particulares*

El aspecto más importante en el proceso de amparo en América Latina respecto de la parte agraviante, es que, con algunas excepciones, la demanda de amparo puede interponerse no solo contra las autoridades públicas sino también contra los particulares. En otras palabras, este específico medio judicial de protección está concebido para la protección de derechos y garantías constitucionales contra los daños y amenazas de violación independientemente de su autor, que puede ser una entidad pública, cualquier autoridades, individuos particulares o compañas o corporaciones privadas.

Es cierto que el procedimiento de amparo fue originalmente establecido para proteger a los particulares contra el Estado; como era por ejemplo la tradición en el caso de México hasta 2013; pero esa tendencia inicial incluso se había abandonado antes en muchos países al admitir que el proceso de amparo para la protección de los derechos constitucionales contra acciones de otros individuos.

1918 Véase sentencia de la Corte Primera de lo Contencioso Administrativo del 12-5-1988 en *Revista de Derecho Público*, N° 34, Editorial Jurídica Venezolana, Caracas, 1988, p. 113; sentencia de la Corte Suprema de Justicia en Sala Político Administrativa de 16-3-1989, en *Revista de Derecho Público*, N° 38, Editorial Jurídica Venezolana, Caracas, 1989, p. 110; sentencia de la Corte Primera de lo Contencioso Administrativo de 7.9.1989, en la *Revista de Derecho Público*, N° 40, Editorial Jurídica Venezolana, Caracas, 1989, p. 107.

1919 Véase sentencia de antigua Corte Suprema de Justicia en Sala Político Administrativa, de 8.3.1990, en la *Revista de Derecho Público*, N° 42, Editorial Jurídica Venezolana, Caracas, 1990, p. 114; sentencia de la Corte Primera de lo Contencioso Administrativo de 21-11-1990, en *Revista de Derecho Público*, N° 44, Editorial Jurídica Venezolana, Caracas, 1990, p. 148.

1920 Véase sentencia de la Corte Primera de lo Contencioso Administrativo de 10-10-1990 en la *Revista de Derecho Público*, N° 44, Editorial Jurídica Venezolana, Caracas, 1990, p. 142; sentencia de la antigua Corte Suprema de Justicia en Sala Político Administrativa de 1.8.1991, en *Revista de Derecho Público*, N° 47, Editorial Jurídica Venezolana, Caracas, 1990, p. 120; sentencia de la. Corte Primera de lo Contencioso Administrativo de 30.7.1992, en *Revista de Derecho Público*, N° 51, Editorial Jurídica Venezolana, Caracas, 1992, p. 164; y sentencia de la antigua Corte Suprema de Justicia en Sala Político Administrativa de 15.12.1992, en *Revista de Derecho Público*, N° 52, Editorial Jurídica Venezolana, Caracas, 1992, p. 13.

Por ello, la situación actual es que en la mayoría de los países latinoamericanos está aceptada la admisión de la demanda de amparo ejercida contra particulares, como es el caso en Argentina, Bolivia, Chile, la República Dominicana, Paraguay, Perú, Venezuela y Uruguay, así como, aunque de manera más restringida, en Colombia, Costa Rica, Ecuador, Guatemala, Honduras y México. En cambio, solo en una minoría de países latinoamericanos la demanda de amparo permanece exclusivamente como un medio tutelar contra las autoridades, como ocurre en Brasil, El Salvador, Panamá, y Nicaragua. Este es el caso también en los Estados Unidos donde las *injunctions* de los derechos civiles en materia de derechos o garantías constitucionales[1921] pueden ser solamente admitidos contra entidades públicas.[1922]

a. *El amparo contra las autoridades públicas: entidades públicas y funcionarios públicos*

Como antes se dijo, en Latinoamérica, solamente en Brasil, El Salvador, Panamá, y Nicaragua la demanda de amparo permanece como un medio protector para ser intentado sólo contra el Estado, es decir, contra entidades y funcionarios públicos. En cambio, en los otros países, además de las entidades y funcionarios públicos, la demanda de amparo puede interponerse contra particulares también.

La primera situación había sido la de México desde el origen de la acción de amparo cuando la Constitución la concibió para proteger a los particulares contra los agravios de sus garantías constitucionales cometidas por las "autoridades" (art. 103). A partir de 2013, sin embargo, se admite la acción de amparo contra particulares siempre que actúen como "autoridad responsable" (art. I,III, único). Por tanto, en la acción de amparo mexicana, debe siempre existir una "autoridad responsable"[1923] (o

---

1921 En otras materias las *injunctions* pueden intentarse contra cualquier persona como "altos funcionarios públicos o personas particulares". Véase M. Glenn Abernathy and Barbara A. Perry, *Civil Liberties under the Constitution*, Sixth Edition, University of South Carolina Press, 1993, p. 8.

1922 Como lo han explicado M. Glenn Abernathy y Barbara A. Perry: "Recursos limitados contra las interferencias de los particulares a la libertad de decisión. Otro problema en el esfuerzo del ciudadano para estar libre de restricciones está en que muchos tipos de interferencias provenientes de personas particulares no constituyen ilícitos sancionados por la ley. Los prejuicios personales y la discriminación privada no ofrecen -en ausencia de previsiones legales especificas- las bases para una intervención judicial en favor del agraviado. Por ejemplo, si a alguien es negada la admisión a ser miembro de un club social solamente en razón de su raza, religión o afiliación política, éste puede comprensiblemente dolerse por el rechazo pero los tribunales no podrán auxiliarlo (nuevamente, asumiendo que no existe ninguna disposición legal que prohíba tales discriminaciones). Hay, entonces, muchos tipos de restricciones a la libertad de decisión individual que están más allá de la autoridad de los tribunales poderlas resolver o aliviar. Hay que tener en cuenta que la garantía de los derechos en la Constitución de los Estados Unidos solo protege contra la actuación gubernamental y no aplica a los abusos puramente privados, salvo por lo que respecta a la prohibición de la esclavitud de la XIII Enmienda. Los recursos para los abusos personales deben buscarse entonces en leyes especiales, el derecho común o las regulaciones administrativas u oficiales y en las sentencias." *Idem*, p. 6.

1923 De acuerdo con ello, el artículo II,5 de Ley de amparo la que "con independencia de su naturaleza formal, [...] dicta, ordena, ejecuta o trata de ejecutar el acto que crea, modifica o extingue situaciones jurídicas en forma unilateral y obligatoria; u omita el acto que de realizarse crearía, modificaría o extinguiría dichas situaciones jurídicas." En su versión inicial, esta norma se interpreto en el sentido que las autoridades no son solo aquellas superiores que ordenan los actos, sino también aquellas subordinadas que las ejecutan o procuran ejecutarlas; siendo el amparo admitido contra cualquiera de éstas. Véase "Autoridades para efectos del juicio de amparo" (*Apéndice al Semanario Judicial de la Federación*, 1917–

su equivalente); requisito éste que ha sido desarrollado por la jurisprudencia con respecto a los siguientes aspectos:

Primero, no todas las entidades públicas pueden ser consideradas "autoridades", sino solo aquellas que estén facultadas para tomar decisiones e imponerlas y ejecutarlas a los particulares mediante el uso del poder público coactivo.[1924] De acuerdo con esta doctrina, los tribunales han rechazado la acción de amparo contra entidades públicas que han sido consideradas carentes de facultades de decisión, como son aquellas de naturaleza consultiva.[1925] De allí que, por ejemplo, muchas entidades descentralizadas como *Petróleos Mexicanos*, la Comisión Nacional de Electricidad, el Defensor de los Derechos Humanos de la UNAM y las universidades autónomas fueron inicialmente excluidas de la categoría de "autoridades".[1926] No obstante, la acción de amparo ha sido progresivamente admitida contra algunas de esas entidades, basada en la posible facultad de decisión en algunos casos particulares.[1927]

Segundo, la jurisprudencia ha desarrollado la doctrina del funcionario público *de facto*, en el sentido que aun si el agraviante no es el legítimo titular del cargo público, el amparo debe ser admitido cuando el daño ha sido causado por alguien que pretende ejercer facultades públicas con el asentimiento de los ciudadanos, que por ello se confían legítimamente a éste.

Tercero y respecto del concepto de autoridad en la demanda de amparo, el demandante debe identificar a todos aquellos efectivamente involucrados en la acción agraviante (quienes deben ser notificados por el tribunal); y no solo aquellos que ordenaron la actividad impugnada, sino también aquellos que la han decidido y los que la han ejecutado o aplicado.[1928]

1988, Segunda parte, Tesis 300, p. 519). Véase la referencia en Eduardo Ferrer Mac-Gregor, *La acción constitucional de amparo en México y España. Estudio de derecho comparado*, Editorial Porrúa, México 2002, p. 254.

1924 Como se definió en el caso Campos Otero Julia (1935), este término se entiende como "un órgano del Estado, investido legalmente de la facultad de decisión y del poder de mando necesario para imponer a los particulares sus propias determinaciones, o las que emanen de algún otro órgano del mismo Estado.". Véase la referencia en Eduardo Ferrer Mac-Gregor, *La acción constitucional de amparo en México y España. Estudio de derecho comparado*, Editorial Porrúa, México 2002, p. 253; y en Suprema Corte, *Jurisprudencia de la Suprema Corte*, Tesis 179, II, 360. Véase la referencia en Richard D. Baker, *Judicial Review in México. A Study of the Amparo Suit*, Texas University Press, Austin 1971, p. 94.

1925 *Idem*, p. 95.

1926 Véanse las referencias a las decisiones judiciales en Eduardo Ferrer Mac-Gregor, *La acción constitucional de amparo en México y España. Estudio de derecho comparado,* Editorial Porrúa, México 2002, pp. 255–256.

1927 *Idem*, p. 257.

1928 Como decidió la Corte Suprema: si la acción de amparo identifica la autoridad responsable como aquella que ha tomado la decisión o la ha ordenado, pidiendo la suspensión de sus efectos sin identificar la autoridad que la ha ejecutado, la suspensión no puede concederse ya que la ejecución se considera como consentida por el accionante. Por el contrario, si la demanda solo menciona como autoridades responsables a aquellas quienes han ejecutado las actuaciones sin identificar quienes las ordenaron, entonces, si bien es cierto que la suspensión puede otorgarse, el caso debe descontinuarse porque, sin identificar al autor de las actuaciones, la situación debe considerarse como consentida por el accionante. v. Jurisprudencia de la Corte Suprema en "Actos Consumados. Suspensión improcedente" y "Actos derivados de actos consentidos," en el *Apéndice al Semanario Judicial de la Federación*, 1917-1995, Primera Sala, Tesis 1090, p. 756; y Tribunal Pleno, Tesis 17, p. 12. Véanse las referencias en Eduardo Ferrer Mac-

En contraste con la situación en México, en casi todos los países latinoamericanos, el término "autoridad" ha sido interpretado en sentido más amplio y como referido a cualquier entidad o funcionario público, independientemente de sus poderes o funciones.

En Argentina, por ejemplo, como lo establece la Ley de amparo, la acción puede intentarse contra "todo acto u omisión de autoridad pública" (art. 1), teniendo el término "autoridad pública"[1929] un sentido amplio, incluyendo toda suerte de entidades o funcionarios públicos de todas las ramas de gobierno. Por consiguiente, a pesar de algunas aisladas interpretaciones restrictivas,[1930] la tendencia general en Argentina es entender "autoridad" en sentido amplio, incluyendo cualquier agente, empleado, funcionario público, magistrado de gobierno o cualquier funcionario actuando en tal condición, incluyendo individuos particulares cumpliendo funciones públicas, como los concesionarios de servicios públicos.[1931]

En un sentido similar, en Bolivia, Colombia, El Salvador, Perú, Nicaragua, Uruguay y Venezuela, por ejemplo, también en sentido amplio, el término "autoridades públicas" se ha concebido con el propósito de conceder la protección del amparo frente a cualquier funcionario o entidad pública,[1932] "sea de la categoría que sea y sean cuales sean las funciones que ejerza," como se dispone en la ley brasileña del *mandado de segurança* (art. 1). Por ello, algunas leyes de amparo, para disipar cualquier duda, son enumerativas e incluyen cualquier acto de cualquiera de las ramas del poder público e incluyen entidades desconcentradas, descentralizadas o autónomas, corporaciones municipales o aquellas financiadas con fondos públicos o aquellas operando por delegación del estado por vía de una concesión, contrato o resolución.[1933]

Al respecto, el único país latinoamericano donde la demanda de amparo respecto de las autoridades está expresamente restringida a aquellos correspondientes a la rama ejecutiva del gobierno es Ecuador, donde el artículo 46 de la ley de amparo

---

Gregor, *La acción constitucional de amparo en México y España. Estudio de derecho comparado,* Editorial Porrúa, México 2002, p, 255, notes 450–451.

1929 Hay que decir que la expresión "autoridad pública" del artículo 1 de la ley de amparo fue incluida debido a la intención del legislador de 1.964 de no regular el amparo contra particulares; lo que, sin embargo, ya estaba admitido por la Corte Suprema y luego expresamente regulado por el Código de Procedimiento Civil.

1930 En algunas ocasiones esta expresión ha sido interpretada también de modo restrictivo como en México, refiriéndose solo a funcionarios públicos con *imperium*, esto es, aquellos con poder para ordenar y declarar actos obligatorios y exigir el uso de la fuerza pública para ejecutarlos. Véase Néstor Pedro Sagüés, *Derecho procesal Constitucional,* Vol. 3, *Acción de amparo*, Editorial Astrea, Buenos Aires, 1988, pp. 91–93; Joaquín Brague Camazano, *La Jurisdicción constitucional de la libertad (Teoría general, Argentina, México, Corte Interamericana de Derechos Humanos),* Editorial Porrúa, México, 2005, p. 97. José Luis Lazzarini, *El juicio de amparo,* Editorial La Ley, Buenos Aires, 1987, pp. 208–209.

1931 En algunos casos se ha considerado incluso que las actuaciones de una Asamblea Constituyente Provincial pueden ser impugnadas por vía de la acción de amparo. Véase Alí Joaquín Salgado, *Juicio de amparo y acción de inconstitucionalidad,* Editorial Astrea, Buenos Aires, 1987, pp. 24–25.

1932 Bolivia (art. 94), Colombia (art. 1), El Salvador (art. 12), Perú (art. 2), Nicaragua (art. 3), Uruguay (art. 2) and Venezuela (art. 2).

1933 Guatemala (art. 9); Honduras (art. 41).

solo admite el amparo contra un "acto ilegitimo de autoridad de la administración pública" (art. 46).

b. *El amparo contra individuos o personas particulares*

Si bien es cierto que la demanda de amparo, como medio judicial específico para la protección de los derechos y garantías constitucionales, como antes se dijo, fue concebida originalmente para la protección de los particulares contra el Estado y sus funcionarios públicos, en la actualidad también ha ido progresivamente admitida contra personas, corporaciones e instituciones privadas cuyas actividades pueden también causar daños o amenazas de daños respecto de los derechos constitucionales de los demás.

Esto fue admitido por vez primera en Argentina, mediante la decisión de la Corte Suprema de Justicia de la Nación de 1.958, dictada en el caso *Samuel Kot*, en el cual decidió que "nada hay, ni en la letra ni en el espíritu de la Constitución, que permita afirmar que la protección de los llamados *derechos humanos* [...] esté circunscripta a los ataques que provengan sólo de la autoridad," siendo importante no solo el origen del daño a los derechos constitucionales sino también los derechos mismos, admitiendo por esta vía la demanda de amparo contra los particulares.[1934]

Después de esta decisión, el amparo contra personas particulares fue admitido seguidamente en muchos países latinoamericanos como en Bolivia, Chile, República Dominicana, Paraguay, Perú, Uruguay y Venezuela, y también como en Colombia, Costa Rica, Ecuador, Guatemala y Honduras, donde la demanda de amparo puede ser incoada contra los actos u omisiones de individuos causantes de daños o riesgos a los derechos constitucionales de las demás personas, aunque no siempre con el mismo sentido.

En algunos países, la posibilidad del amparo contra particulares se mantiene inadmisible, como es el caso en Brasil, en relación con el *mandado de segurança,* donde la Constitución dispone su admisibilidad solo para proteger los derechos y libertades "cuando el responsable de la ilegalidad o abuso de poder fuese la administración pública o el representante de una persona jurídica en el ejercicio de atribuciones del poder público," excluyendo así la demanda de la protección contra las acciones de los individuos particulares.[1935] Disposiciones similares están previstas en la leyes de amparo de Panamá (Constitución, art. 50; Código Judicial, art. 2.608), El Salvador (art. 12) y Nicaragua (art. 23).

Por contraste y como ya se dijo, la demanda de amparo contra particulares es admisible en Argentina, aun cuando la ley 16.986 del año 1.966 solo se refiere a la demanda de amparo contra el Estado cuando se interpone "contra todo acto u omi-

---

1934 Véase José Luis Lazzarini, *El juicio de amparo,* La Ley, Buenos Aires 1987, p. 228; Joaquín Brage Camazo, *La jurisdicción constitucional de la libertad (Teoría general, Argentina, México, Corte Interamericana de derechos humanos)*, Editorial Porrúa, México, 2005, p. 99; Néstor Pedro Sagüés, *Derecho procesal Constitucional*, Vol. 3, *Acción de amparo*, Editorial Astrea, Buenos Aires, 1988, pp. 13, 512, 527 ss.

1935 Véase Celso Agrícola Barbi, *Do mandado de segurança*, Editora Forense, Rio de Janeiro 1993, p. 92.

sión de autoridad pública" (art. 1); estando el amparo contra particulares regulado en los artículos 3221,1 y 498 del Código de Procedimiento Civil y Comercial.

En Venezuela, como se ha visto, la acción de amparo también es admisible contra actos de los particulares, como lo regula la Ley Orgánica de Amparo, contra personas naturales y jurídicas, en particular contra "el hecho, acto u omisión originados por ciudadanos, personas jurídicas, grupos u organizaciones privadas" que hayan violado, violen o amenacen violar cualquiera de las garantías o derechos amparados por la Ley.

De manera similar, la Ley 16.011 de amparo uruguaya de 1.988 admite, en términos generales, la demanda de amparo "contra todo acto, omisión o hecho de las autoridades estatales o paraestatales, así como de particulares que en forma actual o inminente, a su juicio, lesione, restrinja, altere o amenace, con ilegitimidad manifiesta, cualquiera de sus derechos y libertades reconocidos expresa o implícitamente por la Constitución" (art. 1).[1936] Una disposición similar está contenida en el Código Procesal Constitucional peruano (art. 2)[1937] y en la constitución boliviana (art. 19).

También en Chile, aun sin una ley que estipule la acción para una tutela, se ha interpretado que la acción está establecida en la constitución a fin de proteger derechos y libertades constitucionales contra actos u omisiones arbitrarias o ilegítimas que perturben o amenacen dichos derechos y libertades (art. 20), sin distinción en cuanto al origen de la acción, siendo la misma admitida contra actos u omisiones de particulares.[1938] Una interpretación similar también fue tomada por la Corte Suprema de la República Dominicana respecto de la admisibilidad del amparo contra particulares.[1939]

Otros países latinoamericanos, como Guatemala (art. 9), Colombia,[1940] Costa Rica,[1941] Ecuador,[1942] Honduras y México solo admiten la acción de amparo contra

---

1936 Véase Luis Alberto Viera, *Ley de Amparo*, Ediciones Idea, Montevideo 1993, pp. 63, 157.

1937 Véase Samuel B. Abad Yupanqui, *El proceso constitucional de amparo*, Gaceta Jurídica, Lima 2004, pp. 389 ss.

1938 Véase Humberto Nogueira Alcalá, "El derecho de amparo o protección de los derechos humanos, fundamentales o esenciales en Chile: evolución y perspectivas," en Humberto Nogueira Alcalá (Editor), *Acciones constitucionales de amparo y protección: realidad y perspectivas en Chile y América Latina*, Editorial Universidad de Talca, Talca 2000, p. 41.

1939 Véase Eduardo Jorge Prats, *Derecho Constitucional*, Vol. II, Gaceta Judicial, Santo Domingo 2005, p. 390.

1940 En Colombia donde la constitución expresamente remite a la ley para establecer "los casos en los que la acción de tutela procede contra particulares encargados de la prestación de un servicio público o cuya conducta afecte grave y directamente el interés colectivo, o respecto de quienes el solicitante se halle en estado de subordinación o indefensión." (art. 86).

1941 Al respecto, la ley de la jurisdicción constitucional costarricense restringe el amparo contra particulares. Véase Rubén Hernández Valle, *Derecho Procesal Constitucional,* Editorial Juricentro, San José 2001, pp. 275, 281 ss. El artículo 57 establece: "El recurso de amparo también se concederá contra las acciones u omisiones de sujetos de Derecho Privado, cuando éstos actúen o deban actuar en ejercicio de funciones o potestades públicas, o se encuentren, de derecho o de hecho, en una posición de poder frente a la cual los remedios jurisdiccionales comunes resulten claramente insuficientes o tardíos para garantizar los derechos o libertades fundamentales a que se refiere el artículo 2, inciso a), de esta Ley."

1942 En Ecuador, la acción de amparo está admitida contra entidades que, aun no siendo autoridades públicas, prestan servicios públicos por delegación o concesión y, en términos generales, contra particulares

particulares en forma restringida, en el sentido que solo puede ser interpuesta contra individuos o corporaciones que están en una posición de ascendencia con respecto a los ciudadanos o que de alguna manera ejercen funciones o actividades públicas o están prestando servicios públicos o de utilidad social.[1943]

En el caso de México, con la reforma de la Ley de Amparo de 2013 se estableció también la posibilidad de amparo contra particulares (art. I,III, único) pero sólo cuando éstos "tengan la calidad de *autoridad responsable*," la cual en los términos del artículo 5.II de la Ley es "la que dicta, ordena, ejecuta o trata de ejecutar el acto que crea, modifica o extingue situaciones jurídicas en forma unilateral y obligatoria; u omita el acto que de realizarse crearía, modificaría o extinguiría dichas situaciones jurídicas," considerando la misma norma que los particulares tienen tal calidad, cuando "realicen actos equivalentes a los de autoridad, que afecten derechos en los términos de esta fracción, y cuyas funciones estén determinadas por una norma general" (art. 5.II).

Por otra parte, se observa que las acciones de amparo pueden ser incoadas también contra partidos políticos, o sus representantes, cuando su conducta viola los derechos de los ciudadanos, como se ha admitido también en los Estados Unidos.[1944]

3. *El alcance de la universalidad del amparo en Venezuela respecto de la persona agraviante*

De acuerdo con la previsión antes citada del artículo 2 de la ley Orgánica de Amparo, en Venezuela, la protección que puede otorgar el juez de amparo al goce y ejercicio de los derechos y garantías constitucionales, se plantea conforme al texto constitucional contra cualquiera sea el agraviante, y por tanto, no solo frente a actuaciones de autoridades públicas en ejercicio del Poder Público (incluyendo las llamadas misiones en la ley Orgánica de la Administración Pública) o de las organizaciones del Poder Popular conforme a las previsiones de la Ley Orgánica del Poder Popular de 2010 que puedan perturbar el goce y ejercicio de los derechos, sino también frente a las perturbaciones que puedan provenir de personas naturales, de las personas jurídicas, o de grupos u organizaciones de cualquier naturaleza.

En esta materia, la Constitución no distingue, por lo que la Ley Orgánica admite la acción de amparo frente a acciones que provienen de particulares.[1945] Esto también contribuye a diferenciar, como se ha visto, la acción de amparo en Venezuela de la que existe en otros sistemas como los de Brasil o el de España, en los cuales el

---

pero solo cuando sus actos u omisiones causen daños o riesgos a los derechos constitucionales y afecten de un modo grave y directo intereses comunes, colectivos o difusos (art. 95,3).

1943 De manera similar a las *injunctions* admitidas en los Estados Unidos contra corporaciones de servicios públicos. Véase por ejemplo, caso *Wiemer v. Louisville Water Co.*, 130 F. 251 (C.C.W.D. Ky. 1903), en John Bourdeau *et al*, "Injunctions," en Kevin Schroder, John Glenn and Maureen Placilla, *Corpus Juris Secundum*, Volume 43A, Thompson West, 2004, p. 182 ss.

1944 Véase caso *Maxey v. Washington State Democratic Committee*, 319 F. Supp. 673 (W.D. Wash. 1970), *Idem*, p. 240.

1945 Tal como sucede en Argentina después del caso *Samuel Kot SRL.* de 1958. S. V. Linares Quintana, *Acción de Amparo,* Buenos Aires, 1960, p. 25, G. R. Carrio, *Algunos aspectos del recurso de amparo,* Buenos Aires, 1959, p. 13.

recurso de amparo sólo se concibe frente a autoridades; o de la existente en otros países en el sentido de limitar la acción contra particulares, solamente cuando ocupen posiciones de poder o ejerzan funciones públicas, por ejemplo, como concesionarios de servicios públicos como sucede en Costa Rica y Colombia; o se equiparen a la "autoridad responsable" como en México.

Por otra parte, en el caso de la protección frente a perturbaciones provenientes de autoridades públicas, sin la menor duda debe afirmarse también que tal como lo regula el artículo 27 de la Constitución y la Ley Orgánica, esta protección procede frente a *toda* actuación pública, es decir, frente a todos los actos estatales, ante las omisiones, y ante los actos materiales, hechos y vías de hecho de las autoridades públicas en ejercicio del Poder Público que es el que regula la Constitución o del llamado Poder Popular regulado por ley, al margen de la Constitución.

Por tanto, la acción de amparo procede contra todas las actuaciones de la Administración, aun cuando no se configuren como un acto administrativo y no abran la vía contencioso administrativa de anulación, es decir, procede, por ejemplo, contra las actuaciones materiales de la Administración; contra sus vías de hecho; contra la abstención en actuar o cumplir una obligación; contra las omisiones, en fin, contra toda forma de actuación de la Administración e, incluso, por supuesto, contra determinados actos como los de trámite, cuando no puedan ser impugnados por la vía contencioso administrativa.

Esta universalidad del amparo, por lo demás, fue precisamente desarrollada por la jurisprudencia, tanto de la antigua Corte Suprema como de la antigua Corte Primera de la Contencioso Administrativo. Así lo señaló la Corte Primera de la Contencioso Administrativo en sentencia de 11 de noviembre de 1993 (Caso: *Aura Loreto Rangel*):

> "La lectura del artículo 2 de la Ley Orgánica de Amparo evidencia que no hay prácticamente ningún tipo de conducta, independientemente de su naturaleza o carácter, así como de los sujetos de los cuales provenga, del cual pueda predicarse que está excluido *per se* de su revisión por los jueces de amparo, a los efectos de determinar si vulnera o no algún derecho o garantía constitucional." [1946]

El mismo criterio lo precisó la Sala Político Administrativa de la antigua Corte Suprema en sentencia de 24 de mayo de 1993, así:

> "Son muy amplios los términos en que la acción de amparo está consagrada en el artículo 49 del Texto Fundamental [equivalente al artículo 27 de la Constitución de 1999]. Así, si bien es incuestionable lo extenso del ámbito de los derechos y garantías susceptibles de ser protegidos y restablecidos mediante esta vía procesal, tampoco puede limitarse a que la lesión sea producto de determinados actos solamente. En efecto, debe igualmente permitirse que cualquier acto lesivo –ya sea un acto, hecho u omisión– de derechos y garantías constitucionales sea posible de cuestionar mediante este medio procesal, ya que, siendo

1946 Véase en *Revista de Derecho Público*, N° 55–56, EJV, Caracas, 1993, p. 284.

el objetivo de la acción de amparo la protección de cualquier norma que consagre uno de los llamados derechos subjetivos de rango constitucional, no puede sostenerse que esa protección es viable sólo en los casos en que el acto perturbador reúna determinadas características, ya sean desde el punto de vista material u orgánico."

La jurisprudencia de esta Sala ha sido consecuente con ambos principios. En decisión del 31 de enero de 1991 (Caso: *Anselmo Natale, registrada bajo el número 22*) se señaló que "no puede existir ningún acto estatal que no sea susceptible de ser revisado por vía de amparo, entendiendo ésta, no como una forma de control jurisdiccional de la inconstitucionalidad de los actos estatales capaz de declarar su nulidad, sino –como se ha dicho– un remedio de protección de las libertades públicas cuyo objeto es restablecer su goce y disfrute, cuando alguna persona natural o jurídica, o grupo u organizaciones privadas, amenace vulnerarlas o las vulneren efectivamente"[1947].

En sentencia de 13 de febrero de 1992, la antigua Corte Primera, por otra parte, precisó:

> "Observa esta Corte que la característica esencial del régimen de amparo, tanto en la concepción constitucional como en su desarrollo legislativo, es su universalidad... por lo cual hace extensiva la protección que por tal medio otorga, a todos los sujetos (personas físicas o morales que se encuentran en el territorio de la nación) así como a todos los derechos constitucionalmente garantizados, e incluso aquéllos que sin estar expresamente previstos en el texto fundamental, son inherentes a la persona humana. Este es el punto de partida para entender el ámbito del amparo constitucional. Los únicos supuestos excluidos de su esfera son aquéllos que expresamente señala el artículo 6 de la Ley Orgánica de Amparo sobre Derechos y Garantías Constitucionales y, desde el punto de vista sustantivo, no hay limitaciones respecto a derechos o garantías específicas.
>
> Respecto a la Administración, el amparo contra la misma es de tal amplitud que se acuerda contra todos los actos, omisiones y vías de hecho, sin hacer exclusión alguna de determinadas materias de su competencia que, como se sabe, están siempre vinculadas con el orden público y con el interés social"[1948].

Por tanto, ninguna actuación u omisión escapa al amparo, habiendo solo quedando excluidos de la acción, conforme se establece en el artículo 3 de la Ley Orgánica del Tribunal Supremo de Justicia, las decisiones del Tribunal.

Por ello, incluso, conforme a la Constitución de 1961, las decisiones de los Cuerpos Legislativos adoptados en uso de sus atribuciones privativas y que conforme al artículo 159 de dicha Constitución no eran susceptibles de veto, examen o control de los otros Poderes del Estado, las mismas sí podían ser objeto de acción de

---

1947 Véase en *Revista de Derecho Público,* N° 55–56, EJV, Caracas, 1993, pp. 284–285. Véase además, en relación a la amplitud de los derechos fundamentales amparables, la decisión del 4–12–90, caso: *Mariela Morales de Jiménez*, N° 661

1948 Véase en *Revista de Derecho Público,* N° 49, EJV, Caracas, 1992, pp. 120–121.

amparo. Ello fue resuelto expresamente por la antigua Corte Suprema de Justicia en Sala Político Administrativa en sentencia de 31 de enero de 1991 (Caso: *Anselmo Natale*), en la cual señaló que "no puede existir ningún acto estatal que no sea susceptible de ser revisado por vía de amparo, entendiendo ésta, no como una forma de control jurisdiccional de la constitucionalidad de los actos estatales capaz de declarar su nulidad, sino como se ha dicho, un medio de protección de las libertades públicas cuyo objeto es restablecer su goce o disfrute, cuando alguna persona natural o jurídica, o grupos u organizaciones privadas, amenace vulnerarlas o las vulneren efectivamente."[1949]

Por supuesto, si se trata de amparo contra actuaciones de la Administración no es necesario que se trate de un acto administrativo el que cause la lesión,[1950] pudiendo intentarse la acción de amparo contra vías de hecho de la Administración[1951].

VIII. LOS DAÑOS Y AMENAZAS DE VIOLACIÓN PROTEGIBLES EN MATERIA DE AMPARO: PRINCIPIOS GENERALES Y DERECHO COMPARADO

La acción de amparo generalmente procede contra todos los daños infligidos a los derechos o garantía constitucionales, debiendo en general reunir las siguientes condiciones establecidas en las leyes de amparo latinoamericanas para que el amparo sea admitido: primero, los daños deben tener un carácter personal y directo en el sentido que los daños deben afectar personalmente al accionante; segundo, deben ser efectivos y reales; tercero, deben ser manifiesta u ostensiblemente arbitrarios, ilegales e ilegítimos; cuarto, los daños deben ser demostrados en el caso; y quinto, el demandante no debe haberlos consentido.

1. *El carácter personal y directo de los daños*

La primera condición de los daños infligidos a los derechos constitucionales del accionante para que una acción de amparo sea admisible, es que el mismo haya sufrido "un daño o amenaza directa, personal y actual a sus derechos constitucionales;"[1952] es decir, que el demandante debe estar personalmente afectado. En consecuencia, la acción de amparo no puede interponerse cuando los derechos afectados

---

1949 Véase en *Revista de Derecho Público,* N° 45, EJV, Caracas, 1991, p. 118. La tesis de la Corte Suprema fue reafirmada por la Corte Primera de lo Contencioso Administrativo en sentencia de 18–6–91, en Véase en *Revista de Derecho Público,* N° 46, EJV, Caracas, 1991, p. 125.

1950 Véase sentencia de la Corte Primera de lo Contencioso Administrativa de 25–6–93, *Revista de Derecho Público,* N° 53–54, EJV, Caracas, 1993, p. 255.

1951 Véase sentencia de la antigua Corte Suprema de Justicia, Sala Político Administrativa, 8–5–91, *Revista de Derecho Público,* N° 46, EJV, Caracas, 1991, p. 127.

1952 Como, por ejemplo, ha sido decidido en Venezuela, al resolver la Antigua Corte Primera de lo Contencioso administrativo que es necesario que las acciones denunciadas afecten directamente la esfera subjetiva del accionante, quedando excluidas, en consecuencia, las conductas genéricas aun cuando afecten tangencialmente. Véase sentencia de la Corte Primera de lo Contencioso-Administrativo del 2-12-93, en *Revista de Derecho Público*, N° 55–56, Editorial Jurídica Venezolana, Caracas, 1993, pp. 302–303.

sean los de otra persona distinta del demandante o cuando los daños solo afecten al demandante de modo indirecto.[1953]

El demandante, entonces, debe necesariamente ser la persona "afectada", como se le denomina en Argentina (art. 5) y Perú (art. 39); o la persona "agraviada", como se le denomina en Nicaragua (art. 23); o aquella que "sufre" el daño, como se le refiere a ella en Brasil (art. 1).

Si el daño no afecta los derechos constitucionales del demandante de manera directa y personal, la acción será considerada inadmisible;[1954] al igual que cuando el daño o amenaza no sea atribuible a la persona señalada como la parte agraviante, es decir, cuando el daño no es causado personalmente por el demandado.[1955]

2. *El carácter actual y real de los daños*

Pero además de afectar los derechos constitucionales del demandante o accionante, para que proceda la acción de amparo, los daños deben ser "actuales" en el sentido de que para el momento de intentar la acción, los daños o amenazas deben estar ocurriendo actualmente y no deben haber cesado o concluido. Esto está expresamente previsto en las leyes de amparo de Argentina (art. 1), República Dominicana (art. 1) y Uruguay (art. 1). En tal sentido, igualmente, es que el artículo 6.1 de la ley de Amparo DE Venezuela establece que la acción de amparo debe ser declarada inadmisible "cuando hayan cesado la violación o amenaza de algún derecho o garantía constitucionales, que hubiesen podido causarla." Esta misma regla se aplica en los Estados Unidos respecto de las *injunctions* en el sentido de que para que una persona pueda intentarla, debe evidenciar unos daños actuales, sustanciales y graves o una posibilidad cierta de tales daños. Por tanto, un demandante no tendrá derecho

---

1953 Por eso es que, por ejemplo, la Constitución mexicana expresamente dispone a este respecto, la necesidad de que el demandante haya sufrido un daño "personal y directo" (art. 107.I), en el sentido que sus derechos constitucionales personales deben haber sido afectados directamente.

1954 Véase Eduardo Ferrer Mac-Gregor, *La acción constitucional de amparo en México y España*, Editorial Porrúa, México, 2002, pp.386–387.

1955 En este sentido, por ejemplo, fue decidido por la antigua Corte Suprema de Justicia venezolana, en amparo intentado en 1.999 contra el Presidente de la República y que denunciaba como actos agraviantes las posibles medidas a ser tomadas por la Asamblea Constituyente Nacional, que el Presidente había convocado, una vez instalada la misma. La Corte consideró inadmisible la acción, considerando que las razones alegadas por el accionante, considerando que eran de naturaleza eventual e hipotética, lo que contradecía la necesidad de un daño objetico y real o una amenaza a uno derecho o garantía constitucional. a fin de que el amparo fuese admisible. La Corte argumentó además, que la acción de amparo constitucional tiene por objeto dar protección contra situaciones que en na forma directa pueden producir daño en relación con los derechos y garantías constitucionales del accionante, buscando la restauración de la situación jurídica infringida. En este caso, la persona identificada como agraviante (Presidente de la República) no puede ser quien produzca el eventual que pudiera condicionar los derechos electorales del accionante, así como el temor de que la modificación de la organización de los poderes constituidos, solo podría ser atribuido a los miembros que puedan ser electos a la Asamblea Nacional Constituyente, todavía no elegida. En consecuencia, en el caso, no existe la inmediata relación que es necesaria en materia de amparo, entre el accionante y el agraviante. Véase sentencia de 23.4.99 (caso A. Albornoz), en Rafael Chavero, *El nuevo régimen del amparo constitucional en Venezuela*, Ed. Sherwood, Caracas, 2001, p. 240.

a una *injunction*, cuando un daño en su contra no se evidencie como resultante de la actividad que se denuncia o se procura evitar.[1956]

En otras palabras, los daños deben ser reales en el sentido de que deben haber ocurrido efectivamente; lo cual debe ser claramente demostrado por el demandante en el proceso. Es por eso que como lo resolvió la antigua Corte Suprema en Venezuela, la acción de amparo solo puede ser dirigida contra actos u omisiones perfectamente determinados, y no contra conductas genéricas; contra una actividad real y objetiva y no contra suposiciones relativas a la intención del presunto agraviante; y contra las consecuencias directas e inmediatas de las actividades del ente público o del funcionario.[1957]

El carácter real y actual de los daños para intentar la acción de amparo implica que la acción no puede tener un carácter pasado, porque ya hayan cesado (art. 6.1 Ley Orgánica, Venezuela), o un futuro probable. Por ello se ha dicho que los daños en materia de amparo, deben estar "vivos" y presentes en toda su intensidad, en el sentido de que deben referirse al presente, no al pasado o a hechos que ya acaecieron, que pertenecen al pasado, o que ya acaecieron; al contrario debe tratarse de situaciones presentes, que se pueden incluso prolongar en el tiempo.[1958]

Por tanto y como lo establece la jurisprudencia de la Corte Suprema de Justicia de México, la acción de amparo es inadmisible cuando es referida a hechos probables futuros;[1959] o a actos que no han ocurrido todavía, o a daños que no solo no están presentes, sino que nunca podrían ser infligidos.[1960]

Fue fundada en esta condición que precisamente, la antigua Corte Suprema de Justicia rechazó la posibilidad de que se intentasen acciones de amparo contra las leyes en casos en que tales acciones no fueran directamente aplicables, y exigieran de actos adicionales para su ejecución.[1961]

Por otra parte, esta misma condición de que el daño o amenaza debe ser actual, implica que el mismo no debe haber cesado o concluido porque de lo contrario –

1956 Véase *U.S. Boyle v. Landry*, 401 U.S. 77, 91 S. Ct.758, 27 L. Ed. 2d 696 (1971), en John Bourdeau et al., "Injunctions," en Kevin Schroder, John Glenn and Maureen Placilla (Ed.), *Corpus Juris Secundum*, Vol. 43A, Thomson West, 2004, p. 66.

1957 Véase la sentencia de la antigua Corte Suprema de Justicia, Sala Político-Administrativa del 2-12-1993, en *Revista de Derecho Público*, N° 55–56, Editorial Jurídica Venezolana, Caracas, 1993, pp. 302–303. Igualmente, sentencia del 14-8-1992 en *Revista de Derecho Público*, N° 51, Editorial Jurídica Venezolana, Caracas, 1992, p. 145.

1958 Véase sentencia de la antigua Corte Primera de lo Contencioso-Administrativo del 7-5-1987 en el caso Desarrollo 77 C. A. en FUNEDA *15 años de Jurisprudencia de la Corte Primera de lo Contencioso Administrativo 1977–1992*, Caracas, 1994, p. 78.

1959 Tesis jurisprudencial 74, *Apéndice al Semanario Judicial de la Federación, 1917–1988*, Segunda parte, Salas y Tesis Comunes, p. 123. Véase en Eduardo Ferrer Mac-Gregor, *La acción constitucional de amparo en México y España*, Edit. Porrúa, México, 2002, p. 395.

1960 Véase Tesis 44 y 45. *Jurisprudencia de la Suprema Corte*, pp. 110, 113. Véase en Richard D. Baker, *Judicial Review in México. A Study of the Amparo Suit*, University of Texas Press, Austin, 1971, p. 96, note 12.

1961 Véase sentencia de la antigua Corte Suprema de Justicia, Sala Político-Administrativa de 24-5-1993, en *Revista de Derecho Público*, N° 55–56, Editorial Jurídica Venezolana, Caracas, 1993, pp. 289–290.

como está previsto expresamente en Argentina[1962]- la demanda debe declararse inadmisible. También en las leyes de amparo de Honduras (art. 46,6) y Nicaragua (art. 51,3) se prescribe que el recurso al amparo es inadmisible cuando los efectos del acto impugnado ya han cesado; caso en el cual el juez puede rechazar la acción *in limine*. El mismo principio se aplica en México, donde la Ley de amparo declara inadmisible la acción de amparo cuando los efectos del acto impugnado han cesado o, cuando aun subsistiendo, ya no pueden producir consecuencias legales o sustanciales porque han perdido su objeto o sustancia (art. 73, XVI). En Perú, el Código Procesal Constitucional también prescribe la inadmisibilidad de la acción de amparo cuando para el momento de su interposición, la amenaza o violación de los derechos constitucionales ha cesado (art. 5,5). Ese también es el caso, por ejemplo, cuando durante el curso del proceso, el acto impugnado es anulado.[1963]

En consecuencia, a fin de conceder de la pretensión de amparo, los tribunales venezolanos han establecido que el daño no debe haber cesado antes que la decisión del juez sea tomada; por el contrario, si el daño ha cesado, el juez en la oportunidad de pronunciarse sobre la admisión debe declarar la improcedente de la acción.[1964]

Por ejemplo, en el caso de acciones de amparo contra omisiones judiciales, si el juez ha emitido su decisión antes de que la acción sea interpuesta o durante el procedimiento, el daño puede considerarse como suspendido[1965] y la acción de amparo debe declararse inadmisible.

En sentido similar, la Sala Constitucional de Costa Rica ha decidido que carece de interés jurisdiccional el examinar por ejemplo, las circunstancias de la suspensión de un acto impugnado, en casos en los cuales el acto ya haya sido anulado y cuando, para el momento de la interposición del recurso, la parte afectada ha sido restablecida en el ejercicio de sus derechos.[1966]

1962 Véase Alí Joaquín Salgado, *Juicio de amparo y acción de inconstitucionalidad*, Astrea, Buenos Aires, 1987, p. 27.

1963 Al respecto, la Corte Primera de lo Contencioso-Administrativo dispuso la inadmisibilidad de una acción de amparo porque, durante los procedimientos, el acto impugnado fue rechazado. *V.* Sentencia del 14-8-1992, en *Revista de Derecho Público*, N° 51, Editorial Jurídica Venezolana, Caracas, 1992, p. 154.

1964 Véase sentencia de 15-2-1992, en *Revista de Derecho Público* N° 52, Editorial Jurídica Venezolana, Caracas, 1992, p. 164; sentencia del 12-2-1992 de la Corte Primera de lo Contencioso-Administrativo, Caso *Allan R. Brewer-Carías*, en *Revista de Derecho Público*, N° 49, Editorial Jurídica Venezolana, Caracas, 1992, pp. 131–132; y sentencia de la antigua Corte Suprema de Justicia, Sala Político-Administrativa del 27.5.1993, en la *Revista de Derecho Público*, N° 53–54, Editorial Jurídica Venezolana, Caracas, 1993, p. 264.

1965 Véase Rafael Chavero G., *El nuevo régimen del amparo constitucional en Venezuela*, Editorial Sherwood, Caracas 2001, pp. 237-238.

1966 Véase sentencia N° 1051–97, en Rubén Hernández Valle, *Derecho Procesal Constitucional*, Editorial Juricentro, San José 2001, pp. 244–245. Pero en relación con el carácter actual del daño, es posible considerar que cuando un nuevo hecho modifica la situación anteriormente conocida y declarada y que no estaba presente en el momento que ocurrió el daño, es posible conceder la tutela antes denegada con base en el nuevo argumento, el cual puede arrojar un resultado distinto o contradictorio. Este caso puede ocurrir, por ejemplo, cuando el juez de amparo que debe resolver respecto de una situación específica, actual y determinada, le es pedido que determine la existencia de un nuevo hecho que ha ocurrido después de intentada la acción y que podría alterar o modificar la mencionada situación, en cuyo caso, la

El mismo principio rige en los Estados Unidos respecto de la condición de actualidad del daño para que pueda otorgarse la protección de un *injunction,* ya que en los casos federales, la norma es que debe tratarse de una controversia actual debe existir no solo al momento de la interposición de la acción sino a todo lo largo del proceso, aun a nivel judicial de revisión o *certiorari.*[1967]

No obstante, este principio de la actualidad del daño tiene algunas excepciones. Por ejemplo, en Perú, aun cuando la misma norma general está establecida para la inadmisibilidad de la acción de amparo (cuando al momento de presentación, el daño a los derechos constitucionales ya ha cesado), el Código Procesal Constitucional ha autorizado a las cortes a continuar el procedimiento y también, en circunstancias específicas, a conceder la protección del amparo,[1968] por ejemplo, cuando el objeto de la acción consiste en ordenar al demandado que se refrene de realizar nuevamente los actos u omisiones que provocaron la interposición de la demanda.

La misma excepción rige, por ejemplo, respecto de los efectos ya producidos por el acto impugnado. Por ejemplo, cuando para establecer responsabilidades civiles e indemnizaciones sean necesarias acciones judiciales adicionales, la protección del amparo puede concederse, aun cuando los efectos del acto impugnado hayan cesado, con el fin que pueda determinarse judicialmente la persona responsable, permitiéndose así la interposición subsiguiente de una acción solo indemnizatoria.

3. *El daño manifiestamente arbitrario, ilegal e ilegitimo*

Igualmente, para que la acción de amaro sea admitida, el daño o amenaza de violación al derecho o garantía constitucional, además de ser directo, real y actual, debe ser manifiestamente arbitrario, ilegal o ilegítimo.

---

acción puede ser admitida y resuelta en protección del demandante, aun si antes había sido rechazada de antemano. v. sentencia de la Corte Suprema de Justicia de Venezuela, Sala Político-Administrativa del 5-8-1992, en *Revista de Derecho Público*, N° 51, Editorial Jurídica Venezolana, Caracas, 1992, p. 145.

1967 Sin embargo, en el importante caso *Roe v. Wade*, 410 U.S. 113 (1973), la Corte Suprema extendió los derechos de privacidad de la mujer derogando las leyes estadales que prohibían el aborto. La Corte reconoció que aunque este derecho de privacidad no estaba expresamente mencionado en la constitución, estaba garantizado como un derecho constitucional para proteger "la decisión de una mujer acerca de si terminar o no su embarazo" a pesar de admitir que la legislación de los estados podía regular los factores determinantes de la decisión de abortar en algún punto del embarazo con base en "garantizar la salud, mantener niveles médicos y proteger la vida en potencia." Pero el objeto de la controversia era que el embarazo llegó a término mientras el procedimiento era decidido, de forma que el daño alegado perdía su actualidad. No obstante, la Corte Suprema resolvió en el caso que "Cuando, como aquí, el embarazo es un hecho significativo del litigio, el período normal de gestación humana de 266 días es tan corto que el embarazo llegará a término antes que el procedimiento usual de apelación sea decidido. Si dicha terminación desvirtúa la demanda, rara vez los casos de embarazo superarán en algo a la fase probatoria y la instancia de apelación será en efecto negada. Nuestra ley no debe ser así de rígida. El embarazo sobreviene a la misma mujer más de una vez; y en la población en general, si la especie humana ha de sobrevivir, siempre estará presente. El embarazo provee una justificación clásica para terminar con la certeza. Efectivamente puede ser capaz de repetirse y, sin embargo, evadir el juicio." Véase M. Glenn Abernathy and Barbara A. Perry, *Civil Liberties under the Constitution*, University of South Carolina Press, 1993, pp. 4–5.

1968 Véase Luis Sanz Dávalos, "Las innovaciones del Código Procesal constitucional en el proceso constitucional de amparo," en Susana Castañeda et al, *Introducción a los procesos constitucionales. Comentarios al Código Procesal Constitucional*, Jurista Editores, Lima 2005, p. 126.

Esta es, por ejemplo, la condición general expresamente establecida por la Ley de amparo argentina que prescribe que para que una acción de amparo sea admisible, el daño, es decir, la "lesión, restricción, alteración o amenaza a los derechos y garantías constitucionales" debe ser "manifiestamente arbitrario e ilegal" (art. 1). Esta condición de admisibilidad está establecida también en la Ley de amparo de Uruguay donde se lo establece como la necesidad de que el acto impugnado ostente una "ilegitimidad manifiesta" (art. 1). En este mismo sentido, la ley brasileña, respecto del *mandado de segurança*, dispone la necesidad de que la violación sea causada ilegalmente o con abuso de poder (art. 1).[1969] Asimismo, en el Reglamento del Recurso de Amparo de 2.007 de Filipinas, se dispone que la violación debe ser provocada por un "acto u omisión ilegítima" (secc. 1).

Respecto de los actos de los poderes públicos, esta condición general de admisibilidad de la acción de amparo deriva del principio general de derecho público de la presunción de validez que beneficia los actos de estado, lo que implica que para superar tal presunción, el demandante debe demostrar que el daño causado es manifiestamente ilegal y arbitrario. El mismo principio se aplica en los Estados Unidos precisamente imponiendo al demandante para que procedan las *injunctions* contra actos administrativos, que pruebe las violaciones alegadas a fin de deshacer la presunción de validez de los mismos.[1970]

La consecuencia de esta condición es que el acto u omisión impugnado debe ser manifiestamente como contrario al orden legal, es decir, a las normas de orden público establecidas en la Constitución, leyes y reglamentos; debe ser manifiestamente ilegítimo por carecer de soporte legal alguno; y debe ser manifiestamente arbitrario porque, viniendo de un acto irrazonable o injusto, el mismo es un acto contrario a la justicia y la razón.[1971]

4. *El carácter evidente de los daños*

La condición de que los daños derivados de actos o amenazas, deben ser manifiestamente arbitrarios, ilegales e ilegítimos y deben afectar de manera directa e inmediata los derechos del demandante, implica que para la interposición de la acción de amparo, tales daños deben ser evidentes, imponiendo así directamente sobre el

---

1969 El principio también se aplica en Chile y Ecuador. V. Juan Manuel Errázuriz G. y Jorge Miguel Otero A., *Aspectos procesales del recurso de protección*, Editorial Jurídica de Chile, Santiago, 1989, pp. 51–55; Hernán Salgado Pesantes, *Manual de Justicia Constitucional Ecuatoriana*, Corporación Editora Nacional, Quito, 2004, p. 79.

1970 Como lo han comentado M. Glenn Abernathy y Perry: "Los tribunales no presumen automáticamente que todas las restricciones a la libre elección son impropias. La carga es arrojada en la persona que impugna los actos, quien debe demostrar que los mismos son impropios. Esto se observa más fácilmente en los casos en los que la demanda alega que un acto de la legislatura es inconstitucional... Los jueces también alegan que a los actos de los funcionarios públicos deben atribuírseles alguna presunción de validez. De manera que se presume que el funcionario público que elimina alimentos calificados por él como no aptos para el consumo tiene buenas razones para hacerlo. La persona cuya propiedad es eliminada de ese modo debe asumir la carga de probar mala fe de parte del funcionario si, como consecuencia de ello, es incoada una demanda." V. M. Glenn Abernathy and Barbara A. Perry, Civil *Liberties under the Constitution*, University of South Carolina Press, 1993, p. 5.

1971 Véase Alí Joaquín Salgado, *Juicio de amparo y acción de inconstitucionalidad*, Astrea, Buenos Aires, 1987, pp. 28–29.

demandante la carga de probar sus alegatos. Es decir, el demandante tiene la carga de desvirtuar la presunción de validez de los actos impugnados, debiendo fundamentar sus argumentos sobre bases razonables mediante la comprobación del carácter irrazonable de los actos u omisiones impugnados, y de que dichos actos u omisiones han perjudicado personal y directamente sus derechos.

También en esta materia, la regla procesal de amparo es similar a las normas sobre *injunctions*, tal como ha sido decidido por los tribunales de los Estados Unidos, según las cuales "la parte solicitando de una *injunction*, debe demostrar que el daño es evidente." [1972]

Por consiguiente, en el procedimiento de amparo, el demandante tiene la carga de la prueba del daño o de las amenazas causadas a sus derechos, precisamente por parte del agraviante[1973] Esto implica que cuando la prueba de los daños o amenazas puede establecerse mediante prueba escrita o documental, las leyes de amparo de Argentina (art. 7), Paraguay (art. 569) y Uruguay (art. 5) expresamente imponen al agraviado la obligación de adjuntarlas siempre a la demanda.

La prueba del daño puede también basarse, por ejemplo, en actos o conductas previas del demandado o en el patrón pasado de su conducta.[1974]

5. *El carácter no consentido de los daños*

Finalmente, el daño a los derechos constitucionales que permiten la interposición de la demanda de amparo requiere no solo que sea actual, posible, real e inminente, sino que también tiene que ser no consentido por el agraviado; quien, además, no ha

---

1972 Véase el caso *Mt. Emmons Min. Co. V. Town of Crested Butte*, 690 P.2d 231 (Colo. 1984), en John Bourdeau et al., "Injunctions," en Kevin Schroder, John Glenn and Maureen Placilla (Editors), *Corpus Juris Secundum*, Vol. 43A, Thomson West, 2004, p. 54.

1973 Es por esto que los tribunales en Argentina, por ejemplo, han negado la acción de amparo contra amenazas no comprobadas; por ejemplo, cuando una madre intentó una demanda pidiendo protección policial a fin de evitar una orden de secuestro emitida por un tribunal extranjero en razón de que la existencia de la orden no estaba comprobada ni suficientes elementos para juzgar el caso fueron aportados a fin de probar que las autoridades locales dejarían de aplicar las disposiciones legales competentes para la ejecución en el país de sentencias extranjeras, las cuales disposiciones prescriben suficientes garantías para la defensa de los derechos y para la protección del orden público interno. Véase las referencias en Néstor Pedro Sagües, *Derecho Procesal Constitucional, Vol. 3, "Acción de Amparo,"* Astrea, Buenos Aires, 1988, pp. 117; y en Rafael Chavero, *El nuevo régimen del amparo constitucional en Venezuela*, Ed. Sherwood, Caracas, 2001, pp. 190, 239.

1974 Como fue el caso resuelto en los Estados Unidos en el caso *Galella v. Onassis* (S.D.N.Y. 1972), en el cual la esposa de J. F. Kennedy, ex-presidente de los Estados Unidos, interpuso una *injunction* contra un fotógrafo independiente para prevenir que violara los derechos de privacidad de ella con base en su previo patrón de conducta hostigante como periodista. Como fue resumido por Tabb and Shoben: "La evidencia demostraba que el fotógrafo había repetidamente incurrido en una conducta hostigante contra la familia Onassis para conseguir fotos y cada vez la conducta invasiva era de un tipo diferente. Fundado en el pasado patrón de conducta, la corte concluyó que esa conducta del fotógrafo continuaría indefinidamente en el futuro. La prueba de la inminencia era muy sólida porque el fotógrafo había incluso enviado publicidad a clientes anunciando futuras imágenes anticipadas de Onassis. Aun cuando el patrón de conducta era variado en los tipos de procedimientos invasivos, el carácter general de la conducta era de hostigamiento. Con suficiente evidencia, aun un patrón impredecible puede indicar inminencia." Véase William M. Tabb and Elaine W. Shoben, *Remedies*, Thompson West, 2005, p. 29.

debido provocarlo.[1975] Es decir, el demandante no debe haber consentido expresa o tácitamente el impugnado acto o daño a sus derechos. Lo contrario, haría considerar inadmisible la acción de amparo.

Las leyes de amparo en esta materia distinguen dos posibles modalidades de conductas aprobatorias: el consentimiento expreso y el consentimiento tácito; también con algunas excepciones.

A. *El consentimiento expreso*

En cuanto al consentimiento expreso, según lo establece la Ley Orgánica de amparo de Venezuela el mismo existe cuando hay "signo inequívocos de aceptación" (art. 6.4) por parte del agraviado de los actos, hechos u omisiones causantes del daño, en cuyo caso la acción de amparo, es considerada como inadmisible.

Esa causal de inadmisibilidad está también expresamente regulada en la Ley de amparo de México, de acuerdo con la cual existe un consentimiento expreso del acto impugnado cuando hay "manifestaciones de voluntad que entrañen ese consentimiento" (art. 73.XI). También en Nicaragua existe el consentimiento expreso respecto de "actos que hubieren sido consentidos por el agraviado de modo expreso" (art. 51.4); y en Costa Rica "Cuando la acción u omisión hubiere sido legítimamente consentida por la persona agraviada" (art. 30.ch).

En ciertos aspectos, esta causal de inadmisibilidad del procedimiento de amparo cuando existe consentimiento expreso por parte del agraviante, tiene también alguna equivalencia en los procedimientos de *injunctions* de los Estados Unidos contenida en la excepción de equidad denominada *estopell*, y que está referida a las actuaciones del agraviante antes de interponer la demanda que sean incongruentes con los derechos que reclama en su acción.[1976]

B. *El consentimiento tácito*

Aparte de los casos de consentimiento expreso, la otra causal de inadmisibilidad en el procedimiento de amparo ocurre en casos de consentimiento tácito del agraviado respecto del acto, hecho u omisión causante del daño a sus derechos; y opera cuando en la ley establece un lapso preciso para interponer la demanda, y el mismo se haya agotado sin que la acción se haya interpuesto.

Esta causal de inadmisibilidad de la acción de amparo es también equivalente a lo que en el procedimiento de las *injunctions* en los Estados Unidos se denomina "*laches,*" con lo que persigue evitar que el agraviante obtenga la medida protectiva de equidad cuando no actuado con la celeridad debida para interponer la acción y

---

1975 Véase Hernán Salgado Pesantes, *Manual de Justicia Constitucional Ecuatoriana*, Corporación Editora Nacional, Quito, 2004, p. 80.

1976 El clásico ejemplo de una estópel, como medida, excepción o decreto judicial que consiste en una prohibición de conducta o acción, como la describen Tabb y Shoben "es que el demandante no puede invocar el derecho de equidad para reclamar una orden de remoción de una cerca de un vecino instalada sobre el lindero del lote si el demandante estuvo presente y observó la instalación de la cerca con pleno conocimiento de la ubicación de dicho lindero. El silencio del demandante, estando en conocimiento de los hechos, es un acto inconsistente con el título invocado en la corte." Véase William M. Tabb and Elaine W. Shoben, *Remedies*, Thomson West, 2005, pp. 50–51.

que se resume en la frase "la equidad asiste al diligente, no a aquellos que se queden dormidos en sus derechos."[1977]

La diferencia entre la doctrina de los "*laches*" relativa a las *injunctions* y el concepto latinoamericano de consentimiento tácito reside básicamente en el hecho de que el término para interponer la acción de amparo en Latinoamérica está expresamente establecido en la leyes de amparo, de modo que el vencimiento del término sin la interposición de la acción es lo que se considera que produce el consentimiento tácito respecto del acto, el hecho o la omisión causante del daño.

En relación con esto, y solo con excepción de la ley de Ecuador[1978] y Colombia (donde por ejemplo, la Ley de Tutela dispone que la acción para de tutela puede interponerse en cualquier momento, art. 11), las leyes de amparo en Latinoamérica siempre prevén términos, contados en días y meses,[1979] a los efectos de la interposición de la acción, considerándose tácitamente consentidos los actos, hechos u omisiones impugnados, cuando la acción no ha sido intentada en el término estipulado.

Es precisamente el caso de la Ley Orgánica de Venezuela que establece como causal de inadmisibilidad de la acción de amparo el "consentimiento tácito" a menos que se trate de violaciones que infrinjan el orden público o las buenas costumbres, "cuando hubieren transcurrido los lapsos de prescripción establecidos en leyes especiales, o en su defecto seis (6) meses después de la violación o la amenaza al derecho protegido."

1977 *Idem*, p. 48. Como se ventiló en el caso *Lake Development Enterprises, Inc. v. Kojetinsky*, 410 S.W. 2d 361, 367–68 (Mo. App. 1966): "'*Laches*' [del francés *lasche*: laxitud, negligencia] es la dejadez o negligencia por un período de tiempo irrazonable e inexplicado en circunstancias que permitían diligencia para hacer lo que debía hacerse en derecho. No hay un período fijo dentro del cual una persona debe afirmar sus derechos o ser inhabilitado mediante la medida de *laches*. La extensión de tiempo depende de las circunstancias del caso en particular. Una mera demora en afirmar un derecho no constituye de suyo una *lache*; la demora en cuestión debe operar en contra y en perjuicio del demandado. *Laches* es un asunto de hechos a ser determinada a partir de toda las pruebas y circunstancias alegadas en el juicio." Véase la referencia en Owen M. Fiss y Doug Rendelman, *Injunctions,* The Foundation Press, Mineola New York, 1984, pp. 102–103.

1978 Véase Hernán Salgado Pesantes, *Manual de Justicia Constitucional Ecuatoriana*, Corporación Editora Nacional, Quito, 2004, p. 81.

1979 El término en las leyes de amparo de América Latina está generalmente establecido por número de días contados a partir de la fecha del acto impugnado o del día que la parte agraviada entra en conocimiento de la violación: Argentina, 15 días (art. 2,e); Brasil, 120 días (art. 18); República Dominicana, 30 días (art. 3,b); Guatemala, 30 días (art. 20); Honduras, dos meses; México, 15 días como regla general pero con muchos otros lapsos para demandar con diferentes medidas de tiempo (arts. 21, 22 y 73,XII); Nicaragua, 30 días (arts. 26; 51,4); Paraguay, 60 días (art. 567); Perú, 60 días (arts. 5,10; 44); Uruguay, 30 días (art 4). En Venezuela, el término es de seis meses (art. 23.4). En el caso de Chile, donde en ausencia de una ley reguladora de la acción de protección, el término para demandar (quince días) ha sido establecido por la Corte Suprema, suscitándose discusiones sobre la constitucionalidad de dichas normas, debido al criterio de que un término para demandar de ese tipo debe ser establecido solo por el legislador. Véase Juan Manuel Errázuriz and Jorge Miguel Otero A., *Aspectos procesales del recurso de protección*, Editorial Jurídica de Chile, Santiago, 1989, p. 130. En Costa Rica, la Ley de Jurisdicción Constitucional dispone que el recurso de amparo puede ser intentado en cualquier momento mientras dure la violación, amenaza, agravio o restricción, y hasta dos meses después que los efectos directos a la parte agraviada hayan cesado (arts. 35, 60). Este término para demandar puede ser también suspendido si la parte interesada decide intentar un recurso administrativo contra el acto en concreto (art. 31).

El sentido de esta causal de inadmisibilidad de la acción de amparo fue resumida por la antigua Corte Suprema de Justicia venezolana al argumentar que siendo la acción de amparo un medio especial, breve, sumario y efectivo de protección judicial de derechos constitucionales, es lógico que el legislador prescriba un preciso lapso de tiempo entre el momento en el cual se produce en daño y el momento en el cual el agraviado debe interponer la acción. Dejar transcurrir más de seis meses desde el momento en el cual se dictó acto lesivo para el ejercicio de la acción, es una demostración del consentimiento del daño por parte del agraviado. Su indolencia debe ser sancionada, impidiendo que haga uso del remedio judicial que tiene su justificación precisamente en la urgente necesidad de restablecer la situación legal infringida.[1980]

Como regla general en la materia, la consecuencia de vencerse el plazo sin intentarse la acción de amparo, considerando que se ha producido un consentimiento tácito, como lo prescribe expresamente la ley costarricense (art. 36),[1981] no impide a la parte interesada intentar otros posibles recursos o acciones contra el acto causante del daño; o como se prevé en el caso venezolano, salvo que se trate de violaciones graves, continuadas o permanentes a los derechos humanos, en cuyo caso cualquier tiempo es útil para intentar la acción.

C. *Excepciones a la regla del consentimiento tácito*

Es decir, respecto de este consentimiento tácito, algunas excepciones han sido desarrolladas en la legislación de amparo.

Una primera excepción es la basada en la naturaleza de los derechos constitucionales a ser protegidos, de manera que un amparo puede ser intentado en cualquier momento respecto de derechos inviolables absolutos como el derecho a la vida o a no ser torturado. En este sentido, en la Ley de amparo mexicana se establece la excepción respecto de actos públicos que atenten contra la vida, la libertad personal, deportación o la conscripción militar forzosa (art. 22).[1982] En estos casos, la acción de amparo puede ser intentada en cualquier momento, como es también es el del amparo para la protección de los derechos campesinos relativos a la tierra comunal (art. 217). Es precisamente a lo que se refiere la Ley Orgánica de Venezuela cuando indica que el plazo de seis meses establecido no se aplica cuando se trate violaciones que infrinjan el orden público o las buenas costumbres (art. 6.4).

En Costa Rica, el artículo 20 de la Ley de Jurisdicción Constitucional, también establece como una excepción, la posibilidad de intentar una acción de amparo después de que se haya agotado el término, contra el riesgo de aplicación de una ley o reglamento inconstitucional a un caso particular, así como en los casos de la posibilidad manifiesta de la emisión de un acto que lesiona los derechos del agraviado.

1980 Véase la sentencia del 24-10-1990 en *Revista de Derecho Público*, N° 44, Editorial Jurídica Venezolana, Caracas, 1990, p. 144.

1981 Véase los comentarios en Rubén Hernández Valle, *Derecho Procesal Constitucional*, Editorial Juricentro, 2001, pp. 226–229, 243.

1982 Véase Eduardo Ferrer Mac-Gregor, *La acción constitucional de amparo en México y España*, Editorial Porrúa, México, 2002, p. 331.

Debe recordarse que la Ley Orgánica de amparo de Venezuela de 1988 estableció la excepción a la regla del consentimiento tácito refiriéndose a casos de violaciones que afectan normas de orden público[1983] (art. 6,4), que podían afectar el ordenamiento general indispensable para la existencia de la comunidad.

El concepto de "orden público" es importante porque aun cuando se haya vencido el término sin que se haya intentado la acción, los jueces pueden admitirla por razones de "orden público", desconociendo la aplicación de la regla del consentimiento tácito. Tal como fue decidido por la antigua Corte Primera de lo Contencioso Administrativo, al precisar que el consentimiento tácito por falta de ejercicio de la acción en el lapso legal no se produce en casos de extrema gravedad que constituyen una injuria a la conciencia jurídica, como sería el caso de la flagrante violación de derechos individuales "que no pueden denunciase por el agraviado, de la privación de la libertad, de la sumisión a tortura física o psicológica, tratos degradantes, daños a la dignidad humana u otros casos extremos"[1984]

Por consiguiente, en tales casos donde ningún consentimiento tácito puede ser considerado como válido, el amparo judicial era admitido aun cuando el término para intentarlo se hubiese agotado.

La segunda excepción general a la regla del consentimiento tácito se refiere a situaciones donde el daño infligido a los derechos es de naturaleza continua, es decir, cuando están ocurriendo continuamente. En el mismo sentido, en los Estados Unidos, los "*laches*" no pueden alegarse para oponerse a una demanda de *injunction* intentada para evitar un ilícito que es de naturaleza continua.[1985]

Es la solución que se ha dado en Venezuela, por vía jurisprudencial en la Ley Orgánica de 2014 en relación con la excepción a la regla de la inadmisibilidad de la acción de amparo por haberse vencido el plazo de seis meses para intentar la acción, basado en el hecho de que se trate de violaciones "continuadas y permanentes;" es

---

1983 Como fue decidido por la Sala de Casación de la Corte Suprema en Venezuela en decisión del 3-4-1985 "el concepto de orden público permite que el interés general de la sociedad y del Estado prevalezca sobre los intereses particulares o individuales a los efectos de asegurar la vigencia o propósito de algunas instituciones." Véase la referencia en las sentencias de la antigua Corte Suprema de Justicia, Sala Político-Administrativa, del 1-2-1990, caso *Tuna Atlántica C.A.*, y sentencia del 30-6-1992 en la *Revista de Derecho Público*, n° 60, Editorial Jurídica Venezolana, Caracas, 1992, p. 157. En muchos casos, es el mismo legislador el que declara expresamente en una ley particular que sus disposiciones tienen carácter de 'orden público', en el sentido que sus normas no pueden ser modificadas mediante contratos. v. sentencia de la antigua Corte Suprema de Justicia, Sala Político-Administrativa, del 22-3-1988 en *Revista de Derecho Público*, n° 34, Editorial Jurídica Venezolana, Caracas, 1988, p. 114.

1984 Véase sentencias de la Corte Primera de lo Contencioso-Administrativo de 13-10-1988 en *Revista de Derecho Público*, N° 36, Editorial Jurídica Venezolana, Caracas, 1988, p. 95; de la antigua Corte Suprema de Justicia, Sala Político-Administrativa, de 1-11-1989 en *Revista de Derecho Público*, N° 40, Editorial Jurídica Venezolana, Caracas, 1989, p. 111; y de la Sala de Casación de la misma Corte Suprema de Justicia del 28-6-1995 (Exp. N° 94–172). v. la referencia en Rafael Chavero G., *El nuevo régimen del amparo constitucional en Venezuela*, Editorial Sherwood, Caracas, 2001, p. 188, nota 178. Véase igualmente otra sentencia en la materia en las pp. 214-246.

1985 Véanse los casos *Pacific Greyhound Lines v. Sun Valley Bus Lines*, 70 Ariz. 65, 216 P. 2d 404, 1950; y *Goldstein v. Beal,* 317 Mass. 750, 59 N.E. 2d 712, 1945. Véase en John Bourdeau et al., "Injunctions," en Kevin Schroder, John Glenn and Maureen Placilla (Ed.), *Corpus Juris Secundum*, Vol. 43A, Thomson West, 2004, p. 329.

decir, respecto de casos de una cadena de eventos que debido a su constancia y reincidencia, permitan presumir que el agraviado está actualmente amenazado por los hechos repetidos, de los cuales no se puede producir consentimiento.[1986]

Otras excepciones al consentimiento tácito se refieren a casos en los cuales existen situaciones de hecho que implican la imposibilidad de intentar la acción. Por ejemplo, en Honduras, está expresamente dispuesto que la acción puede intentarse luego que se haya agotado el término, cuando la imposibilidad de intentarla se pueda comprobar debidamente (art. 46,3); y en sentido similar, la ley uruguaya también dispone la excepción para los casos en los cuales el agraviado ha estado impedido de intentar la acción por "justa causa" (art. 4).

En México, particularmente respecto del amparo contra las leyes, la Ley de amparo prescribe que la acción no solo puede intentarse contra la ley sino que también puede intentarse cuando se haya agotado el plazo, contra el primer acto en aplicación de la misma; de manera que la regla del consentimiento tácito aplica en este caso solo cuando este acto no haya sido impugnado (art. 73,XII).[1987]

En Venezuela, la Ley Orgánica de Amparo también regula otras excepciones a la regla del consentimiento tácito, cuando se trata de una pretensión de amparo que se formule conjuntamente con otra acción de nulidad, caso en el cual no se aplica el lapso general de caducidad de seis meses previsto para la interposición de la acción. Esta es la regla, por ejemplo, en caso de daños o amenazas producidos por actos administrativos u omisiones de la Administración cuando la pretensión de amparo es formulada con la acción de nulidad de los actos administrativos o contra las omisiones administrativas.[1988]

6 *El carácter reparable de los daños y el carácter restablecedor del proceso de amparo*

Como antes se dijo, el daño infligido a los derechos constitucionales que justifica la interposición de una acción de amparo, además de las condiciones antes analizadas, debe cumplir dos otras condiciones, dependiendo de si se trata de daños o amenazas de daño.

Si se trata de un daño infligido a los derechos de las personas, debe tratarse de un daño reparable, teniendo por objeto el proceso de amparo el restablecimiento del disfrute del derecho. De allí su carácter restaurador. Pero si se trata de amenaza de daño ocasionada al derecho, la misma debe ser inminente, estando el amparo dirigido a prevenir o impedir que la violación ocurra, teniendo el proceso en este caso, el mismo un carácter preventivo.

1986 Véase sentencia del 22-10-1990, caso *María Cambra de Pulgar*, en *Revista de Derecho Público*, Nº 44, Editorial Jurídica Venezolana, Caracas, 1990, pp. 143–144.

1987 Véase Eduardo Ferrer Mac-Gregor, *La acción constitucional de amparo en México y España*, Editorial Porrúa, México, 2002, p. 391; Richard D. Baker, *Judicial Review in México. A Study of the Amparo Suit*, University of Austin Press, Austin, 1971, p. 172.

1988 En sentido similar, la regla del consentimiento tácito tampoco es aplicable en caso de actos u omisiones administrativas cuando la acción de amparo es intentada junto con la acción de nulidad contra actos u omisiones administrativas. En este caso, debido a la pretensión constitucional, como lo estableció la derogada Ley Orgánica de 1988, la acción de nulidad podía intentarse en cualquier momento (art. 5).

A. *El carácter restaurador del proceso amparo en relación con los daños*

En efecto, en caso de daños, el procedimiento de amparo tiene por objeto restablecer al agraviado en el goce del derecho lesionado, restableciendo la situación que existía para cuando el derecho fue lesionado, eliminando o suspendiendo, si fuese necesario, el acto o hecho perjudicial.

En este sentido, la acción de amparo también tiene similitudes con las *injunctions* reparadoras en los Estados Unidos, las cuales procuran eliminar los efectos de un ilícito cometido o conminar al agraviante a iniciar acciones dirigidas a corregir esos efectos lesivos.[1989]

Sin embargo, en algunas situaciones, debido a la naturaleza efectiva del daño infligido, los efectos restauradores no pueden obtenerse, en cuyo caso, la decisión de amparo debe tender a colocar los derechos del accionante en la situación más cerca o más similar a la que existía antes de que se produjera la lesión.[1990]

B. *La condición específica del daño: su carácter reparable*

Debido al carácter restaurador del amparo, la principal condición especifica que los daños deben tener para que una petición de amparo sea acordada, es que los mismos tengan un carácter reparable. Así se dispone, por ejemplo, la Ley Orgánica de Amparo de Venezuela al disponer que las acciones de amparo son inadmisibles cuando "violación del derecho o la garantía constitucionales, constituya una evidente situación irreparable, no siendo posible el restablecimiento de la situación jurídica infringida." En estos casos, la ley define daños irreparables "los actos que, mediante el amparo, no puedan volver las cosas al estado que tenían antes de la violación" (art. 6.3)

1989 Como lo ha explicado Owen M. Fiss, para ver cómo funciona, y asumiendo por ejemplo que ha ocurrido algún ilícito, como un acto discriminatorio, el objeto de la *injunction* –concebida clásicamente como un instrumento preventivo- sería prevenir la recurrencia de la conducta dañina en el futuro (terminar con la discriminación y no volver a hacerlo). Pero en el caso *United States v. Louisiana* (380 U.S. 145, (1965)), relativo a una discriminación electoral, el magistrado Black identificó todavía otro objetivo de la *injunction*, que es la eliminación de los efectos del ilícito ejecutado (la discriminación realizada). La *injunction* reparadora –por mucho tiempo concebida por los autores del siglo XIX, como High (A *Treatise on the Law of Injunction* 3, 1873), como una imposibilidad analítica- fue por eso consagrada. Y por el mismo estilo, les fue ordenado a los funcionarios electorales no solo terminar con la discriminación en las elecciones futuras sino también dejar sin efecto una pasada elección e instalar una nueva manera de remover cualquier traza de discriminación como la que contaminó la anterior (*Bell v. Southwell*, 376 F.2de 659 (5TH Cir. 1976). Igualmente, a funcionarios públicos de un programa de vivienda se les ordenó cesar con la discriminación con base racial en su selección para la asignación de futuras viviendas, y que construyeran viviendas en áreas de habitantes blancos de manera de eliminar los efectos de una política segregacionista que derivaba de ubicar proyectos públicos de vivienda solo en las áreas de habitantes negros de la ciudad (*Hills v. Gautreaux*, 425 U.S. 284 (1976)). Véase en Owen M. Fiss, *The Civil Rights Injunction*, Indiana University Press, 1978, pp.7–10.

1990 En este sentido, la antigua Corte Suprema de Justicia venezolana expresó que "una de las principales características de la acción de amparo es el ser un medio judicial restablecedor, cuya misión es restablecer la situación infringida o, lo que es lo mismo, colocar de nuevo al agraviado en el goce de sus derechos constitucionales lesionados. Véase la sentencia de 6-2-1996, caso *Asamblea legislativa del Estado Bolívar*, en Rafael Chavero, *El nuevo régimen del amparo constitucional en Venezuela*, Ed. Sherwood, Caracas, 2001, pp. 185, 242–243.

La principal consecuencia de este carácter reparable del daño y de los efectos restauradores del proceso de amparo, es que a través de la acción de amparo no es posible crear situaciones jurídicas nuevas para el agraviado ni tampoco es posible modificar las actuales.[1991]

En este sentido, por ejemplo, la Sala Constitucional del Tribunal Supremo de Justicia negó una solicitud de asilo a un accionante, formulada mediante una acción de amparo, porque lo que éste buscaba con la misma era más bien obtener la ciudadanía venezolana sin cumplir las condiciones y procedimientos administrativos establecidos. La Sala declaró en ese caso que la acción había sido "interpuesta a fin de que esta Sala dicte mandamiento de amparo, consistente en la legalización del actor [...] lo cual se traduciría en la constitución o creación de un status civil y jurídico que no ostentaba el solicitante antes de la interposición de la presente acción de amparo constitucional."[1992]

Por consiguiente, en relación con daños, los efectos restablecedores de los procedimientos de amparo imponen la necesidad de que el daño tenga un carácter reparable para que los tribunales puedan restablecer las cosas al estado o situación que tenían para el momento del daño, eliminando el hecho o acto lesivo impugnado. Por el contrario, cuando la violación a un derecho constitucional resulta tener un carácter irreparable, la acción de amparo es inadmisible.

Esto es congruente con el objetivo principal del proceso de amparo tal como se dispone, por ejemplo, en el artículo 29 de la Constitución venezolana y el artículo 1 de la Ley Orgánica de amparo, en el sentido que el mismo procura que se "restablezca inmediatamente la situación jurídica infringida o la situación que más se asemeje a ella."[1993] En el mismo sentido, las Leyes de amparo de México (art. 73.IX) y Honduras (art. 46,5), expresamente establecen que en caso de daños infligidos a derechos constitucionales, la acción de amparo solo puede ser intentada cuando el daño es reparable y reversible; siendo la acción inadmisible cuando el acto

---

1991 Véase las sentencias de la antigua Corte Suprema de Justicia, Sala Político-Administrativa del 27-10-1993, caso *Ana Drossos,* y de 4-11-1993, caso *Partido Convergencia*, en *Revista de Derecho Público*, N° 55–56, Editorial Jurídica Venezolana, Caracas, 1993, p. 340.

1992 Véase la sentencia de 20-1-2000, caso *Domingo Ramírez Monja*, en Rafael Chavero, *El nuevo régimen del amparo constitucional en Venezuela*, Ed. Sherwood, Caracas, 2001, p. 244. En otra sentencia dictada el 21-4-1999, caso *J. C. Marín*, la antigua Corte Suprema en el mismo sentido declaró inadmisible una acción de amparo en un caso en que el accionante pedía ser designado juez de un tribunal específico o que fuese colocado en una situación jurídica que no tenía antes que el acto impugnado fuese dictado. La Corte decidió que en el caso era imposible intentar una acción de amparo con ese objetivo, declarándolo inadmisible. Para ello, la Corte argumentó sobre la característica de la acción de amparo que su "efecto restablecedor" en cuanto a la situación jurídica infringida, de manera que la misma es inadmisible cuando el restablecimiento de una situación es imposible; cuando mediante la acción el agraviado busca una compensación de los daños, ya que esta no puede sustituir los derechos lesionados; o cuando el demandante lo que pretende es que la Corte le cree un derecho o na situación que no existía antes de que se produjera el acto, hecho u omisión lesivas. Todo ello, lo que implica es la "exclusión de la posibilidad de que el amparo tenga efectos constitutivos". *Idem,* pp. 244–245.

1993 Véase sentencia de la antigua Corte Primera de lo Contencioso-Administrativo venezolana de 14-1-1992, en *Revista de Derecho Público*, N° 49, Editorial Jurídica Venezolana, Caracas, 1992, p. 130; y sentencia de la antigua Corte Suprema de Justicia, Sala Político-Administrativa de 4-3-1993 en *Revista de Derecho Público*, N° 53-54, Editorial Jurídica Venezolana, Caracas, 1993, p. 260.

lesivo causante del daño ya ha sido ejecutado o cuando sus efectos ya han sido agotados o consumados en forma irreparable. Es decir, las acciones de amparo no pueden ser el remedio adecuado en relación con un *fait accompli* o situaciones irreparables.

El ejemplo clásico en México sobre esta condición de admisibilidad de la acción de amparo es la situación creada por una sentencia de muerte ya ejecutada,[1994] en cuyo caso sería completamente irrelevante intentar una acción de amparo. Es por eso que en México, esta condición de inadmisibilidad aplica a todos los casos cuando es material y jurídicamente imposible retornar a la parte lesionada a la posición que tenía antes de la violación[1995]; o cuando en términos generales, el acto impugnado es efectivamente irreparable debido a que es físicamente imposible devolver las cosas al estado que tenían antes de la violación.[1996]

Esta es también una condición general para la admisibilidad de las *injunctions* en los Estados Unidos, donde los tribunales han declarado que dado que su objeto es evitar acciones aun no tomadas, la misma no puede ser intentada para frenar una acción que ya ha sido cumplida para el momento cuando la acción se ha intentado ante los tribunales en vista de que el daño ya ha sido causado.[1997]

En este mismo sentido, por ejemplo, la antigua Corte Suprema de Justicia de Venezuela declaró inadmisible una acción de amparo contra un cobro indebido de impuestos después que el impuesto fue pagado, considerando que en tal caso no era posible restablecer la situación infringida.[1998] También en relación con los derechos de maternidad de las mujeres, los tribunales venezolanos han declarado inadmisible la acción de amparo que procura la protección de los derechos del permiso de maternidad después del nacimiento del niño, declarando que era imposible para la actora el ser restablecida en el derecho presuntamente violado de disfrutar el permiso de maternidad durante seis meses antes y después del parto, porque al decidir se estaba

1994 Tesis 32, II, 90. *Jurisprudencia de la Suprema Corte*. Véase la referencia en Richard D. Baker, *Judicial Review in México. A Study of the Amparo Suit*, University of Austin Press, Austin, 1971, p. 95, note 11.

1995 *Idem*, p.96.

1996 Tesis "Actos consumados de modo irreparable," *Apéndice al Semanario Judicial de la federación 1917-1988*, Segunda Parte, Salas y Tesis Comunes, pp. 106–107. Véase en Eduardo Ferrer Mac-Gregor, *La acción constitucional de amparo en México y España*, Edit. Porrúa, México, 2002, p. 388, notas 232–233.

1997 "No hay causa para decretar una *injunction* a menos que el ilícito alegado esté actualmente ocurriendo, amenace de hecho o se espere con razonable probabilidad. Un tribunal no puede restringir un acto después que se ha realizado. Un acto que ha sido realizado de tal forma que ya no presente una controversia judicial, no da pie para el decreto de una *injunction*." Véase los casos *County of Chesterfield v. Windy Hill, Ltd.*, 263 Va. 197, 559 S.E. 2d 627 (2002); *Kay v. David Douglas School Dist.* N° 40, 303 Or. 574, 738 P 2d 1389, 40 Ed. Law Rep. 1027 (1987); *Exparte Connors*, 855 So. 2d 486 (Ala. 2003); *Patterson v. Council on Probate Judicial Conduct*, 215 Conn. 553, 577 A. 2d 701 (1990), en John Bourdeau *et al*, "Injunctions," en Kevin Schroder, John Glenn, Maureen Placilla (Editors), *Corpus Juris Secundum*, Vol. 43A, Thomson West, 2004, p. 73.

1998 Véase la sentencia de la antigua Corte Suprema de Justicia, Sala Político-Administrativa del 21-3-1988, en *Revista de Derecho Público*, N° 34, Editorial Jurídica Venezolana, Caracas 1988, p. 114.

en presencia de una situación irremediable que no podía ser restablecida debido al hecho de que era imposible devolver el tiempo pasado.[1999]

En otros casos, la misma antigua Corte Suprema de Justicia consideró inadmisible acciones de amparo cuando la única manera de restablecer la situación jurídica infringida era mediante la declaración de nulidad de un acto administrativo, lo cual el juez de amparo –cuando conforme a la Ley Orgánica de 1988 el amparo contra actos administrativos se podía intentar ante un juez civil– no podía hacer.[2000]

Estas tendencias generales acerca del carácter reparable de los daños y los efectos restauradores o restablecedores del proceso de amparo pueden ser consideradas las tendencias generales de las leyes de amparo en Latinoamérica.

Como antes se dijo, está el caso de México, donde el artículo 73.X de la Ley de amparo prescribe que el amparo es inadmisible contra actos decididos en un procedimiento judicial o administrativo cuando las infracciones reclamadas (debido al cambio de la situación jurídica) han ocurrido de manera irreparable. Es también la tendencia general en Colombia donde la ley de tutela dispone que la acción sea inadmisible "Cuando sea evidente que la violación del derecho originó un daño consumado, salvo cuando continúe la acción u omisión violatoria del derecho" (art. 6.4).

De estas regulaciones se puede sostener, en conclusión, que el proceso de amparo tiene naturaleza esencialmente restablecedora, lo que implica que el daño ilegítimo puede ser detenido o modificado a fin de que la situación del accionante sea restablecida por una orden judicial; o si el daño tiene efectos continuos, para lograr su suspensión. Sobre esos efectos ya cumplidos, la naturaleza restauradora del amparo implica la posibilidad de retrotraer las cosas al estado que tenían antes que el daño se iniciara. Por consiguiente, lo que el juez de amparo no puede hacer es crear situaciones que eran inexistentes para el momento de la interposición de la acción; o corregir los daños infringidos a derechos cuando ya es muy tarde para hacerlo.[2001]

A este respecto, por ejemplo, refiriéndose al derecho a la protección de la salud, la antigua Corte Suprema de Justicia venezolana, en un caso relativo a la protección de la salud, consideró que el amparo era el medio judicial adecuado, porque el juez

---

1999 Véase sentencia de la antigua Corte Primera de lo Contencioso-Administrativo del 17-9-1989, en *Revista de Derecho Público*, N° 40, Editorial Jurídica Venezolana, Caracas 1989, p. 111.

2000 Véase sentencia de la antigua Corte Suprema de Justicia, Sala Político-Administrativa de 1-11-1990, en *Revista de Derecho Público*, N° 44, Editorial Jurídica Venezolana, Caracas, 1990, pp. 152–153. Igualmente sentencia de la antigua Corte Primera de lo Contencioso-Administrativo de 10-9-1992 en la *Revista de Derecho Público*, N° 51, Editorial Jurídica Venezolana, Caracas 1992, p. 155.

2001 Como lo decidió la antigua Corte Primera de lo Contencioso-Administrativo en relación con una orden municipal para la demolición de un edificio, en el sentido de que si la demolición ya estaba ejecutada, el juez de amparo no podía decidir el caso por el carácter irreparable del daño. Véase sentencia de 1-1-1999, caso *B. Gómez*, en Rafael Chavero, *El nuevo régimen del amparo constitucional en Venezuela*, Ed. Sherwood, Caracas 2001, p 242. La Corte Primera también declaró en un caso decidido el 4-2-1999, caso *C. Negrín*, con respecto a un concurso de cátedra en una universidad pública que lo que pretendía la parte agraviada era que se la inscribiera en el mencionado concurso de cátedra (Farmacología en la Escuela de Medicina), lo que al tiempo de decidir era imposible pues el lapso para ello había terminad un año antes, por lo que el daño producido debía ser considerado irreparable mediante la acción de amparo. *Idem*, p. 243.

"podía ordenar a la autoridad competente que asumiera precisas conductas para el tratamiento médico del agraviado." En el caso, con la demanda de amparo, el agraviante buscaba tener un particular y adecuado tratamiento a su salud, que podía obtenerse vía la acción de amparo que buscaba restablecer su derecho lesionado. En el caso, dijo la Corte, la demandante no estaba buscando que se le reestableciera su salud al estado que antes tenía, sino a tener un particular tratamiento de salud, lo que consideró perfectamente válido"[2002]

En el Perú, el Código Procesal Constitucional, también prescribe que la acción de amparo -así como todos los procesos constitucionales-, son inadmisibles cuando al momento de su interposición, la violación a los derechos constitucionales se han convertido en irreparables (art. 5,5).

7. *El carácter preventivo del proceso de amparo contra las amenazas de carácter inminente*

El proceso de amparo no es solo un medio judicial que procura el restablecimiento de los derechos constitucionales lesionados, sino que es también un medio judicial instituido para la tutela de dichos derechos en contra de las amenazas ilegítimas que los violan.

En estos casos, el proceso de amparo tiene un carácter preventivo -en el sentido de evitar un daño-, similar a las *injunctions* preventivas de los derechos civiles en los Estados Unidos que procuran "prohibir la ocurrencia de algún acto, o serie de ellos, en el futuro,"[2003] y que están diseñadas "para evitar un futuro daño a una persona a través de la prohibición u orden de cumplir una determinada conducta por parte de otra persona."[2004]

Sería absurdo que la persona afectada, teniendo pleno conocimiento de la ocurrencia próxima de un daño, esperase pacientemente a que el acto dañino se produjese, con todas sus consecuencias, para intentar la acción de amparo. Por el contrario, la persona tiene derecho a accionar en procura de una orden judicial que prohíba el acto a cumplirse, evitando así la ocurrencia del daño.

La principal condición para esta posibilidad de intentar acciones de amparo contra amenazas a derechos constitucionales –como lo prevén expresamente las leyes de amparo nicaragüense (arts. 51, 57, 79), peruana (art. 2) y venezolana (arts. 2; 23.2) es que ellas deben ser reales, ciertas, inmediatas, inminentes, posibles y factibles o realizables. En el caso de la Ley Orgánica de Venezuela, sin embargo, la Ley se limita a mencionar sólo as condiciones de que la amenaza debe ser "inmediata, posible y realizable" por el agraviante (art. 6.2)

Por otra parte, existen algunos derechos constitucionales que en general lo que necesitan es esencial y precisamente la protección contra las amenazas, como el derecho a la vida, por ejemplo, en casos de amenazas inminentes de muerte, porque de lo contario tanto el derecho como la protección perderían todo sentido. En este

2002 Véase la sentencia de 3-3-1990 en *Revista de Derecho Público*, Nº 42, Editorial Jurídica Venezolana, Caracas 1990, p. 107.

2003 Véase Owen M. Fiss, *The Civil Rights Injunction*, Indiana University Press, 1978, p. 7.

2004 Véase William M. Tabb and Elaine W. Shoben, *Remedies*, Thompson West, 2005, p. 22.

caso, la única manera de garantizar el derecho a la vida es evitando que se materialicen las amenazas de muerte, por ejemplo, mediante la efectiva protección policial de la persona.

Ahora bien, si la condición principal específica para la admisibilidad del amparo contra daños a derechos constitucionales es su carácter reparador o restablecedor; respecto de las amenazas, la condición principal específica es que ellas han de ser de carácter inminente.

Esta condición está también expresamente establecida en las leyes de amparo, por ejemplo, de República Dominicana (art. 1), Nicaragua (arts. 51, 57, 79) Perú (art. 2) y Venezuela (arts. 2; 6.2), que disponen que para intentar una acción de amparo contra amenazas, éstas han de ser no solo reales, ciertas, posibles y factibles, sino que además, deben tener un carácter de inmediatez e inminencia que causen temor a las personas o el sentimiento de peligro respecto de sus derechos. Por el contrario, si el caso se refiere a situaciones en las cuales ya hay un daño causado, y el hecho ya se ha cumplido, ya ninguna amenaza es posible.[2005]

En consecuencia, para intentar una acción de amparo contra una amenaza, ésta debe consistir en un potencial daño o violación, que debe ser inminente en el sentido de que puede ocurrir pronto; siendo esta misma regla (la del carácter de inminencia de la amenaza) aplicada en los Estados Unidos como condición esencial para autorizar *injunctions* preventivas. Esto significa que los tribunales deben dictar *injunctions* solo cuando la amenaza sea inminente, prohibiendo futuras acciones; y no cuando la amenaza sea considerada remota, potencial o especulativa.[2006]

2005 Con respecto a esta condición, por ejemplo, la Corte Constitucional de Colombia ha dicho que: "La amenaza a un derecho constitucional fundamental tiene múltiples expresiones: puede estar referida a las circunstancias específicas de una persona respecto al ejercicio de aquel; a la existencia de signos positivos e inequívocos sobre el designio adoptado por un sujeto capaz de ejecutar actos que configuren la violación del derecho; o estar representada en el desafío de alguien (tentativa), con repercusión directa sobre el derecho de que se trata; también puede estar constituida por actos no deliberados pero que, atendiendo a sus características, llevan al juez de tutela al convencimiento de que si él no actúa mediante una orden, impidiendo que tal comportamiento continúe, se producirá la violación del derecho; igualmente pueden corresponder a una omisión de la autoridad cuya prolongación en el tiempo permite que aparezca o se acreciente un riesgo; también es factible que se configure por la existencia de una norma - autorización o mandato- contraria a la preceptiva constitucional, cuya aplicación efectiva en el caso concreto sería en sí misma un ataque o un desconocimiento de los derechos fundamentales." Véase la referencia a la decisión T-349 del 27-8-1993 en Rafael Chavero, *El nuevo régimen del amparo constitucional en Venezuela*, Ed. Sherwood, Caracas, 2001, pp. 238–239. En el mismo sentido, véase la sentencia de la antigua Corte Primera de lo Contencioso-Administrativo venezolana de 16-7-1992, en *Revista de Derecho Público*, Nº 51, Editorial Jurídica Venezolana, Caracas 1992, p. 155.

2006 En el caso *Reserve Mining Co. v. Environmental Protection Agency* 513 F.2d, 492 (8th Cir 1975), el tribunal de circuito no dictó la *injunction* solicitada para que se ordenara a la Reserve Mining Company que cesara la descarga de desechos de su planta procesadora de hierro mineral, en Silver Bay, Minnesota, por afectar el medio ambiente de Silver Bay y a las aguas del Lake Superior, porque aun cuando el accionante ha demostrado que las descargas dan origen a una "amenaza potencial a la salud pública ... ningún daño que haya ocurrido a la salud pública a la fecha se ha demostrado y el peligro a la salud no es inminente. La evidencia reclama medidas de prevención y cautela. No existe razón alguna que requiera que Reserve corte sus operaciones de inmediato." Véase los comentarios en Owen M. Fiss and Doug Rendelman, *Injunctions,* The Foundation Press, Mineola, New York, 1984, pp. 116 ff. En otro caso, muy citado, *Fletcher v. Bealey*, 28 Ch. 688 (1885), se hace referencia a depósitos de desechos del demandado en terrenos del accionante y el juez declaró que, dado que la acción es interpuesta para preve-

En el mismo sentido que los amparos en los países latinoamericanos, las *injunctions* en los Estados Unidos no pueden ser dictadas "para simplemente aliviar temores y aprehensiones o para calmar las ansiedades de las personas, puesto que tales temores y aprehensiones pueden existir sin razones sustanciales y ser absolutamente infundadas o especulativas."[2007] Las *injunctions*, al igual que el amparo, son recursos extraordinarios "diseñados para prevenir un daño serio y no han de ser utilizadas para proteger una persona de meras inconveniencias o de daños especulativos o insustanciales."[2008]

Esta condición, como se dijo, también está establecida generalmente en las leyes de amparo latinoamericanas. Por ejemplo, en Venezuela, de acuerdo con la Ley de Amparo las amenazas que pueden ser controladas mediante las acciones de amparo deben ser "inmediata, posible y realizable" (art. 6.2),[2009] de manera que la acción de amparo es improcedente cuando la amenaza o violación de un derecho constitucional ha cesado o terminado (art. 23.1).

En un sentido similar, la Sala Constitucional de la Corte Suprema de Costa Rica ha establecido que "el amparo contra amenazas en relación con derechos fundamentales sólo puede acordarse si la amenaza es cierta, real, efectiva e inminente (Art. 29, Ley); en consecuencia, esos probables perjuicios que no son capaces de ser objetivamente captados no pueden ser protegidos mediante amparo."[2010]

---

nir daños continuos bajo una acción *quia-timet*, dos ingredientes son necesarios: "Si ningún daño presente es demostrado, debe haber prueba de un peligro inminente y también debe haber prueba de que el daño temido, si acaece, será muy sustancial. Casi debería decir que debe ser demostrado que el daño será irreparable porque si no se prueba que el peligro es tan inminente (como para que nadie dude de que si se demora la medida el daño ocurrirá), pienso que debe demostrarse que de ocurrir el daño, efectivamente y en cualquier momento, será de tal modo y bajo tales circunstancias que será imposible para el accionante protegerse contra el mismo si la medida le es negada en una acción quia timet." Véase la referencia en *Idem*, pp. 110–111.

2007 Véase casos *Callis, Papa, Jackstadt & Halloran, P.C. v. Norkolk and Western Ry. Co.*, 195 Ill. 2d 356, 254 Ill. Dec. 707, 748 N. E.2d 153 (2001); *Frey v. De Cordova Bend Estates Owners Ass'n*, 647 S.W2d 246 (Tex. 1983); *Ormco Corp. v. Johns*, 19 I.E.R. Cas. (BNA), 1714, 148 Lab. Cas. (CCH), 59741, 2003 WL 2007816 (Ala. 2003), en John Bordeau et al., "Injunctions," en Kevin Schroder, John Glenn and Maureen Placilla (Editors), *Corpus Juris Secundum*, Vol. 43A, Thomson West, 2004, p. 57.

2008 Véase el caso *Kucera v. State, Dept. of Transp.*, 140 Wash. 2d 200, 955 O.2d 63 (200)), *Idem*, pp. 57–58.

2009 Véase sentencias de la antigua Corte Suprema de Justicia, Sala Político-Administrativa de 9-6-1988 en *Revista de Derecho Público*, N° 35, Editorial Jurídica Venezolana, Caracas, 1988, p. 114 y de 14-8-1992 en *Revista de Derecho Público*, N° 51, Editorial Jurídica Venezolana, Caracas, 1992, pp. 158–159; y la sentencia de la antigua Corte Primera de lo Contencioso-Administrativo de 30-6-1988, en *Revista de Derecho Público*, N° 35, Editorial Jurídica Venezolana, Caracas 1988, p. 115. Estas condiciones generales se han considerado como concurrentes cuando se refieren a la tutela constitucional ante daños que alguien pronto infligirá en los derechos de otra persona. Véase sentencia de la antigua Corte Suprema de Justicia, Sala Político-Administrativa de 24-6-1993 en *Revista de Derecho Público*, N° 55–56, Editorial Jurídica Venezolana, Caracas 1993, p. 289; y de 22-3-1995, caso *La Reintegradora*, en Rafael Chavero, *El nuevo régimen del amparo constitucional en Venezuela*, Ed. Sherwood, Caracas 2001, p. 239.

2010 Véase Voto 295-93, en Rubén Hernández Valle, *Derecho Procesal constitucional*, Editorial Juricentro, San José 2001, p. 222.

En el mismo sentido y respecto del carácter inminente de la amenaza, los tribunales en México han declarado que ésta debe ser suficientemente demostrada como una amenaza que está a punto de ocurrir, debido a que, por ejemplo, algunos actos ya se han realizado o debido a que se puede considerar que algunos actos ocurrirán como consecuencia ineludible de hechos anteriores (que han sido asimismo también demostrados).[2011] Esto distingue las acciones inminentes de aquellas que ya ocurrieron o de aquellas que, a lo mejor, ocurrirán en el futuro.

La constitución ecuatoriana, en relación con la admisibilidad de la acción de amparo, también prescribe respecto del carácter "inminente" de la amenaza, que la misma esté a punto de producirse en el próximo futuro como un verdadero daño potencial y no como mera conjetura. Adicionalmente, el daño debe ser concreto y real y el accionante debe demostrar cómo afecta sus derechos (art. 95).[2012]

La inminencia del daño debe ser cierta, de allí que, por ejemplo, los tribunales mexicanos han declarado que, en concreto, la sola posibilidad de que las autoridades puedan utilizar sus facultades de investigación y control ante el accionante no puede ser fundamento suficiente para intentar la acción de amparo.[2013] En este mismo sentido, la ley de *tutela* en Colombia se refiere a los casos en los cuales "no se encuentra amenazado un derecho constitucional" prescribiendo que "se entenderá que no se encuentra amenazado un derecho constitucional fundamental por el sólo hecho de que se abra una averiguación administrativa por la autoridad competente con sujeción al procedimiento correspondiente regulado por la ley" (decreto 306-92, art. 3).

En el mismo sentido, la antigua Corte Suprema de Justicia de Venezuela declaró en 1.989 que "la apertura de un procedimiento administrativo de averiguación disciplinaria no es suficiente para justificar la protección de la parte mediante el proceso de amparo, más aún cuando dicho procedimiento, en el cual todos los necesarios medios de defensa se pueden ejercer, puede concluir en na decisión descartando alguna incriminación contra la parte con la consecuente terminación del procedimiento disciplinario, sin sanción alguna contra la parte."[2014]

Los criterios del carácter inminente de la amenaza a los derechos constitucionales para la admisión de la acción de amparo condujo también a la antigua Corte Suprema de Justicia de Venezuela a rechazar el proceso de amparo contra las leyes, argumentando que una ley o norma legal no puede originar, por sí misma, una amenaza posible, inminente y factible.[2015] No obstante, la Corte ha considerado que el

---

2011 Véase Joaquín Brage Camazano, *La Jurisdicción Constitucional de la Libertad. Teoría general, Argentina, México, Corte Interamericana de Derechos Humanos*, Ed. Porrúa, México 2005, pp. 171–173.

2012 Véase Hernán Salgado Pesantes, *Manual de Justicia Constitucional Ecuatoriana*, Corporación Editora Nacional, Quito 2004, p. 80.

2013 Véase en *Semanario Judicial de la Federación*, Tomo I, Segunda parte-2, p. 697. Véase la referencia en Joaquín Brage Camazano, *La Jurisdicción Constitucional de la Libertad. Teoría general, Argentina, México, Corte Interamericana de Derechos Humanos*, Ed. Porrúa, México 2005, p. 173, nota 269.

2014 Véase sentencia de la antigua Corte Suprema de Justicia, Sala Político-Administrativa de 26-10-1989, caso *Gisela Parra Mejía*, en Rafael Chavero, *El nuevo régimen del amparo constitucional en Venezuela*, Ed. Sherwood, Caracas, 2001, pp. 191, 241.

2015 Véase sentencia de 24-5-1993, de la Sala Político-Administrativa de la antigua Corte Suprema en *Revista de Derecho Público*, Nº 55-56, Editorial Jurídica Venezolana, Caracas 1993, pp. 289–290.

accionante podía siempre intentar la acción de amparo contra el funcionario público que debía aplicar la ley, procurando una prohibición judicial dirigida a ese funcionario público conminándole a no aplicar la norma impugnada."[2016]

IX. LAS FORMAS DE EJERCICIO DEL DERECHO CONSTITUCIONAL DE AMPARO: COMO ACCIÓN AUTÓNOMA Y COMO PRETENSIÓN FORMULADA JUNTO CON OTRAS VÍAS PROCESALES IDÓNEAS

1. *Los diversos mecanismos procesales de amparo*

Tal como se ha señalado con anterioridad, la necesidad de configurar conforme a la orientación del artículo 47 de la Constitución de 1961 (equivalente al artículo 27 de la Constitución de 1999), en la Ley Orgánica de Amparo de 1988, al amparo constitucional como un "derecho fundamental" y no sólo como una única "acción de amparo," implicó la necesidad de conciliar el ejercicio del derecho de amparo con los medios judiciales existentes de protección constitucional, de manera que no quedasen éstos eliminados como tales, sino al contrario, reforzados. De allí las previsiones de los artículos 3, 5 y 6,5 de la Ley Orgánica de 1988 que previeron expresamente la posibilidad de la formulación de pretensiones de amparo constitucional conjuntamente con las acciones de nulidad por inconstitucionalidad, con las acciones contencioso-administrativas de anulación y con las acciones judiciales ordinarias o extraordinarias; normas todas que propusimos en el proceso de formación de la Ley en la Cámara del Senado.[2017]

Después de múltiples vacilaciones jurisprudenciales que se extendieron por casi cuatro años, el sentido de la regulación contenida en dichas normas finalmente lo precisó y resumió la Sala Político Administrativa de la antigua Corte Suprema en sentencia de 10 de junio de 1992, en la cual, haciendo referencia a una sentencia previa de 10 de julio de 1991 (Caso: *Tarjetas Banvenez*), señaló lo siguiente:

> "El texto de la Ley Orgánica de Amparo prevé fundamentalmente dos mecanismos procesales: la acción autónoma de amparo y la acumulación de ésta con otro tipo de acciones o recursos, modalidades que difieren sustancialmente en cuanto a su naturaleza y consecuencias jurídicas. Por lo que respecta a la segunda de las modalidades señaladas, es decir, la acción de amparo ejercida conjuntamente con otros medios procesales, la referida ley regula tres supuestos: a) la acción de amparo acumulada a la acción popular de inconstitucionalidad de las leyes y demás actos estatales normativos (artículo 3°); b) la acción de amparo acumulada al recurso contencioso administrativo de anulación contra actos administrativos de efectos particulares o contra las conductas omisivas de la Administración (artículo 5°); c) la acción de amparo acumulada con acciones ordinarias (artículo 6°, ordinal 5°)

2016 *Idem*, p. 290.

2017 Véase Allan R. Brewer–Carías, "Propuestas de reforma al Proyecto de Ley Orgánica de Amparo sobre Derechos y Garantías Constitucionales (1987)", *Estudios de derecho público, (Labor en el Senado 1985–1987)*, Tomo III, Ediciones del Congreso de la República, Caracas 1989, pp. 205–229.

> La Sala ha sostenido además que la acción de amparo en ninguno de estos casos es una acción principal sino subordinada, accesoria a la acción o al recurso al cual se acumuló, sometido al pronunciamiento jurisdiccional final que se emita en la acción acumulada tratándose de una acumulación de acciones, debe ser resuelta por el juez competente para conocer de la acción principal"[2018].

En esta forma quedó absolutamente clarificada la intención del legislador de 1988 al distinguir entre la acción de amparo que se denominó "autónoma" de amparo, y la pretensión de amparo constitucional formulada con otras acciones o recursos que regula el ordenamiento procesal.

Realmente, en estos últimos casos, no se trataba de una verdadera "acumulación" de "acciones," sino de la formulación de una "pretensión" de amparo con una acción principal. Por ello, en estos casos, el amparo tenía en principio mero carácter cautelar y no tenía ninguna relevancia el que existieran procedimientos distintos para la acción principal y para la acción de amparo,[2019] porque, en definitiva, en caso de acumulación de la pretensión de amparo con una acción principal, el procedimiento regular previsto para la "acción de amparo" no se debía aplicar.

La clarificación definitiva del carácter cautelar del amparo como pretensión formulada junto con otras acciones, particularmente las acciones de nulidad de las leyes y de actoa administrativos, como se dijo, se realizó mediante la sentencia de la Corte Suprema de Justicia en Sala Político Administrativa de 10 de julio de 1991 (Caso: *Tarjetas Banvenez*), en la cual la Corte, además, precisó el carácter accesorio y subordinado de la pretensión de amparo en relación a esas otras acciones principales, cuando se formula conjuntamente con ellas.[2020]

El razonamiento de la Corte, en esta sentencia, comenzó por la constatación de que la Ley Orgánica de Amparo de 1988, al desarrollar los artículos 49 y 50 de la Constitución de 1961 (equivalente a los artículos 27 y 22 de la Constitución de 1999), otorgaba a las personas naturales o jurídicas, la posibilidad de acudir ante los tribunales, con el propósito de ser amparados en el goce y el ejercicio de los derechos y garantías constitucionales, mediante el restablecimiento inmediato de la situación jurídica infringida o la situación que más se asemeje a ella. A tal fin señaló la antigua Corte que:

> "el texto de la ley prevé fundamentalmente dos mecanismos procesales: la acción autónoma de amparo, y la acumulación de ésta con otro tipo de acciones o recursos. Ambas modalidades de ejercicio difieren sustancialmente en cuanto a su naturaleza y consecuencias jurídicas."[2021]

2018 Véase en *Revista de Derecho Público,* Nº 50, EJV, Caracas, 1992, pp. 183–184.

2019 Véase sobre esto y la causal de inadmisibilidad de la acción contencioso-administrativa en materia de acumulación de acciones, sentencia de la Corte Primera de lo Contencioso Administrativa de 14–12–92, en FUNEDA, *15 años de Jurisprudencia, Corte Primera de lo Contencioso-Administrativo 1977–1992. Amparo Constitucional,* Caracas, 1994, p. 121.

2020 Véase el texto de esta sentencia en *Revista de Derecho Público,* Nº 47, EJV, Caracas, 1991, pp. 169–174.

2021 *Idem.*, p. 169.

A. *La acción autónoma de amparo*

En cuanto al primer supuesto, es decir, la acción autónoma de amparo, la antigua Corte Suprema señaló en su citada sentencia de 10 de julio de 1991, que en ese caso, al ser una acción que se ejercita en forma autónoma e independiente, no se vincula ni se subordina a ningún otro recurso o procedimiento. En este caso, dijo la Corte, es indudable:

> "que esa acción, así ejercida, debe ser, por su naturaleza restablecedora, capaz, suficiente y adecuada para lograr que el mandamiento de amparo que se otorgue se baste por sí solo, sin necesidad de acudir a otro u otros procedimientos judiciales, para volver las cosas al estado en que se encontraban para el momento de la vulneración y hacer desaparecer definitivamente el acto o hecho lesivo o perturbador.
>
> Por estas razones, ha sostenido reiteradamente este Supremo Tribunal en jurisprudencia que una vez más ratifica, que en tales supuestos, el accionante en amparo debe invocar y demostrar que se trata de una vulneración constitucional flagrante, grosera, directa e inmediata, lo cual no significa -se precisa ahora- que el derecho o garantía de que se trate no estén desarrollados o regulados en textos normativos de rango inferior, pero sin que sea necesario al juzgador acudir o fundamentarse en ellos para detectar o determinar si la violación constitucional al derecho o garantía se ha efectivamente consumado. De no ser así -ha dicho también esta Sala- no se trataría entonces de una acción constitucional de amparo sino de otro tipo de recurso, por ejemplo, el contencioso-administrativo, cuyos efectos anulatorios no se corresponden con los restitutorios del amparo y "si tal sustitución se permitiere, el amparo llegaría a suplantar no sólo esa sino todas las vías procedimentales establecidas en nuestro sistema de Derecho positivo", desnaturalizando el carácter extraordinario del amparo. (Sentencia de 23-5-88, "*Fincas Algaba*")."[2022]

B. *El ejercicio acumulado de la acción de amparo*

En el segundo caso, es decir, en lo que se refiere a "la acción de amparo ejercida conjuntamente con otros medios procesales", la antigua Corte Suprema en dicha sentencia, al referirse a las previsiones de la Ley Orgánica de Amparo, precisó que dicho texto normativo:

> "contempla tres supuestos: a) la acción de amparo acumulada a la acción popular de inconstitucionalidad de las leyes y demás actos estatales normativos (artículo 3°); b) la acción de amparo acumulada al recurso contencioso administrativo de anulación contra actos administrativos de efectos particulares o contra las conductas omisivas de la Administración (artículo 5); y la acción de amparo acumulada con acciones ordinarias (artículo 6, ordinal 5°).
>
> En cualesquiera de estos supuestos de acumulación, la acción de amparo reviste una característica o naturaleza totalmente diferente a la anteriormente ana-

---

2022 *Idem*. pp. 169–170.

lizada (autónoma), pues en estos casos no se trata de una acción principal, sino *subordinada*, accesoria a la acción o el recurso al cual se acumuló y, por ende, su destino es temporal, provisorio, sometido al pronunciamiento jurisdiccional final que se emita en la acción acumulada, que viene a ser la principal. Esta naturaleza y sus consecuencias se desprenden claramente de la formulación legislativa de cada una de las hipótesis señaladas, que únicamente atribuye al mandamiento de amparo que se otorgue, efectos cautelares, suspensivos de la aplicación de la norma o de la ejecución del acto de que se trate "mientras dure el juicio."[2023]

En relación a estos supuestos de amparo ejercido conjuntamente con otras acciones, la antigua Corte Suprema precisó, que:

> "De lo anterior se deriva, para esta Sala, que la acción de amparo propuesta conjuntamente con una de otro tipo participa de todos los caracteres procesales inherentes a la acumulación de acciones, esto es: que ha de ser resuelta por un solo juez (el mismo que sea competente para conocer de la acción principal), y que ambas pretensiones (la de amparo y la de nulidad u otra) deben ser tramitadas en un solo proceso que tiene dos etapas: la del amparo, previa, y la contenciosa, la cual forzosamente cubre, en la decisión final, tanto la medida cautelar que inevitablemente perece en esa oportunidad, como el pronunciamiento judicial acerca de la nulidad solicitada. En otras palabras, si por las características analizadas el mandamiento de amparo se traduce única y exclusivamente en la suspensión provisional del acto recurrido en nulidad, la sentencia que decida ésta deja sin efecto aquella medida cautelar dictada en forma previa, tanto si el acto cuestionado es anulado como si es confirmado, porque, en uno u otro caso, carece ya de sustentación jurídica."[2024]

C. *La distinción entre los dos mecanismos procesales de amparo*

Sentadas las características de cada uno de los mecanismos procesales de amparo, es decir, la acción autónoma y su ejercicio acumulado a otros medios procesales, la antigua Corte Suprema, en su sentencia, precisó las diferencias más importantes entre los mismos, en la siguiente forma:

> "En efecto, mientras en la primera es condición de procedencia, como se ha dicho, que se invoque y demuestre la violación directa, inmediata, flagrante, de un dispositivo o garantía constitucionales que, por sí solos, determinen la necesidad del mandamiento de amparo como medio definitivo de restablecer la situación jurídica vulnerada; en el segundo caso, dada la naturaleza suspensiva de este mandamiento de amparo que sólo tiende a detener provisionalmente los efectos del acto perturbador hasta que se decida el juicio que lo anule o confirme, la denuncia de infracción de normas constitucionales puede estar acompañada de trasgresión de textos de rango inferior que precisen o desarrollen el de-

---

2023 *Idem*. p. 170.

2024 *Idem*. p. 171.

recho o garantía constitucionalizado, pues tratándose de un solo proceso instaurado contra el mismo acto cuya nulidad se pretende obtener por la vía del recurso contencioso correspondiente, nada obsta a que los instrumentos jurídicos subconstitucionales que sustentan la nulidad sean invocados también al interponer las acciones acumuladas. Lo que no puede hacer el juzgador para acordar la suspensión de los efectos del acto denunciado como lesivo, es encuadrar la situación planteada en la regulación o solución legal o sublegal de la misma, porque en tal hipótesis estaría decidiendo anticipadamente, quiéralo o no, la nulidad del acto impugnado al pronunciarse determinantemente acerca de la existencia de uno de sus vicios, sea éste de procedimiento o de fondo, cuestión que forma parte del debate procesal probatorio que ha de instaurarse precisamente con motivo del recurso de nulidad.

En efecto, siendo distintas las consecuencias que dimanan de una acción autónoma de amparo y de la ejercida conjuntamente con otro recurso (restitutorias en el primer caso y cautelares en el segundo), basta en esta última el señalamiento de la norma o garantía constitucional que se consideren violadas, fundamentado además en un medio de prueba que constituya *presunción* grave de la violación o amenaza de violación denunciada, para que el juez, en forma breve y sumaria, acuerde procedente la suspensión de los efectos del acto como medio de tutelar anticipadamente los posibles efectos de la sentencia que posteriormente habrá de dictar en el juicio de nulidad (artículos 5 y 22, Ley Orgánica de Amparo).

Considera esta Sala, por otra parte, que en el amparo acumulado, ese "medio de prueba" a que alude el articulo 22 de la Ley Orgánica de Amparo, puede consistir en el propio acto administrativo impugnado en nulidad, cuyo texto debe ser examinado por el juez de amparo para concluir si, a su juicio, del mismo acto administrativo de efectos particulares se deduce la presunta violación constitucional alegada por el recurrente y acordar, en consecuencia, la medida suspensiva de sus efectos que le ha sido solicitada"[2025].

De la sentencia señalada puede concluirse que el amparo autónomo tiene una finalidad restitutoria; pero en cambio, el amparo conjunto es una medida cautelar, que con entera independencia de la anulación judicial del artículo 22 de la Ley Orgánica, sólo requiere como fundamento un medio de prueba que constituya presunción grave de violación o amenaza de violación de un derecho constitucional, y que consiste en la suspensión de efectos como garantía del derecho mientras dura el juicio principal. Por ello, el juez no puede, al resolver sobre la petición de amparo, declarar que el acto impugnado violó o no el derecho constitucional, pues en ese caso, confundiría la pretensión de amparo con la acción de nulidad. En otros términos, en esta etapa del proceso no caben decisiones que envuelvan consecuencias anulatorias que son propias del juicio de nulidad."[2026]

2025 *Idem.*, pp. 171–172.

2026 Véase sentencia de la Corte Primera de lo Contencioso Administrativo de 12–12–90, FUNEDA, *15 años de Jurisprudencia, cit.*, pp. 216–217.

Esto lo precisó la antigua Corte Suprema en las conclusiones de la sentencia, así:

> "Con base en los lineamientos precedentemente expuestos, en relación con las objeciones formuladas por los apelantes y los elementos que surgen de autos, esta Sala concluye lo siguiente:
>
> 1°) Que de la interpretación concatenada de los artículos 5° y 22 de la Ley Orgánica de Amparo se infiere claramente la distinción entre la acción de amparo ejercida conjuntamente con el recurso de nulidad y la acción de amparo autónoma o el recurso de inconstitucionalidad, en cuanto a que –no obstante la común exigencia de la violación directa de una norma constitucional–, estos dos últimos recursos tienen una finalidad distinta (restitutoria en el amparo autónomo y anulatoria en la acción de inconstitucionalidad), en tanto que, en el amparo conjunto, se trata de una medida cautelar que sólo requiere como fundamento "un medio de prueba que constituya presunción grave de la violación o de la amenaza de violación" (artículo 22), así como la consideración, por parte del tribunal de que la suspensión de los efectos del acto recurrido resulta procedente como garantía del derecho constitucional violado, mientras dure el juicio (artículo 5°); es decir que la medida cautelar se revela como necesaria para evitar que el accionante, por el hecho de existir un acto administrativo, se vea impedido de alegar violación de derechos constitucionales. De ahí que la suspensión de sus efectos pretenda mantener sin ejecución el acto impugnado, si el juez considera que debe suspenderse dicho acto por la presunción grave de violación constitucional invocada en el amparo.
>
> Por tanto, si se exigiera la misma rigurosidad en la sustentación de la acción de amparo acumulada que la que se requiere para las otras acciones señaladas (amparo autónomo y recurso de inconstitucionalidad), la de amparo conjunta resultaría prácticamente inútil, pues carecería del específico sentido que tiene: obtener que se suspendan en el tiempo los efectos de un acto administrativo que podría afectar el derecho constitucional, eventual lesión que el juez de amparo aprecia como presumible."[2027]

Ahora bien, lo que no señaló con precisión dicha Corte en su comentada sentencia del 10 de julio de 1991, y que constituyó el verdadero cambio jurisprudencial que se produjo con dicha decisión, es que en el caso de ejercicio conjunto del amparo con otras acciones judiciales, la consecuencia es la suspensión de efectos del acto impugnado en forma inmediata, como medida cautelar de amparo, sin necesidad de que se siga el procedimiento establecido en la Ley Orgánica en relación a la solicitud de informe al presunto agraviante y a la realización de la audiencia pública y oral.

En estos casos es que hubiera podido haber tenido aplicación efectiva el artículo 22 de la Ley Orgánica pues la medida cautelar se adopta *inaudita alteram parte.* Dicho artículo, sin embargo, fue anulado por la Corte Suprema por sentencia de 21

2027 *Idem.*, p. 172.

de mayo de 1996[2028], sin incidencia alguna respecto del carácter cautelar de la medida de amparo.

2. *La formulación de la pretensión de amparo conjuntamente con la acción popular de inconstitucionalidad*

El artículo 3° de la Ley Orgánica de Amparo, como se ha dicho, luego de precisar la posibilidad de que se intente una acción de amparo contra normas, agrega que:

> "La acción de amparo también podrá ejercerse conjuntamente con la acción popular de inconstitucionalidad de las leyes y demás actos estatales normativos, en cuyo caso, la Corte Suprema de Justicia, si lo estima procedente para la protección constitucional, podrá suspender la aplicación de la norma respecto de la situación jurídica concreta cuya violación se alega, mientras dure el juicio de nulidad".

De acuerdo con esta norma, como antes se ha dicho, por tanto, la pretensión de amparo puede formularse conjuntamente con la acción popular de inconstitucionalidad de las leyes y demás actos estatales de carácter normativo[2029] la cual se ejerce ante la Jurisdicción Constitucional, es decir, ante la Sala Constitucional del Tribunal Supremo de Justicia (artículo 336 de la Constitución), específicamente, contra las leyes nacionales y demás actos normativos de la Asamblea Nacional que se dicten en ejecución directa de la Constitución (Reglamento Interior y de Debates, por ejemplo); contra las leyes estadales, las Ordenanzas Municipales y contra los demás actos de los cuerpos deliberantes de los Estados o Municipios dictados en ejecución directa de la Constitución; contra los actos ejecutivos normativos dictados en ejecución directa de la Constitución, con igual rango y valor que las leyes, como serían los decretos leyes y los actos de gobierno normativos.

En los casos de acumulación de una pretensión de amparo con la acción popular de inconstitucionalidad, dado el carácter cautelar de la decisión, en el pronunciamiento de amparo no se sigue el procedimiento previsto en la Ley Orgánica de Amparo[2030]; es decir, como lo resolvió la antigua Corte Plena en sentencias de 8 de junio de 1988, 11 de octubre de 1988 y 4 de abril de 1989, en estos casos, la decisión de la Corte se concreta en un pronunciamiento previo dictado antes del fallo definitivo, sin que se tenga que seguir todo el procedimiento establecido en la Ley Orgánica, como por ejemplo, la solicitud del informe correspondiente, la realización de la audiencia pública y oral, y la citación del Ministerio Público[2031].

2028 Véase en *Gaceta Oficial Extra* n° 5071 de 29-5-96.

2029 El carácter *normativo* del acto estatal se ha destacado por antigua Corte Suprema de Justicia, Sala Político Administrativa, en sentencia de 2–5–91, *Revista de Derecho Público,* n° 46, EJV, Caracas, 1991, pp. 119–120.

2030 Véase sentencia de la Corte Plena de 14–1–93, Caso *"Gruber Odreman"* (consultada en original).

2031 Véase en *Revista de Derecho Público,* n° 38, EJV, Caracas, 1989, p. 105 y n° 39, 1989 p. 128. Véase además sentencia de la antigua Corte Suprema de Justicia, Sala Político Administrativa de 5–5–93, *Revista de Derecho Público,* n° 53–54, EJV, Caracas, 1993, p. 226.

La antigua Corte Plena, en su sentencia de 14 de enero de 1993 (Caso: *Gruber Odreman*) precisó que "el amparo contra normas intentado conjuntamente con un recurso de nulidad por inconstitucionalidad, tiene el efecto de una medida cautelar dentro de este procedimiento"[2032]. Esta medida cautelar, con efectos mientras dure el juicio de nulidad, consiste en la posibilidad para la Corte, si lo estima procedente, de suspender la aplicación de la norma respecto de la situación jurídica concreta que se alega, lo que equivale decir, como lo señaló la antigua Corte Plena, "que el juez evitará el menoscabo de derechos o garantías de rango constitucional producido por la ejecución o aplicación, en el caso concreto alegado, de alguna disposición impugnada de inconstitucional mientras dure el juicio principal"[2033].

Por otra parte, la decisión de la ahora Sala Constitucional "ha de hacerse de manera previa y sin pronunciamiento sobre el fondo del asunto debatido y debe resolverse en forma breve y sumaria *sin participación de los interesados*"[2034] y además, inmediatamente[2035].

Esta suspensión de efectos de la norma, de carácter cautelar, en principio se refiere a la aplicación de la norma a la situación jurídica concreta cuya violación se alega[2036]; por tanto, la decisión cautelar en principio no puede tener efectos *erga omnes,* sino sólo efectos personalísimos en relación al accionante agraviado[2037]. La Sala Constitucional, sin embargo, pudiendo siempre determinar los efectos de sus sentencias, le ha dado efectos *erga omnes* a la suspensión de efectos dictada en relación con las leyes impugnadas por vía de acción popular.

3. *La formulación de la pretensión de amparo conjuntamente con las acciones contencioso administrativas*

El artículo 5° de la Ley Orgánica de Amparo, luego de precisar la posibilidad de que se intente una acción de amparo autónoma contra actos administrativos de efectos particulares, agrega que:

> "Cuando la acción de amparo se ejerza contra actos administrativos de efectos particulares o contra abstenciones o negativas de la Administración, podrá formularse ante el juez contencioso administrativo competente, si lo hubiese en la localidad, conjuntamente con el recurso contencioso administrativo de anulación de actos administrativos o contra las conductas omisivas, respectivamente,

---

2032 Consultada en original.

2033 Véase sentencia de la antigua Corte Suprema de Justicia, Sala Plena de 27–4–93, en *Revista de Derecho Público,* Nos 53–54, EJV, Caracas, 1993, p. 222 (Caso *"Coopervolta"*).

2034 Véase sentencia antigua Corte Suprema de Justicia, Sala Político Administrativa de 11–2–92, *Revista de Derecho Público,* N° 49, EJV, Caracas, 1992, p. 120.

2035 Véase sentencia antigua Corte Suprema de Justicia, Sala Político Administrativa de 19–11–92, *Revista de Derecho Público,* N° 52, EJV, Caracas, 1992, p. 137.

2036 Véase sentencia antigua Corte Suprema de Justicia, Sala Político Administrativa de 2–5–91, *Revista de Derecho Publico,* N° 46, EJV, Caracas, 1991, p. 120.

2037 Véase sentencias antigua Corte Suprema de Justicia, Sala Político Administrativa de 6–8–91, *Revista de Derecho Público,* N° 47, EJV, Caracas, 1991, p. 119 y de 6–8–92, *Revista de Derecho Público,* N° 52, EJV, Caracas, 1992, p. 138.

que se ejerza. En estos casos, el Juez, en forma breve, sumaria, efectiva y conforme a lo establecido en el artículo 22, si lo considera procedente para la protección constitucional, suspenderá los efectos del acto recurrido como garantía de dicho derecho constitucional violado, mientras dure el juicio".

Esta norma, como ya se ha señalado, ha sido objeto de un proceso de interpretación jurisprudencial de gran importancia, y que superó la idea inicial de la acumulación de dos acciones que, sin embargo, por tener procedimientos distintos, seguían cursos procesales paralelos, como fue la tendencia que surgió de muchas decisiones iniciales, hasta llegar a la consideración del amparo como una pretensión subordinada a la acción contencioso administrativa que es la principal, consistiendo el amparo, en estos casos, en una mera medida cautelar durante el juicio de nulidad. Este fue el espíritu del legislador, que fue interpretado cabalmente en la ya mencionada y comentada sentencia de la antigua Corte Suprema de Justicia de 10 de julio de 1991 (Caso: *Tarjetas Banvenez*), *y* que se ha seguido en las decisiones judiciales posteriores, y que en nuestro criterio no ha sido modificado por el hecho de que la antigua Corte Suprema hubiera anulado el artículo 22 de la Ley Orgánica de Amparo.[2038]

En estos casos, la formulación de la pretensión de amparo con la acción contencioso administrativa debe plantearse, como lo dice la ley, en forma conjunta, lo que implica la acumulación de ambas pretensiones en un mismo y solo libelo de demanda, pues de no ser así, resultaría imposible la aplicabilidad del artículo 5 de la Ley[2039].

Por otra parte, sólo formulándose la pretensión de amparo conjuntamente con el recurso contencioso administrativo de anulación es que pueden obviarse los requisitos procesales de admisibilidad de este último en cuanto al lapso de caducidad y el agotamiento de la vía administrativa; que pueden lograrse los efectos suspensivos inmediatos del acto administrativo, de carácter cautelar y no restablecedores, y que pueden modificarse las reglas de competencia de los jueces de amparo.

De allí la exigencia de que las pretensiones se formulen en un mismo momento procesal y no una después de otra[2040].

Por ello, la interposición conjunta de la pretensión de amparo con la acción de nulidad, no implica fórmula sacramental alguna[2041] y, por supuesto, no impide el que pueda formularse la pretensión de amparo al reformarse el libelo del recurso de anulación; en cambio, lo que no está dentro de la previsión de la norma es la posibilidad del ejercicio separado de las acciones, porque de constar en libelos y oportunidades

---

2038 Véase en *Gaceta Oficial Extra* n° 5071 de 29-5-96.

2039 Véase sentencias de la antigua Corte Suprema de Justicia, Sala Político Administrativa de 21–5–91 y de 11–3–93, en *Revista de Derecho Público,* n° 46, EJV, Caracas, 1991, p. 159 y *Revista de Derecho Público,* Nos. 53–54, EJV, Caracas, 1993, p. 231 y sentencias de la Corte Primera de lo Contencioso Administrativa de 17–11–88, en FUNEDA, *15 años de Jurisprudencia, cit.,* p. 233; y de 7–9–91, *Revista de Derecho Público,* N° 47, EJV, Caracas, 1991, p. 169.

2040 Véase sentencia de la antigua Corte Suprema de Justicia, Sala Político Administrativa de 6–4–89, *Revista de Derecho Público* N° 38, EJV, Caracas, 1989, p. 140.

2041 Véase sentencia de la Corte Primera de lo Contencioso Administrativa de 9–9–91, en FUNEDA, *15 años de* Jurisprudencia, *cit.*, p. 222.

diferentes, el amparo interpuesto con posterioridad al recurso, sería inadmisible conforme al ordinal 5° del artículo 6 de la ley Orgánica, por haber optado el actor precedentemente a otra vía judicial"[2042].

Por otra parte, al formularse conjuntamente la pretensión de amparo con el recurso contencioso administrativo, el objeto de ambas pretensiones tiene que ser el mismo. Es decir, debe tratarse del mismo acto, actuación u omisión, aquél contra el cual se formule la pretensión de amparo y la acción de nulidad[2043].

Tratándose de una pretensión de amparo formulada conjuntamente con el recurso contencioso administrativo, ambas deben ser conocidas y decididas por un solo juez[2044], precisamente el juez competente para conocer de la acción principal, es decir, el competente para conocer del recurso contencioso administrativo[2045]. Ambas deben ser tramitadas en un solo proceso, el de la acción principal (contencioso administrativo), teniendo por tanto la pretensión de amparo, carácter subordinado, accesorio y dependiente de la acción principal[2046], cuya suerte sigue[2047].

En los casos de ejercicio conjunto de la pretensión de amparo con el recurso contencioso administrativo, tratándose de una pretensión accesoria y subordinada a la acción principal, como se ha dicho, la decisión en el caso de amparo tiene carácter cautelar, no incidiendo en la anulación, que es el fondo debatido[2048]; y los efectos de la misma consisten en el caso de que la acción principal sea un recurso de nulidad de un acto administrativo, básicamente en la suspensión de los efectos del mismo mien-

---

2042 Véase sentencia de 18–11–93, *Revista de Derecho Público,* N° 55–56, EJV, Caracas, 1993, p. 458.

2043 Véase sentencias de la antigua Corte Suprema de Justicia, Sala Político Administrativa de 27–7–92 y 16–12–92 en *Revista de Derecho Público,* N° 51, EJV, Caracas, 1992, p. 215, y N° 52, EJV, Caracas, 1992, p. 236; y sentencias de la Corte Primera de lo Contencioso Administrativa de 7–9–91, *Revista de Derecho Público,* N° 47, EJV, Caracas, 1991, p. 169; de 14–11–92 *Revista de Derecho Público,* N° 52, EJV, Caracas, 1992, p. 232, y de 14–12–92 en FUNEDA, *15 años de Jurisprudencia, cit.,* p. 230.

2044 Véase sentencia de la antigua Corte Suprema de Justicia, Sala Político Administrativa de 19–11–92, *Revista de Derecho Público,* N° 52, EJV, Caracas, 1992, p. 240.

2045 Véase sentencias antigua Corte Suprema de Justicia, Sala Político Administrativa de 31–5–91, *Revista de Derecho Público,* N° 46, EJV, Caracas, 1991, p. 154; de 6–12–91, *Revista de Derecho Público,* N° 45, EJV, Caracas, 1991, p. 145; de 3–6–92, *Revista de Derecho Público,* N° 50, EJV, Caracas, 1992, p. 182; de 10–6–92, *Revista de Derecho Público,* N° 50, EJV, Caracas, 1992, p. 184; de 23–7–92, *Revista de Derecho Público,* N° 51, EJV, Caracas, 1992, pp. 208 y 210; y de 29–10–93, *Revista de Derecho Público,* N° 52, EJV, Caracas, 1992, p. 220, y sentencia de la Corte Primera de lo Contencioso Administrativa de 14–12–92, *Revista de Derecho Público,* N° 52, EJV, Caracas, 1992, p. 221.

2046 Véase sentencias de la antigua Corte Suprema de Justicia, Sala Político Administrativa de 11–7–91, en *Revista de Derecho Público,* N° 47, EJV, Caracas, 1991, p. 174; de 19–11–92, *Revista de Derecho Público,* N° 52, EJV, Caracas, 1992, p. 240, y de 11–3–93 en *Revista de Derecho Público,* N° 53–54, EJV, Caracas, 1993, pp. 232 y 354; y sentencia de la Corte Primera de lo Contencioso Administrativa de 15–12–88, en FUNEDA, *15 años de Jurisprudencia, cit.,* p. 215.

2047 Véase sentencia de la Corte Primera de lo Contencioso Administrativo de 16–1–92, *Revista de Derecho Público,* N° 49, EJV, Caracas, 1992, p. 146. y sentencia de la Corte Suprema de Justicia, Sala Político Administrativa de 3–6–92 en *Revista de Derecho Público,* N° 50, EJV, Caracas, 1992, p. 182.

2048 Véase sentencia de la antigua Corte Suprema de Justicia, Sala Político Administrativa de 3–10–91, en *Revista de Derecho Público,* N° 48, EJV, Caracas, 1991, p. 164; y sentencia de la Corte Primera de lo Contencioso Administrativo de 21–9–93, en *Revista de Derecho Público* N° 53–54, EJV, Caracas, 1993, p. 365.

tras dure el juicio de nulidad[2049], sin que por esta vía se puedan crear derechos[2050]. La decisión, por otra parte, dado su carácter cautelar, se puede adoptar *inaudita parte*[2051].

Por ello, la antigua Corte Suprema de Justicia en Sala Político Administrativa señaló que la suspensión de efectos del acto administrativo decidida en los casos de ejercicio conjunto, tiene una naturaleza cautelar similar a la suspensión de efectos dictada conforme al artículo 136 de la derogada Ley Orgánica de la Corte (artículo 21, párrafo 22 de la Ley Orgánica del Tribunal Supremo), difiriendo básicamente en su fundamentación[2052] y precisando, en todo caso, que esta última norma no puede invocarse para obtener el pronunciamiento de amparo. De lo contrario, ha considerado la Corte Primera en lo que consideramos un exceso de formalismo, que en ese caso, el amparo debe declararse inadmisible[2053]. En particular, sólo podría admitirse al invocar el artículo 21, párrafo 22 de la Ley Orgánica del Tribunal Supremo de Justicia, cuando ello se hace en forma subsidiaria a la petición de amparo, para el caso de que éste se declare improcedente[2054].

En todo caso, como se dijo, la Corte Primera precisó en sentencia de 18 de junio de 1991 que el hecho de que el ahora artículo 21, párrafo 22 de la Ley Orgánica del Tribunal Supremo de Justicia (artículo 136 de la derogada Ley Orgánica de la Corte Suprema de Justicia) prevea la medida de suspensión de efectos del acto administrativo, no es suficiente para la protección constitucional[2055], pues conforme a esa norma, la suspensión sólo opera por previsión expresa de la Ley o cuando sea imprescindible para impedir daños irreparables o de difícil reparación. En el caso de la suspensión de efectos conforme a la Ley Orgánica de Amparo, ella no requiere de la demostración del daño, bastando la presunción grave de la violación. Además, agregó la antigua Corte en la citada sentencia de 18 de junio de 1991 que "dada su naturaleza, no se limita al simple levantamiento de la eficacia del acto sino que tiene un efecto más complejo y variado, por cuanto puede detener la realización de ciertas conductas e impedir que las mismas se consoliden"[2056].

2049 Véase sentencias de la antigua Corte Suprema de Justicia, Sala Político Administrativa de 14–8–91 *Revista de Derecho Público* N° 47, EJV, Caracas, 1991, p. 174; de 3–10–91 y de 5–12–91, *Revista de Derecho Público* N° 48, EJV, Caracas, 1991, pp. 164 y 167 de 11–3–93, *Revista de Derecho Público,* N° 53–54, EJV, Caracas, 1993, p. 351; y sentencia de la Corte Primera de lo Contencioso Administrativo de 3–12–91, *Revista de Derecho Público,* N° 48, EJV, Caracas, 1991, p. 166.

2050 Véase sentencia de la Corte Primera de lo Contencioso Administrativo de 20–6–91, *Revista de Derecho Público* N° 46, EJV, Caracas, 1991, p. 156.

2051 Véase sentencia de la Corte Primera de lo Contencioso Administrativo de 27–9–93, en *Revista de Derecho Público,* Nos. 55–56, EJV, Caracas, 1993, p. 475.

2052 Véase sentencia de 13–12–90, en *Revista de Derecho Público,* N° 45, EJV, Caracas, 1991, p. 149.

2053 Sentencias de la Corte Primera de lo Contencioso Administrativo de 21–2–91, en *Revista de Derecho Público,* N° 45, EJV, Caracas, 1991 pp. 146–147; y de 5–11–92, en *Revista de Derecho Público,* N° 52, EJV, Caracas, 1992, p. 187.

2054 Véase sentencia antigua Corte Suprema de Justicia, Sala Político Administrativa de 13–7–92, *Revista de Derecho Público,* N° 51, EJV, Caracas, 1992, pp. 215–216.

2055 Véase también sentencia de la Corte Primera de lo Contencioso Administrativo de 21–7–92, *Revista de Derecho Público,* N° 51, EJV, Caracas, 1992, p. 212.

2056 Véase en *Revista de Derecho Público,* N° 46, EJV, Caracas, 1991, p. 158.

De acuerdo con esta doctrina, la Corte Suprema ha reconocido que el juez contencioso administrativo, cuando conoce de una pretensión de amparo formulada conjuntamente con un recurso contencioso administrativo, tiene los más amplios poderes cautelares, señalando:

> "En caso, pues, de que el juez de amparo considere que existen motivos para prever que se están dando o puedan producirse lesiones a derechos o garantías de rango constitucional, dispone –mientras se produce decisión del juicio principal– de las más amplias facultades para salvaguardarlos o protegerlos, ya sea suspendiendo los efectos del acto impugnado, ordenando la realización o el cese de una actuación o cualquier otra medida legalmente consagrada que considere acorde con y adecuada a la protección constitucional en el caso concreto."[2057]

Ahora bien, a pesar de estos poderes cautelares, en ciertas decisiones la antigua Corte Suprema fue cautelosa en acordar la suspensión de efectos de actos negativos o denegatorios impugnados en vía contencioso–administrativa con pretensión de amparo, pues ello supuestamente convertía al juez contencioso administrativo "no en reparador de los daños que el acto genera, sino en otorgante en sede jurisdiccional y con carácter previo, de la pretensión ante la Administración, lo cual convertiría la decisión del juez de amparo en constitutiva del derecho, que no en reparadora de la lesión aducida"[2058].

Por otra parte, debe señalarse que el carácter accesorio y cautelar de la decisión que se adopte en cuanto a la petición de amparo, la hace esencialmente temporal, sometida al pronunciamiento final que se emita en el juicio principal[2059]. Las medidas cautelares, que tienen por finalidad evitar que se produzcan violaciones de derechos constitucionales mientras se tramita el juicio principal, permiten al juez hacer pleno uso de sus poderes de ejecución del mandamiento dictado[2060].

Por último debe señalarse que por sentencia de 21 de mayo de 1996, la antigua Corte Suprema de Justicia en Corte Plena declaró la nulidad por inconstitucionalidad del artículo 22 de la Ley Orgánica de Amparo por violación al derecho a la defensa consagrado en la Constitución. A pesar de que el artículo 5° de la Ley Orgánica que regula el ejercicio conjunto de la pretensión de amparo con el recurso de nulidad hace referencia al artículo 22 de la Ley Orgánica, la anulación de este no varía en absoluto el carácter cautelar del amparo en esos casos de ejercicio conjunto, tal y como la Corte lo indicó expresamente en la sentencia.[2061]

2057 Véase sentencia de 19–11–92, *Revista de Derecho Público,* N° 52, EJV, Caracas, 1992, p. 227.

2058 Sentencia de la Sala Político–Administrativa de 4–12–91, en *Revista de Derecho Público,* N° 48, EJV, Caracas, 1991, pp. 167–168. Criterio ratificado en sentencia de la Corte Primera de lo Contencioso Administrativo de 14–1–92, *Revista de Derecho Público* N° 49, EJV, Caracas, 1992, p. 147.

2059 Véase sentencia de la Corte Primera de lo Contencioso Administrativo de 29–7–93 *Revista de Derecho Público* NOs 55–56, EJV, Caracas, 1993, p. 47.

2060 Véase antigua Corte Suprema de Justicia, Sala Político Administrativa, sentencias de 22–11–90 y 2–6–93, en *Revista de Derecho Público,* Nos 53–54, EJV, Caracas, 1993, p. 369.

2061 Véase en *Gaceta Oficial Extra* N° 5071 de 29-5-96.

4. *La formulación de la pretensión de amparo con otros medios judiciales*

Por último, la pretensión de amparo también puede formularse conjuntamente con otros medios procesales o acciones ordinarias conforme al ordinal 5° del artículo 6 de la Ley Orgánica, que establece, al regular como causal de inadmisibilidad de la acción de amparo, cuando el agraviado haya optado por recurrir a las vías judiciales ordinarias o hecho uso de los medios judiciales preexistentes; que se puede, con ellos, alegar la violación o amenaza de violación de un derecho o garantía constitucional, y en tal caso "el Juez deberá acogerse al procedimiento y a los lapsos establecidos en los artículos 23, 24 y 26 de la presente ley, a fin de ordenar la suspensión provisional de los efectos del acto cuestionado".

De acuerdo con la doctrina de la antigua Corte Suprema, establecida en el caso *Tarjetas Banvenez* (10 de julio de 1991), en estos casos, el amparo formulado como pretensión junto con una acción ordinaria o en el curso del proceso derivado de la misma, tampoco tiene carácter de acción principal sino subordinada, accesoria a la acción o recurso al cual se acumuló, sometida por tanto al pronunciamiento jurisdiccional final que se emita en la acción acumulada; teniendo además, un destino temporal y provisorio, dado sus efectos cautelares (no restablecedores) suspensivos de la ejecución de un acto, mientras dure el juicio para evitar que una sentencia a favor del accionante se haga inútil en su ejecución[2062].

Esta acumulación puede formularse de dos maneras, con la acción principal o en el curso de un proceso, con un recurso o como planteamiento. Este último supuesto, en algunos casos se ha denominado como "amparo sobrevenido", pero que, sin embargo, no agota la previsión del artículo 6, ordinal 5° de la Ley Orgánica.

En efecto, en primer lugar, y ello fue la intención del legislador al prever este amparo acumulado, con cualquier demanda puede formularse una pretensión de amparo alegándose violación o amenaza de violación de un derecho o garantía constitucionales. En estos casos no puede hablarse de amparo "sobrevenido", pues la pretensión de amparo se formula iniciándose el proceso con la acción principal.

Pero en segundo lugar, en el curso de un proceso ya iniciado puede formularse una pretensión de amparo alegándose una violación "sobrevenida", de algún derecho constitucional, lo que incluso puede ocurrir al interponerse una apelación o al formularse un recurso de casación. Este es uno de los supuestos del amparo acumulado a las acciones judiciales ordinarias, y no el único supuesto[2063]. En tal sentido, la doctrina jurisprudencial en la materia fue sentada en la sentencia de la Sala de Casación Civil de la antigua Corte Suprema de 9 de octubre de 1997 (Caso: *José Avelino*

2062 Véase sentencia de la antigua Corte Suprema de Justicia, Sala Político Administrativa de 3–8–89, *Revista de Derecho Público*, n° 39, EJV, Caracas, 1989, p. 136.

2063 Véase sentencia de la antigua Corte Suprema de Justicia de 18–11–93 (Caso: *Gustavo J. Ruiz*), Véase en *Revista de Derecho Público,* n° 55–56, EJV, Caracas, 1993, pp. 300 y 301. En el mismo sentido se ha pronunciado la Corte Primera de lo Contencioso Administrativo al referirse al ordinal 5° del artículo 6 de la Ley Orgánica de Amparo al indicar que "tal alternativa sólo sería procedente ante un hecho acaecido *con posterioridad* al comienzo o uso de las vías judiciales ordinarias o preexistentes y vinculado a su objeto; constituye tal posibilidad lo que se denominaría el amparo por hecho sobrevenido" en FUNEDA, *15 años de Jurisprudencia, op. cit.*, p. 232.

Gómez), en la cual la Sala, fijando "el verdadero alcance" del precepto contenido en el ordinal 5° del artículo 6° de la Ley Orgánica de Amparo resolvió así:

> "En primer lugar, ha de precisarse que la causal de inadmisibilidad de la acción autónoma de amparo prevista en el ordinal 5° del artículo 6° citado, opera en los casos en que -como la misma norma lo expresa- el agraviado haya optado por acudir a las vías ordinarias o hecho uso de los medios judiciales preexistentes, *pues en tal hipótesis el afectado puede solicitar y obtener protección inmediata del juez que ha de conocer del recurso ordinario o del medio judicial preexistente, mediante la suspensión provisional de los efectos del acto o decisión reputado contrario a la Constitución....*
>
> Ello, desde luego, permite afirmar que el amparo asume en este supuesto un rol cautelar que convierte el procedimiento judicial ordinario en una vía eficaz para el restablecimiento definitivo de la situación jurídica que le ha sido infringida al pretensor, por lo cual nada impide que esta acción pueda proponerse conjuntamente con el mecanismo procesal previsto por la ley para resolver el asunto (ejemplo: recurso de hecho contra negativa de oír apelación), e, incluso, después de interpuesto aquél (caso de apelación oída en un solo efecto), porque el amparo sólo persigue la suspensión de los efectos del acto cuestionado, como medida de protección provisional del derecho que se alega violado o amenazado, mientras se juzga en forma definitiva sobre el acto recurrido; pero en todos los casos será condición necesaria para su procedencia la demostración del riesgo de irreparabilidad de la violación constitucional, por la sentencia de fondo. La decisión que en este sentido se dicte será revisable, bien por apelación o por consulta, de conformidad con las previsiones del artículo 35 de la Ley Orgánica de Amparo sobre Derechos y Garantías Constitucionales."[2064]

Esto fue precisado además, en otra sentencia de la Sala de Casación de la antigua Corte Suprema de 2 de abril de 1997 (Caso: *Andrea María Vaga*), en la cual resolvió:

> "[...] que la acción de amparo propuesta conjuntamente con una de otro tipo participa de todos los caracteres procesales inherentes a la acumulación de acciones, esto es: que ha de ser resuelta por un solo juez (el mismo que sea competente para conocer de la acción principal), y que ambas pretensiones (la de amparo y la de nulidad u otra) deben ser tramitadas en un solo proceso que tiene dos etapas: la del amparo, previa, y la contenciosa, la cual forzosamente cubre, en la decisión final, tanto la medida cautelar que inevitablemente perece en esa oportunidad, como el pronunciamiento judicial acerca de la nulidad solicitada. En otras palabras, si por las características analizadas el mandamiento de amparo se traduce única y exclusivamente en la suspensión provisional del acto recurrido en nulidad, la sentencia que decida ésta deja sin efecto aquella medida cautelar dictada en forma previa, tanto si el acto cuestionado es anulado como si es confirmado, porque, en uno u otro caso, carece ya de sustentación jurídica".

2064 Consultada en original.

A tal efecto, concluyó la Sala señalando que "la admisibilidad de este medio de protección constitucional debe estar al cumplimiento de los siguientes requisitos":

> "a) Deberá coexistir con otros medios procesales; b) Puesto que el amparo tiene propósitos cautelares, esto es, la suspensión temporal de los efectos del acto cuestionado mientras se decide sobre la legitimidad de aquél, su interposición ha de verificarse por ante el Tribunal al que corresponda conocer del medio procesal ejercido con tales fines; c) La solicitud deberá fundamentarse en la violación directa de un derecho o garantía constitucional, o en la amenaza de que ella se produzca; y d) El agraviado deberá comprobar que la violación constitucional difícilmente podrá ser reparada por la sentencia que juzgue sobre la ilegitimidad del acto. Así se declara".

5. *El llamado "amparo incidental" y un caso específico de la formulación de la pretensión de amparo con otras vías procesales idóneas: la solicitud de nulidad absoluta de actuaciones procesales por violación de garantías constitucionales ("amparo penal")*

En muchos casos, la violación a derechos constitucionales no se produce mediante la sentencia que pone fin al proceso, sino mediante actuaciones que se desarrollan en el proceso, en cuyo caso también se admite la formulación de la pretensión de amparo ante el propio juez. Es lo que definió la Sala Constitucional, como la figura del "amparo incidental," en la sentencia N° 1 de 20 de enero de 2000 (Caso *Mata Millán*), estableciendo la siguiente doctrina jurisprudencial:

> "Cuando las violaciones a derechos y garantías constitucionales surgen en el curso de un proceso debido a actuaciones de las partes, de terceros, de auxiliares de justicia o de funcionarios judiciales diferentes a los jueces, el amparo podrá interponerse ante el juez que esté conociendo la causa, quien lo sustanciará y decidirá en cuaderno separado.
>
> Con esta posibilidad, se hace evidente la necesidad de mantener esta importante manifestación del amparo constitucional debido a la ventaja de ser dictada dentro del mismo proceso en el cual se produce la lesión o amenaza de lesión de derechos constitucionales, manteniéndose así el principio de la unidad del proceso, al no tener que abrirse causas procesales distintas -con los retardos naturales que se producirían- para verificar si efectivamente se ha producido la violación denunciada. Igualmente, se lograría la inmediación del juez con la causa que se le somete a conocimiento, la cual no sólo incidiría positivamente en la decisión del amparo interpuesto, sino que también pudiera aportar elementos de juicio necesarios para tomar medidas, bien sean cautelares o definitivas, en la causa principal y en el propio amparo."[2065]

Un ejemplo específico de este amparo incidental es la formulación de la pretensión de amparo junto con la solicitud de nulidad absoluta de actuaciones procesales particularmente cometidas por el Ministerio Público, previstas en el artículo 191 del

---

2065 *Revista de Derecho Público,* N° 81, Editorial Jurídica Venezolana, Caracas, 2000, pp. 225-229.

Código Orgánico Procesal Penal (COPP), que puede formularse en el proceso procesal penal, ante el mismo juez de la causa, en caso de violaciones a derechos y garantías constitucionales, y cuyo objeto es depurar el proceso penal generalmente antes de que pase a la fase de juicio.

En efecto, en el proceso penal, en el marco constitucional de protección de derechos y garantías constitucionales, el COPP le atribuye a los jueces de control la obligación de "hacer respetar las garantías procesales" (art. 64); a los jueces de la fase preliminar, la obligación de "controlar el cumplimiento de los principios y garantías establecidos en este Código, en la Constitución de la República, tratados, convenios o acuerdos internacionales suscritos por la República" (Art. 282); y también en general, a los jueces de control, durante las fases preparatoria e intermedia, "la obligación de "respetar las garantías procesales" (art. 531).

Ahora bien, a los efectos de lograr el ejercicio del control judicial efectivo respecto de la observancia de los derechos y garantías constitucionales, el COPP estableció lo que la jurisprudencia del Tribunal Supremo de Justicia ha denominado como un "amparo penal" que es la solicitud o recurso de nulidad absoluta de actuaciones procesales,[2066] que se encuentra regulada en el Capítulo II ("De las nulidades") del Título VI ("De los Actos Procesales y las Nulidades"), y que se puede formular por cualquiera de las partes respecto de los actos y actuaciones fiscales y judiciales que puedan haber *violado los derechos y garantías constitucionales*; se puede formular en cualquier estado y grado del proceso siempre que sea antes de dictarse sentencia definitiva; y el juez está obligado a decidirla de inmediato, es decir, perentoriamente, en el lapso de tres días siguientes como lo dispone el artículo 177 del Código Orgánico, sin que se establezca oportunidad preclusiva única para ser decidido.[2067]

Para caracterizar este "amparo penal," el artículo 190 del COPP establece el principio general de que "los actos cumplidos en contravención o con inobservancia de las formas y condiciones previstas en este Código, la Constitución de la República, las leyes, tratados, convenios y acuerdos internacionales suscritos por la República" cuando estén viciados de nulidad absoluta, en ningún caso pueden ser apreciados "para fundar una decisión judicial, ni utilizados como presupuestos de ella;" considerándose como "nulidades absolutas" en el artículo 191, precisamente aquellas "que impliquen *inobservancia o violación de derechos y garantías fundamentales previstos en este Código, la Constitución de la República, las leyes y los tratados, convenios o acuerdos internacionales suscritos por la República.*" Los actos o actuaciones viciadas de nulidad absoluta no pueden siquiera ser saneados (art. 193), ni pueden ser convalidados (art. 194), siendo no sólo una potestad sino

---

2066 Véase por ejemplo, Sentencia Nº 1453 de la Sala Constitucional de 10-08-2001, Caso *Pedro Emanuel Da Rocha Almeida, y* otros. Véase en http://www.tsj.gov.ve/decisio-nes/scon/Agosto/1453-100801-01-0458.htm

2067 Sentencia nº 205 de la Sala de Casación Penal del Tribunal Supremo de 14-05-2009. *Manuel Antonio Sánchez Guerrero y otros).* http://www.tsj.gov.ve/decisio-nes/scp/Mayo/205-14509-2009-C09-121.html. y sentencia de la Sala Constitucional del Tribunal Supremo en sentencia Nº 2061 (Caso: *Edgar Brito Guedes*), de 05-11-2007. Véase en http://www.tsj.gov.ve/deci-siones/scon/Noviembre/2061-051107-07-1322.htm

una obligación del juez penal, conforme al artículo 195 ("el juez deberá"), el "declarar su nulidad por auto razonado o señalará expresamente la nulidad en la resolución respectiva, de oficio o a petición de parte."

Dejando aparte la actuación de oficio, el COPP consagra en estas normas una solicitud o recurso formal en cabeza de las partes en el proceso penal para requerir del juez penal ("a petición de parte"), que cumpla con su obligación de declarar la nulidad absoluta de las actuaciones fiscales o judiciales que sean violatorias de los "derechos y garantías fundamentales previstos en este Código, la Constitución de la República, las leyes y los tratados, convenios o acuerdos internacionales suscritos por la República," que el propio COPP declara como viciadas de nulidad absoluta, y por tanto, no subsanables ni convalidables. Por ello, precisa el COPPP que "tal declaratoria" no procede "por defectos insustanciales en la forma," por lo que sólo pueden "anularse las actuaciones fiscales o diligencias judiciales del procedimiento que ocasionaren a los intervinientes un perjuicio reparable únicamente con la declaratoria de nulidad" (art. 195).

Sobre esta solicitud o "recurso de nulidad," además, la Sala Constitucional del Tribunal Supremo, también ha precisado que en el actual proceso penal, "ha sido considerada como una verdadera sanción procesal -la cual puede ser declarada de oficio o a instancia de parte- dirigida a privar de efectos jurídicos a todo acto procesal que se celebra en violación del ordenamiento jurídico-constitucional," señalando que "la referida sanción conlleva suprimir los efectos legales del acto írrito."[2068] Por su parte, también sobre este "recurso de nulidad," la Sala de Casación Penal del Tribunal Supremo, en sentencia de N° 3 de fecha 11 de enero de 2002,[2069] fijó sus características destacando la estrecha vinculación entre el artículo 190 del Código Orgánico Procesal Penal y el artículo 48.8 de la Constitución "donde se advierte la posibilidad de solicitar del Estado el restablecimiento o reparación de la situación viciada por error judicial, retardo u omisión justificada. Lo cual significa que aquellos actos de fuerza, usurpación, así como los ejercidos en franca contrariedad a la ley, acarrean ineficacia, nulidad de lo actuado y responsabilidad individual del funcionario." La Sala explicó así, en sentencia N° 3 de fecha 11 de enero de 2002, que este "principio de nulidad" forma parte "de las reglas mínimas que sustentan el debido proceso," y está fundamentado en la existencia de las nulidades absolutas, no convalidables (absolutas), "las cuales son denunciables en cualquier estado y grado del proceso, pues afectan la relación jurídica procesal," y como tales "tanto las partes y el Juez deben producir la denuncia de la falta cometida a objeto de imponer el correctivo." En estos casos, ha dicho la Sala, el COPP regula las nulidades absolutas por violaciones constitucionales "de manera abierta, sólo atendiendo a la infracción de garantías constitucionales y aquellas que se encontraren planteadas por la normativa internacional de los derechos humanos, en cuyo caso se debe proceder a la nuli-

---

2068 Sentencia N° 880 del Tribunal Supremo de Justicia en Sala Constitucional del 29-02-2001, Caso *William Alfonso Ascanio*. Véase en http://www.tsj.gov.ve/decisio-nes/scon/Mayo/880-290501-01-0756%20.htm .En igual sentido la sentencia de la Sala de Casación Penal del Tribunal Supremo de Justicia en sentencia N° 32 de 10-02-2011 (Caso: *Juan Efraín Chacón*). Véase en http://www.tsj.gov.ve/deci-siones/scp/Febrero/032-10211-2011-N10-189.html

2069 Véase Caso: *Edwin Exequiel Acosta Rubio y otros*, en http://www.tsj.gov.ve/deci-siones/scp/Enero/003-110102-010578.htm

dad de los actos procesales;" razón por la cual "la nulidad bajo éste régimen abierto que contempla el Código Orgánico Procesal Penal puede ser planteada a instancia de partes o aplicadas de oficio en cualquier etapa o grado del proceso por quien conozca de la causa."[2070]

Por otra parte, el COPP establece además, en su artículo 195 que "el auto que acuerde la nulidad" en los casos de nulidad absoluta, debe ser un auto razonado en el cual se señale "expresamente la nulidad en la resolución respectiva," y en el mismo, se debe "individualizar plenamente el acto viciado u omitido," y se debe determinar "concreta y específicamente, cuáles son los actos anteriores o contemporáneos a los que la nulidad se extiende por su conexión con el acto anulado," así como "cuáles derechos y garantías del interesado afecta, cómo los afecta." El COPP, igualmente regula los efectos del auto judicial mediante el cual se decida el "recurso de nulidad," indicando que "la nulidad de un acto, cuando fuere declarada, conlleva la de los actos consecutivos que del mismo emanaren o dependieren." Además, precisa el COPP que "la declaración de nulidad no podrá retrotraer el proceso a etapas anteriores, con grave perjuicio para el imputado, salvo cuando la nulidad se funde en la violación de una garantía establecida en su favor" (art. 196).

En consecuencia, la decisión del juez a los efectos de declarar la nulidad de actos fiscales o judiciales violatorios de derechos y garantías constitucionales, de acuerdo con lo dispuesto en los artículos 190 a 196 del COPP, puede ser adoptada en todo estado y grado del proceso, cuando la denuncia de nulidad se formule, en el lapso general de tres (3) días siguientes a la formulación de la petición conforme al artículo 177 del Código Orgánico Procesal Penal, y la misma no está restringida legalmente a que sólo pueda ser dictada exclusivamente en alguna oportunidad procesal precisa y determinada, como sería por ejemplo, en la audiencia preliminar. Y no podría ser así, pues como se ha dicho, la petición de nulidad se puede intentar en cualquier etapa y grado del proceso. Ello lo ha confirmado la Casación Penal del Tribunal Supremo de Justicia en sentencia N° 32 de 10 de febrero de 2011,[2071] al señalar que la única exigencia en cuando a la solicitud de nulidad absoluta es que su ***pedimento se debe formular "con anterioridad al pronunciamiento de la decisión definitiva***;" y la Sala Constitucional del Tribunal Supremo en sentencia No. 201 del 19 de febrero de 2004 al señalar también que ***el recurso de nulidad se admite únicamente para que sea decidido por "el sentenciador antes de dictar el fallo definitivo; y, por lo tanto, con la decisión judicial precluye la oportunidad para solicitar una declaratoria de tal índole, pedimento que sería intempestivo...*** "(Negrillas de la Sala Penal)."[2072]

De todo lo anteriormente expuesto, resulta, por tanto, que conforme al COPP, intentado un recurso de nulidad o amparo penal por violación de derechos y garantías

2070 *Idem*

2071 Véase sentencia de la Sala de Casación Penal del Tribunal Supremo de Justicia en sentencia N° 32 de 10 de febrero de 2011, Caso *Juan Efraín Chacón.* Véase en http://www.tsj.gov.ve/decisiones/scp/Febrero/032-10211-2011-N10-189.html

2072 Citada por la misma sentencia de Sala de Casación Penal del Tribunal Supremo de Justicia en sentencia N° 32 de 10-02-2011. Véase en http://www.tsj.gov.ve/deci-siones/scp/Febrero/032-10211-2011-N10-189.html

constitucionales o de las consagradas en los tratados internacionales sobre derechos humanos, no se exige en forma alguna que el auto declarativo de nulidad absoluta de actuaciones fiscales o judiciales, sólo pueda dictarse en alguna audiencia judicial y menos en la audiencia preliminar. Al contrario, la decisión puede dictarse de oficio o a solicitud de parte en cualquier momento del proceso, pues la naturaleza constitucional de la violación denunciada y la nulidad absoluta que conlleva, obligan al juez a decidir cuando la misma se formule mediante un recurso de nulidad interpuesto por parte interesada, o cuando el propio juez la aprecie de oficio. Por tanto, conforme a los artículos 177 y 190 y siguientes del COPP, el juez no tiene que esperar una oportunidad procesal específica para adoptar su decisión, y está obligado a decidir de inmediato, perentoriamente, en el lapso de los tres (3) días siguientes que prescribe el artículo 177 del Código Orgánico y además, por la obligación que tiene de darle primacía a los derechos humanos.

Todo ello se confirmó en las sentencias de la Sala Constitucional del Tribunal Supremo de fecha 20 de julio de 2007[2073] que cita la anterior sentencia Nº 256/2002, (caso*: Juan Calvo y Bernardo Priwin*), en la cual se afirmó que "Para el proceso penal, el juez de control durante la fase preparatoria e intermedia hará respetar las garantías procesales, pero el Código Orgánico Procesal Penal no señala una oportunidad procesal para que se pida y se resuelvan las infracciones a tales garantías, lo que incluye las transgresiones constitucionales, sin que exista para el proceso penal una disposición semejante al artículo 10 del Código de Procedimiento Civil, ni remisión alguna a dicho Código por parte del Código Orgánico Procesal Penal." Por ello, la Sala consideró que la decisión la debe adoptar el juez dependiendo de ***la etapa procesal en que se formule, de manera que si "se interpone en la fase intermedia, el juez puede resolverla bien antes de la audiencia preliminar o bien como resultado de dicha audiencia, variando de acuerdo a la lesión constitucional alegada," lo que significa que si hay lesiones que*** infringen "en forma irreparable e inmediata la situación jurídica de una de las partes," el juez debe decidir a de inmediato, antes de la audiencia preliminar. Sólo si la "***nulidad coincide con el objeto de las cuestiones previas, la resolución de las mismas debe ser en la misma oportunidad de las cuestiones previas; es decir, en la audiencia preliminar***" (Negritas de este fallo)."[2074]

Lo cierto es que en esta materia, como en todo lo que concierne al derecho de amparo, en caso de solicitudes de nulidad absoluta por violaciones de derechos y garantías constitucionales, el juez penal está en la obligación de darle preeminencia a los derechos humanos, y privilegiar la decisión sobre las denuncias de nulidades absolutas por violación de los derechos y garantías constitucionales, decidiendo de inmediato las solicitudes de nulidad fundados en dichas violaciones, sin dilaciones y con prevalencia sobre cualquier otro asunto. Ello, por lo demás, deriva de las previsiones de la propia Constitución, conforme a la doctrina sentada por las diversas Salas del Tribunal Supremo de Justicia, según la cual, en Estado Constitucional o

2073 Véase sentencia Nº 1520 de la Sala Constitucional de 20-07-2007 (Caso Luis Alberto Martínez González). Véase en http://www.tsj.gov.ve/decisiones/scon/Julio/1520-200707-07-0827.htm

2074 Véase sentencia de la Sala Constitucional Nº 256 (caso *Juan Calvo y Bernardo Priwin*) de 14-02-2002. Véase en http://www.tsj.gov.ve/decisiones/scon/Febrero/256-140202-01-2181%20.htm

Estado de Derecho y de Justicia, la dignidad humana y los derechos de la persona tienen una posición preferente, lo que implica la obligación del Estado y de todos sus órganos a respetarlos y garantizarlos como objetivo y finalidad primordial de su acción pública. Ello ha sido decidido así, por ejemplo, en sentencia No. 224 del 24 de febrero de 2000 de la Sala Política Administrativa del Tribunal Supremo de Justicia (Ponente: *Carlos Escarrá Malaver*), al afirmarse sobre "la preeminencia de la dignidad y los derechos humanos" constituyendo estos últimos, "el sistema de principios y valores que legitiman la Constitución," que garantizar "a existencia misma del Estado," y que "tienen un carácter y fuerza normativa, establecida expresamente en el artículo 7 de la Constitución," lo que "conlleva la sujeción y vinculatoriedad de todos los órganos que ejercen el Poder Público impregnando la vida del Estado (en sus aspectos jurídico, político, económico y social)." De acuerdo con la Sala, ese "núcleo material axiológico, recogido y desarrollado ampliamente por el Constituyente de 1999, dada su posición preferente, representa la base ideológico que sustenta el orden dogmático de la vigente Constitución, imponiéndose al ejercicio del Poder Público y estableciendo un sistema de garantías efectivo y confiable," de lo que concluyó la Sala afirmando que "todo Estado Constitucional o Estado de Derecho y de Justicia, lleva consigo la posición preferente de la dignidad humana y de los derechos de la persona, la obligación del Estado y de todos sus órganos a respetarlos y garantizarlos como objetivo y finalidad primordial de su acción pública;" agregando que "la Constitución venezolana de 1999 consagra la preeminencia de los derechos de la persona como uno de los valores superiores de su ordenamiento jurídico y también refiere que su defensa y desarrollo son uno de los fines esenciales del Estado." De otra sentencia de la misma Sala Constitucional No. 3215 de 15 de junio de 2004, la Sala Constitucional concluyó señalando que en Venezuela, "la interpretación constitucional debe siempre hacerse conforme al principio de preeminencia de los derechos humanos, el cual, junto con los pactos internacionales suscritos y ratificados por Venezuela relativos a la materia, forma parte del bloque de la constitucionalidad."[2075]

Precisamente por esta primacía y preeminencia de los derechos humanos, el juez penal, al conocer del recurso de nulidad, actúa como juez constitucional para controlar la constitucionalidad de las actuaciones fiscales y judiciales. Como lo ha dicho la Sala Constitucional del Tribunal Supremo, "El recurso de nulidad en materia adjetiva penal, se interpone cuando en un proceso penal, las partes observan que existen actos que contraríen las formas y condiciones previstas en dicho Código Adjetivo, la Constitución de la República Bolivariana de Venezuela, las leyes y los tratados, convenios o acuerdos internacionales, suscritos por la República, en donde el Juez Penal, una vez analizada la solicitud, o bien de oficio, procederá a decretar la nulidad absoluta o subsanará el acto objeto del recurso;"[2076] concluyendo, en sentencia N° 256 de 14 de febrero de 2002 (*Caso Juan Calvo y Bernardo Priwin*) que "*la*

2075 Sentencia N° 3215 de la Sala Constitucional de 15 de junio de 2004 Interpretación del artículo 72 de la Constitución, en http://www.tsj.gov.ve/decisio-nes/scon/Junio/1173-150604-02-3215.htm

2076 Sentencia N° 1453 del Tribunal Supremo de Justicia en Sala Constitucional del 10-08-2001, Expediente N° 01-0458, en *Jurisprudencia del Tribunal Supremo de Justicia, Oscar R. Pierre Tapia*, N° 8, Año II, Agosto 2001.

inconstitucionalidad de un acto procesal –por ejemplo- no requiere necesariamente de una [acción de] amparo, ni de un juicio especial para que se declare, ya que dentro del proceso donde ocurre, el juez, quien es a su vez un tutor de la Constitución, y por lo tanto en ese sentido es Juez Constitucional, puede declarar la nulidad pedida."[2077] "Esto lo repitió la Sala Constitucional en sentencia N° 1520 de 20 de julio de 2007 al señalar:

> "Por otra parte, en sentencia de esta Sala N° 256/2002, caso: *"Juan Calvo y Bernardo Priwin"*, se indicó que las nulidades por motivos de inconstitucionalidad (como lo sería el desconocimiento de derechos de rango constitucional) que hayan de ser planteadas en los diferentes procesos judiciales, *no necesariamente deben ser presentadas a través de la vía del [la acción de] amparo constitucional*, pues en las respectivas leyes procesales existen las vías específicas e idóneas para la formulación de las mismas, y que en el caso del proceso penal dicha vía procesal está prevista en los artículos 190 y 191 *eiusdem*."[2078]

Todo lo anterior fue además objeto de una *interpretación vinculante* establecida por la Sala Constitucional conforme al artículo 335 de la Constitución en sentencia N° 221 de 4 de marzo de 2011,[2079] "sobre el contenido y alcance de la naturaleza jurídica del instituto procesal de la nulidad," dictada en virtud del "empleo confuso que a menudo se observa por parte de los sujetos procesales en cuanto a la nulidad de los actos procesales cumplidos en contravención o con inobservancia de las formas y condiciones previstas en la ley." En dicha sentencia, la Sala Constitucional del Tribunal Supremo resolvió, citando su anterior sentencia N° 1228 de fecha 16 de junio de 2005, caso: *Radamés Arturo Graterol Arriechi"*, que la solicitud de nulidad absoluta no está concebida por el legislador dentro del COPP "como un medio recursivo ordinario, toda vez que va dirigida fundamentalmente a *sanear los actos procesales cumplidos en contravención con la ley, durante las distintas fases del proceso* –artículos 190 al 196 del Código Orgánico Procesal Penal- y, por ello, es que el propio juez que se encuentre conociendo de la causa, debe declararla de oficio". Agregó la Sala para reforzar que el conocimiento de la solicitud de nulidad corresponde al juez de la causa, que "no desconoce el derecho de las partes de someter a la revisión de la alzada algún acto que se encuentre viciado de nulidad, pero, esto *solo es posible una vez que se dicte la decisión que resuelva la declaratoria con o sin lugar de la nulidad* que se solicitó, pues contra dicho pronunciamiento es que procede el recurso de apelación conforme lo establecido en el artículo 196 del Código Orgánico Procesal Penal."[2080]

2077 Sentencia N° 256 del Tribunal Supremo de Justicia en Sala Constitucional del 14/02/02, exp N° 01-2181, en http://www.tsj.gov.ve/decisiones/scon/Febrero/256-140202-01-2181%20.htm

2078 Sentencia N° 1520 de 20-07-2007 en http://www.tsj.gov.ve/decisiones/scon/Ju-lio/1520-200707-07-0827.htm

2079 Caso: *Francisco Javier González Urbina y otros,* en http://www.tsj.gov.ve/decisio-nes/scon/Marzo/221-4311-2011-11-0098.html

2080 Caso: *Francisco Javier González Urbina y otros*, en http://www.tsj.gov.ve/decisio-nes/scon/Marzo/221-4311-2011-11-0098.html

En definitiva, la petición de nulidad absoluta por violación de derechos y garantías judiciales, en el régimen del COOP es en sí misma una pretensión de amparo ("amparo penal"), especialísima en el campo penal, que el juez está obligado a decidir en el lapso brevísimo de tres días como lo exige el artículo 177 del COPP, sin necesidad de que las partes o el acusado estén presentes, estándole además al juez vedado el poder diferir la decisión del amparo constitucional o nulidad absoluta solicitada por violaciones constitucionales, para la oportunidad de celebración de la audiencia preliminar. Y si el juez lo hace, la Sala Constitucional ha considerado que ello constituye una violación indebida al debido proceso por parte del juez. Esta doctrina, en resumen, se ha ratificado en las siguientes sentencias:

1. La sentencia Nº 2161 de 5 de septiembre de 2002 (Caso Gustavo Enrique Gómez Loaiza), en la cual la Sala Constitucional expresó que "De la regulación de la nulidad contenida en los artículos 190 al 196 del Código Orgánico Procesal Penal, se colige que los actos procesales pueden adolecer de defectos en su conformación, por lo que las partes pueden atacarlos lo más inmediatamente posible –mientras se realiza el acto o, dentro de los tres días después de realizado o veinticuatro horas después de conocerla, si era imposible advertirlos antes-de conformidad con lo dispuesto en los artículos 192 y 193 eiusdem, precisamente, mediante una solicitud escrita y un procedimiento, breve, expedito, donde incluso se pueden promover pruebas, sino fuere evidente la constatación de los defectos esenciales, a fin de dejar sin efecto alguna actuación por inobservancia e irregularidad formal en la conformación de misma, que afecte el orden constitucional, siendo ésta la hipótesis contemplada en el artículo 4 de la Ley Orgánica de Amparo sobre Derechos y Garantías Constitucionales, cuando prevé que podrá intentarse la acción de amparo si algún órgano jurisdiccional dicte u ordene una resolución, sentencia o acto que lesione un derecho fundamental; esto es, que con tal disposición se busca la nulidad de un acto procesal, pero ya como consecuencia jurídica de la infracción, configurándose entonces una nulidad declarada mediante el amparo como sanción procesal a la cual refiere la doctrina supra citada."[...] Observamos así, que la nulidad solicitada de manera auténtica puede tener la misma finalidad del amparo accionado con fundamento en el artículo 4 de la Ley Orgánica de Amparo sobre Derechos y Garantías Constitucionales, es decir para proteger la garantías, no sólo constitucionales, sino las previstas en los acuerdos y convenios internacionales...[2081]

2. La sentencia Nº 349 de 26 de febrero de 2002 (Caso *Miguel Ángel Pérez Hernández y otros*) en la cual la Sala Constitucional resolvió que: "La solicitud de nulidad es "un medio que, *además de preexistente, es indiscutiblemente idóneo para la actuación procesal, en favor de los intereses jurídicos cuya protección se pretende en esta causa; más eficaz, incluso, en términos temporales y de menor complejidad procesal que el mismo* [acción de] *amparo*, habida cuenta de que la nulidad es decidida conforme a las sencillas reglas de los artículos 212 y 194 del Código Orgánico Procesal Penal."[2082]

2081 Véase en http://www.tsj.gov.ve/decisiones/scon/septiembre/2161-050902-01-0623.HTM

2082 Véase http://www.tsj.gov.ve/decisiones/scon/febrero/349-260202-01-0696.HTM

3. La sentencia Nº 100 de 6 de febrero de 2003 (Caso *Leonardo Rodríguez Carabali)*, en la cual la Sala Constitucional sostuvo que en el caso "el accionante contaba con un *medio procesal preexistente, tanto o más idóneo, expedito, abreviado y desembarazado que la misma acción de amparo, como era, conforme al artículo 212 del antedicho Código, la solicitud de nulidad* de la misma decisión contra la cual ha ejercido la presente acción tutelar; pretensión esta que *debía ser decidida, incluso, como una cuestión de mero derecho, mediante auto que debía ser dictado dentro del lapso de tres días que establecía el artículo 194 (ahora, 177) de la ley adjetiva*; vale decir, en términos temporales, *esta incidencia de nulidad absoluta tendría que haber en un lapso ostensiblemente menor que el que prevé la ley, en relación con el procedimiento de amparo...*"[2083]

De todo lo anterior resulta, precisamente, que en materia penal, la solicitud de nulidad absoluta prevista en los artículos 190 y siguientes del COPP, es la vía procesal idónea para formular en el propio proceso penal la pretensión de amparo por violación de los derechos y garantías constitucionales, como "amparo incidental" a los efectos de poder enervar las lesiones constitucionales aducidas. Dicha pretensión de amparo formulada como solicitud de nulidad absoluta, contra vicios no subsanable, acorde con la inmediatez que requiere la protección constitucional, debe ser obligatoriamente decidida en el lapso breve de tres días previsto en el artículo 177 del COPP, como se ha dicho, sin que le sea permitido al juez diferir la decisión a la audiencia preliminar. Lo importante de la obligación del juez de decidir perentoriamente y depurar el proceso de inconstitucionalidades, es que si no lo hace, no sólo no puede convocar la audiencia preliminar, sino que el juicio quedaría paralizado, sin que exista remedio efectivo contra la inacción para lograr la decisión de nulidad. En estos casos, la posible acción de amparo que pudiera pensarse en intentar contra la inacción o abstención del juez de la causa, lo que podría conducir es a una orden del juez superior para que el juez omiso inferior decida sobre la nulidad absoluta, y nada más; lo que sería totalmente ineficaz para la protección constitucional solicitada que sólo se podría satisfacer con la decisión sobre dicha nulidad o amparo solicitada. Esta inacción u omisión del juez de decidir, por otra parte podría conducir a la aplicación de sanciones disciplinarias contra el juez omiso, incluyendo su destitución, pero de nuevo, ello sería ineficaz para la resolución del tema de fondo que es la petición de nulidad o amparo constitucional y saneamiento del proceso.

Como resulta de todo lo antes analizado, estando concebido el amparo en la Constitución de 1999 como un derecho fundamental de toda persona a ser amparada por los tribunales en sus derechos y garantías constitucionales, contra cualquier forma de lesión o amenaza de lesión de los mismos, dicho derecho no sólo puede ejercerse mediante el ejercicio de una acción de amparo, sino mediante la formulación de una pretensión de amparo conjuntamente con otras vías procesales previstas en el ordenamiento jurídico que sean idóneas para enervar la lesión constitucional.

2083 Véase http://www.tsj.gov.ve/decisiones/scon/febrero/100-060203-01-1908.HTM

X. SOBRE LAS CONDICIONES DE ADMISIBILIDAD DE LA ACCIÓN DE AMPARO EN LA LEY ORGÁNICA

La acción de amparo, como todas las acciones judiciales, se encuentra sometida a una serie de condiciones de admisibilidad, en este caso establecidas en la Ley Orgánica de Amparo, particularmente en su artículo 6, muchas de las cuales derivan de las condiciones que deben reunir los daños o amenazas agraviantes, como antes se ha estudiado en una análisis comparativo.

Sin embargo, ahora nos concentraremos en el régimen en Venezuela, no sin antes advertir que las causales de inadmisibilidad establecidas en el artículo 6 de la no son las únicas, pues de otra serie de normas de la Ley Orgánica se derivan otras causales de inadmisibilidad, como las que se refieren al carácter de la violación constitucional y que conduce a la inadmisibilidad cuando se fundamenta la acción en sólo violaciones de carácter legal. Además, la acción de amparo, por su carácter personalísimo, está sometida a determinadas condiciones de admisibilidad relativas al carácter del agraviado (legitimación activa) y del agraviante (legitimación pasiva).

Pero además, la acción de amparo también está sometida a las causales de inadmisibilidad establecidas en el Código de Procedimiento Civil, en virtud de la aplicación supletoria de sus normas al proceso de la acción de amparo, conforme lo establece el artículo 48 de la Ley Orgánica.

1. *La legitimación activa*

La acción de amparo ha tenido fundamentalmente un carácter personalísimo, de manera que el legitimado activo sólo puede ser el agraviado en sus derechos o garantías constitucionales por un hecho, acto u omisión realizado por un *agraviante* preciso. Sin embargo, dada la garantía de la tutela efectiva de los derechos colectivos y difusos establecida en el artículo 26 de la Constitución, la legitimación activa se ha ampliado de manera de proteger esos derechos.

A. *La condición de agraviado*

La acción de amparo tiene en principio un carácter personal, en el sentido de que sólo puede ser intentada por el agraviado, es decir, por la persona que se vea lesionada o amenazada de lesión a su propio derecho constitucional[2084]. En consecuencia, nadie puede hacer valer en el proceso de amparo, en nombre propio, un derecho ajeno[2085]. Tal como lo señaló la antigua Corte Suprema de Justicia en Sala Político Administrativa, el carácter eminentemente personal del amparo constitucional exige para su admisibilidad:

> "Un interés calificado en quién pretenda la restitución o restablecimiento del derecho o garantía que considere vulnerados, es decir, que la lesión le esté diri-

---

2084 Véase sentencia de la antigua Corte Suprema de Justicia, Sala Político Administrativa de 18–6–92, *Revista de Derecho Público* n° 50, EJV, Caracas, 1992, p. 135 y de 13–8–92, *Revista de Derecho Público,* n° 51, EJV, Caracas, 1992 p. 160.

2085 Véase sentencia de la antigua Corte Suprema de Justicia, Sala Político Administrativa de 14–2–90, *Revista de Derecho Público,* n° 41, EJV, Caracas, 1990, p. 101.

gida, y en definitiva, que sus efectos repercutan sobre él en forma directa e indiscutida, lesionando su ámbito de derechos subjetivos que la Carta Magna le confiere. Es únicamente, pues, la persona que se encuentra lesionada en forma directa y especial en sus derechos subjetivos fundamentales, por un acto, hecho u omisión determinados, quien puede acudir a los órganos judiciales competentes para que, mediante un proceso breve y sumario, el juez acuerde inmediatamente el total restablecimiento de la situación jurídica subjetiva infringida"[2086].

La acción de amparo, por tanto, es una acción subjetiva[2087] para cuya interposición se requiere un interés personal, legítimo y directo del accionante[2088], incluso cuando se formula conjuntamente con una acción popular.[2089] Por ello, la acción de amparo sólo puede intentarse por el propio agraviado quien es el que tiene la legitimación activa o por su apoderado legítimamente constituido[2090].

De acuerdo con la ley, la condición de agraviado para el ejercicio de la acción de amparo la puede tener cualquier "habitante de la República" en el sentido de cualquier persona que se encuentre en el territorio nacional, sea venezolano o no[2091]; incluso, una persona no domiciliada ni residenciada en el país, que se encuentre en él de tránsito[2092].

Incluso, podría admitirse la acción de amparo intentada por una persona que no se encuentre en territorio venezolano, siempre y cuando sus derechos o garantías constitucionales hayan sido directamente lesionados o amenazados de violación por cualquier acto, hecho u omisión que "se haya realizado, emitido o producido en la República"[2093].

En este sentido la antigua Corte Suprema de Justicia en sentencia de 27 de agosto de 1993 resolvió lo siguiente:

2086 Véase sentencia de la antigua Corte Suprema de Justicia, Sala Político Administrativa de 27–8–93 (Caso: *Kenet E. Leal*), *Revista de Derecho Público,* no 55–56, EJV, Caracas, 1993, p 322.

2087 Véase sentencia de la Corte Primera de lo Contencioso Administrativa de 18–11–93, *Revista de Derecho Público,* nos 55–56, EJV, Caracas, 1993, pp. 325–327.

2088 Véase sentencias de la antigua Corte Suprema de Justicia, Sala Político Administrativa de 22–10–90 y 22–10–92, *Revista de Derecho Público,* n° 52, EJV, Caracas, 1992, p. 140 y de 18–11–93, *Revista de Derecho Público,* nos 55–56, EJV, Caracas, 1993, p. 327.

2089 Véase sentencia de la Sala Constitucional n° 1424 de 30–6–2005 (Caso: *Impugnación del numeral 23 del artículo 6 de la Ley Orgánica del Tribunal Supremo de Justicia*), en *Revista de Derecho Público,* n° 102, EJV, Caracas, 2005, p. 156.

2090 Véase sentencia de la Corte Primera de lo Contencioso Administrativo de 21–8–92, *Revista de Derecho Público,* n° 51, EJV, Caracas, 1992, p. 161.

2091 Véase sentencia de la antigua Corte Suprema de Justicia, Sala Político Administrativa de 27–10–93 (Caso: *Ana Drossos*), *Revista de Derecho Público*, no 55–56, EJV, Caracas, 1993, p. 282.

2092 Véase sentencia de la antigua Corte Suprema de Justicia, Sala Político Administrativa de 29–9–93, *Revista de Derecho Público,* no 55–56, EJV, Caracas, 1993, p. 317.

2093 Véase sentencia de la antigua Corte Suprema de Justicia, Sala Político Administrativa de 27–8–93 (Caso: *Ana Drossos*), *cit.* en sentencia de la antigua Corte Suprema de Justicia, Sala Político Administrativa de 29–9–93, en *Revista de Derecho Público* no 55–56, EJV, Caracas, 1993, p. 317.

"Considera la Sala, en relación con el señalamiento anterior (el accionante en amparo debe ser habitante de la República), que el amparo tiene una amplia consagración constitucional, conforme a la cual abarca los derechos y garantías susceptibles de protección mediante esta vía; la diversidad de actos, hechos o omisiones que puedan ser objeto de la acción, y la naturaleza de las personas y de los entes contra quien puede ser ejecutada, tal como ha sido sostenida reiteradamente por nuestra jurisprudencia. Debe, por tanto, se interpretado en forma tal que, conforme a la expresión "toda persona natural habitante de la República" –empleada en el artículo 1 de la Ley Orgánica respectiva– al referirse ésta a las personas habilitadas para solicitar ante los tribunales competentes el amparo previsto en el artículo 49 de la Carta Magna, puede acudir a él con éxito un no domiciliado ni residenciado en el país, sino sólo en tránsito, y aun quien no se encontrare en el territorio venezolano: Siempre, claro está, que se den también las condiciones para la admisibilidad y procedencia de la acción."

En esta forma, señaló la antigua Corte, la intención del Constituyente y la del legislador, al utilizar el término "habitante de la República" para referirse a la personas que pueden interponer la acción de amparo, "fue la de permitir que ésta sea ejercida por cualquier sujeto de derecho –sea cual fuere su condición social, nacionalidad o situación legal– siempre y cuando sus derechos o garantías constitucionales hayan sido directamente lesionados o amenazados de violación por cualquier acto, hecho u omisión que "se haya realizado, emitido o producido en la República"[2094].

Los mismos criterios se deben aplicar a las personas morales titulares de derechos constitucionales, en el sentido de que pueden ejercer la acción las personas morales constituidas o domiciliadas en el país o que no estándolo, sus derechos constitucionales hayan sido lesionados por una actuación u omisión ocurrida en territorio venezolano.

En todo caso, la consecuencia del carácter personalísimo de la acción de amparo es que la misma sólo puede ejercerse por el agraviado o su representante legalmente constituido, por lo que quien se dice representar a otro debe acreditarlo. Ello se deriva de la previsión del artículo 13 de la Ley Orgánica de Amparo que precisa que la acción puede interponerse "por cualquier persona natural o jurídica, por representación o directamente".

Sobre la representación, en sentencia de 22 de septiembre de 1993 (Caso *Rafael A. Pineda*), la antigua Corte Suprema de la Sala Político Administrativa, interpretó la referencia en la norma en "la forma más amplia posible"[2095], admitiéndose por ejemplo la actuación de "los órganos de representación corporativa".[2096]

2094 Véase en *Jurisprudencia Ramírez & Garay*, Tomo CXXVI, p. 667.

2095 Véase sentencia de la antigua Corte Suprema de Justicia, Sala Político Administrativa de 22–9–93, *Revista de Derecho Público,* no 55–56, EJV, Caracas, 1993, p. 356.

2096 Véase sentencia de la antigua Corte Suprema de Justicia, Sala Político Administrativa de 30–10–90, *cit.*, por sentencia de la antigua Corte Suprema de Justicia, Sala Político Administrativa de 22–10-92, *Revista de Derecho Público,* nº 52, EJV, Caracas, 1992, p. 141.

El agraviado, para intentar la acción de amparo, debe además estar asistido de abogado como lo exige el artículo 4° de la Ley de Abogados[2097]. La única excepción a la obligación de asistencia por abogado está prevista en la propia Ley Orgánica de Amparo, respecto al ejercicio de la acción de amparo a la libertad personal (*hábeas corpus*), que puede intentarse conforme al artículo 41 por el agraviado o por cualquier persona que gestione en favor de aquél, por escrito, verbalmente o por vía telegráfica, sin necesidad de asistencia de abogado.

B. *El amparo respecto de derechos colectivos y difusos*

Por otra parte, en virtud de reconocimiento constitucional (artículo 26)de la tutela judicial de los intereses difusos y colectivos, la Sala Constitucional del Tribunal Supremo ha admitido la posibilidad del ejercicio de la acción de amparo en protección de derechos colectivos y difusos, como el que tienen los electores en sus derechos políticos, e incluso ha acordado medidas cautelares con efectos *erga omnes* "tanto para las personas naturales y organizaciones que han solicitado la protección de amparo constitucional como para todos los electores en su conjunto"[2098].

En cuanto a los intereses difusos, la Sala Constitucional del Tribunal Supremo ha considerado que "son aquellos que garantizan al conglomerado (ciudadanía) en forma general una aceptable calidad de la vida (condiciones básicas de existencia), [cuando] la calidad de la vida de toda la comunidad o sociedad en sus diversos aspectos se ve desmejorada, y surge en cada miembro de esa comunidad un interés en beneficio de él y de los otros componentes de la sociedad en que tal desmejora no suceda, y en que si ya ocurrió sea reparada"[2099]. En cuanto a los derechos colectivos, son aquellos que surgen cuando la lesión se localiza concretamente en un grupo, determinable como tal, aunque no cuantificado o individualizado, como serían los habitantes de una zona del país afectados por una construcción ilegal que genera problemas de servicios públicos en la zona. Estos intereses colectivos, ha dicho la misma Sala Constitucional, están "referidos a un sector poblacional determinado (aunque no cuantificado) e identificable, aunque individualmente, dentro del conjunto de personas existe o puede existir un vínculo jurídico que los une entre ellos. Ese es el caso de las lesiones a grupos profesionales, a grupos de vecinos, a los gremios, a los habitantes de un área determinada, etc.[2100].

La Sala Constitucional, por lo demás, ha interpretado el tema de la legitimación *ad procesum* prevista en el artículo 26 de la Constitución en forma amplia en cuanto

---

2097 Véase sentencias de la Corte Primera de lo Contencioso Administrativo de 18–11–93 (Caso*: Carlos G. Pérez*), *Revista de Derecho Público,* no 55–56, EJV, Caracas, 1993, pp. 353–354; de 14–9–89, *Revista de Derecho Publico* n° 40, EJV, Caracas, 1989, p. 105; y de 4–3–93 y 25–3–93, *Revista de Derecho Público,* nos 53–54, EJV, Caracas, 1993, p. 258.

2098 Sentencia de la Sala Constitucional n° 483 de 29–05–2000, Caso: *"Queremos Elegir" y otros*, *Revista de Derecho Público*, n° 82, 2000, EJV, pp. 489–491. En igual sentido sentencia de la misma Sala n° 714 de 13–07–2000, Caso: *APRUM.*

2099 Véase sentencia de la Sala Constitucional n° 656 de 05–06–2001, Caso: *Defensor del Pueblo vs. Comisión Legislativa Nacional.*

2100 *Idem.* Véase sentencia de la Sala Constitucional n° 656 de 05–06–2001, caso: *Defensor del Pueblo vs. Comisión Legislativa Nacional.*

al ejercicio de la acción de amparo extendida a la protección de derechos colectivos o difusos, señalando lo siguiente:

> "En consecuencia, cualquier persona procesalmente capaz que va a impedir el daño a la población o a sectores de ella a la cual pertenece, puede intentar una acción por intereses difusos o colectivos, y si ha sufrido daños personales, pedir sólo para sí (acumulativamente) la indemnización de los mismos. Esta interpretación fundada en el artículo 26, hace extensible la legitimación activa a las asociaciones, sociedades, fundaciones, cámaras, sindicatos, y demás entes colectivos, cuyo objeto sea la defensa de la sociedad, siempre que obren dentro de los límites de sus objetivos societarios, destinados a velar por los intereses de sus miembros en cuanto a lo que es su objeto.
>
> [...] Quien demanda con base a derechos o intereses colectivos, deberá hacerlo en su condición de miembro o vinculado al grupo o sector lesionado, y que por ello sufre la lesión conjuntamente con los demás, por lo que por esta vía asume un interés que le es propio y le da derecho de reclamar el cese de la lesión para sí y para los demás, con quienes comparte el derecho o el interés. Se trata de un grupo o sector no individualizado, ya que si lo fuese, se estaría ante partes concretas.[2101]

C. *La legitimación activa del Defensor del Pueblo*

Por otra parte, teniendo competencia el Defensor del Pueblo, el cual ha sido establecido como órgano constitucional que forma parte del Poder Ciudadano, para la promoción, defensa y vigilancia de los derechos y garantías constitucionales "además de los intereses legítimos, colectivos o difusos de los ciudadanos" (Arts. 280 y 281, 2 C), la Sala Constitucional ha admitido su legitimación activa para intentar acciones de amparo en representación de la globalidad de los ciudadanos, como por ejemplo, contra la amenaza por parte de la Comisión Legislativa Nacional en el 2000 de nombrar a los miembros del Consejo Nacional Electoral sin cumplir con los requisitos constitucionales. La Sala sostuvo, al interpretar el artículo 280 de la Constitución, que "es forzoso concluir que la Defensoría del Pueblo, en nombre de la sociedad, legitimada por la ley para ello, puede incoar un amparo tendente al control del Poder Electoral, en beneficio de los ciudadanos en general, a fin de que se cumplan los artículos 62 y 70 de la Constitución de la República Bolivariana de Venezuela, los cuales fueron denunciados por la actora como infringidos por la Comisión Legislativa Nacional (derecho a la participación ciudadana)".[2102]

Ahora bien, en cuanto a las sentencias de amparo en estos casos de amparo para la protección de intereses colectivos y difusos, la Sala Constitucional en la misma sentencia, consideró que "pueden prohibir una actividad o un proceder específico del demandado, o la destrucción o limitación de bienes nocivos, restableciendo una situación que se había convertido en dañina para la calidad de vida (salud física o

---

2101 Véase sentencia de la Sala Constitucional nº 656 de 05–06–2001, Caso: *Defensor del Pueblo vs. Comisión Legislativa Nacional*.

2102 Sentencia de la Sala Constitucional nº 656 de 05–06–01, Caso: *Defensor del Pueblo vs. Comisión Legislativa Nacional*.

psíquica colectiva, preservación del medio ambiente, preservación de la vida, del entorno urbano, del derecho a una relación sana, o de evitar ser convertido en consumidor compulsivo de productos o ideologías, por ejemplo), o que sea amenazante para esa misma calidad de vida". En consecuencia, el fallo produce efectos *erga omnes*, ya que beneficia o perjudica a la colectividad en general o a sectores de ella.[2103]

2. *Legitimación pasiva: la condición de agraviante*

El carácter personalísimo de la acción de amparo no sólo moldea la condición del agraviado, excepto en los casos de intereses colectivos y difusos, sino también la del agraviante. Este sólo puede ser la persona que ha originado la lesión o amenaza de lesión al derecho del agraviado, y al cual también nos hemos referido anteriormente en forma comparada.

La antigua Corte Suprema de Justicia, en Sala Político Administrativa lo puntualizó, en sentencia del 15 diciembre de 1992, al considerar que "debe existir una relación directa, específica e indubitable entre la persona que solicita la protección de derechos fundamentales y la persona imputada de dar origen al supuesto agente perturbador, quien viene a ser legitimado pasivo o el sujeto contra quien se deduce la pretensión en el proceso judicial incoado". En otras palabras, es necesario, para la procedencia de la acción de amparo, que la persona señalada como agraviante sea la que en definitiva originó la supuesta lesión[2104]

Tratándose de una persona natural, la identificación y precisión del agraviante no presenta mayores dificultades, siempre que la persona indicada sea la que en definitiva originó la lesión o la amenaza de lesión al derecho del agraviado. La acción de amparo también puede intentarse contra una persona moral cuando ésta, actuando a través de sus órganos, es la causante de la lesión.[2105]

Por otra parte, en relación a las personas morales, la acción de amparo podría intentarse contra el órgano de la misma o uno de los órganos, si la lesión ha sido infringida por el mismo; e, incluso, contra el o los titulares individualizados del órgano, si la o las personas naturales titulares del órgano pueden identificarse como agraviante, con independencia del órgano en sí mismo.

Es decir, el agraviante tiene que ser el directo responsable de la conducta que se imputa como violatoria de los derechos o garantías constitucionales del agravian-

2103 Sentencia de la Sala Constitucional nº 656 de 05–06–01, Caso: *Defensor del Pueblo vs. Comisión Legislativa Nacional.*

2104 Véase sentencia de la antigua Corte Suprema de Justicia, Sala Político Administrativa de 16–12–92 (Caso: *Haydée Casanova*), *Revista de Derecho Público,* nº 52, EJV, Caracas, 1992, p. 139

2105 Véase sentencia de la Corte Primera de lo Contencioso Administrativo de 7–9–89, *Revista de Derecho Público,* nº 40, EJV, Caracas, 1989, p. 108.

te[2106]; y de lo contrario, si se denuncia a una persona como agraviante sin serlo, la acción de amparo debe ser declarada inadmisible[2107].

Ello implica que la acción de amparo en los casos de actuaciones de la Administración Pública, exige que se identifique al titular del órgano que efectivamente produjo la lesión o amenaza de lesión de los derechos o garantías, es decir, al sujeto a quien se imputan, que posee conocimiento directo y personal sobre los hechos[2108].

Pero el hecho de que se identifique, con precisión, al titular del órgano que causó la lesión, no implica que la acción de amparo se tenga que intentar contra dicho titular y no contra el órgano que produjo la lesión. En estos casos, podría cambiar el titular del órgano, es decir, el funcionario, pero no por ello cambia la relación entre agraviado y agraviante.[2109]

En consecuencia, en los casos en que el agraviado señale en forma precisa al funcionario público autor del agravio, es a éste y sólo a éste, a quien le corresponde actuar en el proceso, sea cual fuere su jerarquía, y en modo alguno puede actuar en el proceso ni debe ser notificado a tal efecto, por ejemplo, ni el superior inmediato o máximo titular jerárquico del órgano[2110], ni el Procurador General de la República en caso de que se trate de un funcionario[2111]. En cambio, si la acción de amparo se intenta, por ejemplo, contra un Ministerio como órgano de la República, su actuación sí sería imputable a la persona jurídica "República", de la cual el Ministerio es sólo un órgano, y en ese caso, el representante judicial de la República, quien tendría que actuar en juicio, sería el Procurador General de la República[2112].

Sin embargo, al contrario, cuando el amparo está dirigido contra un órgano perfectamente individualizado de la Administración Pública Nacional, y no contra la República, la representación de la República, a través del Procurador General de la República, no tiene relevancia alguna de carácter procesal[2113]. Es decir, cuando el amparo está dirigido contra una autoridad administrativa, en cuyo caso debe perso-

2106 Véase sentencias de la Corte Primera de lo Contencioso Administrativo de 12–5–88, *Revista de Derecho Público,* nº 34, EJV, Caracas, 1988, p. 113; y de 16–6–88, *Revista de Derecho Público,* nº 35, EJV, Caracas, 1988, p. 138.

2107 Véase sentencia de la antigua Corte Suprema de Justicia, Sala Político Administrativo de 22–11–93, *Revista de Derecho Público,* no 55–56, EJV, Caracas, 1993, pp. 487–489.

2108 Véase sentencia de la Corte Primera de lo Contencioso Administrativo de 16–6–88, *Revista de Derecho Público,* nº 35, EJV, Caracas, 1988, p. 138.

2109 Véase sentencia de la Corte Primera de lo Contencioso Administrativo de 28–9–93, *Revista de Derecho Público*, no 55–56, EJV, Caracas, 1993, p. 330.

2110 Véase sentencia de la Corte Primera de lo Contencioso Administrativo de 12–5–88, *Revista de Derecho Público,* nº 34, EJV, Caracas, 1988, p. 113.

2111 Véase sentencia de la antigua Corte Suprema de Justicia, Sala Político Administrativa de 16–3–89, *Revista de Derecho Público*, nº 38, EJV, Caracas, 1989, p. 110; sentencia de la Corte Primera de lo Contencioso Administrativo de 7–9–89, *Revista de Derecho Público*, nº 40, EJV, Caracas, 1989, p. 107.

2112 Véase sentencia de la Corte Primera de lo Contencioso Administrativo de 7–9–89, *Revista de Derecho Público,* nº 40, EJV, Caracas, 1989, p. 107.

2113 Véase sentencia de la Corte Primera de lo Contencioso Administrativo de 21–11–90, *Revista de Derecho Público*, nº 44, EJV, Caracas, 1990, p. 148.

nalizarse un sujeto específico[2114], por ejemplo, contra un Ministro, los representantes de la Procuraduría General de la República no pueden ejercer la representación del mismo en el juicio de amparo[2115]. En esos casos en los cuales se intente la acción de amparo contra un organismo administrativo, se debe individualizar la acción en la persona de su titular o responsable para ese momento, al cual debe notificarse y debe comparecer personalmente[2116].

3. *Las condiciones de la lesión*

En el marco general de las condiciones que deben reunir las violaciones o amenazas de violación que hemos estudiado anteriormente con visión comparativa, en cuanto a la lesión a los derechos o garantías constitucionales en el ordenamiento venezolano, los mismos también puede tener su origen tanto en una violación como en una amenaza de violación, a cuyo efecto, la Ley Orgánica de Amparo establece condiciones de admisibilidad en uno u otro caso.

La Ley Orgánica de Amparo, en su artículo 6°, precisa diversas condiciones de admisibilidad de la acción de amparo que tienen relación con la violación de derechos o garantías constitucionales, y que exigen que la violación sea actual, es decir, que no haya cesado; que sea reparable, y que no haya sido consentida.

El artículo 6,1 de la Ley Orgánica de Amparo, en efecto, exige para la admisibilidad de la acción, que la violación no haya cesado, es decir, que sea actual, reciente, viva[2117]; condición sobre la cual la Corte Primera de lo Contencioso Administrativo, en sentencia de 7 de mayo de 1987, señaló que:

> "alude esencialmente al hecho de que la lesión esté viva, esté presente con toda su intensidad y que contra ella no exista ningún medio de defensa o de protección idóneos para enervar la fuerza o poder que la produce. Hay amenaza de lesión, o lesiones, como son aquéllas que se producen ante la indefinición de las situaciones jurídicas, que pueden prolongarse en el tiempo, sin que se atenúen sus efectos y sin que los mismos puedan ser contrarrestados por los medios ordinarios que el derecho ofrece. De allí que la actualidad de la lesión se refiere fundamentalmente al carácter presente de la misma, no al hecho pasado, acae-

---

2114 Véase sentencia de la Corte Primera de lo Contencioso Administrativo de 10–10–90, *Revista de Derecho Público,* n° 44, EJV, Caracas, 1990, p. 142.

2115 Véase sentencias de la antigua Corte Suprema de Justicia, Sala Político Administrativa de 1–8–91, *Revista de Derecho Público,* n° 47, EJV, Caracas, 1991, p. 120; y de 15–12–92, *Revista de Derecho Público,* n° 52, EJV, Caracas, 1992, p. 139; y véase sentencia de la Corte Primera de lo Contencioso Administrativo de 30–7–92, *Revista de Derecho Público,* n° 51, EJV, Caracas, 1992, p. 164.

2116 Véase sentencia de la antigua Corte Suprema de Justicia, Sala Político Administrativa de 8–3–90, *Revista de Derecho Público*, n° 42, EJV, Caracas, 1990, p. 114; y sentencias de la Corte Primera de lo Contencioso Administrativo de 21–11–90, *Revista de Derecho Público,* n° 44, EJV, Caracas, 1990, p. 148, y en FUNEDA, *15 años de Jurisprudencia, cit.*, p. 164 y de 14–7–88, FUNEDA, *15 años de Jurisprudencia, cit.*, p. 177.

2117 Véase sentencia de la Corte Primera de lo Contencioso Administrativo de 13–11–88, FUNEDA, *15 años de la Jurisprudencia, cit.*, p. 134.

cido, circunscrito al pretérito, sino a la situación presente que puede prolongarse por un período indefinido de tiempo."[2118]

La consecuencia de ello, por ejemplo, es que no puede acordarse el amparo contra un acto administrativo cuando en el curso del procedimiento del juicio, el acto lesivo había sido revocado. Es decir, en el curso del juicio de amparo la lesión no puede haber cesado antes de la decisión del juez; de lo contrario, si cesare, el juez debe declarar, *in limine litis*, inadmisible la acción[2119].

El ordinal 3° del artículo 6 de la Ley Orgánica de Amparo establece por otra parte, que no se admitirá la acción de amparo:

> "Cuando la violación del derecho o la garantía constitucionales, constituya una evidente situación irreparable, no siendo posible el restablecimiento de la situación jurídica infringida".

Dado el carácter eminentemente restablecedor de la acción de amparo, en el sentido de que mediante la misma no se pueden crear situaciones jurídicas nuevas o modificar las existentes[2120], sino lo que se puede es restablecer las cosas al estado en que se encontraban para el momento de la lesión, haciendo desaparecer el hecho o acto invocado y probado como lesivo o perturbador a un derecho o garantía constitucional; cuando la violación de un derecho constitucional convierta la situación jurídica infringida en una situación irreparable, la acción de amparo también es inadmisible. Ello es congruente con el propósito que el artículo 1 de la Ley Orgánica, en desarrollo del artículo 27 de la Constitución, le atribuye a la acción de amparo en el sentido de "que se restablezca inmediatamente la situación jurídica infringida o la situación que más se asemeje a ella".

El artículo 6.1 de la Ley Orgánica, en todo caso, precisa que "se entenderá que son irreparables los actos que, mediante el amparo, no puedan volver las cosas al estado que tenían antes de la violación"[2121].

Sin embargo, como se dijo, la acción de amparo es admisible cuando la situación infringida pueda restablecerse a una que se asemeje a ella (Art. 1)[2122]. Asimismo, la

---

2118 Véase sentencia de la Corte Primera de lo Contencioso Administrativo de 7–5–87 (Caso: *Desarrollo 77 C.A.*), en FUNEDA *15 años de Jurisprudencia cit.*, p. 78.

2119 Véase sentencias de la antigua Corte Suprema de Justicia, Sala Político Administrativa de 15–12–92, *Revista de Derecho Público* n° 52, EJV, Caracas, 1992, p. 164; y de 27–5–93, *Revista de Derecho Público,* nos 53–54, EJV, Caracas, 1993, p. 264. *Cfr.* sentencia de la Corte Primera de lo Contencioso Administrativo de 12–12–92 (Caso: *Allan R. Brewer–Carías*), *Revista de Derecho Público,* n° 49, EJV, Caracas, 1992, pp. 131–132;

2120 Véase sentencias de la antigua Corte Suprema de Justicia, Sala Político Administrativa de 27–10–93 (Caso: *Ana Drossos*), y 4–11–93 (Caso: *Partido Convergencia*), *Revista de Derecho Público,* no 55–56, EJV, Caracas, 1993, p. 340.

2121 Véase sentencia de la Corte Primera de lo Contencioso Administrativo de 14–1–92, *Revista de Derecho Público,* n° 49, EJV, Caracas, 1992, p. 130; y de la antigua Corte Suprema de Justicia, Sala Político Administrativa de 4–3–93, *Revista de Derecho Público,* no 53–54, EJV, Caracas, 1993, p. 260.

2122 En tal sentido, la antigua Corte Suprema de Justicia, Sala Plena declaró inadmisible una acción de amparo contra el cobro indebido de un impuesto, cuando el mismo ha sido ya pagado, considerando que en ese caso no es posible restablecer la situación jurídica infringida, sentencia de 21–3–88– *Revista de Derecho Público,* n° 34, EJV, Caracas, 1988, p. 114. Por otra parte, la Corte Primera de lo Contencioso

antigua Corte Suprema de Justicia en sentencia de 1 de noviembre de 1990, ha considerado inadmisible la acción de amparo, cuando la única forma de reparar la situación jurídica infringida es la nulidad de un acto administrativo, lo que no puede pronunciarse en una decisión de amparo[2123].

Por último, la violación a los derechos y garantías constitucionales que pueden dar lugar al ejercicio de la acción de amparo, *no debe ser consentida* por el agraviado, por lo que, conforme al ordinal 4° del artículo 6 de la Ley Orgánica, no se debe admitir la acción de amparo,

> "Cuando la acción u omisión, el acto o la resolución que violen el derecho o la garantía constitucionales hayan sido consentidos expresa o tácitamente por el agraviado, a menos que se trate de violaciones que infrinjan el orden público o las buenas costumbres."

La norma aclara que "se entenderá que hay consentimiento expreso cuando hubieren transcurrido los lapsos de prescripción establecidos en leyes especiales, o en su defecto, seis meses después de la violación o la amenaza al derecho protegido"; y que "el consentimiento tácito es aquel que entraña signos inequívocos de aceptación".

Debe destacarse, en relación a esta causal de inadmisibilidad de la acción de amparo, particularmente cuando la violación o amenaza de violación de un derecho fundamental es provocada por un acto estatal, que de ninguna manera puede admitirse que por el solo transcurso del tiempo puedan convalidarse leyes u otros actos estatales inconstitucionales.

En todo caso, es claro que tal como está concebida la ley, la inadmisibilidad de la acción de amparo, cuando han transcurrido más de 6 meses después de la violación o amenaza de violación, no opera respecto de las leyes y demás actos normativos ni respecto de un acto administrativo o de carencias de la Administración, cuando la acción de amparo se intenta conjuntamente con la acción popular o con el recurso contencioso administrativo de anulación o contra la conducta omisiva.

Ahora bien, sobre esta causal de inadmisibilidad de la acción de amparo, particularmente en lo que se refiere al consentimiento expreso por el transcurso del tiempo, la antigua Corte Suprema de Justicia en sentencia de 24 de octubre de 1990 encontró su justificación al señalar que "dejar transcurrir más de seis meses desde que se genera el acto lesivo para proceder a ejercer una acción de amparo constituye, por parte del agraviado, una demostración de aceptación del presunto daño, y dicha desidia

---

Administrativo en sentencia de 7–9–89, ha declarado inadmisible una acción de amparo de derechos a la protección de la maternidad (descanso pre y post natal), incoada después del parto. Véase sentencia de la Corte Primera de lo Contencioso Administrativo de 17–9–89, *Revista de Derecho Público* n° 40, EJV, Caracas, 1989, p. 111.

2123 Véase sentencia de la antigua Corte Suprema de Justicia, Sala Político Administrativa de 1–11–90, *Revista de Derecho Publico,* n° 44, EJV, Caracas, 1990, pp. 152–153; *Cfr.* sentencia de la Corte Primera de lo Contencioso Administrativo de, 10–9–92, *Revista de Derecho Público,* n° 51, EJV, Caracas, 1992, p. 155.

debe ser sancionada, impidiendo el uso de un remedio judicial que se justifica por la necesidad perentoria de restablecer una situación jurídica"[2124].

La inadmisibilidad, sin embargo, no se aplica en los casos de violación o lesión continuada[2125]. Tampoco se aplica, conforme al ordinal 4° del artículo 6 de la ley Orgánica, cuando se trate de violaciones que infrinjan el orden público o las buenas costumbres; situación, sin duda, de carácter excepcional y que tiene que desprenderse de alguna regla que así lo consagre[2126]; considerándose que ello ocurre, cuando se trate, por ejemplo de "violaciones flagrantes a los derechos individuales que no pueden ser denunciados por el afectado; privación de libertad; sometimiento a torturas físicas o psicológicas; vejaciones; lesiones a la dignidad humana y otros casos extremos"[2127].

En cuanto a la amenaza de lesión, que significa "hacer temer a otros un daño, o avecinarse un peligro"[2128], para que pueda considerarse válida para la procedencia de la acción de amparo, conforme al artículo 2 de la Ley Orgánica, es necesario que "sea inminente" y que no "haya cesado" (Ord. 1°), siendo inadmisible la acción cuando la amenaza contra el derecho o la garantía constitucional no sea "inmediata, posible y realizable por el imputado" (Ord. 2°)[2129].

Como lo ha destacado la Sala Constitucional del Tribunal Supremo en sentencia de 9 de marzo del 2001 (Caso: *Frigoríficos Ordaz S.A*):

> "[...] la amenaza que hace procedente la acción de amparo es aquella que sea inmediata, posible y realizable por el imputado, estableciendo al efecto que tales requisitos deben ser concurrentes, por lo cual es indispensable –además de la inmediación de la amenaza– que la eventual violación de los derechos alegados –que podría materializarse de no ser protegidos mediante el mandamiento que se solicita– deba ser consecuencia directa e inmediata del acto, hecho u omisión que constituyan el objeto de la acción; de lo cual deviene, por interpretación a (sic) contrario, la improcedencia de la acción, cuando se le imputen al

2124 Véase en *Revista de Derecho Público,* n° 44, EJV, Caracas, 1990, p. 144.

2125 Véase por ejemplo sentencias de la Corte Primera de lo Contencioso Administrativo de 22–10–90 (Caso: *María Cambra de Pulgar*), en *Revista de Derecho Público,* n° 44, EJV, Caracas, 1990, pp. 143–144; y n° 1310 de 9–10–2000 (Caso: *Productos Roche S.A. vs. Ministerio de Industria y Comercio*), en *Revista de Derecho Público,* n° 84, EJV, Caracas, 2000, pp. 345 ss.

2126 Véase sentencia de la antigua Corte Suprema de Justicia, Sala Político Administrativa de 22–3–88, *Revista de Derecho Público,* n° 34, EJV, Caracas, 1988, p. 114.

2127 Véase sentencia de la Corte Primera de lo Contencioso Administrativo de 13–10–88, *Revista de Derecho Público,* n° 36, EJV, Caracas, 1988, p. 95. Este criterio fue acogido textualmente por la antigua Corte Suprema de Justicia, Sala Político Administrativa en sentencias de 1–11–89, *Revista de Derecho Público,* n° 40, EJV, Caracas, 1989, p. 111; y de 1–2–90 (Caso: *Tuna Atlántica C.A.*) y de 30–6–92, *Revista de Derecho Público,* n° 60, EJV, Caracas, 1992, p. 157.

2128 Véase sentencia de la Corte Primera de lo Contencioso Administrativo de 16–7–92, *Revista de Derecho Público,* n° 51, EJV, Caracas, 1992, p. 155.

2129 Véase sentencias de la antigua Corte Suprema de Justicia, Sala Político Administrativa de 9–6–88, *Revista de Derecho Público,* n° 35, EJV, Caracas, 1988, p. 114; de 14–8–92, *Revista de Derecho Público,* n° 51, EJV, Caracas, 1992, pp. 158–159; y de 24–6–93, *Revista de Derecho Público,* n° 55–56, EJV, Caracas, 1993, p. 289; y sentencia de la Corte Primera de lo Contencioso Administrativo de 30–6–88, *Revista de Derecho Público,* n° 35, EJV, Caracas, 1988, p. 115.

supuesto agraviante resultados distintos a los que eventualmente pudiere ocasionar la materialización de la amenaza que vulneraría los derechos denunciados, o cuando la misma no sea inmediata o ejecutable por el presunto agraviante."[2130]

4. *La inexistencia de un recurso judicial paralelo ya intentado*

La Ley Orgánica de Amparo establece como causales de inadmisibilidad de la acción, una serie de supuestos relativos a la existencia de algún recurso paralelo, sea porque el agraviado haya recurrido a una vía judicial de protección o sea porque exista otra vía judicial para la protección constitucional que haga inadmisible la acción. En el primer caso, los ordinales 5 y 7 del artículo 6° de la Ley Orgánica prevén expresamente la inadmisibilidad; en el segundo caso, la inadmisibilidad deriva del carácter subsidiario o extraordinario de la acción.

El primer supuesto para la admisibilidad de la acción de amparo es que el agraviado no hubiese optado por acudir a otras vías judiciales para la protección constitucional, que estuviesen pendientes de decisión. En este supuesto, la Ley Orgánica distingue dos casos de inadmisibilidad: el que se haya optado por ejercer una acción de amparo; o el que se haya optado por utilizar otra vía judicial para la protección constitucional, y que en ambos casos los procesos estén pendientes de decisión.

En efecto, para que la acción de amparo sea admisible, no puede estar pendiente de decisión una acción de amparo intentada previamente por el agraviado en relación con los mismos hechos. En tal sentido, el artículo 6,8 de la Ley Orgánica establece que la acción de amparo es inadmisible:

> "Cuando esté pendiente de decisión una acción de amparo ejercida ante un Tribunal en relación con los mismos hechos en que se hubiese fundamentado la acción propuesta".

La inadmisibilidad de la acción, por tanto, resulta del hecho de que esté pendiente de decisión una acción de amparo previamente intentada[2131]; por lo que si esta, por ejemplo, fue desistida, la nueva acción podría intentarse y ser admisible.

Por supuesto, en los casos en los cuales se hubiese intentado previamente una acción de amparo que hubiese sido ya decidida, una nueva acción de amparo podría intentarse en relación con los mismos hechos, siempre que no haya cosa juzgada, en cuyo caso, como se verá, sería inadmisible.

Pero además, la Ley Orgánica de Amparo establece en el artículo 6.5 como causal de inadmisibilidad de la acción de amparo:

> "Cuando el agraviado haya optado por recurrir a las vías judiciales ordinarias o hecho uso de los medios judiciales preexistentes. En tal caso, al alegarse

2130 Citada en sentencia de la misma Sala n° 96 de 6–2–2003 (Caso: *Corporación Venezolana de Televisión C.A. (Venevisión) vs. Presidente de la República*), en *Revista de Derecho Público,* N° 93–96, EJV, Caracas, 2003, p. 545.

2131 Véase sentencia de la antigua Corte Suprema de Justicia, Sala Político Administrativa de 13–10–93, *Revista de Derecho Público*, N° 55–56, EJV, Caracas, 1993, pp. 348–349.

la violación o amenaza de violación de un derecho o garantía constitucionales, el Juez deberá acogerse al procedimiento y a los lapsos establecidos en los artículos 23, 24 y 26 de la presente Ley, a fin de ordenar la suspensión provisional de los efectos del acto cuestionado".

Esta causal de inadmisibilidad se refiere a los casos en los cuales el agraviado haya optado por recurrir a las vías judiciales ordinarias o hecho uso de los medios judiciales preexistentes, en cuyo caso, allí debe alegar la violación de los derechos o garantías constitucionales y solicitar amparo constitucional.

Por tanto, si esto no ha ocurrido, es decir, si junto con el ejercicio de las vías judiciales ordinarias o el uso de medios judiciales preexistentes, el agraviado no ha alegado violación de derechos constitucionales y solicitado protección constitucional, no habría razón alguna, en nuestro criterio, para declarar inadmisible la acción de amparo que se intente.[2132]

Por otra parte, si se hubiese optado por recurrir a las vías judiciales ordinarias o hecho uso de los medios judiciales preexistentes solicitándose protección o amparo constitucional, y los procesos respectivos ya hubiesen concluido, no procedería la aplicación de la causal de inadmisibilidad, quedando sólo a salvo la cosa juzgada que hubiese podido producirse.

En relación a esta causal de inadmisibilidad, la jurisprudencia la ha aplicado en los casos de acciones contencioso administrativas a las que se ha acumulado una pretensión de amparo, cuando conforme al artículo 21, párrafo 22 de la Ley Orgánica de la Tribunal Supremo de Justicia, se haya solicitado la suspensión de efectos del acto administrativo impugnado.[2133]

Por otra parte, respecto de la previsión del ordinal 5° del artículo 6° de la Ley Orgánica en cuanto a la causal de inadmisibilidad de la acción de amparo, "cuando el agraviado haya optado por recurrir a las vías judiciales ordinarias o hecho uso de los medios judiciales preexistentes"; es claro de la norma que se debe tratar de medios *judiciales,* es decir, del ejercicio por el agraviado de acciones, recursos y peticiones ante los tribunales competentes. Por tanto, si el agraviado no ha ejercido contra el acto que causa la lesión los recursos administrativos que prevé, por ejemplo, la Ley Orgánica de Procedimientos Administrativos, en dichos casos no puede declararse inadmisible el amparo.[2134]

2132 Este criterio lo adoptó la Sala Político Administrativa de la antigua Corte Suprema en sentencia de 7-11-95 N° 789, (Caso: *Rafael Aníbal Rivas Ostos*), Consultada en original.

2133 Sentencia de 11-5-92, (Caso: *Venalum*), de la Corte Primera de lo Contencioso Administrativo Véase en *Revista de Derecho Público,* N° 50, EJV, Caracas, 1992, pp.187-188. Este criterio fue sostenido por la Corte Primera en sentencia de 21-2-91, *Revista de Derecho Público,* N° 45, EJV, Caracas, 1991, p. 146.

2134 Véase sentencia de la Corte Primera de lo Contencioso Administrativo de 8-3-93 (Caso: *Federico Domingo.* Véase en *Revista de Derecho Público,* N° 53-54, EJV, Caracas, 1994, p. 261. Véase además sentencias de la Corte Primera de lo Contencioso Administrativo de 6-5-94 (Caso: *Universidad Occidental Lisandro Alvarado*), en *Revista de Derecho Público,* N° 57-58, EJV, Caracas, 1994; y de 16-5-2000 (Caso: *Migdalia J. Lugo G. vs. Alcaldía del Municipio Libertador del Distrito Federal*), en *Revista de Derecho Público,* N° 82, EJV, Caracas, 2000, p. 499.

5. *La inexistencia de otros medios judiciales breves, sumarios y eficaces para la protección constitucional*

La extraordinariedad de la acción de amparo conduce a la inadmisibilidad de la acción cuando exista un medio procesal breve, sumario y suficientemente eficaz para la protección constitucional. En particular cuando se trata del amparo contra actos administrativos, el artículo 5° de la Ley Orgánica de Amparo establece que:

> "La acción de amparo procede contra todo acto administrativo, actuaciones materiales, vías de hecho, abstenciones u omisiones que violen o amenacen violar un derecho o garantía constitucionales, cuando no exista un medio procesal breve, sumario y eficaz, acorde con la protección constitucional."

En este sentido y en relación a la impugnación de los actos administrativos, el recurso contencioso administrativo de anulación, en si mismo y sin posibilidad de suspensión de efectos del acto impugnado, se consideró por la Corte Primera de lo Contencioso Administrativo que no puede constituir "un medio procesal breve para la protección constitucional"[2135]. En sentido contrario, sin embargo, la misma Corte Primera de lo Contencioso Administrativo en sentencia de 1 de octubre de 1990 consideró que ante decisiones de los Inspectores del Trabajo, los recursos contencioso administrativos sí eran los medios para actuar contra la parte patronal, constituyendo vías de naturaleza breve, sumaria y eficaz, por lo que la acción de amparo contra dichos actos se consideró inadmisible[2136].

Estas contradicciones, sin duda, derivan de la construcción jurisprudencial, también contradictoria a veces, del carácter extraordinario de la acción de amparo, de manera que esta sólo es admisible si no existen otros medios judiciales breves, sumarios y eficaces para la protección constitucional o aún existiéndolos, en el caso concreto, no resulten eficaces para el amparo a los derechos. De allí deriva que cada caso debe analizarse específicamente, no pudiendo formularse reglas absolutas ni siquiera en materia de acciones contencioso administrativa contra actos administrativos pues, si la suspensión de efectos se solicita y ello es suficiente como medio de protección constitucional, la acción autónoma de amparo resultaría inadmisible[2137].

Sobre esta causal de inadmisibilidad de la acción de amparo, la Sala Constitucional del Tribunal Supremo en sentencia N° 963 de 5 de junio de 2001 (Caso: *José A. Guía y otros vs. Ministerio de Infraestructura*) ha sentado el criterio de que la acción de amparo constitucional, opera en su tarea específica de encauzar las demandas contra actos, actuaciones, omisiones o abstenciones lesivas de derechos constitucionales, bajo las siguientes condiciones:

> "a) Una vez que los medios judiciales ordinarios han sido agotados y la situación jurídico constitucional no ha sido satisfecha; o

---

2135 Véase sentencia de la Corte Primera de lo Contencioso Administrativo de 29–7–93, (Caso: *Víctor R. Pérez vs. INOS*), *Revista de Derecho Público,* N° 55–56, EJV, Caracas, 1993, p. 349.

2136 Véase *Revista de Derecho Público,* N° 44, EJV, Caracas, 1990, p. 153.

2137 Véase en *Revista de Derecho Público,* N° 57–58, EJV, Caracas, 1994.

b) Ante la evidencia de que el uso de los medios judiciales ordinarios, en el caso concreto y en virtud de su urgencia, no dará satisfacción a la pretensión deducida.

La disposición del literal a), es bueno insistir, apunta a la comprensión de que el ejercicio de la tutela constitucional por parte de todos los jueces de la República, a través de cualquiera de los canales procesales dispuestos por el ordenamiento jurídico, es una característica inmanente al sistema judicial venezolano; por lo que, en consecuencia, ante la interposición de una acción de amparo constitucional, los tribunales deberán revisar si fue agotada la vía ordinaria o fueron ejercidos los recursos, que de no constar tales circunstancias, la consecuencia será la inadmisión de la acción sin entrar a analizar la idoneidad del medio procedente, pues el carácter tuitivo que la Constitución atribuye a las vías procesales ordinarias les impone el deber de conservar o restablecer el goce de los derechos fundamentales, por lo que bastaría con señalar que la vía existe y que su agotamiento previo es un presupuesto procesal a la admisibilidad de la acción de amparo.

La exigencia del agotamiento de los recursos a que se refiere el aludido literal a), no tiene el sentido de que se interponga cualquier recurso imaginable, sino sólo los que permitan reparar adecuadamente lesiones de derechos fundamentales que se denuncian. No se obliga, pues, a utilizar en cada caso todos los medios de impugnación que puedan estar previstos en el ordenamiento procesal, sino tan sólo aquellos normales que, de manera clara, se manifiesten ejercitables y razonablemente exigibles. En consecuencia, por ejemplo, ante el agotamiento de la doble instancia en un juicio civil, el actor tendrá la posibilidad de recurrir en casación o en amparo constitucional, pues es sabido que aquélla constituye una vía extraordinaria de revisión.

De cara al segundo supuesto, relativo a que la acción de amparo puede proponerse inmediatamente, esto es, sin que hayan sido agotados los medios o recursos adjetivos disponibles, el mismo procede cuando se desprenda de las circunstancias fácticas o jurídicas que rodean la pretensión que el uso de los medios procesales ordinarios resultan insuficientes al restablecimiento del disfrute del bien jurídico lesionado. Alguna de tales circunstancias podría venir dada cuando, por ejemplo, la pretensión de amparo exceda del ámbito ínter subjetivo para afectar gravemente al interés general o el orden público constitucional; en caso de que el recurrente pueda sufrir una desventaja inevitable o la lesión devenga irreparable por la circunstancia de utilizar y agotar la vía judicial previa (lo que no puede enlazarse el hecho de que tal vía sea costosa o menos expedita que el procedimiento de amparo); cuando no exista vía de impugnación contra el hecho lesivo, o ésta sea de imposible acceso; cuando el peligro provenga de la propia oscuridad o complejidad del ordenamiento procesal; o ante dilaciones indebidas por parte los órganos judiciales, tanto en vía de acción principal como en vía de recurso (debe recordarse, no obstante, que el concepto de proceso sin dilaciones indebidas es un concepto jurídico indeterminado, cuyo contenido concreto deberá ser obtenido mediante la aplicación, a las circunstancias específicas de cada caso, de los criterios objetivos que sean congruentes con su enunciado genérico. Podrían identificarse, como ejemplo, de tales criterios objetivos: la complejidad del litigio, los márgenes ordinarios de duración de los litigios del mismo tipo, la conducta procesal del interesado y de las autoridades implicadas y las consecuencias que de la demora se siguen para los litigantes. Así pues, criterios de razonabilidad pesarán sobre la decisión que se tome en cada caso concreto).

3. Así, en cuanto al complejo de medios procesales que la Constitución pone a disposición de las personas, esta Sala, en su decisión n° 848/2000 de 28 de julio, afirmó:

> Sin mucha claridad, fallos de diversos tribunales, incluyendo los de varias Salas de la extinta Corte Suprema de Justicia, han negado el amparo al accionante, aduciendo que el mismo ha debido acudir a las vías procesales ordinarias, aunque sin explicar la verdadera causa para ello, cual es que por estas vías se podía restablecer la situación jurídica infringida antes que la lesión causare un daño irreparable, descartando así la amenaza de violación lesiva [...]

Por lo tanto, no es cierto que *per se* cualquier trasgresión de derechos y garantías constitucionales está sujeta de inmediato a la tutela del amparo, y menos las provenientes de la actividad procesal, ya que siendo todos los jueces de la República tutores de la integridad de la Constitución, ellos deben restablecer, al ser utilizadas las vías procesales ordinarias (recursos, etc.), la situación jurídica infringida, antes que ella se haga irreparable.

Asimismo, en su sentencia n° 1592/2000 de fecha 20 de diciembre, esta Sala sostuvo:

> Ahora bien no puede aspirar la parte accionante dejar sin efecto dicho decreto de expropiación a través del ejercicio del amparo autónomo, ni pretender a través de la misma la nulidad de los actos administrativos dictados por un ente distinto al que se señala como agraviante, lo cual colocaría en estado de indefensión al órgano administrativo que dictó el acto.
>
> En este sentido observa la Sala que no resulta posible sustituir a través de la acción de amparo constitucional, el ejercicio del recurso contencioso–administrativo de anulación en el cual el legislador consagró un procedimiento especial donde se otorgan las garantías procesales tanto al recurrente como a la propia Administración autora del acto, es en este procedimiento donde se analizaría la legalidad o inconstitucionalidad del acto administrativo impugnado" (Subrayado posterior).

En una reciente decisión, la N° 331/2001 de 13 de marzo, esta Sala confirmó su doctrina al respecto, en los siguientes términos:

> "Para que sea estimada una pretensión de amparo constitucional es preciso que el ordenamiento jurídico no disponga de un mecanismo procesal eficaz, con el que se logre de manera efectiva la tutela judicial deseada. Pretender utilizar el proceso de amparo, cuando existen mecanismos idóneos, diseñados con una estructura tal, capaz de obtener tutela anticipada, si fuere necesario (artículo 136 de la Ley Orgánica de la Corte Suprema de Justicia, las disposiciones pertinentes del Código de Procedimiento Civil o inclusive el amparo cautelar), al tiempo que garantizan la vigencia de los derechos constitucionales de todas las partes involucradas, haría nugatorio el ejercicio de las acciones correspondien-

tes a este tipo de procesos y los efectos que tiene la acción de amparo constitucional, referidos al restablecimiento de situaciones jurídicas infringidas" (Subrayado posterior).

Ejemplo de algunas de las situaciones en las cuales procede la interposición de la acción de amparo en forma directa, fueron referidos por esta Sala en su citada sentencia 848/2000, así tenemos que:

> 7. Los actos procesales como tales, lesivos a bienes jurídicos constitucionales, son objeto de peticiones de nulidad por las partes afectadas por ellos, y el amparo realmente procederá contra la sentencia que resuelva la nulidad, o contra la omisión del juez o del funcionario judicial (si de él se trata) de dictarla en el lapso legal. Pero a pesar de ello, los actos judiciales que violen derechos o garantías constitucionales de las partes, que de no corregirse de inmediato sus efectos se harían irreparables, serán objeto de amparo...
>
> 9. Las partes en caso de que las violaciones infrinjan el orden público, siempre tendrán expedita la vía del amparo, sin las limitaciones del numeral 4 del artículo 6 de la ley especial.

En cuanto a los terceros, el proceso puede afectarlos directa o indirectamente. Dentro del derecho común, los terceros tienen en las tercerías la posibilidad para oponerse a los efectos lesivos a su situación jurídica que le causen los fallos, actos u omisiones procesales, que contengan infracciones a sus derechos y garantías constitucionales. Resulta una cuestión casuística, de acuerdo a la posibilidad que la lesión se haga irreparable si no se actúa de inmediato, optar entre la tercería posible o la acción de amparo". (Subrayado posterior).

4. Precisado lo anterior, visto que en el caso bajo examen, el requisito del agotamiento de la vía judicial contencioso administrativa ordinaria no se encuentra satisfecho, pues a él no atiende ninguno de los alegatos de los accionantes, ni consta de los documentos anexos al escrito, y sin necesidad de analizar si esa vía es la idónea, en el sentido de satisfacer la pretensión de los accionantes, debe tomarse en cuenta lo señalado por esta Sala en cuanto a la potestad que les atribuye a todos los tribunales el artículo 27 constitucional en orden a garantizar los derechos fundamentales, así como que el artículo 259 constitucional consagra que "...Los órganos de la jurisdicción contencioso administrativa son competentes para anular los actos administrativos generales o individuales contrarios a derecho, incluso por desviación de poder; condenar al pago de sumas de dinero y a la reparación de daños y perjuicios originados en responsabilidad de la Administración; conocer de reclamos por la prestación de servicios públicos; y disponer lo necesario para el restablecimiento de las situaciones jurídicas subjetivas lesionadas por la actividad administrativa", lo que significa que la Constitución garantiza a los administrados, a través del citado precepto 259, un plus de garantías que no deja dudas respecto a la potestad que tienen esos tribunales para resguardar los derechos o garantías constitucionales que resulten lesionados por actos o hechos dictados o ejecutados en ejercicio de la función administrativa u omisiones o abstenciones de órganos o personas obligados por normas

de derecho administrativo. En consecuencia, la solicitud en cuestión resulta inadmisible. Así se decide finalmente."[2138]

En todo caso, en relación con los actos administrativos, la doctrina más reciente de la Sala Constitucional ha sido la de considerar que la acción autónoma de amparo contra los mismos es inadmisible considerando que "las acciones contencioso-administrativas -entre las cuales se encuentran el recurso de nulidad, el recurso por abstención o la querella funcionarial-, constituyen vías judiciales idóneas, es decir breves, sumarias y eficaces, para el alcance del restablecimiento de la situación jurídica infringida, ello, aunado al amplio poder de restablecimiento que atribuye al juez contencioso administrativo el citado artículo 259 de la Constitución de la República"[2139]

6. *La ausencia de cosa juzgada*

De acuerdo con el artículo 346 del Código de Procedimiento Civil, una de las cuestiones previas que pueden promoverse dentro del lapso fijado para la contestación de la demanda es "la cosa juzgada" (ord. 9), la que en materia de amparo puede considerarse como una causal de inadmisibilidad.

Por ello, la Corte Primera de lo Contencioso Administrativo en sentencia de 16 de octubre de 1986 (Caso: *Pedro J. Montilva*), estableció que si en un caso "vuelve a replantearse una acción de amparo que versa sobre el mismo objeto; que denuncia las mismas infracciones; que se basa en los mismos motivos y fundamentaciones y que gira en relación con idéntico objeto al anterior y está dirigida contra igual sujeto"; entonces es evidente que en dicho caso: "se impone la fuerza de la cosa juzgada para impedir tal replanteamiento, ya que la cuestión debatida posee la misma identidad subjetiva y objetiva con la que fuera objeto de decisión definitiva"[2140].

Por supuesto, la cosa juzgada en materia de amparo sólo surge respecto de lo debatido y debatible en vía de amparo, que es sólo la violación o amenaza de violación de un derecho o garantía constitucional. Por ello, de acuerdo con el artículo 36 de la Ley Orgánica de Amparo, "la sentencia firme de amparo producirá efectos jurídicos respecto al derecho o garantía objetos del proceso, sin perjuicio de las acciones o recursos que legalmente correspondan a las partes". Es decir, la sentencia de amparo no necesariamente resuelve el fondo material del asunto, sino solo el aspecto de violación o amenaza de violación del derecho o garantía, que es sobre lo único que produce efectos jurídicos la sentencia de amparo. Por ello, dicha sentencia sólo tiene efectos restitutorios, pues por vía de amparo como lo dijo la antigua Corte Suprema de Justicia "no puede lograrse ninguno de los tres tipos de sentencia conocidos: de-

2138 Véase en *Revista de Derecho Público*, N° 85–88, Editorial Jurídica Venezolana, Caracas 2001, pp. 448 y ss. Véase también, sentencia de la Sala Constitucional N° 727 de 5–5–2005 (Caso: *Procuraduría General de la República*), en *Revista de Derecho Público*, N° 102, Editorial Jurídica Venezolana, Caracas, 2005, pp. 174 ss.

2139 Véase la sentencia nº 3375 de 4–11–2005 (Caso: *Refinadora de Maíz Venezolana, C.A. (Remavenca), y Procesadora Venezolana de Cereales, S.A. (Provencesa) vs. Ministro de Agricultura y Tierras y efectivos de los componentes Ejército y Guardia Nacional de la Fuerza Armada Nacional)*, en *Revista de Derecho Público,* N° 104, EJV, Caracas, 2005, p. 239.

2140 Véase en *Revista de Derecho Público,* N° 28, EJV, Caracas, 1986, p. 106.

clarativa, constitutiva o de condena, ni por supuesto, una sentencia interpretativa"[2141].

XI. EL PROCEDIMIENTO EN EL PROCESO DE LA ACCIÓN DE AMPARO

La Constitución de 1999, en el artículo 27, al consagrar el derecho de amparo, precisó en términos generales como principios del procedimiento de la acción de amparo constitucional, que el mismo:

> "será oral, público, breve, gratuito y no sujeto a formalidad y la autoridad judicial competente tendrá potestad para restablecer inmediatamente la situación jurídica infringida o la situación que más se asemeje a ella."

Para ello, la norma constitucional completa la regulación disponiendo que "todo tiempo será hábil y el tribunal debe tramitar siempre las acciones de amparo con preferencia a cualquier otro asunto."

La secuela lógica de estos principios es el deber de los funcionarios públicos y de los particulares de prestar su colaboración al tribunal de amparo cuando así se les requiera, particularmente para el restablecimiento de las situaciones jurídicas infringidas.

Analizaremos de seguidas aspectos fundamentales del procedimiento judicial en materia de amparo en el derecho comparado, para luego referirnos a sus regulaciones en la Ley Orgánica de Amparo.

1. *Algunas características generales del procedimiento en materia de amparo en el derecho comparado*

En el derecho comparado, derivado del carácter extraordinario de la acción y proceso de amparo, se pueden distinguir una serie de principios generales que normas generales que regulan el procedimiento, y que se refieren a su carácter bilateral; al carácter breve y prevalente del procedimiento; a la función de los tribunales dirigiendo el procedimiento y a la necesidad que la ley sustantiva prevalezca sobre las formalidades.

A. *El carácter bilateral del procedimiento*

Uno de los principios fundamentales con respecto al recurso de amparo es que aun siendo de naturaleza extraordinaria, el carácter bilateral debe estar siempre garantizado. Esto implica que el recurso de amparo debe ser siempre iniciado a instancia de las partes lesionadas o agraviadas, de manera que no hay previsión alguna sobre posibles decisiones de amparo *ex officio*.[2142] Por tanto, el procedimiento de amparo debe siempre iniciarse mediante una acción o recurso interpuesto por ante el tribunal competente por una parte (agraviado) contra la otra (la lesionante o agraviante) cuyas acciones u omisiones han violado o amenazado de causado el daño a

---

2141 Véase sentencia de la Sala Político Administrativa de 15–7–92, *Revista de Derecho Público,* EJV, Caracas, nº 51, 1992, p. 171.

2142 Solo en caso de habeas corpus, algunas leyes de amparo atribuyen a los tribunales la facultad de iniciar el procedimiento *ex officio*: Guatemala (art. 86), Honduras (art. 20).

sus derechos constitucionales. Esta parte, en su posición de agraviante, debe siempre ser citada y ida en el proceso para garantizar su derecho a la defensa y al debido proceso.

El resultado final del procedimiento de amparo es siempre una orden judicial, como también ocurre en los Estados Unidos con las órdenes de las *injunctions* o los *mandamus,* los cuales están dirigidos a la parte agraviante ordenándole hacer, abstenerse de hacer, suspender los efectos del acto lesivo o anularlo.[2143]

Sin embargo, en América Latina, las leyes de amparo no solo se refieren al amparo como una orden o mandamiento judicial general, ordenando al demandado hacer o refrenarse de hacer algún acto especifico, aplicable en cualquier tipo de proceso y en relación con el reclamo de cualquier tipo de derechos, como sucede en los Estados Unidos, sino que está concebido como un procedimiento específicamente diseñado para tutelar derechos y garantías constitucionales tras un procedimiento contencioso. Todas las fases o etapas del procedimiento están reguladas, terminando el proceso con una decisión u orden judicial dirigida a amparar los derechos constitucionales de la parte agraviada.

Por consiguiente, la norma general del procedimiento de amparo es que, aun siendo éste breve y sumario, en el mismo se garantiza el contencioso basado en el principio de bilateralidad,[2144] asegurando la presencia de ambas partes y el respeto a las garantías constitucionales del debido proceso, particularmente el derecho a la defensa.[2145] Es por eso que, por ejemplo, el Código Procesal Civil paraguayo en

---

2143 El recurso de amparo tiene similaridades con la demanda civil de *injunction* que la parte agraviada puede incoar en un tribunal para procurar la tutela o recuperación de sus derechos infringidos o para prevenir la violación de éstos. También puede identificarse con el *mandamus* intentado por la parte agraviada ante un tribunal contra un funcionario público cuya omisión ha causado daños al recurrente con el fin de conseguir una orden mandándole a cumplir la obligación que la ley exige de él pero que rehúsa hacer o se niega a cumplir. El recurso de amparo también tiene similaridades con la *prohibition* u orden de remisión del expediente, intentada ante el tribunal superior competente por la parte agraviada (cuyos derechos constitucionales han sido violados por una decisión judicial), procurando con ello obtener la anulación o enmienda del vicio o error de la decisión del tribunal inferior.

2144 José Luis Lazzarini, *El Juicio de Amparo,* Editorial La Ley, Buenos Aires, 1987, pp. 270 ss. En el procedimiento, también son considerados partes los terceros que pueden ser perjudicados o beneficiados por el recurso y sus resultas, así como el Procurador General de la Nación o el Defensor del Pueblo.

2145 Así, la garantía judicial de los derechos constitucionales que constituye el amparo no puede, de ninguna manera, transformarse en un procedimiento violatorio de otras garantías constitucionales como el derecho a la defensa. Excepto respecto de las órdenes judiciales cautelares o preliminares, el principio *audi alteram partem* (que la otra parte sea oída o que ambas partes lo sean) debe ser siempre respetado. Por eso es que, por ejemplo, la antigua Corte Suprema de Justicia de Venezuela, ante un recurso de nulidad de 1.996, anuló el artículo 22 de la ley de amparo de 1.988 que permitía a los tribunales tomar decisiones definitivas en materia de amparo en casos de violaciones graves de los derechos constitucionales, restableciendo el derecho constitucional lesionado sin ningún cuestionamiento formal o sumario y sin oír al accionante o a la parte potencialmente agraviante. Aun cuando el artículo pudo haber sido constitucionalmente interpretado como dirigido solo a permitir el tomar medidas cautelares *inaudita partem* o *injunctions* en el procedimiento, la Corte Suprema estimó el artículo como una violación vulgar y flagrante del derecho constitucional a la defensa propia y lo anuló. Véase sentencia de la antigua Corte Suprema de Justicia del 21 de mayo de 1.996, *Gaceta Oficial Extra.* N° 5071 del 29 de mayo de 1.996. Véanse comentarios en Allan R. Brewer-Carías, *Instituciones Políticas y Constitucionales*, Vol. V, *Derecho y Acción de Amparo,* Universidad Católica del Táchira, Editorial Jurídica Venezolana, Caracas,

relación con el procedimiento de amparo expresamente señala que el juez de amparo debe siempre garantizar el principio contencioso o de contradicción dentro del carácter sumario del procedimiento (art. 586).

La única excepción al respecto en América Latina puede encontrarse en Chile, donde en ausencia de una ley reguladora del amparo, conforme a las normas fijadas por la Corte Suprema, el amparo no está considerado como un procedimiento fundamentado en una controversia entre partes sino en una petición formulada por una parte ante el tribunal, siendo la relación procesal aquella establecida entre un recurrente y un tribunal y no entre dos partes, la agraviada y la agraviante.[2146] No obstante, cualquier persona afectada puede hacerse parte en el procedimiento.

Pero excepto en este caso de Chile, el carácter bilateral del procedimiento de amparo impone el respeto a las garantías del debido proceso, tendiendo a garantizarse el derecho de los demandados, y partes interesadas, a defenderse.

Es por esto que ningún mandamiento u orden definitiva de amparo puede pronunciarse sin la participación del agraviante o, al menos, sin su conocimiento de la existencia del proceso; siendo muy rara la excepción a esta norma, como es el caso de Colombia, donde el decreto 2591 de la ley tutela permite al tribunal la posibilidad de conceder la protección constitucional la tutela *in limine litis*, es decir, "prescindiendo de cualquier consideración formal y sin ninguna averiguación previa, siempre y cuando el fallo se funde en un medio de prueba del cual se pueda deducir una grave e inminente violación o amenaza del derecho" (art. 18).

La previsión colombiana indudablemente estuvo inspirada en la Ley Orgánica de Amparo venezolana de 1988 en la cual también prevé la posibilidad de que el juez de amparo pudiera inmediatamente "restablecer la situación jurídica infringida, prescindiendo de consideraciones de mera forma y sin ningún tipo de averiguación sumaria," exigiendo en esos casos que "el mandamiento de amparo debía ser motivado y estar fundamentado en un medio de prueba que constituyera presunción grave de la violación o de la amenaza de violación." (art. 22).

Sin embargo, dicha norma fue anulada por la antigua Corte Suprema de Justicia, la cual se negó incluso a interpretarlo "conforme a la Constitución" y reducirlo a ser una previsión solo aplicable a la adopción de medidas cautelares o preliminares, y no dirigida a la adopción de una decisión de amparo definitiva que pudiera ser pronunciada *inaudita parte*, pues sería inconstitucional. En particular, en el proceso de acción popular seguido ante la antigua Corte Suprema de Justicia contra dicho artículo en el cual se alegó dicha inconstitucionalidad, se solicitó a la Corte la posibilidad de interpretar la norma de acuerdo con la Constitución *–secundum constitutionem–* en el sentido de precisar que lo que la misma perseguía era establecer una

---

1.998, pp. 389 ss.; y en Rafael Chavero, *El Nuevo Régimen del Amparo Constitucional en Venezuela*, Caracas, 2001, pp. 212, 266 ss. y 410 ss.

2146 Véase por ejemplo, Sergio Lira Herrera, *El recurso de protección. Naturaleza jurídica, doctrina, jurisprudencial, derecho comparado*, Santiago de Chile, 1.990, pp. 157 ss.; Juan Manuel Errazuziz G. y Jorge Miguel Otero A, *Aspectos procesales del recurso de protección,* Editorial Jurídica de Chile, Santiago, 1989, pp. 39, 40 y 157. En sentido contrario, véase Enrique Paillas quien considera que en el recurso de tutela, aplica el principio de bilateralidad, en Enrique Paillas, *El recurso de protección ante el derecho comparado*, Editorial Jurídica de Chile, Santiago, 1990, pp. 105.

autorización legal para que los tribunales pudieran adoptar de manera inmediata medidas preliminares protectoras (mientras se resolvía el caso), pero no decisiones definitivas de amparo. No obstante, el tribunal rechazó esta interpretación y anuló el artículo 22 de la Ley de Amparo de 1988[2147] considerando que violaba flagrantemente el derecho constitucional a la defensa. La consecuencia adjetiva fue que, no habiéndose interpretado el artículo de acuerdo con la Constitución, en la ley especial de amparo no se podía encontrar fundamento legal podía que permitiera a los tribunales tomar medidas provisionales o preliminares,[2148] por lo que entonces, las mismas fueron adoptadas aplicándose las disposiciones generales del código de procedimiento civil.

B. *El carácter breve y sumario del procedimiento*

Debido a que la acción de amparo es un recurso extraordinario para la inmediata protección de los derechos constitucionales, el rasgo principal del proceso que origina es el carácter breve y sumario del procedimiento, el cual se explica gracias por el principio de la inmediatez, es decir, su propósito de proteger a las personas inmediatamente en casos de daños irreparables o amenazas a los derechos constitucionales.

Este carácter irreparable del daño o la inminencia de la amenaza y la inmediata necesidad de protección, han sido los elementos claves que han moldeado las reglas procesales no solo del procedimiento de amparo en América Latina, sino también las *injunctions* en los Estados Unidos, donde la doctrina judicial en la materia es también que "una *injunction* solo se concede cuando es requerida para evitar un daño inmediato e irreparable a derechos legalmente reconocidos, tales como derechos de propiedad, derechos constitucionales o contractuales."[2149]

2147 Sentencia del 21 de mayo de 1.996. v. *Gaceta Oficial Extra* n° 5071 29 de mayo de 1.996. Véanse comentarios en Allan R. Brewer-Carías, *Instituciones Políticas y Constitucionales*, Vol. V, *Derecho y Acción de Amparo,* Editorial Jurídica Venezolana, Caracas, 1998, pp. 388–396; Rafael Chavero Gazdik, *El nuevo régimen del amparo constitucional en Venezuela*, Edit. Sherwood, Caracas, 2001, pp. 212, 266 ff., 410 ss.

2148 Véanse comentarios en Allan R. Brewer-Carías, *Instituciones Políticas y Constitucionales*, Vol. V, *Derecho y Acción de Amparo*, Universidad Católica del Táchira, Editorial Jurídica Venezolana, Caracas, 1998, pp. 398.

2149 Por consiguiente, "debe haber una necesidad vital para recurrir a la *injunction* a fin de que (sin ella) una de las partes no sea lesionada y dejada sin un recurso adecuado". *Treadwell v. Investment Franchises, Inc*., 273 Ga. 517,543 S.E.2d 729 (2001). En otras palabras "para justificar una *injunction* debe ordinariamente mostrarse con claridad que algún acto se ha hecho, o se amenaza hacer, que producirá un daño irreparable a la parte solicitante (de la injunction). *U.S. v. American Friends Service Committee*, 419 U.S. 7, 95 S.Ct. 13, 42 L. Ed. 2d 7 (1974). En el mismo sentido se ha establecido que: "La mismísima función de la injunction es la de disponer de un recurso preventivo ante un entuerto o daño irreparable y este recurso no será concedido cuando esté claro, a satisfacción del tribunal, que el daño reclamado no tiene ese carácter" *State Com'n on Human Relations v. Talbot County Detention Center*, 370 Md. 115, 803 A.2d 527 (2002). Aún más, una *injunction* "no será, como regla general, concedida donde no se demuestre que un daño irreparable sea inmediatamente inminente y que será infligida al recurrente antes que el caso pueda llegar a su conclusión, independientemente de cuanto parezca que el solicitante prevalecerá al fondo". *Packaging Industries Group, Inc. v. Cheney*, 380 Mass. 609, 405 N.E.2d. 106 (1980). Véase la referencia a los casos correspondientes en John Bourdeau *et al.*, "Injunctions," en Kevin

Los mismos principios aplican también al procedimiento de amparo, originando la configuración de un procedimiento breve y sumario precisamente justificado debido al propósito tutelar del recurso y la inmediata protección requerida ante las violaciones o amenazas de violaciones a los derechos constitucionales.

Para estos fines, muchas leyes de amparo latinoamericanas expresamente establecen algunos lineamientos básicos que contienen principios generales que deben regular el procedimiento. Por ejemplo, en Colombia, el decreto 2.591 de la ley de tutela se refiere a "los principios de publicidad, prevalencia del derecho sustancial, economía, celeridad y eficacia" (art. 13). En Ecuador, la ley se refiere a "los principios de celeridad procesal e inmediatez" (art. 59); en Honduras se hace mención de "los principios de independencia, moralidad en el debate, informalidad, publicidad, prevalencia del derecho sustancial, gratuidad, celeridad, economía procesal, eficacia y debido proceso" (art. 45); y en Perú, el Código Procesal Constitucional se refiere "a los principios de dirección judicial del proceso, gratuidad en la actuación del demandante, economía, inmediación y socialización procesales." (art. III).

Es en este contexto que el artículo 27 de la Constitución venezolana también establece expresamente que el procedimiento de la acción constitucional de amparo debe ser oral, pública, breve, libre y no sujeta a formalidades.[2150]

C. *El carácter preferente del procedimiento y la función de los tribunales*

Una de las consecuencias del carácter breve y sumario del procedimiento de la acción de amparo es su carácter preferente que impone, como se dispone en la Constitución venezolana, que "todo tiempo será hábil y el tribunal lo tramitará con preferencia a cualquier otro asunto" (art. 27); principios éstos que están previstos en casi todas las leyes de amparo de Latinoamérica cuando expresamente disponen que la

---

Schroder, John Glenn and Maureen Placilla, *Corpus Juris Secundum*, Volume 43A, Thomson West, 2004, pp. 76–78.

2150 Respecto de algunos de estos principios, la Corte Primera de lo Contencioso- Administrativo venezolana, aun antes de la sanción de la Ley de Amparo de 1.988, dispuso que debido al carácter breve del procedimiento, debe entenderse como teniendo "la condición de ser urgente, debe seguirse rápidamente y decidirse en el menor tiempo posible," y adicionalmente debe ser sumario, en el sentido de que "el procedimiento debe ser simple, sin complicaciones, sin incidencias ni formalidades complejas." Véase sentencia de 17 de enero de 1.985, en *Revista de Derecho Público*, Nº 21, Editorial Jurídica Venezolana, Caracas, 1985, p. 140. De acuerdo con estos principios, la Ley de amparo de 1.988 reguló un procedimiento breve, inmediato y sumario para el recurso de amparo hasta la aprobación de la Constitución de 1.999. A partir de ésta, la Sala Constitucional del Tribunal Supremo de Justicia interpretó las disposiciones de la ley, de acuerdo con la nueva Constitución, rehaciendo de cierta manera sus disposiciones a través de la interpretación constitucional. Véase sentencia de la Sala Constitucional del Tribunal Supremo de Justicia Nº 7 del 1 de febrero de 2.000 (Caso *José Amando Mejía*), en la *Revista de Derecho Público*, Nº 81, Editorial Jurídica Venezolana, Caracas, 2000, pp. 245 ss. Véanse los comentarios en Allan R. Brewer-Carías, *El sistema de justicia constitucional en la Constitución de 1999. Comentarios sobre su desarrollo jurisprudencial y su explicación, a veces errada, en la Exposición de Motivos*, Editorial Jurídica Venezolana, Caracas, 2000; y en Rafael Chavero Gazdik, *El nuevo régimen del amparo constitucional en Venezuela*, Edit. Sherwood, Caracas, 2001, pp. 203 ss.

acción de amparo puede ser intentada en cualquier momento,[2151] incluso en días feriados y fuera de horas laborales.[2152]

Este carácter preferente del procedimiento también implica que el mismo debe seguirse con prelación a cualquier otro, de manera que cuando un recurso de amparo es intentado, los tribunales deben posponer todo otro proceso de distinta naturaleza.[2153] La excepción a esta regla es en materia de habeas corpus, en la que la preeminencia de la libertad personal sobre otros derechos impone la necesidad de continuar con este procedimiento.[2154]

Como regla general y debido a su carácter breve, en el procedimiento de amparo los plazos procesales no pueden extenderse, suspenderse ni interrumpirse, salvo los casos expresamente previstos en la ley;[2155] siendo responsabilidad de los tribunales cualquier demora en el procedimiento.[2156]

En particular, en el procedimiento de amparo no son admisibles las incidencias.[2157] Además, en algunos casos no son admisibles, o están restringidas, las recusaciones a jueces;[2158] y algunas leyes de amparo disponen de reglas procesales breves y específicas respecto de casos inhibiciones o impedimentos del juez competente para resolver la acción.[2159]

Además, se establece que las notificaciones por parte del tribunal puedan ser efectuadas mediante cualquier medio, incluyendo medios técnicos o electrónicos.[2160]

D. *El rol activo del juez en el proceso de amparo*

Otro rasgo general que se encuentra en el proceso de amparo en los países de América Latina es el rol activo que las leyes de amparo atribuyen a los tribunales

---

2151 Véase Colombia, arts. 1 y 15; Honduras, art. 16; Guatemala, art. 5.

2152 Véase Costa Rica, art. 5; Ecuador, art. 47; El Salvador, art. 79; Paraguay, art. 585.

2153 Véase Guatemala, art. 5; Honduras, art. 4,3; Perú; Venezuela, art. 13. Al contrario, la Ley de Amparo de la República Dominicana establece que el ejercicio del recurso de amparo no suspenderá ningún procedimiento judicial en curso (art. 5).

2154 Véase Colombia, art. 15; Brasil, art. 17; Costa Rica, art. 39; Honduras, art. 51.

2155 Véase Costa Rica, arts. 8 y 39; El Salvador, art. 5; Honduras, art. 4; Perú, art. 33,8.

2156 Véase Costa Rica, art. 8; Honduras, art. 4,8; Perú, art. 13.Al respecto, por ejemplo, el Reglamento del Recurso de Amparo de Filipinas de 2007 enumeró ampliamente las diferentes defensas y mociones que están prohibidas en materia del procedimiento de amparo: "1. moción para desestimar la admisión del recurso; 2. prórrogas de los plazos para las contestaciones, excepciones, declaraciones juradas, posiciones y otras defensas; 3. excepciones dilatorias; 4. promoción de acusaciones, cargos o demandas; 5. contrademanda y citas en saneamiento; 6. tercerías; 7. réplicas; 8. moción para que el tribunal que oye la apelación declare contumaz a la parte no apelante; 9. hacerse parte en juicio; 10. informes; 11. reconsideración de medidas interlocutorias o preventivas; 12. recursos de *certiorari*, mandamus o prohibiciones contra medidas interlocutorias." (sec.11).

2157 Véase Honduras, art. 70; Uruguay, art. 12; Panamá, art. 2.610; Paraguay, art. 586; Uruguay, art. 12.

2158 Véase Argentina, art. 16; Colombia, art. 39; Ecuador, arts. 47 y 59; Honduras, art. 18; Panamá, art. 2.610; Paraguay, art. 586; Perú, arts. 33, 1 y 2; Venezuela, art. 11.

2159 Véase Costa Rica, art. 6; Guatemala, arts. 17 y 111; México, art. 66; Panamá, art. 2.610; Perú, art. 52; Venezuela, art. 11; República Dominicana, art. 8.

2160 Véase El Salvador, art. 79.

para la conducción del procedimiento, facultándolos, en algunos casos, para actuar incluso *ex officio*[2161] particularmente en materia de pruebas,[2162] no siendo la inercia de las partes válida para justificar ningún retraso.[2163]

E. *La preeminencia de la ley sustantiva*

Otro principio aplicable a las reglas procesales de amparo para garantizar el carácter breve y sumario del procedimiento, es el principio de preeminencia de la ley sustantiva sobre las reglas formales, a las cuales se refiere, por ejemplo, la Ley de Justicia Constitucional de Honduras cuando dispone que "prevalecerá el fondo sobre la forma" y así "los defectos procesales no impedirán la expedita sustanciación de los asuntos" del procedimiento. Eventualmente, se trata de la preeminencia de la *justicia sustantiva* sobre la *justicia formal*.

Por consiguiente, se dispone que "las partes podrán corregir sus propios errores, siempre que fueren subsanables" y, asimismo, los tribunales estarán autorizados para corregirlos *ex officio*.[2164] Es por eso que, por ejemplo, el Código Procesal Constitucional peruano especifica que "el Juez y el Tribunal Constitucional deben adecuar la exigencia de las formalidades previstas en este Código al logro de los fines de los procesos constitucionales" (art. III), que son la protección inmediata de los derechos constitucionales.

2. *Características generales del procedimiento de amparo en la Ley Orgánica*

A. *El principio de la bilateralidad) y el principio inquisitivo*

El proceso de amparo constitucional, a pesar de la brevedad del procedimiento, ante todo se rige por el principio de la bilateralidad, de manera que el mismo da origen a un verdadero juicio entre partes, que se rige por el principio de la igualdad que obliga al juez a mantener entre ellas la absoluta igualdad material, conforme a la ley, debiendo quedar excluido del proceso la aplicación de cualquier privilegio o prerrogativa procesal.. Ello implica que cuando el agraviante sea una autoridad pública, deben quedar excluidos del procedimiento de amparo los privilegios procesales; lo que significa que no tienen aplicación las normas de la Ley Orgánica de la Procuraduría General de la República que regulan tales prerrogativas en relación a la actuación de la República en juicio.

El carácter contencioso, producto de la bilateralidad del juicio, fue lo que condujo en 1996 a la antigua Corte Suprema de Justicia, como antes se mencionó, a declarar la inconstitucionalidad del artículo 21 de la Ley Orgánica de 1988, que permitía al juez de amparo que al recibir la solicitud de amparo, pudiera adoptar el mandamiento de amparo, es decir, restablecer inmediatamente la situación jurídica infringida, "prescindiendo de consideraciones de mera forma y sin ningún tipo de

---

2161 Véase El Salvador, art. 5; Guatemala, art. 6; Honduras, art. 4,4; Perú, art. III; República Dominicana, art. 17.

2162 Véase República Dominicana, art. 5.

2163 Véase Costa Rica, art. 8; El Salvador, art. 5.

2164 Véase Honduras, art. 4,5; Guatemala, art. 6; Paraguay, art. 586; y El Salvador, art. 80.

averiguación sumaria que la preceda", lo cual, implicaba el que pudiera adoptar dicho mandamiento de amparo, definitivo *in limine litis* e *inaudita parte.*[2165]

Esto, sin duda, como antes se dijo, era violatorio de la garantía constitucional de la inviolabilidad del derecho a la defensa "en todo estado y grado de la investigación y del proceso" como lo impone la Constitución (Art. 49.1) y del mismo principio del mantenimiento de la "absoluta igualdad" entre las partes, que también recogía el artículo 21 de la Ley Orgánica, que el Juez de amparo está obligado a mantener.[2166] Sin embargo, en relación con dicha norma, estimábamos al sancionarse la Ley Orgánica, que la potestad del artículo 22 debió haberse interpretado conforme a la Constitución en el sentido de referirla exclusivamente a la adopción de medidas cautelares o preventivas ("amparo temporal o provisional"), exigiéndose en cambio, siempre, la previa audiencia al presunto agraviante, antes de la adopción de la decisión definitiva de amparo.[2167]

Ahora bien, en 2013, la Sala Constitucional del Tribunal Supremo mediante sentencia Nº 993 de 16 de julio de 2013 (Caso: *Ministerio Público vs. Decisión Sala N° 2 de la Corte de Apelaciones del Circuito Judicial Penal del Área Metropolitana de Caracas de 17-9-2012*), al contrario de lo postulado por el principio de la bilateralidad, estableció como doctrina vinculante, la posibilidad de que se decreten mandamiento de amparo definitivos, *in limene litis*, "en las demandas de amparo en las cuales se ventilen la resolución de un punto de mero derecho, el Juez constitucional podrá, en la oportunidad de la admisión de la solicitud de amparo, decretar el caso como de mero derecho y pasar a dictar, sin necesidad de convocar y celebrar la audiencia oral, la decisión de fondo que permita restablecer inmediatamente y en forma definitiva la situación jurídica infringida o la situación que más se asemeje a ella".

La Sala, en efecto, luego de referirse a la doctrina jurisprudencial precedente establecida en la antes mencionada sentencia N° 644, del 21 de mayo de 1996, de la antigua Corte Suprema de declaración de nulidad del artículo 22 de la Ley Orgánica de Amparo sobre Derechos y Garantías Constitucionales, que fue ratificada por la misma Sala en la sentencia N° 7, del 1° de febrero de 2000 (caso: *José Amando Mejía*), y de reconocer que en la sentencia N° 988 del 15 de octubre de 2010 (caso: *Clarense Daniel Rusian Pérez*) había negado una petición de amparo in *limene Litis*, volvió a analizar el artículo 27 de la Constitución, constatando que el mismo, al regular el amparo, lo hizo más como un "derecho de amparo" que como una "una

---

2165 Véase sentencia de la antigua Corte Suprema de Justicia, en Corte Plena, mediante sentencia de 21-5-1996 en *Gaceta Oficial Extra* Nº 5071 de 29-5-96.

2166 Debe mencionarse, sin embargo, al contrario, que la Sala Constitucional del Tribunal Supremo en sentencia Nº 993 de 16 de julio de 2013, ha establecido como doctrina vinculante que "en las demandas de amparo en las cuales se ventile la resolución de un punto de mero derecho, el Juez constitucional podrá, en la oportunidad de la admisión de la solicitud de amparo, decretar el caso como de mero derecho y pasar a dictar, sin necesidad de convocar y celebrar la audiencia oral, la decisión de fondo que permita restablecer inmediatamente y en forma definitiva la situación jurídica infringida o la situación que más se asemeje a ella."Véase en *Revista de Derecho Público*, Nº 134, Editorial Jurídica Venezolana, Caracas 2013, pp. 144-148.

2167 Véase Allan R. Brewer–Carías, *Instituciones Políticas y Constitucionales*, Vol. VI, *Derecho y acción de amparo, op. cit.*, pp. 388 ss.

acción de amparo," disponiendo que "la autoridad judicial competente tendrá la potestad para restablecer inmediatamente la situación jurídica infringida o la situación que más se asemeje a ella." De ello dedujo la Sala que "la inmediatez y el restablecimiento de la situación jurídica infringida" propia del derecho de amparo "debe prevalecer en la ponderación con otros derechos constitucionales de igual rango como lo sería el derecho a la defensa."

Con base en esto, la Sala dedujo entonces que no necesariamente deba abrirse un contradictorio en el proceso de amparo, y por tanto, que dicho contradictorio puede o no abrirse, dependiendo "del hecho de que el juez constitucional estime el procedimiento más conveniente para el restablecimiento inmediato de la situación jurídica infringida que es lo medular en la vía del amparo." De lo contrario, afirmó la sala que "si ello no fuese así, el amparo carecería de eficacia," concluyendo en consecuencia que.

> "cuando el mandamiento de amparo se fundamente en un medio de prueba fehaciente constitutivo de presunción grave de la violación constitucional, debe repararse inmediatamente, en forma definitiva, y sin dilaciones la situación infringida, sin que se haga necesario abrir el contradictorio, el cual, sólo en caso de duda o de hechos controvertidos, justificará la realización de una audiencia oral contradictoria. Si ello no fuera así se desvirtuaría la inmediatez y eficacia del amparo.

En definitiva, la Sala Constitucional consideró que "existen situaciones de mero derecho o de tan obvia violación constitucional que pueden ser resueltas con inmediatez y sin necesidad del previo debate contradictorio porque se hace obvia igualmente la situación jurídica infringida," poniendo como ejemplo:

> "el caso en el cual se interponga una demanda de amparo contra una decisión judicial, firme, que condenó a un ciudadano a la ejecución de una pena de muerte o a cumplir una pena de prisión de cuarenta años. En estos supuestos, esperar la celebración de la audiencia oral para resolver el mérito de la controversia planteada, atentaría contra la posibilidad de la restitución inmediata de la situación jurídica infringida, ya que bastaría, con la sola interposición del amparo y la consignación de la copia de la decisión adversada, que el Juez constitucional concluyera *ipso iure*, por tratarse el asunto de un punto de mero derecho, que toda condena de muerte o la aplicación de una pena que exceda de treinta años es contrario a lo que disponen los artículos 43 y 44.3 de la Constitución de la República Bolivariana de Venezuela, respectivamente.
>
> De modo que, condicionar la resolución del fondo del amparo a la celebración de la audiencia oral sería inútil en aquellos casos en los cuales se intenta el amparo contra una decisión judicial por un asunto de mero derecho o de obvia violación constitucional, toda vez que ello ocasionaría la violación del derecho a la tutela judicial efectiva prevista en el artículo 26 *eiusdem*, que se concreta en

materia de amparo constitucional en el artículo 27 *ibidem*, debido a que el Estado no garantizaría, en estos casos, una justicia *"expedita."*[2168]

Ahora bien, y dejando aparte esta excepción establecida por la Sala Constitucional, como principio rige el principio de la bilateralidad, el cual sin embargo, no impide que en el procedimiento de la acción de amparo se otorguen al juez amplísimos poderes para conducir el procedimiento e, incluso, para evacuar pruebas de oficio a los efectos de garantizar la protección constitucional. En particular, el artículo 17 de la Ley Orgánica, faculta al Juez que conozca de la acción de amparo para ordenar, siempre que no signifique perjuicio irreparable para el actor, la evacuación de las pruebas que juzgue necesarias para el esclarecimiento de los hechos que aparezcan dudosos y oscuros. En tal sentido se entiende que hay perjuicio irreparable cuando exista otro medio de comprobación más acorde con la brevedad del procedimiento o cuando la prueba sea de difícil o improbable evacuación.

B. *Brevedad, informalidad y gratuidad*

El artículo 27 de la Constitución, al consagrar el derecho de amparo, como hemos visto precisa que el mismo debe ser " oral, público, breve, gratuito y no sujeto a formalidad.

El carácter breve del procedimiento había sido interpretado por la Corte Primera de lo Contencioso Administrativo aún antes de que se dictara la Ley Orgánica de 1988, considerando que debía entenderse "en el sentido de tener por si la condición de ser urgente, en tal condición, será tramitado con celeridad y debe ser resuelto en el menor tiempo posible"; además, debe ser sumario, en el sentido de que "debe ser simple, sencillo, despojado de incidencias, carente de formalidades complejas"[2169]. Además, consideró que debía impedirse que el procedimiento en materia de amparo "se transformara en una situación procesal compleja, confusa, limitada en el tiempo a resolver las múltiples y variadas impugnaciones opuestas como puntos previos".[2170]

Todo lo anterior lo precisó la Sala Constitucional del Tribunal Supremo de Justicia, en sentencia N° 1356 de 19 de octubre de 2009, al ratificar lo que había resuelto en sentencia N° 642 del 23 de abril de 2004, indicando que

---

2168 En el caso, la Sala Constitucional precisó que el mismo versaba exclusivamente sobre un punto de mero derecho, que era "la aplicabilidad o no, en el proceso penal primigenio, de la prerrogativa del antejuicio de mérito establecida en el artículo 266.3 de la Constitución de la República Bolivariana de Venezuela, no siendo necesario, a los fines de la resolución de fondo de la controversia, la convocatoria y sucedánea celebración de la audiencia oral, toda vez que lo señalado en la solicitud de amparo y el contenido del expediente penal original que consignó la parte actora, constituyen elementos suficientes para que la Sala se pronuncie inmediatamente sobre el fondo de la presente controversia, dado que las partes y los terceros involucrados no aportarían nada nuevo en esa audiencia oral." Véase en http://www.tsj.gov.ve/decisiones/scon/Julio/993-16713-2013-13-0230.html. Igualmente en *Revista de Derecho Público*, N° 135, Editorial Jurídica Venezolana, Caracas 2013, pp. 198 ss.

2169 Véase la sentencia de 17–1–85 *Revista de Derecho Publico,* n° 21, EJV, Caracas, 1985, p. 140.

2170 *Idem.*

> "...en el procedimiento de amparo no hay incidencias distintas a las existentes en la propia Ley de Amparo sobre Derechos y Garantías Constitucionales, por requerir la protección constitucional de un procedimiento cuya característica sea sumaria, efectiva y eficaz.
>
> La necesidad de que el procedimiento de amparo sea célere comprende que su sustanciación no sea desviada por aplicación de incidencias procesales, salvo, como lo ha venido implementando la Sala, que sea necesario en aras de preservar idóneamente el derecho a la defensa y la efectividad del sistema de justicia, la adopción de determinadas modalidades a las cuales se les recurre para asegurar las resultas del mandamiento de tutela...". [2171].

Ahora bien, la Ley Orgánica de Amparo, siguiendo estas orientaciones, reguló un procedimiento breve y sumario que permite al Juez de amparo, sin mayores consideraciones formales, restablecer la situación jurídica infringida, prescribiendo para ello, lapsos procesales precisos y breves, de estricto cumplimiento hasta el punto de que el artículo 34 establece que la autoridad disciplinaria judicial "registrara como falta grave al incumplimiento de sus obligaciones" la inobservancia por parte de los jueces, de los "lapsos establecidos en esta Ley para conocer y decidir sobre las solicitudes de amparo."

Este procedimiento, respecto del cual se aplican supletoriamente tanto las normas del Código de Procedimiento Civil como las "normas procesales en vigor" (art. 48), se rige por una serie de principios que guían la brevedad y sumariedad prescritas. Además, de acuerdo al artículo 16 de la Ley Orgánica la acción de amparo "es gratuita por excelencia", por lo que para su tramitación, no se emplea papel sellado ni estampillas.

En cuanto a la dedicación del tribunal para conocer de la acción de amparo, el artículo 31 de la Ley señala que "todo el tiempo será hábil y el Tribunal dará preferencia al trámite de amparo sobre cualquier otro asunto".

A los efectos de facilitar la brevedad y celeridad, el artículo 16 de la Ley permite que la acción de amparo, en caso de urgencia, pueda interponerse por vía telegráfica, en cuyo caso, debe ser ratificada personalmente o mediante apoderado dentro de los tres (3) días siguientes. La Ley también establece que el ejercicio de la acción de amparo pueda efectuarse en forma verbal, en cuyo caso, el Juez debe recogerla en un acta (Art. 16). Esta puede ser un acta levantada *ad hoc* para formular la acción de amparo; o esta puede formularse, por ejemplo, en un acto judicial –una inspección judicial, por ejemplo–, en cuyo caso debe constar en el acta respectiva.

Por otra parte, la Ley Orgánica precisa las modalidades de inhibición y prohíbe la recusación de los jueces en materia de amparo ya que prescribe que "En ningún caso será admisible la recusación" (Art. 11). En cuanto a las inhibiciones, el artículo 11 establece que:

> "cuando un juez que conozca de la acción de amparo, advirtiera una causal de inhibición prevista en la Ley, se abstendrá de conocer e inmediatamente levantara un acta y remitirá actuaciones, en el estado en que se encuentren,

2171 Véase en *Revista de Derecho Público*, Nº 120, Editorial Jurídica Venezolana, Caracas 2009, pp. 162

al Tribunal competente. Si se tratare de un Magistrado de la Corte Suprema de Justicia, el Presidente de la Sala convocara de inmediato al Suplente respectivo, para integrar el Tribunal de Amparo."

Por otra parte, y a pesar de la función constitucional del Ministerio Público de "garantizar en los procesos judiciales el respeto de los derechos y garantías constitucionales" (Art. 285,1), la Ley Orgánica es cuidadosa en no afectar la agilidad del procedimiento de amparo, debido a la no intervención del Ministerio Público. En tal sentido, luego de establecer en su artículo 14 que "las atribuciones inherentes al Ministerio Público no menoscaban los derechos y acciones de los particulares", esta norma prescribe que "la no intervención del Ministerio Público en la acción de amparo no es causal de reposición ni de acción de nulidad".

Por otra parte, el artículo 15 expresamente señala que "los jueces que conozcan de la acción de amparo no podrán demorar el tramite o diferirlo so pretexto de consultas al Ministerio Público". Además establece esa misma norma que "se entenderá a derecho en el proceso de amparo el representante del Ministerio Público a quien el Juez competente le hubiese participado, por oficio o por telegrama, la apertura del procedimiento".

La brevedad y sumariedad del procedimiento, por otra parte, implica la exclusión de todo tramite incidental, por lo que la promoción de cuestiones previas, conforme al artículo 346 del Código de Procedimiento Civil, o la oposición de alguna de las causales de inadmisibilidad establecidas en el artículo 6° de la Ley Orgánica, deben ser resueltas por el Juez de amparo en la decisión definitiva del proceso de amparo.

Por último, debe señalarse que en muchas otras de sus normas, la Ley Orgánica insiste en el carácter breve y sumario del procedimiento. Por ejemplo, el artículo 10 al regular la acumulación de autos, exige que ello se haga "sin dilación procesal alguna y sin incidencias"; y el artículo 12, al regular los conflictos de competencia, señala que "los tramites serán breves y sin incidencias procesales".

En esta forma, en los casos en los cuales el juez ante el cual se interponga una acción de amparo, se considerare incompetente para conocer de la misma, deberá remitir las actuaciones inmediatamente al que tenga competencia (art. 7). En los supuestos de conflictos sobre competencia que se susciten en materia de amparo entre Tribunales de Primera Instancia, serán decididos por el Superior respectivo, y los trámites serán breves y sin incidencias procesales (Art. 12).

La Ley Orgánica, en su artículo 10, regula la posibilidad de acumulación de acciones de amparo, "cuando un mismo acto, hecho u omisión en perjuicio de algún derecho o garantía constitucionales afectare el interés de varias personas", en cuyo caso establece que "conocerá de todas estas acciones el juez que hubiese prevenido, ordenándose, sin dilación procesal alguna y sin incidencias, la acumulación de autos".

C. *Carácter de orden público*

De acuerdo a lo establecido en el artículo 14 de la Ley Orgánica, "la acción de amparo, tanto en lo principal como en lo incidental, y en todo lo que de ella derive, hasta la ejecución de la providencia respectiva, es de eminente orden público".

Por ello, de acuerdo al artículo 25 de la Ley Orgánica:

> "[...] quedan excluidas del procedimiento constitucional del amparo todas las formas de arreglo entre las partes, sin perjuicio de que el agraviado pueda, en cualquier estado y grado de la causa, desistir de la acción interpuesta, salvo que se trate de un derecho de eminente orden público o que pueda afectar las buenas costumbres".

En todo caso, conforme a la misma norma, el desistimiento malicioso o el abandono del trámite por el agraviado podrá ser sancionado por el juez de la causa o por el superior, según el caso, con multa.

3. *El iter procesal en el proceso de amparo de acuerdo con la Ley Orgánica de 1988 y la jurisprudencia anterior a 2000*

Como se ha dicho, la acción de amparo se reguló inicialmente en la Ley Orgánica de 1988, la cual sin duda fue una de las leyes más importantes dictadas en ejecución de la Constitución de 1961. La promulgación de la Constitución de 1999, sin embargo, exigía su adaptación a los nuevos principios procesales que en ella se establecieron, lo que implicó ajustes interpretativos y jurisprudenciales en la aplicación judicial de la ley. Para comprender bien analizaremos la evolución del régimen del procedimiento, estudiando en primer lugar, sus principios de acuerdo con la Ley Orgánica de 1988 y la jurisprudencia anterior a 2000, y en segundo lugar, la adaptación del procedimiento decidida en 2000 por la Sala Constitucional en su jurisprudencia vinculante.

En efecto, el escueto procedimiento general contemplado en el Título IV de la Ley Orgánica de 1988 (artículos 19, 23, 24, 26, 29, 30, 31, 32 y 35) para el trámite de la acción de amparo, se aplicaba cualquiera fuera la forma de amparo (salvo el que regulaba la protección de los derechos de libertad y seguridad personales), y conforme lo resolvió la antigua Corte Suprema de Justicia en Corte Plena en sentencia de 18 de octubre de 1994, se desarrollaba en la forma siguiente:

> "Introducción de la solicitud, que ha de llenar los requisitos del artículo 18; examen de la solicitud por el juez a los fines de verificar si la misma es suficientemente clara y llena los requisitos contemplados en el antes citado artículo 18. De faltar los elementos últimamente aludidos, el juez deberá notificar al solicitante para que corrija el defecto u omisión dentro del lapso de cuarenta y ocho (48) horas siguientes a la notificación. La falta de oportuna corrección implica la declaratoria de su inadmisibilidad.
>
> Siguiendo el camino procesal señalado, el nuevo paso previsto en la ley es necesariamente el del examen de los presupuestos de admisibilidad previstos en el artículo 6 de la Ley Orgánica de Amparo sobre Derechos y Garantías Constitucionales, que están redactados en forma tal que al juez le corresponde verificar la inexistencia de los supuestos enunciados en dicho artículo, a los fines de declarar admisible o no la acción. Este examen da lugar a un auto de admisión o inadmisión, según el caso, con lo cual el tribunal afirma los elementos básicos para el conocimiento de la causa.
>
> La etapa inmediata del proceso es la prevista en el artículo 22 que permite al juez restablecer la situación jurídica que se denuncia infringida sin ningún tipo

de averiguación sumaria que la proceda. Esta facultad extraordinaria que se enuncia igualmente en el artículo 5, sólo podrá operar en casos extremos en los cuales resulte evidente para el juez, por su total demostración, la lesión constitucional infringida al actor, o su inminente amenaza. Como se señalara precedentemente la aplicación del artículo 22 en cualquier procedimiento de amparo es violatorio del derecho a la defensa de los eventuales afectados por la decisión. Si el juez no opta por el ejercicio de tal facultad, lo cual constituye la regla general, debe ordenar al sujeto del cual deriva la lesión, su comparecencia para que informe sobre las circunstancias que motivaron la solicitud de amparo, lo cual ha de hacer en el término de cuarenta y ocho (48) horas contadas a partir de su notificación. Concluido el lapso anterior se procede a la celebración de la audiencia pública constitucional dentro de las noventa y seis (96) horas siguientes a la presentación del informe o a la extinción del término correspondiente, efectuada la audiencia deberá dictarse en las veinticuatro (24) horas siguientes a la decisión sobre la solicitud de amparo.

Este procedimiento, como se señaló, es común para el trámite de todas las acciones de amparo, salvo las que versan sobre la libertad y seguridad personales, que se rigen por el Título IV de las tantas veces mencionada Ley de Amparo, el cual, sin embargo, no difiere sustancialmente del que precedentemente se enunciara."[2172].

Este *iter* procesal, de acuerdo con la Ley Orgánica de 1988, se sujetó entonces a las siguientes reglas:

A. *Legitimación ad causam y ad procesum*

De acuerdo con el artículo 13 de la Ley Orgánica de 1988, la acción de amparo constitucional podía "ser interpuesta ante el juez competente por cualquier persona natural o jurídica, por representación o directamente" siempre que, por supuesto, fuera la persona lesionada en su derecho o garantía constitucional por la violación o amenaza de violación de las mismas. La legitimación activa correspondía, por tanto, a la persona agraviada, quien podía intentar la acción directamente o mediante representantes, en cuyo caso debía acreditarse tal carácter bien fuera por tratarse del órgano de una persona jurídica, o por actuar mediante poder.

Por supuesto, para el ejercicio de la acción de amparo, quedaban a salvo las atribuciones del Defensor del Pueblo, por ejemplo, en casos de acciones de amparo para la protección de los derechos colectivos y difusos.

Asimismo, conforme al artículo 168 del Código de Procedimiento Civil, aun sin poder, podían intentar la acción de amparo, el heredero por su coheredero, en causas originadas por la herencia, y el comunero por su condueño, en lo relativo a la comunidad.

2172 Consultada en original.

B. *Formalidades del libelo de la acción*

La solicitud de amparo debía formularse, en principio, por escrito, aun cuando también podía formularse por vía telegráfica, e incluso vía correo electrónico o Internet,[2173] en cuyo caso debía ratificarse personalmente o mediante apoderado dentro de los tres (3) días siguientes (Art. 16). También podía ejercerse la acción de amparo en forma verbal, en cuyo caso el Juez debía recogerla en un acta (Art. 16).

En todo caso, fuera que se ejerciera por escrito, telegráficamente (con la ratificación posterior) o verbalmente, la solicitud de amparo, conforme al artículo 18 de la Ley Orgánica de 1988, debía expresar lo siguiente:

> "1) Los datos concernientes a la identificación de la persona agraviada y de la persona que actúe en su nombre, y en este caso con la suficiente identificación del poder conferido;
> 2) Residencia, lugar y domicilio, tanto del agraviado como del agraviante;
> 3) Suficiente señalamiento e identificación del agraviante, si fuere posible, e indicación de la circunstancia de localización;
> 4) Señalamiento del derecho o de las garantías constitucionales violados o amenazados de violación;
> 5) Descripción narrativa del hecho, acto, omisión y demás circunstancias que motiven la solicitud de amparo;
> 6) Y cualquiera explicación complementaria relacionada con la situación jurídica infringida, a fin de ilustrar el criterio del juez".

Como se señaló, en caso de instancia verbal, se debía exigir, en lo posible, estos mismos requisitos.

Por supuesto, con la solicitud debían aportarse los medios de prueba que permitieran al Juez apreciar la violación o amenaza de violación denunciada, y en particular, las pruebas documentales.

Como lo señaló la Sala Constitucional en la sentencia N° 7 del 1 de febrero de 2000 (Caso: *José A. Mejía y otros*)[2174],

> "el accionante además de los elementos prescritos en el citado artículo 18 deberá también señalar en su solicitud, oral o escrita, las pruebas que desea promover, siendo esta una carga cuya omisión produce la preclusión de la oportunidad, no solo la de la oferta de las pruebas omitidas, sino la de la producción de todos los instrumentos escritos, audiovisuales o gráficos, con que cuenta para el momento de incoar la acción y que no promoviere y presentare con su es-

---

2173 Véase sentencia de la Sala Constitucional N° 523 de 9–4–2001 (Caso: *Oswaldo Álvarez vs. Sala Político Administrativa y Sala Plena del Tribunal Supremo de Justicia*), en *Revista de Derecho Público,* N° 85–88, EJV, Caracas 2001, p. 457; y sentencia de la Sala Electoral N° 57 de 11–5–2004 (Caso: *Grecia Bellatriz Hernández R. vs. Alcalde del Municipio Baruta*), en *Revista de Derecho Público,* N° 97–98, EJV, Caracas, 2004, p. 443.

2174 Véase en *Revista de Derecho Público*, N° 81, EJV, Caracas, 2000.

crito o interposición oral; prefiriéndose entre los instrumentos a producir los auténticos.

El principio de libertad de medios regirá estos procedimientos, valorándose las pruebas por la sana critica, excepto la prueba instrumental que tendrá los valores establecidos en los artículos 1359 y 1360 del Código Civil para los documentos públicos y en el artículo 1363 del mismo Código para los documentos privados auténticos y otros que merezcan autenticidad, entre ellos los documentos públicos administrativos".

De acuerdo al artículo 19 de la Ley Orgánica de 1988, si la solicitud era oscura o no llenare los requisitos exigidos anteriormente especificados, el Juez debía notificar al solicitante del amparo para que corrigiera el defecto u omisión dentro del lapso de cuarenta y ocho (48) horas siguientes a la correspondiente notificación. Si no lo hiciere, la acción de amparo debía ser declara inadmisible.

C. *Notificación al Ministerio Público*

Al darle entrada a la solicitud contentiva de la acción de amparo, el Juez debía participar por oficio o por telegrama al representante del Ministerio Público, de la apertura del procedimiento, en virtud de las atribuciones establecidas en el artículo 42, ordinal 19° de la Ley Orgánica del Ministerio Público a los Fiscales del Ministerio Público de "intervenir en los recursos de amparo". Dicho representante se entendía que quedaba a derecho a partir de dicha participación (Art. 15).

D. *Admisión de la acción*

Conforme al artículo 6 de la Ley Orgánica de 1988 y a las otras normas que se referían a la admisión, la primera actuación procesal del juez, una vez presentado correctamente el libelo de la acción, era la decisión sobre la admisibilidad o inadmisibilidad de la misma.

Es decir, el juez necesariamente debía examinar los presupuestos de admisibilidad previstos en el artículo 6 de la Ley Orgánica de 1988, que estaban redactados en forma tal que al juez le correspondía verificar la inexistencia de los supuestos enunciados en dicho artículo, a los fines de declarar admisible o no la acción. Este examen daba lugar a un auto de admisión o inadmisión, según el caso, con lo cual el tribunal afirmaba los elementos básicos para el conocimiento de la causa.

E. *Solicitud de informe al presunto agraviante o imputado*

En el auto de admisión, el Juez debía ordenar a la autoridad, entidad, organización social o a los particulares imputados de violar o amenazar el derecho o la garantía constitucionales, su comparecencia para que en el termino de cuarenta y ocho (48) horas contadas a partir de la respectiva notificación, informasen sobre la pretendida violación o amenaza que había motivado la solicitud de amparo, (Art. 23).

De acuerdo al artículo 25 de la Ley de 1988, este informe debía contener una relación sucinta y breve de las pruebas en las cuales el presunto agraviante pretendía fundamentar su defensa, sin perjuicio de la potestad evaluativa que la Ley confería al Juez competente (Art. 17).

La Ley Orgánica de 1988 establecía (Art. 14) que la falta de informe correspondiente se debía entender como "aceptación de los hechos incriminados", razón por la cual ello debía dar origen a la decisión de amparo con el consiguiente restablecimiento inmediato de la situación jurídica infringida. Sin embargo, aun en estos casos, la decisión debía adoptarse luego de realizada la audiencia oral de las partes.

F. *Medidas cautelares*

La Ley Orgánica de 1988, y esa era una de sus reales carencias, no previó expresamente la potestad del Juez de amparo de adoptar medidas cautelares o preventivas en caso de solicitudes de amparo, lo que sin embargo, podía considerarse que había sido prevista –aún cuando deficientemente regulado - en el anulado artículo 22 de la Ley Orgánica de 1988,[2175] si se hubiera interpretado acorde con la Constitución.

En todo caso, por la aplicación supletoria del Código de Procedimiento Civil (Art. 48), conforme al artículo 588 de dicho Código, los jueces de amparo siempre adoptaron las medidas cautelares adecuadas para la protección constitucional, cuando había "fundado temor" de que una de las partes, particularmente el presunto agraviante, pudiera causar "lesiones graves o de difícil reparación al derecho de la otra", en concreto, el agraviado. En estos casos, para evitar el daño, el Juez de amparo podía "autorizar o prohibir la ejecución de determinados actos y adoptar las providencias que tengan por objeto hacer cesar la continuidad de la lesión".

G. *La audiencia pública y oral*

En todo caso, al vencerse el término de cuarenta y ocho (48) horas para la remisión del informe solicitado, sin que ello hubiera ocurrido, o al presentarse el informe por el presunto agraviado, el Juez de amparo debía fijar la oportunidad para que las partes o sus representantes legales expresasen, en forma oral y pública, los argumentos respectivos (Art. 26), en una audiencia que debía realizarse dentro del lapso de noventa y seis (96) horas siguientes a la presentación del mencionado informe o al vencimiento del lapso de 48 horas que tenía el agraviante para presentarlo.

H. *Oportunidad de la decisión*

Efectuado dicho acto de audiencia oral, el Juez disponía de un término improrrogable de veinticuatro (24) horas para decidir la solicitud de amparo constitucional (Art. 26).

4. *Los principios de la reforma constitucional de 1999 y las normas procesales en materia de amparo establecidas por la Sala Constitucional*

El artículo 27 de la Constitución de 1999 puede decirse que siguió la orientación del artículo 49 de la Constitución de 1961, al regular la institución del amparo definitivamente como un derecho constitucional, el cual como hemos dicho se puede ejercer a través de múltiples medios o recursos judiciales de protección, incluyendo

2175 Véase en *Gaceta Oficial Extra* n° 5071 de 29-5-96.

la acción de amparo;[2176] conforme a lo cual se habían dictado la Ley Orgánica de 1988.

Ahora bien, con motivo de la entrada en vigencia de la Constitución, la norma de la Constitución de 1999 relativa al amparo (artículo 27), fue interpretada por la Sala Constitucional del Tribunal Supremo de Justicia, procediendo mediante sentencias dictadas en casos concretos, a modificar la Ley Orgánica de Amparo, no sólo en cuanto a la determinación de la competencia judicial, sino en especial, en materia del procedimiento judicial en los juicios de amparo, asumiendo en forma irregular una función de "legislador positivo,"[2177] supuestamente a los efectos de "adaptar" el procedimiento regulado en la Ley Orgánica de Amparo de 1988 al texto de la nueva Constitución, con lo cual estableció, en realidad, un *nuevo procedimiento* modificando y reformando, impropiamente, el regulado en la Ley Orgánica de Amparo de 1988,[2178] que sólo podía ser reformado mediante otra Ley

En efecto, en la sentencia N° 7 de 1° de febrero de 2000 (Caso: *José A. Mejía y otros*),[2179] la Sala Constitucional, teniendo en cuenta que por mandato del artículo 27 de la Constitución el procedimiento de la acción de amparo constitucional "será

2176 Véase Allan R. Brewer–Carías, *El Derecho y la Acción de Amparo,* Tomo V *Instituciones Políticas y Constitucionales, op. cit.,* pp. 163 y ss. Véase en general, Hildegard Rondón de Sansó, "La acción de amparo constitucional a raíz de la vigencia de la Constitución de 1999", en *Revista de la Facultad de Ciencias Jurídicas y Políticas de la UCV,* N° 119, Caracas, 2000, pp. 147–172; Richard D. Henríquez Larrazábal, "El problema de la procedencia del amparo constitucional en el Derecho venezolano", en *Bases y principios del sistema constitucional venezolano (Ponencias del VII Congreso Venezolano de Derecho Constitucional realizado en San Cristóbal del 21 al 23 de Noviembre de 2001),* Volumen II, pp. 403–475; Víctor R. Hernández–Mendible, "El amparo constitucional desde la perspectiva cautelar", en *El Derecho Público a comienzos del siglo XXI. Estudios homenaje al Profesor Allan R. Brewer–Carías,* Tomo I, *op. cit.,* pp. 1219–1301.

2177 Véase en general, Allan R. Brewer-Carías, "El juez constitucional como legislador positivo y la inconstitucional reforma de la Ley Orgánica de Amparo mediante sentencias interpretativas," en Eduardo Ferrer Mac-Gregor y Arturo Zaldívar Lelo de Larrea (Coordinadores), *La ciencia del derecho procesal constitucional. Estudios en homenaje a Héctor Fix-Zamudio en sus cincuenta años como investigador del derecho,* Instituto de Investigaciones Jurídicas, Universidad Nacional Autónoma de México, México 2008, Tomo V, pp. 63-80; y en Eduardo Ferrer Mac-Gregor, Arturo Zaldívar Lelo de Larrea (Coordinadores), *La Ciencia del Derecho Procesal Constitucional (Estudios en homenaje a Héctor Fix-Zamudio en sus 50 años como investigador del Derecho. Homenaje Venezolano),* Universidad Nacional Autónoma de México (UNAM), Fundación de Estudios de Derecho Administrativo (FUNEDA), Editorial Jurídica Venezolana (EJV), Caracas 2012, pp. 261-279. Publicado también en *Crónica sobre la "In" Justicia Constitucional. La Sala Constitucional y el autoritarismo en Venezuela*, Colección Instituto de Derecho Público. Universidad Central de Venezuela, N° 2, Editorial Jurídica Venezolana, Caracas 2007, pp.545-563.

2178 Véase en general, Humberto Enrique Tercero Bello Tabares, "El procedimiento de Amparo Constitucional, según la sentencia N° 7 dictada por la Sala Constitucional del Tribunal Supremo de Justicia, de fecha 01 de febrero de 2000. Caso *José Amando Mejía Betancourt y José Sánchez Villavicencio*, en *Revista de derecho del Tribunal Supremo de Justicia,* N° 8, Caracas, 2003, pp. 139 a 176; María Elena Toro Dupouy, "El procedimiento de amparo en la jurisprudencia de la Sala Constitucional del Tribunal Supremo de Justicia (Años 2000–2002)", en *Revista de Derecho Constitucional,* N° 6, enero–diciembre–2002, Editorial Sherwood, Caracas, 2003, pp. 241 a 256; María Elena Toro Dupouy, "El amparo contra decisiones judiciales en la jurisprudencia de la Sala Constitucional del Tribunal Supremo de Justicia. El Amparo sobrevenido", en *Revista de Derecho Constitucional,* N° 7, enero–junio 2003, Editorial Sherwood, Caracas, 2003, pp. 207 a 222.

2179 Véase en *Revista de Derecho Público*, N° 81, Editorial Jurídica Venezolana, Caracas, 2000, pp. 349 ss.

oral, público, breve, gratuito y no sujeto a formalidades;" siendo las características de oralidad y ausencia de formalidades que rigen estos procedimientos las que permiten a la autoridad judicial restablecer inmediatamente, a la mayor brevedad, la situación jurídica infringida o la situación que más se asemeje a ella; y considerando que el artículo 27 de la Constitución es de aplicación inmediata; estimó que debía "adaptar" el procedimiento de la acción de amparo establecido en la Ley Orgánica de 1988 a las prescripciones del artículo 27 de la Constitución, aplicando además, el 49 de la Constitución. Esta norma impone el debido proceso, cuyos elementos deben estar presentes en el procedimiento de amparo, cuyas normas procesales también deben adecuarse a dicha norma, prescribiendo que el procedimiento de las acciones de amparo debe contener los elementos que conforman el debido proceso.

Como consecuencia de esta orientación, "la Sala Constitucional, obrando dentro de la facultad que le otorga el artículo 335 *ejusdem*, de establecer interpretaciones sobre el contenido y alcance de las normas y principios constitucionales, las cuales serán en materia de amparo *vinculantes* para los tribunales de la República, interpreta los citados artículos 27 y 49 de la Constitución de la República Bolivariana de Venezuela, en relación con el procedimiento de amparo previsto en la Ley Orgánica de Amparo sobre Derechos y Garantías Constitucionales, distinguiendo si se trata de amparos contra sentencias o de los otros amparos, excepto el cautelar"; estableció un conjunto de normas procesales que estimó las adecuadas para desarrollar los principios constitucionales, reformando la Ley Orgánica de Amparo de 1988, con lo cual, sin duda, usurpó la potestad del legislador y atentó contra la seguridad jurídica.

En particular, en los casos de ejercicio de la acción autónoma de amparo, siempre que no sea contra sentencias, la Sala dictó las siguientes normas modificatorias del régimen legal:

A. *Principios generales del procedimiento no sujeto a formalidades*

En cuanto a los principios generales del procedimiento, la Sala señaló que:

> "Debido al mandato constitucional de que el procedimiento de amparo no estará sujeto a formalidades, los trámites como se desarrollarán las audiencias y la evacuación de las pruebas, si fueran necesarias, las dictará en las audiencias el tribunal que conozca del amparo, siempre manteniendo la igualdad entre las partes y el derecho de defensa".
>
> "Todas las actuaciones serán públicas, a menos que por protección a derechos civiles de rango constitucional, como el comprendido en el artículo 60 de la Constitución de la República Bolivariana de Venezuela, se decida que los actos orales sean a puerta cerrada, pero siempre con inmediación del tribunal".

B. *La derogación de la exigencia legal del informe del agraviado, la citación del agraviante y la creación de la audiencia constitucional*

La Sala Constitucional estableció en su sentencia que una vez admitida la acción, el juez debe ordenar:

> "La citación del presunto agraviante y la notificación del Ministerio Público, para que concurran al tribunal a conocer el día en que tendrá lugar la audiencia

oral, la cual tendrá lugar, tanto en su fijación como para su práctica, dentro de las noventa y seis (96) horas a partir de la última notificación efectuada".

La Sala, en cuanto a la citación, pero refiriéndola como "notificación", reguló nuevas formas de hacerla ni siquiera establecidas en el Código de Procedimiento Civil, así:

> "Para dar cumplimiento a la brevedad y falta de formalidad, la notificación podrá ser practicada mediante boleta, o comunicación telefónica, fax, telegrama, correo electrónico, o cualquier medio de comunicación interpersonal, bien por el órgano jurisdiccional o bien por el Alguacil del mismo, indicándose en la notificación la fecha de comparecencia del presunto agraviante y dejando el Secretario del órgano jurisdiccional, en autos, constancia detallada de haberse efectuado la citación o notificación y de sus consecuencias".

C. *La reforma del régimen de la audiencia constitucional pública y oral*

La Sala Constitucional, en su sentencia, también reformó el régimen de la audiencia pública y oral en el proceso del juicio de amparo. Al eliminar la exigencia legal del informe escrito que debe requerirse y presentar el agraviante, dispuso la realización de la audiencia oral y pública, con el siguiente régimen:

Una vez admitida la acción, de acuerdo con la sentencia de la Sala Constitucional:

> "se ordenará la citación del presunto agraviante y la notificación del Ministerio Público, para que concurran al tribunal a conocer el día en que tendrá lugar la audiencia oral, la cual tendrá lugar, tanto en su fijación como para su práctica, dentro de las noventa y seis (96) horas a partir de la última notificación efectuada.
>
> Para dar cumplimiento a la brevedad y falta de formalidad, la notificación podrá ser practicada mediante boleta, o comunicación telefónica, fax, telegrama, correo electrónico, o cualquier medio de comunicación interpersonal, bien por el órgano jurisdiccional o bien por el Alguacil del mismo, indicándose en la notificación la fecha de comparecencia del presunto agraviante y dejando el Secretario del órgano jurisdiccional, en autos, constancia detallada de haberse efectuado la citación o notificación y de sus consecuencias".

Conforme a la sentencia de la Sala:

> "En la fecha de la comparecencia que constituirá una audiencia oral y pública, las partes, oralmente, propondrán sus alegatos y defensas ante la Sala Constitucional o el tribunal que conozca de la causa en primera instancia, y esta o este decidirá, si hay lugar a pruebas, caso en que el presunto agraviante podrá ofrecer las que considere legales y pertinentes, ya que este es el criterio que rige la admisibilidad de las pruebas. Los hechos esenciales para la defensa del agraviante, así como los medios ofrecidos por él se recogerán en un acta, al igual que las circunstancias del proceso".

Sobre los poderes del juez en la audiencia, la Sala señaló:

> "Los Jueces Constitucionales siempre podrán interrogar a las partes y a los comparecientes".

Sobre los efectos de la falta de comparecencia de las partes a la audiencia la Sala, en la sentencia citada, dispuso que

> "La falta de comparecencia del presunto agraviante a la audiencia oral aquí señalada producirá los efectos previstos en el artículo 23 de la Ley Orgánica de Amparo Sobre Derechos y Garantías Constitucionales.
>
> La falta de comparecencia del presunto agraviado dará por terminado el procedimiento, a menos que el Tribunal considere que los hechos alegados afectan el orden público, caso en que podrá inquirir sobre los hechos alegados, en un lapso breve, ya que conforme al principio general contenido en el artículo 11 del Código de Procedimiento Civil y el artículo 14 de la Ley Orgánica de Amparo Sobre Derechos y Garantías Constitucionales, en materia de orden público el juez podrá tomar de oficio las providencias que creyere necesarias".

En relación con las pruebas, la Sala señaló:

> "El órgano jurisdiccional, en la misma audiencia, decretará cuáles son las pruebas admisibles y necesarias, y ordenará, de ser admisibles, también en la misma audiencia, su evacuación, que se realizará en ese mismo día, con inmediación del órgano en cumplimiento del requisito de la oralidad o podrá diferir para el día inmediato posterior la evacuación de las pruebas".

Sobre el desarrollo de la actividad probatoria en la audiencia la Sala estableció que:

> "Cuando se trate de causas que cursen ante tribunales cuyas decisiones serán conocidas por otros jueces o por esta Sala, por la vía de la apelación o consulta, en cuanto a las pruebas que se evacuen en las audiencias orales, se grabarán o registrarán las actuaciones, las cuales se verterán en actas que permitan al juez de la Alzada conocer el devenir probatorio. Además, en la audiencia ante el Tribunal que conozca en primera instancia en que se evacuen estas pruebas de lo actuado, se levantará un acta que firmarán los intervinientes. El artículo 189 del Código Procedimiento Civil regirá la confección de las actas, a menos que las partes soliciten que los soportes de las actas se envíen al Tribunal Superior".

En cambio, en el régimen establecido en la Ley Orgánica de 1988, que derogó la Sala Constitucional, la audiencia se realizaba en una oportunidad posterior a la presentación del informe por parte del agraviante. Con la nueva norma se le eliminó al agraviado la posibilidad de analizar el texto escrito del informe con anterioridad, a los efectos de poder contestarlo efectivamente, a los efectos de reforzar su denuncia inicial en la audiencia oral,

Es decir, la Sala Constitucional le cercenó el derecho que tenía el agraviado, tal como se lo garantizaba la Ley Orgánica de 1988, en un procedimiento dispuesto para proteger sus derechos, que le permitía conocer por escrito los alegatos que formulara el presunto agraviante, sin lesionarle el derecho a su defensa. En el procedimiento que estableció la Sala Constitucional, en cambio, se obligó al agraviado a conocer de los alegatos que expresase sólo oralmente el agraviante en la audiencia oral, en la cual el juez además, siempre podía interrogar a las partes y a los comparecientes, y al final de la cual, la Sala Constitucional dispuso que se debía dictar la sentencia.

D. *Régimen de la oportunidad de la sentencia de amparo*

El régimen de la sentencia de amparo también se reformó con sentencia de la Sala Constitucional, modificándose el establecido en la Ley Orgánica de 1988, el cual se sustituyó por el siguiente:

> "Una vez concluido el debate oral o las pruebas, el juez o el Tribunal en el mismo día estudiará individualmente el expediente o deliberará (en los caso de los Tribunales colegiados) y podrá:
>
> a) Decidir inmediatamente; en cuyo caso expondrá de forma oral los términos del dispositivo del fallo; el cual deberá ser publicado íntegramente dentro de los cinco (5) días siguientes a la audiencia en la cual se dictó la decisión correspondiente. El fallo lo comunicará el juez o el presidente del Tribunal Colegiado, pero la sentencia escrita la redactará el ponente o quien el Presidente del Tribunal Colegiado decida.
>
> El dispositivo del fallo surtirá los efectos previstos en el artículo 29 de la Ley Orgánica de Amparo Sobre Derechos y Garantías Constitucionales, mientras que la sentencia se adaptará a lo previsto en el artículo 32 *ejusdem*.
>
> b) Diferir la audiencia por un lapso que en ningún momento será mayor de cuarenta y ocho (48) horas, por estimar que es necesaria la presentación o evacuación de alguna prueba que sea fundamental para decidir el caso o a petición de alguna de las partes o del Ministerio Público".

E. *Apelación y consulta*

En relación con la apelación y consulta de las sentencias de amparo, la sentencia de la Sala Constitucional dispuso en su mencionada sentencia nº 7, lo siguiente:

> "Contra la decisión dictada en primera instancia, podrá apelarse dentro de los tres (3) días siguientes a la publicación del fallo, la cual se oirá en un sólo efecto a menos que se trate del fallo dictado en un proceso que, por excepción, tenga una sola instancia.
>
> De no apelarse, pero ser el fallo susceptible de consulta, deberá seguirse el procedimiento seguido en el artículo 35 de la Ley Orgánica de Amparo sobre Derechos y Garantías Constitucionales, esto es, que la sentencia será consultada con el Tribunal Superior respectivo, al cual se le remitirá inmediatamente el expediente, dejando copia de la decisión para la ejecución inmediata. Este Tribunal decidirá en un lapso no mayor de treinta (30) días. La falta de decisión equivaldrá a una denegación de justicia, a menos que por el volumen de consultas a decidir se haga necesario prorrogar las decisiones conforma al orden de entrada de las consultas al Tribunal de la segunda instancia".

F. *El procedimiento en la acción de amparo contra sentencias*

En cuanto a las acciones de amparo contra sentencias, la sentencia de la Sala señaló lo siguiente:

> "2. Cuando el amparo sea contra sentencias, las formalidades se simplificarán aún más y por un medio de comunicación escrita que deberá anexarse al expediente de la causa donde se emitió el fallo, inmediatamente a su recepción, se notificará al juez o encargado del Tribunal, así como a las partes en su domicilio procesal, de la oportunidad en que habrá de realizarse la audiencia oral, en la que ellos manifestarán sus razones y argumentos respecto a la acción. Los amparos contra sentencias se intentarán con copia certificada del fallo objeto de la acción, a menos que por la urgencia no pueda obtenerse a tiempo la copia certificada, caso en el cual se admitirán las copias previstas en el artículo 429 del Código Procedimiento Civil, no obstante en la audiencia oral deberá presentarse copia auténtica de la sentencia.
>
> Las partes del juicio donde se dictó el fallo impugnado podrán hacerse partes, en el proceso de amparo, antes y aún dentro de la audiencia pública, mas no después, sin necesidad de probar su interés. Los terceros coadyuvantes deberán demostrar su interés legítimo y directo para intervenir en los procesos de amparo de cualquier clase antes de la audiencia pública.
>
> La falta de comparecencia del Juez que dicte el fallo impugnado o de quien esté a cargo del Tribunal, no significará aceptación de los hechos, y el órgano que conoce del amparo, examinará la decisión impugnada".

De lo anterior resulta, por tanto, que a partir de 2000, el procedimiento en la acción de amparo no sólo estaba regulado en la Ley Orgánica de 1988, sino en una sentencia de la Sala Constitucional, con lo cual la seguridad jurídica, en consecuencia, pareció no ser un valor fundamental en la mente de algunos Magistrados de dicha Sala, pues de lo contrario hubieran hecho una exhortación a la Asamblea Nacional para la reforma de la Ley Orgánica de Amparo.

5. *La potestad cautelar del juez de amparo*

A. *El régimen general*

Como hemos señalado, el amulado artículo 22 de la Ley Orgánica, en nuestro criterio, pudo haberse interpretado con el criterio *favor constitucione*, como estableciendo la potestad cautelar del juez de amparo, al atribuirle la potestad para restablecer la situación jurídica infringida, "prescindiendo de consideraciones de mera forma y sin ningún tipo de averiguación sumaria que la preceda"; para lo cual exigía que el mandamiento cautelar de amparo fuera motivado y estuviese fundamentado "en un medio de prueba que constituya presunción grave de la violación o de la amenaza de violación".

Tal como estaba concebida esta norma, sin embargo, también podía interpretarse como autorizando a que se pudiera adoptar el mandamiento de amparo *inaudita parte,* dado que disponía que sólo si el juez no optaba por "restablecer inmediatamente la situación jurídica infringida" es que debía proceder a solicitar informe al presunto agraviante y a darle audiencia.

Era evidente, sin embargo, que cualquier interpretación jurisprudencial de la norma debía excluir toda decisión definitiva *inaudita parte,* pues hubiera sido violatorio del artículo 68 de la Constitución de 1961 que garantiza la inviolabilidad del derecho a la defensa en todo estado y grado del proceso, y contradictorio con el artículo 21 de la propia Ley Orgánica que obliga al Juez de amparo a mantener la "absoluta igualdad entre las partes", lo que permitía concluir que el proceso de amparo debe ser de carácter bilateral.

Por tanto, consideramos como antes argumentamos, que esta disposición del artículo 22 de la Ley Orgánica, debió haberse interpretarse como la potestad del Juez de amparo de poder adoptar de inmediato medidas cautelares o preventivas ("amparo temporal"), restableciendo de inmediato la situación jurídica infringida, mientras duraba el juicio; y, en todo caso, debía proceder a continuar el procedimiento breve previsto, solicitando el informe respectivo y dando audiencia al presunto agraviante o imputado. [2180] Sin embargo, y con el objeto de despejar las dudas, a los pocos días de haberse promulgado la Ley Orgánica de Amparo en 1988, intentamos una acción de inconstitucionalidad contra la norma del artículo 22 de la Ley Orgánica[2181], proceso que no fue decidido, habiéndose sin embargo decidido otra acción de inconstitucionalidad que concluyó con la declaratoria de la inconstitucionalidad de la norma mediante sentencia de la Corte Suprema de 21 de mayo de 1996.[2182]

La consecuencia de esta decisión fue entonces la construcción del régimen de las medidas cautelares en materia de amparo conforme a los previsiones del Código de Procedimiento Civil, excepto la suspensión de los efectos de los actos impugnados cuando se formula la pretensión de amparo conjuntamente con la acción de inconstitucionalidad de las leyes o el recurso contencioso administrativo de nulidad de actos administrativos.

En efecto, por la aplicación supletoria del Código de Procedimiento Civil (Art. 48), es evidente que tiene aplicación el artículo 588 del mismo, como ya lo habían venido realizando los tribunales de instancia en los procesos de amparo que habían conducido.

En esta forma, los jueces de amparo tienen el poder general cautelar previsto particularmente en el parágrafo primero del artículo 588 del Código, que les permite "acordar las providencias cautelares que considere adecuadas", cuando hubiere "fundado temor" de que una de las partes, particularmente el presunto agraviante, pueda causar "lesiones graves o de difícil reparación al derecho de la otra", en concreto, el agraviado. En estos casos, para evitar el daño, el Juez de amparo puede "autorizar o prohibir la ejecución de determinados actos y adoptar las providencias que tengan por objeto hacer cesar la continuidad de la lesión".

2180 Véase Allan R. Brewer–Carías, "Introducción general al régimen del derecho de amparo a los derechos y garantías constitucionales", en Allan R. Brewer–Carías y Carlos M. Ayala Corao, *Ley Orgánica de Amparo sobre Derechos y Garantías Constitucionales,* Caracas, 1988, p. 90.

2181 Véase en Allan R. Brewer–Carías, *Instituciones Políticas y Constitucionales,* Vol VI, *Derecho y acción de amparo, op. cit,* pp. 388 ss.

2182 Véase en *Gaceta Oficial Extra* n° 5071 de 29–5–96.

A tal efecto, el juez debe analizar en primer término, *el fumus boni iuris*, con el objeto de concretar la presunción grave de violación o amenaza de violación del derecho constitucional alegado por la parte quejosa y que lo vincula al caso concreto; y en segundo lugar, el *periculum in mora*, elemento éste determinable por la sola verificación del requisito anterior, pues la circunstancia de que exista presunción grave de violación de un derecho de orden constitucional, el cual por su naturaleza debe ser restituido de forma inmediata, conduce a la convicción de que debe preservarse *ipso facto* la actualidad de ese derecho, ante el riesgo inminente de causar un perjuicio irreparable en la definitiva a la parte que alega la violación.[2183]

B. *El nuevo régimen establecido por la Sala Constitucional*

En relación con los supuestos de ejercicio conjunto de la pretensión de amparo con otros medios de impugnación y los efectos cautelares suspensivos, la Sala Constitucional del Tribunal Supremo también estableció modalidades nuevas de procedimiento, en la sentencia N° 88 de 14 marzo de 2000 (Caso: *Ducharme de Venezuela, C.A.*), en la siguiente forma:

En cuanto a las modalidades de ejercicio de la acción de amparo, la Sala indicó lo siguiente:

> "Observa esta Sala, que mediante la sentencia de la entonces Corte Suprema de Justicia en Pleno, del 21 de mayo de 1996, que anuló el artículo 22 de la Ley Orgánica de Amparo sobre Derechos y Garantías Constitucionales, se establecieron las distintas alternativas de tramitación de los amparos ejercidos de forma conjunta con otras acciones, basándose para ello en la potestad consagrada en el artículo 102 de la Ley Orgánica de la Corte Suprema de Justicia, en los siguientes términos:
>
> 1. Tramitar la solicitud de amparo constitucional de conformidad con lo dispuesto en los artículos 23 y siguientes de la Ley Orgánica de Amparo.
>
> 2. En caso de que la solicitud de amparo sólo tenga por objeto la suspensión de los efectos del acto administrativo recurrido, darle el mismo tratamiento de beneficio que la suspensión de efectos prevista en el artículo 136 de la Ley Orgánica de la Corte Suprema de Justicia.
>
> 3. Si la solicitud de amparo tiene por objeto la obtención de una medida cautelar de las previstas en el parágrafo primero del artículo 588 del Código de Procedimiento Civil, tramitarla de conformidad con lo previsto en el Título II del Libro Tercero de dicho Código.
>
> No obstante, se observa que la potestad prevista en el artículo 102 de la Ley Orgánica de la Corte Suprema de Justicia otorgada al juez Contencioso Administrativo, le permite a éste la aplicación de otros procedimientos de acuerdo a la naturaleza del caso y a las exigencias de la protección constitucional. (Subrayado de la Sala).

2183 Véase por ejemplo, sentencia del 20-03-2001 de la Sala Político Administrativa del Tribunal Supremo, caso *Marvin Enrique Sierra Velasco*, Expediente N° 0904, consultada en la página web del Tribunal Supremo de Justicia.

Con fundamento en la sentencia parcialmente transcrita, en concordancia con el artículo 102 de la Ley Orgánica de la Corte Suprema de justicia, y atendiendo a los principios procesales consagrados en la nueva Constitución que se inspira en lograr la preservación de la tutela judicial efectiva y una pronta decisión a los asuntos sometidos a los órganos jurisdiccionales (artículo 26), esta Sala Constitucional del Tribunal Supremo de Justicia establece el siguiente procedimiento para tramitar las acciones de nulidad interpuestas conjuntamente con medida cautelar de amparo."

La Sala estableció, como primer aspecto, la necesidad de que el juez se pronuncie sobre la admisibilidad de la acción principal, indicando lo siguiente:

"1. Una vez recibida en esta Sala la acción de nulidad, interpuesta conjuntamente con amparo constitucional, el Juzgado de Sustanciación de la Sala decidirá mediante auto sobre la admisibilidad de la acción principal, a menos que por la urgencia del caso la Sala decida pronunciarse sobre la admisión de la misma, supuesto en que también la Sala se pronunciará sobre el amparo ejercido conjuntamente con la referida acción de nulidad.

2. En caso de que se declare inadmisible la acción principal, se dará por concluido ejercicio y se ordenará el archivo del expediente".

Admitida la acción principal, de acuerdo con lo indicado por la Sala:

"3. En el mismo auto se ordenará abrir cuaderno separado en el cual se designará Ponente, a los efectos de decidir sobre el amparo constitucional.

4. El procedimiento de nulidad continuará su trámite por ante el Juzgado de Sustanciación, y la Sala decidirá sobre la procedencia o no del amparo constitucional".

En relación con la decisión sobre la pretensión de amparo cautelar y convocatoria a la audiencia constitucional, la sentencia de la Sala indicó:

"En el caso que se acuerde el amparo se le notificará de dicha decisión al presunto agraviante, para que, si lo estima pertinente, formule oposición contra la medida acordada, dentro de las cuarenta y ocho (48) horas siguientes a su notificación, supuesto en el cual se convocará para una audiencia oral y pública que se efectuará en el tercer (3°) día siguiente a la formulación de la oposición, a fin de que las partes expongan sus alegatos. En el auto en el que se fije la celebración de la audiencia oral y pública, se ordenará la notificación del Ministerio Público".

De acuerdo con la sentencia antes citada, una vez concluido el debate oral, la Sala en el mismo día deliberará y puede tomar la decisión sobre el amparo luego de la audiencia, así:

"a) Pronunciarse inmediatamente sobre la oposición, en cuyo caso se expondrá de forma oral los términos de la decisión, la cual deberá ser publicada íntegramente dentro de los cinco (5) días siguientes a la audiencia en la cual se dictó aquélla.

b) Diferir la audiencia oral por un lapso que en ningún momento será mayor de cuarenta y ocho (48) horas por estimar que es necesario la presentación o evacuación de alguna prueba que sea fundamental para decidir el caso, o a petición de alguna de las partes o del Ministerio Público".

Conforme se indica en la sentencia, en estos casos:

"6. La decisión recaída sobre el amparo constitucional en nada afecta la tramitación de la causa principal."

C. *El amparo cautelar en los casos de ejercicio de la pretensión de amparo conjunta con la acción contencioso administrativo de anulación ante la Jurisdicción contencioso administrativa*

La Ley Orgánica de la Jurisdicción Contencioso Administrativa de 2010, al regular las medidas cautelares estableció un procedimiento en el artículo 103 que "regirá la tramitación de las medidas cautelares, incluyendo las solicitudes de amparo constitucional cautelar," con lo que se hizo referencia a los casos en los cuales con las demandas de nulidad o contra abstenciones se puede formular una pretensión de amparo, la cual tiene carácter cautelar.

Se trata en este caso, de demandas de nulidad de actos administrativos, o de las demandas contra las abstenciones de la Administración en las cuales la pretensión de anulación o de condena a actuar está acompañada de una pretensión de restablecimiento de una garantía o derecho constitucional violado por el acto recurrido, conforme se regula expresamente en la Ley Orgánica de Amparo.

En este caso, cuando la lesión al derecho o garantía constitucional la produce un acto administrativo o la abstención de la Administración, como se ha dicho, la vía ordinaria de amparo constitucional es la demanda contencioso administrativa que puede ser ejercida por el titular del derecho o garantía constitucional vulnerado (legitimación activa), en la cual además de buscarse la anulación del acto que perturba el derecho o que la Administración actúe (lo cual es el fundamento del amparo en este caso) se busca restablecer la situación jurídica subjetiva infringida. De allí lo previsto en el artículo 5 citado de la Ley Orgánica de Amparo. sobre Derechos y Garantías Constitucionales de 22 de enero de 1988.[2184]

Por tanto, la acción autónoma de amparo procede también contra actos administrativos o contra conductas omisivas de la Administración que violen o amenacen violar un derecho o garantía constitucionales, pero siempre que no exista "un medio procesal breve, sumario y eficaz, acorde con la protección constitucional". En consecuencia, si dicho medio existe no procede la acción de amparo; y es la propia Ley Orgánica de Amparo la que se ocupa de prever dicho "medio procesal breve, sumario y efectivo, acorde con la protección constitucional", y ese es, en principio, el recurso contencioso-administrativo de anulación, o demanda de nulidad, siempre que exista en la localidad un tribunal con competencia contencioso-administrativa.

2184 Véase *Gaceta Oficial* N° 33.891 de 22-01-1988.

En estos casos, prevé la Ley que la acción de amparo puede ejercerse contra actos administrativos de efectos particulares o contra abstenciones o negativas de la Administración, ante el Juez Contencioso- Administrativo competente, si lo hubiere en la localidad, "conjuntamente con el recurso contencioso-administrativo de anulación de actos administrativos o contra las conductas omisivas, respectivamente, que se ejerza". En estos casos agrega el artículo 5 de la Ley Orgánica de Amparo, el Juez, "en forma breve, sumaria, efectiva, si lo considera procedente para la protección constitucional suspenderá los efectos del acto recurrido como garantía de dicho derecho constitucional violado, mientras dure el juicio".

En esta forma, para que pueda ser completamente efectiva la protección y amparo de derechos constitucionales por vía del recurso contencioso-administrativo de anulación, la Ley Orgánica de Amparo ha previsto algunos correctivos en el procedimiento del mismo, por ejemplo, al ampliar la procedencia de la suspensión de efectos de los actos impugnados en forma más expedita, cuando se alegue violación de un derecho constitucional, es decir, la nulidad absoluta del acto recurrido; al eliminar el lapso de caducidad de seis (6) meses para la impugnación de los actos administrativos violatorios de derechos y garantías constitucionales que son nulos, de nulidad absoluta, conforme lo establece el artículo 25 de la Constitución; y al eximir al recurrente de la necesidad de agotamiento previo de la vía administrativa para ejercer el recurso de nulidad y amparo.

En definitiva, frente a los actos administrativos, el amparo de los derechos constitucionales se puede lograr a través del recurso contencioso administrativo de anulación, que es un medio judicial de amparo, resultando inadmisible intentar contra ellos la acción autónoma de amparo, cuando exista un juez contencioso-administrativo en la localidad, por ser la vía contencioso-administrativa de anulación y amparo, conforme a la propia Ley Orgánica de Amparo, un medio procesal breve, sumario y eficaz, acorde con la protección constitucional.

Por último, el otro elemento que debe destacarse respecto del proceso contencioso-administrativo de anulación y amparo, se refiere a los poderes del juez. En este caso, de acuerdo a los artículos 259 y 25 de la Constitución, el juez contencioso-administrativo tiene "potestad para restablecer la situación jurídica infringida o en su caso, para disponer lo necesario para su restablecimiento. Esto significa que el juez del contencioso de anulación y amparo, una vez anulado el acto, puede directamente restablecer el derecho constitucional infringido y sustituirse a la Administración, y además, adoptar mandamientos de hacer o de no hacer en relación con la Administración, para asegurar no sólo dicho restablecimiento, sino además, impedir la sucesiva vulneración del derecho o garantía constitucional por la Administración. Por supuesto, además, y de acuerdo a lo señalado anteriormente, en caso de proceder, y conforme a lo solicitado, el juez podría adoptar las decisiones de condena respecto de la Administración, por los daños y perjuicios que se pudieran haber causado al recurrente por el acto anulado.

XII. EL SENTIDO DE LA PROTECCIÓN CONSTITUCIONAL Y LA DECISIÓN EN MATERIA DE AMPARO

1. *El sentido y alcance de la protección constitucional en el derecho comparado*

El objetico del proceso de amparo, para la parte agraviada, básicamente es conseguir la protección judicial (amparo, tutela o protección) reclamada para sus derechos constitucionales ilegítimamente lesionados o amenazados por la parte agraviante.

Por consiguiente, el resultado final del proceso, caracterizado por su naturaleza bilateral que impone la necesidad de que los accionados tengan el derecho a participar y ser oídos,[2185] es una decisión judicial formal u orden dictada por el tribunal para la protección de los derechos amenazados o la restitución del disfrute del derecho lesionado, la cual puede consistir, por ejemplo, en una decisión ordenando o previniendo una actuación o en una orden de hacer, no hacer o deshacer alguna acción.[2186] Esto quiere decir que el mandamiento de amparo, como la *injunction* norteamericana,[2187] es un decreto judicial de protección judicial de los derechos fundamentales.

En su emisión, la función del tribunal de amparo es, por una parte, la de impedir al agraviante infligir más daños al accionante, teniendo la sentencia es ese caso, carácter prohibitivo u obligatorio; o, por otra parte, la de corregir la situación presente mediante la cesación de los efectos del ilícito cometido.[2188]

Es por eso que la orden judicial de amparo en América Latina, aun cuando no exista en nuestros países la distinción entre recursos del "*Equity*" y recursos del "*Law,*" es muy similar en sus objetivos y efectos no solo respecto de la *injunction* de los Estados Unidos sino también respecto de los otros recursos del *Equity* y los recursos extraordinarios fuera del *Equity,* como el *mandamus y el prohibition* y los recursos legales declarativos.

De acuerdo a lo anterior, por tanto, en particular, el mandamiento u orden de amparo puede ser, primero, de carácter prohibitivo, similar a las *injunctions* prohibi-

---

2185 De manera similar, respecto de las *injunctions* definitivas, éstas solo pueden declararse si se libra compulsa de la demanda y se ha hecho citación del accionado. Véase por ejemplo, los casos: *U.S. v. Crusco*, 464 F.2d 1060, Cir. 1972; *Murphy v. Washington American League Baseball Club, Inc.*, 324 F2d. 394, D.C. Cir. 1963, en John Bourdeau *et al.*, "Injunctions," en Kevin Schroder, John Glenn and Maureen Placilla, *Corpus Juris Secundum*, Volumen 43A, Thomson West, 2004, p. 339.

2186 En la *injunction* de los Estados Unidos, la orden puede ser ejecutiva o preventiva de virtualmente cualquier tipo de acción (*Dawkins v. Walker*, 794 So. 2d 333, Ala. 2001; *Levin v. Barish*, 505 Pa. 514, 481 A.2d 1183, 1984) o puede ordenar a alguien que deshaga un ilícito o un daño (*State Game and Fish Com'n v. Sledge*, 344 Ark. 505, 42 S.W.3d 427, 2001). Es una orden judicial demandando a una persona a hacer o abstenerse de hacer determinados actos (*Skolnick v. Altheimer & Gray*, 191 Ill 2d 214, 246 Ill. Dec. 324, 730 N.E.2d 4, 2000), por cualquier periodo de tiempo independientemente de su propósito (*Sheridan County Elec. Co-op v. Ferguson*, 124 Mont. 543, 227 P.2d 597, 1951). *Idem*, p. 19.

2187 Véase caso *Nussbaum v. Hetzer*, 1, N.J. 171, 62 A. 2d 399 (1948). *Idem*, p. 19.

2188 Similar a la "*injunction* preventiva" y a la "*injunction* restitutoria o indemnizatoria" en los Estados Unidos. Véase William M. Tabb y Elaine W. Shoben, *Remedies*, Thomson West, 2005, pp. 86–89; John Bourdeau *et al.*, "Injunctions," en Kevin Schroder, John Glenn y Maureen Placilla, *Corpus Juris Secundum*, Volumen 43A, Thomson West, 2004, pp. 28 ss.

tivas decretadas para restringir una acción, para impedir determinados actos o para ordenar a una persona abstenerse de realizarlos.

Segundo, puede ser también de carácter obligatorio, o sea, como la *injunction* obligatoria imponiendo el deshacer un acto o la restauración de un *status quo*; y como el decreto norteamericano de *mandamus* emitido para forzar una acción o la ejecución de algún acto, o para ordenar a una persona realizarlo.

Tercero, la orden de amparo también puede ser similar a los norteamericanos decretos de *prohibition* o decreto de *error* cuando la orden está dirigida a un tribunal,[2189] cosa que normalmente pasa con las acciones de amparo interpuestas contra decisiones judiciales.

Y cuarto, puede ser también similar al recurso declarativo por el cual los tribunales son llamados a declarar el derecho constitucional del accionante respecto de las otras partes.

Por lo tanto, en los procedimientos de amparo, los tribunales latinoamericanos tienen poderes muy amplios para proveer soluciones y efectivamente proteger derechos constitucionales, decretando órdenes de hacer, no hacer, restringir hacer o deshacer algo.[2190] Los problemas yacen en la efectividad de las funciones judiciales y en la autonomía e independencia de los tribunales.[2191]

Los contenidos de la decisión final de amparo han sido regulados en las leyes de amparo y pueden consistir, como se establece en el artículo 86 de la Constitución colombiana, en una orden dirigida a la persona "respecto de quien se solicita la tutela, [para que] actúe o se abstenga de hacerlo." En el decreto 2591 regulador de la tutela se estipula, en una forma más general, que la decisión judicial debe establecer "la conducta a cumplir con el fin de hacer efectiva la tutela" (art. 29.4).[2192] En sentido similar, se regula en Argentina (art. 12.b);[2193] República Dominicana (art. 24, c; 26); Honduras (art. 63,3);[2194]; México (art. 77.III); Nicaragua (art. 45); Paraguay (art. 578, b); Perú (art. 17, 5); Uruguay (art. 9, b);[2195] y Venezuela (art. 45.2),[2196]

2189 Véase William M. Tabb y Elaine W. Shoben, *Remedies*, Thomson West, 2005, pp. 86 ss. 246 ss.; y en John Bourdeau *et al.*, "Injunctions," en Kevin Schroder, John Glenn y Maureen Placilla, *Corpus Juris Secundum*, Volumen 43A, Thompson West, 2004, pp. 21 ss.; 28 ss.

2190 Véase Allan R. Brewer-Carías, *Instituciones Políticas y Constitucionales,* Vol. V, *Derecho y Acción de Amparo,* Editorial Jurídica Venezolana, Caracas, 1998, pp. 143 ss.

2191 Contrario a lo que sucede en los Estados Unidos y Bretaña. Véase F. H. Lawson, *Remedies of English Law,* Londres, 1980, p. 175; B. Schwartz y H. W. R. Wade, *Legal control of government,* Oxford, 1978, p. 205.

2192 Véase Juan Carlos Esguerra Portocarrero, *La protección constitucional del ciudadano*, Legis, Bogotá, 2004, p. 153.

2193 Véase Néstor Pedro Sagüés, *Derecho procesal Constitucional,* Vol. 3, "Acción de amparo," Editorial Astrea, Buenos Aires, 1988, p. 434; Alí Joaquín Salgado, *Juicio de amparo y acción de inconstitucionalidad*, Editorial Astrea, Buenos Aires, 1987, p. 100; José Luis Lazzarini, *El juicio de amparo*, Ed. La Ley, Buenos Aires, 1987, pp. 345, 359.

2194 Véase Edmundo Orellana, *La justicia constitucional en Honduras*, Universidad Nacional Autónoma de Honduras, Tegucigalpa, 1993, pp. 181, 208, 216.

2195 Véase Luis Alberto Viera, *Ley de Amparo*, Ediciones Idea, Montevideo, 1993, p. 52, 207 ss.

donde las leyes de amparo establecen que la decisión final de amparo debe "determinar la conducta a ser cumplida", teniendo en cuenta, como se establece en la Ley de Justicia Constitucional de Honduras, que el objetivo de las decisiones de los tribunales es "garantizar al agraviado en el pleno goce de sus derechos fundamentales y volver las cosas, siempre que sea posible, al estado anterior a la violación."(art. 63).

2. *La sentencia de amparo en la Ley Orgánica*

De acuerdo con el artículo 27 de la Constitución, el amparo tiene por objeto proteger el goce y ejercicio de los derechos y garantías constitucionales, por lo que el juez tiene "potestad para restablecer inmediatamente la situación jurídica infringida o la situación que más se asemeje a ella," es decir, el derecho violado o amenazado de violación.

A tal efecto, aun cuando no se haya reglado expresamente en la Ley Orgánica, el juez de amparo tiene los más amplios poderes para restablecer las situaciones jurídicas infringidas, pudiendo disponer de todas las medidas que considere pertinentes a fin de garantizar la efectiva ejecución del fallo para que no se haga ilusorio.

La decisión del proceso de amparo puede consistir en el restablecimiento de la situación jurídica infringida mediante un mandamiento de amparo lo que, como se ha dicho, debe producirse luego del brevísimo procedimiento descrito.. La decisión puede consistir también en la desestimación de la acción de amparo constitucional lo cual en principio no afecta la responsabilidad civil, penal o administrativa en que hubiese podido incurrir el autor del agravio, ni prejuzga sobre ninguna otra materia.

La sentencia que acuerde el amparo, es decir, el mandamiento de amparo, conforme al artículo 32 de la Ley Orgánica, debe cumplir con las siguientes exigencias formales:

A) Mención concreta de la autoridad, del ente privado o de la persona contra cuya resolución o acto u omisión se conceda el amparo;

B) Determinación precisa de la orden a cumplirse, con las especificaciones necesarias para su ejecución;

C) Plazo para cumplir lo resuelto."

De acuerdo con esta norma, la esencia de la decisión de amparo es la determinación "de la orden a cumplirse"[2197] relativa a la protección y al restablecimiento en el goce y ejercicio de un derecho o garantía constitucionales violado o amenazado de

---

2196 Véase Rafael Chavero G. *El nuevo amparo constitucional en Venezuela,* Ed. Sherwood, Caracas, 2001, p. 185 ss., 327 ss.; Allan R. Brewer-Carías, *Instituciones Políticas y Constitucionales,* Vol. V, *Derecho y Acción de Amparo,* Editorial Jurídica Venezolana, Caracas, 1998, pp. 399 ss.

2197 La Corte Primera de lo Contencioso-Administrativo, por ejemplo, en una sentencia de 3–10–85, respecto a de una acción de amparo interpuesta por un trabajador a fin de que una empresa diera cumplimiento a la orden de reenganche dictada por una Comisión Tripartita Laboral así como al pago de salarios caídos, que "la acción de amparo se traduce en una condena a una obligación de hacer (reenganche) y otra de dar (pagar sumas de dinero) en contra de una empresa con participación estatal decisiva". Véase en *Revista de Derecho Público,* n° 24, EJV, Caracas, 1985, p. 134.

violación; y esta orden a cumplirse, en definitiva se formula contra "la autoridad, el ente privado o la persona" cuya resolución o acto u omisión produjo la violación del derecho constitucional; orden que puede ser de dar, de hacer, de no hacer o de deshacer, según los casos, o puede ser una decisión de restablecer directamente la situación jurídica infringida, si ello es posible con la sola decisión judicial[2198], o disponer una situación la más parecida a la infringida.

El efecto judicial de la acción de amparo, por supuesto, es el aspecto mas importante de la misma, pues es por los poderes atribuidos al juez que la protección en el goce y ejercicio de los derechos constitucionales puede ser efectiva. Por ello, las amplias posibilidades judiciales que la norma del artículo 27 de la Constitución abre a los jueces de amparo, permiten señalar que estos se encuentran, al igual que los jueces norteamericanos e ingleses[2199] con una amplia gama de "remedios" judiciales que pueden utilizar para hacer efectivo el amparo de los derechos fundamentales. Por tanto, y las múltiples sentencias de tribunales de instancia en materia de amparo que se han venido produciendo lo confirman, la decisión del Juez puede consistir, en mandamientos de dar, de hacer o de deshacer (órdenes) o en mandamientos de no hacer (prohibiciones). En cuanto a los mandamientos de dar, puede tratarse de una condena a restituir un bien, por ejemplo, cuando se ampara el derecho de propiedad, o a restituir esta a la situación que mas se asemeje a la que tenía al ser vulnerada. Por su parte, los mandamientos de hacer se traducen en órdenes dadas a quien ha violado el derecho amparado, de realizar actos en sentido positivo[2200] necesarios para restablecer el derecho infringido. En estos supuestos están los casos de decisiones de amparo contra conductas omisivas de funcionarios (abstención o negativa de actuar cuando están obligados a ello), en cuyo caso el artículo 30 de la Ley Orgánica es expreso al establecer que:

> "Cuando la acción de amparo se ejerciere con fundamento en violación de un derecho constitucional por acto o conducta omisiva, o por falta de cumplimiento de la autoridad respectiva, la sentencia ordenara la ejecución inmediata e incondicional del acto incumplido".

En cuanto a los mandamientos de deshacer, pueden consistir en la orden u obligación impuesta a un sujeto, cuando ello sea posible, de destruir algo, o cancelar o deshacer una actividad realizada cuando ello es necesario para restablecer el derecho infringido. Por ultimo, los mandamientos de no hacer, se traducen normalmente en

---

2198 Como lo ha señalado H. Rondón de Sansó, "la informalidad del amparo faculta al juez para darle el contenido que juzgue necesario. El eventual contenido del amparo puede ser: acordar un plazo para obtener una respuesta; obligar a la destrucción de una obra; prohibir la difusión o representación; impedir la realización de un acto; dispensar de un tramite". Véase en "El amparo constitucional en Venezuela", *Revista de Derecho Público,* n° 26, EJV, Caracas, 1986, p. 61.

2199 Véase F. H. Lawson, *Remedies of English Law,* Londres, 1980, p. 175, B. Schwartz y H. W. R. Wade, *Legal control of government,* Oxford, 1978, p. 205.

2200 Por ejemplo, equivalentes a las *mandatory injunctions* del derecho norteamericano. Véase L.J. Jaffe, *Judicial control of Administrative Action,* Boston, 1965, p. 176.

prohibiciones[2201] u órdenes negativas, es decir de abstención, dadas a quien ha violado un derecho, para impedir otras violaciones o para restablecer el derecho violado.

Pero los poderes del Juez de amparo van mas allá, pues no solo está facultado para dar órdenes o imponer prohibiciones a quien ha violado un derecho constitucional para ampararlo, sino que esta facultado para restablecer directamente, cuando ello es posible, con la sola decisión judicial, el derecho infringido, sustituyendo con su decisión cualquier actividad adicional por parte de otro sujeto de derecho o autoridad[2202].

En otros casos la decisión judicial de amparo será de mera declaración cuando, por ejemplo, en el amparo contra leyes, el Juez de amparo decide "la inaplicación de la norma impugnada" respecto del accionante (art. 3).

Por último, a los efectos de asegurar el cumplimiento de las sentencias de amparo, la Ley Orgánica establece expresamente en su artículo 29 que:

> "El Juez que acuerde el restablecimiento de la situación jurídica infringida ordenará, en el dispositivo de la sentencia, que el mandamiento sea acatado par todas las autoridades de la República, so pena de incurrir en desobediencia a la autoridad".

En todo caso, de acuerdo al artículo 31 de la Ley Orgánica, "quien incumpliere el mandamiento de amparo constitucional dictado por el Juez", sea funcionario o particulares, "será castigado con prisión de seis (6) a quince (15) meses". El juez de amparo, sin embargo, no tiene poderes directos de sancionar la desobediencia a sus decisiones, como lo tienen los jueces norteamericanos (*contempt of court*).

El juez de amparo, sin embargo, tiene poderes amplios de ejecución de su decisión, de manera que en caso de que el mandamiento de amparo no sea cumplido por

---

2201 Por ejemplo equivalentes a las *prohibitory order or injunctions* del derecho inglés. Véase F. H. Lawson, *op. cit., n.* 179; o a las *injunctions* del derecho norteamericano. Véase B. Schwartz y H. W. R. Wade, *op. cit.*, p. 221; L.L. Jaffe, *op. cit.*, p. 193.

2202 Por ejemplo, cuando el juez directamente decide la incautación de publicaciones que vulneran el derecho al honor. *Caso Cisneros*, sentencia del Juzgado Cuarto de Primera Instancia en lo Civil de la Circunscripción Judicial del Distrito Federal y Estado Miranda de 15–2–85. Véase el texto en el libro *El amparo constitucional en Venezuela,* Colegio de Abogados del Estado Lara, 1987, Tomo II, p. 269 y ss. Como ejemplo de estos poderes del juez de amparo de pronunciar órdenes de hacer y eventualmente sustituirse a la Administración en el cumplimiento de un acto, dispensando al particular de obtenerlo, puede citarse la sentencia de la Corte Primera de lo Contencioso-Administrativo de 20 de febrero de 1986, en la cual con motivo de un amparo solicitado por un contribuyente municipal, ante la negativa de una Municipalidad de expedirle el certificado de solvencia del impuesto inmobiliario urbano, requisito indispensable para hacer registrar el documento de venta del inmueble, la Corte decidió lo siguiente: primero. ordenó al funcionario competente a fijar y liquidar el impuesto respectivo en un plazo de 30 días; segundo, ordenó que cumplido lo anterior y una vez pagado el impuesto por el contribuyente, en un plazo de tres días el funcionario debía expedir la solvencia de pago del impuesto; y tercero, advirtió a la Municipalidad que vencido el termino de 30 días "sin que hubiere cumplido con lo ordenado" en la sentencia, se dispensaba al contribuyente del tramite de presentación de la solvencia municipal para Protocolizar la venta del inmueble. Véase sentencia de 20–2–86 (ponente R. J. Duque Corredor), Caso *H. Romero Muci vs. Municipalidad del Distrito Sucre del Estado Miranda*. Véase en *Revista. de Derecho Publico,* n° 25, EJV, Caracas, 1986, p. 122–123.

el accionado, además del procedimiento penal, destinado a sancionar el delito constituido por tal omisión –e independientemente de la suerte que corra tal procedimiento–, como lo ha resuelto la Corte Primera de lo Contencioso Administrativo, "debe el juez de la causa proceder a la ejecución forzosa de lo decidido, a través del mecanismo más adecuado a la naturaleza del amparo concedido".[2203]

Por otra parte, los jueces de amparo no pueden anular actos administrativos ni las leyes, es decir, la sentencia no tiene efectos anulatorios[2204], salvo en materia de amparo contra sentencias donde la sentencia de amparo si tiene efectos anulatorios[2205]. Además, la sentencia de amparo tampoco tiene contenido indemnizatorio, ni mediante dichas sentencias se pueden crear nuevas situaciones jurídicas[2206]. Como lo ha sostenido la Corte Primera de lo Contencioso Administrativo "los pedimentos de indemnizaciones monetarias escapan de la naturaleza y objeto del amparo, el cual se ha previsto como un medio restablecedor de situaciones jurídicas infringidas –o de las que más se asemejen a éstas– mediante el cese de la constatada violación constitucional".[2207]

2203 Véase sentencia de 13–4–2000 (Caso: *Aerolink International, S.A. vs. Instituto Autónomo Aeropuerto Internacional de Maiquetía*), en *Revista de Derecho Público*, nº 82, EJV, Caracas 2000, p. 530. En otra decisión de 1–6–2000, (Caso: *Mercedes M. Mendoza Z. vs. Universidad del Zulia*), la Corte Primera recurrió para fundamentar la ejecución forzosa en lo dispuesto en el artículo 11 de la Ley Orgánica del Poder Judicial que señala: *"Artículo 11: Los tribunales para la ejecución de sus sentencias y de todos los actos que decreten o acuerden, pueden requerir de las demás autoridades el concurso de la fuerza pública que de ellas dependa y, en general, valerse de todos los medios legales coercitivos de que dispongan. Se exceptúa el caso de conflicto de poderes, el cual deberá ser sometido a la decisión de la Corte Suprema de Justicia. La autoridad requerida por un tribunal que obre en ejercicio de sus atribuciones, debe prestar su concurso sin que te corresponda calificar el fundamento con que se le pida, ni la legalidad o la justicia de la sentencia o decreto que se trate de ejecutar".* Véase en *Revista de Derecho Público*, nº 82, EJV, Caracas, 2000, p. 533.

2204 Véase por ejemplo, sentencia de la Corte primera de lo Contencioso administrativo de 13–4–2000 (Caso: *Inversora Pano, C.A. vs. Oficina Subalterna del Tercer Circuito de Registro del Municipio Libertador del Distrito Federal*), en *Revista de Derecho Público*, nº 82, EJV, Caracas, 2000, p. 497.

2205 Véase por ejemplo, sentencia de la Sala Constitucional nº 2212 de 9–11–2001 (Caso: *Agustín R. Hernández F. vs. Juzgado Primero de Primera Instancia en lo Civil, Mercantil y del Tránsito de la Circunscripción Judicial del Área Metropolitana de Caracas*), en *Revista de Derecho Público*, nº 85–88, EJV, Caracas 2001, p. 443; y sentencia de la sala Electoral nº 25 de 23–3–2004 (Caso: *Pedro A. Matute y otros vs. Junta Directiva Club Campestre Paracotos*), en *Revista de Derecho Público*, nº 97–98, EJV, Caracas, 2004, p. 448.

2206 La Corte Primera de lo Contencioso Administrativo ha considerado que mediante el amparo no se puede crear un título o derecho. Sentencia nº 1679 de 14–12–2000 (Caso: *Administradora Futuro, S.A. vs. Alcaldía del Municipio Baruta del Estado Miranda*), *Revista de Derecho Público*, nº 84, EJV, Caracas, 2000, p. 365.

2207 Véase sentencia de 5–5–2000 (Caso: *Pedro A. Flores R. vs. Dirección General Sectorial de los Servicios de Inteligencia y Prevención (DISIP)*, en *Revista de Derecho Público*, nº 82, EJV, Caracas 2000, p. 473. Sin embargo, en otra sentencia nº 1424 de 2–11–2000 (Caso: *Raquel M. Pacheco P. vs. Hospital "Victorino Santaella" y otro*) la misma Corte Primera "que del estudio de cada caso en particular se debe determinar cuando el restablecimiento de la situación jurídica vulnerada pone de manifiesto una deuda debida por el accionado al accionante, circunstancia en la que la protección del juez debe llegar hasta la condena de dicha suma de dinero, pues lo contrario implicaría que tuviera el sentenciador que separarse de la realidad en la que la pretensión de condena parece indisoluble del restablecimiento del derecho infringido, dejando de resolver la controversia en su total dimensión lo cual, a todas luces, es-

Ahora bien, lo más importante que debe precisarse en materia de amparo, son los efectos de la decisión de amparo en cuanto al derecho o garantía constitucionales violados. El tema de la cosa juzgada lo resuelve expresamente el artículo 36 de la Ley Orgánica al establecer lo siguiente:

> "La sentencia firme de amparo producirá efectos jurídicos, respecto al derecho o garantía objetos del proceso, sin perjuicio de las acciones o recursos que legalmente correspondan a las partes".

Por supuesto, hay tantas y múltiples situaciones derivadas de las pretensiones de amparo, que respecto de ellas no puede darse más solución general que la expresada en la norma en cuanto a los efectos de la sentencia de amparo. Ella sólo produce efectos "respecto al derecho o garantía objeto del proceso" en cuanto al mandamiento de restablecimiento o restitución del goce y ejercicio del mismo. En algunos casos, esto basta y no es necesario resolver ninguna cuestión jurídica adicional por otros medios judiciales; sin embargo, en otros casos, pueden quedar cuestiones jurídicas pendientes que deben resolverse por vías distintas; por ello la norma señala que la decisión de amparo se adopta "sin perjuicio de las acciones o recursos que legalmente correspondan a las partes".

Esta situación se plantea, por ejemplo, siempre que se intente la acción autónoma de amparo contra un acto administrativo por ante el tribunal de primera instancia o si no lo hay en la localidad, el Juez de mayor jerarquía que exista en ella (Art. 9°). En estos casos, como se dijo, la decisión de amparo no puede pronunciarse sobre la nulidad del acto administrativo, en el sentido de que aun cuando se pronuncie sobre su ilegitimidad e inconstitucionalidades, no puede anularlo. En estos supuestos, la decisión de amparo solo tiene efectos sobre el derecho o garantía objeto del proceso, en el sentido que el juez de amparo al restablecer la situación jurídica infringida, lo que hace es suspender los efectos del acto administrativo frente al cual se ha solicitado amparo, pero no lo anula; razón por la cual el acto administrativo formalmente sigue vigente, con su carácter de ejecutividad por la presunción de legalidad que lo acompaña. Lo único que hace la decisión de amparo es suspender su ejecutoriedad respecto del agraviado, pero no lo anula ni lo extingue. Por ello, en estos casos, la decisión de amparo se adopta sin perjuicio de la acción contencioso administrativa de nulidad que debe intentarse ante los órganos judiciales competentes. Por ello, conforme al artículo 5° de la Ley Orgánica si existen tribunales contencioso administrativos en la localidad, la acción de amparo se debería intentar ante dichos Tribunales conjuntamente con el recurso contencioso administrativo de anulación, siendo la decisión de suspensión de efectos del acto recurrido, la decisión cautelar de amparo a los derechos infringidos, sin perjuicio de que continúe el juicio de nulidad[2208].

---

capa de la exigencia misma del acto de administrar justicia", en *Revista de Derecho Público*, n° 84, EJV, Caracas, 2000, p. 365.

2208 Por ello, la Corte Primera de lo Contencioso Administrativo he dado efectos temporales ala decisión de amparo, a los efectos de que el agraviado intente el recurso contencioso correspondiente. Véase por ejemplo, sentencia n° 962 de 19–7–2000 (Caso: *Elizett C. Abreu A. y otros vs. Instituto de Tecnología de Maracaibo*), en *Revista de Derecho Público*, n° 83, EJV, Caracas, 2000, pp. 357 ss.

Este efecto de la decisión de amparo también se plantea con frecuencia, en casos de amparos contra violaciones de derechos cometidas por particulares.[2209].

El único problema que queda por resolver en estos casos, o cuando se solicite amparo contra actos administrativos ante los jueces de instancia, es que no hay plazo para que las acciones se intenten. En el caso de conflicto de intereses privados, no habría inconveniente porque el interés de las personas en dilucidar judicialmente el conflicto provocaría la introducción de las acciones respectivas. Pero en materia de actos administrativos, la situación se complica: una vez que el agraviado obtiene por vía de la acción de amparo (intentada ante un tribunal que no sea competente en materia contencioso administrativa) el restablecimiento de su derecho violado (que frente a un acto administrativo no es mas que la suspensión individualizada de sus efectos), puede quedar tentado a no sentirse obligado a acudir ante los Tribunales contencioso administrativos competentes para que se declare la nulidad del acto administrativo, que continua vigente formalmente, pero cuyos efectos están suspendidos (por el amparo) respecto de su derecho. Esto daría origen a una situación irregular jurídicamente hablando: la existencia formal de un acto administrativo con fuerza ejecutiva, y una decisión que suspende su ejecutoriedad. Estimamos que en estos casos, la situación debería ser resuelta por el Juez de amparo, obligando al agraviado amparado en su derecho, a acudir ante los Tribunales contencioso administrativos para solicitar la nulidad del acto administrativo, y que se desarrolle el juicio de nulidad del mismo, de manera que al decidirse este se confirme o no el amparo concedido, al anularse o no el acto impugnado. De acuerdo a los poderes que le otorga la Ley, el Juez de amparo incluso podría, en estos casos, imponerle al agraviado un plazo para que acuda ante la jurisdicción contencioso administrativa.

Cuando el amparo se dicte contra actuaciones (actos o vías de hecho) de la Administración, de acuerdo al artículo 27 de la Ley Orgánica:

> "El Tribunal que conozca de la solicitud de amparo remitirá copia certificada de su decisión a la autoridad competente, a fin de que resuelva sobre la procedencia o no de medida disciplinaria contra el funcionario público culpable de la violación o de la amenaza contra el derecho o la garantía constitucionales, sin perjuicio de las responsabilidades civiles o penales que le resulten atribuibles. A tal efecto, el Tribunal remitirá también los recaudos pertinentes al Ministerio Público."

Por otra parte, en cuanto a las costas, el artículo 33 de la Ley sólo prevé expresamente la imposición de costas cuando se trate de procesos de amparo frente a particulares, en la forma siguiente:

> "Cuando se trate de quejas contra particulares, se impondrán las costas al vencido, quedando a salvo las acciones a que pudiere haber lugar.
>
> No habrá imposición de costas cuando los efectos del acto u omisión hubiesen cesado antes de abrirse la averiguación. El Juez podrá exonerar de costas a

2209 Véase el texto publicado, por orden de la propia decisión, en *El Universal*, 27-12-87, p. 2-5.

quien intentare el amparo constitucional por fundado temor de violación o amenaza, o cuando la solicitud no haya sido temeraria."

En consecuencia, de esta disposición resultaría que cuando se trate de acciones de amparo contra actos, vías de hecho u omisiones de funcionarios y autoridades públicas, no procedería la imposición de costas conforme al artículo 274 del Código de Procedimiento Civil, lo que en nuestro criterio resulta totalmente injustificado. No habría razón para establecer este privilegio procesal a favor de los funcionarios públicos, y menos cuando el artículo 21 de la Ley Orgánica, como hemos señalado, los excluye. La Sala Constitucional, sin embargo, ha resuelto que cuando la acción de amparo es interpuesta contra un órgano del poder público, y particulares se hacen terceros coadyuvantes en defensa de los intereses de las partes del amparo, sin embargo, con respecto a ellos el proceso deviene en una acción entre particulares, por lo que el perdidoso puede resultar condenado en costas, sobre todo, cuando es un litis consorte facultativo.[2210]

Por último, debe señalarse que dado el carácter personal o subjetivo de los juicios de amparo, la sentencia tiene efectos *inter partes* y en relación con las autoridades que deben cumplir el mandamiento judicial. Sin embargo, dada la consagración constitucional de la tutela judicial efectiva de los intereses colectivos y difusos, en estos casos de amparo protegiendo dichos derechos, los efectos de la decisión se tornan *erga omnes*.

Esto ha sido analizado por la Sala Constitucional del Tribunal Supremo sentencia nº 2675 de 17 de diciembre de 2001 (Caso: *Ministerio del Interior y de Justicia*), y en relación con los efectos señaló "que existen situaciones o relaciones jurídicas que vinculan a personas en una misma situación jurídica" llevando a la Sala a sostener que en "las acciones para ejercer derechos o intereses difusos o colectivos, deba ordenarse la citación por edictos a todos los interesados, y en algunos casos en que no se publicó el edicto, la Sala consideró que a pesar de ello los efectos directos de la sentencia podían extenderse a otras personas que no eran partes, si les favorecían"[2211]

Respecto del contenido del derecho a la tutela judicial efectiva, y particularmente haciendo referencia a los derechos e intereses colectivos o difusos, la misma Sala Constitucional sostuvo en decisión del 30 de junio de 2000 (Caso: *Defensoría del Pueblo vs. Comisión Legislativa Nacional*) la posibilidad de la extensión de los efectos del mandamiento de amparo a favor de todos aquellos beneficiarios de la situación concreta lo que conduce a la protección de un segmento relativamente importante de la sociedad, indicando que:

> "Debe acotarse, que en los casos en los cuales la acción de amparo es interpuesta con base en un derecho o interés colectivo o difuso, el mandamiento a acordarse favorecerá bien a un conjunto de personas claramente identificables

2210 Véase sentencia nº 320 de 4–5–2000 (Caso: *Seguros La Occidental, C.A. vs. Juzgado Superior del Tránsito y del Trabajo de la Circunscripción Judicial del Estado Zulia*), en *Revista de Derecho Público*, nº 82, EJV, Caracas 2000, p. 527.

2211 Caso: *Glenda López y otros vs. IVSS*, Véase en *Revista de Derecho Público*, nº 85–88, EJV, Caracas 2001, pp. 453 y ss.

como miembros de un sector de la sociedad, en el primer caso; bien a un grupo relevante de sujetos indeterminados apriorísticamente, pero perfectamente delimitable con base a la particular situación jurídica que ostentan y que les ha sido vulnerada de forma específica, en el segundo supuesto.

Así, no resulta cierto que el amparo destinado a proteger tales situaciones jurídicas de múltiples sujetos, posea efectos *erga omnes*, tal como lo señalara el a quo, pues, como se ha visto, sus beneficiarios son susceptibles de una perfecta determinación y la tutela a ellos brindada es siempre concreta, mas nunca de modo genérico.

Una de las características de algunas sentencias del ámbito constitucional es que sus efectos se apliquen a favor de personas que no son partes en un proceso, pero que se encuentren en idéntica situación a las partes, por lo que requieren de la protección constitucional, así no la hayan solicitado con motivo de un juicio determinado.

Resulta contrario a la eficacia del proceso, a su idoneidad y a lo célere (expedito) del mismo, que sí las partes de un juicio obtienen una declaratoria de infracción constitucional de derechos que vulneran su situación jurídica, otras personas que se encuentran en idéntica situación y que han sufrido la misma infracción, no puedan gozar del fallo que restablezca tal situación jurídica de los accionantes, y tengan que incoar una acción cuya finalidad es que se reconozca la misma infracción, así como la existencia de la misma situación vulnerada y su idéntico restablecimiento, con el riesgo de que surjan sentencias contrarias o contradictorias.

El restablecimiento de la situación jurídica, ante la infracción constitucional, tiene que alcanzar a todos lo que comparten tal situación y que a su vez son perjudicados por la violación, ya que lo importante para el juez constitucional, no es la protección de los derechos particulares, sino la enmienda de la violación constitucional, con el fin de mantener la efectividad y supremacía constitucional; y en un proceso que busca la idoneidad, la efectividad y la celeridad, como lo es por excelencia el constitucional, resulta contrario a los fines constitucionales, que a quienes se les infringió su situación jurídica, compartida con otros, víctima de igual trasgresión, no se les restablezca la misma, por no haber accionando, y que tengan que incoar otras acciones a los mismos fines, multiplicando innecesariamente los juicios y corriendo el riesgo que se dicten sentencias contradictorias.

En estos casos, se está en presencia de efectos procesales que se extienden a una comunidad en la misma situación jurídica, la cual es diversa de la comunidad de derecho contemplada en el Código Civil, pero existente con relación a las infracciones constitucionales que a todos aquejan y que no puede sostenerse que existe con respecto a unos (los que demandaron y obtuvieron sentencia favorable) y no con respecto a otros, los no demandantes.

Tratándose de derechos subjetivos de las personas, los no demandantes pueden renunciar o no a ellos, pero existe una declaración a favor de todos los que se encontraban en la misma situación jurídica, de la cual se aprovecharan o no, conforme a sus conveniencias y mientras no le caduque su acción, ya que de caducarles ellos no tendrían derecho a la fase ejecutiva de una acción caduca.

En consecuencia, acciones como las de amparo constitucional, si son declaradas con lugar, sus efectos se hacen extensibles a todos los que se encuentran en la misma e idéntica situación así no sean partes en el proceso".[2212]

En consecuencia, como lo resolvió la Sala Constitucional en otro caso, en estos casos, "el fallo produce efectos *erga omnes*, ya que beneficia o perjudica a la colectividad en general o a sectores de ella."[2213]

3. *Aspectos generales sobre la naturaleza de la decisión de amparo: aproximación comparativa*

A. *La naturaleza preventiva y restitutoria del amparo*

La orden judicial de amparo puede ser de naturaleza restitutoria o preventiva. En el primer caso, puede consistir en una orden procurando el reestablecimiento de la situación jurídica del accionante al estado que tenía antes de la violación del derecho, o al estado más parecido al que tenía antes de dicha violación; y en el segundo caso, en cuanto al amparo de naturaleza preventiva, puede consistir en forzar al agraviante a hacer o a refrenarse de hacer determinados actos para mantener el disfrute de los derechos del accionante.

Tal como lo provee expresamente la Ley de Amparo mexicana (art. 80), respecto de los efectos positivos o negativos del acto impugnado:

> *Artículo 80.-* La sentencia que conceda el amparo tendrá por objeto restituir al agraviado en el pleno goce de la garantía individual violada, restableciendo las cosas al estado que guardaban antes de la violación, cuando el acto reclamado sea de carácter positivo; y cuando sea de carácter negativo, el efecto del amparo será obligar a la autoridad responsable a que obre en el sentido de respetar la garantía de que se trate y a cumplir, por su parte, lo que la misma garantía exija.[2214]

Una previsión similar está establecida en la Ley de Jurisdicción Constitucional de Costa Rica (art. 49); así como en la Ley de Amparo de Nicaragua (art. 46).

2212 Véase en *Revista de Derecho Público*, nº 85–88, Editorial Jurídica Venezolana, Caracas, 2001, pp. 473 y ss. Véase además, la sentencia nº 412 de 8 de marzo de 2002, en *Revista de Derecho Público*, nº 89–92, EJV, Caracas, 2002.

2213 Sentencia de la Sala Constitucional Nº 656 de 05–06–01, Caso: *Defensor del Pueblo vs. Comisión Legislativa Nacional*.

2214 Como ha sido explicado por Baker: "Cuando el acto impugnado es de naturaleza positiva, el recurso de amparo tiene la forma de una *injunction* prohibitiva, más cualesquiera elementos adicionales que sean necesarios para reparar los daños ya infligidos. Esto último es para cumplirse mediante la restitución de la situación que existía antes que la Constitución fuese infringida. Cuando el acto es de naturaleza negativa, el recurso toma la forma de un decreto ordenando a la autoridad responsable cumplir positivamente con las disposiciones de la garantía constitucional infringida. En ambos casos, el objetivo de la sentencia es el de restablecer al accionante el goce pleno y libre de sus derechos constitucionales y, de acuerdo con este objetivo, la indemnización pecuniaria no resulta un remedio apropiado al amparo." Véase Richard D. Baker, *Judicial Review in México. A Study of the Amparo Suit,* University of Texas Press, Austin 1971, p. 238.

Según esto puede decirse que una de las principales características del proceso de amparo en todos los países latinoamericanos, cuando las acciones se dirigen contra perjuicios causados por conductas positivas, es su propósito restitutorio o restaurador. Como se estipula, por ejemplo, en el decreto 2591 sobre la tutela de Colombia: "Cuando la solicitud se dirija contra una acción de la autoridad, el fallo que conceda la tutela tendrá por objeto garantizar al agraviado el pleno goce de su derecho, y volver al estado anterior a la violación, cuando fuere posible" (art. 23). Una previsión similar está establecida en las Leyes de amparo de El Salvador (art. 35), Costa Rica (art. 49) y Perú (art. 1) donde, además, el artículo 55,3 del Código Procesal Constitucional provee como uno de los contenidos de la decisión de amparo la "restitución o restablecimiento del agraviado en el pleno goce de sus derechos constitucionales ordenando que las cosas vuelvan al estado en que se encontraban antes de la violación," así como la prescripción de la conducta que ha de cumplirse para el cumplimiento efectivo de la decisión (art. 55,4).

Respecto de estos efectos de la decisión de amparo, la Ley de Amparo en Guatemala provee que en relación con el reclamante, el tribunal debe suspender la aplicación de la ley, el reglamento, la resolución o acto impugnado y, cuando fuese necesario, debe ordenar el restablecimiento de la situación jurídica lesionada o la terminación de la medida en cuestión (art. 49.a). Una norma similar está estipulada en Ecuador (art. 51), y Honduras (Ley de Justicia Constitucional, art. 63,2). En Colombia, según el Decreto 2591 sobre la tutela (art. 29.6), "cuando la violación o amenaza de violación derive de la aplicación de una norma incompatible con los derechos fundamentales, la providencia judicial que resuelva la acción interpuesta deberá además ordenar la inaplicación de la norma impugnada en el caso concreto."

Sin embargo, la decisión de amparo puede también tener un carácter protector cuando es decretada contra omisiones o acciones negativas de una autoridad pública, en cuyos casos, como lo prevé el Decreto 2591 de tutela de Colombia, "cuando lo impugnado hubiere sido la denegación de un acto o una omisión, el fallo ordenará realizarlo o desarrollar la acción adecuada, para lo cual se otorgará un plazo prudencial perentorio" (art. 23). Una provisión similar está establece en la leyes de amparo de El Salvador (art. 35), Ecuador (art. 51), Guatemala (art. 49,b) y Costa Rica (art. 49). En este último país, adicionalmente, está establecido que en casos en los que la acción de amparo sea interpuesta contra omisiones de las autoridades (por ejemplo la omisión de reglamentar una ley), la Sala Constitucional, en su decisión, debe determinar los elementos básicos a ser aplicados en el caso de acuerdo con los principios generales del derecho (art. 49.c); además se establece un término de dos meses para que la autoridad sancione la norma (art. 49).

Aun así, respecto de las amenazas a los derechos, las decisiones de amparo pueden tener también una naturaleza preventiva, como también está previsto, por ejemplo, en la Ley de Jurisdicción Constitucional de Costa Rica (art. 49) y en el decreto 2591 de tutela de Colombia (art. 23), estableciendo respecto de la decisión de tutela que si se tratase "de una mera conducta o actuación material, o de una amenaza, se ordenará su inmediata cesación, así como evitar toda nueva violación o amenaza, perturbación o restricción."

Asimismo, en casos en los cuales, si para el momento cuando la protección de tutela es concedida el acto impugnado ha cesado en sus efectos o ya los ha producido (haciendo imposible restaurar el disfrute de sus derechos al accionante), el tribunal puede advertir terminantemente a la autoridad pública no causar otra vez las acciones u omisiones que originaron la acción de tutela (Colombia, art. 24). De modo similar se provee en el Código Procesal Constitucional de Perú (art. 1).

B. *La regla del contenido no anulatorio del amparo*

Aun siendo de carácter restitutorio, en términos generales, cuando la acción de amparo es interpuesta contra actos, particularmente actos no judiciales de las autoridades (causando daños o peligros a los derechos constitucionales), el efecto inmediato de la decisión es suspender los efectos del acto impugnado respecto del accionante, no teniendo el proceso, normalmente, el propósito de anular esos actos del Estado. Tomar decisiones anulando leyes o actos administrativos es, en principio, competencia exclusiva de los tribunales de jurisdicción constitucional y de jurisdicción administrativa, y no de los jueces de amparo. Sólo cuando el amparo se intenta contra un acto administrativo ante los tribunales contencioso administrativos, como lo establece por ejemplo la Ley venezolana (art. 14), entonces en su decisión el juez si tiene poder anulatorio respecto de los actos administrativos impugnados.

Ahora bien, respecto de las leyes y específicamente aquellas autónomas, cuando una acción de amparo es interpuesta directamente contra ellas y según como lo disponen las leyes de amparo de México,[2215] Guatemala[2216] y Honduras,[2217] el juez de amparo al dictar su decisión no tiene poder para anularlas y, en orden a proteger el derecho lesionado o amenazado, lo que puede hacer es declarar la inaplicabilidad de ellas al accionante en el caso particular.

Particularmente y en relación con las leyes, en países donde el método concentrado de control de constitucionalidad es aplicado (como es el caso en todos los países latinoamericanos excepto Argentina), la anulación de leyes es una atribución judicial reservada a las jurisdicciones constitucionales (Cortes Supremas o Constitucionales), no siendo factible para los jueces de amparo anular leyes. Por otra parte, en países donde es aplicado el método difuso de control de constitucionalidad, los tribunales ordinarios no tienen atribución judicial para anular leyes, estando facultados solo para declarar su inconstitucionalidad y para decidir su inaplicabilidad respecto del caso particular, aplicando preferentemente la Constitución

En Costa Rica existe un sistema de control de constitucionalidad concentrado absoluto, conforme al cual se asigna a la Sala Constitucional de la Corte Suprema el poder para decidir ambas acciones: las acciones de amparo, así como las acciones de nulidad de leyes inconstitucionales. Aun ahí, la Ley de Jurisdicción Constitucional ha establecido que cuando el amparo es interpuesto contra una ley o cuando la Sala Constitucional determina que los actos impugnados están fundamentados en una ley, la misma no puede anular la ley en el proceso de amparo, limitándose a suspender su

---

2215 Véase Eduardo Ferrer Mac-Gregor, *La acción constitucional de amparo en México y España. Estudio de derecho comparado*, Editorial Porrúa, México, 2002, pp. 262–263; Richard D. Baker, *Judicial Review in México. A Study of the Amparo Suit,* University of Texas Press, Austin, 1971, p. 270.

2216 Véase en Jorge Mario García Laguardia, *Jurisprudencia constitucional. Guatemala, Honduras, México. Una Muestra*, Guatemala, 1986, pp. 23, 24, 92, 93.

2217 Véase Edmundo Orellana, *La justicia constitucional en Honduras*, Universidad Nacional Autónoma de Honduras, Tegucigalpa, 1993, pp. 208, 221.

aplicación, solicitando al accionante que presente una petición separada para el control de la inconstitucionalidad de la ley, la cual debe ser presentada ante la misma Sala en el término de 15 días (art. 48).

En Venezuela, en relación con la facultad de todas las Salas del Tribunal Supremo para decidir casos aplicando el método difuso de control de constitucionalidad de las leyes, la ley reguladora del Tribunal Supremo provee que, en esos casos, al decidir un caso particular (incluyendo casos de amparo) las Salas deben notificar a la Sala Constitucional para que ésta, si lo estima, proceda a examinar la constitucionalidad de la ley de forma abstracta y, eventualmente, declare su nulidad.(art. 33).[2218]

En relación con los actos administrativos, la regla general es también que las decisiones de amparo no pueden anular el acto administrativo impugnado, estando el juez de amparo facultado solamente para suspender sus efectos y aplicación al accionante. En términos generales y en estos casos, la facultad de anular actos administrativos es también exclusivamente una facultad atribuida a los tribunales de jurisdicción administrativa, como es el caso en Venezuela,[2219] los cuales como ahora también tiene la competencia exclusiva para conocer de las acciones de amparo contra los mismos, entonces si pueden pronunciar su anulación al decretar el mandamiento de amparo.

No obstante el principio general antes indicado, algunas excepciones se pueden identificar respecto de la tendencia general en esta materia de amparo contra actos administrativos, cuando se intenta ante tribunales que no son parte de la jurisdicción contencioso administrativa, permitiéndose en algunos países, en el caso de acciones de amparo contra actos administrativos, los jueces de amparo tengan facultades anulatorias. Es el caso de México donde, dado el hecho de que una de las modalidades de la acción de amparo es el amparo contra actos administrativos (de manera similar a los procedimientos contencioso-administrativos en otros países), la decisión de amparo en tales casos tiene efectos anulatorios.

Por otra parte, el Código Procesal Constitucional de Perú expresamente dispone que la decisión de amparo debe contener la "declaración de nulidad de la decisión, acto o resolución que hayan impedido el pleno ejercicio de los derechos constitucionales protegidos con determinación, en su caso, de la extensión de sus efectos" (art. 55).[2220] También en Costa Rica, según el artículo 49 de la Ley de Jurisdicción Constitucional, en casos de acciones de amparo contra actos administrativos, la concesión del amparo implica los efectos anulatorios del acto administrativo impugnado.

Por otra parte, en relación con las acciones de amparo interpuestas contra decisiones judiciales, los efectos de la sentencia concediendo la protección constitucio-

---

2218 Véase Allan R. Brewer-Carías y Víctor Hernández Mendible, *Ley Orgánica del Tribunal Supremo de Justicia*, Editorial Jurídica Venezolana, Caracas, 2010.

2219 Véase Rafael Chavero G., *El nuevo amparo constitucional en Venezuela,* Ed. Sherwood, Caracas, 2001, pp. 358 ss.; Allan R. Brewer-Carías, *Instituciones Políticas y Constitucionales,* Vol. V, *Derecho y Acción de Amparo,* Editorial Jurídica Venezolana, Caracas, 1998, pp. 144; 400.

2220 Véase Samuel B. Abad Yupanqui, *El proceso constitucional de amparo*, Gaceta Jurídica, Lima, 2004, p. 186.

nal de amparo también consisten en la anulación del acto judicial o decisión impugnada, como es el caso de Venezuela.[2221]

C. *El carácter no indemnizatorio de la decisión de amparo*

Otro aspecto que debe mencionarse respecto de las decisiones de amparo en América latina, es que, en términos generales, ellas no tienen carácter indemnizatorio,[2222] porque la función de los tribunales en estos procesos es sólo la protección de los derechos del accionante y no pronunciar decisiones de condena contra el agraviante, para el pago al agraviado de indemnización alguna por daños resultantes del agravio.[2223] Es decir, el procedimiento de amparo es, en términos generales, un procedimiento preventivo y restitutorio, y no indemnizatorio,[2224] estando los tribunales facultados para prevenir daños o restituir el goce de un derecho (como, por ejemplo, mediante la suspensión de los efectos agraviantes del acto), pero no para la condena del agraviante a pagar una indemnización.

Sin embargo, esta tendencia general también tiene algunas excepciones en algunas leyes de amparo de América Latina que dan carácter indemnizatorio al proceso de amparo. Este es el caso de Bolivia[2225] y Guatemala[2226] donde los tribunales de amparo deben determinar la existencia de la responsabilidad civil y penal del agraviante, fijando el monto de los daños y perjuicios a pagar al agraviado.

En otras legislaciones, como la de Colombia y Costa Rica, los efectos indemnizatorios de la decisión de amparo son permitidos pero sólo en forma abstracta. A tal fin, en Costa Rica, el artículo 51 de la Ley de Jurisdicción Constitucional prevé que "toda resolución que acoja el recurso condenará en abstracto a la indemnización de

---

2221 Véase Rafael Chavero G., *El nuevo amparo constitucional en Venezuela,* Ed. Sherwood, Caracas, 2001, p. 511; Allan R. Brewer-Carías, "Derecho y Acción de Amparo, Vol. V, *Instituciones Políticas y Constitucionales* Editorial Jurídica Venezolana, Caracas, 1998, p. 297; Allan R. Brewer-Carías, "El problema del amparo contra sentencias o de cómo la Sala de Casación Civil remedia arbitrariedades judiciales," en *Revista de Derecho Público,* N° 34, Editorial Jurídica Venezolana, Caracas, abril-junio 1988, pp. 157–171.

2222 De manera similar a las *injunctions* de los Estados Unidos. Véase e caso *Simenstad v. Hagen*, 22 Wis. 2d 653, 126 N.W.2d 529, 1964, en John Bourdeau *et al.*, "Injunctions," in Kevin Schroder, John Glenn and Maureen Placilla, *Corpus Juris Secundum*, Volume 43A, Thomson West, 2004, p. 20.

2223 Por ejemplo, en el caso de una orden administrativa ilegitima dictada por una autoridad municipal demoliendo un edificio -aun si fuese ejecutada y aun infringiendo un derecho constitucional a la propiedad-, la acción de amparo no tiene el propósito de indemnizar, siendo en este caso inadmisible particularmente dado el carácter irreparable del daño.

2224 Véase José Luis Lazzarini, *El juicio de amparo*, Ed. La Ley, Buenos Aires, 1987, pp. 346–347; Néstor Pedro Sagüés, *Derecho procesal Constitucional,* Vol. 3, *Acción de amparo*, Editorial Astrea Buenos Aires, 1988, p. 437; Rafael Chavero G., *El nuevo amparo constitucional en Venezuela,* Ed. Sherwood, Caracas, 2001, pp. 185, 242, 262, 326, 328; Allan R. Brewer-Carías, *Instituciones Políticas y Constitucionales,* Vol. V, *Derecho y Acción de Amparo,* Editorial Jurídica Venezolana, Caracas, 1998, p. 143.

2225 En Bolivia, el artículo 102, II de la ley, respecto del contenido de la decisión de amparo, establece que al decretar el amparo el tribunal determinará la existencia de responsabilidad civil y penal fijando el monto de los daños y perjuicios a pagarse.

2226 También en Guatemala, el artículo 59 de la ley menciona los daños y perjuicios, estableciendo que cuando el tribunal en su decisión condena al pago de daños y perjuicios, el mismo debe fijar el monto o, al menos, establecer las bases para su determinación (artículo 59).

los daños y perjuicios," correspondiendo la determinación concreta de ellos a la etapa de la ejecución de la sentencia.[2227]

También en Colombia, el artículo 25 del Decreto 2591 regulador de la tutela dispone que cuando la parte agraviada no tiene otros medios y la violación de sus derechos es manifiesta, clara e indisputablemente consecuencia de una arbitrariedad, el tribunal, *ex officio*, en la decisión concediendo la tutela, puede ordenar de forma abstracta la indemnización por los daños causados, siempre que ello sea necesario para asegurar el goce efectivo del derecho. Asimismo, en forma similar a lo que se prevé en la Ley costarricense, el artículo 23 de la Ley colombiana prescribe que la condena será decretada contra la entidad donde el agraviante trabaja, y contra éste solidariamente, cuando haya actuado con dolo o culpa, sin perjuicio de toda otra responsabilidad civil o penal. La determinación concreta de la indemnización corresponde a los tribunales de la jurisdicción contencioso administrativo en un procedimiento incidental que debe tener lugar dentro de los seis meses siguiente.[2228]

Excepto en estos casos de Bolivia, Guatemala, Colombia y Costa Rica, en todos los otros países latinoamericanos las acciones judiciales tendientes a procurar indemnización por parte del agraviante por su responsabilidad como consecuencia del agravio infligido al derecho constitucional del accionante, debe demandarse mediante un recurso judicial ordinario por separado para ese efecto ante la jurisdicción civil o administrativa. Esto se dispone en la leyes de amparo de El Salvador (art. 35); y Panamá (art. 2.627).

D. *El pago de las costas procesales*

Finalmente y en relación con las consecuencias económicas de la demanda de amparo, en las leyes latinoamericanas, en general, tal como se prevé en Argentina (art. 14); Bolivia (art. 102,III); Colombia (art. 25); Costa Rica (arts. 51, 53); El Salvador (art. 35); Guatemala (arts. 44, 45, 100); Honduras (art. 105); Paraguay (art. 587) y Perú (art. 56), la parte contra quien se dirige la decisión debe pagar las costas del proceso.

2227 El artículo 52 de la Ley de Jurisdicción Constitucional dispone que cuando la acción de amparo es incoada contra las autoridades, la condena será declarada contra el estado o contra la entidad donde el accionado trabaja y con éste último solidariamente si ha actuado con dolo o culpa y sin excluir toda otra responsabilidad administrativa, civil o penal. También cuando el procedimiento de amparo está en curso y el acto del estado es revocado, paralizado o suspendido, el amparo será concedido solo para efectos de la correspondiente decisión que reconoce la indemnización (art. 52). En estos casos la determinación concreta será realizada por los tribunales de jurisdicción administrativa. En casos donde la acción de amparo es incoada contra individuos, el artículo 53 de dicha ley dispone que, al conceder el amparo, el tribunal debe también condenar la persona o entidad responsable a pagar los daños y perjuicios; la determinación de los cuales se realizará en la ejecución judicial civil de la decisión. Véase Rubén Hernández, *Derecho Procesal Constitucional*, Editorial Juricentro, San José 2001, p. 268; José Luis Villalobos, "El recurso de amparo en Costa Rica," en Humberto Nogueira Alcalá (Editor), *Acciones constitucionales de amparo y protección: realidad y perspectivas en Chile y América Latina*, Editorial Universidad de Talca, Talca, 2000, p. 229.

2228 Véase Juan Carlos Esguerra Portocarrero, *La protección constitucional del ciudadano*, Legis, Bogotá, 2004, p. 155. También cuando el procedimiento de amparo está en curso y el acto del Estado es revocado, paralizado o suspendido, la tutela será concedida solo para efectos de la correspondiente decisión reconociendo la indemnización (art. 26).

E. *Los efectos de la sentencia de amparo*

Otro aspecto importante de las decisiones definitivas de amparo está relacionado con sus efectos. Primero, en relación con su alcance, sobre si son de efectos generales o de efectos *inter partes*; segundo, en relación con los efectos de lo decidido, y su valor o no de *res iudicata* o *cosa juzgada;* y tercero, sobre el carácter obligatorio de la sentencia y sus consecuencias.

a. *El efecto inter partes y sus excepciones*

La regla general respecto de los efectos de las decisiones judiciales de amparo es que ellas solamente tienen efectos *inter partes*, es decir, solamente tienen efectos entre las partes del proceso (el accionante, el accionado y terceros coadyuvantes) y aquellos que han participado en el proceso. Esto está expresamente estipulado en las leyes mexicanas[2229] y nicaragüenses (art. 44) de amparo.

Es decir, en forma similar a las *injunctions* en los Estados Unidos,[2230] las decisiones de amparo en América Latina tienen efectos vinculantes respecto de las partes del proceso y solo respecto de la controversia; siendo esta la consecuencia más importante del carácter individual del amparo como una acción principalmente diseñada para la protección de derechos y garantías constitucionales personales.[2231]

La única excepción a este principio en los Estados Unidos son las sentencias sobre cuestiones constitucionales cuando son decididas por la Corte Suprema, en cuyo caso y debido a la doctrina del precedente o *stare decisis*, todos los tribunales están obligados a aplicar la misma regla constitucional en casos donde se planteen controversias similares.[2232]

La misma regla existe en algunos países latinoamericanos como, por ejemplo, cuando la Corte Suprema de México sienta una "jurisprudencia," o como sucede en los casos relativos a interpretaciones constitucionales por parte de las Cortes Supremas o Constitucionales, a las cuales se le ha conferido efectos *erga omnes* e incluso vinculantes. Este es el caso de Venezuela, respecto de las sentencias de la Sala Constitucional (art. 336 de la Constitución) y de Perú respecto de las decisiones del Tribunal Constitucional (art. VII, Código Procesal Constitucional), en os procesos de anulación de las leyes.

2229 El artículo 76 de la Ley de Amparo establece que "Las sentencias que se pronuncien en los juicios de amparo sólo se ocuparán de los individuos particulares o de las personas morales, privadas u oficiales que lo hubiesen solicitado, limitándose a ampararlos y protegerlos, si procediere, en el caso especial sobre el que verse la demanda, sin hacer una declaración general respecto de la ley o acto que la motivare."

2230 Véase el caso *ESP Fidelity Corp. v. Department of Housing & Urban Development*, 512 F.2d 887, (9th Cir. 1975), *en* John Bourdeau *et al.*, "Injunctions," *en* Kevin Schroder, John Glenn and Maureen Placilla, *Corpus Juris Secundum*, Volume 43A, Thomson West, 2004, pp. 414.

2231 Las regulaciones venezolanas pueden destacarse en este aspecto. En principio, las decisiones de la corte han sido constantes en otorgar a las acciones de amparo un carácter individual donde la legitimidad corresponde al individuo directamente afectado por la violación del derecho o garantía constitucional. Véase por ejemplo, la decisión de la Sala Constitucional del 15 de marzo de 2.000 en *Revista de Derecho Público*, N° 81, Editorial Jurídica Venezolana, Caracas 2000, pp. 322–323.

2232 Véase M. Glenn Abernathy and Barbara A. Perry, *Civil Liberties under the Constitution*, University of South Carolina Press, 1993, p. 5.

Aun con esta excepción, la regla general respecto de las sentencias en los procesos de amparo es que las decisiones solamente tienen efectos vinculantes en relación con las partes del proceso (aunque incluyendo también terceros beneficiarios o terceras partes en el caso).

No obstante, este principio general tiene también sus excepciones debido al desarrollo progresivo de la naturaleza colectiva de algunos derechos constitucionales como, por ejemplo, es el caso de la violación de los derechos ambientales, de los derechos de las comunidades indígenas y de otros derechos difusos,[2233] en cuyos casos[2234] la sentencia definitiva puede beneficiar otras personas diferentes de aquellas que han participado activamente en el proceso como accionantes.

Este es el caso de las decisiones de amparo sobre derechos e intereses colectivos como los ambientales en Argentina y Brasil. En Venezuela, debido a la disposición constitucional respecto de intereses difusos o colectivos, la Sala Constitucional del Tribunal Supremo a partir de 2000 admitió las acciones de amparo procurando la protección y ejercicio de esos derechos colectivos, entre otros, por ejemplo, los derechos al sufragio. En tales casos, la Sala incluso, en un caso relativo a derechos electorales, le otorgó efectos *erga omnes* a las medidas precautelares, que beneficiaron no sólo a los individuos que interpusieron la acción para la protección constitucional, sino a todos los demás electores considerados como un grupo.[2235]

Por otra parte, debe destacarse que la Defensoría del Pueblo en Venezuela tiene competencia para promover, defender y salvaguardar los derechos y garantías constitucionales y además, los intereses legítimos, colectivos y difusos de los ciudadanos (arts. 280 y 281,2 de la Constitución); siendo por consiguiente admitida su legitimación para presentar demandas de amparo en nombre de los ciudadanos como un todo.[2236] En todos estos casos, por lo tanto, la sentencia judicial beneficia a todas las

2233 Véase Rafael Chavero G. *El nuevo amparo constitucional en Venezuela,* Ed. Sherwood, Caracas, 2001, pp. 333 ss.

2234 Como también ocurre en relación con las *Class Actions* o acciones colectivas en los Estados Unidos. Véase M. Glenn Abernathy and Barbara A. Perry, *Civil Liberties under the Constitution*, University of South Carolina Press, 1993, p. 6.

2235 Véase decisión de la Sala Constitucional N° 483 del 29 de mayo de 2.000, caso de *"Queremos Elegir" y otros*, en *Revista de Derecho Público*, N° 82, Editorial Jurídica Venezolana, 2000, pp. 489–491. En el mismo sentido, la decisión de la misma Sala N° 714 del 13 de Julio de 2.000, caso *APRUM* en *Revista de Derecho Público*, N° 83, 2000, Editorial Jurídica Venezolana, pp. 319 ss. La Sala Constitucional ha decidido que "toda persona puede acceder ante la justicia para ventilar derechos e intereses difusos o colectivos" y ha extendido "la legitimación activa a las asociaciones, sociedades, fundaciones, cámaras, sindicatos, y demás entes colectivos, cuyo objeto sea la defensa de la sociedad, siempre que obren dentro de los límites de sus objetivos societarios, destinados a velar por los intereses de sus miembros en cuanto a lo que es su objeto." v. Decisión de la Sala Constitucional N° 656 de 30-6-2000, caso *Defensor del Pueblo vs. Comisión Legislativa Nacional*, que se refiere en la decisión N° 379 de febrero 26 de 2003, caso *Mireya Ripanti et vs. Presidente de Petróleos de Venezuela S.A. (PDVSA)*, en *Revista de Derecho Público*, n° 93-96, Editorial Jurídica Venezolana, Caracas, 2003, pp. 152 ss.

2236 En un caso el Defensor del Pueblo actuó contra una amenaza de la Comisión Legislativa Nacional del año 2000 de designar miembros del Consejo Nacional Electoral sin cumplir con los requisitos constitucionales. En ese caso la Sala Constitucional decidió que "la Defensoría queda legitimada para interponer acciones cuyo objeto es hacer valer los derechos o intereses difusos y colectivos" sin requerir la aquiescencia de la sociedad en nombre de quien actúa, pero esta disposición no excluye o prohíbe el acceso de los ciudadanos al sistema judicial en defensa de los derechos e intereses colectivos (art. 26). Véase sen-

personas a quienes corresponde el ejercicio de los derechos e intereses colectivos en cuestión.

b. *La cuestión del alcance de los efectos de la cosa juzgada*

Por otra parte, como todas las decisiones judiciales definitivas, las decisiones de amparo en los países latinoamericanos también tienen efectos de cosa juzgada, dando estabilidad a la sentencia. Eso quiere decir que las decisiones de los tribunales son vinculantes no solo para las partes en el proceso, o sus beneficiarios, sino también para el mismo tribunal que no puede modificar su sentencia (inmutabilidad).

La cosa juzgada implica, por tanto, la imposibilidad que una nueva demanda sea admitida respecto de la misma materia ya decidida o que una decisión sea tomada en un sentido diferente al sentido con que se adoptó en el proceso anterior.[2237]

Aun cuando los efectos de *cosa juzgada* constituyen principios generales en América Latina, respecto de las decisiones de amparo han surgido discusiones en muchos países en relación con el alcance de esos efectos basados en la tradicional distinción que se ha establecido en el derecho procesal, entre los llamados efectos "sustanciales" o materiales y los efectos "formales" de la *cosa juzgada* con el objeto de determinar cuál de ellos aplica a la sentencia de amparo.

En términos generales, la "*cosa juzgada* formal" se aplica a decisiones judiciales en el sentido de que no impide el desarrollo de un nuevo proceso entre las partes, siempre que la materia no haya sido decidida al fondo en el procedimiento de amparo. En cuanto a la "*cosa juzgada* sustancial" se aplica cuando la decisión judicial ha entrado al fondo del asunto, no permitiendo que otros procesos se desarrollen sobre ella.

El fondo de la materia decidida en el procedimiento de amparo es aquella relacionada con el manifiesto daño o amenaza ilegítima y arbitraria causada por una parte agraviante en relación con determinado derecho o garantía constitucional del accionante. Es decir, el fondo en los procesos de amparo se reduce a determinar la existencia de la ilegitima y manifiesta violación del derecho, independientemente de otras posibles materias que puedan resolverse por las partes en otros procesos.

Al respecto, por ejemplo, la Ley N° 16.986 de Amparo de Argentina establece lo siguiente:

---

tencia de la Sala Constitucional N° 656 del 6 de mayo de 2001, caso: *Defensor del Pueblo vs. Comisión Legislativa Nacional*, *Idem.*

2237 En contraste, estos efectos de la cosa juzgada, como regla general, no son aplicables a las órdenes de las *injunctions* en los Estados Unidos, las cuales pueden ser modificadas por el tribunal. Como ya se ha resumido respecto de la doctrina judicial en esta materia: "Las *injuncions* son distintas de otras sentencias en el contexto de la cosa juzgada porque las partes están frecuentemente sujetas a la jurisdicción continua del tribunal y el tribunal debe hallar un equilibrio entre las políticas de la cosa juzgada y el derecho del tribunal a aplicar medidas modificadas a circunstancias cambiadas." Véase el caso *Town of Durham v. Cutter*, 121 N.H. 243, 428 A. 2d 904 (1981), *en* John Bourdeau *et al.*, "Injunctions," *en* Kevin Schroder, John Glenn and Maureen Placilla, *Corpus Juris Secundum*, Volume 43A, Thomson West, 2004, p. 416; y Owen M. Fiss and Doug Rendleman, *Injunctions*, The Foundation Press, 1984, pp. 497–498, 526.

> *Art. 13.* La sentencia firme declarativa de la existencia o inexistencia de la lesión, restricción alteración o amenaza arbitraria o manifiestamente ilegal de un derecho o garantía constitucional, hace cosa juzgada respecto del amparo, dejando subsistente el ejercicio de las acciones o recursos que puedan corresponder a las partes, con independencia del amparo. [2238]

Una disposición similar está estipulada en las leyes de amparo paraguaya (art. 579) y uruguaya (art. 11).[2239]

La ley de amparo venezolana, de manera similar a la disposición argentina y con el mismo criterio diferenciador respecto de los efectos de la cosa juzgada sustancial o formal[2240] dispone que "La sentencia firme de amparo producirá efectos jurídicos respecto al derecho o garantía objeto del proceso, sin perjuicio de las acciones o recursos que legalmente correspondan a las partes" (art. 44).

Según esta norma, la *cosa juzgada* en la sentencia de amparo solo se refiere a lo que ha sido litigado y decidido en el caso, respecto de la violación o agravio infligido al derecho o garantía constitucional.[2241] En términos generales, por tanto, la decisión de amparo no resuelve todas las otras cuestiones posibles que pudiesen surgir de la lesión, sino solo el aspecto de la violación o lesión de los derechos o garantías constitucionales, siendo éste el único punto respecto del cual la decisión produce efectos de *cosa juzgada*. En estos casos, después que la decisión de amparo, otros asuntos legales pueden permanecer pendientes de solución para otros procesos y es por esto que la decisión de amparo en estos casos es pronunciada "sin perjuicio de las acciones y recursos que puedan legalmente corresponder a las partes." En este

---

2238 Esta disposición, relativa a los efectos de la cosa juzgada, ha sido interpretada de dos maneras: Por una parte, Lazzarini ha considerado que la disposición establece los efectos de la "*cosa juzgada* sustantiva" de la decisión de amparo protectiva, alegando que la alusión que el artículo hace con relación a otras acciones o recursos, se está refiriendo a acciones penales tendientes a sancionar los agravios (causantes del daño) o a acciones civiles que procuran indemnización, pero no a otras acciones en las cuales el amparo puede ser nuevamente litigado. Véase José Luis Lazzarini, *El juicio de Amparo,* Ed. La Ley, Buenos Aires, 1987, pp. 356 ss. Por su parte Sagües ha considerado que, aun cuando la acción de amparo es un proceso bilateral debido a su carácter breve y sumario con las consiguientes restricciones respecto de pruebas y formalidades, no puede haber una decisión sobre el fondo del caso; así que ninguna *cosa juzgada* sustantiva puede producirse sino solo una *cosa juzgada* formal, siendo posible que el fondo de la materia pueda ser resuelto mediante los medios judiciales ordinarios, siempre que las partes aleguen que ha ocurrido un lesión a su derecho de defensa en el procedimiento de amparo (por ejemplo, en relación con las pruebas). Véase Néstor Pedro Sagüés, *Derecho procesal Constitucional,* Vol. 3, *Acción de amparo,* Editorial Astrea, Buenos Aires, 1988, pp. 449 ss.

2239 Véase Luis Alberto Viera, *Ley de Amparo*, Ediciones Idea, Montevideo, 1993, p. 40.

2240 Al respecto, la Antigua Corte Primera de lo Contencioso-Administrativo en una sentencia de 16-10-1986, caso "*Montilva*", decidió que si en un caso "la acción de amparo es intentada con el mismo objeto, denunciando las mismas violaciones, basada en los mismos motivos y con idéntico objeto a la anterior y dirigida contra la misma persona, entonces es evidente que en ese caso, la fuerza de la *res judicata* se aplica para evitar la repetición del caso, dado el hecho de la controversia a ser resuelta tiene la misma identidad subjetiva y objetiva que la previamente decidida." Véase. Rafael Chavero G., *El nuevo amparo constitucional en Venezuela,* Ed. Sherwood, Caracas, 2001, pp. 338 ss.; Gustavo Linares Benzo, *El proceso de amparo en Venezuela*, Caracas, 1999, p. 121.

2241 Véase en *Revista de Derecho Público,* Nº 28, Editorial Jurídica Venezolana, Caracas, 1986, p. 106.

caso, como se ha dicho, la decisión de amparo tiene efectos de cosa juzgada formal.[2242]

En muchos otros casos, naturalmente, la decisión de amparo, al pronunciarse sobre la violación del derecho constitucional provocada por acciones u omisiones ilegítimas, no deja espacio para discutir ningún otro punto legal a través de ningún otro procedimiento posterior, en cuyos casos, la sentencia de amparo tiene efectos de *cosa juzgada* sustancial.

Esta distinción entre los efectos de *cosa juzgada* respecto de las decisiones de amparo ha sido expresamente establecida, por ejemplo, en la Ley de Amparo de El Salvador en la cual se prescribe lo siguiente:

> "*Art. 81*.- La sentencia definitiva en los dos procesos mencionados en el artículo anterior produce los efectos de cosa juzgada contra toda persona o funcionario, haya o no intervenido en el proceso, sólo en cuanto a que el acto reclamado es o no constitucional, o violatorio de preceptos constitucionales. Con todo, el contenido de la sentencia no constituye en sí declaración, reconocimiento o constitución de derechos privados subjetivos de los particulares o del Estado; en consecuencia la resolución dictada no puede oponerse como excepción de cosa juzgada a ninguna acción que se ventile posteriormente ante los Tribunales de la República."

Las leyes de amparo hondureña (art. 72) y guatemalteca también disponen en términos similares que "las resoluciones dictadas en procesos de amparo son de efecto declarativo y no causan excepción de cosa juzgada, sin perjuicio de las disposiciones relativas a la jurisprudencia en materia de amparo" (art. 190).

Finalmente, en el Perú, el Código Procesal Constitucional no resuelve la discusión y se limita a estipular que "En los procesos constitucionales sólo adquiere la autoridad de cosa juzgada la decisión final que se pronuncie sobre el fondo" (art. 6).[2243]

2242 Véase al respecto, Juan Manuel Errázuriz y Jorge Miguel Otero A., *Aspectos procesales del recurso de protección*, Editorial Jurídica de Chile, Santiago, 1989, pp. 195 ss. y 202. Estos efectos de la decisión de amparo también existen respecto de la acción de amparo contra individuos y un caso puede ilustrar el punto: en 1.987 surgió una controversia en una universidad venezolana privada en Caracas -la Universidad Santa Maria- en relación con el cargo para la presidencia de la institución (rector), un cargo que era disputado por dos profesores alegando que habían sido designados por los órganos universitarios. La Corte Primera de lo Contencioso-Administrativo, en una decisión del 17 de diciembre de 1.987 pronunció una decisión de amparo en la materia demandada por uno de los rectores a fin de garantizar la seguridad jurídica a la comunidad universitaria dado el hecho de que el punto de quién era el *rector* de la universidad no podía permanecer sin solución indefinidamente. Sentenció considerando legitima la designación de uno de los *rectores* hasta que la controversia relativa a la legitimidad de los entes a cargo de las designaciones se resolviera en vía judicial." Véase en *El Universal,* Caracas, 27 de diciembre de 1.987, p. 2–5. De acuerdo con esta decisión, era necesaria que una acción civil adicional fuese resuelta a fin de decidir el fondo del asunto.

2243 Véase Samuel B. Abad Yupanqui, *El proceso constitucional de amparo*, Gaceta Jurídica, Lima, 2004, pp. 194 ss.

F. *El carácter obligatorio de las sentencias de amparo y la sanción al desacato judicial*

Un último aspecto debe resaltarse respecto de los efectos de la decisión de amparo y es en relación con su carácter obligatorio. Como todas las decisiones judiciales, la sentencia de amparo es obligatoria no solo para las partes del proceso sino también respecto de todas las otras personas y funcionarios públicos que deben aplicarlas. El agraviante, por ejemplo, está obligado a acatarla de inmediato como expresamente lo dispone las leyes de amparo de Bolivia (art. 102); Colombia (arts. 27, 30); Costa Rica (art. 53); Ecuador (art. 58); Honduras (art. 65); Nicaragua (art. 48); Paraguay (art. 583); Perú (arts. 22, 24) y Venezuela (art. 35).

En orden a ejecutar la decisión, los tribunales pueden *ex officio*, o a petición de parte, tomar todas las medidas dirigidas a su cumplimiento, estando facultados, por ejemplo, en la ley guatemalteca, para decretar órdenes y librar oficios a las autoridades y funcionarios públicos de la administración pública o a las personas obligadas (art. 55). Los tribunales de amparo según lo dispuesto en las leyes de amparo de Guatemala (art. 105), Ecuador (art. 61), El Salvador (art. 61) y Nicaragua (art. 77) también están facultados para usar los medios de fuerza pública para asegurar el cumplimiento de sus decisiones.

Aun así los jueces de amparo en América Latina no tienen facultad directa de castigar, mediante la imposición de sanciones penales, el desacato a sus órdenes. En otras palabras, no tienen la facultad inherente de hacerlo, cosa que, en contraste, es una de los caracteres más importantes del sistema de la *injunction* en los Estados Unidos.[2244] Estas facultades de sancionar penalmente fueron las que precisamente dieron a la *injunction* en los Estados Unidos su efectividad en relación con cualquier desobediencia, estando el mismo tribunal facultado para reivindicar su propio poder mediante la imposición de sanciones penales y pecuniarias con prisión y multas.[2245]

2244 Esto es particularmente importante con respecto a la contumacia penal, la cual fue establecida desde el caso *In Re Debs* (158 U.S. 564, 15 S.Ct. 900, 39 L.Ed. 1092 (1895)), donde de acuerdo con el magistrado Brewer quien pronunció la sentencia de la Corte Suprema, se decidió así: "Pero el poder de un tribunal de emitir una orden lleva consigo el poder también de sancionar por una desobediencia a tal orden y la pregunta acerca de la desobediencia ha sido, desde tiempos inmemoriales, la función especial del tribunal. Y esto no es un tecnicismo. Para que un tribunal pueda compeler obediencia a su orden debe tener el derecho a cuestionar si ha habido desobediencia a su orden. El someter la cuestión de la desobediencia a otro tribunal, sea un jurado u otra corte, equivaldría a privar los procedimientos de la mitad de su eficacia. En *Watson v. Williams,* 36 Miss. 331, 341, se declaró: "El poder de multar y encarcelar por contumacia ha sido considerado, desde la historia más antigua del derecho, como la necesaria faceta y atributo de un tribunal sin el cual no podría existir más de lo que pudiera existir sin un juez. Es un poder inherente a todos los tribunales de los que se tiene cuenta y coexistente con ellos por las sabias disposiciones del *Common Law*. Un tribunal sin el poder efectivo de protegerse a si mismo contra los asaltos de los desaforados o de ejecutar sus órdenes, sentencias o decretos contra los rebeldes a sus disposiciones, sería una desgracia al derecho y un estigma a la era que lo produjo." Véase Owen M. Fiss and Doug Rendleman, *Injunctions*, The Foundation Press, 1984, p. 13. v.t. William M. Tabb and Elaine W. Shoben, *Remedies*, Thomson West, 2005, pp. 72 ss.

2245 En Filipinas, el Reglamento sobre el Recurso de Amparo, faculta al tribunal competente a "ordenar al accionado que se niega a responder, o que responda falsamente, o a cualquier persona que de cualquier otro manera desobedezca o se resista a un proceso legítimo u orden del tribunal, a ser sancionado por contumacia. El contumaz puede ser encarcelado o multado."

Los tribunales latinoamericanos, en contraste, no tienen esas facultades o éstas son muy débiles.

En efecto, aun cuando el desacato a la sentencia de amparo sea sancionable en las leyes de amparo latinoamericanas, no está en las manos del mismo tribunal de amparo el aplicar sanciones afectando personalmente al renuente. Estas facultades sancionatorias están atribuidas sea a la administración pública sea a un diferente tribunal penal. Así, por ejemplo, en caso de desacato, el tribunal de amparo debe procurar el comienzo de un procedimiento disciplinario administrativo contra el funcionario público rebelde que debe ser decidido por el órgano superior correspondiente en la administración pública, como está establecido en Colombia (art. 27), Perú (art. 59) y Nicaragua (art. 48).

Respecto de la aplicación de sanciones penales al rebelde, los tribunales de amparo, o la parte interesada, deben procurar el inicio de un proceso judicial penal en contra de aquél, el cual debe ser desarrollado por ante los tribunales penales competentes, como es la regla general establecida en Bolivia (art. 104); Colombia (arts. 27, 52, 53); Costa Rica (art. 71); Ecuador (art. 58); El Salvador (arts. 37, 61); Guatemala (arts. 32, 54, 92); Honduras (art. 62); México (arts. 202, 209); Nicaragua (art. 77); Panamá (art. 2632); Paraguay (art. 584)y Venezuela. En algunos casos excepcionales, como en Colombia (art. 27), el juez de tutela puede imponer (pero solo eso) detenciones administrativas a la parte renuente.

Por lo tanto, los jueces de amparo en América Latina, en general, no tienen el poder para directamente imponer sanciones disciplinarias o penales a aquellos que desacatan sus órdenes y solo en algunos países tienen poder para directamente imponer multas (*astreintes*) a las partes renuentes de manera continua y hasta el cumplimiento de la orden. Este es el caso de Colombia (art. 27); República Dominicana (art. 28); Guatemala (art. 53); Nicaragua, (art. 66) y Perú (art. 22).[2246]

XIII. LA ACCIÓN DE AMPARO A LA LIBERTAD O SEGURIDAD PERSONAL (HABEAS CORPUS)

De acuerdo con lo establecido en el mismo artículo 27 de la Constitución, "la acción de amparo a la libertad o seguridad podrá ser interpuesta por cualquier persona, y el detenido será puesto bajo la custodia del tribunal de manera inmediata, sin dilación alguna". La acción de habeas corpus, por tanto, en Venezuela, es la misma acción de amparo, y por tanto, se rige en general por todos los principios que la gobiernan, salvo las disposiciones especiales que establece la Ley Orgánica de Amparo.

Entre las previsiones especiales, por supuesto, están las previstas en la misma Constitución, en cuanto a que cualquier persona puede interponer la acción de habeas corpus en nombre de la persona agraviada, y a la obligación para el presunto agraviante, de poner a la persona en cuya protección se interpone la acción bajo custodia del tribunal que conozca de la acción, de manera inmediata, sin dilación.

2246 Véase Samuel B. Abad Yupanqui, *El proceso constitucional de amparo*, Gaceta Jurídica, Lima 2004, p. 136.

La Ley Orgánica legitima para intentar la acción de amparo, a "toda persona que fuere objeto de privación o restricción de su libertad, o se viere amenazada en su seguridad personal, con violación de las garantías constitucionales" (art. 39).

De acuerdo con el artículo 41 de la Ley Orgánica, la solicitud de amparo a la libertad personal puede ser hecha por el agraviado o por cualquier persona que gestione en favor de aquel (sin que necesariamente tenga poder para ello), por escrito, verbalmente o por vía telegráfica, sin necesidad de asistencia de abogado.[2247] En cuanto a las solicitudes de amparo referidas a la seguridad personal se tramitaran, en cuanto les resulten aplicables, conforme a lo antes señalado (art. 41).

De acuerdo con los artículos 7 y 40 de la Ley Orgánica, los juzgados de primera instancia en lo penal serían los competentes para conocer y decidir sobre el amparo a la libertad y seguridad personales. Dentro de dichos Juzgados de primera instancia en lo penal, el competente será el que tenga jurisdicción "en el lugar donde se hubiese ejecutado el acto causante de la solicitud o donde se encontrare la persona agraviada" (art. 39).

La Sala Constitucional, en relación con la acción de habeas corpus, también se ha ocupado de delinear principios sobre la competencia judicial, a cuyo efecto en sentencia nº 165 de 13 de febrero de 2001 (Caso: *Euclides S. Rivas vs. Juzgado de Control Nº 2, Circuito Judicial Penal, Estado Nueva Esparta*), expuso lo siguiente:

> "El criterio sostenido por esta Sala Constitucional, es que la procedencia del hábeas corpus depende de que la detención haya sido impuesta por una autoridad administrativa, policial, o judicial, con violación de normas constitucionales, y sólo en aquellos casos en que la autoridad, se exceda en el ejercicio de sus atribuciones legales o en los plazos en que se mantiene la detención, podría ser considerada la privación de la libertad ilegítima.
>
> Aunado a ello, el ordinal 4° del artículo 60 del Código Orgánico Procesal Penal, establece que los tribunales de control serán los competentes para conocer de la acción de amparo a la libertad y seguridad personales, imponiéndose así el criterio de la competencia exclusiva para los Jueces de Primera Instancia en función de Control de la Investigación; sentido que fue precisado por esta Sala en decisión de fecha 20 de enero de 2000, referida con anterioridad (*Vid. Caso: Emery Mata Millán vs. Ministro y Vice–Ministro del Interior y Justicia, exp. Nº 00–001*). Como excepción y tomando en cuenta el artículo 8 de la Ley Orgánica de Amparo sobre Derechos y Garantías Constitucionales, cuando la decisión o acto que se entienda lesivo provenga de los altos funcionarios u órganos mencionados en dicha disposición, o de otros que ostenten igual rango o jerarquía en la conformación institucional del Estado, tal competencia le corresponde exclusivamente a la Sala Constitucional del Tribunal Supremo de Justicia.

2247 Véase por ejemplo, sentencia de la sala Constitucional nº 742 de 19–7–2000 (Caso: *Rubén D. Guerra vs. Juzgado Segundo de Primera Instancia en lo Civil, Mercantil y del Tránsito del Estado Lara*), en *Revista de Derecho Público*, nº 83, EJV, Caracas, 2000, p. 346.

No obstante el razonamiento de esta Sala, se presentan dificultades en cuanto al orden jerárquico para atribuir a los jueces de control la competencia para conocer de los amparos interpuestos con ocasión de presuntas violaciones a la libertad y seguridad personales *–hábeas corpus–*, provenientes de un órgano jurisdiccional superior o de igual rango a los Juzgados de Primera Instancia en Función de Control; es decir, cuando el presunto agraviante sea otro Tribunal de Primera Instancia o una Corte de Apelaciones en lo Penal, como por ejemplo, en materia Penal, aquellos que conocen en otra fase del proceso, como son los tribunales de juicio o de ejecución. En estos casos resulta contrario a la teoría general del proceso, que un tribunal de la misma o inferior jerarquía revise una decisión –aun cuando sea por la vía de una acción de amparo–, pues esto quebranta el orden lógico de la organización institucional en la que se ve reflejada la concepción del ejercicio de la función jurisdiccional, la cual atiende al contenido de valores que nutren el fin último de dicha función. Tal orden se trastocaría, ciertamente, en la conjetura de decisiones de órganos de superior jerarquía que deban ser revisadas, con lo cual decimos valoradas, y quizás revertidas, por instancias de igual o inferior jerarquía.

Debe señalarse que, "ambas figuras –amparo contra decisiones judiciales y *Hábeas Corpus–*, se encuentran consagradas en la Ley Orgánica de Amparo sobre Derechos y Garantías Constitucionales, de manera separada, siendo que la primera va dirigida a restituir la situación jurídica infringida ocasionada por un acto, resolución o sentencia emanada de un Tribunal, actuando fuera del ámbito de su competencia –entiéndase con abuso o extralimitación de poder o con usurpación de funciones– que lesiona derechos y garantías protegidas por la Constitución; en tanto que el hábeas corpus se concibe como la tuición fundamental de la esfera de la libertad individual, como una verdadera garantía contra posibles arrestos y detenciones arbitrarias", incluso provenientes de los órganos judiciales actuando en vía disciplinaria (la privación ilegítima de libertad). Ver sentencia de fecha 17 de marzo de 2000.

Para rectificar la diversidad de criterios que se originó a raíz de la promulgación de la Ley Orgánica de Amparo sobre Derechos y Garantías Constitucionales, esta Sala Constitucional dijo: *"...haciendo una interpretación armónica y coherente que garantice una adecuada aplicación de ambos institutos, debe entenderse que el mandamiento de hábeas corpus resulta procedente cuando se trata de proteger al ciudadano frente a arbitrarias detenciones administrativas, sin embargo, el mismo también es ejercible en aquellos casos en los cuales exista de por medio una detención de carácter judicial, pero únicamente, cuando dichas decisiones no cuenten con un medio ordinario de impugnación o éste no sea acorde con la protección constitucional que se pretende"*. De tal manera que, en el supuesto de privaciones ilegítimas por detenciones policiales o administrativas, incluidas las practicadas en acatamiento de sanciones disciplinarias decretadas por los jueces, debemos reiterar que corresponde la competencia en primera instancia, como regla general, a los jueces de control – primera instancia en lo penal.

En el otro supuesto, si la acción va dirigida contra una privación judicial preventiva de libertad ordenada por un Juez, por considerarse que actuó con abuso de poder o con extralimitación de funciones en cualquiera de las fases del proceso penal, es decir, actuando con facultad jurisdiccional –no administrativa– con ocasión de la comisión de un delito o falta, con fundamento en el Código Orgánico Procesal Penal o en cualquier otra ley penal, aun cuando el contenido de la pretensión involucre un hábeas corpus por alegarse que tal detención en sí misma resulta ilegítima o que por extensión excesiva de la misma en el tiempo haya adquirido el carácter de ilegitimidad, se atenderá al orden de gradación del órgano en contra de quien se acciona. No cabe duda, entonces, de que el caso deberá analizarse bajo la óptica del artículo 4 de la Ley de Amparo, y la competencia corresponderá a un Tribunal Superior, en el orden jerárquico, de aquél que emitió el pronunciamiento, puesto que se trata de un acto, resolución o sentencia emanados de un órgano jurisdiccional actuando en tal condición."[2248].

El juez competente, al recibir la solicitud, tal como lo prescribe el artículo 41 de la Ley Orgánica, debe abrir una averiguación sumaria, ordenando inmediatamente al funcionario bajo cuya custodia se encuentre la persona agraviada, que informe dentro del plazo de veinticuatro (24) horas, sobre los motivos de la privación o restricción de la libertad.

La solicitud de amparo a la libertad y seguridad personales tiene por objeto que el juez competente "expida un mandamiento de *hábeas corpus* (Art. 39), a cuyo efecto, conforme al artículo 42 de la Ley Orgánica, el juez, haya o no recibido el informe del funcionario respectivo, debe decidir

> "en un término no mayor de noventa y seis (96) horas después de recibida la solicitud, la inmediata libertad del agraviado o el cese de las restricciones que se le hubiesen impuesto, si encontrare que para la privación o restricción de la libertad no se hubieren cumplido las formalidades legales".

La Ley Orgánica autoriza al juez, en caso de considerarlo necesario, para sujetar esta decisión "a caución personal o a prohibición de salida del país de la persona agraviada, por un termino no mayor de treinta (30) días".

Por supuesto, la decisión también puede consistir en la negativa de la solicitud formulada, si la privación o restricción de la libertad **se** hubiere efectuado cumpliéndose las formalidades legales.

De acuerdo a los artículos 40 y 43 de la Ley Orgánica, el mandamiento de *hábeas corpus* o, en su defecto, la decisión que lo niegue, se consultara con el tribunal superior, al que deberán enviarse los recaudos en el mismo día o en el siguiente. Por supuesto, la consulta no impedirá la "ejecución inmediata de la decisión". En todo caso, prescribe la Ley que el tribunal superior debe decidir dentro de las setenta y dos (72) horas después de haber recibido los autos.

2248 Véase en *Revista de Derecho Público*, nº 85–88, Editorial Jurídica Venezolana, Caracas, 2001, pp. 489 y ss.

XIV. ALGO SOBRE LA ACCIÓN DE HABEAS DATA

El cuanto a las normas de procedimiento en los proceso en los casos de habeas data, en ausencia de normas legales, fueron estableciéndose progresivamente por la jurisprudencia de la Sala Constitucional, hasta haber sido recogidas por la Ley Orgánica del Tribunal Supremo de Justicia de 2010, aun cuando en forma transitoria.

1. *La doctrina jurisprudencial de la Sala Constitucional en materia de habeas data*

A. *Sobre el derecho de habeas data*

En efecto, el artículo 28 de la Constitución de 1999, siguiendo la orientación de las Constituciones latinoamericanas recientes, estableció expresamente en Venezuela la acción de *habeas data,*[2249] mediante la cual se garantiza a todas las personas el derecho de acceder a la información y a los datos que sobre sí misma o sobre sus bienes consten en registros oficiales o privados, con las excepciones que establezca la ley, así como conocer el uso que se haga de los mismos y su finalidad, y a solicitar ante el tribunal competente la actualización, la rectificación o la destrucción de aquellos, si fuesen erróneos o afectasen ilegítimamente sus derechos.

Estos derechos, como lo señaló la Sala Constitucional del Tribunal Supremo de Justicia en sentencia de 9 de noviembre de 2009 (Caso: Mercedes Josefina Ramírez, Acción de Habeas Data),

> "no involucran directamente nulidades, ni indemnizaciones, sino otorgan situaciones jurídicas esenciales al ser humano: como lo es la existencia de un recurso sobre su persona en archivos públicos o privados, por lo que no resulta vinculante para el Juez Constitucional lo que pida el quejoso, sino la situación fáctica ocurrida en contravención a los derechos y garantías constitucionales y los efectos que ella produce, que el actor trata que cesen y dejen de perjudicarlo; o simplemente la información sobre sí mismo que tiene derecho a conocer existente en los registros público o privados."[2250]

Por otra parte, el artículo 28 de la Constitución también consagra el derecho de toda persona de acceder a documentos de cualquier naturaleza que contengan información cuyo conocimiento sea de interés para comunidades o grupos de personas, quedando a salvo el secreto de las fuentes de información periodística y de otras profesiones que determine la ley.

2249 Véase Allan R. Brewer-Carías, "El proceso constitucional de las acciones de habeas data en Venezuela: las sentencias de la sala constitucional como fuente del derecho procesal constitucional," en Eduardo Andrés Velandia Canosa (Coordinador), *Homenaje al Maestro Héctor Fix Zamudio. Derecho Procesal Constitucional. Memorias del Primer Congreso Colombiano de Derecho Procesal Constitucional* Mayo 26, 27 y 28 de 2010, Bogotá 2010, pp. 289-295; y en *Revista de Derecho Público*, Nº 120, (octubre-diciembre 2009), Editorial Jurídica Venezolana, Caracas 2009, pp. 185-191en *Revista de Derecho Público*, Nº 85–88, Editorial Jurídica Venezolana, Caracas, 2001, pp. 489 y ss.

2250 Véase en http://www.tsj.gov.ve/decisiones/scon/Noviembre/1511-91109-2009-09-0369.html

La norma, por tanto, consagra dos derechos distintos, sobre los cuales la Sala Constitucional en sentencia de 23 de agosto de 2000 (Caso: *Veedores de UCAB*) expresó en materia de derecho de acceso:

> "el artículo 28 separa el acceso a la información y a los datos, del acceso a documentos que contengan información, la cual debe ser puntual, sobre cualquier tópico, sean o no dichos documentos soportes de bases de datos, que tengan interés para las comunidades o grupos. El acceso a estos documentos es distinto al de las bases de datos, de cualquier tipo. Se trata de acceder a documentos en sentido amplio, escritos o meramente representativos (de allí que la norma expresa que son documentos de cualquier naturaleza), que por alguna razón contienen información de interés para el grupo, o para la comunidad. Tal interés debe ser decidido por el juez, para ordenar su exhibición, por lo que debe ser alegado, no bastando la subjetiva apreciación del actor en ese sentido".[2251]

Estos derechos de habeas data, por otra parte, son también distintos al derecho garantizado en el artículo 143 de la misma Constitución que tienen todos los ciudadanos a ser informados oportuna y verazmente por la Administración Pública, sobre el estado de las actuaciones en que estén directamente interesados, y a conocer las resoluciones definitivas que se adopten sobre el particular. Asimismo, consagra la norma el derecho de acceso a los archivos y registros administrativos, sin perjuicio de los límites aceptables dentro de una sociedad democrática en materias relativas a seguridad interior y exterior, a investigación criminal y a la intimidad de la vida privada, de conformidad con la ley que regule la materia de clasificación de documentos de contenido confidencial o secreto. La norma prohíbe, en todo caso, la censura a los funcionarios públicos en relación a lo que informen sobre asuntos bajo su responsabilidad.

En cuanto al derecho de habeas data que consagra el artículo 28 de la Constitución, la Sala Constitucional del Tribunal Supremo de Justicia en su sentencia N° 1050 del 23 de agosto de 2000 (caso: *Ruth Capriles y otros*), determinó que se trata de un "derecho de las personas a conocer la información que sobre ellas, hayan sido compiladas por otras" consecuencia del hecho de que "tanto el Estado, como los particulares, mediante diversas formas de compilación de datos: manuales, computarizados, etc., registran y almacenan datos e informaciones sobre las personas o sobre sus bienes, y en vista que tal recopilación puede afectar la vida privada, la intimidad, el honor, la reputación, la vida económica y otros valores constitucionales de las personas naturales o jurídicas, la Constitución, para controlar tales registros, otorga varios derechos a la ciudadanía que aparecen recogidos en el artículo 28 citado." Estos derechos en criterio de la Sala Constitucional son los siguientes:

2251 Véase en *Revista de Derecho Público*, N° 85–88, Editorial Jurídica Venezolana, Caracas 2001, pp. 500–501.

"1) El derecho de conocer sobre la existencia de tales registros.

2) El derecho de acceso individual a la información, la cual puede ser nominativa, o donde la persona queda vinculada a comunidades o a grupos de personas.

3) El derecho de respuesta, lo que permite al individuo controlar la existencia y exactitud de la información recolectada sobre él.

4) El derecho de conocer el uso y finalidad que hace de la información quien la registra.

5) El derecho de actualización, a fin que se corrija lo que resulta inexacto o se transformó por el transcurso del tiempo.

6) El derecho a la rectificación del dato falso o incompleto.

7) El derecho de destrucción de los datos erróneos o que afectan ilegítimamente los derechos de las personas."

A los efectos de ejercer esta acción de habeas data, la Sala Constitucional en su sentencia de 2000 precisó que se trata de derechos que giran alrededor de los datos recopilados sobre las personas o sobre sus bienes, por lo que la legitimación activa corresponde a quienes tengan "un interés, personal, legítimo y directo en quien ejerza estos derechos, ya que es la información sobre su persona y bienes el que lo origina." En otras palabras, dijo la Sala, quien quiere hacer valer estos derechos que conforman el habeas data, "lo hace porque se trata de datos que le son personales." Es decir, "quien no alega que el habeas data se solicita para obtener información sobre sus datos registrados, carece de interés legítimo en tal acción, ya que no hace uso del derecho que otorga dicha norma, con los otros derechos que nacen de la misma, los cuales giran alrededor de las informaciones personales."

La doctrina anterior fue ratificada por la Sala Constitucional en sentencia N° 332 de 14 de marzo de 2001 (Caso: *Insaca vs. Ministerio de Sanidad y Asistencia Social),* en la cual volvió a analizar la norma del artículo 28 de la Constitución, en cuanto a la justiciabilidad de los derechos que contiene, concluyendo que daban origen a acciones autónomas distintas y no siempre vinculadas al amparo constitucional;[2252] ratificando el criterio de que en virtud de que para ese momento no se había sancionado ley reguladora alguno del procedimiento constitucional a seguir para la justiciabilidad de esos derechos, la Sala Constitucional se reservó la competencia, como Jurisdicción Constitucional, para conocer "de las controversias que surjan con motivo de las normas constitucionales aun no desarrolladas legislativamente, hasta que las leyes que regulan la Jurisdicción Constitucional, decidan lo contrario", agregando que:

> "Con esta doctrina la Sala evita la dispersión que ocurre en otros países, donde la acción de habeas data que se incoa autónomamente, ha sido conocida por Tribunales Civiles, o de otra naturaleza, tomando en cuenta la afinidad de la materia que conoce el tribunal con la que se pretende ventilar con el habeas data.

2252 Véase en *Revista de Derecho Público*, N° 85–88, Editorial Jurídica Venezolana, Caracas 2001, p. 488.

> Existiendo en el país una Sala Constitucional, específica para conocer lo relativo a las infracciones de la Carta Fundamental, no parece lógico, ante el silencio de la ley, atribuir el conocimiento de estas causas a tribunales distintos. Tal interpretación es vinculante a partir de esta fecha (14–03–2001 y así se declara." [2253]

Por otra parte, en cuanto a las condiciones de admisibilidad de la acción de habeas data, la Sala ratificó la legitimación para accionar respecto de las persona que reseñadas en lo personal o en sus bienes, en los registros mencionados, sin necesidad de alegar daño alguno en los casos en que pide el acceso a la información o el conocimiento de la finalidad para la cual la mantiene el recopilador; agregando que para poderse intentar la acción respectiva, el acceso a la información debía haber sido previamente denegado por la autoridad administrativa, es decir, los derechos:

> "han de ser ejercidos previamente (incluso extrajudicialmente y tal vez hasta por vía administrativa en algunos casos) ante el recopilador real o supuesto, por lo que la lesión al titular de los derechos nace de ese ejercicio extrajudicial fallido. Si se le niega extrajudicialmente el ejercicio, porque no se le da acceso a la información, se le da errónea, o no se explica legalmente para qué se registra, se le infringe su situación jurídica que nace directamente de la Constitución.
>
> Ante tal negativa, la víctima puede optar entre un juicio ordinario, para hacer valer su derecho negado, acumulando pretensiones; o un amparo a los mismos fines si se dan los supuestos para ello, para que se le restablezca la situación de acceder o conocer realmente, ante la necesidad de precaver la situación jurídica de una lesión irreparable." [2254]

Además, dijo la Sala Constitucional que el accionante "debe fundar la demanda en la existencia cierta de un sistema de información que lleva una persona, dentro del cual existen datos e informaciones referentes al accionante (datos e informaciones en plural, es decir, varios que permitan delinear en alguna materia un perfil de la persona, o de sus bienes)." [2255]

B. *La determinación del procedimiento para los procesos de habeas data*

a. *La doctrina establecida en 2003*

Posteriormente, mediante sentencia N° 2551 de 24 de septiembre de 2003 (caso: Jaime Ojeda Ortiz),[2256] tratándose en el caso de una solicitud de destrucción de una información que se encontraba en una base de datos, a los efectos de hacer efectivo los derechos a que se refiere el artículo 28 constitucional (derecho de acceso a la información, derecho de conocer uso y finalidad de los datos, derecho de actualización, rectificación y destrucción de la información), en virtud de que la Asamblea

---

2253 *Idem*. 492.

2254 *Idem*. 492.

2255 *Idem*. pp. 492–495.

2256 Véase en http://www.tsj.gov.ve/decisiones/scon/Septiembre/2551-240903-03-0980.htm

Nacional no había dictado la legislación necesaria para ello, la Sala pasó a establece el procedimiento a seguir en estos casos, en uso de la facultad que le confería el artículo 102 de la derogada Ley Orgánica de la Corte Suprema de Justicia, decidiendo "aplicar al presente caso, mientras no se haya establecido por ley el procedimiento propio de la acción de habeas data, el proceso establecido en el Código de Procedimiento Civil para el juicio oral, pero con las variantes destinadas a potenciar la oralidad, brevedad, concentración e inmediación de esta clase de procesos," conforme a las siguientes reglas procesales:

1) Al admitirse la acción, se debe comunicar al accionante que tiene la carga de promover en un lapso de cinco (5) días después de su notificación, a menos que se encuentren a derecho, toda la prueba documental de que dispongan, así como la mención del nombre, apellido y domicilio de los testigos si los hubiere.

2) Los llamados a juicio como demandados, deben proceder a contestar por escrito la demanda, sin que sean admisibles cuestiones previas, produciendo un escrito de contestación que debe contener sus defensas o excepciones de manera escrita, sin citas jurisprudenciales ni doctrinales, y que además debe contener la promoción y producción de la prueba documental de que dispongan y de los testigos que rendirán declaración en el debate oral.

3) A partir de la contestación, el tribunal debe aplicará para la sustanciación de la causa, lo dispuesto en los artículos del 868 al 877 del Código de Procedimiento Civil, pudiendo las partes promover, en el término señalado en el artículo 868 citado, las pruebas que creyeren convenientes ofrecer, conforme al artículo 395 *eiusdem*. La audiencia preliminar prevista en el artículo 868 del Código de Procedimiento Civil debe ser dirigida por la Sala.

b. *La doctrina establecida en 2009*

Posteriormente mediante sentencia de 9 de noviembre de 2009 (caso *Mercedes Josefina Ramírez, Acción de Habeas Data*),[2257] la Sala hizo un balance en retrospectiva de los resultados obtenidos con la tramitación del *habeas data* a través de dicho procedimiento, llegando a la conclusión que, "por carecer de unidad del acto oral, durante el trámite se prolonga en demasía la decisión sobre el fondo del asunto, en el cual, se supone, está en controversia un derecho constitucional que exige tutela efectiva de la justicia constitucional."

En consecuencia, la Sala decidió modificar el procedimiento establecido en la sentencia N° 2551 del 24 de septiembre de 2003 (caso: Jaime Ojeda Ortiz) en materia de habeas data, estableciendo ahora "un procedimiento judicial especial preferente y sumario," por tanto, "más breve" de manera que permita pronta decisión judicial, y por tanto, "más idóneo con la necesidad de tutela expedita de los derechos constitucionales aludidos en el artículo 28 Constitucional." Para ello, invocó la aplicación inmediata del artículo 27 de la Constitución y la atribución conferida en el artículo 335 de la misma, apartándose del precedente asentado en el antes mencionado fallo N° 2551 de 24 de septiembre de 2003 (caso: *Jaime Ojeda Ortiz*), de manera de "llenar el vacío legislativo que existe en torno a esta novísima acción consti-

2257 Véase en http://www.tsj.gov.ve/decisiones/scon/Noviembre/1511-91109-2009-09-0369.html

tucional de habeas data." A tal efecto, dado el carácter vinculante de la sentencia, la Sala resolvió implementar a partir de la fecha de la sentencia, y hasta tanto la Asamblea Nacional legisle al efecto, el siguiente procedimiento:

1. El proceso se debe iniciar por escrito y el demandante debe señalar en su solicitud las pruebas que desea promover. El incumplimiento de esta carga produce la preclusión de la oportunidad, no sólo la de la oferta de las pruebas omitidas, sino también de la producción de todos los instrumentos escritos, audiovisuales o gráficos con que cuenta el demandante para incoar la acción. Las pruebas se deben valorar por la sana crítica, excepto la prueba instrumental que tiene los valores establecidos en los artículos 1359 y 1360 del Código Civil para los documentos públicos, y en el artículo 1363 *eiusdem* para los documentos privados auténticos y otros que merezcan autenticidad, entre ellos los documentos públicos administrativos.

2. La parte accionante debe consignar, conjuntamente con el libelo de la demanda, el documento fundamental de su pretensión, con el objeto de cumplir con lo señalado en la sentencia N° 1281/2006, caso: *Pedro Reinaldo Carbone Martínez*. En efecto, con anterioridad a esta último fallo de 2006, la sala había admitido acciones de *habeas data* que no habían sido acompañadas con algún documento fundamental o indispensable que comprobara por ejemplo, la existencia de los registro policiales que se pretendían destruir o actualizar (por ejemplo, fallo N° 2.829 del 7 de diciembre de 2004), criterio que sin embargo fue cambiado la sentencia N° 1281 de 2006, exigiéndose en lo sucesivo que con las demandas se consigne el documento fundamental de su pretensión, de manera que conforme al párrafo quinto del artículo 19 de la Ley Orgánica del Tribunal Supremo de Justicia, la falta de consignación del documento indispensable o fundamental acarrea la declaratoria de inadmisibilidad de las acciones. A tal efecto la sala consideró que por ejemplo en materia policial, existiendo procedimientos administrativos destinados a la exclusión de datos, la presentación por parte del accionante del dictamen de respuesta expedido por la autoridad policial, caso de que éste no satisfaga enteramente la solicitud del requirente, se debe entender que cumple cabalmente con el requisito de admisibilidad de presentación de documento fundamental, dispuesto en el párrafo quinto del artículo 19 de la Ley Orgánica del Tribunal Supremo de Justicia para la presentación el habeas data. Ello no excluye, sin embargo, que el accionante pueda presentar sustitutivamente cualquier otro documento que sirva como medio probatorio de la existencia indiscutible de los registros policiales.

3. Admitida la acción se debe ordenar la notificación del presunto agraviante para que concurra ante la Secretaría de la Sala Constitucional a conocer el día y la hora en que se celebrará la audiencia oral, la cual debe tener lugar, tanto en su fijación como para su práctica dentro de las noventa y seis (96) horas siguientes a partir de la última de las notificaciones ordenadas. Para dar cumplimiento a la brevedad y para no incurrir en excesivos formalismos, la notificación puede ser practicada mediante boleta, o comunicación telefónica, fax, telegrama, correo electrónico o cualquier medio de comunicación interpersonal, dejando el Secretario de la Sala constancia detallada en autos de haberse efectuado la notificación y de sus consecuencias.

4. Se debe ordenar la notificación del Fiscal General de la República.

5. En la oportunidad fijada para la celebración de la audiencia oral y pública las partes oralmente deben proponer sus alegatos y defensas. La Sala debe decidir si hay lugar a pruebas, y las partes pueden ofrecer las que consideren legales y pertinentes. Los hechos esenciales para la defensa por el presunto agraviante, así como los medios que ofrezca se deben recoger en un acta al igual que las otras circunstancias del proceso.

6. En la misma audiencia, la Sala Constitucional debe decretar cuáles son las pruebas admisibles y necesarias; y de ser admisibles debe ordenar su evacuación en la misma audiencia, pudiendo diferir la oportunidad para su evacuación.

7. La audiencia oral debe realizarse con presencia de las partes, pero la falta de comparecencia del presunto agraviado dará por terminado el procedimiento, a menos de que el Tribunal considere que los hechos alegados afectan el orden público, caso en el cual puede inquirir sobre los hechos alegados en un lapso breve. La falta de comparecencia del presunto agraviante no acarrea la admisión de los hechos, pero la Sala puede diferir la celebración de la audiencia o solicitar al presunto agraviante que presente un informe que contenga una relación sucinta de los hechos. La omisión de la presentación del referido informe se debe entender como un desacato.

8. En caso de litis consorcios necesarios activos o pasivos, cualquiera de los litis consortes que concurran a los actos representará al consorcio.

9. El desarrollo de las audiencias y la evacuación de las pruebas están bajo la dirección de la Sala Constitucional manteniéndose la igualdad entre las partes y el derecho de defensa. Todas las actuaciones deben ser públicas, salvo que la Sala decida que la audiencia sea a puerta cerrada de oficio o a solicitud de parte por estar comprometidas la moral y las buenas costumbres, o porque exista prohibición expresa de ley.

10. Una vez concluido el debate oral los Magistrados deben deliberar y podrán:

a) decidir inmediatamente; en cuyo caso deben exponer de forma oral los términos del dispositivo del fallo; el cual debe ser publicado íntegramente dentro de los cinco (5) días siguientes a la audiencia en la cual se dictó la decisión correspondiente. El dispositivo del fallo lo debe comunicar el Magistrado o la Magistrada presidente de la Sala Constitucional, pero el extenso de la sentencia lo debe redactar el Magistrado Ponente.

b) Diferir la audiencia por estimar que es necesaria la presentación o evacuación de alguna prueba o recaudo que sea fundamental para decidir el caso. En el mismo acto se debe fijar la oportunidad de la continuación de la audiencia oral.

11. Lo correspondiente a la recusación y demás incidencias procesales y, en general, en todo lo no previsto en el presente procedimiento se debe aplicar lo dispuesto en la Ley Orgánica del Tribunal Supremo de Justicia."

En esta forma, ante la carencia del legislador de establecer el procedimiento de las acciones de habeas data, fue el Juez Constitucional el que suplió la abstención, estableciendo en sus sentencias el procedimiento a seguir. Es decir, una vez más, el

Juez Constitucional venezolano ha asumido el rol de Legislador positivo en materia de derecho procesal constitucional.[2258].

2. *El procedimiento transitorio en las demanda de Habeas Data*

Luego de toda esta doctrina jurisprudencial, la Ley Orgánica del Tribunal Supremo de Justicia de 2010 ha regulado transitoriamente el procedimiento de la acción de habeas data, en la siguiente forma.

A. *El derecho de habeas data y el proceso*

De acuerdo con el artículo 167 de la Ley, toda persona tiene derecho a conocer los datos que a ella se refieran así como su finalidad, que consten en registros o bancos de datos públicos o privados; y, en su caso, exigir la supresión, rectificación, confidencialidad, inclusión, actualización o el uso correcto de los datos cuando resulten inexactos o agraviantes. A tal efecto se establece la demanda de habeas data, para cuya tramitación el artículo 168 de la Ley, dispone que todo tiempo sea hábil, no admitiéndose incidencias procesales.

La ley Orgánica, además, en su artículo 175, dispone un proceso sumario de corrección en los casos de errores numéricos o materiales, tales como cambio de letras, palabras mal escritas o escritas con errores ortográficos, transcripción o traducción errónea de nombres y apellidos, y otros semejantes, el procedimiento se reducirá a demostrar ante el juez la existencia del error por los medios de prueba admisibles y el juez, con conocimiento de causa, resolverá lo que considere conveniente.

En particular, las correcciones de los errores en las actas del Registro Civil se deben tramitar ante los tribunales y órganos administrativos correspondientes según lo que disponen en las leyes especiales correspondientes.

B. *Condición de admisibilidad de la acción: la abstención de respuesta*

La demanda de habeas data, como lo precisa el artículo 167 de la Ley, sólo puede interponerse en caso de que el administrador de la base de datos se abstenga de responder el previo requerimiento formulado por el agraviado dentro de los 2 días hábiles siguientes al mismo o lo haga en sentido negativo, salvo que medien circunstancias de comprobada urgencia.

C. *Requisitos de la demanda y competencia de los tribunales municipales contencioso administrativos*

La demanda de habeas data, tal como lo exige el artículo 169 de la Ley, debe presentarse por escrito ante el Tribunal de Municipio con competencia en lo Contencioso Administrativo y con competencia territorial en el domicilio del solicitante,

2258 Véase Allan R. Brewer-Carías, "El juez constitucional como legislador positivo y la inconstitucional reforma de la Ley Orgánica de Amparo mediante sentencias interpretativas," en Eduardo Ferrer Mac-Gregor y Arturo Zaldívar Lelo de Larrea (Coordinadores), *La ciencia del derecho procesal constitucional. Estudios en homenaje a Héctor Fix-Zamudio en sus cincuenta años como investigador del derecho*, Instituto de Investigaciones Jurídicas, Universidad Nacional Autónoma de México, México 2008, Tomo V, pp. 63-80.

conjuntamente con los instrumentos fundamentales en los que se sustente su pretensión, a menos que acredite la imposibilidad de su presentación.

D. *Principio de publicidad en el procedimiento*

De acuerdo con lo que establece el artículo 177 de la Ley, todas las actuaciones serán públicas. Sin embargo, el Tribunal, de oficio o a solicitud de parte, cuando estén comprometidas la moral y las buenas costumbres, o cuando exista disposición expresa de ley, podrá ordenar la reserva del expediente y que la audiencia sea a puerta cerrada.

E. *Las notificaciones*

En particular, en estos procesos de habeas data, conforme se dispone en el artículo 178 de la Ley, las notificaciones pueden ser practicadas mediante boleta, o comunicación telefónica, fax, telegrama, correo electrónico o cualquier medio de comunicación interpersonal, dejando el Secretario constancia detallada en autos de haberse efectuado y de sus consecuencias, con arreglo a lo que disponen en los artículos 91, 92 y 93 de la misma Ley.

F. *Informe del agraviante y su contradicción*

Después de la admisión de la demanda de habeas data, el Tribunal debe ordenar al supuesto agraviante que presente un informe sobre el objeto de la controversia y que remita la documentación correspondiente, dentro de los 5 días siguientes a su notificación. La falta de remisión del informe debe ser sancionada con multa conforme al régimen que establecen los artículos 121 y siguientes de la ley, sin perjuicio de la responsabilidad a que hubiere lugar (Art. 170).

En cualquier caso el Tribunal puede ordenar la evacuación de las pruebas que juzgue necesarias para el esclarecimiento de los hechos.

Una vez que sea recibido el informe o sean evacuadas las pruebas que hubieren sido ordenadas por el Tribunal, deben transcurrir 3 días para que el solicitante formule observaciones. Tras la conclusión de este lapso, el Tribunal debe decidir dentro de los 5 días siguientes (Art. 171).

G. *Medidas cautelares*

En cualquier estado y grado del proceso las partes pueden solicitar al tribunal y éste puede acordar, aun de oficio, las medidas cautelares que estime pertinentes. A tal efecto, conforme al artículo 176 de la Ley, el tribunal cuenta con los más amplios poderes cautelares para garantizar la tutela judicial efectiva, teniendo en cuenta las circunstancias del caso y los intereses en conflicto.

H. *Audiencia pública y la decisión*

Antes de emitir decisión, el Tribunal puede convocar a una audiencia pública cuando la complejidad del caso así lo amerite, para lo cual debe seguir las reglas que se estipulan en los artículos 157 al 160 de la Ley respecto de las demandas de protección de derechos e intereses colectivos o difusos (Art. 171).

La sentencia que declare con lugar el habeas data ordenará al agraviante de forma inmediata la exhibición, supresión, rectificación, confidencialidad, inclusión, actualización o el uso correcto de los datos, según corresponda. Quien incumpliere con esta orden será penado con prisión de 6 meses a un año, a cuyo efecto el Tribunal debe oficiar al Ministerio Publico para que inicie la averiguación penal correspondiente (Art. 172).

I. *Apelación*

Contra la decisión que se dicte en primera instancia, conforme se establece en el artículo 173, se oirá apelación en un solo efecto ante la alzada correspondiente, dentro de los 3 días siguientes a su publicación o notificación.

Después de que el expediente sea recibido por el Juzgado Superior, el artículo 174 dispone que deban transcurrir 5 días de despacho para que las partes presenten sus escritos ante la alzada. Concluido este lapso, el Juzgado Superior debe decidir la apelación dentro de los 30 días continuos siguientes.

La decisión que dicte el Tribunal de Alzada no será objeto de casación.

XV. LA REVISIÓN DE LA DECISIÓN EN LOS PROCESOS DE AMPARO

Conforme lo establece el artículo 35 de la Ley Orgánica, contra la decisión dictada en primera instancia sobre la solicitud de amparo, se oirá apelación en un solo efecto. Sin embargo, si transcurridos tres (3) días de dictado el fallo, las partes, el Ministerio Público o los Procuradores no interpusieren apelación, el fallo será consultado con el tribunal superior respectivo, al cual se le remitirá inmediatamente copia certificada de lo conducente. Este Tribunal decidirá dentro de un lapso no mayor de treinta (30) días.

Sin embargo, en los casos en los cuales conforme al artículo 9° de la Ley Orgánica, se intente la acción de amparo ante cualquier juez de la localidad cuando en ella no funcionen tribunales de primera instancia, la decisión del juez respectivo se enviara en consulta ante el tribunal de primera instancia competente, dentro de las veinticuatro (24) horas siguientes a la adopción de la decisión.

La Ley Orgánica de Amparo no previó que contra las sentencias dictadas en materia de amparo proceda recurso de casación, razón por la cual es necesario acudir a las normas del Código de Procedimiento Civil. En esta materia, sin embargo, debe mencionarse la doctrina desarrollada por la jurisprudencia de la Sala de Casación de la antigua Corte Suprema de Justicia, en el sentido de la improcedencia del recurso de casación contra las decisiones de última instancia que se adopten en juicios de amparo. Esta doctrina se expuso inicialmente en 1971, por la Sala de Casación Penal, en la cual simplemente se señaló que siendo el recurso de casación "de carácter extraordinario, debe estar previsto expresamente en la Ley y la enumeración de los casos en que procede es, necesariamente, taxativa", y por cuanto "ni el artículo 49 de la Constitución, ni la Disposición Transitoria Quinta de la misma, ni los artículos 333, 58, primera parte y 62 del Código de Enjuiciamiento Criminal, ni ninguna otra disposición legal, establecen que se admitirá recurso de casación contra las decisiones de los Tribunales Superiores que resuelvan hacerse, del recurso de amparo", lo consideró inadmisible.[2259]

Por su parte, la Sala de Casación Civil de la antigua Corte Suprema, en sentencia de 14 de diciembre de 1983, basada en argumentos formales, también negó la admisibilidad del recurso de casación contra decisiones adoptadas con motivo de acciones de amparo, considerando que el procedimiento en las acciones de amparo no constituye un "juicio civil o mercantil", siendo que la admisibilidad del recurso de casación, conforme al artículo 418 del Código de Procedimiento Civil vigente para la época, sólo estaba prevista en estos. La Sala de Casación, en efecto, señaló que el recurso de casación "no se lo concibe sin la existencia de la relación procesal denominada juicio", que esa Sala ha definido como "las controversias judiciales suscitadas por conflictos ínter subjetivos de intereses que el órgano judicial debe resolver por sentencia, previa sustanciación de la causa a través de las formas procesales previstas por la Ley". Ahora bien, al analizar los aspectos adjetivos de la acción de amparo, la Sala de Casación Civil señaló que:

> "[...] en manera alguna se trata de una acción a seguirse dentro del procedimiento ordinario ni centra de los procedimientos especiales, destinada a obtener pronunciamiento, sentencia, que decida una controversia suscitada entre partes."[2260]

Esta doctrina se ratificó por la misma Sala de Casación Civil en sentencia de 31 de enero de 1985, en la cual se insistió en que como "las actuaciones o procedimientos seguidos para acordar o negar un mandamiento de amparo constitucional no constituyen un juicio en los términos señalados por el artículo 418 del Código de Procedimiento Civil, ninguna actuación procesal que directa o indirectamente se relacione con el amparo constitucional sometida al recurso de casación"[2261]

Frente a esta doctrina formalista, en nuestro criterio, en la Ley Orgánica de Amparo, precisamente por el carácter de medio de protección constitucional de los derechos fundamentales que tiene el amparo, debió prever el recurso de casación contra las decisiones de última instancia adoptadas como resultado de acciones de amparo.[2262] Siendo el recurso de casación un medio de control de la constitucionalidad y legalidad de las decisiones judiciales, dada la importancia y repercusiones de las decisiones en materia de amparo, estas deberían ser sometidas al recurso de casación que, a su vez, debería servir de vía judicial de amparo contra las decisiones de los jueces superiores violatorias de los derechos y garantías constitucionales. De acuer-

---

2259 Sentencia de 13–5–71. Véase en *Repertorio Forense,* n° 1.761, 26–8–71, pp. 4–6. Igual criterio lo sentó la Sala de Casación Penal de la Corte Suprema de Justicia en decisión de 12–8–71, *Repertorio Forense,* n° 1.864 de 28–11–71. pp. 4–6.

2260 Sentencia de 14–12–83 transcrita y ratificada en su doctrina por sentencia de la misma Sala de Casación Civil de 31–1–85 (consultada en original).

2261 *Idem. En* el Código de Procedimiento Civil de 1986, el artículo 312 utiliza las mismas expresiones "juicios civiles o mercantiles".

2262 En este sentido la Ley Orgánica de la Corte Suprema de Justicia establece que corresponde a la Corte "conocer del recurso de casación en los juicios civiles, mercantiles, del trabajo y en cualesquiera otros en que se consagre dicho recurso *por ley especial* (Art. 42, 33).

do con el artículo 1 de la Ley Orgánica del Tribunal Supremo de Justicia, a éste corresponde garantizar "la supremacía y efectividad de las normas y principios constitucionales," por lo que el recurso de casación, en cuanto a las decisiones judiciales en materia de amparo, en su momento debió haber sido precisamente el medio judicial que debía estar abierto para el ejercicio de dicha vigilancia.

Toda esta carencia reguladora, sin embargo, se resolvió posteriormente en la Constitución de 1999, al establecerse la competencia de la Sala Constitucional para revisar, discrecionalmente, las decisiones definitivamente firmes de amparo dictadas por los tribunales de la República, mediante el ejercicio de un recurso de revisión ante la Sala (artículo 336.10).[2263]

Esta potestad revisora de la Sala, como lo propusimos a la Asamblea Nacional Constituyente,[2264] es de ejercicio discrecional a los efectos evitar que se pueda abrir un recurso de obligatoria admisión y decisión por la Sala, contra todas las sentencias referidas, lo cual sería imposible de manejar por la magnitud de casos. De allí la discrecionalidad que tiene la Sala Constitucional para escoger los casos en los cuales juzga conveniente conocer del recurso de revisión. En definitiva, como lo ha señalado la Sala Constitucional en su sentencia N° 727 de 8 de abril de 2003, la norma constitucional:

> "[n]o dispone, de manera alguna, la creación de una tercera instancia en los procesos cuyas decisiones son sometidas a revisión. El precepto constitucional que se refirió lo que incorpora es una potestad estrictamente excepcional y facultativa para la Sala Constitucional que, como tal, debe ejercerse con la máxima prudencia en cuanto a la admisión y procedencia de recursos de revisión de sentencias definitivamente firmes."[2265]

En la propuesta que formulamos ante la Asamblea Nacional Constituyente el 31 de octubre de 1999 sobre el control difuso de la constitucionalidad de las leyes, consideramos que en la Constitución:

> "También debería atribuirse a la Sala Constitucional una competencia para conocer de un recurso extraordinario de revisión que pueda intentarse contra las sentencias de *última instancia* en las cuales se resuelvan cuestiones constitucionales relativas a las leyes, de conocimiento discrecional por la Sala. En esta forma, en materia de cuestiones de constitucionalidad, la Sala Constitucional de la Suprema Corte, a su juicio, podría tener la última palabra en estas materias y

---

2263 Véase en general, José V. Haro G., "El mecanismo extraordinario de revisión de sentencias definitivamente firmes de amparo y control difuso de la constitucionalidad previsto en el artículo 336, numeral 10 de la Constitución", en *Revista de Derecho Constitucional,* N° 3 (julio-diciembre), Editorial Sherwood, Caracas, 2000, pp. 231-266; Adán Febres Cordero, "La revisión constitucional", en *Nuevos estudios de derecho procesal, Libro Homenaje a José Andrés Fuenmayor,* Vol. I, Tribunal Supremo de Justicia, Colección Libros Homenaje, N° 8, Caracas, 2002 pp. 489 a 508.

2264 En cierta forma, el recurso es similar al denominado *writ of cerciorari* del sistema norteamericano. Véase Allan R. Brewer-Carías, *Judicial Review in Comparative Law, op. cit.,* p. 141. Véase los comentarios de Jesús María Casal, *Constitución y Justicia Constitucional,* Caracas 2000, p. 92.

2265 Caso: *Revisión de la sentencia dictada por la Sala Electoral en fecha 21 de noviembre de 2002*), en *Revista de Derecho Público*, N° 93-96, Editorial Jurídica Venezolana, Caracas, 2003.

en los casos en los que estime necesario estatuir con fuerza de precedente y uniformizar la jurisprudencia."[2266]

Ahora bien, ante la ausencia de legislación reguladora de la Jurisdicción Constitucional, la Sala Constitucional fue construyendo sucesivamente, mediante su labor interpretativa, los contornos del recurso extraordinario de revisión y el alcance de su potestad revisora. Ya a finales de 2000, como consecuencia de las sentencias Nos. 1, 2, 44 y 714 de ese mismo año, la Sala resumía el conjunto de reglas o condiciones que debía presentar una sentencia para que procediera dicho recurso, así:

"1°) La sentencia que se pretenda someter a revisión debe haber cumplido con la doble instancia, bien sea por la vía de la apelación o de la consulta, por lo cual no debe entenderse como una nueva instancia.

2°) La revisión constitucional se admitirá sólo a los fines de preservar la uniformidad de la interpretación de normas y principios constitucionales o cuando exista una deliberada violación de preceptos de ese rango, lo cual será analizado por la Sala Constitucional, siendo siempre facultativo de ésta su procedencia.

3°) Como corolario de lo anterior, a diferencia de la consulta, el recurso de revisión constitucional no procede *ipso iure,* ya que éste depende de la iniciativa de un particular, y no de la del juez que dictó la decisión, a menos que la propia Sala Constitucional de oficio así lo acuerde, tomando en cuenta siempre la finalidad del recurso"[2267].

La doctrina que fue elaborando la Sala Constitucional, incluso ampliando las sentencias objeto de revisión,[2268] por lo demás, particularmente en relación con la revisión de sentencias de las otras Salas del Tribunal Supremo de Justicia, fue recogida por la Ley Orgánica del Tribunal Supremo de Justicia de 2010, en los numerales 10, 11 y 12 del artículo 25, en los cuales, además de asignarse competencia a la Sala para revisar las sentencias definitivamente firmes en las que se haya "ejercido el control difuso de la constitucionalidad de las leyes u otras normas jurídicas," se le asignó competencia para revisar las sentencias definitivamente firmes "cuando hayan desconocido algún precedente dictado por la Sala Constitucional; efectuado una indebida aplicación de una norma o principio constitucional; o producido un error grave en su interpretación; o por falta de aplicación de algún principio o normas constitucionales;" o cuando incurran en "violación de principios jurídicos fundamentales que estén contenidos en la Constitución, tratados, pactos o convenios

2266 Véase Allan R. Brewer-Carías, *Debate Constituyente,* Tomo III, *op. cit.,* p. 105.

2267 Véase sentencia de 02-11-2000 (Caso: *Roderick A. Muñoz P. vs. Juzgado de los Municipios Carache, Candelaria y José Felipe Márquez Cañizales de la Circunscripción Judicial del Estado Trujillo*) en *Revista de Derecho Público,* N° 84, (octubre-diciembre), Editorial Jurídica Venezolana, Caracas, 2000, p. 367.

2268 En sentencia de la Sala Constitucional N° 899 de 31-5-2002, la Sala se había arrogado la competencia para de oficio dejar sin efecto dediciones judiciales que considerase quebrantaban preceptos constitucionales. Véase en *Revista de Derecho Público,* N° 85-88, Editorial Jurídica Venezolana, Caracas 2001, pp. 393-394.

internacionales suscritos y ratificados válidamente por la República o cuando incurran en violaciones de derechos constitucionales."

En todo caso, la única norma procesal respecto de este recurso extraordinario de revisión de sentencisa en la Ley Orgánica, se consagró en su artículo 35 en el cual se dispone que:

> "*Artículo 35*. Cuando ejerza la revisión de sentencias definitivamente firmes, la Sala Constitucional determinará los efectos inmediatos de su decisión y podrá reenviar la controversia a la Sala o Tribunal respectivo o conocer la causa, siempre que el motivo que haya generado la revisión constitucional sea de mero derecho y no suponga una nueva actividad probatoria; o que la Sala pondere que el reenvío pueda significar una dilación inútil o indebida, cuando se trate de un vicio que pueda subsanarse con la sola decisión que sea dictada."

ÍNDICE GENERAL

SEGUNDA PARTE

EL DERECHO DE AMPARO EN EL DERECHO CONSTITUCIONAL COMPARADO LATINOAMERICANO

TERCERA PARTE

OTROS ESTUDIOS SOBRE EL AMPARO EN AMÉRICA LATINA

CUARTA PARTE:

JUDICIAL ACTION FOR AMPARO OR PROTECTION OF FUNDAMENTAL RIGHTS IN LATIN AMERICA (EL PROCESO JUDICIAL AMPARO O DE PROTECCION DE LOS DERECHOS FUNDAMENTALES EN AMÉRICA LATINA)

QUINTA PARTE

EL RÉGIMEN DEL PROCESO DE AMPARO EN VENEZUELA EN UNA PERSPECTIVA DE DERECHO COMPARADO Y LA LEY ORGÁNICA SOBRE DERECHOS Y GARANTÍAS CONSTITUCIONALES DE 1988 (2016)

www.ingramcontent.com/pod-product-compliance
Lightning Source LLC
LaVergne TN
LVHW082343011026
849160LV00024B/992
* 9 7 8 9 8 0 3 6 5 2 9 6 8 *